W0056103

Zusätzliche digitale Inhalte für Sie!

Ob am Arbeitsplatz, zu Hause oder unterwegs – mit der App „NWB Gesetze" stehen Ihnen die Normen aus diesem Buch in der jeweils aktuellen Fassung auch digital zur Verfügung.

Mit Erscheinen der nächsten Auflage dieses Werkes verliert dieser Freischaltcode seine Gültigkeit.

So einfach geht's:

1. Suchen Sie die App **„NWB Gesetze"** im App Store (iOS) bzw. Google Play Store (Android). Für weitere Informationen zur App scannen Sie den QR-Code **oder** rufen die Seite **https://www.nwb.de/gesetzestexte** auf.

2. Installieren Sie die App. Anschließend können Sie auf Ihre Gesetzessammlung zugreifen, nachdem Sie den Freischaltcode über das Menü eingelöst haben.

Ihr Freischaltcode

6MBS1Q2D7D4PYJG

Übrigens: Sie können die Gesetze auch in der NWB Datenbank kostenlos nutzen. Rufen Sie dazu einfach **datenbank.nwb.de** auf und klicken auf das Icon „Gesetze".

Wichtige Steuerrichtlinien

Richtlinien in Auszügen zur
Abgabenordnung · Einkommensteuer · Lohnsteuer
Körperschaftsteuer · Gewerbesteuer · Umsatzsteuer

Bearbeiter: Dipl.-Finw. R. Walkenhorst

40. Auflage

▶ **nwb** TEXTAUSGABE

Quellenverzeichnis

I. Anwendungserlass zur Abgabenordnung (AEAO)

i. d. Fassung der Bekanntmachung vom 31. 1. 2014 (BStBl I S. 290), zuletzt geändert durch BMF-Schreiben vom 23. 1. 2023 (BStBl I S. 184)

II. Einkommensteuer-Richtlinien 2012 (EStR)

i. d. Fassung der Bekanntmachung der Einkommensteuer-Änderungsrichtlinien 2012 (EStÄR 2012) vom 25. 3. 2013 (BStBl I S. 276)

mit **amtlichen Bearbeitungshinweisen**

i. d. Fassung des Amtlichen Einkommensteuer-Handbuchs 2022

III. Lohnsteuer-Richtlinien 2023 (LStR)

i. d. Fassung der Bekanntmachung der Lohnsteuer-Richtlinien 2023 (LStR 2023) vom 5. 12. 2022 (BStBl I Sondernummer 2/2022)

mit **amtlichen Bearbeitungshinweisen**

i. d. Fassung des Amtlichen Lohnsteuer-Handbuchs 2023

IV. Körperschaftsteuer-Richtlinien 2022 (KStR)

i. d. Fassung der Bekanntmachung vom 13. 4. 2022 (BStBl I Sondernummer 1/2022)

mit **amtlichen Bearbeitungshinweisen**

i. d. Fassung des Amtlichen Körperschaftsteuer-Handbuchs 2022

V. Gewerbesteuer-Richtlinien 2009 (GewStR)

i. d. Fassung der Bekanntmachung vom 28. 4. 2010 (BStBl I Sondernummer 1/2010)

mit **amtlichen Bearbeitungshinweisen**

i. d. Fassung des Amtlichen Gewerbesteuer-Handbuchs 2016

VI. Umsatzsteuer-Anwendungserlass (UStAE)

i. d. Fassung der Bekanntmachung vom 1. 10. 2010 (BStBl I S. 846), zuletzt geändert durch BMF-Schreiben vom 28. 4. 2023 (III C 3 – S 7183/19/10003 :002)

ISBN 978-3-482-65140-3 – 40. Auflage 2023

© NWB Verlag GmbH & Co. KG, Herne 1981
  www.nwb.de

Satz: PMGi Agentur für intelliegente Medien GmbH, Hamm
Druck: CPI books, Leck

Scannen Sie den QR-Code oder besuchen Sie **Climate-Partner.com/16605-2105-1001** und erfahren Sie mehr zu unseren klimaneutralen Druckprodukten.

Vorwort

Die Textausgabe „Wichtige Steuerrichtlinien" enthält **Auszüge** des Anwendungserlasses zur Abgabenordnung (AEAO) und zur Umsatzsteuer (UStAE) sowie Auszüge der Einkommensteuer-, Lohnsteuer-, Körperschaftsteuer- und Gewerbesteuer-Richtlinien. Ausgewählt wurden Vorschriften, die für die Ausbildung und für die praktische Arbeit im steuerberatenden Beruf besonders wichtig sind und deshalb häufig gebraucht werden.

Die Anwendungserlasse und die Richtlinien, herausgegeben vom Bundesministerium der Finanzen, behandeln Zweifelsfragen und Anwendungsfragen von allgemeiner Bedeutung, um eine einheitliche Anwendung des Steuerrechts durch die Behörden der Finanzverwaltung sicherzustellen. Sie geben außerdem zur Vermeidung unbilliger Härten und aus Gründen der Verwaltungsvereinfachung Anweisungen an die Finanzämter, wie in bestimmten Fällen verfahren werden soll. Die höchstrichterliche Rechtsprechung ist, soweit gefestigt, eingearbeitet.

Die Behörden der Finanzverwaltung sind bei ihren Entscheidungen an die Anwendungserlasse und an die Richtlinien gebunden. Die Anwendungserlasse und die Richtlinien bilden somit für die steuer- und wirtschaftsberatenden Berufe eine wichtige Orientierungshilfe für ihre praktische Arbeit.

Änderungen der Rechtslage durch Gesetzesänderungen oder Änderung der Rechtsprechung sind grds. zum Text vermerkt. Die maßgebenden Quellen der ausgewählten Texte sind auf der Seite gegenüber aufgeführt.

Die vorliegende 40. Auflage entspricht dem Stand 1. Mai 2023 und enthält unter anderem die Lohnsteuer-Richtlinien 2023, die Körperschaftsteuer-Richtlinien 2022 sowie die Einkommensteuer-Hinweise 2022. Eingearbeitet wurden ebenfalls die Änderungen des Anwendungserlasses zur Abgabenordnung, zuletzt durch BMF-Schreiben vom 23. 1. 2023 (BStBl I S. 184). Der Umsatzsteuer-Anwendungserlass vom 1. 10. 2010, BStBl I S. 846, ist mehrfach geändert worden, zuletzt durch BMF-Schreiben vom 28. 4. 2023 (III C 3 – S 7183/19/10003 :002).

Im Rahmen der „nwb Textausgaben" sind ferner folgende Ausgaben erschienen:

1. Wichtige Steuergesetze (Verlags-Nr. 6845);
2. Wichtige Steuererlasse und Steuerrichtlinien – Kanzlei-Edition (Verlags-Nr. 6831);
3. Wichtige Wirtschaftsgesetze (Verlags-Nr. 6725);
4. Wichtige Gesetze des Wirtschaftsprivatrechts (Verlags-Nr. 6846);
5. Wichtige Wirtschaftsgesetze für Bachelor/Master, Band 1 – Grundlagen (Verlags-Nr. 6759);
6. Wichtige Wirtschaftsgesetze für Bachelor/Master, Band 2 – Neben- und Verfahrensrecht (Verlags-Nr. 6760);
7. Wirtschaftsgesetze für Wirtschaftsschulen und die kaufmännische Ausbildung (Verlags-Nr. 6509);
8. Wichtige Arbeitsgesetze (Verlags-Nr. 6523);
9. IAS/IFRS-Texte (Verlags-Nr. 6730);
10. Textausgabe Umsatzsteuer (Verlags-Nr. 6468).

Für Anregungen und Hinweise sind wir verbunden.

Herne, im Mai 2023   Bearbeiter und Verlag

Inhaltsübersicht

I. Anwendungserlass zur Abgabenordnung (AEAO) in Auszügen

Inhaltsverzeichnis

Einfügung d. Schriftl.:

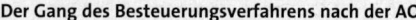

Der Gang des Besteuerungsverfahrens nach der AO

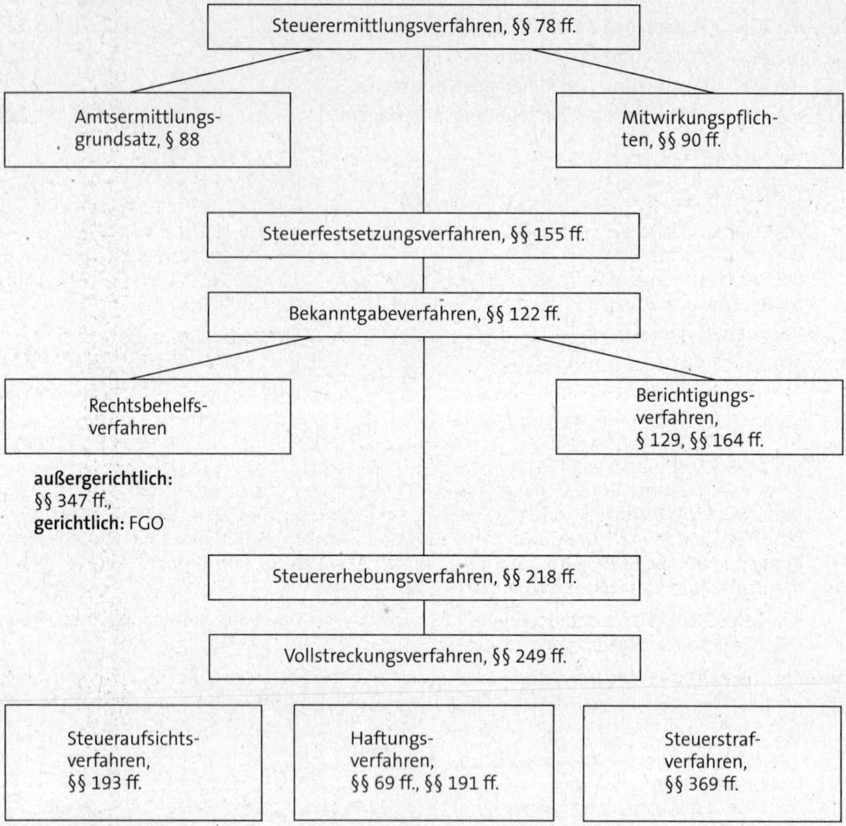

Steuerermittlungsverfahren, §§ 78 ff.

Amtsermittlungs- grundsatz, § 88	Mitwirkungspflich- ten, §§ 90 ff.

Steuerfestsetzungsverfahren, §§ 155 ff.

Bekanntgabeverfahren, §§ 122 ff.

Rechtsbehelfs- verfahren	Berichtigungs- verfahren, § 129, §§ 164 ff.

außergerichtlich:
§§ 347 ff.,
gerichtlich: FGO

Steuererhebungsverfahren, §§ 218 ff.

Vollstreckungsverfahren, §§ 249 ff.

Steueraufsichts- verfahren, §§ 193 ff.	Haftungs- verfahren, §§ 69 ff., §§ 191 ff.	Steuerstraf- verfahren, §§ 369 ff.

Aufbau der Finanzverwaltung

	Bundesfinanzverwaltung	Landesfinanzverwaltung
Oberste Behörde:	Bundesministerium der Finanzen (BMF)	Landesfinanzministerium, Finanzsenator
Mittelbehörde:	–	Oberfinanzdirektion
Örtliche Behörde:	Hauptzollamt	Finanzamt

Unter Bezugnahme auf das Ergebnis der Erörterungen mit den obersten Finanzbehörden der Länder gilt für die Anwendung der Abgabenordnung Folgendes:

...

Vor §§ 8, 9 AO

AEAO   Wohnsitz, gewöhnlicher Aufenthalt:

1. Die Begriffe des Wohnsitzes (§ 8 AO) bzw. des gewöhnlichen Aufenthalts (§ 9 AO) haben insbesondere Bedeutung für die persönliche Steuerpflicht natürlicher Personen (vgl. zu § 1 EStG, § 2 ErbStG) oder für familienbezogene Entlastungen (z.B. Realsplitting nach § 10 Abs. 1a Nr. 1 EStG). Sie sind auch maßgeblich, wenn die Familienkassen in eigener Zuständigkeit und ohne Bindung an die Beurteilung des Finanzamts im Besteuerungsverfahren die Voraussetzungen des Kindergeldanspruchs nach § 62 Abs. 1 Nr. 1 bzw. § 63 Abs. 1 EStG prüfen (vgl. u. a. BFH-Urteil vom 20. 3. 2013, XI R 37/11, BStBl 2014 II S. 831).

2. Die Begriffe des Wohnsitzes bzw. des gewöhnlichen Aufenthalts stellen allein auf die tatsächlichen Verhältnisse ab (BFH-Urteil vom 10. 11. 1978, VI R 127/76, BStBl 1979 II S. 335).

   Zwischenstaatliche Vereinbarungen enthalten dagegen z.T. hiervon abweichende Fiktionen, die den an die tatsächlichen Verhältnisse anknüpfenden allgemeinen Regelungen der §§ 8 und 9 AO vorgehen (z. B. Art. 13 des Protokolls (Nr. 7) über die Vorrechte und Befreiungen der Europäischen Union vom 26. 10. 2012, Amtsblatt der Europäischen Union C 326 S. 266; Artikel X des NATO-Truppenstatuts i. V. m. Art. 68 Abs. 4, Art. 74 des Zusatzabkommens zum NATO-Truppenstatut; Wiener Übereinkommen vom 18. 4. 1961 über diplomatische Beziehungen (WÜD, BGBl 1964 II S. 957) und vom 24. 4. 1963 über konsularische Beziehungen [WÜK, BGBl 1969 II S. 1585]); vgl. hierzu AEAO zu § 8, Nrn. 8 und 9. Andere Abkommen enthalten persönliche Steuerbefreiungen.

   Für deutsche Auslandsbedienstete gilt hinsichtlich der Frage der unbeschränkten Steuerpflicht die Sonderregelung des § 1 Abs. 2 EStG.

   Als unbeschränkt steuerpflichtig können auch solche natürlichen Personen behandelt werden, die die Kriterien des § 1 Abs. 3 EStG erfüllen. Damit ist teilweise auch die Höhe der Einkünfte Anknüpfungskriterium für den Umfang der Steuerpflicht (§ 1 Abs. 3 Sätze 2 bis 4 EStG).

   Der Begriff der Ansässigkeit i. S. d. DBA ist allein auf deren Anwendung (insbesondere hinsichtlich der Abkommensberechtigung und der Zuteilung der Besteuerungsrechte) beschränkt und hat keine Auswirkung auf die persönliche Steuerpflicht. Die deutsche unbeschränkte Steuerpflicht besteht daher auch dann, wenn der Steuerpflichtige je eine Wohnung bzw. einen gewöhnlichen Aufenthalt im Inland und im Ausland hat und nach dem anzuwendenden DBA im ausländischen Vertragsstaat ansässig ist (vgl. BFH-Urteil vom 4. 6. 1975, I R 250/73, BStBl II S. 708).

3. Auch wenn ein Steuerpflichtiger im Inland keinen Wohnsitz mehr hat, kann er hier noch seinen gewöhnlichen Aufenthalt haben.

Zu § 8 AO

AEAO   Wohnsitz:

Inhaltsübersicht

4. Nutzung zu Wohnzwecken

5. Familienwohnsitz

6. Wohnsitz bei Aufenthalt in einem anderen Staat

7. NATO-Truppenstatut

8. Wiener Übereinkommen über diplomatische Beziehungen und über konsularische Beziehungen

9. Protokoll (Nr. 7) über die Vorrechte und Befreiungen der Europäischen Union (EU)

1.   Allgemeines

1.1   Nach § 8 AO hat eine natürliche Person einen Wohnsitz dort, wo sie eine Wohnung unter Umständen innehat, die darauf schließen lassen, dass sie die Wohnung beibehalten
und benutzen wird. Ob im Einzelfall eine solche Benutzung vorliegt, ist unter Würdigung der Gesamtumstände nach den Verhältnissen des jeweiligen Veranlagungszeitraums oder Anspruchszeitraums zu beurteilen; die tatsächliche Entwicklung der Verhältnisse in den Folgejahren ist nur zu berücksichtigen, soweit ihr Indizwirkung für die
Feststellung der tatsächlichen Verhältnisse im zurückliegenden Zeitraum zukommt (vgl.
BFH-Urteil vom 23. 6. 2015, III R 38/14, BStBl 2016 II S. 102).

1.2   Die bloße Absicht, einen Wohnsitz zu begründen oder aufzugeben, bzw. die An- und Abmeldung bei der Ordnungsbehörde entfalten allein keine unmittelbare steuerliche Wirkung (BFH-Urteil vom 14. 11. 1969, III R 95/68, BStBl 1970 II S. 153). Hat der Steuerpflichtige eine Wohnung inne, die nach objektiven Maßstäben dauerhaft genutzt und beibehalten werden soll, kommt einem etwaigen Willen des Steuerpflichtigen, an diesem
Platz keinen Wohnsitz begründen oder beibehalten zu wollen, keine Bedeutung zu (vgl.
BFH-Urteil vom 23. 11. 1988, II R 139/87, BStBl 1989 II S. 182). Maßgeblich sind alleine
die tatsächlichen Lebensverhältnisse; völkerrechtliche Vereinbarungen, insbesondere
des Konsularrechts, stehen der Annahme eines Wohnsitzes gem. § 8 AO im Inland daher
nicht entgegen (BFH-Urteil vom 8. 8. 2013, VI R 45/12, BStBl 2014 II S. 836). Die An- und
Abmeldung bei der Ordnungsbehörde können im Allgemeinen als Indizien dafür angesehen werden, dass der Steuerpflichtige seinen Wohnsitz unter der von ihm angegebenen Anschrift begründet bzw. aufgegeben hat.

1.3   Ein Steuerpflichtiger kann gleichzeitig mehrere Wohnungen und mehrere Wohnsitze
i. S. d. § 8 AO haben. Diese können im Inland und/oder Ausland gelegen sein. Zur Begründung eines steuerlichen Wohnsitzes im Inland ist nicht Voraussetzung, dass sich dort
auch der Mittelpunkt der Lebensinteressen befindet oder dass der Steuerpflichtige von
dort aus seiner täglichen Arbeit nachgeht (BFH-Urteile vom 19. 3. 1997, I R 69/96, BStBl II
S. 447, und vom 18. 12. 2013, III R 44/12, BStBl 2015 II S. 143). Für die Annahme eines
Wohnsitzes auf Grund einer Zweit- bzw. Nebenwohnung ist es nicht erforderlich, dass
diese der Erstwohnung hinsichtlich Größe und Ausstattung gleichrangig ist. Es ist dem
begrenzten Zweck Rechnung zu tragen, dem die Zweit- bzw. Nebenwohnung dient.

2.   Wohnung

•   Mit Wohnung sind stationäre Räumlichkeiten gemeint, die – mindestens im Sinne einer
bescheidenen Bleibe – für den Steuerpflichtigen auf Dauer zum Wohnen geeignet sind.
Weil „Bewohnen" mehr ist als „Aufenthalt" oder „Übernachtung", erfüllt eine nur kurzfristige, lediglich vorübergehende oder eine notdürftige Unterbringungsmöglichkeit den
Wohnungsbegriff nicht. Nicht erforderlich ist eine abgeschlossene Wohnung mit Küche
und separater Waschgelegenheit i. S. d. Bewertungsrechts bzw. dass das zur Wohnung
gehörende Bad in den Wohnbereich integriert ist. In rechtlicher Hinsicht reicht es aus,
wenn die Wohnung mit einfachsten Mitteln ausgestattet ist. Darauf, ob die Ausstattungsgegenstände vom Vermieter gestellt oder vom Mieter selbst beschafft worden
sind, kommt es nicht an (BFH-Urteil vom 14. 11. 1969, III R 95/68, BStBl 1970 II S. 153).

3. **Innehaben der Wohnung**

Der Steuerpflichtige muss die Wohnung innehaben. Danach muss die Wohnung in objektiver Hinsicht dem Steuerpflichtigen jederzeit (wann immer er es wünscht), als Bleibe zur Verfügung stehen. An der objektiven Eignung fehlt es bei sog. Standby-Wohnungen oder -Zimmern, wenn auf Grund von Vereinbarungen oder Absprachen zwischen den Wohnungsnutzern die Nutzungsmöglichkeit des Steuerpflichtigen derart beschränkt ist, dass er die Wohnung oder das Zimmer nicht jederzeit für einen Wohnaufenthalt nutzen kann (BFH-Urteil vom 13.11.2013, I R 38/13, BFH/NV 2014 S. 1046).

4. **Nutzung zu Wohnzwecken**

4.1 Die Nutzung muss zu Wohnzwecken erfolgen. Die Wohnnutzung muss weder regelmäßig noch über eine längere Zeit erfolgen; erforderlich ist aber eine Nutzung, die über bloße Besuche, kurzfristige Ferienaufenthalte bzw. unregelmäßige kurze Aufenthalte zu Erholungszwecken oder zu Verwaltungszwecken hinausgeht (vgl. BFH-Urteil vom 10.4.2013, I R 50/12, BFH/NV S. 1909). Die ausschließliche Nutzung als Betriebsstätte, Büro, Ladengeschäft, Warenlager o. Ä. stellt keine Nutzung zu Wohnzwecken dar (vgl. u. a. BFH-Urteil vom 8.5.2014, III R 21/12, BStBl 2015 II S. 135). Es ist nicht erforderlich, dass der Steuerpflichtige sich während einer Mindestzahl von Tagen oder Wochen im Jahr zu Wohnzwecken in der Wohnung aufhält (BFH-Urteil vom 19.3.1997, I R 69/96, BStBl II S. 447). Eine Nutzung zu Wohnzwecken kann – insbesondere in Arbeitnehmer-Entsende-Fällen – auch vorliegen, wenn der Steuerpflichtige eine Wohnung innerhalb eines Kalenderjahrs nicht nutzt.

4.2 Es muss nach dem Gesamtbild der Verhältnisse wahrscheinlich sein, dass der Steuerpflichtige die Nutzung der Wohnung zu Wohnzwecken auch in Zukunft fortsetzen wird. Hierin kommt u. a. ein Zeitmoment zum Ausdruck, Anhaltspunkte können aber auch Ausstattung und Einrichtung sein.

4.2.1 Als Anhaltspunkt zur Bestimmung des Zeitmoments kann auf den in § 9 Satz 2 AO normierten Sechsmonatszeitraum zurückgegriffen werden (BFH-Urteil vom 8.5.2014, III R 21/12, BStBl 2015 II S. 135). Dieser Sechsmonatszeitraum kann auch jahresübergreifend sein.

4.2.2 Wer eine Wohnung von vornherein in der Absicht nimmt, sie nur vorübergehend (für bis zu sechs Monate) beizubehalten und zu benutzen, begründet dort keinen Wohnsitz (BFH-Urteil vom 30.8.1989, I R 215/85, BStBl II S. 956). Entscheidend ist jedoch die Absicht des Steuerpflichtigen. Im Einzelfall kann daher auch ein tatsächlicher Aufenthalt von bis zu sechs Monaten als nicht nur vorübergehend anzusehen sein. Dann muss sich jedoch die ursprüngliche Absicht auf einen längeren Aufenthalt bezogen haben (BFH-Urteil vom 30.8.1989, I R 215/85, a. a. O.).

5. **Familienwohnsitz**

5.1 Die Frage des Wohnsitzes ist für jede Person gesondert zu prüfen (BFH-Urteil vom 7.4.2011, III R 77/09, BFH/NV S. 1351).

5.2 Ein Ehegatte/Lebenspartner, der nicht dauernd getrennt lebt, hat seinen Wohnsitz grundsätzlich dort, wo seine Familie lebt (BFH-Urteil vom 6.2.1985, I R 23/82, BStBl II S. 331). Diese Vermutung gilt regelmäßig unabhängig davon, welche räumliche Entfernung zwischen den Ehegatten/Lebenspartnern besteht. Deshalb ist eine inländische Wohnung, die von einem Ehegatten/Lebenspartner gelegentlich zu Wohnzwecken genutzt wird, auch dann ein Wohnsitz, wenn er sich zeitlich überwiegend im Ausland aufhält.

5.3 Wer sich – auch in regelmäßigen Abständen – in der Wohnung eines Angehörigen oder eines Bekannten aufhält, begründet dort keinen Wohnsitz (BFH-Urteil vom 24.10.1969, IV 290/64, BStBl 1970 II S. 109), sofern es nicht wie im Fall einer Familienwohnung oder der Wohnung einer Wohngemeinschaft gleichzeitig die eigene Wohnung ist.

5.4 Minderjährige Kinder teilen grundsätzlich den Wohnsitz ihrer Eltern, weil sie über die Haushaltszugehörigkeit eine abgeleitete Nutzungsmöglichkeit besitzen und damit regelmäßig zugleich die elterliche Wohnung i. S. d. § 8 AO innehaben.

6. **Wohnsitz bei Aufenthalt in einem anderen Staat**

Wer einen Wohnsitz im Ausland begründet, hat auch im Inland einen Wohnsitz i. S. v. § 8 AO, sofern er die inländische Wohnung weiterhin unter Umständen innehat, die darauf schließen lassen, sie beibehalten und benutzen zu wollen (vgl. BFH-Urteil vom 19. 3. 1997, I R 69/96, BStBl II S. 447).

Das Innehaben der inländischen Wohnung kann nach den Umständen des Einzelfalles auch dann anzunehmen sein, wenn der Steuerpflichtige sie während eines Auslandsaufenthalts vorübergehend (bis zu sechs Monate) vermietet oder untervermietet, um sie alsbald nach Rückkehr im Inland wieder zu benutzen. Zur Zuständigkeit in diesen Fällen siehe § 19 Abs. 1 Satz 2 AO.

Wird die inländische Wohnung zur bloßen Vermögensverwaltung zurückgelassen, endet der Wohnsitz mit dem Wegzug. Bloße Vermögensverwaltung liegt z. B. vor, wenn ein ins Ausland versetzter Steuerpflichtiger bzw. ein im Ausland lebender Steuerpflichtiger seine Wohnung/sein Haus verkaufen oder langfristig vermieten will und dies in absehbarer Zeit auch tatsächlich verwirklicht.

6.1 **Auslandsaufenthalt eines Arbeitnehmers**

6.1.1 Bei einem ins Ausland versetzten Arbeitnehmer ist ein inländischer Wohnsitz widerlegbar zu vermuten, wenn er seine Wohnung im Inland beibehält, deren Benutzung ihm weiterhin möglich ist und die nach ihrer Ausstattung jederzeit als Bleibe dienen kann (BFH-Urteil vom 17. 5. 1995, I R 8/94, BStBl 1996 II S. 2). Ist ein Arbeitnehmer z. B. im Rahmen einer Entsendung im Ausland tätig und wird er von seiner Familie begleitet, so ist ein inländischer Familienwohnsitz i. S. d. § 8 AO weiterhin anzunehmen, wenn dieser über die Dauer der Entsendung beibehalten werden soll und nach objektiven Maßstäben jederzeit durch die Familie zu Wohnzwecken genutzt werden kann.

6.1.2 Entscheidend ist, ob objektiv erkennbare Umstände dafür sprechen, dass der Steuerpflichtige die Wohnung für Zwecke des eigenen Wohnens beibehält. Nach der Lebenserfahrung spricht es für die Beibehaltung eines inländischen Wohnsitzes i. S. d. § 8 AO, wenn jemand eine Wohnung, die er vor einem Auslandsaufenthalt als einzige ständig nutzte, während desselben unverändert und in einem ständig nutzungsbereiten Zustand beibehält und zu Wohnzwecken nutzt oder nutzen kann (vgl. Nr. 4.1 des AEAO zu § 8). Von Bedeutung kann dabei auch sein, ob der Steuerpflichtige nach Beendigung des Auslandsaufenthalts mit hoher Wahrscheinlichkeit die Wohnung wieder ständig nutzen wird (BFH-Urteil vom 19. 3. 1997, I R 69/96, BStBl II S. 447). Insoweit handelt es sich um eine Sachverhaltsvermutung, die vom Steuerpflichtigen widerlegt werden kann; ihm obliegt insoweit die Feststellungslast (vgl. BFH-Urteil vom 17. 5. 1995, I R 8/94, BStBl 1996 II S. 2).

6.1.3 Für die Beurteilung, ob die einen ins Ausland entsendeten Arbeitnehmer begleitenden (Familien-)Angehörigen ihren inländischen Wohnsitz beibehalten oder aufgegeben haben, gelten grundsätzlich (Hinweis insbesondere auf Nrn. 5.2 und 5.4 des AEAO zu § 8) dieselben Maßstäbe.

6.1.4 Nach einem auf Dauer angelegten Wegzug der Familie ins Ausland führt das Vorhalten einer eigenen Wohnung allein nicht zur Begründung bzw. Beibehaltung eines inländischen Wohnsitzes, wenn die Wohnung nur kurzzeitig zu Urlaubs- oder Besuchszwecken (vgl. Nr. 4.1 des AEAO zu § 8) genutzt wird (vgl. BFH-Urteil vom 26. 1. 2001, VI R 89/00, BFH/NV S. 1018). Das Gleiche gilt für eine Wohnung, die unentgeltlich von Dritten (z. B. Eltern) zur Verfügung gestellt wird (vgl. BFH-Urteil vom 12. 1. 2001, VI R 64/98, BFH/NV S. 1231).

6.2 Auslandsaufenthalt eines Kindes

6.2.1 Ein minderjähriges Kind, das sich zusammen mit seinen Eltern im Ausland aufhält und bereits vor deren Ausreise mit seinen Eltern einen gemeinsamen Wohnsitz im Inland hatte, behält diesen grundsätzlich bei, wenn auch die Eltern ihren Wohnsitz im Inland beibehalten. Wird ein Kind im Ausland geboren, begründet es ausnahmsweise einen Wohnsitz im Inland bzw. teilt den inländischen (Familien-)Wohnsitz bereits ab seiner Geburt, sofern sich die Mutter nur kurzfristig, lediglich vorübergehend zum Zeitpunkt der Geburt bzw. zur Entbindung im Ausland aufgehalten hat und das Kind alsbald bzw. innerhalb angemessener Zeit nach Deutschland gebracht wird. Kann das Kind den Wohnsitz der Eltern im Inland indes aus tatsächlichen oder rechtlichen Gründen nicht nur kurzfristig nicht aufsuchen, kann es dort (zunächst) auch keinen eigenen Wohnsitz begründen. Ein im Ausland lebender Angehöriger kann im Inland grundsätzlich keinen Wohnsitz begründen, ohne sich hier aufgehalten zu haben (BFH-Urteil vom 7. 4. 2011, III R 77/09, BFH/NV S. 1351).

6.2.2 Hält sich das Kind im Ausland auf, reicht es für die Annahme eines (inländischen) Wohnsitzes nicht aus, wenn nur die elterliche Wohnung dem Kind weiterhin zur Verfügung steht. Es muss eine Beziehung zur elterlichen Wohnung vorhanden sein, die über die allein durch das Familienverhältnis begründete Beziehung hinausgeht und erkennen lässt, dass das Kind die elterliche Wohnung nach wie vor auch als seine eigene betrachtet (BFH-Urteil vom 17. 3. 1961, VI 185/60 U, BStBl III S. 298) und sie innehat, um sie als solche zu nutzen (BFH-Urteil vom 25. 9. 2014, III R 10/14, BStBl 2015 II S. 655). Anderenfalls behält das Kind seinen inländischen Wohnsitz bei den Eltern nicht bei, sondern gibt ihn zunächst auf und begründet ihn bei einer späteren Rückkehr wieder neu.

6.2.3 Die Beurteilung hängt von einer Vielzahl von Faktoren ab. So sind neben der Dauer des Auslandsaufenthalts insbesondere das Alter des Kindes, die Unterbringung im Ausland und im Elternhaus, der Zweck des Auslandsaufenthalts, die Häufigkeit und die Dauer der Aufenthalte bei den Eltern sowie die persönlichen Beziehungen des Kindes am Wohnort der Eltern und im Ausland ausschlaggebend. Die Feststellung einer Rückkehrabsicht sagt grundsätzlich nichts darüber aus, ob der inländische Wohnsitz während des vorübergehenden Auslandsaufenthalts beibehalten oder aber aufgegeben und nach der Rückkehr neu begründet wird (vgl. BFH-Urteile vom 23. 11. 2000, VI R 165/99 und VI R 107/99, BStBl 2001 II S. 279 und 294).

6.2.4 Kein ausschlaggebendes Kriterium ist regelmäßig die Herkunft der Eltern oder die des Kindes. Aus den familiären und kulturellen Umständen am Aufenthaltsort können sich jedoch Hinweise für das Entstehen neuer Beziehungen und die Lockerung der bisher bestehenden Bindungen ergeben, z. B. bei einem mehrjährigen Schulbesuch im Ausland, für den das Kind vor Ort bei Verwandten untergebracht ist (vgl. BFH-Urteile vom 23. 11. 2000, VI R 165/99 und VI R 107/99, BStBl 2001 II S. 279 und 294, und vom 23. 6. 2015, III R 38/14, BStBl 2016 II S. 102).

6.2.5 Der Inlandswohnsitz wird nur dann beibehalten, wenn das Kind entweder seinen Lebensmittelpunkt weiterhin am bisherigen Wohnort hat (keine Wohnsitzbegründung am Ort des Auslandsaufenthalts) oder es zwar keinen einheitlichen Lebensmittelpunkt mehr hat, aber nunmehr über zwei Schwerpunkte der Lebensverhältnisse (zwei Wohnsitze) verfügt, von denen einer am bisherigen Wohnort liegt (BFH-Urteil vom 23. 11. 2000, VI R 107/99, BStBl 2001 II S. 294).

6.2.6 Bei Kindern, die sich von vornherein in einem begrenzten Zeitraum von bis zu einem Jahr im Ausland aufhalten, ist grundsätzlich davon auszugehen, dass der inländische Wohnsitz beibehalten wird, so dass Inlandsaufenthalte für die Beibehaltung des Wohnsitzes nicht erforderlich sind. Wird die Absicht zur Rückkehr innerhalb eines Jahres aufgegeben, so kann in diesem Moment eine Aufgabe des Wohnsitzes erfolgen (BFH-Urteil vom 25. 9. 2014, III R 10/14, BStBl 2015 II S. 655).

6.2.7 Kinder, die sich länger als ein Jahr ins Ausland begeben, behalten ihren Wohnsitz in der inländischen elterlichen Wohnung nur bei, wenn sie diese in ausbildungsfreien Zeiten zumindest überwiegend nutzen. Eine Aufenthaltsdauer von jährlich fünf Monaten in der Wohnung der Eltern genügt jedenfalls, um einen inländischen Wohnsitz beizubehalten, sie ist aber dafür nicht stets erforderlich (BFH-Urteil vom 28. 4. 2010, III R 52/09, BStBl II S. 1013). Durch die Eltern-Kind-Beziehung begründete Besuche – d. h. kurzzeitige Besuche und sonstige Aufenthalte zu Urlaubs- oder familiären Zwecken, die keinem Aufenthalt mit Wohncharakter gleichkommen und daher nicht „zwischenzeitliches Wohnen" in der elterlichen Wohnung bedeuten – reichen nicht aus, um den inländischen Wohnsitz des Kindes beizubehalten oder einen solchen zu begründen. Keinen Wohncharakter haben nach der Lebenserfahrung kurzzeitige Aufenthalte von zwei bis drei Wochen im Jahr (BFH-Urteil vom 25. 9. 2014, III R 10/14, BStBl 2015 II S. 655).

6.2.8 Die Dauer der Inlandsaufenthalte vor dem Beginn oder nach dem Ende der Schul-, Hochschul- oder Berufsausbildung bleibt außer Betracht. Fehlende finanzielle Mittel für Heimreisen des Kindes können die fehlenden Inlandsaufenthalte in den ausbildungsfreien Zeiten nicht kompensieren (BFH-Urteil vom 25. 9. 2014, III R 10/14, BStBl 2015 II S. 655). Hält sich ein Kind nicht nur vorübergehend zum Schulbesuch im Ausland auf, führen besuchsweise Aufenthalte in der elterlichen Wohnung auch dann nicht zur Beibehaltung des inländischen Wohnsitzes, wenn die Rückkehr des Kindes nach Deutschland nach Erreichen des Schulabschlusses beabsichtigt ist (BFH-Urteil vom 23. 11. 2000, VI R 165/99, BStBl 2001 II S. 279).

7. NATO-Truppenstatut

Hält sich ein Mitglied einer Truppe oder des zivilen Gefolges des Entsendungsstaates „nur in dieser Eigenschaft" i. S. d. Art. X des NATO-Truppenstatuts bzw. dessen Angehörige nach Art. 68 Abs. 4 des Zusatzabkommens zum NATO-Truppenstatut im Inland auf, wird das Fehlen des inländischen steuerrechtlichen Wohnsitzes oder gewöhnlichen Aufenthalts fingiert, wenn anhand der Lebensumstände aus Sicht des jeweiligen Besteuerungszeitraums festgestellt werden kann, dass die betreffende Person in dem maßgeblichen Zeitraum fest entschlossen war, nach Beendigung des Dienstes in den Ausgangs- oder in ihren Heimatstaat zurückzukehren (BFH-Urteil vom 9. 11. 2005, I R 47/04, BStBl 2006 II S. 374). Voraussetzung dafür ist eine gewisse zeitliche Fixierung im Hinblick auf die Rückkehr nach der Beendigung des Dienstes. Die Rückkehr muss in einer gewissen zeitlichen Nähe zur Beendigung des Dienstes stehen. Ferner setzt die Fiktion voraus, dass die betreffende Person nicht vor Aufnahme ihrer Tätigkeit einen Wohnsitz oder gewöhnlichen Aufenthalt im Inland begründet hat und sich nicht auch aus anderen Gründen im Inland aufhält.

8. Wiener Übereinkommen über diplomatische Beziehungen und über konsularische Beziehungen

Die völkerrechtlich verbindlichen Regelungen des Wiener Übereinkommens vom 18. 4. 1961 über diplomatische Beziehungen (WÜD, BGBl 1964 II S. 957) bzw. des vom 24. 4. 1963 über konsularische Beziehungen (WÜK, BGBl 1969 II S. 1585) tragen dem Gedanken der Exterritorialität von Diplomaten und der ihnen gleichgestellten Personen Rechnung.

Diplomaten einer ausländischen Mission und Konsularbeamte einer ausländischen konsularischen Vertretung haben nach dem WÜD bzw. dem WÜK kraft völkerrechtlicher Fiktion im Inland keinen Wohnsitz und sind demnach von innerstaatlichen Steuern befreit, sofern sie nicht die deutsche Staatsangehörigkeit haben oder nach den Sonderregelungen des WÜD bzw. WÜK im Inland ständig ansässig sind. Private Einkünfte, deren Quelle sich im Inland (Empfangsstaat) befindet, sind von der Steuerbefreiung ausgenommen und führen zu einer beschränkten Einkommensteuerpflicht. Gleiches gilt für die zum Haushalt des Diplomaten oder Konsularbeamten gehörenden Familienmitglieder sowie Mitglieder des Verwaltungs- und des technischen Personals ausländischer Missionen und ausländischer konsularischer Vertretungen.

9. Protokoll (Nr. 7) über die Vorrechte und Befreiungen der Europäischen Union (EU)

Hält sich eine Person zur Ausübung ihrer Amtstätigkeit im Dienste der EU im Hoheitsgebiet eines anderen Mitgliedstaates auf als dem, in dem sie vor Dienstantritt ihren steuerlichen Wohnsitz hatte, werden sie und ihr nicht berufstätiger Ehegatte/Lebenspartner in beiden genannten Staaten so behandelt, als hätten sie ihren früheren Wohnsitz beibehalten (Art. 13 des Protokolls (Nr. 7) über die Vorrechte und Befreiungen der Europäischen Union vom 26. 10. 2012, Amtsblatt der Europäischen Union C 326 S. 266). Gleiches gilt für die Kinder, die unter der Aufsicht der in diesem Artikel bezeichneten Personen stehen und von ihnen unterhalten werden.

Zu § 9 AO

AEAO   Gewöhnlicher Aufenthalt:

1. Sofern nicht die besonderen Voraussetzungen des § 9 Satz 3 AO vorliegen, wird an den inländischen Aufenthalt während eines zusammenhängenden Zeitraums von mehr als sechs Monaten die unwiderlegbare Vermutung für das Vorhandensein eines gewöhnlichen Aufenthalts geknüpft. Der Begriff „gewöhnlich" ist gleichbedeutend mit „dauernd". „Dauernd" erfordert keine ununterbrochene Anwesenheit, sondern ist im Sinne „nicht nur vorübergehend" zu verstehen (BFH-Urteil vom 30. 8. 1989, I R 215/85, BStBl II S. 956). Bei Unterbrechungen der Anwesenheit kommt es darauf an, ob noch ein einheitlicher Aufenthalt oder mehrere getrennte Aufenthalte anzunehmen sind. Ein einheitlicher Aufenthalt ist gegeben, wenn der Aufenthalt nach den Verhältnissen fortgesetzt werden sollte und die Unterbrechung nur kurzfristig ist. Als kurzfristige Unterbrechung kommen in Betracht Familienheimfahrten, Jahresurlaub, längerer Heimaturlaub, Kur und Erholung, aber auch geschäftliche Reisen. Der Tatbestand des gewöhnlichen Aufenthalts kann bei einem weniger als sechs Monate dauernden Aufenthalt verwirklicht werden, wenn Inlandsaufenthalte nacheinander folgen, die sachlich miteinander verbunden sind, und der Steuerpflichtige von vornherein beabsichtigt, nicht nur vorübergehend im Inland zu verweilen (BFH-Urteile vom 27. 7. 1962, VI 156/59 U, BStBl III S. 429, und vom 3. 8. 1977, I R 210/75, BStBl 1978 II S. 118).

2. …

3. …

4. Der gewöhnliche Aufenthalt im Inland ist aufgegeben, wenn der Steuerpflichtige zusammenhängend mehr als sechs Monate im Ausland lebt, es sei denn, dass besondere Umstände darauf schließen lassen, dass die Beziehungen zum Inland bestehen bleiben. …

Zu § 15 AO

AEAO   Angehörige:

1. Dem Angehörigenbegriff kommt überwiegend verfahrensrechtliche Bedeutung zu. Für das materielle Recht können die Einzelsteuergesetze abweichende Regelungen treffen.

2. § 15 Abs. 1 Nr. 1 AO (Verlobte) setzt ein wirksames Eheversprechen voraus.

   Eine Ehe ist im Besteuerungsverfahren nur dann nach § 15 Abs. 1 Nr. 2 AO zu berücksichtigen, wenn sie entweder nach deutschem Recht wirksam geschlossen wurde oder bei im Ausland geschlossener Ehe in Deutschland anzuerkennen ist (vgl. BFH-Beschluss vom 27. 11. 2018, V B 72/18, BFH/NV 2019 S. 202). Für Lebenspartnerschaften gilt dies entsprechend. Die materiell-rechtliche Beurteilung des Vorliegens einer Ehe oder einer Lebenspartnerschaft nach den Einzelsteuergesetzen bleibt hierdurch unberührt (vgl. Nr. 1 Satz 2).

3. Zu den Geschwistern im Sinne des § 15 Abs. 1 Nr. 4 AO gehören auch die Halbgeschwister. Das sind die Geschwister, die einen Elternteil gemeinsam haben; darunter fallen jedoch nicht die mit in eine Ehe oder Lebenspartnerschaft gebrachten Kinder, die keinen Elternteil gemeinsam haben.

4. Das Angehörigenverhältnis im Sinne des § 15 Abs. 1 Nr. 5 AO besteht lediglich zu den Kindern der Geschwister (Neffen oder Nichten), nicht jedoch zwischen den Kindern der Geschwister untereinander (z. B. Vettern oder Cousinen).

5. Die Ehegatten bzw. Lebenspartner mehrerer Geschwister sind im Verhältnis zueinander keine Angehörigen im Sinne des § 15 Abs. 1 Nr. 6 AO. Dasselbe gilt für die Geschwister der Ehegatten bzw. Lebenspartner.

6. Für die Annahme eines Pflegeverhältnisses gem. § 15 Abs. 1 Nr. 8 AO ist nicht erforderlich, dass das Kind außerhalb der Pflege und Obhut seiner leiblichen Eltern steht. Ein Pflegeverhältnis kann z. B. auch zwischen einem Mann und einem Kind begründet werden, wenn der Mann mit der leiblichen Mutter des Kindes und diesem in häuslicher Gemeinschaft lebt. Die Unterhaltsgewährung ist nicht Merkmal dieses Pflegekinderbegriffes. Soweit Bestimmungen in Einzelsteuergesetzen auch daran anknüpfen, müssen dort besondere Regelungen getroffen sein.

7. Durch die Annahme als Kind erhält ein Kind die volle rechtliche Stellung eines ehelichen Kindes des oder der Annehmenden. Damit wird auch die Angehörigeneigenschaft zwischen dem Kind und den Angehörigen des oder der Annehmenden nach Maßgabe des § 15 Abs. 1 AO begründet. Dieser Grundsatz gilt entsprechend bei ähnlichen familienrechtlichen Rechtsbeziehungen ausländischen Rechts (Adoption).

8. Für die in § 15 Abs. 2 AO genannten Personen bleibt die Angehörigeneigenschaft auch dann bestehen, wenn die Beziehung, die ursprünglich die Angehörigeneigenschaft begründete, nicht mehr besteht; lediglich bei Verlobten erlischt die Angehörigeneigenschaft mit Aufhebung des Verlöbnisses.

Einfügung d. Schriftl.:

Graphische Darstellung des Angehörigenbegriffs

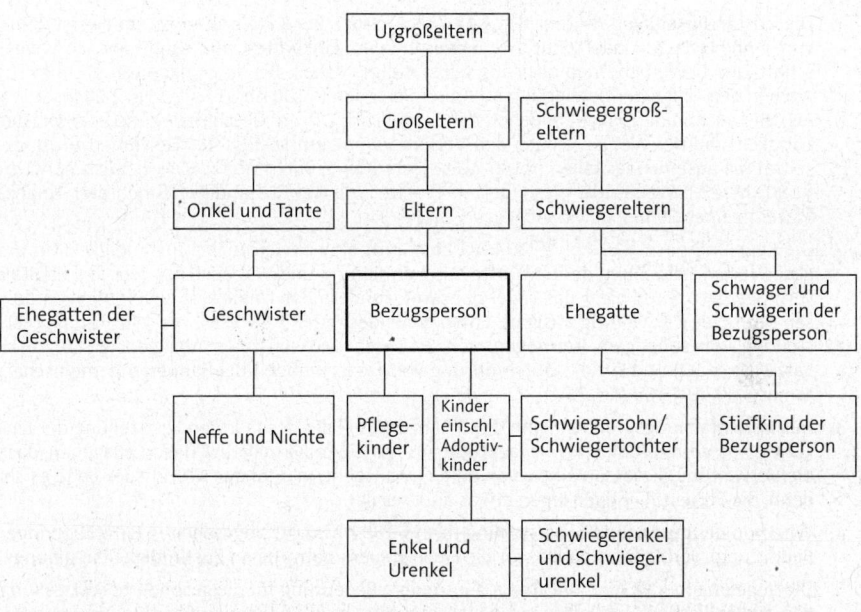

Zu § 16 AO

AEAO   Sachliche Zuständigkeit:

1. Die sachliche Zuständigkeit betrifft den einer Behörde dem Gegenstand und der Art nach durch Gesetz zugewiesenen Aufgabenbereich. ...

2. Im Rahmen des föderativen Aufbaus der Bundesrepublik ist die verbandsmäßige Zuständigkeit als besondere Art der sachlichen Zuständigkeit zu beachten. Nach der Rechtsprechung des BFH ist jedoch bei den nicht gebietsgebundenen Steuern (z. B. Einkommensteuer) die Verwaltungskompetenz nicht auf die Finanzämter des verbandsmäßig zuständigen Bundeslandes beschränkt. Das Wohnsitzfinanzamt ist für die Besteuerung nach dem Einkommen auch für Besteuerungszeiträume zuständig, in denen der Steuerpflichtige in einem anderen Bundesland wohnte (BFH-Urteile vom 29.10.1970, IV R 247/69, BStBl 1971 II S. 151, und vom 23.11.1972, VIII R 42/67, BStBl 1973 II S. 198).

3. Wegen der Rücknahme eines Verwaltungsaktes einer sachlich unzuständigen Behörde wird auf § 130 Abs. 2 Nr. 1 AO hingewiesen.

Zu § 18 AO

AEAO   Gesonderte Feststellung:

1. Die Zuständigkeitsvorschriften des § 18 Abs. 1 Nrn. 1 bis 3 AO gelten für die Feststellung von Einheitswerten oder Grundsteuerwerten und Einkünften aus Land- und Forstwirtschaft, aus Gewerbebetrieb oder aus selbständiger Arbeit. Bei den Einkünften gilt dies sowohl in den Fällen der Beteiligung mehrerer Personen (§ 180 Abs. 1 Satz 1 Nr. 2 Buchstabe a AO) wie auch in den Fällen, in denen der Betriebsort, Ort der Geschäftsleitung bzw. Ort der Tätigkeit und der Wohnsitz nach den Verhältnissen zum Schluss des Gewinnermittlungszeitraums auseinander fallen (§ 180 Abs. 1 Satz 1 Nr. 2 Buchstabe b AO; vgl. auch AEAO zu § 180, Nr. 2.1). Wegen der gesonderten Feststellung bei Zuständigkeit mehrerer Finanzämter in einer Gemeinde vgl. AEAO zu § 19, Nr. 3.

2. Die Regelung nach § 18 Abs. 1 Nr. 4 AO bestimmt eine abweichende Zuständigkeit für die gesonderte Feststellung der Einkünfte aus Vermietung und Verpachtung oder aus Kapitalvermögen; i. d. R. ist nicht das Lagefinanzamt, sondern das Finanzamt zuständig, von dessen Bezirk die Verwaltung ausgeht. Entsprechendes regelt § 18 Abs. 1 Nr. 4 AO für die Feststellung von sonstigem Vermögen, von Schulden und sonstigen Abzügen (§ 180 Abs. 1 Satz 1 Nr. 3 AO) und für die Durchführung von Feststellungen bei Bauherrengemeinschaften usw. (V zu § 180 Abs. 2 AO).

3. Aus Vereinfachungsgründen kann das Finanzamt bei der gesonderten Feststellung der Einkünfte aus Vermietung und Verpachtung aus nur einem Grundstück davon ausgehen, dass die Verwaltung dieser Einkünfte von dem Ort ausgeht, in dem das Grundstück liegt, es sei denn, die Steuerpflichtigen legen etwas anderes dar.

4. Wird von der gesonderten Feststellung nach § 180 Abs. 3 AO abgesehen (z. B. Fälle geringer Bedeutung), verbleibt es bei der für die Einzelsteuern getroffenen Zuständigkeitsregelung.

5. Die Regelung in § 18 Abs. 2 AO hat insbesondere Bedeutung für die gesonderte Feststellung von ausländischen Einkünften, an denen mehrere im Inland steuerpflichtige Personen beteiligt sind. Auf § 25 AO wird hingewiesen.

6. Zur Bestimmung der örtlichen Zuständigkeit für die gesonderte und einheitliche Feststellung von Einkünften ausländischer Personengesellschaften, an denen inländische Gesellschafter beteiligt sind, ist zu prüfen, ob ein Anknüpfungsmerkmal im Sinne des § 18 Abs. 1 AO gegeben ist. Ist dies der Fall, ist das dort genannte Finanzamt zuständig. Fehlt dagegen ein solches Anknüpfungsmerkmal, gilt nach § 25 AO i. V. m. § 18 Abs. 2 AO Folgendes:

   a) Ist für alle inländischen Beteiligten ein gemeinsamer Treuhänder oder eine andere die Interessen der inländischen Beteiligten vertretende Person bestellt, ist das Finanzamt zuständig, in dessen Bezirk der Treuhänder oder die andere Person ansässig ist. Sowohl eine Bevollmächtigung i. S. d. § 80 AO als auch eine Empfangsbevollmächtigung i. S. d. § 183 AO reichen für sich allein für die Annahme einer die Interessen der inländischen Beteiligten vertretenden Person i. S. d. Satzes 1 nicht aus. Bei späterer Änderung des Treuhand- oder Vertretungsverhältnisses tritt ein Zuständigkeitswechsel nicht ein, solange mindestens ein Beteiligter durch den bisherigen Treuhänder oder Vertreter vertreten bleibt.

   b) Ist eine Bestimmung der Zuständigkeit nach Buchstabe a nicht möglich, ist das Finanzamt zuständig, in dessen Bezirk die Beteiligten mit den höchsten Anteilen ansässig sind. Hierbei sind nur unmittelbare Beteiligungsverhältnisse zu berücksichtigen. Bei Änderung der Beteiligungsverhältnisse tritt ein Zuständigkeitswechsel nicht ein, solange mindestens ein Beteiligter im Bezirk des Finanzamts ansässig ist.

   c) Lässt sich im Einzelfall die örtliche Zuständigkeit weder nach Buchstabe a) noch nach Buchstabe b) bestimmen, kann die gemeinsame fachlich zuständige Aufsichtsbehörde festlegen, welches der Finanzämter, in deren Bezirk mindestens ein Beteiligter ansässig ist, zuständig ist. Fehlt eine gemeinsame Aufsichtsbehörde, so treffen die fachlich zuständigen Aufsichtsbehörden die Entscheidung gemeinsam.

d) Wenn sich mehrere Finanzämter nach den Buchstaben a) und b) für zuständig oder für unzuständig halten oder wenn die Zuständigkeit nach den Buchstaben a) und b) aus anderen Gründen zweifelhaft ist oder eine Entscheidung nach Buchstabe c) nicht getroffen werden kann, entscheidet das BZSt (§ 181 Abs. 1 Satz 1 AO i.V. m. § 5 Abs. 1 Nr. 7 FVG).

Zu § 19 AO🔳

AEAO   Steuern vom Einkommen und Vermögen natürlicher Personen:

1. Bei verheirateten, nicht dauernd getrennt lebenden Steuerpflichtigen ist bei mehrfachem Wohnsitz im Inland das Finanzamt des Aufenthalts der Familie für die Besteuerung nach dem Einkommen und Vermögen zuständig; Gleiches gilt für Lebenspartner. Insoweit sind für die Bestimmung der örtlichen Zuständigkeit die Kinder in die Betrachtung einzubeziehen.

2. Nach § 19 Abs. 3 AO ist das Lage-, Betriebs- oder Tätigkeitsfinanzamt auch für die persönlichen Steuern vom Einkommen und Vermögen zuständig, wenn ein Steuerpflichtiger in einer Gemeinde (Stadt) mit mehreren Finanzämtern einen land- und forstwirtschaftlichen oder gewerblichen Betrieb unterhält bzw. eine freiberufliche Tätigkeit ausübt. In diesen Fällen ist keine gesonderte Feststellung durchzuführen (§ 180 Abs. 1 Satz 1 Nr. 2 Buchstabe b AO); für Gewinnermittlungszeiträume vor Verlegung des Betriebs in den Bezirk des für die Einkommensteuer zuständigen Finanzamts oder des Wohnsitzes in den Bezirk des Betriebsfinanzamts siehe aber AEAO zu § 180, Nr. 2.1.

3. Wenn der Steuerpflichtige außerhalb des Bezirks seines Wohnsitzfinanzamts, aber in den Bezirken mehrerer Finanzämter derselben Wohnsitzgemeinde, Einkünfte aus Land- und Forstwirtschaft, Gewerbebetrieb oder freiberuflicher Tätigkeit erzielt, können nach § 19 Abs. 3 AO mehrere Finanzämter zuständig sein. In diesen Fällen ist nach § 25 AO zu verfahren. Gesonderte Feststellungen sind dann nur von den Finanzämtern vorzunehmen, die den Steuerpflichtigen nicht zur Einkommensteuer veranlagen (§ 180 Abs. 1 Satz 1 Nr. 2 Buchstabe b AO).

4. ...

5. ...

Zu § 21 AO

AEAO   Umsatzsteuer:

Die zentrale Zuständigkeit nach § 21 Abs. 1 Satz 2 AO gilt bereits dann, wenn auch nur ein Anknüpfungspunkt der gesetzlichen Kriterien Wohnsitz, Sitz oder Geschäftsleitung im Ausland gegeben ist. § 21 Abs. 1 Satz 2 AO hat daher Vorrang vor § 21 Abs. 1 Satz 1 AO.

Die zentrale Zuständigkeit nach § 21 Abs. 1 Satz 2 AO i.V. m. der UStZustV ist insbesondere in den Fällen von Bedeutung, in denen ein Unternehmen vom Ausland aus betrieben wird und der

---

Anm. d. Schriftl.:

🔳 Durch das Jahressteuergesetz 2007 vom 13. 12. 2006, BStBl 2007 I S. 28, wurde § 19 AO um einen Absatz 6 erweitert. Dieser enthält eine gesetzliche Ermächtigung zur Regelung der Zuständigkeit für die Besteuerung von Personen, die nach § 1 Abs. 4 EStG beschränkt steuerpflichtig sind und Einkünfte i. S. des § 49 Abs. 1 Nr. 7 und 10 EStG beziehen. Eine Änderung des § 19 Abs. 2 AO ist im Rahmen des Jahressteuergesetzes 2020 vom 21. 12. 2020, BGBl 2020 I S. 3096, erfolgt.

Unternehmer im Inland nicht einkommen- oder körperschaftsteuerpflichtig ist. Sie ist aber auch zu beachten, wenn der Unternehmer im Inland auch zur Einkommen- oder Körperschaftsteuer zu veranlagen ist.

Ein Auseinanderfallen der örtlichen Zuständigkeiten für die Ertrags- und Umsatzbesteuerung kann allerdings zu einem erschwerten Verwaltungsvollzug führen, z. B. bei Kapitalgesellschaften mit statutarischem Sitz im Ausland und Geschäftsleitung im Inland. Betroffen sind beispielsweise Fälle, in denen ein bisher im Inland ansässiges Unternehmen in eine britische „private company limited by shares" (Limited) umgewandelt wird oder eine Limited neu gegründet wird, die lediglich ihren statutarischen Sitz in Großbritannien hat, aber allein oder überwiegend im Inland unternehmerisch tätig und unbeschränkt körperschaftsteuerpflichtig ist. In diesen Fällen ist im Regelfall eine Zuständigkeitsvereinbarung nach § 27 AO herbeizuführen, nach der das für die Ertragsbesteuerung zuständige ortsnahe Finanzamt auch für die Umsatzsteuer zuständig wird …

Zu § 24 AO

AEAO   Ersatzzuständigkeit:

1. Für den Fall, dass sich die Zuständigkeit nicht aus den anderen Vorschriften ableiten lässt, ist die Finanzbehörde zuständig, in deren Bezirk objektiv ein Anlass für eine Amtshandlung besteht. Abgesehen von der Zuständigkeit für Maßnahmen zur Aufdeckung unbekannter Steuerfälle (§ 208 Abs. 1 Nr. 3 AO) ist hiernach auch die Zuständigkeit für den Erlass von Haftungsbescheiden (§§ 191, 192 AO) zu bestimmen. Wegen des Sachzusammenhangs ist mithin in der Regel das Finanzamt des Steuerpflichtigen gleichzeitig für die Heranziehung des Haftenden örtlich zuständig.

2. Kann die örtliche Zuständigkeit nicht sofort einwandfrei geklärt werden, ist bei unaufschiebbaren Maßnahmen die Zuständigkeit auf § 29 AO zu stützen.

Zu § 30 AO

AEAO   Steuergeheimnis:[1][2][3]

Inhaltsübersicht

1. Gegenstand des Steuergeheimnisses

2. Verpflichteter Personenkreis

3. Offenbarung oder Verwertung geschützter Daten

Anm. d. Schriftl.:

[1] Der automatisierte Abruf von Daten (§ 30 Abs. 6 AO) ist durch die Verordnung über den automatisierten Abruf von Steuerdaten (Steuerdaten-Abrufverordnung) vom 13. 10. 2005, BStBl 2005 I S. 950, geregelt worden. Auf das BMF-Schreiben vom 16. 11. 2011, BStBl 2011 I S. 1063, wird ergänzend hingewiesen. Änderungen sind im Rahmen der Vierten Verordnung zur Änderung steuerlicher Verordnungen vom 12. 7. 2017, BGBl 2017 I S. 2360, vorgenommen worden.

[2] Die Zuteilung der Identifikationsnummer und die dazu erfolgte Datenspeicherung sind mit dem Recht auf informationelle Selbstbestimmung und sonstigem Verfassungsrecht vereinbar (BFH-Urteil vom 18. 1. 2012, BStBl 2012 II S. 168).

[3] Hinweis auf das allgemeine Informationsschreiben zur Umsetzung der datenschutzrechtlichen Vorgaben der Artikel 12 bis 14 der Datenschutz-Grundverordnung in der Steuerverwaltung vom 1. 5. 2018, BStBl 2018 I S. 607. Auf die Änderungen durch BMF-Schreiben vom 8. 2. 2019, BStBl 2019 I S. 90, vom 1. 7. 2020, BStBl 2020 I S. 614, und vom 28. 10. 2020, BStBl 2020 I S. 1049, wird hingewiesen. Hinsichtlich des Datenschutzes im Steuerverwaltungsverfahren seit dem 25. 5. 2018 wird auf das BMF-Schreiben vom 13. 1. 2020, BStBl 2020 I S. 143, hingewiesen.

4. Offenbarung oder Verwertung zur Durchführung eines steuerlichen Verfahrens (§ 30 Abs. 4 Nr. 1 AO)

5. Offenbarung zur Wahrnehmung von Aufsichts-, Steuerungs- und Disziplinarbefugnissen der Finanzbehörde sowie zu Ausbildungs- und Prüfungszwecken (§ 30 Abs. 4 Nr. 1a 2. Alternative AO)

6. Offenbarung zur Durchführung eines Bußgeldverfahrens nach Art. 83 DSGVO (§ 30 Abs. 4 Nr. 1b AO)

7. Gesetzlich zugelassene Offenbarung (§ 30 Abs. 4 Nr. 2 AO)

8. Europarechtlich vorgeschriebene oder zugelassene Offenbarung (§ 30 Abs. 4 Nr. 2a AO)

9. Offenbarung bei Zustimmung des Betroffenen (§ 30 Abs. 4 Nr. 3 AO)

10. Offenbarung zur Durchführung eines außersteuerlichen Strafverfahrens (§ 30 Abs. 4 Nr. 4 AO)

11. Offenbarung aus zwingendem öffentlichen Interesse (§ 30 Abs. 4 Nr. 5 AO)

12. Offenbarung vorsätzlich falscher Angaben (§ 30 Abs. 5 AO)

13. Auskunft über Anzeigeerstatter

14. Abruf geschützter Daten (§ 30 Abs. 6 AO)

1.   Gegenstand des Steuergeheimnisses

1.1   Durch das Steuergeheimnis werden alle Informationen geschützt, die einem Amtsträger oder einer ihm gleichgestellten Person in einem der in § 30 Abs. 2 Nr. 1 Buchstabe a bis c AO genannten Verfahren über identifizierte oder identifizierbare

– (lebende oder verstorbene) natürlicher Personen sowie

– Körperschaften, rechtsfähige oder nicht rechtsfähige Personenvereinigungen oder Vermögensmassen

bekannt geworden sind. Es ist unerheblich, ob diese Informationen für die Besteuerung relevant sind oder nicht.

Eine (lebende) natürliche Person gilt als identifizierbar, wenn sie mit vorhandenen oder zugänglichen Mitteln direkt oder indirekt, insbesondere mittels Zuordnung zu einer Kennung wie einem Namen, zu einer Kennnummer, zu Standortdaten, zu einer Online-Kennung oder zu einem oder mehreren besonderen Merkmalen, die Ausdruck der physischen, physiologischen, genetischen, psychischen, wirtschaftlichen, kulturellen oder sozialen Identität dieser Person sind, bestimmt werden kann (vgl. Art. 4 Nr. 1 DSGVO). Entsprechendes gilt nach § 2a Abs. 5 AO für Verstorbene sowie für Körperschaften, rechtsfähige oder nicht rechtsfähige Personenvereinigungen oder Vermögensmassen.

Wurden solche personenbezogenen Daten so weit anonymisiert, dass die betroffene Person nicht oder nicht mehr identifiziert werden kann, unterliegen sie nicht mehr dem Steuergeheimnis (Ausnahme: Betriebs- und Geschäftsgeheimnisse; siehe Nr. 1.5 des AEAO zu § 30).

Einer Pseudonymisierung unterzogene personenbezogene Daten unterliegen solange dem Steuergeheimnis, wie sie durch Heranziehung zusätzlicher Informationen einer identifizierten oder identifizierbaren Person zugeordnet werden könnten.

1.2   Das Steuergeheimnis erstreckt sich auf die gesamten persönlichen, wirtschaftlichen, rechtlichen, öffentlichen und privaten Verhältnisse einer natürlichen oder juristischen Person (personenbezogene Daten). Hierzu zählen auch das Verwaltungsverfahren selbst, die Art der Beteiligung am Verwaltungsverfahren und die Maßnahmen, die vom Beteiligten getroffen wurden. So unterliegt z. B. auch dem Steuergeheimnis, ob und bei welcher Finanzbehörde ein Beteiligter steuerlich geführt wird, ob ein Steuerfahndungsverfahren oder eine Außenprüfung stattgefunden hat, wer für einen Beteiligten im Verfahren aufgetreten ist und welche Anträge gestellt worden sind.

1.3 Zum geschützten Personenkreis gehören nicht nur die Steuerpflichtigen (§ 33 AO), sondern auch andere Personen, Körperschaften, rechtsfähige oder nicht rechtsfähige Personenvereinigungen oder Vermögensmassen, deren personenbezogene Daten einem Amtsträger oder einer ihm gleichgestellten Person in einem der in § 30 Abs. 2 Nr. 1 AO genannten Verfahren bekannt geworden sind.

Ob diese Personen in einem derartigen Verfahren mitwirkungs- oder auskunftspflichtig sind oder ihre Angaben ohne rechtliche Verpflichtung abgegeben haben, ist für die Zuordnung zum geschützten Personenkreis unerheblich (BFH-Urteil vom 8. 2. 1994, VII R 88/92, BStBl II S. 552). Gesetzliche Informationspflichten eines Dritten gegenüber dem Steuerpflichtigen über eine diesen betreffende Mitteilung an die Finanzbehörden (z. B. nach § 93c Abs. 1 Nr. 3 AO) bleiben unberührt.

Zur Information des Steuerpflichtigen über ein Auskunftsersuchen gegenüber Dritten vgl. AEAO zu § 93, Nr. 1.2.7.

1.4 Dem Steuergeheimnis unterliegt auch die Identität eines Anzeigeerstatters (vgl. BFH-Beschluss vom 7. 12. 2006, V B 163/05, BStBl 2007 II S. 275 m. w. N.). Nach § 30 Abs. 4 Nr. 4 Buchstabe b und Abs. 5 AO kann allerdings eine Durchbrechung des Steuergeheimnisses zulässig und in besonders gelagerten Einzelfällen sogar geboten sein (vgl. AEAO zu § 30, Nr. 13).

1.5 Dem Steuergeheimnis unterliegen nach § 30 Abs. 2 Nr. 2 AO auch nicht personenbezogene (d. h. anonymisierte oder pseudonymisierte) Betriebs- und Geschäftsgeheimnisse.

1.6 Ein Amtsträger (bzw. eine ihm gleichgestellte Person) verletzt das Steuergeheimnis, wenn er nach § 30 Abs. 2 Nr. 1 oder 2 AO geschützte Daten unbefugt offenbart oder verwertet. Er verletzt das Steuergeheimnis außerdem, wenn er nach § 30 Abs. 2 Nr. 1 oder 2 AO geschützte und für ein Verfahren i. S. d. § 30 Abs. 2 Nr. 1 AO gespeicherte Daten im automatisierten Verfahren unbefugt abruft (§ 30 Abs. 2 Nr. 3 AO).

2.   Verpflichteter Personenkreis

2.1 Das Steuergeheimnis haben Amtsträger und die in § 30 Abs. 3 AO genannten Personen zu wahren.

2.2 Amtsträger sind die in § 7 AO abschließend aufgeführten Personen.

2.3 Den Amtsträgern sind nach § 30 Abs. 3 AO gleichgestellt u. a. die für den öffentlichen Dienst besonders Verpflichteten. Nach § 11 Abs. 1 Nr. 4 StGB ist dies, wer, ohne Amtsträger zu sein, bei einer Behörde oder bei einer sonstigen Stelle, die Aufgaben der öffentlichen Verwaltung wahrnimmt, oder bei einem Verband oder sonstigen Zusammenschluss, Betrieb oder Unternehmen, die für eine Behörde oder für eine sonstige Stelle Aufgaben der öffentlichen Verwaltung ausführen, beschäftigt oder für sie tätig und auf die gewissenhafte Erfüllung seiner Obliegenheiten aufgrund eines Gesetzes förmlich verpflichtet ist. Rechtsgrundlage für die Verpflichtung ist das VerpflG. Für eine Verpflichtung kommen z. B. Schreib- und Registraturkräfte, ferner Mitarbeiter in Rechenzentren sowie Unternehmer und deren Mitarbeiter, die Hilfstätigkeiten für die öffentliche Verwaltung erbringen (z. B. Datenerfassung, Versendung von Erklärungsvordrucken), in Betracht.

2.4 Sachverständige stehen Amtsträgern nur dann gleich, wenn sie von einer Behörde oder einem Gericht hinzugezogen werden.

3.   Offenbarung oder Verwertung geschützter Daten

3.1 Die Absätze 4 und 5 des § 30 AO erlauben die Offenbarung oder Verwertung der in § 30 Abs. 2 AO geschützten Daten.

3.2 Offenbaren i. S. d. § 30 AO ist eine Form des Offenlegens geschützter Daten i. S. d. Art. 4 Nr. 2 DSGVO, umfasst aber – anders als die Offenlegung – auch die Übermittlung, Verbreitung und andere Formen der Bereitstellung gegenüber anderen Amts-trägern oder gleichgestellten Personen derselben Finanzbehörde.

„Offenbarung" ist jedes ausdrückliche oder konkludente Verhalten, auf Grund dessen nach § 30 Abs. 2 AO geschützte Daten einem Dritten bekannt werden können. Eine Offenbarung kann sich aus mündlichen, schriftlichen oder elektronischen Erklärun-gen, aber auch aus anderen Handlungen (z. B. Gewährung von Akteneinsicht, Kopf-nicken usw.) oder Unterlassungen ergeben.

Im Fall der Bereitstellung von Daten zum Abruf erfolgt die Offenbarung erst mit tat-sächlichem Zugriff auf die Daten. Werden zum Abruf bereitgestellte Daten von der verantwortlichen Finanzbehörde vor der Einsichtnahme oder dem Abruf wieder ge-löscht oder der Abruf in anderer Weise ausgeschlossen, ist keine Offenbarung er-folgt. Entsprechendes gilt bei der Bereitstellung von Akten zur Einsichtnahme.

3.3   Der Gesamtrechtsnachfolger (z. B. der Erbe nach § 1922 BGB) tritt in die rechtliche Stellung des Rechtsvorgängers ein (§ 45 Abs. 1 Satz 1 AO) und ist damit kein Dritter. Die Auskünfte, die dem Rechtsvorgänger erteilt werden durften, dürfen auch dem Rechtsnachfolger erteilt werden.

Sind in einem Erbfall mehrere Erben vorhanden, so ist jeder einzelne Gesamtrechts-nachfolger des Erblassers. Zur Auskunftserteilung bedarf es nicht der Zustimmung der übrigen Miterben. Der auskunftssuchende Erbe hat sich erforderlichenfalls durch Erbschein auszuweisen.

Vermächtnisnehmer, Pflichtteilsberechtigte sowie Erbersatzanspruchsberechtigte sind keine Gesamtrechtsnachfolger und daher Dritte. Der Auskunftsanspruch des Pflichtteilsberechtigten gegen den Erben nach § 2314 BGB hebt das Steuergeheimnis nicht auf.

3.4   Eine Offenbarung liegt nicht vor, wenn sich ein Dritter unbefugt Zugang zu den Da-ten verschafft hat. In diesem Fall liegt aber gleichwohl eine Verletzung des Schutzes personenbezogener Daten i. S. d. Art. 33 und 34 DSGVO vor (vgl. zu den Rechtsfolgen nach der DSGVO Nr. 3.8 des AEAO zu § 30).

3.5   Eine Offenbarung liegt außerdem nicht vor, wenn der Amtsträger (oder die ihm gleichgestellte Person) personenbezogene Daten, die er selbst für Zwecke eines be-stimmten Verwaltungsverfahrens in Steuersachen erhoben hat, für ein anderes von ihm geführtes Verfahren i. S. d. § 30 Abs. 4 Nr. 1 AO verarbeitet (zulässige Weiterver-arbeitung nach § 29c Abs. 1 Satz 1 Nr. 1 AO).

3.6   Unter „Verwertung" ist jede Verwendung in der Absicht, aus der Nutzung der ge-schützten Daten für sich oder andere Vorteile ziehen zu wollen, zu verstehen. Eine unbefugte Verwertung personenbezogener Daten eines anderen oder eines fremden Betriebs- oder Geschäftsgeheimnisses liegt vor, wenn die zu Grunde liegenden Infor-mationen in irgendeiner Weise ohne rechtfertigenden Grund genutzt werden.

3.7   Die Finanzbehörde ist, sofern eine der in § 30 Abs. 4 und 5 AO genannten Vorausset-zungen vorliegt, zur Offenbarung befugt, jedoch nicht verpflichtet. Es gelten die Grundsätze des § 5 AO. Bei der Entscheidung, ob dem Steuergeheimnis unterliegende Verhältnisse offenbart werden sollen, ist zu berücksichtigen, dass das Steuergeheim-nis auch dazu dient, die Beteiligten am Besteuerungsverfahren zu wahrheitsgemä-ßen Angaben zu veranlassen. Ist die Befugnis zur Offenbarung nach § 30 AO gegeben und besteht gleichzeitig ein Auskunftsanspruch, der für sich allein das Steuer-geheimnis nicht durchbricht, z. B. § 161 StPO, so ist die Finanzbehörde zur Auskunfts-erteilung verpflichtet.

3.8   Eine unbefugte Offenbarung oder Verwertung nach § 30 Abs. 2 Nr. 1 AO geschützter Daten stellt eine Verletzung des Schutzes personenbezogener Daten nach Art. 4 Nr. 12 DSGVO dar und löst ggf. die Mitteilungspflicht gegenüber der Datenschutzaufsicht nach Art. 33 DSGVO, ggf. auch die Benachrichtigungspflicht gegenüber der betroffenen Person nach Art. 34 DSGVO aus. § 355 Abs. 3 StGB bleibt hiervon unberührt.

3.9 Wurden geschützte Daten

   – einer Person, die nicht zur Wahrung des Steuergeheimnisses verpflichtet ist,

   – einer öffentlichen Stelle, die keine Finanzbehörde ist, oder

   – einer nicht-öffentlichen Stelle

befugt offenbart, darf der Empfänger diese Daten nur zu dem Zweck speichern, verändern, nutzen oder übermitteln, zu dem sie ihm offenbart worden sind (§ 30 Abs. 11 Satz 1 AO). Ein Verstoß gegen diese Verarbeitungsbeschränkung kann – soweit er nicht bereits nach dem StGB strafbar ist – als Verstoß gegen die DSGVO geahndet werden und die Rechtsfolgen des Art. 82 DSGVO auslösen.

4. **Offenbarung oder Verwertung zur Durchführung eines steuerlichen Verfahrens (§ 30 Abs. 4 Nr. 1 AO)**

4.1 § 30 Abs. 4 Nr. 1 AO lässt eine Offenbarung zur Durchführung eines steuerlichen Verwaltungsverfahrens, eines steuerlichen Straf- oder Bußgeldverfahrens, eines gerichtlichen Verfahrens in Steuersachen oder eines Rechnungsprüfungsverfahrens in Steuersachen zu.**1 2**

Es genügt, dass das Offenbaren für die Einleitung oder den Fortgang dieses Verfahrens nützlich sein könnte. Die Zulässigkeit ist nicht auf die Mitteilung von Tatsachen zwischen Finanzbehörden beschränkt (z. B. Mitteilungen zwischen Zollbehörden und Steuerbehörden, zwischen Finanzämtern und übergeordneten Finanzbehörden). Zulässig ist auch die Mitteilung an andere Behörden, soweit sie unmittelbar der Durchführung eines der oben genannten Verfahren dient, z. B. Mitteilungen an die Denkmalschutzbehörden im Bescheinigungsverfahren nach § 7i EStG.

Sofern Verwaltungsgerichte Verfahren in Steuersachen (insbesondere Realsteuersachen, Kirchensteuersachen) zu entscheiden haben, besteht eine Offenbarungsbefugnis wie gegenüber Finanzgerichten.

Bei verwaltungsgerichtlichen Streitigkeiten in anderen als steuerlichen Verfahren dürfen die Finanzbehörden den Gerichten Auskünfte nur dann erteilen, wenn die Offenbarung nach § 30 Abs. 4 Nr. 2 bis 5 AO zugelassen ist.

4.2 Auskünfte darüber, ob eine Körperschaft wegen Verfolgung gemeinnütziger, mildtätiger oder kirchlicher Zwecke steuerbegünstigt ist oder nicht, sind dem Spender nur dann zu erteilen, wenn

   – er im Besteuerungsverfahren die Berücksichtigung der geleisteten Spende beantragt (§ 30 Abs. 4 Nr. 1 i. V. m. Abs. 2 Nr. 1 Buchstabe a AO),

---

Anm. d. Schriftl.:

1 Das Steuergeheimnis steht einem Ersuchen an eine ausländische Finanzbehörde nicht entgegen. Die mit dem Ersuchen verbundene notwendige Mitteilung steuerlicher Verhältnisse ist nach § 30 Abs. 4 Nr. 1 AO zulässig. Auf das Merkblatt zur zwischenstaatlichen Amtshilfe durch Informationsaustausch in Steuersachen wird hingewiesen (BMF-Schreiben vom 29. 5. 2019, BStBl 2019 I S. 480).

2 Einen verfassungsunmittelbaren Auskunftsanspruch hinsichtlich der Besteuerung eines Konkurrenten hat ein Steuerpflichtiger unbeschadet des Steuergeheimnisses dann, wenn er substantiiert und glaubhaft darlegt, durch eine aufgrund von Tatsachen zu vermutende oder zumindest nicht mit hinreichender Wahrscheinlichkeit auszuschließende unzutreffende Besteuerung eines Konkurrenten konkret feststellbare, durch Tatsachen belegte Wettbewerbsnachteile zu erleiden und gegen die Steuerbehörde mit Aussicht auf Erfolg ein subjektives öffentliches Recht auf steuerlichen Drittschutz geltend machen zu können (BFH-Urteil vom 5. 10. 2006, BStBl 2007 II S. 243).

    – die Körperschaft ihm den Tatsachen entsprechend mitgeteilt hat, dass sie zur Entgegennahme steuerlich abzugsfähiger Spenden berechtigt ist, oder

    – die Körperschaft wahrheitswidrig behauptet, sie sei zur Entgegennahme steuerlich abzugsfähiger Spenden berechtigt (§ 30 Abs. 4 Nr. 1 i. V. m. Abs. 2 Nr. 1 Buchstabe a AO, vgl. AEAO zu § 85 AO); die Richtigstellung kann öffentlich erfolgen, wenn die Körperschaft ihre wahrheitswidrige Behauptung öffentlich verbreitet.

Ansonsten ist der Spender bei Anfragen stets an die Körperschaft zu verweisen, sofern keine Zustimmung der Körperschaft zur Auskunftserteilung vorliegt.

4.3   Wird eine beantragte Steuerermäßigung, die von Einkommens- oder Vermögensverhältnissen Dritter abhängt (z. B. nach §§ 32, 33a EStG), abgelehnt, weil die Einkünfte und Bezüge bzw. das Vermögen gesetzliche Betragsgrenzen übersteigen, ist dies dem Steuerpflichtigen ohne Angabe des genauen Betrags mitzuteilen. Wird ein derartiger Ermäßigungsantrag im Hinblick auf die eigenen Einkünfte und Bezüge oder das Vermögen des Dritten teilweise abgelehnt, so darf dem Steuerpflichtigen die Höhe dieser Beträge mitgeteilt werden.

4.4   Bei der Schätzung von Besteuerungsgrundlagen sind ggf. die für Vergleichsbetriebe geführten Steuerakten dem Finanzgericht vorzulegen, damit das Finanzgericht überprüfen kann, ob gegen die Zahlen der Vergleichsbetriebe Bedenken bestehen. Da der Steuerpflichtige jedoch gem. § 78 FGO das Recht hat, die dem Finanzgericht vorgelegten Akten einzusehen, hat die Vorlage an das Finanzgericht stets in anonymisierter Form zu erfolgen (vgl. BFH-Urteil vom 18. 12. 1984, VIII R 195/82, BStBl 1986 II. S. 226). Das Finanzgericht darf die Verwertung der vom Finanzamt eingebrachten anonymisierten Daten über Vergleichsbetriebe nicht schon im Grundsatz ablehnen (vgl. BFH-Urteil vom 17. 10. 2001, I R 103/00, BStBl 2004 II S. 171).

4.5   ...

4.6   Anträge auf Erteilung von Auskünften über die Besteuerung Dritter bei der Anwendung drittschützender Normen (u. a. §§ 64 bis 68 AO und § 2 Abs. 3 UStG) sind zur Vorbereitung einer Konkurrentenklage grundsätzlich zulässig (vgl. BFH-Urteil vom 5. 10. 2006, VII R 24/03, BStBl 2007 II S. 243). Ein solcher Auskunftsanspruch setzt allerdings voraus, dass der Steuerpflichtige substantiiert und glaubhaft darlegt, durch die unzutreffende Besteuerung des Konkurrenten konkret feststellbare und spürbare Wettbewerbsnachteile zu erleiden und deshalb gegen die Steuerbehörde mit Aussicht auf Erfolg ein subjektives öffentliches Recht auf steuerlichen Drittschutz geltend machen zu können. Die Auskünfte sind auf das für die Rechtsverfolgung notwendige Maß zu beschränken. In der Auskunft dürfen deshalb nur Angaben über die Art und Weise der Besteuerung der für die Konkurrenzsituation relevanten Umsätze der fraglichen öffentlichen Einrichtung gemacht werden, nicht aber über die Höhe dieser Umsätze und der hierauf festgesetzten Steuer. Der betroffene Dritte soll gehört werden.

4.7   ...

4.8   ...

5.   **Offenbarung zur Wahrnehmung von Aufsichts-, Steuerungs- und Disziplinarbefugnissen der Finanzbehörde sowie zu Ausbildungs- und Prüfungszwecken (§ 30 Abs. 4 Nr. 1a 2. Alternative AO)**

5.1   Nach § 30 Abs. 2 AO geschützte Daten dürfen den jeweils zuständigen Stellen offenbart werden, soweit dies zur Wahrnehmung von Aufsichts-, Steuerungs- und Disziplinarbefugnissen der Finanzbehörde erforderlich ist (§ 29c Abs. 1 Satz 1 Nr. 6 Satz 1 AO).

     ...

5.2   ...

5.3   ...

6.   Offenbarung zur Durchführung eines Bußgeldverfahrens nach Art. 83 DSGVO (§ 30 Abs. 4 Nr. 1b AO)

Nach § 30 Abs. 2 AO geschützte Daten dürfen den für die Durchführung eines Bußgeldverfahrens nach der DSGVO zuständigen Datenschutzaufsichtsbehörden nur offenbart werden, wenn das Bußgeldverfahren die Verarbeitung personenbezogener Daten im Anwendungsbereich der AO betrifft.

7.   Gesetzlich zugelassene Offenbarung (§ 30 Abs. 4 Nr. 2 AO)

Auf § 30 Abs. 4 Nr. 2 AO kann eine Offenbarung nur gestützt werden, wenn die Befugnis zum Offenbaren in einem Bundesgesetz ausdrücklich enthalten ist.**❶** Eine Regelung in einem Landesgesetz oder einer Kommunalsatzung oder eine Bestimmung über die allgemeine Pflicht zur Amtshilfe genügt nicht. Die Befugnis kann in der AO selbst (z. B. § 31 AO), in anderen Steuergesetzen des Bundes oder in außersteuerlichen Vorschriften des Bundes enthalten sein.

Zu den außersteuerlichen Vorschriften gehören insbesondere:

– § 5 Abs. 3 des Gesetzes über den Abbau der Fehlsubventionierung im Wohnungswesen;

– § 236 Abs. 1 und § 379 Abs. 2 des Gesetzes über Verfahren in Familiensachen und in Angelegenheiten der freiwilligen Gerichtsbarkeit;

– § 88 Abs. 3 des Aufenthaltsgesetzes;

– § 197 Abs. 2 Satz 2 des Baugesetzbuches;

– § 49 des Beamtenstatusgesetzes und § 115 des Bundesbeamtengesetzes**❷**;

– § 16 Abs. 3 Satz 1 Nr. 2 und Abs. 4 des Bundesdatenschutzgesetzes;

– § 39 des Erdölbevorratungsgesetzes;

– § 17 Satz 2 des Gesetzes über das gerichtliche Verfahren in Landwirtschaftssachen;

– § 14 Abs. 4 und § 153a Abs. 1 Satz 2 der Gewerbeordnung;

– § 3 Abs. 5 des Güterkraftverkehrsgesetzes;

– § 8 Abs. 2 des Gesetzes über das Kreditwesen;

– § 6 Abs. 2 des Bundesmeldegesetzes;

– § 25 Abs. 3 des Personenbeförderungsgesetzes;

– § 7 Abs. 2 des Gesetzes über die Preisstatistik;

– § 27 Abs. 1 Satz 2 des Gesetzes zur Regelung offener Vermögensfragen;

– § 21 Abs. 4 SGB X;

– § 5 Abs. 2 bis 5 und §§ 10, 10a des Steuerberatungsgesetzes;

Anm. d. Schriftl.:

❶ Die Finanzbehörden und die Bundesanstalt für Arbeit übermitteln dem Statistischen Bundesamt und den statistischen Ämtern der Länder monatlich Daten für Zwecke der Wirtschaftsstatistiken. Dies ist im Verwaltungsdatenverwendungsgesetz vom 31. 10. 2003, BStBl 2004 I S. 3, geregelt.

❷ Zu Mitteilungen der Finanzbehörden zur Durchführung dienstrechtlicher Maßnahmen bei Beamten und Richtern hat das BMF mit Schreiben vom 13. 1. 2023, BStBl 2023 I S. 182, Stellung genommen.

- § 2a Abs. 1, § 2b Abs. 1, § 4 Abs. 4, § 6 Abs. 1 und 2 und § 9 Abs. 1 bis 3 des Gesetzes über Steuerstatistiken;
- § 492 Abs. 3 StPO i. V. m. §§ 385, 399 AO;
- § 27 Abs. 5 des Unterhaltssicherungsgesetzes;
- § 3a der Verfahrensordnung für Höfesachen;
- § 32 Abs. 4 und § 35 Abs. 4 des Wohnraumförderungsgesetzes und § 2 des Wohnungsbindungsgesetzes;
- § 2 des Verwaltungsdatenverwendungsgesetzes;
- § 36 Abs. 2 der Bundesrechtsanwaltsordnung;
- § 18 Abs. 3a des Bundesverfassungsschutzgesetzes (vgl. auch § 51 Abs. 3 Satz 3 AO);
- § 6 Abs. 1 und 4 des Bundesarchivgesetzes;
- § 36a Abs. 3 der Wirtschaftsprüferordnung;
- § 64a Abs. 2 der Bundesnotarordnung;
- § 34 Abs. 2 der Patentanwaltsordnung;
- § 54 Abs. 1 Satz 4 des Gerichtskostengesetzes;
- § 40 Abs. 6 und § 46 Abs. 3 des Gerichts- und Notarkostengesetzes;
- § 6 Abs. 5 des Unterhaltsvorschussgesetzes;
- § 12 Abs. 5 Satz 4 des Sicherheitsüberprüfungsgesetzes;
- § 42 Abs. 2 des Geldwäschegesetzes (GwG);
- § 9 Abs. 2 des Gesetzes zur vorläufigen Regelung des Rechts der Industrie- und Handelskammern;
- § 32a Staatsangehörigkeitsgesetz;
- § 4 Abs. 1 Satz 2 Wettbewerbsregistergesetz.

8.   **Europarechtlich vorgeschriebene oder zugelassene Offenbarung (§ 30 Abs. 4 Nr. 2a AO)**

§ 30 Abs. 4 Nr. 2a AO gestattet eine Offenbarung geschützter Daten, soweit diese Offenbarung durch unmittelbar geltendes Recht der EU (Verordnungen, Durchführungsbestimmungen und sonstiges, unmittelbar geltendes Recht) zugelassen oder sogar vorgeschrieben ist. Dabei ist es nicht erforderlich, dass die Durchbrechung des Steuergeheimnisses ausdrücklich bezeichnet wird.

Beispiele:

Fordert die EU-Kommission in einem beihilferechtlichen Prüfungsverfahren von Finanzbehörden Informationen über bestimmte Steuerfälle an, sind ihr diese nach der EU-Beihilfeverfahrensordnung mitzuteilen.

Soweit den Finanzbehörden im Besteuerungsverfahren Erkenntnisse über Verstöße gegen europäische Embargo-Verordnungen bekannt werden, haben sie diese den für die Verfolgung derartiger Verstöße zuständigen Behörden mitzuteilen.

EU-Richtlinien und Beschlüsse im Rahmen der gemeinsamen Außen- und Sicherheitspolitik (sogenannte GASP-Beschlüsse) stellen kein unmittelbar geltendes EU-Recht dar. Damit die dort enthaltenen Regelungen wirksam werden, müssen sie zuvor entweder in unmittelbar geltendes Recht der EU oder in nationales Recht umgesetzt werden. Bei Umsetzung in unmittelbar geltendes EU-Recht kommt eine Offenbarungsbefugnis nach § 30 Abs. 4 Nr. 2a AO in Betracht. Bei Umsetzung im Außenwirtschaftsgesetz und der Außenwirtschaftsverordnung ergibt sich die Offenbarungsbefugnis aus § 30 Abs. 4 Nr. 1 AO, da die Überwachung des grenzüberschreitenden Warenverkehrs nach § 2a Abs. 2 Satz 2 AO als Verfahren in Steuersachen gilt. Bei anderweitiger Umsetzung in nationales Recht kann sich eine Offenbarungsbefugnis aus § 30 Abs. 4 Nr. 2 oder Nr. 5 AO ergeben.

9.   Offenbarung bei Zustimmung des Betroffenen (§ 30 Abs. 4 Nr. 3 AO)

Nach § 30 Abs. 4 Nr. 3 AO ist die Offenbarung zulässig, soweit der Betroffene zustimmt. Betroffener ist nicht nur der Verfahrensbeteiligte selbst, sondern auch jeder Andere, dessen personenbezogene Daten durch § 30 AO geschützt werden (z. B. Geschäftsführer, Geschäftspartner, Arbeitnehmer, Empfänger von Zahlungen und anderen Vorteilen). Sind mehrere Personen betroffen, so müssen alle ihre Zustimmung zur Offenbarung eines Sachverhalts erteilen. Stimmen einzelne Personen nicht zu, so dürfen die geschützten Verhältnisse derjenigen, die ihre Zustimmung nicht erteilt haben, nicht offenbart werden.

10.   Offenbarung zur Durchführung eines außersteuerlichen Strafverfahrens (§ 30 Abs. 4 Nr. 4 AO)

10.1   Gem. § 30 Abs. 4 Nr. 4 Buchstabe a AO dürfen im Steuerstrafverfahren oder Steuerordnungswidrigkeitsverfahren gewonnene Erkenntnisse über außersteuerliche Straftaten an Gerichte und Strafverfolgungsbehörden für Zwecke der Strafverfolgung weitergeleitet werden. Die Finanzbehörden können daher z. B. die Staatsanwaltschaft auch über sog. Zufallsfunde unterrichten. Voraussetzung ist jedoch stets, dass die Erkenntnisse im steuerlichen Straf- oder Bußgeldverfahren selbst gewonnen wurden. Kenntnisse, die bereits vorher in einem anderen Verfahren (z. B. Veranlagungs-, Außenprüfungs- oder Vollstreckungsverfahren) erlangt wurden, dürfen den Strafverfolgungsbehörden gegenüber nicht offenbart werden. Sind die Tatsachen von dem Steuerpflichtigen (§ 33 AO) selbst oder der für ihn handelnden Person (§ 200 Abs. 1 AO) der Finanzbehörde mitgeteilt worden, ist die Weitergabe zur Strafverfolgung wegen nichtsteuerlicher Straftaten nur zulässig, wenn der Steuerpflichtige zum Zeitpunkt der Abgabe der Mitteilung an die Finanzbehörde die Einleitung des steuerlichen Straf- oder Bußgeldverfahrens gekannt hat, es sei denn, einer der in § 30 Abs. 4 Nr. 5 oder Abs. 5 AO geregelten Fälle läge vor.

10.2   Gem. § 30 Abs. 4 Nr. 4 Buchstabe b AO ist eine Offenbarung von Kenntnissen zur Durchführung eines Strafverfahrens wegen einer nichtsteuerlichen Straftat uneingeschränkt zulässig, wenn die Tatsachen der Finanzbehörde ohne Bestehen einer steuerlichen Verpflichtung oder unter Verzicht auf ein Auskunftsverweigerungsrecht bekannt geworden sind. Tatsachen sind der Finanzbehörde ohne Bestehen einer steuerlichen Verpflichtung bekannt geworden, wenn die Auskunftsperson nicht zuvor durch die Finanzbehörde zur Erteilung einer Auskunft aufgefordert worden ist. Ein Verzicht auf ein Auskunftsverweigerungsrecht (siehe §§ 101 ff. AO) kann nur angenommen werden, wenn dem Berechtigten sein Auskunftsverweigerungsrecht bekannt war; dies setzt in den Fällen des § 101 AO eine Belehrung voraus.

11.   Offenbarung aus zwingendem öffentlichen Interesse (§ 30 Abs. 4 Nr. 5 AO)

11.1   Eine Offenbarung ist gem. § 30 Abs. 4 Nr. 5 AO zulässig, soweit für sie ein zwingendes öffentliches Interesse besteht.

Liegt ein zwingendes öffentliches Interesse vor, macht es für die Zulässigkeit der Offenbarung keinen Unterschied, ob die Finanzbehörde aufgrund eigener Erkenntnisse von Amts wegen die zuständige Behörde informiert oder ob die zuständige Behörde unter Schilderung der Umstände, die das Vorliegen eines zwingenden öffentlichen Interesses begründen, die Finanzbehörde um Auskunft ersucht.

11.2   § 30 Abs. 4 Nr. 5 AO enthält eine beispielhafte Aufzählung von Fällen, in denen ein zwingendes öffentliches Interesse zu bejahen ist.

11.2.1   Ein zwingendes öffentliches Interesse ist nach § 30 Abs. 4 Nr. 5 Buchstabe a AO insbesondere gegeben, wenn die Offenbarung erforderlich ist

– zur **Abwehr** erheblicher Nachteile für das Gemeinwohl oder einer Gefahr für die öffentliche Sicherheit, die Verteidigung oder die nationale Sicherheit oder

– zur **Verhütung oder Verfolgung** von Verbrechen und vorsätzlichen schweren Vergehen gegen Leib und Leben oder gegen den Staat und seine Einrichtungen.

Verbrechen i. S. d. § 30 Abs. 4 Nr. 5 Buchstabe a AO sind alle Straftaten, die im Mindestmaß mit Freiheitsstrafe von einem Jahr oder darüber bedroht sind (§ 12 Abs. 1 StGB).

Als vorsätzliche schwere Vergehen gegen Leib und Leben oder gegen den Staat und seine Einrichtungen kommen nur solche Vergehen in Betracht, die eine schwerwiegende Rechtsverletzung darstellen und dementsprechend mit Freiheitsstrafe bedroht sind.

11.2.2   Unter den Begriff der Wirtschaftsstraftat i. S. d. § 30 Abs. 4 Nr. 5 Buchstabe b AO fallen Straftaten nicht schon deswegen, weil sie nach § 74c GVG zur Zuständigkeit des Landgerichts gehören. Es ist vielmehr in jedem Einzelfall unter Abwägung der Interessen zu prüfen, ob die besonderen Voraussetzungen des § 30 Abs. 4 Nr. 5 Buchstabe b AO gegeben sind.

11.2.3   § 30 Abs. 4 Nr. 5 Buchstabe c AO gestattet die Offenbarung zur Richtigstellung unwahrer Tatsachen, die geeignet sind, das Vertrauen in die Verwaltung erheblich zu erschüttern. Diese Offenbarungsbefugnis begründet ein Abwehrrecht der Verwaltung und dient damit nicht dem Aufklärungsinteresse der Öffentlichkeit. Die Verwaltung selbst hat zu entscheiden, ob und in welchem Umfang sie richtigstellen will. Sie hat dabei den Grundsatz der Verhältnismäßigkeit zu wahren und sich auf die zur Richtigstellung erforderliche Offenbarung zu beschränken. Eine Offenbarung zur Richtigstellung in der Öffentlichkeit verbreiteter unwahrer Tatsachen gem. § 30 Abs. 4 Nr. 5 Buchstabe c AO kommt nur im Ausnahmefall in Betracht.

11.3   Bei anderen als den in § 30 Abs. 4 Nr. 5 AO genannten Sachverhalten ist ein zwingendes öffentliches Interesse nur gegeben, wenn sie in ihrer Bedeutung einem dieser Fälle vergleichbar sind.

11.4   Die Gewerbebehörden können bei Vorliegen eines zwingenden öffentlichen Interesses für Zwecke eines Gewerbeuntersagungsverfahrens über die Verletzung steuerlicher Pflichten unterrichtet werden, die mit der Ausübung des Gewerbes, das untersagt werden soll, im Zusammenhang stehen (vgl. im Einzelnen BMF-Schreiben vom 19. 12. 2013, BStBl 2014 I S. 19).

11.5   Zur Wahrung des Steuergeheimnisses gegenüber Parlamenten bzw. einem Untersuchungsausschuss des Deutschen Bundestages vgl. BMF-Schreiben vom 13. 5. 1987.

11.6   § 6 des SubvG, wonach Behörden von Bund und Ländern Tatsachen, die sie dienstlich erfahren, und die den Verdacht eines Subventionsbetrugs (§ 264 StGB) begründen, den Strafverfolgungsbehörden mitzuteilen haben, stellt keine Ermächtigungsvorschrift i. S. d. § 30 Abs. 4 Nr. 2 AO dar. Anzeigen an Strafverfolgungsbehörden wegen des Verdachts eines Subventionsbetrugs sind daher nur zulässig, wenn ein zwingendes öffentliches Interesse an der Offenbarung besteht (§ 30 Abs. 4 Nr. 5 Buchstabe b AO) oder die Voraussetzungen des § 30 Abs. 5 AO vorliegen (vgl. AEAO zu § 30, Nr. 12). Betrifft der Subventionsbetrug allerdings Investitionszulagen, so sind entsprechende Tatsachen wie bei Steuerstraftaten den Bußgeld- und Strafsachenstellen zu melden (vgl. § 14 InvZulG 2010 i. V. m. § 30 Abs. 4 Nr. 1 AO).

Nach § 31a AO besteht daneben eine Offenbarungsbefugnis gegenüber den für die Bewilligung, Gewährung, Rückforderung, Erstattung, Weitergewährung oder für das Belassen einer Subvention zuständigen Behörden und Gerichten; ...

11.7   Die Weitergabe von Informationen über Verstöße gegen die Umweltschutzbestimmungen kommt insbesondere in Betracht, wenn daran ein zwingendes öffentliches Interesse nach § 30 Abs. 4 Nr. 5 AO besteht. Dies ist nicht nur zur Verfolgung der in § 30 Abs. 4 Nr. 5 Buchstaben a und b AO genannten Straftaten gegeben, sondern auch zur Verfolgung anderer Straftaten, die wegen ihrer Schwere und ihrer Auswirkungen auf die Allgemeinheit den genannten Regeltatbeständen entsprechen.

Bei Verdacht eines besonders schweren Falles einer Umweltstraftat i. S. d. § 330 StGB oder einer schweren Gefährdung durch Freisetzung von Giften i. S. d. § 330a StGB ist ein zwingendes öffentliches Interesse für eine Offenbarung zu bejahen. Keine Offenbarungsbefugnis besteht, wenn lediglich der abstrakte Gefährdungstatbestand einer Umweltstraftat wie etwa § 325 StGB (Luftverunreinigung), § 325a StGB (Verursachen von Lärm, Erschütterungen und nichtionisierenden Strahlen) bzw. § 326 StGB (umweltgefährdende Abfallbeseitigung) erfüllt ist.

Kann die Finanzbehörde nicht beurteilen, ob die vorgenannten Voraussetzungen für eine Weitergabe erfüllt sind, hat sie zunächst unter Anonymisierung des Sachverhalts eine sachkundige Stelle zur Klärung einzuschalten.

Soweit Verstöße gegen Umweltschutzbestimmungen steuerliche Auswirkungen haben, z. B. für die Anerkennung einer Teilwertabschreibung, ergibt sich die Befugnis zur Weitergabe aus § 30 Abs. 4 Nr. 1 AO, sofern die Weitergabe zur Durchführung des Besteuerungsverfahrens erforderlich ist. Sieht die Finanzbehörde die Notwendigkeit, Angaben des Steuerpflichtigen, z. B. über schadstoffbelastete Wirtschaftsgüter, zu überprüfen, kann sie den Sachverhalt einer zuständigen Fachbehörde offenbaren. Die Finanzbehörde hat dabei zu prüfen, ob es ausreicht, den Sachverhalt der Fachbehörde in anonymisierter Form vorzutragen. Ist die Offenbarung der Identität des Steuerpflichtigen erforderlich, soll sie die Fachbehörde darauf hinweisen, dass die Angaben des Steuerpflichtigen nach § 30 Abs. 2 Nr. 1 Buchstabe c AO weiterhin dem Steuergeheimnis unterliegen.

Die Weitergabe von Erkenntnissen über Verstöße gegen Umweltschutzbestimmungen kann gleichzeitig auf mehrere Offenbarungsgründe gestützt werden. Eine Weitergabe von Erkenntnissen unter dem Gesichtspunkt des zwingenden öffentlichen Interesses ist deshalb auch dann zulässig, wenn der gleiche Sachverhalt bereits nach § 30 Abs. 4 Nr. 1 AO offenbart worden ist. Die Weitergabe von Informationen über Verstöße gegen die Umweltschutzbestimmungen kann nicht auf das UIG gestützt werden.

11.8   …

11.9   Die Finanzbehörden sind verpflichtet, den für die Bekämpfung terroristischer Aktivitäten zuständigen Stellen die nach § 30 AO geschützten Verhältnisse auf deren Ersuchen mitzuteilen. Für die Mitteilungen an die genannten Stellen besteht in diesen Fällen ein zwingendes öffentliches Interesse i. S. d. § 30 Abs. 4 Nr. 5 AO.

Die ersuchenden Stellen haben in ihrem Ersuchen zu versichern, dass die erbetenen Daten für Ermittlungen und Aufklärungsarbeiten im Zusammenhang mit der Bekämpfung des Terrorismus erforderlich sind. Eine bestimmte Form für die Auskunftsersuchen und die Erteilung der Auskünfte ist nicht erforderlich. Bei Zweifeln an der Identität des Auskunftsersuchenden haben sich die Finanzbehörden vor Auskunftserteilung über die Identität des Auskunftsersuchenden auf geeignete Weise zu vergewissern.

Zur Mitteilungspflicht zur Bekämpfung der Geldwäsche und der Terrorismusfinanzierung vgl. § 31b AO. Zur Rückmeldung über die abschließende Verwendung der von der FIU bereitgestellten Informationen und über die Ergebnisse der Maßnahmen, die auf Grundlage dieser Informationen durchgeführt werden vgl. § 42 Abs. 2 GwG.

11.10 Werden strafrechtlich geschützte Individualrechtsgüter eines Amtsträgers oder einer gleichgestellten Person i. S. d. § 30 Abs. 3 AO verletzt, ist die Durchbrechung des Steuergeheimnisses gem. § 30 Abs. 4 Nr. 5 AO zulässig, soweit dies für die Verfolgung des Delikts erforderlich ist. In Betracht kommen hierbei insbesondere:

– falsche Verdächtigung (§ 164 StGB),

– Beleidigung (§ 185 StGB),

– üble Nachrede (§ 186 StGB),

– Verleumdung (§ 187 StGB),

– Körperverletzung (§§ 223, 224, 229 StGB),

– Freiheitsberaubung (§ 239 StGB),

– Nötigung (§ 240 StGB),

– Bedrohung (§ 241 StGB).

11.11   § 30 Abs. 4 Nr. 5 AO gestattet die Offenbarung der Verhältnisse eines anderen zur Verfolgung von

– Widerstand gegen Vollstreckungsbeamte (§ 113 Abs. 1 StGB),

– tätlicher Angriff auf Vollstreckungsbeamte (§ 114 StGB),

– Verstrickungsbrüchen (§ 136 Abs. 1 StGB),

– Siegelbrüchen (§ 136 Abs. 2 StGB) oder

– Vereitelung der Vollstreckung (§ 288 StGB)

im Besteuerungsverfahren durch die Finanzbehörden gegenüber Gerichten oder Strafverfolgungsbehörden. Das zwingende öffentliche Interesse an der Offenbarung folgt daraus, dass sich die strafrechtlich relevanten Handlungen gegen die Gesetzmäßigkeit des Steuerverfahrens als Ganzes – Steuererhebung und Steuerverstrickung – richten.

11.12   Liegen den Finanzbehörden Erkenntnisse zu Insolvenzstraftaten i. S. d. §§ 283 bis 283c StGB oder zu Insolvenzverschleppungsstraftaten (§ 15a InsO) vor, die sie im Besteuerungsverfahren erlangt haben, so ist eine Offenbarung dieser Erkenntnisse an die Strafverfolgungsbehörden nach § 30 Abs. 4 Nr. 5 AO zulässig.

11.13   Liegen den Finanzbehörden Anhaltspunkte zu Misshandlungen von Kindern i. S. d. § 223 StGB, zu Misshandlungen von Schutzbefohlenen i. S. d. § 225 StGB oder zur gröblichen Verletzung der Fürsorge- oder Erziehungspflicht i. S. d. § 171 StGB vor, die sie im Besteuerungs- bzw. Steuerstrafverfahren erlangt haben, ist eine Offenbarung dieser Kenntnisse an die Sozialbehörden bzw. Strafverfolgungsbehörden nach § 30 Abs. 4 Nr. 5 AO zulässig.

12.   Offenbarung vorsätzlich falscher Angaben (§ 30 Abs. 5 AO)

Die Unterrichtung der Strafverfolgungsbehörden über vorsätzlich falsche Angaben des Betroffenen gem. § 30 Abs. 5 AO darf nur erfolgen, wenn nach Auffassung der Finanzbehörde durch die falschen Angaben ein Straftatbestand verwirklicht worden ist; die Durchführung eines Strafverfahrens wegen dieser Tat ist nicht Voraussetzung für die Zulässigkeit der Offenbarung. Der Finanzbehörde obliegt die Prüfung, ob der Betroffene, sowohl in objektiver als auch in subjektiver Hinsicht, einen Straftatbestand verwirklicht hat (BFH-Urteil vom 8. 2. 1994, VII R 88/92, BStBl II S. 552). § 30 Abs. 5 AO lässt eine Offenbarung nur gegenüber den Strafverfolgungsbehörden zu.

13.   Auskunft über Anzeigeerstatter

13.1   Durch das Steuergeheimnis wird auch der Name eines Anzeigeerstatters geschützt, wenn die Anzeige eines der in § 30 Abs. 2 Nr. 1 Buchstabe a und b AO genannten Verfahrens auslöst oder innerhalb eines solchen Verfahrens erstattet oder ausgewertet wird. Was für die Offenbarung des Namens des Anzeigeerstatters gilt, muss in entsprechender Weise auch für die wortgetreue Offenbarung des Inhalts der Anzeige gelten. Häufig wird man nämlich aus dem Inhalt einer Anzeige, sei es aus einer bestimmten Wortwahl oder aus dem Gebrauch einzelner Formulierungen, sei es aus stilistischen oder grammatikalischen Eigenheiten, aus der Schrift oder aus der Strukturierung des gesamten Textes, mit einiger Wahrscheinlichkeit Rückschlüsse auf den Verfasser der Anzeige ziehen können (vgl. BFH-Beschluss vom 28.12.2006, VII B 44/03, BFH/NV 2007 S. 853).

13.2   Hat der Anzeigeerstatter allerdings vorsätzlich falsche Angaben gemacht, kann die Finanzbehörde dies gem. § 30 Abs. 5 AO den Strafverfolgungsbehörden mitteilen. Das Gleiche gilt gem. § 30 Abs. 4 Nr. 4 Buchstabe b AO, wenn die Anzeige ohne Bestehen einer steuerlichen Verpflichtung erstattet worden ist und die Unterrichtung der Strafverfolgungsbehörden der Durchführung eines Strafverfahrens wegen einer Tat dient, die keine Steuerstraftat ist (vgl. AEAO zu § 30, Nr. 10.2).

13.3   Grundsätzlich besteht nur eine Befugnis, aber keine Verpflichtung der Finanzbehörde zu einer Unterrichtung der Strafverfolgungsbehörden. Im Hinblick auf den Persönlichkeitsschutz des Verdächtigen kann sich die Offenbarungsbefugnis im Einzelfall in eine Verpflichtung zur Unterrichtung der Strafverfolgungsbehörden verdichten, wenn der Anzeigeerstatter nach Auffassung der Finanzbehörde durch vorsätzlich falsche Angaben Straftatbestände wie z. B. des § 164 StGB (falsche Verdächtigung) verwirklicht hat (vgl. u. a. BFH-Urteil vom 8.2.1994, VII R 88/92, BStBl II S. 552).

13.4   Eine Verpflichtung zur Auskunftserteilung besteht auch, wenn die Voraussetzungen für eine Offenbarung nach § 30 Abs. 5 oder § 30 Abs. 4 Nr. 4 Buchstabe b AO gegeben sind und die Strafverfolgungsbehörde um Namensnennung aufgrund einer Strafanzeige des Steuerpflichtigen gegen Unbekannt im Ermittlungsverfahren nach § 161 StPO ersucht. Dem betroffenen Steuerpflichtigen selbst ist in diesen Fällen keine Auskunft über die Identität des Anzeigeerstatters zu erteilen; insbesondere § 30 Abs. 5 AO lässt eine Offenbarung nur gegenüber den Strafverfolgungsbehörden zu.

13.5   Auch im Fall eines Auskunftsersuchens der Strafverfolgungsbehörde nach § 161 StPO ist die Finanzbehörde in den Fällen des § 30 Abs. 5 AO nur zur Auskunftserteilung berechtigt, wenn sie nach eigener Überprüfung der Auffassung ist, dass der Anzeigeerstatter vorsätzlich falsche Angaben gemacht hat. In diesem Fall ist die Finanzbehörde zur Auskunftserteilung an die Strafverfolgungsbehörde verpflichtet.

13.6   Beantragt der betroffene Steuerpflichtige selbst bei der Finanzbehörde Auskunft über die Identität eines Anzeigeerstatters und liegen die Voraussetzungen des § 30 Abs. 4 Nr. 4 Buchstabe b AO vor, sind im Rahmen der Ermessensentscheidung das allgemeine Persönlichkeitsrecht des Steuerpflichtigen gegen das allgemeine Persönlichkeitsrecht des Anzeigeerstatters und den Zweck des Steuergeheimnisses – die möglichst vollständige Erschließung der Steuerquellen – abzuwägen. Dem Informantenschutz und dem Zweck des Steuergeheimnisses kommt dabei ein höheres Gewicht als dem Persönlichkeitsrecht des Steuerpflichtigen zu, wenn sich die vertraulich mitgeteilten Informationen im Wesentlichen als zutreffend erwiesen und zu Steuernachforderungen führen (vgl. BFH-Beschluss vom 7.12.2006, V B 163/05, BStBl 2007 II S. 275 m. w. N.) oder wenn sich bei einer Vielzahl von Angaben zumindest einige als steuerrechtlich bedeutsam erweisen, wobei diese im Verhältnis zu den anderen nicht völlig unmaßgeblich sein dürfen (vgl. BFH-Urteil vom 8.2.1994, VII R 88/92, BStBl II S. 552).

14.   **Abruf geschützter Daten (§ 30 Abs. 6 AO)**

14.1   Der Abruf geschützter Daten durch andere Personen als die betroffene Person (vgl. § 9 Satz 1 StDAV) oder die in § 9 Satz 2 StDAV genannten Personen ist nur zulässig, soweit er bei Durchführung eines der in § 30 Abs. 2 Nr. 1 AO genannten Verfahren der Wahrnehmung einer dienstlich zugewiesenen Aufgabe dient.

Das Interesse des geschützten Personenkreises (vgl. Nr. 1.3 des AEAO zu § 30), gegen eine Verletzung des Schutzes personenbezogener Daten durch einen unzulässigen Datenabruf geschützt zu werden, ist mit dem dienstlichen Interesse, die Daten schnell und barrierefrei ermitteln zu können, in Einklang zu bringen. Hierbei muss sich die Möglichkeit, die Daten bei der originär zuständigen Stelle im Mitteilungswege zu erheben, beispielsweise aufgrund der Häufigkeit entsprechender Anlässe und des hiermit verbundenen Mehraufwandes als unverhältnismäßig erweisen.

Nach § 2 Abs. 1 Satz 1 StDAV sind angemessene organisatorische und dem jeweiligen Stand der Technik entsprechende Vorkehrungen zum Schutz des Steuergeheimnisses zu treffen. § 4 Abs. 1 Satz 1 StDAV enthält das Gebot, den Zugriff durch technische Sicherungsmaßnahmen auf den für diese Aufgaben erforderlichen Umfang zu beschränken, soweit das hierzu eingesetzte Verfahren dies zulässt.

14.2   Kann der Zugriff aus technischen Gründen nicht auf eine den dienstlichen Erfordernissen entsprechende Datenmenge beschränkt werden (vgl. § 4 Abs. 1 Satz 2 StDAV), sind die Abrufe nach Maßgabe des § 6 Abs. 1 Satz 1 StDAV aufzuzeichnen, um die Zulässigkeit der Abrufe zeitnah und in angemessenem Umfang überprüfen zu können. Zur Unterstützung der Überprüfung kann ein Begründungszwang für den Abruf angeordnet werden. Die Überprüfung hat die Stelle, der die abrufende Person angehört, in eigener Zuständigkeit wahrzunehmen.

Zu § 33 AO

AEAO   Steuerpflichtiger:

1. Zu den Pflichten, die nach § 33 Abs. 1 AO den Steuerpflichtigen auferlegt werden, gehören: Eine Steuer als Steuerschuldner, Haftender oder für Rechnung eines anderen (§ 43 AO) zu entrichten, die Verpflichtung zur Abgabe einer Steuererklärung (§ 149 AO), zur Mitwirkung und Auskunft in eigener Steuersache (§§ 90, 93, 200 AO), zur Führung von Büchern und Aufzeichnungen (§§ 140 ff. AO), zur ordnungsgemäßen Kontenführung (§ 154 AO) oder zur Sicherheitsleistung (§ 241 AO).

2. Nicht unter den Begriff des Steuerpflichtigen fällt (§ 33 Abs. 2 AO), wer in einer für ihn fremden Steuersache tätig wird oder werden soll. Das sind neben Bevollmächtigten und Beiständen (§§ 80, 123, 183 AO) diejenigen, die Auskunft zu erteilen (§ 93 AO), Urkunden (§ 97 AO) oder Wertsachen (§ 100 AO) vorzulegen, Sachverständigengutachten zu erstatten (§ 96 AO) oder das Betreten von Grundstücken oder Räumen zu gestatten (§ 99 AO) oder Steuern aufgrund vertraglicher Verpflichtung zu entrichten haben (§ 192 AO).

3. Unter Steuergesetzen sind alle Gesetze zu verstehen, die steuerrechtliche Vorschriften enthalten, auch wenn diese nur einen Teil des Gesetzes umfassen.

Zu § 42 AO

AEAO   Missbrauch von rechtlichen Gestaltungsmöglichkeiten:

1. Bei Anwendung des § 42 Abs. 1 Satz 2 AO ist zunächst zu prüfen, ob das im Einzelfall anzuwendende Einzelsteuergesetz für den vorliegenden Sachverhalt eine Regelung enthält, die der Verhinderung von Steuerumgehungen dient. Ob eine Regelung in einem Einzelsteuergesetz der Verhinderung der Steuerumgehung dient, ist nach dem Wortlaut der Regelung und dem Sinnzusammenhang, nach der systematischen Stellung im Gesetz sowie nach der Entstehungsgeschichte der Regelung zu beurteilen.

Liegt danach eine Regelung vor, die der Verhinderung von Steuerumgehungen dient, gilt Folgendes:

– Ist der Tatbestand der Regelung erfüllt, bestimmen sich die Rechtsfolgen allein nach dieser Vorschrift, nicht nach § 42 Abs. 1 Satz 3 i.V. m. Abs. 2 AO. In diesem Fall ist unerheblich, ob auch die Voraussetzungen des § 42 Abs. 2 AO vorliegen.

– Ist der Tatbestand der Regelung dagegen nicht erfüllt, ist in einem weiteren Schritt zu prüfen, ob ein Missbrauch i. S. d. § 42 Abs. 2 AO vorliegt. Allein das Vorliegen einer einzelgesetzlichen Regelung, die der Verhinderung von Steuerumgehungen dient, schließt die Anwendbarkeit des § 42 Abs. 1 Satz 3 i.V. m. Abs. 2 AO damit nicht aus.

2. Sofern ein Missbrauch i. S. d. § 42 Abs. 2 AO vorliegt, entsteht der Steueranspruch bei allen vom Sachverhalt Betroffenen so, wie er bei einer den wirtschaftlichen Vorgängen angemessenen rechtlichen Gestaltung entsteht (§ 42 Abs. 1 Satz 3 AO).

2.1 Ein Missbrauch i. S. d. § 42 Abs. 2 AO liegt vor, wenn

– eine rechtliche Gestaltung gewählt wird, die den wirtschaftlichen Vorgängen nicht angemessen ist**[1][2]**,

– die gewählte Gestaltung beim Steuerpflichtigen oder einem Dritten im Vergleich zu einer angemessenen Gestaltung zu einem Steuervorteil führt,

– dieser Steuervorteil gesetzlich nicht vorgesehen ist und

– der Steuerpflichtige für die von ihm gewählte Gestaltung keine außersteuerlichen Gründe nachweist, die nach dem Gesamtbild der Verhältnisse beachtlich sind.

2.2 Ob eine rechtliche Gestaltung unangemessen ist, ist für jede Steuerart gesondert nach den Wertungen des Gesetzgebers, die den jeweiligen maßgeblichen steuerrechtlichen Vorschriften zugrunde liegen, zu beurteilen. Das Bestreben, Steuern zu sparen, macht für sich allein eine Gestaltung noch nicht unangemessen. Eine Gestaltung ist aber insbesondere dann auf ihre Angemessenheit zu prüfen, wenn sie ohne Berücksichtigung der beabsichtigten steuerlichen Effekte unwirtschaftlich, umständlich, kompliziert, schwerfällig, gekünstelt, überflüssig, ineffektiv oder widersinnig erscheint. Die Ungewöhnlichkeit einer Gestaltung begründet allein noch keine Unangemessenheit.

Indizien für die Unangemessenheit einer Gestaltung sind zum Beispiel:

– die Gestaltung wäre von einem verständigen Dritten in Anbetracht des wirtschaftlichen Sachverhalts und der wirtschaftlichen Zielsetzung ohne den Steuervorteil nicht gewählt worden;

– die Vor- oder Zwischenschaltung von Angehörigen oder anderen nahe stehenden Personen oder Gesellschaften war rein steuerlich motiviert;

– die Verlagerung oder Übertragung von Einkünften oder Wirtschaftsgütern auf andere Rechtsträger war rein steuerlich motiviert.

Bei einer grenzüberschreitenden Gestaltung ist nach der Rechtsprechung des EuGH (vgl. z. B. Urteil vom 12. 9. 2006, Rs. C-196/04, EuGHE I S. 7995) Unangemessenheit insbeson-

---

Anm. d. Schriftl.:

[1] Mietrechtliche Gestaltungen sind insbesondere dann unangemessen i. S. von § 42 AO, wenn derjenige, der einen Gebäudeteil für eigene Zwecke benötigt, einem anderen daran die wirtschaftliche Verfügungsmacht einräumt, um ihn anschließend wieder zurückzumieten (BFH-Urteil vom 9. 10. 2013, BStBl 2014 II S. 527).

[2] Veräußert und erwirbt der Steuerpflichtige an einer Börse mit taggleicher Ausführung Bezugsrechte und kann er aufgrund der Umstände, seiner persönlichen Kenntnisse und seines Einflusses auf die Durchführung des Handels als Börsenmakler davon ausgehen, dieselbe Zahl von Bezugsrechten zum Verkaufspreis sicher wieder erwerben zu können, ohne die Kauforder eines Dritten fürchten zu müssen, kann in der Durchführung des Geschäfts ein Missbrauch von Gestaltungsmöglichkeiten liegen (BFH-Urteil vom 8. 3. 2017, BStBl 2017 II S. 930).

dere dann anzunehmen, wenn die gewählte Gestaltung rein künstlich ist und nur dazu dient, die Steuerentstehung im Inland zu umgehen.

2.3 Bei der Prüfung, ob die gewählte Gestaltung zu Steuervorteilen führt, sind die steuerlichen Auswirkungen der gewählten Gestaltung mit der hypothetischen steuerlichen Auswirkung einer angemessenen Gestaltung zu vergleichen. Dabei sind auch solche Steuervorteile zu berücksichtigen, die nicht beim handelnden Steuerpflichtigen selbst, sondern bei Dritten eintreten. Dritte i. S. d. § 42 Abs. 2 Satz 1 AO sind nur solche Personen, die in einer gewissen Nähe zum Steuerpflichtigen stehen. Dies ist insbesondere dann anzunehmen, wenn die Beteiligten Angehörige des Steuerpflichtigen i. S. d. § 15 AO oder persönlich oder wirtschaftlich mit ihm verbunden sind (z. B. nahe stehende Personen i. S. v. H 8.5 KStH 2015 oder § 1 Abs. 2 AStG).

2.4 Der in § 42 Abs. 2 AO verwendete Begriff des „gesetzlich nicht vorgesehenen Steuervorteils" ist nicht deckungsgleich mit dem „nicht gerechtfertigten Steuervorteil" i. S. d. § 370 Abs. 1 AO. Steuervorteile i. S. d. § 42 Abs. 2 AO sind daher nicht nur Steuervergütungen oder Steuererstattungen, sondern auch geringere Steueransprüche.

2.5 Der durch die gewählte Gestaltung begründete Steuervorteil ist insbesondere dann gesetzlich vorgesehen, wenn der Tatbestand einer Norm erfüllt ist, mit der der Gesetzgeber ein bestimmtes Verhalten durch steuerliche Anreize fördern wollte.

2.6 § 42 Abs. 2 Satz 2 AO eröffnet dem Steuerpflichtigen die Möglichkeit, die bei Vorliegen des Tatbestands des § 42 Abs. 2 Satz 1 AO begründete Annahme eines Missbrauchs durch Nachweis außersteuerlicher Gründe zu entkräften. Die vom Steuerpflichtigen nachgewiesenen außersteuerlichen Gründe müssen allerdings nach dem Gesamtbild der Verhältnisse beachtlich sein. Sind die nachgewiesenen außersteuerlichen Gründe nach dem Gesamtbild der Verhältnisse im Vergleich zum Ausmaß der Unangemessenheit der Gestaltung und den vom Gesetzgeber nicht vorgesehenen Steuervorteilen nicht wesentlich oder sogar nur von untergeordneter Bedeutung, sind sie nicht beachtlich. In diesem Fall bleibt es bei der Annahme eines Missbrauchs nach § 42 Abs. 2 Satz 1 AO.

2.7 Die – nur für Körperschaften geltenden – Mindeststandards der Richtlinie (EU) 2016/1164 vom 12. 7. 2016 (ABl L 193 vom 19. 7. 2016, S. 1–14) werden durch § 42 AO national erfüllt.

3. Ein Missbrauch von rechtlichen Gestaltungsmöglichkeiten nach § 42 AO ist als solcher nicht strafbar. Eine leichtfertige Steuerverkürzung oder eine Steuerhinterziehung kann aber vorliegen, wenn der Steuerpflichtige pflichtwidrig unrichtige oder unvollständige Angaben macht, um das Vorliegen einer Steuerumgehung zu verschleiern.

4. § 42 AO in der Fassung des Jahressteuergesetzes 2008 ist ab dem 1. 1. 2008 für Kalenderjahre, die nach dem 31. 12. 2007 beginnen, anzuwenden. Für Kalenderjahre, die vor dem 1. 1. 2008 liegen, ist § 42 AO in der am 28. 12. 2007 geltenden Fassung weiterhin anzuwenden.

Zu § 85 AO

AEAO   Besteuerungsgrundsätze:

1. Das Gesetz unterscheidet nicht zwischen dem Steuerermittlungsverfahren, das der Festsetzung der Steuer gegenüber einem bestimmten Steuerpflichtigen dient, und dem Steueraufsichtsverfahren, in dem die Finanzbehörden gegenüber allen Steuerpflichtigen darüber wachen, dass die Steuern nicht verkürzt werden. Die Finanzbehörden können sich sowohl bei Ermittlungen, die sich gegen einen bestimmten Steuerpflichtigen richten, als auch bei der Erforschung unbekannter Steuerfälle der Beweismittel des § 92 AO bedienen. Sie können mit der Aufdeckung und Ermittlung unbekannter Steuerfälle auch die Steuerfahndung beauftragen (§ 208 Abs. 1 Satz 1 Nr. 3 AO).

31

2. Die Finanzbehörde hat die Grundlagen der Besteuerung bei jeder Veranlagung ohne Rücksicht auf die Behandlung desselben Sachverhalts in Vorjahren selbständig festzustellen und die Rechtslage neu zu beurteilen. Sie ist an die Sach- oder Rechtsbehandlung in früheren Veranlagungszeiträumen nicht gebunden. Etwas anderes gilt nur dann, wenn dem Steuerpflichtigen wirksam eine bestimmte Behandlung zugesagt worden ist (vgl. § 89 Abs. 2 AO und §§ 204 ff. AO) oder die Finanzbehörde durch ihr früheres Verhalten außerhalb einer Zusage einen Vertrauenstatbestand geschaffen hat (vgl. BFH-Urteil vom 30. 9. 1997, IX R 80/94, BStBl 1998 II S. 771, m. w. N.; vgl. auch ...). Fehlt es hieran, gebieten es die Grundsätze der Gesetzmäßigkeit der Verwaltung und der Gleichmäßigkeit der Besteuerung, dass die Finanzbehörde eine als falsch erkannte Auffassung vom frühestmöglichen Zeitpunkt an aufgibt, auch wenn der Steuerpflichtige auf sie vertraut haben sollte. Diese Verpflichtung besteht auch, wenn die fehlerhafte Auffassung in einem Prüfungsbericht niedergelegt worden ist oder wenn die Finanzbehörde über eine längere Zeitspanne eine rechtsirrige, für den Steuerpflichtigen günstige Auffassung vertreten hat. Die Finanzbehörde ist selbst dann nicht an eine bei einer früheren Veranlagung zugrunde gelegte Auffassung gebunden, wenn der Steuerpflichtige im Vertrauen darauf disponiert hat (vgl. BFH-Urteil vom 21. 10. 1992, X R 99/88, BStBl 1993 II S. 289, m. w. N.).

3. Die Finanzbehörde kann nach pflichtgemäßem Ermessen „betriebsnahe Veranlagungen" durchführen. Die betriebsnahen Veranlagungen gehören zum Steuerfestsetzungsverfahren, wenn sie ohne Prüfungsanordnung mit Einverständnis des Steuerpflichtigen an Ort und Stelle durchgeführt werden; es gelten die allgemeinen Verfahrensvorschriften über Besteuerungsgrundsätze und Beweismittel (§§ 85, 88 und 90 ff. AO). Eine betriebsnahe Veranlagung bewirkt keine Ablaufhemmung nach § 171 Abs. 4 AO (BFH-Urteil vom 6. 7. 1999, VIII R 17/97, BStBl 2000 II S. 306).

4. Der gesetzliche Auftrag „sicherzustellen", dass Steuern nicht verkürzt werden usw., weist auf die Befugnis zu Maßnahmen außerhalb eines konkreten Besteuerungsverfahrens hin. So sind den Finanzbehörden allgemeine Hinweise an die Öffentlichkeit oder ähnliche vorbeugende Maßnahmen gegenüber Einzelnen zur Erfüllung des gesetzlichen Auftrags gestattet. Auf der Grundlage des § 85 AO können auch im Wege der Amtshilfe andere Behörden ersucht werden, Aufträge nur zu erteilen, wenn eine von der Finanzbehörde erteilte Bescheinigung in Steuersachen die Bewertung ermöglicht, dass der Bewerber seinen steuerlichen Pflichten im Wesentlichen nach kommt. Wegen der allgemeinen Mitteilungspflicht von Behörden und Rundfunkanstalten auf die Mitteilungsverordnung wird hingewiesen.

Zu § 87 AO

AEAO   **Amtssprache:**

1. Bei Eingaben in fremder Sprache soll die Finanzbehörde zunächst prüfen, ob eine zur Bearbeitung ausreichende Übersetzung durch eigene Bedienstete oder im Wege der Amtshilfe ohne Schwierigkeiten beschafft werden kann. Übersetzungen sind nur im Rahmen des Notwendigen, nicht aus Prinzip anzufordern. Die Finanzbehörde kann auch Schriftstücke in fremder Sprache entgegennehmen und in einer fremden Sprache verhandeln, wenn der Amtsträger über entsprechende Sprachkenntnisse verfügt. Anträge, die ein Verwaltungsverfahren auslösen, und fristwahrende Eingaben sollen in ihren wesentlichen Teilen in deutscher Sprache aktenkundig gemacht werden. Verwaltungsakte sind grundsätzlich in deutscher Sprache bekannt zu geben.

2. Wegen der Führung von Büchern in einer fremden Sprache Hinweis auf § 146 Abs. 3 AO.

Zu § 87a AO

AEAO   Elektronische Kommunikation: 🄰🄱

1. Zugangseröffnung

1.1   Die Übermittlung elektronischer Dokumente an die Finanzbehörden und an die Steuerpflichtigen ist zulässig, soweit der Empfänger hierfür einen Zugang eröffnet (§ 87a Abs. 1 Satz 1 AO). Die Zugangseröffnung kann durch ausdrückliche Erklärung oder konkludent sowie generell oder nur für bestimmte Fälle erfolgen.

1.2   Bei natürlichen oder juristischen Personen, die eine gewerbliche oder berufliche Tätigkeit selbständig ausüben und die auf einem im Verkehr mit der Finanzbehörde verwendeten Briefkopf, in einer Steuererklärung oder in einem Antrag an die Finanzbehörde ihre E-Mail-Adresse angegeben oder sich per E-Mail an die Finanzbehörde gewandt haben, kann i. d. R. davon ausgegangen werden, dass sie damit konkludent ihre Bereitschaft zur Entgegennahme elektronischer Dokumente erklärt haben. Bei Steuerpflichtigen, die keine gewerbliche oder berufliche Tätigkeit selbständig ausüben (z. B. Arbeitnehmer), ist dagegen derzeit nur bei Vorliegen einer ausdrücklichen, aber nicht formgebundenen Einständniserklärung von einer Zugangseröffnung i. S. d. § 87a Abs. 1 Satz 1 AO auszugehen.

1.3   Vorbehaltlich einer ausdrücklichen gesetzlichen Anordnung besteht weder für die Steuerpflichtigen noch für die Finanzbehörden ein Zwang zur Übermittlung elektronischer Dokumente.

1.4   Soweit eine gesetzliche Verpflichtung besteht, Steuererklärungen, Anlagen zur Steuererklärung, Mitteilungen gemäß § 93c AO oder sonstige für das Besteuerungsverfahren erforderliche Daten nach amtlich vorgeschriebenem Datensatz durch Datenfernübertragung zu übermitteln, eröffnet die Finanzverwaltung jeweils mit Bereitstellung der Schnittstelle (vgl. § 87b Abs. 2 AO) den Zugang. Die Datensatzbeschreibung (vgl. § 87b Abs. 1 AO) ist Bestandteil dieser Schnittstelle.

1.5   Wegen der elektronischen Übermittlung von steuerlichen Daten an die Finanzbehörden siehe auch § 87a Abs. 6 AO, § 87b bis 87d AO und § 150 Abs. 1 Satz 2 AO.

1.6   Bei der elektronischen Übermittlung von Daten, die dem Steuergeheimnis unterliegen, muss die Finanzbehörde grundsätzlich ein geeignetes Verfahren zur Verschlüsselung einsetzen. Eine unverschlüsselte Datenübermittlung dem Steuergeheimnis unterliegender Daten durch eine Finanzbehörde ist nur zulässig,

1. soweit alle betroffenen Personen in die unverschlüsselte Übermittlung eingewilligt haben (§ 87a Abs. 1 Satz 3 2. Halbsatz AO) oder

2. wenn der Adressat über die Bereitstellung von Daten zum Abruf oder über den Zugang elektronisch an die Finanzbehörden übermittelter Daten benachrichtigt wird (§ 87a Abs. 1 Satz 5 AO).

Anm. d. Schriftl.:

🄰 Es ist nicht ernstlich zweifelhaft, dass eine Rechtsbehelfsbelehrung, die die Angaben des § 356 Abs. 1 AO enthält, nicht „unrichtig" i. S. des § 356 Abs. 2 Satz 1 AO ist, wenn sie ergänzend den Wortlaut des § 357 Abs. 1 Satz 1 AO (Schriftform) wiedergibt und nicht zugleich auf § 87a AO (elektronische Kommunikation) verweist (BFH-Beschluss vom 12. 12. 2012, BStBl 2013 II S. 272).

🄱 § 87a AO wurde im Rahmen des Gesetzes zur Modernisierung des Besteuerungsverfahrens vom 18. 7. 2016, BGBl 2016 I S. 1679, geändert. Außerdem wurden die §§ 87b bis 87e AO angefügt. Eine weitere Änderung ist im Rahmen des Gesetzes zur weiteren steuerlichen Förderung der Elektromobilität und zur Änderung weiterer steuerlicher Vorschriften vom 12. 12. 2019, BGBl 2019 I S. 2451, erfolgt.

In den Fällen der Nr. 1 müssen alle Personen, über die der Datensatz personenbezogene Informationen enthält, in die unverschlüsselte Übermittlung eingewilligt haben. Dazu müssen sie ausdrücklich darüber informiert worden sein, dass mit einer unverschlüsselten Übermittlung ihrer personenbezogenen Daten über das Internet Risiken einhergehen. Die Einwilligung muss schriftlich und freiwillig erfolgt sein; sie ist jederzeit mit Wirkung für die Zukunft widerrufbar. Die schriftliche Einwilligung erfordert eine eigenhändige Unterschrift aller betroffenen Personen und die Übermittlung der Einwilligung an die zuständige Finanzbehörde per Post, Telefax oder eingescannt per E-Mail (vgl. Nr. 7 des AEAO zu § 46). Die Finanzbehörde muss das Vorliegen der schriftlichen Einwilligung in die unverschlüsselte Datenübermittlung nachweisen können.

2. Zugang elektronischer Dokumente

2.1 Ein elektronisches Dokument ist zugegangen, sobald die für den Empfang bestimmte Einrichtung es in für den Empfänger bearbeitbarer Weise aufgezeichnet hat (§ 87a Abs. 1 Satz 2 AO). Ob und wann der Empfänger das bearbeitbare Dokument tatsächlich zur Kenntnis nimmt, ist für den Zeitpunkt des Zugangs unbeachtlich.

2.2 Zur widerlegbaren Vermutung des Tags des Zugangs elektronischer Verwaltungsakte vgl. § 122 Abs. 2a AO, § 122a Abs. 4 AO und § 123 Satz 2 und 3 AO.

2.3 Ein für den Empfänger nicht bearbeitbares Dokument ist nicht i. S. d. § 87a Abs. 1 Satz 2 AO zugegangen und löst somit noch keine Rechtsfolgen (z. B. die Wahrung einer Antrags- oder Rechtsbehelfsfrist oder das Wirksamwerden eines Verwaltungsakts) aus. Zum Verfahren nach Übermittlung eines nicht bearbeitbaren elektronischen Dokuments vgl. § 87a Abs. 2 AO.

3. Elektronische Übermittlung bei gesetzlich angeordneter Schriftform

3.1 Schreibt das Gesetz die Schriftform vor, kann dieser Form auch durch Übermittlung in elektronischer Form entsprochen werden, soweit gesetzlich nichts anderes bestimmt ist (wie z. B. in § 224a Abs. 2 Satz 1 zweiter Halbsatz AO und in § 309 Abs. 1 Satz 2 AO). Der elektronischen Form genügt ein elektronisches Dokument, das mit einer qualifizierten elektronischen Signatur versehen ist (§ 87a Abs. 3 Satz 2 und Abs. 4 Satz 2 AO). Die Schriftform kann auch durch Übermittlung des elektronischen Dokuments in einem Verfahren nach § 87a Abs. 3 Satz 4 und 5, Abs. 4 Satz 3 AO ersetzt werden.

3.2 Falls die einschlägige Norm nicht ausdrücklich den Begriff „Schriftform" verwendet, ist durch Auslegung zu ermitteln, ob das Gesetz die Schriftform anordnet (BFH-Urteil vom 13. 5. 2015, III R 26/14, BStBl II S. 790). Hierbei ist von Folgendem auszugehen:

3.2.1 Schreibt das Gesetz eine (ggf. sogar eigenhändige) Unterschrift vor, ist stets der Fall einer gesetzlich angeordneten Schriftform gegeben. Eine gesetzliche Verpflichtung zur (ggf. eigenhändigen) Unterzeichnung ist unbeachtlich, wenn der Antrag, die Erklärung oder die Mitteilung zulässigerweise auf elektronischem Weg der Finanzverwaltung nach amtlich vorgeschriebenem Datensatz über die amtlich bestimmte Schnittstelle übermittelt wird, da dann ein Unterschrifterfordernis durch die Verpflichtung zur Authentifizierung des Datenübermittlers verdrängt wird (§ 87a Abs. 6 AO und § 87d AO).

3.2.2 Bestimmt das Gesetz ohne eine ausdrückliche Aussage zu einem Unterschrifterfordernis, dass ein Antrag, eine Erklärung oder eine Mitteilung an die Finanzbehörde oder ein Verwaltungsakt oder eine sonstige Maßnahme der Finanzbehörde dem Empfänger „schriftlich" zugehen muss, ist durch Auslegung zu ermitteln, ob eine Unterschrift erforderlich ist. Hierbei ist analog § 126 Abs. 1 BGB grundsätzlich von einem Unterschrifterfordernis auszugehen, es sei denn, es liegen Anhaltspunkte dafür vor, dass der Gesetzgeber eine Unterschrift für entbehrlich hält.

Ist nach dem Ergebnis der Auslegung eine Unterschrift erforderlich, ist im Sinne des § 87a Abs. 3 Satz 1 bzw. Abs. 4 Satz 1 AO die Schriftform gesetzlich angeordnet.

3.2.3   Eine analoge Anwendung des § 126 Abs. 1 BGB hat für sich allein nicht zur Folge, dass der Steuerpflichtige den Antrag, die Erklärung oder die Mitteilung eigenhändig unterzeichnen muss. Die in § 126 Abs. 1 BGB geforderte „Eigenhändigkeit" der Unterschrift bezieht sich auf den Aussteller der Urkunde, der auch ein gesetzlicher oder gewillkürter Vertreter sein kann. Das für den Steuerpflichtigen grundsätzlich bestehende Recht, sich vertreten zu lassen (§ 80 Abs. 1 Satz 1 AO), wird daher allein durch eine analoge Anwendung des § 126 Abs. 1 BGB nicht beschränkt.

3.2.4   Ist der einschlägigen Norm durch Auslegung zu entnehmen, dass ein schriftlicher Antrag oder eine schriftliche Erklärung oder Mitteilung nicht unterschrieben sein muss, liegt keine gesetzliche Anordnung der Schriftform vor. Bei der elektronischen Übermittlung eines derartigen Antrags oder einer derartigen Erklärung oder Mitteilung kann somit auf eine qualifizierte elektronische Signatur und auch auf ein Verfahren nach § 87a Abs. 3 Satz 4 und 5 AO verzichtet werden.

3.3   Kein Fall des § 87a Abs. 3 und 4 AO liegt vor, wenn das Gesetz neben der Schriftform auch die elektronische Übermittlung ausdrücklich zulässt (z. B. durch die Formulierung „schriftlich oder elektronisch") oder zur elektronischen Übermittlung verpflichtet.

3.4   Bei der Signierung darf eine Person ein Pseudonym nur verwenden, wenn sie ihre Identität der Finanzbehörde nachweist (§ 87a Abs. 3 Satz 3 AO). Die Signierung mit einem Wahlnamen, dem die Funktion des bürgerlichen Namens zukommt, bleibt hiervon unberührt.

4.   Telefax kein elektronisches Dokument

Ein Telefax, auch ein Computerfax, ist kein elektronisches Dokument i. S. d. § 87a AO (BFH-Urteile vom 28. 1. 2014, VIII R 28/13, BStBl II S. 552, und vom 18. 3. 2014, VIII R 9/10, BStBl II S. 748). Die in § 87a AO getroffenen Regelungen, insbesondere zum Zeitpunkt des Zugangs (§ 87a Abs. 1 Satz 2 AO) sowie zur grundsätzlichen Verpflichtung zur Verwendung einer qualifizierten elektronischen Signatur, wenn für den Verwaltungsakt die Schriftform gesetzlich vorgeschrieben ist (§ 87a Abs. 4 AO), sind daher auf ein Telefax nicht anwendbar.

Ein durch Telefax bekannt gegebener Verwaltungsakt ist aber ein elektronisch übermittelter Verwaltungsakt i. S. d. § 122 Abs. 2a AO (vgl. AEAO zu § 122, Nr. 1.8.2.2).

Zu § 88 AO

AEAO   Untersuchungsgrundsatz:[1]

1.   Die Finanzbehörden haben alle notwendigen Maßnahmen zu ergreifen, um die entscheidungserheblichen Tatsachen aufzuklären.[2]

Anm. d. Schriftl.:

[1]   Im Rahmen des Gesetzes zur Modernisierung und Entbürokratisierung des Steuerverfahrens vom 20. 12. 2008, BGBl 2008 I S. 2850, wurde im § 88 AO der Abs. 3 eingefügt. Dieser enthält eine gesetzliche Ermächtigung zur Schaffung einer Rechtsverordnung zur Festlegung der Anforderungen an Art und Umfang der Ermittlungen bei Einsatz automatischer Einrichtungen. Im Rahmen des Gesetzes zur Modernisierung des Besteuerungsverfahrens vom 18. 7. 2016, BGBl 2016 I S. 1679, wurde § 88 AO neu gefasst.

[2]   Die Finanzbehörde kann bei den Kreditinstituten über das Bundeszentralamt für Steuern einzelne Daten aus dem nach § 93b Abs. 1 AO zu führenden Dateien abrufen, wenn dies zur Festsetzung oder Erhebung von Steuern erforderlich ist und ein Auskunftsersuchen an den Stpfl. nicht zum Ziele geführt hat oder keinen Erfolg verspricht. Die gesetzliche Regelung ist im Rahmen des Gesetzes zur Förderung der Steuerehrlichkeit vom 23. 12. 2003, BStBl 2004 I S. 22, getroffen worden.

2. Die Ermittlungshandlungen dürfen nach § 88 Abs. 2 Satz 1 AO zu dem angestrebten Erfolg nicht erkennbar außer Verhältnis stehen. Sie sollen so gewählt werden, dass damit unter Berücksichtigung der Verhältnisse des Einzelfalls ein möglichst geringer Eingriff in die Rechtssphäre des Beteiligten oder Dritter verbunden ist.**[1]** Der Gewährung rechtlichen Gehörs kommt besondere Bedeutung zu.

3. Bei der Entscheidung über Art und Umfang der Ermittlungen können nach § 88 Abs. 2 Satz 2 AO allgemeine Erfahrungen der Finanzbehörden sowie Wirtschaftlichkeit und Zweckmäßigkeit berücksichtigt werden.

   Für die Anforderungen, die an die Aufklärungspflicht der Finanzbehörden zu stellen sind, darf die Erwägung eine Rolle spielen, dass die Aufklärung einen nicht mehr vertretbaren Zeitaufwand erfordert.

   Zudem kann auf das Verhältnis zwischen voraussichtlichem Arbeitsaufwand und steuerlichem Erfolg abgestellt werden. Die Finanzämter dürfen auch berücksichtigen, in welchem Maße sie durch ein zu erwartendes finanzgerichtliches Verfahren belastet werden, sofern sie bei vorhandenen tatsächlichen oder rechtlichen Zweifeln dem Begehren des Steuerpflichtigen nicht entsprechen und zu seinem Nachteil entscheiden.

   Die Beachtung von Wirtschaftlichkeit und Zweckmäßigkeit darf nicht zu einem Verzicht auf die Überprüfung der Einhaltung von steuerrechtlichen Vorschriften führen. Deshalb muss zur Gewährleistung der Gleichmäßigkeit und Gesetzmäßigkeit der Besteuerung auch immer eine hinreichende Anzahl zufällig ausgewählter Fälle durch Amtsträger der Finanzbehörden vertieft geprüft werden.

4. In Fällen erschwerter Sachverhaltsermittlung dient es unter bestimmten Voraussetzungen der Effektivität der Besteuerung und allgemein dem Rechtsfrieden, wenn sich die Beteiligten über die Annahme eines bestimmten Sachverhalts und über eine bestimmte Sachbehandlung einigen können (BFH-Urteil vom 11. 12. 1984, VIII R 131/76, BStBl 1985 II S. 354)**[2]** Vgl. hierzu BMF-Schreiben vom 30. 7. 2008, BStBl I S. 831, ergänzt durch BMF-Schreiben vom 15. 4. 2019, BStBl I S. 447.

5. Die Aufklärungspflicht der Finanzbehörden wird außerdem durch die Mitwirkungspflicht der Beteiligten (§ 90 AO) begrenzt. Die Finanzbehörden sind nicht verpflichtet, den Sachverhalt auf alle möglichen Fallgestaltungen zu erforschen. Sie sind auch nicht an Beweisanträge des Steuerpflichtigen gebunden (§ 88 Abs. 2 Satz 1 2. Halbsatz AO).

6. Für den Regelfall kann davon ausgegangen werden, dass die Angaben des Steuerpflichtigen in der Steuererklärung vollständig und richtig sind (BFH-Urteil vom 17. 4. 1969, V R 21/66, BStBl II S. 474). Die Finanzbehörde kann den Angaben eines Steuerpflichtigen Glauben schenken, wenn nicht greifbare Umstände vorliegen, die darauf hindeuten, dass seine Angaben falsch oder unvollständig sind (BFH-Urteil vom 11. 7. 1978, VIII R 120/75, BStBl 1979 II S. 57). Sie verletzt ihre Aufklärungspflicht nur, wenn sie Tatsachen oder Beweismittel außer Acht lässt und offenkundigen Zweifelsfragen nicht nachgeht, die sich ihr den Umständen nach ohne weiteres aufdrängen mussten (BFH-Urteile vom 16. 1. 1964, V 94/61 U, BStBl III S. 149, und vom 13. 11. 1985, II R 208/82, BStBl 1986 II S. 241).

Anm. d. Schriftl.:

[1] Zu den Ermittlungs- und Mitwirkungspflichten im Rahmen einer Prüfung der Einkunftsabgrenzung zwischen nahe stehenden Personen mit grenzüberschreitenden Geschäftsbeziehungen hat das BMF mit Schreiben vom 12. 4. 2005, BStBl 2005 I S. 570, Grundsätze aufgestellt.

[2] Eine tatsächliche Verständigung im Steuerfestsetzungverfahren ist nicht schon deshalb unwirksam, weil sie zu einer von einem Beteiligten nicht vorhergesehenen Besteuerungsfolge führt und dadurch die vor der Verständigung offengelegten Beweggründe des Beteiligten zum Abschluss der Verständigung (hier: die Erwartung der steuerlichen Neutralität des Vereinbarten) entwertet werden (BFH-Urteil vom 8. 10. 2008, BStBl 2009 II S. 121).

7. Im Rahmen der Prüfung zugunsten des Steuerpflichtigen muss die Finanzbehörde ihrer Pflicht zur Fürsorge für den Steuerpflichtigen (§ 89 Abs. 1 AO) gerecht werden. So ist auch die Verjährung von Amts wegen zu berücksichtigen.

Zu § 89 AO**1**

AEAO   Beratung, Auskunft:

Inhaltsverzeichnis

1.   Beratung des Steuerpflichtigen

1.1   In § 89 Abs. 1 Satz 1 AO sind Erklärungen und Anträge gemeint, die sich bei dem gegebenen Sachverhalt aufdrängen. Im Übrigen ist es Sache des Steuerpflichtigen, sich über die Antragsmöglichkeiten zu unterrichten, ggf. durch Rückfrage beim Finanzamt (§ 89 Abs. 1 Satz 2 AO). Die Finanzämter wären überfordert, wenn sie darauf zu achten hätten, ob der Steuerpflichtige jede sich ihm bietende Möglichkeit, Steuern zu sparen, ausgenutzt hat (BFH-Urteil vom 22. 1. 1960, VI 175/59 U, BStBl III S. 178).

1.2   Kann bei einem eindeutigen Verstoß der Finanzbehörden gegen die Fürsorgepflicht nach § 89 Abs. 1 Satz 1 AO dem Steuerpflichtigen nicht durch Wiedereinsetzung in den vorigen Stand (§ 110 AO) oder durch Änderung des bestandskräftigen Steuerbescheides nach § 173 Abs. 1 Nr. 2 AO geholfen werden, so kann es geboten sein, die zu Unrecht festgesetzte Steuer wegen sachlicher Unbilligkeit (§ 227 AO) zu erlassen.

Anm. d. Schriftl.:

1 Die Verordnung zur Durchführung von § 89 Abs. 2 AO (Steuer-Auskunftsverordnung) vom 30. 11. 2007 ist im BStBl 2007 I S. 820 abgedruckt. Eine Änderung des § 89 AO ist im Rahmen des Steuervereinfachungsgesetzes 2011 vom 1. 11. 2011, BGBl 2011 I S. 2131, erfolgt. Eine weitere Änderung ist im Rahmen des Gesetzes zur Modernisierung des Besteuerungsverfahrens vom 18. 7. 2016, BGBl 2016 I S. 1679, vorgenommen worden.

2.   **Auskünfte nach § 89 Abs. 1 Satz 2 AO**

In § 89 Abs. 1 Satz 2 AO sind Auskünfte über das Verfahren (z. B. Fristberechnung, Wiedereinsetzung in den vorigen Stand, Aussetzung der Vollziehung) gemeint. Die Erteilung von Auskünften materieller Art ist den Finanzbehörden gestattet; hierauf besteht jedoch kein Anspruch. Sofern eine Finanzbehörde eine schriftliche Auskunft materieller Art außerhalb des § 89 Abs. 2 AO und der StAuskV erteilt, soll darauf hingewiesen werden, dass die Auskunft unverbindlich ist. Ist dies unterblieben, ist durch Auslegung zu ermitteln, ob der Empfänger in entsprechender Anwendung des § 133 BGB nach den ihm bekannten Umständen unter Berücksichtigung von Treu und Glauben von einer Verbindlichkeit der ihm erteilten Auskunft ausgehen konnte. Hierbei ist im Regelfall davon auszugehen, dass keine Bindungswirkung eintreten sollte.

3.   **Verbindliche Auskünfte nach § 89 Abs. 2 AO**

3.1   **Allgemeines**

Die Finanzämter und das BZSt können unter den Voraussetzungen des § 89 Abs. 2 Satz 1 AO und der StAuskV auf Antrag verbindliche Auskünfte über die steuerliche Beurteilung von genau bestimmten, noch nicht verwirklichten Sachverhalten erteilen, wenn daran im Hinblick auf die erheblichen steuerlichen Auswirkungen ein besonderes Interesse besteht.

3.2   **Antragsteller**

3.2.1   Antragsteller einer verbindlichen Auskunft i. S. d. § 89 Abs. 2 AO (und zugleich Gebührenschuldner i. S. d. § 89 Abs. 3 bis 5 AO) ist derjenige, in dessen Namen der Antrag gestellt wird. Zur einheitlichen Antragstellung durch mehrere Beteiligte vgl. § 1 Abs. 2 StAuskV. Antragsteller und Steuerpflichtiger müssen nicht identisch sein.

3.2.2   Antragsteller und Steuerpflichtiger sind in der Regel identisch, wenn der Steuerpflichtige, dessen künftige Besteuerung Gegenstand der verbindlichen Auskunft sein soll, bei Antragstellung bereits existiert. Eine dritte Person hat in diesen Fällen im Regelfall kein eigenes berechtigtes Interesse an einer Auskunftserteilung hinsichtlich der Besteuerung eines anderen, bereits existierenden Steuerpflichtigen.

3.2.3   Existiert der Steuerpflichtige bei Antragstellung noch nicht, kann bei berechtigtem Interesse auch ein Dritter Antragsteller sein (§ 1 Abs. 4 StAuskV). Berechtigte/r Antragsteller einer verbindlichen Auskunft über die künftige Besteuerung einer noch nicht existierenden Kapitalgesellschaft kann die Person/können die Personen gemeinsam sein, die diese Kapitalgesellschaft gründen und dann (gemeinsam) zu mindestens 50 % an der Gesellschaft beteiligt sein will/wollen. Entsprechendes gilt für Auskunftsanträge einer Vorgründungsgesellschaft. Die einem Dritten wegen seines berechtigten Interesses erteilte verbindliche Auskunft entfaltet gegenüber dem künftigen Steuerpflichtigen auch dann Bindungswirkung, wenn die tatsächlichen Beteiligungsverhältnisse bei Verwirklichung des Sachverhalts von den bei Antragstellung geplanten Beteiligungsverhältnissen abweichen, soweit die Beteiligungsverhältnisse für die steuerrechtliche Beurteilung ohne Bedeutung sind.

3.2.4   § 1 Abs. 4 StAuskV geht der Regelung in § 1 Abs. 2 Nr. 1 StAuskV als lex specialis vor. Deshalb muss ein Auskunftsantrag für eine noch zu gründende Kapitalgesellschaft oder Personengesellschaft nicht von allen künftigen Gesellschaftern gemeinsam gestellt werden.

3.3   **Zuständigkeit für die Erteilung verbindlicher Auskünfte**

Nach § 89 Abs. 2 Satz 2 AO ist das Finanzamt für die Erteilung einer verbindlichen Auskunft zuständig, das bei Verwirklichung des dem Antrag zugrunde liegenden Sachverhalts für die Besteuerung örtlich zuständig sein würde. Abweichend hiervon ist allerdings bei Antragstellern, für die im Zeitpunkt der Antragstellung nach §§ 18 bis 21 AO kein Finanzamt zuständig ist, auf dem Gebiet der Steuern, die von den Landesfinanzbehörden im Auftrag des Bundes verwaltet werden, nach § 89 Abs. 2 Satz 3 AO das BZSt für die Auskunftserteilung zuständig. Bezüglich der Zuständigkeit für die Erteilung einer einheitlichen verbindlichen Auskunft gegenüber mehreren Beteiligten nach § 1 Abs. 3 StAuskV siehe AEAO zu § 89, Nr. 3.3.3.

3.3.1   Zuständigkeit des BZSt nach § 89 Abs. 2 Satz 3 AO

3.3.1.1   Die Sonderregelung des § 89 Abs. 2 Satz 3 AO geht der allgemeinen Regelung in § 89 Abs. 2 Satz 2 AO vor. Sie gilt allerdings nur für Steuern, die von den Landesfinanzbehörden im Auftrag des Bundes verwaltet werden. Für andere von den Finanzämtern verwaltete Steuern sowie für die Gewerbesteuermessbetragsfestsetzung kann das BZSt auch dann keine verbindliche Auskunft erteilen, wenn im Zeitpunkt der Antragstellung nach §§ 18 bis 21 AO kein Finanzamt für die Besteuerung des Antragstellers zuständig ist.

3.3.1.2   § 89 Abs. 2 Satz 3 AO stellt auf die aktuellen Verhältnisse des Antragstellers im Zeitpunkt der Antragstellung ab, während § 89 Abs. 2 Satz 2 AO auf künftige (geplante) Verhältnisse des Steuerpflichtigen (d. h. der Person, deren künftige Besteuerung Gegenstand der verbindlichen Auskunft ist) abstellt.

3.3.1.3   § 89 Abs. 2 Satz 3 AO ist für jede Steuerart gesondert anzuwenden. Bei einem Antragsteller, für den im Zeitpunkt der Antragstellung ein Finanzamt für eine von den Landesfinanzbehörden im Auftrag des Bundes verwaltete Steuer zuständig ist, ist das BZSt für die Auskunftserteilung nur hinsichtlich solcher von den Landesfinanzbehörden im Auftrag des Bundes verwalteten Steuern zuständig, für die im Zeitpunkt der Antragstellung noch kein Finanzamt zuständig ist.

3.3.1.4   **Beispiel:**

Die im Ausland ansässige natürliche Person A unterliegt im Zeitpunkt der Antragstellung im Inland nur der Umsatzsteuer. Für die Umsatzbesteuerung des A ist in diesem Zeitpunkt nach § 21 Abs. 1 Satz 2 AO i. V. m. der UStZustV das Finanzamt U zuständig. A beantragt eine verbindliche Auskunft nach § 89 Abs. 2 Satz 1 AO über Einkommen- und Umsatzsteuer.

– Für die verbindliche Auskunft über Einkommensteuer ist nach § 89 Abs. 2 Satz 3 AO das BZSt zuständig.

– Für die verbindliche Auskunft über Umsatzsteuer ist nach § 89 Abs. 2 Satz 2 AO das Finanzamt zuständig, das bei Verwirklichung des vorgetragenen Sachverhalts nach § 21 AO (ggf. i. V. m. der UStZustV) für die Umsatzbesteuerung des A örtlich zuständig sein würde.

3.3.1.5   Bei Anwendung des § 89 Abs. 2 Satz 3 AO kommt es nicht darauf an, ob der Antragsteller im Inland bereits bei einem Finanzamt geführt wird. Entscheidend ist, ob nach den Verhältnissen zum Zeitpunkt der Antragstellung ein Finanzamt örtlich zuständig ist, d. h. ob vom Antragsteller bereits steuerrelevante Sachverhalte im Inland verwirklicht wurden, wegen derer ein Steuerverwaltungsverfahren von Amts wegen durchzuführen wäre. Unerheblich ist, ob das örtlich zuständige Finanzamt hiervon bereits Kenntnis hat bzw. ob es bereits ein Steuerverwaltungsverfahren durchgeführt hat.

Steuerrelevante Sachverhalte im Inland sind dabei nur solche, für die eine Steuererklärungspflicht im Inland besteht.

Nicht zu steuerrelevanten Sachverhalten im Inland führen grundsätzlich

– Einkünfte, die im Inland nicht steuerpflichtig sind,

– Einkünfte, die dem Steuerabzug unterliegen und damit als abgeltend besteuert gelten, oder

    – Umsätze, für die der Leistungsempfänger der Steuerschuldner ist.

    Wird in diesen Fällen dennoch ein Steuerverwaltungsverfahren im Inland durchgeführt und ist dieses noch nicht abgeschlossen, kommt die Sonderzuständigkeitsregelung des § 89 Abs. 2 Satz 3 AO ausnahmsweise nicht zur Anwendung.

3.3.1.6   Das BZSt kann unter den Voraussetzungen des § 89 Abs. 2 Satz 3 AO auch dann eine verbindliche Auskunft erteilen, wenn der Ort, an dem der vorgetragene Sachverhalt im Inland verwirklicht werden soll, noch nicht feststeht.

3.3.1.7   Betrifft eine verbindliche Auskunft mehrere Steuerarten und sind hierfür zum Teil das BZSt und im Übrigen ein oder mehrere Finanzämter zuständig, sollen sich die beteiligten Finanzbehörden untereinander abstimmen, um widersprüchliche verbindliche Auskünfte zu vermeiden.

3.3.2   Zuständigkeit eines Finanzamts nach § 89 Abs. 2 Satz 2 AO

3.3.2.1   Die Zuständigkeitsregelung des § 89 Abs. 2 Satz 2 AO gilt bei den von den Landesfinanzbehörden im Auftrag des Bundes verwalteten Steuern nur, soweit nicht das BZSt nach § 89 Abs. 2 Satz 3 AO zuständig ist (vgl. AEAO zu § 89, Nr. 3.3.1). Für andere von den Finanzämtern verwaltete Steuern sowie für die Gewerbesteuermessbetragsfestsetzung richtet sich die Zuständigkeit für die Erteilung einer verbindlichen Auskunft immer nach § 89 Abs. 2 Satz 2 AO.

3.3.2.2   Die Zuständigkeit nach § 89 Abs. 2 Satz 2 AO knüpft an die künftigen steuerlichen Verhältnisse des Steuerpflichtigen bei Verwirklichung des Sachverhaltes an. Das hiernach für die Auskunftserteilung zuständige Finanzamt muss nicht mit dem Finanzamt identisch sein, das zum Zeitpunkt der Antragstellung für die Besteuerung des Steuerpflichtigen zuständig ist. Wird eine verbindliche Auskunft berechtigterweise durch einen Dritten beantragt (vgl. AEAO zu § 89, Nr. 3.2.3), ist ebenso unerheblich, welches Finanzamt für seine Besteuerung zuständig ist.

3.3.2.3   Betrifft eine verbindliche Auskunft mehrere Steuerarten und sind hierfür jeweils unterschiedliche Finanzämter nach § 89 Abs. 2 Satz 2 AO zuständig, soll eine Zuständigkeitsvereinbarung nach § 27 AO herbeigeführt werden, wenn die unterschiedliche Zuständigkeit weder für den Steuerpflichtigen noch für die Finanzbehörden zweckmäßig ist. Eine derartige Zuständigkeitsvereinbarung kann auch schon vor Verwirklichung des geplanten Sachverhaltes getroffen werden. Sofern keine Zuständigkeitsvereinbarung herbeigeführt werden kann, sollen sich die beteiligten Finanzämter untereinander abstimmen, um widersprüchliche verbindliche Auskünfte zu vermeiden (vgl. AEAO zu § 89, Nr. 3.3.1.7).

3.3.3   Zuständigkeit eines Finanzamts bei einheitlicher Auskunftserteilung nach § 1 Abs. 3 StAuskV

3.3.3.1   Die Zuständigkeit für die Erteilung einer einheitlichen verbindlichen Auskunft gegenüber mehreren Beteiligten bestimmt sich nach § 1 Abs. 3 StAuskV. Bei Organschaftsfällen i. S. d. § 1 Abs. 2 Satz 1 Nrn. 2 bis 4 StAuskV soll das Finanzamt, das für die Erteilung der verbindlichen Auskunft nicht zuständig ist, aber von der Bindungswirkung dieser Auskunft ebenfalls betroffen ist, vorab beteiligt werden.

3.3.3.2   Hat im Fall einer Umsatzsteuer-Organschaft der Organträger seinen Sitz und seine Geschäftsleitung im Ausland, ist entsprechend § 2 Abs. 2 Nr. 2 Satz 4 UStG das Finanzamt der Organgesellschaft bzw. – falls mehrere Organgesellschaften beteiligt sind – das Finanzamt der wirtschaftlich bedeutendsten Organgesellschaft für die Erteilung der verbindlichen Auskunft zuständig.

3.4 **Form, Inhalt und Voraussetzungen des Antrags auf Erteilung einer verbindlichen Auskunft**

3.4.1 Der Antrag muss schriftlich gestellt werden und die in § 1 Abs. 1 StAuskV bezeichneten Angaben enthalten. Zusätzlich soll der Antragsteller nach § 89 Abs. 4 Satz 2 AO Angaben zum Gegenstandswert der Auskunft machen.

3.4.2 Im Auskunftsantrag ist der ernsthaft geplante und zum Zeitpunkt der Antragstellung noch nicht verwirklichte Sachverhalt ausführlich und vollständig darzulegen (§ 1 Abs. 1 Nr. 2 StAuskV). Es ist unschädlich, wenn bereits mit vorbereitenden Maßnahmen begonnen wurde, solange der dem Auskunftsantrag zugrunde gelegte Sachverhalt im Wesentlichen noch nicht verwirklicht wurde und noch anderweitige Dispositionen möglich sind.

3.4.3 Der Antragsteller muss sein eigenes steuerliches Interesse darlegen (§ 1 Abs. 1 Nr. 3 StAuskV). Außer in den Fällen des § 1 Abs. 4 StAuskV ist ein Auskunftsantrag mit Wirkung für Dritte nicht zulässig. Denn eine dritte Person hat kein eigenes berechtigtes Interesse an einer Auskunftserteilung hinsichtlich der Besteuerung eines anderen, bereits existierenden Steuerpflichtigen.

3.4.4 Im Auskunftsantrag sind konkrete Rechtsfragen darzulegen (§ 1 Abs. 1 Nr. 5 StAuskV). Es reicht nicht aus, allgemeine Fragen zu den bei Verwirklichung des geplanten Sachverhalts eintretenden steuerlichen Rechtsfragen darzulegen.

3.5 **Erteilung einer verbindlichen Auskunft**

3.5.1 Der Auskunft ist der vom Antragsteller vorgetragene Sachverhalt zugrunde zu legen. Das Finanzamt ist nicht verpflichtet, eigens für die zu erteilende Auskunft Ermittlungen durchzuführen, es soll aber dem Antragsteller Gelegenheit zum ergänzenden Sachvortrag geben, wenn dadurch eine Entscheidung in der Sache ermöglicht werden kann. Die Erteilung einer verbindlichen Auskunft für alternative Gestaltungsvarianten ist nicht zulässig.

3.5.2 Die Erteilung einer verbindlichen Auskunft ist ausgeschlossen, wenn der Sachverhalt im Wesentlichen bereits verwirklicht ist. Über Rechtsfragen, die sich aus einem bereits abgeschlossenen Sachverhalt ergeben, ist ausschließlich im Rahmen des Veranlagungs- oder Feststellungsverfahrens zu entscheiden. Das gilt auch, wenn der Sachverhalt zwar erst nach Antragstellung, aber vor der Entscheidung über den Antrag verwirklicht wird.

3.5.3 Eine Auskunft kann auch erteilt werden, wenn der Antragsteller eine Auskunft für die ernsthaft geplante Umgestaltung eines bereits vorliegenden Sachverhalts begehrt. Das gilt insbesondere bei Sachverhalten, die wesentliche Auswirkungen in die Zukunft haben (z. B. Dauersachverhalte). Bei Dauersachverhalten richtet sich das zeitliche Ausmaß der Bindungswirkung nach dem Auskunftsantrag, soweit die Finanzbehörde nicht aus materiell-rechtlichen Gründen von den zeitlichen Vorstellungen des Antragstellers abweicht (z. B. wegen Verlängerung oder Verkürzung des Abschreibungszeitraumes) und deshalb ihre Auskunft für einen anderen Zeitraum erteilt.

3.5.4 Verbindliche Auskünfte sollen nicht erteilt werden in Angelegenheiten, bei denen die Erzielung eines Steuervorteils im Vordergrund steht (z. B. Prüfung von Steuersparmodellen, Feststellung der Grenzpunkte für das Handeln eines ordentlichen Geschäftsleiters). Die Befugnis, nach pflichtgemäßem Ermessen auch in anderen Fällen die Erteilung verbindlicher Auskünfte abzulehnen, bleibt unberührt (z. B. wenn zu dem Rechtsproblem eine gesetzliche Regelung, eine höchstrichterliche Entscheidung oder eine Verwaltungsanweisung in absehbarer Zeit zu erwarten ist).

3.5.5 Die verbindliche Auskunft nach § 89 Abs. 2 AO ist (auch wenn sie nicht der Rechtsauffassung des Antragstellers entspricht) ebenso wie die Ablehnung der Erteilung einer verbindlichen Auskunft ein Verwaltungsakt. Sie ist schriftlich oder elektronisch zu erteilen und mit einer Rechtsbehelfsbelehrung zu versehen. Die Bekanntgabe richtet sich nach §§ 122, 122a AO und den Regelungen im AEAO zu § 122 und zu § 122a.

In den Fällen des § 1 Abs. 2 StAuskV ist die Auskunft allen Beteiligten gegenüber einheitlich zu erteilen und dem von ihnen nach § 1 Abs. 2 Satz 2 StAuskV bestellten gemeinsamen Empfangsbevollmächtigten bekannt zu geben, soweit keine Einzelbekanntgabe erforderlich ist.

3.5.6   Die verbindliche Auskunft hat zu enthalten

– den ihr zugrunde gelegten Sachverhalt; dabei kann auf den im Antrag dargestellten Sachverhalt Bezug genommen werden,

– die Entscheidung über den Antrag, die zugrunde gelegten Rechtsvorschriften und die dafür maßgebenden Gründe; dabei kann auf die im Antrag dargelegten Rechtsvorschriften und Gründe Bezug genommen werden,

– eine Angabe darüber, für welche Steuern und für welchen Zeitraum die verbindliche Auskunft gilt.

3.5.7   Die verbindliche Auskunft regelt dabei lediglich, wie die Finanzbehörde eine ihr zur Prüfung gestellte hypothetische Gestaltung gegenwärtig beurteilt. Es besteht kein Anspruch auf einen bestimmten rechtmäßigen Inhalt einer verbindlichen Auskunft (vgl. BFH-Urteil vom 29. 2. 2012, IX R 11/11, BStBl II S. 651).

3.5.8   Ist vor einer Entscheidung über die Erteilung einer verbindlichen Auskunft die Anhörung eines Beteiligten oder die Mitwirkung einer anderen Behörde oder eines Ausschusses vorgesehen, so darf die verbindliche Auskunft erst nach Anhörung der Beteiligten oder nach Mitwirkung dieser Behörde oder des Ausschusses erteilt werden.

3.5.9   Die Bearbeitungsfrist für Auskunftsanträge nach § 89 Abs. 2 Satz 4 AO gilt erstmals für Anträge, die nach dem 31. 12. 2016 bei der zuständigen Finanzbehörde eingegangen sind (Art. 97 § 25 Abs. 2 EGAO). Aus dem bloßen Verstreichen der Bearbeitungsfrist kann nicht abgeleitet werden, dass die Auskunft als im beantragten Sinn erteilt gilt. Dies gilt unanhängig davon, ob die Finanzbehörde hinreichende Gründe für die nicht fristgerechte Auskunftserteilung mitgeteilt hat oder nicht.

3.6   Bindungswirkung einer verbindlichen Auskunft

3.6.1   Die von der nach § 89 Abs. 2 Satz 2 und 3 AO zuständigen Finanzbehörde erteilte verbindliche Auskunft ist für die Besteuerung des Antragstellers nur dann bindend, wenn der später verwirklichte Sachverhalt von dem der Auskunft zugrunde gelegten Sachverhalt nicht oder nur unwesentlich abweicht (§ 2 Abs. 1 Satz 1 StAuskV). Eine vom BZSt nach § 89 Abs. 2 Satz 3 AO rechtmäßig erteilte verbindliche Auskunft bindet auch das Finanzamt, das bei Verwirklichung des der Auskunft zugrunde liegenden Sachverhalts zuständig ist. In den Fällen des § 1 Abs. 2 StAuskV ist die Auskunft gegenüber allen Beteiligten einheitlich verbindlich (§ 2 Abs. 2 Satz 1 StAuskV).

Die Bindungswirkung tritt nicht ein, wenn der tatsächlich verwirklichte Sachverhalt mit dem bei der Beantragung der verbindlichen Auskunft vorgetragenen Sachverhalt in wesentlichen Punkten nicht übereinstimmt. Wird ein Dauersachverhalt innerhalb der zeitlichen Bindungswirkung der verbindlichen Auskunft (vgl. Nr. 3.5.3 des AEAO zu § 89) dergestalt verändert, dass er mit dem der verbindlichen Auskunft zugrunde gelegten Sachverhalt in wesentlichen Punkten nicht mehr übereinstimmt, entfällt die Bindungswirkung der verbindlichen Auskunft ohne Zutun der Finanzverwaltung ab dem Zeitpunkt der Sachverhaltsänderung. Entsprechendes gilt für eine von der nach § 1 Abs. 3 StAuskV zuständigen Finanzbehörde gegenüber mehreren Antragstellern einheitlich erteilte verbindliche Auskunft.

3.6.2   Im Fall der Gesamtrechtsnachfolge geht die Bindungswirkung entsprechend § 45 AO auf den Rechtsnachfolger über. Bei Einzelrechtsnachfolge erlischt die Bindungswirkung. Die Bindungswirkung tritt daher nicht ein, wenn der Sachverhalt nicht durch den Antragsteller, sondern durch einen Dritten verwirklicht wurde, der nicht Gesamtrechtsnachfolger des Antragstellers ist.

3.6.3   Ist die verbindliche Auskunft zuungunsten des Steuerpflichtigen rechtswidrig, tritt nach § 2 Abs. 1 Satz 2 StAuskV keine Bindungswirkung ein. In diesem Fall ist die Steuer nach Maßgabe der Gesetze und den in diesem Zeitpunkt geltenden Verwaltungsanweisungen zutreffend festzusetzen. Die Frage, ob sich die (rechtswidrige) verbindliche Auskunft zuungunsten des Steuerpflichtigen auswirkt, ist durch einen Vergleich zwischen zugesagter und rechtmäßiger Behandlung zu beantworten und kann sich nur auf die konkret erteilte Auskunft beziehen.

Widerspricht eine nach § 2 Abs. 2 Satz 1 StAuskV einheitlich erteilte verbindliche Auskunft dem geltenden Recht und beruft sich mindestens ein Beteiligter darauf, entfällt die Bindungswirkung der verbindlichen Auskunft einheitlich gegenüber allen Beteiligten (§ 2 Abs. 2 Satz 2 StAuskV).

3.6.4   Die Bindungswirkung der verbindlichen Auskunft entfällt nach § 2 Abs. 3 StAuskV ohne Zutun der zuständigen Finanzbehörde ab dem Zeitpunkt, in dem die Rechtsvorschriften, auf denen die Auskunft beruht, aufgehoben oder geändert werden. Wird die verbindliche Auskunft in diesem Fall zur Klarstellung aufgehoben, hat dies nur deklaratorische Wirkung.

3.6.5   Eine verbindliche Auskunft nach § 89 Abs. 2 AO kann unter den Voraussetzungen der §§ 129 bis 131 AO berichtigt, zurückgenommen und widerrufen werden. In den Fällen des § 2 Abs. 2 Satz 1 StAuskV ist die Berichtigung, die Rücknahme oder der Widerruf gegenüber den Antragstellern einheitlich vorzunehmen.

Die Korrektur einer verbindlichen Auskunft mit Wirkung für die Vergangenheit kommt danach insbesondere in Betracht, wenn

– die Auskunft durch unlautere Mittel wie arglistige Täuschung, Drohung oder Bestechung erwirkt worden ist oder

– die Rechtswidrigkeit der Auskunft dem Begünstigten bekannt oder infolge grober Fahrlässigkeit nicht bekannt war.

Ist die verbindliche Auskunft von einer sachlich oder örtlich unzuständigen Behörde erlassen worden, entfaltet sie von vornherein keine Bindungswirkung.

3.6.6   Über die Fälle der §§ 129 bis 131 AO hinaus kann eine verbindliche Auskunft nach § 2 Abs. 4 StAuskV auch mit Wirkung für die Zukunft aufgehoben oder geändert werden, wenn sich herausstellt, dass die erteilte Auskunft unrichtig war.

Eine verbindliche Auskunft ist materiell rechtswidrig und damit rechtswidrig i. S. d. § 2 Abs. 4 StAuskV, wenn sie ohne Rechtsgrundlage oder unter Verstoß gegen materielle Rechtsnormen erlassen wurde oder ermessensfehlerhaft ist. Für die Beurteilung der Rechtmäßigkeit oder Rechtswidrigkeit kommt es auf den Zeitpunkt des Wirksamwerdens, also der Bekanntgabe der verbindlichen Auskunft an.

Eine Änderung der Rechtsprechung stellt keine Änderung der Rechtslage dar, weil sie die bisherige Rechtsauffassung nur richtig stellt, also die von Anfang an bestehende Rechtslage klarstellt. Daher ist eine verbindliche Auskunft von vornherein unrichtig i. S. d. § 2 Abs. 4 StAuskV, wenn sie von einem nach ihrer Bekanntgabe ergangenen FG- oder BFH-Urteil oder einer später ergangenen Verwaltungsanweisung abweicht. Sie ist nicht unrichtig geworden, ihre Unrichtigkeit wurde lediglich erst nachträglich erkannt.

Die Aufhebung oder Änderung nach § 2 Abs. 4 StAuskV steht im Ermessen der Finanzbehörde. Eine Aufhebung oder Änderung mit Wirkung für die Zukunft ist z. B. sachgerecht, wenn sich die steuerrechtliche Beurteilung des der verbindlichen Auskunft zugrunde gelegten Sachverhalts durch die Rechtsprechung oder durch eine Verwaltungsanweisung zum Nachteil des Steuerpflichtigen geändert hat.

Dem Vertrauensschutz wird dadurch Rechnung getragen, dass die Aufhebung oder Änderung nur mit Wirkung für die Zukunft erfolgen darf. War der Sachverhalt im Zeitpunkt der Bekanntgabe der Aufhebung oder Änderung bereits im Wesentlichen verwirklicht, bleibt die Bindungswirkung bestehen, wenn der später verwirklichte Sachverhalt von dem der Auskunft zugrunde gelegten Sachverhalt nicht oder nur unwesentlich abweicht.

In den Fällen des § 2 Abs. 2 Satz 1 StAuskV ist die Aufhebung oder Änderung gegenüber den Antragstellern einheitlich vorzunehmen.

3.6.7 Der Steuerpflichtige ist vor einer Korrektur der verbindlichen Auskunft zu hören (§ 91 Abs. 1 AO). In den Fällen des § 2 Abs. 2 Satz 1 StAuskV sind alle Antragsteller über den gemeinsamen Empfangsbevollmächtigten (§ 1 Abs. 2 Satz 2 StAuskV) zu hören.

3.6.8 Im Einzelfall kann es aus Billigkeitsgründen gerechtfertigt sein, von einem Widerruf der verbindlichen Auskunft abzusehen oder die Wirkung des Widerrufs zu einem späteren Zeitpunkt eintreten zu lassen. Eine solche Billigkeitsmaßnahme wird in der Regel jedoch nur dann geboten sein, wenn sich der Steuerpflichtige nicht mehr ohne erheblichen Aufwand bzw. unter beträchtlichen Schwierigkeiten von den im Vertrauen auf die Auskunft getroffenen Dispositionen oder eingegangenen vertraglichen Verpflichtungen zu lösen vermag.

In den Fällen des § 2 Abs. 2 Satz 1 StAuskV ist diese Billigkeitsmaßnahme gegenüber allen Beteiligten einheitlich zu treffen.

3.6.9 Die Regelungen in Nrn. 3.6.1 bis 3.6.8 des AEAO zu § 89 gelten in den Fällen des § 1 Abs. 4 StAuskV für die Person, Personenvereinigung oder Vermögensmasse, die den Sachverhalt verwirklicht hat, entsprechend.

3.7 Rechtsbehelfsmöglichkeiten[1]

3.7.1 Gegen die erteilte verbindliche Auskunft wie auch gegen die Ablehnung der Erteilung einer verbindlichen Auskunft ist der Einspruch gegeben (§ 347 AO).

3.7.2 Im außergerichtlichen Rechtsbehelfsverfahren ist die Sache in vollem Umfang, d. h. auch in materiell-rechtlicher Hinsicht, zu prüfen (§ 367 Abs. 2 AO). Weicht die Finanzbehörde bei der Erteilung der verbindlichen Auskunft vom Rechtsstandpunkt des Antragstellers ab (sog. Negativauskunft), ist der Inhalt der erteilten verbindlichen Auskunft im gerichtlichen Rechtsbehelfsverfahren nur auf seine sachliche Richtigkeit hin zu prüfen, d. h. darauf, ob die Finanzbehörde den zur Prüfung gestellten Sachverhalt zutreffend erfasst hat und die gegenwärtige rechtliche Einordnung des zur Prüfung gestellten Sachverhalts in sich schlüssig und nicht evident rechtsfehlerhaft ist. Eine materiell-rechtliche Überprüfung der finanzbehördlichen Auffassung durch das Gericht bleibt mangels Bindungswirkung der Negativauskunft (vgl. Nr. 3.6.3 des AEAO zu § 89) einem Rechtsbehelfsverfahren gegen den späteren Steuerbescheid/Feststellungsbescheid vorbehalten (vgl. BFH-Urteil vom 29. 2. 2012, IX R 11/11, BStBl II S. 651).

3.7.3 Legt in den Fällen des § 2 Abs. 2 Satz 1 StAuskV nur ein Beteiligter Einspruch ein, sind die übrigen Beteiligten nach § 360 Abs. 3 Satz 1 AO zum Einspruchsverfahren hinzuzuziehen.

Anm. d. Schriftl.:

[1] Das FG prüft den Inhalt einer erteilten verbindlichen Auskunft nur darauf, ob die gegenwärtige rechtliche Einordnung des – zutreffend erfassten – zur Prüfung gestellten Sachverhalts in sich schlüssig und nicht evident rechtsfehlerhaft ist (BFH-Urteil vom 29. 2. 2012, BStBl 2012 II S. 651).

4. Gebühren für die Bearbeitung von Anträgen auf Erteilung einer verbindlichen Auskunft (§ 89 Abs. 3 bis 7 AO)[1]

4.1 Gebührenpflicht

4.1.1 Gebühren sind nicht nur zu erheben, wenn die beantragte Auskunft erteilt wird. § 89 Abs. 3 Satz AO ordnet eine Gebührenpflicht für die Bearbeitung eines Auskunftsantrags an. Gebühren sind daher grundsätzlich auch dann zu entrichten, wenn die Finanzbehörde in ihrer verbindlichen Auskunft eine andere Rechtsauffassung als der Antragsteller vertritt, wenn sie die Erteilung einer verbindlichen Auskunft ablehnt oder wenn der Antrag zurückgenommen wird. Zur Möglichkeit einer Gebührenermäßigung vgl. AEAO zu § 89, Nr. 4.5.

4.1.2 Die Gebühr wird für jeden Antrag auf verbindliche Auskunft festgesetzt.[2][3] Es handelt sich jeweils um einen Antrag, soweit sich die rechtliche Beurteilung eines Sachverhalts auf einen Steuerpflichtigen bezieht. Dieser Sachverhalt kann sich auf mehrere Steuerarten auswirken. In den Fällen des § 1 Abs. 2 StAuskV wird nur eine Gebühr erhoben; die Beteiligten sind Gesamtschuldner der Gebühr (§ 89 Abs. 3 Satz 2 AO).

Ist in Fällen des § 1 Abs. 2 Nr. 1 StAuskV hinsichtlich des der Auskunft zugrunde liegenden Sachverhalts teilweise auch die Gesellschaft Steuerschuldnerin (vgl. AEAO zu § 122, Nr. 2.4.1), wird gegenüber den Gesellschaftern und der Gesellschaft nur eine Gebühr erhoben. In Umwandlungsfällen ist jeder abgebende, übernehmende oder entstehende Rechtsträger eigenständig zu beurteilen.

4.1.3 Die Gebührenpflicht gilt nicht für Anträge auf verbindliche Zusagen auf Grund einer Außenprüfung nach §§ 204 ff. AO oder für Lohnsteueranrufungsauskünfte nach § 42e EStG. Sie gilt auch nicht für Anfragen, die keine verbindliche Auskunft des Finanzamts i. S. d. § 89 Abs. 2 AO zum Ziel haben.

4.2 Gegenstandswert[4]

4.2.1 Die Gebühr richtet sich grundsätzlich nach dem Wert, den die Auskunft für den Antragsteller hat (Gegenstandswert; § 89 Abs. 4 Satz 1 AO).

4.2.2 Maßgebend für die Bestimmung des Gegenstandswerts ist die steuerliche Auswirkung des vom Antragsteller dargelegten Sachverhalts. Die steuerliche Auswirkung ist in der Weise zu ermitteln, dass der Steuerbetrag, der bei Anwendung der vom Antragsteller vorgetragenen Rechtsauffassung entstehen würde, dem Steuerbetrag gegenüberzustellen ist, der entstehen würde, wenn die Finanzbehörde eine entgegengesetzte Rechtsauffassung vertreten wurde.

Für diese Ermittlung der steuerlichen Auswirkung sind die Grundsätze der gerichtlichen Streitwertermittlung für ein Hauptsachverfahren entsprechend anzuwenden (BFH-Urteil vom 22. 4. 2015, IV R 13/12, BStBl II S. 989).

Anm. d. Schriftl.:

[1] Die sog. Wertgebühr, die für die Bearbeitung von Anträgen auf verbindliche Auskünfte erhoben wird, ist dem Grunde und der Höhe nach verfassungsgemäß (BFH-Urteil vom 30. 3. 2011, BStBl 2011 II S. 536).

[2] Beantragen sowohl Organträger als auch Organgesellschaft einer ertragsteuerlichen Organschaft eine verbindliche Auskunft in Bezug auf den gleichen Sachverhalt, fällt bei beiden Antragstellern eine Auskunftsgebühr an (BFH-Urteil vom 9. 3. 2016, BStBl 2016 II S. 706).

[3] Soll die verbindliche Auskunft Bindungswirkung für mehrere existente oder noch nicht existente Steuerpflichtige entfalten, sind jedenfalls so viele Anträge gestellt, wie Steuerpflichtige von dieser Auskunft umfasst sein sollen (BFH-Urteil vom 27. 11. 2019, BStBl 2020 II S. 528).

[4] Der Gegenstandswert wird nach den Grundsätzen der gerichtlichen Streitwertermittlung für ein Hauptsacheverfahren berechnet (BFH-Urteil vom 22. 4. 2015, BStBl 2015 II S. 989).

Steuerliche Auswirkungen, die sich mittelbar ergeben können, die jedoch nicht selbst zum Gegenstand des Antrags gemacht worden sind, werden bei Bemessung des Gegenstandswerts nicht berücksichtigt (vgl. BFH-Urteil vom 22.4.2015, IV R 13/12, a.a.O.). Betrifft die beantragte Auskunft ertragsteuerliche Fragen, sind danach Annexsteuern (Kirchensteuer, Solidaritätszuschlag) nicht in die Ermittlung des Gegenstandswerts einzubeziehen. Gewerbesteuerliche Auswirkungen sind bei der Ermittlung des Gegenstandswerts einzubeziehen, es sei denn, die gewerbesteuerliche Beurteilung ist ausdrücklich von der beantragten Auskunft ausgenommen.

4.2.3   Bei Dauersachverhalten ist auf die durchschnittliche steuerliche Auswirkung eines Jahres abzustellen (vgl. auch AEAO zu § 89, Nr. 3.5.3).

4.2.4   Die Gebühr wird nach § 89 Abs. 5 Satz 1 AO in entsprechender Anwendung des § 34 GKG mit einem Gebührensatz von 1,0 erhoben. § 34 GKG in der Fassung des Kostenrechtsänderungsgesetzes 2021 vom 21.12.2020 (BGBl I S. 3229) ist dabei in entsprechender Anwendung des § 71 Abs. 1 GKG auf alle Anträge anzuwenden, die nach dem 31.12.2020 bei der zuständigen Finanzbehörde eingegangen sind. Für Anträge, die vor dem 1.1.2021 bei der zuständigen Finanzbehörde eingegangen sind, ist § 34 GKG in der bis zum 31.12.2020 geltenden Fassung weiterhin entsprechend anzuwenden.

Der Gegenstandswert ist in entsprechender Anwendung des § 39 Abs. 2 GKG auf 30 Mio. € begrenzt (§ 89 Abs. 5 Satz 2 AO). Die Gebühr beträgt damit bei bis zum 31.12.2020 eingegangenen Anträgen höchstens 109.736 €, bei ab dem 1.1.2021 eingegangenen Anträgen höchstens 120.721 €. Beträgt der Gegenstandswert weniger als 10.000 €, wird keine Gebühr erhoben (§ 89 Abs. 5 Satz 3 AO).

4.2.5   Der Antragsteller soll den Gegenstandswert und die für seine Bestimmung maßgeblichen Umstände bereits in seinem Auskunftsantrag darlegen (§ 89 Abs. 4 Satz 2 AO). Diese Darlegung erfordert schlüssige und nachvollziehbare Angaben; fehlen derartige Angaben oder sind sie unzureichend, ist der Antragsteller hierauf hinzuweisen und um entsprechende Ergänzung seines Antrags oder um Erläuterung zu bitten, warum er keine Angaben machen kann.

4.2.6   Den Angaben des Antragstellers ist im Regelfall zu folgen. Bei seiner Darlegung des Gegenstandswerts muss sich der Antragsteller allerdings an die Grundsätze der gerichtlichen Streitwertermittlung halten (vgl. AEAO zu § 89, Nr. 4.2.2). Eine davon abweichende Bemessung des Gegenstandswerts führt regelmäßig zu einem offensichtlich unzutreffenden Ergebnis und ist deshalb vom Finanzamt nicht zu berücksichtigen (BFH-Urteil vom 22.4.2015, IV R 13/12, BStBl II S. 989). Eine Ermittlung des Gegenstandswerts durch das Finanzamt ist im Übrigen nur dann geboten, wenn der Antragsteller keine Angaben machen kann oder wenn seine Angaben anderweitig zu einem offensichtlich unzutreffenden Ergebnis führen würden (§ 89 Abs. 4 Satz 3 AO).

4.2.7   Will das Finanzamt von dem erklärten Gegenstandswert abweichen oder konnte der Antragsteller keine Angaben zum Gegenstandswert machen, ist dem Antragsteller vor Erlass des Gebührenbescheids rechtliches Gehör (§ 91 AO) zu gewähren. Die Bearbeitung des Auskunftsantrags soll bis zum Eingang der Stellungnahme des Antragstellers, höchstens aber bis zum Ablauf der (regelmäßig einmonatigen) Frist zur Stellungnahme zurückgestellt werden.

4.3   Zeitgebühr

4.3.1   Beziffert der Antragsteller den Gegenstandswert nicht und ist der Gegenstandswert auch nicht durch Schätzung bestimmbar, ist eine Zeitgebühr zu berechnen (§ 89 Abs. 6 Satz 1 1. Halbsatz AO). Die Zeitgebühr beträgt 50 € je angefangene halbe Stunde Bearbeitungszeit (§ 89 Abs. 6 Satz 1 2. Halbsatz AO). Beträgt bei der Gebührenbemessung nach dem Zeitwert die Bearbeitungszeit weniger als zwei Stunden, wird keine Gebühr erhoben (§ 89 Abs. 6 Satz 2 AO).

4.3.2 Wird eine solche Zeitgebühr erhoben, ist der zeitliche Aufwand für die Bearbeitung des Antrags auf verbindliche Auskunft zu dokumentieren. Zur Bearbeitungszeit rechnen nur die Zeiten, in denen der vorgetragene Sachverhalt ermittelt und dessen rechtliche Würdigung geprüft wurde. Waren vorgesetzte Finanzbehörden wegen der besonderen Bedeutung des Einzelfalls oder der grundsätzlichen Bedeutung entscheidungserheblicher Rechtsfragen hinzuzuziehen, ist die dortige Bearbeitungszeit ebenfalls zu berücksichtigen, soweit sie dem konkreten Auskunftsantrag individuell zuzuordnen ist.

4.4 Gebührenfestsetzung

4.4.1 Die Gebühr ist durch schriftlichen Bescheid gegenüber dem Antragsteller festzusetzen; Bekanntgabevollmachten sind zu beachten. Der Antragsteller hat die Gebühr innerhalb eines Monats nach Bekanntgabe dieses Bescheids zu entrichten (§ 89 Abs. 3 Satz 3 AO).

Auf die Gebühr sind die Vorschriften der AO grundsätzlich sinngemäß anzuwenden (vgl. im Einzelnen AEAO zu § 1, Nr. 3). Die Gebührenfestsetzung kann nach §§ 129 bis 131 AO korrigiert werden. Gegen die Gebührenfestsetzung ist der Einspruch gegeben (§ 347 AO).

4.4.2 Die Entscheidung über den Antrag auf verbindliche Auskunft soll bis zur Zahlung der Gebühr zurückgestellt werden, wenn der Zahlungseingang nicht gesichert erscheint. In derartigen Fällen ist im Gebührenbescheid darauf hinzuweisen, dass über den Antrag auf Erteilung einer verbindlichen Auskunft erst nach Zahlungseingang entschieden wird.

4.5 Ermäßigung der Gebühr

4.5.1 Die Gebühr nach § 89 Abs. 3 bis 6 AO entsteht auch für die Bearbeitung eines Antrags auf verbindliche Auskunft, der die formalen Voraussetzungen nicht erfüllt (Beispiel: der Antrag beinhaltet keine ausführliche Darlegung des Rechtsproblems oder keine eingehende Begründung des Rechtsstandpunkts des Antragstellers). Vor einer Ablehnung eines Antrags aus formalen Gründen hat die Finanzbehörde den Antragsteller auf diese Mängel und auf die Möglichkeit der Ergänzung oder Rücknahme des Antrags hinzuweisen.

4.5.2 Wird ein Antrag vor Bekanntgabe der Entscheidung über den Antrag auf verbindliche Auskunft zurückgenommen, kann die Gebühr ermäßigt werden (§ 89 Abs. 7 Satz 2 AO). Hierbei ist wie folgt zu verfahren:

– Hat die Finanzbehörde noch nicht mit der Bearbeitung des Antrags begonnen, ist die Gebühr auf Null zu ermäßigen. In diesem Fall kann aus Vereinfachungsgründen bereits von der Erteilung eines Gebührenbescheides abgesehen werden.

– Hat die Finanzbehörde bereits mit der Bearbeitung des Antrags begonnen, ist der bis zur Rücknahme des Antrags angefallene Bearbeitungsaufwand angemessen zu berücksichtigen und die Gebühr anteilig zu ermäßigen.

5. Anwendung der StAuskV

5.1 Die StAuskV gilt für alle verbindlichen Auskünfte, die ab Inkrafttreten des § 89 Abs. 2 AO (12. 9. 2006) erteilt worden sind.

5.2 § 1 Abs. 2 Satz 1, Abs. 3 und 4 und § 2 Abs. 2 bis 4 StAuskV in der am 20. 7. 2017 geltenden Fassung sind erstmals auf nach dem 1. 9. 2017 bei der zuständigen Finanzbehörde eingegangene Anträge auf Erteilung einer verbindlichen Auskunft anzuwenden. Die neuen Regelungen sind nach Ablauf der Übergangsfrist auf alle Anträge anzuwenden, die ab diesem Zeitpunkt bei der zuständigen Finanzbehörde eingehen.

5.3   Für Auskünfte mit Bindungswirkung nach Treu und Glauben, die bis zum 11. 9. 2006 erteilt worden sind, sind die Regelungen in Nrn. 4 und 5 des BMF-Schreibens vom 29. 12. 2003, BStBl I S. 742, weiter anzuwenden.

Zu § 91 AO

AEAO   Anhörung Beteiligter:

1. Im Besteuerungsverfahren äußert sich der Beteiligte zu den für die Entscheidung erheblichen Tatsachen regelmäßig in der Steuererklärung. Will die Finanzbehörde von dem erklärten Sachverhalt zuungunsten des Beteiligten wesentlich abweichen, so muss sie den Beteiligten hiervon vor Erlass des Steuerbescheides oder sonstigen Verwaltungsaktes unterrichten. Der persönlichen (ggf. fernmündlichen) Kontaktaufnahme mit dem Steuerpflichtigen kommt hierbei besondere Bedeutung zu. Sind die steuerlichen Auswirkungen der Abweichung nur gering, so genügt es, die Abweichung im Steuerbescheid zu erläutern.

2. Eine versehentlich unterbliebene Anhörung der Beteiligten kann nach Erlass des Steuerbescheides nachgeholt und die Fehlerhaftigkeit des Bescheides dadurch geheilt werden (§ 126 Abs. 1 Nr. 3 AO).

3. Ist die erforderliche Anhörung eines Beteiligten unterblieben und dadurch die rechtzeitige Anfechtung des Verwaltungsaktes versäumt worden, so ist Wiedereinsetzung in den vorigen Stand zu gewähren (§ 126 Abs. 3 i. V. m. § 110 AO). Die unterlassene Anhörung ist im Allgemeinen nur dann für die Versäumung der Einspruchsfrist ursächlich, wenn die notwendigen Erläuterungen auch im Verwaltungsakt selbst unterblieben sind (BFH-Urteil vom 13. 12. 1984, VIII R 19/81, BStBl 1985 II S. 601).

4. Wegen des zwingenden öffentlichen Interesses (§ 91 Abs. 3 AO) Hinweis auf § 30 Abs. 4 Nr. 5 und § 106 AO, deren Grundsätze entsprechend anzuwenden sind.

Zu § 93 AO **🔢**

AEAO   Auskunftspflicht der Beteiligten und anderer Personen:

1.   **Auskunftsersuchen nach § 93 Abs. 1 Satz 1 und Abs. 1a AO**

     Auskunftsersuchen sind im gesamten Besteuerungsverfahren, d. h. auch im Rechtsbehelfsverfahren oder im Vollstreckungsverfahren (§ 249 Abs. 2 Satz 1 AO; BFH-Urteil vom 22. 2. 2000, VII R 73/98, BStBl II S. 366), möglich. Im Rahmen der Außenprüfung

---

Anm. d. Schriftl.:

🔢 § 93 AO ist im Rahmen des Unternehmenssteuerreformgesetzes 2008 vom 14. 8. 2007, BGBl 2007 I S. 1912, geändert worden. Weitere Änderungen erfolgten u. a. im Rahmen des Gesetzes zur Bekämpfung der Steuerumgehung und zur Änderung weiterer steuerlicher Vorschriften vom 23. 6. 2017, BGBl 2017 I S. 1682, und im Rahmen des Gesetzes zur Umsetzung der Vierten EU-Geldwäscherichtlinie, zur Ausführung der EU-Geldtransferverordnung und zur Neuorganisation der Zentralstelle für Finanztransaktionsuntersuchungen vom 23. 6. 2017, BGBl 2017 I S. 1822. Weitere Änderungen sind im Rahmen des Gesetzes gegen illegale Beschäftigung und Sozialleistungsmissbrauch vom 11. 7. 2019, BGBl 2019 I S. 1066, im Gesetz zur Einführung der Grundrente für langjährige Versicherung in der gesetzlichen Rentenversicherung mit unterdurchschnittlichem Einkommen und für weitere Maßnahmen zur Erhöhung der Alterseinkommen vom 12. 8. 2020, BGBl 2020 I S. 1879, und im Jahressteuergesetz 2020 vom 21. 12. 2020, BGBl 2020 I S. 3096, erfolgt.

und der Steuerfahndung sind die Regelungen in §§ 200, 208, 210 und 211 AO zu beachten. Im Steuerstraf- und -bußgeldverfahren gelten nach § 385 Abs. 1 und § 410 Abs. 1 AO die Vorschriften der StPO und des OWiG.

1.1 Allgemeines/Voraussetzungen

1.1.1 Voraussetzung für ein Auskunftsersuchen ist, dass die Heranziehung eines Auskunftspflichtigen im Einzelfall aufgrund hinreichender konkreter Umstände oder aufgrund allgemeiner Erfahrungen geboten ist (vgl. BFH-Urteile vom 29. 10. 1986, VII R 82/85, BStBl 1988 II S. 359, und vom 18. 3. 1987, II R 35/86, BStBl II S. 419). Unzulässig sind Auskunftsersuchen „ins Blaue hinein" (vgl. BFH-Urteile vom 23. 10. 1990, VIII R 1/86, BStBl 1991 II S. 277, und vom 12. 5. 2016, II R 17/14, BStBl II S. 822). Darüber hinaus müssen die Auskunft zur Sachverhaltsaufklärung geeignet und notwendig, die Pflichterfüllung für den Betroffenen möglich und dessen Inanspruchnahme geeignet, erforderlich und zumutbar sein (vgl. BFH-Urteile vom 29. 10. 1986, VII R 82/85, a. a. O., und vom 24. 10. 1989, VII R 1/87, BStBl 1990 II S. 198).

Die Erforderlichkeit eines Auskunftsersuchens ist von der zuständigen Finanzbehörde nach den Umständen des Einzelfalles und unter Berücksichtigung allgemeiner Erfahrungen im Wege der Prognose zu beurteilen. Die Erforderlichkeit setzt keinen begründeten Verdacht voraus, dass steuerrechtliche Unregelmäßigkeiten vorliegen; es genügt, wenn aufgrund konkreter Momente oder aufgrund allgemeiner Erfahrungen ein Auskunftsersuchen angezeigt ist (vgl. BFH-Urteil vom 17. 3. 1992, VII R 122/91, BFH/NV S. 791). Nur wenn klar und eindeutig jeglicher Anhaltspunkt für die Steuererheblichkeit fehlt, ist ein Auskunftsverlangen rechtswidrig (BFH-Urteil vom 29. 7. 2015, X R 4/14, BStBl 2016 II S. 135).

1.1.2 Die Finanzämter können Auskunftsersuchen an die Beteiligten (§ 78 AO), aber auch an andere Personen richten, wenn das Ersuchen zur Feststellung eines für die Besteuerung erheblichen Sachverhalts erforderlich ist.

1.1.3 Die Finanzbehörde darf außerdem unter den Voraussetzungen des § 93 Abs. 1a AO Auskunftsersuchen über eine ihr noch unbekannte Anzahl von Sachverhalten mit dem Grunde nach bestimmbaren, ihr noch nicht bekannten Personen an Dritte stellen (Sammelauskunftsersuchen).

1.1.4 Im Auskunftsersuchen ist anzugeben, worüber Auskunft erteilt werden soll und für die Besteuerung welcher Person die Auskunft angefordert wird (§ 93 Abs. 2 Satz 1 AO). Zur Begründung des Ersuchens reicht im Allgemeinen die Angabe der Rechtsgrundlage sowie bei einem Auskunftsersuchen an einen Dritten der Hinweis aus, dass die Sachverhaltsaufklärung durch die Beteiligten nicht zum Ziele geführt hat oder keinen Erfolg verspricht. Eine Begründung des Auskunftsersuchens hinsichtlich der Frage, warum die Finanzbehörde einen bestimmten Auskunftspflichtigen vor einem anderen Auskunftsverpflichteten in Anspruch nimmt, ist nur erforderlich, wenn gewichtige Anhaltspunkte dafür bestehen, dass der andere vorrangig in Anspruch zu nehmen sein könnte (BFH-Urteil vom 22. 2. 2000, VII R 73/98, BStBl II S. 366).

1.1.5 Auskunftsersuchen nach § 93 Abs. 1 Satz 1 und Abs. 1a AO sind Verwaltungsakte i. S. d. § 118 AO. Für Auskunftsersuchen ist keine bestimmte Form vorgesehen (§ 119 Abs. 2 AO). Regelmäßig ist jedoch Schriftform angebracht (vgl. § 93 Abs. 2 Satz 2 AO). Im Auskunftsersuchen ist eine angemessene Frist zur Auskunftserteilung zu bestimmen sowie anzugeben, in welcher Form die Auskunft erteilt werden soll (vgl. § 93 Abs. 4 AO).

1.2 Zulässigkeit von Auskunftsersuchen an Dritte

1.2.1 Die Auskunftspflicht anderer Personen ist wie die prozessuale Zeugenpflicht eine allgemeine Staatsbürgerpflicht und verfassungsrechtlich unbedenklich (vgl. BFH-Urteil vom 22. 2. 2000, VII R 73/98, BStBl II S. 366, und Beschluss des BVerfG vom 15. 11. 2000, 1 BvR 1213/00, BStBl 2002 II S. 142). Eine Auskunftspflicht besteht nicht, soweit dem Dritten ein Auskunftsverweigerungsrecht zusteht (vgl. §§ 101 bis 103 AO).

Zu Auskunftsersuchen gegenüber Telekommunikationdienstleistern vgl. AEAO zu § 93, Nr. 1.2.7.

1.2.2   Vor dem Auskunftsersuchen an Dritte ist im Regelfall der Steuerpflichtige zu befragen. Dieses Subsidiaritätsprinzip ist eine spezielle Ausprägung des Verhältnismäßigkeitsgrundsatzes. Es soll zum einen vermieden werden, dass Nichtbeteiligte Einblick in die steuerlich relevanten Verhältnisse des Beteiligten erhalten, zum anderen sollen dem Dritten die mit der Auskunft verbundenen Mühen erspart werden.

Die Finanzbehörde darf folglich – außerhalb des Steuerfahndungsverfahrens (vgl. § 208 Abs. 1 Satz 1 Nr. 2 und Nr. 3 i. V. m. Satz 3 AO) und von Sammelauskunftsersuchen nach § 93 Abs. 1a AO (vgl. dazu AEAO zu § 93, Nr. 1.2.5) – nur in atypischen Fällen vom Subsidiaritätsprinzip abweichen, wobei am Zweck der Vorschrift zu messen ist, ob ein solcher atypischer Fall vorliegt (vgl. BFH-Urteil vom 24. 10. 1989, VII R 1/87, BStBl 1990 II S. 198, m. w. N.).

Atypische Fälle liegen insbesondere vor, wenn

– der Beteiligte unbekannt ist (z. B. BFH-Urteil vom 4. 10. 2006, VIII R 53/04, BStBl 2007 II S. 227),

– der Beteiligte nicht mitwirkt (z. B. BFH-Urteil vom 30. 3. 1989, VII R 89/88, BStBl II S. 537) oder

– wenn die Finanzbehörde es im Rahmen einer vorweggenommenen Beweiswürdigung (Prognoseentscheidung) aufgrund offenkundiger oder konkret nachweisbarer Tatsachen als zwingend ansieht, dass der Versuch der Sachverhaltsaufklärung durch den Beteiligten erfolglos bleiben wird (vgl. BFH-Urteil vom 29. 7. 2015, X R 4/14, BStBl 2016 II S. 135); siehe dazu auch AEAO zu § 93, Nrn. 1.2.3 und 1.2.4.

1.2.3   Auskunftsersuchen an Dritte können insbesondere geboten sein, wenn die Beteiligten offenkundig keine eigenen Kenntnisse über den relevanten Sachverhalt besitzen und eine Auskunft daher ohne Hinzuziehung Dritter nicht erteilt werden kann; in diesem Fall ist das Auskunftsersuchen unmittelbar an denjenigen zu richten, der über die entsprechenden Kenntnisse verfügt.

1.2.4   Ein Auskunftsersuchen an einen Dritten kann aber auch geboten sein, wenn eine Auskunft des Beteiligten aufgrund offenkundiger oder konkret nachweisbarer Umstände von vornherein als unwahr zu werten wäre oder wenn von vornherein feststeht, dass der Beteiligte nicht mitwirken wird (BFH-Urteil vom 29. 7. 2015, X R 4/14, a. a. O.).

1.2.5   Ein Sammelauskunftsersuchen gegenüber einem Dritten (§ 93 Abs. 1a AO) ist nur zulässig, wenn ein hinreichender Anlass für diese Form der Ermittlung besteht und die betroffenen Steuerpflichtigen nicht namentlich bekannt sind. Ein hinreichender Anlass für ein Sammelauskunftsersuchen liegt insbesondere vor, wenn konkrete Anhaltspunkte für eine Steuerverkürzung oder für das Erlangen nicht gerechtfertigter Steuervorteile vorliegen. Das Gleiche gilt, wenn Erfahrungen aus vergleichbaren Sachverhalten eine Steuerverkürzung oder das Erlangen nicht gerechtfertigter Steuervorteile naheliegend erscheinen lassen. Ein strafrechtlicher Anfangsverdacht muss aber noch nicht vorliegen. Ermittlungen „ins Blaue hinein" sind auch hier unzulässig. Das Sammelauskunftsersuchen muss darüber hinaus auch verhältnismäßig und zumutbar sein. Der durch ein Sammelauskunftsersuchen ausgelöste Ermittlungsaufwand muss bei der Auskunftsperson in einem angemessenen Verhältnis zu der Bedeutung der Angelegenheit stehen.

1.2.6   Ein Dritter kann sich seinen Auskunftpflichten nicht mit dem Hinweis auf die Möglichkeit entziehen, auch andere seien zur gewünschten Auskunft in der Lage. § 93 Abs. 1 Satz 3 AO sieht keine Rangfolge vor, welche von mehreren – möglicherweise – als Auskunftspflichtige in Betracht kommenden Personen in Anspruch zu nehmen ist (vgl. BFH-Urteil vom 22. 2. 2000, VII R 73/98, a. a. O.).

Die Auswahl hat nach pflichtgemäßem Ermessen zu erfolgen. Dabei ist auch eine Interessenabwägung zwischen den besonderen Belastungen, denen ein Auskunftsverpflichteter ausgesetzt ist, und dem Interesse der Allgemeinheit an der möglichst gleichmäßigen Festsetzung und Erhebung der Steueransprüche vorzunehmen. Die Beantwortung eines Auskunftsersuchens ist i. d. R. auch dann zumutbar, wenn mit dessen Befolgung eine nicht unverhältnismäßige Beeinträchtigung eigenwirtschaftlicher Interessen verbunden ist (vgl. BVerfG-Beschluss vom 15. 11. 2000, 1 BvR 1213/00, a. a. O.).

1.2.7 Vor Befragung eines Dritten soll der Beteiligte, falls der Ermittlungszweck nicht gefährdet wird, über die Möglichkeit eines Auskunftsersuchens gegenüber Dritten informiert werden, um es gegebenenfalls abwenden zu können und damit zu verhindern, dass seine steuerlichen Verhältnisse Dritten bekannt werden. Falls der Ermittlungszweck nicht gefährdet wird, ist der Beteiligte über das Auskunftsersuchen zu informieren. Dies gilt nicht für Sammelauskunftsersuchen (vgl. § 93 Abs. 1a Satz 3 AO).

1.2.8 Bestandsdaten gemäß § 3 Nr. 3 des Telekommunikationsgesetzes (TKG) wie Name, Anschrift, Bankverbindung und Rufnummer des Anschlussinhabers unterliegen – im Gegensatz zu Verbindungsdaten – nicht dem Fernmeldegeheimnis nach § 88 TKG. § 88 Abs. 3 Satz 3 TKG steht daher einer Auskunftserteilung aufgrund von Auskunftsersuchen der Finanzbehörden nicht entgegen.

Richten die Finanzbehörden im Besteuerungsverfahren derartige Auskunftsersuchen an Unternehmen und Personen, die geschäftsmäßig Telekommunikationsdienste erbringen oder an der Erbringung solcher Dienste mitwirken, sind diese Unternehmen daher zur Auskunftserteilung verpflichtet. Art und Umfang der Auskunftserteilung bestimmt sich dabei ausschließlich nach § 93 AO (ggf. i. V. m. § 208 Abs. 1 Satz 1 Nr. 3 und Satz 3 AO). Entgegen stehende Regelungen in Allgemeinen Geschäftsbedingungen der o. g. Unternehmen und Personen treten demgegenüber zurück.

1.2.9 Können Bank- und Depotverbindungen des Steuerpflichtigen sowohl durch einen Kontenabruf als auch durch ein Auskunftsersuchen an Dritte ermittelt werden, ist bei der Auswahl des Ermittlungsinstruments auch zu berücksichtigen, dass ein Kontenabruf den Betroffenen im Einzelfall weniger beeinträchtigen kann als Auskunftsersuchen gegenüber Dritten. Denn anders als bei Auskunftsersuchen nach § 93 Abs. 1 AO erfährt bei Kontenabrufen kein Dritter von den steuerlichen Verhältnissen des Betroffenen, insbesondere vom Vorliegen von Steuerrückständen. Die Kreditinstitute dürfen von der Durchführung eines Kontenabrufs keine Kenntnis erlangen (§ 93b Abs. 4 AO i. V. m. § 24c Abs. 1 Satz 6 KWG). Daher kann ein Kontenabruf auch nicht zu negativen Folgen für einen Bankkunden führen.

2. Kontenabruf nach § 93 Abs. 7 AO in der ab dem 1. 1. 2018 geltenden Fassung

2.1 Die Finanzbehörde kann unter den Voraussetzungen des § 93 Abs. 7 AO bei den Kreditinstituten über das BZSt folgende Bestandsdaten zu Konten- und Depotverbindungen sowie Schließfächern abrufen:

– die Nummer eines Kontos, das der Verpflichtung zur Legitimationsprüfung i. S. d. § 154 Abs. 2 Satz 1 AO unterliegt, eines Depots oder eines Schließfachs,

– der Tag der Errichtung und der Tag der Beendigung oder Auflösung des Kontos, Depots oder Schließfachs,

– der Name sowie bei natürlichen Personen der Tag der Geburt des Inhabers und eines Verfügungsberechtigten sowie

– der Name und eine erhobene Anschrift eines abweichend wirtschaftlich Berechtigten (§ 3 GwG).

Kontenbewegungen und Kontenstände können auf diesem Weg nicht ermittelt werden.

Die Verpflichtung der Kreditinstitute, Daten für einen Kontenabruf durch das BZSt bereitzuhalten, ergibt sich unmittelbar aus § 93b AO i.V.m. § 24c KWG und bedarf daher keines Verwaltungsaktes.

2.2 Ein Kontenabruf nach § 93 Abs. 7 AO ist nur in den gesetzlich abschließend aufgezählten Fällen möglich.

2.2.1 Steuerpflichtige, deren persönlicher Steuersatz niedriger ist als der Abgeltungsteuersatz, können nach § 32d Abs. 6 EStG beantragen, dass ihre Einkünfte nach § 20 EStG im Rahmen einer Einkommensteuerveranlagung ihrem individuellen niedrigeren Steuersatz unterworfen werden (Günstigerprüfung). In diesem Fall muss der Steuerpflichtige sämtliche Kapitalerträge erklären (§ 32d Abs. 6 Satz 2 und 3 EStG). Die Finanzbehörden müssen daher prüfen können, ob neben den erklärten Einkünften noch andere Einkünfte nach § 20 EStG vorliegen (vgl. § 93 Abs. 7 Satz 1 Nr. 1 AO).

2.2.2 In den Fällen des § 2 Abs. 5b Satz 2 EStG ist – letztmals für den Veranlagungszeitraum 2011 – die Kenntnis aller vom Steuerpflichtigen erzielten Kapitalerträge i. S. d. § 32d Abs. 1 und § 43 Abs. 5 EStG erforderlich. Die Finanzbehörden müssen deshalb prüfen können, ob neben erklärten Einnahmen bisher nicht erklärte Kapitalerträge vorliegen (vgl. § 93 Abs. 7 Satz 1 Nr. 2 AO in der bis 31. 12. 2011 geltenden Fassung). Die am 31. 12. 2011 geltende Fassung des § 93 Abs. 7 Satz 1 Nr. 2 AO ist nach Art. 97 § 26 EGAO für Veranlagungszeiträume vor 2012 weiterhin anzuwenden.

2.2.3 § 93 Abs. 7 Satz 1 Nr. 3 AO dient der Verifikation von Einkünften nach § 20 und § 23 Abs. 1 EStG für die Veranlagungszeiträume bis einschließlich 2008.

2.2.4 Nach § 93 Abs. 7 Satz 1 Nr. 4 AO ist ein Kontenabruf zulässig, wenn er zur Erhebung (einschließlich der Vollstreckung) von bundesgesetzlich geregelten Steuern oder Rückforderungsansprüchen bundesgesetzlich geregelter Steuererstattungen und Steuervergütungen, mithin auch von Landessteuern, die durch Bundesgesetz geregelt sind, erforderlich ist (zur Erforderlichkeit vgl. AEAO zu § 93, Nr. 2.3). Bei der Geltendmachung von Haftungsansprüchen ist ein Kontenabruf nach § 93 Abs. 7 Satz 1 Nr. 4 AO nur zur Erhebung (einschließlich der Vollstreckung) von Haftungsansprüchen zulässig, nicht zur Vorbereitung der Festsetzung eines Haftungsanspruchs.

2.2.5 Nach § 93 Abs. 7 Satz 1 Nr. 4a AO ist ein Kontenabruf zulässig zur Ermittlung, in welchen Fällen ein inländischer Steuerpflichtiger, der Aktivitäten i. S. d. § 138 Abs. 2 Satz 1 AO entfaltet, Verfügungsberechtigter oder wirtschaftlich Berechtigter (§ 3 GwG) eines Kontos oder Depots einer natürlichen Person, Personengesellschaft, Körperschaft, Personenvereinigung oder Vermögensmasse mit Wohnsitz, gewöhnlichem Aufenthalt, Sitz, Hauptniederlassung oder Geschäftsleitung außerhalb des Geltungsbereichs der AO ist.

2.2.6 Nach § 93 Abs. 7 Satz 1 Nr. 4b AO ist ein Kontenabruf zur Ermittlung der Besteuerungsgrundlagen in Verfahren nach § 208 Abs. 1 Satz 1 Nr. 3 AO (Aufdeckung unbekannter Steuerfälle) zulässig.

2.2.7 In den Fällen der Nrn. 2.2.1 bis 2.2.3 des AEAO zu § 93 ist ein Kontenabruf nur zulässig, wenn er im Einzelfall zur Festsetzung der Einkommensteuer erforderlich ist (vgl. dazu AEAO zu § 93, Nr. 2.3).

Des Weiteren darf in den Fällen der Nrn. 2.2.1 bis 2.2.6 des AEAO zu § 93 ein Abrufersuchen nur dann erfolgen, wenn ein Auskunftsersuchen an den Steuerpflichtigen nicht zum Ziel geführt hat oder keinen Erfolg verspricht (§ 93 Abs. 7 Satz 2 AO).

Da im Vollstreckungsverfahren eine Gefährdung der Ermittlungszwecke zu befürchten ist, wenn der säumige Steuerschuldner vor einem Kontenabruf individuell informiert würde, muss eine Information des Betroffenen vor Durchführung eines Kontenabrufs nach § 93 Abs. 7 Satz 1 Nr. 4 AO unterbleiben (vgl. § 93 Abs. 9 Satz 3 AO). Es reicht aus, dass säumige Steuerschuldner in der Zahlungserinnerung auf die Möglichkeiten der Zwangsvollstreckung (einschließlich der Möglichkeit eines Kontenabrufs) hingewiesen werden (§ 93 Abs. 9 Satz 1 zweiter Halbsatz AO).

Bei der Ermittlung unbekannter Steuerfälle nach § 208 Abs. 1 Satz 1 Nr. 3 AO kann sich durch eine vorherige Information eines möglicherweise Betroffenen ebenfalls eine Gefährdung der Ermittlungen ergeben. In diesem Fall muss eine Information des Verfügungsberechtigten oder wirtschaftlich Berechtigten vor Durchführung eines Kontenabrufs gem. § 93 Abs. 9 Satz 3 AO unterbleiben.

2.2.8   Darüber hinaus ist ein Kontenabruf nur mit Zustimmung des Steuerpflichtigen zulässig (§ 93 Abs. 7 Satz 1 Nr. 5 AO). Der Steuerpflichtige kann seine Zustimmung zu einem Kontenabruf auf Aufforderung der Finanzverwaltung oder unaufgefordert erteilen.

Wenn die Finanzbehörde eine Überprüfung der Angaben des Steuerpflichtigen mittels eines Kontenabrufs für erforderlich hält, weil sie Zweifel daran hat, ob die Angaben des Steuerpflichtigen vollständig und richtig sind, kann sie ihn nach § 93 Abs. 7 Satz 1 Nr. 5 AO auffordern, zur Aufklärung des Sachverhalts einem Kontenabruf zuzustimmen.

In Betracht kommen insbesondere Fälle, in denen aufgeklärt werden soll, ob der Steuerpflichtige betriebliche Erlöse zutreffend in seiner Buchführung erfasst hat oder ob steuerpflichtige Einnahmen auf „private" Konten geflossen sind. Die Finanzbehörden können den Steuerpflichtigen auch dann zur Zustimmung zu einem Kontenabruf auffordern, wenn noch kein strafrechtlicher Anfangsverdacht vorliegt.

Erteilt der Steuerpflichtige trotz Aufforderung die Zustimmung zu einem Kontenabruf nicht und bestehen tatsächliche Anhaltspunkte für die Unrichtigkeit oder Unvollständigkeit der vom Steuerpflichtigen gemachten Angaben zu steuerpflichtigen Einnahmen oder Betriebsvermögensmehrungen, sind die Besteuerungsgrundlagen nach § 162 Abs. 2 Satz 2 AO zu schätzen (vgl. auch AEAO zu § 162, Nr. 6).

2.2.9   Für Besteuerungsverfahren, auf die die AO nach § 1 AO nicht unmittelbar anwendbar ist, ist ein Kontenabruf nach § 93 Abs. 7 AO nicht zulässig. Für strafrechtliche Zwecke kann ein Kontenabruf nur nach § 24c KWG erfolgen. Der Kontenabruf entspricht einer elektronischen Einnahme des Augenscheins und stellt einen Realakt dar.

2.3   Ein Kontenabruf steht im Ermessen der Finanzbehörde und kann nur anlassbezogen und zielgerichtet erfolgen und muss sich auf eine eindeutig bestimmte Person beziehen. Bei der Ausübung des Ermessens sind die Grundsätze der Gleichmäßigkeit der Besteuerung, der Verhältnismäßigkeit der Mittel, der Erforderlichkeit, der Zumutbarkeit, der Billigkeit und von Treu und Glauben sowie das Willkürverbot und das Übermaßverbot zu beachten (vgl. AEAO zu § 5, Nr. 1).

Die Erforderlichkeit, die von der Finanzbehörde im Einzelfall im Wege einer Prognose zu beurteilen ist, setzt keinen begründeten Verdacht dafür voraus, dass steuerrechtliche Unregelmäßigkeiten vorliegen. Es genügt vielmehr, wenn aufgrund konkreter Momente oder aufgrund allgemeiner Erfahrungen ein Kontenabruf angezeigt ist (vgl. BVerfG-Beschluss vom 13. 6. 2007, 1 BvR 1550/03, 1 BvR 2357/04, 1 BvR 603/05, BStBl II S. 896).

2.4   Die Verantwortung für die Zulässigkeit des Datenabrufs und der Datenübermittlung trägt die ersuchende Finanzbehörde (§ 93b Abs. 3 AO). Das BZSt darf lediglich prüfen, ob das Ersuchen plausibel ist.

2.5   Ein Kontenabruf nach § 93 Abs. 7 AO ist auch zulässig, um Konten oder Depots zu ermitteln, hinsichtlich derer der Steuerpflichtige zwar nicht Verfügungsberechtigter, aber wirtschaftlich Berechtigter ist. Dies gilt auch dann, wenn der Verfügungsberechtigte nach § 102 AO die Auskunft verweigern könnte (z. B. im Fall von Anderkonten von

Anwälten). Denn ein Kontenabruf erfolgt bei dem Kreditinstitut und nicht bei dem Berufsgeheimnisträger. Das Kreditinstitut hat aber kein Auskunftsverweigerungsrecht und muss daher auch nach § 93 Abs. 1 Satz 1 AO Auskunft geben darüber, ob bei festgestellten Konten eines Berufsgeheimnisträgers eine andere Person wirtschaftlich Berechtigter ist. Das Vertrauensverhältnis zwischen dem Berufsgeheimnisträger und seinem Mandanten bleibt dadurch unberührt.

Ein Kontenabruf nach § 93 Abs. 7 AO ist auch im Besteuerungsverfahren, eines Berufsgeheimnisträgers i. S. d. § 102 AO grundsätzlich zulässig. Bei der gebotenen Ermessensentscheidung (vgl. AEAO zu § 93, Nr. 2.3) ist in diesem Fall zusätzlich eine Güterabwägung zwischen der besonderen Bedeutung der Verschwiegenheitspflicht des Berufsgeheimnisträgers und der Bedeutung der Gleichmäßigkeit der Besteuerung unter Berücksichtigung des Verhältnismäßigkeitsprinzips vorzunehmen (vgl. BVerfG-Urteil vom 30. 3. 2004, 2 BvR 1520/01, 2 BvR 1521/01, BVerfGE S. 110, 226, und BFH-Urteil vom 26. 2. 2004, IV R 50/01, BStBl II S. 502). Über Anderkonten eines Berufsgeheimnisträgers i. S. d. § 102 AO die durch einen Kontenabruf im Besteuerungsverfahren des Berufsgeheimnisträgers festgestellt werden, sind keine Kontrollmitteilungen zu fertigen.

2.6   Ob die Sachaufklärung durch den Beteiligten zum Ziel führt oder Erfolg verspricht oder ob dies nicht zutrifft, ist eine Frage der Beweiswürdigung (vgl. AEAO zu § 93, Nr. 1.2.2 und 1.2.3). Diese Beweiswürdigung obliegt der Finanzbehörde.

Die Finanzbehörde soll zunächst dem Beteiligten Gelegenheit geben, Auskunft über seine Konten und Depots zu erteilen und ggf. entsprechende Unterlagen (z. B. Konto- oder Depotauszüge) vorzulegen, es sei denn, der Ermittlungszweck würde dadurch gefährdet. Hierbei soll auch bereits darauf hingewiesen werden, dass die Finanzbehörde unter den Voraussetzungen des § 93 Abs. 7 AO einen Kontenabruf durchführen lassen oder bei Verweigerung der Zustimmung zu einem Kontenabruf nach § 93 Abs. 7 Satz 1 Nr. 5 AO die Besteuerungsgrundlagen nach § 162 Abs. 2 Satz 2 AO schätzen kann, wenn die Sachaufklärung durch den Beteiligten nicht zum Ziel führt.

2.7   Hat sich durch einen Kontenabruf herausgestellt, dass Konten oder Depots vorhanden sind, die der Beteiligte auf Nachfrage (vgl. AEAO zu § 93, Nr. 2.6) nicht angegeben hat, ist er über das Ergebnis des Kontenabrufs zu informieren (§ 93 Abs. 9 Satz 2 AO). Hierbei ist der Beteiligte darauf hinzuweisen, dass die Finanzbehörde das betroffene Kreditinstitut nach § 93 Abs. 1 Satz 1 AO um Auskunft ersuchen kann, wenn ihre Zweifel durch die Auskunft des Beteiligten nicht ausgeräumt werden.

Würde durch eine vorhergehende Information des Beteiligten der Ermittlungszweck gefährdet (§ 93 Abs. 9 Satz 3 AO) oder ergibt sich aus den Umständen des Einzelfalles, dass eine Aufklärung durch den Beteiligten selbst nicht zu erwarten ist, kann sich die Finanzbehörde nach § 93 Abs. 1 Satz 1 AO unmittelbar an die betreffenden Kreditinstitute wenden bzw. andere erforderliche Maßnahmen ergreifen. In diesen Fällen ist der Beteiligte nachträglich über die Durchführung des Kontenabrufs zu informieren.

2.8   Wurden die Angaben des Beteiligten durch einen Kontenabruf bestätigt, ist der Beteiligte gleichwohl über die Durchführung des Kontenabrufs zu informieren, z. B. durch eine Erläuterung im Steuerbescheid: „Es wurde ein Kontenabruf nach § 93 Abs. 7 AO durchgeführt."

2.9   Die Rechtmäßigkeit eines Kontenabrufs nach § 93 Abs. 7 AO kann vom Finanzgericht im Rahmen der Überprüfung des Steuerbescheides oder eines anderen Verwaltungsaktes, zu dessen Vorbereitung der Kontenabruf vorgenommen wurde, oder isoliert im Wege der Leistungs- oder (Fortsetzungs-)Feststellungsklage überprüft werden (vgl. BVerfG-Beschluss vom 4. 2. 2005, 2 BvR 308/04, NJW 2005 S. 1637, unter Absatz-Nr. 19).

Zu § 95 AO

AEAO   **Versicherung an Eides statt:**

Aus der Weigerung eines Steuerpflichtigen, eine Tatsachenbehauptung durch eidesstattliche Versicherung zu bekräftigen, können für ihn nachteilige Folgerungen gezogen werden. Im Übrigen wird auf § 162 AO hingewiesen.

Zu § 99 AO

AEAO   **Betreten von Grundstücken und Räumen:**

Es dürfen auch Grundstücke, Räume usw. betreten werden, die nicht dem Steuerpflichtigen gehören, sondern im Eigentum oder Besitz einer anderen Person stehen. Von der Besichtigung „betroffene" Personen sind alle, die an dem Grundstück usw. entweder Besitzrechte haben, sie tatsächlich nutzen oder eine sonstige tatsächliche Verfügungsbefugnis haben. Wohnräume dürfen im Besteuerungsverfahren nicht gegen den Willen des Inhabers betreten werden (siehe aber § 210 Abs. 2 und § 287 AO).

Zu § 101 AO

AEAO   **Auskunfts- und Eidesverweigerungsrecht der Angehörigen:**

1. Der Beteiligte (Steuerpflichtige) selbst hat kein Auskunftsverweigerungsrecht; § 393 Abs. 1 AO ist zu beachten.

2. Ist die nach § 101 Abs. 1 Satz 2 AO erforderliche Belehrung unterblieben, dürfen die auf der Aussage des Angehörigen beruhenden Kenntnisse nicht verwertet werden (BFH-Urteil vom 31. 10. 1990, II R 180/87, BStBl 1991 II S. 204), es sei denn, der Angehörige stimmt nachträglich zu oder wiederholt nach Belehrung seine Aussage (vgl. auch BFH-Urteil vom 7. 11. 1985, IV R 6/85, BStBl 1986 II S. 435).

Zu § 104 AO

AEAO   **Verweigerung der Erstattung eines Gutachtens und der Vorlage von Urkunden:**

Trotz ihres Auskunftsverweigerungsrechts sind die Angehörigen der steuerberatenden Berufe verpflichtet, alle Urkunden und Wertsachen, insbesondere Geschäftsbücher und sonstige Aufzeichnungen, die sie für den Steuerpflichtigen aufbewahren oder führen, auf Verlangen der Finanzbehörde unter den gleichen Voraussetzungen vorzulegen wie der Steuerpflichtige selbst.

Einfügung d. Schriftl.:

Rechte und Pflichten im Ermittlungsverfahren

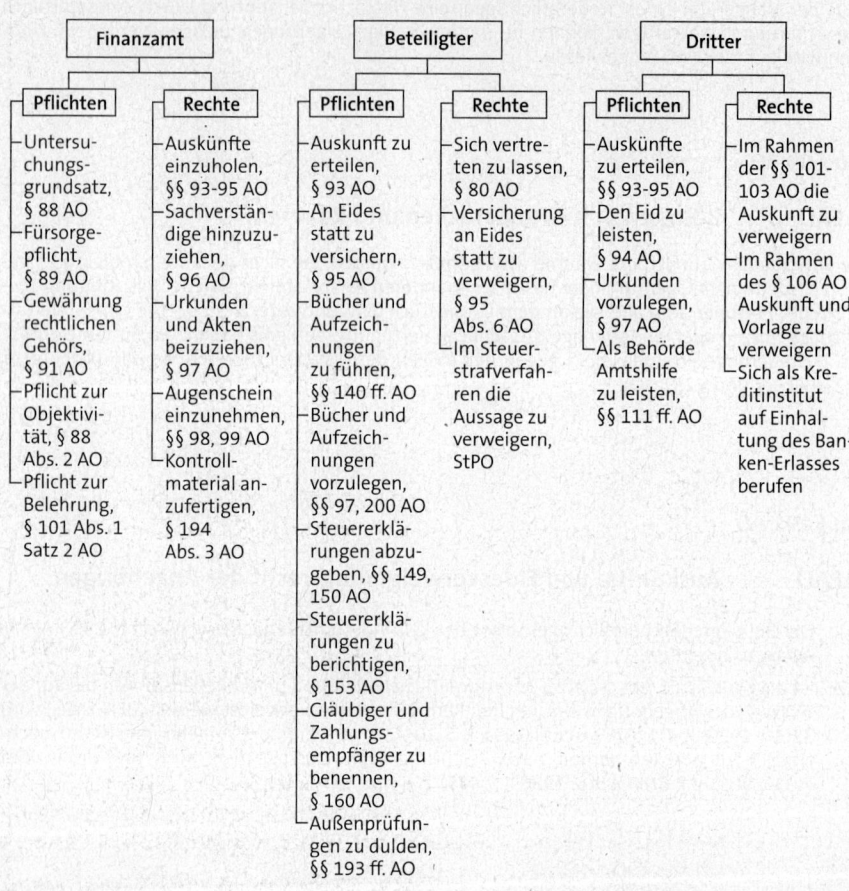

	Finanzamt			**Beteiligter**			**Dritter**	
Pflichten	**Rechte**		**Pflichten**	**Rechte**		**Pflichten**	**Rechte**	
– Untersuchungsgrundsatz, § 88 AO – Fürsorgepflicht, § 89 AO – Gewährung rechtlichen Gehörs, § 91 AO – Pflicht zur Objektivität, § 88 Abs. 2 AO – Pflicht zur Belehrung, § 101 Abs. 1 Satz 2 AO	– Auskünfte einzuholen, §§ 93-95 AO – Sachverständige hinzuzuziehen, § 96 AO – Urkunden und Akten beizuziehen, § 97 AO – Augenschein einzunehmen, §§ 98, 99 AO – Kontrollmaterial anzufertigen, § 194 Abs. 3 AO	– Auskunft zu erteilen, § 93 AO – An Eides statt zu versichern, § 95 AO – Bücher und Aufzeichnungen zu führen, §§ 140 ff. AO – Bücher und Aufzeichnungen vorzulegen, §§ 97, 200 AO – Steuererklärungen abzugeben, §§ 149, 150 AO – Steuererklärungen zu berichtigen, § 153 AO – Gläubiger und Zahlungsempfänger zu benennen, § 160 AO – Außenprüfungen zu dulden, §§ 193 ff. AO	– Sich vertreten zu lassen, § 80 AO – Versicherung an Eides statt zu verweigern, § 95 Abs. 6 AO – Im Steuerstrafverfahren die Aussage zu verweigern, StPO	– Auskünfte zu erteilen, §§ 93-95 AO – Den Eid zu leisten, § 94 AO – Urkunden vorzulegen, § 97 AO – Als Behörde Amtshilfe zu leisten, §§ 111 ff. AO	– Im Rahmen der §§ 101-103 AO die Auskunft zu verweigern – Im Rahmen des § 106 AO Auskunft und Vorlage zu verweigern – Sich als Kreditinstitut auf Einhaltung des Banken-Erlasses berufen	

Zu § 108 AO

AEAO   Fristen und Termine:

1. Fristen sind abgegrenzte, bestimmte oder jedenfalls bestimmbare Zeiträume (BFH-Urteil vom 14. 10. 2003, IX R 68/98, BStBl II S. 898). Termine sind bestimmte Zeitpunkte, an denen etwas geschehen soll oder zu denen eine Wirkung eintritt. „Fälligkeitstermine" geben das Ende einer Frist an.**[1]**

2. § 108 Abs. 3 AO gilt auch für die Dreitage-Regelungen (§ 122 Abs. 2 Nr. 1, Abs. 2a, § 122a Abs. 4, § 123 Satz 2 AO; § 4 Abs. 2 VwZG), die Monats-Regelungen (§ 122 Abs. 2 Nr. 2, § 123 Satz 2 AO), die Zweiwochen-Regelung (§ 122 Abs. 4 Satz 3 AO) zum Zeitpunkt der Bekanntgabe eines Verwaltungsakts (BFH-Urteil vom 14. 10. 2003, IX R 68/98, BStBl II S. 898)**[2]**, die Erklärungfrist (§ 149 AO) und für die Festsetzungsfrist (vgl. BFH-Urteil vom 20. 1. 2016, VI R 14/15, BStBl II S. 380).

Zu § 109 AO

AEAO   Verlängerung von Fristen:

§ 109 AO i. d. F. des StModernG ist erstmals anzuwenden für Besteuerungszeiträume, die nach dem 31. 12. 2017 beginnen, und Besteuerungszeitpunkte, die nach dem 31. 12. 2017 liegen.

Für die Besteuerungszeiträume 2020 bis 2024 bestehen in Bezug auf § 109 Abs. 2 AO Sonderregelungen; hier gelten die folgenden abweichenden Termine (vgl. Art. 97 § 36 Abs. 3 EGAO; s. auch BMF-Schreiben v. 23. 6. 2022, BStBl I S. 938):

Besteuerungs-zeitraum	Termin gem. § 109 Abs. 2 Satz 1 Nr. 1 AO	Termin gem. § 109 Abs. 2 Satz 2 AO
2020	31. 8. 2022	31. 1. 2023
2021	31. 8. 2023	31. 1. 2024
2022	31. 7. 2024	31. 12. 2024
2023	2. 6. 2025	31. 10. 2025**[3]**
2024	30. 4. 2026	30. 9. 2026

Anm. d. Schriftl.:

[1] Gleich lautende Erlasse der obersten Finanzbehörden der Länder vom 2. 1. 2018 über Steuererklärungsfristen, BStBl 2018 I S. 70. Diese Regelungen gelten auch, soweit die Steuererklärungen von Lohnsteuerhilfevereinen angefertigt werden (gleich lautende Erlasse der obersten Finanzbehörden der Länder vom 20. 6. 2006, BStBl 2006 I S. 423).

[2] Mit Urteil vom 14. 10. 2003, BStBl 2003 II S. 898, hat der BFH entschieden, dass sich die Dreitagesfrist zwischen der Aufgabe eines Verwaltungsakts zur Post und einer vermuteten Bekanntgabe verlängert, wenn das Fristende auf einen Sonntag, gesetzlichen Feiertag oder Sonnabend fällt, und zwar bis zum nächstfolgenden Werktag. Dies gilt nach dem BFH-Urteil vom 9. 11. 2005, BStBl 2006 II S. 219, auch dann, wenn der Empfänger des Steuerbescheids ein Unternehmen ist; der Einwurf an einem Sonnabend erfolgt und in dem betreffenden Unternehmen sonnabends nicht gearbeitet wird.

Amtl. Fn.:

[3] Soweit dieser Tag in dem Land, zu dem das Finanzamt gehört, ein gesetzlicher Feiertag ist: 3. 11. 2025.

Zu § 110 AO

AEAO Wiedereinsetzung in den vorigen Stand:❶

1. § 110 Abs. 1 AO erfasst nur verfahrensrechtliche und materiell-rechtliche Fristen, die „einzuhalten" sind; das sind Handlungs- und Erklärungsfristen, die Beteiligte (§ 78 AO) oder Dritte gegenüber der Finanzbehörde zu wahren haben. Nicht wiedereinsetzungsfähig sind dagegen die gesetzlichen Fristen, die von den Finanzbehörden als Verwaltungsträger im Verwaltungsverfahren zu beachten sind. So fällt unter § 110 AO nicht der Ablauf von Festsetzungsfristen (BFH-Urteil vom 24.1.2008, VII R 3/07, BStBl II S. 462). Soweit das Gesetz eine Fristverlängerung vorsieht (§ 109 Abs. 1 AO), kommt nicht Wiedereinsetzung, sondern rückwirkende Fristverlängerung in Betracht.

2. Zur Wiedereinsetzung in den vorigen Stand nach unterlassener Anhörung eines Beteiligten bzw. wegen fehlender Begründung des Verwaltungsaktes (§ 126 Abs. 3 AO) vgl. AEAO zu § 91, Nr. 3 und AEAO zu § 121, Nr. 3. Zur Wiedereinsetzung in den vorigen Stand nach Einspruchseinlegung bei einer unzuständigen Behörde vgl. AEAO zu § 357, Nr. 2.

3. Das Hindernis i. S. d. § 110 Abs. 2 Satz 1 AO ist weggefallen, wenn der Betroffene von der Fristversäumung Kenntnis erlangt hat oder bei Anwendung der gebotenen Sorgfalt hätte erlangen können und müssen.

4. Die Monatsfrist für den Antrag auf Wiedereinsetzung ist eine gesetzliche Frist i. S. d. § 108 AO und kann deshalb nicht nach § 109 AO verlängert werden.

5. Wiedereinsetzungsgründe sind im Kern innerhalb der Antragsfrist gem. § 110 Abs. 2 Satz 1 AO vorzutragen. Das erfordert eine substantiierte, in sich schlüssige Darstellung aller entscheidungserheblichen Umstände und Tatsachen, aus denen sich die schuldlose Verhinderung ergeben soll, innerhalb dieser Frist. Es ist zulässig, dass unklare oder unvollständige Angaben nach Ablauf der Antragsfrist noch erläutert oder ergänzt werden, sofern der Kern der Wiedereinsetzungsgründe innerhalb der Antragsfrist schlüssig vorgetragen wurde. Insbesondere können auch Nachweise zur Glaubhaftmachung der geltend gemachten Wiedereinsetzungsgründe nach Fristablauf beigebracht werden. Nach Ablauf der Antragsfrist dürfen aber keine neuen Wiedereinsetzungsgründe mehr nachgeschoben und wesentliche Lücken in der Sachverhaltsdarstellung geschlossen werden (vgl. BFH-Urteil vom 31.1.2017, IX R 19/16, BFH/NV S. 885, m. w. N.).

6. Abweichend von § 110 Abs. 2 AO beträgt im finanzgerichtlichen Verfahren die Frist für den Antrag auf Wiedereinsetzung und die Nachholung der versäumten Rechtshandlung zwei Wochen (§ 56 Abs. 2 FGO).

Zu § 121 AO

AEAO Begründung des Verwaltungsaktes:

1. Die Vorschrift gilt für alle Verwaltungsakte einschließlich der Steuerbescheide.

2. Besteht eine Pflicht, den Verwaltungsakt zu begründen, so muss die Begründung nur den Umfang haben, der erforderlich ist, damit der Adressat des Verwaltungsaktes die Gründe

---

Anm. d. Schriftl.:

❶ Wird ein Rechtsbehelf fehlerhaft an eine andere als die in der Rechtsbehelfsbelehrung benannte Behörde adressiert, so ist weder das Verhalten der empfangenden Behörde bei der Weiterleitung noch die Verzögerung des Eingangs bei der zuständigen Behörde geeignet, die Sorgfaltspflichtverletzung des Absenders oder die Kausalität seines Verhaltens für die Fristversäumnis entfallen zu lassen (BFH-Urteil vom 19.12.2000, BStBl 2001 II S. 158).

für die Entscheidung der Finanzbehörde verstehen kann. Die Begründung von Ermessensentscheidungen soll erkennen lassen, dass die Finanzbehörde ihr Ermessen ausgeübt hat und von welchen Gesichtspunkten sie bei ihrer Entscheidung ausgegangen ist.

3. Das Fehlen der vorgeschriebenen Begründung macht den Verwaltungsakt fehlerhaft. Dieser Mangel kann nach § 126 Abs. 1 und 2 AO geheilt werden oder gem. § 127 AO unbeachtlich sein. Wurde wegen der fehlenden Begründung die rechtzeitige Anfechtung des Verwaltungsaktes versäumt, so ist auf Antrag Wiedereinsetzung in den vorigen Stand zu gewähren (§ 126 Abs. 3 i.V. m. § 110 AO; vgl. auch AEAO zu § 91, Nr. 3).

Zu § 122 AO❶❷

AEAO   Bekanntgabe des Verwaltungsaktes:

Inhaltsübersicht

Anm. d. Schriftl.:

❶ Unter „Aufgabe zur Post" i. S. des § 122 Abs. 2 Nr. 1 AO wird auch die Übermittlung eines Verwaltungsakts durch einen privaten Postdienstleister erfasst (BFH-Urteil vom 14. 6. 2018, BStBl 2019 II S. 16).

❷ Zur Bekanntgabe eines Steuerverwaltungsaktes an sowie Vollstreckung gegen eine Gesellschaft in der Rechtsform einer Britischen Limited mit Verwaltungssitz (Ort der Geschäftsleitung) im Inland sowie deren Rechtsnachfolger nach dem 31. 12. 2020 hat das BMF mit Schreiben vom 30. 12. 2020, BStBl 2021 I S. 46, Stellung genommen.

1.   Allgemeines

1.1   Bekanntgabe von Verwaltungsakten

1.1.1   Voraussetzung für die **Wirksamkeit** eines Verwaltungsaktes ist, dass er inhaltlich hinreichend bestimmt ist (§ 119 Abs. 1 AO) und dass er demjenigen, für den er bestimmt ist oder der von ihm betroffen wird, bekannt gegeben wird (§ 124 Abs. 1 AO). Deshalb ist beim Erlass eines Verwaltungsaktes festzulegen,

– an wen er sich richtet (AEAO zu § 122, Nr. 1.3 – **Inhaltsadressat**),

– wem er bekannt gegeben werden soll (AEAO zu § 122, Nr. 1.4 – **Bekanntgabeadressat**),

– welcher Person er zu übermitteln ist (AEAO zu § 122, Nr. 1.5 – **Empfänger**) und

– ob eine besondere Form der Bekanntgabe erforderlich oder zweckmäßig ist (AEAO zu § 122, Nr. 1.8).

1.1.2   Verfahrensrechtlich ist zu unterscheiden zwischen dem Rechtsbegriff der Bekanntgabe als Wirksamkeitsvoraussetzung, den Formen der Bekanntgabe (mündliche, schriftliche, elektronische oder öffentliche Bekanntgabe oder Bekanntgabe in anderer Weise) und den technischen Vorgängen bei der Übermittlung des Inhalts eines Verwaltungsakts. Die Bekanntgabe setzt den Bekanntgabewillen des für den Erlass des Verwaltungsakts zuständigen Bediensteten voraus (BFH-Urteile vom 27. 6. 1986, VI R 23/83, BStBl II S. 832, und vom 24. 11. 1988, V R 123/83, BStBl 1989 II S. 344). Zur Aufgabe des Bekanntgabewillens vgl. AEAO zu § 124, Nrn. 5 und 6.

1.1.3   Mit dem Rechtsbegriff „Bekanntgabe" nicht gleichbedeutend sind die Bezeichnungen für die **technischen Vorgänge** bei der Übermittlung eines Verwaltungsaktes (z. B. „Aufgabe zur Post", „Zusendung", „Zustellung", „ortsübliche Bekanntmachung", „Zugang"), auch wenn diese Begriffe zugleich eine gewisse rechtliche Bedeutung haben. Die technischen Vorgänge bedürfen, soweit das Gesetz daran Rechtsfolgen knüpft, einer Dokumentation, um nachweisen zu können, dass, wann und wie die Bekanntgabe erfolgt ist.**1**

1.1.4   Die nachfolgenden Grundsätze über die Bekanntgabe von Steuerbescheiden (vgl. AEAO zu § 122, Nr. 1.2) gelten entsprechend für andere Verwaltungsakte (z. B. Haftungsbescheide, Prüfungsanordnungen, Androhungen und Festsetzungen von Zwangsgeldern; vgl. AEAO zu § 122, Nr. 1.8.1). Zur Adressierung und Bekanntgabe von Prüfungsanordnungen vgl. AEAO zu § 197, zur Adressierung und Bekanntgabe von Zwangsgeldandrohungen und Zwangsgeldfestsetzungen vgl. BFH-Urteil vom 23. 11. 1999, VII R 38/99, BStBl 2001 II S. 463.

1.1.5   **Lebenspartner**

Die nachfolgenden Grundsätze über die Bekanntgabe von Steuerverwaltungsakten an Ehegatten und Ehegatten mit ihren Kindern gelten gleichermaßen für die Bekanntgabe von Steuerverwaltungsakten an Lebenspartner und Lebenspartner mit ihren Kindern.

1.2   **Steuerbescheide**

Steuerfestsetzungen sind nur dann eine Grundlage für die Verwirklichung von Ansprüchen aus dem Steuerschuldverhältnis, wenn sie gem. § 122 Abs. 1 Satz 1 AO als Steuerbescheid demjenigen Beteiligten bekannt gegeben worden sind, für den sie bestimmt sind oder der von ihnen betroffen wird. Die folgenden Grundsätze regeln, wie der Steuerschuldner als Inhaltsadressat und ggf. der Bekanntgabeadressat und der Empfänger zu bezeichnen sind und wie der Bescheid zu übermitteln ist.

1.3   **Bezeichnung des Inhaltsadressaten**

1.3.1   Der Inhaltsadressat muss im Bescheid so eindeutig bezeichnet werden, dass Zweifel über seine Identität nicht bestehen. Inhaltsadressat eines Steuerbescheides ist der Steuerschuldner.

1.3.2   Im Allgemeinen wird eine natürliche Person als Inhaltsadressat durch Vornamen und Familiennamen genügend bezeichnet. Nur bei **Verwechslungsmöglichkeiten**, insbesondere bei häufiger vorkommenden Namen, sind weitere Angaben erforderlich (z. B. Wohnungsanschrift, Geburtsdatum, Berufsbezeichnung, Namenszusätze wie „senior" oder „junior"). Bei juristischen Personen und Handelsgesellschaften ergibt sich der zutreffende „Name" aus Gesetz, Satzung, Register oder ähnlichen Quellen (bei Handelsgesellschaften Firma gemäß § 17 HGB); wegen der Bezeichnung von Ehegatten vgl. AEAO zu § 122, Nr. 2.1.2, wegen der Bezeichnung der nichtrechtsfähigen Personenvereinigungen vgl. AEAO zu § 122, Nrn. 2.4, 2.4.1.2.

1.4   **Bezeichnung des Bekanntgabeadressaten**

1.4.1   Die Person, der ein Verwaltungsakt bekannt zu geben ist, wird als Bekanntgabeadressat bezeichnet. Bei Steuerfestsetzungen ist dies in der Regel der Steuerschuldner als Inhaltsadressat, weil der Steuerbescheid seinem Inhalt nach für ihn bestimmt ist oder er von ihm betroffen wird (§ 122 Abs. 1 Satz 1 AO).

1.4.2   Als Bekanntgabeadressat kommen jedoch auch **Dritte** in Betracht, wenn sie für den Inhaltsadressaten (Steuerschuldner) steuerliche Pflichten zu erfüllen haben. Dabei handelt es sich in erster Linie um Fälle, in denen die Bekanntgabe an den Steuerschuldner nicht möglich oder nicht zulässig ist (§ 79 AO).

Anm. d. Schriftl.:

1 Eine Einkommensteuererklärung kann auch wirksam per Fax an das FA übermittelt werden. Es ist nicht erforderlich, dass der Steuerpflichtige den Inhalt der Einkommensteuererklärung tatsächlich in vollem Umfang zur Kenntnis genommen hat (BFH-Urteil vom 8. 10. 2014, BStBl 2015 II S. 359). Auf das BMF-Schreiben vom 16. 4. 2015, BStBl 2015 I S. 438, wird hingewiesen.

Die Bekanntgabe ist insbesondere an folgende Dritte erforderlich:

a) Eltern (§ 1629 BGB), Vormund (§ 1793 BGB), Pfleger (§§ 1909 ff. BGB) als gesetzliche Vertreter natürlicher Personen (§ 34 Abs. 1 AO),

b) Geschäftsführer von nichtrechtsfähigen Personenvereinigungen (z. B. Vorstände nichtrechtsfähiger Vereine, § 54 BGB),

c) Geschäftsführer von Vermögensmassen (z. B. nichtrechtsfähige Stiftungen, §§ 86, 26 BGB),

d) Vermögensverwalter i. S. von § 34 Abs. 3 AO (z. B. Insolvenzverwalter, Zwangsverwalter, gerichtlich bestellte Liquidatoren, Nachlassverwalter),

e) Verfügungsberechtigte i. S. von § 35 AO,

f) für das Besteuerungsverfahren bestellte Vertreter i. S. von § 81 AO.

1.4.3   Ist der Bekanntgabeadressat nicht mit dem Inhaltsadressaten identisch (vgl. AEAO zu § 122, Nr. 1.4.2), so ist er zusätzlich zum Inhaltsadressaten anzugeben. Hinsichtlich der eindeutigen Bezeichnung gelten dieselben Grundsätze wie für die Bezeichnung des Inhaltsadressaten (vgl. AEAO zu § 122, Nr. 1.3.2). Das Vertretungsverhältnis (vgl. AEAO zu § 122, Nr. 1.4.2) ist im Bescheid anzugeben (vgl. AEAO zu § 122, Nr. 1.6).

1.5   Bezeichnung des Empfängers

1.5.1   Als Empfänger wird derjenige bezeichnet, dem der Verwaltungsakt tatsächlich zugehen soll, damit er durch Bekanntgabe wirksam wird. In der Regel ist der Inhaltsadressat nicht nur Bekanntgabeadressat, sondern auch „Empfänger" des Verwaltungsaktes.

1.5.2   Es können jedoch auch andere Personen Empfänger sein, wenn für sie eine **Empfangsvollmacht** des Bekanntgabeadressaten vorliegt oder wenn die Finanzbehörde nach ihrem Ermessen den Verwaltungsakt einem Bevollmächtigten übermitteln will (vgl. AEAO zu § 122, Nr. 1.7).

Beispiel:

Die gesetzlichen Vertreter (Bekanntgabeadressaten) eines Minderjährigen (Steuerschuldner und damit Inhaltsadressat) haben einen Dritten (Empfänger) bevollmächtigt.

Inhaltsadressat (Steuerschuldner):
Hans Huber

Bekanntgabeadressaten:
Herrn Anton Huber, Frau Maria Huber
als gesetzliche Vertreter des Hans Huber,
Moltkestraße 5, 12203 Berlin

Empfänger (Anschriftenfeld):
Herrn
Steuerberater
Anton Schulz
Postfach 11 48
80335 München

Darstellung im Bescheid:
(Die Angaben in Klammern werden im Bescheid nicht ausgedruckt. Dies gilt auch für die übrigen Beispiele).

Anschriftenfeld (Empfänger):
Herrn
Steuerberater
Anton Schulz
Postfach 11 48
80335 München

Bescheidkopf:
Für
Herrn Anton Huber und Frau Maria Huber (Bekanntgabeadressaten) als gesetzliche Vertreter
des Hans Huber (Steuerschuldner und Inhaltsadressat), Moltkestraße 5, 12203 Berlin

1.5.3 Eine Empfangsvollmacht ist auch erforderlich, wenn der Verwaltungsakt **nur** namentlich benannten Geschäftsführern oder anderen Personen (z. B. dem Steuerabteilungsleiter) zugehen soll.

Beispiel:

Anschriftenfeld (Empfänger):
Herrn
Steuerabteilungsleiter
Fritz Schulz
i. Hs. der Meyer-GmbH
Postfach 10 01
50859 Köln

Bescheidkopf:
Für die Meyer GmbH (Inhalts- und Bekanntgabeadressat).

1.5.4 Zur Bekanntgabe nach § 122 Abs. 6 AO vgl. AEAO zu § 122, Nr. 2.1.3, zur Bekanntgabe an einen gemeinsamen Empfangsbevollmächtigten i. S. von § 183 Abs. 1 AO vgl. AEAO zu § 122, Nr. 2.5.2.

1.6 Anschriftenfeld

Der Empfänger ist im Anschriftenfeld des Steuerbescheids mit seinem Namen und **postalischer Anschrift** zu bezeichnen. Es reicht nicht aus, den Empfänger nur auf dem Briefumschlag und in den Steuerakten anzugeben, weil sonst die ordnungsmäßige Bekanntgabe nicht einwandfrei nachgewiesen werden kann. Sind Inhaltsadressat (Steuerschuldner), Bekanntgabeadressat und Empfänger nicht dieselbe Person, muss jeder im Steuerbescheid benannt werden: Der Empfänger ist im Anschriftenfeld anzugeben, der Inhalts- und ggf. der Bekanntgabeadressat sowie das Vertretungsverhältnis müssen an anderer Stelle des Steuerbescheides aufgeführt werden (vgl. z. B. bei Bekanntgabe an Minderjährige AEAO zu § 122, Nr. 2.2.2).

1.7 Übermittlung an Bevollmächtigte[1]

1.7.1 Der einem Angehörigen der steuerberatenden Berufe erteilte Auftrag zur Erstellung und Einreichung der Steuererklärungen schließt in der Regel seine Bestellung als Empfangsbevollmächtigter nicht ein (BFH-Urteil vom 30. 7. 1980, I R 148/79, BStBl 1981 II S. 3). Aus der Mitwirkung eines Steuerberaters bei der Steuererklärung folgt daher nicht, dass die Finanzbehörde einen Steuerbescheid dem Steuerberater zu übermitteln hat. Dasselbe gilt in Bezug auf die anderen zur Hilfe in Steuersachen befugten Personen und Vereinigungen (§§ 3, 4 StBerG).

1.7.2 Bevollmächtigter kann u. a. auch der Vollmachtnehmer einer sog. Vorsorgevollmacht sein. Eine Vorsorgevollmacht ist eine allgemeine rechtsgeschäftliche Vollmacht. Durch die Vorlage der Vorsorgevollmacht beim Finanzamt, in der die Befugnis zur Vertretung gegenüber Behörden eingeräumt ist, ist der Vollmachtnehmer für das Besteuerungsverfahren Bevollmächtigter i. S. d. § 80 AO. Die Vorsorgevollmacht bleibt in Kraft, wenn der Vollmachtgeber nach Erteilung der Vollmacht geschäftsunfähig geworden ist. Bescheide sind grundsätzlich dem in der Vorsorgevollmacht bestimmten Vollmachtnehmer als Empfänger zu übermitteln.

Anm. d. Schriftl.:

[1] Amtliche Muster für Vollmachten im Besteuerungsverfahren enthält das BMF-Schreiben vom 8. 7. 2019, BStBl 2019 I S. 594.

1.7.3 Es liegt im Ermessen des Finanzamts, ob es einen Steuerbescheid an den Steuerpflichtigen selbst oder an dessen Bevollmächtigten bekannt gibt (§ 122 Abs. 1 Satz 3 AO). Da das Gesetz eine „Soll-Regelung" enthält, gilt bei Ausübung des Ermessens Folgendes:

Hat der Steuerpflichtige dem Finanzamt ausdrücklich mitgeteilt, dass er seinen Vertreter auch zur Entgegennahme von Steuerbescheiden ermächtigt, sind diese grundsätzlich dem Bevollmächtigten bekannt zu geben (BFH-Urteil vom 5.10.2000, VII R 96/99, BStBl 2001 II S. 86). Dies gilt auch, wenn der Steuerpflichtige dem Finanzamt eine Vollmacht vorgelegt hat, nach der der Bevollmächtigte berechtigt ist, für den Steuerpflichtigen „rechtsverbindliche Erklärungen" entgegenzunehmen (BFH-Urteil vom 23.11.1999, VII R 38/99, BStBl 2001 II S. 463).

Nur wenn im Einzelfall besondere Gründe gegen die Bekanntgabe des Steuerbescheids an den Bevollmächtigten sprechen, kann der Steuerbescheid unmittelbar dem Steuerpflichtigen selbst bekannt gegeben (§ 122 Abs. 1 Satz 4 AO) oder förmlich zugestellt werden (§ 122 Abs. 5 Satz 3 i.V.m. Abs. 1 Satz 4 AO). Derartige Gründe können auch technischer Natur sein. Der Steuerbescheid ist auch nach Vorlage einer Empfangsvollmacht dem Steuerpflichtigen bekannt zu geben, soweit der Bevollmächtigte wegen unbefugter Hilfeleistung in Steuersachen nach § 80 Abs. 7 AO zurückgewiesen wurde oder wenn ihm die Hilfeleistung in Steuersachen nach § 7 StBerG untersagt wurde. Dies gilt auch, wenn die Zurückweisungsverfügung in der Vollziehung ausgesetzt wurde oder wenn gegen eine Untersagung nach § 7 StBerG Einspruch eingelegt oder Klage erhoben wurde und dieser Rechtsbehelf hemmende Wirkung hat (§ 361 Abs. 4 AO, § 69 Abs. 5 FGO).

Fehlt es an einer ausdrücklichen Benennung eines Empfangsbevollmächtigten, hat das Finanzamt aber bisher Verwaltungsakte dem Vertreter des Steuerpflichtigen übermittelt, so darf es sich nicht in Widerspruch zu seinem bisherigen Verhalten setzen und sich bei gleichliegenden Verhältnissen ohne ersichtlichen Grund an den Steuerpflichtigen selbst wenden (vgl. BFH-Urteile vom 11.8.1954, II 239/53 U, BStBl III S. 327, und vom 13.4.1965, I 36/64 U, I 37/64 U, BStBl III S. 389). In diesen Fällen ist jedoch eine schriftliche Vollmacht nachzufordern; der Vollmachtnachweis kann auch in elektronischer Form (§ 87a Abs. 3 AO) erbracht werden.

Die im Einkommensteuererklärungsvordruck erteilte Empfangsvollmacht gilt nur für Bescheide des betreffenden Veranlagungszeitraums (vgl. BFH-Beschluss vom 16.1.2001, XI B 14/99, BFH/NV S. 888) und umfasst auch Änderungsbescheide (BFH-Urteil vom 29.5.1996, I R 42/95, BFH/NV 1997 S. 1). Dagegen entfaltet die im Erklärungsvordruck zur gesonderten und einheitlichen Feststellung erteilte Empfangsvollmacht nicht lediglich Wirkung für das Verfahren des entsprechenden Feststellungszeitraums, sondern ist solange zu beachten, bis sie durch Widerruf entfällt (vgl. BFH-Urteil vom 18.1.2007, IV R 53/05, BStBl II S. 369).

Ein während eines Klageverfahrens ergehender Änderungsbescheid ist i.d.R. dem Prozessbevollmächtigten bekannt zu geben (BFH-Urteile vom 5.5.1994, VI R 98/93, BStBl II S. 806, und vom 29.10.1997, X R 37/95, BStBl 1998 II S. 266).

1.7.4 Wird ein Verwaltungsakt dem betroffenen Steuerpflichtigen bekannt gegeben und hierdurch eine von ihm erteilte Bekanntgabevollmacht zugunsten seines Bevollmächtigten ohne besondere Gründe nicht beachtet, wird der Bekanntgabemangel durch die Weiterleitung des Verwaltungsaktes an den Bevollmächtigten geheilt. Die Frist für einen außergerichtlichen Rechtsbehelf beginnt in dem Zeitpunkt, in dem der Bevollmächtigte den Verwaltungsakt nachweislich erhalten hat (BFH-Urteil vom 8.12.1988, IV R 24/87, BStBl 1989 II S. 346).

1.7.5 ...

1.7.6   Hat der Steuerpflichtige einen Bevollmächtigten benannt, bleibt die Vollmacht so lange wirksam, bis der Finanzbehörde ein Widerruf zugeht (§ 80 Abs. 1 AO). Die Wirksamkeit einer Vollmacht ist nur dann auf einen Besteuerungszeitraum oder einen einzelnen Bearbeitungsvorgang begrenzt, wenn dies ausdrücklich in der Vollmacht erwähnt ist oder sich aus den äußeren Umständen ergibt (z. B. bei Einzelsteuerfestsetzungen); vgl. aber auch AEAO zu § 122, Nr. 1.7.2.

1.7.7   Wendet sich die Finanzbehörde aus besonderem Grund an den Beteiligten selbst (z. B. um ihn um Auskünfte zu bitten, die nur er selbst als Wissensträger geben kann, oder um die Vornahme von Handlungen zu erzwingen), so soll der Bevollmächtigte unterrichtet werden (§ 80 Abs. 5 Satz 3 AO).

1.8   Form der Bekanntgabe

Schriftliche Verwaltungsakte, insbesondere Steuerbescheide, sind grundsätzlich durch die Post zu übermitteln (vgl. AEAO zu § 122, Nr. 1.8.2), sofern der Empfänger im Inland wohnt oder soweit der ausländische Staat mit der Postübermittlung einverstanden ist (vgl. AEAO zu § 122, Nr. 1.8.4). Ein Verwaltungsakt kann ferner durch Telefax (vgl. AEAO zu § 122, Nr. 1.8.2) wirksam bekannt gegeben werden, auch wenn für ihn die Schriftform gesetzlich vorgeschrieben ist (BFH-Urteil vom 8. 7. 1998, I R 17/96, BStBl 1999 II S. 48). Eine förmliche Zustellung ist nur erforderlich, wenn dies gesetzlich vorgeschrieben ist oder die Finanzbehörde von sich aus die Zustellung anordnet (vgl. AEAO zu § 122, Nr. 1.8.3). Die Zustellung erfolgt nach den Vorschriften des Verwaltungszustellungsgesetzes (vgl. AEAO zu § 122, Nr. 3.1). Unter den Voraussetzungen des § 87a AO können Verwaltungsakte auch elektronisch übermittelt werden.

1.8.1   Schriftform

1.8.1.1   Grundsätzlich ist die **schriftliche Bekanntgabe** eines Verwaltungsakts nur erforderlich, wenn das Gesetz sie ausdrücklich vorsieht (für Steuerbescheide, § 157 AO; für die Aufhebung des Vorbehalts der Nachprüfung, § 164 Abs. 3 AO; für Haftungs- und Duldungsbescheide, § 191 Abs. 1 AO; für Prüfungsanordnungen, § 196 AO; für verbindliche Zusagen, § 205 Abs. 1 AO; für Pfändungsverfügungen, § 309 Abs. 2 AO; für Androhung von Zwangsmitteln, § 332 Abs. 1 AO; für Einspruchsentscheidungen, § 366 AO). Im Übrigen reicht die **mündliche Bekanntgabe** eines steuerlichen Verwaltungsakts aus (z. B. bei Fristverlängerungen, Billigkeitsmaßnahmen, Stundungen). Aus Gründen der Rechtssicherheit sollen Verwaltungsakte aber im Allgemeinen schriftlich erteilt werden. Ein mündlicher Verwaltungsakt ist ggf. schriftlich zu bestätigen (§ 119 Abs. 2 AO).

1.8.1.2   Ist für einen Verwaltungsakt die Schriftform gesetzlich vorgeschrieben, wird diese auch durch Übersendung per **Telefax**, auch per Computerfax, gewahrt (BFH-Urteile vom 28. 1. 2014, VIII R 28/13, BStBl II S. 552, und vom 18. 3. 2014, VIII R 9/10, BStBl II S. 748). Der Verwaltungsakt wird in diesem Fall nicht bereits mit vollständiger Speicherung im Empfangsgerät, sondern erst mit dem Ausdruck beim Empfänger wirksam (BFH-Urteil vom 18. 3. 2014, VIII R 9/10, a. a. O.). Erfolgt der Ausdruck vor Ablauf der dreitägigen Frist i. S. d. § 122 Abs. 2a AO (vgl. AEAO zu § 122, Nr. 1.8.2.2), bleibt der Ablauf dieser Frist für den Zeitpunkt des Wirksamwerdens des Verwaltungsakts maßgebend.

1.8.2   Übermittlung durch die Post oder durch Telefax

1.8.2.1   Der in § 122 Abs. 2 AO verwendete Begriff der „Post" ist nicht auf die Deutsche Post AG (als Nachfolgeunternehmen der Deutschen Bundespost) beschränkt, sondern umfasst alle Unternehmen, soweit sie Postdienstleistungen erbringen. Wird ein schriftlicher Verwaltungsakt durch die Post übermittelt, so hängt die Wirksamkeit der Bekanntgabe nicht davon ab, dass der Tag der Aufgabe des Verwaltungsakts zur Post in den Akten vermerkt wird. Um den Bekanntgabezeitpunkt berechnen zu können und im Hinblick auf die Regelung in § 169 Abs. 1 Satz 3 Nr. 1 AO ist jedoch der Tag der Aufgabe zur Post in geeigneter Weise festzuhalten.

1.8.2.2 Ein **Telefax,** auch ein Computerfax, ist kein elektronisches Dokument. i. S. d. § 87a AO (vgl. AEAO zu § 87a, Nr. 4), aber ein elektronisch übermittelter Verwaltungsakt i. S. d. § 122 Abs. 2a AO (Bundestagsdrucksache 14/9000 S. 32, Begründung zu § 15 VwVfG).

1.8.3 **Förmliche Bekanntgabe (Zustellung)**

Zuzustellen sind:

– die Ladung zu dem Termin zur Abgabe der Vermögensauskunft (§ 284 Abs. 6 AO),

– die Verfügung über die Pfändung einer Geldforderung (§ 309 Abs. 2 AO),

– die Arrestanordnung (§ 324 Abs. 2, § 326 Abs. 4 AO).

Darüber hinaus kann die Finanzbehörde die Zustellung anordnen (§ 122 Abs. 5 Satz 1 AO). Diese Anordnung stellt keinen Verwaltungsakt dar (BFH-Urteil vom 16. 3. 2000, III R 19/99, BStBl II S. 520).

Wegen der Einzelheiten zum Zustellungsverfahren vgl. Nr. 3; wegen der Zustellung von Einspruchsentscheidungen vgl. AEAO zu § 366, Nr. 2.

1.8.4 **Bekanntgabe an Empfänger im Ausland**

Mit Ausnahme der in Nr. 3.1.4.1 angeführten Staaten kann davon ausgegangen werden, dass an Empfänger (einschließlich der Bevollmächtigten; BFH-Urteil vom 1. 2. 2000, VII R 49/99, BStBl II S. 334) im Ausland Steuerverwaltungsakte durch einfachen Brief, durch Telefax oder – unter den Voraussetzungen des § 87a AO – durch elektronische Übermittlung bekannt gegeben werden können. Eine elektronische Bekanntgabe nach § 122a AO ist in allen Fällen zulässig (vgl. AEAO zu § 122a, Nr. 3).

Ansonsten muss nach § 123 AO, § 9 VwZG (vgl. AEAO zu § 122, Nr. 3.1.4) oder § 10 VwZG (vgl. AEAO zu § 122, Nr. 3.1.5) verfahren werden, wenn ein Verwaltungsakt an einen Empfänger im Ausland bekannt zu geben ist.

Welche der bestehenden Möglichkeiten einer Auslandsbekanntgabe gewählt wird, liegt im pflichtgemäßen Ermessen (§ 5 AO) der Finanzbehörde. Die Auswahl ist u. a. abhängig von den gesetzlichen Erfordernissen (z. B. Zustellung, vgl. AEAO zu § 122, Nr. 1.8.3) und von dem Erfordernis, im Einzelfall einen einwandfreien Nachweis des Zugangs des amtlichen Schreibens zu erhalten.

2. Bekanntgabe von Bescheiden

2.1 Bekanntgabe von Bescheiden an Ehegatten

2.1.1 **Allgemeines**

Ehegatten sind im Fall der ESt-Zusammenveranlagung stets Gesamtschuldner (§ 44 AO). Gemäß § 155 Abs. 3 Satz 1 AO kann daher gegen sie ein zusammengefasster Steuerbescheid erlassen werden. Dabei handelt es sich formal um die Zusammenfassung zweier Bescheide zu einer – nur äußerlich gemeinsamen – Festsetzung. Dies gilt auch für die Festsetzung von Verspätungszuschlägen gegenüber zusammen veranlagten Ehegatten (BFH-Urteil vom 28. 8. 1987, III R 230/83, BStBl II S. 836).

Bei anderen Steuerarten sind gegenüber Ehegatten zusammengefasste Steuerbescheide nur zulässig, wenn tatsächlich Gesamtschuldnerschaft vorliegt. Gesamtschuldnerschaft liegt nicht vor, wenn es sich lediglich um gleich geartete Steuervorgänge handelt. So liegen z. B. für die Grunderwerbsteuer zwei Steuerfälle vor, wenn Ehegatten gemeinschaftlich ein Grundstück erwerben. An jeden Ehegatten ist für den auf ihn entfallenden Steuerbetrag ein gesonderter Steuerbescheid zu erteilen (BFH-Urteil vom 12. 10. 1994, II R 63/93, BStBl 1995 II S. 174).

Leben Eheleute in einer konfessions- oder einer glaubensverschiedenen Ehe, darf ein Kirchensteuerbescheid nur an den kirchensteuerpflichtigen Ehegatten gerichtet werden (BFH-Urteil vom 29. 6. 1994, I R 132/93, BStBl 1995 II S. 510).

2.1.2   **Bekanntgabe nach § 122 Abs. 7 AO**

Bei Zusammenveranlagung von Ehegatten reicht es für die wirksame Bekanntgabe an beide Ehegatten aus, wenn ihnen eine Ausfertigung des Steuerbescheides an die gemeinsame Anschrift übermittelt wird. Ebenso genügt es, wenn der Steuerbescheid in das Postfach eines Ehegatten eingelegt wird (BFH-Urteil vom 13. 10. 1994, IV R 100/93, BStBl 1995 II S. 484).

Es handelt sich nicht um eine Bekanntgabe an einen der Ehegatten mit Wirkung für und gegen den anderen (vgl. AEAO zu § 122, Nr. 2.1.3). Beide Ehegatten sind Empfänger des Steuerbescheides und daher im Anschriftenfeld aufzuführen. Diese vereinfachte Bekanntgabe ist auch dann möglich, wenn eine gemeinsam abzugebende Erklärung nicht eingereicht worden ist (z. B. bei Schätzung von Besteuerungsgrundlagen).

Beispiel für die Bekanntgabe eines Bescheides an Eheleute, die eine gemeinsame Anschrift haben und zusammen zu veranlagen sind:

Anschriftenfeld:

Herrn Adam Meier	oder	Herrn und Frau
Frau Eva Meier		Adam u. Eva Meier
Hauptstraße 100		Hauptstraße 100
67433 Neustadt		67433 Neustadt

Die Angabe von besonderen Namensteilen eines der Eheleute (z. B. eines akademischen Grades oder eines Geburtsnamens) ist namensrechtlich geboten (vgl. AEAO zu § 122, Nr. 4.2.3).

Beispiel:

Herrn Adam Meier
Frau Dr. Eva Schulze-Meier.

2.1.3   **Bekanntgabe nach § 122 Abs. 6 AO**

Nach dieser Vorschrift ist die Übermittlung des Steuerbescheides an einen der Ehegatten zugleich mit Wirkung für und gegen den anderen Ehegatten zulässig, soweit die Ehegatten einverstanden sind.

Eine Bekanntgabe nach dieser Vorschrift kommt insbesondere in den Fällen in Betracht, in denen die Bekanntgabe nicht nach § 122 Abs. 7 AO erfolgen kann, weil die Ehegatten keine gemeinsame Anschrift haben.

Im Bescheidkopf ist darauf hinzuweisen, dass der Verwaltungsakt an den einen Ehegatten zugleich mit Wirkung für und gegen den anderen Ehegatten ergeht.

Beispiel für die Bekanntgabe an einen der Ehegatten mit Einverständnis beider:

Anschriftenfeld
Herrn Adam Meier
Hauptstraße 100
67433 Neustadt

Bescheidkopf

Dieser Bescheid ergeht an Sie zugleich mit Wirkung für und gegen ihre Ehefrau Eva Meier.

2.1.4   **Einzelbekanntgabe**

Einzelbekanntgabe ist insbesondere erforderlich, wenn

– keine gemeinsame Anschrift besteht und kein Einverständnis zur Bekanntgabe nach § 122 Abs. 6 AO vorliegt,

- bekannt ist, dass zwischen den Ehegatten ernstliche Meinungsverschiedenheiten bestehen (z. B. bei offenbarer Interessenkollision der Eheleute, bei getrennt lebenden oder geschiedenen Ehegatten),
- dies nach § 122 Abs. 7 Satz 2 AO beantragt worden ist.

Bei Einzelbekanntgabe ist der Empfänger in dem jeweiligen Anschriftenfeld mit seinem Vor- und Familiennamen genau zu bezeichnen. Dies gilt auch bei förmlichen Zustellungen (vgl. AEAO zu § 122, Nr. 3.2). Dabei ist darauf zu achten, dass nicht versehentlich eine nur für einen Ehegatten geltende Postanschrift (z. B. Firma oder Praxis) verwandt wird, sondern für jeden Ehegatten seine persönliche Anschrift. Auch die kassenmäßige Abrechnung und ggf. das Leistungsgebot sind doppelt zu erteilen.

Beispiel für die Bekanntgabe an den Ehemann:
Anschriftenfeld (Empfänger und Bekanntgabeadressat):
Herrn
Adam Meier
Hauptstraße 100
67433 Neustadt

Bescheidkopf (Inhaltsadressaten):
Für
Herrn Adam Meier und Frau Eva Meier
In jede Bescheidausfertigung ist als Erläuterung aufzunehmen:
„Ihrem Ehegatten wurde ein Bescheid gleichen Inhalts erteilt."

2.1.5 **Sonderfälle**

Betreiben beide Ehegatten gemeinsam einen Gewerbebetrieb oder sind sie gemeinsam Unternehmer im Sinne des Umsatzsteuergesetzes, so gelten für Bescheide über Betriebsteuern die Grundsätze zu Nrn. 2.4 und 2.5 des AEAO zu § 122. Sind Ehegatten z. B. Miteigentümer eines Grundstücks oder eines selbständigen Wirtschaftsguts, für das ein Einheitswert oder Grundsteuerwert festgestellt wird, so ist nach Nr. 2.5.4 des AEAO zu § 122 zu verfahren.

Betreibt nur ein Ehegatte ein Gewerbe (oder eine Praxis als Freiberufler usw.), so ist nur dieser Inhaltsadressat für Verwaltungsakte, die ausschließlich den Geschäftsbetrieb betreffen.

2.2 **Bekanntgabe an gesetzliche Vertreter natürlicher Personen**

2.2.1 Ist ein **Inhaltsadressat** (Steuerschuldner) bei Bekanntgabe des Bescheides **geschäftsunfähig oder beschränkt geschäftsfähig**, so ist Bekanntgabeadressat der gesetzliche Vertreter (Ausnahme vgl. AEAO zu § 122, Nr. 2.2.3). Das Vertretungsverhältnis muss aus dem Bescheid hervorgehen (BFH-Beschluss vom 14. 5. 1968, II B 41/67, BStBl II S. 503). Der Inhaltsadressat (Steuerschuldner) ist dabei in der Regel durch Angabe seines Vor- und Familiennamens eindeutig genug bezeichnet (vgl. AEAO zu § 122, Nr. 1.3.2). Das Vertretungsverhältnis ist ausreichend gekennzeichnet, wenn Name und Anschrift des Vertreters genannt werden und angegeben wird, dass ihm der Bescheid „als gesetzlicher Vertreter" für den Inhaltsadressaten (Steuerschuldner) bekannt gegeben wird. Ist der gesetzliche Vertreter nicht gleichzeitig auch der Empfänger, so braucht er in der Regel nur mit seinem Vor- und Familiennamen bezeichnet zu werden.

2.2.2 Soweit nicht ausnahmsweise die gesetzliche Vertretung nur einem Elternteil zusteht, sind die Eltern Bekanntgabeadressaten des Steuerbescheides für ihr **minderjähriges Kind**. Die Bekanntgabe an einen von beiden reicht jedoch aus, um den Verwaltungsakt wirksam werden zu lassen. Für die Zustellung von Verwaltungsakten ist es gemäß § 6 Abs. 3 VwZG ausreichend, wenn der Verwaltungsakt einem von beiden Ehegatten zugestellt wird (BFH-Beschluss vom 19. 6. 1974, VI B 27/74, BStBl II S. 640, und BFH-Urteil vom 22. 10. 1976, VI R 137/74, BStBl II S. 762). Diese vom BFH für die förmliche Zustellung von Verwaltungsakten aufgestellten Grundsätze sind auch bei der Bekanntgabe mit einfachem Brief anzuwenden.

Wenn die Eltern bereits beide als Empfänger des Steuerbescheides im Anschriftenfeld aufgeführt sind, kann darauf verzichtet werden, sie im Text des Bescheides noch einmal mit vollem Namen und in voller Anschrift als Bekanntgabeadressaten zu bezeichnen.

Beispiel:

Den Eltern Anton und Maria Huber steht gesetzlich gemeinsam die Vertretung für den minderjährigen Steuerschuldner Hans Huber zu.

Sie sind die Bekanntgabeadressaten für den Steuerbescheid an Hans Huber.

Der Steuerbescheid ist zu übermitteln an:

Anschriftenfeld (Empfänger):
Herrn Anton Huber
Frau Maria Huber
Moltkestraße 5
12203 Berlin

Bescheidkopf:

Als gesetzliche Vertreter (Bekanntgabeadressaten) von Hans Huber (Steuerschuldner und Inhaltsadressat)

Bei Empfangsvollmacht vgl. das Beispiel bei AEAO zu § 122, Nr. 1.5.2.

2.2.3 Ermächtigt der gesetzliche Vertreter mit Genehmigung des Vormundschaftsgerichts den **Minderjährigen** zum selbständigen **Betrieb eines Erwerbsgeschäfts**, so ist der Minderjährige für diejenigen Rechtsgeschäfte unbeschränkt geschäftsfähig, die der Geschäftsbetrieb mit sich bringt (§ 112 BGB). Steuerbescheide, die ausschließlich diesen Geschäftsbetrieb betreffen, sind daher nur dem Minderjährigen bekannt zu geben (vgl. AEAO zu § 122, Nr. 1.4 – Bekanntgabeadressat –). Das Gleiche gilt bei einer Veranlagung nach § 46 EStG, wenn das Einkommen ausschließlich aus Einkünften aus nichtselbständiger Arbeit besteht und der gesetzliche Vertreter den Minderjährigen zur Eingehung des Dienstverhältnisses ermächtigt hat (§ 113 BGB). Von der Ermächtigung kann im Regelfall ausgegangen werden.

Hat der Minderjährige noch weitere Einkünfte oder Vermögenswerte und werden diese in die Festsetzung einbezogen, so kann der Steuerbescheid nicht durch Bekanntgabe gegenüber dem minderjährigen Steuerschuldner wirksam werden. Bekanntgabeadressat des Bescheides ist der gesetzliche Vertreter.

2.2.4 Kann ein Volljähriger seine Angelegenheiten ganz oder teilweise rechtlich nicht besorgen und beruht dies auf einer Krankheit oder Behinderung, so bestellt das Betreuungsgericht nach § 1814 Abs. 1 BGB für ihn einen rechtlichen Betreuer (Betreuer). Der Betreuer ist gesetzlicher Vertreter des Betreuten i. S. d. § 34 Abs. 1 AO.

Soweit bzw. solange der Betreuer gegenüber der Finanzbehörde noch keine Erklärungen nach § 1823 BGB und/oder § 53 Abs. 2 ZPO abgegeben hat, ist ein dem Betreuten selbst bekannt gegebener Bescheid wirksam.

Hat der Betreuer entweder von seiner Vertretungsmacht nach § 1823 BGB Gebrauch gemacht oder eine Ausschließlichkeitserklärung nach § 53 Abs. 2 ZPO i. V. m. § 79 Abs. 3 AO abgegeben, sind Bescheide ab diesem Zeitpunkt ausschließlich dem Betreuer als Bekanntgabeadressaten bekannt zu geben. Inhaltsadressat bleibt der Betreute (BFH-Beschluss vom 10. 5. 2007, VIII B 125/06, BFH/NV S. 1630).

Wird der Bescheid nach Abgabe einer Ausschließlichkeitserklärung dem Betreuten bekannt gegeben, ist er unwirksam; eine Heilung des Bekanntgabemangels ist nicht möglich (vgl. Nr. 4.1.3 des AEAO zu § 122).

2.3   Bescheide an Ehegatten mit Kindern oder Alleinstehende mit Kindern

2.3.1   **Allgemeines**

Sofern Ehegatten mit ihren Kindern oder Alleinstehende mit ihren Kindern Gesamtschuldner sind, gelten für die Bekanntgabe von Bescheiden an diese Personen die Nrn. 2.1 und 2.2 des AEAO zu § 122 entsprechend. Insbesondere kann auch nach § 122 Abs. 7 AO (gleichzeitige Bekanntgabe; vgl. hierzu AEAO zu § 122, Nr. 2.1.2) und § 122 Abs. 6 AO (einverständliche Bekanntgabe an einen der Beteiligten; vgl. AEAO zu § 122, Nr. 2.1.3) bekannt gegeben werden. Hierbei sind die nachfolgenden Besonderheiten zu beachten.

2.3.2   ...

2.4   Personengesellschaften (Gemeinschaften)

Zu den Personengesellschaften (Gemeinschaften) i. S. dieser Regelung zählen die Handelsgesellschaften (vgl. AEAO zu § 122, Nr. 2.4.1.1) und die sonstigen nicht rechtsfähigen Personenvereinigungen (vgl. AEAO zu § 122, Nr. 2.4.1.2).

Es ist zu unterscheiden zwischen Bescheiden, die sich an die Gesellschaft richten, und Bescheiden, die sich an die Gesellschafter richten.

2.4.1   **Bescheide an die Gesellschaft (Gemeinschaft)**

Steuerbescheide und Steuermessbescheide sind an die Gesellschaft zu richten, wenn die Gesellschaft selbst Steuerschuldner ist. Dies gilt z. B. für

a) die Umsatzsteuer (§ 13a UStG),

b) die Gewerbesteuer einschließlich der Festsetzung des Messbetrags und der Zerlegung (§ 5 Abs. 1 Satz 3 GewStG),

c) die Kraftfahrzeugsteuer, wenn das Fahrzeug für die Gesellschaft zum Verkehr zugelassen ist (§ 7 KraftStG; BFH-Urteil vom 24. 7. 1963, II 8/62, HFR 1964 S. 20),

d) die pauschale Lohnsteuer (§ 40 Abs. 3, § 40a Abs. 5 und § 40b Abs. 5 EStG),

e) die Festsetzung des Grundsteuermessbetrags, wenn der Gesellschaft der Steuergegenstand zugerechnet worden ist (§ 10 Abs. 1 GrStG),¤

f) die Grunderwerbsteuer, soweit Gesamthandseigentum der Personengesellschaft besteht (insbesondere bei GbR, OHG, KG und ungeteilter Erbengemeinschaft; BFH-Urteile vom 28. 4. 1965, II 9/62 U, BStBl III S. 422, vom 27. 10. 1970, II 72/65, BStBl 1971 II S. 278, vom 29. 11. 1972, II R 28/67, BStBl 1973 II S. 370, vom 11. 2. 1987, II R 103/84, BStBl II S. 325, und vom 12. 12. 1996, II R 61/93, BStBl 1997 II S. 299),

g) die Körperschaftsteuer bei körperschaftsteuerpflichtigen nicht rechtsfähigen Personenvereinigungen

und entsprechend für

h) Haftungsbescheide für Steuerabzugsbeträge.

Da eine typisch oder atypisch stille Gesellschaft nicht selbst Steuerschuldnerin ist, sind Steuerbescheide und Steuermessbescheide an den Inhaber des Handelsgeschäfts zu richten (BFH-Urteil vom 12. 11. 1985, VIII R 364/83, BStBl 1986 II S. 311; R 5.1 Abs. 2 GewStR 2009). Entsprechendes gilt bei einer verdeckten Mitunternehmerschaft (BFH-Urteil vom 16. 12. 1997, VIII R 32/90, BStBl 1998 II S. 480).

Eins Europäische wirtschaftliche Interessenvereinigung (EWIV) kann selbst Steuerschuldnerin sein. Dies gilt jedoch nicht für die Gewerbesteuer. Schuldner der Gewerbesteuer sind die Mitglieder der Vereinigung (§ 5 Abs. 1 Satz 4 GewStG), bei einer Bruchteilsgemeinschaft die Gemeinschafter; an diese sind Gewerbesteuermessbescheide und Gewerbesteuerbescheide zu richten.

2.4.1.1 Handelsgesellschaften

Bei Handelsgesellschaften (OHG, KG, EWIV) sind Steuerbescheide der Gesellschaft unter ihrer Firma bekannt zu geben, wenn sie Steuerschuldner und damit Inhaltsadressat ist. Die Handelsgesellschaft kann im Wirtschaftsleben mit ihrer Firma eindeutig bezeichnet werden; bei Zweifeln über die zutreffende Bezeichnung ist das Handelsregister maßgebend. Ist eine Handelsgesellschaft Steuerschuldner und damit Inhaltsadressat, genügt deshalb zur Bezeichnung des Inhaltsadressaten die Angabe der Firma im Steuerbescheid (BFH-Urteil vom 16.12.1997, VIII R 32/90, BStBl 1998 II S.480). Ein zusätzlicher Hinweis auf Vertretungsbefugnisse oder einzelne Gesellschafter (z.B. „zu Händen des Geschäftsführers Meier") ist zur Kennzeichnung des Inhaltsadressaten nicht erforderlich; wegen der Bekanntgabe an namentlich benannte Geschäftsführer usw. vgl. AEAO zu § 122, Nrn.1.5.2 und 1.5.3.

Beispiel:

Ein Umsatzsteuerbescheid für die Firma Schmitz & Söhne KG muss folgende Angaben enthalten:

Steuerschuldner und Inhaltsadressat (zugleich Bekanntgabeadressat und Empfänger):
Firma
Schmitz & Söhne KG
Postfach 11 47
50853 Köln

Zur Bekanntgabe von Feststellungsbescheiden vgl. AEAO zu § 122, Nr. 2.5.

2.4.1.2 Sonstige nicht rechtsfähige Personenvereinigungen

Zu den sonstigen nicht rechtsfähigen Personenvereinigungen gehören insbesondere die nicht eingetragenen Vereine, Gesellschaften bürgerlichen Rechts, Partnerschaftsgesellschaften, Arbeitsgemeinschaften, Erbengemeinschaften (vgl. AEAO zu § 122, Nr. 2.12.6) und Bruchteilsgemeinschaften. Sie haben formal keinen eigenen Namen und keine gesetzliche Vertretung, können aber ggf. durch Teilnahme am Rechtsverkehr eigene Rechte und Pflichten begründen (BGH-Urteil vom 29.1.2001, II ZR 331/00, DB S.423; BFH-Beschluss vom 19.8.2004, II B 22/03, BFH/NV 2005 S.156). In diesen Fällen ist bei Steuerbescheiden, die an Personenvereinigungen gerichtet werden, die Identität des Inhaltsadressaten (Steuerschuldners) durch Angabe des geschäftsüblichen Namens, unter dem sie am Rechtsverkehr teilnehmen, ausreichend gekennzeichnet (BFH-Urteile vom 21.5.1971, V R 117/67, BStBl II S.540, und vom 11.2.1987, II R 103/84, BStBl II S.325). Ein solcher Bescheid reicht nach § 267 AO zur Vollstreckung in das Vermögen der Personenvereinigung aus.

Beispiel:

Ein Umsatzsteuerbescheid für die Brennstoffhandlung Josef Müller Erben GbR muss folgende Angaben enthalten:

Steuerschuldner und Inhaltsadressat (zugleich Bekanntgabeadressat und Empfänger):

Brennstoffhandlung
Josef Müller Erben GbR
Postfach 11 11
54290 Trier

Hat die nicht rechtsfähige Personenvereinigung keine Geschäftsadresse, ist als Empfänger eine natürliche Person anzugeben (vgl. AEAO zu § 122, Nr. 2.4.1.3).

Ein Umsatzsteuerbescheid hat sich bei **Arbeitsgemeinschaften** (ARGE) an diese als eine umsatzsteuerlich rechtsfähige Personenvereinigung (Unternehmer) zu richten. Es ist ausreichend und zweckmäßig, wenn der Bescheid der geschäftsführenden Firma als der Bevollmächtigten übermittelt wird (BFH-Urteil vom 21.5.1971, V R 117/67, BStBl II S.540).

Beispiel:

Anschriftenfeld (Empfänger):

Firma
Rheinische Betonbau GmbH & Co. KG
Postfach 90 11
50890 Köln

Bescheidkopf:

Für
ARGE Rheinbrücke Bonn
(Inhalts- und Bekanntgabeadressat)

2.4.1.3 Soweit bei Steuerbescheiden an Personenvereinigungen kein geschäftsüblicher Name vorhanden ist, sind die Bescheide an alle Mitglieder (Gemeinschafter, Gesellschafter) zu richten (BFH-Urteil vom 17. 3. 1970, II 65/63, BStBl II S. 598; zur Erbengemeinschaft: BFH-Urteil vom 29. 11. 1972, II R 42/67, BStBl 1973 II S. 372). Ist die Bezeichnung der Mitglieder der nichtrechtsfähigen Personenvereinigung durch die Aufzählung aller Namen im Kopf des Bescheides aus technischen Gründen nicht möglich, kann so verfahren werden, dass neben einer Kurzbezeichnung im Bescheidkopf (Beispiel: „Erbengemeinschaft Max Meier", „Bruchteilsgemeinschaft Goethestraße 100", „GbR Peter Müller unter anderem", „Kegelclub Alle Neune") die einzelnen Mitglieder in den Bescheiderläuterungen oder in einer Anlage zum Bescheid aufgeführt werden.

Die Bescheide werden durch Bekanntgabe an ein vertretungsberechtigtes Mitglied gegenüber der Personenvereinigung wirksam. Bei mehreren vertretungsberechtigten Mitgliedern reicht die Bekanntgabe an eines von ihnen (BFH-Urteile vom 11. 2. 1987, II R 103/84, BStBl II S. 325, vom 27. 4. 1993, VIII R 27/92, BStBl 1994 II S. 3, und vom 8. 11. 1995, V R 64/94, BStBl 1996 II S. 256). Es genügt, wenn dem Bekanntgabeadressaten eine Ausfertigung des Steuerbescheides zugeht. Ausfertigungen für alle Mitglieder sind i. d. R. nicht erforderlich.

Als Bekanntgabeadressat kommen vor allem der von den Mitgliedern bestellte Geschäftsführer (§ 34 Abs. 1 AO) oder die als Verfügungsberechtigter auftretende Person (§ 35 AO) in Betracht. Hat eine nicht rechtsfähige Personenvereinigung keinen Geschäftsführer, kann der Bescheid einem der Mitglieder nach Wahl des Finanzamts bekannt gegeben werden (§ 34 Abs. 2 AO). In den Bescheid ist folgender Erläuterungstext aufzunehmen: „Der Bescheid ergeht an Sie als Mitglied der Gemeinschaft/ Gesellschaft mit Wirkung für und gegen die Gemeinschaft/Gesellschaft".

Im Bescheid ist zum Ausdruck zu bringen, dass er dieser Person als Vertreter der Personenvereinigung bzw. ihrer Mitglieder zugeht (§§ 34, 35 AO). Der Bekanntgabeadressat muss sich dabei aus dem Bescheid selbst ergeben, die Angabe auf dem Briefumschlag der Postsendung reicht nicht aus (BFH-Urteil vom 8. 2. 1974, III R 27/73, BStBl II S. 367).

Beispiel:

Bekanntgabeadressat:

a) Herrn Peter Meier
   als Geschäftsführer der Erbengemeinschaft Max Meier

b) Herrn Emil Krause
   für die Bruchteilsgemeinschaft Goethestraße 100

c) Herrn Karl Huber
   für die Grundstücksgemeinschaft Karl und Maria Huber

d) Herrn Hans Schmidt
   als Vorsitzender des Kegelclubs „Alle Neune"

Ist für die Mitglieder einer Personenvereinigung kein gemeinsamer Bekanntgabeadressat vorhanden oder wird von der Bestimmung eines Bekanntgabeadressaten
abgesehen, so ist jedem der Mitglieder eine Ausfertigung des Steuerbescheides bekannt zu geben. Soll auch in das Vermögen einzelner Mitglieder vollstreckt werden,
vgl. Abschn. 33 VollstrA.

2.4.2 Bescheide an Gesellschafter (Mitglieder)

Steuerbescheide und Feststellungsbescheide sind an die Gesellschafter (Mitglieder,
Gemeinschafter) zu richten, wenn die einzelnen Beteiligten unmittelbar aus dem
Steuerschuldverhältnis in Anspruch genommen werden sollen oder ihnen der Gegen-
stand der Feststellung zugerechnet wird (vgl. AEAO zu § 122, Nrn. 2.5 und 2.6).

2.5   Bescheide über gesonderte und einheitliche Feststellungen

2.5.1   Bescheide über gesonderte und einheitliche Feststellungen richten sich nicht an die
Personengesellschaft als solche, sondern an die einzelnen Gesellschafter (Mitglieder),
die den Gegenstand der Feststellung (z. B. Vermögenswerte als Einheitswert oder als
Grundsteuerwert oder Einkünfte) anteilig zu versteuern haben und denen er deshalb
insbesondere bei Feststellungen nach § 180 Abs. 1 Satz 1 Nr. 1, Nr. 2 Buchstabe a und
Abs. 2 AO zuzurechnen ist (§ 179 Abs. 2 AO).

Es genügt in der Regel, wenn im Bescheidkopf die Personengesellschaft als solche bezeichnet wird (Sammelbezeichnung) und sich alle Gesellschafter eindeutig als Betroffene (Inhaltsadressaten) aus dem für die Verteilung der Besteuerungsgrundlagen
vorgesehenen Teil des Bescheids ergeben (BFH-Urteil vom 7. 4. 1987, VIII R 259/84,
BStBl II S. 766). Aus einem kombinierten positiv-negativen Feststellungsbescheid
muss eindeutig hervorgehen, welchen Beteiligten Besteuerungsgrundlagen zugerechnet werden und für welche Beteiligte eine Feststellung abgelehnt wird (BFH-Urteil vom 7. 4. 1987, VIII R 259/84, a. a. O.).

Der einheitliche Feststellungsbescheid erlangt volle Wirksamkeit, wenn er allen Feststellungsbeteiligten bekannt gegeben wird. Mit seiner Bekanntgabe an einzelne
Feststellungsbeteiligte entfaltet er nur diesen gegenüber Wirksamkeit (BFH-Urteile
vom 7. 4. 1987, VIII R 259/84, BStBl II S. 766, vom 25. 11. 1987, II R 227/84, BStBl
1988 II S. 410, und vom 23. 6. 1988, IV R 33/86, BStBl II S. 979). Eine unterlassene
oder unwirksame Bekanntgabe gegenüber einzelnen Feststellungsbeteiligten kann
noch im Klageverfahren nachgeholt werden (vgl. BFH-Urteil vom 19. 5. 1983, IV R
125/82, BStBl 1984 II S. 15). Der Bescheid ist diesen mit unverändertem Inhalt bekannt zu geben (vgl. AEAO zu § 122, Nr. 4.7.1).

2.5.2   Gemeinsame Empfangsbevollmächtigte

Alle Feststellungsbeteiligten sollen einen **gemeinsamen Empfangsbevollmächtigten**
bestellen, der ermächtigt ist, den an sämtliche Gesellschafter (Gemeinschafter) gerichteten Feststellungsbescheid, sonstige Verwaltungsakte und das Feststellungsverfahren betreffende Mitteilungen in Empfang zu nehmen (§ 183 Abs. 1 Satz 1 AO).
Das Finanzamt kann aber im Einzelfall zulassen, dass ein gemeinsamer Empfangsbevollmächtigter nur durch einen Teil der Feststellungsbeteiligten bestellt wird. In
diesem Fall ist der Feststellungsbescheid den übrigen Feststellungsbeteiligten einzeln bekannt zu geben.

Die Empfangsvollmacht nach § 183 Abs. 1 Satz 1 AO gilt fort auch bei Ausscheiden
des Beteiligten aus der Gesellschaft oder bei ernstlichen Meinungsverschiedenheiten, bis sie gegenüber dem Finanzamt widerrufen wird (§ 183 Abs. 3 AO).

Ist kein gemeinsamer Empfangsbevollmächtigter bestellt, so gilt ein zur Vertretung
der Gesellschaft oder der Feststellungsbeteiligten oder ein zur Verwaltung des Gegenstandes der Feststellung Berechtigter, z. B. der vertraglich zur Vertretung berufe-
ne Geschäftsführer einer Personenhandelsgesellschaft, als Empfangsbevollmächtig-

ter (§ 183 Abs. 1 Satz 2 AO). Bei einer Gesellschaft des bürgerlichen Rechts ist nach § 183 Abs. 1 Satz 2 AO jeder Gesellschafter zur Vertretung der Feststellungsbeteiligten und damit zum Empfang von Feststellungsbescheiden berechtigt, sofern sich aus einem dem Finanzamt vorliegenden Gesellschaftsvertrag nichts anderes ergibt (BFH-Urteil vom 23. 6. 1988, IV R 33/86, BStBl II S. 979). Die Sonderregelung des § 183 Abs. 3 AO gilt in diesen Fällen nicht.

In der Liquidationsphase einer Personengesellschaft ist der Liquidator Empfangsbevollmächtigter im Sinne des § 183 Abs. 1 Satz 2 AO. Nach Abschluss der gesellschaftsrechtlichen Liquidation (vgl. AEAO zu § 122, Nr. 2.7.1) kann von dieser Bekanntgabemöglichkeit nicht mehr Gebrauch gemacht werden (BFH-Urteil vom 26. 10. 1989, IV R 23/89, BStBl 1990 II S. 333).

Bei der Bekanntgabe an einen Empfangsbevollmächtigten ist nach § 183 Abs. 1 Satz 5 AO in dem Feststellungsbescheid stets darauf hinzuweisen, dass die Bekanntgabe mit Wirkung für und gegen alle Feststellungsbeteiligten erfolgt (BFH-Urteile vom 26. 8. 1982, IV R 31/82, BStBl 1983 II S. 23, und vom 23. 7. 1985, VIII R 315/82, BStBl 1986 II S. 123).

Zur Zustellung an einen Empfangsbevollmächtigten vgl. AEAO zu § 122, Nr. 3.3.3.

2.5.3 Ist ein Empfangsbevollmächtigter i. S. d. AEAO zu § 122, Nr. 2.5.2 nicht vorhanden, kann das Finanzamt die Beteiligten zur Benennung eines Empfangsbevollmächtigten auffordern. Die Aufforderung ist an jeden Beteiligten zu richten. Mit der Aufforderung ist gleichzeitig ein Beteiligter als Empfangsbevollmächtigter vorzuschlagen und darauf hinzuweisen, dass diesem künftig Verwaltungsakte mit Wirkung für und gegen alle Beteiligten bekannt gegeben werden, soweit nicht ein anderer Empfangsbevollmächtigter benannt wird (§ 183 Abs. 1 Satz 4 AO). Die Sonderregelung des § 183 Abs. 3 AO gilt in diesen Fällen nicht.

Bei der Bekanntgabe des Feststellungsbescheids ist § 183 Abs. 1 Satz 5 AO zu beachten (vgl. Nr. 2.5.2 vorletzter Absatz).

2.5.4 ...

2.5.5 **Ausnahmen von der Bekanntgabe an Empfangsbevollmächtigte**

Die in § 183 Abs. 1 AO zugelassene Vereinfachung darf nicht so weit gehen, dass der Steuerpflichtige in seinen Rechten eingeschränkt wird. Diese Art der Bekanntgabe ist daher gemäß § 183 Abs. 2 AO unzulässig, soweit

a) ein Gesellschafter (Gemeinschafter) im Zeitpunkt der Bekanntgabe des Feststellungsbescheides bereits ausgeschieden und dies dem für den Erlass des Feststellungsbescheides zuständigen Finanzamt bekannt ist oder wegen einer entsprechenden Eintragung im Handelsregister als bekannt gelten muss (BFH-Urteil vom 14. 12. 1978, IV R 221/75, BStBl 1979 II S. 503);

b) die Zusendung eines Feststellungsbescheides an einen Erben erforderlich wird, der nicht in die Gesellschafterstellung des Rechtsvorgängers eintritt (BFH-Urteil vom 23. 5. 1973, I R 121/71, BStBl II S. 746); vgl. AEAO zu § 122, Nr. 2.12;

c) die Gesellschaft (Gemeinschaft) im Zeitpunkt der Zusendung des Bescheides nicht mehr besteht (BFH-Urteil vom 30. 3. 1978, IV R 72/74, BStBl II S. 503);

d) über das Vermögen der Gesellschaft, aber nicht ihrer Gesellschafter, das Insolvenzverfahren eröffnet worden ist – es sei denn, die Gesellschaft ist noch nicht voll beendet und der Informationsfluss zwischen dem Empfangsbevollmächtigten und den Gesellschaftern ist auch nach Eröffnung des Insolvenzverfahrens gewährleistet;

e) zwischen den Gesellschaftern (Gemeinschaftern) erkennbar ernstliche Meinungsverschiedenheiten bestehen;

f) durch einen Bescheid das Bestehen oder Nichtbestehen einer Gesellschaft (Gemeinschaft) erstmals mit steuerlicher Wirkung festgestellt wird und die Gesellschafter noch keinen Empfangsbevollmächtigten im Sinne des § 183 Abs. 1 AO benannt haben.

In den Fällen a) und b) ist auch dem ausgeschiedenen Gesellschafter (Gemeinschafter) bzw. dem Erben, in den übrigen Fällen jedem der Gesellschafter (Gemeinschafter) ein Bescheid bekannt zu geben.

In den Fällen a), c), d) und e) wirkt eine von den Beteiligten nach § 183 Abs. 1 Satz 1 AO **erteilte Vollmacht** bis zum Widerruf fort (§ 183 Abs. 3 AO; vgl. BFH-Urteil vom 7. 2. 1995, IX R 3/93, BStBl II S. 357). Der Widerruf wird dem Finanzamt gegenüber erst mit seinem Zugang wirksam.

Im Fall d) ist, soweit der Ausnahmefall gegeben ist, auch eine Bekanntgabe an den nach § 183 Abs. 1 Satz 2 AO fingierten Empfangsbevollmächtigten (z. B. Personen, die durch Gesellschaftsvertrag oder Gesellschafterbeschluss zum Liquidator der Gesellschaft berufen sind – bspw. Komplementär-GmbH einer Fonds-KG, oder eine Treuhand-GmbH, über die sich die Gesellschafter an der Gesellschaft beteiligt haben) zulässig (vgl. auch Nr. 2.5.2 des AEAO zu § 122, Abs. 4). In Zweifelsfällen ist eine Einzelbekanntgabe vorzunehmen.

2.5.6 Soweit nach § 183 Abs. 2 Satz 1 AO Einzelbekanntgabe erforderlich wird, ist grundsätzlich ein verkürzter Feststellungsbescheid bekannt zu geben (§ 183 Abs. 2 Satz 2 AO). Bei berechtigtem Interesse ist den Beteiligten allerdings der gesamte Inhalt des Feststellungsbescheides mitzuteilen (§ 183 Abs. 2 Satz 3 AO).

2.6 Grundsteuermessbescheide, Grunderwerbsteuerbescheide

...

2.7 Personengesellschaften (Gemeinschaften) in Liquidation

...

2.8 Bekanntgabe an juristische Personen

2.8.1.1 Der Steuerbescheid ist an die juristische Person zu richten und ihr unter ihrer Geschäftsanschrift bekannt zu geben. Die Angabe des gesetzlichen Vertreters als Bekanntgabeadressat ist nicht erforderlich (BFH-Beschluss vom 7. 8. 1970, VI R 24/67, BStBl II S. 814).

Beispiel:

Anschriftenfeld (Steuerschuldner als Inhaltsadressat, Bekanntgabeadressat und Empfänger):
Müller GmbH
Postfach 67 00
40210 Düsseldorf

(Angaben wie „z. H. des Geschäftsführers Müller" o. Ä. sind nicht erforderlich.)

Zur Bekanntgabe an namentlich genannte Vertreter vgl. AEAO zu § 122, Nrn. 1.5.2 und 1.5.3.

2.8.1.2 Eine führungslose GmbH, die sich nicht in Liquidation oder im Insolvenzverfahren befindet, wird nach § 35 Abs. 1 GmbHG durch ihre Gesellschafter vertreten, soweit ihr gegenüber u. a. Steuerverwaltungsakte bekannt gegeben oder zugestellt werden. Eine führungslose AG, die sich nicht in Liquidation oder im Insolvenzverfahren befindet, wird nach § 78 Abs. 1 AktG durch ihren Aufsichtsrat vertreten, soweit ihr gegenüber u. a. Steuerverwaltungsakte bekannt gegeben oder zugestellt werden. Vgl. AEAO zu § 34, Nr. 3. Solange die führungslose Gesellschaft über eine Geschäftsadresse verfügt, können ihr Steuerbescheide weiterhin unter dieser Anschrift bekannt gegeben werden. Ein Hinweis auf die besondere gesetzliche Vertretung der Gesellschaft durch die Gesellschafter bzw. den Vorstand ist nur erforderlich, wenn keine

Geschäftsanschrift mehr besteht und die Bekanntgabe an die Gesellschafter bzw. die Aufsichtsratsmitglieder unter ihrer persönlichen Anschrift erfolgen soll.

2.8.2 Bekanntgabe an juristische Personen des öffentlichen Rechts

Die Grundsätze zu Nr. 2.8.1 gelten auch für die Bekanntgabe von Steuerbescheiden an Körperschaften des öffentlichen Rechts (BFH-Urteil vom 18. 8. 1988, V R 194/83, BStBl II S. 932).

Juristische Personen des öffentlichen Rechts sind wegen jedes einzelnen von ihnen unterhaltenen Betriebs gewerblicher Art oder mehrerer zusammengefasster Betriebe gewerblicher Art Körperschaftsteuersubjekt (BFH-Urteile vom 13. 3. 1974, I R 7/71, BStBl II S. 391, und vom 8. 11. 1989, I R 187/85, BStBl 1990 II S. 242). Gegenstand der Gewerbesteuer ist gemäß § 2 Abs. 1 GewStG i.V. m. § 2 Abs. 1 GewStDV der einzelne Betrieb gewerblicher Art, sofern er einen Gewerbebetrieb im Sinne des Einkommensteuergesetzes darstellt; Steuerschuldner ist die juristische Person des öffentlichen Rechts (§ 5 Abs. 1 Sätze 1 und 2 GewStG). Im Gegensatz zur Umsatzsteuer sind daher für jeden Betrieb gewerblicher Art gesonderte Körperschaftsteuer- und Gewerbesteuer(mess)bescheide erforderlich. Damit eine entsprechende Zuordnung erleichtert wird, ist es zweckmäßig, aber nicht erforderlich, im Anschriftenfeld der Körperschaftsteuer- und Gewerbesteuer(mess)bescheide einen Hinweis auf den jeweils betroffenen Betrieb gewerblicher Art anzubringen.

Beispiel:

Anschriftenfeld (Steuerschuldner als Inhaltsadressat, Bekanntgabeadressat und Empfänger):
Gemeinde Mainwiesen
– Friedhofsgärtnerei –
Postfach 12 34
61116 Mainwiesen

Der Hinweis auf den betroffenen Betrieb gewerblicher Art kann auch in den Erläuterungen zum Steuer(mess)bescheid angebracht werden.

2.8.3 Juristische Personen in und nach Liquidation (Abwicklung)

...

2.9 Bekanntgabe in Insolvenzfällen

Wegen der Bekanntgabe von Verwaltungsakten in Insolvenzfällen vgl. AEAO zu § 251, Nrn. 4.3, 4.4, 6.1, 13.2 und 15.1.

2.10 Verbraucherinsolvenzverfahren

...

2.11 Zwangsverwaltung

...

2.12 Gesamtrechtsnachfolge (z. B. Erbfolge)

2.12.1 ... Bescheide, die bereits vor Eintritt der Gesamtrechtsnachfolge an den Rechtsvorgänger gerichtet und ihm zugegangen waren, wirken auch gegen den Gesamtrechtsnachfolger. Er kann nur innerhalb der für den Rechtsvorgänger maßgeblichen Rechtsbehelfsfrist Einspruch einlegen. § 353 AO schreibt dies für Bescheide mit dinglicher Wirkung ausdrücklich auch vor, soweit es sich um Einzelrechtsnachfolge handelt. Die Regelung in § 166 AO, wonach unanfechtbare Steuerfestsetzungen auch gegenüber einem Gesamtrechtsnachfolger gelten, bedeutet nicht, dass gegenüber einem Gesamtrechtsnachfolger die Bekanntgabe zu wiederholen ist oder dass eine neue Rechtsbehelfsfrist läuft. Hat der Rechtsvorgänger zwar den Steuertatbestand verwirklicht, wurde ihm aber der Bescheid vor Eintritt der Rechtsnachfolge nicht mehr bekannt gegeben, so ist der Bescheid an den Gesamtrechtsnachfolger zu richten (BFH-Urteil vom 16. 1. 1974, I R 254/70, BStBl II S. 388).

2.12.2   Bei einer Gesamtrechtsnachfolge im Sinne des § 45 Abs. 1 AO geht die Steuerschuld des Rechtsvorgängers auf den Rechtsnachfolger über. In den Bescheidkopf ist der Hinweis aufzunehmen, dass der Steuerschuldner als Gesamtrechtsnachfolger des Rechtsvorgängers in Anspruch genommen wird. Entsprechendes gilt, wenn der Steuerschuldner zugleich aufgrund eines eigenen Steuerschuldverhältnisses und als Gesamtrechtsnachfolger in Anspruch genommen wird.

Beispiel:

Der Ehemann ist 08 verstorben. Die Ehefrau ist Alleinerbin. Für den Veranlagungszeitraum 07 soll ein zusammengefasster ESt-Bescheid bekannt gegeben werden.

Anschriftenfeld (Steuerschuldner als Inhaltsadressat, Bekanntgabeadressat und Empfänger):
Frau
Eva Meier
Hauptstraße 100
67433 Neustadt

Bescheidkopf:

Dieser Steuerbescheid ergeht an Sie zugleich als Alleinerbin nach ihrem Ehemann.

Beispiel:

Die Meier-OHG mit den Gesellschaftern Max und Emil Meier ist durch Austritt des Gesellschafters Emil Meier aus der OHG und gleichzeitige Übernahme des Gesamthandsvermögens durch Max Meier ohne Liquidation erloschen (vollbeendet). Nach dem Ausscheiden des vorletzten Gesellschafters soll ein Umsatzsteuerbescheid für einen Zeitraum vor dem Ausscheiden für die erloschene OHG ergehen.

Anschriftenfeld (Steuerschuldner als Inhaltsadressat, Bekanntgabeadressat und Empfänger):
Herrn
Max Meier
Hauptstraße 101
67433 Neustadt

Bescheidkopf:

Dieser Bescheid ergeht an Sie als Gesamtrechtsnachfolger der Meier-OHG.

Beispiel:

Die A-GmbH ist unter Auflösung ohne Abwicklung auf die B-GmbH verschmolzen worden.

Anschriftenfeld (Steuerschuldner als Inhaltsadressat, Bekanntgabeadressat und Empfänger):
B-GmbH
Hauptstraße 101
67433 Neustadt

Bescheidkopf:

Dieser Bescheid ergeht an Sie als Gesamtrechtsnachfolgerin der A-GmbH.

2.12.3   Das Finanzamt kann gegen Gesamtrechtsnachfolger (z. B. mehrere Erben) Einzelbescheide nach § 155 Abs. 1 AO oder einen nach § 155 Abs. 3 AO zusammengefassten Steuerbescheid erlassen (BFH-Urteile vom 24. 11. 1967, III 2/63, BStBl 1968 II S. 163, und vom 28. 3. 1973, I R 100/71, BStBl II S. 544). Grundsätzlich ist ein zusammengefasster Bescheid zu erlassen, der an die Gesamtrechtsnachfolger als Gesamtschuldner zu richten und jedem von ihnen bekannt zu geben ist, soweit nicht nach § 122 Abs. 6 AO (vgl. AEAO zu § 122, Nr. 2.1.3) verfahren werden kann (§ 122 Abs. 1 AO). Der Steuerbescheid ist nur wirksam, wenn die Gesamtrechtsnachfolger, an die sich der Bescheid richtet, namentlich als Inhaltsadressaten aufgeführt sind.

Im Einzelfall können sich die Gesamtrechtsnachfolger, gegen die sich der Bescheid als Inhaltsadressaten richtet, auch durch Auslegung des Bescheids ergeben, z. B. durch die Bezugnahme auf einen den Betroffenen bekannten Betriebsprüfungsbericht (BFH-Urteil vom 17. 11. 2005, III R 8/03, BStBl 2006 II S. 287). Die Ermittlung

des Inhaltsadressaten durch Auslegung kann jedoch einen Mangel der fehlenden Bestimmtheit des Steuerschuldners nicht heilen. Für eine Auslegung, an wen der Steuerbescheid sich richtet, ist z. B. dann kein Raum, wenn in einem Einkommensteuerbescheid ohne namentliche Anführung der Beteiligten eine Erbengemeinschaft als
Inhaltsadressat benannt ist (z. B. „Erbengemeinschaft nach Herrn Adam Meier") und zugleich der Hinweis auf die Gesamtrechtsnachfolge unterblieben ist (vgl. AEAO zu
§ 122, Nr. 2.12.2). Die Angabe, wer die Steuer schuldet (§ 157 Abs. 1 Satz 2 AO), fehlt
hier, denn eine Erbengemeinschaft kann nicht Schuldnerin der Einkommensteuer
sein.

Aus Gründen der Rechtsklarheit sind die Inhaltsadressaten grundsätzlich namentlich
aufzuführen (vgl. auch die Beispiele zum AEAO zu § 122, Nr. 2.12.4); von dem Verweis
auf für die Betroffenen bekannte Umstände ist nur ausnahmsweise Gebrauch zu
machen.

Es ist unschädlich, nur einen oder mehrere aus einer größeren Zahl von Gesamt-
rechtsnachfolgern auszuwählen, weil es nicht zwingend erforderlich ist, einen Steuerbescheid an alle Gesamtrechtsnachfolger zu richten (vgl. AEAO zu § 122, Nr. 4.4.5).
Betrifft der zusammengefasste Bescheid Eheleute, Eheleute mit Kindern oder Alleinstehende mit Kindern, kann auch von der Sonderregelung des § 122 Abs. 7 AO (vgl.
AEAO zu § 122, Nr. 2.1.2) Gebrauch gemacht werden.

2.12.4 **Beispiele:**

1.1 Der Steuerschuldner Adam Meier ist im Jahr 08 verstorben.

Erben sind seine Kinder Konrad, Ludwig und Martha Meier zu gleichen Teilen.
Die Steuerbescheide für das Jahr 07 (ESt, USt, GewSt) können erst im Jahr 09,
d. h. nach dem Tode des Adam Meier ergehen.

Die Erben Konrad, Ludwig und Martha Meier sind durch Gesamtrechtsnachfolge
Steuerschuldner (Inhaltsadressaten) geworden (§ 45 Abs. 1 AO); sie haben jeder
für sich für die gesamte Steuerschuld einzustehen (§ 45 Abs. 2 AO, § 44 Abs. 1 AO).

Gegen die Miterben können zusammengefasste Bescheide nach § 155 Abs. 3 AO
ergehen. Jedem Erben ist eine Ausfertigung des zusammengefassten Bescheides
an die Wohnanschrift zu übermitteln. Die Bekanntgabe an einen Erben mit Wirkung für und gegen alle anderen Erben ist in diesem Fall nur unter den Voraussetzungen des § 122 Abs. 6 AO ... möglich. Der Bescheid wird gegenüber dem Erben, dem er bekannt gegeben wurde, auch wirksam, wenn er dem oder den anderen Miterben nicht bekannt gegeben wurde. Um eine Zwangsvollstreckung in
den ungeteilten Nachlass zu ermöglichen, ist aber die Bekanntgabe des Bescheides an jeden einzelnen Miterben notwendig (§ 265 AO i. V. m. § 747 ZPO).

Anschriftenfeld (jeweils in gesonderten Ausfertigungen):

Herrn
Konrad Meier
Sternstraße 15
53111 Bonn

Herrn
Ludwig Meier
Königstraße 200
40212 Düsseldorf

Frau
Martha Meier
Sophienstraße 3
80333 München

Bescheidkopf:

Für Konrad, Ludwig und Martha Meier als Miterben nach Adam Meier. Den anderen Miterben wurde ein Bescheid gleichen Inhalts erteilt. Die Erben sind Gesamtschuldner (§ 44 AO).

...

2.12.5 Zur Bekanntgabe von Bescheiden bei unbekannten Erben vgl. AEAO zu § 122, Nr. 2.13.2.

2.12.6 Ist eine Erbengemeinschaft Unternehmer oder selbständiger Rechtsträger, so ist ein Steuerbescheid (z. B. über Umsatzsteuer oder Grunderwerbsteuer) an sie als Erbengemeinschaft zu richten (vgl. AEAO zu § 122, Nrn. 2.4 und 2.4.1.2). Hat die Erbengemeinschaft keinen Namen und keinen gesetzlichen Vertreter, muss sie zur zweifelsfreien Identifizierung der Gemeinschaft und ihrer Gemeinschafter grundsätzlich durch den Namen des Erblassers und der einzelnen Miterben charakterisiert werden (BFH-Urteil vom 29. 11. 1972, II R 42/67, BStBl 1973 II S. 372). Zur Ermittlung der Inhaltsadressaten durch Auslegung gelten die Ausführungen in Nr. 2.12.3 entsprechend.

2.12.7 **Vollstreckung in den Nachlass**

...

2.12.8 **Umwandlung von Gesellschaften**

...

2.13 Testamentsvollstreckung, Nachlasspflegschaft, Nachlassverwaltung

2.13.1 Der **Testamentsvollstrecker** ist nicht Vertreter der Erben, sondern Träger eines durch letztwillige Verfügung des Erblassers begründeten privaten Amts, dessen Inhalt durch die letztwillige Verfügung bestimmt wird (§§ 2197 ff. BGB; BFH-Urteil vom 11. 6. 2013, II R 10/11, BStBl II S. 924). Soweit die Verwaltungsbefugnis des Testamentsvollstreckers reicht, ist dem Erben die Verfügungsbefugnis entzogen (§ 2211 BGB). Der Testamentsvollstrecker kann den Erben nicht persönlich verpflichten und hat auch nicht dessen persönliche Pflichten gegenüber den Finanzbehörden zu erfüllen (BFH-Urteil vom 16. 4. 1980, VII R 81/79, BStBl II S. 605).

2.13.1.1 Hat der Erblasser selbst noch den Steuertatbestand verwirklicht, ist aber gegen ihn kein Steuerbescheid mehr ergangen, so ist der Steuerbescheid an den Erben als Inhaltsadressaten zu richten und diesem bekannt zu geben (vgl. Beispiele in Nr. 2.12.4 des AEAO zu § 122; BFH-Urteile vom 15. 2. 1978, I R 36/77, BStBl II S. 491, und vom 8. 3. 1979, IV R 75/76, BStBl II S. 501), es sei denn, der Testamentsvollstrecker ist zugleich Empfangsbevollmächtigter des Erben (§ 122 Abs. 1 Satz 3 AO). Ist der Testamentsvollstrecker im Rahmen seiner Verwaltung des gesamten Nachlassvermögens nach § 2213 Abs. 1 BGB zur Erfüllung von Nachlassverbindlichkeiten verpflichtet und soll er zur Erfüllung der Steuerschuld aus dem von ihm verwalteten Nachlass herangezogen werden, kann der Steuerbescheid – auch – an ihn gerichtet werden (BFH-Urteil vom 30. 9. 1987, II R 42/84, BStBl 1988 II S. 120). Geschieht dies nicht, ist er durch Übersendung einer Ausfertigung des dem Erben oder dem Nachlasspfleger bekannt gegebenen Steuerbescheids in Kenntnis zu setzen. Ggf. ist er durch Duldungsbescheid (§ 191 Abs. 1 AO) in Anspruch zu nehmen. Seine persönliche Haftung nach § 69 i. V. m. § 34 Abs. 3 AO bleibt davon unberührt.

2.13.1.2 Betrifft die Steuerpflicht Tatbestände nach dem Erbfall, so ist der Erbe Steuerschuldner auch für Steuertatbestände, die das Nachlassvermögen betreffen. Steuerbescheide über Einkünfte, die dem Erben aus dem Nachlassvermögen zufließen, sind dem Erben als Inhaltsadressaten und nicht dem Testamentsvollstrecker bekannt zu geben (BFH-Urteil vom 7. 10. 1970, I R 145/68, BStBl 1971 II S. 119; BFH-Beschluss vom 29. 11. 1995, X B 328/94, BStBl 1996 II S. 322). Dies gilt auch, wenn der Testamentsvollstrecker ein Unternehmen im eigenen Namen weiterführt (BFH-Urteil vom 16. 2. 1977, I R 53/74, BStBl II S. 481, für GewSt-Messbescheide). Steht dem Testamentsvollstrecker nach § 2213 Abs. 1 BGB die Verwaltung des gesamten Nachlasses zu, sind die drei letzten Sätze der Nr. 2.13.1.1 des AEAO zu § 122 entsprechend anzuwenden.

2.13.2   Sind der oder die Erben (noch) unbekannt, so ist der Steuerbescheid, gleichgültig ob der Steuertatbestand vom Erblasser selbst noch verwirklicht worden ist oder erst nach Eintritt des Erbfalls, einem zu bestellenden **Nachlasspfleger** bekannt zu geben. Die Vertretungsbefugnis des Nachlasspflegers endet auch dann erst mit Aufhebung der Nachlasspflegschaft durch das Nachlassgericht, wenn die Erben zwischenzeitlich bekannt wurden (BFH-Urteil vom 30. 3. 1982, VIII R 227/80, BStBl II S. 687).

Der Nachlasspfleger ist gesetzlicher Vertreter des Erben, falls dieser noch unbekannt ist oder die Annahme der Erbschaft noch ungewiss ist. Er wird von Amts wegen oder auf Antrag eines Nachlassgläubigers vom Nachlassgericht bestellt (siehe §§ 1960, 1961 BGB, § 81 AO). Nr. 2.2 des AEAO zu § 122 ist entsprechend anzuwenden. Der Testamentsvollstrecker ist nicht bereits kraft Amtes Vertreter des unbekannten Erben, kann aber zum Nachlasspfleger bestellt werden.

2.13.3   **Nachlassverwaltung** ist die Nachlasspflegschaft zum Zwecke der Befriedigung der Nachlassgläubiger (§ 1975 BGB). Die Stellung des Nachlassverwalters ist derjenigen des Testamentsvollstreckers vergleichbar. Die Ausführungen in Nr. 2.13.1.1 und Nr. 2.13.1.2 des AEAO zu § 122 gelten daher entsprechend (vgl. BFH-Urteil vom 5. 6. 1991, XI R 26/89, BStBl II S. 820).

2.13.4   **Erbschaftsteuerbescheide**

...

2.14   Haftende

2.14.1   Der Steuerschuldner und der Haftende sind nach § 44 Abs. 1 AO zwar Gesamtschuldner, diese Bestimmung führt aber nicht zu einer völligen Gleichstellung. Der Steuerbescheid ist an den Steuerschuldner zu richten. Über die Haftung ist durch selbständigen Haftungsbescheid zu entscheiden (§ 191 AO) und der Haftende durch Zahlungsaufforderung in Anspruch zu nehmen (§ 219 AO). Beide Maßnahmen können auch getrennt voneinander ausgeführt werden. Die Zusendung einer Ausfertigung des Steuerbescheides reicht zur Inanspruchnahme des Haftenden nicht aus.

2.14.2   Der Haftungsbescheid muss eindeutig erkennen lassen, gegen wen sich der Haftungsanspruch richtet.

Beispiele für Lohnsteuerhaftungsbescheide bei Inanspruchnahme:

a) des Arbeitgebers:	b) des Geschäftsführers des Arbeitgebers:
Haftungsschuldner als Inhaltsadressat, Bekanntgabeadressat und Empfänger:	Haftungsschuldner als Inhaltsadressat, Bekanntgabeadressat und Empfänger:
	Herrn
Meier GmbH Sophienstraße 2a 80333 München	Josef Meier (Geschäftsführer der Meier-GmbH) Hansastraße 100 81373 München
(jeweils mit Angabe des Haftungsgrundes in der Erläuterung)	(jeweils mit Angabe des Haftungsgrundes in der Erläuterung)

Bei der Inanspruchnahme des Geschäftsführers als Haftungsschuldner für Steuerschulden der von ihm vertretenen juristischen Person oder nichtrechtsfähigen Personenvereinigung ist darauf zu achten, dass die **persönliche Inanspruchnahme** in der

Adressierung und auch sonst im Bescheid eindeutig zum Ausdruck kommt. Als postalische Anschrift ist im Haftungsbescheid in der Regel die von der Firmenanschrift abweichende Wohnanschrift des Geschäftsführers zu verwenden. Wird ein Haftungsbescheid an den Geschäftsführer durch die Post mit Zustellungsurkunde (vgl. AEAO zu § 122, Nr. 3.1.1) ausnahmsweise unter der Firmenanschrift zugestellt, ist im Kopf des Vordrucks „Zustellungsurkunde" in roter Schrift oder durch rotes Unterstreichen zu vermerken: „Keine Ersatzzustellung".

2.14.3 Sollen wegen desselben Anspruchs mehrere Haftungsschuldner herangezogen werden, kann in entsprechender Anwendung des § 155 Abs. 3 AO ein zusammengefasster Haftungsbescheid erlassen werden. Für jeden Haftungsschuldner ist jedoch ein gesonderter Bescheid auszufertigen und bekannt zu geben, um ihm gegenüber Wirksamkeit zu erlangen. Dies gilt auch dann, wenn der zusammengefasste Haftungsbescheid gegen Ehegatten gerichtet ist (BFH-Beschluss vom 22.10.1975, I B 38/75, BStBl 1976 II S. 136).

Bei der Inanspruchnahme von mehreren Haftungsschuldnern wegen desselben Anspruchs sind im Haftungsbescheid alle als Haftungsschuldner herangezogenen Personen zu benennen. Eine fehlende Angabe der übrigen Haftungsschuldner führt aber nicht ohne weiteres zur Unwirksamkeit der Haftungsbescheide (BFH-Urteil vom 5.11.1980, II R 25/78, BStBl 1981 II S. 176), sondern kann im Rahmen des § 126 AO nachgeholt werden. Die einzelnen Haftungsschuldner werden durch die gemeinsame Inanspruchnahme zu Gesamtschuldnern (§ 44 AO); die Erfüllung durch einen der Gesamtschuldner wirkt auch für die Übrigen.

2.15 Spaltung

...

2.16 Formwechselnde Umwandlung

...

3. Besonderheiten des Zustellungsverfahrens[1]

3.1 Zustellungsarten

Die Zustellung richtet sich nach dem Verwaltungszustellungsgesetz – VwZG – (§ 122 Abs. 5 Satz 2 AO). Die vom Amtsgericht zu erlassende Anordnung eines persönlichen Sicherheitsarrestes ist nach den Vorschriften der ZPO zuzustellen (§ 326 Abs. 4 AO).

Das VwZG sieht die folgenden Zustellungsarten vor:

– Zustellung durch die Post mit Zustellungsurkunde (§ 3 VwZG; vgl. AEAO zu § 122, Nr. 3.1.1),

– Zustellung durch die Post mittels Einschreiben (§ 4 VwZG; vgl. AEAO zu § 122, Nr. 3.1.2),

– Zustellung (auch eines elektronischen Dokuments) durch die Behörde gegen Empfangsbekenntnis (§ 5 VwZG; vgl. AEAO zu § 122, Nr. 3.1.3),

– Zustellung (auch eines elektronischen Dokuments) im Ausland (§ 9 VwZG; vgl. AEAO zu § 122, Nr. 3.1.4),

– Öffentliche Zustellung (§ 10 VwZG; vgl. AEAO zu § 122, Nr. 3.1.5).

Kommen mehrere Zustellungsarten in Betracht, soll die kostengünstigste gewählt werden, sofern nicht besondere Umstände (z. B. Zweifel an der Annahmebereitschaft des Empfängers; vgl. AEAO zu § 122, Nr. 3.1.2) für eine Zustellung durch die Post mit Zustellungsurkunde sprechen.

Anm. d. Schriftl.:

[1] Das Verwaltungszustellungsgesetz ist durch das Gesetz zur Novellierung des Verwaltungszustellungsrechts vom 12.8.2005, BStBl 2005 I S. 855; BGBl 2005 I S. 2354, geändert worden.

Die Allgemeinen Verwaltungsvorschriften zum VwZG vom 13.12.1966 (BStBl I S. 969), geändert durch die Allgemeine Verwaltungsvorschrift vom 27.4.1973 (BStBl I S. 220), sind überholt.

3.1.1 Zustellung durch die Post mit Zustellungsurkunde (§ 3 VwZG)

...

3.1.2 Zustellung durch die Post mittels Einschreiben (§ 4 VwZG)

...

3.1.3 Zustellung gegen Empfangsbekenntnis (§ 5 VwZG)

...

3.1.4 Zustellung im Ausland (§ 9 VwZG)

...

3.1.5 Öffentliche Zustellung (§ 10 VwZG)

...

3.2 Zustellung an mehrere Beteiligte

...

3.3 Zustellung an Bevollmächtigte (§ 7 VwZG)

...

3.4 Zustellung an Ehegatten

...

3.5 Zustellung bei gerichtlich bestellter Betreuung

...

4. Folgen von Verfahrens- und Formfehlern

4.1 Unwirksamkeit des Verwaltungsaktes wegen inhaltlicher Mängel

Fehlen in einem Verwaltungsakt unverzichtbare wesentliche Bestandteile (siehe zum Steuerbescheid § 157 Abs. 1 Satz 2 AO), die dazu führen, dass dieser inhaltlich nicht hinreichend bestimmt ist (§ 119 Abs. 1 AO), so ist ein solcher Verwaltungsakt gemäß § 125 Abs. 1 AO nichtig und damit unwirksam (§ 124 Abs. 3 AO). Eine Heilung derartiger Fehler ist nicht möglich, vielmehr ist ein neuer Verwaltungsakt zu erlassen (BFH-Urteil vom 17.7.1986, V R 96/85, BStBl II S. 834).

4.1.1 Wird der Steuerschuldner (Inhaltsadressat) im Steuerbescheid gar nicht, falsch oder so ungenau bezeichnet, dass Verwechslungen möglich sind, ist der Verwaltungsakt wegen inhaltlicher Unbestimmtheit nichtig und damit unwirksam. Eine Heilung im weiteren Verfahren gegen den tatsächlichen Schuldner ist nicht möglich, es muss ein neuer Steuerbescheid mit richtiger Bezeichnung des Steuerschuldners (Inhaltsadressaten) verfügt und bekannt gegeben werden (BFH-Urteil vom 17.3.1970, II 65/63, BStBl II S. 598).

Ist dagegen im Steuerbescheid eine falsche Person eindeutig und zweifelsfrei als Steuerschuldner (Inhaltsadressat) angegeben und wurde der Bescheid dieser Person bekannt gegeben, so ist der Bescheid nicht nichtig, sondern rechtswidrig und damit lediglich anfechtbar (BFH-Beschluss vom 17.11.1987, V B 111/87, BFH/NV 1988 S. 682).

4.1.2 Konnte im Fall einer Gesamtrechtsnachfolge ein Steuerbescheid dem Rechtsvorgänger (Erblasser) nicht mehr rechtswirksam bekannt gegeben werden, ist der Bescheid an den Gesamtrechtsnachfolger als Steuerschuldner (Inhaltsadressaten) zu richten. Ein gleichwohl an den Rechtsvorgänger gerichteter Bescheid ist unwirksam (BFH-Urteil vom 24.3.1970, I R 141/69, BStBl II S. 501, vgl. AEAO zu § 122, Nr. 2.12.1).

4.1.3   Ein Verwaltungsakt, der dem Inhaltsadressaten selbst bekannt gegeben wird, obwohl eine andere Person der zutreffende Bekanntgabeadressat ist (vgl. AEAO zu § 122, Nr. 1.4.3), ist unwirksam (BFH-Beschluss vom 14.5.1968, II B 41/67, BStBl II S. 503). Eine Heilung ist nicht möglich; vielmehr ist ein neuer Verwaltungsakt mit Bezeichnung des zutreffenden Bekanntgabeadressaten (vgl. AEAO zu § 122, Nr. 1.4.3) zu erlassen. Zu den Folgen einer nur fehlerhaften Bezeichnung des Bekanntgabeadressaten vgl. AEAO zu § 122, Nr. 4.2.3.

4.2   Wirksamkeit des Verwaltungsaktes trotz inhaltlicher Mängel

4.2.1   Wird der richtige Steuerschuldner (Inhaltsadressat) lediglich ungenau bezeichnet, ohne dass Zweifel an der Identität bestehen (z. B. falsche Bezeichnung der Rechtsform einer Gesellschaft: OHG statt KG, GbR statt OHG o. Ä.), so liegt kein Fall der inhaltlichen Unbestimmtheit vor. Der Steuerbescheid ist daher nicht unwirksam; die falsche Bezeichnung kann berichtigt werden (BFH-Urteile vom 26.6.1974, II R 199/72, BStBl II S. 724, und vom 26.9.1974, IV R 24/71, BStBl 1975 II S. 311, BFH-Beschluss vom 18.3.1998, IV B 50/97, BFH/NV S. 1255).

4.2.2   Ist in einem Feststellungsbescheid ein Beteiligter falsch bezeichnet, weil Rechtsnachfolge eingetreten ist, kann dies durch besonderen Bescheid gegenüber den Betroffenen berichtigt werden (§ 182 Abs. 3 AO).

4.2.3   Die fehlerhafte Bezeichnung des Bekanntgabeadressaten macht den Bescheid nicht in jedem Fall unwirksam, die Bekanntgabe kann aber fehlerhaft sein. Die aus einer formell fehlerhaften Bezeichnung herrührenden Mängel können geheilt werden, wenn der von der Finanzbehörde zutreffend bestimmte, aber fehlerhaft bezeichnete Bekanntgabeadressat tatsächlich vom Inhalt des Bescheides Kenntnis erhält.

Beispiel:

Der gesetzliche Vertreter (Bekanntgabeadressat) eines Minderjährigen (Steuerschuldner und Inhaltsadressat) wird irrtümlich als Adam Meier bezeichnet, obwohl es sich um Alfred Meier handelt, dem der Verwaltungsakt auch tatsächlich zugeht.

Aus Gründen der Rechtssicherheit soll im Zweifel die Bekanntgabe des Verwaltungsaktes unter richtiger Angabe des Bekanntgabeadressaten wiederholt werden.

4.2.4   Geringfügige Abweichungen bei der Bezeichnung des Inhaltsadressaten, des Bekanntgabeadressaten oder des Empfängers, die − insbesondere bei ausländischen Namen − auf technischen Schwierigkeiten, Lesefehlern usw. beruhen, machen den Bescheid weder unwirksam noch anfechtbar. Dies gilt auch, wenn bei einer juristischen Person ein unwesentlicher Namensbestandteil weggelassen oder abgekürzt wird oder eine allgemein übliche Kurzformel eines eingetragenen Namens verwendet wird. Bei einem Verstoß gegen das Namensrecht (z. B. Abkürzung überlanger Namen, Übersehen von Adelsprädikaten oder akademischen Graden) wird der Steuerbescheid dennoch durch Bekanntgabe wirksam, wenn der Steuerschuldner (Inhaltsadressat) durch die verwendeten Angaben unverwechselbar bezeichnet ist.

4.3   Unwirksamkeit des Verwaltungsaktes wegen eines Bekanntgabemangels

Ein Verwaltungsakt wird erst mit ordnungsmäßiger Bekanntgabe wirksam (§ 122 Abs. 1, § 124 AO). Zur Heilung von Bekanntgabemängeln vgl. AEAO zu § 122, Nr. 4.4.4; zu Mängeln bei der förmlichen Zustellung vgl. AEAO zu § 122, Nr. 4.5.

Wird ein inhaltlich richtiger Verwaltungsakt einem auf der Postsendung unrichtig ausgewiesenen Empfänger übermittelt (z. B. Briefumschläge werden vertauscht), ist der Verwaltungsakt weder gegenüber dem richtigen noch gegenüber dem falschen Empfänger wirksam.

Beispiel:

Das FA erlässt einen für Herrn Konrad Meier, Sternstraße 15, 53111 Bonn, bestimmten Einkommensteuerbescheid. Der Bescheid weist im Anschriftenfeld die vorstehende Adresse aus, wird aber in einen Briefumschlag eingelegt, der an Herrn Ludwig Meier, Königstraße 200, 40212 Düsseldorf, adressiert ist.

Der Bescheid ist nicht wegen fehlender inhaltlicher Bestimmtheit nichtig, weil aus ihm eindeutig hervorgeht, wer Steuerschuldner (Inhaltsadressat) ist. Er wurde jedoch nicht dem Beteiligten, für den er bestimmt ist, bekannt gegeben und ist damit nicht wirksam. Die Unwirksamkeit des Bescheids kann unter entsprechender Anwendung des § 125 Abs. 5 AO förmlich festgestellt werden. Gegenüber dem richtigen Bekanntgabeadressaten/Empfänger wird er erst wirksam, wenn die Bekanntgabe an diesen nachgeholt wird. Leitet der falsche Empfänger die Ausfertigung des Verwaltungsaktes an den richtigen Empfänger (Bekanntgabeadressaten) weiter, wird der zunächst vorliegende Bekanntgabemangel geheilt und der Verwaltungsakt wirksam (vgl. AEAO zu § 122, Nrn. 4.4.1, 4.4.4 und 1.7.3).

4.4 Wirksame Bekanntgabe[1]

4.4.1 **Fehler beim technischen Ablauf** der Übermittlung des Verwaltungsaktes und Verletzungen von Formvorschriften können unbeachtlich sein (§ 127 AO), wenn der Betroffene den für ihn bestimmten Verwaltungsakt tatsächlich zur Kenntnis genommen hat (vgl. AEAO zu § 122, Nr. 4.2.3 und Nr. 4.4.4 zweiter Absatz). Andererseits kann eine Bekanntgabe im Rechtssinne unter bestimmten Voraussetzungen auch wirksam sein, wenn der Betroffene selbst den Verwaltungsakt tatsächlich nicht erhalten, zur Kenntnis genommen oder verstanden hat. Das Gesetz fingiert in diesen Fällen die Bekanntgabe (z. B. bei Übermittlung an einen für den Betroffenen handelnden Bekanntgabeadressaten). Zu den Folgen der Nichtbeachtung einer Empfangsvollmacht vgl. AEAO zu § 122, Nr. 1.7.3.

4.4.2 Ein Feststellungsbescheid, der im Anschriftenfeld eine im Zeitpunkt seines Erlasses bereits erloschene Personengesellschaft benennt, ist wirksam bekannt gegeben, wenn aus dem Gesamtinhalt des Bescheides erkennbar ist, für welche Personen und in welcher Höhe Besteuerungsgrundlagen festgestellt werden, und dieser Bescheid diesen Personen auch übermittelt wird (BFH-Urteil vom 27. 4. 1978, IV R 187/74, BStBl 1979 II S. 89).

4.4.3 Solange das Ausscheiden eines Gesellschafters im Handelsregister nicht eingetragen und dem Finanzamt auch sonst nicht bekannt geworden ist, ist die Bekanntgabe des Feststellungsbescheides an einen Empfangsbevollmächtigten i. S. des § 183 AO auch dem ausgeschiedenen Gesellschafter gegenüber wirksam erfolgt (BFH-Urteile vom 3. 11. 1959, I 2/59 U, BStBl 1960 III S. 96, und vom 14. 12. 1978, IV R 221/75, BStBl 1979 II S. 503; vgl. AEAO zu § 122, Nr. 2.5.5 und Nr. 4.2.2).

4.4.4 **Heilung von Bekanntgabemängeln**

Bekanntgabemängel können unter den Voraussetzungen des entsprechend anwendbaren § 8 VwZG (vgl. AEAO zu § 122, Nr. 4.5.1) geheilt werden (BFH-Urteil vom 29. 10. 1997, X R 37/95, BStBl 1998 II S. 266).

Ein Verwaltungsakt kann trotz unrichtig angegebener Anschrift wirksam sein, wenn der Bekanntgabeadressat die Sendung tatsächlich erhält (BFH-Urteil vom 1. 2. 1990, V R 74/85, BFH/NV 1991 S. 2, für den Fall der Angabe einer unzutreffenden Hausnummer).

Wird dem Bekanntgabeadressaten eines Verwaltungsakts die Einspruchsentscheidung ordnungsgemäß bekannt gegeben, so kommt es auf Bekanntgabemängel des ursprünglichen Bescheides grundsätzlich nicht mehr an (BFH-Urteile vom 28. 10. 1988, III R 52/86, BStBl 1989 II S. 257, und vom 16. 5. 1990, X R 147/87, BStBl

---

Anm. d. Schriftl.:

[1] Bestreitet ein Steuerberater, den Steuerbescheid eines Mandanten erhalten zu haben, ist die Zugangsvermutung des § 122 Abs. 2 Nr. 1 AO auch dann widerlegt, wenn er kein Fristenkontrollbuch führt, sofern nicht weitere Indizien für den Zugang des Bescheides sprechen (BFH-Urteil vom 31. 5. 2005, BStBl 2005 II S. 623).

II S. 942). Der Fehler bei der Bekanntgabe wird jedoch nicht geheilt, wenn der Einspruch in der Einspruchsentscheidung als unzulässig verworfen wird (BFH-Urteil vom 25. 1. 1994, VIII R 45/92, BStBl II S. 603).

4.4.5　Zusammengefasste Steuerbescheide

Zusammengefasste Steuerbescheide (§ 155 Abs. 3 AO) können gegenüber mehreren Beteiligten zu verschiedenen Zeitpunkten bekannt gegeben werden. Eine unterlassene oder unwirksame Bekanntgabe kann jederzeit nachgeholt werden (BFH-Urteil vom 25. 5. 1976, VIII R 66/74, BStBl II S. 606); der Ablauf der Festsetzungsfrist ist zu beachten. Die Wirksamkeit eines Steuerbescheides gegenüber einem Beteiligten wird nicht dadurch berührt, dass dieser Bescheid gegenüber einem anderen Beteiligten unwirksam ist. Zur Bekanntgabe an Ehegatten vgl. AEAO zu § 122, Nr. 2.1.

4.5　Fehler bei förmlichen Zustellungen[1][2]

4.5.1　Lässt sich die formgerechte Zustellung eines Dokuments nicht nachweisen oder ist es unter Verletzung zwingender Zustellungsvorschriften zugegangen, gilt es als in dem Zeitpunkt zugestellt, in dem es dem Empfangsberechtigten tatsächlich zugegangen ist. Im Fall der Zustellung eines Schriftstücks ist dies der Zeitpunkt, in dem der Empfänger das Dokument „in die Hand bekommt", und nicht bereits der Zeitpunkt, zu dem nach dem gewöhnlichen Geschehensablauf mit einer Kenntnisnahme gerechnet werden konnte (vgl. BFH-Beschluss vom 6. 5. 2014, GrS 2/13, BStBl II S. 645 zu § 189 ZPO. Im Fall des § 5 Abs. 5 VwZG (Zustellung eines elektronischen Dokuments; vgl. AEAO zu § 122, Nrn. 3.1.3.3 und 3.1.3.5) gilt das Dokument in dem Zeitpunkt als zugestellt, in dem der Empfänger das Empfangsbekenntnis zurückgesendet hat (§ 8 VwZG). Ein Zustellungsmangel ist nach § 8 VwZG auch dann geheilt, wenn durch die Zustellung eine Klagefrist in Lauf gesetzt wird (z. B. in den Fällen der behördlich angeordneten förmlichen Zustellung einer Einspruchsentscheidung), ferner auch dann, wenn der Empfänger nachweislich nur eine Fotokopie oder eine Mehrausfertigung des Verwaltungsakts erhalten hat (vgl. BFH-Urteil vom 15. 1. 1991, VII R 86/89, BFH/NV 1992 S. 81).

4.5.2　Zwingende Zustellungsvorschriften sind insbesondere bei der Zustellung durch die Post mit Zustellungsurkunde (vgl. AEAO zu § 122, Nr. 3.1.1) zu beachten. Es müssen sowohl die Zustellungsart (z. B. Ersatzzustellung) als auch der Zustellungsort (Wohnung, Geschäftsraum) richtig durch den Postbediensteten beurkundet werden (BFH-Urteil vom 10. 10. 1978, VIII R 197/74, BStBl 1979 II S. 209). Das Aktenzeichen (vgl. AEAO zu § 122, Nr. 3.1.1.1) muss sowohl auf dem Briefumschlag als auch auf der Zustellungsurkunde angegeben sein (BFH-Urteil vom 24. 11. 1977, IV R 113/75, BStBl 1978 II S. 467). Auch ein Verstoß gegen § 10 VwZG bei der Anordnung einer öffentlichen Zustellung (vgl. AEAO zu § 122, Nr. 3.1.5) kann unter den Voraussetzungen des § 8 VwZG geheilt werden (BFH-Urteil vom 6. 6. 2000, VII R 55/99, BStBl II S. 560).

4.5.3　Eine wegen Formmangels unwirksame, von der Finanzbehörde angeordnete Zustellung eines Verwaltungsaktes kann nicht in eine wirksame „schlichte" Bekanntgabe im Sinne des § 122 Abs. 1 AO umgedeutet werden (BFH-Urteile vom 25. 1. 1994, VIII R 45/92, BStBl II S. 603, und vom 8. 6. 1995, IV R 104/94, BStBl II S. 681).

Anm. d. Schriftl.:

[1] Nach § 3 Abs. 1 Satz 2 VwZG muss die zuzustellende Sendung mit einer ausreichenden, den Inhalt der Sendung einwandfrei identifizierenden Geschäftsnummer versehen sein (BFH-Urteil vom 18. 3. 2004, BStBl 2004 II S. 540).

[2] Bei der förmlichen Zustellung eines Bescheids über die gesonderte Feststellung von Besteuerungsgrundlagen durch Postzustellungsurkunde müssen Zustellungsurkunde und Sendung einen Hinweis auf den Gegenstand der Feststellung enthalten (BFH-Urteil vom 13. 10. 2005, BStBl 2006 II S. 214).

4.6   Fehlerhafte Bekanntgabe von Grundlagenbescheiden

Da ein Folgebescheid gemäß § 155 Abs. 2 AO vor Erlass eines notwendigen Grundlagenbescheides ergehen kann, ist die Unwirksamkeit der Bekanntgabe eines Grundlagenbescheides für den bereits vorliegenden Folgebescheid ohne Bedeutung. Erst
wenn der Grundlagenbescheid wirksam bekannt gegeben worden ist, sind daraus
für den Folgebescheid Folgerungen zu ziehen (§ 175 Abs. 1 Satz 1 Nr. 1 AO).

**4.7   Bekanntgabe von gesonderten und einheitlichen Feststellungen an einzelne Betei-
ligte**

4.7.1   Ein Verwaltungsakt, der an mehrere Beteiligte gerichtet ist (z. B. gesonderte und einheitliche Feststellung), aber nicht allen Beteiligten bekannt gegeben wird, ist dadurch nicht unwirksam. Mit der Bekanntgabe an einzelne Beteiligte ist der Verwaltungsakt als entstanden anzusehen; er hat gegenüber diesen Beteiligten Wirksamkeit erlangt und kann insgesamt nicht mehr frei, sondern nur bei Vorliegen der gesetzlichen Änderungsvorschriften geändert werden (BFH-Urteile vom 31. 5. 1978,
I R 76/76, BStBl II S. 600, und vom 25. 11. 1987, II R 227/84, BStBl 1988 II S. 410).
Zur Nachholung der Bekanntgabe an die übrigen Beteiligten vgl. AEAO zu § 122,
Nr. 2.5.1.

4.7.2   Die einzelnen Gesellschafter sind nicht in ihren Rechten verletzt, wenn ein gesonderter und einheitlicher Feststellungsbescheid anderen Gesellschaftern nicht oder nicht
ordnungsgemäß bekannt gegeben worden ist (BFH-Urteil vom 12. 12. 1978, VIII R
10/76, BStBl 1979 II S. 440).

Zu § 122a AO

**AEAO   Bekanntgabe von Verwaltungsakten durch Bereitstellung zum
Datenabruf:**

1. Durch die Datenbereitstellung von Verwaltungsakten der Landesfinanzbehörden nach
    § 122a AO über die Kommunikationsplattform ELSTER im Format PDF/A wird ein sicheres
    Verfahren verwendet, das die Vertraulichkeit und Integrität des Datensatzes gewährleistet
    (§ 87a Abs. 8 AO). Die elektronische Benachrichtigung an die abrufberechtigte Person über
    die Bereitstellung der Daten zum Abruf bedarf keiner Verschlüsselung (§ 87a Abs. 1 Satz 5
    AO).

2. Bestreitet die zum Abruf berechtigte Person den Zugang der Benachrichtigung, trägt die
    Finanzbehörde die Beweislast für deren Zugang. Trägt die abrufberechtigte Person substan-
    tiiert und unwiderlegbar vor, die Benachrichtigung erst nach dem in § 122a Abs. 4 Satz 1
    AO fingierten Bekanntgabetag erhalten zu haben, wurden die Daten von der abrufberech-
    tigten Person aber tatsächlich abgerufen, gilt der Verwaltungsakt an dem Tag als bekannt
    gegeben, an dem der Datenabruf tatsächlich erfolgt ist. Gelingt der Finanzbehörde der
    Nachweis des Zugangs der Benachrichtigung nicht und wurden die Daten auch von keiner
    dazu berechtigten Person abgerufen, gilt der Verwaltungsakt als nicht zugegangen. In
    diesem Fall ist die Bekanntgabe – vorzugsweise im schriftlichen Verfahren – zu wieder-
    holen.

3. Eine elektronische Bekanntgabe nach § 122a AO an im Ausland ansässige Empfänger ist
    auch in den Fällen zulässig, in denen der Ansässigkeitsstaat in der Negativliste der
    Nr. 3.1.4.1 des AEAO zu § 122 aufgeführt ist.

Zu § 124 AO

AEAO   Wirksamkeit des Verwaltungsaktes:❶

1. Der Verwaltungsakt wird mit dem Inhalt wirksam, mit dem er bekannt gegeben wird. Maßgebend ist nicht die Aktenverfügung der Finanzbehörde, sondern die Fassung, die dem Beteiligten zugegangen ist.

   Bei der Auslegung des Verwaltungsaktes kommt es gemäß dem entsprechend anzuwendenden § 133 BGB nicht darauf an, was die Finanzbehörde mit ihren Erklärungen gewollt hat, sondern darauf, wie der Betroffene nach den ihm bekannten Umständen den materiellen Gehalt der Erklärungen unter Berücksichtigung von Treu und Glauben verstehen konnte. Im Zweifel ist das den Steuerpflichtigen weniger belastende Auslegungsergebnis vorzuziehen (BFH-Urteil vom 27. 11. 1996, X R 20/95, BStBl 1997 II S. 791).

2. Weicht der bekannt gegebene Verwaltungsakt von der Aktenverfügung ab, so liegt i. d. R. ein Schreib- oder Übertragungsfehler vor, der gem. § 129 AO berichtigt werden kann. Sind die Voraussetzungen des § 129 AO nicht gegeben, hat die Finanzbehörde alle Möglichkeiten einer Rücknahme, des Widerrufs, der Aufhebung oder Änderung des Verwaltungsaktes zu prüfen.

3. Bis zur Bekanntgabe wird der Verwaltungsakt nicht wirksam. Er kann daher bis zu diesem Zeitpunkt rückgängig gemacht oder abgeändert werden, ohne dass die Voraussetzungen der §§ 130, 131 AO oder der §§ 172 ff. AO vorliegen müssen.

4. Eine wirksame Bekanntgabe setzt voraus, dass der zum Erlass befugte Bedienstete diese veranlasst und dass er mit dem Willen handelt, den Bescheid bekannt zu geben (BFH-Urteil vom 24. 11. 1988, V R 123/83, BStBl 1989 II S. 344). Der Bekanntgabewille wird dadurch gebildet, dass der zeichnungsberechtigte Bedienstete die Aktenverfügung des Verwaltungsakts abschließend zeichnet und den Versand des Verwaltungsakts veranlasst oder dass die Bescheiderteilung in anderer Form abschließend veranlasst und die Versendung des Bescheides angewiesen wird.

5. Der Bekanntgabewille kann aufgegeben werden. Die Aufgabe des Willens der Finanzbehörde zur Bekanntgabe eines Verwaltungsakts führt aber nur dann zu dessen Unwirksamkeit, wenn der Wille aufgegeben wird, bevor der Bescheid den Herrschaftsbereich der Verwaltung verlassen hat; die Rechtzeitigkeit der Aufgabe des Bekanntgabewillens muss in den Akten hinreichend klar und eindeutig dokumentiert sein (BFH-Urteil vom 23. 8. 2000, X R 27/98, BStBl 2001 II S. 662). Der Empfänger des Verwaltungsaktes ist unverzüglich schriftlich über die Aufgabe des Bekanntgabewillens zu unterrichten. Es ist unerheblich, wenn der Empfänger diese Mitteilung erst nach Zugang des Verwaltungsakts erhält. Der Aufgabe des Bekanntgabewillens kommt keine Bedeutung mehr zu, wenn der Verwaltungsakt den Herrschaftsbereich der Finanzbehörde bereits verlassen hat (BFH-Urteil vom 12. 8. 1996, VI R 18/94, BStBl II S. 627).

6. Unabhängig vom Zeitpunkt der Aufgabe des Bekanntgabewillens (vgl. AEAO zu § 124, Nr. 5) wird ein Verwaltungsakt aber auch dann nicht wirksam, wenn die Finanzbehörde dem Empfänger vor oder spätestens mit der Bekanntgabe des Verwaltungsakts mitteilt, dieser Bescheid solle nicht gelten (vgl. BFH-Urteil vom 28. 5. 2009, III R 84/06, BStBl II S. 949). Wurde der Verwaltungsakt mit einfachem Brief versandt, ist ein solcher Widerruf auch dann bis zum Ablauf des nach § 122 Abs. 2 AO fingierten Bekanntgabetages möglich, wenn der

---

Anm. d. Schriftl.:

❶ Ein Steuerbescheid, der vor dem Datum des Bescheids zugestellt wird, ist wirksam bekanntgegeben, so dass die Einspruchsfrist mit Bekanntgabe des Bescheids zu laufen beginnt (BFH-Urteil vom 20. 11. 2008, BStBl 2009 II S. 185).

Verwaltungsakt dem Empfänger tatsächlich früher zugegangen sein sollte (vgl. BFH-Urteil vom 18. 8. 2009, X R 25/06, BStBl II S. 965). Der Widerruf bedarf nicht der Schriftform, er muss aber in den Akten hinreichend klar und eindeutig dokumentiert sein.

Zu § 125 AO

AEAO   Nichtigkeit des Verwaltungsaktes:

1. Der nichtige Verwaltungsakt entfaltet keine Rechtswirkungen; aus ihm darf nicht vollstreckt werden.

2. Fehler bei der Anwendung des materiellen Rechts führen i. d. R. nicht zur Nichtigkeit, sondern nur zur Rechtswidrigkeit des Verwaltungsaktes.

3. Der Betroffene kann die Nichtigkeit des Verwaltungsakts jederzeit, auch noch nach Ablauf der Rechtsbehelfsfristen, geltend machen. Dies gilt nicht, wenn über die Nichtigkeit des Verwaltungsakts bereits durch eine Feststellung nach § 125 Abs. 5 AO in der Form eines Verwaltungsakts (vgl. AEAO zu § 125, Nr. 4) entschieden wurde.

4. Die Feststellung der Nichtigkeit eines Verwaltungsakts (§ 125 Abs. 5 AO) kann durch einen Verwaltungsakt getroffen werden (vgl. BFH-Urteil vom 20. 8. 2014, X R 15/10, BStBl 2015 II S. 109). Im Interesse der Rechtssicherheit soll von dieser Möglichkeit Gebrauch gemacht werden. In diesem Fall ist zu verdeutlichen, dass ein Verwaltungsakt und nicht nur eine unverbindliche Äußerung der Finanzbehörde vorliegt. Das Schreiben ist als „Bescheid über die Feststellung der Nichtigkeit (§ 125 Abs. 5 AO) des Verwaltungsakts ...." zu bezeichnen, zu begründen und mit einer Rechtsbehelfsbelehrung zu versehen.

   Eine durch Verwaltungsakt vorgenommene und bestandskräftig gewordene Feststellung der Nichtigkeit eines Verwaltungsakts hat zur Folge, dass der Steuerpflichtige und die Finanzbehörde die Nichtigkeit des Verwaltungsakts nicht mehr in Frage stellen können. Dies gilt auch für den Fall einer inhaltlich unzutreffenden Nichtigkeitsfeststellung (BFH-Urteil vom 20. 8. 2014, a. a. O.).

5. In entsprechender Anwendung des § 125 Abs. 5 AO kann auch festgestellt werden, dass ein Verwaltungsakt wegen eines Bekanntgabemangels nicht wirksam geworden ist.

Zu § 129 AO

AEAO   Offenbare Unrichtigkeit[1] beim Erlass eines Verwaltungsakts:

1. Ähnliche offenbare Unrichtigkeiten i. S. des § 129 AO sind mechanische Versehen, wie beispielsweise Eingabe- und Übertragungsfehler. Eine offenbare Unrichtigkeit kann daher

---

Anm. d. Schriftl.:

[1] Zur Frage, unter welchen Voraussetzungen eine Doppelerfassung von Werbungskosten keine offenbare Unrichtigkeit darstellt, wird auf die Ausführungen des BFH in dem Urteil vom 16. 3. 2000, BStBl 2000 II S. 372, verwiesen.

auch vorliegen, wenn der Sachbearbeiter den Eingabewertbogen falsch ausfüllt oder Daten versehentlich nicht oder falsch in ein Computerprogramm eingibt.**1 2**

Ein mechanisches Versehen wird ferner angenommen, wenn der Sachbearbeiter es versehentlich unterlassen hat, die für die Veranlagung eines Jahres vorliegenden Unterlagen auszuwerten, die ihm vom Steuerpflichtigen unterjährig übersandt wurden (vgl. BFH-Urteil vom 27. 5. 2009, X R 47/08, BStBl II S. 946). Gleiches gilt für das Übersehen einer für den Veranlagungszeitraum einschlägigen Kontrollmitteilung, eines relevanten Grundlagenbescheides (vgl. dazu auch AEAO zu § 175, Nr. 1.2 2. Tiret) oder von Punkten eines Betriebsprüfungsberichts bzw. dessen widersprüchliche oder gar unterlassene Auswertung (vgl. u. a. BFH-Urteil vom 27. 11. 2003, V R 52/02, BFH/NV 2004 S. 605).

2. Keine offenbaren Unrichtigkeiten im Sinne von § 129 AO sind Fehler bei der Auslegung oder (Nicht-)Anwendung einer Rechtsnorm, eine unrichtige Tatsachenwürdigung, die unzutreffende Annahme eines in Wirklichkeit nicht vorliegenden Sachverhalts sowie Fehler, die auf mangelnder Sachaufklärung beruhen. Eine Berichtigung nach § 129 AO ist bereits dann ausgeschlossen, wenn auch nur die ernsthafte und nicht nur theoretische Möglichkeit besteht, dass ein derartiger Fehler vorliegt.**3 4**

3. Ein Fehler ist dann „offenbar" i. S. des § 129 AO, wenn er auf der Hand liegt, durchschaubar, eindeutig oder augenfällig ist, d. h. sich für einen unvoreingenommenen Dritten ohne weiteres aus der Steuererklärung, deren Anlagen sowie den in den Akten befindlichen Unterlagen für das betreffende Veranlagungsjahr ergibt (vgl. BFH-Urteil vom 27. 5. 2009, X R 47/08, BStBl II S. 946).**5 6** In den objektivierten Erkenntnishorizont des Dritten sind daneben regelmäßig aber auch im konkreten Fall einschlägige interne Arbeits- und Dienstanweisungen einzubeziehen (vgl. u. a. BFH-Urteil vom 13. 6. 2012, VI R 85/10, BStBl 2013 II S. 5). Es kommt nicht darauf an, ob der Steuerpflichtige die Unrichtigkeit anhand des Bescheids und der ihm vorliegenden Unterlagen erkennen konnte.

Anm. d. Schriftl.:

1 Ein Körperschaftsteuerbescheid ist offenbar unrichtig, wenn die Steuerpflichtige die Zeile 44a der Körperschaftsteuererklärung nicht ausgefüllt hat, obwohl sich aus den dem FA vorliegenden Steuerbescheinigungen und der Anlage WA zur Körperschaftsteuererklärung ergibt, dass die Steuerpflichtige eine Gewinnausschüttung einer GmbH erhalten und das FA in der Anrechnungsverfügung zum Körperschaftsteuerbescheid die Kapitalertragsteuer auf die Körperschaftsteuer angerechnet hat (BFH-Urteil vom 22. 5. 2019, BStBl 2020 II S. 37).

2 Zumindest in denjenigen Fällen, in denen die offenbare Unrichtigkeit auf der versehentlichen Nichtangabe eines Werts in der Steuererklärung beruht, ist § 129 Satz 1 AO bereits dann anwendbar, wenn für jeden unvoreingenommenen Dritten klar und deutlich erkennbar ist, dass die Nichtangabe fehlerhaft ist. Entsprechendes muss gelten, wenn (nur) die Angabe einer Endsumme mit 0 € erfolgt und dies erkennbar unrichtig ist (BFH-Urteil vom 8. 12. 2021, BStBl 2022 II S. 827).

3 § 129 AO ermöglicht auch dann nicht die Berichtigung „vermeintlicher" mechanischer Fehler des Steuerpflichtigen, welche tatsächlich auf der unzutreffenden Anwendung einer Rechtsnorm beruhen, wenn sie aus der Sicht der den Fehler übernehmenden Finanzbehörde als offenbare Unrichtigkeiten erscheinen mögen (BFH-Urteil vom 16. 9. 2015, BStBl 2015 II S. 1040).

4 Gleicht das FA bei einer Papiererklärung den elektronisch übermittelten und der Steuererklärung beigestellten Arbeitslohn generell nicht mit dem vom Steuerpflichtigen in der Einkommensteuererklärung erklärten Arbeitslohn ab und werden die Einnahmen aus nichtselbständiger Arbeit im Einkommensteuerbescheid infolgedessen unzutreffend erfasst, liegt darin keine offenbare Unrichtigkeit i. S. des § 129 AO (BFH-Urteil vom 16. 1. 2018, BStBl 2018 II S. 378).

5 Sind vom Steuerpflichtigen in seiner Steuererklärung angegebene Einkünfte im Einkommensteuerbescheid nicht berücksichtigt worden, weil die Anlage S zur Einkommensteuererklärung versehentlich nicht eingescannt und die angegebenen Einkünfte somit nicht in das elektronische System übernommen wurden, liegt ein mechanisches Versehen und somit grundsätzlich eine offenbare Unrichtigkeit i. S. des § 129 Satz 1 AO vor (BFH-Urteil vom 14. 1. 2020, BStBl 2020 II S. 433).

6 Die objektive Feststellungslast trifft das FA, wenn es sich auf die Berichtigungsvorschrift beruft (BFH-Urteil vom 10. 3. 2020, BStBl 2020 II S. 698).

4. Die offenbare Unrichtigkeit muss beim Erlass des Verwaltungsakts unterlaufen sein. Daher können nur Fehler berichtigt werden, die der Finanzbehörde unterlaufen sind. Eine offenbare Unrichtigkeit kann aber auch dann vorliegen, wenn das Finanzamt eine in der Steuererklärung oder dieser beigefügten Anlagen enthaltene offenbare, d. h. für das Finanzamt erkennbare Unrichtigkeit als eigene übernimmt. Übersieht das Finanzamt bei der Einkommensteuerveranlagung, dass der Steuerpflichtige in seiner vorgelegten Gewinnermittlung die bei der Umsatzsteuererklärung für denselben Veranlagungszeitraum erklärten und erklärungsgemäß berücksichtigten Umsatzsteuerzahlungen in Gänze nicht als Betriebsausgabe erfasst hat, liegt insoweit eine von Amts wegen zu berichtigende offenbare Unrichtigkeit nach § 129 AO vor, auch wenn in diesem Fall noch Ermittlungen zur Höhe des tatsächlich zu berücksichtigenden Betrags erforderlich sind (vgl. BFH-Urteil vom 27. 8. 2013, VIII R 9/11, BStBl 2014 II S. 439). Eine offenbare Unrichtigkeit liegt dagegen nicht vor, wenn der Steuerpflichtige nicht sämtliche Umsatzsteuer-Vorauszahlungen bei den Betriebsausgaben außer Acht gelassen, sondern im Rahmen seiner Steuererklärung einen Gesamtbetrag eingesetzt hat, der nicht von vornherein unrealistisch war (vgl. BFH-Urteile vom 3. 5. 2017, X R 4/16, BFH/NV S. 1415, und vom 17. 5. 2017, X R 45/16, BFH/NV 2018 S. 10).

Bei Fehlern des Steuerpflichtigen bei Erstellung seiner Steuererklärung ist zwischen der Rechtslage bis 2016 und ab 2017 zu unterscheiden:

– Soweit der Steuerbescheid nach dem 31. 12. 2016 erlassen wurde, vgl. AEAO zu § 173a.

– Soweit der Steuerbescheid vor dem 1. 1. 2017 erlassen wurde, gilt Folgendes:

Sind dem Steuerpflichtigen bei Erstellung seiner Steuererklärung Fehler (insbesondere Schreib- oder Rechenfehler) unterlaufen und hat er demzufolge dem Finanzamt bestimmte Tatsachen nicht oder mit einem unzutreffenden Wert mitgeteilt, kann der Steuerbescheid nicht nach § 129 AO berichtigt werden, da das Finanzamt den Fehler nicht erkennen und diesen sich somit auch nicht zu eigen machen konnte. Allerdings kommt bei steuerermäßigenden Tatsachen eine Änderung nach § 173 Abs. 1 Nr. 2 AO in Betracht, wenn den Steuerpflichtigen kein grobes Verschulden am nachträglichen Bekanntwerden der zutreffenden Tatsachen trifft (vgl. AEAO zu § 173, Nr. 5) und diese Tatsachen auch bei Erlass des ursprünglichen Steuerbescheids rechtserheblich waren (vgl. AEAO zu § 173, Nr. 3). Dafür, dass die ursprüngliche Nichterklärung auf einem mechanischen Versehen beruht, trägt der Steuerpflichtige die Beweislast (vgl. AEAO zu § 173, Nr. 5.1 und 5.1.3). Die Form der Steuererklärung ist hierbei unerheblich (vgl. AEAO zu § 173, Nr. 5.6).

5. Bei einer Berichtigung nach § 129 AO können im Wege pflichtgemäßer Ermessensausübung unter sinngemäßer Anwendung des § 177 AO materielle Fehler korrigiert werden (BFH-Urteil vom 8. 3. 1989, X R 116/87, BStBl II S. 531).

6. Die Berichtigung zugunsten und zuungunsten des Steuerpflichtigen ist

– bei Steuerfestsetzungen und Zinsbescheiden nur innerhalb der Festsetzungsfrist (§ 169 Abs. 1 Satz 2 und § 239 Abs. 1 AO),

– bei Aufteilungsbescheiden nur bis zur Beendigung der Vollstreckung (§ 280 AO),

– bei Verwaltungsakten, die sich auf Zahlungsansprüche richten, bis zum Ablauf der Zahlungsverjährung (§ 228 AO),

– bei anderen Verwaltungsakten zeitlich unbeschränkt

zulässig. Auf die besondere Ablaufhemmung der Festsetzungsfrist nach § 171 Abs. 2 Satz 1 AO wird hingewiesen.

7. Zur Korrektur von Haftungs- und Duldungsbescheiden vgl. AEAO zu § 191. Zur Anfechtungsbeschränkung vgl. AEAO zu § 351, Nr. 3.

Vor §§ 130, 131 AO

AEAO   Rücknahme und Widerruf von Verwaltungsakten:

1. Die §§ 130 bis 133 AO gelten für Rücknahme oder Widerruf von Verwaltungsakten nur, soweit keine Sonderregelungen bestehen (Hinweis auf §§ 172 ff. AO für Steuerbescheide; §§ 206, 207 AO für verbindliche Zusagen; § 280 AO für Aufteilungsbescheide). Dabei bestehen hinsichtlich der Bestandskraft unanfechtbarer Verwaltungsakte Unterschiede zwischen begünstigenden Verwaltungsakten und nicht begünstigenden Verwaltungsakten.

2. Begünstigende Verwaltungsakte sind insbesondere

    – Gewährung von Entschädigungen (§ 107 AO),

    – Fristverlängerungen (§ 109 AO),

    – Gewährung von Buchführungserleichterungen (§ 148 AO),

    – Billigkeitsmaßnahmen (§§ 163, 227, 234 Abs. 2 AO),

    – Verlegung des Beginns einer Außenprüfung (§ 197 Abs. 2 AO),

    – Stundungen (§ 222 AO),

    – Einstellung oder Beschränkung der Vollstreckung (§§ 257, 258 AO),

    – Aussetzung der Vollziehung (§ 361 AO, § 69 Abs. 2 FGO).

3. Nicht begünstigende Verwaltungsakte sind insbesondere

    – Ablehnung beantragter begünstigender Verwaltungsakte,

    – Festsetzung von steuerlichen Nebenleistungen (§ 3 Abs. 4, § 218 Abs. 1 AO),

    – Ablehnung einer Erstattung von Nebenleistungen (§ 37 Abs. 2, § 218 Abs. 2 AO),

    – Auskunftsersuchen (§§ 93 ff. AO),

    – Aufforderung zur Buchführung (§ 141 Abs. 2 AO),

    – Haftungsbescheide (§ 191 AO),

    – Duldungsbescheide (§ 191 AO),

    – Prüfungsanordnungen (§ 196 AO),

    – Anforderung von Säumniszuschlägen (§ 240 AO),

    – Pfändungen (§ 281 AO).

4. ...

5. ...

Zu § 130 AO

AEAO   Rücknahme eines rechtswidrigen Verwaltungsaktes:

1. Ein Verwaltungsakt ist rechtswidrig, wenn er im Zeitpunkt seines Erlasses ganz oder teilweise gegen zwingende gesetzliche Vorschriften (§ 4 AO) verstößt, ermessensfehlerhaft ist (vgl. AEAO zu § 5) oder eine Rechtsgrundlage überhaupt fehlt. Eine nachträgliche Änderung

der Sach- oder Rechtslage hingegen macht einen ursprünglich rechtmäßigen Verwaltungsakt grundsätzlich nicht i. S. d. § 130 AO rechtswidrig, es sei denn, es läge ein Fall steuerrechtlicher Rückwirkung vor, welche den Verwaltungsakt erfasst (vgl. BFH-Urteil vom 9.12.2008, VII R 43/07, BStBl 2009 II S. 344). Besonders schwerwiegende Fehler haben die Nichtigkeit und damit die Unwirksamkeit zur Folge (§ 125 i.V.m. § 124 Abs. 3 AO). Liegt kein Fall der Nichtigkeit vor, so wird der rechtswidrige Verwaltungsakt zunächst wirksam.

2. Die Finanzbehörde entscheidet im Rahmen ihres Ermessens, ob sie eine Überprüfung eines rechtswidrigen, unanfechtbaren Verwaltungsaktes vornehmen soll. Die Finanzbehörde braucht nicht in die Überprüfung einzutreten, wenn der Steuerpflichtige nach Ablauf der Einspruchsfrist die Rechtswidrigkeit lediglich behauptet und Gründe, aus denen sich schlüssig die Rechtswidrigkeit des belastenden Verwaltungsaktes ergibt, nicht näher bezeichnet (vgl. BFH-Urteil vom 9. 3. 1989, VI R 101/84, BStBl II S. 749, 751). Ist die Fehlerhaftigkeit eines Verwaltungsaktes festgestellt, so ist zunächst die mögliche Nichtigkeit (§ 125 AO), danach die Möglichkeit der Berichtigung offenbarer Unrichtigkeiten (§ 129 AO), danach die Möglichkeit der Heilung von Verfahrens- und Formfehlern (§§ 126, 127 AO), danach die Möglichkeit der Umdeutung (§ 128 AO) und danach die Rücknahme zu prüfen.

3. Nicht begünstigende rechtswidrige Verwaltungsakte können jederzeit zurückgenommen werden, auch wenn die Einspruchsfrist abgelaufen ist. Eine teilweise Rücknahme ist zulässig.

Beispiel:

Ein Verspätungszuschlag ist mit einem Betrag festgesetzt worden, der mehr als 10 % der festgesetzten Steuer ausmacht (Verstoß gegen § 152 Abs. 2 AO a. F.). Die Festsetzung kann insoweit zurückgenommen werden, wie sie 10 % übersteigt; sie bleibt im Übrigen bestehen.

4. Die Rücknahme eines begünstigenden rechtswidrigen Verwaltungsaktes ist nur unter Einschränkungen möglich (§ 130 Abs. 2 und 3 AO). Unter einer Begünstigung i. S. dieser Vorschriften ist jede Rechtswirkung zu verstehen, an deren Aufrechterhaltung der vom Verwaltungsakt Betroffene ein schutzwürdiges Interesse hat (BFH-Urteil vom 16. 10. 1986, VII R 159/83, BStBl 1987 II S. 405). Sofern die Rücknahme zulässig und wirksam ist, kann die Finanzbehörde aufgrund des veränderten Sachverhalts oder der veränderten Rechtslage einen neuen Verwaltungsakt erlassen, der für den Beteiligten weniger vorteilhaft ist.

Beispiele:

a) Ein Verspätungszuschlag ist unter Abweichung von der sonst beim Finanzamt üblichen Anwendung der Grundsätze des § 152 AO a. F. auf 500 € festgesetzt worden. Eine Überprüfung des Falles ergibt, dass eine Festsetzung in Höhe von 1 000 € richtig gewesen wäre. Die Rücknahme der Festsetzung, verbunden mit einer neuen höheren Festsetzung, ist rechtlich zulässig, wenn die niedrige Festsetzung auf unrichtigen oder unvollständigen Angaben des Steuerpflichtigen beruhte (§ 130 Abs. 2 Nr. 3 AO).

b) Der Steuerpflichtige hat durch arglistige Täuschung über seine Vermögens- und Liquiditätslage eine Stundung ohne Sicherheitsleistung erwirkt. Die Finanzbehörde kann die Stundungsverfügung mit Wirkung für die Vergangenheit zurücknehmen (§ 130 Abs. 2 Nr. 2 AO), für die Vergangenheit Säumniszuschläge anfordern und eine in die Zukunft wirkende neue Stundung von einer Sicherheitsleistung abhängig machen.

5. § 130 Abs. 3 AO normiert keine Prüfungsfrist, innerhalb derer die Finanzbehörde ihr bekannte Tatsachen rechtlich zu bewerten und aus ihnen die gebotenen Schlussfolgerungen zu ziehen hätte, sondern lediglich eine Entscheidungsfrist. Deshalb beginnt die Jahresfrist erst dann, wenn die Finanzbehörde tatsächlich die Erkenntnis gewonnen hat, dass ein Verwaltungsakt zurückgenommen bzw. widerrufen werden kann (vgl. BVerwG-Beschluss vom 19. 12. 1984, GrS 1 und 2/84, BVerwGE 70 S. 356, und daran anschließend die ständige

Rechtsprechung des BFH, vgl. u. a. Urteil vom 9. 12. 2008, VII R 43/07, BStBl 2009 II S. 344). Dies ist der Fall, wenn die Finanzbehörde ohne weitere Sachaufklärung objektiv in der Lage ist, unter sachgerechter Ausübung ihres Ermessens über Rücknahme bzw. Widerruf des Verwaltungsakts zu entscheiden.

Zu § 131 AO

AEAO   Widerruf eines rechtmäßigen Verwaltungsaktes:

1. Ein Verwaltungsakt ist rechtmäßig, wenn er zum Zeitpunkt des Wirksamwerdens (Bekanntgabe) dem Gesetz (§ 4 AO) entspricht. Ändert sich der Sachverhalt durch nachträglich eingetretene Tatsachen oder lässt das Gesetz in derselben Sache unterschiedliche Verwaltungsakte zu (Ermessensentscheidungen), so kann der rechtmäßige Verwaltungsakt unter bestimmten Voraussetzungen mit Wirkung für die Zukunft widerrufen werden.

2. § 131 Abs. 2 Nr. 3 AO betrifft nur die Änderung tatsächlicher, nicht rechtlicher Verhältnisse. Der Begriff „Tatsache" bezeichnet in dieser Vorschrift dasselbe wie in § 173 AO (vgl. AEAO zu § 173, Nr. 1). „Tatsache" ist auch die steuerrechtliche Beurteilung eines Sachverhalts in einem anderen Bescheid, soweit dieser Bescheid Bindungswirkung für den zu widerrufen Bescheid hat (vgl. BFH-Urteile vom 13. 1. 2005, II R 48/02, BStBl II S. 451, und vom 9. 12. 2008, VII R 43/07, BStBl 2009 II S. 344). Das öffentliche Interesse i. S. d. Vorschrift ist immer dann gefährdet, wenn bei einem Festhalten an der getroffenen Entscheidung der Betroffene gegenüber anderen Steuerpflichtigen bevorzugt würde.

3. Ein Steuererlass kann nicht widerrufen werden. Die nachträgliche Verbesserung der Liquiditäts- oder Vermögenslage ist unbeachtlich. Für die Rücknahme gilt § 130 Abs. 2 und 3 AO.

4. Ein rechtmäßiger begünstigender Verwaltungsakt darf jederzeit um einen weiteren rechtmäßigen Verwaltungsakt ergänzt werden.

Beispiele:

   a) Verlängerung oder Erhöhung einer Stundung,

   b) weitere Fristverlängerung,

   c) Gewährung ergänzender Buchführungserleichterungen,

   d) Erhöhung des zu erlassenden Steuerbetrages.

5. Dementsprechend bedarf es bei demselben Sachverhalt nicht des Widerrufs, wenn zu einem nicht begünstigenden rechtmäßigen Verwaltungsakt lediglich ein weiterer rechtmäßiger Verwaltungsakt hinzutritt.

Beispiele:

   a) Wegen einer Steuerschuld von 2 500 € sind Wertpapiere im Werte von 1 500 € gepfändet worden. Es wird eine weitere Pfändung über 1 000 € verfügt.

   b) Die Prüfungsanordnung für eine Außenprüfung umfasst den Prüfungszeitraum 1993 bis 1995. Die Prüfungsanordnung wird auf den Besteuerungszeitraum 1996 ausgedehnt.

   c) Zur Klärung eines steuerlich bedeutsamen Sachverhalts wird das Kreditinstitut X um Auskunft über die Kontenstände des Steuerpflichtigen gebeten. Im Zuge der Ermittlungen wird auch die Angabe aller baren Einzahlungen über 5 000 € verlangt.

Zu § 140 AO

**AEAO   Buchführungs- und Aufzeichnungspflichten[1][2]
nach anderen Gesetzen:**

Durch die Vorschrift werden die sog. außersteuerlichen Buchführungs- und Aufzeichnungsvorschriften, die auch für die Besteuerung von Bedeutung sind, für das Steuerrecht nutzbar gemacht. In Betracht kommen einmal die allgemeinen Buchführungs- und Aufzeichnungsvorschriften des Handels-, Gesellschafts- und Genossenschaftsrechts. Zum anderen fallen hierunter die Buchführungs- und Aufzeichnungspflichten für bestimmte Betriebe und Berufe, die sich aus einer Vielzahl von Gesetzen und Verordnungen ergeben. Auch ausländische Rechtsnormen können eine Buchführungspflicht nach § 140 AO begründen (BFH-Urteil vom 14. 11. 2018, I R 81/16, BStBl 2019 II S. 390). Unmittelbar geltende Rechtsakte der Europäischen Union können ebenfalls eine Buchführungspflicht nach § 140 AO begründen. Verstöße gegen außersteuerliche Buchführungs- und Aufzeichnungspflichten stehen den Verstößen gegen steuerrechtliche Buchführungs- und Aufzeichnungsvorschriften gleich. Verstöße gegen die Vorschriften zur Führung von Büchern und Aufzeichnungen (§§ 140 bis 147 AO) können z. B. die Anwendung von Zwangsmitteln nach § 328 AO, eine Schätzung nach § 162 AO oder eine Ahndung nach § 379 AO zur Folge haben. Die Verletzung der Buchführungspflichten ist unter den Voraussetzungen der §§ 283 und 283b StGB (sog. Insolvenzstraftaten) strafbar. Aufzeichnungspflichten, die für den Gesamthaushalt einer juristischen Person des öffentlichen Rechts bestehen (Doppik), führen nicht zu einer Verpflichtung zur Buchführung für einzelne Betriebe gewerblicher Art (BMF-Schreiben vom 3. 1. 2013, BStBl I S. 59).

Zu § 141 AO[3]

AEAO   Buchführungspflicht bestimmter Steuerpflichtiger:

1. Die Vorschrift findet nur Anwendung, wenn sich nicht bereits eine Buchführungspflicht nach § 140 AO ergibt. Wird von dem Wahlrecht nach § 241a HGB Gebrauch gemacht, kann dennoch eine Buchführungspflicht nach § 141 AO bestehen. Unter die Vorschrift fallen gewerbliche Unternehmer sowie Land- und Forstwirte, nicht jedoch Freiberufler. Gewerbliche Unternehmer sind solche Unternehmer, die einen Gewerbebetrieb i. S. des § 15 Abs. 2 oder 3 EStG bzw. des § 2 Abs. 2 oder 3 GewStG ausüben.

   ...

Anm. d. Schriftl.:

[1] Sind die Buchführungsunterlägen mit Hilfe eines Datenverarbeitungssystems erstellt worden, hat die Finanzbehörde im Rahmen einer Außenprüfung das Recht, Einsicht in die gespeicherten Daten zu nehmen und das Datenverarbeitungssystem zur Prüfung der Unterlagen zu nutzen. Die diesbezügliche Änderung des § 147 Abs. 6 AO ist im Rahmen des Steuersenkungsgesetzes vom 23. 10. 2000, BGBl 2000 I S. 1433, erfolgt. Sie gilt ab dem 1. 1. 2002. Der Datenzugriff der Finanzverwaltung gemäß § 147 Abs. 6 AO erstreckt sich u. a. auf die Finanzbuchhaltung (BFH-Beschluss vom 26. 9. 2007, BStBl 2008 II S. 415).

[2] Auf die Verordnung zur Bestimmung der technischen Anforderungen an elektronische Aufzeichnungs- und Sicherungssysteme im Geschäftsverkehr vom 26. 9. 2017, BStBl 2017 I S. 1310, wird hingewiesen.

[3] Die für die Buchführungspflicht maßgebliche Umsatzgrenze i. S. des § 141 Abs. 1 Satz 1 Nr. 1 AO ist unter Einbeziehung der nicht umsatzsteuerbaren Auslandsumsätze zu ermitteln (BFH-Urteil vom 7. 10. 2009, BStBl 2010 II S. 219).

2. Die Finanzbehörde kann die Feststellung i. S. des § 141 Abs. 1 AO im Rahmen eines Steuer- oder Feststellungsbescheides oder durch einen selbständigen feststellenden Verwaltungs- akt treffen. Die Feststellung kann aber auch mit der Mitteilung über den Beginn der Buch- führungspflicht nach § 141 Abs. 2 AO verbunden werden und bildet dann mit ihr einen ein- heitlichen Verwaltungsakt (BFH-Urteil vom 23. 6. 1983, IV R 3/82, BStBl II S. 768).

3. Die Buchführungsgrenzen beziehen sich grundsätzlich auf den einzelnen Betrieb (zum Be- griff vgl. BFH-Urteil vom 13. 10. 1988, IV R 136/85, BStBl 1989 II S. 7), auch wenn der Steu- erpflichtige mehrere Betriebe der gleichen Einkunftsart hat. Eine Ausnahme gilt für steuer- begünstigte Körperschaften, bei denen mehrere steuerpflichtige wirtschaftliche Geschäfts- betriebe als ein Betrieb zu behandeln sind (§ 64 Abs. 2 AO). Hinsichtlich der Berechnung der Umsatzgrenze des § 141 Abs. 1 Satz 1 Nr. 1 AO wird auf den Abschnitt 19.3 UStAE ver- wiesen. Bei einem Dauerverlustbetrieb einer juristischen Person des öffentlichen Rechts führt allein das Überschreiten der Umsatzgrenze nach § 141 Abs. 1 Satz 1 Nr. 1 AO nicht zu einer Buchführungspflicht, wenn dieser mangels Gewinnerzielungsabsicht kein gewerb- liches Unternehmen darstellt (BMF-Schreiben vom 3. 1. 2013, BStBl I S. 59). Da die Gewinn- grenze für die land- und forstwirtschaftlichen Betriebe (§ 141 Abs. 1 Satz 1 Nr. 5 AO) auf das Kalenderjahr abstellt, werden bei einem vom Kalenderjahr abweichenden Wirtschafts- jahr die zeitanteiligen Gewinne aus zwei Wirtschaftsjahren angesetzt. Für die Bestimmung der Buchführungsgrenzen nach § 141 Abs. 1 Satz 1 Nr. 3 AO sind die Einzelertragswerte der im Einheitswert erfassten Nebenbetriebe bei der Ermittlung des Wirtschaftswertes der selbstbewirtschafteten Flächen nicht anzusetzen (BFH-Urteil vom 6. 7. 1989, IV R 97/87, BStBl 1990 II S. 606).

4. Die Finanzbehörde hat den Steuerpflichtigen auf den Beginn der Buchführungspflicht hin- zuweisen. Diese Mitteilung soll dem Steuerpflichtigen mindestens einen Monat vor Beginn des Wirtschaftsjahres bekannt gegeben werden, von dessen Beginn ab die Buchführungs- pflicht zu erfüllen ist. Zur Bekanntgabe der Mitteilung über den Beginn der Buchführungs- pflicht bei ungeklärter Unternehmereigenschaft der Ehegatten/Lebenspartner als Mit- eigentümer der Nutzflächen eines landwirtschaftlichen Betriebs vgl. BFH-Urteile vom 23. 1. 1986, IV R 108/85, BStBl II S. 539, und vom 26. 11. 1987, IV R 22/86, BStBl 1988 II S. 238. Werden die Buchführungsgrenzen nicht mehr überschritten, so wird der Wegfall der Buchführungspflicht dann nicht wirksam, wenn die Finanzbehörde vor dem Erlöschen der Verpflichtung wiederum das Bestehen der Buchführungspflicht feststellt. Beim einmaligen Überschreiten der Buchführungsgrenze soll auf Antrag nach § 148 AO Befreiung von der Buchführungspflicht bewilligt werden, wenn nicht zu erwarten ist, dass die Grenze auch später überschritten wird. Bei der Prüfung, ob die in § 141 Abs. 1 Satz 1 Nr. 4 und 5 AO auf- geführten Buchführungsgrenzen überschritten werden, sind erhöhte Absetzungen für Ab- nutzung sowie Sonderabschreibungen unberücksichtigt zu lassen (§ 7a Abs. 6 EStG). Erhöh- te Absetzungen für Abnutzung sind nur insoweit dem Gewinn zuzurechnen, als diese Absetzungsbeträge nach § 7 Abs. 1 oder 4 EStG übersteigen (§ 7a Abs. 3 EStG).

5. Die Buchführungspflicht geht nach § 141 Abs. 3 AO kraft Gesetzes auf nachfolgende Eigen- tümer oder Nutzungsberechtigte über. …

Zu § 146 AO❶

AEAO   **Ordnungsvorschriften für die Buchführung und für Aufzeichnungen:**

Inhaltsübersicht

1.   Allgemeines

1.1   Nur der ordnungsmäßigen Buchführung kommt Beweiskraft zu (§ 158 AO). Hinsichtlich von Verstößen wird auf den AEAO zu § 140 verwiesen.

1.2   Zu den Begriffen „vollständig, richtig, zeitgerecht, geordnet und unveränderbar" vgl. Rzn. 36 bis 60 des BMF-Schreibens vom 28. 11. 2019, BStBl I S. 1269.

1.3   Es ist Aufgabe des Steuerpflichtigen, seine aufzeichnungs- und aufbewahrungspflichtigen Unterlagen so zu organisieren, dass bei einer zulässigen Einsichtnahme in die steuerlich relevanten Unterlagen (Daten) keine gesetzlich geschützten Bereiche tangiert werden können, zum Beispiel bei Rechtsanwälten, Steuerberatern, Ärzten usw.

1.4   Buchführungspflichtige Steuerpflichtige haben für Bargeldbewegungen ein Kassenbuch (ggf. in der Form aneinandergereihter Kassenberichte) zu führen.

2.   Einzelaufzeichnungspflicht (§ 146 Abs. 1 AO)

2.1   Grundsätze der Einzelaufzeichnung

2.1.1   Aufzeichnungen (z. B. nach §§ 238 ff. HGB und nach § 22 UStG) müssen unterschiedlichen steuerlichen Zwecken genügen. Erfordern verschiedene Rechtsnormen gleichartige Aufzeichnungen, so ist eine mehrfache Aufzeichnung für jede Rechtsnorm nicht erforderlich (vgl. Rz. 13 des BMF-Schreibens vom 28. 11. 2019, BStBl I S. 1269). Die Pflicht zur Einzelaufzeichnung gilt unabhängig von der Gewinnermittlungsart. Hinsichtlich der Aufzeichnungspflichten der Steuerpflichtigen, die ihren Gewinn nach § 4 Abs. 3 EStG ermitteln, vgl. AEAO zu § 146, Nr. 2.1.7.

2.1.2   Die Grundsätze ordnungsmäßiger Buchführung erfordern grundsätzlich die Aufzeichnung jedes einzelnen Geschäftsvorfalls unmittelbar nach seinem Abschluss und in einem Umfang, der einem sachverständigen Dritten in angemessener Zeit eine lückenlose Überprüfung seiner Grundlagen, seines Inhalts, seiner Entstehung und Abwicklung und seiner Bedeutung für den Betrieb ermöglicht. Das bedeutet nicht nur die Aufzeichnung der in Geld bestehenden Gegenleistung, sondern auch des Inhalts des Geschäfts und des Namens des Vertragspartners. Dies gilt auch für Bareinnahmen und für Barausgaben (vgl. BFH-Urteil vom 12. 5. 1966, IV 472/60, BStBl III S. 371). Die vorgenannten Grundsätze gelten für jeden, der eine gewerbliche, berufliche oder land- und forstwirt-

---

Anm. d. Schriftl.:

❶ Grundsätze zur ordnungsmäßigen Führung und Aufbewahrung von Büchern, Aufzeichnungen und Unterlagen in elektronischer Form sowie zum Datenzugriff (GoBD) enthält das BMF-Schreiben vom 28. 11. 2019, BStBl 2019 I S. 1269.

schaftliche Tätigkeit selbständig ausübt. Der Umstand der sofortigen Zahlung rechtfertigt keine Ausnahme (vgl. BFH-Urteil vom 26. 2. 2004, XI R 25/02, BStBl II S. 599).

2.1.3 Die Grundaufzeichnungen müssen so beschaffen sein, dass sie jederzeit eindeutig in ihre Einzelpositionen aufgegliedert werden können. Zeitnah, d. h. möglichst unmittelbar zu der Entstehung des jeweiligen Geschäftsvorfalles aufzuzeichnen sind der verkaufte, eindeutig bezeichnete Artikel, der endgültige Einzelverkaufspreis, der dazugehörige Umsatzsteuersatz und -betrag, vereinbarte Preisminderungen, die Zahlungsart, das Datum und der Zeitpunkt des Umsatzes sowie die verkaufte Menge bzw. Anzahl. Die Möglichkeit zum Ausweis des Steuerbetrags in einer Summe nach § 32 UStDV in der Rechnung und die Zusammenfassung des Entgelts und des darauf entfallenden Steuerbetrags in einer Summe nach § 33 Satz 1 Nr. 4 UStDV in der Rechnung bleiben unbenommen. Eine Verpflichtung zur einzelnen Verbuchung (im Gegensatz zur Aufzeichnung) eines jeden Geschäftsvorfalls besteht nicht. Werden der Art nach gleiche Waren mit demselben Einzelverkaufspreis in einer Warengruppe zusammengefasst, wird dies nicht beanstandet, sofern die verkaufte Menge bzw. Anzahl ersichtlich bleibt. Dies gilt entsprechend für Dienstleistungen.

2.1.4 Die Pflicht zur Einzelaufzeichnung gilt grundsätzlich unabhängig davon, ob der Steuerpflichtige ein elektronisches Aufzeichnungssystem oder eine offene Ladenkasse verwendet. Ein elektronisches Aufzeichnungssystem ist die zur elektronischen Datenverarbeitung eingesetzte Hardware und Software, die elektronische Aufzeichnungen zur Dokumentation von Geschäftsvorfällen und somit Grundaufzeichnungen erstellt. Als elektronische Aufzeichnungssysteme gelten auch elektronische Vorsysteme mit externer Geldaufbewahrung. Welche dieser elektronischen Aufzeichnungssysteme zusätzlich die besonderen Anforderungen des § 146a AO erfüllen müssen (Pflicht zur Aufzeichnung anderer Vorgänge, Schutz durch eine zertifizierte technische Sicherheitseinrichtung), bestimmt sich nach § 1 KassenSichV. Als offene Ladenkasse gelten eine summarische, retrograde Ermittlung der Tageseinnahmen sowie manuelle Einzelaufzeichnungen ohne Einsatz technischer Hilfsmittel.

2.1.5 Branchenspezifische Mindestaufzeichnungspflichten und Zumutbarkeitsgesichtspunkte sind zu berücksichtigen. Es wird z. B. nicht beanstandet, wenn die Mindestangaben zur Nachvollziehbarkeit des Geschäftsvorfalls (vgl. AEAO zu § 146, Nr. 2.1.3) einzeln aufgezeichnet werden, nicht jedoch die Kundendaten, sofern diese nicht zur Nachvollziehbarkeit und Nachprüfbarkeit des Geschäftsvorfalls benötigt werden (vgl. Rz. 37 des BMF-Schreibens vom 28. 11. 2019, BStBl I S. 1269). Dies gilt auch, wenn ein elektronisches Aufzeichnungssystem eine Kundenerfassung und Kundenverwaltung zulässt, die Kundendaten aber tatsächlich nicht oder nur teilweise erfasst werden. Soweit Aufzeichnungen über Kundendaten aber tatsächlich geführt werden, sind sie aufbewahrungspflichtig, sofern dem nicht gesetzliche Vorschriften entgegenstehen.

2.1.6 Wird zur Erfassung von aufzeichnungpflichtigen Geschäftsvorfällen ein elektronisches Aufzeichnungssystem verwendet und fällt dieses aus (z. B. Stromausfall, technischer Defekt), ist während dieser Zeit eine Aufzeichnung auf Papier zulässig. Die Aufzeichnungspflichten bei Verwendung einer offenen Ladenkasse gelten insoweit entsprechend (vgl. AEAO zu § 146, Nr. 3.2 und 3.3). Die Ausfallzeit des elektronischen Aufzeichnungssystems ist zu dokumentieren und soweit vorhanden durch Nachweise zu belegen (z. B. Rechnung über Reparaturleistung). Bei elektronischen Aufzeichnungssystemen mit Kassenfunktion wird auf den AEAO zu § 146a, Nr. 7 verwiesen.

2.1.7 Der Grundsatz der Einzelaufzeichnungspflicht gilt auch für Steuerpflichtige, die ihren Gewinn nach § 4 Abs. 3 EStG ermitteln. Nach § 146 Abs. 5 Satz 1 Halbsatz 2 AO müssen die Aufzeichnungen so geführt werden, dass sie dem konkreten Besteuerungszweck entsprechen (vgl. Rz. 25 des BMF-Schreibens vom 28. 11. 2019, BStBl I S. 1269). Eine ordnungsgemäße Gewinnermittlung nach § 4 Abs. 3 EStG setzt voraus, dass die Höhe der Betriebseinnahmen und Betriebsausgaben durch geordnete und vollständige Belege nachgewiesen wird (BFH-Urteil vom 15. 4. 1999, IV R 68/98, BStBl II S. 481). Ist die Einzelaufzeichnungspflicht nicht zumutbar, muss die Einnahmeermittlung nachvollziehbar dokumentiert und überprüfbar sein.

2.2 Ausnahme von der Einzelaufzeichnungspflicht aus Zumutbarkeitsgründen

2.2.1 Die Aufzeichnung jedes einzelnen Geschäftsvorfalls ist nur dann nicht zumutbar, wenn es technisch, betriebswirtschaftlich und praktisch unmöglich ist, die einzelnen Geschäftsvorfälle aufzuzeichnen (BFH-Urteil vom 12. 5. 1966, IV 472/60, BStBl III S. 371). Das Vorliegen dieser Voraussetzungen ist durch den Steuerpflichtigen nachzuweisen.

2.2.2 Bei Verkauf von Waren an eine Vielzahl von nicht bekannten Personen gegen Barzahlung gilt die Einzelaufzeichnungspflicht nach § 146 Abs. 1 Satz 1 AO aus Zumutbarkeitsgründen nicht, wenn kein elektronisches Aufzeichnungssystem, sondern eine offene Ladenkasse verwendet wird (§ 146 Abs. 1 Satz 3 und 4 AO, vgl. AEAO zu § 146, Nr. 2.1.4). Bei Vorliegen der übrigen Voraussetzungen des § 146 Abs. 1 Satz 3 AO ist die Zumutbarkeit nicht gesondert zu prüfen. Wird hingegen ein elektronisches Aufzeichnungssystem verwendet, gilt die Einzelaufzeichnungspflicht nach § 146 Abs. 1 Satz 1 AO unabhängig davon, ob das elektronische Aufzeichnungssystem und die digitalen Aufzeichnungen nach § 146a Abs. 3 AO i. V. m. der KassenSichV mit einer zertifizierten technischen Sicherheitseinrichtung zu schützen sind.

2.2.3 Werden eines oder mehrere elektronische Aufzeichnungssysteme verwendet, sind diese grundsätzlich zur Aufzeichnung sämtlicher Erlöse zu verwenden. Ist für einen räumlich oder organisatorisch eindeutig abgrenzbaren Bereich aus technischen Gründen oder aus Zumutbarkeitserwägungen eine Erfassung über das vorhandene elektronische Aufzeichnungssystem nicht möglich, wird es nicht beanstandet, wenn zur Erfassung dieser Geschäftsvorfälle eine offene Ladenkasse verwendet wird. Soweit der Steuerpflichtige mehrere Kassen führt, sind die Anforderungen an die Aufzeichnung von baren und unbaren Geschäftsvorfällen für jede einzelne Sonder- und Nebenkasse zu beachten (vgl. BFH-Urteil vom 20. 10. 1971, I R 63/70, BStBl 1972 II S. 273). § 146 Abs. 1 Sätze 2 bis 4 AO bleiben hiervon unberührt.

2.2.4 Liegen Einzeldaten einer Waage (Artikel, Gewicht bzw. Menge und Preis der Ware) einem aufzeichnungs- und aufbewahrungspflichtigen Geschäftsvorfall zugrunde, sind diese einzeln aufzuzeichnen und aufzubewahren. Werden diese Einzeldaten unter Berücksichtigung von § 146 Abs. 4 AO zusätzlich in einem elektronischen Aufzeichnungssystem mit Kassenfunktion aufgezeichnet, wird es nicht beanstandet, wenn die Einzeldaten der Waage nicht zusätzlich aufbewahrt werden.

Verwendet der Steuerpflichtige eine offene Ladenkasse sowie eine Waage, die lediglich das Gewicht und/oder den Preis anzeigt und über die Dauer des einzelnen Wiegevorgangs hinaus über keine Speicherfunktion verfügt, wird es unter den Voraussetzungen des § 146 Abs. 1 Satz 3 AO nicht beanstandet, wenn die o. g. Einzeldaten der Waage nicht aufgezeichnet werden. Erfüllt die Waage hingegen die Voraussetzung eines elektronischen Aufzeichnungssystems mit Kassenfunktion, ist die Verwendung einer offenen Ladenkasse unzulässig.

2.2.5 Von einem Verkauf von Waren an eine Vielzahl nicht bekannter Personen ist auszugehen, wenn nach der typisierenden Art des Geschäftsbetriebs alltäglich Barverkäufe an namentlich nicht bekannte Kunden getätigt werden (vgl. BFH-Urteile vom 12. 5. 1966, IV 472/60, BStBl III S. 371, und vom 16. 12. 2014, X R 29/13, BFH/NV 2015 S. 790). Dies setzt voraus, dass die Identität der Käufer für die Geschäftsvorfälle regelmäßig nicht von Bedeutung ist. Unschädlich ist, wenn der Verkäufer aufgrund außerbetrieblicher Gründe tatsächlich viele seiner Kunden namentlich kennt.

2.2.6 Die Zumutbarkeitsüberlegungen, die der Ausnahmeregelung nach § 146 Abs. 1 Satz 3 AO zugrunde liegen, sind grundsätzlich auch auf Dienstleistungen übertragbar. Es wird vor diesem Hintergrund nicht beanstandet, wenn diese Ausnahmeregelung auf Dienstleistungen angewendet wird, die an eine Vielzahl von nicht bekannten Personen gegen Barzahlung erbracht werden (vgl. AEAO zu § 146, Nr. 2.2.5) und kein elektronisches Aufzeichnungssystem verwendet wird. Hierbei muss der Geschäftsbetrieb auf eine Vielzahl von Kundenkontakten ausgerichtet und der Kundenkontakt des Dienstleisters und seiner Angestellten im Wesentlichen auf die Bestellung und den kurzen Bezahlvorgang beschränkt sein. Einzelaufzeichnungen sind dagegen zu führen, wenn der Kundenkontakt in etwa der Dauer der Dienstleistung entspricht und der Kunde auf die Ausübung der Dienstleistung üblicherweise individuell Einfluss nehmen kann (zur Aufzeichnung der Kundendaten vgl. AEAO zu § 146, Nr. 2.1.5). Auf die Aufzeichnungserleichterung können sich Dienstleister – wie auch Einzelhändler – aber insoweit nicht berufen, als tatsächlich Einzelaufzeichnungen geführt werden (vgl. AEAO zu § 146, Nr. 2.1.2 und Nr. 2.1.3). Die Mindestanforderungen an eine offene Ladenkasse (vgl. AEAO zu § 146, Nr. 3.2) bleiben unberührt.

3. **Aufzeichnungspflichten bei Verwendung einer offenen Ladenkasse**

3.1 Es besteht keine gesetzliche Pflicht zur Verwendung eines elektronischen Aufzeichnungssystems.

3.2 Einzelaufzeichnungen können durch die vollständige und detaillierte Erfassung (vgl. AEAO zu § 146, Nr. 2.1.2 und 2.1.3) aller baren Geschäftsvorfälle in Form eines Kassenbuches erfolgen. Wird ein Kassenbericht zur Ermittlung der Tageslosung verwendet, kann die Einzelaufzeichnung auch durch die geordnete (z. B. nummerierte) Sammlung aller Barbelege gewährleistet werden.

3.3 Besteht aus Zumutbarkeitsgründen keine Verpflichtung zur Einzelaufzeichnung (vgl. AEAO zu § 146, Nr. 2.2.2), müssen die Bareinnahmen zumindest anhand eines Kassenberichts nachgewiesen werden. Hierbei ist stets vom gezählten Kassenendbestand des jeweiligen Geschäftstages auszugehen. Von diesem Kassenendbestand werden der Kassenendbestand bei Geschäftsschluss des Vortages sowie die durch Eigenbeleg zu belegenden Bareinlagen abgezogen. Ausgaben und durch Eigenbeleg nachzuweisende Barentnahmen sind hinzuzurechnen.

Ein sogenanntes „Zählprotokoll" (Auflistung der genauen Stückzahl vorhandener Geldscheine und -münzen) ist nicht erforderlich (BFH-Beschluss vom 16. 12. 2016, X B 41/16, BFH/NV 2017 S. 310), erleichtert jedoch den Nachweis des tatsächlichen Auszählens.

3.4 Kasseneinnahmen und Kassenausgaben sind täglich festzuhalten. Werden Kasseneinnahmen und Kassenausgaben ausnahmsweise erst am nächsten Geschäftstag aufgezeichnet, ist dies noch ordnungsgemäß, wenn zwingende geschäftliche Gründe einer Aufzeichnung noch am gleichen Tag entgegenstehen und aus den Aufzeichnungen und Unterlagen sicher entnommen werden kann, wie sich der sollmäßige Kassenbestand entwickelt hat (vgl. BFH-Urteil vom 31. 7. 1974, I R 216/72, BStBl II S. 96). Bei Kassen ohne Verkaufspersonal (sog. Vertrauenskassen, wie z. B. beim Gemüseverkauf am Feldrand, Fahrscheinautomaten sowie Waren- und Dienstleistungsautomaten) wird es nicht beanstandet, wenn diese nicht täglich, sondern erst bei Leerung ausgezählt werden. Kassenaufzeichnungen müssen so beschaffen sein, dass ein sachverständiger Dritter jederzeit in der Lage ist, den Sollbestand mit dem Istbestand der Geschäftskasse zu vergleichen (BFH-Urteil vom 20. 9. 1989, X R 39/87, BStBl 1990 II S. 109).

3.5 Die umsatzsteuerlichen Aufzeichnungs- und Aufbewahrungspflichten bleiben unberührt.

4. **Verzögerungsgeld (§ 146 Abs. 2c AO)**

Die Festsetzung eines Verzögerungsgelds nach § 146 Abs. 2c AO in Zusammenhang mit Mitwirkungsverstößen im Rahmen von Außenprüfungen ist nicht auf Fälle beschränkt, bei denen die elektronische Buchführung im Ausland geführt und/oder aufbewahrt wird. Eine mehrfache Festsetzung eines Verzögerungsgelds wegen fortdauernder Nichtvorlage derselben Unterlagen ist jedoch nicht zulässig (BFH-Beschlüsse vom 16. 6. 2011,

IV B 120/10, BStBl II S. 855, und vom 28. 6. 2011, X B 37/11, BFH/NV S. 1833). Wird die Verpflichtung nach Festsetzung des Verzögerungsgelds erfüllt, so ist der Vollzug nicht einzustellen.

5. **DV-gestützte Buchführung und Aufzeichnungen (§ 146 Abs. 5 AO)**

§ 146 Abs. 5 AO enthält die gesetzliche Grundlage für die sog. „Offene-Posten-Buchhaltung" sowie für die Führung der Bücher und sonst erforderlichen Aufzeichnungen auf maschinell lesbaren Datenträgern (z. B. CD, DVD, Blu-ray-Disk, Flash-Speicher). Bei einer Buchführung auf maschinell lesbaren Datenträgern (DV-gestützte Buchführung) müssen die Daten innerhalb der gesetzlichen Aufbewahrungsfrist unverzüglich lesbar gemacht werden können. Es wird nicht verlangt, dass der Buchungsstoff zu einem bestimmten Zeitpunkt (z. B. zum Ende des Jahres) lesbar gemacht wird. Er muss ganz oder teilweise lesbar gemacht werden, wenn die Finanzbehörde es verlangt (§ 147 Abs. 5 AO). Dies gilt sinngemäß auch für sonst erforderliche Aufzeichnungen. Wer seine Bücher oder sonst erforderlichen Aufzeichnungen auf maschinell lesbaren Datenträgern führt, hat die Grundsätze zur ordnungsmäßigen Führung und Aufbewahrung von Büchern, Aufzeichnungen und Unterlagen in elektronischer Form sowie zum Datenzugriff – GoBD – (BMF-Schreiben vom 28. 11. 2019, BStBl I S. 1269) zu beachten.

Zu § 146b AO

AEAO   Kassen-Nachschau:

1. Die Kassen-Nachschau ist ein besonderes Verfahren zur zeitnahen Prüfung der Ordnungsmäßigkeit der Kassenaufzeichnungen und der ordnungsgemäßen Übernahme der Kassenaufzeichnungen in die Buchführung. Der Kassen-Nachschau unterliegen u. a. elektronische oder computergestützte Kassensysteme oder Registrierkassen, App-Systeme, Waagen mit Registrierkassenfunktion, Taxameter, Wegstreckenzähler, Geldspielgeräte und offene Ladenkassen (summarische, retrograde Ermittlung der Tageseinnahmen sowie manuelle Einzelaufzeichnungen ohne Einsatz technischer Hilfsmittel). Der Amtsträger kann u. a. zur Prüfung der ordnungsgemäßen Kassenaufzeichnungen einen sog. „Kassensturz" verlangen, da die Kassensturzfähigkeit (Soll-Ist-Abgleich) ein wesentliches Element der Nachprüfbarkeit von Kassenaufzeichnungen jedweder Form darstellt (vgl. BFH-Urteile vom 20. 9. 1989, X R 39/87, BStBl 1990 II S. 109; vom 26. 8. 1975, VIII R 109/70, BStBl 1976 II S. 210; vom 31. 7. 1974, I R 216/72, BStBl 1975 II S. 96; vom 31. 7. 1969, IV R 57/67, BStBl 1970 II S. 125). Ob ein Kassensturz verlangt wird, ist eine Ermessensentscheidung, bei der die Umstände im Einzelfall zu berücksichtigen sind.

2. Die Kassen-Nachschau ist keine Außenprüfung i. S. d. § 193 AO. Deshalb gelten die Vorschriften für eine Außenprüfung nicht. Wird eine andere Finanzbehörde mit einer Kassen-Nachschau beauftragt, findet § 195 Satz 2 AO sinngemäß Anwendung. Die Kassen-Nachschau wird nicht angekündigt.

3. Im Rahmen der Kassen-Nachschau dürfen Amtsträger während der üblichen Geschäfts- und Arbeitszeiten Geschäftsgrundstücke oder Geschäftsräume von Steuerpflichtigen betreten. Dies schließt auch Fahrzeuge ein, die land- und forstwirtschaftlich, gewerblich oder beruflich vom Steuerpflichtigen genutzt werden. Die Grundstücke, Räume oder Fahrzeuge müssen nicht im Eigentum der land- und forstwirtschaftlich, gewerblich oder beruflich tätigen Steuerpflichtigen stehen. Das Betreten muss dazu dienen, Sachverhalte festzustellen, die für die Besteuerung erheblich sein können. Ein Durchsuchungsrecht gewährt die Kassen-Nachschau nicht. Das bloße Betreten und Besichtigen von Grundstücken und Räumen ist noch keine Durchsuchung. Die Kassen-Nachschau kann auch außerhalb der Geschäftszeiten vorgenommen werden, wenn im Unternehmen noch oder schon gearbeitet wird.

4. Sobald der Amtsträger der Öffentlichkeit nicht zugängliche Geschäftsräume betreten will, den Steuerpflichtigen auffordert, das elektronische Aufzeichnungssystem zugänglich zu machen oder Aufzeichnungen, Bücher sowie die für die Führung des elektronischen Aufzeichnungssystems erheblichen sonstigen Organisationsunterlagen vorzulegen, Einsichtnahme in die digitalen Daten oder deren Übermittlung über die einheitliche digitale Schnittstelle verlangt oder den Steuerpflichtigen auffordert, Auskunft zu erteilen, hat er sich auszuweisen. Ist der Steuerpflichtige selbst oder sein gesetzlicher Vertreter (§ 34 AO) nicht anwesend, aber Personen, von denen angenommen werden kann, dass sie über alle wesentlichen Zugriffs- und Benutzungsrechte des Kassensystems des Steuerpflichtigen verfügen, hat der Amtsträger sich gegenüber diesen Personen auszuweisen und sie zur Mitwirkung bei der Kassen-Nachschau aufzufordern. Diese Personen haben dann die Pflichten des Steuerpflichtigen zu erfüllen, soweit sie hierzu rechtlich und tatsächlich in der Lage sind (§ 35 AO). Eine Beobachtung der Kassen und ihrer Handhabung in Geschäftsräumen, die der Öffentlichkeit zugänglich sind, ist ohne Pflicht zur Vorlage eines Ausweises zulässig. Dies gilt z. B. auch für Testkäufe und Fragen nach dem Geschäftsinhaber. Die Kassen-Nachschau muss nicht am selben Tag wie die Beobachtung der Kassen und ihrer Handhabung erfolgen.

5. Die Aufforderung zur Duldung der Kassen-Nachschau ist ein Verwaltungsakt, der formlos erlassen werden kann (z. B. mündlich mit Vorzeigen des Ausweises). Nachdem der Amtsträger sich ausgewiesen hat, ist der Steuerpflichtige zur Mitwirkung im Rahmen der Kassen-Nachschau verpflichtet. Das Datenzugriffsrecht ergibt sich bei der Kassen-Nachschau aus § 146b Abs. 2 Satz 2 AO. Der Steuerpflichtige hat nach § 146b Abs. 2 AO auf Verlangen des Amtsträgers für einen vom Amtsträger bestimmten Zeitraum Einsichtnahme in seine (digitalen) Kassenaufzeichnungen und -buchungen sowie die für die Kassenführung erheblichen sonstigen Organisationsunterlagen zu gewähren. Der Amtsträger kann in diesen Fällen verlangen, dass die gespeicherten Unterlagen und Aufzeichnungen auf einem maschinell verwertbaren Datenträger zur Verfügung gestellt werden. Die digitalen Aufzeichnungen der TSE und des elektronischen Aufzeichnungssystems sind über die jeweilige digitale Schnittstelle oder auf einem maschinell auswertbaren Datenträger nach den Vorgaben der jeweiligen digitalen Schnittstelle zur Verfügung zu stellen. In den Fällen eines elektronischen Aufzeichnungssystems, das unter die Übergangsregelung des Art. 97 § 30 Abs. 3 EGAO fällt, kann der Amtsträger verlangen, dass die elektronischen Daten nach seinen Vorgaben auf einem maschinell auswertbaren Datenträger zur Verfügung gestellt werden. Auf Anforderung des Amtsträgers sind die Verfahrensdokumentation zum eingesetzten Aufzeichnungssystem einschließlich der Informationen zur zertifizierten technischen Sicherheitseinrichtung vorzulegen, d. h., es sind Bedienungsanleitungen, Programmieranleitungen und Datenerfassungsprotokolle über durchgeführte Programmänderungen vorzulegen. Darüber hinaus sind Auskünfte zu erteilen. Bei Nichtanwesenheit des Steuerpflichtigen gelten die dargestellten Mitwirkungspflichten für Personen i. S. d. Nr. 4 Satz 2 des AEAO zu § 146b entsprechend.

6. Zu Dokumentationszwecken ist der Amtsträger berechtigt, Unterlagen und Belege zu scannen oder zu fotografieren. Sofern ein Anlass zu Beanstandungen der Kassenaufzeichnungen, -buchungen oder der zertifizierten technischen Sicherheitseinrichtung besteht, kann der Amtsträger nach § 146b Abs. 3 AO ohne vorherige Prüfungsanordnung zur Außenprüfung übergehen. Die Entscheidung zum Übergang zu einer Außenprüfung ist eine Ermessensentscheidung. Anlass zur Beanstandung kann beispielsweise auch bestehen, wenn Dokumentationsunterlagen wie aufbewahrungspflichtige Betriebsanleitung oder Protokolle nachträglicher Programmänderungen nicht vorgelegt werden können. Der Übergang zu einer Außenprüfung ist regelmäßig geboten, wenn die sofortige Sachverhaltsaufklärung zweckmäßig erscheint und wenn anschließend auch die gesetzlichen Folgen der Außenprüfung für die Steuerfestsetzung eintreten sollen. Der Beginn einer Außenprüfung nach erfolgter Kassen-Nachschau ist unter Angabe von Datum und Uhrzeit aktenkundig zu machen. Der Übergang zur Außenprüfung ist dem Steuerpflichtigen bekannt zu geben. Nach

§ 146b Abs. 3 Satz 2 AO ist der Steuerpflichtige auf diesen Übergang schriftlich hinzuweisen. Es gelten die allgemeinen Grundsätze über den notwendigen Inhalt von Prüfungsanordnungen sowie den sachlichen und zeitlichen Umfang von Außenprüfungen. Bei einem sofortigen Übergang zur Außenprüfung ersetzt der schriftliche Übergangshinweis die Prüfungsanordnung. Für die Bekanntgabe des Übergangs zur Außenprüfung gelten die Vorschriften für die Bekanntgabe der Prüfungsanordnung entsprechend. Das gilt auch, wenn der Steuerpflichtige bei Durchführung der Kassen-Nachschau nicht anwesend ist.

7. Da die Kassen-Nachschau keine Außenprüfung i. S. d. §§ 193 ff. AO darstellt, finden insbesondere § 147 Abs. 6, §§ 201 und 202 AO keine Anwendung. Ein Prüfungsbericht ist nicht zu fertigen. Sollen aufgrund der Kassen-Nachschau Besteuerungsgrundlagen geändert werden, ist dem Steuerpflichtigen rechtliches Gehör zu gewähren (§ 91 AO).

8. Der Beginn der Kassen-Nachschau hemmt den Ablauf der Festsetzungsfrist nach § 171 Abs. 4 AO nicht. Die Änderungssperre des § 173 Abs. 2 AO findet keine Anwendung. Soweit eine Steuer nach § 164 AO unter dem Vorbehalt der Nachprüfung festgesetzt worden ist, muss dieser nach Durchführung der Kassen-Nachschau nicht aufgehoben werden. Im Anschluss an eine Kassen-Nachschau ist ein Antrag auf verbindliche Zusage (§ 204 AO) nicht zulässig.

9. Im Rahmen der Kassen-Nachschau ergangene Verwaltungsakte können nach § 347 AO mit dem Einspruch angefochten werden. Der Amtsträger ist berechtigt und verpflichtet, den schriftlichen Einspruch entgegenzunehmen. Der Einspruch hat keine aufschiebende Wirkung und hindert daher nicht die Durchführung der Kassen-Nachschau, es sei denn, die Vollziehung des angefochtenen Verwaltungsakts wurde ausgesetzt (§ 361 AO, § 69 FGO). Mit Beendigung der Kassen-Nachschau sind oder werden Einspruch und Anfechtungsklage gegen die Anordnung der Kassen-Nachschau unzulässig; insoweit kommt lediglich eine Fortsetzungs-Feststellungsklage (§ 100 Abs. 1 Satz 4 FGO) in Betracht. Wurden die Ergebnisse der Kassen-Nachschau in einem Steuerbescheid berücksichtigt, muss auch dieser Bescheid angefochten werden, um ein steuerliches Verwertungsverbot zu erlangen. Für die Anfechtung der Mitteilung des Übergangs zur Außenprüfung gelten die Grundsätze für die Anfechtung einer Außenprüfungsanordnung entsprechend (vgl. AEAO zu § 196).

Zu § 152 AO❶

AEAO   **Verspätungszuschlag:**

1.   Zeitlicher Anwendungsbereich

§ 152 AO i. d. F. des StModernG ist erstmals für Steuererklärungen anzuwenden, die nach dem 31. 12. 2018 abzugeben sind; eine Verlängerung der Steuererklärungsfrist ist hierbei nicht zu berücksichtigen (Art. 97 § 8 Abs. 4 Satz 1 und 2 EGAO).

Für die Besteuerungszeiträume 2020 bis 2024 bestehen in Bezug auf § 152 Abs. 2 AO Sonderregelungen; hier bestimmt sich die Frage, ob ein Verspätungszuschlag von Amts wegen festzusetzen ist (Hinweis auf Nr. 4 des AEAO zu § 152), nach den folgenden Fristüberschreitungen (vgl. Art. 97 § 36 Abs. 3 Nr. 5 und 6 EGAO):

Anm. d. Schriftl.:

❶ § 152 AO ist im Rahmen des Gesetzes zur Modernisierung des Besteuerungsverfahrens vom 18. 7. 2016, BGBl 2016 I S. 1679, neu gefasst worden. Weitere Änderungen sind im Rahmen des Gesetzes zur weiteren steuerlichen Förderung der Elektromobilität und zur Änderung weiterer steuerlicher Vorschriften vom 12. 12. 2019, BGBl 2019 I S. 2451, im Jahressteuergesetz 2020 vom 21. 12. 2020, BGBl 2020 I S. 3096, und im Gesetz zur Modernisierung der Entlastung von Abzugsteuern und der Bescheinigung der Kapitalertragsteuer vom 2. 6. 2021, BGBl 2021 I S. 1259, erfolgt.

Besteuerungszeitraum	maßgebliche Fristüberschreitung	
	gem. § 152 Abs. 2 Nr. 1 AO (jeweils)	gem. § 152 Abs. 2 Nr. 2 AO (jeweils)
2020	20 Monate	25 Monate
2021	20 Monate	25 Monate
2022	19 Monate	24 Monate
2023	17 Monate	22 Monate
2024	16 Monate	21 Monate

2. **Ermessensabhängige Festsetzung von Verspätungszuschlägen**

Nach § 152 Abs. 1 Satz 1 AO kann ein Verspätungszuschlag festgesetzt werden, wenn eine gesetzliche Frist (§ 149 Abs. 2 Satz 1, Abs. 3 AO) oder eine von der Finanzbehörde bestimmte Frist (§ 149 Abs. 1 Satz 2 AO) zur Abgabe einer Steuererklärung nicht eingehalten worden ist. Hierbei ist eine (ggf. rückwirkend) gewährte und eingehaltene Fristverlängerung (§ 109 AO) zu berücksichtigen. Die Festsetzung eines Verspätungszuschlags kommt insbesondere in Betracht im Fall wiederholt verspäteter oder unterbliebener Erklärungsabgabe.

Auch wenn die Festsetzung des Verspätungszuschlags nach § 152 Abs. 2 AO aus den in § 152 Abs. 3 AO genannten Gründen nicht von Amts wegen erfolgt, kann die Finanzbehörde einen Verspätungszuschlag nach § 152 Abs. 1 AO festsetzen.

Der in § 152 AO verwendete Begriff der „Steuererklärung" umfasst auch Feststellungserklärungen (§ 181 Abs. 1 Satz 1 AO) und Erklärungen zur Festsetzung eines Steuermessbetrags (§ 184 Abs. 1 Satz 4 AO). Die Berechnung des Verspätungszuschlags richtet sich in diesen Fällen nach § 152 Abs. 6, 7 und 9 AO.

3. **Entschuldbarkeit der verspäteten Erklärungsabgabe**

Im Anwendungsbereich des § 152 Abs. 1 AO sind Entschuldigungsgründe für eine verspätete Erklärungsabgabe vom Steuerpflichtigen glaubhaft zu machen (§ 152 Abs. 1 Satz 2 AO). Für die Finanzbehörden besteht insoweit keine Amtsermittlungspflicht. Das Versäumnis ist regelmäßig dann nicht entschuldbar, wenn Steuererklärungen wiederholt nicht oder nicht fristgemäß abgegeben oder von der Finanzbehörde antragsgemäß bewilligte Fristverlängerungen nicht eingehalten wurden.

4. **Gesetzlich vorgeschriebene Festsetzung von Verspätungszuschlägen**

Unter den Voraussetzungen des § 152 Abs. 2 AO ist ein Verspätungszuschlag von Amts wegen (d. h. ermessensunabhängig) festzusetzen. Dies gilt unabhängig davon, ob ein „Beraterfall" i. S. d. § 149 Abs. 3 AO vorliegt oder der Steuerpflichtige seine Steuererklärung selbst erstellt.

4.1 Auf ein Kalenderjahr beziehen sich insbesondere die Einkommensteuererklärung, die Körperschaftsteuererklärung, die Gewerbesteuererklärung und die Umsatzsteuererklärung für das Kalenderjahr.

4.2 Steuererklärungen, die sich auf einen gesetzlich bestimmten Zeitpunkt beziehen, sind z. B. die Erbschaftsteuererklärung, die Anzeigen nach § 19 GrEStG sowie die Erklärungen zur Feststellung von Einheitswerten oder Grundsteuerwerten und von Grundbesitzwerten. § 152 Abs. 2 AO ist jedoch nicht auf Erklärungen von Grundsteuerwerten im Rahmen der Hauptfeststellung auf den 1. 1. 2022 anzuwenden (Art. 97 § 8 Abs. 5 EGAO).

4.3 § 152 Abs. 2 AO ist auch anwendbar, wenn Steuerpflichtige erst nach Aufforderung der Finanzbehörde zur Abgabe der Steuererklärung verpflichtet sind (vgl. Nr. 1 Satz 2 des AEAO zu § 152) und sie die Erklärung erst nach Ablauf dieser Frist abgegeben haben.

4.4 § 152 Abs. 2 AO gilt in den Fällen des § 16 Abs. 3, § 18 Abs. 3 Satz 2 UStG nur, wenn die Erklärung nicht binnen 14 Monaten nach Ablauf des Kalenderjahres abgegeben worden ist. Bei einer Fristüberschreitung von mehr als 14 Monaten nach Ablauf der besonderen Erklärungsfrist nach § 18 Abs. 3 UStG soll grundsätzlich ein Verspätungszuschlag nach § 152 Abs. 1 AO festgesetzt werden.

Beispiel:

Die Unternehmereigenschaft endet am 31. 7. 01. Die Erklärung ist nach § 16 Abs. 3, § 18 Abs. 3 Satz 2 UStG bis zum 31. 8. 01 abzugeben. Wird die Erklärung nach dem 31. 10. 02 und vor dem 1. 3. 03 abgegeben, ist bei Anwendung des § 152 Abs. 1 AO das Ermessen auf Null reduziert. Wird die Erklärung nach dem 28. 2. 03 oder überhaupt nicht abgegeben, ist § 152 Abs. 2 AO anzuwenden.

5. Rückausnahme gemäß § 152 Abs. 3 AO

Liegt ein Fall des § 152 Abs. 3 AO vor, findet § 152 Abs. 2 AO keine Anwendung, d. h. es erfolgt keine ermessensunabhängige Festsetzung von Amts wegen. Die Festsetzung eines Verspätungszuschlags richtet sich in diesem Fall nach § 152 Abs. 1 AO.

5.1 Hat die Finanzbehörde die Frist für die Abgabe der Steuererklärung nach § 109 AO (ggf. rückwirkend) verlängert (§ 152 Abs. 3 Nr. 1 AO), gilt Folgendes:

– Wurde die verlängerte Erklärungsfrist eingehalten, liegt keine verspätete Erklärungsabgabe vor, so dass weder nach § 152 Abs. 1 AO noch nach § 152 Abs. 2 AO ein Verspätungszuschlag festgesetzt werden darf.

– Wurde die verlängerte Erklärungsfrist nicht eingehalten, kann die Finanzbehörde nach § 152 Abs. 1 AO einen Verspätungszuschlag festsetzen.

5.2 In den folgenden Fällen kann die Finanzbehörde – insbesondere bei wiederholter Verletzung der Erklärungsfrist – nach § 152 Abs. 1 AO einen Verspätungszuschlag festsetzen:

– Die Steuer wurde auf null Euro oder auf einen negativen Betrag festgesetzt (§ 152 Abs. 3 Nr. 2 AO),

– die festgesetzte Steuer übersteigt nicht die Summe der festgesetzten Vorauszahlungen und der anzurechnenden Steuerabzugsbeträge (§ 152 Abs. 3 Nr. 3 AO),

– bei jährlich abzugebenden Lohnsteueranmeldungen (§ 152 Abs. 3 Nr. 4 AO).

6. Inhaltsadressat der Verspätungszuschlagsfestsetzung

Der Verspätungszuschlag wird gegen den Erklärungspflichtigen festgesetzt. Wird die Steuererklärung von einem gesetzlichen Vertreter oder einer sonstigen Person i. S. d. §§ 34, 35 AO abgegeben, so ist der Verspätungszuschlag gleichwohl grundsätzlich gegen den Steuerschuldner festzusetzen (vgl. BFH-Urteil vom 18. 4. 1991, IV R 127/89, BStBl II S. 675). Eine Festsetzung gegen den Vertreter kommt nur in Ausnahmefällen (z. B. leichtere Beitreibbarkeit des Verspätungszuschlags bei dem Vertreter) in Betracht.

Für den Fall, dass mehrere Personen zur Abgabe ein und derselben Steuererklärung verpflichtet sind, vgl. § 152 Abs. 4 AO. In Zusammenveranlagungsfällen ist der Verspätungszuschlag grundsätzlich gegen beide Ehegatten oder Lebenspartner festzusetzen.

7. Gesetzliche Vorgaben zur Berechnung von Verspätungszuschlägen

§ 152 Abs. 5 AO enthält gesetzliche Vorgaben zur Berechnung des Verspätungszuschlags und gilt sowohl für die Fälle des § 152 Abs. 1 AO als auch für die Fälle des § 152 Abs. 2 AO. Insoweit besteht kein Ermessensspielraum der Finanzbehörde. Etwas anderes gilt lediglich in den Fällen des § 152 Abs. 8 AO.

In den Fällen von Nr. 4.3 des AEAO zu § 152 ist bei der Berechnung des Verspätungszuschlags § 152 Abs. 5 Satz 3 AO entsprechend anzuwenden.

8. Berechnung von Verspätungszuschlägen bei anlassbezogenen Steueranmeldungen

§ 152 Abs. 8 AO gilt nicht für Steueranmeldungen, die nicht periodisch, sondern nur anlassbezogen abzugeben sind, wie z. B. die Kapitalertragsteuer-Anmeldung (§ 45a Abs. 1 Satz 1 i. V. m. § 44 Abs. 1 Satz 5 EStG), die Steueranmeldung nach § 48a Abs. 1 EStG und die Anmeldung über einen Steuerabzug bei beschränkt Steuerpflichtigen (§ 50a EStG i. V. m. § 73e EStDV).

9. Berechnungszeitraum

Eine Verpflichtung zur Abgabe einer Steuererklärung bleibt auch dann bestehen, wenn die Finanzbehörde die Besteuerungsgrundlagen geschätzt hat (§ 149 Abs. 1 Satz 4 AO). Für die Bemessung eines Verspätungszuschlags ist aber nur auf den Zeitraum bis zum erstmaligen Erlass des Steuerbescheids bzw. dessen Bekanntgabe abzustellen (§ 152 Abs. 9 AO).

Der Beginn des Berechnungszeitraumes bestimmt sich grundsätzlich nach dem Ablauf der jeweiligen Erklärungsfrist. Vorbehaltlich einer etwaigen Fristverlängerung nach § 109 Abs. 1 oder 2 AO ist dies

– bei nicht beratenen Steuerpflichtigen der Ablauf der allgemeinen Erklärungsfrist (§ 149 Abs. 2 AO),

– bei beratenen Steuerpflichtigen entweder der Ablauf der verlängerten Erklärungsfrist (§ 149 Abs. 3 AO) oder bei vorzeitiger Anforderung (§ 149 Abs. 4 AO) der Ablauf der in der Anforderung bestimmten Frist.

§ 152 Abs. 5 Satz 3 AO enthält eine Sonderregelung für die Steuerpflichtigen, die bis zum Zugang einer – nach Ablauf der allgemeinen Erklärungsfrist versandten – Aufforderung davon ausgehen konnten, nicht zur Abgabe einer Steuererklärung verpflichtet zu sein. In diesen Fällen ist der Verspätungszuschlag erst vom Ablauf der in der Aufforderung bezeichneten Erklärungsfrist an zu berechnen.

10. Abrundung und Höchstbetrag

Der Verspätungszuschlag ist nach § 152 Abs. 10 AO auf volle Euro abzurunden und darf höchstens 25.000 Euro betragen. Er kann dabei – anders als nach § 152 AO a. F. – auch mehr als 10 % der festgesetzten Steuer betragen. Dies gilt insbesondere, wenn die Steuer auf null Euro oder auf einen negativen Betrag festgesetzt wurde oder wenn die Summe der festgesetzten Vorauszahlungen und der anzurechnenden Steuerabzugsbeträge die festgesetzte Steuer übersteigt (vgl. Nr. 5.2 des AEAO zu § 152).

11. Festsetzung, Fälligkeit und Verjährung

Der Verspätungszuschlag ist eine steuerliche Nebenleistung (§ 3 Abs. 4 AO). Er entsteht mit der Bekanntgabe seiner Festsetzung (§ 124 Abs. 1 AO) und wird mit Ablauf der gesetzten Frist fällig (§ 220 Abs. 2 AO). I. d. R. ist dies – wegen der grundsätzlich vorzunehmenden Verbindung mit dem Steuerbescheid (§ 152 Abs. 11 Satz 1 AO) – die Zahlungsfrist für die Steuer. Sofern der Verspätungszuschlag ausnahmsweise durch eigenständigen Verwaltungsakt festgesetzt wird (z. B. bei verspäteter Abgabe einer Steueranmeldung, § 167 AO), ist auch eine gesonderte Zahlungsfrist für den Verspätungszuschlag einzuräumen.

Wird der Verspätungszuschlag bei verspäteter Abgabe einer Steueranmeldung (§ 168 AO) zeitnah durch eigenständigen Verwaltungsakt festgesetzt, bedarf es hierbei i. d. R. keiner besonderen Begründung (§ 121 Abs. 2 Nr. 2 AO).

Wegen der Verjährung des Verspätungszuschlags wird auf Nr. 5 des AEAO zu § 169 und auf § 228 AO, wegen der Haftung für Verspätungszuschläge auf §§ 69 ff. AO hingewiesen.

12. Korrektur von Verspätungszuschlagsfestsetzungen

§ 152 Abs. 12 AO ordnet die Korrektur einer Verspätungszuschlagsfestsetzung für den Fall an, dass der zugrundeliegende Bescheid aufgehoben oder korrigiert wird und dies Auswirkungen auf die Höhe des Verspätungszuschlags hat. Bei Steueranmeldungen i. S. d. § 152 Abs. 8 AO ist eine Änderung eines Verspätungszuschlags nach § 152 Abs. 12 Satz 2 AO vorzunehmen, soweit der bisher festgesetzte Verspätungszuschlag nach der Höhe der Steuer bemessen war. Die Mindestbeträge nach § 152 Abs. 5 AO sind in diesen Fällen unbeachtlich.

Zu § 160 AO

AEAO   Benennung von Gläubigern und Zahlungsempfängern:

1. Bei der Anwendung des § 160 AO ist zunächst zu entscheiden, ob ein Benennungsverlangen geboten ist. Es steht im pflichtgemäßen Ermessen des Finanzamts, ob es sich den Gläubiger von Schulden oder den Empfänger von Ausgaben vom Steuerpflichtigen benennen lässt (BFH-Urteile vom 25. 11. 1986, VIII R 350/82, BStBl 1987 II S. 286, und vom 10. 3. 1999, XI R 10/98, BStBl II S. 434).

    § 160 AO ist nicht anzuwenden, wenn der Abzug einer Schuld oder Ausgabe bereits daran scheitert, dass dessen Höhe oder sein Zusammenhang mit der steuerlichen Sphäre nicht nachgewiesen ist (vgl. BFH-Beschluss vom 25. 7. 2012, X B 175/11, BFH/NV 2013 S. 44) oder die Schulden oder Ausgaben aufgrund anderweitiger steuerlicher Vorschriften beim Steuerpflichtigen nicht steuermindernd zu berücksichtigen sind.

    Das Benennungsverlangen ist eine nicht selbständig anfechtbare Vorbereitungshandlung (BFH-Urteil vom 20. 4. 1988, I R 67/84, BStBl II S. 927).

1.1 Gläubiger i. S. d. § 160 Abs. 1 Satz 1 AO ist der wirtschaftliche Eigentümer der Forderung.

    Empfänger i. S. d. § 160 Abs. 1 Satz 1 AO ist derjenige, dem der in den Betriebsausgaben enthaltene wirtschaftliche Wert vom Steuerpflichtigen übertragen wurde und bei dem er sich demzufolge steuerlich auswirkt (BFH-Urteil vom 25. 1. 2006, I R 39/05, BFH/NV S. 1618). Damit ist derjenige gemeint, der die vom Steuerpflichtigen geleistete Zahlung aufgrund eigener Leistung verdient hat (vgl. BFH-Urteil vom 4. 4. 1996, IV R 55/94, BFH/NV S. 801). Bei der Zwischenschaltung einer Person, welche die vereinbarten Leistungen nicht selbst erbringt, ist der Empfänger nicht die zwischengeschaltete Person, sondern der hinter ihr stehende Dritte, an den die Gelder letztlich gelangt sind (vgl. BFH-Beschluss vom 11. 10. 2013, III B 50/13, BFH/NV 2014 S. 289).

1.2 Für eine genaue Bezeichnung des Empfängers ist nach dem Zweck des § 160 AO die Angabe des vollen Namens und der Adresse des Empfängers erforderlich, so dass die Finanzbehörde ihn ohne Schwierigkeiten feststellen kann. Die Bezeichnung ist nicht „genau", wenn sich herausstellt, dass der Empfänger zwar existiert, dass aber der mitgeteilte Name fingiert, also falsch ist (vgl. BFH-Urteil vom 4. 4. 1996, IV R 55/94, BFH/NV S. 801). Entsprechendes gilt für die Bezeichnung des Gläubigers.

1.3 Identitätsüberprüfungen sind für den Steuerpflichtigen nicht bereits deshalb unzumutbar, weil ungewöhnliche Marktbedingungen vorliegen, insgesamt eine Vielzahl von Geschäftsvorfällen zu erfassen ist oder hierdurch Umsatzeinbußen und Nachteile gegenüber anderen Wettbewerbern entstehen (BFH-Urteil vom 10. 3. 1999, XI R 10/98, BStBl II S. 434 – m. w. N.). Ggfs. muss sich der Steuerpflichtige im Rahmen einer ordnungsmäßigen Geschäftstätigkeit über Namen und Adressen der Anlieferer anhand von Ausweispapieren vergewissern, etwa durch Einsichtnahme in den Personalausweis, Pass oder Führerschein. Nur in Ausnahmefällen kaum zu bewältigender tatsächlicher oder rechtlicher Schwierigkeiten kann dem Steuerpflichtigen eine Ermittlung billigerweise nicht zugemutet werden.

Dies trifft für die Bezeichnung einzeln bestimmbarer Zahlungsempfänger regelmäßig nicht zu (BFH-Urteil vom 10. 3. 1999, XI R 10/98, BStBl II S. 434).

1.4 Ein Benennungsverlangen ist insbesondere ermessensgerecht, wenn aufgrund der Lebenserfahrung und/oder der Umstände des Einzelfalls die Vermutung naheliegt, der Empfänger einer Zahlung bzw. der Gläubiger einer Forderung habe diese zu Unrecht nicht versteuert. Hiervon ist regelmäßig auszugehen bei Geschäften ohne Rechnung, bei hohen Bargeldzahlungen, bei ungewöhnlichen Zahlungsmodalitäten und bei Schwarzarbeit. Ein Benennungsverlangen darf auch dann gestellt werden, wenn der Steuerpflichtige den Empfänger nicht bezeichnen kann, weil ihm bei Auszahlung des Geldes dessen Namen und Anschrift unbekannt waren. Dies gilt sowohl für den Fall, dass er den Geschäftspartner nicht um diese Angaben gebeten hat, als auch für den Fall, dass dieser die Angaben ablehnt.

1.5 Unabhängig davon ist die Benennung des Gläubigers oder des Empfängers stets zu verlangen, wenn Anhaltspunkte für eine straf- oder bußgeldbewehrte Vorteilszuwendung vorliegen. Zum einkommensteuerrechtlichen Abzugsverbot für die Zuwendung von Vorteilen i. S. d. § 4 Abs. 5 Satz 1 Nr. 10 EStG und zum Verhältnis dieser Vorschrift zu § 160 AO vgl. BMF-Schreiben vom 10. 10. 2002 (BStBl I S. 1031). Zur Belehrungspflicht, wenn das Benennungsverlangen eine vermutete straf- oder bußgeldbewehrte Vorteilszuwendung zum Gegenstand hat, vgl. Tz. 30 des BMF-Schreibens vom 10. 10. 2002 (a. a. O.).

1.6 Wegen der Stellung von Personen, die aufgrund ihres Berufes zur Auskunftsverweigerung berechtigt sind, vgl. AEAO zu § 159, Satz 1.

2. Unterlässt der Steuerpflichtige es trotz Aufforderung durch die Finanzbehörde, den Gläubiger der Schuld oder den Empfänger der Ausgabe genau zu benennen, so ist im Rahmen einer zweiten Ermessensentscheidung zu prüfen, ob und in welcher Höhe der Abzug der Ausgaben bzw. Schulden zu versagen ist. Nach § 160 Satz 1 AO ist der Abzug dann „regelmäßig" zu versagen (BFH-Urteil vom 10. 3. 1999, XI R 10/98, BStBl II S. 434). Ist sowohl streitig, ob der Höhe nach Betriebsausgaben vorliegen, als auch, ob die fehlende Benennung der Zahlungsempfänger dem Abzug entgegensteht, so ist zunächst die Höhe der Betriebsausgaben zu ermitteln oder ggf. zu schätzen. Sodann ist zu prüfen, ob und inwieweit die fehlende Benennung der Zahlungsempfänger dem Abzug der Betriebsausgaben entgegensteht. Die bei der Anwendung des § 160 AO zu treffenden Ermessensentscheidungen können eine unterlassene Schätzung nicht ersetzen (BFH-Urteil vom 24. 6. 1997, VIII R 9/96, BStBl 1998 II S. 51).

3. Werden Leistungen über eine Domizilgesellschaft (Briefkastenfirma) abgerechnet, so ist zunächst zu prüfen, ob der Steuerpflichtige überhaupt eine Leistung von objektiv feststellbarem wirtschaftlichen Wert erhalten hat oder ob lediglich ein Scheingeschäft vorliegt. Bei Leistungen an Domizilgesellschaften ist der Empfängernachweis nur erbracht, wenn die hinter der Gesellschaft stehenden Personen benannt werden (BFH-Beschluss vom 25. 8. 1986, IV B 76/86, BStBl 1987 II S. 481). Das sind die Personen, die anstelle der inaktiven Domizilgesellschaft bei wirtschaftlicher Betrachtungsweise eine Leistung gegenüber dem Steuerpflichtigen erbracht haben und denen damit auch die Gegenleistung zusteht. Die Benennung lediglich formaler Anteilseigner (z. B. Treuhänder) reicht nicht aus, ebenso wenig wie die Erklärung des Steuerpflichtigen, nicht er, sondern ein fremder Dritter stehe hinter der ausländischen Gesellschaft (BFH-Beschluss vom 25. 8. 1986, IV B 76/86, a. a. O.). Ungewissheiten hinsichtlich der Person des Empfängers gehen zu Lasten des Steuerpflichtigen (BFH-Urteil vom 13. 3. 1985, I R 7/81, BStBl 1986 II S. 318, und BFH-Beschluss vom 9. 7. 1986, I B 36/86, BStBl 1987 II S. 487). Ausländische Verbotsnormen führen nicht dazu, dass ein Offenlegungsverlangen von vornherein unverhältnismäßig oder unzumutbar wird (vgl. BFH-Urteil vom 16. 4. 1980, I R 75/78, BStBl 1981 II S. 492). § 16 AStG bleibt unberührt.

4. Bei Zahlungen an ausländische Empfänger soll das Finanzamt – soweit keine Anhaltspunkte für eine straf- oder bußgeldbewehrte Vorteilszuwendung vorliegen – auf den Empfängernachweis nach § 160 AO verzichten, wenn feststeht, dass die Zahlung im Rahmen eines üblichen Handelsgeschäfts erfolgte, der Geldbetrag ins Ausland abgeflossen ist und der Empfänger nicht der deutschen Steuerpflicht unterliegt. Hierzu ist der Empfänger in dem Umfang zu bezeichnen, dass dessen Steuerpflicht im Inland mit hinreichender Sicherheit ausgeschlossen werden kann. Die bloße Möglichkeit einer im Inland nicht bestehenden Steuerpflicht reicht nicht aus (BFH-Urteil vom 13.3.1985, I R 7/81, BStBl 1986 II S. 318). In geeigneten Fällen ist eine Erklärung der mit dem Geschäft betrauten Personen sowie des verantwortlichen Organs des Unternehmens zu verlangen, dass ihnen keine Umstände bekannt sind, die für einen Rückfluss der Zuwendung an einen inländischen Empfänger sprechen. Die Zulässigkeit der Mitteilung von Erkenntnissen deutscher Finanzbehörden im Rahmen des § 117 AO bleibt hiervon unberührt.

Zu § 162 AO

AEAO   Schätzung von Besteuerungsgrundlagen:[1][2][3][4]

1. Bei der Schätzung der Besteuerungsgrundlagen in den Fällen des § 155 Abs. 2 AO handelt es sich um eine vorläufige Maßnahme des Wohnsitzfinanzamtes, der ein Grundlagenbescheid nachfolgen muss (BFH-Urteil vom 26.7.1983, VIII R 28/79, BStBl 1984 II S. 290).

2. Wegen der Pflicht zur Abgabe einer Steuererklärung trotz Schätzung siehe § 149 Abs. 1 Satz 4 AO.

3. Wegen der nur eingeschränkten Offenlegung der Verhältnisse von Vergleichsbetrieben vgl. AEAO zu § 30, Nr. 4.4.

4. Werden die Besteuerungsgrundlagen wegen Nichtabgabe der Steuererklärung geschätzt, ist die Steuer unter Nachprüfungsvorbehalt (§ 164 AO) festzusetzen, wenn der Fall für eine eventuelle spätere Überprüfung offen gehalten werden soll. Dies gilt z.B., wenn eine den Schätzungszeitraum umfassende Außenprüfung vorgesehen ist oder zu erwarten ist, dass der Steuerpflichtige nach Erlass des Bescheids die Steuererklärung nachreicht.

   Die unter Nachprüfungsvorbehalt stehende Steuerfestsetzung ist – sofern der Steuerpflichtige keinen Einspruch eingelegt bzw. keinen Änderungsantrag gestellt hat und auch keine Außenprüfung vorgesehen ist – bei der Veranlagung für das Folgejahr zu überprüfen. Dabei sind auch die in einem eventuellen Vollstreckungsverfahren gewonnenen Erkennt-

---

Anm. d. Schriftl.:

[1] Ein wegen unterlassener Abgabe einer Steuererklärung ergangener Schätzungsbescheid erfordert grundsätzlich keine über die Wertangaben hinausgehende Begründung der Besteuerungsgrundlagen (BFH-Urteil vom 11.2.1999, BStBl 1999 II S. 382).

[2] Hinsichtlich der Schätzung bei Sachverhalten mit Auslandsbezug sind im Rahmen des Steuervergünstigungsabbaugesetzes vom 16.5.2003, BStBl 2003 I S. 321, besondere Regelungen in § 162 Abs. 3 und Abs. 4 AO eingefügt worden.

[3] § 162 AO ist im Rahmen des Unternehmensteuerreformgesetzes 2008 vom 14.8.2007, BStBl 2007 I S. 630, geändert worden. Weitere Änderungen erfolgten im Rahmen des Gesetzes zur Umsetzung der Änderungen der EU-Amtshilferichtlinie und von weiteren Maßnahmen gegen Gewinnkürzungen und -verlagerungen vom 20.12.2016, BGBl 2016 I S. 3000, und im Gesetz zur Abwehr von Steuervermeidung und unfairem Steuerwettbewerb und zur Änderung weiterer Gesetze vom 25.6.2021, BGBl 2021 I S. 2096.

[4] Zu den Anforderungen an die Schätzung mittels eines Zeitreihenvergleichs hat der BFH mit Urteil vom 25.3.2015, BStBl 2015 II S. 743, Stellung genommen.

nisse zu berücksichtigen. Der Nachprüfungsvorbehalt ist danach grundsätzlich aufzuheben, auch wenn die Steuerfestsetzung nicht zu ändern ist.

...

5. ...

6. Die Besteuerungsgrundlagen sind nach § 162 Abs. 1 AO unter anderem dann zu schätzen, wenn tatsächliche Anhaltspunkte dafür bestehen, dass die vom Steuerpflichtigen gemachten Angaben zu steuerpflichtigen Einnahmen oder Betriebsvermögensmehrungen unrichtig oder unvollständig sind. Hat der Steuerpflichtige in einem derartigen Fall die Zustimmung zu einem Kontenabruf verweigert (§ 93 Abs. 7 Satz 1 Nr. 5 AO), sind die nach Einschätzung der Finanzbehörde nicht erklärten steuerpflichtigen Einnahmen oder Betriebsvermögensmehrungen nach § 162 Abs. 2 Satz 2 AO dritte Alternative zu schätzen. In diesem Fall kann zu Lasten des Steuerpflichtigen von einem Sachverhalt ausgegangen werden, für den unter Berücksichtigung seiner Beweisnähe und seiner Verantwortung für die Aufklärung des Sachverhalts eine gewisse Wahrscheinlichkeit spricht. Gleiches gilt, wenn ein mit Zustimmung des Steuerpflichtigen durchgeführter Kontenabruf keine neuen Erkenntnisse gebracht hat, z. B. bei auf ausländischen – und deswegen durch einen Kontenabruf nicht ermittelbaren – Konten zugeflossenen Einnahmen oder bei baren Einnahmen. In diesen Fällen ist auch weiterhin eine Schätzung nach § 162 AO möglich, wenn Anhaltspunkte dafür vorliegen, dass die Angaben über Einnahmen oder Betriebsvermögensmehrungen nicht vollständig oder unzutreffend sind.

Zu § 164 AO

AEAO   Steuerfestsetzung unter Vorbehalt der Nachprüfung:[1]

1. Der Vorbehalt der Nachprüfung ist eine Nebenbestimmung i. S. des § 120 AO. Er ist im Steuerbescheid anzugeben, wenn er nicht kraft Gesetzes besteht, wie z. B. im Fall der Festsetzung einer Vorauszahlung (§ 164 Abs. 1 Satz 2 AO). Im Gegensatz zur vorläufigen Steuerfestsetzung hat der Vorbehalt keine Auswirkung auf den Ablauf der Festsetzungsfrist. Wegen der Wirkung einer Steueranmeldung als Vorbehaltsfestsetzung siehe § 168 AO.

2. Der Vorbehalt der Nachprüfung ist zulässig bei allen Festsetzungen, für die die Vorschriften über das Steuerfestsetzungsverfahren gelten (z. B. bei Steuervergütungen, Zulagen, Prämien, gesonderten Feststellungen, Steuermessbeträgen, Zinsen; vgl. AEAO zu § 155). Zum Nachprüfungsvorbehalt in Schätzungsfällen vgl. AEAO zu § 162, Nr. 4.

3. Solange ein Steuerfall nicht abschließend geprüft ist, kann die spätere Überprüfung vorbehalten bleiben und die Steuer aufgrund der Angaben des Steuerpflichtigen oder auf Grund vorläufiger Überprüfung (vgl. BFH-Urteil vom 4. 8. 1983, IV R 79/83, BStBl 1984 II S. 6) unter Vorbehalt der Nachprüfung festgesetzt werden. Der Vorbehalt der Nachprüfung erfasst die Festsetzung insgesamt; eine Beschränkung auf Einzelpunkte oder Besteue-

---

Anm. d. Schriftl.:

[1] Beantragt der Steuerpflichtige im Rahmen seiner Steuererklärung eine abweichende Festsetzung aus Billigkeitsgründen (hier: Verzicht auf eine Bilanzierung von Feldinventar nach Maßgabe von R 131 Abs. 2 Satz 3 EStR 2001, R 14 Abs. 2 Satz 3 EStR 2005) und veranlagt das Finanzamt erklärungsgemäß, aber unter Vorbehalt der Nachprüfung, erstreckt sich der Vorbehalt nicht auf den gewährten Billigkeitserweis. Die abweichende Festsetzung der Steuer ist deshalb für die Steuerfestsetzung regelmäßig verbindlich (BFH-Beschluss vom 12. 7. 2012, BStBl 2015 II S. 175).

rungsgrundlagen ist nicht zulässig. Eine Begründung dafür, dass die Festsetzung unter Vorbehalt erfolgt, ist nicht erforderlich.

4. Solange der Vorbehalt wirksam ist, bleibt der gesamte Steuerfall „offen", die Steuerfestsetzung kann jederzeit – also auch nach Eintritt der Unanfechtbarkeit – und dem Umfang nach uneingeschränkt von Amts wegen oder auch auf Antrag des Steuerpflichtigen aufgehoben oder geändert werden. Die Grundsätze des Vertrauensschutzes nach § 176 AO sind aber zu beachten.

5. Der Steuerpflichtige hat keinen Anspruch auf unverzügliche Entscheidung über seinen Antrag. Die Entscheidung kann bis zur abschließenden Prüfung des Steuerfalles – an Amtsstelle oder im Wege einer Außenprüfung – hinausgeschoben werden. Sie hat jedoch in angemessener Zeit zu erfolgen. Wegen des Ablaufs der Festsetzungsfrist bei Antragstellung Hinweis auf § 171 Abs. 3 AO.

6. Wird eine Steuerfestsetzung mit einem behördlich angeordneten Vorbehalt der Nachprüfung geändert, so ist in dem neuen Steuerbescheid zu vermerken, ob dieser weiterhin unter Vorbehalt der Nachprüfung steht oder ob der Vorbehalt aufgehoben wird. Fehlt ein derartiger Vermerk, bleibt der Nachprüfungsvorbehalt bestehen (BFH-Urteil vom 14. 9. 1993, VIII R 9/93, BStBl 1995 II S. 2). Steht eine Steueranmeldung einer Steuerfestsetzung unter Nachprüfungsvorbehalt gleich (§ 168 AO) und erlässt die Finanzbehörde später erstmals einen Steuerbescheid ohne eine Aussage zum Nachprüfungsvorbehalt, so entfällt dieser (BFH-Urteil vom 2. 12. 1999, V R 19/99, BStBl 2000 II S. 284). Die Aufhebung des Vorbehalts muss schriftlich oder in elektronischer Form (§ 87a Abs. 4 AO) ergehen und mit einer Rechtsbehelfsbelehrung versehen sein (§ 164 Abs. 3 Satz 2 AO). Die Aufhebung des Nachprüfungsvorbehalts ist auch ohne abschließende Prüfung des Steuerfalles zulässig (BFH-Urteil vom 28. 5. 1998, V R 100/96, BStBl II S. 502) und bedarf regelmäßig keiner Begründung (BFH-Urteil vom 10. 7. 1996, I R 5/96, BStBl 1997 II S. 5). Nach der Bekanntgabe der Aufhebung des Vorbehalts kann die Aufhebung oder Änderung einer Steuerfestsetzung nicht mehr auf § 164 Abs. 2 AO gestützt werden; §§ 172 ff. AO bleiben unberührt.

7. Wird der Vorbehalt nicht aufgehoben, entfällt der Vorbehalt mit Ablauf der allgemeinen Festsetzungsfrist (§ 169 Abs. 2 Satz 1 AO). Die Verlängerung der Festsetzungsfrist für hinterzogene oder leichtfertig verkürzte Steuern (§ 169 Abs. 2 Satz 2 AO) verlängert nicht die Wirksamkeit des Vorbehalts, es ergeben sich aber Auswirkungen auf die Ablaufhemmung nach § 171 Abs. 1 bis 6, 9 und 11 bis 14 AO.

8. Wegen des Einspruchs gegen eine Vorbehaltsfestsetzung vgl. AEAO zu § 367, Nr. 5. ❶

9. Verwaltungsakte i. S. d. § 163 Abs. 1 AO können nicht unter Vorbehalt der Nachprüfung ergehen. Werden solche Verwaltungsakte aber mit einer Steuerfestsetzung unter Vorbehalt der Nachprüfung verbunden, stehen sie nach § 163 Abs. 3 Satz 1 Nr. 2 AO kraft Gesetzes unter Widerrufsvorbehalt.

Anm. d. Schriftl.:

❶ Wird ein unter dem Vorbehalt der Nachprüfung ergangener Steuerbescheid mit dem Einspruch angefochten und hebt das FA den Vorbehalt der Nachprüfung während des Einspruchsverfahrens auf, so wird der Bescheid, mit dem der Vorbehalt der Nachprüfung aufgehoben wird, Gegenstand des Einspruchsverfahrens (BFH-Urteil vom 26. 6. 2002, BStBl 2003 II S. 112).

Zu § 165 AO

AEAO   **Vorläufige Steuerfestsetzung, Aussetzung der Steuerfestsetzung:[1][2][3][4][5]**

1. Eine vorläufige Steuerfestsetzung nach § 165 Abs. 1 Satz 1 AO ist nur zulässig, soweit ungewiss ist, ob der Tatbestand verwirklicht ist, an den das Gesetz die Leistungspflicht knüpft; Zweifel bei der Auslegung des Steuergesetzes reichen nicht aus. Eine Steuerfestsetzung kann demgemäß nach § 165 Abs. 1 Satz 1 AO nur im Hinblick auf ungewisse Tatsachen[6], nicht im Hinblick auf die steuerrechtliche Beurteilung von Tatsachen für vorläufig erklärt werden (BFH-Urteil vom 25. 4. 1985, IV R 64/83, BStBl II S. 648). Vorläufige Steuerfestsetzungen nach § 165 Abs. 1 Satz 1 AO sind insbesondere dann vorzunehmen, wenn eine Steuerfestsetzung unter Vorbehalt der Nachprüfung nicht zweckmäßig ist, z. B. weil keine Nachprüfung des gesamten Steuerfalles mehr zu erwarten ist oder weil sie aus Rechtsgründen nicht möglich ist (z. B. bei fortbestehender Ungewissheit nach einer Außenprüfung).

2. Die Tatsache, dass ein Doppelbesteuerungsabkommen nach seinem Inkrafttreten voraussichtlich rückwirkend anzuwenden sein wird, rechtfertigt eine vorläufige Steuerfestsetzung nach § 165 Abs. 1 Satz 2 Nr. 1 AO, um dem Steuerpflichtigen die Vorteile des Doppelbesteuerungsabkommens zu sichern.

3. Eine vorläufige Steuerfestsetzung nach § 165 Abs. 1 Satz 2 Nr. 2 oder Nr. 2a AO setzt voraus, dass die Entscheidung des Bundesverfassungsgerichts oder des Gerichtshofs der Europäischen Union bereits ergangen ist und die gesetzliche Neuregelung noch aussteht.

4. Zweifel an der Vereinbarkeit einer der Steuerfestsetzung zugrunde liegenden Rechtsnorm mit höherrangigem Recht (insbesondere mit dem Grundgesetz oder dem Europäischen Unionsrecht) rechtfertigen nur dann eine vorläufige Steuerfestsetzung nach § 165 Abs. 1

Anm. d. Schriftl.:

[1] Angesichts der großen Zahl von Rechtsbehelfen, die im Hinblick auf anhängige Musterverfahren eingelegt werden, hat das BMF im Schreiben vom 15. 1. 2018, BStBl 2018 I S. 2, Hinweise zum Verfahrensablauf gegeben. Eine Aktualisierung der Anlage ist durch die BMF-Schreiben vom 18. 6. 2018, BStBl 2018 I S. 702, vom 10. 1. 2019, BStBl 2019 I S. 2, vom 18. 5. 2021, BStBl 2021 I S. 680, und vom 30. 8. 2021, BStBl 2021 I S. 1042, erfolgt.

[2] Zur vorläufigen Festsetzung der Erbschaftsteuer (Schenkungsteuer) wird auf die gleich lautenden Erlasse der obersten Finanzbehörden der Länder vom 10. 3. 2008, BStBl 2008 I S. 465, vom 14. 11. 2012, BStBl 2012 I S. 1082, vom 12. 3. 2015, BStBl 2015 I S. 222, vom 5. 11. 2015, BStBl 2015 I S. 788, und vom 16. 1. 2017, BStBl 2017 I S. 24, hingewiesen.

[3] Zur vorläufigen Festsetzung des Gewerbesteuermessbetrags wird auf die gleich lautenden Erlasse der obersten Finanzbehörden der Länder vom 25. 4. 2013, BStBl 2013 I S. 460, und vom 28. 10. 2016, BStBl 2016 I S. 1114, hingewiesen. Eine Aufhebung dieser Erlasse erfolgte mit Erlass vom 6. 2. 2023, BStBl 2023 I S. 215.

[4] Zur vorläufigen Festsetzung der Grunderwerbsteuer wird auf die gleich lautenden Erlasse der obersten Finanzbehörden der Länder vom 5. 10. 2015, BStBl 2015 I S. 790, und vom 16. 12. 2015, BStBl 2015 I S. 1082, hingewiesen.

[5] Zu den vorläufigen Einheitswertfeststellungen und den vorläufigen Festsetzungen des Grundsteuermessbetrags wird auf die gleich lautenden Erlasse der obersten Finanzbehörden der Länder vom 19. 4. 2012, BStBl 2012 I S. 490, und vom 18. 5. 2015, BStBl 2015 I S. 439, hingewiesen. Auf die Allgemeinverfügung der obersten Finanzbehörden der Länder vom 18. 1. 2019, BStBl 2019 I S. 26, wird ebenso wie auf die gleich lautenden Erlasse der obersten Finanzbehörden der Länder vom 17. 1. 2019, BStBl 2019 I S. 28, hingewiesen. Am 3. 6. 2019, BStBl 2019 I S. 470, ist eine ergänzende Allgemeinverfügung der obersten Finanzbehörden der Länder ergangen.

[6] Die abstrakte Möglichkeit, dass in späteren Veranlagungszeiträumen Ereignisse eintreten, die (als sog. Definitiveffekte) im Rahmen einer verfassungskonformen Auslegung der Regelungen zur sog. Mindestbesteuerung auf den Veranlagungszeitraum zurückwirken könnten, führt nicht zu einer Ungewissheit i. S. des § 165 Abs. 1 Satz 1 AO darüber, ob die Voraussetzungen für die Entstehung einer Steuer in diesem Veranlagungszeitraum eingetreten sind (BFH-Urteil vom 17. 12. 2014, BStBl 2015 II S. 575).

Satz 2 Nr. 3 AO, wenn dieselbe Frage bereits Gegenstand eines Musterverfahrens bei dem Gerichtshof der Europäischen Union, dem Bundesverfassungsgericht oder einem obersten Bundesgericht ist.

Zum Rechtsschutzbedürfnis für einen Einspruch gegen eine hinsichtlich des strittigen Punktes bereits vorläufige Steuerfestsetzung vgl. AEAO zu § 350, Nr. 6.

5. Nach § 165 Abs. 1 Satz 2 Nr. 4 AO kann eine Steuer vorläufig festgesetzt werden, soweit eine im Fall des Steuerpflichtigen entscheidungserhebliche Rechtsfrage Gegenstand eines Verfahrens beim Bundesfinanzhof ist. Hierbei handelt es sich auch um solche Fälle, in denen eine strittige Rechtsfrage nicht nur unter verfassungsrechtlichen Aspekten zu beurteilen ist (und deretwegen bereits eine vorläufige Steuerfestsetzung nach § 165 Abs. 1 Satz 2 Nr. 3 AO erfolgt), sondern vom Bundesfinanzhof auf „einfachgesetzlichem" Wege, d. h. durch Anwendung bzw. Auslegung des einfachen Rechts, entschieden werden könnte.

6. Die Entscheidung, die Steuer vorläufig festzusetzen, steht in sämtlichen Fällen des § 165 Abs. 1 AO im Ermessen der Finanzbehörde. Von der Möglichkeit, eine Steuer nach § 165 Abs. 1 Satz 2 AO vorläufig festzusetzen, ist nur Gebrauch zu machen, soweit die Finanzbehörden hierzu durch BMF-Schreiben oder gleich lautende Erlasse der obersten Finanzbehörden der Länder angewiesen worden sind.

7. Die Vorläufigkeit ist auf die ungewissen Voraussetzungen zu beschränken und zu begründen. Die Begründung kann nachgeholt werden (§ 126 Abs. 1 Nr. 2 AO).**[1]** Wird eine vorläufige Steuerfestsetzung geändert, so ist in dem neuen Steuerbescheid zu vermerken, ob und inwieweit dieser weiterhin vorläufig ist oder für endgültig erklärt wird. Ein ursprünglich angeordneter Vorläufigkeitsvermerk bleibt auch dann wirksam, wenn er in einem nachfolgenden Änderungsbescheid nicht ausdrücklich wiederholt wird (BFH-Urteil vom 9. 9. 1988, III R 191/84, BStBl 1989 II S. 9). Enthält aber der Änderungsbescheid einen Vorläufigkeitsvermerk, wird durch diesen der Umfang der Vorläufigkeit neu bestimmt (BFH-Urteile vom 19. 10. 1999, IX R 23/98, BStBl 2000 II S. 282, und vom 16. 6. 2020, VIII R 12/17, BStBl II S. 702).**[2]** Dies gilt auch, wenn ein sowohl auf § 165 Abs. 1 Satz 1 AO als auch auf § 165 Abs. 1 Satz 2 AO gestützter Vorläufigkeitsvermerk im Änderungsbescheid durch einen allein auf § 165 Abs. 1 Satz 2 AO gestützten Vorläufigkeitsvermerk ersetzt wird (BFH-Urteil vom 14. 7. 2015, VIII R 21/13, BStBl 2016 II S. 371).

8. Soweit wegen der Frage der Vereinbarkeit einer Rechtsnorm mit dem Grundgesetz eine Steuer nach § 165 Abs. 1 Satz 2 Nr. 3 AO vorläufig festgesetzt worden ist, sind Steuerbescheide auch dann nach § 165 Abs. 2 AO zu ändern, wenn das Bundesverfassungsgericht oder der Bundesfinanzhof die streitige Frage dadurch entscheidet, dass das Gericht die vom Vorläufigkeitsvermerk erfasste Rechtsnorm entgegen der bisherigen Verwaltungsauffassung verfassungskonform so auslegt, dass das betreffende Steuergesetz mit höherrangigem Recht vereinbar ist und diese Auslegung zu einer Steuerminderung führt (BFH-Urteil vom 30. 9. 2010, III R 39/08, BStBl 2011 II S. 11). Dies gilt auch, wenn der Vorläufigkeitsvermerk insoweit zusätzlich auf § 165 Abs. 1 Satz 2 Nr. 4 AO gestützt war.

Soweit eine Steuer (auch) nach § 165 Abs. 1 Satz 2 Nr. 4 AO vorläufig festgesetzt worden ist, sind die Steuerbescheide (zudem) auch dann nach § 165 Abs. 2 AO zu ändern, wenn der

---

Anm. d. Schriftl.:

[1] Ein Vorläufigkeitsvermerk, der keine Angaben über den Umfang der Vorläufigkeit enthält und bei dem dieser für den Stpfl. auch weder aufgrund seines dem Erlass des Bescheides vorausgehenden Verhaltens noch aufgrund des Inhalts der Steuererklärung oder des Bescheides erkennbar ist, ist unwirksam, selbst wenn Gegenstand des Bescheides nur eine Einkunftsart ist (BFH-Urteil vom 12. 7. 2007, BStBl 2008 II S. 2).

[2] Ein in einem Änderungsbescheid enthaltener Vorläufigkeitsvermerk, der an die Stelle des bereits im Vorgängerbescheid enthaltenen Vorläufigkeitsvermerks tritt, bestimmt den Umfang der Vorläufigkeit neu und regelt abschließend, inwieweit die Steuer nunmehr vorläufig festgesetzt ist, wenn für den Steuerpflichtigen nach seinem objektiven Verständnishorizont nicht erkennbar ist, dass der ursprüngliche Vorläufigkeitsvermerk trotz der Änderung wirksam bleiben soll (BFH-Urteil vom 16. 6. 2020, BStBl 2020 II S. 702).

Bundesfinanzhof die vom Vorläufigkeitsvermerk erfasste Rechtsnorm aufgrund einfachgesetzlicher Auslegung eines Steuergesetzes entgegen der bisherigen Verwaltungsauffassung auslegt, diese Auslegung zu einer Steuerminderung führt und dieses Urteil über den
entschiedenen Einzelfall hinaus anzuwenden ist.

9. Die vorläufige Steuerfestsetzung kann jederzeit für endgültig erklärt werden. Die Vorläufigkeit bleibt bis dahin bestehen; für den Ablauf der Festsetzungsfrist gilt § 171 Abs. 8 AO.
Wird die vorläufige Steuerfestsetzung nach Beseitigung der Ungewissheit geändert (§ 165
Abs. 2 Satz 2 AO), sind im Rahmen des Änderungsbetrages auch solche Fehler zu berichtigen, die nicht mit dem Grund der Vorläufigkeit zusammenhängen (BFH-Urteil vom
2. 3. 2000, VI R 48/97, BStBl II S. 332).

10. In den Fällen des § 165 Abs. 1 Satz 2 AO ist eine Endgültigkeitserklärung nicht erforderlich,
wenn sich die Steuerfestsetzung letztlich als zutreffend erweist und der Steuerpflichtige
keine Entscheidung beantragt. Die Vorläufigkeit entfällt in diesem Fall mit Ablauf der –
ggf. nach § 171 Abs. 8 Satz 2 AO verlängerten – Festsetzungsfrist.[1]

11. Wird die vorläufige Steuerfestsetzung auf Antrag des Steuerpflichtigen oder von Amts wegen ganz oder teilweise für endgültig erklärt, kann gegen die insoweit nunmehr endgültige
Steuerfestsetzung Einspruch eingelegt und ggf. anschließend Klage erhoben werden. Hinsichtlich der Auswirkungen der bisherigen Vorläufigkeit der Steuerfestsetzung ergibt sich
aus § 351 Abs. 1 AO keine Anfechtungsbeschränkung (BFH-Urteil vom 30. 9. 2010, III R
39/08, BStBl 2011 II S. 11). Der Umfang der Anfechtbarkeit bestimmt sich dabei nicht betragsmäßig, sondern in der Wirkung der fehlenden Bestandskraft der bisherigen Vorläufigkeit. In den Fällen der Vorläufigkeit nach § 165 Abs. 1 Satz 2 Nr. 3 AO beschränkt sich dieser
Rechtsschutz dementsprechend auf die weitere verfassungsrechtliche Klärung dieser
Rechtsfrage (BFH-Urteil vom 30. 9. 2010, III R 39/08, a. a. O.).

Wird durch einen Vorläufigkeitsvermerk in einem Änderungsbescheid der Umfang der Vorläufigkeit in einschränkender Weise neu bestimmt (vgl. AEAO zu § 165, Nr. 7 Sätze 5 und
6), steht dies insoweit einer Endgültigkeitserklärung gleich.

12. Verwaltungsakte i. S. d. § 163 Abs. 1 AO können nicht nach § 165 AO vorläufig ergehen.
Werden solche Verwaltungsakte aber mit einer vorläufigen Steuerfestsetzung verbunden
und ist der Grund der Vorläufigkeit auch für die Entscheidung nach § 163 Abs. 1 AO von
Bedeutung, stehen sie nach § 163 Abs. 3 Satz 1 Nr. 3 AO kraft Gesetzes unter Widerrufsvorbehalt.

Zu § 167 AO

**AEAO   Steueranmeldung, Verwendung von Steuerzeichen oder
           Steuerstemplern:**

1. Die Selbstberechnung der Steuer (§ 150 Abs. 1 Satz 3 AO) durch Steueranmeldung ist gesetzlich insbesondere vorgeschrieben für die Umsatzsteuer (Voranmeldung und Jahreserklärung – § 18 UStG), die Lohnsteuer (§ 41a EStG), die Kapitalertragsteuer (§ 45a EStG),
den Steuerabzug nach § 48 i. V. m. § 48a EStG oder nach § 50a EStG, die Versicherungsteuer

---

Anm. d. Schriftl.:

[1] Hat das FA die Steuer unter Bezugnahme auf Gründe i. S. des § 165 Abs. 1 Satz 1 und Satz 2 AO vorläufig festgesetzt, so bleibt der Vorläufigkeitsvermerk bis zu seiner ausdrücklichen Aufhebung wirksam. Eine still-
schweigende Aufhebung des Vorläufigkeitsvermerks durch eine Änderungsveranlagung, auch wenn sie auf
eine (andere) Korrekturvorschrift gestützt ist, ist ausgeschlossen (BFH-Urteil vom 14. 7. 2015, BStBl 2016 II
S. 371).

(§ 8 VersStG), die Wettsteuer (§ 18 RennwLottAB) und für die Feuerschutzsteuer (§ 8 Feuer-SchStG). Die Steueranmeldung ist Steuererklärung i. S. des § 150 AO. Wegen der Wirkung einer Steueranmeldung siehe § 168 AO.

2. ...

3. Das Anerkenntnis des zum Steuerabzug Verpflichteten, insbesondere des Arbeitgebers hinsichtlich der Lohnsteuer, steht einer Steueranmeldung und damit einer Steuerfestsetzung unter Vorbehalt der Nachprüfung gleich (§ 167 Abs. 1 Satz 3, § 168 Satz 1 AO). ...

4. Steueranmeldungen sind bei dem für die Besteuerung zuständigen Finanzamt abzugeben.**[1]** Es treten aber keine Verspätungsfolgen ein, wenn der Steuerpflichtige die Steueranmeldung und den Scheck fristgemäß bei dem für die Steuererhebung zuständigen Finanzamt einreicht.

5. ...

Zu § 168 AO

AEAO   Wirkung einer Steueranmeldung:**[2]**

1. Eine Steueranmeldung, die nicht zu einer Herabsetzung der bisher zu entrichtenden Steuer oder zu einer Steuervergütung führt, hat mit ihrem Eingang bei der Finanzbehörde die Wirkung einer Steuerfestsetzung unter Vorbehalt der Nachprüfung. Wegen der daraus sich ergebenden Folgen vgl. AEAO zu § 164 AO.

   Die fällige Steuer ist ohne besonderes Leistungsgebot nach Eingang der Anmeldung vollstreckbar (§ 249 Abs. 1, § 254 Abs. 1 Satz 4 AO).

2. Eine erstmalige Steueranmeldung, die zu einer Steuervergütung führt (z. B. Vorsteuerüberschuss), wirkt erst dann als Steuerfestsetzung unter Vorbehalt der Nachprüfung, wenn dem Steuerpflichtigen die Zustimmung der Finanzbehörde bekannt wird (§ 168 Satz 2 AO; BFH-Urteil vom 28. 2. 1996, XI R 42/94, BStBl II S. 660). Bis dahin ist sie als Antrag auf Steuerfestsetzung (§ 155 Abs. 1 Satz 3 und Abs. 5 AO) anzusehen.

3. Auch eine berichtigte Steueranmeldung, die zu einer Herabsetzung der bisher angemeldeten Steuer (Mindersoll) oder zu einer Erhöhung der bisher angemeldeten Steuervergütung führt, wirkt erst dann als Steuerfestsetzung unter Vorbehalt der Nachprüfung, wenn dem Steuerpflichtigen die Zustimmung der Finanzbehörde bekannt wird. Bis dahin ist sie als Antrag auf Änderung der Steuerfestsetzung nach § 164 Abs. 2 Satz 2 AO zu behandeln. Wegen der Änderung einer nicht mehr unter dem Vorbehalt der Nachprüfung stehenden Steuerfestsetzung vgl. AEAO zu § 168, Nr. 12.

4. Die kassenmäßige Sollstellung eines Rotbetrags ist keine Zustimmung zur Anmeldung i. S. des § 168 Satz 2 AO; sie darf dem Anmeldenden nicht mitgeteilt werden. Wird der Steuerpflichtige schriftlich bzw. elektronisch über die Zustimmung unterrichtet (z. B. zusammen mit einer Abrechnungsmitteilung), ist grundsätzlich davon auszugehen, dass ihm die Zu-

---

Anm. d. Schriftl.:

[1] Steuererklärungen, für die das Gesetz keine eigenhändige Unterschrift des Steuerpflichtigen vorschreibt (z. B. Umsatzsteuer-Voranmeldung, Lohnsteuer-Anmeldung, Kapitalertragsteuer-Anmeldung), können per Telefax wirksam übermittelt werden (BMF-Schreiben vom 20. 1. 2003, BStBl 2003 I S. 74). Ab dem 1. 1. 2005 sind die Umsatzsteuer-Voranmeldungen und die Lohnsteuer-Anmeldungen in elektronischer Form abzugeben.

[2] Lohnsteuer-Anmeldungen und Umsatzsteuer-Voranmeldungen sind grundsätzlich in elektronischer Form abzugeben. Für bis zum 31. 5. 2005 endende Anmeldungs- bzw. Voranmeldungszeiträume wurde es nicht beanstandet, wenn diese Meldungen entgegen der Verpflichtung zur elektronischen Übermittlung in Papierform oder per Telefax abgegeben wurden (BMF-Schreiben vom 28. 4. 2005, BStBl 2005 I S. 675).

stimmung am dritten Tag nach Aufgabe zur Post bzw. nach der Absendung bekannt geworden ist. Zur Fälligkeit der Erstattung vgl. AEAO zu § 220 AO.

5. Die Abgabe einer berichtigten Anmeldung mit Mindersoll hat keine Auswirkungen auf den Zeitpunkt der Fälligkeit des ursprünglich angemeldeten Betrages. Ebenso bleiben auf der Grundlage der ursprünglichen Steueranmeldung entstandene Säumniszuschläge unberührt (§ 240 Abs. 1 Satz 4 AO).

6. Will die Finanzbehörde von der angemeldeten Steuer abweichen, so ist eine Steuerfestsetzung vorzunehmen und darüber ein Steuerbescheid zu erteilen. Die abweichende Festsetzung kann unter dem Vorbehalt der Nachprüfung oder unter den Voraussetzungen des § 165 AO vorläufig vorgenommen werden.

7. Nach § 18 Abs. 2 UStG ist die für einen Voranmeldungszeitraum errechnete Umsatzsteuer eine Vorauszahlung. Wird eine abweichende USt-Festsetzung durchgeführt, steht diese als Vorauszahlungsbescheid nach § 164 Abs. 1 Satz 2 AO kraft Gesetzes unter Vorbehalt der Nachprüfung. Dies gilt nicht bei einer von einer USt-Jahreserklärung abweichenden Festsetzung; in diesen Fällen muss die Steuerfestsetzung unter Vorbehalt der Nachprüfung besonders angeordnet und im Bescheid vermerkt werden (BFH-Urteil vom 2.12.1999, V R 19/99, BStBl 2000 II S. 284).

8. Ergibt sich durch die anderweitige Festsetzung eine höhere Zahllast als angemeldet, ist für den nachzuzahlenden Differenzbetrag eine Zahlungsfrist einzuräumen (§ 220 Abs. 2 AO). Auf § 18 Abs. 4 UStG wird hingewiesen. Liegt der abweichenden Festsetzung eine Steueranmeldung mit Steuervergütung oder Mindersoll zugrunde, so ist Fälligkeitstag des gesamten Erstattungsbetrags der Tag der Bekanntgabe der anderweitigen Festsetzung (§ 220 Abs. 2 AO).

9. Aus Vereinfachungsgründen kann bei Steueranmeldungen, die zu einer Steuervergütung oder zu einem Mindersoll führen, die Zustimmung allgemein erteilt werden. Auch in diesem Fall stehen die Anmeldungen erst dann einer Steuerfestsetzung unter Vorbehalt der Nachprüfung gleich, wenn dem Steuerpflichtigen die Zustimmung bekannt wird. Wird der Steuerpflichtige schriftlich bzw. elektronisch über die Zustimmung unterrichtet (z. B. zusammen mit einer Abrechnungsmitteilung), ist grundsätzlich davon auszugehen, dass ihm die Zustimmung am dritten Tage nach Aufgabe zur Post bzw. nach der Absendung bekannt geworden ist.

10. In den Fällen, in denen keine allgemeine Zustimmung erteilt wird, ist über die Zustimmung oder Festsetzung alsbald zu entscheiden. Auf die Bearbeitung in angemessener Zeit bzw. auf die rechtzeitige Mitteilung von Hinderungsgründen ist angesichts § 347 Abs. 1 Satz 2 AO besonders zu achten.

11. Wird die Zustimmung zur Steueranmeldung nicht erteilt, so ist der Antrag des Steuerpflichtigen auf Steuerfestsetzung (vgl. AEAO zu § 168, Nr. 2) bzw. auf Änderung der Steuerfestsetzung nach § 164 Abs. 2 Satz 2 AO (vgl. AEAO zu § 168, Nr. 3) durch Bescheid abzulehnen (§ 155 Abs. 1 Satz 3 AO).

12. Führt die berichtigte Anmeldung zu einer höheren Steuer oder zu einem geringeren Vergütungsbetrag, gilt Folgendes:

    – Steht die bisherige Steuerfestsetzung noch unter dem Vorbehalt der Nachprüfung, bedarf es keiner Zustimmung der Finanzbehörde; die berichtigte Steueranmeldung steht bereits mit ihrem Eingang bei der Finanzbehörde einer nach § 164 Abs. 2 AO geänderten Steuerfestsetzung unter Vorbehalt der Nachprüfung gleich.

    – Steht die bisherige Steuerfestsetzung nicht oder nicht mehr unter dem Vorbehalt der Nachprüfung, ist ein nach § 172 Abs. 1 Satz 1 Nr. 2 Buchstabe a AO geänderter Bescheid zu erteilen.

Zu prüfen ist, ob die berichtigte Anmeldung eine Selbstanzeige (§ 371 AO) ist. Wegen der Verlängerung der Festsetzungsfrist Hinweis auf § 171 Abs. 9 AO.

13. Eine Steueranmeldung, die – ggf. nach Zustimmung – einer Steuerfestsetzung unter dem Vorbehalt der Nachprüfung gleichsteht, kann mit dem Einspruch angefochten werden (§ 347 Abs. 1 Satz 1 AO). Wegen des Beginns der Einspruchsfrist wird auf § 355 Abs. 1 Satz 2 AO, wegen des Beginns der Zahlungsverjährung auf § 229 AO hingewiesen.

Vor §§ 169 bis 171 AO

AEAO Festsetzungsverjährung:[1]

1. Durch Verjährung erlöschen allgemein Ansprüche aus dem Steuerschuldverhältnis (§ 47 AO). Das Gesetz unterscheidet zwischen der Festsetzungsverjährung (§§ 169 bis 171 AO) und der Zahlungsverjährung (§§ 228 bis 232 AO).

2. Die Finanzbehörde darf die Festsetzung von Steuern, von Erstattungs- oder Vergütungsansprüchen nur vornehmen, soweit die Festsetzungsfrist noch nicht abgelaufen ist. Dies gilt auch für Änderungen oder Aufhebungen von Steuerfestsetzungen sowie Berichtigungen wegen offenbarer Unrichtigkeit, gleichgültig ob zugunsten oder zuungunsten des Steuerpflichtigen. Mit Ablauf der Festsetzungsfrist sind Ansprüche des Steuergläubigers, aber auch Ansprüche des Erstattungsberechtigten erloschen. Zur Berichtigung (teil-)verjährter Steueransprüche im Zusammenhang mit einer Aufhebung, Änderung oder Berichtigung der Steuerfestsetzung wegen offenbarer Unrichtigkeit vgl. AEAO zu § 177, Nr. 1.

3. Für den Ablauf der Festsetzungsfrist gilt § 108 Abs. 3 AO (vgl. Nr. 2 des AEAO zu § 108). Fällt das Ende der Festsetzungsfrist auf einen Sonntag, einen gesetzlichen Feiertag oder einen Sonnabend, endet die Festsetzungsfrist daher erst mit dem Ablauf des nächstfolgenden Werktags.

4. Eine Festsetzung usw., die erst nach Eintritt der Festsetzungsverjährung erfolgt, ist nicht nichtig (§ 125 Abs. 1 AO), sondern nur anfechtbar, erwächst also ggf. in Bestandskraft; der Bescheid ist auch vollstreckbar.

5. Die Festsetzungsverjährung schließt Ermittlungshandlungen der Finanzbehörde im Einzelfall (§§ 88, 92 ff., 193 ff., 208 Abs. 1 Nr. 2 AO) nicht aus (vgl. BFH-Urteil vom 23. 7. 1985, VIII R 48/85, BStBl 1986 II S. 433).

6. Die Bestimmungen über die Festsetzungsverjährung gelten sinngemäß auch für die Festsetzung von Steuermessbeträgen (§ 184 Abs. 1 AO) und für die gesonderte Feststellung von Besteuerungsgrundlagen (§ 181 Abs. 1 AO) sowie bei allen Festsetzungen, für die die Vorschriften über das Steuerfestsetzungsverfahren anzuwenden sind (siehe § 155 AO). Auf steuerliche Nebenleistungen (§ 3 Abs. 4 AO) finden sie nur Anwendung, wenn dies besonders vorgeschrieben ist (§ 1 Abs. 3 Satz 2 AO), wie z. B. bei Zinsen (§ 239 AO). Für die Kosten der Vollstreckung gilt die besondere Regelung des § 346 AO.

7. Für Verspätungszuschläge (§ 152 AO) fehlt dagegen eine entsprechende Bestimmung (vgl. AEAO zu § 169, Nr. 5). Säumniszuschläge (§ 240 AO) entstehen kraft Gesetzes, sie unterliegen allein der Zahlungsverjährung (§§ 228 ff. AO).

Anm. d. Schriftl.:

[1] Die gesetzlich gebotene Schriftform für behördliche und gerichtliche Entscheidungen wird auch durch Übersendung per Telefax gewahrt (BFH-Urteil vom 28. 1. 2014, BStBl 2014 II S. 552). Dies gilt auch für die Übersendung im sog. Ferari-Fax-Verfahren (BFH-Urteil vom 18. 3. 2014, BStBl 2014 II S. 748).

Zu § 169 AO

AEAO   Festsetzungsfrist:

1.   Die Festsetzungsfrist nach § 169 Abs. 1 Satz 3 Nr. 1 AO ist nur gewahrt, wenn der vor Ablauf der Frist zur Post gegebene „Steuerbescheid" dem Empfänger nach Fristablauf tatsächlich zugeht (vgl. Beschluss des Großen Senats des BFH vom 25. 11. 2002, GrS 2/01, BStBl 2003 II S. 548).

Im Fall der Bekanntgabe nach § 122a AO ist die Festsetzungsfrist nach § 169 Abs. 1 Satz 3 Nr. 1 AO gewahrt, wenn

– die vor Ablauf der Festsetzungsfrist versandte elektronische Benachrichtigung tatsächlich zugegangen ist oder

– die elektronische Benachrichtigung vor Ablauf der Festsetzungsfrist versandt worden ist, der Adressat den Zugang der Benachrichtigung bestreitet, er den Verwaltungsakt aber tatsächlich abgerufen hat. Der Zeitpunkt des Abrufs des Verwaltungsakts ist dabei unerheblich.

Zu den für die Steuerfestsetzung zuständigen Finanzbehörden sind auch die für die Finanzbehörden arbeitenden Rechenzentren (§§ 2 und 17 FVG) zu zählen, wenn sie die Absendung an den Steuerpflichtigen vornehmen.

Bei Steuermessbescheiden wird die Frist allein durch die Absendung der Mitteilungen an die Gemeinde (§ 184 Abs. 3 AO) nicht gewahrt. Die fristgerechte Absendung der Messbescheide ist Aufgabe der Gemeinden, die insoweit für die Finanzbehörden handeln.

2.   Die Festsetzungsfrist verlängert sich auf zehn Jahre, soweit eine Steuer hinterzogen, und auf fünf Jahre, soweit die Steuer leichtfertig verkürzt worden ist (§ 169 Abs. 2 Satz 2 AO).**[1]**

2.1   Die für den Erlass des Steuerbescheids zuständige Stelle der Finanzbehörde hat im Benehmen mit der für Straf- und Bußgeldsachen zuständigen Stelle zu prüfen, ob der objektive und subjektive Tatbestand des § 370 AO gegeben ist.**[2][3]** Eine vorherige strafgerichtliche Verurteilung ist nicht erforderlich. Ebenso wenig sind Selbstanzeige (§ 371 AO), Eintritt der Strafverfolgungsverjährung oder sonstige Verfahrenshindernisse von Bedeutung. An Entscheidungen im strafgerichtlichen Verfahren ist die Finanzbehörde nicht gebunden (BFH-Urteil vom 10. 10. 1972, VII. R 117/69, BStBl 1973 II S. 68). Entsprechendes gilt bezüglich leichtfertig verkürzter Steuern (§ 378 AO).

2.2   Das Erschleichen von Investitionszulage (BFH-Urteil vom 19. 12. 2013, III R 25/10, BStBl 2015 II S. 119) ist ebenso wie das Erschleichen von Eigenheimzulage (BFH-Urteil vom

---

Anm. d. Schriftl.:

[1] Sinn und Zweck des § 169 Abs. 2 Satz 2 AO bestehen nicht darin, den Steuerhinterzieher in die Lage zu versetzen, Erstattungsansprüche über die reguläre Verjährungsfrist hinaus zu realisieren (BFH-Urteil vom 26. 2. 2008, BStBl 2008 II S. 659).

[2] Täter einer leichtfertigen Steuerverkürzung i. S. des § 378 AO kann auch derjenige sein, der die Angelegenheiten eines Steuerpflichtigen wahrnimmt. Die fünfjährige Festsetzungsfrist des § 169 Abs. 2 Satz 2 AO greift daher auch dann ein, wenn eine Steuerfachangestellte der vom Steuerpflichtigen beauftragten Steuerberatungsgesellschaft den Gewinn des Steuerpflichtigen grob fahrlässig unzutreffend ermittelt und das FA diesen Gewinn der Steuerveranlagung zugrunde legt (BFH-Urteil vom 19. 12. 2002, BStBl 2003 II S. 385).

[3] Die Voraussetzungen für eine Verlängerung der Festsetzungsfrist nach § 169 Abs. 2 Satz 2 AO sind nicht erfüllt, wenn der Steuerberater bei der Erstellung der Einkommensteuererklärung den Gewinn leichtfertig fehlerhaft ermittelt, da der Steuerberater mangels eigener Angaben gegenüber dem Finanzamt nicht Täter einer leichtfertigen Steuerverkürzung nach § 378 AO i.V. m. § 370 Abs. 1 Nr. 1 AO ist (BFH-Urteil vom 29. 10. 2013, BStBl 2014 II S. 295).

12.1.2016, IX R 20/15, BStBl 2017 II S.21) keine Steuerhinterziehung i.S.v. § 169 Abs.2 Satz 2 i.V.m. § 370 AO.

Gesetzlich ausdrücklich für anwendbar erklärt wurden die Vorschriften zur Steuerhinterziehung hingegen für die Arbeitnehmer-Sparzulage (§ 14 Abs.3 Satz 1 5. VermBG), die Wohnungsbauprämie (§ 8 Abs.2 Satz 1 WoPG), die Forschungszulage (§ 13 FZulG), die Mobilitätsprämie (§ 108 EStG) und die Altersvorsorgezulage (§ 96 Abs.7 Satz 1 EStG).

2.3 Die Verlängerung der Festsetzungsfrist für hinterzogene oder leichtfertig verkürzte Steuern verlängert nicht die Wirksamkeit eines Vorbehalts der Nachprüfung (vgl. AEAO zu § 164, Nr.7). § 169 Abs.2 Satz 2 AO ist auch dann anzuwenden, wenn der Steuerbescheid unter dem Vorbehalt der Nachprüfung ergangen ist; § 164 Abs.4 Satz 2 AO regelt lediglich, dass § 169 Abs.2 Satz 2 und § 171 Abs.7, 8 und 10 AO bei Bestimmung des Ablaufs der für § 164 Abs.4 Satz 1 AO maßgeblichen Frist nicht anzuwenden sind.

3. Wegen der Frist für die gesonderte Feststellung von Besteuerungsgrundlagen (Feststellungsfrist) Hinweis auf § 181 Abs.3 AO. Für den Erlass von Haftungsbescheiden wird auf § 191 Abs.3 AO hingewiesen.

4. Bei Zinsen beträgt die Festsetzungsfrist zwei Jahre (§ 239 Abs.1 Satz 1 AO), bei Kosten der Vollstreckung ein Jahr (§ 346 AO).

5. Verspätungszuschläge unterliegen nicht der Festsetzungsverjährung (vgl. AEAO vor §§ 169 bis 171, Nr.6). Von der erstmaligen Festsetzung eines Verspätungszuschlags ist jedoch grundsätzlich abzusehen, wenn die Festsetzungsfrist für die Steuer abgelaufen ist. Wird aber ein bereits vor Ablauf der für die Steuer geltenden Festsetzungsfrist festgesetzter Verspätungszuschlag nur aus formellen Gründen oder aufgrund einer fehlerhaften Ermessensausübung bezüglich seiner Höhe aufgehoben, ist die Festsetzung eines Verspätungszuschlags auch nach Ablauf der für die Steuer geltenden Festsetzungsfrist zulässig.

Zu § 170 AO

AEAO   Beginn der Festsetzungsfrist:

1. Für den Beginn der Festsetzungsfrist kommt es darauf an, wann die Steuer (§ 37 AO) entstanden ist. Der Zeitpunkt der Entstehung der Ansprüche aus dem Steuerschuldverhältnis ist in § 38 AO und in den Einzelsteuergesetzen (vgl. AEAO zu § 38, Nr.1) geregelt. Die Anlaufhemmung (§ 170 Abs.2 bis 6 AO) schiebt den Beginn der Festsetzungsfrist hinaus.**❶❷**

2. Wegen des Beginns der Frist für die gesonderte Feststellung von Einheitswerten oder Grundsteuerwerten Hinweis auf § 181 Abs.3 und 4 AO. Für Haftungsbescheide gilt § 191 Abs.3 AO. Bei Zinsen und Kosten der Vollstreckung ergibt sich der Beginn der Festsetzungs-

---

Anm. d. Schriftl.:

❶ Gibt eine zur Einbehaltung und Abführung von Steuern verpflichtete Person (Entrichtungsschuldner) die ihr obliegende Steueranmeldung nicht ab, so wird hierdurch der Anlauf der Festsetzungsfrist gegenüber dem Steuerschuldner gemäß § 170 Abs.2 Satz 1 Nr.1 AO gehemmt (BFH-Urteil vom 29.1.2003, BStBl 2003 II S.687).

❷ Erlangt das FA erst mehr als 3 Jahre nach Steuerentstehung Kenntnis von einer vollzogenen Schenkung i.S. des § 170 Abs.5 Nr.2 AO, beginnt die Festsetzungsfrist mit Ablauf des Jahres der Kenntniserlangung (BFH-Urteil vom 6.6.2007, BStBl 2007 II S.954).

frist aus § 239 Abs. 1 Satz 2 bzw. § 346 Abs. 2 Satz 2 AO. Hinsichtlich der Verspätungszuschläge vgl. AEAO zu § 169, Nr. 5.

3. Die Anlaufhemmung nach § 170 Abs. 2 AO**❶** gilt für sämtliche Besitz- und Verkehrsteuern, für die auf Grund allgemeiner gesetzlicher Vorschrift (z. B. § 181 Abs. 2 AO; § 25 EStG; § 14a GewStG; § 31 KStG; § 18 UStG) oder auf Grund einer Aufforderung der Finanzbehörde (§ 149 Abs. 1 Satz 2 AO) eine Steuererklärung oder eine Steueranmeldung einzureichen oder eine Anzeige zu erstatten ist; gesetzliche Vorschrift ist auch·eine Rechtsverordnung (§ 4 AO). Eine Berichtigungsanzeige nach § 153 Abs. 1 AO löst allerdings keine Anlaufhemmung aus (vgl. BFH-Urteil vom 22. 1. 1997, II B 40/96, BStBl II S. 266).

Ist der Steuerpflichtige berechtigt, aber nicht verpflichtet, eine Steuererklärung abzugeben, wie z. B. bei der Antragsveranlagung nach § 46 Abs. 2 Nr. 8 EStG, greift die Anlaufhemmung nach § 170 Abs. 2 Satz 1 Nr. 1 AO nicht (BFH-Urteil vom 14. 4. 2011, VI R 53/10, BStBl II S. 746). Die Anlaufhemmung greift auch dann nicht, wenn eine behördliche Aufforderung zur Abgabe einer Steuererklärung dem Steuerpflichtigen erst nach dem Ablauf der Festsetzungsfrist des § 169 Abs. 2 AO zugeht oder eine Pflichtveranlagung begründende Steuererklärung erst nach dem Ablauf der Festsetzungsfrist des § 169 Abs. 2 AO abgegeben wird (BFH-Urteil vom 28. 3. 2012, VI R 68/10, BStBl II S. 711).

Die Nichtveranlagungs-Bescheinigung nach § 44a Abs. 2 Satz 1 Nr. 2 EStG hat keine Auswirkungen auf die Anlaufhemmung nach § 170 Abs. 2 Satz 1 Nr. 1 AO (vgl. BFH-Beschluss vom 15. 5. 2013, VI R 33/12, BStBl 2014 II S. 238).

4. Bei Bestimmung der Anlaufhemmung nach § 170 Abs. 6 AO gilt Folgendes:

– Als „Steuer" sind nur die Steuern anzusehen, die auf Kapitalerträge entfallen. Hierzu gehören die Einkommensteuer, die Körperschaftsteuer und – soweit gewerbliche Einkünfte betroffen sind – die Gewerbesteuer sowie die entsprechenden Annexsteuern.

– „Kapitalerträge" sind Erträge im Sinne des § 20 EStG, unabhängig davon, ob sie nach § 20 Abs. 8 EStG zu einer anderen Einkunftsart gehören.

Zu § 171 AO

AEAO   Ablaufhemmung:❷

1. Die Ablaufhemmung schiebt das Ende der Festsetzungsfrist hinaus. Die Festsetzungsfrist endet in diesen Fällen meist nicht – wie im Normalfall – am Ende, sondern im Laufe eines Kalenderjahres. Wegen der Fristberechnung Hinweis auf § 108 AO.

2. **Ablaufhemmung nach § 171 Abs. 3 AO**

2.1 Eine Ablaufhemmung nach § 171 Abs. 3 AO setzt voraus, dass der Steuerpflichtige außerhalb des Einspruchs- oder Klageverfahrens und vor Ablauf der Festsetzungsfrist einen Antrag auf Steuerfestsetzung oder auf Aufhebung oder Änderung einer Steuerfest-

---

Anm. d. Schriftl.:

❶ Wird die Einkommensteuererklärung bei einem unzuständigen Finanzamt eingereicht, endet die Anlaufhemmung des § 170 Abs. 2 Satz 1 Nr. 1 AO grundsätzlich erst dann, wenn die zuständige Behörde die Erklärung erhalten hat (BFH-Urteil vom 14. 12. 2021, BStBl 2022 II S. 461).

❷ Der BFH hat im Urteil vom 8. 7. 1998, BStBl 1999 II S. 123, seine Rechtsauffassung bestätigt, dass eine Erhöhung der festgesetzten Steuer im Rahmen der Einspruchsentscheidung („Verböserung") nach Ablauf der Festsetzungsfrist regelmäßig unzulässig ist. Das entgegenstehende BMF-Schreiben vom 25. 6. 1997, BStBl 1997 I S. 641, wurde mit BMF-Schreiben vom 11. 1. 1999, BStBl 1999 I S. 268, aufgehoben. § 171 AO wurde durch das Steuerbereinigungsgesetz 1999 vom 22. 12. 1999, BGBl 1999 I S. 2601, geändert.

setzung stellt.**1** Ist innerhalb der Festsetzungsfrist kein solcher Antrag des Steuerpflichtigen eingegangen, kann keine Wiedereinsetzung in den vorigen Stand nach § 110 Abs. 1 AO mit dem Ziel einer rückwirkenden Ablaufhemmung nach § 171 Abs. 3 AO gewährt werden (vgl. BFH-Urteil vom 24. 1. 2008, VII R 3/07, BStBl II S. 462).

Einem vor Ablauf der Festsetzungsfrist bei dem zuständigen Finanzamt ausdrücklich gestellten Antrag auf Steuerfestsetzung oder auf Aufhebung oder Änderung einer Steuerfestsetzung kommt die Rechtswirkung des § 171 Abs. 3 AO nur dann zu, wenn sich das vom Steuerpflichtigen verfolgte Begehren seinem sachlichen Gehalt nach zumindest in groben Zügen bereits aus dem Antrag selbst ergibt. Angaben zur betragsmäßigen Auswirkung sind für die Bestimmtheit des Antrags für sich genommen nicht ausreichend. Soweit dem Steuerpflichtigen – z. B. wegen insolvenzbedingt fehlender Unterlagen – genaue Angaben objektiv (noch) nicht möglich sind, muss er zur Konkretisierung seines Antrags eine substantiierte eigene Schätzung anhand der ihm zugänglichen Erkenntnisquellen vornehmen (vgl. BFH-Urteil vom 23. 9. 2020, XI R 1/19, BStBl 2021 II S. 341).

2.2 Die Abgabe einer gesetzlich vorgeschriebenen Steuererklärung führt für sich allein keine Ablaufhemmung nach § 171 Abs. 3 AO herbei (BFH-Urteil vom 18. 6. 1991, VIII R 54/89, BStBl 1992 II S. 124, und BFH-Beschluss vom 13. 2. 1995, V B 95/94, BFH/NV S. 756). Dies gilt hinsichtlich einer Umsatzsteuererklärung auch dann, wenn mit ihr ein Anspruch auf Auszahlung eines Überschusses geltend gemacht wird (BFH-Urteil vom 28. 8. 2014, V R 8/14, BStBl 2015 II S. 3). Auch in der Kombination von Erklärungseinreichung und damit im Zusammenhang stehender Antragstellung (auf Durchführung einer Festsetzung oder Feststellung) kann kein Antrag i. S. d. § 171 Abs. 3 AO gesehen werden (BFH-Urteil vom 15. 5. 2013, IX R 5/11, BStBl II S. 143).

2.3 Im Fall einer Antragsveranlagung (§ 46 Abs. 2 Nr. 8 EStG) ist die Abgabe der Einkommensteuererklärung – auch ohne gesondert ausdrücklich gestellten Antrag auf Steuerfestsetzung – ein (konkludenter) Antrag i. S. d. § 171 Abs. 3 AO (vgl. BFH-Urteil vom 20. 1. 2016, VI R 14/15, BStBl II S. 380).

2.4 Anträge auf Billigkeitsmaßnahmen nach §§ 163 oder 227 AO hemmen den Fristablauf nicht nach § 171 Abs. 3 AO; eine Billigkeitsentscheidung nach § 163 AO bewirkt aber als Grundlagenbescheid eine Ablaufhemmung nach § 171 Abs. 10 AO (vgl. BFH-Urteil vom 21. 9. 2000, IV R 54/99, BStBl 2001 II S. 178).

2.5 Selbstanzeigen (§§ 371, 378 Abs. 3 AO) und Berichtigungserklärungen (§ 153 AO) lösen keine Ablaufhemmung nach § 171 Abs. 3 AO aus, sie bewirken ausschließlich eine Ablaufhemmung nach § 171 Abs. 9 AO (vgl. BFH-Urteil vom 8. 7. 2009, VIII R 5/07, BStBl 2010 II S. 583).

2a. Die Ablaufhemmung nach § 171 Abs. 3a AO tritt auch dann ein, wenn nach Ablauf der Festsetzungsfrist ein zulässiger Rechtsbehelf eingelegt wird (§ 171 Abs. 3a Satz 1 2. Halbsatz AO). Dies gilt auch dann, wenn der Rechtsbehelf nach Gewährung von Wiedereinsetzung in den vorigen Stand als fristgerecht zu behandeln ist; die Grundsätze des BFH-Urteils vom 24. 1. 2008, VII R 3/07, a. a. O. (vgl. AEAO zu § 171, Nr. 2) sind auf diesen Fall nicht übertragbar.

§ 171 Abs. 3a Satz 3 AO hemmt den Ablauf der Festsetzungsfrist nur im Falle der gerichtlichen Kassation eines angefochtenen Bescheids (vgl. BFH-Urteil vom 5. 10. 2004, VII R 77/03, BStBl 2005 II S. 122, für Haftungsbescheide). Diese Ablaufhemmung gilt nicht im Fall der Aufhebung des Bescheids durch die Finanzbehörde; denn mit der Aufhebung ei-

---

Anm. d. Schriftl.:

1 Im Falle der Änderung eines Grundlagenbescheids wird der Ablauf der Zwei-Jahres-Frist (§ 171 Abs. 10 Satz 1 AO) für die Anpassung des Folgebescheids nach § 171 Abs. 3 AO nur gehemmt, wenn der von dem Folgebescheid betroffene Steuerpflichtige selbst die Änderung des Folgebescheids vor Ablauf der Frist beantragt (BFH-Urteil vom 27. 11. 2013, BStBl 2016 II S. 506).

nes Bescheids verliert er seine ablaufhemmende Wirkung. Hebt die Finanzbehörde allerdings in einem Verwaltungsakt den angefochtenen Bescheid unter gleichzeitigem Erlass eines neuen Bescheids auf, ist der neue Bescheid noch innerhalb der nach § 171 Abs. 3a Satz 1 AO gehemmten Festsetzungsfrist ergangen (vgl. BFH-Urteil vom 5. 10. 2004, VII R 18/03, BStBl 2005 II S. 323, für Haftungsbescheide).

3.   Ablaufhemmung wegen Beginn einer Außenprüfung (§ 171 Abs. 4 AO)🔳🔳

3.1   Der Ablauf der Festsetzungsfrist wird durch den Beginn einer Außenprüfung (vgl. AEAO zu § 198, Nrn. 1 und 2) hinausgeschoben (§ 171 Abs. 4 AO). Die Ablaufhemmung tritt nicht ein, wenn eine zugrunde liegende Prüfungsanordnung unwirksam ist (BFH-Urteile vom 10. 4. 1987, III R 202/83, BStBl 1988 II S. 165, und vom 17. 9. 1992, V R 17/86, BFH/ NV 1993 S. 279).

3.2   Eine Außenprüfung hemmt den Ablauf der Festsetzungsfrist nur für Steuern, auf die sich die Prüfungsanordnung erstreckt (BFH-Urteile vom 18. 7. 1991, V R 54/87, BStBl II S. 824, und vom 25. 1. 1996, V R 42/95, BStBl II S. 338). Wird die Außenprüfung später auf bisher nicht einbezogene Steuern ausgedehnt, ist die Ablaufhemmung nur wirksam, soweit vor Ablauf der Festsetzungsfrist eine Prüfungsanordnung erlassen (vgl. AEAO zu § 196, Nr. 5) und mit der Außenprüfung auch insoweit ernsthaft begonnen wird (BFH-Urteil vom 2. 2. 1994, I R 57/93, BStBl II S. 377).

3.3   Bei einem Antrag des Steuerpflichtigen auf Verschiebung des Prüfungsbeginns (§ 197 Abs. 2 AO) wird der Ablauf der Festsetzungsfrist nach § 171 Abs. 4 Satz 1 2. Alternative AO nur gehemmt, wenn dieser Antrag für die Verschiebung ursächlich war. Wird der Beginn der Außenprüfung nicht maßgeblich aufgrund eines Antrags des Steuerpflichtigen, sondern aufgrund eigener Belange der Finanzbehörde bzw. aus innerhalb deren Sphäre liegenden Gründen hinausgeschoben, läuft die Festsetzungsfrist ungeachtet des Antrags ab. Hinsichtlich der inhaltlichen Anforderungen an den Antrag auf Verschiebung des Prüfungsbeginns vgl. AEAO zu § 197, Nr. 11.

3.3.1 Bei einem vom Steuerpflichtigen gestellten Antrag auf zeitlich befristetes Hinausschieben des Beginns der Außenprüfung entfällt die Ablaufhemmung nach § 171 Abs. 4 Satz 1 2. Alternative AO rückwirkend, wenn die Finanzbehörde nicht vor Ablauf von zwei Jahren nach Eingang des Antrags mit der Prüfung beginnt (vgl. BFH-Urteil vom 17. 3. 2010, IV R 54/07, BStBl 2011 II S. 7). Stellt der Steuerpflichtige während der Zwei-Jahres-Frist einen weiteren Verschiebungsantrag, beginnt die Zwei-Jahres-Frist erneut (BFH-Urteil vom 19. 5. 2016, X R 14/15, BStBl 2017 II S. 97).

3.3.2 Die Ablaufhemmung entfällt dagegen nicht, wenn der Antrag keine zeitlichen Vorgaben enthielt, mithin unbefristet bzw. zeitlich unbestimmt war (Antrag auf unbefristetes Hinausschieben), z. B. weil der Steuerpflichtige beantragt hat, wegen einer noch andauernden Vor-Betriebsprüfung zunächst deren Abschluss abzuwarten. In diesen Fällen endet die Festsetzungsfrist mit Ablauf von zwei Jahren, nachdem der Hinderungsgrund beseitigt ist und die Finanzbehörde hiervon Kenntnis hat, sofern nicht zuvor mit der Prüfung begonnen wurde (vgl. BFH-Urteil vom 1. 2. 2012, I R 18/11, BStBl II S. 400).

3.4   Der Ablauf der Festsetzungsfrist wird auch gehemmt, wenn der Steuerpflichtige die Prüfungsanordnung angefochten hat und deren Vollziehung ausgesetzt wurde (vgl. BFH-

---

Anm. d. Schriftl.:

🔳 Auch sog. qualifizierte Prüfungshandlungen, die nur ein Prüfungsjahr betreffen, führen dazu, dass die Außenprüfung insgesamt – also auch bezogen auf andere Prüfungsjahre – als nicht unmittelbar nach dem Prüfungsbeginn unterbrochen i. S. des § 171 Abs. 4 Satz 2 AO gilt (BFH-Urteil vom 26. 4. 2017, BStBl 2017 II S. 1159).

🔳 Eine Außenprüfung, die aufgrund einer gegenüber dem Steuerpflichtigen nicht wirksam gewordenen Prüfungsanordnung durchgeführt wird, kann den Ablauf der Festsetzungsfrist nicht hemmen (BFH-Urteil vom 11. 11. 2020, BStBl 2021 II S. 415).

Urteile vom 25. 1. 1989, X R 158/87, BStBl II S. 483, und vom 17. 6. 1998, IX R 65/95, BStBl 1999 II S. 4). Dies gilt unabhängig von der Dauer der Aussetzung der Vollziehung.

3.5   Auch wenn die Voraussetzungen für den Eintritt der Ablaufhemmung zunächst vorgelegen haben, entfällt diese rückwirkend wieder, wenn die Außenprüfung unmittelbar nach ihrem Beginn aus Gründen, die die Finanzverwaltung zu vertreten hat, länger als sechs Monate unterbrochen wird (§ 171 Abs. 4 Satz 2 AO). Eine spätere Unterbrechung der Prüfung lässt die eingetretene Ablaufhemmung dagegen unberührt (BFH-Urteil vom 16. 1. 1979, VIII R 149/77, BStBl II S. 453). Die Frage, ob eine Außenprüfung <u>unmittelbar nach ihrem Beginn</u> unterbrochen worden ist (§ 171 Abs. 4 Satz 2 AO), ist grundsätzlich nach den Verhältnissen im Einzelfall zu beurteilen. Dabei sind neben dem zeitlichen Umfang der bereits durchgeführten Prüfungsmaßnahmen alle Umstände zu berücksichtigen, die Aufschluss über die Gewichtigkeit der Prüfungshandlungen vor der Unterbrechung geben.

Unabhängig vom Zeitaufwand ist eine Unterbrechung <u>unmittelbar nach Beginn</u> der Prüfung anzunehmen, wenn der Prüfer über Vorbereitungshandlungen, allgemeine Informationen über die betrieblichen Verhältnisse, das Rechnungswesen und die Buchführung und/oder die Sichtung der Unterlagen des zu prüfenden Steuerfalls bzw. ein allgemeines Aktenstudium nicht hinausgekommen ist.

Eine Außenprüfung ist <u>nicht mehr unmittelbar nach Beginn</u> unterbrochen, wenn die Prüfungshandlungen von Umfang und Zeitaufwand gemessen an dem gesamten Prüfungsstoff erhebliches Gewicht erreicht <u>oder</u> erste verwertbare Ergebnisse hervorgebracht haben (vgl. BFH-Urteil vom 24. 4. 2003, VII R 3/02, BStBl II S. 739). Soweit dem Zeitmoment eine gewisse Bedeutung zukommt, besteht jedoch keine absolute oder relative zeitliche Mindestanforderung an die Dauer der Prüfung vom Beginn bis zur Unterbrechung. Die Verhältnisse bestimmen sich vielmehr nach den Umständen des Einzelfalls. Das Erfordernis erster verwertbarer Ergebnisse bedeutet nicht, dass die ermittelten Ergebnisse geeignet sein müssen, unmittelbar als Besteuerunggrundlage Eingang in einen Steuer- oder Feststellungsbescheid zu finden; ausreichend ist vielmehr, dass Ermittlungsergebnisse vorliegen, an die bei der Wiederaufnahme der Prüfung angeknüpft werden kann.

Soweit Prüfungshandlungen bezüglich eines Prüfungsjahrs nachweislich erhebliches Gewicht erreicht oder erste verwertbare Ergebnisse hervorgebracht haben, gilt die Außenprüfung insgesamt – also auch bezogen auf andere Prüfungsjahre – als nicht unmittelbar nach dem Prüfungsbeginn unterbrochen i. S. d. § 171 Abs. 4 Satz 2 AO (vgl. BFH-Urteil vom 26. 4. 2017, I R 76/15, BStBl II S. 1159).

Eine Beendigung einer Prüfungsunterbrechung i. S. v. § 171 Abs. 4 Satz 2 AO und damit die Wiederaufnahme einer unmittelbar nach ihrem Beginn unterbrochenen Prüfung wird nur durch solche Prüfungshandlungen bewirkt, die der Steuerpflichtige als eine Fortsetzung der Außenprüfung wahrnehmen kann; dazu gehören das Erscheinen des Prüfers am Prüfungsort, die Weiterführung der Prüfung, konkretes Anfordern von Unterlagen, Geschäftsbriefen, Verträgen etc. und – sofern der Prüfungsfall in ein Stadium gelangt ist, das eine Weiterbearbeitung an der Amtsstelle ermöglicht – nachvollziehbare, in den Akten ausgewiesene Handlungen zur Aufklärung, Ermittlung oder Auswertung der im Prüfungsverlauf bekannt gewordenen tatsächlichen und rechtlichen Sachverhalte. Handlungen im Innendienst der Finanzverwaltung, wie das Aktenstudium oder auch das bloße Zusammenstellen bisheriger Prüfungsergebnisse, können daher nur ausnahmsweise geeignet sein, die Unterbrechung der Prüfung zu beenden (vgl. BFH-Urteile vom 24. 4. 2003, VII R 3/02, und vom 26. 4. 2017, I R 76/15, jeweils a. a. O.).

3.6   Ermittlungen i. S. d. § 171 Abs. 4 Satz 3 AO sind nur diejenigen Maßnahmen eines Betriebsprüfers, die darauf gerichtet sind, Besteuerungsgrundlagen zu überprüfen oder bisher noch nicht bekannte Sachverhaltselemente festzustellen, etwa indem der Prüfer Unterlagen anfordert, den Steuerpflichtigen in irgendeiner anderen Weise zur Mitwirkung auffordert oder vom Steuerpflichtigen nachgereichte Unterlagen auswertet (vgl. BFH-Urteil vom 28. 6. 2011, VIII R 6/09, BFH/NV S. 1830). Die Zusammenstellung des

Prüfungsergebnisses im Prüfungsbericht stellt keine den Ablauf der Festsetzungsfrist hinausschiebende Ermittlungshandlung dar (BFH-Urteil vom 8. 7. 2009, XI R 64/07, BStBl 2010 II S. 4).

4. Ablaufhemmung wegen Ermittlungen der Steuerfahndung

4.1 Die Ablaufhemmung des § 171 Abs. 5 Satz 1 AO bei Ermittlungen der Steuerfahndung (Zollfahndung) umfasst – anders als im Fall des § 171 Abs. 4 AO – nicht den gesamten Steueranspruch; vielmehr tritt die Hemmung nur in dem Umfang ein, in dem sich die Ergebnisse der Ermittlungen auf die festzusetzende Steuer auswirken (BFH-Urteil vom 14. 4. 1999, XI R 30/96, BStBl II S. 478). Voraussetzung für die verjährungshemmende Wirkung einer Fahndungsprüfung ist jedoch, dass

– vor Ablauf der Festsetzungsfrist tatsächlich Ermittlungshandlungen der Steuerfahndung vorgenommen worden sind und

– für den Steuerpflichtigen nicht nur klar und eindeutig erkennbar war, dass in seinen Steuerangelegenheiten ermittelt wird, sondern auch, in welchem konkreten Besteuerungs- bzw. Strafverfahren die Steuerfahndung ermittelt (BFH-Urteile vom 17. 12. 2015, V R 58/14, BStBl 2016 II S. 574, und vom 17. 11. 2015, VIII R 67/13, BStBl 2016 II S. 569).

4.2 Die Ermittlungshandlungen müssen sich gegen den Steuerschuldner selbst oder gegen ein Vertretungsorgan des Steuerschuldners richten (BFH-Urteil vom 17. 12. 2015, V R 58/14, BStBl 2016 II S. 574). Im Falle der Zusammenveranlagung zur Einkommensteuer ist die Frage, ob Ermittlungsmaßnahmen vorgenommen wurden und eine Hemmung der Festsetzungsverjährung eingetreten ist, für jeden Ehegatten oder Lebenspartner gesondert zu prüfen (vgl. BFH-Urteil vom 17. 11. 2015, VIII R 68/13, BStBl 2016 II S. 571). Wird ein Steuerpflichtiger von der Steuerfahndung in Steuerangelegenheiten eines Dritten zur Auskunft oder zur Vorlage von Unterlagen aufgefordert, lösen diese Ermittlungen ihm gegenüber keine Ablaufhemmung nach § 171 Abs. 5 Satz 1 AO aus.

4.3 Hinsichtlich des Ablaufs der nach § 171 Abs. 5 Satz 1 AO gehemmten Festsetzungsfrist kommt es nicht darauf an, ob aufgrund der Fahndungsprüfung Steuerbescheide „ergangen" sind. Entscheidend ist, ob aufgrund der Ermittlungen der Fahndungsprüfung – ggf. auch erstmalig – Steuerbescheide zu erlassen sind. Wenn dies der Fall ist, endet die Ablaufhemmung und damit die Festsetzungsfrist insoweit erst, wenn diese Steuerbescheide unanfechtbar geworden sind (BFH-Urteil vom 17. 12. 2015, V R 58/14, BStBl 2016 II S. 574). § 171 Abs. 4 Satz 3 AO ist nicht entsprechend anwendbar. Die Ablaufhemmung des § 171 Abs. 5 Satz 1 AO ist nur dann ohne Bedeutung, wenn sich aufgrund einer Fahndungsprüfung keine Änderung der Besteuerungsgrundlagen ergibt.

4.4 Eine Ablaufhemmung nach § 171 Abs. 9 AO (z. B. aufgrund der Erstattung einer Selbstanzeige) schließt eine Ablaufhemmung nach § 171 Abs. 5 Satz 1 AO nicht aus, sofern deren Voraussetzungen vor Ablauf der ungehemmten Festsetzungsfrist erfüllt wurden. Muss das Finanzamt aufgrund unzureichender Angaben in der Selbstanzeige eigene Ermittlungen durch die Steuerfahndung anstellen, führen vor Ablauf der ungehemmten Festsetzungsfrist eingeleitete Ermittlungsmaßnahmen der Steuerfahndung zu einer eigenständigen Ablaufhemmung nach § 171 Abs. 5 Satz 1 AO, wenn die spätere Steuerfestsetzung auf diesen Ermittlungen beruht (BFH-Urteil vom 17. 11. 2015, VIII R 68/13, BStBl 2016 II S. 571).**1**

Anm. d. Schriftl.:

1 Ein solches „Beruhen" der Steuerfestsetzungen auf rechtzeitig begonnenen Ermittlungen setzt voraus, dass die Steuerfahndung vor Ablauf der ungehemmten Festsetzungsfrist Ermittlungshandlungen vornimmt, die konkret der Überprüfung der nacherklärten Besteuerungsgrundlagen dienen (BFH-Urteil vom 3. 7. 2018, BStBl 2019 II S. 122).

5. Bei einer vorläufigen Steuerfestsetzung nach § 165 Abs. 1 Satz 1 AO endet die Festsetzungsfrist nicht vor Ablauf eines Jahres, nachdem die Finanzbehörde von der Beseitigung der Ungewissheit Kenntnis erhalten hat (§ 171 Abs. 8 Satz 1 AO). Bei einer vorläufigen Steuerfestsetzung nach § 165 Abs. 1 Satz 2 AO endet die Festsetzungsfrist nicht vor Ablauf von zwei Jahren, nachdem die Finanzbehörde von der Beseitigung der Ungewissheit Kenntnis erlangt hat (§ 171 Abs. 8 Satz 2 AO). Die Ablaufhemmung beschränkt sich dabei auf den für vorläufig erklärten Teil der Steuerfestsetzung.

Eine Ungewissheit, die Anlass für eine vorläufige Steuerfestsetzung war, ist beseitigt, wenn die Tatbestandsmerkmale für die endgültige Steuerfestsetzung feststellbar sind.**❶** „Kenntnis" i. S. d. § 171 Abs. 8 AO verlangt positive Kenntnis der Finanzbehörde von der Beseitigung der Ungewissheit, ein „Kennen-müssen" von Tatsachen steht der Kenntnis nicht gleich (BFH-Urteil vom 26. 8. 1992, II R 107/90, BStBl 1993 II S. 5).

6. § 171 Abs. 10 Satz 1 AO gewährt eine maximale Anpassungsfrist von zwei Jahren nach Bekanntgabe eines durch eine Finanzbehörde erlassenen Grundlagenbescheids (vgl. BFH-Urteil vom 19. 1. 2005, X R 14/04, BStBl II S. 242).**❷❸❹❺** Der Zeitpunkt des Zugangs der finanzverwaltungsinternen Mitteilung über den Grundlagenbescheid bei der für den Erlass des Folgebescheids zuständigen Finanzbehörde ist für die Fristbestimmung ebenso unbeachtlich wie der Zeitpunkt, an dem der Grundlagenbescheid unanfechtbar geworden ist. Eine Anfechtung des Grundlagenbescheids führt lediglich zur Hemmung der Feststellungsfrist (§ 181 Abs. 1 Satz 1 i. V. m. § 171 Abs. 3a AO), nicht aber zur Hemmung der Festsetzungsfrist der Folgebescheide (vgl. BFH-Urteil vom 19. 1. 2005, X R 14/04, a. a. O.).

6.1 Bei Grundlagenbescheiden, die nicht von einer Finanzbehörde erlassen werden, beginnt die Zweijahresfrist nach § 171 Abs. 10 Satz 2 AO in dem Zeitpunkt, in dem die für den Erlass des Folgebescheids zuständige Finanzbehörde Kenntnis von diesem Grundlagenbescheid erlangt hat.

§ 171 Abs. 10 Satz 2 AO gilt für alle am 31. 12. 2016 noch nicht abgelaufenen Festsetzungsfristen (Art. 97 § 10 Abs. 14 EGAO).

6.2 Werden Feststellungen im Grundlagenbescheid in einem Feststellungs-, Einspruchs- oder Klageverfahren geändert, führt dies zu einer erneuten Anpassungspflicht nach § 175 Abs. 1 Satz 1 Nr. 1 AO und damit wiederum zu einer Ablaufhemmung nach § 171 Abs. 10 Satz 1 oder 2 AO. Dagegen setzt ein Grundlagenbescheid, der einen gleichartigen, dem Inhaltsadressaten wirksam bekannt gegebenen Steuerverwaltungsakt in seinem verbindlichen Regelungsgehalt lediglich wiederholt, oder eine Einspruchs- oder Gerichtsentscheidung, die einen Grundlagenbescheid lediglich bestätigt, keine neue Zwei-

---

Anm. d. Schriftl.:

❶ Die Ungewissheit i. S. von § 165 AO i. V. m. § 171 Abs. 8 AO, ob ein Steuerpflichtiger mit Einkünfteerzielungsabsicht tätig geworden ist oder ob Liebhaberei vorliegt, ist beseitigt, wenn die für die Beurteilung der Einkünfteerzielungsabsicht maßgeblichen Hilfstatsachen festgestellt werden können und das FA davon positive Kenntnis hat (BFH-Urteil vom 4. 9. 2008, BStBl 2009 II S. 335).

❷ Steuer- und Haftungsbescheid stehen nicht in dem Verhältnis von Grundlagen- und Folgebescheid zueinander (BFH-Urteil vom 5. 10. 2004, BStBl 2006 II S. 343).

❸ Bei der Bescheinigung nach § 4 Nr. 21 Buchst. a Doppelbuchst. bb UStG handelt es sich um einen Grundlagenbescheid i. S. von § 175 Abs. 1 Satz 1 Nr. 1 AO (BFH-Urteil vom 20. 8. 2009, BStBl 2010 II S. 15).

❹ Nach dem BFH-Urteil vom 21. 2. 2013, BStBl 2013 II S. 529, bewirken die von ressortfremden Behörden erlassenen Grundlagenbescheide, die nicht dem Anwendungsbereich der §§ 179 ff. AO unterliegen, eine Ablaufhemmung nach § 171 Abs. 10 AO nur, wenn sie vor Ablauf der Festsetzungsfrist der im Einzelfall betroffenen Steuer erlassen worden sind. Eine Vertrauensschutzregelung enthält das BMF-Schreiben vom 31. 1. 2014, BStBl 2014 I S. 159.

❺ Die für Folgebescheide geltende Ablaufhemmung nach § 171 Abs. 10 Satz 1 AO wird im Verhältnis vom Einkommensteuerbescheid zum Zinsbescheid gemäß § 233a AO durch die speziellen Regelungen in § 239 Abs. 1 Sätze 1 bis 3 AO verdrängt (BFH-Urteil vom 16. 1. 2019, BStBl 2019 II S. 362).

Jahresfrist in Lauf (vgl. BFH-Urteile vom 13. 12. 2000, X R 42/96, BStBl 2001 II S. 471, und vom 19. 1. 2005, X R 14/04, BStBl II S. 242).

6.3 Die Aufhebung des Vorbehalts der Nachprüfung eines Grundlagenbescheids steht dem Erlass eines geänderten Grundlagenbescheids gleich. Sie setzt daher die Zwei-Jahresfrist des § 171 Abs. 10 Satz 1 AO in Lauf. Dies gilt auch dann, wenn der Vorbehalt der Nachprüfung hinsichtlich des Grundlagenbescheids aufgehoben wird, ohne dass eine sachliche Änderung des Grundlagenbescheids erfolgt (BFH-Urteil vom 11. 4. 1995, III B 74/92, BFH/NV S. 943). Soweit ein Folgebescheid den nunmehr endgültigen Grundlagenbescheid noch nicht berücksichtigt hat, muss er selbst dann nach § 175 Abs. 1 Satz 1 Nr. 1 AO korrigiert werden, wenn der Vorbehalt der Nachprüfung des Grundlagenbescheids aufgehoben wurde, ohne dass eine sachliche Änderung des Grundlagenbescheids erfolgt.

6.4 Die Feststellung der Nichtigkeit eines Feststellungsbescheids durch Verwaltungakt (vgl. AEAO zu § 125, Nr. 4) stellt einen Grundlagenbescheid dar. Die Nichtigkeitsfeststellung ist gemäß § 125 Abs. 5 AO auch nach Ablauf der Feststellungsfrist zulässig und ermöglicht nach § 171 Abs. 10 AO binnen zwei Jahren die Folgeänderung (BFH-Urteil vom 20. 8. 2014, X R 15/10, BStBl 2015 II S. 109).

6.5 Ein Grundlagenbescheid, der nicht den Vorschriften der Feststellungsverjährung (§ 181 AO) unterliegt, löst die Ablaufhemmung nach § 171 Abs. 10 Satz 1 oder 2 AO nur dann aus, wenn er vor Ablauf der Festsetzungsfrist des Folgebescheids bei der für den Erlass des Grundlagenbescheids zuständigen Behörde beantragt worden ist (§ 171 Abs. 10 Satz 3 AO). Hierunter fallen neben Grundlagenbescheiden ressortfremder Behörden (z. B. Bescheinigungen nach § 4 Nr. 20 Buchstabe a UStG) auch Bescheide über Billigkeitsmaßnahmen nach § 163 AO, weil auch insoweit die Regelungen der §§ 179 ff. AO nicht gelten. Die Festsetzungsfrist für den Folgebescheid läuft in diesen Fällen nicht ab, solange über den Antrag auf Erlass des Grundlagenbescheids noch nicht unanfechtbar entschieden worden ist.

6.6 Die Festsetzungsfrist für einen Folgebescheid läuft nach § 171 Abs. 10 Satz 4 AO nicht ab, solange der Ablauf der Festsetzungsfrist des von der Bindungswirkung nicht erfassten Teils der Steuer aufgrund einer Außenprüfung nach § 171 Abs. 4 AO gehemmt ist. Diese Regelung ermöglicht es, die Anpassung des Folgebescheids an einen Grundlagenbescheid (§ 175 Abs. 1 Satz 1 Nr. 1 AO) und die Auswertung der Ergebnisse der Außenprüfung zusammenzufassen.

6.7 Bei der Entscheidung, ob eine gesonderte Feststellung durchgeführt oder geändert werden kann, ist die Frage der Verjährung der von der Feststellung abhängigen Steuern nicht zu prüfen. Ist die Feststellungsfrist bereits abgelaufen, die Steuerfestsetzung in einem Folgebescheid aber noch zulässig, so gilt § 181 Abs. 5 AO.

6.8 Beispiele zur Anwendung des § 171 Abs. 10 Satz 1 AO**❶**

Beispiel 1:

Bei der im Jahr 03 durchgeführten ESt-Veranlagung 01 (Abgabe der Steuererklärung im Jahr 03) wurden die Beteiligungseinkünfte in erklärter Höhe berücksichtigt. Ein von den erklärten Werten abweichender Grundlagenbescheid wird am 4. 4. 06 bekannt gegeben.

Lösung:

Obgleich die allgemeine Festsetzungsfrist gemäß § 170 Abs. 2 Satz 1 Nr. 1 AO mit Ablauf des 31. 12. 07 endet, kann eine Anpassung des ESt-Bescheids 01 an den Grundlagenbescheid gem. § 171 Abs. 10 Satz 1 AO bis zum Ablauf des 4. 4. 08 erfolgen, da insoweit die Festsetzungsfrist nicht vor Ablauf von zwei Jahren nach Bekanntgabe des Grundlagenbescheids endet.

Amtl. Fn.:

❶ Es wird unterstellt, dass kein Fristende auf einen Sonntag, einen gesetzlichen Feiertag oder einen Sonnabend fällt.

Beispiel 2:

Wie Beispiel 1, allerdings wird der Grundlagenbescheid am 4. 4. 05 bekannt gegeben.

Lösung:

Eine Anpassung des ESt-Bescheids kann bis zum Ablauf der allgemeinen Festsetzungsfrist am 31. 12. 07 erfolgen. Ohne Bedeutung ist, dass die Zwei-Jahresfrist des § 171 Abs. 10 Satz 1 AO bereits mit Ablauf des 4. 4. 07 endet.

Beispiel 3:

Wie Beispiel 1, die Bekanntgabe des Grundlagenbescheids erfolgt in offener Feststellungsfrist, jedoch nach Ablauf der allgemeinen Festsetzungsfrist, am 4. 4. 08.

Lösung:

Eine Anpassung des ESt-Bescheids 01 an den Grundlagenbescheid ist gem. § 171 Abs. 10 Satz 1 AO bis zum Ablauf des 4. 4. 10 möglich, da die Festsetzungsfrist insoweit nicht vor Ablauf von zwei Jahren nach Bekanntgabe des Grundlagenbescheids endet.

6.9 Zur Anwendung des § 171 Abs. 10 AO bei Zinsbescheiden siehe AEAO zu § 239, Nr. 2.

7. § 171 Abs. 10a AO ist erstmals anzuwenden, wenn steuerliche Daten eines Steuerpflichtigen für Besteuerungszeiträume nach 2016 oder Besteuerungszeitpunkte nach dem 31. 12. 2016 auf Grund gesetzlicher Vorschriften von einem Dritten als mitteilungspflichtiger Stelle elektronisch an Finanzbehörden zu übermitteln sind (Art. 97 § 27 Abs. 2 EGAO).

8. § 171 Abs. 14 AO**❶❷❸** verlängert die Festsetzungsfrist bis zum Ablauf der Zahlungsverjährung für die Erstattung von rechtsgrundlos gezahlten Steuern. Die Finanzbehörde kann daher Steuerfestsetzungen, die wegen Bekanntgabemängeln unwirksam waren oder deren wirksame Bekanntgabe die Finanzbehörde nicht nachweisen kann (vgl. § 122 Abs. 2 Halbsatz 2 AO), noch nach Ablauf der regulären Festsetzungsfrist nachholen, soweit die Zahlungsverjährungsfrist für die bisher geleisteten Zahlungen noch nicht abgelaufen ist (vgl. BFH-Urteil vom 13. 3. 2001, VIII R 37/00, BStBl. II S. 430).

Vor §§ 172 bis 177 AO

AEAO Bestandskraft:**❹**

1. Die §§ 172 ff. AO regeln die Durchbrechung der materiellen Bestandskraft (Verbindlichkeit einer Verwaltungsentscheidung). Sie ist von der formellen Bestandskraft (Unanfechtbarkeit) zu unterscheiden. Diese liegt vor, soweit ein Verwaltungsakt nicht oder nicht mehr mit Rechtsbehelfen angefochten werden kann. Unanfechtbarkeit bedeutet

Anm. d. Schriftl.:

❶ Die Ablaufhemmung des § 171 Abs. 14 AO ist auf den Gewerbesteuermessbescheid als Grundlagenbescheid weder unmittelbar noch sinngemäß anwendbar (BFH-Urteil vom 5. 2. 2014, BStBl 2016 II S. 567).

❷ Die Anwendung des § 171 Abs. 14 AO ist nicht auf die Fälle unwirksamer Steuerfestsetzungen beschränkt. Vielmehr ist grundsätzlich jeder mit dem Steueranspruch zusammenhängende Erstattungsanspruch geeignet, eine Ablaufhemmung auszulösen (BFH-Urteil vom 4. 8. 2020, BStBl 2022 II S. 98).

❸ In den sog. Bauträgerfällen führt ein Erstattungsanspruch des Leistungsempfängers (Bauträger) nicht zu einer Ablaufhemmung für die Steuerfestsetzung beim Bauleistenden, wenn im Zeitpunkt der Festsetzung des Erstattungsanspruchs bereits Festsetzungsverjährung beim Bauleistenden eingetreten ist (BFH-Urteil vom 27. 7. 2021, BStBl 2022 II S. 155).

❹ Ein Steuerbescheid ist auch bei einem erst nachträglich erkannten Verstoß gegen das Unionsrecht nicht unter günstigeren Bedingungen als bei einer Verletzung innerstaatlichen Rechts änderbar (BFH-Urteil vom 16. 9. 2010, BStBl 2011 II S. 151).

nicht Unabänderbarkeit. Dementsprechend können auch Steuerfestsetzungen unter dem Vorbehalt der Nachprüfung unanfechtbar werden (vgl. BFH-Urteil vom 19.12.1985, V R 167/82, BStBl 1986 II S. 420).

2. Die Vorschriften über die materielle Bestandskraft gelten für Steuerfestsetzungen i. S. des § 155 AO sowie für alle Festsetzungen, für die die Vorschriften über das Steuerfestsetzungsverfahren anzuwenden sind. Keine Anwendung finden sie bei der Rücknahme eines rechtswidrigen und dem Widerruf eines rechtmäßigen begünstigenden oder nicht begünstigenden sonstigen Verwaltungsaktes (vgl. AEAO zu §§ 130, 131).

3. Die materielle Bestandskraft wird nur durchbrochen, soweit es das Gesetz zulässt. Die Zulässigkeit ergibt sich nicht nur aus der AO selbst (z. B. §§ 164, 165, 172 bis 175b AO), sondern auch aus anderen Steuergesetzen (z. B. § 10d Abs. 1 EStG; § 35b GewStG; §§ 24 und 24a BewG; § 20 GrStG).

4. Steuerfestsetzungen unter Vorbehalt der Nachprüfung sowie Vorauszahlungsbescheide (§ 164 Abs. 1 Satz 2 AO) und Steueranmeldungen (§ 150 Abs. 1 Satz 2, § 168 AO), die kraft Gesetzes unter Vorbehalt der Nachprüfung stehen, sind unabhängig von der formellen Bestandskraft nach § 164 Abs. 2 AO dem Umfang nach uneingeschränkt änderbar, solange der Vorbehalt nicht aufgehoben worden oder entfallen ist; § 176 AO bleibt unberührt.

5. Die falsche Bezeichnung der Änderungsvorschrift im Änderungsbescheid führt nicht zur Rechtswidrigkeit des geänderten Bescheids (BFH-Urteil vom 21.10.2014, VIII R 44/11, BStBl 2015 II S. 593). Für die Rechtmäßigkeit eines Änderungsbescheids ist allein maßgeblich, dass er im Zeitpunkt seines Erlasses durch eine Änderungsmöglichkeit gedeckt ist (ständige BFH-Rechtsprechung).

6. Zeitlich ist die Aufhebung, Änderung oder Berichtigung einer Steuerfestsetzung nur innerhalb der Festsetzungsfrist zulässig (§ 169 AO).

7. Bei Änderung oder Berichtigung von Steuerfestsetzungen sind die Vorschriften der Kleinbetragsverordnung zu beachten.

8. Steuerliche Wahlrechte

8.1 Ein steuerliches Wahlrecht liegt vor, wenn ein Steuergesetz für einen bestimmten Tatbestand – ausnahmsweise – mehr als eine Rechtsfolge vorsieht und es dem Steuerpflichtigen überlassen bleibt, sich für eine dieser Rechtsfolgen zu entscheiden. Übt der Steuerpflichtige dieses Wahlrecht nicht oder nicht wirksam aus, tritt die vom Gesetzgeber als Regelfall vorgesehene Rechtsfolge ein.

8.2 Die Ausübung des Wahlrechts („Antrag") ist eine empfangsbedürftige Willenserklärung. Soweit im Gesetz keine besondere Form (z. B. Schriftform oder amtlicher Vordruck; vgl. § 13a Abs. 2 Satz 3 EStG, § 4a Abs. 1 UStG) vorgeschrieben ist, kann das Wahlrecht auch durch schlüssiges Verhalten ausgeübt werden (vgl. BFH-Urteil vom 11.12.1997, V R 50/94, BStBl 1998 II S. 420).

8.3 Sieht das Gesetz einen unwiderruflichen Antrag vor (vgl. z. B. § 5a Abs. 1, § 10 Abs. 1a Nr. 1 Satz 3 EStG; bis 31.12.2014: § 10 Abs. 1 Nr. 1 Satz 3 EStG), wird die Willenserklärung bereits mit ihrem Zugang beim Finanzamt wirksam und kann von diesem Zeitpunkt an nicht mehr zurückgenommen oder widerrufen werden (vgl. BFH-Urteil vom 17.1.1995, IX R 37/91, BStBl II S. 410); Ausnahme: Anfechtung nach §§ 119 ff. BGB.

8.4 Setzt die Ausübung des Wahlrechts die Zustimmung des Finanzamts oder Dritter (vgl. § 10 Abs. 1a Nr. 1 Satz 1 EStG; bis 31.12.2014: § 10 Abs. 1 Nr. 1 Satz 1 EStG) voraus, treten die Rechtswirkungen der vom Steuerpflichtigen getroffenen Wahl erst mit dieser Zustimmungserklärung ein. Dies gilt entsprechend, wenn das Wahlrecht von mehreren Steuerpflichtigen einheitlich ausgeübt werden muss (vgl. z. B. § 33a Abs. 2 Satz 5, § 33b Abs. 5 Satz 3 EStG).

Die Zustimmung des Finanzamts kann auch konkludent erfolgen, soweit nichts anderes bestimmt ist. Eine konkludente Zustimmung zu einem Antrag des Steuerpflichtigen kann insbesondere in einer „erklärungsgemäßen Veranlagung" zu sehen sein (BFH-Urteile vom 7.11.2013, IV R 13/10, BStBl 2015 II S.226 und vom 23.12.2021, V B 22/21 (AdV), BFH/NV 2022 S.741).

8.5 Soweit das Gesetz im Einzelfall keine bestimmte Frist (vgl. z.B. § 5a Abs.3 EStG; § 23 Abs.3 Satz 1 UStG) zur Ausübung des Wahlrechts („Antragsfrist") vorsieht, kann das Wahlrecht grundsätzlich bis zum Ablauf der Festsetzungsfrist ausgeübt werden. Die Bestandskraft des Steuerbescheids, in dem sich das Wahlrecht auswirkt, schränkt allerdings die Wahlrechtsausübung ein.

8.5.1 Nach Eintritt der Unanfechtbarkeit der Steuerfestsetzung können Wahlrechte grundsätzlich nur noch ausgeübt oder widerrufen werden, soweit die Steuerfestsetzung nach §§ 129, 164, 165, 172 ff. AO oder nach entsprechenden Regelungen in den Einzelsteuergesetzen (vgl. AEAO vor §§ 172 bis 177, Nr.3) korrigiert werden kann (vgl. BFH-Urteil vom 30.8.2001, IV R 30/99, BStBl 2002 II S.49 m.w.N.), dabei sind die §§ 177 und 351 Abs.1 AO zu beachten (vgl. BFH-Urteil vom 27.10.2015, X R 44/13, BStBl 2016 II S.278). Die nachträgliche oder geänderte Ausübung eines Antrags- oder Wahlrechts stellt für sich genommen keine verfahrensrechtliche Grundlage für die Änderung von Bescheiden dar. Dies gilt auch dann, wenn sie auf einer Änderung der wirtschaftlichen Geschäftsgrundlage beruht (BFH-Urteil vom 9.12.2015, X R 56/13, BStBl 2016 II S.967).

8.5.2 Wahlrechte, für deren Ausübung das Gesetz <u>keine Frist</u> vorsieht und für die es grundsätzlich auch keine Bindung an die einmal getroffene Wahl gibt, können grundsätzlich bis zur Unanfechtbarkeit eines Änderungsbescheids (erneut) ausgeübt werden. Dies gilt allerdings nur für das Veranlagungswahlrecht nach § 26 EStG (vgl. BFH-Urteile vom 19.5.1999, XI R 97/94, BStBl II S.762, vom 24.1.2002, III R 49/00, BStBl II S.408 m.w.N. und vom 9.12.2015, X R 56/13, a.a.O.). Nach Eintritt der Unanfechtbarkeit des Steuerbescheids kann die Wahl der Veranlagungsart jedoch nur unter den Voraussetzungen des § 26 Abs.2 Satz 4 EStG geändert werden.

8.5.3 Wurde ein steuererhöhender Änderungsbescheid erlassen, mit dem ein weiterer steuererheblicher Sachverhalt erfasst worden und aufgrund dessen überhaupt erst die wirtschaftliche Notwendigkeit entstanden ist, sich mit der erstmaligen bzw. geänderten Ausübung eines Antrags- oder Wahlrechts zu befassen, kann das Antrags- oder Wahlrecht noch bis zur Unanfechtbarkeit des Änderungsbescheids ausgeübt werden. Dies gilt jedoch nur unter der Voraussetzung, dass die steuerlichen Auswirkungen des Antrags- oder Wahlrechts insgesamt den Änderungsrahmen des § 351 Abs.1 AO nicht übersteigen. Ein Antrags- oder Wahlrecht ist nicht teilbar (vgl. BFH-Urteile vom 27.10.2015, X R 44/13, a.a.O. und vom 9.12.2015, X R 56/13, a.a.O.).

8.5.4 Die steuerrechtliche Wirkung von Wahlrechten, die nur <u>bis zur Bestandskraft der Steuerfestsetzung</u> ausgeübt werden können, kann nach Eintritt dieses Zeitpunkts nicht nach § 172 Abs.1 Satz 1 Nr.2 Buchstabe a AO beseitigt werden (vgl. BFH-Urteil vom 18.12.1973, VIII R 101/69, BStBl 1974 II S.319).

Die Wahlrechtsausübung kann nicht durch einen Austausch gegen bisher nicht berücksichtigte Besteuerungsgrundlagen rückgängig gemacht werden; infolge der Bestandskraft der Steuerfestsetzung ist der Steuerpflichtige an seine Wahl gebunden (vgl. BFH-Urteil vom 25.2.1992, IX R 41/91, BStBl II S.621).

8.5.5 Die nachträgliche Ausübung eines Wahlrechts oder der Widerruf eines bereits ausgeübten Wahlrechts ist keine neue Tatsache i.S.d. § 173 AO, sondern Verfahrenshandlung (vgl. BFH-Urteil vom 25.2.1992, IX R 41/91, a.a.O.).

Ausnahmsweise liegt ein rückwirkendes Ereignis i.S.d. § 175 Abs.1 Satz 1 Nr.2 AO vor, wenn die Wahlrechtsausübung oder ihr Widerruf selbst Merkmal des gesetzlichen Tatbestands ist. Zum durch die Zustimmungserklärung des Empfängers qualifizierten Antrag nach § 10 Abs.1a Nr.1 Satz 1 EStG (bis 31.12.2014: § 10 Abs.1 Nr.1 Satz 1 EStG) vgl. BFH-Urteil vom 12.7.1989, X R 8/84, BStBl II S.957. Zum Widerruf der Wahlrechtsausübung in den Fällen des § 37b EStG in Bezug auf die beim Zuwendungsempfänger vorzunehmende Besteuerung vgl. BFH-Urteil vom 15. 6. 2016, VI R 54/15, BStBl II S. 1010.

8.5.6　Zur Änderung von Steuerfestsetzungen nach § 175 Abs. 1 Satz 1 Nr. 1 AO bei nachträglichem Antrag auf Anwendung des § 33b EStG vgl. BFH-Urteil vom 13. 12. 1985, III R 204/81, BStBl 1986 II S. 245 und H 33b (Allgemeines) EStH.

9.　　Wegen der Berichtigung offenbarer Unrichtigkeiten Hinweis auf § 129 AO.

Zu § 172 AO

AEAO　　　Aufhebung und Änderung von Steuerbescheiden:**❶❷**

1.　Die Vorschrift gilt nur für Steuerbescheide, nicht für Haftungs-, Duldungs- und Aufteilungsbescheide (vgl. AEAO vor §§ 130, 131).

2.　§ 172 Abs. 1 Satz 1 Nr. 2 Buchstabe a AO lässt die schlichte Änderung eines Steuerbescheids zugunsten des Steuerpflichtigen unter der Voraussetzung zu, dass der Steuerpflichtige vor Ablauf der Einspruchsfrist die Änderung beantragt oder ihr zugestimmt hat. Der Antrag auf schlichte Änderung bedarf keiner Form. Anträge, die nicht schriftlich oder elektronisch gestellt werden, sind aktenkundig zu machen. Nicht ausdrücklich als Einspruch bezeichnete, vor Ablauf der Einspruchsfrist schriftlich oder elektronisch vorgetragene Änderungsbegehren des Steuerpflichtigen können regelmäßig als schlichte Änderungsanträge behandelt werden, wenn der Antragsteller eine genau bestimmte Änderung des Steuerbescheids beantragt und das Finanzamt dem Begehren entsprechen will. Andernfalls ist ein Einspruch anzunehmen, da der Einspruch die Rechte des Steuerpflichtigen umfassender und wirkungsvoller wahrt als der bloße Änderungsantrag. Hat der Steuerpflichtige sich für den Rechtsbehelf des Einspruchs entschieden, so überlagert der förmliche Rechtsbehelf einen etwaigen daneben gestellten Antrag auf schlichte Änderung des Steuerbescheids (vgl. BFH-Urteil vom 27. 9. 1994, VIII R 36/89, BStBl 1995 II S. 353).

Das Finanzamt darf den Steuerbescheid aufgrund eines schlichten Änderungsantrags nur in dem Umfange zugunsten des Steuerpflichtigen ändern, als der Steuerpflichtige vor Ablauf der Einspruchsfrist eine genau bestimmte Änderung bezogen auf einen konkreten Lebenssachverhalt beantragt hat (vgl. u. a. BFH-Urteil vom 20. 12. 2006, X R 30/05, BStBl 2007 II S. 503 m. w. N.). Es genügt nicht, dass der Steuerpflichtige lediglich die betragsmäßige Auswirkung bzw. den Änderungsrahmen beziffert (z. B. Herabsetzung der Steuer auf „Null") oder dass ein auf Änderung des Bescheids lautender allgemeiner Antrag des Steuerpflichtigen erst nach Ablauf der Einspruchsfrist hinsichtlich der einzelnen Korrekturpunkte konkretisiert wird (z. B. durch Nachreichen einer Steuererklärung). Auch eine Erweiterung des Änderungsbegehrens ist nach Ablauf der Einspruchsfrist nicht mehr möglich (zur Erweiterung eines Einspruchsantrags vgl. AEAO zu § 367, Nr. 3). Der Antragsteller kann allenfalls nach Ablauf der Einspruchsfrist Argumente oder Nachweise zur Begründung eines rechtzeitig gestellten, hinreichend konkreten Änderungsantrags nachreichen oder ergänzen, soweit hierdurch der durch den ursprünglichen Änderungsantrag (Lebenssachverhalt)

Anm. d. Schriftl.:

❶ Anhängige, außerhalb eines Einspruchs- und Klageverfahrens gestellte Anträge auf Aufhebung oder Änderung einer Steuerfestsetzung, die eine vom EuGH, vom BVerfG oder vom BFH entschiedene Rechtsfrage betreffen und denen nach dem Ausgang des Verfahrens vor diesen Gerichten nicht entsprochen werden kann, können durch Allgemeinverfügung insoweit zurückgewiesen werden (vgl. § 172 Abs. 3 AO).

❷ Die Anforderungen an die Konkretisierung des Antrags auf „schlichte" Änderung i. S. des § 172 Abs. 1 Satz 1 Nr. 2 Buchst. a AO sind nicht strenger als die Anforderungen an die Konkretisierung des Gegenstands des Klagebegehrens i. S. des § 65 Abs. 1 FGO (BFH-Beschluss vom 22. 5. 2019, BStBl 2019 II S. 647).

festgelegte Änderungsrahmen nicht überschritten wird. Eine Antragserweiterung oder erneute Antragstellung ist nur innerhalb der Einspruchsfrist möglich.

An das (fristgerechte) Vorbringen des Steuerpflichtigen ist das Finanzamt gebunden. Es kann die Steuerfestsetzung nicht in vollem Umfang erneut überprüfen und ggf. verbösern. Mit der beantragten Änderung nicht in sachlichen oder rechtlichen Zusammenhang stehende materielle Fehler der Steuerfestsetzung können aber ggf. über § 177 AO berichtigt werden.

Aussetzung der Vollziehung (§ 361 AO) ist aufgrund eines schlichten Änderungsantrags nicht zulässig, allenfalls ist Stundung (§ 222 AO) möglich.

3. Nach § 172 Abs. 1 Satz 1 Nr. 2 Buchstabe a AO kann ein Steuerbescheid zuungunsten des Steuerpflichtigen aufgehoben oder geändert werden, wenn dieser der Aufhebung oder Änderung zustimmt oder er diese Korrektur beantragt hat.**🞂🞃** Die Anzeige eines Steuerpflichtigen nach § 153 AO stellt noch keine Zustimmung zu einer Änderung der Steuerfestsetzung zu seinen Ungunsten i. S. d. § 172 Abs. 1 Satz 1 Nr. 2 Buchstabe a AO dar; ggf. kommt aber eine Änderung nach § 173 Abs. 1 Nr. 1 AO in Betracht. Empfangsbedürftige Willenserklärungen unterliegen den Auslegungsregelungen der §§ 133, 157 BGB. Entscheidend ist, wie der Erklärungsempfänger den objektiven Erklärungswert der Erklärung verstehen musste (vgl. BFH-Urteile vom 8. 6. 2000, IV R 37/99, BStBl 2001 II S. 162, und vom 5. 10. 2000, VII R 96/99, BStBl 2001 II S. 86).

4. Unter arglistiger Täuschung im Sinne des § 172 Abs. 1 Satz 1 Nr. 2 Buchst. c AO ist die bewusste und vorsätzliche Irreführung zu verstehen, wie jedes vorsätzliche Verschweigen oder Vortäuschen von Tatsachen, durch das die Willensbildung der Behörde unzulässig beeinflusst wird. Für Arglist reicht bereits das Bewusstsein aus, wahrheitswidrige Angaben zu machen. Nicht erforderlich ist dagegen die Absicht, damit das Finanzamt zu einer Entscheidung zu veranlassen (vgl. BFH-Urteil vom 8. 7. 2015, VI R 51/14, BStBl 2017 II S. 13).

5. § 172 Abs. 1 Satz 2 AO bestimmt, dass auch ein durch Einspruchsentscheidung bestätigter oder geänderter Verwaltungsakt nach den Vorschriften der §§ 129, 164, 165, 172 ff. AO sowie nach entsprechenden Korrekturnormen in den Einzelsteuergesetzen (vgl. AEAO vor §§ 172 bis 177, Nr. 3) korrigiert werden darf. Gleiches gilt für einen im Einspruchsverfahren ergehenden Abhilfe bescheid (z. B. nach § 172 Abs. 1 Satz 1 Nr. 2 Buchstabe a AO). Zum Erlass eines Abhilfebescheids im Klageverfahren nach einer rechtmäßigen Fristsetzung gemäß § 364b AO vgl. AEAO zu § 364b, Nr. 5.

6. Nach § 172 Abs. 1 Satz 3 Halbsatz 1 AO ist eine schlichte Änderung auch dann möglich, wenn der zu ändernde Bescheid bereits durch Einspruchsentscheidung bestätigt oder geändert worden ist. Dies gilt auch, wenn lediglich die erneute Überprüfung einer Rechtsfrage begehrt wird, über die in der Einspruchsentscheidung bereits entschieden worden ist (vgl. BFH-Urteil vom 27. 10. 2020, VIII R 30/17, BStBl II S. 927). Der Änderungsantrag muss vor Ablauf der Klagefrist gestellt worden sein, nach Ablauf dieser Frist ist er unzulässig. Die Wirkungen einer nach § 364b Abs. 2 AO gesetzten Ausschlussfrist dürfen allerdings durch eine schlichte Änderung nicht unterlaufen werden (§ 172 Abs. 1 Satz 3 Halbsatz 2 AO).

7. Zum Einspruchsverfahren gegen Entscheidungen über die schlichte Änderung vgl. AEAO zu § 347, Nr. 2.

Anm. d. Schriftl.:

🞂 Erklärt sich der steuerliche Berater mit der vom Außenprüfer in der Schlussbesprechung vorgeschlagenen Behandlung bestimmter Einkünfte einverstanden, kann darin nach den Umständen des Einzelfalls eine Zustimmung zu einer Änderung zu Ungunsten des Stpfl. liegen, auch wenn die Erklärung lediglich in Anwesenheit von Angehörigen der Betriebsprüfungsstelle abgegeben wird (BFH-Urteil vom 5. 6. 2003, BStBl 2004 II S. 2).

🞃 Ein wirksamer Antrag auf „schlichte" Änderung nach § 172 Abs. 1 Satz 1 Nr. 2 Buchst. a AO zugunsten des Steuerpflichtigen muss das verfolgte Änderungsbegehren innerhalb der Einspruchsfrist seinem sachlichen Gehalt nach zumindest in groben Zügen zu erkennen geben. Angaben zur rein betragsmäßigen Auswirkung der Änderung auf die Steuerfestsetzung sind für einen wirksamen Antrag weder erforderlich noch – für sich genommen – ausreichend (BFH-Urteil vom 20. 12. 2006, BStBl 2007 II S. 503).

Zu § 173 AO

AEAO   **Aufhebung oder Änderung von Steuerbescheiden wegen neuer Tatsachen oder Beweismittel:**

Inhaltsübersicht

1.   Tatsachen und Beweismittel

1.1   Tatsache i. S. d. § 173 Abs. 1 AO ist alles, was Merkmal oder Teilstück eines steuergesetzlichen Tatbestandes sein kann, also Zustände, Vorgänge, Beziehungen und Eigenschaften materieller oder immaterieller Art (vgl. BFH-Urteile vom 1. 10. 1993, III R 58/92, BStBl 1994 II S. 346, vom 18. 12. 1996, XI R 36/96, BStBl 1997 II S. 264, und vom 14. 1. 1998, II R 9/97, BStBl II S. 371). Zu den Tatsachen gehören auch innere Tatsachen (z. B. die Absicht, Einkünfte bzw. Gewinne zu erzielen), die nur anhand äußerer Merkmale (Hilfstatsachen) festgestellt werden können (vgl. BFH-Urteil vom 6. 12. 1994, IX R 11/91, BStBl 1995 II S. 192).

1.1.1 Tatsachen i. S. d. § 173 Abs. 1 AO sind bei einer Schätzung die Schätzungsgrundlagen (nicht die Schätzung selbst: vgl. AEAO zu § 173, Nr. 7). Tatsachen sind auch vorgreifliche Rechtsverhältnisse aus nichtsteuerlichen Rechtsgebieten (vgl. BFH-Urteil vom 13. 10. 1983, I R 11/79, BStBl 1984 II S. 181). Um Tatsachen und nicht um juristische Wertungen handelt es sich, wenn ein Steuerpflichtiger z. B. unter der Bezeichnung „Kauf", „Vermietung" oder „Geschäftsführer-Gehalt" in der Steuererklärung vorgreifliche Rechtsverhältnisse geltend macht; derartige Begriffe enthalten eine Zusammenfassung von Tatsachen, die eine bestimmte rechtliche Wertung auslösen (vgl. BFH-Urteil vom 20. 12. 1988, VIII R 121/83, BStBl 1989 II S. 585). Folglich kann ein Steuerbescheid nach § 173 Abs. 1 AO geändert werden, wenn sich aufgrund nachträglich bekannt gewordener Tatsachen die vom Steuerpflichtigen übernommene Wertung als unzutreffend erweist.

1.1.2 Keine Tatsachen i. S. d. § 173 Abs. 1 AO sind Rechtsnormen und Schlussfolgerungen aller Art, insbesondere steuerrechtliche Bewertungen (vgl. BFH-Urteil vom 27. 10. 1992, VIII R 41/89, BStBl 1993 II S. 569). Ebenso stellen Entscheidungen des BVerfG zur Verfassungswidrigkeit einer Rechtsnorm sowie nachträgliche Gesetzesänderungen keine neuen Tatsachen i. S. v. § 173 Abs. 1 AO dar (vgl. BFH-Urteile vom 12. 5. 2009, IX R 45/08, BStBl II S. 891, und vom 11. 2. 1994, III R 50/92, BStBl II S. 389). Gleiches gilt für die (ggf. anderweitige) Ausübung steuerlicher Wahlrechte oder die Nachholung eines Antrags (vgl. AEAO vor §§ 172 bis 177, Nr. 8). Ein Antrag kann allerdings nachgeholt werden, soweit die für seine Ausübung relevanten Tatsachen als solche nachträglich bekannt werden (vgl. AEAO zu § 173, Nr. 3.2).

1.1.3 Bei Sachverhalten, die bei verschiedenen Steuerpflichtigen steuerlich eigenständig zu berücksichtigen sind, weil die Steuergesetze im Regelfall keine korrespondierende Berücksichtigung vorschreiben, sind die für die einzelne Steuerfestsetzung relevanten Tatsachen und steuerrechtliche Bewertungen zu unterscheiden. So geben Ergebnismitteilungen des Körperschaftsteuer-Finanzamts an das für die Veranlagung der Anteilseigner zuständige Finanzamt über eine bei einer GmbH durchgeführte Außenprüfung rechtliche Schlussfolgerungen und Schätzungsergebnisse wieder, sie stellen für sich jedoch keine Tatsachen dar, die zu einer Änderung nach § 173 Abs. 1 AO berechtigen (BFH-Urteil vom 27. 10. 1992, VIII R 41/89, BStBl 1993 II S. 569). Deshalb müssen den für die Veranlagung der Anteilseigner zuständigen Finanzämtern die entscheidungserheblichen Tatsachen mitgeteilt werden; die bloße Mitteilung, es seien verdeckte Gewinnausschüttungen festgestellt worden, reicht nicht aus, um eine Änderung nach § 173 Abs. 1 AO zu rechtfertigen. Vgl. aber auch § 32a KStG.

1.2 Beweismittel ist jedes Erkenntnismittel, das zur Aufklärung eines steuerlich erheblichen Sachverhalts dient, d. h. geeignet ist, das Vorliegen oder Nichtvorliegen von Tatsachen zu beweisen (BFH-Urteil vom 20. 12. 1988, VIII R 121/83, BStBl 1989 II S. 585). Dazu gehören Urkunden (Verträge, Geschäftspapiere u. a.) und Auskünfte von Auskunftspersonen (vgl. § 92 AO). Ein Sachverständigengutachten ist nur Beweismittel, soweit es die Erkenntnis neuer Tatsachen vermittelt und nicht lediglich Schlussfolgerungen enthält (BFH-Urteil vom 27. 10. 1992, VIII R 41/89, BStBl 1993 II S. 569).

1.3 Eine Änderung nach § 173 Abs. 1 AO setzt voraus, dass die Tatsachen bei Erlass des zu ändernden Bescheids bereits vorhanden waren und vom Finanzamt hätten berücksichtigt werden können (vgl. BFH-Urteil vom 26. 7. 1984, IV R 10/83, BStBl II S. 786). Nach dem Zeitpunkt der Steuerfestsetzung entstandene Tatsachen können dagegen eine Änderung nach § 175 Abs. 1 Satz 1 Nr. 2 AO rechtfertigen, wenn insoweit ein rückwirkendes Ereignis vorliegt. Eine nach dem Zeitpunkt der Steuerfestsetzung entstandene Hilfstatsache, die für diesen Zeitpunkt zu einer veränderten Würdigung in Bezug auf eine innere Tatsache führt, rechtfertigt jedoch nur dann eine Änderung nach § 173 Abs. 1 AO, wenn sie einen sicheren Schluss auf die (innere) Haupttatsache ermöglicht.

1.4 Bei der Prüfung der Frage, ob die Tatsache zu einer höheren oder niedrigeren Steuer führt, sind Steueranrechnungsbeträge unbeachtlich. Es ist auf die bisher festgesetzte und die festzusetzende Steuer abzustellen. Im Fall eines Antrags nach § 32d Abs. 4 oder 6 EStG ist die zunächst mit Abgeltungswirkung (§ 43 Abs. 5 Satz 1 EStG) einbehaltene Kapitalertragsteuer der bisher festgesetzten Steuer hinzuzurechnen (vgl. BFH-Urteil vom 12. 5. 2015, VIII R 14/13, BStBl II S. 806). Zum Ausnahmefall einer Nettolohnvereinbarung siehe BFH-Urteil vom 16. 3. 1990, VI R 90/86, BStBl II S. 610.

2. Nachträgliches Bekanntwerden der Tatsachen oder Beweismittel

2.1 Tatsachen oder Beweismittel werden nachträglich bekannt, wenn sie einem für die Steuerfestsetzung zuständigen Bediensteten (BFH-Urteile vom 9. 11. 1984, VI R 157/83, BStBl 1985 II S. 191, und vom 20. 6. 1985, IV R 114/82, BStBl II S. 492) bekannt werden, nachdem die Willensbildung über die Steuerfestsetzung abgeschlossen worden ist (Abzeichnung der Verfügung; vgl. BFH-Urteil vom 18. 3. 1987, II R 226/84, BStBl II S. 416). Auf den Tag der Absendung des Steuerbescheids oder den Tag der Bekanntgabe kommt es nicht an. Der im Einzelfall maßgebliche Tag ist dem Steuerpflichtigen auf Verlangen mitzuteilen.

2.2 Sofern im automatisierten Verfahren nachträglich – noch vor der Absendung des Steuerbescheids – eine materiell-rechtliche Kontrolle der gesamten Steuerfestsetzung vorgenommen wird, sind alle bis dahin bekannt gewordenen Tatsachen und Beweismittel zu berücksichtigen (vgl. BFH-Urteil vom 29. 11. 1988, VIII R 226/83, BStBl 1989 II S. 259). Tatsachen und Beweismittel, die dem Finanzamt bis zum Abschluss einer solchen Kontrolle bekannt geworden sind, in dem zu erlassenden Steuerbescheid aber keine Berücksichtigung gefunden haben, können zu einem späteren Zeitpunkt nicht mehr Gegenstand einer Änderung nach § 173 Abs. 1 AO sein. Um eine materiell-rechtliche Kontrolle des Steuerbescheids handelt es sich nicht, wenn der Steuerbescheid vor seiner Absendung nur einer formellen Prüfung unterzogen wird, die die Feststellung der ermittelten Tatsachen sowie deren rechtliche Würdigung unberührt lässt (z. B. Prüfung auf zutreffende Adressierung oder richtige Erfassung der Daten).

2.3   Eine Tatsache ist nicht schon dann bekannt, wenn irgendeine Stelle des Finanzamts von ihr Kenntnis hat.**1** Es kommt vielmehr auf den Kenntnisstand der Personen an, die innerhalb des Finanzamts dazu berufen sind, den betreffenden Steuerfall zu bearbeiten (BFH-Urteile vom 20. 6. 1985, IV R 114/82, BStBl II S. 492, vom 20. 4. 1988, X R 40/81, BStBl II S. 804, und vom 19. 6. 1990, VIII R 69/87, BFH/NV 1991 S. 353).

2.3.1   Die Rechtsbehelfsstelle des Finanzamts muss bei der Entscheidung über den Einspruch eines Steuerpflichtigen grundsätzlich auch Tatsachen verwerten, die der Veranlagungsstelle bekannt sind. Geschieht dies nicht, so können diese in der Einspruchsentscheidung nicht berücksichtigten Tatsachen nach Abschluss des Einspruchsverfahrens nicht mehr Gegenstand eines Änderungsbescheids nach § 173 Abs. 1 Nr. 1 AO sein (BFH-Urteil vom 23. 3. 1983, I R 182/82, BStBl II S. 548).**2**

2.3.2   Nur dem Betriebsprüfer bekannt gewordene Tatsachen sind der Veranlagungsstelle grundsätzlich nicht zuzurechnen (vgl. BFH-Urteile vom 28. 4. 1987, IX R 9/83, BFH/NV 1988 S. 151, vom 29. 10. 1987, IV R 69/85, BFH/NV 1988 S. 346, und vom 20. 4. 1988, X R 40/81, BStBl II S. 804).

2.3.3   Für die Frage, ob einem Finanzamt Tatsachen, die zu einer erstmaligen Berücksichtigung oder zu einer höheren Bewertung eines steuerpflichtigen Sachverhalts von Bedeutung sind, i. S. v. § 173 Abs. 1 Nr. 1 AO nachträglich bekannt geworden sind, kommt es grundsätzlich allein auf die Kenntnis dieses Finanzamts an. Ermittelt aber ein für die Erbschaft-/Schenkungsteuer zuständiges Finanzamt den Wert einer Beteiligung an einer Personengesellschaft allein dadurch, dass es diesen aus einem von einem anderen Finanzamt erteilten Feststellungsbescheid über den Wert des Betriebsvermögens der Gesellschaft auf einen vorangegangenen Bewertungsstichtag ableitet, so macht es sich damit die diesem zugrunde liegenden Kenntnisse zu eigen (BFH-Urteil vom 14. 1. 1998, II R 9/97, BStBl II S. 371).

2.3.4   Einmal bekannt gewordene Tatsachen werden durch den Wechsel in der Zuständigkeit der Finanzbehörde oder durch Wechsel des Bearbeiters nicht wieder unbekannt, wenn der zunächst zuständige Bearbeiter die Tatsachen aktenkundig gemacht hat (vgl. BFH-Urteil vom 15. 10. 1993, III R 74/92, BFH/NV 1994 S. 315).

2.3.5   Dem Finanzamt können auch Tatsachen bekannt sein, die sich aus älteren, bereits archivierten Akten ergeben. Voraussetzung dafür ist jedoch, dass zur Hinzuziehung solcher Vorgänge nach den Umständen des Falles, insbesondere nach dem Inhalt der zu bearbeitenden Steuererklärungen oder der präsenten Akten, eine besondere Veranlassung bestand (BFH-Urteil vom 11. 2. 1998, I R 82/97, BStBl II S. 552).

Anm. d. Schriftl.:

1 Der Finanzbehörde gilt nur der Inhalt der Akten als bekannt, die in der zuständigen Dienststelle für den zu veranlagenden Steuerpflichtigen geführt werden. Tatsachen, die sich aus den Akten anderer Steuerpflichtiger ergeben, gelten auch dann nicht als bekannt, wenn für deren Bearbeitung dieselbe Person zuständig ist (BFH-Urteil vom 13. 6. 2012, BStBl 2013 II S. 5).

2 Hebt das FA im Einspruchsverfahren einen nach § 173 Abs. 1 Nr. 1 AO geänderten Bescheid auf, kann es später einen erneuten Änderungsbescheid wegen nachträglich bekannt gewordener Tatsachen erlassen. Hatte der Steuerpflichtige bei Erlass des aufgehobenen Änderungsbescheids seinen Mitwirkungspflichten genügt, stehen die Grundsätze von Treu und Glauben aber einer Berücksichtigung solcher Tatsachen entgegen, die das FA bei Erlass des ersten aufgehobenen Änderungsbescheids unter Verletzung seiner Ermittlungspflicht nicht berücksichtigt hatte (BFH-Urteil vom 13. 9. 2001, BStBl 2002 II S. 2).

2.3.6   Im Rahmen des § 173 Abs. 1 Nr. 2 AO kann eine Tatsache nicht zum Nachteil des Steuerpflichtigen als bereits bekannt gelten, wenn der zuständige Bearbeiter sie lediglich hätte kennen können oder kennen müssen; das Finanzamt kann sich in diesem Fall nicht auf sein eigenes Versäumnis oder Verschulden berufen (vgl. BFH-Urteil vom 26. 11. 1996, IX R 77/95, BStBl 1997 II S. 422).

2.4   Steuerbescheid i. S. v. § 173 Abs. 1 AO ist auch ein Bescheid, der einen schon ergangenen Steuerbescheid inhaltlich abändert. Tatsachen, die zu einer höheren Besteuerung führen, kann das Finanzamt deshalb in einem weiteren Änderungsbescheid nach § 173 Abs. 1 Nr. 1 AO nur berücksichtigen, wenn sie ihm nach Erlass des Änderungsbescheids bekannt geworden sind.**∎** Eine Änderung nach § 173 Abs. 1 Nr. 1 AO ist jedoch dann nicht ausgeschlossen, wenn das Finanzamt im Hinblick auf einen nachträglich ergangenen Grundlagenbescheid zunächst lediglich eine Änderung nach § 175 Abs. 1 Satz 1 Nr. 1 AO vorgenommen und dabei Tatsachen unberücksichtigt gelassen hat, die darüber hinaus eine Änderung nach § 173 Abs. 1 Nr. 1 AO gerechtfertigt hätten (BFH-Urteil vom 12. 1. 1989, IV R 8/88, BStBl II S. 438).

2.5   Ändert das Finanzamt einen bestandskräftigen Steuerbescheid nach § 173 Abs. 1 Nr. 1 AO, so trägt es die objektive Beweislast dafür, dass die für die Änderung erforderlichen tatsächlichen Voraussetzungen vorliegen, insbesondere dafür, dass diese „neu" sind (BFH-Urteil vom 19. 5. 1998, I R 140/97, BStBl II S. 599).

3.   **Rechtserheblichkeit der Tatsachen oder Beweismittel**

3.1   Neue Tatsachen oder Beweismittel können die Änderung eines Steuerbescheids nach § 173 Abs. 1 AO nur rechtfertigen, wenn sie rechtserheblich sind. Die Rechtserheblichkeit ist zu bejahen, wenn das Finanzamt bei rechtzeitiger Kenntnis der Tatsachen oder Beweismittel schon bei der ursprünglichen Veranlagung mit an Sicherheit grenzender Wahrscheinlichkeit zu einer höheren oder niedrigeren Steuer gelangt wäre (vgl. BFH-Beschluss GrS vom 23. 11. 1987, GrS 1/86, BStBl 1988 II S. 180). Die Vorschrift des § 173 AO hat nicht den Sinn, dem Steuerpflichtigen das Risiko eines Rechtsbehelfsverfahrens dadurch abzunehmen, dass ihm gestattet wird, sich auf Tatsachen gegenüber dem Finanzamt erst dann zu berufen, wenn etwa durch eine spätere Änderung der Rechtsprechung eine Rechtslage eintritt, die eine bisher nicht vorgetragene Tatsache nunmehr als relevant erscheinen lässt.

Ein Steuerbescheid darf daher wegen nachträglich bekannt gewordener Tatsachen oder Beweismittel weder zugunsten noch zuungunsten des Steuerpflichtigen geändert werden, wenn das Finanzamt bei ursprünglicher Kenntnis der Tatsachen oder Beweismittel nicht anders entschieden hätte. Bei der Beurteilung der Rechtserheblichkeit kommt es nicht darauf an, welche Entscheidung der zuständige Bearbeiter subjektiv bei Erlass des ursprünglichen Bescheids getroffen hätte. Wie das Finanzamt bei Kenntnis bestimmter Tatsachen oder Beweismittel einen Sachverhalt in seinem ursprünglichen Bescheid gewürdigt hätte, ist vielmehr im Einzelfall aufgrund des Gesetzes, wie es nach der damaligen Rechtsprechung des BFH auszulegen war, und der die Finanzämter bindenden Verwaltungsanweisungen zu beurteilen, die im Zeitpunkt des ursprünglichen Bescheiderlasses gegolten haben (vgl. BFH-Urteile vom 11. 5. 1988, I R 216/85, BStBl II S. 715, vom 25. 1. 1991, IX R 238/87, BStBl II S. 741, und vom 10. 3. 1999, II R 99/97, BStBl II S. 433). Subjektive Fehler der Finanzbehörden, wie sie sowohl in rechtlicher als auch in tatsächlicher Hinsicht denkbar sein mögen, sind unbeachtlich (BFH-Urteil vom 11. 5. 1988, I R 216/85, BStBl II S. 715).

Anm. d. Schriftl.:

∎ Wird ein Steuerbescheid geändert und sind dabei bestimmte Tatsachen nicht berücksichtigt worden, sind diese Tatsachen bei einer beabsichtigten späteren Änderung nach § 173 AO nicht (mehr) neu, wenn nach § 88 AO Anlass bestand, sie bereits bei Erlass des Änderungsbescheids zu berücksichtigen (BFH-Urteil vom 18. 12. 2014, BStBl 2017 II S. 4).

3.2   Die erstmalige Ausübung eines nicht fristgebundenen Wahlrechts nach Bestandskraft der Steuerfestsetzung (vgl. AEAO vor §§ 172 bis 177, Nr. 8) ist keine neue Tatsache, sie steht einer Änderung nach § 173 Abs. 1 Nr. 2 AO aber nicht entgegen, sofern die für die Ausübung des Wahlrechts relevanten Tatsachen nachträglich bekannt geworden sind (BFH-Urteile vom 28. 9. 1984, VI R 48/82, BStBl 1985 II S. 117, und vom 25. 2. 1992, IX R 41/91, BStBl II S. 621). Gleiches gilt, wenn der Steuerpflichtige nach Bestandskraft der Steuerfestsetzung erstmals einen nicht fristgebundenen Antrag auf Gewährung einer Steuervergünstigung stellt und hierzu entsprechende (neue) Tatsachen vorträgt (BFH-Urteil vom 21. 7. 1989, III R 303/84, BStBl II S. 960). Eine Änderung nach § 173 Abs. 1 Nr. 2 AO zugunsten des Steuerpflichtigen setzt jedoch auch in diesen Fällen voraus, dass ihn am nachträglichen Bekanntwerden der steuermindernden Tatsachen kein grobes Verschulden trifft (vgl. AEAO zu § 173, Nr. 5).

4.   Ermittlungsfehler des Finanzamts

4.1   Nach dem Grundsatz von Treu und Glauben kann das Finanzamt – auch wenn es von einer rechtserheblichen Tatsache oder einem rechtserheblichen Beweismittel nachträglich Kenntnis erhält – daran gehindert sein, einen Steuerbescheid nach § 173 Abs. 1 Nr. 1 AO zuungunsten des Steuerpflichtigen zu ändern (BFH-Urteil vom 13. 11. 1985, II R 208/82, BStBl 1986 II S. 241). Hat der Steuerpflichtige die ihm obliegenden Mitwirkungspflichten in zumutbarer Weise erfüllt, kommt eine Änderung nach § 173 Abs. 1 Nr. 1 AO nicht in Betracht, wenn die spätere Kenntnis der Tatsache oder des Beweismittels auf einer Verletzung der dem Finanzamt obliegenden Ermittlungspflicht beruht. Das Finanzamt braucht den Steuererklärungen nicht mit Misstrauen zu begegnen, sondern darf regelmäßig von deren Richtigkeit und Vollständigkeit ausgehen; veranlagt es aber trotz bekannter Zweifel an der Richtigkeit der Besteuerungsgrundlagen endgültig, so ist eine spätere Änderung der Steuerfestsetzung nach dem Grundsatz von Treu und Glauben ausgeschlossen (vgl. BFH-Urteil vom 27. 10. 1992, VIII R 41/89, BStBl 1993 II S. 569). Zum Umfang der Ermittlungspflicht des Finanzamts vgl. AEAO zu § 88.

4.1.1   Sind sowohl das Finanzamt seiner Ermittlungspflicht als auch der Steuerpflichtige seiner Mitwirkungspflicht nicht in vollem Umfang nachgekommen, so fällt das nachträgliche Bekanntwerden einer rechtserheblichen Tatsache oder eines rechtserheblichen Beweismittels in der Regel in den Verantwortungsbereich des Steuerpflichtigen mit der Folge, dass eine Änderung des Steuerbescheides nach § 173 Abs. 1 AO zulässig ist (vgl. BFH-Urteil vom 11. 11. 1987, I R 108/85, BStBl 1988 II S. 115). Eine entsprechende Änderung scheidet lediglich dann aus, wenn der Verstoß des Finanzamts deutlich überwiegt (BFH-Urteil vom 20. 12. 1988, VIII R 121/83, BStBl 1989 II S. 585).

4.1.2   Ändert das Finanzamt einen bestandskräftigen Steuerbescheid nach § 173 Abs. 1 Nr. 1 AO, trägt der Steuerpflichtige die objektive Beweislast, wenn er eine Verletzung der Ermittlungspflichten durch das Finanzamt rügt (BFH-Urteil vom 19. 5. 1998, I R 140/97, BStBl II S. 599).

4.2   Auf neue Tatsachen, die nach § 173 Abs. 1 Nr. 2 AO eine niedrigere Steuerfestsetzung rechtfertigen, sind die in Nr. 4.1 dargestellten Grundsätze nicht anzuwenden (BFH-Urteile vom 13. 4. 1967, V 57/65, BStBl III S. 519, und vom 26. 11. 1996, IX R 77/95, BStBl 1997 II S. 422). Hier ist jedoch zu prüfen, ob den Steuerpflichtigen ein grobes Verschulden am nachträglichen Bekanntwerden der neuen Tatsachen trifft (vgl. AEAO zu § 173, Nr. 5).

Wann eine Tatsache nicht zum Nachteil des Steuerpflichtigen als bereits bekannt gelten kann, vgl. AEAO zu § 173, Nr. 2.3.6.

5.   **Grobes Verschulden des Steuerpflichtigen** ∎

5.1   Die Aufhebung oder Änderung eines Steuerbescheids zugunsten des Steuerpflichtigen ist grundsätzlich ausgeschlossen, wenn den Steuerpflichtigen ein grobes Verschulden daran trifft, dass die Tatsachen oder Beweismittel dem Finanzamt erst nachträglich bekannt geworden sind. Als grobes Verschulden hat der Steuerpflichtige Vorsatz und grobe Fahrlässigkeit zu vertreten. Grobe Fahrlässigkeit ist anzunehmen, wenn er die ihm nach seinen persönlichen Verhältnissen zumutbare Sorgfalt in ungewöhnlichem Maße und in nicht entschuldbarer Weise verletzt (BFH-Urteile vom 3. 2. 1983, IV R 153/80, BStBl II S. 324, und vom 18. 5. 1988, X R 57/82, BStBl II S. 713). Anhaltspunkte, die auf ein grobes Verschulden des Steuerpflichtigen hindeuten, sind von der Finanzbehörde darzulegen und ggf. zu beweisen, die insoweit die Feststellungslast trägt (vgl. BFH-Urteile vom 22. 5. 1992, VI R 17/91, BStBl 1993 II S. 80, und vom 10. 2. 2015, IX R 18/14, BStBl 2017 II S. 7). Kann bei dem zu beurteilenden Sachverhalt nach ständiger Rechtsprechung von einem groben Verschulden ausgegangen werden (siehe Nr. 5.1.2 und 5.1.3 des AEAO zu § 173), trägt der Steuerpflichtige die Feststellungslast für atypische Umstände, aufgrund derer im Einzelfall gleichwohl ein grobes Verschulden zu verneinen ist.

5.1.1   Bei der Beurteilung der Schwere der Verletzung dieser Sorgfaltspflicht sind die Gegebenheiten des Einzelfalls und die individuellen Kenntnisse und Fähigkeiten des einzelnen Steuerpflichtigen zu berücksichtigen (BFH-Urteil vom 29. 6. 1984, VI R 181/80, BStBl 1984 II S. 693). So kann die Unkenntnis steuerrechtlicher Bestimmungen allein den Vorwurf groben Verschuldens nicht begründen (BFH-Urteile vom 10. 8. 1988, IX R 219/84, BStBl 1989 II S. 131, vom 22. 5. 1992, VI R 17/91, BStBl 1993 II S. 80, und vom 21. 9. 1993, IX R 63/90, BFH/NV 1994 S. 100). Offensichtliche Versehen und alltägliche Irrtümer, die sich nie ganz vermeiden lassen, wie z. B. Verwechslungen, Schreib-, Rechen- oder Übertragungsfehler, rechtfertigen ebenfalls nicht den Vorwurf des groben Verschuldens; es kann aber vorliegen, wenn das Versehen auf einer vorangegangenen Verletzung steuerlicher Pflichten beruht.

5.1.2   Ein grobes Verschulden kann im Allgemeinen angenommen werden, wenn der Steuerpflichtige trotz Aufforderung keine Steuererklärung abgegeben hat (ständige Rechtsprechung, vgl. z. B. BFH-Urteil vom 16. 9. 2004, IV R 62/02, BStBl 2005 II S. 75 m. w. N.), allgemeine Grundsätze der Buchführung (§§ 145 bis 147 AO) verletzt oder ausdrückliche Hinweise in ihm zugegangenen Vordrucken, Merkblättern oder sonstigen Mitteilungen des Finanzamts nicht beachtet.

5.1.3   Ein Steuerpflichtiger handelt regelmäßig grob schuldhaft, wenn er eine im Steuererklärungsformular ausdrücklich gestellte, auf einen ganz bestimmten Vorgang bezogene Frage nicht beachtet (BFH-Urteile vom 29. 6. 1984, VI R 181/80, BStBl II S. 693, und vom 10. 8. 1988, IX R 219/84, BStBl 1989 II S. 131).

5.1.4   Das grobe Verschulden des Steuerpflichtigen am nachträglichen Bekanntwerden steuermindernder Tatsachen oder Beweismittel wird nicht dadurch ausgeschlossen, dass das Finanzamt seinerseits seinen Fürsorge- oder Ermittlungspflichten nicht hinreichend nachgekommen ist (BFH-Urteil vom 9. 8. 1991, III R 24/87, BStBl 1992 II S. 65). Im Einzelfall kann jedoch ein grobes Verschulden des Steuerpflichtigen zu verneinen sein, wenn die Verletzung der Ermittlungs- und Fürsorgepflichten ursächlich für die verspätete Geltendmachung der steuermindernden Tatsachen oder Beweismittel war, z. B. bei irreführender Auskunftserteilung.

Anm. d. Schriftl.:

∎ Das schlichte Vergessen des Übertrags selbst ermittelter Besteuerungsgrundlagen in die entsprechende Anlage zur Einkommensteuererklärung ist nicht grundsätzlich grob fahrlässig i. S. des § 173 Abs. 1 Nr. 2 AO (BFH-Urteil vom 10. 2. 2015, BStBl 2017 II S. 7).

5.2 Bei einer Zusammenveranlagung muss sich jeder Ehegatte bzw. Lebenspartner das grobe Verschulden des anderen Ehegatten/Lebenspartners zurechnen lassen (vgl. BFH-Urteil vom 24. 7. 1996, I R 62/95, BStBl 1997 II S. 115).

5.3 Nimmt der Steuerpflichtige bei der Erfüllung seiner steuerlichen Pflichten die Hilfe eines Bevollmächtigten oder anderer Hilfspersonen in Anspruch, so muss er sich ein etwaiges grobes Verschulden dieser Personen wie ein eigenes Verschulden zurechnen lassen. So hat der Steuerpflichtige etwa ein grobes Verschulden seines Buchhalters als eigenes Verschulden zu vertreten (vgl. BFH-Urteil vom 18. 5. 1988, X R 57/82, BStBl II S. 713).**◻**

5.4 Der Steuerpflichtige hat ein grobes Verschulden seines steuerlichen Beraters in gleicher Weise zu vertreten wie das Verschulden eines Bevollmächtigten (BFH-Urteile vom 3. 2. 1983, IV R 153/80, BStBl II S. 324, vom 28. 6. 1983, VIII R 37/81, BStBl 1984 II S. 2, vom 25. 11. 1983, VI R 8/82, BStBl 1984 II S. 256, und vom 26. 8. 1987, I R 144/86, BStBl 1988 II S. 109). Bei Festlegung der einem steuerlichen Berater zuzumutenden Sorgfalt ist zu berücksichtigen, dass von einem Angehörigen der steuerberatenden Berufe die Kenntnis und sachgemäße Anwendung der steuerrechtlichen Vorschriften erwartet wird (BFH-Urteil vom 3. 2. 1983, IV R 153/80, BStBl II S. 324). Ein eigenes grobes Verschulden des Steuerpflichtigen kann darin liegen, dass er die von seinem steuerlichen Berater gefertigte Steuererklärung unterschreibt, obwohl ihm bei Durchsicht der Steuererklärung ohne weiteres hätte auffallen müssen, dass steuermindernde Tatsachen oder Beweismittel nicht berücksichtigt worden sind (BFH-Urteil vom 28. 6. 1983, VIII R 37/81, BStBl 1984 II S. 2).

Der steuerliche Berater hat, wenn er Mitarbeiter zur Vorbereitung des Jahresabschlusses und der Steuererklärung einsetzt, Sorgfaltspflichten hinsichtlich der Auswahl seiner Mitarbeiter, der Organisation der Arbeiten in seinem Büro und der Kontrolle der Arbeitsergebnisse der Mitarbeiter (BFH-Urteil vom 26. 8. 1987, I R 144/86, BStBl 1988 II S. 109).

5.5 Bei der Frage des groben Verschuldens ist auch der Zeitraum einzubeziehen, in dem nach Durchführung der Steuerveranlagung der Bescheid noch änderbar ist (BFH-Urteil vom 21. 2. 1991, V R 25/87, BStBl II S. 496: Vortrag steuermindernder Tatsachen bis zur Bekanntgabe der Einspruchsentscheidung). Ein dem Steuerpflichtigen zuzurechnendes grobes Verschulden i. S. d. § 173 Abs. 1 Nr. 2 AO kann daher auch darin bestehen, dass er es unterlassen hat, gegen einen Steuerbescheid Einspruch einzulegen, obwohl sich ihm innerhalb der Einspruchsfrist die Geltendmachung bisher nicht vorgetragener Tatsachen hätte aufdrängen müssen (BFH-Urteile vom 25. 11. 1983, VI R 8/82, BStBl 1984 II S. 256, und vom 4. 2. 1998, XI R 47/97, BFH/NV S. 682).

5.6 Bei Beantwortung der Frage, ob die Unterlassung bestimmter steuerrelevanter Angaben in der Steuererklärung auf einem groben Verschulden des Steuerpflichtigen, einem entschuldbaren mechanischen Versehen (z. B. Übertragungsfehler) oder einem entschuldbaren Rechtsirrtum infolge mangelnder Kenntnis steuerrechtlicher Vorschriften beruht, ist nicht zwischen Steuererklärungen auf Papier und elektronisch erstellten Steuererklärungen zu unterscheiden. Wird die Steuererklärung zum Beispiel mithilfe des Programms ElsterFormular erstellt, kann der Steuerpflichtige bei Erfassung der Daten anhand der gewohnten Formularoberfläche vom kompletten Steuererklärungsvordruck und allen dort gestellten Fragen Kenntnis nehmen; darüber hinaus wird auch eine Hilfefunktion im Umfang der amtlichen Anleitung ge-

---

Anm. d. Schriftl.:

◻ Einem Steuerberater kann ein grobes Verschulden am nachträglichen Bekanntwerden von Zahnbehandlungskosten zur Last fallen, wenn er es unterlässt, seinen Mandanten nach solchen Aufwendungen zu fragen (BFH-Urteil vom 3. 12. 2009, BStBl 2010 II S. 531).

boten. Unerheblich ist daher, dass in der komprimierten Steuererklärung nur ein Ausdruck der tatsächlich erfassten und übermittelten Daten erfolgt.**❶**

6. Unbeachtlichkeit des Verschuldens des Steuerpflichtigen

6.1 Das Verschulden des Steuerpflichtigen ist nach § 173 Abs. 1 Nr. 2 Satz 2 AO unbeachtlich, wenn die Tatsachen oder Beweismittel, die zu einer niedrigeren Steuer führen, in einem unmittelbaren oder mittelbaren Zusammenhang mit neuen Tatsachen oder Beweismitteln stehen, die zu einer höheren Steuer führen. Stehen die steuermindernden Tatsachen mit steuererhöhenden Tatsachen im Zusammenhang, sind die steuermindernden Tatsachen nicht nur bis zur steuerlichen Auswirkung der steuererhöhenden Tatsachen, sondern uneingeschränkt zu berücksichtigen (BFH-Urteil vom 2. 8. 1983, VIII R 190/80, BStBl 1984 II S. 4). Ein derartiger Zusammenhang ist gegeben, wenn eine zu einer höheren Besteuerung führende Tatsache die zur Steuerermäßigung führende Tatsache ursächlich bedingt, so dass der steuererhöhende Vorgang nicht ohne den steuermindernden Vorgang denkbar ist (BFH-Urteile vom 28. 3. 1985, IV R 159/82, BStBl 1986 II S. 120, vom 5. 8. 1986, IX R 13/81, BStBl 1987 II S. 297, und vom 8. 8. 1991, V R 106/88, BStBl 1992 II S. 12). Ein rein zeitliches Zusammentreffen von steuererhöhenden und steuermindernden Tatsachen reicht nicht aus (BFH-Urteil vom 28. 3. 1985, IV R 159/82, a. a. O.).

6.2 Wird dem Finanzamt nachträglich bekannt, dass der Steuerpflichtige nicht erklärte Einkünfte einer bestimmten Einkunftsart erzielt hat, so stellt die Höhe dieser Einkünfte die für die Anwendung des § 173 Abs. 1 Nr. 1 oder Nr. 2 AO relevante Tatsache dar (BFH-Urteil vom 1. 10. 1993, III R 58/92, BStBl 1994 II S. 346). Dies gilt auch dann, wenn das Finanzamt die Einkünfte zunächst geschätzt hat (BFH-Urteil vom 24. 4. 1991, XI R 28/89, BStBl II S. 606). Eine Aufspaltung dieser Einkünfte in steuererhöhende Einnahmen oder Vermögensmehrungen einerseits und steuermindernde Ausgaben oder Vermögensminderungen andererseits im Hinblick auf § 173 Abs. 1 Nr. 2 Satz 2 AO ist nicht zulässig.

6.3 Bei der Umsatzsteuer sind Tatsachen, die eine Erhöhung der Umsatzsteuer begründen, und Tatsachen, die eine höhere Vorsteuer begründen, getrennt zu beurteilen. Ein Zusammenhang zwischen nachträglich bekannt gewordenen Umsätzen und nachträglich bekannt gewordenen Leistungen an den Unternehmer i. S. d. § 173 Abs. 1 Nr. 2 Satz 2 AO besteht nur insoweit, als die Eingangsleistungen zur Ausführung der nachträglich bekannt gewordenen Umsätze verwendet wurden (BFH-Urteile vom 8. 8. 1991, V R 106/88, BStBl 1992 II S. 12, und vom 19. 10. 1995, V R 60/92, BStBl 1996 II S. 149).**❷** Dies gilt allerdings nur, soweit diese Umsätze zum Vorsteuerabzug berechtigen; soweit die nachträglich bekannt gewordenen Vorsteuerbeträge hingegen mit nachträglich bekannt gewordenen steuerfreien oder nichtsteuerbaren Umsätzen in Zusammenhang stehen, sind die Voraussetzungen des § 173 Abs. 1 Nr. 2 Satz 2 AO nicht erfüllt.

Hat das Finanzamt bei einer Schätzung der Umsatzsteuer davon abgesehen, die Steuer auf der Grundlage des Ansatzes einer Vielzahl einzelner Umsätze mit jeweils

---

Anm. d. Schriftl.:

❶ Der Begriff des Verschuldens i. S. von § 173 Abs. 1 Nr. 2 AO ist bei elektronisch gefertigten Steuererklärungen in gleicher Weise auszulegen wie bei schriftlich gefertigten Erklärungen. Das schlichte Vergessen des Übertrags selbst ermittelter Besteuerungsgrundlagen in die entsprechende Anlage zur Einkommensteuererklärung ist nicht grundsätzlich grob fahrlässig i. S. des § 173 Abs. 1 Nr. 2 AO (BFH-Urteil vom 10. 2. 2015, BStBl 2017 II S. 7).

❷ Werden nachträglich sowohl steuererhöhende Tatsachen (Umsätze) als auch steuermindernde Tatsachen (Vorsteuerbeträge) bekannt und führen die steuererhöhenden Tatsachen zur Änderung eines Steuerbescheids nach § 173 Abs. 1 Nr. 1 AO, so können die steuermindernden Tatsachen sowohl gemäß § 173 Abs. 1 Nr. 2 AO als auch gemäß § 177 AO zu berücksichtigen sein (BFH-Urteil vom 10. 4. 2003, BStBl 2003 II S. 785).

genau bezifferter Bemessungsgrundlage zu ermitteln, können die nachträglich bekannt gewordenen Vorsteuerbeträge im Schätzungsweg entsprechend dem Verhältnis der nachträglich erklärten und der ursprünglich vom Finanzamt geschätzten steuerpflichtigen Umsätze berücksichtigt werden, es sei denn, es liegen Anhaltspunkte dafür vor, dass weniger oder mehr Vorsteuerbeträge im Zusammenhang mit den nachträglich bekannt gewordenen Umsätzen stehen, als sich nach dieser Aufteilung ergibt (BFH-Urteil vom 19.10.1995, V R 60/92, BStBl 1996 II S.149).

7.   Änderung von Schätzungsveranlagungen

7.1   Eine auf einer Schätzung beruhende Veranlagung kann nach § 173 Abs.1 Nr.1 AO durch eine höhere Schätzungsveranlagung ersetzt werden, wenn nachträglich Schätzungsunterlagen festgestellt werden, bei deren rechtzeitigem Bekanntsein das Finanzamt die Schätzung in anderer Weise vorgenommen hätte. Die Änderung der ursprünglichen Schätzungsveranlagung ist dabei nur im Ausmaß der nachträglich bekannt gewordenen Schätzungsunterlagen zulässig. Das bisherige Schätzungsverfahren ist nach Möglichkeit fortzuführen, ggf. zu verfeinern. Ein Wechsel der Schätzungsmethode kommt lediglich dann in Betracht, wenn die bisherige Methode angesichts der neuen Schätzungsunterlagen versagt (BFH-Urteil vom 2.3.1982, VIII R 225/80, BStBl 1984 II S.504).

Die Ersetzung einer Schätzungsveranlagung durch eine höhere Schätzungsveranlagung ist auch zulässig, wenn aufgrund einer nachträglichen Vermögenszuwachsrechnung ein gegenüber der ursprünglichen Schätzung wesentlich höherer Gewinn festgestellt wird (BFH-Urteile vom 24.10.1985, IV R 75/84, BStBl 1986 II S.233, und vom 29.10.1987, IV R 69/85, BFH/NV 1988 S.346). Dies gilt auch für den Fall, dass es sich bei der ursprünglichen Schätzung um eine Schätzung nach Richtsätzen für einen nicht buchführenden, jedoch buchführungspflichtigen Landwirt handelt (BFH-Urteile vom 3.10.1985, IV R 197/83, BFH/NV 1987 S.477, und vom 24.10.1985, IV R 170/84, BFH/NV 1987 S.545).

7.2   Nachträglich bekannt gewordene Tatsachen, die zu einer niedrigeren Steuer führen, liegen nach einer vorausgegangenen Gewinnschätzung dann vor, wenn sich aus der Gesamtwürdigung der neuen Tatsachen, also dem gemeinsamen Ergebnis von Betriebseinnahmen und Betriebsausgaben, eine niedrigere Steuer ergibt (BFH-Urteil vom 28.3.1985, IV R 159/82, BStBl 1986 II S.120; vgl. AEAO zu § 173, Nr.6.2). Eine Änderung nach § 173 Abs.1 Nr.2 AO ist in diesen Fällen demzufolge nur zulässig, wenn den Steuerpflichtigen am nachträglichen Bekanntwerden der Tatsachen kein grobes Verschulden trifft (vgl. AEAO zu § 173, Nr.5).

7.3   Hat das Finanzamt den laufenden Gewinn und den Veräußerungsgewinn (§ 16 EStG) geschätzt, so sind die nachträglich bekannt gewordenen tatsächlichen Gewinnbeträge (laufender Gewinn und Veräußerungsgewinn) je eine Tatsache i. S. d. § 173 Abs.1 AO (BFH-Urteil vom 30.10.1986, III R 163/82, BStBl 1987 II S.161).

7.4   Zur Schätzung der Umsatzsteuer vgl. AEAO zu § 173, Nr.6.3.

8.   Änderungssperre (§ 173 Abs.2 AO)

8.1   Steuerbescheide, die aufgrund einer Außenprüfung ergangen sind, können wegen neuer Tatsachen oder Beweismittel nach § 173 Abs.1 AO nur geändert werden, wenn eine Steuerhinterziehung oder leichtfertige Steuerverkürzung vorliegt (Änderungssperre nach § 173 Abs.2 AO). Durch die Regelung in § 173 Abs.2 Satz 1 AO wird solchen Steuerbescheiden eine erhöhte Bestandskraft zugemessen, weil durch die Außenprüfung die steuerlich erheblichen Sachverhalte ausgiebig hätten geprüft werden können. Die Änderungssperre wirkt auch dann, wenn nach einer Außenprüfung Tatsachen oder Beweismittel bekannt werden, die zu einer niedrigeren Steuer führen würden (BFH-Urteile vom 29.1.1987, IV R 96/85, BStBl II S.410, und vom 11.12.1997, V R 56/94, BStBl 1998 II S.367). Die Änderungssperre bezieht sich nur auf Änderungen i. S. v. § 173 Abs.1 AO, nicht aber auf Änderungen, die aufgrund anderer Vorschriften erfolgen (vgl. BFH-Urteil vom 4.11.1992, XI R 32/91, BStBl 1993 II S.425).

8.2 Der Umfang der Änderungssperre richtet sich nach dem Inhalt der Prüfungsanordnung (BFH-Urteile vom 12.10.1994, XI R 75/93, BStBl 1995 II S.289, und vom 11.2.1998, I R 82/97, BStBl II S.552).

8.2.1 Im Fall der Beschränkung der Außenprüfung auf bestimmte Steuerarten, Besteuerungszeiträume oder Sachverhalte (§ 194 Abs.1 Satz 2 AO) umfasst die Änderungssperre daher nur den in der Prüfungsanordnung genannten Teil der Besteuerungsgrundlagen. Wenn andererseits das tatsächliche Prüfungsverhalten über die Prüfungsanordnung hinausgeht, wird hierdurch keine Änderungssperre nach § 173 Abs.2 AO ausgelöst (BFH-Urteil vom 11.2.1998, I R 82/97, BStBl II S.552).

8.2.2 Der Eintritt der Änderungssperre ist nicht davon abhängig, ob der Außenprüfer die betreffenden Vorgänge tatsächlich geprüft hat, ob er sie aus rechtlichen Erwägungen von sich aus nicht aufgegriffen hat oder ob er sie in Übereinstimmung mit der damaligen Verwaltungsauffassung unbeanstandet gelassen hat (BFH-Urteil vom 4.2.1987, I R 58/86, BStBl 1988 II S.215).

8.2.3 Eine Umsatzsteuer-Sonderprüfung, durch welche auf der Grundlage eingereichter Umsatzsteuer-Voranmeldungen „insbesondere der Vorsteuerabzug" geprüft wird, bewirkt keine Änderungssperre (BFH-Urteil vom 11.11.1987, X R 54/82, BStBl 1988 II S.307).

8.3 Steuerbescheide sind i.S.d. § 173 Abs.2 AO auch dann aufgrund einer Außenprüfung ergangen, wenn diese lediglich die in einer Selbstanzeige gemachten Angaben des Steuerpflichtigen bestätigt hat (BFH-Urteil vom 4.12.1986, IV R 312/84, BFH/NV 1987 S.214).

8.4 Außenprüfung im Sinne des § 173 Abs.2 AO ist jede Prüfung nach §§ 193 bis 203 AO.

Eine Außenprüfung kann auch von der Steuerfahndung durchgeführt werden (§ 208 Abs.2 Nr.1 AO). Führt die Steuerfahndung auf der Grundlage einer Prüfungsanordnung eine Außenprüfung nach den §§ 193 bis 203 AO durch, gelten uneingeschränkt die Vorschriften über die Außenprüfung. Eine von der Steuerfahndung durchgeführte Außenprüfung hat dementsprechend auch im Hinblick auf die Änderungssperre des § 173 Abs.2 AO die Wirkung einer Außenprüfung. Ermittlungshandlungen der Steuerfahndung im Zusammenhang mit der Erforschung von Steuerstraftaten und Steuerordnungswidrigkeiten nach § 208 Abs.1 Nr.2 AO und Maßnahmen der Steuerfahndung auf der Grundlage von § 208 Abs.1 Nr.1 und 3 AO lassen dagegen die Änderungssperre des § 173 Abs.2 AO nicht eintreten (BFH-Urteil vom 11.12.1997, V R 56/94, BStBl 1998 II S.367).

8.5 Die Änderungssperre gilt auch in den Fällen, in denen eine Mitteilung nach § 202 Abs.1 Satz 3 AO über eine ergebnislose Prüfung ergangen ist. Eine solche Mitteilung ist jedoch kein Verwaltungsakt, der eine allgemeine Änderungssperre für die in der vorangegangenen Außenprüfung festgestellten Sachverhalte auslöst. Sie hindert unter der Voraussetzungen des § 173 Abs.2 AO nur die Änderung eines Steuerbescheids nach § 173 Abs.1 AO. Der Änderung des Bescheids aufgrund einer anderen Vorschrift (z.B. § 164 Abs.2 AO) steht sie nicht entgegen (BFH-Urteile vom 29.4.1987, I R 118/83, BStBl 1988 II S.168, und vom 14.9.1993, VIII R 9/93, BStBl 1995 II S.2).

Die Wirkung einer Mitteilung nach § 202 Abs.1 Satz 3 AO hat auch der Vermerk im Prüfungsbericht, dass für den betreffenden Besteuerungszeitraum oder die betreffende Steuerart „keine Änderung" eintritt (BFH-Urteil vom 14.12.1989, III R 158/85, BStBl 1990 II S.283), es sei denn, dass sich der Vermerk auf einen Besteuerungszeitraum bezieht, für den die Steuer unter Vorbehalt der Nachprüfung festgesetzt ist. In diesem Fall tritt die Änderungssperre erst dann ein, wenn der Vorbehalt der Nachprüfung nach § 164 Abs. 3 Satz 3 AO durch förmlichen Bescheid aufgehoben wird.

8.6 Zur Frage der Feststellung, ob Steuern hinterzogen oder leichtfertig verkürzt worden sind, vgl. AEAO zu § 169, Nr. 2.1 und 2.2.

Die Änderungssperre wird auch dann durchbrochen, wenn der Adressat des Steuerbescheids selbst nicht der Täter oder Teilnehmer der Steuerhinterziehung oder leichtfertigen Verkürzung ist (vgl. BFH-Urteil vom 14. 12. 1994, XI R 80/92, BStBl 1995 II S. 293).

9. Umfang der Änderung

Eine Änderung nach § 173 AO ist nur soweit zulässig, wie sich die neuen Tatsachen oder Beweismittel auswirken (punktuelle Änderung). Sonstige Fehler können nur im Rahmen des § 177 AO berücksichtigt werden (vgl. AEAO zu § 177 AO).

10. Anwendung des § 173 AO in Feststellungsfällen

10.1 Nach § 181 Abs. 1 Satz 1 AO gilt § 173 AO für die gesonderte Feststellung von Besteuerungsgrundlagen sinngemäß. Dies bedeutet dessen Anwendung unter Beachtung der Besonderheiten des Feststellungsverfahrens (vgl. u. a. BFH-Urteil vom 24. 6. 2009, IV R 55/06, BStBl 2009 II S. 950).

Bei einem Feststellungsbescheid kommt es demzufolge für die Frage der Zulässigkeit einer Änderung nach § 173 Abs. 1 AO darauf an, ob die neuen Tatsachen oder Beweismittel sich zugunsten oder zuungunsten des Steuerpflichtigen auswirken, dem der Gegenstand der Feststellung zuzurechnen ist. Dabei kommt es nur auf die Änderungen der festgestellten Besteuerungsgrundlagen selbst an, nicht auf die steuerlichen Auswirkungen in den Folgebescheiden (vgl. BFH-Urteil vom 24. 6. 2009, IV R 55/06, a. a. O.).

10.2 Hierbei ist zu unterscheiden, ob die Feststellung auf einen Betrag oder auf eine Eigenschaft/rechtliche Qualifikation lautet.

10.2.1 Lautet eine gesonderte Feststellung auf einen in Euro bemessenen Betrag (Wert, Einkünfte etc.), ist bei Anwendung des § 173 Abs. 1 AO auf die Änderungen dieses Betrags abzustellen.

Erfolgt eine gesonderte Feststellung auch einheitlich (§ 179 Abs. 2 Satz 2 AO), ist hierbei nicht auf die Verhältnisse der Gesellschaft/Gemeinschaft insgesamt, sondern auf die Verhältnisse jedes einzelnen Feststellungsbeteiligten individuell abzustellen. Danach ist ein Bescheid über eine gesonderte und einheitliche Feststellung aufzuheben oder zu ändern, soweit Tatsachen oder Beweismittel nachträglich bekannt werden, die entweder zu einer Erhöhung oder – bei fehlendem groben Verschulden des Steuerpflichtigen – zu einer Minderung der Besteuerungsgrundlagen bei jedenfalls einem Feststellungsbeteiligten führen (vgl. BFH-Urteile vom 16. 4. 2015, IV R 2/12, BFH/NV S. 1331, und vom 10. 9. 2020, IV R 6/18, BStBl 2021 II S. 197).

§ 173 Abs. 1 Nr. 2 Satz 2 AO ist nach § 181 Abs. 1 Satz 1 AO bei Bescheiden über eine gesonderte und einheitliche Feststellung sinngemäß anzuwenden (vgl. BFH-Urteil vom 24. 6. 2009, IV R 55/06, a. a. O.). Die sinngemäße Anwendung von § 173 Abs. 1 Nr. 2 Satz 2 AO ist nicht auf Fälle beschränkt, in denen gegenläufige Änderungen von Besteuerungsgrundlagen innerhalb des nämlichen Feststellungsbescheids vorzunehmen sind. Die Regelung ist auch anzuwenden, wenn sich eine mit der steuermindernden neuen Tatsache zusammenhängende gegenläufige steuererhöhende Änderung aus einem anderen (Feststellungs- oder Steuer-) Bescheid ergibt (vgl. BFH-Urteil vom 10. 9. 2020, IV R 6/18, a. a. O.). Der Zusammenhang zwischen steuererhöhenden und steuermindernden Tatsachen im Sinne von § 173 Abs. 1 Nr. 2 Satz 2 AO ist nämlich bereits gegeben, wenn der steuererhöhende Vorgang nicht ohne den steuermindernden Vorgang denkbar ist.

Beispiele:

1. Bei einer nachträglich bekannt gewordenen, steuerrechtlich beachtlichen Gewinnverteilungsabrede sind die Voraussetzungen des § 173 Abs. 1 Nr. 1 AO erfüllt, soweit sich die Gewinnanteile erhöhen. Der Bescheid ist hingegen nach § 173 Abs. 1 Nr. 2 AO zu ändern, soweit sich die Gewinnanteile verringern. Auf ein grobes Verschulden am nachträglichen Bekanntwerden einer Gewinnverteilungsabrede kommt es dabei nach § 173 Abs. 1 Nr. 2 Satz 2 AO nicht an, weil die nachträglich bekannt gewordene Gewinnverteilungsabrede zugleich bei dem Feststellungsbeteiligten, dessen Gewinnanteil sich erhöht, eine Tatsache im Sinne des § 173 Abs. 1 Nr. 1 AO ist (BFH-Urteil vom 24. 6. 2009, IV R 55/06, a. a. O.).

2. Wurden Sonderbetriebsausgaben eines Mitunternehmers zunächst (nur) in dessen Einkommensteuerfestsetzung als Betriebsausgaben seines Einzelunternehmens berücksichtigt und wird der Steuerbescheid später unter Wegfall dieser Ausgaben zuungunsten des Steuerpflichtigen geändert, ist der Gewinnfeststellungsbescheid für die Personengesellschaft bei nachträglichem Bekanntwerden dieser Sonderbetriebsausgaben im Feststellungsverfahren in sinngemäßer Anwendung des § 173 Abs. 1 Nr. 2 Satz 2 AO insoweit zugunsten des Mitunternehmers zu ändern. Hierfür reicht es aus, dass sich die gegenläufige Änderung (§ 173 Abs. 1 Nr. 1 AO) aus dem Einkommensteuerbescheid des nämlichen Mitunternehmers ergibt (vgl. BFH-Urteil vom 10. 9. 2020, IV R 6/18, a. a. O.).

10.2.2 Werden zu einer Feststellung, die nicht betragsmäßige Besteuerungsgrundlagen, sondern eine Eigenschaft oder rechtliche Bewertung zum Gegenstand hat (z. B. Art der Einkünfte, Grundstücksart, Zurechnung des Grundstücks), neue Tatsachen oder Beweismittel bekannt, findet § 173 Abs. 1 Nr. 2 AO Anwendung, wenn der Steuerpflichtige die Änderung des Feststellungsbescheids begehrt, weil dann davon auszugehen ist, dass sie im Ergebnis zu einer steuerlichen Minderbelastung führt. In diesem Fall ist die Änderung daher nur zulässig, wenn den Steuerpflichtigen kein grobes Verschulden am nachträglichen Bekanntwerden der Tatsachen oder Beweismittel trifft; § 173 Abs. 1 Nr. 2 Satz 2 AO bleibt unberührt. § 173 Abs. 1 Nr. 1 AO kommt dagegen zur Anwendung, wenn das Finanzamt von Amts wegen die Änderung einer Feststellung in der Annahme vornimmt, diese führe im Ergebnis zu einer steuerlichen Mehrbelastung (vgl. das zur Frage der Änderung der Artfeststellung für ein Grundstück ergangene BFH-Urteil vom 16. 9. 1987, II R 178/85, BStBl 1988 II S. 174).

Zu § 173a AO

AEAO   **Schreib- oder Rechenfehler bei Erstellung einer Steuererklärung:**

1. § 173a AO ermöglicht eine Änderung der Steuerfestsetzung, soweit der Steuerpflichtige auf Grund eines (bei Erstellung der Steuererklärung aufgetretenen) Schreib- oder Rechenfehlers der Finanzbehörde bestimmte Tatsachen unzutreffend (d. h. fehlerhaft) mitgeteilt hat und diese Tatsachen nach den Verhältnissen zum Zeitpunkt des Erlasses des Steuerbescheids rechtserheblich waren.

Schreibfehler sind insbesondere Rechtschreibfehler, Wortverwechselungen oder Wortauslassungen oder fehlerhafte Übertragungen.

Rechenfehler sind insbesondere Fehler bei der Addition, Subtraktion, Multiplikation oder Division sowie bei der Prozentrechnung.

Ein solcher Schreib- oder Rechenfehler muss durchschaubar, eindeutig oder augenfällig sein. Das ist dann der Fall, wenn der Fehler bei Offenlegung des Sachverhalts für jeden unvoreingenommenen Dritten klar und deutlich als Schreib- oder Rechenfehler erkennbar ist und kein Anhaltspunkt dafür erkennbar ist, dass eine unrichtige Tatsachenwürdigung, ein Rechtsirrtum oder ein Rechtsanwendungsfehler vorliegt.

Das schlichte Vergessen eines Übertrags selbst ermittelter Besteuerungsgrundlagen in die Steuererklärung ist kein Schreib- oder Rechenfehler i. S. d. § 173 a AO. In derartigen Fällen kann aber eine nachträglich bekannt gewordene Tatsache i. S. d. § 173 Abs. 1 AO vorliegen.

2. § 173a AO ist erstmals auf Verwaltungsakte anzuwenden, die nach dem 31. 12. 2016 erlassen worden sind (Art. 97 § 9 Abs. 4 EGAO). Für Altfälle vgl. Nr. 4 Abs. 2 des AEAO zu § 129.

Zu § 174 AO

AEAO   Widerstreitende Steuerfestsetzungen:

1.   Allgemeines

1.1   Die Vorschrift eröffnet die Möglichkeit, Vorteile und Nachteile auszugleichen, die sich durch Steuerfestsetzungen ergeben haben, die inhaltlich einander widersprechen. Sie bietet insoweit die gesetzliche Grundlage für die Änderung einer oder beider Festsetzungen (§ 172 Abs. 1 Satz 1 Nr. 2 Buchstabe d AO). **[1]**

1.2   Unter einem bestimmten Sachverhalt i. S. d. § 174 AO ist der einzelne Lebensvorgang zu verstehen, an den das Gesetz steuerliche Folgen knüpft. Der Begriff erfasst nicht nur einzelne steuererhebliche Tatsachen, sondern den einheitlichen, für die Besteuerung maßgeblichen Sachverhaltskomplex (ständige BFH-Rechtsprechung; vgl. z. B. Urteil vom 16. 4. 2013, IX R 22/11, BStBl 2016 II S. 432). Im Rahmen des § 174 AO muss der dem geänderten sowie der dem zu ändernden Steuerbescheid zugrunde liegende Sachverhalt übereinstimmen. Übereinstimmung setzt jedoch keine vollständige Identität voraus (BFH-Urteil vom 19. 8. 2015, X R 50/13, BFH/NV 2016 S. 603).

Mehrere Sachverhaltselemente bilden dann einen einheitlichen Lebensvorgang und Sachverhaltskomplex, wenn die betreffenden Sachverhaltselemente einen inneren Zusammenhang aufweisen (vgl. BFH-Urteil vom 12. 2. 2015, V R 38/13, BFH/NV S. 877 m. w. N.).

1.3. Die als Steuerfestsetzung unter dem Vorbehalt der Nachprüfung (§ 164 AO) wirkende Steueranmeldung (§ 168 AO) steht einem Steuerbescheid i. S. d. § 174 AO gleich (vgl. BFH-Urteile vom 19. 12. 2013, V R 5/12, BStBl 2016 II S. 585, und V R 7/12, BFH/NV 2014 S. 1130).

2.   Zu § 174 Abs. 1 AO

Nach § 174 Abs. 1 AO ist ein Steuerbescheid aufzuheben oder zu ändern, wenn ein bestimmter Sachverhalt mehrfach zuungunsten eines oder mehrerer Steuerpflichtiger berücksichtigt worden ist, obwohl er nur einmal hätte berücksichtigt werden dürfen. Hierbei kann es sich um Fälle handeln, in denen z. B. dieselbe Einnahme irrtümlich verschiedenen Steuerpflichtigen, verschiedenen Steuern oder verschiedenen Besteuerungszeiträumen zugeordnet worden ist. Auch die Fälle, in denen mehrere Finanzämter gegen denselben Steuerpflichtigen für dieselbe Steuer und denselben Besteuerungszeitraum Steuerbescheide erlassen haben, fallen hierunter.

Anm. d. Schriftl.:

[1] Stehen sich zwei Urteile in unvereinbarer Weise gegenüber, so ist die Wirkung der Rechtskraft, in Bezug auf einen bestimmten, unveränderten Sachverhalt Rechtsfrieden zu schaffen, aufgehoben. § 174 AO ist anwendbar (BFH-Urteil vom 18. 3. 2004, BStBl 2004 II S. 763).

Der fehlerhafte Steuerbescheid ist in den Fällen des § 174 Abs. 1 AO nur auf Antrag aufzuheben oder zu ändern. Hat der Steuerpflichtige fälschlich nur einen Antrag auf Änderung des rechtmäßigen Steuerbescheides gestellt, ist der Antrag allgemein als Antrag auf Beseitigung der widerstreitenden Festsetzung zu behandeln. Die Antragsfrist (§ 174 Abs. 1 Satz 2 AO) ist eine gesetzliche Frist i. S. d. § 110 AO. Über den fristgerecht gestellten Antrag kann auch noch nach Ablauf der Jahresfrist entschieden werden.

3.   Zu § 174 Abs. 2 AO

§ 174 Abs. 2 AO regelt in entsprechender Anwendung des § 174 Abs. 1 AO die Fälle, dass ein bestimmter Sachverhalt mehrfach zugunsten eines oder mehrerer Steuerpflichtiger berücksichtigt worden ist. Die Änderung des fehlerhaften Steuerbescheides ist von Amts wegen vorzunehmen. Eine Änderung nach § 174 Abs. 2 AO ist nicht auf den Fall der irrtümlichen Doppelberücksichtigung eines bestimmten Sachverhaltes beschränkt, sie kommt auch bei bewusst herbeigeführten widerstreitenden Steuerfestsetzungen in Betracht (vgl. BFH-Urteil vom 6. 9. 1995, XI R 37/95, BStBl 1996 II S. 148).

Unter den Begriff des Antrages oder einer Erklärung des Steuerpflichtigen im Sinne dieser Vorschrift fallen auch formlose Mitteilungen und Auskünfte außerhalb des Steuererklärungsvordrucks (vgl. BFH-Urteil vom 13. 11. 1996, XI R 61/96, BStBl 1997 II S. 170) sowie für die Beteiligten von Dritten abgegebene Erklärungen (z. B. im Rahmen des § 80 Abs. 1 und 4 AO, § 200 Abs. 1 AO).

4.   „Widerstreit" im Sinne des § 174 Abs. 1 und 2 AO

Ein „Widerstreit" im Sinne des § 174 Abs. 1 und 2 AO setzt voraus, dass die in verschiedenen Steuerbescheiden vorgenommenen Feststellungen bzw. Besteuerungen aufgrund der materiellen Rechtslage nicht miteinander vereinbar sind. Sie stehen im Widerspruch zueinander, da nur einer der beiden Steuerbescheide und die darin angeordnete Rechtsfolge zutreffend sein kann. Nach materiellem Recht muss sich die mehrfache Erfassung eines bestimmten Sachverhaltes zwingend ausschließen.

5.   Unionskonforme Auslegung des § 174 Abs. 1 und 2 AO

In unionskonformer Auslegung des § 174 Abs. 1 und 2 AO kann auch ein Steuerbescheid, der von einer Finanzbehörde eines anderen Mitgliedstaates der Europäischen Union oder eines Staates, auf den das Abkommen über den Europäischen Wirtschaftsraum (EWR-Abkommen) Anwendung findet, erlassen wurde, eine widerstreitende Steuerfestsetzung im Sinne des § 174 Abs. 1 oder 2 AO begründen (BFH-Urteil vom 9. 5. 2012, I R 73/10, BStBl 2013 II S. 566). Die Änderung eines inländischen Steuerbescheids nach § 174 Abs. 1 oder 2 AO setzt voraus, dass eine aus innerstaatlicher Sicht rechtswidrige/fehlerhafte Behandlung des Sachverhaltes im inländischen Steuerbescheid vorliegt. Ein rechtmäßiger Steuerbescheid kann nicht nach § 174 Abs. 1 oder 2 AO geändert werden (vgl. BFH-Urteil vom 17. 6. 2006, II R 48/04, BFH/NV S. 1611 m. w. N.). Auch eine später eingetretene Rechtswidrigkeit aufgrund rückwirkender geänderter Rechtslage (neue oder geänderte Rechtsnorm) oder rückwirkender Ereignisse berechtigt nicht zu einer Änderung nach § 174 Abs. 1 und 2 AO.

Bei einem Antrag auf Änderung eines von einer inländischen Finanzbehörde erlassenen Steuerbescheids zugunsten eines Steuerpflichtigen liegt die objektive Feststellungslast im Hinblick auf den ausländischen Steuerbescheid bei dem Steuerpflichtigen. Zudem trifft ihn insoweit eine erhöhte Mitwirkungspflicht (§ 90 Abs. 2 AO).

Beispiel:

Die inländische Finanzbehörde hat bei der Festsetzung der Einkommensteuer Einkünfte als steuerpflichtig berücksichtigt. Der Einkommensteuerbescheid wird bestandskräftig. Der Steuerpflichtige beantragt ein Jahr später die Änderung dieses Einkommensteuerbescheids, da die fraglichen Einkünfte auch in den Niederlanden versteuert worden seien.

Zu prüfen ist zunächst, ob Deutschland insoweit ein Besteuerungsrecht hatte. Wenn dies zu verneinen ist, muss als weitere Voraussetzung eine mehrfache und mit dem materiellen Recht unvereinbare Berücksichtigung dieser Einkünfte in verschiedenen Steuerbescheiden vorliegen. Der Steuerpflichtige hat zum einen darzulegen, dass die Besteuerung im Inland rechtswidrig bzw. fehlerhaft war, und zum anderen nachzuweisen, dass eine Besteuerung des Sachverhalts in den Niederlanden stattgefunden hat.

Nach § 174 Abs. 1 AO ist der inländische Einkommensteuerbescheid zu ändern, wenn dieser aus innerstaatlicher Sicht rechtswidrig/fehlerhaft war und tatsächlich eine Besteuerung des gleichen Sachverhaltes (Einkünfte) in den Niederlanden stattgefunden hat.

§ 174 Abs. 1 und 2 AO findet keine Anwendung bei Unstimmigkeiten zwischen den Vertragsstaaten über die Ausübung von Besteuerungsrechten (z. B. Verrechnungspreisfälle, Cash-Pooling, konkurrierende Besteuerungen bzw. Anwendung von Rückfallklauseln etc.). Die Regelungen des § 174 AO stehen auch nicht in Konkurrenz bzw. Widerspruch zu Verständigungs- oder Schiedsverfahren nach den DBA; vgl. dazu auch § 175a AO.

6. Zu § 174 Abs. 3 AO

§ 174 Abs. 3 AO erfasst die Fälle, in denen bei einer Steuerfestsetzung ein bestimmter Sachverhalt in der erkennbaren Annahme nicht berücksichtigt worden ist, dass der Sachverhalt nur Bedeutung für eine andere Steuer, einen anderen Besteuerungszeitraum oder einen anderen Steuerpflichtigen habe. Dieser andere Bescheid muss nicht notwendigerweise schon erlassen worden sein oder später erlassen werden (vgl. BFH-Urteil vom 29. 5. 2001, VIII R 19/00, BStBl II S. 743). Der Anwendung des § 174 Abs. 3 AO steht auch nicht entgegen, dass die Finanzbehörde in der (erkennbaren) Annahme, ein bestimmter Sachverhalt sei in einem anderen Steuerbescheid zu berücksichtigen, zunächst überhaupt keinen Steuerbescheid erlässt (BFH-Urteil vom 23. 5. 1996, IV R 49/95, BFH/NV 1997 S. 89).

Die Annahme, der bestimmte Sachverhalt sei in einem anderen Steuerbescheid zu erfassen, muss für den Steuerpflichtigen erkennbar und für die Nichtberücksichtigung kausal geworden sein. Die Erkennbarkeit ist gegeben, wenn der Steuerpflichtige die (später als fehlerhaft erkannte) Annahme des Finanzamts auch ohne entsprechenden Hinweis aus dem gesamten Sachverhaltsablauf allein aufgrund verständiger Würdigung des fehlerhaften Bescheids erkennen konnte (BFH-Urteil vom 21. 12. 1984, III R 75/81, BStBl 1985 II S. 283, und BFH-Beschluss vom 15. 10. 1998, IV B 15/98, BFH/NV 1999 S. 449). An der Kausalität fehlt es dagegen, wenn die Nichtberücksichtigung darauf beruht, dass das Finanzamt von dem bestimmten Sachverhalt gar keine Kenntnis hatte oder annahm, dieser Sachverhalt sei – jetzt und auch später – ohne steuerliche Bedeutung (BFH-Urteil vom 29. 5. 2001, VIII R 19/00, a. a. O.).

Beispiel:

Die Finanzbehörde hat bei der Festsetzung der Einkommensteuer am 31. 12. entstandene Aufwendungen nicht zum Abzug als Sonderausgaben zugelassen, weil sie der Auffassung war, dass die Sonderausgaben erst im nächsten Veranlagungszeitraum abzugsfähig sind (§ 11 Abs. 1 Satz 2 EStG). Stellt sich die Annahme später als unrichtig heraus, so kann die Steuerfestsetzung, bei der die Berücksichtigung des Sachverhaltes unterblieben ist, insoweit trotz etwa eingetretener Bestandskraft noch geändert werden, zeitlich jedoch nur bis zum Ablauf der für die andere Steuerfestsetzung laufenden Festsetzungsfrist.

Die irrige Annahme, der Sachverhalt sei in einem anderen Steuerbescheid zu berücksichtigen, muss von dem für die Steuerfestsetzung zuständigen Amtsträger gemacht worden sein (vgl. BFH-Urteil vom 29. 5. 2001, VIII R 19/00, a. a. O.). **[1]**

Anm. d. Schriftl.:

[1] Es ist ernstlich zweifelhaft, ob § 174 Abs. 3 AO die Rechtsgrundlage dafür bietet, bestandskräftige Steuerbescheide in der Weise zu ändern, dass ein Entnahmegewinn steuerlich berücksichtigt wird, den das FA seinerzeit wegen Nichtanwendung der BFH-Rechtsprechung zur Bedeutung von Einstimmigkeitsabreden bei der Betriebsaufspaltung nicht erfasst hat (BFH-Beschluss vom 18. 8. 2005, BStBl 2006 II S. 158).

7. Zu § 174 Abs. 4 AO

7.1   § 174 Abs. 4 AO❶❷❸ ergänzt die Regelung des § 174 Abs. 3 AO um die Fälle, in denen eine Steuerfestsetzung auf Antrag oder im Rechtsbehelfsverfahren zugunsten des Steuerpflichtigen geändert worden ist.

7.2   Der Änderung nach § 174 Abs. 4 AO steht nicht entgegen, dass der gleiche Sachverhalt sowohl in dem zugunsten des Steuerpflichtigen geänderten Steuerbescheid als auch in dem zu ändernden Bescheid steuerlich zu berücksichtigen ist (vgl. BFH-Urteil vom 18. 2. 1997, VIII R 54/95, BStBl II S. 647). Bei der Anwendung der Vorschrift ist zu berücksichtigen, dass § 174 Abs. 4 AO den Ausgleich einer zugunsten des Steuerpflichtigen eingetretenen Änderung bezweckt. Derjenige, der erfolgreich für seine Rechtsansicht gestritten hat, muss auch die damit verbundenen Nachteile hinnehmen.

7.3   **Beispiele:**

     a)   Die Finanzbehörde hat einen Veräußerungsgewinn bei der Festsetzung der Einkommensteuer erfasst. Der Steuerpflichtige macht im Rechtsbehelfsverfahren mit Erfolg geltend, dass der Veräußerungsgewinn erst im folgenden Veranlagungszeitraum zu berücksichtigen sei. Unter den Voraussetzungen des § 174 Abs. 4 AO kann die Erfassung des Veräußerungsgewinns in dem folgenden Veranlagungszeitraum nachgeholt werden, auch wenn die hierfür maßgebliche Steuerfestsetzung bereits unanfechtbar geworden ist oder die Festsetzungsfrist bereits abgelaufen war.

     b)   Der Steuerpflichtige erreicht wegen eines in einem Veranlagungszeitraum erzielten Einnahmeüberschusses eine geänderte Beurteilung der Einkünfteerzielungsabsicht und damit die Berücksichtigung des Werbungskostenüberschusses in den angefochtenen Steuerbescheiden. Das Finanzamt kann den bisher unberücksichtigt gebliebenen Einnahmeüberschuss nachträglich durch Änderung des für diesen Veranlagungszeitraum bestandskräftig gewordenen Steuerbescheids nach § 174 Abs. 4 AO erfassen (vgl. BFH-Urteil vom 18. 2. 1997, VIII R 54/95, a. a. O.).

7.4   § 174 Abs. 4 AO lässt es hingegen nicht zu, dass die durch Rechtsbehelf oder sonstigen Antrag erwirkte Änderung eines Bescheides zugunsten des Steuerpflichtigen auf bestandskräftige andere Bescheide – ebenfalls zugunsten des Steuerpflichtigen – übertragen wird (BFH-Urteil vom 10. 3. 1999, XI R 28/98, BStBl II S. 475).

Anm. d. Schriftl.:

❶   Für den rechtmäßigen Erlass eines Änderungsbescheides nach § 174 Abs. 4 AO reicht es (aber) aus, wenn die Voraussetzungen für die Änderung, insbesondere die Aufhebung oder Änderung des anderen Steuerbescheides zugunsten des Steuerpflichtigen, bis zur Entscheidung über den Einspruch gegen den (auf § 174 Abs. 4 AO gestützten) Änderungsbescheid vorliegen (BFH-Urteil vom 24. 4. 2008, BStBl 2009 II S. 35).

❷   Die Entscheidung des FA darüber, ob im Fall einer irrigen Beurteilung eines bestimmten Sachverhalts ein Steuerbescheid nach § 174 Abs. 4 AO nachträglich geändert wird, ist keine Ermessensentscheidung (BFH-Urteil vom 14. 3. 2012, BStBl 2012 II S. 653).

❸   Wurden Umsätze in Änderungsbescheiden zur Umsatzsteuer und Körperschaftsteuer zunächst rechtsirrig als umsatzsteuerpflichtig (und eine Umsatzsteuerverbindlichkeit auslösend) berücksichtigt, darf das Finanzamt, wenn es dem Einspruch des Steuerpflichtigen gegen den Umsatzsteuerbescheid dadurch abhilft, dass es die Umsätze umsatzsteuerfrei belässt, den bestandskräftigen Körperschaftsteuerbescheid nach § 174 Abs. 4 AO einkommenserhöhend in dem Umfang ändern, in dem es zuvor zu einer Einkommensminderung gekommen war (BFH-Urteil vom 17. 3. 2022, BStBl 2022 II S. 607).

8. Änderung nach § 174 Abs. 4 i.V. m. Abs. 5 AO zu Lasten eines Dritten[1]

8.1   Nach § 174 Abs. 4 i.V. m. Abs. 5 AO können zur Richtigstellung einer irrigen Beurteilung eines bestimmten Sachverhalts steuerrechtliche Folgen auch zu Lasten eines bereits bestandskräftig beschiedenen Dritten gezogen werden.

8.2   Dritter ist, wer im ursprünglichen Bescheid nicht als Inhaltsadressat (vgl. AEAO zu § 122, Nr. 1.3.1) angegeben war (vgl. BFH-Urteil vom 8. 2. 1995, I R 127/93, BStBl II S. 764). So ist im Besteuerungsverfahren der Organträgerin die Organgesellschaft regelmäßig Dritte i. S. v. § 174 Abs. 4 i. V. m. Abs. 5 AO (BFH-Urteil vom 19. 12. 2013, V R 5/12, BStBl 2016 II S. 585). Sie ist dann nicht mehr Dritte, wenn im Zeitpunkt der Aufhebung oder Änderung des Steuerbescheids Gesamtrechtsnachfolge (§ 45 AO) – wie im Falle der Verschmelzung – eingetreten ist (vgl. BFH-Urteil vom 19. 12. 2013, V R 6/12, BFH/NV 2014 S. 1126).

8.3   Inhaltsadressat eines Feststellungsbescheids – und damit nicht Dritter i. S. d. § 174 Abs. 5 AO – ist derjenige, dem der Gegenstand der Feststellung zuzurechnen ist. Die Gesellschafter einer Personengesellschaft sind daher im Gewinnfeststellungsverfahren nicht Dritte i. S. d. § 174 Abs. 5 AO (BFH-Urteil vom 15. 6. 2004, VIII R 7/02, BStBl II S. 914).

8.4   Der Erlass oder die Änderung eines Steuerbescheids gegenüber dem Dritten setzt voraus, dass dieser vor Ablauf der Festsetzungsfrist für den gegen ihn gerichteten Steueranspruch zu dem Verfahren, das zur Aufhebung oder Änderung des fehlerhaften Steuerbescheids geführt hat, hinzugezogen oder beigeladen worden ist (BFH-Urteil vom 19. 12. 2013, V R 5/12, BStBl 2016 II S. 585). Die Finanzbehörde muss daher die Hinzuziehung eines in Betracht kommenden Dritten rechtzeitig vornehmen oder im finanzgerichtlichen Verfahren dessen Beiladung durch rechtzeitige Antragstellung veranlassen (zum Antrag auf Beiladung vgl. BFH-Beschluss vom 22. 12. 1988, VIII B 131/87, BStBl 1989 II S. 314). § 174 Abs. 5 Satz 2 AO ist selbst Rechtsgrundlage für die Beteiligung des Dritten, ohne dass die Voraussetzungen des § 360 Abs. 3 AO und des § 60 FGO vorliegen müssen (vgl. BFH-Beschluss vom 17. 5. 1994, IV B 84/93, BFH/NV 1995 S. 87). Schon die Möglichkeit, dass ein Steuerbescheid wegen irrtümlicher Beurteilung eines Sachverhalts aufzuheben oder zu ändern ist und hieraus Folgen für einen Dritten zu ziehen sind, rechtfertigt die Hinzuziehung des Dritten (BFH-Beschlüsse vom 4. 1. 1996, X B 149/95, BFH/NV S. 453, vom 30. 1. 1996, VIII B 20/95, BFH/NV S. 524, und vom 27. 8. 1998, III B 41/98, BFH/NV 1999 S. 156).

8.5   Eine Hinzuziehung oder Beiladung kommt grundsätzlich nicht mehr in Betracht, wenn gegenüber dem Dritten im Zeitpunkt der beabsichtigten Hinzuziehung oder Beiladung die Festsetzungsfrist für den gegen ihn gerichteten Steueranspruch bereits abgelaufen ist (vgl. BFH-Urteil vom 5. 5. 1993, X R 111/91, BStBl II S. 817). Hat der Dritte aber durch eigene verfahrensrechtliche Initiativen auf die Änderung oder die Aufhebung des fehlerhaften Bescheids hingewirkt, kann er auch noch nach Ablauf der Festsetzungsfrist hinzugezogen oder beigeladen werden (vgl. BFH-Urteil vom 10. 11. 1993, I R 20/93, BStBl 1994 II S. 327); es reicht aber nicht aus, dass der Dritte den Widerstreit von Steuerfestsetzungen lediglich kennt.

8.6   Weil sich die Frage, welches die „richtigen steuerlichen Folgerungen" sind, verbindlich im Ausgangsverfahren entscheidet (vgl. BFH-Urteile vom 24. 11. 1987, IX R 158/83, BStBl 1988 II S. 404, und vom 3. 8. 1988, I R 115/84, BFH/NV 1989 S. 482) und der Dritte durch

---

Anm. d. Schriftl.:

[1] Über die formale Beteiligung i. S. des § 359 AO als Einspruchsführer oder Hinzugezogener hinaus ist ein Dritter auch dann an dem zur Änderung oder Aufhebung führenden Verfahren „beteiligt" i. S. des § 174 Abs. 5 AO, wenn er durch eigene verfahrensrechtliche Initiative auf die Aufhebung oder Änderung des Bescheides hingewirkt hat (BFH-Urteil vom 12. 2. 2015, BStBl 2017 II S. 10).

die Ausgangsentscheidung beschwert ist (vgl. BFH-Urteil vom 22.7.1980, VIII R 114/78, BStBl 1981 II S.101), muss ihm die Möglichkeit eröffnet sein, sich im Ausgangsverfahren rechtliches Gehör zu verschaffen und auf das Verfahren dort Einfluss zu nehmen. Korrekturbescheide und abschließende Entscheidungen müssen auch dem Dritten bekannt gegeben werden, damit auch dieser die Möglichkeit hat, hiergegen Rechtsbehelf einzulegen (BFH-Urteile vom 11.4.1991, V R 40/86, BStBl II S.605, und vom 26.7.1995, X R 45/92, BFH/NV 1996 S.195). Eine Entscheidung durch Abhilfebescheid (§ 172 Abs.1 Satz 1 Nr.2 Buchstabe a AO), durch die es einer Einspruchsentscheidung nicht mehr bedarf, wahrt die Rechte des Hinzugezogenen nur, wenn sie seinem Antrag der Sache nach entspricht oder wenn er ihr zustimmt (BFH-Urteile vom 11.4.1991, V R 40/86, a.a.O., vom 20.5.1992, III R 176/90, BFH/NV 1993 S.74, und vom 5.5.1993, X R 111/91, BStBl II S.817).

8.7 Eine Hinzuziehung oder Beiladung des Dritten ist nur dann entbehrlich, wenn er Verfahrensbeteiligter i.S.d. § 359 AO oder § 57 FGO war oder durch eigene verfahrensrechtliche Initiativen auf die Änderung oder Aufhebung des fehlerhaften Steuerbescheids hingewirkt hat (BFH-Urteile vom 8.2.1995, I R 127/93, BStBl II S.764, und vom 27.3.1996, I R 100/94, BFH/NV S.798). Daneben ist die Änderung gegenüber einem Dritten auch ohne Einhaltung der Voraussetzungen des § 174 Abs.5 AO zulässig, wenn die Voraussetzungen des § 174 Abs.3 AO erfüllt sind (vgl. BFH-Urteile vom 1.8.1984, V R 67/82, BStBl II S.788, und vom 19.12.2013, V R 7/12, BFH/NV 2014 S.1130).

9. Alternative oder kumulative Erfassung bestimmter Sachverhalte beim Steuerpflichtigen und beim Dritten

§ 174 Abs.4 und 5 AO ist nicht auf Fälle einer alternativen Erfassung bestimmter Sachverhalte (vgl. AEAO zu § 174, Nr.1.2) entweder beim Steuerpflichtigen oder beim Dritten beschränkt. Auch brauchen die steuerrechtlichen Folgen, die aus dem bestimmten Sachverhalt sowohl beim Steuerpflichtigen als auch bei einem Dritten zu ziehen sind, nicht identisch zu sein. Aufgrund ein und desselben Sachverhalts kann beim Steuerpflichtigen eine abziehbare Ausgabe und beim Dritten eine Einnahme in Betracht kommen (BFH-Urteil vom 24.11.1987, IX R 158/83, BStBl 1988 II S.404, und BFH-Beschluss vom 2.12.1999, II B 17/99, BFH/NV 2000 S.679).

Zu § 175 AO

AEAO   Änderung von Steuerbescheiden auf Grund von Grundlagenbescheiden und bei rückwirkenden Ereignissen:

1. Aufhebung oder Änderung von Folgebescheiden nach § 175 Abs.1 Satz 1 Nr.1 AO

1.1 Grundlagenbescheide i.S.d. § 175 Abs.1 Satz 1 Nr.1 AO sind Feststellungsbescheide, Steuermessbescheide oder sonstige für eine Steuerfestsetzung bindende Verwaltungsakte (§ 171 Abs.10 AO).[1] Auch Verwaltungsakte anderer Behörden, die keine Finanzbehörden sind, können Grundlagenbescheide sein (z.B. Verwaltungsakte der zuständigen Behörden, die den Grad einer Behinderung i.S.d. § 33b EStG feststellen).

1.2 Die Anpassung des Folgebescheids an einen Grundlagenbescheid steht nicht im Ermessen der Finanzbehörde (BFH-Urteil vom 10.6.1999, IV R 25/98, BStBl II S.545). Der vom

---

Anm. d. Schriftl.:

[1] Bei der Bescheinigung nach § 4 Nr.21 Buchst.a Doppelbuchst. bb UStG handelt es sich um einen Grundlagenbescheid i.S. von § 175 Abs.1 Satz 1 Nr.1 AO (BFH-Urteil vom 20.8.2009, BStBl 2010 II S.15).

Grundlagenbescheid ausgehenden Bindungswirkung (§ 182 Abs. 1 AO) ist durch Änderung des Folgebescheides nach § 175 Abs. 1 Satz 1 Nr. 1 AO Rechnung zu tragen, wenn der Folgebescheid die mit dem Grundlagenbescheid getroffene Feststellung nicht oder nicht zutreffend berücksichtigt.**1** Eine Anpassung des Folgebescheides an den Grundlagenbescheid nach § 175 Abs. 1 Satz 1 Nr. 1 AO ist auch dann vorzunehmen, wenn der Grundlagenbescheid

– erst nach Erlass des Folgebescheides ergangen ist (siehe §§ 155 Abs. 2 und 162 Abs. 5 AO),

– bei Erlass des Folgebescheides übersehen wurde (BFH-Urteile vom 9. 8. 1983, VIII R 55/82, BStBl 1984 II S. 86, und vom 6. 11. 1985, II R 255/83, BStBl 1986 II S. 168; vgl. auch BFH-Urteil vom 16. 7. 2003, X R 37/99, BStBl II S. 867, zur Anwendbarkeit des § 129 AO, wenn die Finanzbehörde die Auswertung des Grundlagenbescheids nicht bewusst unterlassen hat),

– bei Erlass des Folgebescheides bereits vorlag, die im Grundlagenbescheid getroffenen Feststellungen aber fehlerhaft berücksichtigt worden sind (BFH-Urteile vom 14. 4. 1988, IV R 219/85, BStBl II S. 711, vom 4. 9. 1996, XI R 50/96, BStBl 1997 II S. 261, und vom 10. 6. 1999, IV R 25/98, a. a. O.).

1.3 Wird ein Grundlagenbescheid aus formellen Gründen ersatzlos aufgehoben, so eröffnet dies der für den Erlass des Folgebescheids zuständigen Finanzbehörde die Möglichkeit, den Sachverhalt, der bisher Gegenstand des Feststellungsverfahrens war, selbständig zu beurteilen und den Folgebescheid insoweit nach § 175 Abs. 1 Satz 1 Nr. 1 AO zu ändern (BFH-Urteile vom 25. 6. 1991, IX R 57/88, BStBl II S. 821, und vom 24. 3. 1998, I R 83/97, BStBl II S. 601). Das Gleiche gilt, wenn

– ein zunächst eingeleitetes Feststellungsverfahren aus formellen Gründen zu einem sog. negativen Feststellungsbescheid führt (BFH-Urteil vom 11. 5. 1993, IX R 27/90, BStBl II S. 820) oder

– einzelne Besteuerungsgrundlagen nachträglich aus dem Feststellungsverfahren ausgeschieden werden (BFH-Urteile vom 11. 4. 1990, I R 82/86, BFH/NV 1991 S. 143, vom 25. 6. 1991, IX R 57/88, a. a. O., vom 14. 7. 1993, X R 34/90, BStBl 1994 II S. 77, und vom 7. 12. 1993, IX R 134/92, BFH/NV 1994 S. 547, sowie BFH-Beschluss vom 8. 9. 1998, IX B 71/98, BFH/NV 1999 S. 157).

1.4 Durch einen negativen Feststellungsbescheid, mit dem die Feststellung von Einkünften nicht aus formellen, sondern aus materiellen Gründen – z. B. wegen Liebhaberei – abgelehnt wird, geht die Ermittlungsbefugnis nicht auf das für den Erlass des Folgebescheids zuständige Finanzamt über (vgl. BFH-Urteil vom 28. 11. 1985, IV R 178/83, BStBl 1986 II S. 293). In diesem negativen Feststellungsbescheid wird bindend festgelegt, dass in den Folgebescheiden keine Einkünfte aus dem fraglichen Rechtsverhältnis angesetzt werden dürfen (vgl. BFH-Beschluss vom 17. 1. 1985, IV B 65/84, BStBl II S. 299).

1.5 Stellt die Finanzbehörde durch Verwaltungsakt die Nichtigkeit eines Grundlagenbescheids fest, ist der Folgebescheid nach § 175 Abs. 1 Satz 1 Nr. 1 AO zu ändern (BFH-Urteil vom 20. 8. 2014, X R 15/10, BStBl 2015 II S. 109; vgl. AEAO zu § 125, Nr. 4). In diesem Fall geht die Ermittlungsbefugnis ebenfalls nicht auf das für den Erlass des Folgebescheids zuständige Finanzamt über (vgl. BFH-Urteil vom 24. 5. 2006, I R 93/05, BStBl 2007 II S. 76).

Anm. d. Schriftl.:

1 Das FA kann aufgrund der Feststellungslast die Änderung eines Folgebescheids nach § 175 Abs. 1 Satz 1 Nr. 1 AO nicht mit der Begründung ablehnen, es bestünden wegen Fehlens der Steuerakten Unklarheiten über die im ursprünglichen Folgebescheid angesetzten Besteuerungsgrundlagen, wenn die Ursachen für die Unklarheiten der Finanzverwaltung zuzurechnen sind (BFH-Urteil vom 28. 11. 2007, BStBl 2008 II S. 335).

1.6 Sind die Voraussetzungen für eine Steuervergünstigung durch einen außersteuerlichen Grundlagenbescheid nachzuweisen, so steht der Anpassung des Steuerbescheides (Folgebescheid) an den Grundlagenbescheid nach § 175 Abs. 1 Satz 1 Nr. 1 AO nicht entgegen, dass der Steuerpflichtige den für die Steuervergünstigung erforderlichen, aber nicht fristgebundenen Antrag erst nach Unanfechtbarkeit des Steuerbescheides gestellt hat (BFH-Urteil vom 13.12.1985, III R 204/81, BStBl 1986 II S. 245).

2. Aufhebung oder Änderung von Steuerbescheiden wegen Eintritt eines rückwirkenden Ereignisses (§ 175 Abs. 1 Satz 1 Nr. 2 AO)🔳🔳

2.1 Die Aufhebung oder Änderung eines Steuerbescheides nach § 175 Abs. 1 Satz 1 Nr. 2 AO setzt voraus, dass nachträglich ein Ereignis eingetreten ist, das steuerliche Wirkung für die Vergangenheit hat. Hierzu rechnen alle rechtlich bedeutsamen Vorgänge, aber auch tatsächlichen Lebensvorgänge, die steuerlich – ungeachtet der zivilrechtlichen Wirkungen – in der Weise Rückwirkung entfalten, dass nunmehr der veränderte anstelle des zuvor verwirklichten Sachverhalts der Besteuerung zugrunde zu legen ist (BFH-Beschluss GrS vom 19.7.1993, GrS 2/92, BStBl II S. 897, m.w.N.).

2.2 Ob einer nachträglichen Änderung des Sachverhaltes rückwirkende steuerliche Bedeutung zukommt, bestimmt sich allein nach dem jeweils einschlägigen materiellen Steuerrecht. Nach diesem ist zu beurteilen, ob zum einen eine Änderung des ursprünglich gegebenen Sachverhalts den Steuertatbestand überhaupt betrifft und ob sich darüber hinaus der bereits entstandene materielle Steueranspruch mit steuerlicher Rückwirkung ändert (BFH-Beschluss GrS vom 19.7.1993, GrS 2/92, a. a. O.).

Der Fall eines rückwirkenden Ereignisses liegt vor allem dann vor, wenn die Besteuerung nach dem maßgeblichen Einzelsteuergesetz nicht an Lebensvorgänge, sondern unmittelbar oder mittelbar an Rechtsgeschäfte, Rechtsverhältnisse oder Verwaltungsakte anknüpft und diese Umstände nachträglich mit Wirkung für die Vergangenheit gestaltet werden (BFH-Urteil vom 21.4.1988, IV R 215/85, BStBl II S. 863).

Nach § 175 Abs. 2 Satz 2 AO gilt die nachträgliche Erteilung oder Vorlage einer Bescheinigung oder Bestätigung nicht als rückwirkendes Ereignis. § 175 Abs. 2 Satz 2 AO ist nicht auf die Bescheinigung der anrechenbaren Körperschaftsteuer bei verdeckten Gewinnausschüttungen anzuwenden (siehe hierzu und zum Anwendungszeitraum der Vorschrift Art. 97 § 9 Abs. 3 EGAO). Beweismittel, die ausschließlich dazu dienen, eine steuerrechtlich relevante Tatsache zu belegen und die als solche keinen Eingang in eine materielle Steuerrechtsnorm gefunden haben, sind auch dann kein rückwirkendes Ereignis i. S. d. § 175 Abs. 1 Satz 1 Nr. 2 AO, wenn sie erst nach Bestandskraft eines Bescheids beschafft werden können; ggf. kommt hier aber § 173 AO zur Anwendung.

Eine rückwirkende Änderung steuerrechtlicher Normen ist kein rückwirkendes Ereignis i. S. d. § 175 Abs. 1 Satz 1 Nr. 2 AO (BFH-Urteil vom 9.8.1990, X R 5/88, BStBl 1991 II S. 55).

Auch eine Entscheidung des BVerfG stellt kein rückwirkendes Ereignis i. S. v. § 175 Abs. 1 Nr. 2 AO dar (vgl. u. a. BFH-Urteil vom 12.5.2009, IX R 45/08, BStBl II S. 891).

Anm. d. Schriftl.:

🔳 Der Änderung eines bestandskräftigen Einkommensteuerbescheids gemäß § 175 Abs. 1 Satz 1 Nr. 2 AO wegen eines rückwirkenden Ereignisses steht nicht entgegen, dass der Sachverhalt, auf den sich das Ereignis auswirkt (hier: Veräußerung einer qualifizierten Beteiligung, Entstehung nachträglicher Anschaffungskosten) im Ausgangsbescheid nicht berücksichtigt war (BFH-Urteil vom 16.6.2015, BStBl 2017 II S. 94).

🔳 Die erstmalige oder geänderte Steuerfestsetzung für den Vorerwerb ist kein rückwirkendes Ereignis, das die Änderung der Steuerfestsetzung für den nachfolgenden Erwerb zulässt (BFH-Urteil vom 12.7.2017, BStBl 2017 II S. 1120). Auf die gleich lautenden Erlasse der obersten Finanzbehörden der Länder vom 26.10.2017, BStBl 2017 I S. 1456, wird hingewiesen.

2.3   Die Änderung des Steuerbescheides nach § 175 Abs. 1 Satz 1 Nr. 2 AO ist nur zulässig, wenn das rückwirkende Ereignis nachträglich, d. h. nach Entstehung des Steueranspruchs und nach dem Erlass des Steuerbescheides (ggf. des zuletzt erlassenen Änderungsbescheides) eingetreten ist. Die Voraussetzungen des § 175 Abs. 1 Satz 1 Nr. 2 AO liegen nicht vor, wenn das Finanzamt – wie im Fall des § 173 Abs. 1 AO – lediglich nachträglich Kenntnis von einem bereits gegebenen Sachverhalt erlangt (vgl. BFH-Urteil vom 6. 3. 2003, XI R 13/02, BStBl II S. 554).

Ist im Einzelfall die Änderung des Steuerbescheides nach § 175 Abs. 1 Satz 1 Nr. 2 AO ausgeschlossen, kann in Fällen, in denen das Ereignis zwar schon vor Erlass des Steuerbescheides eingetreten, dem Finanzamt jedoch erst nachträglich bekannt geworden ist, die Änderung des Steuerbescheides nach § 173 Abs. 1 AO in Betracht kommen (vgl. BFH-Urteil vom 17. 3. 1994, V R 123/91, BFH/NV 1995 S. 274).

2.4   **Beispiele für rückwirkende Ereignisse:**

Einkommensteuer[1][2]

– § 4 Abs. 2 Satz 1 EStG

Wird ein für das Betriebsvermögen am Schluss des Wirtschaftsjahres maßgebender Wertansatz korrigiert, der sich auf die Höhe des Gewinns der Folgejahre auswirkt, so stellt dies ein Ereignis mit steuerlicher Rückwirkung hinsichtlich der Veranlagung für die Folgejahre dar (BFH-Urteil vom 30. 6. 2005, IV R 11/04, BStBl II S. 809). Zu den Auswirkungen auf die Verzinsung nach § 233a AO vgl. AEAO zu § 233a, Nr. 10.3.2.

– § 6 Abs. 1 Nr. 1a EStG

Wird nachträglich die 15 %-Grenze im Sinne des § 6 Abs. 1a EStG überschritten, so stellt dies ein rückwirkendes Ereignis dar.

– § 6b EStG

Die Rücklage nach § 6b Abs. 3 EStG kann vom Steuerpflichtigen rückwirkend aufgestockt werden, wenn sich der Veräußerungspreis in einem späteren Veranlagungszeitraum erhöht (vgl. BFH-Urteil vom 13. 9. 2000, X R 148/97, BStBl 2001 II S. 641).

– § 10 EStG (Folgen der Erstattung von Sonderausgaben in einem späteren Veranlagungszeitraum)

Werden gezahlte Sonderausgaben in einem späteren Veranlagungszeitraum an den Steuerpflichtigen erstattet, ist der Erstattungsbetrag im Erstattungsjahr mit gleichartigen Sonderausgaben zu verrechnen. Ist im Jahr der Erstattung der Sonderausgaben an den Steuerpflichtigen ein Ausgleich mit gleichartigen Aufwendungen nicht oder nicht in voller Höhe möglich, so ist der Sonderausgabenabzug des Jahres der Verausgabung rückwirkend zu mindern (BFH-Urteil vom 7. 7. 2004, XI R 10/04, BStBl II S. 1058, und vom 21. 7. 2009, X R 32/07, BStBl 2010 II S. 38). Ab Veranlagungszeitraum 2012 ist bei den Aufwendungen i. S. d. § 10 Abs. 1 Nr. 2 bis 3a EStG nach § 10 Abs. 4b Satz 2 EStG ein Erstattungsbetrag innerhalb des Veranlagungszeitraums mit anderen Aufwendungen der jeweiligen Nummer zu verrechnen; ein Erstattungsüberhang erhöht in den Fällen des § 10 Abs. 1 Nr. 3 und 4 EStG nach § 10 Abs. 4b Satz 3 EStG dann den Gesamtbetrag der Einkünfte.

Anm. d. Schriftl.:

[1] Eine Lohnrückzahlung ist regelmäßig kein rückwirkendes Ereignis, das zur Änderung des Einkommensteuerbescheides des Zuflussjahres berechtigt (BFH-Urteil vom 4. 5. 2006, BStBl 2006 II S. 911).

[2] Ein erst nach Bestandskraft des Einkommensteuerbescheids gestellter Antrag auf Abzug von Unterhaltsleistungen im Wege des Realsplittings ist kein rückwirkendes Ereignis, wenn die Zustimmungserklärung des Unterhaltsempfängers dem Geber bereits vor Eintritt der Bestandskraft vorlag (BFH-Urteil vom 20. 8. 2014, BStBl 2015 II S. 138).

– § 10 Abs. 1a Nr. 1 EStG

Wird nach Eintritt der Bestandskraft sowohl die Zustimmung zur Anwendung des Real-splittings erteilt, als auch der Antrag nach § 10 Abs. 1a Nr. 1 EStG (bis VZ 2014: § 10 Abs. 1 Nr. 1 EStG) gestellt, liegen die Voraussetzungen für eine Änderung nach § 175 Abs. 1 Satz 1 Nr. 2 AO vor (BFH-Urteil vom 12. 7. 1989, X R 8/84, BStBl II S. 957). Auch die nachträgliche betragsmäßige Erweiterung eines bereits vorliegenden Antrags stellt i. V. m. der erweiterten Zustimmungserklärung ein rückwirkendes Ereignis dar (BFH-Urteil vom 28. 6. 2006, XI R 32/05, BStBl 2007 II S. 5). Demgegenüber liegt kein rückwirkendes Ereignis vor, wenn dem Unterhaltspflichtigen bei einem erst nach Bestandskraft des Ein-kommensteuerbescheids gestellten Antrag auf Berücksichtigung von Unterhaltsleistun-gen die Zustimmungserklärung des Unterhaltsempfängers bereits vor Eintritt der Be-standskraft vorlag (BFH-Urteil vom 20. 8. 2014, X R 33/12, BStBl 2015 II S. 138).

– § 14a Abs. 4 EStG

Die Steuerbegünstigung der vorgezogenen Abfindung steht unter dem Gesetzesvor-behalt, dass der Abgefundene nicht doch noch den Betrieb übernimmt oder der Betrieb nicht vorher verkauft wurde (vgl. BFH-Urteil vom 4. 3. 1993, IV R 110/92, BStBl 1993 II S. 788). Entsprechende für die Begünstigung schädliche Handlungen sind als rückwirken-de Ereignisse anzusehen (vgl. BFH-Urteil vom 23. 11. 2000, IV R 85/99, BStBl 2001 II S. 122).

– § 16 Abs. 1 Satz 1 Nr. 1 EStG

Wird die gestundete Kaufpreisforderung für die Veräußerung eines Gewerbebetriebs in einem späteren VZ ganz oder teilweise uneinbringlich, so stellt dies ein Ereignis mit steu-erlicher Rückwirkung auf den Zeitpunkt der Veräußerung dar (BFH-Urteil vom 19. 7. 1993, GrS 2/92, BStBl II S. 897).

Die Zahlung von Schadensersatzleistungen für betriebliche Schäden nach Betriebsaufga-be beeinflusst die Höhe des Aufgabegewinns, weil sie ein rückwirkendes Ereignis auf den Zeitpunkt der Betriebsaufgabe darstellt (BFH-Urteil vom 10. 2. 1994, IV R 37/92, BStBl II S. 564).

– § 16 Abs. 1 Satz 1 Nr. 2 EStG

Die spätere vergleichsweise Festlegung eines strittigen Veräußerungspreises ist auf den Zeitpunkt der Realisierung des Veräußerungsgewinns zurückzubeziehen (BFH-Urteil vom 26. 7. 1984, IV R 10/83, BStBl II S. 786).

Scheidet ein Kommanditist aus einer KG aus und bleibt sein bisheriges Gesellschafterdar-lehen bestehen, so ist, wenn diese Forderung später wertlos wird, sein Veräußerungs-bzw. Aufgabegewinn mit steuerlicher Wirkung für die Vergangenheit gemindert (BFH-Urteil vom 14. 12. 1994, X R 128/92, BStBl 1995 II S. 465).

– § 17 EStG

Fallen nach Auflösung einer Kapitalgesellschaft nachträgliche Anschaffungskosten für eine Beteiligung i. S. d. § 17 Abs. 2 Satz 1 EStG an, können diese bei der Ermittlung des Auflösungsgewinns als rückwirkendes Ereignis berücksichtigt werden (vgl. BFH-Urteil vom 2. 10. 1984, VIII R 20/84, BStBl 1985 II S. 428).

Wird der Verkauf eines Anteils an einer Kapitalgesellschaft (wesentliche Beteiligung i. S. von § 17 EStG) nach Übertragung des Anteils und vollständiger Bezahlung des Kaufprei-ses durch den Abschluss eines außergerichtlichen Vergleiches, mit dem die Vertragspar-teien den Rechtsstreit über den Eintritt einer im Kaufvertrag vereinbarten auflösenden Bedingung beilegen, rückgängig gemacht, so ist dies ein Ereignis mit steuerlicher Rück-wirkung auf den Zeitpunkt der Veräußerung (BFH-Urteil vom 19. 8. 2003, VIII R 67/02, BStBl 2004 II S. 107).

– § 22 Nr. 1 Satz 3 EStG

Wird eine Rente rückwirkend zugebilligt und fällt dadurch rückwirkend ganz oder teilweise der Anspruch auf Sozialleistungen (z. B. Kranken- oder Arbeitslosengeld) weg, sind
die bisher im Rahmen des Progressionsvorbehalts berücksichtigten Leistungen als Rentenzahlung anzusehen und nach § 22 Nr. 1 Satz 3 Buchstabe a EStG der Besteuerung zu
unterwerfen (vgl. R 32b Abs. 4 EStR 2012).

– § 22 Nr. 3 EStG

Fallen Werbungskosten für einmalige (sonstige) Leistungen (§ 22 Nr. 3 EStG) nachträglich
an und war ihre Entstehung im Jahr des Zuflusses der Einnahme nicht vorhersehbar, ist
die Veranlagung des Zuflussjahres nach § 175 Abs. 1 Satz 1 Nr. 2 AO zu ändern (BFH-Urteil vom 3. 6. 1992, X R 91/90, BStBl II S. 1017).

Wird ein nach § 22 Nr. 3 EStG steuerbares Entgelt für ein Vorkaufsrecht auf den Kaufpreis
eines später zustande kommenden Kaufvertrags angerechnet, führt dies zum rückwirkenden Wegfall des zunächst angenommenen Tatbestands der „Einkünfte aus Leistungen" (BFH-Urteil vom 10. 8. 1994, X R 42/91, BStBl 1995 II S. 57).

– §§ 26 bis 26b EStG

Wählt ein Ehegatte/Lebenspartner vor Bestandskraft des ihm gegenüber ergangenen Bescheides die Einzelveranlagung nach § 26a EStG (bis VZ 2012: die getrennte Veranlagung), sind die Ehegatten/Lebenspartner auch dann einzeln zu veranlagen, wenn der gegenüber dem anderen Ehegatten/Lebenspartner ergangene Zusammenveranlagungsbescheid bereits bestandskräftig geworden ist. Der Antrag auf Einzelveranlagung nach
§ 26a EStG stellt hinsichtlich des Zusammenveranlagungsbescheids des anderen Ehegat-
ten/Lebenspartners ein rückwirkendes Ereignis mit der Folge dar, dass dieser nach § 175
Abs. 1 Satz 1 Nr. 2 AO aufzuheben und die Festsetzungsfrist ihm gegenüber mit Ablauf des Kalenderjahres beginnt, in dem der Antrag auf Einzelveranlagung nach § 26a
EStG gestellt wird (vgl. BFH-Urteile vom 3. 3. 2005, III R 22/02, BStBl II S. 690, und vom
28. 7. 2005, III R 48/03, BStBl II S. 865).

Widerruft ein Ehegatte/Lebenspartner im Zuge der Veranlagung seinen Antrag auf Einzelveranlagung nach § 26a EStG, ist die bestandskräftige Veranlagung des anderen Ehe-
gatten/Lebenspartners nach § 175 Abs. 1 Satz 1 Nr. 2 AO aufzuheben.

Die Wahl einer bestimmten Veranlagungsart oder deren Änderung bzw. Widerruf durch
einen Ehegatten oder Lebenspartner ist hingegen kein rückwirkendes Ereignis im Sinne
von § 175 Abs. 1 Satz 1 Nr. 2 AO, wenn beide Ehegatten/Lebenspartner für den betreffenden Veranlagungszeitraum im Zeitpunkt der Antragstellung bereits bestandskräftig zur
Einkommensteuer veranlagt sind (vgl. BFH-Urteil vom 25. 9. 2014, III R 5/13, BFH/NV
2015 S. 811).

Zur nachträglichen Ausübung steuerlicher Wahlrechte vgl. Nr. 8 des AEAO vor §§ 172 bis
177.

Zur Verzinsung vgl. Nr. 10.2.1 des AEAO zu § 233a.

– § 32 Abs. 6 Satz 6 EStG

Der Antrag zur Übertragung des Kinderfreibetrags/Betreuungsfreibetrags nach Eintritt
der Bestandskraft stellt ein rückwirkendes Ereignis dar (BMF-Schreiben vom 28. 6. 2013,
BStBl I S. 845).

– § 37b EStG

Der Widerruf bzw. die anderweitige Ausübung des Pauschalierungswahlrechts nach
§ 37b Abs. 1 Satz 1 EStG und nach § 37b Abs. 2 Satz 1 EStG führt dazu, dass die Zuwendungen rückwirkend gem. § 175 Abs. 1 Satz 1 Nr. 2 AO in die Veranlagungen der Zuwendungsempfänger als Einnahmen einzubeziehen sind (vgl. BFH-Urteil vom 15. 6. 2016, VI
R 54/15, BStBl II S. 1010).

Doppelbesteuerungsabkommen

...

Umsatzsteuer

– §§ 9, 15 Abs. 1 Nr. 1 UStG

Macht der leistende Unternehmer den Verzicht auf die Steuerbefreiung rückgängig, wird der Umsatz rückwirkend wieder steuerfrei, so dass eine Steuer für den berechneten Umsatz nicht mehr geschuldet wird. Der Leistungsempfänger verliert den Vorsteuerabzug rückwirkend im Jahr des Leistungsbezugs unabhängig davon, dass der leistende Unternehmer die gesondert ausgewiesene Umsatzsteuer bis zur Rechnungsberichtigung gem. § 14c Abs. 1 UStG schuldet (BFH-Urteil vom 1. 2. 2001, V R 23/00, BStBl 2003 II S. 673).

Investitionszulage

...

Erbschaftsteuer

...

Grunderwerbsteuer

...

Bewertung

...

Zu § 175b AO[1]

AEAO   **Änderung von Steuerbescheiden bei Datenübermittlung durch Dritte:**

1. Auf eine Verletzung der Mitwirkungspflichten seitens des Steuerpflichtigen oder der Ermittlungspflichten durch die Finanzbehörde kommt es in den Fällen des § 175b AO – anders als in den Fällen des § 173 AO – nicht an.

   Unerheblich ist auch, ob dem Steuerpflichtigen bei Erstellung der Steuererklärung ein Schreib- oder Rechenfehler i. S. d. § 173a AO oder der Finanzbehörde bei Erlass des Steuerbescheids ein mechanisches Versehen i. S. d. § 129 AO, ein Fehler bei der Tatsachenwürdigung oder ein Rechtsanwendungsfehler unterlaufen ist.

   Eine Aufhebung oder Änderung nach § 175b Abs. 1 oder 2 AO ist allerdings ausgeschlossen, sofern die nachträglich übermittelten Daten nicht rechtserheblich sind (§ 175b Abs. 4 AO). Zur Rechtserheblichkeit vgl. Nr. 3 des AEAO zu § 173.

   Die Aufhebung oder Änderung der Steuerfestsetzung nach § 175b AO kann sich je nach Sachlage zu Gunsten wie auch zu Ungunsten des Steuerpflichtigen auswirken.

2. § 175b Abs. 1 bis 3 AO ist erstmals anzuwenden, wenn steuerliche Daten eines Steuerpflichtigen für Besteuerungszeiträume nach 2016 oder Besteuerungszeitpunkte nach dem

---

Anm. d. Schriftl.:

[1] Die Änderung eines Einkommensteuerbescheids nach § 175b Abs. 1 AO ist zulässig, wenn ein Unternehmen der gesetzlichen Krankenversicherung – entgegen der gesetzlichen Anordnung – die Identifikationsnummer des Versicherungsnehmers nicht übermittelt, der Datensatz der Steuernummer einer Person zugeordnet wird, die nicht Versicherungsnehmer ist und der Veranlagungs-Sachbearbeiter – materiell-rechtlich zu Unrecht – entscheidet, dieser Person den Sonderausgabenabzug zu gewähren (BFH-Urteil vom 8. 9. 2021, BStBl 2022 II S. 398).

31.12.2016 auf Grund gesetzlicher Vorschriften von einem Dritten als mitteilungspflichtiger Stelle elektronisch an Finanzbehörden zu übermitteln sind (Art. 97 § 27 Abs. 2 EGAO). § 175b Abs. 4 AO ist erstmals anzuwenden, wenn Daten i. S. d. § 93c AO der Finanzbehörde nach dem 25. 6. 2017 zugehen.

Zu § 176 AO

AEAO   Vertrauensschutz bei der Aufhebung und Änderung von Steuerbescheiden:

1. Die Vorschrift schützt das Vertrauen des Steuerpflichtigen in die Gültigkeit einer Rechtsnorm, der Rechtsprechung eines obersten Gerichtshofs des Bundes oder einer allgemeinen Verwaltungsvorschrift (z. B. EStR). Unter Aufhebung und Änderung ist jede Korrektur einer Steuerfestsetzung nach §§ 164, 165, 172 ff. AO oder nach den Einzelsteuergesetzen zu verstehen (vgl. AEAO vor §§ 172 bis 177, Nr. 3), aber nicht die Berichtigung nach § 129 AO.

2. Bei Änderung der Steuerfestsetzung ist so vorzugehen, als hätte die frühere für den Steuerpflichtigen günstige Rechtsauffassung nach wie vor Gültigkeit. Ist z. B. eine Steuer unter Vorbehalt der Nachprüfung festgesetzt worden (§ 164 AO), so muss eine dem Steuerpflichtigen günstige Rechtsprechung des BFH, die bei der Vorbehaltsfestsetzung berücksichtigt worden war, auch dann weiter angewendet werden, wenn der BFH seine Rechtsprechung zum Nachteil des Steuerpflichtigen geändert hat.

3. Hat der Steuerpflichtige die bisherige Rechtsprechung seinen Steuererklärungen stillschweigend und für das Finanzamt nicht erkennbar zugrunde gelegt, gilt der Vertrauensschutz nur, wenn davon ausgegangen werden kann, dass die Finanzbehörde mit der Anwendung der Rechtsprechung einverstanden gewesen wäre. Das Einverständnis ist immer dann zu unterstellen, wenn die Entscheidung im Bundessteuerblatt veröffentlicht worden war und keine Verwaltungsanweisung vorlag, die Rechtsprechung des BFH über den entschiedenen Einzelfall hinaus nicht anzuwenden.

4. Es verstößt gegen Treu und Glauben, wenn der Steuerpflichtige aufgrund einer Rechtsprechungsänderung die Aufhebung eines ihn belastenden Bescheides fordert und erreicht und später geltend macht, er habe auf die Anwendung der früheren Rechtsprechung vertraut und sei nicht bereit, die für ihn negativen Folgen der Rechtsprechungsänderung hinzunehmen. Dies gilt zumindest insoweit, als der der Rechtsprechungsänderung Rechnung tragende Änderungsbescheid im Ergebnis zu keiner höheren Belastung des Steuerpflichtigen führt (vgl. BFH-Urteil vom 8. 2. 1995, I R 127/93, BStBl II S. 764).

5. ...

Zu § 177 AO

AEAO   Berichtigung von materiellen Fehlern:

1. Materieller Fehler ist jede objektive Unrichtigkeit eines Steuerbescheids. Materiell fehlerhaft ist ein Bescheid nicht nur, wenn bei Erlass des Steuerbescheids geltendes Recht unrichtig angewendet wurde, sondern auch dann, wenn der Steuerfestsetzung ein Sachverhalt zugrunde gelegt worden ist, der sich nachträglich als unrichtig erweist. Bei der Steuerfestsetzung nicht berücksichtigte Tatsachen sind deshalb, sofern sie zu keiner Änderung nach § 173 AO führen, nach § 177 AO zu berücksichtigen (BFH-Urteil vom 5. 8. 1986, IX R 13/81, BStBl 1987 II S. 297, 299). Auf ein Verschulden kommt es ebenso wenig an wie darauf, dass der Steueranspruch insoweit verjährt ist (BFH-Urteil vom 18. 12. 1991, X R

38/90, BStBl 1992 II S. 504). Eine Berichtigung eines materiellen Fehlers nach § 177 AO ist deshalb auch dann zulässig und geboten, wenn eine isolierte Änderung dieses Fehlers oder seine Berichtigung nach § 129 AO wegen Ablaufs der Festsetzungsfrist nicht möglich wäre.**❶**

2. Die Möglichkeit der Berichtigung materieller Fehler ist bei jeder Aufhebung oder Änderung eines Steuerbescheids zu prüfen. Materielle Fehler sind zu berichtigen, soweit die Voraussetzungen für die Aufhebung oder Änderung eines Steuerbescheids zuungunsten (§ 177 Abs. 1 AO) oder zugunsten des Steuerpflichtigen (§ 177 Abs. 2 AO) vorliegen; die Voraussetzungen des § 177 Abs. 1 und 2 AO können auch nebeneinander vorliegen. Materielle Fehler dürfen nur innerhalb des Änderungsrahmens berichtigt, d. h. gegengerechnet werden. Liegen sowohl die Voraussetzungen für Änderungen zugunsten des Steuerpflichtigen als auch solche zu dessen Ungunsten vor, sind die oberen und unteren Grenzen der Fehlerberichtigung jeweils getrennt voneinander zu ermitteln (BFH-Urteile vom 9.6.1993, I R 90/92, BStBl II S. 822, und vom 14.7.1993, X R 34/90, BStBl 1994 II S. 77). Eine Saldierung der Änderungstatbestände zuungunsten und zugunsten des Steuerpflichtigen ist deshalb nicht zulässig (Saldierungsverbot).

3. Änderungsobergrenze ist der Steuerbetrag, der sich als Summe der bisherigen Steuerfestsetzung und der steuerlichen Auswirkung aller selbständigen steuererhöhenden Änderungstatbestände ergibt. Änderungsuntergrenze ist der Steuerbetrag, der sich nach Abzug der steuerlichen Auswirkung aller selbständigen steuermindernden Änderungstatbestände von der bisherigen Steuerfestsetzung ergibt.

4. Die Auswirkungen materieller Fehler sind zu saldieren und dann, soweit der Änderungsrahmen reicht, zu berücksichtigen (Saldierungsgebot); vgl. BFH-Urteil vom 9.6.1993, I R 90/92, BStBl II S. 822. Bei Änderungen zuungunsten des Steuerpflichtigen kann ein negativer (steuermindernder) Fehler-Saldo nur bis zur Änderungsuntergrenze berücksichtigt werden (§ 177 Abs. 1 AO). Bei Änderungen zugunsten des Steuerpflichtigen kann ein positiver (steuererhöhender) Fehler-Saldo nur bis zur Änderungsobergrenze berücksichtigt werden (§ 177 Abs. 2 AO).

Beispiele:

a) Es werden nachträglich Tatsachen bekannt, die zu einer um 5 000 € höheren Steuer führen. Zugleich werden materielle Fehler, die sich bei der früheren Festsetzung i. H. v. 6 000 € zugunsten des Steuerpflichtigen ausgewirkt haben, und materielle Fehler, die sich bei der früheren Festsetzung i. H. v. 8 500 € zum Nachteil des Steuerpflichtigen ausgewirkt haben, festgestellt.

Der Saldo der materiellen Fehler führt i. H. v. 2 500 € zu einer Minderung der Nachforderung.

b) Es werden nachträglich Tatsachen bekannt, die zu einer um 5 000 € höheren Steuer führen. Außerdem ist ein geänderter Grundlagenbescheid zu berücksichtigen, der zu einer um 5 500 € niedrigeren Steuer führt. Zugleich werden materielle Fehler festgestellt, die sich i. H. v. 8 500 € zugunsten und i. H. v. 6 000 € zuungunsten des Steuerpflichtigen ausgewirkt haben.

Der Saldo der materiellen Fehler (2 500 € zugunsten des Steuerpflichtigen) mindert die Änderung der Steuerfestsetzung zugunsten des Steuerpflichtigen aufgrund des geänderten Grundlagenbescheides (5 500 €). Die Differenz von 3 000 € ist mit der Nachforderung von 5 000 € wegen nachträglich bekannt gewordener Tatsachen zu verrechnen, so dass im Ergebnis eine Änderung des Steuerbescheides i. H. v. 2 000 € zuungunsten des Steuerpflichtigen vorzunehmen ist.

Anm. d. Schriftl.:

❶ Ein saldierungsfähiger materieller Fehler i. S. des § 177 Abs. 3 AO ist auch dann gegeben, wenn das FA einen Grundlagenbescheid nicht rechtzeitig ausgewertet hat und daher durch die Vorschriften über die Festsetzungsverjährung an einer Auswertung gehindert ist (BFH-Urteil vom 9.8.2006, BStBl 2007 II S. 87).

5. Soweit ein Ausgleich materieller Fehler nach § 177 AO nicht möglich ist, bleibt der Steuerbescheid fehlerhaft. Hierin liegt keine sachliche Unbilligkeit, da die Folge vom Gesetzgeber gewollt ist.

6. Zur Berichtigung materieller Fehler bei einer Berichtigung offenbarer Unrichtigkeiten nach § 129 AO vgl. AEAO zu § 129, Nr. 5; zur Berichtigung materieller Fehler bei der Änderung einer vorläufigen Steuerfestsetzung nach § 165 Abs. 2 Satz 2 AO vgl. AEAO zu § 165, Nr. 9.

Einfügung d. Schriftl.:

Die Änderung von Steuerfestsetzungen

Von der Bekanntgabe des Steuerbescheides an sind Steuerpflichtiger und Finanzamt an den Inhalt des Bescheides gebunden. Die Änderung des Bescheides ist nur nach den Berichtigungsvorschriften der AO oder nach Vorschriften der Einzelsteuergesetze, z. B. § 10d EStG, § 35b GewStG möglich.

Änderungsmöglichkeiten für Steuerbescheide nach der AO

- § 129 AO, Schreibfehler pp
- § 164 AO, Vorbehaltsfestsetzung
- § 165 AO, vorläufige Festsetzung
- § 172 AO, Zustimmung, Antrag
- § 173 AO, neue Tatsachen pp
- § 173a AO, Schreib- oder Rechenfehler bei Erstellung einer Steuererklärung
- § 174 AO, widerstreitende Steuerfestsetzungen
- § 175 Abs. 1 AO, Änderung von Folgebescheiden
- § 175a AO, Umsetzung von Verständigungsvereinbarungen
- § 175b AO, Änderung von Steuerbescheiden bei Datenübermittlung durch Dritte

Die Regelung des § 177 AO (Berichtigung von Rechtsfehlern) ist zu beachten.

Ohne einen besonderen Vermerk stehen kraft Gesetzes unter dem Vorbehalt der Nachprüfung:

1. Vorauszahlungsbescheide (§ 164 Abs. 1 AO)

2. Steueranmeldungen (§ 168 AO).

Zu § 179 AO

AEAO   Feststellung von Besteuerungsgrundlagen:

1. Abweichend von dem Grundsatz, dass die Besteuerungsgrundlagen einen unselbständigen Teil des Steuerbescheides bilden (§ 157 Abs. 2 AO), sehen die §§ 179 ff. AO bzw. entsprechende Vorschriften der Einzelsteuergesetze (z. B. §§ 2a, 10b Abs. 1, § 10d Abs. 4, § 15a Abs. 4, § 39a Abs. 1 Satz 4 EStG; §§ 27, 28 und 38 KStG, § 151 BewG, § 17 GrEStG) in bestimmten Fällen eine gesonderte Feststellung der Besteuerungsgrundlagen vor. Die gesonderte Feststellung ist zugleich einheitlich vorzunehmen, wenn die AO oder ein Einzelsteuergesetz (z. B. § 15a Abs. 4 Satz 6 EStG) dies besonders vorschreiben oder wenn der Gegenstand der Feststellung bei der Besteuerung mehrerer Personen zuzurechnen ist (§ 179 Abs. 2 Satz 2 2. Alternative AO). Für das Feststellungsverfahren sind die Vorschriften über die Durchführung der Besteuerung sinngemäß anzuwenden (§ 181 Abs. 1 AO).

2. Voraussetzung für den Erlass eines Ergänzungsbescheids nach § 179 Abs. 3 AO ist, dass der vorangegangene Feststellungsbescheid wirksam, aber unvollständig bzw. lückenhaft ist. In einem Ergänzungsbescheid sind nur solche Feststellungen nachholbar, die in dem vorangegangenen Feststellungsbescheid „unterblieben" sind. Eine Feststellung ist unterblieben, wenn sie im Feststellungsbescheid hätte getroffen werden müssen, tatsächlich aber – aus welchen Gründen auch immer – nicht getroffen worden ist. Die Vorschrift des § 179 Abs. 3 AO durchbricht nicht die Bestandskraft wirksam ergangener Feststellungsbescheide. Inhaltliche Fehler in rechtlicher oder tatsächlicher Hinsicht können daher nicht in einem Ergänzungsbescheid korrigiert werden (BFH-Urteil vom 15. 6. 1994, II R 120/91, BStBl II S. 189; BFH-Urteil vom 11. 5. 1999, IX R 72/96, BFH/NV S. 1446).

Ein Ergänzungsbescheid ist beispielsweise zulässig zur Nachholung:

– der Feststellung, ob und in welcher Höhe ein Freibetrag nach § 16 Abs. 4 EStG zu gewähren ist;

– der Feststellung, wie der Gewinn zu verteilen ist (vgl. BFH-Urteil vom 13. 12. 1983, VIII R 90/81, BStBl 1984 II S. 474);

– des Hinweises über die Reichweite der Bekanntgabe gemäß § 183 Abs. 1 Satz 5 AO (BFH-Urteil vom 13. 7. 1994, XI R 21/93, BStBl II S. 885);

– der Feststellung und der Verteilung des Betrags der einbehaltenen Kapitalertragsteuer und der anrechenbaren Körperschaftsteuer (§ 180 Abs. 5 Nr. 2 AO);

– der Feststellung über das Ausscheiden eines Gesellschafters während eines abweichenden Wirtschaftsjahres (BFH-Beschluss vom 22. 9. 1997, IV B 113/96, BFH/NV 1998 S. 454).

Eine Feststellung ist nicht unterblieben und kann daher auch nicht nachgeholt werden, wenn sie im Feststellungsbescheid ausdrücklich abgelehnt worden ist. Deshalb kann durch den Erlass eines Ergänzungsbescheids nicht nachgeholt werden:

– die im Feststellungsbescheid unterbliebene Entscheidung, ob ein steuerbegünstigter Gewinn vorliegt, wenn das Finanzamt den Gewinn bisher insgesamt als laufenden Gewinn festgestellt hat (BFH-Urteile vom 26. 11. 1975, I R 44/74, BStBl 1976 II S. 304, und vom 24. 7. 1984, VIII R 304/81, BStBl II S. 785);

– die bei einer Feststellung nach § 180 Abs. 1 Satz 1 Nr. 2 Buchstabe a AO zu Unrecht unterbliebene Berücksichtigung von Sonderbetriebseinnahmen oder -ausgaben;

– ein fehlender oder unklarer Hinweis i. S. v. § 181 Abs. 5 Satz 2 AO (BFH-Urteil vom 18. 3. 1998, II R 45/96, BStBl II S. 426; BFH-Urteil vom 24. 6. 1998, II R 17/95, BFH/NV 1999 S. 282).

Der Erlass eines Ergänzungsbescheids steht nicht im Einvernehmen der Finanzbehörde.

3. Wegen der Anpassung der Folgebescheide an den Feststellungsbescheid wird auf § 175 Abs. 1 Satz 1 Nr. 1 AO hingewiesen, wegen der Einspruchsbefugnis bei Feststellungsbescheiden auf § 351 Abs. 2 und §§ 352, 353 AO.

4. In den Fällen der atypisch stillen Unterbeteiligung am Anteil des Gesellschafters einer Personengesellschaft (als Hauptgesellschaft) kann eine besondere gesonderte und einheitliche Feststellung vorgenommen werden (§ 179 Abs. 2 letzter Satz AO). Von dieser Möglichkeit ist wegen des Geheimhaltungsbedürfnisses der Betroffenen regelmäßig Gebrauch zu machen.

Die Berücksichtigung der Unterbeteiligung im Feststellungsverfahren für die Hauptgesellschaft ist nur mit Einverständnis aller Beteiligten – Hauptgesellschaft und deren Gesellschafter sowie des Unterbeteiligten – zulässig (vgl. u. a. BFH-Urteil vom 2. 3. 1995, IV R 135/92, BStBl II S. 531). Das Einverständnis der Beteiligten gilt als erteilt, wenn die Unterbeteiligung in der Feststellungserklärung für die Hauptgesellschaft geltend gemacht wird.

Die Regelung gilt für Treuhandverhältnisse, in denen der Treugeber über den Treuhänder Hauptgesellschafter der Personengesellschaft ist, entsprechend.

Die örtliche Zuständigkeit für die besondere gesonderte und einheitliche Feststellung richtet sich i. d. R. nach der Zuständigkeit für die Hauptgesellschaft.

Ist dagegen eine Personengesellschaft atypisch still an einer Kapitalgesellschaft beteiligt, dürfen die Feststellungen der Einkünfte aus der Personengesellschaft und aus der atypisch stillen Gesellschaft nicht in einem einheitlichen Feststellungsbescheid getroffen werden. Hier sind zunächst die vom Inhaber des Handelsgeschäfts und dem atypisch stillen Gesellschafter gemeinschaftlich erzielte Einkünfte gesondert und einheitlich festzustellen. Die in diesem Grundlagenbescheid festgestellten Einkünfte sind dann einerseits in den Körperschaftsteuerbescheid der Kapitalgesellschaft und andererseits in den die Personengesellschaft betreffenden weiteren Bescheid über die gesonderte und einheitliche Feststellung von deren Einkünften zu übernehmen (BFH-Urteil vom 21. 10. 2015, IV R 43/12, BStBl 2016 II S. 517).

5. Die Gewinnanteile des Unterbeteiligten bei einer typischen stillen Unterbeteiligung sind als Sonderbetriebsausgaben des Hauptbeteiligten im Feststellungsverfahren zu berücksichtigen (BFH-Urteil vom 9. 11. 1988, I R 191/84, BStBl 1989 II S. 343). Eine Nachholung des Sonderbetriebsausgabenabzugs im Veranlagungsverfahren des Hauptbeteiligten ist nicht zulässig.

Zu § 180 AO

AEAO   Gesonderte Feststellung von Besteuerungsgrundlagen:❶❷❸

1. Die gesonderte Feststellung nach § 180 Abs. 1 Satz 1 Nr. 2 Buchstabe a AO umfasst in erster Linie die von den Feststellungsbeteiligten gemeinschaftlich erzielten Einkünfte. Sie umfasst auch die bei Ermittlung dieser Einkünfte zu berücksichtigenden Sonderbetriebseinnahmen und -ausgaben oder Sonderwerbungskosten eines oder mehrerer Feststellungsbeteiligten.

    Darüber hinaus sind solche Besteuerungsgrundlagen gesondert festzustellen, die in rechtlichem, wirtschaftlichem oder tatsächlichem Zusammenhang mit den gemeinschaftlich erzielten Einkünften stehen, aber bei Ermittlung der gemeinschaftlich erzielten Einkünfte nicht zu berücksichtigen sind. Hiernach sind z. B. solche Aufwendungen gesondert festzustellen, die aus Mitteln der Gesellschaft oder Gemeinschaft geleistet werden und für die Besteuerung der Feststellungsbeteiligten, z. B. als Sonderausgaben, von Bedeutung sind. Soweit derartige Besteuerungsgrundlagen bei Erlass des Feststellungsbescheids nicht berücksichtigt worden sind, ist ihre gesonderte Feststellung durch Ergänzungsbescheid (§ 179 Abs. 3 AO) nachzuholen.

    Zum Verfahren bei der Geltendmachung von negativen Einkünften aus der Beteiligung an Verlustzuweisungsgesellschaften und vergleichbaren Modellen vgl. BMF-Schreiben vom 13. 7. 1992, BStBl I S. 404, und vom 28. 6. 1994, BStBl I S. 420.

2. Fallen der Wohnort und der Betriebs- bzw. Tätigkeitsort auseinander und liegen diese Orte im Bereich verschiedener Finanzämter, sind die Einkünfte des Steuerpflichtigen aus Land- und Forstwirtschaft, Gewerbebetrieb oder freiberuflicher Tätigkeit gesondert festzustellen (§ 180 Abs. 1 Satz 1 Nr. 2 Buchstabe b AO).

2.1 Für die Entscheidung, ob eine gesonderte Feststellung durchzuführen ist, sind die Verhältnisse zum Schluss des Gewinnermittlungszeitraums maßgebend. Bei einem vom Kalenderjahr abweichenden Wirtschaftsjahr oder einem Rumpfwirtschaftsjahr sind die Verhältnisse zum Schluss dieses Zeitraums maßgebend.

    Spätere Änderungen dieser Verhältnisse sind insoweit unbeachtlich. Eine gesonderte Feststellung nach § 180 Abs. 1 Satz 1 Nr. 2 Buchstabe b AO ist daher auch dann durchzuführen, wenn nach Ablauf des Gewinnermittlungszeitraums der Betrieb in den Bezirk des Wohnsitzfinanzamts oder der Wohnsitz in den Bezirk des Betriebsfinanzamts verlegt wird.

    Die Frage, welches Finanzamt in derartigen Fällen für die gesonderte Feststellung nach § 180 Abs. 1 Satz 1 Nr. 2 Buchstabe b AO und damit zusammenhängende Maßnahmen (Außenprüfung, Änderung usw.) zuständig ist, bestimmt sich für Feststellungszeiträume, die nach dem 31. 12. 2014 beginnen (Art. 97 § 10b Satz 2 EGAO), jeweils nach den aktuel-

---

Anm. d. Schriftl.:

❶ Zu der gesonderten Feststellung bei gleichen Sachverhalten hat das BMF mit Schreiben vom 2. 5. 2001, BStBl 2001 I S. 256, ausführlich Stellung genommen.

❷ Kapitaleinkünfte gemäß § 20 Abs. 2 EStG, die nach Anschaffung einer Kapitalanlage durch eine vermögensverwaltende GbR aufgrund einer Anteilsveräußerung durch einen Gesellschafter gemäß § 20 Abs. 2 Satz 3 EStG entstehen, werden nicht gemäß §§ 179 Abs. 1, 180 Abs. 1 Satz 1 Nr. 2 Buchst. a AO gemeinschaftlich erzielt (BFH-Urteil vom 20. 11. 2018, BStBl 2019 II S. 239).

❸ Betreiben zusammen veranlagte Ehegatten in GbR eine Photovoltaikanlage auf ihrem eigengenutzten Wohnhaus, so hat eine gesonderte und einheitliche Feststellung der Besteuerungsgrundlagen regelmäßig zu unterbleiben, wenn kein Streit über Höhe und Aufteilung der daraus resultierenden Einkünfte besteht. Dem steht nicht entgegen, dass die GbR keinen Gebrauch von der Nichterhebung der Umsatzsteuer als Kleinunternehmer macht (BFH-Urteil vom 6. 2. 2020, BStBl 2021 II S. 17).

len Verhältnissen (§ 180 Abs. 1 Satz 2 AO). Für frühere Feststellungszeiträume bestimmt sich die örtliche Zuständigkeit nach den Verhältnissen zum Schluss des Gewinnermittlungszeitraums; § 27 AO bleibt unberührt.

2.2 Einkünfte aus freiberuflicher Tätigkeit im Sinne des § 180 Abs. 1 Satz 1 Nr. 2 Buchstabe b AO sind nur die Einkünfte nach § 18 Abs. 1 Satz 1 Nr. 1 EStG, nicht die übrigen Einkünfte aus selbständiger Arbeit.

2.3 Übt ein Steuerpflichtiger seine freiberufliche Tätigkeit in mehreren Gemeinden aus, so ist für die dadurch erzielten Einkünfte nur eine gesonderte Feststellung durchzuführen (BFH-Urteil vom 10. 6. 1999, IV R 69/98, BStBl II S. 691). Bei Einkünften aus Land- und Forstwirtschaft oder aus Gewerbebetrieb gilt dies für den Betrieb der Land- und Forstwirtschaft oder den Gewerbebetrieb entsprechend.

2.4 Die örtliche Zuständigkeit für gesonderte Feststellungen im Sinne des § 180 Abs. 1 Satz 1 Nr. 2 Buchstabe b AO richtet sich nach § 18 AO. Zur Zuständigkeit, wenn Wohnung und Betrieb in einer Gemeinde (Großstadt) mit mehreren Finanzämtern liegen, vgl. AEAO zu § 19, Nrn. 2 und 3.

3. Wegen der in § 180 Abs. 2 AO vorgesehenen Feststellungen wird auf die V zu § 180 Abs. 2 AO verwiesen.**◼** Auf Feststellungen nach § 180 Abs. 1 Satz 1 AO findet die V zu § 180 Abs. 2 AO keine Anwendung. Zur gesonderten Feststellung bei gleichen Sachverhalten nach der V zu § 180 Abs. 2 AO vgl. BMF-Schreiben vom 2. 5. 2001, BStBl I S. 256. Zum Verfahren bei der Geltendmachung von Vorsteuerbeträgen aus der Beteiligung an Gesamtobjekten vgl. BMF-Schreiben vom 24. 4. 1992, BStBl I S. 291. Zur gesonderten Feststellung der Steuerpflicht von Zinsen aus einer Lebensversicherung nach § 9 der V zu § 180 Abs. 2 AO vgl. BMF-Schreiben vom 16. 7. 2012, BStBl II S. 686.

4. Fälle von geringer Bedeutung, in denen eine gesonderte Feststellung entfällt (§ 180 Abs. 3 Nr. 2 AO), sind beispielsweise bei Mieteinkünften von zusammenveranlagten Eheleuten/Lebenspartnern (BFH-Urteil vom 20. 1. 1976, VIII R 253/71, BStBl II S. 305) und bei dem gemeinschaftlich erzielten Gewinn von Landwirts-Eheleuten/-Lebenspartnern (BFH-Urteil vom 4. 7. 1985, IV R 136/83, BStBl II S. 576) gegeben, wenn die Einkünfte verhältnismäßig einfach zu ermitteln sind und die Aufteilung feststeht.

Auch bei gesonderten Feststellungen nach § 180 Abs. 1 Satz 1 Nr. 2 Buchstabe b und Nr. 3 AO kann in Fällen von geringer Bedeutung auf die Durchführung eines gesonderten Gewinnfeststellungsverfahrens verzichtet werden (§ 180 Abs. 3 Satz 1 Nr. 2 AO). Ein Fall von geringer Bedeutung kann z. B. vorliegen, wenn dasselbe Finanzamt auch für die Einkommensteuer-Veranlagung zuständig ist (bei Verlegung des Betriebs in den Bezirk des Wohnsitzfinanzamts oder des Wohnsitzes in den Bezirk des Betriebsfinanzamts).

5. Eine Feststellung ist auch zum Zweck der Ermittlung des anzuwendenden Steuersatzes im Falle eines bei der Steuerfestsetzung zu beachtenden Progressionsvorbehaltes und in den Fällen des § 2a EStG vorzunehmen (§ 180 Abs. 5 Nr. 1 AO).

6. Soweit Einkünfte oder andere Besteuerungsgrundlagen nach § 180 Abs. 1 Satz 1 Nr. 2 AO oder nach der V zu § 180 Abs. 2 AO festzustellen sind, sind auch damit in Zusammenhang stehende Steuerabzugsbeträge und Körperschaftsteuer, die auf die Steuer der Feststellungsbeteiligten anzurechnen sind, gesondert festzustellen (§ 180 Abs. 5 Nr. 2 AO). Steuerbescheinigungen sind deshalb nur dem für die gesonderte Feststellung zuständigen Finanzamt vorzulegen.

Anm. d. Schriftl.:

◼ Die Verordnung über die gesonderte Feststellung von Besteuerungsgrundlagen nach § 180 Abs. 2 der Abgabenordnung ist im Rahmen des Gesetzes über steuerliche Begleitmaßnahmen zur Einführung der Europäischen Gesellschaft und zur Änderung weiterer steuerrechtlicher Vorschriften vom 7. 12. 2006, BStBl 2007 I S. 4, geändert worden.

7. Zur Bindungswirkung der Feststellung nach § 180 Abs. 5 Nr. 2 AO und zur Korrektur der Folgebescheide vgl. § 182 Abs. 1 Satz 2 AO.

Zu § 181 AO

AEAO   Verfahrensvorschriften für die gesonderte Feststellung, Feststellungsfrist, Erklärungspflicht:❶❷

1. **Erlass eines Feststellungsbescheids trotz Ablaufs der Feststellungsfrist**

1.1 Eine gesonderte und einheitliche Feststellung ist nach § 181 Abs. 5 Satz 1 AO trotz Ablaufs der Feststellungsfrist grundsätzlich auch dann vorzunehmen, wenn bei einzelnen Feststellungsbeteiligten bereits die für den Folgebescheid maßgebliche Festsetzungsfrist abgelaufen ist (vgl. BFH-Urteil vom 27. 8. 1997, XI R 72/96, BStBl II S. 750). Gleiches gilt für eine gesonderte Feststellung, wenn der Feststellungsbescheid grundsätzlich für mehrere Zeiträume Folgewirkung entfaltet und die für die Folgebescheide maßgebliche Festsetzungsfrist für einen oder mehrere Zeiträume bereits abgelaufen ist.

1.2 In den vorgenannten Fällen muss im Feststellungsbescheid auf seine eingeschränkte Wirkung, nämlich dass die Feststellung nur für noch nicht festsetzungsverjährte Folgebescheide von Bedeutung ist, ausdrücklich hingewiesen werden (Wirkhinweis); andernfalls ist der Feststellungsbescheid wirksam, aber rechtswidrig.

Der Wirkhinweis darf den zeitlichen Geltungsbereich der getroffenen Feststellungen lediglich abstrakt bestimmen. Er darf keine konkrete Zeitangabe zur (vermeintlichen) Verjährung im Folgebescheidsverfahren oder Angaben dazu enthalten, für welche Steuerarten und welche Besteuerungszeiträume (Veranlagungszeiträume) den getroffenen Feststellungen Rechtswirkung zukommen soll. Feststellungen zur Festsetzungsverjährung sind nur im Folgebescheid zu treffen (vgl. BFH-Urteile vom 25. 11. 2020, II R 3/18, BFH/NV 2021 S. 820, und vom 15. 7. 2021, II R 38/19, BStBl 2022 II S. 226). Geschieht dies dennoch und ist der Feststellungsbescheid für sich genommen in verjährter Zeit ergangen, ist der Feststellungsbescheid insgesamt rechtswidrig.

Der Wirkhinweis soll dem für den Erlass des Folgebescheids zuständigen Finanzamt und dem Steuerpflichtigen deutlich machen, dass es sich um einen Feststellungsbescheid handelt, der nach Ablauf der Feststellungsfrist ergangen und deshalb nur noch für solche Steuerfestsetzungen bedeutsam ist, bei denen die Festsetzungsfrist noch nicht abgelaufen ist (vgl. BFH-Urteil vom 17. 8. 1989, IX R 76/88, BStBl 1990 II S. 411).

1.3 Im dreistufigen Feststellungsverfahren (Einheitswert- bzw. Grundsteuerwertfeststellung, Grundsteuer-Messbescheid, Grundsteuerbescheid) wird der Wirkhinweis auf der ersten Stufe (Einheitswert/Grundsteuerwert) unmittelbar auch für die dritte Stufe (Grundsteuerbescheid) erteilt; die zweite Stufe wird übersprungen (vgl. BFH-Urteil vom 25. 11. 2020, II R 3/18, BFH/NV 2021 S. 820).

Anm. d. Schriftl.:

❶ Im Rahmen des Gesetzes zur Modernisierung und Entbürokratisierung des Steuerverfahrens vom 20. 12. 2008, BGBl 2008 I S. 2850, wurde § 181 Abs. 2a AO eingefügt. Danach ist die Erklärung zur gesonderten Feststellung nach § 180 Abs. 1 Nr. 2 AO nach amtlich vorgeschriebenem Datensatz durch Datenfernübertragung zu übermitteln. Die Regelung ist erstmals für Feststellungszeiträume anzuwenden, die nach dem 31. 12. 2010 beginnen.

❷ Geht dem FA eine Feststellungserklärung erst einen Tag vor Eintritt der Feststellungsverjährung zu, kann nicht erwartet werden, dass der Feststellungsbescheid noch – wie dies das Gesetz in § 169 Abs. 1 Satz 3 Nr. 1, § 181 Abs. 5 Satz 3 AO ausdrücklich verlangt – innerhalb der Frist den Bereich der für die Feststellung zuständigen Finanzbehörde verlässt (BFH-Urteil vom 25. 5. 2011, BStBl 2011 II S. 807).

2. **Anlaufhemmung für die gesonderte Feststellung von Einheitswerten oder Grundsteuerwerten**

Die Anlaufhemmung der Feststellungsfrist für die gesonderte Feststellung von Einheitswerten (letztmals auf den 1.1.2024) oder Grundsteuerwerten (erstmals auf den 1.1.2022) nach § 181 Abs. 3 Satz 3 AO ist auch dann anwendbar, wenn zugleich die Voraussetzungen der Anlaufhemmung nach § 181 Abs. 3 Satz 2 AO erfüllt sind. Wird der Beginn der Feststellungsfrist für einen weiteren Feststellungszeitpunkt i.S.d. § 181 Abs. 3 Satz 3 AO mehrfach hinausgeschoben, richtet sich der Beginn der Feststellungsfrist für den weiteren Feststellungszeitpunkt nach der jeweils längsten Anlaufhemmung gem. § 181 Abs. 3 Satz 2 und 3 AO.

Zu § 182 AO

AEAO   Wirkung der gesonderten Feststellung:

1. Ein Feststellungsbescheid über einen Einheitswert oder einen Grundsteuerwert ist nur dann an den Rechtsnachfolger bekannt zu geben, wenn die Rechtsnachfolge eintritt, bevor der Bescheid dem Rechtsvorgänger bekannt gegeben worden ist. War der Bescheid bereits im Zeitpunkt der Rechtsnachfolge bekannt gegeben, wirkt der Bescheid auch gegenüber dem Rechtsnachfolger (dingliche Wirkung, § 182 Abs. 2 AO). Der Rechtsnachfolger kann ihn in diesem Fall nach § 353 AO nur innerhalb der für den Rechtsvorgänger maßgebenden Einspruchsfrist anfechten.

2. § 182 Abs. 2 AO gilt nicht für Gewerbesteuermessbescheide (§ 184 Abs. 1 AO), wohl aber für Grundsteuermessbescheide.

3. Eine Bindung des Haftungsschuldners an den Einheitswertbescheid oder den Grundsteuerwertbescheid ist nicht gegeben.

4. Die wegen Rechtsnachfolge fehlerhafte Bezeichnung eines Beteiligten kann nach § 182 Abs. 3 AO durch einen besonderen Bescheid richtig gestellt werden (Richtigstellungsbescheid). Der Regelungsgehalt des ursprünglichen Bescheides bleibt im Übrigen unberührt. § 182 Abs. 3 AO gilt nicht für Feststellungen nach § 180 Abs. 1 Satz 1 Nr. 2 Buchstabe b AO (vgl. BFH-Urteil vom 12.5.1993, XI R 66/92, BStBl 1994 II S. 5).

Einfügung d. Schriftl.:

Besteuerungsgrundlagen

Die Feststellung der Besteuerungsgrundlagen bildet einen mit Rechtsbehelfen nicht anfechtbaren unselbständigen Teil des Steuerbescheids (§ 157 AO). Die Steuer wird auf der Grundlage eines einheitlichen Besteuerungsverfahrens durch Steuerbescheid festgesetzt (§§ 155 ff. AO). Bestandskräftig wird nur der festgesetzte Steuerbetrag.

Grundlagenbescheide

Von dieser Regel gibt es Ausnahmen: Die Besteuerungsgrundlagen werden durch Feststellungsbescheid gesondert festgestellt, soweit dies in § 180 AO oder sonst in den Steuergesetzen bestimmt ist (§ 179 AO). Entscheidungen in einem Grundlagenbescheid können nur durch Einspruch gegen diesen und nicht gegen den Folgebescheid angegriffen werden (§ 351 Abs. 2 AO).

Zu § 218 AO

AEAO   **Verwirklichung von Ansprüchen aus dem Steuerschuldverhältnis:**

1. Konkretisierung der Ansprüche aus dem Steuerschuldverhältnis

   Ansprüche aus dem Steuerschuldverhältnis (§ 37 AO) werden durch Verwaltungsakt konkretisiert. Der – ggf. materiell-rechtlich unrichtige – Verwaltungsakt beeinflusst zwar nicht die materielle Höhe des Anspruchs aus dem Steuerschuldverhältnis, solange er jedoch besteht, legt er fest, ob und in welcher Höhe ein Anspruch durchgesetzt werden kann. Maßgebend ist allein der letzte Verwaltungsakt (z. B. der letzte Änderungsbescheid oder der letzte Abrechnungsbescheid). Der einheitliche Anspruch aus dem Steuerschuldverhältnis kann deshalb bei – ggf. mehrfacher – Änderung einer Festsetzung nicht in unterschiedliche Zahlungs- und Erstattungsansprüche aufgespalten werden (BFH-Urteil vom 6. 2. 1996, VII R 50/95, BStBl 1997 II S. 112).

   Der Verwaltungsakt wirkt konstitutiv, wenn es sich um steuerliche Nebenleistungen handelt, deren Festsetzung in das Ermessen der Finanzbehörde gestellt ist, z. B. beim Verspätungszuschlag (§ 152 AO).

2. Säumniszuschläge

   Bei Säumniszuschlägen bedarf es keines Leistungsgebotes, wenn sie zusammen mit der Steuer beigetrieben werden (§ 254 Abs. 2 AO).

3. Abrechnungsbescheid**❶**

   Über Streitigkeiten, die die Verwirklichung von Ansprüchen aus dem Steuerschuldverhältnis betreffen, entscheiden die Finanzbehörden durch Abrechnungsbescheid (§ 218 Abs. 2 AO). Als Rechtsbehelf ist der Einspruch gegeben. Die Korrekturmöglichkeiten richten sich nach den §§ 129 bis 131 und § 218 Abs. 3 AO.

   Eine Verfügung über die Anrechnung von Steuerabzugsbeträgen und Steuervorauszahlungen (Anrechnungsverfügung) ist ein Verwaltungsakt mit Bindungswirkung (vgl. BFH-Urteil vom 27. 10. 2009, VII R 51/08, BStBl 2010 II S. 382). Diese Bindungswirkung muss auch beim Erlass eines Abrechnungsbescheids beachtet werden. Deshalb kann im Rahmen eines Abrechnungsbescheids die Steueranrechnung zugunsten oder zuungunsten des Steuerpflichtigen nur dann korrigiert werden, wenn eine der Voraussetzungen der §§ 129 bis 131 oder § 218 Abs. 3 AO gegeben ist (vgl. BFH-Urteil vom 15. 4. 1997, VII R 100/96, BStBl II S. 787).

4. Widerstreitende Anrechnungsverfügungen oder Abrechnungsbescheide

4.1 Wird eine Anrechnungsverfügung oder ein Abrechnungsbescheid auf Grund eines Rechtsbehelfs oder auf Antrag zurückgenommen und ein für den Rechtsbehelfsführer/Antragsteller günstigerer Verwaltungsakt erlassen, können nachträglich gegenüber ihm, aber auch gegenüber anderen Personen (z. B. Ehegatte oder Lebenspartner des Steuerpflichtigen, Abtretungsempfänger, Pfandgläubiger) durch Änderung einer Anrechnungsverfügung oder eines Abrechnungsbescheids die entsprechenden steuerlichen Folgerungen gezogen werden (§ 218 Abs. 3 Satz 1 AO). War Rechtsbehelfsführer/Antragsteller nicht der Steuerpflichtige, sondern ein Dritter (z. B. ein Abtretungsempfänger oder ein Pfandgläubiger), können die entsprechenden steuerlichen Folgerungen auch gegenüber dem Steuerpflichtigen nach § 218 Abs. 3 Satz 1 AO gezogen werden.

Anm. d. Schriftl.:

❶ Zuständig für den Erlass eines Abrechnungsbescheids ist die nach den allgemeinen Zuständigkeitsregelungen der §§ 16 ff. AO zuständige Finanzbehörde (BFH-Urteil vom 19. 3. 2019, BStBl 2020 II S. 31).

4.2 Gegenüber einer Person, die im Ausgangsverfahren nicht Rechtsbehelfsführer/Antragsteller war, ist eine für sie nachteilige Korrektur ihrer Anrechnungsverfügung oder ihres Abrechnungsbescheids nach § 218 Abs. 3 AO nur dann möglich, wenn sie an dem Verfahren, das zur Aufhebung oder Änderung der fehlerhaften Anrechnungsverfügung bzw. des fehlerhaften Abrechnungsbescheids geführt hat, in entsprechender Anwendung des § 174 Abs. 5 AO beteiligt wurde. Für eine wirksame Beteiligung dieser Person muss ihr auch der Verwaltungsakt bzw. im Einspruchsverfahren die Einspruchsentscheidung bekannt gegeben werden (vgl. BFH-Urteile vom 11. 4. 1991, V R 40/86, BStBl II S. 605, und vom 5. 5. 1993, X R 111/91, BStBl II S. 817).

Diese Person ist dabei darauf hinzuweisen, dass

– ihr die Entscheidung als Beteiligtem bekannt gegeben wird,

– die entsprechenden steuerlichen Folgerungen aus dem maßgeblichen Sachverhalt in ihrem Besteuerungsverfahren gem. § 218 Abs. 3 i. V. m. § 174 Abs. 4 und Abs. 5 AO gezogen werden und

– Einwendungen gegen die Entscheidung nur mit Anträgen oder Rechtsbehelfen gegen diesen Verwaltungsakt geltend gemacht werden können.

4.3 Welches die „entsprechenden steuerlichen Folgerungen" sind, entscheidet sich dabei verbindlich im Ausgangsverfahren des antragstellenden bzw. einspruchsführenden Steuerpflichtigen oder Dritten.

4.4 Hinsichtlich des Antragstellers oder Rechtsbehelfsführers wird die Zahlungsverjährung nach § 231 Abs. 1 Satz 1 AO unterbrochen.

4.5 Die Zahlungsverjährungsfrist gegenüber einer Person, die im Ausgangsverfahren nicht Rechtsbehelfsführer/Antragsteller war, wird in entsprechender Anwendung des § 174 Abs. 4 Satz 3 AO unterbrochen, wenn sie vor Eintritt der ihr gegenüber geltenden Zahlungsverjährung beteiligt wurde (vgl. AEAO zu § 218, Nr. 4.2) und ihr gegenüber die entsprechenden steuerlichen Folgen innerhalb eines Jahres nach Korrektur der Anrechnungsverfügung oder des Abrechnungsbescheids im Ausgangsverfahren gezogen werden.

4.6 § 218 Abs. 3 AO gilt ab dem 31. 12. 2014 für alle zu diesem Zeitpunkt noch nicht zahlungsverjährten Anrechnungsverfügungen und Abrechnungsbescheide (Art. 97 § 13a EGAO).

Zu § 224 AO

AEAO   Leistungsort, Tag der Zahlung:❶

1. § 224 Abs. 2 Nr. 3 AO stellt sicher, dass Verzögerungen bei der Einziehung aufgrund einer Einzugsermächtigung nicht zu Lasten des Steuerpflichtigen gehen.

2. Die Regelungen zum Tag der Zahlung (§ 224 Abs. 2 und 3 AO) gelten nur bei wirksam geleisteten Zahlungen, d. h. wenn der geleistete Betrag den Empfänger erreicht hat.

3. Ist die örtliche Zuständigkeit nach § 26 AO auf ein anderes Finanzamt übergegangen und wird eine Zahlung auf eine von dem vormals zuständigen Finanzamt festgesetzte Steuer an die vormals zuständige Finanzkasse geleistet, erlischt der Steueranspruch sobald die Zahlung bei der unzuständigen Finanzkasse eingegangen ist und die neu zuständige Finanzkasse dem nach § 362 Abs. 2 i. V. m. § 185 BGB zustimmt. Die Zustimmung der neu zuständigen Finanzkasse nach § 362 Abs. 2 i. V. m. § 185 BGB gilt allgemein als auf den Zeitpunkt des Zahlungseingangs bei der vormals zuständigen Finanzkasse erteilt.

Anm. d. Schriftl.:

❶ Bei Hingabe oder Übersendung eines Schecks gilt die Zahlung drei Tage nach dem Tag des Eingangs als entrichtet. Dies gilt erstmals, wenn ein Scheck nach dem 31. 12. 2006 bei der Finanzbehörde eingegangen ist (§ 6 EGAO).

Zu § 228 AO

AEAO   Gegenstand der Verjährung, Verjährungsfrist:

1. Die Zahlungsverjährung erstreckt sich auch auf Ansprüche des Steuerpflichtigen. Der einheitliche Anspruch aus dem Steuerschuldverhältnis (z. B. für die Steuer eines Veranlagungszeitraums) kann bei – ggf. mehrfach – geänderter Festsetzung nicht in unterschiedliche Zahlungs- und Erstattungsansprüche aufgespalten werden, die bezogen auf die jeweils ergangenen Verwaltungsakte unterschiedlichen Verjährungsfristen unterliegen (BFH-Urteil vom 6. 2. 1996, VII R 50/95, BStBl 1997 II S. 112).

2. Fällt das Ende der Verjährungsfrist auf einen Sonntag, einen gesetzlichen Feiertag oder einen Sonnabend, so endet die Verjährungsfrist erst mit dem Ablauf des nächstfolgenden Werktages (§ 108 Abs. 3 AO).

3. Die Zahlungsverjährung führt zum Erlöschen des Anspruchs (§§ 47, 232 AO).

Zu § 229 AO

AEAO   Beginn der Verjährung:

Die Zahlungsverjährung beginnt grundsätzlich mit Ablauf des Kalenderjahres, in dem der Anspruch erstmals fällig geworden ist. Wird durch eine Steueranmeldung oder Steuerfestsetzung erst die Voraussetzung für die Durchsetzung des Anspruchs geschaffen, so beginnt die Verjährung auch bei früherer Fälligkeit des Anspruchs (z. B. bei den sog. Fälligkeitssteuern) nicht vor Ablauf des Kalenderjahres, in dem die Steueranmeldung oder die Festsetzung, die Aufhebung oder Änderung der Festsetzung eines Anspruchs wirksam geworden ist. Dies gilt unabhängig davon, ob der Bescheid angefochten wird oder nicht.

Zu § 231 AO

AEAO   Unterbrechung der Verjährung:🄳🄴

1. Zu den Unterbrechungstatbeständen gehört auch die schriftliche Geltendmachung eines Zahlungsanspruchs durch den Steuerpflichtigen (§ 231 Abs. 1 Satz 1 Nr. 8 AO). Bei elektronischer Übermittlung kann – vorbehaltlich der Eröffnung eines entsprechenden Zugangs durch die Finanzbehörde (§ 87a Abs. 1 AO) – auf eine qualifizierte elektronische Signatur und auch auf ein Verfahren nach § 87a Abs. 3 Satz 4 und 5 AO verzichtet werden, da kein Unterschriftserfordernis besteht (vgl. AEAO zu § 87a, Nr. 3.2.4).

2. Eine dem Zahlungspflichtigen von der Finanzbehörde bekannt gegebene Maßnahme i. S. d. § 231 Abs. 1 AO unterbricht die Zahlungsverjährung auch dann, wenn es sich bei dieser Maßnahme um einen Verwaltungsakt handelt, der rechtswidrig oder nichtig oder rückwirkend aufgehoben worden ist (vgl. BFH-Beschluss vom 21. 6. 2010, VII R 27/08, BStBl 2011 II S. 331).

Anm. d. Schriftl.:

🄳 Eine Pfändungsverfügung des FA gegen einen Dritten unterbricht die Zahlungsverjährung auch dann, wenn der Vollstreckungsschuldner in dem betreffenden Zeitpunkt keine passive Handlungsfähigkeit besitzt (BFH-Urteil vom 21. 11. 2006, BStBl 2007 II S. 291).

🄴 Die für eine Verjährungsunterbrechung nach § 231 Abs. 1 Satz 1 Nr. 7 AO erforderliche Außenwirkung liegt auch dann vor, wenn die Finanzbehörde durch eine BZSt-Online-Anfrage direkt auf die IdNr.-Datenbank zugreift (BFH-Beschluss vom 21. 12. 2021, BStBl 2022 II S. 295).

Zu § 233a AO ·

AEAO   Verzinsung von Steuernachforderungen und Steuererstattungen:

Inhaltsübersicht

Allgemeines

1.   Die Verzinsung nach § 233a AO (Vollverzinsung) soll im Interesse der Gleichmäßigkeit der Besteuerung und zur Vermeidung von Wettbewerbsverzerrungen einen Ausgleich dafür schaffen, dass die Steuern trotz gleichen gesetzlichen Entstehungszeitpunkts, aus welchen Gründen auch immer, zu unterschiedlichen Zeitpunkten festgesetzt und erhoben werden. Die Verzinsung ist gesetzlich vorgeschrieben; die Zinsfestsetzung steht nicht im Ermessen der Finanzbehörde. Die Zinsen werden grundsätzlich im automatisierten Verfahren berechnet, festgesetzt und zum Soll gestellt. Die Zinsfestsetzung wird regelmäßig mit dem Steuerbescheid oder der Abrechnungsmitteilung verbunden.

Sachlicher und zeitlicher Geltungsbereich

2.   Die Verzinsung nach § 233a AO ist beschränkt auf die Festsetzung der Einkommen-, Körperschaft-, Vermögen-, Umsatz- und Gewerbesteuer (§ 233a Abs. 1 Satz 1 AO). Wegen der Verzinsung des Steuervergütungsanspruchs nach § 18 Abs. 9 UStG i.V. m. §§ 59 ff. UStDV und in Fällen des Mini-one-stop-shop-Verfahrens nach § 18 Abs. 4e UStG (MOSS-Verfahren) vgl. AEAO zu § 233a, Nr. 61. Von der Verzinsung ausgenommen sind die übrigen Steuern und Abgaben sowie Steuervorauszahlungen und Steuerabzugsbeträge (§ 233a Abs. 1 Satz 2 AO); vgl. auch BFH-Beschluss vom 18.9.2007, I R 15/05, BStBl 2008 II S. 332, und BVerfG-Beschluss vom 3.9.2009, 1 BvR 1098/08, BFH/NV S. 2115. Auch bei der Nachforderung von Abzugsteuern gegenüber dem Arbeitnehmer (vgl. BFH-Urteil vom 17.11.2010, I R 68/10, BFH/NV 2011 S. 737), der Festsetzung der vom Arbeitgeber übernommenen Lohnsteuer sowie der Festsetzung der Umsatzsteuer im Abzugsverfahren erfolgt keine Verzinsung nach § 233a AO. Kirchensteuern werden nur verzinst, soweit die Landeskirchensteuergesetze dies vorsehen. Als Einfuhrabgabe unterliegt die Einfuhrumsatzsteuer den sinngemäß geltenden Vorschrif-

ten für Zölle, weshalb ein sich bei der Festsetzung von Einfuhrumsatzsteuer ergebender Unterschiedsbetrag nicht nach § 233a AO zu verzinsen ist (BFH-Urteil vom 23. 9. 2009, VII R 44/08, BStBl 2010 II S. 334). Der AO lässt sich im Übrigen kein allgemeiner Grundsatz des Inhalts entnehmen, dass Ansprüche des Steuerpflichtigen aus dem Steuerschuldverhältnis auch ohne einzelgesetzliche Grundlage stets zu verzinsen sind (vgl. BFH-Urteil vom 16. 12. 2009, I R 48/09, BFH/NV 2010 S. 827).

§ 233a AO ist bei Wegzug in einen Mitgliedstaat der EU bzw. des EWR im Lichte der Niederlassungsfreiheit nach Art. 49 AEUV europarechtskonform auszulegen. Hiernach ist die Wegzugsteuer nach § 6 Abs. 1 AStG bzw. die Steuer auf Entstrickungsgewinne bei Wegzug nach § 27 Abs. 3 Nr. 3 Satz 2 UmwStG 2006, § 21 Abs. 2 Satz 1 Nr. 2 UmwStG 1995 nicht der Vollverzinsung zu unterwerfen, soweit die Steuer nach § 6 Abs. 5 AStG zinslos zu stunden ist.

Zinsschuldner/-gläubiger

3. Bei der Verzinsung von Steuernachzahlungen ist der Steuerschuldner auch Zinsschuldner. Schulden mehrere Personen die Steuer als Gesamtschuldner, sind sie auch Gesamtschuldner der Zinsen. Bei der Verzinsung von Erstattungsansprüchen ist grundsätzlich der Gläubiger des Erstattungsanspruchs Zinsgläubiger. Die Aufteilung der Zinsen nach §§ 268 ff. AO hat für die Zinsberechnung keine Bedeutung. Zur Abtretung eines Anspruchs auf Erstattungszinsen vgl. AEAO zu § 46, Nr. 1.

Zinslauf

4. Der Zinslauf beginnt im Regelfall 15 Monate nach Ablauf des Kalenderjahres, in dem die Steuer entstanden ist (Karenzzeit nach § 233a Abs. 2 Satz 1 AO). Eine über die Karenzzeit hinaus gewährte Frist zur Abgabe der Steuererklärung ist für die Verzinsung unbeachtlich.

4.1 Sonderregelungen bestehen für die Besteuerungszeiträume 2019 bis 2024; hier gelten für den allgemeinen Zinslauf (§ 233a Abs. 2 Satz 1 AO) die folgenden verlängerten Karenzzeiten (vgl. Art. 97 § 36 Abs. 2 und 3 EGAO):

Besteuerungszeitraum	verlängerte Karenzzeit	Zinslaufbeginn
2019	21 Monate	1. 10. 2021
2020	21 Monate	1. 10. 2022
2021	21 Monate	1. 10. 2023
2022	20 Monate	1. 9. 2024
2023	18 Monate	1. 7. 2025
2024	17 Monate	1. 6. 2026

5. Der Zinslauf endet mit Ablauf des Tages, an dem die Steuerfestsetzung wirksam wird (§ 233a Abs. 2 Satz 3 AO).

– Bei Steuerfestsetzungen durch Steuerbescheid endet der Zinslauf am Tag der Bekanntgabe des Steuerbescheids (§ 124 Abs. 1 Satz 1 i. V. m. § 122 AO).

– Bei Umsatzsteuererklärungen mit einem Unterschiedsbetrag zuungunsten des Steuerpflichtigen endet der Zinslauf grundsätzlich am Tag des Eingangs der Steueranmeldung (§ 168 Satz 1 AO).

– Bei zustimmungsbedürftigen Umsatzsteuererklärungen mit einem Unterschiedsbetrag zugunsten des Steuerpflichtigen endet der Zinslauf grundsätzlich mit Ablauf des Tages, an dem dem Steuerpflichtigen die Zustimmung der Finanzbehörde bekannt wird (§ 168 Satz 2 AO; vgl. AEAO zu § 168, Nrn. 2 bis 4). Dies gilt auch in den Fällen, in denen die Zustimmung allgemein erteilt wird (vgl. AEAO zu § 168, Nr. 9).

Der Zeitpunkt der Zahlung oder der Fälligkeit der Steuernachforderung oder der Steuererstattung ist grundsätzlich unbeachtlich.

6. Ein voller Zinsmonat (§ 238 Abs. 1 Satz 2 AO) ist erreicht, wenn der Tag, an dem der Zinslauf endet, hinsichtlich seiner Zahl dem Tag entspricht, der dem Tag vorhergeht, an dem die Frist begann (BFH-Urteil vom 24. 7. 1996, X R 119/92, BStBl 1997 II S. 6). Beginn der Zinslauf z. B. am 1.4. und wurde die Steuerfestsetzung am 30.4. bekannt gegeben, ist bereits ein voller Zinsmonat gegeben.

7. Behauptet der Steuerpflichtige, ihm sei der Steuerbescheid bzw. die erweiterte Abrechnungsmitteilung später als nach der Zugangsvermutung des § 122 Abs. 2 AO zugegangen, bleibt der ursprüngliche Bekanntgabetag für die Zinsberechnung maßgebend, wenn das Guthaben bereits erstattet wurde. Gleiches gilt, wenn der Steuerbescheid bzw. die Abrechnungsmitteilung nach einem erfolglosen Bekanntgabeversuch erneut abgesandt wird und das Guthaben bereits erstattet wurde. Wurde bei einer Änderung/Berichtigung einer Steuerfestsetzung vor ihrer Bekanntgabe ein Guthaben bereits erstattet, ist allerdings die Zinsfestsetzung im bekannt gegebenen Bescheid so durchzuführen, als ob das Guthaben noch nicht erstattet worden wäre.

8. Für die Einkommen- und Körperschaftsteuer beträgt die Karenzzeit 23 Monate, wenn die Einkünfte aus Land- und Forstwirtschaft bei der erstmaligen Steuerfestsetzung für das jeweilige Jahr überwiegen (§ 233a Abs. 2 Satz 2 AO); vgl. dazu auch das BFH-Urteil vom 13. 7. 2006, IV R 5/05, BStBl II S. 881. Bei dieser Prüfung sind Kapitalerträge nach § 32d Abs. 1 und § 43 Abs. 5 EStG nicht zu berücksichtigen (§ 233a Abs. 2 Satz 2 zweiter Halbsatz AO).

8.1 Sonderregelungen bestehen wiederum für die Besteuerungszeiträume 2019 bis 2024; hier gelten für den abweichenden Zinslauf nach § 233a Abs. 2 Satz 2 AO die folgenden verlängerten Karenzzeiten (vgl. Art. 97 § 36 Abs. 2 und 3 EGAO):

Besteuerungszeitraum	verlängerte Karenzzeit	Zinslaufbeginn
2019	28 Monate	1. 5. 2022
2020	29 Monate	1. 6. 2023
2021	29 Monate	1. 6. 2024
2022	28 Monate	1. 5. 2025
2023	26 Monate	1. 3. 2026
2024	25 Monate	1. 2. 2027

9. Stellt sich später heraus, dass die Einkünfte aus Land- und Forstwirtschaft die anderen Einkünfte nicht überwiegen, bleibt es gleichwohl bei der Karenzzeit von 23 Monaten. Umgekehrt bleibt es bei der Karenzzeit von 15 Monaten, wenn sich später herausstellt, dass entgegen den Verhältnissen bei der erstmaligen Steuerfestsetzung die Einkünfte aus Land- und Forstwirtschaft die übrigen Einkünfte überwiegen. Sind die Einkünfte aus Land- und Forstwirtschaft negativ, überwiegen die anderen Einkünfte, wenn diese positiv oder in geringerem Maße negativ sind.

10. Besonderer Zinslauf bei rückwirkenden Ereignissen und Verlustrückträgen

10.1 Soweit die Steuerfestsetzung auf der erstmaligen Berücksichtigung eines rückwirkenden Ereignisses oder eines Verlustrücktrags beruht, beginnt der Zinslauf nach § 233a Abs. 2a AO erst 15 Monate nach Ablauf des Kalenderjahres, in dem das rückwirkende Ereignis eingetreten oder der Verlust entstanden ist. Die steuerlichen Auswirkungen eines Verlustrücktrags bzw. eines rückwirkenden Ereignisses werden daher bei der Berechnung von Zinsen nach § 233a AO erst ab einem vom Regelfall abweichenden späteren Zinslaufbeginn berücksichtigt. Soweit § 10d Abs. 1 EStG entsprechend gilt bzw. Verluste nach Maßgabe des § 10d Abs. 1 EStG rücktragsfähig sind, ist § 233a Abs. 2a AO entsprechend anzuwenden (vgl. z. B. § 10b Abs. 1 Sätze 4 und 5 und § 23 Abs. 3 Satz 9 EStG).

10.2   Ob ein Ereignis steuerliche Rückwirkung hat, beurteilt sich nach dem jeweils anzuwendenden Steuergesetz (BFH-Urteil vom 26.7.1984, IV R 10/83, BStBl II S.786). Beispiele vgl. AEAO zu § 175, Nr. 2.4.

       § 233a Abs. 2a AO ist auch dann anzuwenden, wenn ein rückwirkendes Ereignis bereits bei der erstmaligen Steuerfestsetzung berücksichtigt wird.

10.3   Einzelfragen:

10.3.1 Bei einem zulässigen Wechsel der Veranlagungsart (Zusammenveranlagung nach bereits erfolgter Einzelveranlagung oder umgekehrt) beruhen sowohl die Aufhebung des/der ursprünglichen Bescheide(s) als auch der Erlass der/des neuen Bescheide(s) auf einem rückwirkenden Ereignis. Dies gilt unabhängig davon, ob es sich um den antragstellenden Ehegatten oder den anderen Ehegatten handelt. Dass die verfahrensrechtliche Umsetzung des Wechsels der Veranlagungsart beim antragstellenden Ehegatten nicht nach § 175 Abs. 1 Satz 1 Nr. 2 AO erfolgt, steht dem nicht entgegen. § 233a Abs. 2a AO findet sowohl bei der Aufhebung der ursprünglichen Veranlagung(en) als auch beim Erlass der/des neuen Steuerbescheide(s) für beide Ehegatten Anwendung.

       Für Lebenspartner gelten diese Regelungen ab dem Veranlagungszeitraum 2013 entsprechend.

10.3.2 Durch den erstmaligen Beschluss über eine offene Gewinnausschüttung für ein abgelaufenes Wirtschaftsjahr wurde – im Rahmen des Anrechnungsverfahrens (§ 34 Abs. 12 Nr. 1 KStG) – kein abweichender Zinslauf gem. § 233a Abs. 2a AO ausgelöst. Dies gilt auch dann, wenn dieser Beschluss erst nach Ablauf des folgenden Wirtschaftsjahres gefasst wurde (BFH-Urteil vom 29.11.2000, I R 45/00, BStBl 2001 II S.326). Um einen erstmaligen Gewinnverteilungsbeschluss in diesem Sinne handelt es sich jedoch nicht, wenn der Beschluss einen vorangegangenen Beschluss der Gesellschaft ersetzte, durch den der Gewinn des betreffenden Wirtschaftsjahres thesauriert worden war (BFH-Urteil vom 22.10.2003, I R 15/03, BStBl 2004 II S. 398).

10.3.3 Die Korrektur eines für das Betriebsvermögen am Schluss des Wirtschaftsjahres maßgebenden Wertansatzes, der sich auf die Höhe des Gewinns der Folgejahre auswirkt, löst keinen abweichenden Zinslauf gem. § 233a Abs. 2a AO aus. Zur Anwendung des § 175 Abs. 1 Satz 1 Nr. 2 AO vgl. AEAO zu § 175, Nr. 2.4.

10.4   Der besondere Zinslauf nach § 233a Abs. 2a AO endet mit Ablauf des Tages, an dem die Steuerfestsetzung wirksam wird (§ 233a Abs. 2 Satz 3 AO).

Grundsätze der Zinsberechnung

11.   Die Zinsen betragen für Verzinsungszeiträume bis zum 31. Dezember 2018 für jeden vollen Monat des Zinslaufs 0,5 % (§ 238 Abs. 1 Satz 1 AO). Für Verzinsungszeiträume ab dem 1. Januar 2019 betragen die Zinsen 0,15 % für jeden vollen Monat (§ 238 Abs. 1a AO).

       Sind für einen Zinslauf unterschiedliche Zinssätze maßgeblich, weil der Zinslauf vor dem 1. Januar 2019 begonnen hat und nach dem 31. Dezember 2018 endet, ist der Zinslauf in Teilverzinsungszeiträume aufzuteilen.

       Die Zinsen für diese Teilverzinsungszeiträume sind – ungeachtet des Umstands, dass Zinsen wie bisher nur für volle Monate berechnet werden – jeweils tageweise zu berechnen. Hierbei wird jeder Kalendermonat unabhängig von der tatsächlichen Anzahl der Kalendertage mit 30 Zinstagen und jedes Kalenderjahr mit 360 Tagen gerechnet (§ 238 Abs. 1b AO). Hat ein Monat 31 Tage, ist der 31. Kalendertag hierbei kein Zinstag. Sofern der Beginn oder das Ende des Zeitraums auf den 31. eines Monats fällt, wird dieser Tag wie der 30. Kalendertag behandelt. Für den Februar gilt dabei: Endet der Zinsberechnungszeitraum am 28. Februar, bzw. in einem Schaltjahr am 29. Februar, werden die Zinsen auch nur bis zu diesem Tag berechnet. Geht der Zinsberechnungszeitraum hingegen über den Februar hinaus, wird der Februar wie jeder Monat mit 30 Tagen veranschlagt. Um den Anteil am Jahreszinssatz (das ist das Zwölffache des jeweils maßgeblichen Monatszinssatzes) zu ermitteln, wird die Summe der ermittel-. ten Zinstage dann durch 360 geteilt. Vgl. hierzu auch das Beispiel im AEAO zu § 238, Nr. 3.

Für die Berechnung der Zinsen wird der zu verzinsende Betrag jeder Steuerart auf den nächsten durch fünfzig Euro teilbaren Betrag abgerundet (§ 238 Abs. 2 AO). Dabei sind die zu verzinsenden Ansprüche zu trennen, wenn Steuerart, Zeitraum oder der Tag des Beginns des Zinslaufs voneinander abweichen (vgl. AEAO zu § 238, Nr. 2). Zinsen sind auf volle Euro zum Vorteil des Steuerpflichtigen gerundet festzusetzen (§ 239 Abs. 2 Satz 1 AO); sie werden nur dann festgesetzt, wenn sie mindestens zehn Euro betragen (§ 239 Abs. 2 Satz 2 AO).

12. Für die Zinsberechnung gelten die Grundsätze der sog. Sollverzinsung. Berechnungsgrundlage ist der Unterschied zwischen dem festgesetzten Soll und dem vorher festgesetzten Soll (Vorsoll). Bei der Berechnung von Erstattungszinsen gelten allerdings Besonderheiten, da Erstattungsbeträge nur insoweit verzinst werden, wie sie zuvor festgesetzt und entrichtet waren (sog. Ist-Prinzip; § 233a Abs. 3 Satz 3 AO).

13. Es ist grundsätzlich unerheblich, ob das Vorsoll bei Fälligkeit getilgt worden ist. Ggf. treten insoweit besondere Zins- und Säumnisfolgen (z. B. Stundungszinsen, Säumniszuschläge) ein. Nachzahlungszinsen nach § 233a AO können andererseits auch dann festgesetzt werden, wenn das Finanzamt vor Festsetzung der Steuer freiwillige Leistungen auf die Steuerschuld angenommen hat und hierdurch die festgesetzte Steuerschuld insgesamt erfüllt wird. Voraussetzung für die Verzinsung ist lediglich, dass die Steuerfestsetzung zu einem Unterschiedsbetrag nach § 233a Abs. 3 AO führt (§ 233a Abs. 1 Satz 1 AO). Wegen des insoweit gebotenen zeitanteiligen Erlasses von Nachzahlungszinsen nach § 233a Abs. 8 AO vgl. AEAO zu § 233a, Nr. 70.1.

Zinsberechnung bei der erstmaligen Steuerfestsetzung

14. Bei der erstmaligen Steuerfestsetzung (endgültige Steuerfestsetzung, vorläufige Steuerfestsetzung, Steuerfestsetzung unter Vorbehalt der Nachprüfung) ist Berechnungsgrundlage der Unterschied zwischen dem dabei festgesetzten Soll (= festgesetzte Steuer abzüglich anzurechnender Steuerabzugsbeträge) und dem Vorauszahlungssoll. Maßgebend sind die bis zum Beginn des Zinslaufs festgesetzten Vorauszahlungen (§ 233a Abs. 3 Satz 1 AO). Einbehaltene und anzurechnende Steuerabzugsbeträge sind unabhängig vom Zeitpunkt der Zahlung durch den Abzugsverpflichteten zu berücksichtigen.

15. Vorauszahlungen können innerhalb der gesetzlichen Fristen (z. B. § 37 Abs. 3 Satz 3 EStG) von Amts wegen oder auf Antrag des Steuerpflichtigen angepasst werden (BFH-Urteil vom 10. 7. 2002, X R 65/96, BFH/NV S. 1567). Leistet der Steuerpflichtige vor Ablauf der Karenzzeit eine freiwillige Zahlung, ist dies als Antrag auf Anpassung der bisher festgesetzten Vorauszahlungen anzusehen. Zahlungen des Steuerpflichtigen, die ohne wirksame Festsetzung der Vorauszahlungen erfolgen, sind als freiwillige Zahlungen i. S. d. § 233a Abs. 8 AO zu behandeln (vgl. AEAO zu § 233a, Nr. 70.1). Eine nachträgliche Erhöhung der Vorauszahlungen zur Einkommen- oder Körperschaftsteuer erfolgt nur dann, wenn der Erhöhungsbetrag mindestens 5 000 € beträgt (§ 37 Abs. 5 Satz 2 EStG, § 31 Abs. 1 KStG; vgl. auch BFH-Urteil vom 5. 6. 1996, X R 234/93, BStBl II S. 503).

16. Bei der Umsatzsteuer kann der Steuerpflichtige eine Anpassung der Vorauszahlungen durch die Abgabe einer berichtigten Voranmeldung (§ 153 Abs. 1 AO) herbeiführen. Die berichtigte Voranmeldung steht einer geänderten Steuerfestsetzung unter Vorbehalt der Nachprüfung gleich und bedarf keiner Zustimmung der Finanzbehörde, wenn sie zu einer Erhöhung der bisher zu entrichtenden Steuer oder einem geringeren Erstattungsbetrag führt (vgl. AEAO zu § 168, Nr. 12). Eine nach Ablauf der Karenzzeit

abgegebene (erstmalige oder berichtigte) Voranmeldung ist bei der Berechnung des Unterschiedsbetrages nach § 233a Abs. 3 Satz 1 AO nicht zu berücksichtigen. In diesem Fall soll aber unverzüglich eine Festsetzung der Jahressteuer unter Vorbehalt der Nachprüfung erfolgen.

17. Leistet der Steuerpflichtige nach Ablauf der Karenzzeit eine freiwillige Zahlung, soll bei Vorliegen der Steuererklärung unverzüglich eine Steuerfestsetzung erfolgen. Diese Steuerfestsetzung kann zur Beschleunigung auch durch eine personelle Festsetzung unter Vorbehalt der Nachprüfung erfolgen. In diesem Fall kann sich die Steuerfestsetzung auf die bisher festgesetzten Vorauszahlungen zuzüglich der freiwillig geleisteten Zahlung beschränken. Auf die Angabe der Besteuerungsgrundlagen kann dabei verzichtet werden.

18. Bei der freiwilligen Zahlung kann grundsätzlich unterstellt werden, dass die Zahlung ausschließlich auf die Hauptsteuer (Einkommen- bzw. Körperschaftsteuer) entfällt. Die Folgesteuern sind ggf. daneben festzusetzen und zu erheben.

19. Ergibt sich bei der ersten Steuerfestsetzung ein Unterschiedsbetrag zuungunsten des Steuerpflichtigen **(Mehrsoll)**, werden Nachzahlungszinsen für die Zeit ab Beginn des Zinslaufs bis zur Wirksamkeit der Steuerfestsetzung berechnet (§ 233a Abs. 2 Satz 3 AO).

20. **Beispiel 1:**

Einkommensteuer 2018

Steuerfestsetzung vom 8. 12. 2020, bekannt gegeben am 11. 12. 2020:	21 000 €
abzüglich anzurechnende Steuerabzugsbeträge:	./. 1 000 €
Soll:	20 000 €
abzüglich festgesetzte Vorauszahlungen:	./. 13 000 €
Unterschiedsbetrag (Mehrsoll):	7 000 €

Zu verzinsen sind 7 000 € zuungunsten des Steuerpflichtigen für die Zeit vom 1. 4. 2020 bis 11. 12. 2020 (8 volle Monate × 0,15 % = 1,2 %).

festzusetzende Zinsen (Nachzahlungszinsen):	84 €

21. Ergibt sich ein Unterschiedsbetrag zugunsten des Steuerpflichtigen **(Mindersoll)**, ist dieser ebenfalls Grundlage der Zinsberechnung. Um Erstattungszinsen auf festgesetzte, aber nicht entrichtete Vorauszahlungen zu verhindern, ist nur der tatsächlich zu erstattende Betrag – und zwar für den Zeitraum zwischen der Zahlung der zu erstattenden Beträge und der Wirksamkeit der Steuerfestsetzung – zu verzinsen (§ 233a Abs. 2 Satz 3 und Abs. 3 Satz 3 AO).

22. **Beispiel 2:**

Einkommensteuer 2018

Steuerfestsetzung vom 8. 12. 2020, bekannt gegeben am 11. 12. 2020:	1 000 €
abzüglich anzurechnende Steuerabzugsbeträge:	./. 1 000 €
Soll:	0 €
abzüglich festgesetzte Vorauszahlungen:	./. 13 000 €
Unterschiedsbetrag (Mindersoll):	./. 13 000 €

Da der Steuerpflichtige am 8. 6. 2020 5 000 € gezahlt hat und darüber hinaus keine weiteren Zahlungen erfolgt sind, sind lediglich 5 000 € zu erstatten.

Zu verzinsen sind 5 000 € zugunsten des Steuerpflichtigen für die Zeit vom 8. 6. 2020 bis 11. 12. 2020 (6 volle Monate × 0,15 % = 0,9 %).

festzusetzende Zinsen (Erstattungszinsen):	./. 45 €

23.   Besteht der Erstattungsbetrag aus mehreren Teil-Leistungen, richtet sich der Zinsberechnungszeitraum jeweils nach dem Zeitpunkt der einzelnen Leistung; die Leistungen sind in chronologischer Reihenfolge zu berücksichtigen, beginnend mit der jüngsten Leistung („last in – first out"; § 233a Abs. 3 Satz 4 AO).

24.   Der Erstattungsbetrag ist für die Zinsberechnung auf den nächsten durch fünfzig Euro teilbaren Betrag abzurunden (z. B. ist ein Erstattungsbetrag von 375 € auf 350 € abzurunden). Ist mehr als ein Betrag (mehrere Einzahlungen) zu verzinsen, so ist der durch die Rundung auf volle fünfzig Euro sich ergebende Spitzenbetrag vom Teilbetrag mit dem ältesten Wertstellungstag abzuziehen.

25.   Die Verzinsung des zu erstattenden Betrages erfolgt nur bis zur Höhe des Mindersolls. Freiwillig geleistete Zahlungen sollen zum Anlass genommen werden, die bisher festgesetzten Vorauszahlungen anzupassen (vgl. AEAO zu § 233a, Nrn. 15 und 16) oder die Jahressteuer unverzüglich festzusetzen (vgl. AEAO zu § 233a, Nr. 17). Bis zur Festsetzung der Vorauszahlung oder der Jahressteuer sind sie aber zur Vermeidung von Missbräuchen von der Verzinsung ausgeschlossen.

26.   **Beispiel 3:**

Einkommensteuer 2018

Steuerfestsetzung vom 21. 7. 2020, bekannt gegeben am 24. 7. 2020:	14 000 €
abzüglich anzurechnende Steuerabzugsbeträge:	./. 2 000 €
Soll:	12 000 €
abzüglich festgesetzte Vorauszahlungen:	./. 23 000 €
Unterschiedsbetrag (Mindersoll):	./. 11 000 €

Der Steuerpflichtige hat die Vorauszahlungen jeweils bei Fälligkeit entrichtet; am 18. 6. 2020 zahlte er zusätzlich freiwillig 7 000 €. Zu erstatten sind daher insgesamt 18 000 €. Zu verzinsen sind indes lediglich 11 000 € zugunsten des Steuerpflichtigen für die Zeit vom 1. 4. 2020 bis 24. 7. 2020 (3 volle Monate × 0,15 % = 0,45 %).

festzusetzende Zinsen (Erstattungszinsen):   ./. 50 €
(Rundung gem. § 239 Abs. 2 Satz 1 AO)

27.   Bei der Ermittlung freiwilliger (Über-)Zahlungen des Steuerpflichtigen, die bei der Berechnung der Erstattungszinsen außer Ansatz bleiben, sind die zuletzt eingegangenen, das Vorauszahlungssoll übersteigenden Zahlungen als freiwillig anzusehen.

28.   Wenn bei der erstmaligen Steuerfestsetzung ein rückwirkendes Ereignis oder ein Verlustrücktrag berücksichtigt wurde, beginnt der Zinslauf insoweit erst 15 Monate nach Ablauf des Kalenderjahres, in dem dieses rückwirkende Ereignis eingetreten oder der Verlust entstanden ist (§ 233a Abs. 2a AO). Der Unterschiedsbetrag nach § 233a Abs. 3 Satz 1 AO ist deshalb in Teil-Unterschiedsbeträge aufzuteilen, soweit diese einen unterschiedlichen Zinslaufbeginn nach § 233a Abs. 2 und Abs. 2a AO haben (§ 233a Abs. 7 Satz 1 1. Halbsatz AO). Innerhalb dieser Teil-Unterschiedsbeträge sind Sollminderungen und Sollerhöhungen mit gleichem Zinslaufbeginn zu saldieren.

29.   Die Teil-Unterschiedsbeträge sind in ihrer zeitlichen Reihenfolge, beginnend mit dem ältesten Zinslaufbeginn, zu ermitteln (§ 233a Abs. 7 Satz 1 2. Halbsatz AO). Dabei ist unerheblich, ob sich der einzelne Teil-Unterschiedsbetrag zugunsten oder zuungunsten des Steuerpflichtigen auswirkt.

Zunächst ist die fiktive Steuer zu ermitteln, die sich ohne Berücksichtigung rückwirkender Ereignisse und Verlustrückträge ergeben würde. Die Differenz zwischen dieser fiktiven Steuer, vermindert um anzurechnende Steuerabzugsbeträge und anzurechnende Körperschaftsteuer, und den festgesetzten Vorauszahlungen ist der erste für die Zinsberechnung maßgebliche Teil-Unterschiedsbetrag.

Im nächsten Schritt ist auf der Grundlage dieser fiktiven Steuerermittlung die fiktive Steuer zu berechnen, die sich unter Berücksichtigung der rückwirkenden Ereignisse oder Verlustrückträge mit dem ältesten Zinslaufbeginn ergeben würde. Die Differenz zwischen dieser und der zuvor ermittelten fiktiven Steuer, jeweils vermindert um anzurechnende Steuerabzugsbeträge und anzurechnende Körperschaftsteuer, ist der für die Zinsberechnung maßgebliche zweite Teil-Unterschiedsbetrag. Dies gilt entsprechend für weitere Teil-Unterschiedsbeträge mit späterem Zinslaufbeginn.

30.   **Beispiel 4:**

Einkommensteuer 2018

	z. v. E.[1]	Steuer	
erstmalige Steuerfestsetzung:	50 000 €	14 801 €	
dabei wurden berücksichtigt:			
– Verlustrücktrag aus 2019:	./. 7 500 €		
– rückwirkendes Ereignis aus 2020:	2 500 €		
abzüglich anzurechnende Steuerabzugsbeträge:		./. 0 €	
Soll:		14 801 €	
abzüglich festgesetzte Vorauszahlungen:		./. 10 550 €	
Unterschiedsbetrag (Mehrsoll):		+4 251 €	
Ermittlung der Teil-Unterschiedsbeträge:			
– Vorsoll (festgesetzte Vorauszahlungen):		10 550 €	
– 1. Schattenveranlagung (Steuerfestsetzung ohne Berücksichtigung des Verlustrücktrags und des rückwirkenden Ereignisses):	55 000 €	17 200 €	
abzüglich anzurechnende Steuerabzugsbeträge:		./. 0 €	
fiktives Soll:		17 200 €	
Erster Teil-Unterschiedsbetrag =			+6 650 €
– 2. Schattenveranlagung (1. Schattenveranlagung + Verlustrücktrag aus 2019):	47 500 €	13 634 €	
abzüglich anzurechnende Steuerabzugsbeträge:		./. 0 €	
fiktives Soll:		13 634 €	
Zweiter Teil-Unterschiedsbetrag =			./. 3 566 €
– 3. Schattenveranlagung (2. Schattenveranlagung + rückwirkendes Ereignis aus 2020):	50 000 €	14 801 €	
abzüglich anzurechnende Steuerabzugsbeträge:		./. 0 €	
fiktives Soll:		14 801 €	
Dritter Teil-Unterschiedsbetrag =			+1 167 €
Summe der Teil-Unterschiedsbeträge:			+4 251 €

Amtl. Fn.:
[1] z. v. E. = zu versteuerndes Einkommen

31. Alle Teil-Unterschiedsbeträge sind jeweils gesondert auf den nächsten durch fünfzig Euro teilbaren Betrag abzurunden, da der Zinslauf für die zu verzinsenden Beträge zu jeweils abweichenden Zeitpunkten beginnt (§ 238 Abs. 2 AO).

32. Die auf die einzelnen Teil-Unterschiedsbeträge entfallenden Zinsen sind eigenständig und in ihrer zeitlichen Reihenfolge zu berechnen, beginnend mit den Zinsen auf den Teil-Unterschiedsbetrag mit dem ältesten Zinslaufbeginn (§ 233a Abs. 7 Satz 1 2. Halbsatz AO). Dabei ist für jeden Zinslauf bzw. Zinsberechnungszeitraum eigenständig zu prüfen, inwieweit jeweils volle Zinsmonate vorliegen.

33. **Beispiel 5:**

Einkommensteuer 2018

	z. v. E.	Steuer	
Steuerfestsetzung vom 11. 12. 2020, bekannt gegeben am 14. 12. 2020:	60 723 €	19 306 €	
abzüglich anzurechnende Steuerabzugsbeträge:		./. 1 000 €	
Soll:		18 306 €	
abzüglich festgesetzte Vorauszahlungen:		./. 12 000 €	
Unterschiedsbetrag (Mehrsoll):		+ 6 306 €	

Bei dieser Steuerfestsetzung wurde ein rückwirkendes Ereignis aus 2019 (Erhöhung des z. v. E. um 2 492 €) berücksichtigt.

Ermittlung der Teil-Unterschiedsbeträge:

– Vorsoll (festgesetzte Vorauszahlungen):		12 000 €	
– 1. Schattenveranlagung (Steuerfestsetzung ohne Berücksichtigung des rückwirkenden Ereignisses):	58 231 €	18 135 €	
abzüglich anzurechnende Steuerabzugsbeträge:		./. 1 000 €	
fiktives Soll:		17 135 €	
Erster Teil-Unterschiedsbetrag =			+ 5 135 €
– 2. Schattenveranlagung (1. Schattenveranlagung + rückwirkendes Ereignis aus 2019):	60 723 €	19 306 €	
abzüglich anzurechnende Steuerabzugsbeträge:		./. 1 000 €	
fiktives Soll:		18 306 €	
Zweiter Teil-Unterschiedsbetrag =			+ 1 171 €
Summe der Teil-Unterschiedsbeträge:			+ 6 306 €

Zinsberechnung:

Teil-Unterschiedsbetrag mit Zinslaufbeginn 1. 4. 2020:	5 135 €
Teil-Unterschiedsbetrag mit Zinslaufbeginn 1. 4. 2021:	1 171 €

Verzinsung des Teil-Unterschiedsbetrags mit Zinslaufbeginn 1. 4. 2020:

Zu verzinsen sind 5 100 € zuungunsten des Steuerpflichtigen für die Zeit vom 1. 4. 2020 bis 14. 12. 2020 (8 volle Monate × 0,15 % = 1,2 %).

Nachzahlungszinsen =   61,20 €
(Rundung gem. § 238 Abs. 2 AO: 35 €)

Verzinsung des Teil-Unterschiedsbetrags mit Zinslaufbeginn 1. 4. 2021:

Hinsichtlich des Teil-Unterschiedsbetrags von 1171 € sind keine Nachzahlungszinsen zu berechnen, da die für ihn maßgebliche Karenzzeit im Zeitpunkt der
Steuerfestsetzung noch nicht abgelaufen ist.   0 €

Insgesamt festzusetzende Zinsen (Nachzahlungszinsen):   61 €

(Rundung gem. § 239 Abs. 2 Satz 1 AO)

34.   **Beispiel 6:**

Einkommensteuer 2018

	z. v. E.	Steuer
Steuerfestsetzung vom 10. 12. 2021, bekannt gegeben am 13. 12. 2021:	57 781 €	17 924 €
abzüglich anzurechnende Steuerbeträge:		./. 1 000 €
Soll:		16 924 €
abzüglich festgesetzte Vorauszahlungen:		./. 12 000 €
Unterschiedsbetrag (Mehrsoll):		+ 4 924 €

Bei dieser Steuerfestsetzung wurde ein rückwirkendes Ereignis aus 2019 (Erhöhung des z. v. E.
um 2 571 €) berücksichtigt.

Ermittlung der Teil-Unterschiedsbeträge:

– Vorsoll (festgesetzte Vorauszahlungen):		12 000 €	
– 1. Schattenveranlagung (Steuerfestsetzung ohne Berücksichtigung des rückwirkenden Ereignisses):	55 210 €	16 715 €	
abzüglich anzurechnende Steuerabzugsbeträge:		./. 1 000 €	
fiktives Soll:		15 715 €	
Erster Teil-Unterschiedsbetrag =			+ 3 715 €
– 2. Schattenveranlagung (1. Schattenveranlagung + rückwirkendes Ereignis aus 2019):	57 781 €	17 924 €	
abzüglich anzurechnende Steuerabzugsbeträge:		./. 1 000 €	
fiktives Soll:		16 924 €	
Zweiter Teil-Unterschiedsbetrag =			+ 1 209 €
Summe der Teil-Unterschiedsbeträge:			+ 4 924 €

Zinsberechnung:

Teil-Unterschiedsbetrag mit Zinslaufbeginn 1. 4. 2020:   + 3 715 €

Teil-Unterschiedsbetrag mit Zinslaufbeginn 1. 4. 2021:   + 1 209 €

Verzinsung des Teil-Unterschiedsbetrags mit Zinslaufbeginn 1. 4. 2020:

Zu verzinsen sind 3 700 € zuungunsten des Steuerpflichtigen für die Zeit vom 1. 4. 2020 bis 13. 12. 2021 (20 volle Monate × 0,15 % = 3 %).

Nachzahlungszinsen:	111 €

(Rundung gem. § 238 Abs. 2 AO: 15 €)

Verzinsung des Teil-Unterschiedsbetrags mit Zinslaufbeginn 1. 4. 2021:

Zu verzinsen sind 1 200 € zuungunsten des Steuerpflichtigen für die Zeit vom 1. 4. 2021 bis 13. 12. 2021 (8 volle Monate × 0,15 % = 1,2 %).

Nachzahlungszinsen:	14,40 €

(Rundung gem. § 238 Abs. 2 AO: 9 €)

Insgesamt festzusetzende Zinsen:	**125 €**

(Rundung gem. § 239 Abs. 2 Satz 1 AO)

35.   Bei Teil-Unterschiedsbeträgen zugunsten des Steuerpflichtigen ist die Berechnung von Erstattungszinsen auf den fiktiv zu erstattenden Betrag begrenzt. Dazu sind alle maßgeblichen Zahlungen und der jeweilige Tag der Zahlung zu ermitteln. Durch Gegenüberstellung dieser Zahlungen und der nach Nr. 29 des AEAO zu § 233a ermittelten fiktiven Steuer, vermindert um anzurechnende Steuerabzugsbeträge und anzurechnende Körperschaftsteuer, ergibt sich der fiktive Erstattungsbetrag.

Die Verzinsung der einzelnen Teil-Unterschiedsbeträge beginnt frühestens mit dem Tag der Zahlung. Besteht der zu erstattende Betrag aus mehreren Einzahlungen, richtet sich der Zinsberechnungszeitraum nach der Einzahlung des jeweiligen Teilbetrags, wobei unterstellt wird, dass die Erstattung zuerst aus dem zuletzt gezahlten Betrag erfolgt. Bei weiteren Teil-Unterschiedsbeträgen zugunsten des Steuerpflichtigen bleiben die bereits bei einer vorangegangenen Zinsberechnung berücksichtigten Zahlungen außer Betracht.

Ist bei einem Teil-Unterschiedsbetrag zugunsten des Steuerpflichtigen mehr als ein Betrag (mehrere Einzahlungen) zu verzinsen, so ist der durch die Rundung auf den nächsten durch fünfzig Euro teilbaren sich ergebende Spitzenbetrag jeweils vom Teilbetrag mit dem ältesten Wertstellungstag abzuziehen.

36.   **Beispiel 7:**

Einkommensteuer 2018

	z. v. E.	Steuer	
Steuerfestsetzung vom 11. 12. 2020, bekannt gegeben am 14. 12. 2020:	10 113 €	509 €	
abzüglich anzurechnende Steuerabzugsbeträge:		./. 250 €	
Soll:		259 €	
abzüglich festgesetzte Vorauszahlungen:		./. 12 750 €	
Unterschiedsbetrag (Mindersoll):		./. 12 491 €	

Alle Vorauszahlungen wurden bereits in 2018 entrichtet, so dass 12 491 € zu erstatten sind. Bei der Steuerfestsetzung wurde ein rückwirkendes Ereignis aus 2019 (Minderung des z. v. E. um 7 587 €) berücksichtigt.

Ermittlung der Teil-Unterschiedsbeträge:

– Vorsoll (festgesetzte Vorauszahlungen):		12 750 €
– 1. Schattenveranlagung (Steuerfestsetzung ohne Berücksichtigung des rückwirkenden Ereignisses):	17 700 €	2 419 €
abzüglich anzurechnende Steuerabzugsbeträge:		./. 250 €
fiktives Soll:		2 169 €

Erster Teil-Unterschiedsbetrag = ./. 10 581 €

– 2. Schattenveranlagung (1. Schattenveranlagung + rückwirkendes Ereignis aus 2019):	10 113 €	509 €
abzüglich anzurechnende Steuerabzugsbeträge:		./. 250 €
fiktives Soll:		259 €

Zweiter Teil-Unterschiedsbetrag = ./. 1 910 €

Summe der Teil-Unterschiedsbeträge: ./. 12 491 €

Zinsberechnung:

Teil-Unterschiedsbetrag mit Zinslaufbeginn 1. 4. 2020: ./. 10 581 €

Teil-Unterschiedsbetrag mit Zinslaufbeginn 1. 4. 2021: ./. 1 910 €

Verzinsung des Teil-Unterschiedsbetrags mit Zinslaufbeginn 1. 4. 2020:

Gegenüberstellung der maßgeblichen Zahlungen und des fiktiven Solls				
Zahlung	Tag der Zahlung	fiktives Soll	fiktive Erstattung	unverzinster Zahlungsrest
3 250 €	10. 12. 2018		3 250 €	0 €
3 250 €	10. 9. 2018		3 250 €	0 €
3 250 €	10. 6. 2018		3 250 €	0 €
3 000 €	10. 3. 2018		831 €	2 169 €
12 750 €		2 169 €	10 581 €	2 169 €

Zu verzinsen sind 10 550 € zugunsten des Steuerpflichtigen für die Zeit vom 1. 4. 2020 bis 14. 12. 2020 (8 volle Monate × 0,15 % = 1,2 %).

Zinsen: 126,60 €

(Rundung gem. § 238 Abs. 2 AO: 31 €)

Verzinsung des Teil-Unterschiedsbetrags mit Zinslaufbeginn 1. 4. 2021:

Hinsichtlich des Teil-Unterschiedsbetrags von 1 910 € sind keine Erstattungszinsen zu berechnen, da die für ihn maßgebliche Karenzzeit im Zeitpunkt der Steuerfestsetzung noch nicht abgelaufen ist. 0 €

Insgesamt festzusetzende Zinsen (Erstattungszinsen): ./. 127 €

(Rundung gem. § 239 Abs. 2 Satz 1 AO)

37.   **Beispiel 8:**

Einkommensteuer 2018

	z. v. E.	Steuer
Steuerfestsetzung vom 10. 12. 2021, bekannt gegeben am 13. 12. 2021:	10 660 €	626 €
abzüglich anzurechnende Steuerabzugsbeträge:		350 €
Soll:		276 €
abzüglich festgesetzte Vorauszahlungen:		./. 12 650 €
Unterschiedsbetrag (Mindersoll):		./. 12 374 €

Der Steuerpflichtige hat bis zum 30. 3. 2020 insgesamt 7 500 € sowie am 3. 9. 2021 zusätzlich 5 000 € entrichtet. Zu erstatten sind deshalb nur 12 224 €.

Bei der Steuerfestsetzung wurde ein rückwirkendes Ereignis aus 2019 (Minderung des z. v. E. um 8 088 €) berücksichtigt.

Ermittlung der Teil-Unterschiedsbeträge:

– Vorsoll (festgesetzte Vorauszahlungen):		12 650 €	
– 1. Schattenveranlagung (Steuerfestsetzung ohne Berücksichtigung des rückwirkenden Ereignisses):	18 748 €	2 713 €	
abzüglich anzurechnende Steuerabzugsbeträge:		./. 350 €	
fiktives Soll:		2 363 €	
Erster Teil-Unterschiedsbetrag =			./. 10 287 €
– 2. Schattenveranlagung (1. Schattenveranlagung + rückwirkendes Ereignis aus 2019):	10 660 €	626 €	
abzüglich anzurechnende Steuerabzugsbeträge:		./. 350 €	
fiktives Soll:		276 €	
Zweiter Teil-Unterschiedsbetrag =			./. 2 087 €
Summe der Teil-Unterschiedsbeträge:			./. 12 374 €

Zinsberechnung:

Teil-Unterschiedsbetrag mit Zinslaufbeginn 1. 4. 2020:	./. 10 287 €
Teil-Unterschiedsbetrag mit Zinslaufbeginn 1. 4. 2021:	./. 2 087 €

Verzinsung des Teil-Unterschiedsbetrags mit Zinslaufbeginn 1. 4. 2020:

Gegenüberstellung der maßgeblichen Zahlungen und des fiktiven Solls				
Zahlung	Tag der Zahlung	fiktives Soll	fiktive Erstattung	unverzinster Zahlungsrest
5 000 €	3. 9. 2021		5 000 €	0 €
2 500 €	10. 12. 2018		2 500 €	0 €
2 500 €	10. 9. 2018		2 500 €	0 €
1 250 €	10. 6. 2018		137 €	1 113 €
1 250 €	10. 3. 2018		0 €	1 250 €
12 500 €		2 363 €	10 137 €	2 363 €

Zu verzinsen sind 5 000 € zugunsten des Steuerpflichtigen für die Zeit vom 3. 9. 2021 bis 13. 12. 2021 (3 volle Monate × 0,15 % = 0,45 %).

Zinsen (Erstattungszinsen):   ./. 22,50 €

Zu verzinsen sind 5 100 € zugunsten des Steuerpflichtigen für die Zeit vom 1. 4. 2020 bis 13. 12. 2021 (20 volle Monate × 0,15 % = 3 %).

Zinsen (Erstattungszinsen):   ./. 153 €

(Rundung nach § 238 Abs. 2 AO: 37 €)

Verzinsung des Teil-Unterschiedsbetrags mit Zinslaufbeginn 1. 4. 2021:

Gegenüberstellung der maßgeblichen Zahlungen und des fiktiven Solls				
Zahlung	Tag der Zahlung	fiktives Soll	fiktive Erstattung	unverzinster Zahlungsrest
0 €	3. 9. 2021		0 €	0 €
0 €	10. 12. 2018		0 €	0 €
0 €	10. 9. 2018		0 €	0 €
1 113 €	10. 6. 2018		1 113 €	0 €
1 250 €	10. 3. 2018		974 €	276 €
2 363 €		276 €	2 087 €	276 €

Zu verzinsen sind 2 050 € zugunsten des Steuerpflichtigen für die Zeit vom 1. 4. 2021 bis 13. 12. 2021 (8 volle Monate × 0,15 % = 1,2 %).

Zinsen (Erstattungszinsen):   ./. 24,60 €

(Rundung nach § 238 Abs. 2 AO: 37 €)

Insgesamt festzusetzende Zinsen (Erstattungszinsen):   **./. 201 €**

(Rundung gem. § 239 Abs. 2 Satz 1 AO)

38.   Bei Teil-Unterschiedsbeträgen zugunsten des Steuerpflichtigen sind neben der Berechnung von Erstattungszinsen die zuvor auf den Herabsetzungsbetrag ggf. berechneten Nachzahlungszinsen zu mindern. Nachzahlungszinsen entfallen dabei allerdings frühestens ab dem Zeitpunkt, in dem der Zinslauf des Teil-Unterschiedsbetrags zugunsten des Steuerpflichtigen beginnt; Nachzahlungszinsen für den Zeitraum bis zum Beginn des Zinslaufs des Teil-Unterschiedsbetrags zugunsten des Steuerpflichtigen bleiben endgültig bestehen (§ 233a Abs. 7 Satz 2 AO). Nachzahlungszinsen mit unterschiedlichem Zinslaufbeginn sind in ihrer zeitlichen Reihenfolge, beginnend mit den Nachzahlungszinsen mit dem ältesten Zinslaufbeginn, zu mindern.

39.   **Beispiel 9:**

Einkommensteuer 2018

	z. v. E.	Steuer	
Steuerfestsetzung vom 9. 12. 2022, bekannt gegeben am 12. 12. 2022:	35 867 €	8 376 €	
abzüglich anzurechnende Steuerabzugsbeträge:		./. 1 000 €	
Soll:		7 376 €	
abzüglich festgesetzte Vorauszahlungen:		./. 9 550 €	
Unterschiedsbetrag (Mindersoll):		./. 2 174 €	

Der Steuerpflichtige hat bis zum 31. 3. 2020 insgesamt 7 000 € sowie am 2. 6. 2021 weitere 2 550 € gezahlt.

Bei dieser Steuerfestsetzung wurde ein rückwirkendes Ereignis aus 2019 (Erhöhung des z. v. E. um 2 500 €) sowie ein rückwirkendes Ereignis aus 2020 (Minderung des z. v. E. um 17 500 €) berücksichtigt.

Ermittlung der Teil-Unterschiedsbeträge:

– Vorsoll (festgesetzte Vorauszahlungen):		9 550 €	
– 1. Schattenveranlagung (Steuerfestsetzung ohne Berücksichtigung der rückwirkenden Ereignisse aus 2019 und 2020):	50 867 €	14 679 €	
abzüglich anzurechnende Steuerabzugsbeträge:		./. 1 000 €	
fiktives Soll:		13 679 €	
Erster Teil-Unterschiedsbetrag =			+4 129 €
– 2. Schattenveranlagung (1. Schattenveranlagung + rückwirkendes Ereignis aus 2019):	53 367 €	15 850 €	
abzüglich anzurechnende Steuerabzugsbeträge:		./. 1 000 €	
fiktives Soll:		14 850 €	
Zweiter Teil-Unterschiedsbetrag =			+1 171 €
– 3. Schattenveranlagung (2. Schattenveranlagung + rückwirkendes Ereignis aus 2020):	35 867 €	8 376 €	
abzüglich anzurechnende Steuerabzugsbeträge:		./. 1 000 €	
fiktives Soll:		7 376 €	
Dritter Teil-Unterschiedsbetrag =			./. 7 474 €
Summe der Teil-Unterschiedsbeträge:			**./. 2 174 €**

Zinsberechnung:

Teil-Unterschiedsbetrag mit Zinslaufbeginn 1. 4. 2020: +4 129 €

Teil-Unterschiedsbetrag mit Zinslaufbeginn 1. 4. 2021: +1 171 €

Teil-Unterschiedsbetrag mit Zinslaufbeginn 1. 4. 2022: ./. 7 474 €

Verzinsung des Teil-Unterschiedsbetrags mit Zinslaufbeginn 1. 4. 2020:

Zu verzinsen sind 4 100 € zuungunsten des Steuerpflichtigen für die Zeit vom 1. 4. 2020 bis 12. 12. 2022 (32 volle Monate × 0,15 % = 4,8 %).

Zinsen (Nachzahlungszinsen): 196,80 €

(Rundung nach § 238 Abs. 2 AO: 29 €)

Verzinsung des Teil-Unterschiedsbetrags mit Zinslaufbeginn 1. 4. 2021:

Zu verzinsen sind 1 150 € zuungunsten des Steuerpflichtigen für die Zeit vom 1. 4. 2021 bis 12. 12. 2022 (20 volle Monate × 0,15 % = 3 %).

Zinsen (Nachzahlungszinsen): 34,50 €

(Rundung nach § 238 Abs. 2 AO: 21 €)

Verzinsung des Teil-Unterschiedsbetrags mit Zinslaufbeginn 1. 4. 2022:

Gegenüberstellung der maßgeblichen Zahlungen und des fiktiven Solls				
Zahlung	Tag der Zahlung	fiktives Soll	fiktive Erstattung	unverzinster Zahlungsrest
2 550 €	2. 6. 2021		2 174 €	376 €
2 000 €	10. 12. 2018		0 €	2 000 €
2 000 €	10. 9. 2018		0 €	2 000 €
2 000 €	10. 6. 2018		0 €	2 000 €
1 000 €	10. 3. 2018		0 €	1 000 €
9 550 €		7 376 €	2 174 €	7 376 €

Zu verzinsen ist höchstens der fiktiv zu erstattende Betrag von 2 150 € für die Zeit vom 1. 4. 2022 bis 12. 12. 2022 (8 volle Monate × 0,15 % = 1,2 %).

Zinsen (Erstattungszinsen): ./. 25,80 €

(Rundung nach § 238 Abs. 2 AO: 24 €)

Minderung zuvor berechneter Nachzahlungszinsen:[1]

4 129 €	abgerundet:	4 100 €
./. 7 474 €		
./. 3 345 €	maximal:	./. 0 €
		4 100 €

Amtl. Fn.:

[1] Anmerkung: Ergibt sich ein Teil-Unterschiedsbetrag zugunsten des Steuerpflichtigen, entfallen auf diesen Betrag zuvor berechnete Zinsen nach § 233a Abs. 7 Satz 2 1. Halbsatz AO frühestens ab Beginn des für diesen Teil-Unterschiedsbetrag maßgebenden Zinslaufs. Zinsen für den Zeitraum bis zum Beginn des Zinslaufs dieses Teil-Unterschiedsbetrags bleiben nach § 233a Abs. 7 Satz 2 2. Halbsatz AO endgültig bestehen. Deshalb können die für den Zeitraum bis zum 31.3.2022 verbliebenen Nachzahlungszinsen auch in späteren Zinsfestsetzungen gemindert werden.

4 100 € vom 1. 4. 2022 bis zum 12. 12. 2022
(8 volle Monate × 0,15 % = 1,2 %):   ./. 49,20 €

  1 171 € abgerundet: 1 150 €
 ./. 3 345 €
 ./. 2 174 € maximal: ./. 0 €
           1 150 €

1 150 € vom 1. 4. 2022 bis zum 12. 12. 2022
(8 volle Monate × 0,15 % = 1,2 %):   ./. 13,80 €
                ./. 63 €

                    ./. 63 €
Insgesamt festzusetzende Zinsen: **142 €**
(Rundung gem. § 239 Abs. 2 Satz 1 AO)

40. Wenn bei der Zinsberechnung mehrere Teil-Unterschiedsbeträge zu berücksichtigen sind, sind Zinsen nur dann festzusetzen, wenn die Summe der auf die einzelnen Teil-Unterschiedsbeträge berechneten Zinsen mindestens zehn Euro beträgt (§ 239 Abs. 2 Satz 2 AO). Nach § 239 Abs. 2 Satz 1 AO sind Zinsen auf volle Euro zum Vorteil des Steuerpflichtigen abzurunden. Maßgebend sind die festzusetzenden Zinsen, d. h. die Summe der auf die einzelnen Teil-Unterschiedsbeträge berechneten Zinsen.

Sofern die Summe aller fiktiven Erstattungen größer ist als die tatsächliche Erstattung, ist der Differenzbetrag für spätere Zinsberechnungen als fiktive Zahlung zu berücksichtigen. Als Zahlungstag dieser fiktiven Zahlung ist der Tag zu berücksichtigen, an dem die Steuerfestsetzung bzw. die Steueranmeldung wirksam geworden ist.

Zinsberechnung bei einer Korrektur der Steuerfestsetzung oder der Anrechnung von Steuerbeträgen

41. Falls anlässlich einer Steuerfestsetzung Zinsen festgesetzt wurden, löst die Aufhebung, Änderung oder Berichtigung dieser Steuerfestsetzung eine Änderung der bisherigen Zinsfestsetzung aus (§ 233a Abs. 5 Satz 1 1. Halbsatz AO). Dabei ist es gleichgültig, worauf die Aufhebung, Änderung oder Berichtigung beruht (z. B. auch Änderung durch Einspruchsentscheidung oder durch oder aufgrund der Entscheidung eines Finanzgerichts).

42. Soweit die Korrektur der Steuerfestsetzung auf der erstmaligen Berücksichtigung eines rückwirkenden Ereignisses oder eines Verlustrücktrags beruht, beginnt der Zinslauf nach § 233a Abs. 2a AO erst 15 Monate nach Ablauf des Kalenderjahres, in dem das rückwirkende Ereignis eingetreten oder der Verlust entstanden ist. Gleiches gilt, wenn ein bereits bei der vorangegangenen Steuerfestsetzung berücksichtigter Verlustrücktrag bzw. ein bereits bei der vorangegangenen Steuerfestsetzung berücksichtigtes rückwirkendes Ereignis unmittelbar Änderungen erfährt und der Steuerbescheid deshalb geändert wird.

Aufgrund der Anknüpfung der Verzinsung an die Soll-Differenz (vgl. AEAO zu § 233a, Nr. 46) ist keine besondere Zinsberechnung i. S. d. § 233a Abs. 2a i. V. m. Abs. 7 AO vorzunehmen, wenn ein Steuerbescheid, in dem erstmals ein Verlustrücktrag bzw. ein rückwirkendes Ereignis berücksichtigt worden ist, später aus anderen Gründen (z. B. zur Berücksichtigung neuer Tatsachen i. S. d. § 173 AO) geändert wird. Dabei ist es für die Verzinsung auch unerheblich, wenn sich die steuerlichen Auswirkungen des bereits in der vorherigen Steuerfestsetzung berücksichtigten Verlustrücktrags bzw. rückwirkenden Ereignisses aufgrund der erstmaligen oder abweichenden Berücksichtigung regulär zu verzinsender Besteuerungsgrundlagen rechnerisch verändern sollte. Auch derartige materiell-rechtliche Folgeänderungen sind bei der Verzinsung dem maßgeblichen Änderungsgrund (z. B. den neuen Tatsachen i. S. d. § 173 AO) zuzuordnen.

43. Materielle Fehler i. S. d. § 177 AO werden bei dem Änderungstatbestand berichtigt, dessen Anwendung die saldierende Berücksichtigung des materiellen Fehlers ermöglicht. Deshalb ist der Saldierungsbetrag bei der Ermittlung des Teil-Unterschiedsbetrags zu berücksichtigen, der diesem Änderungstatbestand zugrunde liegt. Beruht die Saldierung nach § 177 AO auf mehreren Änderungstatbeständen, die einen unterschiedlichen Zinslaufbeginn aufweisen, ist der Saldierungsbetrag den Änderungstatbeständen in chronologischer Reihenfolge zuzuordnen, beginnend mit dem Änderungstatbestand mit dem ältesten Zinslaufbeginn.

44. Ist bei der vorangegangenen Steuerfestsetzung eine Zinsfestsetzung unterblieben, weil z. B. bei Wirksamkeit der Steuerfestsetzung die Karenzzeit noch nicht abgelaufen war oder die Zinsen weniger als zehn Euro betragen haben, ist bei der erstmaligen Zinsfestsetzung aus Anlass der Aufhebung, Änderung oder Berichtigung der Steuerfestsetzung für die Berechnung der Zinsen ebenfalls der Unterschied zwischen dem neuen und dem früheren Soll maßgebend.

45. Den Fällen der Aufhebung, Änderung oder Berichtigung der Steuerfestsetzung sind die Fälle der Korrektur der Anrechnung von Steuerbeträgen (Steuerabzugsbeträge, anzurechnende Körperschaftsteuer) gleichgestellt (§ 233a Abs. 5 Satz 1 2. Halbsatz AO). Die Zinsfestsetzung ist auch dann anzupassen, wenn die Anrechnung von Steuerabzugsbeträgen oder von Körperschaftsteuer in einem Abrechnungsbescheid nach § 218 Abs. 2 Satz 1 AO von der vorangegangenen Anrechnung abweicht. Ist dem bisherigen Zinsbescheid ein unrichtiges Vorauszahlungssoll oder ein unrichtiger Wertstellungstag zugrunde gelegt worden, kann demgegenüber eine Korrektur des Zinsbescheids nicht nach § 233a Abs. 5 AO, sondern nur nach den allgemeinen Vorschriften erfolgen (z. B. §§ 129, 172 ff. AO).

46. Grundlage für die Zinsberechnung ist der Unterschied zwischen dem neuen und dem früheren Soll (Unterschiedsbetrag nach § 233a Abs. 5 Satz 2 AO). Dieser Unterschiedsbetrag ist in Teil-Unterschiedsbeträge aufzuteilen, soweit diese einen unterschiedlichen Zinslaufbeginn nach § 233a Abs. 2 und Abs. 2a AO haben (§ 233a Abs. 7 Satz 1 1. Halbsatz AO). Innerhalb dieser Teil-Unterschiedsbeträge sind Sollminderungen und Sollerhöhungen mit gleichem Zinslaufbeginn zu saldieren.

47. Die Teil-Unterschiedsbeträge sind in ihrer zeitlichen Reihenfolge, beginnend mit dem ältesten Zinslaufbeginn, zu ermitteln (§ 233a Abs. 7 Satz 1 2. Halbsatz AO). Dabei ist unerheblich, ob sich der einzelne Teil-Unterschiedsbetrag zugunsten oder zuungunsten des Steuerpflichtigen auswirkt.

Zunächst ist die fiktive Steuer zu ermitteln, die sich ohne Berücksichtigung rückwirkender Ereignisse und Verlustrückträge ergeben würde. Die Differenz zwischen dieser fiktiven Steuer und der bisher festgesetzten Steuer, jeweils vermindert um anzurechnende Steuerabzugsbeträge und anzurechnende Körperschaftsteuer, ist der erste für die Zinsberechnung maßgebliche Teil-Unterschiedsbetrag.

Im nächsten Schritt ist auf der Grundlage dieser fiktiven Steuerermittlung die fiktive Steuer zu berechnen, die sich unter Berücksichtigung der rückwirkenden Ereignisse oder Verlustrückträge mit dem ältesten Zinslaufbeginn ergeben würde. Die Differenz zwischen dieser und der zuvor ermittelten fiktiven Steuer, jeweils vermindert um anzurechnende Steuerabzugsbeträge und anzurechnende Körperschaftsteuer, ist der für die Zinsberechnung maßgebliche zweite Teil-Unterschiedsbetrag. Dies gilt entsprechend für weitere Teil-Unterschiedsbeträge mit späterem Zinslaufbeginn.

48. **Beispiel 10:**

Einkommensteuer 2018

	z. v. E.	Steuer
bisherige Steuerfestsetzung:	50 000 €	14 801 €
abzüglich anzurechnende Steuerabzugsbeträge:		./. 500 €
Soll:		14 301 €
Änderung der Steuerfestsetzung:		
(1) neue Tatsache:	./. 1 500 €	
(2) Verlustrücktrag aus 2019:	./. 10 000 €	
(3) rückwirkendes Ereignis aus 2020:	+2 500 €	
Neue Steuerfestsetzung:	41 000 €	10 771 €
abzüglich anzurechnende Steuerabzugsbeträge:		./. 500 €
neues Soll:		10 271 €
Unterschiedsbetrag (Mindersoll):		./. 4 030 €
Ermittlung der Teil-Unterschiedsbeträge:		
– bisherige Festsetzung:	50 000 €	14 801 €
abzüglich anzurechnende Steuerabzugsbeträge:		./. 500 €
Soll:		14 301 €
– 1. Schattenveranlagung (bisherige Festsetzung + neue Tatsache):	48 500 €	14 097 €
abzüglich anzurechnende Steuerabzugsbeträge		./. 500 €
Soll:		13 597 €
Erster Teil-Unterschiedsbetrag =		./. 704 €
– 2. Schattenveranlagung (1. Schattenveranlagung + Verlustrücktrag aus 2019):	38 500 €	9 736 €
abzüglich anzurechnende Steuerabzugsbeträge:		./. 500 €
Soll:		9 236 €
Zweiter Teil-Unterschiedsbetrag =		./. 4 361 €
– 3. Schattenveranlagung (2. Schattenveranlagung + rückwirkendes Ereignis aus 2020):	41 000 €	10 771 €
abzüglich anzurechnende Steuerabzugsbeträge:		./. 500 €
Soll:		10 271 €
Dritter Teil-Unterschiedsbetrag =		+1 035 €
Summe der Teil-Unterschiedsbeträge:		./. 4 030 €

49. Alle Teil-Unterschiedsbeträge sind jeweils gesondert auf den nächsten durch fünfzig Euro teilbaren Betrag abzurunden, da der Zinslauf für die zu verzinsenden Beträge zu jeweils abweichenden Zeitpunkten beginnt (§ 238 Abs. 2 AO).

50. Die auf die einzelnen Teil-Unterschiedsbeträge entfallenden Zinsen sind eigenständig und in ihrer zeitlichen Reihenfolge zu berechnen, beginnend mit den Zinsen auf den Teil-Unterschiedsbetrag mit dem ältesten Zinslaufbeginn (§ 233a Abs. 7 Satz 1 2. Halbsatz AO). Dabei ist für jeden Zinslauf bzw. Zinsberechnungszeitraum eigenständig zu prüfen, inwieweit jeweils volle Zinsmonate vorliegen.

51. Ergibt sich bei der Aufhebung, Änderung oder Berichtigung der Steuerfestsetzung oder der Rücknahme, dem Widerruf oder Berichtigung der Anrechnung von Steuerbeträgen ein Mehrsoll, fallen hierauf Zinsen an, die zu den bisher berechneten Zinsen hinzutreten.

52. **Beispiel 11:**

Einkommensteuer 2018

a) Erstmalige Steuerfestsetzung vom 11. 12. 2020,
bekannt gegeben am 14. 12. 2020:   22 500 €

abzüglich anzurechnende Steuerabzugsbeträge: ./. 2 500 €

Soll: 20 000 €

abzüglich festgesetzte Vorauszahlungen: ./. 13 000 €

Unterschiedsbetrag (Mehrsoll):   7 000 €

Zu verzinsen sind 7 000 € zuungunsten des Steuerpflichtigen für die Zeit vom 1. 4. 2020 bis 14. 12. 2020 (8 volle Monate × 0,15 % = 1,2 %).

festzusetzende Zinsen (Nachzahlungszinsen):   84 €

b) Änderung der Steuerfestsetzung nach § 173 AO
(Bescheid vom 1. 10. 2021, bekannt gegeben am 4. 10. 2021):   23 500 €

abzüglich anzurechnende Steuerabzugsbeträge: ./. 2 500 €

Soll: 21 000 €

abzüglich bisher festgesetzte Steuer (Soll):   ./. 20 000 €

Unterschiedsbetrag (Mehrsoll):   1 000 €

Zu verzinsen sind 1 000 € zuungunsten des Steuerpflichtigen für die Zeit vom 1. 4. 2020 bis 4. 10. 2021 (18 volle Monate × 0,15 % = 2,7 %).

Nachzahlungszinsen: 27 €

dazu bisher festgesetzte Zinsen: 84 €

Insgesamt festzusetzende Zinsen: **111 €**

53. Ergibt sich zugunsten des Steuerpflichtigen ein Mindersoll, wird bis zur Höhe dieses Mindersolls nur der tatsächlich zu erstattende Betrag verzinst, und zwar ab dem Zeitpunkt der Zahlung bis zur Wirksamkeit der Steuerfestsetzung (§ 233a Abs. 2 Satz 3 und Abs. 3 Satz 3 AO). Zur Berücksichtigung bei vorangegangenen Zinsfestsetzungen ermittelter fiktiver Zahlungen vgl. AEAO zu § 233a, Nr. 40. Steht die Zahlung noch aus, werden keine Erstattungszinsen festgesetzt. Besteht der zu erstattende Betrag aus mehreren Teil-Leistungen, richtet sich der Zinsberechnungszeitraum nach dem Zeitpunkt der einzelnen Leistung, wobei unterstellt wird, dass die Erstattung zuerst aus dem zuletzt gezahlten Betrag erfolgt ("last in – first out"; § 233a Abs. 3 Satz 4 i. V. m. Abs. 5 Satz 4 AO).

54.   Neben der Berechnung der Erstattungszinsen sind die bisher auf den Herabsetzungs-betrag ggf. berechneten Nachzahlungszinsen für die Zeit ab Beginn des Zinslaufs zu mindern. Dabei darf jedoch höchstens auf den Unterschiedsbetrag der bei Beginn des Zinslaufs festgesetzten Steuer zurückgegangen werden, um zu vermeiden, dass eine Korrektur für einen Zeitraum erfolgt, für den keine Nachzahlungszinsen berechnet worden sind.

55.   **Beispiel 12:**

Einkommensteuer 2018

a) Steuerfestsetzung vom 11. 12. 2020,
   bekannt gegeben am 14. 12. 2020:   22 500 €

   abzüglich anzurechnende Steuerabzugsbeträge: ./. 2 500 €

   Soll: 20 000 €

   abzüglich festgesetzte Vorauszahlungen: ./. 13 000 €

   Unterschiedsbetrag (Mehrsoll):   7 000 €

   Der Steuerpflichtige hat innerhalb der Karenzzeit die Voraus-zahlungen i. H. v. 13 000 € sowie am 15. 6. 2021 die Abschluss-zahlung i. H. v. 7 000 € gezahlt.

   Zu verzinsen sind 7 000 € zuungunsten des Steuerpflichti-gen für die Zeit vom 1. 4. 2020 bis 14. 12. 2020
   (8 volle Monate × 0,15 % = 1,2 %).

   festzusetzende Zinsen (Nachzahlungszinsen):   **84 €**

b) Änderung der Steuerfestsetzung nach § 173 AO
   (Bescheid vom 12. 10. 2021, bekannt gegeben am 15. 10. 2021):   17 500 €

   abzüglich anzurechnende Steuerabzugsbeträge: ./. 2 500 €

   Soll: 15 000 €

   abzüglich bisher festgesetzte Steuer (Soll):   ./. 20 000 €

   Unterschiedsbetrag (Mindersoll):   5 000 €

   Zu erstatten sind 5 000 €.

   Zu verzinsen sind 5 000 € zugunsten des Steuerpflichtigen für die Zeit vom 15. 6. 2021 bis 15. 10. 2021
   (4 volle Monate × 0,15 % = 0,6 %).

   festzusetzende Zinsen (Erstattungszinsen):   ./. 30 €

c) Bisher festgesetzte Zinsen   + 84 €

Minderung zuvor berechneter Nachzahlungszinsen:

7 000 €   abgerundet: 7 000 €

./. 5 000 €

2 000 €   maximal: ./. 2 000 €

       5 000 €

5 000 € vom 1. 4. 2020 bis zum 14. 12. 2020
(8 volle Monate × 0,15 % = 1,2 %):   ./. 60 €

       + 24 €

       + 24 €

       ./. 6 €

Insgesamt festzusetzende Zinsen: **0 €**
(Rundung gem. § 239 Abs. 2 Satz 2 AO)

56. Bei Teil-Unterschiedsbeträgen zugunsten des Steuerpflichtigen ist die Berechnung von Erstattungszinsen auf den fiktiv zu erstattenden Betrag begrenzt. Dazu sind alle maßgeblichen Zahlungen (einschließlich fiktiver Zahlungen i. S. d. Nr. 40 des AEAO zu § 233a) und der jeweilige Tag der Zahlung zu ermitteln. Durch Gegenüberstellung dieser Zahlungen und der nach Nr. 47 des AEAO zu § 233a fiktiv ermittelten Steuer, vermindert um anzurechnende Steuerabzugsbeträge und anzurechnende Körperschaftsteuer, ergibt sich der fiktive Erstattungsbetrag.

Die Verzinsung der einzelnen Teil-Unterschiedsbeträge beginnt frühestens mit dem Tag der Zahlung. Besteht der zu erstattende Betrag aus mehreren Einzahlungen, richtet sich der Zinsberechnungszeitraum nach der Einzahlung des jeweiligen Teilbetrags, wobei unterstellt wird, dass die Erstattung zuerst aus dem zuletzt gezahlten Betrag erfolgt. Bei weiteren Teil-Unterschiedsbeträgen zugunsten des Steuerpflichtigen bleiben die bereits bei einer vorangegangenen Zinsberechnung berücksichtigten Zahlungen außer Betracht.

Ist bei einem Teil-Unterschiedsbetrag zugunsten des Steuerpflichtigen mehr als ein Betrag (mehrere Einzahlungen) zu verzinsen, so ist der durch die Rundung auf den nächsten durch fünfzig Euro teilbaren sich ergebende Spitzenbetrag jeweils vom Teilbetrag mit dem ältesten Wertstellungstag abzuziehen.

57. Bei Teil-Unterschiedsbeträgen zugunsten des Steuerpflichtigen sind neben der Berechnung von Erstattungszinsen die zuvor auf den Herabsetzungsbetrag ggf. berechneten Nachzahlungszinsen zu mindern. Nachzahlungszinsen entfallen dabei allerdings frühestens ab dem Zeitpunkt, in dem der Zinslauf des Teil-Unterschiedsbetrags zugunsten des Steuerpflichtigen beginnt; Nachzahlungszinsen für den Zeitraum bis zum Beginn des Zinslaufs des Teil-Unterschiedsbetrags zugunsten des Steuerpflichtigen bleiben endgültig bestehen (§ 233a Abs. 7 Satz 2 AO). Nachzahlungszinsen mit unterschiedlichem Zinslaufbeginn sind in ihrer zeitlichen Reihenfolge, beginnend mit den Nachzahlungszinsen mit dem ältesten Zinslaufbeginn, innerhalb dieser Gruppen beginnend mit den Nachzahlungszinsen mit dem jüngsten Zinslaufende, zu mindern.

58. **Beispiel 13 (Fortsetzung von Beispiel 9):**

Einkommensteuer 2018

	z. v. E.	Steuer
nach § 175 Abs. 1 Satz 1 Nr. 2 AO geänderte Steuerfestsetzung vom 26. 3. 2024, bekannt gegeben am 29. 3. 2024:	27 175 €	5 297 €
abzüglich anzurechnende Steuerabzugsbeträge:		./. 1 000 €
Soll:		4 297 €
abzüglich bisher festgesetzte Steuer (Soll):		./. 7 376 €
Unterschiedsbetrag (Mindersoll):		./. 3 079 €

Der Steuerpflichtige hat bis zum 31. 3. 2020 insgesamt 7 000 € sowie am 2. 6. 2021 weitere 2 550 € gezahlt. Aufgrund der Steuerfestsetzung vom 9. 12. 2022 sind ihm bereits 2 174 € erstattet worden.

Bei der geänderten Steuerfestsetzung vom 26. 3. 2024 wurde ein rückwirkendes Ereignis aus 2019 (Minderung des z. v. E. um 8 692 €) erstmals berücksichtigt.

Zinsberechnung:
Verzinsung des Teil-Unterschiedsbetrags mit Zinslaufbeginn 1. 4. 2021:

Gegenüberstellung der maßgeblichen Zahlungen und des fiktiven Solls				
Zahlung	Tag der Zahlung	Soll	Erstattung	unverzinster Zahlungsrest
376 €	2. 6. 2021		376 €	0 €
2 000 €	10. 12. 2018		2 000 €	0 €
2 000 €	10. 9. 2018		703 €	1 297 €
2 000 €	10. 6. 2018		0 €	2 000 €
1 000 €	10. 3. 2018		0 €	1 000 €
7 376 €		4 297 €	3 079 €	4 297 €

Zu verzinsen ist höchstens der abgerundete zu erstattende Betrag von 3 050 €:

376 € für die Zeit vom 2. 6. 2021 bis zum 29. 3. 2024
(33 volle Monate × 0,15 % = 4,95 %):   18,61 €

2 674 € für die Zeit vom 1. 4. 2021 bis zum 29. 3. 2024
(35 volle Monate × 0,15 % = 5,25 %):   140,38 €
     158,99 €

Zinsen (Erstattungszinsen):   ./. 158,99 €
(Rundung nach § 238 Abs. 2 AO: 29 €)

Bisher festgesetzte Zinsen: 142,00 €

Minderung zuvor berechneter Nachzahlungszinsen [1]:   0,00 €
     142,00 €   142,00 €
     ./. 16,99 €

Insgesamt festzusetzende Zinsen [2]:   **./. 17,00 €**

59.   Zinsen werden nur festgesetzt, wenn sie mindestens zehn Euro betragen (§ 239 Abs. 2 Satz 2 AO). Dabei ist jeweils auf die sich insgesamt ergebenden Zinsen abzustellen, nicht nur auf den Betrag, der sich durch die Verzinsung des letzten Unterschiedsbetrags bzw. Teil-Unterschiedsbetrags oder des letzten Erstattungsbetrags ergibt. Wären insgesamt weniger als zehn Euro festzusetzen, ist der bisherige Zinsbescheid zu ändern.

Nach § 239 Abs. 2 Satz 1 AO sind Zinsen auf volle Euro zum Vorteil des Steuerpflichtigen zu runden. Maßgebend sind die festzusetzenden Zinsen, d. h. die Summe der auf die einzelnen Teil-Unterschiedsbeträge berechneten Zinsen.

Sofern die Summe aller fiktiven Erstattungen größer ist als die tatsächliche Erstattung, ist der Differenzbetrag für spätere Zinsberechnungen als fiktive Zahlung zu berücksichtigen. Als Zahlungstag dieser fiktiven Zahlung ist der Tag zu berücksichtigen, an dem die Steuerfestsetzung bzw. die Steueranmeldung wirksam geworden ist.

Amtl. Fn.:

[1] Anmerkung: Die in der vorangegangenen Zinsfestsetzung (Beispiel 9) für den Zeitraum bis zum Beginn des Zinslaufs des 3. Teil-Unterschiedsbetrags (d. h. für den Zeitraum bis zum 31. 3. 2022) berechneten Nachzahlungszinsen bleiben nach § 233a Abs. 7 Satz 2 2. Halbsatz AO endgültig bestehen und können deshalb in dieser Zinsfestsetzung nicht mehr gemindert werden.

[2] Anmerkung: Die Zinsen wurden zugunsten des Steuerpflichtigen gerundet (§ 239 Abs. 2 Satz 1 AO).

Zinsberechnung bei sog. NV-Fällen

60.   Ist eine Veranlagung zur Einkommensteuer nicht durchzuführen, weil die Voraussetzungen des § 46 EStG nicht erfüllt sind, sind festgesetzte und geleistete Vorauszahlungen zu erstatten. Die Erstattungszinsen sind so zu berechnen, als sei eine Steuerfestsetzung über Null Euro erfolgt. Wird eine Einkommensteuerfestsetzung, die zu einer Erstattung geführt hat, aufgehoben und die Abrechnung geändert, so dass die bisher angerechneten Steuerabzugsbeträge zurückgefordert werden, ist diese Steuernachforderung zu verzinsen. Eine bisher durchgeführte Zinsfestsetzung (Erstattungszinsen) ist nach § 233a Abs. 5 Satz 1 AO zu ändern.

61.   Sonderregelungen für Zinsberechnungen bei der Umsatzsteuer

61.1   Zinsberechnung bei Vorsteuer-Vergütungsansprüchen

61.1.1   Im übrigen Gemeinschaftsgebiet ansässige Unternehmer

Die Verzinsung der Vorsteuervergütung an im übrigen Gemeinschaftsgebiet ansässige Unternehmer (§ 18 Abs. 9 UStG) ist in § 61 Abs. 5 und 6 UStDV geregelt. § 233a AO ist in diesen Fällen nicht anwendbar, wenn der Vergütungsantrag nach dem 31.12.2009 gestellt worden ist.

61.1.2   Im Drittlandsgebiet ansässige Unternehmer

Der nach § 18 Abs. 9 UStG zu vergütende Betrag für im Drittlandsgebiet ansässige Unternehmer ist nach § 233a AO zu verzinsen (vgl. Abschnitt 18.14 Abs. 10 UStAE). Beträgt der Vergütungszeitraum weniger als ein Kalenderjahr (§ 60 UStDV), sind zur Berechnung des Unterschiedsbetrags alle für ein Kalenderjahr festgesetzten Vergütungen zusammenzufassen. Der Zinslauf beginnt grundsätzlich 15 Monate nach Ablauf des Kalenderjahres, für das die Vergütung(en) festgesetzt worden ist/sind (§ 233a Abs. 2 Satz 1 AO). Er endet mit Ablauf des Tages, an dem die Festsetzung der Vergütung wirksam geworden ist (§ 233a Abs. 2 Satz 3 AO). Zur Festsetzungsverjährung des Zinsanspruchs vgl. § 239 Abs. 1 AO.

Diese Grundsätze gelten bei der Verzinsung von Vorsteuervergütungen an im übrigen Gemeinschaftsgebiet ansässige Unternehmer (§ 18 Abs. 9 UStG) entsprechend, wenn der Vergütungsantrag vor dem 1. 1. 2010 gestellt worden ist.

61.2   Zinsberechnung bei der Umsatzsteuer in Fällen des Mini-one-stop-shop-Verfahrens (MOSS-Verfahren)

§ 233a AO gilt auch für Umsatzsteuer, die im MOSS-Verfahren (§ 18 Abs. 4e UStG) festgesetzt wird. Der Besteuerungszeitraum ist hier gemäß § 16 Abs. 1b Satz 1 UStG das Kalendervierteljahr. Bei der Verzinsung sind zur Berechnung des Unterschiedsbetrags (§ 233a Abs. 3 und 5 AO) alle für ein Kalenderjahr festgesetzten Steuern zusammenzufassen. Der Zinslauf beginnt 15 Monate nach Ablauf des Kalenderjahres, für das die Umsatzsteuer festgesetzt worden ist (§ 233a Abs. 2 Satz 1 AO). Er endet mit Ablauf des Tages, an dem die Festsetzung der Umsatzsteuer wirksam geworden ist (§ 233a Abs. 2 Satz 3 AO). Zur Festsetzungsverjährung des Zinsanspruchs vgl. § 239 Abs. 1 AO.

Verhältnis zu anderen steuerlichen Nebenleistungen

62.   Zur Berücksichtigung der Verzinsung nach § 233a AO bei der Bemessung eines Verspätungszuschlags nach § 152 AO in der bis zum 31. 12. 2016 geltenden Fassung vgl. AEAO zu § 152, Nr. 13.3.

       Aufgrund der gesetzlichen Festlegung der Höhe des Verspätungszuschlags (§ 152 Abs. 5 AO in der ab 1. 1. 2017 geltenden Fassung) sind Zinsen nach § 233a AO bei der Bemessung des Verspätungszuschlags nicht von Bedeutung.

63.   Die Erhebung von Säumniszuschlägen (§ 240 AO) bleibt durch § 233a AO unberührt, da die Vollverzinsung nur den Zeitraum bis zur Festsetzung der Steuer betrifft. Sollten sich in Fällen, in denen die Steuerfestsetzung zunächst zugunsten und sodann wieder

zuungunsten des Steuerpflichtigen geändert wird, Überschneidungen ergeben, sind insoweit die Säumniszuschläge zur Hälfte zu erlassen.

64. Überschneidungen von Stundungszinsen und Nachzahlungszinsen nach § 233a AO können sich ergeben, wenn die Steuerfestsetzung nach Ablauf der Stundung zunächst zugunsten und später wieder zuungunsten des Steuerpflichtigen geändert wird (siehe § 234 Abs. 1 Satz 2 AO). Zur Vermeidung einer Doppelverzinsung werden Nachzahlungszinsen, die für denselben Zeitraum festgesetzt wurden, im Rahmen der Zinsfestsetzung auf Stundungszinsen angerechnet (§ 234 Abs. 3 AO).

65. Überschneidungen mit Hinterziehungszinsen (§ 235 AO) sind möglich, etwa weil der Zinslauf mit Eintritt der Verkürzung und damit vor Festsetzung der Steuer beginnt. Zinsen nach § 233a AO, die für denselben Zeitraum festgesetzt wurden, sind im Rahmen der Zinsfestsetzung auf die Hinterziehungszinsen anzurechnen (§ 235 Abs. 4 AO). Dies gilt ungeachtet der unterschiedlichen ertragsteuerlichen Behandlung beider Zinsarten. Zur Berechnung vgl. AEAO zu § 235, Nr. 5.

66. Prozesszinsen auf Erstattungsbeträge (§ 236 AO) werden ab Rechtshängigkeit bzw. ab dem Zahlungstag berechnet. Überschneidungen mit Erstattungszinsen nach § 233a AO sind daher möglich. Zur Vermeidung einer Doppelverzinsung werden Zinsen nach § 233a AO, die für denselben Zeitraum festgesetzt wurden, im Rahmen der Zinsfestsetzung auf die Prozesszinsen angerechnet (§ 236 Abs. 4 AO).

67. Überschneidungen mit Aussetzungszinsen (§ 237 AO) sind im Regelfall nicht möglich, da Zinsen nach § 233a Abs. 1 bis 3 AO nur für den Zeitraum bis zur Festsetzung der Steuer, Aussetzungszinsen jedoch frühestens ab der Fälligkeit der Steuernachforderung entstehen können (vgl. AEAO zu § 237, Nr. 6). Überschneidungen können sich aber ergeben, wenn Aussetzungszinsen erhoben wurden, weil die Anfechtung einer Steuerfestsetzung erfolglos blieb, und die Steuerfestsetzung nach Abschluss des Rechtsbehelfsverfahrens (siehe § 237 Abs. 5 AO) zunächst zugunsten und sodann zuungunsten des Steuerpflichtigen geändert wird. Zur Vermeidung einer Doppelverzinsung werden Nachzahlungszinsen, die für denselben Zeitraum festgesetzt wurden, im Rahmen der Zinsfestsetzung auf Aussetzungszinsen angerechnet (§ 237 Abs. 4 i. V. m. § 234 Abs. 3 AO).

68. Die Festsetzung von Zinsen nach § 233a AO hat Bindungswirkung für Zinsfestsetzungen nach den §§ 234, 235, 236 oder 237 AO, soweit hierauf nach § 233a AO festgesetzte Zinsen anzurechnen sind (§ 239 Abs. 5 AO). Wird eine Zinsfestsetzung nach § 233a AO erlassen, aufgehoben oder geändert, ist die von einer Anrechnung dieser Zinsen betroffene Zinsfestsetzung nach §§ 234, 235, 236 oder 237 AO gemäß § 175 Abs. 1 Satz 1 Nr. 1 AO anzupassen.

Billigkeitsmaßnahmen

69. **Allgemeines**

69.1 Billigkeitsmaßnahmen hinsichtlich der Zinsen kommen in Betracht, wenn solche auch hinsichtlich der zugrunde liegenden Steuer zu treffen sind.

69.2 Daneben sind auch zinsspezifische Billigkeitsmaßnahmen möglich (BFH-Urteil vom 24. 7. 1996, X R 23/94, BFH/NV 1997 S. 92). Beim Erlass von Zinsen nach § 233a AO aus sachlichen Billigkeitsgründen i. S. d. §§ 163, 227 AO ist zu berücksichtigen, dass die Entstehung des Zinsanspruchs dem Grunde und der Höhe nach gemäß Wortsinn, Zusammenhang und Zweck des Gesetzes, den Liquiditätsvorteil des Steuerschuldners und den Liquiditätsnachteil des Steuergläubigers auszugleichen, eindeutig unabhängig von der konkreten Einzelfallsituation geregelt ist und, rein objektiv, ergebnisbezogen allein vom Eintritt bestimmter Ereignisse (Fristablauf i. S. d. § 233a Abs. 2 oder 2a AO, Unterschiedsbetrag i. S. d. § 233a Abs. 1 Satz 1 i. V. m. § 233a Abs. 3 oder 5 AO) abhängt.

Nach dem Willen des Gesetzgebers soll die Verzinsung nach § 233a AO einen Ausgleich dafür schaffen, dass die Steuern bei den einzelnen Steuerpflichtigen „aus welchen Gründen auch immer" zu unterschiedlichen Zeitpunkten festgesetzt und fällig werden (BFH-Urteile vom 20. 9. 1995, X R 86/94, BStBl 1996 II S. 53, vom 5. 6. 1996, X R 234/93, BStBl II S. 503, und vom 12. 4. 2000,. XI R 21/97, BFH/NV S. 1178). Für die Anwendung der Vorschrift sind daher die Ursachen und Begleitumstände im Einzelfall unbeachtlich. Die reine Möglichkeit der Kapitalnutzung (vgl. BFH-Urteil vom 25. 11. 1997, IX R 28/96, BStBl 1998 II S. 550) bzw. die bloße Verfügbarkeit eines bestimmten Kapitalbetrages (BFH-Urteil vom 12. 4. 2000, XI R 21/97, BFH/NV S. 1178) reicht aus. Rechtfertigung für die Entstehung der Zinsen nach § 233a AO ist nicht nur ein abstrakter Zinsvorteil des Steuerschuldners, sondern auch ein ebensolcher Nachteil des Steuergläubigers (BFH-Urteil vom 19. 3. 1997, I R 7/96, BStBl II S. 446). Ein Verschulden ist prinzipiell irrelevant, und zwar auf beiden Seiten des Steuerschuldverhältnisses (vgl. BFH-Entscheidungen vom 4. 11. 1996, I B 67/96, BFH/NV 1997 S. 458, vom 15. 4. 1999, V R 63/97, BFH/NV S. 1392, vom 3. 5. 2000, II B 124/99, BFH/NV S. 1441, und vom 30. 11. 2000, V B 169/00, BFH/NV 2001 S. 656).

Zinsen nach § 233a AO sind weder Sanktions- noch Druckmittel oder Strafe, sondern laufzeitabhängige Gegenleistung für eine mögliche Kapitalnutzung. Vor diesem gesetzlichen Hintergrund ist es unerheblich, ob der – typisierend vom Gesetz unterstellte – Zinsvorteil des Steuerpflichtigen auf einer verzögerten Einreichung der Steuererklärung durch den Steuerpflichtigen oder einer verzögerten Bearbeitung durch das Finanzamt beruht (vgl. z. B. BFH-Beschlüsse vom 3. 5. 2000, II B 124/99, BFH/NV S. 1441, und vom 2. 2. 2001, XI B 91/00, BFH/NV S. 1003). Bei der Verzinsung nach § 233a AO kommt es auch nicht auf eine konkrete Berechnung der tatsächlich eingetretenen Zinsvor- und -nachteile an (BFH-Urteil vom 19. 3. 1997, I R 7/96, BStBl II S. 446).

Die Erhebung von Zinsen auf einen Nachforderungsbetrag, der sich nach der Korrektur einer Steuerfestsetzung ergibt, entspricht (vom Anwendungsbereich des § 233a Abs. 2a und Abs. 7 AO abgesehen) den Wertungen des § 233a AO und ist nicht sachlich unbillig (siehe dazu § 233a Abs. 5 AO; vgl. BFH-Entscheidungen vom 12. 4. 2000, XI R 21/97, BFH/NV S. 1178, und vom 30. 11. 2000, V B 169/00, BFH/NV 2001 S. 656).

Andererseits ist für einen Ausgleich in Form einer Verzinsung der Steuernachforderung dann kein Raum, wenn zweifelsfrei feststeht, dass der Steuerpflichtige durch die verspätete Steuerfestsetzung keinen Vorteil erlangt hatte (vgl. BFH-Urteile vom 11. 7. 1996, V R 18/95, BStBl 1997 II S. 259, und vom 12. 4. 2000, XI R 21/97, BFH/NV S. 1178). Festgesetzte Nachzahlungszinsen sind in diesem Fall wegen sachlicher Unbilligkeit zu erlassen (vgl. AEAO zu § 233a, Nr. 70).

69.3　Eine gegenüber der Regelung in § 233a AO höhere Festsetzung von Erstattungszinsen aus Billigkeitsgründen ist nicht zulässig.

70.　Einzelfragen

70.1　Leistungen vor Festsetzung der zu verzinsenden Steuer

70.1.1　Zinsen nach § 233a AO können auch dann festgesetzt werden, wenn vor Festsetzung der Steuer freiwillige Leistungen erbracht wurden. Zinsen auf einen Unterschiedsbetrag zuungunsten des Steuerpflichtigen (Nachzahlungszinsen) sind aber nach § 233a Abs. 8 Satz 1 AO zu erlassen, soweit Zahlungen oder andere Leistungen auf eine später wirksam gewordene Steuerfestsetzung erbracht wurden und die Finanzbehörde diese Leistungen angenommen und auf die festgesetzte und zu entrichtende Steuer angerechnet hat.

70.1.2　Nachzahlungszinsen sind daher nur für den Zeitraum bis zum Eingang der freiwilligen Leistung zu erheben. Wurde die freiwillige Leistung erst nach Beginn des Zinslaufs erbracht oder war sie geringer als der zu verzinsende Unterschiedsbetrag, sind Nachzahlungszinsen insoweit zu erlassen, wie die auf volle fünfzig Euro abgerundete freiwillige Leistung für jeweils volle Monate vor Wirksamkeit der Steuerfestsetzung erbracht worden ist (fiktive Erstattungszinsen; vgl. BFH-Urteil vom 31. 5. 2017, I R 92/15, BStBl 2019 II S. 14).

Besteht die freiwillige Leistung aus mehreren Teil-Leistungen, richtet sich der Zinsberechnungszeitraum jeweils nach dem Zeitpunkt der einzelnen Leistung; die Leistungen sind in chronologischer Reihenfolge zu berücksichtigen, beginnend mit der jüngsten Leistung (§ 233a Abs. 8 Satz 2 i.V. m. Abs. 3 Satz 4 AO).

Ein Zinserlass scheidet dabei aus, wenn der zu erlassende Betrag weniger als zehn Euro beträgt (§ 239 Abs. 2 Satz 2 AO).

Beispiel 14 (Fortsetzung von Beispiel 1):

Der Steuerpflichtige hat am 27. 4. 2020 eine freiwillige Leistung i. H. v. 4 025 € erbracht. Die zu erlassenden Nachzahlungszinsen berechnen sich wie folgt:

abgerundete freiwillige Leistung:	4 000 €
Beginn des fiktiven Zinslaufs:	27. 4. 2020
Ende des fiktiven Zinslaufs (= Wirksamkeit der Steuerfestsetzung):	11. 12. 2020

Zu erlassende Nachzahlungszinsen:

4 000 € × 7 volle Monate × 0,15 % = **42 €**

Sofern sich bei der Abrechnung der Steuerfestsetzung unter Berücksichtigung der freiwilligen Leistungen eine Rückzahlung ergibt, sind hierfür keine Erstattungszinsen festzusetzen. Leistungen, die den Unterschiedsbetrag übersteigen, sind bei dem Erlass von Nachzahlungszinsen nicht zu berücksichtigen.

Beispiel 15 (Fortsetzung von Beispiel 1):

Der zu verzinsende Unterschiedsbetrag beträgt 7 000 €. Der Steuerpflichtige hat am 27. 4. 2020 eine Zahlung i. H. v. 8 025 € geleistet. Die zu erlassenden Nachzahlungszinsen berechnen sich wie folgt:

– auf die sich aus der Steuerfestsetzung ergebende Steuerzahlungsforderung erbrachte – (abgerundete) freiwillige Leistung:	7 000 €
Beginn des fiktiven Zinslaufs:	27. 4. 2020
Ende des fiktiven Zinslaufs (= Wirksamkeit der Steuerfestsetzung):	11. 12. 2020

Zu erlassende Nachzahlungszinsen:

7 000 € × 7 volle Monate × 0,15 % = **74 €**

(Rundung gem. § 239 Abs. 2 Satz 1 AO)

70.1.3 Wenn das Finanzamt dem Steuerpflichtigen fälschlicherweise Vorauszahlungen zurückgezahlt hat, sind Nachzahlungszinsen nur zu erlassen, soweit der Steuerpflichtige nicht nur das Finanzamt auf diesen Fehler aufmerksam gemacht, sondern auch die materiell ungerechtfertigte Steuererstattung unverzüglich an das Finanzamt zurück überwiesen hat. Die Grundsätze des BFH-Urteils vom 25. 11. 1997, IX R 28/96, BStBl 1998 II S. 550 sind nicht über den entschiedenen Einzelfall hinaus anzuwenden.

70.1.4 Soweit Nachzahlungszinsen aufgrund einer Aufhebung, Änderung oder Berichtigung der Steuerfestsetzung nach § 233a Abs. 5 Satz 3 2. Halbsatz AO entfallen, mindert sich der Zinserlass entsprechend (§ 233a Abs. 8 Satz 3 AO).

70.2 Billigkeitsmaßnahmen bei der Verzinsung von Umsatzsteuer

70.2.1 Die Verzinsung nachträglich festgesetzter Umsatzsteuer beim leistenden Unternehmer ist nicht sachlich unbillig, wenn sich per Saldo ein Ausgleich der Steuerforderung mit den vom Leistungsempfänger abgezogenen Vorsteuerbeträgen ergibt (vgl. BFH-

Urteile vom 20. 1. 1997, V R 28/95, BStBl II S. 716, und vom 15. 4. 1999, V R 63/97, BFH/
NV S. 1392).

70.2.2   Eine Billigkeitsmaßnahme kommt daher auch dann nicht in Betracht, wenn Leistender
und Leistungsempfänger einen umsatzsteuerlich relevanten Sachverhalt nicht bereits
in den entsprechenden Voranmeldungen, sondern jeweils erst in den Jahresanmeldun-
gen angeben, etwa wenn bei der steuerpflichtigen Übertragung eines Sozietätsanteils
das Veräußerungsgeschäft sowohl vom Veräußerer als auch vom Erwerber erst in der
Umsatzsteuer-Jahreserklärung und nicht bereits in der entsprechenden Umsatzsteuer-
Voranmeldung erfasst wird. Der Erwerber tritt bei einer solchen Fallgestaltung oftmals
seinen Vorsteuererstattungsanspruch in voller Höhe an den Veräußerer ab. Der Veräußerer hat seine Verpflichtung, den Umsatz aus der Teilbetriebsveräußerung im zutreffenden Voranmeldungszeitraum zu berücksichtigen, verletzt, weshalb die nachträgliche Erfassung in der Jahressteuerfestsetzung eine entsprechende Nachforderung
und dementsprechend Nachforderungszinsen auslöst. Die Verzinsung nachträglich
festgesetzter Umsatzsteuer beim Leistenden ist auch deshalb nicht unbillig, weil die
zu verzinsende Umsatzsteuer für steuerbare und steuerpflichtige Leistungen unabhängig davon entsteht, ob der leistende Unternehmer sie in einer Rechnung gesondert
ausweist oder beim Finanzamt voranmeldet (vgl. BFH-Urteil vom 20. 1. 1997, V R
28/95, BStBl II S. 716). Unbeachtlich bleibt, dass auch der Erwerber bereits im Rahmen
des Voranmeldungsverfahrens eine entsprechende Vorsteuervergütung hätte erlangen können. Unabhängig von der Abtretung des Erstattungsanspruchs an den Veräußerer kann der Erwerber gleichwohl in den Genuss von Erstattungszinsen nach
§ 233a AO gelangen.

70.2.3   Werden in einer Endrechnung oder der zugehörigen Zusammenstellung die vor der
Leistung vereinnahmten Teilentgelte und die auf sie entfallenden Umsatzsteuerbeträge nicht abgesetzt oder angegeben, so hat der Unternehmer den gesamten in der Endrechnung ausgewiesenen Steuerbetrag an das Finanzamt abzuführen. In diesen Fällen
schuldet der Unternehmer den Teil der in der Endrechnung ausgewiesenen Steuer, der
auf die vor Ausführung der Leistung vereinnahmten Teilentgelte entfällt, nach § 14c
Abs. 1 UStG (vgl. Abschn. 14.8 Abs. 10 Satz 1 bis 3 UStAE). Erteilt der Unternehmer dem
Leistungsempfänger nachträglich eine berichtigte Endrechnung, die den Anforderungen des § 14 Abs. 5 Satz 2 UStG genügt, so kann er die von ihm geschuldete Steuer in
dem Besteuerungszeitraum berichtigen, in dem sowohl die berichtigte Endrechnung
erteilt als auch bei Bestehen eines Rückzahlungsanspruchs der zu hoch ausgewiesene
Rechnungsbetrag an den Leistungsempfänger zurückgezahlt wurde (vgl. Abschn. 14.8
Abs. 10 Satz 5 und Abschn. 17.1 Abs. 10 UStAE). Hat der Unternehmer die aufgrund der
fehlerhaften Endrechnung nach § 14c Abs. 1 UStG geschuldete Steuer nicht in seiner
Umsatzsteuer-Voranmeldung berücksichtigt, kann die Nachforderung dieser Steuer im
Rahmen der Steuerfestsetzung für das Kalenderjahr zur Festsetzung von Nachzahlungszinsen gem. § 233a AO führen, wenn der Unternehmer die Endrechnung erst in
einem auf das Kalenderjahr der ursprünglichen Rechnungserteilung folgenden Kalenderjahr berichtigt und den daraus ggf. resultierenden Rückzahlungsanspruch des Leistungsempfängers erfüllt hat. Die Erhebung von Nachzahlungszinsen ist in derartigen
Fällen nicht sachlich unbillig (BFH-Urteil vom 19. 3. 2009, V R 48/07, BStBl 2010 II S. 92).

70.2.4   Bei einer von den ursprünglichen Steuerfestsetzungen abweichenden zeitlichen Zuordnung eines Umsatzes durch das Finanzamt, die gleichzeitig zu einer Steuernachforderung und zu einer Steuererstattung führt, kann es sachlich unbillig sein, (in Wirklichkeit nicht vorhandene) Zinsvorteile abzuschöpfen (BFH-Urteil vom 11. 7. 1996, V R
18/95, BStBl 1997 II S. 259). Soweit zweifelsfrei feststeht, dass der Steuerpflichtige
durch die verspätete Steuerfestsetzung keinen Vorteil oder Nachteil hatte, kann durch
die Verzinsung nach § 233a AO der sich aus der verspäteten Steuerfestsetzung ergebenden Steuernachforderung oder Steuererstattung kein Vorteil oder Nachteil ausgeglichen werden.

70.2.5 Im Fall einer vom Steuerpflichtigen fälschlicherweise angenommenen umsatzsteuerlichen Organschaft, bei der er als vermeintlicher Organträger Voranmeldungen abgegeben hat und die gesamte Umsatzsteuer von „Organträger" und „Organgesellschaft" an das Finanzamt gezahlt hat, kommen Billigkeitsmaßnahmen nur in besonders gelagerten Ausnahmefällen in Betracht. Stellt das Finanzamt im Veranlagungsverfahren fest, dass keine umsatzsteuerliche Organschaft vorliegt und daher für die „Organgesellschaft" eine eigenständige Steuerfestsetzung durchzuführen ist, führt dies bei der „Organgesellschaft" – wegen unterbliebener Voranmeldungen und Vorauszahlungen – zur Nachzahlung der kompletten Umsatzsteuer für das entsprechende Jahr; bei dem „Organträger" i. d. R. aber zu einer Umsatzsteuererstattung. Die „Organgesellschaft" muss daher Nachzahlungszinsen entrichten, während der „Organträger" Erstattungszinsen erhält. Da die Verzinsung nach § 233a AO den Liquiditätsvorteil des Steuerschuldners und den Nachteil des Steuergläubigers der individuellen Steuerforderung ausgleichen soll, kann eine Billigkeitsmaßnahme in Betracht kommen, wenn und soweit dieser Schuldner keine Zinsvorteile hatte oder haben konnte.

70.2.6 Wird umgekehrt festgestellt, dass entgegen der ursprünglichen Annahme eine umsatzsteuerliche Organschaft vorliegt, so sind die zunächst bei der Organgesellschaft versteuerten Umsätze nunmehr in vollem Umfang dem Organträger zuzurechnen. Die USt-Festsetzung gegenüber der GmbH (Organgesellschaft) ist aufzuheben, so dass i. d. R. Erstattungszinsen festgesetzt werden. Sämtliche Umsätze sind dem Organträger zuzurechnen, so dass diesem gegenüber i. d. R. Nachzahlungszinsen festgesetzt werden. Entstehen auf Grund der Entscheidung, dass eine umsatzsteuerliche Organschaft vorliegt, insgesamt höhere Nachzahlungszinsen als Erstattungszinsen, können die übersteigenden Nachzahlungszinsen insoweit aus sachlichen Billigkeitsgründen erlassen werden, wenn und soweit der Schuldner keine Zinsvorteile hatte oder haben konnte.

70.3 Gewinnverlagerungen

Die allgemeinen Regelungen des § 233a AO sind auch bei der Verzinsung solcher Steuernachforderungen und Steuererstattungen zu beachten, die in engem sachlichen Zusammenhang zueinander stehen (z. B. bei Gewinnverlagerungen im Rahmen einer Außenprüfung). Führt eine Außenprüfung sowohl zu einer Steuernachforderung als auch zu einer Steuererstattung, so ist deshalb hinsichtlich der Verzinsung nach § 233a AO grundsätzlich auf die Steueransprüche der einzelnen Jahre abzustellen, ohne auf Wechselwirkungen mit dem jeweiligen anderen Besteuerungszeiträumen einzugehen. Ein Erlass von Nachzahlungszinsen aus sachlichen Billigkeitsgründen kommt bei nachträglicher Zuordnung von Einkünften zu einem anderen Veranlagungszeitraum nicht in Betracht (BFH-Urteil vom 16. 11. 2005, X R 3/04, BStBl 2006 II S. 155). Gewinnverlagerungen und Umsatzverlagerungen (vgl. AEAO zu § 233a, Nr. 70.2.4) sind bei der Verzinsung nach § 233a AO nicht vergleichbar (vgl. BFH-Urteil vom 11. 7. 1996, V R 18/95, BStBl 1997 II S. 259). Das BFH-Urteil vom 15. 10. 1998, IV R 69/97, HFR 1999 S. 81, betrifft nur den Sonderfall der Verschiebung von Besteuerungsgrundlagen von einem zu verzinsenden Besteuerungszeitraum in einen noch nicht der Verzinsung nach § 233a AO unterliegenden Besteuerungszeitraum.

Rechtsbehelfe

71. Gegen die Zinsfestsetzung ist der Einspruch gegeben. Einwendungen gegen die zugrunde liegende Steuerfestsetzung oder Anrechnung von Steuerabzugsbeträgen und Körperschaftsteuer können jedoch nicht mit dem Einspruch gegen den Zinsbescheid geltend gemacht werden. Wird die Steuerfestsetzung oder die Anrechnung von Steuerabzugsbeträgen und Körperschaftsteuer geändert, sind etwaige Folgerungen für die Zinsfestsetzung nach 233a Abs. 5 AO zu ziehen.

72.   Gegen die Entscheidung über eine Billigkeitsmaßnahme ist ein gesonderter Einspruch gegeben, und zwar auch dann, wenn die Finanzbehörde die Billigkeitsentscheidung im Rahmen der Zinsfestsetzung getroffen hat (vgl. AEAO zu § 347, Nr. 4).

73.   Wird der Zinsbescheid als solcher angefochten, kommt unter den Voraussetzungen des § 361 AO bzw. des § 69 FGO die Aussetzung der Vollziehung in Betracht. Wird mit dem Rechtsbehelf eine erstmalige oder eine höhere Festsetzung von Erstattungszinsen begehrt, ist mangels eines vollziehbaren Verwaltungsakts eine Aussetzung der Vollziehung nicht möglich. Soweit die Vollziehung des zugrunde liegenden Steuerbescheids ausgesetzt wird, ist auch die Vollziehung des Zinsbescheids auszusetzen.

Berücksichtigung rückwirkender Ereignisse in Grundlagenbescheiden

74.   § 233a Abs. 2a AO ist auch dann anzuwenden, wenn das rückwirkende Ereignis in einem für den Steuerbescheid verbindlichen Grundlagenbescheid berücksichtigt wurde. Im Grundlagenbescheid sind deshalb auch entsprechende Feststellungen über die Auswirkungen eines erstmals berücksichtigten rückwirkenden Ereignisses auf die festgestellten Besteuerungsgrundlagen und den Zeitpunkt des Eintritts des rückwirkenden Ereignisses zu treffen (vgl. § 239 Abs. 3 Nr. 1 AO). Gleiches gilt, wenn ein bereits bei der vorangegangenen Feststellung berücksichtigtes rückwirkendes Ereignis unmittelbar Änderungen erfährt und der Feststellungsbescheid deshalb geändert wird. Wird ein Feststellungsbescheid dagegen aus anderen Gründen (z. B. zur Berücksichtigung neuer Tatsachen i. S. d. § 173 AO) geändert, sind auch dann keine Feststellungen zum früher bereits berücksichtigten rückwirkenden Ereignis zu treffen, wenn sich die steuerliche Auswirkung dieses rückwirkenden Ereignisses aufgrund der erstmaligen oder abweichenden Berücksichtigung normal zu verzinsender Besteuerungsgrundlagen rechnerisch verändert.

    Dies gilt im Verhältnis zwischen Gewerbesteuermessbescheid und Gewerbesteuerbescheid sowie in den Fällen des § 35b GewStG entsprechend.

Zu § 234 AO

AEAO   Stundungszinsen:

1.   Stundungszinsen werden für die Dauer der gewährten Stundung erhoben. Die Höhe der Zinsen ändert sich nicht, wenn der Steuerpflichtige vor oder nach dem Zahlungstermin zahlt, der in der Stundungsverfügung festgelegt ist (Sollverzinsung).

    Eine vorzeitige Tilgung führt nicht automatisch zu einer Ermäßigung der Stundungszinsen. Soweit der gestundete Anspruch allerdings mehr als einen Monat vor Fälligkeit getilgt wird, kann auf bereits festgesetzte Stundungszinsen für den Zeitraum ab Eingang der Leistung auf Antrag verzichtet werden (§ 234 Abs. 2 AO). Eine verspätete Zahlung löst zusätzlich Säumniszuschläge aus.

2.   Wird die gestundete Steuerforderung vor Ablauf des Stundungszeitraums herabgesetzt, ist der Zinsbescheid nach § 175 Abs. 1 Satz 1 Nr. 2 AO entsprechend zu ändern. Eine Aufhebung, Änderung oder Berichtigung der Steuerfestsetzung nach Ablauf der Stundung hat keine Auswirkungen auf die Stundungszinsen (§ 234 Abs. 1 Satz 2 AO). Werden Vorauszahlungen gestundet, sind Stundungszinsen nur im Hinblick auf eine Änderung der Vorauszahlungsfestsetzung, nicht aber im Hinblick auf die Festsetzung der Jahressteuer herabzusetzen.

3.   Die Stundungszinsen werden regelmäßig zusammen mit der Stundungsverfügung durch Zinsbescheid festgesetzt. Die Formvorschriften für Steuerbescheide (§ 157 Abs. 1, ggf. § 87a Abs. 4 AO) gelten entsprechend.

Sofern nicht besondere Umstände des Einzelfalls eine andere Regelung erfordern, sind die Stundungszinsen zusammen mit der letzten Rate zu erheben. Bei einer Aufhebung der Stundungsverfügung (Rücknahme oder Widerruf) sind auch die auf ihr beruhenden Zinsbescheide aufzuheben oder zu ändern; §§ 175 Abs. 1 Satz 1 Nr. 1, 171 Abs. 10 AO gelten gem. § 239 Abs. 1 Satz 1 AO entsprechend.

Beispiel:

Das Finanzamt hat am 10.3.2004 eine am 25.2.2004 fällige Einkommensteuerforderung von 3 600 € ab Fälligkeit gestundet. Der Betrag ist in 12 gleichen Monatsraten von 300 €, beginnend am 1.4.2004 zu zahlen. Die Zinsen von 117 € sind zusammen mit der letzten Rate am 1.3.2005 zu erheben.

Das Finanzamt erfährt im August 2004, dass eine wesentliche Verbesserung der Vermögensverhältnisse des Schuldners eingetreten ist. Es widerruft deshalb die Stundung nach § 131 Abs. 2 Nr. 3 AO und stellt den gesamten Restbetrag von 2 100 € zum 1.9.2004 fällig.

Der Zinsbescheid ist nach § 175 Abs. 1 Satz 1 Nr. 1 AO zu ändern. Die Zinsen in Höhe von insgesamt 85 € (gerundet nach § 239 Abs. 2 Satz 1 AO) sind zum 1.9.2004 zu erheben.

4. Der Zinslauf beginnt bei den Stundungszinsen an dem ersten Tag, für den die Stundung wirksam wird (§ 238 Abs. 1 Satz 2 i.V. mit § 234 Abs. 1 Satz 1 AO). Bei einer Stundung ab Fälligkeit beginnt der Zinslauf am Tag nach Ablauf der ggf. nach § 108 Abs. 3 AO verlängerten Zahlungsfrist.

Beispiele:

1. Fälligkeitstag ist der 12.3.2004 (Freitag). Der Zinslauf beginnt am 13.3.2004 (Sonnabend).

2. Fälligkeitstag ist der 13.3.2004 (Sonnabend). Die Zahlungsfrist endet nach § 108 Abs. 3 AO erst am 15.3.2004 (Montag). Der Zinslauf beginnt am 16.3.2004 (Dienstag).

Wegen der Fälligkeit der Anmeldungssteuern vgl. AEAO zu § 240, Nr. 1 Satz 2.

5. Der Zinslauf endet mit Ablauf des letzten Tages, für den die Stundung ausgesprochen worden ist. Ist dieser Tag ein Sonnabend, ein Sonntag oder ein gesetzlicher Feiertag, endet der Zinslauf erst am nächstfolgenden Werktag. Wegen der Berechnung vgl. AEAO zu § 238, Nr. 1.

Beispiele:

1. Die Steuer ist bis zum 26.3.2004 (Freitag) gestundet. Der Zinslauf endet am 26.3.2004.

2. Die Steuer ist bis zum 27.3.2004 (Sonnabend) gestundet. Der Zinslauf endet nach § 108 Abs. 3 AO am 29.3.2004 (Montag).

Im Insolvenzverfahren endet der Zinslauf spätestens mit Eröffnung des Insolvenzverfahrens, da zu diesem Zeitpunkt die gestundete Steuerforderung fällig wird (§ 41 Abs. 1 InsO). Eine bereits erfolgte Festsetzung von Stundungszinsen ist ggf. zu korrigieren.

6. Stundungszinsen sind nur für volle Monate zu zahlen; angefangene Monate bleiben außer Ansatz (§ 238 Abs. 1 Satz 2 AO); vgl. AEAO zu § 238, Nr. 1.

Beispiele:

Ende der ursprünglichen Zahlungsfrist	Beginn des Zinslaufs	Ablauf der Stundung nach Stundungsverfügung	Ende des Zinslaufs	Voller Monat
13.5.2004 (Do)	14.5.2004 (Fr)	13.6.2004 (So)	14.6.2004 (Mo)	ja
13.5.2004 (Do)	14.5.2004 (Fr)	11.6.2004 (Fr)	11.6.2004 (Fr)	nein
31.1.2005 (Mo)	1.2.2005 (Di)	28.2.2005 (Mo)	28.2.2005 (Mo)	ja

7. Zu verzinsen ist der jeweils gestundete Anspruch aus dem Steuerschuldverhältnis (§ 37 AO) mit Ausnahme der Ansprüche auf steuerliche Nebenleistungen (§ 233 Satz 2 AO). Die Zinsen sind für jeden Anspruch (Einzelforderung) besonders zu berechnen. Bei der Zinsberechnung sind die Ansprüche zu trennen, wenn Steuerart, Zeitraum (Teilzeitraum) oder der Tag des Beginns des Zinslaufs voneinander abweichen.

Beispiele für gesondert zu verzinsende Ansprüche:

1. Einkommensteuervorauszahlungen I/04 und II/04;

2. die erstmalige Festsetzung der Einkommensteuer 2004 durch Bescheid vom 3. 5. 2006 führt zu einer Abschlusszahlung in Höhe von 4 290 €; nach Berichtigung einer offenbaren Unrichtigkeit (§ 129 AO) durch Steuerbescheid vom 1. 6. 2006 fordert das Finanzamt weitere 850 €.

8. Die Kleinbetragsregelung des § 239 Abs. 2 Satz 2 AO (Zinsen unter zehn Euro werden nicht festgesetzt), ist auf die für eine Einzelforderung berechneten Zinsen anzuwenden.

Beispiel:

Es werden ab Fälligkeit jeweils für einen Monat folgende Einzelforderungen gestundet:		Zinsen:	abgerundet (§ 239 Abs. 2 Satz 1 AO)
Einkommensteuervorauszahlung	1 950,00 €	9,75 €	9,00 €
Solidaritätszuschlag	200,00 €	1,00 €	1,00 €
Umsatzsteuerabschlusszahlung	600,00 €	3,00 €	3,00 €

Zinsen werden nicht festgesetzt, da sie für keine der Einzelforderungen zehn Euro erreichen.

9. Bei Gewährung von Ratenzahlungen sind Stundungszinsen nach § 238 Abs. 2 AO wie folgt zu berechnen:

Der zu verzinsende Betrag jeder Steuerart ist auf den nächsten durch fünfzig Euro zu teilenden Betrag abzurunden. Ein sich durch die Abrundung ergebender Spitzenbetrag (Abrundungsrest) ist für Zwecke der Zinsberechnung bei der letzten Rate abzuziehen. Bei höheren Beträgen soll die Stundung in der Regel so ausgesprochen werden, dass die Raten mit Ausnahme der letzten Rate auf durch fünfzig Euro ohne Rest teilbare Beträge festgesetzt werden.

Beispiel:

1. Variante:

Ein Anspruch i. H. v. 4 215 € wird in drei Monatsraten zu 1 400 €, 1 400 € und 1 415 € gestundet.

Raten:		Zinsen:
1. Rate	1 400 €	7,00 €
2. Rate	1 400 €	14,00 €
3. Rate	1 415 €*	21,00 €
festzusetzende Zinsen		42,00 €

* Die Zinsberechnung erfolgt von 1 415 € ./. 15 € = 1 400 €

2. Variante:

Ein Anspruch i. H. v. 4 215 € wird in drei gleichen Monatsraten zu jeweils 1 405 € gestundet.

Raten:		Zinsen:
1. Rate	1 405 €	7,02 €
2. Rate	1 405 €	14,05 €
3. Rate	1 405 €*	20,85 €
Summe		41,92 €
festzusetzende Zinsen (abgerundet nach § 239 Abs. 2 Satz 1)		41,00 €

* Die Zinsberechnung erfolgt von 1 405 € ./. 15 € = 1 390 €

10. Sollen mehrere Ansprüche in Raten gestundet werden, so ist bei der Festlegung der Raten möglichst zunächst die Tilgung der Ansprüche anzuordnen, für die keine Stundungszinsen erhoben werden. Sodann sind die Forderungen in der Reihenfolge ihrer Fälligkeit zu ordnen; bei gleichzeitig fällig gewordenen Forderungen soll die niedrigere Forderung zuerst getilgt werden. Dies gilt nicht, wenn die Sicherung der Ansprüche eine andere Tilgungsfolge erfordert.

Beispiel:

Das Finanzamt stundet die Einkommensteuervorauszahlung IV/04 i. H. v. 850 € (erstmals fällig am 10. 12. 2004), die Einkommensteuervorauszahlung I/05 i. H. v. 300 € (erstmals fällig am 10. 3. 2005), die Einkommensteuer-Abschlusszahlung für 2003 i. H. v. 11 150 € (erstmals fällig 20. 5. 2005), die Umsatzsteuer-Abschlusszahlung für 2003 i. H. v. 7 800 € (erstmals fällig am 20. 5. 2005) sowie Verspätungszuschläge i. H. v. 650 € (erstmals fällig am 10. 6. 2005) in insgesamt drei Raten.

gestundeter Anspruch	fällig am	Betrag in €	1. Rate in € (14. 7. 2005)	Rest in €	2. Rate in € (14. 8. 2005)	Rest in €	3. Rate in € (14. 9. 2005)	Rest in €
ESt IV/04	10. 12. 2004	850	850	0	–	–	–	–
ESt I/05	10. 3. 2005	300	300	0	–	–	–	–
ESt 2003	18. 5. 2005	11 150	0	11 150	0	11 150	11 150	0
USt 2003	18. 5. 2005	7 800	800	7 000	3 000	4 000	4 000	0
Versp.-zu-schlag	10. 6. 2005	650	650	0	–	–	–	–
Summen		20 750	2 600	18 150	3 000	15 150	15 150	0

Zinsberechnung:

gestundeter Anspruch	fällig am	Zahlungs-termin	Betrag in €	Zins-monate	%	Zinsen in €	festzu-setzende Zinsen in €
ESt IV/04	10. 12. 2004	14. 7. 2005	850	7	3,5	29,75	29,00**
ESt I/05	10. 3. 2005	14. 7. 2005	300	4	2,0	6,00	0,00*
ESt 2003	18. 5. 2005	14. 9. 2005	11 150	3	1,5	167,25	167,00**
USt 2003	18. 5. 2005	14. 7. 2005	800	1	0,5	4,00 ⎫	
USt 2003	18. 5. 2005	14. 8. 2005	3 000	2	1,0	30,00 ⎬ 94,00	
USt 2003	18. 5. 2005	14. 9. 2005	4 000	3	1,5	60,00 ⎭	
Verspätungs-zuschlag	10. 6. 2005	14. 7. 2005	650	–	–	–	–***

*　　= Kleinbetrag unter 10 € (§ 239 Abs. 2 Satz 2 AO).

**　= 29,75 € werden auf 29,00 € und 167,25 € werden auf 167 € zugunsten des Steuerpflichtigen gerundet (§ 239 Abs. 2 Satz 1 AO).

*** = Ansprüche auf steuerliche Nebenleistungen werden nicht verzinst (§ 233 Satz 2 AO).

11. Auf die Erhebung von Stundungszinsen kann gem. § 234 Abs. 2 AO im Einzelfall aus Billigkeitsgründen verzichtet werden.**❶** Ein solcher Verzicht kann z. B. in Betracht kommen bei Katastrophenfällen, bei länger dauernder Arbeitslosigkeit des Steuerschuldners, bei Liquiditätsschwierigkeiten allein infolge nachweislicher Forderungsausfälle im Konkurs-/Insolvenzverfahren und in ähnlichen Fällen, im Rahmen einer Sanierung, sofern allgemein ein Zinsmoratorium gewährt wird, sowie im Hinblick auf belegbare, demnächst fällig werdende Ansprüche des Steuerschuldners aus einem Steuerschuldverhältnis, soweit hierfür innerhalb des Stundungszeitraums keine Erstattungszinsen gem. § 233a AO anfallen. Auch wird eine Stundung in der Regel dann zinslos bewilligt werden können, wenn sie einem Steuerpflichtigen gewährt wird, der bisher seinen steuerlichen Pflichten, insbesondere seinen Zahlungspflichten, pünktlich nachgekommen ist und der in der Vergangenheit nicht

---

Anm. d. Schriftl.:

❶ Welche Behörde für die Gewährung der Billigkeitsmaßnahme zuständig ist, ist im BMF-Schreiben vom 1. 10. 2020, BStBl 2020 I S. 989, geregelt.

wiederholt Stundungen in Anspruch genommen hat; in diesen Fällen kommt ein Verzicht auf Stundungszinsen i. d. R. nur in Betracht, wenn für einen Zeitraum von nicht mehr als drei Monaten gestundet wird und der insgesamt zu stundende Betrag 5 000 € nicht übersteigt. Zum Rechtsbehelfsverfahren gegen die Entscheidung über eine Billigkeitsmaßnahme vgl. AEAO zu § 347, Nr. 4.

12. Wird ein Anspruch auf Rückforderung von Arbeitnehmer-Sparzulage, Eigenheimzulage, Investitionszulage, Mobilitätsprämie oder Wohnungsbauprämie gestundet, so sind – da die Vorschriften über die Steuervergütung entsprechend gelten – Stundungszinsen zu erheben (§ 234 i. V. m. § 37 Abs. 1 AO). Dies gilt auch für gestundete Einkommen- oder Körperschaftsteueransprüche, die auf einem Rückforderungsanspruch von Forschungszulage aus einer nach § 10 Abs. 3 FZulG geänderten Anrechnung beruhen.

Zu § 236 AO

AEAO   Prozesszinsen auf Erstattungsbeträge:

1. Voraussetzung für die Zahlung von Erstattungszinsen an den Steuerpflichtigen ist, dass eine festgesetzte Steuer herabgesetzt oder eine Steuervergütung gewährt – oder erhöht – wird.**❶❷** Die Steuerherabsetzung oder die Gewährung (Erhöhung) der Steuervergütung muss erfolgt sein:

   a) durch eine rechtskräftige gerichtliche Entscheidung;

   b) aufgrund einer rechtskräftigen gerichtlichen Entscheidung, z. B. in den Fällen, in denen das Gericht nach § 100 Abs. 1 Satz 1, Abs. 2 Sätze 2 und 3 oder Abs. 3 FGO den angefochtenen Verwaltungsakt aufhebt und das Finanzamt die Steuer niedriger festsetzt oder eine (höhere) Steuervergütung gewährt;

   c) durch Aufhebung oder Änderung des angefochtenen Verwaltungsaktes sowie durch Erlass des beantragten Verwaltungsaktes, wenn sich der Rechtsstreit bei Gericht dadurch rechtskräftig erledigt;

   d) durch einen sog. Folgebescheid nach § 175 Abs. 1 Satz 1 Nr. 1 AO oder § 35b GewStG in den Fällen, in denen sich der Rechtsstreit bei Gericht gegen den Grundlagenbescheid (z. B. Feststellungsbescheid, Steuermessbescheid) durch oder aufgrund einer gerichtlichen Entscheidung (Buchstaben a und b) bzw. durch einen Verwaltungsakt (Buchstabe c) rechtskräftig erledigt; der Steuerpflichtige, demgegenüber der Folgebescheid ergangen ist, muss nicht Kläger im Verfahren gegen den Grundlagenbescheid gewesen sein (BFH-Urteil vom 17. 1. 2007, X R 19/06, BStBl II S. 506).

   Ohne Bedeutung ist, aus welchen Gründen die Steuerherabsetzung oder die Gewährung (Erhöhung) der Steuervergütung erfolgt ist. Das abgeschlossene gerichtliche Verfahren muss aber hierfür ursächlich gewesen sein (BFH-Urteil vom 15. 10. 2003, X R 48/01, BStBl 2004 II S. 169).

   Wird ein ändernder oder ersetzender Verwaltungsakt nach § 68 FGO Gegenstand des Klageverfahrens, ist für die Verzinsung das Ergebnis des gegen den neuen Verwaltungsakt fortgeführten Klageverfahrens maßgebend. Dies gilt auch, wenn ein angefochtener Vorauszah-

---

Anm. d. Schriftl.:

❶ Der Anspruch auf Prozesszinsen nach § 236 Abs. 2 Nr. 1 AO setzt voraus, dass der erledigte Rechtsstreit ursächlich für die Herabsetzung der Steuer war (BFH-Urteil vom 15. 10. 2003, BStBl 2004 II S. 169).

❷ Ein Anspruch auf Prozesszinsen besteht nicht, wenn eine Steuerherabsetzung erst nach Beendigung der Rechtshängigkeit des finanzgerichtlichen Verfahrens aufgrund eines Vorläufigkeitsvermerks erfolgt, der im Laufe des finanzgerichtlichen Verfahrens angebracht worden war (BFH-Urteil vom 29. 8. 2012, BStBl 2013 II S. 104).

lungsbescheid durch die Jahressteuerfestsetzung ersetzt wird (...). Durch die Überleitung auf den neuen Verfahrensgegenstand tritt noch keine Rechtsstreiterledigung im Sinne des § 236 Abs. 1 Satz 1 AO ein (BFH-Urteil vom 14. 7. 1993, I R 33/93, BFH/NV 1994 S. 438).

2. Zu verzinsen ist nur der zu viel entrichtete Steuerbetrag oder die zu wenig gewährte Steuervergütung. Sofern also der Rechtsbehelf zwar zu einer Herabsetzung der Steuer oder zu einer Gewährung (Erhöhung) der Steuervergütung führt, nicht aber oder nicht in gleichem Umfang zu einer Steuererstattung oder Auszahlung einer Steuervergütung, kommt insoweit eine Verzinsung nicht in Betracht.

3. Der zu verzinsende Betrag ist auf den nächsten durch fünfzig Euro teilbaren Betrag abzurunden. Hat der Steuerpflichtige die zu erstattende Steuerschuld in Raten entrichtet, wird die Abrundung nur einmal bei der Rate mit der kürzesten Laufzeit vorgenommen.

4. Der Anspruch auf Erstattungszinsen entsteht mit der Rechtskraft der gerichtlichen Entscheidung oder der Unanfechtbarkeit des geänderten Verwaltungsaktes. ...

5. Erstattungszinsen sind für die Zeit vom Tag der Rechtshängigkeit, frühestens jedoch vom Tag der Zahlung des Steuerbetrages an bis zum Tag der Auszahlung des zu verzinsenden Steuer- oder Steuervergütungsbetrages zu berechnen und zu zahlen. Rechtshängig ist die Streitsache erst mit dem Tag, an dem die Klage bei Gericht erhoben wird (§ 66 Abs. 1 i. V. mit § 64 Abs. 1 FGO). Wird die Klage zur Fristwahrung beim Finanzamt angebracht (§ 47 Abs. 2 FGO), ist die Streitsache mit dem Tage der Anbringung zwar anhängig, nicht aber rechtshängig. Auch in diesem Fall wird die Streitsache erst mit dem Eingang der Klage beim Gericht rechtshängig. Das Gleiche gilt bei einer Sprungklage (§ 45 FGO). ... Wird ein ändernder oder ersetzender Verwaltungsakt nach § 68 FGO Gegenstand des Klageverfahrens, berührt dies nicht den Tag der Rechtshängigkeit der Streitsache.

6. Erstattungszinsen sind von Amts wegen zu zahlen. Es ist nicht erforderlich, dass der Steuerpflichtige einen Antrag stellt.

7. Die Zahlung von Erstattungszinsen entfällt, soweit durch Entscheidung des Gerichts einem Steuerpflichtigen die Kosten des Verfahrens nach § 137 Satz 1 FGO auferlegt worden sind, weil die Herabsetzung der Steuer oder die Gewährung (Erhöhung) der Steuervergütung auf Tatsachen beruhte, die dieser früher hätte geltend machen oder beweisen können und müssen (§ 236 Abs. 3 AO).

8. Bei den Realsteuern obliegt die Festsetzung und Zahlung von Erstattungszinsen den Gemeinden. Diesen sind deshalb – soweit erforderlich – die zur Berechnung und Festsetzung der Zinsen notwendigen Daten mitzuteilen.

Zu § 237 AO

AEAO   Zinsen bei Aussetzung der Vollziehung:

1. Die Zinsregelung gilt sowohl für das außergerichtliche als auch für das gerichtliche Rechtsbehelfsverfahren.

2. Voraussetzung für die Erhebung von Aussetzungszinsen beim Steuerpflichtigen ist, dass die Vollziehung eines Steuerbescheides, eines Bescheides über die Rückforderung einer Steuervergütung oder – nach Aussetzung eines Einkommensteuer-, Körperschaftsteuer- oder Feststellungsbescheides – eines Gewerbesteuermessbescheides oder Gewerbesteuerbescheides ausgesetzt worden ist.**◼** ...

Anm. d. Schriftl.:

◼ Hatte ein Rechtsbehelf in vollem Umfang Erfolg, können auch dann keine Aussetzungszinsen gemäß § 237 AO festgesetzt werden, wenn das FA rechtsirrig einen zu hohen Betrag von der Vollziehung ausgesetzt hatte (BFH-Urteil vom 31. 8. 2011, BStBl 2012 II S. 219).

3. Bei teilweiser Aussetzung der Vollziehung eines angefochtenen Verwaltungsaktes bezieht sich die Zinspflicht nur auf den ausgesetzten Steuerbetrag.**❶**

4. Aussetzungszinsen sind zu erheben, soweit ein Einspruch oder eine Anfechtungsklage endgültig erfolglos geblieben ist. Ohne Bedeutung ist, aus welchen Gründen der Rechtsbehelf im Ergebnis erfolglos war (BFH-Urteil vom 27.11.1991, X R 103/89, BStBl 1992 II S. 319). Aussetzungszinsen sind demnach zu erheben,

   a) wenn der Steuerpflichtige aufgrund einer bestandskräftigen Einspruchsentscheidung oder aufgrund eines rechtskräftigen gerichtlichen Urteils ganz oder teilweise unterlegen ist,

   b) wenn das Einspruchsverfahren oder gerichtliche Verfahren nach der Rücknahme des Einspruchs, der Klage oder der Revision rechtskräftig abgeschlossen wird,

   c) wenn der angefochtene Verwaltungsakt – ohne dem Rechtsbehelfsantrag voll zu entsprechen – geändert wird und sich der Rechtsstreit endgültig erledigt,

   d) soweit der Rechtsbehelf aufgrund einer unanfechtbar gewordenen Teil-Einspruchsentscheidung (§ 367 Abs. 2a AO) oder Allgemeinverfügung (§ 367 Abs. 2b AO) oder aufgrund eines unanfechtbar gewordenen Teilurteils (§ 98 FGO) endgültig keinen Erfolg hatte, unabhängig davon, inwieweit das Rechtsbehelfsverfahren im Übrigen wegen weiterer Streitpunkte anhängig bleibt.

   Wird ein ändernder oder ersetzender Verwaltungsakt nach § 365 Abs. 3 AO oder nach § 68 FGO Gegenstand des Rechtsbehelfsverfahrens, ist für die Verzinsung das Ergebnis des gegen den neuen Verwaltungsakt fortgeführten Einspruchs- bzw. Klageverfahrens maßgebend. Dies gilt auch, wenn ein angefochtener Vorauszahlungsbescheid durch die Jahressteuerfestsetzung ersetzt wird (vgl. AEAO zu § 365, Nr. 2).

   Für die Entscheidung, wann der Einspruch oder die Anfechtungsklage endgültig ohne Erfolg geblieben ist und somit die Frist für die Festsetzung von Aussetzungszinsen (§ 239 Abs. 1 Satz 2 Nr. 5 AO) in Lauf gesetzt wurde, ist auch dann auf den Zeitpunkt des Abschlusses des Einspruchsverfahrens oder des Verfahrens vor dem Finanzgericht oder dem BFH abzustellen, wenn sich hieran ein Verfassungsbeschwerdeverfahren anschließt (BFH-Urteil vom 11.2.1987, II R 176/84, BStBl II S. 320; BFH-Beschluss vom 14.6.2007, VII B 185/06, BFH/NV S. 2055; vgl. auch AEAO zu § 361, Nr. 1.3).

5. Aussetzungszinsen sind nicht zu erheben, wenn die Fälligkeit des streitigen Steueranspruchs, z. B. aufgrund einer Stundung (§ 222 AO), hinausgeschoben war oder Vollstreckungsaufschub (§ 258 AO) gewährt wurde.

6. Aussetzungszinsen sind vom Tag des Eingangs des außergerichtlichen Rechtsbehelfs, frühestens vom Tag der Fälligkeit an, oder von der Rechtshängigkeit an bis zu dem Tag zu erheben, an dem die nach § 361 AO oder nach § 69 FGO gewährte Aussetzung der Vollziehung endet. Wird die Aussetzung der Vollziehung erst später gewährt, werden Zinsen erst vom Tag des Beginns der Vollziehungsaussetzung erhoben.

7. Bei den Realsteuern obliegt die Festsetzung und Erhebung der Aussetzungszinsen den Gemeinden. Diesen sind deshalb – soweit erforderlich – die für die Berechnung und Festsetzung der Zinsen notwendigen Daten mitzuteilen.

8. Wegen der Frist für die Festsetzung von Aussetzungszinsen wird auf den AEAO zu § 237, Nr. 4 (letzter Absatz) und den AEAO zu § 239, Nr. 2 verwiesen. Soweit der Rechtsbehelf durch eine Teil-Einspruchsentscheidung (§ 367 Abs. 2a AO), eine Allgemeinverfügung (§ 367

Anm. d. Schriftl.:

❶ Hat das FA die Vollziehung des angefochtenen Bescheids in vollem Umfang ausgesetzt, obwohl nur ein Teil der sich aus dem Bescheid ergebenden Steuerforderung streitig war, so berechnen sich die Aussetzungszinsen nach dem geschuldeten und tatsächlich von der Vollziehung ausgesetzten Betrag, soweit nicht der Rechtsbehelf Erfolg hatte (BFH-Urteil vom 9.12.1998, BStBl 1999 II S. 201).

Abs. 2b AO) oder ein Teilurteil (§ 98 FGO) zurückgewiesen wurde (vgl. AEAO zu § 237, Nr. 4 erster Absatz Buchstabe d), beginnt die Festsetzungsfrist bereits mit dem Eintritt der Unanfechtbarkeit dieser Entscheidung.

Zu § 238 AO

AEAO **Höhe und Berechnung der Zinsen:[1][2]**

1. Ein voller Zinsmonat (§ 238 Abs. 1 Satz 2 AO) ist erreicht, wenn der Tag, an dem der Zinslauf (ggf. unter Berücksichtigung des § 108 Abs. 3 AO) endet, hinsichtlich seiner Zahl dem Tag entspricht, der dem Tag vorhergeht, an dem die Frist begann (BFH-Urteil vom 24. 7. 1996, X R 119/92, BStBl 1997 II S. 6).

2. Abzurunden ist jeweils der einzelne zu verzinsende Anspruch. Bei der Zinsberechnung sind die Ansprüche zu trennen, wenn Steuerart, Zeitraum (Teilzeitraum) oder der Tag des Beginns des Zinslaufs voneinander abweichen. Im Falle von Teilzahlungen wird nur der Gesamtbetrag gerundet.

3. Sind für einen Zinslauf unterschiedliche Zinssätze maßgeblich, ist der Zinslauf gemäß § 238 Abs. 1b AO in Teilverzinsungszeiträume aufzuteilen. Auf den der Verzinsung zugrundeliegenden Veranlagungs- oder Besteuerungszeitraum kommt es dabei grundsätzlich nicht an.

Bei Verzinsungszeiträumen, die sich über den 31. 12. 2018 hinaus erstrecken, erfolgt die Zinsberechnung bei einer Steuernachforderung entsprechend dem nachfolgenden

Beispiel:

Verzinsung einer Einkommensteuer-Nachforderung für 2016, die Steuerfestsetzung wurde am 3. 8. 2022 bekannt gegeben:		
Unterschiedsbetrag (Nachzahlung):		10 000 €
Zinslaufbeginn:	1. 4. 2018	
Zinslaufende:	3. 8. 2022	
Zinsberechnungszeitraum:	52 volle Monate (1. 4. 2018 bis 31. 7. 2022)	
Erster Teilverzinsungszeitraum:	1. 4. 2018 bis 31. 12. 2018 = 270 Zinstage	
Zweiter Teilverzinsungszeitraum:	1. 1. 2019 bis 3. 8. 2022 = 1 290 Zinstage (Hinweis: für die Zeit vom 1. bis 3. 8. werden als angefangener Monat keine Zinstage mitgerechnet)	

Anm. d. Schriftl.:

[1] Abgaben, die auf der Grundlage einer für ungültig erklärten Unionsverordnung erhoben wurden, sind ab dem Zeitpunkt der Zahlung der unionsrechtswidrig erhobenen Abgabe zu verzinsen (BFH-Urteil vom 22. 9. 2015, BStBl 2016 II S. 323).

[2] Bei der im Aussetzungsverfahren nach § 69 Abs. 3 FGO gebotenen summarischen Prüfung begegnet die in § 238 Abs. 1 Satz 1 AO geregelte Höhe von Nachzahlungszinsen von einhalb Prozent für jeden vollen Monat jedenfalls ab dem Verzinsungszeitraum 2015 schwerwiegenden verfassungsrechtlichen Zweifeln (BFH-Beschluss vom 25. 4. 2018, BStBl 2018 II S. 415). Hinweis auf die BMF-Schreiben vom 14. 6. 2018, BStBl 2018 I S. 722, vom 14. 12. 2018, BStBl 2018 I S. 1393, und vom 2. 5. 2019, BStBl 2019 I S. 448. Das BVerfG hat mit Beschluss vom 8. 7. 2021 entschieden, dass § 233a AO i.V. m. § 238 Abs. 1 Satz 1 AO mit Artikel 3 Abs. 1 GG unvereinbar ist, soweit der Zinsberechnung für Verzinsungszeiträume ab dem 1. 1. 2014 ein Zinssatz von 0,5 % pro Monat zugrunde gelegt wird. Für Verzinsungszeiträume bis 31. 12. 2018 ist das bisherige Recht aber weiter anwendbar. Zu diesem Beschluss hat das BMF mit Schreiben vom 17. 9. 2021, BStBl 2021 I S. 1759, vom 3. 12. 2021, BStBl 2021 I S. 2227, und vom 22. 7. 2022, BStBl 2022 I S. 1220, Stellung genommen.

Nachzahlungszinsen:	10 000 € x 6 % x 270/360 =	450 €	
	10 000 € x 1,8 % x 1 290/360 =	645 €	
Festzusetzen sind:	(Summe)		1 095 €

Zu § 240 AO

AEAO   Säumniszuschläge:❶❷❸

1. Säumnis tritt ein, wenn die Steuer oder die zurückzuzahlende Steuervergütung nicht bis zum Ablauf des Fälligkeitstages entrichtet wird. Sofern – wie bei den Fälligkeitssteuern – die Steuer ohne Rücksicht auf die erforderliche Steuerfestsetzung oder Steueranmeldung fällig wird, tritt die Säumnis nicht ein, bevor die Steuer festgesetzt oder die Steueranmeldung abgegeben worden ist. Bei Fälligkeitssteuern ist daher wie folgt zu verfahren:

    a) Gibt der Steuerpflichtige seine Voranmeldung oder Anmeldung erst nach Ablauf des Fälligkeitstages ab, so sind Säumniszuschläge bei verspätet geleisteter Zahlung nicht vom Ablauf des im Einzelsteuergesetz bestimmten Fälligkeitstages an, sondern erst von dem auf den Tag des Eingangs der Voranmeldung oder Anmeldung folgenden Tag an (ggf. unter Gewährung der Zahlungs-Schonfrist nach § 240 Abs. 3 AO) zu berechnen. Entsprechendes gilt für den Mehrbetrag, der sich ergibt, wenn der Steuerpflichtige seine Voranmeldung oder Anmeldung nachträglich berichtigt und sich dadurch die Steuer erhöht.

    b) Setzt das Finanzamt eine Steuer wegen Nichtabgabe der Voranmeldung oder Anmeldung fest, so sind Säumniszuschläge für verspätet geleistete Zahlung nicht vom Ablauf des im Einzelsteuergesetz bestimmten Fälligkeitstages an, sondern erst von dem Tag an (ggf. unter Gewährung der Zahlungs-Schonfrist nach § 240 Abs. 3 AO) zu erheben, der auf den letzten Tag der vom Finanzamt gesetzten Zahlungsfrist folgt. Dieser Tag bleibt für die Berechnung der Säumniszuschläge auch dann maßgebend, wenn der Steuerpflichtige nach Ablauf der vom Finanzamt gesetzten Zahlungsfrist seine Voranmeldung oder Anmeldung abgibt. Entsprechendes gilt, wenn das Finanzamt eine auf einer Voranmeldung oder Anmeldung beruhende Steuerschuld höher festsetzt, als sie sich aus der Voranmeldung oder Anmeldung ergibt oder eine von ihm festgesetzte Steuer durch Korrektur der Steuerfestsetzung erhöht.

2. Im Falle der Aufhebung oder Änderung der Steuerfestsetzung oder ihrer Berichtigung nach § 129 AO bleiben die bis dahin verwirkten Säumniszuschläge bestehen (§ 240 Abs. 1 Satz 4 AO). Das gilt auch, wenn die ursprüngliche, für die Bemessung der Säumniszuschläge maßgebende Steuer in einem Rechtsbehelfsverfahren herabgesetzt wird. Säumniszuschläge sind nicht zu entrichten, soweit sie sich auf Steuerbeträge beziehen, die durch (nachträgli-

---

Anm. d. Schriftl.:

❶ Säumniszuschläge von insgesamt weniger als 5 €, die unter einer Steuernummer nachgewiesen werden, sollen in der Regel nicht gesondert angefordert werden; sie können jedoch zusammen mit anderen Beträgen angefordert werden (BMF-Schreiben vom 22. 3. 2001, BStBl 2001 I S. 242).

❷ Es entstehen keine Säumniszuschläge, wenn aufgrund einer Anfechtung des Insolvenzverwalters Steuern, die bis zum Ablauf des Fälligkeitstages vom Insolvenzschuldner gezahlt wurden, zurückgewährt werden (BFH-Urteil vom 22. 11. 2017, BStBl 2018 II S. 455).

❸ Säumniszuschläge sind nicht wegen sachlicher Unbilligkeit zu erlassen, wenn der Steuerpflichtige seinen vom Finanzamt zurückgewiesenen Einspruch gegen die teilweise Ablehnung von AdV trotz entsprechender Ankündigung nicht begründet (BFH-Urteil vom 18. 9. 2018, BStBl 2019 II S. 87).

che) Anrechnung von Lohn-, Kapitalertrag- oder Körperschaftsteuer entfallen sind, weil insoweit zu keiner Zeit eine rückständige Steuer im Sinne von § 240 Abs. 1 Satz 4 AO vorgelegen hat (BFH-Urteil vom 24. 3. 1992, VII R 39/91, BStBl II S. 956).

3. Der Säumniszuschlag ist von den Gesamtschuldnern nur in der Höhe anzufordern, in der er entstanden wäre, wenn die Säumnis nur bei einem Gesamtschuldner eingetreten wäre; der Ausgleich findet zwischen den Gesamtschuldnern nach bürgerlichem Recht statt.

4. Säumniszuschläge sind nicht zu entrichten, wenn Verspätungszuschläge, Zinsen, Säumniszuschläge, Zwangsgelder und Kosten (steuerliche Nebenleistungen) nicht rechtzeitig gezahlt werden.

5. Säumniszuschläge sind ein Druckmittel eigener Art. Sie sollen den Steuerschuldner zur pünktlichen Erfüllung seiner Zahlungsverpflichtungen anhalten und die Verletzung der Zahlungspflicht sanktionieren; auf ein Verschulden des Steuerschuldners kommt es hierbei nicht an. Sie entstehen kraft Gesetzes allein durch Zeitablauf (vgl. BFH-Urteil vom 17. 7. 1985, I R 172/79, BStBl 1986 II S. 122).

Außerdem sind Säumniszuschläge ein Ausgleich für den durch die Pflichtverletzung angefallenen Verwaltungsaufwand. Die Abschöpfung von Liquiditätsvorteilen des säumigen Steuerschuldners und der Ausgleich von Liquiditätsnachteilen des Steuergläubigers sind nur Nebenzweck der Regelung (vgl. BFH-Beschluss vom 28. 10. 2022, VI B 15/22 (AdV), BStBl 2023 II S. 12).

Soweit die Zielsetzung des § 240 AO durch die Erhebung von Säumniszuschlägen nicht mehr erreicht werden kann, können sie nach § 227 AO aus sachlichen Billigkeitsgründen ganz oder teilweise erlassen werden. Ein Erlass kommt hiernach insbesondere in folgenden Fällen in Betracht:

a) bei plötzlicher Erkrankung des Steuerpflichtigen, wenn er selbst dadurch an der pünktlichen Zahlung gehindert war und es dem Steuerpflichtigen seit seiner Erkrankung bis zum Ablauf der Zahlungsfrist nicht möglich war, einen Vertreter mit der Zahlung zu beauftragen;

b) bei einem bisher pünktlichen Steuerzahler, dem ein offenbares Versehen unterlaufen ist. Wer seine Steuern laufend unter Ausnutzung der Schonfrist des § 240 Abs. 3 AO zahlt, ist kein pünktlicher Steuerzahler (BFH-Urteil vom 15. 5. 1990, VII R 7/88, BStBl II S. 1007);

c) wenn einem Steuerpflichtigen die rechtzeitige Zahlung der Steuern wegen Zahlungsunfähigkeit und Überschuldung nicht mehr möglich war (BFH-Urteil vom 8. 3. 1984, I R 44/80, BStBl II S. 415). Da der säumige Steuerschuldner nicht bessergestellt werden darf als ein Steuerpflichtiger, dem eine nach § 234 AO verzinsliche Stundung gewährt wurde, ist – vorbehaltlich von Buchstabe e – grundsätzlich nur die Hälfte der verwirkten Säumniszuschläge zu erlassen (vgl. BFH-Urteil vom 16. 7. 1997, XI R 32/96, BStBl 1998 II S. 7);

d) bei einem Steuerpflichtigen, dessen wirtschaftliche Leistungsfähigkeit durch nach § 258 AO bewilligte oder sonst hingenommene Ratenzahlungen unstreitig bis an die äußerste Grenze ausgeschöpft worden ist. Da der säumige Steuerschuldner nicht bessergestellt werden darf als ein Steuerpflichtiger, dem eine nach § 234 AO verzinsliche Stundung gewährt wurde, ist – vorbehaltlich von Buchstabe e – grundsätzlich nur die Hälfte der verwirkten Säumniszuschläge zu erlassen (vgl. BFH-Urteil vom 22. 6. 1990, III R 150/85, BStBl 1991 II S. 864);

e) soweit die Voraussetzungen für einen Erlass der Hauptschuld nach § 227 AO oder für eine zinslose Stundung der Steuerforderung nach § 222 AO im Säumniszeitraum vorliegen, sind die entstandenen Säumniszuschläge insoweit in voller Höhe zu erlassen (vgl.

BFH-Urteil vom 23. 5. 1985, V R 124/79, BStBl II S. 489). Lagen nur die Voraussetzungen für eine verzinsliche Stundung der Hauptforderung vor, gilt Buchstabe d Satz 2 entsprechend.

f) soweit die angefochtene Steuerfestsetzung im Rahmen eines außergerichtlichen oder gerichtlichen Rechtsbehelfsverfahrens aufgehoben oder zu Gunsten des Steuerpflichtigen geändert wird und der Steuerpflichtige alle außergerichtlichen und gerichtlichen Möglichkeiten ausgeschöpft hat, um die Aussetzung der Vollziehung zu erreichen, diese aber – obwohl möglich und geboten – vom Finanzamt und vom Finanzgericht abgelehnt worden ist. Der im Rechtsbehelfsverfahren obsiegende Steuerpflichtige ist dann so zu stellen, als hätte er den gebotenen einstweiligen Rechtsschutz (Aussetzung der Vollziehung) erlangt, weshalb die betroffenen Säumniszuschläge in voller Höhe zu erlassen sind (vgl. BFH-Urteil vom 24. 4. 2014, V R 52/13, BStBl 2015 II S. 106);

g) in sonstigen Fällen sachlicher Unbilligkeit.

Die Möglichkeit eines weitergehenden Erlasses aus persönlichen Billigkeitsgründen bleibt unberührt.

Zum Erlass von Säumniszuschlägen bei einer Überschneidung mit Nachzahlungszinsen vgl. AEAO zu § 233a, Nr. 63.

6. In Stundungs- und Aussetzungsfällen sowie bei der Herabsetzung von Vorauszahlungen gilt Folgendes:

a) **Stundung**

aa) **Stundungsantrag bis zur Fälligkeit**

Wird eine Stundung bis zur Fälligkeit beantragt, aber erst nach Fälligkeit bewilligt, so ist die Stundung mit Wirkung vom Fälligkeitstag an auszusprechen. Vom neuen Fälligkeitstag an gilt nach § 240 Abs. 3 AO wieder eine Schonfrist.

Wird eine Stundung bis zur Fälligkeit beantragt, aber erst nach Fälligkeit abgelehnt, so kann im Allgemeinen eine Frist zur Zahlung der rückständigen Steuern bewilligt werden. Diese Zahlungsfrist soll eine Woche grundsätzlich nicht überschreiten. Vom neuen Fälligkeitstag an gilt nach § 240 Abs. 3 AO wieder eine Schonfrist. Bei Zahlung bis zum Ablauf dieser Schonfrist sind keine Säumniszuschläge zu erheben.

bb) **Stundungsantrag nach Fälligkeit**

Wird eine Stundung nach Fälligkeit beantragt und bewilligt, so ist die Stundung vom Eingangstag des Antrags an auszusprechen, sofern nicht besondere Gründe eine rückwirkende Stundung vom Fälligkeitstag an rechtfertigen.

Bei einem innerhalb der Schonfrist nach § 240 Abs. 3 AO eingegangenen Stundungsantrag sind für die Zeit von der Fälligkeit bis zum Beginn der Stundung keine Säumniszuschläge zu erheben. Das Gleiche gilt, wenn der Stundungsantrag am ersten Werktag nach Ablauf der Schonfrist eingegangen ist und die Stundung daher unmittelbar an die Schonfrist anschließt.

Bis zum Beginn der Stundung entstandene und zu erhebende Säumniszuschläge sind in die Stundungsverfügung einzubeziehen.

Vom neuen Fälligkeitstag an gilt nach § 240 Abs. 3 AO wieder eine Schonfrist.

Wird eine Stundung nach Fälligkeit beantragt und abgelehnt, so verbleibt es bei dem ursprünglichen Fälligkeitstag, sofern nicht besondere Gründe eine Frist zur Zahlung der rückständigen Steuern rechtfertigen. Die Zahlungsfrist soll eine Woche grundsätzlich nicht überschreiten. Vom neuen Fälligkeitstag an gilt nach § 240

Abs. 3 AO wieder eine Schonfrist. Bei Zahlung bis zum Ablauf dieser Schonfrist sind keine Säumniszuschläge zu erheben.

cc) **Folgen verspäteter Zahlung**

Wird bei Bewilligung einer Stundung erst nach Ablauf der vom neuen Fälligkeitstag an berechneten Schonfrist (§ 240 Abs. 3 AO) gezahlt, sind Säuniszuschläge vom Ablauf des neuen Fälligkeitstages an zu berechnen.

Wird im Falle der Ablehnung einer Stundung die eingeräumte Zahlungsfrist (ggf. zuzüglich der an die Zahlungsfrist anschließenden Schonfrist nach § 240 Abs. 3 AO) nicht eingehalten, sind Säumniszuschläge vom Ablauf des ursprünglichen Fälligkeitstages an zu berechnen.

b) **Aussetzung der Vollziehung**

Wird ein rechtzeitig gestellter Antrag auf Aussetzung der Vollziehung nach Fälligkeit abgelehnt, so kann im Allgemeinen eine Frist zur Zahlung der rückständigen Steuern bewilligt werden. Die Zahlungsfrist soll eine Woche grundsätzlich nicht überschreiten. Die Schonfrist (§ 240 Abs. 3 AO) ist vom Ende der Zahlungsfrist an zu gewähren. Bei Zahlung bis zum Ablauf der Schonfrist sind keine Säumniszuschläge zu erheben.

c) **Herabsetzung von Vorauszahlungen**

Wird einem rechtzeitig gestellten Antrag auf Herabsetzung von Vorauszahlungen erst nach Fälligkeit entsprochen, sind Säumniszuschläge auf den Herabsetzungsbetrag nicht zu erheben.

Wird ein rechtzeitig gestellter Antrag auf Herabsetzung von Vorauszahlungen nach Fälligkeit abgelehnt, so kann im Allgemeinen eine Frist zur Zahlung der rückständigen Steuern bewilligt werden. Die Zahlungsfrist soll eine Woche grundsätzlich nicht überschreiten. Die Schonfrist (§ 240 Abs. 3 AO) ist vom Ende der Zahlungsfrist an zu gewähren. Bei Zahlung bis zum Ablauf der Schonfrist sind keine Säumniszuschläge zu erheben.

Wird einer der vorbezeichneten Anträge mit dem Ziel gestellt, sich der rechtzeitigen Zahlung der Steuer zu entziehen (Missbrauchsfälle), ist keine Zahlungsfrist zu bewilligen.

7. Mit einem Verwaltungsakt nach § 258 AO verzichtet die Vollstreckungsbehörde auf Vollstreckungsmaßnahmen; an der Fälligkeit der Steuerschuld ändert sich dadurch jedoch nichts (s. auch BFH-Urteil vom 15. 3. 1979, IV R 174/78, BStBl II S. 429). Für die Dauer eines bekannt gegebenen Vollstreckungsaufschubs sind daher grundsätzlich Säumniszuschläge zu erheben; auf diese Rechtslage ist der Steuerpflichtige bei Bekanntgabe des Vollstreckungsaufschubs hinzuweisen (siehe Abschnitt 7 Abs. 3 VollStrA). Die Möglichkeit, von der Erhebung von Säumniszuschlägen aus Billigkeitsgründen nach § 227 AO ganz oder teilweise abzusehen, bleibt unberührt (vgl. AEAO zu § 240, Nr. 5 Abs. 2).

8. Macht der Steuerpflichtige geltend, die Säumniszuschläge seien nicht oder nicht in der angeforderten Höhe entstanden, so ist sein Vorbringen – auch wenn es bspw. als „Erlassantrag" bezeichnet ist – als Antrag auf Erteilung eines Bescheides nach § 218 Abs. 2 AO anzusehen, da nur in diesem Verfahren entschieden werden kann, ob und inwieweit Säumniszuschläge entstanden sind (ständige Rechtsprechung, vgl. z. B. BFH-Urteil vom 12. 8. 1999, VII R 92/98, BStBl II S. 751). Bestreitet der Steuerpflichtige nicht die Entstehung der Säumniszuschläge dem Grunde und der Höhe nach, sondern wendet er sich gegen deren Anforderung im engeren Sinne (Leistungsgebot, § 254 AO), ist sein Vorbringen als Einspruch (§ 347 AO) anzusehen. Das Vorbringen des Steuerpflichtigen ist als Erlassantrag zu werten, wenn sachliche oder persönliche Billigkeitsgründe geltend gemacht werden.

Vor § 347 AO

AEAO   Außergerichtliches Rechtsbehelfsverfahren:

1. Das außergerichtliche Rechtsbehelfsverfahren nach der AO (Einspruchsverfahren) ist abzugrenzen
   - von den in der AO nicht geregelten, nichtförmlichen Rechtsbehelfen (Gegenvorstellung, Sachaufsichtsbeschwerde, Dienstaufsichtsbeschwerde),
   - von dem Antrag, einen Verwaltungsakt zu berichtigen, zurückzunehmen, zu widerrufen, aufzuheben oder zu ändern (Korrekturantrag; §§ 129 bis 132, 172 bis 177 AO).

   Der förmliche Rechtsbehelf (Einspruch) unterscheidet sich von den Korrekturanträgen in folgenden Punkten:
   - Er hindert den Eintritt der formellen und materiellen Bestandskraft (zum Begriff der Bestandskraft vgl. AEAO vor §§ 172 bis 177, Nr. 1);
   - er kann zur Verböserung führen (§ 367 Abs. 2 Satz 2 AO); der Verböserungsgefahr kann der Steuerpflichtige aber durch rechtzeitige Rücknahme des Einspruchs entgehen;
   - er ermöglicht die Aussetzung der Vollziehung.

   In Zweifelsfällen ist ein Einspruch anzunehmen, da er die Rechte des Steuerpflichtigen umfassender wahrt als ein Korrekturantrag.**[1]**

2. Das Einspruchsverfahren ist nicht kostenpflichtig. Steuerpflichtige und Finanzbehörden haben jeweils ihre eigenen Aufwendungen zu tragen. Auf die Kostenerstattung nach § 139 FGO, auch für das außergerichtliche Vorverfahren, wird hingewiesen.

Zu § 347 AO

AEAO   Statthaftigkeit des Einspruchs:

1. Das Einspruchsverfahren ist nur eröffnet, wenn ein Verwaltungsakt (auch ein nichtiger Verwaltungsakt oder ein Scheinverwaltungsakt) angegriffen wird oder der Einspruchsführer sich gegen den Nichterlass eines Verwaltungsaktes wendet.**[2][3][4]** Verwaltungsakt ist z. B. auch die Ablehnung eines Realaktes (vgl. AEAO zu § 364) oder die Ablehnung der Erteilung einer verbindlichen Auskunft.

2. Der Einspruch ist auch gegeben, wenn ein Verwaltungsakt aufgehoben, geändert, zurückgenommen oder widerrufen oder ein Antrag auf Erlass eines Verwaltungsaktes abgelehnt

---

Anm. d. Schriftl.:

[1] Geht in einem Schätzungsfall nach Erlass des Steuerbescheides beim FA innerhalb der Einspruchsfrist die Steuererklärung ohne weitere Erklärung ein, so ist dies im Zweifel als Einlegung eines Einspruchs gegen den Schätzungsbescheid – und nicht als (bloßer) Antrag auf schlichte Änderung des Schätzungsbescheides – zu werten (BFH-Urteil vom 27. 2. 2003, BStBl 2003 II S. 505).

[2] Gegen einen im Einspruchsverfahren erlassenen Änderungsbescheid, mit dem dem Antrag des Steuerpflichtigen voll entsprochen wird (Vollabhilfebescheid), ist der Einspruch statthaft (BFH-Urteil vom 18. 4. 2007, BStBl 2007 II S. 736).

[3] Erlässt das Finanzamt vor Ablauf der Einspruchsfrist eine (Teil)Einspruchsentscheidung, ist ein nochmaliger Einspruch gegen die Steuerfestsetzung nicht statthaft, auch wenn er innerhalb der noch währenden Einspruchsfrist (§ 355 Abs. 1 AO) eingelegt worden ist (BFH-Urteil vom 18. 9. 2014, BStBl 2015 II S. 115).

[4] Die Verbindung von Einspruchsverfahren stellt eine Verfahrenshandlung dar, die grundsätzlich nicht isoliert angefochten werden kann. Auf die Frage, ob die Verbindung als Verwaltungsakt einzuordnen ist oder nicht, kommt es insoweit nicht an (BFH-Beschluss vom 30. 3. 2021, BStBl 2021 II S. 587).

wird. Gleiches gilt, wenn die Finanzbehörde einen Verwaltungsakt wegen einer offenbaren Unrichtigkeit gem. § 129 AO berichtigt oder es ablehnt, die beantragte Berichtigung eines Verwaltungsaktes durchzuführen (BFH-Urteil vom 13. 12. 1983, VIII R 67/81, BStBl 1984 II S. 511). Gegen Entscheidungen über die schlichte Änderung (§ 172 Abs. 1 Satz 1 Nr. 2 Buchstabe a AO) ist ebenfalls der Einspruch gegeben (BFH-Urteil vom 27. 10. 1993, XI R 17/93, BStBl 1994 II S. 439); dies gilt nicht, soweit der Antrag auf schlichte Änderung durch eine Allgemeinverfügung nach § 172 Abs. 3 AO zurückgewiesen wurde (§ 348 Nr. 6 AO).

3. Beantragt der Steuerpflichtige bei einer Steuerfestsetzung unter Vorbehalt der Nachprüfung (§ 164 AO) oder bei einer vorläufigen Steuerfestsetzung (§ 165 AO) die Aufhebung dieser Nebenbestimmungen, ist gegen den ablehnenden Bescheid der Einspruch gegeben. Wird der Vorbehalt nach § 164 AO aufgehoben, kann der Steuerpflichtige gegen die dann als Steuerfestsetzung ohne Vorbehalt der Nachprüfung wirkende Steuerfestsetzung uneingeschränkt Einspruch einlegen. Soweit eine vorläufige Steuerfestsetzung endgültig durchgeführt oder für endgültig erklärt wird, gilt dies nur, soweit die Vorläufigkeit reichte.

   Gegen die Aufhebung des Nachprüfungsvorbehalts in der Einspruchsentscheidung ist die Klage, nicht ein erneuter Einspruch gegeben (BFH-Urteil vom 4. 8. 1983, IV R 216/82, BStBl 1984 II S. 85). Das gilt entsprechend, wenn in einer Einspruchsentscheidung die bisher vorläufige Steuerfestsetzung für endgültig erklärt wird.

4. Gegen eine Ermessensentscheidung über eine Billigkeitsmaßnahme nach § 163 Abs. 1 AO ist auch dann ein gesonderter Einspruch gegeben, wenn sie mit der Steuerfestsetzung verbunden ist (§ 163 Abs. 2 AO). Entsprechendes gilt für die mit einer Zinsfestsetzung verbundene Billigkeitsentscheidung nach § 234 Abs. 2 oder § 237 Abs. 4 AO.

5. § 347 Abs. 1 Satz 1 Nr. 3 AO beschränkt i. V. m. § 348 Nr. 3 und 4 AO in Steuerberatungsangelegenheiten das Einspruchsverfahren auf Streitigkeiten über

   – die Ausübung (insbesondere die Zulässigkeit) der Hilfe in Steuersachen einschließlich der Rechtsverhältnisse der Lohnsteuerhilfevereine,

   – die Voraussetzungen für die Berufsausübung der Steuerberater und Steuerbevollmächtigten (mit Ausnahme der Entscheidungen der Zulassungs- und der Prüfungsausschüsse),

   – die Vollstreckung wegen Handlungen und Unterlassungen.

6. In anderen Angelegenheiten (§ 347 Abs. 1 Satz 1 Nr. 4 AO) sind die Vorschriften über das Einspruchsverfahren z. B. für anwendbar erklärt worden durch:

   – Landesgesetze, die Steuern betreffen, die der Landesgesetzgebung unterliegen und durch Landesfinanzbehörden verwaltet werden,

   – Gesetze zur Durchführung der Verordnungen des Rates der Europäischen Union,

   soweit diese Gesetze die Anwendbarkeit der AO-Vorschriften vorsehen.

   Soweit Gesetze die für Steuervergütungen geltenden Vorschriften für entsprechend anwendbar erklären, ist das Einspruchsverfahren bereits nach § 347 Abs. 1 Satz 1 Nr. 1 AO eröffnet (z. B. EigZulG, InvZulG, WoPG und 5. VermBG).

Zu § 350 AO

AEAO   Beschwer:

1. Eine Beschwer ist nicht nur dann schlüssig geltend gemacht, wenn eine Rechtsverletzung oder Ermessenswidrigkeit gerügt wird, sondern auch dann, wenn der Einspruchsführer eine günstigere Ermessensentscheidung begehrt. Aus nicht gesondert festgestellten Besteuerungsgrundlagen (§ 157 Abs. 2 AO) ergibt sich keine Beschwer.

2. Bei einer zu niedrigen Festsetzung kann eine Beschwer dann bestehen, wenn eine höhere Festsetzung, z. B. aufgrund des Bilanzzusammenhangs, sich in Folgejahren günstiger auswirkt (BFH-Urteil vom 27. 5. 1981, I R 123/77, BStBl 1982 II S. 211) oder wenn durch die begehrte höhere Steuerfestsetzung die Anrechnung von Steuerabzugsbeträgen ermöglicht wird und aufgrund dessen ein geringerer Betrag als bisher entrichtet werden muss (BFH-Urteil vom 8. 11. 1985, VI R 238/80, BStBl 1986 II S. 186 und BFH-Beschluss vom 3. 2. 1993, I B 90/92, BStBl II S. 426).

3. Bei einer Nullfestsetzung besteht grundsätzlich keine Beschwer. Dies gilt nicht in folgenden Fällen:

   a) Mit dem Einspruch wird eine Steuervergütung begehrt (z. B. die Festsetzung einer negativen Umsatzsteuer).

   b) Durch den Einspruch soll die Anwendung des § 10d Abs. 4 Satz 5 EStG i. d. F. des JStG 2010 (vom Steuerbescheid abweichende Berücksichtigung von Besteuerungsgrundlagen bei der Feststellung des verbleibenden Verlustvortrags) ermöglicht werden.

   c) Es wird eine Steuerbefreiung nach § 5 Abs. 1 Nr. 9 KStG (BFH-Urteil vom 13. 7. 1994, I R 5/93, BStBl 1995 II S. 134) begehrt.

   d) Die der Steuerfestsetzung zugrunde liegenden Besteuerungsgrundlagen sind für ein anderes steuerliches oder außersteuerliches Verfahren bindend (vgl. BFH-Urteil vom 20. 12. 1994, IX R 80/92, BStBl 1995 II S. 537). Eine derartige Bindungswirkung besteht beispielsweise für das BAföG-Verfahren oder einen Beihilfeanspruch nach der BBhV oder vergleichbaren landesrechtlichen Regelungen hinsichtlich der Einkünfte (vgl. BFH-Urteile vom 20. 12. 1994, IX R 124/92, BStBl 1995 II S. 628, und vom 19. 2. 2013, IX R 31/11, BFH/NV S. 1075), nicht aber hinsichtlich der außergewöhnlichen Belastungen (BFH-Urteil vom 29. 5. 1996, III R 49/93, BStBl II S. 654) und auch nicht für das Wohngeldverfahren nach dem WoGG (BFH-Urteil vom 24. 1. 1975, VI R 148/72, BStBl II S. 382).

4. Wird durch Einspruch die Änderung eines Grundlagenbescheids begehrt, kommt es für die schlüssige Geltendmachung der Beschwer nicht auf die Auswirkungen in den Folgebescheiden an.

5. Beschwert sein kann nicht nur derjenige, für den ein Verwaltungsakt bestimmt ist, sondern auch derjenige, der von ihm betroffen ist.

6. Eine weitere, in der AO nicht ausdrücklich genannte Zulässigkeitsvoraussetzung ist das Vorliegen eines Rechtsschutzbedürfnisses, d. h. eines schutzwürdigen, berücksichtigungswerten Interesses an der begehrten Entscheidung im Einspruchsverfahren.

Die Möglichkeit, einen Antrag auf schlichte Änderung (§ 172 Abs. 1 Satz 1 Nr. 2 Buchstabe a AO) zu stellen, beseitigt nicht das Rechtsschutzbedürfnis für einen Einspruch, da dieser die Rechte des Steuerpflichtigen umfassender wahrt (vgl. AEAO vor § 347, Nr. 1). Wendet sich der Steuerpflichtige gegen denselben Verwaltungsakt sowohl mit einem Einspruch als auch mit einem Antrag auf schlichte Änderung, ist nur das Einspruchsverfahren durchzuführen (BFH-Urteil vom 27. 9. 1994, VIII R 36/89, BStBl 1995 II S. 353).

Wird mit dem Einspruch ausschließlich die angebliche Verfassungswidrigkeit einer Rechtsnorm gerügt, fehlt grundsätzlich das Rechtsschutzbedürfnis, wenn die Finanzbehörde den angefochtenen Verwaltungsakt spätestens im Einspruchsverfahren hinsichtlich des strittigen Punktes für vorläufig erklärt hat (BFH-Beschlüsse vom 10. 11. 1993, X B 83/93, BStBl 1994 II S. 119, und vom 22. 3. 1996, III B 173/95, BStBl II S. 506). Trotz vorläufiger Steuerfestsetzung kann aber ein Rechtsschutzbedürfnis anzunehmen sein, wenn der Einspruchsführer besondere Gründe materiell-rechtlicher oder verfahrensrechtlicher Art substantiiert geltend macht oder Aussetzung der Vollziehung begehrt (BFH-Urteil vom 30. 9. 2010, III R 39/08, BStBl 2011 II S. 11; zur Aussetzung der Vollziehung wegen verfassungsrechtlicher Zweifel vgl. AEAO zu § 361, Nr. 2.5.4).

Zu § 351 AO

AEAO   Bindungswirkung anderer Verwaltungsakte:

1. Wird ein Bescheid angegriffen, der einen unanfechtbaren Bescheid geändert hat, ist die Sache nach § 367 Abs. 2 Satz 1 AO in vollem Umfang erneut zu prüfen. Geändert werden kann aber aufgrund der Anfechtung der Änderungsbescheid nur in dem Umfang, in dem er vom ursprünglichen Bescheid abweicht; diese Beschränkung bezieht sich z. B. beim Steuerbescheid auf den festgesetzten Steuerbetrag. Einwendungen, die bereits gegen die ursprüngliche Steuerfestsetzung vorgebracht werden konnten, können auch gegen den Änderungsbescheid vorgetragen werden. Ist z. B. im Änderungsbescheid eine höhere Steuer festgesetzt worden, kann die ursprünglich festgesetzte Steuer nicht unterschritten werden; ist dagegen im Änderungsbescheid eine niedrigere Steuer festgesetzt worden, kann der Steuerpflichtige nicht eine weitere Herabsetzung erreichen.

2. Etwas anderes gilt, soweit sich aus den Vorschriften über die Aufhebung oder die Änderung von Verwaltungsakten, z. B. wegen neuer Tatsachen, ein Rechtsanspruch auf Änderung des unanfechtbaren Bescheids ergibt.

   Beispiele:

   a) Ein Steuerbescheid wird nach § 173 Abs. 1 Nr. 1 AO zuungunsten des Steuerpflichtigen geändert. Der Steuerpflichtige kann mit dem Einspruch geltend machen, dass Tatsachen i. S. d. § 173 Abs. 1 Nr. 2 AO unberücksichtigt geblieben sind, die die Mehrsteuern im Ergebnis nicht nur ausgleichen, sondern sogar zu einer Erstattung führen.

   b) Ein Steuerbescheid wird nach § 173 Abs. 1 Nr. 2 AO zugunsten des Steuerpflichtigen geändert. Der Steuerpflichtige kann mit dem Einspruch geltend machen, dass Tatsachen i. S. dieser Vorschrift, die zu einer weitergehenden Erstattung führen, unberücksichtigt geblieben sind.

3. § 351 Abs. 1 AO gilt nach seinem Wortlaut nur für änderbare Bescheide, nicht hingegen für die sonstigen Verwaltungsakte, die den Vorschriften über die Rücknahme (§ 130 AO) und den Widerruf (§ 131 AO) unterliegen (BFH-Urteil vom 24. 7. 1984, VII R 122/80, BStBl II S. 791). § 351 Abs. 1 AO bleibt aber zu beachten, wenn ein änderbarer Verwaltungsakt nach § 129 AO berichtigt worden ist (vgl. AEAO zu § 129, Nr. 5).

4. Ein Einspruch gegen einen Folgebescheid, mit welchem nur Einwendungen gegen den Grundlagenbescheid geltend gemacht werden, ist unbegründet, nicht unzulässig (BFH-Urteil vom 2. 9. 1987, I R 162/84, BStBl 1988 II S. 142; vgl. auch BFH-Urteil vom 27. 6. 2018, I R 13/16, BStBl 2019 II S. 632).

Zu § 355 AO

AEAO   Einspruchsfrist:

1. Die Einspruchsfrist beträgt einen Monat. Sie beginnt im Fall des § 355 Abs. 1 Satz 1 AO mit Bekanntgabe (§ 122 AO), im Fall des § 355 Abs. 1 Satz 2 AO erster Halbsatz AO mit Eingang der Steueranmeldung bei der Finanzbehörde und im Fall des § 355 Abs. 1 Satz 2 AO zweiter Halbsatz AO mit Bekanntwerden der formfreien Zustimmung des Finanzamts zu laufen. Wurde der Steuerpflichtige schriftlich bzw. elektronisch über die Zustimmung unterrichtet (z. B. zusammen mit einer Abrechnungsmitteilung), ist grundsätzlich davon auszugehen, dass ihm die Zustimmung am dritten Tag nach Aufgabe zur Post bzw. nach der Absendung bekannt geworden ist; zu diesem Zeitpunkt beginnt demnach auch erst die Einspruchsfrist zu laufen. Ist keine Mitteilung ergangen, ist regelmäßig davon auszugehen, dass dem Steuerpflichtigen die Zustimmung frühestens mit der Zahlung (§ 224 Abs. 3 AO) der Steuervergütung oder des Mindersolls bekannt geworden ist.

2. Zur Wiedereinsetzung in den vorigen Stand nach unterlassener Anhörung eines Beteiligten bzw. wegen fehlender Begründung des Verwaltungsaktes (§ 126 Abs. 3 i.V.m. § 110 AO) vgl. AEAO zu § 91, Nr. 3 und AEAO zu § 121, Nr. 3.

3. ...

Zu § 357 AO

AEAO   Einlegung des Einspruchs:

1. Der Einspruch ist schriftlich oder elektronisch**❶❷** einzureichen oder zur Niederschrift zu erklären. Ein elektronisch erhobener Einspruch bedarf keiner qualifizierten elektronischen Signatur (BFH-Urteil vom 13.5.2015, III R 26/14, BStBl II S. 790; vgl. AEAO zu § 87a, Nr. 3.2.4). Ein Einspruch kann auch durch Telefax, auch durch Computerfax, eingelegt werden (vgl. BFH-Urteil vom 22.6.2010, VIII R 38/08, BStBl II S. 1017 zur Klageerhebung).

2. Nach § 357 Abs. 2 Satz 4 AO genügt die Einlegung des Einspruchs bei einer unzuständigen Behörde, sofern der Einspruch innerhalb der Einspruchsfrist einer der Behörden übermittelt wird, bei der er nach § 357 Abs. 2 Sätze 1 bis 3 AO angebracht werden kann; der Steuerpflichtige trägt jedoch das Risiko der rechtzeitigen Übermittlung. Kann eine Behörde leicht und einwandfrei erkennen, dass sie für einen bei ihr eingegangenen Einspruch nicht und welche Finanzbehörde zuständig ist, hat sie diesen Einspruch unverzüglich an die zuständige Finanzbehörde weiterzuleiten. Geschieht dies nicht und wird dadurch die Einspruchsfrist versäumt, kommt Wiedereinsetzung in den vorigen Stand (§ 110 AO) in Betracht (BVerfG-Beschluss vom 2.9.2002, 1 BvR 476/01, BStBl II S. 835).

3. Wird ein Einspruch bei einem Wechsel der örtlichen Zuständigkeit nach Erlass eines Verwaltungsakts entgegen § 357 Abs. 2 Satz 1 AO bereits bei der nach § 367 Abs. 1 Satz 2 AO zur Entscheidung berufenen anderen Finanzbehörde eingelegt, gilt auch in diesem Fall § 357 Abs. 2 Satz 4 AO. Der Einspruch muss der alten Behörde innerhalb der Einspruchsfrist übermittelt werden, damit diese die Anwendung des § 26 Satz 2 AO prüfen kann; wird der Einspruch nicht rechtzeitig übermittelt, können die Voraussetzungen des § 110 AO gegeben sein.

4. Wird gegen einen Bescheid, der mehrere Verwaltungsakte enthält, Einspruch eingelegt, ist ggf. durch Auslegung zu ermitteln, gegen welchen Verwaltungsakt sich der Einspruch richtet. Hierbei ist von Bedeutung, welches materiell-rechtliche Begehren der Einspruchsführer mit seinem Rechtsbehelf verfolgt (vgl. BFH-Urteil vom 29.10.2019, IX R 4/19, BStBl

---

Anm. d. Schriftl.:

❶ Hat die Finanzbehörde einen Zugang für die Übermittlung elektronischer Dokumente eröffnet, kann auch nach dem bis zum 31.7.2013 geltenden Fassung des § 357 Abs. 1 Satz 1 AO ein Einspruch mit einfacher E-Mail eingelegt werden, ohne dass diese mit einer qualifizierten elektronischen Signatur versehen werden muss. § 87a Abs. 3 Sätze 1 und 2 AO sind auf die Einlegung eines Einspruchs nicht anzuwenden (BFH-Urteil vom 13.5.2015, BStBl 2015 II S. 790).

❷ Weist die Rechtsbehelfsbelehrung entgegen dem Wortlaut des § 357 Abs. 1 Satz 1 AO i.d.F. des Gesetzes zur Förderung der elektronischen Verwaltung sowie zur Änderung weiterer Vorschriften vom 25.7.2013 nicht auf die Möglichkeit der elektronischen Einreichung des Einspruchs hin, ist die Rechtsbehelfsbelehrung unrichtig i.S. des § 356 Abs. 2 AO. Die Einspruchsfrist beträgt dann ein Jahr (BFH-Urteil vom 28.4.2020, BStBl 2020 II S. 531).

2020 II S. 368)**❶**. Wird z. B. gegen einen Bescheid über Einkommensteuer, Solidaritätszuschlag und Kirchensteuer Einspruch eingelegt und erhebt der Einspruchsführer nur Einwendungen gegen die Rechtmäßigkeit der Festsetzung des Solidaritätszuschlags, werden damit nicht zugleich auch die Festsetzungen der Einkommensteuer und der Kirchensteuer angefochten (BFH-Urteil vom 19. 8. 2013, X R 44/11, BStBl 2014 II S. 234).

Zu § 361 AO**❷**

AEAO   Aussetzung der Vollziehung:

Inhaltsübersicht

Anm. d. Schriftl.:

❶ Ficht der Steuerpflichtige verbundene Bescheide unter bloßer Wiedergabe der „Bescheidbezeichnung" an, ohne zunächst konkrete Einwendungen gegen einen bestimmten Verwaltungsakt zu erheben, können bei der Auslegung des Einspruchsbegehrens auch spätere Begründungen herangezogen werden (BFH-Urteil vom 29. 10. 2019, BStBl 2020 II S. 368).

❷ Hinsichtlich der Aussetzung der Vollziehung wegen ernstlicher Zweifel an der Verfassungsmäßigkeit der Höhe der Verzinsung nach § 233a AO i.V. m. § 238 Abs. 1 Satz 1 AO für Verzinsungszeiträume ab dem 1. April 2015 wird auf die BMF-Schreiben vom 14. 6. 2018, BStBl 2018 I S. 722, und vom 14. 12. 2018, BStBl 2018 I S. 1393, hingewiesen.

10.   Ablehnung der Vollziehungsaussetzung

11.   Rechtsbehelfe

12.   Aussetzungszinsen

1.   Anwendungsbereich des § 361 AO und des § 69 Abs. 2 FGO/Abgrenzung zur gerichtlichen Vollziehungsaussetzung und zur Stundung

1.1   § 361 AO regelt die Aussetzung der Vollziehung durch die Finanzbehörde während eines Einspruchsverfahrens. § 69 Abs. 2 FGO erlaubt es der Finanzbehörde, während eines Klageverfahrens die Vollziehung auszusetzen.

       ...

1.3   Demjenigen, der eine Verfassungsbeschwerde erhoben hat, kann für diesen Verfahrensabschnitt keine Aussetzung der Vollziehung gewährt werden (§ 32 BVerfGG, siehe BFH-Urteil vom 11. 2. 1987, II R 176/84, BStBl II S. 320).

1.4   Liegen nebeneinander die gesetzlichen Voraussetzungen sowohl für eine Stundung als auch für eine Aussetzung der Vollziehung vor, wird im Regelfall auszusetzen sein.

1.5   ...

2.   Voraussetzungen für eine Vollziehungsaussetzung[1]

2.1   Die zuständige Finanzbehörde (vgl. AEAO zu § 361, Nr. 3.3) soll auf Antrag die Vollziehung aussetzen, wenn ernstliche Zweifel an der Rechtmäßigkeit des angefochtenen Verwaltungsaktes bestehen oder wenn die Vollziehung für den Betroffenen eine unbillige, nicht durch überwiegende öffentliche Interessen gebotene Härte zur Folge hätte (§ 361 Abs. 2 Satz 2 AO; § 69 Abs. 2 Satz 2 FGO). Die Finanzbehörde kann auch ohne Antrag die Vollziehung aussetzen (§ 361 Abs. 2 Satz 1 AO; § 69 Abs. 2 Satz 1 FGO). Von dieser Möglichkeit ist insbesondere dann Gebrauch zu machen, wenn der Rechtsbehelf offensichtlich begründet ist, der Abhilfebescheid aber voraussichtlich nicht mehr vor Fälligkeit der geforderten Steuer ergehen kann.

2.2   Eine Vollziehungsaussetzung ist nur möglich, wenn der Verwaltungsakt, dessen Vollziehung ausgesetzt werden soll, angefochten und das Rechtsbehelfsverfahren noch nicht abgeschlossen ist (Ausnahme: Folgebescheide i. S. des § 361 Abs. 3 Satz 1 AO und des § 69 Abs. 2 Satz 4 FGO; vgl. AEAO zu § 361, Nr. 6). Eine Vollziehungsaussetzung kommt daher nicht in Betracht, wenn der Steuerpflichtige statt eines Rechtsbehelfs einen Änderungsantrag, z. B. nach § 164 Abs. 2 Satz 2 AO oder nach § 172 Abs. 1 Satz 1 Nr. 2 Buchstabe a AO, bei der Finanzbehörde einreicht.

2.3   Die Aussetzung der Vollziehung setzt Vollziehbarkeit des Verwaltungsaktes voraus.

2.3.1   Vollziehbar sind insbesondere

      – die eine (positive) Steuer festsetzenden Steuerbescheide (vgl. AEAO zu § 361, Nr. 4),

      – Steuerbescheide über 0 €, die einen vorhergehenden Steuerbescheid über einen negativen Betrag ändern (BFH-Beschluss vom 8. 11. 1974, V B 52/73, BStBl 1975 II S. 239),

      – Vorauszahlungsbescheide bis zum Erlass des Jahressteuerbescheids (BFH-Beschluss vom 4. 6. 1981, VIII B 31/80, BStBl II S. 767; vgl. AEAO zu § 361, Nr. 8.2.2),

---

Anm. d. Schriftl.:

[1] Ruft ein FG das BVerfG an oder richtet es an den EuGH ein Vorabentscheidungsersuchen, entfalten diese Vorlagen im Hinblick auf das Vorliegen ernstlicher Zweifel an der Rechtmäßigkeit einer angefochtenen Verwaltungsentscheidung für den BFH keine Bindungswirkung (BFH-Beschluss vom 25. 11. 2014, BStBl 2015 II S. 207).

– Bescheide, mit denen der Vorbehalt der Nachprüfung aufgehoben wird (BFH-Beschluss vom 1.6.1983, III B 40/82, BStBl II S. 622),

– Verwaltungsakte nach § 218 Abs. 2 AO, die eine Zahlungsschuld feststellen (BFH-Beschluss vom 10.11.1987, VII B 137/87, BStBl 1988 II S. 43),

– Mitteilungen nach § 141 Abs. 2 AO über die Verpflichtung zur Buchführung (BFH-Beschluss vom 6.12.1979, IV B 32/79, BStBl 1980 II S. 427),

– Leistungsgebote (BFH-Beschluss vom 31.10.1975, VIII B 14/74, BStBl 1976 II S. 258),

– der Widerruf einer Stundung (BFH-Beschluss vom 8.6.1982, VIII B 29/82, BStBl II S. 608),

– die völlige oder teilweise Ablehnung eines Antrags auf einen Lohnsteuer-Freibetrag (§ 39a EStG; vgl. BFH-Beschlüsse vom 29.4.1992, VI B 152/91, BStBl II S. 752, und vom 17.3.1994, VI B 154/93, BStBl II S. 567),

– Außenprüfungsanordnungen …

2.3.2 Nicht vollziehbar sind insbesondere

– erstmalige Steuerbescheide über 0 €, auch wenn der Steuerpflichtige die Festsetzung einer negativen Steuer begehrt (BFH-Urteil vom 17.12.1981, V R 81/81, BStBl 1982 II S. 149, BVerfG-Beschluss vom 23.6.1982, 1 BvR 254/82, StRK FGO § 69 R 244),

– auf eine negative Steuerschuld lautende Steuerbescheide, wenn der Steuerpflichtige eine Erhöhung des negativen Betrags begehrt (BFH-Beschluss vom 28.11.1974, V B 44/74, BStBl 1975 II S. 240),

– Verwaltungsakte, die den Erlass oder die Korrektur eines Verwaltungsaktes ablehnen, z.B. Ablehnung eines Änderungsbescheids (BFH-Beschlüsse vom 24.11.1970, II B 42/70, BStBl 1971 II S. 110, und vom 25.3.1971, II B 47/69, BStBl II S. 334), Ablehnung der Herabsetzung bestandskräftig festgesetzter Vorauszahlungen (BFH-Beschluss vom 27.3.1991, I B 187/90, BStBl II S. 643), Ablehnung einer Stundung (BFH-Beschluss vom 8.6.1982, VIII B 29/82, BStBl II S. 608) oder eines Erlasses (BFH-Beschluss vom 24.9.1970, II B 28/70, BStBl II S. 813),

– die Ablehnung einer Billigkeitsmaßnahme i. S. des § 163 AO,

– die Ablehnung der Erteilung einer Freistellungsbescheinigung nach § 44a Abs. 5 EStG (BFH-Beschluss vom 27.7.1994, I B 246/93, BStBl II S. 899) oder einer Freistellung vom Quellensteuerabzug nach § 50a Abs. 4 EStG (BFH-Beschluss vom 13.4.1994, I B 212/93, BStBl II S. 835),

– Verbindliche Auskünfte (§ 89 Abs. 2 AO; § 2 StAuskV), verbindliche Zusagen (§§ 204 bis 207 AO) und Lohnsteueranrufungsauskünfte (§ 42e EStG), unabhängig davon, ob sie der Rechtsauffassung des Steuerpflichtigen entsprechen oder nicht, sowie die Ablehnung, eine verbindliche Auskunft, eine verbindliche Zusage oder eine Lohnsteueranrufungsauskunft zu erteilen.

2.3.3 Zur Vollziehbarkeit von Feststellungsbescheiden vgl. AEAO zu § 361, Nr. 5.1.

2.3.4 Vorläufiger Rechtsschutz gegen einen nicht vollziehbaren Verwaltungsakt kann nur durch eine einstweilige Anordnung nach § 114 FGO gewährt werden.

2.4 Bei der Entscheidung über Anträge auf Aussetzung der Vollziehung ist der gesetzliche Ermessensspielraum im Interesse der Steuerpflichtigen stets voll auszuschöpfen.

2.5 Zur Aussetzung berechtigende ernstliche Zweifel an der Rechtmäßigkeit des angefochtenen Verwaltungsaktes bestehen, wenn eine summarische Prüfung (vgl. AEAO zu § 361, Nr. 3.4) ergibt, dass neben den für die Rechtmäßigkeit sprechenden Umständen gewichtige gegen die Rechtmäßigkeit sprechende Gründe zutage treten, die Unentschiedenheit oder Unsicherheit in der Beurteilung der Rechtsfragen oder Unklarheit in der Beurteilung der Tatfragen bewirken. Dabei brauchen die für die Unrechtmäßigkeit des Verwaltungsaktes sprechenden Bedenken nicht zu überwiegen, d. h. ein Erfolg des Steuerpflichtigen muss nicht wahrscheinlicher sein als ein Misserfolg (BFH-Beschlüsse vom 10. 2. 1967, III B 9/66, BStBl III S. 182, und vom 28. 11. 1974, V B 52/73, BStBl 1975 II S. 239).

...

2.5.2 Ernstliche Zweifel an der Rechtmäßigkeit des Verwaltungsaktes werden im Allgemeinen zu bejahen**[1]** sein,

– wenn die Behörde bewusst oder unbewusst von einer für den Antragsteller günstigen Rechtsprechung des BFH abgewichen ist (BFH-Beschluss vom 15. 2. 1967, VI S 2/66, BStBl III S. 256),

– wenn der BFH noch nicht zu der Rechtsfrage Stellung genommen hat und die Finanzgerichte unterschiedliche Rechtsauffassungen vertreten (BFH-Beschluss vom 10. 5. 1968, III B 55/67, BStBl II S. 610),

– wenn die Gesetzeslage unklar ist, die streitige Rechtsfrage vom BFH noch nicht entschieden ist, im Schrifttum Bedenken gegen die Rechtsauslegung des Finanzamtes erhoben werden und die Finanzverwaltung die Zweifelsfrage in der Vergangenheit nicht einheitlich beurteilt hat (BFH-Beschlüsse vom 22. 9. 1967, VI B 59/67, BStBl 1968 II S. 37, und vom 19. 8. 1987, V B 56/85, BStBl II S. 830),

– wenn eine Rechtsfrage von zwei obersten Bundesgerichten oder zwei Senaten des BFH unterschiedlich entschieden worden ist (BFH-Beschlüsse vom 22. 11. 1968, VI B 87/68, BStBl 1969 II S. 145, und vom 21. 11. 1974, IV B 39/74, BStBl 1975 II S. 175) oder widersprüchliche Urteile desselben BFH-Senats vorliegen (BFH-Beschluss vom 5. 2. 1986, I B 39/85, BStBl II S. 490).

2.5.3 Dagegen werden ernstliche Zweifel im Allgemeinen zu verneinen sein,

– wenn der Verwaltungsakt der höchstrichterlichen Rechtsprechung entspricht (BFH-Beschlüsse vom 24. 2. 1967, VI B 15/66, BStBl III S. 341, und vom 11. 3. 1970, I B 50/68, BStBl II S. 569), und zwar auch dann, wenn einzelne Finanzgerichte eine von der höchstrichterlichen Rechtsprechung abweichende Auffassung vertreten,

– wenn der Rechtsbehelf unzulässig ist (BFH-Beschlüsse vom 24. 11. 1970, II B 42/70, BStBl 1971 II S. 110, und vom 25. 3. 1971, II B 47/69, BStBl II S. 334).

2.5.4 An die Zweifel hinsichtlich der Rechtmäßigkeit des angefochtenen Verwaltungsakts sind, wenn die Verfassungswidrigkeit einer angewandten Rechtsnorm geltend gemacht wird, keine strengeren Anforderungen zu stellen als im Falle der Geltendmachung fehlerhafter Rechtsanwendung. Die Begründetheit des Aussetzungsantrags ist nicht nach den Grundsätzen zu beurteilen, die für eine einstweilige Anordnung durch das BVerfG nach § 32 BVerfGG gelten (BFH-Beschluss vom 10. 2. 1984, III B 40/83, BStBl II S. 454). Eine Aussetzung der Vollziehung ist nicht allein deshalb abzulehnen, weil im Fall einer tatsächlich festgestellten Verfassungswidrigkeit zu erwarten ist, dass das BVerfG lediglich die Unvereinbarkeit eines Gesetzes mit dem GG aussprechen und dem Gesetzgeber nur eine Nachbesserungspflicht für die Zukunft aufgeben wird (BFH-Beschluss vom 21. 11. 2013, II B 46/13, BStBl 2014 II S. 263).

Anm. d. Schriftl.:

[1] Es bestehen ernstliche Zweifel an der Rechtmäßigkeit von gemäß § 27 Abs. 19 UStG geänderten Umsatzsteuerbescheiden (BFH-Beschluss vom 17. 12. 2015, BStBl 2016 II S. 192).

Im Hinblick auf den Geltungsanspruch jedes formell verfassungsgemäß zustande gekommenen Gesetzes muss aber der Antragsteller zusätzlich ein besonderes berechtigtes Interesse an der Gewährung vorläufigen Rechtsschutzes haben. Geboten ist eine Interessenabwägung zwischen der einer Aussetzung der Vollziehung entgegenstehenden Gefährdung der öffentlichen Haushaltsführung und den für eine Aussetzung der Vollziehung sprechenden individuellen Interessen des Antragstellers an der Gewährung vorläufigen Rechtsschutzes (vgl. BFH-Beschlüsse vom 6.11.1987, III B 101/86, BStBl 1988 II S. 134, vom 1.4.2010, II B 168/09, BStBl II S. 558, und vom 25.11.2014, VII B 65/14, BStBl 2015 II S. 207). Als Ergebnis dieser Interessenabwägung kann somit trotz ernstlicher Zweifel an der Verfassungsmäßigkeit einer angewandten Vorschrift eine Aussetzung der Vollziehung abzulehnen sein. Diese Grundsätze gelten nicht nur, wenn zweifelhaft ist, ob eine Norm materiell verfassungsgemäß ist, sondern auch dann, wenn Zweifel an der formellen Verfassungsmäßigkeit einer Norm bestehen (BFH-Beschluss vom 9.3.2012, VII B 171/11, BStBl II S. 418). Würde eine Aussetzung der Vollziehung im Ergebnis zur vorläufigen Nichtanwendung eines ganzen Gesetzes führen, hat das Interesse an einer geordneten Haushaltsführung Vorrang, wenn der durch die Vollziehung des angefochtenen Verwaltungsakts eintretende Eingriff beim Steuerpflichtigen als eher gering einzustufen ist und dieser Eingriff keine dauerhaften nachteiligen Wirkungen hat; ob ernstliche Zweifel an der Verfassungsmäßigkeit des Gesetzes bestehen, muss dann i.d.R. nicht geprüft werden (vgl. BFH-Beschlüsse vom 1.4.2010, II B 168/09, und vom 25.11.2014, VII B 65/14, jeweils a.a.O.). Dem Interesse des Antragstellers an der Gewährung der Aussetzung der Vollziehung ist nicht allein deshalb der Vorrang einzuräumen, weil ein Gericht einen Beschluss über eine Vorlage an das BVerfG erlassen hat (BFH-Beschluss vom 25.11.2014, VII B 65/14, a.a.O.).

2.5.5   Auch Zweifel an der Vereinbarkeit einer deutschen Rechtsnorm mit dem Recht der Europäischen Union können „ernstliche Zweifel" begründen und somit zu einer Aussetzung der Vollziehung führen. Dem Interesse des Antragstellers an der Gewährung vorläufigen Rechtsschutzes ist nicht allein deshalb der Vorrang gegenüber dem Interesse an einer geordneten Haushaltsführung einzuräumen, weil ein Gericht ein Vorabentscheidungsersuchen an den EuGH beschlossen hat (BFH-Beschluss vom 25.11.2014, VII B 65/14, BStBl 2015 II S. 207). Eine derartige Interessenabwägung ist aber jedenfalls dann nicht vorzunehmen, wenn sich die europarechtlichen Zweifel aus einem möglichen Verstoß gegen die Grundfreiheiten ergeben, die in den EU-Mitgliedstaaten unmittelbar anwendbares Recht sind (BFH-Beschlüsse vom 14.2.2006, VIII B 107/04, BStBl II S. 523, und vom 25.11.2014, VII B 65/14, a.a.O.).

2.5.6   Die Gefährdung des Steueranspruchs ist – wenn ernstliche Zweifel an der Rechtmäßigkeit des Verwaltungsakts bestehen – für sich allein kein Grund, die Aussetzung der Vollziehung abzulehnen. Steuerausfälle können dadurch vermieden werden, dass die Aussetzung von einer Sicherheitsleistung abhängig gemacht wird (vgl. AEAO zu § 361, Nr. 9.2).

2.6   Eine Aussetzung der Vollziehung wegen unbilliger Härte kommt in Betracht, wenn bei sofortiger Vollziehung dem Betroffenen Nachteile drohen würden, die über die eigentliche Realisierung des Verwaltungsakts hinausgehen, indem sie vom Betroffenen ein Tun, Dulden oder Unterlassen fordern, dessen nachteilige Folgen nicht mehr oder nur schwer rückgängig gemacht werden können oder existenzbedrohend sind. Der Antragsteller muss seine wirtschaftliche Lage im Einzelnen vortragen und glaubhaft machen (BFH-Beschluss vom 25.11.2014, VII B 65/14, BStBl 2015 II S. 207). Eine Vollziehungsaussetzung wegen unbilliger Härte ist zu versagen, wenn der Rechtsbehelf offensichtlich keine Aussicht auf Erfolg hat (BFH-Beschlüsse vom 21.12.1967, V B 26/67, BStBl 1968 II S. 84, und vom 19.4.1968, IV B 3/66, BStBl II S. 538).

2.7   Durch Aussetzung der Vollziehung darf die Entscheidung in der Hauptsache nicht vorweggenommen werden (BFH-Beschluss vom 22.7.1980, VII B 3/80, BStBl II S. 592).

3. Summarisches Verfahren/Vollstreckung bei anhängigem Vollziehungsaussetzungsantrag/Zuständigkeit

3.1 Über Anträge auf Aussetzung der Vollziehung ist unverzüglich zu entscheiden. Solange über einen entsprechenden bei der Finanzbehörde gestellten Antrag noch nicht entschieden ist, sollen Vollstreckungsmaßnahmen unterbleiben, es sei denn, der Antrag ist aussichtslos, bezweckt offensichtlich nur ein Hinausschieben der Vollstreckung oder es besteht Gefahr im Verzug.

...

4. Berechnung der auszusetzenden Steuer

Die Höhe der auszusetzenden Steuer ist in jedem Fall zu berechnen; eine pauschale Bestimmung (z. B. ausgesetzte Steuer = Abschlusszahlung) ist nicht vorzunehmen.

Bei Steuerbescheiden sind die Aussetzung und die Aufhebung der Vollziehung auf die festgesetzte Steuer, vermindert um die anzurechnenden Steuerabzugsbeträge, um die anzurechnende Körperschaftsteuer und um die festgesetzten Vorauszahlungen, beschränkt; dies gilt nicht, wenn die Aussetzung oder die Aufhebung der Vollziehung zur Abwendung wesentlicher Nachteile nötig erscheint (§ 361 Abs. 2 Satz 4 AO, § 69 Abs. 2 Satz 8 und Absatz 3 Satz 4 FGO).■ Diese Regelung ist verfassungsgemäß (BFH-Beschlüsse vom 2. 11. 1999, I B 49/99, BStBl 2000 II S. 57, und vom 24. 1. 2000, X B 99/99, BStBl II S. 559). Zum Begriff „wesentliche Nachteile" vgl. AEAO zu § 361, Nr. 4.6.1.

Vorauszahlungen sind auch dann „festgesetzt" im Sinne des § 361 Abs. 2 Satz 4 AO, § 69 Abs. 2 Satz 8 FGO, wenn der Vorauszahlungsbescheid in der Vollziehung ausgesetzt war (BFH-Beschluss vom 24. 1. 2000, X B 99/99, BStBl II S. 559; vgl. AEAO zu § 361, Nrn. 4.2, 4.4 und 8.2.2).

Steuerabzugsbeträge sind bei der Ermittlung der auszusetzenden Steuer auch dann zu berücksichtigen, wenn sie erst im Rechtsbehelfsverfahren geltend gemacht werden und die Abrechnung des angefochtenen Steuerbescheides zu korrigieren ist.

Wird ein Steuerbescheid zum Nachteil des Steuerpflichtigen geändert oder gemäß § 129 AO berichtigt, kann hinsichtlich des sich ergebenden Mehrbetrags die Aussetzung der Vollziehung unabhängig von den Beschränkungen des § 361 Abs. 2 Satz 4 AO bzw. des § 69 Abs. 2 Satz 8 FGO gewährt werden.

Es sind folgende Fälle zu unterscheiden (in den Beispielsfällen 4.1 bis 4.5 wird jeweils davon ausgegangen, dass ein Betrag von 5 000 € streitbefangen ist und in dieser Höhe auch ernstliche Zweifel an der Rechtmäßigkeit der angefochtenen Steuerfestsetzung bestehen sowie kein Ausnahmefall des Vorliegens wesentlicher Nachteile – vgl. AEAO zu § 361, Nr. 4.6.1 – gegeben ist):

4.1 Die streitbefangene Steuer ist kleiner als die Abschlusszahlung

Beispiel 1:	festgesetzte Steuer	15 000 €
	festgesetzte und entrichtete Vorauszahlungen	8 000 €
	Abschlusszahlung	7 000 €
	streitbefangene Steuer	5 000 €

Die Vollziehung ist i. H. v. 5 000 € auszusetzen. Der Restbetrag i. H. v. 2 000 € ist am Fälligkeitstag zu entrichten.

Anm. d. Schriftl.:

■ Die in § 361 Abs. 2 Satz 4 AO und in § 69 Abs. 2 Satz 8 FGO enthaltenen Beschränkungen der Möglichkeit, die Vollziehung eines Steuerbescheids auszusetzen oder aufzuheben, sind mit dem GG vereinbar (BFH-Beschluss vom 2. 11. 1999, BStBl 2000 II S. 57).

Beispiel 2:

festgesetzte Umsatzsteuer	0 €
Summe der festgesetzten Umsatzsteuer-Vorauszahlungen	– 7 000 €
Abschlusszahlung	7 000 €
streitbefangene Steuer	5 000 €

Die Vollziehung ist i. H. v. 5 000 € auszusetzen. Der Restbetrag i. H. v. 2 000 € ist am Fälligkeitstag zu entrichten.

4.2 Die streitbefangene Steuer ist kleiner als die Abschlusszahlung einschließlich nicht geleisteter Vorauszahlungen

Beispiel 1:

festgesetzte Steuer	15 000 €
festgesetzte Vorauszahlungen	8 000 €
entrichtete Vorauszahlungen	5 000 €
rückständige Vorauszahlungen	3 000 €
anzurechnende Steuerabzugsbeträge	4 000 €
Abschlusszahlung (einschließlich der rückständigen Vorauszahlungsbeträge, da nach § 36 Abs. 2 Nr. 1 EStG nur die entrichteten Vorauszahlungen anzurechnen sind)	6 000 €
streitbefangene Steuer	5 000 €

Die Vollziehung ist nur i. H. v. 3 000 € auszusetzen (15 000 € – festgesetzte Steuer – ./. 8 000 € – festgesetzte Vorauszahlungen – ./. 4 000 € – anzurechnende Steuerabzugsbeträge –). Die rückständigen Vorauszahlungen i. H. v. 3 000 € sind sofort zu entrichten.

Beispiel 2:

festgesetzte Steuer	15 000 €
festgesetzte Vorauszahlungen	8 000 €
Vollziehungsaussetzung des Vorauszahlungsbescheids in Höhe von	3 000 €
entrichtete Vorauszahlungen	5 000 €
anzurechnende Steuerabzugsbeträge	4 000 €
Abschlusszahlung (einschließlich der in der Vollziehung ausgesetzten Vorauszahlungen)	6 000 €
streitbefangene Steuer	5 000 €

Die Vollziehung ist nur i. H. v. 3 000 € auszusetzen (15 000 € – festgesetzte Steuer – ./. 8 000 € – festgesetzte Vorauszahlungen – ./. 4 000 € – anzurechnende Steuerabzugsbeträge –). Die in der Vollziehung ausgesetzten Vorauszahlungen i. H. v. 3 000 € sind innerhalb der von der Finanzbehörde zu setzenden Frist (vgl. AEAO zu § 361, Nr. 8.2.2) zu entrichten. Der Restbetrag der Abschlusszahlung (3 000 €) muss nicht geleistet werden, solange die Aussetzung der Vollziehung wirksam ist.

4.3 Die streitbefangene Steuer ist größer als die Abschlusszahlung

Beispiel:

festgesetzte Steuer	15 000 €
festgesetzte und entrichtete Vorauszahlungen	8 000 €
anzurechnende Steuerabzugsbeträge	4 000 €
Abschlusszahlung	3 000 €
streitbefangene Steuer	5 000 €

Die Vollziehung ist nur i. H. v. 3 000 € auszusetzen (15 000 € – festgesetzte Steuer – ./. 8 000 € – festgesetzte Vorauszahlungen – ./. 4 000 € – anzurechnende Steuerabzugsbeträge –). Die Abschlusszahlung muss nicht geleistet werden, solange die Aussetzung der Vollziehung wirksam ist.

4.4 Die streitbefangene Steuer ist größer als die Abschlusszahlung einschließlich nicht geleisteter Vorauszahlungen

Beispiel 1:

festgesetzte Steuer	15 000 €
festgesetzte Vorauszahlungen	8 000 €
entrichtete Vorauszahlungen	5 000 €
rückständige Vorauszahlungen	3 000 €
anzurechnende Steuerabzugsbeträge	6 000 €
Abschlusszahlung (einschließlich der rückständigen Vorauszahlungen)	4 000 €
streitbefangene Steuer	5 000 €

Die Vollziehung ist nur i.H.v. 1 000 € auszusetzen (15 000 € – festgesetzte Steuer – ./. 8 000 € – festgesetzte Vorauszahlungen – ./. 6 000 € – anzurechnende Steuerabzugsbeträge –). Die rückständigen Vorauszahlungen i.H.v. 3 000 € sind sofort zu entrichten.

Beispiel 2:

festgesetzte Steuer	15 000 €
festgesetzte Vorauszahlungen	8 000 €
Vollziehungsaussetzung des Vorauszahlungsbescheids in Höhe von	3 000 €
entrichtete Vorauszahlungen	5 000 €
anzurechnende Steuerabzugsbeträge	6 000 €
Abschlusszahlung (einschließlich der in der Vollziehung ausgesetzten Vorauszahlungen)	4 000 €
streitbefangene Steuer	5 000 €

Die Vollziehung ist nur i.H.v. 1 000 € auszusetzen (15 000 € – festgesetzte Steuer – ./. 8 000 € – festgesetzte Vorauszahlungen – ./. 6 000 € – anzurechnende Steuerabzugsbeträge –). Die in der Vollziehung ausgesetzten Vorauszahlungen i.H.v. 3 000 € sind innerhalb der von der Finanzbehörde zu setzenden Frist (vgl. AEAO zu § 361, Nr. 8.2.2) zu entrichten. Der Restbetrag der Abschlusszahlung (1 000 €) muss nicht geleistet werden, solange die Aussetzung der Vollziehung wirksam ist.

4.5 Die Steuerfestsetzung führt zu einer Erstattung

Beispiel 1:

festgesetzte Steuer	15 000 €
festgesetzte und entrichtete Vorauszahlungen	12 000 €
anzurechnende Steuerabzugsbeträge	5 000 €
Erstattungsbetrag	2 000 €
streitbefangene Steuer	5 000 €

Eine Aussetzung der Vollziehung ist nicht möglich (15 000 € – festgesetzte Steuer – ./. 12 000 € – festgesetzte Vorauszahlungen – ./. 5 000 € – anzurechnende Steuerabzugsbeträge –).

Beispiel 2:

Nach einem Erstbescheid gemäß Beispiel 1 ergeht ein Änderungsbescheid:

festgesetzte Steuer nunmehr	16 000 €
festgesetzte und entrichtete Vorauszahlungen	12 000 €
anzurechnende Steuerabzugsbeträge	5 000 €
neuer Erstattungsbetrag	1 000 €
Rückforderung der nach dem Erstbescheid geleisteten Erstattung (Leistungsgebot) in Höhe von	1 000 €
streitbefangene Steuer	5 000 €

Der Änderungsbescheid kann i.H.v. 1 000 € in der Vollziehung ausgesetzt werden.

Beispiel 3:   Nach einem Erstbescheid gemäß Beispiel 1 ergeht ein
Änderungsbescheid:

festgesetzte Steuer nunmehr	18 000 €
festgesetzte und entrichtete Vorauszahlungen	12 000 €
anzurechnende Steuerabzugsbeträge	5 000 €
Abschlusszahlung neu	1 000 €
Leistungsgebot über (Abschlusszahlung – 1 000 € – zuzüglich der nach dem	
Erstbescheid geleisteten Erstattung – 2 000 € –)	3 000 €
streitbefangene Steuer	5 000 €

Der Änderungsbescheid kann i. H. v. 3 000 € in der Vollziehung ausgesetzt werden.

4.6   Sonderfälle

4.6.1   Die Beschränkung der Aussetzung bzw. Aufhebung der Vollziehung von Steuerbescheiden auf den Unterschiedsbetrag zwischen festgesetzter Steuer und Vorleistungen (festgesetzte Vorauszahlungen, anzurechnende Steuerabzugsbeträge, anzurechnende Körperschaftsteuer) gilt nicht, wenn die Aussetzung oder Aufhebung der Vollziehung zur Abwendung wesentlicher Nachteile nötig erscheint (vgl. AEAO zu § 361, Nr. 4 zweiter Absatz).

Für die Beurteilung, wann „wesentliche Nachteile" vorliegen, sind die von der BFH-Rechtsprechung zur einstweiligen Anordnung nach § 114 FGO entwickelten Grundsätze heranzuziehen (BFH-Beschluss vom 22. 12. 2003, IX B 177/02, BStBl 2004 II S. 367). „Wesentliche Nachteile" liegen demnach vor, wenn durch die Versagung der Vollziehungsaussetzung bzw. Vollziehungsaufhebung unmittelbar und ausschließlich die wirtschaftliche oder persönliche Existenz des Steuerpflichtigen bedroht sein würde (BFH-Beschluss vom 22. 12. 2003, IX B 177/02, a. a. O.).

Keine „wesentlichen Nachteile" sind – für sich allein gesehen – allgemeine Folgen, die mit der Steuerzahlung verbunden sind, beispielsweise

– ein Zinsverlust (BFH-Beschluss vom 27. 7. 1994, I B 246/93, BStBl II S. 899),

– eine zur Bezahlung der Steuern notwendige Kreditaufnahme (BFH-Beschlüsse vom 12. 4. 1984, VIII B 115/82, BStBl II S. 492, und vom 2. 11. 1999, I B 49/99, BStBl 2000 II S. 57),

– ein Zurückstellen betrieblicher Investitionen oder eine Einschränkung des gewohnten Lebensstandards (BFH-Beschluss vom 12. 4. 1984, VIII B 115/82, a. a. O.).

„Wesentliche Nachteile" liegen auch vor, wenn der BFH oder ein Finanzgericht von der Verfassungswidrigkeit einer streitentscheidenden Vorschrift überzeugt ist und deshalb diese Norm gem. Art. 100 Abs. 1 GG dem BVerfG zur Prüfung vorgelegt hat (BFH-Beschluss vom 22. 12. 2003, IX B 177/02, a. a. O.). Für eine Vorlage an den EuGH wegen europarechtlicher Zweifel (vgl. AEAO zu § 361, Nr. 2.5.5) gilt dies nicht, da das vorlegende Gericht nicht von einem Verstoß gegen Europarecht überzeugt sein muss.

Wurde ein Grundlagenbescheid angefochten, sind erst bei der Vollziehungsaussetzung des Folgebescheids die Regelungen des § 361 Abs. 2 Satz 4 AO bzw. des § 69 Abs. 2 Satz 8 und Abs. 3 Satz 4 FGO zu beachten (vgl. AEAO zu § 361, Nr. 4 zweiter Absatz, Nr. 5.1 letzter Absatz und Nr. 6 letzter Absatz). Folglich ist auch erst in diesem Verfahren zu prüfen, ob „wesentliche Nachteile" vorliegen.

...

5.   Aussetzung der Vollziehung von Grundlagenbescheiden

5.1   Auch die Vollziehung von Grundlagenbescheiden (insbesondere Feststellungs- und Steuermessbescheiden) kann unter den allgemeinen Voraussetzungen – Anhängigkeit eines Rechtsbehelfs (vgl. AEAO zu § 361, Nr. 2.2), vollziehbarer Verwaltungsakt (vgl. AEAO zu § 361, Nr. 2.3), ernstliche Zweifel (vgl. AEAO zu § 361, Nr. 2.5) oder unbillige Härte (vgl. AEAO zu § 361, Nr. 2.6) – ausgesetzt werden.
...

6.   Aussetzung der Vollziehung von Folgebescheiden

Nach der Aussetzung der Vollziehung eines Grundlagenbescheids ist die Vollziehung der darauf beruhenden Folgebescheide von Amts wegen auszusetzen, und zwar auch dann, wenn die Folgebescheide nicht angefochten wurden (§ 361 Abs. 3 Satz 1 AO, § 69 Abs. 2 Satz 4 FGO). ...

Ein Antrag auf Vollziehungsaussetzung eines Einkommensteuerbescheids, der mit Zweifeln an der Rechtmäßigkeit der Entscheidungen in einem wirksam ergangenen positiven oder negativen Gewinnfeststellungsbescheid begründet wird, ist mangels Rechtsschutzbedürfnisses unzulässig (BFH-Urteil vom 29. 10. 1987, VIII R 413/83, BStBl 1988 II S. 240). Zulässig ist dagegen ein Antrag auf Vollziehungsaussetzung eines Folgebescheids, der mit ernstlichen Zweifeln an der wirksamen Bekanntgabe eines Grundlagenbescheids begründet wird (BFH-Beschluss vom 15. 4. 1988, III R 26/85, BStBl II S. 660).
...

7.   Aufhebung der Vollziehung durch das Finanzamt

7.1   Die Finanzbehörden sind befugt, im Rahmen eines Verfahrens nach § 361 AO oder nach § 69 Abs. 2 FGO auch die Aufhebung der Vollziehung anzuordnen (§ 361 Abs. 2 Satz 3 AO, § 69 Abs. 2 Satz 7 FGO). Die Ausführungen in den Nrn. 2.1 bis 4.6 gelten entsprechend.

7.2   Die Aufhebung der Vollziehung bewirkt die Rückgängigmachung bereits durchgeführter Vollziehungsmaßnahmen. Dies gilt auch, soweit eine Steuer „freiwillig", d. h. abgesehen vom Leistungsgebot ohne besondere Einwirkungen des Finanzamts (wie Mahnung, Postnachnahme, Beitreibungsmaßnahmen), entrichtet worden ist (BFH-Beschluss vom 22. 7. 1977, III B 34/74, BStBl II S. 838). Durch die Aufhebung der Vollziehung erhält der Rechtsbehelfsführer einen Erstattungsanspruch (§ 37 Abs. 2 AO) in Höhe des Aufhebungsbetrags, da der rechtliche Grund für die Zahlung nachträglich weggefallen ist. Durch Aufhebung der Vollziehung kann aber grundsätzlich nicht die Erstattung von geleisteten Vorauszahlungsbeträgen, Steuerabzugsbeträgen oder anrechenbarer Körperschaftsteuer erreicht werden (vgl. AEAO zu § 361, Nr. 4 zweiter Absatz).

Beispiel: festgesetzte Steuer   15 000 €
                 festgesetzte und entrichtete Vorauszahlungen   5 000 €
                 anzurechnende Steuerabzugsbeträge   7 000 €
                 entrichtete Abschlusszahlung   3 000 €

An der Rechtmäßigkeit der Steuerfestsetzung bestehen i. H. v. 5 000 € ernstliche Zweifel; der Sonderfall des Vorliegens „wesentlicher Nachteile" ist nicht gegeben. Nach Aufhebung der Vollziehung ist ein Betrag i. H. v. 3 000 € zu erstatten [15 000 € – festgesetzte Steuer – ./. 5 000 € – festgesetzte Vorauszahlungen – ./. 7 000 € – anrechnende Steuerabzugsbeträge –].

7.3   Wird die Vollziehung einer Steueranmeldung aufgehoben, dürfen die entrichteten Steuerbeträge nur an den Anmeldenden erstattet werden. Dies gilt auch, wenn – wie z. B. in den Fällen des Lohnsteuerabzugs nach § 38 EStG oder des Steuerabzugs nach § 50a Abs. 4 EStG – der Anmeldende lediglich Entrichtungspflichtiger, nicht aber Steuerschuldner ist (BFH-Beschluss vom 13. 8. 1997, I B 30/97, BStBl II S. 700).
...

8.   Dauer der Aussetzung/Aufhebung der Vollziehung

8.1   Beginn der Aussetzung/Aufhebung der Vollziehung

8.1.1 Wird der Antrag auf Aussetzung/Aufhebung der Vollziehung vor Fälligkeit der strittigen Steuerforderung bei der Finanzbehörde eingereicht und begründet, ist die Aussetzung/Aufhebung der Vollziehung im Regelfall ab Fälligkeitstag der strittigen Steuerbeträge auszusprechen; ... Ein späterer Zeitpunkt kommt in Betracht, wenn der Steuerpflichtige – z. B. in Schätzungsfällen – die Begründung des Rechtsbehelfs oder des Aussetzungsantrags unangemessen hinausgezögert hat und die Finanzbehörde deshalb vorher keine ernstlichen Zweifel an der Rechtmäßigkeit des angefochtenen Verwaltungsaktes zu haben brauchte (vgl. BFH-Beschluss vom 10.12.1986, I B 121/86, BStBl 1987 II S. 389).

8.1.2 Wird die Aussetzung/Aufhebung der Vollziehung nach Fälligkeit der strittigen Steuerforderung beantragt und begründet, gilt Nr. 8.1.1 Satz 2 entsprechend.

8.1.3 Bei der Aussetzung/Aufhebung der Vollziehung von Grundlagenbescheiden (vgl. AEAO zu § 361, Nr. 5) ist als Beginn der Aussetzung/Aufhebung der Vollziehung der Tag der Bekanntgabe des Grundlagenbescheids zu bestimmen, wenn der Rechtsbehelf oder der Antrag auf Aussetzung/Aufhebung der Vollziehung vor Ablauf der Einspruchsfrist begründet wurde. Bei später eingehender Begründung gilt Nr. 8.1.1 Satz 2 des AEAO zu § 361 entsprechend.

8.1.4 Trifft die Finanzbehörde keine Aussage über den Beginn der Aussetzung/Aufhebung der Vollziehung, wirkt die Aussetzung/Aufhebung der Vollziehung ab Bekanntgabe der Aussetzungs-/Aufhebungsverfügung (§ 124 Abs. 1 Satz 1 AO).

8.1.5 Der Beginn der Aussetzung/Aufhebung der Vollziehung eines Folgebescheids (vgl. AEAO zu § 361, Nr. 6 und 8.1.3) richtet sich nach dem Beginn der Aussetzung/Aufhebung der Vollziehung des Grundlagenbescheids (vgl. BFH-Beschluss vom 10.12.1986, I B 121/86, BStBl 1987 II S. 389).

8.2   Ende der Aussetzung/Aufhebung der Vollziehung

8.2.1 Die Aussetzung/Aufhebung der Vollziehung ist grundsätzlich nur für eine Rechtsbehelfsstufe zu bewilligen (BFH-Beschluss vom 3.1.1978, VII S 13/77, BStBl II S. 157). Das Ende der Aussetzung/Aufhebung der Vollziehung ist in der Verfügung zu bestimmen. Soweit nicht eine datumsmäßige Befristung angebracht ist, sollte das Ende bei Entscheidungen über die Aussetzung/Aufhebung der Vollziehung während des außergerichtlichen oder gerichtlichen Rechtsbehelfsverfahrens auf einen Monat nach Bekanntgabe der Einspruchsentscheidung bzw. nach Verkündung oder Zustellung des Urteils oder einen Monat nach dem Eingang einer Erklärung über die Rücknahme des Rechtsbehelfs festgelegt werden. Einer Aufhebung der Aussetzungs-/Aufhebungsverfügung bedarf es in einem solchen Fall nicht. Die Aussetzung/Aufhebung der Vollziehung eines Folgebescheids ist bis zur Beendigung der Aussetzung/Aufhebung der Vollziehung des Grundlagenbescheids und für den Fall, dass der Rechtsbehelf gegen den Grundlagenbescheid zu einer Änderung des Folgebescheids führt, bis zum Ablauf eines Monats nach Bekanntgabe des geänderten Folgebescheids zu befristen.

8.2.2 Wird der in der Vollziehung ausgesetzte Verwaltungsakt geändert oder ersetzt, erledigt sich die bisher gewährte Aussetzung/Aufhebung der Vollziehung, ohne dass es einer Aufhebung der Vollziehungsaussetzungs(aufhebungs)verfügung bedarf. Für eine eventuelle Nachzahlung der bisher in der Vollziehung ausgesetzten Beträge kann dem Steuerpflichtigen in der Regel eine einmonatige Zahlungsfrist eingeräumt werden.

In den Fällen des § 365 Abs. 3 AO bzw. des § 68 FGO ist auf der Grundlage des neuen Verwaltungsaktes erneut über die Aussetzung bzw. Aufhebung der Vollziehung zu entscheiden. Dies gilt auch, wenn ein in der Vollziehung ausgesetzter Vorauszahlungsbescheid durch die Jahressteuerfestsetzung ersetzt wird (...).

...

9.2   Sicherheitsleistung

9.2.1   Die Finanzbehörde kann die Aussetzung oder Aufhebung der Vollziehung von einer Sicherheitsleistung abhängig machen (§ 361 Abs. 2 Satz 5 AO; § 69 Abs. 2 Satz 3 FGO). Die Entscheidung hierüber ist nach pflichtgemäßem Ermessen zu treffen.

9.2.2   Die Anordnung der Sicherheitsleistung muss vom Grundsatz der Verhältnismäßigkeit bestimmt sein (BVerfG-Beschluss vom 24. 10. 1975, 1 BvR 266/75, StRK FGO § 69 R 171). Sie ist geboten, wenn die wirtschaftliche Lage des Steuerpflichtigen die Steuerforderung als gefährdet erscheinen lässt (BFH-Beschlüsse vom 8. 3. 1967, VI B 50/66, BStBl III S. 294, und vom 22. 6. 1967, I B 7/67, BStBl III S. 512). Die Anordnung einer Sicherheitsleistung ist zum Beispiel gerechtfertigt, wenn der Steuerbescheid nach erfolglosem Rechtsbehelf im Ausland vollstreckt werden müsste (BFH-Urteil vom 27. 8. 1970, V R 102/67, BStBl 1971 II S. 1). Dies gilt auch, wenn in einem Mitgliedstaat der EG zu vollstrecken wäre, es sei denn, mit diesem Staat besteht ein Abkommen, welches eine Vollstreckung unter gleichen Bedingungen wie im Inland gewährleistet (BFH-Beschluss vom 3. 2. 1977, V B 6/76, BStBl II S. 351; zur zwischenstaatlichen Vollstreckungshilfe siehe BMF-Merkblatt vom 14. 4. 1987, BStBl I S. 402). Eine Sicherheitsleistung ist unzumutbar, wenn die Zweifel an der Rechtmäßigkeit des Verwaltungsaktes so bedeutsam sind, dass mit großer Wahrscheinlichkeit seine Aufhebung zu erwarten ist (BFH-Beschluss vom 22. 12. 1969, V B 115/69, BStBl 1970 II S. 127).

9.2.3   Kann ein Steuerpflichtiger trotz zumutbarer Anstrengung eine Sicherheit nicht leisten, darf eine Sicherheitsleistung bei Aussetzung/Aufhebung der Vollziehung wegen ernstlicher Zweifel an der Rechtmäßigkeit des angefochtenen Verwaltungsaktes nicht verlangt werden; Aussetzung/Aufhebung der Vollziehung wegen unbilliger Härte darf jedoch bei Gefährdung des Steueranspruchs nur gegen Sicherheitsleistung bewilligt werden (BFH-Beschluss vom 9. 4. 1968, I B 73/67, BStBl II S. 456).

9.2.4   Zur Sicherheitsleistung bei der Aussetzung der Vollziehung von Grundlagenbescheiden siehe § 361 Abs. 3 Satz 3 AO und § 69 Abs. 2 Satz 6 FGO. Hiernach entscheiden über die Sicherheitsleistung die für den Erlass der Folgebescheide zuständigen Finanzämter bzw. Gemeinden. Das für den Erlass des Grundlagenbescheids zuständige Finanzamt darf jedoch anordnen, dass die Aussetzung der Vollziehung von keiner Sicherheitsleistung abhängig zu machen ist. Das kann z. B. der Fall sein, wenn der Rechtsbehelf wahrscheinlich erfolgreich sein wird.

9.2.5   Zu den möglichen Arten der Sicherheitsleistung siehe § 241 AO.

9.2.6   Die Anordnung einer Sicherheitsleistung ist eine unselbständige Nebenbestimmung in Form einer aufschiebenden Bedingung; sie kann daher nicht selbständig, sondern nur zusammen mit der Entscheidung über die Aussetzung/Aufhebung der Vollziehung angefochten werden (BFH-Urteil vom 31. 10. 1973, I R 249/72, BStBl 1974 II S. 118, und BFH-Beschluss vom 20. 6. 1979, IV B 20/79, BStBl II S. 666). Eine Aussetzung/Aufhebung der Vollziehung gegen Sicherheitsleistung wird erst wirksam, wenn die Sicherheitsleistung erbracht worden ist. In dem Verwaltungsakt über die Aussetzung/Aufhebung der Vollziehung ist deshalb eine Frist für die Sicherheitsleistung zu setzen. Wird die Sicherheit innerhalb der Frist nicht erbracht, ist der Steuerpflichtige auf die Rechtsfolgen hinzuweisen und zur Zahlung aufzufordern.

10.   Ablehnung der Vollziehungsaussetzung

Zur Erhebung von Säumniszuschlägen nach Ablehnung eines Antrags auf Vollziehungsaussetzung vgl. AEAO zu § 240, Nr. 6 Buchstabe b.

11.   Rechtsbehelfe

Gegen die Entscheidung der Finanzbehörde über die Aussetzung/Aufhebung der Vollziehung ist der Einspruch gegeben. Das Gericht kann nur nach § 69 Abs. 3 FGO angerufen werden; eine Klagemöglichkeit ist insoweit nicht gegeben (§ 361 Abs. 5 AO; § 69 Abs. 7 FGO).

Der Antrag auf Aussetzung/Aufhebung der Vollziehung durch das Gericht ist nur zulässig, wenn die Finanzbehörde einen Antrag auf Aussetzung/Aufhebung der Vollziehung ganz oder zum Teil abgelehnt hat. Dies gilt nicht, wenn die Finanzbehörde über den Antrag ohne Mitteilung eines zureichenden Grundes in angemessener Frist sachlich nicht entschieden hat oder eine Vollstreckung droht (§ 69 Abs. 4 FGO). Eine teilweise Antragsablehnung i. S. d. § 69 Abs. 4 Satz 1 FGO liegt auch vor, wenn die Finanzbehörde die Aussetzung/Aufhebung der Vollziehung von einer Sicherheitsleistung abhängig gemacht hat (vgl. AEAO zu § 361, Nr. 9.2), nicht aber, wenn eine im Übrigen antragsgemäße Aussetzung/Aufhebung der Vollziehung unter Widerrufsvorbehalt (vgl. AEAO zu § 361, Nr. 9.1) gewährt wurde (BFH-Beschluss vom 12. 5. 2000, VI B 266/98, BStBl II S. 536).

12. Aussetzungszinsen

Wegen der Festsetzung von Aussetzungszinsen siehe § 237 AO, wegen der Festsetzungsfrist vgl. AEAO zu § 237, Nr. 4 und 8.

Zu § 362 AO

AEAO   Rücknahme des Einspruchs:

1. Für die Rücknahme eines Einspruchs gelten die Formvorschriften für einen Einspruch sinngemäß (§ 362 Abs. 1 Satz 2 AO). Die Rücknahme ist daher schriftlich oder elektronisch oder zur Niederschrift zu erklären. Eine elektronisch erklärte Rücknahme bedarf keiner qualifizierten elektronischen Signatur nach dem Signaturgesetz (vgl. AEAO zu § 357, Nr. 1).

2. Die Rücknahme führt nur zum Verlust des eingelegten Einspruchs, nicht der Einspruchsmöglichkeit schlechthin. Der Einspruch kann daher innerhalb der Einspruchsfrist erneut erhoben werden.

3. Eine Unwirksamkeit der Einspruchsrücknahme ist grundsätzlich innerhalb eines Jahres nach Eingang der Rücknahmeerklärung bei der für die Einlegung des Einspruchs zuständigen Finanzbehörde (§ 362 Abs. 1 Satz 2, § 357 Abs. 2 AO) geltend zu machen. Ein späteres Geltendmachen ist nur in Fällen höherer Gewalt zulässig (§ 362 Abs. 2 Satz 2, § 110 Abs. 3 AO). Nach einem fristgerechten Geltendmachen der Unwirksamkeit der Rücknahme ist das Einspruchsverfahren wieder aufzunehmen und in der Sache zu entscheiden. Sind die vorgetragenen Gründe für die Unwirksamkeit der Einspruchsrücknahme nicht stichhaltig, ist der Einspruch als unzulässig zu verwerfen.

Zu § 363 AO

AEAO   Aussetzung und Ruhen des Verfahrens:

1. Die nach § 363 Abs. 2 Satz 1 AO erforderliche Zustimmung des Einspruchsführers zur Verfahrensruhe aus Zweckmäßigkeitsgründen sollte aus Gründen der Klarheit immer schriftlich oder elektronisch erteilt werden.

2. Voraussetzung für eine Verfahrensruhe nach § 363 Abs. 2 Satz 2 AO ist, dass der Einspruchsführer in der Begründung seines Einspruchs die strittige, auch für seinen Steuerfall entscheidungserhebliche Rechtsfrage darlegt und sich hierzu konkret auf ein beim EuGH, beim BVerfG oder bei einem obersten Bundesgericht anhängiges Verfahren beruft (BFH-Urteile vom 26. 9. 2006, X R 39/05, BStBl 2007 II S. 222, und vom 30. 9. 2010, III R 39/08, BStBl

2011 II S. 11). Eine nach § 363 Abs. 2 Satz 2 AO eingetretene Verfahrensruhe endet, wenn das Gerichtsverfahren, auf das sich der Einspruchsführer berufen hat, abgeschlossen ist. Dies gilt auch, wenn gegen diese Gerichtsentscheidung Verfassungsbeschwerde erhoben wird und der Einspruchsführer sich nicht auf dieses neue Verfahren beruft (BFH-Urteil vom 30. 9. 2010, III R 39/08, a. a. O.). Endet demnach die Verfahrensruhe, bedarf es insoweit keiner Fortsetzungsmitteilung nach § 363 Abs. 2 Satz 4 AO und somit grundsätzlich auch keiner Ermessensentscheidung (BFH-Urteil vom 26. 9. 2006, X R 39/05, a. a. O.), soweit nicht im Einzelfall eine Verfahrensruhe aus Zweckmäßigkeitsgründen nach § 363 Abs. 2 Satz 1 AO angemessen erscheint.

3. Sind die Voraussetzungen für eine Verfahrensaussetzung oder Verfahrensruhe erfüllt, kann über den Einspruch insoweit nicht entschieden werden, und zwar weder durch eine Einspruchsentscheidung noch durch den Erlass eines Änderungsbescheids. Über Fragen, die nicht Anlass der Verfahrensaussetzung oder Verfahrnsruhe sind, kann dagegen durch Erlass einer Teil-Einspruchsentscheidung (§ 367 Abs. 2a AO) oder eines Teilabhilfebescheids entschieden werden. Dabei wird in der Regel zur Herbeiführung der Bestandskraft eine Teil-Einspruchsentscheidung zweckmäßig sein (vgl. AEAO zu § 367, Nr. 6). Auch der Erlass von Änderungsbescheiden aus außerhalb des Einspruchsverfahrens liegenden Gründen (z. B. Folgeänderung gem. § 175 Abs. 1 Satz 1 Nr. 1 AO) bleibt zulässig. Änderungsbescheide werden gem. § 365 Abs. 3 AO Gegenstand des anhängigen Verfahrens.

4. Eine Fortsetzungsmitteilung gem. § 363 Abs. 2 Satz 4 AO kann in sämtlichen Fällen des § 363 Abs. 2 AO ergehen. Über ihren Erlass ist nach pflichtgemäßem Ermessen zu entscheiden; die Ermessenserwägungen sind dem Einspruchsführer mitzuteilen (BFH-Urteil vom 26. 9. 2006, X R 39/05, BStBl 2007 II S. 222). Ein zureichender Grund für den Erlass einer Fortsetzungsmitteilung liegt insbesondere dann vor, wenn ein weiteres gerichtliches Musterverfahren herbeigeführt werden soll, wenn bereits eine Entscheidung des EuGH, des BVerfG oder des obersten Bundesgerichts in einem Parallelverfahren ergangen ist oder wenn das Begehren des Einspruchsführers letztlich darauf abzielt, seinen Steuerfall „offenzuhalten", um von künftigen Änderungen der höchstrichterlichen Rechtsprechung zu derzeit nicht strittigen Fragen zu „profitieren" (BFH-Urteil vom 26. 9. 2006, X R 39/05, a. a. O.).

    Teilt die Finanzbehörde nach § 363 Abs. 2 Satz 4 AO die Fortsetzung des bisher ruhenden Einspruchsverfahrens mit, soll sie vor Erlass einer Einspruchsentscheidung den Beteiligten Gelegenheit geben, sich erneut zu äußern.

5. ...

Zu § 364 AO

AEAO   **Offenlegen der Besteuerungsunterlagen:**

Den Beteiligten sind die Besteuerungsunterlagen mitzuteilen oder anderweitig offenzulegen, wenn sie dies beantragt haben oder wenn die Einspruchsbegründung dazu Anlass gibt. Wenn die Finanzbehörde es für zweckmäßig hält, kann sie Akteneinsicht gewähren. Hierbei ist sicherzustellen, dass Verhältnisse eines anderen nicht unbefugt offenbart werden. Die Ablehnung eines Antrags auf Akteneinsicht ist mit dem Einspruch anfechtbar. Für das finanzgerichtliche Verfahren gilt § 78 FGO.

Einfügung d. Schriftl.:

Das Rechtsbehelfsverfahren

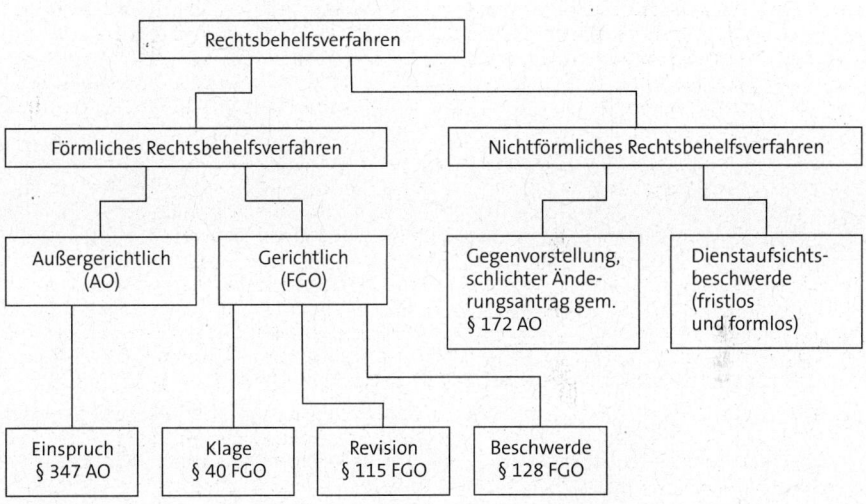

II. Einkommensteuer-Richtlinien 2012 (EStR) mit amtlichen Bearbeitungshinweisen 2022 in Auszügen

Inhaltsverzeichnis   Seite

EStR   Einführung

(1) Die Einkommensteuer-Richtlinien in der geänderten Fassung (Einkommensteuer-Richtlinien 2012 – EStR 2012) sind Weisungen an die Finanzbehörden zur einheitlichen Anwendung des Einkommensteuerrechts[1], zur Vermeidung unbilliger Härten und zur Verwaltungsvereinfachung.

(2) ...

(3) Anordnungen, die mit den nachstehenden Richtlinien im Widerspruch stehen, sind nicht mehr anzuwenden.

(4) – (5) ...

Zu § 1 EStG

EStR   R 1. Steuerpflicht

[1]Unbeschränkt steuerpflichtig gemäß § 1 Abs. 2 EStG sind insbesondere von der Bundesrepublik Deutschland ins Ausland entsandte deutsche Staatsangehörige, die Mitglied einer diplomatischen Mission oder konsularischen Vertretung sind – einschließlich der zu ihrem Haushalt gehörenden Angehörigen –, soweit die Voraussetzungen des § 1 Abs. 2 EStG erfüllt sind. [2]Für einen ausländischen Ehegatten gilt dies auch, wenn er die Staatsangehörigkeit des Empfangsstaates besitzt. [3]Für die Anwendung des § 1a Abs. 1 Nr. 2 EStG ist Voraussetzung, dass der Stpfl. selbst als unbeschränkt Stpfl. nach § 1 Abs. 3 EStG zu behandeln ist; die Einkunftsgrenzen des § 1 Abs. 3 Satz 2 und des § 1a Abs. 1 Nr. 2 Satz 3 EStG sind daher nacheinander gesondert zu prüfen.[2]

Zu § 1a EStG

 **Hinweise**   **EStH**   **H 1a**

Allgemeines

Die unbeschränkte Einkommensteuerpflicht erstreckt sich auf sämtliche inländische und ausländische Einkünfte, soweit nicht für bestimmte Einkünfte abweichende Regelungen bestehen, z. B. in DBA oder in anderen zwischenstaatlichen Vereinbarungen.

...

Einkünfteermittlung zur Bestimmung der Einkunftsgrenzen

– *Die Einkünfteermittlung nach § 1 Abs. 3 Satz 2 EStG vollzieht sich in zwei Stufen. Zunächst ist in einem ersten Schritt die Summe der Welteinkünfte zu ermitteln. Dabei sind sämtliche Einkünfte, unabhängig davon, ob sie im In- oder Ausland erzielt wurden, nach deutschem Recht zu ermitteln. In einem zweiten Schritt sind die Welteinkünfte in Einkünfte, die der deutschen*

Anm. d. Schriftl.:

[1] Das Einkommensteuergesetz ist am 8. 10. 2009, BStBl 2009 I S. 1346, neu gefasst worden.

Amtl. Fn.:

[2] R 1 Satz 3 überholt > H 1a (Einkünfteermittlung zur Bestimmung der Einkunftsgrenzen).

*Einkommensteuer unterliegen, und in Einkünfte, die diese Voraussetzungen nicht erfüllen, auf-
zuteilen. Überschreiten die so ermittelten ausländischen Einkünfte die absolute Wesentlichkeitsgrenze des § 1 Abs. 3 Satz 2 i. V. m. § 1a Abs. 1 Nr. 2 Satz 3 EStG, ist eine Zusammenveranlagung zur Einkommensteuer auch dann ausgeschlossen, wenn sie, nach dem Recht des
Wohnsitzstaates ermittelt, unterhalb der absoluten Wesentlichkeitsgrenze liegen (> BFH vom
20. 8. 2008 – BStBl 2009 II S. 708).*

– *Der Abgeltungsteuer unterliegende Kapitaleinkünfte sind in die Berechnung der Einkunftsgrenzen einzubeziehen (> BFH vom 12. 8. 2015 – BStBl 2016 II S. 201).*

– *Bei der Frage, ob Ehegatten die Einkunftsgrenzen (relative oder absolute Wesentlichkeitsgrenze) für das Wahlrecht zur Zusammenveranlagung in Fällen der fiktiven unbeschränkten Einkommensteuerpflicht (§ 1 Abs. 3 EStG) wahren, ist im Rahmen einer einstufigen Prüfung nach
§ 1a Abs. 1 Nr. 2 EStG auf die Einkünfte beider Ehegatten abzustellen und der Grundfreibetrag
zu verdoppeln (> BFH vom 6. 5. 2015 – BStBl II S. 957).*

...

Erweiterte unbeschränkte Steuerpflicht und unbeschränkte Steuerpflicht auf Antrag

– *> § 1 Abs. 2 bzw. § 1 Abs. 3 in Verbindung mit § 1a Abs. 2 EStG:*

*Im Ausland bei internationalen Organisationen beschäftigte Deutsche fallen nicht unter § 1
Abs. 2 oder § 1 Abs. 3 in Verbindung mit § 1a Abs. 2 EStG, da sie ihren Arbeitslohn nicht aus
einer inländischen öffentlichen Kasse beziehen. Mitarbeiter des Goethe-Instituts mit Wohnsitz
im Ausland stehen nicht zu einer inländischen juristischen Person des öffentlichen Rechts in
einem Dienstverhältnis und sind daher nicht nach § 1 Abs. 2 EStG unbeschränkt einkommensteuerpflichtig (> BFH vom 22. 2. 2006, BStBl 2007 II S. 106).*

– *> BMF vom 8. 10. 1996 (BStBl I S. 1191) – Auszug –:*

*Billigkeitsregelung in Fällen, in denen ein Steuerpflichtiger und sein nicht dauernd getrennt
lebender Ehegatte zunächst unter den Voraussetzungen des § 1 Abs. 2 EStG unbeschränkt einkommensteuerpflichtig sind bzw. unter den Voraussetzungen des § 1 Abs. 3 in Verbindung mit
§ 1a Abs. 2 EStG auf Antrag als unbeschränkt steuerpflichtig behandelt werden,*

– *der Steuerpflichtige dann aus dienstlichen Gründen in das Inland versetzt wird,*

– *der nicht dauernd getrennt lebende Ehegatte aus persönlichen Gründen noch für kurze
Zeit im Ausland verbleibt und*

– *die Voraussetzungen des § 1a Abs. 1 EStG nicht erfüllt sind.*

– *> BMF vom 11. 11. 2020 (BStBl I S. 1212) Berücksichtigung ausländischer Verhältnisse; Ländergruppeneinteilung ab 1. 1. 2021.*

– ...

...

Schiffe

*Schiffe unter Bundesflagge rechnen auf hoher See zum Inland (> BFH vom 12. 11. 1986 –
BStBl 1987 II S. 377).*

Unbeschränkte Steuerpflicht – auf Antrag **–❶**

- > *BMF vom 30. 12. 1996 (BStBl I S. 1506)*

- *Die zum Nachweis der Höhe der nicht der deutschen Steuer unterliegenden Einkünfte erforderliche Bescheinigung der zuständigen ausländischen Steuerbehörde ist auch dann vorzulegen, wenn der Stpfl. angibt, keine derartigen Einkünfte erzielt zu haben (sog. Nullbescheinigung). Die Verwendung eines bestimmten Vordrucks für die Bescheinigung ist gesetzlich nicht vorgeschrieben (> BFH vom 8. 9. 2010 – BStBl 2011 II S. 447).*

Wechsel der Steuerpflicht

> *§ 2 Abs. 7 Satz 3 EStG*

...

Zu § 2 EStG

EStR   R 2. Umfang der Besteuerung

(1) Das zu versteuernde Einkommen ist wie folgt zu ermitteln:

1	Summe der Einkünfte aus den Einkunftsarten
2	= Summe der Einkünfte
3	– Altersentlastungsbetrag (§ 24a EStG)
4	– Entlastungsbetrag für Alleinerziehende (§ 24b EStG)
5	– Freibetrag für Land- und Forstwirte (§ 13 Abs. 3 EStG)
6	+ Hinzurechnungsbetrag (§ 52 Abs. 3 Satz 5 **❷** EStG sowie § 8 Abs. 5 Satz 2 AIG)
7	= Gesamtbetrag der Einkünfte (§ 2 Abs. 3 EStG)
8	– Verlustabzug nach § 10d EStG
9	– Sonderausgaben (§§ 10, 10a, 10b, 10c EStG)
10	– außergewöhnliche Belastungen (§§ 33 bis 33b EStG)
11	– Steuerbegünstigung der zu Wohnzwecken genutzten Wohnungen, Gebäude und Baudenkmale sowie der schutzwürdigen Kulturgüter (§§ 10e bis 10i EStG, § 52 Abs. 21 Satz 6 EStG i. d. F. vom 16. 4. 1997, BGBl I S. 821 und § 7 FördG)
12	+ Erstattungsüberhänge (§ 10 Abs. 4b Satz 3 EStG)
13	+ zuzurechnendes Einkommen gemäß § 15 Abs. 1 AStG **❸**
14	= Einkommen (§ 2 Abs. 4 EStG)
15	– Freibeträge für Kinder (§§ 31, 32 Abs. 6 EStG)
16	– Härteausgleich nach § 46 Abs. 3 EStG, § 70 EStDV
17	= zu versteuerndes Einkommen (§ 2 Abs. 5 EStG).

Anm. d. Schriftl.:

❶ Vor dem Hintergrund der EuGH-Rechtsprechung im Fall „Schumacker" (EuGH vom 14. 2. 1995, DB 1995 S. 407) hat der Gesetzgeber die beschränkte Steuerpflicht in § 1 Abs. 3 EStG und § 1a EStG neu geregelt. Der EuGH hatte zur Freizügigkeit der Arbeitnehmer (Art. 48 EG-Vertrag) im Fall „Schumacker" insbesondere gefordert, das Splittingverfahren auch auf beschränkt Steuerpflichtige anzuwenden.

Amtl. Fn.:

❷ Jetzt § 52 Abs. 2 Satz 3 EStG.

❸ Eine Hinzurechnung entfällt ab VZ 2013, da diese bereits im Rahmen der Einkünfteermittlung vorzunehmen ist > § 15 Abs. 1 AStG in der durch das AmtshilfeRLUmsG geänderten Fassung.

(2) Die festzusetzende Einkommensteuer ist wie folgt zu ermitteln:
1   Steuerbetrag
    a) nach § 32a Abs. 1, 5, § 50 Abs. 1 Satz 2 EStG
      oder
    b) nach dem bei Anwendung des Progressionsvorbehalts (§ 32b EStG) oder der
      Steuersatzbegrenzung sich ergebenden Steuersatz
2 + Steuer auf Grund Berechnung nach den §§ 34, 34b EStG
3 + Steuer auf Grund der Berechnung nach § 34a Abs. 1, 4 bis 6 EStG
4 = tarifliche Einkommensteuer (§ 32a Abs. 1, 5 EStG)
5 − Minderungsbetrag nach Punkt 11 Ziffer 2 des Schlussprotokolls zu Artikel 23 DBA Belgien
    in der durch Artikel 2 des Zusatzabkommens vom 5. 11. 2002 geänderten Fassung (BGBl
    2003 II S. 1615)
6 − ausländische Steuern nach § 34c Abs. 1 und 6 EStG, § 12 AStG
7 − Steuerermäßigung nach § 35 EStG
8 − Steuerermäßigung für Steuerpflichtige mit Kindern bei Inanspruchnahme
    erhöhter Absetzungen für Wohngebäude oder der Steuerbegünstigungen für
    eigengenutztes Wohneigentum (§ 34f Abs. 1 und 2 EStG)
9 − Steuerermäßigung bei Zuwendungen an politische Parteien und
    unabhängige Wählervereinigungen (§ 34g EStG)
10 − Steuerermäßigung nach § 34f Abs. 3 EStG
11 − Steuerermäßigung nach § 35a EStG
12 − Ermäßigung bei Belastung mit Erbschaftsteuer (§ 35b EStG)
13 + Steuer auf Grund Berechnung nach § 32d Abs. 3 und 4 EStG
14 + Steuern nach § 34c Abs. 5 EStG
15 + Nachsteuer nach § 10 Abs. 5 EStG i. V. m. § 30 EStDV
16 + Zuschlag nach § 3 Abs. 4 Satz 2 Forstschäden-Ausgleichsgesetz
17 + Anspruch auf Zulage für Altersvorsorge, wenn Beiträge als Sonderausgaben abgezogen
    worden sind (§ 10a Abs. 2 EStG)
18 + Anspruch auf Kindergeld oder vergleichbare Leistungen, soweit in den Fällen des
    § 31 EStG das Einkommen um Freibeträge für Kinder gemindert wurde
19 = festzusetzende Einkommensteuer (§ 2 Abs. 6 EStG).

Hinweise   EStH   H 2

Erstattungsüberhänge

Der Hinzurechnungsbetrag nach § 10 Abs. 4b Satz 3 EStG erhöht nicht den Gesamtbetrag der Einkünfte (> BFH vom 12. 3. 2019 – BStBl II S. 658).

...

Lebenspartner und Lebenspartnerschaften

§ 2 Abs. 8 EStG gilt nur für Lebenspartner und Lebenspartnerschaften i. S. d. § 1 Abs. 1 LPartG. Andere Lebensgemeinschaften fallen nicht unter diese Vorschrift, selbst wenn die Partner ihre Rechtsbeziehungen auf eine vertragliche Grundlage gestellt haben (> BFH vom 26. 6. 2014 – BStBl II S. 829 und vom 26. 4. 2017 – BStBl II S. 903).

...

Steuersatzbegrenzung

Bei der Festsetzung der Einkommensteuer ist in den Fällen der Steuersatzbegrenzung die rechnerische Gesamtsteuer quotal aufzuteilen und sodann der Steuersatz für die der Höhe nach nur beschränkt zu besteuernden Einkünfte zu ermäßigen (> BFH vom 13. 11. 2002 – BStBl 2003 II S. 587).

Zu § 4 EStG (§§ 6 und 8 EStDV)

EStR   **R 4.1 Betriebsvermögensvergleich**

Betriebe der Land- und Forstwirtschaft

(1) ¹Bei einem Betrieb der Land- und Forstwirtschaft ist der Gewinn durch Betriebsvermögensvergleich nach § 4 Abs. 1 EStG zu ermitteln, wenn der Land- und Forstwirt nach den §§ 140, 141 AO verpflichtet ist, für diesen Betrieb Bücher zu führen und auf Grund jährlicher Bestandsaufnahmen Abschlüsse zu machen. ²Werden für den Betrieb freiwillig Bücher geführt und auf Grund jährlicher Bestandsaufnahmen Abschlüsse gemacht, ist der Gewinn durch Betriebsvermögensvergleich nach § 4 Abs. 1 EStG zu ermitteln, wenn der Antrag nach § 13a Abs. 2 EStG gestellt worden ist oder der Gewinn aus anderen Gründen nicht nach § 13a EStG zu ermitteln ist.

Gewerbliche Betriebe

(2) ¹Bei einem gewerblichen Betrieb, für den die Verpflichtung besteht, Bücher zu führen und auf Grund jährlicher Bestandsaufnahmen Abschlüsse zu machen oder für den freiwillig Bücher geführt und regelmäßig Abschlüsse gemacht werden, muss der Gewerbetreibende den Gewinn durch Betriebsvermögensvergleich nach § 5 EStG ermitteln. ²... ³Werden für einen gewerblichen Betrieb, für den Buchführungspflicht besteht, keine Bücher geführt, oder ist die Buchführung nicht ordnungsmäßig (> R 5.2 Abs. 2), ist der Gewinn nach § 5 EStG unter Berücksichtigung der Verhältnisse des Einzelfalles, unter Umständen unter Anwendung von Richtsätzen, zu schätzen. ⁴Das Gleiche gilt, wenn für einen gewerblichen Betrieb freiwillig Bücher geführt und Abschlüsse gemacht werden, die Buchführung jedoch nicht ordnungsmäßig ist. ⁵Bei gewerblichen Betrieben, bei denen die Voraussetzungen der Sätze 1 bis 4 nicht vorliegen, kann der Gewinn durch Einnahmenüberschussrechnung nach § 4 Abs. 3 EStG ermittelt werden, wenn der Gewerbetreibende für den Betrieb diese Gewinnermittlungsart gewählt hat.

Personengesellschaften

(3) Absätze 1 und 2 gelten sinngemäß.

Beteiligung an einer ausländischen Personengesellschaft

(4) ...

Ordnungsmäßigkeit der Buchführung

(5) ...

◤ **Hinweise**   **EStH**   **H 4.1**

Aufzeichnungs- und Buchführungspflichten

– *von Angehörigen der freien Berufe > H 18.2 (Aufzeichnungspflicht)*

...

EStR   R 4.2 Betriebsvermögen

Allgemeines

(1) ¹Wirtschaftsgüter, die ausschließlich und unmittelbar für eigenbetriebliche Zwecke des Steuerpflichtigen genutzt werden oder dazu bestimmt sind, sind notwendiges Betriebsvermögen. ²Eigenbetrieblich genutzte Wirtschaftsgüter sind auch dann notwendiges Betriebsvermögen, wenn sie nicht in der Buchführung und in den Bilanzen ausgewiesen sind. ³Wirtschaftsgüter, die in einem gewissen objektiven Zusammenhang mit dem Betrieb stehen und ihn zu fördern bestimmt und geeignet sind, können – bei Gewinnermittlung durch Betriebsvermögensvergleich (> R 4.1) oder durch Einnahmenüberschussrechnung (> R 4.5) – als gewillkürtes Betriebsvermögen behandelt werden. ⁴Wirtschaftsgüter, die nicht Grundstücke oder Grundstücksteile sind und die zu mehr als 50 % eigenbetrieblich genutzt werden, sind in vollem Umfang notwendiges Betriebsvermögen. ⁵Werden sie zu mehr als 90 % privat genutzt, gehören sie in vollem Umfang zum notwendigen Privatvermögen. ⁶Bei einer betrieblichen Nutzung von mindestens 10 % bis zu 50 % ist eine Zuordnung dieser Wirtschaftsgüter zum gewillkürten Betriebsvermögen in vollem Umfang möglich. ⁷Wird ein Wirtschaftsgut in mehreren Betrieben des Steuerpflichtigen genutzt, ist die gesamte eigenbetriebliche Nutzung maßgebend.

> **Hinweise   EStH   H 4.2 (1)**

Anwartschaften auf Hinterbliebenenversorgung bei Betriebsaufspaltung

...

Beteiligungen

– *Eine Beteiligung gehört zum notwendigen Betriebsvermögen, wenn sie dazu bestimmt ist, die betriebliche Betätigung des Stpfl. entscheidend zu fördern oder wenn sie dazu dient, den Absatz von Produkten oder Dienstleistungen des Stpfl. zu gewährleisten (> BFH vom 10. 4. 2019 – BStBl II S. 474). Eine rechtliche oder faktische Beherrschung der Kapitalgesellschaft ist nicht erforderlich. Eine Förderung der betrieblichen Betätigung des Stpfl. erfordert, dass der Stpfl. seine Beteiligung an der Kapitalgesellschaft zum Wohle seines Einzelgewerbebetriebs einsetzt. Dies ist regelmäßig dann gegeben, wenn zwischen der Kapitalgesellschaft und dem Einzelgewerbebetrieb eine intensive und nachhaltige Geschäftsbeziehung besteht, die sich für den Einzelgewerbebetrieb als erheblich vorteilhaft erweist und dieser Vorteil seine Ursache im Gesellschaftsverhältnis hat. Im Rahmen einer derartigen Geschäftsbeziehung wird die Kapitalbeteiligung erst recht dann zur Förderung des Einzelgewerbebetriebs eingesetzt, wenn diesem hierdurch fremdunübliche Vorteile verschafft werden (> BFH vom 12. 6. 2019 – BStBl II S. 518). Der Zuordnung einer Beteiligung zum notwendigen Betriebsvermögen steht nicht entgegen, wenn die dauerhaften und intensiven Geschäftsbeziehungen nicht unmittelbar zu der Beteiligungsgesellschaft bestehen, sondern zu einer Gesellschaft, die von der Beteiligungsgesellschaft beherrscht wird (> BFH vom 10. 4. 2019 – BStBl II S. 474).*

– *Anteil eines Steuerberaters an einer GmbH, deren Betrieb der Steuerberatungspraxis wesensfremd ist, gehört auch dann nicht zum Betriebsvermögen, wenn er in der Absicht erworben wurde, das steuerliche Mandat der GmbH zu erlangen (> BFH vom 22. 1. 1981 – BStBl II S. 564), oder wenn die anderen Gesellschafter der GmbH Mandanten des Steuerberaters sind und der Beteiligung wirtschaftliches Eigengewicht beizumessen ist (> BFH vom 23. 5. 1985 – BStBl II S. 517). Der Anteil eines Steuerberaters an einer GmbH gehört dagegen zum notwendigen Betriebsvermögen, wenn er ihn zur Begleichung seiner Honoraransprüche zu dem Zweck erhält, ihn später unter Realisierung einer Wertsteigerung zu veräußern (> BFH vom 1. 2. 2001 – BStBl II S. 546).*

...

Durchlaufende Posten

Durchlaufende Posten sind auch bei Betriebsvermögensvergleich gewinnneutral zu behandeln. Die Gewinnneutralität ergibt sich durch Aktivierung bzw. Passivierung gleich hoher Wertzugänge und Wertabgänge. Bei Gewinnermittlung durch Betriebsvermögensvergleich setzt die Gewinnneutralität nicht voraus, dass das Geschäft erkennbar in fremdem Namen und für fremde Rechnung getätigt wird. Die Gewinnneutralität findet ihre Grenze in § 159 AO (> BFH vom 13. 8. 1997 – BStBl 1998 II S. 161).

...

Erwerb mit betrieblichen Mitteln

Ein Wirtschaftsgut gehört nicht schon allein deshalb zum notwendigen Betriebsvermögen, weil es mit betrieblichen Geldmitteln erworben wurde (> BFH vom 18. 12. 1996 – BStBl 1997 II S. 351).

Forderungen

– *Gemäß § 252 Abs. 1 Nr. 4 zweiter Halbsatz HGB sind Forderungen nur zu berücksichtigen, wenn sie am Abschlussstichtag realisiert sind. Diese Voraussetzung liegt vor, wenn eine Forderung entweder rechtlich bereits entstanden ist oder die für die Entstehung wesentlichen wirtschaftlichen Ursachen im abgelaufenen Geschäftsjahr gesetzt worden sind und der Kaufmann mit der künftigen rechtlichen Entstehung des Anspruchs fest rechnen kann. Dies ist z. B. der Fall, wenn der Leistungsverpflichtete die von ihm geschuldete Erfüllungshandlung erbracht hat; danach sind Provisionsansprüche aus Vermittlungsleistungen mit Abschluss des jeweiligen Kaufvertrages und der Vereinbarung des Leistungsentgelts, spätestens mit der Lieferung an den Auftraggeber, realisiert (> BFH vom 3. 8. 2005 – BStBl 2006 II S. 20).*

– *Nicht entstandene Rückgriffsansprüche sind nur zu berücksichtigen, soweit sie einem Ausfall der Forderung unmittelbar nachfolgen und nicht bestritten sind (> BFH vom 8. 11. 2000 – BStBl 2001 II S. 349).*

– *Umstrittene Forderungen können erst am Schluss des Wj. angesetzt werden, in dem über den Anspruch rechtskräftig entschieden wird oder in dem eine Einigung mit dem Schuldner zustande kommt (> BFH vom 14. 3. 2006 – BStBl II S. 650).*

Gewillkürtes Betriebsvermögen

– *Die Steuerpflichtigen haben kein (freies) Wahlrecht, gewillkürtes Betriebsvermögen oder Privatvermögen zu bilden. Vielmehr muss für die Bildung gewillkürten Betriebsvermögens eine betriebliche Veranlassung gegeben sein. Die Wirtschaftsgüter müssen objektiv „betriebsdienlich" sein. Die Willkürung muss ihr auslösendes Moment im Betrieb haben. Deshalb muss der Steuerpflichtige darlegen, welche Beziehung das Wirtschaftsgut zum Betrieb hat und welche vernünftigen wirtschaftlichen Überlegungen ihn veranlasst haben, das Wirtschaftsgut als Betriebsvermögen zu behandeln (BFH vom 24. 2. 2000 – BStBl II S. 297).*

– *Die Zuordnung eines Wirtschaftsguts zum gewillkürten Betriebsvermögen bei Einlage muss unmissverständlich in einer Weise kundgemacht werden, dass ein sachverständiger Dritter ohne weitere Erklärung des Steuerpflichtigen die Zugehörigkeit zum Betriebsvermögen erkennen kann (> BFH vom 22. 9. 1993 – BStBl 1994 II S. 172).*

– *Die Zuordnung zum gewillkürten Betriebsvermögen erfordert, dass der notwendige Widmungsakt zeitnah in den Büchern oder in Aufzeichnungen dokumentiert wird (> BFH vom 27. 6. 2006 – BStBl II S. 874).*

– *Die Widmung setzt einen klar nach außen in Erscheinung tretenden Willensentschluss des Stpfl. voraus. Eine vom Finanzamt vorgenommene Zuordnung zum Betriebsvermögen führt selbst dann nicht zu einer solchen Widmung, wenn der Stpfl. die Auffassung des Finanzamts nur deshalb übernommen hat, weil er glaubte, ihr nicht mit Erfolg entgegentreten zu können (> BFH vom 10. 10. 2017 – BStBl 2018 II S. 181).*

– *Die Einlage von Wirtschaftsgütern als gewillkürtes Betriebsvermögen ist nicht zulässig, wenn erkennbar ist, dass die betreffenden Wirtschaftsgüter dem Betrieb keinen Nutzen, sondern nur Verluste bringen werden (> BFH vom 19. 2. 1997 – BStBl II S. 399).*

Gewinnrealisierung

– *Der Zeitpunkt der Gewinnrealisierung wird beim Verkauf von Vermögensgegenständen im Allgemeinen als erfüllt angesehen, wenn der Vermögensgegenstand ausgeliefert, der Anspruch auf die Gegenleistung entstanden und die Gefahr des zufälligen Untergangs auf den Käufer übergegangen ist. Die Forderung aus dem Verkauf eines Grundstücks ist demnach mit dem Übergang von Besitz, Gefahr, Nutzen und Lasten realisiert (> BFH vom 8. 9. 2005 – BStBl 2006 II S. 26).*

– *Gewinnrealisierung ist bei Übertragung des wirtschaftlichen Eigentums an einem Grundstück auch anzunehmen, wenn der Käufer am Bilanzstichtag des Veräußerungsjahres noch das Recht hat, unter bestimmten Voraussetzungen vom Kaufvertrag zurückzutreten (> BFH vom 25. 1. 1996 – BStBl 1997 II S. 382). Zur Bildung einer Rückstellung > H 5.7 (1) Rückabwicklung.*

– *Der Gewinn aus einer Inkassotätigkeit ist realisiert, wenn und soweit dem Unternehmer für eine selbständig abrechenbare und vergütungsfähige (Teil-)Leistung gegenüber seinem Auftraggeber ein prinzipiell unentziehbarer Provisionsanspruch zusteht (> BFH vom 29. 11. 2007 – BStBl 2008 II S. 557).*

– *Die Gewinnrealisierung tritt bei Planungsleistungen eines Ingenieurs nicht erst mit der Abnahme oder Stellung der Honorarschlussrechnung ein, sondern bereits dann, wenn der Anspruch auf Abschlagszahlung nach § 8 Abs. 2 Honorarordnung für Architekten und Ingenieure (HOAI) a. F. entstanden ist (> BFH vom 14. 5. 2014 – BStBl II S. 968). Die Anwendung der Grundsätze dieses Urteils wird auf Abschlagszahlungen nach § 8 Abs. 2 HOAI a. F. (gilt für Leistungen, die bis zum 17. 8. 2009 vertraglich vereinbart wurden) begrenzt (> BMF vom 15. 3. 2016 – BStBl I S. 279).*

– *Der Provisionsanspruch des Handelsvertreters ist nicht zu aktivieren, solange er unter der aufschiebenden Bedingung der Ausführung des Geschäftes steht. Provisionsvorschüsse sind beim Empfänger als „erhaltene Anzahlungen" zu passivieren. Mit den Provisionsvorschüssen im Zusammenhang stehende Aufwendungen sind nicht als „unfertige Leistungen" zu aktivieren, wenn kein Wirtschaftsgut entstanden ist (> BFH vom 26. 4. 2018 – BStBl II S. 536).*

– *Bei dem Anspruch des Insolvenzverwalters nach § 9 der Insolvenzrechtlichen Vergütungsverordnung handelt es sich um einen Anspruch auf Vorschuss auf die (endgültige) Vergütung, der bei einem bilanzierenden Insolvenzverwalter noch nicht zur Gewinnrealisierung führt (> BFH vom 7. 11. 2018 – BStBl 2019 II S. 224).*

Gold

– ***Barrengold*** *kommt als gewillkürtes Betriebsvermögen jedenfalls für solche gewerblichen Betriebe nicht in Betracht, die nach ihrer Art oder Kapitalausstattung kurzfristig auf Liquidität für geplante Investitionen angewiesen sind (> BFH vom 18. 12. 1996 – BStBl 1997 II S. 351).*

– ***Zahngold;*** *zum notwendigen Betriebsvermögen eines Zahnarztes gehört nicht nur das zu sofortiger betrieblicher Verwendung angeschaffte Zahngold, sondern auch das aus Goldabfällen stammende Altgold sowie in der Regel das zu Beistellungszwecken erworbene Dentalgold (> BFH vom 12. 3. 1992 – BStBl 1993 II S. 36); der Erwerb von* ***Feingold*** *ist nicht betrieblich veranlasst (> BFH vom 17. 4. 1986 – BStBl II S. 607).*

Instandhaltungsanspruch

Übernimmt der Pächter vertraglich die nach der gesetzlichen Regelung dem Verpächter obliegende Pflicht zur Instandhaltung der verpachteten Sache, ist der Instandhaltungsanspruch des Verpächters auch dann nicht zu aktivieren, wenn sich der Pächter mit der Instandhaltung im Rückstand befindet. Ist der Pächter eine Personengesellschaft, wird der Instandhaltungsanspruch des verpach-

tenden Gesellschafters auch dann nicht nach den Grundsätzen der korrespondierenden Bilanzierung in dessen Sonderbilanz aktiviert, wenn die Gesellschaft in der Gesamthandsbilanz eine Rückstellung für rückständige Instandhaltungsverpflichtungen gebildet hat (> BFH vom 12. 2. 2015 – BStBl 2017 II S. 668).

Instandhaltungsrückstellung

Ein bilanzierender Stpfl., dem eine Eigentumswohnung gehört und der Zahlungen in eine von der Wohnungseigentümergemeinschaft gebildete Instandhaltungsrückstellung geleistet hat, muss seine Beteiligung an der Instandhaltungsrückstellung mit dem Betrag der geleisteten und noch nicht verbrauchten Einzahlungen aktivieren (> BFH vom 5. 10. 2011 – BStBl 2012 II S. 244).

Kreditgrundlage/Liquiditätsreserve

– *Wirtschaftsgüter, die weder zum notwendigen Betriebsvermögen noch zum notwendigen Privatvermögen gehören, können als gewillkürtes Betriebsvermögen berücksichtigt werden, wenn sie objektiv geeignet und vom Betriebsinhaber erkennbar dazu bestimmt sind, den Betrieb zu fördern. Förderungsmöglichkeiten in diesem Sinne bieten Wirtschaftsgüter insbesondere auch, wenn sie als **Kreditgrundlage** oder **Liquiditätsreserve** geeignet sind oder z. B. **höhere Erträge** bringen. In Betracht kommen neben Bargeld oder Bankguthaben vor allem risikofreie und leicht liquidierbare Wertpapiere (> BFH vom 18. 12. 1996 – BStBl 1997 II S. 351 und vom 19. 2. 1997 – BStBl II S. 399).*

> *aber Termin- und Optionsgeschäfte*

– *Ein Wirtschaftsgut gehört nicht schon allein deshalb zum notwendigen Betriebsvermögen, weil es mit betrieblichen Mitteln erworben wurde oder der **Sicherung betrieblicher Kredite** dient (> BFH vom 13. 8. 1964 – BStBl III S. 502).*

– > *H 4.2 (2) Sonderbetriebsvermögen*

Leasing

…

Lebensversicherungen

– *Ein Anspruch aus einer Versicherung gehört zum notwendigen Privatvermögen, soweit das versicherte Risiko privater Natur und mithin der Abschluss der Versicherung privat veranlasst ist. Dies ist insbesondere der Fall, wenn die Versicherung von einem Unternehmen auf das Leben oder den Todesfall des (Mit-)Unternehmers oder eines nahen Angehörigen abgeschlossen wird (> BFH vom 14. 3. 1996 – BStBl 1997 II S. 343).*

– *Schließt ein Unternehmen einen Versicherungsvertrag auf das Leben oder den Tod eines fremden Dritten ab, und ist Bezugsberechtigter nicht der Dritte, sondern das Unternehmen, kann der Anspruch auf die Versicherungsleistung zum Betriebsvermögen gehören (> BFH vom 14. 3. 1996 – BStBl 1997 II S. 343).*

– *Ansprüche aus Lebensversicherungsverträgen, die zur Tilgung oder Sicherung betrieblicher Darlehen dienen oder zu dienen bestimmt sind, werden durch die Abtretung oder Beleihung oder durch eine Hinterlegung der Police nicht zu Betriebsvermögen. Eine von einer Personengesellschaft auf das Leben ihrer Gesellschafter abgeschlossene Lebensversicherung (Teilhaberversicherung) gehört auch dann nicht zum Betriebsvermögen, wenn die Versicherungsleistungen zur Abfindung der Hinterbliebenen im Falle des· Todes eines Gesellschafters verwendet werden sollen (> BFH vom 6. 2. 1992 – BStBl II S. 653).*

– *Schließt eine Personenhandelsgesellschaft eine Lebensversicherung auf das Leben eines Angehörigen eines Gesellschafters ab, können Ansprüche und Verpflichtungen aus dem Vertrag dem Betriebsvermögen zuzuordnen sein, wenn der Zweck der Vertragsgestaltung darin besteht, Mittel für die Tilgung betrieblicher Kredite anzusparen und das für Lebensversicherun-*

gen charakteristische Element der Absicherung des Todesfallrisikos bestimmter Personen dem-gegenüber in den Hintergrund tritt. Der Anspruch der Gesellschaft gegen den Versicherer ist in Höhe des geschäftsplanmäßigen Deckungskapitals zum Bilanzstichtag zu aktivieren. Die die-sen Betrag übersteigenden Anteile der Prämienzahlungen sind als Betriebsausgaben abziehbar (> BFH vom 3. 3. 2011 – BStBl II S. 552).

Nutzungsänderung

...

Nutzungsrechte/Nutzungsvorteile

– Unentgeltlich erworbene Nutzungsrechte/Nutzungsvorteile sind keine selbständigen Wirt-schaftsgüter (> BFH vom 26. 10. 1987 – BStBl 1988 II S. 348).

– Zur Berücksichtigung von Eigenaufwand und Drittaufwand > H 4.7 (Eigenaufwand für ein fremdes Wirtschaftsgut), (Drittaufwand).

– Nutzt ein Ehegatte einen Gebäudeteil eines im Miteigentum stehenden Einfamilienhauses für betriebliche Zwecke insgesamt in Ausübung seines Rechtes als Miteigentümer, ergibt sich für die über seinen Miteigentumsanteil hinausgehende Nutzung kein gesondertes Nutzungsrecht, das ein Wirtschaftsgut im Betriebsvermögen des Stpfl. bildet und stille Reserven entstehen las-sen könnte. Die betriebliche Nutzung entfällt mit ihrer Beendigung steuerneutral (> BMF vom 16. 12. 2016 – BStBl I S. 1431).

– Die baurechtliche Nutzungsmöglichkeit von Grund und Boden stellt kein selbständiges Wirt-schaftsgut „Nutzungsrecht" dar, sondern lediglich einen für den Grund und Boden wertbilden-den Faktor (> BFH vom 10. 3. 2016 – BStBl II S. 984).

– Der Sondernutzungsberechtigte hat über seinen Miteigentumsanteil hinaus in der Regel kein wirtschaftliches Eigentum an dem ihm zur Nutzung überlassenen Gemeinschaftseigentum (> BFH vom 5. 7. 2018 – BStBl II S. 798).

Schadensersatzforderung

Bestrittene Schadensersatzforderung ist auch nach Betriebsaufgabe noch Betriebsvermögen (> BFH vom 10. 2. 1994 – BStBl II S. 564).

Steuererstattungsansprüche

Zum Zeitpunkt der Aktivierung von in einem Musterverfahren gerichtlich bestätigten Steuererstat tungsansprüchen, die vom Finanzamt bestritten worden waren, > BFH vom 31. 8. 2011 (BStBl 2012 II S. 190).

Termin- und Optionsgeschäfte

Branchenuntypische Termin- und Optionsgeschäfte sind dem betrieblichen Bereich regelmäßig auch dann nicht zuzuordnen, wenn generell die Möglichkeit besteht, damit Gewinne zu erzielen. Branchenuntypische Termingeschäfte sind betrieblich veranlasst, wenn sie der Absicherung unter-nehmensbedingter Kursrisiken dienen und nach Art, Inhalt und Zweck ein Zusammenhang mit dem Betrieb besteht, wobei das einzelne Termingeschäft nach den im Zeitpunkt des Vertrags-abschlusses bekannten Umständen geeignet und dazu bestimmt sein muss, das Betriebskapital tatsächlich zu verstärken. Unbedingte Termingeschäfte und Optionsgeschäfte scheiden auch unter dem Gesichtspunkt einer betrieblichen Liquiditätsreserve im Falle branchenfremder Betätigungen als gewillkürtes Betriebsvermögen aus, da sie auf Grund ihres spekulativen Charakters in die Nähe von Spiel und Wette zu rücken sind (> BFH vom 19. 2. 1997 – BStBl II S. 399). Die Zuordnung von (Devisen-)Termingeschäften zum gewillkürten Betriebsvermögen setzt neben einem eindeutigen, nach außen manifestierten Widmungsakt des Unternehmers voraus, dass die Geschäfte im Zeit-

*punkt ihrer Widmung zu betrieblichen Zwecken objektiv geeignet sind, das Betriebskapital zu ver-
stärken. Die objektive Eignung solcher Geschäfte zur Förderung des Betriebes ist bei branchenfrem-
den Unternehmen nicht ohne weiteres ausgeschlossen, unterliegt aber wegen der hohen Risiko-
trächtigkeit der Geschäfte strengen Anforderungen (> BFH vom 20. 4. 1999 – BStBl II S. 466).*

Umsatzsteuererstattungsansprüche

*Umsatzsteuererstattungsansprüche aufgrund einer Rechnungskorrektur sind im Jahr der Rech-
nungskorrektur zu aktivieren (> BFH vom 15. 3. 2012 – BStBl II S. 719).*

Vorsteueransprüche

*können bereits zu einem Zeitpunkt aktiviert werden, in dem noch keine berichtigten Rechnungen
vorliegen (> BFH vom 12. 5. 1993 – BStBl II S. 786).*

Wertpapiere

– *Wertpapiere können gewillkürtes Betriebsvermögen eines Gewerbebetriebs sein, wenn nicht
bereits bei ihrem Erwerb oder ihrer Einlage erkennbar ist, dass sie dem Betrieb keinen Nutzen,
sondern nur Verluste bringen (> BFH vom 18. 10. 2006 – BStBl 2007 II S. 529). Die Zurechnung
von Wertpapieren zum gewillkürten Betriebsvermögen scheidet nicht allein deshalb aus, weil
sie in spekulativer Absicht, mit Kredit erworben und Kursverluste billigend in Kauf genommen
wurden (> BFH vom 19. 2. 1997 – BStBl II S. 399).*

– *Wertpapiere werden durch ihre Verpfändung für Betriebskredite in der Regel nicht zum notwendigen Betriebsvermögen (> BFH vom 17. 3. 1966 – BStBl III S. 350).*

– *...*

– *...*

Wertpapierfonds

*Der Anspruch auf Ausschüttungen eines Wertpapierfonds ist zu aktivieren, sobald nach den Ver-
tragsbedingungen ein unmittelbarer schuldrechtlicher Anspruch auf Ausschüttung entstanden ist
und ein konstitutiver Ausschüttungsbeschluss dazu nicht erforderlich ist (> BFH vom 18. 5. 1994 –
BStBl 1995 II S. 54). Sofern in den Vertragsbedingungen lediglich ausgeführt wird, dass ordentliche
Erträge grundsätzlich ausgeschüttet werden, führt dies alleine noch nicht zur Entstehung eines
Ausschüttungsanspruchs. Vielmehr entsteht ein Ausschüttungsanspruch in diesen Fällen erst durch
die Konkretisierung im Ausschüttungsbeschluss (> BMF vom 18. 8. 2009 – BStBl I S. 931, Rz. 28).*

Windpark

– *Ein Windpark besteht aus mehreren selbständigen Wirtschaftsgütern. Jede Windkraftanlage,
die in einem Windpark betrieben wird, stellt mit Fundament einschließlich des dazugehörigen
Transformators nebst der verbindenden Verkabelung ein zusammengesetztes Wirtschaftsgut
dar. Daneben ist die Verkabelung von den Transformatoren bis zum Stromnetz des Energiever-
sorgers zusammen mit der Übergabestation als weiteres zusammengesetztes Wirtschaftsgut
zu behandeln, soweit dadurch mehrere Windkraftanlagen miteinander verbunden werden.
Auch die Zuwegung stellt ein eigenständiges Wirtschaftsgut dar (> BFH vom 14. 4. 2011 –
BStBl II S. 696).*

– *> H 7.4 (Nutzungsdauer)*

Wirtschaftsgut

– **Auffüllrecht**

    *Das Recht ein Grundstück mit Klärschlamm zu verfüllen, ist kein vom Grund und Boden ver-
selbständigtes Wirtschaftsgut (> BFH vom 20. 3. 2003 – BStBl II S. 878).*

– Begriff

Wirtschaftsgüter sind Sachen, Rechte oder tatsächliche Zustände, konkrete Möglichkeiten oder Vorteile für den Betrieb, deren Erlangung der Kaufmann sich etwas kosten lässt, die einer besonderen Bewertung zugänglich sind und zumindest mit dem Betrieb übertragen werden können (> BFH vom 19. 6. 1997 – BStBl II S. 808). Der Begriff des Wirtschaftsgutes setzt nicht voraus, dass es dem Betrieb einen Nutzen für mehrere Jahre bringt (> BFH vom 26. 11. 2014 – BStBl 2015 II S. 325).

– Eingetauschte Wirtschaftsgüter

Für notwendiges Betriebsvermögen eingetauschte Wirtschaftsgüter werden zunächst (notwendiges) Betriebsvermögen (> BFH vom 18. 12. 1996 – BStBl 1997 II S. 351).

> H 6b.1 *(Entnahme, Tausch)*

– Leitungsanlagen

Leitungsanlagen als selbständige Wirtschaftsgüter > BMF vom 30. 5. 1997 (BStBl I S. 567).

– Verlustbringende Wirtschaftsgüter

Wirtschaftsgüter, die bisher im Privatvermögen geführt wurden, dürfen nicht in das – gewillkürte – Betriebsvermögen aufgenommen werden, wenn damit lediglich der Zweck verfolgt wird, sich bereits abzeichnende Verluste aus dem Privatvermögen in den betrieblichen Bereich zu verlagern. Entsprechendes gilt, wenn beim Erwerb des Wirtschaftsgutes bereits erkennbar ist, dass der Erwerb dem Betrieb keinen Nutzen, sondern nur Verluste bringen kann (> BFH vom 19. 2. 1997 – BStBl II S. 399).

– Virtuelle Währungen und sonstige Token

> *BMF vom 10. 5. 2022 (BStBl I S. 668), Rn. 31 f., 41*

...

Betriebsvermögen bei Personengesellschaften

(2) ¹Das Betriebsvermögen im Sinne des Absatzes 1 umfasst bei einer Personengesellschaft sowohl die Wirtschaftsgüter, die zum Gesamthandsvermögen der Mitunternehmer gehören, als auch diejenigen Wirtschaftsgüter, die einem, mehreren oder allen Mitunternehmern gehören (Sonderbetriebsvermögen). ²Wirtschaftsgüter, die einem, mehreren oder allen Mitunternehmern gehören und die nicht Gesamthandsvermögen der Mitunternehmer der Personengesellschaft sind, gehören zum notwendigen Betriebsvermögen, wenn sie entweder unmittelbar dem Betrieb der Personengesellschaft dienen (Sonderbetriebsvermögen I) oder unmittelbar zur Begründung oder Stärkung der Beteiligung des Mitunternehmers an der Personengesellschaft eingesetzt werden sollen (Sonderbetriebsvermögen II). ³Solche Wirtschaftsgüter können zum gewillkürten Betriebsvermögen gehören, wenn sie objektiv geeignet und subjektiv dazu bestimmt sind, den Betrieb der Gesellschaft (Sonderbetriebsvermögen I) oder die Beteiligung des Gesellschafters (Sonderbetriebsvermögen II) zu fördern. ⁴Auch ein einzelner Gesellschafter kann gewillkürtes Sonderbetriebsvermögen bilden.

▶ **Hinweise   EStH   H 4.2 (2)**

...

Gebäudeteile, die selbständige Wirtschaftsgüter sind

(3) ¹Gebäudeteile, die nicht in einem einheitlichen Nutzungs- und Funktionszusammenhang mit dem Gebäude stehen, sind selbständige Wirtschaftsgüter. ²Ein Gebäudeteil ist selbständig, wenn er besonderen Zwecken dient, mithin in einem von der eigentlichen Gebäudenutzung ver-

schiedenen Nutzungs- und Funktionszusammenhang steht. ³Selbständige Gebäudeteile in diesem Sinne sind:

1. Betriebsvorrichtungen (> R 7.1 Abs. 3);
2. Scheinbestandteile (> R 7.1 Abs. 4);
3. Ladeneinbauten, > Schaufensteranlagen, Gaststätteneinbauten, Schalterhallen von Kreditinstituten sowie ähnliche Einbauten, die einem schnellen Wandel des modischen Geschmacks unterliegen; als Herstellungskosten dieser Einbauten kommen nur Aufwendungen für Gebäudeteile in Betracht, die statisch für das gesamte Gebäude unwesentlich sind, z. B. Aufwendungen für Trennwände, Fassaden, Passagen sowie für die Beseitigung und Neuerrichtung von nichttragenden Wänden und Decken;
4. sonstige > Mietereinbauten;
5. sonstige selbständige Gebäudeteile (> Absatz 4).

⁴Dachintegrierte Fotovoltaikanlagen (z. B. in Form von Solardachsteinen) sind wie selbständige bewegliche Wirtschaftsgüter zu behandeln.

> **Hinweise   EStH   H 4.2 (3)**

Abgrenzung

Zur Abgrenzung zwischen dem Gebäude und solchen Bestandteilen, die nicht der Gebäudenutzung selbst, sondern einem davon verschiedenen Zweck dienen > BFH vom 30. 1. 1995 (BStBl II S. 281).

Mietereinbauten

– *> BMF vom 15. 1. 1976 (BStBl I S. 66); zur Höhe der AfA bei unbeweglichen Wirtschaftsgütern aber > H 7.4.*

– *Mietereinbauten und -umbauten sind in der Bilanz des Mieters zu aktivieren, wenn es sich um gegenüber dem Gebäude selbständige Wirtschaftsgüter (verschiedener Nutzungs- und Funktionszusammenhang) handelt, für die der Mieter Herstellungskosten aufgewendet hat, die Wirtschaftsgüter seinem Betriebsvermögen zuzurechnen sind und die Nutzung durch den Mieter zur Einkünfteerzielung sich erfahrungsgemäß über einen Zeitraum von mehr als einem Jahr erstreckt (> BFH vom 15. 10. 1996 – BStBl 1997 II S. 533). Das gegenüber dem Gebäude selbständige, materielle Wirtschaftsgut kann beweglich oder unbeweglich sein. Ein bewegliches Wirtschaftsgut liegt vor, wenn der Mieter sachenrechtlicher Eigentümer ist (Scheinbestandteil, § 95 BGB) oder eine Betriebsvorrichtung (§ 68 Abs. 2 Nr. 2 BewG) des Mieters besteht. Dagegen handelt es sich bei dem besonderen Zwecken dienenden und daher in einem von der eigentlichen Gebäudenutzung verschiedenen Nutzungs- und Funktionszusammenhang stehenden Gebäudebestandteil um ein unbewegliches Wirtschaftsgut. Das gilt auch für einen Gebäudebestandteil, der im wirtschaftlichen Eigentum des Mieters steht (> BFH vom 11. 6. 1997 – BStBl II S. 774).*

– *Mietereinbauten als selbständige Wirtschaftsgüter beim Mieter auf Grund wirtschaftlichen Eigentums > BFH vom 28. 7. 1993 (BStBl 1994 II S. 164) und vom 11. 6. 1997 (BStBl II S. 774).*

Schaufensteranlage

Schaufensteranlage und Beleuchtungsanlage zum Schaufenster sind auch bei Neubauten selbständige Gebäudeteile (> BFH vom 29. 3. 1965 – BStBl III S. 291).

Unterschiedliche Nutzungen und Funktionen eines Gebäudes

(4) ¹Wird ein Gebäude teils eigenbetrieblich, teils fremdbetrieblich, teils zu eigenen und teils zu fremden Wohnzwecken genutzt, ist jeder der vier unterschiedlich genutzten Gebäudeteile ein

besonderes Wirtschaftsgut, weil das Gebäude in verschiedenen Nutzungs- und Funktions-zusammenhängen steht. ²Wohnräume, die wegen Vermietung an Arbeitnehmer des Steuer-pflichtigen notwendiges Betriebsvermögen sind, gehören zu dem eigenbetrieblich genutzten Gebäudeteil. ³Die Vermietung zu hoheitlichen, zu gemeinnützigen oder zu Zwecken eines Be-rufsverbands gilt als fremdbetriebliche Nutzung. ⁴Wird ein Gebäude oder Gebäudeteil fremd-betrieblich genutzt, handelt es sich auch dann um ein einheitliches Wirtschaftsgut, wenn es verschiedenen Personen zu unterschiedlichen betrieblichen Nutzungen überlassen wird. ⁵Eine Altenteilerwohnung ist im Falle der Entnahme nach § 13 Abs. 4 EStG stets als besonderes Wirt-schaftsgut anzusehen.

> **Hinweise   EStH   H 4.2 (4)**

...

Nutzungsänderung

– *Ein zunächst betrieblich genutzter Gebäudeteil verliert ohne Entnahmehandlung seine Eigen-schaft als Betriebsvermögen nicht dadurch, dass er zu fremden Wohnzwecken vermietet wird und sich in dem Gebäude ein weiterer zu fremden Wohnzwecken vermieteter Gebäudeteil be-findet, der zum Privatvermögen gehört (> BFH vom 10. 11. 2004 – BStBl 2005 II S. 334).*

– *Die Nutzungsänderung eines bisher zum Privatvermögen gehörenden Gebäudeteils, der nun-mehr für fremdgewerbliche Zwecke genutzt wird, führt nicht zur Zwangseinlage ins Betriebs-vermögen, auch wenn ein weiterer, schon vorher für fremdbetriebliche Zwecke vermieteter Gebäudeteil dem gewillkürten Betriebsvermögen zugeordnet worden ist (> BFH vom 21. 4. 2005 – BStBl II S. 604).*

...

Abgrenzung der selbständigen von den unselbständigen Gebäudeteilen

(5) ¹Ein Gebäudeteil ist unselbständig, wenn er der eigentlichen Nutzung als Gebäude dient. ²>Unselbständige Gebäudeteile sind auch räumlich vom Gebäude getrennt errichtete Baulich-keiten, die in einem so engen Nutzungs- und Funktionszusammenhang mit dem Gebäude ste-hen, dass es ohne diese Baulichkeiten als unvollständig erscheint.

> **Hinweise   EStH   H 4.2 (5)**

Unselbständige Gebäudeteile

sind z. B.:

– *Bäder und Schwimmbecken in Hotels,*

– *Heizungsanlagen, Be- und Entlüftungsanlagen, Klimaanlagen, Warmwasseranlagen und Müll-schluckanlagen, außer wenn sie ganz oder überwiegend einem Betriebsvorgang dienen,*

– *Sprinkleranlagen, außer wenn mit ihnen das Gewerbe unmittelbar betrieben wird,*

– *Beleuchtungsanlagen, außer Spezialbeleuchtungsanlagen, die nicht zur Gebäudebeleuchtung erforderlich sind,*

– *Personenaufzüge, Rolltreppen oder Rollsteige, die zur Bewältigung des Publikumsverkehrs dienen, (> Gleich lautende Erlasse der obersten Finanzbehörden der Länder vom 5. 6. 2013 – BStBl I S. 734).*

– *Umzäunung oder Garage bei einem Wohngebäude (> BFH vom 15. 12. 1977 – BStBl 1978 II S. 210 und vom 28. 6. 1983 – BStBl 1984 II S. 196); aber > H 7.1 (Garagen).*

Aufteilung der Anschaffungs- oder Herstellungskosten bei Gebäudeteilen

(6) [1]Die Anschaffungs- oder Herstellungskosten des gesamten Gebäudes sind auf die einzelnen Gebäudeteile aufzuteilen. [2]Für die Aufteilung ist das Verhältnis der Nutzfläche eines Gebäudeteils zur Nutzfläche des ganzen Gebäudes maßgebend, es sei denn, die Aufteilung nach dem Verhältnis der Nutzflächen führt zu einem unangemessenen Ergebnis. [3]Von einer solchen Aufteilung kann aus Vereinfachungsgründen abgesehen werden, wenn sie aus steuerlichen Gründen nicht erforderlich ist. [4]Die Nutzfläche ist in sinngemäßer Anwendung der Verordnung zur Berechnung der Wohnfläche (Wohnflächenverordnung – WoFlV) vom 25.11.2003 (BGBl I S. 2346) in der jeweils geltenden Fassung zu ermitteln.

Grundstücke und Grundstücksteile als notwendiges Betriebsvermögen

(7) [1]Grundstücke und Grundstücksteile, die ausschließlich und unmittelbar für eigenbetriebliche Zwecke des Steuerpflichtigen genutzt werden, gehören regelmäßig zum notwendigen Betriebsvermögen. [2]Wird ein Teil eines Gebäudes eigenbetrieblich genutzt, gehört der zum Gebäude gehörende Grund und Boden anteilig zum notwendigen Betriebsvermögen; in welchem Umfang der Grund und Boden anteilig zum Betriebsvermögen gehört, ist unter Berücksichtigung der Verhältnisse des Einzelfalles zu ermitteln.

> **Hinweise   EStH   H 4.2 (7)**

Anteilige Zugehörigkeit des Grund und Bodens

Der Grund und Boden gehört i. d. R. im Verhältnis der Zugehörigkeit des Gebäudes oder Gebäudeteils zum Betriebsvermögen (> BFH vom 27.1.1977 – BStBl II S. 388 und vom 12.7.1979 – BStBl 1980 II S. 5).

Eigenaufwand für ein fremdes Wirtschaftsgut

> H 4.7

...

Miteigentum

Gehört ein Grundstück nur teilweise dem Betriebsinhaber, kann es nur insoweit Betriebsvermögen sein, als es dem Betriebsinhaber gehört; das gilt auch dann, wenn ein Grundstück Ehegatten gemeinsam gehört (> BFH vom 23.11.1995 – BStBl 1996 II S. 193).

Rettung einer betrieblichen Forderung

Ein Grundstück, das zur Rettung einer betrieblichen Forderung ersteigert wird, ist notwendiges Betriebsvermögen (> BFH vom 11.11.1987 – BStBl 1988 II S. 424).

Umlegungsverfahren

...

Vermietung an Arbeitnehmer

Grundstücke, die an Arbeitnehmer vermietet werden, sind notwendiges Betriebsvermögen des Arbeitgebers, wenn für die Vermietung gerade an Arbeitnehmer betriebliche Gründe maßgebend waren (> BFH vom 1.12.1976 – BStBl 1977 II S. 315).

Zeitpunkt der erstmaligen Zugehörigkeit zum Betriebsvermögen

Eigenbetrieblich genutzte Grundstücke und Grundstücksteile sind ab ihrer endgültigen Funktionszuweisung notwendiges Betriebsvermögen, auch wenn der konkrete Einsatz im Betrieb erst in der Zukunft liegt; das gilt auch dann, wenn es an einer Willenserklärung des Steuerpflichtigen oder eines Ausweises in der Buchführung und in den Bilanzen fehlt (> BFH vom 6. 3. 1991 – BStBl II S. 829).

Grundstücksteile von untergeordnetem Wert

(8) [1]Eigenbetrieblich genutzte Grundstücksteile brauchen nicht als Betriebsvermögen behandelt zu werden, wenn ihr Wert nicht mehr als ein Fünftel des gemeinen Werts des gesamten Grundstücks und nicht mehr als 20 500 Euro beträgt (§ 8 EStDV). [2]Dabei ist auf den Wert des Gebäudeteils zuzüglich des dazugehörenden Grund und Bodens abzustellen. [3]Bei der Prüfung, ob der Wert eines Grundstücksteils mehr als ein Fünftel des Werts des ganzen Grundstücks beträgt, ist in der Regel das Verhältnis der Nutzflächen zueinander zugrunde zu legen. [4]Ein Grundstücksteil ist mehr als 20 500 Euro wert, wenn der Teil des gemeinen Werts des ganzen Grundstücks, der nach dem Verhältnis der Nutzflächen zueinander auf den Grundstücksteil entfällt, 20 500 Euro übersteigt. [5]Führt der Ansatz der Nutzflächen zu einem unangemessenen Wertverhältnis der beiden Grundstücksteile, ist bei ihrer Wertermittlung anstelle der Nutzflächen der Rauminhalt oder ein anderer im Einzelfall zu einem angemessenen Ergebnis führender Maßstab zugrunde zu legen. [6]Sind > Zubehörräume (Nebenräume) vorhanden, kann der Stpfl. die Aufteilung auch nach dem Verhältnis der Haupträume vornehmen. [7]Beträgt der Wert eines eigenbetrieblich genutzten Grundstücksteils nicht mehr als ein Fünftel des gesamten Grundstückswerts und nicht mehr als 20 500 Euro, besteht ein Wahlrecht, den Grundstücksteil weiterhin als Betriebsvermögen zu behandeln oder zum Teilwert zu entnehmen. [8]Zur Berücksichtigung von Betriebsausgaben, wenn der Grundstücksteil zu Recht nicht als Betriebsvermögen behandelt wird > R 4.7 Abs. 2 Satz 4.

Hinweise   EStH   H 4.2 (8)

...

Grundstücke und Grundstücksteile als gewillkürtes Betriebsvermögen

(9) [1]Grundstücke oder Grundstücksteile, die nicht eigenbetrieblich genutzt werden und weder eigenen Wohnzwecken dienen, noch Dritten zu Wohnzwecken unentgeltlich überlassen sind, sondern z. B. zu Wohnzwecken oder zur gewerblichen Nutzung an Dritte vermietet sind, können als gewillkürtes Betriebsvermögen behandelt werden, wenn die Grundstücke oder die Grundstücksteile in einem gewissen objektiven Zusammenhang mit dem Betrieb stehen und ihn zu fördern bestimmt und geeignet sind. [2]Wegen dieser Voraussetzungen bestehen für den Ansatz von Wirtschaftsgütern als gewillkürtes Betriebsvermögen Einschränkungen, die sich nicht nur aus den Besonderheiten des einzelnen Betriebs, sondern auch aus der jeweiligen Einkunftsart ergeben können. [3]Daher können Land- und Forstwirte Mietwohn- und Geschäftshäuser, die sie auf zugekauftem, bisher nicht zum Betriebsvermögen gehörenden Grund und Boden errichtet oder einschließlich Grund und Boden erworben haben, regelmäßig nicht als Betriebsvermögen behandeln. [4]Dagegen kann ein Land- und Forstwirt, der sein bisher land- und forstwirtschaftlich genutztes Grundstück bebaut und das Gebäude an Betriebsfremde vermietet, dieses als gewillkürtes Betriebsvermögen behandeln, wenn dadurch der Gesamtbild der land- und forstwirtschaftlichen Tätigkeit nicht wesentlich verändert wird. [5]In Grenzfällen hat der Steuerpflichtige darzutun, welche Beziehung das Grundstück oder der Grundstücksteil zu seinem Betrieb hat und welche > vernünftigen wirtschaftlichen Überlegungen ihn veranlasst haben, das Grundstück oder den Grundstücksteil als gewillkürtes Betriebsvermögen zu behandeln. [6]Wird ein Gebäude oder ein Gebäudeteil als gewillkürtes Betriebsvermögen behandelt, gehört auch der dazugehörige Grund und Boden zum Betriebsvermögen.

▶ **Hinweise   EStH   H 4.2 (9)**

Beispiele für zulässigerweise gebildetes gewillkürtes Betriebsvermögen:

- *Ein von einem freiberuflich Tätigen zur künftigen Betriebserweiterung erworbenes Grundstück kann gewillkürtes Betriebsvermögen sein (> BFH vom 15. 4. 1981 – BStBl II S. 618).*
- *Ein Gewerbetreibender kann in der Regel Grundstücke, die nicht zum notwendigen Privatvermögen gehören, z. B. Mietwohngrundstücke, als Betriebsvermögen behandeln, es sei denn, dass dadurch das Gesamtbild der gewerblichen Tätigkeit so verändert wird, dass es den Charakter einer Vermögensnutzung im nicht gewerblichen Bereich erhält (> BFH vom 10. 12. 1964 – BStBl 1965 III S. 377).*

Besonderheiten bei land- und forstwirtschaftlichen Betrieben
...

Gewillkürtes Sonderbetriebsvermögen
> H 4.2 (12)

Nachweis der Zuordnung zum gewillkürten Betriebsvermögen
Die Zuordnung eines Wirtschaftsguts zum gewillkürten Betriebsvermögen ist unmissverständlich in einer solchen Weise zu dokumentieren, dass ein sachverständiger Dritter ohne weitere Erklärung des Steuerpflichtigen die Zugehörigkeit des Wirtschaftsguts zum Betriebsvermögen erkennen kann (> BFH vom 2. 10. 2003 – BStBl 2004 II S. 985 und BMF vom 17. 11. 2004 – BStBl I S. 1064).

Umlegungsverfahren
...

Verlustbringende Grundstücke und Grundstücksteile
> H 4.2 (1) Wirtschaftsgut (Verlustbringende Wirtschaftsgüter)

Vernünftige wirtschaftliche Überlegungen für die Behandlung als gewillkürtes Betriebsvermögen
Darlegungspflicht durch den Steuerpflichtigen

- > BFH vom 22. 11. 1960 (BStBl 1961 III S. 97) zum Fall eines Bäckermeisters
- > BFH vom 1. 12. 1960 (BStBl 1961 III S. 154) zum Fall einer Rechtsanwalts- und Notarpraxis.

Einheitliche Behandlung des Grundstücks

(10) [1]Auch wenn ein Grundstück zu mehr als der Hälfte die Voraussetzungen für die Behandlung als Betriebsvermögen (> Absätze 7 und 9) erfüllt, können weitere Grundstücksteile, bei denen die Voraussetzungen des Absatzes 9 nicht vorliegen, nicht als Betriebsvermögen behandelt werden; Ausnahmen gelten für Baudenkmale bei den Einkünften aus Land- und Forstwirtschaft (§ 13 Abs. 2 Nr. 2 und Abs. 4 EStG). [2]Soweit das Grundstück bzw. Gebäude vor dem 1. 1. 1999 angeschafft, hergestellt oder eingelegt worden ist, gelten die Anweisungen in R 13 Abs. 10 Sätze 1, 3 und 4 EStR 1999 weiter.

Grundstücke und Grundstücksteile im Gesamthandsvermögen einer Personengesellschaft

(11) [1]Gehört ein Grundstück zum Gesamthandsvermögen der Mitunternehmer einer Personengesellschaft, gehört es grundsätzlich zum notwendigen Betriebsvermögen. [2]Dies gilt auch dann,

wenn bei der Einbringung des Grundstücks oder Grundstücksteils in das Betriebsvermögen der Personengesellschaft vereinbart worden ist, dass Gewinne und Verluste aus dem Grundstück oder Grundstücksteil ausschließlich dem einbringenden Gesellschafter zugerechnet werden. [3]Dient ein im Gesamthandseigentum der Gesellschafter einer Personengesellschaft stehendes Grundstück teilweise der privaten Lebensführung eines, mehrerer oder aller Mitunternehmer der Gesellschaft, braucht der andere Grundstücksteil nicht als Betriebsvermögen behandelt zu werden, wenn für diesen Grundstücksteil die Grenzen des § 8 EStDV nicht überschritten sind; Absatz 8 Satz 2 ff. ist entsprechend anzuwenden.

◄ **Hinweise   EStH   H 4.2 (11)**

Ausnahme bei privater Nutzung

– *Ein zum Gesamthandsvermögen gehörendes Wirtschaftsgut kann nicht Betriebsvermögen sein, wenn es ausschließlich oder fast ausschließlich der privaten Lebensführung eines, mehrerer oder aller Mitunternehmer der Gesellschaft dient. Deshalb ist z. B. ein zum Gesamthandsvermögen gehörendes Einfamilienhaus, das unentgeltlich von einem Gesellschafter nicht nur vorübergehend für eigene Wohnzwecke genutzt wird, steuerlich nicht Betriebsvermögen der Personengesellschaft. Dann handelt es sich um notwendiges Privatvermögen der Gesellschafter (> BFH vom 16. 3. 1983 – BStBl II S. 459).*

– ...

Grundstücke und Grundstücksteile im Sonderbetriebsvermögen

(12) [1]Grundstücke oder Grundstücksteile, die nicht Gesamthandsvermögen der Mitunternehmer der Personengesellschaft sind, sondern einem, mehreren oder allen Mitunternehmern gehören, aber dem Betrieb der Personengesellschaft ausschließlich und unmittelbar dienen, sind als Sonderbetriebsvermögen notwendiges Betriebsvermögen der Personengesellschaft. [2]Dient ein Grundstück dem Betrieb der Personengesellschaft nur zum Teil, sind die dem Mitunternehmern zuzurechnenden Grundstücksteile lediglich mit ihrem betrieblich genutzten Teil notwendiges Sonderbetriebsvermögen. [3]Betrieblich genutzte Grundstücksteile, die im Verhältnis zum Wert des ganzen Grundstücks – nicht im Verhältnis zum Wert des Grundstücksteiles des Gesellschafters – von untergeordnetem Wert sind (> § 8 EStDV), brauchen nicht als Sonderbetriebsvermögen behandelt zu werden. [4]Jeder Mitunternehmer kann dieses Wahlrecht ausüben; sind mehrere Gesellschafter zugleich Eigentümer dieses Grundstücks, braucht das Wahlrecht nicht einheitlich ausgeübt zu werden. [5]Absatz 8 Satz 2 ff. ist entsprechend anzuwenden.

◄ **Hinweise   EStH   H 4.2 (12)**

...

Keine Bindung an die Einheitsbewertung oder Bedarfsbewertung

(13) Für die einkommensteuerrechtliche Behandlung von Grundstücken und Grundstücksteilen als Betriebsvermögen kommt es nicht darauf an, wie ein Grundstück bei der Einheitsbewertung oder Bedarfsbewertung behandelt worden ist.

Erweiterte Anwendung

(14) ...

Verbindlichkeiten

(15) [1]Mit der Entnahme eines fremdfinanzierten Wirtschaftsguts des Anlagevermögens wird die zur Finanzierung des Wirtschaftsguts aufgenommene betriebliche Schuld zu einer privaten Schuld. [2]Umgekehrt wird mit der Einlage eines fremdfinanzierten Wirtschaftsguts die zur Finanzierung des Wirtschaftsguts aufgenommene private Schuld zu einer betrieblichen Schuld. [3]Wird ein betrieblich genutztes, fremdfinanziertes Wirtschaftsgut veräußert, oder scheidet es aus der Vermögenssphäre des Steuerpflichtigen aus, wird die zur Finanzierung des Wirtschaftsguts aufgenommene Schuld eine privat veranlasste Schuld, soweit der Veräußerungserlös oder eine andere für das Ausscheiden des Wirtschaftsguts erhaltene Leistung entnommen wird.

Hinweise　　　EStH　　　H 4.2 (15)

Ablösung einer Schuld

Wird eine Schuld zur Ablösung einer bereits bestehenden Schuld aufgenommen, rechnet die neue Schuld nur insoweit zum Betriebsvermögen, als die abgelöste Schuld betrieblich veranlasst war (> BFH vom 15. 11. 1990 – BStBl 1991 II S. 226).

...

Gemischt genutztes Grundstück

Wird durch einheitlichen Kaufvertrag ein gemischt genutztes Grundstück erworben und die Kaufpreisschuld teils mit Fremd-, teils mit Eigenmitteln beglichen, ohne dass eine Zuordnung der Finanzierungsmittel erfolgt, sind die Zinszahlungen nur im Verhältnis des betrieblich zum privat genutzten Anteil als Betriebsausgabe abziehbar. Keine vorrangige Tilgung des privat veranlassten Teils (> BFH vom 7. 11. 1991 – BStBl 1992 II S. 141). Im Falle einer Zuordnung der Finanzierungsmittel gelten die Grundsätze des BMF-Schreibens vom 16. 4. 2004 (BStBl I S. 464) entsprechend für Grundstücke, die teilweise betrieblich und privat genutzt werden.

...

Rückverkaufsoption

Zur bilanzsteuerrechtlichen Beurteilung der Rückverkaufsoption im Kfz-Handel > BMF vom 12. 10. 2011 (BStBl I S. 967).

...

Umsatzsteuer

Zu Unrecht ausgewiesene Umsatzsteuer ist, wenn keine Steuerhinterziehung vorliegt, in dem Jahr zu passivieren, in dem sie durch den Ausweis in der Rechnung entstanden ist (> BFH vom 15. 3. 2012 – BStBl II S. 719).

Umschuldung Privatschuld in Betriebsschuld

Werden Eigenmittel für betriebliche Zwecke und deshalb Fremdmittel für private Zwecke verwendet, begründet die Fremdmittelaufnahme keine Betriebsschuld. Ein privates Darlehen kann nicht durch eine bloße wirtschaftliche Umschuldung in eine Betriebsschuld umgewandelt werden. Werden aber im Betrieb erzielte Einnahmen zur Tilgung eines privaten Darlehens entnommen und wird deshalb ein neues Darlehen zur Finanzierung von betrieblichen Aufwendungen aufgenommen, stellt das neue Darlehen eine Betriebsschuld dar (> BFH vom 8. 12. 1997 – BStBl 1998 II S. 193).

Betriebsvermögen bei Schätzung des Gewinns oder bei Gewinnermittlung nach § 13a Abs. 3 bis 6 EStG**❶**

(16) Wird der Gewinn geschätzt (> R 4.1 Abs. 2) oder nach § 13a Abs. 3 bis 6 EStG**❶** ermittelt, kommt gewillkürtes Betriebsvermögen nur in den Fällen des § 13a Abs. 6 Satz 2 EStG**❷**, des Wechsels der Gewinnermittlungsart und der Nutzungsänderung in Betracht (> § 4 Abs. 1 Satz 6 und 7 EStG).

Hinweise EStH H 4.2 (16)

...

EStR R 4.3 Einlagen und Entnahmen

Einlagen

(1) ¹Gegenstand von Einlagen können abnutzbare und nicht abnutzbare, materielle und immaterielle Wirtschaftsgüter aller Art sein, unabhängig davon, ob sie dem Anlage- oder dem Umlaufvermögen zuzuordnen sind. ²Einer Einlage steht die Begründung des Besteuerungsrechts der Bundesrepublik Deutschland hinsichtlich des Gewinns aus der Veräußerung eines Wirtschaftsguts gleich (Verstrickung). ³Darunter fällt insbesondere die Überführung eines Wirtschaftsgutes aus einer ausländischen Betriebsstätte, deren Einkünfte nach einem DBA von der inländischen Besteuerung freigestellt sind, ins Inland.

Hinweise EStH H 4.3 (1)

Banküberweisung

Eine Einlage ist bei Zahlung durch Banküberweisung erst geleistet, wenn die Gutschrift auf dem Empfängerkonto erfolgt ist (> BFH vom 11. 12. 1990 – BStBl 1992 II S. 232).

...

Gewillkürtes Betriebsvermögen

> H 4.2 (1)

...

Amtl. Fn.:

❶ Jetzt § 13a Abs. 3 bis 7.
❷ Jetzt § 13a Abs. 7 Satz 1.

Entnahmen❶

(2) ¹Ein Wirtschaftsgut wird entnommen, wenn es aus dem betrieblichen in den privaten oder einen anderen betriebsfremden Bereich übergeht. ²⁻³... ⁴Eine Entnahme liegt nicht vor in Fällen einer Strukturänderung eines Betriebs mit der Folge, dass die Einkünfte aus dem Betrieb einer anderen Einkunftsart zuzurechnen sind (z. B. wenn ein land- und forstwirtschaftlicher Betrieb wegen Überschreitens der Grenzen des § 13 Abs. 1 Nr. 1 EStG zu einem Gewerbebetrieb wird oder wenn eine freiberufliche Praxis durch Übergang im Sinne des § 6 Abs. 3 EStG auf nicht qualifizierte Rechtsnachfolger zu einem Gewerbebetrieb wird).

Entnahmehandlung

(3) ¹Eine Entnahme erfordert regelmäßig eine Entnahmehandlung, die von einem Entnahmewillen getragen wird. ²Wirtschaftsgüter, die zur Zeit der Aufnahme in das Betriebsvermögen zulässigerweise zum Betriebsvermögen gerechnet worden sind, bleiben daher grundsätzlich so lange Betriebsvermögen, bis sie durch eine eindeutige, unmissverständliche – ausdrückliche oder schlüssige – > Entnahmehandlung des Steuerpflichtigen Privatvermögen werden. ³Bei buchführenden Steuerpflichtigen bietet die Buchung einen wesentlichen Anhalt, ob und wann ein Wirtschaftsgut entnommen worden ist. ⁴Eine Entnahme liegt auch ohne Entnahmeerklärung oder Entnahmebuchung vor, wenn der Steuerpflichtige die bisherige betriebliche oder berufliche Nutzung eines Wirtschaftsguts auf Dauer so ändert, dass es seine Beziehung zum Betrieb verliert und dadurch zu notwendigem Privatvermögen wird. ⁵Eine Nutzungsänderung, durch die das Wirtschaftsgut zwar seinen Charakter als notwendiges Betriebsvermögen verliert, jedoch nicht zu notwendigem Privatvermögen wird, ist ohne eindeutige Entnahmeerklärung des Steuerpflichtigen keine Entnahme des Wirtschaftsgutes; das gilt auch bei Gewinnermittlung nach § 13a EStG (§ 4 Abs. 1 Satz 7 EStG) sowie bei Vollschätzung.

Gegenstand einer Entnahme

(4) ¹Gegenstand einer Entnahme können alle Wirtschaftsgüter sein, die zum notwendigen oder gewillkürten Betriebsvermögen gehören, also auch immaterielle (Einzel-)Wirtschaftsgüter, z. B. ein Verlagswert, sowie Nutzungen und Leistungen, auch wenn sie in der Bilanz nicht angesetzt werden können. ²Im Fall des gewerblichen Betriebs einer Fotovoltaikanlage ist der private Verbrauch des Stroms keine private Verwendung der Anlage, sondern eine Sachentnahme des produzierten Stroms.

▶ **Hinweise** **EStH** **H 4.3 (2–4)**

Altenteilerwohnung

...

Entnahmehandlung

– *Für die Eindeutigkeit einer Entnahmehandlung ist ein Verhalten des Steuerpflichtigen erforderlich, durch das die Verknüpfung des Wirtschaftsgutes mit dem Betriebsvermögen unmissverständlich gelöst wird. Es bedarf nicht stets einer buchmäßigen Darstellung der Entnahme.*

Anm. d. Schriftl.:

❶ Vermindert sich der Umfang der betrieblichen Nutzung eines Kfz, das dem gewillkürten Betriebsvermögen eines Unternehmens in einem früheren Veranlagungszeitraum wegen einer mehr als 10 %igen betrieblichen Nutzung zugeordnet wurde, in einem Folgejahr auf unter 10 %, so ändert dies an der Zuordnung zum gewillkürten Betriebsvermögen nichts, weil eine solche Nutzungsänderung allein keine Entnahme darstellt (BFH-Urteil vom 21. 8. 2012, BStBl 2013 II S. 117).

Es kann auch ein anderes schlüssiges Verhalten genügen, durch das die Verbindung des Wirtschaftsguts zum Betrieb gelöst wird (> BFH vom 9. 8. 1989 – BStBl 1990 II S. 128 und vom 25. 6. 2003 – BStBl 2004 II S. 403).

– *Der Tatbestand der Entnahme ist auch erfüllt, wenn dem Steuerpflichtigen die an die Entnahme geknüpften Rechtsfolgen, insbesondere die Gewinnverwirklichung, nicht bewusst werden (> BFH vom 31. 1. 1985 – BStBl II S. 395).*

– *Eine Entnahmehandlung ist auch durch einen Rechtsvorgang möglich; ein solcher liegt immer dann vor, wenn sich die Rechtszuständigkeit für das Wirtschaftsgut ändert (> BFH vom 5. 7. 2018 – BStBl II S. 798).*

– *Die Entnahme eines Wirtschaftsguts, das nicht zum notwendigen Privatvermögen geworden ist, erfordert eine unmissverständliche, von einem Entnahmewillen getragene Entnahmehandlung und darüber hinaus, dass der Stpfl. die naheliegenden steuerlichen Folgerungen aus der Entnahme gezogen hat. Eine fehlende Eindeutigkeit der Entnahmehandlung geht zulasten des Stpfl. (> BFH vom 29. 9. 2016 – BStBl 2017 II S. 339).*

– *> Nachweispflicht*

– *> Nutzungsänderung*

– *...*

– *> Schenkung*

Entstrickung

...

Erbauseinandersetzung und vorweggenommene Erbfolge

– *> BMF vom 14. 3. 2006 (BStBl I S. 253) unter Berücksichtigung der Änderungen durch BMF vom 27. 12. 2018 (BStBl 2019 I S. 11)*

– *> BMF vom 13. 1. 1993 (BStBl I S. 80) unter Berücksichtigung der Änderungen durch BMF vom 26. 2. 2007 (BStBl I S. 269).*

Geschäfts- oder Firmenwert

...

Gewinnrealisierung

Steuerpflichtiger Entnahmegewinn ist der gesamte Unterschiedsbetrag zwischen dem Entnahmewert (§ 6 Abs. 1 Nr. 4 EStG) und dem Buchwert des entnommenen Wirtschaftsguts im Zeitpunkt der Entnahme. Das gilt auch dann, wenn das Wirtschaftsgut vor der Entnahme auch privat genutzt und die private Nutzung als Entnahme behandelt worden ist (> BFH vom 24. 9. 1959 – BStBl III S. 466; > Nutzungsentnahme). Zur Feststellung des Entnahmewerts von Nutzungen und Leistungen können die für die Bewertung von Sachbezügen entwickelten Grundsätze herangezogen werden (> BFH vom 22. 7. 1988 – BStBl II S. 995).

Grundstücke oder Grundstücksteile

– *Wird auf einem bisher unbebauten Betriebsgrundstück ein zum Privatvermögen gehörendes Gebäude (z. B. ein auf Dauer zu eigenen Wohnzwecken bestimmtes Gebäude) errichtet, wird der Grund und Boden durch die Bebauung entnommen (> BFH vom 27. 1. 1977 – BStBl II S. 388, vom 11. 3. 1980 – BStBl II S. 740 und vom 14. 5. 2009 – BStBl II S. 811). Eine anteilige Entnahme des Grund und Bodens liegt vor, wenn auf einem Betriebsgrundstück ein Gebäude errichtet wird, das teilweise Privatvermögen ist (> BFH vom 24. 11. 1982 – BStBl 1983 II S. 365). Ggf. bleibt der Entnahmegewinn außer Ansatz (> § 13 Abs. 5, § 15 Abs. 1 Satz 3 und § 18 Abs. 4 Satz 1 EStG).*

– *...*

Incentive-Reisen

> *BMF vom 14. 10. 1996 (BStBl I S. 1192)*

Keine Entnahme des Grundstücks oder Grundstücksteils
liegt ohne Hinzutreten weiterer Umstände in folgenden Fällen vor:

– **Erbbaurecht** – *Belastung eines land- und forstwirtschaftlich genutzten Grundstücks mit einem entgeltlich eingeräumten Erbbaurecht, wenn der vereinbarte Erbbauzins nicht weniger als 10 % des ortsüblichen Erbbauzinses beträgt und die Nutzungsänderung nicht mehr als 10 % der Gesamtfläche des Betriebs erfasst (> BFH vom 24. 3. 2011 – BStBl II S. 692).*

– **Erklärung von Einkünften aus Vermietung und Verpachtung,** *ohne dass der Steuerpflichtige die nahe liegenden steuerrechtlichen Folgerungen aus einer Entnahme zieht, wie Gewinnrealisierung nach § 6 Abs. 1 Nr. 4 EStG, unabhängig davon, ob innerhalb oder außerhalb der Buchführung (> BFH vom 9. 8. 1989 – BStBl 1990 II S. 128).*

– **Gebäudeabriss,** *wenn die betriebliche Nutzung der Freifläche möglich ist (> BFH vom 6. 11. 1991 – BStBl 1993 II S. 391).*

– *Im* **Hinzuerwerb** *eines im Privatvermögen verbleibenden Miteigentumsanteils an einem Grundstück im Wege der Erbfolge liegt keine Entnahme des zum gewillkürten Betriebsvermögen gehörenden Anteils (> BFH vom 8. 3. 1990 – BStBl 1994 II S. 559).*

– **Landwirtschaftlich genutzte Grundstücke**

  – *bei denen keine ertragreiche Bewirtschaftung mehr möglich ist (> BFH vom 12. 11. 1992 – BStBl 1993 II S. 430).*

  – *Bei Bebauung ursprünglich landwirtschaftlicher Grundstücke mit Einfamilienhäusern, die anschließend an betriebsfremde Personen vermietet werden, wenn die Nutzungsänderung nur eine Fläche erfasst, die im Vergleich zur Gesamtfläche des Betriebs von geringer Bedeutung ist (> BFH vom 22. 8. 2002 – BStBl 2003 II S. 16), > H 4.2 (9) Besonderheiten bei land- und forstwirtschaftlichen Betrieben.*

  – *Ursprünglich landwirtschaftlich genutzte Flächen eines Betriebs, die verpachtet wurden und nach Ablauf des Pachtverhältnisses nicht wieder aktiv bewirtschaftet werden, sondern brach liegen, bleiben Betriebsvermögen und können nur durch eindeutige Erklärung dem Finanzamt gegenüber entnommen werden (> BFH vom 17. 1. 2002 – BStBl II S. 356).*

  – *Ohne Entnahmeerklärung verlieren ursprünglich landwirtschaftlich genutzte Grundstücke durch eine Nutzungsänderung, die nicht zu notwendigem Privatvermögen führt, ihre Eigenschaft als landwirtschaftliches Betriebsvermögen, wenn eine eindeutige Entnahmehandlung vorliegt. Deshalb scheidet ein zuvor zum notwendigen Betriebsvermögen gehörendes Grundstück nicht bereits dadurch aus dem Betriebsvermögen aus, dass es als Bauland behandelt wird und im Hinblick auf die geringe Größe und die umliegende Bebauung nicht mehr landwirtschaftlich genutzt werden kann (> BFH vom 14. 5. 2009 – BStBl II S. 811).*

– **Nießbrauch** – *ein Grundstück, das zum Sonderbetriebsvermögen des Gesellschafters einer GbR gehört, wird durch die Bestellung eines Nießbrauchs am Gesellschaftsanteil und am Grundstück i. d. R. nicht entnommen (> BFH vom 1. 3. 1994 – BStBl 1995 II S. 241).*

– **Nutzung** – *nur vorübergehende Nutzung zu eigenen Wohnzwecken (> BFH vom 17. 1. 1974 – BStBl II S. 240).*

– **Nutzungsänderung**

  – *Bisher betrieblich genutzte und seitdem ungenutzte (freie) Grundstücksflächen, deren spätere betriebliche Nutzung möglich bleibt, verbleiben ohne eine von einem Entnahmewillen getragene Entnahmehandlung im Betriebsvermögen (> BFH vom 6. 11. 1991 – BStBl 1993 II S. 391).*

– Ein zunächst betrieblich genutzter Gebäudeteil verliert seine Eigenschaft als Betriebsvermögen nicht dadurch, dass er zu fremden Wohnzwecken vermietet wird und sich in dem Gebäude ein weiterer zu fremden Wohnzwecken vermieteter Gebäudeteil befindet, der zum Privatvermögen gehört (> BFH vom 10. 11. 2004 – BStBl 2005 II S. 334).

– **Nutzungsrecht** – Belastung eines Grundstücks mit der Einräumung eines unentgeltlichen Nutzungsrechts und anschließende Anmietung vom Nutzungsberechtigten durch den Grundstückseigentümer (> BFH vom 11. 11. 1988 – BStBl 1989 II S. 872).

Nachweispflicht

Wer sich darauf beruft, dass ein als Betriebsvermögen ausgewiesenes Wirtschaftsgut vor vielen Jahren entnommen worden sei, muss die Entnahmehandlung nachweisen (> BFH vom 23. 11. 2000 – BStBl 2001 II S. 232).

Nutzungsänderung

Vermindert sich der Umfang der betrieblichen Nutzung eines Kfz, das dem gewillkürten Betriebsvermögen eines Unternehmens in einem früheren VZ wegen einer mehr als 10 %-igen betrieblichen Nutzung zugeordnet wurde, in einem Folgejahr auf unter 10 %, ändert dies an der Zuordnung zum gewillkürten Betriebsvermögen nichts, weil eine solche Nutzungsänderung allein keine Entnahme darstellt (> BFH vom 21. 8. 2012 – BStBl 2013 II S. 117).

Nutzungsentnahme

– Grundstücke oder Grundstücksteile > BFH vom 11. 11. 1988 (BStBl 1989 II S. 872) und > H 4.7 (Teilentgeltliche Überlassung).

– Betrieblicher Pkw bei Unfall auf Privatfahrt > BFH vom 24. 5. 1989 (BStBl 1990 II S. 8); > R 4.7 Abs. 1 Satz 3 bis 5.

– Betrieblicher Pkw bei Diebstahl auf Privatfahrt (> BFH vom 18. 4. 2007 – BStBl II S. 762); > Private Kraftfahrzeugnutzung

Personengesellschaften

...

Private Kraftfahrzeugnutzung

– Ertragsteuerliche Erfassung der Nutzung eines betrieblichen Kraftfahrzeugs zu Privatfahrten, zu Fahrten zwischen Wohnung und Betriebsstätte sowie zu Familienheimfahrten nach § 4 Abs. 5 Satz 1 Nr. 6 und § 6 Abs. 1 Nr. 4 Satz 1 bis 3 EStG (> BMF vom 18. 11. 2009 – BStBl I S. 1326 unter Berücksichtigung der Änderungen durch BMF vom 15. 11. 2012 – BStBl I S. 1099).

– Nutzung eines betrieblichen Kraftfahrzeugs für private Fahrten, Fahrten zwischen Wohnung und Betriebsstätte/erster Tätigkeitsstätte und Familienheimfahrten; Nutzung von Elektro- und Hybridelektrofahrzeugen > BMF vom 5. 11. 2021 (BStBl I S. 2205), ...

– Zerstörung eines betrieblichen Kraftfahrzeugs anlässlich einer Privatfahrt > BFH vom 24. 5. 1989 (BStBl 1990 II S. 8) und R 4.7 Abs. 1 Satz 3 bis 5.

– Wird der zum Betriebsvermögen gehörende Pkw während einer privat veranlassten Nutzung gestohlen, ist der Vermögensverlust nicht gewinnmindernd zu berücksichtigen (> BFH vom 18. 4. 2007 – BStBl II S. 762).

– > Nutzungsänderung

Schenkung

– Bei der schenkweisen Übertragung eines Wirtschaftsguts fehlt es an einer > Entnahmehandlung, wenn der Steuerpflichtige wirtschaftlicher Eigentümer bleibt (> BFH vom 5. 5. 1983 –
BStBl II S. 631).

– ...

Verlagswert

...

Verlustdeckung bei einer Schwester-KG

...

Vorbehaltsnießbrauch

...

Wettbewerbsverbot

Wird der Gesellschafter einer Personengesellschaft oder der Gesellschafter-Geschäftsführer ihrer
Komplementär-GmbH im Handelszweig der Personengesellschaft tätig, kann dadurch ein Schadensersatzanspruch der Gesellschaft wegen Verstoßes gegen das Wettbewerbsverbot entstehen.
Verzichten die anderen Gesellschafter ohne betriebliche Veranlassung auf die Geltendmachung
des Anspruchs, liegt eine Entnahme der Forderung vor. Ein Schadensersatzanspruch entsteht allerdings nicht, wenn die anderen Gesellschafter mit der Tätigkeit des Gesellschafters ausdrücklich
oder stillschweigend einverstanden waren; zu einer Entnahme kommt es dann nicht (> BFH vom
23. 3. 1995 – BStBl II S. 637).

Wochenendhaus

...

EStR   R 4.4 Bilanzberichtigung und Bilanzänderung

Bilanzberichtigung

(1) [1]Ist ein Ansatz in der Bilanz unrichtig, kann der Steuerpflichtige nach § 4 Abs. 2 Satz 1 EStG
den Fehler durch eine entsprechende Mitteilung an das Finanzamt berichtigen (Bilanzberichtigung). [2]Ein Ansatz in der Bilanz ist unrichtig, wenn er unzulässig ist, d. h., wenn er gegen zwingende Vorschriften des Einkommensteuerrechts oder des Handelsrechts oder gegen die einkommensteuerrechtlich zu beachtenden handelsrechtlichen Grundsätze ordnungsmäßiger Buchführung verstößt. – Sätze 3 bis 8 nicht abgedruckt, da überholt durch BFH vom 31. 1. 2013 (BStBl II
S. 317)**1** – [9]Soweit eine Bilanzberichtigung nicht möglich ist, ist der falsche Bilanzansatz grundsätzlich in der Schlussbilanz des ersten Jahres, dessen Veranlagung geändert werden kann, erfolgswirksam richtig zu stellen. [10]Bei Land- und Forstwirten mit vom Kalenderjahr abweichendem Wirtschaftsjahr müssen beide Veranlagungen, denen die Schlussbilanz zugrunde liegt
(> § 4a Abs. 2 Nr. 1 EStG), geändert werden können.

Amtl. Fn.:

1 > H 4.4 (Bilanzberichtigung).

Bilanzänderung

(2) [1]Wenn steuerrechtlich, in den Fällen des § 5 EStG auch handelsrechtlich, verschiedene Ansätze für die Bewertung eines Wirtschaftsguts zulässig sind und der Steuerpflichtige demgemäß zwischen mehreren Wertansätzen wählen kann, trifft er durch die Einreichung der Steuererklärung an das Finanzamt seine Entscheidung. [2]Eine Änderung dieser Entscheidung zugunsten eines anderen zulässigen Ansatzes ist eine Bilanzänderung. [3]Eine Bilanzänderung liegt nicht vor, wenn sich einem Stpfl. erst nach Einreichung der Bilanz die Möglichkeit eröffnet, erstmalig sein Wahlrecht auszuüben. [4]Eine Bilanzänderung ist zulässig, wenn sie in einem engen zeitlichen und sachlichen Zusammenhang mit einer Bilanzberichtigung steht und soweit die Auswirkung der Bilanzberichtigung auf den Gewinn reicht. [5]Ein enger zeitlicher und sachlicher Zusammenhang zwischen Bilanzberichtigung und Bilanzänderung setzt voraus, dass sich beide Maßnahmen auf dieselbe Bilanz beziehen und die Bilanzänderung unverzüglich nach der Bilanzberichtigung vorgenommen wird. [6]Bei einer Mitunternehmerschaft beziehen sich beide Maßnahmen auf die Bilanz der Mitunternehmerschaft (Gesamthandsbilanz, Ergänzungsbilanz und Sonderbilanz); beispielsweise kann eine Bilanzberichtigung in der Gesamthandsbilanz eine Bilanzänderung in der Ergänzungsbilanz oder Sonderbilanz des Mitunternehmers oder der Mitunternehmer zulassen.

Hinweise   EStH   H 4.4

Berichtigung einer Bilanz, die einer bestandskräftigen Veranlagung zu Grunde liegt

– *Die Berichtigung einer Bilanz, die einer bestandskräftigen Veranlagung zugrunde liegt, ist nur insoweit möglich, als die Veranlagung nach den Vorschriften der AO, insbesondere § 164 Abs. 1, § 173 oder § 175 Abs. 1 Satz 1 Nr. 2 AO, noch geändert werden kann oder die Bilanzberichtigung sich auf die Höhe der veranlagten Steuer nicht auswirken würde (> BFH vom 27. 3. 1962 – BStBl III S. 273 und vom 5. 9. 2001 – BStBl 2002 II S. 134).*

– *Die Berichtigung eines unrichtigen Bilanzansatzes in einer **Anfangsbilanz** ist nicht zulässig, wenn diese Bilanz der Veranlagung eines früheren Jahres als Schlussbilanz zugrunde gelegen hat, die nach den Vorschriften der AO nicht mehr geändert werden kann, oder wenn der sich bei einer Änderung dieser Veranlagung ergebende höhere Steueranspruch wegen Ablaufs der Festsetzungsfrist erloschen wäre (> BFH vom 29. 11. 1965 – BStBl 1966 III S. 142). Unter Durchbrechung des Bilanzenzusammenhangs kann eine Berichtigung der Anfangsbilanz des ersten Jahres, bei dessen Veranlagung sich die Berichtigung auswirken kann, ausnahmsweise in Betracht kommen, wenn ein Steuerpflichtiger zur Erlangung beachtlicher ungerechtfertigter Steuervorteile bewusst einen Aktivposten zu hoch oder einen Passivposten zu niedrig angesetzt hat, ohne dass die Möglichkeit besteht, die Veranlagung des Jahres zu ändern, bei der sich der unrichtige Bilanzansatz ausgewirkt hat (> BFH vom 3. 7. 1956 – BStBl III S. 250).*

Bilanzänderung

– *Der **enge zeitliche und sachliche Zusammenhang** zwischen Bilanzberichtigung und Bilanzänderung setzt voraus, dass sich beide Maßnahmen auf dieselbe Bilanz beziehen. Die Änderung der Bilanz eines bestimmten Wirtschaftsjahres ist danach unabhängig von der Frage, auf welche Wirtschaftsgüter oder Rechnungsabgrenzungsposten sich die Berichtigung dieser Bilanz bezieht, bis zur Höhe des gesamten Berichtigungsbetrages zulässig. Ein zeitlicher Zusammenhang liegt darüber hinaus nur vor, wenn die Bilanz unverzüglich nach einer Bilanzberichtigung geändert wird (> BMF vom 18. 5. 2000 – BStBl I S. 587).*

– *Der Zusammenhang einer Bilanzänderung mit einer Bilanzberichtigung liegt auch dann vor, wenn sich die Gewinnänderung im Rahmen der Bilanzberichtigung aus der **Nicht- oder der fehlerhaften Verbuchung von Entnahmen und Einlagen** ergibt (> BFH vom 31. 5. 2007 – BStBl 2008 II S. 665); außerbilanzielle Gewinnerhöhungen berühren dagegen keinen Bilanzansatz und ermöglichen deshalb keine Bilanzänderung (> BMF vom 13. 8. 2008 – BStBl I S. 845).*

- *Im Rahmen einer zulässigen Bilanzänderung kann der Stpfl. ihm zustehende, im Jahr der Bilanzänderung aber **noch nicht oder nicht in voller Höhe geltend gemachte Sonderabschreibungen** erstmals oder mit einem höheren Betrag in Anspruch nehmen. Dies gilt auch dann, wenn er die im Jahr der Bilanzänderung noch nicht ausgeschöpften Sonderabschreibungen in den Bilanzen der Folgejahre schon beansprucht hat (> BFH vom 25. 10. 2007 – BStBl 2008 II S. 226).*
- *Gewinn i. S. d. § 4 Abs. 2 Satz 2 EStG ist der Bilanzgewinn i. S. d. § 4 Abs. 1 EStG und nicht der steuerliche Gewinn. § 4 Abs. 2 Satz 2 EStG erlaubt daher eine Bilanzänderung lediglich in Höhe der sich aus der Steuerbilanz infolge der Bilanzänderung des § 4 Abs. 2 Satz 1 EStG ergebenden Gewinnänderung und nicht in Höhe der sich aus einer Bilanzänderung ergebenden steuerlichen Gewinnänderung, die auf einer Hinzurechnung außerhalb der Steuerbilanz beruht (> BFH vom 27. 5. 2020 – BStBl II S. 772).*
- *Die Bilanzänderungsgrundsätze gelten auch für die Änderung der **Überleitungsrechnung**, die der Stpfl. anstelle einer gesonderten Steuerbilanz nach **§ 60 Abs. 2 Satz 1 EStDV** seiner Steuererklärung beifügt (> BFH vom 27. 5. 2020 – BStBl II S. 779).*

Bilanzberichtigung

- *Eine Bilanzberichtigung darf nur der Steuerpflichtige selbst vornehmen (> BFH vom 13. 6. 2006 – BStBl 2007 II S. 94). Hält das FA eine Bilanz für fehlerhaft, darf es diese Bilanz der Besteuerung nicht zugrunde legen und muss eine eigene Gewinnermittlung durch Betriebsvermögensvergleich mit ggf. auf der Grundlage der Bilanz abgeänderten Werten vornehmen (> BFH vom 4. 11. 1999 – BStBl 2000 II S. 129 und vom 31. 1. 2013 – BStBl II S. 317).*
- *Das Finanzamt ist auch dann nicht an die rechtliche Beurteilung gebunden, die der vom Stpfl. aufgestellten Bilanz und deren einzelnen Ansätzen zugrunde liegt, wenn diese Beurteilung aus der Sicht eines ordentlichen und gewissenhaften Kaufmanns im Zeitpunkt der Bilanzaufstellung vertretbar war. Das gilt auch für eine in diesem Zeitpunkt von der Verwaltung und Rechtsprechung praktizierte, später aber geänderte Rechtsauffassung (> BFH vom 31. 1. 2013 – BStBl II S. 317).*
- *Eine Bilanz kann berichtigt werden, wenn ein darin enthaltener Ansatz nicht gegen Grundsätze ordnungsmäßiger Buchführung, sondern nur gegen steuerrechtliche Vorschriften verstößt. Kann eine Bilanz auf verschiedenen Wegen berichtigt werden, obliegt die Auswahl des Korrekturwegs dem Unternehmer (> BFH vom 14. 3. 2006 – BStBl II S. 799).*
- ***Absetzung für Abnutzung:*** *Sind in den Vorjahren im Hinblick auf eine zu niedrige Bemessungsgrundlage zu wenig AfA geltend gemacht worden, kann die letzte Anfangsbilanz gewinnneutral berichtigt werden, indem der richtige höhere Anfangswert gekürzt um die tatsächlich vorgenommenen Absetzungsbeträge in die Bilanz eingestellt wird (> BFH vom 29. 10. 1991 – BStBl 1992 II S. 512). > H 7.4 (Unterlassene oder überhöhte AfA).*
- *Die Voraussetzungen für eine Bilanzberichtigung sind für die Einkommensteuer und Gewerbesteuer gesondert zu prüfen. Eine Bilanzberichtigung für Zwecke der Gewerbesteuer hindert daher nicht die entsprechende einkommensteuerrechtliche Korrektur in einem späteren VZ (> BFH vom 6. 9. 2000 – BStBl 2001 II S. 106).*
- *Sind in den Vorjahren Sonderabschreibungen im Rahmen einer zulässigen Bilanzänderung anderweitig verteilt worden, sind nach den Grundsätzen des Bilanzenzusammenhangs nunmehr fehlerhafte Ansätze in den Bilanzen der Folgejahre zu berichtigen (> BFH vom 25. 10. 2007 – BStBl 2008 II S. 226).*
- *Maßgebender Zeitpunkt für die Bestimmung, welche Bilanz zu berichtigen ist (Bilanz der Fehlerquelle oder eine spätere Bilanz), ist der Zeitpunkt der Einspruchsentscheidung, weil das Finanzamt darin abschließend über die Frage der Bilanzberichtigung befindet (> BFH vom 19. 7. 2011 – BStBl II S. 1017).*

...

Richtigstellung eines unrichtigen Bilanzansatzes

Ein unrichtiger Bilanzansatz ist in der ersten Schlussbilanz richtig zu stellen, in der dies unter Beachtung der für den Eintritt der Bestandskraft und der Verjährung maßgebenden Vorschriften möglich ist, und zwar i. d. R. erfolgswirksam. Anzusetzen ist der Wert, mit dem das Wirtschaftsgut bei von vornherein zutreffender bilanzieller Behandlung – also bei Beachtung sämtlicher Gewinnermittlungsvorschriften – in dieser Bilanz erscheinen würde (> BFH vom 10. 12. 1997 – BStBl 1998 II S. 377). Die Korrektur eines fehlerhaften Bilanzansatzes setzt voraus, dass noch ein Bilanzierungsfehler vorliegt (> BFH vom 11. 2. 1998 – BStBl II S. 503).

Tausch

Eine beim Tausch unterbliebene Ausbuchung des hingetauschten Wirtschaftsguts und Einbuchung einer Forderung auf Lieferung des eingetauschten Wirtschaftsguts ist in der ersten noch änderbaren Schlussbilanz erfolgswirksam nachzuholen (> BFH vom 14. 12. 1982 – BStBl 1983 II S. 303).

Unterlassene Bilanzierung

– *Die rechtliche Beurteilung der* **Zugehörigkeit eines Wirtschaftsguts** *zum notwendigen Betriebsvermögen wird nicht dadurch berührt, dass es bisher nicht bilanziert worden ist. Ein Wirtschaftsgut des notwendigen Betriebsvermögens ist bei unterlassener Aktivierung mit dem Wert einzubuchen, der sich ergeben würde, wenn das Wirtschaftsgut von Anfang an richtig bilanziert worden wäre. In diesem Fall ist bei der Ermittlung des Einbuchungswerts eine „Schattenrechnung" (Absetzung der bisher unterlassenen AfA-Beträge von den Anschaffungs- oder Herstellungskosten) durchzuführen (> BFH vom 24. 10. 2001 – BStBl 2002 II S. 75).*

– *Im Fall eines* **„nicht erkannten Gewerbebetriebs"**, *für den erst in einem späteren Wirtschaftsjahr nach der Betriebseröffnung mit der Bilanzierung begonnen wird, sind bei erstmaliger Bilanzaufstellung die Grundsätze des formellen Bilanzenzusammenhangs unbeachtlich. Der erste Bilanzansatz eines zuvor nicht bilanzierten Wirtschaftsguts des notwendigen Betriebsvermögens bemisst sich nach dem Wert, mit dem es bei von Beginn an richtiger Bilanzierung zu Buche stehen würde. Die Einbuchung in die Anfangsbilanz erfolgt gewinnneutral (> BFH vom 26. 11. 2008 – BStBl 2009 II S. 407).*

Unterlassene Erfassung einer Einlage

Werden (Sonder-)Betriebsausgaben, die aus privaten Mitteln bestritten worden sind, im Jahr der Entstehung des Aufwands nicht berücksichtigt, kommt einer erfolgswirksame Nachholung in einem Folgejahr – durch die Berichtigung der Position Einlagen innerhalb des Kapitalkontos – nach den Grundsätzen des formellen Bilanzenzusammenhangs nicht in Betracht (> BFH vom 17. 6. 2019 – BStBl II S. 614).

Unterlassene Erfassung einer Entnahme

Erfolgsneutrale Ausbuchung bei unterlassener Erfassung einer Entnahme (> BFH vom 21. 10. 1976 – BStBl 1977 II S. 148).

Verbindlichkeiten

Eine Verbindlichkeit,

– *die gewinnwirksam zu Unrecht passiviert worden ist, ist gewinnerhöhend aufzulösen (> BFH vom 22. 1. 1985 – BStBl II S. 308)*

– *deren gewinnmindernde Passivierung der Steuerpflichtige nicht bewusst rechtswidrig oder willkürlich unterlassen hat, ist gewinnmindernd einzustellen (> BFH vom 2. 5. 1984 – BStBl II S. 695).*

Dies gilt auch dann, wenn der Betrieb inzwischen unentgeltlich, also unter Fortführung der Buchwerte, auf einen anderen übertragen wurde (> BFH vom 9. 6. 1964 – BStBl 1965 III S. 48) oder wenn der Betrieb zulässigerweise zum Buchwert in eine Personengesellschaft eingebracht wurde (> BFH vom 8. 12. 1988 – BStBl 1989 II S. 407).

Wahlrecht eines Mitunternehmers

...

Zu Unrecht bilanziertes Wirtschaftsgut des Privatvermögens

Ein zu Unrecht bilanziertes Wirtschaftsgut des Privatvermögens ist gewinnneutral auszubuchen (> BFH vom 26. 2. 1976 – BStBl II S. 378).

EStR   R 4.5 Einnahmenüberschussrechnung**❶❷❸❹**

Anwendungsbereich

(1) [1]Der Steuerpflichtige kann nach § 4 Abs. 3 EStG als Gewinn den Überschuss der Betriebseinnahmen über die Betriebsausgaben ansetzen, wenn er auf Grund gesetzlicher Vorschriften (> R 4.1 Abs. 1, 2 und 4) nicht verpflichtet ist, Bücher zu führen und regelmäßig Abschlüsse zu machen, er dies auch nicht freiwillig tut, und sein Gewinn nicht nach Durchschnittssätzen (§ 13a EStG) zu ermitteln ist. [2]Die Buchführung wegen der Eigenschaft des Betriebs als Testbetrieb für den agrarpolitischen Bericht der Bundesregierung oder als Betrieb des Informationsnetzes landwirtschaftlicher Buchführung (INLB) und die Auflagenbuchführung entsprechend den Richtlinien des Bundesministeriums für Ernährung, Landwirtschaft und Verbraucherschutz schließen die Gewinnermittlung nach § 4 Abs. 3 EStG nicht aus. [3]Der Gewinn eines Steuerpflichtigen ist nach den für diese Gewinnermittlungsart maßgebenden Grundsätzen zu ermitteln, wenn der Betrieb zwar die Voraussetzungen für die Gewinnermittlung nach § 13a EStG erfüllt, aber ein Antrag nach § 13a Abs. 2 EStG gestellt worden ist.

Hinweise   EStH   H 4.5 (1)

Änderung der Einnahmenüberschussrechnung

Die Vorschriften über die Bilanzberichtigung (§ 4 Abs. 2 Satz 1 EStG) und die Bilanzänderung (§ 4 Abs. 2 Satz 2 EStG) sind auf die Einnahmenüberschussrechnung nicht anwendbar (> BFH vom 21. 6. 2006 – BStBl II S. 712 und vom 30. 8. 2001 – BStBl 2002 II S. 49).

...

Anm. d. Schriftl.:

❶ Den Vordruck Einnahmenüberschussrechnung – Anlage EÜR – für 2022 enthält das BMF-Schreiben vom 1. 9. 2022 – BStBl 2022 I S. 1303.

❷ § 60 Abs. 4 EStDV stellt eine wirksame Rechtsgrundlage für die Pflicht zur Abgabe der Anlage EÜR dar (BFH-Urteil vom 16. 11. 2011, BStBl 2012 II S. 129).

❸ Verwendet ein Rechtsanwalt Fremdgelder, die er in fremdem Namen und für fremde Rechnung beigetrieben hat, für eigene Zwecke, verlieren diese nicht die Eigenschaft als durchlaufende Posten und sind im Rahmen der Einnahmenüberschussrechnung nicht in die Gewinnermittlung einzubeziehen (BFH-Urteil vom 16. 12. 2014, BStBl 2015 II S. 643).

❹ Ein Rechtsanwalt, der nach der Vereinnahmung von Fremdgeld mit Honoraransprüchen gegen den Herausgabeanspruch des Mandanten aufrechnet, löst die für einen durchlaufenden Posten gemäß § 4 Abs. 3 Satz 2 EStG notwendige Verklammerung von Vereinnahme und Ausgabe zu einem einheitlichen Vorgang endgültig auf. Mit dem Wegfall der Verklammerung und damit der Voraussetzungen eines durchlaufenden Postens ist das Fremdgeld als Betriebseinnahme in die Ermittlung des Gewinns für den Betrieb einzubeziehen (BFH-Urteil vom 29. 9. 2020, BStBl 2021 II S. 431).

EStR

Wahl der Gewinnermittlungsart

– *Die Entscheidung eines Steuerpflichtigen, seinen Gewinn durch Einnahmenüberschussrechnung zu ermitteln, muss sich nach außen dokumentiert haben. Das Sammeln z. B. der maßgebenden Einnahmebelege reicht hierfür aus (> BFH vom 13. 10. 1989 – BStBl 1990 II S. 287).*

– *Der Stpfl. muss die dem Finanzamt gegenüber wirksam getroffene Entscheidung, den Gewinn durch Einnahmenüberschussrechnung zu ermitteln, nicht jährlich wiederholen (> BFH vom 24. 9. 2008 – BStBl 2009 II S. 368).*

– *Zeichnet ein nicht buchführungspflichtiger Steuerpflichtiger nur Einnahmen und Ausgaben auf, kann er nicht verlangen, dass seiner Besteuerung ein nach § 4 Abs. 1 EStG geschätzter Gewinn zugrunde gelegt wird (> BFH vom 2. 3. 1978 – BStBl II S. 431). Durch den Verzicht auf die Aufstellung einer Eröffnungsbilanz und auf die Einrichtung einer den jeweiligen Stand des Vermögens darstellenden Buchführung hat er die Gewinnermittlung durch Einnahmenüberschussrechnung gewählt. Diese Wahl kann nachträglich nicht geändert werden (> BFH vom 5. 11. 2015 – BStBl 2016 II S. 468).*

– *Die Wahl der Gewinnermittlung durch Einnahmenüberschussrechnung kann nicht unterstellt werden, wenn der Steuerpflichtige bestreitet, betriebliche Einkünfte erzielt zu haben (> BFH vom 8. 3. 1989 – BStBl II S. 714).*

– *Erzielt ein Stpfl. Gewinneinkünfte und hat er die Gewinnermittlung durch Einnahmenüberschussrechnung gewählt, ist er daran auch gebunden, wenn seine Einkünfte nicht mehr als freiberuflich, sondern als gewerblich eingestuft werden (> BFH vom 8. 10. 2008 – BStBl 2009 II S. 238).*

– *Das Recht zur Wahl der Gewinnermittlung durch Einnahmenüberschussrechnung entfällt erst mit der Erstellung eines Abschlusses und nicht bereits mit der Einrichtung einer Buchführung oder Aufstellung einer Eröffnungsbilanz (> BFH vom 19. 3. 2009 – BStBl II S. 659).*

– *Das Recht zur Wahl der Gewinnermittlung durch Einnahmenüberschussrechnung wird durch tatsächliche Handhabung ausgeübt. Die endgültige Wahl wird z. B. durch Übersendung der Gewinnermittlung an das Finanzamt zum Ausdruck gebracht. Nach wirksam ausgeübter Wahl ist ein Wechsel der Gewinnermittlungsart für das gleiche Wj. auch vor Eintritt der Bestandskraft nur bei Vorliegen eines besonderen Grundes zulässig. Dazu zählt nicht der bloße Irrtum über die steuerlichen Folgen dieser Wahl (> BFH vom 2. 6. 2016 – BStBl 2017 II S. 154).*

– *Das Wahlrecht zur Gewinnermittlung durch Einnahmenüberschussrechnung ist nicht dadurch ausgeübt, dass der Stpfl. die vermeintlichen Überschusseinkünfte durch Gegenüberstellung der Einnahmen und Werbungskosten ermittelt hat (> BFH vom 30. 1. 2013 – BStBl II S. 684).*

– *Ist eine ausländische Personengesellschaft zur Buchführung und zur Aufstellung von Abschlüssen verpflichtet oder tut sie dies freiwillig, steht dem Mitunternehmer für die inländische Gewinnermittlung kein eigenes Wahlrecht zu, seinen Gewinn durch Einnahmenüberschussrechnung zu ermitteln (> BFH vom 25. 6. 2014 – BStBl 2015 II S. 141).*

– *> H 4.6 (Wechsel zum Betriebsvermögensvergleich)*

Zeitliche Erfassung von Betriebseinnahmen und -ausgaben

(2) [1]Bei der Gewinnermittlung nach § 4 Abs. 3 EStG sind die Betriebseinnahmen und die Betriebsausgaben nach den Grundsätzen des § 11 EStG zu erfassen. [2]Das gilt auch für Vorschüsse, Teil- und Abschlagszahlungen. [3]Hat ein Steuerpflichtiger Gelder in fremdem Namen und für fremde Rechnung verausgabt, ohne dass er entsprechende Gelder vereinnahmt, kann er in dem Wirtschaftsjahr, in dem er nicht mehr mit einer Erstattung der verausgabten Gelder rechnen kann, eine Betriebsausgabe in Höhe des nicht erstatteten Betrags absetzen. [4]Soweit der nicht erstattete Betrag in einem späteren Wirtschaftsjahr erstattet wird, ist er als Betriebseinnahme zu erfassen.

▶ **Hinweise   EStH   H 4.5 (2)**

...

Abnutzbare und nicht abnutzbare Anlagegüter

(3) [1]Zu den Betriebseinnahmen gehören auch die Einnahmen aus der Veräußerung von abnutzbaren und nicht abnutzbaren Anlagegütern sowie vereinnahmte Umsatzsteuerbeträge. [2]Die Anschaffungs- oder Herstellungskosten für Anlagegüter, die der Abnutzung unterliegen, z. B. Einrichtungsgegenstände, Maschinen, der Geschäfts- oder Firmenwert oder der Praxiswert, dürfen nur im Wege der AfA auf die Nutzungsdauer des Wirtschaftsguts verteilt werden, sofern nicht § 6 Abs. 2 oder Abs. 2a EStG anzuwenden ist. [3]Neben den Vorschriften über die AfA, die Absetzung für Substanzverringerung, die Bewertungsfreiheit für geringwertige Wirtschaftsgüter oder die Bildung eines Sammelpostens gelten auch die Regelungen über erhöhte Absetzungen und über Sonderabschreibungen. [4]Die vorgenommenen Abschreibungen sind in die besonderen, laufend zu führenden Verzeichnisse des Anlagevermögens aufzunehmen. [5]Die Anschaffungs- oder Herstellungskosten oder der an deren Stelle tretende Wert sind bei nicht abnutzbaren Wirtschaftsgütern des Anlagevermögens, z. B. Grund und Boden, Genossenschaftsanteile, Wald einschließlich Erstaufforstung, erst im Zeitpunkt des Zuflusses des Veräußerungserlöses oder im Zeitpunkt der Entnahme als Betriebsausgaben zu berücksichtigen, soweit die Aufwendungen vor dem 1. 1. 1971 nicht bereits zum Zeitpunkt der Zahlung abgesetzt worden sind.

▶ **Hinweise   EStH   H 4.5 (3)**

...

Veräußerung abnutzbarer Wirtschaftsgüter/Unterlassene AfA

Soweit Anschaffungs- oder Herstellungskosten für abnutzbare Wirtschaftsgüter des Anlagevermögens bis zur Veräußerung noch nicht im Wege der AfA berücksichtigt worden sind, sind sie i. d. R. (Besonderheit: > R 4.5 Abs. 5) im Wirtschaftsjahr der Veräußerung als Betriebsausgaben abzusetzen, soweit die AfA nicht willkürlich unterlassen worden sind (> BFH vom 16. 2. 1995 – BStBl II S. 635). Eine Nachholung unterlassener AfA-Beträge kommt dagegen nicht in Betracht für Zeiträume, in denen das Wirtschaftsgut zu Unrecht nicht als Betriebsvermögen erfasst worden war (> BFH vom 22. 6. 2010 – BStBl II S. 1035).

Leibrenten

(4) [1]Erwirbt ein Steuerpflichtiger mit Gewinnermittlung nach § 4 Abs. 3 EStG ein Wirtschaftsgut des Anlagevermögens oder des Umlaufvermögens i. S. d. § 4 Abs. 3 Satz 4 EStG gegen eine Leibrente, ergeben sich die Anschaffungskosten für dieses Wirtschaftsgut aus dem Barwert der Leibrentenverpflichtung. [2]Die einzelnen Rentenzahlungen sind in Höhe ihres Zinsanteils Betriebsausgaben. [3]Der Zinsanteil ergibt sich aus dem Unterschiedsbetrag zwischen den Rentenzahlungen einerseits und dem jährlichen Rückgang des Barwerts der Leibrentenverpflichtung andererseits. [4]Aus Vereinfachungsgründen ist es nicht zu beanstanden, wenn die einzelnen Rentenzahlungen in voller Höhe mit dem Barwert der ursprünglichen Rentenverpflichtung verrechnet werden; sobald die Summe der Rentenzahlungen diesen Wert übersteigt, sind die darüber hinausgehenden Rentenzahlungen in vollem Umfang als Betriebsausgabe abzusetzen. [5]Bei vorzeitigem Fortfall der Rentenverpflichtung ist der Betrag als Betriebseinnahme anzusetzen, der nach Abzug aller bis zum Fortfall geleisteten Rentenzahlungen von dem ursprünglichen Barwert verbleibt. [6]Erwirbt ein Steuerpflichtiger mit Gewinnermittlung nach § 4 Abs. 3 EStG Wirtschaftsgüter des Umlaufvermögens – mit Ausnahme der in § 4 Abs. 3 Satz 4 EStG aufgeführten Wirtschaftsgüter – gegen eine Leibrente, stellen die Rentenzahlungen zum Zeitpunkt ihrer Verausgabung in voller Höhe Betriebsausgaben dar. [7]Der Fortfall einer solchen Leibrentenverpflichtung führt nicht zu einer Betriebseinnahme.

ESR

...

Raten und Veräußerungsraten

(5) ¹Veräußert der Steuerpflichtige Wirtschaftsgüter i. S. d. § 4 Abs. 3 Satz 4 EStG gegen einen in Raten zu zahlenden Kaufpreis oder gegen eine Veräußerungsrente, ist in jedem Wirtschaftsjahr in Höhe der in demselben Wirtschaftsjahr zufließenden Kaufpreisraten oder Rentenzahlungen ein Teilbetrag der Anschaffungs- oder Herstellungskosten als Betriebsausgaben abzusetzen. ²Bei der Veräußerung abnutzbarer Wirtschaftsgüter des Anlagevermögens kann der Stpfl. hinsichtlich der noch nicht im Wege der AfA als Betriebsausgaben berücksichtigten Anschaffungs- oder Herstellungskosten, abweichend von den allgemeinen Grundsätzen, entsprechend verfahren. ³Wird die Kaufpreisforderung uneinbringlich, ist der noch nicht abgesetzte Betrag in dem Wirtschaftsjahr als Betriebsausgabe zu berücksichtigen, in dem der Verlust eintritt.

Betriebsveräußerung oder -aufgabe

(6) ¹Veräußert ein Steuerpflichtiger, der den Gewinn nach § 4 Abs. 3 EStG ermittelt, den Betrieb, ist der Steuerpflichtige so zu behandeln, als wäre er im Augenblick der Veräußerung zunächst zur Gewinnermittlung durch Betriebsvermögensvergleich nach § 4 Abs. 1 EStG übergegangen (> Wechsel der Gewinnermittlungsart, > R 4.6). ²Dies gilt auch bei der Veräußerung eines Teilbetriebs oder des gesamten Mitunternehmeranteils und bei der Aufgabe**❶** eines Betriebs sowie in den Fällen der Einbringung, unabhängig davon, ob die Einbringung zu Buch-, Zwischen- oder gemeinen Werten erfolgt.

Einbringungsgewinn

Im Falle der Einnahmenüberschussrechnung muss der Einbringungsgewinn auf der Grundlage einer Einbringungsbilanz und einer Eröffnungsbilanz der Gesellschaft ermittelt werden (> BFH vom 18. 10. 1999 – BStBl 2000 II S. 123).

Fehlende Schlussbilanz

Ist auf den Zeitpunkt der Betriebsveräußerung eine Schlussbilanz nicht erstellt worden, und hat dies nicht zur Erlangung ungerechtfertigter Steuervorteile geführt, sind in späteren Jahren gezahlte abziehbare Betriebssteuern und andere Aufwendungen, die durch den veräußerten oder aufgegebenen Betrieb veranlasst sind, nachträgliche Betriebsausgaben (> BFH vom 13. 5. 1980 – BStBl II S. 692).

...

Amtl. Fn.:

❶ Bei der Realteilung ohne Spitzenausgleich einer Mitunternehmerschaft, die ihren Gewinn durch Einnahmenüberschussrechnung ermittelt, besteht aber keine Verpflichtung zur Erstellung einer Realteilungsbilanz nebst Übergangsgewinnermittlung, wenn die Buchwerte fortgeführt werden und die Mitunternehmer unter Aufrechterhaltung dieser Gewinnermittlungsart ihre Tätigkeit im Einzelunternehmen weiterbetreiben (> BFH vom 11. 4. 2013 – BStBl 2014 II S. 242).

Übergangsgewinn

Die wegen des Übergangs von der Einnahmenüberschussrechnung zum Betriebsvermögensvergleich erforderlichen Hinzurechnungen und Abrechnungen sind nicht bei dem Veräußerungsgewinn, sondern bei dem laufenden Gewinn des Wj. vorzunehmen, in dem die Veräußerung stattfindet (> BFH vom 23. 11. 1961 – BStBl 1962 III S. 199); die dem Gewinn hinzuzurechnenden Beträge können nicht verteilt werden (> BFH vom 13. 9. 2001 – BStBl 2002 II S. 287).

EStR   R 4.6 Wechsel der Gewinnermittlungsart

Wechsel zum Betriebsvermögensvergleich

(1) ¹Neben den Fällen des Übergangs von der Gewinnermittlung nach § 4 Abs. 3 EStG zur Gewinnermittlung nach § 4 Abs. 1 oder § 5 EStG ist eine > Gewinnberichtigung auch erforderlich, wenn nach einer Einnahmenüberschussrechnung im folgenden Jahr der Gewinn nach § 13a Abs. 3 bis 5 EStG🗹 ermittelt wird. ²Bei dem Übergang zur Gewinnermittlung durch Betriebsvermögensvergleich kann zur Vermeidung von Härten auf Antrag des Steuerpflichtigen der Übergangsgewinn (Saldo aus Zu- und Abrechnungen) gleichmäßig entweder auf das Jahr des Übergangs und das folgende Jahr oder auf das Jahr des Übergangs und die beiden folgenden Jahre verteilt werden. ³Wird der Betrieb vor Ablauf des Verteilungszeitraums veräußert oder aufgegeben, erhöhen die noch nicht berücksichtigten Beträge den laufenden Gewinn des letzten Wirtschaftsjahrs. ⁴Die zum Anlagevermögen gehörenden nicht abnutzbaren Wirtschaftsgüter und die in § 4 Abs. 3 Satz 4 EStG genannten Wirtschaftsgüter des Umlaufvermögens sind in der Eröffnungsbilanz mit dem Wert nach § 4 Abs. 3 Satz 5 EStG anzusetzen.

Wechsel zur Einnahmenüberschussrechnung

(2) Beim Übergang von der Gewinnermittlung durch Betriebsvermögensvergleich (§ 4 Abs. 1 oder § 5 EStG) zur Gewinnermittlung nach § 4 Abs. 3 EStG sind die durch den Wechsel der Gewinnermittlungsart bedingten Hinzurechnungen und Abrechnungen im ersten Jahr nach dem Übergang zur Gewinnermittlung nach § 4 Abs. 3 EStG vorzunehmen.

▶ **Hinweise   EStH   H 4.6**

Ansatz- oder Bewertungswahlrechte

Ansatz- oder Bewertungswahlrechte gelten beim Übergang zum Betriebsvermögensvergleich als nicht ausgeübt (> BFH zu § 13a EStG vom 14. 4. 1988 – BStBl II S. 672).

Bewertung von Wirtschaftsgütern

Die einzelnen Wirtschaftsgüter sind beim Übergang zum Betriebsvermögensvergleich mit den Werten anzusetzen, mit denen sie zu Buch stehen würden, wenn von Anfang an der Gewinn durch Betriebsvermögensvergleich ermittelt worden wäre (> BFH vom 23. 11. 1961 – BStBl 1962 III S. 199).

Amtl. Fn.:

🗹 Teilweise überholt für Wj., die nach dem 30. 12. 2015 enden > BMF vom 10. 11. 2015, ...

Erneuter Wechsel der Gewinnermittlungsart

Nach einem Wechsel der Gewinnermittlungsart ist der Steuerpflichtige i. d. R. für drei Wirtschafts-jahre an diese Wahl gebunden. Nur bei Vorliegen eines besonderen wirtschaftlichen Grundes (z. B. Einbringung nach § 24 UmwStG) kann er vor Ablauf dieser Frist zurück wechseln (> BFH vom 9. 11. 2000 – BStBl 2001 II S. 102).

Gewinnberichtigungen beim Wechsel der Gewinnermittlungsart

– Wechsel zum Betriebsvermögensvergleich

Der Übergang von der Einnahmenüberschussrechnung zum Betriebsvermögensvergleich erfor-dert, dass Betriebsvorgänge, die bisher nicht berücksichtigt worden sind, beim ersten Betriebs-vermögensvergleich berücksichtigt werden (> BFH vom 28. 5. 1968 – BStBl II S. 650 und vom 24. 1. 1985 – BStBl II S. 255).

– Wechsel zur Einnahmenüberschussrechnung

Soweit sich die Betriebsvorgänge, die den durch den Wechsel der Gewinnermittlungsart be-dingten Korrekturen entsprechen, noch nicht im ersten Jahr nach dem Übergang zur Einnah-menüberschussrechnung ausgewirkt haben, können die Korrekturen auf Antrag in dem Jahr vorgenommen werden, in dem sich die Betriebsvorgänge auswirken (> BFH vom 17. 1. 1963 – BStBl III S. 228).

...

Unterbliebene Gewinnkorrekturen

– Eine bei einem früheren Übergang vom Betriebsvermögensvergleich zur Einnahmenüber-schussrechnung oder umgekehrt zu Unrecht unterbliebene Gewinnkorrektur darf bei der aus Anlass eines erneuten Wechsels in der Gewinnermittlungsart erforderlich gewordenen Ge-winnkorrektur nicht berücksichtigt werden, soweit der Fehler nicht mehr berichtigt werden kann (> BFH vom 23. 7. 1970 – BStBl II S. 745).

– ...

Wechsel zum Betriebsvermögensvergleich

Bei einem Wechsel von der Einnahmenüberschussrechnung zum Betriebsvermögensvergleich hat der Stpfl. das Wahlrecht zum Betriebsvermögensvergleich erst dann wirksam ausgeübt, wenn er zeitnah eine Eröffnungsbilanz aufstellt, eine ordnungsmäßige kaufmännische Buchführung ein-richtet und aufgrund von Bestandsaufnahmen einen Abschluss macht (> BFH vom 19. 10. 2005 – BStBl II S. 509).

EStR   R 4.7 Betriebseinnahmen und -ausgaben

Betriebseinnahmen und -ausgaben bei gemischt genutzten Wirtschaftsgütern

(1) [1]Gehört ein Wirtschaftsgut zum Betriebsvermögen, sind Aufwendungen einschließlich AfA, soweit sie der privaten Nutzung des Wirtschaftsguts zuzurechnen sind, keine Betriebsausgaben. [2]Gehört ein Wirtschaftsgut zum Privatvermögen, sind die Aufwendungen einschließlich AfA, die durch die betriebliche Nutzung des Wirtschaftsguts entstehen, Betriebsausgaben. [3]Wird ein Wirtschaftsgut des Betriebsvermögens während seiner Nutzung zu privaten Zwecken des Steuerpflichtigen zerstört, tritt bezüglich der stillen Reserven, die sich bis zu seiner Zerstörung gebildet haben, keine Gewinnrealisierung ein. [4]In Höhe des Restbuchwerts liegt eine Nutzungs-entnahme vor. [5]Eine Schadensersatzforderung für das während der privaten Nutzung zerstörte Wirtschaftsgut ist als > Betriebseinnahme zu erfassen, wenn und soweit sie über den Restbuch-wert hinausgeht. [6]Die Leistung der Kaskoversicherung wegen Diebstahls eines zum Betriebsver-

mögen gehörenden Pkw ist unabhängig von einer Nutzung zu privaten Zwecken in vollem Umfang Betriebseinnahme, wenn der Pkw während einer betrieblichen Nutzung gestohlen wurde. [7]Wurde der Pkw während einer privaten Nutzung gestohlen, gilt Satz 5 entsprechend.

Betriebseinnahmen und -ausgaben bei Grundstücken

(2) [1]Entgelte aus eigenbetrieblich genutzten Grundstücken oder Grundstücksteilen, z. B. Einnahmen aus der Vermietung von Sälen in Gastwirtschaften, sind > Betriebseinnahmen. [2]Das Gleiche gilt für alle Entgelte, die für die Nutzung von Grundstücken oder Grundstücksteilen erzielt werden, die zum gewillkürten Betriebsvermögen gehören. [3]Aufwendungen für Grundstücke oder Grundstücksteile, die zum Betriebsvermögen gehören, sind vorbehaltlich des § 4 Abs. 5 Satz 1 Nr. 6b EStG stets Betriebsausgaben; dies gilt auch im Falle einer > teilentgeltlichen Überlassung aus außerbetrieblichen Gründen. [4]Aufwendungen für einen Grundstücksteil (einschließlich AfA), der eigenbetrieblich genutzt wird, sind vorbehaltlich des § 4 Abs. 5 Satz 1 Nr. 6b EStG auch dann Betriebsausgaben, wenn der Grundstücksteil wegen seines untergeordneten Wertes (> § 8 EStDV, R 4.2 Abs. 8) nicht als Betriebsvermögen behandelt wird.

Bewirtungen

(3) Der Vorteil aus einer Bewirtung im Sinne des § 4 Abs. 5 Satz 1 Nr. 2 EStG ist aus Vereinfachungsgründen beim bewirteten Steuerpflichtigen nicht als Betriebseinnahme zu erfassen.

▶▶▶   **Hinweise   EStH   H 4.7**

Abgrenzung der Betriebsausgaben von den nicht abziehbaren Kosten der Lebensführung

> *H 12.1 – H 12.2*

Auflösung des Mietvertrags

...

Berufskleidung

Aufwendungen für bürgerliche Kleidung sind nur dann als Betriebsausgaben i. S. d. § 4 Abs. 4 zu berücksichtigen, wenn es sich um „typische Berufskleidung" nach § 9 Abs. 1 Satz 3 Nr. 6 handelt, die nicht auch zu privaten Anlässen getragen werden kann (> BFH vom 16. 3. 2022 – BStBl II S. 614).

Betreuervergütung

...

Betriebseinnahmen

sind in Anlehnung an § 8 Abs. 1 und § 4 Abs. 4 EStG alle Zugänge in Geld oder Geldeswert, die durch den Betrieb veranlasst sind. Ein Wertzuwachs ist betrieblich veranlasst, wenn insoweit ein nicht nur äußerlicher, sondern sachlicher, wirtschaftlicher Zusammenhang gegeben ist (> BFH vom 14. 3. 2006 – BStBl II S. 650).

Drittaufwand

– Trägt ein Dritter Kosten, die durch die Einkünfteerzielung des Stpfl. veranlasst sind, können sie als so genannter Drittaufwand nicht Betriebsausgaben oder Werbungskosten des Stpfl. sein. Bei **Anschaffungs- oder Herstellungskosten** liegt Drittaufwand vor, wenn ein Dritter sie trägt und das angeschaffte oder hergestellte Wirtschaftsgut vom Stpfl. zur Erzielung von Einkünften genutzt wird (> BFH vom 23. 8. 1999 – BStBl II S. 782, 785). Deshalb kommt die Berücksichtigung einer AfA oder einer Aufwandsverteilung für einen vom Nichteigentümer-Ehegatten betrieblich genutzten Gebäudeteil als Betriebsausgabe nicht in Betracht, wenn das Darlehen zur Finanzierung der Anschaffungskosten des Gebäudes allein vom Eigentümer-Ehegatten aufgenommen wurde und die Zahlungen zur Tilgung dieses Darlehens von einem gemeinsamen Oder-Konto der Eheleute geleistet werden (> BFH vom 21. 2. 2017 – BStBl II S. 819).

– Aufwendungen eines Dritten können allerdings im Falle der so genannten **Abkürzung des Zahlungswegs** als Aufwendungen des Stpfl. zu werten sein; Abkürzung des Zahlungswegs bedeutet die Zuwendung eines Geldbetrags an den Stpfl. in der Weise, dass der Zuwendende im Einvernehmen mit dem Stpfl. dessen Schuld tilgt, statt ihm den Geldbetrag unmittelbar zu geben, wenn also der Dritte für Rechnung des Stpfl. an dessen Gläubiger leistet (> BFH vom 23. 8. 1999 – BStBl II S. 782, 785).

– **Erhaltungsaufwendungen** eines Dritten sind auch dann Betriebsausgaben oder Werbungskosten des Stpfl., wenn sie auf einem von einem Dritten im eigenen Namen, aber im Interesse des Stpfl. abgeschlossenen Werkvertrag beruhen und der Dritte die geschuldete Zahlung auch selbst leistet – abgekürzter Vertragsweg (> BFH vom 28. 9. 2010 – BStBl 2011 II S. 271). Bei Kreditverbindlichkeiten und anderen Dauerschuldverhältnissen (z. B. Miet- und Pachtverträge) kommt eine Berücksichtigung der Zahlung unter dem Gesichtspunkt der Abkürzung des Vertragswegs nicht in Betracht (> BMF vom 7. 7. 2008 – BStBl I S. 717). Deshalb können Schuldzinsen, die ein Ehegatte auf seine Darlehensverbindlichkeit zahlt, vom anderen Ehegatten auch dann nicht als Betriebsausgaben oder Werbungskosten abgezogen werden, wenn die Darlehensbeträge zur Anschaffung von Wirtschaftsgütern zur Einkünfteerzielung verwendet wurden (> BFH vom 24. 2. 2000 – BStBl II S. 314 und vom 21. 2. 2017 – BStBl II S. 819). Bezahlt hingegen der andere Ehegatte die Zinsen aus eigenen Mitteln, bilden sie bei ihm abziehbare Betriebsausgaben oder Werbungskosten (> BFH vom 2. 12. 1999 – BStBl 2000 II S. 312).

– Nehmen Ehegatten **gemeinsam ein gesamtschuldnerisches Darlehen** zur Finanzierung eines Wirtschaftsguts auf, das nur einem von ihnen gehört und von diesem zur Einkünfteerzielung genutzt wird, sind die Schuldzinsen in vollem Umfang bei den Einkünften des Eigentümer-Ehegatten als Betriebsausgaben oder Werbungskosten abziehbar (> BFH vom 2. 12. 1999 – BStBl 2000 II S. 310 und 312).

– Werden die **laufenden Aufwendungen** für ein Wirtschaftsgut, das dem nicht einkünfteerzielenden Ehegatten gehört, gemeinsam getragen, kann der das Wirtschaftsgut einkünfteerzielend nutzende (andere) Ehegatte nur die nutzungsorientierten Aufwendungen (z. B. bei einem Arbeitszimmer die anteiligen Energiekosten und die das Arbeitszimmer betreffenden Reparaturkosten) als Betriebsausgaben oder Werbungskosten geltend machen (> BFH vom 23. 8. 1999 – BStBl II S. 782).

– Nutzt ein Miteigentümer allein eine Wohnung zu betrieblichen oder beruflichen Zwecken und werden die Darlehen zum Erwerb der Wohnung gemeinsam aufgenommen und Zins und Tilgung von einem gemeinsamen Konto beglichen, kann er AfA und Schuldzinsen nur entsprechend seinem Miteigentumsanteil als Betriebsausgaben oder Werbungskosten geltend machen. Entsprechendes gilt für gemeinschaftlich getragene andere grundstücksorientierte Aufwendungen, z. B. Grundsteuer, allgemeine Reparaturkosten, Versicherungsprämien (> BFH vom 6. 12. 2017 – BStBl 2018 II S. 355).

Druckbeihilfen

Die einem Verlag von Autoren für die Veröffentlichung des Werkes gewährten Druckbeihilfen sind Betriebseinnahmen (> BFH vom 3. 7. 1997 – BStBl 1998 II S. 244).

Eigenaufwand für ein fremdes Wirtschaftsgut

– *Trägt ein Steuerpflichtiger aus betrieblichem Anlass die Anschaffungs- oder Herstellungskosten für ein Gebäude, das im Alleineigentum oder Miteigentum eines Dritten steht, mit dessen Zustimmung und darf er den Eigentumsanteil des Dritten unentgeltlich nutzen, ist der Steuerpflichtige wirtschaftlicher Eigentümer des Gebäudes, wenn ihm bei Beendigung der Nutzung dem Dritten gegenüber ein Anspruch auf Entschädigung aus einer vertraglichen Vereinbarung oder gesetzlich (§§ 951, 812 BGB) zusteht. Dem Hersteller eines Gebäudes auf einem fremden Grundstück steht in der Regel ein Ersatzanspruch gemäß §§ 951, 812 BGB zu, wenn er die Baulichkeit auf Grund eines Nutzungsrechts im eigenen Interesse und ohne Zuwendungsabsicht errichtet hat. Entsprechendes gilt für Gebäudeteile (> BFH vom 14. 5. 2002 – BStBl II S. 741 und vom 25. 6. 2003 – BStBl 2004 II S. 403).*

– *Ist der Steuerpflichtige nicht wirtschaftlicher Eigentümer und hat er Anschaffungs- oder Herstellungskosten für ein im Miteigentum oder in fremdem Eigentum stehendes Gebäude im betrieblichen Interesse getragen, wird dieser Aufwand bei ihm als Posten für die Verteilung eigenen Aufwands aktiviert und ist nach den für Gebäude im Privatvermögen geltenden AfA-Regeln abzuschreiben (> BFH vom 9. 3. 2016 – BStBl II S. 976). Ein bei Beendigung der Nutzung noch nicht abgeschriebener Restwert wird erfolgsneutral ausgebucht und ist dem Eigentümer des Wirtschaftsguts als Anschaffungs- oder Herstellungskosten zuzurechnen (> BMF vom 16. 12. 2016 – BStBl I S. 1431).*

– *Zum eigenen Aufwand des Unternehmer-Ehegatten für die Errichtung von Betriebsgebäuden auf einem ihm zusammen mit dem Nichtunternehmer-Ehegatten oder auf einem dem Nichtunternehmer-Ehegatten allein gehörenden Grundstück > BMF vom 16. 12. 2016 (BStBl I S. 1431).*

– *Eine Aufwandsverteilung (> BMF vom 16. 12. 2016 – BStBl I S. 1431) für einen vom Nichteigentümer-Ehegatten betrieblich genutzten Gebäudeteil setzt voraus, dass dieser die Anschaffungs- oder Herstellungskosten getragen hat. Zahlungen von einem gemeinsamen Konto der Ehegatten gelten unabhängig davon, aus wessen Mitteln das Guthaben auf dem Konto stammt, jeweils für Rechnung desjenigen geleistet, der den Betrag schuldet, sofern keine besonderen Vereinbarungen getroffen wurden (> BFH vom 21. 2. 2017 – BStBl II S. 819).*

– *Ehegatten, die gemeinsam die Herstellungskosten des von ihnen bewohnten Hauses getragen haben und die darin jeweils einen Raum zur Einkünfteerzielung nutzen, können jeweils die auf diesen Raum entfallenden Herstellungskosten für die Dauer dieser Nutzung als Betriebsausgaben oder Werbungskosten (AfA und Aufwandsverteilung nach Gebäudegrundsätzen, > BMF vom 16. 12. 2016 – BStBl I S. 1431) geltend machen. Die Bemessungsgrundlage für die auf den jeweiligen Raum entfallende AfA und Aufwandsverteilung ist zu schätzen, soweit die Herstellungskosten nicht eindeutig dem Raum zugeordnet werden können. Maßstab ist das Verhältnis der Nutz- oder Wohnflächen (> BFH vom 23. 8. 1999 – BStBl II S. 774).*

– *Beteiligt sich ein Steuerpflichtiger (Ehegatte) finanziell an den Anschaffungs- oder Herstellungskosten eines Hauses, das dem anderen Ehegatten gehört, und nutzt er Räume dieses Gebäudes zur Einkünfteerzielung, kann er die auf diese Räume entfallenden eigenen Aufwendungen als Betriebsausgaben oder Werbungskosten (Aufwandsverteilung nach Gebäudegrundsätzen, > BMF vom 16. 12. 2016 – BStBl I S. 1431) abziehen. Bemessungsgrundlage der Aufwandsverteilung sind die auf diese Räume entfallenden Anschaffungs- oder Herstellungskosten, soweit sie der Kostenbeteiligung des Steuerpflichtigen entsprechen (> BFH vom 23. 8. 1999 – BStBl II S. 778).*

– *Der Stpfl. trägt die Herstellungskosten für ein fremdes, aber zu betrieblichen Zwecken genutztes Gebäude auch dann im eigenen betrieblichen Interesse, wenn er als Gegenleistung für die Nutzungsbefugnis des Grundstücks auf einen Ersatzanspruch verzichtet (> BFH vom 25. 2. 2010 – BStBl II S. 670).*

...

Häusliches Arbeitszimmer

Scheidet ein häusliches Arbeitszimmer aus dem Betriebsvermögen aus, ist bei der Ermittlung des Veräußerungs- oder Aufgabegewinns der sich nach Abzug der AfA ergebende Buchwert auch dann maßgeblich, wenn die Abziehbarkeit der Aufwendungen für das häusliche Arbeitszimmer während der Ausübung der Tätigkeit gem. § 4 Abs. 5 Satz 1 Nr. 6b EStG der Höhe nach beschränkt war. Eine Gewinnkorrektur für den nicht abzugsfähigen Teil der AfA kommt nicht in Betracht (> BFH vom 16. 6. 2020 – BStBl II S. 841).

Incentive-Reisen

> BMF vom 14. 10. 1996 (BStBl I S. 1192)

...

Nebenräume

Werden betrieblich oder beruflich genutzte Nebenräume in die Kostenberechnung einbezogen, sind die abziehbaren Kosten nach dem Verhältnis des gesamten betrieblich oder beruflich genutzten Bereiches (betrieblich oder beruflich genutzte Haupt- und Nebenräume) zu der Gesamtfläche aller Räume des Gebäudes aufzuteilen (> BMF vom 6. 10. 2017 – BStBl I S. 1320, Rdnr. 6a, ...).

Nießbrauch

– *Aufwendungen des Steuerpflichtigen im Zusammenhang mit dem betrieblich genutzten Grundstück oder Grundstücksteil sind Betriebsausgaben; hierzu gehören auch die abschreibbaren Anschaffungs- oder Herstellungskosten, die der Steuerpflichtige selbst getragen hat (> BFH vom 16. 12. 1988 – BStBl 1989 II S. 763 und vom 20. 9. 1989 – BStBl 1990 II S. 368).*

– *Der Vermächtnisnießbraucher ist nicht berechtigt, AfA auf Anschaffungs- oder Herstellungskosten des Erblassers in Anspruch zu nehmen (> BFH vom 28. 9. 1995 – BStBl 1996 II S. 440).*

Nutzungsausfallentschädigung

Die Entschädigung für den Nutzungsausfall eines Wirtschaftsgutes des Betriebsvermögens ist eine Betriebseinnahme. Unerheblich ist, ob der Schaden im Zuge betrieblicher oder privater Nutzung eingetreten ist. Setzt der Stpfl. die Aufwendungen für die private Nutzung eines Kfz nach § 6 Abs. 1 Nr. 4 Satz 3 EStG an, mindert eine Nutzungsausfallentschädigung die Gesamtaufwendungen für das Kfz (> BFH vom 27. 1. 2016 – BStBl II S. 534).

Photovoltaikanlage

Wird eine Photovoltaikanlage betrieben, die auf das Dach eines im Übrigen nicht der Einkünfteerzielung dienenden Gebäudes aufgesetzt ist, können anteilige Gebäudekosten nicht als Betriebsausgaben im Wege der sog. Aufwandseinlage bei der Ermittlung der gewerblichen Einkünfte des Betriebs „Stromerzeugung" berücksichtigt werden. Die Photovoltaikanlage als Betriebsvorrichtung und das Gebäude stellen jeweils eigenständige Wirtschaftsgüter dar (> BFH vom 17. 10. 2013 – BStBl 2014 II S. 372).

...

Risikolebensversicherung

Beiträge für eine Risikolebensversicherung sind nicht betrieblich veranlasst, weil dadurch das Leben des Versicherungsnehmers und nicht ein betriebliches Risiko abgesichert wird (> BFH vom 23. 4. 2013 – BStBl II S. 615).

Schadensersatz als Betriebseinnahme

Bei Schadensersatzleistungen eines Steuerberaters oder seines Haftpflichtversicherers wegen vermeidbar zu viel entrichteter Steuern kommt es entscheidend darauf an, ob die Entrichtung der

Steuer zu einer Betriebsausgabe führt oder in die außerbetriebliche Sphäre fällt. Schadensersatz wegen einer zu hohen Einkommensteuerfestsetzung ist daher beim Mandanten keine Betriebseinnahme. Schadensersatz wegen einer zu hohen Körperschaftsteuerfestsetzung ist beim Mandanten Betriebseinnahme (> BFH vom 18. 6. 1998 – BStBl II S. 621).

Schätzung von Betriebsausgaben

– *Von tatsächlich geleisteten Betriebsausgaben kann nur ausgegangen werden, wenn deren betriebliche Veranlassung und Höhe nachgewiesen ist. Gelingt dieser Nachweis der Höhe nach nicht, obwohl offensichtlich Ausgaben angefallen sein müssen, sind die nicht feststellbaren Besteuerungsgrundlagen zu schätzen (§ 162 Abs. 2 Satz 2 AO). Die Schätzung muss insgesamt in sich schlüssig, wirtschaftlich vernünftig und möglich sein. Eine grobe, griffweise Schätzung kann diesen Anforderungen nur genügen, wenn keinerlei Möglichkeiten zur näheren Präzisierung der Schätzungsmethode, wie z. B. durch Anlehnung an die Richtsatzsammlung oder anhand von Erfahrungswerten der Finanzverwaltung bezüglich bestimmten Aufwandes, besteht. Die geltend gemachten Betriebsausgaben sind um angemessene Unsicherheitsabschläge zu kürzen. Nach der Schätzung ist zu prüfen, ob und inwieweit die fehlende Benennung der Zahlungsempfänger gemäß § 160 AO dem Abzug der geschätzten Ausgaben entgegensteht (> BFH vom 24. 6. 1997 – BStBl 1998 II S. 51).*

– *> Verhältnis von Betriebsausgaben und Werbungskostenpauschale*

Schuldzinsen[1]

– *Schuldzinsenabzug nach § 4 Abs. 4a EStG,*

  – *> BMF vom 2. 11. 2018 (BStBl I S. 1207) unter Berücksichtigung der Änderungen durch BMF vom 18. 1. 2021 (BStBl I S. 119)*

  – *> BMF vom 12. 6. 2006 (BStBl I S. 416) zur Berücksichtigung von vor dem 1. 1. 1999 entstandenen Unterentnahmen*

– *Schuldzinsen aus der Finanzierung von*

  – *Pflichtteilsverbindlichkeiten,*

  – *Vermächtnisschulden,*

  – *Erbersatzverbindlichkeiten,*

  – *Zugewinnausgleichsschulden,*

  – *Abfindungsschulden nach der Höfeordnung,*

  – *Abfindungsschulden im Zusammenhang mit der Vererbung eines Anteils an einer Personengesellschaft im Wege der qualifizierten Nachfolgeklausel oder im Wege der qualifizierten Eintrittsklausel,*

  dürfen nicht als Betriebsausgaben oder Werbungskosten abgezogen werden (> BMF vom 11. 8. 1994 – BStBl I S. 603).

– ...

– ...

Anm. d. Schriftl.:

1 Durch § 4 Abs. 4a EStG sind für den Abzug von Schuldzinsen als Betriebsausgaben ab 1999 Einschränkungen eingeführt worden. Hierdurch wurde der bislang von der Rechtsprechung anerkannte Schuldzinsenabzug nach dem Zwei- oder Mehrkontenmodell abgeschafft. Ab dem VZ 2001 ist die sog. „Quartalsregelung" gestrichen worden. Damit entfiel der Zwang, Einlagen und Entnahmen des letzten Quartals bei der Berechnung der Überentnahmen zu korrigieren, wenn gegenläufige Einlagen und Entnahmen im 1. Quartal des Folgewirtschaftsjahres vorliegen.

Sonderbetriebseinnahmen und -ausgaben

...

Sponsoring

> BMF vom 18. 2. 1998 (BStBl I S. 212)

Steuerberatungskosten

Zuordnung der Steuerberatungskosten zu den Betriebsausgaben, Werbungskosten oder Kosten der Lebensführung > BMF vom 21. 12. 2007 (BStBl 2008 I S. 256).

Technische Sicherheitseinrichtung – TSE

Aus Vereinfachungsgründen wird es nicht beanstandet, wenn die Kosten für die nachträgliche erstmalige Ausrüstung bestehender Kassen mit einer TSE und die Kosten für die erstmalige Implementierung der einheitlichen digitalen Schnittstelle eines bestehenden elektronischen Aufzeichnungssystems in voller Höhe sofort als Betriebsausgaben abgezogen werden (> BMF vom 21. 8. 2020 - BStBl I S. 1047).

...

Veräußerung eines zum Betriebsvermögen gehörenden auch privat genutzten Wirtschaftsguts

Wird ein zum Betriebsvermögen gehörendes Wirtschaftsgut, das teilweise privat genutzt worden ist, veräußert, ist der gesamte Veräußerungserlös Betriebseinnahme (> BFH vom 16. 6. 2020 – BStBl II S. 845).

Verhältnis von Betriebsausgaben und Werbungskostenpauschale

Aufwendungen für unterschiedliche Einkunftsarten sind – ggf. im Schätzungswege – in Betriebsausgaben und Werbungskosten aufzuteilen und den jeweiligen Einkunftsarten, durch die sie veranlasst sind, zuzuordnen. Der Stpfl. kann keine beliebige Bestimmung treffen und neben der Werbungskostenpauschale sämtliche nachgewiesenen Aufwendungen als Betriebsausgaben geltend machen (> BFH vom 10. 6. 2008 – BStBl II S. 937).

Veruntreute Betriebseinnahmen

...

VIP-Logen

- Aufwendungen für VIP-Logen in Sportstätten > BMF vom 22. 8. 2005 (BStBl I S. 845) unter Berücksichtigung der Änderungen durch BMF vom 19. 5. 2015 (BStBl I S. 468), Rz. 15, ...

- Anwendung der Vereinfachungsregelungen auf ähnliche Sachverhalte > BMF vom 11. 7. 2006 (BStBl I S. 447) unter Berücksichtigung der Änderungen durch BMF vom 19. 5. 2015 (BStBl I S. 468), Rz. 15, ...

Vorweggenommene Betriebsausgaben

- sind abziehbar bei ausreichend bestimmbarem Zusammenhang zwischen den Aufwendungen und der Einkunftsart, > BFH vom 15. 4. 1992 (BStBl II S. 819); die Zahlung einer in einem Ausbildungsverhältnis begründeten Vertragsstrafe kann zu Betriebsausgaben führen (> BFH vom 22. 6. 2006 – BStBl 2007 II S. 4).

- bei Aufwendungen für eine berufliche Fort- und Weiterbildung > BMF vom 22. 9. 2010 (BStBl I S. 721), ...

– *bei vergeblicher Investition in ein betrügerisches Modell über den Erwerb von tatsächlich nicht existierenden Blockheizkraftwerken > BFH vom 7. 2. 2018 (BStBl II S. 630).*

...

EStR   R 4.8 Rechtsverhältnisse zwischen Angehörigen❶

Arbeitsverhältnisse zwischen Ehegatten

(1) Arbeitsverhältnisse zwischen Ehegatten können steuerrechtlich nur anerkannt werden, wenn sie ernsthaft vereinbart und entsprechend der Vereinbarung tatsächlich durchgeführt werden.

Arbeitsverhältnisse mit Personengesellschaften

(2) ¹Für die einkommensteuerrechtliche Beurteilung des Arbeitsverhältnisses eines Ehegatten mit einer Personengesellschaft, die von dem anderen Ehegatten auf Grund seiner wirtschaftlichen Machtstellung beherrscht wird, z. B. in der Regel bei einer Beteiligung zu mehr als 50 %, gelten die Grundsätze für die steuerliche Anerkennung von Ehegattenarbeitsverhältnissen im Allgemeinen entsprechend. ²Beherrscht der Mitunternehmer-Ehegatte die Personengesellschaft nicht, kann allgemein davon ausgegangen werden, dass der mitarbeitende Ehegatte in der Gesellschaft die gleiche Stellung wie ein fremder Arbeitnehmer hat und das Arbeitsverhältnis deshalb steuerrechtlich anzuerkennen ist.

Arbeitsverhältnisse zwischen Eltern und Kindern

(3) ¹Für die bürgerlich-rechtliche Wirksamkeit eines Arbeits- oder Ausbildungsvertrags mit einem minderjährigen Kind ist die Bestellung eines Ergänzungspflegers nicht erforderlich. ²> Arbeitsverhältnisse mit Kindern unter 15 Jahren verstoßen jedoch im Allgemeinen gegen das > Jugendarbeitsschutzgesetz; sie sind nichtig und können deshalb auch steuerrechtlich nicht anerkannt werden. ³Die Gewährung freier Wohnung und Verpflegung kann als Teil der Arbeitsvergütung zu behandeln sein, wenn die Leistungen auf arbeitsvertraglichen Vereinbarungen beruhen. ·

Hinweise   EStH   H 4.8

Arbeitsverhältnisse mit Kindern

– *> Aushilfstätigkeiten von Kindern*

– *Beruht die Mitarbeit von Kindern im elterlichen Betrieb auf einem Ausbildungs- oder Arbeitsverhältnis, so gelten für dessen steuerrechtliche Anerkennung den Ehegatten-Arbeitsverhältnissen entsprechende Grundsätze (> BFH vom 10. 3. 1988 – BStBl II S. 877 und vom 29. 10. 1997 – BStBl 1998 II S. 149).*

– *> Bildungsaufwendungen für Kinder*

Anm. d. Schriftl.:

❶ Der BFH hat mit Urteil vom 7. 6. 2006, BStBl 2007 II S. 294, entschieden, dass bei der steuerrechtlichen Anerkennung von Verträgen zwischen nahen Angehörigen der zivilrechtlichen Unwirksamkeit des Vertragsabschlusses nur indizielle Bedeutung beizumessen ist. Die Grundsätze dieses Urteils sind über den entschiedenen Einzelfall hinaus nicht anzuwenden (BMF-Schreiben vom 2. 4. 2007, BStBl 2007 I S. 441).

EStR

– *Ein steuerrechtlich anzuerkennendes Arbeitsverhältnis bei Hilfeleistungen von Kindern im el-*
terlichen Betrieb liegt nicht vor bei geringfügigen oder typischerweise privaten Verrichtungen
(> BFH vom 9. 12. 1993 – BStBl 1994 II S. 298); > Gelegentliche Hilfeleistung.

– *> Unterhalt*

Arbeitsverhältnisse zwischen Ehegatten

– **Betriebliche Altersversorgung, Direktversicherung**

> *H 4b (Arbeitnehmer-Ehegatten)*

– **Der steuerrechtlichen Anerkennung eines Arbeitsverhältnisses steht entgegen:**

– *wenn der Arbeitnehmer-Ehegatte monatlich vom betrieblichen Bankkonto des Arbeitgeber-*
Ehegatten einen größeren Geldbetrag abhebt und diesen selbst in das benötigte Haushalts-
geld und den ihm zustehenden monatlichen Arbeitslohn aufteilt (> BFH vom 20. 4. 1989 –
BStBl II S. 655),

– *das Fehlen einer Vereinbarung über die Höhe des Arbeitslohns (> BFH vom 8. 3. 1962 – BStBl*
III S. 218),

– *die langzeitige Nichtauszahlung des vereinbarten Arbeitslohns zum üblichen Zahlungszeit-*
punkt; stattdessen z. B. jährliche Einmalzahlung (> BFH vom 14. 10. 1981 – BStBl 1982 II
S. 119). Das gilt auch dann, wenn das Arbeitsverhältnis bereits seit mehreren Jahren ord-
nungsgemäß durchgeführt wurde und im Veranlagungsjahr Lohnsteuer und Sozialabgaben
abgeführt wurden (> BFH vom 25. 7. 1991 – BStBl II S. 842),

– *die wechselseitige Verpflichtung zur Arbeitsleistung; ein Arbeitsvertrag ist nicht durchführ-*
bar, wenn sich Ehegatten, die beide einen Betrieb unterhalten, wechselseitig verpflichten,
mit ihrer vollen Arbeitskraft jeweils im Betrieb des anderen tätig zu sein. Wechselseitige Teil-
zeitarbeitsverträge können jedoch anerkannt werden, wenn die Vertragsgestaltungen ins-
gesamt einem > Fremdvergleich standhalten (> BFH vom 12. 10. 1988 – BStBl 1989 II S. 354),

– *die Überlassung eines Dienstwagens zur unbeschränkten und selbstbeteiligungsfreien Pri-*
vatnutzung des Arbeitnehmer-Ehegatten im Rahmen eines geringfügigen Beschäftigungs-
verhältnisses i. S. d. § 8 Abs. 1 Nr. 1 SGB IV (> BFH vom 10. 10. 2018 – BStBl 2019 II S. 203).

– **Der steuerrechtlichen Anerkennung eines Arbeitsverhältnisses kann entgegenstehen:**

– *die Arbeitslohnzahlung in Form von Schecks, die der Arbeitnehmer-Ehegatte regelmäßig auf*
das private Konto des Arbeitgeber-Ehegatten einzahlt (> BFH vom 28. 2. 1990 – BStBl II S. 548),

– *die Überweisung des Arbeitsentgelts des Arbeitnehmer-Ehegatten auf ein Konto des Arbeit-*
geber-Ehegatten, über das dem Arbeitnehmer-Ehegatten nur ein Mitverfügungsrecht zu-
steht (> BFH vom 24. 3. 1983 – BStBl II S. 663), oder auf ein Bankkonto des Gesellschafter-
ehegatten, über das dem Arbeitnehmer-Ehegatten nur ein Mitverfügungsrecht zusteht
(> BFH vom 20. 10. 1983 – BStBl 1984 II S. 298).

– **Der steuerrechtlichen Anerkennung eines Arbeitsverhältnisses steht nicht entgegen:**

– *die Darlehensgewährung des Arbeitnehmer-Ehegatten an den Arbeitgeber-Ehegatten in*
Höhe des Arbeitsentgelts ohne rechtliche Verpflichtung, nachdem dieses in die Verfügungs-
macht des Arbeitnehmer-Ehegatten gelangt ist. Das gilt auch, wenn der Arbeitnehmer-Ehe-
gatte jeweils im Fälligkeitszeitpunkt über den an ihn ausgezahlten Nettoarbeitslohn aus-
drücklich dadurch verfügt, dass er den Auszahlungsanspruch in eine Darlehensforderung
umwandelt (> BFH vom 17. 7. 1984 – BStBl 1986 II S. 48). Werden dagegen Arbeits- und Dar-
lehensvereinbarungen von Ehegatten in einer Weise miteinander verknüpft, dass das Ar-
beitsentgelt ganz oder teilweise bereits als Darlehen behandelt wird, bevor es in die Ver-
fügungsmacht des Arbeitnehmer-Ehegatten gelangt ist, so ist zur Anerkennung des Arbeits-
verhältnisses erforderlich, dass auch der Darlehensvertrag wie ein unter Fremden üblicher
Vertrag mit eindeutigen Zins- und Rückzahlungsvereinbarungen abgeschlossen und durch-
geführt wird (> BFH vom 23. 4. 1975 – BStBl II S. 579),

– *die Schenkung – Laufende Überweisung des Arbeitsentgelts auf ein Sparbuch des Arbeitnehmer-Ehegatten, von dem dieser ohne zeitlichen Zusammenhang mit den Lohnzahlungen
größere Beträge abhebt und dem Arbeitgeber-Ehegatten schenkt (> BFH vom 4.11.1986 –
BStBl 1987 II S. 336),*

– *die Teilüberweisung des Arbeitsentgelts als vermögenswirksame Leistungen nach dem Vermögensbildungsgesetz auf Verlangen des Arbeitnehmer-Ehegatten auf ein Konto des Arbeitgeber-Ehegatten oder auf ein gemeinschaftliches Konto beider Ehegatten (> BFH vom
19. 9. 1975 – BStBl 1976 II S. 81),*

– *die Überweisung des Arbeitsentgelts auf ein Bankkonto des Arbeitnehmer-Ehegatten, für
das der Arbeitgeber-Ehegatte unbeschränkte Verfügungsvollmacht besitzt (> BFH vom
16. 1. 1974 – BStBl II S. 294),*

– *dass das vereinbarte Arbeitsentgelt unüblich niedrig ist, es sei denn, das Arbeitsentgelt ist so
niedrig bemessen, dass es nicht mehr als Gegenleistung für eine begrenzte Tätigkeit des Arbeitnehmer-Ehegatten angesehen werden kann, weil ein rechtsgeschäftlicher Bindungswille
fehlt (> BFH vom 22. 3. 1990 – BStBl II S. 776), > Gehaltsumwandlung, -verzicht*

– *die Zahlung des Arbeitsentgelts auf ein „Oder-Konto" bei im Übrigen ernsthaft vereinbarten
und tatsächlich durchgeführten Ehegatten-Arbeitsverhältnissen (BVerfG vom 7. 11. 1995 –
BStBl 1996 II S. 34).*

– **Direktversicherung**

> *H 4b (Arbeitnehmer-Ehegatten)*

– **Gehaltsumwandlung, -verzicht**

– *Begnügt sich der Arbeitnehmer-Ehegatte mit unangemessenen niedrigen Aktivbezügen, ist
die Dienstleistung in einen entgeltlichen und einen unentgeltlichen Teil zu zerlegen. Betrieblich veranlasst ist nur der entgeltliche Teil. Verzichtet der Arbeitnehmer-Ehegatte ganz auf
sein Arbeitsentgelt, ist von einer in vollem Umfang privat veranlassten familiären Mitarbeit
auszugehen. Entsprechendes gilt, wenn ein Arbeitnehmer-Ehegatte ohne entsprechende Absicherung seines Anspruchs zugunsten eines erst viele Jahre später fällig werdenden Ruhe-
gehalts auf seine Aktivbezüge verzichtet (> BFH vom 25. 7. 1995 – BStBl 1996 II S. 153).*

– *> BMF vom 9. 1. 1986 (BStBl I S. 7).*

– **Rückstellungen für Pensionsverpflichtungen**

– *Bei einer Pensionszusage an den Arbeitnehmer-Ehegatten, die an die Stelle einer fehlenden
Anwartschaft aus der gesetzlichen Rentenversicherung getreten ist, können sich die Rück-
stellungsbeträge nicht gewinnmindernd auswirken, soweit die Aufwendungen die wirtschaftliche Funktion der Arbeitnehmerbeiträge haben. Fiktive Arbeitgeberbeiträge in der
Zeit zwischen dem Beginn des steuerrechtlich anerkannten Arbeitsverhältnisses und der Erteilung der Pensionszusage können nicht als Betriebsausgaben berücksichtigt werden (> BFH
vom 14. 7. 1989 – BStBl II S. 969).*

– *> H 6a (9)*

– **Rückwirkung**

*Rückwirkende Vereinbarungen sind steuerrechtlich nicht anzuerkennen (> BFH vom
29. 11. 1988 – BStBl 1989 II S. 281).*

– **Sonderzuwendungen**

*Sonderzuwendungen wie z. B. Weihnachts- und Urlaubsgelder, Sonderzulagen, Tantiemen kön-
nen dann als Betriebsausgaben abgezogen werden, wenn sie vor Beginn des Leistungsaustauschs klar und eindeutig vereinbart worden sind und auch einem > Fremdvergleich standhalten (> BFH vom 26. 2. 1988 – BStBl II S. 606 und vom 10. 3. 1988 – BStBl II S. 877).*

– **Unterarbeitsverhältnis**

Ist ein Arbeitnehmer wegen anderer beruflicher Verpflichtungen nicht in der Lage, ein Aufgabengebiet in vollem Umfang selbst zu betreuen, kommt ein Ehegatten-Unterarbeitsverhältnis hierüber jedenfalls dann nicht in Betracht, wenn solche Tätigkeiten sonst ehrenamtlich von Dritten unentgeltlich übernommen werden (> BFH vom 22.11.1996 – BStBl 1997 II S. 187).

– **Wertguthabenvereinbarung**

Schließen Ehegatten im Rahmen eines Arbeitsverhältnisses zusätzlich eine Wertguthabenvereinbarung i. S. d. SGB IV ab, muss für diese gesondert ein Fremdvergleich geprüft werden. Im Rahmen der Gesamtwürdigung ist wesentliches Indiz, ob die Vertragschancen und -risiken fremdüblich verteilt sind. Eine einseitige Verteilung zu Lasten des Arbeitgeber-Ehegatten ist regelmäßig anzunehmen, wenn der Arbeitnehmer-Ehegatte unbegrenzt Wertguthaben ansparen sowie Dauer, Zeitpunkt und Häufigkeit der Freistellungsphasen nahezu beliebig wählen kann (>BFH vom 28.10.2020 – BStBl 2021 II S. 283).

– **Zukunftssicherung**

Voraussetzungen für die Anerkennung von Maßnahmen zur Zukunftssicherung bei Ehegatten-Arbeitsverhältnissen > H 6a Abs. 9 und H 4b (Arbeitnehmer-Ehegatten).

Aushilfstätigkeiten von Kindern

Bei Verträgen über Aushilfstätigkeiten von Kindern ist der > Fremdvergleich im Einzelfall vorzunehmen (> BFH vom 9.12.1993 – BStBl 1994 II S. 298).

Bildungsaufwendungen für Kinder

– *Ausbildungs- oder Fortbildungsaufwendungen für Kinder sind in der Regel nicht abziehbare Lebenshaltungskosten. Aufwendungen für die Fortbildung von im Betrieb mitarbeitenden Kindern (z. B. für den Besuch einer Meisterfachschule) sind Betriebsausgaben, wenn die hierzu getroffenen Vereinbarungen klar und eindeutig sind und nach Inhalt und Durchführung dem zwischen Fremden Üblichen entsprechen, insbesondere auch Bindungsfristen und Rückzahlungsklauseln enthalten (> BFH vom 14.12.1990 – BStBl 1991 II S. 305).*

– *Aufwendungen für den Meisterlehrgang eines nicht im Betrieb mitarbeitenden Kindes sind nicht allein deshalb Betriebsausgaben, weil sie eine spätere Unternehmensnachfolge vorbereiten sollen (> BFH vom 29.10.1997 – BStBl 1998 II S. 149).*

– *Die Aufwendungen für die Facharztausbildung des als Nachfolger vorgesehenen Kindes sind ohne den Nachweis, dass sie auch für fremde Dritte im Betrieb des Stpfl. oder üblicherweise in anderen – nach Größe und Branche – vergleichbaren Betrieben getätigt worden wären, nicht betrieblich veranlasst (> BFH vom 6.11.2012 – BStBl 2013 II S. 309).*

Darlehensverhältnisse zwischen Angehörigen

– *> BMF vom 23.12.2010 (BStBl 2011 I S. 37) unter Berücksichtigung der Änderungen durch BMF vom 29.4.2014 (BStBl I S. 809).*

– *...*

– *...*

– *Vertragsbeziehungen zwischen verschwägerten Personen > Fremdvergleich*

– **Schenkungsbegründetes Darlehen**

– *Die Kürze der zwischen Schenkung und Darlehensgewährung liegenden Zeit begründet keine unwiderlegbare Vermutung für die gegenseitige Abhängigkeit der beiden Verträge (> BFH vom 18.1.2001 – BStBl II S. 393 und BMF vom 23.12.2010 (BStBl 2011 I S. 37), Rdnr. 12. Dem gegenüber kann bei einem längeren Abstand zwischen Schenkungs- und Dar-*

lehensvertrag eine auf einem Gesamtplan beruhende sachliche Verknüpfung bestehen (> BFH vom 22. 2. 2002 – BStBl II S. 685).

– Geht dem Darlehen eines minderjährigen Kindes an einen Elternteil eine Schenkung des anderen Elternteils voraus, und liegt diesen Rechtsgeschäften ein Gesamtplan der Eltern zur Schaffung von steuerlich abziehbaren Aufwendungen zugrunde (= sachliche Abhängigkeit), so kann hierin auch bei zeitlicher Unabhängigkeit zwischen Schenkung und Darlehen ein Missbrauch von Gestaltungsmöglichkeiten des Rechts (§ 42 AO) liegen (> BFH vom 26. 3. 1996 – BStBl II S. 443).

– ...

...

Fremdvergleich

– **Angehörigen** steht es frei, ihre Rechtsverhältnisse untereinander so zu gestalten, dass sie steuerlich möglichst günstig sind. Die steuerrechtliche Anerkennung des Vereinbarten setzt voraus, dass die Verträge zivilrechtlich wirksam zustande gekommen sind (> BMF vom 23. 12. 2010 – BStBl 2011 I S. 37 unter Berücksichtigung der Änderungen durch BMF vom 29. 4. 2014 – BStBl I S. 809), inhaltlich dem zwischen Fremden Üblichen entsprechen und so auch durchgeführt werden. Maßgebend für die Beurteilung ist die Gesamtheit der objektiven Gegebenheiten. Dabei kann einzelnen dieser Beweisanzeichen je nach Lage des Falles im Rahmen der Gesamtbetrachtung eine unterschiedliche Bedeutung zukommen. Dementsprechend schließt nicht jede Abweichung vom Üblichen notwendigerweise die steuerrechtliche Anerkennung des Vertragsverhältnisses aus. An den Nachweis, dass es sich um ein ernsthaftes Vertragsverhältnis handelt, sind umso strengere Anforderungen zu stellen, je mehr die Umstände auf eine private Veranlassung des Rechtsverhältnisses hindeuten (> BFH vom 28. 1. 1997 – BStBl II S. 655).

– Auch Vertragsbeziehungen zwischen verschwägerten Personen müssen steuerrechtlich einem Fremdvergleich standhalten (> BFH vom 22. 5. 2019 – BStBl II S. 795).

– Die Grundsätze des sog. Fremdvergleichs rechtfertigen es nicht, an Stelle der im Vertrag tatsächlich vereinbarten Leistung der Besteuerung eine höhere Gegenleistung unter Hinweis darauf zugrunde zu legen, dass eine solche unter fremden Dritten gefordert (und erbracht) worden wäre (> BFH vom 31. 5. 2001 – BStBl II S. 756).

...

Gelegentliche Hilfeleistung

Arbeitsverträge über gelegentliche Hilfeleistungen durch Angehörige sind steuerrechtlich nicht anzuerkennen, weil sie zwischen fremden Personen nicht vereinbart worden wären (> BFH vom 9. 12. 1993 – BStBl 1994 II S. 298).

Gesellschaftsverträge zwischen Angehörigen

– ...

– > Umdeutung

Gewinnanteile aus geschenkter typisch stiller Beteiligung

Werden Geldbeträge vom Betriebsinhaber an seine minderjährigen Kinder mit der Auflage zugewendet, diese ihm wieder als Einlage im Rahmen einer typisch stillen Beteiligung zur Verfügung zu stellen, sind die Gewinnanteile nicht als Betriebsausgaben abziehbar, wenn eine Verlustbeteiligung ausgeschlossen ist (> BFH vom 21. 10. 1992 – BStBl 1993 II S. 289).

Mehrere Verträge zwischen Angehörigen

Bei der Prüfung, ob die Leistungsbeziehungen zwischen nahen Angehörigen dem > Fremdvergleich standhalten, sind mehrere zeitlich und sachlich zusammenhängende Verträge nicht isoliert, sondern in ihrer Gesamtheit zu würdigen (> BFH vom 13. 12. 1995 – BStBl 1996 II S. 180).

Miet- und Pachtverträge zwischen Angehörigen

...

Minderjährige Kinder

– **Ergänzungspfleger** – *Bei Verträgen zwischen Eltern und minderjährigen Kindern, die nicht Arbeitsverträge sind (> R 19 Abs. 3), ist ein Ergänzungspfleger zu bestellen, damit die Vereinbarungen bürgerlich-rechtlich wirksam zustande kommen und so eine klare Trennung bei der Verwaltung des Kindesvermögens und des elterlichen Vermögens gewährleistet ist (> BFH vom 23. 4. 1992 – BStBl II S. 1024 und BMF vom 30. 9. 2013 – BStBl I S. 1184, Rz. 4).*

– ...

Nichteheliche Lebensgemeinschaften

Die für die steuerrechtliche Beurteilung von Verträgen zwischen Ehegatten geltenden Grundsätze können nicht auf Verträge zwischen Partner einer nichtehelichen Lebensgemeinschaft – ausgenommen eingetragene Lebenspartnerschaften – übertragen werden (> BFH vom 14. 4. 1988 – BStBl II S. 670 und > R 21.4).

Personengesellschaften

...

Rechtsfolgen bei fehlender Anerkennung

– *Ist ein* **Arbeitsverhältnis** *steuerrechtlich nicht anzuerkennen, so sind Lohnzahlungen einschließlich einbehaltener und abgeführter Lohn- und Kirchensteuerbeträge, für den mitarbeitenden Ehegatten einbehaltene und abgeführte Sozialversicherungsbeiträge (Arbeitgeber- und Arbeitnehmeranteil) und vermögenswirksame Leistungen, die der Arbeitgeber-Ehegatte nach dem Vermögensbildungsgesetz erbringt, nicht als Betriebsausgaben abziehbar (> BFH vom 8. 2. 1983 – BStBl II S. 496 und vom 10. 4. 1990 – BStBl II S. 741).*

– *Zinsen aus einem ertragsteuerlich nicht anzuerkennenden* **Darlehen** *unter nahen Angehörigen sind keine Betriebsausgaben; beim Empfänger sind sie keine Einkünfte aus Kapitalvermögen (> BFH vom 2. 8. 1994 – BStBl 1995 II S. 264).*

Scheidungsklausel

Erwirbt ein Ehegatte (A) mit vom anderen Ehegatten (B) geschenkten Mitteln ein Grundstück, welches für betriebliche Zwecke an B vermietet wird, begründet weder die Schenkung der Mittel, die Vereinbarung zwischen den Ehegatten für den Fall der Beendigung des Güterstandes auf andere Weise als den Tod, das erworbene Grundstück auf den anderen Ehegatten zu übertragen (sog. Scheidungsklausel), noch die B eingeräumte Möglichkeit zu seinen Gunsten oder zugunsten eines Dritten eine Auflassungsvormerkung in das Grundbuch eintragen zu lassen, wirtschaftliches Eigentum des B (> BFH vom 4. 2. 1998 – BStBl II S. 542).

Schenkung

– > Arbeitsverhältnisse zwischen Ehegatten; – Der steuerrechtlichen Anerkennung eines Arbeitsverhältnisses steht nicht entgegen; = Schenkung

– > Darlehensverhältnisse zwischen Angehörigen; – Schenkungsbegründetes Darlehen

Sicherung des Darlehensanspruchs

– Bei einem Darlehen einer Personengesellschaft an ihren Gesellschafter kann nicht ein künftiger Gewinnanteil des Gesellschafters als Sicherheit angesehen werden. Unüblich ist auch die Unverzinslichkeit eines Darlehens (> BFH vom 9. 5. 1996 – BStBl II S. 642).

– Die fehlende verkehrsübliche Sicherung des Darlehensanspruchs wird bei langfristigen Darlehen zwischen nahen Angehörigen als Indiz für die außerbetriebliche Veranlassung des Darlehens gewertet, wobei als langfristig jedenfalls Darlehen mit einer Laufzeit von mehr als vier Jahren angesehen werden (> BFH vom 9. 5. 1996 – BStBl II S. 642). Eine langfristige Darlehensvereinbarung zwischen Eltern und Kindern kann trotz teilweise fehlender Sicherheiten steuerrechtlich anerkannt werden, wenn die Kinder bei Darlehensabschluss bereits volljährig sind, nicht mehr im Haushalt der Eltern leben und wirtschaftlich von den Eltern unabhängig sind (> BFH vom 18. 12. 1990 – BStBl 1991 II S. 911).

Sonstige Rechtsverhältnisse zwischen Angehörigen

...

Umdeutung

Die steuerliche Beurteilung muss von dem ausgehen, was die Steuerpflichtigen rechtsgültig vereinbart haben, und zwar auch dann, wenn die Vereinbarung aus privater Veranlassung von dem abweicht, was unter fremden Dritten üblich ist. Haben die Beteiligten einen Gesellschaftsvertrag über eine Unterbeteiligung abgeschlossen, und kann der Gesellschaftsvertrag wegen der nicht fremdüblichen Ausgestaltung zu Lasten der Unterbeteiligung steuerlich nicht anerkannt werden, kann an die Stelle des wirksam abgeschlossenen Gesellschaftsvertrags für die steuerliche Beurteilung **nicht** ein tatsächlich **nicht** existenter Vertrag über ein partiarisches Darlehen gesetzt werden (> BFH vom 6. 7. 1995 – BStBl 1996 II S. 269).

Unterhalt

...

Wirtschaftsüberlassungsvertrag

– Bei nach dem 31. 12. 2007 abgeschlossenen Wirtschaftsüberlassungsverträgen liegt keine begünstigte Vermögensübertragung im Zusammenhang mit Versorgungsleistungen vor (> BMF vom 11. 3. 2010 – BStBl I S. 227, Rzn. 22, 81).

– Die auf einem nach dem 31. 12. 2007 abgeschlossenen Wirtschaftsüberlassungsvertrag beruhenden Leistungen können als Betriebsausgaben abziehbar sein. Dies gilt auch, wenn einzelne Regelungen im Wirtschaftsüberlassungsvertrag einem Fremdvergleich nicht standhalten, solange diesen nicht ein derartiges Gewicht zukommt, dass dies unter Berücksichtigung des Gesamtbilds der Verhältnisse die Nichtanerkennung des gesamten Vertragsverhältnisses rechtfertigt (> BFH vom 12. 7. 2017 – BStBl 2018 II S. 461).

Wohnungsüberlassung an geschiedenen oder dauernd getrennt lebenden Ehegatten

> H 21.4 (Vermietung an Unterhaltsberechtigte)

EStR   R 4.9 Abziehbare Steuern

– unbesetzt –

Hinweise   EStH   H 4.9

Änderung von bestandskräftigen Veranlagungen

Mehrbeträge an abziehbaren Steuern, die sich durch eine Betriebsprüfung ergeben haben, sind für sich allein keine neuen Tatsachen im Sinne des § 173 Abs. 1 Nr. 2 AO, die eine Änderung der bestandskräftigen Veranlagungen der Jahre rechtfertigen würden, zu denen die > Mehrsteuern wirtschaftlich gehören (> BFH vom 10. 8. 1961 – BStBl III S. 534).

Mehrsteuern

...

Rückstellung für künftige Steuernachforderungen

Die Behauptung des Stpfl., dass nach allgemeiner Erfahrung bei einer Betriebsprüfung mit Steuernachforderungen zu rechnen ist, rechtfertigt nicht die Bildung einer Rückstellung (> BFH vom 13. 1. 1966 – BStBl III S. 189). Abzugsfähige Steuern sind i. d. R. dem Jahr zu belasten, zu dem sie wirtschaftlich gehören (> BFH vom 3. 12. 1969 – BStBl 1970 II S. 229). Dagegen ist eine Rückstellung für hinterzogene Steuern bis zur Bilanzaufstellung erst zu dem Bilanzstichtag zu bilden, zu dem der Stpfl. mit der Aufdeckung der Steuerhinterziehung rechnen musste, bei einer Außen- oder Steuerfahndungsprüfung frühestens mit der Beanstandung einer bestimmten Sachbehandlung durch den Prüfer (> BFH vom 27. 11. 2001 – BStBl 2002 II S. 731 und vom 22. 8. 2012 – BStBl 2013 II S. 76).

EStR   R 4.10 Geschenke, Bewirtung, andere die Lebensführung berührende Betriebsausgaben❶❷

Allgemeines

(1) [1]Durch § 4 Abs. 5 Satz 1 Nr. 1 bis 7 in Verbindung mit Abs. 7 EStG wird der Abzug von betrieblich veranlassten Aufwendungen, die die Lebensführung des Steuerpflichtigen oder anderer Personen berühren, eingeschränkt. [2]Vor Anwendung dieser Vorschriften ist stets zu prüfen, ob die als Betriebsausgaben geltend gemachten Aufwendungen z. B. für Repräsentation, Bewirtung und Unterhaltung von Geschäftsfreunden, Reisen, Kraftfahrzeughaltung bereits zu den nicht abziehbaren Kosten der Lebensführung im Sinne des § 12 Nr. 1 EStG gehören. [3]Die nach § 4 Abs. 5 und 7 EStG nicht abziehbaren Betriebsausgaben sind keine Entnahmen im Sinne des § 4 Abs. 1 Satz 2 EStG.

Anm. d. Schriftl.:

❶ Durch das Haushaltsbegleitgesetz 2004 wurde die Grenze für Geschenke auf 35 € pro Empfänger und Kalenderjahr abgesenkt. Die Bewirtungsaufwendungen dürfen nur noch bis zu 70 % den Gewinn als Betriebsausgabe mindern.

❷ Lädt der Unternehmer Geschäftspartner zu einer Schiffsreise ein, sind die Aufwendungen für die Reise und hiermit zusammenhängende Bewirtungen ungeachtet ihrer betrieblichen Veranlassung nicht abziehbar, wenn ein Zusammenhang mit der Unterhaltung der Teilnehmer oder der Repräsentation des Unternehmens nicht ausgeschlossen werden kann (BFH-Urteil vom 2. 8. 2012, BStBl 2012 II S. 824).

▶ **Hinweise   EStH   H 4.10 (1)**

Abgrenzung

der Betriebsausgaben von den Lebenshaltungskosten > H 12.1 – H 12.2

Ähnliche Zwecke i. S. d. § 4 Abs. 5 Satz 1 Nr. 4 EStG

– *Unter den Begriff der Aufwendungen für ähnliche Zwecke fallen Aufwendungen, die der sportlichen Betätigung, der Unterhaltung von Geschäftsfreunden, der Freizeitgestaltung oder der Repräsentation des Stpfl. dienen. Die Ähnlichkeit mit den im Gesetz genannten Zwecken (Jagd, Fischerei, Segel- oder Motorjacht) kann sich entweder aus Besonderheiten hinsichtlich des Ortes und Rahmens der Veranstaltung (Beschaffenheit, Lage, Ausstattung) oder einem besonderen qualitativ hochwertigen Unterhaltungsprogramm am Ort der Veranstaltung ergeben (> BFH vom 13. 7. 2016 – BStBl 2017 II S. 161).*

– *> Golfturnier*

Ferienwohnung

Mehraufwendungen für Verpflegung und Reisekosten im Zusammenhang mit einem mehrwöchigen Aufenthalt in der eigenen, sonst gewerblich genutzten Ferienwohnung sind nur dann Betriebsausgaben, wenn der Aufenthalt während der normalen Arbeitszeit vollständig mit Arbeiten für die Wohnung ausgefüllt war {>BFH vom 25. 11. 1993 – BStBl 1994 II S. 350).

Golfturnier

– *Die Aufwendungen für die Durchführung eines Golfturniers einschließlich der Aufwendungen für die Bewirtung der Turnierteilnehmer und Dritter im Rahmen einer sich an das Golfturnier anschließenden Abendveranstaltung sind nicht abziehbare Betriebsausgaben gem. § 4 Abs. 5 Satz 1 Nr. 4 EStG. Dies gilt auch dann, wenn beide Veranstaltungen auch dem Zweck dienen, Spenden für die Finanzierung einer Wohltätigkeitsveranstaltung zu generieren (> BFH vom 16. 12. 2015 – BStBl 2017 II S. 224).*

– *Das Betriebsausgabenabzugsverbot nach § 4 Abs. 5 Satz 1 Nr. 4 EStG gilt nicht für Aufwendungen im Zusammenhang mit einer Golfturnierreihe mit freier Teilnahmemöglichkeit für jeden Interessenten, zu deren Finanzierung sich ein Brauereibetrieb gegenüber seinen Geschäftspartnern, denen die organisatorische Verantwortung der Veranstaltung obliegt (hier: Vereine/Gastronomiebetriebe), im Rahmen von Bierliefervereinbarungen vertraglich verpflichtet (> BFH vom 14. 10. 2015 – BStBl 2017 II S. 222).*

Häusliches Arbeitszimmer**➊➋**

– *> BMF vom 6. 10. 2017 (BStBl I S. 1320), …*

– *Zur Ermittlung des Gewinns bei Veräußerung oder Betriebsaufgabe > H 4.7 (Häusliches Arbeitszimmer)*

…

Anm. d. Schriftl.:

➊ Nutzen mehrere Steuerpflichtige ein häusliches Arbeitszimmer gemeinsam, kann jeder Nutzende die Aufwendungen für das häusliche Arbeitszimmer, die er getragen hat, einkünftemindernd geltend machen, sofern die Voraussetzungen des § 4 Abs. 5 Satz 1 Nr. 6b Satz 2 EStG in seiner Person vorliegen (BFH-Urteil vom 15. 12. 2016, BStBl 2017 II S. 938).

➋ Nicht jeder nur in den Abendstunden oder an Wochenenden nutzbare Schreibtischarbeitsplatz in einem Praxisraum steht zwangsläufig als ein „anderer Arbeitsplatz" i. S. des § 4 Abs. 5 Satz 1 Nr. 6b EStG zur Verfügung (BFH-Urteil vom 22. 2. 2017, BStBl 2017 II S. 698).

Geschenke

(2) ¹Nach § 4 Abs. 5 Satz 1 Nr. 1 EStG dürfen Aufwendungen für betrieblich veranlasste Geschenke (> Geschenk) an natürliche Personen, die nicht Arbeitnehmer des Steuerpflichtigen sind, oder an juristische Personen grundsätzlich nicht abgezogen werden. ²Personen, die zu dem Steuerpflichtigen auf Grund eines Werkvertrags oder eines Handelsvertretervertrags in ständiger Geschäftsbeziehung stehen, sind den Arbeitnehmern des Steuerpflichtigen nicht gleichgestellt. ³Entstehen die Aufwendungen für ein Geschenk in einem anderen Wirtschaftsjahr als dem, in dem der Gegenstand geschenkt wird, und haben sich die Aufwendungen in dem Wirtschaftsjahr, in dem sie gemacht wurden, gewinnmindernd ausgewirkt, ist, wenn ein Abzug nach § 4 Abs. 5 Satz 1 Nr. 1 EStG ausgeschlossen ist, im Wirtschaftsjahr der Schenkung eine entsprechende Gewinnerhöhung vorzunehmen. ⁴Das Abzugsverbot greift nicht, wenn die zugewendeten Wirtschaftsgüter beim Empfänger ausschließlich betrieblich genutzt werden können.

(3) ¹Zu den Anschaffungs- oder Herstellungskosten eines Geschenks zählen auch die Kosten einer Kennzeichnung des Geschenks als Werbeträger sowie die Umsatzsteuer (> § 9b EStG), wenn der Abzug als Vorsteuer ohne Berücksichtigung des § 15 Abs. 1a UStG ausgeschlossen ist; Verpackungs- und Versandkosten gehören nicht dazu. ²Übersteigen die Anschaffungs- oder Herstellungskosten eines Geschenks an einen Empfänger oder, wenn an einen Empfänger im Wirtschaftsjahr mehrere Geschenke gegeben werden, die Anschaffungs- oder Herstellungskosten aller Geschenke an diesen Empfänger die Freigrenze gem. § 4 Abs. 5 Satz 1 Nr. 1 EStG, entfällt der Abzug in vollem Umfang.

(4) ¹Ein > Geschenk setzt eine unentgeltliche Zuwendung an einen Dritten voraus. ²Die Unentgeltlichkeit ist nicht gegeben, wenn die Zuwendung als Entgelt für eine bestimmte Gegenleistung des Empfängers anzusehen ist. ³Sie wird jedoch nicht schon dadurch ausgeschlossen, dass mit der Zuwendung der Zweck verfolgt wird, Geschäftsbeziehungen zu sichern oder zu verbessern oder für ein Erzeugnis zu werben. ⁴Ein Geschenk im Sinne des § 4 Abs. 5 Satz 1 Nr. 1 EStG ist danach regelmäßig anzunehmen, wenn ein Steuerpflichtiger einem Geschäftsfreund oder dessen Beauftragten ohne rechtliche Verpflichtung und ohne zeitlichen oder sonstigen unmittelbaren Zusammenhang mit einer Leistung des Empfängers eine Bar- oder Sachzuwendung gibt. ⁵Keine Geschenke sind beispielsweise

1. Kränze und Blumen bei Beerdigungen,

2. Spargeschenkgutscheine der Kreditinstitute und darauf beruhende Gutschriften auf dem Sparkonto anlässlich der Eröffnung des Sparkontos oder weitere Einzahlungen,

3. Preise anlässlich eines Preisausschreibens oder einer Auslobung.

⁶Zu den Geschenken im Sinne des § 4 Abs. 5 Satz 1 Nr. 1 EStG rechnen ebenfalls nicht die Bewirtung, die damit verbundene Unterhaltung und die Beherbergung von Personen aus geschäftlichem Anlass (> Absätze 5 ff.).

Hinweise   EStH   H 4.10 (2–4)

Freigrenze für Geschenke nach § 4 Abs. 5 Satz 1 Nr. 1 EStG

...

Geschenk

Ob eine Vermögenszuwendung unentgeltlich als Geschenk oder entgeltlich gemacht wird, entscheidet nach bürgerlichem Recht die hierüber zwischen den Beteiligten getroffene Vereinbarung. Ein Geschenk liegt nur vor, wenn beide Seiten über die Unentgeltlichkeit einig sind. Daher liegt schon dann kein Geschenk vor, wenn eine Seite von der Entgeltlichkeit der Zuwendung ausgeht (> BFH vom 23. 6. 1993 – BStBl II S. 806).

Selbständige Tätigkeit eines Angestellten

…

Bewirtung und Bewirtungsaufwendungen

(5) [1]Eine > Bewirtung im Sinne des § 4 Abs. 5 Satz 1 Nr. 2 EStG liegt vor, wenn Personen beköstigt werden. [2]Dies ist stets dann der Fall, wenn die Darreichung von Speisen und/oder Getränken eindeutig im Vordergrund steht. [3]Bewirtungsaufwendungen sind Aufwendungen für den Verzehr von Speisen, Getränken und sonstigen Genussmitteln. [4]Dazu können auch Aufwendungen gehören, die zwangsläufig im Zusammenhang mit der Bewirtung anfallen, wenn sie im Rahmen des insgesamt geforderten Preises von untergeordneter Bedeutung sind, wie z. B. Trinkgelder und Garderobengebühren. [5]Die Beurteilung der Art der Aufwendungen richtet sich grundsätzlich nach der Hauptleistung. [6]Werden dem bewirtenden Steuerpflichtigen die Bewirtungsaufwendungen im Rahmen eines Entgelts ersetzt (z. B. bei einer Seminargebühr oder einem Beförderungsentgelt), unterliegen diese Aufwendungen nicht der in § 4 Abs. 5 Satz 1 Nr. 2 EStG festgelegten Kürzung. [7]Dies gilt nur, wenn die Bewirtung in den Leistungsaustausch einbezogen ist. [8]Die nach § 15 Abs. 1a UStG nichtabziehbare Vorsteuer unterliegt dem Abzugsverbot des § 12 Nr. 3 EStG. [9]Keine Bewirtung liegt vor bei

1. Gewährung von Aufmerksamkeiten in geringem Umfang (wie Kaffee, Tee, Gebäck), z. B. anlässlich betrieblicher Besprechungen, wenn es sich hierbei um eine übliche Geste der Höflichkeit handelt; die Höhe der Aufwendungen ist dabei nicht ausschlaggebend.

2. Produkt-/Warenverkostungen, z. B. im Herstellungsbetrieb, beim Kunden, beim (Zwischen-)Händler, bei Messeveranstaltungen; hier besteht ein unmittelbarer Zusammenhang mit dem Verkauf der Produkte oder Waren. [2]Voraussetzung für den unbeschränkten Abzug ist, dass nur das zu veräußernde Produkt und ggf. Aufmerksamkeiten (z. B. Brot anlässlich einer Weinprobe) gereicht werden. [3]Diese Aufwendungen können als Werbeaufwand unbeschränkt als Betriebsausgaben abgezogen werden. [4]Entsprechendes gilt, wenn ein Dritter mit der Durchführung der Produkt-/Warenverkostung beauftragt war.

[10]Solche Aufwendungen können unbegrenzt als Betriebsausgaben abgezogen werden.

Betrieblicher und geschäftlicher Anlass

(6) [1]Betrieblich veranlasste Aufwendungen für die Bewirtung von Personen können geschäftlich oder nicht geschäftlich (> Absatz 7) bedingt sein. [2]Ein geschäftlicher Anlass besteht insbesondere bei der Bewirtung von Personen, zu denen schon Geschäftsbeziehungen bestehen oder zu denen sie angebahnt werden sollen. [3]Auch die Bewirtung von Besuchern des Betriebs, z. B. im Rahmen der Öffentlichkeitsarbeit, ist geschäftlich veranlasst. [4]Bei geschäftlichem Anlass sind die Bewirtungsaufwendungen nach § 4 Abs. 5 Satz 1 Nr. 2 Satz 1 EStG nicht zum Abzug zugelassen, soweit sie den dort genannten Prozentsatz der angemessenen und nachgewiesenen Aufwendungen übersteigen. [5]Hierbei sind zunächst folgende Kosten auszuscheiden:

1. Teile der Bewirtungskosten, die privat veranlasst sind;

2. Teile der Bewirtungsaufwendungen, die nach allgemeiner Verkehrsauffassung als unangemessen anzusehen sind (> Angemessenheit);

3. Bewirtungsaufwendungen, deren Höhe und betriebliche Veranlassung nicht nachgewiesen sind (> Absatz 8);

4. Bewirtungsaufwendungen, die wegen Verletzung der besonderen Aufzeichnungspflichten nicht abgezogen werden können (> § 4 Abs. 7 EStG, R 4.11);

5. Aufwendungen, die nach ihrer Art keine Bewirtungsaufwendungen sind (z. B. Kosten für eine Musikkapelle anlässlich einer Informations- oder Werbeveranstaltung und andere Nebenkosten), es sei denn, sie sind von untergeordneter Bedeutung (z. B. Trinkgelder > Absatz 5); solche Aufwendungen sind in vollem Umfang abziehbar, wenn die übrigen Voraussetzungen vorliegen.

[6]Die verbleibenden Aufwendungen fallen unter die Abzugsbegrenzung. [7]Die Abzugsbegrenzung gilt bei der Bewirtung von Personen aus geschäftlichem Anlass auch für den Teil der Aufwendungen, der auf den an der Bewirtung teilnehmenden Steuerpflichtigen oder dessen Arbeitnehmer entfällt. [8]Aufwendungen für die Bewirtung von Personen aus geschäftlichem Anlass in der Wohnung des Steuerpflichtigen gehören regelmäßig nicht zu den Betriebsausgaben, sondern zu den Kosten der Lebensführung (§ 12 Nr. 1 EStG). [9]Bei Bewirtungen in einer betriebseigenen Kantine wird aus Vereinfachungsgründen zugelassen, dass die Aufwendungen nur aus den Sachkosten der verabreichten Speisen und Getränke sowie den Personalkosten ermittelt werden; es ist nicht zu beanstanden, wenn – im Wirtschaftsjahr einheitlich – je Bewirtung ein Betrag von 15 Euro angesetzt wird, wenn dieser Ansatz nicht zu einer offenbar unzutreffenden Besteuerung führt. [10]Unter dem Begriff „betriebseigene Kantine" sind alle betriebsinternen Einrichtungen zu verstehen, die es den Arbeitnehmern des Unternehmens ermöglichen, Speisen und Getränke einzunehmen, und die für fremde Dritte nicht ohne weiteres zugänglich sind. [11]Auf die Bezeichnung der Einrichtung kommt es nicht an; zu Kantinen können deshalb auch Einrichtungen gehören, die im Betrieb als „Casino" oder „Restaurant" bezeichnet werden.

(7) [1]Nicht geschäftlich, sondern allgemein betrieblich veranlasst ist ausschließlich die Bewirtung von Arbeitnehmern des bewirtenden Unternehmens. [2]Geschäftlich veranlasst ist danach die Bewirtung von Arbeitnehmern von gesellschaftsrechtlich verbundenen Unternehmen (z. B. Mutter- oder Tochterunternehmen) und mit ihnen vergleichbaren Personen. [3]Nur in dem Maße, wie die Aufwendungen auf die nicht geschäftlich veranlasste Bewirtung von Arbeitnehmern des bewirtenden Unternehmens entfallen, können sie unbegrenzt abgezogen werden. [4]Bei Betriebsfesten ist die Bewirtung von Angehörigen oder von Personen, die zu ihrer Gestaltung beitragen, unschädlich.

Nachweis

(8) [1]Der Nachweis der Höhe und der betrieblichen Veranlassung der Aufwendungen durch schriftliche Angaben zu Ort, Tag, Teilnehmer und Anlass der Bewirtung sowie Höhe der Aufwendungen ist gesetzliches Tatbestandsmerkmal für den Abzug der Bewirtungsaufwendungen als Betriebsausgaben. [2]Bei Bewirtung in einer Gaststätte genügen neben der beizufügenden Rechnung Angaben zu dem Anlass und den Teilnehmern der Bewirtung; auch hierbei handelt es sich um ein gesetzliches Tatbestandsmerkmal für den Abzug der Bewirtungsaufwendungen als Betriebsausgaben. [3]Aus der Rechnung müssen sich Name und Anschrift der Gaststätte sowie der Tag der Bewirtung ergeben. [4]Die Rechnung muss auch den Namen des bewirtenden Steuerpflichtigen enthalten; dies gilt nicht, wenn der Gesamtbetrag der Rechnung 150 Euro[1] nicht übersteigt. [5]Die schriftlichen Angaben können auf der Rechnung oder getrennt gemacht werden. [6]Erfolgen die Angaben getrennt von der Rechnung, müssen das Schriftstück über die Angaben und die Rechnung grundsätzlich zusammengefügt werden. [7]Ausnahmsweise genügt es, den Zusammenhang dadurch darzustellen, dass auf der Rechnung und dem Schriftstück über die Angaben Gegenseitigkeitshinweise angebracht werden, so dass Rechnung und Schriftstück jederzeit zusammengefügt werden können. [8]Die Rechnung muss den Anforderungen des § 14 UStG genügen und maschinell erstellt und registriert sein. [9]Die in Anspruch genommenen Leistungen sind nach Art, Umfang, Entgelt und Tag der Bewirtung in der Rechnung gesondert zu bezeichnen; die für den Vorsteuerabzug ausreichende Angabe „Speisen und Getränke" und die Angabe der für die Bewirtung in Rechnung gestellten Gesamtsumme sind für den Betriebsausgabenabzug nicht ausreichend.

(9) [1]Zur Bezeichnung der Teilnehmer der Bewirtung ist grundsätzlich die Angabe ihres Namens erforderlich. [2]Auf die Angabe der Namen kann jedoch verzichtet werden, wenn ihre Feststellung dem Steuerpflichtigen nicht zugemutet werden kann. [3]Das ist z. B. bei Bewirtungen anlässlich

---

Amtl. Fn.:

[1] Ab 1. 1. 2017 250 € (§ 14 UStG i. V. m. § 33 UStDV).

von Betriebsbesichtigungen durch eine größere Personenzahl und bei vergleichbaren Anlässen der Fall. [4]In diesen Fällen sind die Zahl der Teilnehmer der Bewirtung sowie eine die Personengruppe kennzeichnende Sammelbezeichnung anzugeben. [5]Die Angaben über den Anlass der Bewirtung müssen den Zusammenhang mit einem geschäftlichen Vorgang oder einer Geschäftsbeziehung erkennen lassen.

Hinweise   EStH   H 4.10 (5–9)

Angemessenheit

– *Die Angemessenheit ist vor allem nach den jeweiligen Branchenverhältnissen zu beurteilen (> BFH vom 14. 4. 1988 – BStBl II S. 771);*

– *> H 4.10 (12)*

Anlass der Bewirtung

Angaben wie „Arbeitsgespräch", „Infogespräch" oder „Hintergrundgespräch" als Anlass der Bewirtung sind nicht ausreichend (> BFH vom 15. 1. 1998 – BStBl II S. 263).

Aufteilung von Bewirtungsaufwendungen in einen betrieblichen und einen privaten Teil

Der eigene Verzehraufwand eines Gewerbetreibenden in Gaststätten, in denen er seine Waren mit Hilfe von aufgestellten Automaten vertreibt, ist nur insoweit als betrieblich veranlasster Aufwand abziehbar, wie im Einzelnen nachgewiesen wird, dass dabei die private Lebensführung als unbedeutend in den Hintergrund getreten ist (> BFH vom 14. 4. 1988 – BStBl II S. 771).

Bewirtung

Eine Bewirtung im Sinne des § 4 Abs. 5 Satz 1 Nr. 2 EStG liegt nur vor, wenn die Darreichung von Speisen und/oder Getränken eindeutig im Vordergrund steht (> BFH vom 16. 2. 1990 – BStBl II S. 575). Keine Bewirtungsaufwendungen sind daher Aufwendungen für die Darbietung anderer Leistungen (wie insbesondere Varieté, Striptease und Ähnliches), wenn der insgesamt geforderte Preis in einem offensichtlichen Missverhältnis zum Wert der verzehrten Speisen und/oder Getränke steht (> BFH vom 16. 2. 1990 – BStBl II S. 575); solche Aufwendungen sind insgesamt nach § 4 Abs. 5 Satz 1 Nr. 7 EStG zu beurteilen (> R 4.10 (12)) und ggf. aufzuteilen. Die nach Aufteilung auf eine Bewirtung entfallenden Aufwendungen unterliegen sodann der Abzugsbegrenzung des § 4 Abs. 5 Satz 1 Nr. 2 EStG.

Bewirtung im gastronomischen Unternehmensbereich

Die Abzugsbegrenzung findet keine Anwendung, wenn die Bewirtungsaufwendungen entweder anlässlich einer Bewirtung von zahlenden Gästen (z. B. bei der Bewirtung von Fluggästen durch eine Fluggesellschaft) oder durch Präsentation bestimmter Speisen zu Werbezwecken anfallen (> BFH vom 7. 9. 2011 – BStBl 2012 II S. 194).

Bewirtung im Rahmen eines Leistungsaustauschs

Das Abzugsverbot gilt nicht bei Aufwendungen eines Gaststättenbetreibers für die Bewirtung von Busfahrern als Gegenleistung für das Zuführen von potenziellen Kunden (> BFH vom 26. 4. 2018 – BStBl II S. 750).

Bewirtung mehrerer Personen

Werden mehrere Personen bewirtet, müssen i. d. R. die Namen aller Teilnehmer der Bewirtung, ggf. auch des Steuerpflichtigen und seiner Arbeitnehmer angegeben werden (> BFH vom 25. 2. 1988 – BStBl II S. 581).

Bewirtung von Personen aus geschäftlichem Anlass

– *Keine Betriebseinnahme > R 4.7 Abs. 3*
– *Steuerliche Anerkennung von Aufwendungen in einem Bewirtungsbetrieb als Betriebsausgaben nach R 4.10 Abs. 5–9 > BMF vom 30. 6. 2021 (BStBl I S. 908).*

Journalisten

Journalisten können die nach § 4 Abs. 5 Satz 1 Nr. 2 Satz 1 EStG geforderten Angaben zu Teilnehmern und Anlass einer Bewirtung in der Regel nicht unter Berufung auf das Pressegeheimnis verweigern (> BFH vom 15. 1. 1998 – BStBl II S. 263).

Nachholung von Angaben

Die zum Nachweis von Bewirtungsaufwendungen erforderlichen schriftlichen Angaben müssen zeitnah gemacht werden (> BFH vom 25. 3. 1988 – BStBl II S. 655). Die Namensangabe darf vom Rechnungsaussteller auf der Rechnung oder durch eine sie ergänzende Urkunde nachgeholt werden (> BFH vom 27. 6. 1990 – BStBl II S. 903 und vom 2. 10. 1990 – BStBl 1991 II S. 174).

Name des bewirtenden Steuerpflichtigen

Angabe ist Voraussetzung für den Nachweis der betrieblichen Veranlassung (> BFH vom 13. 7. 1994 – BStBl II S. 894).

Schulungsveranstaltung

Bewirtet ein Unternehmen im Rahmen einer Schulungsveranstaltung Personen, die nicht seine Arbeitnehmer sind, unterliegt der Bewirtungsaufwand der Abzugsbeschränkung gem. § 4 Abs. 5 Satz 1 Nr. 2 EStG (> BFH vom 18. 9. 2007 – BStBl 2008 II S. 116).

Schweigepflicht

...

Unterschrift

Das zum Nachweis der betrieblichen Veranlassung der Bewirtung vom Steuerpflichtigen erstellte Schriftstück ist von diesem zu unterschreiben (> BFH vom 15. 1. 1998 – BStBl II S. 263).

Unvollständige Angaben

Sind die Angaben lückenhaft, so können die Aufwendungen auch dann nicht abgezogen werden, wenn der Steuerpflichtige ihre Höhe und betriebliche Veranlassung in anderer Weise nachweist oder glaubhaft macht (> BFH vom 30. 1. 1986 – BStBl II S. 488).

Gästehäuser

(10) [1]Nach § 4 Abs. 5 Satz 1 Nr. 3 EStG können Aufwendungen für Einrichtungen, die der Bewirtung oder Beherbergung von Geschäftsfreunden dienen (Gästehäuser) und sich außerhalb des Orts des Betriebs des Steuerpflichtigen befinden, nicht abgezogen werden. [2]Dagegen können Aufwendungen für Gästehäuser am Ort des Betriebs oder für die Unterbringung von Geschäftsfreunden in fremden Beherbergungsbetrieben, soweit sie ihrer Höhe nach angemessen sind (> Absatz 12), als Betriebsausgaben berücksichtigt werden. [3]Als „Betrieb" gelten in diesem Sinne auch Zweigniederlassungen und Betriebsstätten mit einer gewissen Selbständigkeit, die üblicherweise von Geschäftsfreunden besucht werden.

(11) [1]Zu den nicht abziehbaren Aufwendungen für Gästehäuser im Sinne des § 4 Abs. 5 Satz 1 Nr. 3 EStG gehören sämtliche mit dem Gästehaus im Zusammenhang stehenden Ausgaben ein-

schließlich der Absetzung für Abnutzung. [2]Wird die Beherbergung und Bewirtung von Geschäftsfreunden in einem Gästehaus außerhalb des Orts des Betriebs gegen Entgelt vorgenommen und erfordert das Gästehaus einen ständigen Zuschuss, ist dieser Zuschuss nach § 4 Abs. 5 Satz 1 Nr. 3 EStG nicht abziehbar.

> **Hinweise   EStH   H 4.10 (10–11)**

...

Angemessenheit von Aufwendungen

(12) Als die Lebensführung berührende Aufwendungen, die auf ihre > Angemessenheit zu prüfen sind, kommen insbesondere in Betracht

1. die Kosten der Übernachtung anlässlich einer Geschäftsreise,
2. die Aufwendungen für die Unterhaltung und Beherbergung von Geschäftsfreunden, soweit der Abzug dieser Aufwendungen nicht schon nach den Absätzen 1, 10 und 11 ausgeschlossen ist,
3. die Aufwendungen für die Unterhaltung von Personenkraftwagen (> Kraftfahrzeug) und für die Nutzung eines Flugzeugs,
4. die Aufwendungen für die Ausstattung der Geschäftsräume, z. B. der Chefzimmer und Sitzungsräume.

> **Hinweise   EStH   H 4.10 (12)**

Angemessenheit

Bei der Prüfung der Angemessenheit von Aufwendungen nach § 4 Abs. 5 Satz 1 Nr. 7 EStG ist darauf abzustellen, ob ein ordentlicher und gewissenhafter Unternehmer angesichts der erwarteten Vorteile die Aufwendungen ebenfalls auf sich genommen hätte. Neben der Größe des Unternehmens, der Höhe des längerfristigen Umsatzes und des Gewinns sind vor allem die Bedeutung des Repräsentationsaufwands für den Geschäftserfolg und seine Üblichkeit in vergleichbaren Betrieben als Beurteilungskriterien heranzuziehen (> BFH vom 20. 8. 1986 – BStBl II S. 904, vom 26. 1. 1988 – BStBl II S. 629 und vom 14. 4. 1988 – BStBl II S. 771).

Hubschrauber

...

Kraftfahrzeug

Die Anschaffungskosten eines als „unangemessen" anzusehenden Kfz fallen als solche nicht unmittelbar unter das Abzugsverbot. Bei Zugehörigkeit des Fahrzeugs zum Betriebsvermögen sind sie vielmehr in vollem Umfang zu aktivieren (> BFH vom 8. 10. 1987 – BStBl II S. 853). Ob und inwieweit ein unangemessener betrieblicher Repräsentationsaufwand i. S. d. § 4 Abs. 5 Satz 1 Nr. 7 EStG bei Beschaffung und Unterhaltung eines Kfz vorliegt, ist danach zu beurteilen, ob ein ordentlicher und gewissenhafter Unternehmer – ungeachtet seiner Freiheit, den Umfang seiner Erwerbsaufwendungen selbst bestimmen zu dürfen – angesichts der erwarteten Vorteile und Kosten die Aufwendungen ebenfalls auf sich genommen hätte (> BFH vom 29. 4. 2014 – BStBl II S. 679). Zu den unter das Abzugsverbot des § 4 Abs. 5 Satz 1 Nr. 7 EStG fallenden Kraftfahrzeugaufwendungen gehört vor allem die AfA nach § 7 Abs. 1 EStG. Diese kann nur insoweit als Betriebsausgabe abgezogen werden, als sie auf den als „angemessen" anzusehenden Teil der Anschaffungskosten entfällt. Die übrigen Betriebskosten (Kfz-Steuer und Versicherung, Kraftstoff, Instandsetzungs-, War-

tungs- und Pflegekosten, Garagenmiete usw.) werden in der Regel nicht als „unangemessen" i. S. d. § 4 Abs. 5 Satz 1 Nr. 7 EStG anzusehen sein, da diese Aufwendungen auch für ein „angemessenes" Fahrzeug angefallen wären (> BFH vom 8. 10. 1987 – BStBl II S. 853).

EStR   R 4.11   Besondere Aufzeichnung

(1) [1]Das Erfordernis der besonderen Aufzeichnung ist erfüllt, wenn für jede der in § 4 Abs. 7 EStG bezeichneten Gruppen von Aufwendungen ein besonderes Konto oder eine besondere Spalte geführt wird. [2]Es ist aber auch ausreichend, wenn für diese Aufwendungen zusammengenommen ein Konto oder eine Spalte geführt wird. [3]In diesem Fall muss sich aus jeder Buchung oder Aufzeichnung die Art der Aufwendung ergeben. [4]Das gilt auch dann, wenn verschiedene Aufwendungen bei einem Anlass zusammentreffen, z. B. wenn im Rahmen einer Bewirtung von Personen aus geschäftlichem Anlass Geschenke gegeben werden.

(2) [1]Bei den Aufwendungen für Geschenke muss der Name des Empfängers aus der Buchung oder dem Buchungsbeleg zu ersehen sein. [2]Aufwendungen für Geschenke gleicher Art können in einer Buchung zusammengefasst werden (Sammelbuchung), wenn

1. die Namen der Empfänger der Geschenke aus einem Buchungsbeleg ersichtlich sind oder

2. im Hinblick auf die Art des zugewendeten Gegenstandes, z. B. Taschenkalender, Kugelschreiber, und wegen des geringen Werts des einzelnen Geschenks die Vermutung besteht, dass die Freigrenze gem. § 4 Abs. 5 Satz 1 Nr. 1 EStG bei dem einzelnen Empfänger im Wirtschaftsjahr nicht überschritten wird; eine Angabe der Namen der Empfänger ist in diesem Fall nicht erforderlich.

Hinweise   EStH   H 4.11

Besondere Aufzeichnung

...

Verstoß gegen die besondere Aufzeichnungspflicht

Ein Verstoß gegen die besondere Aufzeichnungspflicht nach § 4 Abs. 7 EStG hat zur Folge, dass die nicht besonders aufgezeichneten Aufwendungen nicht abgezogen werden können (> BFH vom 22. 1. 1988 – BStBl II S. 535). Dies gilt nicht für eine Fehlbuchung, die sich nach dem Rechtsgedanken des § 129 Satz 1 AO als offenbare Unrichtigkeit darstellt (> BFH vom 19. 8. 1999 – BStBl 2000 II S. 203).

EStR   R 4.12   Entfernungspauschale[1], nicht abziehbare Fahrtkosten, Reisekosten und Mehraufwendungen bei doppelter Haushaltsführung

Aufwendungen für Wege zwischen Wohnung und Betriebsstätte

(1) [1]Die Regelungen in den LStR zu Aufwendungen für Wege zwischen Wohnung und regelmäßiger Arbeitsstätte[2] sind entsprechend anzuwenden. [2]Ein Betriebsausgabenabzug in Höhe

---

Anm. d. Schriftl.:

[1] Es begegnet keinem verfassungsrechtlichen Bedenken, dass durch die Entfernungspauschale sämtliche gewöhnlichen wie außergewöhnlichen Aufwendungen für Fahrten zwischen Wohnung und regelmäßiger Arbeitsstätte abgegolten werden (BFH-Urteil vom 15. 11. 2016, BStBl 2017 II S. 228).

Amtl. Fn.:

[2] Jetzt: erster Tätigkeitsstätte.

der Entfernungspauschale nach § 4 Abs. 5 Satz 1 Nr. 6 Satz 2 EStG kommt auch dann in Betracht, wenn die nach § 4 Abs. 5 Satz 1 Nr. 6 Satz 3 EStG ermittelten Werte geringer sind als die Entfernungspauschale. [3]Wird an einem Tag aus betrieblichen oder beruflichen Gründen der Weg zwischen Wohnung und Betriebsstätte mehrfach zurückgelegt, darf die Entfernungspauschale nur einmal pro Tag berücksichtigt werden. [4]Die Regelung des § 4 Abs. 5 Satz 1 Nr. 6 EStG gilt nicht für Fahrten zwischen Betriebsstätten. [5]Unter Betriebsstätte ist im Zusammenhang mit Geschäftsreisen (Absatz 2), anders als in § 12 AO, die (von der Wohnung getrennte) Betriebsstätte zu verstehen. [6]Das ist der Ort, an dem oder von dem aus die betrieblichen Leistungen erbracht werden. [7]...

Reisekosten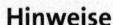

(2) [1]Die Regelungen in den LStR zu Reisekosten sind sinngemäß anzuwenden. [2]Der Ansatz pauschaler Kilometersätze ist nur für private Beförderungsmittel zulässig.

Mehraufwendungen bei doppelter Haushaltsführung

(3) Die Regelungen in den LStR zu Mehraufwendungen bei doppelter Haushaltsführung sind entsprechend anzuwenden.

> **Hinweise   EStH   H 4.12**

Abzug als Werbungskosten

Zum Abzug von Aufwendungen für Wege zwischen Wohnung und erster Tätigkeitsstätte sowie Fahrten nach § 9 Abs. 1 Satz 3 Nr. 4a Satz 3 EStG und von Mehraufwendungen bei doppelter Haushaltsführung von Arbeitnehmern als Werbungskosten > R 9.10 und 9.11 LStR 2015 sowie > H 9.10 und H 9.11 LStH 2021.

Betriebsstätte

> BMF vom 23. 12. 2014 (BStBl 2015 I S. 26).

Doppelte Haushaltsführung

> BMF vom 23. 12. 2014 (BStBl 2015 I S. 26).

Gesamtaufwendungen für das Kraftfahrzeug

- *> BMF vom 18. 11. 2009 (BStBl I S. 1326 unter Berücksichtigung der Änderungen durch BMF vom 15. 11. 2012 – BStBl I S. 1099), Rdnr. 32*
- *Bei Nutzung von Elektro- und Hybridelektrofahrzeugen > BMF vom 5. 11. 2021 (BStBl I S. 2205), ...*

Anm. d. Schriftl.:

1 Nutzt ein Steuerpflichtiger in seinem Betrieb gelegentlich einen zum Betriebsvermögen seines Ehegatten gehörenden PKW, ohne hierfür Aufwendungen zu tragen, kann er für die betriebliche Nutzung keine Betriebsausgaben abziehen (BFH-Urteil vom 15. 7. 2014, BStBl 2015 II S. 132).

2 Fahrtkosten einer selbständig tätigen Musiklehrerin sind zum uneingeschränkten Betriebsausgabenabzug zuzulassen, soweit sie zwischen Wohnung und ständig wechselnden Unterrichtseinrichtungen anfallen und keiner dieser Beschäftigungsstätten eine besondere zentrale Bedeutung zukommt (BFH-Urteil vom 23. 10. 2014, BStBl 2015 II S. 323).

Menschen mit Behinderungen

– *Auch bei Stpfl., die zu dem in § 9 Abs. 2 EStG bezeichneten Personenkreis gehören, kann nur eine Hin- und Rückfahrt für jeden Arbeitstag berücksichtigt werden (> BFH vom 2.4.1976 – BStBl II S. 452).*

– *Nachweis der Behinderung > § 65 EStDV, H 33b (Nachweis der Behinderung).*

Miterledigung betrieblicher Angelegenheiten

Werden anlässlich einer Fahrt zwischen Wohnung und Betriebsstätte oder umgekehrt andere betriebliche oder berufliche Angelegenheiten miterledigt, so können die dadurch bedingten Mehraufwendungen in voller Höhe als Betriebsausgaben abgezogen werden (> BFH vom 17.2.1977 – BStBl II S. 543).

Motorboot

Aufwendungen für Wege zwischen Wohnung und Betriebsstätte mit einem Motorboot (Yacht) sind nicht generell nach § 4 Abs. 5 Satz 1 Nr. 4 EStG vom steuerlichen Abzug ausgeschlossen, sondern unterliegen der Abzugsbegrenzung nach § 4 Abs. 5 Satz 1 Nr. 6 EStG (> BFH vom 10.5.2001 – BStBl II S. 575).

Pauschbeträge für Verpflegungsmehraufwendungen bei Auslandsgeschäftsreisen

> BMF vom 3.12.2020 (BStBl I S. 1256), ...

Pkw-Nutzung für Familienheimfahrten

Die Abzugsbegrenzung für Familienheimfahrten nach § 4 Abs. 5 Satz 1 Nr. 6 EStG ist verfassungsgemäß (> BFH vom 19.6.2013 – BStBl II S. 812).

Reisekosten

– *> BMF vom 23.12.2014 (BStBl 2015 I S. 26)*

Wege zwischen Wohnung und Betriebsstätte

– *> BMF vom 23.12.2014 (BStBl 2015 I S. 26)*

– *> BMF vom 18.11.2009 (BStBl I S. 1326 unter Berücksichtigung der Änderungen durch BMF vom 15.11.2012 – BStBl I S. 1099)*

– *Bei Nutzung von Elektro- und Hybridelektrofahrzeugen > BMF vom 5.11.2021 (BStBl I S. 2205), ...*

EStR   R 4.13   Abzugsverbot für Sanktionen**❶**

Abzugsverbot

(1) ¹Geldbußen, Ordnungsgelder und Verwarnungsgelder, die von einem Gericht oder einer Behörde in der Bundesrepublik Deutschland oder von Organen der Europäischen Gemeinschaften festgesetzt werden, dürfen nach § 4 Abs. 5 Satz 1 Nr. 8 Satz 1 EStG den Gewinn auch dann nicht

---

Anm. d. Schriftl.:

❶ Die bloße Heranziehung des tatbezogenen Umsatzes zur Ermittlung der Höhe einer am maßgeblichen Bilanzstichtag angedrohten und nachfolgend auch festgesetzten Kartellgeldbuße bewirkt keine Abschöpfung des unrechtmäßig erlangten wirtschaftlichen Vorteils i. S. des § 4 Abs. 5 Satz 1 Nr. 8 Satz 4 Halbsatz 1 EStG (BFH-Urteil vom 22.5.2019, BStBl 2019 II S. 663).

mindern, wenn sie betrieblich veranlasst sind. [2]Dasselbe gilt für Leistungen zur Erfüllung von Auflagen oder Weisungen, die in einem berufsgerichtlichen Verfahren erteilt werden, soweit die Auflagen oder Weisungen nicht lediglich der Wiedergutmachung des durch die Tat verursachten Schadens dienen (§ 4 Abs. 5 Satz 1 Nr. 8 Satz 2 EStG). [3]Dagegen gilt das Abzugsverbot nicht für Nebenfolgen vermögensrechtlicher Art, z. B. die Abführung des Mehrerlöses nach § 8 des Wirtschaftsstrafgesetzes, den Verfall nach § 29a OWiG und die Einziehung nach § 22 OWiG.

Geldbußen

(2) [1]Zu den Geldbußen rechnen alle Sanktionen, die nach dem Recht der Bundesrepublik Deutschland so bezeichnet sind, insbesondere Geldbußen nach dem Ordnungswidrigkeitenrecht einschließlich der nach § 30 OWiG vorgesehenen Geldbußen gegen juristische Personen oder Personenvereinigungen, Geldbußen nach den berufsgerichtlichen Gesetzen des Bundes oder der Länder, z. B. der Bundesrechtsanwaltsordnung, der Bundesnotarordnung, der Patentanwaltsordnung, der Wirtschaftsprüferordnung oder dem Steuerberatungsgesetz sowie Geldbußen nach den Disziplinargesetzen des Bundes oder der Länder. [2]Geldbußen, die von Organen der Europäischen Union festgesetzt werden, sind Geldbußen nach den Artikeln 101, 102, 103 Abs. 2 des Vertrages über die Arbeitsweise der Europäischen Union (AEUV) insbesondere i. V. m. Artikel 23 Abs. 2 der Verordnung (EG) Nr. 1/2003 des Rates vom 16. 12. 2002. [3]Betrieblich veranlasste Geldbußen, die von Gerichten oder Behörden anderer Staaten festgesetzt werden, fallen nicht unter das Abzugsverbot.**[1]**

Einschränkung des Abzugsverbotes für Geldbußen

(3) …

Ordnungsgelder

(4) [1]Ordnungsgelder sind die nach dem Recht der Bundesrepublik Deutschland so bezeichneten Unrechtsfolgen, die namentlich in den Verfahrensordnungen oder in verfahrensrechtlichen Vorschriften anderer Gesetze vorgesehen sind, z. B. das Ordnungsgeld gegen einen Zeugen wegen Verletzung seiner Pflicht zum Erscheinen und das Ordnungsgeld nach § 890 ZPO wegen Verstoßes gegen eine nach einem Vollstreckungstitel (z. B. Urteil) bestehende Verpflichtung, eine Handlung zu unterlassen oder die Vornahme einer Handlung zu dulden. [2]Nicht unter das Abzugsverbot fallen Zwangsgelder.

Verwarnungsgelder

(5) Verwarnungsgelder sind die in § 56 OWiG so bezeichneten geldlichen Einbußen, die dem Betroffenen aus. Anlass einer geringfügigen Ordnungswidrigkeit, z. B. wegen falschen Parkens, mit seinem Einverständnis auferlegt werden, um der Verwarnung Nachdruck zu verleihen.

> **Hinweise   EStH   H 4.13**

…

Amtl. Fn.:

[1] Überholt für Geldbußen, die von einem Mitgliedstaat der Europäischen Union festgesetzt werden > § 4 Abs. 5 Satz 1 Nr. 8 Satz 1.

EStR   R 4.14   Abzugsverbot für Zuwendungen i. S. d. § 4 Abs. 5 Satz 1 Nr. 10 EStG

[1]Zuwendungen im Sinne des § 4 Abs. 5 Satz 1 Nr. 10 EStG dürfen nicht als Betriebsausgaben abgezogen werden, wenn mit der Zuwendung von Vorteilen objektiv gegen das Straf- oder Ordnungswidrigkeitenrecht verstoßen wird; auf ein Verschulden[1] des Zuwendenden, auf die Stellung eines Strafantrags oder auf eine tatsächliche Ahndung kommt es nicht an. [2]Mit der Anknüpfung an die Tatbestände des Straf- und Ordnungswidrigkeitenrechts werden auch Leistungen an ausländische Amtsträger und Abgeordnete vom Abzugsverbot erfasst. [3]Wird dem Finanzamt auf Grund einer Mitteilung des Gerichts, der Staatsanwaltschaft oder einer Verwaltungsbehörde nach § 4 Abs. 5 Satz 1 Nr. 10 Satz 2 EStG erstmals bekannt, dass eine rechtswidrige Handlung im Sinne des § 4 Abs. 5 Satz 1 Nr. 10 Satz 1 EStG vorliegt, ist der Steuerbescheid nach den Vorschriften der AO zu ändern.

Hinweise   EStH   H 4.14

Mitteilungspflicht

…

Umfang des Abzugsverbots

Das für die „Zuwendung von Vorteilen sowie damit zusammenhängende Aufwendungen" geltende Abzugsverbot des § 4 Abs. 5 Satz 1 Nr. 10 EStG erfasst nicht nur die Bestechungsgelder als solche, sondern auch die Kosten eines nachfolgenden Strafverfahrens sowie Aufwendungen, die auf Grund einer im Strafurteil ausgesprochenen Verfallsanordnung entstehen. Zur Vermeidung einer verfassungswidrigen Doppelbelastung gilt das Abzugsverbot für verfallene Beträge jedoch nicht, wenn das Strafgericht die Ertragsteuerbelastung bei der Bemessung des Verfallsbetrags nicht mindernd berücksichtigt hat (> BFH vom 14. 5. 2014 – BStBl II S. 684).

Voraussetzung des Abzugsverbots

Wenn die Zuwendung der Vorteile eine rechtswidrige Handlung darstellt, die den Tatbestand eines Strafgesetzes verwirklicht, muss für das Abzugsverbot auch der subjektive Tatbestand des Strafgesetzes erfüllt sein (> BFH vom 15. 4. 2021 – BStBl II S. 703).

Zuwendungen

…

Zu § 4a EStG (§§ 8b und 8c EStDV)

EStR   R 4a.   Gewinnermittlung bei einem vom Kalenderjahr abweichenden Wirtschaftsjahr

Umstellung des Wirtschaftsjahrs

(1) [1]Eine Umstellung des Wirtschaftsjahrs liegt nicht vor, wenn ein Steuerpflichtiger, der Inhaber eines Betriebs ist, einen weiteren Betrieb erwirbt und für diesen Betrieb ein anderes Wirt-

---

Amtl. Fn.:

[1] Überholt durch BFH vom 15. 4. 2021 (BStBl II S. 703), > H 4.14 (Voraussetzung des Abzugsverbots).

schaftsjahr als der Rechtsvorgänger wählt. [2]Werden mehrere bisher getrennt geführte Betriebe eines Steuerpflichtigen zu einem Betrieb zusammengefasst, und führt der Steuerpflichtige das abweichende Wirtschaftsjahr für einen der Betriebe fort, liegt keine zustimmungsbedürftige Umstellung des Wirtschaftsjahrs vor.

Zustimmung des Finanzamts zum abweichenden Wirtschaftsjahr

(2) [1]Das Wahlrecht zur Bestimmung des Wirtschaftsjahrs kann durch die Erstellung des Jahresabschlusses oder außerhalb des Veranlagungsverfahrens ausgeübt werden. [2]Bei Umstellung des Wirtschaftsjahrs nach § 4a Abs. 1 Satz 2 Nr. 3 EStG ist dem Antrag zu entsprechen, wenn der Steuerpflichtige Bücher führt, in denen die Betriebseinnahmen und die Betriebsausgaben für den land- und forstwirtschaftlichen Betrieb und für den Gewerbebetrieb getrennt aufgezeichnet werden, und der Steuerpflichtige für beide Betriebe getrennte Abschlüsse fertigt. [3]Die Geldkonten brauchen nicht getrennt geführt zu werden.

Abweichendes Wirtschaftsjahr bei Betriebsverpachtung

(3) ...

Gewinnschätzung bei abweichendem Wirtschaftsjahr

(4) Wird bei einem abweichenden Wirtschaftsjahr der Gewinn geschätzt, ist die Schätzung nach dem abweichenden Wirtschaftsjahr vorzunehmen.

Zeitpunkt der Gewinnrealisierung

(5) ...

 Hinweise   EStH   H 4a

...

Zustimmungsbedürftige Umstellung des Wirtschaftsjahrs

– *Die Zustimmung ist nur dann zu erteilen, wenn der Steuerpflichtige in der Organisation des Betriebs gelegene **gewichtige Gründe** für die Umstellung des Wj. anführen kann; es ist jedoch nicht erforderlich, dass die Umstellung des Wj. betriebsnotwendig ist (> BFH vom 9. 1. 1974 – BStBl II S. 238).*

– *Die Umstellung des Wj. eines im Wege der **Gesamtrechtsnachfolge** auf Erben übergegangenen Unternehmens auf einen vom Kj. abweichenden Zeitraum bedarf der Zustimmung des Finanzamtes (> BFH vom 22. 8. 1968 – BStBl 1969 II S. 34).*

– *Wird die Umstellung des Wj. wegen **Inventurschwierigkeiten** begehrt, kann die Zustimmung zur Umstellung des Wj. zu versagen sein, wenn die Buchführung nicht ordnungsmäßig ist und auch nicht sichergestellt ist, dass durch die Umstellung des Wj. die Mängel der Buchführung beseitigt werden (> BFH vom 9. 11. 1966 – BStBl 1967 III S. 111).*

– *Will ein Pächter sein Wj. auf das vom Kj. abweichende **Pachtjahr** umstellen, weil dieses in mehrfacher Beziehung für die Abrechnung mit dem Verpächter maßgebend ist, ist die Zustimmung im Allgemeinen zu erteilen (> BFH vom 8. 10. 1969 – BStBl 1970 II S. 85).*

– *Bei Forstbetrieben bedarf die Umstellung eines mit dem Kj. übereinstimmenden Wj. auf das sog. **Forstwirtschaftsjahr** (1. 10. – 30. 9.) der Zustimmung des Finanzamts (> BFH vom 23. 9. 1999 – BStBl 2000 II S. 5).*

– Die Erlangung einer *„Steuerpause"* oder anderer steuerlicher Vorteile ist kein betrieblicher Grund, der die Zustimmung des Finanzamts zur Umstellung des Wj. rechtfertigt (> BFH vom 24. 4. 1980 – BStBl 1981 II S. 50 und vom 15. 6. 1983 – BStBl II S. 672).

Zu § 4b EStG

EStR   R 4b. Direktversicherung

Begriff

(1) [1]Eine Direktversicherung ist eine Lebensversicherung auf das Leben des Arbeitnehmers, die durch den Arbeitgeber abgeschlossen worden ist und bei der der Arbeitnehmer oder seine Hinterbliebenen hinsichtlich der Leistungen des Versicherers ganz oder teilweise bezugsberechtigt sind (> § 1b Abs. 2 Satz 1 Betriebsrentengesetz). [2]Dasselbe gilt für eine Lebensversicherung auf das Leben des Arbeitnehmers, die nach Abschluss durch den Arbeitnehmer vom Arbeitgeber übernommen worden ist. [3]Dagegen liegt begrifflich keine Direktversicherung vor, wenn der Arbeitgeber für den Ehegatten eines verstorbenen früheren Arbeitnehmers eine Lebensversicherung abschließt. [4]Als Versorgungsleistungen können Leistungen der Alters-, Invaliditäts- oder Hinterbliebenenversorgung in Betracht kommen. [5]Es ist gleichgültig, ob es sich um Kapitalversicherungen – einschließlich Risikoversicherungen –, Rentenversicherungen oder fondsgebundene Lebensversicherungen handelt und welche > Laufzeit vereinbart wird. [6]Unfallversicherungen sind keine Lebensversicherungen, auch wenn bei Unfall mit Todesfolge eine Leistung vorgesehen ist. [7]Dagegen gehören Unfallzusatzversicherungen und Berufsfähigkeitszusatzversicherungen, die im Zusammenhang mit Lebensversicherungen abgeschlossen werden, sowie selbständige Berufsunfähigkeitsversicherungen und Unfallversicherungen mit Prämienrückgewähr, bei denen der Arbeitnehmer Anspruch auf die Prämienrückgewähr hat, zu den Direktversicherungen.

(2) [1]Die Bezugsberechtigung des Arbeitnehmers oder seiner Hinterbliebenen muss vom Versicherungsnehmer (Arbeitgeber) der Versicherungsgesellschaft gegenüber erklärt werden (§ 159 VVG). [2]Die Bezugsberechtigung kann widerruflich oder unwiderruflich sein; bei widerruflicher Bezugsberechtigung sind die Bedingungen eines Widerrufs steuerlich unbeachtlich. [3]Unbeachtlich ist auch, ob die Anwartschaft des Arbeitnehmers arbeitsrechtlich bereits unverfallbar ist.

Behandlung bei der Gewinnermittlung

(3) [1]Die Beiträge zu Direktversicherungen sind sofort abziehbare Betriebsausgaben. [2]Eine Aktivierung der Ansprüche aus der Direktversicherung kommt beim Arbeitgeber vorbehaltlich Satz 5 erst in Betracht, wenn eine der in § 4b EStG genannten Voraussetzungen weggefallen ist, z. B. wenn der Arbeitgeber von einem Widerrufsrecht Gebrauch gemacht hat. [3-5] ...

(4) ...

Sonderfälle

(5) ...

 **Hinweise   EStH   H 4b**

...

Arbeitnehmer-Ehegatten   .

Zur steuerlichen Behandlung von Aufwendungen für die betriebliche Altersversorgung des mitarbeitenden Ehegatten > BMF vom 4. 9. 1984 (BStBl I S. 495), ergänzt durch BMF vom 9. 1. 1986 (BStBl I S. 7). Die Aufwendungen sind nur als Betriebsausgaben anzuerkennen, soweit sie einem Fremdvergleich (> H 4.8) standhalten. **1**

...

Zu § 5 EStG

EStR   R 5.1   Allgemeines zum Betriebsvermögensvergleich nach § 5 EStG

– unbesetzt –

> **Hinweise   EStH   H 5.1**

Besonderes, laufend zu führendes Verzeichnis

> BMF vom 12. 3. 2010 (BStBl I S. 239), Rn. 19 ff.

Betriebsvermögensvergleich für gewerbliche Betriebe

> R 4.1 Abs. 2

Bodengewinnbesteuerung

...

Buchführungspflicht einer Personenhandelsgesellschaft

Die Buchführungspflicht einer Personenhandelsgesellschaft für ihr gesamtes Betriebsvermögen (> R 4.2 Abs. 2) einschließlich etwaigen Sonderbetriebsvermögens der Gesellschafter ergibt sich aus § 141 AO (> BFH vom 23. 10. 1990 – BStBl 1991 II S. 401 und vom 11. 3. 1992 – BStBl II S. 797).

Buchführungs- und Aufzeichnungspflichten nach anderen Gesetzen

> AEAO zu § 140 AO

Anm. d. Schriftl.:

1 Die vertragliche Gestaltung und ihre Durchführung müssen auch unter Dritten üblich sein (BFH-Urteil vom 25. 7. 1991, BStBl 1991 II S. 842). Zudem dürfen die Aufwendungen für die Altersversorgung des mitarbeitenden Ehegatten nicht zu einer sog. Überversorgung führen. Die Altersversorgung muss also angemessen sein. Die Obergrenze einer angemessenen Altersversorgung sieht die Rechtsprechung bei 75 % der letzten Aktivbezüge. Von der Prüfung einer Überversorgung kann abgesehen werden, wenn die laufenden Aufwendungen für die Altersvorsorge (Arbeitgeber- und Arbeitnehmeranteil zur gesetzlichen Sozialversicherung, freiwillige Leistungen des Arbeitgebers z. B. in Form einer Direktversicherung und Zuführungen zu einer Pensionsrückstellung) 30 % des steuerpflichtigen Arbeitslohns nicht übersteigen. Dazu mehr im BFH-Urteil vom 16. 5. 1995, BStBl 1995 II S. 873.

Gesetzliche Vorschriften

– *Gesetzliche Vorschriften für die Buchführung und den Jahresabschluss im Sinne des § 5 Abs. 1 Satz 1 EStG sind insbesondere die handelsrechtlichen Vorschriften (§§ 238, 240, 241a, 242, 264–264c, 336, 340a und 341a HGB) und die Vorschriften des § 141 AO.*

– *Gesetzliche Vorschriften für die Buchführungspflicht können auch ausländische Rechtsnormen sein (> R 4.1 Abs. 4 Satz 2 und BFH vom 25. 6. 2014 – BStBl 2015 II S. 141).*

Gewinnermittlung für Sonderbetriebsvermögen der Gesellschafter

…

Handelsregister

– *Eintragung im Handelsregister ist für Annahme eines Gewerbebetriebs allein nicht entscheidend (> BFH vom 29. 1. 1952 – BStBl III S. 99 und vom 14. 2. 1956 – BStBl III S. 103).*

– *Personengesellschaft – Ist eine Personengesellschaft in das Handelsregister eingetragen, so besteht die Vermutung, dass gewerbliche Einkünfte vorliegen (> BFH vom 6. 10. 1977 – BStBl 1978 II S. 54). Diese Vermutung kann durch den Nachweis widerlegt werden, dass die Personengesellschaft eindeutig kein Handelsgewerbe betreibt (> BFH vom 19. 3. 1981 – BStBl II S. 527).*

Maßgeblichkeit der Handelsbilanz

– *Zur Maßgeblichkeit der handelsrechtlichen Grundsätze ordnungsmäßiger Buchführung für die steuerliche Gewinnermittlung > BMF vom 12. 3. 2010 (BStBl I S. 239) unter Berücksichtigung der Änderungen durch BMF vom 22. 6. 2010 (BStBl I S. 597).*

– *Zur Maßgeblichkeit der Handelsbilanz bei der Bewertung von Rückstellungen > H 6.11*

Passivierungsverbot nach § 5 Abs. 2a EStG

Die Regelung betrifft sowohl den Ansatz „dem Grunde nach" als auch den (weiteren) Ansatz „der Höhe nach", wenn zwar „tilgungsrelevante" Einnahmen (Erlöse) oder Gewinne angefallen sind, diese aber zur vollständigen Tilgung der Verbindlichkeit nicht ausreichen. In diesem Fall besteht für den Teil der Verbindlichkeit, der nicht aus den erwirtschafteten Beträgen getilgt werden kann, das Passivierunsverbot fort (> BFH vom 10. 7. 2019 – BStBl II S. 803).

EStR R 5.2 Ordnungsmäßige Buchführung

Kreditgeschäfte und ihre periodenweise Erfassung

(1) [1]Bei Kreditgeschäften sind die Entstehung der Forderungen und Schulden und ihre Tilgung grundsätzlich als getrennte Geschäftsvorfälle zu behandeln. [2]Bei einer doppelten Buchführung ist für Kreditgeschäfte in der Regel ein Kontokorrentkonto, unterteilt nach Schuldnern und Gläubigern, zu führen. [3]Es ist jedoch nicht zu beanstanden, wenn Waren- und Kostenrechnungen, die innerhalb von acht Tagen nach Rechnungseingang oder innerhalb der ihrem gewöhnlichen Durchlauf durch den Betrieb entsprechenden Zeit beglichen werden, kontokorrentmäßig nicht erfasst werden. [4]Werden bei der Erstellung der Buchführung die Geschäftsvorfälle nicht laufend, sondern nur periodenweise gebucht, ist es nicht zu beanstanden, wenn die Erfassung der Kreditgeschäfte eines Monats im Grundbuch bis zum Ablauf des folgenden Monats erfolgt, sofern durch organisatorische Vorkehrungen sichergestellt ist, dass Buchführungsunterlagen bis zu ihrer Erfassung im Grundbuch nicht verloren gehen, z. B. durch laufende Nummerierung der eingehenden und ausgehenden Rechnungen oder durch ihre Ablage in besonderen Mappen oder Ordnern. [5]Neben der Erfassung der Kreditgeschäfte in einem Grundbuch müssen die unbaren Geschäftsvorfälle, aufgegliedert nach Geschäftspartnern, kontenmäßig dargestellt werden. [6]Dies kann durch Führung besonderer Personenkonten oder durch eine geordnete Ablage der nicht ausgeglichenen Rech-

nungen (Offene-Posten-Buchhaltung) erfüllt werden. [7]Ist die Zahl der Kreditgeschäfte verhältnismäßig gering, gelten hinsichtlich ihrer Erfassung die folgenden Erleichterungen:

a) Besteht kein laufender unbarer Geschäftsverkehr mit Geschäftspartnern, müssen für jeden Bilanzstichtag über die an diesem Stichtag bestehenden Forderungen und Schulden Personenübersichten aufgestellt werden.

b) [1]Einzelhändler und Handwerker können Krediteinkäufe und Kreditverkäufe kleineren Umfangs vereinfacht buchen. [2]Es genügt, wenn sie die Wareneinkäufe auf Kredit im Wareneingangsbuch in einer besonderen Spalte als Kreditgeschäfte kennzeichnen und den Tag der Begleichung der Rechnung vermerken. [3]Bei Kreditverkäufen reicht es aus, wenn sie einschließlich der Zahlung in einer Kladde festgehalten werden, die als Teil der Buchführung aufzubewahren ist. [4]Außerdem müssen in beiden Fällen für jeden Bilanzstichtag Personenübersichten aufgestellt werden.

Mängel der Buchführung

(2) [1]Enthält die Buchführung formelle Mängel, ist ihre Ordnungsmäßigkeit nicht zu beanstanden, wenn das sachliche Ergebnis der Buchführung dadurch nicht beeinflusst wird und die Mängel kein erheblicher Verstoß gegen die Anforderungen an die > zeitgerechte Erfassung der Geschäftsvorfälle, die besonderen Anforderungen bei Kreditgeschäften, die Aufbewahrungsfristen sowie die Besonderheiten bei der Buchführung auf Datenträgern sind. [2]Enthält die Buchführung materielle Mängel, z. B. wenn Geschäftsvorfälle nicht oder falsch gebucht sind, wird ihre Ordnungsmäßigkeit dadurch nicht berührt, wenn es sich dabei um unwesentliche Mängel handelt, z. B. wenn nur unbedeutende Vorgänge nicht oder falsch dargestellt sind. [3]Die Fehler sind dann zu berichtigen, oder das Buchführungsergebnis ist durch eine Zuschätzung richtig zu stellen. [4]Bei schwerwiegenden materiellen Mängeln gilt R 4.1 Abs. 2 Satz 3.

▶ Hinweise   EStH   H 5.2

Allgemeines

Allgemeines zur Führung von Büchern und Aufzeichnungen > §§ 140 bis 148 AO

Aufbewahrungspflichten

- *> § 147 AO (Ordnungsvorschriften für die Aufbewahrung von Unterlagen).*
- *> AEAO zu § 147 AO.*
- *Haben Rechnungen usw. Buchfunktion, z. B. bei der Offene-Posten-Buchhaltung, so sind sie so lange wie Bücher aufzubewahren (§ 146 Abs. 5 i. V. m. § 147 Abs. 3 AO).*
- *Aufbewahrung digitaler Unterlagen bei Bargeschäften > BMF vom 26. 11. 2010 (BStBl I S. 1342).*

...

Grundsätze ordnungsmäßiger Buchführung (GoB)🔳

- *Eine Buchführung ist ordnungsmäßig, wenn die für die kaufmännische Buchführung erforderlichen Bücher geführt werden, die Bücher förmlich in Ordnung sind und der Inhalt sachlich richtig ist (> BFH vom 24. 6. 1997 – BStBl 1998 II S. 51).*

Anm. d. Schriftl.:

🔳 Werden täglich Waren an eine Vielzahl von namentlich nicht bekannten Kunden gegen Barzahlung verkauft, so sind Einzelaufzeichnungen darüber nicht zumutbar. Es sind allerdings Aufzeichnungen zu führen, die jederzeit einen Abgleich zwischen dem tatsächlichen und dem buchmäßigen Kassenbestand ermöglichen (Kassensturz; BFH-Urteil vom 17. 11. 1981, BStBl 1982 II S. 430). Dies bedarf der Führung eines Kassenbuches mit Darstellung des gesamten Barverkehrs und täglicher Kassenberichte.

– Ein bestimmtes Buchführungssystem ist nicht vorgeschrieben; allerdings muss bei Kaufleuten die Buchführung den Grundsätzen der doppelten Buchführung entsprechen (§ 242 Abs. 3 HGB). Im Übrigen muss die Buchführung so beschaffen sein, dass sie einem sachverständigen Dritten innerhalb angemessener Zeit einen Überblick über die Geschäftsvorfälle und über die Vermögenslage des Unternehmens vermitteln kann. Die Geschäftsvorfälle müssen sich in ihrer Entstehung und Abwicklung verfolgen lassen (§ 238 Abs. 1 HGB; > auch BFH vom 18. 2. 1966 – BStBl III S. 496 und vom 23. 9. 1966 – BStBl 1967 III S. 23). Grundsätze zur ordnungsmäßigen Führung und Aufbewahrung von Büchern, Aufzeichnungen und Unterlagen in elektronischer Form sowie zum Datenzugriff (GoBD) > BMF vom 14. 11. 2014 (BStBl I S. 1450) und vom 28. 11. 2019 (BStBl I S. 1269). Ordnungsvorschrift für die Buchführung und für Aufzeichnungen mittels elektronischer Aufzeichnungssysteme > § 146a AO, > AEAO zu § 146a AO.

– Bei Aufstellung der Bilanz sind alle wertaufhellenden Umstände zu berücksichtigen, die für die Verhältnisse am Bilanzstichtag von Bedeutung sind (> BFH vom 20. 8. 2003 – BStBl II S. 941). Als „wertaufhellend" sind nur die Umstände zu berücksichtigen, die zum Bilanzstichtag bereits objektiv vorlagen und nach dem Bilanzstichtag, aber vor dem Tag der Bilanzerstellung lediglich bekannt oder erkennbar wurden (> BFH vom 19. 10. 2005 – BStBl 2006 II S. 371).

– > Zeitgerechte Erfassung

Inventurunterlagen

...

Jahresabschluss

Der Jahresabschluss muss „innerhalb der einem ordnungsmäßigen Geschäftsgang entsprechenden Zeit" (§ 243 Abs. 3 HGB) aufgestellt werden (> BFH vom 6. 12. 1983 – BStBl 1984 II S. 227); bei Kapitalgesellschaften gilt § 264 Abs. 1 HGB; bei bestimmten Personenhandelsgesellschaften gilt § 264a i. V. m. § 264 Abs. 1 HGB, soweit nicht § 264b HGB zur Anwendung kommt; bei Versicherungsunternehmen gilt § 341a Abs. 1 HGB.

...

Zeitgerechte Erfassung

Die Eintragungen in den Geschäftsbüchern und die sonst erforderlichen Aufzeichnungen müssen vollständig, richtig, zeitgerecht und geordnet vorgenommen werden (§ 239 Abs. 2 HGB). Die zeitgerechte Erfassung der Geschäftsvorfälle erfordert – mit Ausnahme des baren Zahlungsverkehrs – keine tägliche Aufzeichnung. Es muss jedoch ein zeitlicher Zusammenhang zwischen den Vorgängen und ihrer buchmäßigen Erfassung bestehen (> BFH vom 25. 3. 1992 – BStBl II S. 1010).

EStR   R 5.3 Bestandsaufnahme des Vorratsvermögens

Inventur

(1) ¹Die > Inventur für den Bilanzstichtag braucht nicht am Bilanzstichtag vorgenommen zu werden. ²Sie muss aber zeitnah – in der Regel innerhalb einer Frist von zehn Tagen vor oder nach dem Bilanzstichtag – durchgeführt werden. ³Dabei muss sichergestellt sein, dass die Bestandsveränderungen zwischen dem Bilanzstichtag und dem Tag der Bestandsaufnahme anhand von Belegen oder Aufzeichnungen ordnungsgemäß berücksichtigt werden. ⁴Können die Bestände aus besonderen, insbesondere klimatischen Gründen nicht zeitnah, sondern erst in einem größeren Zeitabstand vom Bilanzstichtag aufgenommen werden, sind an die Belege und Aufzeichnungen über die zwischenzeitlichen Bestandsveränderungen strenge Anforderungen zu stellen.

Zeitverschobene Inventur

(2) ¹Nach § 241 Abs. 3 HGB kann die jährliche körperliche Bestandsaufnahme ganz oder teilweise innerhalb der letzten drei Monate vor oder der ersten zwei Monate nach dem Bilanzstichtag

durchgeführt werden. [2]Der dabei festgestellte Bestand ist nach Art und Menge in einem besonderen Inventar zu verzeichnen, das auch auf Grund einer > permanenten Inventur erstellt werden kann. [3]Der in dem besonderen Inventar erfasste Bestand ist auf den Tag der Bestandsaufnahme (Inventurstichtag) nach allgemeinen Grundsätzen zu bewerten. [4]Der sich danach ergebende Gesamtwert des Bestands ist dann wertmäßig auf den Bilanzstichtag fortzuschreiben oder zurückzurechnen. [5]Der Bestand braucht in diesem Fall auf den Bilanzstichtag nicht nach Art und Menge festgestellt zu werden; es genügt die Feststellung des Gesamtwerts des Bestands auf den Bilanzstichtag. [6]Die Bestandsveränderungen zwischen dem Inventurstichtag und dem Bilanzstichtag brauchen ebenfalls nicht nach Art und Menge aufgezeichnet zu werden. [7]Sie müssen nur wertmäßig erfasst werden. [8]Das Verfahren zur wertmäßigen Fortschreibung oder Rückrechnung des Gesamtwerts des Bestands am Inventurstichtag auf den Bilanzstichtag muss den Grundsätzen ordnungsmäßiger Buchführung entsprechen. [9]Die Fortschreibung des Warenbestands kann dabei nach der folgenden Formel vorgenommen werden, wenn die Zusammensetzung des Warenbestands am Bilanzstichtag von der des Warenbestands am Inventurstichtag nicht wesentlich abweicht: Wert des Warenbestands am Bilanzstichtag = Wert des Warenbestands am Inventurstichtag zuzüglich Wareneingang abzüglich Wareneinsatz (Umsatz abzüglich des durchschnittlichen Rohgewinns). [10]Voraussetzung für die Inanspruchnahme von steuerlichen Vergünstigungen, für die es auf die Zusammensetzung der Bestände am Bilanzstichtag ankommt, wie z. B. bei der Bewertung nach § 6 Abs. 1 Nr. 2a EStG, ist jedoch, dass die tatsächlichen Bestände dieser Wirtschaftsgüter am Bilanzstichtag durch körperliche Bestandsaufnahme oder durch > permanente Inventur nachgewiesen werden.

Nichtanwendbarkeit der permanenten und der zeitverschobenen Inventur

(3) Eine > permanente oder eine zeitverschobene Inventur ist nicht zulässig

1. für Bestände, bei denen durch Schwund, Verdunsten, Verderb, leichte Zerbrechlichkeit oder ähnliche Vorgänge ins Gewicht fallende unkontrollierbare Abgänge eintreten, es sei denn, dass diese Abgänge auf Grund von Erfahrungssätzen schätzungsweise annähernd zutreffend berücksichtigt werden können;

2. für Wirtschaftsgüter, die – abgestellt auf die Verhältnisse des jeweiligen Betriebs – besonders wertvoll sind.

Fehlerhafte Bestandsaufnahme

(4) [1]Fehlt eine körperliche Bestandsaufnahme oder enthält das Inventar in formeller oder materieller Hinsicht nicht nur unwesentliche Mängel, ist die Buchführung nicht als ordnungsmäßig anzusehen. [2]R 5.2 Abs. 2 gilt entsprechend.

Anwendungsbereich

(5) Die Absätze 1 bis 4 gelten entsprechend für Steuerpflichtige, die nach § 141 Abs. 1 AO verpflichtet sind, Bücher zu führen und auf Grund jährlicher Bestandsaufnahme regelmäßig Abschlüsse zu machen, oder die freiwillig Bücher führen und regelmäßig Abschlüsse machen.

Hinweise   **EStH**   **H 5.3**

Inventur

– *Nach § 240 Abs. 2, § 242 Abs. 1 und 2 HGB haben Kaufleute für den Schluss eines jeden Geschäftsjahrs ein Inventar, eine Bilanz und eine Gewinn- und Verlustrechnung aufzustellen. Das Inventar, in dem die einzelnen Vermögensgegenstände nach Art, Menge und unter Angabe ihres Werts genau zu verzeichnen sind (> BFH vom 23. 6. 1971 – BStBl II S. 709), ist auf Grund einer **körperlichen Bestandsaufnahme** (Inventur) zu erstellen.*

– *Inventurerleichterungen > § 241 Abs. 1 HGB, > R 6.8 Abs. 4, > H 6.8 (Festwert), (Gruppenbewertung).*

– *> Permanente Inventur*

Permanente Inventur

*Auf Grund des § 241 Abs. 2 HGB kann das Inventar für den Bilanzstichtag auch ganz oder teilweise auf Grund einer **permanenten Inventur** erstellt werden. Der Bestand für den Bilanzstichtag kann in diesem Fall nach Art und Menge anhand von Lagerbüchern (Lagerkarteien) festgestellt werden, wenn die folgenden Voraussetzungen erfüllt sind:*

1. *In den Lagerbüchern und Lagerkarteien müssen alle Bestände und alle Zugänge und Abgänge einzeln nach Tag, Art und Menge (Stückzahl, Gewicht oder Kubikinhalt) eingetragen werden. Alle Eintragungen müssen belegmäßig nachgewiesen werden.*

2. *In jedem Wj. muss mindestens einmal durch körperliche Bestandsaufnahme geprüft werden, ob das Vorratsvermögen, das in den Lagerbüchern oder Lagerkarteien ausgewiesen wird, mit den tatsächlich vorhandenen Beständen übereinstimmt (> BFH vom 11. 11. 1966 – BStBl 1967 III S. 113). Die Prüfung braucht nicht gleichzeitig für alle Bestände vorgenommen zu werden. Sie darf sich aber nicht nur auf Stichproben oder die Verprobung eines repräsentativen Querschnitts beschränken; die Regelung in § 241 Abs. 1 HGB bleibt unberührt. Die Lagerbücher und Lagerkarteien sind nach dem Ergebnis der Prüfung zu berichtigen. Der Tag der körperlichen Bestandsaufnahme ist in den Lagerbüchern oder Lagerkarteien zu vermerken.*

3. *Über die Durchführung und das Ergebnis der körperlichen Bestandsaufnahme sind Aufzeichnungen (Protokolle) anzufertigen, die unter Angabe des Zeitpunkts der Aufnahme von den aufnehmenden Personen zu unterzeichnen sind. Die Aufzeichnungen sind wie Handelsbücher zehn Jahre aufzubewahren.*

Zeitliche Erfassung von Waren

Gekaufte Waren gehören wirtschaftlich zum Vermögen des Kaufmanns, sobald er die Verfügungsmacht in Gestalt des unmittelbaren oder mittelbaren Besitzes an ihnen erlangt hat. Dies ist bei „schwimmender" Ware erst nach Erhalt des Konossements oder des Auslieferungsscheins der Fall (> BFH vom 3. 8. 1988 – BStBl 1989 II S. 21).

EStR   R 5.4 Bestandsmäßige Erfassung des beweglichen Anlagevermögens

Allgemeines

(1) ¹Nach § 240 Abs. 2 HGB, §§ 140 und 141 AO besteht die Verpflichtung, für jeden Bilanzstichtag auch ein Verzeichnis der Gegenstände des beweglichen Anlagevermögens aufzustellen (Bestandsverzeichnis). ²In das Bestandsverzeichnis müssen sämtliche beweglichen Gegenstände des Anlagevermögens, auch wenn sie bereits in voller Höhe abgeschrieben sind, aufgenommen werden. ³Das gilt nicht für geringwertige Wirtschaftsgüter (§ 6 Abs. 2 EStG), für Wirtschaftsgüter, die in einem Sammelposten erfasst werden (§ 6 Abs. 2a EStG), und für die mit einem > Festwert angesetzten Wirtschaftsgüter. ⁴Das Bestandsverzeichnis muss

1. die genaue Bezeichnung des Gegenstandes und

2. seinen Bilanzwert am Bilanzstichtag

enthalten. ⁵Das Bestandsverzeichnis ist auf Grund einer jährlichen körperlichen Bestandsaufnahme aufzustellen; R 5.3 Abs. 1 bis 3 gilt sinngemäß.

Zusammenfassen mehrerer Gegenstände

(2) [1]Gegenstände, die eine geschlossene Anlage bilden, können statt in ihren einzelnen Teilen als Gesamtanlage in das Bestandsverzeichnis eingetragen werden, z.B. die einzelnen Teile eines Hochofens einschließlich Zubehör, die einzelnen Teile einer Breitbandstraße einschließlich Zubehör, die Überlandleitungen einschließlich der Masten usw. eines Elektrizitätswerks, die entsprechenden Anlagen von Gas- und Wasserwerken sowie die Wasser-, Gas- und sonstigen Rohrleitungen innerhalb eines Fabrikationsbetriebs. [2]Voraussetzung ist, dass die AfA auf die Gesamtanlage einheitlich vorgenommen werden. [3]Gegenstände der gleichen Art können unter Angabe der Stückzahl im Bestandsverzeichnis zusammengefasst werden, wenn sie in demselben Wirtschaftsjahr angeschafft sind, die gleiche Nutzungsdauer und die gleichen Anschaffungskosten haben und nach der gleichen Methode abgeschrieben werden.

Bestandsaufnahme und Wertanpassung bei Festwerten

(3) [1]Für Gegenstände des beweglichen Anlagevermögens, die zulässigerweise mit einem > Festwert angesetzt worden sind, ist im Regelfall an jedem dritten, spätestens aber an jedem fünften Bilanzstichtag eine körperliche Bestandsaufnahme vorzunehmen. [2]Übersteigt der für diesen Bilanzstichtag ermittelte Wert den bisherigen Festwert um mehr als 10%, ist der ermittelte Wert als neuer Festwert maßgebend. [3]Der bisherige Festwert ist so lange um die Anschaffungs- und Herstellungskosten der im Festwert erfassten und nach dem Bilanzstichtag des vorangegangenen Wirtschaftsjahrs angeschafften oder hergestellten Wirtschaftsgüter aufzustocken, bis der neue Festwert erreicht ist. [4]Ist der ermittelte Wert niedriger als der bisherige Festwert, kann der Steuerpflichtige den ermittelten Wert als neuen Festwert ansetzen. [5]Übersteigt der ermittelte Wert den bisherigen Festwert um nicht mehr als 10%, kann der bisherige Festwert beibehalten werden.

Keine Inventur bei fortlaufendem Bestandsverzeichnis

(4) [1]Der Steuerpflichtige braucht die jährliche körperliche Bestandsaufnahme (> Absatz 1) für steuerliche Zwecke nicht durchzuführen, wenn er jeden Zugang und jeden Abgang laufend in das Bestandsverzeichnis einträgt und die am Bilanzstichtag vorhandenen Gegenstände des beweglichen Anlagevermögens auf Grund des fortlaufend geführten Bestandsverzeichnisses ermittelt werden können; in diesem Fall müssen aus dem Bestandsverzeichnis außer den in Absatz 1 bezeichneten Angaben noch ersichtlich sein:

1. der Tag der Anschaffung oder Herstellung des Gegenstandes,

2. die Höhe der Anschaffungs- oder Herstellungskosten oder, wenn die Anschaffung oder Herstellung vor dem 21.6.1948**❶** oder im Beitrittsgebiet**❷** vor dem 1.7.1990 erfolgt ist, die in Euro umgerechneten Werte der DM-Eröffnungsbilanz,

3. der Tag des Abgangs.

[2]Wird das Bestandsverzeichnis in der Form einer Anlagekartei geführt, ist der Bilanzansatz aus der Summe der einzelnen Bilanzwerte (> Absatz 1 Satz 4 Nr. 2) der Anlagekartei nachzuweisen. [3]Ist das Bestandsverzeichnis nach den einzelnen Zugangsjahren und Abschreibungssätzen gruppenweise geordnet, kann auf die Angabe des Bilanzwerts am Bilanzstichtag für den einzelnen Gegenstand (> Absatz 1 Satz 4 Nr. 2) verzichtet werden, wenn für jede Gruppe in besonderen Zusammenstellungen die Entwicklung der Bilanzwerte unter Angabe der Werte der Abgänge und des Betrags der AfA summenmäßig festgehalten wird. [4]Die in Absatz 1 Satz 4 Nr. 1 und unter

---

Amtl. Fn.:

❶ Für Berlin-West: 1.4.1949; für das Saargebiet: 6.7.1959.

❷ Das in Artikel 3 des Einigungsvertrags genannte Gebiet > Einigungsvertragsgesetz vom 23.9.1990 (BGBl II S. 885, 890).

EStR

den in Satz 1 Nr. 1 bis 3 bezeichneten Angaben müssen auch in diesem Fall für den einzelnen Gegenstand aus dem Bestandsverzeichnis ersichtlich sein. [5]Die Sachkonten der Geschäftsbuchhaltung können als Bestandsverzeichnis gelten, wenn sie die in Absatz 1 und unter den in Satz 1 Nr. 1 bis 3 bezeichneten Angaben enthalten und wenn durch diese Angaben die Übersichtlichkeit der Konten nicht beeinträchtigt wird.

Erleichterungen

(5) Das Finanzamt kann unter Abweichung von den Absätzen 1 bis 4 für einzelne Fälle Erleichterungen bewilligen.

Hinweise   EStH   H 5.4

Festwert

– > H 6.8

– *Kein Zugang von Wirtschaftsgütern des Anlagevermögens, deren Nutzungsdauer zwölf Monate nicht übersteigt (kurzlebige Wirtschaftsgüter) zum Festwert (> BFH vom 26. 8. 1993 – BStBl 1994 II S. 232).*

– *Voraussetzungen für den Ansatz von Festwerten sowie deren Bemessung bei der Bewertung des beweglichen Anlagevermögens und des Vorratsvermögens > BMF vom 8. 3. 1993 (BStBl I S. 276).*

Fehlende Bestandsaufnahme

Ein materieller Mangel der Buchführung kann auch vorliegen, wenn die körperliche Bestandsaufnahme nach R 5.4 Abs. 1 fehlt oder unvollständig ist, es sei denn, dass eine körperliche Bestandsaufnahme nach R 5.4 Abs. 4 nicht erforderlich ist (> BFH vom 14. 12. 1966 – BStBl 1967 III S. 247).

Fehlendes Bestandsverzeichnis

Fehlt das Bestandsverzeichnis oder ist es unvollständig, so kann darin ein materieller Mangel der Buchführung liegen (> BFH vom 14. 12. 1966   BStBl 1967 III S. 247).

EStR   R 5.5 Immaterielle Wirtschaftsgüter

Allgemeines

(1) [1]Als > immaterielle (unkörperliche) Wirtschaftsgüter kommen in Betracht: Rechte, rechtsähnliche Werte und sonstige Vorteile. [2]Trivialprogramme sind abnutzbare bewegliche und selbständig nutzbare Wirtschaftsgüter. [3]Computerprogramme, deren Anschaffungskosten nicht mehr als 410 Euro betragen, sind stets wie Trivialprogramme zu behandeln. [4]> Keine immateriellen Wirtschaftsgüter sind die nicht selbständig bewertbaren geschäftswertbildenden Faktoren.

Amtl. Fn.:

1 Bei Anschaffung ab dem 1. 1. 2018: 800 Euro.

Entgeltlicher Erwerb

(2) [1]Für > immaterielle Wirtschaftsgüter des Anlagevermögens ist ein Aktivposten nur anzusetzen, wenn sie entgeltlich erworben (§ 5 Abs. 2 EStG) oder in das Betriebsvermögen eingelegt (> R 4.3 Abs. 1) wurden. [2]Ein > immaterielles Wirtschaftsgut ist entgeltlich erworben worden, wenn es durch einen Hoheitsakt oder ein Rechtsgeschäft gegen Hingabe einer bestimmten Gegenleistung übergegangen oder eingeräumt worden ist. [3]Es ist nicht erforderlich, dass das Wirtschaftsgut bereits vor Abschluss des Rechtsgeschäfts bestanden hat; es kann auch erst durch den Abschluss des Rechtsgeschäfts entstehen, z. B. bei entgeltlich erworbenen Belieferungsrechten. [4]Ein entgeltlicher Erwerb eines > immateriellen Wirtschaftsguts liegt auch bei der Hingabe eines sog. verlorenen Zuschusses vor, wenn der Zuschussgeber von dem Zuschussempfänger eine bestimmte Gegenleistung erhält oder eine solche nach den Umständen zu erwarten ist oder wenn der Zuschussgeber durch die Zuschusshingabe einen besonderen Vorteil erlangt, der nur für ihn wirksam ist.

Kein Aktivierungsverbot

(3) [1]Das Aktivierungsverbot des § 5 Abs. 2 EStG wird nicht wirksam, wenn ein beim Rechtsvorgänger aktiviertes > immaterielles Wirtschaftsgut des Anlagevermögens im Rahmen der unentgeltlichen Übertragung eines Betriebs, Teilbetriebs oder Mitunternehmeranteils auf einen anderen übergeht... [2]In diesem Fall hat der Erwerber dieses immaterielle Wirtschaftsgut mit dem Betrag zu aktivieren, mit dem es beim Rechtsvorgänger aktiviert war (§ 6 Abs. 3 EStG). [3]Das Aktivierungsverbot findet auch dann keine Anwendung, wenn ein > immaterielles Wirtschaftsgut des Anlagevermögens eingelegt wird.

> **Hinweise   EStH   H 5.5**

Abgrenzung zu materiellen Wirtschaftsgütern

Zur Einordnung von Wirtschaftsgütern mit materiellen und immateriellen Komponenten, wird vorrangig auf das wirtschaftliche Interesse abgestellt, d. h. wofür der Kaufpreis gezahlt wird (Wertrelation) und ob es dem Erwerber überwiegend auf den materiellen oder den immateriellen Gehalt ankommt. Daneben wird auch danach unterschieden, ob der Verkörperung eine eigenständige Bedeutung zukommt oder ob sie lediglich als „Träger" den immateriellen Gehalt festhalten soll. Bücher und Tonträger sind als materielle Wirtschaftsgüter anzusehen (> BFH vom 30. 10. 2008 – BStBl 2009 II S. 421).

...

Immaterielle Wirtschaftsgüter

sind u. a.

- *Belieferungsrechte, Optionsrechte, Konzessionen (> BFH vom 10. 8. 1989 – BStBl 1990 II S. 15),*
- *Computerprogramme (> BFH vom 3. 7. 1987 – BStBl II S. 728, S. 787, vom 28. 7. 1994 – BStBl II S. 873 und vom 18. 5. 2011 – BStBl II S. 865), siehe aber > Keine immateriellen Wirtschaftsgüter,*
- *Datensammlungen, die speziell für den Stpfl. erhoben werden und auch nur von diesem verwertet werden dürfen (> BFH vom 30. 10. 2008 – BStBl 2009 II S. 421),*
- *Domain-Namen (> BFH vom 19. 10. 2006 – BStBl 2007 II S. 301), > H 7.1 (Domain-Namen),*
- *Filmrechte (> BFH vom 20. 9. 1995 – BStBl 1997 II S. 320 und > BMF vom 23. 2. 2001 – BStBl I S. 175 unter Berücksichtigung der Änderungen durch BMF vom 5. 8. 2003 – BStBl I S. 406),*
- *Kaufoption aus einem Pkw-Leasingvertrag (> BFH vom 26. 1. 2014 – BStBl 2015 II S. 325),*

- Lizenzen, ungeschützte Erfindungen, Gebrauchsmuster, Fabrikationsverfahren, Know-how, Tonträger in der Schallplattenindustrie (> BFH vom 28. 5. 1979 – BStBl II S. 734),

- Patente, Markenrechte, Urheberrechte, Verlagsrechte (> BFH vom 24. 11. 1982 – BStBl 1983 II S. 113),

- Rezeptur eines Pflanzenschutzmittels (> BFH vom 8. 9. 2011 – BStBl 2012 II S. 122),

- Rückverkaufsoption im Kfz-Handel (> BMF vom 12. 10. 2011 – BStBl I S. 967),

- Spielerlaubnisse nach Maßgabe des Lizenzspielerstatuts des Deutschen Fußballbundes (> BFH vom 14. 12. 2011 – BStBl 2012 II S. 238),**1**

- Vertragsarztzulassung, wenn sie nicht zum Praxiswert gehört (> BFH vom 21. 2. 2017 – BStBl II S. 694),

- Wiederbepflanzungsrechte im Weinbau (> BFH vom 6. 12. 2017 – BStBl 2018 II S. 353), > ...

Keine immateriellen Wirtschaftsgüter

Keine immateriellen Wirtschaftsgüter sondern materielle (körperliche) und zugleich abnutzbare bewegliche Wirtschaftsgüter sind, wenn sie nicht unter anderen rechtlichen Gesichtspunkten, z. B. als Kundenkartei oder Verlagsarchiv, als immaterielle Wirtschaftsgüter anzusehen sind, Computerprogramme (> Immaterielle Wirtschaftsgüter), die keine Befehlsstruktur enthalten, sondern nur Bestände von Daten, die allgemein bekannt und jedermann zugänglich sind, z. B. mit Zahlen und Buchstaben (> BFH vom 5. 2. 1988 – BStBl II S. 737 und vom 2. 9. 1988 – BStBl 1989 II S. 160).

Kein entgeltlicher Erwerb

Kein entgeltlicher Erwerb liegt u. a. vor bei

- Aufwendungen, die nicht Entgelt für den Erwerb eines Wirtschaftsguts von einem Dritten, sondern nur Arbeitsaufwand oder sonstiger Aufwand, z. B. Honorar für Dienstleistungen, für einen im Betrieb selbst geschaffenen Wert oder Vorteil sind (> BFH vom 26. 2. 1975 – BStBl II S. 443).

- Aufwendungen, die lediglich einen Beitrag zu den Kosten einer vom Steuerpflichtigen mitbenutzten Einrichtung bilden, z. B. Beiträge zum Ausbau einer öffentlichen Straße oder zum Bau einer städtischen Kläranlage; diese Aufwendungen gehören zu den nicht aktivierbaren Aufwendungen für einen selbstgeschaffenen Nutzungsvorteil (> BFH vom 26. 2. 1980 – BStBl II S. 687 und vom 25. 8. 1982 – BStBl 1983 II S. 38).

- selbstgeschaffenen > immateriellen Wirtschaftsgütern, z. B. Patente (> BFH vom 8. 11. 1979 BStBl 1980 II S. 146).

Kundenstamm

- Der Kundenstamm ist beim Erwerb eines Unternehmens in der Regel kein selbständig bewertbares > immaterielles Wirtschaftsgut, sondern ein geschäftswertbildender Faktor (> BFH vom 16. 9. 1970 – BStBl 1971 II S. 175 und vom 25. 11. 1981 – BStBl 1982 II S. 189).

- Kundenstamm und Lieferantenbeziehungen, die selbständig übertragen werden können, sind immaterielle Wirtschaftsgüter und nicht identisch mit dem Geschäfts- oder Firmenwert (> BFH vom 26. 11. 2009 – BStBl 2010 II S. 609).

Anm. d. Schriftl.:

1 Ablösezahlungen, die von Vereinen der Fußball-Bundesliga im Zusammenhang mit dem Wechsel von Lizenzspielern an die abgebenden Vereine gezahlt werden, sind als Anschaffungskosten auf das immaterielle Wirtschaftsgut der exklusiven Nutzungsmöglichkeit „an dem Spieler" zu aktivieren und auf die Vertragslaufzeit abzuschreiben (BFH-Urteil vom 14. 12. 2011, BStBl 2012 II S. 238).

Mietereinbauten

Einbauten oder Umbauten des Mieters sind als Herstellungskosten eines materiellen Wirtschaftsguts zu aktivieren, wenn sie unmittelbar besonderen Zwecken dienen und in diesem Sinne in einem von der eigentlichen Gebäudenutzung verschiedenen Funktionszusammenhang stehen (> BFH vom 26. 2. 1975 – BStBl II S. 443 und BMF vom 15. 1. 1976 – BStBl I S. 66).

Namensrechte

Der kommerzialisierbare Teil des Namensrechts einer natürlichen Person stellt ein abnutzbares immaterielles Wirtschaftsgut dar (> BFH vom 12. 6. 2019 – BStBl 2020 II S. 3).

Nutzungsrechte

Nutzungsrechte die durch Baumaßnahmen des Nutzungsberechtigten entstanden sind ...

Pensionszusagen

...

Schwebende Arbeitsverträge

Schwebende Arbeitsverträge mit im Unternehmen tätigen Arbeitnehmern sind keine > immateriellen Wirtschaftsgüter, sondern nicht selbständig bewertbare geschäftswertbildende Faktoren (> BFH vom 7. 11. 1985 – BStBl 1986 II S. 176).

...

EStR   R 5.6 Rechnungsabgrenzungen**❶**

Transitorische Posten

(1) ¹Nach § 5 Abs. 5 Satz 1 EStG ist die Rechnungsabgrenzung auf die sog. transitorischen Posten beschränkt. ²Es kommen danach für die Rechnungsabgrenzung in der Regel nur Ausgaben und Einnahmen in Betracht, die vor dem Abschlussstichtag angefallen, aber erst der Zeit nach dem Abschlussstichtag zuzurechnen sind.

Bestimmte Zeit nach dem Abschlussstichtag

(2) Die Bildung eines Rechnungsabgrenzungspostens ist nur zulässig, soweit die vor dem Abschlussstichtag angefallenen Ausgaben oder Einnahmen Aufwand oder Ertrag für eine > bestimmte Zeit nach dem Abschlussstichtag darstellen.

(3) ¹Antizipative Posten (Ausgaben oder Einnahmen nach dem Bilanzstichtag, die Aufwand oder Ertrag für einen Zeitraum vor diesem Tag darstellen), dürfen als Rechnungsabgrenzungsposten nur in den Fällen des § 5 Abs. 5 Satz 2 EStG**❷** ausgewiesen werden. ²Soweit sich aus den ihnen zugrunde liegenden Geschäftsvorfällen bereits Forderungen oder Verbindlichkeiten ergeben haben, sind sie als solche zu bilanzieren.

Anm. d. Schriftl.:

❶ Aktive Rechnungsabgrenzungsposten sind auch bei geringfügigen Beträgen zu bilden. Weder dem Grundsatz der Wesentlichkeit noch dem Verhältnismäßigkeitsgrundsatz lässt sich eine Einschränkung der Pflicht zur Bildung auf wesentliche Fälle entnehmen (BFH-Urteil vom 16. 3. 2021, BStBl 2021 II S. 844).

Amtl. Fn.:

❷ Jetzt Satz 3.

EStR

Abschlussgebühren

Abschlussgebühren können eine (Gegen-)Leistung darstellen, die dem jeweiligen Bausparvertrag als Entgelt für den eigentlichen Vertragsabschluss zuzuordnen sind, sie wirken sich unmittelbar mit ihrer Vereinnahmung erfolgswirksam aus und sind bilanziell nicht passiv abzugrenzen (> BFH vom 11. 2. 1998 – BStBl II S. 381).
. . .

Bestimmte Zeit nach dem Abschlussstichtag

liegt vor:

– *wenn die abzugrenzenden Ausgaben und Einnahmen für einen bestimmten nach dem Kj. bemessenen Zeitraum bezahlt oder vereinnahmt werden, z. B. monatliche, vierteljährliche, halbjährliche* **Mietvorauszahlungen** *oder Zahlung der Miete im Voraus für einen Messestand für eine zeitlich feststehende Messe (> BFH vom 9. 12. 1993 – BStBl 1995 II S. 202),*

– *bei* **Übernahme von Erschließungskosten und Kanalanschlussgebühren durch den Erbbauberechtigten** *(> BFH vom 17. 4. 1985 – BStBl II S. 617),*

– *bei zeitlich nicht begrenzten Dauerleistungen (> BFH vom 9. 12. 1993 – BStBl 1995 II S. 202, BMF vom 15. 3. 1995 – BStBl I S. 183 und BFH vom 15. 2. 2017 – BStBl II S. 884).*

liegt nicht vor:

– *wenn sich der Zeitraum nur durch* **Schätzung** *ermitteln lässt (> BFH vom 3. 11. 1982 – BStBl 1983 II S. 132),*

– *bei planmäßiger oder betriebsgewöhnlicher* **Nutzungsdauer** *eines abnutzbaren Sachanlageguts (> BFH vom 22. 1. 1992 – BStBl II S. 488).*
. . .

Gewinnermittlung nach § 4 Abs. 1 EStG

R 5.6 gilt bei der Gewinnermittlung nach § 4 Abs. 1 EStG sinngemäß (> § 141 Abs. 1 Satz 2 AO, BFH vom 20. 11. 1980 – BStBl 1981 II S. 398).
. . .

Kraftfahrzeugsteuer

Für gezahlte Kraftfahrzeugsteuer ist ein Rechnungsabgrenzungsposten zu aktivieren, soweit die Steuer auf die voraussichtliche Zulassungszeit des Fahrzeugs im nachfolgenden Wj. entfällt (> BFH vom 19. 5. 2010 – BStBl II S. 967).

Leasingvertrag mit degressiven Leasingraten – Behandlung beim Leasingnehmer
. . .

Maklerprovision

Für Maklerprovisionen im Zusammenhang mit dem Abschluss eines Mietvertrages kann kein aktiver Rechnungsabgrenzungsposten gebildet werden (> BFH vom 19. 6. 1997 – BStBl II S. 808).

Mobilfunkdienstleistungsverträge

Vergünstigungen im Zusammenhang mit dem Abschluss von Mobilfunkdienstleistungsverträgen > BMF vom 20. 6. 2005 (BStBl I S. 801) und > BFH vom 15. 5. 2013 (BStBl II S. 730)

Öffentlich Private Partnerschaft – ÖPP – (auch Public Private Partnership – PPP –)
- *Zum A-Modell > BMF vom 4.10.2005 (BStBl I S. 916)*
- *Zur Anwendbarkeit auf andere Modelle und zur Bildung eines Passivpostens für künftige Instandhaltungsaufwendungen > BMF vom 27.5.2013 (BStBl I S. 722)*

Öffentlich-rechtliche Verpflichtungen
...

Urlaubsgeld bei abweichendem Wirtschaftsjahr
Es hängt von den Vereinbarungen der Vertragspartner ab, ob Urlaubsgeld, das bei einem abweichenden Wj. vor dem Bilanzstichtag für das gesamte Urlaubsjahr bezahlt wird, anteilig aktiv abzugrenzen ist (> BFH vom 6.4.1993 – BStBl II S. 709).

Zeitbezogene Gegenleistung
Der Vorleistung des einen Vertragsteils muss eine zeitbezogene Gegenleistung des Vertragspartners gegenüberstehen (> BFH vom 11.7.1973 – BStBl II S. 840 und vom 4.3.1976 – BStBl 1977 II S. 380) und der Zeitraum, auf den sich die Vorleistung des einen Vertragsteils bezieht, muss bestimmt sein (> BFH vom 7.3.1973 – BStBl II S. 565).

Zinszuschuss
...

EStR   R 5.7 Rückstellungen

Bilanzieller Ansatz von Rückstellungen

(1) [1]Die nach den handelsrechtlichen Grundsätzen ordnungsmäßiger Buchführung gem. § 249 HGB anzusetzenden Rückstellungen sind auch in der steuerlichen Gewinnermittlung (Steuerbilanz) zu bilden, soweit eine betriebliche Veranlassung besteht und steuerliche Sondervorschriften, z. B. § 5 Abs. 2a, 3, 4, 4a, 4b, 6 und § 6a EStG, nicht entgegenstehen. [2]Ungeachtet des Abzugsverbotes des § 4 Abs. 5b EStG ist in der Steuerbilanz eine Gewerbesteuerrückstellung zu bilden; dadurch verursachte Gewinnauswirkungen sind außerbilanziell zu neutralisieren.

Hinweise   EStH   H 5.7 (1)

Bewertung von Rückstellungen
> R 6.11
...

Handelsrechtliches Passivierungswahlrecht
Besteht handelsrechtlich ein Wahlrecht zur Bildung einer Rückstellung, darf die Rückstellung steuerrechtlich nicht gebildet werden (> BMF vom 12.3.2010 – BStBl I S. 239).

Jubiläumszuwendungen
Zu den Voraussetzungen für die Bildung von Rückstellungen für Zuwendungen anlässlich eines Dienstjubiläums > BMF vom 8.12.2008 (BStBl I S. 1013).

Künftige Anschaffungs- oder Herstellungskosten

Das Passivierungsverbot nach § 5 Abs. 4b Satz 1 EStG erfasst auch in künftigen Wj. als Anschaffungs- oder Herstellungskosten eines Wirtschaftsgutes zu aktivierende Aufwendungen, die zu keinem Ertrag mehr führen können (> BFH vom 8. 11. 2016 – BStBl 2017 II S. 768).

Nicht abziehbare Betriebsausgaben

Eine handelsbilanziell gebildete und damit für das Steuerrecht maßgebliche Rückstellung ist außerbilanziell zu neutralisieren, soweit der Rückstellung nicht abziehbare Betriebsausgaben i. S. d. § 4 Abs. 5 EStG zugrunde liegen (> BFH vom 7. 11. 2013 – BStBl 2014 II S. 306 und vom 22. 5. 2019 – BStBl II S. 663).

Rückabwicklung

Für die Bildung von Rückstellungen im Zusammenhang mit Rückgewährschuldverhältnissen ist wie folgt zu differenzieren:

- *Ein Verkäufer darf wegen seiner Verpflichtung zur Rückerstattung dann keine Rückstellung bilden, wenn er am Bilanzstichtag mit einem Rücktritt vom Kaufvertrag, bei Verbraucherverträgen mit Widerrufs- oder Rückgaberecht mit dessen Ausübung, nicht rechnen muss; das gilt auch dann, wenn noch vor der Aufstellung der Bilanz der Rücktritt erklärt bzw. das Widerrufs- oder Rückgaberecht ausgeübt wird.*

- *Ist jedoch bereits am Bilanzstichtag eine Vertragsauflösung durch Erklärung des Rücktritts bzw. Ausübung des Widerrufs- oder Rückgaberechts wahrscheinlich, so ist eine Rückstellung für ungewisse Verbindlichkeiten wegen des Risikos der drohenden Vertragsauflösung zu bilden. Ist der Verkäufer auf Grund eines Rücktrittsrechts bzw. eines Widerrufs- oder Rückgaberechts verpflichtet, die bereits verkaufte und übergebene Sache wieder zurückzunehmen, steht die Vorschrift des § 5 Abs. 4b Satz 1 EStG der Rückstellungsbildung nicht entgegen. Die Rückstellung ist in Höhe der Differenz zwischen dem zurückzugewährenden Kaufpreis und dem Buchwert des veräußerten Wirtschaftsguts zu bilden. Sie neutralisiert damit lediglich den Veräußerungsgewinn.*

(> BMF vom 21. 2. 2002 – BStBl I S. 335).

Rückstellungen für ungewisse Verbindlichkeiten

Grundsätze

(2) Eine Rückstellung für ungewisse Verbindlichkeiten ist nur zu bilden, wenn

1. es sich um eine Verbindlichkeit gegenüber einem anderen oder eine öffentlich-rechtliche Verpflichtung handelt,

2. die Verpflichtung vor dem Bilanzstichtag wirtschaftlich verursacht ist,

3. mit einer Inanspruchnahme aus einer nach ihrer Entstehung oder Höhe ungewissen Verbindlichkeit ernsthaft zu rechnen ist und

4. die Aufwendungen in künftigen Wirtschaftsjahren nicht zu Anschaffungs- oder Herstellungskosten für ein Wirtschaftsgut führen.

Verpflichtung gegenüber einem anderen

(3) [1]Die Bildung einer Rückstellung für ungewisse Verbindlichkeiten setzt – als Abgrenzung zur > Aufwandsrückstellung – eine Verpflichtung gegenüber einem anderen voraus. [2]Die Verpflichtung muss den Verpflichteten wirtschaftlich wesentlich belasten. [3]Die Frage, ob eine Verpflichtung den Stpfl. wesentlich belastet, ist nicht nach dem Aufwand für das einzelne Vertragsverhältnis, sondern nach der Bedeutung der Verpflichtung für das Unternehmen zu beurteilen.

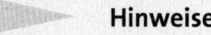 **Hinweise   EStH   H 5.7 (3)**

Abrechnungsverpflichtung

Für die sich aus § 14 VOB/B ergebende Verpflichtung zur Abrechnung gegenüber dem Besteller ist eine Rückstellung zu bilden (> BFH vom 25. 2. 1986 – BStBl II S. 788); Entsprechendes gilt für die Abrechnungsverpflichtung nach den allgemeinen Bedingungen für die Gasversorgung/Elektrizitätsversorgung (> BFH vom 18. 1. 1995 – BStBl II S. 742).

Aufwandsrückstellungen

Aufwandsrückstellungen können in der Steuerbilanz nicht gebildet werden (> BFH vom 8. 10. 1987 – BStBl 1988 II S. 57, vom 12. 12. 1991 – BStBl 1992 II S. 600 und vom 8. 11. 2000 – BStBl 2001 II S. 570); Ausnahmen > R 5.7 Abs. 11.

Eigenbetriebliches Interesse

Unabhängig von einer bestehenden Außenverpflichtung (hier: Räumung eines Baustellenlagers bei Vertragsende) ist der Ansatz einer Rückstellung für ungewisse Verbindlichkeiten ausgeschlossen, wenn die Verpflichtung in ihrer wirtschaftlichen Belastungswirkung von einem eigenbetrieblichen Interesse vollständig „überlagert" wird (> BFH vom 22. 1. 2020 – BStBl II S. 493).

Faktischer Leistungszwang

Eine Rückstellung für ungewisse Verbindlichkeiten ist nicht nur für Verpflichtungen aus einem am Bilanzstichtag bestehenden Vertrag zu bilden, sondern auch für Verpflichtungen, die sich aus einer Branchenübung ergeben (faktischer Leistungszwang). Dies ist z. B. der Fall, wenn ein Unternehmen von seinen Kunden Zuschüsse zu den Herstellungskosten für Werkzeuge erhält, die es bei der Preisgestaltung für die von ihm mittels dieser Werkzeuge herzustellenden und zu liefernden Produkte preismindernd berücksichtigen muss; die Rückstellung ist über die voraussichtliche Dauer der Lieferverpflichtung aufzulösen (> BFH vom 29. 11. 2000 – BStBl 2002 II S. 655).

Gesellschaftsvertraglich begründete Pflicht zur Prüfung des Jahresabschlusses

Für die Verpflichtung zur Prüfung des Jahresabschlusses einer Personengesellschaft darf eine Rückstellung nicht gebildet werden, wenn diese Verpflichtung ausschließlich durch den Gesellschaftsvertrag begründet worden ist (> BFH vom 5. 6. 2014 – BStBl II S. 886).

Honorar-Rückzahlungsverpflichtung

Eine Rückstellung für mögliche Honorar-Rückzahlungsverpflichtungen kann nur gebildet werden, wenn am Bilanzstichtag mehr Gründe für als gegen das Bestehen einer solchen Verpflichtung sprechen. Ein gegen eine dritte Person in einer vergleichbaren Sache ergangenes erstinstanzliches Urteil genügt für sich allein noch nicht, um für das Bestehen einer entsprechenden Verbindlichkeit überwiegende Gründe annehmen zu können (>BFH vom 19. 10. 2005 – BStBl 2006 II S. 371). Dagegen ist für eine nach Maßgabe des § 106 Abs. 5a SGB V zu erwartende Honorar-Rückzahlungsverpflichtung an eine Kassenärztliche Vereinigung eine Rückstellung für ungewisse Verbindlichkeiten zu passivieren (>BFH vom 5. 11. 2014 – BStBl 2015 II S. 523).

Kostenüberdeckung

...

Provisionsfortzahlungen an einen Handelsvertreter

Eine Passivierung als Verbindlichkeit oder Rückstellung ist anders als bei einem Ausgleichsanspruch eines Handelsvertreters (> H 5.7 (4)) i. d. R. möglich, wenn die Zahlung unabhängig von aus der ehemaligen Tätigkeit stammenden zukünftigen erheblichen Vorteilen des vertretenen Unternehmens ist und sie nicht für ein Wettbewerbsverbot vorgenommen wird. Steht die Provisionsverpflichtung unter einer aufschiebenden Bedingung, ist die Wahrscheinlichkeit des Eintritts der Bedingung zu prüfen (> BMF vom 21.6.2005 – BStBl I S. 802).

Werkzeugkostenzuschuss

> Faktischer Leistungszwang

Öffentlich-rechtliche Verpflichtung

(4) [1]Auch eine öffentlich-rechtliche Verpflichtung kann Grundlage für eine Rückstellung für ungewisse Verbindlichkeiten sein; zur Abgrenzung von nicht zulässigen reinen Aufwandsrückstellungen ist jedoch Voraussetzung, dass die Verpflichtung hinreichend konkretisiert ist, d.h. es muss ein inhaltlich bestimmtes Handeln durch Gesetz oder Verwaltungsakt innerhalb eines bestimmbaren Zeitraums vorgeschrieben und an die Verletzung der Verpflichtung müssen Sanktionen geknüpft sein. [2]Ergibt sich eine öffentlich-rechtliche Verpflichtung nicht unmittelbar aus einem Gesetz, sondern setzt sie den Erlass einer behördlichen Verfügung (Verwaltungsakt) voraus, ist eine Rückstellung für ungewisse Verbindlichkeiten erst zu bilden, wenn die zuständige Behörde einen vollziehbaren Verwaltungsakt erlassen hat, der ein bestimmtes Handeln vorschreibt.

Hinweise   EStH   H 5.7 (4)

Konkretisierung öffentlich-rechtlicher Verpflichtungen

– *Die Bildung von Rückstellungen für öffentlich-rechtliche Verpflichtungen setzt eine hinreichende Konkretisierung voraus. Konkretisiert wird die derartige Pflicht regelmäßig durch einen konkreten Gesetzesbefehl oder durch einen Rechtsakt, z.B. Verwaltungsakt, Verfügung oder Abschluss einer entsprechenden verwaltungsrechtlichen Vereinbarung (> BFH vom 25.1.2017 – BStBl II S. 780).*

– *Allgemeine öffentliche Leitsätze, z.B. die Verpflichtung der Wohnungsbauunternehmen, im Interesse der Volkswirtschaft die errichteten Wohnungen zu erhalten, rechtfertigen keine Rückstellung (> BFH vom 26.5.1976 – BStBl II S. 622).*

Rückstellungen für öffentlich-rechtliche Verpflichtungen sind u.a. zulässig für:

– *die Verpflichtung zur Aufstellung der Jahresabschlüsse (> BFH vom 20.3.1980 – BStBl II S. 297),*

– *die Verpflichtung zur Buchung laufender Geschäftsvorfälle des Vorjahres (> BFH vom 25.3.1992 – BStBl II S. 1010),*

– *die gesetzliche Verpflichtung zur Prüfung der Jahresabschlüsse, zur Veröffentlichung des Jahresabschlusses im Bundesanzeiger, zur Erstellung des Lageberichts und zur Erstellung der die Betriebssteuern des abgelaufenen Jahres betreffenden Steuererklärungen (> BFH vom 23.7.1980 – BStBl 1981 II S. 62, 63), aber > H 5.7 (3) Gesellschaftsvertraglich begründete Pflicht zur Prüfung des Jahresabschlusses,*

– *die Verpflichtung zur Aufbewahrung von Geschäftsunterlagen gemäß § 257 HGB und § 147 AO (> BFH vom 19.8.2002 – BStBl 2003 II S. 131),*

– *die Verpflichtungen zur Wiederaufbereitung (Recycling) und Entsorgung von Bauschutt (> BFH vom 25.3.2004 – BStBl 2006 II S. 644 und vom 21.9.2005 – BStBl 2006 II S. 647); § 5 Abs. 4b EStG ist zu beachten,*

- *die Verpflichtungen für die Entsorgung der ab dem 13. 8. 2005 in Verkehr gebrachten Energie-sparlampen, wenn sich diese Pflichten durch den Erlass einer Abholanordnung nach § 16 Abs. 5 Elektro- und Elektronikgerätegesetz hinreichend konkretisiert haben (> BFH vom 25. 1. 2017 –BStBl II S. 780),*
- *die Zulassungskosten (Gebühren) für ein neu entwickeltes Pflanzenschutzmittel (> BFH vom 8. 9. 2011 – BStBl 2012 II S. 122),*
- *eine nach Maßgabe des § 106 Abs. 5a SGB V zu erwartende Honorar-Rückzahlungsverpflich-tung an eine Kassenärztliche Vereinigung (> BFH vom 5. 11. 2014 – BStBl 2015 II S. 523).*

nicht zulässig für:

- *die Verpflichtung zur Durchführung der Hauptversammlung (> BFH vom 23. 7. 1980 – BStBl 1981 II S. 62),*
- *künftige Betriebsprüfungskosten, solange es an einer Prüfungsanordnung fehlt (> BFH vom 24. 8. 1972 – BStBl 1973 II S. 55); das gilt nicht für Großbetriebe > BMF vom 7. 3. 2013 (BStBl I S. 274),*
- *künftige Beitragszahlungen an den Pensionssicherungsverein (> BFH vom 6. 12. 1995 – BStBl 1996 II S. 406),*
- *Kammerbeiträge (z. B. zur Handwerkskammer) eines künftigen Beitragsjahres, die sich nach der Höhe des in einem vergangenen Steuerjahr erzielten Gewinns bemessen (> BFH vom 5. 4. 2017 – BStBl II S. 900),*
- *die Verpflichtung zur Erstellung der Einkommensteuererklärung und der Erklärung zur geson-derten und einheitlichen Feststellung des Gewinns einer Personengesellschaft (> BFH vom 24. 11. 1983 – BStBl 1984 II S. 301),*
- *die Verpflichtung zur Entsorgung eigenen Abfalls (> BFH vom 8. 11. 2000 – BStBl 2001 II S. 570),*
- *gesetzliche Verpflichtungen, wenn die Rechtsnorm eine Frist für die Erfüllung enthält und die-se am Bilanzstichtag noch nicht abgelaufen ist (> BFH vom 13. 12. 2007 – BStBl 2008 II S. 516, vom 6. 2. 2013 – BStBl II S. 686 und vom 17. 10. 2013 – BStBl 2014 II S. 302),*
- *gesetzliche Wartungsverpflichtungen vor Ablauf der zulässigen Betriebszeit (> BFH vom 9. 11. 2016 – BStBl 2017 II S. 379).*

Sanierungsverpflichtungen

Zur Bildung von Rückstellungen für Verpflichtungen zur Sanierung von schadstoffbelasteten Grundstücken > BMF vom 11. 5. 2010 (BStBl I S. 495).

Wirtschaftliche Verursachung

(5) [1]Rückstellungen für ungewisse Verbindlichkeiten sind erstmals im Jahresabschluss des Wirt-schaftsjahrs zu bilden, in dem sie wirtschaftlich verursacht sind. [2]Die Annahme einer wirtschaft-lichen Verursachung setzt voraus, dass der Tatbestand, an den das Gesetz oder der Vertrag die Verpflichtung knüpft, im Wesentlichen verwirklicht ist. [3]Die Erfüllung der Verpflichtung darf nicht nur an Vergangenes anknüpfen, sondern muss auch Vergangenes abgelten.

Hinweise   EStH   H 5.7 (5)

Aktienoptionsprogramme

Rückstellungen für Verbindlichkeiten aus Aktienoptionsprogrammen können nicht gebildet wer-den, wenn die Ausübung der Optionen von am Bilanzstichtag noch ungewissen künftigen Ereignis-sen abhängt. Dabei ist der Grad der Wahrscheinlichkeit des Eintritts dieser Ereignisse unerheblich (> BFH vom 15. 3. 2017 – BStBl II S. 1043).

Altersteilzeitverpflichtungen

Zur bilanziellen Berücksichtigung von Altersteilzeitverpflichtungen nach dem Altersteilzeitgesetz (AltTZG) > BMF vom 28. 3. 2007 (BStBl I S. 297) unter Berücksichtigung der Änderungen durch BMF vom 11. 3. 2008 (BStBl I S. 496) und vom 22. 10. 2018 (BStBl I S. 1112), letztmals abgedruckt im EStH 2020 ...

Arbeitsfreistellung

Rückstellungen für Verpflichtungen zur Gewährung von Vergütungen für die Zeit der Arbeitsfreistellung vor Ausscheiden aus dem Dienstverhältnis und Jahreszusatzleistungen im Jahr des Eintritts des Versorgungsfalls (> BMF vom 11. 11. 1999 – BStBl I S. 959 und vom 28. 3. 2007 – BStBl I S. 297, letztmals abgedruckt im EStH 2020 ...).

Ausgleichsanspruch eines Handelsvertreters

– *Eine Rückstellung für die Verpflichtung zur Zahlung eines Ausgleichs an einen Handelsvertreter nach § 89b HGB ist vor Beendigung des Vertragsverhältnisses nicht zulässig, da wesentliche Voraussetzung für einen solchen Ausgleich ist, dass dem Unternehmer aus der früheren Tätigkeit des Vertreters mit hoher Wahrscheinlichkeit noch nach Beendigung des Vertragsverhältnisses erhebliche Vorteile erwachsen (> BFH vom 20. 1. 1983 – BStBl II S. 375).*

– *Zur Abgrenzung gegenüber einer Provisionsfortzahlung > H 5.7 (3) Provisionsfortzahlungen an einen Handelsvertreter*

Beihilfen an Pensionäre

Für die Verpflichtung, Pensionären und aktiven Mitarbeitern während der Zeit ihres Ruhestandes in Krankheits-, Geburts- und Todesfällen Beihilfen zu gewähren, ist eine Rückstellung zu bilden (> BFH vom 30. 1. 2002 – BStBl 2003 II S. 279).

Entstandene Verpflichtungen

Eine am Bilanzstichtag bereits rechtlich entstandene öffentlich-rechtliche Verpflichtung ist zu diesem Zeitpunkt auch wirtschaftlich verursacht (> BFH vom 17. 10. 2013 – BStBl 2014 II S. 302).

Garantierückstellungen

Garantierückstellungen, mit denen das Risiko künftigen Aufwands durch kostenlose Nacharbeiten oder durch Ersatzlieferungen oder aus Minderungen oder Schadenersatzleistungen wegen Nichterfüllung auf Grund gesetzlicher oder vertraglicher Gewährleistungen erfasst werden soll, können bei Vorliegen der entsprechenden Voraussetzungen als Einzelrückstellungen für die bis zum Tag der Bilanzaufstellung bekannt gewordenen einzelnen Garantiefälle oder als Pauschalrückstellung gebildet werden. Für die Bildung von Pauschalrückstellungen ist Voraussetzung, dass der Kaufmann auf Grund der Erfahrungen in der Vergangenheit mit einer gewissen Wahrscheinlichkeit mit Garantieinanspruchnahmen rechnen muss oder dass sich aus der branchenmäßigen Erfahrung und der individuellen Gestaltung des Betriebs die Wahrscheinlichkeit ergibt, Garantieleistungen erbringen zu müssen (> BFH vom 30. 6. 1983 – BStBl 1984 II S. 263 und vom 24. 3. 1999 – BStBl 2001 II S. 612).

Gutscheine

Für Gutscheine, die einen Anspruch auf preisermäßigte künftige Leistungen gewähren, können im Ausgabejahr keine Rückstellungen gebildet werden (> BFH vom 19. 9. 2012 – BStBl 2013 II S. 123).

Nachbetreuungsleistungen bei Hörgeräte-Akustikern

Nachbetreuungsverpflichtungen sind im Zeitpunkt der Veräußerung der Hörhilfen auch wirtschaftlich verursacht (> BMF vom 12.10.2005 – BStBl I S. 953).

Prozesskosten

Bei am Bilanzstichtag noch nicht anhängigen Verfahren/Instanzen fehlt es an der wirtschaftlichen Verursachung (> BFH vom 6.12.1995 – BStBl 1996 II S. 406).

Sonderzahlungen an Versorgungseinrichtungen

...

Wartungsverpflichtung

Gesetzliche Wartungsverpflichtungen sind wirtschaftlich nicht in der Vergangenheit verursacht, da wesentliches Merkmal der Überholungsverpflichtung das Erreichen der zulässigen Betriebszeit ist. Dagegen kann bei einer privatrechtlichen Verpflichtung zur Übernahme künftiger Wartungsaufwendungen die Bildung einer Rückstellung für ungewisse Verbindlichkeiten in Betracht kommen, wenn bei Beendigung des Vertrages kein Anspruch auf Rückerstattung der Beträge besteht und der Stpfl. deshalb mit den vereinbarten Beträgen belastet bleibt (> BFH vom 9.11.2016 – BStBl 2017 II S. 379).

Zinszahlung

Eine Verpflichtung zur Zinszahlung ist am Bilanzstichtag nur insoweit wirtschaftlich verursacht, als damit eine Zeitspanne vor dem Bilanzstichtag abgegolten wird (> BFH vom 6.12.1995 – BStBl 1996 II S. 406).

Zuwendungen aus Anlass eines Geschäfts- oder Firmenjubiläums

Für rechtsverbindlich zugesagte Zuwendungen aus Anlass eines Geschäfts- oder Firmenjubiläums, die sich nach der Dauer der Betriebszugehörigkeit der einzelnen Mitarbeiter bemessen, ist eine Rückstellung in dem Umfang zu bilden, in dem die Anspruchsvoraussetzungen durch die vergangene Betriebszugehörigkeit des jeweiligen Mitarbeiters erfüllt sind. Die Regelung für Zuwendungen aus Anlass eines Dienstjubiläums (§ 5 Abs. 4 EStG) gilt dafür nicht (> BFH vom 29.11.2000 – BStBl 2004 II S. 41).

Wahrscheinlichkeit der Inanspruchnahme

(6) [1]Rückstellungen für ungewisse Verbindlichkeiten setzen in tatsächlicher Hinsicht voraus, dass die Verbindlichkeiten, die den Rückstellungen zugrunde liegen, bis zum Bilanzstichtag entstanden sind oder aus Sicht am Bilanzstichtag mit einiger Wahrscheinlichkeit entstehen werden und der Steuerpflichtige spätestens bei Bilanzaufstellung ernsthaft damit rechnen muss, hieraus in Anspruch genommen zu werden. [2]Die Wahrscheinlichkeit der Inanspruchnahme ist auf Grund objektiver, am Bilanzstichtag vorliegender und spätestens bei Aufstellung der Bilanz erkennbarer Tatsachen aus der Sicht eines sorgfältigen und gewissenhaften Kaufmanns zu beurteilen; es müssen mehr Gründe für als gegen die Inanspruchnahme sprechen.

> **Hinweise** **EStH** **H 5.7 (6)**

Allgemeines

Eine Inanspruchnahme ist wahrscheinlich, wenn der Stpfl. nach den Umständen, die am Bilanzstichtag objektiv vorlagen und bis zum Zeitpunkt der Bilanzerstellung bekannt oder erkennbar wurden, ernstlich damit rechnen musste, aus der Verpflichtung in Anspruch genommen zu wer-

den. Er darf im Hinblick auf seine Inanspruchnahme nicht die pessimistischste Alternative wählen; für die Inanspruchnahme müssen mehr Gründe dafür als dagegen sprechen (> BFH vom 19.10.2005 – BStBl 2006 II S.371).

Entdeckung

Die Wahrscheinlichkeit der Inanspruchnahme ist gegeben, wenn die anspruchsbegründenden Tatsachen bis zum Tag der Bilanzaufstellung entdeckt sind (> BFH vom 2.10.1992 – BStBl 1993 II S.153).

Hinterzogene Steuern[1]

Hinterzogene Lohnsteuer ist vom Arbeitgeber in dem Zeitpunkt zurückzustellen, in dem er mit seiner Haftungsinanspruchnahme ernsthaft rechnen muss (> BFH vom 16.2.1996 – BStBl II S.592).

Patronatserklärungen

...

Schadensersatz

– *Bei einseitigen Verbindlichkeiten ist die Wahrscheinlichkeit der Inanspruchnahme erst gegeben, wenn der Gläubiger die sich aus ihnen ergebende (mögliche) Berechtigung kennt. Dies gilt auch für öffentlich-rechtliche Verbindlichkeiten (> BFH vom 19.10.1993 – BStBl II S.891).*

– *Bei privat-rechtlichen Schadensersatzansprüchen ist entweder die Kenntnis des Gläubigers von den den Schadensersatzanspruch begründenden Umständen oder zumindest eine derartige unmittelbar bevorstehende Kenntniserlangung erforderlich (> BFH vom 25.4.2006 – BStBl II S.749).*

– *Bei der Bildung von Rückstellungen für Schadensersatzforderungen ist zwischen der Wahrscheinlichkeit des Bestehens der Verpflichtung und der Wahrscheinlichkeit der tatsächlichen Inanspruchnahme hieraus zu unterscheiden, da die beiden Voraussetzungen innewohnenden Risiken unterschiedlich hoch zu bewerten sein können. Ist nach einem von fachkundiger dritter Seite erstellten Gutachten das Unterliegen im Prozess am Bilanzstichtag nicht überwiegend wahrscheinlich, scheidet die Bildung einer Rückstellung aus (> BFH vom 16.12.2014 – BStBl 2015 II S.759).*

Rückstellungen für Erfüllungsrückstand bei schwebenden Geschäften

Schwebende Geschäfte

(7) ¹Schwebende Geschäfte sind gegenseitige Verträge i.S.d. §§ 320 ff. BGB (z.B. Dauerschuldverhältnisse wie Arbeits- oder Mietverträge), die von den Beteiligten noch nicht voll erfüllt sind. ²Noch zu erbringende unwesentliche Nebenleistungen stehen der Beendigung des Schwebezustandes nicht entgegen. ³Verpflichtungen aus schwebenden Geschäften werden nicht passiviert, es sei denn, das Gleichgewicht von Leistung und Gegenleistung ist durch Erfüllungsrückstände gestört; in diesen Fällen sind Rückstellungen für Erfüllungsrückstand auszuweisen.

Anm. d. Schriftl.:

[1] Eine Rückstellung für hinterzogene Mehrsteuern kann erst zu dem Bilanzstichtag gebildet werden, zu dem der Stpfl. mit der Aufdeckung der Steuerhinterziehung rechnen musste (BFH-Urteil vom 22.8.2012, BStBl 2013 II S.76).

Erfüllungsrückstand

(8) [1]Ein Erfüllungsrückstand entsteht, wenn ein Vertragspartner seine Leistung erbracht hat, der andere Vertragspartner die entsprechende Gegenleistung jedoch noch schuldet. [2]Eine Fälligkeit der vertraglich noch geschuldeten Leistung zum Bilanzstichtag ist nicht erforderlich. [3]Erfüllungsrückstände eines Vermieters liegen z. B. vor, wenn sich die allgemeine Pflicht zur Erhaltung der vermieteten Sache in der Notwendigkeit einzelner Erhaltungsmaßnahmen konkretisiert hat und der Vermieter die Maßnahmen unterlässt. [4]Die wirtschaftliche Verursachung der Verpflichtung richtet sich nach Absatz 5.

> ## Hinweise   EStH   H 5.7 (8)

Erfüllungsrückstand

– *Ein Erfüllungsrückstand liegt insbesondere vor, wenn der Schuldner einer Verpflichtung nicht nachgekommen ist, die er im abgelaufenen Wj. hätte erfüllen müssen (> BFH vom 3. 12. 1991 – BStBl 1993 II S. 89). Die noch* **ausstehende Gegenleistung** *muss eine Vorleistung abgelten und ihr damit synallagmatisch zweckgerichtet und zeitlich zuordenbar sein (> BFH vom 5. 4. 2006 – BStBl II S. 593).*

– *Wegen der Verpflichtung, eine am Bilanzstichtag bestehende Darlehensverbindlichkeit – mit fest vereinbarter Vertragslaufzeit und ohne ordentliche Kündigungsmöglichkeit – in späteren Jahren höher zu verzinsen (Darlehen mit steigenden Zinssätzen), ist in der Bilanz eine Verbindlichkeit oder eine Rückstellung wegen eines wirtschaftlichen Erfüllungsrückstandes auszuweisen (> BFH vom 25. 5. 2016 – BStBl II S. 930).*

– *Für die Verpflichtung zur* **Lohnfortzahlung im Krankheitsfall** *kann keine Rückstellung gebildet werden (> BFH vom 27. 6. 2001 – BStBl II S. 758).*

– *Für die* **Verpflichtung eines Vermieters**, *den Mietgegenstand zum Ende der Mietzeit zu veräußern und den Veräußerungserlös insoweit an den Mieter auszuzahlen, als er einen vertraglich vereinbarten, unter dem Buchwert zum Vertragsende liegenden Restwert übersteigt, ist eine anzusammelnde und abzuzinsende Rückstellung in der Höhe zu passivieren, in der der vereinbarte Restwert unter dem Buchwert des Mietgegenstands liegt (> BFH vom 21. 9. 2011 – BStBl 2012 II S. 197).*

– *Für Verpflichtungen zur* **Nachbetreuung bereits abgeschlossener Versicherungen** *sind Rückstellungen wegen Erfüllungsrückstandes zu bilden (> BMF vom 20. 11. 2012 – BStBl I S. 1100, BFH vom 12. 12. 2013 – BStBl 2014 II S. 517 und vom 27. 2. 2014 – BStBl II S. 675, ber. S. 919).*

Einzelfälle

Leistungen auf Grund eines Sozialplans

(9)...

Patent-, Urheber- oder ähnliche Schutzrechte

(10)...

> ## Hinweise   EStH   H 5.7 (10)

...

Instandhaltung und Abraumbeseitigung

(11) [1]Die nach den Grundsätzen des § 249 Abs. 1 Satz 2 Nr. 1 HGB gebildete Rückstellung ist auch in der Steuerbilanz anzusetzen. [2]Das Gleiche gilt für die Bildung von Rückstellungen für unterlassene Aufwendungen für Abraumbeseitigungen, die im folgenden Wirtschaftsjahr nachgeholt werden. [3]Bei unterlassener Instandhaltung muss es sich um Erhaltungsarbeiten handeln, die bis zum Bilanzstichtag bereits erforderlich gewesen wären, aber erst nach dem Bilanzstichtag durchgeführt werden. [4]Rückstellungen für Abraumbeseitigungen auf Grund rechtlicher Verpflichtungen sind nach § 249 Abs. 1 Satz 1 HGB (ungewisse Verbindlichkeit) zu bilden.

 **Hinweise   EStH   H 5.7 (11)**

Turnusmäßige Erhaltungsarbeiten

Bei Erhaltungsarbeiten, die erfahrungsgemäß in ungefähr gleichem Umfang und in gleichen Zeitabständen anfallen und turnusgemäß durchgeführt werden, liegt in der Regel keine unterlassene Instandhaltung vor (> BFH vom 15. 2. 1955 – BStBl III S. 172).

Kulanzleistungen

(12) Rückstellungen nach § 249 Abs. 1 Satz 2 Nr. 2 HGB für Gewährleistungen, die ohne rechtliche Verpflichtungen erbracht werden, sind nur zulässig, wenn sich der Kaufmann den Gewährleistungen aus geschäftlichen Erwägungen nicht entziehen kann.

 **Hinweise   EStH   H 5.7 (12)**

Garantierückstellung

...

Geschäftliche Erwägungen

Geschäftliche Erwägungen sind anzunehmen, wenn am Bilanzstichtag unter Berücksichtigung des pflichtgemäßen Ermessens des vorsichtigen Kaufmanns damit zu rechnen ist, dass Kulanzleistungen auch in Zukunft bewilligt werden müssen (> BFH vom 6. 4. 1965 – BStBl III S. 383)

Auflösung von Rückstellungen

(13) Rückstellungen sind aufzulösen, soweit die Gründe hierfür entfallen.

Hinweise   EStH   H 5.7 (13)

Auflösung

Rückstellungen sind auch dann aufzulösen, wenn

- *nach dem Bilanzstichtag, aber vor der Bilanzerstellung Umstände bekannt werden, die am Bilanzstichtag objektiv vorlagen, aus denen sich ergibt, dass mit einer Inanspruchnahme nicht mehr zu rechnen ist (> BFH vom 30. 1. 2002 – BStBl II S. 688).*

- *die Verbindlichkeit trotz weiterbestehender rechtlicher Verpflichtung keine wirtschaftliche Belastung mehr darstellt (> BFH vom 22. 11. 1988 – BStBl 1989 II S. 359).*

Erfolgsneutrale Auflösung

Eine Rückstellung ist erfolgsneutral aufzulösen, wenn der Wegfall der Voraussetzungen für ihre Bildung und Beibehaltung auf Umständen beruht, die als Einlage im Sinne des § 4 Abs. 1 Satz 8 EStG zu beurteilen sind (> BFH vom 12. 4. 1989 – BStBl II S. 612).

Rechtsmittel

– *Eine Rückstellung wegen einer gerichtsanhängigen Schadensersatzverpflichtung ist erst aufzulösen, wenn über die Verpflichtung endgültig und rechtskräftig ablehnend entschieden ist (> BFH vom 27. 11. 1997 – BStBl 1998 II S. 375).*

– *Eine Rückstellung ist nicht aufzulösen, wenn der Stpfl. in einer Instanz obsiegt hat, der Prozessgegner gegen diese Entscheidung aber noch ein Rechtsmittel einlegen kann (> BFH vom 30. 1. 2002 – BStBl II S. 688).*

– *Ein nach dem Bilanzstichtag, aber vor dem Zeitpunkt der Bilanzaufstellung erfolgter Verzicht des Prozessgegners auf ein Rechtsmittel wirkt nicht auf die Verhältnisse am Bilanzstichtag zurück (> BFH vom 30. 1. 2002 – BStBl II S. 688).*

Schadensersatz

> Rechtsmittel

Verhandlungen

Wird am Bilanzstichtag über den Wegfall einer Verpflichtung verhandelt, so rechtfertigt dies nicht die Auflösung einer gebildeten Rückstellung (> BFH vom 17. 11. 1987 – BStBl 1988 II S. 430).

 **Hinweise   EStH   H 5.8**

Verpflichtungsübernahmen

Zur bilanziellen Berücksichtigung von Verpflichtungsübernahmen, Schuldbeitritten und Erfüllungsübernahmen mit vollständiger oder teilweiser Schuldfreistellung > BMF vom 30. 11. 2017 (BStBl I S. 1619).

Zu § 6 EStG (§§ 7 bis 11d EStDV)

EStR   R 6.1   Anlagevermögen und Umlaufvermögen

(1) ¹Zum Anlagevermögen gehören die Wirtschaftsgüter, die bestimmt sind, dauernd dem Betrieb zu dienen. ²Ob ein Wirtschaftsgut zum Anlagevermögen gehört, ergibt sich aus dessen Zweckbestimmung, nicht aus seiner Bilanzierung. ³Ist die Zweckbestimmung nicht eindeutig feststellbar, kann die Bilanzierung Anhaltspunkt für die Zuordnung zum Anlagevermögen sein. ⁴Zum Anlagevermögen können immaterielle Wirtschaftsgüter, Sachanlagen und Finanzanlagen gehören. ⁵Zum abnutzbaren Anlagevermögen gehören insbesondere die auf Dauer dem Betrieb gewidmeten Gebäude, technischen Anlagen und Maschinen sowie die Betriebs- und Geschäftsausstattung. ⁶Zum nicht abnutzbaren Anlagevermögen gehören insbesondere Grund und Boden, Beteiligungen und andere Finanzanlagen, wenn sie dazu bestimmt sind, dauernd dem Betrieb zu dienen. ⁷Ein Wirtschaftsgut des Anlagevermögens, dessen Veräußerung beabsichtigt ist, bleibt so lange Anlagevermögen, wie sich seine bisherige Nutzung nicht ändert, auch wenn bereits vorbereitende Maßnahmen zu seiner Veräußerung getroffen worden sind. ⁸Bei Grundstücken des Anlagevermögens, die bis zu ihrer Veräußerung unverändert genutzt werden, ändert somit selbst eine zum Zwecke der Veräußerung vorgenommene Parzellierung des Grund

EStR

und Bodens oder Aufteilung des Gebäudes in Eigentumswohnungen nicht die Zugehörigkeit zum Anlagevermögen.

(2) Zum Umlaufvermögen gehören die Wirtschaftsgüter, die zur Veräußerung, Verarbeitung oder zum Verbrauch angeschafft oder hergestellt worden sind, insbesondere Roh-, Hilfs- und Betriebsstoffe, Erzeugnisse und Waren, Kassenbestände.

 Hinweise EStH H 6.1

Anlagevermögen

– *Begriff > § 247 Abs. 2 HGB*

– *Umfang > Gliederungsschema in § 266 Abs. 2 HGB*

Baumbestand

Der in einem selbständigen Nutzungs- und Funktionszusammenhang stehende Baumbestand gehört als Wirtschaftsgut zum nicht abnutzbaren Anlagevermögen eines Forstbetriebs (> BMF vom 16. 5. 2012 – BStBl I S. 595).

Digitale Wirtschaftsgüter

Zur Nutzungsdauer von Computerhardware und Software zur Dateneingabe und -verarbeitung > BMF vom 22. 2. 2022 (BStBl I S. 187).

Erwerb von Wirtschaftsgütern kurz vor Betriebsveräußerung

Wirtschaftsgüter, die zum Zweck der dauerhaften Einbindung in einen bereits bestehenden Geschäftsbetrieb erworben werden, sind auch dann im Anlagevermögen auszuweisen, wenn die gesamte organisatorische Einheit (Betrieb einschließlich erworbener Wirtschaftsgüter) kurze Zeit später mit der Absicht der Weiterführung veräußert wird (> BFH vom 10. 8. 2005 – BStBl II S. 58).

Filme

...

Geschäfts- oder Firmenwert

– *Zur bilanzsteuerlichen Behandlung des Geschäfts- oder Firmenwerts und so genannter firmenwertähnlicher Wirtschaftsgüter > BMF vom 20. 11. 1986 (BStBl I S. 532).*

– *> H 5.5 (Geschäfts- oder Firmenwert/Praxiswert)*

Gewerblicher Grundstückshandel

> BMF vom 26. 3. 2004 (BStBl I S. 434), Tz. 33.

Grund und Boden eines land- und forstwirtschaftlichen Betriebs

...

Halbfertige Bauten auf fremdem Grund und Boden

– *Halbfertige Bauten auf fremdem Grund und Boden werden als Vorräte dem Umlaufvermögen zugeordnet (> BFH vom 7. 9. 2005 – BStBl 2006 II S. 298).*

– *> H 6.7*

Leergut in der Getränkeindustrie

– > BFH vom 9. 1. 2013 (BStBl 2019 II S. 150):

   – *Leergut ist nach seiner Art unterschiedlich zu beurteilen: der Eigentumsübergang erstreckt sich bei Einheitsleergut nicht nur auf den Inhalt, sondern auch auf die Flaschen und die Kästen selbst (BGH-Urteil vom 9. 7. 2007 – II ZR 233/05, BGHZ 173, 159). Bei Brunneneinheitsleergut und Individualleergut erstreckt sich der Eigentumsübergang allein auf den Inhalt der Flaschen und Kästen.*

   – *Für die Verpflichtung zur Rückzahlung des erhaltenen **Pfandgeldes** für Brunneneinheitsleergut und Individualleergut ist eine Verbindlichkeit auszuweisen. Die Pfandverbindlichkeiten können um Bruch und Schwund zu mindern sein.*

   – *Auführungen zu Mehr- und Minderrücknahmen bei einem Leergutpool.*

– *Zur Anwendung des BFH-Urteils vom 9. 1. 2013 (BStBl 2019 II S. 150) und zur Vereinfachungsregelung bei Einheitsleergut > BMF vom 8. 12. 2020 (BStBl I S. 1367)*

Musterhäuser

Musterhäuser rechnen zum Anlagevermögen (> BFH vom 31. 3. 1977 – BStBl II S. 684).

Praxiswert/Sozietätspraxiswert

> *BFH vom 24. 2. 1994 (BStBl II S. 590).*

Rohstoff

Zum Begriff des Rohstoffs und seiner Zuordnung zum Umlauf-(Vorrats-)vermögen > BFH vom 2. 12. 1987 (BStBl 1988 II S. 502).

Umlaufvermögen

Umfang > Gliederungsschema in § 266 Abs. 2 HGB

Vorführ- und Dienstwagen

Vorführ- und Dienstwagen rechnen zum Anlagevermögen (> BFH vom 17. 11. 1981 – BStBl 1982 II S. 344).

EStR   R 6.2 Anschaffungskosten

[1]Wird ein Wirtschaftsgut gegen Übernahme einer > Rentenverpflichtung erworben, kann der als > Anschaffungskosten zu behandelnde Barwert der Rente abweichend von den §§ 12 ff. BewG auch nach versicherungsmathematischen Grundsätzen berechnet werden. [2]Dagegen sind die Anschaffungskosten eines Wirtschaftsgutes, das mittels Ratenkauf ohne gesonderte Zinsvereinbarung erworben wird, stets mit dem nach §§ 12 ff. BewG ermittelten Barwert im Zeitpunkt der Anschaffung anzusetzen.

Hinweise   EStH   H 6.2

Ablösezahlungen im Profifußball

Zahlungen an den abgebenden Verein für den Transfer von Spielern sind aktivierungspflichtige Anschaffungskosten. Zu aktivieren sind auch die an Spielervermittler gezahlten Provisionen, soweit sie im Zusammenhang mit Vereinswechseln von Spielern gezahlt werden. Hingegen sind gezahlte

Provisionen, die für Spieler gezahlt werden, die ablösefrei zu einem anderen Verein wechseln, als sofort abziehbare Betriebsausgaben zu behandeln. Gleiches gilt für Ausbildungs- und Förderungsentschädigungen, die für ablösefrei zu einem anderen Verein gewechselte Spieler gezahlt werden (> BFH vom 14. 12. 2011 – BStBl 2012 II S. 238).

Anschaffungskosten

Begriff und Umfang > § 255 Abs. 1 HGB

...

Gemeinkosten

Gemeinkosten gehören nicht zu den Anschaffungskosten (> BFH vom 13. 4. 1988 – BStBl II S. 892).

...

Mitunternehmeranteil

- *Für den Erwerber stellen die Aufwendungen zum Erwerb des Anteils einschließlich eines negativen Kapitalkontos Anschaffungskosten dar; ggf. sind sie oder Teile davon als Ausgleichsposten in der Ergänzungsbilanz des Erwerbers zu berücksichtigen (> BFH vom 21. 4. 1994 – BStBl II S. 745).*

- *Ist die Abfindung eines ausscheidenden Gesellschafters geringer als sein Kapitalkonto, sind in der Steuerbilanz in Höhe der Differenz die Buchwerte der bilanzierten Wirtschaftsgüter abzustocken. Buchwerte für Bargeld und Guthaben bei Geldinstituten können infolge des Nominalwertprinzips nicht abgestockt werden. Ist der Differenzbetrag höher als die möglichen Abstockungen, so muss im Übrigen ein passiver Ausgleichsposten gebildet werden, der mit künftigen Verlusten zu verrechnen und spätestens bei Beendigung der Beteiligung gewinnerhöhend aufzulösen ist (> BFH vom 12. 12. 1996 – BStBl 1998 II S. 180).*

- *Zur Abschreibung von Mehrwerten in einer Ergänungsbilanz > BMF vom 19. 12. 2016 (BStBl 2017 I S. 34).*

Nebenkosten

Nebenkosten gehören zu den Anschaffungskosten, soweit sie dem Wirtschaftsgut einzeln zugeordnet werden können (> BFH vom 13. 10. 1983 – BStBl 1984 II S. 101). Sie können nur dann aktiviert werden, wenn auch die Anschaffungs(haupt)kosten aktiviert werden können (> BFH vom 19. 6. 1997 – BStBl II S. 808).

Optionsprämie

Die für die Einräumung der Option ursprünglich angefallenen Anschaffungskosten sind bei Optionsausübung als Anschaffungsnebenkosten Teil der Anschaffungskosten der erworbenen Aktien (> BFH vom 22. 5. 2019 – BStBl 2020 II S. 44).

Preisnachlass oder Rabatt

Der Preisnachlass, der nicht von dem Verkäufer (Hersteller), sondern von dem Händler (Agent) aus dessen Provision gewährt wird, mindert ebenso wie ein vom Verkäufer gewährter Rabatt die Anschaffungskosten (> BFH vom 22. 4. 1988 – BStBl II S. 901).

Rentenverpflichtung

- *Der Barwert einer übernommenen Rentenverpflichtung ist i. d. R. nach den §§ 12 ff. BewG zu ermitteln (> BFH vom 31. 1. 1980 – BStBl II S. 491).*

- *> siehe aber R 6.2*

Rückzahlung einer offenen Gewinnausschüttung

...

Schuldübernahmen

- *Schuldübernahmen rechnen zu den Anschaffungskosten (> BFH vom 31. 5. 1972 – BStBl II S. 696 und vom 2. 10. 1984 – BStBl 1985 II S. 320).*

- *> Erbauseinandersetzung und vorweggenommene Erbfolge*

Skonto

Die Anschaffungskosten von Wirtschaftsgütern mindern sich weder im Anschaffungszeitpunkt noch zum nachfolgenden Bilanzstichtag um einen möglichen Skontoabzug, sondern erst im Zeitpunkt seiner tatsächlichen Inanspruchnahme (> BFH vom 27. 2. 1991 – BStBl II S. 456).

Tätigkeitsvergütungen

...

Vorsteuerbeträge

Zur Behandlung von Vorsteuerbeträgen, die nach dem UStG nicht abgezogen werden können, als Anschaffungskosten > § 9b Abs. 1 EStG.

Wahlrecht eines Mitunternehmers

...

Waren

Werden die Anschaffungskosten von Waren nach dem Verkaufswertverfahren durch retrograde Berechnung in der Weise ermittelt, dass von den ausgezeichneten Preisen die kalkulierte Handelsspanne abgezogen wird, ist dieses Verfahren nicht zu beanstanden; bei am Bilanzstichtag bereits herabgesetzten Preisen darf jedoch nicht von der ursprünglich kalkulierten Handelsspanne, sondern nur von dem verbleibenden Verkaufsaufschlag ausgegangen werden (> BFH vom 27. 10. 1983 – BStBl 1984 II S. 35).

...

Zuzahlung des Veräußerers

Zuzahlungen im Rahmen eines Anschaffungsvorgangs führen nicht zum passiven Ausweis „negativer Anschaffungskosten". Vielmehr ist beim Erwerber ein passiver Ausgleichsposten auszuweisen, es sei denn, die Zuzahlung ist als Entgelt für eine gesonderte Leistung des Erwerbers, beispielsweise für eine Übernahme einer Bürgschaft, anzusehen (> BFH vom 26. 4. 2006 – BStBl II S. 656).

Zwangsversteigerung

Zu den Anschaffungskosten beim Erwerb eines Grundstücks im Zwangsversteigerungsverfahren gehört nicht nur das Gebot nebst den dazugehörigen Kosten, zu denen dem die Zwangsversteigerung betreibenden Grundpfandgläubiger das Grundstück zugeschlagen wird, sondern auch die gemäß § 91 des Zwangsversteigerungsgesetzes erloschenen nachrangigen eigenen Grundpfandrechte des Gläubigers, soweit sie nicht ausgeboten sind, wenn ihr Wert durch den Verkehrswert des ersteigerten Grundstücks gedeckt ist (> BFH vom 11. 11. 1987 – BStBl 1988 II S. 424).

EStR   R 6.3 Herstellungskosten

(1) In die Herstellungskosten eines Wirtschaftsguts sind auch angemessene Teile der notwendigen Materialgemeinkosten und Fertigungsgemeinkosten (> Absatz 2), der angemessenen Kosten der allgemeinen Verwaltung, der angemessenen Aufwendungen für soziale Einrichtungen des Betriebs, für freiwillige „soziale Leistungen und für die betriebliche Altersversorgung (> Absatz 3)" sowie der Wertverzehr von Anlagevermögen, soweit er durch die Herstellung des Wirtschaftsguts veranlasst ist (> Absatz 4), einzubeziehen.**[1]**

(2) Zu den Materialgemeinkosten und den Fertigungsgemeinkosten gehören u. a. auch die Aufwendungen für folgende Kostenstellen:

- Lagerhaltung, Transport und Prüfung des Fertigungsmaterials,

- Vorbereitung und Kontrolle der Fertigung,

- Werkzeuglager,

- Betriebsleitung, Raumkosten, Sachversicherungen,

- Unfallstationen und Unfallverhütungseinrichtungen der Fertigungsstätten,

- Lohnbüro, soweit in ihm die Löhne und Gehälter der in der Fertigung tätigen Arbeitnehmer abgerechnet werden.

(3) ¹Zu den Kosten für die allgemeine Verwaltung gehören u. a. die Aufwendungen für Geschäftsleitung, Einkauf und Wareneingang, Betriebsrat, Personalbüro, Nachrichtenwesen, Ausbildungswesen, Rechnungswesen – z. B. Buchführung, Betriebsabrechnung, Statistik und Kalkulation –, Feuerwehr, Werkschutz sowie allgemeine Fürsorge einschließlich Betriebskrankenkasse. ²Zu den Aufwendungen für soziale Einrichtungen gehören z. B. Aufwendungen für Kantine einschließlich der Essenszuschüsse sowie für Freizeitgestaltung der Arbeitnehmer. ³Freiwillige soziale Leistungen sind nur Aufwendungen, die nicht arbeitsvertraglich oder tarifvertraglich vereinbart worden sind; hierzu können z. B. Jubiläumsgeschenke, Wohnungs- und andere freiwillige Beihilfen, Weihnachtszuwendungen oder Aufwendungen für die Beteiligung der Arbeitnehmer am Ergebnis des Unternehmens gehören. ⁴Aufwendungen für die betriebliche Altersversorgung sind Beiträge an Direktversicherungen und Pensionsfonds, Zuwendungen an Pensions- und Unterstützungskassen sowie Zuführungen zu Pensionsrückstellungen.

(4) ¹Als Wertverzehr des Anlagevermögens, soweit er der Fertigung der Erzeugnisse gedient hat, ist grundsätzlich der Betrag anzusetzen, der bei der Bilanzierung des Anlagevermögens als AfA berücksichtigt ist. ²Es ist nicht zu beanstanden, wenn der Steuerpflichtige, der bei der Bilanzierung des beweglichen Anlagevermögens die AfA in fallenden Jahresbeträgen vorgenommen hat, bei der Berechnung der Herstellungskosten der Erzeugnisse die AfA in gleichen Jahresbeträgen (§ 7 Abs. 1 Satz 1 und 2 EStG) berücksichtigt. ³In diesem Fall muss der Steuerpflichtige jedoch dieses Absetzungsverfahren auch dann bei der Berechnung der Herstellungskosten beibehalten, wenn gegen Ende der Nutzungsdauer die AfA in fallenden Jahresbeträgen niedriger sind als die AfA in gleichen Jahresbeträgen. ⁴Der Wertverzehr des der Fertigung dienenden Anlagevermögens ist bei der Berechnung der Herstellungskosten der Erzeugnisse auch dann in Höhe der sich nach den Anschaffungs- oder Herstellungskosten des Anlagevermögens ergebenden AfA in gleichen Jahresbeträgen zu berücksichtigen, wenn der Steuerpflichtige Bewertungsfreiheiten, Sonderabschreibungen oder erhöhte Absetzungen in Anspruch genommen und diese nicht in die Herstellungskosten der Erzeugnisse einbezogen hat. ⁵Der Wertverzehr von Wirtschaftsgütern i. S. d. § 6 Abs. 2 oder 2a EStG darf nicht in die Berechnung der Herstellungskosten der Erzeugnisse einbezogen werden. ⁶Teilwertabschreibungen auf das Anlagevermögen im Sinne des § 6 Abs. 1 Nr. 1 Satz 2 EStG sind bei der Berechnung der Herstellungskosten der Erzeugnisse nicht zu berücksichtigen.

Amtl. Fn.:
[1] Teilweise überholt durch § 6 Abs. 1 Nr. 1b.

(5) [1]Das handelsrechtliche Bewertungswahlrecht für Fremdkapitalzinsen gilt auch für die steuerliche Gewinnermittlung. [2]Sind handelsrechtlich Fremdkapitalzinsen in die Herstellungskosten einbezogen worden, sind sie gem. § 5 Abs. 1 Satz 1 erster Halbsatz EStG auch in der steuerlichen Gewinnermittlung als Herstellungskosten zu beurteilen.

(6) [1]Die Steuern vom Einkommen gehören nicht zu den steuerlich abziehbaren Betriebsausgaben und damit auch nicht zu den Herstellungskosten. [2]Entsprechendes gilt für die Gewerbesteuer (§ 4 Abs. 5b EStG). [3]Die Umsatzsteuer gehört zu den Vertriebskosten, die die Herstellungskosten nicht berühren.

(7) Wird ein Betrieb infolge teilweiser Stilllegung oder mangelnder Aufträge nicht voll ausgenutzt, sind die dadurch verursachten Kosten bei der Berechnung der Herstellungskosten nicht zu berücksichtigen.

(8) Bei am Bilanzstichtag noch nicht fertig gestellten Wirtschaftsgütern (> halbfertige Arbeiten) ist es für die Aktivierung der Herstellungskosten unerheblich, ob die bis zum Bilanzstichtag angefallenen Aufwendungen bereits zur Entstehung eines als Einzelheit greifbaren Wirtschaftsguts geführt haben.

(9) Soweit die Absätze 1 und 3 von R 6.3 Abs. 4 EStR 2008 abweichen, darf R 6.3 Abs. 4 EStR 2008 weiterhin für Wirtschaftsgüter angewendet werden, mit deren Herstellung vor Veröffentlichung der EStÄR 2012 im Bundessteuerblatt begonnen wurde.[1]

Hinweise   EStH   H 6.3

Abraumvorrat

...

Ausnutzung von Produktionsanlagen

– *Die nicht volle Ausnutzung von Produktionsanlagen führt nicht zu einer Minderung der in die Herstellungskosten einzubeziehenden Fertigungsgemeinkosten, wenn sich die Schwankung in der Kapazitätsausnutzung aus der Art der Produktion, wie z. B. bei einer Zuckerfabrik als Folge der Abhängigkeit von natürlichen Verhältnissen, ergibt (> BFH vom 15. 2. 1966 – BStBl III S. 468).*

– *> R 6.3 Abs. 7*

Bewertungswahlrecht

Ein handelsrechtliches Bewertungswahlrecht führt steuerrechtlich zum Ansatz des höchsten nach Handels- und Steuerrecht zulässigen Werts, soweit nicht auch steuerrechtlich ein inhaltsgleiches Wahlrecht besteht (> BFH vom 21. 10. 1993 – BStBl 1994 II S. 176).

Geldbeschaffungskosten

Geldbeschaffungskosten gehören nicht zu den Herstellungskosten (> BFH vom 24. 5. 1968 – BStBl II S. 574).

Halbfertige Arbeiten

– *Bei Wirtschaftsgütern, die am Bilanzstichtag noch nicht fertig gestellt sind, mit deren Herstellung aber bereits begonnen worden ist, sind die bis zum Bilanzstichtag angefallenen Herstellungskosten zu aktivieren, soweit nicht von ihrer Einbeziehung abgesehen werden kann (> BFH vom 23. 11. 1978 – BStBl 1979 II S. 143).*

– *> H 6.1 und > H 6.7 (Halbfertige Bauten auf fremdem Grund und Boden)*

Amtl. Fn.:

[1] Überholt, jetzt § 6 Abs. 1 Nr. 1b.

EStR

Herstellungskosten

Begriff und Umfang > § 255 Abs. 2 HGB sowie BFH vom 4. 7. 1990 (BStBl II S. 830).

Kalkulatorische Kosten

*Kalkulatorische Kosten sind nicht tatsächlich entstanden und rechnen deshalb **nicht** zu den Herstellungskosten. Das gilt z. B. für:*
- *Zinsen für Eigenkapital (> BFH vom 30. 6. 1955 – BStBl III S. 238).*
- ***Wert der eigenen Arbeitsleistung** (fiktiver Unternehmerlohn des Einzelunternehmers > BFH vom 10. 5. 1995 – BStBl II S. 713); nicht dagegen Tätigkeitsvergütung im Sinne des § 15 Abs. 1 Satz 1 Nr. 2 EStG, die dem Gesellschafter von der Gesellschaft im Zusammenhang mit der Herstellung eines Wirtschaftsguts gewährt wird (> BFH vom 8. 2. 1996 – BStBl II S. 427) > H 6.4 (Arbeitsleistung).*

Vorsteuerbeträge

Zur Behandlung von Vorsteuerbeträgen, die nach dem UStG nicht abgezogen werden können, als Herstellungskosten > § 9b Abs. 1 EStG.

Zinsen für Fremdkapital

> § 255 Abs. 3 HGB sowie R 6.3 Abs. 5

EStR   R 6.4 Aufwendungen im Zusammenhang mit einem Grundstück

Anschaffungsnahe Herstellungskosten

(1) [1]Zu den Instandsetzungs- und Modernisierungsmaßnahmen i. S. d. § 6 Abs. 1 Nr. 1a EStG gehört auch die Beseitigung versteckter Mängel. [2]Bei teilentgeltlichem Erwerb des Gebäudes können anschaffungsnahe Herstellungskosten nur im Verhältnis zum entgeltlichen Teil des Erwerbsvorgangs gegeben sein.

Kinderspielplatz

(2) [1]Entstehen dem Steuerpflichtigen Aufwendungen für die Anlage eines Kinderspielplatzes im Zusammenhang mit der Errichtung eines Wohngebäudes, liegen nur dann Herstellungskosten des Gebäudes vor, wenn die Gemeinde als Eigentümerin den Kinderspielplatz angelegt und dafür Beiträge von den Grundstückseigentümern erhoben hat. [2]In allen anderen Fällen (Errichtung des Spielplatzes auf einem Grundstück des Steuerpflichtigen oder als gemeinsamer Spielplatz mit anderen Hauseigentümern) entsteht durch die Aufwendungen ein selbständig zu bewertendes Wirtschaftsgut, dessen Nutzungsdauer im Allgemeinen mit zehn Jahren angenommen werden kann.

► Hinweise   EStH   H 6.4

Abbruchkosten

Wird ein Gebäude oder ein Gebäudeteil abgerissen, so sind für die steuerrechtliche Behandlung folgende Fälle zu unterscheiden:
1. *Der Steuerpflichtige hatte das Gebäude auf einem ihm bereits gehörenden Grundstück errichtet,*
2. *der Steuerpflichtige hat das Gebäude in der Absicht erworben, es als Gebäude zu nutzen (Erwerb ohne Abbruchabsicht),*

3. der Steuerpflichtige hat das Gebäude zum Zweck des Abbruchs erworben (Erwerb mit Abbruchabsicht),

4. der Steuerpflichtige plant den Abbruch eines zum Privatvermögen gehörenden Gebäudes und die Errichtung eines zum Betriebsvermögen gehörenden Gebäudes (Einlage mit Abbruchabsicht),

aber: > Abbruchkosten bei vorheriger Nutzung außerhalb der Einkünfteerzielung.

In den Fällen der Nummern 1 und 2 sind im Jahr des Abbruchs die Abbruchkosten und der Restbuchwert des abgebrochenen Gebäudes sofort abziehbare Betriebsausgaben (zu Nr. 1 > BFH vom 21. 6. 1963 – BStBl III S. 477 und vom 28. 3. 1973 – BStBl II S. 678, zu Nr. 2 > BFH vom 12. 6. 1978 – BStBl II S. 620). Dies gilt auch bei einem in Teilabbruchabsicht erworbenen Gebäude für die Teile, deren Abbruch nicht geplant war. Die darauf entfallenden Abbruchkosten und der anteilige Restbuchwert sind ggf. im Wege der Schätzung zu ermitteln (> BFH vom 15. 10. 1996 – BStBl 1997 II S. 325).

Im Fall der Nummer 3 gilt Folgendes:

a) War das Gebäude technisch oder wirtschaftlich nicht verbraucht, so gehören sein Buchwert und die Abbruchkosten, wenn der Abbruch des Gebäudes mit der Herstellung eines neuen Wirtschaftsguts in einem engen wirtschaftlichen Zusammenhang steht, zu den Herstellungskosten dieses Wirtschaftsguts, sonst zu den Anschaffungskosten des Grund und Bodens (> BFH vom 4. 12. 1984 – BStBl 1985 II S. 208). Müssen bei einem in Teilabbruchabsicht erworbenen Gebäude umfangreichere Teile als geplant abgerissen werden, gehören die Abbruchkosten und der Restwert des abgerissenen Gebäudes insoweit zu den Herstellungskosten des neuen Gebäudes, als sie auf Gebäudeteile entfallen, die bei Durchführung des im Erwerbszeitpunkt geplanten Umbaus ohnehin hätten entfernt werden sollen. Dieser Anteil ist ggf. im Wege der Schätzung zu ermitteln (> BFH vom 15. 10. 1996 – BStBl 1997 II S. 325).

b) War das Gebäude im Zeitpunkt des Erwerbs objektiv wertlos, so entfällt der volle Anschaffungspreis auf den Grund und Boden (> BFH vom 15. 2. 1989 – BStBl II S. 604); für die Abbruchkosten gilt Buchstabe a entsprechend.

Wird mit dem Abbruch eines Gebäudes innerhalb von drei Jahren nach dem Erwerb begonnen, so spricht der Beweis des ersten Anscheins dafür, dass der Erwerber das Gebäude in der Absicht erworben hat, es abzureißen. Der Steuerpflichtige kann diesen Anscheinsbeweis durch den Gegenbeweis entkräften, z. B. dass es zu dem Abbruch erst aufgrund eines ungewöhnlichen Geschehensablaufs gekommen ist. Damit ist nicht ausgeschlossen, dass in besonders gelagerten Fällen, z. B. bei großen Arrondierungskäufen, auch bei einem Zeitraum von mehr als drei Jahren zwischen Erwerb und Beginn des Abbruchs der Beweis des ersten Anscheins für einen Erwerb in Abbruchabsicht spricht (> BFH vom 12. 6. 1978 – BStBl II S. 620). Für den Beginn der Dreijahresfrist ist in der Regel der Abschluss des obligatorischen Rechtsgeschäfts maßgebend (> BFH vom 6. 2. 1979 – BStBl II S. 509).

> Abbruchkosten bei unentgeltlicher Betriebsübertragung nach § 6 Abs. 3 EStG

Im Fall der Nummer 4 gehören der Wert des abgebrochenen Gebäudes und die Abbruchkosten zu den Herstellungskosten des neu zu errichtenden Gebäudes; der Einlagewert des Gebäudes ist nicht schon deshalb mit 0 Euro anzusetzen, weil sein Abbruch beabsichtigt ist (> BFH vom 9. 2. 1983 – BStBl II S. 451).

Abbruchkosten bei unentgeltlicher Betriebsübertragung nach § 6 Abs. 3 EStG

Die Rechtsgrundsätze zur Behandlung von Abbruchkosten beim Erwerb eines Gebäudes in Abbruchabsicht gelten auch für den unentgeltlichen Erwerb eines Mitunternehmeranteils im Wege der vorweggenommenen Erbfolge. Die aus der Abbruchabsicht resultierende Qualifikation als Herstellungskosten des neuen Gebäudes bleibt von der in § 6 Abs. 3 EStG geregelten Buchwertfortführung unberührt (>BFH vom 27. 5. 2020 – BStBl 2021 II S. 748).

Abbruchkosten bei vorheriger Nutzung außerhalb der Einkünfteerzielung

Wurde das abgebrochene Gebäude zuvor zu eigenen Wohnzwecken oder anderen nicht einkommensteuerlich relevanten Zwecken genutzt, stehen die Abbruchkosten und ggf. die Absetzungen für außergewöhnliche Abnutzung ausschließlich im Zusammenhang mit dem Neubau und bilden Herstellungskosten des neuen Gebäudes (> BFH vom 16. 4. 2002 – BStBl II S. 805).

Abgrenzung der selbständigen von den unselbständigen Gebäudeteilen

> R 4.2 Abs. 5

Abgrenzung von Anschaffungs-, Herstellungskosten und Erhaltungsaufwendungen

> R 21.1 und > BMF vom 18. 7. 2003 (BStBl I S. 386)

Ablöse- und Abstandszahlungen

– *Ablöse- und Abstandszahlungen an Mieter oder Pächter > Entschädigungs- oder Abfindungszahlungen*

– *> Stellplätze*

– *Aufwendungen zur Ablösung des Erbbaurechts zählen zu den Herstellungskosten des anschließend auf dem Grundstück nach dem Abriss der vorhandenen Bebauung neu errichteten Gebäudes (> BFH vom 13. 12. 2005 – BStBl 2006 II S. 461).*

Abtragung unselbständiger Gebäudeteile

> Baumängelbeseitigung

Anschaffungskosten des Grund und Bodens

– *> Erdarbeiten*

– *> Erschließungs-, Straßenanlieger- und andere Beiträge*

– *> Hausanschlusskosten*

– *> Zwangsräumung*

Anschaffungsnahe Herstellungskosten[1]

– *> BMF vom 20. 10. 2017 (BStBl I S. 1447)*

– *Nicht zu den anschaffungsnahen Herstellungskosten gehören Aufwendungen für Instandsetzungsmaßnahmen zur Beseitigung eines Schadens, welcher im Zeitpunkt der Anschaffung noch nicht vorhanden war und nachweislich erst später durch schuldhaftes Verhalten eines Dritten am Gebäude verursacht worden ist (> BFH vom 9. 5. 2017 – BStBl 2018 II S. 9).*

– *Zu anschaffungsnahen Herstellungskosten können auch unvermutete Aufwendungen für Renovierungsmaßnahmen führen, die lediglich dazu dienen, Schäden zu beseitigen, welche aufgrund eines langjährigen vertragsgemäßen Gebrauchs der Mietsache durch den Nutzungsberechtigten entstanden sind. Dies gilt auch, wenn im Zeitpunkt der Anschaffung vorhandene, dem Stpfl. bei Erwerb aber verborgen gebliebene Mängel behoben werden (> BFH vom 13. 3. 2018 – BStBl II S. 533).*

Anm. d. Schriftl.:

[1] Zu den Herstellungskosten eines Gebäudes gehören auch Aufwendungen für die Instandsetzung/ Modernisierung, die innerhalb von drei Jahren nach der Anschaffung des Gebäudes durchgeführt werden, wenn die Aufwendungen 15 % der Anschaffungskosten übersteigen. Dies gilt erstmals für Baumaßnahmen, mit denen nach dem 31. 12. 2003 begonnen wird.

Arbeitsleistung

– *Zu den Herstellungskosten des Gebäudes zählt nicht der Wert der eigenen Arbeitsleistung (> BFH vom 10. 5. 1995 – BStBl II S. 713).*

– *> H 6.3 (Kalkulatorische Kosten)*

– *> Tätigkeitsvergütung*

Ausgleichsbeträge nach § 154 BauGB

Die anlässlich einer städtebaulichen Sanierungsmaßnahme zu zahlenden Ausgleichs- oder Ablösungsbeträge sind

– *als Anschaffungs- oder Herstellungskosten zu behandeln, wenn das Grundstück in seiner Substanz oder seinem Wesen verändert wird (z. B. bei einer erstmaligen Erschließung oder bei Maßnahmen zur Verbesserung der Bebaubarkeit) oder*

– *als Werbungskosten/Betriebsausgaben sofort abziehbar, wenn z. B. vorhandene Anlagen ersetzt oder modernisiert werden.*

Die Erhöhung des Grundstückswerts allein führt noch nicht zu Anschaffungs-/Herstellungskosten.

Die Aufwendungen sind nur dann als Anschaffungs-/Herstellungskosten zu behandeln, wenn

– *die Bodenwerterhöhung 10 % überschreitet und*

– *die Bodenwerterhöhung auf Verbesserungen der Erschließung und/oder Bebaubarkeit beruht*

(> BMF vom 8. 9. 2003 (BStBl I S. 489) einschließlich Vordruck „Bescheinigung über sanierungsrechtliche Ausgleichs- oder Ablösungsbeträge nach dem Baugesetzbuch (§ 154 BauGB)").

Außenanlagen

– *Hofbefestigungen und Straßenzufahrt stehen i. d. R. mit einem Betriebsgebäude in keinem einheitlichen Nutzungs- und Funktionszusammenhang. Die Aufwendungen gehören daher nicht zu den Herstellungskosten des Gebäudes (> BFH vom 1. 7. 1983 – BStBl II S. 686).*

– *> Erdarbeiten*

– *> Gartenanlage*

Baumängelbeseitigung

– *Aufwendungen zur Beseitigung von Baumängeln vor Fertigstellung des Gebäudes (mangelhafte Bauleistungen) gehören zu den Herstellungskosten des Gebäudes (> BFH vom 31. 3. 1992 – BStBl II S. 805). Das gilt auch dann, wenn sie zwar bei der Herstellung des Gebäudes aufgetreten, aber erst nach seiner Fertigstellung behoben worden sind (> BFH vom 1. 12. 1987 – BStBl 1988 II S. 431) sowie in den Fällen, in denen noch während der Bauzeit unselbständige Gebäudeteile wieder abgetragen werden müssen (> BFH vom 30. 8. 1994 – BStBl 1995 II S. 306).*

– *> H 7.4 (AfaA)*

– *> Prozesskosten*

– *> Vorauszahlungen*

Baumaterial aus Enttrümmerung

Zu den Herstellungskosten des Gebäudes gehört auch der Wert des bei der Enttrümmerung eines kriegszerstörten Gebäudes gewonnenen und wieder verwendeten Baumaterials (> BFH vom 5. 12. 1963 – BStBl 1964 III S. 299).

Bauplanungskosten

– *Zu den Herstellungskosten des Gebäudes gehören auch vergebliche Planungskosten, wenn der Steuerpflichtige die ursprüngliche Planung zwar nicht verwirklicht, später aber ein die beabsichtigten Zwecke erfüllendes Gebäude erstellt (> BFH vom 29. 11. 1983 – BStBl 1984 II S. 303, 306) und den Aufwendungen tatsächlich erbrachte Leistungen gegenüberstehen (> BFH vom 8. 9. 1998 – BStBl 1999 II S. 20).*

– *> Honorare*

Bauzeitversicherung

Beiträge für die Bauzeitversicherung gehören nicht zu den Herstellungskosten des Gebäudes. Sie können nach den allgemeinen Grundsätzen als (vorweggenommene) Betriebsausgaben oder Werbungskosten abgezogen werden (> BFH vom 25. 2. 1976 – BStBl 1980 II S. 294).

Betriebsvorrichtungen

Aufwendungen für das Entfernen von Betriebsvorrichtungen gehören zu den Herstellungskosten des Gebäudes, wenn dieses dadurch wesentlich verbessert wird (> BFH vom 25. 1. 2006 – BStBl II S. 707).

...

Einbauküche

Bei einer Einbauküche mit ihren einzelnen Elementen (Spüle, Herd, Einbaumöbel, Elektrogeräte, Arbeitsplatte) handelt es sich um ein einheitliches Wirtschaftsgut, das über einen Zeitraum von zehn Jahren abzuschreiben ist. Aufwendungen für die vollständige Erneuerung einer Einbauküche sind dann nicht als Erhaltungsaufwand abziehbar (> BFH vom 3. 8. 2016 – BStBl 2017 II S. 437).

Einbauten als unselbständige Gebäudeteile

Aufwendungen für Einbauten als unselbständige Gebäudeteile gehören – soweit die unselbständigen Gebäudeteile nicht Betriebsvorrichtungen sind – zu den Herstellungskosten des Gebäudes (> BFH vom 26. 11. 1973 – BStBl 1974 II S. 132).

Entschädigungs- oder Abfindungszahlungen

Entschädigungs- oder Abfindungszahlungen an Mieter oder Pächter für vorzeitige Räumung eines Grundstücks zur Errichtung eines Gebäudes gehören zu den Herstellungskosten des neuen Gebäudes (> BFH vom 9. 2. 1983 – BStBl II S. 451).

Erdarbeiten

– **Buschwerk und Bäume**

Zu den Herstellungskosten eines Gebäudes oder einer Außenanlage rechnen neben den Aufwendungen für die beim Bau anfallenden üblichen Erdarbeiten auch die Kosten für das Freimachen des Baugeländes von Buschwerk und Bäumen, soweit dies für die Herstellung des Gebäudes und der Außenanlage erforderlich ist (> BFH vom 26. 8. 1994 – BStBl 1995 II S. 71).

– **Hangabtragung**

Die beim Bau eines Gebäudes regelmäßig anfallenden Erdarbeiten (Abtragung, Lagerung, Einplanierung bzw. Abtransport des Mutterbodens, der Aushub des Bodens für die Baugrube, seine Lagerung und ggf. sein Abtransport) gehören zu den Herstellungskosten des Gebäudes und der Außenanlage. Aufwendungen, die unmittelbar der erstmaligen oder einer wesentlich verbesserten Nutzung des Wirtschaftsguts Grund und Boden dienen, sind unter der Voraussetzung, dass der Grund und Boden durch diese Maßnahmen eine über seinen ursprünglichen Zustand hinausgehende wesentliche Verbesserung erfährt, nachträgliche Herstellungskosten des Grund und Bodens, ansonsten sofort abziehbare Betriebsausgaben (> BFH vom 27. 1. 1994 – BStBl II S. 512).

Erschließungs-, Straßenanlieger- und andere Beiträge

– *Erbbaurecht*

– *Wird ein Gebäude im Erbbaurecht errichtet und zahlt der Erbbauberechtigte den Erschlie-
ßungsbeitrag, gehört der Beitrag weder ganz noch teilweise zu den Herstellungskosten des
im Erbbaurecht errichteten Gebäudes (> BFH vom 22. 2. 1967 – BStBl III S. 417).*

– *> H 5.6 (Erbbaurecht), (Bestimmte Zeit nach dem Abschlussstichtag)*

– *> H 6.2*

– *> H 21.2*

– **Erstmalige Beiträge, Ersetzung, Modernisierung**

*Beiträge zur Finanzierung erstmaliger Anlagen sind nachträgliche Anschaffungskosten des
Grund und Bodens, wenn durch die Baumaßnahmen, für die die Beiträge geleistet worden
sind, eine Werterhöhung des Grund und Bodens eintritt, die unabhängig von der Bebauung
des Grundstücks und dem Bestand eines auf dem Grundstück errichteten Gebäudes ist, und
die Beiträge in einem Sachbezug zum Grundstück stehen. Werden hingegen Erschließungsanlagen ersetzt oder modernisiert, führen Erschließungsbeiträge zu Erhaltungsaufwendungen,
es sei denn, das Grundstück wird hierdurch ausnahmsweise in seiner Substanz oder in seinem
Wesen verändert (> BFH vom 22. 3. 1994 – BStBl II S. 842, vom 3. 7. 1997 – BStBl II S. 811, vom
3. 8. 2005 – BStBl 2006 II S. 369 und BFH vom 20. 7. 2010 – BStBl 2011 II S. 35).*

Erhaltungsaufwendungen sind daher

*a) nachträgliche **Straßenbaukostenbeiträge** für ein bereits durch eine Straße erschlossenes
Grundstück, die eine Gemeinde für die bauliche Veränderung des Straßenbelags und des
Gehwegs zur Schaffung einer verkehrsberuhigten Zone erhebt (> BFH vom 22. 3. 1994 –
BStBl II S. 842).*

*b) die **Kanalanschlussgebühren**, wenn eine eigene Sickergrube oder Kläranlage ersetzt wird
(> BFH vom 13. 9. 1984 – BStBl 1985 II S. 49 und vom 4. 11. 1986 – BStBl 1987 II S. 333).
Werden durch eine einheitliche Erschließungsmaßnahme bisher als Weideland genutzte
Flächen bebaubar, handelt es sich bei den darauf entfallenden Abwasserbeiträgen jedoch
um nachträgliche Anschaffungskosten für den Grund und Boden, auch wenn ein Wohngebäude, das mit erschlossen wird, bereits über eine Sickergrube verfügte (> BFH vom
11. 12. 2003 – BStBl 2004 II S. 282).*

– *Flächenbeiträge*

*Ein Flächenbeitrag nach § 58 Abs. 1 BauGB kann zu nachträglichen Anschaffungskosten des
Grund und Bodens führen, und zwar auch dann, wenn ein förmliches Umlegungsverfahren
durch privatrechtliche Vereinbarungen vermieden wurde (> BFH vom 6. 7. 1989 – BStBl 1990 II
S. 126).*

– *Kanalbaubeitrag (Kanalanschlussgebühr)*

– *Der vom Hauseigentümer für Anlagen der Gemeinde außerhalb seines Grundstücks an die
Gemeinde zu zahlende Kanalbaubeitrag (Kanalanschlussgebühr) gehört zu den Anschaffungskosten des Grund und Bodens (> BFH vom 24. 11. 1967 – BStBl 1968 II S. 178).*

– *> Erstmalige Beiträge, Ersetzung, Modernisierung*

– *> Hausanschlusskosten*

– *Privatstraße*

*Aufwendungen des Erwerbers eines Grundstücks für eine von einem Dritten zu errichtende Pri-
vatstraße stellen auch dann Anschaffungskosten eines selbständigen abnutzbaren Wirtschaftsgutes dar, wenn die Straße der erstmaligen Erschließung des Grundstücks dient (> BFH
vom 19. 10. 1999 – BStBl 2000 II S. 257).*

– Zweit- oder Zusatzerschließung

Beiträge für die Zweit- oder Zusatzerschließung eines Grundstücks durch eine weitere Straße sind nachträgliche Anschaffungskosten des Grund und Bodens, wenn sich der Wert des Grundstücks auf Grund einer Erweiterung der Nutzbarkeit oder einer günstigeren Lage erhöht. Das gilt auch dann, wenn ein durch einen Privatweg an das öffentliche Straßennetz angebundenes Grundstück zusätzlich durch eine erstmals errichtete öffentliche Straße erschlossen wird (> BFH vom 12.1.1995 – BStBl II S. 632, vom 7.11.1995 – BStBl 1996 II S. 89 und 190 und vom 19.12.1995 – BStBl 1996 II S. 134) oder wenn das Grundstück mittels eingetragener Zufahrtsbaulast auf dem Nachbargrundstück eine erweiterte Nutzbarkeit erlangt und damit dem Grundstück ein besonderes, über den bisherigen Zustand hinausgehendes Gepräge erlangt (> BFH vom 20.7.2010, BStBl 2011 II S. 35).

Fahrtkosten

Fahrtkosten des Steuerpflichtigen zur Baustelle gehören in tatsächlicher Höhe zu den Herstellungskosten (> BFH vom 10.5.1995 – BStBl II S. 713).

Gartenanlage

– *Die zu einem Gebäude gehörende Gartenanlage ist ein selbständiges Wirtschaftsgut (> BFH vom 30.1.1996 – BStBl 1997 II S. 25).*

– *> Umzäunung*

– *> R 21.1 Abs. 3*

Gebäude

Begriff > R 7.1 Abs. 5

Gebäudebestandteile

– *> Einbauküche*

– *> Heizungsanlagen*

– *> Kassettendecken*

– *> Waschmaschine*

– *> R 7.1 Abs. 6*

– *> H 4.2 (5) unselbständige Gebäudeteile*

Generalüberholung

> BMF vom 18.7.2003 (BStBl I S. 386)

Grunderwerbsteuer

– *Aussetzungszinsen für Grunderwerbsteuer gehören nicht zu den Anschaffungskosten (> BFH vom 25.7.1995 – BStBl II S. 835).*

– *Säumniszuschläge zur Grunderwerbsteuer rechnen zu den Anschaffungskosten des Grundstücks (> BFH vom 14.1.1992 – BStBl II S. 464).*

Hausanschlusskosten

– **Anlagen zur Ableitung von Abwässern**

– *Aufwendungen für die (Erst- oder Zweit-)Herstellung von Zuleitungsanlagen eines Gebäudes zum öffentlichen Kanal (sog. Hausanschlusskosten) einschließlich der sog. Kanalanstichgebühr gehören zu den Herstellungskosten des Gebäudes, soweit die Kosten für Anlagen auf privatem Grund und nicht für Anlagen der Gemeinde außerhalb des Grundstücks entstanden sind. Aufwendungen für die Ersetzung, Modernisierung oder (ggf. teilweise) Instandsetzung einer vorhandenen und funktionsfähigen Kanalisation sind demgegenüber Erhaltungsaufwand. Dies gilt unabhängig davon, ob die Kosten für Anlagen auf privatem oder auf öffentlichem Grund entstanden sind (> BFH vom 3. 9. 2019 – BStBl 2020 II S. 191).*

– *> Erschließungs-, Straßenanlieger- und andere Beiträge*

– **Anschlüsse an Versorgungsnetze (Strom, Gas, Wasser, Wärme)**

Die Kosten für den Anschluss eines Hauses an Versorgungsnetze gehören zu den Herstellungskosten des Gebäudes (> BFH vom 15. 1. 1965 – BStBl III S. 226).

Heizungsanlagen

Eine in ein Gebäude eingebaute Heizungsanlage ist regelmäßig als Gebäudebestandteil anzusehen. Für die Annahme einer Betriebsvorrichtung ist es nicht ausreichend, wenn eine Heizungsanlage für einen Betrieb auf Grund brandschutzrechtlicher Bestimmungen oder einfachgesetzlicher Umweltschutzbestimmungen vorgeschrieben ist. Entscheidend ist, ob die Gegenstände von ihrer Funktion her unmittelbar zur Ausübung des Gewerbes benutzt werden (> BFH vom 7. 9. 2000 – BStBl 2001 II S. 253).

Honorare

– *Hat der Steuerpflichtige ein zur Erzielung von Einkünften bestimmtes Gebäude geplant, aber nicht errichtet, und muss er deshalb an den Architekten ein gesondertes Honorar für Bauüberwachung und Objektbetreuung zahlen, ohne dass der Architekt solche Leistungen tatsächlich erbracht hat, gehören diese Aufwendungen nicht zu den Herstellungskosten eines später errichteten anderen Gebäudes, sondern sind als Betriebsausgaben/Werbungskosten abziehbar (> BFH vom 8. 9. 1998 – BStBl 1999 II S. 20).*

– *> Bauplanungskosten*

Instandsetzung

– *> BMF vom 18. 7. 2003 (BStBl I S. 386)*

– *Renovierungskosten, die der Veräußerer der Wohnung im Kaufvertrag in Rechnung stellt, sind Bestandteil des Kaufpreises und deshalb Anschaffungskosten der Wohnung (> BFH vom 17. 12. 1996 – BStBl 1997 II S. 348).*

Kassettendecken

Die Aufwendungen für eine abgehängte, mit einer Beleuchtungsanlage versehene Kassettendecke eines Büroraums gehören zu den Herstellungskosten des Gebäudes, weil die Kassettendecke Gebäudebestandteil und nicht Betriebsvorrichtung ist (> BFH vom 8. 10. 1987 – BStBl 1988 II S. 440).

Modernisierung

> BMF vom 18. 7. 2003 (BStBl I S. 386)

Prozesskosten

Prozesskosten teilen als Folgekosten das rechtliche Schicksal der Aufwendungen, um die gestritten wurde. Gehören die Aufwendungen, um die gestritten wurde, zu den Herstellungskosten eines Gebäudes, gilt dies auch für die Prozesskosten (> BFH vom 1. 12. 1987 – BStBl 1988 II S. 431).

EStR

Restitutionsverfahren

Im Restitutionsverfahren nach dem VermG zum Ausgleich von Instandsetzungs- und Modernisierungsaufwendungen an einem rückübertragenen Gebäude geleistete Zahlungen stellen Anschaffungskosten dar (> BFH vom 11. 1. 2005 – BStBl II S. 477).

Stellplätze

Aufwendungen für die Ablösung der Verpflichtung zur Errichtung von Stellplätzen gehören auch dann zu den Herstellungskosten eines Gebäudes, wenn eine Verpflichtung zur nachträglichen Herstellung von Stellplätzen bei bereits bestehenden baulichen Anlagen abgelöst wird (> BFH vom 8. 3. 1984 – BStBl II S. 702). Bei (Nutzungs-)Änderung eines Gebäudes gehören sie zu den Herstellungskosten, wenn die zur Änderung führende Baumaßnahme als Herstellung im Sinne von § 255 Abs. 2 HGB anzusehen ist (> BFH vom 6. 5. 2003 – BStBl II S. 710).

Tätigkeitsvergütung

– Zahlt eine Personengesellschaft, die ein Betriebsgebäude errichtet, einem ihrer Gesellschafter für die Bauaufsicht und für die Koordinierung der Handwerkerarbeiten Arbeitslohn, so gehört dieser auch dann zu den Herstellungskosten des Gebäudes, wenn es sich um eine Tätigkeitsvergütung im Sinne des § 15 Abs. 1 Satz 1 Nr. 2 EStG handelt (> BFH vom 8. 2. 1996 – BStBl II S. 427).

– > H 6.3 (Kalkulatorische Kosten)

– > Arbeitsleistung

Umzäunung

Aufwendungen für die Umzäunung eines Mietwohngrundstücks (z. B. Maschendrahtzaun) können in einem einheitlichen Nutzungs- und Funktionszusammenhang mit dem Gebäude stehen und gehören daher in der Regel zu den Gebäudeherstellungskosten (> BFH vom 15. 12. 1977 – BStBl 1978 II S. 210). Ein solcher Zusammenhang ist bei einem Betriebsgrundstück im Allgemeinen zu verneinen (> BFH vom 1. 7. 1983 – BStBl II S. 686). Diese Grundsätze gelten auch für angemessene Aufwendungen für das Anpflanzen von Hecken, Büschen und Bäumen an den Grundstücksgrenzen (lebende Umzäunung) (> BFH vom 30. 6. 1966 – BStBl III S. 541).

Versorgungsnetz

– > Erschließungs-, Straßenanlieger- und andere Beiträge

– > Hausanschlusskosten

Vorauszahlungen auf Herstellungskosten

– Vorauszahlungen auf Herstellungskosten für die der Steuerpflichtige infolge Insolvenz des Bauunternehmers keine Bauleistungen erhalten hat und die er auch nicht zurückerlangen kann, gehören nicht zu den Herstellungskosten des Gebäudes, sondern können unter den allgemeinen Voraussetzungen als Betriebsausgaben bzw. Werbungskosten abgezogen werden. Stehen ihnen jedoch Herstellungsleistungen des Bauunternehmers gegenüber, gehören sie zu den Herstellungskosten eines Gebäudes, selbst wenn die Herstellungsleistungen mangelhaft sind (> BFH vom 31. 3. 1992 – BStBl II S. 805). Vorauszahlungen auf Anschaffungskosten können als Betriebsausgaben oder Werbungskosten abgezogen werden, wenn das Anschaffungsgeschäft nicht zustande gekommen ist und eine Rückzahlung nicht erlangt werden kann (> BFH vom 28. 6. 2002 – BStBl II S. 758).

– > Baumängelbeseitigung

Wärmerückgewinnungsanlage

Eine Wärmerückgewinnungsanlage ist nicht schon deshalb als Betriebsvorrichtung zu beurteilen, weil es sich bei den Kühlzellen, deren abgegebene Wärme durch die Anlage aufbereitet wird, um *eine Betriebsvorrichtung handelt. Eine Betriebsvorrichtung kann jedoch dann vorliegen, wenn die Anlage dem in einem Gebäude ausgeübten Gewerbebetrieb unmittelbar dient und der Zweck, das Gebäude zu beheizen und mit Warmwasser zu versorgen, demgegenüber in den Hintergrund tritt (> BFH vom 5. 9. 2002 – BStBl II S. 877).*

Waschmaschine

Eine Waschmaschine ist kein Gebäudebestandteil, sondern ein selbständiges bewegliches Wirtschaftsgut. Das gilt auch dann, wenn sie auf einem Zementsockel angeschraubt ist und den Mietern gegen Entgelt zur Verfügung steht (> BFH vom 30. 10. 1970 – BStBl 1971 II S. 95).

Wesentliche Verbesserung

- *> BMF vom 18. 7. 2003 (BStBl I S. 386)*
- *Baumaßnahmen an einem betrieblich genutzten Gebäude oder Gebäudeteil führen zu einer wesentlichen Verbesserung i. S. d. § 255 Abs. 2 Satz 1 Alternative 3 HGB, wenn durch sie eine neue betriebliche Gebrauchs- oder Verwendungsmöglichkeit (> BFH vom 25. 1. 2006 – BStBl II S. 707) oder eine höherwertige (verbesserte) Nutzbarkeit (> BFH vom 25. 9. 2007 – BStBl 2008 II S. 218) geschaffen wird.*

Wohnrechtsablösung

Aufwendungen für die Wohnrechtsablösung durch den Miterben führen zu nachträglichen Anschaffungskosten (> BFH vom 28. 11. 1991 – BStBl 1992 II S. 381 und vom 3. 6. 1992 – BStBl 1993 II S. 98).

Zwangsräumung

Wird ein unbebautes, besetztes Grundstück zwangsweise geräumt, um es anschließend teilweise bebauen und teilweise als Freifläche vermieten zu können, sind die Aufwendungen für die Zwangsräumung, soweit sie die zu bebauende Fläche betreffen, Herstellungskosten der später errichteten Gebäude, und soweit sie die Freifläche betreffen, Anschaffungskosten des Grund und Bodens (> BFH vom 18. 5. 2004 – BStBl II 2004 S. 872).

EStR   R 6.5 Zuschüsse für Anlagegüter

Begriff des Zuschusses

(1) [1]Ein Zuschuss ist ein Vermögensvorteil, den ein Zuschussgeber zur Förderung eines – zumindest auch – in seinem Interesse liegenden Zwecks dem Zuschussempfänger zuwendet. [2]Fehlt ein Eigeninteresse des Leistenden, liegt kein Zuschuss vor. [3]In der Regel wird ein Zuschuss auch nicht vorliegen, wenn ein unmittelbarer wirtschaftlicher Zusammenhang mit einer Leistung des Zuschussempfängers feststellbar ist.

Wahlrecht

(2) [1]Werden Anlagegüter mit Zuschüssen aus öffentlichen oder privaten Mitteln angeschafft oder hergestellt, hat der Stpfl. ein > Wahlrecht. [2]Er kann die Zuschüsse als Betriebseinnahmen ansetzen; in diesem Fall werden die Anschaffungs- oder Herstellungskosten der betreffenden Wirtschaftsgüter durch die Zuschüsse nicht berührt. [3]Er kann die Zuschüsse aber auch erfolgsneutral behandeln; in diesem Fall dürfen die Anlagegüter, für die die Zuschüsse gewährt worden sind, nur mit den Anschaffungs- oder Herstellungskosten bewertet werden, die der Stpfl. selbst, also ohne Berücksichtigung der Zuschüsse aufgewendet hat. [4]Weicht die Bewertung von der Handelsbilanz ab, sind die entsprechenden Anlagegüter in ein besonderes, laufend zu führendes Verzeichnis aufzunehmen (§ 5 Abs. 1 Satz 2 EStG).

Nachträglich gewährte Zuschüsse

(3) [1]Werden Zuschüsse, die erfolgsneutral behandelt werden, erst nach der Anschaffung oder Herstellung von Anlagegütern gewährt, sind sie nachträglich von den gebuchten Anschaffungs- oder Herstellungskosten abzusetzen. [2]Ebenso ist zu verfahren, wenn die Anlagen mit Hilfe eines Darlehens angeschafft oder hergestellt worden sind und der nachträglich gewährte Zuschuss auf dieses Darlehen verrechnet oder zur Tilgung des Darlehens verwendet wird.

Im Voraus gewährte Zuschüsse

(4) [1]Werden Zuschüsse gewährt, die erfolgsneutral behandelt werden sollen, wird aber das Anlagegut ganz oder teilweise erst in einem auf die Gewährung des Zuschusses folgenden Wirtschaftsjahr angeschafft oder hergestellt, kann in Höhe der – noch – nicht verwendeten Zuschussbeträge eine steuerfreie Rücklage gebildet werden, die im Wirtschaftsjahr der Anschaffung oder Herstellung auf das Anlagegut zu übertragen ist. [2]Zur Erfüllung der Aufzeichnungspflichten nach § 5 Abs. 1 Satz 2 EStG ist bei der Bildung der steuerfreien Rücklage der Ansatz in der Steuerbilanz ausreichend. [3]Die Aufnahme des Wirtschaftsguts in das besondere Verzeichnis ist erst bei Übertragung der Rücklage erforderlich.

 **Hinweise   EStH   H 6.5**

Baukostenzuschüsse bei Energieversorgungsunternehmen

Nicht rückzahlbare Beiträge (Baukostenzuschüsse), die Versorgungsunternehmen dem Kunden als privatem oder gewerblichem Endabnehmer oder dem Weiterverteiler im Zusammenhang mit der Herstellung des Versorgungsanschlusses als Baukostenzuschüsse in Rechnung stellen, sind Zuschüsse im Sinne von R 6.5. Das gilt für von Windkraftanlagenbetreibern gezahlte Baukostenzuschüsse bei Energieversorgungsunternehmen entsprechend (> BMF vom 27. 5. 2003 – BStBl I S. 361).

Betriebsunterbrechungsversicherung

– Leistungen der Betriebsunterbrechungsversicherung sind keine Zuschüsse (> BFH vom 29. 4. 1982 – BStBl II S. 591).

– > H 6.6 (1) Entschädigung

Geld- oder Bauleistungen

Geld- oder Bauleistungen des Mieters zur Erstellung eines Gebäudes sind keine Zuschüsse, sondern zusätzliches Nutzungsentgelt für die Gebrauchsüberlassung des Grundstücks (> BFH vom 28. 10. 1980 – BStBl 1981 II S. 161).

Investitionszulagen sind keine Zuschüsse

> § 13 InvZulG 2010

Investitionszuschüsse bei Einnahmenüberschussrechnung

Erhält ein Stpfl., der seinen Gewinn nach § 4 Abs. 3 EStG ermittelt, für die Anschaffung oder Herstellung bestimmter Wirtschaftsgüter öffentliche Investitionszuschüsse, mindern diese die Anschaffungs- oder Herstellungskosten bereits im Jahr der Bewilligung und nicht im Jahr der Auszahlung. Sofern der Stpfl. den Zuschuss sofort als Betriebseinnahme versteuern will, muss er das entsprechende Wahlrecht ebenfalls im Jahr der Zusage ausüben (> BFH vom 29. 11. 2007 – BStBl 2008 II S. 561).

Mieterzuschüsse

> R 21.5 Abs. 3

Nachträglich gewährte Zuschüsse

Zur AfA > R 7.3 Abs. 4

Öffentliche Zuschüsse unter Auflage

> H 21.5 (Zuschüsse)

Rechnungsabgrenzungsposten

> H 5.6 (Investitionszuschüsse)

Wahlrecht

*Das Wahlrecht, Investitionszuschüsse aus öffentlichen Mitteln nicht als Betriebseinnahmen zu er-
fassen, sondern von den Anschaffungs- bzw. Herstellungskosten des bezuschussten Wirtschaftsguts abzusetzen (> R 6.5 Abs. 2), ist rechtens (> BFH vom 5. 6. 2003 – BStBl II S. 801). Mit der Bildung von Wertberichtigungsposten nach der KHBV übt ein Krankenhausträger das Wahlrecht im
Sinne einer Minderung der Anschaffungs- oder Herstellungskosten der mit Fördermitteln angeschafften oder hergestellten Anlagegüter aus (> BFH vom 26. 11. 1996 – BStBl 1997 II S. 390).*

EStR   R 6.6 Übertragung stiller Reserven bei Ersatzbeschaffung

Allgemeines

(1) ¹Die Gewinnverwirklichung durch Aufdeckung stiller Reserven kann in bestimmten Fällen
der Ersatzbeschaffung vermieden werden. ²Voraussetzung ist, dass

1. ein Wirtschaftsgut des Anlage- oder Umlaufvermögens infolge höherer Gewalt oder infolge oder zur Vermeidung eines behördlichen Eingriffs gegen > Entschädigung aus dem Betriebsvermögen ausscheidet,

2. innerhalb einer bestimmten Frist ein funktionsgleiches Wirtschaftsgut (Ersatzwirtschaftsgut) angeschafft oder hergestellt wird, auf dessen Anschaffungs- oder Herstellungskosten
   die aufgedeckten stillen Reserven übertragen werden, und

3. das Wirtschaftsgut wegen der Abweichung von der Handelsbilanz in ein besonderes laufend zu führendes Verzeichnis aufgenommen wird (§ 5 Abs. 1 Satz 2 EStG).

Hinweise   EStH   H 6.6 (1)

Aufdeckung stiller Reserven

*Das Unterlassen der Aufdeckung stiller Reserven in bestimmten Fällen der Ersatzbeschaffung ist
aus einer einschränkenden Auslegung des Realisationsgrundsatzes herzuleiten; es gibt keinen
durchgängigen Gewinnrealisierungszwang für sämtliche Veräußerungsvorgänge (> BFH vom
14. 11. 1990 – BStBl 1991 II S. 222).*

Einlage

Die Einlage eines Wirtschaftsguts in das Betriebsvermögen ist keine Ersatzbeschaffung (> BFH vom 11. 12. 1984 – BStBl 1985 II S. 250).

Entnahme

Eine Gewinnverwirklichung kann nicht durch Ersatzbeschaffung vermieden werden, wenn ein Wirtschaftsgut durch Entnahme aus dem Betriebsvermögen ausscheidet (> BFH vom 24. 5. 1973 – BStBl II S. 582).

Entschädigung

– *Eine Entschädigung i. S. v. R 6.6 Abs. 1 liegt nur vor, soweit sie für das aus dem Betriebsvermögen ausgeschiedene Wirtschaftsgut als solches und nicht für Schäden gezahlt worden ist, die die Folge des Ausscheidens aus dem Betriebsvermögen sind (z. B. Entschädigungen für künftige Nachteile beim Wiederaufbau, Ertragswertentschädigung für die Beeinträchtigung des verbleibenden Betriebs); ausnahmsweise können auch Zinsen in die Entschädigung im Sinne von R 6.6 Abs. 1 einzubeziehen sein (> BFH vom 29. 4. 1982 – BStBl II S. 568).*

– *Leistungen einer Betriebsunterbrechungsversicherung, soweit diese die Mehrkosten für die beschleunigte Wiederbeschaffung eines durch Brand zerstörten Wirtschaftsguts übernimmt, sind Entschädigungen im Sinne von R 6.6 Abs. 1 (> BFH vom 9. 12. 1982 – BStBl 1983 II S. 371).*

– *Es ist nicht schädlich, wenn die Entschädigung für das ausgeschiedene Wirtschaftsgut in einem Sachwert besteht, der Privatvermögen wird (> BFH vom 19. 12. 1972 – BStBl 1973 II S. 297).*

– *Wird einem vorsteuerabzugsberechtigten Unternehmer anlässlich eines Versicherungsfalls der Wiederbeschaffungswert einschließlich Umsatzsteuer ersetzt, ist auch die Umsatzsteuer Teil der Entschädigung (> BFH vom 24. 6. 1999 – BStBl II S. 561).*

Ersatzwirtschaftsgut

– *Ein Ersatzwirtschaftsgut setzt nicht nur ein der Art nach funktionsgleiches Wirtschaftsgut voraus, es muss auch funktionsgleich genutzt werden (> BFH vom 29. 4. 1999 – BStBl II S. 488).*

– *Rücklagen für Ersatzbeschaffung können nur gebildet werden, wenn das Ersatzwirtschaftsgut in demselben Betrieb angeschafft oder hergestellt wird, dem auch das entzogene Wirtschaftsgut diente. Das gilt nicht, wenn die durch Enteignung oder höhere Gewalt entstandene Zwangslage zugleich den Fortbestand des bisherigen Betriebs selbst gefährdet oder beeinträchtigt hat (> BFH vom 22. 1. 2004 – BStBl II S. 421).*

Veräußerung

Scheidet ein Wirtschaftsgut infolge einer behördlichen Anordnung oder zur Vermeidung eines behördlichen Eingriffs durch Veräußerung aus dem Betriebsvermögen aus, tritt an die Stelle der Entschädigung der Veräußerungserlös (> BFH vom 12. 6. 2001 – BStBl II S. 830).

Höhere Gewalt – behördlicher Eingriff

(2) ¹Höhere Gewalt liegt vor, wenn das Wirtschaftsgut infolge von Elementarereignissen wie z. B. Brand, Sturm oder Überschwemmung sowie durch andere unabwendbare Ereignisse wie z. B. Diebstahl oder unverschuldeten Unfall ausscheidet; eine Mithaftung auf Grund Betriebsgefahr ist unschädlich. ²Fälle eines behördlichen Eingriffs sind z. B. Maßnahmen zur Enteignung oder Inanspruchnahme für Verteidigungszwecke.

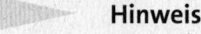 **Hinweise   EStH   H 6.6 (2)**

Behördlicher Eingriff

Behördlicher Eingriff ist zu **bejahen**

– *bei Enteignung (> BFH vom 14. 11. 1990 – BStBl 1991 II S. 222),*

– *bei behördlichen Bauverboten (> BFH vom 17. 10. 1961 – BStBl III S. 566 und vom 6. 5. 1971 – BStBl II S. 664),*

– *bei behördlich angeordneter Betriebsunterbrechung (> BFH vom 8. 10. 1975 – BStBl 1976 II S. 186).*

Behördlicher Eingriff ist zu **verneinen**

– *bei Ausübung eines Wiederkaufsrechts durch die Gemeinde (> BFH vom 21. 2. 1978 – BStBl II S. 428),*

– *bei Aufstellung eines Bebauungsplans, der die bisherige Nutzung des Grundstücks wegen Bestandsschutzes unberührt lässt, selbst wenn dadurch eine sinnvolle Betriebserweiterung oder -umstellung ausgeschlossen wird; bei Veräußerungen zur Durchführung erforderlicher Maßnahmen zur Strukturanpassung kann aber eine Gewinnverwirklichung unter den Voraussetzungen der §§ 6b, 6c EStG vermieden werden (> BFH vom 14. 11. 1990 – BStBl 1991 II S. 222),*

– *bei Veräußerung infolge einer wirtschaftlichen Zwangslage, selbst wenn die Unterlassung der Veräußerung unter Berücksichtigung aller Umstände eine wirtschaftliche Fehlmaßnahme gewesen wäre (> BFH vom 20. 8. 1964 – BStBl III S. 504),*

– *bei Tausch von Grundstücken oder Veräußerung eines Grundstücks und Erwerb eines Ersatzgrundstücks, wenn lediglich ein gewisses öffentliches Interesse an den Maßnahmen besteht (> BFH vom 29. 3. 1979 – BStBl II S. 412),*

– *bei privatrechtlich bedingten Zwangssituationen auf Grund zivilrechtlicher Vorgaben, z. B. bei der Übertragung von Aktien gegen Barabfindung gem. § 327a AktG, sog. Squeeze-out (> BFH vom 13. 10. 2010 – BStBl 2014 II S. 943).*

Höhere Gewalt

Höhere Gewalt ist zu **bejahen**

– *bei Abriss eines Gebäudes wegen erheblicher, kurze Zeit nach der Fertigstellung auftretender Baumängel (> BFH vom 18. 9. 1987 – BStBl 1988 II S. 330),*

– *bei Ausscheiden eines Wirtschaftsgutes infolge eines unverschuldet erlittenen Verkehrsunfalls (> BFH vom 14. 10. 1999 – BStBl 2001 II S. 130); > auch R 6.6 Abs. 2 Satz 1.*

Höhere Gewalt ist zu **verneinen**

– *bei Unbrauchbarwerden einer Maschine infolge eines Material- oder Konstruktionsfehlers oder eines Bedienungsfehlers (> BFH vom 15. 5. 1975 – BStBl II S. 692).*

Übertragung aufgedeckter stiller Reserven

(3) [1]Bei einem ausgeschiedenen Betriebsgrundstück mit aufstehendem Gebäude können beim Grund und Boden und beim Gebäude aufgedeckte stille Reserven jeweils auf neu angeschafften Grund und Boden oder auf ein neu angeschafftes oder hergestelltes Gebäude übertragen werden. [2]Soweit eine Übertragung der bei dem Grund und Boden aufgedeckten stillen Reserven auf die Anschaffungskosten des erworbenen Grund und Bodens nicht möglich ist, können die stillen Reserven auf die Anschaffungs- oder Herstellungskosten des Gebäudes übertragen werden. [3]Entsprechendes gilt für die bei dem Gebäude aufgedeckten stillen Reserven.

EStR

Buchwert

Wegen des Begriffs Buchwert > R 6b.1 Abs. 2.

Mehrentschädigung

Scheidet ein Wirtschaftsgut gegen Barzahlung und gegen Erhalt eines Ersatzwirtschaftsguts aus dem Betriebsvermögen aus oder wird die für das Ausscheiden eines Wirtschaftsguts erhaltene Entschädigung nicht in voller Höhe zur Beschaffung eines Ersatzwirtschaftsguts verwendet, dürfen die aufgedeckten stillen Reserven nur anteilig auf das Ersatzwirtschaftsgut übertragen werden (> BFH vom 3. 9. 1957 – BStBl III S. 386).

Beispiel:

Letzter Buchwert des ausgeschiedenen Wirtschaftsguts .... *30 000 €*

Entschädigung oder Gegenleistung für das ausgeschiedene Wirtschaftsgut (Wert des Ersatzwirtschaftsguts zuzüglich der erhaltenen Barzahlung) .... *50 000 €*

Aufgedeckte stille Reserven .... *20 000 €*

Anschaffungs- oder Herstellungskosten des Ersatzwirtschaftsguts .... *40 000 €*

Zu übertragende stille Reserven anteilig $\dfrac{20\,000 \times 40\,000}{50\,000} =$ .... *16 000 €*

Das Ersatzwirtschaftsgut wird angesetzt mit (40 000 € – 16 000 € =) .... *24 000 €*

Steuerpflichtiger Gewinn in Höhe der nicht übertragbaren stillen Reserven (20 000 € – 16 000 € =) .... *4 000 €*

Teilwertabschreibung

Eine Teilwertabschreibung auf das Ersatzwirtschaftsgut ist nur möglich, wenn der nach der Übertragung der stillen Reserven verbleibende Betrag höher ist als der Teilwert (> BFH vom 5. 2. 1981 – BStBl II S. 432).

Übertragung aufgedeckter stiller Reserven

Die zu übertragenden stillen Reserven bemessen sich auch dann nach dem Unterschied zwischen der Entschädigung und dem Buchwert des ausgeschiedenen Wirtschaftsguts, wenn die Entschädigung höher ist als der Teilwert. (> BFH vom 9. 12. 1982 – BStBl 1983 II S. 371).

Vorherige Anschaffung

Die Gewinnverwirklichung wegen eines behördlichen Eingriffs kann auch vermieden werden, wenn das Ersatzwirtschaftsgut vor dem Eingriff angeschafft oder hergestellt wurde. Erforderlich ist jedoch ein ursächlicher Zusammenhang zwischen Veräußerung und Ersatzbeschaffung (> BFH vom 12. 6. 2001 – BStBl II S. 830).

Rücklage für Ersatzbeschaffung

■(4) ¹Soweit am Schluss des Wirtschaftsjahres, in dem das Wirtschaftsgut aus dem Betriebsvermögen ausgeschieden ist, noch keine Ersatzbeschaffung vorgenommen wurde, kann in Höhe der aufgedeckten stillen Reserven eine steuerfreie Rücklage gebildet werden, wenn zu diesem Zeitpunkt eine Ersatzbeschaffung ernstlich geplant und zu erwarten ist. ²Die Nachholung der Rücklage für Ersatzbeschaffung in einem späteren Wirtschaftsjahr ist nicht zulässig. ³Eine Rücklage, die auf Grund des Ausscheidens eines beweglichen Wirtschaftsgutes gebildet wurde, ist am Schluss des ersten auf ihre Bildung folgenden Wirtschaftsjahres gewinnerhöhend aufzulösen, wenn bis dahin ein Ersatzwirtschaftsgut weder angeschafft noch hergestellt worden ist. ⁴Die Frist von einem Jahr verlängert sich bei einer Rücklage, die auf Grund des Ausscheidens eines Wirtschaftsgutes i. S. d. § 6b Abs. 1 Satz 1 EStG gebildet wurde, auf vier Jahre; bei neu hergestellten Gebäuden verlängert sich die Frist auf sechs Jahre. ⁵Die Frist von einem Jahr kann im Einzelfall angemessen auf bis zu vier Jahre verlängert werden, wenn der Steuerpflichtige glaubhaft macht, dass die Ersatzbeschaffung noch ernstlich geplant und zu erwarten ist, aber aus besonderen Gründen noch nicht durchgeführt werden konnte. ⁶Eine Verlängerung auf bis zu sechs Jahre ist möglich, wenn die Ersatzbeschaffung im Zusammenhang mit der Neuherstellung eines Gebäudes i. S. d. Satzes 4 zweiter Halbsatz erfolgt. ⁷Zur Erfüllung der Aufzeichnungspflichten nach § 5 Abs. 1 Satz 2 EStG ist bei der Bildung der steuerfreien Rücklage der Ansatz in der Steuerbilanz ausreichend. ⁸Im Zeitpunkt der Ersatzbeschaffung ist die Rücklage durch Übertragung auf die Anschaffungs- oder Herstellungskosten des Ersatzwirtschaftsgutes aufzulösen. ⁹Absatz 3 gilt entsprechend.

Hinweise   EStH   H 6.6 (4)

Gewinnermittlung nach § 4 Abs. 3 EStG

■(5) ¹Die vorstehenden Grundsätze gelten bei Gewinnermittlung durch Einnahmenüberschussrechnung sinngemäß. ²Ist die Entschädigungsleistung höher als der im Zeitpunkt des Ausscheidens noch nicht abgesetzte Teil der Anschaffungs- oder Herstellungskosten, kann der darüber hinausgehende Betrag im Wirtschaftsjahr der Ersatzbeschaffung von den Anschaffungs- oder Herstellungskosten des Ersatzwirtschaftsguts sofort voll abgesetzt werden. ³Fließt die Entschädigungsleistung nicht in dem Wirtschaftsjahr zu, in dem der Schaden entstanden ist, ist es aus Billigkeitsgründen nicht zu beanstanden, wenn der Steuerpflichtige den noch nicht abgesetzten Betrag der Anschaffungs- oder Herstellungskosten des ausgeschiedenen Wirtschaftsguts in dem Wirtschaftsjahr berücksichtigt, in dem die Entschädigung geleistet wird. ⁴Wird der Schaden nicht in dem Wirtschaftsjahr beseitigt, in dem er eingetreten ist oder in dem die Entschädigung gezahlt wird, ist es aus Billigkeitsgründen auch nicht zu beanstanden, wenn

Amtl. Fn.:

■ Die in Abs. 4 Satz 3 bis 6 EStR geregelten Fristen für die Ersatzbeschaffung verlängern sich jeweils um drei Jahre, wenn sie in einem nach dem 29. 2. 2020 und vor dem 1. 1. 2021 endenden Wj. ablaufen würden. Sie verlängern sich jeweils um zwei Jahre, wenn sie am Schluss des nach dem 31. 12. 2020 und vor dem 1. 1. 2022 endenden Wj. ablaufen würden. Sie verlängern sich jeweils um ein Jahr, wenn sie am Schluss des nach dem 31. 12. 2021 und vor dem 1. 1. 2023 endenden Wj. ablaufen würden (> BMF vom 20. 9. 2022 – BStBl I S. 1379).

■ Die in Abs. 5 Satz 5 und 6 EStR geregelten Fristen für die Ersatzbeschaffung verlängern sich jeweils um drei Jahre, wenn sie in einem nach dem 29. 2. 2020 und vor dem 1. 1. 2021 endenden Wj. ablaufen würden. Sie verlängern sich jeweils um zwei Jahre, wenn sie am Schluss des nach dem 31. 12. 2020 und vor dem 1. 1. 2022 endenden Wj. ablaufen würden. Sie verlängern sich jeweils um ein Jahr, wenn sie am Schluss des nach dem 31. 12. 2021 und vor dem 1. 1. 2023 endenden Wj. ablaufen würden (> BMF vom 20. 9. 2022 – BStBl I S. 1379).

sowohl der noch nicht abgesetzte Betrag der Anschaffungs- oder Herstellungskosten des ausgeschiedenen Wirtschaftsguts als auch die Entschädigungsleistung erst in dem Wirtschaftsjahr berücksichtigt werden, in dem der Schaden beseitigt wird. [5]Voraussetzung ist, dass die Anschaffung oder Herstellung eines Ersatzwirtschaftsgutes am Schluss des Wirtschaftsjahres, in dem der Schadensfall eingetreten ist, ernstlich geplant und zu erwarten ist und das Ersatzwirtschaftsgut bei beweglichen Gegenständen bis zum Schluss des ersten, bei Wirtschaftsgütern i. S. d. § 6b Abs. 1 Satz 1 EStG bis zum Schluss des vierten und bei neu hergestellten Gebäuden bis zum Schluss des sechsten Wirtschaftsjahres, das auf das Wirtschaftsjahr des Eintritts des Schadensfalles folgt, angeschafft oder hergestellt oder bestellt worden ist. [6]Absatz 4 Satz 5 und 6 gilt entsprechend.

▶ **Hinweise EStH H 6.6 (5)**

...

Gewinnermittlung nach Durchschnittssätzen

(6) ...

Beschädigung

🔢(7) [1]Erhält der Steuerpflichtige für ein Wirtschaftsgut, das infolge höherer Gewalt oder eines behördlichen Eingriffs beschädigt worden ist, eine Entschädigung, kann in Höhe der Entschädigung eine Rücklage gebildet werden, wenn das Wirtschaftsgut erst in einem späteren Wirtschaftsjahr repariert wird. [2]Die Rücklage ist im Zeitpunkt der Reparatur in voller Höhe aufzulösen. [3]Ist die Reparatur bei beweglichen Gegenständen am Ende des ersten und bei Wirtschaftsgütern i. S. d. § 6b Abs. 1 Satz 1 EStG Ende des vierten auf die Bildung der Rücklage folgenden Wirtschaftsjahres noch nicht durchgeführt, ist die Rücklage zu diesem Zeitpunkt aufzulösen. [4]Absatz 4 Satz 5 und 7 gilt entsprechend.

▶ **Hinweise EStH H 6.6 (7)**

Beispiel für den Fall der Beschädigung

Beschädigung des Wirtschaftsguts im Jahr 01, Versicherungsleistung auf Grund der Beschädigung im Jahr 01 50 000 €; Schadensbeseitigung im Jahr 02, Reparaturaufwand 49 000 €.

Rücklage für Ersatzbeschaffung im Jahr 01 (Entschädigung 50 000 €)	*50 000 €*
Reparaturaufwand im Jahr 02	*49 000 €*
Erfolgswirksame Rücklagenauflösung im Jahr 02 in voller Höhe	*50 000 €*
Steuerpflichtiger Gewinn	*1 000 €*

Gewinnübertragung

...

Amtl. Fn.:

🔢 Die in Abs. 7 Satz 3 und 4 EStR geregelten Fristen für die Ersatzbeschaffung verlängern sich jeweils um drei Jahre, wenn sie in einem nach dem 29. 2. 2020 und vor dem 1. 1. 2021 endenden Wj. ablaufen würden. Sie verlängern sich jeweils um zwei Jahre, wenn sie am Schluss des nach dem 31. 12. 2020 und vor dem 1. 1. 2022 endenden Wj. ablaufen würden. Sie verlängern sich jeweils um ein Jahr, wenn sie am Schluss des nach dem 31. 12. 2021 und vor dem 1. 1. 2023 endenden Wj. ablaufen würden (> BMF vom 20. 9. 2022 – BStBl I S. 1379).

EStR   R 6.7 Teilwert🔲🔲

[1]Der Teilwert kann nur im Wege der > Schätzung nach den Verhältnissen des Einzelfalls ermittelt werden. [2]Zur Ermittlung des niedrigeren Teilwerts bestehen > Teilwertvermutungen. [3]Die Teilwertvermutung kann widerlegt werden. [4]Sie ist widerlegt, wenn der Steuerpflichtige anhand konkreter Tatsachen und Umstände darlegt und nachweist, dass die Anschaffung oder Herstellung eines bestimmten Wirtschaftsguts von Anfang an eine Fehlmaßnahme war, oder dass zwischen dem Zeitpunkt der Anschaffung oder Herstellung und dem maßgeblichen Bilanzstichtag Umstände eingetreten sind, die die Anschaffung oder Herstellung des Wirtschaftsguts nachträglich zur Fehlmaßnahme werden lassen. [5]Die Teilwertvermutung ist auch widerlegt, wenn der Nachweis erbracht wird, dass die > Wiederbeschaffungskosten am Bilanzstichtag niedriger als der vermutete Teilwert sind. [6]Der Nachweis erfordert es, dass die behaupteten Tatsachen objektiv feststellbar sind.

Hinweise   EStH   H 6.7

...

Fehlmaßnahme

– *Eine Fehlmaßnahme liegt unabhängig von der Ertragslage des Betriebs vor, wenn der wirtschaftliche Nutzen der Anschaffung oder Herstellung eines Wirtschaftsguts bei objektiver Betrachtung deutlich hinter dem für den Erwerb oder die Herstellung getätigten Aufwand zurückbleibt und demgemäß dieser Aufwand so unwirtschaftlich war, dass er von einem gedachten Erwerber des gesamten Betriebs im Kaufpreis nicht honoriert würde (> BFH vom 20. 5. 1988 – BStBl 1989 II S. 269).*

– *> Überpreis*

Forderungen

...

Halbfertige Bauten auf fremdem Grund und Boden

– *Halbfertige Bauten auf fremdem Grund und Boden sind mit den Herstellungskosten der halbfertigen Arbeiten, ohne die in solchen Arbeiten ruhenden, im laufenden Geschäftsbetrieb noch nicht aufzudeckenden Gewinnanteile anzusetzen. Bei der Einbringung zum gemeinen Wert oder Zwischenwerten nach dem UmwStG gehören zum gemeinen Wert halbfertiger Arbeiten auch darin enthaltene anteilige Gewinne (> BFH vom 10. 7. 2002 – BStBl II S. 784).*

Anm. d. Schriftl.:

🔲 Ab dem VZ 1999 wurde das bislang bestehende steuerliche Wertbeibehaltungswahlrecht aufgehoben und ein striktes Wertaufholungsgebot eingeführt. Gleichzeitig wurde dem Steuerpflichtigen die Feststellungslast bezüglich eines beizubehaltenden niedrigeren Teilwerts auferlegt. Zur voraussichtlich dauernden Wertminderung und zum Wertaufholungsgebot hat das BMF mit Schreiben vom 2. 9. 2016, BStBl 2016 I S. 995, Stellung genommen.

🔲 Der BFH hat mit Urteil vom 8. 6. 2011, BStBl 2012 II S. 716, entschieden, dass bei festverzinslichen Wertpapieren, die eine Forderung in Höhe des Nominalwerts der Forderung verbriefen, eine Teilwertabschreibung unter ihrem Nennwert allein wegen gesunkener Kurse regelmäßig nicht zulässig ist. Die Grundsätze dieses Urteils sind nach dem BMF-Schreiben vom 10. 9. 2012, BStBl 2012 I S. 939, über den entschiedenen Einzelfall hinaus anwendbar, wenn es sich um festverzinsliche Wertpapiere im Umlaufvermögen handelt, kein Bonitäts- und Liquiditätsrisiko hinsichtlich der Rückzahlung der Nominalbeträge besteht und die Wertpapiere bei Endfälligkeit zu ihrem Nennwert eingelöst werden können.

- *Eine > Teilwertabschreibung auf halbfertige Bauten auf fremdem Grund und Boden ist hinsichtlich des gesamten Verlusts aus dem noch nicht abgewickelten Auftrag bis zur Höhe der aktivierten Herstellungskosten zulässig und nicht auf den dem jeweiligen Fertigungsstand entsprechenden Anteil begrenzt. Die Höhe der Teilwertabschreibung ist nach der retrograden Bewertungsmethode (> H 6.8) zu ermitteln. Eine > Teilwertabschreibung ist regelmäßig nicht zulässig, wenn*
  - *die Verpflichtung zur Fertigstellung des Bauvorhabens entfallen ist,*
  - *selbständige Teilleistungen abgenommen werden oder*
  - *die Aufträge bewusst verlustbringend kalkuliert werden (> BFH vom 7. 9. 2005 – BStBl 2006 II S. 298); > Verlustprodukte.*
- *> H 6.1*

Investitionszuschüsse

...

Retrograde Wertermittlung

- *Bei der retrograden Ermittlung des Teilwerts von Wirtschaftsgütern können nach dem Bilanzstichtag entstehende Selbstkosten nur insoweit berücksichtigt werden, als auch ein gedachter Erwerber sie berechtigterweise geltend machen könnte (> BFH vom 9. 11. 1994 – BStBl 1995 II S. 336).*
- *> H 6.8 (Retrograde Bewertungsmethode)*

Schätzung

Im Rahmen der Schätzung des Teilwerts gelten die Wiederbeschaffungskosten als Ober- und der Einzelveräußerungspreis als Untergrenze (> BFH vom 25. 8. 1983 – BStBl 1984 II S. 33).

Teilwertabschreibung

- *Zur Teilwertabschreibung, zur voraussichtlich dauernden Wertminderung und zum Wertaufholungsgebot > BMF vom 2. 9. 2016 (BStBl I S. 995).*
- *Die Teilwertabschreibung hat gegenüber der Drohverlustrückstellung Vorrang. Das Verbot der Rückstellungen für drohende Verluste (§ 5 Abs. 4a Satz 1 EStG) erfasst nur denjenigen Teil des Verlustes, der durch die Teilwertabschreibung nicht verbraucht ist (> BFH vom 7. 9. 2005 – BStBl 2006 II S. 298).*
- *Keine Teilwertabschreibung bei Einnahmenüberschussrechnung (> BFH vom 5. 11. 2015 – BStBl 2016 II S. 468).*
- *Zur Teilwertabschreibung schadstoffbelasteter Grundstücke > BMF vom 11. 5. 2010 (BStBl I S. 495).*
- *Zur Anwendung des Teileinkünfteverfahrens bei Teilwertabschreibungen auf Darlehensforderungen (für Beteiligungen von nicht mehr als 25 %) > BMF vom 23. 10. 2013 (BStBl I S. 1269).*
- *...*
- *...*

Teilwertbegriff

Der Teilwert ist ein ausschließlich objektiver Wert, der von der Marktlage am Bilanzstichtag bestimmt wird; es ist unerheblich, ob die Zusammensetzung und Nutzbarkeit eines Wirtschaftsguts von besonderen Kenntnissen und Fertigkeiten des Betriebsinhabers abhängt (> BFH vom 31. 1. 1991 – BStBl II S. 627).

Teilwertvermutungen

1. *Im Zeitpunkt des Erwerbs oder der Fertigstellung eines Wirtschaftsguts entspricht der Teilwert den Anschaffungs- oder Herstellungskosten (> BFH vom 13. 4. 1988 – BStBl II S. 892; nicht ohne weiteres anwendbar bei Erwerb eines Unternehmens- oder Mitunternehmeranteils > BFH vom 6. 7. 1995 – BStBl II S. 831).*

2. *Bei nicht abnutzbaren Wirtschaftsgütern des Anlagevermögens entspricht der Teilwert auch zu späteren, dem Zeitpunkt der Anschaffung oder Herstellung nachfolgenden Bewertungsstichtagen den Anschaffungs- oder Herstellungskosten (> BFH vom 21. 7. 1982 – BStBl II S. 758).*

3. *Bei abnutzbaren Wirtschaftsgütern des Anlagevermögens entspricht der Teilwert zu späteren, dem Zeitpunkt der Anschaffung oder Herstellung nachfolgenden Bewertungsstichtagen den um die lineare AfA verminderten Anschaffungs- oder Herstellungskosten (> BFH vom 30. 11. 1988 – BStBl 1989 II S. 183).*

4. *Bei Wirtschaftsgütern des Umlaufvermögens entspricht der Teilwert i. d. R. den Wiederbeschaffungskosten. Der Teilwert von zum Absatz bestimmten Waren hängt jedoch auch von deren voraussichtlichem Veräußerungserlös (Börsen- oder Marktpreis) ab (> BFH vom 27. 10. 1983 – BStBl 1984 II S. 35).*

5. *Der Teilwert einer Beteiligung entspricht im Zeitpunkt ihres Erwerbs den Anschaffungskosten. Für ihren Wert sind nicht nur die Ertragslage und die Ertragsaussichten, sondern auch der Vermögenswert und die funktionale Bedeutung des Beteiligungsunternehmens, insbesondere im Rahmen einer Betriebsaufspaltung, maßgebend (> BFH vom 6. 11. 2003 – BStBl 2004 II S. 416).*

Überpreis

Die > Teilwertvermutung gilt auch bei Zahlung eines Überpreises. Ein beim Erwerb eines Grundstücks gezahlter Überpreis rechtfertigt allein keine Teilwertabschreibung auf den niedrigeren Vergleichswert zu einem späteren Bilanzstichtag. Eine Berufung auf eine > Fehlmaßnahme allein im Hinblick auf die Zahlung eines Überpreises ist ausgeschlossen. Der Überpreis nimmt jedoch an einer aus anderen Gründen gerechtfertigten Teilwertabschreibung in dem Verhältnis teil, das dem gegenüber dem Anschaffungszeitpunkt gesunkenen Vergleichswert entspricht (> BFH vom 7. 2. 2002 – BStBl II S. 294).

Unrentabler Betrieb

...

Verlustprodukte

Eine Teilwertabschreibung ist bei sog. „bewussten Verlustprodukten" jedenfalls dann nicht zulässig, wenn das Unternehmen Gewinne erzielt (> BFH vom 29. 4. 1999 – BStBl II S. 681).

Vorzugspreise einer Gemeinde

Bei der Ermittlung des Teilwerts eines Grundstücks sind Vorzugspreise, die eine Gemeinde Erwerbern vergleichbarer Grundstücke aus ansiedlungspolitischen Gründen einräumt, nur zu berücksichtigen, wenn die Gemeinde dadurch nachhaltig, über längere Zeit und mit in etwa gleich bleibenden Beträgen in das Marktgeschehen eingreift, so dass zum Bilanzstichtag auch andere Eigentümer ihre Grundstücke nicht teurer verkaufen können (> BFH vom 8. 9. 1994 – BStBl 1995 II S. 309).

EStR

Wärmeenergie

Die Wärmeenergie verselbständigt sich zu einem eigenen Wirtschaftsgut, wenn sie über Wärmemengenzähler bestimmungsgemäß an Abnehmer geliefert oder für private Zwecke verbraucht wird. Der private Verbrauch selbst erzeugter Wärmeenergie ist eine mit dem Teilwert zu bewertende Sachentahme. Die (Wieder)Herstellungskosten sind auch bei sog. Kuppelerzeugnissen tauglicher Maßstab zur Bestimmung des Teilwerts. Als Teilwert ist jedoch der Veräußerungspreis anzusetzen, wenn sich für Erzeugnisse gleicher Art und Güte ein niedriger Marktpreis gebildet hat (> BFH vom 12. 3. 2020 – BStBl 2021 II S. 226).

Wertaufholungsgebot

- *Zum Wertaufholungsgebot > BMF vom 2. 9. 2016 (BStBl I S. 995)*
- *> H 6.2 (Wertaufholungsgebot bei Beteiligungen)*

Wiederbeschaffungskosten

Wiederbeschaffungskosten umfassen auch die Anschaffungsnebenkosten (> BFH vom 29. 4. 1999 – BStBl 2004 II S. 639).

Zeitpunkt der Teilwertabschreibung

Eine Teilwertabschreibung kann nur zum Bilanzstichtag und nicht auf einen beliebigen Tag zwischen zwei Bilanzstichtagen vorgenommen werden (> BFH vom 5. 2. 1981 – BStBl II S. 432).

EStR   R 6.8 Bewertung des Vorratsvermögens

Niedrigerer Teilwert

(1) [1]Wirtschaftsgüter des Vorratsvermögens, insbesondere Roh-, Hilfs- und Betriebsstoffe, unfertige und fertige Erzeugnisse sowie Waren, sind nach § 6 Abs. 1 Nr. 2 EStG mit ihren Anschaffungs- oder Herstellungskosten (> R 6.2 und 6.3) anzusetzen. [2]Ist der Teilwert (> R 6.7) am Bilanzstichtag auf Grund einer voraussichtlich dauernden Wertminderung niedriger, kann dieser angesetzt werden. [3]Die Vornahme einer außerplanmäßigen Abschreibung in der Handelsbilanz ist nicht zwingend in der Steuerbilanz durch eine Teilwertabschreibung nachzuvollziehen; der Stpfl. kann darauf auch verzichten. [4]Bei einer Abweichung von der Handelsbilanz sind die Wirtschaftsgüter in besondere, laufend zu führende Verzeichnisse aufzunehmen (§ 5 Abs. 1 Satz 2 EStG).

(2) [1]Der Teilwert von Wirtschaftsgütern des Vorratsvermögens, deren Einkaufspreis am Bilanzstichtag unter die Anschaffungskosten gesunken ist, deckt sich in der Regel mit deren Wiederbeschaffungskosten am Bilanzstichtag, und zwar auch dann, wenn mit einem entsprechenden Rückgang der Verkaufspreise nicht gerechnet zu werden braucht. [2]Bei der Bestimmung des Teilwerts von nicht zum Absatz bestimmten Vorräten (z. B. > Ärztemuster) kommt es nicht darauf an, welcher Einzelveräußerungspreis für das jeweilige Wirtschaftsgut erzielt werden könnte. [3]Sind Wirtschaftsgüter des Vorratsvermögens, die zum Absatz bestimmt sind, durch Lagerung, Änderung des modischen Geschmacks oder aus anderen Gründen im Wert gemindert, ist als niedriger Teilwert der Betrag anzusetzen, der von dem voraussichtlich erzielbaren Veräußerungserlös nach Abzug des durchschnittlichen Unternehmergewinns und des nach dem Bilanzstichtag noch anfallenden betrieblichen Aufwands verbleibt. [4]Im Regelfall kann davon ausgegangen werden, dass der Teilwert dem Betrag entspricht, der sich nach Kürzung des erzielbaren Verkaufspreises um den nach dem Bilanzstichtag noch anfallenden Teil des durchschnittlichen Rohgewinnaufschlags ergibt. [5]Soweit es dem Stpfl. auf Grund der tatsächlichen Gegebenheiten des Betriebs, z. B. wegen Fehlens entsprechender Warenwirtschaftssysteme, nicht möglich ist, die für die Ermittlung des Teilwerts nach Satz 3 (sog. Substraktionsmethode) notwendigen Daten zu Grunde zu legen, ist es nicht zu beanstanden, wenn der Teilwert nach folgender Formel ermittelt wird (sog. > Formelmethode):

$$X = Z : (1 + Y1 + Y2 \times W).$$

[6]Dabei sind: X   der zu suchende Teilwert
                   Z   der erzielbare Verkaufspreis
                   Y1 der Durchschnittsunternehmergewinnprozentsatz (bezogen auf die An-
                       schaffungskosten)
                   Y2 der Rohgewinnaufschlagsrest
                   W   der Prozentsatz an Kosten, der noch nach Abzug des durchschnittlichen
                       Unternehmergewinnprozentsatzes vom Rohgewinnaufschlagssatz nach
                       dem Bilanzstichtag anfällt.

[7]Macht ein Steuerpflichtiger für Wertminderungen eine Teilwertabschreibung geltend, muss er die voraussichtliche dauernde Wertminderung nachweisen. [8]Dazu muss er Unterlagen vorlegen, die aus den Verhältnissen seines Betriebs gewonnen sind und die eine sachgemäße Schätzung des Teilwerts ermöglichen. [9]In der Regel sind die tatsächlich erzielten Verkaufspreise für die im Wert geminderten Wirtschaftsgüter in der Weise und in einer so großen Anzahl von Fällen nachzuweisen, dass sich daraus ein repräsentativer Querschnitt für die zu bewertenden Wirtschaftsgüter ergibt und allgemeine Schlussfolgerungen gezogen werden können. [10]Bei Wirtschaftsgütern des Vorratsvermögens, für die ein Börsen- oder Marktpreis besteht, darf dieser nicht überschritten werden, es sei denn, dass der objektive Wert der Wirtschaftsgüter höher ist oder nur vorübergehende, völlig außergewöhnliche Umstände den Börsen- oder Marktpreis beeinflusst haben; der Wertansatz darf jedoch die Anschaffungs- oder Herstellungskosten nicht übersteigen.

Einzelbewertung

(3) [1]Die Wirtschaftsgüter des Vorratsvermögens sind grundsätzlich einzeln zu bewerten. [2]Enthält das Vorratsvermögen am Bilanzstichtag Wirtschaftsgüter, die im Verkehr nach Maß, Zahl oder Gewicht bestimmt werden (vertretbare Wirtschaftsgüter) und bei denen die Anschaffungs- oder Herstellungskosten wegen Schwankungen der Einstandspreise im Laufe des Wirtschaftsjahrs im Einzelnen nicht mehr einwandfrei feststellbar sind, ist der Wert dieser Wirtschaftsgüter zu schätzen. [3]In diesen Fällen stellt die Durchschnittsbewertung (Bewertung nach dem gewogenen Mittel der im Laufe des Wirtschaftsjahrs erworbenen und gegebenenfalls zu Beginn des Wirtschaftsjahrs vorhandenen Wirtschaftsgüter) ein zweckentsprechendes Schätzungsverfahren dar.

Gruppenbewertung

(4) [1]Zur Erleichterung der Inventur und der Bewertung können gleichartige Wirtschaftsgüter des Vorratsvermögens jeweils zu einer Gruppe zusammengefasst und mit dem gewogenen Durchschnittswert angesetzt werden. [2]Die Gruppenbildung und > Gruppenbewertung darf nicht gegen die Grundsätze ordnungsmäßiger Buchführung verstoßen. [3]Gleichartige Wirtschaftsgüter brauchen für die Zusammenfassung zu einer Gruppe (> R 6.9 Abs. 3) nicht gleichwertig zu sein. [4]Es muss jedoch für sie ein Durchschnittswert bekannt sein. [5]Das ist der Fall, wenn bei der Bewertung der gleichartigen Wirtschaftsgüter ein ohne weiteres feststellbarer, nach den Erfahrungen der betreffenden Branche sachgemäßer Durchschnittswert verwendet wird. [6]Macht der Steuerpflichtige glaubhaft, dass in seinem Betrieb in der Regel die zuletzt beschafften Wirtschaftsgüter zuerst verbraucht oder veräußert werden – das kann sich z. B. aus der Art der Lagerung ergeben –, kann diese Tatsache bei der Ermittlung der Anschaffungs- oder Herstellungskosten berücksichtigt werden. [7]Zur Bewertung nach unterstelltem Verbrauchsfolgeverfahren > R 6.9.

▶ **Hinweise   EStH   H 6.8**

...

Festwert

– *Begriff und Zulässigkeit > § 240 Abs. 3 in Verbindung mit § 256 Satz 2 HGB.*

– *Ansatzvoraussetzungen und Bemessung > BMF vom 8. 3. 1993 (BStBl I S. 276).*

– *Bestandsaufnahme und Wertanpassung > R 5.4 Abs. 3 Satz 2 bis 5*

– *> H 5.4*

– *Der Festwert darf nur der Erleichterung der Inventur und der Bewertung, nicht jedoch dem Ausgleich von Preisschwankungen, insbesondere Preissteigerungen, dienen (> BFH vom 1. 3. 1955 – BStBl III S. 144 und vom 3. 3. 1955 – BStBl III S. 222).*

Gruppenbewertung

> § 240 Abs. 4 i. V. m. § 256 Satz 2 HGB

Retrograde Bewertungsmethode

– *Die verlustfreie Bewertung von Waren und sonstigem Vorratsvermögen ist nicht auf die Bewertung großer Warenlager beschränkt, bei denen es technisch schwierig ist, die Wareneinstandspreise im Einzelnen zu ermitteln, sie kann auch bei individualisierbaren Wirtschaftsgütern mit bekannten Anschaffungskosten und selbst dann eine geeignete Methode zur Ermittlung des Teilwerts sein, wenn am Bilanzstichtag der kalkulierte oder der nach den Erfahrungen der Vergangenheit voraussichtlich erzielbare Veräußerungserlös den Anschaffungskosten entspricht oder darunter liegt. Bei der retrograden Bestimmung des Teilwerts sind als Selbstkosten insbesondere die noch anfallenden Verkaufs-, Vertriebs- und Reparaturkosten sowie ggf. auch anteilige betriebliche Fixkosten zu berücksichtigen (> BFH vom 25. 7. 2000 – BStBl 2001 II S. 566).*

– *> H 6.7 (Retrograde Wertermittlung)*

Wertlosigkeit

Wirtschaftsgüter, die wertlos oder so gut wie wertlos sind, dürfen auch von Steuerpflichtigen, die den Gewinn nach § 4 Abs. 1 EStG ermitteln, nicht mit den Anschaffungs- oder Herstellungskosten ausgewiesen werden (> BFH vom 1. 12. 1950 – BStBl 1951 III S. 10).

EStR   R 6.9 Bewertung nach unterstellten Verbrauchs- und Veräußerungsfolgen

Allgemeines

(1) [1]Andere Bewertungsverfahren mit unterstellter Verbrauchs- oder Veräußerungsfolge als die in § 6 Abs. 1 Nr. 2a EStG genannte Lifo-Methode sind steuerrechtlich nicht zulässig. [2]Die Anwendung der Lifo-Methode setzt nicht voraus, dass der Stpfl. die Wirtschaftsgüter auch in der Handelsbilanz nach dieser Methode bewertet. [3]Eine Einzelbewertung der Wirtschaftsgüter in der Handelsbilanz steht der Anwendung der Lifo-Methode nicht entgegen. [4]Bei einer Abweichung von der Handelsbilanz sind die Wirtschaftsgüter in besondere, laufend zu führende Verzeichnisse aufzunehmen (§ 5 Abs. 1 Satz 2 EStG).

Grundsätze ordnungsmäßiger Buchführung

(2) [1]Die Lifo-Methode muss den handelsrechtlichen Grundsätzen ordnungsmäßiger Buchführung entsprechen. [2]Das bedeutet nicht, dass die Lifo-Methode mit der tatsächlichen Verbrauchs-

oder Veräußerungsfolge übereinstimmen muss; sie darf jedoch, wie z. B. bei leicht verderblichen Waren, nicht völlig unvereinbar mit dem betrieblichen Geschehensablauf sein. [3]Die Lifo-Methode muss nicht auf das gesamte Vorratsvermögen angewandt werden. [4]Sie darf auch bei der Bewertung der Materialbestandteile unfertiger oder fertiger Erzeugnisse angewandt werden, wenn der Materialbestandteil dieser Wirtschaftsgüter in der Buchführung getrennt erfasst wird und dies handelsrechtlichen Grundsätzen ordnungsmäßiger Buchführung entspricht.

Gruppenbildung

(3) [1]Für die Anwendung der Lifo-Methode können gleichartige Wirtschaftsgüter zu Gruppen zusammengefasst werden. [2]Zur Beurteilung der Gleichartigkeit sind die kaufmännischen Gepflogenheiten, insbesondere die marktübliche Einteilung in Produktklassen unter Beachtung der Unternehmensstruktur, und die allgemeine Verkehrsanschauung heranzuziehen. [3]Wirtschaftsgüter mit erheblichen Qualitätsunterschieden sind nicht gleichartig. [4]Erhebliche Preisunterschiede sind Anzeichen für Qualitätsunterschiede.

Methoden der Lifo-Bewertung

(4) [1]Die Bewertung nach der Lifo-Methode kann sowohl durch permanente Lifo als auch durch Perioden-Lifo erfolgen. [2]Die permanente Lifo setzt eine laufende mengen- und wertmäßige Erfassung aller Zu- und Abgänge voraus. [3]Bei der Perioden-Lifo wird der Bestand lediglich zum Ende des Wirtschaftsjahrs bewertet. [4]Dabei können Mehrbestände mit dem Anfangsbestand zu einem neuen Gesamtbestand zusammengefasst oder als besondere Posten (Layer) ausgewiesen werden. [5]Bei der Wertermittlung für die Mehrbestände ist von den Anschaffungs- oder Herstellungskosten der ersten Lagerzugänge des Wirtschaftsjahrs oder von den durchschnittlichen Anschaffungs- oder Herstellungskosten aller Zugänge des Wirtschaftsjahrs auszugehen. [6]Minderbestände sind beginnend beim letzten Layer zu kürzen.

Wechsel der Bewertungsmethoden

(5) [1]Von der Lifo-Methode kann in den folgenden Wirtschaftsjahren nur mit Zustimmung des Finanzamts abgewichen werden (§ 6 Abs. 1 Nr. 2a Satz 3 EStG). [2]Der Wechsel der Methodenwahl bei Anwendung der Lifo-Methode (> Absatz 4) bedarf nicht der Zustimmung des Finanzamts. [3]Der Grundsatz der > Bewertungsstetigkeit ist jedoch zu beachten.

Niedrigerer Teilwert

(6) [1]Wird der Ansatz des niedrigeren Teilwerts gewählt (§ 6 Abs. 1 Nr. 2 Satz 2 EStG), ist der Teilwert der zu einer Gruppe zusammengefassten Wirtschaftsgüter mit dem Wertansatz, der sich nach Anwendung der Lifo-Methode ergibt, zu vergleichen. [2]Hat der Steuerpflichtige Layer gebildet (> Absatz 4), ist der Wertansatz des einzelnen Layer mit dem Teilwert zu vergleichen und kann gegebenenfalls gesondert auf den niedrigeren Teilwert abgeschrieben werden.

Übergang zur Lifo-Methode

(7) Der beim Übergang zur Lifo-Methode vorhandene Warenbestand ist mit dem steuerrechtlich zulässigen Wertansatz fortzuführen, den der Steuerpflichtige in der Handelsbilanz des Wirtschaftsjahrs gewählt hat, das dem Wirtschaftsjahr des Übergangs zur Lifo-Methode vorangeht (Ausgangswert).

▶ **Hinweise   EStH   H 6.9**

Bewertungsstetigkeit
> *§ 252 Abs. 1 Nr. 6 HGB*

Gebrauchtwagen
Keine Anwendung der sog. Lifo-Methode > BFH vom 20. 6. 2000 (BStBl 2001 II S. 636)

Grundsätze ordnungsmäßiger Buchführung
Eine Bewertung nach der sog. Lifo-Methode entspricht nicht den handelsrechtlichen Grundsätzen ordnungsmäßiger Buchführung und ist deshalb auch steuerrechtlich ausgeschlossen, wenn Vorräte mit – absolut betrachtet – hohen Erwerbsaufwendungen in Frage stehen, die Anschaffungskosten ohne weiteres identifiziert und den einzelnen Vermögensgegenständen angesichts derer individueller Merkmale ohne Schwierigkeiten zugeordnet werden können (> BFH vom 20. 6. 2000 – BStBl 2001 II S. 636).

Lifo-Methode
> *BMF vom 12. 5. 2015 (BStBl I S. 462)*

EStR   R 6.10 Bewertung von Verbindlichkeiten

– unbesetzt –

▶ **Hinweise   EStH   H 6.10**

Abzinsung
Grundsätze für die Abzinsung von Verbindlichkeiten nach § 6 Abs. 1 Nr. 3 EStG > BMF vom 26. 5. 2005 (BStBl I S. 699).

Anschaffungskosten
Als Anschaffungskosten einer Verbindlichkeit gilt der Nennwert (Rückzahlungsbetrag) der Verbindlichkeit (> BFH vom 4. 5. 1977 – BStBl II S. 802).

Bearbeitungsgebühren
Gebühren, die ein Schuldner an ein Kreditinstitut für die Übernahme einer Bürgschaft zu zahlen hat, sind auf die Zeit, für die sich das Kreditinstitut vertraglich verbürgt hat, aktiv abzugrenzen (> BFH vom 19. 1. 1978 – BStBl II S. 262).

Damnum
- *Darlehensschulden, bei denen der dem Schuldner zugefallene Betrag (Ausgabebetrag) niedriger als der Rückzahlungsbetrag ist, sind mit dem Rückzahlungsbetrag anzusetzen; der Unterschiedsbetrag (Agio, Disagio, Damnum, Abschluss-, Bearbeitungs- oder Verwaltungsgebühren) ist als Rechnungsabgrenzungsposten auf die Laufzeit des Darlehens zu verteilen (> BFH vom 19. 1. 1978 – BStBl II S. 262).*
- *> aber Zinsfestschreibung*

...

Verjährung

Eine Verbindlichkeit ist gewinnerhöhend auszubuchen, wenn anzunehmen ist, dass sich der Schuldner auf deren Verjährung beruft (> BFH vom 9. 2. 1993 – BStBl II S. 543).

Vermittlungsprovision

Aufwendungen, die dem Darlehensnehmer im Zusammenhang mit der Darlehensaufnahme durch Zahlungen an Dritte entstehen, z. B. Vermittlungsprovisionen, sind Betriebsausgaben des Jahres, in dem sie anfallen (> BFH vom 4. 5. 1977 – BStBl II S. 802).

Wohnungsbaudarlehen

...

Zahlungsunfähigkeit

Der Umstand, dass der Schuldner bei Fälligkeit der Verpflichtung zahlungsunfähig ist, rechtfertigt allein keine gewinnerhöhende Ausbuchung der Verbindlichkeit (> BFH vom 9. 2. 1993 – BStBl II S. 747).

Zinsfestschreibung

Ist der Zinsfestschreibungszeitraum kürzer als die Darlehnslaufzeit, ist der Rechnungsabgrenzungsposten für ein Disagio, Damnum, etc. auf diesen Zeitraum zu verteilen (> BFH vom 21. 4. 1988 – BStBl 1989 II S. 722).

EStR R 6.11 Bewertung von Rückstellungen

Gegenrechnung von Vorteilen

(1) [1]Die Gegenrechnung setzt voraus, dass am Bilanzstichtag nach den Umständen des jeweiligen Einzelfalles mehr Gründe für als gegen den Eintritt des Vorteils sprechen. [2]Die Möglichkeit, dass künftig wirtschaftliche Vorteile eintreten könnten, genügt für die Gegenrechnung nicht. [3]Bei Rückstellungen, die in einem vor dem 1. 1. 2005 endenden Wirtschaftsjahr gebildet wurden, kann für die Gewinnauswirkung, die sich in einem vor dem 1. 1. 2005 endenden Wirtschaftsjahr aus der erstmaligen Anwendung von Satz 1 ergibt, jeweils in Höhe von neun Zehnteln eine gewinnmindernde Rücklage gebildet werden, die in den folgenden neun Wirtschaftsjahren jeweils mit mindestens einem Neuntel gewinnerhöhend aufzulösen ist (Auflösungszeitraum); sonstige gewinnwirksame Änderungen der Bewertung der Rückstellung bleiben unberücksichtigt. [4]Satz 3 ist nur anzuwenden, wenn die Gegenrechnung nicht auf einer vertraglichen Vereinbarung beruht. [5]Scheidet eine Rückstellung, für die eine Rücklage nach Satz 3 gebildet wurde, während des Auflösungszeitraums aus dem Betriebsvermögen aus, ist auch die Rücklage zum Ende des Wirtschaftsjahres des Ausscheidens in vollem Umfang gewinnerhöhend aufzulösen.

Ansammlung

(2) [1]In den Fällen, in denen der laufende Betrieb des Unternehmens im wirtschaftlichen Sinne ursächlich für die Entstehung der Verpflichtung ist, ist der Rückstellungsbetrag durch jährliche Zuführungsraten in den Wirtschaftsjahren anzusammeln. [2]Dies ist insbesondere der Fall bei Verpflichtungen zur Erneuerung oder zum Abbruch von Betriebsanlagen. [3]Verpflichtungen, die von Jahr zu Jahr nicht nur im wirtschaftlichen Sinne, sondern tatsächlich zunehmen, sind bezogen auf den am Bilanzstichtag tatsächlich entstandenen Verpflichtungsumfang zu bewerten. [4]Dies ist beispielsweise der Fall bei Verpflichtungen zur Rekultivierung oder zum Auffüllen abgebauter Hohlräume. [5]Die Summe der in früheren Wirtschaftsjahren angesammelten Rückstellungsraten ist am Bilanzstichtag auf das Preisniveau dieses Stichtags anzuheben. [6]Der Aufstockungsbetrag

ist der Rückstellung in einem Einmalbetrag zuzuführen; eine gleichmäßige Verteilung auf die einzelnen Jahre bis zur Erfüllung der Verbindlichkeit kommt insoweit nicht in Betracht.

Niedrigerer handelsrechtlicher Wert

(3) [1]Mit Ausnahme der Pensionsrückstellungen darf die Höhe der Rückstellung in der Steuerbilanz den zulässigen Ansatz in der Handelsbilanz nicht überschreiten. [2]Für den Gewinn, der sich aus der erstmaligen Anwendung des Gesetzes zur Modernisierung des Bilanzrechts (Bilanzrechtsmodernisierungsgesetz − BilMoG) vom 15.5.2009 (BGBl I S.1102) durch die Auflösung von Rückstellungen ergibt, die bereits in dem vor dem 1.1.2010 endenden Wirtschaftsjahr passiviert wurden, kann jeweils i.H.v. $^{14}/_{15}$ eine gewinnmindernde Rücklage passiviert werden, die in den folgenden vierzehn Wirtschaftsjahren jeweils mit mindestens $^1/_{15}$ gewinnerhöhend aufzulösen ist (Auflösungszeitraum). [3]Besteht eine Verpflichtung, für die eine Rücklage passiviert wurde, bereits vor Ablauf des maßgebenden Auflösungszeitraums nicht mehr, ist die insoweit verbleibende Rücklage zum Ende des Wirtschaftsjahres des Wegfalls der Verpflichtung in vollem Umfang gewinnerhöhend aufzulösen; Entsprechendes gilt, wenn sich der Verpflichtungsumfang innerhalb des Auflösungszeitraums verringert.

 **Hinweise   EStH   H 6.11**

Abzinsung

Grundsätze für die Abzinsung von Rückstellungen nach § 6 Abs. 1 Nr. 3a Buchstabe e EStG > BMF vom 26.5.2005 (BStBl I S.699).

Altersteilzeitverpflichtungen

Zur Bewertung von Rückstellungen für Altersteilzeitverpflichtungen nach dem Altersteilzeitgesetz (AltTZG) > BMF vom 28.3.2007 (BStBl I S.297) unter Berücksichtigung der Änderungen durch BMF vom 11.3.2008 (BStBl I S.496) und vom 22.10.2018 (BStBl I S.1112), ...

Ansammlung

Bei Ansammlungsrückstellungen ist das Stichtagsprinzip zu beachten. Wird beispielsweise das einer Beseitigungspflicht für Bauten auf fremden Grund und Boden zugrunde liegende Rechtsverhältnis über das Vertragsende hinaus fortgesetzt (Änderung des bisherigen Vertrages oder Begründung eines neuen Rechtsverhältnisses), ist der verlängerte Nutzungszeitraum bei der Rückstellungsbewertung zu berücksichtigen (> BFH vom 2.7.2014 − BStBl II S.979).

Arbeitsfreistellung

Rückstellungen für Verpflichtungen zur Gewährung von Vergütungen für die Zeit der Arbeitsfreistellung vor Ausscheiden aus dem Dienstverhältnis und Jahreszusatzleistungen im Jahr des Eintritts des Versorgungsfalls (> BMF vom 11.11.1999 − BStBl I S.959), ...

Aufbewahrung von Geschäftsunterlagen

− *Die Rückstellung ist in Höhe des voraussichtlichen Erfüllungsbetrags zu bilden. Hierbei ist zu berücksichtigen, welche Unterlagen tatsächlich aufbewahrungspflichtig sind und wie lange die Aufbewahrungspflicht für die einzelnen Unterlagen noch besteht. Für die Berechnung der Rückstellung sind nur diejenigen Unterlagen zu berücksichtigen, die zum betreffenden Bilanzstichtag entstanden sind (> BFH vom 18.1.2011 − BStBl II S.496).*

− *...*

Deponien

Zur Bewertung der Rückstellungen für Aufwendungen zur Stilllegung, Rekultivierung und Nachsorge von Deponien > BMF vom 25. 7. 2005 (BStBl I S. 826) und BFH vom 5. 5. 2011 (BStBl 2012 II S. 98).

Eiserne Verpachtung

...

Gratifikationen

Bei der Rückstellung für die Verpflichtung zur Gewährung einer Gratifikation ist die Fluktuation mindernd zu berücksichtigen (> BFH vom 7. 7. 1983 – BStBl II S. 753)**❶**.

Jubiläumszuwendungen

Zur Bewertung von Rückstellungen für Zuwendungen anlässlich eines Dienstjubiläums > BMF vom 8. 12. 2008 (BStBl I S. 1013) unter Berücksichtigung der Änderungen durch BMF vom 27. 2. 2020 (BStBl I S. 254) und BMF vom 2. 5. 2022 (BStBl I S. 631).

Maßgeblichkeit der Handelsbilanz

Der Handelsbilanzwert für eine Rückstellung bildet gegenüber einem höheren steuerrechtlichen Rückstellungswert die Obergrenze (> BFH vom 20. 11. 2019 – BStBl 2020 II S. 195).

...

Urlaubsverpflichtung

Bei der Ermittlung der Höhe der rückständigen Urlaubsverpflichtung sind das Bruttoarbeitsentgelt, die Arbeitgeberanteile zur Sozialversicherung, das Urlaubsgeld und andere lohnabhängige Nebenkosten zu berücksichtigen. Nicht zu berücksichtigen sind jährlich vereinbarte Sondervergütungen (z. B. Weihnachtsgeld, Tantiemen oder Zuführungen zu Pensions- und Jubiläumsrückstellungen) sowie Gehaltssteigerungen nach dem Bilanzstichtag (> BFH vom 6. 12. 1995 – BStBl 1996 II S. 406).

...

Weihnachtsgeld

In einer Rückstellung für zu zahlendes Weihnachtsgeld bei abweichendem Wj. kann nur der Teil der Vergütung berücksichtigt werden, der bei zeitproportionaler Aufteilung des Weihnachtsgeldes auf die Zeit vom Beginn des Kj. bis zum Bilanzstichtag entfällt (> BFH vom 26. 6. 1980 – BStBl II S. 506).

EStR   R 6.12 Bewertung von Entnahmen und Einlagen

(1) ¹Bei Einlage eines abnutzbaren Wirtschaftsguts innerhalb von drei Jahren nach der Anschaffung oder Herstellung sind die Anschaffungs- oder Herstellungskosten um AfA nach § 7 EStG, erhöhte Absetzungen sowie etwaige Sonderabschreibungen zu kürzen, die auf den Zeitraum zwischen der Anschaffung oder der Herstellung des Wirtschaftsguts und der Einlage entfallen. ²In diesen Fällen sind die Anschaffungs- oder Herstellungskosten auch dann um die AfA nach

---

Anm. d. Schriftl.:

❶ Bei Fälligkeit der Gratifikation nach Ablauf von 7 Jahren erscheint dem BFH ein Abschlag wegen Fluktuation von 10 % der zugesagten Summe angemessen. Der Restbetrag ist mit 5,5 % abzuzinsen.

§ 7 EStG zu kürzen, wenn das Wirtschaftsgut nach einer Nutzung außerhalb der Einkunftsarten eingelegt wird.

(2) ¹Die einer Entnahme gleichgestellte Entstrickung ist mit dem gemeinen Wert anzusetzen. ²Der gemeine Wert entspricht regelmäßig dem Fremdvergleichspreis.

(3) Das Buchwertprivileg des § 6 Abs. 1 Nr. 4 Satz 4 EStG findet auch dann Anwendung, wenn die übernehmende steuerbegünstigte Körperschaft das ihr unentgeltlich zur Verwendung für steuerbegünstigte Zwecke i. S. d. § 10b Abs. 1 Satz 1 EStG überlassene Wirtschaftsgut zeitnah weiterveräußert.

> **Hinweise   EStH   H 6.12**

...

Geringwertiges Wirtschaftsgut

Sind bei Einlage innerhalb von drei Jahren nach der Anschaffung oder Herstellung die Anschaffungs- oder Herstellungskosten während der Zugehörigkeit des Wirtschaftsguts zum Privatvermögen nach § 9 Abs. 1 Satz 3 Nr. 7 Satz 2 EStG in voller Höhe als Werbungskosten abgesetzt worden, beträgt der Einlagewert 0 € (> BFH vom 27. 1. 1994 – BStBl II S. 638).

Nutzungen

– *Die Entnahme von Nutzungen ist mit den tatsächlichen Selbstkosten des Steuerpflichtigen zu bewerten (> BFH vom 24. 5. 1989 – BStBl 1990 II S. 8).*

– *> BFH vom 16. 6. 2020 – BStBl II S. 845*

Private Kraftfahrzeugnutzung

– *> BMF vom 18. 11. 2009 (BStBl I S. 1326) unter Berücksichtigung der Änderungen durch BMF vom 15. 11. 2012 (BStBl I S. 1099)*

– *Bei Nutzung von Elektro- und Hybridelektrofahrzeugen > BMF vom 5. 11. 2021 (BStBl I S. 2205), ...*

– *> H 12.4 (Umsatzsteuer bei Anwendung der 1 %-Regelung)*

Einfügung d. Schriftl.:

BMF vom 18. 11. 2009, BStBl 2009 I S. 1326 – unter Berücksichtigung der Änderungen durch BMF vom 15. 11. 2012 (BStBl I S. 1099)

Ertragsteuerliche Erfassung der Nutzung eines betrieblichen Kraftfahrzeugs zu Privatfahrten, zu Fahrten zwischen Wohnung und Betriebsstätte sowie zu Familienheimfahrten nach § 4 Absatz 5 Satz 1 Nummer 6 und § 6 Absatz 1 Nummer 4 Satz 1 bis 3 EStG;**[1]** Berücksichtigung der Änderungen durch das Gesetz zur Eindämmung missbräuchlicher Steuergestaltungen vom 28. April 2006 (BStBl I S. 353) und des Gesetzes zur Fortführung der Gesetzeslage 2006 bei der Entfernungspauschale vom 20. April 2009 (BGBl I S. 774, BStBl I S. 536)

Im Einvernehmen mit den obersten Finanzbehörden der Länder gilt für die ertragsteuerliche Erfassung der Nutzung eines betrieblichen Kraftfahrzeugs zu Privatfahrten, zu Fahrten zwischen Wohnung und Be-

---

Amtl. Fn.:

[1] Bei Nutzung von Elektro- und Hybridelektrofahrzeugen > BMF vom 5. 11. 2021 (BStBl I S. 2205).

triebsstätte sowie zu Familienheimfahrten nach § 4 Absatz 5 Satz 1 Nummer 6 und § 6 Absatz 1 Nummer 4 Satz 1 bis 3 EStG Folgendes:

I. Anwendungsbereich des § 4 Absatz 5 Satz 1 Nummer 6 und des § 6 Absatz 1 Nummer 4 Satz 2 bis 3 EStG

1. Betriebliche Nutzung eines Kraftfahrzeugs

1 Die Zuordnung von Kraftfahrzeugen zu einem Betriebsvermögen richtet sich nach allgemeinen Grundsätzen (R 4.2 Absatz 1 EStR 2008[1]). Zur betrieblichen Nutzung zählt auch die auf Wege zwischen Wohnung und Betriebsstätte und Familienheimfahrten entfallende Nutzung gemäß § 4 Absatz 5 Satz 1 Nummer 6 EStG.

Der private Nutzungsanteil eines zum Betriebsvermögen gehörenden Kraftfahrzeugs ist nach § 6 Absatz 1 Nummer 4 Satz 2 EStG mit 1 Prozent des inländischen Listenpreises zu bewerten, wenn dieses zu mehr als 50 Prozent betrieblich genutzt wird. Dies gilt auch für gemietete oder geleaste Kraftfahrzeuge. Kraftfahrzeuge i. S. dieser Regelung sind Kraftfahrzeuge, die typischerweise nicht nur vereinzelt und gelegentlich für private Zwecke genutzt werden (BFH-Urteil vom 13. Februar 2003, BStBl II S. 472). Hierzu zählen beispielsweise auch Geländekraftfahrzeuge, wobei die kraftfahrzeugsteuerrechtliche Einordnung vor der Neuregelung in § 2 Absatz 2a KraftStG zum 1. Mai 2005 unerheblich ist. Keine Kraftfahrzeuge i. d. S. sind Zugmaschinen oder Lastkraftwagen, die kraftfahrzeugsteuerrechtlich „andere Kraftfahrzeuge" sind.

2 Die bloße Behauptung, das Kraftfahrzeug werde nicht für Privatfahrten genutzt oder Privatfahrten würden ausschließlich mit anderen Kraftfahrzeugen durchgeführt, reicht nicht aus, um von dem Ansatz eines privaten Nutzungsanteils abzusehen (BFH-Urteil vom 13. Februar 2003, BStBl II S. 472). Vielmehr trifft den Steuerpflichtigen die objektive Beweislast, wenn ein nach der Lebenserfahrung untypischer Sachverhalt, wie z. B. die ausschließlich betriebliche Nutzung des einzigen betrieblichen Kraftfahrzeugs eines Unternehmers, der Besteuerung zugrunde gelegt werden soll.

3 Die Anwendung von § 4 Absatz 5 Satz 1 Nummer 6 EStG setzt voraus, dass ein Kraftfahrzeug für Fahrten zwischen Wohnung und Betriebsstätte oder für Familienheimfahrten genutzt wird. Die Zugehörigkeit des Kraftfahrzeugs zum Betriebsvermögen des Steuerpflichtigen ist hierbei nicht erforderlich. Für ein Kraftfahrzeug im Privatvermögen des Steuerpflichtigen werden im Ergebnis nur Aufwendungen in Höhe der Entfernungspauschale i. S. d. § 9 Absatz 1 Satz 3 Nummer 4 und Nummer 5 Satz 1 bis 6 EStG zum Abzug zugelassen. Die Regelung des § 9 Absatz 2 EStG ist entsprechend anzuwenden.

2. Nachweis der betrieblichen Nutzung i. S. d. § 6 Absatz 1 Nummer 4 Satz 2 EStG

4 Der Umfang der betrieblichen Nutzung ist vom Steuerpflichtigen darzulegen und glaubhaft zu machen. Dies kann in jeder geeigneten Form erfolgen. Auch die Eintragungen in Terminkalendern, die Abrechnung gefahrener Kilometer gegenüber den Auftraggebern, Reisekostenaufstellungen sowie andere Abrechnungsunterlagen können zur Glaubhaftmachung geeignet sein. Sind entsprechende Unterlagen nicht vorhanden, kann die überwiegende betriebliche Nutzung durch formlose Aufzeichnungen über einen repräsentativen zusammenhängenden Zeitraum (i. d. R. drei Monate) glaubhaft gemacht werden. Dabei reichen Angaben über die betrieblich veranlassten Fahrten (jeweiliger Anlass und die jeweils zurückgelegte Strecke) und die Kilometerstände zu Beginn und Ende des Aufzeichnungszeitraumes aus.

5 Auf einen Nachweis der betrieblichen Nutzung kann verzichtet werden, wenn sich bereits aus Art und Umfang der Tätigkeit des Steuerpflichtigen ergibt, dass das Kraftfahrzeug zu mehr als 50 Prozent betrieblich genutzt wird. Dies kann in der Regel bei Steuerpflichtigen angenommen werden, die ihr Kraftfahrzeug für eine durch ihren Betrieb oder Beruf bedingte typische Reisetätigkeit benutzen oder die zur Ausübung ihrer räumlich ausgedehnten Tätigkeit auf die ständige Benutzung des Kraftfahrzeugs angewiesen sind (z. B. bei Taxiunternehmern, Handelsvertretern, Handwerkern der Bau- und Baunebengewerbe, Landtierärzten). Diese Vermutung gilt, wenn ein Steuerpflichtiger mehrere Kraftfahrzeuge im Betriebsvermögen hält, nur für das Kraftfahrzeug mit der höchsten Jahreskilometerleistung. Für die weiteren Kraftfahrzeuge gelten die allgemeinen Grundsätze. Die Vermutungsregelung ist nicht anzuwenden, sobald für ein weiteres Kraftfahrzeug der Nachweis über die überwiegende betriebliche Nutzung erbracht wird.

Amtl. Fn.:

[1] Jetzt EStR 2012.

Keines weiteren Nachweises bedarf es, wenn die Fahrten zwischen Wohnung und Betriebsstätte und die **6** Familienheimfahrten mehr als 50 Prozent der Jahreskilometerleistung des Kraftfahrzeugs ausmachen.

Hat der Steuerpflichtige den betrieblichen Nutzungsumfang des Kraftfahrzeugs einmal dargelegt, so ist – **7** wenn sich keine wesentlichen Veränderungen in Art oder Umfang der Tätigkeit oder bei den Fahrten zwischen Wohnung und Betriebsstätte ergeben – auch für die folgenden Veranlagungszeiträume von diesem Nutzungsumfang auszugehen. Ein Wechsel der Kraftfahrzeugklasse kann im Einzelfall Anlass für eine erneute Prüfung des Nutzungsumfangs sein. Die im Rahmen einer rechtmäßigen Außenprüfung erlangten Kenntnisse bestimmter betrieblicher Verhältnisse des Steuerpflichtigen in den Jahren des Prüfungszeitraumes lassen Schlussfolgerungen auf die tatsächlichen Gegebenheiten in den Jahren vor oder nach dem Prüfungszeitraum zu (BFH-Urteil vom 28. August 1987, BStBl 1988 II S. 2).

3. Methodenwahl

Wird das Kraftfahrzeug zu mehr als 50 Prozent betrieblich genutzt, kann der Steuerpflichtige die Wahl **8** zwischen der Besteuerung nach § 6 Absatz 1 Nummer 4 Satz 2 EStG (1 %-Regelung) oder nach § 6 Absatz 1 Nummer 4 Satz 3 EStG (Fahrtenbuchmethode, Randnummer 21 bis 30) durch Einreichen der Steuererklärung beim Finanzamt vornehmen; die Methodenwahl muss für das Wirtschaftsjahr einheitlich getroffen werden. Im Fall des Kraftfahrzeugwechsels (vgl. Randnummer 9) ist auch während eines Wirtschaftsjahres der Übergang zu einer anderen Ermittlungsmethode zulässig. Das Wahlrecht kann bis zur Bestandskraft der Steuerfestsetzung ausgeübt oder geändert werden.

4. Kraftfahrzeugwechsel

Wird das auch privat genutzte Kraftfahrzeug im laufenden Wirtschaftsjahr ausgewechselt, z. B. bei Ver- **9** äußerung des bisher genutzten und Erwerb eines neuen Kraftfahrzeugs, ist der Ermittlung der pauschalen Wertansätze im Monat des Kraftfahrzeugwechsels der inländische Listenpreis des Kraftfahrzeugs zugrunde zu legen, das der Steuerpflichtige nach der Anzahl der Tage überwiegend genutzt hat.

II. Pauschale Ermittlung des privaten Nutzungswerts [1]

1. Listenpreis

Für den pauschalen Nutzungswert ist der inländische Listenpreis [2] des Kraftfahrzeugs im Zeitpunkt sei- **10** ner Erstzulassung zuzüglich der Kosten für Sonderausstattung [3] (z. B. Navigationsgerät, BFH-Urteil vom 16. Februar 2005, BStBl II S. 563) einschließlich der Umsatzsteuer (BFH-Urteil vom 6. März 2003, BStBl II S. 704) maßgebend. Das gilt auch für reimportierte Kraftfahrzeuge. Soweit das reimportierte Kraftfahrzeug mit zusätzlicher Sonderausstattung versehen ist, die sich im inländischen Listenpreis nicht niedergeschlagen hat, ist der Wert der Sonderausstattung, der sich aus der Preisliste des Herstellers ergibt, zusätzlich zu berücksichtigen. Soweit das reimportierte Kraftfahrzeug geringwertiger ausgestattet ist, ist der Wert der „Minderausstattung" anhand des inländischen Listenpreises eines vergleichbaren inländischen Kraftfahrzeugs angemessen zu berücksichtigen. Kosten für nur betrieblich nutzbare Sonderausstattung, wie z. B. der zweite Pedalsatz eines Fahrschulkraftfahrzeugs, sind nicht anzusetzen. Für Kraftfahrzeuge, für die der inländische Listenpreis nicht ermittelt werden kann, ist dieser zu schätzen [4]. Der Listen-

---

Amtl. Fn.:

[1] Bei Landwirten mit Durchschnittssatzbesteuerung nach § 24 UStG ist eine nach der 1 %-Regelung ermittelte Entnahme für die private Pkw-Nutzung nicht um eine fiktive Umsatzsteuer zu erhöhen (> BFH vom 3. 2. 2010 – BStBl II S. 689).

[2] Listenpreis i. S. d. § 6 Abs. 1 Nr. 4 Satz 2 EStG im Taxigewerbe ist nur der Preis, zu dem der Stpfl. das Fahrzeug auch als Privatkunde erwerben könnte > BFH vom 8. 11. 2018 (BStBl 2019 II S. 229).

[3] Eine Sonderausstattung liegt nur dann vor, wenn das Fahrzeug bereits werkseitig im Zeitpunkt der Erstzulassung damit ausgestattet ist (> BFH vom 13. 10. 2010 – BStBl 2011 II S. 361).

[4] Dies gilt auch für Importfahrzeuge, für die weder ein inländischer Bruttolistenpreis vorhanden ist noch eine Vergleichbarkeit mit einem bau- und typengleichen inländischen Fahrzeug besteht (> BFH vom 9. 11. 2017 – BStBl 2018 II S. 278).

preis ist auf volle Hundert Euro abzurunden. Für Veranlagungszeiträume ab 2002 ist der Listenpreis für vor dem 1. Januar 2002 angeschaffte oder hergestellte Kraftfahrzeuge zunächst in Euro umzurechnen und danach auf volle Hundert Euro abzurunden.

11 Zeitpunkt der Erstzulassung ist der Tag, an dem das Kraftfahrzeug das erste Mal zum Straßenverkehr zugelassen worden ist. Das gilt auch für gebraucht erworbene Kraftfahrzeuge. Zeitpunkt der Erstzulassung des Kraftfahrzeugs ist nicht der Zeitpunkt der Erstzulassung des Kraftfahrzeugtyps, sondern des jeweiligen individuellen Kraftfahrzeugs. Bei inländischen Kraftfahrzeugen ergibt sich das Datum aus den Zulassungspapieren. Macht der Steuerpflichtige geltend, dass für ein importiertes oder ein reimportiertes Kraftfahrzeug ein anderes Datum maßgebend sei, trifft ihn die objektive Beweislast.

2. Nutzung mehrerer Kraftfahrzeuge und Nutzung durch mehrere Nutzungsberechtigte

a) Einzelunternehmen

12🔳 Gehören gleichzeitig mehrere Kraftfahrzeuge zum Betriebsvermögen, so ist der pauschale Nutzungswert grundsätzlich für jedes Kraftfahrzeug anzusetzen, das vom Steuerpflichtigen oder zu seiner Privatsphäre gehörenden Personen für Privatfahrten genutzt wird (vgl. Randnummer 2). Kann der Steuerpflichtige dagegen glaubhaft machen, dass bestimmte betriebliche Kraftfahrzeuge ausschließlich betrieblich genutzt werden, weil sie für eine private Nutzung nicht geeignet sind (z. B. bei sog. Werkstattwagen – BFH-Urteil vom 18. Dezember 2008 – VI R 34/07 –, BStBl II S. 381) oder diese ausschließlich eigenen Arbeitnehmern zur Nutzung überlassen werden, ist für diese Kraftfahrzeuge kein pauschaler Nutzungswert zu ermitteln. Dies gilt entsprechend für Kraftfahrzeuge, die nach der betrieblichen Nutzungszuweisung nicht zur privaten Nutzung zur Verfügung stehen. Hierzu können z. B. Vorführwagen eines Kraftfahrzeughändlers, zur Vermietung bestimmte Kraftfahrzeuge oder Kraftfahrzeuge von Steuerpflichtigen, die ihre Tätigkeit nicht in einer festen örtlichen Einrichtung ausüben oder die ihre Leistungen nur durch den Einsatz eines Kraftfahrzeugs erbringen können, gehören. Gibt der Steuerpflichtige in derartigen Fällen in seiner Gewinnermittlung durch den Ansatz einer Nutzungsentnahme an, dass von ihm das Kraftfahrzeug mit dem höchsten Listenpreis auch privat genutzt wird, ist diesen Angaben aus Vereinfachungsgründen zu folgen und für weitere Kraftfahrzeuge kein zusätzlicher pauschaler Nutzungswert anzusetzen. Für die private Nutzung von betrieblichen Kraftfahrzeugen durch zur Privatsphäre des Steuerpflichtigen gehörende Personen gilt dies entsprechend, wenn je Person das Kraftfahrzeug mit dem nächsthöchsten Listenpreis berücksichtigt wird. Wird ein Kraftfahrzeug gemeinsam vom Steuerpflichtigen und einem oder mehreren Arbeitnehmern genutzt, so ist bei pauschaler Nutzungswertermittlung für Privatfahrten der Nutzungswert von 1 Prozent des Listenpreises entsprechend der Zahl der Nutzungsberechtigten aufzuteilen. Es gilt die widerlegbare Vermutung, dass für Fahrten zwischen Wohnung und Betriebsstätte und für Familienheimfahrten das Kraftfahrzeug mit dem höchsten Listenpreis genutzt wird.

Beispiel 1a:

Zum Betriebsvermögen des Versicherungsmaklers C gehören fünf Kraftfahrzeuge, von denen vier von C, seiner Ehefrau und dem erwachsenen Sohn auch zu Privatfahrten genutzt werden; von C auch für Fahrten zwischen Wohnung und Betriebsstätte. Ein Kraftfahrzeug wird ausschließlich einem Angestellten auch zur privaten Nutzung überlassen; der Nutzungsvorteil wird bei diesem lohnversteuert. Die betriebliche Nutzung der Kraftfahrzeuge beträgt jeweils mehr als 50 Prozent. Es befindet sich kein weiteres Kraftfahrzeug im Privatvermögen. Die private Nutzungsentnahme nach § 6 Absatz 1 Nummer 4 Satz 2 EStG ist für vier Kraftfahrzeuge anzusetzen, und zwar mit jeweils 1 Prozent des Listenpreises. Zusätzlich ist für Fahrten zwischen Wohnung und Betriebsstätte der Betriebsausgabenabzug zu kürzen. Dabei ist der höchste Listenpreis zugrunde zu legen.

Beispiel 1b:

Zum Betriebsvermögen eines Architekturbüros gehören sechs Kraftfahrzeuge, die jeweils vom Betriebsinhaber, seiner Ehefrau und den Angestellten/freien Mitarbeitern genutzt werden. Der Steuerpflichtige erklärt glaubhaft eine Nutzungsentnahme für die zwei von ihm und seiner Ehefrau auch privat genutzten

---

Amtl. Fn.:

🔳 Rdnr. 12 wurde durch BMF vom 15. 11. 2012 (BStBl I S. 1099) neu gefasst und ist in allen offenen Fällen anzuwenden.

Kraftfahrzeuge mit den höchsten Listenpreisen. Die übrigen Kraftfahrzeuge werden den Anstellten/freien Mitarbeitern nicht zur privaten Nutzung überlassen; sie werden im Rahmen ihrer Tätigkeit genutzt, um die Bauprojekte zu betreuen und zu überwachen. Eine Nutzungswertbesteuerung der vier weiteren Kraftfahrzeuge ist nicht vorzunehmen. Weist der Steuerpflichtige dem betrieblichen Kraftfahrzeug eine bestimmte Funktion im Betrieb zu und erklärt er zudem durch den Ansatz einer Nutzungsentnahme für zwei andere Fahrzeuge, dass er und die zu seiner Privatsphäre gehörenden Personen jenes Kraftfahrzeug nicht privat nutzen, so soll dieser Erklärung grundsätzlich gefolgt werden. Die reine Möglichkeit der privaten Nutzung der den Mitarbeitern zur Betreuung und Überwachung von Bauprojekten zugeordneten Kraftfahrzeuge (z. B. am Wochenende) führt nicht zum Ansatz einer weiteren Nutzungsentnahme.

b) Personengesellschaft

Befinden sich Kraftfahrzeuge im Betriebsvermögen einer Personengesellschaft, ist ein pauschaler Nutzungswert für den Gesellschafter anzusetzen, dem die Nutzung des Kraftfahrzeugs zuzurechnen ist. Randnummer 12 ist entsprechend anzuwenden. **13**

Beispiel 2:
Der IJK-OHG gehören die Gesellschafter I, J und K an. Es befinden sich vier Kraftfahrzeuge im Betriebsvermögen. Die Gesellschafter I und K sind alleinstehend. Niemand aus ihrer Privatsphäre nutzt die betrieblichen Kraftfahrzeuge. Der Gesellschafter J ist verheiratet. Seine Ehefrau nutzt ein betriebliches Kraftfahrzeug auch zu Privatfahrten. Die betriebliche Nutzung der Kraftfahrzeuge beträgt jeweils mehr als 50 Prozent. Die Bruttolistenpreise der Kraftfahrzeuge betragen 80 000 €, 65 000 €, 50 000 € und 40 000 €. I nutzt das 80 000 €-Kraftfahrzeug, J das 50 000 €-Kraftfahrzeug, K das 65 000 €-Kraftfahrzeug und Frau J das 40 000 €-Kraftfahrzeug. Die private Nutzungsentnahme ist monatlich für den Gesellschafter I mit 1 Prozent von 80 000 €, für den Gesellschafter K mit 1 Prozent von 65 000 € und für den Gesellschafter J mit 1 Prozent von 50 000 € zuzüglich 1 Prozent von 40 000 € anzusetzen.

3. Nur gelegentliche Nutzung des Kraftfahrzeugs

Der pauschale Nutzungswert und die nicht abziehbaren Betriebsausgaben sind auch dann mit den Monatswerten zu ermitteln, wenn das Kraftfahrzeug nur gelegentlich zu Privatfahrten oder zu Fahrten zwischen Wohnung und Betriebsstätte genutzt wird.**🗓** **14**

Die Monatswerte sind nicht anzusetzen für volle Kalendermonate, in denen eine private Nutzung oder eine Nutzung zu Fahrten zwischen Wohnung und Betriebsstätte ausgeschlossen ist. **15**

Hat ein Steuerpflichtiger mehrere Betriebsstätten in unterschiedlicher Entfernung von der Wohnung, kann bei der pauschalen Berechnung der nicht abziehbaren Betriebsausgaben nach § 4 Absatz 5 Satz 1 Nummer 6 EStG die Entfernung zur näher gelegenen Betriebsstätte zugrunde gelegt werden. Die Fahrten zur weiter entfernt gelegenen Betriebsstätte sind zusätzlich mit 0,002 Prozent des inländischen Listenpreises i. S. d. § 6 Absatz 1 Nummer 4 Satz 2 EStG für jeden weiteren Entfernungskilometer (Differenz zwischen den Entfernungen der Wohnung zur jeweiligen Betriebsstätte) anzusetzen. **16**

Beispiel 3:
Der Unternehmer A wohnt in A-Stadt und hat dort eine Betriebsstätte (Entfernung zur Wohnung 30 km). Eine zweite Betriebsstätte unterhält er in B-Stadt (Entfernung zur Wohnung 100 km). A fährt zwischen Wohnung und Betriebsstätte mit dem Betriebs-Kraftfahrzeug (Bruttolistenpreis: 22 500 €). Er ist an 40 Tagen von der Wohnung zur Betriebsstätte in B-Stadt gefahren, an den anderen Tagen zur Betriebsstätte in A-Stadt (insgesamt an 178 Tagen). Die nicht abziehbaren Betriebsausgaben sind wie folgt zu ermitteln:

a) 22 500 € × 0,03 % × 30 km × 12 Monate =   2 430,00 €
    ./. 178 Tage × 30 km × 0,30 € =   1 602,00 €

                                                828,00 €

b) 22 500 € × 0,002 % × 70 (100 ./. 30) km × 40 Tage =   1 260,00 €
    ./. 40 Tage × 100 km × 0,30 € =   1 200,00 €

                                                60,00 €

Summe der nicht abziehbaren Betriebsausgaben   888,00 €

Amtl. Fn.:
🗓 Bestätigt durch BFH vom 12. 6. 2018 (BStBl II S. 755).

4. Nutzung im Rahmen unterschiedlicher Einkunftsarten

17 **1 2** Nutzt der Steuerpflichtige das betriebliche Kraftfahrzeug auch im Rahmen anderer Einkunftsarten, sind die auf diese außerbetriebliche, aber nicht private Nutzung entfallenden Aufwendungen grundsätzlich nicht mit dem nach § 6 Absatz 1 Nummer 4 Satz 2 EStG (1 %-Regelung) ermittelten Betrag abgegolten (BFH-Urteil vom 26. April 2006, BStBl 2007 II S. 445). Es bestehen keine Bedenken, diese Entnahme mangels anderer Anhaltspunkte mit 0,001 % des inländischen Listenpreises des Kraftfahrzeugs je gefahrenem Kilometer zu bewerten; dieser Entnahmewert stellt vorbehaltlich bestehender Abzugsbeschränkungen die im Rahmen der anderen Einkunftsart abziehbaren Betriebsausgaben oder Werbungskosten dar. Aus Vereinfachungsgründen wird einkommensteuerrechtlich auf den Ansatz einer zusätzlichen Entnahme verzichtet, soweit die Aufwendungen bei der anderen Einkunftsart keinen Abzugsbeschränkungen unterliegen und dort nicht abgezogen werden.

5. Begrenzung der pauschalen Wertansätze (sog. Kostendeckelung)

18 Der pauschale Nutzungswert nach § 6 Absatz 1 Nummer 4 Satz 2 EStG sowie die nicht abziehbaren Betriebsausgaben für Fahrten zwischen Wohnung und Betriebsstätte und Familienheimfahrten nach § 4 Absatz 5 Satz 1 Nummer 6 EStG können die für das genutzte Kraftfahrzeug insgesamt tatsächlich entstandenen Aufwendungen übersteigen. Wird das im Einzelfall nachgewiesen, so sind diese Beträge höchstens mit den Gesamtkosten **3 4** des Kraftfahrzeugs anzusetzen **5**. Bei mehreren privat genutzten Kraftfahrzeugen können die zusammengefassten pauschal ermittelten Wertansätze auf die nachgewiesenen tatsächlichen Gesamtaufwendungen dieser Kraftfahrzeuge begrenzt werden; eine fahrzeugbezogene „Kostendeckelung" ist zulässig.

19 Wird neben dem pauschalen Nutzungswert nach § 6 Absatz 1 Nummer 4 Satz 2 EStG eine Entnahme aufgrund der Nutzung des Kraftfahrzeugs zur Erzielung anderer Einkunftsarten erfasst, ist auch dieser Betrag den tatsächlichen Aufwendungen gegenüberzustellen (vgl. Randnummer 17).

20 Bei Anwendung der Kostendeckelung müssen dem Steuerpflichtigen als abziehbare Aufwendungen mindestens die nach § 4 Absatz 5 Satz 1 Nummer 6 Satz 2, § 9 Absatz 1 Satz 3 Nummer 4 und Nummer 5 EStG ermittelten Beträge (Entfernungspauschalen) verbleiben.

Beispiel 4:

Für ein zu mehr als 50 Prozent für betriebliche Zwecke genutztes Kraftfahrzeug (Bruttolistenpreis 35 600 €) sind im Wirtschaftsjahr 7 400 € Gesamtkosten angefallen. Das Kraftfahrzeug wurde an 200 Tagen für Fahrten zwischen Wohnung und Betriebsstätte (Entfernung 27 Kilometer) genutzt. Ein Fahrtenbuch wurde nicht geführt.

1. Pauschaler Wertansatz nach § 4 Absatz 5 Satz 1 Nummer 6 EStG:

   35 600 € × 0,03 % × 27 km × 12 Monate   = 3 460,32 €

Amtl. Fn.:

1 Überlässt der Stpfl. das Kraftfahrzeug einem Dritten aus privaten Gründen, handelt es sich um eine private Nutzung durch den Stpfl. mit der Folge, dass diese durch die Anwendung der 1 %-Regelung abgegolten ist. Dies gilt auch, wenn der Dritte das Kraftfahrzeug zu seiner eigenen Einkunftserzielung nutzt. Für diese Nutzung des Dritten kommt ein Betriebsausgaben- oder Werbungskostenabzug nicht in Betracht, wenn er für die Nutzungsüberlassung keine Aufwendungen trägt (> BFH vom 15. 7. 2014 — BStBl 2015 II S. 132).

2 Überlässt ein Arbeitgeber seinem Arbeitnehmer einen betrieblichen Pkw, dessen Kosten der Arbeitgeber in vollem Umfang trägt, auch zur Nutzung für Fahrten im privaten Bereich und zur Erzielung anderer Einkünfte und versteuert der Arbeitnehmer den daraus erlangten geldwerten Vorteil nach der sog. 1 %-Regelung, kann der Arbeitnehmer für die Nutzung des Pkw im Rahmen der anderen Einkünfte keine Betriebsausgaben oder Werbungskosten abziehen (> BFH vom 16. 7. 2015 — BStBl 2016 II S. 44).

3 Bei entgeltlicher Überlassung eines Kraftfahrzeugs durch einen Mitunternehmer an die Mitunternehmerschaft zählen die Aufwendungen der Mitunternehmerschaft für das Kraftfahrzeug, nicht aber die Aufwendungen des Mitunternehmers, zu den Gesamtkosten (> BFH vom 18. 9. 2012 — BStBl 2013 II S. 120).

4 Bei der Ermittlung der Gesamtkosten für Zwecke der Kostendeckelung sind Aufwendungen für das Kfz, die für mehr als ein Jahr erbracht werden — wie etwa eine Leasingsonderzahlung — auch bei der Gewinnermittlung durch Einnahmenüberschussrechnung periodengerecht den jeweiligen Nutzungszeiträumen zuzuordnen, d. h. auf die betroffenen Jahre zu verteilen (> BFH vom 17. 5. 2022 — BStBl II S. 829).

5 Auch wenn die Anwendung der 1 %-Regelung voraussetzt, dass das Kfz zu mehr als 50 % betrieblich genutzt wird, ist es nicht geboten, die ermittelte Nutzungsentnahme auf 50 % der Gesamtkosten zu begrenzen (> BFH vom 15. 5. 2018 — BStBl II S. 712).

2. Privater Nutzungsanteil nach § 6 Absatz 1 Nummer 4 Satz 2 EStG:

35 600 € × 1 % × 12 Monate	= 4 272,00 €

3. Prüfung der Kostendeckelung:

Gesamtaufwendungen	7 400,00 €
Pauschale Wertansätze (Summe aus 1. und 2.)	7 732,32 €
Höchstbetrag der pauschalen Wertansätze	7 400,00 €

Die pauschalen Wertansätze übersteigen die entstandenen Gesamtkosten. Es liegt ein Fall der Kostendeckelung vor. Der pauschale Wertansatz für die Fahrten zwischen Wohnung und Betriebsstätte nach § 4 Absatz 5 Satz 1 Nummer 6 EStG und der private Nutzungsanteil nach § 6 Absatz 1 Nummer 4 Satz 2 EStG sind auf die Höhe der Gesamtaufwendungen von 7 400 € beschränkt. Die Entfernungspauschale nach § 4 Absatz 5 Satz 1 Nummer 6 i.V. m. § 9 Absatz 1 Satz 3 Nummer 4 EStG i. H. v. 1 620,00 € (200 Tage x 27 km x 0,30 €) ist zu berücksichtigen.

III. Ermittlung des tatsächlichen privaten Nutzungswerts

1. Führung eines Fahrtenbuches

Ein Fahrtenbuch soll die Zuordnung von Fahrten zur betrieblichen und beruflichen Sphäre ermöglichen **21** und darstellen. Es muss laufend geführt werden.

Werden mehrere betriebliche Kraftfahrzeuge vom Unternehmer oder von zu seiner Privatsphäre gehören- **22** den Personen zu Privatfahrten, zu Fahrten zwischen Wohnung und Betriebsstätte oder zu Familienheimfahrten genutzt, ist diese Nutzung für jedes der Kraftfahrzeuge, das zu mehr als 50 Prozent betrieblich genutzt wird, entweder pauschal im Wege der Listenpreisregelung oder aber konkret anhand der Fahrtenbuchmethode zu ermitteln (BFH-Urteil vom 3. August 2000, BStBl 2001 II S. 332). Gehören dabei gleichzeitig mehrere Kraftfahrzeuge zum Betriebsvermögen, und wird nicht für jedes dieser Kraftfahrzeuge ein Fahrtenbuch im Sinne des § 6 Absatz 1 Nummer 4 Satz 2 EStG geführt, ist für diejenigen Kraftfahrzeuge, für die kein Fahrtenbuch geführt wird, und die für Privatfahrten, für Fahrten zwischen Wohnung und Betriebsstätte oder für Familienheimfahrten genutzt werden, § 6 Absatz 1 Nummer 4 Satz 2 EStG (1 %-Regelung) und § 4 Absatz 5 Satz 1 Nummer 6 EStG (pauschale Ermittlung der nicht abziehbaren Betriebsausgaben) anzuwenden. Die Rdnrn. 12 und 13 gelten entsprechend.

Beispiel 5:

Zum Betriebsvermögen des Unternehmers C gehören fünf Kraftfahrzeuge, die von C, seiner Ehefrau und dem erwachsenen Sohn auch zu Privatfahrten genutzt werden. Die betriebliche Nutzung der Kraftfahrzeuge beträgt jeweils mehr als 50 Prozent. Es befindet sich kein weiteres Kraftfahrzeug im Privatvermögen. Für ein Kraftfahrzeug wird ein Fahrtenbuch geführt. Die (pauschale) private Nutzungsentnahme für die vier weiteren auch privat genutzten Kraftfahrzeuge ist nach § 6 Absatz 1 Nummer 4 Satz 2 EStG mit jeweils 1 Prozent des Listenpreises anzusetzen. Für das Kraftfahrzeug, für das ein Fahrtenbuch geführt wird, ist die Nutzungsentnahme mit den tatsächlich auf die private Nutzung entfallenden Aufwendungen anzusetzen.

2. Elektronisches Fahrtenbuch

Ein elektronisches Fahrtenbuch ist anzuerkennen, wenn sich daraus dieselben Erkenntnisse wie aus ei- **23** nem manuell geführten Fahrtenbuch gewinnen lassen. Beim Ausdrucken von elektronischen Aufzeichnungen müssen nachträgliche Veränderungen der aufgezeichneten Angaben technisch ausgeschlossen, zumindest aber dokumentiert werden (BFH-Urteil vom 16. November 2005, BStBl 2006 II S. 410).

3. Anforderungen an ein Fahrtenbuch

Ein Fahrtenbuch muss zeitnah und in geschlossener Form geführt werden. Es muss die Fahrten ein- **24** schließlich, des an ihrem Ende erreichten Gesamtkilometerstandes vollständig und in ihrem fortlaufenden Zusammenhang wiedergeben (BFH-Urteil vom 9. November 2005, BStBl 2006 II S. 408). Das Fahrtenbuch muss mindestens folgende Angaben enthalten (vgl. R 8.1 Absatz 9 Nummer 2 Satz 3 LStR 2008 **❶**): Datum und Kilometerstand zu Beginn und Ende jeder einzelnen betrieblich/beruflich veranlassten Fahrt, Reiseziel, Reisezweck und aufgesuchte Geschäftspartner. Wird ein Umweg gefahren, ist dieser aufzuzeichnen. Auf einzelne dieser Angaben kann verzichtet werden, soweit wegen der besonderen Umstände im

---

Amtl. Fn.:
❶ > LStR 2015.

Einzelfall die betriebliche/berufliche Veranlassung der Fahrten und der Umfang der Privatfahrten ausreichend dargelegt sind und Überprüfungsmöglichkeiten nicht beeinträchtigt werden. So sind z. B. folgende berufsspezifisch bedingte Erleichterungen möglich:

25 a) Handelsvertreter, Kurierdienstfahrer, Automatenlieferanten und andere Steuerpflichtige, die regelmäßig aus betrieblichen/beruflichen Gründen große Strecken mit mehreren unterschiedlichen Reisezielen zurücklegen

Zu Reisezweck, Reiseziel und aufgesuchtem Geschäftspartner ist anzugeben, welche Kunden an welchem Ort besucht wurden. Angaben zu den Entfernungen zwischen den verschiedenen Orten sind nur bei größerer Differenz zwischen direkter Entfernung und tatsächlich gefahrenen Kilometern erforderlich.

26 b) Taxifahrer, Fahrlehrer

Bei Fahrten eines Taxifahrers im sog. Pflichtfahrgebiet ist es in Bezug auf Reisezweck, Reiseziel und aufgesuchtem Geschäftspartner ausreichend, täglich zu Beginn und Ende der Gesamtheit dieser Fahrten den Kilometerstand anzugeben mit der Angabe „Taxifahrten im Pflichtfahrgebiet" o. Ä. Wurden Fahrten durchgeführt, die über dieses Gebiet hinausgehen, kann auf die genaue Angabe des Reiseziels nicht verzichtet werden.

27 Für Fahrlehrer ist es ausreichend, in Bezug auf Reisezweck, Reiseziel und aufgesuchten Geschäftspartner „Lehrfahrten", „Fahrschulfahrten" o. Ä. anzugeben.

28 Werden regelmäßig dieselben Kunden aufgesucht, wie z. B. bei Lieferverkehr, und werden die Kunden mit Name und (Liefer-)Adresse in einem Kundenverzeichnis unter einer Nummer geführt, unter der sie später identifiziert werden können, bestehen keine Bedenken, als Erleichterung für die Führung eines Fahrtenbuches zu Reiseziel, Reisezweck und aufgesuchtem Geschäftspartner jeweils zu Beginn und Ende der Lieferfahrten Datum und Kilometerstand sowie die Nummern der aufgesuchten Geschäftspartner aufzuzeichnen. Das Kundenverzeichnis ist dem Fahrtenbuch beizufügen.

29 Für die Aufzeichnung von Privatfahrten genügen jeweils Kilometerangaben; für Fahrten zwischen Wohnung und Betriebsstätte genügt jeweils ein kurzer Vermerk im Fahrtenbuch.

4. Nichtanerkennung eines Fahrtenbuches

30 Wird die Ordnungsmäßigkeit der Führung eines Fahrtenbuches von der Finanzverwaltung z. B. anlässlich einer Betriebsprüfung nicht anerkannt, ist der private Nutzungsanteil nach § 6 Absatz 1 Nummer 4 Satz 2 EStG zu bewerten, wenn die betriebliche Nutzung mehr als 50 Prozent beträgt. Für Fahrten zwischen Wohnung und Betriebsstätte sowie für Familienheimfahrten ist die Ermittlung der nicht abziehbaren Betriebsausgaben nach § 4 Absatz 5 Satz 1 Nummer 6 EStG vorzunehmen.

5. Ermittlung des privaten Nutzungsanteils bei Ausschluss der 1 %-Regelung

31 Beträgt der Umfang der betrieblichen Nutzung 10 bis 50 Prozent, darf der private Nutzungsanteil nicht gemäß § 6 Absatz 1 Nummer 4 Satz 2 EStG (1 %-Regelung) bewertet werden. Der private Nutzungsanteil ist als Entnahme gemäß § 6 Absatz 1 Nummer 4 Satz 1 EStG mit den auf die private Nutzung entfallenden tatsächlichen Selbstkosten (vgl. Randnummer 32) zu bewerten. Für Fahrten zwischen Wohnung und Betriebsstätte und Familienheimfahrten sind die nicht abziehbaren Betriebsausgaben nach § 4 Absatz 5 Satz 1 Nummer 6 Satz 3 2. Alternative EStG zu ermitteln.

IV. Gesamtaufwendungen für das Kraftfahrzeug

32 Zu den Gesamtaufwendungen für das Kraftfahrzeug (Gesamtkosten) gehören Kosten, die unmittelbar dem Halten und dem Betrieb des Kraftfahrzeugs zu dienen bestimmt sind und im Zusammenhang mit seiner Nutzung zwangsläufig anfallen (BFH-Urteil vom 14. September 2005, BStBl 2006 II S. 72). Zu den Gesamtkosten gehören nicht die Sonderabschreibungen (BFH-Urteil vom 25. März 1988, BStBl II S. 655). Außergewöhnliche Kraftfahrzeugkosten sind dagegen vorab der beruflichen oder privaten Nutzung zuzurechnen. Aufwendungen, die ausschließlich der privaten Nutzung zuzurechnen sind, sind vorab als Entnahme zu behandeln (z. B. Mautgebühren auf einer privaten Urlaubsreise – BFH-Urteil vom 14. September 2005, BStBl 2006 II S. 72). Bei der Ermittlung des privaten Nutzungsanteils nach § 6 Absatz 1 Nummer 4 Satz 3 EStG sind die verbleibenden Kraftfahrzeugaufwendungen anhand des Fahrtenbuches anteilig der privaten Nutzung, der Nutzung für Fahrten zwischen Wohnung und Betriebsstätte oder für Familienheimfahrten zuzurechnen.

EStR

V. Fahrten zwischen Wohnung und Betriebsstätte

1. Mehrfache Fahrten zwischen Wohnung und Betriebsstätte

Werden täglich mehrere Fahrten zwischen Wohnung und Betriebsstätte zurückgelegt, so vervielfacht **33** sich der pauschale Hinzurechnungsbetrag nach § 4 Absatz 5 Satz 1 Nummer 6 EStG nicht. Für die Ermittlung des betrieblichen Nutzungsumfangs sind auch die Mehrfachfahrten zu berücksichtigen.

2. Abziehbare Aufwendungen bei behinderten Menschen für Fahrten zwischen Wohnung und Betriebsstätte sowie Familienheimfahrten

Behinderte Menschen**❶**, deren Grad der Behinderung mindestens 70 beträgt, sowie behinderte Men- **34** schen**❶**, deren Grad der Behinderung weniger als 70, aber mindestens 50 beträgt und die in ihrer Bewegungsfähigkeit im Straßenverkehr erheblich beeinträchtigt sind, können ihre tatsächlichen Kosten für die Benutzung eines eigenen oder zur Nutzung überlassenen Kraftfahrzeuges für Fahrten zwischen Wohnung und Betriebsstätte sowie für Familienheimfahrten als Betriebsausgaben abziehen. Dabei ist der Gewinn nicht um Aufwendungen in Höhe des in § 4 Absatz 5 Satz 1 Nummer 6 EStG jeweils genannten positiven Unterschiedsbetrags zu erhöhen.

VI. Umsatzsteuerliche Beurteilung

Zur Frage des Vorsteuerabzugs und der Umsatzbesteuerung bei unternehmerisch genutzten Kraftfahr- **35** zeugen vgl. BMF-Schreiben vom 27. August 2004 (BStBl I S. 864). Ist die Anwendung der 1 %-Regelung gem. § 6 Absatz 1 Nummer 4 Satz 2 EStG ausgeschlossen, weil das Kraftfahrzeug zu weniger als 50 Prozent betrieblich genutzt wird, und wird der nicht unternehmerische Nutzungsanteil nicht durch ein ordnungsgemäßes Fahrtenbuch nachgewiesen, ist dieser Nutzungsanteil im Wege der Schätzung zu ermitteln, wobei der Umsatzbesteuerung grundsätzlich der für ertragsteuerliche Zwecke ermittelte private Nutzungsanteil zugrunde zu legen ist.

VII. Zeitliche Anwendung

Dieses Schreiben ersetzt die BMF-Schreiben vom 21. Januar 2002 (BStBl I S. 148) und vom 7. Juli 2006 **36** (BStBl I S. 446) und ist in allen offenen Fällen anzuwenden. Randnummer 12 ist erstmals auf Wirtschaftsjahre anzuwenden, die nach dem 31. Dezember 2009 beginnen. Randnummer 17 ist erstmals ab dem Veranlagungszeitraum 2007 anzuwenden; wird der Gewinn nach einem vom Kalenderjahr abweichenden Wirtschaftsjahr ermittelt, ist Randnummer 17 erstmals ab 1. Januar 2007 anzuwenden.

Teilwert

– Bei Einlagen im Zusammenhang mit einer Betriebseröffnung entspricht der Teilwert i. d. R. dem gemeinen Wert der eingelegten Wirtschaftsgüter. Anschaffungsnebenkosten sind dabei zu berücksichtigen (> BFH vom 29. 4. 1999 – BStBl 2004 II S. 639).

– Ein geschenktes Wirtschaftsgut ist auch dann mit dem Teilwert ins Betriebsvermögen des Beschenkten einzulegen, wenn der Schenker das eingelegte Wirtschaftsgut innerhalb der letzten drei Jahre vor der Einlage angeschafft, hergestellt oder entnommen hat (> BFH vom 14. 7. 1993 – BStBl 1994 II S. 15).

Übertragung eines Kommanditanteils unter dem Buchwert des Anteils

...

Verdeckte Einlage

– Die Bewertung der verdeckten Einlage einer Beteiligung im Sinne des § 17 Abs. 1 Satz 1 EStG bei der aufnehmenden Kapitalgesellschaft erfolgt mit dem Teilwert (> BMF vom 2. 11. 1998 – BStBl I S. 1227 und BFH vom 4. 3. 2011 – BStBl 2012 II S. 341).

– Behandlung der Einbringung zum Privatvermögen gehörender Wirtschaftsgüter in das betriebliche Gesamthandsvermögen einer Personengesellschaft > BMF vom 29. 3. 2000 (BStBl I

Amtl. Fn.:
❶ Jetzt Menschen mit Behinderungen.

S. 462) und BMF vom 11. 7. 2011 (BStBl I S. 713) unter Berücksichtigung BMF vom 26. 7. 2016 (BStBl I S. 684).

– *Anteile an einer Kapitalgesellschaft, die eine juristische Person des öffentlichen Rechts in eine Tochtergesellschaft eingelegt hat, sind bei der Tochtergesellschaft mit dem Teilwert und nicht mit den Anschaffungskosten anzusetzen (> BFH vom 14. 3. 2011 – BStBl 2012 II S. 281).*

EStR   **R 6.13 Bewertungsfreiheit für geringwertige Wirtschaftsgüter und Bildung eines Sammelpostens**

(1) ¹Die Frage, ob ein Wirtschaftsgut des Anlagevermögens selbständig nutzungsfähig ist, stellt sich regelmäßig für solche Wirtschaftsgüter, die in einem Betrieb zusammen mit anderen Wirtschaftsgütern genutzt werden. ²Für die Entscheidung in dieser Frage ist maßgeblich auf die betriebliche Zweckbestimmung des Wirtschaftsguts abzustellen ³Hiernach ist ein Wirtschaftsgut des Anlagevermögens einer selbständigen Nutzung nicht fähig, wenn folgende Voraussetzungen kumulativ vorliegen:

1. Das Wirtschaftsgut kann nach seiner betrieblichen Zweckbestimmung nur zusammen mit anderen Wirtschaftsgütern des Anlagevermögens genutzt werden,

2. das Wirtschaftsgut ist mit den anderen Wirtschaftsgütern des Anlagevermögens in einen ausschließlichen betrieblichen Nutzungszusammenhang eingefügt, d. h., es tritt mit den in den Nutzungszusammenhang eingefügten anderen Wirtschaftsgütern des Anlagevermögens nach außen als einheitliches Ganzes in Erscheinung, wobei für die Bestimmung dieses Merkmals im Einzelfall die Festigkeit der Verbindung, ihre technische Gestaltung und ihre Dauer von Bedeutung sein können,

3. das Wirtschaftsgut ist mit den anderen Wirtschaftsgütern des Anlagevermögens technisch abgestimmt.

⁴Dagegen bleiben Wirtschaftsgüter, die zwar in einen betrieblichen Nutzungszusammenhang mit anderen Wirtschaftsgütern eingefügt und technisch aufeinander abgestimmt sind, dennoch selbständig nutzungsfähig, wenn sie nach ihrer betrieblichen Zweckbestimmung auch ohne die anderen Wirtschaftsgüter im Betrieb genutzt werden können (z. B. Müllbehälter eines Müllabfuhrunternehmens). ⁵Auch Wirtschaftsgüter, die nach ihrer betrieblichen Zweckbestimmung nur mit anderen Wirtschaftsgütern genutzt werden können, sind selbständig nutzungsfähig, wenn sie nicht in einen Nutzungszusammenhang eingefügt sind, so dass die zusammen nutzbaren Wirtschaftsgüter des Betriebs nach außen nicht als ein einheitliches Ganzes in Erscheinung treten (z. B. Bestecke, Trivialprogramme). ⁶Selbständig nutzungsfähig sind ferner Wirtschaftsgüter, die nach ihrer betrieblichen Zweckbestimmung nur zusammen mit anderen Wirtschaftsgütern genutzt werden können, technisch mit diesen Wirtschaftsgütern aber nicht abgestimmt sind (z. B. Paletten, Einrichtungsgegenstände).

(2) Bei der Beurteilung der Frage, ob die Anschaffungs- oder Herstellungskosten für das einzelne Wirtschaftsgut 150 Euro**❶**, 410 Euro**❷** oder 1 000 Euro nicht übersteigen, ist,

1. wenn von den Anschaffungs- oder Herstellungskosten des Wirtschaftsgutes ein Betrag nach § 6b oder § 6c EStG abgesetzt worden ist, von den nach § 6b Abs. 6 EStG maßgebenden

2. wenn die Anschaffungs- oder Herstellungskosten nach § 7g Abs. 2 Satz 2 EStG gewinnmindernd herabgesetzt wurden, von den geminderten

---

Amtl. Fn.:

❶ Bei Anschaffung, Herstellung oder Einlage in das Betriebsvermögen ab 1. 1. 2018: 250 € > § 52 Abs. 12 Satz 10.

❷ Bei Anschaffung, Herstellung oder Einlage in das Betriebsvermögen ab 1. 1. 2018: 800 € > § 52 Abs. 12 Satz 8.

3. wenn das Wirtschaftsgut mit einem erfolgsneutral behandelten Zuschuss aus öffentlichen oder privaten Mitteln nach R 6.5 angeschafft oder hergestellt worden ist, von den um den Zuschuss gekürzten

4. und wenn von den Anschaffungs- oder Herstellungskosten des Wirtschaftsgutes ein Betrag nach R 6.6 abgesetzt worden ist, von den um diesen Betrag gekürzten

Anschaffungs- oder Herstellungskosten auszugehen.

(3) Stellt ein Stpfl. ein selbständig bewertungsfähiges und selbständig nutzungsfähiges Wirtschaftsgut aus erworbenen Wirtschaftsgütern her, muss die Sofortabschreibung gem. § 6 Abs. 2 EStG oder die Einstellung in den Sammelposten gem. § 6 Abs. 2a EStG in dem Wirtschaftsjahr erfolgen, in dem das Wirtschaftsgut fertig gestellt worden ist.

(4) [1]Wurden die Anschaffungs- oder Herstellungskosten eines Wirtschaftsguts gem. § 6 Abs. 2 oder Abs. 2a Satz 4 EStG im Jahr der Anschaffung oder Herstellung in voller Höhe als Betriebsausgaben abgesetzt, sind in späteren Wirtschaftsjahren nachträgliche Anschaffungs- oder Herstellungskosten im Jahr ihrer Entstehung ebenfalls in voller Höhe als Betriebsausgaben zu behandeln. [2]Dies gilt unabhängig davon, ob sie zusammen mit den ursprünglichen Anschaffungs- oder Herstellungskosten den Betrag von 410 Euro**❶** bzw. im Falle der Bildung des Sammelpostens gem. § 6 Abs. 2a EStG von 150 Euro**❷** übersteigen.

(5) [1]Für jedes Wirtschaftsjahr, in dem vom einheitlich für alle Anlagegüter i. S. d. § 6 Abs. 2a EStG auszuübenden Antragsrecht zur Bildung eines Sammelpostens Gebrauch gemacht wurde, ist ein gesonderter Sammelposten zu bilden. [2]Nachträgliche Anschaffungs- oder Herstellungskosten, die nicht im Wirtschaftsjahr der Anschaffung oder Herstellung angefallen sind, erhöhen den Sammelposten des Wirtschaftsjahres, in dem die nachträglichen Anschaffungs- oder Herstellungskosten anfallen. [3]Macht der Stpfl. in diesem Wirtschaftsjahr vom Wahlrecht nach § 6 Abs. 2a EStG keinen Gebrauch, beschränkt sich der Sammelposten auf die nachträglichen Anschaffungs- oder Herstellungskosten der betroffenen Wirtschaftsgüter. [4]Dies gilt unabhängig davon, ob die nachträglichen Anschaffungs- oder Herstellungskosten zusammen mit den ursprünglichen Anschaffungs- oder Herstellungskosten den Betrag von 1 000 Euro übersteigen.

(6) [1]Der Sammelposten i. S. d. § 6 Abs. 2a EStG ist kein Wirtschaftsgut, sondern eine Rechengröße und damit beispielsweise einer Teilwertabschreibung nicht zugänglich. [2]Ein Sammelposten i. S. d. § 6 Abs. 2a EStG wird nicht dadurch vermindert, dass ein oder mehrere darin erfasste Wirtschaftsgüter durch Veräußerung oder Entnahme oder auf Grund höherer Gewalt (R 6.6 Abs. 2) aus dem Betriebsvermögen des Stpfl. ausscheiden. [3]Dies gilt auch für Wirtschaftsgüter, die nach § 6 Abs. 3 EStG zusammen mit einem Teilbetrieb übertragen, nach § 6 Abs. 5 EStG in ein anderes Betriebsvermögen überführt oder übertragen oder nach den §§ 20, 24 UmwStG zusammen mit einem Teilbetrieb in eine Kapital- oder Personengesellschaft eingebracht werden.

Hinweise   EStH   H 6.13

Allgemeines

Zweifelsfragen zur bilanziellen Behandlung geringwertiger Wirtschaftsgüter und zum Sammelposten > BMF vom 30. 9. 2010 (BStBl I S. 755).

Amtl. Fn.:

❶ Bei Anschaffung, Herstellung oder Einlage in das Betriebsvermögen ab 1. 1. 2018: 800 € > § 52 Abs. 12 Satz 8.

❷ Bei Anschaffung, Herstellung oder Einlage in das Betriebsvermögen ab 1. 1. 2018: 250 € > § 52 Abs. 12 Satz 10.

Einlage

Zur Einlage von geringwertigen Wirtschaftsgütern, für die die Bewertungsfreiheit bereits während der Zugehörigkeit zum Privatvermögen in Anspruch genommen wurde > H 6.12 (Geringwertiges Wirtschaftsgut).

Private Mitbenutzung

Hat ein Steuerpflichtiger die Anschaffungs- oder Herstellungkosten eines geringwertigen Wirtschaftsguts im Jahr der Anschaffung oder Herstellung in voller Höhe als Betriebsausgaben abgesetzt, so muss er den Teil der Aufwendungen, der dem privaten Nutzungsanteil entspricht, während der Nutzungszeit des Wirtschaftsguts dem Gewinn jeweils in dem Umfang hinzurechnen, der der tatsächlichen Nutzung in jedem Wj. entspricht (> BFH vom 13. 3. 1964 – BStBl III S. 455).

Selbständige Bewertbarkeit bzw. Nutzungsfähigkeit

Die selbständige Nutzungsfähigkeit verbundener oder gemeinsam genutzter Wirtschaftsgüter ist kein Kriterium bei der Beurteilung der selbständigen Bewertbarkeit. Ein selbständig bewertbares Wirtschaftsgut liegt vor, wenn es in seiner Einzelheit von Bedeutung und bei einer Veräußerung greifbar ist. Ob es auch selbständig genutzt werden kann, hängt neben dem Zweck, den zwei oder mehrere bewegliche Sachen gemeinsam zu erfüllen haben, vor allem vom Grad der Festigkeit einer eventuell vorgenommenen Verbindung (§ 93 BGB), dem Zeitraum, auf den eine eventuelle Verbindung oder die gemeinsame Nutzung angelegt sind, sowie dem äußeren Erscheinungsbild ab. Erscheinen die beweglichen Gegenstände danach für sich genommen unvollständig oder erhält ein Gegenstand ohne den oder die anderen gar ein negatives Gepräge, ist regelmäßig von einem einheitlichen Wirtschaftsgut auszugehen; Entsprechendes gilt für Sachen, die in einen unbeweglichen Gegenstand eingebaut werden (> BFH vom 5. 9. 2002 – BStBl II S. 877).

ABC der selbständig nutzungsfähigen Wirtschaftsgüter

- Ausstellungsgegenstände – einzelne Gegenstände, die zu einer Verkaufsausstellung (z. B. Sanitärausstellung) zusammengefasst sind, es sei denn, einzelne der zu der Ausstellung zusammengefassten Wirtschaftsgüter haben ihre selbständige Bewertbarkeit dadurch verloren, dass sie fest und auf längere Dauer mit anderen Gegenständen verbunden sind und nur in dieser technischen Verbundenheit ihren bestimmungsgemäßen Zweck erfüllen können, z. B. Badewanne und Armaturen (> BFH vom 9. 8. 2001 – BStBl II S. 842),

- Bestecke in Gaststätten, Hotels, Kantinen (> BFH vom 19. 11. 1953 – BStBl 1954 III S. 18),

- Bibliothek eines Rechtsanwalts (> BFH vom 17. 5. 1968 – BStBl II S. 566),

- Bücher einer Leih- oder Fachbücherei (> BFH vom 8. 12. 1967 – BStBl 1968 II S. 149),

- Einrichtungsgegenstände in Läden, Werkstätten, Büros, Hotels, Gaststätten u. Ä. – auch als Erstausstattung und in einheitlichem Stil (> BFH vom 29. 7. 1966 – BStBl 1967 III S. 61),

- Fässer/Flaschen (> BFH vom 1. 7. 1981 – BStBl 1982 II S. 246),

- Grundausstattung einer Kfz-Werkstatt mit Spezialwerkzeugen (> BFH vom 17. 5. 1968 – BStBl II S. 571),

- Instrumentarium eines Arztes, auch als Grundausstattung (> BFH vom 17. 5. 1968 – BStBl II S. 566),

- Kisten (> BFH vom 1. 7. 1981 – BStBl 1982 II S. 246),

- Lampen als selbständige Wirtschaftsgüter (Steh-, Tisch- und Hängelampen; > BFH vom 17. 5. 1968 – BStBl II S. 567),

- Leergut (> BFH vom 1. 7. 1981 – BStBl 1982 II S. 246),

- Legehennen in eiererzeugenden Betrieben,

- Möbel in Hotels und Gaststätten, auch als Erstausstattung (> BFH vom 17. 5. 1968 – BStBl II S. 566),
- Müllbehälter eines Müllabfuhrunternehmens, auch Systemmüllbehälter,
- Musterbücher und -kollektionen im Tapeten- und Buchhandel (> BFH vom 25. 11. 1965 – BStBl 1966 III S. 86),
- Notfallkoffer eines Arztes und darin enthaltene Geräte wie Sauerstoffflasche, Beatmungsbeutel, Absauggerät (> BFH vom 7. 9. 2000 – BStBl 2001 II S. 41),
- Paletten zum Transport und zur Lagerung von Waren (> BFH vom 9. 12. 1977 – BStBl 1978 II S. 322 und vom 25. 8. 1989 – BStBl 1990 II S. 82),
- Regale, die aus genormten Stahlregalteilen zusammengesetzt und nach ihrer betrieblichen Zweckbestimmung in der Regel auf Dauer in dieser Zusammensetzung genutzt werden (> BFH vom 26. 7. 1979 – BStBl 1980 II S. 176) sowie Regale, die zu Schrankwänden zusammengesetzt sind (> BFH vom 9. 8. 2001 – BStBl 2002 II S. 100),
- Ruhebänke als Werbeträger,
- Schallplatten,
- Schreibtischkombinationsteile, die nicht fest miteinander verbunden sind, wie z. B. Tisch, Rollcontainer, Computerbeistelltisch (> BFH vom 21. 7. 1998 – BStBl II S. 789) sowie einzelne Elemente einer aus genormten Teilen zusammengesetzten und verschraubten Schreibtischkombination, es sei denn, das einzelne Element ist aus technischen Gründen (z. B. wegen fehlender Standfestigkeit) nicht selbständig nutzungsfähig (> BFH vom 9. 8. 2001 – BStBl 2002 II S. 100),
- Schriftenminima in einem Druckereibetrieb (> BFH vom 18. 11. 1975 – BStBl 1976 II S. 214),
- Spezialbeleuchtungsanlagen in einem Schaufenster (> BFH vom 5. 3. 1974 – BStBl II S. 353),
- Spinnkannen einer Weberei (> BFH vom 9. 12. 1977 – BStBl 1978 II S. 322),
- Straßenleuchten (> BFH vom 28. 3. 1973 – BStBl 1974 II S. 2),
- Tonbandkassetten,
- Transportkästen in einer Weberei zum Transport von Garnen (> BFH vom 17. 5. 1968 – BStBl II S. 568),
- Trivialprogramme (> R 5.5 Abs. 1),
- Videokassetten,
- Wäsche in Hotels (> BFH vom 17. 5. 1968 – BStBl II S. 566).

ABC der nicht selbständig nutzungsfähigen Wirtschaftsgüter

- Beleuchtungsanlage als Lichtband zur Beleuchtung in Fabrikräumen und Werkhallen (> BFH vom 5. 10. 1956 – BStBl III S. 376) oder zur Beleuchtung einzelner Stockwerke eines Wohnhauses (> BFH vom 5. 3. 1974 – BStBl II S. 353),
- Bestuhlung in Kinos und Theatern (> BFH vom 5. 10. 1966 – BStBl III S. 686),
- Bohrer in Verbindung mit Werkzeugmaschinen (> Maschinenwerkzeuge),
- Drehbank mit als Antrieb eingebautem Elektromotor (> BFH vom 14. 12. 1966 – BStBl 1967 III S. 247),
- Drehstähle in Verbindung mit Werkzeugmaschinen (> Maschinenwerkzeuge),
- EDV-Kabel nebst Zubehör zur Vernetzung einer EDV-Anlage: Kabel, die als Verlängerung der Verbindung der Peripheriegeräte mit der Zentraleinheit genutzt werden, sind zwar selbständig bewertungsfähig, nicht jedoch selbständig nutzungsfähig und somit keine geringwertigen Wirtschaftsgüter (> BFH vom 25. 11. 1999 – BStBl 2002 II S. 233),

- *Elektromotor zum Einzelantrieb einer Maschine, einer Drehbank oder eines Webstuhls (> BFH vom 16.12.1958 – BStBl 1959 III S. 77),*
- *Ersatzteile für Maschinen usw. (> BFH vom 17.5.1968 – BStBl II S. 568),*
- *Formen (> BFH vom 9.3.1967 – BStBl III S. 283),*
- *Formplatten (> BFH vom 30.3.1967 – BStBl III S. 302),*
- *Fräser in Verbindung mit Werkzeugmaschinen (> Maschinenwerkzeuge),*
- *Gerüst- und Schalungsteile sowie Schalungstafeln, die genormt und technisch aufeinander abgestimmt sind (> BFH vom 29.7.1966 – BStBl 1967 III S. 151),*
- *Kühlkanäle (> BFH vom 17.4.1985 – BStBl 1988 II S. 126),*
- *Leuchtstoffröhren (> Beleuchtungsanlage),*
- *Lichtbänder (> Beleuchtungsanlage),*
- *Lithographien (> BFH vom 15.3.1991 – BStBl II S. 682),*
- *Maschinenwerkzeuge und -verschleißteile (> BFH vom 6.10.1995 – BStBl 1996 II S. 166),*
- *Peripheriegeräte einer PC-Anlage; dies gilt nicht für so genannte Kombinations-Geräte und für externe Datenspeicher (> BFH vom 19.2.2004 – BStBl II S. 958),*
- *Pflanzen von Dauerkulturen (> BFH vom 30.11.1978 – BStBl 1979 II S. 281),*
- *Regalteile (> BFH vom 20.11.1970 – BStBl 1971 II S. 155; zu Regalen aus genormten Stahlregalteilen > Beispiele für selbständig nutzungsfähige Wirtschaftsgüter),*
- *Sägeblätter in Diamantsägen und -gattern (> BFH vom 19.10.1972 – BStBl 1973 II S. 53),*
- *Stanzwerkzeuge in Verbindung mit Werkzeugmaschinen (> Maschinenwerkzeuge),*
- *Technische Sicherheitseinrichtung – TSE > BMF vom 21.8.2020 (BStBl I S. 1047),*
- *Webstuhlmotor (> Elektromotor),*
- *Werkzeuge (> Maschinenwerkzeuge).*

Zu § 6b EStG (§ 9a EStDV)

EStR   **R 6b.1 Ermittlung des Gewinns aus der Veräußerung bestimmter Anlagegüter i. S. d. § 6b EStG**

Begriff der Veräußerung

(1) [1]Es ist ohne Bedeutung, ob der Unternehmer das Wirtschaftsgut freiwillig veräußert oder ob die Veräußerung unter Zwang erfolgt, z. B. infolge oder zur Vermeidung eines behördlichen Eingriffs oder im Wege einer Zwangsversteigerung. [2]Die Veräußerung setzt den Übergang eines Wirtschaftsgutes von einer Person auf eine andere voraus. [3]Auch der Tausch von Wirtschaftsgütern ist eine Veräußerung. [4]Die Überführung von Wirtschaftsgütern aus einem Betrieb in einen anderen Betrieb des Stpfl. und die Überführung von Wirtschaftsgütern aus dem Betriebsvermögen in das Privatvermögen sowie das Ausscheiden von Wirtschaftsgütern infolge höherer Gewalt sind keine Veräußerungen. [5]In den Fällen des rückwirkenden Teilwertansatzes nach § 6 Abs. 5 Satz 4 EStG ist eine Gewinnübertragung nach § 6b EStG zulässig, wenn die Übertragung des Wirtschaftsgutes entgeltlich (z. B. gegen Gewährung von Gesellschaftsrechten) erfolgt ist.

Buchwert

(2) [1]Buchwert ist der Wert, der sich für das Wirtschaftsgut im Zeitpunkt seiner Veräußerung ergeben würde, wenn für diesen Zeitpunkt eine Bilanz aufzustellen wäre. [2]Das bedeutet, dass

bei abnutzbaren Anlagegütern auch noch AfA nach § 7 EStG, erhöhte Absetzungen sowie etwaige Sonderabschreibungen für den Zeitraum vom letzten Bilanzstichtag bis zum Veräußerungszeitpunkt vorgenommen werden können. [3]Eine Wertaufholung nach § 6 Abs. 1 Nr. 1 Satz 4 oder § 7 Abs. 1 Satz 7 EStG ist vorzunehmen.

▶ **Hinweise   EStH   H 6b.1**

...

EStR   R 6b.2 Übertragung aufgedeckter stiller Reserven und Rücklagenbildung nach § 6b EStG

Abzug des begünstigten Gewinns

(1) [1]Voraussetzung für den Abzug des begünstigten Gewinns von den Anschaffungs- oder Herstellungskosten eines Wirtschaftsgutes nach § 6b Abs. 1, 3 oder 10 EStG ist, dass das Wirtschaftsgut wegen der Abweichung von der Handelsbilanz in ein besonderes, laufend zu führendes Verzeichnis aufgenommen wird (> § 5 Abs. 1 Satz 2 EStG). [2]Nach § 6b Abs. 1 oder Abs. 10 Satz 1 bis 3 EStG kann der Abzug nur in dem Wirtschaftsjahr vorgenommen werden, in dem der begünstigte Gewinn entstanden ist (Veräußerungsjahr). [3]Ist das Wirtschaftsgut in diesem Wirtschaftsjahr angeschafft oder hergestellt worden, ist der Abzug von den gesamten in diesem Wirtschaftsjahr angefallenen Anschaffungs- oder Herstellungskosten vorzunehmen. [4]Dies gilt unabhängig davon, ob das Wirtschaftsgut vor oder nach der Veräußerung angeschafft oder hergestellt worden ist. [5]Ist das Wirtschaftsgut in dem Wirtschaftsjahr angeschafft oder hergestellt worden, das dem Veräußerungsjahr vorangegangen ist, ist der Abzug nach § 6b Abs. 1 EStG von dem Buchwert nach § 6b Abs. 5 EStG vorzunehmen. [6]Sind im Veräußerungsjahr noch nachträgliche Anschaffungs- oder Herstellungskosten angefallen, ist der Abzug von dem um diese Kosten erhöhten Buchwert vorzunehmen. [7]Nach § 6b Abs. 3 oder Abs. 10 EStG kann der Abzug nur in dem Wirtschaftsjahr vorgenommen werden, in dem das Wirtschaftsgut angeschafft oder hergestellt worden ist. [8]Der Abzug ist von den gesamten in diesem Wirtschaftsjahr angefallenen Anschaffungs- oder Herstellungskosten des Wirtschaftsgutes vorzunehmen. [9]Bei nachträglichen Herstellungskosten, die durch die Erweiterung, den Ausbau oder den Umbau eines Gebäudes entstehen, ist der Abzug nach § 6b Abs. 1, Abs. 3 oder Abs. 10 EStG unabhängig vom Zeitpunkt der ursprünglichen Anschaffung oder Herstellung dieses Wirtschaftsgutes zulässig.

Rücklagenbildung

(2) [1]Zur Erfüllung der Aufzeichnungspflichten nach § 5 Abs. 1 Satz 2 EStG ist bei der Bildung der steuerfreien Rücklage der Ansatz in der Steuerbilanz ausreichend. [2]Die Aufnahme des Wirtschaftsguts in das besondere Verzeichnis ist erst bei Übertragung der Rücklage erforderlich.

(3) [1]Rücklagen nach § 6b Abs. 3 oder Abs. 10 EStG können in der Bilanz in einem Posten zusammengefasst werden. [2]In der Buchführung muss aber im Einzelnen nachgewiesen werden, bei welchen Wirtschaftsgütern der in die Rücklage eingestellte Gewinn entstanden und auf welche Wirtschaftsgüter er übertragen oder wann die Rücklage gewinnerhöhend aufgelöst worden ist.

Rücklagenauflösung

(4) Wird der Gewinn des Stpfl. in einem Wirtschaftsjahr, das in den nach § 6b Abs. 3 oder Abs. 10 EStG maßgebenden Zeitraum fällt, geschätzt, weil keine Bilanz aufgestellt wurde, ist die Rücklage in diesem Wirtschaftsjahr gewinnerhöhend aufzulösen und ein Betrag in Höhe der Rücklage im Rahmen der Gewinnschätzung zu berücksichtigen.

Gewinnzuschlag

(5) [1]Der > Gewinnzuschlag nach § 6b Abs. 7 oder Abs. 10 EStG ist in den Fällen vorzunehmen, in denen ein Abzug von den Anschaffungs- oder Herstellungskosten begünstigter Wirtschaftsgüter nicht oder nur teilweise vorgenommen worden ist und die Rücklage oder der nach Abzug verbleibende Rücklagenbetrag aufgelöst wird. [2]Ein Gewinnzuschlag ist demnach auch vorzunehmen, soweit die Auflösung einer Rücklage vor Ablauf der in § 6b Abs. 3 oder Abs. 10 EStG genannten Fristen erfolgt (vorzeitige Auflösung der Rücklage).

Übertragungsmöglichkeiten[1]

(6) [1]Ein Stpfl. kann den begünstigten Gewinn, der in einem als Einzelunternehmen geführten Betrieb entstanden ist, vorbehaltlich der Regelung in § 6b Abs. 4 Satz 2 EStG auf Wirtschaftsgüter übertragen, die

1. zu demselben oder einem anderen als Einzelunternehmen geführten Betrieb des Steuerpflichtigen gehören oder

2. zum Betriebsvermögen einer Personengesellschaft gehören, an der der Stpfl. als Mitunternehmer beteiligt ist, soweit die Wirtschaftsgüter dem Stpfl. als Mitunternehmer zuzurechnen sind.

[2]Ein Stpfl. kann den begünstigten Gewinn aus der Veräußerung eines Wirtschaftsgutes, das zu seinem Sonderbetriebsvermögen bei einer Mitunternehmerschaft gehört, vorbehaltlich der Regelung in § 6b Abs. 4 Satz 2 EStG auf Wirtschaftsgüter übertragen, die

1. zu demselben Sonderbetriebsvermögen des Stpfl. oder zum Sonderbetriebsvermögen des Stpfl. bei einer anderen Personengesellschaft gehören oder

2. zum Gesamthandsvermögen der Personengesellschaft, der das veräußerte Wirtschaftsgut gedient hat, oder zum Gesamthandsvermögen einer anderen Personengesellschaft gehören, soweit die Wirtschaftsgüter dem Stpfl. als Mitunternehmer zuzurechnen sind, oder

3. zu einem als Einzelunternehmen geführten Betrieb des Stpfl. gehören.

[3]Wegen der Rücklage bei Betriebsveräußerung oder -aufgabe > Absatz 10.

(7) Der begünstigte Gewinn aus der Veräußerung eines Wirtschaftsguts, das zum Gesamthandsvermögen einer Personengesellschaft gehört, kann übertragen werden

1. auf Wirtschaftsgüter, die zum Gesamthandsvermögen der Personengesellschaft gehören,

2. auf Wirtschaftsgüter, die zum Sonderbetriebsvermögen eines Mitunternehmers der Personengesellschaft gehören, aus deren Betriebsvermögen das veräußerte Wirtschaftsgut ausgeschieden ist, soweit der begünstigte Gewinn anteilig auf diesen Mitunternehmer entfällt,

3. vorbehaltlich der Regelung in § 6b Abs. 4 Satz 2 EStG auf Wirtschaftsgüter, die zum Betriebsvermögen eines anderen als Einzelunternehmen geführten Betriebs eines Mitunternehmers gehören, soweit der begünstigte Gewinn anteilig auf diesen Mitunternehmer entfällt,

4. vorbehaltlich der Regelung in § 6b Abs. 4 Satz 2 EStG auf Wirtschaftsgüter, die zum Gesamthandsvermögen einer anderen Personengesellschaft oder zum Sonderbetriebsvermögen des Mitunternehmers bei einer anderen Personengesellschaft gehören, soweit diese Wirtschaftsgüter dem Mitunternehmer der Gesellschaft, aus deren Betriebsvermögen das veräußerte Wirtschaftsgut ausgeschieden ist, zuzurechnen sind und soweit der begünstigte Gewinn anteilig auf diesen Mitunternehmer entfällt.

Anm. d. Schriftl.:

[1] Eine Rücklage nach § 6b EStG darf vor der Anschaffung oder Herstellung eines Reinvestitionswirtschaftsguts nicht auf einen anderen Betrieb des Stpfl. übertragen werden (BFH-Urteil vom 22.11.2018, BStBl 2019 II S. 313).

(8) [1]Wird der begünstigte Gewinn, der bei der Veräußerung eines Wirtschaftsguts entstanden ist, bei den Anschaffungs- oder Herstellungskosten eines Wirtschaftsguts eines anderen Betriebs des Steuerpflichtigen berücksichtigt, ist er erfolgsneutral dem Kapitalkonto der für den veräußernden Betrieb aufzustellenden Bilanz hinzuzurechnen. [2]Gleichzeitig ist ein Betrag in Höhe des begünstigten Gewinns von den Anschaffungs- oder Herstellungskosten der in dem anderen Betrieb angeschafften oder hergestellten Wirtschaftsgüter erfolgsneutral (zu Lasten des Kapitalkontos) abzusetzen. [3]Eine nach § 6b Abs. 3 oder Abs. 10 EStG gebildete Rücklage kann auf einen anderen Betrieb erst in dem Wirtschaftsjahr übertragen werden, in dem der Abzug von den Anschaffungs- oder Herstellungskosten bei Wirtschaftsgütern des anderen Betriebs vorgenommen wird.

Rücklage bei Änderung der Unternehmensform

(9) [1]Bei der Umwandlung eines Einzelunternehmens in eine Personengesellschaft kann der bisherige Einzelunternehmer eine von ihm gebildete Rücklage in einer Ergänzungsbilanz weiterführen. [2]Wird eine Personengesellschaft in ein Einzelunternehmen umgewandelt, kann der den Betrieb fortführende Gesellschafter eine Rücklage der Gesellschaft insoweit weiterführen, als sie (anteilig) auf ihn entfällt. [3]Bei der Realteilung einer Personengesellschaft unter Fortführung entsprechender Einzelunternehmen kann die Rücklage anteilig in den Einzelunternehmen fortgeführt werden.

Rücklage bei Betriebsveräußerung

(10) [1]Veräußert ein Steuerpflichtiger seinen Betrieb, zu dessen Betriebsvermögen eine Rücklage im Sinne des § 6b Abs. 3 oder Abs. 10 EStG gehört, oder bildet er eine solche Rücklage anlässlich der Betriebsveräußerung, kann er die Rücklage noch für die Zeit weiterführen, für die sie ohne Veräußerung des Betriebs zulässig gewesen wäre. [2]Wegen der Übertragungsmöglichkeit > Absatz 6 und 7. [3]Wird eine Rücklage, die nicht anlässlich der Betriebsveräußerung gebildet worden ist, weitergeführt, kann für den Veräußerungsgewinn der Freibetrag nach § 16 Abs. 4 EStG und eine Tarifermäßigung nach § 34 EStG nur in Anspruch genommen werden, wenn die Rücklage keine stillen Reserven enthält, die bei der Veräußerung einer wesentlichen Grundlage des Betriebs aufgedeckt worden sind. [4]Liegen die Voraussetzungen für die Weiterführung der Rücklage nicht oder nicht mehr vor, ist sie gewinnerhöhend aufzulösen. [5]Wird eine Rücklage allerdings im Rahmen einer Betriebsveräußerung aufgelöst, gehört der dabei entstehende Gewinn zum Veräußerungsgewinn. [6]Diese Grundsätze gelten bei der Veräußerung eines Mitunternehmeranteils, bei der Auflösung einer Personengesellschaft und bei der Aufgabe eines Betriebs entsprechend.

Wechsel der Gewinnermittlungsart

(11) [1]Geht ein Steuerpflichtiger während des Zeitraums, für den eine nach § 6b Abs. 3 oder Abs. 10 EStG gebildete Rücklage fortgeführt werden kann, von der Gewinnermittlung nach § 4 Abs. 1 oder § 5 EStG zur Gewinnermittlung nach § 4 Abs. 3 EStG oder nach Durchschnittssätzen (§ 13a EStG) über, gelten für die Fortführung und die Übertragungsmöglichkeiten dieser Rücklage die Vorschriften des § 6c EStG. [2]Geht der Steuerpflichtige von der Gewinnermittlung nach § 4 Abs. 3 EStG oder nach Durchschnittssätzen (§ 13a EStG) zur Gewinnermittlung nach § 4 Abs. 1 oder § 5 EStG über und sind im Zeitpunkt des Wechsels der Gewinnermittlungsart nach § 6c EStG begünstigte Gewinne noch nicht aufzulösen, ist in Höhe der noch nicht übertragenen Gewinne eine Rücklage in der Übergangsbilanz auszuweisen. [3]Für die weitere Behandlung dieser Rücklage gelten die Vorschriften des § 6b EStG.

Gewinne aus der Veräußerung von Anteilen an Kapitalgesellschaften

(12) [1]Für die Berechnung des Höchstbetrages nach § 6b Abs. 10 Satz 1 EStG ist der einzelne Mitunternehmer als Steuerpflichtiger anzusehen, mit der Folge, dass der Höchstbetrag von 500 000 Euro für jeden Mitunternehmer zur Anwendung kommt. [2]Dabei ist für die zeitliche Zu-

ordnung der Gewinne bei abweichendem Wirtschaftsjahr auf den VZ abzustellen, dem die entstandenen Gewinne aus der Veräußerung nach § 4a EStG zuzuordnen sind.

(13) ¹Eine Übertragung des Gewinns auf die in dem der Veräußerung vorangegangenen Wirtschaftsjahr angeschafften oder hergestellten Wirtschaftsgüter sieht § 6b Abs. 10 Satz 1 EStG (anders als § 6b Abs. 1 Satz 1 EStG) ausdrücklich nicht vor. ²Eine Übertragung des Gewinns ist auf die frühestens im gleichen Wirtschaftsjahr angeschafften oder hergestellten Reinvestitionsgüter möglich.

▶▶▶▶   **Hinweise   EStH   H 6b.2**

...

Beispiel zur Berechnung des Gewinnzuschlags

Ein Steuerpflichtiger, dessen Wj. mit dem Kj. übereinstimmt, veräußert am 1. 2. 01 ein Wirtschaftsgut. Der nach § 6b EStG begünstigte Gewinn beträgt 400 000 €. Der Steuerpflichtige bildet in der Bilanz des Jahres 01 eine Rücklage in Höhe von 400 000 €, die er auch in den Bilanzen der Jahre 02 und 03 ausweist. Am 1. 10. 04 erwirbt er ein begünstigtes Wirtschaftsgut, dessen Anschaffungskosten 300 000 € betragen. Der Steuerpflichtige nimmt einen gewinnmindernden Abzug von 300 000 € vor und löst die gesamte Rücklage gewinnerhöhend auf.

Der Gewinn aus der Auflösung der Rücklage beträgt 400 000 € – davon werden 300 000 € nach § 6b Abs. 3 Satz 4 EStG und 100 000 € nach § 6b Abs. 3 Satz 5 EStG aufgelöst. Bemessungsgrundlage für den Gewinnzuschlag sind 100 000 €. Die Rücklage hat in den Wj. 01 bis 04 bestanden. Der Gewinnzuschlag ist für jedes volle Wj. des Bestehens der Rücklage vorzunehmen; das sind die Wj. 02 bis 04, denn im Wj. 04 kann die Auflösung der Rücklage erst zum Bilanzabschluss und nicht bereits zum Zeitpunkt der Wiederanlage erfolgen.

Der Gewinnzuschlag beträgt 3 × 6 % von 100 000 € = 18 000 €.

...

**EStR   R 6b.3   Sechs-Jahres-Frist i. S. d. § 6b Abs. 4 Satz 1
                     Nr. 2 EStG**

(1) ¹Zur Frage der Zugehörigkeit eines Wirtschaftsguts zum Anlagevermögen > R 6.1. ²Wirtschaftsgüter, die sechs Jahre zum Betriebsvermögen des Steuerpflichtigen gehört haben, können in der Regel als Anlagevermögen angesehen werden, es sei denn, dass besondere Gründe vorhanden sind, die einer Zurechnung zum Anlagevermögen entgegenstehen. ³Hat der Steuerpflichtige mehrere inländische Betriebsstätten oder Betriebe, deren Einkünfte zu verschiedenen Einkunftsarten gehören, ist die Sechs-Jahres-Frist auch dann gewahrt, wenn das veräußerte Wirtschaftsgut innerhalb der letzten sechs Jahre zum Betriebsvermögen verschiedener Betriebe oder Betriebsstätten des Steuerpflichtigen gehörte.

(2) Ist ein neues Wirtschaftsgut unter Verwendung von gebrauchten Wirtschaftsgütern hergestellt worden, ist die Voraussetzung des § 6b Abs. 4 Satz 1 Nr. 2 EStG nur erfüllt, wenn seit der Fertigstellung dieses Wirtschaftsguts sechs Jahre vergangen sind und das Wirtschaftsgut seit dieser Zeit ununterbrochen zum Anlagevermögen einer inländischen Betriebsstätte des veräußernden Steuerpflichtigen gehört hat.

(3) ¹Die Dauer der Zugehörigkeit eines Wirtschaftsguts zum Betriebsvermögen wird durch nachträgliche Herstellungskosten nicht berührt. ²Das gilt auch dann, wenn es sich bei den nachträglichen Herstellungskosten um Aufwendungen für einen Ausbau, einen Umbau oder eine Erweiterung eines Gebäudes handelt. ³Entstehen dagegen durch Baumaßnahmen selbständige Gebäudeteile, gilt Absatz 2 entsprechend.

(4) Bei einem Wirtschaftsgut, das an Stelle eines infolge höherer Gewalt oder infolge oder zur Vermeidung eines behördlichen Eingriffs aus dem Betriebsvermögen ausgeschiedenen Wirtschaftsguts angeschafft oder hergestellt worden ist (Ersatzwirtschaftsgut im Sinne von R 6.6 Abs. 1 Satz 2 Nr. 2), ist die Sechs-Jahres-Frist erfüllt, wenn das zwangsweise ausgeschiedene Wirtschaftsgut und das Ersatzwirtschaftsgut zusammen sechs Jahre zum Anlagevermögen des Steuerpflichtigen gehört haben.

(5) Werden beim Übergang eines Betriebs oder Teilbetriebs die Buchwerte fortgeführt, ist für die Berechnung der Sechs-Jahres-Frist des § 6b Abs. 4 Satz 1 Nr. 2 EStG die Besitzzeit des Rechtsvorgängers der Besitzzeit des Rechtsnachfolgers hinzuzurechnen.

(6) [1]Sind Anteile an einer Kapitalgesellschaft durch Kapitalerhöhung aus Gesellschaftsmitteln entstanden, ist der Besitzzeit dieser (neuen) Anteilsrechte die Besitzzeit der (alten) Anteilsrechte hinzuzurechnen, auf die die (neuen) Anteilsrechte entfallen sind. [2]Der Besitzzeit von Bezugsrechten ist die Besitzzeit der (alten) Anteilsrechte hinzuzurechnen, von denen sie abgespalten sind. [3]Anteilsrechte, die bei einer Kapitalerhöhung gegen Leistung einer Einlage erworben worden sind, können jedoch nicht – auch nicht teilweise – als mit den aus den alten Anteilsrechten abgespaltenen Bezugsrechten wirtschaftlich identisch angesehen werden. [4]Sie erfüllen deshalb nur dann die Voraussetzung des § 6b Abs. 4 Satz 1 Nr. 2 EStG, wenn sie selbst mindestens sechs Jahre ununterbrochen zum Anlagevermögen einer inländischen Betriebsstätte des Stpfl. gehört haben.

> **Hinweise   EStH   H 6b.3**

...

> **Hinweise   EStH   H 6b.4**

...

Zu § 7 EStG (§§ 10, 11c, 11d und 15 EStDV)**❶**

EStR   R 7.1 Abnutzbare Wirtschaftsgüter❷❸

Allgemeines

(1) AfA ist vorzunehmen für

1. bewegliche Wirtschaftsgüter (§ 7 Abs. 1 Satz 1, 2, 4 bis 7 EStG),

2. immaterielle Wirtschaftsgüter (§ 7 Abs. 1 Satz 1 bis 5 und 7 EStG),

---

Anm. d. Schriftl.:

❶ Ab 2004 wurde § 82b EStDV wieder eingeführt (Behandlung größeren Erhaltungsaufwands bei Gebäuden).

❷ Der BFH hat mit Urteil vom 19. 11. 1997, BStBl 1998 II S. 59, grundsätzliche Ausführungen zur Ermittlung der betriebsgewöhnlichen Nutzungsdauer gemacht, die Auswirkungen auf die Erstellung künftiger AfA-Tabellen haben werden (BMF-Schreiben vom 15. 6. 1999, BStBl 1999 I S. 543). Hinsichtlich der AfA-Tabelle für allgemein verwendbare Anlagegüter wird auf das BMF-Schreiben vom 15. 12. 2000, BStBl 2000 I S. 1532, hingewiesen.

❸ Die steuerliche Berücksichtigung der Aufwendungen für AfA eines vom Nichteigentümer-Ehegatten betrieblich genutzten Gebäudeteils setzt voraus, dass dieser die Anschaffungskosten getragen hat (BFH-Urteil vom 21. 2. 2017, BStBl 2017 II S. 819).

3. > unbewegliche Wirtschaftsgüter, die keine Gebäude oder Gebäudeteile sind (§ 7 Abs. 1 Satz 1, 2, 5 und 7 EStG), und

4. Gebäude und Gebäudeteile (§ 7 Abs. 1 Satz 5 und Abs. 4, 5 und 5a EStG),

die zur Erzielung von Einkünften verwendet werden und einer > wirtschaftlichen oder technischen Abnutzung unterliegen.

> Bewegliche Wirtschaftsgüter

(2) ¹Bewegliche Wirtschaftsgüter können nur Sachen (§ 90 BGB), Tiere (§ 90a BGB) und Scheinbestandteile (§ 95 BGB) sein. ²Schiffe und Flugzeuge sind auch dann bewegliche Wirtschaftsgüter, wenn sie im Schiffsregister bzw. in der Luftfahrzeugrolle eingetragen sind.

(3) ¹> Betriebsvorrichtungen sind selbständige Wirtschaftsgüter, weil sie nicht in einem einheitlichen Nutzungs- und Funktionszusammenhang mit dem Gebäude stehen. ²Sie gehören auch dann zu den beweglichen Wirtschaftsgütern, wenn sie wesentliche Bestandteile eines Grundstücks sind.

(4) ¹> Scheinbestandteile entstehen, wenn bewegliche Wirtschaftsgüter zu einem vorübergehenden Zweck in ein Gebäude eingefügt werden. ²Einbauten zu vorübergehenden Zwecken sind auch

1. die vom Steuerpflichtigen für seine eigenen Zwecke vorübergehend eingefügten Anlagen,

2. die vom Vermieter oder Verpächter zur Erfüllung besonderer Bedürfnisse des Mieters oder Pächters eingefügten Anlagen, deren Nutzungsdauer nicht länger als die Laufzeit des Vertragsverhältnisses ist.

> Gebäude und > Gebäudeteile

(5) ¹Für den Begriff des Gebäudes sind die Abgrenzungsmerkmale des Bewertungsrechts maßgebend. ²Ein Gebäude ist ein Bauwerk auf eigenem oder fremdem Grund und Boden, das Menschen oder Sachen durch räumliche Umschließung Schutz gegen äußere Einflüsse gewährt, den Aufenthalt von Menschen gestattet, fest mit dem Grund und Boden verbunden, von einiger Beständigkeit und standfest ist.

(6) Zu den selbständigen unbeweglichen Wirtschaftsgütern im Sinne des § 7 Abs. 5a EStG gehören insbesondere Mietereinbauten und -umbauten, die keine Scheinbestandteile oder Betriebsvorrichtungen sind, Ladeneinbauten und ähnliche Einbauten (> R 4.2 Abs. 3 Satz 3 Nr. 3) sowie sonstige selbständige Gebäudeteile i. S. d. > R 4.2 Abs. 3 Satz 3 Nr. 5.

| Hinweise | EStH | H 7.1 |

Arzneimittelzulassungen

...

Betriebsvorrichtungen

Zur Abgrenzung von den Betriebsgrundstücken sind die allgemeinen Grundsätze des Bewertungsrechts anzuwenden > § 68 Abs. 2 Nr. 2, § 99 Abs. 1 Nr. 1 BewG; gleich lautende Erlasse der obersten Finanzbehörden der Länder vom 5. 6. 2013 (BStBl I S. 734).

Bewegliche Wirtschaftsgüter

Immaterielle Wirtschaftsgüter (> R 5.5 Abs. 1) gehören nicht zu den beweglichen Wirtschaftsgütern (> BFH vom 22. 5. 1979 – BStBl II S. 634).

Biogasanlage

Zur Abgrenzung der Wirtschaftsgüter und AfA > BMF vom 11. 4. 2022 (BStBl I S. 633), Rn. 14-17.

Domain-Namen

Aufwendungen, die für die Übertragung eines Domain-Namens an den bisherigen Domaininhaber geleistet werden, sind Anschaffungskosten für ein in der Regel nicht abnutzbares immaterielles Wirtschaftsgut (> BFH vom 19. 10. 2006 – BStBl 2007 II S. 301).

Drittaufwand

> H 4.7

Eigenaufwand für ein fremdes Wirtschaftsgut

> H 4.7

Garagen

Garagen, die auf dem Gelände eines großen Mietwohnungskomplexes nachträglich errichtet werden, sind dann als selbständige Wirtschaftsgüter gesondert abzuschreiben, wenn ihre Errichtung nicht Bestandteil der Baugenehmigung für das Mietwohngebäude war und kein enger Zusammenhang zwischen der Nutzung der Wohnungen und der Garagen besteht, weil die Zahl der Garagen hinter der Zahl der Wohnungen deutlich zurückbleibt und die Garagen zum Teil an Dritte vermietet sind (> BFH 22. 9. 2005 – BStBl 2006 II S. 169).

Gebäude

– *Ein Container ist ein Gebäude, wenn er nach seiner individuellen Zweckbestimmung für eine dauernde Nutzung an einem Ort aufgestellt ist und seine Beständigkeit durch die ihm zugedachte Ortsfestigkeit auch im äußeren Erscheinungsbild deutlich wird (> BFH vom 23. 9. 1988 – BStBl 1989 II S. 113).*

– *Ein sog. Baustellencontainer ist kein Gebäude, da es an der Ortsfestigkeit fehlt (> BFH vom 18. 6. 1986 – BStBl II S. 787).*

– *Bürocontainer, die auf festen Fundamenten ruhen, sind Gebäude (> BFH vom 25. 4. 1996 – BStBl II S. 613).*

– *Eine Tankstellenüberdachung mit einer Fläche von mehr als 400 m^2 ist ein Gebäude (> BFH vom 28. 9. 2000 – BStBl 2001 II S. 137).*

– *Musterhäuser der Fertighausindustrie sind Gebäude. Dies gilt auch dann, wenn das Musterhaus primär Präsentations- und Werbezwecken dient (> BFH vom 23. 9. 2008 – BStBl 2009 II S. 986).*

Gebäudeteile

– *Gebäudeteile sind selbständige Wirtschaftsgüter und deshalb gesondert abzuschreiben, wenn sie mit dem Gebäude nicht in einem einheitlichen Nutzungs- und Funktionszusammenhang stehen (> BFH vom 26. 11. 1973 – BStBl 1974 II S. 132).*

– > R 4.2 Abs. 3

Geschäfts- oder Firmenwert

Zur Abschreibung des Geschäfts- oder Firmenwerts > BMF vom 20. 11. 1986 (BStBl I S. 532).

Mietereinbauten

- *Mieterein- und -umbauten als unbewegliche Wirtschaftsgüter, die keine Gebäude oder Gebäudeteile sind > BMF vom 15. 1. 1976 (BStBl I S. 66).*
- *Zur Höhe der AfA bei Mietereinbauten > H 7.4.*

Namensrecht

> H 5.5

Nießbrauch und andere Nutzungsrechte

- *Zur Abschreibung bei Bestellung eines Nießbrauchs oder eines anderen Nutzungsrechts bei Einkünften aus Vermietung und Verpachtung > BMF vom 30. 9. 2013 (BStBl I S. 1184).*
- *Berücksichtigung von Aufwendungen bei der unentgeltlichen Nutzungsüberlassung von Gebäuden oder Gebäudeteilen (Eigen- und Drittaufwand) > H 4.7 (Drittaufwand, Eigenaufwand für ein fremdes Wirtschaftsgut).*

Praxiswert

Zur Abschreibung des Praxiswerts > BFH vom 24. 2. 1994, BStBl II S. 590.

Scheinbestandteile[1]

Eine Einfügung zu einem vorübergehenden Zweck ist anzunehmen, wenn die Nutzungsdauer der eingefügten beweglichen Wirtschaftsgüter länger als die Nutzungsdauer ist, für die sie eingebaut werden, die eingefügten beweglichen Wirtschaftsgüter auch nach ihrem Ausbau noch einen beachtlichen Wiederverwendungswert repräsentieren und nach den Umständen, insbesondere nach Art und Zweck der Verbindung, damit gerechnet werden kann, dass sie später wieder entfernt werden (> BFH vom 24. 11. 1970 – BStBl 1971 II S. 157 und vom 4. 12. 1970 – BStBl 1971 II S. 165).

Unbewegliche Wirtschaftsgüter, die keine Gebäude oder Gebäudeteile sind[2]

- *Außenanlagen wie Einfriedungen bei Betriebsgrundstücken (> BFH vom 2. 6. 1971 – BStBl II S. 673).*
- *Hof- und Platzbefestigungen, Straßenzufahrten und Umzäunungen bei Betriebsgrundstücken (> BFH vom 1. 7. 1983 – BStBl II S. 686 und vom 10. 10. 1990 – BStBl 1991 II S. 59), wenn sie nicht ausnahmsweise Betriebsvorrichtungen sind (> BFH vom 30. 4. 1976 – BStBl II S. 527), nicht aber Umzäunungen bei Wohngebäuden, wenn sie in einem einheitlichen Nutzungs- und Funktionszusammenhang mit dem Gebäude stehen (> BFH vom 30. 6. 1966 – BStBl III S. 541 und vom 15. 12. 1977 – BStBl 1978 II S. 210 sowie R 21.1 Abs. 3 Satz 1).*

...

Wirtschaftliche oder technische Abnutzung

- *Ständig in Gebrauch befindliche Möbelstücke unterliegen einer technischen Abnutzung, auch wenn die Gegenstände schon 100 Jahre alt sind und im Wert steigen (> BFH vom 31. 1. 1986 – BStBl II S. 355).*

Anm. d. Schriftl.:

[1] Handelt es sich bei Mietereinbauten um Scheinbestandteile (Einfügung zu einem vorübergehenden Zweck), so richtet sich die AfA nach der voraussichtlichen Mietdauer; ist die voraussichtliche betriebsgewöhnliche Nutzungsdauer kürzer, so ist diese maßgebend.

[2] Im Gegensatz zu Betriebsvorrichtungen ist für diese WG nur die lineare AfA zulässig.

– *Gemälde eines anerkannten Meisters sind keine abnutzbaren Wirtschaftsgüter (> BFH vom 2.12.1977 – BStBl 1978 II S. 164).*

– *Sammlungs- und Anschauungsobjekte sind keine abnutzbaren Wirtschaftsgüter (> BFH vom 9.8.1989 – BStBl 1990 II S. 50).*

Wirtschaftsüberlassungsvertrag

Bei Überlassung der Nutzung eines landwirtschaftlichen Betriebs im Rahmen eines sog. Wirtschaftsüberlassungsvertrags steht dem Eigentümer und Nutzungsverpflichteten die AfA für die in seinem Eigentum verbliebenen Wirtschaftsgüter auch weiterhin zu (> BFH vom 23.1.1992 – BStBl 1993 II S. 327 und BMF vom 29.4.1993 – BStBl I S. 337).

EStR   R 7.2 Wirtschaftsgebäude, Mietwohnneubauten und andere Gebäude

> Wohnzwecke

(1) [1]Ein Gebäude dient Wohnzwecken, wenn es dazu bestimmt und geeignet ist, Menschen auf Dauer Aufenthalt und Unterkunft zu ermöglichen. [2]Wohnzwecken dienen auch Wohnungen, die aus besonderen betrieblichen Gründen an Betriebsangehörige überlassen werden, z. B. Wohnungen für den Hausmeister, für das Fachpersonal, für Angehörige der Betriebsfeuerwehr und für andere Personen, auch wenn diese aus betrieblichen Gründen unmittelbar im Werksgelände ständig einsatzbereit sein müssen. [3]Gebäude dienen nicht Wohnzwecken, soweit sie zur vorübergehenden Beherbergung von Personen bestimmt sind, wie z. B. Ferienwohnungen sowie Gemeinschaftsunterkünfte, in denen einzelne Plätze, z. B. für ausländische Flüchtlinge, zur Verfügung gestellt werden.

(2) Zu den Räumen, die Wohnzwecken dienen, gehören z. B.

1. die Wohn- und Schlafräume, Küchen und Nebenräume einer Wohnung,

2. die zur räumlichen Ausstattung einer Wohnung gehörenden Räume, wie Bodenräume, Waschküchen, Kellerräume, Trockenräume, Speicherräume, Vorplätze, Bade- und Duschräume, Fahrrad- und Kinderwagenräume usw., gleichgültig, ob sie zur Benutzung durch den einzelnen oder zur gemeinsamen Benutzung durch alle Hausbewohner bestimmt sind, und

3. die zu einem Wohngebäude gehörenden Garagen.

(3) [1]Räume, die sowohl Wohnzwecken als auch gewerblichen oder beruflichen Zwecken dienen, sind, je nachdem, welchem Zweck sie überwiegend dienen, entweder ganz den Wohnzwecken oder ganz den gewerblichen oder beruflichen Zwecken dienenden Räumen zuzurechnen. [2]Das häusliche Arbeitszimmer des Mieters ist zur Vereinfachung den Wohnzwecken dienenden Räumen zuzurechnen.

> Bauantrag

(4) [1]Unter Bauantrag ist das Schreiben zu verstehen, mit dem die landesrechtlich vorgesehene Genehmigung für den beabsichtigten Bau angestrebt wird. [2]Zeitpunkt der Beantragung einer Baugenehmigung ist der Zeitpunkt, zu dem der Bauantrag bei der nach Landesrecht zuständigen Behörde gestellt wird; maßgebend ist regelmäßig der Eingangsstempel dieser Behörde. [3–6]...

> Obligatorischer Vertrag

(5) Ein obligatorischer Vertrag über den Erwerb eines Grundstücks (Kaufvertrag oder Kaufanwartschaftsvertrag) ist zu dem Zeitpunkt rechtswirksam abgeschlossen, zu dem er notariell beurkundet ist.

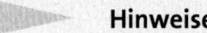   **Hinweise**   **EStH**   **H 7.2**

Bauantrag

...

Obligatorischer Vertrag

Mit einem obligatorischen Erwerbsvertrag wird zum einen eine beidseitige Bindung von Voreigentümer und Erwerber definiert, zum anderen – notariell beurkundet – ein objektiv eindeutiger Zeitpunkt hierfür festgelegt (> BFH vom 19. 2. 2013 – BStBl II S. 482). Ein obligatorischer Vertrag gilt auch dann in dem Zeitpunkt der notariellen Beurkundung als rechtswirksam abgeschlossen, wenn der Vertrag erst nach Eintritt einer aufschiebenden Bedingung oder nach Ablauf einer Frist wirksam werden soll oder noch einer Genehmigung bedarf; bei einem Vertragsabschluss durch einen Vertreter ohne Vertretungsmacht gilt der obligatorische Vertrag im Zeitpunkt der Abgabe der Genehmigungserklärung durch den Vertretenen als rechtswirksam abgeschlossen (> BFH vom 2. 2. 1982 – BStBl II S. 390).

Wohnzwecke

– *Die Nutzung zu Wohnzwecken setzt die Eignung der betreffenden Räume zur eigenständigen Haushaltsführung und die tatsächliche und rechtliche Sachherrschaft der Bewohner über sie voraus. Die Räume müssen überdies als Mindestausstattung eine Heizung, eine Küche, ein Bad und eine Toilette enthalten. Die überlassenen Wohneinheiten müssen aber nicht notwendig mit einem eigenem Bad/WC oder einer eigenen Küche ausgestattet sein. Das Merkmal „Wohnzwecken dienen" kann auch dann erfüllt sein, wenn die Möglichkeit des Einbaus einer Kochgelegenheit oder die Möglichkeit der Mitbenutzung von Küche und Bad/WC gegeben ist. Die tatsächliche und rechtliche Sachherrschaft über die Räume haben die Bewohner dann, wenn sie die ihnen überlassenen Zimmer abschließen und anderen Personen den Zutritt verwehren können. Auch die Unterbringung in einem Mehrbettzimmer steht der Beurteilung einer Nutzung zu Wohnzwecken nicht entgegen. Unerheblich ist, ob und in welchem Umfang der Bewohner in den Räumen neben dem Wohnen weitere Dienstleistungen in Anspruch nimmt (> BFH vom 30. 9. 2003 – BStBl 2004 II S. 223 – zum Pflegezimmer; BStBl 2004 II S. 225 zum betreuten Wohnen; BStBl 2004 II S. 221 und BFH vom 15. 12. 2005 – BStBl 2006 II S. 559 zum Pflegeheim).*

– *Wohnungen, deren einzelne Zimmer in der Regel für zwölf Monate an obdachlose Suchtkranke vermietet werden, um sie auf ein selbständiges Wohnen vorzubereiten, dienen Wohnzwecken (> BFH vom 15. 12. 2005 – BStBl 2006 II S. 561).*

– *Das häusliche Arbeitszimmer eines Arbeitnehmers im eigenen Haus dient nicht Wohnzwecken (> BFH vom 30. 6. 1995 – BStBl II S. 598).*

– *Ein Gebäude, das Ferienwohnungen enthält, die für kürzere Zeiträume an wechselnde Feriengäste vermietet werden, dient nicht Wohnzwecken (> BFH vom 14. 3. 2000 – BStBl 2001 II S. 66).*

EStR   **R 7.3 Bemessungsgrundlage für die AfA**

Entgeltlicher Erwerb und Herstellung

(1) ¹Bemessungsgrundlage für die AfA sind grundsätzlich die Anschaffungs- oder Herstellungskosten des Wirtschaftsguts oder der an deren Stelle tretende Wert, z. B. § 6 Abs. 5 Satz 4 bis 6,

§ 7a Abs. 9, § 7b Abs. 1 Satz 2**❶** und § 7g Abs. 2 Satz 2**❷** EStG; §§ 10 und 10a EStDV. [2]Wird ein teilfertiges Gebäude erworben und fertig gestellt, gehören zu den Herstellungskosten die Anschaffungskosten des teilfertigen Gebäudes und die Herstellungskosten zur Fertigstellung des Gebäudes.

> Fertigstellung von Teilen eines Gebäudes zu verschiedenen Zeitpunkten

(2) Wird bei der Errichtung eines zur unterschiedlichen Nutzung bestimmten Gebäudes zunächst ein zum Betriebsvermögen gehörender Gebäudeteil und danach ein zum Privatvermögen gehörender Gebäudeteil fertig gestellt, hat der Steuerpflichtige ein Wahlrecht, ob er vorerst in die AfA-Bemessungsgrundlage des fertig gestellten Gebäudeteils die Herstellungskosten des noch nicht fertig gestellten Gebäudeteils einbezieht oder ob er hierauf verzichtet.

Unentgeltlicher Erwerb

(3) Bei unentgeltlich erworbenen Wirtschaftsgütern sind § 6 Abs. 3 und 4 EStG und § 11d EStDV sowohl im Fall der Gesamtrechtsnachfolge als auch im Fall der Einzelrechtsnachfolge anzuwenden.

Zuschüsse, Übertragung stiller Reserven

(4) [1]Ist dem Steuerpflichtigen im Jahr der Anschaffung oder Herstellung eines Wirtschaftsguts für dieses Wirtschaftsgut ein Zuschuss bewilligt worden, den er nach R 6.5 erfolgsneutral behandelt, oder hat er einen Abzug nach § 6b Abs. 1, 3 oder 10 EStG oder nach R 6.6 vorgenommen, ist die AfA von den um den Zuschuss oder Abzugsbetrag geminderten Anschaffungs- oder Herstellungskosten zu bemessen. [2]Ist dem Steuerpflichtigen der Zuschuss in einem auf das Jahr der Anschaffung oder Herstellung folgenden Wirtschaftsjahr bewilligt worden oder hat er den Abzug zulässigerweise in einem auf das Jahr der Anschaffung oder Herstellung des Wirtschaftsguts folgenden Wirtschaftsjahr vorgenommen, bemisst sich die weitere AfA in den Fällen des § 7 Abs. 4 Satz 1 und Abs. 5 EStG ebenfalls nach den um den Zuschuss- oder Abzugsbetrag geminderten Anschaffungs- oder Herstellungskosten, in allen anderen Fällen nach dem um den Zuschuss- oder Abzugsbetrag geminderten Buchwert oder Restwert des Wirtschaftsguts.

> Nachträgliche Herstellungskosten

(5) [1]Sind nachträgliche Herstellungsarbeiten an einem Wirtschaftsgut so umfassend, dass hierdurch ein anderes Wirtschaftsgut entsteht, ist die weitere AfA nach der Summe aus dem Buchwert oder Restwert des bisherigen Wirtschaftsguts und nach den nachträglichen Herstellungskosten zu bemessen. [2]Aus Vereinfachungsgründen kann der Steuerpflichtige bei unbeweglichen Wirtschaftsgütern von der Herstellung eines anderen Wirtschaftsguts ausgehen, wenn der im zeitlichen und sachlichen Zusammenhang mit der Herstellung des Wirtschaftsguts angefallene Bauaufwand zuzüglich des Werts der Eigenleistung nach überschlägiger Berechnung den Verkehrswert des bisherigen Wirtschaftsguts übersteigt.

Einlage, Entnahme, Nutzungsänderung und Übergang zur Buchführung

(6) [1]Bei Wirtschaftsgütern, die der Steuerpflichtige aus einem Betriebsvermögen in das Privatvermögen überführt hat, ist die weitere AfA nach dem Teilwert (§ 6 Abs. 1 Nr. 4 Satz 1 EStG) oder

---

Amtl. Fn.:
❶ § 7b Abs. 1 Satz 2 a. F.
❷ Jetzt § 7g Abs. 2 Satz 3.

gemeinen Wert (§ 16 Abs. 3 Satz 6 bis 8 EStG) zu bemessen, mit dem das Wirtschaftsgut bei der Überführung steuerlich erfasst worden ist. [2]Dagegen bleiben die Anschaffungs- oder Herstellungskosten oder der an deren Stelle tretende Wert des Wirtschaftsguts für die weitere AfA als Bemessungsgrundlage maßgebend, wenn

1. a) ein Gebäude nach vorhergehender Nutzung zu eigenen Wohnzwecken oder zu fremden Wohnzwecken auf Grund unentgeltlicher Überlassung zur Erzielung von Einkünften im Sinne des § 21 EStG oder

   b) ein bewegliches Wirtschaftsgut nach einer Nutzung außerhalb der Einkunftsarten zur Erzielung von Einkünften im Sinne des § 2 Abs. 1 Satz 1 Nr. 4 bis 7 EStG

   verwendet wird oder

2. ein Wirtschaftsgut nach vorhergehender Gewinnermittlung durch Schätzung oder nach Durchschnittssätzen (§ 13a EStG) bilanziert wird.

Hinweise EStH H 7.3

Anschaffungskosten

– *bei Erbauseinandersetzung > BMF vom 14. 3. 2006 (BStBl I S. 253) unter Berücksichtigung der Änderungen durch BMF vom 27. 12. 2018 (BStBl 2019 I S. 11).*

– *bei Modernisierung von Gebäuden > BMF vom 18. 7. 2003 (BStBl I S. 386).*

– *bei vorweggenommener Erbfolge > BMF vom 13. 1. 1993 (BStBl I S. 80) unter Berücksichtigung der Änderungen durch BMF vom 26. 2. 2007 (BStBl I S. 269).*

– *Bei Tieren in land- und forstwirtschaftlich tätigen Betrieben sind die Anschaffungs- oder Herstellungskosten zur Berechnung der AfA um den Schlachtwert zu mindern > BMF vom 14. 11. 2001 (BStBl I S. 864), Rn. 24.*

– *Bei Schiffen sind die Anschaffungs- oder Herstellungskosten zur Berechnung der AfA um den Schrottwert zu mindern (> BFH vom 22. 7. 1971 – BStBl II S. 800).*

– *Aufwendungen für Baumaßnahmen, mit denen der Verkäufer einer Eigentumswohnung oder eine seiner Firmen zeitgleich mit dem Abschluss des Kaufvertrags beauftragt wird, gehören zu den Anschaffungskosten der Eigentumswohnung (> BFH vom 17. 12. 1996 – BStBl 1997 II S. 348).*

– *Bei Erwerb einer Eigentumswohnung gehört der im Kaufpreis enthaltene Anteil für das in der Instandhaltungsrückstellung angesammelte Guthaben nicht zu den Anschaffungskosten der Eigentumswohnung (> BFH vom 9. 10. 1991 – BStBl 1992 II S. 152).*

– *Zu den Anschaffungskosten gehören auch die Übernahme von Verbindlichkeiten des Veräußerers sowie Aufwendungen des Erwerbers zur Beseitigung bestehende Beschränkung seiner Eigentümerbefugnis i. S. d. § 903 BGB (z. B. Ablösung dinglicher Nutzungsrechte wie Erbbaurecht, Vermächtnisnießbrauch oder Wohnungsrecht) oder Zahlungen aufgrund der Anfechtung des Kaufvertrags durch einen Gläubiger nach § 3 Abs. 2 AnfG (> BFH vom 17. 4. 2007 – BStBl II S. 956).*

– *Anschaffungskosten bei Einbringung von Miteigentumsanteilen an Grundstücken in eine vermögensverwaltende Personengesellschaft bemessen sich nach dem gemeinen Wert des hingegebenen Gebäudeteils. Soweit ein Gesellschafter an zwei Gebäuden Anteile (hinzu)erworben hat, ist der gemeine Wert des hingegebenen Gebäudeteils nach dem Verhältnis der gemeinen Werte der erworbenen Anteile aufzuteilen (> BFH vom 2. 4. 2008 – BStBl II S. 679).*

– *Bringen die Miteigentümer mehrerer Grundstücke ihre Miteigentumsanteile in eine Personengesellschaft mit Vermietungseinkünften ein, sind keine Anschaffungsvorgänge gegeben, soweit die den Gesellschaftern nach der Übertragung ihrer Miteigentumsanteile nach § 39 Abs. 2 Nr. 2 AO zuzurechnenden Anteile an den Grundstücken ihre bisherigen Miteigentumsanteile nicht übersteigen (> BFH vom 2. 4. 2008 – BStBl II S. 679).*

Dachgeschoss

Baumaßnahmen an einem Dachgeschoss > BMF vom 10. 7. 1996 (BStBl I S. 689), …

Einlage eines Wirtschaftsguts

– *Zur Bemessungsgrundlage für die AfA nach Einlage von zuvor zur Erzielung von Überschusseinkünften genutzten Wirtschaftsgütern > BMF vom 27. 10. 2010 (BStBl I S. 1204).*

– *Die Einbringung von Wirtschaftsgütern des Privatvermögens in eine gewerbliche Personengesellschaft gegen die Gewährung von Gesellschaftsrechten begründet keine Einlage i. S. v. § 7 Abs. 1 Satz 5 EStG (> BFH vom 24. 1. 2008 – BStBl 2011 II S. 617).*

Fertigstellung von Teilen eines Gebäudes zu verschiedenen Zeitpunkten

Bei der Errichtung eines zur unterschiedlichen Nutzung bestimmten Gebäudes sind die Herstellungskosten des noch nicht fertig gestellten selbständigen Gebäudeteils in die AfA-Bemessungsgrundlage des bereits fertig gestellten Gebäudeteils einzubeziehen (> BFH vom 9. 8. 1989 – BStBl 1991 II S. 132). Vgl. aber das Wahlrecht nach > R 7.3 Abs. 2.

Kaufpreisaufteilung

– *Die bundeseinheitliche Arbeitshilfe zur Aufteilung eines Gesamtkaufpreises für ein bebautes Grundstück ist auf der Internetseite des BMF (www.bundesfinanzministerium.de) abrufbar.*

– *Eine vertragliche Kaufpreisaufteilung ist der Berechnung der AfA zu Grunde zu legen, sofern sie zum einen nicht nur zum Schein getroffen wurde sowie keinen Gestaltungsmissbrauch darstellt und zum anderen unter Berücksichtigung der Gesamtumstände die realen Wertverhältnisse widerspiegelt und wirtschaftlich haltbar erscheint (> BFH vom 16. 9. 2015 – BStBl 2016 II S. 397).*

– *Fehlt eine vertragliche Kaufpreisaufteilung oder kann diese nicht der Besteuerung zugrunde gelegt werden, sind die Anschaffungskosten eines bebauten Grundstücks nicht nach der sog. Restwertmethode, sondern nach dem Verhältnis der Verkehrswerte oder Teilwerte auf den Grund und Boden und auf das Gebäude aufzuteilen (> BFH vom 10. 10. 2000 – BStBl 2001 II S. 183 und vom 16. 9. 2015 – BStBl 2016 II S. 397). Das gilt auch bei der Anschaffung von Eigentumswohnungen; dabei rechtfertigt die eingeschränkte Nutzungs- und Verfügungsmöglichkeit des Wohnungseigentümers hinsichtlich seines Bodenanteils keinen niedrigeren Wertansatz des Bodenanteils (> BFH vom 15. 1. 1985 – BStBl II S. 252).*

– *Aufteilung der Anschaffungskosten bei Erwerb eines Gebäudes mit mehreren Wohnungen, von denen eine Wohnung mit einem Wohnrecht belastet ist > BMF vom 30. 9. 2013 (BStBl I S. 1184, Rz. 50).*

Mittelbare Grundstücksschenkung

Bei mittelbarer Grundstücksschenkung bemisst sich die AfA nach den vom Schenker getragenen Anschaffungskosten (> BFH vom 4. 10. 2016 – BStBl 2017 II S. 343).

Nachträgliche Anschaffungs- oder Herstellungskosten

– *Sind für ein Wirtschaftsgut nachträgliche Anschaffungs- oder Herstellungskosten aufgewendet worden, ohne dass hierdurch ein anderes Wirtschaftsgut entstanden ist, bemisst sich die weitere AfA*

   – *in den Fällen des § 7 Abs. 4 Satz 1 und Abs. 5 EStG nach der bisherigen Bemessungsgrundlage zuzüglich der nachträglichen Anschaffungs- oder Herstellungskosten (> BFH vom 20. 2. 1975 – BStBl II S. 412 und vom 20. 1. 1987 – BStBl II S. 491).*

– *in den Fällen des § 7 Abs. 1, Abs. 4 Satz 2 und § 7 Abs. 2 a. F. EStG nach dem Buchwert oder Restwert zuzüglich der nachträglichen Anschaffungs- oder Herstellungskosten (> BFH vom 25. 11. 1970 – BStBl 1971 II S. 142).*

– *Zu den nachträglichen Anschaffungskosten gehören Abwehrkosten zur Befriedung eines den Kaufvertrag nach § 3 Abs. 2 AnfG anfechtenden Gläubigers (> BFH vom 17. 4. 2007 – BStBl II S. 956).*

Keine nachträglichen Herstellungskosten

Keine nachträglichen Herstellungskosten, sondern Herstellungskosten für ein anderes Wirtschaftsgut entstehen, wenn das bisherige Wirtschaftsgut im Wesen geändert und so tiefgreifend umgestaltet oder in einem solchen Ausmaß erweitert wird, dass die eingefügten neuen Teile der Gesamtsache das Gepräge geben und die verwendeten Altteile bedeutungs- und wertmäßig untergeordnet erscheinen. Das kann z. B. der Fall sein bei

– *einem mit dem Gebäude verschachtelten Anbau (> BFH vom 25. 1. 2007 – BStBl II S. 586),*

– *Umbau einer einfachen Scheune in eine Pferdeklinik (> BFH vom 26. 1. 1978 – BStBl II S. 280),*

– *Umbau eines alten Gasthofs in eine moderne Gastwirtschaft (> BFH vom 26. 1. 1978 – BStBl II S. 363),*

– *Umbau einer Hochdruck-Rotationsmaschine zu einer Flachdruck-(Offset)maschine (> BFH vom 6. 12. 1991 – BStBl 1992 II S. 452),*

– *Umgestaltung von Pflanztischen in ein automatisches Tischbewässerungssystem (> BFH vom 28. 9. 1990 – BStBl 1991 II S. 361),*

– *Umbau einer Mühle zu einem Wohnhaus (> BFH vom 31. 3. 1992 – BStBl II S. 808).*

Überführung in das Privatvermögen

– *Bei der Überführung eines Wirtschaftsguts in das Privatvermögen ist die AfA auch dann nach dem Wert zu bemessen, mit dem das Wirtschaftsgut steuerlich erfasst worden ist, wenn er falsch ermittelt worden ist (> BMF vom 30. 10. 1992 – BStBl I S. 651),*

– *Die AfA ist nach den ursprünglichen Anschaffungs- oder Herstellungskosten zu bemessen, wenn bei einer vorangegangenen Überführung eines Wirtschaftsguts in das Privatvermögen der Entnahmegewinn kraft gesetzlicher Regelung außer Ansatz geblieben ist (> BFH vom 3. 5. 1994 – BStBl II S. 749). Das Gleiche gilt, wenn die Überführung nicht erkannt und infolgedessen die stillen Reserven nicht erfasst worden sind und steuerliche Konsequenzen nicht mehr gezogen werden können (> BFH vom 14. 12. 1999 – BStBl 2000 II S. 656).*

– *Die AfA ist im Fall einer Betriebsaufgabe auch dann nach dem gemeinen Wert zu bemessen, wenn der Gewinn wegen des Freibetrags nach § 16 Abs. 4 EStG steuerfrei ist (> BFH vom 14. 12. 1999 – BStBl 2000 II S. 656).*

EStR   R 7.4 Höhe der AfA

Beginn der AfA

(1) [1]AfA ist vorzunehmen, sobald ein Wirtschaftsgut angeschafft oder hergestellt ist. [2]Ein Wirtschaftsgut ist im Zeitpunkt seiner > Lieferung angeschafft. [3]Ist Gegenstand eines Kaufvertrags über ein Wirtschaftsgut auch dessen Montage durch den Verkäufer, ist das Wirtschaftsgut erst mit der Beendigung der Montage geliefert. [4]Wird die Montage durch den Steuerpflichtigen oder in dessen Auftrag durch einen Dritten durchgeführt, ist das Wirtschaftsgut bereits bei Übergang der wirtschaftlichen Verfügungsmacht an den Steuerpflichtigen geliefert; das zur Investitionszulage ergangene BFH-Urteil vom 2. 9. 1988 (BStBl II S. 1009) ist ertragsteuerrechtlich nicht anzuwenden. [5]Ein Wirtschaftsgut ist zum Zeitpunkt seiner > Fertigstellung hergestellt.

AfA im Jahr der Anschaffung, Herstellung oder Einlage

(2) ¹Der auf das Jahr der Anschaffung oder Herstellung entfallende AfA-Betrag vermindert sich zeitanteilig für den Zeitraum, in dem das Wirtschaftsgut nach der Anschaffung oder Herstellung nicht zur Erzielung von Einkünften verwendet wird; dies gilt auch für die AfA nach § 7 Abs. 5 EStG. ²Bei Wirtschaftsgütern, die im Laufe des Wirtschaftsjahres in das Betriebsvermögen eingelegt werden, gilt § 7 Abs. 1 Satz 4 EStG entsprechend.

Bemessung der AfA nach der > Nutzungsdauer

(3) ¹Die AfA ist grundsätzlich so zu bemessen, dass die Anschaffungs- oder Herstellungskosten nach Ablauf der betriebsgewöhnlichen Nutzungsdauer des Wirtschaftsguts voll abgesetzt sind. ²Bei einem Gebäude gilt Satz 1 nur, wenn die technischen oder wirtschaftlichen Umstände dafür sprechen, dass die tatsächliche Nutzungsdauer eines Wirtschaftsgebäudes (§ 7 Abs. 4 Satz 1 Nr. 1 EStG) weniger als 33 Jahre (bei Bauantrag/obligatorischem Vertrag nach dem 31. 12. 2000) oder 25 Jahre (bei Bauantrag/obligatorischem Vertrag vor dem 1. 1. 2001) bzw. eines anderen Gebäudes weniger als 50 Jahre (bei vor dem 1. 1. 1925 fertig gestellten Gebäuden weniger als 40 Jahre) beträgt. ³Satz 2 gilt entsprechend bei Mietereinbauten und -umbauten, die keine Scheinbestandteile oder Betriebsvorrichtungen sind.

Bemessung der linearen AfA bei Gebäuden nach typisierten Prozentsätzen

(4) ¹In anderen als den in Absatz 3 Satz 2 und 3 bezeichneten Fällen sind die in § 7 Abs. 4 Satz 1 EStG genannten AfA-Sätze maßgebend. ²Die Anwendung niedrigerer AfA-Sätze ist ausgeschlossen. ³Die AfA ist bis zur vollen Absetzung der Anschaffungs- oder Herstellungskosten vorzunehmen.

Wahl der AfA-Methode

(5) ¹Anstelle der AfA in gleichen Jahresbeträgen (§ 7 Abs. 1 Satz 1 und 2 EStG) kann bei beweglichen Wirtschaftsgütern des Anlagevermögens AfA nach Maßgabe der Leistung (§ 7 Abs. 1 Satz 6 EStG) vorgenommen werden, wenn deren Leistung in der Regel erheblich schwankt und deren Verschleiß dementsprechend wesentliche Unterschiede aufweist. ²Voraussetzung für AfA nach Maßgabe der Leistung ist, dass der auf das einzelne Wirtschaftsjahr entfallende Umfang der Leistung nachgewiesen wird. ³Der Nachweis kann z. B. bei einer Maschine durch ein die Anzahl der Arbeitsvorgänge registrierendes Zählwerk, einen Betriebsstundenzähler oder bei einem Kraftfahrzeug durch den Kilometerzähler geführt werden.

(6) ¹Die degressive AfA nach § 7 Abs. 5 EStG ist nur mit den in dieser Vorschrift vorgeschriebenen Staffelsätzen zulässig. ²Besteht ein Gebäude aus sonstigen selbständigen Gebäudeteilen (> R 4.2 Abs. 3 Satz 3 Nr. 5), sind für die einzelnen Gebäudeteile unterschiedliche AfA-Methoden und AfA-Sätze zulässig.

> Wechsel der AfA-Methode bei Gebäuden

(7) ¹Ein Wechsel der AfA-Methode ist bei Gebäuden vorzunehmen, wenn

1. ein Gebäude in einem auf das Jahr der Anschaffung oder Herstellung folgenden Jahr die Voraussetzungen des § 7 Abs. 4 Satz 1 Nr. 1 EStG erstmals erfüllt oder

2. ein Gebäude in einem auf das Jahr der Anschaffung oder Herstellung folgenden Jahr die Voraussetzungen des § 7 Abs. 4 Satz 1 Nr. 1 EStG nicht mehr erfüllt oder

3. ein nach § 7 Abs. 5 Satz 1 Nr. 3 EStG abgeschriebener Mietwohnneubau nicht mehr Wohnzwecken dient.

[2]In den Fällen des Satzes 1 Nr. 1 ist die weitere AfA nach § 7 Abs. 4 Satz 1 Nr. 1 EStG, in den Fällen des Satzes 1 Nr. 2 und 3 ist die weitere AfA nach § 7 Abs. 4 Satz 1 Nr. 2 Buchstabe a EStG zu bemessen.

Ende der AfA

(8) [1]Bei Wirtschaftsgütern, die im Laufe eines Wirtschaftsjahres oder Rumpfwirtschaftsjahres veräußert oder aus dem Betriebsvermögen entnommen werden oder nicht mehr zur Erzielung von Einkünften i. S. d. § 2 Abs. 1 Satz 1 Nr. 4 bis 7 EStG dienen, kann für dieses Jahr nur der Teil des auf ein Jahr entfallenden AfA-Betrags abgesetzt werden, der dem Zeitraum zwischen dem Beginn des Jahres und der Veräußerung, Entnahme oder Nutzungsänderung entspricht. [2]Das gilt entsprechend, wenn im Laufe eines Jahres ein Wirtschaftsgebäude künftig Wohnzwecken dient oder ein nach § 7 Abs. 5 Satz 1 Nr. 3 EStG abgeschriebener Mietwohnneubau künftig nicht mehr Wohnzwecken dient.

> AfA nach nachträglichen Anschaffungs- oder Herstellungskosten

(9) [1]Bei nachträglichen Herstellungskosten für Wirtschaftsgüter, die nach § 7 Abs. 1, 2 oder 4 Satz 2 EStG abgeschrieben werden, ist die Restnutzungsdauer unter Berücksichtigung des Zustands des Wirtschaftsgutes im Zeitpunkt der Beendigung der nachträglichen Herstellungsarbeiten neu zu schätzen. [2]In den Fällen des § 7 Abs. 4 Satz 2 EStG ist es aus Vereinfachungsgründen nicht zu beanstanden, wenn die weitere AfA nach dem bisher angewandten Prozentsatz bemessen wird. [3]Bei der Bemessung der AfA für das Jahr der Entstehung von nachträglichen Anschaffungs- und Herstellungskosten sind diese so zu berücksichtigen, als wären sie zu Beginn des Jahres aufgewendet worden. [4]Ist durch die nachträglichen Herstellungsarbeiten ein anderes Wirtschaftsgut entstanden (> R 7.3 Abs. 5), ist die weitere AfA nach § 7 Abs. 1 oder 4 Satz 2 EStG und der voraussichtlichen Nutzungsdauer des anderen Wirtschaftsgutes oder nach § 7 Abs. 4 Satz 1 EStG zu bemessen. [5]Die degressive AfA nach § 7 Abs. 5 EStG ist nur zulässig, wenn das andere Wirtschaftsgut ein Neubau ist.

AfA nach Einlage, Entnahme oder Nutzungsänderung oder nach Übergang zur Buchführung

(10) [1]Nach einer Einlage, Entnahme oder Nutzungsänderung eines Wirtschaftsgutes oder nach Übergang zur Buchführung (> R 7.3 Abs. 6) ist die weitere AfA wie folgt vorzunehmen:

1. Hat sich die AfA-Bemessungsgrundlage für das Wirtschaftsgut geändert (> R 7.3 Abs. 6), ist die weitere AfA nach § 7 Abs. 1, 2 oder 4 Satz 2 EStG und der tatsächlichen künftigen Nutzungsdauer oder nach § 7 Abs. 4 Satz 1 EStG zu bemessen.

2. [1]Bleiben die Anschaffungs- oder Herstellungskosten des Wirtschaftsgutes als Bemessungsgrundlage der AfA maßgebend (> R 7.3 Abs. 6 Satz 2), ist die weitere AfA grundsätzlich nach dem ursprünglich angewandten Absetzungsverfahren zu bemessen. [2]Die AfA kann nur noch bis zu dem Betrag abgezogen werden, der von der Bemessungsgrundlage nach Abzug von AfA, erhöhten Absetzungen und Sonderabschreibungen verbleibt (> AfA-Volumen). [3]Ist für das Wirtschaftsgut noch nie AfA vorgenommen worden, ist die AfA nach § 7 Abs. 1, 2 oder 4 Satz 2 EStG und der tatsächlichen gesamten Nutzungsdauer oder nach § 7 Abs. 4 Satz 1 oder Abs. 5 EStG zu bemessen. [4]Nach dem Übergang zur Buchführung oder zur Einkünfteerzielung kann die AfA nur noch bis zu dem Betrag abgezogen werden, der von der Bemessungsgrundlage nach Abzug der Beträge verbleibt, die entsprechend der gewählten AfA-Methode auf den Zeitraum vor dem Übergang entfallen.

[2]Besteht ein Gebäude aus mehreren selbständigen Gebäudeteilen und wird der Nutzungsumfang eines Gebäudeteils infolge einer Nutzungsänderung des Gebäudes ausgedehnt, bemisst sich die weitere AfA von der neuen Bemessungsgrundlage insoweit nach § 7 Abs. 4 EStG. [3]Das Wahlrecht nach Satz 1 Nr. 2 Satz 3 und 4 bleibt unberührt.

EStR

Absetzungen für außergewöhnliche technische oder wirtschaftliche Abnutzung bei Gebäuden

(11) [1]Absetzungen für außergewöhnliche technische oder wirtschaftliche Abnutzung (> AfaA) sind nach dem Wortlaut des Gesetzes nur bei Gebäuden zulässig, bei denen die AfA nach § 7 Abs. 4 EStG bemessen wird. [2]AfaA sind jedoch auch bei Gebäuden nicht zu beanstanden, bei denen AfA nach § 7 Abs. 5 EStG vorgenommen wird.

 Hinweise EStH H 7.4

AfaA

– *Wird ein im Privatvermögen gehaltenes Fahrzeug bei einer betrieblich veranlassten Fahrt infolge eines Unfalls beschädigt und nicht repariert, ist die Vermögenseinbuße im Wege der AfaA nach § 7 Abs. 1 Satz 7 EStG gewinnmindernd zu berücksichtigen. Die bei der Bemessung der AfaA zu Grunde zu legenden Anschaffungskosten sind um die (normale) AfA zu kürzen, die der Stpfl. hätte in Anspruch nehmen können, wenn er das Fahrzeug ausschließlich zur Einkünfteerzielung verwendet hätte (> BFH vom 24. 11. 1994 – BStBl 1995 II S. 318).*

– *AfaA sind i. d. R. im Jahr des Schadenseintritts, spätestens jedoch im Jahr der Entdeckung des Schadens vorzunehmen (> BFH vom 1. 12. 1992 – BStBl 1994 II S. 11 und 12). Dies gilt unabhängig von evtl. Ersatzansprüchen gegen eine Versicherung (> BFH vom 13. 3. 1998 – BStBl II S. 443).*

– *Eine AfaA setzt voraus, dass die wirtschaftliche Nutzbarkeit eines Wirtschaftsguts durch außergewöhnliche Umstände gesunken ist (> BFH vom 8. 7. 1980 – BStBl II S. 743) oder das Wirtschaftsgut eine Substanzeinbuße (technische Abnutzung) erleidet (> BFH vom 24. 1. 2008 – BStBl 2009 II S. 449).*

– *Baumängel vor Fertigstellung eines Gebäudes rechtfertigen keine AfaA (> BFH vom 31. 3. 1992 – BStBl II S. 805); auch wenn infolge dieser Baumängel noch in der Bauphase unselbständige Gebäudeteile wieder abgetragen werden (> BFH vom 30. 8. 1994 – BStBl 1995 II S. 306); dies gilt auch, wenn die Baumängel erst nach der Fertigstellung oder Anschaffung entdeckt werden (> BFH vom 27. 1. 1993 – BStBl II S. 702 und vom 14. 1. 2004 – BStBl II S. 592).*

– *AfaA aus wirtschaftlichen Gründen können abgezogen werden, wenn sich nach der Kündigung des Mietverhältnisses herausstellt, dass das auf die Bedürfnisse des Mieters ausgerichtete Gebäude nicht mehr oder nur noch eingeschränkt nutzbar ist und auch durch eine (nicht steuerbare) Veräußerung nicht mehr sinnvoll verwendet werden kann (> BFH vom 17. 9. 2008 – BStBl 2009 II S. 301).*

Eine AfaA ist vorzunehmen, wenn

– *ein Gebäude durch Abbruch, Brand oder ähnliche Ereignisse aus dem Betriebsvermögen ausgeschieden ist (> BFH vom 7. 5. 1969 – BStBl II S. 464),*

– *bei einem Umbau bestimmte Teile eines Gebäudes ohne vorherige Abbruchabsicht entfernt werden (> BFH vom 15. 10. 1996 – BStBl 1997 II S. 325),*

– *ein Gebäude abgebrochen wird > H 6.4 (Abbruchkosten).*

Eine AfaA ist nicht vorzunehmen, wenn

– *ein zum Privatvermögen gehörendes objektiv technisch oder wirtschaftlich noch nicht verbrauchtes Gebäude abgerissen wird, um ein unbebautes Grundstück veräußern zu können (> BFH vom 6. 3. 1979 – BStBl II S. 551), oder wenn es in der Absicht eines grundlegenden Umbaus erworben wird (> BFH vom 4. 12. 1984 – BStBl 1985 II S. 208 und 20. 4. 1993 – BStBl II S. 504),*

- *im Verfahren nach dem WEG die Nutzung von erworbenen Gebäudeteilen als Wohnung untersagt wird, sich darin ein dem Kaufobjekt von vornherein anhaftender Mangel zeigt und die Parteien des Kaufvertrages die Gewährleistung hinsichtlich der Nutzungsmöglichkeiten der Sache ausgeschlossen haben (> BFH vom 14. 1. 2004 – BStBl II S. 592),*

- *die bestehende Substanz zum Abbau eines Bodenschatzes weiterhin vorhanden ist und auch abgebaut werden kann (> BFH vom 24. 1. 2008 – BStBl 2009 II S. 449).*

AfA nach einer Nutzungsänderung

Beispiele:

1. *AfA-Verbrauch bei Umwidmung eines Gebäudes zur Einkünfteerzielung*

   Eine im Jahr 01 fertig gestellte und am 1. 12. 01 erworbene Eigentumswohnung wird vom Dezember 01 bis Februar 03 vom Steuerpflichtigen selbst bewohnt und ab März 03 vermietet.

   Der Steuerpflichtige hat ab dem Jahr 03 die Wahl zwischen der linearen AfA nach § 7 Abs. 4 Satz 1 Nr. 2 EStG (Fall 1) und der degressiven AfA nach § 7 Abs. 5 Satz 1 Nr. 3 Buchstabe c EStG (Fall 2).

		Fall 1		*Fall 2*
Anschaffungskosten im Jahr 01		300 000 €		300 000 €
AfA-Verbrauch				
im Jahr 01	$^1/_{12}$ von 2 %	500 €	4 %	12 000 €
im Jahr 02	2 %	6 000 €	4 %	12 000 €
im Jahr 03	$^2/_{12}$ von 2 %	1 000 €	$^2/_{12}$ von 4 %	2 000 €
insgesamt		7 500 €		26 000 €
verbleibendes AfA-Volumen		292 500 €		274 000 €
AfA ab Übergang zur Einkünfteerzielung				
im Jahr 03	$^{10}/_{12}$ von 2 %	5 000 €	$^{10}/_{12}$ von 4 %	10 000 €
ab Jahr 04	je 2 %	6 000 €		
im Jahr 04 bis 10			je 4 %	12 000 €
im Jahr 11 bis 18			je 2,5 %	7 500 €
ab Jahr 19			je 1,25 %	3 750 €

2. *AfA bei Änderung des Nutzungsumfangs eines Gebäudeteils*

   Von den gesamten Herstellungskosten in Höhe von 600 000 € eines zum Betriebsvermögen gehörenden Gebäudes, das je zur Hälfte eigenbetrieblichen Zwecken und fremden Wohnzwecken dient, entfallen je 300 000 € auf die beiden selbständigen Gebäudeteile. Der eigenbetrieblich genutzte Gebäudeteil wird nach § 7 Abs. 5 Satz 1 Nr. 1 EStG degressiv, der zu fremden Wohnzwecken genutzte Gebäudeteil nach § 7 Abs. 4 Satz 1 Nr. 2 EStG linear abgeschrieben. Die jährliche AfA beträgt

   a) *für den eigenbetrieblich genutzten Gebäudeteil*
      10 % von 300 000 € = 30 000 €,

   b) *für den zu fremden Wohnzwecken genutzten Gebäudeteil*
      2 % von 300 000 € = 6 000 €.

   Vom Beginn des 3. Jahres an wird die eigenbetriebliche Nutzung auf ein Drittel des bisher zu Wohnzwecken genutzten Gebäudeteils ausgedehnt. Von diesem Zeitpunkt an beträgt die AfA-Bemessungsgrundlage für den eigenbetrieblich genutzten Gebäudeteil 400 000 €, für den zu fremden Wohnzwecken genutzten Gebäudeteil 200 000 €. Für den nunmehr eigenbetrieblich genutzten Teil des bisher zu fremden Wohnzwecken genutzten Gebäudeteils ist die lineare AfA künftig mit dem höheren AfA-Satz des § 7 Abs. 4 Satz 1 Nr. 1 EStG vorzunehmen. Die AfA beträgt somit im 3. Jahr

a) für den eigenbetrieblich genutzten Gebäudeteil
10 % von 300 000 € = 30 000 €,
+ 3 % von 100 000 € =   3 000 €,

b) für den zu fremden Wohnzwecken genutzten Gebäudeteil
2 % von 200 000 € = 4 000 €.

AfA nach nachträglichen Anschaffungs- oder Herstellungskosten
Beispiele:

1. Degressive AfA nach § 7 Abs. 2 EStG a. F. bei nachträglichen Herstellungskosten

Für ein im Jahr 01 angeschafftes bewegliches Wirtschaftsgut mit einer betriebsgewöhnlichen Nutzungsdauer von 12 Jahren, für das degressive AfA von (8 $^1/_3$ % × 2 [1] =) 16 $^2/_3$ % vorgenommen worden ist, werden im Jahre 06 nachträgliche Herstellungskosten aufgewendet. Danach beträgt die neu geschätzte Restnutzungsdauer 8 Jahre.

Restwert Ende 05	4 100 €
nachträgliche Herstellungskosten 06	+ 3 900 €
Bemessungsgrundlage ab 06	8 000 €

Die degressive AfA im Jahre 06 beträgt (12,5 % × 2, höchstens jedoch) 20 % [2] von 8 000 €.

2. Lineare AfA nach § 7 Abs. 4 Satz 1 Nr. 2 EStG bei nachträglichen Herstellungskosten

Ein zu Beginn des Jahres 01 angeschafftes Gebäude, für das lineare AfA nach § 7 Abs. 4 Satz 1 Nr. 2 EStG vorgenommen worden ist, wird im Jahre 24 erweitert. Die Restnutzungsdauer beträgt danach noch mindestens 50 Jahre.

Anschaffungskosten im Jahr 01	200 000 €
AfA in den Jahren 01 bis 23: 23 × 2 % = 92 000 €	
nachträgliche Herstellungskosten im Jahr 24	+ 100 000 €
Bemessungsgrundlage ab Jahr 24	300 000 €

Vom Jahr 24 bis zur vollen Absetzung des Betrags von 208 000 € (Restwert 108 000 € zuzüglich nachträglicher Herstellungskosten 100 000 €) beträgt die AfA jährlich 2 % von 300 000 € = 6 000 €.

3. Degressive AfA nach § 7 Abs. 5 EStG bei nachträglichen Herstellungskosten

Ein im Jahr 01 fertig gestelltes Gebäude, für das degressive AfA nach § 7 Abs. 5 Satz 1 Nr. 1 EStG vorgenommen worden ist, wird im Jahr 06 erweitert

Herstellungskosten im Jahr 01	200 000 €
AfA in den Jahren 01 bis 04: 4 × 10 % = 80 000 €	
AfA im Jahr 05: 1 × 5 % = 10 000 €	
nachträgliche Herstellungskosten im Jahr 06	+ 80 000 €
Bemessungsgrundlage ab Jahr 06	280 000 €

Amtl. Fn.:

[1] Das 2,5-fache bei Wirtschaftsgütern, die nach dem 31. 12. 2019 und vor dem 1. 1. 2022 angeschafft oder hergestellt worden sind.

[2] 25 % bei Wirtschaftsgütern, die nach dem 31. 12. 2019 und vor dem 1. 1. 2022 angeschafft oder hergestellt worden sind.

In den Jahren 06 und 07 beträgt die AfA je 5 % = 14 000 € (insgesamt 28 000 €); in den Jahren 08 bis 25 beträgt die AfA je 2,5 % = 7 000 € (insgesamt 126 000 €).

Herstellungskosten im Jahr 01	*200 000 €*
AfA in den Jahren 01 bis 04	*– 80 000 €*
AfA im Jahr 05	*– 10 000 €*
nachträgliche Herstellungskosten im Jahr 06	*+ 80 000 €*
AfA in den Jahren 06 und 07	*– 28 000 €*
AfA in den Jahren 08 bis 25	*– 126 000 €*
Restwert 31. 12. 25	*36 000 €*

Ab dem Jahr 26 bis zur vollen Absetzung des Restwerts von 36 000 € beträgt die AfA nach § 7 Abs. 4 Satz 1 Nr. 1 i. V. m. § 52 Abs. 15 Satz 2 EStG 4 % von 280 000 € = 11 200 €, soweit keine kürzere Restnutzungsdauer i. S. d. § 7 Abs. 4 Satz 2 EStG vorliegt.

AfA-Tabellen

– *Zur Anwendung der amtlichen AfA-Tabellen > BMF vom 6. 12. 2001 (BStBl I S. 860).*

– *Wer eine von den amtlichen AfA-Tabellen abweichende Nutzungsdauer geltend macht, hat entsprechende Gründe substantiiert vorzutragen (> BFH vom 14. 4. 2011 – BStBl II S. 696).*

AfA-Volumen

– *Übergang von der Schätzung zur Buchführung*

Die Buchwerte der abnutzbaren Anlagegüter sind, ausgehend von den Anschaffungs- oder Herstellungskosten, vermindert um die übliche AfA zu schätzen; übliche AfA ist die AfA in gleichen Jahresbeträgen nach einer den amtlichen AfA-Tabellen zu entnehmenden Nutzungsdauer. Für den Zeitraum der Schätzung können weder der Steuerpflichtige noch das Finanzamt eine von den amtlichen AfA-Tabellen abweichende Nutzungsdauer geltend machen (> BFH vom 5. 12. 1985 – BStBl 1986 II S. 390).

– *Übergang von der Gewinnermittlung nach Durchschnittssätzen zur Buchführung*

  – *Zur Ermittlung der in die Übergangsbilanz einzustellenden Buchwerte der abnutzbaren Anlagegüter sind die Anschaffungs- oder Herstellungskosten beweglicher Anlagegüter um die übliche AfA zu mindern, die den amtlichen AfA-Tabellen zu entnehmen sind. Das Wesen der Gewinnermittlung nach Durchschnittssätzen schließt Abweichungen von den sich hiernach ergebenden AfA-Sätzen aus (> BFH vom 12. 12. 1985 – BStBl 1986 II S. 392).*

  – *Vorhandene geringwertige Wirtschaftsgüter, die vor dem 1. 1. 2008 angeschafft oder hergestellt worden sind, sind in der Übergangsbilanz mit ihren Anschaffungs- oder Herstellungskosten, vermindert um die AfA nach § 7 EStG, anzusetzen, die während der Gewinnermittlung nach Durchschnittssätzen angefallen wäre. Es kann nicht unterstellt werden, dass in dieser Zeit das Wahlrecht gemäß § 6 Abs. 2 EStG a. F. ausgeübt worden ist (> BFH vom 17. 3. 1988 – BStBl II S. 770).*

  – *Beim Wechsel von der Gewinnermittlung nach Durchschnittssätzen zum Bestandsvergleich bestimmen sich die in die Übergangsbilanz einzustellenden Buchwerte landwirtschaftlicher Betriebsgebäude nach den Anschaffungs- oder Herstellungskosten, gemindert um die im Zeitpunkt der Errichtung und im Laufe der Nutzung der Gebäude übliche AfA. Die besonderen betrieblichen Verhältnisse sind auch dann unbeachtlich, wenn für diesen Zeitraum amtliche AfA-Tabellen nicht zur Verfügung gestanden haben (> BFH vom 5. 6. 2003 – BStBl II S. 801).*

– *Umwidmung eines Wirtschaftsguts in den Bereich der Einkünfteerzielung*

Werden Wirtschaftsgüter des bisher nicht der Einkünfteerzielung dienenden Vermögens um-gewidmet und nunmehr zur Erzielung von Überschusseinkünften genutzt, sind die Anschaf-fungs- oder Herstellungskosten auf die Gesamtnutzungsdauer einschließlich der Zeit vor der Umwidmung zu verteilen. Als Werbungskosten (AfA) ist nur der Teil der Anschaffungs- oder Herstellungskosten abziehbar, der auf die Zeit nach der Umwidmung entfällt. § 6 Abs. 1 Nr. 5 Satz 1 EStG ist nicht entsprechend anwendbar (> BFH vom 14. 2. 1989 – BStBl II S. 922; > H 6.12 Geringwertiges Wirtschaftsgut).

– *Zu Unrecht als Erhaltungsaufwand berücksichtigte Anschaffungskosten*

Bestandskräftig zu Unrecht als sofort abziehbarer Erhaltungsaufwand berücksichtigte An-schaffungskosten führen zu einer Minderung des AfA-Volumens und stehen insoweit einer Weiterführung der AfA entgegen (> BFH vom 28. 4. 2020 – BStBl II S. 545).

Degressive AfA in Erwerbsfällen

§ 7 Abs. 5 Satz 2 EStG schließt die Inanspruchnahme der degressiven AfA nach § 7 Abs. 5 EStG durch den Erwerber nur für das Jahr der Fertigstellung aus. Im folgenden Jahr kann der Erwerber zur de-gressiven AfA übergehen (> BFH vom 3. 4. 2001 – BStBl II S. 599).

Degressive AfA nach Einlage

Die degressive AfA nach einer Einlage ist nur zulässig, wenn das Gebäude bis zum Ende des Jahres der Fertigstellung in ein Betriebsvermögen eingelegt wird (> BFH vom 18. 5. 2010 – BStBl 2014 II S. 13).

Entnahme eines Gebäudes

– *Für ein Gebäude, das **im Jahr der Fertigstellung** aus dem Betriebsvermögen entnommen wor-den ist, ist die Inanspruchnahme der degressiven AfA nach § 7 Abs. 5 EStG für den Zeitraum der Zugehörigkeit zum Privatvermögen im Jahr der Entnahme ausgeschlossen, wenn für das Gebäude bereits während der Zugehörigkeit zum Betriebsvermögen degressive AfA in An-spruch genommen worden ist. Im folgenden Jahr kann der Steuerpflichtige zur degressiven AfA übergehen (> BFH vom 3. 4. 2001 – BStBl II S. 599).*

– *Für ein Gebäude, das **nach dem Jahr der Fertigstellung** unter Aufdeckung der stillen Reserven entnommen worden ist, kann die degressive AfA nach § 7 Abs. 5 EStG nicht mehr vorgenom-men werden (> BFH vom 8. 11. 1994 – BStBl 1995 II S. 170).*

Ergänzungsbilanz eines Mitunternehmers

Zur Abschreibung von Mehrwerten in einer Ergänzungsbilanz > BMF vom 19. 12. 2016 (BStBl 2017 I S. 34).

Fertigstellung

– *Ein Wirtschaftsgut ist fertig gestellt, sobald es seiner Zweckbestimmung entsprechend genutzt werden kann (> BFH vom 20. 2. 1975 – BStBl II S. 412 und vom 21. 7. 1989 – BStBl II S. 906).*

– *Ein Gebäude ist fertig gestellt, wenn die wesentlichen Bauarbeiten abgeschlossen sind und der Bau so weit errichtet ist, dass der Bezug der Wohnungen zumutbar ist oder dass das Gebäude für den Betrieb in all seinen wesentlichen Bereichen nutzbar ist (> BFH vom 21. 7. 1989 – BStBl II S. 906).*

– *Ein Gebäude ist nicht fertig gestellt, wenn Türen, Böden und der Innenputz noch fehlen (> BFH vom 21. 7. 1989 – BStBl II S. 906).*

– *Auf die Höhe der noch ausstehenden Herstellungskosten im Verhältnis zu den gesamten Herstel-lungskosten des Gebäudes kommt es nicht an (> BFH vom 16. 12. 1988 – BStBl 1989 II S. 203).*

– *Gebäudeteile, die auf Grund ihrer unterschiedlichen Funktion selbständige Wirtschaftsgüter sind, sind fertig gestellt, sobald diese Teile bestimmungsgemäß nutzbar sind (> BFH vom 9. 8. 1989 – BStBl 1991 II S. 132). Zur AfA-Bemessungsgrundlage > R 7.3 Abs. 2.*

– *Eine Eigentumswohnung ist mit der Bezugsfertigkeit fertig gestellt, auch wenn zu diesem Zeitpunkt zivilrechtlich noch kein Wohneigentum begründet und die Teilungserklärung noch nicht abgegeben worden ist (> BFH vom 26. 1. 1999 – BStBl II S. 589).*

– *Gebrauchstiere sind bei der ersten Ingebrauchnahme fertig gestellt (> BMF vom 14. 11. 2001 – BStBl I S. 864).*

– *Die bestimmungsgemäße Nutzbarkeit einer Dauerkultur beginnt mit ihrer Ertragsreife (> BMF vom 17. 9. 1990 – BStBl I S. 420).*

Lieferung

– *Ein Wirtschaftsgut ist geliefert, wenn der Erwerber nach dem Willen der Vertragsparteien darüber wirtschaftlich verfügen kann; das ist in der Regel der Fall, wenn Eigenbesitz, Gefahr, Nutzen und Lasten auf den Erwerber übergehen (> BFH vom 28. 4. 1977 – BStBl II S. 553).*

– *Liegt der Zeitpunkt des Übergangs eines Wirtschaftsguts auf den Erwerber im Schnittpunkt von zwei Zeiträumen, so ist das Wirtschaftsgut mit Beginn des zweiten Zeitraums geliefert (> BFH vom 7. 11. 1991 – BStBl 1992 II S. 398).*

– *Wirtschaftlicher Übergang bei Leasing- und Mietkauf-Verträgen > BMF vom 28. 6. 2001 (BStBl I S. 379), Rz. 144.*

Mietereinbauten

– *Bei Mietereinbauten und -umbauten, die keine Scheinbestandteile oder Betriebsvorrichtungen sind, bestimmt sich die AfA abweichend von Nr. 10 des BMF-Schreibens vom 15. 1. 1976 (BStBl I S. 66) nach den für Gebäude geltenden Grundsätzen > BFH vom 15. 10. 1996 (BStBl 1997 II S. 533).*

– *Zur Nutzungsdauer von Ladeneinbauten, Schaufensteranlagen und Gaststätteneinbauten > BMF vom 15. 12. 2000 (BStBl I S. 1532), Tz. 3.7*

Musterhäuser

Der Abschreibungssatz gem. § 7 Abs. 4 Satz 1 Nr. 1 EStG gilt auch für Musterhäuser. In die Bemessung der tatsächlichen Nutzungsdauer gem. § 7 Abs. 4 Satz 2 EStG ist bei Musterhäusern auch der Zeitraum einer nach dem Ausscheiden aus dem Betrieb sich voraussichtlich anschließenden Nutzung des Hauses als Wohngebäude einzubeziehen. Das gilt auch für auf fremdem Grund und Boden errichtete Fertighäuser, die zum Zwecke der Veräußerung demontiert und andernorts wieder aufgebaut werden müssen (> BFH vom 23. 9. 2008 – BStBl 2009 II S. 986).

Nachträgliche Anschaffungs- oder Herstellungskosten

– *Werden nachträgliche Anschaffungs- oder Herstellungskosten für Wirtschaftsgüter aufgewendet, die nach § 7 Abs. 1, Abs. 2 oder Abs. 4 Satz 2 EStG abgeschrieben werden, bemisst sich die AfA vom Jahr der Entstehung der nachträglichen Anschaffungs- oder Herstellungskosten an nach der Restnutzungsdauer (> BFH vom 25. 11. 1970 – BStBl 1971 II S. 142).*

– *Werden nachträgliche Anschaffungs- oder Herstellungskosten für Gebäude aufgewendet, die nach § 7 Abs. 4 Satz 1 oder Abs. 5 EStG abgeschrieben werden, so ist der für das Gebäude geltende Prozentsatz anzuwenden (> BFH vom 20. 2. 1975 – BStBl II S. 412 und vom 20. 1. 1987 – BStBl II S. 491).*

– *Wird in den Fällen des § 7 Abs. 4 Satz 1 EStG auf diese Weise die volle Absetzung innerhalb der tatsächlichen Nutzungsdauer nicht erreicht, so kann die AfA vom Zeitpunkt der Beendigung der nachträglichen Herstellungsarbeiten an nach der Restnutzungsdauer des Gebäudes bemessen werden (> BFH vom 7. 6. 1977 – BStBl II S. 606).*

Neubau

– *Die AfA nach § 7 Abs. 5 EStG kann nur bei Neubauten in Anspruch genommen werden. Bei Umbauten, Ausbauten und Modernisierungsmaßnahmen liegt ein Neubau nicht bereits dann vor, wenn sich dadurch die Zweckbestimmung des Gebäudes ändert. Er entsteht nur, wenn die eingefügten Neubauteile dem Gesamtgebäude das Gepräge geben, so dass es in bautechnischer Hinsicht neu ist. Das ist dann der Fall, wenn die tragenden Gebäudeteile (z. B. Fundamente, tragende Außen- und Innenwände, Geschossdecken und die Dachkonstruktion) in überwiegendem Umfang ersetzt werden (> BFH vom 25. 5. 2004 – BStBl II S. 783).*

– *Bei Anbauten liegt ein Neubau vor, wenn*

  – *dadurch selbständige Wirtschaftsgüter i. S. d. R 4.2 geschaffen werden oder*

  – *sie mit dem bestehenden Gebäude verschachtelt sind und die Neubauteile dem Gesamtgebäude das Gepräge geben; hierfür sind regelmäßig die Größen- und Wertverhältnisse der Alt- und Neubauteile maßgebend (> BFH vom 25. 1. 2007 – BStBl II S. 586).*

– *Für Eigentumswohnungen, die durch die rechtliche Umwandlung eines bestehenden Gebäudes geschaffen werden, kann keine AfA nach § 7 Abs. 5 EStG in Anspruch genommen werden (> BFH vom 24. 11. 1992 – BStBl 1993 II S. 188).*

– *Für neu geschaffene Wohnungen, die in einem einheitlichen Nutzungs- und Funktionszusammenhang mit einer bereits vorhandenen Wohnung stehen, kann keine AfA nach § 7 Abs. 5 EStG in Anspruch genommen werden (> BFH vom 7. 7. 1998, BStBl II S. 625).*

– *Zur degressiven AfA nach § 7 Abs. 5 EStG bei Baumaßnahmen an einem Dachgeschoss > BMF vom 10. 7. 1996 (BStBl I S. 689), letztmals abgedruckt im EStH 2016 ...*

Nutzungsdauer

– *Zur kürzeren tatsächlichen Nutzungsdauer von Gebäuden > BMF vom 22. 2. 2023 (BStBl I S. 332).*

– *> AfA-Tabellen*

– *Anschaffungs- oder Herstellungskosten eines Wirtschaftsguts sind nur dann nach § 7 EStG zu verteilen, wenn die Nutzungsdauer des Wirtschaftsguts zwölf Monate (Jahreszeitraum im Sinne eines Zeitraums von 365 Tagen) übersteigt (> BFH vom 26. 8. 1993 – BStBl 1994 II S. 232).*

– *Die Nutzungsdauer eines Wirtschaftsguts entspricht regelmäßig dem Zeitraum, in dem es sich technisch abnutzt. Eine kürzere wirtschaftliche Nutzungsdauer liegt nicht vor, wenn das Wirtschaftsgut zwar nicht mehr entsprechend der ursprünglichen Zweckbestimmung rentabel nutzbar ist, aber noch einen erheblichen Verkaufswert hat (> BFH vom 14. 4. 2011 – BStBl II S. 696).*

– *Die AfA auf das entgeltlich erworbene immaterielle Wirtschaftsgut „Vertreterrecht" (Ablösung des dem Vorgänger-Vertreter zustehenden Ausgleichsanspruchs durch Vereinbarung mit dem Geschäftsherrn) bemisst sich nach der für den Einzelfall zu bestimmenden betriebsgewöhnlichen Nutzungsdauer. Die Regelung des § 7 Abs. 1 Satz 3 EStG zur betriebsgewöhnlichen Nutzungsdauer des Geschäfts- oder Firmenwerts findet auf das Vertreterrecht keine Anwendung (> BFH vom 12. 7. 2007 – BStBl II S. 959).*

– *Zur Nutzungsdauer des Geschäfts- oder Firmenwerts, des Praxiswerts und so genannter firmenwertähnlicher Wirtschaftsgüter > BMF vom 20. 11. 1986 (BStBl I S. 532) und BFH vom 24. 2. 1994 (BStBl II S. 590).*

– *Begriff der Nutzungsdauer eines Gebäudes > § 11c Abs. 1 EStDV.*

– *Die Absicht, ein zunächst noch genutztes Gebäude abzubrechen oder zu veräußern, rechtfertigt es nicht, eine kürzere Nutzungsdauer des Gebäudes zugrunde zu legen (> BFH vom 15. 12. 1981 – BStBl 1982 II S. 385).*

– *Eine Verkürzung der Nutzungsdauer kann erst angenommen werden, wenn die Gebäudeabbruchvorbereitungen soweit gediehen sind, dass die weitere Nutzung in der bisherigen oder einer anderen Weise so gut wie ausgeschlossen ist (> BFH vom 8. 7. 1980 – BStBl II S. 743).*

– Die der tatsächlichen Nutzungsdauer entsprechende AfA kann erst vorgenommen werden, wenn der Zeitpunkt der Nutzungsbeendigung des Gebäudes feststeht, z. B. weil sich der Steuerpflichtige verpflichtet hat, das Gebäude zu einem bestimmten Zeitpunkt abzubrechen (> BFH vom 22. 8. 1984 – BStBl 1985 II S. 126).

– Zur Nutzungsdauer von Ladeneinbauten, Schaufensteranlagen und Gaststätteneinbauten > BMF vom 15. 12. 2000 (BStBl I S. 1532), Tz. 3.7.

– Zur Nutzungsdauer der Wirtschaftsgüter eines Windparks > BFH vom 14. 4. 2011 (BStBl II S. 696) und vom 1. 2. 2012 (BStBl II S. 407).

– Zur Nutzungsdauer einer Technischen Sicherheitseinrichtung (TSE) > BMF vom 21. 8. 2020 (BStBl I S. 1047).

– Zur Nutzungsdauer von Computerhardware und Software zur Dateneingabe und -verarbeitung > BMF vom 22. 2. 2022 (BStBl I S. 187).

Rückgängigmachung des Anschaffungsvorgangs

Eine AfA ist nicht zu gewähren, wenn der Anschaffungsvorgang in vollem Umfang rückgängig gemacht wird. Auf den Zeitpunkt der Rückzahlung der Aufwendungen, die als Anschaffungskosten geltend gemacht worden sind, kommt es nicht an (> BFH vom 19. 12. 2007 – BStBl 2008 II S. 480).

Teil des auf ein Jahr entfallenden AfA-Betrags

– Die AfA nach § 7 Abs. 5 EStG ist im Jahr der Anschaffung oder Herstellung eines Gebäudes in Höhe des vollen Jahresbetrags abzuziehen (> BFH vom 19. 2. 1974 – BStBl II S. 704); > aber R 7.4 Abs. 2 Satz 1.

– Bei Veräußerung eines Gebäudes kann die degressive AfA nach § 7 Abs. 5 EStG nur zeitanteilig abgezogen werden (> BFH vom 18. 8. 1977 – BStBl II S. 835).

Unterlassene oder überhöhte AfA

– AfA – Allgemein

Ist AfA nach § 7 Abs. 1 oder Abs. 4 Satz 2 EStG oder § 7 Abs. 2 EStG unterblieben, so kann sie in der Weise nachgeholt werden, dass die noch nicht abgesetzten Anschaffungs- oder Herstellungskosten (Buchwert) entsprechend der bei dem Wirtschaftsgut angewandten Absetzungsmethode auf die noch verbleibende Restnutzungsdauer verteilt werden (> BFH vom 21. 2. 1967 – BStBl III S. 386 und vom 3. 7. 1980 – BStBl 1981 II S. 255).

– Lineare Gebäude-AfA

Ist AfA nach § 7 Abs. 4 Satz 1 EStG überhöht vorgenommen worden oder unterblieben und hat sich die tatsächliche Nutzungsdauer des Gebäudes nicht geändert, so sind weiterhin die gesetzlich vorgeschriebenen Prozentsätze anzusetzen, so dass sich ein anderer Abschreibungszeitraum als von 25, 33, 40 oder 50 Jahren ergibt (> BFH vom 3. 7. 1984 – BStBl II S. 709, vom 20. 1. 1987 – BStBl II S. 491 und vom 11. 12. 1987 – BStBl 1988 II S. 335). Die Berichtigung zu hoch vorgenommener und verfahrensrechtlich nicht mehr änderbarer AfA ist bei Gebäuden im Privatvermögen in der Weise vorzunehmen, dass die gesetzlich vorgeschriebenen Abschreibungssätze auf die bisherige Bemessungsgrundlage bis zur vollen Absetzung des noch vorhandenen Restbuchwerts angewendet werden (> BFH vom 21. 11. 2013 – BStBl 2014 II S. 563).

– Degressive Gebäude-AfA

Ist AfA nach § 7 Abs. 5 EStG überhöht vorgenommen worden, so ist die weitere AfA während des verbleibenden Abschreibungszeitraums weiterhin von den ungekürzten Anschaffungs- oder Herstellungskosten vorzunehmen (> BFH vom 4. 5. 1993 – BStBl II S. 661).

– **Betriebsvermögen**

Bisher unterlassene AfA kann nicht nachgeholt werden, wenn ein Wirtschaftsgut des notwendigen Betriebsvermögens im Wege der Fehlerberichtigung erstmals als Betriebsvermögen ausgewiesen wird (> BFH vom 24.10.2001 – BStBl 2002 II S. 75). Dies gilt wegen des Prinzips der Gesamtgewinngleichheit entsprechend auch bei der Gewinnermittlung durch Einnahmenüberschussrechnung, wenn das Wirtschaftsgut verspätet als Betriebsvermögen erfasst wird (> BFH-Urteil vom 22.6.2010 – BStBl II S. 1035).

– **Unberechtigte Steuervorteile**

AfA, die unterblieben ist, um dadurch unberechtigte Steuervorteile zu erlangen, darf nicht nachgeholt werden (> BFH vom 3.7.1980 – BStBl 1981 II S. 255 und vom 20.1.1987 – BStBl II S. 491).

Verlustzuweisungsgesellschaft

...

Wechsel der AfA-Methode bei Gebäuden

– *Der Wechsel zwischen den AfA-Methoden nach § 7 Abs. 5 EStG sowie zwischen den AfA-Methoden nach § 7 Abs. 4 EStG und § 7 Abs. 5 EStG ist unzulässig (> BFH vom 10.3.1987 – BStBl II S. 618 und vom 29.5.2018 – BStBl II S. 646).*

– *> aber: Degressive AfA nach § 7 Abs. 5 EStG in Erwerbsfällen.*

EStR   R 7.5 Absetzung für Substanzverringerung

[1]Absetzungen für Substanzverringerung (AfS) sind beim unentgeltlichen Erwerb eines > Bodenschatzes nur zulässig, soweit der Rechtsvorgänger Anschaffungskosten für ein Wirtschaftsgut aufgewendet hat. [2]AfS sind vorzunehmen, sobald mit dem Abbau des Bodenschatzes begonnen wird. [3]Sie berechnen sich nach dem Verhältnis der im Wirtschaftsjahr geförderten Menge des Bodenschatzes zur gesamten geschätzten Abbaumenge. [4]AfS, die unterblieben sind, um dadurch unberechtigte Steuervorteile zu erlangen, dürfen nicht nachgeholt werden.

Hinweise   EStH   H 7.5

Bodenschatz

...

Unterbliebene AfS

Unterbliebene AfS kann in der Weise nachgeholt werden, dass sie in gleichen Beträgen auf die restliche Nutzungsdauer verteilt wird (> BFH vom 21.2.1967 – BStBl III S. 460).

Zu § 9a EStG

EStR   R 9a. Pauschbeträge für Werbungskosten

Die Pauschbeträge für Werbungskosten sind nicht zu ermäßigen, wenn die unbeschränkte Steuerpflicht lediglich während eines Teils des Kalenderjahrs bestanden hat.

Hinweise **EStH** **H 9a**

...

Zu § 9b EStG

EStR   **R 9b.** **Auswirkungen der Umsatzsteuer auf die Einkommensteuer**

Allgemeines

(1) ¹Soweit ein Vorsteuerbetrag nach § 15 UStG umsatzsteuerrechtlich nicht abgezogen werden darf, ist er den Anschaffungs- oder Herstellungskosten des zugehörigen Wirtschaftsguts zuzurechnen. ²Diese Zurechnung gilt sowohl für Wirtschaftsgüter des Anlagevermögens als auch für Wirtschaftsgüter des Umlaufvermögens. ³In die Herstellungskosten sind die auf den Materialeinsatz und die Gemeinkosten entfallenden nicht abziehbaren Vorsteuerbeträge einzubeziehen.

Wertgrenzen

(2) ¹Für die Frage, ob bei den Wirtschaftsgütern im Sinne des § 6 Abs. 2 oder 2a oder § 9 Abs. 1 Satz 3 Nr. 7 Satz 2 EStG die Grenzen von 150❶, 1 000 oder 410 Euro❷ überschritten sind, ist stets von den Anschaffungs- oder Herstellungskosten abzüglich eines darin enthaltenen Vorsteuerbetrags, also von dem reinen Warenpreis ohne Vorsteuer (Nettowert), auszugehen. ²Ob der Vorsteuerbetrag umsatzsteuerrechtlich abziehbar ist, spielt in diesem Fall keine Rolle. ³Dagegen sind für die Bemessung der Freigrenze für Geschenke nach § 4 Abs. 5 Satz 1 Nr. 1 EStG die Anschaffungs- oder Herstellungskosten einschließlich eines umsatzsteuerrechtlich nicht abziehbaren Vorsteuerbetrags maßgebend; dabei bleibt § 15 Abs. 1a UStG unberücksichtigt.

Nicht abziehbare Vorsteuerbeträge nach § 15 Abs. 1a UStG

(3) ¹Die nach § 15 Abs. 1a UStG nicht abziehbaren Vorsteuerbeträge unterliegen dem Abzugsverbot des § 12 Nr. 3 EStG. ²§ 9b EStG findet insoweit keine Anwendung.

Hinweise **EStH** **H 9b**

Freigrenze für Geschenke nach § 4 Abs. 5 Satz 1 Nr. 1 EStG

Beispiele:

Ein Unternehmer erwirbt ein Geschenk, dessen Bruttokaufpreis 40,46 € beträgt (darin enthaltene Vorsteuer 19 % = 6,46 €).

   a) Bei Unternehmern mit Umsätzen, die zum Vorsteuerabzug berechtigen, ist für die Bemessung der Freigrenze auf den Nettowarenwert i. H. v. 34 € abzustellen. Die Freigrenze von 35 € wird nicht überschritten.

Amtl. Fn.:

❶ Bei Anschaffung oder Herstellung ab 1. 1. 2018: 250 € > § 52 Abs. 12 Satz 10.

❷ Bei Anschaffung oder Herstellung ab 1. 1. 2018: 800 € > § 52 Abs. 12 Satz 8.

b) *Bei Unternehmern mit Umsätzen, die nicht zum Vorsteuerabzug berechtigen, ist für die Bemessung der Freigrenze auf den Bruttowarenwert abzustellen. Die Freigrenze von 35 € wird überschritten.*

Gewinnermittlung nach § 4 Abs. 3 EStG und Ermittlung des Überschusses der Einnahmen über die Werbungskosten

Die vereinnahmten Umsatzsteuerbeträge (für den Umsatz geschuldete Umsatzsteuer und vom Finanzamt erstattete Vorsteuer) gehören im Zeitpunkt ihrer Vereinnahmung zu den Betriebseinnahmen oder Einnahmen, die verausgabten Umsatzsteuerbeträge (gezahlte Vorsteuer und an das Finanzamt abgeführte Umsatzsteuerbeträge) im Zeitpunkt ihrer Verausgabung zu den Betriebsausgaben oder Werbungskosten, es sei denn, dass die Vorsteuerbeträge nach R 9b Abs. 1 den Anschaffungs- oder Herstellungskosten des zugehörigen Wirtschaftsguts zuzurechnen sind und diese nicht sofort abziehbar sind (> BFH vom 29. 6. 1982 – BStBl II S. 755). § 4 Abs. 3 Satz 2 EStG findet insoweit keine Anwendung (> BFH vom 19. 2. 1975 – BStBl II S. 441). Hierbei spielt es keine Rolle, ob der Steuerpflichtige zum Vorsteuerabzug berechtigt ist und ob er seine Umsätze nach den allgemeinen umsatzsteuerrechtlichen Vorschriften versteuert oder ob die Umsatzsteuer nach § 19 Abs. 1 UStG nicht erhoben wird.

Irrtümlich erstattete Vorsteuerbeträge

Nicht abziehbare Vorsteuerbeträge sind auch bei zunächst irrtümlicher Erstattung Herstellungskosten des Wirtschaftsguts (> BFH vom 4. 6. 1991 – BStBl II S. 759).

Umsatzsteuerlich fehlgeschlagene Option

Bei umsatzsteuerlich fehlgeschlagener Option führt die Rückzahlung der Vorsteuererstattung nicht zu Werbungskosten bei den Einkünften aus Vermietung und Verpachtung (> BFH vom 13. 11. 1986 – BStBl 1987 II S. 374).

Zu § 10 EStG**❶❷** (§§ 29 und 30 EStDV)

EStR   R 10.1 Sonderausgaben (Allgemeines)

Bei Ehegatten, die nach § 26b EStG zusammen zur Einkommensteuer veranlagt werden, kommt es für den Abzug von Sonderausgaben nicht darauf an, ob sie der Ehemann oder die Ehefrau**❸** geleistet hat.

Anm. d. Schriftl.:

❶ Die mit Wirkung vom VZ 2006 eingeführten und seit 2009 in § 9c EStG zusammengeführten Regelungen zum Abzug von erwerbsbedingten und nicht erwerbsbedingten Kinderbetreuungskosten bis zu einem Höchstbetrag von 4 000 € je Kind sind – unter Verringerung der Anspruchsvoraussetzungen – mit Wirkung ab dem VZ 2012 in den neuen § 10 Abs. 1 Nr. 5 EStG übernommen worden. Zur steuerlichen Berücksichtigung von Kinderbetreuungskosten ab dem VZ 2012 nimmt das BMF mit Schreiben vom 14. 3. 2012, BStBl 2012 I S. 307, Stellung.

❷ Zur einkommensteuerrechtlichen Behandlung von Vorsorgeaufwendungen hat das BMF mit Schreiben vom 24. 5. 2017, BStBl 2017 I S. 820, Stellung genommen. Dieses BMF-Schreiben ist durch das BMF-Schreiben vom 6. 11. 2017, BStBl 2017 I S. 1455, ergänzt worden.

Amtl. Fn.:

❸ Gilt auch für gleichgeschlechtliche Ehegatten > Gesetz zur Einführung des Rechts auf Eheschließung für Personen gleichen Geschlechts vom 20. 7. 2017 (BGBl I S. 2787).

◄───── **Hinweise EStH H 10.1**

Abkürzung des Zahlungsweges

Bei den Sonderausgaben kommt der Abzug von Aufwendungen eines Dritten auch unter dem Gesichtspunkt der Abkürzung des Vertragswegs nicht in Betracht (> BMF vom 7. 7. 2008 – BStBl I S. 717).

Abzugshöhe/Abzugszeitpunkt

– *Sonderausgaben sind in dem VZ abziehbar, in dem sie geleistet worden sind (§ 11 Abs. 2 EStG). Dies gilt auch, wenn sie der Stpfl. mit Darlehensmitteln bestritten hat (> BFH vom 15. 3. 1974 – BStBl II S. 513). Sie dürfen nur dann bei der Ermittlung des Einkommens abgezogen werden, wenn der Stpfl. tatsächlich und endgültig wirtschaftlich belastet ist (> BFH vom 14. 4. 2021 – BStBl II S. 772). Steht im Zeitpunkt der Zahlung, ggf. auch im Zeitpunkt der Erstattung noch nicht fest, ob der Stpfl. durch die Zahlung endgültig wirtschaftlich belastet bleibt (z. B. bei Kirchensteuer im Falle der Aufhebung der Vollziehung), sind sie im Jahr des Abflusses abziehbar (> BFH vom 24. 4. 2002 – BStBl II S. 569).*

  Werden gezahlte Sonderausgaben in einem späteren VZ an den Stpfl. erstattet, ist der Erstattungsbetrag aus Gründen der Praktikabilität im Erstattungsjahr mit gleichartigen Sonderausgaben zu verrechnen mit der Folge, dass die abziehbaren Sonderausgaben des Erstattungsjahres entsprechend gemindert werden. Ob die Sonderausgaben gleichartig sind, richtet sich nach deren Sinn und Zweck sowie deren wirtschaftlicher Bedeutung und Auswirkungen für den Stpfl. Bei Versicherungsbeiträgen kommt es auf die Funktion der Versicherung und das abgesicherte Risiko an (> BFH vom 21. 7. 2009 – BStBl 2010 II S. 38).

– *Kirchensteuer > H 10.7 (Willkürliche Zahlungen).*

Erstattungsüberhänge

– *> BMF vom 24. 5. 2017 (BStBl I S. 820) unter Berücksichtigung der Änderungen durch BMF vom 28. 9. 2021 (BStBl I S. 1833), Rz. 203, 204.*

– *Die Hinzurechnung nach § 10 Abs. 4b Satz 3 EStG erfolgt auch dann, wenn sich die erstattete Zahlung im Zahlungsjahr nicht steuermindernd ausgewirkt hat (> BFH vom 12. 3. 2019 – BStBl II S. 658).*

EStR R 10.2 Unterhaltsleistungen an den geschiedenen oder dauernd getrennt lebenden Ehegatten

(1) Der Antrag nach § 10 Abs. 1 Nr. 1 EStG**❶** kann auf einen Teilbetrag der Unterhaltsleistungen beschränkt werden.

(2) ¹Die Zustimmung wirkt auch dann bis auf Widerruf, wenn sie im Rahmen eines Vergleichs erteilt wird. ²Die Zustimmung zum Abzug von Unterhaltsleistungen als Sonderausgaben dem Grunde nach wirkt auch für die Erhöhung des Höchstbetrags nach § 10 Abs. 1 Nr. 1 Satz 2 EStG**❷**. ³Dies gilt unabhängig davon, wann die Zustimmung erteilt wurde.

(3) Leistet jemand Unterhalt an mehrere Empfänger, sind die Unterhaltsleistungen an jeden bis zum Höchstbetrag abziehbar.

Amtl. Fn.:

❶ Jetzt § 10 Abs. 1a Nr. 1.

❷ Jetzt § 10 Abs. 1a Nr. 1 Satz 2.

> **Hinweise   EStH   H 10.2**

...

Unterhaltsleistungen

Es ist unerheblich, ob die Unterhaltsleistungen freiwillig oder auf Grund gesetzlicher Unterhalts-pflicht erbracht werden. Auch als Unterhalt erbrachte Sachleistungen sind zu berücksichtigen (> BFH vom 12. 4. 2000 – BStBl 2002 II S. 130).

Wohnungsüberlassung

– Bei unentgeltlicher Wohnraumüberlassung kann der Mietwert als Sonderausgabe abgezogen werden. Befindet sich die überlassene Wohnung im Miteigentum des geschiedenen oder dauernd getrennt lebenden Ehegatten, kann der überlassende Ehegatte neben dem Mietwert seines Miteigentumsanteils auch die von ihm auf Grund der Unterhaltsvereinbarung getragenen verbrauchsunabhängigen Kosten für den Miteigentumsanteil des anderen Ehegatten als Sonderausgabe abziehen (> BFH vom 12. 4. 2000 – BStBl 2002 II S. 130).

– Zur Wohnungsüberlassung an den geschiedenen oder dauernd getrennt lebenden Ehegatten bei Abschluss eines Mietvertrages > H 21.4 (Vermietung an Unterhaltsberechtigte).

Zustimmung

– Die Finanzbehörden sind nicht verpflichtet zu prüfen, ob die Verweigerung der Zustimmung rechtsmissbräuchlich ist (> BFH vom 25. 7. 1990 – BStBl II S. 1022).

– Im Fall der rechtskräftigen Verurteilung zur Erteilung der Zustimmung (§ 894 Abs. 1 ZPO; > BFH vom 25. 10. 1988 – BStBl 1989 II S. 192) wirkt sie nur für das Kj., das Gegenstand des Rechtsstreits war.

– Stimmt der geschiedene oder dauernd getrennt lebende Ehegatte dem der Höhe nach beschränkten Antrag auf Abzug der Unterhaltszahlungen als Sonderausgaben zu, beinhaltet dies keine der Höhe nach unbeschränkte Zustimmung für die Folgejahr (> BFH vom 14. 4. 2005 – BStBl II S. 825).

– Der **Widerruf** der Zustimmung muss vor Beginn des Kj., für den er wirksam werden soll, erklärt werden. Er ist gegenüber dem Wohnsitzfinanzamt sowohl des Unterhaltsleistenden als auch des Unterhaltsempfängers möglich. Wird er gegenüber dem Wohnsitzfinanzamt des Unterhaltsempfängers erklärt, ist das Wissen dieser Behörde für die Änderungsbefugnis nach § 173 Abs. 1 Nr. 1 AO des für die Veranlagung des Unterhaltsleistenden zuständigen Finanzamts ohne Bedeutung (> BFH vom 2. 7. 2003 – BStBl II S. 803).

EStR   R 10.3 Versorgungsleistungen

(1) Versorgungsleistungen, die mit steuerbefreiten Einkünften, z. B. auf Grund eines DBA, in wirtschaftlichem Zusammenhang stehen, können nicht als Sonderausgaben abgezogen werden.

(2) [1]Versorgungsleistungen, die freiwillig oder auf Grund einer freiwillig begründeten Rechtspflicht geleistet werden, sind grundsätzlich nicht als Sonderausgaben abziehbar. [2]Das gilt auch für Zuwendungen an eine gegenüber dem Steuerpflichtigen oder seinem Ehegatten gesetzlich unterhaltsberechtigte Person oder an deren Ehegatten (§ 12 Nr. 2 EStG).

> **Hinweise   EStH   H 10.3**

...

Erbbauzinsen

*Erbbauzinsen, die im Zusammenhang mit der Selbstnutzung einer Wohnung im eigenen Haus an-
fallen, können nicht als dauernde Last abgezogen werden (> BFH vom 24.10.1990 – BStBl 1991 II
S. 175).*

Schuldzinsen

*Schuldzinsen zur Finanzierung von als Sonderausgaben abziehbaren privaten Versorgungsleistun-
gen sind nicht als Versorgungsleistungen abziehbar (> BFH vom 14.11.2001 – BStBl 2002 II S. 413).*

Vermögensübertragung im Zusammenhang mit Versorgungsleistungen

*> BMF vom 11.3.2010 (BStBl I S. 227) unter Berücksichtigung der Änderungen durch BMF vom
6.5.2016 (BStBl I S. 476).*

Vorweggenommene Erbfolge

*Zur ertragsteuerlichen Behandlung der vorweggenommenen Erbfolge > BMF vom 13.1.1993
(BStBl I S. 80) unter Berücksichtigung der Änderungen durch BMF vom 26.2.2007 (BStBl I S. 269).*

EStR   R 10.4 Vorsorgeaufwendungen (Allgemeines)🔳🔳

¹Nach § 10 Abs. 1 Nr. 3 Satz 2 EStG können eigene Beiträge des Kindes zur Basiskranken- und
gesetzlichen Pflegeversicherung im Rahmen des Sonderausgabenabzugs bei den Eltern berücksichtigt werden, wenn diese das Kind, für das ein Anspruch auf einen Freibetrag nach § 32 Abs. 6
EStG oder auf Kindergeld haben, durch Unterhaltsleistungen in Form von Bar- oder Sachleistungen (z. B. Unterkunft und Verpflegung) unterstützen. ²Ob das Kind über eigene Einkünfte verfügt, ist insoweit ohne Bedeutung. ³Allerdings können die Basiskranken- und gesetzlichen Pfle-
geversicherungsbeiträge des Kindes insgesamt nur einmal als Vorsorgeaufwendungen berücksichtigt werden. ⁴Entweder erfolgt die Berücksichtigung nach § 10 Abs. 1 Nr. 3 Satz 2 EStG bei
den Eltern oder nach § 10 Abs. 1 Nr. 3 Satz 1 EStG beim Kind.

> **Hinweise   EStH   H 10.4**

Abzug von Vorsorgeaufwendungen

– *Zum Sonderausgabenabzug für Beiträge nach § 10 Abs. 1 Nr. 2 bis 3a EStG > BMF vom
  24.5.2017 (BStBl I S. 820) unter Berücksichtigung der Änderungen durch BMF vom 6.11.2017
  (BStBl I S. 1455), vom 28.9.2021 (BStBl I S. 1833) und vom 16.12.2021 (BStBl 2022 I S. 155).*

– *Zum Sonderausgabenabzug für im Rahmen einer Unterhaltsverpflichtung getragene Basis-
  kranken- und Pflegepflichtversicherungsbeiträge eines Kindes bei den Eltern > BMF vom
  3.4.2019 (BStBl I S. 254).*

– *Zur Verfassungsmäßigkeit der beschränkten Abziehbarkeit von Altersvorsorgeaufwendungen
  > BFH vom 18.11.2009 (BStBl 2010 II S. 414) und vom 9.12.2009 (BStBl 2010 II S. 348).*

Anm. d. Schriftl.:

🔳 Die Regelung über die beschränkte Abziehbarkeit von sonstigen Vorsorgeaufwendungen (§ 10 Abs. 1 Nr. 3a
EStG i. d. F. des BürgEntlG KV) ist verfassungsrechtlich nicht zu beanstanden (BFH-Urteil vom 9.9.2015, BStBl
2015 II S. 1043).

🔳 Verzichtet ein Stpfl. auf die Erstattung seiner Krankheitskosten, um von seiner privaten Krankenversicherung
eine Beitragserstattung zu erhalten, können diese Kosten nicht von den erstatteten Beiträgen abgezogen
werden, die ihrerseits die Höhe der abziehbaren Krankenversicherungsbeiträge gem. § 10 Abs. 1 Nr. 3 Satz 1
Buchst. a Satz 3 EStG reduzieren (BFH-Urteil vom 29.11.2017, BStBl 2018 II S. 384).

Berufsständische Versorgungseinrichtungen

– *Liste der berufsständischen Versorgungseinrichtungen, die den gesetzlichen Rentenversicherungen vergleichbare Leistungen i. S. d. § 10 Abs. 1 Nr. 2 Satz 1 Buchstabe a EStG erbringen
> BMF vom 19. 6. 2020 (BStBl I S. 617).*

– *Zum Sonderausgabenabzug bei beschränkt Stpfl. für Pflichtbeiträge an berufsständische Versorgungseinrichtungen (§ 10 Abs. 1 Nr. 2 Buchstabe a, § 50 Abs. 1 Satz 3 EStG) > BMF vom
26. 6. 2019 (BStBl I S. 624).*

Bonuszahlungen

– *Zur steuerlichen Behandlung von Bonusleistungen aus gesetzlicher Krankenversicherung
(§ 65a SGB V) > BMF vom 24. 5. 2017 (BStBl I S. 820) unter Berücksichtigung der Änderungen
durch BMF vom 16. 12. 2021 (BStBl 2022 I S. 155), Rz. 88-89b.*

– *Bonuszahlungen aus privater Krankenversicherung > BFH vom 16. 12. 2020 (BStBl 2022 II
S. 106).* **[1]**

Höchstbetragsregelung

*Die Regelung über die beschränkte Abziehbarkeit von sonstigen Vorsorgeaufwendungen (§ 10
Abs. 1 Nr. 3a EStG) ist verfassungsrechtlich nicht zu beanstanden (> BFH vom 9. 9. 2015 – BStBl II
S. 1043).*

EStR   R 10.5 Versicherungsbeiträge **[2][3]**

[1]Wird ein Kraftfahrzeug teils für berufliche und teils für private Zwecke benutzt, kann der Stpfl.
den Teil seiner Aufwendungen für die Kfz-Haftpflichtversicherung, der dem Anteil der privaten
Nutzung entspricht, im Rahmen des § 10 EStG als Sonderausgaben abziehen. [2]Werden Aufwendungen für Wege zwischen Wohnung und Arbeitsstätte oder Familienheimfahrten mit eigenem
Kraftfahrzeug in Höhe der Entfernungspauschale nach § 9 Abs. 1 Satz 3 Nr. 4 EStG abgezogen,
können die Aufwendungen für die Kfz-Haftpflichtversicherung zur Vereinfachung in voller Höhe
als Sonderausgaben anerkannt werden.

Hinweise   EStH   H 10.5

...

Anm. d. Schriftl.:

[1] Bonuszahlungen einer privaten Krankenkasse mindern als Beitragserstattung die nach § 10 Abs. 1 Nr. 3 Satz 1
Buchst. a EStG abzugsfähigen Sonderausgaben, wenn diese unabhängig davon gezahlt werden, ob dem Ver-
sicherungsnehmer finanzieller Gesundheitsaufwand entstanden ist oder nicht (BFH-Urteil vom 16. 12. 2020,
BStBl 2022 II S. 106).

[2] Zuzahlungen nach § 28 Abs. 4 SGB V (sog. „Praxisgebühren") sind keine Beiträge zu Krankenversicherungen
i. S. des § 10 Abs. 1 Nr. 3 Buchst. a EStG, sondern eine Form der Selbstbeteiligung (BFH-Urteil vom 18. 7. 2012,
BStBl 2012 II S. 821).

[3] Der von einem Steuerpflichtigen vereinbarte und getragene Selbstbehalt ist kein Beitrag zu einer Krankenversicherung und kann daher nicht als Sonderausgabe gemäß § 10 Abs. 1 Nr. 3 Satz 1 Buchst. a EStG abgezogen
werden (BFH-Urteil vom 1. 6. 2016, BStBl 2017 II S. 55).

Kapitalwahlrecht

Für vor dem 1. 10. 1996 abgeschlossene Verträge ist Abschnitt 88 Abs. 1 Satz 4 EStR 1987 weiter anzuwenden. Abschnitt 88 Abs. 1 Satz 4 EStR 1987 lautet: „Beiträge zu Rentenversicherungen mit Kapitalwahlrecht gegen laufende Beitragsleistung können als Sonderausgaben abgezogen werden, wenn die Auszahlung des Kapitals frühestens zu einem Zeitpunkt nach Ablauf von zwölf Jahren seit Vertragsabschluß verlangt werden kann."

Keine Sonderausgaben

Die als Sonderausgaben zu berücksichtigenden Aufwendungen sind in § 10 EStG abschließend aufgezählt. Nicht benannte Aufwendungen können nicht als Sonderausgaben abgezogen werden (> BFH vom 4. 2. 2010 – BStBl II S. 617). Hierzu zählen z. B. Beiträge für eine

– *Hausratversicherung,*

– *Kaskoversicherung,*

– *Rechtsschutzversicherung,*

– *Sachversicherung.*

Krankentagegeldversicherung

Die Beiträge gehören zu den sonstigen Vorsorgeaufwendungen nach § 10 Abs. 1 Nr. 3a EStG (> BMF vom 24. 5. 2017 – BStBl I S. 820, Rz. 121-124).

Lebensversicherung (Vertragsabschluss vor dem 1. 1. 2005)

– *Allgemeines/Grundsätze*

   – *> BMF vom 22. 8. 2002 (BStBl I S. 827) unter Berücksichtigung der Änderungen durch BMF vom 1. 10. 2009 (BStBl I S. 1188), …*

   – *...*

   – *...*

– *Beiträge zu Lebensversicherungen mit Teilleistungen auf den Erlebensfall vor Ablauf der Mindestvertragsdauer von zwölf Jahren sind auch nicht teilweise als Sonderausgaben abziehbar (> BFH vom 27. 10. 1987 – BStBl 1988 II S. 132).*

– *Einsatz von Lebensversicherungen zur Tilgung oder Sicherung von Darlehen > BMF vom 15. 6. 2000 (BStBl I S. 1118) und vom 16. 7. 2012 (BStBl I S. 686), …*

Loss-of-Licence-Versicherung

Beiträge zur Berufsunfähigkeitsversicherung eines Flugzeugführers sind regelmäßig Sonderausgaben, keine Werbungskosten (> BFH vom 13. 4. 1976 – BStBl II S. 599).

Pflegekrankenversicherung

Die Beiträge zu einer ergänzenden Pflegekrankenversicherung gehören zu den sonstigen Vorsorgeaufwendungen nach § 10 Abs. 1 Nr. 3a EStG (> BMF vom 24. 5. 2017 – BStBl I S. 820, Rz. 121-124).

Pflegerentenversicherung

Die Beiträge gehören zu den sonstigen Vorsorgeaufwendungen nach § 10 Abs. 1 Nr. 3a EStG (> BMF vom 24. 5. 2017 – BStBl I S. 820, Rz. 121-124).

Unfallversicherung

– *Zuordnung von Versicherungsbeiträgen zu Werbungskosten oder Sonderausgaben > BMF vom 28. 10. 2009 (BStBl I S. 1275), Tz. 4.*
– *Soweit die Beiträge nicht den Werbungskosten zuzuordnen sind, liegen sonstige Vorsorgeaufwendungen nach § 10 Abs. 1 Nr. 3a EStG vor (> BMF vom 24. 5. 2017 – BStBl I S. 820, Rz. 121-124).*

Versorgungsbeiträge Selbständiger

Beiträge, für die eine gesetzliche Leistungspflicht besteht, stellen, auch soweit sie auf die sog. „alte Last" entfallen, regelmäßig keine Betriebsausgaben dar, wenn sie gleichzeitig der eigenen Versorgung oder der Versorgung der Angehörigen dienen (> BFH vom 13. 4. 1972 – BStBl II S. 728 und 730). Sie können in diesem Fall als Sonderausgaben im Rahmen des § 10 EStG abgezogen werden.

Vertragseintritt

Wer in den Lebensversicherungsvertrag eines anderen eintritt, kann nur die nach seinem Eintritt fällig werdenden Beiträge als Sonderausgaben abziehen; der Eintritt gilt nicht als neuer Vertragsabschluss (> BFH vom 9. 5. 1974 – BStBl II S. 633).

EStR   R 10.6 Nachversteuerung von Versicherungsbeiträgen

[1]Bei einer Nachversteuerung nach § 30 EStDV wird der Steuerbescheid des Kalenderjahrs, in dem die Versicherungsbeiträge für Versicherungen i. S. d. § 10 Abs. 1 Nr. 3 Buchstabe b EStG als Sonderausgaben berücksichtigt worden sind, nicht geändert. [2]Es ist lediglich festzustellen, welche Steuer für das jeweilige Kalenderjahr festzusetzen gewesen wäre, wenn der Steuerpflichtige die Versicherungsbeiträge nicht geleistet hätte. [3]Der Unterschiedsbetrag zwischen dieser Steuer und der seinerzeit festgesetzten Steuer ist als Nachsteuer für das Kalenderjahr zu erheben, in dem das steuerschädliche Ereignis eingetreten ist.

Hinweise   EStH   H 10.6

Nachsteuer

Bei Berechnung der Nachsteuer nach § 10 Abs. 5 EStG findet § 177 AO keine Anwendung; bisher nicht geltend gemachte Aufwendungen können nicht nachgeschoben werden (> BFH vom 15. 12. 1999 – BStBl 2000 II S. 292).

Nachversteuerung für Versicherungsbeiträge bei Ehegatten im Falle ihrer getrennten Veranlagung

Sind die Ehegatten in einem dem VZ 1990 vorangegangenen Kj. nach § 26a EStG in der für das betreffende Kj. geltenden Fassung getrennt veranlagt worden und waren in ihren zusammengerechneten Sonderausgaben mit Ausnahme des Abzugs für den steuerbegünstigten nicht entnommenen Gewinn und des Verlustabzugs Versicherungsbeiträge enthalten, für die eine Nachversteuerung durchzuführen ist, ist nach Abschnitt 109a EStR 1990 zu verfahren.

Veräußerung von Ansprüchen aus Lebensversicherungen

Die Veräußerung von Ansprüchen aus Lebensversicherungen führt weder zu einer Nachversteuerung der als Sonderausgaben abgezogenen Versicherungsbeiträge noch zur Besteuerung eines etwaigen Überschusses des Veräußerungserlöses über die eingezahlten Versicherungsbeiträge (> BMF vom 22. 8. 2002 – BStBl I S. 827, RdNr. 32 unter Berücksichtigung der Änderungen durch BMF vom 1. 10. 2009 – BStBl I S. 1188, . . .).

EStR   R 10.7 Kirchensteuern und Kirchenbeiträge

(1) ¹Beiträge der Mitglieder von Religionsgemeinschaften (Kirchenbeiträge), die mindestens in einem Land als Körperschaft des öffentlichen Rechts anerkannt sind, aber während des ganzen Kalenderjahrs keine Kirchensteuer erheben, sind aus Billigkeitsgründen wie Kirchensteuern abziehbar. ²Voraussetzung ist, dass der Steuerpflichtige über die geleisteten Beiträge eine Empfangsbestätigung der Religionsgemeinschaft vorlegt. ³Der Abzug ist bis zur Höhe der Kirchensteuer zulässig, die in dem betreffenden Land von den als Körperschaften des öffentlichen Rechts anerkannten Religionsgemeinschaften erhoben wird. ⁴Bei unterschiedlichen Kirchensteuersätzen ist der höchste Steuersatz maßgebend. ⁵Die Sätze 1 bis 4 sind nicht anzuwenden, wenn der Steuerpflichtige gleichzeitig als Mitglied einer öffentlich-rechtlichen Religionsgemeinschaft zur Zahlung von Kirchensteuer verpflichtet ist.

(2) Kirchenbeiträge, die nach Absatz 1 nicht wie Kirchensteuer als Sonderausgaben abgezogen werden, können im Rahmen des § 10b EStG steuerlich berücksichtigt werden.

Hinweise   EStH   H 10.7

...

Kirchensteuern i. S. d. § 10 Abs. 1 Nr. 4

*Sie sind Geldleistungen, die von den als Körperschaften des öffentlichen Rechts anerkannten Religionsgemeinschaften von ihren Mitgliedern auf Grund gesetzlicher Vorschriften erhoben werden. Die Kirchensteuer wird in der Regel als Zuschlagsteuer zur Einkommen- bzw. Lohnsteuer erhoben. Kirchensteuern können aber nach Maßgabe der Gesetze auch erhoben werden als Kirchensteuern vom Einkommen, vom Vermögen, vom Grundbesitz und als Kirchgeld. **Keine Kirchensteuern** sind freiwillige Beiträge, die an öffentlich-rechtliche Religionsgemeinschaften oder andere religiöse Gemeinschaften entrichtet werden.*

Willkürliche Zahlungen

Kirchensteuern sind i. d. R. in dem Veranlagungszeitraum als Sonderausgabe abzugsfähig, in dem sie tatsächlich entrichtet wurden, soweit es sich nicht um willkürliche, die voraussichtliche Steuerschuld weit übersteigende Zahlungen handelt (> BFH vom 25. 1. 1963 – BStBl III S. 141).

EStR   R 10.9 Aufwendungen für die Berufsausbildung

(1) ¹Erhält der Steuerpflichtige zur unmittelbaren Förderung seiner Ausbildung steuerfreie Bezüge, mit denen Aufwendungen im Sinne des § 10 Abs. 1 Nr. 7 EStG abgegolten werden, entfällt insoweit der Sonderausgabenabzug. ²Das gilt auch dann, wenn die zweckgebundenen steuerfreien Bezüge erst nach Ablauf des betreffenden Kalenderjahrs gezahlt werden. ³Zur Vereinfachung ist eine Kürzung der für den Sonderausgabenabzug in Betracht kommenden Aufwendungen nur dann vorzunehmen, wenn die steuerfreien Bezüge ausschließlich zur Bestreitung der in § 10 Abs. 1 Nr. 7 EStG bezeichneten Aufwendungen bestimmt sind. ⁴Gelten die steuerfreien Bezüge dagegen ausschließlich oder teilweise Aufwendungen für den Lebensunterhalt ab – ausgenommen solche für auswärtige Unterbringung –, z. B. Berufsausbildungsbeihilfen nach § 59 SGB III, Leistungen nach den §§ 12 und 13 BAföG, sind die als Sonderausgaben geltend gemachten Berufsausbildungsaufwendungen nicht zu kürzen.

Nachlaufende Studiengebühren

(2) Staatlich gestundete Studienbeiträge, die erst nach Abschluss des Studiums gezahlt werden (sog. nachlaufende Studiengebühren) sind nach den allgemeinen Grundsätzen des § 11 Abs. 2 EStG im Jahr der Zahlung der gestundeten Beiträge und somit auch nach Abschluss der Berufsausbildung als Sonderausgaben abziehbar.

> **Hinweise   EStH   H 10.9**

Aufwendungen i. S. d. § 10 Abs. 1 Nr. 7 EStG:

– *Arbeitsmittel*

> *Die für Arbeitsmittel im Sinne des § 9 Abs. 1 Satz 3 Nr. 6 EStG geltenden Vorschriften sind sinngemäß anzuwenden. Schafft ein Steuerpflichtiger abnutzbare Wirtschaftsgüter von mehrjähriger Nutzungsdauer an, sind im Rahmen des § 10 Abs. 1 Nr. 7 EStG nur die auf die Nutzungsdauer verteilten Anschaffungskosten als Sonderausgaben abziehbar (> BFH vom 7. 5. 1993 – BStBl II S. 676).*

> *Die Anschaffungs- oder Herstellungskosten von Arbeitsmitteln einschließlich der Umsatzsteuer können im Jahr der Anschaffung oder Herstellung in voller Höhe als Sonderausgaben abgesetzt werden, wenn sie ausschließlich der Umsatzsteuer für das einzelne Arbeitsmittel 800 € nicht übersteigen (> R 9.12 LStR 2015).*

– *häusliches Arbeitszimmer*

> *> BMF vom 6. 10. 2017 (BStBl I. S. 1320), ...*

– *Fachliteratur*

> *> BFH vom 28. 11. 1980 (BStBl 1981 II S. 309)*

– *Mehraufwand für Verpflegung*

> *> BFH vom 3. 12. 1974 (BStBl 1975 II S. 356),*

> *> R 9.6 LStR 2015*

– *Mehraufwand wegen doppelter Haushaltsführung*

> *> R 9.11 LStR 2015*

Ausbildungsdarlehen/Studiendarlehen

– *Abzugshöhe/Abzugszeitpunkt > H 10.1*

– *Aufwendungen zur Tilgung von Ausbildungs-/Studiendarlehen gehören nicht zu den abziehbaren Aufwendungen im Sinne des § 10 Abs. 1 Nr. 7 EStG (> BFH vom 15. 3. 1974 – BStBl II S. 513).*

– *Zinsen für ein Ausbildungsdarlehen gehören zu den abziehbaren Aufwendungen, auch wenn sie nach Abschluss der Berufsausbildung gezahlt werden (> BFH vom 28. 2. 1992 – BStBl II S. 834).*

– *Ist ein Ausbildungsdarlehen nebst Zuschlag zurückzuzahlen, sind die Aufwendungen für den Zuschlag Ausbildungs- und keine Werbungskosten, wenn damit nachträglich die im Zusammenhang mit der Berufsausbildung gewährten Vorteile abgegolten werden sollen und wenn der Zuschlag nicht weitaus überwiegend als Druckmittel zur Einhaltung der vorvertraglichen Verpflichtung zur Eingehung eines langfristigen Arbeitsverhältnisses dienen soll (> BFH vom 28. 2. 1992 – BStBl II S. 834).*

Aus- und Fortbildung

> R 9.2 LStR 2015

Auswärtige Unterbringung

Ein Student, der seinen Lebensmittelpunkt an den Studienort verlagert hat, ist regelmäßig nicht auswärts untergebracht (> BFH vom 19. 9. 2012 – BStBl 2013 II S. 284).

Beruf

Der angestrebte Beruf muss nicht innerhalb bestimmter bildungspolitischer Zielvorstellungen des Gesetzgebers liegen (> BFH vom 18. 12. 1987 – BStBl 1988 II S. 494).

Berufsausbildungskosten

Aufwendungen für die erstmalige Berufsausbildung oder ein Erststudium > BMF vom 22. 9. 2010 (BStBl I S. 721), ...

Deutschkurs

Aufwendungen eines in Deutschland lebenden Ausländers für den Erwerb von Deutschkenntnissen sind nicht als Aufwendungen für die Berufsausbildung abziehbar (> BFH vom 15. 3. 2007 – BStBl II S. 814).

Habilitation

Aufwendungen eines wissenschaftlichen Assistenten an einer Hochschule für seine Habilitation sind Werbungskosten i. S. v. § 9 EStG (> BFH vom 7. 8. 1967 – BStBl III S. 778).

Klassenfahrt

Aufwendungen eines Berufsschülers für eine im Rahmen eines Ausbildungsdienstverhältnisses als verbindliche Schulveranstaltung durchgeführte Klassenfahrt sind in der Regel Werbungskosten (> BFH vom 7. 2. 1992 – BStBl II S. 531).

Studienreisen

> R 12.2

Umschulung

Aufwendungen für eine Umschulungsmaßnahme, die die Grundlage dafür bildet, von einer Berufs- oder Erwerbsart zu einer anderen überzuwechseln, können vorab entstandene Werbungskosten sein (> BFH vom 4. 12. 2002 – BStBl 2003 II S. 403).

EStR   R 10.10   Schulgeld **1 2**

Kind als Vertragspartner

(1) ¹Schulgeldzahlungen eines Stpfl. sind bei diesem auch dann nach § 10 Abs. 1 Nr. 9 EStG abziehbar, wenn dessen unterhaltsberechtigtes Kind selbst Vertragspartner der Schule ist. ²Hat

---

Anm. d. Schriftl.:

1 Die „Europäischen Schulen" erfüllen die Voraussetzungen, unter denen bei einer deutschen Schule eine Genehmigung zu erteilen wäre, und sind durch den deutschen Gesetzgeber in einer Weise anerkannt, die einer staatlichen Genehmigung gleichkommt (BFH-Urteil vom 5. 4. 2006, BStBl 2006 II S. 682).

2 Schulgeldzahlungen an eine EU-/EWR-Schule sind nach § 10 Abs. 1 Nr. 9 EStG i. d. F. vor Inkrafttreten des JStG 2009 abziehbar, wenn die Schule dem Status einer genehmigten Ersatzschule oder einer anerkannten Ergänzungsschule bei Belegenheit im Inland hätte erhalten können (BFH-Urteil vom 9. 11. 2011, BStBl 2012 II S. 321).

der Stpfl. für das sich in der Ausbildung befindende Kind einen Anspruch auf einen Freibetrag nach § 32 Abs. 6 EStG oder auf Kindergeld, ist davon auszugehen, dass die erforderliche Unterhaltsberechtigung des Kindes besteht.

Schulbesuche im Ausland

(2) ¹Zu den nach § 10 Abs. 1 Nr. 9 EStG abziehbaren Sonderausgaben gehören u. a. Schulgeldzahlungen für den Besuch einer im EU-/EWR-Raum belegenen Bildungsstätte, wenn der Besuch mit dem „International Baccalaureate" (Internationales Abitur) abschließen soll. ²Für die Anerkennung mehrjähriger Auslandsschulbesuche ist die Vorlage einer einmaligen Prognoseentscheidung der im Einzelfall zuständigen Behörde (z. B. Zeugnisanerkennungsstelle) ausreichend.

Hinweise   EStH   H 10.10

Allgemeines

– > *BMF vom 9. 3. 2009 (BStBl I S. 487)*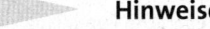

– *Der Abzug von Schulgeldzahlungen setzt nicht voraus, dass die Eltern selbst Vertragspartner des mit der Privatschule abgeschlossenen Vertrages sind (> BFH vom 9. 11. 2011 – BStBl 2012 II S. 321).*

Aufwendungen für den Schulbesuch als außergewöhnliche Belastungen

> *H 33.1 – 33.4 (Schulbesuch)*

Privatschule in der Schweiz

Schulgeld, das an eine schweizerische Privatschule gezahlt wird, kann nicht als Sonderausgabe abgezogen werden. Hierin liegt keine Verletzung der Kapitalverkehrsfreiheit. Das Freizügigkeitsabkommen zwischen der Europäischen Gemeinschaft und ihren Mitgliedstaaten und der Schweiz vom 21. 6. 1999 (BGBl 2001 II S. 811) gewährt keinen Anspruch auf Gleichbehandlung mit Privatschulen, die in der EU oder im EWR belegen sind (> BFH vom 9. 5. 2012 – BStBl II S. 585).

Spendenabzug

Zum Spendenabzug von Leistungen der Eltern an gemeinnützige Schulvereine – Schulen in freier Trägerschaft > BMF vom 4. 1. 1991 (BStBl 1992 I S. 266).

Anm. d. Schriftl.:

1 Die Prüfung und Feststellung der schulrechtlichen Kriterien in Bezug auf die ordnungsgemäße Vorbereitung eines schulischen Abschlusses gemäß § 10 Abs. 1 Nr. 9 Satz 3 EStG obliegt nicht den Schulbehörden, sondern ist Aufgabe der Finanzbehörden (BFH-Urteil vom 20. 6. 2017, BStBl 2018 II S. 58).

Zu § 10b EStG❶❷❸❹ (§ 50 EStDV)

EStR   **R 10b.1   Ausgaben zur Förderung steuerbegünstigter Zwecke i. S. d. § 10b Abs. 1 und 1a EStG**

Begünstigte Ausgaben

(1) [1]Mitgliedsbeiträge, sonstige Mitgliedsumlagen und Aufnahmegebühren sind nicht abziehbar, wenn die diese Beträge erhebende Einrichtung Zwecke bzw. auch Zwecke verfolgt, die in § 10b Abs. 1 Satz 8 EStG genannt sind. [2]Zuwendungen, die mit der Auflage geleistet werden, sie an eine bestimmte natürliche Person weiterzugeben, sind nicht abziehbar. [3]Zuwendungen können nur dann abgezogen werden, wenn der Zuwendende endgültig wirtschaftlich belastet ist. [4]Bei Sachzuwendungen aus einem Betriebsvermögen darf zuzüglich zu dem Entnahmewert i. S. d. § 6 Abs. 1 Nr. 4 EStG auch die bei der Entnahme angefallene Umsatzsteuer abgezogen werden.

Durchlaufspenden

(2) [1]Das Durchlaufspendenverfahren ist keine Voraussetzung für die steuerliche Begünstigung von Zuwendungen. [2]Inländische juristische Personen des öffentlichen Rechts, die Gebietskörperschaften sind, und ihre Dienststellen sowie inländische kirchliche juristische Personen des öffentlichen Rechts können jedoch ihnen zugewendete Spenden – nicht aber Mitgliedsbeiträge, sonstige Mitgliedsumlagen und Aufnahmegebühren – an Zuwendungsempfänger i. S. d. § 10b Abs. 1 Satz 2 EStG weiterleiten. [3–5]... [6]Vor der Weiterleitung der Spenden an eine nach § 5 Abs. 1 Nr. 9 KStG steuerbefreite Körperschaft, Personenvereinigung oder Vermögensmasse muss sie prüfen, ob die Zuwendungsempfängerin wegen Verfolgung gemeinnütziger, mildtätiger oder kirchlicher Zwecke i. S. d. § 5 Abs. 1 Nr. 9 KStG anerkannt oder vorläufig anerkannt worden ist und ob die Verwendung der Spenden für diese Zwecke sichergestellt ist. [7]Die Zuwendungsbestätigung darf nur von der Durchlaufstelle ausgestellt werden.

Nachweis der Zuwendungen

(3) [1]Zuwendungen nach den §§ 10b und 34g EStG sind grundsätzlich durch eine vom Empfänger nach amtlich vorgeschriebenem Vordruck erstellte Zuwendungsbestätigung nachzuweisen.❺ [2]Die Zuwendungsbestätigung kann auch von einer durch Auftrag zur Entgegennahme von Zahlungen berechtigten Person unterschrieben werden.

Anm. d. Schriftl.:

❶ § 10b EStG ist im Rahmen des Gesetzes zur Umsetzung steuerlicher EU-Vorgaben sowie zur Änderung steuerlicher Vorschriften vom 8. 4. 2010, BGBl 2010 I S. 386, geändert worden. Zur Frage, ob durch den Zuwendungsempfänger elektronisch an den Zuwendenden übersandte Zuwendungsbestätigungen als Zuwendungsnachweis anerkannt werden können, nimmt das BMF mit Schreiben vom 6. 2. 2017, BStBl 2017 I S. 287, Stellung.

❷ Zu den steuerlichen Maßnahmen zur Förderung der Hilfe für Flüchtlinge wird auf das BMF-Schreiben vom 22. 9. 2015, BStBl 2015 I S. 745, hingewiesen.

❸ Zu den steuerlichen Maßnahmen zur Unterstützung der vom Krieg in der Ukraine Geschädigten wird auf das BMF-Schreiben vom 17. 3. 2022, BStBl 2022 I S. 330, hingewiesen. Zur Verlängerung des zeitlichen Anwendungsbereichs siehe BMF-Schreiben vom 17. 11. 2022, BStBl 2022 I S. 1516.

❹ Zu den steuerlichen Maßnahmen zur Unterstützung der Opfer des Erdbebens in der Türkei und in Syrien wird auf das BMF-Schreiben vom 27. 2. 2023, BStBl 2023 I S. 335, hingewiesen.

❺ Muster für Zuwendungsbestätigungen enthält das BMF-Schreiben vom 7. 11. 2013, BStBl 2013 I S. 1333. Es wird seitens der Finanzverwaltung nicht beanstandet, wenn bis zum 31. 12. 2014 die bisherigen Muster für Zuwendungsbestätigungen verwendet wurden.

EStR

Maschinell erstellte Zuwendungsbestätigung

(4) [1]Als Nachweis reicht eine maschinell erstellte Zuwendungsbestätigung ohne eigenhändige Unterschrift einer zeichnungsberechtigten Person aus, wenn der Zuwendungsempfänger die Nutzung eines entsprechenden Verfahrens dem zuständigen Finanzamt angezeigt hat. [2–3]...

Prüfungen

(5) [1]Ist der Empfänger einer Zuwendung eine inländische juristische Person des öffentlichen Rechts, eine inländische öffentliche Dienststelle oder ein inländischer amtlich anerkannter Verband der freien Wohlfahrtspflege einschließlich seiner Mitgliedsorganisationen, kann im Allgemeinen davon ausgegangen werden, dass die Zuwendungen für steuerbegünstigte Zwecke verwendet werden. [2]Das gilt auch dann, wenn der Verwendungszweck im Ausland verwirklicht wird.

Hinweise   EStH   H 10b.1

...

Beitrittsspende

Eine anlässlich der Aufnahme in einen Golfclub geleistete Zahlung ist keine Zuwendung i. S. d. § 10b Abs. 1 EStG, wenn derartige Zahlungen von den Neueintretenden anlässlich ihrer Aufnahme erwartet und zumeist auch gezahlt werden (sog. Beitrittsspende). Die geleistete Zahlung ist als > Gegenleistung des Neumitglieds für den Erwerb der Mitgliedschaft und die Nutzungsmöglichkeit der Golfanlagen anzusehen (> BFH vom 2. 8. 2006 – BStBl 2007 II S. 8).

Crowdfunding

Spendenrechtliche Beurteilung von „Crowdfunding" > BMF vom 15. 12. 2017 (BStBl 2018 I S. 246)

Durchlaufspendenverfahren

– *> BMF vom 7. 11. 2013 (BStBl I S. 1333) ergänzt durch BMF vom 26. 3. 2014 (BStBl I S. 791)*
– *Eine Durchlaufspende ist nur dann abziehbar, wenn der Letztempfänger für denjenigen VZ, für den die Spende steuerlich berücksichtigt werden soll, wegen des begünstigten Zwecks von der Körperschaftsteuer befreit ist (> BFH vom 5. 4. 2006 – BStBl 2007 II S. 450).*
– *Für den Abzug von Sachspenden im Rahmen des Durchlaufspendenverfahrens ist erforderlich, dass der Durchlaufstelle das Eigentum an der Sache verschafft wird. Bei Eigentumserwerb durch Einigung und Übergabeersatz (§§ 930, 931 BGB) ist die körperliche Übergabe der Sache an die Durchlaufstelle nicht erforderlich; es sind aber eindeutige Gestaltungsformen zu wählen, die die tatsächliche Verfügungsfreiheit der Durchlaufstelle über die Sache sicherstellen und eine Überprüfung des Ersterwerbs der Durchlaufstelle und des Zweiterwerbs der begünstigten gemeinnützigen Körperschaft ermöglichen.*

...

Gegenleistung

– *Ein Zuwendungsabzug ist ausgeschlossen, wenn die Ausgaben zur Erlangung einer Gegenleistung des Empfängers erbracht werden. Eine Aufteilung der Zuwendung in ein angemessenes Entgelt und eine den Nutzen übersteigende unentgeltliche Leistung scheidet bei einer einheitlichen Leistung aus. Auch im Fall einer Teilentgeltlichkeit fehlt der Zuwendung insgesamt die geforderte Uneigennützigkeit (> BFH vom 2. 8. 2006 – BStBl 2007 II S. 8).*
– *> Beitrittsspende*

Rückwirkendes Ereignis

Die Erteilung der Zuwendungsbestätigung nach § 50 EStDV ist kein rückwirkendes Ereignis im Sinne des § 175 Abs. 1 Satz 1 Nr. 2 AO (> § 175 Abs. 2 Satz 2 AO).

Sachspenden

Zur Zuwendungsbestätigung > BMF vom 7. 11. 2013 (BStBl I S. 1333) ergänzt durch BMF vom 26. 3. 2014 (BStBl I S. 791).

Schenkung mit Auflage

Wer einen Geldbetrag als Schenkung mit der Auflage erhält, ihn einer steuerbegünstigten Körperschaft zuzuwenden, ist mit diesem Betrag i. d. R. nicht wirtschaftlich belastet und daher nicht spendenabzugsberechtigt. Etwas anderes gilt, wenn es sich um eine Schenkung unter zusammenveranlagten Eheleuten handelt (> BFH vom 15. 1. 2019 – BStBl II S. 318).

Spenden in das zu erhaltende Vermögen

- *> BMF vom 15. 9. 2014 (BStBl I S. 1278)*
- *Zuwendungen an eine rechtsfähige Stiftung sind vor deren Anerkennung nicht als Sonderausgaben abziehbar (> BFH vom 11. 2. 2015 – BStBl II S. 545).*

Spendenhaftung

Die Ausstellerhaftung nach § 10b Abs. 4 Satz 2 1. Alternative betrifft i. d. R. den in § 10b Abs. 1 Satz 2 EStG genannten Zuwendungsempfänger (z. B. Kommune, gemeinnütziger Verein). Die Haftung einer natürlichen Person kommt allenfalls dann in Frage, wenn diese Person außerhalb des ihr zugewiesenen Wirkungskreises handelt. Die Ausstellerhaftung setzt Vorsatz oder grobe Fahrlässigkeit voraus. Grobe Fahrlässigkeit liegt z. B. bei einer Kommune vor, wenn nicht geprüft wird, ob der Verein, der die Zuwendung erhält, gemeinnützig ist (> BFH vom 24. 4. 2002 – BStBl 2003 II S. 128). Unrichtig ist eine Zuwendungsbestätigung, deren Inhalt nicht der objektiven Sach- und Rechtslage entspricht. Das ist z. B. dann der Fall, wenn die Bestätigung Zuwendungen ausweist, die Entgelt für Leistungen sind (> BFH vom 12. 8. 1999 – BStBl 2000 II S. 65). Bei rückwirkender Aberkennung der Gemeinnützigkeit haftet eine Körperschaft nicht wegen Fehlverwendung, wenn sie die Zuwendung zu dem in der Zuwendungsbestätigung angegebenen begünstigten Zwecke verwendet (> BFH vom 10. 9. 2003 – BStBl 2004 II S. 352).

Sponsoring

> BMF vom 18. 2. 1998 (BStBl I S. 212)

Vermächtniszuwendungen

...

Vertrauensschutz

- *Der Schutz des Vertrauens in die Richtigkeit einer Zuwendungsbestätigung erfasst nicht Gestaltungen, in denen die Bescheinigung zwar inhaltlich unrichtig ist, der in ihr ausgewiesene Sachverhalt aber ohnehin keinen Abzug rechtfertigt (> BFH vom 5. 4. 2006 – BStBl 2007 II S. 450).*
- *Eine > Zuwendungsbestätigung begründet keinen Vertrauensschutz, wenn für den Leistenden der Zahlung angesichts der Begleitumstände klar erkennbar ist, dass die Zahlung in einem Gegenleistungsverhältnis steht (> BFH vom 2. 8. 2006 – BStBl 2007 II S. 8).*
- *> Beitrittsspende*
- *> Gegenleistung*

Zuwendungsbestätigung (§ 50 EStDV)

– *Die Zuwendungsbestätigung ist eine unverzichtbare sachliche Voraussetzung für den Zuwen-*
  dungsabzug. Die Bestätigung hat jedoch nur den Zweck einer Beweiserleichterung hinsichtlich
  der Verwendung der Zuwendung und ist nicht bindend (> BFH vom 23.5.1989 – BStBl II
  S. 879). Entscheidend ist u.a. der Zweck, der durch die Zuwendung tatsächlich gefördert wird
  (> BFH vom 15.12.1999 – BStBl 2000 II S. 608).

– *Eine Zuwendungsbestätigung wird vom Finanzamt nicht als Nachweis für den Zuwendungs-*
  abzug anerkannt, wenn das Datum der Anlage zum Körperschaftsteuerbescheid oder des Frei-
  stellungsbescheides länger als 5 Jahre bzw. das Datum der Feststellung der Einhaltung der sat-
  zungsmäßigen Voraussetzungen nach § 60a Abs. 1 AO länger als 3 Jahre seit Ausstellung des
  Bescheides zurückliegt (§ 63 Abs. 5 AO).

– *Eine Aufteilung von Zuwendungen in abziehbare und nichtabziehbare Teile je nach satzungs-*
  gemäßer und nichtsatzungsgemäßer anteiliger Verwendung der Zuwendung ist unzulässig
  (> BFH vom 7.11.1990 – BStBl 1991 II S. 547).

– *Zur Erstellung und Verwendung der Zuwendungsbestätigungen:*

  – *> BMF vom 7.11.2013 (BStBl S. 1333) ergänzt durch BMF vom 26.3.2014 (BStBl I S. 791).*

  – *Elektronisch in Form von schreibgeschützten Dateien > BMF vom 6.2.2017 (BStBl I S. 287).*

Zuwendungsempfänger im EU-/EWR-Ausland

...

Zweckgebundene Zuwendungen

Auch zweckgebundene Zuwendungen können als Sonderausgabe abzugsfähig sein. Da der begüns-
tigte Empfänger die Zuwendung nicht annehmen muss, verbleibt das Letztentscheidungsrecht da-
rüber, ob und wie er seine steuerbegünstigten Zwecke fördert, bei ihm. Der Unentgeltlichkeit einer
Zuwendung steht eine Zweckbindung nicht per se entgegen. An der Unentgeltlichkeit fehlt es
nicht, wenn der Spender sich nur gewisse immaterielle Vorteile (wie z.B. eine Ansehensmehrung)
erhofft (> BFH vom 16.3.2021 – BStBl II S. 810).

EStR   **R 10b.2 Zuwendungen an politische Parteien**

[1]Zuwendungen an politische Parteien sind nur dann abziehbar, wenn die Partei bei Zufluss der Zuwendung als politische Partei im Sinne des § 2 PartG**❶** anzusehen ist. [2]Der Steuerpflichtige hat dem Finanzamt die Zuwendungen grundsätzlich durch eine von der Partei nach amtlich vorgeschriebenem Vordruck erstellte Zuwendungsbestätigung nachzuweisen. [3]R 10b.1 Abs. 3 Satz 2 und Abs. 4 gilt entsprechend.

Hinweise   EStH   H 10b.2

...

Amtl. Fn.:

❶ Politische Partei i. S. d. § 2 PartG, die nicht gemäß § 18 Abs. 7 des PartG von der staatlichen Teilfinanzierung ausgeschlossen ist, > § 10b Abs. 2 Satz 1 i. d. F. des Gesetzes zum Ausschluss verfassungsfeindlicher Parteien von der Parteienfinanzierung.

Zu § 10d EStG

EStR   R 10d. Verlustabzug

Vornahme des Verlustabzugs nach § 10d EStG

(1) Der Altersentlastungsbetrag (§ 24a EStG), der Freibetrag für Land- und Forstwirte (§ 13 Abs. 3 EStG) und der Entlastungsbetrag für Alleinerziehende (§ 24b EStG) werden bei der Ermittlung des Verlustabzugs nicht berücksichtigt.

Begrenzung des Verlustabzugs

(2) ¹Die Begrenzung des Verlustrücktrags auf 511 500 Euro**❶** (Höchstbetrag) bezieht sich auf den einzelnen Stpfl., der die negativen Einkünfte erzielt hat. ²Bei zusammenveranlagten Ehegatten verdoppelt sich der Höchstbetrag auf 1 023 000 Euro**❷** und kann unabhängig davon, wer von beiden Ehegatten die positiven oder die negativen Einkünfte erzielt hat, ausgeschöpft werden. ³Bei Personengesellschaften und Personengemeinschaften gilt der Höchstbetrag für jeden Beteiligten. ⁴Über die Frage, welcher Anteil an den negativen Einkünften der Personengesellschaft oder Personengemeinschaft auf den einzelnen Beteiligten entfällt, ist im Bescheid über die gesonderte und einheitliche Feststellung zu entscheiden. ⁵Inwieweit diese anteiligen negativen Einkünfte beim einzelnen Beteiligten nach § 10d EStG abziehbar sind, ist im Rahmen der Einkommensteuerveranlagung zu beurteilen. ⁶In Organschaftsfällen (§ 14 KStG) bezieht sich der Höchstbetrag auf den Organträger. ⁷Er ist bei diesem auf die Summe der Ergebnisse aller Mitglieder des Organkreises anzuwenden. ⁸Ist der Organträger eine Personengesellschaft, ist Satz 3 zu beachten. ⁹Die Sätze 1 bis 8 gelten entsprechend bei der Begrenzung des Verlustvortrags.

Wahlrecht**❸**

(3) Der Antrag nach § 10d Abs. 1 Satz 5 EStG kann bis zur Bestandskraft des auf Grund des Verlustrücktrags geänderten Steuerbescheids gestellt werden.

Verfahren bei Arbeitnehmern

(4) ¹Soll bei einem Arbeitnehmer ein Verlustabzug berücksichtigt werden, muss er dies beantragen, es sei denn, er wird bereits aus anderen Gründen zur Einkommensteuer veranlagt. ²Erfolgt für einen VZ keine Veranlagung, kann der in diesem VZ berücksichtigungsfähige Verlustabzug vorbehaltlich Satz 4 nicht in einem anderen VZ geltend gemacht werden. ³Der auf den Schluss des vorangegangenen VZ festgestellte verbleibende Verlustvortrag ist in diesen Fällen in Höhe der positiven Summe der Einkünfte des VZ, in dem keine Veranlagung erfolgte, ggf. bis auf 0 Euro, zu mindern und gesondert festzustellen. ⁴Für den VZ der Verlustentstehung erfolgt jedoch keine Minderung des verbleibenden Verlustvortrags, soweit der Arbeitnehmer nach § 10d Abs. 1 Satz 5**❹** EStG auf den Verlustrücktrag verzichtet hat.

Amtl. Fn.:

❶ Ab VZ 2013 bis VZ 2019 und ab VZ 2024: 1 000 000 €, in den VZ 2020 bis 2023: 10 000 000 € > § 10d Abs. 1 Satz 1 i. V. m. § 52 Abs. 18b.

❷ Ab VZ 2013 bis VZ 2019 und ab VZ 2024: 2 000 000 €, in den VZ 2020 bis 2023: 20 000 000 € > § 10d Abs. 1 Satz 1 i. V. m. § 52 Abs. 18b.

❸ Sätze 2 und 3 letztmals abgedruckt in EStH 2021.

❹ Ab VZ 2022 § 10d Abs. 1 Satz 6.

Änderung des Verlustabzugs

(5) [1]Der Steuerbescheid für den dem Verlustentstehungsjahr vorangegangenen VZ[1] ist vorbehaltlich eines Antrags nach § 10d Abs. 1 Satz 5[2] EStG nach § 10d Abs. 1 Satz 3[3] EStG zu ändern, wenn sich bei der Ermittlung der abziehbaren negativen Einkünfte für das Verlustentstehungsjahr Änderungen ergeben, die zu einem höheren oder niedrigeren Verlustrücktrag führen. [2]Auch in diesen Fällen gilt die Festsetzungsfrist des § 10d Abs. 1 Satz 4[4] Halbsatz 2 EStG. [3]Wirkt sich die Änderung eines Verlustrücktrags oder -vortrags auf den Verlustvortrag aus, der am Schluss eines VZ verbleibt, sind die betroffenen Feststellungsbescheide i. S. d. § 10d Abs. 4 EStG nach § 10d Abs. 4 Satz 4 EStG zu ändern. [4]Die bestandskräftige Feststellung eines verbleibenden Verlustvortrags kann nur nach § 10d Abs. 4 Satz 4 und 5 EStG geändert werden, wenn der Steuerbescheid, der die in die Feststellung eingeflossenen geänderten Verlustkomponenten enthält, nach den Änderungsvorschriften der AO zumindest dem Grunde nach noch geändert werden könnte.

Zusammenveranlagung von Ehegatten

(6) [1]Bei der Berechnung des verbleibenden Verlustabzugs ist zunächst ein Ausgleich mit den anderen Einkünften des Ehegatten vorzunehmen, der die negativen Einkünfte erzielt hat. [2]Verbleibt bei ihm ein negativer Betrag bei der Ermittlung des G. d. E., ist dieser mit dem positiven Betrag des anderen Ehegatten auszugleichen. [3]Ist der G. d. E. negativ und wird dieser nach § 10d Abs. 1 EStG nicht oder nicht in vollem Umfang zurückgetragen, ist der verbleibende Betrag als Verlustvortrag gesondert festzustellen. [4]Absatz 1 findet entsprechende Anwendung. [5]Bei dieser Feststellung sind die negativen Einkünfte auf die Ehegatten nach dem Verhältnis aufzuteilen, in dem die auf den einzelnen Ehegatten entfallenden Verluste im VZ der Verlustentstehung zueinander stehen.

Gesonderte Feststellung des verbleibenden Verlustvortrags

(7) [1]Bei der gesonderten Feststellung des verbleibenden Verlustvortrags ist eine Unterscheidung nach Einkunftsarten und Einkunftsquellen nur insoweit vorzunehmen, als negative Einkünfte besonderen Verlustverrechnungsbeschränkungen unterliegen. [2]Über die Höhe der im Verlustentstehungsjahr nicht ausgeglichenen negativen Einkünfte wird im Steuerfestsetzungsverfahren für das Verlustrücktragsjahr und hinsichtlich des verbleibenden Verlustvortrags für die dem Verlustentstehungsjahr folgenden VZ im Feststellungsverfahren nach § 10d Abs. 4 EStG bindend entschieden. [3]Der Steuerbescheid des Verlustentstehungsjahres ist daher weder Grundlagenbescheid für den Einkommensteuerbescheid des Verlustrücktragsjahres noch für den Feststellungsbescheid nach § 10d Abs. 4 EStG. [4]Der Feststellungsbescheid nach § 10d Abs. 4 EStG ist nach § 182 Abs. 1 AO Grundlagenbescheid für die Einkommensteuerfestsetzung des Folgejahres und für den auf den nachfolgenden Feststellungszeitpunkt zu erlassenden Feststellungsbescheid. [5]Er ist kein Grundlagenbescheid für den Steuerbescheid eines Verlustrücktragsjahres (§ 10d Abs. 1 EStG). [6]Der verbleibende Verlustvortrag ist auf 0 Euro festzustellen, wenn die in dem Verlustentstehungsjahr nicht ausgeglichenen negativen Einkünfte in vollem Umfang zurückgetragen werden. [7]Der verbleibende Verlustvortrag ist auch dann auf 0 Euro festzustellen, wenn ein zum Schluss des vorangegangenen VZ festgestellter verbleibender Verlustvortrag in einem folgenden VZ „aufgebraucht" worden ist.

Amtl. Fn.:

[1] Ab VZ 2022 wurde der Verlustrücktrag auf 2 VZ erweitert.

[2] Ab VZ 2022 § 10d Abs. 1 Satz 6.

[3] Ab VZ 2022 § 10d Abs. 1 Satz 4.

[4] Ab VZ 2022 § 10d Abs. 1 Satz 5.

Verlustfeststellung bei „Unterbrechung" der (un-)beschränkten Steuerpflicht

(8) [1]Der auf den Schluss eines VZ gesondert festgestellte verbleibende Verlustvortrag eines unbeschränkt oder beschränkt Stpfl. kann nach mehreren VZ, in denen der Stpfl. weder unbeschränkt noch beschränkt steuerpflichtig war, mit positiven Einkünften, die der Stpfl. nach erneuter Begründung der Steuerpflicht erzielt, verrechnet werden. [2]Dies gilt selbst dann, wenn in der Zwischenzeit keine gesonderte Feststellung des verbleibenden Verlustvortrags nach § 10d Abs. 4 EStG beantragt und durchgeführt wurde. [3]Folgejahr (Absatz 7 Satz 4) ist in diesen Fällen der VZ, in dem erstmals wieder die rechtlichen Voraussetzungen für einen Verlustabzug nach § 10d Abs. 2 EStG vorliegen.

Verlustabzug in Erbfällen

(9) [1]Zum Todeszeitpunkt nicht aufgezehrte Verluste des Erblassers können im Todesjahr nur in den Verlustausgleich nach § 2 Abs. 3 EStG bei der Veranlagung des Erblassers einfließen (Ausgleich mit positiven Einkünften des Erblassers). [2]Sie können grundsätzlich nicht im Rahmen des Verlustausgleichs und -abzugs bei der Veranlagung des Erben berücksichtigt werden. [3]Werden Ehegatten jedoch für das Todesjahr zusammen veranlagt, sind Verluste des verstorbenen Ehegatten aus dem Todesjahr zu verrechnen und Verlustvorträge des verstorbenen Ehegatten abzuziehen, § 26b EStG. [4]Werden die Ehegatten für das Todesjahr nach §§ 26, 26b EStG zusammen veranlagt und erfolgt für das Vorjahr ebenfalls eine Zusammenveranlagung, ist ein Rücktrag des nicht ausgeglichenen Verlusts des Erblassers in das Vorjahr möglich. [5]Werden die Ehegatten für das Todesjahr zusammen veranlagt und erfolgt für das Vorjahr eine Veranlagung nach § 26a EStG, ist ein Rücktrag des noch nicht ausgeglichenen Verlusts des Erblassers nur bei der Veranlagung des Erblassers zu berücksichtigen (§ 62d Abs. 1 EStDV). [6]Werden die Ehegatten für das Todesjahr nach § 26a EStG veranlagt und erfolgt für das Vorjahr eine Zusammenveranlagung, ist ein Rücktrag des nicht ausgeglichenen Verlusts des Erblassers in das Vorjahr möglich (§ 62d Abs. 2 Satz 1 EStDV). [7]Werden die Ehegatten für das Todesjahr nach § 26a EStG veranlagt und erfolgt auch für das Vorjahr eine Veranlagung nach § 26a EStG, ist ein Rücktrag des noch nicht ausgeglichenen Verlusts des Erblassers nur bei der Veranlagung des Erblassers zu berücksichtigen. [8]Für den hinterbliebenen Ehegatten sind für den Verlustvortrag und die Anwendung der sog. Mindestbesteuerung nach § 10d Abs. 2 EStG allein die auf ihn entfallenden nicht ausgeglichenen negativen Einkünfte maßgeblich. [9]Die Nichtübertragbarkeit von Verlusten auf die Erben gilt ebenso für die Regelungen in § 2a Abs. 1, § 20 Abs. 6, § 22 Nr. 3 Satz 4 EStG. [10]Gleiches gilt für Verluste nach § 22 Nr. 2 i.V.m. § 23 Abs. 3 Satz 7 bis 10 EStG, es sei denn, der Erbfall tritt bereits vor der verlustbehafteten Veräußerung ein. [11]Der zum Todeszeitpunkt nicht ausgeglichene Verlust nach § 15 Abs. 4 Satz 1 und 2 EStG darf nur in den Fällen auf den Erben übergehen, in denen der Betrieb, Teilbetrieb oder Mitunternehmeranteil nach § 6 Abs. 3 EStG auf diesen übergeht. [12]Im Erbfall übertragbar sind Verluste gem. § 15a und § 15b EStG. [13]Beim Erben ist gem. § 2a Abs. 3 EStG a. F. eine Hinzurechnung der vom Erblasser erzielten Verluste vorzunehmen (Nachversteuerungsregelung). [14]Auch bei erzielten Verlusten nach § 2 AIG ist eine Hinzurechnung der vom Erblasser erzielten Verluste beim Erben durchzuführen.

> **Hinweise   EStH   H 10d**
>
> ...

Zu § 11 EStG

EStR   R 11. Vereinnahmung und Verausgabung[1]

[1]Die Vereinnahmung durch einen Bevollmächtigten reicht für die Annahme des Zuflusses beim Stpfl. aus. [2]Daher sind Honorare von Privatpatienten, die ein Arzt durch eine privatärztliche Verrechnungsstelle einziehen lässt, dem Arzt bereits mit dem Eingang bei dieser Stelle zugeflossen.

 Hinweise   EStH   H 11

Allgemeines

– *Zufluss von Einnahmen erst mit der Erlangung der wirtschaftlichen Verfügungsmacht über ein in Geld oder Geldeswert bestehendes Wirtschaftsgut (> BFH vom 21. 11. 1989 – BStBl 1990 II S. 310 und vom 8. 10. 1991 – BStBl 1992 II S. 174 und vom 11. 11. 2009 – BStBl 2010 II S. 746). Verfügungsmacht wird i. d. R. erlangt im Zeitpunkt des Eintritts des Leistungserfolges oder der Möglichkeit, den Leistungserfolg herbeizuführen (> BFH vom 21. 11. 1989 – BStBl 1990 II S. 310). Sie muss nicht endgültig erlangt sein (> BFH vom 13. 10. 1989 – BStBl 1990 II S. 287).*

– *Kurze Zeit bei regelmäßig wiederkehrenden Einnahmen ist i. d. R. ein Zeitraum bis zu zehn Tagen; innerhalb dieses Zeitraums müssen die Zahlungen fällig und geleistet worden sein (> BFH vom 24. 7. 1986 – BStBl 1987 II S. 16 und vom 16. 2. 2022 – BStBl II S. 448). Auf die Fälligkeit im Jahr der wirtschaftlichen Zugehörigkeit kommt es nicht an (> BFH vom 23. 9. 1999 – BStBl 2000 II S. 121).*

– *Für den Abfluss von Ausgaben gelten diese Grundsätze entsprechend.*

– *Bei einer nach § 108 Abs. 3 AO hinausgeschobenen Fälligkeit ist eine regelmäßig wiederkehrende Steuerzahlung nur dann im Jahr ihrer wirtschaftlichen Zugehörigkeit abziehbar, wenn sie innerhalb des Zehn-Tages-Zeitraums geleistet wurde (> BFH vom 11. 11. 2014 – BStBl 2015 II S. 285 und vom 27. 6. 2018 – BStBl II S. 781).*

Arbeitslohn

> § 38a Abs. 1 Satz 2 und 3 EStG, R 38.2 LStR 2015.

Arzthonorar

– *Die Honorare fließen dem Arzt erst mit Überweisung seines Anteils durch die kassenärztliche Vereinigung zu (> BFH vom 20. 2. 1964 – BStBl III S. 329).*

– *Die Einnahmen von der kassenärztlichen Vereinigung stellen regelmäßig wiederkehrende Einnahmen dar (> BFH vom 6. 7. 1995 – BStBl 1996 II S. 266).*

Aufrechnung

Die Aufrechnung mit einer fälligen Gegenforderung stellt eine Leistung im Sinne des § 11 Abs. 2 EStG dar (> BFH vom 19. 4. 1977 – BStBl II S. 601).

Anm. d. Schriftl.:

[1] Überlässt ein Stpfl., der seine Einkünfte aus Land- und Forstwirtschaft durch Einnahme-Überschussrechnung gemäß § 4 Abs. 3 EStG ermittelt, zu seinem Betriebsvermögen gehörende Grundstücke gegen ein vorausgezahltes Entgelt zur Nutzung für die Durchführung naturschutzrechtlicher Ausgleichsmaßnahmen, kann er das Gestattungsentgelt gemäß § 11 Abs. 1 Satz 3 i. V. m. Abs. 2 Satz 3 EStG auf den Vorauszahlungszeitraum verteilen, wenn der Nutzungsüberlassungs- und der Vorauszahlungszeitraum mehr als fünf Jahre betragen (BFH-Urteil vom 4. 6. 2019, BStBl 2021 II S. 5).

Damnum

- Bei **vereinbarungsgemäßer** Einbehaltung eines Damnums bei Auszahlung eines Tilgungsdarlehens ist im Zeitpunkt der Kapitalauszahlung ein Abfluss anzunehmen (> BFH vom 10. 3. 1970 – BStBl II S. 453). Bei ratenweiser Auszahlung des Darlehens kommt eine entsprechende Aufteilung des Damnums nur in Betracht, wenn keine Vereinbarung der Vertragsparteien über den Abflusszeitpunkt des Damnums vorliegt (> BFH vom 26. 6. 1975 – BStBl II S. 880).

- Soweit für ein Damnum ein **Tilgungsstreckungsdarlehen** aufgenommen wird, fließt das Damnum mit den Tilgungsraten des Tilgungsstreckungsdarlehens ab (> BFH vom 26. 11. 1974 – BStBl 1975 II S. 330).

- Ein Damnum, das ein Darlehensschuldner vor Auszahlung eines aufgenommenen Darlehens zahlt, ist im VZ seiner Leistung als Werbungskosten abziehbar, es sei denn, dass die Vorauszahlung des Damnums von keinen sinnvollen wirtschaftlichen Erwägungen getragen wird (> BFH vom 3. 2. 1987 – BStBl II S. 492). Ist ein Damnum nicht mehr als drei Monate vor Auszahlung der Darlehnsvaluta oder einer ins Gewicht fallenden Teilauszahlung des Darlehns (mindestens 30 % der Darlehensvaluta einschließlich Damnum) geleistet worden, kann davon ausgegangen werden, dass ein wirtschaftlich vernünftiger Grund besteht (> BMF vom 20. 10. 2003 – BStBl I S. 546, RdNr. 15).

- Damnum-/Disagiovereinbarungen mit Geschäftsbanken sind regelmäßig als marktüblich anzusehen. Diese Vermutung kann durch besondere Umstände wie beispielsweise Kreditunwürdigkeit des Darlehensnehmers, atypische Vertragsgestaltungen oder persönliche Beziehungen der Beteiligten zueinander widerlegt werden (> BFH vom 8. 3. 2016 – BStBl II S. 646).

Entschädigung für Flutungsrecht

...

Forderungsübergang

Zufluss beim Steuerpflichtigen, wenn der Betrag beim neuen Gläubiger eingeht (> BFH vom 16. 3. 1993 – BStBl II S. 507).

Gesamtgläubiger

Stehen mehreren Steuerpflichtigen als Gesamtgläubigern Einnahmen zu und vereinbaren sie mit dem Schuldner, dass dieser nur an einen bestimmten Gesamtgläubiger leisten soll, so tritt bei jedem der Gesamtgläubiger anteilsmäßig ein Zufluss in dem Zeitpunkt ein, in dem die Einnahmen bei dem bestimmten Gesamtgläubiger eingehen (> BFH vom 10. 12. 1985 – BStBl 1986 II S. 342).

Gewinnausschüttung

...

Gutschrift

Der Zufluss beim Stpfl. erfolgt im Zeitpunkt der Gutschrift in den Büchern des Verpflichteten (Schuldners), wenn eine eindeutige und unbestrittene Leistungsverpflichtung des Schuldners besteht (diesem also insbesondere kein Leistungsverweigerungsrecht zusteht oder er sich erkennbar auf zivilrechtliche Einwendungen und Einreden gegen die Forderung des Stpfl. nicht berufen will) und der Schuldner in diesem Zeitpunkt der Zahlung des Betrages in der Lage gewesen wäre, also nicht zahlungsunfähig war (> BFH vom 10. 7. 2001 – BStBl II S. 646 und vom 30. 10. 2001 – BStBl 2002 II S. 138).

Leasing-Sonderzahlung

Verwendet ein Arbeitnehmer einen geleasten Pkw für berufliche Zwecke und macht er dafür die tatsächlichen Kosten geltend, so gehört eine bei Leasingbeginn zu erbringende Sonderzahlung in

Höhe der anteiligen beruflichen Nutzung des Pkw zu den sofort abziehbaren Werbungskosten; es handelt sich bei ihr nicht um Anschaffungskosten des obligatorischen Nutzungsrechts an dem Pkw, die nur in Form von Absetzungen für Abnutzung als Werbungskosten berücksichtigt werden könnten (> BFH vom 5. 5. 1994 – BStBl II S. 643).

Novation

Vereinbaren Gläubiger und Schuldner, dass der Geldbetrag fortan aus einem anderen Rechtsgrund geschuldet wird (Novation), kann ein Zufluss und gleichzeitiger Wiederabfluss des Geldbetrages beim Gläubiger vorliegen (> BFH vom 10. 7. 2001 – BStBl II S. 646 und vom 30. 10. 2001 – BStBl 2002 II S. 138).

Nutzungsrechte

Räumt der Arbeitgeber dem Arbeitnehmer im Hinblick auf das Dienstverhältnis unentgeltlich ein Nutzungsrecht an einer Wohnung ein, so fließt dem Arbeitnehmer der geldwerte Vorteil nicht im Zeitpunkt der Bestellung des Nutzungsrechts in Höhe des kapitalisierten Wertes, sondern fortlaufend in Höhe des jeweiligen Nutzungswertes der Wohnung zu (> BFH vom 26. 5. 1993 – BStBl II S. 686).

Pachtzahlungen in der Land- und Forstwirtschaft

...

Provisionen

– Bei der Einnahmenüberschussrechnung sind Provisionen auch dann zugeflossen, wenn sie auf einem Kautionskonto zur Sicherung von Gegenforderungen des Versicherungsunternehmens gutgeschrieben werden (> BFH vom 24. 3. 1993 – BStBl II S. 499). ...

– Auch wenn feststeht, dass erhaltene Provisionsvorschüsse in späteren Jahren zurückzuzahlen sind, ist bei der Einnahmenüberschussrechnung ein Zufluss anzunehmen (> BFH vom 13. 10. 1989 – BStBl 1990 II S. 287).

Scheck

– Der Zufluss erfolgt i. d. R. mit Entgegennahme. Dies gilt auch dann, wenn die zugrunde liegende Vereinbarung wegen eines gesetzlichen Verbots oder wegen Sittenwidrigkeit nichtig ist (> BFH vom 20. 3. 2001 – BStBl II S. 482); die sofortige Bankeinlösung darf jedoch nicht durch zivilrechtliche Vereinbarung eingeschränkt sein (> BFH vom 30. 10. 1980 – BStBl 1981 II S. 305).

– Der Abfluss erfolgt i. d. R. mit Hingabe; für den Bereich der erhöhten Absetzungen und Sonderabschreibungen auf Anzahlungen aber > § 7a Abs. 2 Satz 5 EStG.

– Der Abfluss erfolgt bei Scheckübermittlung mit der Übergabe an die Post bzw. dem Einwurf in den Briefkasten des Zahlungsempfängers (> BFH vom 24. 9. 1985 – BStBl 1986 II S. 284).

Schneeballsystem

– Zufluss von Scheinrenditen bei einem Schneeballsystem (> BFH vom 28. 10. 2008 – BStBl 2009 II S. 190)

– > H 20.2 (Schneeballsystem)

Sperrkonto

Zinsen auf einem Sperrkonto fließen dem Stpfl. im Zeitpunkt der Gutschrift auf dem Sperrkonto zu, soweit die Kontosperre auf einer freien Vereinbarung zwischen dem Leistenden und dem Stpfl. beruht (> BFH vom 28. 9. 2011 – BStBl 2012 II S. 315).

Stille Gesellschaft .

– Für den Zufluss der Gewinnanteile eines typisch stillen Gesellschafters gilt § 11 EStG; für Zwecke des Kapitalertragsteuerabzugs ist § 44 Abs. 3 EStG maßgeblich (> BFH vom 28. 11. 1990 – BStBl 1991 II S. 313).

– ...

Stundung

Wird die Fälligkeit eines auszuzahlenden Zinsanspruchs einvernehmlich hinausgeschoben, stellt dies lediglich eine Stundung und keine den Zufluss begründende Verfügung des Gläubigers über Kapitalerträge dar (> BFH vom 20. 10. 2015 – BStBl 2016 II S. 342).

Überweisung

Der Abfluss erfolgt im Zeitpunkt des Eingangs des Überweisungsauftrags bei der Überweisungsbank, wenn das Konto die nötige Deckung aufweist oder ein entsprechender Kreditrahmen vorhanden ist; andernfalls im Zeitpunkt der Lastschrift (> BFH vom 6. 3. 1997 – BStBl II S. 509).

Umsatzsteuervorauszahlungen/-erstattungen

– Umsatzsteuervorauszahlungen sind regelmäßig wiederkehrende Ausgaben. Dies gilt für Umsatzsteuererstattungen entsprechend (> BFH vom 1. 8. 2007 – BStBl 2008 II S. 282).

– Bei nach § 108 Abs. 3 AO hinausgeschobener Fälligkeit > Allgemeines

Verrechnung

> Aufrechnung

Wechsel

Der Zufluss erfolgt mit Einlösung oder Diskontierung des zahlungshalber hingegebenen Wechsels (> BFH vom 5. 5. 1971 – BStBl II S. 624). Entsprechendes gilt für den Abfluss.

Werbungskosten bei sonstigen Einkünften

...

Wirtschaftsjahr

§ 11 EStG ist auch bei abweichendem Wj. anzuwenden (> BFH vom 23. 9. 1999 – BStBl 2000 II S. 121).

Zu § 12 EStG

EStR   R 12.1 Abgrenzung der Kosten der Lebensführung von den Betriebsausgaben und Werbungskosten[1]

– unbesetzt –

Anm. d. Schriftl.:

[1] Zur ertragsteuerlichen Behandlung des Sponsoring siehe BMF-Schreiben vom 18. 2. 1998, BStBl 1998 I S. 212. Die im Zusammenhang mit dem Sponsoring gemachten Aufwendungen können Betriebsausgaben, Spenden oder nicht abzugsfähige Lebenshaltungskosten sein.

EStR

Allgemeines

Bei der Entscheidung, ob nicht abziehbare Aufwendungen für die Lebenshaltung vorliegen, kommt es im Allgemeinen weniger auf den objektiven Charakter des angeschafften Gegenstands an, sondern vielmehr auf die Funktion des Gegenstands im Einzelfall, also den tatsächlichen Verwendungszweck (> BFH vom 20. 5. 2010 – BStBl II S. 723).

Ausbildungs- und Fortbildungsaufwendungen für Kinder

- *Aufwendungen der Eltern für die Ausbildung oder die berufliche Fortbildung ihrer Kinder gehören i. d. R. zu den nicht abziehbaren Lebenshaltungskosten (> BFH vom 29. 10. 1997 – BStBl 1998 II S. 149).*
- *> H 4.8 (Bildungsaufwendungen für Kinder)*
- *Ausnahme: > § 10 Abs. 1 Nr. 9 EStG*

Berufliche Tätigkeit während einer Ferienreise

Reist ein Stpfl. zur Erholung und zur Aktualisierung von Lehrbüchern an einen Ferienort, ist regelmäßig von einer nicht unwesentlichen privaten Mitveranlassung auszugehen, die bei fehlender Trennbarkeit der Reise in einen beruflichen und einen privaten Teil den Abzug der Aufwendungen als Betriebsausgaben ausschließt (> BFH vom 7. 5. 2013 – BStBl II S. 808).

Berufsausbildungskosten

Aufwendungen für die erstmalige Berufsausbildung oder ein Erststudium > BMF vom 22. 9. 2010 (BStBl I S. 721), ...

Bewirtungskosten

- *> § 4 Abs. 5 Satz 1 Nr. 2 EStG*
- *> R 4.10 Abs. 5 bis 9*
- *Aufwendungen für die Bewirtung von Geschäftsfreunden in der Wohnung des Steuerpflichtigen sind regelmäßig in vollem Umfang Kosten der Lebensführung (> R 4.10 Abs. 6 Satz 8). Das Gleiche gilt für Aufwendungen des Steuerpflichtigen für die Bewirtung von Geschäftsfreunden anlässlich seines Geburtstages in einer Gaststätte (> BFH vom 12. 12. 1991 – BStBl 1992 II S. 524).*
- *> Gemischte Aufwendungen*
- *> Karnevalsveranstaltungen*

Brille

> Medizinisch-technische Hilfsmittel und Geräte

Bücher

Aufwendungen eines Publizisten für Bücher allgemein bildenden Inhalts sind Kosten der Lebensführung (> BFH vom 21. 5. 1992 – BStBl II S. 1015).

Deutschkurs

Aufwendungen eines in Deutschland lebenden Ausländers für den Erwerb von Deutschkenntnissen sind regelmäßig nichtabziehbare Kosten der Lebensführung (> BFH vom 15. 3. 2007 – BStBl II S. 814 und > BMF vom 6. 7. 2010 – BStBl I S. 614, Rn. 19, ...).

Einbürgerungskosten

Aufwendungen für die Einbürgerung sind Kosten der Lebensführung (> BFH vom 18. 5. 1984 – BStBl II S. 588 und > BMF vom 6. 7. 2010 – BStBl I S. 614, Rn. 19, . . .).

Erbstreitigkeiten

. . .

Feier mit beruflicher und privater Veranlassung

Aufwendungen für eine Feier mit sowohl beruflichem als auch privatem Anlass können teilweise als Werbungskosten abziehbar sein. Der als Werbungskosten abziehbare Betrag kann anhand der Herkunft der Gäste aus dem beruflichen/privaten Umfeld abgegrenzt werden, wenn die Einladung der Gäste aus dem beruflichen Umfeld (nahezu) ausschließlich beruflich veranlasst ist. Hiervon kann insbesondere dann auszugehen sein, wenn nicht nur ausgesuchte Gäste aus dem beruflichen Umfeld eingeladen werden, sondern die Einladungen nach abstrakten berufsbezogenen Kriterien (z. B. alle Auszubildenden, alle Zugehörigen einer bestimmten Abteilung) ausgesprochen werden (> BFH vom 8. 7. 2015 – BStBl II S. 1013).

Führerschein

Aufwendungen für den Erwerb des Pkw-Führerscheins sind i. d. R. Kosten der Lebensführung (> BFH vom 5. 8. 1977 – BStBl II S. 834 und > BMF vom 6. 7. 2010 – BStBl I S. 614, Rn. 19, . . .).

Gemischte Aufwendungen

Bei gemischt veranlassten Aufwendungen besteht kein generelles Aufteilungs- und Abzugsverbot (> BFH vom 21. 9. 2009 – BStBl 2010 II S. 672); zu den Folgerungen > BMF vom 6. 7. 2010 (BStBl I S. 614, . . .).

Geschenke an Geschäftsfreunde

- > § 4 Abs. 5 Satz 1 Nr. 1 EStG
- > R 4.10 Abs. 2 bis 4

Gesellschaftliche Veranstaltungen

- *Aufwendungen, die durch die Teilnahme an gesellschaftlichen Veranstaltungen, z. B. eines Berufs-, Fach- oder Wirtschaftsverbandes oder einer Gewerkschaft, entstanden sind, sind stets Kosten der Lebensführung, und zwar auch dann, wenn die gesellschaftlichen Veranstaltungen im Zusammenhang mit einer rein fachlichen oder beruflichen Tagung oder Sitzung standen (> BFH vom 1. 8. 1968 – BStBl II S. 713).*
- *> Gemischte Aufwendungen*
- *> Karnevalsveranstaltungen*
- *> Kulturelle Veranstaltungen*

Hörapparat

> Medizinisch-technische Hilfsmittel und Geräte

Karnevalsveranstaltungen

Aufwendungen für die Einladung von Geschäftspartnern zu Karnevalsveranstaltungen sind Lebenshaltungskosten (> BFH vom 29. 3. 1994 – BStBl II S. 843).

Kleidung und Schuhe

Kleidung und Schuhe sind als Kosten der Lebensführung nicht abziehbar, selbst wenn der Steuerpflichtige sie ausschließlich bei der Berufsausübung trägt (> BFH vom 18.4.1991 – BStBl II S. 751 und > BMF vom 6.7.2010 – BStBl I S. 614, Rn. 4, . . .).

– *typische Berufskleidung > R 3.31 LStR 2015*

– *> H 4.7 (Berufskleidung)*

Körperpflegemittel, Kosmetika

Körperpflegemittel und Kosmetika sind als Kosten der Lebensführung nicht abziehbar (> BFH vom 6.7.1989 – BStBl 1990 II S. 49 und > BMF vom 6.7.2010 – BStBl I S. 614, Rn. 4, . . .).

Kontoführungsgebühren

Pauschale Kontoführungsgebühren sind nach dem Verhältnis beruflich und privat veranlasster Kontenbewegungen aufzuteilen (> BFH vom 9.5.1984 – BStBl II S. 560).

Konzertflügel einer Musiklehrerin

Der Konzertflügel einer Musiklehrerin kann ein Arbeitsmittel im Sinne des § 9 Abs. 1 Nr. 6 EStG sein (> BFH vom 21.10.1988 – BStBl 1989 II S. 356).

Kulturelle Veranstaltungen

Aufwendungen für den Besuch sind regelmäßig keine Werbungskosten, auch wenn dabei berufliche Interessen berührt werden (> BFH vom 8.2.1971 – BStBl II S. 368 betr. Musiklehrerin und > BMF vom 6.7.2010 – BStBl I S. 614, Rn. 4, . . .).

Kunstwerke

Aufwendungen für Kunstwerke zur Ausschmückung eines Arbeits- oder Dienstzimmers sind Kosten der Lebensführung (> BFH vom 12.3.1993 – BStBl II S. 506) **[1]**.

Medizinisch-technische Hilfsmittel und Geräte

– *Aufwendungen für technische Hilfsmittel zur Behebung körperlicher Mängel können als reine Kosten der Lebensführung nicht abgezogen werden, auch wenn die Behebung des Mangels im beruflichen Interesse liegt.*

– *> BFH vom 8. 4.1954 (BStBl III S. 174) – Hörapparat*

– *> BFH vom 28.9.1990 (BStBl 1991 II S. 27) – Bifokalbrille*

– *> BFH vom 23.10.1992 (BStBl 1993 II S. 193) – Sehbrille*

Nachschlagewerk

– *Allgemeines Nachschlagewerk eines Lehrers ist regelmäßig dem privaten Lebensbereich zuzuordnen (> BFH vom 29.4.1977 – BStBl II S. 716).*

– *Allgemeines englisches Nachschlagewerk eines Englischlehrers kann Arbeitsmittel im Sinne des § 9 Abs. 1 Satz 3 Nr. 6 EStG sein (> BFH vom 16.10.1981 – BStBl 1982 II S. 67).*

Anm. d. Schriftl.:

[1] Anders hingegen, wenn das Arbeitszimmer wegen häufiger Besuche aus geschäftlichen oder beruflichen Gründen repräsentativ ausgestattet werden musste (BFH-Urteil vom 30.10.1990, BStBl 1991 II S. 340).

Personalcomputer

Eine private Mitbenutzung ist für den vollständigen Betriebsausgaben- bzw. Werbungskosten-abzug unschädlich, wenn diese einen Anteil von etwa 10 % nicht übersteigt. Bei einem höheren privaten Nutzungsanteil sind die Kosten eines gemischt genutzten PC aufzuteilen. § 12 Nr. 1 Satz 2 EStG steht einer solchen Aufteilung nicht entgegen (> BFH vom 19. 2. 2004 – BStBl II S. 958).

Sponsoring

> BMF vom 18. 2. 1998 (BStBl I S. 212)

Steuerberatungskosten

Zuordnung der Steuerberatungskosten zu den Betriebsausgaben, Werbungskosten oder Kosten der Lebensführung > BMF vom 21. 12. 2007 (BStBl 2008 I S. 256).

Strafverfahren

> H 12.3 (Kosten des Strafverfahrens/der Strafverteidigung)

Tageszeitung

Aufwendungen für den Bezug regionaler wie überregionaler Tageszeitungen gehören zu den unter § 12 Nr. 1 Satz 2 EStG fallenden Lebenshaltungskosten (> BFH vom 7. 9. 1989 – BStBl 1990 II S. 19 und > BMF vom 6. 7. 2010 – BStBl I S. 614, Rn. 4 und 17, …).

Telefonanschluss in einer Wohnung

Grund- und Gesprächsgebühren sind Betriebsausgaben oder Werbungskosten, soweit sie auf die beruflich geführten Gespräche entfallen. Der berufliche Anteil ist aus dem – ggf. geschätzten – Verhältnis der beruflich und der privat geführten Gespräche zu ermitteln (> BFH vom 21. 11. 1980 – BStBl 1981 II S. 131). Zur Aufteilung der Gebühren > R 9.1 Abs. 5 LStR 2015.

Videorecorder eines Lehrers

Aufwendungen für einen Videorecorder sind regelmäßig Kosten der Lebensführung (> BFH vom 27. 9. 1991 – BStBl 1992 II S. 195).

EStR   R 12.2 Studienreisen, Fachkongresse

– unbesetzt –

Hinweise   EStH   H 12.2

Allgemeines

Aufwendungen können nur berücksichtigt werden, wenn sie durch die Einkunftserzielung ver-anlasst sind. Bei gemischt veranlassten Aufwendungen besteht kein generelles Aufteilungs- und Abzugsverbot (> BFH vom 21. 9. 2009 – BStBl 2010 II S. 672); zu den Folgerungen > BMF vom 6. 7. 2010 (BStBl I S. 614), …

Incentive-Reisen

> BMF vom 14. 10. 1996 (BStBl I S. 1192)

EStR

Nachweis der Teilnahme

Bei betrieblicher/beruflicher Veranlassung sind Aufwendungen für die Teilnahme an einem Kongress nur abziehbar, wenn feststeht, dass der Stpfl. an den Veranstaltungen teilgenommen hat (> BFH vom 4. 8. 1977 – BStBl II S. 829). An den Nachweis der Teilnahme sind strenge Anforderungen zu stellen; der Nachweis muss sich auf jede Einzelveranstaltung beziehen, braucht jedoch nicht in jedem Fall durch Anwesenheitstestat geführt zu werden (> BFH vom 13. 2. 1980 – BStBl II S. 386 und vom 11. 1. 2007 – BStBl II S. 457).

EStR   R 12.3 Geldstrafen und ähnliche Rechtsnachteile

[1]Aufwendungen i. S. d. § 12 Nr. 4 EStG können auch dann nicht abgezogen werden, wenn die Geldstrafen und ähnlichen Rechtsnachteile außerhalb des Geltungsbereichs des Gesetzes verhängt, angeordnet oder festgesetzt werden, es sei denn, sie widersprechen wesentlichen Grundsätzen der deutschen Rechtsordnung (ordre public). [2]Die Einziehung von Gegenständen, die – neben der Hauptstrafe oder nachträglich nach § 76 StGB oder unter den Voraussetzungen des § 76a StGB selbständig – in den Fällen des § 74 Abs. 2 Nr. 1 oder § 76a StGB angeordnet oder festgesetzt worden ist, stellt eine Rechtsfolge vermögensrechtlicher Art mit überwiegendem Strafcharakter dar. [3]Die mit dem Verfall von Gegenständen bzw. dem Verfall von Tatentgelten (§ 73 StGB) verbundene Vermögenseinbuße dient hingegen der Gewinnabschöpfung und damit in erster Linie dem Ausgleich unrechtmäßiger Vermögensverschiebungen. [4]Ein Strafcharakter kann deshalb in der Regel nicht angenommen werden.

   **Hinweise   EStH   H 12.3**

...

Leistungen zur Erfüllung von Auflagen oder Weisungen

– *sind nicht abziehbar:*
  – *bei Strafaussetzung zur Bewährung,*
  – *bei Verwarnung mit dem Strafvorbehalt, einen Geldbetrag zugunsten einer gemeinnützigen Einrichtung oder der Staatskasse zu zahlen oder sonst gemeinnützige Leistungen zu erbringen (§ 56b Abs. 2 Satz 1 Nr. 2 und 3, § 59a Abs. 2 StGB),*
  – *bei Einstellung des Verfahrens (§ 153a Abs. 1 Satz 1 Nr. 2 und 3 StPO); Gleiches gilt bei Einstellung des Verfahrens nach dem Jugendgerichtsgesetz und im Gnadenverfahren.*
– *sind ausnahmsweise abziehbar:*
  bei Ausgleichszahlungen an das geschädigte Tatopfer zur Wiedergutmachung des durch die Tat verursachten Schadens auf Grund einer Auflage nach § 56b Abs. 2 Satz 1 Nr. 1 StGB (> BFH vom 15. 1. 2009 – BStBl 2010 II S. 111).

Ordnungsgelder

> R 4.13

Verwarnungsgelder

> R 4.13

EStR   R 12.4 Nichtabziehbare Steuern und Nebenleistungen

– unbesetzt –

Nebenleistungen

Die folgenden Nebenleistungen (§ 3 Abs. 4 AO) sind nicht abziehbar, soweit sie auf die in § 12 Nr. 3 EStG genannten Steuerarten entfallen:

– *Aussetzungszinsen (§ 237 AO),*

– *Gebühren für verbindliche Auskünfte (§ 89 Abs. 3 AO),*

– *Hinterziehungszinsen (§ 235 AO),*

– *Kosten bei Inanspruchnahme von Finanzbehörden (§ 178a AO),*

– *Nachforderungszinsen (§ 233a AO),*

– *Säumniszuschläge (§ 240 AO),*

– *Stundungszinsen (§ 234 AO),*

– *Verspätungszuschläge (§ 152 AO),*

– *Verzögerungsgelder (§ 146 Abs. 2b AO),*

– *Zuschlag wegen der Nichtvorlage oder Unbrauchbarkeit von Aufzeichnungen (§ 162 Abs. 4 AO),*

– *Zwangsgelder (§ 329 AO).*

Personensteuern

– *Einkommensteuer, einschl. ausländische Steuern vom Einkommen, soweit nicht § 34c Abs. 2 oder 3 EStG anzuwenden ist,*

– *Erbschaftsteuer,*

– *Kapitalertragsteuer,*

– *Kirchensteuer,*

– *Lohnsteuer,*

– *Solidaritätszuschlag,*

– *Vermögensteuer.*

Umsatzsteuer bei Anwendung der 1 %-Regelung

Die nach § 12 Nr. 3 EStG nicht abziehbare Umsatzsteuer ist bei Anwendung der 1 %-Regelung (§ 6 Abs. 1 Nr. 4 Satz 2 EStG) nach umsatzsteuerrechtlichen Maßstäben zu ermitteln. Dabei kommt es nicht auf die tatsächlich festgesetzte Umsatzsteuer an, weil der Umsatzsteuerbescheid kein Grundlagenbescheid für den Einkommensteuerbescheid ist (> BFH vom 7. 12. 2010 – BStBl 2011 II S. 451).

EStR   R 12.5 Zuwendungen

[1]Spenden und Mitgliedsbeiträge gehören auch dann zu den Kosten der Lebensführung, wenn sie durch betriebliche Erwägungen mit veranlasst werden. [2]Der Steuerpflichtige kann sie nur im Rahmen der §§ 10b, 34g EStG abziehen.

EStR   R 12.6 Wiederkehrende Leistungen

– unbesetzt –

> **Hinweise   EStH   H 12.6**

Abgrenzung zwischen Unterhalts- und Versorgungsleistungen

Einkommensteuerrechtliche Behandlung von wiederkehrenden Leistungen im Zusammenhang mit einer Vermögensübertragung > BMF vom 11. 3. 2010 (BStBl I S. 227) unter Berücksichtigung der Änderungen durch BMF vom 6. 5. 2016 (BStBl I S. 476).

Gesetzlich unterhaltsberechtigt

Gesetzlich unterhaltsberechtigt sind alle Personen, die nach bürgerlichem Recht gegen den Steuerpflichtigen oder seinen Ehegatten einen gesetzlichen Unterhaltsanspruch haben können. Die Unterhaltsberechtigung setzt insoweit zivilrechtlich die Unterhaltsbedürftigkeit der unterhaltenen Person voraus (sog. konkrete Betrachtungsweise) (> BFH vom 5. 5. 2010 – BStBl 2011 II S. 115), > H 33a.1 (Unterhaltsberechtigung).

Unterhaltsleistungen

– *Unterhaltsleistungen an den geschiedenen oder dauernd getrennt lebenden Ehegatten fallen unter das Abzugsverbot des § 12 Nr. 2 EStG.*

– *Unterhaltsleistungen die den Rahmen der gesetzlichen Unterhaltspflicht übersteigen, fallen unter das Abzugsverbot des § 12 Nr. 2 EStG (> BFH vom 10. 4. 1953 – BStBl III S. 157).*

Ausnahmen:

– *> § 10 Abs. 1a Nr. 1*

– *> § 33a Abs. 1*

Zu § 13 EStG (§§ 51 und 52 EStDV)

EStR   R 13.1 Freibetrag für Land- und Forstwirte

[1]Sind mehrere Personen an dem Betrieb beteiligt (Gesellschaft, Gemeinschaft), steht der Freibetrag jedem der Beteiligten zu. [2]§ 13 Abs. 3 EStG gilt auch für nachträgliche Einkünfte aus Land- und Forstwirtschaft. [3]Der Freibetrag wird auch einem Stpfl. ungeschmälert gewährt, der einen Betrieb der Land- und Forstwirtschaft im Laufe eines VZ übernommen hat oder veräußert bzw. aufgibt.

> **Hinweise   EStH   H 13.1**

...

EStR   **R 13.2 Abgrenzung der gewerblichen und landwirtschaftlichen Tierzucht und Tierhaltung**[1][2][3]

Feststellung der Tierbestände

(1) [1]Bei der Feststellung der Tierbestände ist von den regelmäßig und nachhaltig im Wirtschaftsjahr erzeugten und den im Durchschnitt des Wirtschaftsjahres gehaltenen Tieren auszugehen. [2]Als erzeugt gelten Tiere, deren Zugehörigkeit zum Betrieb sich auf eine Mastperiode oder auf einen Zeitraum von weniger als einem Jahr beschränkt und die danach verkauft oder verbraucht werden. [3]Die übrigen Tiere sind mit dem Durchschnittsbestand des Wirtschaftsjahres zu erfassen. [4]Abweichend von den Sätzen 2 und 3 ist bei Mastrindern mit einer Mastdauer von weniger als einem Jahr, bei Kälbern und Jungvieh, bei Schafen unter einem Jahr und bei Damtieren unter einem Jahr stets vom Jahresdurchschnittsbestand auszugehen. [5]Der ermittelte Tierbestand ist zum Zwecke der Abgrenzung der landwirtschaftlichen Tierzucht und Tierhaltung von der gewerblichen in Vieheinheiten (VE) umzurechnen, wobei folgender Umrechnungsschlüssel maßgebend ist:

1. Für Tiere, die nach dem Durchschnittsbestand zu erfassen sind:

Alpakas:	0,08 VE
Damtiere:	
Damtiere unter 1 Jahr	0,04 VE
Damtiere 1 Jahr und älter	0,08 VE
Geflügel:	
Legehennen (einschließlich einer normalen Aufzucht zur Ergänzung des Bestandes)	0,02 VE
Legehennen aus zugekauften Junghennen	0,0183 VE
Zuchtputen, -enten, -gänse	0,04 VE
Kaninchen:	
Zucht- und Angorakaninchen	0,025 VE
Lamas:	0,10 VE
Pferde:	
Pferde unter drei Jahren und Kleinpferde	0,70 VE
Pferde drei Jahre und älter	1,10 VE
Rindvieh:	
Kälber und Jungvieh unter 1 Jahr (einschließlich Mastkälber, Starterkälber und Fresser)	0,30 VE
Jungvieh 1 bis 2 Jahre alt	0,70 VE
Färsen (älter als 2 Jahre)	1,00 VE

Anm. d. Schriftl.:

[1] Ein landwirtschaftlicher Betrieb wird nicht dadurch zu einem Gewerbebetrieb, dass er Pferde zukauft, sie während einer nicht nur kurzen Aufenthaltsdauer zu hochwertigen Reitpferden ausbildet und dann weiterverkauft (BFH-Urteil vom 17.12.2008, BStBl 2009 II S. 453).

[2] Zur Abgrenzung der Land- und Forstwirtschaft vom Gewerbe im Bereich des Weinbaus wird auf das BMF-Schreiben vom 19.10.2017, BStBl 2017 I S. 1431, hingewiesen.

[3] Zur ertragsteuerrechtlichen Behandlung von forstwirtschaftlichen Flächen als Betriebsvermögen eines Erwerbsbetriebs hat das BMF mit Schreiben vom 18.5.2018, BStBl 2018 I S. 689, Stellung genommen.

Masttiere (Mastdauer weniger als 1 Jahr)	1,00 VE
Kühe (einschließlich Mutter- und Ammenkühe mit den dazugehörigen Saugkälbern)	1,00 VE
Zuchtbullen, Zugochsen	1,20 VE
Schafe:	
Schafe unter 1 Jahr (einschließlich Mastlämmer)	0,05 VE
Schafe 1 Jahr und älter	0,10 VE
Schweine:	
Zuchtschweine (einschließlich Jungzuchtschweine über etwa 90 kg)	0,33 VE
Strauße:	
Zuchttiere 14 Monate und älter	0,32 VE
Jungtiere/Masttiere unter 14 Monate	0,25 VE
Ziegen:	0,08 VE

2. Für Tiere, die nach ihrer Erzeugung zu erfassen sind:

Geflügel:	
Jungmasthühner (bis zu 6 Durchgänge je Jahr – schwere Tiere)	0,0017 VE
(mehr als 6 Durchgänge je Jahr – leichte Tiere)	0,0013 VE
Junghennen	0,0017 VE
Mastenten	0,0033 VE
Mastenten in der Aufzuchtphase	0,0011 VE
Mastenten in der Mastphase	0,0022 VE
Mastputen aus selbst erzeugten Jungputen	0,0067 VE
aus zugekauften Jungputen	0,0050 VE
Jungputen (bis etwa 8 Wochen)	0,0017 VE
Mastgänse	0,0067 VE
Kaninchen:	
Mastkaninchen	0,0025 VE
Rindvieh:	
Masttiere (Mastdauer 1 Jahr und mehr)	1,00 VE
Schweine:	
Leichte Ferkel (bis etwa 12 kg)	0,01 VE
Ferkel (über etwa 12 bis etwa 20 kg)	0,02 VE
Schwere Ferkel und leichte Läufer (über etwa 20 bis etwa 30 kg)	0,04 VE
Läufer (über etwa 30 bis etwa 45 kg)	0,06 VE
Schwere Läufer (über etwa 45 bis etwa 60 kg)	0,08 VE
Mastschweine	0,16 VE
Jungzuchtschweine bis etwa 90 kg	0,12 VE

Wenn Schweine aus zugekauften Tieren erzeugt werden, ist dies bei der Umrechnung in VE entsprechend zu berücksichtigen:

Beispiel:

Mastschweine aus zugekauften Läufern 0,16 VE – 0,06 VE = 0,10 VE

Zuordnung

(2) [1]Übersteigt die Zahl der Vieheinheiten nachhaltig den für die maßgebende Fläche angegebenen Höchstsatz, gehört der darüber hinausgehende Tierbestand zur gewerblichen Tierzucht und Tierhaltung. [2]Es kann jedoch ein Zweig des Tierbestandes immer nur im Ganzen zur landwirtschaftlichen oder gewerblichen Tierzucht und Tierhaltung gehören. [3]Hat ein Betrieb einen Tierbestand mit mehreren Zweigen, richtet sich deren Zuordnung nach ihrer Flächenabhängigkeit. [4]Der gewerblichen Tierzucht und Tierhaltung sind zunächst die weniger flächenabhängigen Zweige des Tierbestandes zuzurechnen. [5]Weniger flächenabhängig ist die Erzeugung und Haltung von Schweinen und Geflügel, mehr flächenabhängig die Erzeugung und Haltung von Pferden, Rindvieh und Schafen. [6]Innerhalb der beiden Gruppen der weniger oder mehr flächenabhängigen Tierarten ist jeweils zuerst der > Zweig der gewerblichen Tierzucht und Tierhaltung zuzurechnen, der die größere Zahl von VE hat. [7]Für die Frage, ab wann eine landwirtschaftliche oder eine gewerbliche Tierzucht und Tierhaltung vorliegt, ist R 15.5 Abs. 2 entsprechend anzuwenden.

Regelmäßig landwirtschaftlich genutzte Fläche (> § 51 Abs. 1a BewG)

(3) [1]Dazu gehören:

– die selbst bewirtschafteten eigenen Flächen,
– die selbst bewirtschafteten zugepachteten Flächen,
– Flächen, die auf Grund öffentlicher Förderungsprogramme stillgelegt werden.

[2]Nicht dazu gehören:

– Abbauland,
– Geringstland,
– Unland,
– Hof- und Gebäudeflächen,
– weinbaulich genutzte Flächen,
– forstwirtschaftlich genutzte Flächen,
– innerhalb der gärtnerischen Nutzung die Nutzungsteile Gemüse-, Blumen- und Zierpflanzenbau und Baumschulen.

[3]Mit der Hälfte sind zu berücksichtigen:

– Obstbaulich genutzte Flächen, die so angelegt sind, dass eine regelmäßige landwirtschaftliche Unternutzung stattfindet.

[4]Mit einem Viertel sind zu berücksichtigen:

– Almen,
– Hutungen.

Gemeinschaftliche Tierhaltung

(4) Die vorstehenden Grundsätze der Absätze 1 bis 3 sind bei gemeinschaftlicher Tierhaltung entsprechend anzuwenden.

Hinweise **EStH** **H 13.2**

...

Zu § 15 EStG

EStR **R 15.1 Selbständigkeit**

Versicherungsvertreter

(1) ...

Hausgewerbetreibende und Heimarbeiter

(2) ...

Sozialversicherungspflicht

(3) Arbeitnehmerähnliche Selbständige i. S. d. § 2 Satz 1 Nr. 9 SGB VI sind steuerlich regelmäßig selbständig tätig.

 Hinweise **EStH** **H 15.1**

Allgemeines

– *Voraussetzung für die Annahme eines Gewerbebetriebes ist die Selbständigkeit der Tätigkeit, d. h., die Tätigkeit muss auf eigene Rechnung (Unternehmerrisiko) und auf eigene Verantwortung (Unternehmerinitiative) ausgeübt werden (> BFH vom 27. 9. 1988 – BStBl 1989 II S. 414).*

– *Eine nur schwach ausgeprägte, aber im Kern gleichwohl gegebene Unternehmerinitiative kann durch ein eindeutig vorhandenes Unternehmerrisiko dergestalt ausgeglichen werden, dass in der Gesamtschau die für die Annahme gewerblicher Einkünfte erforderliche Selbständigkeit der Betätigung zu bejahen ist (> BFH vom 7. 2. 2018 – BStBl II S. 630).*

...

Gesamtbeurteilung

Für die Frage, ob ein Steuerpflichtiger selbständig oder nichtselbständig tätig ist, kommt es nicht allein auf die vertragliche Bezeichnung, die Art der Tätigkeit oder die Form der Entlohnung an. Entscheidend ist das Gesamtbild der Verhältnisse. Es müssen die für und gegen die Selbständigkeit sprechenden Umstände gegeneinander abgewogen werden; die gewichtigeren Merkmale sind dann für die Gesamtbeurteilung maßgebend (> BFH vom 12. 10. 1989 – BStBl 1990 II S. 64 und vom 18. 1. 1991 – BStBl II S. 409).

...

Natürliche Personen

Natürliche Personen können z. T. selbständig, z. T. nichtselbständig tätig sein (> BFH vom 3. 7. 1991 – BStBl II S. 802).

...

Selbständigkeit[1]

- Ein **Arztvertreter** *kann selbständig tätig sein (> BFH vom 10. 4. 1953 – BStBl III S. 142).*
- **Bauhandwerker** *sind bei nebenberuflicher „Schwarzarbeit" in der Regel nicht Arbeitnehmer des Bauherrn (> BFH vom 21. 3. 1975 – BStBl II S. 513).*
- *Übt der **Beratungsstellenleiter eines Lohnsteuerhilfevereins** seine Tätigkeit als freier Mitarbeiter aus, ist er selbständig tätig (> BFH vom 10. 12. 1987 – BStBl 1988 II S. 73).*
- *Ein früherer **Berufssportler**, der wiederholt entgeltlich bei industriellen Werbeveranstaltungen mitwirkt, ist selbständig tätig (> BFH vom 3. 11. 1982 – BStBl 1983 II S. 182).*
- *Ein **Bezirksstellenleiter bei Lotto- und Totogesellschaften** ist regelmäßig selbständig tätig (> BFH vom 14. 9. 1967 – BStBl 1068 II S. 193).*
- *Ein **Fahrlehrer**, der gegen eine tätigkeitsbezogene Vergütung unterrichtet, ist in der Regel selbständig tätig, auch wenn ihm keine Fahrschulerlaubnis erteilt worden ist (> BFH vom 17. 10. 1996 – BStBl 1997 II S. 188).*
- *Ein **ausländisches Fotomodell**, das zur Produktion von Werbefilmen kurzfristig im Inland tätig wird, kann selbständig tätig sein (> BFH vom 14. 6. 2007 – BStBl 2009 II S. 931).*
- *Ein **(Berufs-)Fotomodell**, das nur von Fall zu Fall und vorübergehend zu Werbeaufnahmen herangezogen wird, ist selbständig tätig (> BFH vom 8. 6. 1967 – BStBl III S. 618).*
- *Ein **Fußball-Nationalspieler**, dem der DFB Anteile an den durch die zentrale Vermarktung der Fußball-Nationalmannschaft erwirtschafteten Werbeeinnahmen überlässt, kann selbständig tätig sein (> BFH vom 22. 2. 2012 – BStBl II S. 511).*
- *Ein **Gerichtsreferendar**, der neben der Tätigkeit bei Gericht für einen Rechtsanwalt von Fall zu Fall tätig ist, steht zu diesem nicht in einem Arbeitsverhältnis, sondern ist selbständig tätig (> BFH vom 22. 3. 1968 – BStBl II S. 455).*
- *Ein **Gesellschafter-Geschäftsführer** einer Baubetreuungs-GmbH, der neben dieser Tätigkeit als Makler und Finanzierungsvermittler tätig ist, ist auch insoweit selbständig tätig, als er sich zu Garantieleistungen nicht nur Dritten, sondern auch seiner Gesellschaft gegenüber gesondert verpflichtet und sich solche Dienste gesondert vergüten lässt (> BFH vom 8. 3. 1989 – BStBl II S. 572).*
- *Ein **Knappschaftsarzt**, der neben dieser Tätigkeit eine freie Praxis ausübt, ist auch hinsichtlich seiner Knappschaftspraxis in der Regel selbständig tätig (> BFH vom 3. 7. 1959 – BStBl III S. 344).*
- *Zur **Abgrenzung zwischen selbständiger und nichtselbständiger Tätigkeit von Künstlern** und verwandten Berufen > BMF vom 5. 10. 1990 (BStBl I S. 638) unter Berücksichtigung der Neufassung der Anlage durch BMF vom 9. 7. 2014 (BStBl I S. 1103); bei der Beurteilung darf nicht einseitig auf die Verpflichtung zur Teilnahme an Proben abgestellt werden (> BFH vom 30. 5. 1996 – BStBl II S. 493).*
- *Ein Notar, der außerdem zum **Notariatsverweser** bestellt ist, übt auch dieses Amt selbständig aus (> BFH vom 12. 9. 1968 – BStBl II S. 811).*
- *Ein **Rechtsanwalt**, der zudem eine Tätigkeit **als Lehrbeauftragter** an einer Hochschule ausübt, kann auch insoweit selbständig tätig sein (> BFH vom 17. 7. 1958 – BStBl III S. 360).*

Anm. d. Schriftl.:

[1] Steht eine – an sich nicht steuerbare – sportliche Betätigung mit ihrer gewerblichen Vermarktung im Rahmen von Sponsorenverträgen in einem untrennbaren Sachzusammenhang, bilden beide Tätigkeiten einen einheitlichen Gewerbebetrieb, so dass auch die Sporttätigkeit von der Steuerpflicht erfasst wird. Liegt ein einheitlicher Gewerbebetrieb als Sportler vor, stellen finanzielle Unterstützungsmaßnahmen der Sportförderung aufgrund des weiten Verständnisses des Veranlassungsbegriffs Betriebseinnahmen dar (BFH-Urteil vom 15. 12. 2021, BStBl 2023 II S. 319).

EStR

– Eine **nebenberufliche Lehrkraft** erzielt in der Regel Einkünfte aus selbständiger Arbeit (> BFH vom 4. 10. 1984 – BStBl 1985 II S. 51).

– Bestimmt ein **Rundfunkermittler** im Wesentlichen selbst den Umfang der Tätigkeit und sind seine Einnahmen weitgehend von der Eigeninitiative abhängig, ist er selbständig tätig (> BFH vom 2. 12. 1998 – BStBl 1999 II S. 534).

– Ein **Spitzensportler**, der Sportgeräte öffentlich deutlich sichtbar benutzt, ist mit dem entgeltlichen Werben selbständig tätig (> BFH vom 19. 11. 1985 – BStBl 1986 II S. 424).

– **Nebenberufliche Vertrauensleute einer Buchgemeinschaft** sind keine Arbeitnehmer des Buchclubs, sondern selbständig tätig (> BFH vom 11. 3. 1960 – BStBl III S. 215).

– Eine **Werbedame**, die von ihren Auftraggebern von Fall zu Fall für jeweils kurzfristige Werbeaktionen beschäftigt wird, kann selbständig tätig sein (> BFH vom 14. 6. 1985 – BStBl II S. 661).

– > H 19.0 LStH

...

EStR   R 15.2 Nachhaltigkeit

– unbesetzt –

Hinweise   EStH   H 15.2

Einmalige Handlung

– Eine einmalige Handlung stellt keine nachhaltige Betätigung dar, wenn sie nicht weitere Tätigkeiten des Steuerpflichtigen (zumindest Dulden, Unterlassen) auslöst (> BFH vom 14. 11. 1963 – BStBl 1964 III S. 139).

– > Wiederholungsabsicht

Mehrzahl selbständiger Handlungen

Nachhaltig sind auch Einzeltätigkeiten, die Teil einer in organisatorischer, technischer und finanzieller Hinsicht aufeinander abgestimmten Gesamttätigkeit sind (> BFH vom 21. 8. 1985 – BStBl 1986 II S. 88).

Nachhaltigkeit – Einzelfälle

...

Wertpapiere

Besteht beim An- und Verkauf festverzinslicher Wertpapiere eine Wiederholungsabsicht, kann die Tätigkeit nachhaltig sein (> BFH vom 31. 7. 1990 – BStBl 1991 II S. 66 und 6. 3. 1991 – BStBl II S. 631).

Wiederholungsabsicht

Eine Tätigkeit ist nachhaltig, wenn sie auf Wiederholung angelegt ist. Da die Wiederholungsabsicht eine innere Tatsache ist, kommt den tatsächlichen Umständen besondere Bedeutung zu. Das Merkmal der Nachhaltigkeit ist daher bei einer Mehrzahl von gleichartigen Handlungen im Regelfall zu bejahen (> BFH vom 23. 10. 1987 – BStBl 1988 II S. 293 und vom 12. 7. 1991 –

BStBl 1992 II S. 143). Bei **erkennbarer** *Wiederholungsabsicht kann bereits eine einmalige Handlung den Beginn einer fortgesetzten Tätigkeit begründen (> BFH vom 31. 7. 1990 – BStBl 1991 II S. 66).*

Zeitdauer

Die Zeitdauer einer Tätigkeit allein lässt nicht auf die Nachhaltigkeit schließen (> BFH vom 21. 8. 1985 – BStBl 1986 II S. 88).

Zurechnung der Tätigkeit eines Anderen

Bedingen sich die Aktivitäten zweier selbständiger Rechtssubjekte gegenseitig und sind sie derart miteinander verflochten, dass sie nach der Verkehrsanschauung als einheitlich anzusehen sind, können bei der Prüfung der Nachhaltigkeit die Handlungen des Einen dem Anderen zugerechnet werden (> BFH vom 12. 7. 2007 – BStBl II S. 885).

EStR   **R 15.3 Gewinnerzielungsabsicht**

– unbesetzt –

Hinweise   EStH   H 15.3

Abgrenzung der Gewinnerzielungsabsicht zur Liebhaberei

– *bei einem* **Architekten** *> BFH vom 12. 9. 2002 (BStBl 2003 II S. 85),*

– *bei einem* **Bootshandel** *mit langjährigen Verlusten > BFH vom 21. 7. 2004 (BStBl II S. 1063),*

– *bei einem* **Erfinder** *> BFH vom 14. 3. 1985 (BStBl II S. 424),*

– *bei Vermietung einer* **Ferienwohnung** *> BFH vom 5. 5. 1988 (BStBl II S. 778),*

– *beim Betrieb eines* **Gästehauses** *> BFH vom 13. 12. 1984 (BStBl 1985 II S. 455),*

– *bei einem als sog.* **Generationenbetrieb** *geführten Unternehmen > BFH vom 24. 8. 2000 (BStBl II S. 674),*

– *bei einem gewerblichen* **Grundstückshandel** *> BFH vom 5. 4. 2017 (BStBl II S. 1130),*

– *bei einem unverändert fortgeführten regelmäßig Verluste bringenden* **Großhandelsunternehmen** *> BFH vom 19. 11. 1985 (BStBl 1986 II S. 289),*

– *bei einem* **Künstler** *> BFH vom 6. 3. 2003 (BStBl II S. 602),*

– *bei Vercharterung eines* **Motorbootes** *> BFH vom 28. 8. 1987 (BStBl 1988 II S. 10),*

– *bei einer* **Pferdezucht** *> BFH vom 27. 1. 2000 (BStBl II S. 227),*

– *bei kleinen* **Photovoltaikanlagen** *und vergleichbaren Blockheizkraftwerken > BMF vom 29. 10. 2021 (BStBl I S. 2202),*

– *bei einem hauptberuflich tätigen* **Rechtsanwalt** *> BFH vom 22. 4. 1998 (BStBl II S. 663) und vom 14. 12. 2004 (BStBl 2005 II S. 392),*

– *bei Betrieb einer* **Reitschule** *> BFH vom 15. 11. 1984 (BStBl 1985 II S. 205),*

– *bei einem* **Schriftsteller** *> BFH vom 23. 5. 1985 (BStBl II S. 515),*

– *bei einem* **Steuerberater** *> BFH vom 31. 5. 2001 (BStBl 2002 II S. 276),*

– *bei Betrieb eines* **Trabrennstalls** *> BFH vom 19. 7. 1990 (BStBl 1991 II S. 333).*

Anlaufverluste

– Verluste der Anlaufzeit sind steuerlich nicht zu berücksichtigen, wenn die Tätigkeit von Anfang an erkennbar ungeeignet ist, auf Dauer einen Gewinn zu erbringen (> BFH vom 23. 5. 1985 – BStBl II S. 515 und vom 28. 8. 1987 – BStBl 1988 II S. 10).

– Bei der Totalgewinnprognose ist zu berücksichtigen, dass sich z. B. bei Künstlern und Schriftstellern positive Einkünfte vielfach erst nach einer längeren Anlaufzeit erzielen lassen (> BFH vom 23. 5. 1985 – BStBl II S. 515 und vom 6. 3. 2004 – BStBl II S. 602).

– Beruht die Entscheidung zur Neugründung eines Gewerbebetriebs im Wesentlichen auf den persönlichen Interessen und Neigungen des Stpfl., sind die entstehenden Verluste nur dann für die Dauer einer betriebsspezifischen Anlaufphase steuerlich zu berücksichtigen, wenn der Stpfl. zu Beginn seiner Tätigkeit ein schlüssiges Betriebskonzept erstellt hat, das ihn zu der Annahme veranlassen durfte, durch die gewerbliche Tätigkeit werde insgesamt ein positives Gesamtergebnis erzielt werden können. Besteht ein solches Betriebskonzept hingegen nicht und war der Betrieb bei objektiver Betrachtung nach seiner Art, nach der Gestaltung der Betriebsführung und nach den gegebenen Ertragsaussichten von vornherein zur Erzielung eines Totalgewinns nicht in der Lage, folgt daraus, dass der Stpfl. die verlustbringende Tätigkeit nur aus im Bereich seiner Lebensführung liegenden persönlichen Gründen oder Neigungen ausgeübt hat (> BFH vom 23. 5. 2007 – BStBl II S. 874).

– Als betriebsspezifische Anlaufzeit bis zum Erforderlichwerden größerer Korrektur- und Umstrukturierungsmaßnahmen wird ein Zeitraum von weniger als fünf Jahren nur im Ausnahmefall in Betracht kommen. Daneben ist die Dauer der Anlaufphase vor allem vom Gegenstand und von der Art des jeweiligen Betriebs abhängig, so dass sich der Zeitraum, innerhalb dessen das Unterbleiben einer Reaktion auf bereits eingetretene Verluste für sich betrachtet noch nicht als Beweisanzeichen für eine mangelnde Gewinnerzielungsabsicht herangezogen werden kann, nicht allgemeinverbindlich festlegen lässt (> BFH vom 23. 5. 2007 – BStBl II S. 874).

Betriebszweige

...

Beweisanzeichen

– Betriebsführung

Beweisanzeichen für das Vorliegen einer Gewinnerzielungsabsicht ist eine Betriebsführung, bei der der Betrieb nach seiner Wesensart und der Art seiner Bewirtschaftung auf die Dauer gesehen dazu geeignet und bestimmt ist, mit Gewinn zu arbeiten. Dies erfordert eine in die Zukunft gerichtete langfristige Beurteilung, wofür die Verhältnisse eines bereits abgelaufenen Zeitraums wichtige Anhaltspunkte bieten können (> BFH vom 5. 5. 1988 – BStBl II S. 778).

– Umstrukturierungsmaßnahmen

Geeignete Umstrukturierungsmaßnahmen können ein gewichtiges Indiz für das Vorhandensein einer Gewinnerzielungsabsicht darstellen, wenn nach dem damaligen Erkenntnishorizont aus der Sicht eines wirtschaftlich vernünftig denkenden Betriebsinhabers eine hinreichende Wahrscheinlichkeit dafür bestand, dass sie innerhalb eines überschaubaren Zeitraums zum Erreichen der Gewinnzone führen würden (> BFH vom 21. 7. 2004 – BStBl II S. 1063).

– Verlustperioden

Bei längeren Verlustperioden muss für das Fehlen einer Gewinnerzielungsabsicht aus weiteren Beweisanzeichen die Feststellung möglich sein, dass der Steuerpflichtige die Tätigkeit nur aus den im Bereich seiner Lebensführung liegenden persönlichen Gründen und Neigungen ausübt (> BFH vom 19. 11. 1985 – BStBl 1986 II S. 289). Fehlende Reaktionen auf bereits eingetretene hohe Verluste und das unveränderte Beibehalten eines verlustbringenden Geschäftskonzepts sind ein gewichtiges Beweisanzeichen für eine fehlende Gewinnerzielungsabsicht. An die Feststellung persönlicher Gründe und Motive, die den Steuerpflichtigen zur Weiterführung seines Unternehmens bewogen haben könnten, sind in diesen Fällen keine hohen Anforderungen zu stellen (> BFH vom 17. 11. 2004 – BStBl 2005 II S. 336).

...

Persönliche Gründe

Im Lebensführungsbereich liegende persönliche Gründe für die Fortführung einer verlustbringenden Tätigkeit

– können sich aus der Befriedigung persönlicher Neigungen oder der Erlangung wirtschaftlicher Vorteile außerhalb der Einkommenssphäre ergeben (> BFH vom 19. 11. 1985 – BStBl 1986 II S. 289 und vom 31. 5. 2001 – BStBl 2002 II S. 276),

– liegen vor, wenn die Fortführung der verlustbringenden Tätigkeit den Abzug von Gehaltszahlungen an nahe Angehörige ermöglichen soll (> BFH vom 26. 2. 2004 – BStBl II S. 455),

– können wegen des mit dem ausgeübten Beruf verbundenen Sozialprestiges vorliegen (> BFH vom 14. 12. 2004 – BStBl 2005 II S. 392).

Selbstkostendeckung

Ohne Gewinnerzielungsabsicht handelt, wer Einnahmen nur erzielt, um seine Selbstkosten zu decken (> BFH vom 22. 8. 1984 – BStBl 1985 II S. 61).

Totalgewinn

Gewinnerzielungsabsicht ist das Streben nach Betriebsvermögensmehrung in Gestalt eines Totalgewinns. Dabei ist unter dem Begriff „Totalgewinn" bei neu eröffneten Betrieben das positive Gesamtergebnis des Betriebs von der Gründung bis zur Veräußerung, Aufgabe oder Liquidation zu verstehen. Bei bereits bestehenden Betrieben sind für die Gewinnprognose die in der Vergangenheit erzielten Gewinne ohne Bedeutung. Am Ende einer Berufstätigkeit umfasst der anzustrebende Totalgewinn daher nur die verbleibenden Jahre (> BFH vom 26. 2. 2004 – BStBl II S. 455). Es kommt auf die Absicht der Gewinnerzielung an, nicht darauf, ob ein Gewinn tatsächlich erzielt worden ist (> BFH vom 25. 6. 1984 – BStBl II S. 751). Der Aufgabegewinn wird durch Gegenüberstellung des Aufgabe-Anfangsvermögens und des Aufgabe-Endvermögens ermittelt. Da Verbindlichkeiten im Anfangs- und Endvermögen jeweils – mangels stiller Reserven – mit denselben Werten enthalten sind, wirken sie sich auf die Höhe des Aufgabegewinns nicht aus (> BFH vom 17. 6. 1998 – BStBl II S. 727).

Treu und Glauben

Folgt das Finanzamt der Darstellung des Steuerpflichtigen, wonach eine Gewinnerzielungsabsicht vorliegt, kann dieser seine Darstellung nicht ohne triftigen Grund als von Anfang an falsch bezeichnen; ein solches Verhalten würde gegen die Grundsätze von Treu und Glauben verstoßen (> BFH vom 10. 10. 1985 – BStBl 1986 II S. 68).

Verlustzuweisungsgesellschaft

Bei einer Personengesellschaft, die nach Art ihrer Betriebsführung keinen Totalgewinn erreichen kann und deren Tätigkeit nach der Gestaltung des Gesellschaftsvertrags und seiner tatsächlichen Durchführung allein darauf angelegt ist, ihren Gesellschaftern Steuervorteile dergestalt zu vermitteln, dass durch Verlustzuweisungen andere Einkünfte nicht und die Verlustanteile letztlich nur in Form buchmäßiger Veräußerungsgewinne versteuert werden müssen, liegt der Grund für die Fortführung der verlustbringenden Tätigkeit allein im Lebensführungsbereich der Gesellschafter. Bei derartigen sog. Verlustzuweisungsgesellschaften ist zu vermuten, dass sie zunächst keine Gewinnerzielungsabsicht haben. Bei ihnen liegt in der Regel eine Gewinnerzielungsabsicht erst von dem Zeitpunkt an vor, in dem nach dem Urteil eines ordentlichen Kaufmanns ein Totalgewinn wahrscheinlich erzielt werden kann (> BFH vom 12. 12. 1995 – BStBl 1996 II S. 219).

Vorläufige Steuerfestsetzung

In Zweifelsfällen ist die Veranlagung gem. § 165 AO vorläufig durchzuführen (> BFH vom 25. 10. 1989 – BStBl 1990 II S. 278).

...

EStR　　**R 15.4　Beteiligung am allgemeinen wirtschaftlichen Verkehr**

– unbesetzt –

Hinweise　EStH　H 15.4

Allgemeines

Eine Beteiligung am wirtschaftlichen Verkehr liegt vor, wenn ein Steuerpflichtiger mit Gewinnerzielungsabsicht nachhaltig am Leistungs- oder Güteraustausch teilnimmt. Damit werden solche Tätigkeiten aus dem gewerblichen Bereich ausgeklammert, die zwar von einer Gewinnerzielungsabsicht getragen werden, aber nicht auf einen Leistungs- oder Güteraustausch gerichtet sind, z. B. Bettelei. Die Teilnahme am allgemeinen Wirtschaftsverkehr erfordert, dass die Tätigkeit des Steuerpflichtigen nach außen hin in Erscheinung tritt, er sich mit ihr an eine – wenn auch begrenzte – Allgemeinheit wendet und damit seinen Willen zu erkennen gibt, ein Gewerbe zu betreiben (> BFH vom 9. 7. 1986 – BStBl II S. 851).

Einschaltung Dritter

– *Der Steuerpflichtige muss nicht in eigener Person am allgemeinen Wirtschaftsverkehr teilnehmen. Es reicht aus, dass eine derartige Teilnahme für seine Rechnung ausgeübt wird (> BFH vom 31. 7. 1990 – BStBl 1991 II S. 66).*

– *Eine Beteiligung am allgemeinen wirtschaftlichen Verkehr kann auch dann gegeben sein, wenn der Steuerpflichtige nur ein Geschäft mit einem Dritten tätigt, sich dieser aber in Wirklichkeit und nach außen erkennbar nach Bestimmung des Steuerpflichtigen an den allgemeinen Markt wendet (> BFH vom 13. 12. 1995 – BStBl 1996 II S. 232).*

Gewerblicher Grundstückshandel[1]

> BMF vom 26. 3. 2004 (BStBl I S. 434), Tz. 4

Kundenkreis

– *Eine Beteiligung am allgemeinen wirtschaftlichen Verkehr kann auch bei einer Tätigkeit für nur einen bestimmten Vertragspartner vorliegen (> BFH vom 9. 7. 1986 – BStBl II S. 851 und vom 12. 7. 1991 – BStBl 1992 II S. 143), insbesondere wenn die Tätigkeit nach Art und Umfang dem Bild einer unternehmerischen Marktteilnahme entspricht (> BFH vom 22. 1. 2003 – BStBl II S. 464); dies gilt auch, wenn der Steuerpflichtige vertraglich an Geschäftsbeziehungen zu weiteren Personen gehindert ist (> BFH vom 15. 12. 1999 – BStBl 2000 II S. 404).*

Anm. d. Schriftl.:

[1] Ein bebautes Grundstück, das durch den Stpfl. langjährig im Rahmen privater Vermögensverwaltung genutzt wird, kann Gegenstand eines gewerblichen Grundstückshandels werden, wenn der Stpfl. im Hinblick auf eine Veräußerung Baumaßnahmen ergreift, die derart umfassend sind, dass hierdurch das bereits bestehende Gebäude nicht nur erweitert oder über seinen ursprünglichen Zustand hinausgehend wesentlich verbessert wird, sondern ein neues Gebäude hergestellt wird (BFH-Urteil vom 15. 1. 2020, BStBl 2020 II S. 538).

– *Eine Beteiligung am allgemeinen wirtschaftlichen Verkehr kann auch vorliegen, wenn Leistungen entgeltlich nur Angehörigen gegenüber erbracht werden (> BFH vom 13.12.2001 – BStBl 2002 II S. 80).*

Sexuelle Dienstleistungen

– *Telefonsex führt zu Einkünften aus Gewerbebetrieb (> BFH vom 23.2.2000 – BStBl II S. 610).*
– *Selbständig tätige Prostituierte erzielen Einkünfte aus Gewerbebetrieb (> BFH vom 20.2.2013 – BStBl II S. 441).*

Teilnahme an Turnierpokerspielen

Die Teilnahme an Turnierpokerspielen kann als Gewerbebetrieb zu qualifizieren sein (> BFH vom 16.9.2015 – BStBl 2016 II S. 48).

Wettbewerbsausschluss

Die Beteiligung am allgemeinen wirtschaftlichen Verkehr kann auch dann bestehen, wenn der Wettbewerb der Gewerbetreibenden untereinander ausgeschlossen ist (> BFH vom 13.12.1963 – BStBl 1964 III S. 99).

EStR   R 15.5 Abgrenzung des Gewerbebetriebs von der Land- und Forstwirtschaft🔲

Allgemeine Grundsätze

(1) [1]Land- und Forstwirtschaft ist die planmäßige Nutzung der natürlichen Kräfte des Bodens zur Erzeugung von Pflanzen und Tieren sowie die Verwertung der dadurch selbstgewonnenen Erzeugnisse. [2]Als Boden im Sinne des Satzes 1 gelten auch Substrate und Wasser. [3]Ob eine land- und forstwirtschaftliche Tätigkeit vorliegt, ist jeweils nach dem Gesamtbild der Verhältnisse zu entscheiden. [4]Liegen teils gewerbliche und teils land- und forstwirtschaftliche Tätigkeiten vor, sind die Tätigkeiten zu trennen, wenn dies nach der Verkehrsauffassung möglich ist. [5]Dies gilt auch dann, wenn sachliche und wirtschaftliche Bezugspunkte zwischen den verschiedenen Tätigkeiten bestehen. [6]Sind die verschiedenen Tätigkeiten jedoch derart miteinander verflochten, dass sie sich unlösbar gegenseitig bedingen, liegt eine einheitliche Tätigkeit vor. [7]Eine solche einheitliche Tätigkeit ist danach zu qualifizieren, ob das land- und forstwirtschaftliche oder das gewerbliche Element überwiegt. [8]Bei in Mitunternehmerschaft (> R 15.8) geführten Betrieben ist § 15 Abs. 3 Nr. 1 EStG anzuwenden; Tätigkeiten, die dem Grunde und der Höhe nach innerhalb der nachfolgenden Grenzen liegen, gelten dabei als land- und forstwirtschaftlich.

Strukturwandel

(2) [1]Durch Strukturwandel einer bisher der Land- und Forstwirtschaft zugerechneten Tätigkeit kann neben der Land- und Forstwirtschaft ein Gewerbebetrieb entstehen. [2]In diesen Fällen beginnt der Gewerbebetrieb zu dem Zeitpunkt, zu dem diese Tätigkeit dauerhaft umstrukturiert wird. [3]Hiervon ist z.B. auszugehen, wenn dem bisherigen Charakter der Tätigkeit nicht mehr entsprechende Investitionen vorgenommen, vertragliche Verpflichtungen eingegangen oder Wirtschaftsgüter angeschafft werden und dies jeweils dauerhaft dazu führt, dass die in den fol-

---

Anm. d. Schriftl.:

🔲 Zu den steuerlichen Folgen aus der Abgrenzung der Land- und Forstwirtschaft vom Gewerbebetrieb im Zusammenhang mit Biogasanlagen und der Erzeugung von Energie aus Biogas wird auf die BMF-Schreiben vom 6.3.2006, BStBl 2006 I S. 248, und vom 29.6.2006, BStBl 2006 I S. 417, hingewiesen. Zur ertragsteuerrechtlichen Behandlung von Biogasanlagen und der Erzeugung von Energie aus Biogas hat die Finanzverwaltung mit BMF-Schreiben vom 11.4.2022, BStBl 2022 I S. 633, Stellung genommen.

genden Absätzen genannten Grenzen erheblich überschritten werden. [4]In allen übrigen Fällen liegen nach Ablauf eines Zeitraums von drei aufeinander folgenden Wirtschaftsjahren Einkünfte aus Gewerbebetrieb vor. [5]Der Dreijahreszeitraum bezieht sich auf die nachfolgenden Umsatzgrenzen und beginnt bei einem Wechsel des Betriebsinhabers nicht neu. [6]Die vorstehenden Grundsätze gelten für den Strukturwandel von einer gewerblichen Tätigkeit zu einer land- und forstwirtschaftlichen Tätigkeit entsprechend.

(3) u. (4) …

Eigene und fremde Erzeugnisse

(5) [1]Als eigene Erzeugnisse gelten alle land- und forstwirtschaftlichen Erzeugnisse, die im Rahmen des Erzeugungsprozesses im eigenen Betrieb gewonnen werden. [2]Hierzu gehören auch Erzeugnisse der ersten Stufe der Be- oder Verarbeitung und zugekaufte Waren, die als Roh-, Hilfs- oder Betriebsstoffe im Erzeugungsprozess verwendet werden. [3]Rohstoffe sind Waren, die im Rahmen des Erzeugungsprozesses weiterkultiviert werden (z. B. Jungtiere, Saatgut oder Jungpflanzen). [4]Hilfsstoffe sind Waren, die als nicht überwiegender Bestandteil in eigene Erzeugnisse eingehen (z. B. Futtermittelzusätze, Siliermittel, Starterkulturen und Lab zur Milchverarbeitung, Trauben, Traubenmost und Verschnittwein zur Weinerzeugung, Verpackungsmaterial sowie Blumentöpfe für die eigene Produktion oder als handelsübliche Verpackung). [5]Betriebsstoffe sind Waren, die im Erzeugungsprozess verwendet werden (z. B. Düngemittel, Treibstoff und Heizöl). [6]Unerheblich ist, ob die zugekaufte Ware bereits ein land- und forstwirtschaftliches Urprodukt im engeren Sinne oder ein gewerbliches Produkt darstellt. [7]Als fremde Erzeugnisse gelten alle zur Weiterveräußerung zugekauften Erzeugnisse, Produkte oder Handelswaren, die nicht im land- und forstwirtschaftlichen Erzeugungsprozess des eigenen Betriebs verwendet werden. [8]Dies gilt unabhängig davon, ob es sich um betriebstypische bzw. -untypische Erzeugnisse, Handelsware zur Vervollständigung einer für die Art des Erzeugungsbetriebs üblichen Produktpalette der andere Waren aller Art handelt. [9]Werden zugekaufte Roh-, Hilfs- oder Betriebsstoffe weiterveräußert, gelten diese zum Zeitpunkt der Veräußerung als fremde Erzeugnisse. [10]Dies gilt unabhängig davon, ob die Veräußerung gelegentlich (z. B. Verkauf von Diesel im Rahmen der Nachbarschaftshilfe) oder laufend (z. B. Verkauf von Blumenerde) erfolgt. [11]Die hieraus erzielten Umsätze sind bei der Abgrenzung entsprechend zu berücksichtigen.

Absatz eigener Erzeugnisse i. V. m. fremden und gewerblichen Erzeugnissen

(6) [1]Werden ausschließlich eigene Erzeugnisse (Absatz 5 Satz 1) abgesetzt, stellt dies eine Vermarktung im Rahmen der Land- und Forstwirtschaft dar, selbst wenn diese Erzeugnisse über ein eigenständiges Handelsgeschäft oder eine Verkaufsstelle (z. B. Großhandelsbetrieb, Einzelhandelsbetrieb, Ladengeschäft, Marktstand oder Verkaufswagen) abgesetzt werden. [2]Unerheblich ist die Anzahl der Verkaufsstellen oder ob die Vermarktung in räumlicher Nähe zum Betrieb erfolgt. [3]Werden durch einen Land- und Forstwirt neben eigenen Erzeugnissen auch fremde (Absatz 5 Satz 7) oder gewerbliche Erzeugnisse (Absatz 3 Satz 5 und 6) abgesetzt, liegen eine land- und forstwirtschaftliche und eine gewerbliche Tätigkeit vor. [4]Diese gewerbliche Tätigkeit kann unter den Voraussetzungen des Absatzes 11 noch der Land- und Forstwirtschaft zugerechnet werden. [5]Dagegen ist der ausschließliche Absatz fremder oder gewerblicher Erzeugnisse von Beginn an stets eine gewerbliche Tätigkeit. [6]Auf die Art und den Umfang der Veräußerung kommt es dabei nicht an.

Absatz eigener Erzeugnisse i. V. m. Dienstleistungen

(7) [1]Die Dienstleistung eines Land- und Forstwirts im Zusammenhang mit dem Absatz eigener Erzeugnisse, die über den Transport und das Einbringen von Pflanzen hinausgeht (z. B. Grabpflege, Gartengestaltung), stellt grundsätzlich eine einheitlich zu beurteilende Tätigkeit mit Vereinbarungen über mehrere Leistungskomponenten dar (gemischter Vertrag). [2]Dabei ist von einer einheitlich gewerblichen Tätigkeit auszugehen, wenn nach dem jeweiligen Vertragsinhalt der

Umsatz aus den Dienstleistungen und den fremden Erzeugnissen überwiegt. [3]Die gewerbliche Tätigkeit kann unter den Voraussetzungen des Absatzes 11 noch der Land- und Forstwirtschaft zugerechnet werden.

Absatz eigen erzeugter Getränke i. V. m. besonderen Leistungen

(8) [1]Der Ausschank von eigen erzeugten Getränken i. S. d. Absatzes 5, z. B. Wein, ist lediglich eine Form der Vermarktung und somit eine land- und forstwirtschaftliche Tätigkeit. [2]Werden daneben durch einen Land- und Forstwirt Speisen und andere Getränke abgegeben, liegt insoweit eine gewerbliche Tätigkeit vor, die unter den Voraussetzungen des Absatzes 11 noch der Land- und Forstwirtschaft zugerechnet werden kann.

Verwendung von Wirtschaftsgütern

(9) [1]Verwendet ein Land- und Forstwirt Wirtschaftsgüter seines land- und forstwirtschaftlichen Betriebsvermögens, indem er diese Dritten entgeltlich überlässt oder mit ihnen für Dritte Dienstleistungen verrichtet, stellt dies eine gewerbliche Tätigkeit dar. [2]Dies gilt auch, wenn in diesem Zusammenhang fremde Erzeugnisse verwendet werden. [3]Unter den Voraussetzungen des Absatzes 11 kann die Tätigkeit noch der Land- und Forstwirtschaft zugerechnet werden, wenn der Einsatz für eigene land- und forstwirtschaftliche Zwecke einen Umfang von 10 % nicht unterschreitet. [4]Dagegen liegt ohne weiteres von Beginn an stets eine gewerbliche Tätigkeit vor, wenn ein Land- und Forstwirt Wirtschaftsgüter, die er eigens zu diesem Zweck angeschafft hat, für Dritte verwendet.

Land- und forstwirtschaftliche Dienstleistungen

(10) [1]Sofern ein Land- und Forstwirt Dienstleistungen ohne Verwendung von eigenen Erzeugnissen oder eigenen Wirtschaftsgütern verrichtet, ist dies eine gewerbliche Tätigkeit. [2]Unter den Voraussetzungen des Absatzes 11 kann die Tätigkeit noch der Land- und Forstwirtschaft zugerechnet werden, wenn ein funktionaler Zusammenhang mit typisch land- und forstwirtschaftlichen Tätigkeiten besteht.

Abgrenzungsregelungen

(11) [1]Gewerbliche Tätigkeiten, die nach den Absätzen 3 bis 8 dem Grunde nach die Voraussetzungen für eine Zurechnung zur Land- und Forstwirtschaft erfüllen, sind nur dann typisierend der Land- und Forstwirtschaft zuzurechnen, wenn die Umsätze aus diesen Tätigkeiten dauerhaft (Absatz 2) insgesamt nicht mehr als ein Drittel des Gesamtumsatzes und nicht mehr als 51 500 Euro im Wirtschaftsjahr betragen. [2]Diese Grenzen gelten für die Tätigkeiten nach den Absätzen 9 und 10 entsprechend. [3]Voraussetzung hierfür ist, dass die Umsätze aus den Tätigkeiten i. S. v. Satz 1 und 2 dauerhaft (Absatz 2) insgesamt nicht mehr als 50 % des Gesamtumsatzes betragen. [4]Anderenfalls liegen hinsichtlich dieser Tätigkeiten unter den Voraussetzungen des Strukturwandels Einkünfte aus Gewerbebetrieb vor. [5]Der daneben bestehende Betrieb der Land- und Forstwirtschaft bleibt hiervon unberührt. [6]Bei der Ermittlung der Umsätze ist von den Betriebseinnahmen (ohne Umsatzsteuer) auszugehen. [7]Soweit es auf den Gesamtumsatz ankommt, ist hierunter die Summe der Betriebseinnahmen (ohne Umsatzsteuer) zu verstehen.

Energieerzeugung

(12) ...

Beherbergung von Fremden

(13) ¹Die Abgrenzung der Einkünfte aus Gewerbebetrieb gegenüber denen aus Land- und Forst-wirtschaft richtet sich bei der Beherbergung von Fremden nach den Grundsätzen von R 15.7. ²Aus Vereinfachungsgründen ist keine gewerbliche Tätigkeit anzunehmen, wenn weniger als vier Zimmer und weniger als sechs Betten zur Beherbergung von Fremden bereitgehalten werden und keine Hauptmahlzeit gewährt wird.

(14) Soweit sich aus den Absätzen 1 bis 13 für einen Stpfl. Verschlechterungen gegenüber R 15.5 EStR 2008 ergeben, kann R 15.5 EStR 2008 für diejenigen Wirtschaftsjahre weiter angewandt werden, die vor der Veröffentlichung der EStÄR 2012 im Bundessteuerblatt beginnen.

> **Hinweise   EStH   H 15.5**

...

EStR   **R 15.6 Abgrenzung des Gewerbebetriebs von der selbständigen Arbeit🗹🗹**

– unbesetzt –

> **Hinweise   EStH   H 15.6**

Allgemeines

Die für einen Gewerbebetrieb geltenden positiven Voraussetzungen

– *Selbständigkeit (> R 15.1),*

– *Nachhaltigkeit (> H 15.2),*

– *Gewinnerzielungsabsicht (> H 15.3),*

– *Beteiligung am allgemeinen wirtschaftlichen Verkehr (> H 15.4),*

gelten auch für die selbständige Arbeit im Sinne des § 18 Abs. 1 Nr. 1 und 2 EStG. Erfordert die Ausübung eines in § 18 Abs. 1 Nr. 1 EStG genannten Berufes eine gesetzlich vorgeschriebene Berufsausbildung, so übt nur derjenige, der auf Grund dieser Berufsausbildung berechtigt ist, die betreffende Berufsbezeichnung zu führen, diesen Beruf aus (> BFH vom 1. 10. 1986 – BStBl 1987 II S. 116). Eine sonstige selbständige Tätigkeit im Sinne des § 18 Abs. 1 Nr. 3 EStG wird in der Regel gelegentlich und nur ausnahmsweise nachhaltig ausgeübt (> BFH vom 28. 6. 2001 – BStBl 2002 II S. 338).

Abgrenzung selbständige Arbeit/Gewerbebetrieb

a) Beispiele für selbständige Arbeit

    Altenpfleger, soweit keine hauswirtschaftliche Versorgung der Patienten erfolgt (> BMF vom 20. 11. 2019 – BStBl I S. 1298),

---

Anm. d. Schriftl.:

🗹 Eine Steuerberatungs- und Wirtschaftsprüfungs-KG mit einer GmbH als alleiniger Komplementärin erzielt Einkünfte aus Gewerbebetrieb (BFH-Urteil vom 10. 10. 2012, BStBl 2013 II S. 79).

🗹 Einkünfte aus ruhendem Gewerbebetrieb stellen originär gewerbliche Einkünfte dar. Ruht der Gewerbebetrieb einer Personengesellschaft, kann diese schon deshalb keine gewerblich geprägte Gesellschaft i. S. des § 15 Abs. 3 Nr. 2 EStG sein (BFH-Urteil vom 9. 11. 2017, BStBl 2018 II S. 227).

Berufsbetreuer i. S. v. §§ 1896 ff. BGB; die Tätigkeit fällt in der Regel unter § 18 Abs. 1 Nr. 3 EStG (> BFH vom 15. 6. 2010 – BStBl II S. 909 und S. 906),

Diätassistent (> BMF vom 20. 11. 2019 – BStBl I S. 1298),

EDV-Berater übt im Bereich der Systemsoftware regelmäßig eine ingenieurähnliche Tätigkeit aus. Im Bereich der Entwicklung von Anwendersoftware ist die Tätigkeit des EDV-Beraters nur dann als selbständige Tätigkeit zu qualifizieren, wenn er die Entwicklung der Anwendersoftware durch eine klassische ingenieursmäßige Vorgehensweise (Planung, Konstruktion, Überwachung) betreibt und er über eine Ausbildung, die der eines Ingenieurs vergleichbar ist, verfügt (> BFH vom 4. 5. 2004 – BStBl II S. 989),

Ergotherapeut (> BMF vom 20. 11. 2019 – BStBl I S. 1298),

Fachkrankenpfleger für Krankenhaushygiene (> BFH vom 6. 9. 2006 – BStBl 2007 II S. 177),

Hebamme/Entbindungspfleger (> BMF vom 20. 11. 2019 – BStBl I S. 1298),

Heileurythmist bei Teilnahme an Verträgen zur Integrierten Versorgung mit Anthroposophischer Medizin nach § 140a ff. SGB V (> BFH vom 20. 11. 2018 – BStBl 2019 II S. 776 und BMF vom 20. 11. 2019 – BStBl I S. 1298),

Industrie-Designer; auch im Bereich zwischen Kunst und Gewerbe kann gewerblicher Verwendungszweck eine künstlerische Tätigkeit nicht ausschließen (> BFH vom 14. 12. 1976 – BStBl 1977 II S. 474),

Insolvenzverwalter (> BFH vom 11. 8. 1994 – BStBl II S. 936), > sonstige selbständige Arbeit,

IT-Projektleiter, wenn dieser über Kenntnisse und Fähigkeiten verfügt, die in Breite und Tiefe denen eines Diplom-Informatikers entsprechen (> BFH vom 22. 9. 2009 – BStBl 2010 II S. 404),

Kfz-Sachverständiger, dessen Gutachtertätigkeit mathematisch-technische Kenntnisse voraussetzt, wie sie üblicherweise nur durch eine Berufsausbildung als Ingenieur erlangt werden (> BFH vom 10. 11. 1988 – BStBl 1989 II S. 198),

Kindererholungsheim; der Betrieb eines Kindererholungsheims kann ausnahmsweise eine freiberufliche Tätigkeit darstellen, wenn die Kinder in erster Linie zum Zweck einer planmäßigen körperlichen, geistigen und sittlichen Erziehung auswärts untergebracht sind und die freiberufliche Tätigkeit der Gesamtleistung des Heimes das Gepräge gibt (> BFH vom 9. 4. 1975 – BStBl II S. 610),

Kinder- und Jugendlichenpsychotherapeut (> BMF vom 20. 11. 2019 – BStBl I S. 1298),

Kompasskompensierer auf Seeschiffen (> BFH vom 14. 11. 1957 – BStBl 1958 III S. 3),

Krankenpfleger/Krankenschwester, soweit keine hauswirtschaftliche Versorgung der Patienten erfolgt (> BFH vom 22. 1. 2004, BStBl II S. 509 und BMF vom 20. 11. 2019 – BStBl I S. 1298),

Kunsthandwerker, der von ihm selbst entworfene Gegenstände herstellt (> BFH vom 26. 9. 1968 – BStBl 1969 II S. 70); handwerkliche und künstlerische Tätigkeit können nebeneinander vorliegen (> BFH vom 11. 7. 1991 – BStBl II S. 889),

Logopäde (> BMF vom 20. 11. 2019 – BStBl I S. 1298),

Masseur (staatlich geprüft), Heilmasseur, soweit diese nicht lediglich oder überwiegend kosmetische oder Schönheitsmassagen durchführen (> BMF vom 20. 11. 2019 – BStBl I S. 1298),

Medizinischer Bademeister, soweit dieser auch zur Feststellung des Krankheitsbefunds tätig wird oder persönliche Heilbehandlungen am Körper des Patienten vornimmt (> BMF vom 20. 11. 2019 – BStBl I S. 1298),

Medizinisch-technischer Assistent (> BMF vom 20. 11. 2019 – BStBl I S. 1298),

Modeschöpfer; beratende Tätigkeit eines im Übrigen als Künstler anerkannten Modeschöpfers kann künstlerisch sein (> BFH vom 2. 10. 1968 – BStBl 1969 II S. 138),

Orthoptist (> BMF vom 20.11.2019 – BStBl I S. 1298),

Patentberichterstatter mit wertender Tätigkeit (> BFH vom 2.12.1970 – BStBl 1971 II S. 233),

Podologe/Medizinischer Fußpfleger (> BMF vom 20.11.2019 – BStBl I S. 1298),

Prüfingenieur, der Hauptuntersuchungen und Sicherheitsprüfungen durchführt (> BFH vom 14.5.2019 – BStBl II S. 580),

Psychologischer Psychotherapeut (> BMF vom 20.11.2019 – BStBl I S. 1298),

Rettungsassistent (> BMF vom 20.11.2019 – BStBl I S. 1298),

Schiffseichaufnehmer (> BFH vom 5.11.1970 – BStBl 1971 II S. 319),

Synchronsprecher, der bei der Synchronisierung ausländischer Spielfilme mitwirkt (> BFH vom 3.8.1978 – BStBl 1979 II S. 131 und vom 12.10.1978 – BStBl 1981 II S. 706),

Tanz- und Unterhaltungsorchester, wenn es einen bestimmten Qualitätsstandard erreicht (> BFH vom 19.8.1982 – BStBl 1983 II S. 7),

Umweltauditor mit einem abgeschlossenen Chemiestudium (> BFH vom 17.1.2007 – BStBl II S. 519),

Verfahrenspfleger i. S. d. FamFG; die Tätigkeit fällt in der Regel unter § 18 Abs. 1 Nr. 3 EStG (> BFH vom 15.6.2010 – BStBl II S. 909 und S. 906),

Werbung; Tätigkeit eines Künstlers im Bereich der Werbung kann künstlerisch sein, wenn sie als eigenschöpferische Leistung zu werten ist (> BFH vom 11.7.1991 – BStBl 1992 II S. 353),

Zahnpraktiker·(> BMF vom 20.11.2019 – BStBl I S. 1298),

Zwangsverwalter; die Tätigkeit fällt in der Regel unter § 18 Abs. 1 Nr. 3 EStG (> BFH vom 12.12.2001 – BStBl 2002 II S. 202); aber > Sonstige selbständige Arbeit

b) **Beispiele für Gewerbebetrieb**

Altenpfleger, soweit auch eine hauswirtschaftliche Versorgung der Patienten erfolgt (> BMF vom 20.11.2019 – BStBl I S. 1298),

Anlageberater/Finanzanalyst (> BFH vom 2.9.1988 – BStBl 1989 II S. 24),

Ärztepropagandist (> BFH vom 27.4.1961 – BStBl III S. 315),

Apotheken-Inventurbüro (> BFH vom 15.6.1965 – BStBl III S. 556),

Apothekenrezeptabrechner (> BFH vom 28.3.1974 – BStBl II S. 515),

Architekt, der bei Ausübung einer beratenden Tätigkeit an der Vermittlung von Geschäftsabschlüssen mittelbar beteiligt ist (> BFH vom 14.6.1984 – BStBl 1985 II S. 15) oder der schlüsselfertige Gebaude errichten lässt; die Gewerblichkeit erstreckt sich in diesem Fall auch auf ggf. erbrachte Ingenieur- oder Architektenleistungen (> BFH vom 18.10.2006 – BStBl 2008 II S. 54),

Artist (> BFH vom 16.3.1951 – BStBl III S. 97),

Baubetreuer (Bauberater), die sich lediglich mit der wirtschaftlichen (finanziellen) Betreuung von Bauvorhaben befassen (> BFH vom 29.5.1973 – BStBl 1974 II S. 447 und vom 30.5.1973 – BStBl II S. 668),

Bauleiter (> BFH vom 22.1.1988 – BStBl II S. 497 und vom 11.8.1999 – BStBl 2000 II S. 31), es sei denn, seine Ausbildung entspricht derjenigen eines Architekten (> BFH vom 12.10.1989 – BStBl 1990 II S. 64) oder eines (Wirtschafts-)Ingenieurs (> BFH vom 6.9.2006 – BStBl 2007 II S. 118),

Beratungsstellenleiter eines Lohnsteuerhilfevereins (> BFH vom 10.12.1987 – BStBl 1988 II S. 273),

Berufssportler (> BFH vom 22.1.1964 – BStBl III S. 207),

Bezirksschornsteinfegermeister (> BFH vom 13.11.1996 – BStBl 1997 II S. 295),

Blindenführhundeschule (> BFH vom 9. 5. 2017 – BStBl II S. 911),

Bodybuilding-Studio, wenn unterrichtende Tätigkeit nur die Anfangsphase der Kurse prägt und im Übrigen den Kunden Trainingsgeräte zur freien Verfügung stehen (> BFH vom 18. 4. 1996 – BStBl II S. 573),

Buchhalter (> BFH vom 28. 6. 2001 – BStBl 2002 II S. 338),

Buchmacher (> RFH vom 22. 2. 1939 – RStBl S. 576),

Bühnenvermittler (> BFH vom 15. 4. 1970 – BStBl II S. 517),

Clinical Research Associate (CRA) mit einer im Wesentlichen im Bereich der Planung, Durchführung und Evaluation klinischer Studien ausgeübten Tätigkeit (> BFH vom 25. 4. 2017 – BStBl II S. 908),

Datenschutzbeauftragter, externer; übt auch dann eine gewerbliche Tätigkeit aus, wenn er zugleich als Rechtsanwalt tätig ist (> BFH vom 14. 1. 2020 – BStBl II S. 222),

Detektiv (> RFH vom 15. 7. 1942 – RStBl S. 989),

Diplomsozialarbeiterin, die im Rahmen der ambulanten Eingliederungshilfe Menschen mit Behinderungen und Menschen mit Krankheiten bei einer selbstbestimmten Lebensführung unterstützt (> BFH vom 29. 9. 2020 – BStBl 2021 II S. 387),

Dispacheur (> BFH vom 26. 11. 1992 – BStBl 1993 II S. 235),

EDV-Berater übt keine ingenieurähnliche Tätigkeit aus, wenn er im Bereich der Anwendersoftware die Entwicklung qualifizierter Software nicht durch eine klassische ingenieurmäßige Vorgehensweise (Planung, Konstruktion, Überwachung) betreibt und wenn er keine Ausbildung, die der eines Ingenieurs vergleichbar ist, besitzt (> BFH vom 4. 5. 2004, BStBl II S. 989),

Erbensucher (> BFH vom 24. 2. 1965 – BStBl III S. 263),

Fahrschule, wenn der Inhaber nicht die Fahrlehrererlaubnis besitzt (> BFH vom 4. 10. 1966 – BStBl III S. 685),

Finanz- und Kreditberater (> BFH vom 13. 4. 1988 – BStBl II S. 666),

Fitness-Studio; keine unterrichtende Tätigkeit, wenn Kunden im Wesentlichen in Gerätebedienung eingewiesen und Training in Einzelfällen überwacht wird (> BFH vom 13. 1. 1994 – BStBl II S. 362),

Fotograf, der Werbeaufnahmen macht; Werbeaufnahmen macht auch, wer für Zeitschriften Objekte auswählt und zum Zweck der Ablichtung arrangiert, um die von ihm oder einem anderen Fotografen dann hergestellten Aufnahmen zu veröffentlichen (> BFH vom 19. 2. 1998 – BStBl II S. 441),

Fotomodell (> BFH vom 8. 6. 1967 – BStBl III S. 618),

Gutachter auf dem Gebiet der Schätzung von Einrichtungsgegenständen und Kunstwerken (> BFH vom 22. 6. 1971 – BStBl II S. 749),

Havariesachverständiger (> BFH vom 22. 6. 1965 – BStBl III S. 593),

Hellseher (> BFH vom 30. 3. 1976 – BStBl II S. 464),

Hersteller künstlicher Menschenaugen (> BFH vom 25. 7. 1968 – BStBl II S. 662),

Industriepropagandisten (> RFH vom 25. 3. 1938 – RStBl S. 733), Ingenieur als **Werber für Lieferfirmen** (> RFH vom 30. 8. 1939 – RStBl 1940 S. 14),

Inventurbüro (> BFH vom 28. 11. 1968 – BStBl 1969 II S. 164),

Kfz-Sachverständiger ohne Ingenieurexamen, dessen Tätigkeit keine mathematisch-technischen Kenntnisse wie die eines Ingenieurs voraussetzt (> BFH vom 9. 7. 1992 – BStBl 1993 II S. 100),

Klavierstimmer (> BFH vom 22. 3. 1990 – BStBl II S. 643),

EStR

Konstrukteur, der überwiegend Bewehrungspläne fertigt (> BFH vom 5. 10. 1989 – BStBl 1990 II S. 73),

Krankenpfleger/Krankenschwester, soweit auch eine hauswirtschaftliche Versorgung der Patienten erfolgt (> BFH vom 22. 1. 2004 – BStBl II S. 509 und BMF vom 20. 11. 2019 – BStBl I S. 1298),

Kükensortierer (> BFH vom 16. 8. 1955 – BStBl III S. 295),

Künstleragenten (> BFH vom 18. 4. 1972 – BStBl II S. 624),

Makler (> RFH vom 1. 6. 1938 – RStBl S. 842),

Marktforschungsberater (> BFH vom 27. 2. 1992 – BStBl II S. 826),

Masseur (staatlich geprüft), *Heilmasseur,* wenn diese lediglich oder überwiegend kosmetische oder Schönheitsmassagen durchführen (> BFH vom 26. 11. 1970 – BStBl 1971 II S. 249),

Moderator von Verkaufssendungen (> BFH vom 16. 9. 2014 – BStBl 2015 II S. 217),

Personalberater, der seinen Auftraggebern von ihm ausgesuchte Kandidaten für eine zu besetzende Stelle vermittelt (> BFH vom 19. 9. 2002 – BStBl 2003 II S. 25),

Pilot (> BFH vom 16. 5. 2002 – BStBl II S. 565),

Politikberater, dessen Schwerpunkt der Berufstätigkeit in der umfangreichen Informationsbeschaffung rund um spezielle aktuelle Gesetzgebungsvorhaben und der diesbezüglichen Berichterstattung gegenüber seinen Auftraggebern liegt (> BFH vom 14. 5. 2014 – BStBl II S. 128),

Probenehmer für Erze, Metalle und Hüttenerzeugnisse (> BFH vom 14. 11. 1972 – BStBl 1973 II S. 183),

Promotionsberater (> BFH vom 8. 10. 2008 – BStBl 2009 II S. 238),

Rechtsbeistand, der mit Genehmigung des Landgerichtspräsidenten Auszüge aus Gerichtsakten für Versicherungsgesellschaften fertigt (> BFH vom 18. 3. 1970 – BStBl II S. 455),

Rentenberater (> BFH vom 7. 5. 2019 – BStBl II S. 528 und S. 532),

Restaurator, es sei denn, er beschränkt sich auf die Erstellung von Gutachten und Veröffentlichungen und wird daher wissenschaftlich tätig oder die Tätigkeit betrifft ein Kunstwerk, dessen Beschädigung ein solches Ausmaß aufweist, dass seine Wiederherstellung eine eigenschöpferische Leistung des Restaurators erfordert (> BFH vom 4. 11. 2004 – BStBl 2005 II S. 362),

Rezeptabrechner für Apotheken (> BFH vom 28. 3. 1974 – BStBl II S. 515),

Rundfunkermittler, der im Auftrag einer Rundfunkanstalt Schwarzhörer aufspürt (> BFH vom 2. 12. 1998 – BStBl 1999 II S. 534),

Rundfunksprecher entfaltet in der Regel keine künstlerische Tätigkeit (> BFH vom 20. 6. 1962 – BStBl III S. 385 und vom 24. 10. 1963 – BStBl III S. 589),

Schadensregulierer im Auftrag einer Versicherungsgesellschaft (> BFH vom 29. 8. 1961 – BStBl III S. 505),

Schiffssachverständiger, wenn er überwiegend reine Schadensgutachten (im Unterschied zu Gutachten über Schadens- und Unfallursachen) erstellt (> BFH vom 21. 3. 1996 – BStBl II S. 518),

Spielerberater von Berufsfußballspielern (> BFH vom 26. 11. 1998 – BStBl 1999 II S. 167),

Treuhänderische Tätigkeit eines Rechtsanwaltes für Bauherrengemeinschaften (> BFH vom 1. 2. 1990 – BStBl II S. 534) sowie eines Wirtschaftsprüfers bei einem Immobilienfonds (> BFH vom 18. 10. 2006 – BStBl 2007 II S. 266),

Übersetzer, der die beauftragten Sprachen nicht selbst beherrscht, sondern Übersetzungen in nicht unerheblichem Umfang hinzukauft (> BFH vom 21. 2. 2017 – BStBl 2018 II S. 4),

Vereidigter Kursmakler (> BFH vom 13. 9. 1955 – BStBl III S. 325),

Versicherungsberater (> BFH vom 16. 10. 1997 – BStBl 1998 II S. 139),

Versicherungsvertreter, selbständiger; übt auch dann eine gewerbliche Tätigkeit aus, wenn er nur für ein einziges Versicherungsunternehmen tätig sein darf (> BFH vom 26. 10. 1977 – BStBl 1978 II S. 137),

Versteigerer (> BFH vom 24. 1. 1957 – BStBl III S. 106),

Vortragswerber (> BFH vom 5. 7. 1956 – BStBl III S. 255),

Werbeberater (> BFH vom 16. 1. 1974 – BStBl II S. 293),

Wirtschaftswissenschaftler, der sich auf ein eng begrenztes Tätigkeitsgebiet, z. B. die Aufnahme und Bewertung von Warenbeständen in einem bestimmten Wirtschaftszweig, spezialisiert und diese Tätigkeit im Wesentlichen von zahlreichen Hilfskräften in einem unternehmensartig organisierten Großbüro ausführen lässt (> BFH vom 28. 11. 1968 – BStBl 1969 II S. 164),

Zolldeklarant (> BFH vom 21. 9. 1989 – BStBl 1990 II S. 153).

Ähnliche Berufe

– Ob ein ähnlicher Beruf vorliegt, ist durch Vergleich mit einem bestimmten Katalogberuf festzustellen (> BFH vom 5. 7. 1973 – BStBl II S. 730).

– Ein Beruf ist einem der Katalogberufe ähnlich, wenn er in wesentlichen Punkten mit ihm verglichen werden kann. Dazu gehören die Vergleichbarkeit der **Ausbildung** und der beruflichen **Tätigkeit** (> BFH vom 12. 10. 1989 – BStBl 1990 II S. 64).

– > Autodidakt

– Der Nachweis **ingenieurähnlicher Tätigkeiten** kann nicht durch die Tätigkeit erbracht werden, die auch anhand von Formelsammlungen und praktischen Erfahrungen ausgeübt werden kann (> BFH vom 11. 7. 1991 – BStBl II S. 878). Demgegenüber werden an die Breite der Tätigkeit geringere Anforderungen gestellt (> BFH vom 14. 3. 1991 – BStBl II S. 769). Dies gilt nicht für die dem **beratenden Betriebswirt** ähnlichen Berufe; bei diesen muss sich die Beratungstätigkeit wenigstens auf einen betrieblichen Hauptbereich der Betriebswirtschaft beziehen (> BFH vom 12. 10. 1989 – BStBl II 1990 S. 64).

– Ein **Hochbautechniker** mit den einem Architekten vergleichbaren theoretischen Kenntnissen übt auch in den Veranlagungszeiträumen eine architektenähnliche Tätigkeit aus, in denen er lediglich als Bauleiter tätig wird (> BFH vom 12. 10. 1989 – BStBl II 1990 S. 64).

– Ist für die Ausübung des Katalogberufes eine **staatliche Erlaubnis** erforderlich, kann die ohne staatliche Erlaubnis entfaltete Tätigkeit nicht ähnlich sein (> BFH vom 13. 2. 2003 – BStBl II S. 721).

– > Heil- und Heilhilfsberufe

– Eine Vergleichbarkeit der Ausbildung erfordert, dass der Tiefe und der Breite nach das Wissen des Kernbereichs des jeweiligen Fachstudiums nachgewiesen wird. Vertiefte Kenntnisse auf einem Teilgebiet des Fachstudiums reichen für eine freiberufliche Tätigkeit nicht aus (> BFH vom 18. 4. 2007 – BStBl II S. 781).

Autodidakt

Verfügt der Stpfl. nicht über einen entsprechenden Studienabschluss (Autodidakt), muss er eine diesem vergleichbare Tiefe und Breite seiner Vorbildung nachweisen. Da der Nachweis durch Teilnahme an Kursen oder Selbststudium auch den Erfolg der autodidaktischen Ausbildung mit umfasst, ist dieser Beweis regelmäßig schwer zu erbringen (> BFH vom 14. 3. 1991 – BStBl II S. 769).

– Der Autodidakt kann aber ausnahmsweise den Nachweis der erforderlichen theoretischen Kenntnisse anhand eigener praktischer Arbeiten erbringen. Hierbei ist erforderlich, dass seine

Tätigkeit besonders anspruchsvoll ist und nicht nur der Tiefe, sondern auch der Breite nach zumindest das Wissen des Kernbereichs eines Fachstudiums voraussetzt und den Schwerpunkt seiner Arbeit bildet (> BFH vom 9. 7. 1992 – BStBl 1993 II S. 100). Die praktischen Arbeiten müssen so beschaffen sein, dass aus ihnen auf eine Ausbildung, einen Kenntnisstand und eine Qualifikation geschlossen werden kann, die durch den Kernbereich eines Fachstudiums vermittelt wird (> BFH vom 11. 8. 1999 – BStBl 2000 II S. 31). Es ist unschädlich, wenn die Kenntnisse in einem Hauptbereich des Fachstudiums unzureichend sind, der Stpfl. jedoch insgesamt eine entsprechende Abschlussprüfung an einer Hochschule, Fachhochschule oder Berufsakademie bestehen würde (> BFH vom 19. 9. 2002 – BStBl 2003 II S. 27 und vom 28. 8. 2003 – BStBl II S. 919).

– *Der Nachweis der erforderlichen theoretischen Kenntnisse kann auch mittels einer Wissensprüfung durch einen Sachverständigen erbracht werden (> BFH vom 26. 6. 2002 – BStBl II S. 768). Eine erfolgreich bestandene Wissensprüfung führt nur dann zur Anerkennung einer freiberufsähnlichen Tätigkeit, wenn sie den Rückschluss auf den Kenntnisstand des Stpfl. im zu beurteilenden VZ zulässt (> BFH vom 20. 10. 2016 – BStBl 2017 II S. 882).*

– *Ein abgebrochenes Studium reicht zum Nachweis einer autodidaktischen Ausbildung nicht aus (> BFH vom 4. 5. 2000 – BStBl II S. 616).*

...

Gemischte Tätigkeit

– Allgemeines

Wird neben einer freiberuflichen eine gewerbliche Tätigkeit ausgeübt, sind die beiden Tätigkeiten steuerlich entweder getrennt oder einheitlich zu behandeln.

– Getrennte Behandlung

Die Tätigkeiten sind zu trennen, sofern dies nach der Verkehrsauffassung möglich ist (> BFH vom 2. 10. 2003 – BStBl 2004 II S. 363). Betätigt sich eine natürliche Person sowohl gewerblich als auch freiberuflich und besteht zwischen den Tätigkeiten kein sachlicher und wirtschaftlicher Zusammenhang, werden nebeneinander Einkünfte aus Gewerbebetrieb und aus selbständiger Arbeit erzielt. Aber auch wenn zwischen den Betätigungen gewisse sachliche und wirtschaftliche Berührungspunkte bestehen – also eine gemischte Tätigkeit vorliegt –, sind die Betätigungen regelmäßig getrennt zu erfassen (> BFH vom 11. 7. 1991 – BStBl 1992 II S. 353). Sind die Einkünfte nicht bereits vom Stpfl. getrennt ermittelt worden, muss eine Trennung ggf. im Wege der Schätzung erfolgen (> BFH vom 18. 1. 1962 – BStBl III S. 131).

– Einheitliche Behandlung

Eine einheitliche Tätigkeit liegt nur vor, wenn die verschiedenen Tätigkeiten derart miteinander verflochten sind, dass sie sich gegenseitig unlösbar bedingen (> BFH vom 11. 7. 1991 – BStBl 1992 II S. 413). Schuldet ein Stpfl. seinem Auftraggeber einen einheitlichen Erfolg, ist die zur Durchführung des Auftrags erforderliche Tätigkeit regelmäßig als einheitliche zu beurteilen (> BFH vom 18. 10. 2006 – BStBl 2008 II S. 54). Werden in einem Betrieb nur gemischte Leistungen erbracht, ist der Betrieb danach zu qualifizieren, welche der einzelnen Tätigkeiten der Gesamttätigkeit das Gepräge gibt (> BFH vom 2. 10. 2003 – BStBl 2004 II S. 363).

– Beispiele für gemischte Tätigkeit

– *Der Ankauf und Verkauf von Waren ist der freiberuflichen Tätigkeit derart wesensfremd, dass er zur Gewerblichkeit führt (> H 15.8 (5) Einheitliche Gesamtbetätigung; > BFH vom 24. 4. 1997 – BStBl II S. 567).*

– *Werden von Architekten i. V. m. gewerblichen Grundstücksverkäufen Architektenaufträge jeweils in getrennten Verträgen vereinbart und durchgeführt, liegen zwei getrennte Tätigkeiten vor (> BFH vom 23. 10. 1975 – BStBl 1976 II S. 152).*

– *> Heil- und Heilhilfsberufe*

– *Ein Rechtsanwalt, der den Vertriebsunternehmen oder Initiatoren von Bauherren-Modellen Interessenten am Erwerb von Eigentumswohnungen nachweist oder der entsprechende Verträge vermittelt, ist insoweit nicht freiberuflich tätig (> BFH vom 1. 2. 1990 – BStBl II S. 534).*

– *Ist ein Steuerberater für eine Bauherrengemeinschaft als Treuhänder tätig, können einzelne für die Treugeber erbrachte Leistungen, die zu den typischerweise von Steuerberatern ausgeübten Tätigkeiten gehören, als freiberuflich gewertet werden, wenn sie von den gewerblichen Treuhänderleistungen abgrenzbar sind (> BFH vom 21. 4. 1994 – BStBl II S. 650). Eine getrennte steuerliche Behandlung ist jedoch nicht möglich, wenn ein Steuerberater, der einem Vertriebsunternehmen Interessenten an den Eigentumswohnungen nachweist oder Verträge über den Erwerb vermittelt, Abnehmer bezüglich der Eigentumswohnungen steuerlich berät; die von dem Vertriebsunternehmen durch Pauschalhonorar mit vergütete Beratung ist Teil der einheitlichen Betätigung (> BFH vom 9. 8. 1983 – BStBl 1984 II S. 129).*

– *Ein Wirtschaftsprüfer übt eine gewerbliche Tätigkeit aus, soweit er als Treuhänder bei einem Immobilienfonds tätig wird (> BFH vom 18. 10. 2006 – BStBl 2007 II S. 266).*

Gesellschaft

– *Schließen sich Angehörige eines freien Berufs zu einer Personengesellschaft zusammen, haben die Gesellschafter nur dann freiberufliche Einkünfte, wenn alle Gesellschafter, ggf. auch die Kommanditisten, die Merkmale eines freien Berufs erfüllen. Kein Gesellschafter darf nur kapitalmäßig beteiligt sein oder Tätigkeiten ausüben, die keine freiberuflichen sind (> BFH vom 11. 6. 1985 – BStBl II S. 584 und vom 9. 10. 1986 – BStBl 1987 II S. 124). Dies gilt ungeachtet des Umfangs der Beteiligung (> BFH vom 28. 10. 2008 – BStBl 2009 II S. 642). . . .*

– . . .

– . . .

– *Üben Personengesellschaften auch nur zum Teil eine gewerbliche Tätigkeit aus, so ist ihr gesamter Betrieb als gewerblich zu behandeln . . . Zur steuerrechtlichen Behandlung des Verkaufs von Kontaktlinsen nebst Pflegemitteln, von Mundhygieneartikeln sowie von Tierarzneimitteln durch ärztliche Gemeinschaftspraxen > BMF vom 14. 5. 1997 (BStBl I S. 566). . . .*

– . . .

– . . .

Heil- und Heilhilfsberufe

– *> BMF vom 20. 11. 2019 (BStBl I S. 1298)*

– *Ob ein Vergleich zu einem Katalogberuf i. S. d. § 18 Abs. 1 Nr. 1 Satz 2 EStG ähnlicher Beruf vorliegt, bestimmt sich nach ertragsteuerlichen Grundsätzen und nicht nach den im Zusammenhang mit der richtlinienkonformen Auslegung des § 4 Nr. 14 UStG entwickelten Maßstäben (> BFH vom 25. 4. 2017 – BStBl II S. 908).*

– *Betreibt ein Arzt ein **Krankenhaus**, so liegt eine freiberufliche Tätigkeit vor, wenn es ein notwendiges Hilfsmittel für die ärztliche Tätigkeit darstellt und aus dem Krankenhaus ein besonderer Gewinn nicht angestrebt wird (> RFH vom 15. 3. 1939 – RStBl S. 853). Entsprechendes gilt hinsichtlich einer von einem Arzt oder von einem Heilpraktiker, Physiotherapeuten (Krankengymnasten), Heilmasseur betriebenen **medizinischen Badeanstalt** (> BFH vom 26. 11. 1970 – BStBl II 1971 S. 249).*

– *Ist eine von einem Arzt betriebene Klinik, ein Kurheim oder Sanatorium ein gewerblicher Betrieb, gehören auch seine im Rahmen dieses Betriebes erzielten Einnahmen aus ärztlichen Leistungen zu den Einnahmen aus Gewerbebetrieb, wenn ein ganzheitliches Heilverfahren praktiziert wird, für das ein einheitliches Entgelt zu entrichten ist (> BFH vom 12. 11. 1964 – BStBl 1965 III S. 90). Ein Arzt, der eine Privatklinik betreibt, erzielt jedoch dann gewerbliche Einkünfte*

*aus dem Betrieb der Klinik und freiberufliche Einkünfte aus den von ihm erbrachten stationä-
ren ärztlichen Leistungen, wenn die Leistungen der Klinik einerseits und die ärztlichen Leistungen andererseits gesondert abgerechnet werden und sich nicht gegenseitig unlösbar bedingen
(> BFH vom 2.10.2003 – BStBl 2004 II S. 363). Das gilt entsprechend, wenn der Betrieb einer
medizinischen Badeanstalt als Gewerbebetrieb anzusehen ist.*

– *Tierärzte, die **Medikamente oder Impfstoffe** gegen Entgelt abgeben, sind gewerblich tätig
(> BFH vom 1.2.1979 – BStBl II S. 574 und vom 27.7.1978 – BStBl II S. 686 sowie BMF vom
14.5.1997 – BStBl I S. 566).*

– *Der Verkauf von **Kontaktlinsen nebst Pflegemitteln** und von **Mundhygieneartikeln** ist eine gewerbliche Tätigkeit (> BMF vom 14.5.1997 – BStBl I S. 566).*

Künstlerische Tätigkeit

– *Eine künstlerische Tätigkeit liegt vor, wenn die Arbeiten nach ihrem Gesamtbild **eigenschöpfe-
risch** sind und über eine hinreichende Beherrschung der Technik hinaus eine bestimmte **künstlerische Gestaltungshöhe** erreichen (> BFH vom 11.7.1991 – BStBl 1992 II S. 353). Dabei ist
nicht jedes einzelne von dem Künstler geschaffene Werk für sich, sondern die gesamte von
ihm im VZ ausgeübte Tätigkeit zu würdigen (> BFH vom 11.7.1960 – BStBl III S. 453).*

...

Mithilfe anderer Personen

*Fachlich vorgebildete Arbeitskräfte sind nicht nur Angestellte, sondern auch Subunternehmer
(> BFH vom 23.5.1984 – BStBl II S. 823 und vom 20.12.2000 – BStBl 2002 II S. 478). Die Beschäftigung von fachlich vorgebildeten Mitarbeitern steht der Annahme einer freiberuflichen Tätigkeit
nicht entgegen, wenn der Berufsträger auf Grund eigener Fachkenntnisse **leitend** tätig wird und
auch hinsichtlich der für den Beruf typischen Tätigkeit **eigenverantwortlich** mitwirkt (> BFH vom
1.2.1990 – BStBl II S. 507); im Fall eines Schulleiters genügt es, dass er eigenständig in den Unterricht anderer Lehrkräfte eingreift, indem er die Unterrichtsveranstaltungen mitgestaltet und ihnen
damit den **Stempel seiner Persönlichkeit** gibt (> BFH vom 23.1.1986 – BStBl II S. 398). Die leitende
und eigenverantwortliche Tätigkeit des Berufsträgers muss sich auf die **Gesamttätigkeit** seiner Be-
rufspraxis erstrecken; es genügt somit nicht, wenn sich die auf persönlichen Fachkenntnissen beruhende Leitung und eigene Verantwortung auf einen Teil der Berufstätigkeit beschränkt (> BFH vom
5.12.1968 – BStBl 1969 II S. 165). Freiberufliche Arbeit leistet der Berufsträger nur, wenn die Ausführung jedes einzelnen ihm erteilten Auftrags ihm und nicht dem fachlichen Mitarbeiter, den
Hilfskräften, den technischen Hilfsmitteln oder dem Unternehmen als Ganzem zuzurechnen ist,
wobei in einfachen Fällen eine fachliche Überprüfung der Arbeitsleistung des Mitarbeiters genügt
(> BFH vom 1.2.1990 – BStBl II S. 507). Danach ist z. B. in den folgenden Fällen eine **gewerbliche
Tätigkeit** anzunehmen:*

– *Ein Steuerpflichtiger unterhält ein **Übersetzungsbüro,** ohne dass er selbst über Kenntnisse in
den Sprachen verfügt, auf die sich die Übersetzungstätigkeit erstreckt.*

– *Ein **Architekt** befasst sich vorwiegend mit der Beschaffung von Aufträgen und lässt die fachliche Arbeit durch Mitarbeiter ausführen.*

– *Ein **Ingenieur** beschäftigt fachlich vorgebildete Arbeitskräfte und übt mit deren Hilfe eine Beratungstätigkeit auf mehreren Fachgebieten aus, die er nicht beherrscht oder nicht leitend bearbeitet (> BFH vom 11.9.1968 – BStBl II S. 820).*

>...

– *Prüfingenieure, bei denen angestellte Prüfingenieure eigenständig Hauptuntersuchungen
durchführen und dabei lediglich stichprobenartig überwacht werden (> BFH vom 14.5.2019 –
BStBl II S. 580).*

> auch Mitarbeit eines angestellten Berufsträgers

– *Ein Steuerpflichtiger betreibt eine* **Fahrschule,** *besitzt jedoch nicht die Fahrlehrererlaubnis (> BFH vom 4. 10. 1966 – BStBl III S. 685).*

– *Ein Steuerpflichtiger ist Inhaber einer* **Privatschule** *und beschäftigt eine Anzahl von Lehrkräften, ohne durch eigenen Unterricht sowie durch das Mitgestalten des von anderen Lehrkräften erteilten Unterrichts eine überwiegend eigenverantwortliche Unterrichtstätigkeit auszuüben (> BFH vom 6. 11. 1969 – BStBl 1970 II S. 214 und vom 13. 12. 1973 – BStBl 1974 II S. 213); das Gleiche gilt für* **Reitunterricht** *auf einem Reiterhof (> BFH vom 16. 11. 1978 – BStBl 1979 II S. 246).*

– *Ein* **Facharzt für Laboratoriumsmedizin** *hat nicht ausreichend Zeit für die persönliche Mitwirkung am einzelnen Untersuchungsauftrag (> BFH vom 21. 3. 1995 – BStBl II S. 732).*

– *Ein* **Krankenpfleger** *überlässt Pflegeleistungen weitgehend seinen Mitarbeitern (> BFH vom 5. 6. 1997 – BStBl II S. 681).*

– *Ein* **Bildberichterstatter** *gibt Aufträge an andere Kameraleute und Tontechniker weiter, ohne insoweit auf die Gestaltung des Filmmate rials Einfluss zu nehmen (> BFH vom 20. 12. 2000 – BStBl 2002 II S. 478).*

– *Die Einkünfte einer* **Ärzte-GbR** *sind insgesamt solche aus Gewerbebetrieb, wenn die GbR auch Vergütungen aus ärztlichen Leistungen erzielt, die in nicht unerheblichem Umfang ohne leitende und eigenverantwortliche Beteiligung der Mitunternehmer-Gesellschafter erbracht werden (> BFH vom 3. 11. 2015 – BStBl 2016 II S. 381).*

Der Berufsträger darf weder die Leitung noch die Verantwortlichkeit einem Geschäftsführer oder Vertreter übertragen. ... Diese Grundsätze gelten bei den Einkünften nach § 18 Abs. 1 Nr. 3 EStG entsprechend (> BFH vom 15. 12. 2010 – BStBl 2011 II S. 506 und vom 26. 1. 2011 – BStBl II S. 498).

Rechts- und wirtschaftsberatende Berufe

...

Schriftstellerische Tätigkeit

– *Ein Schriftsteller muss für die Öffentlichkeit schreiben und es muss sich um den Ausdruck eigener Gedanken handeln, mögen sich diese auch auf rein tatsächliche Vorgänge beziehen. Es ist nicht erforderlich, dass das Geschriebene einen wissenschaftlichen oder künstlerischen Inhalt hat. Der Schriftsteller braucht weder Dichter noch Künstler noch Gelehrter zu sein (> BFH vom 14. 5. 1958 – BStBl III S. 316).*

– *Die selbständige Entwicklung von Softwarelernprogrammen ist dann eine schriftstellerische Tätigkeit, wenn eigene Gedanken verfasst werden und die Programme für die Öffentlichkeit bestimmt sind (> BFH vom 10. 9. 1998 – BStBl 1999 II S. 215).*

– *Das Verfassen von Anleitungen zum Umgang mit technischen Geräten ist eine schriftstellerische Tätigkeit, wenn der auf der Grundlage mitgeteilter Daten erstellte Text als eine eigenständige gedankliche Leistung des Autors erscheint (> BFH vom 25. 4. 2002 – BStBl II S. 475).*

Sonstige selbständige Arbeit

...

Unterrichtende Tätigkeit

– *Der Betrieb einer* **Unterrichtsanstalt** *ist dann als Ausübung eines freien Berufs anzusehen, wenn der Inhaber über entsprechende Fachkenntnisse verfügt und den Betrieb der Schule eigenverantwortlich leitet (> Mithilfe anderer Personen). Für eine spezifisch individuelle Leistung, wie es die Lehrtätigkeit ist, gelten dabei* **besonders enge Maßstäbe** *(> BFH vom 1. 4. 1982 – BStBl II S. 589).*

– ...

– ...

– ...

– *Eine unterrichtende Tätigkeit erfordert ein Tätigwerden gegenüber Menschen (> BFH vom 9. 5. 2017 – BStBl II S. 911).*

Verpachtung nach Erbfall

Das Ableben eines Freiberuflers führt weder zu einer Betriebsaufgabe noch geht das der freiberuflichen Tätigkeit dienende Betriebsvermögen durch den Erbfall in das Privatvermögen der Erben über (> BFH vom 14. 12. 1993 – BStBl 1994 II S. 922). Die vorübergehende Verpachtung einer freiberuflichen Praxis durch den Erben oder Vermächtnisnehmer führt dann nicht zur Betriebsaufgabe, wenn er im Begriff ist, die für die beabsichtigte Praxisfortführung erforderliche freiberufliche Qualifikation zu erlangen (> BFH vom 12. 3. 1992 – BStBl 1993 II S. 36).

Wissenschaftliche Tätigkeit

Wissenschaftlich tätig wird nicht nur, wer schöpferische oder forschende Arbeit leistet – reine Wissenschaft –, sondern auch, wer das aus der Forschung hervorgegangene Wissen und Erkennen auf konkrete Vorgänge anwendet – angewandte Wissenschaft. Keine wissenschaftliche Tätigkeit liegt vor, wenn sie im Wesentlichen in einer praxisorientierten Beratung besteht (> BFH vom 27. 2. 1992 – BStBl II S. 826).

EStR   R 15.7   Abgrenzung des Gewerbebetriebs von der Vermögensverwaltung

Allgemeines

(1) [1]Die bloße Verwaltung eigenen Vermögens ist regelmäßig keine gewerbliche Tätigkeit. [2]Vermögensverwaltung liegt vor, wenn sich die Betätigung noch als Nutzung von Vermögen im Sinne einer Fruchtziehung aus zu erhaltenden Substanzwerten darstellt und die Ausnutzung substantieller Vermögenswerte durch Umschichtung nicht entscheidend in den Vordergrund tritt. [3]Ein Gewerbebetrieb liegt dagegen vor, wenn eine selbständige nachhaltige Betätigung mit Gewinnabsicht unternommen wird, sich als Beteiligung am allgemeinen wirtschaftlichen Verkehr darstellt und über den Rahmen einer Vermögensverwaltung hinausgeht. [4]Die Verpachtung eines Gewerbebetriebs ist grundsätzlich nicht als Gewerbebetrieb anzusehen > aber R 16 Abs. 5[1].

Hinweise   EStH   H 15.7 (1)

...

Vermietung und Verpachtung von Grundvermögen

(2) [1]Ein Gewerbebetrieb ist in der Regel gegeben bei der Vermietung von Ausstellungsräumen, Messeständen und bei der ständig wechselnden kurzfristigen Vermietung von Sälen, z. B. für Konzerte. [2]Die Beherbergung in Gaststätten ist stets ein Gewerbebetrieb.

Amtl. Fn.:

[1] Jetzt § 16 Abs. 3b.

▶   **Hinweise   EStH   H 15.7 (2)**

...

Ferienwohnung

Bei Vermietung einer Ferienwohnung ist ein Gewerbebetrieb gegeben, wenn sämtliche der folgenden Voraussetzungen vorliegen:

1. *Die Wohnung muss für die Führung eines Haushalts voll eingerichtet sein, z. B. Möblierung, Wäsche und Geschirr enthalten. Sie muss in einem reinen Feriengebiet im Verband mit einer Vielzahl gleichartig genutzter Wohnungen liegen, die eine einheitliche Wohnanlage bilden;*

2. *die Werbung für die kurzfristige Vermietung der Wohnung an laufend wechselnde Mieter und die Verwaltung der Wohnung müssen von einer für die einheitliche Wohnanlage bestehenden Feriendienstorganisation durchgeführt werden;*

3. *die Wohnung muss jederzeit zur Vermietung bereitgehalten werden, und es muss nach Art der Rezeption eines Hotels laufend Personal anwesend sein, das mit den Feriengästen Mietverträge abschließt und abwickelt und dafür sorgt, dass die Wohnung in einem Ausstattungs-, Erhaltungs- und Reinigungszustand ist und bleibt, der die sofortige Vermietung zulässt (> BFH vom 25. 6. 1976 – BStBl II S. 728).*

Ein Gewerbebetrieb ist auch anzunehmen, wenn eine hotelmäßige Nutzung der Ferienwohnung vorliegt oder die Vermietung nach Art einer Fremdenpension erfolgt. Ausschlaggebend ist, ob wegen der Häufigkeit des Gästewechsels oder im Hinblick auf zusätzlich zur Nutzungsüberlassung erbrachte Leistungen, z. B. Bereitstellung von Wäsche und Mobiliar, Reinigung der Räume, Übernahme sozialer Betreuung, eine Unternehmensorganisation erforderlich ist, wie sie auch in Fremdenpensionen vorkommt (> BFH vom 28. 6. 1984 – BStBl 1985 II S. 211).

> H 4.2 (7)

Fremdenpension

...

Gewerblicher Charakter der Vermietungstätigkeit

– *Um der Tätigkeit der Vermögensverwaltung gewerblichen Charakter zu verleihen, müssen besondere Umstände hinzutreten. Diese können darin bestehen, dass die Verwaltung des Grundbesitzes infolge des ständigen und schnellen Wechsels der Mieter eine Tätigkeit erfordert, die über das bei langfristigen Vermietungen übliche Maß hinausgeht, oder dass der Vermieter zugleich Leistungen erbringt, die eine bloße Vermietungstätigkeit überschreiten. Das entscheidende Merkmal liegt also darin, dass die bloße Vermögensnutzung hinter der Bereitstellung einer einheitlichen gewerblichen Organisation zurücktritt (> BFH vom 21. 8. 1990 – BStBl 1991 II S. 126).*

– ...

...

Umfangreicher Grundbesitz

Die Vermietung und Verpachtung von Grundvermögen stellt auch dann eine bloße Vermögensverwaltung dar, wenn der vermietete Grundbesitz sehr umfangreich ist und der Verkehr mit vielen Mietern erhebliche Verwaltungsarbeit erforderlich macht (> BFH vom 21. 8. 1990 – BStBl 1991 II S. 126) oder die vermieteten Räume gewerblichen Zwecken dienen (> BFH vom 17. 1. 1961 – BStBl III S. 233).

...

Vermietung beweglicher Gegenstände

(3) ¹Die Vermietung beweglicher Gegenstände (z. B. Pkw, Wohnmobile, Boote) führt grundsätzlich zu sonstigen Einkünften im Sinne des § 22 Nr. 3 EStG, bei in ein inländisches oder ausländisches öffentliches Register eingetragenen beweglichen Sachen (Schiffe, Flugzeuge) zu Einkünften im Sinne des § 21 Abs. 1 Satz 1 Nr. 1 EStG oder bei Sachinbegriffen zu Einkünften im Sinne des § 21 Abs. 1 Satz 1 Nr. 2 EStG. ²Eine gewerbliche Tätigkeit liegt vor, wenn im Zusammenhang mit der Vermietung ins Gewicht fallende Sonderleistungen erbracht werden oder der Umfang der Tätigkeit eine unternehmerische Organisation erfordert.

Hinweise   EStH   H 15.7 (3)

Abgrenzung zur vermögensverwaltenden Tätigkeit

– *Allgemein*

   > BMF vom 1. 4. 2009 (BStBl I S. 515)

– *Austausch vor Ablauf der Nutzungsdauer*

   Allein aus dem Umstand, dass vermietete bewegliche Wirtschaftsgüter vor Ablauf der gewöhnlichen oder tatsächlichen Nutzungsdauer gegen neuere, funktionstüchtigere Wirtschaftsgüter ausgetauscht werden, kann nicht auf eine gewerbliche Tätigkeit des Vermietungsunternehmens geschlossen werden. Der Bereich der privaten Vermögensverwaltung wird nur dann verlassen, wenn die Gebrauchsüberlassung der vermieteten Gegenstände gegenüber der Veräußerung in den Hintergrund tritt (> BFH vom 31. 5. 2007 – BStBl II S. 768).

– *Flugzeug*

   > BMF vom 1. 4. 2009 (BStBl I S. 515) und BFH vom 1. 8. 2013 (BStBl II S. 910)

– *Wohnmobil*

   Die Vermietung nur eines Wohnmobils an wechselnde Mieter ist in der Regel keine gewerbliche Tätigkeit (> BFH vom 12. 11. 1997 – BStBl 1998 II S. 774). Der Erwerb, die Vermietung und Veräußerung von Wohnmobilen sind jedoch gewerblich, wenn die einzelnen Tätigkeiten sich gegenseitig bedingen und derart verflochten sind, dass sie nach der Verkehrsanschauung als einheitlich anzusehen sind (> BFH vom 22. 1. 2003 – BStBl II S. 464).

Verklammerung zu einer einheitlichen Tätigkeit

– *Besteht das Geschäftskonzept einer Fondsgesellschaft in dem Ankauf, der Vermietung und dem Verkauf beweglicher Wirtschaftsgüter (hier: Container), ist eine Verklammerung dieser Teilakte zu einer einheitlichen Tätigkeit rechtlich nur dann zulässig, wenn bereits im Zeitpunkt der Aufnahme der Geschäftstätigkeit festgestanden hat, dass sich das erwartete positive Gesamtergebnis nur unter Einbeziehung des Erlöses aus dem Verkauf der vermieteten/verleasten Wirtschaftsgüter erzielen lässt. Wird im Prospekt einer Fondsgesellschaft (auch) ein Geschäftskonzept vorgestellt, dessen Ergebnisprognose ein positives Gesamtergebnis ohne Einbeziehung eines Veräußerungserlöses in Aussicht stellt, spricht dies regelmäßig gegen die Annahme einer einheitlichen Tätigkeit. Etwas anderes gilt jedoch, wenn konkrete Anhaltspunkte vorliegen, die die Verwirklichung des Geschäftskonzepts unter Beachtung der in der Prognose gemachten Angaben von vornherein ausgeschlossen erscheinen lassen.*

   Die Verklammerung der Teilakte bedingt, dass die Grenze der privaten Vermögensverwaltung überschritten wird. Sie führt außerdem dazu, dass der Verkauf der vermieteten/verleasten Wirtschaftsgüter als Teilakt der laufenden Geschäftstätigkeit anzusehen ist, selbst wenn die bisherige unternehmerische Tätigkeit insgesamt eingestellt wird (> BFH vom 8. 6. 2017 – BStBl II S. 1053 und 1061).

– *Eine Verklammerung kann auch dann zu bejahen sein, wenn die Wirtschaftsgüter veräußert werden, nachdem die in § 23 Abs. 1 Satz 1 EStG genannten Haltefristen abgelaufen sind (> BFH vom 28. 9. 2017 – BStBl 2018 II S. 89).*

– *Zu unbeweglichen Wirtschaftsgütern > H 15.7 (2)*

Betriebsaufspaltung – Allgemeines

(4) – unbesetzt –

Hinweise   EStH   H 15.7 (4)

Allgemeines

Eine Betriebsaufspaltung liegt vor, wenn ein Unternehmen (Besitzunternehmen) eine wesentliche Betriebsgrundlage an eine gewerblich tätige Personen- oder Kapitalgesellschaft (Betriebsunternehmen) zur Nutzung überlässt (sachliche Verflechtung) und eine Person oder mehrere Personen zusammen (Personengruppe) sowohl das Besitzunternehmen als auch das Betriebsunternehmen in dem Sinne beherrschen, dass sie in der Lage sind, in beiden Unternehmen einen einheitlichen geschäftlichen Betätigungswillen durchzusetzen (personelle Verflechtung). Liegen die Voraussetzungen einer personellen und sachlichen Verflechtung vor, ist die Vermietung oder Verpachtung keine Vermögensverwaltung mehr, sondern eine gewerbliche Vermietung oder Verpachtung. Das Besitzunternehmen ist Gewerbebetrieb (> BFH vom 12. 11. 1985 – BStBl 1986 II S. 296).

...

Geschäftswert

Werden bei der Begründung einer Betriebsaufspaltung sämtliche Aktiva und Passiva einschließlich der Firma mit Ausnahme des Immobilienvermögens auf die Betriebskapitalgesellschaft übertragen und das vom Besitzunternehmen zurückbehaltene Betriebsgrundstück der Betriebskapitalgesellschaft langfristig zur Nutzung überlassen, geht der im bisherigen (Einzel-)Unternehmen entstandene (originäre) Geschäftswert i. d. R. auf die Betriebskapitalgesellschaft über (> BFH vom 16. 6. 2004 – BStBl 2005 II S. 378).

...

Betriebsaufspaltung – Sachliche Verflechtung

(5) – unbesetzt –

Hinweise   EStH   H 15.7 (5)

Beginn der sachlichen Verflechtung

– *Für den Beginn der sachlichen Verflechtung ist allein die tatsächliche Überlassung von wesentlichen Betriebsgrundlagen zur Nutzung ausschlaggebend. Es ist ohne Bedeutung, ob die Überlassung (zunächst) unentgeltlich erfolgt oder ob sie auf einer schuldrechtlichen oder dinglichen Grundlage beruht (> BFH vom 12. 12. 2007 – BStBl 2008 II S. 579).*

– *Die Bestellung eines Erbbaurechts an einem unbebauten Grundstück führt mit Abschluss des Vertrages zu einer sachlichen Verflechtung, wenn eine Bebauung für die betrieblichen Zwecke des Betriebsunternehmens vorgesehen ist (> BFH vom 19. 3. 2002 – BStBl II S. 662).*

Eigentum des Besitzunternehmens

Eine sachliche Verflechtung ist auch dann gegeben, wenn verpachtete wesentliche Betriebsgrundlagen nicht im Eigentum des Besitzunternehmens stehen (> BFH vom 12. 10. 1988 – BStBl 1989 II S. 152).

Erbbaurecht

– *Bestellt der Eigentümer an einem unbebauten Grundstück ein Erbbaurecht und errichtet der Erbbauberechtigte ein Gebäude, das er an ein Betriebsunternehmen vermietet, fehlt zwischen dem Eigentümer und dem Betriebsunternehmen die für die Annahme einer Betriebsaufspaltung erforderliche sachliche Verflechtung (> BFH vom 24. 9. 2015 – BStBl 2016 II S. 154).*

– *> Beginn der sachlichen Verflechtung*

Hingabe von Gesellschafterdarlehen

Bloße Darlehensgewährungen führen zu keiner sachlichen Verflechtung und begründen keine Betriebsaufspaltung (> BFH vom 9. 7. 2019 – BStBl 2021 II S. 418).

Leihe

Auch eine leihweise Überlassung wesentlicher Betriebsgrundlagen kann eine Betriebsaufspaltung begründen (> BFH vom 24. 4. 1991 – BStBl II S. 713).

Wesentliche Betriebsgrundlage

– ### des Betriebsunternehmens

Die sachlichen Voraussetzungen einer Betriebsaufspaltung liegen auch dann vor, wenn das überlassene Wirtschaftsgut bei dem Betriebsunternehmen nur eine der wesentlichen Betriebsgrundlagen darstellt (> BFH vom 21. 5. 1974 – BStBl II S. 613).

– ### Betriebszweck/-führung

Wesentliche Grundlagen eines Betriebs sind Wirtschaftsgüter vor allem des Anlagevermögens, die zur Erreichung des Betriebszwecks erforderlich sind und ein besonderes wirtschaftliches Gewicht für die Betriebsführung bei dem Betriebsunternehmen haben (> BFH vom 26. 1. 1989 – BStBl II S. 455 und vom 24. 8. 1989 – BStBl II S. 1014).

– ### Büro-/Verwaltungsgebäude

Ein Büro- und Verwaltungsgebäude ist jedenfalls dann eine wesentliche Betriebsgrundlage, wenn es die räumliche und funktionale Grundlage für die Geschäftstätigkeit des Betriebsunternehmens bildet (> BFH vom 23. 5. 2000 – BStBl II S. 621).

– ### Einfamilienhaus

Als einziges Büro (Sitz der Geschäftsleitung) genutzte Räume in einem Einfamilienhaus stellen auch dann eine wesentliche Betriebsgrundlage dar, wenn sie nicht für Zwecke des Betriebsunternehmens besonders hergerichtet und gestaltet sind. Das gilt jedenfalls dann, wenn der Gebäudeteil nicht die in § 8 EStDV genannten Grenzen unterschreitet (> BFH vom 13. 7. 2006 – BStBl II S. 804).

– ### Ersetzbarkeit

Ein Grundstück ist auch dann eine wesentliche Betriebsgrundlage, wenn das Betriebsunternehmen jederzeit am Markt ein für seine Belange gleichwertiges Grundstück mieten oder kaufen kann (> BFH vom 26. 5. 1993 – BStBl II S. 718)

– **Fabrikationsgrundstücke**

Grundstücke, die der Fabrikation dienen, gehören regelmäßig zu den wesentlichen Betriebsgrundlagen im Rahmen einer Betriebsaufspaltung (> BFH vom 12.9.1991 – BStBl 1992 II S. 347 und vom 26.3.1992 – BStBl II S. 830).

– **Filialbetriebe**

Das einzelne Geschäftslokal eines Filialeinzelhandelsbetriebs ist in aller Regel auch dann eine wesentliche Betriebsgrundlage, wenn auf das Geschäftslokal weniger als 10% der gesamten Nutzfläche des Unternehmens entfällt. Dabei ist es unbeachtlich, wenn das einzelne Geschäftslokal Verluste erwirtschaftet (> BFH vom 19.3.2009 – BStBl II S. 803).

– **Immaterielle Wirtschaftsgüter**

Für die Begründung einer Betriebsaufspaltung ist ausreichend, wenn dem Betriebsunternehmen immaterielle Wirtschaftsgüter, z.B. der Firmenname oder Erfindungen, überlassen werden, die dem Besitzunternehmen gehören (> BFH vom 6.11.1991 – BStBl 1992 II S. 415).

– **Serienfabrikate**

Bei beweglichen Wirtschaftsgütern zählen auch Serienfabrikate zu den wesentlichen Betriebsgrundlagen (> BFH vom 24.8.1989 – BStBl II S. 1014).

– **Stille Reserve**

Ein Wirtschaftsgut ist nicht allein deshalb als wesentliche Betriebsgrundlage im Rahmen einer Betriebsaufspaltung anzusehen, weil in ihm erhebliche stille Reserven ruhen (> BFH vom 24.8.1989 – BStBl II S. 1014).

– **Systemhalle**

Eine sog. Systemhalle kann wesentliche Betriebsgrundlage sein, wenn sie auf die Bedürfnisse des Betriebsunternehmens zugeschnitten ist (> BFH vom 5.9.1991 – BStBl 1992 II S. 349).

– **Wirtschaftliche Bedeutung**

Ein Grundstück ist nur dann keine wesentliche Betriebsgrundlage, wenn es für das Betriebsunternehmen lediglich von geringer wirtschaftlicher Bedeutung ist (> BFH vom 4.11.1992 – BStBl 1993 II S. 245).

Betriebsaufspaltung – Personelle Verflechtung

(6) – unbesetzt –

Hinweise   EStH   H 15.7 (6)

Allgemeines

Eine personelle Verflechtung liegt vor, wenn die hinter beiden Unternehmen stehenden Personen einen einheitlichen geschäftlichen Betätigungswillen haben (> BFH vom 8.11.1971 – BStBl 1972 II S. 63).

Beherrschungsidentität

– *Ein einheitlicher geschäftlicher Betätigungswille setzt nicht voraus, dass an beiden Unternehmen die gleichen Beteiligungen derselben Personen bestehen (> BFH vom 8.11.1971 – BStBl 1972 II S. 63). Es genügt, dass die Personen, die das Besitzunternehmen tatsächlich beherrschen, in der Lage sind, auch in dem Betriebsunternehmen ihren Willen durchzusetzen (> BMF vom 7.10.2002 – BStBl I S. 1028). Ein einheitlicher geschäftlicher Betätigungswille ist auch bei wechselseitiger Mehrheitsbeteiligung von zwei Personen am Besitzunternehmen und am Betriebsunternehmen anzunehmen (> BFH vom 24. 2. 2000 – BStBl II S. 417).*

– *In den Fällen, in denen sämtliche Anteile des Betriebsunternehmens einem einzigen Gesellschafter-Geschäftsführer gehören, kommt es darauf an, ob dieser seinen Willen in dem Besitzunternehmen durchsetzen kann (> BFH vom 5. 2. 1981 – BStBl II S. 376 und vom 11. 11. 1982 – BStBl 1983 II S. 299).*

– *Die personelle Verflechtung einer GbR mit einer Betriebskapitalgesellschaft ist auch dann gegeben, wenn der Gesellschafter-Geschäftsführer der GbR, der zugleich alleiniger Geschäftsführer der Betriebskapitalgesellschaft ist, zwar von der GbR nicht vom Verbot des Selbstkontrahierens befreit ist, auf Grund seiner beherrschenden Stellung in der Betriebskapitalgesellschaft aber bewirken kann, dass auf Seiten der Betriebskapitalgesellschaft nicht er selbst als deren Vertreter auftritt (> BFH vom 24. 8. 2006 – BStBl 2007 II S. 165).*

– *Eine personelle Verflechtung liegt vor, wenn die personenidentischen Gesellschafter-Geschäftsführer der Besitz-GbR und der Betriebs-GmbH die laufenden Geschäfte der Besitz-GbR bestimmen können und der Nutzungsüberlassungsvertrag der Besitz-GbR mit der Betriebs-GmbH nicht gegen den Willen dieser Personengruppe geändert oder beendet werden kann (> BFH vom 28. 5. 2020 – BStBl II S. 710).*

– *Ist eine eingetragene Genossenschaft Rechtsträgerin des Betriebsunternehmens und zugleich Mehrheitsgesellschafterin der Besitzpersonengesellschaft, liegt eine personelle Verflechtung vor, wenn die Gesellschafter der Besitzpersonengesellschaft für Abschluss und Beendigung von Miet- oder Pachtverträgen gemeinsam zur Geschäftsführung und Vertretung der Gesellschaft befugt sind und dabei mit Stimmenmehrheit nach Anteilen am Kapital der Gesellschaft entscheiden (> BFH vom 8. 9. 2011 – BStBl 2012 II S. 136).*

– *Keine personelle Verflechtung liegt vor, wenn die mehrheitlich an einer Betriebsgesellschaft beteiligte Kommanditistin zwar auch die Mehrheitsbeteiligung an der Besitzgesellschaft hält, diese aber nur überwiegend treuhänderisch verwaltet und als Treuhänderin ihre eigenen Interessen den Interessen der Treugeber unterzuordnen hat (> BFH vom 20. 5. 2021 – BStBl II S. 768).*

Betriebs-AG

Im Verhältnis zu einem Betriebsunternehmen in der Rechtsform der AG kommt es darauf an, ob sich auf Grund der Befugnis, die Mitglieder der geschäftsführenden Organe des Betriebsunternehmens zu bestellen und abzuberufen, in dem Betriebsunternehmen auf Dauer nur ein geschäftlicher Betätigungswille entfalten kann, der vom Vertrauen der das Besitzunternehmen beherrschenden Person getragen ist und demgemäß mit deren geschäftlichen Betätigungswillen i. d. R. übereinstimmt (> BFH vom 28. 1. 1982 – BStBl II S. 479); dies gilt auch für eine börsennotierte AG (> BFH vom 23. 3. 2011 – BStBl II S. 778).

Einstimmigkeitsabrede

> BMF vom 7. 10. 2002 (BStBl I S. 1028) mit Übergangsregelung

Faktische Beherrschung

– *> BMF vom 7. 10. 2002 (BStBl I S. 1028)*

– *Die Fähigkeit der das Besitzunternehmen beherrschenden Personen, ihren geschäftlichen Betätigungswillen in dem Betriebsunternehmen durchzusetzen, erfordert nicht notwendig einen bestimmten Anteilsbesitz an dem Betriebsunternehmen; sie kann ausnahmsweise auch auf Grund einer durch die Besonderheiten des Einzelfalls bedingten tatsächlichen Machtstellung in dem Betriebsunternehmen gegeben sein (> BFH vom 16. 6. 1982 – BStBl II S. 662). Faktische Beherrschung ist z. B. anzunehmen, wenn der Alleininhaber des Besitzunternehmens und alleinige Geschäftsführer der Betriebskapitalgesellschaft auf Grund tatsächlicher Machtstellung je-*

derzeit in der Lage ist, die Stimmenmehrheit in der Betriebskapitalgesellschaft zu erlangen (> BFH vom 29. 1. 1997 – BStBl II S. 437).

Keine faktische Beherrschung ist anzunehmen

– *bei einer auf Lebenszeit eingeräumten Geschäftsführerstellung in dem Betriebsunternehmen für den Besitzunternehmer (> BFH vom 26. 7. 1984 – BStBl II S. 714 und vom 26. 10. 1988 – BStBl 1989 II S. 155).*

– *bei Beteiligung nicht völlig fachunkundiger Gesellschafter an dem Betriebsunternehmen (> BFH vom 9. 9. 1986 – BStBl 1987 II S. 28 und vom 12. 10. 1988 – BStBl 1989 II S. 152).*

– *bei einem größeren Darlehensanspruch gegen die Betriebskapitalgesellschaft, wenn der Gläubiger nicht vollständig die Geschäftsführung an sich zieht (> BFH vom 1. 12. 1989 – BStBl 1990 II S. 500).*

– *in den Fällen, in denen die das Besitzunternehmen beherrschenden Ehemänner bzw. Ehefrauen bei der Betriebskapitalgesellschaft, deren Anteile von den Ehefrauen bzw. Ehemännern gehalten werden, angestellt sind und vertraglich die Gesellschaftsanteile den Ehefrauen bzw. Ehemännern entzogen werden können, falls das Arbeitsverhältnis des jeweiligen Ehemanns bzw. der jeweiligen Ehefrau beendet wird (> BFH vom 15. 10. 1998 – BStBl 1999 II S. 445).*

Gütergemeinschaft

Gehören sowohl die überlassenen wesentlichen Betriebsgrundlagen als auch die Mehrheit der Anteile an der Betriebskapitalgesellschaft zum Gesamtgut einer ehelichen Gütergemeinschaft, sind die Voraussetzungen der personellen Verflechtung erfüllt (> BFH vom 26. 11. 1992 – BStBl 1993 II S. 876).

Insolvenz des Betriebsunternehmens

Die Eröffnung des Insolvenzverfahrens über das Vermögen des Betriebsunternehmens führt zur Beendigung der personellen Verflechtung und zur Betriebsaufgabe des Besitzunternehmens, wenn nicht das laufende Insolvenzverfahren mit anschließender Fortsetzung des Betriebsunternehmens aufgehoben oder eingestellt wird (> BFH vom 6. 3. 1997 – BStBl II S. 460).

Interessengegensätze

Ein einheitlicher geschäftlicher Betätigungswille ist nicht anzunehmen, wenn nachgewiesen wird, dass zwischen den an dem Besitzunternehmen und dem Betriebsunternehmen beteiligten Personen tatsächlich Interessengegensätze aufgetreten sind (> BFH vom 15. 5. 1975 – BStBl II S. 781).

Mehrheit der Stimmrechte

Für die Durchsetzung eines einheitlichen geschäftlichen Betätigungswillens in einem Unternehmen ist in der Regel der Besitz der Mehrheit der Stimmrechte erforderlich (> BFH vom 28. 11. 1979 – BStBl 1980 II S. 162 und vom 18. 2. 1986 – BStBl II S. 611). Ein Besitzunternehmer beherrscht die Betriebskapitalgesellschaft auch, wenn er zwar über die einfache Stimmrechtsmehrheit und nicht über die im Gesellschaftsvertrag vorgeschriebene qualifizierte Mehrheit verfügt, er aber als Gesellschafter-Geschäftsführer deren Geschäfte des täglichen Lebens beherrscht, sofern ihm die Geschäftsführungsbefugnis nicht gegen seinen Willen entzogen werden kann (> BFH vom 30. 11. 2005 – BStBl 2006 II S. 415); aber > Faktische Beherrschung.

Mittelbare Beteiligung

– *Den maßgeblichen Einfluss auf das Betriebsunternehmen kann einem Gesellschafter auch eine mittelbare Beteiligung gewähren. Die mittelbare Beteiligung an einer Besitz-Personengesellschaft über eine Kapitalgesellschaft ist dabei aus Vertrauensschutzgründen erst ab dem VZ*

2024 zu berücksichtigen (> BFH vom 23.7.1981 – BStBl 1982 II S. 60, vom 22.1.1988 – BStBl II S. 537, vom 29.11.2017 – BStBl 2018 II S. 426 und BMF vom 21.11.2022 – BStBl I S. 1515).
- *Der beherrschende Einfluss auf das Betriebsunternehmen bleibt erhalten, wenn das Betriebsgrundstück einer zwischengeschalteten GmbH zur Weitervermietung an das Betriebsunternehmen überlassen wird (> BFH vom 28.11.2001 – BStBl 2002 II S. 363).*

Personengruppentheorie

Für die Beherrschung von Besitz- und Betriebsunternehmen reicht es aus, wenn an beiden Unternehmen mehrere Personen beteiligt sind, die zusammen beide Unternehmen beherrschen. Dies gilt auch für Familienangehörige (> BFH vom 28.5.1991 – BStBl II S. 801).

Stimmrechtsausschluss

– **Allgemeines**

Sind an der Besitzpersonengesellschaft neben den das Betriebsunternehmen beherrschenden Personen weitere Gesellschafter oder Bruchteilseigentümer beteiligt, können die auch an dem Betriebsunternehmen beteiligten Personen an der Ausübung des Stimmrechts in der Besitzpersonengesellschaft bei einem Rechtsgeschäft mit dem Betriebsunternehmen ausgeschlossen sein. Eine tatsächliche Beherrschung der Besitzpersonengesellschaft ist dann nicht möglich (> BFH vom 9.11.1983 – BStBl 1984 II S. 212).

– **tatsächliche Handhabung**

Eine personelle Verflechtung liegt nicht vor, wenn ein Gesellschafter des Besitzunternehmens von der Ausübung des Stimmrechts in dem Besitzunternehmen bei der Vornahme von Rechtsgeschäften des Besitzunternehmens mit dem Betriebsunternehmen ausgeschlossen ist. Entscheidend ist dabei die tatsächliche Handhabung (> BFH vom 12.11.1985 – BStBl 1986 II S. 296).

– **bei Betriebskapitalgesellschaft**

Für die Frage der personellen Verflechtung ist allerdings nicht ausschlaggebend, ob der beherrschende Gesellschafter der Betriebskapitalgesellschaft bei Beschlüssen über Geschäfte mit dem Besitzunternehmen vom ihm zustehenden Stimmrecht ausgeschlossen ist. Sofern nämlich diese Rechtsgeschäfte zur laufenden Geschäftsführung der Betriebskapitalgesellschaft gehören, besteht kein Anlass, hierüber einen Beschluss der Gesellschafterversammlung herbeizuführen (> BFH vom 26.1.1989 – BStBl II S. 455).

Testamentsvollstrecker

– *Der einheitliche geschäftliche Betätigungswille der hinter Besitz- und Betriebsunternehmen stehenden Personen kann nicht durch einen Testamentsvollstrecker ersetzt werden (> BFH vom 13.12.1984 – BStBl 1985 II S. 657).*
– *Für die Beurteilung der personellen Verflechtung ist das Handeln eines Testamentsvollstreckers den Erben zuzurechnen (> BFH vom 5.6.2008 – BStBl II S. 858).*

(7) – (9) …

EStR   R 15.8 Mitunternehmerschaft

Allgemeines

(1) – unbesetzt –

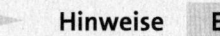 **Hinweise   EStH   H 15.8 (1)**

Allgemeines

– Mitunternehmer i. S. d. § 15 Abs. 1 Satz 1 Nr. 2 EStG ist, wer zivilrechtlich Gesellschafter einer Personengesellschaft ist und eine gewisse unternehmerische Initiative entfalten kann sowie unternehmerisches Risiko trägt. Beide Merkmale können jedoch im Einzelfall mehr oder weniger ausgeprägt sein (> BFH vom 25. 6. 1984 – BStBl II S. 751 und vom 15. 7. 1986 – BStBl II S. 896).

– > Mitunternehmerinitiative

– > Mitunternehmerrisiko

– > Gesellschafter

Ausgleichsanspruch eines Kommanditisten

Ein Ausgleichsanspruch gegen die KG, der einem Kommanditisten zusteht, weil er Schulden der KG beglichen hat, gehört zu dessen Sonderbetriebsvermögen. Ein Verlust wird erst dann realisiert, wenn der Anspruch gegen die KG wertlos wird; dies ist erst im Zeitpunkt der Beendigung der Mitunternehmerstellung, also beim Ausscheiden des Gesellschafters oder bei Beendigung der Gesellschaft der Fall (>BFH vom 5. 6. 2003 – BStBl II S. 871).

Betriebsvermögen bei atypisch stiller Gesellschaft

...

Bürgschaftsinanspruchnahme

>Ausgleichsanspruch eines Kommanditisten

Büro-/Praxisgemeinschaft

Im Unterschied zu einer Gemeinschaftspraxis (Mitunternehmerschaft) hat eine Büro- und Praxisgemeinschaft lediglich den Zweck, den Beruf in gemeinsamen Praxisräumen auszuüben und bestimmte Kosten von der Praxisgemeinschaft tragen zu lassen und umzulegen. Ein einheitliches Auftreten nach außen genügt nicht, um aus einer Bürogemeinschaft eine Mitunternehmerschaft werden zu lassen. Gleiches gilt für die gemeinsame Beschäftigung von Personal und die gemeinsame Nutzung von Einrichtungsgegenständen. Entscheidend ist, dass bei einer Büro- und Praxisgemeinschaft keine gemeinschaftliche, sondern eine individuelle Gewinnerzielung beabsichtigt ist, und auch der Praxiswert dem einzelnen Beteiligten zugeordnet bleibt (> BFH vom 14. 4. 2005 – BStBl II S. 752).

Erbengemeinschaft

Eine Erbengemeinschaft kann nicht Gesellschafterin einer werbenden Personengesellschaft sein. Jedem Miterben steht deshalb ein seinem Erbteil entsprechender Gesellschaftsanteil zu (> BFH vom 1. 3. 1994 – BStBl 1995 II S. 241).

Europäische wirtschaftliche Interessenvereinigung (EWIV)

Die EWIV unterliegt nach § 1 des Gesetzes zur Ausführung der EWG-Verordnung über die Europäische wirtschaftliche Interessenvereinigung (EWIV-Ausführungsgesetz vom 14. 4. 1988 – BGBl I S. 514, zuletzt geändert durch Art. 16 des Gesetzes zur Modernisierung des GmbH-Rechts und zur Bekämpfung von Missbräuchen vom 23. 10. 2008 – BGBl I S. 2026) den für eine OHG geltenden Rechtsvorschriften. Dies gilt auch für das Steuerrecht.

Gesellschafter

– Ob ein Gesellschafter Mitunternehmer ist, beurteilt sich für alle Personengesellschaften nach gleichen Maßstäben (> BFH vom 29. 4. 1981 – BStBl II S. 663 und vom 25. 6. 1981 – BStBl II S. 779). In Ausnahmefällen reicht auch eine einem Gesellschafter einer Personengesellschaft wirtschaftlich vergleichbare Stellung aus, z. B. als Beteiligter an einer Erben-, Güter- oder Bruchteilsgemeinschaft, als Beteiligter einer „fehlerhaften Gesellschaft" i. S. d. Zivilrechts oder als Unterbeteiligter (> BFH vom 25. 6. 1984 – BStBl II S. 751). Auch Gesellschafter einer OHG oder KG erzielen nur dann Einkünfte aus Gewerbebetrieb, wenn sie Mitunternehmer des gewerblichen Unternehmens sind (> BFH vom 8. 2. 1979 – BStBl II S. 405).

– Erhält ein (Schein-)Gesellschafter eine von der Gewinnsituation abhängige, nur nach dem eigenen Umsatz bemessene Vergütung und ist er zudem von einer Teilhabe an den stillen Reserven der Gesellschaft ausgeschlossen, kann wegen des danach nur eingeschränkt bestehenden Mitunternehmerrisikos eine Mitunternehmerstellung nur bejaht werden, wenn eine besonders ausgeprägte Mitunternehmerinitiative vorliegt. Hieran fehlt es, wenn zwar eine gemeinsame Geschäftsführungsbefugnis besteht, von dieser aber tatsächlich wesentliche Bereiche ausgenommen sind (> BFH vom 3. 11. 2015 – BStBl 2016 II S. 383).

– > Verdeckte Mitunternehmerschaft.

Gesellschafterausschluss bei Scheidung

> Wirtschaftliches Eigentum

Innengesellschaft

– Im Fall einer GbR, die als reine Innengesellschaft ausgestaltet ist, rechtfertigt die Übernahme eines erheblichen unternehmerischen Risikos bereits das Bestehen einer Mitunternehmerschaft (> BFH vom 19. 2. 1981 – BStBl II S. 602, vom 28. 10. 1981 – BStBl 1982 II S. 186 und vom 9. 10. 1986 – BStBl 1987 II S. 124).

– Der Inhaber eines Betriebs ist regelmäßig schon allein wegen seiner unbeschränkten Außenhaftung und des ihm allein möglichen Auftretens im Rechtsverkehr Mitunternehmer einer Innengesellschaft, die zum Zwecke der stillen Beteiligung an seinem Unternehmen gegründet wurde. Dies gilt auch dann, wenn dem Inhaber des Betriebs im Innenverhältnis neben einem festen Vorabgewinn für seine Tätigkeit keine weitere Gewinnbeteiligung zusteht und die Geschäftsführungsbefugnis weitgehend von der Zustimmung des stillen Beteiligten abhängt (> BFH vom 10. 5. 2007 – BStBl II S. 927).

– Ist eine Person oder eine Personenmehrheit an einzelnen Tätigkeiten des Unternehmens einer KG als Innengesellschafterin beteiligt, führt dies nur dann zur Annahme eines eigenständigen Gewerbebetriebs, wenn der betroffene Geschäftsbereich in Form einer wirtschaftlichen Einheit von den weiteren Tätigkeitsfeldern des Unternehmens hinreichend sachlich abgegrenzt ist (> BFH vom 23. 4. 2009 – BStBl 2010 II S. 40).

Komplementär

– Eine Komplementär-GmbH ist auch dann Mitunternehmerin, wenn sie am Gesellschaftskapital nicht beteiligt ist (> BFH vom 11. 12. 1986 – BStBl 1987 II S. 553).

– Die Mitunternehmerstellung des Komplementärs wird nicht dadurch ausgeschlossen, dass er weder am Gewinn und Verlust der KG noch an deren Vermögen beteiligt ist (> BFH vom 25. 4. 2006 – BStBl II S. 595).

– Der Komplementär ist auch dann Mitunternehmer, wenn er keine Kapitaleinlage erbracht hat und im Innenverhältnis (zu dem Kommanditisten) wie ein Angestellter behandelt und von der Haftung freigestellt wird (> BFH vom 11. 6. 1985 – BStBl 1987 II S. 33 und vom 14. 8. 1986 – BStBl 1987 II S. 60).

Miterben

Gehört zum Nachlass ein Gewerbebetrieb, sind die Miterben Mitunternehmer (> BFH vom 5. 7. 1990 – BStBl II S. 837 sowie > BMF vom 14. 3. 2006 – BStBl I S. 253 unter Berücksichtigung der Änderungen durch BMF vom 27. 12. 2018 – BStBl 2019 I S. 11). Zur Erbengemeinschaft als Gesellschafter > Erbengemeinschaft.

Mitunternehmerinitiative

Mitunternehmerinitiative bedeutet vor allem Teilhabe an den unternehmerischen Entscheidungen, wie sie Gesellschaftern oder diesen vergleichbaren Personen als Geschäftsführern, Prokuristen oder anderen leitenden Angestellten obliegen. Ausreichend ist schon die Möglichkeit zur Ausübung von Gesellschafterrechten, die wenigstens den Stimm-, Kontroll- und Widerspruchsrechten angenähert sind, die einem Kommanditisten nach dem HGB zustehen oder die den gesellschaftsrechtlichen Kontrollrechten nach § 716 Abs. 1 BGB entsprechen (> BFH vom 25. 6. 1984 – BStBl II S. 751, S. 769). Ein Kommanditist ist beispielsweise dann mangels Mitunternehmerinitiative kein Mitunternehmer, wenn sowohl sein Stimmrecht als auch sein Widerspruchsrecht durch Gesellschaftsvertrag faktisch ausgeschlossen sind (> BFH vom 11. 10. 1988 – BStBl 1989 II S. 762).

Mitunternehmerrisiko

– Mitunternehmerrisiko trägt im Regelfall, wer am Gewinn und Verlust des Unternehmens und an den **stillen Reserven** einschließlich eines etwaigen Geschäftswerts beteiligt ist (> BFH vom 25. 6. 1984 – BStBl II S. 751). Je nach den Umständen des Einzelfalls können jedoch auch andere Gesichtspunkte, z. B. eine besonders ausgeprägte unternehmerische Initiative, verbunden mit einem bedeutsamen Beitrag zur Kapitalausstattung des Unternehmens in den Vordergrund treten (> BFH vom 27. 2. 1980 – BStBl 1981 II S. 210). Eine Vereinbarung über die Beteiligung an den stillen Reserven ist nicht ausschlaggebend, wenn die stillen Reserven für den Gesellschafter keine wesentliche wirtschaftliche Bedeutung haben (> BFH vom 5. 6. 1986 – BStBl II S. 802). Ein Kommanditist, der nicht an den stillen Reserven einschließlich eines etwaigen Geschäftswerts beteiligt ist und nach dem Gesellschaftsvertrag nur eine übliche Verzinsung seiner Kommanditeinlage erhält, trägt kein Mitunternehmerrisiko und ist deshalb auch dann nicht Mitunternehmer, wenn seine gesellschaftsrechtlichen Mitwirkungsrechte denjenigen eines Kommanditisten entsprechen (> BFH vom 28. 10. 1999 – BStBl 2000 II S. 183).

– Eine Beteiligung am unternehmerischen Risiko liegt bei beschränkt haftenden Gesellschaftern von Personenhandelsgesellschaften, insbesondere bei Kommanditisten, und bei atypisch stillen Gesellschaftern nicht vor, wenn wegen der rechtlichen oder tatsächlichen **Befristung** ihrer gesellschaftlichen Beteiligung eine Teilhabe an der von der Gesellschaft beabsichtigten Betriebsvermögensmehrung in Form eines entnahmefähigen laufenden Gewinns oder eines die Einlage übersteigenden Abfindungsguthabens oder eines Gewinns aus der Veräußerung des Gesellschaftsanteils nicht zu erwarten ist (> BFH vom 25. 6. 1984 – BStBl II S. 751). Die zeitliche Befristung und die fehlende Gewinnerwartung können sich aus den Umständen des Einzelfalls ergeben (> BFH vom 10. 11. 1977 – BStBl 1978 II S. 15).

– Mitunternehmerrisiko setzt voraus, dass der Gesellschafter zugunsten der Gesellschaft sein eigenes Vermögen belastet, sei es in Gestalt einer Haftung gegenüber Gläubigern der Gesellschaft, sei es durch Erbringung eines sein Vermögen belastenden Gesellschafterbeitrags (> BFH vom 13. 7. 2017 BStBl II S. 1133).

Nachversteuerung des negativen Kapitalkontos

Der Betrag des beim Ausscheiden aus der Gesellschaft oder bei Auflösung der Gesellschaft zu versteuernden negativen Kapitalkontos (> BFH vom 10. 11. 1980 – BStBl 1981 II S. 164) ist kein Gewinn aus einer Betriebsvermögensmehrung. Der beim Wegfall eines negativen Kapitalkontos des Kommanditisten zu erfassende Gewinn erlaubt es deshalb nicht, die Teilnahme an einer Betriebs-

*vermögensmehrung im Sinne einer Beteiligung am unternehmerischen Risiko als gegeben anzuse-
hen (> BFH vom 25. 6. 1984 – BStBl II S. 751).*

Nießbrauch

*Bei Bestellung eines Nießbrauchs am Gesellschaftsanteil bleibt der Nießbrauchsverpflichtete Mit-
unternehmer (> BFH vom 1. 3. 1994 – BStBl 1995 II S. 241).*

Organgesellschaft

*Einer Mitunternehmereigenschaft der Komplementär-GmbH steht nicht entgegen, dass sie Organ
des Kommanditisten ist (> BFH vom 10. 11. 1983 – BStBl 1984 II S. 150).*

Partnerschaftsgesellschaft

*Zur zivilrechtlichen Rechtsform der Partnerschaftsgesellschaft > Partnerschaftsgesellschaftsgesetz
(PartGG) vom 25. 7. 1994 (BGBl I S. 1744), zuletzt geändert durch Artikel 1 des Gesetzes zur Einführung einer Partnerschaftsgesellschaft mit beschränkter Berufshaftung und zur Änderung des Be-
rufsrechts der Rechtsanwälte, Patentanwälte, Steuerberater und Wirtschaftsprüfer vom
15. 7. 2013 (BGBl I S. 2386).*

Stiller Gesellschafter

– *Bei einem stillen Gesellschafter ohne Unternehmerinitiative kommt der vermögensrechtlichen
Stellung besondere Bedeutung zu (> BFH vom 25. 6. 1981 – BStBl 1982 II S. 59). Um als Mitunternehmer angesehen werden zu können, muss ein solcher stiller Gesellschafter einen Anspruch auf Beteiligung am tatsächlichen Zuwachs des Gesellschaftsvermögens unter Ein-
schluss der stillen Reserven und eines Geschäftswerts haben (> BFH vom 27. 5. 1993 – BStBl
1994 II S. 700). Ohne eine Beteiligung an den stillen Reserven kann ein stiller Gesellschafter
dann Mitunternehmer sein, wenn der Unternehmer ihm abweichend von der handelsrechtlichen Regelung ermöglicht, wie ein Unternehmer auf das Schicksal des Unternehmens Einfluss
zu nehmen (> BFH vom 28. 1. 1982 – BStBl II S. 389). Beteiligt sich der beherrschende Gesellschafter und alleinige Geschäftsführer einer GmbH an dieser auch noch als stiller Gesellschafter mit einer erheblichen Vermögenseinlage unter Vereinbarung einer hohen Gewinnbeteiligung sowie der Verpflichtung, die Belange bestimmter Geschäftspartner persönlich wahrzunehmen, so handelt es sich um eine atypisch stille Gesellschaft – Mitunternehmerschaft –
(> BFH vom 15. 12. 1992 – BStBl 1994 II S. 702). Gesamthandsvermögen braucht nicht vorhanden zu sein (> BFH vom 8. 7. 1982 – BStBl II S. 700).*

– *Bei einer GmbH und Still kann sich die Entfaltung einer stark ausgeprägten Mitunternehmerinitiative des stillen Gesellschafters auch aus dessen Stellung als Geschäftsführer der GmbH
als Inhaberin des Handelsgewerbes ergeben (> BFH vom 13. 7. 2017 – BStBl II S. 1133 und vom
12. 4. 2021 – BStBl II S. 614).*

Strohmannverhältnis

*Wer in eigenem Namen, aber für Rechnung eines anderen ein Einzelunternehmen führt oder per-
sönlich haftender Gesellschafter einer Personengesellschaft ist, wird, sofern das Treuhandverhältnis den Geschäftspartnern gegenüber nicht offen gelegt wird, regelmäßig allein wegen seiner unbeschränkten Haftung zum (Mit-)Unternehmer. Dies gilt auch dann, wenn er den Weisungen des
Treugebers unterliegt und im Innenverhältnis von jeglicher Haftung freigestellt ist (> BFH vom
4. 11. 2004 – BStBl 2005 II S. 168).*

Testamentsvollstreckung

Ein Kommanditist, dessen Kommanditanteil durch Testamentsvollstreckung treuhänderisch ver-
waltet wird und dessen Gewinnanteile an einen Unterbevollmächtigten herauszugeben sind, ist
dennoch Mitunternehmer (> BFH vom 16. 5. 1995 – BStBl II S. 714).

Treugeber

Bei einem Treuhandverhältnis, dessen Gegenstand die Mitgliedschaft in einer Personengesellschaft
ist, müssen die die Mitunternehmerstellung kennzeichnenden Merkmale in der Person des Treu-
gebers vorliegen (> BFH vom 21. 4. 1988 – BStBl 1989 II S. 722).

Verdeckte Mitunternehmerschaft

– *Mitunternehmer kann auch sein, wer nicht als > Gesellschafter, sondern z. B. als Arbeitnehmer*
  oder Darlehensgeber bezeichnet ist, wenn die Vertragsbeziehung als Gesellschaftsverhältnis
  anzusehen ist (> BFH vom 11. 12. 1980 – BStBl 1981 II S. 310). Allerdings sind die zwischen den
  Beteiligten bestehenden Rechtsbeziehungen bei der Beurteilung der Gesellschaftereigenschaft
  sowohl zivil- als auch steuerrechtlich nicht allein nach deren formaler Bezeichnung zu würdi-
  gen, sondern nach den von ihnen gewollten Rechtswirkungen und der sich danach ergebenden
  zutreffenden rechtlichen Einordnung (> BFH vom 13. 7. 1993 – BStBl 1994 II S. 282).

– *Eine Mitunternehmerschaft setzt ein zivilrechtliches Gesellschaftsverhältnis oder ausnahms-*
  weise ein wirtschaftlich vergleichbares Gemeinschaftsverhältnis voraus. Eine Mitunternehmer-
  schaft liegt danach auch vor, wenn mehrere Personen durch gemeinsame Ausübung der Un-
  ternehmerinitiative und gemeinsame Übernahme des Unternehmerrisikos zu einem bestimm-
  ten Zweck hin tatsächlich zusammenarbeiten. Erforderlich für ein stillschweigend begründetes
  Gesellschaftsverhältnis ist auch ein entsprechender Verpflichtungswille (> BFH vom 1. 8. 1996
  – BStBl 1997 II S. 272). Mitunternehmerinitiative und -risiko dürfen nicht lediglich auf einzelne
  Schuldverhältnisse zurückzuführen sein. Die Bündelung von Risiken aus derartigen Austausch-
  verhältnissen unter Vereinbarung angemessener und leistungsbezogener Entgelte begründet
  noch kein gesellschaftsrechtliches Risiko (> BFH vom 13. 7. 1993 – BStBl 1994 II S. 282). Tat-
  sächliche Einflussmöglichkeiten allein genügen allerdings nicht (> BFH vom 2. 9. 1985 – BStBl
  1986 II S. 10).

– *Das Vorliegen einer verdeckten Mitunternehmerschaft zwischen nahen Angehörigen darf*
  nicht unter Heranziehung eines Fremdvergleichs beurteilt werden (> BFH vom 8. 11. 1995 –
  BStBl 1996 II S. 133).

– *Der Geschäftsführer der Komplementär-GmbH ist nicht schon auf Grund des bloßen Abschlus-*
  ses des Geschäftsführervertrages mit der GmbH als verdeckter Mitunternehmer der KG anzuse-
  hen (> BFH vom 1. 8. 1996 – BStBl 1997 II S. 272). Der alleinige Gesellschafter-Geschäftsführer
  der Komplementär-GmbH ist verdeckter Mitunternehmer der Familien-GmbH & Co. KG, wenn
  er für die Geschäftsführung unangemessene gewinnabhängige Bezüge erhält und sich – wie
  bisher als Einzelunternehmer – als Herr des Unternehmens verhält (> BFH vom 21. 9. 1995 –
  BStBl 1996 II S. 66).

Vermietung zwischen Schwester-Personengesellschaften

Wirtschaftsgüter, die eine gewerblich tätige oder gewerblich geprägte Personengesellschaft an
eine ganz oder teilweise personenidentische Personengesellschaft (Schwestergesellschaft) vermie-
tet, gehören zum Betriebsvermögen der vermietenden Personengesellschaft und nicht zum Son-
derbetriebsvermögen bei der nutzenden Personengesellschaft. Dies gilt auch, wenn leistende Gesell-
schaft eine gewerblich geprägte atypisch stille Gesellschaft ist (BFH vom 26. 11. 1996 – BStBl 1998
II S. 328; > BMF vom 28. 4. 1998 – BStBl I S. 583 mit Übergangsregelung).

Wirtschaftliches Eigentum an einem Mitunternehmeranteil

- *Ist in einem Gesellschaftsvertrag vereinbart, dass die Ehefrau im Scheidungsfall aus der Gesellschaft ausgeschlossen werden kann und ihr Ehemann an ihre Stelle tritt, ist der Kommanditanteil der Ehefrau dem Ehemann gem. § 39 Abs. 2 Nr. 1 Satz 1 AO zuzurechnen (> BFH vom 26. 6. 1990 – BStBl 1994 II S. 645).*

- *Dem Erwerber eines Anteils an einer Personengesellschaft kann die Mitunternehmerstellung bereits vor der zivilrechtlichen Übertragung des Gesellschaftsanteils zuzurechnen sein. Voraussetzung dafür ist, dass der Erwerber rechtsgeschäftlich eine auf den Erwerb des Gesellschaftsanteils gerichtete, rechtlich geschützte Position erworben hat, die ihm gegen seinen Willen nicht mehr entzogen werden kann, und Mitunternehmerrisiko sowie Mitunternehmerinitiative vollständig auf ihn übergegangen sind (> BFH vom 1. 3. 2018 – BStBl II S. 539 und vom 20. 9. 2018 – BStBl 2019 II S. 131).*

Wohnungseigentümergemeinschaft

Eine Wohnungseigentümergemeinschaft als Rechtssubjekt i. S. d. § 10 Abs. 6 Satz 1 WoEigG, die z. B. ein Blockheizkraftwerk betreibt, kann eine gewerbliche Mitunternehmerschaft begründen. Es bedarf nicht der Annahme einer konkludent errichteten GbR, wenn die gewerbliche Tätigkeit der Wohnungseigentümergemeinschaft innerhalb des in § 10 Abs. 6 Satz 1 WoEigG vorgegebenen Verbandszwecks liegt (> BFH vom 20. 9. 2018 – BStBl 2019 II S. 160).

(2) – (6) ...

       Hinweise   EStH   H 15.8 (2) – (6)

...

Zu § 16 EStG

EStR   R 16. Veräußerung des gewerblichen Betriebs

Betriebsveräußerung im Ganzen

(1) [1]Eine Veräußerung des ganzen Gewerbebetriebs liegt vor, wenn der Betrieb mit seinen wesentlichen Grundlagen gegen Entgelt in der Weise auf einen Erwerber übertragen wird, dass der Betrieb als geschäftlicher Organismus fortgeführt werden kann. [2]Nicht erforderlich ist, dass der Erwerber den Betrieb tatsächlich fortführt.

       Hinweise   EStH   H 16 (1)

Aufgabe der bisherigen Tätigkeit

- *Voraussetzung einer Betriebsveräußerung ist, dass der Veräußerer die mit dem veräußerten Betriebsvermögen verbundene Tätigkeit aufgibt (> BFH vom 12. 6. 1996 – BStBl II S. 527).*

- *Die gelegentliche Vermittlung von Verträgen durch einen aus dem aktiven Erwerbsleben ausgeschiedenen Versicherungsvertreter kann sich in finanzieller, wirtschaftlicher und organisatorischer Hinsicht grundlegend von dem Gewerbebetrieb, den er als Versicherungsbezirksdirektor unterhalten hat, unterscheiden und steht in diesem Fall einer Betriebsveräußerung nicht entgegen (> BFH vom 18. 12. 1996 – BStBl 1997 II S. 573).*

– *Eine Aufgabe der bisherigen Tätigkeit und somit eine begünstigte Veräußerung i. S. d. § 16 EStG liegt auch dann vor, wenn der Veräußerer als selbständiger Unternehmer nach der Veräußerung des Betriebs für den Erwerber tätig wird (> BFH vom 17. 7. 2008 – BStBl 2009 II S. 43).*

– *Die Tarifbegünstigung eines Veräußerungsgewinns setzt nicht voraus, dass der Stpfl. jegliche gewerbliche Tätigkeit einstellt. Erforderlich ist lediglich, dass er die in dem veräußerten Betrieb bislang ausgeübte Tätigkeit einstellt und die diesbezüglich wesentlichen Betriebsgrundlagen veräußert (> BFH vom 3. 4. 2014 – BStBl II S. 1000).*

– *…*

Betriebsfortführung

Werden nicht der Betriebsorganismus, sondern nur wichtige Betriebsmittel übertragen, während der Stpfl. das Unternehmen in derselben oder in einer veränderten Form fortführt, liegt keine Betriebsveräußerung vor (> BFH vom 3. 10. 1984 – BStBl 1985 II S. 131).

Betriebsübertragung im Zusammenhang mit wiederkehrenden Leistungen

> BMF vom 11. 3. 2010 (BStBl I S. 227) unter Berücksichtigung der Änderungen durch BMF vom 6. 5. 2016 (BStBl I S. 476)

Funktionsfähiger Betrieb

Eine Betriebsveräußerung setzt voraus, dass im Veräußerungszeitpunkt schon ein funktionsfähiger Betrieb gegeben ist, jedoch nicht, dass der Veräußerer mit den veräußerten wesentlichen Betriebsgrundlagen tatsächlich bereits eine gewerbliche Tätigkeit ausgeübt hat (> BFH vom 3. 4. 2014 – BStBl II S. 1000).

Gewerblich geprägte Personengesellschaft

…

Gewinnermittlung

Hält der Veräußerer Wirtschaftsgüter, die nicht zu den wesentlichen Betriebsgrundlagen gehören, zurück, um sie später bei sich bietender Gelegenheit zu veräußern, ist eine Gewinnermittlung auf Grund Betriebsvermögensvergleichs hinsichtlich dieser Wirtschaftsgüter nach der Betriebsveräußerung nicht möglich (> BFH vom 22. 2. 1978 – BStBl II S. 430).

Häusliches Arbeitszimmer

Zur Ermittlung des Gewinns bei Veräußerung oder Betriebsaufgabe > H 4.7

Maßgeblicher Zeitpunkt

– *Für die Entscheidung, ob eine Betriebsveräußerung im Ganzen vorliegt, ist auf den Zeitpunkt abzustellen, in dem das wirtschaftliche Eigentum an den veräußerten Wirtschaftsgütern übertragen wird (> BFH vom 3. 10. 1984 – BStBl 1985 II S. 245).*

– *…*

Personengesellschaft

…

Verdeckte Einlage

Zur verdeckten Einlage bei Verkauf eines Betriebes an eine Kapitalgesellschaft > BFH vom 24. 3. 1987 (BStBl II S. 705) und vom 1. 7. 1992 (BStBl 1993 II S. 131).

Zurückbehaltene Wirtschaftsgüter

– *Die Annahme einer Betriebsveräußerung im Ganzen wird nicht dadurch ausgeschlossen, dass der Veräußerer Wirtschaftsgüter, die **nicht zu den wesentlichen Betriebsgrundlagen** gehören, zurückbehält (> BFH vom 26. 5. 1993 – BStBl II S. 710). Das gilt auch, wenn einzelne, nicht zu den wesentlichen Betriebsgrundlagen gehörende Wirtschaftsgüter in zeitlichem Zusammenhang mit der Veräußerung in das Privatvermögen überführt oder anderen betriebsfremden Zwecken zugeführt werden (> BFH vom 24. 3. 1987 – BStBl II S. 705 und vom 29. 10. 1987 – BStBl 1988 II S. 374).*

– *Wird eine eingeführte Bezeichnung für einen Betrieb nicht mitverkauft, sondern im Rahmen eines Franchisevertrags zur Nutzung überlassen, sind nicht alle wesentlichen Betriebsgrundlagen übertragen worden. Eine begünstigte Betriebsveräußerung liegt in diesen Fällen nicht vor (> BFH vom 20. 3. 2017 – BStBl II S. 992).*

Betriebsaufgabe im Ganzen🔢🔢

(2) [1]Eine Betriebsaufgabe erfordert eine Willensentscheidung oder Handlung des Stpfl., die darauf gerichtet ist, den Betrieb als selbständigen Organismus nicht mehr in seiner bisherigen Form bestehen zu lassen. [2]Der Begriff der Betriebsaufgabe erfordert nicht, dass der bisherige Unternehmer künftig keine unternehmerische Tätigkeit mehr ausübt. [3]Liegt eine Betriebsaufgabe deshalb vor, weil bei einer Betriebsaufspaltung die personelle Verflechtung durch Eintritt der Volljährigkeit bisher minderjähriger Kinder wegfällt, wird dem Stpfl. auf Antrag aus Billigkeitsgründen das Wahlrecht zur Fortsetzung der gewerblichen Tätigkeit im Rahmen einer Betriebsverpachtung (> Absatz 5) auch dann eingeräumt, wenn nicht alle wesentlichen Betriebsgrundlagen an das Betriebsunternehmen verpachtet sind. [4]Wird danach die Betriebsverpachtung nicht als Betriebsaufgabe behandelt, können in diesen Fällen weiterhin die auf einen Betrieb bezogenen Steuervergünstigungen (z. B. Übertragung stiller Reserven nach den §§ 6b und 6c EStG, erhöhte Absetzungen und Sonderabschreibungen) gewährt werden. [5]Eine Betriebsaufgabe liegt auch vor, wenn die Voraussetzungen für eine gewerblich geprägte Personengesellschaft wegfallen. [6]Ist Gegenstand der Verpachtung ein Betrieb im Ganzen, gilt Absatz 5 entsprechend. [7]Im Rahmen einer Betriebsaufgabe kann auch das Buchwertprivileg nach § 6 Abs 1 Nr 4 Satz 4 und 5 EStG in Anspruch genommen werden.

▶ **Hinweise   EStH   H 16 (2)**

...

Anm. d. Schriftl.:

1 Der Übergang von einem Gewerbebetrieb zur einkommensteuerlich unbeachtlichen Liebhaberei ist keine Betriebsaufgabe (BFH-Urteil vom 11. 5. 2016, BStBl 2017 II S. 112).

2 Die tarifbegünstigte Veräußerung einer freiberuflichen Einzelpraxis setzt voraus, dass der Stpfl. die wesentlichen vermögensmäßigen Grundlagen entgeltlich und definitiv auf einen Anderen überträgt. Hierzu muss der Veräußerer seine freiberufliche Tätigkeit in dem bisherigen örtlichen Wirkungskreis wenigstens für eine gewisse Zeit einstellen (BFH-Urteil vom 21. 8. 2018, BStBl 2019 II S. 64).

Teilbetriebsveräußerung und Teilbetriebsaufgabe

(3) [1]Ein Teilbetrieb ist ein mit einer gewissen Selbständigkeit ausgestatteter, organisch geschlossener Teil des Gesamtbetriebs, der für sich betrachtet alle Merkmale eines Betriebs i. S. d. EStG aufweist und für sich lebensfähig ist. [2]Eine völlig selbständige Organisation mit eigener Buchführung ist nicht erforderlich. [3]Für die Annahme einer Teilbetriebsveräußerung genügt nicht die Möglichkeit einer technischen Aufteilung des Betriebs. [4]Notwendig ist die Eigenständigkeit des Teiles. [5]Ein Stpfl. kann deshalb bestimmte abgegrenzte Tätigkeitsgebiete nicht durch eine organisatorische Verselbständigung und durch gesonderten Vermögens- und Ergebnisausweis zu einem Teilbetrieb machen. [6]Die Veräußerung der Beteiligung an einer Kapitalgesellschaft, die das gesamte Nennkapital der Gesellschaft umfasst, gilt als Veräußerung eines Teilbetriebes (§ 16 Abs. 1 Satz 1 Nr. 1 Satz 2 EStG), wenn die gesamte Beteiligung an der Kapitalgesellschaft zum Betriebsvermögen eines einzelnen Stpfl. oder einer Personengesellschaft gehört und die gesamte Beteiligung im Laufe eines Wirtschaftsjahres veräußert wird. [7]§ 16 Abs. 1 Satz 1 Nr. 1 Satz 2 EStG ist auf den Gewinn aus der Veräußerung einer Beteiligung, die das gesamte Nennkapital einer Kapitalgesellschaft umfasst, auch dann anwendbar, wenn die Beteiligung im Eigentum eines oder mehrerer Mitunternehmer derselben Personengesellschaft stand und steuerlich zum Betriebsvermögen der Personengesellschaft gehörte. [8]§ 16 Abs. 1 Satz 1 Nr. 1 Satz 2 EStG ist nicht anwendbar, wenn die Beteiligung an der Kapitalgesellschaft teilweise auch zum Privatvermögen des Stpfl. gehört.

> **Hinweise**   **EStH**   **H 16 (3)**

...

Veräußerung und Aufgabe eines Mitunternehmeranteiles

(4) – unbesetzt –

> **Hinweise**   **EStH**   **H 16 (4)**

...

(5) – unbesetzt –

> **Hinweise**   **EStH**   **H 16 (5)**

...

Unentgeltliche Betriebsübertragung

(6) – unbesetzt –

> **Hinweise**   **EStH**   **H 16 (6)**

Betriebsaufgabe

Werden nicht die wesentlichen Grundlagen eines Betriebs oder Teilbetriebs, sondern nur Teile des Betriebsvermögens unentgeltlich übertragen, während der andere Teil der Wirtschaftsgüter in das

Privatvermögen übernommen wird, liegt eine Betriebsaufgabe vor. Der begünstigte Veräußerungs-gewinn ist in diesem Fall der Unterschiedsbetrag zwischen den Buchwerten und den gemeinen Werten sowohl der unentgeltlich übertragenen als auch der in das Privatvermögen übernomme-nen Wirtschaftsgüter, vermindert um etwaige Veräußerungskosten (> BFH vom 27. 7. 1961 – BStBl III S. 514).

...

Teilentgeltliche Betriebsübertragung

(7) – unbesetzt –

> **Hinweise   EStH   H 16 (7)**

...

Begriff der wesentlichen Betriebsgrundlage

(8) – unbesetzt –

> **Hinweise   EStH   H 16 (8)**

Begriff der wesentlichen Betriebsgrundlage

Ob ein Wirtschaftsgut zu den wesentlichen Betriebsgrundlagen gehört, ist nach der funktional-quantitativen Betrachtungsweise zu entscheiden. Zu den wesentlichen Betriebsgrundlagen gehö-ren in der Regel auch Wirtschaftsgüter, die funktional gesehen für den Betrieb, Teilbetrieb oder Mitunternehmeranteil nicht erforderlich sind, in denen aber erhebliche stille Reserven gebunden sind (> BFH vom 2. 10. 1997 – BStBl 1998 II S. 104 und vom 10. 11. 2005 – BStBl 2006 II S. 176).

...

Abgrenzung des Veräußerungs- bzw. Aufgabegewinns vom laufenden Gewinn

(9) – unbesetzt –

> **Hinweise   EStH   H 16 (9)**

...

Veräußerungspreis

(10) – unbesetzt –

> **Hinweise   EStH   H 16 (10)**

...

Betriebsveräußerung gegen wiederkehrende Bezüge

(11) [1]Veräußert ein Stpfl. seinen Betrieb gegen eine Leibrente, hat er ein Wahlrecht. [2]Er kann den bei der Veräußerung entstandenen Gewinn sofort versteuern. [3]In diesem Fall ist § 16 EStG anzuwenden. [4]Veräußerungsgewinn ist der Unterschiedsbetrag zwischen dem nach den Vorschriften des BewG ermittelten Barwert der Rente, vermindert um etwaige Veräußerungskosten des Stpfl., und dem Buchwert des steuerlichen Kapitalkontos im Zeitpunkt der Veräußerung des Betriebs. [5]Die in den Rentenzahlungen enthaltenen Ertragsanteile sind sonstige Einkünfte i. S. d. § 22 Nr. 1 Satz 3 Buchstabe a Doppelbuchstabe bb EStG. [6]Der Stpfl. kann stattdessen die Rentenzahlungen als nachträgliche Betriebseinnahmen i. S. d. § 15 i. V. m. § 24 Nr. 2 EStG behandeln. [7]In diesem Fall entsteht ein Gewinn, wenn der Kapitalanteil der wiederkehrenden Leistungen das steuerliche Kapitalkonto des Veräußerers zuzüglich etwaiger Veräußerungskosten des Veräußerers übersteigt; der in den wiederkehrenden Leistungen enthaltene Zinsanteil stellt bereits im Zeitpunkt des Zuflusses nachträgliche Betriebseinnahmen dar. [8]Für Veräußerungen, die vor dem 1. 1. 2004 erfolgt sind, gilt R 139 Abs. 11 EStR 2001. [9]Die Sätze 1 bis 8 gelten sinngemäß, wenn ein Betrieb gegen einen festen Barpreis und eine Leibrente veräußert wird; das Wahlrecht bezieht sich jedoch nicht auf den durch den festen Barpreis realisierten Teil des Veräußerungsgewinns. [10]Bei der Ermittlung des Barwerts der wiederkehrenden Bezüge ist von einem Zinssatz von 5,5 % auszugehen, wenn nicht vertraglich ein anderer Satz vereinbart ist.

Hinweise   EStH   H 16 (11)

...

Veräußerungskosten

(12) – unbesetzt –

Hinweise   EStH   H 16 (12)

...

Gewährung des Freibetrags

(13) [1]Über die Gewährung des Freibetrags wird bei der Veranlagung zur Einkommensteuer entschieden. [2]Dies gilt auch im Falle der Veräußerung eines Mitunternehmeranteiles; in diesem Fall ist im Verfahren zur gesonderten und einheitlichen Gewinnfeststellung nur die Höhe des auf den Gesellschafter entfallenden Veräußerungsgewinns festzustellen. [3]Veräußert eine Personengesellschaft, bei der die Gesellschafter als Mitunternehmer anzusehen sind, ihren ganzen Gewerbebetrieb, steht den einzelnen Mitunternehmern für ihren Anteil am Veräußerungsgewinn nach Maßgabe ihrer persönlichen Verhältnisse der Freibetrag in voller Höhe zu. [4]Der Freibetrag ist dem Stpfl. nur einmal zu gewähren; nicht verbrauchte Teile des Freibetrags können nicht bei einer anderen Veräußerung in Anspruch genommen werden. [5]Die Gewährung des Freibetrags nach § 16 Abs. 4 EStG ist ausgeschlossen, wenn dem Stpfl. für eine Veräußerung oder Aufgabe, die nach dem 31. 12. 1995 erfolgt ist, ein Freibetrag nach § 14 Satz 2, § 16 Abs. 4 oder § 18 Abs. 3 EStG bereits gewährt worden ist. [6]Wird der zum Betriebsvermögen eines Einzelunternehmers gehörende Mitunternehmeranteil im Zusammenhang mit der Veräußerung des Einzelunternehmens veräußert, ist die Anwendbarkeit des § 16 Abs. 4 EStG für beide Vorgänge getrennt zu prüfen. [7]Liegen hinsichtlich beider Vorgänge die Voraussetzungen des § 16 Abs. 4 EStG vor, kann der Stpfl. den Abzug des Freibetrags entweder bei der Veräußerung des Einzelunternehmens oder bei der Veräußerung des Mitunternehmeranteiles beantragen. [8]Die Veräußerung eines An-

teils an einer Mitunternehmerschaft (Obergesellschaft), zu deren Betriebsvermögen die Beteiligung an einer anderen Mitunternehmerschaft gehört (mehrstöckige Personengesellschaft), stellt für die Anwendbarkeit des § 16 Abs. 4 EStG einen einheitlich zu beurteilenden Veräußerungsvorgang dar. [9]In den Fällen des § 16 Abs. 2 Satz 3 und Abs. 3 Satz 5 EStG ist für den Teil des Veräußerungsgewinns, der nicht als laufender Gewinn gilt, der volle Freibetrag zu gewähren; der Veräußerungsgewinn, der als laufender Gewinn gilt, ist bei der Kürzung des Freibetrags nach § 16 Abs. 4 Satz 3 EStG nicht zu berücksichtigen. [10]Umfasst der Veräußerungsgewinn auch einen Gewinn aus der Veräußerung von Anteilen an Körperschaften, Personenvereinigungen oder Vermögensmassen, ist für die Berechnung des Freibetrags der nach § 3 Nr. 40 Satz 1 Buchstabe b i. V. m. § 3c Abs. 2 EStG steuerfrei bleibende Teil nicht zu berücksichtigen.

> **Hinweise   EStH   H 16 (13)**

...

Dauernde Berufsunfähigkeit

(14) [1]Zum Nachweis der dauernden Berufsunfähigkeit reicht die Vorlage eines Bescheides des Rentenversicherungsträgers aus, wonach die Berufsunfähigkeit oder Erwerbsunfähigkeit i. S. d. gesetzlichen Rentenversicherung vorliegt. [2]Der Nachweis kann auch durch eine amtsärztliche Bescheinigung oder durch die Leistungspflicht einer privaten Versicherungsgesellschaft, wenn deren Versicherungsbedingungen an einen Grad der Berufsunfähigkeit von mindestens 50 % oder an eine Minderung der Erwerbsfähigkeit wegen Krankheit oder Behinderung auf weniger als sechs Stunden täglich anknüpfen, erbracht werden. [3]Der Freibetrag nach § 16 Abs. 4 EStG kann gewährt werden, wenn im Zeitpunkt der Veräußerung oder Aufgabe eine dauernde Berufsunfähigkeit vorliegt; eine Kausalität zwischen der Veräußerung oder Aufgabe und der Berufsunfähigkeit ist nicht erforderlich.

> **Hinweise   EStH   H 16 (14)**

...

Zu § 17 EStG (§§ 53 und 54 EStDV)

EStR   R 17. Veräußerung von Anteilen an einer Kapitalgesellschaft oder Genossenschaft

Abgrenzung des Anwendungsbereichs gegenüber anderen Vorschriften

(1) [1]§ 17 EStG gilt nicht für die Veräußerung von Anteilen an einer Kapitalgesellschaft, die zu einem Betriebsvermögen gehören. [2]In diesem Fall ist der Gewinn nach § 4 oder § 5 EStG zu ermitteln.

> **Hinweise   EStH   H 17 (1)**

...

Beteiligung

(2) [1]Eine Beteiligung i. S. d. § 17 Abs. 1 Satz 1 EStG liegt vor, wenn der Stpfl. nominell zu mindestens 1 % am Nennkapital der Kapitalgesellschaft beteiligt ist oder innerhalb der letzten fünf Jahre vor der Veräußerung beteiligt war. [2]In den Fällen des § 17 Abs. 6 EStG (Erwerb der Anteile durch Sacheinlage oder durch Einbringung von Anteilen/Anteilstausch i. S. d. § 17 Abs. 1 Satz 1 EStG) führt auch eine nominelle Beteiligung von weniger als 1 % am Nennkapital zur Anwendung von § 17 Abs. 1 Satz 1 EStG.

> **Hinweise   EStH   H 17 (2)**

...

Unentgeltlicher Erwerb von Anteilen oder Anwartschaften

(3) Überlässt der i. S. d. § 17 Abs. 1 Satz 1 EStG beteiligte Anteilseigner einem Dritten unentgeltlich das Bezugsrecht aus einer Kapitalerhöhung (Anwartschaft i. S. d. § 17 Abs. 1 Satz 3 EStG), sind die vom Dritten erworbenen Anteile teilweise nach § 17 Abs. 1 Satz 4 EStG steuerverhaftet (> Unentgeltlicher Anwartschaftserwerb).

> **Hinweise   EStH   H 17 (3)**

...

Veräußerung von Anteilen

(4) Die Ausübung von Bezugsrechten durch die Altaktionäre bei Kapitalerhöhungen gegen Einlage ist keine Veräußerung i. S. d. § 17 Abs. 1 EStG.

> **Hinweise .   EStH   H 17 (4)**

...

Anschaffungskosten der Anteile

(5) [1]Eine Kapitalerhöhung aus Gesellschaftsmitteln erhöht die Anschaffungskosten der Beteiligung nicht. [2]Die Anschaffungskosten sind nach dem Verhältnis der Nennbeträge auf die vor der Kapitalerhöhung erworbenen Anteile und die neuen Anteile zu verteilen (> § 3 Kapitalerhöhungssteuergesetz). [3]Für Anteile i. S. d. § 17 Abs. 1 EStG, die sich in Girosammelverwahrung befinden, sind die Anschaffungskosten der veräußerten Anteile nicht nach dem Fifo-Verfahren, sondern nach den durchschnittlichen Anschaffungskosten sämtlicher Anteile derselben Art zu bestimmen.

> **Hinweise   EStH   H 17 (5)**

...

Veräußerungskosten

(6) Veräußerungskosten i. S. d. § 17 Abs. 2 EStG sind alle durch das Veräußerungsgeschäft veranlassten Aufwendungen.

> **Hinweise   EStH   H 17 (6)**

...

Veräußerungsgewinn

(7) [1]Für eine in Fremdwährung angeschaffte oder veräußerte Beteiligung i. S. d. § 17 Abs. 1 Satz 1 EStG sind die Anschaffungskosten, der Veräußerungspreis und die Veräußerungskosten jeweils im Zeitpunkt ihrer Entstehung aus der Fremdwährung in Euro umzurechnen. [2]Wird eine Beteiligung i. S. d. § 17 Abs. 1 Satz 1 EStG gegen eine Leibrente oder gegen einen in Raten zu zahlenden Kaufpreis veräußert, gilt R 16 Abs. 11 entsprechend mit der Maßgabe, dass der Ertrags- oder Zinsanteil nach § 22 Nr. 1 Satz 3 Buchstabe a Doppelbuchstabe bb oder § 20 Abs. 1 Nr. 7 EStG zu erfassen ist.

> **Hinweise   EStH   H 17 (7)**

...

Einlage einer wertgeminderten Beteiligung

(8) – unbesetzt –

> **Hinweise   EStH   H 17 (8)**

...

Freibetrag

(9) Für die Berechnung des Freibetrags ist der nach § 3 Nr. 40 Satz 1 Buchstabe c i. V. m. § 3c Abs. 2 EStG steuerfrei bleibende Teil des Veräußerungsgewinns nicht zu berücksichtigen.

Zu § 18 EStG

EStR   R 18.1 Abgrenzung der selbständigen Arbeit gegenüber anderen Einkunftsarten

Ärzte[1]

(1) Die Vergütungen der Betriebsärzte, der Knappschaftsärzte, der nicht voll beschäftigten Hilfsärzte bei den Gesundheitsämtern, der Vertragsärzte und der Vertragstierärzte der Bundeswehr und anderer Vertragsärzte in ähnlichen Fällen gehören zu den Einkünften aus selbständiger Arbeit, unabhängig davon, ob neben der vertraglichen Tätigkeit eine eigene Praxis ausgeübt wird, es sei denn, dass besondere Umstände vorliegen, die für die Annahme einer nichtselbständigen Tätigkeit sprechen.

Erfinder

(2) [1]Planmäßige Erfindertätigkeit ist in der Regel freie Berufstätigkeit i. S. d. § 18 Abs. 1 Nr. 1 EStG, soweit die Erfindertätigkeit nicht im Rahmen eines Betriebs der Land- und Forstwirtschaft oder eines Gewerbebetriebs ausgeübt wird. [2]Wird die Erfindertätigkeit im Rahmen eines Arbeitsverhältnisses ausgeübt, dann ist der Arbeitnehmer als freier Erfinder zu behandeln, soweit er die Erfindung außerhalb seines Arbeitsverhältnisses verwertet. [3]Eine Verwertung außerhalb des Arbeitsverhältnisses ist auch anzunehmen, wenn ein Arbeitnehmer eine frei gewordene Diensterfindung seinem Arbeitgeber zur Auswertung überlässt, sofern der Verzicht des Arbeitgebers nicht als Verstoß gegen § 42 AO anzusehen ist.

 Hinweise   EStH   H 18.1

Allgemeines

– > *R 15.1 (Selbständigkeit)*

– > *H 15.6*

– > *H 19.0 LStH 2021*

– > *R 19.2 LStR 2015*

Beispiele für selbständige Nebentätigkeit

– *Beamter als Vortragender an einer Hochschule, Volkshochschule, Verwaltungsakademie oder bei Vortragsreihen ohne festen Lehrplan,*

– *Rechtsanwalt als Honorarprofessor ohne Lehrauftrag.*

Die Einkünfte aus einer solchen Tätigkeit gehören in der Regel zu den Einkünften aus selbständiger Arbeit i. S. d. § 18 Abs. 1 Nr. 1 EStG (> BFH vom 4. 10. 1984 – BStBl 1985 II S. 51).

Anm. d. Schriftl.:

[1] Selbständige Ärzte üben ihren Beruf grundsätzlich auch dann leitend und eigenverantwortlich aus, wenn sie ärztliche Leistungen von angestellten Ärzten erbringen lassen (BFH-Urteil vom 16. 7. 2014, BStBl 2015 II S. 216).

Gewinnerzielungsabsicht

Verluste über einen längeren Zeitraum sind für sich allein noch kein ausreichendes Beweisanzeichen für fehlende Gewinnerzielungsabsicht (> BFH vom 14. 3. 1985 – BStBl II S. 424).

Kindertagespflege

Zur ertragsteuerlichen Behandlung der Kindertagespflege > BMF vom 11. 11. 2016 (BStBl I S. 1236)

Lehrtätigkeit

Die nebenberufliche Lehrtätigkeit von Handwerksmeistern an Berufs- und Meisterschulen ist in der Regel als Ausübung eines freien Berufs anzusehen, wenn sich die Lehrtätigkeit ohne besondere Schwierigkeit von der Haupttätigkeit trennen lässt (> BFH vom 27. 1. 1955 – BStBl III S. 229).

Nachhaltige Erfindertätigkeit

- *Keine Zufallserfindung, sondern eine planmäßige (nachhaltige) Erfindertätigkeit liegt vor, wenn es nach einem spontan geborenen Gedanken weiterer Tätigkeiten bedarf, um die Erfindung bis zur Verwertungsreife zu entwickeln (> BFH vom 18. 6. 1998 – BStBl II S. 567).*

- *Liegt eine Zufallserfindung vor, führt allein die Anmeldung der Erfindung zum Patent noch nicht zu einer nachhaltigen Tätigkeit (> BFH vom 10. 9. 2003 – BStBl 2004 II S. 218).*

Patentveräußerung gegen Leibrente

- **durch Erben des Erfinders:**

  Veräußert der Erbe die vom Erblasser als freiberuflichem Erfinder entwickelten Patente gegen Leibrente, so ist die Rente, sobald sie den Buchwert der Patente übersteigt, als laufende Betriebseinnahme und nicht als private Veräußerungsrente nur mit dem Ertragsanteil zu versteuern, es sei denn, dass die Patente durch eindeutige Entnahme vor der Veräußerung in das Privatvermögen überführt worden waren (> BFH vom 7. 10. 1965 – BStBl III S. 666).

- **bei anschließender Wohnsitzverlegung ins Ausland:**

  Laufende Rentenzahlungen können als nachträglich erzielte Einkünfte aus selbständiger Arbeit im Inland steuerpflichtig sein (> BFH vom 28. 3. 1984 – BStBl II S. 664).

Prüfungstätigkeit

Prüfungstätigkeit als Nebentätigkeit ist i. d. R. als Ausübung eines freien Berufs anzusehen (> BFH vom 14. 3. 1958 – BStBl III S. 255 und vom 2. 4. 1958 – BStBl III S. 293).

Wiederholungshonorare/Erlösbeteiligungen

Bei Wiederholungshonoraren und Erlösbeteiligungen, die an ausübende Künstler von Hörfunk- oder Fernsehproduktionen als Nutzungsentgelte für die Übertragung originärer urheberrechtlicher Verwertungsrechte gezahlt werden, handelt es sich nicht um Arbeitslohn, sondern um Einkünfte i. S. d. § 18 EStG (> BFH vom 26. 7. 2006 – BStBl II S. 917).

EStR   R 18.2 Betriebsvermögen

– unbesetzt –

Hinweise   EStH   H 18.2

Aktienoption eines Aufsichtsratsmitglieds

...

Aufzeichnungspflicht

Eine Aufzeichnungspflicht von Angehörigen der freien Berufe kann sich z. B. ergeben aus:

– § 4 Abs. 3 Satz 5 EStG,

– § 6c EStG bei Gewinnen aus der Veräußerung bestimmter Anlagegüter,

– § 7a Abs. 8 EStG bei erhöhten Absetzungen und Sonderabschreibungen,

– § 41 EStG, Aufzeichnungspflichten beim Lohnsteuerabzug,

– § 22 UStG.

Betriebsausgabenpauschale

– Betriebsausgabenpauschale bei hauptberuflicher selbständiger schriftstellerischer oder journalistischer Tätigkeit, aus wissenschaftlicher, künstlerischer und schriftstellerischer Nebentätigkeit sowie aus nebenamtlicher Lehr- und Prüfungstätigkeit:

  Es ist nicht zu beanstanden, wenn bei der Ermittlung der vorbezeichneten Einkünfte die Betriebsausgaben wie folgt pauschaliert werden:

  a) bei hauptberuflicher selbständiger schriftstellerischer oder journalistischer Tätigkeit auf
     30 % der Betriebseinnahmen aus dieser Tätigkeit, höchstens jedoch 2 455 € jährlich,

  b) bei wissenschaftlicher, künstlerischer oder schriftstellerischer Nebentätigkeit (auch Vor-
     trags- oder nebenberufliche Lehr- und Prüfungstätigkeit), soweit es sich nicht um eine Tä-
     tigkeit i. S. d. § 3 Nr. 26 EStG handelt, auf 25 % der Betriebseinnahmen aus dieser Tätigkeit,
     höchstens jedoch 614 € jährlich. Der Höchstbetrag von 614 € kann für alle Nebentätigkei-
     ten, die unter die Vereinfachungsregelung fallen, nur einmal gewährt werden.

  Es bleibt den Stpfl. unbenommen, etwaige höhere Betriebsausgaben nachzuweisen.

  (> BMF vom 21. 1. 1994 – BStBl I S. 112).

– Zur Höhe und Aufteilung der Betriebsausgabenpauschale bei Geldleistungen an Kindertages-
  pflegepersonen > BMF vom 11. 11. 2016 (BStBl I S. 1236).

Betriebsvermögen

– Ein Wirtschaftsgut kann nur dann zum freiberuflichen Betriebsvermögen gehören, wenn zwischen dem Betrieb oder Beruf und dem Wirtschaftsgut eine objektive Beziehung besteht; das
  Wirtschaftsgut muss bestimmt und geeignet sein, dem Betrieb zu dienen bzw. ihn zu fördern.
  Wirtschaftsgüter, die der freiberuflichen Tätigkeit wesensfremd sind und bei denen eine sachliche Beziehung zum Betrieb fehlt, sind kein Betriebsvermögen (> BFH vom 14. 11. 1985 – BStBl
  1986 II S. 182).

– > Geldgeschäfte

– > Gewillkürtes Betriebsvermögen

Buchführung

Werden freiwillig Bücher geführt und regelmäßig Abschlüsse gemacht, ist der Gewinn nach § 4
Abs. 1 EStG zu ermitteln. Ein nicht buchführungspflichtiger Stpfl., der nur Aufzeichnungen über

Einnahmen und Ausgaben fertigt, kann nicht verlangen, dass sein Gewinn nach § 4 Abs. 1 EStG ermittelt wird (> BFH vom 2. 3. 1978 – BStBl II S. 431). Zur Gewinnermittlung > R 4.1 bis R 4.7.

Bürgschaft

Bürgschaftsaufwendungen eines Freiberuflers können ausnahmsweise Betriebsausgaben darstellen, wenn ein Zusammenhang mit anderen Einkünften ausscheidet und nachgewiesen wird, dass die Bürgschaftszusage ausschließlich aus betrieblichen Gründen erteilt wurde (> BFH vom 24. 8. 1989 – BStBl 1990 II S. 17).

Geldgeschäfte

– Geldgeschäfte (Darlehensgewährung, Beteiligungserwerb etc.) sind bei Angehörigen der freien Berufe in der Regel nicht betrieblich veranlasst, weil sie nicht dem Berufsbild eines freien Berufes entsprechen (> BFH vom 24. 2. 2000 – BStBl II S. 297). Ein Geldgeschäft ist nicht dem Betriebsvermögen eines Freiberuflers zuzuordnen, wenn es ein eigenes wirtschaftliches Gewicht hat. Dies ist auf Grund einer Abwägung der nach außen erkennbaren Motive zu beantworten. Ein eigenes wirtschaftliches Gewicht ist anzunehmen, wenn bei einem Geldgeschäft die Gewinnung eines Auftraggebers lediglich ein erwünschter Nebeneffekt ist. Dagegen ist ein eigenes wirtschaftliches Gewicht zu verneinen, wenn das Geschäft ohne die Aussicht auf neue Aufträge nicht zustande gekommen wäre (> BFH vom 31. 5. 2001 – BStBl II S. 828).

– ...

Dem Betriebsvermögen eines Freiberuflers **kann zugeordnet** werden:

– die Darlehensforderung eines Steuerberaters, wenn das Darlehen zur Rettung von Honorarforderungen gewährt wurde (> BFH vom 22. 4. 1980 – BStBl II S. 571),

– die Beteiligung eines Baustatikers an einer Wohnungsbau-AG (> BFH vom 23. 11. 1978 – BStBl 1979 II S. 109),

– die Beteiligung eines Architekten an einer Bauträgergesellschaft, sofern dies unerlässliche Voraussetzung für die freiberufliche Tätigkeit ist (> BFH vom 14. 1. 1982 – BStBl II S. 345),

– die Beteiligung eines Mediziners, der Ideen und Rezepturen für medizinische Präparate entwickelt, an einer Kapitalgesellschaft, die diese Präparate als Lizenznehmerin vermarktet (> BFH vom 26. 4. 2001 – BStBl II S. 798).

– > Bürgschaft

Dem Betriebsvermögen eines Freiberuflers **kann nicht zugeordnet** werden:

– ein Geldgeschäft, das ein Rechtsanwalt, Notar oder Steuerberater tätigt, um einen Mandanten neu zu gewinnen oder zu erhalten (> BFH vom 22. 1. 1981 – BStBl II S. 564),

– eine Beteiligung, die ein Steuerberater zusammen mit einem Mandanten auf dessen Veranlassung an einer Kapitalgesellschaft eingeht, deren Unternehmensgegenstand der freiberuflichen Betätigung wesensfremd ist, und die eigenes wirtschaftliches Gewicht hat (> BFH vom 23. 5. 1985 – BStBl II S. 517),

– eine Lebensversicherung, die ein Rechtsanwalt als Versicherungsnehmer und Versicherungsempfänger im Erlebensfall auf sein Leben oder das seines Sozius abschließt (> BFH vom 21. 5. 1987 – BStBl II S. 710),

– eine Beteiligung an einer Kapitalgesellschaft, wenn die Beteiligung nicht in erster Linie mit dem Ziel erworben wurde, die Beratungstätigkeit des Steuerpflichtigen bei der Gesellschaft zu fördern oder erst zu ermöglichen. Dies gilt selbst dann, wenn die mit der Beteiligung verbundenen Informations- und Kontrollrechte die Tätigkeit des Stpfl. bei der Gesellschaft erleichtern (> BFH vom 1. 12. 2020 – BStBl 2021 II S. 609).

Gewillkürtes Betriebsvermögen

– Der Umfang des Betriebsvermögens wird durch die Erfordernisse des Berufs begrenzt; ein Angehöriger der freien Berufe kann nicht in demselben Umfang gewillkürtes Betriebsvermögen bilden wie ein Gewerbetreibender (> BFH vom 24. 8. 1989 – BStBl 1990 II S. 17).

– Zur Bildung und zum Nachweis > BMF vom 17. 11. 2004 (BStBl I S. 1064).

Leibrente

Eine Leibrente als Gegenleistung für anwaltliche Betreuung ist den Einkünften aus freiberuflicher Tätigkeit zuzurechnen (> BFH vom 26. 3. 1987 – BStBl II S. 597).

Versorgungskasse

Besondere Zuschläge für einen Fürsorgefonds sind Betriebsausgaben, wenn die berufstätigen Ärzte keinerlei Rechte auf Leistungen aus dem Fürsorgefonds haben. Beiträge an die berufsständische Versorgungskasse zur Erlangung einer späteren Altersversorgung oder anderer Versorgungsansprüche sind Sonderausgaben (> BFH vom 13. 4. 1972 – BStBl II S. 728). Wegen der Behandlung als Sonderausgaben > H 10.5 (Versorgungsbeiträge Selbständiger).

EStR   R 18.3   Veräußerungsgewinn nach § 18 Abs. 3 EStG

Allgemeines

(1) Bei einer > Veräußerung oder Aufgabe i. S. d. § 18 Abs. 3 EStG gelten die Ausführungen in R 16 entsprechend.

Einbringung

(2) Bei Einbringung einer freiberuflichen Praxis in eine Personengesellschaft ist § 24 UmwStG anzuwenden.

Aufgabe

(3) Eine Aufgabe einer selbständigen Tätigkeit ist dann anzunehmen, wenn sie der betreffende Stpfl. mit dem Entschluss einstellt, die Tätigkeit weder fortzusetzen noch das dazugehörende Vermögen an Dritte zu übertragen.

Freibetrag

(4) Die Gewährung des Freibetrags nach § 18 Abs. 3 i. V. m. § 16 Abs. 4 EStG ist ausgeschlossen, wenn dem Stpfl. für eine Veräußerung oder Aufgabe, die nach dem 31. 12. 1995 erfolgt ist, ein Freibetrag nach § 14 Satz 2, § 16 Abs. 4 oder § 18 Abs. 3 EStG bereits gewährt worden ist.

▶   **Hinweise   EStH   H 18.3**

...

Zu § 19 EStG

Hinweis auf die LStR

Zu § 20 EStG

EStR   **R 20.1 Werbungskosten bei Einkünften aus Kapitalvermögen**

(1) [1]Aufwendungen sind, auch wenn sie gleichzeitig der Sicherung und Erhaltung des Kapital-
stamms dienen, insoweit als Werbungskosten zu berücksichtigen, als sie zum Erwerb, Sicherung
und Erhaltung von Kapitaleinnahmen dienen. [2]Aufwendungen, die auf Vermögen entfallen, das
nicht zur Erzielung von Kapitaleinkünften angelegt ist oder bei dem Kapitalerträge nicht mehr
zu erwarten sind, können nicht als Werbungskosten berücksichtigt werden.

(2) [1]Nach den allgemeinen Grundsätzen können u. a. Bankspesen für die Depotverwaltung, Gebühren, Fachliteratur, Reisekosten zur Hauptversammlung, Verfahrensauslagen und Rechts-
anwaltskosten als Werbungskosten berücksichtigt werden. [2]Zum Abzug ausländischer Steuern
wie Werbungskosten > R 34c.

(3) Absatz 1 und 2 gelten vorbehaltlich des § 2 Abs. 2 Satz 2 EStG.

 **Hinweise   EStH   H 20.1**

Abgeltungsteuer

*Zu Einzelfragen zur Abgeltungsteuer > BMF vom 19. 5. 2022 (BStBl I S. 742) unter Berücksichtigung
der Änderungen in Rn. 92 und 300a durch BMF vom 20. 12. 2022 (BStBl 2023 I S. 46).*

...

EStR   R 20.2 Einnahmen aus Kapitalvermögen🔢

[1]Auf Erträge aus Versicherungen auf den Erlebens- oder Todesfall ist bei Verträgen, die vor dem
1. 1. 2005 abgeschlossen worden sind, R 154 EStR 2003 weiter anzuwenden. [2]R 154 Satz 4 Buchstabe a EStR 2003 gilt nicht für Zinsen, die nach Ablauf der Mindestlaufzeit von 12 Jahren bei
Weiterführung des Versicherungsvertrages gezahlt werden.

Hinweise   EStH   H 20.2

...

Erstattungszinsen nach § 233a AO

– *Erstattungszinsen sind steuerbare Einnahmen (> BFH vom 12. 11. 2013 – BStBl 2014 II S. 168
und vom 24. 6. 2014 – BStBl II S. 998).*

___

Anm. d. Schriftl.:

🔢 Verzichtet ein Kind gegenüber seinen Eltern auf künftige Pflichtteilsansprüche und erhält es dafür einen fälligen Zahlungsanspruch, so führt die Verzinsung dieses Zahlungsanspruchs zu steuerpflichtigen Kapitalerträ-
gen i. S. des § 20 Abs. 1 Nr. 7 EStG (BFH-Urteil vom 6. 8. 2019, BStBl 2020 II S. 92).

– *Aus Gründen sachlicher Härte sind auf Antrag Erstattungszinsen im Sinne des § 233a AO nach § 163 AO nicht in die Steuerbemessungsgrundlage einzubeziehen, soweit ihnen nicht abziehbare Nachforderungszinsen gegenüberstehen, die auf ein- und demselben Ereignis beruhen (> BMF vom 16. 3. 2021 – BStBl I S. 353).*

...

Erträge aus Lebensversicherungen (Vertragsabschluss nach dem 31. 12. 2004)

Zur Besteuerung von Versicherungserträgen i. S. d. § 20 Abs. 1 Nr. 6 EStG > BMF vom 1. 10. 2009 (BStBl I S. 1172) unter Berücksichtigung der Änderungen durch BMF vom 6. 3. 2012 (BStBl I S. 238), vom 29. 9. 2017 (BStBl I S. 1314) und vom 9. 8. 2019 (BStBl I S. 829) und > BMF vom 18. 6. 2013 (BStBl I S. 768)

...

Stückzinsen

> BMF vom 19. 5. 2022 (BStBl I S. 742), Rn. 49-51

...

Zuflusszeitpunkt bei Gewinnausschüttungen

– **Grundsatz**

  Einnahmen aus Kapitalvermögen sind zugeflossen, sobald der Steuerpflichtige über sie wirtschaftlich verfügen kann (> BFH vom 8. 10. 1991 – BStBl 1992 II S. 174). Gewinnausschüttungen sind dem Gesellschafter schon dann zugeflossen, wenn sie ihm z. B. auf einem Verrechnungskonto bei der leistungsfähigen Kapitalgesellschaft gutgeschrieben worden sind, über das der Gesellschafter verfügen kann, oder wenn der Gesellschafter aus eigenem Interesse (z. B. bei einer Novation) seine Gewinnanteile in der Gesellschaft belässt (> BFH vom 14. 2. 1984 – BStBl II S. 480).

– **Beherrschender Gesellschafter/Alleingesellschafter**

  Gewinnausschüttungen an den beherrschenden Gesellschafter oder an den Alleingesellschafter einer zahlungsfähigen Kapitalgesellschaft sind diesen in der Regel auch dann zum Zeitpunkt der Beschlussfassung über die Gewinnverwendung im Sinne des § 11 Abs. 1 Satz 1 EStG zugeflossen, wenn die Gesellschafterversammlung eine spätere Fälligkeit des Auszahlungsanspruchs beschlossen hat (> BFH vom 17. 11. 1998 – BStBl 1999 II S. 223). Die Zahlungsfähigkeit einer Kapitalgesellschaft ist auch dann gegeben, wenn diese zwar mangels eigener Liquidität die von ihr zu erbringende Ausschüttung nicht leisten kann, sie sich als beherrschende Gesellschafterin einer Tochter-Kapitalgesellschaft mit hoher Liquidität indes jederzeit bei dieser bedienen kann, um sich selbst die für ihre Ausschüttung erforderlichen Geldmittel zu verschaffen (> BFH vom 2. 12. 2014 – BStBl 2015 II S. 333).

– **Verschiebung des Auszahlungstags**

...

Zurechnung von Beteiligungserträgen

...

Zu § 21 EStG (§§ 82a, 82b, 82f, 82g und 82i EStDV)

EStR   R 21.1 Erhaltungsaufwand und Herstellungsaufwand

(1) [1]Aufwendungen für die Erneuerung von bereits vorhandenen Teilen, Einrichtungen oder Anlagen sind regelmäßig > Erhaltungsaufwand. [2]Zum > Erhaltungsaufwand gehören z. B. Aufwendungen für den Einbau messtechnischer Anlagen zur verbrauchsabhängigen Abrechnung von

Heiz- und Wasserkosten oder für den Einbau einer privaten Breitbandanlage und einmalige Gebühren für den Anschluss privater Breitbandanlagen an das öffentliche Breitbandnetz bei bestehenden Gebäuden.

(2) ¹Nach der Fertigstellung des Gebäudes ist > Herstellungsaufwand anzunehmen, wenn Aufwendungen durch den Verbrauch von Gütern und die Inanspruchnahme von Diensten für die Erweiterung oder für die über den ursprünglichen Zustand hinausgehende wesentliche Verbesserung eines Gebäudes entstehen (> § 255 Abs. 2 Satz 1 HGB). ²Betragen die Aufwendungen nach Fertigstellung eines Gebäudes für die einzelne Baumaßnahme nicht mehr als 4 000 Euro (Rechnungsbetrag ohne Umsatzsteuer) je Gebäude, ist auf Antrag dieser Aufwand stets als Erhaltungsaufwand zu behandeln. ³Auf Aufwendungen, die der endgültigen Fertigstellung eines neu errichteten Gebäudes dienen, ist die Vereinfachungsregelung jedoch nicht anzuwenden.

(3) ¹Kosten für die gärtnerische Gestaltung der Grundstücksfläche bei einem Wohngebäude gehören nur zu den Herstellungskosten des Gebäudes, soweit diese Kosten für das Anpflanzen von Hecken, Büschen und Bäumen an den Grundstücksgrenzen („lebende Umzäunung") entstanden sind. ²Im Übrigen bildet die bepflanzte Gartenanlage ein selbständiges Wirtschaftsgut. ³Bei Gartenanlagen, die die Mieter mitbenutzen dürfen, und bei Vorgärten sind die Herstellungskosten der gärtnerischen Anlage gleichmäßig auf deren regelmäßig 10 Jahre betragende Nutzungsdauer zu verteilen. ⁴Aufwendungen für die Instandhaltung der Gartenanlagen können sofort abgezogen werden. ⁵Absatz 2 Satz 2 ist sinngemäß anzuwenden. ⁶Soweit Aufwendungen für den Nutzgarten des Eigentümers und für Gartenanlagen, die die Mieter nicht nutzen dürfen, entstehen, gehören sie zu den nach § 12 Nr. 1 EStG nicht abziehbaren Kosten (grundsätzlich Aufteilung nach der Zahl der zur Nutzung befugten Mietparteien). ⁷Auf die in Nutzgärten befindlichen Anlagen sind die allgemeinen Grundsätze anzuwenden.

(4) Die Merkmale zur Abgrenzung von Erhaltungs- und Herstellungsaufwand bei Gebäuden gelten bei selbständigen Gebäudeteilen (> hierzu R 4.2 Abs. 4 und Abs. 5) entsprechend.

(5) ¹Werden Teile der Wohnung oder des Gebäudes zu eigenen Wohnzwecken genutzt, sind die Herstellungs- und Anschaffungskosten sowie die Erhaltungsaufwendungen um den Teil der Aufwendungen zu kürzen, der nach objektiven Merkmalen und Unterlagen leicht und einwandfrei dem selbst genutzten Teil zugeordnet werden kann. ²Soweit sich die Aufwendungen nicht eindeutig zuordnen lassen, sind sie um den Teil, der auf eigene Wohnzwecke entfällt, nach dem Verhältnis der Nutzflächen zu kürzen.

(6)**🛈** ¹Bei der Verteilung von Erhaltungsaufwand nach § 82b EStDV kann für die in dem jeweiligen VZ geleisteten Erhaltungsaufwendungen ein besonderer Verteilungszeitraum gebildet werden. ²Wird das Eigentum an einem Gebäude unentgeltlich auf einen anderen übertragen, kann der Rechtsnachfolger Erhaltungsaufwand noch in dem von seinem Rechtsvorgänger gewählten restlichen Verteilungszeitraum geltend machen. ³Dabei ist der Teil des Erhaltungsaufwands, der auf den VZ des Eigentumswechsels entfällt, entsprechend der Besitzdauer auf den Rechtsvorgänger und den Rechtsnachfolger aufzuteilen.

▶ **Hinweise** **EStH** **H 21.1**

Abgrenzung von Anschaffungs-, Herstellungskosten und Erhaltungsaufwendungen

– *Abgrenzung von Anschaffungs-, Herstellungskosten und Erhaltungsaufwendungen bei Instandsetzung und Modernisierung von Gebäuden > BMF vom 18. 7. 2003 (BStBl I S. 386).*

Amtl. Fn.:

🛈 Absatz 6 Satz 2 und 3 überholt durch BFH vom 10. 11. 2020 (BStBl 2021 II S. 474), > H 21.1 (Verteilung des Erhaltungsaufwands nach § 82b EStDV).

– *Instandsetzungs- und Modernisierungsaufwendungen für ein Gebäude sind nicht allein deshalb als Herstellungskosten zu beurteilen, weil das Gebäude wegen Abnutzung und Verwahrlosung nicht mehr vermietbar ist, sondern nur bei schweren Substanzschäden an den für die Nutzbarkeit als Bau und die Nutzungsdauer des Gebäudes bestimmenden Teilen (> BFH vom 13. 10. 1998 – BStBl 1999 II S. 282).*

– *Bei der Prüfung, ob Herstellungsaufwand vorliegt, darf nicht auf das gesamte Gebäude abgestellt werden, sondern nur auf den entsprechenden Gebäudeteil, wenn das Gebäude in unterschiedlicher Weise genutzt wird und deshalb mehrere Wirtschaftsgüter umfasst (> BFH vom 25. 9. 2007 – BStBl 2008 II S. 218).*

Anschaffungsnahe Herstellungskosten

> R 6.4 Abs. 1 und H 6.4

Erhaltungsaufwand

– *Erhaltungsaufwand bei Instandsetzung und Modernisierung von Gebäuden > BMF vom 18. 7. 2003 (BStBl I S. 386),*

– *> H 21.2*

Herstellungsaufwand nach Fertigstellung

– *> BMF vom 18. 7. 2003 (BStBl I S. 386).*

– *Zu den Besonderheiten bei Teileigentum > BFH vom 19. 9. 1995 (BStBl 1996 II S. 131).*

Verteilung des Erhaltungsaufwands nach § 82b EStDV

– *Keine Übertragung des Anteils eines Jahres auf ein anderes Jahr (> BFH vom 26. 10. 1977 – BStBl 1978 II S. 367),*

– *Größere Erhaltungsaufwendungen, die das Finanzamt im Jahr ihrer Entstehung bestandskräftig zu Unrecht als Herstellungskosten behandelt hat, können gleichmäßig anteilig auf die Folgejahre verteilt werden. Der auf das Jahr der Entstehung entfallende Anteil der Aufwendungen bleibt dabei unberücksichtigt. Die AfA-Bemessungsgrundlage ist insoweit für die Folgejahre zu korrigieren (> BFH vom 27. 10. 1992 – BStBl 1993 II S. 591),*

– *Die Ausübung des Wahlrechts ist auch nach Eintritt der Festsetzungsverjährung für das Aufwandsentstehungsjahr möglich. Aufwendungen, die auf VZ entfallen, für die die Festsetzungsverjährung bereits eingetreten ist, dürfen dabei nicht abgezogen werden (> BFH vom 27. 10. 1992 – BStBl 1993 II S. 589). Dies gilt auch, wenn die Erhaltungsaufwendungen im Entstehungsjahr zu Unrecht als Herstellungskosten und in Form der AfA berücksichtigt worden sind (> BFH vom 24. 11. 1992 – BStBl 1993 II S. 593).*

– *Verstirbt der Steuerpflichtige innerhalb des Verteilungszeitraums nach § 82b EStDV, ist der noch nicht berücksichtigte Teil der Erhaltungsaufwendungen im VZ des Versterbens als Werbungskosten im Rahmen seiner Einkünfte aus Vermietung und Verpachtung abzusetzen (> BFH vom 10. 11. 2020 – BStBl 2021 II S. 474).*

EStR   R 21.2 Einnahmen und Werbungskosten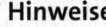

(1) ¹Werden Teile einer selbst genutzten Eigentumswohnung, eines selbst genutzten Einfamilienhauses oder insgesamt selbst genutzten anderen Hauses vorübergehend vermietet und übersteigen die Einnahmen hieraus nicht 520 Euro im VZ, kann im Einverständnis mit dem Steuerpflichtigen aus Vereinfachungsgründen von der Besteuerung der Einkünfte abgesehen werden. ²Satz 1 ist bei vorübergehender Untervermietung von Teilen einer angemieteten Wohnung, die im Übrigen selbst genutzt wird, entsprechend anzuwenden.

(2) Zinsen, die Beteiligte einer Wohnungseigentümergemeinschaft aus der Anlage der Instandhaltungsrücklage erzielen, gehören zu den Einkünften aus Kapitalvermögen.

(3) Die Berücksichtigung von Werbungskosten aus Vermietung und Verpachtung kommt auch dann in Betracht, wenn aus dem Objekt im VZ noch keine Einnahmen erzielt werden, z. B. bei einem vorübergehend leer stehenden Gebäude.

(4) ¹Die Tätigkeit eines Steuerpflichtigen zur Erzielung von Einkünften aus Vermietung und Verpachtung besteht im Wesentlichen in der Verwaltung seines Grundbesitzes. ²Bei nicht umfangreichem Grundbesitz erfordert diese Verwaltung in der Regel keine besonderen Einrichtungen, z. B. Büro, sondern erfolgt von der Wohnung des Steuerpflichtigen aus. ³Regelmäßige Tätigkeitsstätte ist dann die Wohnung des Steuerpflichtigen. ⁴Aufwendungen für gelegentliche Fahrten zu dem vermieteten Grundstück sind Werbungskosten im Sinne des § 9 Abs. 1 Satz 1 EStG.

> **Hinweise   EStH   H 21.2**

...

Einkünfteerzielungsabsicht **☑**

– *bei Wohnobjekten*

> *BMF vom 8. 10. 2004 (BStBl I S. 933)*

– *bei unbebauten Grundstücken*

> *BMF vom 8. 10. 2004 (BStBl I S. 933), Rdnr. 29*

– *bei Gewerbeobjekten*

  Bei der Vermietung von Gewerbeobjekten ist im Einzelfall festzustellen, ob der Stpfl. beabsichtigt, auf die voraussichtliche Dauer der Nutzung einen Überschuss der Einnahmen über die Werbungskosten zu erzielen (> BFH vom 20. 7. 2010 – BStBl II S. 1038 und vom 9. 10. 2013 – BStBl 2014 II S. 527).

Anm. d. Schriftl.:

☐ Zur Frage, ob Schuldzinsen für fremdfinanzierte Anschaffungskosten einer Immobilie nach Veräußerung dieser Immobilie als nachträgliche Werbungskosten bei den Einkünften aus Vermietung und Verpachtung berücksichtigt werden können, hat das BMF mit Schreiben vom 28. 3. 2013, BStBl 2013 I S. 508, Stellung genommen.

☐ Wird eine Ferienwohnung nicht durchweg im ganzen Jahr an wechselnde Feriengäste vermietet und können ortsübliche Vermietungszeiten nicht festgestellt werden, ist ihr Vermieten mit einer auf Dauer ausgerichteten Vermietungstätigkeit nicht vergleichbar, so dass die Einkünfteerzielungsabsicht durch eine Prognose überprüft werden muss (BFH-Urteil vom 19. 8. 2008, BStBl 2009 II S. 138).

Einfügung d. Schriftl.:

Zur Einkunftserzielung bei den Einkünften aus Vermietung und Verpachtung hat das BMF mit Schreiben vom 8.10.2004 (BStBl 2004 I S.933) wie folgt Stellung genommen:

Nach dem Beschluss des Großen Senats vom 25.6.1984 (BStBl II S.751) setzt eine einkommensteuerrechtlich relevante Betätigung oder Vermögensnutzung im Bereich der Überschusseinkünfte die Absicht voraus, auf Dauer gesehen nachhaltig Überschüsse zu erzielen.

1 Bei den Einkünften aus Vermietung und Verpachtung ist nach ständiger Rechtsprechung des Bundesfinanzhofs (vgl. BFH-Urteil vom 30.9.1997, BStBl 1998 II S.771, m.w.N.) bei einer auf Dauer angelegten Vermietungstätigkeit grundsätzlich ohne weitere Prüfung vom Vorliegen der Einkunftserzielungsabsicht auszugehen **1**.

2 Dies gilt nur dann nicht, wenn besondere Umstände oder Beweisanzeichen gegen das Vorliegen einer Einkunftserzielungsabsicht sprechen oder besondere Arten der Nutzung für sich allein Beweisanzeichen für eine private, nicht mit der Erzielung von Einkünften zusammenhängende Veranlassung sind **2** **3** **4** **5** **6**.

3 Zur einkommensteuerlichen Ermittlung der Einkünfte aus Vermietung und Verpachtung hat der Bundesfinanzhof mit Urteilen vom 21.11.2000 (BStBl 2001 II S.705), 6.11.2001 (BStBl II 2002 S.726), 9.7.2002 (BStBl 2003 II S.580 u. S.695), 5.11.2002 (BStBl 2003 II S.646 u. S.914), 9.7.2003 (BStBl II S.940) und vom 22.7.2003 (BStBl II S.806) seine Rechtsprechung weiter präzisiert.

Unter Bezugnahme auf das Ergebnis der Erörterungen mit den obersten Finanzbehörden des Bundes und der Länder sind die Grundsätze dieser Urteile mit folgender Maßgabe anzuwenden:

1. Auf Dauer angelegte Vermietungstätigkeit

4 Eine Vermietungstätigkeit ist auf Dauer angelegt, wenn sie nach den bei Beginn der Vermietung ersichtlichen Umständen keiner Befristung unterliegt (vgl. aber RdNr. 28). Hat der Steuerpflichtige den Entschluss, auf Dauer zu vermieten, endgültig gefasst, gelten die Grundsätze des Urteils vom 30.9.1997 (RdNr.1) für die Dauer seiner Vermietungstätigkeit auch dann, wenn er das bebaute Grundstück später auf Grund eines neu gefassten Entschlusses veräußert (BFH-Urteil vom 9.7.2002, BStBl 2003 II S.580, m.w.N.).

Amtl. Fn.:

1 Diese Grundsätze gelten nur für die Vermietung von Wohnungen (auch wenn der Mieter das Objekt nicht zu Wohnzwecken nutzt), nicht indes für die Vermietung von Gewerbeobjekten (> BFH vom 20.7.2010 – BStBl II S.1038, vom 19.2.2013 – BStBl II S.436 und vom 9.10.2013 – BStBl 2014 II S.527) und für die Vermietung unbebauter Grundstücke (> BFH vom 1.4.2009 – BStBl II S.776).

2 Zu einer Wohnung in einem aufwändig gestalteten oder ausgestatteten Wohnhaus, deren besonderen Wohnwert die Marktmiete nicht angemessen berücksichtigt > BFH vom 6.10.2004 (BStBl 2005 II S.386).

3 Auch der Umstand, dass der Stpfl. die Anschaffungskosten oder Herstellungskosten des Vermietungsobjekts sowie anfallende Schuldzinsen mittels Darlehen finanziert, die zwar nicht getilgt, indes bei Fälligkeit durch den Einsatz von parallel laufenden Lebensversicherungen abgelöst werden sollen, führt nicht dazu, dass bei einer auf Dauer angelegten Vermietungstätigkeit die Einkünfteerzielungsabsicht zu prüfen ist (> BFH vom 19.4.2005 – BStBl II S.692 und vom 19.4.2005 – BStBl II S.754).

4 Die Einkunftserzielungsabsicht ist bei langfristiger Vermietung jedoch zu prüfen, wenn der Stpfl. die Anschaffungs- oder Herstellungskosten des Vermietungsobjekts sowie anfallende Schuldzinsen fremdfinanziert und somit Zinsen auflaufen lässt, ohne dass durch ein Finanzierungskonzept von vornherein deren Kompensation durch spätere positive Ergebnisse vorgesehen ist (> BFH vom 10.5.2007 – BStBl II S.873).

5 Bei der Vermietung mehrerer Objekte (Gebäude und Gebäudeteile), die sich auf einem Grundstück befinden, bezieht sich die Prüfung der Einkünfteerzielungsabsicht auf jedes einzelne Objekt (> BFH vom 1.4.2009 – BStBl II S.776 und vom 9.10.2013 – BStBl 2014 II S.527). Auch bei Vorliegen eines einheitlichen Mietvertrags ist die Einkünfteerzielungsabsicht für jedes einzelne vermietete Objekt gesondert zu prüfen (> BFH vom 26.11.2008 – BStBl 2009 II S.370).

6 Maßgeblich ist die Einkünfteerzielungsabsicht des jeweiligen Stpfl., der den Handlungstatbestand der Vermietung verwirklicht. Es erfolgt keine Zurechnung der Einkünfteerzielungsabsicht seines Rechtsvorgängers (> BFH vom 22.1.2013 – BStBl II S.533).

2. Gegen die Einkunftserzielungsabsicht sprechende Beweisanzeichen

a) Nicht auf Dauer angelegte Vermietungstätigkeit

Hat sich der Steuerpflichtige nur für eine vorübergehende Vermietung entschieden, wie es regelmäßig 5
bei der Beteiligung an einem Mietkaufmodell (BFH-Urteil vom 9. 2. 1993, BStBl 1993 II S. 658) oder einem
Bauherrenmodell mit Rückkaufangebot oder Verkaufsgarantie (BFH-Urteil vom 22. 4. 1997, BStBl II S. 650,
m. w. N.) der Fall ist, bildet dies ein gegen die Einkunftserzielungsabsicht sprechendes Beweisanzeichen,
wenn voraussichtlich Werbungskostenüberschüsse erzielt werden. Gleiches gilt auch außerhalb modell-
hafter Gestaltungen, wenn sich der Steuerpflichtige bei der Anschaffung oder Herstellung noch nicht
endgültig entschieden hat, ob er das Grundstück langfristig vermieten will[1].

Liegen Umstände vor, aus denen geschlossen werden kann, dass sich der Steuerpflichtige die Möglichkeit 6
ausbedungen oder offen gehalten hat, das Mietobjekt innerhalb einer bestimmten Frist, innerhalb der er
einen positiven Gesamtüberschuss nicht erzielen kann, unabhängig von einer Zwangslage zu verkaufen
oder nicht mehr zur Einkunftserzielung zu nutzen, ist die Einkunftserzielungsabsicht zu verneinen. Beweisanzeichen hierfür können zum Beispiel der Abschluss eines entsprechenden Zeitmietvertrages, einer
entsprechenden kurzen Fremdfinanzierung oder die Suche nach einem Käufer schon kurze Zeit nach Anschaffung oder Herstellung des Gebäudes sein. Gleiches gilt für den Fall der Kündigung eines bestehenden Mietverhältnisses, in das der Steuerpflichtige mit der Anschaffung des Objekts eingetreten ist (zur
Anwendung vgl. RdNr. 41)[2]. Die Inanspruchnahme von Sonderabschreibungen oder erhöhten Absetzungen bei Gebäuden reicht zur Widerlegung der Einkunftserzielungsabsicht allein nicht aus.

Ein gegen die Einkunftserzielungsabsicht sprechendes Beweisanzeichen liegt auch dann vor, wenn der 7
Steuerpflichtige ein bebautes Grundstück oder eine Wohnung innerhalb eines engen zeitlichen Zusammenhangs – von in der Regel bis zu fünf Jahren – seit der Anschaffung oder Herstellung veräußert oder
selbst nutzt und innerhalb dieser Zeit nur einen Werbungskostenüberschuss erzielt[3]. Je kürzer der Abstand zwischen der Anschaffung oder Errichtung des Objekts und der nachfolgenden Veräußerung oder
Selbstnutzung ist, umso mehr spricht dies gegen eine auf Dauer angelegte Vermietungstätigkeit und für
eine von vornherein bestehende Veräußerungs- oder Selbstnutzungsabsicht (BFH-Urteile vom
9. 7. 2002)[4].

Beispiel:

A erwirbt mit Wirkung vom Januar 01 eine gebrauchte Eigentumswohnung, die er zunächst fremdver-
mietet. Ende Juli 03 kündigt er das Mietverhältnis mit Ablauf des 31. 12. 03 wegen Eigenbedarf. Nach
Durchführung von Renovierungsarbeiten für insgesamt 30 000 € zieht A selbst in das Objekt ein.

Dass A das Mietobjekt innerhalb von fünf Jahren seit der Anschaffung tatsächlich selbst nutzt, spricht
gegen eine auf Dauer angelegte Vermietungstätigkeit. Kann A keine Umstände darlegen und nachweisen, die dafür sprechen, dass er den Entschluss zur Selbstnutzung erst nachträglich (neu) gefasst hat, ist
anhand einer Prognose zu prüfen, ob er aus der befristeten Vermietung einen Totalüberschuss erzielen
kann. Diese Prognose bezieht sich grundsätzlich auf die Zeit bis einschließlich Dezember 03. Die Kosten
der erst nach Beendigung der Vermietungstätigkeit durchgeführten Renovierungsmaßnahme können

---

Amtl. Fn.:

[1] Soll nach dem Konzept eines geschlossenen Immobilienfonds in der Rechtsform einer Personengesellschaft
die Vermietungstätigkeit des Fonds nur 20 Jahre umfassen, ist sie nicht auf Dauer ausgerichtet (> BFH vom
2. 7. 2008 – BStBl II S. 815).

[2] Wird mit dem Eigentumserwerb eine Vermietung mit einem noch drei Jahre und vier Monate dauerndem
Mietverhältnis begonnen, kann dies als nicht auf Dauer angelegt gewertet werden (> BFH vom 22. 1. 2013 –
BStBl II S. 533).

[3] Auch die Veräußerung innerhalb eines engen zeitlichen Zusammenhangs seit der Anschaffung/Herstellung
an eine die Vermietung der Immobilie fortführende gewerblich geprägte Personengesellschaft, an der sich der
bisherige Vermieter selbst beteiligt ist, spricht gegen die Einkünfteerzielungsabsicht (> BFH vom 9. 3. 2011 –
BStBl II S. 704).

[4] Allein der Abschluss eines Mietvertrages auf eine bestimmte Zeit rechtfertigt noch nicht den Schluss, auch
die Vermietungstätigkeit sei nicht auf Dauer ausgerichtet. Wird bereits im Mietvertrag die Befristung mit
einer ausdrücklich erklärten Selbstnutzungs- oder Verkaufsabsicht verknüpft, spricht dies gegen eine auf
Dauer angelegte Vermietung (> BFH vom 14. 12. 2004 – BStBl 2005 II S. 211).

nicht als Werbungskosten abgezogen werden und sind daher auch nicht zusätzlich in diese Prüfung einzubeziehen.

8 Selbstnutzung ist gegeben, wenn der Steuerpflichtige die Wohnung selbst nutzt oder sie unentgeltlich Dritten zur Nutzung überlässt.

9 Die objektive Beweislast (Feststellungslast) für das Vorliegen der Einkunftserzielungsabsicht trägt der Steuerpflichtige. Er kann das gegen die Einkunftserzielungsabsicht sprechende Beweisanzeichen erschüttern, indem er Umstände schlüssig darlegt und ggf. nachweist, die dafür sprechen, dass er den Entschluss zur Veräußerung oder zur Selbstnutzung erst nachträglich gefasst hat (BFH-Urteil vom 9. 7. 2002, BStBl 2003 II S. 695).

10 Stellt sich das Fehlen einer Einkunftserzielungsabsicht (als Haupttatsache) erst zu einem späteren Zeitpunkt heraus, etwa durch nachträglich bekannt gewordene oder entstandene negative Beweisanzeichen (als Hilfstatsachen), kommt eine Änderung bestandskräftiger Steuerbescheide nach § 173 Abs. 1 Nr. 1 AO in Betracht (vgl. BFH-Urteil vom 6. 12. 1994, BStBl 1995 II S. 192).

b) Verbilligte Überlassung einer Wohnung

11 Nach § 21 Abs. 2 EStG ist die Nutzungsüberlassung in einen entgeltlichen und in einen unentgeltlichen Teil aufzuteilen, wenn das Entgelt für die Überlassung einer Wohnung zu Wohnzwecken (Kaltmiete und gezahlte Umlagen) weniger als 56 v. H.**[1]** (bis einschließlich Veranlagungszeitraum 2003: 50 v. H.) der ortsüblichen Marktmiete**[2]** beträgt.

Der Bundesfinanzhof hat mit Urteil vom 5. 11. 2002 (BStBl 2003 II S. 646) eine Aufteilung auch für Mieten von mindestens 50 v. H. der ortsüblichen Marktmiete (vgl. R 162 EStR**[3]**) vorgenommen, wenn die auf Grund einer verbilligten Vermietung angezeigte Überschussprognose zur Überprüfung der Einkunftserzielungsabsicht negativ ist.

12 Bei einer langfristigen Vermietung ist grundsätzlich vom Vorliegen einer Einkunftserzielungsabsicht auszugehen, wenn das Entgelt nicht weniger als 75 v. H.**[4]** der ortsüblichen Marktmiete beträgt.

13 **[5][6]**Beträgt das Entgelt 56 v. H. und mehr, jedoch weniger als 75 v. H. der ortsüblichen Marktmiete, ist die Einkunftserzielungsabsicht anhand einer Totalüberschussprognose zu prüfen (vgl. RdNr. 37). Führt diese zu positiven Ergebnissen, sind die mit der verbilligten Vermietung zusammenhängenden Werbungskosten in voller Höhe abziehbar. Ist die Überschussprognose negativ, muss die Vermietungstätigkeit in einen entgeltlichen und einen unentgeltlichen Teil aufgeteilt werden. Die anteilig auf den entgeltlichen Teil entfallenden Werbungskosten sind abziehbar.

14 Bei Überlassung eines Mietobjekts zu einem Entgelt, das unter 56 v. H.**[7]** der ortsüblichen Marktmiete liegt, ist die Nutzungsüberlassung in einen entgeltlichen und in einen unentgeltlichen Teil aufzuteilen. Die geltend gemachten Aufwendungen sind insoweit zu berücksichtigen, als sie auf den entgeltlichen Teil entfallen. In diesem Fall entfällt die Prüfung der Einkunftserzielungsabsicht in Bezug auf die verbilligte Miete (BFH-Urteil vom 22. 7. 2003, BStBl II S. 806)**[8]**.

15 Für die Beurteilung der Einkunfserzielungsabsicht ist es ohne Belang, ob an fremde Dritte oder an Angehörige verbilligt vermietet wird.

Amtl. Fn.:

[1] Ab VZ 2012 bis VZ 2020: 66 %, ab VZ 2021 50 %.

[2] > BFH vom 10. 5. 2016 (BStBl II S. 835).

[3] Jetzt > R 21.3 EStR.

[4] Ab VZ 2012 66 %

[5] Ab VZ 2012 bis VZ 2020 keine Anwendung > § 21 Abs. 2 a. F.

[6] Ab VZ 2021 Anwendung der RdNr. 13 mit der Maßgabe, dass 56 % durch 50 % und 75 % durch 66 % ersetzt wird.

[7] Ab VZ 2012 bis VZ 2020 66 %, ab VZ 2021 50 %.

[8] > aber RdNr. 2.

c) Vermietung von Ferienwohnungen

– Ausschließliche Vermietung

Bei einer ausschließlich an wechselnde Feriengäste vermieteten und in der übrigen Zeit hierfür bereit ge- **16** haltenen Ferienwohnung ist ohne weitere Prüfung von der Einkunftserzielungsabsicht des Steuerpflichti- gen auszugehen. Diese Grundsätze gelten unabhängig davon, ob der Steuerpflichtige die Ferienwohnung in Eigenregie oder durch Einschalten eines fremden Dritten vermietet (BFH-Urteile vom 21.11.2000 – BStBl 2001 II S. 705 – und vom 5.11.2002 – BStBl 2003 II S. 914 –)**❶**.

Dem Steuerpflichtigen obliegt die Feststellungslast, dass ausschließlich eine Vermietung der Ferienwoh- **17** nung vorliegt. Davon kann ausgegangen werden, wenn der Steuerpflichtige einen der folgenden Umstän- de glaubhaft macht:

– Der Steuerpflichtige hat die Entscheidung über die Vermietung der Ferienwohnung einem ihm nicht nahe stehenden Vermittler (überregionaler Reiseveranstalter, Kurverwaltung o. a.) übertragen und eine Eigennutzung vertraglich für das gesamte Jahr ausgeschlossen.

– Die Ferienwohnung befindet sich im ansonsten selbst genutzten Zwei- oder Mehrfamilienhaus des Steuerpflichtigen oder in unmittelbarer Nähe zu seiner selbst genutzten Wohnung. Voraussetzung ist jedoch, dass die selbst genutzte Wohnung nach Größe und Ausstattung den Wohnbedürfnissen des Steuerpflichtigen entspricht. Nur wenn die selbst genutzte Wohnung die Möglichkeit zur Unter- bringung von Gästen bietet, kann davon ausgegangen werden, dass der Steuerpflichtige die Ferien- wohnung nicht selbst nutzt.

– Der Steuerpflichtige hat an demselben Ort mehr als eine Ferienwohnung und nutzt nur eine dieser Ferienwohnungen für eigene Wohnzwecke oder in Form der unentgeltlichen Überlassung. Hiervon kann ausgegangen werden, wenn Ausstattung und Größe einer Wohnung auf die besonderen Ver- hältnisse des Steuerpflichtigen zugeschnitten sind.

– Die Dauer der Vermietung der Ferienwohnung entspricht zumindest dem Durchschnitt der Vermie- tungen in der am Ferienort üblichen Saison.**❶**

In den übrigen Fällen muss der Steuerpflichtige das Fehlen der Selbstnutzung schlüssig darlegen und ggf. **18** nachweisen. Bei einer zu geringen Zahl der Vermietungstage muss der Steuerpflichtige die Absicht einer auf Dauer angelegten Vermietungstätigkeit durch entsprechend gesteigerte Werbemaßnahmen – z. B. durch häufige Zeitungsanzeigen – nachweisen.

Keine Selbstnutzung sind kurzfristige Aufenthalte des Steuerpflichtigen in der Ferienwohnung zu War- **19** tungsarbeiten, Schlüsselübergabe an Feriengäste, Reinigung bei Mieterwechsel, allgemeiner Kontrolle, Beseitigung von durch Mieter verursachten Schäden, Durchführung von Schönheitsreparaturen oder Teil- nahme an Eigentümerversammlungen. Begleiten den Steuerpflichtigen jedoch dabei Familienmitglieder oder Dritte oder dauert der Aufenthalt mehr als einen Tag, sind die dafür maßgebenden Gründe zu erläu- tern. Dabei ist schlüssig darzulegen und ggf. nachzuweisen, dass der (mehrtägige) Aufenthalt während der normalen Arbeitszeit vollständig mit Arbeiten für die Wohnung ausgefüllt war (BFH-Urteil vom 25.11.1993, BStBl 1994 II S. 350). Dies gilt insbesondere dann, wenn es sich um Aufenthalte während der am Ferienort üblichen Saison handelt.

Wird in einem späteren Veranlagungszeitraum die Ferienwohnung vermietet und (zeitweise) selbst ge- **20** nutzt (vgl. RdNr. 21), muss ab diesem Zeitpunkt eine Prüfung der Einkunftserzielungsabsicht erfolgen.

– Zeitweise Vermietung und zeitweise Selbstnutzung

Selbstnutzung ist gegeben, wenn der Steuerpflichtige die Wohnung selbst nutzt oder sie unentgeltlich **21** Dritten zur Nutzung überlässt. Wird eine Ferienwohnung zeitweise vermietet und zeitweise selbst ge- nutzt oder behält sich der Steuerpflichtige eine zeitweise Selbstnutzung vor, ist diese Art der Nutzung Beweisanzeichen für eine auch private, nicht mit der Einkunftserzielung zusammenhängende Veranlas-

---

Amtl. Fn.:

❶ Bei einer ausschließlich an wechselnde Feriengäste vermieteten und in der übrigen Zeit hierfür bereitgehalte- nen Ferienwohnung ist die Einkünfteerzielungsabsicht des Stpfl. ausnahmsweise anhand einer Prognose zu überprüfen, wenn das Vermieten die ortsübliche Vermietungszeit von Ferienwohnungen – ohne dass Vermie- tungshindernisse gegeben sind – erheblich unterschreitet; hiervon ist bei einem Unterschreiten von mindes- tens 25 % auszugehen; insoweit ist die in RdNr. 16 erwähnte Rechtsprechung überholt > BFH vom 26.10.2004 (BStBl 2005 II S. 388), vom 24.8.2006 (BStBl 2007 II S. 256) und vom 26.5.2020 (BStBl II S. 548).

sung der Aufwendungen. In diesen Fällen ist die Einkunftserzielungsabsicht stets zu prüfen **1**. Der Steuerpflichtige muss im Rahmen der ihm obliegenden Feststellungslast für die Anerkennung dieser Absicht objektive Umstände vortragen, auf Grund derer im Beurteilungszeitraum ein Totalüberschuss (s. RdNr. 39) erwartet werden konnte.

– Zuordnung der Leerstandszeiten

22 Hat der Steuerpflichtige die Selbstnutzung zeitlich beschränkt (z. B. bei der Vermietung durch einen Dritten), ist nur die vorbehaltene Zeit der Selbstnutzung zuzurechnen; im Übrigen ist die Leerstandszeit der Vermietung zuzuordnen. Ist die Selbstnutzung dagegen jederzeit möglich, sind die Leerstandszeiten im Wege der Schätzung entsprechend dem Verhältnis der tatsächlichen Selbstnutzung zur tatsächlichen Vermietung aufzuteilen.

23 Lässt sich der Umfang der Selbstnutzung nicht aufklären, ist davon auszugehen, dass die Leerstandszeiten der Ferienwohnung zu gleichen Teilen durch das Vorhalten zur Selbstnutzung und das Bereithalten zur Vermietung entstanden sind und damit die hierauf entfallenden Aufwendungen zu je 50 v. H. der Selbstnutzung und der Vermietung zuzuordnen sind.

d) Leerstehende Immobilie

24 Ein gegen die Einkunftserzielungsabsicht sprechendes Beweisanzeichen liegt dann vor, wenn sich der Steuerpflichtige über den Erwerb eines Objekts noch nicht entschieden hat, ob er dieses veräußern, selbst nutzen oder dauerhaft vermieten will (vgl. RdNr. 5). Sind zum Beispiel bei mehrjähriger Renovierung Bemühungen zur Fertigstellung der Baumaßnahmen nicht erkennbar, kann dies Beweisanzeichen für einen fehlenden Entschluss zur dauerhaften Vermietung sein. Hat sich der Steuerpflichtige jedoch zur dauerhaften Vermietung einer leer stehenden Wohnung entschlossen, gilt RdNr. 1 auch dann, wenn er die leer stehende Immobilie aufgrund eines neu gefassten Beschlusses selbst nutzt oder veräußert (siehe auch RdNr. 6).

25 Eine Einkunftserzielungsabsicht kann schon vor Abschluss eines Mietvertrags über eine leer stehende Wohnung vorliegen. Dementsprechend können bereits vor dem Anfall von Einnahmen Aufwendungen als vorab entstandene Werbungskosten abgezogen werden, sofern anhand objektiver Umstände festgestellt werden kann, dass der Steuerpflichtige den Entschluss zur dauerhaften Vermietung endgültig gefasst hat **2**.

26 **3 4 5 6** Steht eine Wohnung nach vorheriger auf Dauer angelegter Vermietung leer, sind Aufwendungen als Werbungskosten so lange abziehbar, wie der Steuerpflichtige den Entschluss, mit dieser Wohnung

---

Amtl. Fn.:

1 Bestätigt durch BFH vom 16. 4. 2013 (BStBl II S. 613).

2 Bestätigt durch BFH vom 28.10.2008 (BStBl 2009 II S. 848), wonach Aufwendungen für eine zunächst selbst bewohnte, anschließend leer stehende und noch nicht vermietete Wohnung als vorab entstandene Werbungskosten anerkannt werden können, wenn der endgültige Entschluss, diese Wohnung zu vermieten, durch ernsthafte und nachhaltige Vermietungsbemühungen belegt wird. Grundsätzlich steht es dem Stpfl. frei, die Bewerbung des Mietobjekts selbst zu bestimmen. Hierzu steht dem Stpfl. ein zeitlich begrenzter Beurteilungsspielraum zu (> BFH vom 11.12.2012 – BStBl 2013 II S. 367).

3 Lässt sich nach einem längeren Zeitraum des Wohnungsleerstandes nicht absehen, ob und wann das Objekt im Rahmen der Einkunftsart Vermietung und Verpachtung genutzt werden kann und wurden keine nachhaltigen Vermietungsbemühungen entfaltet, kann ein wirtschaftlicher Zusammenhang zwischen den Aufwendungen und der Einkunftsart sowie die Einkünfteerzielungsabsicht zu verneinen sein (> BFH vom 11.8.2010 – BStBl 2011 II S. 166).

4 Ein besonders lang andauernder Leerstand kann auch nach vorheriger auf Dauer angelegter Vermietung dazu führen, dass eine vom Stpfl. aufgenommene Einkünfteerzielungsabsicht wegfällt, wenn erkennbar ist, dass das maßgebliche Objekt in absehbarer Zeit nicht wieder vermietet werden kann (> BFH vom 11.12.2012 – BStBl 2013 II S. 279 und vom 9.7.2013 – BStBl II S. 693).

5 Befindet sich die Wohnung in einem nicht vermietbaren Zustand und kann sie aus tatsächlichen und/oder rechtlichen Gründen dauerhaft nicht in einen betriebsbereiten/vermietbaren Zustand versetzt werden, ist die Einkünfteerzielungsabsicht zu verneinen (> BFH vom 31.1.2017 – BStBl II S. 633).

6 Vorübergehende Leerstandszeiten im Rahmen der Untervermietung einzelner Räume innerhalb der Wohnung des Stpfl. können der Vermietungstätigkeit zuzuordnen sein, wenn die einzelnen Räumlichkeiten nach vorheriger, auf Dauer angelegter Vermietung leer stehen und feststeht, dass sie weiterhin für eine Neuvermietung bereitgehalten werden (> BFH vom 22.1.2013 – BStBl II S. 376 und vom 12.6.2013 – BStBl II S. 1013).

Einkünfte zu erzielen, nicht endgültig aufgegeben hat **1**. Solange sich der Steuerpflichtige ernsthaft und nachhaltig um eine Vermietung der leer stehenden Wohnung bemüht – z. B. durch Einschaltung eines Maklers, fortgesetzte Zeitungsinserate u. ä. –, kann regelmäßig nicht von einer endgültigen Aufgabe der Einkunftserzielungsabsicht ausgegangen werden, selbst wenn er – z. B. wegen mehrjähriger Erfolglosigkeit einer Vermietung – die Wohnung zugleich zum Verkauf anbietet (BFH-Urteil vom 9. 7. 2003, BStBl II S. 940, m. w. N.).

2 Für die Ernsthaftigkeit und Nachhaltigkeit der Vermietungsbemühungen als Voraussetzungen der fort-   **27** bestehenden Einkunftserzielungsabsicht trägt der Steuerpflichtige die Feststellungslast **3**.

Beispiel:

B ist Eigentümer einer seit 15 Jahren zu ortsüblichen Konditionen vermieteten Eigentumswohnung. Nach dem Auszug des Mieters bemüht er sich nicht ernsthaft und nachhaltig um einen Nachmieter. Nach einer Leerstandszeit von zwei Jahren vermietet B die Wohnung zu einem auf 60 v. H. der ortsüblich erzielbaren Miete ermäßigten Mietzins an seine Schwester.

Während der Leerstandszeit fehlt es an einem ausreichend bestimmten wirtschaftlichen Zusammenhang mit der Erzielung von Einkünften aus Vermietung und Verpachtung. Als Folge der objektiven Ungewissheit über die Einkunftserzielungsabsicht muss der Werbungskostenabzug daher in diesem Zeitraum entfallen. Die spätere und auf Dauer angelegte Vermietung an die Schwester begründet zwar eine erneute Vermietungstätigkeit, die auf die vorangehende Leerstandszeit aber nicht zurückwirkt. Werbungskosten sind daher erst wieder von dem Zeitpunkt an abziehbar, zu dem sich der auf einer Absichtsänderung beruhende endgültige Vermietungsentschluss anhand objektiver Umstände feststellen lässt.

Infolge der gewährten Verbilligung ist zusätzlich festzustellen, ob B über die Dauer dieses Mietverhältnisses, regelmäßig innerhalb eines Zeitraums von 30 Jahren seit Abschluss des Mietvertrags ein positives Gesamtergebnis erzielen kann. Weder die aus der ursprünglichen Fremdvermietung erzielten Erträge noch die der Leerstandszeit zuzurechnenden und steuerrechtlich irrelevanten Aufwendungen fließen in diese Prüfung ein (vgl. RdNr. 34, 1. Tiret). **4**

e) Entstehen oder Wegfall der Einkunftserzielungsabsicht

5 Die Einkunftserzielungsabsicht kann zu einem späteren Zeitpunkt sowohl begründet werden als auch   **28** wegfallen (BFH-Urteil vom 5. 11. 2002, BStBl 2003 II S. 914, m. w. N.). Deshalb ist z. B. bei Umwandlung eines ausdrücklich mit Veräußerungs- oder Selbstnutzungsabsicht vereinbarten befristeten Mietvertrags in ein unbefristetes Mietverhältnis oder bei erneuter Vermietung dieser Immobilie nach Auszug des Mieters erneut zu prüfen, ob eine dauernde Vermietungsabsicht vorliegt. Entsprechend ist bei Vereinbarung eines befristeten Mietverhältnisses im Anschluss an eine unbefristete Vermietung oder bei verbilligter Überlassung einer Wohnung nach vorheriger nicht verbilligter Überlassung die Einkunftserzielungsabsicht zu prüfen.

Amtl. Fn.:

1 Von einer teilweisen Aufgabe der Vermietungsabsicht ist hingegen auszugehen, wenn einzelne Räume der Wohnung nicht mehr zur Vermietung bereitgehalten werden, weil sie anderweitig genutzt und damit in einen neuen Nutzungs- und Funktionszusammenhang gestellt werden (> BFH vom 12. 6. 2013 – BStBl II S. 1013).

2 Eine erfolgreiche eigenverantwortliche Mietersuche, die zu einer dauerhaften Vermietung geführt hat, kann unter erschwerten Vermietungsbedingungen (z. B. bei einer Vermietung im strukturschwachen ländlichen Raum) ein geeignetes und hinreichendes Beweisanzeichen für die Ernsthaftigkeit und Nachhaltigkeit der Vermietungsabsicht sein (> BFH vom 11. 12. 2012 – BStBl 2013 II S. 367).

3 Bestätigt durch BFH vom 11. 12. 2012 (BStBl 2013 II S. 279) und vom 9. 7. 2013 (BStBl II S. 693).

4 Ab VZ 2012 überholt > § 21 Abs. 2 EStG, Aufteilung der verbilligten Vermietung in einen entgeltlichen und einen unentgeltlich vermieteten Teil mit anteiligem Werbungskostenabzug ohne Totalüberschussprognoseprüfung.

5 Bei unbebauten Grundstücken ist die Beurteilung der Vermietungsabsicht im Hinblick auf die vor der Vermietung erforderliche Bebauung großzügiger zu handhaben als bei bebauten Grundstücken, bei denen eine abschließende negative Beurteilung regelmäßig erst dann nicht zu beanstanden ist, wenn ein Mietvertrag über mehr als zehn Jahre nicht zustande gekommen ist. Ein vorsichtiges, auf das Ansparen von Eigenkapital gerichtetes Finanzierungsverhalten spricht nicht gegen eine behauptete Bebauungsabsicht (> BFH vom 1. 12. 2015 – BStBl 2016 II S. 335).

Beispiel:

Wie Beispiel zu RdNr. 27, allerdings vermietet B die Wohnung nach Auszug des Mieters aufgrund eines mit Selbstnutzungsabsicht begründeten Zeitmietvertrags für vier Jahre an einen weiteren Mieter.

Die an das Dauermietverhältnis anschließende, nicht auf Dauer angelegte Fremdvermietung ist gesondert daraufhin zu untersuchen, ob Einkunftserzielungsabsicht gegeben ist (vgl. RdNrn. 6 und 36).

3. Unbebaute Grundstücke

– Verpachtung unbebauter Grundstücke

29 Die Grundsätze des BFH-Urteils vom 30. 9. 1997 zur Einkunftserzielungsabsicht bei auf Dauer angelegter Vermietung (RdNr. 1) gelten nicht für die dauerhafte Vermietung und Verpachtung von unbebautem Grundbesitz (BFH-Beschluss vom 25. 3. 2003, BStBl II S. 479) **🏧🏧**. Für die Ermittlung des Totalüberschusses ist RdNr. 33 ff. entsprechend anzuwenden.

4. Personengesellschaften und -gemeinschaften

30 Bei Grundstücksverwaltungsgesellschaften oder -gemeinschaften mit Einkünften aus Vermietung und Verpachtung von Grundstücken sowie bei geschlossenen Immobilienfonds gelten die Grundsätze zu RdNr. 1 ff. entsprechend.

31 **🏧**Bei einer Personengesellschaft mit Einkünften aus Vermietung und Verpachtung, bei der die Einkünfte zunächst auf der Ebene der Gesellschaft zu ermitteln und sodann auf die Gesellschafter zu verteilen sind, muss die Einkunftserzielungsabsicht sowohl auf der Ebene der Gesellschaft als auch auf der Ebene des einzelnen Gesellschafters gegeben sein. Im Regelfall bedarf es insoweit allerdings keiner getrennten Beurteilung (BFH-Urteil vom 8. 12. 1998, BStBl 1999 II S. 468). Insbesondere können den einzelnen Gesellschaftern keine steuerrechtlich relevanten Einkünfte zugerechnet werden, wenn (bereits) auf der Gesellschaftsebene keine Einkunftserzielungsabsicht besteht. Liegt hingegen auf der Gesellschaftsebene Einkunftserzielungsabsicht vor, kann gleichwohl diese Absicht eines Gesellschafters dann zweifelhaft sein, wenn er sich z. B. nur kurzfristig zur Verlustmitnahme an einer Gesellschaft beteiligt hat (BFH-Urteil vom 21. 11. 2000, BStBl 2001 II S. 789, m. w. N.).

32 Soweit es sich bei der Personengesellschaft jedoch um eine Verlustzuweisungsgesellschaft handelt, besteht zunächst die Vermutung der fehlenden Einkunftserzielungsabsicht (BFH-Urteil vom 21. 11. 2000). Bei einer Verlustzuweisungsgesellschaft liegt in der Regel eine Einkunftserzielungsabsicht erst von dem Zeitpunkt an vor, in dem nach dem Urteil eines ordentlichen Kaufmanns mit großer Wahrscheinlichkeit ein Totalüberschuss erzielt werden kann. Zur Ermittlung des Totalüberschusses vgl. RdNr. 33 ff.

5. Ermittlung des Totalüberschusses (Überschussprognose)

a) Allgemeine Grundsätze zur Ermittlung des Totalüberschusses

33 Sprechen Beweisanzeichen gegen das Vorliegen der Einkunftserzielungsabsicht (vgl. RdNr. 5 ff.), ist stets zu prüfen, ob ein Totalüberschuss zu erzielen ist. Ob die jeweilige Vermietungstätigkeit einen Totalüberschuss innerhalb des Zeitraums der tatsächlichen Vermögensnutzung erwarten lässt, hängt von einer vom Steuerpflichtigen zu erstellenden Prognose über die voraussichtliche Dauer der Vermögensnutzung, die in dieser Zeitspanne voraussichtlich erzielbaren steuerpflichtigen Einnahmen und anfallenden Werbungskosten ab. In diese Prognose sind alle objektiv erkennbaren Umstände einzubeziehen, zukünftig eintretende Faktoren jedoch nur dann, wenn sie bei objektiver Betrachtung vorhersehbar waren. Die Ver-

---

Amtl. Fn.:

🏧 > BFH vom 28. 11. 2007 (BStBl 2008 II S. 515) und vom 1. 4. 2009 (BStBl II S. 776).

🏧 Vermietet ein Stpfl. auf Grund eines einheitlichen Mietvertrags ein bebautes zusammen mit einem unbebauten Grundstück, gilt die Typisierung der Einkünfteerzielungsabsicht bei auf Dauer angelegter Vermietungstätigkeit grundsätzlich nicht für die Vermietung des unbebauten Grundstücks (> BFH vom 26. 11. 2008 – BStBl 2009 II S. 370).

🏧 Vermietet eine vermögensverwaltende Personengesellschaft die ihr vom Gesellschafter veräußerten Grundstücke weiter, erfüllt der Gesellschafter gemeinschaftlich mit anderen nach wie vor den objektiven und subjektiven Tatbestand der Einkunftsart der Vermietung und Verpachtung, den er zuvor allein verwirklicht hat. Er hat dann kontinuierlich Einkünfteerzielungsabsicht, vor der Veräußerung allein und nach der Veräußerung zusammen mit anderen. Diese Kontinuität wird unterbrochen, wenn die Personengesellschaft, die die Grundstücke weiterhin vermietet, gewerblich geprägt ist und Einkünfte aus Gewerbebetrieb erzielt (> BFH vom 9. 3. 2011 – BStBl II S. 704).

hältnisse eines bereits abgelaufenen Zeitraums können wichtige Anhaltspunkte liefern. Dies gilt umso mehr, wenn die zukünftige Bemessung eines Faktors unsicher ist (BFH-Urteil vom 6. 11. 2001).

Dabei ist nach folgenden Grundsätzen zu verfahren: **34**

- Für die Prognose ist nicht auf die Dauer der Nutzungsmöglichkeit des Gebäudes, sondern auf die voraussichtliche Dauer der Nutzung durch den Nutzenden und ggf. seiner unentgeltlichen Rechtsnachfolger abzustellen. Der Prognosezeitraum umfasst – sofern nicht von einer zeitlich befristeten Vermietung auszugehen ist – einen Zeitraum von 30 Jahren (s. auch BFH-Urteile vom 9. 7. 2003)**1**. Dieser beginnt grundsätzlich mit der Anschaffung oder Herstellung des Gebäudes; in Fällen der RdNr. 28 mit dem Zeitpunkt, zu dem wegen Veränderung der Verhältnisse der nachträgliche Wegfall oder die nachträgliche Begründung der Einkunftserzielungsabsicht zu prüfen ist, und im Fall der Vermietung nach vorheriger Selbstnutzung mit Beendigung der Selbstnutzung.

- Bei der Ermittlung des Totalüberschusses ist von den Ergebnissen auszugehen, die sich nach den einkommensteuerrechtlichen Vorschriften voraussichtlich ergeben werden. Die Einkunftserzielungsabsicht ist für jede Einkunftsart gesondert zu ermitteln**2**; private Veräußerungsgewinne sind nicht in die auf eine Vermietungstätigkeit bezogene Prognose einzubeziehen, unabhängig davon, ob und ggf. in welcher Höhe sie nach § 23 Abs. 1 Satz 1 Nr. 1 EStG der Besteuerung unterliegen.

- Die Einkunftserzielungsabsicht ist in der Regel jeweils für das einzelne Mietverhältnis gesondert zu prüfen. Abweichend hiervon ist bei der Vermietung von Ferienwohnungen eine objekt-, d. h. wohnungsbezogene Prüfung durchzuführen.

Beispiel 1:

C tritt im Mai 01 durch den Erwerb eines vollständig vermieteten Zweifamilienhauses in die bestehenden Mietverträge ein. Dem Mieter der Erdgeschosswohnung kündigt er wegen Eigenbedarf. In Wahrung der im Einzelfall geltenden Kündigungsschutzfrist besteht das Mietverhältnis allerdings noch bis einschließlich Mai 02 fort, so dass C die Wohnung erst zum 1. 6. 02 bezieht.

Infolge der gegen eine auf Dauer angelegte Vermietung sprechenden Beweisanzeichen ist zu prüfen, ob Einkunftserzielungsabsicht besteht. Hierzu ist zu ermitteln, ob C über die von vorne herein befristete Vermietung der Erdgeschosswohnung in der Zeit bis einschließlich Mai 02 einen Totalüberschuss erzielen kann. Die aus der auf Dauer angelegten Vermietung der Obergeschosswohnung erzielten Erträge fließen nicht in diese Prüfung ein.

Beispiel 2:

Wie Beispiel 1, allerdings bezieht nicht C, sondern sein Sohn zum 1. 6. 02 die Erdgeschosswohnung. Grundlage dieser Nutzungsüberlassung bildet ein zwischen den beiden abgeschlossener und einem Fremdvergleich standhaltender Mietvertrag, der aber einen auf 60 v. H. der ortsüblich erzielbaren Miete ermäßigten Mietzins vorsieht.

Wie im Beispiel 1 ist zunächst eigenständig zu prüfen, ob C über die nach wie vor von vorne herein befristete Vermietung der Erdgeschosswohnung in der Zeit bis einschließlich Mai 02 einen Totalüberschuss erzielen kann.

Für die Zeit ab Juni 02 ist entsprechend Beispiel zu RdNr. 27 festzustellen, ob C über die Dauer dieses Mietverhältnisses, regelmäßig innerhalb eines Zeitraums von 30 Jahren seit Abschluss des Mietvertrags mit seinem Sohn, ein positives Gesamtergebnis erzielen kann. Hier sind also weder die aus der Vermietung der Obergeschosswohnung noch die aus der vorangegangenen Vermietung der Erdgeschosswohnung erzielten Erträge zu berücksichtigen. **3**

- Bei der Totalüberschussprognose ist für die Gebäudeabschreibung allgemein von der AfA nach § 7 Abs. 4 EStG auszugehen. Die tatsächlich in Anspruch genommenen Absetzungen (also auch Sonder-

---

Amtl. Fn.:

1 Der Prognosezeitraum beträgt auch bei einer Verpachtung unbebauten Grundbesitzes 30 Jahre (> BFH vom 28. 11. 2007 – BStBl 2008 II S. 515).

2 Bestätigt durch BFH vom 9. 3. 2011 (BStBl II S. 704).

3 Ab VZ 2012 überholt > § 21 Abs. 2 EStG, Aufteilung der verbilligten Vermietung in einen entgeltlichen und einen unentgeltlichen vermieteten Teil mit anteiligem Werbungskostenabzug ohne Totalüberschussprognoseprüfung.

abschreibungen, erhöhte Absetzungen und degressive AfA nach § 7 Abs. 5 EStG) sind regelmäßig nicht anzusetzen (vgl. aber RdNr. 36).

– Die im Prognosezeitraum zu erwartenden Einnahmen und Ausgaben sind zu schätzen. Sofern der Steuerpflichtige keine ausreichenden objektiven Umstände über die zukünftige Entwicklung vorträgt, sind die zu erwartenden Überschüsse anhand des Durchschnitts der in der Vergangenheit in einem bestimmten Zeitraum (in der Regel in den letzten fünf Veranlagungszeiträumen) angefallenen Einnahmen und Werbungskosten zu schätzen. Künftig anfallende Instandhaltungsaufwendungen können in Anlehnung an § 28 der Zweiten Berechnungsverordnung vom 12. 10. 1990 in die Schätzung einbezogen werden.

– Legt der Steuerpflichtige dar, dass er auf die in der Vergangenheit entstandenen Werbungskostenüberschüsse reagiert und die Art und Weise der weiterhin ausgeübten Vermietungstätigkeit geändert hat, ist der Schätzung der Durchschnitt der Einnahmen und Werbungskosten der zukünftigen (in der Regel ebenfalls fünf) Veranlagungszeiträume zu Grunde zu legen, in denen sich die im (jeweiligen) Streitjahr objektiv erkennbar angelegten Maßnahmen erstmals ausgewirkt haben. Die sich so ergebenden Überschüsse sind auf den Rest des Prognosezeitraums hochzurechnen.

– Wegen der Unsicherheitsfaktoren, denen eine Prognose über einen Zeitraum von bis zu 30 Jahren unterliegt, ist bei der Gesamtsumme der geschätzten Einnahmen ein Sicherheitszuschlag von 10 v. H. und bei der Gesamtsumme der geschätzten Werbungskosten ein Sicherheitsabschlag von 10 v. H. vorzunehmen.

Beispiel:

Bei der im Oktober 14 erfolgenden Einkommensteuerveranlagung für das das Jahr 13 stellt das Finanzamt fest, dass D eine von ihm im Juli 01 für umgerechnet 100 000 € (Bodenwertanteil 20 %) angeschaffte und degressiv nach § 7 Abs. 5 EStG abgesetzte Eigentumswohnung für nach wie vor monatlich 400 € (einschließlich gezahlter Umlagen) an seinen Sohn vermietet. Der für den Veranlagungszeitraum 13 erklärte Verlust hieraus beträgt 1 100 €. Die ortsübliche Miete für dieses Jahr (einschließlich umlagefähiger Nebenkosten) beläuft sich auf monatlich 600 €.

Die in den Vorjahren berücksichtigten Verluste belaufen sich auf insgesamt 41 800 €, davon 8 500 € in den Jahren 08 bis 12. Schuldzinsen und Bewirtschaftungskosten wurden darin mit 20 500 € berücksichtigt. Nachdem das Finanzamt darauf hingewiesen hat, dass für das Jahr 13 infolge der Verbilligung eine Überschussprognose durchzuführen ist, teilt D mit, er hätte die monatliche Miete mit Wirkung ab dem Jahr 15 auf nunmehr 500 € angepasst. Ferner macht er glaubhaft, dass sich die Schuldzinsen ab dem Jahr 14 auf jährlich im Mittel 2 000 € und die Bewirtschaftungskosten auf 1 800 € belaufen würden. Für das Jahr 14 erklärt D einen Verlust von 1 000 €.

Die Mieterhöhung kann bei der für den Veranlagungszeitraum 13 erforderlichen Überschussprognose noch nicht berücksichtigt werden, weil sie in diesem Jahr noch nicht objektiv erkennbar angelegt war. Die auf der Grundlage von 13 geschätzten Mieteinnahmen von jährlich 4 800 € (12 x 400 €) sind daher lediglich um den Sicherheitszuschlag von 10 % zu erhöhen (geschätzte Jahreseinnahmen somit 5 280 €).

Bei den Werbungskosten sind die durchschnittlichen Schuldzinsen und Bewirtschaftungskosten von insgesamt 3 800 € zu berücksichtigen. Daneben die nach § 7 Abs. 4 EStG bemessene Jahres-AfA von 1 600 € (2 % von 80 000 €). Die gesamten Werbungskosten von 5 400 € sind um den Sicherheitsabschlag von 10 % zu kürzen (prognostizierte Werbungskosten somit 4 860 €). Der durchschnittlich prognostizierte Jahresüberschuss beträgt daher 420 € (5 280 – 4 860 €).

Der Prognosezeitraum umfasst die Jahre 01 bis einschließlich 30. Der auf die Jahre 14 bis 30 (17 Jahre) hochgerechnete Jahresüberschuss von 7 140 € (17 x 420 €) ist dem um die degressive AfA bereinigten Verlust der Jahre 01 bis 13 gegenüberzustellen:

angesetzte Verluste 01 bis 12:	– 41 800 €
erklärter Verlust 13:	– 1 100 €
Gesamtverlust	– 42 900 €
abzüglich degressive AfA nach § 7 Abs. 5 EStG:	
8 Jahre 5 % aus 80 000 €	+ 32 000 €
5 Jahre 2,5 % aus 80 000 €	+ 10 000 €
zuzüglich lineare AfA nach § 7 Abs. 4 EStG:	
12,5 Jahre 2 % aus 80 000 €	– 20 000 €
bereinigter Verlust:	= – 20 900 €

Für den Prognosezeitraum errechnet sich somit ein insgesamt negatives Gesamtergebnis von 13 760 € (7 140 – 20 900 €). Für die Besteuerung im Jahr 13 ist die Vermietung daher in einen entgeltlichen und einen unentgeltlichen Teil aufzuteilen mit der Folge, dass den Einnahmen von 4 800 € nur 66,66 % der Werbungskosten von 5 900 € (= 3 933 €) entgegengerechnet werden können. Hieraus ergeben sich positive Einkünfte von 867 €.

Auch für das Jahr 14 ist eine Überschussprognose anzustellen, wobei hier allerdings die Mieterhöhung ab dem Jahr 15 berücksichtigt werden kann. Einschließlich des Sicherheitszuschlages von 10 % kann daher nunmehr von geschätzten Mieteinnahmen von jährlich 6 600 € ausgegangen werden. Die geschätzten Werbungskosten bleiben mit 4 860 € unverändert, so dass ein durchschnittlich prognostizierter Jahresüberschuss von nunmehr 1 740 € (6 600 – 4 860 €) angesetzt werden kann. Hochgerechnet auf die Jahre 15 bis 30 (16 Jahre) ermittelt sich dann ein positiver Betrag von insgesamt 27 840 € (1 740 € x 16).

Bereits bei Gegenüberstellung mit den bereinigten Verlusten aus 01 bis 13 (20 900 €) ergibt sich ein insgesamt positives Gesamtergebnis. Der für 14 geltend gemachte Verlust von 1 000 € kann daher berücksichtigt werden. Im Jahr 15 beträgt die vereinbarte Miete mehr als 75 % der Marktmiete. Es ist daher ohne weitere Prüfung vom Vorliegen einer Einkunftserzielungsabsicht auszugehen (vgl. RdNr. 12).

b) Ermittlung des Totalüberschusses in Sonderfällen

– Einbeziehung der Investitionszulage

Die Investitionszulage ist in die Beurteilung der Einkunftserzielungsabsicht einzubeziehen.   **35**

– Totalüberschussprognose bei befristeter Vermietung

Bei zeitlich befristeter Vermietung ist bei der Prüfung der Einkunftserzielungsabsicht wie folgt zu verfah- **36** ren (BFH-Urteile vom 9. 7. 2002):

– Ob ein Totalüberschuss zu erzielen ist, ergibt sich – abweichend von RdNr. 34 – aus der den Zeitraum der abgekürzten Vermögensnutzung umfassenden Totalüberschussprognose, d.h. nur die während des befristeten Vermietungszeitraums zufließenden Einnahmen und abfließenden Werbungskosten sind gegenüber zu stellen.

– Negative Einkünfte aufgrund von steuerrechtlichen Subventions- und Lenkungsnormen sind in die befristete Totalüberschussprognose einzubeziehen, wenn der jeweilige Zweck der Subventions- und Lenkungsnorm sowie die Art der Förderung dies gebieten. Dies hat zur Folge, dass – anders als bei auf Dauer angelegter Vermietung (vgl. RdNr. 34) – die jeweils tatsächlich in Anspruch genommenen Absetzungen (also auch Sonderabschreibungen, erhöhte Absetzungen und degressive AfA nach § 7 Abs. 5 EStG) und nicht die in fiktiver Anwendung des § 7 Abs. 4 EStG zu ermittelnden linearen Absetzungen anzusetzen sind**[1]**.

– Totalüberschussprognose bei verbilligter Überlassung

[2] Ist bei verbilligter Überlassung einer Wohnung die Einkunftserzielungsabsicht zu prüfen (vgl. RdNr. 13), **37** gelten für die Erstellung der Totalüberschussprognose die Grundsätze der RdNr. 34 f.

[2] Eine Totalüberschussprognose ist auch erforderlich, wenn die Miethöhe im Lauf eines Mietverhältnisses **38** die ortsübliche Marktmiete um mehr als 25 v. H. unterschreitet. In diese Prognose sind auch die in früheren Veranlagungszeiträumen durch Vermietung erzielten Entgelte einzubeziehen.

– Totalüberschussprognose bei zeitweise vermieteter und zeitweise selbstgenutzter Ferienwohnung

In die Prognose sind als Werbungskosten nur die Aufwendungen einzubeziehen, die (ausschließlich oder **39** anteilig) auf Zeiträume entfallen, in denen die Ferienwohnung an Feriengäste tatsächlich vermietet oder zur Vermietung angeboten und bereitgehalten worden ist (der Vermietung zuzurechnende Leerstandszeiten), dagegen nicht die auf die Zeit der nicht steuerbaren Selbstnutzung entfallenden Aufwendungen.

Amtl. Fn.:

[1] > aber BFH vom 25. 6. 2009 (BStBl 2010 II S. 127), wonach geltend gemachte Sonderabschreibungen nach den §§ 1, 3 und 4 FördG dann nicht in die befristete Totalüberschussprognose einzubeziehen sind, wenn die nachträglichen Herstellungskosten innerhalb der voraussichtlichen Dauer der befristeten Vermietungstätigkeit gem. § 4 Abs. 3 FördG vollständig abgeschrieben werden.

[2] Ab VZ 2012 überholt > § 21 Abs. 2 EStG.

Der Steuerpflichtige trägt die Feststellungslast dafür, ob und in welchem Umfang die Wohnung selbst genutzt oder zur Vermietung angeboten und bereitgehalten wird.

40   Aufwendungen, die sowohl durch die Selbstnutzung als auch durch die Vermietung veranlasst sind (z. B. Schuldzinsen, Grundbesitzabgaben, Erhaltungsaufwendungen, Gebäudeabschreibungen oder Versicherungsbeiträge), sind im Verhältnis der Zeiträume der jeweiligen Nutzung zueinander aufzuteilen.

6. Anwendungsregelung

41   Dieses Schreiben ersetzt die BMF-Schreiben vom 23. 7. 1992 (BStBl I S. 434), 29. 7. 2003 (BStBl I S. 405), 15. 8. 2003 (BStBl I S. 427) und vom 20. 11. 2003 (BStBl I S. 640).

Die Grundsätze der RdNr. 5 ff. zur Einkunftserzielungsabsicht bei befristeter Vermietung mit anschließender Selbstnutzung sind erstmals auf Mietverträge anzuwenden, die nach dem 31. 12. 2003 abgeschlossen werden. In Fällen der Anschaffung von vermieteten bebauten Grundstücken oder Wohnungen sind diese Grundsätze anzuwenden, wenn das Grundstück oder die jeweilige Wohnung auf Grund eines nach dem 8. 10. 2004 rechtswirksam abgeschlossenen Kaufvertrags oder gleichstehenden Rechtsakts angeschafft wird. Der Zeitpunkt des Abschlusses des Mietvertrages ist in diesen Fällen ohne Bedeutung.

Die Grundsätze der RdNr. 11 ff. zur Einkunftserzielungsabsicht bei verbilligter Überlassung einer Wohnung sind erstmals für den Veranlagungszeitraum 2004 anzuwenden.

Soweit die Anwendung der Grundsätze dieses Schreibens bei geschlossenen Immobilienfonds zu einer Verschärfung der Besteuerung gegenüber der bisher geltenden Verwaltungspraxis führt, sind diese Grundsätze nicht anzuwenden, wenn der Außenvertrieb der Fondsanteile vor dem 8. 10. 2004 begonnen hat. Dies gilt nicht bei konzeptionellen Änderungen des Fonds. Der Außenvertrieb beginnt in dem Zeitpunkt, in dem die Voraussetzungen für die Veräußerung der konkret bestimmbaren Fondsanteile erfüllt sind und die Gesellschaft selbst oder über ein Vertriebsunternehmen mit Außenwirkung an den Markt herangetreten ist.

Einnahmen

- *Zahlungen, die wegen **übermäßiger Beanspruchung, vertragswidriger Vernachlässigung oder Vorenthaltung einer Miet- oder Pachtsache** geleistet werden (> BFH vom 22. 4. 1966 – BStBl III S. 395, vom 29. 11. 1968 – BStBl 1969 II S. 184 und vom 5. 5. 1971 – BStBl II S. 624).*

- *Guthabenzinsen aus einem **Bausparvertrag**, die in einem engen zeitlichen Zusammenhang mit einem der Einkunftserzielungsabsicht dienenden Grundstück stehen (> BFH vom 9. 11. 1982 – BStBl 1983 II S. 172 und BMF vom 28. 2. 1990 – BStBl I S. 124).*

- ***Abstandszahlungen** eines Mietinteressenten an Vermieter **für Entlassung aus Vormietvertrag** (> BFH vom 21. 8. 1990 – BStBl 1991 II S. 76).*

- *Von einem Kreditinstitut oder einem Dritten (z. B. Erwerber) **erstattete Damnumbeträge**, die als Werbungskosten abgezogen worden sind (> BFH vom 22. 9. 1994 – BStBl 1995 II S. 118). **Keine Einnahmen** aus Vermietung und Verpachtung liegen vor, wenn das Damnum **nur einen unselbständigen Rechnungsposten für die Bemessung einer Vorfälligkeitsentschädigung** darstellt (> BFH vom 19. 2. 2002 – BStBl 2003 II S. 126).*

- ***Umlagen und Nebenentgelte**, die der Vermieter für die Nebenkosten oder Betriebskosten erhebt (> BFH vom 14. 12. 1999 – BStBl 2000 II S. 197).*

- *Zur **Vermietung eines Arbeitszimmers** oder einer als Homeoffice genutzten Wohnung durch den Arbeitnehmer **an den Arbeitgeber** > BMF vom 18. 4. 2019 (BStBl I S. 461), > ...*

- *Einkünfte aus der **Vermietung eines häuslichen Arbeitszimmers** an den Auftraggeber eines Gewerbetreibenden sind Einkünfte aus Gewerbebetrieb, wenn die Vermietung ohne den Gewerbebetrieb nicht denkbar wäre (> BFH vom 13. 12. 2016 – BStBl 2017 II S. 450).*

- *Mietzahlungen des Arbeitgebers für eine vom Arbeitnehmer an den **Arbeitgeber vermietete Garage**, in der ein Dienstwagen untergestellt wird (> BFH vom 7. 6. 2002 – BStBl II S. 829).*

– **Öffentliche Fördermittel** *(Zuschüsse oder nicht rückzahlbare Darlehen), die ein Bauherr im Rahmen des sog. Dritten Förderungsweges für Belegungs- und Mietpreisbindungen erhält (> BFH vom 14. 10. 2003 – BStBl 2004 II S. 14).*

– **Entgelte für die Inanspruchnahme** *eines Grundstücks im Zuge baulicher Maßnahmen **auf dem Nachbargrundstück,** selbst wenn das Grundstück mit einem zu eigenen Wohnzwecken genutzten Gebäude bebaut ist (> BFH vom 2. 3. 2004 – BStBl II S. 507).*

– *Mietentgelte, die der Restitutionsberechtigte vom Verfügungsberechtigten nach **§ 7 Abs. 7 Satz 2 VermG** erlangt (> BFH vom 11. 1. 2005 – BStBl II S. 480).*

– *Die **Leistung aus einer Gebäudefeuerversicherung** führt beim Vermieter bis zur Höhe einer für den Schadensfall in Anspruch genommenen AfaA für das vermietete Gebäude zu Einnahmen aus Vermietung und Verpachtung, soweit er sie nach dem Versicherungsvertrag beanspruchen kann (> BFH vom 2. 12. 2014 – BStBl 2015 II S. 493).*

– **Ausgleichszahlungen** *aus der Auflösung von **Zinsswapgeschäften** gehören nicht zu den Einkünften aus Vermietung und Verpachtung (> BMF vom 19. 5. 2022 – BStBl I S. 742, Rn. 176).*

– *Die einmalige **Entschädigung** für ein Recht auf **Überspannung** eines im Privatvermögen befindlichen Grundstücks mit einer Stromleitung ist kein Entgelt für eine zeitlich begrenzte Nutzungsüberlassung, wenn das Überspannungsrecht weder schuldrechtlich noch dinglich auf eine zeitlich bestimmte oder absehbare Dauer beschränkt ist. Sie ist keine steuerbare Einnahme (> BFH vom 2. 7. 2018 – BStBl II S. 759).*

– *Einnahmen aus dem Betrieb eines **Blockheizkraftwerks** > H 15.8 (1) Wohnungseigentümergemeinschaft*

Erbbaurecht

– *Der Erbbauzins für ein Erbbaurecht an einem privaten Grundstück gehört zu den Einnahmen aus Vermietung und Verpachtung (> BFH vom 20. 9. 2006 – BStBl 2007 II S. 112).*

– *Vom Erbbauberechtigten neben Erbbauzins gezahlte Erschließungsbeiträge fließen dem Erbbauverpflichteten erst bei Realisierung des Wertzuwachses zu (> BFH vom 21. 11. 1989 – BStBl 1990 II S. 310). Der Erbbauberechtigte kann die von ihm gezahlten Erschließungskosten nur verteilt über die Laufzeit des Erbbaurechtes als Werbungskosten abziehen (> BMF vom 16. 12. 1991 – BStBl I S. 1011).*

– *Geht das vom Erbbauberechtigten in Ausübung des Erbbaurechts errichtete Gebäude nach Beendigung des Erbbaurechts entsprechend den Bestimmungen des Erbbaurechtsvertrages entschädigungslos auf den Erbbauverpflichteten über, führt dies beim Erbbauverpflichteten zu einer zusätzlichen Vergütung für die vorangegangene Nutzungsüberlassung (> BFH vom 11. 12. 2003 – BStBl 2004 II S. 353).*

Erhaltungsaufwand

– *Erhaltungsaufwendungen nach Beendigung der Vermietung und vor Beginn der Selbstnutzung sind i. d. R. keine Werbungskosten. Ein Abzug kommt ausnahmsweise in Betracht, soweit sie mit Mitteln der einbehaltenen und als Einnahme erfassten Mieterkaution finanziert werden, oder wenn sie zur Beseitigung eines Schadens gemacht werden, der die mit dem gewöhnlichen Gebrauch der Mietsache verbundene Abnutzung deutlich übersteigt, insbesondere eines mutwillig vom Mieter verursachten Schadens (> BFH vom 11. 7. 2000 – BStBl 2001 II S. 784),*

– *Aufwendungen für Erhaltungsmaßnahmen, die noch während der Vermietungszeit an einem anschließend selbstgenutzten Gebäude durchgeführt werden, sind i. d. R. als Werbungskosten abziehbar (> BFH vom 10. 10. 2000 – BStBl 2001 II S. 787). Sie sind ausnahmsweise dann nicht als Werbungskosten abziehbar, wenn die Maßnahmen für die Selbstnutzung bestimmt sind und in die Vermietungszeit vorverlagert werden. Dies trifft insbesondere dann zu, wenn sie bei bereits gekündigtem Mietverhältnis objektiv nicht zur Wiederherstellung oder Bewahrung der Mieträume und des Gebäudes erforderlich sind (> BMF vom 26. 11. 2001 – BStBl I S. 868),*

– *Zur Abgrenzung zwischen Erhaltungs- und Herstellungsaufwendungen > R 21.1 und R 6.4. und BMF vom 18. 7. 2003 (BStBl I S. 386).*

Erschließungskosten

...

Ferienwohnung

> BMF vom 8. 10. 2004 (BStBl I S. 933)

...

Nießbrauch und andere Nutzungsrechte

Zur einkommensteuerrechtlichen Behandlung des Nießbrauchs und anderer Nutzungsrechte bei Einkünften aus Vermietung und Verpachtung > BMF vom 30. 9. 2013 (BStBl I S. 1184).

...

Werbungskosten

...

– *Die nach dem WEG an den Verwalter gezahlten **Beiträge zur Instandhaltungsrücklage** sind erst bei Verausgabung der Beträge für Erhaltungsmaßnahmen als Werbungskosten abziehbar (> BFH vom 26. 1. 1988 – BStBl II S. 577).*

...

– *Auch nach Aufgabe der Einkünfteerzielungsabsicht können vorab entstandene **vergebliche Werbungskosten** abziehbar sein, wenn sie getätigt worden sind, um sich aus einer gescheiterten Investition zu lösen und so die Höhe der vergeblich aufgewendeten Kosten zu begrenzen (> BFH vom 15. 11. 2005 – BStBl 2006 II S. 258 und vom 7. 6. 2006 – BStBl II S. 803).*

...

– *Zu verlorenen Aufwendungen bei **gescheitertem Immobilienerwerb** > BFH vom 9. 5. 2017 (BStBl 2018 II S. 168)*

Keine Werbungskosten

– *Aufwendungen zur **Schadensbeseitigung,** zu denen sich der Verkäufer im Kaufvertrag über sein Mietwohngrundstück verpflichtet hat (> BFH vom 23. 1. 1990 – BStBl II S. 465).*

– *Zahlungen anteiliger Grundstückserträge an den geschiedenen Ehegatten auf Grund eines **Scheidungsfolgevergleichs** zur Regelung des Zugewinnausgleichs (> BFH vom 8. 12. 1992 – BStBl 1993 II S. 434).*

– ***Veruntreute Geldbeträge** durch einen Miteigentümer (> BFH vom 20. 12. 1994 – BStBl 1995 II S. 534).*

– *Aufwendungen für die **geplante** Veräußerung eines Grundstücks, auch wenn das Grundstück tatsächlich weiterhin vermietet wird (> BFH vom 19. 12. 1995 – BStBl 1996 II S. 198).*

– *Aufwendungen, die auf eine Zeit entfallen, in der der Steuerpflichtige die Absicht hatte, die angeschaffte oder hergestellte Wohnung **selbst zu beziehen,** auch wenn er sich anschließend zu deren Vermietung entschlossen hat (> BFH vom 23. 7. 1997 – BStBl 1998 II S. 15).*

EStR

– *Aufwendungen eines mit einem vermieteten Grundstück Beschenkten, die auf Grund eines* **Rückforderungsanspruchs** *des Schenkers wegen Verarmung gemäß § 528 Abs. 1 BGB geleistet werden (> BFH vom 19. 12. 2000 – BStBl 2001 II S. 342).*

– *Aufwendungen, die allein oder ganz überwiegend durch die* **Veräußerung** *des Mietwohnobjekts veranlasst oder die im Rahmen einer Grundstücksveräußerung für vom Verkäufer zu erbringende Reparaturen angefallen sind; dies gilt auch dann, wenn die betreffenden Arbeiten noch während der Vermietungszeit durchgeführt werden (> BFH vom 14. 12. 2004 – BStBl 2005 II S. 343). Entsprechendes gilt bei einer gescheiterten Grundstücksveräußerung (> BFH vom 1. 8. 2012 – BStBl II S. 781).*

– *im* **Restitutionsverfahren** *nach dem VermG zum Ausgleich von Instandsetzungs- und Modernisierungsaufwendungen an einem rückübertragenen Gebäude geleistete Zahlungen (> BFH vom 11. 1. 2005 – BStBl II S. 477).*

– **Abstandszahlungen** *an den Mieter zur vorzeitigen Räumung der Wohnung, wenn der Vermieter deren Nutzung zu eigenen Wohnzwecken beabsichtigt (> BFH vom 7. 7. 2005 – BStBl II S. 760).*

– **Verluste aus Optionsgeschäften,** *auch dann nicht, wenn Mieteinnahmen dazu verwendet werden, die Optionsgeschäfte durchzuführen und beabsichtigt ist, die angelegten Beträge wiederum für Zwecke der Vermietung zu verwenden (> BFH vom 18. 9. 2007 – BStBl 2008 II S. 26).*

– **Prozess- und Anwaltskosten,** *die mit dem Antrag auf Auflösung einer Grundstücksgemeinschaft durch Verkauf des gemeinschaftlichen, bislang vermieteten Grundstücks im Wege der Teilungsversteigerung verbunden sind (> BFH vom 19. 3. 2013 – BStBl II S. 536).*

– **Beiträge für Risikolebensversicherungen,** *welche der Absicherung von Darlehen dienen, die zur Finanzierung der Anschaffungskosten einer der Einkünfteerzielung dienenden Immobilie aufgenommen werden (> BFH vom 13. 10. 2015 – BStBl 2016 II S. 210).*

– *die Vergütung des* **Verbraucherinsolvenztreuhänders;** *diese ist insgesamt dem Privatbereich des Stpfl. zuzuordnen und kann nicht – auch nicht anteilig – bei den Einkünften aus Vermietung und Verpachtung abgezogen werden (> BFH vom 4. 8. 2016 – BStBl 2017 II S. 276).*

...

EStR   R 21.3   Verbilligt überlassene Wohnung[1]

[1]In den Fällen des § 21 Abs. 2 EStG ist von der ortsüblichen Marktmiete für Wohnungen vergleichbarer Art, Lage und Ausstattung auszugehen. [2]Die ortsübliche Marktmiete umfasst die ortsübliche Kaltmiete zuzüglich der nach der Betriebskostenverordnung umlagefähigen Kosten.

▸   **Hinweise**   **EStH**   **H 21.3**

...

Ortsübliche Marktmiete

– *Unter ortsüblicher Miete für Wohnungen vergleichbarer Art, Lage und Ausstattung ist die ortsübliche Kaltmiete zuzüglich der nach der Betriebskostenverordnung umlagefähigen Kosten zu verstehen (> BFH vom 10. 5. 2016 – BStBl II S. 835).*

Anm. d. Schriftl.:

[1] Die ortsübliche Vergleichsmiete kann nicht auf der Grundlage statistischer Annahmen mit der sog. EOP-Methode bestimmt werden (BFH-Urteil vom 10. 10. 2018, BStBl 2019 II S. 200).

– Die ortsübliche Miete ist i. d. R. auf der Basis des Mietspiegels zu bestimmen. Kann ein Miet-spiegel nicht zugrunde gelegt werden oder ist er nicht vorhanden, kann die ortsübliche Miete z. B. mit Hilfe eines mit Gründen versehenen Gutachtens eines öffentlich bestellten und ver-eidigten Sachverständigen i. S. d. § 558a Abs. 2 Nr. 3 BGB, durch die Auskunft aus einer Miet-datenbank i. S. d. § 558a Abs. 2 Nr. 2 BGB i. V. m. § 558e BGB oder durch Zugrundelegung der Entgelte für zumindest drei vergleichbarer Wohnungen i. S. d. § 558a Abs. 2 Nr. 4 BGB ermittelt werden. Jeder dieser Ermittlungswege ist gleichrangig (> BFH vom 22. 2. 2021 – BStBl II S. 479).

– Bei der Überlassung von (teil-)möblierten Wohnungen ist für die Berechnung der ortsüblichen Miete ein **Möblierungszuschlag** anzusetzen, der am Markt zu realisieren ist. Soweit der Miet-spiegel für die überlassenen Möbel einen prozentualen Zuschlag oder eine Erhöhung des Aus-stattungsfaktors vorsieht, ist dies als marktüblich anzusehen. Lässt sich aus dem Mietspiegel kein am Markt realisierbarer Möblierungszuschlag entnehmen, kann ein erforderlicher Zu-schlag auf der Grundlage des örtlichen Mietmarkts für möblierte Wohnungen ermittelt wer-den (z. B. durch Sachverständigengutachten oder Rückgriff auf aktuelle Entwicklungen auf dem maßgebenden Mietmarkt/Neuauflagen des örtlichen Mietspiegels). Ist ein marktüblicher Gebrauchswert für die überlassenen Möbel nicht zu ermitteln, kommt ein Möblierungs-zuschlag nicht in Betracht. Die Annahme eines Möblierungszuschlags in Höhe der monatli-chen AfA für die überlassenen Möbel (zuzüglich eines Gewinnaufschlags) ist nicht zulässig (> BFH vom 6. 2. 2018 – BStBl II S. 522).

Überlassung an fremde Dritte

...

EStR   R 21.4 Miet- und Pachtverträge zwischen Angehörigen und Partnern einer nichtehelichen Lebensgemeinschaft

Die für die steuerliche Beurteilung von Verträgen zwischen Ehegatten geltenden Grundsätze können nicht auf Verträge zwischen Partnern einer nichtehelichen Lebensgemeinschaft – aus-genommen eingetragene Lebenspartnerschaften – übertragen werden, es sei denn, dass der Vertrag die gemeinsam genutzte Wohnung betrifft.

> **Hinweise   EStH   H 21.4**

Fremdvergleich

Im Rahmen des Fremdvergleichs (> H 4.8) schließt nicht jede Abweichung vom Üblichen notwendi-gerweise die steuerliche Anerkennung aus. Voraussetzung ist aber, dass die Hauptpflichten der Mietvertragsparteien wie Überlassen einer konkret bestimmten Mietsache und Höhe der zu ent-richteten Miete stets klar und eindeutig vereinbart sowie entsprechend dem Vereinbarten durch-geführt werden. Diese Anforderungen sind auch an nachträgliche Vertragsänderungen zu stellen (> BFH vom 20. 10. 1997 – BStBl 1998 II S. 106). Die steuerliche Anerkennung des Mietverhältnis-ses ist danach **nicht allein dadurch ausgeschlossen,** dass

– die Mieterin, nachdem der Vermieter sein Konto aufgelöst hat, die Miete wie mündlich verein-bart vorschüssig bar bezahlt (> BFH vom 7. 5. 1996 – BStBl 1997 II S. 196),

– keine schriftliche Vereinbarung hinsichtlich der Nebenkosten getroffen worden ist und z. B. der Umfang der auf die Wohnung entfallenden Nebenkosten unter Berücksichtigung der sons-tigen Pflichten unbedeutend ist (> BFH vom 21. 10. 1997 – BStBl 1998 II S. 108 und vom 17. 2. 1998 – BStBl II S. 349),

- *ein Mietvertrag mit einem Angehörigen nach seinem Inhalt oder in seiner Durchführung Mängel aufweist, die auch bei einem mit einem Fremden abgeschlossenen Mietverhältnis aufgetreten sind (> BFH vom 28. 6. 2002 – BStBl II S. 699),*

- *ein Ehegatte dem anderen seine an dessen Beschäftigungsort belegene und im Rahmen einer doppelten Haushaltsführung genutzte Wohnung zu fremdüblichen Bedingungen vermietet (> BFH vom 11. 3. 2003 – BStBl II S. 627),*

- *eine verbilligte Vermietung vorliegt (> BFH vom 22. 7. 2003 – BStBl II S. 806).*

*Das Mietverhältnis ist jedoch steuerlich z. B. **nicht anzuerkennen,** wenn*

- *die Mietzahlungen entgegen der vertraglichen Vereinbarung nicht regelmäßig, sondern in einem späteren Jahr in einem Betrag gezahlt werden (> BFH vom 19. 6. 1991 – BStBl 1992 II S. 75),*

- *nicht feststeht, dass die gezahlte Miete tatsächlich endgültig aus dem Vermögen des Mieters in das des Vermieters gelangt. Ein Beweisanzeichen dafür kann sich insbesondere daraus ergeben, dass der Mieter wirtschaftlich nicht oder nur schwer in der Lage ist, die Miete aufzubringen (> BFH vom 28. 1. 1997 – BStBl II S. 655),*

- *eine Einliegerwohnung zur Betreuung eines Kleinkindes an die Großeltern vermietet wird, die am selben Ort weiterhin über eine größere Wohnung verfügen (> BFH vom 14. 1. 1992 – BStBl II S. 549),*

- *Wohnräume im Haus der Eltern, die keine abgeschlossene Wohnung bilden, an volljährige unterhaltsberechtigte Kinder vermietet werden (> BFH vom 16. 1. 2003 – BStBl II S. 301).*

Nichteheliche Lebensgemeinschaft

Keine einkommensteuerliche Anerkennung eines Mietverhältnisses zwischen Partnern einer nichtehelichen Lebensgemeinschaft über eine gemeinsam bewohnte Wohnung (> BFH vom 30. 1. 1996 – BStBl II S. 359).

Sicherungsnießbrauch

Die gleichzeitige Vereinbarung eines Nießbrauchs und eines Mietvertrages steht der steuerlichen Anerkennung des Mietverhältnisses jedenfalls dann nicht entgegen, wenn das dingliche Nutzungsrecht lediglich zur Sicherung des Mietverhältnisses vereinbart und nicht tatsächlich ausgeübt wird (> BFH vom 3. 2. 1998 – BStBl II S. 539).

Vermietung an Angehörige nach Grundstücksübertragung

Eine rechtsmissbräuchliche Gestaltung bei Mietverträgen unter Angehörigen liegt nicht vor, wenn der Mieter

- *vor Abschluss des Mietvertrags das Grundstück gegen wiederkehrende Leistungen auf den Vermieter übertragen hat (> BFH vom 10. 12. 2003 – BStBl 2004 II S. 643),*

- *auf das im Zusammenhang mit der Grundstücksübertragung eingeräumte unentgeltliche Wohnungsrecht verzichtet und stattdessen mit dem neuen Eigentümer einen Mietvertrag abgeschlossen hat (> BFH vom 17. 12. 2003 – BStBl 2004 II S. 646).*

Das Mietverhältnis ist jedoch wegen rechtsmissbräuchlicher Gestaltung steuerlich nicht anzuerkennen, wenn

- *ein im Zusammenhang mit einer Grundstücksübertragung eingeräumtes, unentgeltliches Wohnungsrecht gegen Vereinbarung einer dauernden Last aufgehoben und gleichzeitig ein Mietverhältnis mit einem Mietzins in Höhe der dauernden Last vereinbart wird (> BFH vom 17. 12. 2003 – BStBl 2004 II S. 648).*

- *> Fremdvergleich*

Vermietung an Unterhaltsberechtigte

Mietverträge mit Angehörigen sind nicht bereits deshalb rechtsmissbräuchlich, weil der Steuerpflichtige dem Angehörigen gegenüber unterhaltsverpflichtet ist und die Miete aus den geleisteten Unterhaltszahlungen erbracht wird. Nicht rechtsmissbräuchlich ist daher ein Mietverhältnis mit:

- *der unterhaltsberechtigten Mutter (> BFH vom 19.12.1995 – BStBl 1997 II S. 52),*
- *der volljährigen Tochter und deren Ehemann (> BFH vom 28.1.1997 – BStBl II S. 599),*
- *dem geschiedenen oder dauernd getrennt lebenden Ehegatten, wenn die Miete mit dem geschuldeten Barunterhalt verrechnet wird (> BFH vom 16.1.1996 – BStBl II S. 214); wird dagegen eine Wohnung auf Grund einer Unterhaltsvereinbarung zu Wohnzwecken überlassen und dadurch der Anspruch des Unterhaltsberechtigten auf Barunterhalt vermindert, liegt kein Mietverhältnis vor (> BFH vom 17.3.1992 – BStBl II S. 1009); zum Abzug des Mietwerts als Sonderausgabe im Sinne des § 10 Abs. 1a Nr. 1 EStG > H 10.2 (Wohnungsüberlassung),*
- *unterhaltsberechtigten Kindern, auch wenn das Kind die Miete durch Verrechnung mit dem Barunterhalt der Eltern zahlt (> BFH vom 19.10.1999 – BStBl 2000 II S. 223 und S. 224) oder die Miete aus einer einmaligen Geldschenkung der Eltern bestreitet (> BFH vom 28.3.1995 – BStBl 1996 II S. 59). Das Mietverhältnis ist allerdings nicht anzuerkennen, wenn Eltern und Kinder noch eine Haushaltsgemeinschaft bilden (> BFH vom 19.10.1999 – BStBl 2000 II S. 224).*

Vorbehaltsnießbrauch

Ist das mit dem Vorbehaltsnießbrauch belastete Grundstück vermietet, erzielt der Nießbraucher Einkünfte aus Vermietung und Verpachtung. Dies gilt auch, wenn der Nießbraucher das Grundstück dem Grundstückseigentümer entgeltlich zur Nutzung überlässt (> BMF vom 30.9.2013 – BStBl I S. 1184, Rz. 41).

Wechselseitige Vermietung und Gestaltungsmissbrauch

- *Keine einkommensteuerliche Berücksichtigung, wenn planmäßig in etwa gleichwertige Wohnungen von Angehörigen angeschafft bzw. in Wohnungseigentum umgewandelt werden, um sie sogleich wieder dem anderen zu vermieten (> BFH vom 19.6.1991 – BStBl II S. 904 und vom 25.1.1994 – BStBl II S. 738).*
- *Mietrechtliche Gestaltungen sind insbesondere dann unangemessen i. S. v. § 42 AO, wenn derjenige, der einen Gebäudeteil für eigene Zwecke benötigt, einem anderen daran die wirtschaftliche Verfügungsmacht einräumt, um ihn anschließend wieder zurück zu mieten (> BFH vom 9.10.2013 – BStBl 2014 II S. 527).*
- *Überträgt der Alleineigentümer von zwei Eigentumswohnungen einem nahen Angehörigen nicht die an diesen vermietete, sondern die von ihm selbstgenutzte Wohnung, stellt das gleichzeitig für diese Wohnung abgeschlossene Mietverhältnis mit dem nahen Angehörigen keinen Gestaltungsmissbrauch i. S. d. § 42 AO dar (> BFH vom 12.9.1995 – BStBl 1996 II S. 158).*

EStR   R 21.5 Behandlung von Zuschüssen

(1) [1]Zuschüsse zur Finanzierung von Baumaßnahmen aus öffentlichen oder privaten Mitteln, die keine Mieterzuschüsse sind (z. B. Zuschuss einer Flughafengesellschaft für den Einbau von Lärmschutzfenstern), gehören grundsätzlich nicht zu den Einnahmen aus Vermietung und Verpachtung. [2]Handelt es sich bei den bezuschussten Aufwendungen um Herstellungskosten, sind ab dem Jahr der Bewilligung der AfA, die erhöhten Absetzungen oder die Sonderabschreibungen nach den um den Zuschuss verminderten Herstellungskosten zu bemessen; > R 7.3 Abs. 4 Satz 2 und R 7a. Abs. 4. [3]Das gilt auch bei Zufluss des Zuschusses in mehreren Jahren. [4]Wird der Zuschuss zurückgezahlt, sind vom Jahr des Entstehens der Rückzahlungsverpflichtung an die AfA oder die erhöhten Absetzungen oder die Sonderabschreibungen von der um den Rückzahlungsbetrag erhöhten Bemessungsgrundlage vorzunehmen. [5]Handelt es sich bei den bezuschussten

Aufwendungen um Erhaltungsaufwendungen oder Schuldzinsen, sind diese nur vermindert um den Zuschuss als Werbungskosten abziehbar. [6]Fällt die Zahlung des Zuschusses und der Abzug als Werbungskosten nicht in einen VZ, rechnet der Zuschuss im Jahr der Zahlung zu den Einnahmen aus Vermietung und Verpachtung. [7]Wählt der Steuerpflichtige eine gleichmäßige Verteilung nach §§ 11a, 11b EStG oder § 82b EStDV, mindern die gezahlten Zuschüsse im Jahr des Zuflusses die zu verteilenden Erhaltungsaufwendungen. [8]Der verbleibende Betrag ist gleichmäßig auf den verbleibenden Abzugszeitraum zu verteilen. [9]Soweit der Zuschuss die noch nicht berücksichtigten Erhaltungsaufwendungen übersteigt oder wird er erst nach Ablauf des Verteilungszeitraums gezahlt, rechnet der Zuschuss zu den Einnahmen aus Vermietung und Verpachtung. [10]Hat der Steuerpflichtige die Zuschüsse zurückgezahlt, sind sie im Jahr der Rückzahlung als Werbungskosten abzuziehen.

(2) Abweichend von Absatz 1 handelt es sich bei Zuschüssen, die keine Mieterzuschüsse sind, im Kalenderjahr des Zuflusses um Einnahmen aus Vermietung und Verpachtung, wenn sie eine Gegenleistung für die Gebrauchsüberlassung des Grundstücks darstellen (z. B. Zuschuss als Gegenleistung für eine Mietpreisbindung oder Nutzung durch einen bestimmten Personenkreis); § 11 Abs. 1 Satz 3 EStG ist zu beachten.

(3) [1]Vereinbaren die Parteien eines Mietverhältnisses eine Beteiligung des Mieters an den Kosten der Herstellung des Gebäudes oder der Mieträume oder lässt der Mieter die Mieträume auf seine Kosten wieder herrichten und einigt er sich mit dem Vermieter, dass die Kosten ganz oder teilweise verrechnet werden, entsteht dem Mieter ein Rückzahlungsanspruch, der in der Regel durch Anrechnung des vom Mieter aufgewandten Betrags (Mieterzuschuss) auf den Mietzins wie eine Mietvorauszahlung befriedigt wird. [2]Für Mieterzuschüsse ist § 11 Abs. 1 Satz 3 EStG zu beachten. [3]Als vereinnahmte Miete ist dabei jeweils die tatsächlich gezahlte Miete zuzüglich des anteiligen Vorauszahlungsbetrags anzusetzen. [4]Satz 3 gilt nur für die vereinnahmte Nettomiete, nicht für vereinnahmte Umsatzsteuerbeträge. [5]Die AfA nach § 7 EStG und die erhöhten Absetzungen oder Sonderabschreibungen sind von den gesamten Herstellungskosten (eigene Aufwendungen des Vermieters zuzüglich Mieterzuschüsse) zu berechnen. [6]Hat ein Mieter Kosten getragen, die als Erhaltungsaufwand zu behandeln sind, sind aus Vereinfachungsgründen nur die eigenen Kosten des Vermieters als Werbungskosten zu berücksichtigen. [7]Wird ein Gebäude während des Verteilungszeitraums veräußert, in ein Betriebsvermögen eingebracht oder nicht mehr zur Erzielung von Einkünften i. S. d. § 2 Abs. 1 Satz 1 Nr. 4 bis 7 EStG genutzt, ist der noch nicht als Mieteinnahme berücksichtigte Teil der Mietvorauszahlung in dem betreffenden VZ als Einnahme bei den Einkünften aus Vermietung und Verpachtung anzusetzen. [8]In Veräußerungsfällen erhöhen sich seine Mieteinnahmen insoweit nicht, als unberücksichtigte Zuschussteile durch entsprechende Minderung des Kaufpreises und Übernahme der Verpflichtung gegenüber den Mietern auf den Käufer übergegangen sind.

(4) ...

Hinweise   EStH   H 21.5

...

Zu § 22 EStG (§ 55 EStDV)

EStR   R 22.1 Besteuerung von wiederkehrenden Bezügen mit Ausnahme der Leibrenten

(1) [1]> Wiederkehrende Bezüge sind als sonstige Einkünfte nach § 22 Nr. 1 Satz 1 EStG zu erfassen, wenn sie nicht zu anderen Einkunftsarten gehören und soweit sie sich bei wirtschaftlicher

Betrachtung nicht als Kapitalrückzahlungen, z. B. Kaufpreisraten, darstellen. [2]> Wiederkehrende Bezüge setzen voraus, dass sie auf einem einheitlichen Entschluss oder einem einheitlichen Rechtsgrund beruhen und mit einer gewissen Regelmäßigkeit wiederkehren. [3]Sie brauchen jedoch nicht stets in derselben Höhe geleistet zu werden. [4]Deshalb können Studienzuschüsse, die für einige Jahre gewährt werden, wiederkehrende Bezüge sein.**[1]**

(2) [1]Wiederkehrende Zuschüsse und sonstige Vorteile sind entsprechend der Regelung in § 12 Nr. 2 EStG und § 22 Nr. 1 Satz 2 EStG entweder vom Geber oder vom Empfänger zu versteuern. [2]Soweit die Bezüge nicht auf Grund des § 3 EStG steuerfrei bleiben, sind sie vom Empfänger als wiederkehrende Bezüge zu versteuern, wenn sie der unbeschränkt steuerpflichtige Geber als Betriebsausgaben oder Werbungskosten abziehen kann.

> **Hinweise** | **EStH** | **H 22.1**

...

EStR | **R 22.3 Besteuerung von Leibrenten[2] und anderen Leistungen i. S. d. § 22 Nr. 1 Satz 3 Buchstabe a Doppelbuchstabe aa EStG**

(1) [1]Eine Leibrente kann vorliegen, wenn die Bemessungsgrundlage für die Bezüge keinen oder nur unbedeutenden Schwankungen unterliegt. [2]Veränderungen in der absoluten Höhe, die sich deswegen ergeben, weil die Bezüge gleichmäßigen Sachleistungen bestehen, stehen der Annahme einer Leibrente nicht entgegen.

(2) [1]Ist die Höhe einer Rente von mehreren selbständigen Voraussetzungen abhängig, kann einkommensteuerrechtlich eine lebenslängliche Leibrente erst ab dem Zeitpunkt angenommen werden, in dem die Voraussetzung für eine fortlaufende Gewährung der Rente in gleichmäßiger Höhe bis zum Lebensende des Berechtigten erstmals vorliegt. [2]Wird die Rente schon vor diesem Zeitpunkt zeitlich begrenzt nach einer anderen Voraussetzung oder in geringerer Höhe voraussetzungslos gewährt, handelt es sich um eine abgekürzte Leibrente.

> **Hinweise** | **EStH** | **H 22.3**

Allgemeines

Der Besteuerung nach § 22 Nr. 1 Satz 3 Buchstabe a Doppelbuchstabe aa EStG unterliegen Leibrenten und andere Leistungen aus den gesetzlichen Rentenversicherungen, den landwirtschaftlichen Alterskassen, den berufsständischen Versorgungseinrichtungen und aus Rentenversicherungen i. S. d. § 10 Abs. 1 Nr. 2 Buchstabe b EStG. Für die Besteuerung ist eine Unterscheidung dieser Leistungen zwischen Leibrente, abgekürzter Leibrente und Einmalzahlungen nur bei Anwendung der Öffnungsklausel von Bedeutung. Zu Einzelheiten zur Besteuerung > BMF vom 19. 8. 2013 (BStBl I

Anm. d. Schriftl.:

[1] Leistungen aus einem Stipendium, das einem ausländischen Mediziner (Gastarzt) von seinem Heimatland für dessen Facharztweiterbildung in Deutschland gewährt wird, können steuerbare wiederkehrende Bezüge gemäß § 22 Nr. 1 Satz 1 sowie Satz 3 Buchst. b EStG sein (BFH-Urteil vom 8. 7. 2020, BStBl 2021 II S. 557).

[2] Die unterschiedliche Besteuerung der Beamtenpensionen nach § 19 EStG und der Renten aus der gesetzlichen Rentenversicherung nach § 22 Nr. 1 Satz 3 Buchst. a EStG ist seit dem Jahr 1996 mit dem Gleichheitssatz des Art. 3 Abs. 1 GG unvereinbar (Urteil des BVerfG vom 6. 3. 2002, BStBl 2002 II S. 618).

S. 1087) unter Berücksichtigung der Änderungen durch BMF vom 28. 9. 2021 (BStBl I S. 1831) und vom 10. 1. 2022 (BStBl I S. 36), insbesondere Rz. 190-237, ...

Begriff der Leibrente

– *Der Begriff der Leibrente i. S. d. § 22 Nr. 1 Satz 3 Buchstabe a EStG ist ein vom bürgerlichen Recht (§§ 759 ff. BGB) abweichender steuerrechtlicher Begriff. Er setzt gleich bleibende Bezüge voraus, die für die Dauer der Lebenszeit einer Bezugsperson gezahlt werden (> BFH vom 15. 7. 1991 – BStBl 1992 II S. 78).*

– *Aus dem Erfordernis der Gleichmäßigkeit ergibt sich, dass eine Leibrente nicht gegeben ist, wenn die Bezüge von einer wesentlich schwankenden Größe abhängen, z. B. vom Umsatz oder Gewinn eines Unternehmens; das gilt auch dann, wenn die Bezüge sich nach einem festen Prozentsatz oder einem bestimmten Verteilungsschlüssel bemessen (> BFH vom 10. 10. 1963 – BStBl III S. 592, vom 27. 5. 1964 – BStBl III S. 475 und vom 25. 11. 1966 – BStBl 1967 III S. 178).*

– *Die Vereinbarung von Wertsicherungsklauseln oder so genannten Währungsklauseln, die nur der Anpassung der Kaufkraft an geänderte Verhältnisse dienen sollen, schließen die Annahme einer Leibrente nicht aus (> BFH vom 2. 12. 1966 – BStBl 1967 III S. 179 und vom 11. 8. 1967 – BStBl III S. 699). Unter diesem Gesichtspunkt liegt eine Leibrente auch dann vor, wenn ihre Höhe jeweils von der für Sozialversicherungsrenten maßgebenden Bemessungsgrundlage abhängt (> BFH vom 30. 11. 1967 – BStBl 1968 II S. 262). Ist auf die wertgesicherte Leibrente eine andere – wenn auch in unterschiedlicher Weise – wertgesicherte Leibrente anzurechnen, hat die Differenz zwischen beiden Renten ebenfalls Leibrentencharakter (> BFH vom 5. 12. 1980 – BStBl 1981 II S. 265).*

– *Eine auf Lebensdauer einer Person zu entrichtende Rente bleibt eine Leibrente auch dann, wenn sie unter bestimmten Voraussetzungen, z. B. Wiederverheiratung, früher endet (> BFH vom 5. 12. 1980 – BStBl 1981 II S. 265).*

– *Durch die Einräumung eines lebenslänglichen Wohnrechts und die Versorgung mit elektrischem Strom und Heizung wird eine Leibrente nicht begründet (> BStBl 1967 III S. 243 und vom 12. 9. 1969 – BStBl II S. 706).*

Nachzahlung

...

Öffnungsklausel

Soweit die Leistungen auf vor dem 1. 1. 2005 gezahlten Beiträgen oberhalb des Betrags des Höchstbeitrags zur gesetzlichen Rentenversicherung beruhen und der Höchstbeitrag bis zum 31. 12. 2004 über einen Zeitraum von mindestens 10 Jahren überschritten wurde, unterliegt dieser Teil der Leistung auf Antrag der Besteuerung mit dem Ertragsanteil. Nur in diesen Fällen ist es von Bedeutung, ob es sich bei der Leistung um eine Leibrente (z. B. eine Altersrente), um eine abgekürzte Leibrente (z. B. eine Erwerbsminderungsrente oder eine kleine Witwenrente) oder um eine Einmalzahlung handelt. Für diesen Teil der Leistung ist R 22.4 zu beachten. Zu Einzelheiten zur Anwendung der Öffnungsklausel > BMF vom 19. 8. 2013 (BStBl I S. 1087), Rz. 238-269, ...

Verfassungsmäßigkeit

Die Besteuerung der Altersrenten mit dem Besteuerungsanteil des § 22 Nr. 1 Satz 3 Buchst. a Doppelbuchst. aa EStG ist verfassungsmäßig, sofern nicht gegen das Verbot der Doppelbesteuerung verstoßen wird (> BFH vom 6. 4. 2016 – BStBl II S. 733).

Werbungskosten

Einkommensteuerrechtliche Behandlung von **Beratungs-, Prozess- und ähnlichen Kosten** im Zusammenhang mit Rentenansprüchen > BMF vom 20. 11. 1997 (BStBl 1998 I S. 126).

EStR   R 22.4 Besteuerung von Leibrenten i. S. d. § 22 Nr. 1 Satz 3 Buchstabe a Doppelbuchstabe bb EStG

Erhöhung der Rente

(1) [1]Bei einer Erhöhung der Rente ist, falls auch das Rentenrecht eine zusätzliche Werterhöhung erfährt, der Erhöhungsbetrag als selbständige Rente anzusehen, für die der Ertragsanteil vom Zeitpunkt der Erhöhung an gesondert zu ermitteln ist; dabei ist unerheblich, ob die Erhöhung von vornherein vereinbart war oder erst im Laufe des Rentenbezugs vereinbart wird. [2]Ist eine Erhöhung der Rentenzahlung durch eine Überschussbeteiligung von vornherein im Rentenrecht vorgesehen, sind die der Überschussbeteiligung dienenden Erhöhungsbeträge Erträge dieses Rentenrechts; es tritt insoweit keine Werterhöhung des Rentenrechts ein. [3]Eine neue Rente ist auch nicht anzunehmen, soweit die Erhöhung in zeitlichem Zusammenhang mit einer vorangegangenen Herabsetzung steht oder wenn die Rente lediglich den gestiegenen Lebenshaltungskosten angepasst wird (Wertsicherungsklausel).

Herabsetzung der Rente

(2) Wird die Rente herabgesetzt, sind die folgenden Fälle zu unterscheiden:

1. [1]Wird von vornherein eine spätere Herabsetzung vereinbart, ist zunächst der Ertragsanteil des Grundbetrags der Rente zu ermitteln, d. h. des Betrags, auf den die Rente später ermäßigt wird. [2]Diesen Ertragsanteil muss der Berechtigte während der gesamten Laufzeit versteuern, da er den Grundbetrag bis zu seinem Tod erhält. [3]Außerdem hat er bis zum Zeitpunkt der Herabsetzung den Ertragsanteil des über den Grundbetrag hinausgehenden Rententeiles zu versteuern. [4]Dieser Teil der Rente ist eine abgekürzte Leibrente (§ 55 Abs. 2 EStDV), die längstens bis zum Zeitpunkt der Herabsetzung läuft.

2. Wird die Herabsetzung während des Rentenbezugs vereinbart und sofort wirksam, bleibt der Ertragsanteil unverändert.

3. [1]Wird die Herabsetzung während des Rentenbezugs mit der Maßgabe vereinbart, dass sie erst zu einem späteren Zeitpunkt wirksam wird, bleibt der Ertragsanteil bis zum Zeitpunkt der Vereinbarung unverändert. [2]Von diesem Zeitpunkt an ist Nummer 1 entsprechend anzuwenden. [3]Dabei sind jedoch das zu Beginn des Rentenbezugs vollendete Lebensjahr des Rentenberechtigten und insoweit, als die Rente eine abgekürzte Leibrente (§ 55 Abs. 2 EStDV) ist, die beschränkte Laufzeit ab Beginn des Rentenbezugs zugrunde zu legen.

Besonderheit bei der Ermittlung des Ertragsanteiles

(3) Setzt der Beginn des Rentenbezugs die Vollendung eines bestimmten Lebensjahres der Person voraus, von deren Lebenszeit die Dauer der Rente abhängt, und wird die Rente schon vom Beginn des Monats an gewährt, in dem die Person das bestimmte Lebensjahr vollendet hat, ist dieses Lebensjahr bei der Ermittlung des Ertragsanteiles nach § 22 Nr. 1 Satz 3 Buchstabe a Doppelbuchstabe bb EStG zugrunde zu legen.

Abrundung der Laufzeit abgekürzter Leibrenten

(4) Bemisst sich bei einer abgekürzten Leibrente die beschränkte Laufzeit nicht auf volle Jahre, ist bei Anwendung der in § 55 Abs. 2 EStDV aufgeführten Tabelle die Laufzeit aus Vereinfachungsgründen auf volle Jahre abzurunden.

Besonderheiten bei Renten wegen teilweiser oder voller Erwerbsminderung

(5) [1]Bei Renten wegen verminderter Erwerbsfähigkeit handelt es sich regelmäßig um abgekürzte Leibrenten. [2]Für die Bemessung der Laufzeit kommt es auf die vertraglichen Vereinbarungen

oder die gesetzlichen Regelungen an. [3]Ist danach der Wegfall oder die Umwandlung in eine Altersrente nicht bei Erreichen eines bestimmten Alters vorgesehen, sondern von anderen Umständen – z. B. Bezug von Altersrente aus der gesetzlichen Rentenversicherung – abhängig, ist grundsätzlich davon auszugehen, dass der Wegfall oder die Umwandlung in die Altersrente mit Vollendung des 65. Lebensjahres erfolgt. [4]Legt der Bezieher einer Rente wegen verminderter Erwerbsfähigkeit jedoch schlüssig dar, dass der Wegfall oder die Umwandlung vor der Vollendung des 65. Lebensjahres erfolgen wird, ist auf Antrag auf den früheren Umwandlungszeitpunkt abzustellen; einer nach § 165 AO vorläufigen Steuerfestsetzung bedarf es insoweit nicht. [5]Entfällt eine Rente wegen verminderter Erwerbsfähigkeit vor Vollendung des 65. Lebensjahres oder wird sie vor diesem Zeitpunkt in eine vorzeitige Altersrente umgewandelt, ist die Laufzeit bis zum Wegfall oder zum Umwandlungszeitpunkt maßgebend.

Besonderheiten bei Witwen-/Witwerrenten

(6) R 167 Abs. 8 und 9 EStR 2003 gilt bei Anwendung des § 22 Nr. 1 Satz 3 Buchstabe a Doppelbuchstabe bb Satz 2 EStG entsprechend.

Begriff der Leibrente

(7) R 22.3 gilt sinngemäß.

▶ **Hinweise EStH H 22.4**

Beginn der Rente

Unter Beginn der Rente (Kopfleiste der in § 22 Nr. 1 Satz 3 Buchstabe a Doppelbuchstabe bb EStG aufgeführten Tabelle) ist bei Renten auf Grund von Versicherungsverträgen der Zeitpunkt zu verstehen, ab dem versicherungsrechtlich die Rente zu laufen beginnt; auch bei Rentennachzahlungen ist unter „Beginn der Rente" der Zeitpunkt zu verstehen, in dem der Rentenanspruch entstanden ist. Auf den Zeitpunkt des Rentenantrags oder der Zahlung kommt es nicht an (> BFH vom 6. 4. 1976 – BStBl II S. 452). Die Verjährung einzelner Rentenansprüche hat auf den „Beginn der Rente" keinen Einfluss (> BFH vom 30. 9. 1980 – BStBl 1981 II S. 155).

Begriff der Leibrente

> H 22.3

Bezüge aus einer ehemaligen Tätigkeit

- *Bezüge, die nach § 24 Nr. 2 EStG zu den Gewinneinkünften rechnen oder die Arbeitslohn sind, sind nicht Leibrenten i. S. d. § 22 Nr. 1 Satz 3 Buchstabe a EStG; hierzu gehören z. B. betriebliche Versorgungsrenten aus einer ehemaligen Tätigkeit i. S. d. § 24 Nr. 2 EStG (> BFH vom 10. 10. 1963 – BStBl III S. 592).*

- *Ruhegehaltszahlungen an ehemalige NATO-Bedienstete sind i. d. R. Einkünfte aus nichtselbständiger Arbeit (> BMF vom 3. 8. 1998 – BStBl I S. 1042 und BFH vom 22. 11. 2006 – BStBl 2007 II S. 402).*

Ertragsanteil einer Leibrente

Beispiel:

Einem Ehepaar wird gemeinsam eine lebenslängliche Rente von 24 000 € jährlich mit der Maßgabe gewährt, dass sie beim Ableben des zuerst Sterbenden auf 15 000 € jährlich ermäßigt wird. Der Ehemann ist zu Beginn des Rentenbezugs 55, die Ehefrau 50 Jahre alt.

Es sind zu versteuern

a) *bis zum Tod des zuletzt Sterbenden der Ertragsanteil des Sockelbetrags von 15 000 €. Dabei ist nach § 55 Abs. 1 Nr. 3 EStDV das Lebensalter der jüngsten Person, mithin der Ehefrau, zugrunde zu legen. Der Ertragsanteil beträgt 30 % von 15 000 € = 4 500 € (§ 22 Nr. 1 Satz 3 Buchstabe a Doppelbuchstabe bb EStG);*

b) *außerdem bis zum Tod des zuerst Sterbenden der Ertragsanteil des über den Sockelbetrag hinausgehenden Rententeils von 9 000 €. Dabei ist nach § 55 Abs. 1 Nr. 3 EStDV das Lebensalter der ältesten Person, mithin des Ehemanns, zugrunde zu legen. Der Ertragsanteil beträgt 26 % von 9 000 € = 2 340 € (§ 22 Nr. 1 Satz 3 Buchstabe a Doppelbuchstabe bb EStG).*

Der jährliche Ertragsanteil beläuft sich somit auf (4 500 € + 2 340 € =) 6 840 €.

Bei der Ermittlung des Ertragsanteils einer lebenslänglichen Leibrente ist – vorbehaltlich des § 55 Abs. 1 Nr. 1 EStDV – von dem bei Beginn der Rente vollendeten Lebensjahr auszugehen (Kopfleiste der in § 22 Nr. 1 Satz 3 Buchstabe a Doppelbuchstabe bb EStG aufgeführten Tabelle).

Ist die Dauer einer Leibrente von der Lebenszeit mehrerer Personen abhängig, ist der Ertragsanteil nach § 55 Abs. 1 Nr. 3 EStDV zu ermitteln. Das gilt auch, wenn die Rente mehreren Personen, z. B. Ehegatten, gemeinsam mit der Maßgabe zusteht, dass sie beim Ableben des zuerst Sterbenden herabgesetzt wird. In diesem Fall ist bei der Ermittlung des Grundbetrags der Rente, d. h. des Betrags, auf den sie später ermäßigt wird, das Lebensjahr der jüngsten Person zugrunde zu legen. Für den Ertragsanteil des über den Grundbetrag hinausgehenden Rententeils ist das Lebensjahr der ältesten Person maßgebend.

Steht die Rente nur einer Person zu, z. B. dem Ehemann, und erhält eine andere Person, z. B. die Ehefrau, nur für den Fall eine Rente, dass sie die erste Person überlebt, so liegen zwei Renten vor, von denen die letzte aufschiebend bedingt ist. Der Ertragsanteil für diese Rente ist erst von dem Zeitpunkt an zu versteuern, in dem die Bedingung eintritt.

Fremdfinanzierte Rentenversicherung gegen Einmalbeitrag

– *Zur Überschussprognose einer fremdfinanzierten Rentenversicherung gegen Einmalbeitrag > BFH vom 15. 12. 1999 (BStBl 2000 II S. 267), vom 16. 9. 2004 (BStBl 2006 II S. 228 und S. 234), vom 17. 8. 2005 (BStBl 2006 II S. 248), vom 20. 6. 2006 (BStBl II S. 870) und vom 22. 11. 2006 (BStBl 2007 II S. 390).*

– *Zur Höhe der auf die Kreditvermittlung entfallenden Provision > BFH vom 30. 10. 2001 (BStBl 2006 II S. 223) und vom 16. 9. 2004 (BStBl 2006 II S. 238).*

Herabsetzung der Rente

Beispiele:

1. *Die spätere Herabsetzung wird von vornherein vereinbart.*

   A gewährt dem B eine lebenslängliche Rente von 8 000 € jährlich mit der Maßgabe, dass sie nach Ablauf von acht Jahren auf 5 000 € jährlich ermäßigt wird. B ist zu Beginn des Rentenbezugs 50 Jahre alt.

   B hat zu versteuern

   a) *während der gesamten Dauer des Rentenbezugs – nach Abzug von Werbungskosten – den Ertragsanteil des Grundbetrags. Der Ertragsanteil beträgt nach der in § 22 Nr. 1 Satz 3 Buchstabe a Doppelbuchstabe bb EStG aufgeführten Tabelle 30 % von 5 000 € = 1 500 €;*

   b) *außerdem in den ersten acht Jahren den Ertragsanteil des über den Grundbetrag hinausgehenden Rententeils von 3 000 €. Dieser Teil der Rente ist eine abgekürzte Leibrente mit einer beschränkten Laufzeit von acht Jahren; der Ertragsanteil beträgt nach der in § 55 Abs. 2 EStDV aufgeführten Tabelle 9 % von 3 000 € = 270 €.*

   Der jährliche Ertragsanteil beläuft sich somit für die ersten acht Jahre ab Rentenbeginn auf (1 500 € + 270 € =) 1 770 €.

2. *Die spätere Herabsetzung wird erst während des Rentenbezugs vereinbart.*

   A gewährt dem B ab 1. 1. 04 eine lebenslängliche Rente von jährlich 9 000 €. Am 1. 1. 06 wird vereinbart, dass die Rente vom 1. 1. 10 an auf jährlich 6 000 € herabgesetzt wird. B ist zu Beginn des Rentenbezugs 50 Jahre alt. Im VZ 05 beträgt der Ertragsanteil 30 % von 9 000 € = 2 700 € (§ 22 Nr. 1 Satz 3 Buchstabe a Doppelbuchstabe bb EStG).

   Ab 1. 1. 06 hat B zu versteuern

   a) *während der gesamten weiteren Laufzeit des Rentenbezugs den Ertragsanteil des Sockelbetrags der Rente von 6 000 €. Der Ertragsanteil beträgt unter Zugrundelegung des Lebensalters zu Beginn des Rentenbezugs nach der in § 22 Nr. 1 Satz 3 Buchstabe a Doppelbuchstabe bb EStG aufgeführten Tabelle ab VZ 06: 30 % von 6 000 € = 1 800 €;*

   b) *außerdem bis zum 31. 12. 09 den Ertragsanteil des über den Sockelbetrag hinausgehenden Rententeils von 3 000 €. Dieser Teil der Rente ist eine abgekürzte Leibrente mit einer beschränkten Laufzeit von sechs Jahren; der Ertragsanteil beträgt nach der in § 55 Abs. 2 EStDV aufgeführten Tabelle 7 % von 3 000 € = 210 €.*

   Der jährliche Ertragsanteil beläuft sich somit für die VZ 06 bis 09 auf (1 800 € + 210 € =) 2 010 €.

Kapitalabfindung

Wird eine Leibrente durch eine Kapitalabfindung abgelöst, unterliegt diese nicht der Besteuerung nach § 22 Nr. 1 Satz 3 Buchstabe a Doppelbuchstabe bb EStG (> BFH vom 23. 4. 1958 – BStBl III S. 277).

Leibrente, abgekürzt

– *Abgekürzte Leibrenten sind Leibrenten, die auf eine bestimmte Zeit beschränkt sind und deren Ertragsanteil nach § 55 Abs. 2 EStDV bestimmt wird. Ist das Rentenrecht ohne Gegenleistung begründet worden (z. B. bei Vermächtnisrenten, nicht aber bei Waisenrenten aus Versicherungen), muss – vorbehaltlich R 22.4 Abs. 1 – die zeitliche Befristung, vom Beginn der Rente an gerechnet, regelmäßig einen Zeitraum von mindestens zehn Jahren umfassen; siehe aber auch > Renten wegen verminderter Erwerbsfähigkeit. Hierzu und hinsichtlich des Unterschieds von Zeitrenten und abgekürzten Leibrenten > BFH vom 7. 8. 1959 (BStBl III S. 463).*

– *Abgekürzte Leibrenten erlöschen, wenn die Person, von deren Lebenszeit sie abhängen, vor Ablauf der zeitlichen Begrenzung stirbt. Überlebt die Person die zeitliche Begrenzung, so endet die abgekürzte Leibrente mit ihrem Zeitablauf.*

NATO-Bedienstete

...

Renten wegen verminderter Erwerbsfähigkeit

Bei Renten wegen teilweiser oder voller Erwerbsminderung, wegen Berufs- oder Erwerbsunfähigkeit handelt es sich stets um abgekürzte Leibrenten. Der Ertragsanteil bemisst sich i. d. R. nach der Zeitspanne zwischen dem Eintritt des Versicherungsfalles (Begründung der Erwerbsminderung) und dem voraussichtlichen Leistungsende (z. B. Erreichen einer Altersgrenze oder Beginn der Altersrente bei einer kombinierten Rentenversicherung). Steht der Anspruch auf Rentengewährung unter der auflösenden Bedingung des Wegfalls der Erwerbsminderung und lässt der Versicherer das Fortbestehen der Erwerbsminderung in mehr oder minder regelmäßigen Abständen prüfen, wird hierdurch die zu berücksichtigende voraussichtliche Laufzeit nicht berührt. Wird eine Rente wegen desselben Versicherungsfalles mehrfach hintereinander auf Zeit bewilligt und schließen sich die Bezugszeiten unmittelbar aneinander an, so liegt eine einzige abgekürzte Leibrente vor, deren vo-

raussichtliche Laufzeit unter Berücksichtigung der jeweiligen Verlängerung und des ursprünglichen Beginns für jeden VZ neu zu bestimmen ist (> BFH vom 22.1.1991 – BStBl II S. 686).

Überschussbeteiligung

Wird neben der garantierten Rente aus einer Rentenversicherung eine Überschussbeteiligung geleistet, ist der Überschussanteil zusammen mit der garantierten Rente als einheitlicher Rentenabzug zu beurteilen (> BMF vom 26.11.1998 – BStBl I S. 1508 und BFH vom 22.8.2012 – BStBl 2013 II S. 158).

Vermögensübertragung

Einkommensteuerrechtliche Behandlung von wiederkehrenden Leistungen im Zusammenhang mit einer Vermögensübertragung > BMF vom 11.3.2010 (BStBl I S. 227), Rz. 81.

Versorgungs- und Versicherungsrenten aus einer Zusatzversorgung

Von der Versorgungsanstalt des Bundes und der Länder (VBL) und vergleichbaren Zusatzversorgungseinrichtungen geleistete Versorgungs- und Versicherungsrenten für Versicherte und Hinterbliebene stellen i. d. R. lebenslängliche Leibrenten dar. Werden sie neben einer Rente wegen verminderter Erwerbsfähigkeit aus der gesetzlichen Rentenversicherung gezahlt, sind sie als abgekürzte Leibrenten zu behandeln (> BFH vom 4.10.1990 – BStBl 1991 II S. 89). Soweit die Leistungen auf gefördertem Kapital i. S. d. § 22 Nr. 5 Satz 1 EStG beruhen, unterliegen sie der vollständig nachgelagerten Besteuerung; soweit sie auf nicht gefördertem Kapital beruhen, erfolgt die Besteuerung nach § 22 Nr. 5 Satz 2 Buchst. a EStG (> BMF vom 21.12.2017 – BStBl 2018 I S. 93, Rz. 139-147).

Werbungskosten

– *Finanzierungskosten für den Erwerb einer **Sicherheits-Kompakt-Rente**, die den Abschluss einer Rentenversicherung als Versorgungskomponente und einer Lebensversicherung als Tilgungskomponente zum Gegenstand hat, sind auch nach der Einführung des Werbungskostenabzugsverbots nach § 20 Abs. 9 EStG aufzuteilen in Werbungskosten, die anteilig den Einkünften aus Kapitalvermögen i. S. d. § 20 Abs. 1 Nr. 6 EStG und den sonstigen Einkünften i. S. d. § 22 Nr. 1 EStG zuzuordnen sind (> BFH vom 11.12.2018 – BStBl 2019 II S. 231).*

– *> H 22.3*

Wertsicherungsklausel

> H 22.3 (Begriff der Leibrente)

EStR   R 22.8   Besteuerung von Leistungen i. S. d. § 22 Nr. 3 EStG

Haben beide zusammenveranlagten Ehegatten Einkünfte im Sinne des § 22 Nr. 3 EStG bezogen, ist bei jedem Ehegatten die in dieser Vorschrift bezeichnete Freigrenze – höchstens jedoch bis zur Höhe seiner Einkünfte im Sinne des § 22 Nr. 3 EStG – zu berücksichtigen.

▶ **Hinweise   EStH   H 22.8**

Allgemeines

– *Leistung i. S. d. § 22 Nr. 3 EStG ist jedes Tun, Dulden oder Unterlassen, das Gegenstand eines entgeltlichen Vertrags sein kann und das eine Gegenleistung auslöst (> BFH vom 21.9.2004 – BStBl 2005 II S. 44 und vom 8.5.2008 – BStBl II S. 868), sofern es sich nicht um Veräußerungs-*

vorgänge oder veräußerungsähnliche Vorgänge im privaten Bereich handelt, bei denen ein Entgelt dafür erbracht wird, dass ein Vermögenswert in seiner Substanz endgültig aufgegeben wird (> BFH vom 28. 11. 1984 – BStBl 1985 II S. 264 und vom 10. 9. 2003 – BStBl 2004 II S. 218).

...

Einnahmen aus Leistungen im Sinne des § 22 Nr. 3 EStG sind[1]:

– ...

– **Einmalige Bürgschaftsprovision** (> BFH vom 22. 1. 1965 – BStBl III S. 313),

– Entgelt für ein freiwilliges **Einsammeln und Verwerten leerer Flaschen** (> BFH vom 6. 6. 1973 – BStBl II S. 727),

– Entgelt für eine **Beschränkung der Grundstücksnutzung** (> BFH vom 9. 4. 1965 – BStBl III S. 361 und vom 26. 8. 1975 – BStBl 1976 II S. 62),

– Entgelt für die **Einräumung eines Vorkaufsrechts** (> BFH vom 30. 8. 1966 – BStBl 1967 III S. 69 und vom 10. 12. 1985 – BStBl 1986 II S. 340); bei späterer Anrechnung des Entgelts auf den Kaufpreis entfällt der Tatbestand des § 22 Nr. 3 EStG rückwirkend nach § 175 Abs. 1 Satz 1 Nr. 2 AO (> BFH vom 10. 8. 1994 – BStBl 1995 II S. 57),

– Entgelt für den **Verzicht** auf Einhaltung des gesetzlich vorgeschriebenen **Grenzabstands** eines auf dem Nachbargrundstück errichteten Gebäudes (> BFH vom 5. 8. 1976 – BStBl 1977 II S. 26),

– Entgelt für die **Abgabe eines zeitlich befristeten Kaufangebots** über ein Grundstück (> BFH vom 26. 4. 1977 – BStBl II S. 631),

– Entgelt für den **Verzicht** des Inhabers eines eingetragenen Warenzeichens auf seine **Abwehrrechte** (> BFH vom 25. 9. 1979 – BStBl 1980 II S. 114),

– Entgelt für ein vertraglich vereinbartes umfassendes **Wettbewerbsverbot** (> BFH vom 12. 6. 1996 – BStBl II S. 516 und vom 23. 2. 1999 – BStBl II S. 590),

– Entgelt für eine Vereinbarung, das **Bauvorhaben** des Zahlenden zu **dulden** (> BFH vom 26. 10. 1982 – BStBl 1983 II S. 404),

– Entgelt für die regelmäßige **Mitnahme eines Arbeitskollegen** auf der Fahrt zwischen Wohnung und Arbeitsstätte (> BFH vom 15. 3. 1994 – BStBl II S. 516),

...

Werbungskosten

Treffen mehrere Stpfl. die Abrede, sich ringweise Lebensversicherungen zu vermitteln und die dafür erhaltenen Provisionen an den jeweiligen Versicherungsnehmer weiterzugeben, kann die als Gegenleistung für die Vermittlung von der Versicherungsgesellschaft vereinnahmte und nach § 22 Nr. 3 EStG steuerbare Provision nicht um den Betrag der Provision als Werbungskosten gemindert werden, die der Stpfl. an den Versicherungsnehmer weiterleiten muss, wenn er umgekehrt einen Auskehrungsanspruch gegen denjenigen hat, der den Abschluss seiner Versicherung vermittelt (> BFH vom 20. 1. 2009 – BStBl II S. 532).

Anm. d. Schriftl.:

[1] Ein dem Gewinner der Fernsehshow „Big Brother" ausgezahltes Preisgeld („Projektgewinn") ist als sonstige Einkünfte nach § 22 Nr. 3 EStG zu besteuern, wenn die Auskehrung des Preisgeldes nach Maßgabe und Durchführung des entgeltlichen (Teilnahme-)Vertrags als Gegenleistung für sein (aktives wie passives) Verhalten während eines Aufenthalts im „Big-Brother-Haus" zu beurteilen ist (BFH-Urteil vom 24. 4. 2012, BStBl 2012 II S. 581).

Zeitpunkt des Werbungskostenabzugs

Werbungskosten sind bei den Einkünften aus einmaligen (sonstigen) Leistungen auch dann im Jahre des Zuflusses der Einnahme abziehbar, wenn sie vor diesem Jahr angefallen sind oder nach diesem Jahr mit Sicherheit anfallen werden. Entstehen künftig Werbungskosten, die im Zuflussjahr noch nicht sicher vorhersehbar waren, ist die Veranlagung des Zuflussjahres gemäß § 175 Abs. 1 Satz 1 Nr. 2 AO zu ändern (> BFH vom 3. 6. 1992 – BStBl II S. 1017).

Zu § 23 EStG ❶❷❸❹❺❻❼❽

Hinweise   EStH   H 23

...

Spekulationsabsicht

Für das Entstehen der Steuerpflicht ist es unerheblich, ob der Steuerpflichtige in spekulativer Absicht gehandelt hat (> Beschluss des BVerfG vom 9. 7. 1969 – BStBl 1970 II S. 156 und BFH vom 2. 5. 2000 – BStBl II S. 469).

...

Anm. d. Schriftl.:

❶ Zur Ermittlung des Gewinns aus privaten Veräußerungsgeschäften in Fällen der rückwirkenden Verlängerung der Veräußerungsfrist bei Spekulationsgeschäften von zwei auf zehn Jahre hat das BMF mit Schreiben vom 18. 5. 2015, BStBl 2015 I S. 464, Stellung genommen.

❷ Bei zeitlich gestreckter Zahlung des Veräußerungserlöses in verschiedenen Veranlagungszeiträumen fällt der Veräußerungsverlust anteilig nach dem Verhältnis der Teilzahlungsbeträge zu dem Gesamtveräußerungserlös in den jeweiligen Veranlagungszeiträumen der Zahlungszuflüsse an (BFH-Urteil vom 6. 12. 2016, BStBl 2017 II S. 676).

❸ Ein Gebäude wird auch dann zu eigenen Wohnzwecken genutzt, wenn es der Stpfl. nur zeitweilig bewohnt, sofern es ihm in der übrigen Zeit als Wohnung zur Verfügung steht. Unter § 23 Abs. 1 Satz 1 Nr. 1 Satz 3 EStG können deshalb auch Zweitwohnungen, nicht zur Vermietung bestimmte Ferienwohnungen und Wohnungen, die im Rahmen einer doppelten Haushaltsführung genutzt werden, fallen (BFH-Urteil vom 27. 6. 2017, BStBl 2017 II S. 1192).

❹ Eine Anschaffung bzw. Veräußerung i. S. des § 23 EStG liegt nicht vor, wenn der Verlust des Eigentums am Grundstück ohne maßgeblichen Einfluss des Stpfl. stattfindet. Ein Entzug des Eigentums durch Sonderungsbescheid nach dem Bodensonderungsgesetz ist danach keine Veräußerung i. S. des § 23 Abs. 1 Satz 1 Nr. 1 EStG (BFH-Urteil vom 23. 7. 2019, BStBl 2019 II S. 701).

❺ Die Einziehung einer Forderung, die von einem Dritten unter Nennwert entgeltlich erworben wurde, stellt keine „Veräußerung" i. S. des § 23 Abs. 1 Satz 1 Nr. 2 EStG dar (BFH-Urteil vom 3. 9. 2019, BStBl 2020 II S. 94).

❻ Wird eine Wohnimmobilie im Jahr der Veräußerung kurzzeitig vermietet, ist dies für die Anwendung der Ausnahmevorschrift des § 23 Abs. 1 Satz 1 Nr. 1 Satz 3 2. Alternative EStG unschädlich, wenn der Stpfl. das Immobilienobjekt – zusammenhängend – im Veräußerungsjahr zumindest an einem Tag, im Vorjahr durchgehend sowie im zweiten Jahr vor der Veräußerung zumindest einen Tag lang zu eigenen Wohnzwecken genutzt hat (BFH-Urteil vom 3. 9. 2019, BStBl 2020 II S. 310). Zur Anwendung des Urteils hat das BMF mit Schreiben vom 17. 6. 2020, BStBl 2020 I S. 576, Stellung genommen.

❼ Champions League-Tickets zählen zu den „anderen Wirtschaftsgütern", die Gegenstand eines privaten Veräußerungsgeschäfts i. S. des § 23 Abs. 1 Satz 1 Nr. 2 Satz 1 EStG sein können (BFH-Urteil vom 29. 10. 2019, BStBl 2020 II S. 258).

❽ Wird eine zu eigenen Wohnzwecken genutzte Eigentumswohnung innerhalb der zehnjährigen Haltefrist veräußert, ist der Veräußerungsgewinn auch insoweit gemäß § 23 Abs. 1 Satz 1 Nr. 1 Satz 3 EStG von der Besteuerung ausgenommen, als er auf ein zur Erzielung von Überschusseinkünften genutztes häusliches Arbeitszimmer entfällt (BFH-Urteil vom 1. 3. 2021, BStBl 2021 II S. 680).

Verfassungsmäßigkeit

Die Beschränkung des Verlustausgleichs bei privaten Veräußerungsgeschäften durch § 23 Abs. 3 Satz 8 (jetzt: Satz 7) EStG ist verfassungsgemäß (> BFH vom 18. 10. 2006 – BStBl 2007 II S. 259).

...

Virtuelle Währungen und sonstige Token

> BMF vom 10 5. 2022 (BStBl I S. 668)

Werbungskosten

– Werbungskosten sind alle durch ein Veräußerungsgeschäft i. S. d. § 23 EStG veranlassten Aufwendungen (z. B. Schuldzinsen), die weder zu den (nachträglichen) Anschaffungs- oder Herstellungskosten des veräußerten Wirtschaftsguts gehören noch einer vorrangigen Einkunftsart zuzuordnen sind noch wegen privater Nutzung unter das Abzugsverbot des § 12 EStG fallen (> BFH vom 12. 12. 1996 – BStBl 1997 II S. 603).

– Durch ein privates Veräußerungsgeschäft veranlasste Werbungskosten sind – abweichend vom Abflussprinzip des § 11 Abs. 2 EStG – in dem Kj. zu berücksichtigen, in dem der Verkaufserlös zufließt (> BFH vom 17. 7. 1991 – BStBl II S. 916).

– Fließt der Verkaufserlös in mehreren VZ zu, sind sämtliche Werbungskosten zunächst mit dem im ersten Zuflussjahr erhaltenen Teilerlös und ein etwa verbleibender Werbungskostenüberschuss mit den in den Folgejahren erhaltenen Teilerlösen zu verrechnen (> BFH vom 3. 6. 1992 – BStBl II S. 1017).

– Planungsaufwendungen zur Baureifmachung eines unbebauten Grundstücks (Baugenehmigungsgebühren, Architektenhonorare) können abziehbar sein, wenn von Anfang an Veräußerungsabsicht bestanden hat (> BFH vom 12. 12. 1996 – BStBl 1997 II S. 603).

– Erhaltungsaufwendungen können abziehbar sein, soweit sie allein oder ganz überwiegend durch die Veräußerung des Mietobjekts veranlasst sind (> BFH vom 14. 12. 2004 – BStBl 2005 II S. 343).

– Wird ein Gebäude, das zu eigenen Wohnzwecken genutzt werden sollte, vor dem Selbstbezug und innerhalb der Veräußerungsfrist wieder veräußert, mindern nur solche Grundstücksaufwendungen den Veräußerungsgewinn, die auf die Zeit entfallen, in der der Stpfl. bereits zum Verkauf des Objekts entschlossen war (> BFH vom 16. 6. 2004 – BStBl 2005 II S. 91).

– Vorfälligkeitsentschädigungen, die durch die Verpflichtung zur lastenfreien Veräußerung von Grundbesitz veranlasst sind, sind zu berücksichtigen (> BFH vom 6. 12. 2005 – BStBl 2006 II S. 265).

– Aufwendungen können nicht als Werbungskosten bei den privaten Veräußerungsgeschäften berücksichtigt werden, wenn es tatsächlich nicht zu einer Veräußerung kommt (> BFH vom 1. 8. 2012 – BStBl II S. 781).

– Die bloße Verwendung des Veräußerungserlöses zur Tilgung privater Verbindlichkeiten, die durch Grundschulden auf dem veräußerten Grundstück abgesichert waren, führt nicht zur Entstehung von als Werbungskosten abziehbaren Veräußerungskosten (> BFH vom 3. 9. 2019 – BStBl 2020 II S. 122).

Wiederkehrende Leistungen

...

Zu § 24 EStG

EStR   R 24.1   Begriff der Entschädigung i. S. d. § 24 Nr. 1 EStG❶❷

Der Entschädigungsbegriff des § 24 Nr. 1 EStG setzt in seiner zu Buchstabe a und b gleichmäßig geltenden Bedeutung voraus, dass der Steuerpflichtige infolge einer Beeinträchtigung der durch die einzelne Vorschrift geschützten Güter einen finanziellen Schaden erlitten hat und die Zahlung unmittelbar dazu bestimmt ist, diesen Schaden auszugleichen.

Hinweise   EStH   H 24.1

Abzugsfähige Aufwendungen

Bei der Ermittlung der Entschädigung i. S. d. § 24 Nr. 1 EStG sind von den Bruttoentschädigungen nur die damit in unmittelbarem Zusammenhang stehenden Betriebsausgaben oder Werbungskosten abzuziehen (> BFH vom 26. 8. 2004 – BStBl 2005 II S. 215).

Allgemeines

– *§ 24 EStG schafft keinen neuen Besteuerungstatbestand, sondern weist die in ihm genannten Einnahmen nur der Einkunftsart zu, zu der die entgangenen oder künftig entgehenden Einnahmen gehört hätten, wenn sie erzielt worden wären (> BFH vom 12. 6. 1996 – BStBl II S. 516).*

– *...*

Ausgleichszahlungen an Handelsvertreter

– *Ausgleichszahlungen an Handelsvertreter nach § 89b HGB gehören auch dann zu den Entschädigungen i. S. d. § 24 Nr. 1 Buchstabe c EStG, wenn sie zeitlich mit der **Aufgabe der gewerblichen Tätigkeit** zusammenfallen (> BFH vom 5. 12. 1968 – BStBl 1969 II S. 196).*

– *Ausgleichszahlungen an **andere Kaufleute** als Handelsvertreter, z. B. **Kommissionsagenten oder Vertragshändler**, sind wie Ausgleichszahlungen an Handelsvertreter zu behandeln, wenn sie in entsprechender Anwendung des § 89b HGB geleistet werden (> BFH vom 12. 10. 1999 – BStBl 2000 II S. 220).*

– *Ausgleichszahlungen i. S. d. § 89b HGB gehören nicht zu den Entschädigungen nach § 24 Nr. 1 Buchstabe c EStG, wenn ein **Nachfolgevertreter** aufgrund eines selbständigen Vertrags mit seinem Vorgänger dessen Handelsvertretung oder Teile davon entgeltlich erwirbt. Ein selbständiger Vertrag liegt aber nicht vor, wenn der Nachfolger es übernimmt, die vertretenen Firmen von Ausgleichsansprüchen freizustellen (> BFH vom 31. 5. 1972 – BStBl II S. 899 und vom 25. 7. 1990 – BStBl 1991 II S. 218).*

Anm. d. Schriftl.:

❶ Für Entschädigungen gilt die Tarifvergünstigung des § 34 Abs. 1 EStG. Zu den Entschädigungen i. S. des § 24 EStG gehören auch Abfindungen durch Verlust des Arbeitsplatzes.

❷ Schuldet ein Rechtsanwalt seine Leistung trotz Beibehaltung der rechtlichen Selbständigkeit aufgrund eines Beratungsvertrags im Wesentlichen wie ein Arbeitnehmer, so kommt im Zusammenhang mit diesem Vertrag eine Entschädigung i. S. von § 24 Nr. 1 Buchst. a EStG bei ihm nach den Grundsätzen in Betracht, die für Arbeitnehmer gelten (BFH-Urteil vom 10. 7. 2012, BStBl 2013 II S. 155).

EStR

Entschädigungen i. S. d. § 24 Nr. 1 Buchst. a

– *Die Entschädigung i. S. d. § 24 Nr. 1 Buchstabe a EStG muss als* **Ersatz** *für unmittelbar entgangene oder entgehende* **konkrete Einnahmen** *gezahlt werden (> BFH vom 9. 7. 1992 – BStBl 1993 II S. 27)....*

– *...*

– *...*

– **Entschädigungen** *nach § 24 Nr. 1 Buchst. a* ❶❷❸ *sind:*

  – *Abfindung wegen* **Auflösung eines Dienstverhältnisses,** *wenn Arbeitgeber die Beendigung veranlasst hat (> BFH vom 20. 10. 1978 – BStBl 1979 II S. 176 und vom 22. 1. 1988 – BStBl II S. 525); hierzu gehören auch Vorruhestandsgelder, die auf Grund eines Manteltarifvertrags vereinbart werden (> BFH vom 16. 6. 2004 – BStBl II S. 1055),*

  – *Abstandszahlung eines* **Mietinteressenten** *für die Entlassung aus einem Vormietvertrag (> BFH vom 21. 8. 1990 – BStBl 1991 II S. 76),*

  – *Aufwandsersatz, soweit er über den Ersatz von Aufwendungen hinaus auch den* **Ersatz von ausgefallenen steuerbaren Einnahmen** *bezweckt (> BFH vom 26. 2. 1988 – BStBl II S. 615),*

  – *Abfindung anlässlich der* **Liquidation** *einer Gesellschaft an einen Gesellschafter-Geschäftsführer, wenn auch ein gesellschaftsfremder Unternehmer im Hinblick auf die wirtschaftliche Situation der Gesellschaft die Liquidation beschlossen hätte (> BFH vom 4. 9. 2002 – BStBl 2003 II S. 177),*

  – *Abfindung, die der Gesellschafter-Geschäftsführer, der seine GmbH-Anteile veräußert, für den* **Verzicht auf seine Pensionsansprüche** *gegen die GmbH erhält, falls der Käufer den Erwerb des Unternehmens von der Nichtübernahme der Pensionsverpflichtung abhängig macht (> BFH vom 10. 4. 2003 – BStBl II S. 748). Entsprechendes gilt für eine Entschädigung für die durch den Erwerber veranlasste* **Aufgabe der Geschäftsführertätigkeit** *(> BFH vom 13. 8. 2003 – BStBl 2004 II S. 106),*

  – *Abfindung wegen* **Auflösung eines Dienstverhältnisses,** *auch wenn bereits bei Beginn des Dienstverhältnisses ein Ersatzanspruch für den Fall der betriebsbedingten Kündigung oder Nichtverlängerung des Dienstverhältnisses vereinbart wird (> BFH vom 10. 9. 2003 – BStBl 2004 II S. 349),*

  – *Schadensersatz infolge einer schuldhaft* **verweigerten Wiedereinstellung** *(> BFH vom 6. 7. 2005 – BStBl 2006 II S. 55),*

  – *Schadensersatz aus Amtshaftung als* **Ersatz für entgangene Gehalts- und Rentenansprüche** *infolge einer rechtswidrigen Abberufung als Bankvorstand (> BFH vom 12. 7. 2016 – BStBl 2017 II S. 158),*

Anm. d. Schriftl.:

❶ § 24 Nr. 1 Buchst. a EStG erfasst Entschädigungen, die „entgangene oder entgehende Einnahmen" ersetzen (Einnahmenersatz), nicht aber solche, die Ausgaben ausgleichen (BFH-Urteil vom 18. 10. 2011, BStBl 2012 II S. 286).

❷ Der Grundsatz, dass Entschädigungen, die aus Anlass der Auflösung eines Arbeitsverhältnisses gewährt wurden, einheitlich zu beurteilen sind, entbindet nicht von der Prüfung, ob die Entschädigung „als Ersatz für entgangene oder entgehende Einnahmen" i. S. des § 24 Nr. 1 Buchst. a EStG gewährt worden ist (BFH-Urteil vom 11. 7. 2017, BStBl 2018 II S. 86).

❸ Verpflichtet sich der Arbeitgeber vertraglich, im Zusammenhang mit der Auflösung des Arbeitsverhältnisses mehrere Zahlungen an den Arbeitnehmer zu leisten, ist eine einheitliche Entschädigung nur anzunehmen, wenn tatsächliche Anhaltspunkte dafür festgestellt sind, dass sämtliche Teilzahlungen „als Ersatz für entgangene oder entgehende Einnahmen" i. S. des § 24 Nr. 1 Buchst. a EStG gewährt worden sind (BFH-Urteil vom 9. 1. 2018, BStBl 2018 II S. 582).

– *Leistungen wegen einer **Körperverletzung** nur insoweit, als sie steuerbare und steuerpflichtige Einnahmen ersetzen (sog. Verdienstausfall, > BFH vom 21.1.2004 – BStBl II S. 716); dies gilt auch, wenn der Leistungsempfänger im Zeitpunkt des schädigenden Ereignisses erwerbslos war (> BFH vom 20.7.2018 – BStBl 2020 II S. 186),*

– ***Mietentgelte**, die der **Restitutionsberechtigte** vom Verfügungsberechtigten nach § 7 Abs. 7 Satz 2 VermG erlangt (> BFH vom 11.1.2005 – BStBl II S. 450),*

– *Abfindung wegen unbefristeter Reduzierung der Wochenarbeitszeit auf Grund eines Vertrags zur **Änderung des Arbeitsvertrags** (> BFH vom 25.8.2009 – BStBl 2010 II S. 1030),*

– *Abfindung wegen **Auflösung eines Beratungsvertrags**, wenn die Leistung trotz Beibehaltung der rechtlichen Selbständigkeit im Wesentlichen wie die eines Arbeitnehmers geschuldet wurde (> BFH vom 10.7.2012 – BStBl 2013 II S. 155),*

– *Entgelt, das bei vorzeitiger **Beendigung eines Genussrechtsverhältnisses**, das keine Beteiligung am Unternehmensvermögen vermittelt, als Ersatz für entgehende Einnahmen aus der Verzinsung von Genussrechtskapital gewährt wird (> BFH vom 11.2.2015 – BStBl II S. 647),*

– *Zahlung zur Abgeltung einer dem Stpfl. zustehenden Forderung, soweit diese auf einem **Entschädigungsanspruch aus einer Vergleichsvereinbarung** beruht (> BFH vom 25.8.2015 – BStBl II S. 1015),*

– *Entschädigungen **ehrenamtlicher Richter für Verdienstausfall** gem. § 18 des Justizvergütungs- und -entschädigungsgesetzes, wenn sie als Ersatz für entgangene Einnahmen gezahlt werden (> BFH vom 31.1.2017 – BStBl 2018 II S. 571).*

– ***Keine Entschädigungen** nach § 24 Nr. 1 Buchst. a sind:*

– *Abfindung, die bei Abschluss oder während des Arbeitsverhältnisses für den Verlust späterer **Pensionsansprüche** infolge Kündigung vereinbart wird (> BFH vom 6.3.2002 – BStBl II S. 516),*

– *...*

– *...*

– *...*

– ***Pensionsabfindung**, wenn der Arbeitnehmer nach Eheschließung zur Herstellung der ehelichen Lebensgemeinschaft gekündigt hat (> BFH vom 21.6.1990 – BStBl II S. 1020),*

– ***Streikunterstützung** (> BFH vom 24.10.1990 – BStBl 1991 II S. 337),*

– *...*

– *Zahlung für das Überspannen von Grundstücken mit **Hochspannungsfreileitungen** (> BFH vom 19.4.1994 – BStBl II S. 640),*

– *Ersatz für **zurückzuzahlende Einnahmen** oder Ausgleich von Ausgaben, z. B. Zahlungen für (mögliche) Umsatzsteuerrückzahlungen bei Auflösung von Mietverhältnissen (> BFH vom 18.10.2011 – BStBl 2012 II S. 286),*

– ***Erstattungszinsen nach § 233a AO** (> BFH vom 12.11.2013 – BStBl 2014 II S. 168),*

– *Entschädigungen **ehrenamtlicher Richter für Zeitversäumnis** nach § 16 des Justizvergütungs- und -entschädigungsgesetzes, da diese Entschädigungen sowohl nach ihrem Wortlaut als auch nach ihrem Sinn und Zweck nicht an die Stelle von entgangenen oder entgehenden Einnahmen treten (> BFH vom 31.1.2017 – BStBl 2018 II S. 571),*

– ***Aufstockungsbeträge** zum Transferkurzarbeitergeld (> BFH vom 12.3.2019 – BStBl II S. 574),*

– ***Leistungen wegen einer Körperverletzung**, soweit sie für den Wegfall des Anspruchs auf steuerfreie Sozialleistungen wie das Arbeitslosengeld (§ 3 Nr. 2 Buchstabe a EStG) oder das Arbeitslosengeld II (§ 3 Nr. 2 Buchstabe d EStG) gezahlt werden (> BFH vom 20.7.2018 – BStBl 2020 II S. 186).*

Entschädigungen i. S. d. § 24 Nr. 1 Buchst. b

– § 24 Nr. 1 Buchstabe b EStG erfasst Entschädigungen, die als Gegenleistung für den Verzicht auf eine mögliche Einkunftserzielung gezahlt werden. Eine Entschädigung im Sinne des § 24 Nr. 1 Buchstabe b EStG liegt auch vor, wenn die Tätigkeit mit Willen oder mit Zustimmung des Arbeitnehmers aufgegeben wird. Der Ersatzanspruch muss nicht auf einer neuen Rechts- oder Billigkeitsgrundlage beruhen. Die Entschädigung für die Nichtausübung einer Tätigkeit kann auch als Hauptleistungspflicht vereinbart werden (> BFH vom 12. 6. 1996 – BStBl II S. 516).

...

Steuerbegünstigung nach § 34 Abs. 1 Satz 1

Wegen der Frage, unter welchen Voraussetzungen Entschädigungen i. S. d. § 24 Nr. 1 EStG der Steuerbegünstigung nach § 34 Abs. 1 Satz 1 EStG unterliegen > R 34.3.

Zu § 24a EStG

EStR   R 24a.   Altersentlastungsbetrag

Allgemeines

(1) [1]Bei der Berechnung des Altersentlastungsbetrags sind Einkünfte aus Land- und Forstwirtschaft nicht um den Freibetrag nach § 13 Abs. 3 EStG zu kürzen. [2]Kapitalerträge, die nach § 32d Abs. 1 und § 43 Abs. 5 EStG dem gesonderten Steuertarif für Einkünfte aus Kapitalvermögen unterliegen, sind in die Berechnung des Altersentlastungsbetrags nicht einzubeziehen. [3]Sind in den Einkünften neben Leibrenten auch andere wiederkehrende Bezüge im Sinne des § 22 Nr. 1 EStG enthalten, ist der Werbungskosten-Pauschbetrag nach § 9a Satz 1 Nr. 3 EStG von den der Besteuerung nach § 22 Nr. 1 Satz 3 EStG unterliegenden Teilen der Leibrenten abzuziehen, soweit er diese nicht übersteigt. [4]Der Altersentlastungsbetrag ist auf den nächsten vollen Euro-Betrag aufzurunden.

Berechnung bei Anwendung anderer Vorschriften

(2) Ist der Altersentlastungsbetrag außer vom Arbeitslohn noch von weiteren Einkünften zu berechnen und muss er für die Anwendung weiterer Vorschriften von bestimmten Beträgen abgezogen werden, ist davon auszugehen, dass er zunächst vom Arbeitslohn berechnet worden ist.

▶   **Hinweise**   **EStH**   **H 24a**

Altersentlastungsbetrag bei Ehegatten

Im Fall der Zusammenveranlagung von Ehegatten ist der Altersentlastungsbetrag jedem Ehegatten, der die altersmäßigen Voraussetzungen erfüllt, nach Maßgabe der von ihm bezogenen Einkünfte zu gewähren (> BFH vom 22. 9. 1993 – BStBl 1994 II S. 107).

Berechnung des Altersentlastungsbetrags

Der Altersentlastungsbetrag ist von der Summe der Einkünfte zur Ermittlung des Gesamtbetrags der Einkünfte abzuziehen (> R 2).

Beispiel 1:

Der Stpfl. hat im VZ 2004 das 64. Lebensjahr vollendet. Im VZ 2022 wurden erzielt:

Arbeitslohn	*14 000 €*
darin enthalten:	
Versorgungsbezüge in Höhe von	*6 000 €*
Einkünfte aus selbständiger Arbeit	*500 €*
Einkünfte aus Vermietung und Verpachtung	*– 1 500 €*

Der Altersentlastungsbetrag beträgt 40 % des Arbeitslohns (14 000 € – 6 000 € = 8 000 €), das sind 3 200 €, höchstens jedoch 1 900 €. Die Einkünfte aus selbständiger Arbeit und aus Vermietung und Verpachtung werden für die Berechnung des Altersentlastungsbetrags nicht berücksichtigt, weil ihre Summe negativ ist (– 1 500 € + 500 € = – 1 000 €).

Beispiel 2:

Wie Beispiel 1, jedoch hat der Stpfl. im VZ 2021 das 64. Lebensjahr vollendet.

Der Altersentlastungsbetrag beträgt 14,4 % des Arbeitslohns (14 000 € abzüglich Versorgungsbezüge 6 000 € = 8 000 €), das sind 1 152 €, höchstens jedoch 684 €.

Lohnsteuerabzug

...

Zu § 25 EStG (§§ 56 und 60 EStDV)

EStR   **R 25. Verfahren bei der Veranlagung von Ehegatten nach § 26a EStG**

(1) [1]Hat ein Ehegatte nach § 26 Abs. 2 Satz 1 EStG die Einzelveranlagung (§ 26a EStG) gewählt, ist für jeden Ehegatten eine Einzelveranlagung durchzuführen, auch wenn sich jeweils eine Steuerschuld von 0 Euro ergibt. [2] – nicht abgedruckt –**1**

(2) – nicht abgedruckt –**1**

>   **Hinweise   EStH   H 25**

...

Zu § 26 EStG

EStR   **R 26. Voraussetzungen für die Anwendung des § 26 EStG**

Nicht dauernd getrennt lebend

(1) [1]Bei der Frage, ob Ehegatten als dauernd getrennt lebend anzusehen sind, wird einer auf Dauer herbeigeführten räumlichen Trennung regelmäßig eine besondere Bedeutung zukommen. [2]Die eheliche Lebens- und Wirtschaftsgemeinschaft ist jedoch im Allgemeinen nicht auf-

---

Amtl. Fn.:

1 Für VZ ab 2013 ohne Bedeutung.

gehoben, wenn sich die Ehegatten nur vorübergehend räumlich trennen, z. B. bei einem beruf-lich bedingten Auslandsaufenthalt eines der Ehegatten. [3]Sogar in Fällen, in denen die Ehegatten infolge zwingender äußerer Umstände für eine nicht absehbare Zeit räumlich voneinander ge-trennt leben müssen, z. B. infolge Krankheit oder Verbüßung einer Freiheitsstrafe, kann die ehe-liche Lebens- und Wirtschaftsgemeinschaft noch weiterbestehen, wenn die Ehegatten die er-kennbare Absicht haben, die eheliche Verbindung in dem noch möglichen Rahmen aufrecht-zuerhalten und nach dem Wegfall der Hindernisse die volle eheliche Gemeinschaft wiederher-zustellen. [4]Ehegatten, von denen einer vermisst ist, sind im Allgemeinen nicht als dauernd ge-trennt lebend anzusehen.

Zurechnung gemeinsamer Einkünfte

(2) Gemeinsame Einkünfte der Ehegatten, z. B. aus einer Gesamthandsgesellschaft oder Ge-samthandsgemeinschaft, sind jedem Ehegatten, falls keine andere Aufteilung in Betracht kommt, zur Hälfte zuzurechnen.

(3) – nicht abgedruckt –**1**

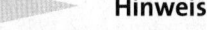 **Hinweise   EStH   H 26**

Allgemeines

– *Welche Personen **Ehegatten** i. S. d. § 26 Abs. 1 Satz 1 EStG sind, bestimmt sich **nach bürgerli-chem Recht** (> BFH vom 21. 6. 1957 – BStBl III S. 300).*

– *Bei Ausländern sind die materiell-rechtlichen Voraussetzungen für jeden Beteiligten nach den Gesetzen des Staates zu beurteilen, dem er angehört. Die Anwendung eines ausländischen Ge-setzes ist jedoch ausgeschlossen, wenn es gegen die guten Sitten oder den Zweck eines deut-schen Gesetzes verstoßen würde (> BFH vom 6. 12. 1985 – BStBl 1986 II S. 390). Haben **auslän-dische Staatsangehörige**, von denen einer außerdem die deutsche Staatsangehörigkeit besitzt, im Inland eine Ehe geschlossen, die zwar nach dem gemeinsamen Heimatrecht, nicht aber nach deutschem Recht gültig ist, so handelt es sich nicht um Ehegatten i. S. d. § 26 Abs. 1 Satz 1 EStG (> BFH vom 17. 4. 1998 – BStBl II S. 473).*

– *Eine Ehe ist bei **Scheidung** nach § 1564 BGB **oder Aufhebung** nach § 1313 BGB erst mit Rechts-kraft des Urteils aufgelöst; diese Regelung ist auch für das Einkommensteuerrecht maßgebend (> BFH vom 9. 3. 1973 – BStBl II S. 487).*

– *Ein Stpfl., dessen Ehegatte **verschollen oder vermisst** ist, gilt als verheiratet. Bei Kriegsgefange-nen oder Verschollenen kann in der Regel ferner davon ausgegangen werden, dass sie vor Ein-tritt der Kriegsgefangenschaft oder Verschollenheit einen Wohnsitz im Inland gehabt haben (> BFH vom 3. 3. 1978 – BStBl II S. 372).*

– *Wird ein verschollener Ehegatte **für tot erklärt**, so gilt der Steuerpflichtige vom Tag der Rechts-kraft des Todeserklärungsbeschlusses an als verwitwet (> § 49 AO, BFH vom 24. 8. 1956 – BStBl III S. 310).*

Amtl. Fn.:

1 Für VZ ab 2013 ohne Bedeutung.

Ehegatte im Ausland

...

Ehegatte ohne Einkünfte

Stellt ein Ehegatte, der keine Einkünfte erzielt hat, einen Antrag auf Einzelveranlagung, ist dieser selbst dann unbeachtlich, wenn dem anderen Ehegatten eine Steuerstraftat zur Last gelegt wird. Im Fall eines solchen Antrags sind die Ehegatten nach § 26 Abs. 3 EStG zusammen zu veranlagen, wenn der andere Ehegatte dies beantragt hat (> BFH vom 10. 1. 1992 – BStBl II S. 297).

Getrenntleben

 – *Ein dauerndes Getrenntleben ist anzunehmen, wenn die zum Wesen der Ehe gehörende Lebens- und Wirtschaftsgemeinschaft nach dem Gesamtbild der Verhältnisse auf die Dauer nicht mehr besteht. Dabei ist unter Lebensgemeinschaft die räumliche, persönliche und geistige Gemeinschaft der Ehegatten, unter Wirtschaftsgemeinschaft die gemeinsame Erledigung der die Ehegatten gemeinsam berührenden wirtschaftlichen Fragen ihres Zusammenlebens zu verstehen (> BFH vom 15. 6. 1973 – BStBl II S. 640).*

 – *I. d. R. sind die Angaben der Ehegatten, sie lebten nicht dauernd getrennt, anzuerkennen, es sei denn, dass die äußeren Umstände das Bestehen einer ehelichen Lebens- und Wirtschaftsgemeinschaft fraglich erscheinen lassen (> BFH vom 5. 10. 1966 – BStBl 1967 III S. 84 und 110). In einem Scheidungsverfahren zum Getrenntleben getroffene Feststellungen (§ 1565 BGB) sind für die steuerliche Beurteilung nicht unbedingt bindend (> BFH vom 13. 12. 1985 – BStBl 1986 II S. 486).*

Lebenspartner und Lebenspartnerschaften

>H 2

Tod eines Ehegatten

Die Wahl der Veranlagungsart ist auch nach dem Tod eines Ehegatten für das Jahr des Todes möglich, wobei an die Stelle des Verstorbenen dessen Erben treten. Falls die zur Wahl erforderlichen Erklärungen nicht abgegeben werden, wird nach § 26 Abs. 3 EStG unterstellt, dass eine Zusammenveranlagung gewählt wird, wenn der Erbe Kenntnis von seiner Erbenstellung und den steuerlichen Vorgängen des Erblassers hat. Bis zur Ermittlung des Erben ist einzeln zu veranlagen (> BFH vom 21. 6. 2007 – BStBl II S. 770).

Wahl der Veranlagungsart

 – *Beantragen Ehegatten innerhalb der Frist für einen Einspruch gegen den Zusammenveranlagungsbescheid die Einzelveranlagung, ist das Finanzamt bei der daraufhin für jeden durchzuführenden Einzelveranlagung an die tatsächliche und rechtliche Beurteilung der Besteuerungsgrundlagen im Zusammenveranlagungsbescheid gebunden (> BFH vom 3. 3. 2005 – BStBl II S. 564).*

 – *Ist ein Ehegatte von Amts wegen zu veranlagen und wird auf Antrag eines der beiden Ehegatten eine Einzelveranlagung durchgeführt, ist auch der andere Ehegatte zwingend einzeln zu veranlagen. Für die Veranlagung kommt es in einem solchen Fall auf das Vorliegen der Voraussetzungen des § 46 Abs. 2 EStG nicht mehr an (> BFH vom 21. 9. 2006 – BStBl 2007 II S. 11).*

EStR

Zu § 26a EStG[1] (§§ 61 und 62d EStDV)

EStR   R 26a. Veranlagung von Ehegatten
nach § 26a EStG

– nicht abgedruckt –[2]

Hinweise   EStH   H 26a

...

Pauschbetrag für Menschen mit Behinderungen

Nach § 26a Abs. 2 Satz 2 EStG ist auf übereinstimmenden Antrag der Ehegatten der einem Ehegatten zustehende Pauschbetrag für Menschen mit Behinderungen (§ 33b Abs. 1 bis 3 EStG) bei der Einzelveranlagung der Ehegatten jeweils zur Hälfte abzuziehen (> BFH vom 20. 12. 2017 – BStBl 2018 II S. 468).

Zugewinngemeinschaft

Jeder Ehegatte bezieht – wie bei der Gütertrennung – die Nutzungen seines Vermögens selbst (> §§ 1363 ff. BGB).

Zu § 26b EStG (§ 62d EStDV)

EStR   R 26b. Zusammenveranlagung von Ehegatten
nach § 26b EStG

Gesonderte Ermittlung der Einkünfte

(1) [1]Die Zusammenveranlagung nach § 26b EStG führt zwar zu einer Zusammenrechnung, nicht aber zu einer einheitlichen Ermittlung der Einkünfte der Ehegatten. [2]...

Feststellung gemeinsamer Einkünfte

(2) Gemeinsame Einkünfte zusammenzuveranlagender Ehegatten sind grundsätzlich gesondert und einheitlich festzustellen (§ 180 Abs. 1 Nr. 2 Buchstabe a[3] und § 179 Abs. 2 AO), sofern es sich nicht um Fälle geringer Bedeutung handelt (§ 180 Abs. 3 AO).

Anm. d. Schriftl.:

[1] Die Zuordnungsregelung in § 26a Abs. 2 EStG geht anderen Zuordnungsregeln vor. Der einem gemeinsamen Kind zustehende Behinderten-Pauschbetrag, der auf Antrag der Eltern vollständig einem von ihnen übertragen wurde, ist daher bei getrennter Veranlagung bei beiden Elternteilen je zur Hälfte abzuziehen (BFH-Urteil vom 19. 4. 2012, BStBl 2012 II S. 861).

Amtl. Fn.:

[2] Für VZ ab 2013 ohne Bedeutung.

[3] Jetzt § 180 Abs. 1 Satz 1 Nr. 2 Buchstabe a AO.

...

Zu § 31 EStG

EStR   R 31. Familienleistungsausgleich

Prüfung der Steuerfreistellung

(1) – unbesetzt –

Anspruch auf Kindergeld

(2) [1]Bei der Prüfung der Steuerfreistellung ist auf das für den jeweiligen VZ zustehende Kindergeld oder die vergleichbare Leistung abzustellen, unabhängig davon, ob ein Antrag gestellt wurde oder eine Zahlung erfolgt ist. [2]Dem Kindergeld vergleichbare Leistungen i. S. d. § 65 Abs. 1 Satz 1 EStG oder Leistungen auf Grund über- oder zwischenstaatlicher Rechtsvorschriften sind wie Ansprüche auf Kindergeld bis zur Höhe der Beträge nach § 66 EStG zu berücksichtigen. [3]Auch ein Anspruch auf Kindergeld, dessen Festsetzung aus verfahrensrechtlichen Gründen nicht erfolgt ist, ist zu berücksichtigen.

Zurechnung des Kindergelds/zivilrechtlicher Ausgleich

(3) [1]Der Anspruch auf Kindergeld ist demjenigen zuzurechnen, der für das Kind Anspruch auf einen Kinderfreibetrag nach § 32 Abs. 6 EStG hat, auch wenn das Kindergeld an das Kind selbst oder einen Dritten (z. B. einen Träger von Sozialleistungen) ausgezahlt wird. [2]Der Anspruch auf Kindergeld ist grundsätzlich beiden Elternteilen jeweils zur Hälfte zuzurechnen; dies gilt unabhängig davon, ob ein barunterhaltspflichtiger Elternteil Kindergeld über den zivilrechtlichen Ausgleich von seinen Unterhaltszahlungen abzieht, oder ein zivilrechtlicher Ausgleich nicht in Anspruch genommen wird. [3]In den Fällen des § 32 Abs. 6 Satz 3 EStG und in den Fällen der Übertragung des Kinderfreibetrags (§ 32 Abs. 6 Satz 6, 1. Alternative EStG) ist dem Stpfl. der gesamte Anspruch auf Kindergeld zuzurechnen. [4]Wird für ein Kind lediglich der Freibetrag für den Betreuungs- und Erziehungs- oder Ausbildungsbedarf übertragen (§ 32 Abs. 6 Satz 6, 2. Alternative EStG), bleibt die Zurechnung des Anspruchs auf Kindergeld hiervon unberührt.

Abstimmung zwischen Finanzämtern und Familienkassen

(4) [1]Kommen die Freibeträge für Kinder zum Abzug, hat das Finanzamt die Veranlagung grundsätzlich unter Berücksichtigung des Anspruchs auf Kindergeld durchzuführen. [2]Ergeben sich durch den Vortrag des Stpfl. begründete Zweifel am Bestehen eines Anspruchs auf Kindergeld, ist die Familienkasse zu beteiligen. [3]Wird von der Familienkasse bescheinigt, dass ein Anspruch auf Kindergeld besteht, übernimmt das Finanzamt grundsätzlich die Entscheidung der Familienkasse über die Berücksichtigung des Kindes. [4]Zweifel an der Richtigkeit der Entscheidung der einen Stelle (Finanzamt oder Familienkasse) oder eine abweichende Auffassung sind der Stelle, welche die Entscheidung getroffen hat, mitzuteilen. [5]Diese teilt der anderen Stelle mit, ob sie den Zweifeln Rechnung trägt bzw. ob sie sich der abweichenden Auffassung anschließt. [6]Kann im Einzelfall kein Einvernehmen erzielt werden, haben das Finanzamt und die Familienkasse der jeweils vorgesetzten Behörde zu berichten. [7]Bis zur Klärung der Streitfrage ist die Festsetzung unter dem Vorbehalt der Nachprüfung durchzuführen.

► **Hinweise   EStH   H 31**

...

Zu § 32 EStG

EStR   R 32.1 Im ersten Grad mit dem Stpfl. verwandte Kinder

– unbesetzt –

► **Hinweise   EStH   H 32.1**

Anerkennung der Vaterschaft

Die Anerkennung der Vaterschaft begründet den gesetzlichen Vaterschaftstatbestand des § 1592 Nr. 2 BGB und bestätigt das zwischen dem Kind und seinem Vater von der Geburt an bestehende echte Verwandtschaftsverhältnis i. S. d. § 32 Abs. 1 Nr. 1 EStG. Bestandskräftige Einkommensteuerbescheide sind nach § 175 Abs. 1 Satz 1 Nr. 2 AO zu ändern und kindbedingte Steuervorteile zu berücksichtigen (> BFH vom 28. 7. 2005 – BStBl 2008 II S. 350).

Annahme als Kind

...

EStR   R 32.2 Pflegekinder

Pflegekindschaftsverhältnis

(1) ¹Ein Pflegekindschaftsverhältnis (§ 32 Abs. 1 Nr. 2 EStG) setzt voraus, dass das Kind im Haushalt der Pflegeeltern sein Zuhause hat und diese zu dem Kind in einer familienähnlichen, auf längere Dauer angelegten Beziehung wie zu einem eigenen Kind stehen, z. B. wenn der Steuerpflichtige ein Kind im Rahmen von Hilfe zur Erziehung in Vollzeitpflege (§§ 27, 33 SGB VIII) oder im Rahmen von Eingliederungshilfe (§ 35a Abs. 2 Nr. 3 SGB VIII) in seinen Haushalt aufnimmt, sofern das Pflegeverhältnis auf Dauer angelegt ist. ²Hieran fehlt es, wenn ein Kind von vornherein nur für eine begrenzte Zeit im Haushalt des Steuerpflichtigen Aufnahme findet. ³Kinder, die mit dem Ziel der Annahme vom Steuerpflichtigen in Pflege genommen werden (§ 1744 BGB), sind regelmäßig Pflegekinder. ⁴Zu Erwerbszwecken in den Haushalt aufgenommen sind z. B. Kostkinder. ⁵Hat der Steuerpflichtige mehr als sechs Kinder in seinem Haushalt aufgenommen, spricht eine Vermutung dafür, dass es sich um Kostkinder handelt.

Kein Obhuts- und Pflegeverhältnis zu den leiblichen Eltern

(2) ¹Voraussetzung für ein Pflegekindschaftsverhältnis zum Steuerpflichtigen ist, dass das Obhuts- und Pflegeverhältnis zu den leiblichen Eltern nicht mehr besteht, d. h. die familiären Bindungen zu diesen auf Dauer aufgegeben sind. ²Gelegentliche Besuchskontakte allein stehen dem nicht entgegen.

Altersunterschied

(3) [1]Ein Altersunterschied wie zwischen Eltern und Kindern braucht nicht unbedingt zu bestehen. [2]Dies gilt auch, wenn das zu betreuende Geschwister von Kind an wegen Behinderung pflegebedürftig war und das betreuende Geschwister die Stelle der Eltern, z. B. nach deren Tod, einnimmt. [3]Ist das zu betreuende Geschwister dagegen erst im Erwachsenenalter pflegebedürftig geworden, wird im Allgemeinen ein dem Eltern-Kind-Verhältnis ähnliches Pflegeverhältnis nicht mehr begründet werden können.

▶ **Hinweise**   **EStH**   **H 32.2**

...

EStR   **R 32.3 Allgemeines zur Berücksichtigung von Kindern**

[1]Ein Kind wird vom Beginn des Monats an, in dem die Anspruchsvoraussetzungen erfüllt sind, berücksichtigt. [2]Entsprechend endet die Berücksichtigung mit Ablauf des Monats, in dem die Anspruchsvoraussetzungen wegfallen (Monatsprinzip). [3]Für die Frage, ob ein Kind lebend geboren wurde, ist im Zweifel das Personenstandsregister des Standesamtes maßgebend. [4]Eine Berücksichtigung außerhalb des Zeitraums der unbeschränkten Steuerpflicht der Eltern ist – auch in den Fällen des § 2 Abs. 7 Satz 3 EStG – nicht möglich. [5]Ein vermisstes Kind ist bis zur Vollendung des 18. Lebensjahres zu berücksichtigen.

EStR   **R 32.4 Kinder, die Arbeit suchen**

– unbesetzt –

▶ **Hinweise**   **EStH**   **H 32.4**

...

EStR   **R 32.5 Kinder, die für einen Beruf ausgebildet werden**

– unbesetzt –

▶ **Hinweise**   **EStH**   **H 32.5**

...

***Beginn, Unterbrechung und Ende der Berufsausbildung*[1]**

– *Das Referendariat im Anschluss an die erste juristische Staatsprüfung gehört zur Berufsausbildung (> BFH vom 10. 2. 2000 – BStBl II S. 398).*

Anm. d. Schriftl.:

[1] Eine Berufsausbildung endet nicht bereits mit der Bekanntgabe des Ergebnisses der Abschlussprüfung, sondern erst mit Ablauf der Ausbildungszeit, wenn diese durch Rechtsvorschrift festgelegt ist (BFH-Urteil vom 14. 9. 2017, BStBl 2018 II S. 131).

- *Ein Kind befindet sich nicht in Ausbildung, wenn es sich zwar an einer Universität immatrikuliert, aber tatsächlich das Studium noch nicht aufgenommen hat (> BFH vom 23.11.2001 – BStBl 2002 II S. 484).*

- *Ein Universitätsstudium ist in dem Zeitpunkt abgeschlossen, in dem eine nach dem einschlägigen Prüfungsrecht zur Feststellung des Studienerfolgs vorgesehene Prüfungsentscheidung ergangen ist oder ein Prüfungskandidat von der vorgesehenen Möglichkeit, sich von weiteren Prüfungsabschnitten befreien zu lassen, Gebrauch gemacht hat (> BFH vom 21.1.1999 – BStBl II S. 141). Das Studium endet regelmäßig mit Bekanntgabe des Prüfungsergebnisses. Das Prüfungsergebnis ist dem Kind bekanntgegeben, sobald es eine schriftliche Bestätigung über den erfolgreichen Abschluss und die erzielten Abschlussnoten erhalten hat oder objektiv die Möglichkeit hat, eine solche schriftliche Bestätigung über ein Online-Portal der Hochschule erstellen zu können (> BFH vom 7.7.2021 – BStBl II S. 864). Die Berufsausbildung endet bereits vor Bekanntgabe des Prüfungsergebnisses, wenn das Kind nach Erbringung aller Prüfungsleistungen eine Vollzeiterwerbstätigkeit aufnimmt (> BFH vom 24.5.2000 – BStBl II S. 473).*

- *> A 15.10 DA-KG 2022*
- *> A 20.2.4 Abs. 2 und 3 DA-KG 2022*

Kinder mit Behinderung, die für einen Beruf ausgebildet werden

...

Praktikum, Volontariat und Trainee-Programm

...

Schulbesuch

- *Zur Berufsausbildung gehört auch der Besuch von Allgemeinwissen vermittelnden Schulen wie Grund-, Haupt- und Oberschulen sowie von Fach- und Hochschulen. Auch der Besuch eines Colleges in den USA kann zur Berufsausbildung zählen (> BFH vom 9.6.1999 – BStBl II S. 705).*

- *> A 15.5 DA-KG 2022*

Soldat in Aus-/Weiterbildung

> A 15.2 Satz 3 bis 4 DA-KG 2022:

„In den Laufbahngruppen der Bundeswehr können folgende Berufsausbildungsmaßnahmen berücksichtigungsfähig sein:

- *die Ausbildung eines Soldaten auf Zeit für seine spätere Verwendung in der Laufbahngruppe Mannschaft, wenn sie zu Beginn der Verpflichtungszeit erfolgt; die Ausbildung umfasst die Grundausbildung und die sich anschließende Dienstpostenausbildung (vgl. BFH vom 10.5.2012 – BStBl II S. 895); dies gilt auch für den freiwilligen Wehrdienst nach § 58b SG,*

- *die Ausbildung eines Soldaten auf Zeit oder Berufssoldaten in der Laufbahngruppe Unteroffizier (mit oder ohne Portepee) bzw. in der Laufbahngruppe Offizier (BFH vom 16.4.2002 und 15.7.2003 – BStBl 2002 II S. 523 und BStBl 2007 II S. 247); zur Ausbildung können auch zivilberufliche Aus- und Weiterbildungsmaßnahmen (sog. ZAW-Maßnahmen), das Studium an einer Bundeswehrhochschule oder an einer zivilen Hochschule zählen, auch wenn diese Maßnahmen über die jeweilige Ernennung hinaus andauern,*

- *die während des Wehrdienstes stattfindende Ausbildung zum Reserveoffizier (BFH vom 8.5.2014 – BStBl II S. 717),*

- *zusätzliche Weiterbildungen bzw. Ausbildungsmaßnahmen eines Soldaten, die grundsätzlich dazu geeignet sind, den Aufstieg in eine höhere Laufbahngruppe, den Einstieg in eine Laufbahngruppe oder den Laufbahnwechsel vom Unteroffizier ohne Portepee zum Unteroffizier mit Portepee zu ermöglichen (darunter fallen nicht in der Bundeswehr übliche Verwendungs-lehrgänge, die nach dem Erwerb der Laufbahnbefähigung absolviert werden, vgl. BFH vom 16. 9. 2015 – BStBl 2016 II S. 281).*

Findet eine der oben genannten Maßnahmen zu Beginn der Verpflichtungszeit statt, können die ersten vier Monate ohne näheren Nachweis anerkannt werden, lediglich der Dienstantritt ist glaubhaft zu machen. Für die Prüfung der weiteren Berücksichtigung steht der Vordruck KG 15■ *zur Verfügung."*

Sprachaufenthalt im Ausland

...

Umfang der zeitlichen Inanspruchnahme durch die Berufsausbildung

...

Unterbrechungszeiten

– *Zur Berufsausbildung zählen Unterbrechungszeiten wegen Erkrankung oder Mutterschaft, nicht jedoch Unterbrechungszeiten wegen der Betreuung eines eigenen Kindes (> BFH vom 15. 7. 2003 – BStBl II S. 848) oder der krankheitsbedingte Abbruch des Ausbildungsverhältnis-ses, z. B. durch Abmeldung von der (Hoch-)Schule oder Kündigung des Ausbildungsverhältnis-ses (> BFH vom 31. 8. 2021 – BStBl 2022 II S. 465).*

– *Ist für den Zeitraum eines Urlaubssemesters der Besuch von Vorlesungen und der Erwerb von Leistungsnachweisen nach hochschulrechtlichen Bestimmungen untersagt, sind für diesen Zeitraum die Voraussetzungen einer Berufsausbildung nicht erfüllt (> BFH vom 13. 7. 2004 – BStBl II S. 999).*

– *> A 15.10 Abs. 8 und A 15.11 DA-KG 2022*

EStR   R 32.6 Kinder, die sich in einer Übergangszeit befinden

– unbesetzt –

Hinweise   EStH   H 32.6

...

EStR   R 32.7 Kinder, die mangels Ausbildungsplatz ihre Berufsausbildung nicht beginnen oder fortsetzen können

Allgemeines

(1) ¹Grundsätzlich ist jeder Ausbildungswunsch des Kindes anzuerkennen, es sei denn, dass sei-ne Verwirklichung wegen der persönlichen Verhältnisse des Kindes ausgeschlossen erscheint. ²Dies gilt auch dann, wenn das Kind bereits eine abgeschlossene Ausbildung in einem anderen Beruf besitzt. ³Das Finanzamt kann verlangen, dass der Steuerpflichtige die ernsthaften Bemü-hungen des Kindes um einen Ausbildungsplatz durch geeignete Unterlagen nachweist oder zu-mindest glaubhaft macht.

Amtl. Fn.:

■ Vordruck der Familienkasse.

Ausbildungsplätze

(2) Ausbildungsplätze sind neben betrieblichen und überbetrieblichen insbesondere solche an Fach- und Hochschulen sowie Stellen, an denen eine in der Ausbildungs- oder Prüfungsordnung vorgeschriebene praktische Tätigkeit abzuleisten ist.

Ernsthafte Bemühungen um einen Ausbildungsplatz

(3) [1]Für die Berücksichtigung eines Kindes ohne Ausbildungsplatz ist Voraussetzung, dass es dem Kind trotz ernsthafter Bemühungen nicht gelungen ist, seine Berufsausbildung zu beginnen oder fortzusetzen. [2]Als Nachweis der ernsthaften Bemühungen kommen z. B. Bescheinigungen der Agentur für Arbeit über die Meldung des Kindes als Bewerber um eine berufliche Ausbildungsstelle, Unterlagen über eine Bewerbung bei der Zentralen Vergabestelle von Studienplätzen, Bewerbungsschreiben unmittelbar an Ausbildungsstellen sowie deren Zwischennachricht oder Ablehnung in Betracht.

(4) [1]Die Berücksichtigung eines Kindes ohne Ausbildungsplatz ist ausgeschlossen, wenn es sich wegen Kindesbetreuung nicht um einen Ausbildungsplatz bemüht. [2]Eine Berücksichtigung ist dagegen möglich, wenn das Kind infolge Erkrankung oder wegen eines Beschäftigungsverbots nach den §§ 3 und 6 Mutterschutzgesetz daran gehindert ist, seine Berufsausbildung zu beginnen oder fortzusetzen.

▶   **Hinweise**   **EStH**   **H 32.7**

...

EStR   **R 32.8 Kinder, die ein freiwilliges soziales oder ökologisches Jahr oder freiwillige Dienste leisten**

– unbesetzt –

▶   **Hinweise**   **EStH**   **H 32.8**

Geregelte Freiwilligendienste
> A 18 DA-KG 2022

EStR   **R 32.9 Kinder, die wegen körperlicher, geistiger oder seelischer Behinderung außerstande sind, sich selbst zu unterhalten**

[1]Als Kinder, die wegen körperlicher, geistiger oder seelischer Behinderung außerstande sind, sich selbst zu unterhalten, kommen insbesondere Kinder in Betracht, deren Schwerbehinderung (§ 2 Abs. 2 SGB IX) festgestellt ist oder die einem schwer behinderten Menschen gleichgestellt sind (§ 2 Abs. 3 SGB IX). [2]Ein Kind, das wegen seiner Behinderung außerstande ist, sich selbst zu unterhalten, kann bei Vorliegen der sonstigen Voraussetzungen über das 25. Lebensjahr hinaus ohne altersmäßige Begrenzung berücksichtigt werden. [3]Eine Berücksichtigung setzt voraus, dass die Behinderung, derentwegen das Kind nicht in der Lage ist, sich selbst zu unterhalten, vor Vollendung des 25. Lebensjahres eingetreten ist.

► **Hinweise**   **EStH**   **H 32.9**

...

EStR   **R 32.10 Erwerbstätigkeit**

– unbesetzt –

► **Hinweise**   **EStH**   **H 32.10**

Ausschluss von Kindern aufgrund einer Erwerbstätigkeit
– *BMF vom 8. 2. 2016 (BStBl I S. 226)*
...

EStR   **R 32.12 Höhe der Freibeträge für Kinder in Sonderfällen**

Einem Stpfl., der die vollen Freibeträge für Kinder erhält, weil der andere Elternteil verstorben ist (§ 32 Abs. 6 Satz 3 EStG), werden Stpfl. in Fällen gleichgestellt, in denen

1. der Wohnsitz oder gewöhnliche Aufenthalt des anderen Elternteils nicht zu ermitteln ist oder

2. der Vater des Kindes amtlich nicht feststellbar ist.

► **Hinweise**   **EStH**   **H 32.12**

...

EStR   **R 32.13 Übertragung der Freibeträge für Kinder**

Barunterhaltsverpflichtung

(1) ¹Bei dauernd getrennt lebenden oder geschiedenen Ehegatten sowie bei Eltern eines nicht-ehelichen Kindes ist der Elternteil, in dessen Obhut das Kind sich nicht befindet, grundsätzlich zur Leistung von Barunterhalt verpflichtet. ²Wenn die Höhe nicht durch gerichtliche Entscheidung, Verpflichtungserklärung, Vergleich oder anderweitig durch Vertrag festgelegt ist, können dafür die von den Oberlandesgerichten als Leitlinien aufgestellten Unterhaltstabellen, z. B. „Düsseldorfer Tabelle", einen Anhalt geben.

Anm. d. Schriftl.:

1 Die Übertragung des Freibetrags für den Betreuungs- und Erziehungs- oder Ausbildungsbedarf auf Antrag des Elternteils, bei dem das Kind gemeldet ist, verstößt nicht gegen das Grundgesetz (BFH-Urteil vom 27. 10. 2011, BStBl 2013 II S. 194).

2 Zur Übertragung der Freibeträge für Kinder hat das BMF mit Schreiben vom 28. 6. 2013, BStBl 2013 I S. 845, Stellung genommen.

Der Unterhaltsverpflichtung im Wesentlichen nachkommen

(2) [1]Ein Elternteil kommt seiner Barunterhaltsverpflichtung gegenüber dem Kind im Wesentlichen nach, wenn er sie mindestens zu 75 % erfüllt. [2]Der Elternteil, in dessen Obhut das Kind sich befindet, erfüllt seine Unterhaltsverpflichtung in der Regel durch die Pflege und Erziehung des Kindes (§ 1606 Abs. 3 BGB).

Maßgebender Verpflichtungszeitraum

(3) [1]Hat aus Gründen, die in der Person des Kindes liegen, oder wegen des Todes des Elternteils die Unterhaltsverpflichtung nicht während des ganzen Kalenderjahrs bestanden, ist für die Frage, inwieweit sie erfüllt worden ist, nur auf den Verpflichtungszeitraum abzustellen. [2]Wird ein Elternteil erst im Laufe des Kalenderjahres zur Unterhaltszahlung verpflichtet, ist für die Prüfung, ob er seiner Barunterhaltsverpflichtung gegenüber dem Kind zu mindestens 75 % nachgekommen ist, nur der Zeitraum zugrunde zu legen, für den der Elternteil zur Unterhaltsleistung verpflichtet wurde. [3]Im Übrigen kommt es nicht darauf an, ob die unbeschränkte Steuerpflicht des Kindes oder der Eltern während des ganzen Kalenderjahrs bestanden hat.

Verfahren

(4)**1** [2]Wird die Übertragung des dem anderen Elternteil zustehenden Kinderfreibetrags beantragt, weil dieser seiner Unterhaltsverpflichtung gegenüber dem Kind für das Kalenderjahr nicht im Wesentlichen nachgekommen ist oder mangels Leistungsfähigkeit nicht unterhaltspflichtig ist, muss der Antragsteller die Voraussetzungen dafür darlegen; eine Übertragung des dem anderen Elternteil zustehenden Kinderfreibetrags scheidet für Zeiträume aus, in denen Unterhaltsleistungen nach dem Unterhaltsvorschussgesetz gezahlt worden sind. [2]Dem betreuenden Elternteil ist auf Antrag der dem anderen Elternteil, in dessen Wohnung das minderjährige Kind nicht gemeldet ist, zustehende Freibetrag für den Betreuungs- und Erziehungs- oder Ausbildungsbedarf zu übertragen. [3]Die Übertragung scheidet aus, wenn der Elternteil, bei dem das Kind nicht gemeldet ist, der Übertragung widerspricht, weil er Kinderbetreuungskosten trägt (z. B., weil er als barunterhaltsverpflichteter Elternteil ganz oder teilweise für einen sich aus Kindergartenbeiträgen ergebenden Mehrbedarf des Kindes aufkommt) oder das Kind regelmäßig in einem nicht unwesentlichen Umfang betreut (z. B., wenn eine außergerichtliche Vereinbarung über einen regelmäßigen Umgang an Wochenenden und in den Ferien vorliegt). [4]Die Voraussetzungen für die Übertragung sind monatsweise zu prüfen. [5]In Zweifelsfällen ist dem anderen Elternteil Gelegenheit zu geben, sich zum Sachverhalt zu äußern (§ 91 AO). [6]In dem Kalenderjahr, in dem das Kind das 18. Lebensjahr vollendet, ist eine Übertragung des Freibetrags für Betreuungs- und Erziehungs- oder Ausbildungsbedarf nur für den Teil des Kalenderjahres möglich, in dem das Kind noch minderjährig ist. [7]Werden die Freibeträge für Kinder bei einer Veranlagung auf den Steuerpflichtigen übertragen, teilt das Finanzamt dies dem für die anderen Elternteil zuständigen Finanzamt mit. [8]Ist der andere Elternteil bereits veranlagt, ist die Änderung der Steuerfestsetzung, sofern sie nicht nach § 164 Abs. 2 Satz 1 oder § 165 Abs. 2 AO vorgenommen werden kann, nach § 175 Abs. 1 Satz 1 Nr. 2 AO durchzuführen. [9]Beantragt der andere Elternteil eine Herabsetzung der gegen ihn festgesetzten Steuer mit der Begründung, die Voraussetzungen für die Übertragung der Freibeträge für Kinder auf den Steuerpflichtigen lägen nicht vor, ist der Steuerpflichtige unter den Voraussetzungen des § 174 Abs. 4 und 5 AO zu dem Verfahren hinzuzuziehen. [10]Obsiegt der andere Elternteil, kommt die Änderung der Steuerfestsetzung beim Steuerpflichtigen nach § 174 Abs. 4 AO in Betracht. [11]Dem Finanzamt des Steuerpflichtigen ist zu diesem Zweck die getroffene Entscheidung mitzuteilen.

Amtl. Fn.:

1 Die bisher in R 32.13 Abs. 4 Satz 2 EStR 2008 enthaltene Regelung, dass die Übertragung des Kinderfreibetrags stets auch zur Übertragung des Freibetrags für den Betreuungs- und Erziehungs- oder Ausbildungsbedarf führt, gilt weiterhin (> BMF vom 28. 6. 2013 – BStBl I S. 845, Rz. 5).

Beispiele zu R 32.13 Abs. 3

A. Das Kind beendet im Juni seine Berufsausbildung und steht ab September in einem Arbeits-verhältnis. Seitdem kann es sich selbst unterhalten. Der zum Barunterhalt verpflichtete El-ternteil ist seiner Verpflichtung nur für die Zeit bis einschließlich Juni nachgekommen. Er hat seine für 8 Monate bestehende Unterhaltsverpflichtung für 6 Monate, also zu 75 % erfüllt.

B. Der Elternteil, der bisher seiner Unterhaltsverpflichtung durch Pflege und Erziehung des Kin-des voll nachgekommen ist, verzieht im August ins Ausland und leistet von da an keinen Un-terhalt mehr. Er hat seine Unterhaltsverpflichtung, bezogen auf das Kj., nicht mindestens zu 75 % erfüllt.

Beurteilungszeitraum

Bei der Beurteilung der Frage, ob ein Elternteil seiner Unterhaltsverpflichtung gegenüber einem Kind nachgekommen ist, ist nicht auf den Zeitpunkt abzustellen, in dem der Unterhalt gezahlt worden ist, sondern auf den Zeitraum, für den der Unterhalt bestimmt ist (> BFH vom 11. 12. 1992 – BStBl 1993 II S. 397).

Freistellung von der Unterhaltsverpflichtung

Stellt ein Elternteil den anderen Elternteil von der Unterhaltsverpflichtung gegenüber einem ge-meinsamen Kind gegen ein Entgelt frei, das den geschätzten Unterhaltsansprüchen des Kindes ent-spricht, so behält der freigestellte Elternteil den Anspruch auf den (halben) Kinderfreibetrag (> BFH vom 25. 1. 1996 – BStBl 1997 II S. 21).

Konkrete Unterhaltsverpflichtung

Kommt ein Elternteil seiner konkret-individuellen Unterhaltsverpflichtung nach, so ist vom Halb-teilungsgrundsatz auch dann nicht abzuweichen, wenn diese Verpflichtung im Verhältnis zum Un-terhaltsbedarf des Kindes oder zur Unterhaltszahlung des anderen Elternteils gering ist (> BFH vom 25. 7. 1997 – BStBl 1998 II S. 433).

Steuerrechtliche Folgewirkungen der Übertragung

Infolge der Übertragung der Freibeträge für Kinder können sich bei den kindbedingten Steuerent-lastungen, die vom Erhalt eines Freibetrags nach § 32 Abs. 6 EStG abhängen, Änderungen ergeben. Solche Folgeänderungen können zum Beispiel eintreten beim Entlastungsbetrag für Alleinerziehen-de (§ 24b EStG), beim Prozentsatz der zumutbaren Belastung (§ 33 Abs. 3 EStG), beim Freibetrag nach § 33a Abs. 2 EStG und bei der Übertragung des dem Kind zustehenden Behinderten- oder Hin-terbliebenen-Pauschbetrags (§ 33b Abs. 5 EStG).

Übertragung der Freibeträge für Kinder

> BMF vom 28. 6. 2013 (BStBl I S. 845)

Zu § 32a EStG

...

Auflösung einer Ehe

Ist eine Ehe, die der Steuerpflichtige im VZ des Todes des früheren Ehegatten geschlossen hat, im selben VZ wieder aufgelöst worden, so ist er für den folgenden VZ auch dann wieder nach § 32a Abs. 6 Satz 1 Nr. 1 EStG als Verwitweter zu behandeln, wenn die Ehe in anderer Weise als durch Tod aufgelöst worden ist (> BFH vom 9. 6. 1965 – BStBl III S. 590).

Dauerndes Getrenntleben im Todeszeitpunkt

Die Einkommensteuer eines verwitweten Steuerpflichtigen ist in dem VZ, der dem VZ des Todes folgt, nur dann nach dem Splittingtarif festzusetzen, wenn er und sein verstorbener Ehegatte im Zeitpunkt des Todes nicht dauernd getrennt gelebt haben (> BFH vom 27. 2. 1998 – BStBl II S. 350).

Todeserklärung eines verschollenen Ehegatten

...

Zu § 33 EStG (§ 64 EStDV)

EStR   R 33.1 Außergewöhnliche Belastungen allgemeiner Art**❶❷❸**

[1]§ 33 EStG setzt eine Belastung des Steuerpflichtigen auf Grund außergewöhnlicher und dem Grunde und der Höhe nach zwangsläufiger Aufwendungen voraus. [2]Der Steuerpflichtige ist belastet, wenn ein Ereignis in seiner persönlichen Lebenssphäre ihn zu Ausgaben zwingt, die er selbst endgültig zu tragen hat. [3]Die Belastung tritt mit der Verausgabung ein. [4]Zwangsläufigkeit dem Grunde nach wird in der Regel auf Aufwendungen·des Steuerpflichtigen für sich selbst oder für Angehörige im Sinne des § 15 AO beschränkt sein. [5]Aufwendungen für andere Personen können diese Voraussetzung nur ausnahmsweise erfüllen (sittliche Pflicht).

EStR   R 33.2 Aufwendungen für existentiell notwendige Gegenstände**❹❺**

Aufwendungen zur Wiederbeschaffung oder Schadensbeseitigung können im Rahmen des Notwendigen und Angemessenen unter folgenden Voraussetzungen als außergewöhnliche Belastung berücksichtigt werden:

Anm. d. Schriftl.:

❶ Aufwendungen für den Besuch einer Schule für Hochbegabte können als außergewöhnliche Belastungen abziehbar sein, wenn der Schulbesuch medizinisch angezeigt war (BFH-Urteil vom 12. 5. 2011, BStBl 2013 II S. 783).

❷ Die Kosten eines Zivilprozesses sind im Allgemeinen keine außergewöhnlichen Belastungen i. S. des § 33 EStG (BFH-Urteil vom 18. 6. 2015, BStBl 2015 II S. 800). Kosten im Zusammenhang mit einem Zivilprozess sind nicht als außergewöhnliche Belastung abziehbar, soweit der Prozess die Geltendmachung von Schmerzensgeldansprüchen betrifft (BFH-Urteil vom 17. 12. 2015, BStBl 2018 II S. 742).

❸ Die zugunsten des Insolvenzverwalters festgesetzte Tätigkeitsvergütung ist beim Insolvenzschuldner nicht als außergewöhnliche Belastung gem. § 33 Abs. 1 EStG zu berücksichtigen (BFH-Urteil vom 16. 12. 2021, BStBl 2022 II S. 321).

❹ Aufwendungen für die Neuanschaffung von Mobiliar können als außergewöhnliche Belastung zu berücksichtigen sein, wenn von den ausgetauschten Möbeln aufgrund einer Formaldehydemission nachweisbar eine konkrete Gesundheitsgefährdung ausgeht (BFH-Urteil vom 23. 5. 2002, BStBl 2002 II S. 592).

❺ Die tatsächliche Zwangsläufigkeit von Aufwendungen für Sanierungsarbeiten an Asbestprodukten ist nicht anhand der abstrakten Gefährlichkeit von Asbestfasern zu beurteilen; erforderlich sind zumindest konkret zu befürchtende Gesundheitsgefährdungen (BFH-Urteil vom 29. 3. 2012, BStBl 2012 II S. 570). Auf die BFH-Urteile vom 29. 3. 2012, BStBl 2012 II S. 572 (Hausschwamm), und vom 29. 3. 2012, BStBl 2012 II S. 574 (Sanierung eines Gebäudes), wird ergänzend hingewiesen.

1. Sie müssen einen existentiell notwendigen Gegenstand betreffen – dies sind Wohnung, Hausrat und Kleidung, nicht aber z. B. ein Pkw oder eine Garage.

2. Der Verlust oder die Beschädigung muss durch ein unabwendbares Ereignis wie Brand, Hochwasser, Kriegseinwirkung, Vertreibung, politische Verfolgung verursacht sein, oder von dem Gegenstand muss eine > Gesundheitsgefährdung ausgehen, die beseitigt werden muss und die nicht auf Verschulden des Steuerpflichtigen oder seines Mieters oder auf einen Baumangel zurückzuführen ist (z. B. bei Schimmelpilzbildung).

3. Dem Steuerpflichtigen müssen tatsächlich finanzielle Aufwendungen entstanden sein; ein bloßer Schadenseintritt reicht zur Annahme von Aufwendungen nicht aus.

4. Die Aufwendungen müssen ihrer Höhe nach notwendig und angemessen sein und werden nur berücksichtigt, soweit sie den Wert des Gegenstandes im Vergleich zu vorher nicht übersteigen.

5. Nur der endgültig verlorene Aufwand kann berücksichtigt werden, d. h. die Aufwendungen sind um einen etwa nach Schadenseintritt noch vorhandenen Restwert zu kürzen.

6. Der Steuerpflichtige muss glaubhaft darlegen, dass er den Schaden nicht verschuldet hat und dass realisierbare Ersatzansprüche gegen Dritte nicht bestehen.

7. Ein Abzug scheidet aus, sofern der Steuerpflichtige zumutbare Schutzmaßnahmen unterlassen oder eine allgemein zugängliche und übliche Versicherungsmöglichkeit nicht wahrgenommen hat.

8. Das schädigende Ereignis darf nicht länger als drei Jahre zurückliegen, bei Baumaßnahmen muss mit der Wiederherstellung oder Schadensbeseitigung innerhalb von drei Jahren nach dem schädigenden Ereignis begonnen worden sein.

EStR   **R 33.3 Aufwendungen wegen Pflegebedürftigkeit und erheblich eingeschränkter Alltagskompetenz**

Voraussetzungen und Nachweis

(1) ¹Zu dem begünstigten Personenkreis zählen pflegebedürftige Personen, bei denen mindestens ein Schweregrad der Pflegebedürftigkeit i. S. d. §§ 14, 15 SGB XI besteht und Personen, bei denen eine erhebliche Einschränkung der Alltagskompetenz nach § 45a SGB XI**❶** festgestellt wurde. ²Der Nachweis ist durch eine Bescheinigung (z. B. Leistungsbescheid oder -mitteilung) der sozialen Pflegekasse oder des privaten Versicherungsunternehmens, das die private Pflegepflichtversicherung durchführt, oder nach § 65 Abs. 2 EStDV zu führen. ³Pflegekosten von Personen, die nicht zu dem nach Satz 1 begünstigten Personenkreis zählen und ambulant gepflegt werden, können ohne weiteren Nachweis auch dann als außergewöhnliche Belastungen berücksichtigt werden, wenn sie von einem anerkannten Pflegedienst nach § 89 SGB XI gesondert in Rechnung gestellt worden sind.

Eigene Pflegeaufwendungen**❷**

(2) ¹Zu den Aufwendungen infolge Pflegebedürftigkeit und erheblich eingeschränkter Alltagskompetenz zählen sowohl Kosten für die Beschäftigung einer ambulanten Pflegekraft und/oder

---

Amtl. Fn.:

❶ Durch das Zweite Pflegestärkungsgesetz wird die bisher nach § 45a SGB XI a. F. festgestellte erhebliche Einschränkung der Alltagskompetenz ab 1. 1. 2017 von den §§ 14 und 15 SGB XI mit erfasst.

Anm. d. Schriftl.:

❷ Aufwendungen für die krankheitsbedingte Unterbringung in einem Alten- und Pflegeheim kommen als außergewöhnliche Belastung nur in Betracht, soweit dem Stpfl. zusätzliche Aufwendungen erwachsen (BFH-Urteil vom 4. 10. 2017, BStBl 2018 II S. 179).

die Inanspruchnahme von Pflegediensten, von Einrichtungen der Tages- oder Nachtpflege, der Kurzzeitpflege oder von nach Landesrecht anerkannten niedrigschwelligen Betreuungsangeboten als auch Aufwendungen zur Unterbringung in einem Heim. [2]Wird bei einer Heimunterbringung wegen Pflegebedürftigkeit der private Haushalt aufgelöst, ist die > Haushaltsersparnis mit dem in § 33a Abs. 1 Satz 1 EStG genannten Höchstbetrag der abziehbaren Aufwendungen anzusetzen. [3]Liegen die Voraussetzungen nur während eines Teiles des Kalenderjahres vor, sind die anteiligen Beträge anzusetzen ($^1/_{360}$ pro Tag, $^1/_{12}$ pro Monat).

Konkurrenz zu § 33a Abs. 3 EStG

(3) – unbesetzt –

Konkurrenz zu § 33b Abs. 3 EStG

(4) [1]Die Inanspruchnahme eines Pauschbetrags nach § 33b Abs. 3 EStG schließt die Berücksichtigung von Pflegeaufwendungen nach Absatz 2 im Rahmen des § 33 EStG aus. [2]Zur Berücksichtigung eigener Aufwendungen der Eltern für ein behindertes Kind[1] > R 33b Abs. 2.

Pflegeaufwendungen für Dritte[2]

(5) Hat der pflegebedürftige Dritte im Hinblick auf sein Alter oder eine etwaige Bedürftigkeit dem Steuerpflichtigen Vermögenswerte zugewendet, z. B. ein Hausgrundstück, kommt ein Abzug der Pflegeaufwendungen nur in der Höhe in Betracht, wie die Aufwendungen den Wert des hingegebenen Vermögens übersteigen.

EStR R 33.4 Aufwendungen wegen Krankheit und Behinderung sowie für Integrationsmaßnahmen

Nachweis

(1) [1]Der Nachweis von Krankheitskosten ist nach § 64 EStDV zu führen. [2]Bei Aufwendungen für eine Augen-Laser-Operation ist die Vorlage eines amtsärztlichen Attests nicht erforderlich. [3]Bei einer andauernden Erkrankung mit anhaltendem Verbrauch bestimmter Arznei-, Heil- und Hilfsmittel reicht die einmalige Vorlage einer Verordnung. [4]Wurde die Notwendigkeit einer Sehhilfe in der Vergangenheit durch einen Augenarzt festgestellt, genügt in den Folgejahren die Sehschärfenbestimmung durch einen Augenoptiker. [5]Als Nachweis der angefallenen Krankheitsaufwendungen kann auch die Vorlage der Erstattungsmitteilung der privaten Krankenversicherung oder der Beihilfebescheid einer Behörde ausreichen. [6]Diese Erleichterung entbindet den Stpfl. aber nicht von der Verpflichtung, dem Finanzamt die Zwangsläufigkeit, Notwendigkeit und Angemessenheit nicht erstatteter Aufwendungen auf Verlangen nachzuweisen. [7]Wurde die Notwendigkeit einer Kur offensichtlich im Rahmen der Bewilligung von Zuschüssen oder Beihilfen anerkannt, genügt bei Pflichtversicherten die Bescheinigung der Versicherungsanstalt und bei öffentlich Bediensteten der Beihilfebescheid.

Amtl. Fn.:

[1] Jetzt Kind mit Behinderungen.

Anm. d. Schriftl.:

[2] Aufwendungen, die einem Stpfl. für die krankheitsbedingte Unterbringung eines Angehörigen in einem Altenpflegeheim entstehen, stellen als Krankheitskosten eine außergewöhnliche Belastung i. S. des § 33 EStG dar. Abziehbar sind neben den Pflegekosten auch die Kosten, die auf die Unterbringung und Verpflegung entfallen, soweit es sich hierbei um gegenüber der normalen Lebensführung entstehende Mehrkosten handelt (BFH-Urteil vom 30. 6. 2011, BStBl 2012 II S. 876).

Privatschulbesuch

(2) [1]Ist ein Kind ausschließlich wegen einer Behinderung im Interesse einer angemessenen Berufsausbildung auf den Besuch einer Privatschule (Sonderschule oder allgemeine Schule in privater Trägerschaft) mit individueller Förderung angewiesen, weil eine geeignete öffentliche Schule oder eine den schulgeldfreien Besuch ermöglichende geeignete Privatschule nicht zur Verfügung steht oder nicht in zumutbarer Weise erreichbar ist, ist das Schulgeld dem Grunde nach als außergewöhnliche Belastung nach § 33 EStG – neben einem auf den Stpfl. übertragbaren Pauschbetrag für behinderte Menschen – zu berücksichtigen. [2]Der Nachweis, dass der Besuch der Privatschule erforderlich ist, muss durch eine Bestätigung der zuständigen obersten Landeskultusbehörde oder der von ihr bestimmten Stelle geführt werden.

Kur

(3) [1]Kosten für Kuren im Ausland sind in der Regel nur bis zur Höhe der Aufwendungen anzuerkennen, die in einem dem Heilzweck entsprechenden inländischen Kurort entstehen würden. [2]Verpflegungsmehraufwendungen anlässlich einer Kur können nur in tatsächlicher Höhe nach Abzug der Haushaltsersparnis von $1/5$ der Aufwendungen berücksichtigt werden.

Aufwendungen behinderter Menschen[1] für Verkehrsmittel

(4) – nicht abgedruckt –[2]

Behinderungsbedingte Baukosten

(5) [1]Um- oder Neubaukosten eines Hauses oder einer Wohnung können im VZ des Abflusses eine außergewöhnliche Belastung darstellen, soweit die Baumaßnahme durch die Behinderung bedingt ist. [2]Eine Verteilung auf mehrere VZ ist nicht zulässig. [3]Für den Nachweis der Zwangsläufigkeit der Aufwendungen ist die Vorlage folgender Unterlagen ausreichend:

– der Bescheid eines gesetzlichen Trägers der Sozialversicherung oder der Sozialleistungen über die Bewilligung eines pflege- bzw. behinderungsbedingten Zuschusses (z. B. zur Verbesserung des individuellen Wohnumfeldes nach § 40 Abs. 4 SGB XI) oder

– das Gutachten des Medizinischen Dienstes der Krankenversicherung (MDK), des Sozialmedizinischen Dienstes (SMD) oder der Medicproof Gesellschaft für Medizinische Gutachten mbH.

Aufwendungen für Deutsch- und Integrationskurse

(6) [1]Aufwendungen für den Besuch von Sprachkursen, in denen Deutsch gelehrt wird, sind nicht als außergewöhnliche Belastungen abziehbar. [2]Gleiches gilt für Integrationskurse, es sei denn, der Stpfl. weist durch Vorlage einer Bestätigung der Teilnahmeberechtigung nach § 6 Abs. 1 Satz 1 und 3 der Verordnung über die Durchführung von Integrationskursen für Ausländer und Spätaussiedler nach, dass die Teilnahme am Integrationskurs verpflichtend war und damit aus rechtlichen Gründen zwangsläufig erfolgte.

Amtl. Fn.:

[1] Jetzt Menschen mit Behinderungen.

[2] Für VZ ab 2021 > § 33 Abs. 2a.

Hinweise   **EStH**   **H 33.1–33.4**

Abkürzung des Zahlungsweges

Bei den außergewöhnlichen Belastungen kommt der Abzug von Aufwendungen eines Dritten auch unter dem Gesichtspunkt der Abkürzung des Vertragswegs nicht in Betracht (> BMF vom 7. 7. 2008 – BStBl I S. 717).

Adoption

Aufwendungen im Zusammenhang mit einer Adoption sind nicht zwangsläufig (> BFH vom 10. 3. 2015 – BStBl II S. 695).

Asbestbeseitigung

– *Die tatsächliche Zwangsläufigkeit von Aufwendungen zur Beseitigung von Asbest ist nicht anhand der abstrakten Gefährlichkeit von Asbestfasern zu beurteilen; erforderlich sind zumindest konkret zu befürchtende Gesundheitsgefährdungen. Denn die Notwendigkeit einer Asbestsanierung hängt wesentlich von der verwendeten Asbestart und den baulichen Gegebenheiten ab (> BFH vom 29. 3. 2012 – BStBl II S. 570).*

– *> Gesundheitsgefährdung*

Asyl

...

Außergewöhnlich

Außergewöhnlich sind Aufwendungen, wenn sie nicht nur der Höhe, sondern auch ihrer Art und dem Grunde nach außerhalb des Üblichen liegen und insofern nur einer Minderheit entstehen. Die typischen Aufwendungen der Lebensführung sind aus dem Anwendungsbereich des § 33 EStG ungeachtet ihrer Höhe im Einzelfall ausgeschlossen (> BFH vom 29. 9. 1989 – BStBl 1990 II S. 418, vom 19. 5. 1995 – BStBl II S. 774, vom 22. 10. 1996 – BStBl 1997 II S. 558 und vom 12. 11. 1996 – BStBl 1997 II S. 387).

Aussteuer

Aufwendungen für die Aussteuer einer heiratenden Tochter sind regelmäßig nicht als zwangsläufig anzusehen. Dies gilt auch dann, wenn die Eltern ihrer Tochter keine Berufsausbildung gewährt haben (> BFH vom 3. 6. 1987 – BStBl II S. 779).

Begleitperson

...

Behindertengerechte Ausstattung

– *Mehraufwendungen für die notwendige behindertengerechte Gestaltung des individuellen Wohnumfelds sind außergewöhnliche Belastungen. Sie stehen so stark unter dem Gebot der sich aus der Situation ergebenden Zwangsläufigkeit, dass die Erlangung eines etwaigen Gegenwerts regelmäßig in den Hintergrund tritt. Es ist nicht erforderlich, dass die Behinderung auf einem nicht vorhersehbaren Ereignis beruht und deshalb ein schnelles Handeln des Stpfl. oder seiner Angehörigen geboten ist. Auch die Frage nach zumutbaren Handlungsalternativen stellt sich in solchen Fällen nicht (> BFH vom 24. 2. 2011 – BStBl II S. 1012).*

– *Behinderungsbedingte Umbaukosten einer Motoryacht sind keine außergewöhnlichen Belastungen (> BFH vom 2. 6. 2015 – BStBl II S. 775).*

– *R 33.4 Abs. 5*

Bestattungskosten

Bestattungskosten eines nahen Angehörigen sind regelmäßig als außergewöhnliche Belastung zu berücksichtigen, soweit sie nicht aus dem Nachlass bestritten werden können und auch nicht durch Ersatzleistungen gedeckt sind (> BFH vom 24. 7. 1987 – BStBl II S. 715, vom 4. 4. 1989 – BStBl II S. 779 und vom 21. 2. 2018 – BStBl II S. 469). Leistungen aus einer Sterbegeldversicherung oder aus einer Lebensversicherung, die dem Steuerpflichtigen anlässlich des Todes eines nahen Angehörigen außerhalb des Nachlasses zufließen, sind auf die als außergewöhnliche Belastung anzuerkennenden Kosten anzurechnen (> BFH vom 19. 10. 1990 – BStBl 1991 II S. 140 und vom 22. 2. 1996 – BStBl II S. 413).

Zu den außergewöhnlichen Belastungen gehören nur solche Aufwendungen, die unmittelbar mit der eigentlichen Bestattung zusammenhängen. Nur mittelbar mit einer Bestattung zusammenhängende Kosten werden mangels Zwangsläufigkeit nicht als außergewöhnliche Belastung anerkannt. Zu diesen mittelbaren Kosten gehören z. B.:

- Aufwendungen für die Bewirtung von Trauergästen (> BFH vom 17. 9. 1987 – BStBl 1988 II S. 130),
- Aufwendungen für die Trauerkleidung (> BFH vom 12. 8. 1966 – BStBl 1967 III S. 364),
- Reisekosten für die Teilnahme an einer Bestattung eines nahen Angehörigen (> BFH vom 17. 6. 1994 – BStBl II S. 754).

...

Darlehen

- Werden die Ausgaben über Darlehen finanziert, tritt die Belastung bereits im Zeitpunkt der Verausgabung ein (> BFH vom 10. 6. 1988 – BStBl II S. 814).
- > Verausgabung

Diätverpflegung

- Aufwendungen, die durch Diätverpflegung entstehen, sind von der Berücksichtigung als außergewöhnliche Belastung auch dann ausgeschlossen, wenn die Diätverpflegung an die Stelle einer sonst erforderlichen medikamentösen Behandlung tritt (> BFH vom 21. 6. 2007 – BStBl II S. 880).
- ...

...

Ersatz von dritter Seite

Ersatz und Unterstützungen von dritter Seite zum Ausgleich der Belastung sind von den berücksichtigungsfähigen Aufwendungen abzusetzen, es sei denn, die vertragsgemäße Erstattung führt zu steuerpflichtigen Einnahmen beim Steuerpflichtigen (> BFH vom 14. 3. 1975 – BStBl II S. 632 und erst vom 6. 5. 1994 – BStBl 1995 II S. 104). Die Ersatzleistungen sind auch dann abzusetzen, wenn sie erst in einem späteren Kj. gezahlt werden, der Steuerpflichtige aber bereits in dem Kj., in dem die Belastung eingetreten ist, mit der Zahlung rechnen konnte (> BFH vom 21. 8. 1974 – BStBl 1975 II S. 14). Werden Ersatzansprüche gegen Dritte nicht geltend gemacht, entfällt die Zwangsläufigkeit, wobei die Zumutbarkeit Umfang und Intensität der erforderlichen Rechtsverfolgung bestimmt (> BFH vom 20. 9. 1991 – BStBl 1992 II S. 137 und vom 18. 6. 1997 – BStBl II S. 805). Der Verzicht auf die Inanspruchnahme von staatlichen Transferleistungen (z. B. Eingliederungshilfe nach § 35a SGB VIII) steht dem Abzug von Krankheitskosten als außergewöhnliche Belastungen nicht entgegen (> BFH vom 11. 11. 2010 – BStBl 2011 II S. 969). Der Abzug von Aufwendungen nach § 33 EStG ist ferner ausgeschlossen, wenn der Steuerpflichtige eine allgemein zugängliche und übliche Versicherungsmöglichkeit nicht wahrgenommen hat (> BFH vom 6. 5. 1994 – BStBl 1995 II S. 104). Dies gilt auch, wenn lebensnotwendige Vermögensgegenstände, wie Hausrat und Kleidung wiederbeschafft werden müssen (> BFH vom 26. 6. 2003 – BStBl 2004 II S. 47).

– Hausratversicherung

Anzurechnende Leistungen aus einer Hausratversicherung sind nicht aufzuteilen in einen Betrag, der auf allgemein notwendigen und angemessenen Hausrat entfällt, und in einen solchen, der die Wiederbeschaffung von Gegenständen und Kleidungsstücken gehobenen Anspruchs ermöglichen soll (> BFH vom 30. 6. 1999 – BStBl II S. 766).

– Krankenhaustagegeldversicherungen

Bis zur Höhe der durch einen Krankenhausaufenthalt verursachten Kosten sind die Leistungen abzusetzen, nicht aber Leistungen aus einer Krankentagegeldversicherung (> BFH vom 22. 10. 1971 – BStBl 1972 II S. 177).

– Private Pflegezusatzversicherung

Das aus einer privaten Pflegezusatzversicherung bezogene Pflege(tage)geld mindert die abziehbaren Pflegekosten (> BFH vom 14. 4. 2011 – BStBl II S. 701).

Existenzgrundlage

Unter die Existenzgrundlage i. S. d. § 33 Abs. 2 Satz 4 EStG ist nur die rein materielle Lebensgrundlage des Steuerpflichtigen zu verstehen (> BFH vom 18. 5. 2017 – BStBl II S. 988 und vom 13. 8. 2020 – BStBl 2021 II S. 83 und 86).

Fahrtkosten, allgemein

– Unumgängliche Fahrtkosten, die dem Grunde nach als außergewöhnliche Belastung zu berücksichtigen sind, sind bei Benutzung eines Pkw nur in Höhe der Kosten für die Benutzung eines öffentlichen Verkehrsmittels abziehbar, es sei denn, es bestand keine zumutbare öffentliche Verkehrsverbindung (> BFH vom 3. 12. 1998 – BStBl 1999 II S. 227).

– > Familienheimfahrten

– > Kur

– > Mittagsheimfahrt

– > Pflegeaufwendungen für Dritte

– > Zwischenheimfahrten

Familienheimfahrten

Aufwendungen verheirateter Wehrpflichtiger für Familienheimfahrten sind keine außergewöhnliche Belastung (> BFH vom 5. 12. 1969 – BStBl 1970 II S. 210).

...

Gegenwert

– Die Erlangung eines Gegenwerts schließt insoweit die Belastung des Steuerpflichtigen aus. Ein Gegenwert liegt vor, wenn der betreffende Gegenstand oder die bestellte Leistung eine gewisse Marktfähigkeit besitzen, die in einem bestimmten Verkehrswert zum Ausdruck kommt (> BFH vom 4. 3. 1983 – BStBl II S. 378 und vom 29. 11. 1991 – BStBl 1992 II S. 290). Bei der Beseitigung eingetretener Schäden an einem Vermögensgegenstand, der für den Steuerpflichtigen von existenziell wichtiger Bedeutung ist, ergibt sich ein Gegenwert nur hinsichtlich von Wertverbesserungen, nicht jedoch hinsichtlich des verlorenen Aufwandes (> BFH vom 6. 5. 1994 – BStBl 1995 II S. 104).

– > Gesundheitsgefährdung

– > Behindertengerechte Ausstattung

Gesundheitsgefährdung

- *Geht von einem Gegenstand des existenznotwendigen Bedarfs eine konkrete Gesundheitsgefährdung aus, die beseitigt werden muss (z. B. asbesthaltige Außenfassade des Hauses, Formaldehydemission von Möbeln), sind die Sanierungskosten und die Kosten für eine ordnungsgemäße Entsorgung des Schadstoffs aus tatsächlichen Gründen zwangsläufig entstanden. Die Sanierung muss im Zeitpunkt ihrer Durchführung unerlässlich sein (> BFH vom 9. 8. 2001 – BStBl 2002 II S. 240 und vom 23. 5. 2002 – BStBl II S. 592). Der Stpfl. ist verpflichtet, die medizinische Indikation der Maßnahmen nachzuweisen. Eines amts- oder vertrauensärztlichen Gutachtens bedarf es hierzu nicht (> BFH vom 11. 11. 2010 – BStBl 2011 II S. 966).*

- *Tauscht der Stpfl. gesundheitsgefährdende Gegenstände des existenznotwendigen Bedarfs aus, steht die Gegenwertlehre dem Abzug der Aufwendungen nicht entgegen. Der sich aus der Erneuerung ergebende Vorteil ist jedoch anzurechnen („Neu für Alt") (> BFH vom 11. 11. 2010 – BStBl 2011 II S. 966).*

- *Sind die von einem Gegenstand des existenznotwendigen Bedarfs ausgehenden konkreten Gesundheitsgefährdungen auf einen Dritten zurückzuführen und unterlässt der Stpfl. die Durchsetzung realisierbarer zivilrechtlicher Abwehransprüche, sind die Aufwendungen zur Beseitigung konkreter Gesundheitsgefährdungen nicht abziehbar (> BFH vom 29. 3. 2012 – BStBl II S. 570).*

- *> Mietzahlungen*

Gutachter

Ergibt sich aus Gutachten die Zwangsläufigkeit von Aufwendungen gem. § 33 Abs. 2 EStG, können auch die Aufwendungen für das Gutachten berücksichtigt werden (> BFH vom 23. 5. 2002 – BStBl II S. 592).

Haushaltsersparnis

- *Aufwendungen für die krankheits- oder pflegebedingte Unterbringung in einem Alten- oder Pflegeheim sind um eine Haushaltsersparnis, die der Höhe nach den ersparten Verpflegungs- und Unterbringungskosten entspricht, zu kürzen, es sein denn, der Pflegebedürftige behält seinen normalen Haushalt bei. Die Haushaltsersparnis des Stpfl. ist entsprechend dem in § 33a Abs. 1 EStG vorgesehenen Höchstbetrag für den Unterhalt unterhaltsbedürftiger Personen anzusetzen > R 33.3 Abs. 2 Satz 2 (> BFH vom 15. 4. 2010 – BStBl II S. 794 und vom 4. 10. 2017 – BStBl 2018 II S. 179).*

- *Sind beide Ehegatten krankheits- oder pflegebedingt in einem Alten- und Pflegeheim untergebracht, ist für jeden der Ehegatten eine Haushaltsersparnis anzusetzen (> BFH vom 4. 10. 2017 – BStBl 2018 II S. 179).*

- *Kosten der Unterbringung in einem Krankenhaus können regelmäßig ohne Kürzung um eine Haushaltsersparnis als außergewöhnliche Belastung anerkannt werden (> BFH vom 22. 6. 1979 – BStBl II S. 646).*

Heileurythmie

...

Heimunterbringung

...

Kapitalabfindung von Unterhaltsansprüchen

Der Abzug einer vergleichsweise vereinbarten Kapitalabfindung zur Abgeltung sämtlicher möglicherweise in der Vergangenheit entstandener und künftiger Unterhaltsansprüche eines geschiedenen Ehegatten scheidet in aller Regel wegen fehlender Zwangsläufigkeit aus (> BFH vom 26. 2. 1998, BStBl II S. 605).

EStR

Krankenhaustagegeldversicherung

Die Leistungen sind von den berücksichtigungsfähigen Aufwendungen abzusetzen (> BFH vom 22. 10. 1971 – BStBl 1972 II S. 177).

Krankentagegeldversicherung

Die Leistungen sind – im Gegensatz zu Leistungen aus einer Krankenhaustagegeldversicherung – kein Ersatz für Krankenhauskosten (> BFH vom 22. 10. 1971 – BStBl 1972 II S. 177).

Krankenversicherungsbeiträge

– *Da Krankenversicherungsbeiträge ihrer Art nach Sonderausgaben sind, können sie auch bei an sich beihilfeberechtigten Angehörigen des öffentlichen Dienstes nicht als außergewöhnliche Belastung berücksichtigt werden, wenn der Steuerpflichtige wegen seines von Kindheit an bestehenden Leidens keine Aufnahme in eine private Krankenversicherung gefunden hat (> BFH vom 29. 11. 1991 – BStBl 1992 II S. 293).*

– *Der Abzug der nicht als Sonderausgaben abziehbaren Krankenversicherungsbeiträge als außergewöhnliche Belastung scheidet aus (> BFH vom 29. 11. 2017 – BStBl 2018 II S. 230).*

Krankheitskosten

– *einschließlich Zuzahlungen sind außergewöhnliche Belastungen. Es ist verfassungsrechtlich nicht geboten, bei der einkommensteuerrechtlichen Berücksichtigung dieser Aufwendungen auf den Ansatz der zumutbaren Belastung zu verzichten (> BFH vom 2. 9. 2015 – BStBl 2016 II S. 151 und vom 21. 2. 2018 – BStBl II S. 469).*

– *für Unterhaltsberechtigte*

  Für einen Unterhaltsberechtigten aufgewendete Krankheitskosten können beim Unterhaltspflichtigen i. d. R. nur insoweit als außergewöhnliche Belastung anerkannt werden, als der Unterhaltsberechtigte nicht in der Lage ist, die Krankheitskosten selbst zu tragen (> BFH vom 11. 7. 1990 – BStBl 1991 II S. 62). Ein schwerbehindertes Kind, das angesichts der Schwere und der Dauer seiner Erkrankung seinen Grundbedarf und behinderungsbedingten Mehrbedarf nicht selbst zu decken in der Lage ist und bei dem ungewiss ist, ob sein Unterhaltsbedarf im Alter durch Leistungen Unterhaltspflichtiger gedeckt werden kann, darf jedoch zur Altersvorsorge maßvoll Vermögen bilden. Die das eigene Vermögen des Unterhaltsempfängers betreffende Bestimmung des § 33a Abs. 1 Satz 4 EStG kommt im Rahmen des § 33 EStG nicht zur Anwendung (> BFH vom 11. 2. 2010 – BStBl II S. 621).

Künstliche Befruchtung wegen Krankheit

– *Aufwendungen für eine künstliche Befruchtung, die einem Ehepaar zu einem gemeinsamen Kind verhelfen soll, das wegen Empfängnisunfähigkeit der Ehefrau sonst von ihrem Ehemann nicht gezeugt werden könnte (homologe künstliche Befruchtung), können außergewöhnliche Belastungen sein (> BFH vom 18. 6. 1997 – BStBl II S. 805). Dies gilt auch für ein nicht verheiratetes Paar, wenn die Richtlinien der ärztlichen Berufsordnungen beachtet werden, insbesondere eine fest gefügte Partnerschaft vorliegt und der Mann die Vaterschaft anerkennen wird (> BFH vom 10. 5. 2007 – BStBl II S. 871).*

– *Aufwendungen eines Ehepaares für eine medizinisch angezeigte künstliche Befruchtung mit dem Samen eines Dritten (heterologe künstliche Befruchtung) sind als Krankheitskosten zu beurteilen und damit als außergewöhnliche Belastung zu berücksichtigen (> BFH vom 16. 12. 2010 – BStBl 2011 II S. 414).*

– *Aufwendungen einer unfruchtbaren Frau für eine heterologe künstliche Befruchtung (d. h. durch Samenspende) durch Invitro-Fertilisation im Ausland sind als außergewöhnliche Belas-*

tung auch dann zu berücksichtigen, wenn die Frau in einer gleichgeschlechtlichen Partnerschaft lebt (> BFH vom 5.10.2017 – BStBl 2018 II S. 350).

– *Aufwendungen für eine künstliche Befruchtung nach vorangegangener freiwilliger Sterilisation sind keine außergewöhnlichen Belastungen (> BFH vom 3.3.2005 – BStBl II S. 566).*

– *Aufwendungen für eine künstliche Befruchtung im Ausland können als außergewöhnliche Belastung abgezogen werden, wenn die Behandlung nach inländischen Maßstäben mit dem Embryonenschutzgesetz oder anderen Gesetzen vereinbar ist (> BFH vom 17.5.2017 – BStBl 2018 II S. 344).*

Kur

Kosten für eine Kurreise können als außergewöhnliche Belastung nur berücksichtigt werden, wenn sie zur Heilung oder Linderung einer Krankheit nachweislich notwendig ist und eine andere Behandlung nicht oder kaum Erfolg versprechend erscheint (> BFH vom 12.6.1991 – BStBl II S. 763).

– **Erholungsurlaub/Abgrenzung zur Heilkur**

   Im Regelfall ist zur Abgrenzung einer Heilkur vom Erholungsurlaub ärztliche Überwachung zu fordern. Gegen die Annahme einer Heilkur kann auch die Unterbringung in einem Hotel oder Privatquartier anstatt in einem Sanatorium und die Vermittlung durch ein Reisebüro sprechen (> BFH vom 12.6.1991 – BStBl II S. 763).

– **Fahrtkosten**

   Als Fahrtkosten zum Kurort sind i.d.R. die Kosten der öffentlichen Verkehrsmittel anzusetzen (> BFH vom 12.6.1991 – BStBl II S. 763). Die eigenen Kfz-Kosten können nur ausnahmsweise berücksichtigt werden, wenn besondere persönliche Verhältnisse dies erfordern (> BFH vom 30.6.1967 – BStBl III S. 655).

   Aufwendungen für Besuchsfahrten zu in Kur befindlichen Angehörigen sind keine außergewöhnliche Belastung (> BFH vom 16.5.1975 – BStBl II S. 536).

– **Nachkur**

   Nachkuren in einem typischen Erholungsort sind auch dann nicht abziehbar, wenn sie ärztlich verordnet sind; dies gilt erst recht, wenn die Nachkur nicht unter einer ständigen ärztlichen Aufsicht in einer besonderen Kranken- oder Genesungsanstalt durchgeführt wird (> BFH vom 4.10.1968 – BStBl 1969 II S. 179).

Medizinisch erforderliche auswärtige Unterbringung eines Kindes

Für den Begriff der „Behinderung" i.S.d. § 64 Abs. 1 Nr. 2 Satz 1 Buchst. c EStDV ist auf § 2 Abs. 1 SGB IX abzustellen. Danach sind Menschen behindert, wenn ihre körperliche Funktion, geistige Fähigkeit oder seelische Gesundheit mit hoher Wahrscheinlichkeit länger als sechs Monate von dem für das Lebensalter typischen Zustand abweichen und daher ihre Teilhabe am Leben in der Gesellschaft beeinträchtigt ist (> BFH vom 18.6.2015 – BStBl 2016 II S. 40).

Medizinische Fachliteratur

Aufwendungen eines Steuerpflichtigen für medizinische Fachliteratur sind auch dann nicht als außergewöhnliche Belastungen zu berücksichtigen, wenn die Literatur dazu dient, die Entscheidung für eine bestimmte Therapie oder für die Behandlung durch einen bestimmten Arzt zu treffen (> BFH vom 6.4.1990 – BStBl II S. 958, BFH vom 24.10.1995 – BStBl 1996 II S. 88).

Medizinische Hilfsmittel als Gebrauchsgegenstände des täglichen Lebens

Gebrauchsgegenstände des täglichen Lebens i.S.v. § 33 Abs. 1 SGB V sind nur solche technischen Hilfen, die getragen oder mit sich geführt werden können, um sich im jeweiligen Umfeld zu bewegen, zurechtzufinden und die elementaren Grundbedürfnisse des täglichen Lebens zu befriedigen. Ein Nachweis nach § 64 Abs. 1 Nr. 2 Satz 1 Buchst. e EStDV kann nur gefordert werden, wenn ein medizinisches Hilfsmittel diese Merkmale erfüllt. Ein Treppenlift erfüllt nicht die Anforderungen dieser Legaldefinition eines medizinischen Hilfsmittels, so dass die Zwangsläufigkeit von Aufwendungen für den Einbau eines Treppenlifts nicht formalisiert nachzuweisen ist (> BFH vom 6. 2. 2014 – BStBl II S. 458).

Mietzahlungen

Mietzahlungen für eine ersatzweise angemietete Wohnung können als außergewöhnliche Belastung zu berücksichtigen sein, wenn eine Nutzung der bisherigen eigenen Wohnung wegen Einsturzgefahr amtlich untersagt ist. Dies gilt jedoch nur bis zur Wiederherstellung der Bewohnbarkeit oder bis zu dem Zeitpunkt, in dem der Stpfl. die Kenntnis erlangt, dass eine Wiederherstellung der Bewohnbarkeit nicht mehr möglich ist (> BFH vom 21. 4. 2010 – BStBl II S. 965).

Mittagsheimfahrt

Aufwendungen für Mittagsheimfahrten stellen keine außergewöhnliche Belastung dar, auch wenn die Fahrten wegen des Gesundheitszustands oder einer Behinderung des Steuerpflichtigen angebracht oder erforderlich sind (> BFH vom 4. 7. 1975 – BStBl II S. 738).

Nachweis der Zwangsläufigkeit von krankheitsbedingten Aufwendungen

– *Die in § 64 EStDV vorgesehenen Nachweise können nicht durch andere Unterlagen ersetzt werden (> BFH vom 15. 1. 2015 – BStBl II S. 586)*
– *Gegen die in § 64 Abs. 1 EStDV geregelten Nachweiserfordernisse bestehen keine verfassungsrechtlichen Bedenken (> BFH vom 21. 2. 2018 – BStBl II S. 469).*

Neben den Pauschbeträgen für Menschen mit Behinderungen zu berücksichtigende Aufwendungen

> H 33b

Pflegeaufwendungen

– *Ob die Pflegebedürftigkeit bereits vor Beginn des Heimaufenthalts oder erst später eingetreten ist, ist ohne Bedeutung (> BMF vom 20. 1. 2003 – BStBl I S. 89).*
– *Aufwendungen wegen Pflegebedürftigkeit sind nur insoweit zu berücksichtigen, als die Pflegekosten die Leistungen der Pflegepflichtversicherung und das aus einer ergänzenden Pflegekrankenversicherung bezogene Pflege(tage)geld übersteigen (> BFH vom 14. 4. 2011 – BStBl II S. 701).*

Pflegeaufwendungen für Dritte

Pflegeaufwendungen (z. B. Kosten für die Unterbringung in einem Pflegeheim), die dem Steuerpflichtigen infolge der Pflegebedürftigkeit einer Person erwachsen, der gegenüber der Steuerpflichtige zum Unterhalt verpflichtet ist (z. B. seine Eltern oder Kinder), können i. d. R. als außergewöhnliche Belastungen abgezogen werden, sofern die tatsächlich angefallenen Pflegekosten von den reinen Unterbringungskosten abgegrenzt werden können (> BFH vom 12. 11. 1996 – BStBl 1997 II S. 387). Zur Berücksichtigung von besonderem Unterhaltsbedarf einer unterhaltenen Person (z. B. wegen Pflegebedürftigkeit) neben typischen Unterhaltsaufwendungen > BMF vom 2. 12. 2002 (BStBl I S. 1389). Aufwendungen, die einem Steuerpflichtigen für die krankheitsbedingte Unterbringung eines Angehörigen in einem Heim entstehen, stellen als Krankheitskosten eine außergewöhnliche Belastung im Sinne des § 33 EStG dar (> BFH vom 30. 6. 2011 – BStBl 2012 II S. 876). Ob die Pflegebedürftigkeit bereits vor Beginn des Heimaufenthalts oder erst später eingetreten ist, ist ohne Bedeutung (> BMF vom 20. 1. 2003 – BStBl I S. 89). Abziehbar sind neben den Pflegekosten auch die im Vergleich zu den Kosten der normalen Haushaltsführung entstandenen Mehrkosten für Unterbringung und Verpflegung (> BFH vom 30. 6. 2011 – BStBl 2012 II S. 876).

– **Fahrtkosten**

Aufwendungen für Fahrten, um einen kranken Angehörigen, der im eigenen Haushalt lebt, zu betreuen und zu versorgen, können unter besonderen Umständen außergewöhnliche Belastungen sein. Die Fahrten dürfen nicht lediglich der allgemeinen Pflege verwandtschaftlicher Beziehungen dienen (> BFH vom 6. 4. 1990 – BStBl II S. 958 und vom 22. 10. 1996 – BStBl 1997 II S. 558).

– **Übertragung des gesamten sicheren Vermögens**

– *> R 33.3 Abs. 5*

– *Aufwendungen für die Unterbringung und Pflege eines bedürftigen Angehörigen sind nicht als außergewöhnliche Belastung zu berücksichtigen, soweit der Steuerpflichtige von dem Angehörigen dessen gesamtes sicheres Vermögen in einem Zeitpunkt übernommen hat, als dieser sich bereits im Rentenalter befand (> BFH vom 12. 11. 1996 – BStBl 1997 II S. 387).*

– **Zwangsläufigkeit bei persönlicher Pflege**

Aufwendungen, die durch die persönliche Pflege eines nahen Angehörigen entstehen, sind nur dann außergewöhnliche Belastungen, wenn die Übernahme der Pflege unter Berücksichtigung der näheren Umstände des Einzelfalls aus rechtlichen oder sittlichen Gründen im Sinne des § 33 Abs. 2 EStG zwangsläufig ist. Allein das Bestehen eines nahen Verwandtschaftsverhältnisses reicht für die Anwendung des § 33 EStG nicht aus. Bei der erforderlichen Gesamtbewertung der Umstände des Einzelfalls sind u. a. der Umfang der erforderlichen Pflegeleistungen und die Höhe der für den Steuerpflichtigen entstehenden Aufwendungen zu berücksichtigen (> BFH vom 22. 10. 1996 – BStBl 1997 II S. 558).

Prozesskosten

Unter das Abzugsverbot gem. § 33 Abs. 2 Satz 4 fallen Prozesskosten

– *anlässlich eines Umgangsrechtsstreits und der Rückführung des Kindes aus dem Ausland zurück nach Deutschland (> BFH vom 13. 8. 2020 – BStBl 2021 II S. 83),*

– *eines Scheidungsverfahrens (> BFH vom 18. 5. 2017 – BStBl II S. 988),*

– *für die Führung eines Rechtsstreits eines Dritten, z. B. eines Angehörigen (> BFH vom 10. 8. 2022 – BStBl II S. 766).*

Rechtliche Pflicht

– *Zahlungen in Erfüllung rechtsgeschäftlicher Verpflichtungen erwachsen regelmäßig nicht zwangsläufig. Unter rechtliche Gründe i. S. v. § 33 Abs. 2 EStG fallen danach nur solche rechtlichen Verpflichtungen, die der Steuerpflichtige nicht selbst gesetzt hat (> BFH vom 18. 7. 1986 – BStBl II S. 745 und vom 19. 5. 1995 – BStBl II S. 774).*

– *> Kapitalabfindung von Unterhaltsansprüchen*

Rentenversicherungsbeiträge

> Sittliche Pflicht

Sanierung eines selbst genutzten Gebäudes

– *Aufwendungen für die Sanierung eines selbst genutzten Wohngebäudes, nicht aber die Kosten für übliche Instandsetzungs- und Modernisierungsmaßnahmen oder die Beseitigung von Baumängeln, können als außergewöhnliche Belastung abzugsfähig sein, wenn*

– *durch die Baumaßnahmen konkrete Gesundheitsgefährdungen abgewehrt werden z. B. bei einem asbestgedeckten Dach (> BFH vom 29. 3. 2012 – BStBl II S. 570) > aber Asbestbeseitigung*

- *unausweichliche Schäden beseitigt werden, weil eine konkrete und unmittelbar bevorstehende Unbewohnbarkeit des Gebäudes droht und daraus eine aufwändige Sanierung folgt z. B. bei Befall eines Gebäudes mit Echtem Hausschwamm (> BFH vom 29. 3. 2012 – BStBl II S. 572)*
- *vom Gebäude ausgehende unzumutbare Beeinträchtigungen behoben werden z. B. Geruchsbelästigungen (> BFH vom 29. 3. 2012 – BStBl II S. 574)*

Der Grund für die Sanierung darf weder beim Erwerb des Grundstücks erkennbar gewesen noch vom Grundstückseigentümer verschuldet worden sein. Auch muss der Stpfl. realisierbare Ersatzansprüche gegen Dritte verfolgen, bevor er seine Aufwendungen steuerlich geltend machen kann und er muss sich den aus der Erneuerung ergebenden Vorteil anrechnen lassen („Neu für Alt"). Die Zwangsläufigkeit der Aufwendungen ist anhand objektiver Kriterien nachzuweisen.

- *> Gesundheitsgefährdung*

Schadensersatzleistungen

Schadensersatzleistungen können zwangsläufig sein, wenn der Steuerpflichtige bei der Schädigung nicht vorsätzlich oder grob fahrlässig gehandelt hat (> BFH vom 3. 6. 1982 – BStBl II S. 749).

Scheidungskosten

> Prozesskosten

Schulbesuch

- *Aufwendungen für den Privatschulbesuch eines Kindes werden durch die Vorschriften des Familienleistungsausgleichs und § 33a Abs. 2 EStG abgegolten und können daher i. d. R. nur dann außergewöhnliche Belastungen sein, wenn es sich bei diesen Aufwendungen um unmittelbare Krankheitskosten handelt (> BFH vom 17. 4. 1997 – BStBl II S. 752).*
- *Außergewöhnliche Belastungen liegen nicht vor, wenn ein Kind ausländischer Eltern, die sich nur vorübergehend im Inland aufhalten, eine fremdsprachliche Schule besucht (> BFH vom 23. 11. 2000 – BStBl 2001 II S. 132).*
- *Aufwendungen für den Besuch einer Schule für Hochbegabte können außergewöhnliche Belastungen sein, wenn dies medizinisch angezeigt ist und es sich hierbei um unmittelbare Krankheitskosten handelt. Dies gilt auch für die Kosten einer auswärtigen der Krankheit geschuldeten Internatsunterbringung, selbst wenn diese zugleich der schulischen Ausbildung dient. Ein zusätzlicher Freibetrag nach § 33a Abs. 2 EStG kann nicht gewährt werden (> BFH vom 12. 5. 2011 – BStBl II S. 783).*
- *> H 33a.2 (Auswärtige Unterbringung)*

Sittliche Pflicht

- *Eine die Zwangsläufigkeit von Aufwendungen begründende sittliche Pflicht ist nur dann zu bejahen, wenn diese so unabdingbar auftritt, dass sie ähnlich einer Rechtspflicht von außen her als eine Forderung oder zumindest Erwartung der Gesellschaft derart auf den Steuerpflichtigen einwirkt, dass ihre Erfüllung als eine selbstverständliche Handlung erwartet und die Missachtung dieser Erwartung als moralisch anstößig empfunden wird, wenn das Unterlassen der Aufwendungen also Sanktionen im sittlich-moralischen Bereich oder auf gesellschaftlicher Ebene zur Folge haben kann (> BFH vom 27. 10. 1989 – BStBl 1990 II S. 294 und vom 22. 10. 1996 – BStBl 1997 II S. 558). Die sittliche Pflicht gilt nur für unabdingbar notwendige Aufwendungen (> BFH vom 12. 12. 2002 – BStBl 2003 II S. 299). Bei der Entscheidung ist auf alle Umstände des Einzelfalls, insbesondere die persönlichen Beziehungen zwischen den Beteiligten, ihre Einkommens- und Vermögensverhältnisse sowie die konkrete Lebenssituation, bei der Übernahme einer Schuld auch auf den Inhalt des Schuldverhältnisses abzustellen (> BFH vom 24. 7. 1987 – BStBl II S. 715).*

- *Die allgemeine sittliche Pflicht, in Not geratenen Menschen zu helfen, kann allein die Zwangs-läufigkeit nicht begründen (> BFH vom 8. 4. 1954 – BStBl III S. 188).*

- *Zwangsläufigkeit kann vorliegen, wenn das Kind des Erblassers als Alleinerbe Nachlassverbind-lichkeiten erfüllt, die auf existentiellen Bedürfnissen seines in Armut verstorbenen Elternteils unmittelbar vor oder im Zusammenhang mit dessen Tod beruhen (> BFH vom 24. 7. 1987 – BStBl II S. 715).*

- *Nachzahlungen zur Rentenversicherung eines Elternteils sind nicht aus sittlichen Gründen zwangsläufig, wenn auch ohne die daraus entstehenden Rentenansprüche der Lebensunter-halt des Elternteils sichergestellt ist (> BFH vom 7. 3. 2002 – BStBl II S. 473).*

Studiengebühren

Gebühren für die Hochschulausbildung eines Kindes sind weder nach § 33a Abs. 2 EStG noch nach § 33 EStG als außergewöhnliche Belastung abziehbar (> BFH vom 17. 12. 2009 – BStBl 2010 II S. 341).

Trinkgelder

Trinkgelder sind nicht zwangsläufig i. S. d. § 33 Abs. 2 EStG und zwar unabhängig davon, ob die zugrunde liegende Leistung selbst als außergewöhnliche Belastung zu beurteilen ist (> BFH vom 30. 10. 2003 – BStBl 2004 II S. 270 und vom 19. 4. 2012 – BStBl II S. 577).

Umschulungskosten

Kosten für eine Zweitausbildung sind dann nicht berücksichtigungsfähig, wenn die Erstausbildung nicht endgültig ihren wirtschaftlichen Wert verloren hat (> BFH vom 28. 8. 1997 – BStBl 1998 II S. 183).

Umzug

Umzugskosten sind unabhängig von der Art der Wohnungskündigung durch den Mieter oder Ver-mieter in der Regel nicht außergewöhnlich (> BFH vom 28. 2. 1975 – BStBl II S. 482 und vom 23. 6. 1978 – BStBl II S. 526).

Unterbringung eines nahen Angehörigen in einem Heim

> BMF vom 2. 12. 2002 (BStBl I S. 1389)

Unterhaltsverpflichtung

...

Urlaubsreise

Aufwendungen für die Wiederbeschaffung von Kleidungsstücken, die dem Steuerpflichtigen auf ei-ner Urlaubsreise entwendet wurden, können regelmäßig nicht als außergewöhnliche Belastung angesehen werden, weil üblicherweise ein notwendiger Mindestbestand an Kleidung noch vorhan-den ist (> BFH vom 3. 9. 1976 – BStBl II S. 712).

Verausgabung

- *Aus dem Zusammenhang der Vorschriften von § 33 Abs. 1 EStG und § 11 Abs. 2 Satz 1 EStG folgt, dass außergewöhnliche Belastungen für das Kj. anzusetzen sind, in dem die Aufwendun-gen tatsächlich geleistet worden sind (> BFH vom 30. 7. 1982 – BStBl II S. 744 und vom 10. 6. 1988 – BStBl II S. 814). Dies gilt i. d. R. auch, wenn die Aufwendungen (nachträgliche) An-schaffungs- oder Herstellungskosten eines mehrjährig nutzbaren Wirtschaftsguts darstellen (> BFH vom 22. 10. 2009 – BStBl 2010 II S. 280).*

- *> Darlehen*

- *> Ersatz von dritter Seite*

Verbraucherinsolvenzverfahren

Die Insolvenztreuhandvergütung ist mangels Außergewöhnlichkeit nicht als außergewöhnliche Belastung zu berücksichtigen (> BFH vom 16. 12. 2021 – BStBl 2022 II S. 321).

Vermögensebene

- *Auch Kosten zur Beseitigung von Schäden an einem Vermögensgegenstand können Aufwendungen i. S. v. § 33 EStG sein, wenn der Vermögensgegenstand für den Steuerpflichtigen von existenziell wichtiger Bedeutung ist. Eine Berücksichtigung nach § 33 EStG scheidet aus, wenn Anhaltspunkte für ein Verschulden des Steuerpflichtigen erkennbar oder Ersatzansprüche gegen Dritte gegeben sind oder wenn der Steuerpflichtige eine allgemein zugängliche und übliche Versicherungsmöglichkeit nicht wahrgenommen hat (> BFH vom 6. 5. 1994 – BStBl 1995 II S. 104). Dies gilt auch, wenn lebensnotwendige Vermögensgegenstände wie Hausrat und Kleidung wiederbeschafft werden müssen (> BFH vom 26. 6. 2003 – BStBl 2004 II S. 47).*

- *> R 33.2*

Verschulden

- *Ein eigenes (ursächliches) Verschulden des Steuerpflichtigen schließt die Berücksichtigung von Aufwendungen zur Wiederherstellung von Vermögensgegenständen nach § 33 EStG aus (> BFH vom 6. 5. 1994 – BStBl 1995 II S. 104).*

- *> Vermögensebene*

Versicherung

- *Eine Berücksichtigung von Aufwendungen zur Wiederherstellung von Vermögensgegenständen nach § 33 EStG scheidet aus, wenn der Steuerpflichtige eine allgemein zugängliche und übliche Versicherungsmöglichkeit nicht wahrgenommen hat (> BFH vom 6. 5. 1994 – BStBl 1995 II S. 104). Dies gilt auch, wenn lebensnotwendige Vermögensgegenstände wie Hausrat und Kleidung wiederbeschafft werden müssen (> BFH vom 26. 6. 2003 – BStBl 2004 II S. 47).*

- *> Ersatz von dritter Seite*

- *> Vermögensebene*

- *> Bestattungskosten*

Wildtierschäden

Wildtierschäden als solche sind keineswegs unüblich und nicht mit ungewöhnlichen Schadensereignissen i. S. d. § 33 EStG vergleichbar (> BFH vom 1. 10. 2020 – BStBl 2021 II S. 146).

Wissenschaftlich nicht anerkannte Behandlungsmethoden

- *Wissenschaftlich nicht anerkannt ist eine Behandlungsmethode dann, wenn Qualität und Wirksamkeit nicht dem allgemein anerkannten Stand der medizinischen Erkenntnisse entsprechen (> BFH vom 26. 6. 2014 – BStBl 2015 II S. 9).*

- *Maßgeblicher Zeitpunkt für die wissenschaftliche Anerkennung einer Behandlungsmethode i. S. d. § 64 Abs. 1 Nr. 2 Satz 1 Buchst. f EStDV ist der Zeitpunkt der Behandlung (> BFH vom 18. 6. 2015 – BStBl II S. 803).*

- *Die Behandlungsmethoden, Arznei- und Heilmittel der besonderen Therapierichtungen nach § 2 Abs. 1 Satz 2 SGB V (Phytotherapie, Homöopathie und Anthroposophie mit dem Heilmittel Heileurythmie) gehören nicht zu den wissenschaftlich nicht anerkannten Behandlungsmethoden. Der Nachweis der Zwangsläufigkeit von Aufwendungen im Krankheitsfall ist daher nicht nach § 64 Abs. 1 Nr. 2 Satz 1 Buchst. f EStDV zu führen. Sofern es sich um Aufwendungen für Arznei-, Heil- und Hilfsmittel handelt, ist der Nachweis der Zwangsläufigkeit nach § 64 Abs. 1 Nr. 1 EStDV zu erbringen (> BFH vom 26. 2. 2014 – BStBl II S. 824).*

– *Bei einer Liposuktion handelt es sich um eine wissenschaftlich nicht anerkannte Methode zur Behandlung eines Lipödems (> BFH vom 18. 6. 2015 – BStBl II S. 803).*

Wohngemeinschaft

...

Zinsen

Zinsen für ein Darlehen können ebenfalls zu den außergewöhnlichen Belastungen zählen, soweit die Darlehensaufnahme selbst zwangsläufig erfolgt ist (> BFH vom 6. 4. 1990 – BStBl II S. 958); sie sind im Jahr der Verausgabung abzuziehen.

Zumutbare Belastung

Die Höhe der zumutbaren Belastung (§ 33 Abs. 3 Satz 1 EStG) wird gestaffelt ermittelt. Nur der Teil des Gesamtbetrags der Einkünfte, der die jeweilige Betragsstufe übersteigt, wird mit dem jeweils höheren Prozentsatz belastet (> BFH vom 19. 1. 2017 – BStBl II S. 684).

Zwischenheimfahrten

Fahrtkosten aus Anlass von Zwischenheimfahrten können i. d. R. nicht berücksichtigt werden. Dies gilt nicht für Kosten der Zwischenheimfahrten einer Begleitperson, die ein krankes, behandlungsbedürftiges Kind, das altersbedingt einer Begleitperson bedarf, zum Zwecke einer amtsärztlich bescheinigten Heilbehandlung von mehrstündiger Dauer gefahren und wieder abgeholt hat, wenn es der Begleitperson nicht zugemutet werden kann, die Behandlung abzuwarten (> BFH vom 3. 12. 1998 – BStBl 1999 II S. 227).

Zu § 33a EStG

EStR   R 33a.1 Aufwendungen für den Unterhalt und eine etwaige Berufsausbildung

Gesetzlich unterhaltsberechtigte Person

(1) [1]Gesetzlich unterhaltsberechtigt sind Personen, denen gegenüber der Steuerpflichtige nach dem BGB oder dem LPartG unterhaltsverpflichtet ist. [2]Somit müssen die zivilrechtlichen Voraussetzungen eines Unterhaltsanspruchs vorliegen und die Unterhaltskonkurrenzen beachtet werden. [3]Für den Abzug ist dabei die tatsächliche Bedürftigkeit des Unterhaltsempfängers erforderlich (sog. konkrete Betrachtungsweise). [4]Eine Prüfung, ob im Einzelfall tatsächlich ein Unterhaltsanspruch besteht, ist aus Gründen der Verwaltungsvereinfachung nicht erforderlich, wenn die unterstützte Person unbeschränkt steuerpflichtig sowie dem Grunde nach (potenziell) unterhaltsberechtigt ist, tatsächlich Unterhalt erhält und alle übrigen Voraussetzungen des § 33a Abs. 1 EStG vorliegen; insoweit wird die Bedürftigkeit der unterstützten Person typisierend unterstellt. [5]Gehört die unterhaltsberechtigte Person zum Haushalt des Steuerpflichtigen, kann regelmäßig davon ausgegangen werden, dass ihm dafür Unterhaltsaufwendungen in Höhe des maßgeblichen Höchstbetrags erwachsen.

Arbeitskraft und Vermögen

(2) [1]Die zu unterhaltende Person muss zunächst ihr eigenes Vermögen, wenn es nicht geringfügig ist, einsetzen und verwerten. [2]Hinsichtlich des vorrangigen Einsatzes und Verwertung der eigenen Arbeitskraft ist Absatz 1 Satz 4 entsprechend anzuwenden. [3]Als geringfügig kann in der

Regel ein Vermögen bis zu einem gemeinen Wert (Verkehrswert) von 15 500 Euro angesehen werden. [4]Dabei bleiben außer Betracht:

1. Vermögensgegenstände, deren Veräußerung offensichtlich eine Verschleuderung bedeuten würde,

2. Vermögensgegenstände, die einen besonderen persönlichen Wert, z. B. Erinnerungswert, für den Unterhaltsempfänger haben oder zu seinem Hausrat gehören, und ein angemessenes Hausgrundstück im Sinne von § 90 Abs. 2 Nr. 8 SGB XII, wenn der Unterhaltsempfänger das Hausgrundstück allein oder zusammen mit Angehörigen bewohnt, denen es nach seinem Tode weiter als Wohnung dienen soll.

Einkünfte und Bezüge[1]

(3) [1]Einkünfte sind stets in vollem Umfang zu berücksichtigen, also auch soweit sie zur Bestreitung des Unterhalts nicht zur Verfügung stehen oder die Verfügungsbefugnis beschränkt ist. [2]Dies gilt auch für Einkünfte, die durch unvermeidbare Versicherungsbeiträge des Kindes gebunden sind. [3]Bezüge i. S. v. § 33a Abs. 1 Satz 5 EStG sind alle Einnahmen in Geld oder Geldeswert, die nicht im Rahmen der einkommensteuerrechtlichen Einkunftsermittlung erfasst werden. [4]Zu diesen Bezügen gehören insbesondere:

1. Kapitalerträge i. S. d. § 32d Abs. 1 EStG ohne Abzug des Sparer-Pauschbetrags nach § 20 Abs. 9 EStG,

2. die nicht der Besteuerung unterliegenden Teile der Leistungen (§ 22 Nr. 1 Satz 3 Buchstabe a Doppelbuchstabe aa EStG) und die Teile von Leibrenten, die den Ertragsanteil nach § 22 Nr. 1 Satz 3 Buchstabe a Doppelbuchstabe bb EStG übersteigen,

3. Einkünfte und Leistungen, soweit sie dem Progressionsvorbehalt unterliegen,

4. steuerfreie Einnahmen nach § 3 Nr. 1 Buchstabe a, Nr. 2b, 3, 5, 6, 11, 27, 44, 58 und § 3b EStG,

5. die nach § 3 Nr. 40 und 40a EStG steuerfrei bleibenden Beträge abzüglich der damit in Zusammenhang stehenden Aufwendungen i. S. d. § 3c EStG,

6. pauschal besteuerte Bezüge nach § 40a EStG,

7. Unterhaltsleistungen des geschiedenen oder dauernd getrennt lebenden Ehegatten, soweit sie nicht als sonstige Einkünfte i. S. d. § 22 Nr. 1a EStG erfasst sind,

8. Zuschüsse eines Trägers der gesetzlichen Rentenversicherung zu den Aufwendungen eines Rentners für seine Krankenversicherung.

[5]Bei der Feststellung der anzurechnenden Bezüge sind aus Vereinfachungsgründen insgesamt 180 Euro im Kalenderjahr abzuziehen, wenn nicht höhere Aufwendungen, die im Zusammenhang mit dem Zufluss der entsprechenden Einnahmen stehen, nachgewiesen oder glaubhaft gemacht werden. [6]Ein solcher Zusammenhang ist z. B. bei Kosten eines Rechtsstreits zur Erlangung der Bezüge und bei Kontoführungskosten gegeben.

Anm. d. Schriftl.:

[1] Bei einem in einem gemeinsamen Haushalt zusammenlebenden Paar, das weder verheiratet noch verpartnert ist und bei dem jeder über eigene auskömmliche Mittel zur Deckung des eigenen Lebensbedarfs verfügt, ist regelmäßig davon auszugehen, dass sich die Lebensgefährten einander keine Leistungen zum Lebensunterhalt gewähren, sondern jeder für den eigenen Lebensunterhalt aufkommt (BFH-Urteil vom 28. 4. 2020, BStBl 2021 II S. 209).

Opfergrenze, Ländergruppeneinteilung

(4) [1]Die > Opfergrenze ist unabhängig davon zu beachten, ob die unterhaltene Person im Inland oder im Ausland lebt. [2]Die nach § 33a Abs. 1 Satz 6 EStG maßgeblichen Beträge sind anhand der > Ländergruppeneinteilung zu ermitteln.

Erhöhung des Höchstbetrages für Unterhaltsleistungen um Beiträge zur Kranken- und Pflegeversicherung

(5) [1]Der Höchstbetrag nach § 33a Abs. 1 Satz 1 EStG erhöht sich um die für die Absicherung der unterhaltsberechtigten Person aufgewandten Beiträge zur Kranken- und Pflegeversicherung nach § 10 Abs. 1 Nr. 3 EStG, wenn für diese beim Unterhaltsleistenden kein Sonderausgabenabzug möglich ist. [2]Dabei ist es nicht notwendig, dass die Beiträge tatsächlich von dem Unterhaltsverpflichteten gezahlt oder erstattet wurden. [3]Für diese Erhöhung des Höchstbetrages genügt es, wenn der Unterhaltsverpflichtete seiner Unterhaltsverpflichtung nachkommt. [4]Die Gewährung von Sachunterhalt (z. B. Unterkunft und Verpflegung) ist ausreichend.

Hinweise   EStH   H 33a.1

Allgemeines zum Abzug von Unterhaltsaufwendungen

> *BMF vom 6. 4. 2022 (BStBl I S. 617)*

Abgrenzung zu § 33 EStG

- – *> BMF vom 6. 4. 2022 (BStBl I S. 617), Rz. 11 f.*
- – *Zur Berücksichtigung von Aufwendungen wegen Pflegebedürftigkeit und erheblich eingeschränkter Alltagskompetenz > R 33.3, von Aufwendungen wegen Krankheit und Behinderung > R 33.4 und von Aufwendungen für existentiell notwendige Gegenstände > R 33.2.*

Anrechnung eigener Einkünfte und Bezüge

- – *Allgemeines*
  Leistungen des Steuerpflichtigen, die neben Unterhaltsleistungen aus einem anderen Rechtsgrund (z. B. Erbauseinandersetzungsvertrag) erbracht werden, gehören zu den anzurechnenden Einkünften und Bezügen der unterhaltenen Person (> BFH vom 17. 10. 1980 – BStBl 1981 II S. 158),
- – *Ausbildungshilfen*
  Ausbildungshilfen der Agentur für Arbeit mindern nur dann den Höchstbetrag des § 33a Abs. 1 EStG bei den Eltern, wenn sie Leistungen abdecken, zu denen die Eltern gesetzlich verpflichtet sind. Eltern sind beispielsweise nicht verpflichtet, ihrem Kind eine zweite Ausbildung zu finanzieren, der sich das Kind nachträglich nach Beendigung der ersten Ausbildung unterziehen will. Erhält das Kind in diesem Fall Ausbildungshilfen zur Finanzierung von Lehrgangsgebühren, Fahrtkosten oder Arbeitskleidung, sind diese nicht auf den Höchstbetrag anzurechnen (> BFH vom 4. 12. 2001 – BStBl 2002 II S. 195). Der Anspruch auf kindergeldähnliche Leistungen nach ausländischem Recht steht dem Kindergeldanspruch gleich (> BFH vom 4. 12. 2003 – BStBl 2004 II S. 275).
- – *Einkünfte und Bezüge*
  - – *> R 33a.1 Abs. 3*
  - – *Unvermeidbare Versicherungsbeiträge der unterhaltenen Person mindern die anzurechnenden Einkünfte i. S. d. § 33a Abs. 1 Satz 5 EStG nicht. Verfassungsrechtliche Bedenken hiergegen bestehen nicht (> BFH vom 18. 6. 2015 – BStBl II S. 928).*

EStR

- **Elterngeld**

  Das Elterngeld zählt in vollem Umfang und damit einschließlich des Sockelbetrags (§ 2 Abs. 4 BEEG) zu den anrechenbaren Bezügen (> BFH vom 20. 10. 2016 – BStBl 2017 II S. 194).

- **Leistungen für Mehrbedarf bei Körperschaden**

  ...

- **Zusammenfassendes Beispiel für die Anrechnung:**

  Ein Stpfl. unterhält seinen 35-jährigen Sohn mit 150 € monatlich. Dieser erhält Arbeitslohn von jährlich 7 200 €. Davon wurden gesetzliche Sozialversicherungsbeiträge i. H. v. 1 459 € abgezogen (Krankenversicherung 568 €, Rentenversicherung 673 €, Pflegeversicherung 110 € und Arbeitslosenversicherung 108 €). Daneben erhält er seit seinem 30. Lebensjahr eine lebenslängliche Rente aus einer privaten Unfallversicherung i. H. v. 150 € monatlich.

Tatsächliche Unterhaltsleistungen		1 800 €
Ungekürzter Höchstbetrag		9 984 €
Erhöhungsbetrag nach § 33a Abs. 1 Satz 2 EStG		
Krankenversicherung	568 €	
abzüglich 4%	– 22 €	
(> BMF vom 24. 5. 2017 – BStBl I S. 820, Rz. 83, ...)		
verbleiben	546 €	546 €
Pflegeversicherung		110 €
Erhöhungsbetrag		656 €
Ungekürzter Höchstbetrag und Erhöhungsbetrag gesamt		10 640 €
Einkünfte des Sohnes		
Arbeitslohn	7 200 €	
Arbeitnehmer-Pauschbetrag	– 1 000 €	
Einkünfte i. S. d. § 19 EStG	6 200 €	6 200 €
Leibrente	1 800 €	
Hiervon Ertragsanteil 44 %	792 €	
Werbungskosten-Pauschbetrag	– 102 €	
Einkünfte i. S. d. § 22 EStG	690 €	690 €
S. d. E.		6 890 €
Bezüge des Sohnes		
Steuerlich nicht erfasster Teil der Rente	1 008 €	
Kostenpauschale	– 180 €	
Bezüge	828 €	828 €
S. d. E. und Bezüge		7 718 €
anrechnungsfreier Betrag		– 624 €
anzurechnende Einkünfte		7 094 € – 7 094 €
Höchstbetrag		3 546 €
Abzugsfähige Unterhaltsleistungen		1 800 €

- **Zuschüsse**

  ...

Geringes Vermögen („Schonvermögen")

– Nicht gering kann auch Vermögen sein, das keine anzurechnenden Einkünfte abwirft; Vermögen ist auch dann zu berücksichtigen, wenn es die unterhaltene Person für ihren künftigen Unterhalt benötigt (> BFH vom 14. 8. 1997 – BStBl 1998 II S. 241).

...

Geschiedene oder dauernd getrennt lebende Ehegatten

Durch Antrag und Zustimmung nach § 10 Abs. 1a Nr. 1 EStG werden alle in dem betreffenden VZ geleisteten Unterhaltsaufwendungen zu Sonderausgaben umqualifiziert. Ein Abzug als außergewöhnliche Belastung ist nicht möglich, auch nicht, soweit sie den für das Realsplitting geltenden Höchstbetrag übersteigen (> BFH vom 7. 11. 2000 – BStBl 2001 II S. 338). Sind für das Kalenderjahr der Trennung oder Scheidung die Vorschriften über die Ehegattenbesteuerung (§§ 26 bis 26b, § 32a Abs. 5 EStG) anzuwenden, dann können Aufwendungen für den Unterhalt des dauernd getrennt lebenden oder geschiedenen Ehegatten nicht nach § 33a Abs. 1 EStG abgezogen werden (> BFH vom 31. 5. 1989 – BStBl II S. 658).

Gleichgestellte Person

> BMF vom 6. 4. 2022 (BStBl I S. 617)

Haushaltsgemeinschaft

Lebt der Unterhaltsberechtigte mit bedürftigen Angehörigen in einer Haushaltsgemeinschaft und wird seine Rente bei der Berechnung der Sozialhilfe als Einkommen der Haushaltsgemeinschaft angerechnet, ist die Rente nur anteilig auf den Höchstbetrag des § 33a Abs. 1 Satz 1 EStG anzurechnen. In diesem Fall sind die Rente und die Sozialhilfe nach Köpfen aufzuteilen (> BFH vom 19. 6. 2002 – BStBl II S. 753).

Heimunterbringung

> Personen in einem Altenheim oder Altenwohnheim

Ländergruppeneinteilung

> BMF vom 11. 11. 2020 (BStBl I S. 1212)

Opfergrenze

> BMF vom 6. 4. 2022 (BStBl I S. 617), Rz. 16 ff.

Personen in einem Altenheim oder Altenwohnheim

Zu den Aufwendungen für den typischen Unterhalt gehören i. d. R. auch Kosten der Unterbringung in einem Altenheim oder Altenwohnheim (> BFH vom 29. 9. 1989 – BStBl 1990 II S. 418).

Personen im Ausland

– Zur Berücksichtigung von Aufwendungen für den Unterhalt > BMF vom 6. 4. 2022 (BStBl I S. 623)
– Ländergruppeneinteilung > BMF vom 11. 11. 2020 (BStBl I S. 1212)

Personen mit einer Aufenthaltserlaubnis nach § 23 Aufenthaltsgesetz

> BMF vom 27. 5. 2015 (BStBl I S. 474)

EStR

Unterhalt für mehrere Personen

Unterhält der Steuerpflichtige mehrere Personen, die einen gemeinsamen Haushalt führen, so ist der nach § 33a Abs. 1 abziehbare Betrag i. d. R. für jede unterhaltsberechtigte oder gleichgestellte Person getrennt zu ermitteln. Der insgesamt nachgewiesene Zahlungsbetrag ist unterschiedslos nach Köpfen aufzuteilen (> BMF vom 6. 4. 2022 – BStBl I S. 623, Rz. 22). Handelt es sich bei den unterhaltenen Personen um in Haushaltsgemeinschaft lebende Ehegatten, z. B. Eltern, so sind die Einkünfte und Bezüge zunächst für jeden Ehegatten gesondert festzustellen und sodann zusammenzurechnen. Die zusammengerechneten Einkünfte und Bezüge sind um 1 248 € (zweimal 624 €) zu kürzen. Der verbleibende Betrag ist von der Summe der beiden Höchstbeträge abzuziehen (> BFH vom 15. 11. 1991 – BStBl 1992 II S. 245).

...

EStR   **R 33a.2   Freibetrag zur Abgeltung des Sonderbedarfs eines sich in Berufsausbildung befindenden, auswärtig untergebrachten, volljährigen Kindes**

Allgemeines

(1) [1]Den Freibetrag nach § 33a Abs. 2 EStG kann nur erhalten, wer für das in Berufsausbildung befindliche Kind einen Anspruch auf einen Freibetrag nach § 32 Abs. 6 EStG oder Kindergeld hat. [2]Der Freibetrag nach § 33a Abs. 2 EStG kommt daher für Kinder im Sinne des § 63 Abs. 1 EStG in Betracht.

Auswärtige Unterbringung

(2) [1]Eine auswärtige Unterbringung im Sinne des § 33a Abs. 2 Satz 1 EStG liegt vor, wenn ein Kind außerhalb des Haushalts der Eltern wohnt. [2]Dies ist nur anzunehmen, wenn für das Kind außerhalb des Haushalts der Eltern eine Wohnung ständig bereitgehalten und das Kind auch außerhalb des elterlichen Haushalts verpflegt wird. [3]Seine Unterbringung muss darauf angelegt sein, die räumliche Selbständigkeit des Kindes während seiner ganzen Ausbildung, z. B. eines Studiums, oder eines bestimmten Ausbildungsabschnitts, z. B. eines Studiensemesters oder -trimesters, zu gewährleisten [4]Voraussetzung ist, dass die auswärtige Unterbringung auf eine gewisse Dauer angelegt ist. [5]Auf die Gründe für die auswärtige Unterbringung kommt es nicht an.

▶ **Hinweise   EStH   H 33a.2**

Auswärtige Unterbringung

– **Asthma**

   Keine auswärtige Unterbringung des Kindes wegen Asthma (> BFH vom 26. 6. 1992 – BStBl 1993 II S. 212),

– **Aufwendungen für den Schulbesuch als außergewöhnliche Belastungen**

   Werden die Aufwendungen für den Schulbesuch als außergewöhnliche Belastungen berücksichtigt, kann kein zusätzlicher Freibetrag nach § 33a Abs. 2 EStG gewährt werden (> BFH vom 12. 5. 2011 – BStBl II S. 783),

– **Getrennte Haushalte beider Elternteile**

Auswärtige Unterbringung liegt nur vor, wenn das Kind aus den Haushalten beider Elternteile ausgegliedert ist (> BFH vom 5. 2. 1998 – BStBl II S. 579),

– **Haushalt des Kindes in Eigentumswohnung des Stpfl.**

Auswärtige Unterbringung liegt vor, wenn das Kind in einer Eigentumswohnung des Steuerpflichtigen einen selbständigen Haushalt führt (> BFH vom 26. 1. 1994 – BStBl II S. 544 und vom 25. 1. 1995 – BStBl II S. 378). Ein Freibetrag gem. § 33a Abs. 2 EStG wegen auswärtiger Unterbringung ist ausgeschlossen, wenn die nach dem EigZulG begünstigte Wohnung als Teil eines elterlichen Haushalts anzusehen ist (> BMF vom 21. 12. 2004 – BStBl 2005 I S. 305, Rz. 63),

– **Klassenfahrt**

Keine auswärtige Unterbringung, da es an der erforderlichen Dauer fehlt (> BFH vom 5. 11. 1982 – BStBl 1983 II S. 109),

– **Legasthenie**

Werden Aufwendungen für ein an Legasthenie leidendes Kind als außergewöhnliche Belastung i. S. d. § 33 EStG berücksichtigt (> § 64 Abs. 1 Nr. 2 Buchstabe c EStDV), ist daneben ein Freibetrag nach § 33a Abs. 2 EStG wegen auswärtiger Unterbringung des Kindes nicht möglich (> BFH vom 26. 6. 1992 – BStBl 1993 II S. 278),

– **Praktikum**

Keine auswärtige Unterbringung bei Ableistung eines Praktikums außerhalb der Hochschule, wenn das Kind nur dazu vorübergehend auswärtig untergebracht ist (> BFH vom 20. 5. 1994 – BStBl II S. 699),

– **Sprachkurs**

Keine auswärtige Unterbringung bei dreiwöchigem Sprachkurs (> BFH vom 29. 9. 1989 – BStBl 1990 II S. 62),

– **Verheiratetes Kind**

Auswärtige Unterbringung liegt vor, wenn ein verheiratetes Kind mit seinem Ehegatten eine eigene Wohnung bezogen hat (> BFH vom 8. 2. 1974 – BStBl II S. 299).

Freiwilliges soziales Jahr

Die Tätigkeit im Rahmen eines freiwilligen sozialen Jahres ist i. d. R. nicht als Berufsausbildung zu beurteilen (> BFH vom 24. 6. 2004 – BStBl 2006 II S. 294).

Ländergruppeneinteilung

> BMF vom 11. 11. 2020 (BStBl I S. 1212)

Studiengebühren

Gebühren für die Hochschulausbildung eines Kindes sind weder nach § 33a Abs. 2 EStG noch nach § 33 EStG als außergewöhnliche Belastung abziehbar (> BFH vom 17. 12. 2009 – BStBl 2010 II S. 341).

EStR   R 33a.3   Zeitanteilige Ermäßigung nach § 33a Abs. 3 EStG

Ansatz bei unterschiedlicher Höhe des Höchstbetrags nach § 33a Abs. 1 EStG oder des Freibetrags nach § 33a Abs. 2 EStG

(1) Ist in einem Kalenderjahr der Höchstbetrag nach § 33a Abs. 1 EStG oder der Freibetrag nach § 33a Abs. 2 EStG in unterschiedlicher Höhe anzusetzen, z. B. bei Anwendung der Ländergruppeneinteilung für einen Teil des Kalenderjahres, wird für den Monat, in dem die geänderten Voraussetzungen eintreten, der jeweils höhere Betrag angesetzt.

Aufteilung der eigenen Einkünfte und Bezüge

(2) [1]Der Jahresbetrag der eigenen Einkünfte und Bezüge ist für die Anwendung des § 33a Abs. 3 Satz 2 EStG wie folgt auf die Zeiten innerhalb und außerhalb des Unterhaltszeitraums aufzuteilen:

1. Einkünfte aus nichtselbständiger Arbeit, sonstige Einkünfte sowie Bezüge nach dem Verhältnis der in den jeweiligen Zeiträumen zugeflossenen Einnahmen; die Grundsätze des § 11 Abs. 1 EStG gelten entsprechend; Pauschbeträge nach § 9a EStG und die Kostenpauschale nach R 33a.1 Abs. 3 Satz 5 sind hierbei zeitanteilig anzusetzen;

2. andere Einkünfte auf jeden Monat des Kalenderjahres mit einem Zwölftel.

[2]Der Stpfl. kann jedoch nachweisen, dass eine andere Aufteilung wirtschaftlich gerechtfertigt ist, wie es z. B. der Fall ist, wenn bei Einkünften aus selbständiger Arbeit die Tätigkeit erst im Laufe des Jahres aufgenommen wird oder wenn bei Einkünften aus nichtselbständiger Arbeit im Unterhaltszeitraum höhere Werbungskosten angefallen sind als bei verhältnismäßiger bzw. zeitanteiliger Aufteilung darauf entfallen würden.

▶ **Hinweise   EStH   H 33a.3**

Allgemeines

– *Der Höchstbetrag für den Abzug von Unterhaltsaufwendungen (§ 33a Abs. 1 EStG) und der Freibetrag nach § 33a Abs. 2 EStG sowie der anrechnungsfreie Betrag nach § 33a Abs. 1 Satz 5 EStG ermäßigen sich für jeden vollen Kalendermonat, in dem die Voraussetzungen für die Anwendung der betreffenden Vorschrift nicht vorgelegen haben, um je ein Zwölftel (§ 33a Abs. 3 Satz 1 EStG). Erstreckt sich das Studium eines Kindes einschließlich der unterrichts- und vorlesungsfreien Zeit über den ganzen VZ, so kann davon ausgegangen werden, dass beim Steuerpflichtigen in jedem Monat Aufwendungen anfallen, so dass § 33a Abs. 3 Satz 1 EStG nicht zur Anwendung kommt (> BFH vom 22. 3. 1996 – BStBl 1997 II S. 30).*

– *Eigene Einkünfte und Bezüge der unterhaltenen Person sind nur anzurechnen, soweit sie auf den Unterhaltszeitraum entfallen (§ 33a Abs. 3 Satz 2 EStG). Leisten Eltern Unterhalt an ihren Sohn nur während der Dauer seines Wehrdienstes, unterbleibt die Anrechnung des Entlassungsgeldes nach § 9 des Wehrsoldgesetzes, da es auf die Zeit nach Beendigung des Wehrdienstes entfällt (> BFH vom 26. 4. 1991 – BStBl II S. 716).*

Beispiel *für die Aufteilung eigener Einkünfte und Bezüge auf die Zeiten innerhalb und außerhalb des Unterhaltszeitraums:*

Der Steuerpflichtige unterhält seine allein stehende im Inland lebende Mutter vom 15. April bis 15. September (Unterhaltszeitraum) mit insgesamt 4 200 €. Die Mutter bezieht ganzjährig eine monatliche Rente aus der gesetzlichen Rentenversicherung von 200 € (Besteuerungsanteil 50 %). Außerdem hat sie im Kj. Einkünfte aus Vermietung und Verpachtung in Höhe von 1 050 €.

Höchstbetrag für das Kj. 9 984 € (§ 33a Abs. 1 Satz 1 EStG)

anteiliger Höchstbetrag für April bis September
($^{6}/_{12}$ von 9 984 € =) .... *4 992 €*

Eigene Einkünfte der Mutter im Unterhaltszeitraum:

Einkünfte aus Leibrenten

Besteuerungsanteil
50 % von 2 400 € = ... *1 200 €*

abzüglich Werbungskosten-Pauschbetrag
(§ 9a Satz 1 Nr. 3 EStG) .... *− 102 €*

Einkünfte .... *1 098 €*

auf den Unterhaltszeitraum entfallen $^{6}/_{12}$ .... *549 €*

Einkünfte aus Vermietung und Verpachtung .... *1 050 €*

auf den Unterhaltszeitraum entfallen $^{6}/_{12}$ .... *525 €*

Summe der Einkünfte im Unterhaltszeitraum .... *1 074 €*

Eigene Bezüge der Mutter im Unterhaltszeitraum:

steuerfreier Teil der Rente .... *1 200 €*

abzüglich Kostenpauschale .... *− 180 €*

verbleibende Bezüge .... *1 020 €*

auf den Unterhaltszeitraum entfallen $^{6}/_{12}$ .... *510 €*

Summe der eigenen Einkünfte und Bezüge im Unterhaltszeitraum .... *1 584 €*

abzüglich anteiliger anrechnungsfreier Betrag
($^{6}/_{12}$ von 624 € =) .... *− 312 €*

anzurechnende Einkünfte und Bezüge .... *1 272 €*   *−1 272 €*

abzuziehender Betrag .... *3 720 €*

Besonderheiten bei Zuschüssen

Als Ausbildungshilfe bezogene Zuschüsse jeglicher Art, z. B. Stipendien für ein Auslandsstudium aus öffentlichen oder aus privaten Mitteln, mindern die zeitanteiligen Höchstbeträge nur die Kalendermonate, für die die Zuschüsse bestimmt sind (§ 33a Abs. 3 Satz 3 EStG). Liegen bei der unterhaltenen Person sowohl eigene Einkünfte und Bezüge als auch Zuschüsse vor, die als Ausbildungshilfe nur für einen Teil des Unterhaltszeitraums bestimmt sind, dann sind zunächst die eigenen Einkünfte und Bezüge anzurechnen und sodann die Zuschüsse zeitanteilig entsprechend ihrer Zweckbestimmung.

Beispiel:

Ein über 25 Jahre altes Kind des Stpfl. B studiert während des ganzen Kj., erhält von ihm monatliche Unterhaltsleistungen i. H. v. 500 € und gehört nicht zum Haushalt des Stpfl. Verlängerungstatbestände nach § 32 Abs. 5 EStG liegen nicht vor. Dem Kind fließt in den Monaten Januar bis Juni Arbeitslohn von 3 400 € zu, die Werbungskosten übersteigen nicht den Arbeitnehmer-Pauschbetrag. Für die Monate Juli bis Dezember bezieht es ein Stipendium aus öffentlichen Mitteln von 6 000 €.

ungekürzter Höchstbetrag nach § 33a Abs. 1 EStG für das Kj.		*9 984 €*
Arbeitslohn	*3 400 €*	
abzüglich Arbeitnehmer-Pauschbetrag	*−1 000 €*	
Einkünfte aus nichtselbständiger Arbeit	*2 400 €*	
anrechnungsfreier Betrag	*− 624 €*	
anzurechnende Einkünfte	*1 776 €*	*−1 776 €*
verminderter Höchstbetrag nach § 33a Abs. 1 EStG		*8 208 €*
zeitanteiliger verminderter Höchstbetrag für Januar		
– Juni (⁶/₁₂ von 8 208 €)		*4 104 €*
Unterhaltsleistungen Jan. – Juni (6 x 500 €)		*3 000 €*
abzugsfähige Unterhaltsleistungen Jan. – Juni		*3 000 €*
zeitanteiliger verminderter Höchstbetrag nach § 33a Abs. 1 EStG für Juli – Dez.		*4 104 €*
Ausbildungszuschuss (Auslandsstipendium)	*6 000 €*	
abzüglich Kostenpauschale	*− 180 €*	
anrechnende Bezüge	*5 820 €*	*−5 820 €*
Höchstbetrag nach § 33a Abs. 1 EStG für Juli – Dez.		*0 €*
abzugsfähige Unterhaltsleistungen Juli – Dez.		*0 €*

Zu § 33b EStG (§ 65 EStDV)

EStR   R 33b. Pauschbeträge für behinderte Menschen[1], Hinterbliebene und Pflegepersonen

(1) [1]Ein Pauschbetrag für behinderte Menschen[1], der Hinterbliebenen-Pauschbetrag und der Pflege-Pauschbetrag können mehrfach gewährt werden, wenn mehrere Personen die Voraussetzungen erfüllen (z. B. Stpfl., Ehegatte, Kind), oder wenn eine Person die Voraussetzungen für verschiedene Pauschbeträge erfüllt. [2]Mit dem Pauschbetrag für behinderte Menschen[1] werden die laufenden und typischen Aufwendungen für die Hilfe bei den gewöhnlichen und regelmäßig wiederkehrenden Verrichtungen des täglichen Lebens, für die Pflege sowie für einen erhöhten Wäschebedarf abgegolten. [3]Es handelt sich um Aufwendungen, die behinderten Menschen[1] erfahrungsgemäß durch ihre Krankheit bzw. Behinderung entstehen und deren alleinige behinderungsbedingte Veranlassung nur schwer nachzuweisen ist. [4]Alle übrigen behinderungsbedingten Aufwendungen (z. B. Operationskosten sowie Heilbehandlungen, Kuren, Arznei- und Arztkosten, Fahrtkosten) können daneben als außergewöhnliche Belastung nach § 33 EStG berücksichtigt werden.

(2) Unabhängig von einer Übertragung des Behinderten-Pauschbetrags nach § 33b Abs. 5 EStG können Eltern ihre eigenen zwangsläufigen Aufwendungen für ein behindertes Kind[2] nach § 33 EStG abziehen.

(3) Eine Übertragung des Pauschbetrages für behinderte Menschen[1] auf die Eltern eines Kindes mit Wohnsitz oder gewöhnlichem Aufenthalt im Ausland ist nur möglich, wenn das Kind als unbeschränkt steuerpflichtig behandelt wird (insbesondere § 1 Abs. 3 Satz 2, 2. Halbsatz EStG ist zu beachten).

Amtl. Fn.:

[1] Jetzt Menschen mit Behinderungen.
[2] Jetzt Kind mit Behinderungen.

(4) Ein Stpfl. führt die Pflege auch dann noch persönlich durch, wenn er sich zur Unterstützung zeitweise einer ambulanten Pflegekraft bedient.

(5) § 33b Abs. 6 Satz 6 EStG gilt auch, wenn nur ein Stpfl. den Pflege-Pauschbetrag tatsächlich in Anspruch nimmt.

(6) Der Pflege-Pauschbetrag nach § 33b Abs. 6 EStG kann neben dem nach § 33b Abs. 5 EStG vom Kind auf die Eltern übertragenen Pauschbetrag für behinderte Menschen🔳 in Anspruch genommen werden.

(7) Beiträge zur Rentenversicherung, Kranken- und Pflegeversicherung der pflegenden Person, die die Pflegekasse übernimmt, führen nicht zu Einnahmen i. S. d. § 33b Abs. 6 Satz 1 EStG.

(8) ¹Bei Beginn, Änderung oder Wegfall der Behinderung im Laufe eines Kalenderjahres ist stets der Pauschbetrag nach dem höchsten Grad zu gewähren, der im Kalenderjahr festgestellt war. ²Eine Zwölftelung ist nicht vorzunehmen. ³Dies gilt auch für den Hinterbliebenen- und Pflege-Pauschbetrag.

(9) Der Nachweis der Behinderung nach § 65 Abs. 1 Nr. 2 Buchstabe a EStDV gilt als geführt, wenn die dort genannten Bescheinigungen behinderten Menschen🔳 nur noch in elektronischer Form übermittelt werden und der Ausdruck einer solchen elektronisch übermittelten Bescheinigung vom Stpfl. vorgelegt wird.

Hinweise   EStH   H 33b

Allgemeines

– *Zur Behinderung i. S. d. § 33b EStG > § 152 SGB IX, zur Hilflosigkeit > § 33b Abs. 6 EStG, zur Pflegebedürftigkeit > R 33.3 Abs. 1.*

– *Verwaltungsakte, die die Voraussetzungen für die Inanspruchnahme der Pauschbeträge feststellen (> § 65 EStDV), sind Grundlagenbescheide i. S. d. § 171 Abs. 10 Satz 2 AO i. d. F. des ZollkodexAnpG vom 22. 12. 2014 (BGBl I S. 2417) und § 175 Abs. 1 Satz 1 Nr. 1 AO. Auf Grund eines solchen Bescheides ist ggf. eine Änderung früherer Steuerfestsetzungen hinsichtlich der Anwendung des § 33b EStG nach § 175 Abs. 1 Satz 1 Nr. 1 AO unabhängig davon vorzunehmen, ob ein Antrag i. S. d. § 33b Abs. 1 EStG für den VZ dem Grunde nach bereits gestellt worden ist. Die Festsetzungsfrist des Einkommensteuerbescheides wird jedoch nur insoweit nach § 171 Abs. 10 Satz 1 AO gehemmt, wie der Grundlagenbescheid vor Ablauf der Festsetzungsfrist des Einkommensteuerbescheides bei der zuständigen Behörde beantragt worden ist.*

Aufteilung des übertragenen Pauschbetrags für Menschen mit Behinderungen

> *BMF vom 28. 6. 2013 (BStBl I S. 845)*

Hinterbliebenen-Pauschbetrag

Zu den Gesetzen, die das BVG für entsprechend anwendbar erklären (§ 33b Abs. 4 Nr. 1 EStG), gehören:

– *das Soldatenversorgungsgesetz (> § 80),*

– *das ZDG (> § 47),*

– *das Häftlingshilfegesetz (> §§ 4 und 5),*

Amtl. Fn.:

🔳 Jetzt Menschen mit Behinderungen.

- *das Gesetz über die Unterhaltsbeihilfe für Angehörige von Kriegsgefangenen (> § 3),*
- *das Gesetz über die Bundespolizei (> § 59 Abs. 1 i. V. m. dem Soldatenversorgungsgesetz),*
- *das Gesetz über das Zivilschutzkorps (> § 46 i. V. m. dem Soldatenversorgungsgesetz),*
- *das Gesetz zur Regelung der Rechtsverhältnisse der unter Artikel 131 GG fallenden Personen (> §§ 66, 66a),*
- *das Gesetz zur Einführung des Bundesversorgungsgesetzes im Saarland (> § 5 Abs. 1),*
- *das Infektionsschutzgesetz (> § 63),*
- *das Gesetz über die Entschädigung für Opfer von Gewalttaten (> § 1 Abs. 1).*

Nachweis der Behinderung

- *Der Nachweis für die Voraussetzungen eines Pauschbetrages ist gem. § 65 EStDV zu führen (zum Pflege-Pauschbetrag > BFH vom 20. 2. 2003 – BStBl II S. 476). Nach § 152 Abs. 1 SGB IX zuständige Behörden sind die für die Durchführung des Bundesversorgungsgesetzes zuständigen Behörden (Versorgungsämter) und die gem. § 152 Abs. 1 S. 7 SGB IX nach Landesrecht für zuständig erklärten Behörden.*
- *Zum Nachweis der Behinderung von in Deutschland nicht steuerpflichtigen Kindern > BMF vom 8. 8. 1997 (BStBl I S. 1016).*
- *An die für die Gewährung des Pauschbetrags für behinderte Menschen und des Pflege-Pauschbetrags vorzulegenden Bescheinigungen, Ausweise oder Bescheide sind die Finanzbehörden gebunden (> BFH vom 5. 2. 1988 – BStBl II S. 436).*
- *Bei den Nachweisen nach § 65 Abs. 1 Nr. 2 Buchstabe b EStDV kann es sich z. B. um Rentenbescheide des Versorgungsamtes oder eines Trägers der gesetzlichen Unfallversicherung oder bei Beamten, die Unfallruhegeld beziehen, um einen entsprechenden Bescheid ihrer Behörde handeln. Der Rentenbescheid eines Trägers der gesetzlichen Rentenversicherung der Arbeiter und Angestellten genügt nicht (> BFH vom 25. 4. 1968 – BStBl II S. 606).*

Neben den Pauschbeträgen für Menschen mit Behinderungen zu berücksichtigende Aufwendungen

Folgende Aufwendungen können neben den Pauschbeträgen für behinderte Menschen als außergewöhnliche Belastung nach § 33 EStG berücksichtigt werden:

- *Operationskosten, Kosten für Heilbehandlungen, Arznei- und Arztkosten (> R 33b Abs. 1 EStR),*
- *Kraftfahrzeugkosten > § 33 Abs. 2a und > R 33b Abs. 1 Satz 4 EStR,*
- *Führerscheinkosten für ein schwer geh- und stehbehindertes Kind (> BFH vom 26. 3. 1993 – BStBl II S. 749),*
- *Kosten für eine Heilkur (> BFH vom 11. 12. 1987 – BStBl 1988 II S. 275, > H 33.1–33.4 (Kur) sowie > R 33.4 Abs. 1 und 3),*
- *Schulgeld für den Privatschulbesuch des Kindes mit Behinderungen > H 33.1–33.4 (Schulbesuch) und > R 33.4 Abs. 2 sowie*
- *Kosten für die behindertengerechte Ausgestaltung des eigenen Wohnhauses (> R 33.4 Abs. 5 und > H 33.1–33.4 – Behindertengerechte Ausstattung).*

Pflegebedürftigkeit

> R 33.3 Abs. 1

Pflege-Pauschbetrag

- *Eine sittliche Verpflichtung zur Pflege ist anzuerkennen, wenn eine enge persönliche Beziehung zu der gepflegten Person besteht (> BFH vom 29. 8. 1996 – BStBl 1997 II S. 199).*

– Die Funktion als amtlich bestellter Betreuer führt für sich gesehen nicht dazu, dass dem Betreuer die Pflege des Betreuten zwangsläufig i. S. d. § 33 Abs. 2 EStG erwächst. Der Pflege-Pauschbetrag kann daher nur gewährt werden, wenn eine darüber hinausgehende enge persönliche Beziehung zum Betreuten besteht (> BFH vom 4. 9. 2019 – BStBl 2020 II S. 97).

– Der Pflege-Pauschbetrag nach § 33b Abs. 6 EStG ist nicht nach der Zahl der Personen aufzuteilen, welche bei ihrer Einkommensteuerveranlagung die Berücksichtigung eines Pflegepauschbetrages begehren, sondern nach der Zahl der Steuerpflichtigen, welche eine hilflose Person in ihrer Wohnung oder in der Wohnung des Pflegebedürftigen tatsächlich persönlich gepflegt haben (> BFH vom 14. 10. 1997 – BStBl 1998 II S. 20).

– Abgesehen von der Pflege durch Eltern (§ 33b Abs. 6 Satz 2 EStG) schließen Einnahmen der Pflegeperson für die Pflege unabhängig von ihrer Höhe die Gewährung des Pflege-Pauschbetrags aus. Hierzu gehört i. d. R. auch das weitergeleitete Pflegegeld. Der Ausschluss von der Gewährung des Pflege-Pauschbetrags gilt nicht, wenn das Pflegegeld lediglich treuhänderisch für den Pflegebedürftigen verwaltet wird und damit ausschließlich Aufwendungen des Pflegebedürftigen bestritten werden. In diesem Fall muss die Pflegeperson die konkrete Verwendung des Pflegegeldes nachweisen und ggf. nachträglich noch eine Vermögenstrennung durchführen (> BFH vom 21. 3. 2002 – BStBl II S. 417). Die dem amtlich bestellten Betreuer gewährte Aufwandsentschädigung ist keine Einnahme für die Pflege der betreuten Person i. S. d. § 33b Abs. 6 Satz 1 EStG (> BFH vom 4. 9. 2019 – BStBl 2020 II S. 97).

Übertragung des Pauschbetrags von einem im Ausland lebenden Kind

Der Pauschbetrag nach § 33b Abs. 3 EStG für ein behindertes Kind kann nicht nach § 33b Abs. 5 EStG auf einen im Inland unbeschränkt steuerpflichtigen Elternteil übertragen werden, wenn das Kind im Ausland außerhalb eines EU/EWR-Mitgliedstaates seinen Wohnsitz oder gewöhnlichen Aufenthalt hat und im Inland keine eigenen Einkünfte erzielt (> BFH vom 2. 6. 2005 – BStBl II S. 828; > auch R 33b Abs. 3).

Zu § 34 EStG❶❷❸❹

EStR   **R 34.1 Umfang der steuerbegünstigten Einkünfte**

(1) ¹§ 34 Abs. 1 EStG ist grundsätzlich bei allen Einkunftsarten anwendbar. ²§ 34 Abs. 3 EStG ist nur auf Einkünfte im Sinne des § 34 Abs. 2 Nr. 1 EStG anzuwenden. ³Die von der Summe der Einkünfte, dem Gesamtbetrag der Einkünfte und dem Einkommen abzuziehenden Beträge sind zu-

---

Anm. d. Schriftl.:

❶ Solche Gewinne, die bereits durch das Halbeinkünfteverfahren begünstigt werden (Verkauf von Anteilen an Kapitalgesellschaften nach § 16 Abs. 2 Satz 2 EStG und § 17 EStG), werden zur Vermeidung einer Doppelbegünstigung aus der ermäßigten Besteuerung des § 34 EStG herausgenommen.

❷ Zur Sicherung der Altersvorsorge von aus dem Berufsleben ausscheidenden Unternehmern wurde § 34 EStG durch das StSenkErgG um die Möglichkeit ergänzt, für Gewinne aus Betriebsveräußerungen und -aufgaben den halben durchschnittlichen Steuersatz in Anspruch zu nehmen. Zur Gewährung des Freibetrags nach § 16 Abs. 4 EStG und der Tarifermäßigung nach § 34 Abs. 3 EStG hat das BMF mit Schreiben vom 20. 12. 2005, BStBl 2006 I S. 7, Stellung genommen.

❸ Zu Zweifelsfragen im Zusammenhang mit der ertragsteuerlichen Behandlung von Entlassungsentschädigungen hat das BMF mit Schreiben vom 1. 11. 2013, BStBl 2013 I S. 1326, und vom 4. 3. 2016, BStBl 2016 I S. 277, Stellung genommen.

❹ Zahlt der Arbeitgeber einem Arbeitnehmer im Zuge der (einvernehmlichen) Auflösung des Arbeitsverhältnisses eine Abfindung, sind tatsächliche Feststellungen zu der Frage, ob der Arbeitnehmer dabei unter tatsächlichem Druck stand, regelmäßig entbehrlich (BFH-Urteil vom 13. 3. 2018, BStBl 2018 II S. 709).

nächst bei den nicht nach § 34 EStG begünstigten Einkünften zu berücksichtigen. [4]Liegen die Voraussetzungen für die Steuerermäßigung nach § 34 Abs. 1 EStG und § 34 Abs. 3 EStG nebeneinander vor, ist eine Verrechnung der noch nicht abgezogenen Beträge mit den außerordentlichen Einkünften in der Reihenfolge vorzunehmen, dass sie zu dem für den Steuerpflichtigen günstigsten Ergebnis führt. [5]Sind in dem Einkommen Einkünfte aus Land- und Forstwirtschaft enthalten und bestehen diese zum Teil aus außerordentlichen Einkünften, die nach § 34 EStG ermäßigt zu besteuern sind, ist hinsichtlich der Anwendung dieser Vorschrift der Freibetrag nach § 13 Abs. 3 EStG zunächst von den nicht nach § 34 EStG begünstigten Einkünften aus Land- und Forstwirtschaft abzuziehen. [6]Wird für einen Gewinn i. S. d. § 34 Abs. 2 Nr. 1 EStG die Tarifbegünstigung nach § 34a EStG in Anspruch genommen, scheidet die Anwendung des § 34 Abs. 3 EStG aus.

(2) Tarifbegünstigte Veräußerungsgewinne im Sinne der §§ 14, 16 und 18 Abs. 3 EStG liegen grundsätzlich nur vor, wenn die stillen Reserven in einem einheitlichen wirtschaftlichen Vorgang aufgedeckt werden.

(3) [1]Die gesamten außerordentlichen Einkünfte sind grundsätzlich bis zur Höhe des zu versteuernden Einkommens tarifbegünstigt. [2]In Fällen, in denen Verluste zu verrechnen sind, sind die vorrangig anzuwendenden besonderen Verlustverrechnungsbeschränkungen (z. B. § 2a Abs. 1, § 2b i. V. m. § 52 Abs. 4[1], § 15 Abs. 4, § 15b EStG) zu beachten.

(4) [1]Veräußerungskosten sind bei der Ermittlung des tarifbegünstigten Veräußerungsgewinns erst im Zeitpunkt des Entstehens des Veräußerungsgewinns zu berücksichtigen, auch wenn sie bereits im VZ vor dem Entstehen des Veräußerungsgewinns angefallen sind. [2]Die übrigen außerordentlichen Einkünfte unterliegen der Tarifvergünstigung in dem VZ, in dem sie nach den allgemeinen Grundsätzen vereinnahmt werden, nur insoweit, als nicht in früheren VZ mit diesen Einkünften unmittelbar zusammenhängende Betriebsausgaben bzw. Werbungskosten die Einkünfte des Stpfl. gemindert haben.

 Hinweise EStH H 34.1

...

EStR R 34.2 Steuerberechnung unter Berücksichtigung der Tarifermäßigung

(1) [1]Für Zwecke der Steuerberechnung nach § 34 Abs. 1 EStG ist zunächst für den VZ, in dem die außerordentlichen Einkünfte erzielt worden sind, die Einkommensteuer zu ermitteln, die sich ergibt, wenn die in dem zu versteuernden Einkommen enthaltenen außerordentlichen Einkünfte nicht in die Bemessungsgrundlage einbezogen werden. [2]Sodann ist in einer Vergleichsberechnung die Einkommensteuer zu errechnen, die sich unter Einbeziehung eines Fünftels der außerordentlichen Einkünfte ergibt. [3]Bei diesen nach den allgemeinen Tarifvorschriften vorzunehmenden Berechnungen sind dem Progressionsvorbehalt (§ 32b EStG) unterliegende Einkünfte zu berücksichtigen. [4]Der Unterschiedsbetrag zwischen beiden Steuerbeträgen ist zu verfünffachen und der sich so ergebende Steuerbetrag der nach Satz 1 ermittelten Einkommensteuer hinzuzurechnen.

(2) [1]Sind in dem zu versteuernden Einkommen auch Einkünfte enthalten, die nach § 34 Abs. 3 EStG oder § 34b Abs. 3 EStG ermäßigten Steuersätzen unterliegen, ist die jeweilige Tarifer-

---

Amtl. Fn.:

1 Jetzt Abs. 3.

mäßigung unter Berücksichtigung der jeweils anderen Tarifermäßigung zu berechnen. [2]Einkünfte, die nach § 34a Abs. 1 EStG mit einem besonderen Steuersatz versteuert werden, bleiben bei der Berechnung der Tarifermäßigung nach § 34 Abs. 1 EStG unberücksichtigt.

> **Hinweise   EStH   H 34.2**

Berechnungsbeispiele

Beispiel 1:

Berechnung der Einkommensteuer nach § 34 Abs. 1 EStG

Der Steuerpflichtige, der Einkünfte aus Gewerbebetrieb und Vermietung und Verpachtung (einschließlich Entschädigung im Sinne des § 34 EStG) hat, und seine Ehefrau werden zusammen veranlagt. Es sind die folgenden Einkünfte und Sonderausgaben anzusetzen:

Einkünfte aus Gewerbebetrieb		*45 000 €*
Einkünfte aus Vermietung und Verpachtung		
– laufende Einkünfte		*+ 5 350 €*
– Einkünfte aus Entschädigung im Sinne des § 34 Abs. 2 Nr. 2 EStG		*+ 25 000 €*
Gesamtbetrag der Einkünfte		*75 350 €*
Sonderausgaben		*– 3 200 €*
Einkommen		*72 150 €*
zu versteuerndes Einkommen		*72 150 €*
zu versteuerndes Einkommen	*72 150 €*	
abzüglich Einkünfte im Sinne des § 34 Abs. 2 Nr. 2 EStG	*– 25 000 €*	
verbleibendes zu versteuerndes Einkommen	*47 150 €*	
darauf entfallender Steuerbetrag		*6 192 €*
verbleibendes zu versteuerndes Einkommen	*47 150 €*	
zuzüglich 1/5 der Einkünfte im Sinne des § 34 Abs. 2 Nr. 2 EStG	*+ 5 000 €*	
	52 150 €	
darauf entfallender Steuerbetrag	*7 596 €*	
abzüglich Steuerbetrag auf das verbleibende zu versteuernde Einkommen	*– 6 192 €*	
Unterschiedsbetrag	*1 404 €*	
multipliziert mit Faktor 5	*7 020 €*	*7 020 €*
tarifliche Einkommensteuer		***13 212 €***

Beispiel 2:

Berechnung der Einkommensteuer nach § 34 Abs. 1 EStG bei negativem verbleibenden zu versteuernden Einkommen

Der Steuerpflichtige, der Einkünfte aus Gewerbebetrieb hat, und seine Ehefrau werden zusammen veranlagt. Die Voraussetzungen des § 34 Abs. 3 und § 16 Abs. 4 EStG liegen nicht vor. Es sind die folgenden Einkünfte und Sonderausgaben anzusetzen:

Einkünfte aus Gewerbebetrieb, laufender Gewinn	*+ 5 350 €*	
Veräußerungsgewinn (§ 16 EStG)	*+ 225 000 €*	*230 350 €*
Einkünfte aus Vermietung und Verpachtung		*– 45 000 €*
Gesamtbetrag der Einkünfte		*185 350 €*

Sonderausgaben		− 3 200 €
Einkommen/zu versteuerndes Einkommen		182 150 €
Höhe der Einkünfte im Sinne des § 34 Abs. 2 EStG, die nach § 34 Abs. 1 EStG besteuert werden können; maximal aber bis zur Höhe des zu versteuernden Einkommens		182 150 €
zu versteuerndes Einkommen	182 150 €	
abzüglich Einkünfte im Sinne des § 34 Abs. 2 EStG	−225 000 €	
verbleibendes zu versteuerndes Einkommen	− 42 850 €	
Damit ist das gesamte zu versteuernde Einkommen in Höhe von 182 150 € gem. § 34 EStG tarifbegünstigt.		
¹/₅ des zu versteuernden Einkommens (§ 34 Abs. 1 Satz 3 EStG)	36 430 €	
darauf entfallender Steuerbetrag	3 360 €	
multipliziert mit Faktor 5	16 800 €	
tarifliche Einkommensteuer		**16 800 €**

Beispiel 3:

Berechnung der Einkommensteuer nach § 34 Abs. 1 EStG mit Einkünften, die dem Progressionsvorbehalt unterliegen

(Entsprechende Anwendung des BFH-Urteils vom 22. 9. 2009 − BStBl 2010 II S. 1032)

Der Steuerpflichtige hat Einkünfte aus nichtselbständiger Arbeit und aus Vermietung und Verpachtung (einschließlich einer Entschädigung im Sinne des § 34 EStG). Es sind folgende Einkünfte und Sonderausgaben anzusetzen:

Einkünfte aus nichtselbständiger Arbeit		10 000 €
Einkünfte aus Vermietung und Verpachtung		
− laufende Einkünfte		+ 60 000 €
− Einkünfte aus Entschädigung im Sinne von § 34 Abs. 2 Nr. 2 EStG		+ 30 000 €
Gesamtbetrag der Einkünfte		100 000 €
Sonderausgaben		− 3 200 €
Einkommen/zu versteuerndes Einkommen		96 800 €
Arbeitslosengeld		20 000 €
zu versteuerndes Einkommen	96 800 €	
abzüglich Einkünfte im Sinne des § 34 Abs. 2 Nr. 2 EStG	−30 000 €	
verbleibendes zu versteuerndes Einkommen	66 800 €	
zuzüglich Arbeitslosengeld § 32b Abs. 2 EStG	+ 20 000 €	
für die Berechnung des Steuersatzes gem. § 32b Abs. 2 EStG maßgebendes verbleibendes zu versteuerndes Einkommen	86 800 €	
Steuer nach Grundtarif	27 119 €	
besonderer (= durchschnittlicher) Steuersatz § 32b Abs. 2 EStG	31,2430 %	
Steuerbetrag auf verbleibendes zu versteuerndes Einkommen (66 800 €) unter Berücksichtigung des Progressionsvorbehalts		20 870 €
verbleibendes zu versteuerndes Einkommen	66 800 €	
zuzüglich ¹/₅ der Einkünfte im Sinne des § 34 EStG	+ 6 000 €	
	72 800 €	

zuzüglich Arbeitslosengeld § 32b Abs. 2 EStG	*+ 20 000 €*	
für die Berechnung des Steuersatzes gem. § 32b Abs. 2 EStG maßgebendes zu versteuerndes Einkommen mit ¹/₅ der außerordentlichen Einkünfte	*92 800 €*	
Steuer nach Grundtarif	*29 639 €*	
besonderer (= durchschnittlicher) Steuersatz	*31,9385 %*	
Steuerbetrag auf zu versteuerndes Einkommen mit ¹/₅ der außerordentlichen Einkünfte (72 800 €) unter Berücksichtigung des Progressionsvorbehalts	*23 251 €*	
abzüglich Steuerbetrag auf das verbleibende zu versteuernde Einkommen	*−20 870 €*	
Unterschiedsbetrag	*2 381 €*	
multipliziert mit Faktor 5	*11 905 €*	*11 905 €*
tarifliche Einkommensteuer		***32 775 €***

Beispiel 4:

...

Beispiel 5:

...

Negativer Progressionsvorbehalt

Unterliegen Einkünfte sowohl der Tarifermäßigung des § 34 Abs. 1 EStG als auch dem negativen Progressionsvorbehalt des § 32b EStG, ist eine integrierte Steuerberechnung nach dem Günstigkeitsprinzip vorzunehmen. Danach sind die Ermäßigungsvorschriften in der Reihenfolge anzuwenden, die zu einer geringeren Steuerbelastung führt, als dies bei ausschließlicher Anwendung des negativen Progressionsvorbehalts der Fall wäre (> BFH vom 15. 11. 2007 – BStBl 2008 II S. 375).

Verhältnis zu § 34b EStG

...

EStR   R 34.3 Besondere Voraussetzungen für die Anwendung des § 34 Abs. 1 EStG

(1) Entschädigungen im Sinne des § 24 Nr. 1 EStG sind nach § 34 Abs. 1 i.V.m. Abs. 2 Nr. 2 EStG nur begünstigt, wenn es sich um außerordentliche Einkünfte handelt; dabei kommt es nicht darauf an, im Rahmen welcher Einkunftsart sie angefallen sind.

(2) ¹Die Nachzahlung von > Nutzungsvergütungen und Zinsen im Sinne des § 34 Abs. 2 Nr. 3 EStG muss einen Zeitraum von mehr als 36 Monaten umfassen. ²Es genügt nicht, dass sie auf drei Kalenderjahre entfällt.

Hinweise   EStH   H 34.3

...

Entschädigung in zwei Veranlagungszeiträumen

– *Außerordentliche Einkünfte i. S. d. § 34 Abs. 2 Nr. 2 EStG sind (nur) gegeben, wenn die zu begünstigenden Einkünfte in einem VZ zu erfassen sind (> BFH vom 21. 3. 1996 – BStBl II S. 416 und vom 14. 5. 2003 – BStBl II S. 881). Die Tarifermäßigung nach § 34 Abs. 1 EStG kann aber unter besonderen Umständen ausnahmsweise auch dann in Betracht kommen, wenn die Entschädigung nicht in einem Kj. zufließt, sondern sich auf zwei Kj. verteilt. Voraussetzung ist jedoch stets, dass die Zahlung der Entschädigung von vornherein in einer Summe vorgesehen war und nur wegen ihrer ungewöhnlichen Höhe und der besonderen Verhältnisse des Zahlungspflichtigen auf zwei Jahre verteilt wurde oder wenn der Entschädigungsempfänger – bar aller Existenzmittel – dringend auf den baldigen Bezug einer Vorauszahlung angewiesen war (> BFH vom 2. 9. 1992 – BStBl 1993 II S. 831).*

...

Nutzungsvergütungen i. S. d. § 24 Nr. 3 EStG

– *Werden Nutzungsvergütungen oder Zinsen im Sinne des § 24 Nr. 3 EStG für einen Zeitraum von mehr als drei Jahren nachgezahlt, ist der gesamte Nachzahlungsbetrag nach § 34 Abs. 2 Nr. 3 in Verbindung mit Absatz 1 EStG begünstigt. Nicht begünstigt sind Nutzungsvergütungen, die in einem Einmalbetrag für einen drei Jahre übersteigenden Nutzungszeitraum gezahlt werden und von denen ein Teilbetrag auf einen Nachzahlungszeitraum von weniger als drei Jahren und die im Übrigen auf den zukünftigen Nutzungszeitraum entfallen (> BFH vom 19. 4. 1994 – BStBl II S. 640).*

– *Die auf Grund eines Zwangsversteigerungsverfahrens von der öffentlichen Hand als Ersteherin gezahlten sog. Bargebotszinsen stellen keine „Zinsen auf Entschädigungen" im Sinne von § 24 Nr. 3 EStG dar (> BFH vom 28. 4. 1998 – BStBl II S. 560).*

Vorabentschädigungen

Teilzahlungen, die ein Handelsvertreter entsprechend seinen abgeschlossenen Geschäften laufend vorweg auf seine künftige Wettbewerbsentschädigung (§ 90a HGB) und auf seinen künftigen Ausgleichsanspruch (§ 89b HGB) erhält, führen in den jeweiligen VZ zu keiner > Zusammenballung von Einkünften und lösen deshalb auch nicht die Tarifermäßigung nach § 34 Abs. 1 EStG aus (> BFH vom 20. 7. 1988 – BStBl II S. 936).

Zinsen i. S. d. § 24 Nr. 3 EStG

> *Nutzungsvergütungen*

Zusammenballung von Einkünften**🔳**

– *Eine Entschädigung ist nur dann tarifbegünstigt, wenn sie zu einer Zusammenballung von Einkünften innerhalb eines VZ führt (> BFH vom 4. 3. 1998 – BStBl II S. 787).*

– *> BMF vom 1. 11. 2013 (BStBl I S. 1326) unter Berücksichtigung der Änderungen durch BMF vom 4. 3. 2016 (BStBl I S. 277), Rz. 8-15, ...*

– *Erhält ein Stpfl. wegen der Körperverletzung durch einen Dritten auf Grund von mehreren gesonderten und unterschiedliche Zeiträume betreffenden Vereinbarungen mit dessen Versicherung Entschädigungen als Ersatz für entgangene und entgehende Einnahmen, steht der Zufluss der einzelnen Entschädigungen in verschiedenen VZ der tarifbegünstigten Besteuerung jeder dieser Entschädigungen nicht entgegen (> BFH vom 21. 1. 2004 – BStBl II S. 716). Bei einem zeitlichen Abstand zweier selbständiger Entschädigungszahlungen von sechs Jahren fehlt der für die Beurteilung der Einheitlichkeit einer Entschädigungsleistung erforderliche zeitliche Zusammenhang (> BFH vom 11. 10. 2017 – BStBl 2018 II S. 706).*

Anm. d. Schriftl.:

🔳 Arbeitslohn, der für einen Zeitraum von mehr als zwölf Monaten und veranlagungszeitraumübergreifend geleistet wird, kann als Vergütung für eine mehrjährige Tätigkeit nach der sogenannten Fünftelregelung zu besteuern sein, wenn wirtschaftlich vernünftige Gründe für die zusammengeballte Entlohnung vorliegen (BFH-Urteil vom 7. 5. 2015, BStBl 2015 II S. 890).

EStR **R 34.4 Anwendung des § 34 Abs. 1 EStG auf Einkünfte aus der Vergütung für eine mehrjährige Tätigkeit (§ 34 Abs. 2 Nr. 4 EStG)**

Allgemeines

(1) [1]§ 34 Abs. 2 Nr. 4 i. V. m. Abs. 1 EStG gilt grundsätzlich für alle Einkunftsarten. [2]§ 34 Abs. 1 EStG ist auch auf Nachzahlungen von Ruhegehaltsbezügen und von Renten im Sinne des § 22 Nr. 1 EStG anwendbar, soweit diese nicht für den laufenden VZ geleistet werden. [3]Voraussetzung für die Anwendung ist, dass auf Grund der Einkunftsermittlungsvorschriften eine > Zusammenballung von Einkünften eintritt, die bei Einkünften aus nichtselbständiger Arbeit auf wirtschaftlich vernünftigen Gründen beruht und bei anderen Einkünften nicht dem vertragsgemäßen oder dem typischen Ablauf entspricht.

Einkünfte aus nichtselbständiger Arbeit

(2) Bei Einkünften aus nichtselbständiger Arbeit kommt es nicht darauf an, dass die Vergütung für eine abgrenzbare Sondertätigkeit gezahlt wird, dass auf sie ein Rechtsanspruch besteht oder dass sie eine zwangsläufige Zusammenballung von Einnahmen darstellt.

Ermittlung der Einkünfte

(3) [1]Bei der Ermittlung der dem § 34 Abs. 2 Nr. 4 i. V. m. Abs. 1 EStG unterliegenden Einkünfte gilt R 34.1 Abs. 4 Satz 2. [2]Handelt es sich sowohl bei den laufenden Einnahmen als auch bei den außerordentlichen Bezügen um Versorgungsbezüge im Sinne des § 19 Abs. 2 EStG, können im Kalenderjahr des Zuflusses die Freibeträge für Versorgungsbezüge nach § 19 Abs. 2 EStG nur einmal abgezogen werden; sie sind zunächst bei den nicht nach § 34 EStG begünstigten Einkünften zu berücksichtigen. [3]Nur insoweit nicht verbrauchte Freibeträge für Versorgungsbezüge sind bei den nach § 34 EStG begünstigten Einkünften abzuziehen. [4]Entsprechend ist bei anderen Einkunftsarten zu verfahren, bei denen ein im Rahmen der Einkünfteermittlung anzusetzender Freibetrag oder Pauschbetrag, abzuziehen ist. [5]Werden außerordentliche Einkünfte aus nichtselbständiger Arbeit neben laufenden Einkünften dieser Art bezogen, ist bei den Einnahmen der Arbeitnehmer-Pauschbetrag oder der Pauschbetrag nach § 9a Satz 1 Nr. 1 Buchstabe b EStG insgesamt nur einmal abzuziehen, wenn insgesamt keine höheren Werbungskosten nachgewiesen werden. [6]In anderen Fällen sind die auf die jeweiligen Einnahmen entfallenden tatsächlichen Werbungskosten bei diesen Einnahmen zu berücksichtigen.

▸ **Hinweise** **EStH** **H 34.4**

Arbeitslohn für mehrere Jahre

...

Außerordentliche Einkünfte i. S. d. § 34 Abs. 2 Nr. 4 i. V. m. § 34 Abs. 1 EStG

– *§ 34 Abs. 2 Nr. 4 i. V. m. § 34 Abs. 1 EStG ist z. B. anzuwenden, wenn*

 – *eine **Lohnzahlung** für eine Zeit, die vor dem Kj. liegt, deshalb nachträglich geleistet wird, weil der Arbeitgeber Lohnbeträge zu Unrecht einbehalten oder mangels flüssiger Mittel nicht in der festgelegten Höhe ausgezahlt hat (> BFH vom 17. 7. 1970 – BStBl II S. 683),*

 – *der Arbeitgeber **Prämien** mehrerer Kj. für eine Versorgung oder für eine Unfallversicherung des Arbeitnehmers deshalb voraus- oder nachzahlt, weil er dadurch günstigere Prämiensätze erzielt oder weil die Zusammenfassung satzungsgemäßen Bestimmungen einer Versorgungseinrichtung entspricht,*

- dem Stpfl. **Tantiemen** für mehrere Jahre in einem Kj. zusammengeballt zufließen (> BFH vom 11. 6. 1970 – BStBl II S. 639),
- dem Stpfl. Zahlungen, die zur Abfindung von **Pensionsanwartschaften** geleistet werden, zufließen. Dem Zufluss steht nicht entgegen, dass der Ablösungsbetrag nicht an den Stpfl., sondern an einen Dritten gezahlt worden ist (> BFH vom 12. 4. 2007 – BStBl II S. 581),
- **Arbeitslohn** aus einem **Forderungsverzicht** auf eine bereits erdiente (werthaltige) Pensionsanwartschaft vorliegt (> BFH vom 23. 8. 2017 – BStBl 2018 II S. 208),
- **Nachzahlungen von Versorgungsbezügen**, die als Ruhegehalt für eine ehemalige Arbeitnehmertätigkeit gezahlt werden (> BFH vom 28. 2. 1958 – BStBl III S. 169),
- eine Zahlung des **Rückkaufwertes** einer Versicherung der betrieblichen Altersversorgung vorliegt (> BFH vom 6. 5. 2020 – BStBl 2021 II S. 141),
- im Rahmen der **betrieblichen Altersvorsorge** im Durchführungsweg Direktzusage eine Trennung zwischen arbeitgeberfinanziertem Basiskonto und mitarbeiterfinanziertem Aufbaukonto vorgenommen wird und eine Einmalauszahlung aus einem dieser Konten erfolgt (> BFH vom 23. 4. 2021 – BStBl II S. 692),
- Überstundenvergütungen für einen Zeitraum von mehr als zwölf Monaten als Einmalzahlung geleistet werden (> BFH vom 2. 12. 2021 – BStBl 2022 II S. 442).

...

Gewinneinkünfte

Die Annahme außerordentlicher Einkünfte i. S. d. § 34 Abs. 2 Nr. 4 EStG setzt voraus, dass die Vergütung für mehrjährige Tätigkeiten eine Progressionswirkung typischerweise erwarten lässt. Dies kann bei Einkünften i. S. d. § 2 Abs. 2 Satz 1 Nr. 1 EStG dann der Fall sein, wenn

- der Stpfl. sich während mehrerer Jahre **ausschließlich einer bestimmten Sache** gewidmet und die Vergütung dafür in einem einzigen VZ erhalten hat oder
- eine sich über mehrere Jahre erstreckende **Sondertätigkeit,** die von der übrigen Tätigkeit des Stpfl. ausreichend abgrenzbar ist und nicht zum regelmäßigen Gewinnbetrieb gehört, in einem einzigen VZ entlohnt wird oder
- der Stpfl. für eine mehrjährige Tätigkeit eine Nachzahlung in einem Betrag aufgrund einer **vorausgegangenen rechtlichen Auseinandersetzung** erhalten hat (> BFH vom 14. 12. 2006 – BStBl 2007 II S. 180),
- eine **einmalige Sonderzahlung** für langjährige Dienste auf Grund einer arbeitnehmerähnlichen Stellung geleistet wird (> BFH vom 7. 7. 2004 – BStBl 2005 II S. 276),
- durch geballte **Nachaktivierung** von **Umsatzsteuer-Erstattungsansprüchen** mehrerer Jahre ein Ertrag entsteht (> BFH vom 25. 2. 2014 – BStBl II S. 668 und vom 25. 9. 2014 – BStBl 2015 II S. 220),
- eine **Nachzahlung der Kassenärztlichen Vereinigung,** die insgesamt mehrere Jahre betrifft, ganz überwiegend in einem VZ ausgezahlt wird (> BFH vom 2. 8. 2016 – BStBl 2017 II S. 258).

Zusammenballung von Einkünften

Eine Zusammenballung von Einkünften ist **nicht anzunehmen:**

- wenn die Vertragsparteien die Vergütung bereits durch ins Gewicht fallende **Teilzahlungen** auf mehrere Kj. verteilt haben (> BFH vom 10. 2. 1972 – BStBl II S. 529),
- bei der **Veräußerung eines Mitunternehmeranteils,** wenn der Stpfl. zuvor auf Grund einheitlicher Planung und im zeitlichen Zusammenhang mit der Veräußerung einen Teil des ursprünglichen Mitunternehmeranteils ohne Aufdeckung der stillen Reserven übertragen hat (> BFH vom 9. 12. 2014 – BStBl 2015 II S. 529),

– wenn die **Auszahlung der Gesamtvergütung** in zwei VZ in etwa gleich großen Teilbeträgen erfolgt. Dabei ist es unerheblich, ob die Modalitäten des Zuflusses vereinbart oder dem Zahlungsempfänger aufgezwungen wurden (> BFH vom 2. 8. 2016 – BStBl 2017 II S. 258).

Zu § 48 EStG

 Hinweise   **EStH**   **H 48**

Bauwerke

Bauwerke i. S. d. § 48 Abs. 1 Satz 3 EStG sind insbesondere nicht auf Gebäude oder unbewegliche Wirtschaftsgüter beschränkt, sondern kommen auch bei Scheinbestandteilen, Betriebsvorrichtungen und technischen Anlagen in Betracht. Zur Errichtung von Freiland-Photovoltaikanlagen > BFH vom 7. 11. 2019 (BStBl 2020 II S. 552).

Fiktiv wirtschaftlich Leistender nach § 48 Abs. 1 Satz 4

Die Fiktion des wirtschaftlich Leistenden trifft selbst auf inaktive ausländische Domizilgesellschaften und Briefkastenfirmen zu, welche die Bauleistung nicht selbst erbringen (> BFH vom 9. 6. 2022 – BStBl II S. 721).

Steuerabzug bei Bauleistungen

> BMF vom 19. 7. 2022 (BStBl I S. 1229)

Einfügung d. Schriftl.:

BMF-Schreiben vom 19. 7. 2022 – BStBl I S. 1229

Steuerabzug von Vergütungen für im Inland erbrachte Bauleistungen (§§ 48 bis 48d EStG); Überarbeitung des BMF-Schreibens vom 27. 12. 2002 (BStBl I S. 1399)

Unter Bezugnahme auf das Ergebnis der Erörterung mit den obersten Finanzbehörden der Länder gilt für die Anwendung der §§ 48 bis 48d des Einkommensteuergesetzes (EStG) Folgendes:

Inhaltsübersicht

Nach den §§ 48 bis 48d EStG müssen unternehmerisch tätige Auftraggeber von Bauleistungen (Leistungs- **1** empfänger) im Inland einen Steuerabzug von 15 % der Gegenleistung für Rechnung des die Bauleistung erbringenden Unternehmens (Leistender) vornehmen, wenn keine gültige, vom zuständigen Finanzamt des Leistenden ausgestellte Freistellungsbescheinigung vorliegt oder bestimmte Freigrenzen nicht überschritten werden.

Außerdem besteht für Unternehmen des Baugewerbes, die ihren Sitz oder ihre Geschäftsleitung im Aus- **2** land haben, jeweils eine zentrale örtliche Zuständigkeit von Finanzämtern im Bundesgebiet. Diese umfasst auch das Lohnsteuerabzugsverfahren sowie die Einkommensbesteuerung der von diesen Unternehmen im Inland beschäftigten Arbeitnehmer mit Wohnsitz im Ausland.

1. Steuerabzugspflicht

Vergütungen für Bauleistungen, die im Inland gegenüber einem Unternehmer im Sinne des § 2 des Um- **3** satzsteuergesetzes (UStG) oder gegenüber einer juristischen Person des öffentlichen Rechts erbracht werden, unterliegen dem Steuerabzug (§ 48 Absatz 1 Satz 1 EStG). Dies gilt auch für Vergütungen für Bauleistungen, die im Inland an ausländische juristische Personen des öffentlichen Rechts erbracht werden, es sei denn, es handelt sich um Einrichtungen ausländischer Staaten oder Institutionen mit einem vom Auswärtigen Amt anerkannten Sonderstatus (z. B. nach der Wiener Konvention).

1.1. Begriff der Bauleistung

Unter einer Bauleistung sind alle Leistungen zu verstehen, die der Herstellung, Instandsetzung oder In- **4** standhaltung, Änderung oder Beseitigung von Bauwerken dienen (§ 48 Absatz 1 Satz 3 EStG). Diese Definition entspricht der Regelung in § 101 Absatz 2 Satz 2 des Dritten Buches Sozialgesetzbuch (SGB III) in Verbindung mit der Baubetriebe-Verordnung, wobei zu den Bauleistungen im Sinne des Steuerabzugs nach § 48 EStG auch die Gewerke gehören, die von der Winterbauförderung gemäß § 2 Baubetriebe-Verordnung ausgeschlossen sind.

Der Begriff des Bauwerks ist weit auszulegen (Urteil des Bundesarbeitsgerichts (BAG) vom 21. Januar 1976 - 4 AZR 71/75, Rn. 23; Urteil des Bundesfinanzhofs (BFH) vom 7. November 2019 - I R 46/17, BStBl 2020 II S. 552) und umfasst demzufolge nicht nur Gebäude, sondern darüber hinaus sämtliche irgendwie mit dem Erdboden verbundene oder infolge ihrer eigenen Schwere auf ihm ruhende, aus Baustoffen oder Bauteilen mit baulichem Gerät hergestellte Anlagen (z. B. Brücken, Straßen oder Tunnel, Versorgungsleitungen, Windkraftanlagen). Der Begriff des Bauwerks im Sinne des § 48 Absatz 1 Satz 3 EStG ist weder auf Gebäude noch allgemein auf unbewegliche Wirtschaftsgüter beschränkt. Vielmehr können darunter auch Scheinbestandteile im Sinne des § 95 des Bürgerlichen Gesetzbuchs (BGB) und Betriebsvorrichtungen im Sinne des § 68 Absatz 2 Satz 1 Nummer 2 des Bewertungsgesetzes (BewG) fallen. Technische Anlagen können daher ebenfalls ein Bauwerk im Sinne des § 48 Absatz 1 Satz 3 EStG darstellen, wenn es um die Frage geht, ob überhaupt ein Bauwerk vorliegt (BFH-Urteil vom 7. November 2019 - I R 46/17, BStBl 2020 II S. 552, Rn. 17 zu Freiland-Photovoltaikanlagen).

Zu den Bauleistungen gehören u. a. der Einbau von Fenstern und Türen sowie Bodenbelägen, Aufzügen, Rolltreppen und Heizungsanlagen, aber auch von Einrichtungsgegenständen, wenn sie mit einem Gebäude fest verbunden sind, wie z. B. Ladeneinbauten, Schaufensteranlagen, Gaststätteneinrichtungen. Ebenfalls zu den Bauleistungen zählen die Installation einer Lichtwerbeanlage, Dachbegrünung eines Bauwerks oder der Hausanschluss durch Energieversorgungsunternehmen (die Hausanschlusskosten umfassen regelmäßig Erdarbeiten, Mauerdurchbruch, Installation des Hausanschlusskastens und Verlegung des Hausanschlusskabels vom Netz des Elektrizitätsversorgungsunternehmens zum Hausanschlusskasten). Die Installation einer Photovoltaikanlage an oder auf einem Gebäude stellt eine Bauleistung im Sinne des § 48 EStG dar.

5   Die in der Baubetriebe-Verordnung aufgeführten Tätigkeiten sind nicht in allen Fällen dem Steuerabzug zu unterwerfen. Voraussetzung für den Steuerabzug ist immer, dass die in der Baubetriebe-Verordnung aufgeführten Tätigkeiten im Zusammenhang mit einem Bauwerk durchgeführt werden, also der Herstellung, Instandsetzung, Instandhaltung, Änderung oder Beseitigung von Bauwerken dienen. Die Annahme einer Bauleistung setzt voraus, dass sie sich unmittelbar auf die Substanz des Bauwerks auswirkt, d. h. eine Substanzveränderung im Sinne einer Substanzerweiterung, Substanzverbesserung oder Substanzbeseitigung bewirkt. Hierzu zählen auch Erhaltungsaufwendungen.

6   Ausschließlich planerische Leistungen (z. B. von Statikern, Architekten, Garten- und Innenarchitekten, Vermessungs-, Prüf- und Bauingenieuren), Labordienstleistungen (z. B. chemische Analyse von Baustoffen) oder reine Leistungen zur Bauüberwachung, zur Prüfung von Bauabrechnungen und zur Durchführung von Ausschreibungen und Vergaben sind keine Bauleistungen. Werden neben diesen Leistungen auch als Bauleistung zu qualifizierende Tätigkeiten ausgeführt, ist Rn. 12 zu beachten.

7   Künstlerische Leistungen an Bauwerken, die sich unmittelbar auf die Substanz auswirken, unterliegen grundsätzlich dem Steuerabzug. Dies gilt jedoch nicht, wenn der Künstler nicht die Ausführung des Werks als eigene Leistung schuldet, sondern lediglich Ideen oder Planungen zur Verfügung stellt oder die Ausführung des von einem Dritten geschuldeten Werks durch Bauunternehmer überwacht.

8   Die Arbeitnehmerüberlassung stellt keine Bauleistung dar, auch wenn die überlassenen Arbeitnehmer für den Entleiher Bauleistungen erbringen.

9   Die bloße Reinigung von Räumlichkeiten oder Flächen, z. B. Fenstern, stellt keine Bauleistung dar, es sei denn, es handelt sich um eine Nebenleistung zu weiteren als Bauleistung zu qualifizierenden Tätigkeiten. Ein Reinigungsvorgang, bei dem die zu reinigende Oberfläche verändert wird, stellt dagegen eine Bauleistung dar. Eine zum Steuerabzug führende Fassadenreinigung gemäß § 2 Nummer 3 der Baubetriebe-Verordnung liegt z. B. bei Vornahme einer Behandlung vor, bei der die Oberfläche abgeschliffen oder abgestrahlt wird.

10 Reine Wartungsarbeiten an Bauwerken oder Teilen von Bauwerken stellen keine Bauleistung dar, solange nicht Teile verändert, bearbeitet oder ausgetauscht werden.

11 Folgende Leistungen fallen für sich genommen nicht unter den Steuerabzug:

   −   Materiallieferungen (z. B. durch Baustoffhändler oder Baumärkte),

   −   Anliefern von Beton (demgegenüber stellt das Anliefern und das anschließende fachgerechte Verarbeiten des Betons durch den Anliefernden eine Bauleistung dar),

   −   Zurverfügungstellung von Betonpumpen,

   −   Zurverfügungstellung von anderen Baugeräten (es sei denn, es wird zugleich Bedienungspersonal für substanzverändernde Arbeiten zur Verfügung gestellt),

   −   Aufstellen von Material- und Bürocontainern, mobilen Toilettenhäusern,

   −   Entsorgung von Baumaterialien (Schuttabfuhr durch Abfuhrunternehmer),

   −   Aufstellen von Messeständen,

   −   Gerüstbau,

   −   Schiffbau,

   −   Anlegen von Bepflanzungen und deren Pflege (z. B. Bäume, Gehölze, Blumen, Rasen), außer bei Dachbegrünungen (siehe auch Rn. 4).

   Werden diese Leistungen von demselben Leistenden zusammen mit Bauleistungen erbracht, ist Rn. 12 zu beachten.

12 Werden im Rahmen eines Vertragsverhältnisses mehrere Leistungen erbracht, bei denen es sich teilweise um Bauleistungen handelt, kommt es darauf an, welche Leistung im Vordergrund steht, also der vertraglichen Beziehung das Gepräge gibt. Eine Abzugsverpflichtung besteht vollumfänglich dann, wenn die Bauleistung als Hauptleistung anzusehen ist. Die Nebenleistung teilt jeweils das Schicksal der Hauptleistung.

   Beispiele:

   −   Die von einem Gastwirt bestellte Theke ist von dem beauftragten Schreiner individuell nach den Wünschen des Auftraggebers geplant, gefertigt, geliefert und vor Ort montiert worden. Bei der Fertigung und Montage handelt es sich um Bauleistungen. Demgegenüber sind Planung und Transport durch den Schreiner nicht als Bauleistungen anzusehen. Sie teilen aber hier als Nebenleistungen das Schicksal der Hauptleistung, sodass von der Vergütung insgesamt ein Steuerabzug vorzunehmen ist.

– Einem Handwerksbetrieb wird eine Maschine geliefert. Der Lieferant nimmt die Maschine beim Auftraggeber in Betrieb. Zu diesem Zweck muss beim Auftraggeber eine Steckdose versetzt werden, was durch einen Arbeitnehmer des Lieferanten erfolgt. Ein Steuerabzug ist nicht vorzunehmen, denn die Lieferung der Maschine ist keine Bauleistung. Bei dem Versetzen der Steckdose handelt es sich zwar um eine Bauleistung, die jedoch als Nebenleistung hinter die Lieferung der Maschine zurücktritt.

Unerheblich ist demgegenüber die zivilrechtliche Einordnung des Vertragsverhältnisses. Die Abzugsverpflichtung ist nicht auf Werkverträge beschränkt, sondern greift z. B. auch in Fällen, in denen die Bauleistung im Rahmen eines „Werklieferungsvertrags" (§ 651 BGB) erbracht wird. **13**

1.2. Abzugsverpflichteter

Abzugsverpflichtet ist der Leistungsempfänger (auch bei Erbringung der Gegenleistung durch einen Dritten, vgl. Rn. 70), wenn es sich hierbei um einen Unternehmer im Sinne des § 2 UStG oder um eine juristische Person des öffentlichen Rechts handelt. **14**

Umsatzsteuerrechtlich ist Unternehmer, wer eine gewerbliche oder berufliche Tätigkeit selbstständig nachhaltig ausübt. Entscheidend ist hierbei, dass die Tätigkeit auf die Erzielung von Einnahmen gerichtet ist; auf die Absicht, mit der Tätigkeit Gewinn zu erzielen, kommt es nicht an. Daher werden auch Tätigkeiten erfasst, die einkommensteuerrechtlich eine Liebhaberei darstellen. Dabei umfasst das Unternehmen die gesamte gewerbliche oder berufliche Tätigkeit. Die Abzugsverpflichtung besteht demzufolge auch für Kleinunternehmer (§ 19 UStG), pauschalversteuernde Land- und Forstwirte (§ 24 UStG) und Unternehmer, die ausschließlich steuerfreie Umsätze tätigen. Dazu gehören auch die Vermietung und Verpachtung von Grundstücken, von Gebäuden und Gebäudeteilen. Im Falle des Nießbrauchs ist der Nießbrauchsberechtigte Unternehmer. Der Gebäudeeigentümer (Nießbrauchsverpflichteter) ist nur bei entgeltlich bestelltem Nießbrauch Unternehmer (nachhaltige Duldungsleistung). Bei unentgeltlich bestelltem Nießbrauch (z. B. Vorbehalts-, Zuwendungsnießbrauch) fehlt es zur Unternehmereigenschaft an der Einnahmeerzielungsabsicht. Die Abzugsverpflichtung betrifft nur den unternehmerischen Bereich des Auftraggebers. Wird eine Bauleistung ausschließlich für den nichtunternehmerischen Bereich eines Unternehmers erbracht, besteht keine Abzugsverpflichtung.

Wird die Bauleistung für ein Bauwerk erbracht, das nur teilweise unternehmerischen Zwecken dient, so kommt es abweichend von Abschnitt 15.2c Absatz 2 des Umsatzsteuer-Anwendungserlasses (UStAE) darauf an, ob die Bauleistung dem unternehmerisch oder nicht-unternehmerisch genutzten Teil des Bauwerks zugeordnet werden kann. Bauleistungen, die einem Teil des Bauwerks nicht eindeutig zugeordnet werden können, sind dem Zweck zuzuordnen, der überwiegt. Der überwiegende Zweck ist anhand des Wohn-/Nutzflächenverhältnisses oder anderer sachgerechter Maßstäbe festzustellen. **15**

Beispiele:

– Ein Bäcker lässt im Verkaufsraum seiner Bäckerei eine neue Ladeneinrichtung installieren. Die Vergütung unterliegt dem Steuerabzug nach § 48 EStG.

– Ein freiberuflich tätiger Journalist lässt die Fliesen im Badezimmer seiner zu eigenen Wohnzwecken genutzten Eigentumswohnung erneuern. Die Vergütung unterliegt nicht dem Steuerabzug, obwohl es sich beim Leistungsempfänger um einen Unternehmer handelt, denn die Bauleistung wurde in dessen Privatwohnung vorgenommen.

– Ein Eigentümer lässt in einem Vierfamilienhaus, in dem er eine Wohnung selbst bewohnt und die übrigen Wohnungen vermietet, Verbundglasfenster einbauen. Da es sich bei dem Eigentümer hinsichtlich seiner Vermietungstätigkeit um einen Unternehmer handelt, unterliegt die Vergütung insoweit dem Steuerabzug, als sie sich auf den Einbau von Fenstern in den vermieteten Wohnungen bezieht. Fenster in Gemeinschaftsräumen (z. B. Flure, Treppenhäuser) sind der überwiegenden Nutzung zuzuordnen. Da in dem Beispiel die größere Zahl der Wohnungen vermietet ist, ist von der Gegenleistung für diese Fenster der Steuerabzug vorzunehmen.

– Ein Arbeitnehmer ist nebenberuflich als Bausparkassenvertreter tätig und lässt das Dach seines selbstgenutzten Eigenheims neu eindecken, in dem sich ein häusliches Arbeitszimmer, das er auch für seine Arbeitnehmertätigkeit nutzt, befindet. Der Arbeitnehmer ist zwar hinsichtlich seiner Nebentätigkeit Unternehmer. Ein Steuerabzug unterbleibt jedoch, weil die Bauleistung dem unternehmerischen Zweck nicht unmittelbar zugeordnet werden kann und die Wohnnutzung überwiegt.

16 Leistungsempfänger und damit zum Steuerabzug verpflichtet ist auch ein Generalunternehmer, der sich zur Erfüllung seiner Leistungspflicht Subunternehmern bedient. Der Generalunternehmer gilt im Verhältnis zum Auftraggeber auch dann als Leistender, wenn er selbst keine Bauleistungen erbringt, sondern lediglich über solche Leistungen abrechnet. Im Verhältnis zu den Subunternehmern handelt es sich indessen bei dem Generalunternehmer um einen Leistungsempfänger, der als Unternehmer zum Steuerabzug verpflichtet ist.

17 Leistungen von Bauträgern im Sinne des § 3 Makler- und Bauträgerverordnung unterliegen nur dann dem Steuerabzug bei Bauleistungen, wenn der Abnehmer der von dem Bauträger erstellten oder zu erstellenden Bauwerke als Bauherr im Sinne des BMF-Schreibens vom 20. Oktober 2003, BStBl I S. 546 (Anhang 30 I Amtliches Einkommensteuer-Handbuch 2021), anzusehen ist.

18 Leistungsempfänger einer Bauleistung kann auch eine Gesellschaft bürgerlichen Rechts (z. B. eine Arbeitsgemeinschaft) sein. Entrichtungsschuldner des Steuerabzugsbetrags ist die Personengesellschaft. In diesen Fällen sind die geschäftsführenden Gesellschafter (§ 713 BGB) zum Steuerabzug verpflichtet.

19 Bei Wohnungseigentümergemeinschaften ist zwischen dem Sondereigentum und dem Gemeinschaftseigentum zu unterscheiden. Bei Bauleistungen für das Sondereigentum ist der jeweilige Sondereigentümer als Leistungsempfänger zum Steuerabzug verpflichtet, sofern er die Voraussetzungen des § 48 Absatz 1 EStG erfüllt. Bei Bauleistungen für das Gemeinschaftseigentum ist die Wohnungseigentümergemeinschaft als Leistungsempfängerin zur Durchführung des Steuerabzugs verpflichtet. Die Wohnungseigentümergemeinschaft ist Unternehmerin im Sinne des § 2 UStG, denn sie erbringt Leistungen gegenüber den Eigentümern. Dazu gehört auch die Instandhaltung des Bauwerks.

20 Bei einer umsatzsteuerrechtlichen Organschaft ist der Organträger Unternehmer. Werden Bauleistungen von Leistenden außerhalb des Organkreises an die Organgesellschaft erbracht, ist daher der Organträger Leistungsempfänger und zum Steuerabzug verpflichtet. Er haftet für das Unterlassen des Steuerabzugs. Es wird jedoch nicht beanstandet, wenn die Durchführung des Steuerabzugs durch die Organgesellschaft im Auftrag des Organträgers erfolgt.

Organgesellschaften einer umsatzsteuerrechtlichen Organschaft sind keine Unternehmer. Bei Innenumsätzen zwischen verschiedenen Organgesellschaften bzw. zwischen der Organgesellschaft und dem Organträger besteht daher keine Abzugsverpflichtung.

21 Bei juristischen Personen des öffentlichen Rechts kann der Steuerabzug auch durch einzelne Organisationseinheiten der juristischen Person des öffentlichen Rechts (z. B. Ressorts, Behörden, Ämter) vorgenommen werden.

22 Der Beginn und das Ende der Unternehmereigenschaft richten sich nach den Grundsätzen des Umsatzsteuergesetzes (vgl. Abschnitt 2.6 UStAE).

1.3. Leistender

23 Der Steuerabzug ist vom Leistungsempfänger unabhängig davon durchzuführen, ob der Leistende (Auftragnehmer) im Inland oder im Ausland ansässig ist (§§ 8 bis 11 Abgabenordnung (AO)). Unerheblich ist, ob die Einkünfte des Leistenden in Deutschland steuerpflichtig sind (BFH-Urteil vom 7. November 2019 - I R 46/17, BStBl 2020 II S. 552, Rn. 27). Es kommt auch nicht darauf an, ob es zum Unternehmenszweck des Leistenden gehört, Bauleistungen zu erbringen, oder ob er mit seinem Unternehmen überwiegend Bauleistungen erbringt. Auch wenn jemand nur ausnahmsweise gegenüber einem Unternehmer eine Bauleistung erbringt, unterliegt die Vergütung dem Steuerabzug. Die Vergütungen für Bauleistungen, die juristische Personen des öffentlichen Rechts im Rahmen ihrer hoheitlichen Tätigkeit erbringen, unterliegen nicht dem Steuerabzug. Sie haben bei der Ausführung der Bauleistungen bzw. der Abrechnung in geeigneter Weise auf ihren Status als juristische Person des öffentlichen Rechts und die Leistungserbringung im Rahmen ihrer hoheitlichen Tätigkeit hinzuweisen. Diese Grundsätze gelten auch, wenn eine juristische Person des öffentlichen Rechts eine Bauleistung bzw. eine Abrechnung (im Sinne des § 48 Absatz 1 Satz 4 EStG) gegenüber einer anderen juristischen Person des öffentlichen Rechts erbringt. Der Steuerabzug ist vorzunehmen, wenn die leistende juristische Person des öffentlichen Rechts in einem Betrieb gewerblicher Art tätig wird.

24 Als Leistender gilt auch derjenige, der über eine Leistung abrechnet, ohne sie selbst erbracht zu haben. Daher ist der Steuerabzug auch von der Vergütung vorzunehmen, die ein Generalunternehmer erhält, der selbst nicht als Bauunternehmer tätig wird, aber mit dem Leistungsempfänger die Leistungen der beauftragten Subunternehmer abrechnet. Dagegen ist die Abrechnung einer Wohnungseigentümergemeinschaft mit den Eigentümern keine Abrechnung im Sinne von § 48 Absatz 1 Satz 4 EStG.

Auch eine Personengesellschaft kann Leistender sein, ebenso eine Arbeitsgemeinschaft. Schließt eine Ar- **25** beitsgemeinschaft Verträge über Bauleistungen mit Leistungsempfängern ab, so ist die Arbeitsgemeinschaft der Leistende. Erbringt ein Partner der Arbeitsgemeinschaft aufgrund eines eigenen Vertrages Bauleistungen gegenüber der Arbeitsgemeinschaft, so ist insofern auch der Partner Leistender und die Arbeitsgemeinschaft Leistungsempfängerin.

Erbringt eine Organgesellschaft Bauleistungen an Leistungsempfänger außerhalb des umsatzsteuerrecht- **26** lichen Organkreises, ist Leistender die Organgesellschaft.

1.4. Abstandnahme vom Steuerabzug

Der Steuerabzug muss nicht vorgenommen werden, wenn die Gegenleistung im laufenden Kalenderjahr **27** insgesamt die Freigrenze von 5.000 € bzw. 15.000 € voraussichtlich nicht übersteigen wird (vgl. Rn. 47 ff.). Der Steuerabzug ist nicht vorzunehmen, wenn der Leistende (Auftragnehmer) dem Leistungsempfänger (Auftraggeber) eine im Zeitpunkt der Gegenleistung gültige Freistellungsbescheinigung vorlegt (§ 48 Absatz 2 Satz 1 EStG) oder der Leistungsempfänger nicht mehr als zwei Wohnungen vermietet (vgl. Rn. 53 ff.).

1.4.1. Erteilung der Freistellungsbescheinigung

Der Leistende kann bei dem für ihn zuständigen Finanzamt (vgl. Rn. 97) eine Freistellungsbescheinigung **28** beantragen (§ 48b EStG). Die Freistellungsbescheinigung wird unter der Steuernummer ausgestellt, die an den jeweiligen Leistenden für Zwecke der Einkommen- bzw. Körperschaftsteuer vergeben wurde. Ist Leistender eine Personengesellschaft, z. B. eine Arbeitsgemeinschaft, ist der Antrag bei dem für die Personengesellschaft zuständigen Finanzamt zu stellen. Die Ausstellung der Freistellungsbescheinigung erfolgt unter der Steuernummer der Personengesellschaft. Ist eine Personengesellschaft ertragsteuerlich nicht zu führen, ist auf die umsatzsteuerrechtliche Zuständigkeit abzustellen. Der Antrag bedarf keiner Form. Ggf. ermittelt das Finanzamt Angaben durch einen Fragebogen. Bei Leistenden, die ihren Wohnsitz, Sitz, Geschäftsleitung oder gewöhnlichen Aufenthalt nicht im Inland haben, ist eine Freistellungsbescheinigung zu erteilen, wenn ein inländischer Empfangsbevollmächtigter bestellt ist und der Steueranspruch nicht gefährdet erscheint, also sichergestellt ist, dass der Leistende seine steuerlichen Pflichten im Inland ordnungsgemäß erfüllt. Bei Leistenden mit Wohnsitz, Sitz, Geschäftsleitung oder gewöhnlichem Aufenthalt in einem Mitgliedstaat der Europäischen Union oder in einem Staat, auf den das Abkommen über den Europäischen Wirtschaftsraum anwendbar ist, ist die Bestellung eines inländischen Empfangsbevollmächtigten nicht Voraussetzung für die Erteilung einer Freistellungsbescheinigung.

Der Steueranspruch ist insbesondere dann gefährdet und die Versagung einer Freistellungsbescheinigung **29** gerechtfertigt, wenn

1. der Leistende seine Anzeigepflicht nach § 138 AO nicht erfüllt;

2. der Leistende seiner Mitwirkungspflicht nach § 90 AO nicht nachkommt. **30**

   Insbesondere bei Leistenden, die bislang noch nicht steuerlich erfasst sind, soll das Finanzamt die notwendigen Angaben zur Prüfung der Frage, ob durch einen Steuerabzug zu sichernde Steueransprüche bestehen können und die steuerliche Erfassung des Leistenden notwendig ist, mittels eines Fragebogens erheben. Werden diese Angaben nicht oder nicht vollständig erbracht, ist nach den Gesamtumständen des Einzelfalls abzuwägen, ob wegen einer Verletzung von Auskunfts- und Mitteilungspflichten die Freistellungsbescheinigung zu versagen ist.

3. der im Ausland ansässige Leistende den Nachweis der steuerlichen Ansässigkeit nicht eine Beschei- **31** nigung der zuständigen ausländischen Steuerbehörde erbringt.

   Der dem Antragsteller auferlegte Nachweis der steuerlichen Ansässigkeit nach § 48b Absatz 1 Satz 2 Nummer 3 EStG wird grundsätzlich dadurch erbracht, dass die ausländische Steuerbehörde die steuerliche Erfassung im Ansässigkeitsstaat bestätigt. In Zweifelsfällen kann das Finanzamt nach § 90 Absatz 2 AO vom Antragsteller eine qualifizierte Ansässigkeitsbescheinigung verlangen, in der die ausländische Steuerbehörde bestätigt, dass sich auch der Ort der Geschäftsleitung (BFH-Urteil vom 16. Dezember 1998 - I R 138/97, BStBl 1999 II S. 437) im Ansässigkeitsstaat befindet und in welchem Umfang der Antragsteller im Ansässigkeitsstaat selbst wirtschaftliche Aktivitäten entfaltet.

Der Gefährdungskatalog in § 48b Absatz 1 Satz 2 EStG ist nicht abschließend. Entscheidend ist, ob nach **32** dem Gesamtbild der Verhältnisse die Befürchtung gerechtfertigt erscheint, dass die rechtzeitige und vollständige Erfüllung des durch das Abzugsverfahren gesicherten Steueranspruchs durch die Erteilung der Freistellungsbescheinigung gefährdet werden könnte (BFH-Beschluss vom 13. November 2002 - I B 147/02, BStBl 2003 II S. 716). Über die im Gesetz ausdrücklich erwähnten Versagungsgründe hinaus kann daher auch dann eine Gefährdung des zu sichernden Steueranspruchs vorliegen, wenn z. B. _nachhaltig oder wiederholt_ Steuerrückstände bestehen oder drei Monate vor Antragstellung bestanden haben oder unzutreffende Angaben in Steueranmeldungen bzw. Steuererklärungen festgestellt werden oder der Leistende diese _wiederholt_ nicht oder nicht rechtzeitig abgibt. Ggf. kann in diesen Fällen eine Freistellungsbescheinigung mit einer kurzen Geltungsdauer oder auftragsbezogen erteilt werden.

Im Rahmen der Verfahren nach der Insolvenzordnung (InsO) über das Vermögen des Leistenden ist die Erteilung einer Freistellungsbescheinigung nicht grundsätzlich ausgeschlossen. So ist einem Insolvenzverwalter, bei dem davon auszugehen ist, dass er seine steuerlichen Pflichten erfüllt, grundsätzlich eine Freistellungsbescheinigung auszustellen. Dies gilt im Fall der Eigenverwaltung entsprechend für vom Unternehmer nach Eröffnung des Insolvenzverfahrens erbrachte Bauleistungen. Einem vorläufigen Insolvenzverwalter mit Verfügungsbefugnis (§ 22 Absatz 1 InsO), bei dem davon auszugehen ist, dass er seine steuerlichen Pflichten erfüllt, ist eine Bescheinigung auszustellen, wenn erkennbar ist, dass das Insolvenzverfahren auch tatsächlich eröffnet wird. Unternehmer bleibt der Inhaber der Vermögensmasse, für die der Amtsinhaber (z. B. Insolvenzverwalter), bei Eigenverwaltung der Unternehmer selbst, tätig wird (Abschnitt 2.1 Absatz 7 Satz 1 UStAE).

Einer Arbeitsgemeinschaft, für die keine gesonderte Feststellung der Besteuerungsgrundlagen erfolgt (§ 180 Absatz 4 AO) und die nicht Arbeitgeber der eingesetzten Arbeitnehmer ist, kann eine Freistellungsbescheinigung in der Regel nur dann erteilt werden, wenn auch den an ihr beteiligten Gesellschaftern von dem für sie jeweils zuständigen Finanzamt jeweils eine Freistellungsbescheinigung erteilt wurde. Das für die Arbeitsgemeinschaft zuständige Finanzamt kann die Vorlage der den beteiligten Gesellschaftern erteilten Freistellungsbescheinigungen verlangen.

Bei einer umsatzsteuerrechtlichen Organschaft ist ausschließlich das steuerliche Verhalten der Organgesellschaft, die nach außen als Leistender auftritt, für die Erteilung der Freistellungsbescheinigung maßgebend. Ist die Organgesellschaft Leistender (vgl. Rn. 26), weicht die in der Freistellungsbescheinigung aufgeführte Steuernummer von der in der Rechnung ggf. bezeichneten Steuernummer ab, da die Organgesellschaft in ihren Rechnungen die ihr oder dem Organträger erteilte Umsatzsteuer-Identifikationsnummer oder die Steuernummer des Organträgers anzugeben hat (vgl. Abschnitt 14.5 Absatz 7 UStAE).

33 Nach § 48b Absatz 2 EStG soll eine Freistellungsbescheinigung erteilt werden, wenn mit großer Wahrscheinlichkeit kein zu sichernder Steueranspruch besteht. Dies kann insbesondere dann der Fall sein, wenn mit großer Wahrscheinlichkeit kein Gewinn erzielt wird, z. B. bei Existenzgründern (vgl. auch Rn. 35). Der Leistende muss die Voraussetzungen glaubhaft machen. Einem Leistenden, der darlegt und glaubhaft macht, dass wegen seines nur kurzzeitigen Tätigwerdens im Inland keine zu sichernden Steueransprüche bestehen (z. B. keine inländische Einkommen- oder Körperschaftsteuerpflicht des Leistenden), soll eine Freistellungsbescheinigung erteilt werden, wenn das Vorbringen schlüssig ist und nicht in Widerspruch zu anderweitigen Erkenntnissen des Finanzamts steht.

34 Das Finanzamt kann eine Freistellungsbescheinigung für einen im Ausland ansässigen Leistenden vorbehaltlich der Rn. 35 bis 37 ablehnen, wenn nicht auszugehen werden kann, dass das Besteuerungsrecht der Bundesrepublik Deutschland zusteht, und wenn sich die formelle Laufzeit der Werkverträge der aus dem einschlägigen Doppelbesteuerungsabkommen resultierenden Frist, deren Überschreitung zur Begründung einer inländischen Betriebsstätte (BMF-Schreiben vom 24. Dezember 1999, BStBl I S. 1076, Tz. 4.3) führen würde, nähert. Eine Freistellungsbescheinigung kann außerdem versagt werden, wenn sich aufgrund der Auswertung von Verträgen und Unterlagen oder aufgrund anderweitiger Erkenntnisse Anhaltspunkte ergeben, dass

– eine Zusammenrechnung mehrerer Bauausführungen ein deutsches Besteuerungsrecht begründen kann,

– der Antragsteller im Inland eine Geschäftsstelle unterhält, durch einen abhängigen Vertreter handelt oder

– sich Anzeichen dafür ergeben, dass der Leistende der unbeschränkten Einkommen- oder Körperschaftsteuerpflicht unterliegt.

In diesen Fällen kann ggf. eine Freistellungsbescheinigung mit einer kurzen Dauer erteilt werden.

35 Liegen keine Versagungsgründe gegen die Erteilung einer Freistellungsbescheinigung vor, so erteilt das für den Leistenden zuständige Finanzamt die Freistellungsbescheinigung nach amtlich vorgeschriebenem

Vordruck. Die Freistellungsbescheinigung kann dabei auf bestimmte Zeit, längstens jedoch für einen Zeitraum von drei Jahren, oder bezogen auf einen bestimmten Auftrag erteilt werden. Eine Freistellungsbescheinigung, die für einen bestimmten Auftrag erteilt wird, ist auf einen Gültigkeitszeitraum zu befristen. Insbesondere bei einem Leistenden, der der Finanzverwaltung erstmals bekannt wird, soll die Freistellungsbescheinigung in der Regel nur so lange gelten, bis das Abgabe- und Zahlungsverhalten erstmalig beurteilt werden kann. Dies wird grundsätzlich spätestes ein Jahr nach Antragstellung möglich sein, wenn die ersten Voranmeldungen oder Jahreserklärungen abzugeben sind.

In den ersten drei Jahren nach Neugründung eines Unternehmens soll vom Finanzamt vorrangig die Erteilung einer auftragsbezogenen Freistellungsbescheinigung geprüft werden, wenn

1. dem Finanzamt nur unzureichende Informationen über das Zahlungs- und Erklärungsverhalten des neugegründeten Unternehmens vorliegen, oder

2. Anhaltspunkte bestehen, dass es sich bei dem neugegründeten Unternehmen um ein Nachfolgeunternehmen eines Unternehmens handelt, das seinen Zahlungs- und Erklärungspflichten nicht ausreichend nachgekommen ist, oder

3. die Besteuerungsgrundlagen mangels eingereichter Steueranmeldungen- bzw. Steuererklärungen zumindest für eine Abgabeart im Wege einer Schätzung ermittelt wurden.

Anderenfalls soll bei neugegründen Unternehmen, über deren steuerliches Verhalten keine Kenntnisse vorliegen, die Freistellungsbescheinigung in der Regel nur so lange gelten, bis das Abgabe- und Zahlungsverhalten erstmalig beurteilt werden kann. Dies wird grundsätzlich spätestens ein Jahr nach Antragstellung möglich sein, wenn die ersten Voranmeldungen oder gar schon Jahreserklärungen abzugeben sind.

Die Freistellungsbescheinigung gilt ab dem Tag der Ausstellung. Ist dem Leistenden eine Freistellungsbescheinigung auf eine bestimmte Zeit erteilt worden, werden ihm zusätzlich keine auftragsbezogenen Freistellungsbescheinigungen erteilt.

Sechs Monate vor Ablauf einer Freistellungsbescheinigung nach § 48b EStG kann auf Antrag des Leisten- **36** den eine Freistellungsbescheinigung erteilt werden, deren Geltungsdauer an die Geltungsdauer der bereits erteilten Freistellungsbescheinigung anknüpft (Folgebescheinigung). Wird die Ausstellung einer Freistellungsbescheinigung mehr als sechs Monate vor Ablauf einer Freistellungsbescheinigung verlangt oder ist dem Antrag nicht zu entnehmen, dass eine Folgebescheinigung gewünscht wird, ist eine Freistellungsbescheinigung auszustellen, die ab dem Tag der Ausstellung gültig ist.

Für die Erteilung von Freistellungsbescheinigungen an Leistende mit Wohnsitz, Sitz, Geschäftsleitung oder gewöhnlichem Aufenthalt im Ausland gelten die für Inländer anzuwendenden Grundsätze.

Bei nur vorübergehender Tätigkeit im Inland, insbesondere, wenn nur die Ausführung eines Auftrags im **37** Inland beabsichtigt ist, soll die Freistellungsbescheinigung auftragsbezogen erteilt werden. Das Finanzamt kann die Erteilung einer Freistellungsbescheinigung von der Vorlage des Werkvertrages abhängig machen, wenn sie auf einen bestimmten Auftrag bezogen erteilt werden soll. Eine Freistellungsbescheinigung, die für einen bestimmten Auftrag erteilt wird, ist auf einen Gültigkeitszeitraum zu befristen.

Wird dem Antrag auf Erteilung einer Freistellungsbescheinigung nicht entsprochen, so erlässt das Finanz- **38** amt unter Angabe der Gründe einen Ablehnungsbescheid. Hiergegen ist als Rechtsbehelf der Einspruch statthaft.

Bei Verlust der Freistellungsbescheinigung wird eine Ersatzbescheinigung gleichen Inhalts und mit glei- **39** cher Sicherheitsnummer erteilt oder auf Antrag bei Vorliegen der übrigen Voraussetzungen eine neue Freistellungsbescheinigung ausgefertigt.

Bei Änderung eines der in der Freistellungsbescheinigung eingetragenen persönlichen Identifikations- **40** merkmale (Steuernummer, Name oder Anschrift bzw. Firma) ist auf Antrag des Leistenden eine neue Freistellungsbescheinigung vom ggf. neu zuständigen Finanzamt zu erteilen. Die neue Freistellungsbescheinigung kann eine von der bisherigen Freistellungsbescheinigung abweichende Befristung enthalten. Die bisherige Freistellungsbescheinigung bleibt daneben bestehen. Beim Bundeszentralamt für Steuern (BZSt) werden die Daten beider Bescheinigungen gespeichert und zur Abfrage bereitgehalten.

1.4.2. Handhabung der Freistellungsbescheinigung durch den Leistungsempfänger

In Fällen, in denen die Freistellungsbescheinigung auf einen bestimmten Auftrag beschränkt ist, wird sie **41** dem Leistungsempfänger vom Leistenden ausgehändigt. In den übrigen Fällen genügt es, wenn dem Leistungsempfänger eine Kopie der Freistellungsbescheinigung ausgehändigt oder elektronisch übermittelt wird.

42 Wird die Gegenleistung in Teilbeträgen (z. B. Abschlagszahlungen nach Baufortschritt) erbracht, kann im Hinblick auf diese Teilzahlungen nur dann vom Steuerabzug abgesehen werden, wenn bereits vor Auszahlung des jeweiligen Teilbetrags dem Leistungsempfänger eine gültige Freistellungsbescheinigung vorliegt. Es reicht demgegenüber nicht aus, wenn der Leistende die Freistellungsbescheinigung dem Leistungsempfänger erst zusammen mit der Schlussrechnung vorlegt. Entsprechendes gilt, wenn der Leistungsempfänger mit einer Gegenforderung gegen den Anspruch des Leistenden (Hauptforderung) aufrechnet. Der maßgebliche Zeitpunkt, in dem bei der Aufrechnung eine Freistellungsbescheinigung vorliegen muss, ist der Zeitpunkt der Aufrechnungserklärung, wenn zu diesem Zeitpunkt die Gegenforderung vollwirksam und fällig sowie die Hauptforderung erfüllbar ist (§ 387 BGB).

43 Wurde der Anspruch auf die Gegenleistung vom Leistenden (Zedent) an einen Dritten (Zessionar) an Erfüllungs- statt oder erfüllungshalber abgetreten (§ 398 BGB), kommt es auf die Zahlung an den Zessionar und nicht auf den Zeitpunkt der Abtretung an. Auch beim echten und unechten Factoring sowie beim Forderungskauf ist auf den Zeitpunkt der Zahlung an den Factor oder den Forderungskäufer abzustellen. Liegt bei Zahlung an den Dritten/Zessionar keine gültige Freistellungsbescheinigung des Leistenden vor, ist der Steuerabzug vorzunehmen, selbst wenn der Zahlungsempfänger hiervon keine Kenntnis hatte und die Gegenleistung in voller Höhe einfordert.

44 Die nach den §§ 48 ff. EStG bestehende öffentlich-rechtliche Verpflichtung zum Steuerabzug ist auch bei der zivilrechtlichen Zwangsvollstreckung zu berücksichtigen. Der Drittschuldner (Leistungsempfänger) kann, unabhängig davon, ob er im Zeitpunkt des Wirksamwerdens der Pfändung 15 % der Gegenleistung bereits für Rechnung des Leistenden an das Finanzamt gezahlt hat, oder er noch verpflichtet ist, diesen Steuerabzug zu erbringen, geltend machen, dass die zu pfändende Forderung nur in Höhe von 85 % der Gegenleistung besteht.

45 Liegt die Freistellungsbescheinigung dem Leistungsempfänger nicht spätestens im Zeitpunkt der Erbringung der Gegenleistung vor, bleibt die Verpflichtung zur Durchführung des Steuerabzugs auch dann bestehen, wenn die Freistellungsbescheinigung dem Leistungsempfänger später vorgelegt wird.

46 Der Leistungsempfänger soll die ihm vom Leistenden übergebenen Unterlagen aufbewahren. Freistellungsbescheinigungen sind von Leistungsempfängern, die unter die Buchführungsund Aufzeichnungspflichten der §§ 140 ff. AO fallen, nach § 147 Absatz 1 Nummer 5 AO sechs Jahre aufzubewahren (§ 147 Absatz 3 AO).

1.4.3. Bagatellregelung

47 Wird keine Freistellungsbescheinigung vorgelegt, soll vom Steuerabzug auch dann abgesehen werden, wenn die Gegenleistung im laufenden Kalenderjahr den Betrag von 5.000 € voraussichtlich nicht übersteigen wird. Die Freigrenze von 5.000 € erhöht sich auf 15.000 €, wenn der Leistungsempfänger allein deswegen als Unternehmer abzugspflichtig ist, weil er *ausschließlich* steuerfreie Umsätze nach § 4 Nummer 12 Satz 1 UStG (= umsatzsteuerbefreite Vermietungsumsätze) ausführt. Die erhöhte Freigrenze von 15.000 € ist nicht anzuwenden, wenn der Unternehmer die nach § 4 Nummer 12 Satz 1 UStG steuerfreien Umsätze nach § 9 UStG als umsatzsteuerpflichtig behandelt (Option zur Umsatzsteuer). Erbringt der Leistungsempfänger neben steuerfreien Umsätzen nach § 4 Nummer 12 Satz 1 UStG weitere, ggf. nur geringfügige umsatzsteuerpflichtige Umsätze, gilt insgesamt die Freigrenze von 5.000 €.

48 Nimmt in den Fällen der umsatzsteuerrechtlichen Organschaft die Organgesellschaft den Steuerabzug im Auftrag des Organträgers für Bauleistungen von Leistenden außerhalb des Organkreises vor (vgl. Rn. 20), sind die Freigrenzen nur zu beachten, wenn eine zentrale Überwachung der Freigrenzen im Organkreis erfolgt.

49 Wird der Steuerabzug bei juristischen Personen des öffentlichen Rechts von einzelnen Organisationseinheiten der juristischen Person des öffentlichen Rechts vorgenommen (vgl. Rn. 21), sind die Freigrenzen nur zu beachten, wenn eine zentrale Überwachung der Freigrenzen für alle Organisationseinheiten der juristischen Person des öffentlichen Rechts erfolgt.

50 Wird die Gegenleistung für ein Bauwerk erbracht, das nur teilweise unternehmerisch genutzt wird, bezieht sich die Freigrenze nur auf Gegenleistungen für den unternehmerisch genutzten Teil des Bauwerkes (vgl. Rn. 15).

51 Für die Ermittlung des Betrags sind die für denselben Leistungsempfänger im Kalenderjahr erbrachten und voraussichtlich noch zu erbringenden Bauleistungen zusammenzurechnen. Daher ist eine Abstandnahme vom Steuerabzug im Hinblick auf diese Freigrenzen nur zulässig, wenn im laufenden Kalenderjahr nicht mit weiteren Zahlungen für Bauleistungen an denselben Auftragnehmer zu rechnen ist oder die Zahlungen insgesamt nicht die Freigrenze überschreiten werden. Geht der Leistungsempfänger zunächst davon aus, dass die Freigrenze nicht überschritten wird, und nimmt er bei Erfüllung der Gegenleistung den Steuerabzug nicht vor, so ist der unterlassene Steuerabzug nachzuholen, wenn es im Nachhinein zur Überschreitung der maßgeblichen Freigrenze im laufenden Kalenderjahr kommt. Auf ein Verschulden des Leistungsempfängers kommt es insoweit nicht an. Eine Gegenleistung für eine weitere Bauleistung an denselben Leistungsempfänger, für die jedoch eine Freistellungsbescheinigung vorgelegt wird, bleibt für die Berechnung der Freigrenze außer Ansatz.

Beispiele:

–   Ein Steuerpflichtiger lässt an einem vermieteten Mehrfamilienhaus das Dach neu eindecken. Der beauftragte Dachdecker legt keine Freistellungsbescheinigung vor. Die Kosten der Dachreparatur werden insgesamt ca. 20.000 € betragen. Hiervon sind 10.000 € zunächst als Abschlagszahlung und der Rest nach Erteilung der Schlussrechnung noch im selben Kalenderjahr zu erbringen. Damit steht von vornherein fest, dass die Freigrenze von 15.000 € überschritten wird, sodass bereits von der Abschlagszahlung der Steuerabzug vorzunehmen ist.

–   Ein Steuerpflichtiger lässt an seinem vermieteten Dreifamilienhaus das Dach reparieren. Der beauftragte Dachdecker legt keine Freistellungsbescheinigung vor. Nach dem Kostenvoranschlag soll die Dachreparatur 14.500 € kosten. Vereinbarungsgemäß zahlt der Leistungsempfänger nach Baufortschritt eine Abschlagszahlung in Höhe von 10.000 €. Durch Zusatzarbeiten verteuert sich der Auftrag, so dass in der Schlussrechnung noch 6.000 € in Rechnung gestellt werden, die der Leistungsempfänger noch im selben Jahr zahlt. Damit wurde die Freigrenze von 15.000 € überschritten, sodass die gesamte Gegenleistung (16.000 €) dem Steuerabzug unterliegt. Sofern bei der Leistung der Abschlagszahlung der Steuerabzug unterblieben ist, muss er nun bei Erfüllung der Restzahlung nachgeholt werden, es sei denn, der Dachdecker legt vor Zahlung der Restsumme eine Freistellungsbescheinigung vor.

Reicht der Betrag der Gegenleistung, der im Laufe des Jahres nachträglich zum Überschreiten der Freigrenze führt, für die Erfüllung der Abzugsverpflichtung nicht aus, so entfällt die Abzugsverpflichtung in der Höhe, in der sie die Gegenleistung übersteigt. **52**

Beispiele:

–   Ein Steuerpflichtiger lässt zu Beginn des Jahres Reparaturarbeiten an Regenrinnen seines vermieteten Dreifamilienhauses ausführen. Die Gegenleistung beträgt 14.000 €. Ein Steuerabzug wird nicht vorgenommen. Im November lässt er durch denselben Dachdecker an dem Gebäude ein Dachflächenfenster reparieren. Diese Reparatur führt zu einer Gegenleistung in Höhe von 2.000 €. Der Steuerabzugsbetrag in Höhe von insgesamt 2.400 € kann aus der letzten Gegenleistung nicht erbracht werden. Es ist ein Steuerabzug in Höhe der Gegenleistung von 2.000 € vorzunehmen.

–   Danach wird noch eine weitere kleine Reparatur durch denselben Dachdecker vorgenommen. Die Gegenleistung beträgt 1.000 €. Der Steuerabzugsbetrag beträgt nunmehr insgesamt 2.550 €. Ein Abzug von 2.000 € ist bereits vorgenommen worden. Der noch verbleibende Steuerabzug von 550 € ist von der Gegenleistung durchzuführen.

1.4.4. Absehen vom Steuerabzug bei Vermietung von nicht mehr als zwei Wohnungen, § 48 Absatz 1 Satz 2 EStG (Zweiwohnungsregelung)

Vermietet der Leistungsempfänger nicht mehr als zwei Wohnungen, ist der Steuerabzug auf Bauleistungen für diese Wohnungen nicht anzuwenden (Zweiwohnungsregelung). Ob eine Wohnung vorliegt, richtet sich nach § 181 Absatz 9 BewG. Danach ist eine Wohnung die Zusammenfassung einer Mehrheit von Räumen, die in ihrer Gesamtheit so beschaffen sein müssen, dass die Führung eines selbständigen Haushalts möglich ist. Die Zusammenfassung einer Mehrheit von Räumen muss eine von anderen Wohnungen oder Räumen, insbesondere Wohnräumen, baulich getrennte, in sich abgeschlossene Wohneinheit bilden und einen selbständigen Zugang haben. Außerdem ist erforderlich, dass die für die Führung eines selbständigen Haushalts notwendigen Nebenräume (Küche, Bad oder Dusche, Toilette) vorhanden sind. Die Wohnfläche muss mindestens 23 m^2 betragen. **53**

Bei einzeln vermieteten Zimmern ist die Nutzung der gesamten Wohnung ausschlaggebend. Wird diese im Übrigen selbst genutzt oder unentgeltlich überlassen, so ist kein Steuerabzug vorzunehmen. Werden sämtliche Zimmer an mehrere Mieter vermietet, so zählt die Wohnung als ein Objekt für die Zweiwohnungsregelung. **54**

55 Die Verpflichtung zum Steuerabzug besteht für alle Wohnungen, wenn von einem Vermieter mehr als zwei Wohnungen vermietet werden. Der Steuerabzug für Bauleistungen für andere unternehmerische Zwecke bleibt von der Zweiwohnungsgrenze unberührt.

Beispiel:

Sind eigenbetrieblich genutzte Gebäude und ein Zweifamilienhaus neben einem zu eigenen Wohnzwecken genutzten Einfamilienhaus vorhanden, ist der Steuerabzug nur auf die eigenbetrieblichen Gebäude anzuwenden. Hinsichtlich des Zweifamilienhauses gilt die Zweiwohnungsregelung. Bauleistungen an dem zu eigenen Wohnzwecken genutzten Einfamilienhaus unterliegen nicht dem Steuerabzug (vgl. Rn. 14). Unentgeltlich überlassene Wohnungen bleiben unberücksichtigt.

56 Vorübergehend leerstehende Wohnungen sind im Rahmen der Zweiwohnungsgrenze zu berücksichtigen, es sei denn, der Vermieter hat die Vermietungsabsicht aufgegeben.

57 Es ist unerheblich, zu welchem Zweck vermietet wird und ob sich die vermieteten Wohnungen im Privatvermögen oder Betriebsvermögen des Vermieters befinden. Gewerblich oder zu freiberuflichen Zwecken vermietete Wohnungen sind daher zu berücksichtigen. Werden z.B. zwei Wohnungen des Privatvermögens zu Wohnzwecken und eine Wohnung, die zum Betriebsvermögen des Unternehmers gehört, gewerblich vermietet, ist die Zweiwohnungsregelung nicht anzuwenden.

58 Vermietete Wohnungen im Ausland sind bei der Anwendung der Zweiwohnungsregelung zu berücksichtigen.

59 Die Zweiwohnungsregelung wird auf die jeweilige Grundstücksgesellschaft/-gemeinschaft angewendet, die umsatzsteuerrechtlich als eigenständiger Unternehmer qualifiziert wird. Demjenigen, der an mehreren Grundstücksgesellschaften/-gemeinschaften beteiligt ist, werden die einzelnen Beteiligungen nicht als Wohnungen zugerechnet.

60 Jede Grundstücksgesellschaft/-gemeinschaft ist für sich zu beurteilen. Bei einer umsatzsteuerrechtlichen Unternehmereigenschaft können daher eine Vielzahl von Objektgesellschaften mit den gleichen Beteiligten bestehen.

61 Bei Ehegatten ist die Zweiwohnungsgrenze für jeden Ehegatten getrennt zu ermitteln. Eine Ehegatten-Eigentümergemeinschaft ist ein eigener Leistungsempfänger.

62 Garagen stellen nur dann einen Bestandteil einer Wohnung dar, wenn sie zusammen mit der Wohnung vermietet werden. Bauleistungen an einer nicht gemeinsam mit einer Wohnung vermieteten Garage unterliegen dem Steuerabzug.

2. Einbehaltung, Abführung und Anmeldung des Abzugsbetrags

63 Die Verpflichtung zum Steuerabzug entsteht in dem Zeitpunkt, in dem die Gegenleistung erbracht wird, d.h. beim Leistungsempfänger selbst oder bei einem Dritten, der für den Leistungsempfänger zahlt, abfließt (§ 11 Absatz 2 Satz 1 EStG). Dies gilt auch in Fällen, in denen die Gegenleistung in Teilbeträgen (Vorschüsse, Abschlagszahlungen, Zahlung gestundeter Beträge) erbracht wird. Erlischt die Gegenleistung infolge einer Aufrechnung, tritt die wirksame Aufrechnungserklärung an die Stelle der Zahlung. In diesem Zeitpunkt hat der Leistungsempfänger (= Auftraggeber und Schuldner der Gegenleistung) den Steuerabzug für Rechnung des Leistenden (Auftragnehmers) vorzunehmen (§ 48 Absatz 1 Satz 1 EStG). Dazu muss er den Steuerabzugsbetrag von der Gegenleistung einbehalten.

Die Verpflichtung des Leistungsempfängers zur Einbehaltung, Abführung und Anmeldung der Bauabzugsteuer hängt tatbestandlich nicht von der inländischen Steuerpflicht des Leistenden ab (BFH-Urteil vom 7. November 2019 - I R 46/17, BStBl 2020 II S. 552, Rn. 27).

64 Der Leistungsempfänger hat den innerhalb eines Kalendermonats einbehaltenen Steuerabzugsbetrag unter Angabe des Verwendungszwecks jeweils bis zum 10. des Folgemonats an das für die Besteuerung des Einkommens des Leistenden zuständige Finanzamt (Kasse) abzuführen. Eine Stundung des Steuerabzugsbetrags ist nach § 222 AO ausgeschlossen.

65 Darüber hinaus ist der Leistungsempfänger verpflichtet, über den einbehaltenen Steuerabzug ebenfalls bis zum 10. des Folgemonats eine Anmeldung nach amtlich vorgeschriebenem Vordruck bei dem für den Leistenden zuständigen Finanzamt (vgl. Rn. 97 ff.) abzugeben, in der er den Steuerabzug für den Anmeldezeitraum (Kalendermonat) selbst berechnet. Der Leistungsempfänger hat für jeden Leistenden eine eigene Anmeldung abzugeben, auch wenn mehrere Leistende bei einem Finanzamt geführt werden. Die Anmeldung muss vom Leistungsempfänger oder von einem zu seiner Vertretung Berechtigten unterschrieben sein. Sie steht einer Steueranmeldung (§§ 167, 168 AO) gleich. In der Anmeldung ist die zu Grunde liegende Bauleistung anzugeben (Art der Tätigkeit und Projekt); nur die Angabe einer Auftrags- oder Rechnungsnummer ist nicht ausreichend.

Die benötigten Adressen und Bankverbindungen der zuständigen Finanzämter können regelmäßig beim **66** Leistenden erfragt werden. Daneben können die Informationen auch im Internet unter www.finanzamt.de ermittelt werden. Ferner kann jedes Finanzamt entsprechende Informationen zur Verfügung stellen.

Das Finanzamt kann bei verspäteter Abgabe der Anmeldung einen Verspätungszuschlag festsetzen **67** (höchstens 25.000 €). Nach § 152 AO in der Fassung des Gesetzes zur Steuermodernisierung (BGBl 2016 I S. 1679) beträgt der Verspätungszuschlag für jeden angefangenen Monat der eingetretenen Verspätung 0,25 % der festgesetzten Steuer, mindestens jedoch 10 € für jeden angefangenen Monat der eingetretenen Verspätung (§ 152 Absatz 5 Satz 1 AO); insoweit besteht kein Ermessenspielraum des Finanzamtes. § 152 Absatz 8 AO gilt nicht, da Steueranmeldungen nach § 48a Absatz 1 EStG nicht periodisch, sondern nur anlassbezogen abzugeben sind (vgl. AEAO zu § 152 AO, Nummer 8). Bei verspäteter Zahlung entstehen Säumniszuschläge.

Bei einer nachträglichen Erhöhung der Gegenleistung ist nur der Differenzbetrag zu der vorherigen An- **68** meldung in dem Anmeldungszeitraum, in dem der erhöhte Betrag erbracht wurde, anzumelden (§ 48a Absatz 1 EStG). Bei einer Minderung der Gegenleistung ist keine Berichtigung vorzunehmen.

3. Abrechnung mit dem Leistenden

Der Leistungsempfänger ist verpflichtet, mit dem Leistenden über den einbehaltenen Steuerabzug abzu- **69** rechnen (§ 48a Absatz 2 EStG). Dazu hat er dem Leistenden (Auftragnehmer) einen Abrechnungsbeleg zu erteilen, der folgende Angaben enthalten muss:

1. Name und Anschrift des Leistenden,

2. Rechnungsbetrag, Rechnungsdatum und Zahlungstag,

3. Höhe des Steuerabzugs,

4. Finanzamt, bei dem der Abzugsbetrag angemeldet worden ist.

4. Haftung

Ist der Steuerabzug nicht ordnungsgemäß durchgeführt worden, so haftet der Leistungsempfänger für **70** den nicht oder zu niedrig abgeführten Abzugsbetrag (§ 48a Absatz 3 Satz 1 EStG). Bei Erbringung der Gegenleistung durch Dritte (z. B. durch ein Versicherungsunternehmen) haftet der Leistungsempfänger (z. B. der Geschädigte) für den Steuerabzug. Die Haftung ist grundsätzlich unabhängig von einem Verschulden des Leistungsempfängers, wenn dem Leistungsempfänger keine Freistellungsbescheinigung vorgelegen hat (BFH-Urteil vom 7. November 2019 - I R 46/17, BStBl 2020 II S. 552, Rn. 43). Unerheblich ist auch, ob für den Leistenden im Inland zu sichernde Steueransprüche bestehen. Insbesondere kann sich der Leistungsempfänger im Haftungsverfahren nicht darauf berufen, dass die Gegenleistung beim Leistenden im Inland nicht besteuert werden kann (vgl. BFH-Urteil vom 7. November 2019 - I R 46/17, BStBl 2020 II S. 552, Rn. 45, 46). Nach § 48d Absatz 1 Satz 1 und 6 EStG wird der Steuerabzug nicht durch ein Doppelbesteuerungsabkommen eingeschränkt. Eine Haftungsinanspruchnahme ist auch möglich, wenn die Person des Steuerschuldners nicht feststeht.

Sofern die tatbestandlichen Voraussetzungen für die Haftung vorliegen, entscheidet das Finanzamt im **71** Rahmen seines pflichtgemäßen Ermessens über die Inanspruchnahme des Leistungsempfängers als Haftungsschuldner. Dabei ist auch zu berücksichtigen, dass die Steuerschuld, für die gehaftet werden soll, entstanden sein und noch bestehen muss. Bei der Prüfung der Akzessorietät der Haftungsschuld zur zugrundeliegenden Steuerschuld (Primärschuld) ist die „zugrunde liegende Steuerschuld" nicht die Einkommen- bzw. Körperschaftsteuerschuld des Leistenden, sondern die vom Leistenden geschuldete Bauabzugsteuer (vgl. BFH-Urteil vom 7. November 2019 - I R 46/17, BStBl 2020 II S. 552, Rn. 41 ff).

Die Haftung des Leistungsempfängers ist jedoch ausgeschlossen, wenn ihm im Zeitpunkt der Gegenleis- **72** tung eine Freistellungsbescheinigung vorgelegen hat, auf deren Rechtmäßigkeit er vertrauen durfte. Der Leistungsempfänger ist verpflichtet, die Freistellungsbescheinigung zu überprüfen; insbesondere soll er sich vergewissern, ob die Freistellungsbescheinigung mit einem Dienstsiegel versehen ist und eine Sicherheitsnummer trägt. Bei Vorlage einer Kopie müssen alle Angaben auf der Freistellungsbescheinigung lesbar sein. Eine Verpflichtung zu einer regelmäßigen Prüfung der Freistellungsbescheinigung besteht nicht.

Der Leistungsempfänger hat die Möglichkeit, sich durch eine Prüfung der Gültigkeit der Freistellungsbescheinigung über ein eventuelles Haftungsrisiko Gewissheit zu verschaffen. Er kann hierzu im Wege einer elektronischen Abfrage beim BZSt (https://eibe.bff-online.de/eibe) eine Bestätigung der Gültigkeit der Bescheinigung erlangen. Bestätigt das BZSt die Gültigkeit nicht oder kann der Leistungsempfänger die elektronische Abfrage nicht durchführen, kann sich der Leistungsempfänger auch durch eine Nachfrage bei dem auf der Freistellungsbescheinigung angegebenen Finanzamt Gewissheit verschaffen. Hat der Leistungsempfänger die Gültigkeit der Freistellungsbescheinigung im Zeitpunkt der Gegenleistung durch eine elektronische Abfrage beim BZSt oder durch eine Anfrage beim Finanzamt überprüft, liegt in der Regel keine grobe Fahrlässigkeit vor. Anfragen an die Finanzämter zur Bestätigung der Gültigkeit der Freistellungsbescheinigungen werden mündlich oder telefonisch beantwortet. Eine schriftliche Bestätigung erfolgt grundsätzlich nicht.

73 Eine Inanspruchnahme des Leistungsempfängers soll auch dann unterbleiben, wenn ihm zum Zeitpunkt der Erbringung der Gegenleistung keine Freistellungsbescheinigung vorgelegen hat, er aber gleichwohl den Steuerabzug nicht vorgenommen hat und ihm im Nachhinein eine bereits im Zeitpunkt der Zahlung gültige Freistellungsbescheinigung nachgereicht wird.

74 Schützenswertes Vertrauen liegt nicht vor, wenn die Freistellungsbescheinigung durch unlautere Mittel oder falsche Angaben erwirkt wurde und dem Leistungsempfänger dies bekannt oder infolge grober Fahrlässigkeit nicht bekannt war (§ 48a Absatz 3 Satz 3 EStG).

75 Dies gilt auch, wenn dem Leistungsempfänger eine gefälschte Freistellungsbescheinigung vorgelegt wurde und der Leistungsempfänger dies erkannte oder hätte erkennen müssen.

76 Sind die Voraussetzungen für eine Inanspruchnahme des Leistungsempfängers im Sinne des § 48a Absatz 3 EStG im Wege der Haftung gegeben, so kann er entweder durch einen Haftungsbescheid nach § 191 AO oder durch eine Steuerfestsetzung nach § 167 Absatz 1 AO (sog. Nacherhebungsbescheid) in Anspruch genommen werden. Die Wahl des Verfahrens muss nicht begründet werden. Die tatbestandlichen Erfordernisse der jeweiligen Haftungsnorm sind auch dann zu beachten, wenn kein Haftungsbescheid, sondern ein Nachforderungsbescheid erlassen wird (BFH-Urteil vom 7. November 2019 - I R 46/17, BStBl 2020 II S. 552, Rn. 37, 38). Den entsprechenden Bescheid erlässt das für den Leistenden zuständige Finanzamt nach Anhörung des Leistungsempfängers. Besondere Ermessenserwägungen sind für den Erlass eines Nachforderungsbescheides nicht erforderlich; dies gilt auch, wenn die Einkünfte des Leistenden nicht in Deutschland steuerpflichtig gewesen sein sollten (BFH-Urteil vom 7. November 2019 - I R 46/17, BStBl 2020 II S. 552, Rn. 45).

5. Widerruf und Rücknahme der Freistellungsbescheinigung

77 Wird eine rechtmäßige Freistellungsbescheinigung für die Zukunft widerrufen, so ist sie für Gegenleistungen, die nach diesem Zeitpunkt erbracht werden, nicht mehr gültig. Entsprechendes gilt, wenn eine rechtswidrige Freistellungsbescheinigung mit Wirkung für die Vergangenheit zurückgenommen wird. In diesem Fall war der Abstandnahme vom Steuerabzug jedoch bereits in der Vergangenheit unzulässig. In den Fällen, in denen die Freistellungsbescheinigung für eine bestimmte Bauleistung erteilt worden war, unterrichtet das Finanzamt auch den Leistungsempfänger vom Widerruf bzw. der Rücknahme der Freistellungsbescheinigung. Dies hat zur Folge, dass der Leistungsempfänger von künftigen Gegenleistungen den Steuerabzug vorzunehmen hat und - bei der Rücknahme - auch den Steuerabzug für bereits erbrachte Gegenleistungen nachholen muss. Die Nachholung erfolgt grundsätzlich durch Einbehalt von künftigen Gegenleistungen. Ist dies nicht möglich oder reicht die künftige Gegenleistung hierfür nicht aus, so entfällt insoweit der Einbehalt.

Wird eine zeitlich befristete, jedoch nicht auf einen bestimmten Auftrag beschränkte Freistellungsbescheinigung widerrufen oder zurückgenommen, kommt eine Haftungsinanspruchnahme des Leistungsempfängers nur dann in Betracht, wenn ihm der Widerruf oder die Rücknahme bekannt oder infolge grober Fahrlässigkeit nicht bekannt waren.

78 Eine Freistellungsbescheinigung soll widerrufen werden, wenn der Steueranspruch gefährdet erscheint (vgl. Rn. 32). Insbesondere in den Fällen, in denen noch Steuererklärungen ausstehen und das Finanzamt die Besteuerungsgrundlagen nach § 162 AO schätzt, ist die Möglichkeit eines Widerrufs einer erteilten Freistellungsbescheinigung zu prüfen. Eine Gefährdung des Steueranspruchs kann bereits vor Stellung eines Insolvenzantrages vorliegen. Ob und wann ein Widerruf vorgenommen wird, ist nach den Gegebenheiten im Einzelfall zu entscheiden. Eine Anfechtung des Widerrufs durch den Insolvenzverwalter oder Sachwalter nach den Vorschriften der InsO ist nur möglich, wenn das Insolvenzverfahren eröffnet wurde und die Voraussetzungen der §§ 130 und 131 InsO vorliegen.

6. Bemessungsgrundlage und Höhe des Steuerabzugs

Dem Steuerabzug unterliegt der volle Betrag der Gegenleistung. Zur Gegenleistung gehört das Entgelt **79** für die Bauleistung zuzüglich der Umsatzsteuer. Das gilt auch im Falle des § 13b UStG, obwohl der Leistungsempfänger Schuldner der Umsatzsteuer ist. Der Steuerabzug beträgt 15 % der Gegenleistung. Ein Solidaritätszuschlag wird auf den Abzugsbetrag nicht erhoben. Zur nachträglichen Erhöhung oder Minderung der Gegenleistung siehe auch Rn. 68.

Auch die nachträgliche Auszahlung eines Sicherheitseinbehaltes (z. B. nach Ablauf der Gewährleistungs- **80** pflicht) stellt die Erbringung einer Gegenleistung dar. Der Steuerabzug ist hierauf vorzunehmen, sofern keine Freistellungsbescheinigung vorliegt und die Bagatellgrenze überschritten wird.

Der Steuerabzug nach §§ 48 ff. EStG hat keine Auswirkungen auf die umsatzsteuerrechtliche Behandlung **81** (siehe auch: Tz. VI „Merkblatt zur Umsatzbesteuerung in der Bauwirtschaft [USt M 2]).

Zum umsatzsteuerrechtlichen Entgelt gem. § 10 Absatz 1 Satz 2 UStG gehören auch Zahlungen des Leistungsempfängers an Dritte (vgl. Abschnitt 10.1 Absatz 7 Satz 1 UStAE). Deshalb ist bei der Ermittlung des Entgelts auch der vom Leistungsempfänger einzubehaltende und an das für den leistenden Unternehmer zuständige Finanzamt abzuführende Umsatzsteuerbetrag zu berücksichtigen.

Beispiel:

Der Unternehmer erteilt dem Leistungsempfänger für erbrachte Bauleistungen folgende Rechnung:

Auftragssumme netto:	100.000 €
Umsatzsteuer 19 %:	19.000 €
Bruttobetrag:	119.000 €

Der Leistungsempfänger überweist dem Unternehmer 101.150 € (119.000 € abzüglich 15 % Steuerabzug 17.850 €).

Das umsatzsteuerrechtliche Entgelt beträgt 100.000 €, die darauf entfallende Umsatzsteuer 19.000 €.

Versteuert der leistende Unternehmer seine Umsätze nach vereinnahmten Entgelten (§ 20 UStG), ist die **82** Versteuerung in dem Voranmeldungszeitraum vorzunehmen, in dem das Entgelt bzw. Teilentgelt vereinnahmt wird. Hierbei ist es unerheblich, dass der Leistungsempfänger den Steuerabzug gemäß § 48a Absatz 1 EStG (15 %) erst am 10. des Folgemonats an das Finanzamt entrichtet.

Beispiel:

Der Unternehmer erteilt dem Leistungsempfänger für erbrachte Bauleistungen die im Beispiel zu Rn. 81 bezeichnete Rechnung. Der Leistungsempfänger überweist im März 2020 einen Betrag in Höhe von 50.575 € (59.500 € abzüglich 15 % Steuerabzug 8.925 €) und nochmals 50.575 € im Mai 2020. Der leistende Unternehmer hat gemäß § 13 Absatz 1 Nummer 1 Buchstabe b UStG mit Ablauf des März 2020 ein Teilentgelt von 50.000 € und mit Ablauf des Mai 2020 den Restbetrag von 50.000 € zu versteuern.

Versteuert hingegen der leistende Unternehmer seine Umsätze nach vereinbarten Entgelten (Sollversteuerung), ist die Versteuerung mit Ablauf des Voranmeldungszeitraums vorzunehmen, in dem die Bauleistung ausgeführt worden ist. Die vor Ausführung der Leistung vereinnahmten Vorauszahlungen, Abschlagszahlungen usw. führen nach § 13 Absatz 1 Nummer 1 Buchstabe a Satz 4 UStG zu einer früheren Steuerentstehung (vgl. Abschnitt 13.2 Absatz 2 Satz 1 UStAE).

Beispiel:

Der Unternehmer führt im April 2020 Bauleistungen aus. Das vereinbarte Entgelt entspricht der im Mai 2020 erteilten Rechnung (vgl. Rn. 81). Der Leistungsempfänger überweist im März 2020 einen Betrag in Höhe von 50.575 € (59.500 € abzüglich 15 % Steuerabzug 8.925 €) als Vorauszahlung und nochmals 50.575 € im Mai 2020. Der leistende Unternehmer hat gemäß § 13 Absatz 1 Nummer 1 Buchstabe a Satz 4 UStG im März 2020 ein Teilentgelt von 50.000 € und im April 2020 gemäß § 13 Absatz 1 Nummer 1 Buchstabe a Satz 1 UStG den Restbetrag von 50.000 € zu versteuern.

Der Steuerabzug ist auch bei der Aufrechnung und beim Tausch vorzunehmen. **83**

Beispiel:

Die fällige Forderung des Leistenden aus einem Bauauftrag beträgt 30.000 €. Hiergegen rechnet der Leistungsempfänger mit einer fälligen Gegenforderung von 17.000 € auf. Von der verbleibenden Verbindlichkeit von 13.000 € wird der Steuerabzug in Höhe von 4.500 € vorgenommen und der Restbetrag von 8.500 € an den Leistenden gezahlt.

84 Der Steuerabzug ist auch vorzunehmen, wenn sich im Rahmen der Aufrechnung Hauptforderung und Gegenforderung in gleicher oder annähernd gleicher Höhe gegenüberstehen.

7. Entlastung aufgrund von Doppelbesteuerungsabkommen

85 Auch in Fällen, in denen die Bauleistung von einem nicht unbeschränkt steuerpflichtigen Leistenden erbracht wird, unterliegt die Gegenleistung dem Steuerabzug. Dies gilt selbst dann, wenn die im Inland erzielten Einkünfte des Leistenden nach einem Doppelbesteuerungsabkommen in der Bundesrepublik Deutschland nicht besteuert werden dürfen (§ 48d Absatz 1 Satz 1 EStG). Das Gleiche gilt, wenn die Gegenleistung aufgrund eines Doppelbesteuerungsabkommens vom Steuerabzug freigestellt oder der Steuerabzug nach einem niedrigeren Steuersatz vorzunehmen ist. Unberührt bleibt jedoch der Anspruch des Leistenden auf völlige oder teilweise Erstattung des Abzugsbetrags; die Erstattung erfolgt auf Antrag durch das Finanzamt, das nach § 20a AO für die Besteuerung des nicht unbeschränkt steuerpflichtigen Leistenden zuständig ist.

8. Anrechnung des Steuerabzugsbetrags

86 Das Finanzamt rechnet den Abzugsbetrag auf die vom Leistenden zu entrichtenden Steuern an. Voraussetzung ist, dass der Abzugsbetrag einbehalten und angemeldet wurde (§ 48c Absatz 1 EStG). Zur Prüfung dieser Voraussetzung hat der Leistende auf Verlangen des Finanzamtes die vom Leistungsempfänger gemäß § 48a Absatz 2 EStG erteilten Abrechnungsbelege vorzulegen.

Steuerabzugsbeträge, die auf Bauleistungen beruhen, die vor Eröffnung des Insolvenzverfahrens ausgeführt wurden und vor der Insolvenzeröffnung durch den Leistungsempfänger an das Finanzamt gezahlt wurden, sind auf Steuern anzurechnen, die vor Eröffnung des Verfahrens begründet wurden (Insolvenzforderungen nach § 38 InsO). Bei der Anrechnung ist die Reihenfolge des § 48c Absatz 1 EStG zu beachten. Sofern sich danach keine Anrechnungsmöglichkeiten ergeben, sind die verbliebenen Beträge mit anderen Insolvenzforderungen aufzurechnen (§ 94 InsO).

Steuerabzugsbeträge, die auf Bauleistungen beruhen, die vor Eröffnung des Insolvenzverfahrens ausgeführt wurden und nach der Insolvenzeröffnung durch den Leistungsempfänger an das Finanzamt gezahlt wurden, sind an die Insolvenzmasse auszukehren (BFH-Beschluss vom 13. November 2002 - I B 147/02, BStBl 2003 II S. 716).

Für die Anrechnung ist zum Schutz des Leistenden grundsätzlich nicht Voraussetzung, dass der angemeldete Betrag auch abgeführt wurde. Im Hinblick auf § 48c Absatz 3 EStG hat das Finanzamt vor der Anrechnung jedoch festzustellen, ob der Leistungsempfänger den angemeldeten Abzugsbetrag abgeführt hat. Ist dies nicht der Fall, ist vom Finanzamt durch weitere Sachverhaltsermittlungen zu klären, ob Anhaltspunkte für einen Missbrauch des Abzugsverfahrens gegeben sind.

Ist ein Abzugsbetrag vom Leistungsempfänger einbehalten, aber nicht angemeldet und abgeführt worden, wird der Abzugsbetrag beim Leistenden angerechnet, wenn der Leistende seinem Finanzamt die entsprechende Abrechnung im Sinne des § 48a Absatz 2 EStG vorlegt und der Leistungsempfänger durch Haftungsbescheid oder einen Steuerfestsetzung nach § 167 Absatz 1 AO in Anspruch genommen worden ist. Bis dahin ist eine Stundung der dem Steuerabzugsverfahren unterliegenden fälligen Steuern des Leistenden nach § 222 AO nicht zulässig. Ggf. kommen die einstweilige Einstellung oder Beschränkung der Vollstreckung gemäß § 258 AO in Betracht.

Für die Anrechnung gilt folgende zwingende Reihenfolge:

1. auf die nach § 41a Absatz 1 EStG vom Leistenden einbehaltene und angemeldete Lohnsteuer,

2. auf die vom Leistenden zu entrichtenden Vorauszahlungen auf die Einkommen oder Körperschaftsteuer,

3. auf die Einkommen- oder Körperschaftsteuer des Besteuerungs- oder Veranlagungszeitraums, in dem die Leistung erbracht worden ist, und

4. auf die vom Leistenden selbst nach dem Steuerabzugsverfahren bei Bauleistungen anzumeldenden und abzuführenden Abzugsbeträge.

Die Anrechnung nach § 48c Absatz 1 Satz 1 Nummer 2 EStG kann nur für Vorauszahlungszeiträume innerhalb des Besteuerungs- oder Veranlagungszeitraums erfolgen, in dem die Bauleistung erbracht worden ist. Außerdem darf die Anrechnung auf Vorauszahlungen nicht zu einer Erstattung führen. Anrechnungen nach § 48c Absatz 1 Satz 1 Nummer 1 und 4 EStG sind nur bis zur Veranlagung zur Einkommen- oder Körperschaftsteuer des Jahres, in dem die Bauleistung erbracht wurde, möglich.

Eine Anrechnung gemäß § 48c EStG ist auch im Fall der Inanspruchnahme des Leistungsempfängers durch Festsetzungsbescheid nach § 167 Absatz 1 Satz 1 AO oder durch Haftungsbescheid möglich. Der Leistungsempfänger zahlt in jedem Fall für Rechnung des Bauleistenden.

Soweit nach Anrechnung auf die Beträge nach § 48c Absatz 1 Satz 1 Nummer 1 EStG ein Guthaben ver- **87** bleibt, kann dieses nur auf die Vorauszahlungen angerechnet werden, die für den Veranlagungszeitraum der Leistungserbringung festgesetzt wurden oder werden. Der übersteigende Betrag kann erst auf die veranlagte Einkommen- oder Körperschaftsteuer des Veranlagungszeitraumes angerechnet werden, in dem die Leistung erbracht wurde. Bis zum Abschluss der Veranlagung dieses Veranlagungszeitraumes kann eine Erstattung der Steuer nicht erfolgen. Das Erstattungsverfahren nach § 48c Absatz 2 EStG bleibt hiervon unberührt.

Leistung in diesem Sinne ist nicht die Gegenleistung im Sinne von § 48 Absatz 3 EStG, sondern die Bauleistung nach § 48 Absatz 1 Satz 3 EStG. Die Bauleistung ist in dem Zeitpunkt erbracht, in dem sie abgeschlossen und nach den Grundsätzen ordnungsgemäßer Buchführung die Ergebnisrealisierung eingetreten ist. Hiervon ist allgemein auszugehen, wenn das fertige Werk an den Leistungsempfänger übergeben und von diesem abgenommen wurde. Dass die Anrechnung des Abzugsbetrages erst im Veranlagungszeitraum der Gewinnrealisierung möglich ist, entspricht dem Sicherungscharakter des Steuerabzugsbetrages, der erst im Jahr der Gewinnrealisierung beim Leistenden zur Steueranrechnung zur Verfügung stehen soll. Eine Anrechnung auf Teilleistungen kann ausnahmsweise in vorhergehenden Veranlagungszeiträumen in Betracht kommen, wenn sich ein Großbauwerk über mehrere Jahre erstreckt und wenn der Leistende von seinem Wahlrecht Gebrauch gemacht hat, aufgrund von Teilabrechnungen und Teilabnahmen eine Teilgewinnrealisierung vorzunehmen.

Bei mehreren lohnsteuerlichen Betriebsstätten kann der Leistende die Reihenfolge der Anrechnung der Lohnsteuer entsprechend § 225 Absatz 1 AO bestimmen.

Sind Personengesellschaften Leistende, erfolgt die Anrechnung im Sinne des § 48c Absatz 1 Satz 1 Num- **88** mer 2 und 3 EStG bei der Einkommen- oder Körperschaftsteuer der Gesellschafter. Die Anrechnung auf Vorauszahlungen nach § 48c Absatz 1 Satz 1 Nummer 2 EStG erfolgt, wenn der zur Vertretung der Gesellschaft Berechtigte (§ 34 Absatz 1 AO) dem Finanzamt mitteilt, in welchem Verhältnis die Anrechnung zu erfolgen hat. Die Mitteilung hat den Beteiligungsnissen zu entsprechen. Ausnahmsweise können andere Kriterien berücksichtigt werden, wenn sie betrieblich begründet sind. Die Anrechnung auf die veranlagte Einkommen- oder Körperschaftsteuer des Besteuerungs- oder Veranlagungszeitraums nach § 48c Absatz 1 Satz 1 Nummer 3 EStG erfolgt bei den Gesellschaftern nach dem Gewinnverteilungsschlüssel der Gesellschaft. Bei Unstimmigkeiten zwischen den Gesellschaftern über die Höhe ihrer Anteile am Anrechnungsvolumen ist eine gesonderte und einheitliche Feststellung der Steuerabzugsbeträge nach § 180 Absatz 5 Nummer 2 AO durchzuführen; diese Feststellung kann mit der Gewinnfeststellung nach § 180 Absatz 1 Satz 1 Nummer 2 Buchstabe a AO verbunden werden.

Die Ausführungen zu den Personengesellschaften gelten in gleicher Weise auch für Arbeitsgemeinschaften.

Ist eine Organgesellschaft einer umsatzsteuerrechtlichen Organschaft Leistender im Sinne des § 48 Ab- **89** satz 1 EStG, wird der Steuerabzug nach § 48c Absatz 1 Satz 1 Nummer 2 und 3 EStG bei der Organgesellschaft angerechnet. Dies gilt auch im Fall einer körperschaftsteuerlichen Organschaft mit der Folge, dass der Steuerabzug ggf. nur nach § 48c Absatz 1 Satz 1 Nummer 1 EStG angerechnet werden kann.

9. Erstattungsverfahren

Verbleiben nach der Anrechnung gemäß § 48c Absatz 1 EStG Abzugsbeträge, die bis zum Abschluss der **90** Veranlagung zur Einkommen- oder Körperschaftsteuer des Jahres, in dem die Bauleistung erbracht wurde, nicht angerechnet werden konnten und für die eine Aufrechnung nach § 226 AO nicht in Betracht kommt, werden sie dem Leistenden erstattet.

Auf Antrag des Leistenden erstattet das nach § 20a AO zuständige Finanzamt dem Leistenden mit Wohn- **91** sitz, Geschäftsleitung oder Sitz außerhalb des Geltungsbereiches des Gesetzes den Abzugsbetrag (§ 48c Absatz 2 EStG). Voraussetzung ist, dass der Leistende nicht zur Abgabe von Lohnsteueranmeldungen verpflichtet ist und eine Veranlagung zur Einkommen- oder Körperschaftsteuer beim Leistenden oder seinen Gesellschaftern nicht in Betracht kommt oder glaubhaft gemacht wird, dass im Veranlagungszeitraum keine zu sichernden Steueransprüche entstehen werden. Wird die Erstattung beantragt, weil nach dem Doppelbesteuerungsabkommen die Gegenleistung im Inland nicht zu besteuern ist, hat der Leistende durch eine Bestätigung der für ihn im Ausland zuständigen Steuerbehörde nachzuweisen, dass er dort ansässig ist (§ 48d Absatz 1 Satz 4 EStG).

92 Der Antrag auf Erstattung gemäß Rn. 91 ist nach amtlich vorgeschriebenem Muster zu stellen, und zwar bis spätestens zum Ablauf des zweiten Kalenderjahres, das auf das Jahr folgt, in dem der Abzugsbetrag angemeldet worden ist. Ist in einem Doppelbesteuerungsabkommen eine längere Frist eingeräumt, so ist diese Frist maßgebend.

93 Erfolgt der Steuerabzug unberechtigt, (z. B. weil keine Bauleistung gegeben ist oder weil ein Steuerabzug trotz Vorlage einer gültigen Freistellungsbescheinigung vorgenommen wurde), ist der an das Finanzamt abgeführte Betrag gemäß § 37 Absatz 2 AO durch das für die Besteuerung des Leistenden zuständige Finanzamt an den anmeldenden Leistungsempfänger zu erstatten, nachdem dieser eine entsprechend berichtigte Anmeldung abgegeben hat (vgl. AEAO zu § 37, Nummer 2, 2. Absatz). Der Leistende kann alternativ zivilrechtlich gegen einen unberechtigten Steuerabzug vorgehen.

10. Sperrwirkung gegenüber § 160 AO, § 42d Absatz 6 und 8 sowie § 50a Absatz 7 EStG

94 Ist der Leistungsempfänger seiner Verpflichtung zur Anmeldung und Abführung des Steuerabzugsbetrags nachgekommen oder hat ihm eine im Zeitpunkt der Gegenleistung gültige Freistellungsbescheinigung vorgelegen, sind § 160 Absatz 1 Satz 1 AO, § 42d Absatz 6 und 8 EStG sowie § 50a Absatz 7 EStG nicht anzuwenden. Es entfällt somit hinsichtlich der betroffenen Gegenleistung die Versagung des Betriebsausgaben- oder Werbungskostenabzugs.

95 Hat ein Steuerpflichtiger einen Steuerabzugsbetrag angemeldet und abgeführt oder hat ihm eine Freistellungsbescheinigung vorgelegen, obwohl keine Bauleistung im Sinne des § 48 Absatz 1 EStG vorlag, ist § 48 Absatz 4 EStG bzw. § 48b Absatz 5 EStG nicht anzuwenden. Bei Arbeitnehmerüberlassung ist auch die Inanspruchnahme als Entleiher nach § 42d Absatz 6 und 8 EStG dann nicht ausgeschlossen.

96 Das Steuerabzugsverfahren geht der Abzugsanordnung nach § 50a Absatz 7 EStG als Spezialregelung vor. Die Anordnung dieses Steuerabzugs ist daher bei Bauleistungen ausgeschlossen.

11. Zuständiges Finanzamt

97 Für den Steuerabzug im Zusammenhang mit Bauleistungen ist das Finanzamt des Leistenden zuständig. Ist der Leistende eine natürliche Person, so ist dies das Wohnsitzfinanzamt (§ 19 AO). An die Stelle des Wohnsitzes tritt der inländische gewöhnliche Aufenthalt, wenn der leistende Unternehmer über keinen Wohnsitz verfügt (vgl. § 19 AO). Ist der Leistende eine Personengesellschaft mit Geschäftsleitung bzw. eine Körperschaft mit Sitz und Geschäftsleitung im Inland, ist das Finanzamt zuständig, in dessen Bezirk sich die Geschäftsleitung befindet (vgl. § 20 AO). Findet für eine Arbeitsgemeinschaft keine gesonderte Feststellung der Besteuerungsgrundlagen statt (§ 180 Absatz 4 AO), ist für den Steuerabzug das Finanzamt zuständig, das für die Umsatzsteuer zuständig ist.

98 Hat der leistende Unternehmer seinen Wohnsitz im Ausland bzw. das leistende Unternehmen (Körperschaft oder Personenvereinigung) den Sitz oder die Geschäftsleitung im Ausland, besteht eine zentrale Zuständigkeit im Bundesgebiet (vgl. § 20a Absatz 1 Satz 1 AO in Verbindung mit § 21 Absatz 1 Satz 2 AO und der Umsatzsteuerzuständigkeitsverordnung (UStZustV)). Dies gilt auch, wenn eine natürliche Person zusätzlich im Inland einen weiteren Wohnsitz hat. Zuständigkeitsvereinbarungen sind unter den Voraussetzungen des § 27 AO zulässig. Dies gilt auch für die Verwaltung der Lohnsteuer. Demzufolge kann ein im Ausland ansässiges Bauunternehmen im Inland nur eine lohnsteuerliche Betriebsstätte haben.

Daher sind die in der UStZustV genannten Finanzämter für die Besteuerung der inländischen Umsätze und des im Inland steuerpflichtigen Einkommens des Leistenden, für die Verwaltung der Lohnsteuer der Arbeitnehmer des Leistenden, für die Anmeldung und Abführung des Steuerabzugs nach § 48 EStG, für die Erteilung oder Ablehnung von Freistellungsbescheinigungen und für die Anrechnung oder Erstattung des Steuerabzugs nach § 48c EStG zuständig.

Die zentrale Zuständigkeit gilt auch für die Einkommensbesteuerung der Arbeitnehmer ausländischer Bauunternehmen, die im Inland tätig werden und ihren Wohnsitz im Ausland haben, dabei ist für die zentrale Zuständigkeit der Wohnsitzstaat des jeweiligen Arbeitnehmers maßgeblich (vgl. § 1 Arbeitnehmer-Zuständigkeitsverordnung-Bau).

Bei Personengesellschaften ist das zentrale Finanzamt auch für die gesonderte und einheitliche Feststellung nach § 18 Absatz 1 Nummer 2 AO zuständig. Das zentrale Finanzamt ist ferner gemäß § 48a Absatz 3 Satz 4 EStG für den Erlass eines Haftungsbescheides nach § 42d Absatz 6 EStG zuständig.

99 Im Fall des Zuständigkeitswechsels haben die abgebenden Finanzämter die aufnehmenden Finanzämter auf anhängige Rechtsbehelfsverfahren und Anträge nach § 361 AO, §§ 69 und 114 FGO aufmerksam zu machen und bei anhängigen Klage- und Revisionsverfahren und anhängigen Nichtzulassungsbeschwerden das Finanzgericht zu informieren.

Anhängige Einspruchs- und Klageverfahren sind vom nunmehr zuständigen Finanzamt fortzuführen. Auf die Grundsätze des BMF-Schreibens vom 10. Oktober 1995 (BStBl I S. 664), wird hingewiesen.

Einspruchs- und Klageverfahren wegen streitiger Entleiherhaftung sind von dem Finanzamt fortzuführen, **100** das nach § 20a Absatz 2 AO für den Verleiher zuständig ist (§ 42d Absatz 6 Satz 9 EStG). Sind die Leistungen von Verleihern unterschiedlicher Nationalität Gegenstand eines Haftungsverfahrens (Altfälle), so führt das Finanzamt das Rechtsbehelfsverfahren fort, das für den Verleiher mit dem in der Summe höchsten Haftungsbetrag zuständig ist.

Der Zuständigkeitswechsel betrifft auch die Zuständigkeit der Prüfungsdienste (Amtsbetriebsprüfung, **101** Großbetriebsprüfung, Umsatzsteuersonderprüfung, Lohnsteuer-Außenprüfung). Die örtlich zuständigen Finanzämter beauftragen das Finanzamt, in dem das zu prüfende Unternehmen überwiegend tätig wird oder seine Geschäftsleitung unterhält, mit der Außenprüfung (§ 195 Satz 2 AO).

12. Anwendung

Dieses Schreiben ersetzt die BMF-Schreiben vom 27. Dezember 2002, BStBl I S. 1399; vom 4. September **102** 2003, BStBl I S. 431 und vom 20. September 2004, BStBl I S. 862.

EStR

III. Lohnsteuer-Richtlinien 2023 (LStR) mit amtlichen Bearbeitungshinweisen 2023
in Auszügen

Inhaltsverzeichnis

Inhaltsverzeichnis

LStR   Einführung

(1) ¹Die Lohnsteuer-Richtlinien 2023 behandeln Anwendungs- und Auslegungsfragen von allgemeiner Bedeutung, um eine einheitliche Anwendung des Lohnsteuerrechts durch die Finanzbehörden sicherzustellen. ²Sie geben außerdem zur Vermeidung unbilliger Härten und aus Gründen der Verwaltungsvereinfachung Anweisungen an die Finanzämter, wie in bestimmten Fällen zu verfahren ist.

(2) …

Zu § 3 EStG❶❷❸

LStR   R 3.11 Beihilfen und Unterstützungen, die wegen Hilfsbedürftigkeit gewährt werden (§ 3 Nr. 11 EStG)❹

Beihilfen und Unterstützungen aus öffentlichen Mitteln

(1) Steuerfrei sind

1. Beihilfen in Krankheits-, Geburts- oder Todesfällen nach den Beihilfevorschriften des Bundes und der Länder sowie Unterstützungen in besonderen Notfällen, die aus öffentlichen Kassen gezahlt werden;

…

Unterstützungen an Arbeitnehmer im privaten Dienst

(2) ¹Unterstützungen, die von privaten Arbeitgebern an einzelne Arbeitnehmer gezahlt werden, sind steuerfrei, wenn die Unterstützungen dem Anlass nach gerechtfertigt sind, z. B. in Krankheits- und Unglücksfällen. ²Voraussetzung für die Steuerfreiheit ist, dass die Unterstützungen

1. aus einer mit eigenen Mitteln des Arbeitgebers geschaffenen, aber von ihm unabhängigen und mit ausreichender Selbständigkeit ausgestatteten Einrichtung gewährt werden. ²…;

Anm. d. Schriftl.:

❶ Im Rahmen des Zweiten Gesetzes für moderne Dienstleistungen am Arbeitsmarkt vom 23. 12. 2002, BStBl 2003 I S. 3, wurde § 3 Nr. 39 EStG (Steuerbefreiung des Arbeitsentgelts aus einer geringfügigen Beschäftigung) aufgehoben.

❷ Die Steuerfreiheit für Abfindungen ist durch das Gesetz zum Einstieg in ein steuerliches Sofortprogramm mit Wirkung zum 1. 1. 2006 aufgehoben worden. Die Abfindungszahlungen können jedoch als außerordentliche Einkünfte nach § 34 Abs. 1 EStG ermäßigt besteuert werden, wenn die entsprechenden Voraussetzungen vorliegen. Aus Vertrauensschutzgründen sah eine Übergangsregelung die Weiteranwendung der bisherigen Steuerfreiheit für bis zum 31. 12. 2005 entstandene Ansprüche vor.

❸ Zur Steuerbefreiung nach § 3 Nr. 15 EStG in der Fassung des Gesetzes zur Vermeidung von Umsatzsteuerausfällen beim Handel mit Waren im Internet und zur Änderung weiterer steuerlicher Vorschriften hat das BMF mit Schreiben vom 15. 8. 2019, BStBl 2019 I S. 875, Stellung genommen.

❹ Zur Abmilderung der zusätzlichen Belastungen durch die Corona-Krise für Arbeitnehmer ist hinsichtlich der Steuerbefreiung für Beihilfen und Unterstützungen eine Sonderregelung getroffen worden. Auf das BMF-Schreiben vom 9. 4. 2020, BStBl 2020 I S. 503, wird hingewiesen. Eine Neufassung erfolgte durch das BMF-Schreiben vom 26. 10. 2020, BStBl 2020 I S. 1227.

2. aus Beträgen gezahlt werden, die der Arbeitgeber dem Betriebsrat oder sonstigen Vertretern der Arbeitnehmer zu dem Zweck überweist, aus diesen Beträgen Unterstützungen an die Arbeitnehmer ohne maßgebenden Einfluss des Arbeitgebers zu gewähren;

3. vom Arbeitgeber selbst erst nach Anhörung des Betriebsrats oder sonstiger Vertreter der Arbeitnehmer gewährt oder nach einheitlichen Grundsätzen bewilligt werden, denen der Betriebsrat oder sonstige Vertreter der Arbeitnehmer zugestimmt haben.

[3]Die Voraussetzungen des Satzes 2 Nr. 1 bis 3 brauchen nicht vorzuliegen, wenn der Betrieb weniger als fünf Arbeitnehmer beschäftigt. [4]Die Unterstützungen sind bis zu einem Betrag von 600 € je Kj. steuerfrei. [5]Der 600 € übersteigende Betrag gehört nur dann nicht zum steuerpflichtigen Arbeitslohn, wenn er aus Anlass eines besonderen Notfalls gewährt wird. [6]Bei der Beurteilung, ob ein solcher Notfall vorliegt, sind auch die Einkommensverhältnisse und der Familienstand des Arbeitnehmers zu berücksichtigen; drohende oder bereits eingetretene Arbeitslosigkeit begründet für sich keinen besonderen Notfall im Sinne dieser Vorschrift. [7]...

Hinweise   LStH   H 3.11

...

Erholungsbeihilfen und andere Beihilfen

Erholungsbeihilfen und andere Beihilfen gehören i. d. R. zum steuerpflichtigen Arbeitslohn, soweit sie nicht ausnahmsweise als Unterstützungen anzuerkennen sind (> BFH vom 14. 1. 1954 – BStBl III S. 86, vom 4. 2. 1954 – BStBl III S. 111, vom 5. 7. 1957 – BStBl III S. 279 und vom 18. 3. 1960 – BStBl III S. 237).

...

LStR   R 3.26   Steuerbefreiung für nebenberufliche Tätigkeiten (§ 3 Nr. 26 EStG)❶

Begünstigte Tätigkeiten

(1) [1]Die Tätigkeiten als Übungsleiter, Ausbilder, Erzieher oder Betreuer haben miteinander gemeinsam, dass sie auf andere Menschen durch persönlichen Kontakt Einfluss nehmen, um auf diese Weise deren geistige und körperliche Fähigkeiten zu entwickeln und zu fördern. [2]Gemeinsames Merkmal der Tätigkeiten ist eine pädagogische Ausrichtung. [3]Zu den begünstigten Tätigkeiten gehören z. B. die Tätigkeit eines Sporttrainers, eines Chorleiters oder Orchesterdirigenten, die Lehr- und Vortragstätigkeit im Rahmen der allgemeinen Bildung und Ausbildung (z. B. Kurse und Vorträge an Schulen und Volkshochschulen, Mütterberatung, Erste-Hilfe-Kurse, Schwimm-Unterricht) oder im Rahmen der beruflichen Ausbildung und Fortbildung, nicht dagegen die Ausbildung von Tieren (z. B. von Rennpferden oder Diensthunden). [4]Die Pflege alter Menschen, kranker Menschen oder von Menschen mit Behinderungen umfasst außer der Dauerpflege auch Hilfsdienste bei der häuslichen Betreuung durch ambulante Pflegedienste (z. B. Unterstützung bei der Grund- und Behandlungspflege, bei häuslichen Verrichtungen und Einkäufen, beim Schriftverkehr), bei der Altenhilfe entsprechend § 71 SGB XII (z. B. Hilfe bei der Wohnungs- und

---

Anm. d. Schriftl.:

❶ § 3 Nr. 26 EStG ist im Rahmen des Gesetzes zur Vermeidung von Umsatzsteuerausfällen beim Handel mit Waren im Internet und zur Änderung weiterer steuerlicher Vorschriften vom 11. 12. 2018, BGBl 2018 I S. 2338, angepasst worden. Weitere Änderungen sind im Rahmen des Gesetzes zur Erhöhung der Behinderten-Pauschbeträge und zur Anpassung weiterer steuerlicher Regelungen vom 9. 12. 2020, BGBl 2020 I S. 2770, und im Rahmen des Jahressteuergesetzes 2020 vom 21. 12. 2020, BGBl 2020 I S. 3096, erfolgt.

Heimplatzbeschaffung sowie in Fragen der Inanspruchnahme altersgerechter Dienste), die nicht auf die bloße Beförderungsleistung beschränkte Tätigkeit eines Fahrers im Hol- und Bringdienst von bzw. zu einer Tagespflege und Hilfsdienste bei Sofortmaßnahmen gegenüber Schwerkranken und Verunglückten (z. B. durch Rettungssanitäter und Ersthelfer). [5]Eine Tätigkeit, die ihrer Art nach keine übungsleitende, ausbildende, erzieherische, betreuende oder künstlerische Tätigkeit und keine Pflege alter Menschen, kranker Menschen oder von Menschen mit Behinderungen ist, ist keine begünstigte Tätigkeit, auch wenn sie die übrigen Voraussetzungen des § 3 Nr. 26 EStG erfüllt. [6]Nicht begünstigt ist z. B. eine Tätigkeit als Vorstandsmitglied, als Vereinskassierer oder als Gerätewart bei einem Sportverein bzw. als ehrenamtlich tätiger Betreuer (§ 1814 BGB), als Vormund (§ 1774 BGB) oder als Pfleger (§§ 1809 ff. BGB, 1882 ff. BGB); ggf. ist § 3 Nr. 26a bzw. 26b EStG anzuwenden.**[1][2]**

Nebenberuflichkeit

(2) [1]Eine Tätigkeit wird nebenberuflich ausgeübt, wenn sie – bezogen auf das Kj. – nicht mehr als 1/3 der Arbeitszeit eines vergleichbaren Vollzeiterwerbs in Anspruch nimmt oder die regelmäßige Wochenarbeitszeit nicht mehr als 14 Stunden beträgt. [2]Es können deshalb auch solche Personen nebenberuflich tätig sein, die im steuerrechtlichen Sinne keinen Hauptberuf ausüben, z. B. Hausfrauen, Vermieter, Studenten, Rentner oder Arbeitslose. [3]Übt ein Stpfl. mehrere verschiedenartige Tätigkeiten i. S. d. § 3 Nr. 26 EStG aus, ist die Nebenberuflichkeit für jede Tätigkeit getrennt zu beurteilen. [4]Mehrere gleichartige Tätigkeiten sind zusammenzufassen, wenn sie sich nach der Verkehrsanschauung als Ausübung eines einheitlichen Hauptberufs darstellen, z. B. Unterricht von jeweils weniger als 1/3 des Pensums einer Vollzeitkraft in mehreren Schulen. [5]Eine Tätigkeit wird nicht nebenberuflich ausgeübt, wenn sie als Teil der Haupttätigkeit anzusehen ist.

Arbeitgeber/Auftraggeber

(3) [1]Der Freibetrag wird nur gewährt, wenn die Tätigkeit im Dienst oder im Auftrag einer der in § 3 Nr. 26 EStG genannten Personen erfolgt. [2]Als juristische Personen des öffentlichen Rechts kommen bspw. in Betracht Bund, Länder, Gemeinden, Gemeindeverbände, Industrie- und Handelskammern, Handwerkskammern, Rechtsanwaltskammern, Steuerberaterkammern, Wirtschaftsprüferkammern, Ärztekammern, Universitäten oder die Träger der Sozialversicherung. [3]Zu den Einrichtungen i. S. d. § 5 Abs. 1 Nr. 9 KStG gehören Körperschaften, Personenvereinigungen, Stiftungen und Vermögensmassen, die nach der Satzung oder dem Stiftungsgeschäft und nach der tatsächlichen Geschäftsführung ausschließlich und unmittelbar gemeinnützige, mildtatige oder kirchliche Zwecke verfolgen. [4]Nicht zu den begünstigten Einrichtungen gehören bspw. Berufsverbände (Arbeitgeberverband, Gewerkschaft) oder Parteien. [5]Fehlt es an einem begünstigten Auftraggeber/Arbeitgeber, kann der Freibetrag nicht in Anspruch genommen werden.

Förderung gemeinnütziger, mildtätiger und kirchlicher Zwecke

(4) – (6) ...

Anm. d. Schriftl.:

[1] Zu den gemeinnützigkeitsrechtlichen Folgerungen aus der Anwendung des § 3 Nr. 26a EStG (Zahlungen an Mitglieder des Vorstands) hat das BMF mit Schreiben vom 14. 10. 2009, BStBl 2009 I S. 1318, Stellung genommen. Hinsichtlich der zu beachtenden allgemeinen Grundsätze wird auf das BMF-Schreiben vom 21. 11. 2014, BStBl 2014 I S. 1581, hingewiesen.

[2] Auf die Tätigkeit als ehrenamtlicher Richter findet die Steuerbefreiung des § 3 Nr. 26a EStG dann keine Anwendung, wenn nach § 3 Nr. 12 EStG steuerfreier Aufwendungsersatz gezahlt worden ist (BFH-Urteil vom 31. 1. 2017, BStBl 2018 II S. 571).

Gemischte Tätigkeiten

(7) [1]Erzielt der Stpfl. Einnahmen, die teils für eine Tätigkeit, die unter § 3 Nr. 26 EStG fällt, und teils für eine andere Tätigkeit gezahlt werden, ist lediglich für den entsprechenden Anteil nach § 3 Nr. 26 EStG der Freibetrag zu gewähren. [2]Die Steuerfreiheit von Bezügen nach anderen Vorschriften, z. B. nach § 3 Nr. 12, 13, 16 EStG, bleibt unberührt; wenn auf bestimmte Bezüge sowohl § 3 Nr. 26 EStG als auch andere Steuerbefreiungsvorschriften anwendbar sind, so sind die Vorschriften in der Reihenfolge anzuwenden, die für den Stpfl. am günstigsten ist.

Höchstbetrag

(8) [1]Der Freibetrag nach § 3 Nr. 26 EStG ist ein Jahresbetrag. [2]Dieser wird auch dann nur einmal gewährt, wenn mehrere begünstigte Tätigkeiten ausgeübt werden. [3]Er ist nicht zeitanteilig aufzuteilen, wenn die begünstigte Tätigkeit lediglich wenige Monate ausgeübt wird.

Werbungskosten- bzw. Betriebsausgabenabzug

(9) [1]Ein Abzug von Werbungskosten bzw. Betriebsausgaben, die mit den steuerfreien Einnahmen nach § 3 Nr. 26 EStG in einem unmittelbaren wirtschaftlichen Zusammenhang stehen, ist nur möglich, soweit die Ausgaben die strukturfreien Einnahmen aus der Tätigkeit übersteigen. [2]Dadurch entstehende Verluste bzw. Werbungskostenüberschüsse können anerkannt werden, wenn die Tätigkeit mit Einkunftserzielungsabsicht ausgeübt wird. [3]Übersteigen sowohl die Einnahmen als auch die Ausgaben den steuerfreien Höchstbetrag, ist der den Höchstbetrag übersteigende Teil der Ausgaben gem. § 3 Nr. 26 Satz 2 EStG abweichend von § 3c Abs. 1 EStG voll abziehbar. [4]In Arbeitnehmerfällen ist der Arbeitnehmer-Pauschbetrag anzusetzen, soweit er nicht bei anderen Dienstverhältnissen verbraucht ist.

Lohnsteuerverfahren

(10) [1]Beim Lohnsteuerabzug ist eine zeitanteilige Aufteilung des steuerfreien Höchstbetrags nicht erforderlich; das gilt auch dann, wenn feststeht, dass das Dienstverhältnis nicht bis zum Ende des Kj. besteht. [2-4]...

▶ **Hinweise   LStH   H 3.26**

...

Begrenzung der Steuerbefreiung

Die Steuerfreiheit ist auch bei Einnahmen aus mehreren nebenberuflichen Tätigkeiten, z. B. Tätigkeit für verschiedene gemeinnützige Organisationen, und bei Zufluss von Einnahmen aus einer in mehreren Jahren ausgeübten Tätigkeit im Sinne des § 3 Nr. 26 EStG in einem Jahr auf einen einmaligen Jahresbetrag von 3 000 € begrenzt (> BFH vom 23. 6. 1988 – BStBl II S. 890 und vom 15. 2. 1990 – BStBl II S. 686).

...

Künstlerische Tätigkeit

Eine nebenberufliche künstlerische Tätigkeit liegt auch dann vor, wenn sie die eigentliche künstlerische (Haupt-)Tätigkeit nur unterstützt und ergänzt, sofern sie Teil des gesamten künstlerischen Geschehens ist (> BFH vom 18. 4. 2007 – BStBl II S. 702).

Mittelbare Förderung

Die mittelbare Förderung eines begünstigten Zwecks reicht für eine Steuerfreiheit aus, wenn es sich um eine begünstigte Tätigkeit (> R 3.26 Abs. 1) handelt. So dient die Unterrichtung eines geschlossenen Kreises von Pflegeschülern an einem Krankenhaus mittelbar dem Zweck der Gesundheitspflege (> BFH vom 26. 3. 1992 – BStBl 1993 II S. 20).

Nebenberuflichkeit

– *Selbst bei dienstrechtlicher Verpflichtung zur Übernahme einer Tätigkeit im Nebenamt unter Fortfall von Weisungs- und Kontrollrechten des Arbeitgebers kann Nebenberuflichkeit vorliegen (> BFH vom 29. 1. 1987 – BStBl II S. 783).*

– *Zum zeitlichen Umfang > R 3.26 Abs. 2 Satz 1.*

– ***Beispiel 1***

Ein ehrenamtlicher Helfer wird je nach Bedarf wöchentlich für 13 Stunden als Sanitäter oder Altenpfleger eingesetzt, für deren Tätigkeitsbereiche unterschiedliche tarifliche Arbeitszeiten vereinbart sind (41-Stunden-Woche bzw. 38,5-Stunden-Woche).

Bei der Prüfung der Ein-Drittel-Grenze sind die tariflichen Arbeitszeiten aus Vereinfachungsgründen unbeachtlich. Daher ist bei einer regelmäßigen Wochenarbeitszeit von maximal 14 Stunden pauschalierend von einer nebenberuflichen Tätigkeit auszugehen. Im Einzelfall kann auch eine höhere tarifliche Arbeitszeit nachgewiesen werden.

– ***Beispiel 2***

Ein hauptberuflich beschäftigter Arbeitnehmer reduziert für einen befristeten Zeitraum seine Arbeitszeit auf 12 Stunden wöchentlich, um neben seiner Berufstätigkeit seine pflegebedürftige Mutter zu versorgen.

Eine nebenberufliche Tätigkeit liegt nicht vor. Eine vorübergehende Reduzierung der regelmäßigen Wochenarbeitszeit führt nicht dazu, dass eine hauptberufliche Tätigkeit während des Zeitraums, für den die Reduzierung der Arbeitszeit gilt, als nebenberuflich angesehen werden kann.

– ***Beispiel 3***

Ein Lehrer ist zu 50 % teilzeitbeschäftigt (14 Pflichtstunden wöchentlich).

Eine nebenberufliche Tätigkeit liegt nicht vor, da bei Lehrern zur Prüfung der Ein-Drittel-Grenze auf die Pflichtstunden (Deputat) bei Vollzeitbeschäftigung abzustellen ist.

– ***Beispiel 4***

Ein Arbeitnehmer wird für einen Zeitraum von zwei Monaten als Lehrkraft in Vollzeit beschäftigt.

Eine nebenberufliche Tätigkeit liegt nicht vor. Eine typischerweise hauptberuflich ausgeübte Tätigkeit kann nicht wegen ihrer zeitlichen Befristung als nebenberuflich angesehen werden.

Prüfer

Die Tätigkeit als Prüfer bei einer Prüfung, die zu Beginn, im Verlaufe oder als Abschluss einer Ausbildung abgenommen wird, ist mit der Tätigkeit eines Ausbilders vergleichbar (> BFH vom 23. 6. 1988 – BStBl II S. 890).

Rundfunkessays

Die Tätigkeit als Verfasser und Vortragender von Rundfunkessays ist nicht nach § 3 Nr. 26 EStG begünstigt (> BFH vom 17. 10. 1991 – BStBl 1992 II S. 176).

LStR   R 3.30 Werkzeuggeld (§ 3 Nr. 30 EStG)

[1]Die Steuerbefreiung beschränkt sich auf die Erstattung der Aufwendungen, die dem Arbeitnehmer durch die betriebliche Benutzung eigener Werkzeuge entstehen. [2]Als Werkzeuge sind allgemein nur Handwerkzeuge anzusehen, die zur leichteren Handhabung, zur Herstellung oder zur Bearbeitung eines Gegenstands verwendet werden; Musikinstrumente und deren Einzelteile gehören ebenso wie Datenverarbeitungs- und Telekommunikationsgeräte sowie deren Zubehör o. Ä. nicht dazu. [3]Eine betriebliche Benutzung der Werkzeuge liegt auch dann vor, wenn die Werkzeuge im Rahmen des Dienstverhältnisses außerhalb einer Betriebsstätte des Arbeitgebers eingesetzt werden, z. B. auf einer Baustelle. [4]Ohne Einzelnachweis der tatsächlichen Aufwendungen sind pauschale Entschädigungen steuerfrei, soweit sie

1. die regelmäßige AfA der Werkzeuge,

2. die üblichen Betriebs-, Instandhaltungs- und Instandsetzungskosten der Werkzeuge sowie

3. die Kosten der Beförderung der Werkzeuge

abgelten. [5]Soweit Entschädigungen für Zeitaufwand des Arbeitnehmers gezahlt werden, z. B. für die ihm obliegende Reinigung und Wartung der Werkzeuge, gehören sie zum steuerpflichtigen Arbeitslohn.

 Hinweise   LStH   H 3.30

Musikinstrumente

Musikinstrumente sind keine Werkzeuge (> BFH vom 21. 8. 1995 – BStBl II S. 906).

LStR   R 3.31 Überlassung typischer Berufskleidung
**   (§ 3 Nr. 31 EStG)**

(1) [1–2]... [3]Zur typischen Berufskleidung gehören Kleidungsstücke, die

1. als Arbeitsschutzkleidung auf die jeweils ausgeübte Berufstätigkeit zugeschnitten sind oder

2. nach ihrer z. B. uniformartigen Beschaffenheit oder dauerhaft angebrachten Kennzeichnung durch Firmenemblem objektiv eine berufliche Funktion erfüllen,

wenn ihre private Nutzung so gut wie ausgeschlossen ist. [4]Normale Schuhe und Unterwäsche sind z. B. keine typische Berufskleidung.

(2) ...

 Hinweise   LStH   H 3.31

Abgrenzung zwischen typischer Berufskleidung und bürgerlicher Kleidung

> BFH vom 16. 3. 2022 (BStBl II S. 614)

Lodenmantel

Ein Lodenmantel ist keine typische Berufskleidung (> BFH vom 19. 1. 1996 – BStBl II S. 202).

LStR **R 3.32 Sammelbeförderung von Arbeitnehmern zwischen Wohnung und erster Tätigkeitsstätte (§ 3 Nr. 32 EStG)❶**

Die Notwendigkeit einer Sammelbeförderung ist z. B. in den Fällen anzunehmen, in denen

1. die Beförderung mit öffentlichen Verkehrsmitteln nicht oder nur mit unverhältnismäßig hohem Zeitaufwand durchgeführt werden könnte oder

2. der Arbeitsablauf eine gleichzeitige Arbeitsaufnahme der beförderten Arbeitnehmer erfordert.

▶ **Hinweise** **LStH** **H 3.32**

Lohnsteuerbescheinigung

...

Sammelbeförderung

Sammelbeförderung i. S. d. § 3 Nr. 32 EStG ist die durch den Arbeitgeber organisierte oder zumindest veranlasste Beförderung mehrerer Arbeitnehmer; sie darf nicht auf dem Entschluss eines Arbeitnehmers beruhen. Das Vorliegen einer Sammelbeförderung bedarf einer besonderen Rechtsgrundlage. Dies kann ein Tarifvertrag oder eine Betriebsvereinbarung sein (> BFH vom 29. 1. 2009 – BStBl 2010 II S. 1067).

LStR **R 3.33 Unterbringung und Betreuung von nicht schulpflichtigen Kindern (§ 3 Nr. 33 EStG)**

(1) [1]Steuerfrei sind zusätzliche Arbeitgeberleistungen (§ 8 Abs. 4 EStG) zur Unterbringung (einschließlich Unterkunft und Verpflegung) und Betreuung von nicht schulpflichtigen Kindern des Arbeitnehmers in Kindergärten oder vergleichbaren Einrichtungen. [2]Dies gilt auch, wenn der nicht beim Arbeitgeber beschäftigte Elternteil die Aufwendungen trägt. [3]Leistungen für die Vermittlung einer Unterbringungs- und Betreuungsmöglichkeit durch Dritte sind nicht nach § 3 Nr. 33 EStG steuerfrei, können aber unter bestimmten Voraussetzungen nach § 3 Nr. 34a EStG steuerfrei sein. [4]Zuwendungen des Arbeitgebers an einen Kindergarten oder eine vergleichbare Einrichtung, durch die er für die Kinder seiner Arbeitnehmer ein Belegungsrecht ohne Bewerbungsverfahren und Wartezeit erwirbt, sind den Arbeitnehmern nicht als geldwerter Vorteil zuzurechnen.

(2) [1]Es ist gleichgültig, ob die Unterbringung und Betreuung in betrieblichen oder außerbetrieblichen Kindergärten erfolgt. [2]Vergleichbare Einrichtungen sind z. B. Schulkindergärten, Kindertagesstätten, Kinderkrippen, Tagesmütter, Wochenmütter und Ganztagspflegestellen. [3]Die Einrichtung muss gleichzeitig zur Unterbringung und Betreuung von Kindern geeignet sein. [4]Die alleinige Betreuung im Haushalt, z. B. durch Kinderpflegerinnen, Hausgehilfinnen oder Familienangehörige, genügt nicht. [5]Soweit Arbeitgeberleistungen auch den Unterricht eines Kindes ermöglichen, sind sie nicht steuerfrei. [6]Das Gleiche gilt für Leistungen, die nicht unmittelbar der Betreuung eines Kindes dienen, z. B. die Beförderung zwischen Wohnung und Kindergarten.

(3) ...

Anm. d. Schriftl.:

❶ Zur umsatzsteuerlichen Behandlung der Sammelbeförderung hat der BFH mit Urteil vom 10. 6. 1999, BStBl 1999 II S. 582, ausgeführt, dass die lohnsteuerlichen Grundsätze des § 3 Nr. 32 EStG entsprechend anzuwenden sind.

(4) ¹Sachleistungen an den Arbeitnehmer, die über den nach § 3 Nr. 33 EStG steuerfreien Bereich hinausgehen, sind regelmäßig mit dem Wert nach § 8 Abs. 2 Satz 1 EStG dem Arbeitslohn hinzuzurechnen. ²Barzuwendungen an den Arbeitnehmer sind nur steuerfrei, soweit der Arbeitnehmer dem Arbeitgeber die zweckentsprechende Verwendung nachgewiesen hat. ³Der Arbeitgeber hat die Nachweise im Original als Belege zum Lohnkonto aufzubewahren.

> **Hinweise   LStH   H 3.33**

Zusätzlichkeitsvoraussetzung

> *§ 8 Abs. 4 EStG*

LStR   R 3.45 Betriebliche Datenverarbeitungs- und Telekommunikationsgeräte (§ 3 Nr. 45 EStG)❶❷

¹Die Privatnutzung betrieblicher Datenverarbeitungs- und Telekommunikationsgeräte durch den Arbeitnehmer ist unabhängig vom Verhältnis der beruflichen zur privaten Nutzung steuerfrei. ²Die Steuerfreiheit umfasst auch die Nutzung von Zubehör und Software. ³Sie ist nicht auf die private Nutzung im Betrieb beschränkt, sondern gilt bspw. auch für Mobiltelefone im Auto oder PC in der Wohnung des Arbeitnehmers. ⁴Die Steuerfreiheit gilt nur für die Überlassung zur Nutzung durch den Arbeitgeber oder aufgrund des Dienstverhältnisses durch einen Dritten. ⁵In diesen Fällen sind auch die vom Arbeitgeber getragenen Verbindungsentgelte (Grundgebühr und sonstige laufende Kosten) steuerfrei. ⁶Für die Steuerfreiheit kommt es nicht darauf an, ob die Vorteile zusätzlich zum ohnehin geschuldeten Arbeitslohn oder aufgrund einer Vereinbarung mit dem Arbeitgeber über die Herabsetzung von Arbeitslohn erbracht werden.

> **Hinweise   LStH   H 3.45**

Anwendungsbereich

Die auf Arbeitnehmer beschränkte Steuerfreiheit für die Vorteile aus der privaten Nutzung von betrieblichen Personalcomputern und Telekommunikationsgeräten (§ 3 Nr. 45 EStG) verletzt nicht den Gleichheitssatz (> BFH vom 21. 6. 2006 – BStBl II S. 715).

Anm. d. Schriftl.:

❶ § 3 Nr. 45 EStG wurde durch das Gesetz zur Änderung des Gemeindefinanzreformgesetzes und von steuerlichen Vorschriften neu gefasst und ist erstmals anzuwenden auf Vorteile, die in einem nach dem 31. 12. 1999 endenden Lohnzahlungszeitraum oder als sonstige Bezüge nach dem 31. 12. 1999 zugewendet werden (> § 52 Abs. 4h EStG).

❷ § 3 Nr. 45 Satz 2 EStG wurde durch das Gesetz zur Anpassung der Abgabenordnung an den Zollkodex der Union und zur Änderung weiterer steuerlicher Vorschriften ab VZ 2015 angefügt.

Beispiele für die Anwendung des § 3 Nr. 45 EStG:

– **Beispiel 1**

Der Arbeitgeber least einen PC und überlässt dieses Gerät dem Arbeitnehmer zur ausschließlich privaten Nutzung. Gegenüber dem Leasinggeber schuldet der Arbeitgeber die Leasingraten. In entsprechender Höhe wird eine Herabsetzung des Bruttogehalts vereinbart (Gehaltsumwandlung).

Da die Steuerbefreiungsvorschrift des § 3 Nr. 45 EStG keine Zusätzlichkeitsvoraussetzung enthält, ist die Herabsetzung des Bruttogehalts im Wege der Gehaltsumwandlung anzuerkennen; die Vereinbarung einer etwaigen Rückfallklausel/Ausstiegsklausel steht der Anerkennung nicht entgegen.

– **Beispiel 2**

Der Arbeitgeber „kauft" vom Arbeitnehmer ein Mobiltelefon zu einem nicht marktüblichen Preis von z. B. 1 Euro und stellt es anschließend dem Arbeitnehmer zur privaten Nutzung zur Verfügung. Die Verbindungsentgelte des Arbeitnehmers werden nach dem „Kauf" vom Arbeitgeber übernommen.

Eine Steuerbefreiung der Verbindungsentgelte nach § 3 Nr. 45 EStG kommt nicht in Betracht, da der Kaufvertrag einem Fremdvergleich nicht standhält und es sich somit bei der Zurverfügungstellung des Mobiltelefons nicht um ein betriebliches Telekommunikationsgerät des Arbeitgebers handelt.

Beispiele für begünstigte Geräte und Leistungen

– **Betriebliche Datenverarbeitungsgeräte und Telekommunikationsgeräte**

Begünstigt sind u. a. Personalcomputer, Laptop, Handy, Smartphone, Smartwatch, Tablet, Autotelefon.

Regelmäßig nicht begünstigt sind Smart TV, Konsole, MP3-Player, Spielautomat, E-Book-Reader, Gebrauchsgegenstand mit eingebautem Mikrochip, Digitalkamera und digitaler Videocamcorder, weil es sich nicht um betriebliche Geräte des Arbeitgebers handelt. Nicht begünstigt ist auch ein vorinstalliertes Navigationsgerät im Pkw (> BFH vom 16. 2. 2005 – BStBl II S. 563).

– **System- und Anwendungsprogramme**

Begünstigt sind u. a. im Betrieb des Arbeitgebers eingesetzte Betriebssysteme, Browser, Virenscanner, Softwareprogramme (z. B. Home-Use-Programme, Volumenlizenzvereinbarungen).

Regelmäßig nicht begünstigt sind mangels Einsatz im Betrieb des Arbeitgebers u. a. Computerspiele.

– **Zubehör**

Begünstigt sind u. a. betriebliche Monitore, Drucker, Beamer, Scanner, Modems, Netzwerkswitches, Router, Hubs, Bridges, ISDN-Karten, SIM-Karten, UMTS-Karte, LTE-Karten, Ladegeräte und Transportbehältnisse.

– **Dienstleistung**

Begünstigt ist insbesondere die Installation oder Inbetriebnahme der begünstigten Geräte und Programme i. S. d. § 3 Nr. 45 EStG durch einen IT-Service des Arbeitgebers.

**LStR   R 3.50 Durchlaufende Gelder, Auslagenersatz
(§ 3 Nr. 50 EStG)**

(1) [1]Durchlaufende Gelder oder Auslagenersatz liegen vor, wenn

1. der Arbeitnehmer die Ausgaben für Rechnung des Arbeitgebers macht, wobei es gleichgültig ist, ob das im Namen des Arbeitgebers oder im eigenen Namen geschieht, und

2. über die Ausgaben im Einzelnen abgerechnet wird.

[2]Dabei sind die Ausgaben des Arbeitnehmers bei ihm so zu beurteilen, als hätte der Arbeitgeber sie selbst getätigt. [3–5]...

(2) [1]Pauschaler Auslagenersatz führt regelmäßig zu Arbeitslohn. [2]Ausnahmsweise kann pauschaler Auslagenersatz steuerfrei bleiben, wenn er regelmäßig wiederkehrt und der Arbeitnehmer die entstandenen Aufwendungen für einen repräsentativen Zeitraum von drei Monaten im Einzelnen nachweist. [3]Dabei können bei Aufwendungen für Telekommunikation auch die Aufwendungen für das Nutzungsentgelt einer Telefonanlage sowie für den Grundpreis der Anschlüsse entsprechend dem beruflichen Anteil der Verbindungsentgelte an den gesamten Verbindungsentgelten (Telefon und Internet) steuerfrei ersetzt werden. [4]Fallen erfahrungsgemäß beruflich veranlasste Telekommunikationsaufwendungen an, können aus Vereinfachungsgründen ohne Einzelnachweis bis zu 20 % des Rechnungsbetrags, höchstens 20 € monatlich steuerfrei ersetzt werden. [5]Zur weiteren Vereinfachung kann der monatliche Durchschnittsbetrag, der sich aus den Rechnungsbeträgen für einen repräsentativen Zeitraum von drei Monaten ergibt, für den pauschalen Auslagenersatz fortgeführt werden. [6]Der pauschale Auslagenersatz bleibt so lange steuerfrei, bis sich die Verhältnisse wesentlich ändern. [7]Eine wesentliche Änderung der Verhältnisse kann sich insbesondere im Zusammenhang mit einer Änderung der Berufstätigkeit ergeben.

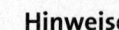 **Hinweise   LStH   H 3.50**

Allgemeines

– *Nicht* *nach § 3 Nr. 50 EStG* *steuerfrei*

  Ersatz von Werbungskosten

  Ersatz von Kosten der privaten Lebensführung des Arbeitnehmers

– *Steuerfrei* *ist z. B. der Ersatz von Gebühren für ein geschäftliches Telefongespräch, das der Arbeitnehmer für den Arbeitgeber außerhalb des Betriebs führt.*

Ersatz von Reparaturkosten

Ersetzt der Arbeitgeber auf Grund einer tarifvertraglichen Verpflichtung dem als Orchestermusiker beschäftigten Arbeitnehmer die Kosten der Instandsetzung des dem Arbeitnehmer gehörenden Musikinstruments, so handelt es sich dabei um steuerfreien Auslagenersatz (> BFH vom 28. 3. 2006 – BStBl II S. 473).

Garagenmiete

Stellt der Arbeitnehmer den Dienstwagen in einer von ihm angemieteten Garage unter, handelt es sich bei der vom Arbeitgeber erstatteten Garagenmiete um steuerfreien Auslagenersatz (> BFH vom 7. 6. 2002 – BStBl II S. 829).

Pauschaler Auslagenersatz

Pauschaler Auslagenersatz führt regelmäßig zu Arbeitslohn (> BFH vom 10. 6. 1966 – BStBl III S. 607). Er ist nur dann steuerfrei, wenn der Steuerpflichtige nachweist, dass die Pauschale den tat-

sächlichen Aufwendungen im Großen und Ganzen entspricht (> BFH vom 2. 10. 2003 – BStBl 2004 II S. 129).

> BMF vom 29. 9. 2020 (BStBl I S. 972), Rdnr. 22–26

LStR   R 3.62 Zukunftssicherungsleistungen[1]
                   (§ 3 Nr. 62 EStG, § 2 Abs. 2 Nr. 3 LStDV)

Leistungen auf Grund gesetzlicher Verpflichtungen

(1) ¹Zu den nach § 3 Nr. 62 EStG steuerfreien Ausgaben des Arbeitgebers für die Zukunftssicherung des Arbeitnehmers (§ 2 Abs. 2 Nr. 3 Satz 1 und 2 LStDV) gehören insbesondere die Beitragsanteile des Arbeitgebers am Gesamtsozialversicherungsbeitrag (Rentenversicherung, Krankenversicherung, Pflegeversicherung, Arbeitslosenversicherung)[2], Beiträge des Arbeitgebers nach § 172a SGB VI zu einer berufsständischen Versorgungseinrichtung für Arbeitnehmer, die nach § 6 Abs. 1 Nr. 1 SGB VI von der Versicherungspflicht in der gesetzlichen Rentenversicherung befreit sind, und Beiträge des Arbeitgebers nach § 249b SGB V und nach § 168 Abs. 1 Nr. 1b oder 1c, § 172 Abs. 3 oder 3a oder § 276a Abs. 1 SGB VI für geringfügig Beschäftigte. ²⁻⁴...

(2) Für Ausgaben des Arbeitgebers zur Kranken- und Pflegeversicherung des Arbeitnehmers gilt Folgendes:

1. ¹Die Beitragteile und Zuschüsse des Arbeitgebers zur gesetzlichen Krankenversicherung und zur sozialen Pflegeversicherung eines gesetzlich krankenversicherungspflichtigen Arbeitnehmers sind steuerfrei, soweit der Arbeitgeber zur Tragung der Beiträge verpflichtet ist (§ 249 SGB V, § 58 SGB XI); das gilt auch für den Zusatzbeitrag (§ 242 SGB V). ²Der Beitragszuschlag für Kinderlose (§ 55 Abs. 3 SGB XI) ist vom Arbeitnehmer allein zu tragen und kann deshalb vom Arbeitgeber nicht steuerfrei erstattet werden.

2. ¹Zuschüsse des Arbeitgebers zur gesetzlichen Krankenversicherung und zur sozialen Pflegeversicherung oder privaten Pflege-Pflichtversicherung eines nicht gesetzlich krankenversicherungspflichtigen Arbeitnehmers, der in der gesetzlichen Krankenversicherung freiwillig versichert ist, sind nach § 3 Nr. 62 EStG steuerfrei, soweit der Arbeitgeber nach § 257 Abs. 1 SGB V und nach § 61 Abs. 1 SGB XI zur Zuschussleistung verpflichtet ist. ²⁻⁴...

3. ¹Zuschüsse des Arbeitgebers zu den Kranken- und Pflegeversicherungsbeiträgen eines nicht gesetzlich krankenversicherungspflichtigen Arbeitnehmers, der eine private Kranken- und Pflege-Pflichtversicherung abgeschlossen hat, sind ebenfalls nach § 3 Nr. 62 EStG steuerfrei, soweit der Arbeitgeber nach § 257 Abs. 2 SGB V sowie nach § 61 Abs. 2 SGB XI zur Zuschussleistung verpflichtet ist. ²Der Anspruch auf den Arbeitgeberzuschuss an den bei einem privaten Krankenversicherungsunternehmen versicherten Arbeitnehmer setzt voraus, dass der private Krankenversicherungsschutz Leistungen zum Inhalt hat, die ihrer Art nach auch den Leistungen des SGB V entsprechen. ³⁻¹⁵...

Den gesetzlichen Pflichtbeiträgen gleichgestellte Zuschüsse

(3) ¹Nach § 3 Nr. 62 Satz 2 EStG sind den Ausgaben des Arbeitgebers für die Zukunftssicherung des Arbeitnehmers, die aufgrund gesetzlicher Verpflichtung geleistet werden, die Zuschüsse des Arbeitgebers gleichgestellt, die zu den Beiträgen des Arbeitnehmers für eine Lebensversicherung – auch für die mit einer betrieblichen Pensionskasse abgeschlossene Lebensversicherung –,

---

Anm. d. Schriftl.:

[1] Zur lohnsteuerrechtlichen Behandlung von freiwilligen Unfallversicherungen der Arbeitnehmer hat das BMF mit Schreiben vom 17. 7. 2000, BStBl 2000 I S. 1204, Stellung genommen.

[2] Arbeitgeberanteile zur gesetzlichen Sozialversicherung eines Arbeitnehmers gehören nicht zum Arbeitslohn. § 3 Nr. 62 Satz 1 EStG hat insofern nur deklaratorische Bedeutung (BFH-Urteil vom 6. 6. 2002, BStBl 2003 II S. 34).

für die freiwillige Versicherung in der gesetzlichen Rentenversicherung oder für eine öffentlich-rechtliche Versicherungs- oder Versorgungseinrichtung der Berufsgruppe geleistet werden, wenn der Arbeitnehmer von der Versicherungspflicht in der gesetzlichen Rentenversicherung nach einer der folgenden Vorschriften auf eigenen Antrag befreit worden ist:

1. § 18 Abs. 3 des Gesetzes über die Erhöhung der Einkommensgrenzen in der Sozialversicherung und der Arbeitslosenversicherung und zur Änderung der Zwölften Verordnung zum Aufbau der Sozialversicherung vom 13. 8. 1952 (BGBl I S. 437),

2.–8. ...

[2]Zuschüsse des Arbeitgebers i. S. d. § 3 Nr. 62 Satz 2 EStG liegen nicht vor, wenn der Arbeitnehmer kraft Gesetzes in der gesetzlichen Rentenversicherung versicherungsfrei ist. [3]...

Höhe der steuerfreien Zuschüsse, Nachweis

(4) [1]Die Steuerfreiheit der Zuschüsse beschränkt sich nach § 3 Nr. 62 Satz 3 EStG im Grundsatz auf den Betrag, den der Arbeitgeber als Arbeitgeberanteil zur gesetzlichen Rentenversicherung aufzuwenden hätte, wenn der Arbeitnehmer nicht von der gesetzlichen Versicherungspflicht befreit worden wäre. [2–3]...

Hinweise   LStH   H 3.62

...

Rückzahlung von Beitragsanteilen an den Arbeitgeber

Beitragsanteile am Gesamtsozialversicherungsbeitrag, die der Arbeitgeber ohne gesetzliche Verpflichtung übernommen hat, sind kein Arbeitslohn, wenn sie dem Arbeitgeber zurückgezahlt worden sind und der Arbeitnehmer keine Versicherungsleistungen erhalten hat (> BFH vom 27. 3. 1992 – BStBl II S. 663).

...

LStR   R 3.64 Kaufkraftausgleich (§ 3 Nr. 64 EStG)

(1) [1]Wird einem Arbeitnehmer außerhalb des öffentlichen Dienstes von einem inländischen Arbeitgeber ein Kaufkraftausgleich gewährt, bleibt er im Rahmen des Absatzes 2 steuerfrei, wenn der Arbeitnehmer aus dienstlichen Gründen in ein Gebiet außerhalb des Inlands entsandt wird und dort für einen begrenzten Zeitraum einen Wohnsitz i. S. d. § 8 AO oder gewöhnlichen Aufenthalt i. S. d. § 9 AO hat. [2]Eine Entsendung für einen begrenzten Zeitraum ist anzunehmen, wenn eine Rückkehr des Arbeitnehmers nach Beendigung der Tätigkeit vorgesehen ist. [3]Es ist unerheblich, ob der Arbeitnehmer tatsächlich zurückkehrt oder nicht.

(2) [1]Der Umfang der Steuerfreiheit des Kaufkraftausgleichs bestimmt sich nach den Sätzen des Kaufkraftzuschlags zu den Auslandsdienstbezügen im öffentlichen Dienst. [2]Die für die einzelnen Länder in Betracht kommenden Kaufkraftzuschläge werden im BStBl I bekannt gemacht.**[1]**

(3) – (6) …

> **Hinweise LStH H 3.64**

…

Zu § 3b EStG

LStR R 3b. Steuerfreiheit der Zuschläge für Sonntags-, Feiertags- oder Nachtarbeit (§ 3b EStG)[2]

Allgemeines

(1) …

Grundlohn

(2) [1]Grundlohn ist nach § 3b Abs. 2 EStG der auf eine Arbeitsstunde entfallende Anspruch auf laufenden Arbeitslohn, den der Arbeitnehmer für den jeweiligen Lohnzahlungszeitraum aufgrund seiner regelmäßigen Arbeitszeit erwirbt. [2]Im Einzelnen gilt Folgendes:

  1. – 2. …

  3. Umrechnung des Grundlohnanspruchs

    [1]Basisgrundlohn … und Grundlohnzusätze … sind zusammenzurechnen und durch die Zahl der Stunden der regelmäßigen Arbeitszeit im jeweiligen Lohnzahlungszeitraum zu teilen. [2]Bei einem monatlichen Lohnzahlungszeitraum ist der Divisor mit dem 4,35fachen der wöchentlichen Arbeitszeit anzusetzen. [3]Das Ergebnis ist der Grundlohn; er ist für die Berechnung des steuerfreien Anteils der Zuschläge für Sonntags-, Feiertags- und Nachtarbeit maßgebend, soweit er die Stundenlohnhöchstgrenze nach § 3b Abs. 2 Satz 1 EStG nicht übersteigt. [4]Ist keine regelmäßige Arbeitszeit vereinbart, sind der Ermittlung des Grundlohns die im Lohnzahlungszeitraum tatsächlich geleisteten Arbeitsstunden zugrunde zu legen. [5]…

  4. – 5. …

(3) – (8) …

Anm. d. Schriftl.:

[1] Eine Gesamtübersicht über die Kaufkraftzuschläge – Stand 1. 1. 2023 – enthält das BMF-Schreiben vom 28. 12. 2022, BStBl 2023 I S. 72.

[2] Die Steuerbefreiung nach § 3b EStG setzt nicht voraus, dass der Bruttolohn in Abhängigkeit von den zu begünstigten Zeiten geleisteten Tätigkeiten variabel ausgestaltet sein muss (BFH-Urteil vom 9. 6. 2021, BStBl 2021 II S. 936).

 **Hinweise   LStH   H 3b**

Abgrenzung Sonntags-/Feiertagszuschlag – Nachtzuschlag

Beispiel:

Ein Arbeitnehmer beginnt seine Nachtschicht am Sonntag, dem 1. 5. um 22 Uhr und beendet sie am 2. 5. um 7 Uhr.

Für diesen Arbeitnehmer sind Zuschläge zum Grundlohn bis zu folgenden Sätzen steuerfrei:

- *175 % für die Arbeit am 1. 5. in der Zeit von 22 Uhr bis 24 Uhr (25 % für Nachtarbeit und 150 % für Feiertagsarbeit),*
- *190 % für die Arbeit am 2. 5. in der Zeit von 0 Uhr bis 4 Uhr (40 % für Nachtarbeit und 150 % für Feiertagsarbeit),*
- *25 % für die Arbeit am 2. 5. in der Zeit von 4 Uhr bis 6 Uhr.*

Abgrenzung Spätarbeitszuschlag – andere Lohnzuschläge

Beispiel:

Aufgrund tarifvertraglicher Vereinbarung erhält ein Arbeitnehmer für die Arbeit in der Zeit von 18 bis 22 Uhr einen Spätarbeitszuschlag und für die in der Zeit von 19 bis 21 Uhr verrichteten Arbeiten eine Gefahrenzulage. Der für die Zeit von 20 bis 22 Uhr gezahlte Spätarbeitszuschlag ist ein nach § 3b EStG begünstigter Zuschlag für Nachtarbeit. Die Gefahrenzulage wird nicht für die Arbeit zu einer bestimmten Zeit gezahlt und ist deshalb auch insoweit kein Nachtarbeitszuschlag im Sinne des § 3b EStG, als sie für die Arbeit in der Zeit von 20 bis 21 Uhr gezahlt wird.

Aufteilung von Mischzuschlägen

> BFH vom 13. 10. 1989 (BStBl 1991 II S. 8)

Bereitschaftsdienste

- *Ein Zeitzuschlag für ärztliche Bereitschaftsdienste wird auch dann nicht für tatsächlich geleistete Sonntags-, Feiertags- oder Nachtarbeit gezahlt, wenn die Bereitschaftsdienste überwiegend zu diesen Zeiten anfallen. Auch wenn die auf Sonntage, Feiertage und Nachtzeit entfallenden Bereitschaftsdienste festgestellt werden können, ist die Bereitschaftsdienstvergütung deshalb nicht steuerfrei (> BFH vom 24. 11. 1989 – BStBl 1990 II S. 315).*
- *Ist in begünstigten Zeiten des § 3b EStG Bereitschaft angeordnet, sind Zuschläge zur Bereitschaftsdienstvergütung steuerfrei, soweit sie die in § 3b EStG vorgesehenen Prozentsätze, gemessen an der Bereitschaftsdienstvergütung, nicht übersteigen (> BFH vom 27. 8. 2002 – BStBl II S. 883).*
- *Werden Bereitschaftsdienste pauschal zusätzlich zum Grundlohn ohne Rücksicht darauf vergütet, ob die Tätigkeit an einem Samstag oder einem Sonntag erbracht wird, handelt es sich nicht um steuerfreie Zuschläge für Sonntags-, Feiertags- oder Nachtarbeit i. S. d. § 3b Abs. 1 EStG (> BFH vom 29. 11. 2016 – BStBl 2017 II S. 718).*

Durchschnittlicher Auszahlungsbetrag

Die Vereinbarung eines durchschnittlichen Auszahlungsbetrags pro tatsächlich geleisteter Arbeitsstunde steht der Steuerbefreiung nicht entgegen; der laufende Arbeitslohn kann der Höhe nach schwanken und durch eine Grundlohnergänzung aufgestockt werden (> BFH vom 17. 6. 2010 – BStBl 2011 II S. 43).

Einkünfte aus nichtselbständiger Arbeit

– *Die Steuerfreiheit nach § 3b EStG setzt voraus, dass die Zuschläge ohne diese Vorschrift den Einkünften aus nichtselbständiger Arbeit zuzurechnen wären (> BFH vom 19. 3. 1997 – BStBl II S. 577).*

– *...*

– *...*

Gefahrenzulage

Es ist von Verfassungs wegen nicht geboten, die Steuerbefreiung für Zuschläge, die für tatsächlich geleistete Sonntags-, Feiertags- oder Nachtarbeit gezahlt werden, auf Gefahrenzulagen und Zulagen im Kampfmittelräumdienst auszudehnen (> BFH vom 15. 9. 2011 – BStBl 2012 II S. 144).

Grundlohn

Beispiel 1:

Ein Arbeitnehmer in einem Drei-Schicht-Betrieb hat eine tarifvertraglich geregelte Arbeitszeit von 38 Stunden wöchentlich und einen monatlichen Lohnzahlungszeitraum. Er hat Anspruch – soweit es den laufenden Arbeitslohn ohne Sonntags-, Feiertags- oder Nachtarbeitszuschläge angeht – auf

– *einen Normallohn von 17,00 € für jede im Lohnzahlungszeitraum geleistete Arbeitsstunde,*

– *einen Schichtzuschlag von 0,50 € je Arbeitsstunde,*

– *einen Zuschlag für Samstagsarbeit von 1,00 € für jede Samstagsarbeitsstunde,*

– *einen Spätarbeitszuschlag von 1,70 € für jede Arbeitsstunde zwischen 18.00 Uhr und 20.00 Uhr,*

– *einen Überstundenzuschlag von 5,00 € je Überstunde,*

– *eine Gefahrenzulage für unregelmäßig anfallende gefährliche Arbeiten von 3,00 € je Stunde,*

– *einen steuerpflichtigen, aber nicht pauschal versteuerten Fahrtkostenzuschuss von 6,00 € je Arbeitstag,*

– *eine vermögenswirksame Leistung von 40,00 € monatlich,*

– *Beiträge des Arbeitgebers zu einer Direktversicherung von 100,00 € monatlich.*

Im Juni hat der Arbeitnehmer infolge Urlaubs nur an 10 Tagen insgesamt 80 Stunden gearbeitet. In diesen 80 Stunden sind enthalten:

– *Regelmäßige Arbeitsstunden*	76
– *Überstunden insgesamt*	4
– *Samstagsstunden insgesamt*	12
– *Überstunden an Samstagen*	2
– *Spätarbeitsstunden insgesamt*	16
– *Überstunden mit Spätarbeit*	2
– *Stunden mit gefährlichen Arbeiten insgesamt*	5
– *Überstunden mit gefährlichen Arbeiten*	1

Hiernach betragen

a) *der Basisgrundlohn*

17,00 € Stundenlohn × 38 Stunden × 4,35	*2 810,10 €*
0,50 € Schichtzuschlag × 38 Stunden × 4,35	*82,65 €*
Vermögenswirksame Leistungen	*40,00 €*
Beiträge zur Direktversicherung	*100,00 €*
insgesamt	*3 032,75 €*

b) *die Grundlohnzusätze*

1,00 € Samstagsarbeitszuschlag × 10 Stunden	*10,00 €*
1,70 € Spätarbeitszuschlag × 14 Stunden	*23,80 €*
3,00 € Gefahrenzulage × 4 Stunden	*12,00 €*
6,00 € Fahrtkostenzuschuss × 10 Arbeitstage	*60,00 €*
insgesamt	*105,80 €*

c) *der Grundlohn des Lohnzahlungszeitraums insgesamt*   *3 138,55 €*

d) *der für die Begrenzung des steuerfreien Anteils*

der begünstigten Lohnzuschläge maßgebende Grundlohn

$$\frac{3\,138,55\ €}{38 \times 4,35} = \qquad\qquad\qquad \underline{\underline{18,99\ €}}$$

Beispiel 2:

Bei einem Arbeitnehmer mit tarifvertraglich geregelter Arbeitszeit von 37,5 Stunden wöchentlich und einem monatlichen Lohnzahlungszeitraum, dessen Sonntags-, Feiertags- und Nachtarbeitszuschläge sowie nicht im Voraus feststehende Bezüge sich nach den Verhältnissen des Vormonats bemessen, betragen für den Lohnzahlungszeitraum März

– *der Basisgrundlohn*   *3 277,28 €*

– *die Grundlohnzusätze*
  (bemessen nach den Verhältnissen im Monat Februar)   *280,72 €*

Im Februar betrug der Basisgrundlohn   *2 936,16 €.*

Für die Ermittlung des steuerfreien Anteils der Zuschläge für Sonntags-, Feiertags- oder Nachtarbeit, die dem Arbeitnehmer auf Grund der im Februar geleisteten Arbeit für den Lohnzahlungszeitraum März zustehen, ist von einem Grundlohn auszugehen, der sich aus

– *dem Basisgrundlohn des Lohnzahlungszeitraums*
  Februar (R 3b Abs. 2 Satz 2 Nr. 2 Buchst. a Satz 2) von   *2 936,16 €*

– *und den Grundlohnzusätzen des Lohnzahlungszeitraums März*
  (bemessen nach den Verhältnissen im Februar)   *280,72 €*

zusammensetzt.

Der für die Berechnung des steuerfreien Anteils der begünstigten Lohnzuschläge maßgebende Grundlohn beträgt

also $\dfrac{2\,936,16\ € + 280,72\ €}{37,5 \times 4,35} = \qquad\qquad\qquad \underline{\underline{19,72\ €.}}$

Pauschale Zuschläge

– *Die Steuerbefreiung setzt i. d. R. Einzelaufstellungen der tatsächlich erbrachten Arbeitsstunden an Sonn- und Feiertagen oder zur Nachtzeit voraus (> BFH vom 28. 11. 1990 – BStBl 1991 II S. 293). Demgegenüber können pauschale Zuschläge dann steuerfrei sein, wenn und soweit sie als bloße Abschlagszahlungen oder Vorschüsse auf später einzeln abzurechnende Zuschläge geleistet werden (> BFH vom 23. 10. 1992 – BStBl 1993 II S. 314).*

– *Pauschale Zuschläge können steuerfrei sein, wenn sie als Abschlagszahlungen oder Vorschüsse für tatsächlich geleistete Sonntags-, Feiertags- oder Nachtarbeit gezahlt werden. Der fehlende Nachweis tatsächlich erbrachter Arbeitsleistungen kann nicht durch eine Modellrechnung ersetzt werden (> BFH vom 25. 5. 2005 – BStBl II S. 725).*

– *Pauschale Zuschläge sind nicht steuerfrei, wenn sie nicht als Abschlagszahlungen oder Vorschüsse auf Zuschläge für tatsächlich geleistete Sonntags-, Feiertags- oder Nachtarbeit gezahlt werden, sondern Teil einer einheitlichen Tätigkeitsvergütung sind (> BFH vom 16. 12. 2010 – BStBl 2012 II S. 288).*

– *Pauschale Zuschläge, die der Arbeitgeber ohne Rücksicht auf die Höhe der tatsächlich erbrachten Sonntags-, Feiertags- oder Nachtarbeit an den Arbeitnehmer leistet, sind nur dann nach § 3b EStG begünstigt, wenn sie nach dem übereinstimmenden Willen von Arbeitgeber und Arbeitnehmer als Abschlagszahlungen oder Vorschüsse auf eine spätere Einzelabrechnung gemäß § 41b EStG geleistet werden. Diese Einzelabrechnung zum jährlichen Abschluss des Lohnkontos ist grundsätzlich unverzichtbar. Auf sie kann im Einzelfall nur verzichtet werden, wenn die Arbeitsleistungen fast ausschließlich zur Nachtzeit zu erbringen und die pauschal geleisteten Zuschläge so bemessen sind, dass sie auch unter Einbeziehung von Urlaub und sonstigen Fehlzeiten – aufs Jahr bezogen – die Voraussetzungen der Steuerfreiheit erfüllen (> BFH vom 8. 12. 2011 – BStBl 2012 II S. 291).*

Reisezeiten

Tatsächlich geleistete Sonntags-, Feiertags- oder Nachtarbeit ist jede zu den begünstigten Zeiten tatsächlich im Arbeitgeberinteresse ausgeübte Tätigkeit des Arbeitnehmers, für die er einen Anspruch auf Grundlohn hat. Die arbeitszeitrechtliche Einordnung der Tätigkeit nach dem Arbeitszeitgesetz ist ohne Bedeutung. Eine konkret belastende Tätigkeit des Arbeitnehmers verlangt § 3b nicht (> BFH vom 16. 12. 2021 – BStBl 2022 II S. 209).

Tatsächliche Arbeitsleistung

Soweit Zuschläge gezahlt werden, ohne dass der Arbeitnehmer in der begünstigten Zeit gearbeitet hat, z. B. bei Lohnfortzahlung im Krankheits- oder Urlaubsfall oder bei Lohnfortzahlung an von der betrieblichen Tätigkeit freigestellte Betriebsratsmitglieder oder bei der Lohnfortzahlung nach dem Mutterschutzgesetz, sind sie steuerpflichtig (> BFH vom 3. 5. 1974 – BStBl II S. 646 und vom 26. 10. 1984 – BStBl 1985 II S. 57 und vom 27. 5. 2009 – BStBl II S. 730).

Theaterbetriebszulage

...

Wechselschichtzuschlag

– *Zuschläge für Wechselschichtarbeit, die der Arbeitnehmer für seine Wechselschicht regelmäßig und fortlaufend bezieht, sind dem steuerpflichtigen Grundlohn zugehörig; sie sind auch während der durch § 3b EStG begünstigten Nachtzeit nicht steuerbefreit (> BFH vom 7. 7. 2005 – BStBl II S. 888).*

– *Die einem Polizeibeamten gezahlte Zulage für Dienst zu wechselnden Zeiten nach § 17a EZulV ist nicht nach § 3b EStG steuerfrei (> BFH vom 15. 2. 2017 – BStBl II S. 644).*

Zeitwertkonto

Bei zeitversetzter Auszahlung bleibt die Steuerfreiheit nur für den Zuschlag als solchen erhalten (> R 3b Abs. 8). Eine darauf beruhende etwaige Verzinsung oder Wertsteigerung ist hingegen nicht steuerfrei (> BMF vom 17. 6. 2009 – BStBl I S. 1286).

Zuschlag zum Grundlohn

Ein Zuschlag wird nicht neben dem Grundlohn gezahlt, wenn er aus dem arbeitsrechtlich geschuldeten Arbeitslohn rechnerisch ermittelt wird, selbst wenn im Hinblick auf eine ungünstig liegende Arbeitszeit ein höherer Arbeitslohn gezahlt werden sollte (> BFH vom 28.11.1990 – BStBl 1991 II S. 296); infolgedessen dürfen auch aus einer Umsatzbeteiligung keine Zuschläge abgespalten und nach § 3b EStG steuerfrei gelassen werden.

Zu § 8 EStG

LStR   R 8.1   Bewertung der Sachbezüge (§ 8 Abs. 2 EStG)

Allgemeines**❶❷**

(1) [1]Fließt dem Arbeitnehmer Arbeitslohn in Form von Sachbezügen zu, sind diese ebenso wie Barlohnzahlungen entweder dem laufenden Arbeitslohn oder den sonstigen Bezügen zuzuordnen... [2-3]... [4]Der Geldwert ist entweder durch Einzelbewertung zu ermitteln (> Absatz 2) oder mit einem amtlichen Sachbezugswert anzusetzen (> Absatz 4). [5]... [6]Die Auszahlung von Arbeitslohn in Fremdwährung ist kein Sachbezug.

Einzelbewertung von Sachbezügen**❸**

(2) [1]Sachbezüge, für die keine amtlichen Sachbezugswerte (> Absatz 4) festgesetzt sind, die nicht nach § 8 Abs. 2 Satz 2 bis 5 EStG (> Absatz 9 und 10) zu bewerten sind, und die nicht nach § 8 Abs. 3 EStG bewertet werden (> R 8.2), sind nach § 8 Abs. 2 Satz 1 EStG mit den um übliche Preisnachlässe geminderten üblichen Endpreisen am Abgabeort im Zeitpunkt der Abgabe anzusetzen. [2]Bei einem umfangreichen Warenangebot, von dem fremde Letztverbraucher ausgeschlossen sind, kann der übliche Preis einer Ware auch aufgrund repräsentativer Erhebungen über die relative Preisdifferenz für die gängigsten Einzelstücke jeder Warengruppe ermittelt werden. [3]Erhält der Arbeitnehmer eine Ware oder Dienstleistung, die nach § 8 Abs. 2 Satz 1 EStG zu bewerten ist, kann sie aus Vereinfachungsgründen mit 96 % des Endpreises bewertet werden, zu dem sie der Abgebende oder dessen Abnehmer fremden Letztverbrauchern im allgemeinen Geschäftsverkehr anbietet. [4]Wird die konkrete Ware oder Dienstleistung nicht zu vergleichbaren Bedingungen an Letztverbraucher am Markt angeboten, ist es nicht zu beanstanden, wenn der Sachbezug stattdessen in Höhe der entsprechenden Aufwendungen des Arbeitgebers einschl. Umsatzsteuer und sämtlicher Nebenkosten angesetzt wird. [5]Satz 3 gilt nicht, wenn als Endpreis der günstigste Preis am Markt angesetzt oder ein Warengutschein i.S.d. § 8 Abs. 1 Satz 3 EStG mit Betragsangabe hingegeben wird sowie in den Fällen des Satzes 4.

Anm. d. Schriftl.:

❶ Die private Mitbenutzung betrieblicher Telefone und Personalcomputer am Arbeitsplatz oder in der Wohnung des Arbeitnehmers ist rückwirkend ab dem 1.1.2000 steuerfrei (§ 3 Nr. 45 EStG).

❷ Sachbezüge i.S. des § 8 Abs. 2 Satz 9 EStG liegen auch dann vor, wenn der Arbeitgeber seine Zahlung an den Arbeitnehmer mit der Auflage verbindet, den empfangenen Geldbetrag nur in einer bestimmten Weise zu verwenden (BFH-Urteil vom 11.11.2010, BStBl 2011 II S. 386).

❸ Wird die Höhe des dem Arbeitnehmer zugeflossenen Sachbezugs – hier die Teilnahme an einer (betrieblichen) Veranstaltung – im Wege einer Schätzung anhand der Kosten des Arbeitgebers bestimmt, sind in die Schätzungsgrundlage nur solche Kosten des Arbeitgebers einzubeziehen, die geeignet sind, beim Arbeitnehmer einen geldwerten Vorteil auszulösen. Die Aufwendungen für einen Eventmanager sind nicht zu berücksichtigen (BFH-Urteil vom 13.5.2020, BStBl 2021 II S. 395).

Freigrenze nach § 8 Abs. 2 Satz 11 EStG (Sachbezugsfreigrenze)

(3) [1]Bei der Prüfung der Sachbezugsfreigrenze bleiben die nach § 8 Abs. 2 Satz 1 EStG zu bewertenden Vorteile, die nach §§ 37b, 40 EStG pauschal versteuert werden, außer Ansatz; für Gutscheine und Geldkarten i. S. d. § 8 Abs. 1 Satz 3 EStG gilt die Sachbezugsfreigrenze nur, wenn sie zusätzlich zum ohnehin geschuldeten Arbeitslohn gewährt werden (§ 8 Abs. 4 EStG). [2]Für die Feststellung, ob die Sachbezugsfreigrenze überschritten ist, sind die in einem Kalendermonat zufließenden und nach § 8 Abs. 2 Satz 1 EStG zu bewertenden, ggf. um den Bewertungsabschlag nach § 8 Abs. 2 Satz 12 EStG geminderten Vorteile (> Absatz 6a) zusammenzurechnen, auch soweit hierfür Lohnsteuer nach § 39b Abs. 2 und 3 EStG einbehalten worden ist. [3]Außer Ansatz bleiben Vorteile, die nach § 8 Abs. 2 Satz 2 bis 10 oder Abs. 3, § 3 Nr. 39 oder nach § 19a EStG zu bewerten sind. [4]Bei der monatlichen Überlassung einer Zeitfahrkarte oder einer monatlichen Fahrberechtigung für ein Job-Ticket, das für einen längerem Zeitraum gilt, ist die Sachbezugsfreigrenze anwendbar, soweit nicht § 3 Nr. 15 EStG anwendbar ist.

Amtliche Sachbezugswerte

(4) [1]Amtliche Sachbezugswerte werden durch die SvEV oder durch Erlasse der obersten Landesfinanzbehörden nach § 8 Abs. 2 Satz 10 EStG festgesetzt. [2]Die amtlichen Sachbezugswerte sind, soweit nicht zulässigerweise § 8 Abs. 3 EStG angewandt wird, ausnahmslos für die Sachbezüge maßgebend, für die sie bestimmt sind. [3-4]...

Einfügung d. Schriftl.:

Monatliche Sachbezugswerte für 2023

Art des Sachbezugs	
	Euro
Freie Unterkunft	265,00
Wohnung	Ortsübliche Miete
Verpflegung (insgesamt)	288,00
– Frühstück	60,00
– Mittagessen	114,00
– Abendessen	114,00
Kantinenmahlzeiten; Tageswert bei pauschaler Besteuerung	
– Frühstück	2,00
– Mittag- oder Abendessen	3,80

▶ **Hinweise   LStH   H 8.1 (1–4)**

...

Fahrrad

– *Zur Ermittlung des geldwerten Vorteils bei Überlassung von (Elektro-)Fahrrädern > Gleich lautende Ländererlasse vom 9. 1. 2020 (BStBl I S. 174).*

– *Zur lohnsteuerlichen Behandlung der Überlassung von (Elektro-)Fahrrädern an Arbeitnehmer in Leasingfällen > BMF vom 17. 11. 2017 (BStBl I S. 1546).*

...

Gehaltsumwandlung

- *Die Umwandlung von Barlohn in Sachlohn (Gehaltsumwandlung) setzt voraus, dass der Arbeitnehmer unter Änderung des Anstellungsvertrages auf einen Teil seines Barlohns verzichtet und ihm der Arbeitgeber stattdessen Sachlohn gewährt. Ob ein Anspruch auf Barlohn oder Sachlohn besteht, ist auf den Zeitpunkt bezogen zu entscheiden, zu dem der Arbeitnehmer über seinen Lohnanspruch verfügt (> BFH vom 6. 3. 2008 – BStBl II S. 530).*

- *> § 8 Abs. 4 EStG*

Geldleistung oder Sachbezug

- *> BMF vom 15. 3. 2022 (BStBl I S. 242), Rn. 5 ff.*

- *Leistet der Arbeitgeber im Rahmen eines ausgelagerten Optionsmodells zur Vermögensbeteiligung der Arbeitnehmer Zuschüsse an einen Dritten als Entgelt für die Übernahme von Kursrisiken, führt dies bei den Arbeitnehmern zu Sachlohn, wenn die Risikoübernahme des Dritten auf einer vertraglichen Vereinbarung mit dem Arbeitgeber beruht; die Freigrenze des § 8 Abs. 2 Satz 11 EStG ist anwendbar (> BFH vom 13. 9. 2007 – BStBl 2008 II S. 204).*

...

Geltung der Sachbezugswerte[1]

- *Die Sachbezugswerte nach der SvEV gelten nach § 8 Abs. 2 Satz 7 EStG auch für Arbeitnehmer, die nicht der gesetzlichen Rentenversicherungspflicht unterliegen.*

- *Die Sachbezugswerte gelten nicht, wenn die vorgesehenen Sachbezüge durch Barvergütungen abgegolten werden; in diesen Fällen sind i. d. R. die Barvergütungen zu versteuern (> BFH vom 16. 3. 1962 – BStBl III S. 284).*

GmbH-Anteile

Veräußert der Arbeitgeber oder eine diesem nahestehende Person eine Beteiligung an einer Kapitalgesellschaft an einen Arbeitnehmer oder umgekehrt, handelt es sich i. d. R. nicht um eine Veräußerung im gewöhnlichen Geschäftsverkehr, da ein Einfluss des Arbeitsverhältnisses auf die Verkaufsmodalitäten jedenfalls nahe liegt. Eine Ableitung des gemeinen Werts aus Verkäufen kommt in diesem Fall regelmäßig nicht in Betracht. Er ist ggf. anhand eines Sachverständigengutachtens zu schätzen (> BFH vom 15. 3. 2018 – BStBl II S. 550).

Job-Ticket

> BMF vom 15. 8. 2019 (BStBl I S. 875)

- *Ein geldwerter Vorteil ist nicht anzunehmen, wenn der Arbeitgeber seinen Arbeitnehmern ein Job-Ticket zu dem mit dem Verkehrsträger vereinbarten Preis überlässt (> BMF vom 27. 1. 2004 – BStBl I S. 173, Tz. II.1).*

- *Die Steuerbefreiung nach § 3 Nr. 15 EStG kommt bei einer Gehaltsumwandlung nicht in Betracht. In diesem Fall liegt ein Sachbezug vor, soweit der Arbeitnehmer das Job-Ticket verbilligt oder unentgeltlich vom Arbeitgeber erhält. § 8 Abs. 2 Satz 11 EStG (Sachbezugsfreigrenze) findet Anwendung.*

Anm. d. Schriftl.:

[1] Unbelegte Backwaren wie Brötchen und Rosinenbrot mit einem Heißgetränk stellen kein Frühstück i. S. von § 2 Abs. 1 Satz 2 Nr. 1 SvEV dar. Für die Annahme eines (einfachen) Frühstücks muss jedenfalls ein Aufstrich oder Belag hinzutreten (BFH-Urteil vom 3. 7. 2019, BStBl 2020 II S. 788).

Beispiel zu einer Gehaltsumwandlung i. H. v. 50,40 €

Üblicher Preis für eine Monatsfahrkarte	*56,00 €*
Vom Verkehrsträger eingeräumte Job-Ticketermäßigung 10 %	*5,60 €*
Differenz	*50,40 €*
davon 96 % (> R 8.1 Abs. 2 Satz 3)	*48,38 €*
Vorteil	*48,38 €*

Unter der Voraussetzung, dass keine weiteren Sachbezüge im Sinne von § 8 Abs. 2 Satz 1 EStG im Monat gewährt werden, die zu einer Überschreitung der Sachbezugsfreigrenze führen, bleibt der Vorteil von 48,38 € außer Ansatz.

– *Gilt das Job-Ticket für einen längeren Zeitraum (z. B. Jahreskarte), fließt der Vorteil insgesamt bei Überlassung des Job-Tickets zu (> BFH vom 12. 4. 2007 – BStBl II S. 719). Zum Zuflusszeitpunkt > H 38.2 (Zufluss von Arbeitslohn). Zur Minderung der Entfernungspauschale > BMF vom 15. 8. 2019 (BStBl I S. 875).*

...

Rabatte von dritter Seite
> BMF vom 20. 1. 2015 (BStBl I S. 143)[*]

...

Üblicher Endpreis

– > BMF vom 16. 5. 2013 (BStBl I S. 729, Tz. 3.1) unter Berücksichtigung der Änderungen durch BMF vom 11. 2. 2021 (BStBl I S. 311)
– Beim Erwerb eines Gebrauchtwagens vom Arbeitgeber ist nicht auf den Händlereinkaufspreis abzustellen, sondern auf den Preis, den das Fahrzeug unter Berücksichtigung der vereinbarten Nebenleistungen auf dem Gebrauchtwagenmarkt tatsächlich erzielen würde (Händlerverkaufspreis). Wird zur Bestimmung des üblichen Endpreises eine Schätzung erforderlich, kann sich die Wertermittlung an den im Rechtsverkehr anerkannten Marktübersichten für gebrauchte Pkw orientieren (> BFH vom 17. 6. 2005 – BStBl II S. 795).
– Der Wert einer dem Arbeitnehmer durch den Arbeitgeber zugewandten Reise kann i. d. R. anhand der Kosten geschätzt werden, die der Arbeitgeber für die Reise aufgewendet hat (> BFH vom 18. 8. 2005 – BStBl 2006 II S. 30).
– Zur Einbeziehung von Versandkosten > BFH vom 6. 6. 2018 (BStBl II S. 764).

...

Warengutscheine🔳

– > BMF vom 15. 3. 2022 (BStBl I S. 242)
– Zum Zuflusszeitpunkt bei Warengutscheinen > R 38.2 Abs. 3

...

Zukunftssicherungsleistungen

– > BMF vom 15. 3. 2022 (BStBl I S. 242), Rn. 6 f., 18

Anm. d. Schriftl.:

🔳 Überlässt der Arbeitgeber seinem Arbeitnehmer einen bei einer größeren Buchhandelskette einlösbaren Gutschein über einen in Euro lautenden Höchstbetrag für den Bezug einer Sache aus deren Warensortiment, so wendet er seinem Arbeitnehmer eine Sache i.S. des § 8 Abs. 2 Sätze 1 und 9 EStG zu (BFH-Urteil vom 11. 11. 2010, BStBl 2011 II S. 383).

Zusätzlichkeitsvoraussetzung

> § 8 Abs. 4 EStG

Zweckgebundene Geldleistung

> BMF vom 15. 3. 2022 (BStBl I S. 242), Rn. 20, 22, 25

Unterkunft oder Wohnung

(5) ¹Für die Bewertung einer Unterkunft, die keine Wohnung ist (> Absatz 6 Satz 2 bis 4), ist der amtliche Sachbezugswert nach der SvEV maßgebend, soweit nicht zulässigerweise § 8 Abs. 3 EStG angewandt wird. ²Dabei ist der amtliche Sachbezugswert auch dann anzusetzen, wenn der Arbeitgeber die dem Arbeitnehmer überlassene Unterkunft gemietet und ggf. mit Einrichtungsgegenständen ausgestattet hat. ³Eine Gemeinschaftsunterkunft liegt vor, wenn die Unterkunft bspw. durch Gemeinschaftswaschräume oder Gemeinschaftsküchen Wohnheimcharakter hat oder Zugangsbeschränkungen unterworfen ist.

(6) ¹Soweit nicht zulässigerweise § 8 Abs. 3 EStG angewandt wird, ist für die Bewertung einer Wohnung der ortsübliche Mietwert maßgebend, bei Vorliegen der Voraussetzungen gemindert um den Bewertungsabschlag nach § 8 Abs. 2 Satz 12 EStG (> Absatz 6a). ²Eine Wohnung ist eine in sich geschlossene Einheit von Räumen, in denen ein selbständiger Haushalt geführt werden kann. ³Wesentlich ist, dass eine Wasserversorgung und -entsorgung, zumindest eine einer Küche vergleichbare Kochgelegenheit sowie eine Toilette vorhanden sind. ⁴Danach stellt z. B. ein Einzimmerappartement mit Küchenzeile und WC als Nebenraum eine Wohnung dar, dagegen ist ein Wohnraum bei Mitbenutzung von Bad, Toilette und Küche eine Unterkunft. ⁵Als ortsüblicher Mietwert ist die Miete anzusetzen, die für eine nach Baujahr, Art, Größe, Ausstattung, Beschaffenheit und Lage vergleichbare Wohnung üblich ist (Vergleichsmiete). ⁶⁻¹¹ ...

Bewertungsabschlag nach § 8 Abs. 2 Satz 12 EStG

(6a) ¹Der Bewertungsabschlag beträgt 1/3 vom ortsüblichen Mietwert, wenn dieser nicht mehr als 25 € je Quadratmeter ohne umlagefähige Kosten i. S. d. BetrKV beträgt. ²Die nach Anwendung des Bewertungsabschlags ermittelte Vergleichsmiete ist Bemessungsgrundlage für die Bewertung der Mietvorteile. ³Die Mietvorteile bleiben außer Ansatz, wenn sie zusammen mit anderen nach § 8 Abs. 2 Satz 1 EStG zu bewertenden Sachbezügen die Sachbezugsfreigrenze nicht überschreiten. ⁴Überlässt der Arbeitgeber Wohnungen überwiegend an fremde Dritte, besteht ein Wahlrecht zwischen den Bewertungsmethoden nach § 8 Abs. 2 EStG (mit Bewertungsabschlag) und § 8 Abs. 3 EStG (mit Rabatt-Freibetrag).

Hinweise   LStH   H 8.1 (5–6)

Bewertungsabschlag nach § 8 Abs. 2 Satz 12 EStG

Beispiel 1

Ein Arbeitgeber überlässt seinem Arbeitnehmer eine Wohnung zu eigenen Wohnzwecken gegen ein monatliches Entgelt von 1 560 € (120 qm x 13 €/qm). Der ortsübliche Mietwert (Kaltmiete plus umlagefähige Nebenkosten) beträgt 20 €/qm.

Der monatliche geldwerte Vorteil (Mietvorteil) ist wie folgt zu berechnen:

Ortsüblicher Mietwert (120 qm x 20 €/qm)	*2 400 €*
./. Bewertungsabschlag (1/3)	*800 €*
= verbleibender Betrag	*1 600 €*
./. Zahlung des Arbeitnehmers	*1 560 €*
Geldwerter Vorteil	*40 €*

Der geldwerte Vorteil von 40 € bleibt aber aufgrund der monatlichen Sachbezugsfreigrenze gem. § 8 Abs. 2 Satz 11 EStG außer Ansatz, wenn er zusammen mit anderen gem. § 8 Abs. 2 Satz 1 EStG zu bewertenden Sachbezügen die Freigrenze nicht überschreitet (> R 8.1 Abs. 6a Satz 3).

Beispiel 2

Ein Wohnungsunternehmen überlässt seinem Arbeitnehmer unentgeltlich eine 120 qm-Wohnung zu eigenen Wohnzwecken. Der ortsübliche Mietwert (Kaltmiete plus umlagefähige Nebenkosten) beträgt 20 €/qm.

Wie im Beispiel 1 liegen die Voraussetzungen für den Bewertungsabschlag gem. § 8 Abs. 2 Satz 12 EStG vor.

Da der Arbeitgeber Wohnungen überwiegend an fremde Dritte vermietet, besteht ein Wahlrecht zwischen den Bewertungsmethoden nach § 8 Abs. 2 und Abs. 3 EStG (> BMF vom 16. 5. 2013 – BStBl I S. 729). Die Bewertung kann entweder nach § 8 Abs. 2 EStG (mit Bewertungsabschlag nach Satz 12) oder nach § 8 Abs. 3 EStG (mit Rabatt-Freibetrag) erfolgen (> R 8.1 Abs. 6a Satz 4).

Erholungsheim

Wird ein Arbeitnehmer in einem Erholungsheim des Arbeitgebers oder auf Kosten des Arbeitgebers zur Erholung in einem anderen Beherbergungsbetrieb untergebracht oder verpflegt, so ist die Leistung mit dem entsprechenden Pensionspreis eines vergleichbaren Beherbergungsbetriebs am selben Ort zu bewerten; dabei können jedoch Preisabschläge in Betracht kommen, wenn der Arbeitnehmer z. B. nach der Hausordnung Bedingungen unterworfen wird, die für Hotels und Pensionen allgemein nicht gelten (> BFH vom 18. 3. 1960 – BStBl III S. 237).

Ortsüblicher Mietwert

– *Überlässt der Arbeitgeber seinem Arbeitnehmer eine Wohnung zu einem Mietpreis, der innerhalb der Mietpreisspanne des örtlichen Mietspiegels für vergleichbare Wohnungen liegt, scheidet die Annahme eines geldwerten Vorteils regelmäßig aus (> BFH vom 17. 8. 2005 – BStBl 2006 II S. 71 und vom 11. 5. 2011 – BStBl II S. 946).*❶

– *Überlässt ein Arbeitgeber seinen Arbeitnehmern Wohnungen und werden Nebenkosten (z. T.) nicht erhoben, liegt eine verbilligte Überlassung und damit ein Sachbezug nur vor, soweit die tatsächlich erhobene Miete zusammen mit den tatsächlich abgerechneten Nebenkosten die ortsübliche Miete (Kaltmiete plus umlagefähige Nebenkosten) unterschreitet (> BFH vom 11. 5. 2011 – BStBl II S. 946).*

Anm. d. Schriftl.:

❶ Bei der Prüfung, ob eine verbilligte Überlassung ihren Rechtsgrund im Arbeitsverhältnis hat, kann ein gewichtiges Indiz sein, in welchem Umfang der Arbeitgeber vergleichbare Wohnungen auch an fremde Dritte zu einem niedrigeren als dem üblichen Mietzins vermietet. Es kann jedoch nicht typisierend davon ausgegangen werden, dass bei einem unter 10 % liegenden Anteil an fremdvermieteten Wohnungen ein Veranlassungszusammenhang zum Arbeitsverhältnis besteht (BFH-Urteil vom 11. 5. 2011, BStBl 2011 II S. 946).

Persönliche Bedürfnisse des Arbeitnehmers

Persönliche Bedürfnisse des Arbeitnehmers, z. B. hinsichtlich der Größe der Wohnung, sind bei der Höhe des Mietwerts nicht zu berücksichtigen (> BFH vom 8.3.1968 – BStBl II S.435 und vom 2.10.1968 – BStBl 1969 II S.73).

...

Kantinenmahlzeiten und Zuschüsse in Form von Essenmarken

(7) Für die Bewertung von Mahlzeiten, die arbeitstäglich an die Arbeitnehmer abgegeben werden, gilt Folgendes:

1. [1]Mahlzeiten, die durch eine vom Arbeitgeber selbst betriebene Kantine, Gaststätte oder vergleichbare Einrichtung abgegeben werden, sind mit dem maßgebenden amtlichen Sachbezugswert nach der SvEV (Sachbezugswert) zu bewerten. [2]Alternativ kommt eine Bewertung mit dem Endpreis i. S. d. § 8 Abs. 3 EStG in Betracht, wenn die Mahlzeiten überwiegend nicht für die Arbeitnehmer zubereitet werden.

2. [1]Mahlzeiten, die die Arbeitnehmer in einer nicht vom Arbeitgeber selbst betriebenen Kantine, Gaststätte oder vergleichbaren Einrichtung erhalten, sind vorbehaltlich der Nummer 4 ebenfalls mit dem Sachbezugswert zu bewerten, wenn der Arbeitgeber aufgrund vertraglicher Vereinbarung durch Zuschüsse oder andere Leistungen an die die Mahlzeiten vertreibende Einrichtung, z. B. durch verbilligte Überlassung von Räumen, Energie oder Einrichtungsgegenständen, zur Verbilligung der Mahlzeiten beiträgt. [2]Es ist nicht erforderlich, dass die Mahlzeiten im Rahmen eines Reihengeschäfts zunächst an den Arbeitgeber und danach von diesem an die Arbeitnehmer abgegeben werden.

3. In den Fällen der Nummern 1 und 2 ist ein geldwerter Vorteil als Arbeitslohn zu erfassen, wenn und soweit der vom Arbeitnehmer für eine Mahlzeit gezahlte Preis einschl. Umsatzsteuer den Sachbezugswert unterschreitet.

4. Bestehen die Leistungen des Arbeitgebers im Falle der Nummer 2 aus arbeitstäglichen Zuschüssen zu Mahlzeiten in Form von Papier-Essenmarken (z. B. Essensgutscheine, Restaurantschecks) oder digitalen Essenmarken (z. B. aufladbare Geldkarten, Apps), die in einer Annahmestelle (z. B. Restaurant, Lebensmitteleinzelhandel) beim Erwerb einer Mahlzeit in Zahlung genommen werden, gilt Folgendes:

   a) [1]Es ist nicht der Zuschuss, sondern die Mahlzeit mit dem Sachbezugswert zu bewerten, wenn

      aa) tatsächlich arbeitstäglich eine Mahlzeit (Frühstück, Mittag- oder Abendessen) durch den Arbeitnehmer erworben wird. [2]Lebensmittel sind nur dann als Mahlzeit anzuerkennen, wenn sie zum unmittelbaren Verzehr geeignet oder zum Verbrauch während der Essenpausen bestimmt sind. [3]Einzelne Bestandteile einer Mahlzeit können auch bei verschiedenen Akzeptanzstellen erworben werden. [4]Erwirbt der Arbeitnehmer am selben Tag weitere Mahlzeiten für andere Tage auf Vorrat, sind hierfür gewährte Zuschüsse als Barlohn zu erfassen.

      bb) für jede Mahlzeit lediglich ein Zuschuss arbeitstäglich (ohne Krankheitstage, Urlaubstage und – vorbehaltlich Doppelbuchst. ee – Arbeitstage, an denen der Arbeitnehmer eine Auswärtstätigkeit ausübt) beansprucht werden kann,

      cc) der Zuschuss den Sachbezugswert der Mahlzeit um nicht mehr als 3,10 € übersteigt,

      dd) der Zuschuss den tatsächlichen Preis der Mahlzeit nicht übersteigt und ee) der Zuschuss nicht von Arbeitnehmern beansprucht werden kann, die eine Auswärtstätigkeit ausüben, bei der die ersten drei Monate (§ 9 Abs. 4a Satz 6 und 7 EStG) noch nicht abgelaufen sind.

[2]Dies gilt auch dann, wenn zwischen dem Arbeitgeber und der Annahmestelle, die die bezuschusste Mahlzeit abgibt, keine unmittelbaren vertraglichen Beziehungen bestehen, weil z. B. ein Unternehmen eingeschaltet ist, das die Zuschüsse verwaltet. [3]Der Arbeitgeber hat die vorstehenden Voraussetzungen nachzuweisen; der Nachweis der Verwendung des Zuschusses ausschl. zum Erwerb einer Mahlzeit i. S. d. Doppelbuchst. aa kann dabei auch durch Vorlage entsprechender vertraglicher Vereinbarungen zwischen dem Unternehmen, das die bezuschusste Mahlzeit abgibt, und dem Arbeitgeber oder dem mit der Verwaltung der Zuschüsse beauftragten Unternehmen geführt werden. [4]Zur Erfüllung der Voraussetzungen nach Doppelbuchst. bb hat der Arbeitgeber für jeden Arbeitnehmer die Tage der Abwesenheit festzustellen und sicherzustellen, dass die Zahl der Tage, für die Zuschüsse gewährt werden, im Kj. die Zahl der vereinbarten Arbeitstage abzgl. der Abwesenheitstage nicht überschreitet. [5]Die Pflicht zur Feststellung der Abwesenheitstage und zur Anpassung der Zahl der Zuschüsse entfällt für Arbeitnehmer, die im Kj. durchschnittlich an nicht mehr als drei Arbeitstagen je Kalendermonat Auswärtstätigkeiten ausüben, wenn keiner dieser Arbeitnehmer im Kalendermonat mehr als 15 Zuschüsse zu Mahlzeiten (insgesamt für Frühstück, Mittag- und Abendessen) erhält.

b) Bestehen die Leistungen des Arbeitgebers ausschl. in der Hingabe von Essenmarken, ist auch unter den Voraussetzungen des Buchst. a der Verrechnungswert der Essenmarke als Arbeitslohn anzusetzen, wenn dieser Wert den geldwerten Vorteil nach Nummer 3 unterschreitet.

c) [1]Wird der Arbeitsvertrag dahingehend geändert, dass der Arbeitnehmer anstelle von Barlohn Zuschüsse erhält, vermindert sich dadurch der Barlohn in entsprechender Höhe. [2]Die Zuschüsse sind mit dem Wert anzusetzen, der sich nach den Buchst. a oder b ergibt. [3]Ohne Änderung des Arbeitsvertrags führt der Austausch von Barlohn durch Zuschüsse nicht zu einer Herabsetzung des steuerpflichtigen Barlohns. [4]In diesem Falle ist der Betrag, um den sich der ausgezahlte Barlohn verringert, als Entgelt für die Mahlzeit anzusehen und von dem nach Buchst. a oder b maßgebenden Wert abzusetzen.

d) [1]Dem Arbeitgeber bleibt es unbenommen, entweder die ihm vom Arbeitnehmer vorgelegten Einzelbelegnachweise manuell zu überprüfen oder sich entsprechender elektronischer Verfahren zu bedienen (z. B. wenn ein Anbieter die Belege vollautomatisch digitalisiert, prüft und eine monatliche Abrechnung an den Arbeitgeber übermittelt, aus der sich dieselben Erkenntnisse wie aus Einzelbelegnachweisen gewinnen lassen). [2]Die von Annahmestellen eingelösten Papier-Essenmarken brauchen nicht an den Arbeitgeber zurückgegeben und von ihm nicht aufbewahrt zu werden, wenn der Arbeitgeber eine Abrechnung erhält, aus der sich ergibt, wie viele Papier-Essenmarken mit welchem Verrechnungswert eingelöst worden sind, und diese aufbewahrt.

5. [1]Wenn der Arbeitgeber unterschiedliche Mahlzeiten zu unterschiedlichen Preisen teilentgeltlich oder unentgeltlich an die Arbeitnehmer abgibt oder Leistungen nach Nummer 2 zur Verbilligung der Mahlzeiten erbringt und die Lohnsteuer nach § 40 Abs. 2 EStG pauschal erhebt, kann der geldwerte Vorteil mit dem Durchschnittswert der Pauschalbesteuerung zugrunde gelegt werden. [2]Die Durchschnittsbesteuerung braucht nicht tageweise durchgeführt zu werden, sie darf sich auf den gesamten Lohnzahlungszeitraum erstrecken. [3]Bietet der Arbeitgeber bestimmte Mahlzeiten nur einem Teil seiner Arbeitnehmer an, z. B. in einem Vorstandskasino, sind diese Mahlzeiten nicht in die Durchschnittsberechnung einzubeziehen. [4]Unterhält der Arbeitgeber mehrere Kantinen, ist der Durchschnittswert für jede einzelne Kantine zu ermitteln. [5]Ist die Ermittlung des Durchschnittswerts wegen der Menge der zu erfassenden Daten besonders aufwendig, kann die Ermittlung des Durchschnittswerts für einen repräsentativen Zeitraum und bei einer Vielzahl von Kantinen für eine repräsentative Auswahl der Kantinen durchgeführt werden.

6. [1]Der Arbeitgeber hat die vom Arbeitnehmer geleistete Zahlung i. d. R. in nachprüfbarer Form nachzuweisen. [2]Der Einzelnachweis der Zahlungen ist nur dann nicht erforderlich,

    a) wenn gewährleistet ist, dass

        aa) die Zahlung des Arbeitnehmers für eine Mahlzeit den anteiligen Sachbezugswert nicht unterschreitet oder

        bb) nach Nummer 4 der Zuschuss als Arbeitslohn zu erfassen ist oder

    b) wenn der Arbeitgeber die Durchschnittsberechnung nach Nummer 5 anwendet.

Hinweise   LStH   H 8.1 (7)

Arbeitstägliche Zuschüsse zu Mahlzeiten

> BMF vom 18. 1. 2019 (BStBl I S. 66)

Begriff der Mahlzeit

Zu den Mahlzeiten gehören alle Speisen und Lebensmittel, die üblicherweise der Ernährung dienen, einschließlich der dazu üblichen Getränke (> BFH vom 21. 3. 1975 – BStBl II S. 486 und vom 7. 11. 1975 – BStBl 1976 II S. 50).

Essenmarken

Beispiele zu R 8.1 Abs. 7 Nr. 4 Buchst. b

Beispiel 1:

Ein Arbeitnehmer erhält eine Essenmarke mit einem Wert von 1 €. Die Mahlzeit kostet 2 €.

Preis der Mahlzeit	2,00 €
./. Wert der Essenmarke	1,00 €
Zahlung des Arbeitnehmers	1,00 €
Sachbezugswert der Mahlzeit	3,80 €
./. Zahlung des Arbeitnehmers	1,00 €
verbleibender Wert	2,80 €
Anzusetzen ist der niedrigere Wert der Essenmarke	1,00 €

Beispiel 2:

Ein Arbeitnehmer erhält eine Essenmarke mit einem Wert von 4 €. Die Mahlzeit kostet 4 €.

Preis der Mahlzeit	4,00 €
./. Wert der Essenmarke	4,00 €
Zahlung des Arbeitnehmers	0,00 €
Sachbezugswert der Mahlzeit	3,80 €
./. Zahlung des Arbeitnehmers	0,00 €
verbleibender Wert	3,80 €
Anzusetzen ist der Sachbezugswert	3,80 €

Beispiel 3:

Ein Arbeitnehmer erhält eine Essenmarke mit einem Wert von 6,90 €. Die vom Arbeitnehmer in einer Gaststätte eingenommene Mahlzeit kostet 10,80 €.

Wert des Essenmarke	6,90 €
Anzusetzender Sachbezugswert	3,80 €
./. Zahlung des Arbeitnehmers	3,90 €
Geldwerter Vorteil	0,00 €

Essenmarken nach Ablauf der Dreimonatsfrist bei Auswärtstätigkeit

Üben Arbeitnehmer eine längerfristige berufliche Auswärtstätigkeit an derselben Tätigkeitsstätte aus, sind nach Ablauf von drei Monaten (§ 9 Abs. 4a Satz 6 und 7 EStG) an diese Arbeitnehmer ausgegebene Essenmarken (Essensgutscheine, Restaurantschecks) abweichend von R 8.1 Abs. 7 Nr. 4 Buchstabe a Satz 1 Doppelbuchstabe dd und Rz. 76 des BMF-Schreibens vom 25. 11. 2020 (BStBl I S. 1228) mit dem maßgebenden Sachbezugswert zu bewerten. Der Ansatz des Sachbezugswerts setzt voraus, dass die übrigen Voraussetzungen des R 8.1 Abs. 7 Nr. 4 Buchstabe a vorliegen.

Essenmarken und Gehaltsumwandlung

– Änderung des Arbeitsvertrags

Wird der Arbeitsvertrag dahingehend geändert, dass der Arbeitnehmer anstelle von Barlohn Essenmarken erhält, so vermindert sich dadurch der Barlohn in entsprechender Höhe (> BFH vom 20. 8. 1997 – BStBl II S. 667).

Beispiel:

Der Arbeitgeber gibt dem Arbeitnehmer monatlich 15 Essenmarken. Im Arbeitsvertrag ist der Barlohn von 3 500 € im Hinblick auf die Essenmarken um 60 € auf 3 440 € herabgesetzt worden.

a) *Beträgt der Verrechnungswert der Essenmarken jeweils 5 €, so ist dem Barlohn von 3 440 € der Wert der Mahlzeit mit dem Sachbezugswert (15 × 3,80 € =) 57 € hinzuzurechnen.*

b) *Beträgt der Verrechnungswert der Essenmarken jeweils 7 €, so ist dem Barlohn von 3 440 € der Verrechnungswert der Essenmarken (15 × 7 € =) 105 € hinzuzurechnen.*

– Keine Änderung des Arbeitsvertrags

Ohne Änderung des Arbeitsvertrags führt der Austausch von Barlohn durch Essenmarken nicht zu einer Herabsetzung des steuerpflichtigen Barlohns. In diesem Fall ist der Betrag, um den sich der ausgezahlte Barlohn verringert, als Entgelt für die Mahlzeit oder Essenmarke anzusehen und dem für die Essenmarke maßgebenden Wert abzusetzen.

Beispiel:

Ein Arbeitnehmer mit einem monatlichen Bruttolohn von 3 500 € erhält von seinem Arbeitgeber monatlich 15 Essenmarken. Der Arbeitsvertrag bleibt unverändert. Der Arbeitnehmer zahlt für die Essenmarken monatlich 60 €.

a) *Auf den Essenmarken ist jeweils ein Verrechnungswert von 7 € ausgewiesen.*

Der Verrechnungswert der Essenmarke übersteigt den Sachbezugswert von 3,80 € um mehr als 3,10 €. Die Essenmarken sind deshalb mit ihrem Verrechnungswert anzusetzen:

15 Essenmarken × 7 €	*105,00 €*
·/. Entgelt des Arbeitnehmers	*60,00 €*
Vorteil	*45,00 €*

Dieser ist dem bisherigen Arbeitslohn von 3 500 € hinzuzurechnen.

b) *Auf den Essenmarken ist jeweils ein Verrechnungswert von 5 € ausgewiesen.*

Der Verrechnungswert der Essenmarke übersteigt den Sachbezugswert von 3,80 € um nicht mehr als 3,10 €. Es ist deshalb nicht der Verrechnungswert der Essenmarken, sondern der Wert der erhaltenen Mahlzeiten mit dem Sachbezugswert anzusetzen:

15 Essenmarken × Sachbezugswert 3,80 €	*57,00 €*
·/. Entgelt des Arbeitnehmers	*60,00 €*
Vorteil	*0,00 €*

Dem bisherigen Arbeitslohn von 3 500 € ist nichts hinzuzurechnen.

Frühstück

Zu den Anforderungen an einen lohnsteuerpflichtigen Sachbezug in Form eines Frühstücks > BFH vom 3.7.2019 (BStBl 2020 II S. 788)

Sachbezugsbewertung

- *Bewertung einer einzelnen Mahlzeit > BMF vom 20.12.2021 (BStBl 2022 I S. 60) für 2022 und vom 23.12.2022 (BStBl 2023 I S. 71) für 2023*
- *Beispiel zu R 8.1 Abs. 7 Nr. 3*

  Der Arbeitnehmer zahlt 2 € für ein Mittagessen im Wert von 4 €.

Sachbezugswert der Mahlzeit	3,80 €
./. Zahlung des Arbeitnehmers	2,00 €
geldwerter Vorteil	1,80 €

  Hieraus ergibt sich, dass die steuerliche Erfassung der Mahlzeiten entfällt, wenn gewährleistet ist, dass der Arbeitnehmer für jede Mahlzeit mindestens einen Preis in Höhe des amtlichen Sachbezugswerts zahlt.

Mahlzeiten aus besonderem Anlass

(8) ¹Für die steuerliche Erfassung und Bewertung von Mahlzeiten, die der Arbeitgeber oder auf dessen Veranlassung ein Dritter aus besonderem Anlass an Arbeitnehmer abgibt, gilt Folgendes:

1. ¹Mahlzeiten, die im ganz überwiegenden betrieblichen Interesse des Arbeitgebers an die Arbeitnehmer abgegeben werden, gehören nicht zum Arbeitslohn.**■** ²Dies gilt für ein sog. Arbeitsessen i. S. d. R 19.6 Abs. 2 sowie für die Beteiligung von Arbeitnehmern an einer geschäftlich veranlassten Bewirtung i. S. d. § 4 Abs. 5 Satz 1 Nr. 2 EStG; für Mahlzeiten im Rahmen von Betriebsveranstaltungen gilt § 19 Abs. 1 Satz 1 Nr. 1a EStG.

2. ¹Mahlzeiten, die der Arbeitgeber als Gegenleistung für das Zurverfügungstellen der individuellen Arbeitskraft an seine Arbeitnehmer abgibt, sind mit ihrem tatsächlichen Preis anzusetzen. ²Dies gilt z. B. für eine während einer beruflich veranlassten Auswärtstätigkeit oder doppelten Haushaltsführung gestellte Mahlzeit, deren Preis die 60-€-Grenze i. S. d. § 8 Abs. 2 Satz 8 EStG übersteigt. ³Ein vom Arbeitnehmer an den Arbeitgeber oder an den Dritten gezahltes Entgelt ist auf den tatsächlichen Preis anzurechnen. ⁴Wird vom Arbeitgeber oder auf dessen Veranlassung von einem Dritten nur ein Essen, aber kein Getränk gestellt, ist das Entgelt, das der Arbeitnehmer für ein Getränk bei der Mahlzeit zahlt, nicht auf den tatsächlichen Preis der Mahlzeit anzurechnen.

Hinweise   LStH · H 8.1 (8)

Allgemeines

Zur Behandlung der Mahlzeitengestellung nach der Reform des steuerlichen Reisekostenrechts > BMF vom 25.11.2020 (BStBl I S. 1228).

Anm. d. Schriftl.:

■ Lädt ein Arbeitgeber anlässlich eines Geburtstags eines Arbeitnehmers Geschäftsfreunde, Repräsentanten des öffentlichen Lebens, Vertreter von Verbänden und Berufsorganisationen sowie Mitarbeiter zu einem Empfang ein, ist unter Berücksichtigung aller Umstände des Einzelfalls zu entscheiden, ob es sich um ein Fest des Arbeitgebers (betriebliche Veranstaltung) oder um ein privates Fest des Arbeitnehmers handelt (BFH-Urteil vom 28.1.2003, BStBl 2003 II S. 725).

Individuell zu versteuernde Mahlzeiten

Mahlzeiten, die im Rahmen regelmäßiger Geschäftsleitungssitzungen abgegeben werden, sind mit dem tatsächlichen Preis anzusetzen (> BFH vom 4. 8. 1994 – BStBl 1995 II S. 59).

Reisekostenabrechnungen

> BMF vom 25. 11. 2020 (BStBl I S. 1228), Rz. 77 Beispiel 50 und Rz. 58 ff.

Gestellung von Kfz🄵

(9) Überlässt der Arbeitgeber oder aufgrund des Dienstverhältnisses ein Dritter dem Arbeitnehmer ein Kfz zur privaten Nutzung, gilt Folgendes:

1. ¹Der Arbeitgeber hat den privaten Nutzungswert mit monatlich 1 % des inländischen Listenpreises des Kfz anzusetzen.🄶 ²Kann das Kfz zu Fahrten zwischen Wohnung und erster Tätigkeitsstätte🄷 genutzt werden, ist i. d. R. diese Nutzungsmöglichkeit unabhängig von der Nutzung des Fahrzeugs zu Privatfahrten mit monatlich 0,03 % des inländischen Listenpreises des Kfz für jeden Kilometer der Entfernung zwischen Wohnung und erster Tätigkeitsstätte zu bewerten und dem Arbeitslohn zuzurechnen. ³Wird das Kfz zu Familienheimfahrten im Rahmen einer doppelten Haushaltsführung genutzt, ist für jeden Kilometer der Entfernung zwischen der ersten Tätigkeitsstätte und dem Ort des eigenen Hausstands ein Nutzungswert von 0,002 % des inländischen Listenpreises des Kfz für jede Fahrt anzusetzen, für die der Werbungskostenabzug nach § 9 Abs. 1 Satz 3 Nr. 5 Satz 5 EStG ausgeschlossen ist. ⁴Die Monatswerte nach den Sätzen 1 und 2 sind auch dann anzusetzen, wenn das Kfz dem Arbeitnehmer im Kalendermonat nur zeitweise zur Verfügung steht oder nur zeitweise oder gar nicht genutzt wird. ⁵Kürzungen der Werte, z. B. wegen einer Beschriftung des Kfz, oder wegen eines privaten Zweitwagens sind nicht zulässig. ⁶Listenpreis i. S. d. Sätze 1 bis 3 ist – auch bei gebraucht erworbenen oder geleasten Fahrzeugen – die auf volle 100 € abgerundete unverbindliche Preisempfehlung des Herstellers für das genutzte Kfz im Zeitpunkt seiner Erstzulassung zzgl. der Kosten für werkseitig im Zeitpunkt der Erstzulassung eingebaute Sonderausstattungen (z. B. Navigationsgeräte, Diebstahlsicherungssysteme) und der Umsatzsteuer; der Wert eines Autotelefons einschl. Freisprecheinrichtung sowie der Wert eines weiteren Satzes Reifen einschl. Felgen bleiben außer Ansatz. ⁷Bei einem Kfz, das aus Sicherheitsgründen gepanzert ist, kann der Listenpreis des leistungsschwächeren Fahrzeugs zugrunde gelegt werden, das dem Arbeitnehmer zur Verfügung gestellt würde, wenn seine Sicherheit nicht gefährdet wäre. ⁸Kann das Kfz auch im Rahmen einer anderen Einkunftsart genutzt werden, ist diese Nutzungsmöglichkeit mit dem Nutzungswert nach Satz 1 abgegolten. ⁹Nummer 2 Satz 9 bis 17 gilt entsprechend.

2. ¹Der Arbeitgeber kann den privaten Nutzungswert abweichend von Nummer 1 mit den für das Kfz entstehenden Aufwendungen ansetzen, die auf die nach Nummer 1 zu erfassenden privaten Fahrten entfallen, wenn die Aufwendungen durch Belege und das Verhältnis der

---

Anm. d. Schriftl.:

🄵 Erstattet der Arbeitgeber dem Arbeitnehmer für dessen eigenen Pkw sämtliche Kosten, wendet er Barlohn und nicht einen Nutzungsvorteil i. S. des § 8 Abs. 2 EStG zu (BFH-Urteil vom 6. 11. 2001, BStBl 2002 II S. 164).

🄶 Steht ein betriebliches Kfz mehreren Arbeitnehmern zur privaten Nutzung zur Verfügung, beläuft sich der zu ermittelnde geldwerte Vorteil für jeden Kalendermonat auf insgesamt 1 % des inländischen Listenpreises des Kfz im Zeitpunkt der Erstzulassung zuzüglich der Kosten für Sonderausstattungen einschließlich der Umsatzsteuer. Der nach § 8 Abs. 2 Satz 2 EStG i. V. m. § 6 Abs. 1 Nr. 4 Satz 2 EStG ermittelte Vorteil ist in diesem Fall entsprechend der Zahl der Nutzungsberechtigten aufzuteilen (BFH-Urteil vom 15. 5. 2002, BStBl 2003 II S. 311).

🄷 Wird dem Arbeitnehmer ein Dienstwagen auch zur privaten Nutzung überlassen, so ist ein Zuschlag nach § 8 Abs. 2 Satz 3 EStG (0,03 %-Regelung) nur vorzunehmen, wenn der Arbeitnehmer den Dienstwagen tatsächlich für die Fahrten zwischen Wohnung und Arbeitsstätte nutzt. Für eine solche Nutzung besteht ein Anscheinsbeweis, der durch die Vorlage einer vom Arbeitnehmer ausgestellten Jahres-Bahnfahrkarte entkräftet werden kann (BFH-Urteil vom 28. 8. 2008, BStBl 2009 II S. 280). Auf das BMF-Schreiben vom 1. 4. 2011, BStBl 2011 I S. 301, wird hingewiesen. Siehe hierzu aber BFH-Urteil vom 21. 3. 2013, BStBl 2013 II S. 700.

privaten zu den übrigen Fahrten durch ein ordnungsgemäßes Fahrtenbuch**1** nachgewiesen werden. [2]Dabei sind die dienstlich und privat zurückgelegten Fahrtstrecken gesondert und laufend im Fahrtenbuch nachzuweisen. [3]Für dienstliche Fahrten sind i. d. R. die folgenden Angaben erforderlich:

a) Datum und Kilometerstand zu Beginn und am Ende jeder einzelnen Auswärtstätigkeit,

b) Reiseziel und bei Umwegen auch die Reiseroute,

c) Reisezweck und aufgesuchte Geschäftspartner.

[4]Für Privatfahrten genügen jeweils Kilometerangaben; für Fahrten zwischen Wohnung und erster Tätigkeitsstätte genügt jeweils ein kurzer Vermerk im Fahrtenbuch. [5]Die Führung des Fahrtenbuchs kann nicht auf einen repräsentativen Zeitraum beschränkt werden, selbst wenn die Nutzungsverhältnisse keinen größeren Schwankungen unterliegen. [6]Das Fahrtenbuch kann auch elektronisch geführt werden, wenn sich daraus dieselben Erkenntnisse wie aus einem manuell geführten Fahrtenbuch gewinnen lassen und nachträgliche Veränderungen der aufgezeichneten Angaben technisch ausgeschlossen oder dokumentiert werden. [7]Der private Nutzungswert ist der Anteil an den Gesamtkosten des Kfz, der dem Verhältnis der Privatfahrten zur Gesamtfahrtstrecke entspricht. [8]Die insgesamt durch das Kfz entstehenden Aufwendungen i. S. d. § 8 Abs. 2 Satz 4 EStG (Gesamtkosten) sind als Summe der Nettoaufwendungen zzgl. Umsatzsteuer zu ermitteln. [9]Zu den Gesamtkosten gehören nur solche Kosten, die dazu bestimmt sind, unmittelbar dem Halten und dem Betrieb des Kfz zu dienen und im Zusammenhang mit seiner Nutzung typischerweise entstehen. [10]Die AfA ist stets in die Gesamtkosten einzubeziehen; ihnen sind die tatsächlichen Anschaffungs- oder Herstellungskosten einschl. Umsatzsteuer zugrunde zu legen. [11]Nicht zu den Gesamtkosten gehören z. B. Beiträge für einen auf den Namen des Arbeitnehmers ausgestellten Schutzbrief, Straßen- oder Tunnelbenutzungsgebühren und Unfallkosten. [12]Verbleiben nach Erstattungen durch Dritte Unfallkosten bis zur Höhe von 1 000 € zzgl. Umsatzsteuer je Schaden ist es aber nicht zu beanstanden, wenn diese als Reparaturkosten in die Gesamtkosten einbezogen werden; Satz 15 ist sinngemäß anzuwenden. [13]Ist der Arbeitnehmer gegenüber dem Arbeitgeber wegen Unfallkosten nach allgemeinen zivilrechtlichen Regeln schadensersatzpflichtig (z. B. Privatfahrten, Trunkenheitsfahrten) und verzichtet der Arbeitgeber (z. B. durch arbeitsvertragliche Vereinbarungen) auf diesen Schadensersatz, liegt i. H. d. Verzichts ein gesonderter geldwerter Vorteil vor (§ 8 Abs. 2 Satz 1 EStG). [14]Erstattungen durch Dritte (z. B. Versicherung) sind unabhängig vom Zahlungszeitpunkt zu berücksichtigen, sodass der geldwerte Vorteil regelmäßig i. H. d. vereinbarten Selbstbehalts anzusetzen ist. [15]Hat der Arbeitgeber auf den Abschluss einer Versicherung verzichtet oder eine Versicherung mit einem Selbstbehalt von mehr als 1 000 € abgeschlossen, ist aus Vereinfachungsgründen so zu verfahren, als bestünde eine Versicherung mit einem Selbstbehalt in Höhe von 1 000 €, wenn es bei bestehender Versicherung zu einer Erstattung gekommen wäre. [16]Liegt keine Schadensersatzpflicht des Arbeitnehmers vor (z. B. Fälle höherer Gewalt, Verursachung des Unfalls durch einen Dritten) oder ereignet sich der Unfall auf einer beruflich veranlassten Fahrt (Auswärtstätigkeit, die wöchentliche Familienheimfahrt bei doppelter Haushaltsführung oder Fahrten zwischen Wohnung und erster Tätigkeitsstätte), liegt vorbehaltlich Satz 13 kein geldwerter Vorteil vor. [17]Vom Arbeitnehmer selbst getragene Kosten fließen nicht in die Gesamtkosten ein und erhöhen nicht den Nutzungswert; es wird nicht beanstandet, wenn diese Kosten in die Gesamtkosten einbezogen werden und zudem als Nutzungsentgelt den Nutzungswert mindern.

3. [1]Der Arbeitgeber muss in Abstimmung mit dem Arbeitnehmer die Anwendung eines der Verfahren nach den Nummern 1 und 2 für jedes Kj. festlegen; das Verfahren darf bei dem-

---

Anm. d. Schriftl.:

1 Im Rahmen der Fahrtenbuchmethode sind die Gesamtkosten jedenfalls dann periodengerecht anzusetzen, wenn der Arbeitgeber die Kosten des von ihm überlassenen Kfz in seiner Gewinnermittlung dementsprechend erfassen muss (BFH-Urteil vom 3. 9. 2015, BStBl 2016 II S. 174).

selben Kfz während des Kj. nicht gewechselt werden. [2]Eine rückwirkende Änderung des Lohnsteuerabzugs (Wechsel von der pauschalen Nutzungswertmethode zur Fahrtenbuchmethode oder umgekehrt für das gesamte Kj.) ist vor Übermittlung oder Ausschreibung der Lohnsteuerbescheinigung jedoch im Rahmen des § 41c EStG möglich. [3]Soweit die genaue Erfassung des privaten Nutzungswerts nach Nummer 2 monatlich nicht möglich ist, kann der Erhebung der Lohnsteuer monatlich 1/12 des Vorjahresbetrags zugrunde gelegt werden. [4]Nach Ablauf des Kj. oder nach Beendigung des Dienstverhältnisses ist der tatsächlich zu versteuernde Nutzungswert zu ermitteln und eine etwaige Lohnsteuerdifferenz nach Maßgabe der §§ 41c, 42b EStG auszugleichen. [5]Bei der Veranlagung zur Einkommensteuer ist der Arbeitnehmer nicht an das für die Erhebung der Lohnsteuer gewählte Verfahren gebunden; Satz 1 zweiter Halbsatz gilt entsprechend.

4. [1]Zahlt der Arbeitnehmer an den Arbeitgeber oder auf dessen Weisung an einen Dritten zur Erfüllung einer Verpflichtung des Arbeitgebers (abgekürzter Zahlungsweg) für die außerdienstliche Nutzung (Nutzung zu privaten Fahrten, zu Fahrten zwischen Wohnung und erster Tätigkeitsstätte und zu Familienheimfahrten im Rahmen einer doppelten Haushaltsführung) des Kfz ein Nutzungsentgelt (z. B. Monatspauschale, Kilometerpauschale, vom Arbeitnehmer übernommene Leasingraten), mindert dies den Nutzungswert. **[1][2]** [2]Nutzungsentgelt i. d. S. sind auch zeitraumbezogene (Einmal-)Zahlungen des Arbeitnehmers für die außerdienstliche Nutzung. [3]Diese Zahlungen sind bei der Bemessung des geldwerten Vorteils auf den Zeitraum, für den sie geleistet werden, gleichmäßig zu verteilen und vorteilsmindernd zu berücksichtigen. [4]Rückzahlungen von Nutzungsentgelten sind Arbeitslohn, soweit die Nutzungsentgelte den privaten Nutzungswert gemindert haben.

4a. [1](Einmal-)Zahlungen des Arbeitnehmers zu den Anschaffungskosten eines ihm auch zur außerdienstlichen Nutzung überlassenen Kfz sind bei der Bemessung des geldwerten Vorteils auf den Zeitraum, für den sie geleistet werden, gleichmäßig zu verteilen und vorteilsmindernd zu berücksichtigen, wenn arbeitsvertragliche Vereinbarungen hinsichtlich des Zuzahlungszeitraums bestehen. [2]Bestehen keine arbeitsvertraglichen Vereinbarungen hinsichtlich des Zuzahlungszeitraums, ist es nicht zu beanstanden, wenn (Einmal-)Zahlungen des Arbeitnehmers im Zahlungsjahr sowie in den darauffolgenden Kj. auf den privaten Nutzungswert für das jeweilige Kfz bis auf 0 € angerechnet wurden. [3]Bei Leasingsonderzahlungen ist entsprechend Satz 1 und 2 zu verfahren. [4]In den Fällen der Nummer 2 gilt Satz 1 und 2 nur, wenn die für die AfA-Ermittlung maßgebenden Anschaffungskosten nicht um die Zuschüsse gemindert worden sind. [5]Zuschussrückzahlungen sind Arbeitslohn, soweit die Zuschüsse den privaten Nutzungswert gemindert haben.

5. Die Nummern 1 bis 4a gelten bei Fahrten nach § 9 Abs. 1 Satz 3 Nr. 4a Satz 3 EStG entsprechend.

6. Die Sonderregelungen für Elektro- und Hybridelektrofahrzeuge nach § 6 Abs. 1 Nr. 4 Satz 2 und 3 EStG sind bei der Ermittlung des Nutzungswerts zu beachten

Gestellung eines Kfz mit Fahrer

(10) [1]Wenn ein Kfz mit Fahrer zur Verfügung gestellt wird, ist der geldwerte Vorteil aus der Fahrergestellung zusätzlich zum Wert nach Absatz 9 Nr. 1 oder 2 als Arbeitslohn zu erfassen. [2]Dieser geldwerte Vorteil bemisst sich i. d. R. nach dem Endpreis i. S. d. § 8 Abs. 2 Satz 1 EStG ei-

---

Anm. d. Schriftl.:

[1] Leistet der Arbeitnehmer an den Arbeitgeber für die Nutzung eines betrieblichen Kfz zu privaten Fahrten und zu Fahrten zwischen Wohnung und regelmäßiger Arbeitsstätte ein Nutzungsentgelt, mindert dies den Wert des geldwerten Vorteils aus der Nutzungsüberlassung (BFH-Urteil vom 30. 11. 2016, BStBl 2017 II S. 1011). Auf das BMF-Schreiben vom 21. 9. 2017, BStBl 2017 I S. 1336, wird hingewiesen.

[2] Eine Minderung des geldwerten Vorteils ist auch dann gegeben, wenn der Arbeitnehmer im Rahmen der privaten Nutzung einzelne (individuelle) Kosten des betrieblichen PKW trägt (BFH-Urteil vom 30. 11. 2016, BStBl 2017 II S. 1014).

ner vergleichbaren von fremden Dritten erbrachten Leistung. [3]Es ist aus Vereinfachungsgründen nicht zu beanstanden, wenn der geldwerte Vorteil abweichend von Satz 2 wie folgt ermittelt wird:

1. [1]Stellt der Arbeitgeber dem Arbeitnehmer für Fahrten zwischen Wohnung und erster Tätigkeitsstätte oder Fahrten nach § 9 Abs. 1 Satz 3 Nr. 4a Satz 3 EStG ein Kfz mit Fahrer zur Verfügung, ist der für diese Fahrten nach Absatz 9 Nr. 1 oder 2 ermittelte Nutzungswert des Kfz um 50 % zu erhöhen. [2]Für die zweite und jede weitere Familienheimfahrt im Rahmen einer beruflich veranlassten doppelten Haushaltsführung erhöht sich der auf die einzelne Familienheimfahrt entfallende Nutzungswert nur dann um 50 %, wenn für diese Fahrt ein Fahrer in Anspruch genommen worden ist.

2. Stellt der Arbeitgeber dem Arbeitnehmer für andere Privatfahrten ein Kfz mit Fahrer zur Verfügung, ist der entsprechende private Nutzungswert des Kfz wie folgt zu erhöhen:
   a) um 50 %, wenn der Fahrer überwiegend in Anspruch genommen wird,
   b) um 40 %, wenn der Arbeitnehmer das Kfz häufig selbst steuert,
   c) um 25 %, wenn der Arbeitnehmer das Kfz weit überwiegend oder ausschließlich selbst steuert.

3. Bei Begrenzung des pauschalen Nutzungswertes i. S. d. § 8 Abs. 2 Satz 2, 3 und 5 EStG auf die Gesamtkosten ist der anzusetzende Nutzungswert um 50 % zu erhöhen, wenn das Kfz mit Fahrer zur Verfügung gestellt worden ist.

4. [1]Wenn einem Arbeitnehmer aus Sicherheitsgründen ein sondergeschütztes (gepanzertes) Kfz, das zum Selbststeuern nicht geeignet ist, mit Fahrer zur Verfügung gestellt wird, ist von der steuerlichen Erfassung der Fahrergestellung abzusehen. [2]Es ist dabei unerheblich, in welcher Gefährdungsstufe der Arbeitnehmer eingeordnet ist.

Hinweise   LStH   H 8.1 (9–10)

1 %-Regelung
- *Die 1 %-Regelung ist verfassungsrechtlich nicht zu beanstanden (> BFH vom 13.12.2012 – BStBl 2013 II S. 385).*
- *> Gebrauchtwagen*

Abgrenzung Kostenerstattung – Nutzungsüberlassung
- *Erstattet der Arbeitgeber dem Arbeitnehmer für dessen eigenen Pkw sämtliche Kosten, wendet er Barlohn und nicht einen Nutzungsvorteil im Sinne des § 8 Abs. 2 EStG zu (> BFH vom 6.11.2001 – BStBl 2002 II S. 164).*
- *Eine nach § 8 Abs. 2 Satz 2 bis 5 EStG zu bewertende Nutzungsüberlassung liegt vor, wenn der Arbeitnehmer das Kraftfahrzeug auf Veranlassung des Arbeitgebers least, dieser sämtliche Kosten des Kraftfahrzeugs trägt und im Innenverhältnis allein über die Nutzung des Kraftfahrzeugs bestimmt (> BFH vom 6.11.2001 – BStBl 2002 II S. 370).*
- *Eine nach § 8 Abs. 2 Satz 2 bis 5 EStG zu bewertende Nutzungsüberlassung liegt nicht vor, wenn das vom Arbeitgeber geleaste Fahrzeug dem Arbeitnehmer auf Grund einer Sonderrechtsbeziehung im Innenverhältnis zuzurechnen ist, weil er gegenüber dem Arbeitgeber die wesentlichen Rechte und Pflichten des Leasingnehmers hat. Gibt der Arbeitgeber in diesem Fall vergünstigte Leasingkonditionen an den Arbeitnehmer weiter, liegt hierin ein nach § 8 Abs. 2 Satz 1 EStG zu bewertender geldwerter Vorteil (> BFH vom 18.12.2014 – BStBl II S. 670 – sog. Behördenleasing). Zur Dienstwagenbesteuerung in Leasingfällen, insbesondere bei Gehaltsumwandlung > BMF vom 3.3.2022 (BStBl I S. 232), Rn. 49 ff.*

Allgemeine Grundsätze
> *BMF vom 3. 3. 2022 (BStBl I S. 232)*

Einfügung d. Schriftl.:
BMF-Schreiben vom 3. 3. 2022, BStBl 2022 I S. 232

Lohnsteuerliche Behandlung der Überlassung eines betrieblichen Kraftfahrzeugs an Arbeitnehmer

Die lohnsteuerliche Behandlung der Überlassung eines betrieblichen Kraftfahrzeugs an Arbeitnehmer ist in § 8 Absatz 2 Satz 2 bis 5 EStG sowie R 8.1 Absatz 9 und 10 LStR geregelt.

Unter Bezugnahme auf das Ergebnis der Erörterungen mit den obersten Finanzbehörden der Länder wird ergänzend wie folgt Stellung genommen (Änderungen gegenüber dem BMF-Schreiben vom 4. April 2018, BStBl I S. 592, sind durch **Fettschrift** hervorgehoben):

1. Allgemeines

Bei Überlassung eines betrieblichen Kraftfahrzeugs an Arbeitnehmer gelten die Regelungen zu Fahrten **1** zwischen Wohnung und erster Tätigkeitsstätte, für Fahrten von der Wohnung zu einem Sammelpunkt oder zu einem weiträumigen Tätigkeitsgebiet im Sinne des § 9 Absatz 1 Satz 3 Nummer 4a Satz 3 EStG entsprechend (§ 8 Absatz 2 Satz 3 und 4 EStG, **BMF-Schreiben vom 18. November 2021, BStBl I S. 2315**).

2 Zur pauschalen Besteuerung des Nutzungswerts nach § 40 Absatz 2 Satz 2 **Nummer 1 Buchstabe a** EStG für Fahrten zwischen Wohnung und erster Tätigkeitsstätte **sowie zu einem Sammelpunkt oder zu einem weiträumigen Tätigkeitsgebiet im Sinne des § 9 Absatz 1 Satz 3 Nummer 4a Satz 3 EStG** vgl. Rz. 42 des BMF-Schreibens vom **18. November 2021 (a. a. O.)**.

3 Kraftfahrzeuge im Sinne des § 8 Absatz 2 Satz 2 bis 5 EStG sind auch:

- Campingfahrzeuge (vgl. BFH-Urteil vom 6. November 2001, BStBl 2002 II S. 370),
- Kombinationskraftwagen, z. B. Geländewagen (vgl. BFH-Urteil vom 13. Februar 2003, BStBl II S. 472),
- Taxen (vgl. BFH-Urteil vom 8. November 2018, BStBl 2019 II S. 229),
- Elektrokleinstfahrzeuge im Sinne des § 1 Absatz 1 Satz 1 Elektrokleinstfahrzeuge-Verordnung vom 6. Juni 2019 (BGBl I S. 756; Kraftfahrzeuge mit elektrischem Antrieb und einer bauartbedingten Höchstgeschwindigkeit von nicht weniger als 6 km/h und nicht mehr als 20 km/h), z. B. E-Scooter, Elektro-Tretroller,
- Elektrofahrräder, die verkehrsrechtlich als Kraftfahrzeug einzuordnen sind (vgl. Gleich lautende Ländererlasse vom 9. Januar 2020, BStBl I S. 174; Elektrofahrräder, deren Motor auch Geschwindigkeiten über 25 km/h unterstützt).

4 Kraftfahrzeuge im Sinne des § 8 Absatz 2 Satz 2 bis 5 EStG sind nicht:

- Elektrofahrräder, die verkehrsrechtlich als Fahrrad einzuordnen sind (vgl. Gleich lautende Ländererlasse vom 9. Januar 2020, a. a. O.; u. a. keine Kennzeichen- und Versicherungspflicht).

5 Die Überlassung eines Einsatzfahrzeugs (Kommandowagen) an den Leiter der Freiwilligen Feuerwehr während seiner – ggf. auch „ständigen" – Bereitschaftszeiten führt nicht zu Arbeitslohn (vgl. BFH-Beschluss vom 19. April 2021, BStBl II S. 605).

6 Ein geldwerter Vorteil ist für Fahrten zwischen Wohnung und erster Tätigkeitsstätte nicht zu erfassen, wenn dem Arbeitnehmer ein betriebliches Kraftfahrzeug ausschließlich an den Tagen für seine Fahrten zwischen Wohnung und erster Tätigkeitsstätte überlassen wird, an denen es erforderlich werden kann, dass er dienstliche Fahrten von der Wohnung aus antritt oder an der Wohnung beendet, z. B. beim Bereitschaftsdienst in Versorgungsunternehmen.

2. Pauschale Nutzungswertmethode

7 Die Anwendung der pauschalen Nutzungswertmethode (1 %-Regelung, 0,03 %-Regelung, 0,002 %-Regelung) ist in § 8 Absatz 2 Satz 2, 3 und 5 EStG sowie R 8.1 Absatz 9 Nummer 1 LStR geregelt. Zu Familienheimfahrten vgl. Rn. 47, 48.

2.1 Begrenzung des pauschalen Nutzungswerts

8 Der pauschale Nutzungswert kann die dem Arbeitgeber für das betriebliche Kraftfahrzeug insgesamt entstandenen Kosten übersteigen. Wird dies im Einzelfall nachgewiesen, ist der pauschale Nutzungswert höchstens mit dem Betrag der Gesamtkosten des betrieblichen Kraftfahrzeugs anzusetzen (Kostendeckelung).

2.2 Fahrten zwischen Wohnung und erster Tätigkeitsstätte

9 Dem pauschalen Nutzungswert ist die einfache Entfernung zwischen Wohnung und erster Tätigkeitsstätte zugrunde zu legen; diese ist auf den nächsten vollen Kilometer abzurunden. Maßgebend ist die kürzeste benutzbare Straßenverbindung. Der pauschale Nutzungswert ist nicht zu erhöhen, wenn der Arbeitnehmer das betriebliche Kraftfahrzeug an einem Arbeitstag mehrmals für Fahrten zwischen Wohnung und erster Tätigkeitsstätte benutzt.

10 Fährt der Arbeitnehmer abwechselnd von der ersten Tätigkeitsstätte zu verschiedenen Wohnungen, ist bei Anwendung der 0,03 %-Regelung der pauschale Monatswert unter Zugrundelegung der Entfernung zur näher gelegenen Wohnung anzusetzen. Für jede Fahrt von und zu der weiter entfernt liegenden Wohnung ist zusätzlich ein pauschaler Nutzungswert von 0,002 % des inländischen Listenpreises des betrieblichen Kraftfahrzeugs für jeden Kilometer der Entfernung zwischen Wohnung und erster Tätigkeitsstätte dem Arbeitslohn zuzurechnen, soweit sie die Entfernung zur näher gelegenen Wohnung übersteigt.

Die 0,03 %-Regelung ist unabhängig von der 1 %-Regelung selbständig anzuwenden, wenn das betriebli- **11** che Kraftfahrzeug ausschließlich für Fahrten zwischen Wohnung und erster Tätigkeitsstätte überlassen wird (vgl. BFH-Urteil vom 22. September 2010 – VI R 54/09 – BStBl 2011 II S. 354). Die bestehenden Verwaltungsregelungen zum Nutzungsverbot (vgl. Rn. 19), zum Nutzungsverzicht (vgl. Rn. 20) und zur unbefugten Privatnutzung (vgl. Rn. 21) sind zu beachten.

Grundsätzlich ist die Ermittlung des Zuschlags kalendermonatlich mit 0,03 % des Listenpreises für jeden **12** Kilometer der Entfernung zwischen Wohnung und erster Tätigkeitsstätte vorzunehmen (§ 8 Absatz 2 Satz 2 EStG). **Wird dem Arbeitnehmer ein betriebliches Kraftfahrzeug dauerhaft zur Nutzung für Fahrten zwischen Wohnung und erster Tätigkeitsstätte überlassen, so findet die 0,03 %-Regelung auch Anwendung für volle Kalendermonate, in denen das Fahrzeug tatsächlich nicht für Fahrten zwischen Wohnung und erster Tätigkeitsstätte genutzt wird. Der pauschale Nutzungswert ist auch dann anzusetzen, wenn aufgrund arbeitsvertraglicher Vereinbarung oder anderer Umstände Fahrten zur ersten Tätigkeitsstätte nicht arbeitstäglich anfallen (z. B. aufgrund Teilzeitvereinbarung, Homeoffice, Dienstreisen, Kurzarbeit, Auslandsaufenthalt).** Ein durch Urlaub oder Krankheit bedingter Nutzungsausfall ist im **pauschalen** Nutzungswert **ebenfalls** berücksichtigt. Zur Möglichkeit der ganzjährigen Einzelbewertung vgl. Rn. 13.

Unter folgenden Voraussetzungen ist eine auf das Kalenderjahr bezogene Einzelbewertung der tatsäch- **13** lichen Fahrten zwischen Wohnung und erster Tätigkeitsstätte mit 0,002 % des Listenpreises je Entfernungskilometer für höchstens 180 Tage entsprechend den BFH-Urteilen vom 22. September 2010 – VI R 54/09 – (a. a. O.), – VI R 55/09 – (BStBl 2011 II S. 358) und – VI R 57/09 – (BStBl 2011 II S. 359) zulässig:

a) Der Arbeitnehmer hat gegenüber dem Arbeitgeber kalendermonatlich fahrzeugbezogen schriftlich zu erklären, an welchen Tagen (mit Datumsangabe) er das betriebliche Kraftfahrzeug tatsächlich für Fahrten zwischen Wohnung und erster Tätigkeitsstätte genutzt hat; die bloße Angabe der Anzahl der Tage reicht nicht aus. Es sind keine Angaben erforderlich, wie der Arbeitnehmer an den anderen Arbeitstagen zur ersten Tätigkeitsstätte gelangt ist. Arbeitstage, an denen der Arbeitnehmer das betriebliche Kraftfahrzeug für Fahrten zwischen Wohnung und erster Tätigkeitsstätte mehrmals benutzt, sind für Zwecke der Einzelbewertung nur einmal zu erfassen. Diese Erklärungen des Arbeitnehmers hat der Arbeitgeber als Belege zum Lohnkonto aufzubewahren. Es ist aus Vereinfachungsgründen nicht zu beanstanden, wenn für den Lohnsteuerabzug jeweils die Erklärung des Vormonats zugrunde gelegt wird.

b) Der Arbeitgeber hat aufgrund der Erklärungen des Arbeitnehmers den Lohnsteuerabzug durchzuführen, sofern der Arbeitnehmer nicht erkennbar unrichtige Angaben macht. Ermittlungspflichten des Arbeitgebers ergeben sich hierdurch nicht.

c) Wird im Lohnsteuerabzugsverfahren eine Einzelbewertung der tatsächlichen Fahrten zwischen Wohnung und erster Tätigkeitsstätte vorgenommen, so hat der Arbeitgeber für alle dem Arbeitnehmer überlassenen betrieblichen Kraftfahrzeuge eine jahresbezogene Begrenzung auf insgesamt 180 Fahrten vorzunehmen. Eine monatliche Begrenzung auf 15 Fahrten ist ausgeschlossen.

Beispiel 1

Arbeitnehmer A kann ein vom Arbeitgeber B überlassenes betriebliches Kraftfahrzeug (Mittelklasse) auch für Fahrten zwischen Wohnung und erster Tätigkeitsstätte nutzen.

B liegen datumsgenaue Erklärungen des A über Fahrten zwischen Wohnung und erster Tätigkeitsstätte für die Monate Januar bis Juni an jeweils 14 Tagen, für die Monate Juli bis November an jeweils 19 Tagen vor. Für den Monat Dezember liegt B eine datumsgenaue Erklärung des A über Fahrten zwischen Wohnung und erster Tätigkeitsstätte an 4 Tagen vor.

In den Monaten Januar bis Juni hat B für Zwecke der Einzelbewertung jeweils 14 Tage zugrunde zu legen, in den Monaten Juli bis November jeweils 19 Tage. Wegen der jahresbezogenen Begrenzung auf 180 Fahrten ist für Zwecke der Einzelbewertung im Dezember nur 1 Tag anzusetzen (Anzahl der Fahrten von Januar bis November = 179). Damit ergeben sich für die Einzelbewertung der tatsächlichen Fahrten des A zwischen Wohnung und erster Tätigkeitsstätte je Kalendermonat folgende Prozentsätze:

- Januar bis Juni: 0,028 % (14 Fahrten x 0,002 %)
- Juli bis November: 0,038 % (19 Fahrten x 0,002 %)
- Dezember: 0,002 % (1 Fahrt x 0,002 %).

Beispiel 2

Wie Beispiel 1. Ab Dezember steht dem Arbeitnehmer A ein anderes betriebliches Kraftfahrzeug (Oberklasse) zur Nutzung zur Verfügung.

Für die Einzelbewertung der tatsächlichen Fahrten des A zwischen Wohnung und erster Tätigkeitsstätte ergeben sich entsprechend der zeitlichen Reihenfolge dieser Fahrten je Kalendermonat folgende Prozentsätze:

– Januar bis Juni: 0,028 % (14 Fahrten x 0,002 %)
– Juli bis November: 0,038 % (19 Fahrten x 0,002 %)
  jeweils vom Listenpreis des betrieblichen Kraftfahrzeugs der Mittelklasse,
– Dezember: 0,002 % (1 Fahrt x 0,002 %)
  vom Listenpreis des betrieblichen Kraftfahrzeugs der Oberklasse.

d) Im Falle der Einzelbewertung der tatsächlichen Fahrten zwischen Wohnung und erster Tätigkeitsstätte ist die Lohnsteuerpauschalierung nach § 40 Absatz 2 Satz 2 **Nummer 1 Buchstabe a** EStG anhand der vom Arbeitnehmer erklärten Anzahl der Tage vorzunehmen. Die Vereinfachungsregelung in **Rz. 36, 37 und 39** des BMF-Schreibens vom **18. November 2021 (a. a. O.)**, dass nur an 15 Arbeitstagen von Fahrten zwischen Wohnung und erster Tätigkeitsstätte ausgegangen werden kann, ist hier nicht anzuwenden (**Rz. 40** des BMF-Schreibens vom **18. November 2021, a. a. O.**).

e) Im Lohnsteuerabzugsverfahren ist der Arbeitgeber auf Verlangen des Arbeitnehmers zur Einzelbewertung der tatsächlichen Fahrten zwischen Wohnung und erster Tätigkeitsstätte verpflichtet, wenn sich aus der arbeitsvertraglichen oder einer anderen arbeits- oder dienstrechtlichen Rechtsgrundlage nichts anderes ergibt. Allerdings sind dann die Angaben des Arbeitnehmers zu den tatsächlichen Fahrten zusätzliche Voraussetzung (vgl. Buchstabe a).

f) Der Arbeitgeber muss die Anwendung der 0,03 %-Regelung oder der Einzelbewertung für jedes Kalenderjahr einheitlich für alle dem Arbeitnehmer überlassenen betrieblichen Kraftfahrzeuge festlegen. Die Methode darf während des Kalenderjahres nicht gewechselt werden. **Eine rückwirkende Änderung des Lohnsteuerabzugs (Wechsel von der 0,03 %-Regelung zur Einzelbewertung oder umgekehrt für das gesamte Kalenderjahr) ist im laufenden Kalenderjahr und vor Übermittlung oder Ausschreibung der Lohnsteuerbescheinigung jedoch grundsätzlich im Rahmen des § 41c EStG möglich.**

g) Im Rahmen seiner Einkommensteuerveranlagung ist der Arbeitnehmer nicht an die im Lohnsteuerabzugsverfahren angewandte 0,03 %-Regelung gebunden und kann einheitlich für alle ihm überlassenen betrieblichen Kraftfahrzeuge für das gesamte Kalenderjahr zur Einzelbewertung wechseln. Hierzu muss der Arbeitnehmer fahrzeugbezogen darlegen, an welchen Tagen (mit Datumsangabe) er das betriebliche Kraftfahrzeug tatsächlich für Fahrten zwischen Wohnung und erster Tätigkeitsstätte genutzt hat. Zudem hat er durch geeignete Belege glaubhaft zu machen, dass und in welcher Höhe der Arbeitgeber den Zuschlag mit 0,03 % des Listenpreises für jeden Kilometer der Entfernung zwischen Wohnung und erster Tätigkeitsstätte ermittelt und versteuert hat (z. B. Gehaltsabrechnung, die die Besteuerung des Zuschlags erkennen lässt; Bescheinigung des Arbeitgebers).

2.3 Fahrzeugpool

14 Stehen Nutzungsberechtigten in einem Fahrzeugpool mehrere betriebliche Kraftfahrzeuge zur Verfügung, so ist der pauschale Nutzungswert für Privatfahrten mit 1 % der Listenpreise aller betrieblichen Kraftfahrzeuge zu ermitteln und die Summe entsprechend der Zahl der Nutzungsberechtigten aufzuteilen. Der pauschale Nutzungswert für Fahrten zwischen Wohnung und erster Tätigkeitsstätte ist grundsätzlich mit 0,03 % der Listenpreise aller betrieblichen Kraftfahrzeuge zu ermitteln und die Summe durch die Zahl der Nutzungsberechtigten zu teilen. Dieser Wert ist beim einzelnen Arbeitnehmer mit der Zahl seiner Entfernungskilometer zu multiplizieren (vgl. BFH-Urteil vom 15. Mai 2002, BStBl 2003 II S. 311). Dem einzelnen Nutzungsberechtigten bleibt es unbenommen, im Rahmen seiner Einkommensteuerveranlagung zur Einzelbewertung seiner tatsächlichen Fahrten zwischen Wohnung und erster Tätigkeitsstätte überzugehen (vgl. Rn. 13).

2.4 Fahrzeugwechsel

15 Bei einem Fahrzeugwechsel im Laufe eines Kalendermonats ist der Listenpreis des überwiegend zur Verfügung gestellten Kraftfahrzeugs zugrunde zu legen.

2.5 Gelegentliche Überlassung

Der pauschale Nutzungswert für Privatfahrten und der pauschale Nutzungswert für Fahrten zwischen **16** Wohnung und erster Tätigkeitsstätte sind auch dann anzusetzen, wenn dem Arbeitnehmer das betriebliche Kraftfahrzeug tatsächlich nur gelegentlich überlassen wird; Rn. 13 bleibt unberührt. Die Monatsbeträge brauchen nicht angesetzt zu werden

- für volle Kalendermonate, in denen dem Arbeitnehmer kein betriebliches Kraftfahrzeug zur Verfügung steht oder

- wenn dem Arbeitnehmer das betriebliche Kraftfahrzeug aus besonderem Anlass oder zu einem besonderen Zweck nur gelegentlich (von Fall zu Fall) für nicht mehr als fünf Kalendertage im Kalendermonat überlassen wird. In diesem Fall sind der pauschale Nutzungswert für Privatfahrten und der pauschale Nutzungswert für Fahrten zwischen Wohnung und erster Tätigkeitsstätte je Fahrtkilometer mit 0,001 % des inländischen Listenpreises des betrieblichen Kraftfahrzeugs zu bewerten (Einzelbewertung). Zum Nachweis der Fahrstrecke müssen die Kilometerstände festgehalten werden.

2.6 Listenpreis

Eine in die Bemessungsgrundlage des § 6 Absatz 1 Nummer 4 Satz 2 EStG einzubeziehende Sonderaus- **17** stattung liegt nur vor, wenn das betriebliche Kraftfahrzeug bereits werkseitig im Zeitpunkt der Erstzulassung damit ausgestattet ist (z. B. ein werkseitig eingebautes Satellitennavigationsgerät, vgl. BFH-Urteil vom 16. Februar 2005, BStBl II S. 563). Nachträglich eingebaute unselbständige Ausstattungsmerkmale sind durch den pauschalen Nutzungswert abgegolten und können nicht getrennt bewertet werden (vgl. BFH-Urteil vom 13. Oktober 2010, BStBl 2011 II S. 361).

Für den pauschalen Nutzungswert ist auch bei reimportierten Kraftfahrzeugen der inländische Listen- **18** preis des Kraftfahrzeugs im Zeitpunkt seiner Erstzulassung maßgebend. Soweit das reimportierte Kraftfahrzeug mit zusätzlichen Sonderausstattungen versehen ist, die sich im inländischen Listenpreis nicht niedergeschlagen haben, ist der Wert der Sonderausstattung zusätzlich zu berücksichtigen. Soweit das reimportierte Kraftfahrzeug geringer wertig ausgestattet ist, lässt sich der Wert der „Minderausstattung" durch einen Vergleich mit einem adäquaten inländischen Kraftfahrzeug angemessen berücksichtigen. **Der Listenpreis für ein Importfahrzeug, für das kein inländischer Listenpreis ermittelbar ist, kann auf der Grundlage verschiedener inländischer Endverkaufspreise freier Importeure geschätzt werden (vgl. BFH-Urteil vom 9. November 2017, BStBl 2018 II S. 278).**

2.7 Nutzungsverbot

Wird dem Arbeitnehmer ein betriebliches Kraftfahrzeug mit der Maßgabe zur Verfügung gestellt, es **19** künftig für Privatfahrten, Fahrten zwischen Wohnung und erster Tätigkeitsstätte oder mehr als eine Familienheimfahrt wöchentlich (vgl. Rn. 48) nicht zu nutzen, ist von dem Ansatz des jeweils in Betracht kommenden pauschalen Nutzungswertes abzusehen, wenn das Nutzungsverbot durch entsprechende Unterlagen (z. B. eine arbeitsvertragliche oder andere arbeits- oder dienstrechtliche Rechtsgrundlage) nachgewiesen wird (vgl. BFH-Urteile vom 21. März 2013 – VI R 42/12 – BStBl II S. 918 und – VI R 46/11 – BStBl II S. 1044 sowie vom 18. April 2013 – VI R 23/12 – BStBl II S. 920). Diese sind als Belege zum Lohnkonto aufzubewahren.

Dem Nutzungsverbot des Arbeitgebers steht ein ausdrücklich mit Wirkung für die Zukunft erklärter **20** schriftlicher Verzicht des Arbeitnehmers auf die Nutzung für Privatfahrten, Fahrten zwischen Wohnung und erster Tätigkeitsstätte oder mehr als eine Familienheimfahrt wöchentlich (vgl. Rn. 48) gleich, wenn aus außersteuerlichen Gründen ein Nutzungsverbot des Arbeitgebers nicht in Betracht kommt und der Nutzungsverzicht dokumentiert wird. Die Nutzungsverzichtserklärung ist als Beleg zum Lohnkonto aufzubewahren.

Die unbefugte Privatnutzung eines betrieblichen Kraftfahrzeugs hat keinen Lohncharakter (vgl. BFH-Ur- **21** teile vom 21. März 2013 – VI R 42/12 – a. a. O. und – VI R 46/11 – a. a. O. sowie vom 18. April 2013 – VI R 23/12 – a. a. O.). Ein Zufluss von Arbeitslohn liegt in diesen Fällen erst in dem Zeitpunkt vor, in dem der Arbeitgeber zu erkennen gibt, dass er die ihm zustehende Schadenersatzforderung gegenüber dem Arbeitnehmer nicht geltend machen wird (vgl. BFH-Urteil vom 27. März 1992, BStBl II S. 837). Zur Abgrenzung zwischen Arbeitslohn und einer verdeckten Gewinnausschüttung bei unbefugter Kraftfahrzeugnutzung durch den Gesellschafter-Geschäftsführer einer Kapitalgesellschaft vgl. BMF-Schreiben vom 3. April 2012 (BStBl I S. 478).

2.8 Park and ride

22 Setzt der Arbeitnehmer ein ihm überlassenes betriebliches Kraftfahrzeug bei den Fahrten zwischen Wohnung und erster Tätigkeitsstätte oder bei Familienheimfahrten (vgl. Rn. 47, 48) nur für eine Teilstrecke ein, weil er regelmäßig die andere Teilstrecke mit öffentlichen Verkehrsmitteln zurücklegt, so ist für die Ermittlung des pauschalen Nutzungswerts dennoch die gesamte Entfernung zugrunde zu legen.

23 Es ist jedoch nicht zu beanstanden, den jeweils in Betracht kommenden pauschalen Nutzungswert auf der Grundlage der Teilstrecke zu ermitteln, die mit dem betrieblichen Kraftfahrzeug tatsächlich zurückgelegt wird, wenn

- der Arbeitgeber das betriebliche Kraftfahrzeug nur für diese Teilstrecke zur Verfügung stellt (vgl. Rn. 19 und Rn. 20) oder

- der Arbeitnehmer für die restliche Teilstrecke einen Nachweis über die Benutzung eines anderen Verkehrsmittels erbringt, z. B. eine auf ihn ausgestellte Jahres-Bahnfahrkarte vorlegt (vgl. BFH-Urteil vom 4. April 2008, BStBl II S. 890).

2.9 Überlassung an mehrere Arbeitnehmer

24 Wird ein betriebliches Kraftfahrzeug mehreren Arbeitnehmern überlassen, so ist der pauschale Nutzungswert für Privatfahrten von 1 % des Listenpreises entsprechend der Zahl der Nutzungsberechtigten aufzuteilen. Der pauschale Nutzungswert für Fahrten zwischen Wohnung und erster Tätigkeitsstätte ist bei jedem Arbeitnehmer mit 0,03 % des Listenpreises je Entfernungskilometer zu ermitteln und durch die Zahl der Nutzungsberechtigten zu teilen (vgl. BFH-Urteil vom 15. Mai 2002, BStBl 2003 II S. 311). Dem einzelnen Nutzungsberechtigten bleibt es unbenommen, im Rahmen seiner Einkommensteuerveranlagung zur Einzelbewertung seiner tatsächlichen Fahrten zwischen Wohnung und erster Tätigkeitsstätte überzugehen (vgl. Rn. 13).

2.10 Überlassung mehrerer betrieblicher Kraftfahrzeuge

25 Stehen einem Arbeitnehmer gleichzeitig mehrere betriebliche Kraftfahrzeuge zur Verfügung, so ist für jedes betriebliche Kraftfahrzeug der pauschale Nutzungswert für Privatfahrten mit monatlich 1 % des Listenpreises anzusetzen. Dies gilt auch beim Einsatz eines Wechselkennzeichens. Dem pauschalen Nutzungswert für Privatfahrten kann der Listenpreis des überwiegend genutzten betrieblichen Kraftfahrzeugs zugrunde gelegt werden, wenn die Nutzung der betrieblichen Kraftfahrzeuge durch andere zur Privatsphäre des Arbeitnehmers gehörende Personen so gut wie ausgeschlossen ist. Bei Anwendung der 0,03 %-Regelung ist dem pauschalen Nutzungswert für Fahrten zwischen Wohnung und erster Tätigkeitsstätte stets der Listenpreis des überwiegend für diese Fahrten genutzten betrieblichen Kraftfahrzeugs zugrunde zu legen. Die Regelungen in Satz 3 und 4 bleiben von dem BFH-Urteil vom 13. Juni 2013 (BStBl 2014 II S. 340) unberührt. Bei Anwendung der Einzelbewertung ist der pauschale Nutzungswert entsprechend den Angaben des Arbeitnehmers fahrzeugbezogen zu ermitteln (vgl. Rn. 13).

3. Individuelle Nutzungswertmethode

26 Die individuelle Nutzungswertmethode (Fahrtenbuchmethode) ist in § 8 Absatz 2 Satz 4 EStG sowie R 8.1 Absatz 9 Nummer 2 LStR geregelt.

3.1 Einheitliches Verfahren der individuellen Nutzungswertermittlung

27 Wird das betriebliche Kraftfahrzeug sowohl für Privatfahrten als auch für Fahrten zwischen Wohnung und erster Tätigkeitsstätte überlassen, kann die individuelle Nutzungswertermittlung weder auf Privatfahrten noch auf Fahrten zwischen Wohnung und erster Tätigkeitsstätte beschränkt werden.

3.2 Elektronisches Fahrtenbuch

28 Ein elektronisches Fahrtenbuch ist anzuerkennen, wenn sich daraus dieselben Erkenntnisse wie aus einem manuell geführten Fahrtenbuch gewinnen lassen. Beim Ausdrucken von elektronischen Aufzeichnungen müssen nachträgliche Veränderungen der aufgezeichneten Angaben technisch ausgeschlossen, zumindest aber dokumentiert werden (vgl. BFH-Urteil vom 16. November 2005, BStBl 2006 II S. 410). **Die Grundsätze zur ordnungsmäßigen Führung und Aufbewahrung von Büchern, Aufzeichnungen und Unterlagen in elektronischer Form sowie zum Datenzugriff (GoBD) sind zu beachten (BMF-Schreiben vom 28. November 2019, BStBl I S. 1269).**

Es bestehen keine Bedenken, ein elektronisches Fahrtenbuch, in dem alle Fahrten automatisch bei Beendi- **29** gung jeder Fahrt mit Datum, Kilometerstand und Fahrtziel erfasst werden, jedenfalls dann als zeitnah geführt anzusehen, wenn der Fahrer den dienstlichen Fahrtanlass (Reisezweck und aufgesuchte Geschäftspartner) innerhalb eines Zeitraums von bis zu sieben Kalendertagen nach Abschluss der jeweiligen Fahrt in einem Webportal einträgt und die übrigen Fahrten dem privaten Bereich zugeordnet werden.

3.3 Erleichterungen bei der Führung eines Fahrtenbuchs

Ein Fahrtenbuch soll die Zuordnung von Fahrten zur betrieblichen und beruflichen Sphäre darstellen und **30** ermöglichen. Es muss laufend geführt werden und die berufliche Veranlassung plausibel erscheinen lassen und ggf. eine stichprobenartige Nachprüfung ermöglichen. Auf einzelne in R 8.1 Absatz 9 Nummer 2 LStR geforderte Angaben kann verzichtet werden, soweit wegen der besonderen Umstände im Einzelfall die erforderliche Aussagekraft und Überprüfungsmöglichkeit nicht beeinträchtigt wird. Bei Automatenlieferanten, Kurierdienstfahrern, Handelsvertretern, Kundendienstmonteuren und Pflegedienstmitarbeitern mit täglich wechselnden Auswärtstätigkeiten reicht es z. B. aus, wenn sie angeben, welche Kunden sie an welchem Ort aufsuchen. Angaben über die Reiseroute und zu den Entfernungen zwischen den Stationen einer Auswärtstätigkeit sind nur bei größerer Differenz zwischen direkter Entfernung und tatsächlicher Fahrtstrecke erforderlich. Bei Fahrten eines Taxifahrers im sog. Pflichtfahrgebiet ist es in Bezug auf Reisezweck, Reiseziel und aufgesuchte Geschäftspartner ausreichend, täglich zu Beginn und Ende der Gesamtheit dieser Fahrten den Kilometerstand anzugeben mit der Angabe „Taxifahrten im Pflichtfahrgebiet" (o. ä.). Wurden Fahrten durchgeführt, die über dieses Gebiet hinausgehen, kann auf die genaue Angabe des Reiseziels nicht verzichtet werden. Für Fahrlehrer ist es ausreichend in Bezug auf Reisezweck, Reiseziel und aufgesuchte Geschäftspartner „Lehrfahrten", „Fahrschulfahrten" o. ä. anzugeben (vgl. BMF-Schreiben vom 18. November 2009, BStBl I S. 1326). Bei sicherheitsgefährdeten Personen, deren Fahrtroute häufig von sicherheitsmäßigen Gesichtspunkten bestimmt wird, kann auf die Angabe der Reiseroute auch bei größeren Differenzen zwischen der direkten Entfernung und der tatsächlichen Fahrtstrecke verzichtet werden.

3.4 Ermittlung des vorläufigen Nutzungswerts

Soweit die genaue Erfassung des individuellen Nutzungswerts monatlich nicht möglich ist, kann der Er- **31** hebung der Lohnsteuer monatlich ein Zwölftel des Vorjahresbetrags zugrunde gelegt werden (vgl. R 8.1 Absatz 9 Nummer 3 Satz 2 LStR). Es bestehen keine Bedenken, stattdessen bei der Ermittlung des individuellen Nutzungswerts je Fahrtkilometer vorläufig 0,001 % des inländischen Listenpreises für das betriebliche Kraftfahrzeug anzusetzen. Nach Ablauf des Kalenderjahres oder nach Beendigung des Dienstverhältnisses ist der tatsächlich zu versteuernde individuelle Nutzungswert zu ermitteln und eine etwaige Lohnsteuerdifferenz nach Maßgabe der §§ 41c, 42b EStG auszugleichen (vgl. R 8.1 Absatz 9 Nummer 3 Satz 3 LStR).

3.5 Gesamtkosten

Zu den Gesamtkosten im Sinne von R 8.1 Absatz 9 Nummer 2 Satz 9 LStR gehören z. B. Absetzung für Ab- **32** nutzung (AfA), Leasing- und Leasingsonderzahlungen (anstelle der AfA), Treibstoffkosten, Wartungs- und Reparaturkosten, Kraftfahrzeugsteuer, Beiträge für Halterhaftpflicht- und Fahrzeugversicherungen, Garagen-/Stellplatzmiete, Aufwendungen für Anwohnerparkberechtigungen, Aufwendungen für die Wagenpflege/-wäsche sowie der nicht nach § 3 Nummer 46 EStG steuerfreie Ladestrom (vgl. BMF-Schreiben vom **29. September 2020, BStBl I S. 972)**.

Nicht zu den Gesamtkosten gehören neben den in R 8.1 Absatz 9 Nummer 2 Satz 11 LStR genannten Kos- **33** ten z. B. Fährkosten, Straßen- oder Tunnelbenutzungsgebühren (Vignetten, Mautgebühren), Parkgebühren, Aufwendungen für Insassen- und Unfallversicherungen, Verwarnungs-, Ordnungs- und Bußgelder, Kosten einer Ladevorrichtung für Elektrofahrzeuge sowie der nach § 3 Nummer 46 EStG steuerfreie Ladestrom (vgl. BMF-Schreiben vom **29. September 2020**, a. a. O., Rn. 13).

Bei der Ermittlung der Gesamtkosten ist bei einem Pkw von einer AfA von 12,5 % der Anschaffungskosten **34** entsprechend einer achtjährigen (Gesamt-)Nutzungsdauer auszugehen (vgl. BFH-Beschluss vom 29. März 2005, BStBl 2006 II S. 368).

Die Gesamtkosten sind jedenfalls dann periodengerecht anzusetzen, wenn der Arbeitgeber die Kosten **35** (z. B. Leasingsonderzahlung) des von ihm überlassenen betrieblichen Kraftfahrzeugs in seiner Gewinnermittlung periodengerecht erfassen muss (vgl. BFH-Urteil vom 3. September 2015, BStBl 2016 II S. 174).

Es ist nicht zu beanstanden, wenn auch die vom Arbeitnehmer unmittelbar getragenen oder vom Arbeit- **36** geber weiterbelasteten Kosten den Gesamtkosten zugerechnet werden.

3.6 Leerfahrten

37 Bei der Feststellung der privat und der dienstlich zurückgelegten Fahrtstrecken sind sog. Leerfahrten, die bei der Überlassung eines betrieblichen Kraftfahrzeugs mit Fahrer durch die An- und Abfahrten des Fahrers auftreten können, den dienstlichen Fahrten zuzurechnen.

3.7 Sicherheitsgeschützte Kraftfahrzeuge

38 Wird der Nutzungswert für ein aus Sicherheitsgründen gepanzertes Kraftfahrzeug individuell ermittelt, so kann die AfA nach den Anschaffungskosten des leistungsschwächeren Kraftfahrzeugs oder – im Falle des Leasings – die entsprechende Leasingrate des leistungsschwächeren Kraftfahrzeugs zugrunde gelegt werden, das dem Arbeitnehmer zur Verfügung gestellt würde, wenn seine Sicherheit nicht gefährdet wäre. Im Hinblick auf die durch die Panzerung verursachten höheren laufenden Betriebskosten bestehen keine Bedenken, wenn der Nutzungswertermittlung 70 % der tatsächlich festgestellten laufenden Kosten (ohne AfA) zugrunde gelegt werden.

3.8 Überlassung mehrerer betrieblicher Kraftfahrzeuge

39 Für jedes betriebliche Kraftfahrzeug sind die insgesamt entstehenden Aufwendungen und das Verhältnis der privaten zu den übrigen Fahrten gesondert nachzuweisen. Stehen einem Arbeitnehmer gleichzeitig mehrere betriebliche Kraftfahrzeuge zur Verfügung und führt er nur für einzelne betriebliche Kraftfahrzeuge ein ordnungsgemäßes Fahrtenbuch, kann er für diese den Nutzungswert individuell ermitteln, während der Nutzungswert für die anderen mit monatlich 1 % des Listenpreises anzusetzen ist (vgl. BFH-Urteil vom 3. August 2000, BStBl 2001 II S. 332).

3.9 Umwegstrecken wegen Sicherheitsgefährdung

40 Bei Arbeitnehmern, die konkret gefährdet sind und durch die zuständigen Sicherheitsbehörden der Gefährdungsstufe 1, 2 oder 3 zugeordnet sind (vgl. BMF-Schreiben vom 30. Juni 1997, BStBl I S. 696), kann bei der Ermittlung des Nutzungswerts für Fahrten zwischen Wohnung und erster Tätigkeitsstätte die kürzeste benutzbare Straßenverbindung angesetzt werden, wenn wegen der Gefährdung des Arbeitnehmers aus Sicherheitsgründen eine andere und damit längere Fahrtstrecke gewählt wird. Diese Billigkeitsregelung steht unter dem Vorbehalt, dass bei der Ermittlung der als Werbungskosten abziehbaren Aufwendungen des Arbeitnehmers für Fahrten zwischen Wohnung und erster Tätigkeitsstätte ebenfalls nur die kürzeste benutzbare Straßenverbindung zugrunde gelegt wird.

4. Wechsel der Bewertungsmethode

41 Ein unterjähriger Wechsel zwischen der 1 %-Regelung und der Fahrtenbuchmethode für dasselbe Kraftfahrzeug ist nicht zulässig (vgl. R 8.1 Absatz 9 Nummer 3 LStR, BFH-Urteil vom 20. März 2014, BStBl II S. 643). **Eine rückwirkende Änderung des Lohnsteuerabzugs (Wechsel von der pauschalen Nutzungswertmethode zur Fahrtenbuchmethode oder umgekehrt für das gesamte Kalenderjahr) ist vor Übermittlung oder Ausschreibung der Lohnsteuerbescheinigung jedoch grundsätzlich im Rahmen des § 41c EStG möglich; zum Wechsel von der 0,03 %-Regelung zur Einzelbewertung oder umgekehrt für das gesamte Kalenderjahr vgl. Rn. 13 Buchstabe f.**

5. Fahrergestellung

42 Wird das betriebliche Kraftfahrzeug mit Fahrer zur Verfügung gestellt, ist dieser geldwerte Vorteil zusätzlich nach § 8 Absatz 2 Satz 1 EStG mit dem üblichen Endpreis am Abgabeort zu bewerten. Maßstab zur Bewertung dieses Vorteils ist der Wert einer von einem fremden Dritten bezogenen vergleichbaren Dienstleistung.

43 Aus Vereinfachungsgründen kann der geldwerte Vorteil auch nach R 8.1 Absatz 10 Satz 3 LStR ermittelt werden. Der Nutzungswert für andere Privatfahrten ist auch dann um 25 % nach R 8.1 Absatz 10 Satz 3 Nummer 2 Buchstabe c) LStR zu erhöhen, wenn dem Arbeitnehmer ein Fahrer zur Verfügung steht, der Arbeitnehmer das betriebliche Kraftfahrzeug tatsächlich aber ausschließlich selbst gesteuert hat.

44 Neben der Bewertungsmöglichkeit im Sinne von R 8.1 Absatz 10 Satz 3 LStR bestehen keine Bedenken, insgesamt einheitlich für das Kalenderjahr für Privatfahrten, für Fahrten zwischen Wohnung und erster Tätigkeitsstätte sowie für Familienheimfahrten (vgl. Rn. 47, 48) als Endpreis im Sinne des § 8 Absatz 2 Satz 1 EStG den Anteil an den tatsächlichen Lohn- und Lohnnebenkosten des Fahrers (d. h. insbesondere: Bruttoarbeitslohn, Arbeitgeberbeiträge zur Sozialversicherung, Verpflegungszuschüsse sowie Kosten beruflicher Fort- und Weiterbildung für den Fahrer) anzusetzen, welcher der Einsatzdauer des Fahrers im Verhältnis zu dessen Gesamtarbeitszeit entspricht (vgl. BFH-Urteil vom 15. Mai 2013, BStBl 2014 II

S. 589). Zur Einsatzdauer des Fahrers gehören auch die Stand- und Wartezeiten des Fahrers, nicht aber die bei der Überlassung eines betrieblichen Kraftfahrzeugs mit Fahrer durch die An- und Abfahrten des Fahrers durchgeführten Leerfahrten und die anfallenden Rüstzeiten; diese sind den dienstlichen Fahrten zuzurechnen.

Der Arbeitgeber hat die Grundlagen für die Berechnung des geldwerten Vorteils aus der Fahrergestellung **45** zu dokumentieren, als Belege zum Lohnkonto aufzubewahren und dem Arbeitnehmer auf Verlangen formlos mitzuteilen.

Der Arbeitnehmer kann den geldwerten Vorteil aus der Fahrergestellung im Rahmen seiner Einkommen- **46** steuerveranlagung abweichend von dem Ansatz des Arbeitgebers bewerten und gegenüber dem Finanzamt nachweisen. Diese Wahl kann er im Kalenderjahr für Privatfahrten, für Fahrten zwischen Wohnung und erster Tätigkeitsstätte sowie für Familienheimfahrten (vgl. Rn. 47, 48) insgesamt nur einheitlich ausüben. Eine abweichende Bewertung setzt voraus, dass der im Lohnsteuerabzugsverfahren angesetzte geldwerte Vorteil sowie die Grundlagen für die Berechnung des geldwerten Vorteils nachgewiesen werden (z. B. durch eine formlose Mitteilung des Arbeitgebers).

6. Familienheimfahrten

Überlässt der Arbeitgeber oder auf Grund des Dienstverhältnisses ein Dritter dem Arbeitnehmer ein be- **47** triebliches Kraftfahrzeug zu einer Familienheimfahrt wöchentlich im Rahmen einer beruflich veranlassten doppelten Haushaltsführung, so ist insoweit der Nutzungswert steuerlich nicht zu erfassen (§ 8 Absatz 2 Satz 5 EStG).

Wird das betriebliche Kraftfahrzeug zu mehr als einer Familienheimfahrt wöchentlich genutzt, ist für **48** jede weitere Familienheimfahrt ein pauschaler Nutzungswert i. H. v. 0,002 % des inländischen Listenpreises des betrieblichen Kraftfahrzeugs für jeden Kilometer der Entfernung zwischen dem Beschäftigungsort und dem Ort des eigenen Hausstands anzusetzen und dem Arbeitslohn zuzurechnen. Anstelle des pauschalen Nutzungswerts kann der Arbeitgeber den Nutzungswert mit den Aufwendungen für das betriebliche Kraftfahrzeug ansetzen, die auf die zu erfassenden Fahrten entfallen, wenn die für das betriebliche Kraftfahrzeug insgesamt entstehenden Aufwendungen durch Belege und das Verhältnis der privaten zu den übrigen Fahrten durch ein ordnungsgemäßes Fahrtenbuch nachgewiesen werden.

7. Leasing

Least der Arbeitgeber ein Kraftfahrzeug und überlässt es dem Arbeitnehmer auch zur privaten Nutzung, **49** liegt jedenfalls dann keine vom Arbeitsvertrag unabhängige Sonderrechtsbeziehung im Sinne des BFH-Urteils vom 18. Dezember 2014 (BStBl 2015 II S. 670) zum sog. „Behördenleasing" vor und ist die Nutzungsüberlassung nach § 8 Absatz 2 Satz 2 bis 5 EStG zu bewerten, wenn folgende Voraussetzungen vorliegen:

Der Anspruch auf die Kraftfahrzeugüberlassung resultiert aus dem Arbeitsvertrag oder aus einer anderen arbeitsrechtlichen Rechtsgrundlage, weil

– er im Rahmen einer steuerlich anzuerkennenden Gehaltsumwandlung mit Wirkung für die Zukunft vereinbart ist. Voraussetzung ist, dass der Arbeitnehmer unter Änderung des Arbeitsvertrags auf einen Teil seines Barlohns verzichtet und ihm der Arbeitgeber stattdessen Sachlohn in Form eines Nutzungsrechts an einem betrieblichen Kraftfahrzeug des Arbeitgebers gewährt (vgl. BFH-Urteil vom 6. März 2008, BStBl II S. 530) oder

– er arbeitsvertraglicher Vergütungsbestandteil ist. Davon ist insbesondere auszugehen, wenn von vornherein bei Abschluss eines Arbeitsvertrags eine solche Vereinbarung getroffen wird oder wenn die Beförderung in eine höhere Gehaltsklasse mit der Überlassung eines betrieblichen Kraftfahrzeugs des Arbeitgebers verbunden ist.

In Leasingfällen setzt das Vorliegen eines betrieblichen Kraftfahrzeugs des Arbeitgebers im Sinne des § 8 **50** Absatz 2 Satz 2 bis 5 EStG zudem voraus, dass der Arbeitgeber und nicht der Arbeitnehmer gegenüber der Leasinggesellschaft zivilrechtlich Leasingnehmer ist.

Liegt nach diesen Grundsätzen eine nach § 8 Absatz 2 Satz 2 bis 5 EStG zu bewertende Nutzungsüberlas- **51** sung vor, darf der Arbeitgeber die pauschalen Kilometersätze im Rahmen einer Auswärtstätigkeit mit diesem Kraftfahrzeug nicht – auch nicht teilweise – steuerfrei erstatten (vgl. R 9.5 Absatz 2 Satz 3 LStR).

8. Nutzungsentgelt

52 Zahlt der Arbeitnehmer an den Arbeitgeber oder auf dessen Weisung an einen Dritten zur Erfüllung einer Verpflichtung des Arbeitgebers (abgekürzter Zahlungsweg) für die außerdienstliche Nutzung eines betrieblichen Kraftfahrzeugs, insbesondere für die Nutzung zu

- privaten Fahrten,

- Fahrten zwischen Wohnung und erster Tätigkeitsstätte

und

- Familienheimfahrten (vgl. Rn. 47, 48),

ein Nutzungsentgelt, mindert dies den Nutzungswert, vgl. R 8.1 Absatz 9 Nummer 4 Satz 1 LStR, BFH-Urteile vom 30. November 2016 – VI R 49/14 (BStBl 2017 II S. 1011) und VI R 2/15 (BStBl 2017 II S. 1014).

53 Nutzungsentgelt im Sinne von R 8.1 Absatz 9 Nummer 4 LStR ist bei der pauschalen und der individuellen Nutzungswertmethode:

a) ein arbeitsvertraglich oder aufgrund einer anderen arbeits- oder dienstrechtlichen Rechtsgrundlage vereinbarter nutzungsunabhängiger pauschaler Betrag (z. B. Monatspauschale, **zeitraumbezogene (Einmal-)Zahlungen, vgl. Rn. 57**),

b) ein arbeitsvertraglich oder aufgrund einer anderen arbeits- oder dienstrechtlichen Rechtsgrundlage vereinbarter an den gefahrenen Kilometern ausgerichteter Betrag (z. B. Kilometerpauschale),

c) die arbeitsvertraglich oder aufgrund einer anderen arbeits- oder dienstrechtlichen Rechtsgrundlage vom Arbeitnehmer übernommenen Leasingraten,

und bei der pauschalen Nutzungswertmethode (zur Nichtbeanstandungsregelung bei der individuellen Nutzungswertmethode s. Rn. 59):

d) die arbeitsvertraglich oder aufgrund einer anderen arbeits- oder dienstrechtlichen Rechtsgrundlage vereinbarte vollständige oder teilweise Übernahme einzelner Kraftfahrzeugkosten durch den Arbeitnehmer (vgl. BFH-Urteil vom 30. November 2016 – VI R 2/15 – a. a. O.).

Dies gilt auch für einzelne Kraftfahrzeugkosten, die zunächst vom Arbeitgeber verauslagt und anschließend dem Arbeitnehmer weiterbelastet werden oder, wenn der Arbeitnehmer zunächst pauschale Abschlagszahlungen leistet, die zu einem späteren Zeitpunkt nach den tatsächlich entstandenen Kraftfahrzeugkosten abgerechnet werden.

54 Vom Arbeitnehmer selbst getragene einzelne Kraftfahrzeugkosten im Sinne der Rn. 53 Buchstabe d sind Kosten, die zu den Gesamtkosten des Kraftfahrzeugs im Sinne des § 8 Absatz 2 Satz 4 EStG gehören (vgl. Rn. 32). Unberücksichtigt bleiben Kosten, die nicht zu den Gesamtkosten des Kraftfahrzeugs gehören (vgl. Rn. 33).

55 Kein Nutzungsentgelt im Sinne von R 8.1 Absatz 9 Nummer 4 LStR ist insbesondere der Barlohnverzicht des Arbeitnehmers im Rahmen einer Gehaltsumwandlung.

56 In Höhe des Nutzungsentgelts im Sinne von Rn. 53 ist der Arbeitnehmer nicht bereichert und die gesetzlichen Voraussetzungen des § 8 Absatz 1 EStG i.V. m. § 19 Absatz 1 EStG sind nicht erfüllt. Übersteigt das Nutzungsentgelt den Nutzungswert, führt der übersteigende Betrag weder zu negativem Arbeitslohn noch zu Werbungskosten, vgl. BFH-Urteile vom 30. November 2016 – VI R 49/14 (a. a. O.) und VI R 2/15 (a. a. O.).

57[1] **Zeitraumbezogene (Einmal-)Zahlungen des Arbeitnehmers für die außerdienstliche Nutzung (vgl. Rn. 52) eines betrieblichen Kraftfahrzeugs sind bei der Bemessung des geldwerten Vorteils auf den Zeitraum, für den sie geleistet werden, gleichmäßig zu verteilen und vorteilsmindernd zu berücksichtigen (vgl. BFH-Beschluss vom 16. Dezember 2020, BStBl 2021 II S. 761; zu zeitraumbezogenen (Einmal-)Zahlungen des Arbeitnehmers zu den Anschaffungskosten vgl. Rn. 66).**

58 Bei der individuellen Nutzungswertmethode (Fahrtenbuchmethode) fließen vom Arbeitnehmer selbst getragene individuelle Kraftfahrzeugkosten nicht in die Gesamtkosten ein und erhöhen damit nicht den in-

---

Amtl. Fn.:

[1] > R 8.1 Abs. 9 Nr. 4.

dividuellen Nutzungswert (R 8.1 Absatz 9 Nummer 2 Satz 8 zweiter Halbsatz LStR)**[1]**. Zahlt der Arbeitnehmer ein pauschales Nutzungsentgelt im Sinne der Rn. 53 Buchstaben a bis c, ist der individuelle Nutzungswert um diesen Betrag zu kürzen.

Es wird nicht beanstandet, wenn bei der Fahrtenbuchmethode vom Arbeitnehmer selbst getragene Kos- **59** ten abweichend von R 8.1 Absatz 9 Nummer 2 Satz 8 zweiter Halbsatz LStR**[1]** in die Gesamtkosten im Sinne von § 8 Absatz 2 Satz 4 EStG einbezogen und wie bei der pauschalen Nutzungswertmethode als Nutzungsentgelt (vgl. Rn. 53 Buchstabe d) behandelt werden.

Beispiele zur pauschalen Nutzungswertmethode **60**

Der Arbeitgeber hat seinem Arbeitnehmer ein betriebliches Kraftfahrzeug auch zur Privatnutzung überlassen und den geldwerten Vorteil aus der Kraftfahrzeuggestellung nach der 1 %- Regelung bewertet.

Beispiel 1

In der Nutzungsüberlassungsvereinbarung ist geregelt, dass der Arbeitnehmer ein Nutzungsentgelt i. H. v. 0,20 € je privat gefahrenen Kilometer zu zahlen hat.

Es handelt sich um ein Nutzungsentgelt im Sinne der Rn. 53 Buchstabe b.

Beispiel 2

In der Nutzungsüberlassungsvereinbarung ist geregelt, dass der Arbeitnehmer die gesamten Treibstoffkosten zu zahlen hat.

Die Kostenübernahme durch den Arbeitnehmer ist ein Nutzungsentgelt im Sinne der Rn. 53 Buchstabe d.

Beispiele zur individuellen Nutzungswertmethode **61**

Der Arbeitgeber hat seinem Arbeitnehmer ein betriebliches Kraftfahrzeug auch zur Privatnutzung überlassen und den geldwerten Vorteil aus der Kraftfahrzeuggestellung nach der Fahrtenbuchmethode bewertet.

Beispiel 3

In der Nutzungsüberlassungsvereinbarung ist geregelt, dass der Arbeitnehmer ein Nutzungsentgelt i. H. v. 0,20 € je privat gefahrenen Kilometer zu zahlen hat.

Es handelt sich um ein Nutzungsentgelt im Sinne der Rn. 53 Buchstabe b.

Beispiel 4

In der Nutzungsüberlassungsvereinbarung ist geregelt, dass der Arbeitnehmer die gesamten Treibstoffkosten zu zahlen hat. Diese betragen 3.000 €. Die übrigen vom Arbeitgeber getragenen Kraftfahrzeugkosten betragen 7.000 €. Auf die Privatnutzung entfällt ein Anteil von 10 %. Der individuelle Nutzungswert ist wie folgt zu ermitteln:

a) Bei Anwendung der Regelung in R 8.1 Absatz 9 Nummer 2 Satz 8 zweiter Halbsatz LStR**[1]** (vgl. Rn. 58) fließen die vom Arbeitnehmer selbst getragenen Treibstoffkosten nicht in die Gesamtkosten des Kraftfahrzeugs ein. Es handelt sich auch nicht um ein Nutzungsentgelt im Sinne Rn. 53. Anhand der (niedrigeren) Gesamtkosten ist der individuelle Nutzungswert zu ermitteln (10 % von 7.000 € = 700 €).

Ein Werbungskostenabzug i. H. v. 2.700 € (90 % von 3.000 €) ist nicht zulässig.

oder

b) Bei Anwendung der Nichtbeanstandungsregelung (vgl. Rn. 59) fließen die vom Arbeitnehmer selbst getragenen Treibstoffkosten in die Gesamtkosten des Kraftfahrzeugs ein. Es handelt sich um ein Nutzungsentgelt im Sinne der Rn. 53 Buchstabe d i. H. v. 3.000 €. Anhand der Gesamtkosten ist der individuelle Nutzungswert zu ermitteln (10 % von 10.000 € = 1.000 €). Dieser Nutzungswert ist um das Nutzungsentgelt bis auf 0 € zu mindern. Der den Nutzungswert übersteigende Betrag i. H. v. 2.000 € führt nicht zu Werbungskosten (vgl. Rn. 56).

Amtl. Fn.:

[1] Jetzt R 8.1 Abs. 9 Nr. 2 Satz 17.

62 Im Lohnsteuerabzugsverfahren ist der Arbeitgeber zur Anrechnung der individuellen Kraftfahrzeugkosten des Arbeitnehmers bei der Nutzungswertermittlung verpflichtet, wenn sich aus der arbeitsvertraglichen oder einer anderen arbeits- oder dienstrechtlichen Rechtsgrundlage nichts anderes ergibt. Hierzu hat der Arbeitnehmer gegenüber dem Arbeitgeber jährlich fahrzeugbezogen schriftlich die Höhe der individuellen Kraftfahrzeugkosten und die Gesamtfahrleistung des Kraftfahrzeugs zu erklären und im Einzelnen umfassend darzulegen und belastbar nachzuweisen. Der Arbeitgeber hat aufgrund dieser Erklärungen und Belege des Arbeitnehmers den Lohnsteuerabzug durchzuführen, sofern der Arbeitnehmer nicht erkennbar unrichtige Angaben macht. Ermittlungspflichten des Arbeitgebers ergeben sich hierdurch nicht. Die Erklärungen und Belege des Arbeitnehmers hat der Arbeitgeber im Original zum Lohnkonto zu nehmen.

63 Es ist aus Vereinfachungsgründen nicht zu beanstanden, wenn für den Lohnsteuerabzug zunächst vorläufig fahrzeugbezogen die Erklärung des Vorjahres zugrunde gelegt wird. R 8.1 Absatz 9 Nummer 3 Satz 2 und 3 LStR ist sinngemäß anzuwenden.

64 Macht der Arbeitnehmer im Rahmen seiner Einkommensteuerveranlagung individuelle Kraftfahrzeugkosten vorteilsmindernd geltend, muss er die Nutzungsvereinbarung vorlegen und fahrzeugbezogen darlegen, wie der Arbeitgeber den Nutzungswert ermittelt und versteuert hat (z. B. Gehaltsabrechnung, die die Ermittlung und Besteuerung des Nutzungswerts erkennen lässt; Bescheinigung des Arbeitgebers) sowie schriftlich die Höhe der von ihm selbst getragenen individuellen Kraftfahrzeugkosten und die Gesamtfahrleistung des Kraftfahrzeugs im Kalenderjahr umfassend darlegen und belastbar nachweisen.

9. Zuzahlungen des Arbeitnehmers zu den Anschaffungskosten oder Leasingsonderkosten

65 Bestehen keine arbeitsvertraglichen Vereinbarungen hinsichtlich des Zuzahlungszeitraums, wird es nicht beanstandet, wenn (Einmal-)Zahlungen des Arbeitnehmers zu den Anschaffungskosten eines ihm auch zur privaten Nutzung überlassenen betrieblichen Kraftfahrzeugs nicht nur im Zahlungsjahr, sondern auch in den darauf folgenden Kalenderjahren auf den privaten Nutzungswert für das jeweilige Kraftfahrzeug bis auf 0 € angerechnet werden (vgl. R 8.1 Absatz 9 Nummer 4 Satz 2 und 3 LStR)[1]. Bei (Einmal-)Zahlungen des Arbeitnehmers zu Leasingsonderzahlungen ist entsprechend zu verfahren. **Es liegen weder negativer Arbeitslohn noch Werbungskosten vor. Eine Übertragung verbleibender Zuzahlungen auf ein anderes überlassenes betriebliches Kraftfahrzeug ist nicht zulässig.**

66[2] Bestehen arbeitsvertragliche Vereinbarungen hinsichtlich des Zuzahlungszeitraums, sind zeitraumbezogene (Einmal-)Zahlungen des Arbeitnehmers zu den Anschaffungskosten eines ihm auch zur privaten Nutzung überlassenen betrieblichen Kraftfahrzeugs bei der Bemessung des geldwerten Vorteils auf den Zeitraum, für den sie geleistet werden, gleichmäßig zu verteilen und vorteilsmindernd zu berücksichtigen (vgl. BFH- Beschluss vom 16. Dezember 2020, a. a. O.; zu zeitraumbezogenen (Einmal-)Zahlungen des Arbeitnehmers für die außerdienstliche Nutzung vgl. Rn. 57). Maßgeblich ist der vereinbarte Zuzahlungszeitraum, nicht dagegen die tatsächliche Nutzungsdauer (z. B. im Falle der vorzeitigen Rückgabe, der Veräußerung, des Tauschs oder eines Totalschadens des betrieblichen Kraftfahrzeugs). Es liegen weder negativer Arbeitslohn noch Werbungskosten vor. Eine Übertragung verbleibender Zuzahlungen auf ein anderes überlassenes betriebliches Kraftfahrzeug ist nicht zulässig.

67   Beispiele zu Rn. 65 und 66

Beispiel 1 (vereinbarter Zuzahlungszeitraum)

Der Arbeitnehmer hat im Januar 01 zu den Anschaffungskosten eines betrieblichen Kraftfahrzeugs eine Zuzahlung i. H. v. 10.000 € für eine vereinbarte voraussichtliche Nutzungsdauer von 5 Jahren geleistet. Sollte das Fahrzeug vorzeitig zurückgegeben, veräußert oder getauscht werden, hat er vereinbarungsgemäß einen Anspruch auf zeitanteilige Rückerstattung der Zuzahlung. Der geldwerte Vorteil beträgt jährlich 4.000 €. Ab Januar 03 wird ihm aufgrund eines Totalschadens ein anderes betriebliches Kraftfahrzeug überlassen. Zu diesem Zeitpunkt erhält er vereinbarungsgemäß eine Rückerstattung der Zuzahlung für die Jahre 03 bis 05 i. H. v. 6.000 €.

Der geldwerte Vorteil i. H. v. 4.000 € wird in den Jahren 01 und 02 um jeweils 2.000 € (10.000 €, gemäß BFH-Beschluss vom 16. Dezember 2020, a. a. O., gleichmäßig verteilt auf die

---

Amtl. Fn.:

[1] Jetzt R 8.1 Abs. 9 Nr. 4a Satz 2.

[2] Jetzt R 8.1 Abs. 9 Nr. 4a Satz 5.

vereinbarte Nutzungsdauer = Zuzahlungszeitraum von 5 Jahren) gemindert **❶**. Es liegen weder negativer Arbeitslohn noch Werbungskosten vor. Die Rückerstattung der Zuzahlung ist kein Arbeitslohn, da sie den privaten Nutzungswert insoweit nicht gemindert hat (R 8.1 Absatz 9 Nummer 4 Satz 4 LStR)**❷**.

Beispiel 2 (keine Vereinbarung über einen Zuzahlungszeitraum)

Der Arbeitnehmer hat im Januar 01 zu den Anschaffungskosten eines betrieblichen Kraftfahrzeugs eine Zuzahlung i. H. v. 10.000 € geleistet. Es wurde keine Vereinbarung getroffen, für welchen Zeitraum die Zuzahlung geleistet wird. Der geldwerte Vorteil beträgt jährlich 4.000 €. Ab Januar 03 wird ihm aufgrund eines Totalschadens ein anderes betriebliches Kraftfahrzeug überlassen. Ein Anspruch des Arbeitnehmers auf Rückerstattung der Zuzahlung wurde arbeitsvertraglich ausgeschlossen.

Der geldwerte Vorteil i. H. v. 4.000 € wird in den Jahren 01 und 02 um jeweils 4.000 € (gemäß R 8.1 Absatz 9 Nummer 4 Satz 2 und 3 LStR)**❸** gemindert. Der verbleibende Zuzahlungsbetrag von 2.000 € kann nicht auf den geldwerten Vorteil des ab Januar 03 neu überlassenen betrieblichen Kraftfahrzeugs angerechnet werden, da die Zuzahlung für die Überlassung eines anderen betrieblichen Kraftfahrzeugs (Totalschaden) geleistet wurde. Es liegen zudem weder negativer Arbeitslohn noch Werbungskosten vor.

Beispiel 3 (Leasingfall, keine Vereinbarung über einen Zuzahlungszeitraum)

Der Arbeitnehmer hat im Jahr 01 zur Leasingsonderzahlung für ein betriebliches Kraftfahrzeug eine Zuzahlung i. H. v. 10.000 € geleistet. Es wurde zwar vereinbart, dass der Arbeitnehmer das Kraftfahrzeug für die gesamte Leasingvertragsdauer (48 Monate) nutzen kann; es wurde aber keine Vereinbarung getroffen, für welchen Zeitraum die Zuzahlung geleistet wird. Der geldwerte Vorteil beträgt jährlich 4.000 €.

Der geldwerte Vorteil i. H. v. 4.000 € wird in den Jahren 01 und 02 um jeweils 4.000 € und in 03 um 2.000 € (gemäß R 8.1 Absatz 9 Nummer 4 Satz 2 und 3 LStR)**❹** gemindert. Es liegen zudem weder negativer Arbeitslohn noch Werbungskosten vor.

10. Elektromobilität

Zur einkommen- und lohnsteuerlichen Behandlung der Überlassung eines betrieblichen Elektro- und Hy- **68** bridelektrofahrzeugs an Arbeitnehmer wird ergänzend auf folgende BMF-Schreiben hingewiesen:

– BMF-Schreiben vom **5. November 2021 (BStBl I S. 2205)**,

– BMF-Schreiben vom **29. September 2020 (a. a. O.)**.

11. Anwendungsregelungen

Dieses Schreiben ist in allen offenen Fällen anzuwenden. **Dieses Schreiben ersetzt das BMF-Schreiben 69 vom 4. April 2018 (BStBl I S. 592).**

Anscheinsbeweis

– *Die unentgeltliche oder verbilligte Überlassung eines Dienstwagens durch den Arbeitgeber an den Arbeitnehmer für dessen Privatnutzung führt unabhängig davon, ob und in welchem Umfang der Arbeitnehmer das Fahrzeug tatsächlich privat nutzt, zu einem lohnsteuerlichen Vorteil. Ob der Arbeitnehmer den Beweis des ersten Anscheins, dass dienstliche Fahrzeuge, die zu privaten Zwecken zur Verfügung stehen, auch tatsächlich privat genutzt werden, durch die substantiierte Darlegung eines atypischen Sachverhalts zu entkräften vermag, ist für die Be-*

Amtl. Fn.:

❶ > R 8.1 Abs. 9 Nr. 4a Satz 1.

❷ Jetzt R 8.1 Abs. 9 Nr. 4a Satz 5.

❸ Jetzt R 8.1 Abs. 9 Nr. 4a Satz 2.

❹ Jetzt R 8.1 Abs. 9 Nr. 4a Satz 3.

steuerung des Nutzungsvorteils nach § 8 Abs. 2 Satz 2 EStG unerheblich (> BFH vom 21. 3. 2013 – BStBl II S. 700).

– > Nutzungsmöglichkeit

Elektro- und Hybridelektrofahrzeug

– > § 6 Abs. 1 Nr. 4 Satz 2 ff. EStG
– > BMF vom 5. 11. 2021 (BStBl I S. 2205)
– > BMF vom 29. 9. 2020 (BStBl I S. 972)

Feuerwehreinsatzfahrzeug

Die Überlassung eines Einsatzfahrzeugs (Kommandowagen) an den Leiter der Freiwilligen Feuerwehr während seiner – wenn auch „ständigen" – Bereitschaftszeiten führt nicht zu Arbeitslohn (> BMF vom 3. 3. 2022 – BStBl I S. 232, Rn. 5).

Garage für den Dienstwagen

Wird ein Dienstwagen in der eigenen oder angemieteten Garage des Arbeitnehmers untergestellt und trägt der Arbeitgeber hierfür die Kosten, so ist bei der 1 %-Regelung kein zusätzlicher geldwerter Vorteil für die Garage anzusetzen (> BFH vom 7. 6. 2002 – BStBl II S. 829).

Gebrauchtwagen

Die 1 %-Regelung auf Grundlage des Bruttolistenpreises begegnet insbesondere im Hinblick auf die dem Steuerpflichtigen zur Wahl gestellte Möglichkeit, den Nutzungsvorteil auch nach der Fahrtenbuchmethode zu ermitteln und zu bewerten, keinen verfassungsrechtlichen Bedenken (> BFH vom 13. 12. 2012 – BStBl 2013 II S. 385).

Kraftfahrzeuge

Zu Kfz i. S. d. § 8 Abs. 2 Satz 2 bis 5 > BMF vom 3. 3. 2022 (BStBl I S. 232), Rn. 3.

Nutzungsentgelt

Die zwingend vorgeschriebene Bewertung nach der 1 %-Regelung, sofern nicht von der Möglichkeit, ein Fahrtenbuch zu führen, Gebrauch gemacht wird, kann nicht durch Zahlung eines Nutzungsentgelts vermieden werden, selbst wenn dieses als angemessen anzusehen ist. Das vereinbarungsgemäß gezahlte Nutzungsentgelt ist von dem entsprechend ermittelten privaten Nutzungswert in Abzug zu bringen (> BFH vom 7. 11. 2006 – BStBl 2007 II S. 269).

Nutzungsmöglichkeit

– Die unentgeltliche oder verbilligte Überlassung eines Dienstwagens durch den Arbeitgeber an den Arbeitnehmer für dessen Privatnutzung führt unabhängig davon, ob und in welchem Umfang der Arbeitnehmer das Fahrzeug tatsächlich privat nutzt, zu einem lohnsteuerlichen Vorteil (> BFH vom 21. 3. 2913 – BStBl II S. 700).

– Bei der Beurteilung der Nutzungsmöglichkeit ist unter Berücksichtigung sämtlicher Umstände des Einzelfalls zu entscheiden, ob und welches betriebliche Fahrzeug dem Arbeitnehmer ausdrücklich oder doch zumindest konkludent auch zur privaten Nutzung überlassen ist. Steht nicht fest, dass der Arbeitgeber dem Arbeitnehmer einen Dienstwagen zur privaten Nutzung überlassen hat, kann auch der Beweis des ersten Anscheins diese fehlende Feststellung nicht ersetzen (> BFH vom 21. 3. 2013 – BStBl II S. 918 und S. 1044 und vom 18. 4. 2013 – BStBl II S. 920).

Ordnungsgemäßes Fahrtenbuch[1]

– *Ein ordnungsgemäßes Fahrtenbuch muss zeitnah und in geschlossener Form geführt werden und die zu erfassenden Fahrten einschließlich des an ihrem Ende erreichten Gesamtkilometerstands vollständig und in ihrem fortlaufenden Zusammenhang wiedergeben (> BFH vom 9. 11. 2005 – BStBl 2006 II S. 408). Kleinere Mängel führen nicht zur Verwerfung des Fahrtenbuchs, wenn die Angaben insgesamt plausibel sind (> BFH vom 10. 4. 2008 – BStBl II S. 768).*

– *Die erforderlichen Angaben müssen sich dem Fahrtenbuch selbst entnehmen lassen. Ein Verweis auf ergänzende Unterlagen ist nur zulässig, wenn der geschlossener Charakter der Fahrtenbuchaufzeichnungen dadurch nicht beeinträchtigt wird (> BFH vom 16. 3. 2006 – BStBl II S. 625).*

– *Ein ordnungsgemäßes Fahrtenbuch muss insbesondere Daten und hinreichend konkret bestimmt das Ziel der jeweiligen Fahrt ausweisen. Dem ist nicht entsprochen, wenn als Fahrtziele nur Straßennamen angegeben sind und diese Angaben erst mit nachträglich erstellten Aufzeichnungen präzisiert werden (BFH vom 1. 3. 2012 – BStBl II S. 505).*

– *Mehrere Teilabschnitte einer einheitlichen beruflichen Reise können miteinander zu einer zusammenfassenden Eintragung verbunden werden, wenn die einzelnen aufgesuchten Kunden oder Geschäftspartner im Fahrtenbuch in der zeitlichen Reihenfolge aufgeführt werden (> BFH vom 16. 3. 2006 – BStBl II S. 625).*

– *Der Übergang von der beruflichen zur privaten Nutzung des Fahrzeugs ist im Fahrtenbuch durch Angabe des bei Abschluss der beruflichen Fahrt erreichten Gesamtkilometerstands zu dokumentieren (> BFH vom 16. 3. 2006 – BStBl II S. 625).*

– *Kann der Arbeitnehmer den ihm überlassenen Dienstwagen auch privat nutzen und wird über die Nutzung des Dienstwagens kein ordnungsgemäßes Fahrtenbuch geführt, ist der zu versteuernde geldwerte Vorteil nach der 1 %-Regelung zu bewerten. Eine Schätzung des Privatanteils anhand anderer Aufzeichnungen kommt nicht in Betracht (> BFH vom 16. 11. 2005 – BStBl 2006 II S. 410).*

Schadensersatz

Verzichtet der Arbeitgeber gegenüber dem Arbeitnehmer auf Schadensersatz nach einem während einer beruflichen Fahrt alkoholbedingt entstandenen Schaden am auch zur privaten Nutzung überlassenen Firmen-Pkw, ist der dem Arbeitnehmer aus dem Verzicht entstehende Vermögensvorteil nicht durch die 1 %-Regelung abgegolten. Der als Arbeitslohn zu erfassende Verzicht auf Schadensersatz führt nur dann zu einer Steuererhöhung, wenn die Begleichung der Schadensersatzforderung nicht zum Werbungskostenabzug berechtigt. Ein Werbungskostenabzug kommt nicht in Betracht, wenn das auslösende Moment für den Verkehrsunfall die alkoholbedingte Fahruntüchtigkeit war (> BFH vom 24. 5. 2007 – BStBl II S. 766). Werden Unfallkosten bis zu 1 000 € zzgl. Umsatzsteuer je Schaden in die Gesamtkosten einbezogen (> R 8.1 Abs. 9 Nr. 2 Satz 12), kann der Arbeitgeber auf die Prüfung eines Schadensersatzanspruches verzichten.

Schätzung des Privatanteils

Kann der Arbeitnehmer den ihm überlassenen Dienstwagen auch privat nutzen und wird über die Nutzung des Dienstwagens kein ordnungsgemäßes Fahrtenbuch geführt, ist der zu versteuernde geldwerte Vorteil nach der 1 %-Regelung zu bewerten. Eine Schätzung des Privatanteils anhand anderer Aufzeichnungen kommt nicht in Betracht (> BFH vom 16. 11. 2005 – BStBl 2006 II S. 410).

Anm. d. Schriftl.:

[1] Die Fahrtenbuchmethode ist nur dann zu Grunde zu legen, wenn der Arbeitnehmer das Fahrtenbuch für den gesamten Veranlagungszeitraum führt, in dem er das Fahrzeug nutzt; ein unterjähriger Wechsel von der 1 %-Regelung zur Fahrtenbuchmethode für dasselbe Fahrzeug ist nicht zulässig (BFH-Urteil vom 20. 3. 2014, BStBl 2014 II S. 643).

Schutzbrief

Übernimmt der Arbeitgeber die Beiträge für einen auf seinen Arbeitnehmer ausgestellten Schutzbrief, liegt darin die Zuwendung eines geldwerten Vorteils, der nicht von der Abgeltungswirkung der 1 %-Regelung erfasst wird (> BFH vom 14. 9. 2005 – BStBl 2006 II S. 72).

Straßenbenutzungsgebühren

Übernimmt der Arbeitgeber die Straßenbenutzungsgebühren für die mit einem Firmenwagen unternommenen Privatfahrten seines Arbeitnehmers, liegt darin die Zuwendung eines geldwerten Vorteils, der nicht von der Abgeltungswirkung der 1 %-Regelung erfasst wird (> BFH vom 14. 9. 2005 – BStBl 2006 II S. 72).

Werkstattwagen

Die 1 %-Regelung gilt nicht für Fahrzeuge, die auf Grund ihrer objektiven Beschaffenheit und Einrichtung typischerweise so gut wie ausschließlich nur zur Beförderung von Gütern bestimmt sind (> BFH vom 18. 12. 2008 – BStBl 2009 II S. 381).

LStR R 8.2 Belegschaftsrabatte (§ 8 Abs. 3 EStG)[1]

(1) [1]Die steuerliche Begünstigung bestimmter Sachbezüge der Arbeitnehmer nach § 8 Abs. 3 EStG setzt Folgendes voraus:

1. ...

2. [1]Die Sachbezüge müssen in der Überlassung von Waren oder in Dienstleistungen bestehen. [2]Zu den Waren gehören alle Wirtschaftsgüter, die im Wirtschaftsverkehr wie Sachen (§ 90 BGB) behandelt werden, also z. B. elektrischer Strom oder Wärme. [3]Als Dienstleistungen kommen alle anderen Leistungen in Betracht, die üblicherweise gegen Entgelt erbracht werden.

3. [1]Auf Rohstoffe, Zutaten und Halbfertigprodukte ist die Begünstigung anwendbar, wenn diese mengenmäßig überwiegend in die Erzeugnisse des Betriebs eingehen. [2]Betriebs- und Hilfsstoffe, die mengenmäßig überwiegend nicht an fremde Dritte abgegeben werden, sind nicht begünstigt.

4. Bei jedem einzelnen Sachbezug, für den die Voraussetzungen des § 8 Abs. 3 und des § 40 Abs. 1 oder 2 Satz 1 EStG gleichzeitig vorliegen, kann zwischen der Pauschalbesteuerung, der Anwendung des § 8 Abs. 3 EStG (mit Bewertungsabschlag und Rabatt-Freibetrag) und der Anwendung des § 8 Abs. 2 EStG (ohne Bewertungsabschlag und Rabatt-Freibetrag) gewählt werden.

2–5 ...

(2) [1]Der steuerlichen Bewertung des Sachbezugs, der die Voraussetzungen des Absatzes 1 erfüllt, ist i. d. R. der Endpreis einschließlich Umsatzsteuer zugrunde zu legen, zu dem der Arbeitgeber die konkrete Ware oder Dienstleistung fremden Letztverbrauchern im allgemeinen Ge-

Anm. d. Schriftl.:

[1] § 8 Abs. 3 EStG gilt ausschließlich für solche Zuwendungen, die der Arbeitgeber seinem Arbeitnehmer aufgrund seines Dienstverhältnisses gewährt. Bei der Zuwendung des Vorteils kann sich der Arbeitgeber aber Dritter bedienen, wenn sie in seinem Auftrag und für seine Rechnung tätig werden (BFH-Urteil vom 26. 4. 2018, BStBl 2019 II S. 286).

schäftsverkehr am Ende von Verkaufsverhandlungen durchschnittlich anbietet.**∎** [2–7]... [8]Der um 4 % geminderte Endpreis ist der Geldwert des Sachbezugs; als Arbeitslohn ist der Unterschiedsbetrag zwischen diesem Geldwert und dem vom Arbeitnehmer gezahlten Entgelt anzusetzen. [9]Arbeitslöhne dieser Art aus demselben Dienstverhältnis bleiben steuerfrei, soweit sie insgesamt den Rabatt-Freibetrag nach § 8 Abs. 3 EStG nicht übersteigen.

▶ **Hinweise**   **LStH**   **H 8.2**

Allgemeines

Die Regelung des § 8 Abs. 3 EStG gilt nicht für

– *Waren, die der Arbeitgeber überwiegend für seine Arbeitnehmer herstellt, z. B. Kantinenmahlzeiten, oder überwiegend an seine Arbeitnehmer vertreibt und Dienstleistungen, die der Arbeitgeber überwiegend für seine Arbeitnehmer erbringt,*

– *Sachbezüge, die nach § 40 Abs. 1 oder Abs. 2 Nr. 1 oder 2 EStG pauschal versteuert werden.*

In diesen Fällen ist die Bewertung nach § 8 Abs. 2 EStG vorzunehmen.

Anwendung des Rabatt-Freibetrags

Der Rabatt-Freibetrag findet Anwendung bei

– *Waren oder Dienstleistungen, die vom Arbeitgeber hergestellt, vertrieben oder erbracht werden (> BFH vom 15. 1. 1993 – BStBl II S. 356),*

– *Leistungen des Arbeitgebers, auch wenn sie nicht zu seinem üblichen Geschäftsgegenstand gehören (> BFH vom 7. 2. 1997 – BStBl II S. 363),*

– *der verbilligten Abgabe von Medikamenten an die Belegschaft eines Krankenhauses, wenn Medikamente dieser Art mindestens im gleichen Umfang an Patienten abgegeben werden (> BFH vom 27. 8. 2002 – BStBl II S. 881 und BStBl 2003 II S. 95),*

– *Waren, die ein Arbeitgeber im Auftrag und nach den Plänen und Vorgaben eines anderen produziert und damit Hersteller dieser Waren ist (> BFH vom 28. 8. 2002 – BStBl 2003 II S. 154 betr. Zeitungsdruck),*

– *Waren, die ein Arbeitgeber auf eigene Kosten nach seinen Vorgaben und Plänen von einem Dritten produzieren lässt oder zu deren Herstellung er damit vergleichbare sonstige gewichtige Beiträge erbringt (> BFH vom 1. 10. 2009 – BStBl 2010 II S. 204),*

– *verbilligter Überlassung einer Hausmeisterwohnung, wenn der Arbeitgeber Wohnungen zumindest in gleichem Umfang an Dritte vermietet und sich die Hausmeisterwohnung durch ihre Merkmale nicht in einem solchen Maße von anderen Wohnungen unterscheidet, dass sie nur als Hausmeisterwohnung genutzt werden kann (> BFH vom 16. 2. 2005 – BStBl II S. 529),*

– *Überlassung eines zinslosen oder zinsverbilligten Arbeitgeberdarlehens, wenn Darlehen gleicher Art und zu gleichen Konditionen überwiegend an betriebsfremde Dritte vergeben werden (> BMF vom 19. 5. 2015 – BStBl I S. 484),*

Anm. d. Schriftl.:

∎ Bezieht ein Krankenhaus neben Medikamenten für den eigenen Bedarf auch solche, die die Beschäftigten bestellen durften, so kommt der Rabattfreibetrag auf die von den Beschäftigten bestellten Medikamente nur zum Zuge, wenn Medikamente dieser Art mindestens im gleichen Umfang an Patienten abgegeben werden (BFH-Urteil vom 27. 8. 2002, BStBl 2003 II S. 95).

– *Mahlzeitengestellung im Rahmen einer Auswärtstätigkeit, wenn aus der Küche eines Fluss-kreuzfahrtschiffes neben den Passagieren auch die Besatzungsmitglieder verpflegt werden (> BFH vom 21. 1. 2010 – BStBl II S. 700),*

– *Fahrvergünstigungen, die die Deutsche Bahn AG (ehemaligen) Arbeitnehmern gewährt. Dies gilt auch dann, wenn die unentgeltlich oder verbilligt gewährten Freifahrtscheine aufgrund besonderer Nutzungsbestimmungen fremden Letztverbrauchern nicht angeboten werden, da Bewertungsgegenstand nicht der Fahrschein als solcher, sondern die darin verkörperte Beför-derungsleistung ist (> BFH vom 26. 9. 2019 – BStBl 2020 II S. 162), soweit die übrigen Voraus-setzungen des § 8 Abs. 3 EStG erfüllt sind.*

Der Rabatt-Freibetrag findet keine Anwendung bei

– *Arbeitgeberdarlehen, wenn der Arbeitgeber lediglich verbundenen Unternehmen Darlehen ge-währt (> BFH vom 18. 9. 2002 – BStBl 2003 II S. 371),*

– *Arbeitgeberdarlehen, wenn der Arbeitgeber Darlehen dieser Art nicht an Fremde vergibt (> BFH vom 9. 10. 2002 – BStBl 2003 II S. 373 betr. Arbeitgeberdarlehen einer Landeszentralbank).*

Aufteilung eines Sachbezugs

Die Aufteilung eines Sachbezugs zum Zwecke der Lohnsteuerpauschalierung ist nur zulässig, wenn die Pauschalierung der Lohnsteuer beantragt wird und die Pauschalierungsgrenze des § 40 Abs. 1 Satz 3 EStG überschritten wird (> BMF vom 19. 5. 2015 – BStBl I S. 484, Rdnr. 21 f.).

Berechnung des Rabatt-Freibetrags

Beispiel 1:

Ein Möbelhandelsunternehmen überlässt einem Arbeitnehmer eine Schrankwand zu einem Preis von 3 000 €; der durch Preisauszeichnung angegebene Endpreis dieser Schrankwand beträgt 4 500 €.

Zur Ermittlung des Sachbezugswerts ist der Endpreis um 4 % = 180 € zu kürzen, so dass sich nach Anrechnung des vom Arbeitnehmer gezahlten Entgelts ein Arbeislohn von 1 320 € ergibt. Dieser Arbeitslohn überschreitet den Rabatt-Freibetrag von 1 080 € um 240 €, so dass dieser Betrag zu versteuern ist.

Würde der Arbeitnehmer im selben Kalenderjahr ein weiteres Möbelstück unter denselben Bedin-gungen beziehen, so käme der Rabatt-Freibetrag nicht mehr in Betracht; es ergäbe sich dann ein zu versteuernder Betrag von 1 320 € (Unterschiedsbetrag zwischen dem um 4 % = 180 € gemin-derten Endpreis von 4 500 € und dem Abgabepreis von 3 000 €).

Beispiel 2:

Der Arbeitnehmer eines Reisebüros hat für eine vom Arbeitgeber vermittelte Pauschalreise, die im Katalog des Reiseveranstalters zum Preis von 2 000 € angeboten wird, nur 1 500 € zu zahlen. Vom Preisnachlass entfallen 300 € auf die Reiseleistung des Veranstalters und 200 € auf die Vermitt-lung des Arbeitgebers, der insoweit keine Vermittlungsprovision erhält.

Die unentgeltliche Vermittlungsleistung ist nach § 8 Abs. 3 EStG mit ihrem um 4 % = 8 € gemin-derten Endpreis von 200 € zu bewerten, so dass sich ein Arbeitslohn von 192 € ergibt, der im Rah-men des Rabatt-Freibetrags von 1 080 € jährlich steuerfrei ist.

Auf die darüber hinausgehende Verbilligung der Pauschalreise um 300 € ist der Rabatt-Freibetrag nicht anwendbar, weil die Reiseveranstaltung nicht vom Arbeigeber durchgeführt wird; sie ist des-halb nach § 8 Abs. 2 EStG zu bewerten. Nach R 8.1 Abs. 2 Satz 3 kann der für die Reiseleistung maß-gebende Preis mit 1 728 € (96 % von 1 800 €) angesetzt werden, so dass sich ein steuerlicher Preis-vorteil von 228 € ergibt.

Dienstleistungen

Die leih- oder mietweise Überlassung von Grundstücken, Wohnungen, möblierten Zimmern oder von Kraftfahrzeugen, Maschinen und anderen beweglichen Sachen sowie die Gewährung von Darlehen sind Dienstleistungen (> BFH vom 4. 11. 1994 – BStBl 1995 II S. 338).

Weitere Beispiele für Dienstleistungen sind:

- *Beförderungsleistungen,* **1**
- *Beratung,*
- *Datenverarbeitung,*
- *Kontenführung,*
- *Reiseveranstaltungen,*
- *Versicherungsschutz,*
- *Werbung.*

Endpreis

- *i. S. d. § 8 Abs. 3 EStG ist der am Ende von Verkaufsverhandlungen als letztes Angebot stehende Preis und umfasst deshalb auch die Rabatte (> BFH vom 26. 7. 2012 – BStBl 2013 II S. 400). Zur Anwendung > BMF vom 16. 5. 2013 (BStBl I S. 729, Tz. 3.2),*
- *beim Erwerb von Kraftfahrzeugen vom Arbeitgeber in der Automobilbranche > BMF vom 18. 12. 2009 (BStBl 2010 I S. 20) unter Berücksichtigung der Änderung durch > BMF vom 16. 5. 2013 (BStBl I S. 729, Rdnr. 8),*
- *i. S. d. § 8 Abs. 3 EStG stellt auf den Endpreis für die konkret zu bewertende Leistung ab. Werden mehrere Leistungen zugewandt (Ware zzgl. Versand- bzw. Überführungskosten), ist für jede Leistung gesondert eine Verbilligung und ein damit einhergehender Vorteil zu ermitteln (> BFH vom 16. 1. 2020 – BStBl II S. 591),*
- *bei Überlassung eines zinslosen oder zinsverbilligten Arbeitgeberdarlehens > BMF vom 19. 5. 2015 (BStBl I S. 484).*

Job-Ticket

Zum Vorrang der Steuerfreistellung nach § 3 Nr. 15 EStG > BMF vom 15. 8. 2019 (BStBl I S. 875).

Sachbezüge an ehemalige Arbeitnehmer

Sachbezüge, die dem Arbeitnehmer ausschließlich wegen seines früheren oder künftigen Dienstverhältnisses zufließen, können nach § 8 Abs. 3 EStG bewertet werden (> BFH vom 8. 11. 1996 – BStBl 1997 II S. 330).

Sachbezüge von dritter Seite

- *Erfassung und Bewertung
  > BMF vom 20. 1. 2015 (BStBl I S. 143)*
- *Einschaltung eines Dritten
  Die Einschaltung eines Dritten ist für die Anwendung des § 8 Abs. 3 EStG unschädlich, wenn der Arbeitnehmer eine vom Arbeitgeber hergestellte Ware auf dessen Veranlassung und Rechnung erhält (> BFH vom 4. 6. 1993 – BStBl II S. 687).*

Anm. d. Schriftl.:

1 Zur steuerlichen Behandlung der von Luftfahrtunternehmen gewährten unentgeltlichen oder verbilligten Flüge haben die obersten Finanzbehörden der Länder mit Schreiben vom 12. 5. 2021, BStBl 2021 I S. 774, Stellung genommen.

Vermittlungsprovision

– *Ein Arbeitgeber, der den Abschluss von Versicherungsverträgen vermittelt, kann seinen Arbeitnehmern auch dadurch einen geldwerten Vorteil im Sinne des § 8 Abs. 3 Satz 1 EStG gewähren, dass er im Voraus auf die ihm zustehende Vermittlungsprovision verzichtet, sofern das Versicherungsunternehmen auf Grund dieses Verzichts den fraglichen Arbeitnehmern den Abschluss von Versicherungsverträgen zu günstigeren Tarifen gewährt, als das bei anderen Versicherungsnehmern der Fall ist (> BFH vom 30. 5. 2001 – BStBl 2002 II S. 230).*

– *Gibt der Arbeitgeber seine Provisionen, die er von Dritten für die Vermittlung von Versicherungsverträgen seiner Arbeitnehmer erhalten hat, an diese weiter, gewährt er Bar- und nicht Sachlohn (> BFH vom 23. 8. 2007 – BStBl 2008 II S. 52).*

Wahlrecht

Liegen die Voraussetzungen des § 8 Abs. 3 EStG vor, kann der geldwerte Vorteil wahlweise nach § 8 Abs. 2 EStG ohne Bewertungsabschlag und ohne Rabattfreibetrag oder mit diesen Abschlägen auf der Grundlage des Endpreises des Arbeitgebers nach § 8 Abs. 3 EStG bewertet werden (> BFH vom 26. 7. 2012 – BStBl 2013 II S. 400 und 402). Dieses Wahlrecht ist sowohl im Lohnsteuerabzugsverfahren als auch im Veranlagungsverfahren anwendbar (> BMF vom 16. 5. 2013 – BStBl I S. 729, Tz. 3.3).

Waren und Dienstleistungen vom Arbeitgeber

– *Die Waren oder Dienstleistungen müssen vom Arbeitgeber hergestellt, vertrieben oder erbracht werden (> BFH vom 15. 1. 1993 – BStBl II S. 356).*

– *Es ist nicht erforderlich, dass die Leistung des Arbeitgebers zu seinem üblichen Geschäftsgegenstand gehört (> BFH vom 7. 2. 1997 – BStBl II S. 363).*

Zu § 9 EStG **❶❷**

LStR   R 9.1 Werbungskosten

(1) [1]Zu den Werbungskosten gehören alle Aufwendungen, die durch den Beruf veranlasst sind. [2]Werbungskosten, die die Lebensführung des Arbeitnehmers oder anderer Personen berühren, sind nach § 9 Abs. 5 i. V. m. § 4 Abs. 5 Satz 1 Nr. 7 EStG insoweit nicht abziehbar, als sie nach der allgemeinen Verkehrsauffassung als unangemessen anzusehen sind. [3]Dieses Abzugsverbot betrifft nur seltene Ausnahmefälle; die Werbungskosten müssen erhebliches Gewicht haben und

---

Anm. d. Schriftl.:

❶ Im Rahmen des Steuervereinfachungsgesetzes 2011 vom 1. 11. 2011 (BGBl 2011 I S. 2131) wurde § 9 Abs. 2 Satz 2 EStG neu gefasst. Danach können Aufwendungen für die Benutzung öffentlicher Verkehrsmittel angesetzt werden, soweit sie den im Kalenderjahr insgesamt als Entfernungspauschale abziehbaren Betrag übersteigen.

❷ Im Rahmen des Beitreibungsrichtlinie-Umsetzungsgesetzes vom 7. 12. 2011 (BGBl 2011 I S. 2592) wurde § 9 Abs. 6 EStG eingefügt. Danach sind Aufwendungen des Steuerpflichtigen für seine erstmalige Berufsausbildung oder für ein Erststudium, das zugleich eine Erstausbildung vermittelt, grundsätzlich keine Werbungskosten. § 9 Abs. 6 EStG wurde durch das Gesetz zur Anpassung der Abgabenordnung an den Zollkodex der Union und zur Änderung weiterer steuerlicher Vorschriften ab VZ 2015 neu gefasst.

die Grenze der Angemessenheit erheblich überschreiten, wie z. B. Aufwendungen für die Nutzung eines Privatflugzeugs zu einer Auswärtstätigkeit.

(2) ¹Aufwendungen für Ernährung, Kleidung und Wohnung sowie Repräsentationsaufwendungen sind i. d. R. Aufwendungen für die Lebensführung i. S. d. § 12 Nr. 1 EStG. ²Besteht bei diesen Aufwendungen ein Zusammenhang mit der beruflichen Tätigkeit des Arbeitnehmers, ist zu prüfen, und in welchem Umfang die Aufwendungen beruflich veranlasst sind. ³Hierbei gilt Folgendes:

1. Sind die Aufwendungen so gut wie ausschließlich beruflich veranlasst, z. B. Aufwendungen für typische Berufskleidung (> R 3.31), sind sie in voller Höhe als Werbungskosten abziehbar.

2. Sind die Aufwendungen nur zum Teil beruflich veranlasst und lässt sich dieser Teil der Aufwendungen nach objektiven Merkmalen leicht und einwandfrei von den Aufwendungen trennen, die ganz oder teilweise der privaten Lebensführung dienen, ist dieser Teil der Aufwendungen als Werbungskosten abziehbar; er kann ggf. geschätzt werden.

3. ¹Ein Abzug der Aufwendungen kommt insgesamt nicht in Betracht, wenn die – für sich gesehen jeweils nicht unbedeutenden – beruflichen und privaten Veranlassungsbeiträge so ineinandergreifen, dass eine Trennung nicht möglich und eine Grundlage für die Schätzung nicht erkennbar ist. ²Das ist insbesondere der Fall, wenn es an objektivierbaren Kriterien für eine Aufteilung fehlt.

4. ¹Aufwendungen für die Ernährung gehören i. d. R. zu den nach § 12 Nr. 1 EStG nicht abziehbaren Aufwendungen für die Lebensführung. ²Das Abzugsverbot nach § 12 Nr. 1 EStG gilt jedoch nicht für Verpflegungsmehraufwendungen, die z. B. als Reisekosten (> R 9.6) oder wegen einer aus beruflichem Anlass begründeten doppelten Haushaltsführung (> R 9.11) so gut wie ausschließlich durch die berufliche Tätigkeit veranlasst sind.

(3) Die Annahme von Werbungskosten setzt nicht voraus, dass im selben Kj., in dem die Aufwendungen geleistet werden, Arbeitslohn zufließt.

(4) ¹Ansparleistungen für beruflich veranlasste Aufwendungen, z. B. Beiträge an eine Kleiderkasse zur Anschaffung typischer Berufskleidung, sind noch keine Werbungskosten; angesparte Beträge können erst dann abgezogen werden, wenn sie als Werbungskosten verausgabt worden sind. ²Hat ein Arbeitnehmer beruflich veranlasste Aufwendungen dadurch erspart, dass er entsprechende Sachbezüge erhalten hat, steht der Wert der Sachbezüge entsprechenden Aufwendungen gleich; die Sachbezüge sind vorbehaltlich der Abzugsbeschränkungen nach § 9 Abs. 1 Satz 3 Nr. 4, 5, 7 und Abs. 5 EStG mit dem Wert als Werbungskosten abziehbar, mit dem sie als steuerpflichtiger Arbeitslohn erfasst worden sind. ³Steuerfreie Bezüge, auch soweit sie von einem Dritten – z. B. der Agentur für Arbeit – gezahlt werden, schließen entsprechende Werbungskosten aus.

(5) ¹Telekommunikationsaufwendungen sind Werbungskosten, soweit sie beruflich veranlasst sind. ²Weist der Arbeitnehmer den Anteil der beruflich veranlassten Aufwendungen an den Gesamtaufwendungen für einen repräsentativen Zeitraum von drei Monaten im Einzelnen nach, kann dieser berufliche Anteil für den gesamten VZ zugrunde gelegt werden. ³Dabei können die Aufwendungen für das Nutzungsentgelt der Telefonanlage sowie für den Grundpreis der Anschlüsse entsprechend dem beruflichen Anteil der Verbindungsentgelte an den gesamten Verbindungsentgelten (Telefon und Internet) abgezogen werden. ⁴Fallen erfahrungsgemäß beruflich veranlasste Telekommunikationsaufwendungen an, können aus Vereinfachungsgründen ohne Einzelnachweis bis zu 20 % des Rechnungsbetrags, jedoch höchstens 20 € monatlich als Werbungskosten anerkannt werden. ⁵Zur weiteren Vereinfachung kann der monatliche Durchschnittsbetrag, der sich aus den Rechnungsbeträgen für einen repräsentativen Zeitraum von drei Monaten ergibt, für den gesamten VZ zugrunde gelegt werden. ⁶Nach R 3.50 Abs. 2 steuerfrei ersetzte Telekommunikationsaufwendungen mindern den als Werbungskosten abziehbaren Betrag.

> **Hinweise LStH H 9.1**

Aktienoptionen

...

Arbeitsgerichtlicher Vergleich

Es spricht regelmäßig eine Vermutung dafür, dass Aufwendungen für aus dem Arbeitsverhältnis folgende zivil- und arbeitsgerichtliche Streitigkeiten einen den Werbungskostenabzug rechtfertigenden hinreichend konkreten Veranlassungszusammenhang zu den Lohneinkünften aufweisen. Dies gilt auch, wenn sich Arbeitgeber und Arbeitnehmer über solche streitigen Ansprüche im Rahmen eines arbeitsgerichtlichen Vergleichs einigen (> BFH vom 9. 2. 2012 – BStBl II S. 829).

Aufteilung von Aufwendungen bei mehreren Einkunftsarten

Erzielt ein Arbeitnehmer sowohl Einnahmen aus selbständiger als auch aus nichtselbständiger Arbeit, sind die durch diese Tätigkeiten veranlassten Aufwendungen den jeweiligen Einkunftsarten, ggf. nach einer im Schätzungswege vorzunehmenden Aufteilung der Aufwendungen, als Werbungskosten oder Betriebsausgaben zuzuordnen (> BFH vom 10. 6. 2008 – BStBl II S. 937).

Aufteilungs- und Abzugsverbot

> Gemischte Aufwendungen

Ausgleichszahlungen

Ausgleichszahlungen, die ein Arbeitnehmer, dem eine Altersversorgung nach beamtenrechtlichen Grundsätzen zugesagt worden ist, leistet, um bei einem Arbeitgeberwechsel die Anrechnung von Dienstzeiten durch den neuen Arbeitgeber zu erreichen, sind als Werbungskosten abziehbar (> BFH vom 19. 10. 2016 – BStBl 2017 II S. 999).

Auslandstätigkeit

Die auf eine Auslandstätigkeit entfallenden Werbungskosten, die nicht eindeutig den steuerfreien oder steuerpflichtigen Bezügen zugeordnet werden können, sind regelmäßig zu dem Teil nicht abziehbar, der dem Verhältnis der steuerfreien Einnahmen zu den Gesamteinnahmen während der Auslandstätigkeit entspricht (> BFH vom 11. 2. 1993 – BStBl II S. 450 und vom 11. 2. 2009 – BStBl 2010 II S. 536 – zu Aufwendungen eines Referendars).

Berufliche Veranlassung[1]

Eine berufliche Veranlassung setzt voraus, dass objektiv ein > Zusammenhang mit dem Beruf besteht und i. d. R. subjektiv die Aufwendungen zur Förderung des Berufs gemacht werden (> BFH vom 28. 11. 1980 – BStBl 1981 II S. 368).

Anm. d. Schriftl.:

[1] Die Aufwendungen eines Fußballtrainers für ein Sky-Bundesliga-Abo können Werbungskosten bei den Einkünften aus nichtselbständiger Arbeit sein, wenn tatsächlich eine berufliche Verwendung vorliegt (BFH-Urteil vom 16. 1. 2019, BStBl 2019 II S. 376).

Berufskrankheit

Aufwendungen zur Wiederherstellung der Gesundheit können dann beruflich veranlasst sein, wenn es sich um eine typische Berufskrankheit handelt oder der Zusammenhang zwischen der Erkrankung und dem Beruf eindeutig feststeht (> BFH vom 11. 7. 2013 – BStBl II S. 815).

Beteiligung am Arbeitgeberunternehmen

– *Aufwendungen eines Arbeitnehmers zum Erwerb einer Beteiligung an seinem (ggf. künftigen) Arbeitgeber sind regelmäßig auch dann nicht als (vorab entstandene) Werbungskosten bei den Einkünften aus nichtselbständiger Arbeit abzugsfähig, wenn die Zahlung Voraussetzung für den Abschluss des Anstellungsvertrags ist (> BFH vom 17. 5. 2017 – BStBl II S. 1073).*

– *Schuldzinsen für Darlehen mit denen Arbeitnehmer den Erwerb von Gesellschaftsanteilen an ihrer Arbeitgeberin finanzieren, um damit die arbeitsvertragliche Voraussetzung für die Erlangung einer höher dotierten Position zu erfüllen, sind regelmäßig nicht bei den Einkünften aus nichtselbständiger Arbeit als Werbungskosten zu berücksichtigen (> BFH vom 5. 4. 2006 – BStBl II S. 654).*

Bewirtungskosten

– *Aufwendungen für die Feier eines Arbeitnehmers anlässlich eines persönlichen Ereignisses (z. B. Geburtstag) sind regelmäßig auch durch die gesellschaftliche Stellung veranlasst und nicht als Werbungskosten abziehbar (> BFH vom 19. 2. 1993 – BStBl II S. 403 und vom 15. 7. 1994 – BStBl II S. 896). Allerdings kann sich trotz des herausgehobenen persönlichen Ereignisses aus den übrigen Umständen des einzelnen Falls ergeben, dass die Kosten für eine solche Feier ausnahmsweise ganz oder teilweise beruflich veranlasst sind (> BFH vom 10. 11. 2016 – BStBl 2017 II S. 409).*

– ...

– ...

– ...

– *Aufwendungen für eine betriebsinterne Feier anlässlich eines berufsbezogenen Ereignisses (z. B. Dienstjubiläum) können (nahezu) ausschließlich beruflich veranlasst und damit als Werbungskosten zu berücksichtigen sein, wenn der Arbeitnehmer die Gäste nach abstrakten berufsbezogenen Kriterien einlädt (> BFH vom 20. 1. 2016 – BStBl II S. 744).*

– ...

Bürgerliche Kleidung

Aufwendungen für bürgerliche Kleidung sind auch bei außergewöhnlich hohen Aufwendungen nicht als Werbungskosten abziehbar (> BFH vom 6. 7. 1989 – BStBl 1990 II S. 49).

Bürgschaftsverpflichtung

– *Tilgungskosten aus einer Bürgschaftsverpflichtung durch den Arbeitnehmer einer Gesellschaft können zu Werbungskosten bei den Einkünften aus nichtselbständiger Arbeit führen, wenn eine Gesellschafterstellung zwar vereinbart, aber nicht zustande gekommen ist (> BFH vom 16. 11. 2011 – BStBl 2012 II S. 343).*

– *Erwerbsaufwand ist den Einkünften zuzurechnen, zu denen der engere und wirtschaftlich vorrangige Veranlassungszusammenhang besteht. Es kann nicht ausgeschlossen werden, dass auch im Fall einer gegenwärtig ausgeübten Erwerbstätigkeit die Inanspruchnahme aus einer*

Bürgschaftsverpflichtung wirtschaftlich vorrangig durch eine zunächst nur angestrebte andere Erwerbstätigkeit veranlasst und dementsprechend dieser zuzurechnen ist. Eine solche Zurechnung setzt allerdings voraus, dass diese künftige Erwerbstätigkeit schon hinreichend konkret feststeht; nur dann kann zwischen dieser und den Aufwendungen auch ein hinreichend konkreter und objektiv feststellbarer Veranlassungszusammenhang bestehen, der eine entsprechende Zurechnung rechtfertigt (> BFH vom 8. 7. 2015 – BStBl 2016 II S. 60 und vom 3. 9. 2015 – BStBl 2016 II S. 305).

Einbürgerung

Aufwendungen für die Einbürgerung sind nicht als Werbungskosten abziehbar (> BFH vom 18. 5. 1984 – BStBl II S. 588).

Ernährung

Aufwendungen für die Ernährung am Ort der ersten Tätigkeitsstätte sind auch dann nicht als Werbungskosten abziehbar, wenn der Arbeitnehmer berufsbedingt arbeitstäglich überdurchschnittlich oder ungewöhnlich lange von seiner Wohnung abwesend ist (> BFH vom 21. 1. 1994 – BStBl II S. 418).

Erziehungsurlaub/Elternzeit

Aufwendungen während eines Erziehungsurlaubs/einer Elternzeit können vorab entstandene Werbungskosten sein. Der berufliche Verwendungsbezug ist darzulegen, wenn er sich nicht bereits aus den Umständen von Umschulungs- oder Qualifizierungsmaßnahmen ergibt (> BFH vom 22. 7. 2003 – BStBl 2004 II S. 888).

Geldauflagen

Geldauflagen sind nicht als Werbungskosten abziehbar, soweit die Auflagen nicht der Wiedergutmachung des durch die Tat verursachten Schadens dienen (> BFH vom 22. 7. 2008 – BStBl 2009 II S. 151 und vom 15. 1. 2009 – BStBl 2010 II S. 111).

Geldbußen

Geldbußen sind nicht als Werbungskosten abziehbar (> BFH vom 22. 7. 2008 – BStBl 2009 II S. 151).

Gemischte Aufwendungen

– *Bei gemischt veranlassten Aufwendungen besteht kein generelles Aufteilungs- und Abzugsverbot (> BFH vom 21. 9. 2009 – BStBl 2010 II S. 672); zu den Folgerungen > BMF vom 6. 7. 2010 (BStBl I S. 614).*

– *Gemischt veranlasste Aufwendungen für eine Feier aus beruflichem und privatem Anlass können teilweise als Werbungskosten abziehbar sein. Der als Werbungskosten abziehbare Betrag kann dabei anhand der Herkunft der Gäste aus dem beruflichen/privaten Umfeld abgegrenzt werden (> BFH vom 8. 7. 2015 – BStBl II S. 1013).*

– *> H 9.2 (Auslandsgruppenreise)*

Geschenke

Geschenke eines Arbeitnehmers anlässlich persönlicher Feiern sind nicht als Werbungskosten abziehbar (> BFH vom 1. 7. 1994 – BStBl 1995 II S. 273).

Haftungsschulden eines angestellten Geschäftsführers

Aufwendungen eines angestellten Geschäftsführers einer GmbH zur Tilgung von Haftungsschulden sind auch insoweit als Werbungskosten abziehbar, als die Haftung auf nicht abgeführter Lohnsteuer beruht, die auf den Arbeitslohn des Geschäftsführers selbst entfällt. Das Abzugsverbot gem. § 12 Nr. 3 steht dem nicht entgegen, da mit der Zahlung nicht die eigene Lohnsteuerschuld, sondern die auf §§ 69, 34 AO beruhenden Haftungsschulden getilgt werden (> BFH vom 8. 3. 2022 – BStBl II S. 633).

Körperpflege und Kosmetika

Aufwendungen für Körperpflege und Kosmetika sind auch bei außergewöhnlich hohen Aufwendungen nicht als Werbungskosten abziehbar (> BFH vom 6. 7. 1989 – BStBl 1990 II S. 49).

Kontoführungsgebühren

Kontoführungsgebühren sind Werbungskosten, soweit sie durch Gutschriften von Einnahmen aus dem Dienstverhältnis und durch beruflich veranlasste Überweisungen entstehen. Pauschale Kontoführungsgebühren sind ggf. nach dem Verhältnis beruflich und privat veranlasster Kontenbewegungen aufzuteilen (> BFH vom 9. 5. 1984 – BStBl II S. 560).

Krankheitskosten

Aufwendungen in Zusammenhang mit der Beseitigung oder Linderung von Körperschäden, die durch einen Unfall auf einer beruflich veranlassten Fahrt zwischen Wohnung und erster Tätigkeitsstätte eingetreten sind, können gemäß § 9 Abs. 1 Satz 1 EStG als Werbungskosten abgezogen werden (> BFH vom 19. 12. 2019 – BStBl 2020 II S. 291).

Kunstgegenstände

Aufwendungen für die Ausschmückung eines Dienstzimmers sind nicht als Werbungskosten abziehbar (> BFH vom 12. 3. 1993 – BStBl II S. 506).

Nachträgliche Werbungskosten

Werbungskosten können auch im Hinblick auf ein früheres Dienstverhältnis entstehen (> BFH vom 14. 10. 1960 – BStBl 1961 III S. 20).

Psychoseminar

Aufwendungen für die Teilnahme an psychologischen Seminaren, die nicht auf den konkreten Beruf zugeschnittene psychologische Kenntnisse vermitteln, sind auch dann nicht als Werbungskosten abziehbar, wenn der Arbeitgeber für die Teilnahme an den Seminaren bezahlten Bildungsurlaub gewährt (> BFH vom 6. 3. 1995 – BStBl II S. 393).

Reinigung von typischer Berufskleidung in privater Waschmaschine

> H 9.12 (Berufskleidung)

Sammelbeförderung

> BMF vom 18. 11. 2021 (BStBl I S. 2315)

Schulgeld

Schulgeldzahlungen an eine fremdsprachige Schule im Inland sind auch dann nicht als Werbungskosten abziehbar, wenn sich die ausländischen Eltern aus beruflichen Gründen nur vorübergehend im Inland aufhalten (> BFH vom 23. 11. 2000 – BStBl 2001 II S. 132).

Statusfeststellungsverfahren

Aufwendungen im Zusammenhang mit dem Anfrageverfahren nach § 7a SGB IV (sog. Statusfeststellungsverfahren) sind durch das Arbeitsverhältnis veranlasst und deshalb als Werbungskosten bei den Einkünften aus nichtselbständiger Arbeit zu berücksichtigen (> BFH vom 6. 5. 2010 – BStBl II S. 851).

Strafverteidigungskosten

Aufwendungen für die Strafverteidigung können Werbungskosten sein, wenn der Schuldvorwurf durch berufliches Verhalten veranlasst war (> BFH vom 19. 2. 1982 – BStBl II S. 467 und vom 18. 10. 2007 – BStBl 2008 II S. 223).

Übernachtung an der ersten Tätigkeitsstätte

Die Kosten für gelegentliche Hotelübernachtungen am Ort der ersten Tätigkeitsstätte sind Werbungskosten, wenn sie beruflich veranlasst sind. Für eine Tätigkeit an diesem Ort sind Verpflegungsmehraufwendungen nicht zu berücksichtigen (> BFH vom 5. 8. 2004 – BStBl II S. 1074).

Verlorener Zuschuss eines Gesellschafter-Geschäftsführers

Gewährt der Gesellschafter-Geschäftsführer einer GmbH, an der er nicht nur unwesentlich beteiligt ist, einen verlorenen Zuschuss, ist die Berücksichtigung als Werbungskosten regelmäßig abzulehnen (> BFH vom 26. 11. 1993 – BStBl 1994 II S. 242).

Verlust einer Beteiligung am Unternehmen des Arbeitgebers

- *Der Verlust einer Beteiligung an einer GmbH kann selbst dann nicht als Werbungskosten berücksichtigt werden, wenn die Beteiligung am Stammkapital der GmbH Voraussetzung für die Beschäftigung als Arbeitnehmer der GmbH war (> BFH vom 12. 5. 1995 – BStBl II S. 644).*
- *Der Veräußerungsverlust aus einer Kapitalbeteiligung am Unternehmen des Arbeitgebers führt nur dann zu Werbungskosten, wenn ein erheblicher Veranlassungszusammenhang zum Dienstverhältnis besteht und nicht auf der Nutzung der Beteiligung als Kapitalertragsquelle beruht (> BFH vom 17. 9. 2009 – BStBl 2010 II S. 198).*

Verlust einer Darlehensforderung gegen den Arbeitgeber

- *Der Verlust einer Darlehensforderung gegen den Arbeitgeber ist als Werbungskosten zu berücksichtigen, wenn der Arbeitnehmer das Risiko, die Forderung zu verlieren, aus beruflichen Gründen bewusst auf sich genommen hat (> BFH vom 7. 5. 1993 – BStBl II S. 663).*
- *Die berufliche Veranlassung eines Darlehens wird nicht zwingend dadurch ausgeschlossen, dass der Darlehensvertrag mit dem alleinigen Gesellschafter-Geschäftsführer der Arbeitgeberin (GmbH) statt mit der insolvenzbedrohten GmbH geschlossen worden und die Darlehensvaluta an diesen geflossen ist. Maßgeblich sind der berufliche Veranlassungszusammenhang und der damit verbundene konkrete Verwendungszweck des Darlehens (> BFH vom 7. 2. 2008 – BStBl 2010 II S. 48).*

– *Auch wenn ein Darlehen aus im Gesellschaftsverhältnis liegenden Gründen gewährt wurde, kann der spätere Verzicht darauf durch das zugleich bestehende Arbeitsverhältnis veranlasst sein und dann insoweit zu Werbungskosten bei den Einkünften aus nichtselbständiger Arbeit führen, als die Darlehensforderung noch werthaltig ist (> BFH vom 25.11.2010 – BStBl 2012 II S. 24).*

– *Der Verlust einer aus einer Gehaltsumwandlung entstandenen Darlehensforderung eines Arbeitnehmers gegen seinen Arbeitgeber kann insoweit zu Werbungskosten bei den Einkünften aus nichtselbständiger Arbeit führen, als der Arbeitnehmer ansonsten keine Entlohnung für seine Arbeitsleistung erhalten hätte, ohne seinen Arbeitsplatz erheblich zu gefährden. Dabei ist der Umstand, dass ein außenstehender Dritter, insbesondere eine Bank, dem Arbeitgeber kein Darlehen mehr gewährt hätte, lediglich ein Indiz für eine beruflich veranlasste Darlehenshingabe, nicht aber unabdingbare Voraussetzung für den Werbungskostenabzug eines Darlehensverlustes (> BFH vom 10.4.2014 – BStBl II S. 850).*

Versorgungszuschlag

Zahlt der Arbeitgeber bei beurlaubten Beamten ohne Bezüge einen Versorgungszuschlag, handelt es sich um steuerpflichtigen Arbeitslohn. In gleicher Höhe liegen beim Arbeitnehmer Werbungskosten vor; dies gilt auch, wenn der Arbeitnehmer den Versorgungszuschlag zahlt (> BMF vom 22.2.1991 – BStBl I S. 951).

Vertragsstrafe

Die Zahlung einer in einem Ausbildungsverhältnis begründeten Vertragsstrafe kann zu Werbungskosten führen (> BFH vom 22.6.2006 – BStBl 2007 II S. 4).

Videorecorder

Aufwendungen für einen Videorecorder sind – ohne Nachweis der weitaus überwiegenden beruflichen Nutzung – nicht als Werbungskosten abziehbar (> BFH vom 27.9.1991 – BStBl 1992 II S. 195).

Vorweggenommene Werbungskosten

Werbungskosten können auch im Hinblick auf ein künftiges Dienstverhältnis entstehen (> BFH vom 4.8.1961 – BStBl 1962 III S. 5 und vom 3.11.1961 – BStBl 1962 III S. 123). Der Berücksichtigung dieser Werbungskosten steht es nicht entgegen, dass der Arbeitnehmer Arbeitslosengeld oder sonstige für seinen Unterhalt bestimmte steuerfreie Leistungen erhält (> BFH vom 4.3.1977 – BStBl II S. 507), ggf. kommt ein Verlustabzug nach § 10d EStG in Betracht.

Werbegeschenke

Aufwendungen eines Arbeitnehmers für Werbegeschenke an Kunden seines Arbeitgebers sind Werbungskosten, wenn sie tätigt, um die Umsätze seines Arbeitgebers und damit seine erfolgsabhängigen Einkünfte zu steigern (> BFH vom 13.1.1984 – BStBl II S. 315). Aufwendungen für Werbegeschenke können ausnahmsweise auch dann Werbungskosten sein, wenn der Arbeitnehmer nicht variabel vergütet wird (> BFH vom 24.5.2007 – BStBl II S. 721). Die nach § 4 Abs. 5 Satz 1 Nr. 1 EStG maßgebende Wertgrenze von 35 Euro ist zu beachten (§ 9 Abs. 5 EStG).

Werbungskosten bei Insolvenzgeld

Werbungskosten, die auf den Zeitraum entfallen, für den der Arbeitnehmer Insolvenzgeld erhält, sind abziehbar, da kein unmittelbarer wirtschaftlicher Zusammenhang zwischen den Aufwendungen und dem steuerfreien Insolvenzgeld im Sinne des § 3c EStG besteht (> BFH vom 23.11.2000 – BStBl 2001 II S. 199).

Wohnungsnutzung zu beruflichen Zwecken

Nutzt ein Miteigentümer allein eine Wohnung zu beruflichen Zwecken und werden die Darlehen zum Erwerb der Wohnung gemeinsam aufgenommen und Zins und Tilgung von einem gemeinsamen Konto beglichen, kann er AfA und Schuldzinsen nur entsprechend seinem Miteigentumsanteil als Werbungskosten geltend machen. Entsprechendes gilt für gemeinschaftlich getragene andere grundstücksorientierte Aufwendungen, z. B. Grundsteuer, allgemeine Reparaturkosten, Versicherungsprämien (> BFH vom 6.12.2017 – BStBl 2018 II S. 355).

Zusammenhang mit dem Beruf **❶**

Ein Zusammenhang mit dem Beruf ist gegeben, wenn die Aufwendungen in einem wirtschaftlichen Zusammenhang mit der auf Einnahmeerzielung gerichteten Tätigkeit des Arbeitnehmers stehen (> BFH vom 1.10.1982 – BStBl 1983 II S. 17).

LStR   **R 9.2   Aufwendungen für die Aus- und Fortbildung** **❷❸**

¹Aufwendungen für den erstmaligen Erwerb von Kenntnissen, die zur Aufnahme eines Berufs befähigen, bzw. für ein erstes Studium (Erstausbildung) sind Kosten der Lebensführung und nur als Sonderausgaben im Rahmen von § 10 Abs. 1 Nr. 7 EStG abziehbar. ²Werbungskosten liegen dagegen nach § 9 Abs. 6 EStG vor, wenn der Arbeitnehmer zuvor bereits eine Erstausbildung abgeschlossen hat oder wenn die Berufsausbildung oder das Studium Gegenstand eines Dienstverhältnisses (Ausbildungsdienstverhältnis) ist. ³Unabhängig davon, ob ein Dienstverhältnis besteht, sind die Aufwendungen für die Fortbildung in dem bereits erlernten Beruf und für die Umschulungsmaßnahmen, die einen Berufswechsel vorbereiten, als Werbungskosten abziehbar. ⁴Das gilt auch für die Aufwendungen für ein weiteres Studium, wenn dieses in einem hinreichend konkreten, objektiv feststellbaren Zusammenhang mit späteren steuerpflichtigen Einnahmen aus der angestrebten beruflichen Tätigkeit steht.

> **Hinweise**   **LStH**   **H 9.2**

Allgemeine Grundsätze

> *BMF vom 22.9.2010 (BStBl I S. 721)*

Anm. d. Schriftl.:

❶ Auch strafbare Handlungen, die im Zusammenhang mit einer betrieblichen oder beruflichen Tätigkeit stehen, können Erwerbsaufwendungen begründen (BFH-Urteil vom 20.10.2016, BStBl 2018 II S. 441).

❷ Aufwendungen für Fachkongresse können als Werbungskosten bei den Einkünften aus nichtselbständiger Arbeit abziehbar sein, wenn ein konkreter Zusammenhang mit der Berufstätigkeit besteht. Dies ist im Rahmen einer Gesamtwürdigung aller Umstände des Einzelfalls zu bestimmen (BFH-Urteil vom 11.1.2007, BStBl 2007 II S. 457).

❸ Im Rahmen des Beitreibungsrichtlinie-Umsetzungsgesetzes vom 7.12.2011, BGBl 2011 I S. 2592, wurde § 9 Abs. 6 EStG angefügt. Danach sind Aufwendungen des Steuerpflichtigen für seine erstmalige Berufsausbildung oder für ein Erststudium, das zugleich eine Erstausbildung vermittelt, keine Werbungskosten, wenn diese Berufsausbildung oder dieses Erststudium nicht im Rahmen eines Dienstverhältnisses stattfindet. Dies wurde vom BFH mit Urteil vom 10.2.2020, BStBl 2020 II S. 719, bestätigt.

Einfügung d. Schriftl.:

Neuregelung der einkommensteuerlichen Behandlung von Berufsausbildungskosten gemäß §§ 10 Abs. 1 Nr. 7, 12 Nr. 5 EStG i. d. F. des Gesetzes zur Änderung der Abgabenordnung und weiterer Gesetze vom 21. 7. 2004 (BGBl I S. 1753, BStBl 2005 I S. 343) ab 2004

BMF-Schreiben vom 22. 9. 2010 (BStBl I S. 721)**🔳🔳🔳**

Die einkommensteuerliche Behandlung von Berufsausbildungskosten wurde durch das Gesetz zur Änderung der Abgabenordnung und weiterer Gesetze vom 21. Juli 2004 (BGBl I S. 1753, BStBl 2005 I S. 343) neu geordnet (Neuordnung). Nach dem Ergebnis der Erörterungen mit den obersten Finanzbehörden der Länder unter Einbeziehung der Rechtsfolgen aus der allgemeinen Anwendung des BFH-Urteils vom 18. Juni 2009 − VI R 14/07 − (BStBl 2010 II S. 816) und notwendiger redaktioneller Änderungen gelten dazu die nachfolgenden Ausführungen.

Inhaltsverzeichnis

1. Grundsätze

Aufwendungen für die erstmalige Berufsausbildung oder ein Erststudium**🔳** stellen nach § 12 Nummer 5 **1** EStG**🔳** keine Betriebsausgaben oder Werbungskosten dar, es sei denn, die Bildungsmaßnahme findet im Rahmen eines Dienstverhältnisses statt (Ausbildungsdienstverhältnis).

Aufwendungen für die eigene Berufsausbildung, die nicht Betriebsausgaben oder Werbungskosten darstellen, können nach § 10 Absatz 1 Nummer 7 EStG bis zu 4 000 Euro**🔳** im Kalenderjahr als Sonderausgaben abgezogen werden.

Ist einer Berufsausbildung oder einem Studium eine abgeschlossene erstmalige Berufsausbildung oder **2** ein abgeschlossenes Erststudium vorausgegangen (weitere Berufsausbildung oder weiteres Studium) handelt es sich dagegen bei den durch die weitere Berufsausbildung oder das weitere Studium veranlassten Aufwendungen um Betriebsausgaben oder Werbungskosten, wenn ein hinreichend konkreter, objektiv feststellbarer Zusammenhang mit späteren im Inland steuerpflichtigen Einnahmen aus der angestrebten beruflichen Tätigkeit besteht. Entsprechendes gilt für ein Erststudium nach einer abgeschlossenen nichtakademischen Berufsausbildung (BFH vom 18. Juni 2009 − VI R 14/07 −, BStBl 2010 II S. 816).

Amtl. Fn.:

🔳 > auch § 4 Abs. 9, § 9 Abs. 6, § 10 Abs. 1 Nr. 7 Satz 1 und § 12 Nr. 5 EStG i. d. F. des BeitrRLUmsG.

🔳 Ab dem VZ 2015 gelten neue gesetzliche Regelungen zur Definition einer Erstausbildung (§ 9 Abs. 6 EStG i. d. F. des Gesetzes zur Anpassung der Abgabenordnung an den Zollkodex der Union und zur Änderung weiterer steuerlicher Vorschriften).

🔳 Die Regelungen zur Abziehbarkeit von Aufwendungen für eine Berufsausbildung sind mit dem Grundgesetz vereinbar (> BVerfG vom 19. 11. 2019 BGBl 2022 I S. 413).

🔳 Bestätigt durch BFH vom 5. 11. 2013 (BStBl 2014 II S. 165).

🔳 Die Regelung ist verfassungsgemäß (> BFH vom 5. 11. 2013 − BStBl 2014 II S. 165).

🔳 Ab dem VZ 2012 bis zu 6 000 Euro.

Die Rechtsprechung des BFH zur Rechtslage vor der Neuordnung ist insoweit weiter anzuwenden, BFH vom 4. Dezember 2002 – VI R 120/01 – (BStBl 2003 II S. 403), vom 17. Dezember 2002 – VI R 137/01 – (BStBl 2003 II S. 407), vom 13. Februar 2003 – IV R 44/01 – (BStBl 2003 II S. 698), vom 29. April 2003 – VI R 86/99 – (BStBl 2003 II S. 749), vom 27. Mai 2003 – VI R 33/01 – (BStBl 2004 II S. 884), vom 22. Juli 2003 – VI R 190/97 – (BStBl 2004 II S. 886), vom 22. Juli 2003 – VI R 137/99 – (BStBl 2004 II S. 888), vom 22. Juli 2003 – VI R 50/02 – (BStBl 2004 II S. 889), vom 13. Oktober 2003 – VI R 71/02 – (BStBl 2004 II S. 890), vom 4. November 2003 – VI R 96/01 – (BStBl 2004 II S. 891).

3 Unberührt von der Neuordnung bleibt die Behandlung von Aufwendungen für eine berufliche Fort- und Weiterbildung. Sie stellen Betriebsausgaben oder Werbungskosten dar, sofern sie durch den Beruf veranlasst sind, soweit es sich dabei nicht um eine erstmalige Berufsausbildung oder ein Erststudium i. S. d. § 12 Nummer 5 EStG handelt.

2. Erstmalige Berufsausbildung, Erststudium und Ausbildungsdienstverhältnisse i. S. d. § 12 Nummer 5 EStG

2.1 Erstmalige Berufsausbildung

4 Unter dem Begriff „Berufsausbildung" i. S. d. § 12 Nummer 5 EStG ist eine berufliche Ausbildung unter Ausschluss eines Studiums zu verstehen.

Eine Berufsausbildung i. S. d. § 12 Nummer 5 EStG liegt vor, wenn der Steuerpflichtige durch eine berufliche Ausbildungsmaßnahme die notwendigen fachlichen Fertigkeiten und Kenntnisse erwirbt, die zur Aufnahme eines Berufs befähigen. Voraussetzung ist, dass der Beruf durch eine Ausbildung im Rahmen eines öffentlich-rechtlich geordneten Ausbildungsgangs erlernt wird (BFH vom 6. März 1992 – VI R 163/88 –, BStBl 1992 II S. 661) und der Ausbildungsgang durch eine Prüfung abgeschlossen wird.

Die Auslegung des Begriffs „Berufsausbildung" im Rahmen des § 32 Absatz 4 EStG ist für § 12 Nummer 5 EStG nicht maßgeblich.

5 Zur Berufsausbildung zählen

- Berufsausbildungsverhältnisse gemäß § 1 Absatz 3, §§ 4 bis 52 Berufsbildungsgesetz (Artikel 1 des Gesetzes zur Reform der beruflichen Bildung [Berufsbildungsreformgesetz – BerBiRefG] vom 23. März 2005, BGBl I S. 931, zuletzt geändert durch Gesetz vom 5. Februar 2009, BGBl I S. 160, im Folgenden BBiG), sowie anerkannte Lehr- und Anlernberufe oder vergleichbar geregelte Ausbildungsberufe aus der Zeit vor dem In-Kraft-Treten des BBiG, § 104 BBiG. Der erforderliche Abschluss besteht hierbei in der erfolgreich abgelegten Abschlussprüfung i. S. d. § 37 BBiG. Gleiches gilt, wenn die Abschlussprüfung nach § 43 Absatz 2 BBiG ohne ein Ausbildungsverhältnis auf Grund einer entsprechenden schulischen Ausbildung abgelegt wird, die gemäß den Voraussetzungen des § 43 Absatz 2 BBiG als im Einzelnen gleichwertig anerkannt ist;

- mit Berufsausbildungsverhältnissen vergleichbare betriebliche Ausbildungsgänge außerhalb des Geltungsbereichs des BBiG (zurzeit nach der Schiffsmechaniker-Ausbildungsverordnung vom 12. April 1994, BGBl I S. 797 in der jeweils geltenden Fassung),

- die Ausbildung auf Grund der bundes- oder landesrechtlichen Ausbildungsregelungen für Berufe im Gesundheits- und Sozialwesen,

- landesrechtlich geregelte Berufsabschlüsse an Berufsfachschulen,

- die Berufsausbildung behinderter Menschen in anerkannten Berufsausbildungsberufen oder auf Grund von Regelungen der zuständigen Stellen in besonderen „Behinderten-Ausbildungsberufen" und

- die Berufsausbildung in einem öffentlich-rechtlichen Dienstverhältnis sowie die Berufsausbildung auf Kauffahrteischiffen, die nach dem Flaggenrechtsgesetz vom 8. Februar 1951 (BGBl I S. 79) die Bundesflagge führen, soweit es sich nicht um Schiffe der kleinen Hochseefischerei und der Küstenfischerei handelt.

6 Andere Bildungsmaßnahmen werden einer Berufsausbildung i. S. d. § 12 Nummer 5 EStG gleichgestellt, wenn sie dem Nachweis einer Sachkunde dienen, die Voraussetzung zur Aufnahme einer fest umrissenen beruflichen Betätigung ist.**◻** Die Ausbildung muss im Rahmen eines geordneten Ausbildungsgangs erfol-

---

Amtl. Fn.:

◻ Ab dem VZ 2015 gelten neue gesetzliche Regelungen zur Definition einer Erstausbildung.

gen und durch eine staatliche oder staatlich anerkannte Prüfung abgeschlossen werden. Der erfolgreiche Abschluss der Prüfung muss Voraussetzung für die Aufnahme der beruflichen Betätigung sein. Die Ausbildung und der Abschluss müssen vom Umfang und Qualität der Ausbildungsmaßnahmen und Prüfungen her grundsätzlich mit den Anforderungen, die im Rahmen von Berufsausbildungsmaßnahmen i. S. d. Rz. 5 gestellt werden, vergleichbar sein.

Dazu gehört z. B. die Ausbildung zu Berufspiloten auf Grund der JAR-FCL 1 deutsch vom 15. April 2003, Bundesanzeiger 2003 Nummer 80a.

Aufwendungen für den Besuch allgemein bildender Schulen sind Kosten der privaten Lebensführung **7** i. S. d. § 12 Nummer 1 EStG und dürfen daher nicht bei den einzelnen Einkunftsarten abgezogen werden.[1] Der Besuch eines Berufskollegs zum Erwerb der Fachhochschulreife gilt als Besuch einer allgemein bildenden Schule. Dies gilt auch, wenn ein solcher Abschluss, z. B. das Abitur, nach Abschluss einer Berufsausbildung nachgeholt wird (BFH vom 22. Juni 2006 – VI R 5/04 – BStBl II S. 717). Derartige Aufwendungen können als Sonderausgaben gemäß § 10 Absatz 1 Nummer 7 oder Nummer 9 EStG vom Gesamtbetrag der Einkünfte abgezogen werden.

Die Berufsausbildung ist als erstmalige Berufsausbildung anzusehen, wenn ihr keine andere abgeschlos- **8** sene Berufsausbildung beziehungsweise kein abgeschlossenes berufsqualifizierendes Hochschulstudium vorausgegangen ist. Wird ein Steuerpflichtiger ohne entsprechende Berufsausbildung in einem Beruf tätig und führt er die zugehörige Berufsausbildung nachfolgend durch (nachgeholte Berufsausbildung), handelt es sich dabei um eine erstmalige Berufsausbildung (BFH vom 6. März 1992 – VI R 163/88 –, BStBl 1992 II S. 661).

Diese Grundsätze gelten auch für die Behandlung von Aufwendungen für Anerkennungsjahre und prakti- **9** sche Ausbildungsabschnitte als Bestandteil einer Berufsausbildung. Soweit keine vorherige abgeschlossene Berufsausbildung vorangegangen ist, stellen sie Teil einer ersten Berufsausbildung dar und unterliegen § 12 Nummer 5 EStG. Nach einer vorherigen abgeschlossenen Berufsausbildung oder einem berufsqualifizierenden Studium können Anerkennungsjahre und Praktika einen Bestandteil einer weiteren Berufsausbildung darstellen oder bei einem entsprechenden Veranlassungszusammenhang als Fort- oder Weiterbildung anzusehen sein.

Bei einem Wechsel und einer Unterbrechung der erstmaligen Berufsausbildung sind die in Rz. 19 ange- **10** führten Grundsätze entsprechend anzuwenden.

Inländischen Abschlüssen gleichgestellt sind Berufsausbildungsabschlüsse von Staatsangehörigen eines **11** Mitgliedstaats der Europäischen Union (EU) oder eines Vertragstaats des europäischen Wirtschaftsraums (EWR) oder der Schweiz, die in einem dieser Länder erlangt werden, sofern der Abschluss in mindestens einem dieser Länder unmittelbar den Zugang zu dem entsprechenden Beruf eröffnet. Ferner muss die Tätigkeit, zu denen die erlangte Qualifikation in mindestens einem dieser Länder befähigt, der Tätigkeit, zu der ein entsprechender inländischer Abschluss befähigt, gleichartig sein. Zur Vereinfachung kann in der Regel davon ausgegangen werden, dass eine Gleichartigkeit vorliegt.

2.2 Erststudium

2.2.1 Grundsätze

Ein Studium i. S. d. § 12 Nummer 5 EStG liegt dann vor, wenn es sich um ein Studium an einer Hochschule **12** i. S. d. § 1 Hochschulrahmengesetz handelt (Gesetz vom 26. Januar 1976, BGBl I S. 185 in der Fassung der Bekanntmachung vom 19. Januar 1999, BGBl I S. 18, zuletzt geändert durch Gesetz vom 12. April 2007, BGBl I S. 506, im Folgenden HRG). Nach dieser Vorschrift sind Hochschulen die Universitäten, die Pädagogischen Hochschulen, die Kunsthochschule, die Fachhochschulen und die sonstigen Einrichtungen des Bildungswesens, die nach Landesrecht staatliche Hochschulen sind. Gleichgestellt sind private und kirchliche Bildungseinrichtungen sowie die Hochschulen des Bundes, die nach Landesrecht als Hochschule anerkannt werden, § 70 HRG. Studien können auch als Fernstudien durchgeführt werden, § 13 HRG. Auf die Frage, welche schulischen Abschlüsse oder sonstigen Leistungen den Zugang zum Studium eröffnet haben, kommt es nicht an.

Anm. d. Schriftl.:

[1] Die Ausbildung zum Rettungssanitäter ist eine erstmalige Berufsausbildung (> BFH vom 27. 10. 2011 – BStBl 2012 II S. 825).

13 Ein Studium stellt dann ein erstmaliges Studium i. S. d. § 12 Nummer 5 EStG dar, wenn es sich um eine Erstausbildung handelt. Es darf ihm kein anderes durch einen berufsqualifizierenden Abschluss beendetes Studium oder keine andere abgeschlossene nichtakademische Berufsausbildung i. S. d. Rz. 4 bis 11 vorangegangen sein (BFH vom 18. Juni 2009 – VI R 14/07 –, BStBl 2010 II S. 816). **🗗** Dies gilt auch in den Fällen, in denen während eines Studiums eine Berufsausbildung erst abgeschlossen wird, unabhängig davon, ob die beiden Ausbildungen sich inhaltlich ergänzen. In diesen Fällen ist eine Berücksichtigung der Aufwendungen für das Studium als Werbungskosten/Betriebsausgaben erst – unabhängig vom Zahlungszeitpunkt – ab dem Zeitpunkt des Abschlusses der Berufsausbildung möglich. Davon ausgenommen ist ein Studium, das im Rahmen eines Dienstverhältnisses stattfindet (siehe Rz. 27). Ein Studium wird auf Grund der entsprechenden Prüfungsordnung einer inländischen Hochschule durch eine Hochschulprüfung oder eine staatliche oder kirchliche Prüfung abgeschlossen, §§ 15, 16 HRG.

14 Auf Grund einer berufsqualifizierenden Hochschulprüfung kann ein Hochschulgrad verliehen werden. Hochschulgrade sind der Diplom- und der Magistergrad i. S. d. § 18 HRG. Das Landesrecht kann weitere Grade vorsehen. Ferner können die Hochschulen Studiengänge einrichten, die auf Grund entsprechender berufsqualifizierender Prüfungen zu einem Bachelor- oder Bakkalaureusgrad und einem Master- oder Magistergrad führen, § 19 HRG. Der Magistergrad i. S. d. § 18 HRG setzt anders, als der Master- oder Magistergrad i. S. d. § 19 HRG keinen vorherigen anderen Hochschulabschluss voraus. Zwischenprüfungen stellen keinen Abschluss eines Studiums i. S. d. § 12 Nummer 5 EStG dar.

15 Die von den Hochschulen angebotenen Studiengänge führen in der Regel zu einem berufsqualifizierenden Abschluss, § 10 Absatz 1 Satz 1 HRG. Im Zweifel ist davon auszugehen, dass die entsprechenden Prüfungen berufsqualifizierend sind.

16 Die Ausführungen bei den Berufsausbildungskosten zur Behandlung von Aufwendungen für Anerkennungsjahre und Praktika gelten entsprechend, vgl. Rz. 9.

17 Studien- und Prüfungsleistungen an ausländischen Hochschulen, die zur Führung eines ausländischen akademischen Grades berechtigen, der nach § 20 HRG in Verbindung mit dem Recht des Landes, in dem der Gradinhaber seinen inländischen Wohnsitz oder inländischen gewöhnlichen Aufenthalt hat, anerkannt wird, sowie Studien- und Prüfungsleistungen, die von Staatsangehörigen eines Mitgliedstaats der EU oder von Vertragsstaaten des EWR oder der Schweiz an Hochschulen dieser Staaten erbracht werden, sind nach diesen Grundsätzen inländischen Studien- und Prüfungsleistungen gleichzustellen. Der Steuerpflichtige hat die Berechtigung zur Führung des Grades nachzuweisen. Für die Gleichstellung von Studien- und Prüfungsleistungen werden die in der Datenbank „anabin" (www.anabin.de) der Zentralstelle für ausländisches Bildungswesen beim Sekretariat der Kultusministerkonferenz aufgeführten Bewertungsvorschläge zugrunde gelegt.

2.2.2 Einzelfragen

18 Fachschulen:

Die erstmalige Aufnahme eines Studiums nach dem berufsqualifizierenden Abschluss einer Fachschule stellt auch dann ein Erststudium dar, wenn die von der Fachschule vermittelte Bildung und das Studium sich auf ein ähnliches Wissensgebiet beziehen. Die Aufwendungen für ein solches Erststudium können bei Vorliegen der entsprechenden Voraussetzungen als Betriebsausgaben oder Werbungskosten berücksichtigt werden.

19 Wechsel und Unterbrechung des Studiums:

Bei einem Wechsel des Studiums ohne Abschluss des zunächst betriebenen Studiengangs, z. B. von Rechtswissenschaften zu Medizin, stellt das zunächst aufgenommene Jurastudium kein abgeschlossenes Erststudium dar. Bei einer Unterbrechung eines Studiengangs ohne einen berufsqualifizierenden Abschluss und seiner späteren Weiterführung stellt der der Unterbrechung nachfolgende Studienteil kein weiteres Studium dar.

Amtl. Fn.:

🗗 Aufwendungen für ein Erststudium, welches zugleich eine Erstausbildung vermittelt und das nicht im Rahmen eines Dienstverhältnisses stattgefunden hat, sind keine (vorweggenommenen) Betriebsausgaben (> BFH vom 5. 11. 2013 – BStBl 2014 II S. 165).

Beispiel:

An einer Universität wird der Studiengang des Maschinenbaustudiums aufgenommen, anschließend unterbrochen und nunmehr eine Ausbildung als Kfz-Mechaniker begonnen, aber ebenfalls nicht abgeschlossen. Danach wird der Studiengang des Maschinenbaustudiums weitergeführt und abgeschlossen. § 12 Nummer 5 EStG ist auf beide Teile des Maschinenbaustudiums anzuwenden. Das gilt unabhängig davon, ob das Maschinenbaustudium an derselben Hochschule fortgeführt oder an einer andern Hochschule bzw. Fachhochschule aufgenommen und abgeschlossen wird.

Abwandlung:

Wird das begonnene Studium statt dessen, nachdem die Ausbildung zum Kfz-Mechaniker erfolgreich abgeschlossen wurde, weitergeführt und abgeschlossen, ist § 12 Nummer 5 EStG nur auf den ersten Teil des Studiums anzuwenden, da der Fortsetzung des Studiums eine abgeschlossene nichtakademische Berufsausbildung vorausgeht.

Mehrere Studiengänge: **20**

Werden zwei (oder ggf. mehrere) Studiengänge parallel studiert, die zu unterschiedlichen Zeiten abgeschlossen werden, stellt der nach dem berufsqualifizierenden Abschluss eines der Studiengänge weiter fortgesetzte andere Studiengang vom Zeitpunkt des Abschlusses an ein weiteres Studium dar.

Aufeinander folgende Abschlüsse unterschiedlicher Hochschultypen: **21**

Da die Universitäten, Pädagogischen Hochschulen, Kunsthochschulen, Fachhochschulen sowie weitere entsprechende landesrechtliche Bildungseinrichtungen gleichermaßen Hochschulen i. S. d. § 1 HRG darstellen, stellt ein Studium an einer dieser Bildungseinrichtungen nach einem abgeschlossenen Studium an einer anderen dieser Bildungseinrichtungen ein weiteres Studium dar. So handelt es sich bei einem Universitätsstudium nach einem abgeschlossenen Fachhochschulstudium um ein weiteres Studium.

Ergänzungs- und Aufbaustudien: **22**

Postgraduale Zusatz-, Ergänzungs- und Aufbaustudien i. S. d. § 12 HRG setzen den Abschluss eines ersten Studiums voraus und stellen daher ein weiteres Studium dar.

Vorbereitungsdienst: **23**

Als berufsqualifizierender Studienabschluss gilt auch der Abschluss eines Studiengangs, durch den die fachliche Eignung für einen beruflichen Vorbereitungsdienst oder eine berufliche Einführung vermittelt wird, § 10 Absatz 1 Satz 2 HRG. Dazu zählt beispielhaft der jur. Vorbereitungsdienst (Referendariat). Das erste juristische Staatsexamen stellt daher einen berufsqualifizierenden Abschluss dar.

Bachelor- und Masterstudiengänge: **24**

Nach § 19 Absatz 2 HRG stellt der Bachelor- oder Bakkalaureusgrad einer inländischen Hochschule einen berufsqualifizierenden Abschluss dar. Daraus folgt, dass der Abschluss eines Bachelorstudiengangs den Abschluss eines Erststudiums darstellt und ein nachfolgender Studiengang als weiteres Studium anzusehen ist.

Nach § 19 Absatz 3 HRG kann die Hochschule auf Grund von Prüfungen, mit denen ein weiterer berufsqualifizierender Abschluss erworben wird, einen Master- oder Magistergrad verleihen. Die Hochschule kann einen Studiengang ausschließlich mit dem Abschluss Bachelor anbieten (grundständig). Sie kann einen Studiengang mit dem Abschluss als Bachelor und einem inhaltlich darauf aufbauenden Masterstudiengang vorsehen (konsekutives Masterstudium). Sie kann aber auch ein Masterstudium anbieten, ohne selbst einen entsprechenden Bachelorstudiengang anzubieten (postgraduales Masterstudium).

Ein Masterstudium i. S. d. § 19 HRG kann nicht ohne ein abgeschlossenes Bachelor- oder anderes Studium aufgenommen werden. Es stellt daher ein weiteres Studium dar. Dies gilt auch für den Master of Business Administration (MBA).

Er ermöglicht Studenten verschiedener Fachrichtungen ein anwendungsbezogenes Postgraduiertenstudium in den Wirtschaftswissenschaften.

Berufsakademien und andere Ausbildungseinrichtungen: **25**

Nach Landesrecht kann vorgesehen werden, dass bestimmte an Berufsakademien oder anderen Ausbildungseinrichtungen erfolgreich absolvierte Ausbildungsgänge einem abgeschlossenen Studium an einer Fachhochschule gleichwertig sind und die gleichen Berechtigungen verleihen, auch wenn es sich bei diesen Ausbildungseinrichtungen nicht um Hochschulen i. S. d. § 1 HRG handelt. Soweit dies der Fall ist, stellt ein entsprechend abgeschlossenes Studium unter der Voraussetzung, dass ihm kein anderes abgeschlossenes Studium oder keine andere abgeschlossene Berufsausbildung vorangegangen ist, ein Erststudium i. S. d. § 12 Nummer 5 EStG dar.

26 Promotion:

Es ist regelmäßig davon auszugehen, dass dem Promotionsstudium und der Promotion durch die Hochschule selber der Abschluss eines Studiums vorangeht. Aufwendungen für ein Promotionsstudium und die Promotion stellen Betriebsausgaben oder Werbungskosten dar, sofern ein berufsbezogener Veranlassungszusammenhang zu bejahen ist (BFH vom 4. November 2003 – VI R 96/01 –, BStBl 2004 II S. 891). Dies gilt auch, wenn das Promotionsstudium bzw. die Promotion im Einzelfall ohne vorhergehenden berufsqualifizierenden Studienabschluss durchgeführt wird.

Eine Promotion stellt keinen berufsqualifizierenden Abschluss eines Studiengangs dar.

2.3 Berufsausbildung oder Studium im Rahmen eines Ausbildungsdienstverhältnisses

27 Eine erstmalige Berufsausbildung oder ein Studium findet im Rahmen eines Ausbildungsdienstverhältnisses statt, wenn die Ausbildungsmaßnahme Gegenstand des Dienstverhältnisses ist (vgl. R 9.2 LStR 2008**[1]** und H 9.2 „Ausbildungsdienstverhältnis" LStH 2023**[2]** sowie die dort angeführte Rechtsprechung des BFH). Die dadurch veranlassten Aufwendungen stellen Werbungskosten dar. Zu den Ausbildungsverhältnissen zählen z. B. die Berufsausbildungsverhältnisse gemäß § 1 Absatz 3, §§ 4 bis 52 BBiG.

28 Dementsprechend liegt kein Ausbildungsdienstverhältnis vor, wenn die Berufsausbildung oder das Studium nicht Gegenstand des Dienstverhältnisses ist, auch wenn die Berufsbildungsmaßnahme oder das Studium seitens des Arbeitgebers durch Hingabe von Mitteln, z. B. eines Stipendiums, gefördert wird.

3. Abzug von Aufwendungen für die eigene Berufsausbildung als Sonderausgaben, § 10 Absatz 1 Nummer 7 EStG

29 Bei der Ermittlung der Aufwendungen gelten die allgemeinen Grundsätze des Einkommensteuergesetzes. Dabei sind die Regelungen in § 4 Absatz 5 Satz 1 Nummer 5 und 6b, § 9 Absatz 1 Satz 3 Nummer 4 und 5 und Absatz 2 EStG**[3]** zu beachten. Zu den abziehbaren Aufwendungen gehören z. B.

- Lehrgangs-, Schul- oder Studiengebühren, Arbeitsmittel, Fachliteratur,
- Fahrten zwischen Wohnung und Ausbildungsort,
- Mehraufwendungen für Verpflegung,
- Mehraufwendungen wegen auswärtiger Unterbringung.

   Für den Abzug von Aufwendungen für eine auswärtige Unterbringung ist nicht erforderlich, dass die Voraussetzungen einer doppelten Haushaltsführung vorliegen.

4. Anwendungszeitraum

30 Die Grundsätze dieses Schreibens sind in allen noch offenen Fällen ab dem Veranlagungszeitraum 2004 anzuwenden. Dieses Schreiben ersetzt die BMF-Schreiben vom 4. November 2005 – IV C 8 – S 2227 – 5/05 – (BStBl I S. 955) und 21. Juni 2007 – IV C 4 – S 2227/07/0002 – 2007/0137269 – (BStBl I S. 492).

Allgemein bildende Schulen

Aufwendungen für den Besuch allgemein bildender Schulen sind regelmäßig keine Werbungskosten (> BFH vom 22. 6. 2006 – BStBl II S. 717).

Amtl. Fn.:

[1] > LStR 2023.

[2] > LStH 2023.

[3] Ab dem VZ 2014 ist erste Tätigkeitsstätte auch eine Bildungseinrichtung, die außerhalb eines Dienstverhältnisses zum Zwecke eines Vollzeitstudiums oder einer vollzeitigen Bildungsmaßnahme aufgesucht wird (§ 9 Abs. 4 Satz 8 EStG und BMF vom 25. 11. 2020 – BStBl I S. 1228, Rz. 33 ff., . . .).

Ausbildungsdienstverhältnis

Beispiele:

– *Referendariat zur Vorbereitung auf das zweite Staatsexamen (> BFH vom 10. 12. 1971 – BStBl 1972 II S. 251)*

– *Beamtenanwärter (> BFH vom 21. 1. 1972 – BStBl II S. 261)*

– *zum Studium abkommandierte oder beurlaubte Bundeswehroffiziere (> BFH vom 7. 11. 1980 – BStBl 1981 II S. 216 und vom 28. 9. 1984 – BStBl 1985 II S. 87)*

– *zur Erlangung der mittleren Reife abkommandierte Zeitsoldaten (> BFH vom 28. 9. 1984 – BStBl 1985 II S. 89)*

– *für ein Promotionsstudium beurlaubte Geistliche (> BFH vom 7. 8. 1987 – BStBl II S. 780)*

Auslandsgruppenreise

– *Aufwendungen für Reisen, die der beruflichen Fortbildung dienen, sind als Werbungskosten abziehbar, wenn sie unmittelbar beruflich veranlasst sind (z. B. das Aufsuchen eines Kunden des Arbeitgebers, das Halten eines Vortrags auf einem Fachkongress oder die Durchführung eines Forschungsauftrags) und die Verfolgung privater Interessen nicht den Schwerpunkt der Reise bildet (> BFH vom 21. 9. 2009 – BStBl 2010 II S. 672).*

– *Ein unmittelbarer beruflicher Anlass liegt nicht vor, wenn der Arbeitnehmer mit der Teilnahme an der Auslandsgruppenreise eine allgemeine Verpflichtung zur beruflichen Fortbildung erfüllt oder die Reise von einem Fachverband angeboten wird (> BFH vom 19. 1. 2012 – BStBl II S. 416); zur Abgrenzung gegenüber der konkreten beruflichen Verpflichtung zur Reiseteilnahme > BFH vom 9. 12. 2010 (BStBl 2011 II S. 522). Zur Aufteilung gemischt veranlasster Aufwendungen bei auch beruflicher Veranlassung der Auslandsgruppenreise > H 9.1 (Gemischte Aufwendungen).*

Deutschkurs

Aufwendungen eines in Deutschland lebenden Ausländers für das Erlernen der deutschen Sprache gehören regelmäßig auch dann zu den nicht abziehbaren Kosten der Lebensführung, wenn ausreichende Deutschkenntnisse für einen angestrebten Ausbildungsplatz förderlich sind (> BFH vom 15. 3. 2007 – BStBl II S. 814).

Erziehungsurlaub/Elternzeit

Aufwendungen während eines Erziehungsurlaubs/einer Elternzeit, können vorab entstandene Werbungskosten sein. Der berufliche Verwendungsbezug ist darzulegen, wenn er sich nicht bereits aus den Umständen von Umschulungs- oder Qualifizierungsmaßnahmen ergibt (> BFH vom 22. 7. 2003 – BStBl 2004 II S. 888).

Fortbildung

– *Aufwendungen von Führungskräften für Seminare zur Persönlichkeitsentfaltung können Werbungskosten sein (> BFH vom 28. 8. 2008 – BStBl 2009 II S. 108).*

– *Aufwendungen einer leitenden Redakteurin zur Verbesserung beruflicher Kommunikationsfähigkeit sind Werbungskosten (> BFH vom 28. 8. 2008 – BStBl 2009 II S. 106).*

– *Aufwendungen für den Erwerb des Verkehrsflugzeugführerscheins einschließlich Musterberechtigung können vorab entstandene Werbungskosten sein (> BFH vom 27. 10. 2011 – BStBl 2012 II S. 825 zum Rettungssanitäter). Die Aufwendungen für den Erwerb des Privatflugzeugführerscheins führen regelmäßig nicht zu Werbungskosten (> BFH vom 27. 5. 2003 – BStBl 2005 II S. 202). Bei einer durchgehenden Ausbildung zum Verkehrsflugzeugführer sind aber auch die Aufwendungen für den Erwerb des Privatflugzeugführerscheins als Werbungskosten abziehbar (> BFH vom 30. 9. 2008 – BStBl 2009 II S. 111).*

Fremdsprachenunterricht

– *Der Abzug der Aufwendungen für einen Sprachkurs kann nicht mit der Begründung versagt werden, er habe in einem anderen Mitgliedstaat der Europäischen Union stattgefunden (> BFH vom 13. 6. 2002 – BStBl 2003 II S. 765). Dies gilt auch für Staaten, auf die das Abkommen über den europäischen Wirtschaftsraum Anwendung findet (Island, Liechtenstein, Norwegen), und wegen eines bilateralen Abkommens, das die Dienstleistungsfreiheit festschreibt, auch für die Schweiz (> BMF vom 26. 9. 2003 – BStBl I S. 447).*

– *Ein Sprachkurs kann auch dann beruflich veranlasst sein, wenn er nur Grundkenntnisse oder allgemeine Kenntnisse in einer Fremdsprache vermittelt, diese aber für die berufliche Tätigkeit ausreichen. Die Kursgebühren sind dann als Werbungskosten abziehbar. Der Ort, an dem der Sprachkurs durchgeführt wird, kann ein Indiz für eine private Mitveranlassung sein. Die Reisekosten sind dann in Werbungskosten und Kosten der privaten Lebensführung aufzuteilen (> H 9.1 – Gemischte Aufwendungen). Dabei kann auch ein anderer als der zeitliche Aufteilungsmaßstab anzuwenden sein (> BFH vom 24. 2. 2011 – BStBl II S. 796 zum Sprachkurs in Südafrika).*

– *Aufwendungen für eine zur Erteilung von Fremdsprachenunterricht in den eigenen Haushalt aufgenommene Lehrperson sind selbst bei einem konkreten Bezug zur Berufstätigkeit keine Fortbildungskosten (> BFH vom 8. 10. 1993 – BStBl 1994 II S. 114).*

Klassenfahrt

Aufwendungen eines Berufsschülers für eine im Rahmen eines Ausbildungsdienstverhältnisses als verbindliche Schulveranstaltung durchgeführte Klassenfahrt sind i. d. R. Werbungskosten (> BFH vom 7. 2. 1992 – BStBl II S. 531).

Ski- und Snowboardkurse

Aufwendungen von Lehrern für Snowboardkurse können als Werbungskosten bei den Einkünften aus nichtselbständiger Arbeit abziehbar sein, wenn ein konkreter Zusammenhang mit der Berufstätigkeit besteht (> BFH vom 22. 6. 2006 – BStBl II S. 782). Zu den Merkmalen der beruflichen Veranlassung > BFH vom 26. 8. 1988 (BStBl 1989 II S. 91).

Studienreisen und Fachkongresse

> R 12.2 EStR, H 12.2 EStH

LStR   R 9.3 Ausgaben im Zusammenhang mit Berufsverbänden

(1) [1]Ausgaben bei Veranstaltungen des Berufsstands, des Berufsverbands, des Fachverbands oder der Gewerkschaft eines Arbeitnehmers, die der Förderung des Allgemeinwissens der Teilnehmer dienen, sind nicht Werbungskosten, sondern Aufwendungen für die Lebensführung. [2]Um nicht abziehbare Aufwendungen für die Lebensführung handelt es sich insbesondere stets bei den Aufwendungen, die der Arbeitnehmer aus Anlass von gesellschaftlichen Veranstaltungen der bezeichneten Organisation gemacht hat, und zwar auch dann, wenn die gesellschaftlichen Veranstaltungen im Zusammenhang mit einer rein fachlichen oder beruflichen Tagung oder Sitzung standen.

(2) [1]Bestimmte Veranstaltungen von Berufsständen und Berufsverbänden dienen dem Zweck, die Teilnehmer im Beruf fortzubilden, z. B. Vorlesungen bei Verwaltungsakademien oder Volkshochschulen, Fortbildungslehrgänge, fachwissenschaftliche Lehrgänge, fachliche Vorträge. [2]Ausgaben, die dem Teilnehmer bei solchen Veranstaltungen entstehen, können Werbungskosten sein.

> **Hinweise   LStH   H 9.3**

Ehrenamtliche Tätigkeit

Aufwendungen eines Arbeitnehmers im Zusammenhang mit einer ehrenamtlichen Tätigkeit für seine Gewerkschaft oder seinen Berufsverband können Werbungskosten sein (> BFH vom 28.11.1980 – BStBl 1981 II S. 368 und vom 2.10.1992 – BStBl 1993 II S. 53).

Mitgliedsbeiträge an einen Interessenverband

Mitgliedsbeiträge an einen Interessenverband sind Werbungskosten, wenn dieser als Berufsverband auch die spezifischen beruflichen Interessen des Arbeitnehmers vertritt. Dies ist nicht nur nach der Satzung, sondern auch nach der tatsächlichen Verbandstätigkeit zu beurteilen (> BFH vom 13.8.1993 – BStBl 1994 II S. 33).

...

LStR   R 9.4 Reisekosten❶❷❸❹

¹Reisekosten sind Fahrtkosten (§ 9 Abs. 1 Satz 3 Nr. 4a EStG, > R 9.5), Verpflegungsmehraufwendungen (§ 9 Abs. 4a EStG, > R 9.6), Übernachtungskosten (§ 9 Abs. 1 Satz 3 Nr. 5a EStG, > R 9.7) und Reisenebenkosten (> R 9.8), soweit diese durch eine beruflich veranlasste Auswärtstätigkeit (§ 9 Abs. 4a Satz 2 und 4 EStG) des Arbeitnehmers entstehen. ²Eine beruflich veranlasste Auswärtstätigkeit ist auch der Vorstellungsbesuch eines Stellenbewerbers. ³Erledigt der Arbeitnehmer im Zusammenhang mit der beruflich veranlassten Auswärtstätigkeit auch in einem mehr als geringfügigen Umfang private Angelegenheiten, sind die beruflich veranlassten von den privat veranlassten Aufwendungen zu trennen. ⁴Ist das nicht – auch nicht durch Schätzung – möglich, gehören die gesamten Aufwendungen zu den nach § 12 EStG nicht abziehbaren Aufwendungen für die Lebensführung (z. B. Bekleidungskosten oder Aufwendungen für andere allgemeine Reiseausrüstung). ⁵Die berufliche Veranlassung der Auswärtstätigkeit, die Reisedauer und den Reiseweg hat der Arbeitnehmer aufzuzeichnen und anhand geeigneter Unterlagen, z. B. Fahrtenbuch (> R 8.1 Abs. 9 Nr. 2 Satz 3), Tankquittungen, Hotelrechnungen, Schriftverkehr, nachzuweisen oder glaubhaft zu machen.

Anm. d. Schriftl.:

❶ Zur steuerlichen Behandlung von Reisekosten und Reisekostenvergütungen bei betrieblich und beruflich veranlassten Auslandsreisen ab 1.1.2023 wird auf das BMF-Schreiben vom 23.11.2022, BStBl 2022 I S.1654, hingewiesen.

❷ Zur ertragsteuerlichen Beurteilung von Aufwendungen für Fahrten zwischen Wohnung und Betriebsstätte und von Reisekosten unter Berücksichtigung der Reform des steuerlichen Reisekostenrechts zum 1.1.2014 wird auf das BMF-Schreiben vom 23.12.2014, BStBl 2015 I S. 26, hingewiesen.

❸ Der in einer dauerhaften, ortsfesten betrieblichen Einrichtung seines Arbeitgebers beschäftigte Arbeitnehmer ist nicht alleine deshalb auswärts tätig, weil er eine Probezeit vereinbart hat, unbedingt versetzungsbereit oder befristet beschäftigt ist (BFH-Urteil vom 6.11.2014, BStBl 2015 II S. 338).

❹ Reisekosten sind insbesondere dann als Werbungskosten abziehbar, wenn der Reise ein unmittelbarer beruflicher Anlass (z. B. das Aufsuchen eines Geschäftsfreundes) zugrunde liegt und die Verfolgung privater Reiseinteressen nicht den Schwerpunkt der Reise bildet (BFH-Urteil vom 19.1.2017, BStBl 2017 II S. 526).

Hinweise   **LStH**   **H 9.4**

...

Erste Tätigkeitsstätte

- Bestimmung der ersten Tätigkeitsstätte
  > BMF vom 25. 11. 2020 (BStBl I S. 1228), Rz. 2 ff.
- bei Gerichtsvollziehern > BFH vom 16. 12. 2020 (BStBl 2021 II S. 525)
- bei grenzüberschreitender Arbeitnehmerentsendung > BFH vom 17. 12. 2020 (BStBl 2021 II S. 506)
- bei Piloten und Flugbegleitern > BFH vom 11. 4. 2019 (BStBl II S. 546)
- bei Polizeibeamten im Einsatz- und Streifendienst > BFH vom 4. 4. 2019 (BStBl II S. 536)
- bei Postzustellern > BFH vom 30. 9. 2020 (BStBl 2021 II S. 306)
- bei Rettungsassistenten > BFH vom 30. 9. 2020 (BStBl 2021 II S. 308)
- bei vollzeitigen Bildungsmaßnahmen > BMF vom 25. 11. 2020 (BStBl I S. 1228), Rz. 33 ff.**❶**

Weiträumiges Tätigkeitsgebiet

> BMF vom 25. 11. 2020 (BStBl I S. 1228), Rz. 41 ff.

Einfügung d. Schriftl.:

BMF-Schreiben vom 25. 11. 2020, BStBl I S. 1228

Steuerliche Behandlung der Reisekosten von Arbeitnehmern

(ersetzt das Schreiben vom 24. Oktober 2014, BStBl I S. 1412)

Anm. d. Schriftl.:

❶ Die Dauer einer vollzeitigen Bildungsmaßnahme ist für die Einordnung einer Bildungseinrichtung als erste Tätigkeitsstätte i. S. des § 9 Abs. 4 Satz 8 EStG unerheblich (BFH-Urteil vom 14. 5. 2020, BStBl 2020 II S. 770).

LStR

I. Vorbemerkung

1 Unter Bezugnahme auf das Ergebnis der Erörterungen mit den obersten Finanzbehörden der Länder gelten zur steuerlichen Beurteilung von Reisekosten der Arbeitnehmer die folgenden Grundsätze **zur Anwendung des Einkommensteuergesetzes** (EStG):

II. Anwendung der Regelungen bei den Einkünften aus nichtselbständiger Arbeit

1. Erste Tätigkeitsstätte, auswärtige Tätigkeit, weiträumiges Tätigkeitsgebiet

a) Erste Tätigkeitsstätte, § 9 Absatz 4 EStG

2 Der Arbeitnehmer kann je Dienstverhältnis höchstens eine erste Tätigkeitsstätte, ggf. aber auch keine erste, sondern nur auswärtige Tätigkeitsstätten haben (§ 9 Absatz 4 Satz 5 EStG). Die Bestimmung der ersten Tätigkeitsstätte erfolgt vorrangig anhand der dienst- oder arbeitsrechtlichen Festlegungen durch den Arbeitgeber (Rz. 6 ff.). Sind solche nicht vorhanden oder sind die getroffenen Festlegungen nicht eindeutig, werden hilfsweise quantitative Kriterien (Rz. 26 ff.) herangezogen. Voraussetzung ist zudem, dass der Arbeitnehmer in einer der in § 9 Absatz 4 Satz 1 EStG genannten ortsfesten Einrichtungen (Rz. 3 ff.) dauerhaft (Rz. 14 ff.) tätig werden soll. Ein Arbeitnehmer ohne erste Tätigkeitsstätte ist außerhalb seiner Wohnung immer auswärts tätig.

aa) Tätigkeitsstätte

3 Tätigkeitsstätte ist eine von der Wohnung getrennte, ortsfeste betriebliche Einrichtung, **die räumlich zusammengefasste Sachmittel umfasst, die der Tätigkeit des Arbeitgebers, eines verbundenen Unternehmens oder eines vom Arbeitgeber bestimmten Dritten dienen und mit dem Erdboden verbunden oder dazu bestimmt sind, überwiegend standortgebunden genutzt zu werden (BFH-Urteil vom 11. April 2019, VI R 12/17, BStBl II S. 551). So stellen auch** Baucontainer, die z. B. auf einer Großbaustelle längerfristig fest mit dem Erdreich verbunden sind und in denen sich z. B. Baubüros, Aufenthaltsräume oder Sanitäreinrichtungen befinden, „ortsfeste" betriebliche Einrichtungen dar.

Eine (großräumige) erste Tätigkeitsstätte liegt auch vor, wenn eine Vielzahl solcher Mittel, die für sich betrachtet selbständige betriebliche Einrichtungen darstellen können, räumlich abgrenzbar in einem organisatorischen, technischen oder wirtschaftlichen Zusammenhang mit der betrieblichen Tätigkeit des Arbeitgebers, eines verbundenen Unternehmens oder eines vom Arbeitgeber bestimmten Dritten stehen. Demgemäß kommt als eine solche erste Tätigkeitsstätte auch ein großflächiges und entsprechend infrastrukturell erschlossenes Gebiet (z. B. Werksanlage, Betriebsgelände, Zechengelände, Bahnhof oder Flughafen) in Betracht (BFH-Urteile vom 11. April 2019, VI R 40/16 und VI R 12/17, BStBl II S. 546 und 551). Fahrzeuge, Flugzeuge, Schiffe oder Tätigkeitsgebiete ohne ortsfeste betriebliche Einrichtungen sind keine Tätigkeitsstätten i. S. d. § 9 Absatz 4 Satz 1 EStG.

bb) Häusliches Arbeitszimmer

4 Das häusliche Arbeitszimmer des Arbeitnehmers ist keine betriebliche Einrichtung des Arbeitgebers oder eines Dritten und kann daher keine erste Tätigkeitsstätte sein. Dies gilt auch, wenn der Arbeitgeber vom Arbeitnehmer einen oder mehrere Arbeitsräume anmietet, die der Wohnung des Arbeitnehmers zuzurechnen sind. Auch in diesem Fall handelt es sich bei einem häuslichen Arbeitszimmer um einen Teil der Wohnung des Arbeitnehmers. Zur Abgrenzung, welche Räume der Wohnung des Arbeitnehmers zuzurechnen sind, ist auf das Gesamtbild der Verhältnisse im Einzelfall abzustellen (z. B. unmittelbare Nähe zu den privaten Wohnräumen).

cc) Tätigkeitsstätte des Arbeitgebers bei einem verbundenen Unternehmen oder bei einem Dritten

5 Die Annahme einer Tätigkeitsstätte erfordert nicht, dass es sich um eine ortsfeste betriebliche Einrichtung des lohnsteuerlichen Arbeitgebers handelt. Erfasst werden auch Sachverhalte, in denen der Arbeitnehmer statt beim eigenen Arbeitgeber in einer ortsfesten betrieblichen Einrichtung eines der in § 15 AktG genannten Unternehmen oder eines Dritten (z. B. eines Kunden) tätig werden soll. Von einem solchen Tätigwerden kann dann nicht ausgegangen werden, wenn der Arbeitnehmer bei dem Dritten oder verbundenen Unternehmen z. B. nur eine Dienstleistung des Dritten in Anspruch nimmt oder einen Einkauf tätigt.

dd) Zuordnung mittels dienst- oder arbeitsrechtlicher Festlegung durch den Arbeitgeber

6 Eine erste Tätigkeitsstätte liegt vor, wenn der Arbeitnehmer einer solchen Tätigkeitsstätte (§ 9 Absatz 4 Satz 1 EStG) dauerhaft zugeordnet ist. Ist der Arbeitnehmer nur vorübergehend einer Tätigkeitsstätte zugeordnet, begründet er dort keine erste Tätigkeitsstätte (zur Abgrenzung der Merkmale „dauerhaft" und „vorübergehend" vgl. Rz. 14). Die dauerhafte Zuordnung des Arbeitnehmers wird durch die dienst- oder arbeitsrechtlichen Festlegungen sowie die diese ausfüllenden Absprachen oder Weisungen bestimmt (§ 9

Absatz 4 Satz 2 EStG). Das gilt für einzelne Arbeitnehmer oder Arbeitnehmergruppen, unabhängig davon, ob diese schriftlich oder mündlich erteilt worden sind. Die Zuordnung muss sich auf die Tätigkeit des Arbeitnehmers beziehen; dies ergibt sich aus § 9 Absatz 4 Satz 3 EStG, der mit der beispielhaften Aufzählung darüber hinaus das Kriterium der Dauerhaftigkeit beschreibt.

Die Zuordnung eines Arbeitnehmers zu einer betrieblichen Einrichtung allein aus tarifrechtlichen, mitbestimmungsrechtlichen oder organisatorischen Gründen (z. B. Personalaktenführung), ohne dass der Arbeitnehmer in dieser Einrichtung tätig werden soll, ist keine Zuordnung i. S. d. § 9 Absatz 4 EStG. **Soll der Arbeitnehmer in einer vom Arbeitgeber festgelegten Tätigkeitsstätte zumindest in ganz geringem Umfang tätig werden** z. B. Hilfs- und Nebentätigkeiten (Auftragsbestätigungen, Stundenzettel abgeben etc.), kann der Arbeitgeber den Arbeitnehmer dieser Tätigkeitsstätte zuordnen. **Dies gilt** selbst **dann,** wenn für die Zuordnung tarifrechtliche, mitbestimmungsrechtliche oder organisatorische Gründe ausschlaggebend sind. Auf die Qualität des Tätigwerdens kommt es, anders als bei der Bestimmung anhand der quantitativen Zuordnungskriterien (vgl. dazu Rz. 27), **nicht an.** Vielmehr können, wie z. B. bei Festlegung einer Dienststelle/Dienststätte, auch Tätigkeiten von untergeordneter Bedeutung ausreichend sein (Vorrang des Dienst- oder Arbeitsrechts**, BFH-Urteil vom 4. April 2019, VI R 27/17, BStBl II S. 536).**   **7 🔟**

Soll der Arbeitnehmer an mehreren Tätigkeitsstätten tätig werden und ist er einer bestimmten Tätigkeitsstätte dienst- oder arbeitsrechtlich dauerhaft zugeordnet, ist es unerheblich, in welchem Umfang er seine berufliche Tätigkeit an dieser oder an den anderen Tätigkeitsstätten ausüben soll. Auch auf die Regelmäßigkeit des Aufsuchens dieser Tätigkeitsstätten kommt es dann nicht mehr an.   **8**

Nicht entscheidend ist, ob an der vom Arbeitgeber nach § 9 Absatz 4 Satz 1 EStG festgelegten Tätigkeitsstätte der qualitative Schwerpunkt der Tätigkeit liegt oder liegen soll. **Für die Zuordnung ist lediglich entscheidend, ob der Arbeitnehmer aus einer in die Zukunft gerichteten Prognose nach den dienst- oder arbeitsrechtlichen Festlegungen an einer ortsfesten betrieblichen Einrichtung des Arbeitgebers, eines verbundenen Unternehmens oder eines vom Arbeitgeber bestimmten Dritten tätig werden soll. Erforderlich, aber ausreichend ist, dass der Arbeitnehmer am Ort der ersten Tätigkeitsstätte zumindest in geringem Umfang Tätigkeiten zu erbringen hat, die er arbeitsvertraglich oder dienstrechtlich schuldet und die zu den von ihm ausgeübten Berufsbild gehören (BFH-Urteil vom 4. April 2019, VI R 27/17, BStBl II S. 536 und BFH-Urteil vom 11. April 2019, VI R 40/16, BStBl II S. 546).**   **9**

Beispiel 1:

Der Vertriebsmitarbeiter V für die Region A soll einmal wöchentlich an den Firmensitz nach B fahren, dem er zugeordnet ist. Dort soll er die anfallenden Bürotätigkeiten erledigen und an Dienstbesprechungen teilnehmen. B ist erste Tätigkeitsstätte auf Grund der arbeitsrechtlichen Zuordnung. Dabei ist unerheblich, dass V überwiegend in der Region A und nicht in B tätig werden soll.

Abwandlung:

Ordnet der Arbeitgeber den V dem Firmensitz in B nicht oder nicht eindeutig zu, erfolgt die Prüfung, ob eine erste Tätigkeitsstätte vorliegt, anhand der quantitativen Kriterien des § 9 Absatz 4 Satz 4 EStG (Rz. 26 ff.). In diesem Fall liegt in B keine erste Tätigkeitsstätte vor.

§ 42 AO ist zu beachten. Insbesondere bei Gesellschafter-Geschäftsführern, Arbeitnehmer-Ehegatten/Lebenspartnern und sonstigen, mitarbeitenden Familienangehörigen ist entscheidend, ob die getroffenen Vereinbarungen einem Fremdvergleich standhalten.   **10**

Die vorrangige maßgebliche dienst- oder arbeitsrechtliche Zuordnung durch den Arbeitgeber kann außerhalb des Dienst- oder Arbeitsvertrags erfolgen (auch mündlich oder konkludent) und ist unabhängig davon, ob sich der Arbeitgeber der steuerlichen Folgen bewusst ist. Die Zuordnungsentscheidung muss nicht dokumentiert werden. Die Zuordnungsentscheidung des Arbeitgebers kann sich vielmehr auch er-   **11**

Amtl. Fn.:

🔟   Der Zustellpunkt (Zustellzentrum), dem ein Postzusteller zugeordnet ist und an dem er arbeitstäglich vor- und nachbereitende Tätigkeiten (z. B. Sortiertätigkeiten, Abschreibpost, Abrechnungen) ausübt, ist erste Tätigkeitsstätte (> BFH vom 30. 9. 2020 – BStBl 2021 II S. 306). Entsprechendes gilt für die Rettungswache, der ein Rettungsassistent zugeordnet ist, wenn er dort arbeitstäglich vor dem Einsatz auf dem Rettungsfahrzeug vorbereitende Tätigkeiten vornimmt (> BFH vom 30. 9. 2020 – BStBl 2021 II S. 308). Erste Tätigkeitsstätte eines Gerichtsvollziehers ist sein Amtssitz, bestehend aus den Dienstgebäuden des Amtsgerichts, dem er zugeordnet ist, und dem Geschäftszimmer, welches er am Sitz des Amtsgerichts auf eigene Kosten vorzuhalten hat (> BFH vom 16. 12. 2020 – BStBl 2021 II S. 525).

geben aus: Regelungen im Arbeitsvertrag, Tarifvertrag, Protokollnotizen, dienstrechtlichen Verfügungen (u. a. Regelungen zum abweichenden Dienstsitz), Einsatzplänen, Reiserichtlinien, Reisekostenabrechnungen, dem Ansatz eines geldwerten Vorteils für die Nutzung eines Dienstwagens für die Fahrten zwischen Wohnung und erster Tätigkeitsstätte oder vom Arbeitgeber als Nachweis seiner Zuordnungsentscheidung vorgelegten Organigrammen (BFH-Urteil vom 11. April 2019, VI R 40/16, BStBl II S. 546, BFH-Urteil vom 4. April 2019, VI R 27/17, BStBl II S. 536). Fehlt eine Zuordnung, gilt § 9 Absatz 4 Satz 4 EStG.

12   Ein Organigramm kann gegen den Willen des Arbeitgebers nicht als Nachweis zur Bestimmung einer ersten Tätigkeitsstätte herangezogen werden, wenn der Arbeitgeber tatsächlich keine Zuordnung seines Arbeitnehmers zu einer Tätigkeitsstätte getroffen hat und kein anderer Nachweis über die Zuordnung erbracht wird. In diesen Fällen ist anhand der quantitativen Kriterien nach § 9 Absatz 4 Satz 4 EStG zu prüfen, ob der Arbeitnehmer eine erste Tätigkeitsstätte hat. Indiz für eine dienst- oder arbeitsrechtliche Zuordnungsentscheidung des Arbeitgebers kann auch sein, dass z. B. nach der Reiserichtlinie gerade für Tätigkeiten an dieser Tätigkeitsstätte keine Reisekosten gezahlt werden bzw. die Besteuerung eines geldwerten Vorteils für die Fahrten Wohnung – erste Tätigkeitsstätte bei Dienstwagengestellung erfolgt.

13   § 9 Absatz 4 Satz 1 bis 3 EStG sieht die Möglichkeit einer Zuordnungsentscheidung des Arbeitgebers zu einer bestimmten Tätigkeitsstätte vor. Der Arbeitgeber kann dienst- oder arbeitsrechtlich daher nicht festlegen, dass der Arbeitnehmer keine erste Tätigkeitsstätte hat (Negativfestlegung). Er kann allerdings (ggf. auch ausdrücklich) darauf verzichten, eine erste Tätigkeitsstätte dienst- oder arbeitsrechtlich festzulegen, oder ausdrücklich erklären, dass organisatorische Zuordnungen keine erste Tätigkeitsstätte begründen sollen. In diesen Fällen erfolgt die Prüfung, ob eine erste Tätigkeitsstätte gegeben ist, anhand der quantitativen Zuordnungskriterien nach § 9 Absatz 4 Satz 4 EStG (Rz. 26 ff.). Der Arbeitgeber kann zudem festlegen, dass sich die Bestimmung der ersten Tätigkeitsstätte nach den quantitativen Zuordnungskriterien des § 9 Absatz 4 Satz 4 EStG richtet. Im Ergebnis ist eine Zuordnungsentscheidung des Arbeitgebers mittels dienst- oder arbeitsrechtlicher Festlegung (Rz. 6 ff.) somit lediglich erforderlich, wenn er die erste Tätigkeitsstätte abweichend von den quantitativen Zuordnungskriterien festlegen will.

Beispiel 2:

In Einstellungsbögen bzw. in Arbeitsverträgen ist aufgrund des Nachweisgesetzes und tariflicher Regelungen ein Einstellungs-, Anstellungs- oder Arbeitsort des Arbeitnehmers bestimmt. Hierbei handelt es sich nicht um eine Zuordnung i. S. d. § 9 Absatz 4 EStG, wenn der Arbeitgeber schriftlich auch gegenüber dem Arbeitnehmer bzw. in der Reiserichtlinie des Unternehmens erklärt, dass dadurch keine arbeitsrechtliche Zuordnung zu einer ersten Tätigkeitsstätte erfolgen soll.

ee) Dauerhafte Zuordnung

14   Die Zuordnung durch den Arbeitgeber zu einer Tätigkeitsstätte muss auf Dauer angelegt sein (Prognose). Typische Fälle einer dauerhaften Zuordnung sind die unbefristete Zuordnung des Arbeitnehmers zu einer bestimmten betrieblichen Einrichtung, die Zuordnung für die gesamte Dauer des – befristeten oder unbefristeten – Dienstverhältnisses oder die Zuordnung über einen Zeitraum von 48 Monaten hinaus **(§ 9 Absatz 4 Satz 3 EStG)**. Die Zuordnung „bis auf Weiteres" ist eine Zuordnung ohne Befristung und damit dauerhaft. **Eine Zuordnung ist unbefristet, wenn die Dauer der Zuordnung zu einer Tätigkeitsstätte nicht kalendermäßig bestimmt ist und sich auch nicht aus Art, Zweck oder Beschaffenheit der Arbeitsleistung ergibt. Auch der Umstand, dass der Arbeitnehmer jederzeit einer anderen Tätigkeitsstätte zugeordnet werden könnte, führt nicht zur Annahme einer befristeten Zuordnung (BFH-Urteil vom 4. April 2019, VI R 27/17, BStBl II S. 536).** Entscheidend sind allein die Festlegungen des Arbeitgebers und die **dienstlich** erteilten Weisungen.

Beispiel 3:

Der Arbeitnehmer A ist von der Firma Z als technischer Zeichner ausschließlich für ein Projekt befristet eingestellt worden. Das Arbeitsverhältnis von A soll vertragsgemäß nach Ablauf der Befristung enden.

A hat ab dem ersten Tag der Tätigkeit bei Z auf Grund der arbeitsrechtlichen Zuordnung des Arbeitgebers seine erste Tätigkeitsstätte.

15   Für die Beurteilung, ob eine dauerhafte Zuordnung vorliegt, ist die auf die Zukunft gerichtete prognostische Betrachtung (Ex-ante-Betrachtung) maßgebend. Die Änderung einer Zuordnung durch den Arbeitgeber ist mit Wirkung für die Zukunft zu berücksichtigen.

Beispiel 4:

Der in H wohnende Arbeitnehmer A ist bis auf Weiteres an drei Tagen in der Woche in einer Filiale seines Arbeitgebers in H und an zwei Tagen in der Woche in einer Filiale seines Arbeitgebers in S tätig. Der Arbeitgeber hatte zunächst die Filiale in S als erste Tätigkeitsstätte festgelegt. Ab 1. Juli 01 legt er H als erste Tätigkeitsstätte fest.

Bis 30. Juni 01 hat der Arbeitnehmer in S seine erste Tätigkeitsstätte. Ab 1. Juli 01 ist die erste Tätigkeitsstätte in H.

Beispiel 5:

Der Arbeitnehmer A ist unbefristet beschäftigt. Für einen Zeitraum von 36 Monaten soll er überwiegend in der Filiale X arbeiten. In der Filiale Y soll er nur an Teambesprechungen, Mitarbeiterschulungen und sonstigen Firmenveranstaltungen teilnehmen. Diese finden voraussichtlich einmal pro Monat statt. Der Arbeitgeber hat A der Filiale Y arbeitsrechtlich dauerhaft zugeordnet.

Erste Tätigkeitsstätte ist die Filiale Y, da A dort arbeitsrechtlich dauerhaft zugeordnet ist.

Abwandlung:

Ordnet der Arbeitgeber nicht zu, liegt keine erste Tätigkeitsstätte vor; in der Filiale X soll A nicht dauerhaft tätig werden und in der Filiale Y nicht in dem nach § 9 Absatz 4 Satz 4 EStG (Rz. 26 ff.) erforderlichen quantitativen Umfang.

16 Eine Änderung der Zuordnung kann auch vorliegen, wenn sich das Berufsbild des Arbeitnehmers aufgrund der Vorgaben des Arbeitgebers dauerhaft ändert, so z. B. wenn ein Außendienstmitarbeiter auf Dauer in den Innendienst wechselt.

Beispiel 6:

Der Arbeitnehmer A ist von seinem Arbeitgeber unbefristet eingestellt worden, um dauerhaft in der Filiale Y zu arbeiten. In den ersten 36 Monaten seiner Beschäftigung soll A aber zunächst ausschließlich die Filiale X führen. In der Filiale Y soll er während dieser Zeit nicht, auch nicht in ganz geringem Umfang tätig werden.

Die Filiale X ist keine erste Tätigkeitsstätte, da A dort lediglich für 36 Monate und damit nicht dauerhaft tätig werden soll (unabhängig vom quantitativen Umfang der Tätigkeit). Die Filiale Y wird erst nach Ablauf von 36 Monaten erste Tätigkeitsstätte.

17 Weichen die tatsächlichen Verhältnisse durch unvorhersehbare Ereignisse, wie etwa Krankheit, politische Unruhen am Tätigkeitsort, Insolvenz des Kunden o. ä. von der ursprünglichen Festlegung (Prognose) der dauerhaften Zuordnung ab, bleibt die zuvor getroffene Prognoseentscheidung für die Vergangenheit bezüglich des Vorliegens der ersten Tätigkeitsstätte maßgebend.

Beispiel 7:

Der Kundendienstmonteur K soll an der betrieblichen Einrichtung seines Arbeitgebers in A lediglich in unregelmäßigen Abständen seine Aufträge abholen und abrechnen und gelegentlich an Besprechungen teilnehmen (vgl. Rz. 27). K ist der betrieblichen Einrichtung in A nicht arbeitsrechtlich zugeordnet. Seine eigentliche berufliche Tätigkeit soll K ausschließlich bei verschiedenen Kunden ausüben. Auf Grund ungeplanter betrieblicher Abläufe ergibt es sich, dass K über einen Zeitraum von 12 Monaten nun die betriebliche Einrichtung in A arbeitstäglich aufsuchen soll und auch aufsucht, um dort seine Berichte zu verfassen (= Teil seiner eigentlichen beruflichen Tätigkeit).

Auch wenn K für einen Zeitraum von 12 Monaten arbeitstäglich einen Teil seiner beruflichen Tätigkeit in der betrieblichen Einrichtung in A ausüben soll, führt dies mangels Dauerhaftigkeit noch nicht zu einer ersten Tätigkeitsstätte. Die ursprüngliche Prognose sah zum einen nicht vor und nach der neuen Prognose sollen diese Arbeiten am Betriebssitz in A nur vorübergehend ausgeübt werden.

18 Wird eine auf **höchstens** 48 Monate geplante Auswärtstätigkeit des Arbeitnehmers verlängert, kommt es darauf an, ob dieser vom Zeitpunkt der Verlängerungsentscheidung an noch mehr als 48 Monate an der Tätigkeitsstätte eingesetzt werden soll.

Beispiel 8:

Der unbefristet beschäftigte Arbeitnehmer A wird für eine Projektdauer von voraussichtlich 18 Monaten der betrieblichen Einrichtung in M zugeordnet. Nach 18 Monaten wird die Zuordnung um 36 Monate verlängert.

Obwohl A insgesamt 54 Monate in M tätig wird, hat er dort keine erste Tätigkeitsstätte. Die vom Gesetz vorgegebene Prognose-Betrachtung bedeutet, dass A weder im Zeitpunkt der erstmaligen Zuordnung noch im Zeitpunkt der Verlängerungsentscheidung für mehr als 48 Monate in M eingesetzt werden sollte.

Abwandlung:

Die Zuordnung von A wird bereits nach drei Monaten um 36 Monate auf insgesamt 54 Monate verlängert.

Ab dem Zeitpunkt der Verlängerungsentscheidung hat A seine erste Tätigkeitsstätte in M, da er ab diesem Zeitpunkt noch 51 Monate und somit dauerhaft in M tätig werden soll. Das gilt auch, wenn A für diese Tätigkeit neu eingestellt und eine Probezeit vereinbart wurde oder das Projekt planwidrig bereits nach 12 Monaten beendet wird. Die steuerliche Beurteilung der ersten drei Monate als beruflich veranlasste Auswärtstätigkeit bleibt von der Verlängerungsentscheidung unberührt.

19 Bei einer sog. Kettenabordnung ist keine dauerhafte Zuordnung zu einer Tätigkeitsstätte gegeben, wenn die einzelne Abordnung jeweils einen Zeitraum von **höchstens** 48 Monaten·umfasst.

20 **Wird ein befristetes Beschäftigungsverhältnis vor Ablauf der Befristung schriftlich durch bloßes Hinausschieben des Beendigungszeitpunkts bei ansonsten unverändertem Vertragsinhalt verlängert, liegt ein einheitliches Beschäftigungsverhältnis vor. Für die Frage, ob eine Zuordnung für die Dauer des Beschäftigungsverhältnisses erfolgt, ist daher ab dem Zeitpunkt der Verlängerung auf das einheitliche Beschäftigungsverhältnis und nicht lediglich auf den Zeitraum der Verlängerung abzustellen (BFH-Urteil vom 10. April 2019, VI R 6/17, BStBl II S. 539).**

21 Eine dauerhafte Zuordnung ist gegeben, wenn das Dienstverhältnis auf einen anderen Arbeitgeber ausgelagert wird und der Arbeitnehmer für die gesamte Dauer des neuen Beschäftigungsverhältnisses oder länger als 48 Monate weiterhin an seiner früheren Tätigkeitsstätte des bisherigen Arbeitgebers tätig werden soll (sog. Outsourcing). Entsprechendes gilt, **wenn** ein Leiharbeitnehmer ausnahmsweise dauerhaft (nach § 9 Absatz 4 Satz 3 EStG, „bis auf Weiteres" also unbefristet, für die gesamte Dauer des Leiharbeitsverhältnisses oder länger als 48 Monate) in einer ortsfesten betrieblichen Einrichtung des Entleihers tätig werden soll. **Die Regelungen des § 1 Absatz 1 Satz 4 i. V. m. Absatz 1b Arbeitnehmerüberlassungsgesetz entfalten für das Steuerrecht keine Wirkung.**

Beispiel 9:

Der Arbeitnehmer A ist von der Zeitarbeitsfirma Z als technischer Zeichner ausschließlich für die Überlassung an die Projektentwicklungsfirma P eingestellt worden. Das Arbeitsverhältnis von A endet vertragsgemäß nach Abschluss des aktuellen Projekts bei P.

A hat ab dem ersten Tag der Tätigkeit bei der Projektentwicklungsfirma P seine erste Tätigkeitsstätte, da er seine Tätigkeit bei P für die gesamte Dauer seines Dienstverhältnisses bei Z und damit dort dauerhaft ausüben soll.

Abwandlung:

Der Arbeitnehmer A ist von der Zeitarbeitsfirma Z unbefristet als technischer Zeichner eingestellt worden und wird bis auf Weiteres an die Projektentwicklungsfirma P überlassen.

A hat ab dem ersten Tag der Tätigkeit bei der Projektentwicklungsfirma P seine erste Tätigkeitsstätte, da er seine Tätigkeit bei P ohne Befristung und damit dort dauerhaft ausüben soll.

22 Dienststelle/Dienststätte i. S. d. öffentlichen Reisekosten-, Umzugskosten- und Trennungsgeldrechts ist die Stelle, bei der der Arbeitnehmer eingestellt oder zu der er versetzt, abgeordnet, zugeteilt, zugewiesen oder kommandiert worden ist. Jede dieser dienstlichen Maßnahmen führt dazu, dass diese Stelle zur neuen dienstrechtlichen Dienststelle/Dienststätte wird, unabhängig davon, ob die Maßnahme dauerhaft oder nur vorübergehend ist. Für die steuerrechtliche Beurteilung der dauerhaften Zuordnung zu einer bestimmten Tätigkeitsstätte gilt insbesondere Folgendes:

– Versetzung ohne zeitliche Befristung – dauerhafte Zuordnung, es wird eine neue „erste Tätigkeitsstätte" begründet.

– Abordnung ohne zeitliche Befristung – dauerhafte Zuordnung, es wird eine neue „erste Tätigkeitsstätte" begründet.

– Versetzung mit einer zeitlichen Befristung bis zu 48 Monaten – keine dauerhafte Zuordnung, damit keine neue „erste Tätigkeitsstätte".

- Abordnung mit einer zeitlichen Befristung bis zu 48 Monaten, ggf. auch verbunden mit dem Ziel der Versetzung – keine dauerhafte Zuordnung, damit keine neue „erste Tätigkeitsstätte".
- Entsprechendes gilt für abordnungs- oder versetzungsgleiche Maßnahmen (z. B. Kommandierung, Zuteilung, Zuweisung).
- **Der Umstand, dass ein Beamter unter Beachtung der dienstrechtlichen Vorschriften (jederzeit) auch einer anderen Dienststelle zugeordnet werden könnte, führt nicht zur Annahme einer befristeten Zuordnung (BFH-Urteil vom 4. April 2019, VI R 27/17, BStBl II S. 536).**

Bei grenzüberschreitender Arbeitnehmerentsendung zwischen verbundenen Unternehmen liegt beim aufnehmenden Unternehmen eine erste Tätigkeitsstätte dann vor, wenn der Arbeitnehmer im Rahmen eines eigenständigen Arbeitsvertrags mit dem aufnehmenden Unternehmen einer ortsfesten betrieblichen Einrichtung dieses Unternehmens zugeordnet ist, die Zuordnung die Dauer des gesamten – befristeten oder unbefristeten – Dienstverhältnisses umfasst oder die Zuordnung über einen Zeitraum von 48 Monaten hinaus reicht (vgl. § 9 Absatz 4 Satz 3 EStG). **23**[1]

Beispiel 10:

Der Arbeitnehmer A ist von der ausländischen Muttergesellschaft M für zwei Jahre an die inländische Tochtergesellschaft T entsandt worden. A hat mit T einen eigenständigen Arbeitsvertrag über zwei Jahre abgeschlossen, in dem er der inländischen Hauptniederlassung von T zugeordnet wurde.

A hat bei T seine erste Tätigkeitsstätte.

Wird ein Arbeitnehmer bei grenzüberschreitender Arbeitnehmerentsendung zwischen verbundenen Unternehmen ohne Abschluss eines eigenständigen Arbeitsvertrags mit dem aufnehmenden Unternehmen in einer ortsfesten betrieblichen Einrichtung dieses Unternehmens tätig, liegt beim aufnehmenden Unternehmen eine erste Tätigkeitsstätte nur dann vor, wenn der Arbeitnehmer vom entsendenden Unternehmen einer ortsfesten Einrichtung des aufnehmenden Unternehmens unbefristet zugeordnet ist, die Zuordnung die Dauer des gesamten – befristeten oder unbefristeten – Dienstverhältnisses umfasst oder die Zuordnung über einen Zeitraum von 48 Monaten hinaus reicht (vgl. § 9 Absatz 4 Satz 3 EStG). **24**

Beispiel 11:

Der Arbeitnehmer A ist von der ausländischen Muttergesellschaft M im Rahmen eines unbefristeten Arbeitsvertrags für zwei Jahre an die inländische Tochtergesellschaft T entsandt und für diesen Zeitraum der inländischen Hauptniederlassung von T zugeordnet worden. A hat mit T keinen eigenständigen Arbeitsvertrag abgeschlossen.

A hat bei T keine erste Tätigkeitsstätte, da er der inländischen Hauptniederlassung von T nicht dauerhaft i. S. v. § 9 Absatz 4 Satz 1 i. V. m. Satz 3 EStG zugeordnet worden ist. Er übt für die Dauer seiner zweijährigen Tätigkeit bei T eine beruflich veranlasste Auswärtstätigkeit aus.

Fehlt es bei grenzüberschreitender Arbeitnehmerentsendung zwischen verbundenen Unternehmen an einer dauerhaften Zuordnung des Arbeitnehmers zu einer betrieblichen Einrichtung des aufnehmenden Unternehmens durch dienst- oder arbeitsrechtliche Festlegung oder ist die getroffene Festlegung nicht eindeutig, gelten die quantitativen Zuordnungskriterien des § 9 Absatz 4 Satz 4 EStG (vgl. hierzu die Ausführungen zur Dauerhaftigkeit unter Rz. 14 ff. und zu den quantitativen Kriterien unter Rz. 26 ff.). **25**

ff) Quantitative Zuordnungskriterien

Fehlt es an einer dauerhaften Zuordnung des Arbeitnehmers zu einer betrieblichen Einrichtung durch dienst- oder arbeitsrechtliche Festlegung nach den vorstehenden Kriterien (z. B. weil der Arbeitgeber ausdrücklich auf eine Zuordnung verzichtet hat oder ausdrücklich erklärt, dass organisatorische Zuordnungen keine steuerliche Wirkung entfalten sollen) oder ist die getroffene Festlegung nicht eindeutig, ist nach § 9 Absatz 4 Satz 4 EStG von einer ersten Tätigkeitsstätte an der betrieblichen Einrichtung auszugehen, an der der Arbeitnehmer **26**

- typischerweise arbeitstäglich oder
- je Arbeitswoche zwei volle Arbeitstage oder mindestens ein Drittel seiner vereinbarten regelmäßigen Arbeitszeit

dauerhaft (vgl. Rz. 14 ff.) tätig werden soll.

Amtl. Fn.:

[1] Bestätigt durch BFH vom 17. 12. 2020 (BStBl 2021 II S. 506).

Beispiel 12:

Der Arbeitnehmer A ist von seinem Arbeitgeber unbefristet eingestellt worden, um dauerhaft in der Filiale Y zu arbeiten. In den ersten 36 Monaten seiner Tätigkeit arbeitet er an drei Tagen wöchentlich in der Filiale X und zwei volle Tage wöchentlich in der Filiale Y. Der Arbeitgeber hat A für die ersten 36 Monate Filiale X zugeordnet.

In diesen 36 Monaten seiner Tätigkeit hat A in der Filiale X keine erste Tätigkeitsstätte, da er dort nicht dauerhaft zugeordnet ist. Erste Tätigkeitsstätte ist jedoch – auch ohne Zuordnung i. S. d. § 9 Absatz 4 Satz 1 EStG – Filiale Y, da A dort dauerhaft typischerweise an zwei vollen Tagen i. S. d. § 9 Absatz 4 Satz 4 EStG tätig werden soll.

Beispiel 13:

Der Arbeitnehmer A soll in den ersten 36 Monaten seiner Tätigkeit an vier Tagen wöchentlich in der Filiale X und einen vollen Tag wöchentlich in der Filiale Y tätig werden.

In diesen 36 Monaten seiner Tätigkeit hat A in der Filiale X keine erste Tätigkeitsstätte, da er dort nicht dauerhaft tätig werden soll. Erste Tätigkeitsstätte ist auch nicht die Filiale Y, da A dort die quantitativen Kriterien nach § 9 Absatz 4 Satz 4 EStG nicht erfüllt.

27 **Bei der quantitativen Zuordnung** muss der Arbeitnehmer an der betrieblichen Einrichtung seine eigentliche berufliche Tätigkeit ausüben. Allein ein regelmäßiges Aufsuchen der betrieblichen Einrichtung, z. B. für kurze Rüstzeiten, zur Berichtsfertigung, zur Vorbereitung der Zustellroute, zur Wartung und Pflege des Fahrzeugs, zur Abholung oder Abgabe von Kundendienstfahrzeugen oder LKWs einschließlich deren Be- und Entladung, zur Abgabe von Auftragsbestätigungen und Stundenzetteln, Krankmeldungen und Urlaubsanträgen führt hier noch nicht zu einer Qualifizierung der betrieblichen Einrichtung als erste Tätigkeitsstätte.

Beispiel 14:

Der Kundendienstmonteur K, der von seinem Arbeitgeber keiner betrieblichen Einrichtung dauerhaft zugeordnet ist, sucht den Betrieb seines Arbeitgebers regelmäßig auf, um den Firmenwagen samt Material zu übernehmen, die Auftragsbestätigungen in Empfang zu nehmen und die Stundenzettel vom Vortag abzugeben.

Der K hat keine erste Tätigkeitsstätte. Der Betrieb seines Arbeitgebers wird auch durch das regelmäßige Aufsuchen nicht zur ersten Tätigkeitsstätte, da er seine eigentliche berufliche Tätigkeit an diesem Ort nicht ausübt.

Beispiel 15:

Die Fahrer im ÖPV sollen ihr Fahrzeug immer an wechselnden Stellen im Stadtgebiet aufnehmen und in der Regel mindestens einmal wöchentlich die Kassen abrechnen. Die Kassenabrechnung sollen sie in der Geschäftsstelle oder in einem Betriebshof durchführen. Dort werden auch die Personalakten geführt oder sind Krank- und Urlaubsmeldungen abzugeben.

Bei der quantitativen Zuordnung ist allein das bloße Abrechnen der Kassen, die Führung der Personalakten sowie die Verpflichtung zur Abgabe der Krank- und Urlaubsmeldungen nicht **ausreichend, um** zu einer ersten Tätigkeitsstätte am Betriebshof oder in der Geschäftsstelle **zu kommen. Ordnet** der Arbeitgeber die Arbeitnehmer hingegen dem Betriebshof oder der Geschäftsstelle arbeitsrechtlich **zu, so genügen auch diese Hilfs- und Nebentätigkeiten, um dort eine** erste Tätigkeitsstätte zu **begründen (Rz. 7).**

Beispiel 16:

Der LKW-Fahrer L soll typischerweise arbeitstäglich den Betriebssitz des Arbeitgebers aufsuchen, um dort das Fahrzeug abzuholen sowie dessen Wartung und Pflege durchzuführen. Allein das Abholen sowie die Wartung und Pflege des Fahrzeugs, als Hilfs- und Nebentätigkeiten, führen **im Rahmen der quantitativen Zuordnung** nicht zu einer ersten Tätigkeitsstätte am Betriebssitz des Arbeitgebers; allerdings handelt es sich in diesem Fall bei dem Betriebssitz um einen sog. Sammelpunkt (Rz. 38). Etwas anderes gilt nur, wenn der Arbeitgeber den Arbeitnehmer dem Betriebssitz arbeitsrechtlich als erste Tätigkeitsstätte zuordnet (Rz. 13).

28 Auch die in § 9 Absatz 4 Satz 4 EStG aufgeführten zeitlichen (= quantitativen) Kriterien sind anhand einer in die Zukunft gerichteten Prognose zu beurteilen. Weichen die tatsächlichen Verhältnisse durch unvorhersehbare Ereignisse (wie z. B. Krankheit) hiervon ab, bleibt es bei der zuvor getroffenen Prognoseentscheidung bezüglich der ersten Tätigkeitsstätte. Die Prognoseentscheidung ist zu Beginn des Dienstverhältnisses zu treffen. Die auf Grundlage dieser Prognose getroffene Beurteilung bleibt solange bestehen, bis sich die Verhältnisse maßgeblich ändern. Davon ist insbesondere auszugehen, wenn sich das Berufsbild des Arbeitnehmers (Außendienstmitarbeiter wechselt z. B. in den Innendienst) oder die quantitativen Zuordnungskriterien (Arbeitnehmer soll z. B. statt zwei nun drei Filialen betreuen) dauerhaft ändern oder der Arbeitgeber erstmalig eine dienst- oder arbeitsrechtliche Zuordnungsentscheidung trifft.

Beispiel 17:

Der Arbeitnehmer A soll seine berufliche Tätigkeit an drei Tagen wöchentlich in einem häuslichen Arbeitszimmer ausüben und an zwei vollen Tagen wöchentlich in der betrieblichen Einrichtung seines Arbeitgebers in D tätig werden.

Das häusliche Arbeitszimmer ist nie erste Tätigkeitsstätte. Erste Tätigkeitsstätte ist hier vielmehr die betriebliche Einrichtung des Arbeitgebers in D, da der Arbeitnehmer dort an zwei vollen Tagen wöchentlich beruflich tätig werden soll.

Beispiel 18:

Der Arbeitnehmer A soll seine berufliche Tätigkeit im häuslichen Arbeitszimmer ausüben und zusätzlich jeden Arbeitstag für eine Stunde in der betrieblichen Einrichtung seines Arbeitgebers in D tätig werden.

Das häusliche Arbeitszimmer ist nie erste Tätigkeitsstätte. Erste Tätigkeitsstätte ist hier vielmehr die betriebliche Einrichtung des Arbeitgebers in D, da der Arbeitnehmer dort typischerweise arbeitstäglich tätig werden soll. In diesem Fall ist es unerheblich, dass dort weniger als 1/3 der gesamten regelmäßigen Arbeitszeit erbracht werden soll.

Beispiel 19:

Der Arbeitnehmer A soll seine berufliche Tätigkeit im häuslichen Arbeitszimmer ausüben und zusätzlich jeden Tag in einer anderen betrieblichen Einrichtung seines Arbeitgebers tätig werden. Die Arbeitszeit in den verschiedenen Tätigkeitsstätten beträgt jeweils weniger als 1/3 der gesamten Arbeitszeit des Arbeitnehmers.

Das häusliche Arbeitszimmer ist nie erste Tätigkeitsstätte. Auch an den anderen Tätigkeitsstätten des Arbeitgebers hat der Arbeitnehmer keine erste Tätigkeitsstätte, da er diese Tätigkeitsstätten nicht arbeitstäglich aufsucht und dort jeweils weniger als 1/3 seiner gesamten Arbeitszeit tätig wird.

Beispiel 20:

Der Arbeitnehmer A übt seine Tätigkeit nur bei wechselnden Kunden und im häuslichen Arbeitszimmer aus. Er hat keine erste Tätigkeitsstätte.

Zusammenfassung: 29

Bei der quantitativen Prüfung kommt es somit allein auf den Umfang der an der Tätigkeitsstätte zu leistenden arbeitsvertraglichen Arbeitszeit (mind. 1/3 der vereinbarten regelmäßigen Arbeitszeit oder zwei volle Arbeitstage wöchentlich oder arbeitstäglich) an. Dies bedeutet:

- Soll der Arbeitnehmer an einer Tätigkeitsstätte zwei volle Arbeitstage je Arbeitswoche oder mindestens 1/3 der vereinbarten regelmäßigen Arbeitszeit tätig werden, dann ist dies die erste Tätigkeitsstätte.

- Entsprechendes gilt, wenn der Arbeitnehmer an einer Tätigkeitsstätte arbeitstäglich und mindestens 1/3 der vereinbarten regelmäßigen Arbeitszeit tätig werden soll.

- Soll der Arbeitnehmer an einer Tätigkeitsstätte arbeitstäglich, aber weniger als 1/3 der vereinbarten regelmäßigen Arbeitszeit tätig werden, dann führt dies nur zu einer ersten Tätigkeitsstätte, wenn der Arbeitnehmer dort typischerweise arbeitstäglich seine eigentliche berufliche Tätigkeit und nicht nur Vorbereitungs-, Hilfs- oder Nebentätigkeiten (Rüstzeiten, Abholung oder Abgabe von Kundendienstfahrzeugen oder LKWs einschließlich deren Be- und Entladung, die Abgabe von Auftragsbestätigungen, Stundenzetteln, Krankmeldungen, Urlaubsanträgen oder Ähnlichem) durchführen soll.

- Erfüllen danach mehrere Tätigkeitsstätten die quantitativen Voraussetzungen für eine erste Tätigkeitsstätte, kann der Arbeitgeber bestimmen, welche dieser Tätigkeitsstätten die erste Tätigkeitsstätte ist.

- Fehlt eine solche Bestimmung des Arbeitgebers, wird zugunsten des Arbeitnehmers die Tätigkeitsstätte zugrunde gelegt, die der Wohnung des Arbeitnehmers am nächsten liegt.

gg) Mehrere Tätigkeitsstätten

30 Der Arbeitnehmer kann je Dienstverhältnis höchstens eine erste Tätigkeitsstätte haben (§ 9 Absatz 4 Satz 5 EStG). Hingegen kann ein Arbeitnehmer mit mehreren Dienstverhältnissen auch mehrere erste Tätigkeitsstätten haben (je Dienstverhältnis jedoch höchstens eine).

31 Erfüllen mehrere Tätigkeitsstätten in einem Dienstverhältnis die quantitativen Kriterien für die Annahme einer ersten Tätigkeitsstätte, kann der Arbeitgeber die erste Tätigkeitsstätte bestimmen (§ 9 Absatz 4 Satz 6 EStG). Dabei muss es sich nicht um die Tätigkeitsstätte handeln, an der der Arbeitnehmer den zeitlich überwiegenden oder qualitativ bedeutsameren Teil seiner beruflichen Tätigkeit ausüben soll.

Beispiel 21:

Der in H wohnende Filialleiter A ist an drei Tagen in der Woche in einer Filiale seines Arbeitgebers in H und an zwei Tagen in der Woche in einer Filiale seines Arbeitgebers in S tätig. Der Arbeitgeber bestimmt die Filiale in S zur ersten Tätigkeitsstätte.

Durch die Bestimmung seines Arbeitgebers hat der Filialleiter A in der betrieblichen Einrichtung in S seine erste Tätigkeitsstätte. Unerheblich ist, dass er dort lediglich zwei Tage und damit nicht zeitlich überwiegend beruflich tätig ist.

32 Macht der Arbeitgeber von seinem Bestimmungsrecht nach § 9 Absatz 4 Satz 6 EStG keinen Gebrauch oder ist die Bestimmung nicht eindeutig, ist die der Wohnung des Arbeitnehmers örtlich am nächsten liegende Tätigkeitsstätte die erste Tätigkeitsstätte (§ 9 Absatz 4 Satz 7 EStG). Die Fahrten zu weiter entfernt liegenden Tätigkeitsstätten werden in diesem Fall als Auswärtstätigkeit qualifiziert.

Beispiel 22:

Der in H wohnende Filialleiter A soll typischerweise arbeitstäglich in drei Filialen (X, Y und Z) seines Arbeitgebers tätig werden. Er fährt morgens mit seinem eigenen PKW regelmäßig zur Filiale X, dann zur Filiale Y, von dort zur Filiale Z und von dieser zur Wohnung. Die Filiale in Y liegt der Wohnung am nächsten. Der Arbeitgeber ordnet A arbeitsrechtlich keine Filiale (als erste Tätigkeitsstätte) zu.

Erste Tätigkeitsstätte ist die Filiale Y, da diese der Wohnung des A am nächsten liegt. Die Tätigkeit in X und Z sind beruflich veranlasste Auswärtstätigkeiten. Da A von seiner Wohnung zu einer auswärtigen Tätigkeitsstätte, von dort zur ersten Tätigkeitsstätte und von dort wieder zu einer anderen auswärtigen Tätigkeitsstätte fährt, liegen keine Fahrten zwischen Wohnung und erster Tätigkeitsstätte vor, sondern Fahrten, für die ein steuerfreier Arbeitgeberersatz bzw. Werbungskostenabzug nach Reisekostengrundsätzen in Betracht kommt.

Abwandlung:

Wie Beispiel **22**, allerdings nutzt der Filialleiter A für die arbeitstäglichen Fahrten einen ihm vom Arbeitgeber überlassenen Dienstwagen; A führt kein Fahrtenbuch, sondern ermittelt den geldwerten Vorteil nach der pauschalen Nutzungswertmethode.

Grundsätzlich ist ein geldwerter Vorteil, für die Möglichkeit den Dienstwagen für Fahrten zwischen Wohnung und erster Tätigkeitsstätte zu nutzen, in Höhe von 0,03 % des Listenpreises je Entfernungskilometer anzusetzen. Weist A mittels Einzelaufzeichnungen die Zahl der tatsächlichen Fahrten zwischen Wohnung und erster Tätigkeitsstätte nach, ist stattdessen für jede Fahrt ein geldwerter Vorteil von 0,002 % des Listenpreises je Entfernungskilometer anzusetzen. Im vorliegenden Fall hat A keine unmittelbaren Fahrten zwischen Wohnung und erster Tätigkeitsstätte; daher ist – bei Nachweis der tatsächlichen Fahrten – insoweit kein geldwerter Vorteil anzusetzen.

Beispiel 23:

Die Pflegedienstkraft P hat täglich vier Personen zu betreuen. Alle vier Pflegepersonen sollen von P nach Absprache mit der Pflegedienststelle (Arbeitgeber) bis auf Weiteres arbeitstäglich regelmäßig betreut werden. Der Arbeitgeber hat keine dieser Pflegestellen als erste Tätigkeitsstätte bestimmt.

Erste Tätigkeitsstätte der P ist die ihrer Wohnung am nächsten liegende Pflegestelle.

Abwandlung:

Die vier Pflegepersonen sollen von P nach Absprache mit der Pflegedienststelle (Arbeitgeber) zunächst für die Dauer von zwei Jahren arbeitstäglich regelmäßig betreut werden.

Die Pflegedienstkraft hat keine erste Tätigkeitsstätte, da sie an keiner der Pflegestellen dauerhaft tätig werden soll.

LStR

hh) Erste Tätigkeitsstätte bei Vollzeitstudium oder vollzeitigen Bildungsmaßnahmen

Erste Tätigkeitsstätte ist auch eine Bildungseinrichtung, die außerhalb eines Dienstverhältnisses zum Zwecke eines Vollzeitstudiums oder einer vollzeitigen Bildungsmaßnahme aufgesucht wird (§ 9 Absatz 4 Satz 8 EStG). **33[1]**

Die Dauer einer vollzeitigen Bildungsmaßnahme ist für die Einordnung einer Bildungseinrichtung als erste Tätigkeitsstätte dabei unerheblich. Eine zeitliche Mindestdauer der Bildungsmaßnahme ist nicht erforderlich. Eine Bildungseinrichtung gilt daher auch dann als erste Tätigkeitsstätte, wenn sie vom Steuerpflichtigen im Rahmen einer nur kurzzeitigen Bildungsmaßnahme aufgesucht wird. Davon ist auszugehen, wenn der Steuerpflichtige die Bildungseinrichtung anlässlich der regelmäßig zeitlich befristeten Bildungsmaßnahme nicht nur gelegentlich, sondern mit einer gewissen Nachhaltigkeit, d. h. fortdauernd und immer wieder (dauerhaft) aufsucht (BFH-Urteil vom 14. Mai 2020, VI R 24/18, BStBl II S. 770).

Ein Studium oder eine Bildungsmaßnahme findet insbesondere dann außerhalb eines Dienstverhältnisses statt, wenn

– diese nicht Gegenstand des Dienstverhältnisses sind, auch wenn sie seitens des Arbeitgebers durch Hingabe von Mitteln, wie z. B. eines Stipendiums, gefördert werden oder

– diese ohne arbeitsvertragliche Verpflichtung absolviert werden und die Beschäftigung lediglich das Studium oder die Bildungsmaßnahme ermöglicht.

Zur Abgrenzung gegenüber einem Studium oder einer Bildungsmaßnahme innerhalb eines Dienstverhältnisses vgl. auch R 9.2 sowie 19.7 LStR 2015[2].

Ein Vollzeitstudium oder eine vollzeitige Bildungsmaßnahme liegt insbesondere vor, wenn der Steuerpflichtige im Studium oder in der Bildungsmaßnahme für einen Beruf ausgebildet wird und daneben entweder **34**

– keiner Erwerbstätigkeit nachgeht oder

– während der gesamten Dauer des Studiums oder der Bildungsmaßnahme eine Erwerbstätigkeit mit durchschnittlich bis zu 20 Stunden regelmäßiger wöchentlicher Arbeitszeit oder in Form eines geringfügigen Beschäftigungsverhältnisses i. S. d. §§ 8 und 8a SGB IV ausübt.

Dies gilt auch für den Sonderausgabenabzug nach § 10 Absatz 1 Nummer 7 EStG. **35**

b) Fahrtkosten bei auswärtiger Tätigkeit, Sammelpunkt, weiträumiges Tätigkeitsgebiet, § 9 Absatz 1 Satz 3 Nummer 4a EStG

aa) Tatsächliche Fahrtkosten und pauschaler Kilometersatz bei auswärtiger Tätigkeit

Ist ein Arbeitnehmer außerhalb seiner Wohnung und ersten Tätigkeitsstätte beruflich tätig (auswärtige berufliche Tätigkeit), gilt für die steuerliche Berücksichtigung der tatsächlichen Fahrtkosten im Zusammenhang mit dieser beruflichen Tätigkeit Folgendes: **36**

Statt der tatsächlichen Aufwendungen kann aus Vereinfachungsgründen typisierend je nach Art des benutzten Verkehrsmittels (z. B. PKW, Motorrad) auch ein pauschaler Kilometersatz (höchste Wegstreckenentschädigung nach dem Bundesreisekostengesetz für das jeweils benutzte Beförderungsmittel: Benutzung eines Kraftwagens, z. B. PKW 0,30 €, für jedes andere motorbetriebene Fahrzeug 0,20 €) für jeden gefahrenen Kilometer angesetzt werden (§ 9 Absatz 1 Satz 3 Nummer 4a Satz 2 EStG). Eine Prüfung der tatsächlichen Kilometerkosten ist demnach nicht mehr erforderlich, wenn der Arbeitnehmer von dieser gesetzlichen Typisierung Gebrauch macht. **37[3]**

Amtl. Fn.:

[1] Sieht die Studienordnung einer Universität vor, dass Studierende einen Teil des Studiums an einer anderen (weiteren) Hochschule (hier Auslandssemester) absolvieren können bzw. müssen, wird an der anderen Hochschule keine weitere erste Tätigkeitsstätte i. S. d. § 9 Abs. 4 Satz 8 begründet (> BFH vom 14. 5. 2020 – BStBl 2021 II S. 302).

[2] Jetzt LStR 2023.

[3] Der Ansatz der pauschalen Kilometersätze kommt nicht in Betracht, wenn der Arbeitnehmer ein regelmäßig verkehrendes Beförderungsmittel i. S. d. § 4 Abs. 1 BRKG benutzt (> BFH vom 11. 2. 2021 – BStBl II S. 440).

bb) „Sammelpunkt"

38 Liegt keine erste Tätigkeitsstätte (nach Rz. 6 ff. oder Rz. 26 ff.) vor und bestimmt der Arbeitgeber durch dienst- oder arbeitsrechtliche Festlegung, dass der Arbeitnehmer sich dauerhaft (Rz. 14 ff.) typischerweise arbeitstäglich **1** an einem festgelegten Ort, der die Kriterien für eine erste Tätigkeitsstätte nicht erfüllt **(z. B. Treffpunkt für einen betrieblichen Sammeltransport, das Busdepot, der Fährhafen)**, einfinden soll, um von dort seine unterschiedlichen eigentlichen Einsatzorte aufzusuchen oder von dort seine berufliche Tätigkeit aufzunehmen, werden die Fahrten des Arbeitnehmers von der Wohnung zu diesem Ort wie Fahrten zu einer ersten Tätigkeitsstätte behandelt. **Fahrtkosten für diese Fahrten dürfen nur durch den Ansatz der Entfernungspauschale (§ 9 Absatz 1 Satz 3 Nummer 4 und Absatz 2 EStG) steuerlich berücksichtigt werden.**

Beispiel 24:

Bus- oder LKW-Fahrer haben regelmäßig keine erste Tätigkeitsstätte. Lediglich, wenn dauerhaft und typischerweise arbeitstäglich ein vom Arbeitgeber festgelegter Ort aufgesucht werden soll, werden die Fahrten von der Wohnung zu diesem Ort/Sammelpunkt gleich behandelt mit den Fahrten von der Wohnung zu einer ersten Tätigkeitsstätte.

Beispiel 25:

Kundendienstmonteure haben ebenfalls in der Regel keine erste Tätigkeitsstätte. Nur dann, wenn dauerhaft und typischerweise arbeitstäglich ein vom Arbeitgeber festgelegter Ort aufgesucht werden soll, werden die Fahrten von der Wohnung zu diesem Ort/Sammelpunkt ebenso behandelt wie die Fahrten von der Wohnung zu einer ersten Tätigkeitsstätte.

Beispiel 26:

Seeleute, die auf einem Schiff tätig werden sollen, haben in der Regel keine erste Tätigkeitsstätte, da das Schiff keine ortsfeste betriebliche Einrichtung des Arbeitgebers ist. Soll der Dienstantritt, die Ein- und Ausschiffung aber typischerweise arbeitstäglich von dem gleichen Anleger (wie z. B. einem Fähranleger, Liegeplatz des Seenotrettungskreuzers, Anleger des Fahrgastschiffes) erfolgen, werden die Fahrten zu diesem Ort/Sammelpunkt ebenso behandelt wie die Fahrten von der Wohnung zu einer ersten Tätigkeitsstätte.

Beispiel 27:

Angestellte Lotsen haben üblicherweise keine erste Tätigkeitsstätte, wenn sie ihre Tätigkeit typischerweise auf verschiedenen Schiffen ausüben sollen. Fahrten von der Wohnung zu einer vom Arbeitgeber festgelegten Lotsenstation oder Lotsenwechselstation, um von dort zum Einsatz auf ein Schiff verbracht zu werden, werden ebenso behandelt wie die Fahrten von der Wohnung zu einer ersten Tätigkeitsstätte.

39 Treffen sich mehrere Arbeitnehmer typischerweise arbeitstäglich an einem bestimmten Ort, um von dort aus gemeinsam zu ihren Tätigkeitsstätten zu fahren (privat organisierte Fahrgemeinschaft), liegt kein „Sammelpunkt" nach § 9 Absatz 1 Satz 3 Nummer 4a Satz 3 EStG vor. Es fehlt insoweit an einer dienst- oder arbeitsrechtlichen Festlegung des Arbeitgebers.

40 Auf die Berücksichtigung von Verpflegungspauschalen oder Übernachtungskosten als Werbungskosten oder den steuerfreien Arbeitgeberersatz hierfür hat die Festlegung **als Sammelpunkt** keinen Einfluss, da der Arbeitnehmer weiterhin außerhalb einer ersten Tätigkeitsstätte und somit auswärts beruflich tätig wird. Es wird keine erste Tätigkeitsstätte fingiert, sondern nur die Anwendung der Entfernungspauschale für die Fahrtkosten von der Wohnung zu diesem Ort sowie die Besteuerung eines geldwerten Vorteils bei Dienstwagengestellung durch den Arbeitgeber nach § 8 Absatz 2 Satz 3 und 4 EStG festgelegt und der steuerfreie Arbeitgeberersatz für diese Fahrten nach § 3 Nummer 13 oder Nummer 16 EStG ausgeschlossen.

cc) Weiträumiges Tätigkeitsgebiet

41 Soll der Arbeitnehmer auf Grund der Weisungen des Arbeitgebers seine berufliche Tätigkeit typischerweise arbeitstäglich in einem weiträumigen Tätigkeitsgebiet ausüben, findet für die Fahrten von der Wohnung zu diesem Tätigkeitsgebiet ebenfalls die Entfernungspauschale Anwendung.

Amtl. Fn.:

1 Begriff „typischerweise arbeitstäglich" konkretisiert durch BFH vom 19. 4. 2021 (BStBl II S. 727).

Ein weiträumiges Tätigkeitsgebiet liegt in Abgrenzung zur ersten Tätigkeitsstätte vor, wenn die vertrag- **42** lich vereinbarte Arbeitsleistung auf einer festgelegten Fläche und nicht innerhalb einer ortsfesten betrieblichen Einrichtung des Arbeitgebers, eines verbundenen Unternehmens (§ 15 AktG) oder bei einem vom Arbeitgeber bestimmten Dritten ausgeübt werden soll. In einem weiträumigen Tätigkeitsgebiet werden in der Regel z. B. Zusteller**🔟** oder Forstarbeiter tätig.

Hingegen sind z. B. Bezirksleiter und Vertriebsmitarbeiter, die verschiedene Niederlassungen betreuen oder mobile Pflegekräfte, die verschiedene Personen in deren Wohnungen in einem festgelegten Gebiet betreuen sowie Schornsteinfeger von dieser Regelung nicht betroffen.

Wird das weiträumige Tätigkeitsgebiet immer von verschiedenen Zugängen aus betreten oder befahren, **43** ist die Entfernungspauschale aus Vereinfachungsgründen bei diesen Fahrten nur für die kürzeste Entfernung von der Wohnung zum nächstgelegenen Zugang anzuwenden.

Für alle Fahrten innerhalb des weiträumigen Tätigkeitsgebietes sowie für die zusätzlichen Kilometer bei **44** den Fahrten von der Wohnung zu einem weiter entfernten Zugang können weiterhin die tatsächlichen Aufwendungen oder der sich am Bundesreisekostengesetz orientierende maßgebliche pauschale Kilometersatz angesetzt werden.

Beispiel 28:

Der Forstarbeiter A fährt an 150 Tagen mit dem PKW von seiner Wohnung zu dem 15 km entfernten, nächstgelegenen Zugang des von ihm täglich zu betreuenden Waldgebietes (weiträumiges Tätigkeitsgebiet). An 70 Tagen fährt A von seiner Wohnung über einen weiter entfernt gelegenen Zugang (20 km) in das Waldgebiet.

Die Fahrten von der Wohnung zu dem weiträumigen Tätigkeitsgebiet werden behandelt wie die Fahrten von der Wohnung zu einer ersten Tätigkeitsstätte. A kann somit für diese Fahrten lediglich die Entfernungspauschale in Höhe von 0,30 € je Entfernungskilometer (= 15 km x 0,30 €) als Werbungskosten ansetzen. Die Fahrten innerhalb des Waldgebietes können mit den tatsächlichen Kosten oder aus Vereinfachungsgründen mit dem pauschalen Kilometersatz in Höhe von 0,30 € je tatsächlich gefahrenem Kilometer berücksichtigt werden.

Bei den Fahrten zu dem weiter entfernt gelegenen Zugang werden ebenfalls nur 15 Kilometer mit der Entfernungspauschale (15 km x 0,30 €) berücksichtigt. Die jeweils zusätzlichen fünf Kilometer für den tatsächlich längeren Hin- und Rückweg, werden ebenso wie die Fahrten innerhalb des weiträumigen Tätigkeitsgebietes mit den tatsächlichen Kosten oder aus Vereinfachungsgründen mit dem pauschalen Kilometersatz in Höhe von 0,30 € je gefahrenem Kilometer berücksichtigt.

Somit sind für 220 Tage jeweils 15 km mit der Entfernungspauschale und die restlichen tatsächlich gefahrenen Kilometer mit den tatsächlichen Kosten oder aus Vereinfachungsgründen mit dem pauschalen Kilometersatz in Höhe von 0,30 € anzusetzen.

Auf die Berücksichtigung von Verpflegungspauschalen oder Übernachtungskosten als Werbungskosten **45** sowie den steuerfreien Arbeitgeberersatz hat diese Festlegung „tätig werden in einem weiträumigen Tätigkeitsgebiet" keinen Einfluss, da der Arbeitnehmer weiterhin außerhalb einer ersten Tätigkeitsstätte – und damit auswärts – beruflich tätig wird. Es wird nur die Anwendung der Entfernungspauschale für die Fahrtkosten von der Wohnung zum nächstgelegenen Zugang zu dem weiträumigen Tätigkeitsgebiet sowie die Besteuerung eines geldwerten Vorteils bei Dienstwagengestellung durch den Arbeitgeber nach § 8 Absatz 2 Satz 3 und 4 EStG festgelegt und der steuerfreie Arbeitgeberersatz für diese Fahrten nach § 3 Nummer 13 und Nummer 16 EStG ausgeschlossen.

Soll der Arbeitnehmer in mehreren ortsfesten Einrichtungen seines Arbeitgebers, eines verbundenen Un- **46** ternehmens oder eines Dritten, die innerhalb eines bestimmten Bezirks gelegen sind, beruflich tätig werden, wird er nicht in einem weiträumigen Tätigkeitsgebiet, sondern an verschiedenen, ggf. sogar ständig wechselnden Tätigkeitsstätten tätig.

Amtl. Fn.:

🔟 Der Zustellpunkt (Zustellzentrum), dem ein Postzusteller zugeordnet ist und an dem er arbeitstäglich vor- und nachbereitende Tätigkeiten (z. B. Sortiertätigkeiten, Abschreibpost, Abrechnungen) ausübt, ist erste Tätigkeitsstätte (> BFH vom 30. 9. 2020 – BStBl 2021 II S. 306).

2. **Verpflegungsmehraufwendungen**

a) **Vereinfachung bei der Ermittlung der Pauschalen, § 9 Absatz 4a Satz 2 bis 5 EStG**

aa) **Eintägige Auswärtstätigkeiten im Inland**

47 Für eintägige auswärtige Tätigkeiten ohne Übernachtung kann ab einer Abwesenheit von mehr als acht Stunden von der Wohnung und der ersten Tätigkeitsstätte eine Pauschale **für Verpflegungsmehraufwendungen** von **14 €** berücksichtigt werden. Dies gilt auch, wenn der Arbeitnehmer seine auswärtige berufliche Tätigkeit über Nacht (also an zwei Kalendertagen) ausübt – somit nicht übernachtet – und dadurch ebenfalls insgesamt mehr als acht Stunden von der Wohnung und der ersten Tätigkeitsstätte abwesend ist. Ist der Arbeitnehmer an einem Kalendertag mehrfach oder über Nacht (an zwei Kalendertagen ohne Übernachtung) auswärts tätig, können die Abwesenheitszeiten dieser Tätigkeiten zusammengerechnet und im Fall der Tätigkeit über Nacht für den Kalendertag berücksichtigt werden, an dem der Arbeitnehmer den überwiegenden Teil der insgesamt mehr als 8 Stunden abwesend ist (**§ 9 Absatz 4a Satz 3 Nummer 3 2. Halbsatz EStG).**

Beispiel 29:

Der Vertriebsleiter V verlässt um 8.00 Uhr seine Wohnung in B und besucht zuerst bis 12.00 Uhr einen Kunden. Von 12.30 Uhr bis 14.30 Uhr ist er in seinem Büro (erste Tätigkeitsstätte) tätig. Anschließend fährt er von dort zu einer Tagung in C und kehrt um 19.00 Uhr noch einmal für eine Stunde in sein Büro in B zurück.

Es zählen die Zeiten vom Verlassen der Wohnung bis zur Ankunft an der ersten Tätigkeitsstätte (Büro) mittags sowie vom Verlassen der ersten Tätigkeitsstätte (Büro) bis zur Rückkehr dorthin. V war zweimal beruflich auswärts tätig und dabei insgesamt mehr als acht Stunden von seiner Wohnung und seiner ersten Tätigkeitsstätte abwesend. Er erfüllt daher die Voraussetzungen der Verpflegungspauschale für eine eintägige Auswärtstätigkeit (14 €).

Beispiel 30:

Der Kurierfahrer K ist typischerweise von 20.00 Uhr bis 5.30 Uhr des Folgetags beruflich unterwegs. In dieser Zeit legt er regelmäßig auch eine Lenkpause von 45 Minuten ein. Seine Wohnung verlässt K um 19.30 Uhr und kehrt um 6.00 Uhr dorthin zurück. Eine erste Tätigkeitsstätte liegt nicht vor.

K ist im Rahmen seiner beruflichen Auswärtstätigkeit (Fahrtätigkeit) über Nacht von seiner Wohnung abwesend. Bei der Lenkpause handelt es sich nicht um eine Übernachtung. Die Abwesenheitszeiten über Nacht können **aber** zusammengerechnet werden. Sie werden für den zweiten Kalendertag berücksichtigt, an dem A den überwiegenden Teil der Zeit abwesend ist. A erfüllt die Voraussetzungen der Verpflegungspauschale für eine eintägige Auswärtstätigkeit (**14 €**).

Abwandlung 1:

Die berufliche Fahrtätigkeit des K verteilt sich wie folgt auf die Tage (in Stunden):

Montag		5
Dienstag	4	5
Mittwoch	4	5
Donnerstag	4	4,5
Freitag	5	5
Samstag	4	

Wählt K die Zusammenrechnung der Abwesenheitszeiten über Nacht, kann K eine Verpflegungspauschale für eine eintägige Auswärtstätigkeit **in Höhe von 14 €** für folgende Tage beanspruchen: Montag, Dienstag, Mittwoch und Freitag.

Rechnet K stattdessen die an dem jeweiligen Tag geleisteten einzelnen Abwesenheitszeiten zusammen, dann kann K für Dienstag, Mittwoch, Donnerstag und Freitag eine Verpflegungspauschale von **jeweils 14 €** beanspruchen.

Abwandlung 2:

Die berufliche Fahrtätigkeit des K verteilt sich wie folgt auf die Tage (in Stunden):

Montag		5
Dienstag	4	5
Mittwoch	4	5
Donnerstag	4	4,5
Freitag	4	4
Samstag	5	

Wählt K die Zusammenrechnung der Abwesenheitszeiten über Nacht, kann K eine Verpflegungspauschale für eine eintägige Auswärtstätigkeit **in Höhe von 14 €** für folgende Tage beanspruchen: Montag, Dienstag, Mittwoch, Donnerstag und Samstag.

Rechnet K die an dem jeweiligen Tag geleisteten einzelnen Abwesenheitszeiten zusammen, **kann K** nur für Dienstag, Mittwoch und Donnerstag eine Verpflegungspauschale von **jeweils 14 €** beanspruchen.

Maßgeblich hierfür ist die gesetzliche Regelung des § 9 Absatz 4a Satz 3 Nummer 3 2. Halbsatz EStG, die anstelle der auf den Kalendertag bezogenen Betrachtung bei auswärtigen beruflichen Tätigkeiten über Nacht ohne Übernachtung **ausnahmsweise** die Zusammenrechnung dieser Zeiten ermöglicht.

Beispiel 31:

Der Arbeitnehmer A unternimmt, ohne zu übernachten, eine Dienstreise, die am 5. Mai um 17.00 Uhr beginnt und am 6. Mai um 7.30 Uhr beendet wird. Am 6. Mai unternimmt A nachmittags eine weitere Dienstreise (von 14.00 Uhr bis 23.30 Uhr).

A hat hier die Möglichkeit die Abwesenheitszeiten der ersten Dienstreise über Nacht zusammenzurechnen (= 14 Stunden und 30 Minuten). Bedingt durch die überwiegende Abwesenheit am 6. Mai ist die dafür zu berücksichtigende Verpflegungspauschale dann dem 6. Mai zuzurechnen.

Alternativ können auch alle ausschließlich am 6. Mai geleisteten Abwesenheitszeiten (7 Stunden 30 Minuten zuzüglich 9 Stunden 30 Minuten = 17 Stunden) zusammengerechnet werden. In diesem Fall bleiben die während der ersten Dienstreise angefallenen Abwesenheitszeiten unberücksichtigt.

Unabhängig davon, für welche Berechnungsmethode A sich entscheidet, steht ihm lediglich eine Verpflegungspauschale von **14 €** für den 6. Mai zu.

Eine Verpflegungspauschale von **28 €** kommt nur in Betracht, wenn entweder die gesamte Tätigkeit über Nacht oder die Tätigkeit an dem jeweiligen Kalendertag 24 Stunden erreicht.

Beispiel 32:

Der Arbeitnehmer A arbeitet von 8.30 Uhr bis 17.00 Uhr in seinem Büro in B (erste Tätigkeitsstätte), anschließend fährt er zu einem Geschäftstermin in C. Der Termin erstreckt sich bis 0.30 Uhr des Folgetags. A kehrt um 1.30 Uhr in seine Wohnung zurück.

A war wegen beruflicher Tätigkeit mehr als acht Stunden auswärts tätig. Dass sich die Abwesenheit über zwei Kalendertage ohne Übernachtung erstreckt, ist unschädlich. Die Abwesenheiten werden zusammengerechnet und dem ersten Kalendertag zugeordnet, weil an diesem Tag der überwiegende Teil der Abwesenheit stattgefunden hat. A erfüllt die Voraussetzungen der Verpflegungspauschale für eine eintägige Auswärtstätigkeit **(14 €)**.

bb) Mehrtägige Auswärtstätigkeiten im Inland

Für **jeden** Kalendertag, an dem der Arbeitnehmer a**ufgrund einer auswärtigen** beruflichen Tätigkeit **48** (Rz. 36) 24 Stunden von seiner Wohnung abwesend ist (**Zwischentag**), kann eine Pauschale **für Verpflegungsmehraufwendungen** von **28 €** als Werbungskosten geltend gemacht werden bzw. vom Arbeitgeber steuerfrei ersetzt werden.

Für den **An- und Abreisetag** einer mehrtägigen auswärtigen Tätigkeit mit Übernachtung außerhalb der **49** Wohnung kann ohne Prüfung einer Mindestabwesenheitszeit eine Pauschale von jeweils **14 €** als Werbungskosten berücksichtigt bzw. vom Arbeitgeber steuerfrei ersetzt werden. Dabei ist es unerheblich, ob der Arbeitnehmer die Reise von der Wohnung, der ersten oder einer anderen Tätigkeitsstätte aus antritt. Eine mehrtägige auswärtige Tätigkeit mit Übernachtung liegt auch dann vor, wenn die berufliche Auswärtstätigkeit über Nacht ausgeübt wird und sich daran eine Übernachtung am Tage sowie eine weitere Tätigkeit über Nacht anschließt. Unerheblich ist auch, ob für die Übernachtung tatsächlich Übernachtungskosten anfallen (so z. B. bei Schlafen im Bus, LKW oder Lok).

Beispiel 33:

Der Ingenieur I aus B ist von Montagabend bis Dienstag in M auswärts tätig. An diese Tätigkeit schließt sich am Dienstag gleich die Weiterreise nach H zu einer neuen auswärtigen Tätigkeit an. I fährt von M direkt nach H und kehrt am Mittwochmittag zu seiner Wohnung zurück.

I kann folgende Verpflegungspauschalen beanspruchen: für Montag als Anreisetag und für Mittwoch als Rückreisetag stehen ihm jeweils **14 €** zu. Da I am Dienstag infolge der Abreise aus M und direkten Anreise nach H 24 Stunden von seiner Wohnung und ersten Tätigkeitsstätte abwesend ist, kann er für diesen Tag eine Pauschale von **28 €** beanspruchen.

Abwandlung:

I sucht am Dienstag kurz seine Wohnung in B auf, um Unterlagen und Kleidung einzupacken und fährt nach einer Stunde weiter nach H.

In diesem Fall kann I auch für Dienstag als An- und gleichzeitig als Abreisetag nur **14 €** Verpflegungspauschale beanspruchen. Eine Verpflegungspauschale von **28 €** kann nur dann beansprucht werden, wenn I infolge seiner beruflichen Auswärtstätigkeit 24 Stunden von seiner Wohnung und ersten Tätigkeitsstätte abwesend ist.

Beispiel 34:

Monteur M aus D ist von Montag bis Mittwoch in S auswärts tätig. Eine erste Tätigkeitsstätte besteht nicht. M verlässt am Montag um 10.30 Uhr seine Wohnung in D. M verlässt S am Mittwochabend und erreicht seine Wohnung in D am Donnerstag um 1.45 Uhr.

M steht für Montag (Anreisetag) eine Verpflegungspauschale von **14 €** zu. Für Dienstag und Mittwoch kann M eine Pauschale von **28 €** beanspruchen, da er an diesen Tagen 24 Stunden von seiner Wohnung abwesend ist. Für Donnerstag steht ihm eine Pauschale von **14 €** zu (Abreisetag).

50 Als Wohnung im vorstehenden Sinn gilt (§ 9 Absatz 4a Satz 4, 2. Halbsatz EStG)

- der Hausstand, der den Mittelpunkt der Lebensinteressen des Arbeitnehmers bildet und nicht nur gelegentlich aufgesucht wird oder
- die Zweitwohnung am Ort einer steuerlich anzuerkennenden doppelten Haushaltsführung (insbesondere zu berücksichtigen, wenn der Arbeitnehmer mehrere Wohnungen hat).

Beispiel 35:

Wohnung in diesem Sinne kann somit z. B. bei Auszubildenden auch die elterliche Wohnung sein, wenn sich dort noch der Lebensmittelpunkt des Auszubildenden befindet.

Beispiel 36:

Übernachtet der Arbeitnehmer aus beruflichem Anlass z. B. im Rahmen einer Auswärtstätigkeit in seinem eigenen Ferienappartement, welches er nur gelegentlich aufsucht, handelt es sich um eine mehrtägige auswärtige Tätigkeit mit Übernachtung, auch wenn für die Übernachtung selbst keine Kosten entstehen.

cc) Auswärtstätigkeiten im Ausland

51 **Unter den gleichen Voraussetzungen wie bei inländischen Auswärtstätigkeiten werden bei Auswärtstätigkeiten im Ausland Pauschalen für Verpflegungsmehraufwendungen gewährt. Diese betragen bei einer Abwesenheit von 24 Stunden 120 %** und **für den An- sowie Abreisetag oder eine Abwesenheit von mehr als 8 Stunden** 80 % der Auslandstagegelder nach dem Bundesreisekostengesetz. Die **jeweiligen** Beträge werden **regelmäßig** durch BMF-Schreiben bekannt gemacht. Im Hinblick auf die bei auswärtigen beruflichen Tätigkeiten im Ausland oftmals über Nacht oder mehrere Tage andauernden An- und Abreisen genügt es für die Qualifizierung als An- und Abreisetag, wenn der Arbeitnehmer unmittelbar nach der Anreise oder vor der Abreise auswärtig übernachtet. Die übrigen Regelungen zu den Besonderheiten bei Auswärtstätigkeiten im Ausland gelten weiter (so z. B. R 9.6 Absatz 3 LStR 2015)**[1]**.

Amtl. Fn.:

[1] Jetzt LStR 2023.

Bei Auswärtstätigkeiten in verschiedenen ausländischen Staaten gilt für die Ermittlung der Verpflegungs- **52**
pauschalen am An- und Abreisetag Folgendes:

- Bei einer Anreise vom Inland ins Ausland oder vom Ausland ins Inland jeweils ohne Tätigwerden ist
die Verpflegungspauschale des Ortes maßgebend, der vor 24.00 Uhr erreicht wird.

- Bei einer Abreise vom Ausland ins Inland oder vom Inland ins Ausland ist die Verpflegungspauschale
des letzten Tätigkeitsortes maßgebend.

Beispiel 37:

Der Arbeitnehmer A reist am Montag um 20.00 Uhr zu einer beruflichen Auswärtstätigkeit von seiner Wohnung in Berlin nach Brüssel. Er erreicht Belgien um 2.00 Uhr. Dienstag ist er den ganzen Tag
in Brüssel tätig. Am Mittwoch reist er zu einem weiteren Geschäftstermin um 8.00 Uhr nach Amsterdam. Er erreicht Amsterdam um 14.00 Uhr. Dort ist er bis Donnerstag um 13.00 Uhr tätig und reist
anschließend zurück nach Berlin. Er erreicht seine Wohnung am Donnerstag um 22.30 Uhr.

Für Montag ist die inländische Verpflegungspauschale für den Anreisetag maßgebend, da A sich um
24.00 Uhr noch im Inland befindet. Für Dienstag ist die Verpflegungspauschale für Belgien anzuwenden. Für Mittwoch ist die Verpflegungspauschale für die Niederlande zu Grunde zu legen, da sich der
Ort, den A vor 24 Uhr Ortszeit zuletzt erreicht hat, in den Niederlanden befindet (§ 9 Absatz 4a Satz 5
EStG). Für Donnerstag ist die Verpflegungspauschale der Niederlande für den Abreisetag maßgeblich,
da A noch bis 13.00 Uhr in Amsterdam beruflich tätig war.

Beispiel 38:

Der Arbeitnehmer A reist für ein berufliches Projekt am Sonntag um 21.00 Uhr von Paris nach Mannheim. Am Sonntag um 24.00 Uhr befindet sich A noch in Frankreich. A ist in Mannheim von Montag
bis Freitag beruflich tätig und verlässt Mannheim am Freitag um 11.0 Uhr. Er erreicht Paris am Freitag um 21.00 Uhr.

Für Sonntag (Anreisetag) ist die Verpflegungspauschale für Frankreich maßgebend. Für Montag bis
Freitag ist die jeweils maßgebliche inländische Verpflegungspauschale anzuwenden.

b) Dreimonatsfrist, § 9 Absatz 4a Satz 6 EStG

Der Abzug der Verpflegungsmehraufwendungen ist auf die ersten drei Monate einer längerfristigen **aus- 53**
wärtigen beruflichen Tätigkeit an derselben Tätigkeitsstätte beschränkt (vgl. Rz. 55). Werden **während** einer beruflichen Tätigkeit mehrere ortsfeste betriebliche Einrichtungen innerhalb eines Werks- oder Be-
triebsgeländes aufgesucht, handelt es sich um die Tätigkeit an einer **(großräumigen)** Tätigkeitsstätte
(BFH-Urteile vom 11. April 2019, VI R 40/16 und VI R 12/17, BStBl II S. 546 und 551). Handelt es sich um
einzelne ortsfeste betriebliche Einrichtungen verschiedener Auftraggeber oder Kunden, liegen mehrere
Tätigkeitsstätten vor. Dies gilt auch dann, wenn sich die Tätigkeitsstätten in unmittelbarer räumlicher
Nähe zueinander befinden.

Um die Berechnung der Dreimonatsfrist zu vereinfachen, ist eine rein zeitliche Bemessung der Unterbre- **54**
chungsregelung vorzunehmen. Eine Unterbrechung der beruflichen Tätigkeit an derselben Tätigkeitsstätte **führt** zu einem Neubeginn der Dreimonatsfrist, wenn sie mindestens vier Wochen dauert (§ 9 Absatz 4a Satz 7 EStG). Der Grund der Unterbrechung ist unerheblich; es zählt nur die Unterbrechungsdau-
er.

Von einer längerfristigen beruflichen Tätigkeit an derselben Tätigkeitsstätte ist erst dann auszugehen, **55**
sobald der Arbeitnehmer an dieser mindestens an drei Tagen in der Woche tätig wird. Die Dreimonatsfrist beginnt daher nicht, solange die auswärtige Tätigkeitsstätte nicht mehr als zwei Tagen in der
Woche aufgesucht wird. Die Prüfung des Unterbrechungszeitraums und des Ablaufs der Dreimonatsfrist
erfolgt stets im Nachhinein mit Blick auf die zurückliegende Zeit (Ex-post-Betrachtung).

Beispiel 39:

Der Bauarbeiter A soll ab März **01** arbeitstäglich an der Baustelle in H für 5 Monate tätig werden.
Am 1. April **01** nimmt er dort seine Tätigkeit auf. Ab 20. Mai **01** wird er nicht nur in H, sondern für
einen Tag wöchentlich auch an der Baustelle in B tätig, da dort ein Kollege ausgefallen ist.

Für die Tätigkeit an der Baustelle in H beginnt die Dreimonatsfrist am 1. April **01** und endet am
30. Juni **01**. Eine vierwöchige Unterbrechung liegt nicht vor (immer nur eintägige Unterbrechung).

Für die Tätigkeit an der Baustelle in B greift die Dreimonatsfrist hingegen nicht, da A dort lediglich
einen Tag wöchentlich tätig wird.

Beispiel 40:

Wie Beispiel **39**, allerdings wird A ab 1. April **01** zwei Tage wöchentlich in H und drei Tage wöchentlich in B tätig. Ab 15. April **01** muss er für zwei Wochen nach M. Ab 1. Mai **01** ist er dann bis auf Weiteres drei Tage wöchentlich in H und zwei Tage in B tätig.

Für die Tätigkeit an der Baustelle in B beginnt die Dreimonatsfrist am 1. April **01** und endet am 30. Juni **01**. Eine vierwöchige Unterbrechung liegt nicht vor (lediglich zwei Wochen und dann immer nur dreitägige Unterbrechung).

Für die Tätigkeit an der Baustelle in H beginnt die Dreimonatsfrist hingegen erst am 1. Mai **01**, da A dort erst ab diesem Tag an drei Tagen wöchentlich tätig wird.

Beispiel 41:

Der Außendienstmitarbeiter A wohnt in K und hat am Betriebssitz seines Arbeitgebers in S seine erste Tätigkeitsstätte (arbeitsrechtliche Zuordnung durch **den Arbeitgeber**). A sucht arbeitstäglich die Filiale in K gegen 8.00 Uhr auf und bereitet sich dort üblicherweise für ein bis zwei Stunden auf seinen Außendienst vor. Von ca. 10.00 Uhr bis 16.30 Uhr sucht er dann verschiedene Kunden im Großraum K auf. Anschließend fährt er nochmals in die Filiale in K, um Nacharbeiten zu erledigen.

Bei dem arbeitstäglichen Vor- und Nachbereiten der Außendiensttätigkeit in der Filiale in K handelt es sich um eine längerfristige berufliche Auswärtstätigkeit an derselben Tätigkeitsstätte; für die berufliche Tätigkeit an dieser Tätigkeitsstätte können nach Ablauf von drei Monaten daher keine Verpflegungspauschalen mehr beansprucht werden. Für die restliche eintägige berufliche Auswärtstätigkeit bei den verschiedenen Kunden im Großraum K gilt dies nicht. Die Tätigkeitszeit in der Filiale in K kann für die Ermittlung der erforderlichen Mindestabwesenheitszeit von mehr als 8 Stunden nach Ablauf von 3 Monaten nicht mehr berücksichtigt werden, sondern ist abzuziehen. Ab dem vierten Monat kommt es für die Ermittlung der Abwesenheitszeiten der eintägigen Auswärtstätigkeit daher jeweils auf die Dauer der Abwesenheit von der Wohnung, abzüglich der Tätigkeitszeit(en) in der Filiale in K an.

56 Bei beruflichen Tätigkeiten auf mobilen, nicht ortsfesten betrieblichen Einrichtungen wie z. B. Fahrzeugen, Flugzeugen, Schiffen findet die Dreimonatsfrist keine Anwendung. Entsprechendes gilt für eine Tätigkeit in einem weiträumigen Tätigkeitsgebiet.

57 Die Regelungen zu den Verpflegungspauschalen sowie die Dreimonatsfrist gelten auch bei einer doppelten Haushaltsführung (§ 9 Absatz 4a Satz 12 EStG).

c) Pauschalbesteuerung, § 40 Absatz 2 Satz 1 Nummer 4 EStG

58 **Der Arbeitgeber kann die** Lohnsteuer mit einem Pauschsteuersatz von 25 % erheben, wenn dem Arbeitnehmer anlässlich einer Auswärtstätigkeit i. S. v. § 9 Absatz 4a Satz 3, **5 und** 6 EStG **Vergütungen für Verpflegungsmehraufwendungen** gezahlt werden, soweit diese die dem Arbeitnehmer zustehenden Verpflegungspauschalen ohne Anwendung der Kürzungsregelung nach § 9 Absatz 4a Satz 8 bis 10 EStG um nicht mehr als 100 % übersteigen.

59 Soweit nach Ablauf der Dreimonatsfrist eine steuerfreie Erstattung von Verpflegungsmehraufwendungen nicht mehr möglich ist, kommt eine Pauschalbesteuerung nach § 40 Absatz 2 Satz 1 Nummer 4 EStG nicht in Betracht.

Beispiel 42:

Der Arbeitnehmer A erhält während einer ununterbrochenen viermonatigen Auswärtstätigkeit von seinem Arbeitgeber Vergütungen für Verpflegungsmehraufwendungen in Höhe von **56 €** für jeden vollen Kalendertag. Für An- und Abreisetage reduziert sich diese Vergütung auf **28 €** pro Tag. Während seiner Auswärtstätigkeit wird dem Arbeitnehmer kostenlos eine Unterkunft vom Arbeitgeber zur Verfügung gestellt.

In den ersten drei Monaten ist die Verpflegungspauschale für die vollen Kalendertage in Höhe von **28 €** und für die An- und Abreisetage jeweils in Höhe von **14 €** steuerfrei. Der Mehrbetrag von **28 €** bzw. **14 €** kann mit 25 % pauschal versteuert werden. Ab dem vierten Monat sind die vom Arbeitgeber gezahlten Verpflegungsvergütungen von täglich **56 €** bzw. **28 €** wegen des Ablaufs der Dreimonatsfrist in voller Höhe als Arbeitslohn individuell zu versteuern.

60 Für Verpflegungszuschüsse, die **während** einer doppelten Haushaltsführung gezahlt werden (§ 9 Absatz 4a Satz 12 EStG), ist die Pauschalbesteuerung nach § 40 Absatz 2 Satz 1 Nummer 4 EStG nicht zulässig.

3. **Vereinfachung der steuerlichen Erfassung der vom Arbeitgeber zur Verfügung gestellten Mahlzeiten während einer auswärtigen Tätigkeit**

a) **Bewertung und Besteuerungsverzicht bei üblichen Mahlzeiten, § 8 Absatz 2 Satz 8 und 9 EStG**

Eine vom Arbeitgeber während einer beruflich veranlassten Auswärtstätigkeit zur Verfügung gestellte **61** „übliche" Mahlzeit wird mit dem amtlichen Sachbezugswert nach § 2 der Sozialversicherungsentgeltverordnung bewertet. Entsprechendes gilt für die bei einer beruflich veranlassten doppelten Haushaltsführung vom Arbeitgeber zur Verfügung gestellten „üblichen" Mahlzeiten. Als „üblich" gilt eine Mahlzeit, deren Preis 60 € nicht übersteigt (§ 8 Absatz 2 Satz 8 EStG). Hierbei sind auch die zur Mahlzeit eingenommenen Getränke einzubeziehen. **Die Preisgrenze von 60 € gilt unabhängig davon, ob die Mahlzeit im Inland oder im Ausland zur Verfügung gestellt wird.**

Mahlzeiten mit einem Preis von über 60 € dürfen nicht mit dem amtlichen Sachbezugswert bewertet **62** werden. Bei einer solchen Mahlzeit wird typisierend unterstellt, dass es sich um ein „Belohnungsessen" (R 8.1 Absatz 8 Nummer 2 LStR 2015) **1** handelt. Belohnungsessen sind mit dem tatsächlichen Preis als Arbeitslohn (§ 8 Absatz 2 Satz 1 EStG) anzusetzen.

Für die Prüfung der 60 €-Grenze kommt es auf den Preis der Mahlzeit (einschließlich Umsatzsteuer) an, **63** den der Dritte dem Arbeitgeber in Rechnung stellt. Zuzahlungen des Arbeitnehmers sind bei der Prüfung der 60 €-Grenze nicht zu berücksichtigen. Ist der Preis der Mahlzeit **in einem Gesamtpreis z. B. einer Fortbildungsveranstaltung enthalten und** in der Rechnung eines Dritten nicht beziffert, ist nach dem Gesamtbild der Verhältnisse im Einzelfall zu beurteilen, ob es sich um eine „übliche" Beköstigung i. S. d. § 8 Absatz 2 Satz 8 EStG gehandelt hat oder ob ein höherer Wert der Mahlzeit als 60 € anzunehmen ist.

Die für eine unmittelbar vom Arbeitgeber abgegebene Mahlzeit maßgeblichen Grundsätze gelten auch, **64** wenn eine Mahlzeit auf Veranlassung des Arbeitgebers von einem Dritten an den Arbeitnehmer abgegeben wird. Die Gestellung einer Mahlzeit ist vom Arbeitgeber veranlasst, wenn er Tag und Ort der Mahlzeitengestellung bestimmt. Das ist insbesondere dann der Fall, wenn

- er die Verpflegungskosten im Hinblick auf die beruflich veranlasste Auswärtstätigkeit des Arbeitnehmers dienst- oder arbeitsrechtlich erstattet und

- die Rechnung auf den Arbeitgeber ausgestellt ist oder es sich um eine Kleinbetragsrechnung i. S. d. § 14 UStG i. V. m. § 33 UStDV handelt, die **als Beleg zur Buchführung des** Arbeitgebers vorliegt oder vorgelegen hat und **gesichert** wurde.

Zu den vom Arbeitgeber zur Verfügung gestellten Mahlzeiten (Rz. 73 ff.) gehören auch die z. B. im Flug- **65** zeug, im Zug oder auf einem Schiff im Zusammenhang mit der Beförderung unentgeltlich angebotenen Mahlzeiten, sofern die Rechnung für das Beförderungsticket auf den Arbeitgeber ausgestellt ist und von diesem dienst- oder arbeitsrechtlich erstattet wird. Die Verpflegung muss dabei nicht offen auf der Rechnung ausgewiesen werden. Lediglich dann, wenn z. B. anhand des gewählten Beförderungstarifs feststeht, dass es sich um eine reine Beförderungsleistung handelt, bei der keine Mahlzeiten unentgeltlich angeboten werden, liegt keine Mahlzeitengestellung vor.

Die steuerliche Erfassung einer solchen üblichen Mahlzeit als Arbeitslohn ist ausgeschlossen, wenn der **66** Arbeitnehmer für die betreffende Auswärtstätigkeit dem Grunde nach eine Verpflegungspauschale i. S. d. § 9 Absatz 4a EStG als Werbungskosten geltend machen könnte. Auf die Höhe der tatsächlich als Werbungskosten anzusetzenden Verpflegungspauschale kommt es nicht an. Ebenso ist eine mögliche Kürzung des Werbungskostenabzugs nach § 9 Absatz 4a Satz 8 ff. EStG wegen der Gestellung einer Mahlzeit unerheblich.

Im Ergebnis unterbleibt die Erfassung der mit dem Sachbezugswert bewerteten Mahlzeit bereits immer **67** dann, wenn der Arbeitnehmer anlässlich einer beruflich veranlassten Auswärtstätigkeit eine Verpflegungspauschale beanspruchen kann, weil er innerhalb der Dreimonatsfrist nach § 9 Absatz 4a Satz 6 EStG nachweislich mehr als acht Stunden von seiner Wohnung und der ersten Tätigkeitsstätte abwesend ist oder eine mehrtägige Auswärtstätigkeit mit Übernachtung vorliegt. Nach Ablauf der Dreimonatsfrist ist die Gestellung einer Mahlzeit grundsätzlich als Arbeitslohn zu erfassen.

Amtl. Fn.:
1 Jetzt LStR 2023.

Beispiel 43:

Der Arbeitnehmer A nimmt auf Veranlassung seines Arbeitgebers an einem zweitägigen Seminar mit Übernachtung teil. Die Hotelrechnung ist auf den Arbeitgeber ausgestellt. Der Arbeitgeber erstattet die vom Arbeitnehmer verauslagten Übernachtungskosten von 100 € incl. 20 €für ein Frühstück **mit** der Reisekostenabrechnung des Arbeitnehmers. Die auf den Arbeitgeber ausgestellte Rechnung des Seminarveranstalters hat der Arbeitgeber unmittelbar bezahlt. Darin enthalten ist für beide Seminartage jeweils ein für derartige Veranstaltungen typisches Mittagessen, dessen Preis in der Rechnung nicht gesondert ausgewiesen ist.

Der Arbeitnehmer A erhält sowohl das Frühstück als auch die beiden Mittagessen auf Veranlassung seines Arbeitgebers. Für den An- und den Abreisetag steht ihm grundsätzlich jeweils eine Verpflegungspauschale i. H. v. **14 €** zu.

Obgleich der Preis der Mittagessen in der Rechnung des Seminarveranstalters nicht beziffert ist, kann aufgrund der Art und Durchführung der Seminarveranstaltung von einer üblichen Beköstigung ausgegangen werden, deren Preis 60 € nicht übersteigt. Die Mahlzeiten sind daher nicht als Arbeitslohn zu erfassen und die Verpflegungspauschale des Arbeitnehmers im Hinblick auf die zur Verfügung gestellten Mahlzeiten nach § 9 Absatz 4a Satz 8 EStG zu kürzen (vgl. Rz. **73** ff.).

68 Eine vom Arbeitgeber oder auf dessen Veranlassung von einem Dritten abgegebene Mahlzeit mit einem höheren Preis als 60 € ist stets als Arbeitslohn zu erfassen. Das gilt auch dann, wenn der Preis der Mahlzeit zwar nicht offen in Rechnung gestellt, nach dem Gesamtbild der Umstände aber als unüblich i. S. d. § 8 Absatz 2 Satz 8 EStG anzusehen ist und ein Wert der Mahlzeit von mehr als 60 € unterstellt werden kann. Im Zweifel ist der Wert der Mahlzeit zu schätzen. Eine unübliche Mahlzeit ist als Arbeitslohn zu erfassen, unabhängig davon, ob der Arbeitnehmer für die betreffende Auswärtstätigkeit eine Verpflegungspauschale als Werbungskosten geltend machen kann.

Beispiel 44:

Der Arbeitnehmer A nimmt im Auftrag seines Arbeitgebers an einer eintägigen Podiumsdiskussion mit anschließender Abendveranstaltung teil. Die auf den Arbeitgeber ausgestellte Rechnung des Veranstalters hat der Arbeitgeber unmittelbar bezahlt. Darin enthalten sind die Kosten für ein Galadinner, das mit 80 € separat ausgewiesen ist. Der Arbeitnehmer ist mehr als acht Stunden von seiner Wohnung und seiner ersten Tätigkeitsstätte abwesend. Der Arbeitnehmer erhält das Galadinner vom Veranstalter der Podiumsdiskussion auf Veranlassung seines Arbeitgebers. Angesichts der Kosten von mehr als 60 € ist von einem Belohnungsessen auszugehen (unübliche Beköstigung gemäß § 8 Absatz 2 Satz 8 EStG), so dass die dafür berechneten 80 € als Arbeitslohn anzusetzen sind. Der Arbeitnehmer kann als Werbungskosten eine ungekürzte Verpflegungspauschale i. H. v. **14 €** geltend machen.

69 Der Ansatz einer nach § 8 Absatz 2 Satz 8 EStG mit dem amtlichen Sachbezugswert bewerteten Mahlzeit als Arbeitslohn setzt voraus, dass es sich um eine übliche Mahlzeit handelt und der Arbeitnehmer keine Verpflegungspauschale beanspruchen kann; dies liegt regelmäßig vor, wenn er nicht mehr als acht Stunden außerhalb seiner Wohnung und seiner ersten Tätigkeitsstätte beruflich tätig ist oder die Dreimonatsfrist nach § 9 Absatz 4a Satz 6 EStG überschritten ist.

70 Zahlt der Arbeitnehmer in diesen Fällen ein Entgelt für die erhaltene Mahlzeit, mindert dieses Entgelt den steuerpflichtigen geldwerten Vorteil. Es ist nicht zu beanstanden, wenn der Arbeitgeber ein vereinbartes Entgelt für die Mahlzeit im Rahmen der Lohnabrechnung unmittelbar aus dem Nettoentgelt des Arbeitnehmers entnimmt. Übersteigt das vom Arbeitnehmer gezahlte Entgelt den maßgebenden Sachbezugswert oder entspricht es dem Sachbezugswert, verbleibt kein steuerpflichtiger geldwerter Vorteil. Der den Sachbezugswert übersteigende Betrag darf nicht als Werbungskosten abgezogen werden.

71 Gleiches gilt, wenn der Arbeitnehmer bei der Gestellung einer Mahlzeit auf Veranlassung des Arbeitgebers ein zuvor vereinbartes Entgelt unmittelbar an den Dritten entrichtet. Es muss sich hierbei aber um ein Entgelt des Arbeitnehmers handeln. Wird das vom Dritten in Rechnung gestellte Entgelt zunächst vom Arbeitnehmer verauslagt und diesem anschließend vom Arbeitgeber erstattet, handelt es sich nicht um ein Entgelt des Arbeitnehmers. Das gilt insbesondere für den auf den Arbeitgeber ausgestellten Rechnungsbetrag.

Beispiel 45:

Der Arbeitnehmer A nimmt auf Veranlassung seines Arbeitgebers an einem zweitägigen Seminar mit Übernachtung teil. Die auf den Arbeitgeber ausgestellte Hotelrechnung von 100 € incl. 20 € für ein Frühstück wird zunächst vom Arbeitnehmer bezahlt. Der Arbeitgeber erstattet dem Arbeitnehmer die Übernachtungskosten incl. Frühstück mit der Reisekostenabrechnung.

Im Hinblick auf die Rechnungsstellung und spätere Erstattung der Auslagen durch den Arbeitgeber handelt es sich bei dem in der Hotelrechnung für das Frühstück enthaltenen Kostenanteil nicht um ein Entgelt des Arbeitnehmers. Da es sich bei den zur Verfügung gestellten Mahlzeiten um übliche Mahlzeiten handelt, sind diese nicht als Arbeitslohn zu erfassen; beim Werbungskostenabzug des Arbeitnehmers sind die Verpflegungspauschalen entsprechend zu kürzen (für den zweiten Tag zustehende Verpflegungspauschale um **5,60 €**).

Beispiel 46:

Der Arbeitnehmer A wird für sechs Monate von seinem Arbeitgeber an einen Tochterbetrieb im Inland entsandt. Für die Zeit der Entsendung übernachtet der Arbeitnehmer während der Woche in einem Hotel in der Nähe des Tochterbetriebs. Das Hotel stellt dem Arbeitgeber pro Übernachtung 70 € zuzüglich 10 € für ein Frühstück in Rechnung, dass der Arbeitnehmer zunächst verauslagt und dann im Rahmen der Reisekostenabrechnung von seinem Arbeitgeber erstattet erhält. Es liegt eine beruflich veranlasste Auswärtstätigkeit vor. Der Arbeitnehmer erhält das Frühstück jeweils auf Veranlassung seines Arbeitgebers.

Für die ersten drei Monate der Auswärtstätigkeit stehen dem Arbeitnehmer arbeitstäglich Verpflegungspauschalen zu. Da es sich bei den zur Verfügung gestellten Mahlzeiten um übliche Mahlzeiten handelt, sind diese nicht als Arbeitslohn zu erfassen und beim Werbungskostenabzug des Arbeitnehmers die Verpflegungspauschalen entsprechend zu kürzen.

Ab dem vierten Monat der Auswärtstätigkeit stehen dem Arbeitnehmer keine Verpflegungspauschalen mehr zu. Das Frühstück ist jeweils mit dem amtlichen Sachbezugswert als Arbeitslohn zu erfassen, der nach § 40 Absatz 2 Satz 1 Nummer 1a EStG pauschal besteuert (vgl. dazu Rz. 94 ff.) werden kann.

Abwandlung:

Sachverhalt wie voriges Beispiel. Allerdings zahlt der Arbeitnehmer A für das Frühstück jeweils 3 €.

Das vom Arbeitnehmer A für das Frühstück gezahlte Entgelt ist ab dem vierten Monat auf den Sachbezugswert anzurechnen. Da das Entgelt höher ist als der Sachbezugswert, unterbleibt eine Besteuerung als Arbeitslohn. Der den Sachbezugswert übersteigende Betrag darf nicht als Werbungskosten abgezogen werden.

72 Die Vorteile aus der Teilnahme des Arbeitnehmers an einer geschäftlich veranlassten Bewirtung i. S. d. § 4 Absatz 5 Satz 1 Nummer 2 EStG gehören nicht zum Arbeitslohn (R 8.1 Absatz 8 Nummer 1 LStR 2015). Entsprechendes gilt für die im ganz überwiegend eigenbetrieblichen Interesse des Arbeitgebers abgegebenen Mahlzeiten. Hierzu gehören insbesondere die Teilnahme an einem Arbeitsessen (R 19.6 Absatz 2 Satz 2 LStR 2015)**[1]** sowie die bei einer üblichen Betriebsveranstaltung (**§ 19 Absatz 1 Satz 1 Nummer 1a EStG**) abgegebenen Mahlzeiten.

b) Kürzung der Verpflegungspauschalen, § 9 Absatz 4a Satz 8 bis 10 EStG

aa) Kürzung bei Mahlzeitengestellung

73 Der Arbeitnehmer kann für ihm tatsächlich entstandene Mehraufwendungen für Verpflegung auf Grund einer beruflich veranlassten Auswärtstätigkeit Verpflegungspauschalen als Werbungskosten ansetzen oder in entsprechender Höhe einen steuerfreien Arbeitgeberersatz erhalten. **Die Höhe der Verpflegungspauschalen ist nach der Abwesenheitszeit des Arbeitnehmers von seiner Wohnung und seiner ersten Tätigkeitsstätte gestaffelt.** Das Merkmal „tatsächlich entstandene" Mehraufwendungen bringt dabei zum Ausdruck, dass die Verpflegungspauschalen nicht mehr zum Ansatz kommen, soweit der Arbeitnehmer während seiner beruflichen Auswärtstätigkeit durch den Arbeitgeber „verpflegt" wird**[2]**. Eine Prüfungspflicht hinsichtlich der Höhe der tatsächlich entstandenen Aufwendungen besteht nicht. Wird dem Ar-

---

Amtl. Fn.:

[1] Jetzt LStR 2023.

[2] § 9 Abs. 4a Satz 8 gilt auch, wenn der Arbeitnehmer nicht über eine erste Tätigkeitsstätte verfügt (> BFH vom 12. 7. 2021, BStBl II S. 642).

beitnehmer von seinem Arbeitgeber oder auf dessen Veranlassung von einem Dritten eine Mahlzeit zur Verfügung gestellt, wird der Werbungskostenabzug tageweise gekürzt, und zwar

- um 20 % für ein Frühstück und

- um jeweils 40 % für ein Mittag- und Abendessen

der für die 24-stündige Abwesenheit geltenden höchsten Verpflegungspauschale. Das entspricht für Auswärtstätigkeiten im Inland einer Kürzung der jeweils zustehenden Verpflegungspauschale um **5,60 €** für ein Frühstück und jeweils **11,20 €** für ein Mittag- und Abendessen. Diese typisierende, pauschale Kürzung der Verpflegungspauschale ist tagesbezogen und maximal bis auf 0 € vorzunehmen.

74   **Eine Mahlzeit, die zur Kürzung der Verpflegungspauschale führt, kann** auch ein vom Arbeitgeber zur Verfügung gestellter Imbiss z. B. belegte Brötchen, Kuchen und Obst sein. **Die z. B. auf Flügen gereichten kleinen Tüten mit Chips, Salzgebäck, Schokowaffeln, Müsliriegel oder bei anderen Anlässen zur Verfügung gestellte vergleichbare Knabbereien und unbelegte Backwaren (BFH-Urteil vom 3. Juli 2019, VI R 36/17, BStBl 2020 II S. 788) erfüllen nicht die Kriterien für eine Mahlzeit. Sie führen zu keiner Kürzung der Pauschalen.** Eine feste zeitliche Grenze für die Frage, ob ein Frühstück, Mittag- oder Abendessen zur Verfügung gestellt wird, gibt es nicht. Maßstab für die Einordnung ist vielmehr, ob die zur Verfügung gestellte Verpflegung an die Stelle einer der genannten Mahlzeiten tritt, welche üblicherweise zu der entsprechenden Zeit eingenommen wird.

75   Ob die vom Arbeitgeber zur Verfügung gestellte Mahlzeit vom Arbeitnehmer tatsächlich eingenommen wird oder die Aufwendungen für die vom Arbeitgeber gestellte Mahlzeit niedriger sind als der jeweilige pauschale Kürzungsbetrag, **ist für die Kürzung der Verpflegungspauschalen unbeachtlich. Das Zurverfügungstellen einer Mahlzeit durch den Arbeitgeber (oder auf dessen Veranlassung durch einen Dritten) i. S. von § 9 Absatz 4a Satz 8 EStG erfordert nicht, dass der Arbeitnehmer die Mahlzeit auch tatsächlich einnimmt. Aus welchen Gründen der Arbeitnehmer eine ihm von seinem Arbeitgeber zur Verfügung gestellte Mahlzeit nicht einnimmt, ist insoweit ebenfalls unerheblich (BFH-Urteil vom 7. Juli 2020, VI R 16/18, BStBl II S. 783). Die gesetzlich vorgeschriebene pauschale** Kürzung unterbleibt **nur,** wenn der Arbeitgeber keine Mahlzeit zur Verfügung stellt, z. B. weil er die entsprechende Mahlzeit abbestellt oder der Arbeitnehmer die Mahlzeit selbst veranlasst und bezahlt.

Beispiel 47:

Der Arbeitnehmer A ist von 9.00 Uhr bis 18.00 Uhr auswärts bei verschiedenen Kunden beruflich tätig. In der Mittagspause kauft er sich eine Pizza und ein Wasser für 8 €. Da A anlässlich einer eintägigen beruflichen Auswärtstätigkeit mehr als acht Stunden von seiner Wohnung abwesend ist, könnte er eine Verpflegungspauschale von **14 €** beanspruchen. Würde A die Rechnung für die mittags verzehrte Pizza und das Wasser seinem Arbeitgeber vorlegen und von diesem erstattet bekommen, könnte A neben 8 € Erstattungsbetrag nur noch eine gekürzte Verpflegungspauschale von **2,80 €** (14 €–11,20 €) beanspruchen.

76   Bei der Hingabe von Essenmarken durch den Arbeitgeber im Rahmen einer beruflichen Auswärtstätigkeit des Arbeitnehmers, handelt es sich innerhalb der Dreimonatsfrist nicht um eine vom Arbeitgeber gestellte Mahlzeit, sondern lediglich um eine Verbilligung der vom Arbeitnehmer selbst veranlassten und bezahlten Mahlzeit. Nach Ablauf der Dreimonatsfrist sind die an diese Arbeitnehmer ausgegebenen Essenmarken (Essensgutscheine, Restaurantschecks) abweichend von R 8.1 Absatz 7 Nummer 4 Buchstabe a Satz 1 Doppelbuchstabe dd LStR 2015 **❶** mit dem maßgebenden Sachbezugswert zu bewerten. Der Ansatz des Sachbezugswerts setzt voraus, dass die übrigen Voraussetzungen der R 8.1 Absatz 7 Nummer 4 Buchstabe a LStR 2015 **❷** vorliegen.

Beispiel 48:

Der Arbeitnehmer A ist auf einer dreitägigen Auswärtstätigkeit. Der Arbeitgeber hat für den Arbeitnehmer in einem Hotel zwei Übernachtungen jeweils mit Frühstück sowie am Zwischentag ein Mittag- und ein Abendessen gebucht und bezahlt. Der Arbeitnehmer A erhält vom Arbeitgeber keine weiteren Reisekostenerstattungen.

Amtl. Fn.:

❶ Jetzt R 8.1 Abs. 7 Nr. 4 Buchst. a Satz 1 Doppelbuchst. cc LStR 2023.

❷ Jetzt LStR 2023.

Der Arbeitgeber hat keinen geldwerten Vorteil für die Mahlzeiten zu versteuern. Der Arbeitnehmer kann für die Auswärtstätigkeit folgende Verpflegungspauschalen als Werbungskosten geltend machen:

Anreisetag:			14,00 €
Zwischentag:		28,00 €	
Kürzung:	Frühstück	- 5,60 €	
	Mittagessen	- 11,20 €	
	Abendessen	- 11,20 €	
verbleiben für Zwischentag			0,00 €
Abreisetag:		14,00 €	
Kürzung:	Frühstück	- 5,60 €	
verbleiben für den Abreisetag			8,40 €
Insgesamt abziehbar			22,40 €

Beispiel 49:

Der Werbegrafiker W arbeitet von 10.00 Uhr bis 20.00 Uhr in seinem Büro in B (erste Tätigkeitsstätte), anschließend fährt er noch zu einem Geschäftstermin in C. Der Termin erstreckt sich bis 3.00 Uhr des Folgetags. W kehrt um 4.30 Uhr in seine Wohnung zurück. Zu Beginn des Geschäftstermins nimmt W an einem Abendessen teil, welches vom Arbeitgeber des W bestellt und bezahlt wird.

W ist **bei** seiner beruflichen Tätigkeit mehr als acht Stunden auswärts tätig. Dass sich diese Abwesenheit über zwei Kalendertage ohne Übernachtung erstreckt, ist unschädlich. Die Abwesenheitszeiten werden zusammengerechnet und dem zweiten Kalendertag zugeordnet, da an diesem Tag der überwiegende Teil der Abwesenheit stattgefunden hat. Die Verpflegungspauschale von 14 € für die berufliche Abwesenheit von mehr als acht Stunden über Nacht ist allerdings um 11,20 € zu kürzen; dass die Mahlzeit am ersten Tag vom Arbeitgeber gestellt wird und die Verpflegungspauschale dem Folgetag (Tag an dem die Auswärtstätigkeit endet) zuzuordnen ist, ist dabei unbeachtlich; dem Arbeitnehmer wird im Zusammenhang mit der beruflichen Auswärtstätigkeit, für die er die Verpflegungspauschale beanspruchen kann, eine Mahlzeit vom Arbeitgeber gestellt.

bb) Kürzung bei teilweiser Kostenerstattung

Eine Kürzung der **Verpflegungspauschalen** ist auch dann vorzunehmen, wenn der Arbeitgeber die dem **77** Arbeitnehmer zustehende Reisekostenvergütung lediglich gekürzt ausbezahlt. Nur ein für die Gestellung der Mahlzeit vereinbartes und vom Arbeitnehmer tatsächlich gezahltes Entgelt mindert den Kürzungsbetrag. Es ist hierbei nicht zu beanstanden, wenn der Arbeitgeber das für die Mahlzeit vereinbarte Entgelt unmittelbar aus dem Nettolohn des Arbeitnehmers entnimmt. Gleiches gilt, wenn der Arbeitgeber das Entgelt mit der dem Arbeitnehmer dienst- oder arbeitsrechtlich zustehenden Reisekostenerstattung verrechnet.

Beispiel 50:

Der Arbeitnehmer A ist auf einer dreitägigen Auswärtstätigkeit. Der Arbeitgeber hat für den Arbeitnehmer A in einem Hotel zwei Übernachtungen jeweils mit Frühstück sowie am Zwischentag ein Mittag- und ein Abendessen gebucht und bezahlt. Zusätzlich möchte der Arbeitgeber eine steuerfreie Reisekostenerstattung zahlen. Für die vom Arbeitgeber veranlassten und bezahlten Mahlzeiten soll jeweils der geltende Sachbezugswert (2020: Frühstück **jeweils 1,80 €** und Mittag-/Abendessen **jeweils 3,40 €**)**1** einbehalten werden.

Amtl. Fn.:

1 Aktuelle Sachbezugswerte > Tabellarische Übersicht (§ 8 Abs. 2, SvEV).

Der Arbeitgeber hat keinen geldwerten Vorteil für die Mahlzeiten zu versteuern. Der Arbeitgeber kann für die Auswärtstätigkeit höchstens noch folgende Beträge zusätzlich für die Verpflegung steuerfrei auszahlen:

Anreisetag:		**14,00 €**
Zwischentag:		**28,00 €**
Kürzung:	Frühstück	**- 5,60 €**
	Mittagessen	**- 11,20 €**
	Abendessen	**- 11,20 €**
verbleiben für Zwischentag		**0,00 €**
Abreisetag:		**14,00 €**
Kürzung:	Frühstück	**- 5,60 €**
verbleiben für den Abreisetag		**8,40 €**
Insgesamt steuerfrei auszahlbar		**22,40 €**

Zahlt der Arbeitgeber angesichts der Mahlzeitengestellung nur eine (z. B. um die amtlichen Sachbezugswerte für zwei Frühstücke je **1,80 €**, ein Mittagessen je **3,40 €** und ein Abendessen je **3,40 €** zusammen also um **10,40 €**) gekürzte steuerfreie Reisekostenerstattung von **12,00 €** an seinen Arbeitnehmer, kann der Arbeitnehmer die Differenz von **10,40 €** als Werbungskosten geltend machen. In diesem Fall hat der Arbeitnehmer einen arbeitsrechtlichen Anspruch (nur) auf eine gekürzte Reisekostenerstattung.

Anreisetag:		**14,00 €**
Zwischentag:		**28,00 €**
Kürzung:	Frühstück	**- 5,60 €**
	Mittagessen	**- 11,20 €**
	Abendessen	**- 11,20 €**
verbleiben für Zwischentag		**0,00 €**
Abreisetag:		**14,00 €**
Kürzung:	Frühstück	**- 5,60 €**
verbleiben für den Abreisetag		**8,40 €**
Insgesamt Verpflegungspauschalen		**22,40 €**
abzüglich steuerfreie Reisekostenerstattung		**- 12,00 €**
verbleiben als Werbungskosten		**10,40 €**

Behält der Arbeitgeber die Sachbezugswerte **(1,80 € + 3,40 € + 3,40 € + 1,80 € = 10,40 €)** z. B. von den ungekürzten Verpflegungspauschalen **(14,00 € + 28,00 € + 14,00 € = 56 €)** ein und zahlt nur eine gekürzte Reisekostenerstattung von **45,60 €** (56,00 € − 10,40 €) an den Arbeitnehmer, können ebenfalls höchstens **22,40 €** steuerfrei erstattet werden. Der darüber hinausgehende, vom Arbeitgeber ausgezahlte Betrag von **23,20 €** (= **45,60 €** − **22,40 €**) ist pauschal (nach § 40 Absatz 2 Satz 1 Nummer 4 EStG höchstens bis zu 56,00 €) oder individuell zu besteuern.

Zahlt der Arbeitgeber eine ungekürzte steuerfreie Reisekostenerstattung von **22,40 €**, zieht hiervon aber im Wege der Verrechnung ein Entgelt für die gestellten Mahlzeiten in Höhe der amtlichen Sachbezugswerte **(1,80 € + 3,40 € + 3,40 € + 1,80 € = 10,40 €)** ab, ist die Kürzung der **steuerlichen** Verpflegungspauschalen um die verrechneten Entgelte zu kürzen, im Gegenzug aber die steuerfreie Reisekostenerstattung von **22,40 € von den steuerlichen Pauschalen** abzuziehen. Zwar erhält der Arbeitnehmer nur **12,00 € vom Arbeitgeber** ausgezahlt, dies ist aber wirtschaftlich die Differenz aus 22,40 € steuerfreie Reisekostenerstattung und **10,40 €** Entgelt für die gestellten Mahlzeiten. In diesem Fall hat der Arbeitnehmer einen arbeitsrechtlichen Anspruch auf eine ungekürzte steuerfreie Reisekostenerstattung, die der Arbeitgeber aber im Rahmen der Erfüllung dieses Erstattungsanspruchs mit seinem Anspruch auf das für die Mahlzeiten vereinbarte Entgelt aufrechnet. Die arbeitgeberinterne Verrechnung ändert nicht den wirtschaftlichen Charakter oder die Anspruchsgrundlage der Reisekostenerstattung.

Anreisetag:			**14,00 €**
Zwischentag:		**28,00 €**	
Kürzung:	Frühstück	**- 3,80 €**	
		(5,60 € – 1,80 €)	
	Mittagessen	**- 7,80 €**	
		(11,20 € – 3,40 €)	
	Abendessen	**- 7,80 €**	
		(11,20 € – 3,40 €)	
verbleiben für den Zwischentag			**8,60 €**
Abreisetag:		**14,00 €**	
Kürzung:	Frühstück	**- 3,80 €**	
		(5,60 € – 1,80 €)	
verbleiben für den Abreisetag			**10,20 €**
Insgesamt Verpflegungspauschalen			**32,80 €**
abzüglich steuerfreie Reisekostenerstattung			**- 22,40 €**
verbleiben als Werbungskosten			**10,40 €**

Zahlt der Arbeitgeber eine ungekürzte Reisekostenerstattung von **56 €** und zieht hiervon das für die Mahlzeiten vereinbarte Entgelt in Höhe der Sachbezugswerte im Wege der Verrechnung ab (56,00 € – **10,40 €** = **45,60 €**), ändert dies nichts an der Berechnung der dem Arbeitnehmer steuerlich zustehenden Verpflegungspauschalen. In diesem Fall können ebenfalls **32,80 €** steuerfrei erstattet werden. Der darüber hinausgehende, dem Arbeitnehmer arbeitsrechtlich zustehende Erstattungsbetrag von **23,20 €** (= 56,00 € - **32,80 €**) ist pauschal (nach § 40 Absatz 2 Satz 1 Nummer 4 EStG höchstens bis zu 56,00 €) oder individuell zu besteuern.

Abwandlung 1:

Wie Beispiel **50** Ausgangsfall, allerdings zahlt der Arbeitnehmer A für das Frühstück je 6 € und für das Mittag- und das Abendessen je 7 €.

Anreisetag:			**14,00 €**
Zwischentag:		**28,00 €**	
Kürzung:	Frühstück	**- 0,00 €**	
		(5,60 € – 6,00 €)	
	Mittagessen	**- 4,20 €**	
		(11,20 € – 7,00 €)	
	Abendessen	**- 4,20 €**	
		(11,20 € – 7,00 €)	
verbleiben für den Zwischentag			**19,60 €**
Abreisetag:		**14,00 €**	
Kürzung:	Frühstück	**- 0,00 €**	
		(5,60 € – 6,00 €)	
verbleiben für den Abreisetag			**14,00 €**
Insgesamt steuerfrei auszahlbar			**47,60 €**

Abwandlung 2:

Sachverhalt wie Beispiel **50** Ausgangsfall, allerdings zahlt der Arbeitnehmer für die volle Verpflegung am Zwischentag pauschal 19,00 €.

Anreisetag:			**14,00 €**
Zwischentag:		**28,00 €**	
Kürzung:	Tagesverpflegung		
	(28 € – 19 €)	**- 9,00 €**	
verbleiben für den Zwischentag			**19,00 €**
Abreisetag:		**14,00 €**	
Kürzung:	Frühstück	**- 5,60 €**	
verbleiben für den Abreisetag			**8,40 €**
Insgesamt steuerfrei auszahlbar			**41,40 €**

Beispiel 51:

Der Arbeitnehmer ist während einer eintägigen Auswärtstätigkeit von 5.00 bis 22.00 Uhr abwesend. Der Arbeitgeber stellt am Reisetag zwei Mahlzeiten (Mittag- und Abendessen) zur Verfügung. Für eintägige Auswärtstätigkeiten erstattet der Arbeitgeber dem Arbeitnehmer einen Verpflegungsmehraufwand von 30,00 €.

Aufgrund der Kürzung der Verpflegungspauschale verbleibt kein steuerfreier Reisekostenersatz für Verpflegungsmehraufwendungen.

Verpflegungspauschale:		**14,00 €**
Kürzung:	Mittagessen	**- 11,20 €**
	Abendessen	**- 11,20 €**
verbleibt Verpflegungspauschale:		0,00 €

Die Erstattung des Verpflegungsmehraufwands durch den Arbeitgeber ist in Höhe von 30,00 € grundsätzlich steuerpflichtiger Arbeitslohn. Nach § 40 Absatz 2 Satz 1 Nummer 4 EStG kann der Arbeitgeber einen Betrag von **14,00 €** (100 % des in § 9 Absatz 4a Satz 3 Nummer 2 EStG genannten Betrags) pauschal mit 25 % besteuern. Die verbleibenden **16,00 €** (30,00 € abzüglich **14,00 €**) sind nach den persönlichen Besteuerungsmerkmalen des Arbeitnehmers individuell zu besteuern.

78 Zuzahlungen des Arbeitnehmers sind jeweils vom Kürzungsbetrag derjenigen Mahlzeit abzuziehen, für die der Arbeitnehmer das Entgelt zahlt. Übersteigt das vom Arbeitnehmer für die Mahlzeit gezahlte Entgelt den Kürzungsbetrag, entfällt für diese Mahlzeit die Kürzung des Werbungskostenabzugs. Eine Verrechnung etwaiger Überzahlungen des Arbeitnehmers mit Kürzungsbeträgen für andere Mahlzeiten ist nicht zulässig.

Beispiel 52:

Der Arbeitnehmer A ist auf einer dreitägigen Auswärtstätigkeit. Der Arbeitgeber hat für den Arbeitnehmer in einem Hotel zwei Übernachtungen jeweils mit Frühstück sowie am Zwischentag ein Mittag- und ein Abendessen gebucht und bezahlt. Der Arbeitnehmer A zahlt für das Mittag- und Abendessen je 12 €.

Anreisetag:		**14,00 €**
Zwischentag:		**28,00 €**
Kürzung:	Frühstück	**- 5,60 €**
	Mittagessen	- 0,00 €
	(**11,20 €** – 12,00 €)	
	Abendessen	- 0,00 €
	(**11,20 €** – 12,00 €)	
verbleiben für den Zwischentag		**22,40 €**
Abreisetag:		**14,00 €**
Kürzung:	Frühstück	**- 5,60 €**
verbleiben für den Abreisetag		**8,40 €**
Insgesamt Verpflegungspauschalen		**44,80 €**

79 Die Kürzung **der Verpflegungspauschale** ist auch dann vorzunehmen, wenn der Arbeitgeber den amtlichen Sachbezugswert der Mahlzeit pauschal besteuert hat.

Beispiel 53:

Der Arbeitnehmer A nimmt an einer eintägigen Fortbildungsveranstaltung teil. Der Arbeitgeber hat für den Arbeitnehmer A auf dieser Fortbildungsveranstaltung ein Mittagessen gebucht und bezahlt. Der Arbeitgeber besteuert das Mittagessen nach § 40 Absatz 2 Satz 1 Nummer 1a EStG pauschal, da er keine Aufzeichnungen über die Abwesenheit des Arbeitnehmers führt. Der Arbeitnehmer A erhält vom Arbeitgeber keine weiteren Reisekostenerstattungen.

Der A kann anhand seiner Bahntickets gegenüber dem Finanzamt nachweisen, dass er für die Fortbildung insgesamt zehn Stunden von seiner Wohnung und seiner ersten Tätigkeitsstätte abwesend war. Er kann für die Fortbildung folgende Verpflegungspauschalen als Werbungskosten abziehen:

eintägige Auswärtstätigkeit:	**14,00 €**
Kürzung: 1x Mittagessen	**- 11,20 €**
verbleiben als Verpflegungspauschale:	**2,80 €**

Erhält der Arbeitnehmer steuerfreie Erstattungen für Verpflegung vom Arbeitgeber, ist ein Werbungskos- **80** tenabzug insoweit ausgeschlossen.

Beispiel 54:

Der Arbeitnehmer A ist auf einer dreitägigen Auswärtstätigkeit. Der Arbeitgeber hat für den Arbeitnehmer in einem Hotel zwei Übernachtungen jeweils mit Frühstück sowie am Zwischentag ein Mittag- und ein Abendessen gebucht und bezahlt. Der Arbeitnehmer A erhält von seinem Arbeitgeber zusätzlich zu den zur Verfügung gestellten Mahlzeiten noch eine steuerfreie Reisekostenerstattung für Verpflegungsmehraufwendungen von **22,40 €**.

Der Arbeitgeber muss keinen geldwerten Vorteil für die Mahlzeiten versteuern. Der A kann für die Auswärtstätigkeit keine Verpflegungspauschalen als Werbungskosten geltend machen:

Anreisetag:		**14,00 €**
Zwischentag:		28,00 €
Kürzung:	Frühstück	- **5,60 €**
	Mittagessen	- **11,20 €**
	Abendessen	- **11,20 €**
verbleiben für Zwischentag		0,00 €
Abreisetag:		14,00 €
Kürzung:	Frühstück	- **5,60 €**
verbleiben für den Abreisetag		**8,40 €**
Insgesamt Verpflegungspauschalen		**22,40 €**
abzüglich steuerfreie Reisekostenerstattung:		- **22,40 €**
verbleiben als Werbungskosten:		0,00 €

Verpflegungspauschalen sind immer **zu kürzen,** wenn dem Arbeitnehmer eine Mahlzeit von seinem Ar- **81** beitgeber oder auf dessen Veranlassung von einem Dritten zur Verfügung gestellt wird (§ 9 Absatz 4a Satz 8 EStG).

Die **Verpflegungspauschale ist** daher auch **zu kürzen, wenn** der Arbeitnehmer an einer geschäftlich ver- **82** anlassten Bewirtung i. S. d. § 4 Absatz 5 Satz 1 Nummer 2 EStG oder an einem außerhalb der ersten Tätigkeitsstätte gewährten Arbeitsessen (R 19.6 Absatz 2 Satz 2 LStR 2015)**[1] teilnimmt und** der Arbeitgeber oder auf dessen Veranlassung ein Dritter die Mahlzeit zur Verfügung stellt. Es kommt nicht darauf an, ob Vorteile aus der Gestellung derartiger Mahlzeiten zum Arbeitslohn zählen.

Beispiel 55:

Unternehmer U trifft sich am Samstagabend mit einigen Vertretern der Zulieferfirma Z in einem Restaurant zum Essen, um mit diesen eine geschäftliche Kooperation zu erörtern. An dem Essen nehmen auch der Vertriebsleiter und der Leiter der Konstruktionsabteilung des U teil. Jeder Teilnehmer erhält ein Menü zum Preis von 55 € einschließlich Getränke. Die Mahlzeit am Samstagabend erhalten die Arbeitnehmer des U im Rahmen einer geschäftlich veranlassten Bewirtung; sie gehört nicht zum Arbeitslohn. Sofern bei den Arbeitnehmern des U die Voraussetzungen für eine Verpflegungspauschale erfüllt wären (z. B. weil sie mehr als acht Stunden abwesend waren oder weil sie nach dem Restaurantbesuch auswärtig übernachtet haben), wäre diese um **11,20 €** zu kürzen.

Für die Arbeitnehmer der Zulieferfirma Z handelt es sich ebenfalls um die Teilnahme an einer geschäftlich veranlassten Bewirtung, die auch für die Arbeitnehmer des Z keinen Arbeitslohn darstellt. Sofern die Arbeitnehmer des Z die Voraussetzungen für eine Verpflegungspauschale erfüllen, ist bei diesen keine Kürzung wegen der gestellten Mahlzeit vorzunehmen. Z selbst hat seinen Arbeitnehmern keine Mahlzeit gestellt. Da U das Essen gestellt hat, um Geschäftsbeziehungen zu Z zu knüpfen, ist das Merkmal: „ein Dritter auf Veranlassung des Arbeitgebers" nicht gegeben.

Nimmt der Arbeitnehmer hingegen an der geschäftlich veranlassten Bewirtung durch einen Dritten oder **83** einem Arbeitsessen eines Dritten teil, fehlt es in aller Regel an einer durch den Arbeitgeber zur Verfügung gestellten Mahlzeit; in diesem Fall sind die Verpflegungspauschalen nicht zu kürzen.

Amtl. Fn.:

[1] Jetzt LStR 2023.

Beispiel 56:

Der Mitarbeiter einer deutschen Gesellschaft nimmt an einer Vertriebsveranstaltung im Betriebssitz der italienischen Tochtergesellschaft teil (separate Firmierung). Die italienische Gesellschaft trägt sämtliche Kosten der Vertriebsveranstaltung (so z. B. Hotel, Essen, etc.). Die Verpflegungspauschalen des Arbeitnehmers der deutschen Gesellschaft sind nicht zu kürzen, weil ihm die Mahlzeiten nicht auf Veranlassung seines Arbeitgebers, sondern eines Dritten (der italienischen Tochtergesellschaft) zur Verfügung gestellt werden.

Abwandlung:

Die italienische Tochtergesellschaft belastet der deutschen Gesellschaft die Kosten für den Arbeitnehmer weiter.

In diesem Fall ist davon auszugehen, dass die dem Arbeitnehmer gestellten Mahlzeiten auf Veranlassung des Arbeitgebers erfolgen, was zur gesetzlich vorgeschriebenen Kürzung der Verpflegungspauschalen führt.

84 Da die während einer herkömmlichen Betriebsveranstaltung (**§ 19 Absatz 1 Satz 1 Nummer 1a EStG**) abgegebenen Mahlzeiten in aller Regel durch den Arbeitgeber veranlasst sind, gelten die in Rz. **90** dargestellten Grundsätze entsprechend, **wenn die Betriebsveranstaltung mit einer beruflichen Auswärtstätigkeit verknüpft ist.**

85 Die durch eine zusätzlich zur Betriebsveranstaltung veranlasste berufliche Auswärtstätigkeit entstehenden Fahrt- und Übernachtungskosten sowie Verpflegungsmehraufwendungen sind Reisekosten und können als Werbungskosten berücksichtigt oder in entsprechender Höhe als steuerfreier Arbeitgeberersatz erstattet werden.

Die dem Arbeitgeber unmittelbar durch die Betriebsveranstaltung entstehenden Fahrt- und Übernachtungskosten sowie Verpflegungsaufwendungen sind nach den für die Betriebsveranstaltung geltenden allgemeinen Grundsätzen steuerlich zu beurteilen.

86 Die Kürzung der Verpflegungspauschalen unterbleibt insoweit, als Mahlzeiten vom Arbeitgeber zur Verfügung gestellt werden, deren Preis 60 € übersteigt und die daher individuell zu versteuern sind.

cc) Minderung des Kürzungsbetrags, § 9 Absatz 4a Satz 10 EStG

87 Hat der Arbeitnehmer für die Mahlzeit ein Entgelt entrichtet, wird dieses Entgelt auf den Kürzungsbetrag angerechnet. Es kommt insoweit auf das tatsächlich entrichtete Entgelt an, nicht aber darauf, ob das Entgelt dem tatsächlichen Wert der Mahlzeit entsprochen oder der Arbeitnehmer die Mahlzeit verbilligt erhalten hat.

88 **Nimmt der Arbeitnehmer eine ihm vom Arbeitgeber zur Verfügung gestellte Mahlzeit nicht ein, kann ihm der Arbeitgeber eine weitere gleichartige Mahlzeit nach den Grundsätzen der Rz. 63 und 70 zur Verfügung stellen (arbeitsrechtliche Erstattung und Belegvorlage beim Arbeitgeber). Für die Betrachtung der 60 €-Grenze (Rz. 61 ff.) sind die Kosten beider Mahlzeiten zusammenzurechnen. Sofern der Arbeitnehmer für eine solche weitere vom Arbeitgeber gestellte Mahlzeit eine Zuzahlung zu leisten hat, kommt eine Minderung des Kürzungsbetrags nach den Grundsätzen der Rz. 73 ff. in Betracht.**

89 Ein Werbungskostenabzug des Arbeitnehmers bei seiner Einkommensteuerveranlagung durch die Vorlage von Belegen für eine auf eigene Veranlassung eingenommene Verpflegung anstelle der vom Arbeitgeber zur Verfügung gestellten Mahlzeit ist ausgeschlossen. Hier bleibt es bei der typisierenden Kürzung der steuerlichen Verpflegungspauschalen (§ 9 Absatz 4a Satz 8 EStG).

Beispiel 57:

Arbeitnehmer A verschläft auf dem vom Arbeitgeber gebuchten Flug das Frühstück. Nach seiner Ankunft nimmt er ein Frühstück zum Preis von 16 € im Flughafenrestaurant ein. Er reicht die Frühstücksrechnung beim Arbeitgeber ein und erhält die Kosten in voller Höhe erstattet. Damit wird auch das zweite Frühstück vom Arbeitgeber gestellt.

Die Verpflegungspauschale ist wie folgt zu berechnen:

Anreisetag	14,00 €
Kürzung für gestelltes Frühstück insgesamt	- 5,60 €
verbleibende steuerfreie Verpflegungspauschale	8,40 €

Abwandlung 1:

A reicht die Frühstücksrechnung beim Arbeitgeber ein, der verlangt nun allerdings für das zweite Frühstück von A ein Entgelt in Höhe von 6 €. Der Arbeitgeber verrechnet die Kostenerstattung für das zweite Frühstück mit dem geforderten Entgelt und erstattet den übersteigenden Betrag von 10 €.

Anreisetag	14,00 €
Kürzung für gestelltes Frühstück	(5,60 € – 6,00 €) – 0,00 €
verbleibende steuerfreie Verpflegungspauschale	14,00 €

Abwandlung 2:

A reicht die Frühstücksrechnung beim Arbeitgeber ein, der verlangt nun für das zweite Frühstück von A ein Entgelt in Höhe von 16 €. Der Arbeitgeber verrechnet die Kostenerstattung für das zweite Frühstück mit dem geforderten Entgelt in gleicher Höhe.

Anreisetag	14,00 €
Kürzung für gestelltes Frühstück	(5,60 € – 16,00 €) – 0,00 €
verbleibende steuerfreie Verpflegungspauschale	14,00 €

Beispiel 58:

Der Arbeitnehmer A nimmt an einer von seinem Arbeitgeber gebuchten eintägigen Fortbildungsveranstaltung von mehr als 8 Stunden Dauer teil. In der Tagungsgebühr ist ein Mittagessen zum Preis von 30 € enthalten. Der Arbeitnehmer A verzichtet auf die Einnahme dieses Essens und nimmt stattdessen in der Mittagspause in einem nahegelegenen Restaurant eine Mahlzeit zum Preis von 25 € ein, die ihm von seinem Arbeitgeber gegen Einreichung der Rechnung vollständig erstattet wird.

Verpflegungspauschale	14,00 €
Kürzung für gestelltes Mittagessen (zum Preis von insgesamt 55 €)	11,20 €
verbleibende steuerfreie Verpflegungspauschale	2,80 €

Abwandlung:

Der Preis der im Restaurant eingenommenen Mahlzeit beträgt 35 €, die der Arbeitgeber in voller Höhe gegen Einreichung der Rechnung übernimmt.

Verpflegungspauschale	14,00 €

Eine Kürzung der Verpflegungspauschale unterbleibt, da der Preis für die gestellten Mittagessen (30 € + 35 €) insgesamt 60 € übersteigt. Die steuerfreie Verpflegungspauschale beträgt unverändert 14,00 €. Die vom Arbeitgeber getragenen Aufwendungen für die gestellten Mittagessen von 65 € sind steuerpflichtiger Arbeitslohn, der mit einem Teilbetrag von 14 € nach § 40 Absatz 2 Satz 1 Nummer 4 EStG pauschal besteuert werden kann.

dd) Ermittlung der Pauschalen bei gemischt veranlassten Veranstaltungen mit Mahlzeitengestellung

Bei gemischt veranlassten Reisen sind die **entstehenden** Kosten **grundsätzlich** in einen beruflich veranlassten Anteil und einen den Kosten der Lebensführung zuzurechnenden Anteil aufzuteilen (vgl. BFH-Urteil vom 18. August 2005, VI R 32/03, BStBl 2006 II S. 30). Dies gilt auch für die entstehenden Verpflegungsmehraufwendungen. Stellt der Arbeitgeber während einer gemischt veranlassten Reise Mahlzeiten zur Verfügung, ist die gesetzlich vorgeschriebene Kürzung der Verpflegungspauschalen erst nach der Ermittlung des beruflich veranlassten Teils der Verpflegungspauschalen vorzunehmen. **90**

Beispiel 59:

Der Arbeitnehmer A nimmt an einer einwöchigen vom Arbeitgeber organisierten und finanzierten Reise im Inland teil. Das Programm sieht morgens eine Fortbildungsmaßnahme vor, der Nachmittag steht für touristische Aktivitäten zur Verfügung. Frühstück und Abendessen sind inklusive (Halbpension).

Folgende Auswirkungen ergeben sich durch die gemischte Veranlassung der Reise (bei einer angenommenen Quote von 50 %) auf die steuerliche Berücksichtigung des Verpflegungsmehraufwands:

Die Verpflegungsmehraufwendungen sind – wie die übrigen Reisekosten – nur zu 50 % beruflich veranlasst.

Anreisetag: **14,00** € x 50 % =	**7,00** €	
Kürzung:	**- 11,20** €	
verbleibt Verpflegungspauschale		0,00 €
5 Zwischentage je **28,00** € x 50 % =	je **14,00** €	
Kürzung je **5,60** € und je **11,20** € =	je **- 16,80** €	
verbleibt Verpflegungspauschale	5 x 0,00 € =	0,00 €
Abreisetag: **14,00** € x 50 % =	**7,00** €	
Kürzung:	**- 5,60** €	
verbleibt Verpflegungspauschale		**1,40** €

c) Doppelte Haushaltsführung, § 9 Absatz 4a Satz 12 EStG

91 Die Verpflegungspauschalen gelten **grundsätzlich** auch für eine Übergangszeit von drei Monaten nachdem eine steuerlich anzuerkennende doppelte Haushaltsführung begründet wurde (§ 9 Absatz 4a Satz 12 EStG). Für den Fall der Gestellung von Mahlzeiten durch den Arbeitgeber oder auf dessen Veranlassung von einem Dritten bei der doppelten Haushaltsführung gelten die vorstehenden Ausführungen unter Rz. 61 bis 89 entsprechend.

Beispiel 60:

Der Arbeitnehmer A wird vom Stammsitz seines Arbeitgebers, wo er mit seiner Familie wohnt, an einen 250 km entfernten Tochterbetrieb im Inland ohne zeitliche Begrenzung umgesetzt. A behält seinen Familienwohnsitz bei und übernachtet während der Woche in einem Hotel in der Nähe des Tochterbetriebs. Das Hotel stellt dem Arbeitgeber pro Übernachtung 50 € zuzüglich 10 € für ein Frühstück in Rechnung, welche der Arbeitnehmer zunächst verauslagt und dann von seinem Arbeitgeber erstattet erhält.

Es liegt eine doppelte Haushaltsführung vor, da der Tochterbetrieb mit der zeitlich unbegrenzten Zuordnung zur ersten Tätigkeitsstätte des Arbeitnehmers wird. Für die ersten drei Monate der doppelten Haushaltsführung gelten die Regelungen zur Gestellung von Mahlzeiten bei Auswärtstätigkeit entsprechend. Nach Ablauf der Dreimonatsfrist sind dann die Regeln der Gestellung von Mahlzeiten am Ort der ersten Tätigkeitsstätte anzuwenden.

In den ersten drei Monaten der doppelten Haushaltsführung unterbleibt folglich die Erfassung des arbeitstäglichen Frühstücks mit dem amtlichen Sachbezugswert als Arbeitslohn bei gleichzeitiger Kürzung der täglichen Verpflegungspauschalen um jeweils 5,60 €.

Nach Ablauf der ersten drei Monate ist für das Frühstück ein geldwerter Vorteil in Höhe des Sachbezugswertes anzusetzen (**§ 8 Absatz 2 Satz 8 EStG**).

d) Bescheinigungspflicht „M", § 41b Absatz 1 Satz 2 Nummer 8 EStG

92 Hat der Arbeitgeber oder auf dessen Veranlassung ein Dritter dem Arbeitnehmer während seiner beruflichen Tätigkeit außerhalb seiner Wohnung und seiner ersten Tätigkeitsstätte oder im Rahmen einer doppelten Haushaltsführung eine mit dem amtlichen Sachbezugswert zu bewertende Mahlzeit zur Verfügung gestellt, muss im Lohnkonto der Großbuchstabe „M" aufgezeichnet und in der elektronischen Lohnsteuerbescheinigung bescheinigt werden. Zur Erläuterung der mit dem Großbuchstaben „M" bescheinigten Mahlzeitengestellungen sind neben den Reisekostenabrechnungen regelmäßig keine weiteren detaillierten Arbeitgeberbescheinigungen auszustellen.

93 Diese Aufzeichnungs- und Bescheinigungspflicht gilt unabhängig von der Anzahl der Mahlzeitengestellungen an den Arbeitnehmer im Kalenderjahr. Es kommt nicht darauf an, ob eine Besteuerung der Mahlzeiten ausgeschlossen ist (§ 8 Absatz 2 Satz 9 EStG) oder die Mahlzeit pauschal nach § 40 Absatz 2 Satz 1 Nummer 1a EStG oder individuell besteuert wurde. Im Fall der Gewährung von Mahlzeiten, die keinen Arbeitslohn darstellen oder deren Preis 60 € übersteigt und die daher nicht mit dem amtlichen Sachbezugswert zu bewerten sind, besteht keine Pflicht im Lohnkonto den Großbuchstaben „M" aufzuzeichnen und zu bescheinigen.

e) Pauschalbesteuerungsmöglichkeit üblicher Mahlzeiten, § 40 Absatz 2 Satz 1 Nummer 1a EStG

Nach § 40 Absatz 2 Satz 1 Nummer 1a EStG besteht bei Mahlzeiten die Möglichkeit der pauschalen Be- **94** steuerung mit 25 %, wenn

– diese dem Arbeitnehmer von seinem Arbeitgeber oder auf dessen Veranlassung von einem Dritten während einer auswärtigen Tätigkeit unentgeltlich oder verbilligt zur Verfügung gestellt werden und

– deren Besteuerung nicht nach § 8 Absatz 2 Satz 9 EStG unterbleibt.

Die Pauschalbesteuerung kommt demnach in Betracht, wenn **95**

– der Arbeitnehmer ohne Übernachtung nicht mehr als acht Stunden auswärts tätig ist,

– der Arbeitgeber die Abwesenheitszeit nicht überwacht, nicht kennt oder

– die Dreimonatsfrist nach § 9 Absatz 4a Satz 6 EStG abgelaufen ist.

Beispiel 61:

Der Arbeitnehmer A nimmt an einer halbtägigen auswärtigen Seminarveranstaltung teil. Der Arbeitgeber hat für die teilnehmenden Arbeitnehmer neben dem Seminar auch ein Mittagessen gebucht und bezahlt. Der Arbeitgeber besteuert das Mittagessen nach § 40 Absatz 2 Satz 1 Nummer 1a EStG pauschal mit 25 %, weil er keine Aufzeichnungen über die Abwesenheitszeiten der Arbeitnehmer führt.

Voraussetzung ist, dass es sich um übliche Mahlzeiten handelt, die nach § 8 Absatz 2 Satz 8 EStG mit dem **96** Sachbezugswert anzusetzen sind.

Nicht nach § 40 Absatz 2 Satz 1 Nummer 1a EStG pauschal besteuerbar sind somit sog. Belohnungsessen **97** mit einem Preis von mehr als 60 €.

Im überwiegend eigenbetrieblichen Interesse des Arbeitgebers abgegebene **Mahlzeiten** (z. B. sog. Arbeits- **98** essen oder bei Beteiligung von Arbeitnehmern an einer geschäftlich veranlassten Bewirtung) **können nicht pauschal besteuert werden**, da insoweit kein steuerpflichtiger Arbeitslohn vorliegt.

Die Pauschalierungsmöglichkeit nach § 40 Absatz 2 Satz 1 Nummer 1a EStG gilt zudem nicht für die Ge- **99** stellung von Mahlzeiten am Ort der ersten Tätigkeitsstätte im Rahmen einer doppelten Haushaltsführung; hier kommt allerdings eine Pauschalierung nach § 40 Absatz 2 Satz 1 Nummer 1 EStG in Betracht.

4. Unterkunftskosten

a) Unterkunftskosten bei einer doppelten Haushaltsführung, § 9 Absatz 1 Satz 3 Nummer 5 EStG

aa) Vorliegen einer doppelten Haushaltsführung

Eine doppelte Haushaltsführung liegt nur vor, wenn der Arbeitnehmer außerhalb des Ortes seiner ersten **100** Tätigkeitsstätte einen eigenen Haushalt unterhält (**Hauptwohnung**) und auch am Ort der ersten Tätigkeitsstätte wohnt (**Zweitwohnung**). Die Anzahl der Übernachtungen ist unerheblich.

Das Vorliegen eines eigenen Hausstandes setzt neben dem Innehaben einer Wohnung aus eigenem Recht **101** als Eigentümer oder Mieter bzw. aus gemeinsamen oder abgeleitetem Recht als Ehegatte, Lebenspartner oder Lebensgefährte sowie Mitbewohner auch eine finanzielle Beteiligung an den Kosten der Lebensführung (laufende Kosten der **Lebensführung**) voraus (**§ 9 Absatz 1 Satz 3 Nummer 5 Satz 3 EStG**). Es genügt nicht, wenn der Arbeitnehmer z. B. im Haushalt der Eltern lediglich ein oder mehrere Zimmer unentgeltlich bewohnt oder wenn dem Arbeitnehmer eine Wohnung im Haus der Eltern unentgeltlich zur Nutzung überlassen wird. Die finanzielle Beteiligung an den Kosten der **Lebensführung** ist darzulegen und kann auch bei volljährigen Kindern, die bei ihren Eltern oder einem Elternteil wohnen, nicht generell unterstellt werden. Eine finanzielle Beteiligung an den Kosten der **Lebensführung** mit Bagatellbeträgen ist nicht ausreichend. Betragen die Barleistungen des Arbeitnehmers mehr als 10 % der monatlich regelmäßig anfallenden laufenden Kosten der **Lebensführung** (z. B. Miete, Mietnebenkosten, Kosten für Lebensmittel und andere Dinge des täglichen Bedarfs) ist von einer finanziellen Beteiligung oberhalb der Bagatellgrenze auszugehen. Liegen die Barleistungen darunter, kann der Arbeitnehmer eine hinreichende finanzielle Beteiligung auch auf andere Art und Weise darlegen. Bei Ehegatten oder Lebenspartnern mit den Steuerklassen III, IV oder V kann eine finanzielle Beteiligung an den Kosten der **Lebensführung** ohne entsprechenden Nachweis unterstellt werden (vgl. auch Rz. 113).

Eine Hauptwohnung i. S. d. § 9 Absatz 1 Satz 3 Nummer 5 Satz 2 EStG ist am Ort der ersten Tätigkeitsstät- 102 te belegen, wenn der Steuerpflichtige von dieser Wohnung seine erste Tätigkeitsstätte in zumutbarer

Weise täglich erreichen kann. Eine Fahrzeit von bis zu einer Stunde je Wegstrecke unter Zugrundelegung individueller Verkehrsverbindungen und Wegezeiten kann in der Regel als zumutbar angesehen werden (vgl. BFH-Urteil vom 16. November 2017, VI R 31/16, BStBl 2018 II S. 404). Aus Vereinfachungsgründen kann für die Frage, ob die Hauptwohnung am Ort der ersten Tätigkeitsstätte belegen ist oder nicht, z. B. wenn sie innerhalb derselben politischen Gemeinde, Stadt oder in deren unmittelbaren Umkreis liegen, die Entfernung der kürzesten Straßenverbindung (§ 9 Absatz 1 Satz 3 Nummer 4 Satz 4 EStG) zwischen Hauptwohnung und erster Tätigkeitsstätte herangezogen werden. Beträgt die Entfernung zwischen Hauptwohnung und erster Tätigkeitsstätte mehr als 50 km, ist davon auszugehen, dass sich die Hauptwohnung außerhalb des Ortes der ersten Tätigkeitsstätte befindet.

103 Eine Zweitwohnung oder -unterkunft in der Nähe des Ortes der ersten Tätigkeitsstätte steht einer Zweitwohnung am Ort der ersten Tätigkeitsstätte gleich. Aus Vereinfachungsgründen kann davon ausgegangen werden, dass die Zweitwohnung noch am Ort der ersten Tätigkeitstätte belegen ist, wenn die Entfernung der kürzesten Straßenverbindung (§ 9 Absatz 1 Satz 3 Nummer 4 EStG) zwischen Zweitwohnung oder -unterkunft und erster Tätigkeitsstätte nicht mehr als 50 km beträgt. Liegt die Zweitwohnung mehr als 50 km von dem Ort der ersten Tätigkeitsstätte entfernt, ist zu prüfen, ob die erste Tätigkeitsstätte von der Zweitwohnung oder -unterkunft noch in zumutbarer Weise täglich erreicht werden kann. Eine Fahrzeit von bis zu einer Stunde je Wegstrecke unter Zugrundelegung individueller Verkehrsverbindungen und Wegezeiten ist dabei als zumutbar anzusehen (BFH-Urteil vom 19. April 2012, VI R 59/11, BStBl II S. 833).

bb) Berufliche Veranlassung

104 Das Beziehen der Zweitwohnung oder -unterkunft muss aus beruflichen Gründen erforderlich sein. **Das ist insbesondere der Fall, wenn dadurch die Fahrtstrecke oder Fahrzeit zur ersten Tätigkeitsstätte wesentlich verkürzt wird.** Aus Vereinfachungsgründen kann von einer beruflichen Veranlassung des Beziehens der Zweitwohnung oder -unterkunft ausgegangen werden, wenn **die kürzeste Straßenverbindung** von der Zweitwohnung oder -unterkunft zur ersten Tätigkeitsstätte weniger als die Hälfte der kürzesten Straßenverbindung zwischen der Hauptwohnung (Mittelpunkt der Lebensinteressen) und der ersten Tätigkeitsstätte beträgt **oder die Fahrzeit zur ersten Tätigkeitsstätte für eine Wegstrecke halbiert wird.** Sind die Voraussetzungen dieser Vereinfachungsregelung nicht erfüllt, ist das Vorliegen einer beruflich veranlassten doppelten Haushaltsführung auf andere Weise anhand der konkreten Umstände des Einzelfalles darzulegen.

Beispiel 62:

Der Arbeitnehmer A hat seine Hauptwohnung in B und in C seine erste Tätigkeitsstätte. Die Entfernung von B (Hauptwohnung) nach C beträgt 100 km und die Fahrzeit mit dem ICE 50 Minuten. Der Arbeitnehmer nimmt sich in Z eine Zweitwohnung. Die Entfernung von dieser Zweitwohnung in Z nach C (erste Tätigkeitsstätte) beträgt 30 km.

Auf Grund der Entfernung von mehr als 50 km zwischen Hauptwohnung und erster Tätigkeitsstätte liegt die Hauptwohnung nicht am Ort der ersten Tätigkeitsstätte (vgl. Rz. 102). Eine Prüfung, der Fahrzeit zwischen Hauptwohnung und erster Tätigkeitsstätte ist nicht erforderlich. Die Zweitwohnung in Z liegt 30 km entfernt und damit noch am Ort der ersten Tätigkeitsstätte. Es liegt daher eine doppelte Haushaltsführung vor. Da die kürzeste Straßenverbindung von der Zweitwohnung zur ersten Tätigkeitsstätte (30 km) auch weniger als die Hälfte der Straßenverbindung zwischen Hauptwohnung in B und erster Tätigkeitsstätte beträgt (1/2 von 100 km = 50 km), kann auch von einer beruflichen Veranlassung der doppelten Haushaltsführung ausgegangen werden.

Abwandlung 1:

Die Entfernung von B (Hauptwohnung) zur ersten Tätigkeitsstätte beträgt 56 km und die Fahrzeit 65 Minuten. Die Zweitwohnung in Z ist 30 km von der ersten Tätigkeitsstätte entfernt und die tägliche Fahrzeit beträgt 25 Minuten.

Auf Grund der Entfernung von mehr als 50 km zwischen Hauptwohnung und erster Tätigkeitsstätte liegt die Hauptwohnung nicht am Ort der ersten Tätigkeitsstätte (vgl. Rz. 102). Eine weitergehende Prüfung der Fahrzeit zwischen Hauptwohnung und erster Tätigkeitsstätte ist nicht erforderlich. Die Zweitwohnung in Z liegt 30 km entfernt und damit noch am Ort der ersten Tätigkeitsstätte. Es liegt daher eine doppelte Haushaltsführung vor. Zwar beträgt die kürzeste Straßenverbindung von der Zweitwohnung zur ersten Tätigkeitsstätte (30 km) mehr als die Hälfte der kürzesten Straßenverbindung zwischen Hauptwohnung und erster Tätigkeitsstätte (28 km). Allerdings kann A darlegen, dass sich die Fahrzeit zur ersten Tätigkeitsstätte von der Zweitwohnung um mehr als die Hälfte und damit wesentlich verkürzt (Fahrzeit 25 Minuten); daher kann gleichwohl von einer beruflichen Veranlassung der doppelten Haushaltsführung ausgegangen werden.

Abwandlung 2:

Die Entfernung von B (Hauptwohnung) nach C beträgt 250 km. Die Zweitwohnung in Z ist 60 km von der ersten Tätigkeitsstätte entfernt. A legt den Weg mit einer günstigen Zugverbindung täglich in jeweils 40 Minuten zurück.

Die Hauptwohnung liegt mehr als 50 km von der ersten Tätigkeitsstätte entfernt und damit außerhalb des Orts der ersten Tätigkeitsstätte. Die Zweitwohnung dient, auch wenn sie mehr als 50 km von der ersten Tätigkeitsstätte entfernt liegt, noch dem Wohnen am Ort der ersten Tätigkeitsstätte, weil A von der Zweitwohnung aus seine erste Tätigkeitsstätte mit dem von ihm genutzten Verkehrsmittel in zumutbarer Weise täglich erreichen kann, da die Fahrzeit weniger als eine Stunde beträgt. Es liegt daher eine doppelte Haushaltsführung vor. Die doppelte Haushaltsführung ist auch beruflich veranlasst, da die kürzeste Straßenverbindung zwischen der Zweitwohnung und der ersten Tätigkeitsstätte weniger als die Hälfte der kürzesten Straßenverbindung zwischen der Hauptwohnung und der ersten Tätigkeitsstätte beträgt.

Abwandlung 3:

Die Entfernung von B (Hauptwohnung) nach C beträgt 150 km und die Fahrzeit mit dem ICE 90 Minuten. Die Zweitwohnung in Z ist 74 km von der ersten Tätigkeitsstätte entfernt und die Fahrzeit beträgt 65 Minuten je Wegstrecke.

Auf Grund der Entfernung von mehr als 50 km zwischen Hauptwohnung und erster Tätigkeitsstätte liegt die Hauptwohnung nicht am Ort der ersten Tätigkeitsstätte (vgl. Rz. 102). Da die Entfernung von der Zweitwohnung in Z zur ersten Tätigkeitstätte in C mehr als 50 km beträgt und die erste Tätigkeitsstätte in C auch nicht innerhalb einer Fahrzeit von einer Stunde erreicht werden kann, liegt keine doppelte Haushaltsführung vor.

cc) Ehegatten/Lebenspartner

Für Ehegatten/Lebenspartner müssen die Voraussetzungen der Rz. 100-104 jeweils gesondert erfüllt **105** sein, um für jeden von ihnen die beruflich veranlasste doppelte Haushaltsführung anerkennen zu können.

dd) Höhe der Unterkunftskosten

Als Unterkunftskosten für eine doppelte Haushaltsführung im Inland werden die dem Arbeitnehmer tat- **106** sächlich entstandenen Aufwendungen für die Nutzung der Wohnung oder Unterkunft höchstens bis zu einem nachgewiesenen Betrag von 1.000 € im Monat **(Höchstbetrag)** anerkannt. Die Prüfung der Notwendigkeit und Angemessenheit entfällt; auch auf die Zahl der Wohnungsbenutzer (Angehörige) kommt es nicht an.

Steht die Zweitwohnung oder -unterkunft im Eigentum des Arbeitnehmers, sind die tatsächlichen Auf- **107** wendungen (z. B. AfA, Schuldzinsen, Reparaturkosten, Nebenkosten) bis zum Höchstbetrag von 1.000 € monatlich zu berücksichtigen. Insoweit gelten die Grundsätze der BFH-Rechtsprechung (vgl. BFH-Urteil vom 3. Dezember 1982, VI R 228/80, BStBl 1983 II S. 467) weiter.

Der Höchstbetrag umfasst sämtliche entstehenden Aufwendungen wie Miete, Betriebskosten, Kosten der **108** laufenden Reinigung und Pflege der Zweitwohnung oder -unterkunft, Zweitwohnungsteuer, Rundfunkbeitrag, Miet- oder Pachtgebühren für Kfz-Stellplätze, Aufwendungen für Sondernutzung (wie Garten), die vom Arbeitnehmer selbst getragen werden, **nicht jedoch Aufwendungen für Hausrat, Einrichtungsgegenstände oder Arbeitsmittel, mit denen die Zweitwohnung ausgestattet ist. Aufwendungen für die erforderliche Einrichtung und Ausstattung der Zweitwohnung, soweit sie nicht überhöht sind, können als sonstige notwendige Mehraufwendungen der doppelten Haushaltsführung berücksichtigt werden (BFH-Urteil vom 4. April 2019, VI R 18/17, BStBl II S. 449).** Übersteigen die Anschaffungskosten des Arbeitnehmers für Einrichtung und Ausstattung der Zweitwohnung (ohne Arbeitsmittel) insgesamt nicht den Betrag von 5.000 € einschließlich Umsatzsteuer, ist aus Vereinfachungsgründen davon auszugehen, dass es sich um notwendige Mehraufwendungen der doppelten Haushaltsführung handelt. Wird die Zweitwohnung oder -unterkunft möbliert angemietet, **überschreitet die Miete den Höchstbetrag und enthält der Mietvertrag keine Aufteilung der Miete für die Überlassung der Wohnung und der Einrichtung und Ausstattung, ist die Miete im Schätzwege aufzuteilen (BFH-Urteil vom 4. April 2019, VI R 18/17, BStBl II S. 449).** Aufwendungen für einen separat angemieteten Garagenstellplatz sind in den Höchstbetrag einzubeziehen und können nicht als „sonstige" notwendige Mehraufwendungen zusätzlich berücksichtigt werden. Maklerkosten, die für die Anmietung einer Zweitwohnung oder -unterkunft entstehen, sind als Umzugskosten zusätzlich als Werbungskosten abziehbar (R 9.9 Absatz 2 LStR 2015)**❶** oder vom Arbeitgeber steuerfrei erstattbar. Sie sind nicht in die **Höchstbetragsberechnung** mit einzubeziehen.

109 Bei Beendigung der doppelten Haushaltsführung ist eine Vorfälligkeitsentschädigung wegen vorzeitiger Ablösung einer Grundschuld aufgrund der Veräußerung der Zweitwohnung nicht als Werbungskosten zu berücksichtigen (vgl. BFH-Urteil vom 3. April 2019, VI R 15/17, BStBl II S. 446).

110 Bei der Anwendung des Höchstbetrags ist grundsätzlich § 11 EStG zu beachten. Soweit der monatliche Höchstbetrag von 1.000 € nicht ausgeschöpft wird, ist eine Übertragung des nicht ausgeschöpften Volumens in andere Monate des Bestehens der doppelten Haushaltsführung im selben Kalenderjahr möglich. Erhält der Arbeitnehmer Erstattungen z. B. für Nebenkosten, mindern diese Erstattungen im Zeitpunkt des Zuflusses die Unterkunftskosten der doppelten Haushaltsführung.

Ein häusliches Arbeitszimmer in der Zweitwohnung am Ort der ersten Tätigkeitsstätte ist bei der Ermittlung der anzuerkennenden Unterkunftskosten nicht einzubeziehen; der Abzug der hierauf entfallenden Aufwendungen richtet sich nach § 4 Absatz 5 Satz 1 Nummer 6b EStG (vgl. BFH-Urteil vom 9. August 2007, VI R 23/05, BStBl 2009 II S. 722).

111 Der Höchstbetrag nach § 9 Absatz 1 Satz 3 Nummer 5 Satz 4 EStG in Höhe von 1.000 € ist ein Monatsbetrag, der nicht auf einen Kalendertag umzurechnen ist und grundsätzlich für jede doppelte Haushaltsführung des Arbeitnehmers gesondert gilt. Beziehen mehrere berufstätige Arbeitnehmer (z. B. beiderseits berufstätige Ehegatten, Lebenspartner, Lebensgefährten, Mitglieder einer Wohngemeinschaft) am gemeinsamen Beschäftigungsort eine gemeinsame Zweitwohnung, handelt es sich jeweils um eine doppelte Haushaltsführung, so dass jeder Arbeitnehmer den Höchstbetrag für die tatsächlich von ihm getragenen Aufwendungen jeweils für sich beanspruchen kann.

Beispiel 63:

Die beiderseits berufstätigen Ehegatten bewohnen an ihrem Beschäftigungsort in M (jeweils Ort der ersten Tätigkeitsstätte) gemeinsam eine möblierte Unterkunft. Ihren Hausstand sowie ihren Lebensmittelpunkt haben die Eheleute nachweislich im eigenen Einfamilienhaus in B. Die Aufwendungen für die Nutzung der Unterkunft am Beschäftigungsort betragen inklusive sämtlicher Nebenkosten 1.100 € im Monat. Diese werden auf Grund gemeinsamer Verpflichtung von beiden Ehegatten zu gleichen Anteilen gezahlt.

Die tatsächlichen Aufwendungen für die Nutzung der Unterkunft können bei jedem Ehegatten jeweils in Höhe von 550 € angesetzt werden.

Beispiel 64:

Der Arbeitnehmer A bewohnt am Ort seiner ersten Tätigkeitsstätte in M eine Zweitwohnung. Die Aufwendungen für die Nutzung dieser Unterkunft (Miete, ink*lusive* sämtlicher berücksichtigungsfähiger Nebenkosten) betragen bis zum 30. Juni monatlich 990 €. Ab 1. Juli wird die Miete um 30 € erhöht, so dass ab diesem Zeitpunkt die monatlichen Aufwendungen für die Nutzung der Unterkunft 1.020 € betragen.

In den Monaten Januar bis Juni können die Aufwendungen für die Nutzung der Unterkunft in voller Höhe vom Arbeitgeber steuerfrei erstattet bzw. von A als Werbungskosten geltend gemacht werden.

Ab Juli ist grundsätzlich die Beschränkung auf den Höchstbetrag von 1.000 € zu beachten. Die den Höchstbetrag übersteigenden Aufwendungen von monatlich 20 € können allerdings mit dem noch nicht aufgebrauchten Höchstbetragsvolumen der Monate Januar – Juni (6 x 10 € = 60 €) verrechnet und insoweit steuerfrei erstattet oder als Werbungskosten geltend gemacht werden.

112 Bei doppelter Haushaltsführung im Ausland sind die Aufwendungen in tatsächlicher Höhe notwendig, soweit sie die ortsübliche Miete für eine nach Lage und Ausstattung durchschnittliche Wohnung am Ort der ersten Tätigkeitsstätte mit einer Wohnfläche bis zu 60 qm nicht überschreiten.

Amtl. Fn.:
❶ Jetzt LStR 2023.

ee) Steuerfreie Erstattung durch den Arbeitgeber und Werbungskostenabzug

Für den steuerfreien Arbeitgeberersatz kann der Arbeitgeber bei Arbeitnehmern mit den Steuerklassen III, **113** IV oder V ohne Weiteres unterstellen, dass sie einen eigenen Hausstand haben, an dem sie sich auch finanziell beteiligen. Bei anderen Arbeitnehmern darf der Arbeitgeber einen eigenen Hausstand nur dann anerkennen, wenn sie schriftlich erklären, dass sie neben einer Zweitwohnung oder -unterkunft am Beschäftigungsort außerhalb des Beschäftigungsortes einen eigenen Hausstand unterhalten, an dem sie sich auch finanziell beteiligen. Die Kosten der Zweitwohnung oder -unterkunft am Ort der ersten Tätigkeitsstätte im Inland können weiterhin vom Arbeitgeber pauschal steuerfrei erstattet werden (R 9.11 Absatz 10 Satz 7 Nummer 3 LStR 2015)**❶**.

Der Arbeitnehmer hat das Vorliegen einer doppelten Haushaltsführung und die finanzielle Beteiligung an **114** der Haushaltsführung am Ort des eigenen Hausstands **grundsätzlich** in seiner Einkommensteuererklärung darzulegen. **Bei Arbeitnehmern, die mit ihrem Ehegatten oder Lebenspartner einen gemeinsamen Haushalt führen, kann eine finanzielle Beteiligung an den Kosten der Lebensführung ohne entsprechenden Nachweis unterstellt werden (vgl. auch Rz. 101).** Kosten der Zweitwohnung oder -unterkunft sind für die Berücksichtigung als Werbungskosten grundsätzlich im Einzelnen nachzuweisen; sie können geschätzt werden, wenn sie dem Grunde nach zweifelsfrei entstanden sind (vgl. BFH-Urteil vom 12. September 2001, VI R 72/97, BStBl II S. 775).

b) Unterkunftskosten bei einer Auswärtstätigkeit, § 9 Absatz 1 Satz 3 Nummer 5a EStG

Als Werbungskosten abzugsfähig sind Unterkunftskosten bei einer Auswärtstätigkeit. Hierbei muss es **115** sich um notwendige Mehraufwendungen eines Arbeitnehmers für beruflich veranlasste Übernachtungen an einer Tätigkeitsstätte handeln, die nicht erste Tätigkeitsstätte ist.

aa) Berufliche Veranlassung

Die berufliche Veranlassung ist gegeben, wenn der Arbeitnehmer auf Weisung des Arbeitgebers so gut **116** wie ausschließlich betrieblich bzw. dienstlich unterwegs ist. Dies ist zum Beispiel der Fall, wenn der Arbeitnehmer einen Kunden besucht. Erledigt der Arbeitnehmer im Zusammenhang mit der beruflich veranlassten Auswärtstätigkeit auch in einem mehr als geringfügigen Umfang private Angelegenheiten, sind die beruflich veranlassten von den privat veranlassten Aufwendungen zu trennen (vgl. BFH-Beschluss vom 21. September 2009, GrS 1/06, BStBl 2010 II S. 672). Ist das nicht – auch nicht durch Schätzung – möglich, gehören die gesamten Aufwendungen zu den nach § 12 EStG nicht abziehbaren Aufwendungen für die Lebensführung.

bb) Unterkunftskosten

Unterkunfts- bzw. Übernachtungskosten sind die tatsächlichen Aufwendungen für die persönliche Inanspruchnahme einer Unterkunft zur Übernachtung. Hierzu zählen zum Beispiel Kosten für die Nutzung eines Hotelzimmers, Mietaufwendungen für die Nutzung eines (ggf. möblierten) Zimmers oder einer Wohnung sowie Nebenleistungen (z. B. Kultur- und Tourismusförderabgabe, Kurtaxe/Fremdenverkehrsabgabe, bei Auslandsübernachtungen die besondere Kreditkartengebühr bei Zahlungen in Fremdwährungen). Als Werbungskosten können lediglich die tatsächlich entstandenen Übernachtungskosten und keine Pauschalen abgezogen werden.

Kosten für Mahlzeiten gehören zu den Aufwendungen des Arbeitnehmers für die Verpflegung und sind **118** nur nach Maßgabe des § 9 Absatz 4a EStG abziehbar. Wird durch Zahlungsbelege nur ein Gesamtpreis für Unterkunft und Verpflegung nachgewiesen und lässt sich der Preis für die Verpflegung nicht feststellen (z. B. Tagungspauschale), so ist dieser Gesamtpreis zur Ermittlung der Übernachtungskosten zu kürzen. Als Kürzungsbeträge sind dabei

- für Frühstück 20 %,

- für Mittag- und Abendessen j eweils 40 %

der für den Unterkunftsort maßgebenden Verpflegungspauschale bei einer Auswärtstätigkeit mit einer Abwesenheitsdauer von mindestens 24 Stunden anzusetzen.

Amtl. Fn.:
❶ Jetzt LStR 2023.

Beispiel 65:

Der Arbeitnehmer A übernachtet während einer zweitägigen inländischen Auswärtstätigkeit im Hotel. Die Rechnung des Hotels ist auf den <u>Namen des Arbeitgebers</u> ausgestellt. Das Hotel rechnet eine Übernachtung mit Frühstück wie folgt ab:

Pauschalarrangement 70 €

Der Arbeitgeber hat folgende Möglichkeiten:

Zur Ermittlung der Übernachtungskosten kann der Gesamtpreis um **5,60 €** (20 % **von 28 € für die auf das Frühstück entfallenden anteiligen Kosten) gekürzt werden.** Der verbleibende Betrag von **64,40 €** kann vom Arbeitgeber dann als Übernachtungskosten steuerfrei erstattet werden. Für den An- und Abreisetag stehen dem Arbeitnehmer Verpflegungspauschalen von insgesamt **28 € (je 14 €** für den An- und Abreisetag) zu. Die Verpflegungspauschale für den Abreisetag ist nicht zu kürzen (um **5,60 €** für das Frühstück), wenn der Arbeitgeber dem Arbeitnehmer lediglich die **64,40 €** als Übernachtungskosten erstattet. Insgesamt kann der Arbeitgeber somit **92,40 €** steuerfrei erstatten (**64,40 €** Unterkunft plus **28 €** Verpflegung).

Erstattet der Arbeitgeber dem Arbeitnehmer hingegen den Gesamtpreis von 70 € (also einschließlich Frühstück) sind die Verpflegungspauschalen zu kürzen auf einen Betrag von **22,40 €** für Verpflegung (**28 €** Verpflegungspauschalen - **5,60 €** Kürzung für ein Frühstück). Insgesamt kann der Arbeitgeber somit **92,40 €** steuerfrei erstatten (70 € Unterkunft und Frühstück plus **22,40 €** Verpflegung).

Die Berechnungen führen somit zum gleichen Ergebnis, egal von welchem Betrag der pauschale Einbehalt bzw. die pauschale Kürzung erfolgt.

Abwandlung:

Die Rechnung des Hotels ist <u>auf den Namen des Arbeitnehmers</u> ausgestellt.

Auch in diesem Fall kann der Arbeitgeber insgesamt höchstens **92,40 €** steuerfrei erstatten (**64,40 €** Unterkunft plus **28 €** Verpflegung).

Beispiel 66:

Der Arbeitnehmer A übernachtet während einer zweitägigen Auswärtstätigkeit im Hotel. Die Rechnung ist auf den <u>Namen des Arbeitgebers</u> ausgestellt. Das Hotel rechnet eine Übernachtung mit Frühstück wie folgt ab:

Übernachtung 60 €

Frühstück 10 €

Die ausgewiesenen Übernachtungskosten von 60 € können vom Arbeitgeber steuerfrei erstattet werden. Für den An- und Abreisetag stünden dem Arbeitnehmer zusätzlich auch noch Verpflegungspauschalen von **28 € (je 14 €** für den An- und Abreisetag) zu. Die Verpflegungspauschale für den Abreisetag ist nicht zu kürzen, wenn der Arbeitgeber dem Arbeitnehmer lediglich die 60 € Übernachtungskosten erstattet.

Erstattet der Arbeitgeber hingegen auch den Betrag von 10 € für das Frühstück, ist die Verpflegungspauschale für den Abreisetag um **5,60 €** wegen des vom Arbeitgeber zur Verfügung gestellten Frühstücks zu kürzen. Der Arbeitgeber kann dann zusätzlich einen Betrag von **22,40 €** für Verpflegung steuerfrei erstatten.

Abwandlung:

Die Rechnung des Hotels ist <u>auf den Namen des Arbeitnehmers</u> ausgestellt.

In diesem Fall kann der Arbeitgeber insgesamt höchstens **88 €** steuerfrei erstatten (60 € Unterkunft plus **28 €** Verpflegung).

Werden keine steuerfreien Erstattungen seitens des Arbeitgebers gezahlt, ist der Betrag von **88 €** als Werbungskosten berücksichtigungsfähig.

cc) Notwendige Mehraufwendungen

119 Es ist lediglich die berufliche Veranlassung zu prüfen, nicht aber die Angemessenheit der Unterkunft (bestimmte Hotelkategorie oder Größe der Unterkunft). Die Anerkennung von Unterkunftskosten bei einer auswärtigen beruflichen Tätigkeit erfordert, dass noch eine andere Wohnung besteht, für die dem Arbeitnehmer Aufwendungen entstehen, weil er dort

- seinen Lebensmittelpunkt hat, ohne dass dort jedoch ein eigener Hausstand vorliegen muss, oder
- seinen Lebensmittelpunkt wieder aufnehmen will.

Für die Berücksichtigung von Unterkunftskosten anlässlich einer Auswärtstätigkeit wird somit – anders als bei der doppelten Haushaltsführung – nicht vorausgesetzt, dass der Arbeitnehmer eine Wohnung aus eigenem Recht oder als Mieter innehat und eine finanzielle Beteiligung an den Kosten der Lebensführung leistet. Es genügt, wenn der Arbeitnehmer z. B. im Haushalt der Eltern ein Zimmer bewohnt.

Ist die Unterkunft am auswärtigen Tätigkeitort die einzige Wohnung/Unterkunft des Arbeitnehmers, **120** liegt kein beruflich veranlasster Mehraufwand vor.

Soweit höhere Übernachtungskosten anfallen, weil der Arbeitnehmer eine Unterkunft gemeinsam mit **121** Personen nutzt, die in keinem Dienstverhältnis zum selben Arbeitgeber stehen, sind nur diejenigen Aufwendungen anzusetzen, die bei alleiniger Nutzung durch den Arbeitnehmer angefallen wären. Nicht abziehbar sind somit Mehrkosten, die aufgrund der Mitnutzung der Übernachtungsmöglichkeit durch eine Begleitperson entstehen, insbesondere wenn die Begleitung privat und nicht beruflich veranlasst ist. Bei Mitnutzung eines Mehrbettzimmers (z. B. Doppelzimmer) können die Aufwendungen angesetzt werden, die bei Inanspruchnahme eines Einzelzimmers im selben Haus entstanden wären.

Bei Nutzung einer Wohnung am auswärtigen Tätigkeitsort zur Übernachtung während einer beruflich **122** veranlassten Auswärtstätigkeit kann im Inland aus Vereinfachungsgründen – entsprechend der Regelungen für Unterkunftskosten bei einer längerfristigen Auswärtstätigkeit von mehr als 48 Monaten – bei Aufwendungen bis zu einem Betrag von 1.000 € monatlich von einer ausschließlichen beruflichen Veranlassung ausgegangen werden. Betragen die Aufwendungen im Inland mehr als 1.000 € monatlich oder handelt es sich um eine Wohnung im Ausland, können nur die Aufwendungen berücksichtigt werden, die durch die beruflich veranlasste, alleinige Nutzung des Arbeitnehmers verursacht werden; dazu kann **z. B.** die ortsübliche Miete für eine nach Lage und Ausstattung durchschnittliche Wohnung am Ort der auswärtigen Tätigkeitsstätte mit einer Wohnfläche bis zu 60 qm als Vergleichsmaßstab herangezogen werden.

Beispiel 67:

Der Arbeitnehmer A wird aus persönlichen Gründen auf einer Auswärtstätigkeit von seiner Ehefrau begleitet. Für die Übernachtung im Doppelzimmer entstehen Kosten von 150 €. Ein Einzelzimmer hätte 90 € gekostet.

Als Werbungskosten abziehbar oder vom Arbeitgeber steuerfrei erstattungsfähig sind 90 €.

Abwandlung:

Auf einer Auswärtstätigkeit teilt sich der Arbeitnehmer A das Doppelzimmer mit seinem Kollegen B, der ihn aus betrieblichen Gründen begleitet.

Für jeden Arbeitnehmer können (150 € : 2 =) 75 € als Werbungskosten berücksichtigt oder vom Arbeitgeber steuerfrei erstattet werden.

dd) Begrenzte Berücksichtigung von Unterkunftskosten bei einer längerfristigen Auswärtstätigkeit an derselben Tätigkeitsstätte im Inland

Bei einer längerfristigen beruflichen Tätigkeit an derselben Tätigkeitsstätte im Inland, die nicht erste Tä- **123** tigkeitsstätte ist, können nach Ablauf von 48 Monaten die tatsächlich entstehenden Unterkunftskosten höchstens noch bis zur Höhe von 1.000 € im Monat als Werbungskosten abgezogen oder vom Arbeitgeber steuerfrei erstattet werden. Das gilt auch für Hotelübernachtungen.

Bei Übernachtungen im Ausland im Rahmen einer längerfristigen Auswärtstätigkeit gelten die Grundsät- **124** ze zur beruflichen Veranlassung und Notwendigkeit der entstandenen Aufwendungen unverändert weiter. Die Höchstgrenze von 1.000 € gilt hier nicht.

Von einer längerfristigen beruflichen Tätigkeit an derselben Tätigkeitsstätte ist erst dann auszugehen, **125** sobald der Arbeitnehmer an dieser mindestens an drei Tagen in der Woche tätig wird. Die 48-Monatsfrist beginnt daher nicht, solange die auswärtige Tätigkeitsstätte nur an zwei Tagen in der Woche aufgesucht wird. Eine Unterbrechung von weniger als sechs Monaten, z. B. wegen Urlaub, Krankheit, beruflicher Tätigkeit an einer anderen Tätigkeitsstätte führt nicht zu einem Neubeginn der 48-Monatsfrist. Die Prüfung des Unterbrechungszeitraums und des Ablaufs der 48-Monatsfrist erfolgt stets im Nachhinein mit Blick auf die zurückliegende Zeit.

Beispiel 68:

Der Arbeitnehmer A ist seit 1. April **01** an der sich an seinem Wohnort befindlichen ersten Tätigkeitsstätte in H an zwei Tagen in der Woche tätig. An den anderen drei Tagen betreut er aufgrund arbeitsrechtlicher Festlegungen eine 200 km entfernte Filiale in B. Dort übernachtet er regelmäßig zweimal wöchentlich.

Da der Arbeitnehmer A längerfristig infolge seiner beruflichen Tätigkeit an drei Tagen in der Woche an derselben Tätigkeitsstätte in B, die nicht erste Tätigkeitsstätte ist, tätig wird und dort übernachtet, können die ihm tatsächlich entstehenden Übernachtungskosten nach Ablauf von 48 Monaten nur noch bis zur Höhe von 1.000 € monatlich als Werbungskosten geltend gemacht oder steuerfrei erstattet werden.

Abwandlung:

Wie Beispiel **68**, allerdings muss A ab 15. Juli **01** für vier Monate nach M. Ab 16. November 01 ist er dann drei Tage wöchentlich in H und zwei Tage in B.

Für die längerfristige berufliche Auswärtstätigkeit in B beginnt die 48-Monatsfrist am 1. April **01** und endet voraussichtlich am 31. März **05**. Eine sechsmonatige Unterbrechung liegt noch nicht vor (lediglich vier Monate und dann immer nur dreitägige Unterbrechung).

126 Für die Prüfung der 48-Monatsfrist wird auf den tatsächlich verwirklichten Sachverhalt abgestellt. Erst nach Ablauf von 48 Monaten greift die Begrenzung der Höhe nach auf den Betrag von 1.000 € im Monat. Die unbegrenzte Berücksichtigung der entstandenen Aufwendungen in den ersten 48 Monaten bleibt davon unberührt.

ee) Anwendung der 48-Monatsfrist zur begrenzten Berücksichtigung der Unterkunftskosten bei einer längerfristigen Auswärtstätigkeit im Inland

127 Maßgeblich für den Beginn der 48-Monatsfrist ist der jeweilige Beginn der längerfristigen beruflichen Tätigkeit an derselben Tätigkeitsstätte im Inland. Aus Vereinfachungsgründen ist es allerdings nicht zu beanstanden, wenn die abziehbaren Übernachtungskosten erst ab dem ersten vollen Kalendermonat, der auf den Monat folgt, in dem die 48-Monatsfrist endet, auf 1.000 € begrenzt werden.

ff) Steuerfreie Erstattung durch den Arbeitgeber

128 Für jede Übernachtung im Inland darf der Arbeitgeber die nachgewiesenen Übernachtungskosten nach Rz. **117** bis Rz. **126** oder ohne Einzelnachweis einen Pauschbetrag von 20 € steuerfrei erstatten. Bei Übernachtungen **während** einer auswärtigen beruflichen Tätigkeit im Ausland **können die nachgewiesenen Übernachtungskosten oder ohne Einzelnachweis die mit BMF-Schreiben bekannt gemachten Pauschbeträge steuerfrei erstattet werden (R 9.7 Absatz 3 Satz 2 ff. LStR 2015)❶**.

5. Reisenebenkosten

129 Zu den Reisenebenkosten gehören die tatsächlichen Aufwendungen z. B. für:

1. Beförderung und Aufbewahrung von Gepäck;

2. **Telekommunikation** und Schriftverkehr beruflichen Inhalts mit dem Arbeitgeber oder Geschäftspartnern;

3. Straßen- und Parkplatzbenutzung sowie Schadensbeseitigung infolge von Verkehrsunfällen, wenn die jeweils damit verbundenen Fahrtkosten als Reisekosten anzusetzen sind;

4. Verlust von auf der Reise abhanden gekommener oder beschädigter Gegenstände, die der Arbeitnehmer auf der Reise verwenden musste, wenn der Verlust aufgrund einer reisespezifischen Gefährdung eingetreten ist. Berücksichtigt wird der Verlust bis zur Höhe des Wertes, der dem Gegenstand zum Zeitpunkt des Verlustes beigemessen wird.

5. Private Telefongespräche, soweit sie der beruflichen Sphäre zugeordnet werden können (vgl. BFH-Urteil vom 5. Juli 2012, VI R 50/10, BStBl 2013 II S. 282).

Amtl. Fn.:

❶ Jetzt LStR 2023.

Die Reisenebenkosten sind durch geeignete Unterlagen nachzuweisen bzw. glaubhaft zu machen. Regel- **130** mäßig wiederkehrende Reisenebenkosten können zur Vereinfachung über einen repräsentativen Zeitraum von drei Monaten im Einzelnen nachgewiesen werden und dann in der Folgezeit mit dem täglichen Durchschnittsbetrag angesetzt werden.

Zur Abgeltung der notwendigen Mehraufwendungen, die einem Arbeitnehmer während seiner auswärti- **131** **gen beruflichen Tätigkeit auf einem Kraftfahrzeug des Arbeitgebers oder eines vom Arbeitgeber beauftragten Dritten im Zusammenhang mit einer Übernachtung in dem Kraftfahrzeug entstehen, kann ab 1. Januar 2020 einheitlich im Kalenderjahr eine Pauschale von 8 € für jeden Kalendertag berücksichtigt werden, an dem der Arbeitnehmer eine Verpflegungspauschale nach § 9 Absatz 4a Satz 3 Nummer 1 und 2 sowie Satz 5 zur Nummer 1 und 2 EStG beanspruchen könnte. Die Pauschale kann auch von mitfahrenden Arbeitnehmern beansprucht werden, die ebenfalls im Fahrzeug übernachten, wenn der Arbeitgeber keine weiteren Erstattungen für Übernachtungskosten leistet oder der Arbeitnehmer keine weiteren Übernachtungskosten als Werbungskosten geltend macht. Die übrigen Voraussetzungen des § 9 Absatz 1 Satz 3 Nummer 5b EStG müssen erfüllt sein.**

Zur Berücksichtigung von **höheren Mehraufwendungen ab 1. Januar 2020** vgl. BMF-Schreiben vom 4. Dezember 2012, BStBl I S. 1249.

Nicht zu den Reisenebenkosten gehören z. B.: **132**

1. Kosten für die persönliche Lebensführung wie Tageszeitungen, private Telefongespräche mit Ausnahme der Gespräche i. S. d. Rz. **129** Nummer 5, Massagen, Minibar oder Pay-TV,

2. Ordnungs-, Verwarnungs- und Bußgelder, die auf einer Auswärtstätigkeit verhängt werden,

3. Verlust von Geld oder Schmuck,

4. Anschaffungskosten für Bekleidung, Koffer oder andere Reiseausrüstungsgegenstände, weil sie nur mittelbar mit einer Auswärtstätigkeit zusammenhängen,

5. Essensgutscheine, z. B. in Form von Raststätten- oder Autohof-Wertbons.

Gutscheine i. S. d. Rz. **132** Nummer 5 gehören nicht zu den Reisenebenkosten, da zur Abgeltung der tat- **133** sächlich entstandenen, beruflich veranlassten Mehraufwendungen für Verpflegung eine Verpflegungspauschale (§ 9 Absatz 4a EStG) angesetzt werden kann.

Beispiel 69:

Der LKW-Fahrer L ist im Inland eintägig mehr als acht Stunden beruflich auswärts tätig. Er nimmt ein Mittagessen im Wert von 8,50 € in einer Autobahnraststätte ein und bezahlt an der Kasse 6 € in bar und den Rest in Wertbons, die er im Zusammenhang mit der vom Arbeitgeber erstatteten Parkplatzgebühr erhalten hat.

Dem LKW-Fahrer L steht eine ungekürzte Verpflegungspauschale von **14 €** zu.

6. Sonstiges

Zur Ermittlung der steuerfreien Leistungen für Reisekosten dürfen die einzelnen Aufwendungsarten zu- **134** sammengefasst werden; die Leistungen sind steuerfrei, soweit sie die Summe der zulässigen steuerfreien Leistungen nicht übersteigen. Hierbei können mehrere Reisen zusammengefasst abgerechnet werden. Dies gilt sinngemäß für Umzugskosten und für Mehraufwendungen bei einer doppelten Haushaltsführung (R 3.16 Satz 1 bis 3 ggf. i. V. m. R 3.13 Abs. 1 Satz 3 LStR 2015)**[1]**.

Beispiel 70:

Bei einer längerfristigen beruflichen Auswärtstätigkeit wird ein Monteur für die Dauer von sechs Monaten (110 Arbeitstage) an derselben Tätigkeitsstätte tätig. Die arbeitstägliche Abwesenheit von seiner Wohnung und der ersten Tätigkeitsstätte beträgt jeweils mehr als 8 Stunden. Während der sechs Monate seiner Tätigkeit steht dem Monteur nach **der** Reiserichtlinie des Arbeitgebers ein Tagegeld in Höhe von insgesamt **770 €** zu (110 Arbeitstage x **7 €**/Arbeitstag).

Amtl. Fn.:
[1] Jetzt LStR 2023.

Erfolgt eine monatliche Reisekostenabrechnung können die Tagegelder der ersten drei Monate steuerfrei geleistet werden:

Steuerfreie Verpflegungspauschalen: 55 Arbeitstage x **14** €/Arbeitstag   = **770** €
Gezahltes Tagegeld: 55 Arbeitstage x **7** €/Arbeitstag   = **385** €

Der Arbeitnehmer könnte somit zusätzlich für die ersten drei Monate noch **385** € als Werbungskosten geltend machen.

Die Tagegelder der folgenden drei Monate sind steuerpflichtig und der Arbeitnehmer kann keine Werbungskosten mehr geltend machen

Steuerfreie Verpflegungspauschalen: = **0** €
Gezahltes Tagegeld: 55 Arbeitstage x **7** €/Arbeitstag   = **385** €

Wird die längerfristige berufliche Auswärtstätigkeit zusammengefasst abgerechnet, können die Tagegelder der gesamten sechs Monate steuerfrei gezahlt werden. Der Arbeitnehmer kann dann keinen Werbungskostenabzug mehr geltend machen.

Steuerfreie Verpflegungspauschalen: 55 Arbeitstage x **14** €/Arbeitstag   = **770** €
Gezahltes Tagegeld: 110 Arbeitstage x **7** €/Arbeitstag   = **770** €

135 In den Fällen, in denen keine steuerfreie Verpflegungspauschale gezahlt werden darf, ist es nicht zu beanstanden, wenn der Arbeitgeber bei einer von ihm zur Verfügung gestellten Mahlzeit eine Verrechnung des anzusetzenden Sachbezugswertes mit steuerfrei zu erstattenden Fahrt-, Unterkunfts- oder Reisenebenkosten vornimmt.

Beispiel 71:

Der Arbeitnehmer A nimmt an einem halbtägigen auswärtigen Seminar mit Mittagessen teil und ist 6 Stunden von seiner Wohnung und der ersten Tätigkeitsstätte abwesend. Für die Fahrt zum Seminar nutzt A seinen privaten PKW und könnte für die entstandenen Fahrtkosten eine steuerfreie Erstattung in Höhe von 30 € von seinem Arbeitgeber beanspruchen.

Der Arbeitgeber kann die von ihm im Rahmen des Seminars gestellte Mahlzeit mit dem Sachbezugswert individuell oder pauschal mit 25 % versteuern oder von den zu erstattenden 30 € abziehen.

III. Zeitliche Anwendungsregelung

136 Dieses Schreiben ersetzt das BMF-Schreiben vom 24. Oktober 2014 (BStBl I S. 1412) und ist in allen noch offenen Fällen anzuwenden. Änderungen sind durch Fettdruck dargestellt. In den jeweiligen Beispielen wurden die ab 1. Januar 2020 geltenden gesetzlichen Beträge für Verpflegungsmehraufwendungen und Sachbezugswerte berücksichtigt.

LStR   R 9.5   Fahrtkosten als Reisekosten

Allgemeines

(1) [1]Fahrtkosten sind die tatsächlichen Aufwendungen, die dem Arbeitnehmer durch die persönliche Benutzung eines Beförderungsmittels entstehen.**1** [2]Bei öffentlichen Verkehrsmitteln ist der entrichtete Fahrpreis einschließlich etwaiger Zuschläge anzusetzen.**2** [3]Benutzt der Arbeitnehmer sein Fahrzeug, ist der Teilbetrag der jährlichen Gesamtkosten dieses Fahrzeugs an-

---

Anm. d. Schriftl.:

1 Reparaturaufwendungen infolge der Falschbetankung eines Pkw auf der Fahrt zwischen Wohnung und Arbeitsstätte sind nicht als Werbungskosten abziehbar (BFH-Urteil vom 20. 3. 2014, BStBl 2014 II S. 849).

2 Aufwendungen für Fahrten zwischen Wohnung und erster Tätigkeitsstätte mit einem Taxi können lediglich in Höhe der Entfernungspauschale gemäß § 9 Abs. 1 Satz 3 Nr. 4 Satz 2 EStG als Werbungskosten in Ansatz gebracht werden (BFH-Urteil vom 9. 6. 2022, BStBl 2023 II S. 43).

zusetzen, der dem Anteil der zu berücksichtigenden Fahrten an der Jahresfahrleistung entspricht. [4]Der Arbeitnehmer kann aufgrund der für einen Zeitraum von zwölf Monaten ermittelten Gesamtkosten für das von ihm gestellte Fahrzeug einen Kilometersatz errechnen, der so lange angesetzt werden darf, bis sich die Verhältnisse wesentlich ändern, z. B. bis zum Ablauf des Abschreibungszeitraums oder bis zum Eintritt veränderter Leasingbelastungen. [5]Abweichend von Satz 3 können die Fahrtkosten auch mit den pauschalen Kilometersätzen gemäß § 9 Abs. 1 Satz 3 Nr. 4a Satz 2 EStG angesetzt werden. [6]Aufwendungen für Fahrten nach § 9 Abs. 1 Satz 3 Nr. 4a Satz 3 EStG gehören nicht zu den Reisekosten.

Erstattung durch den Arbeitgeber

(2) [1]Der Arbeitnehmer hat seinem Arbeitgeber Unterlagen vorzulegen, aus denen die Voraussetzungen für die Steuerfreiheit der Erstattung und, soweit die Fahrtkosten bei Benutzung eines privaten Fahrzeugs nicht mit den pauschalen Kilometersätzen nach Absatz 1 Satz 5 erstattet werden, auch die tatsächlichen Gesamtkosten des Fahrzeugs ersichtlich sein müssen. [2]Der Arbeitgeber hat diese Unterlagen als Belege zum Lohnkonto aufzubewahren. [3]Wird dem Arbeitnehmer für die Auswärtstätigkeit im Rahmen seines Dienstverhältnisses ein Kfz zur Verfügung gestellt, darf der Arbeitgeber die pauschalen Kilometersätze nicht – auch nicht teilweise – steuerfrei erstatten.

Hinweise   **LStH**   **H 9.5**

Allgemeines

– *BMF vom 25. 11. 2020 (BStBl I S. 1228), Rz. 36 ff.*
– *Als Reisekosten können die Aufwendungen für folgende Fahrten angesetzt werden:*

  1. *Fahrten zwischen Wohnung oder erster Tätigkeitsstätte und auswärtiger Tätigkeitsstätte oder Unterkunft im Sinne der Nummer 3 einschließlich sämtlicher Zwischenheimfahrten (> BFH vom 17. 12. 1976 – BStBl 1977 II S. 294 und vom 24. 4. 1992 – BStBl II S. 664); zur Abgrenzung dieser Fahrten von den Fahrten zwischen Wohnung und erster Tätigkeitsstätte > H 9.10 (Dienstliche Verrichtungen auf der Fahrt, Fahrtkosten),*

  2. *innerhalb desselben Dienstverhältnisses Fahrten zwischen mehreren auswärtigen Tätigkeitsstätten oder innerhalb eines weiträumigen Tätigkeitsgebietes (§ 9 Abs. 1 Satz 3 Nr. 4a Satz 4 EStG) und*

  3. *Fahrten zwischen einer Unterkunft am Ort der auswärtigen Tätigkeitsstätte oder in ihrem Einzugsbereich und auswärtiger Tätigkeitsstätte (> BFH vom 17. 12. 1976 – BStBl 1977 II S. 294).*

– *Nicht als Reisekosten, sondern mit der Entfernungspauschale sind die Aufwendungen für folgende Fahrten anzusetzen.*

  1. *Fahrten von der Wohnung zu einem bestimmten Sammelpunkt > § 9 Abs. 1 Satz 3 Nr. 4a Satz 3 EStG, > BMF vom 25. 11. 2020 (BStBl I S. 1228); Rz. 38 ff.*

  2. *Fahrten von der Wohnung zu einem weiträumigen Tätigkeitsgebiet > § 9 Abs. 1 Satz 3 Nr. 4a Satz 3 EStG, > BMF vom 25. 11. 2020 (BStBl I S. 1228); Rz. 41 ff.*

Einzelnachweis

– *Zu den Gesamtkosten eines Fahrzeugs gehören die Betriebsstoffkosten, die Wartungs- und Reparaturkosten, die Kosten einer Garage am Wohnort, die Kraftfahrzeugsteuer, die Aufwendungen für die Halterhaftpflicht- und Fahrzeugversicherungen, die Absetzungen für Abnutzung, wobei Zuschüsse nach der Kraftfahrzeughilfe-Verordnung für die Beschaffung eines Kraftfahr-*

zeugs oder den Erwerb einer behinderungsbedingten Zusatzausstattung die Anschaffungskos-
ten mindern (> BFH vom 14. 6. 2012 – BStBl II S. 835), sowie die Zinsen für ein Anschaffungs-
darlehen (> BFH vom 1. 10. 1982 – BStBl 1983 II S. 17). Dagegen gehören nicht zu den Gesamt-
kosten z. B. Aufwendungen infolge von Verkehrsunfällen, Park- und Straßenbenutzungsgebüh-
ren, Aufwendungen für Insassen- und Unfallversicherungen sowie Verwarnungs-, Ordnungs-
und Bußgelder; diese Aufwendungen sind mit Ausnahme der Verwarnungs-, Ordnungs- und
Bußgelder ggf. als Reisenebenkosten abziehbar (> H 9.8).

– *Bei einem geleasten Fahrzeug gehört eine Leasingsonderzahlung zu den Gesamtkosten (BFH*
  vom 5. 5. 1994 – BStBl II S. 643 und vom 15. 4. 2010 – BStBl II S. 805).

– *Der AfA ist bei Kfz i. d. R. eine Nutzungsdauer von 6 Jahren zugrunde zu legen. Bei einer hohen*
  Fahrleistung kann auch eine kürzere Nutzungsdauer anerkannt werden. Bei Kraftfahrzeugen,
  die im Zeitpunkt der Anschaffung nicht neu gewesen sind, ist die entsprechende Restnutzungs-
  dauer unter Berücksichtigung des Alters, der Beschaffenheit und des voraussichtlichen Einsat-
  zes des Fahrzeugs zu schätzen (> BMF vom 15. 12. 2000 – BStBl I S. 1532).

– *Ein Teilnachweis der tatsächlichen Gesamtkosten ist möglich. Der nicht nachgewiesene Teil*
  der Kosten kann geschätzt werden. Dabei ist von den für den Steuerpflichtigen ungünstigeren
  Umständen auszugehen (> BFH vom 7. 4. 1992 – BStBl II S. 854).

– *Nicht zu den Gesamtkosten gehören die nach § 3 Nr. 46 EStG steuerfreien Vorteile sowie die*
  nach § 40 Abs. 2 Satz 1 Nr. 6 EStG pauschal besteuerten Leistungen und Zuschüsse (> BMF vom
  29. 9. 2020 – BStBl I S. 972, Rdnr. 33).

Pauschale Kilometersätze

– *> BMF vom 25. 11. 2020 (BStBl I S. 1228); Rz. 37.*

– *Die pauschalen Kilometersätze können aus Vereinfachungsgründen auch dann angesetzt wer-*
  den, wenn der Arbeitnehmer nach § 3 Nr. 46 EStG steuerfreie Vorteile oder nach § 40 Abs. 2
  Satz 1 Nr. 6 EStG pauschal besteuerte Leistungen und Zuschüsse vom Arbeitgeber für dieses
  Elektrofahrzeug oder Hybridelektrofahrzeug erhält (> BMF vom 29. 9. 2020 – BStBl I S. 972,
  Rdnr. 32).

– *Neben den pauschalen Kilometersätzen (> BMF vom 25. 11. 2020 – BStBl I S. 1228, Rz. 37) kön-*
  nen etwaige außergewöhnliche Kosten angesetzt werden, wenn diese durch Fahrten entstan-
  den sind, für die die Kilometersätze anzusetzen sind. Außergewöhnliche Kosten sind nur die
  nicht voraussehbaren Aufwendungen für Reparaturen, die nicht auf Verschleiß (> BFH vom
  17. 10. 1973 – BStBl 1974 II S. 186) oder die auf Unfallschäden beruhen, und Absetzungen für
  außergewöhnliche technische Abnutzung und Aufwendungen infolge eines Schadens, der
  durch den Diebstahl des Fahrzeugs entstanden ist (> BFH vom 25. 5. 1992 – BStBl 1993 II
  S. 44); dabei sind entsprechende Schadensersatzleistungen auf die Kosten anzurechnen.

– *Kosten, die mit dem laufenden Betrieb eines Fahrzeugs zusammenhängen, wie z. B. Aufwen-*
  dungen für eine Fahrzeug-Vollversicherung, sind keine außergewöhnlichen Kosten (> BFH vom
  21. 6. 1991 – BStBl II S. 814 und vom 8. 11. 1991 – BStBl 1992 II S. 204). Mit den pauschalen
  Kilometersätzen ist auch eine Leasingsonderzahlung abgegolten (> BFH vom 15. 4. 2010 –
  BStBl II S. 805).

– *Dienstreise-Kaskoversicherung > BMF vom 9. 9. 2015 (BStBl I S. 734):*

  Seit dem 1. 1. 2014 sind die pauschalen Kilometersätze für die Benutzung von Kraftfahrzeugen
  im Rahmen von Auswärtstätigkeiten in § 9 Abs. 1 Satz 3 Nr. 4a EStG gesetzlich geregelt und
  gelten demzufolge unvermindert auch dann, wenn der Arbeitnehmer keine eigene Fahrzeug-
  Vollversicherung, sondern der Arbeitgeber eine Dienstreise-Kaskoversicherung für ein Kraft-
  fahrzeug des Arbeitnehmers abgeschlossen hat. Das zum 2. Leitsatz des BFH-Urteils vom
  27. 6. 1991 (BStBl 1992 II S. 365) ergangene BMF-Schreiben vom 31. 3. 1992 (BStBl I S. 270)
  „Dienstreise-Kaskoversicherung des Arbeitgebers für Kraftfahrzeuge des Arbeitnehmers und
  steuerfreier Fahrtkostenersatz" wird daher im Einvernehmen mit den obersten Finanzbehör-

den der Länder mit sofortiger Wirkung aufgehoben. *Hat der Arbeitgeber eine Dienstreise-Kaskoversicherung für die seinen Arbeitnehmern gehörenden Kraftfahrzeuge abgeschlossen, führt die Prämienzahlung des Arbeitgebers auch weiterhin nicht zum Lohnzufluss bei den Arbeitnehmern (> BFH-Urteil vom 27. 6. 1991 – BStBl I S. 365 – 1. Leitsatz).*

Werbungskostenabzug und Erstattung durch den Arbeitgeber

– *Die als Reisekosten erfassten Fahrtkosten können als Werbungskosten abgezogen werden, soweit sie nicht vom Arbeitgeber steuerfrei erstattet worden sind (§ 3c EStG).*

– *Die Erstattung der Fahrtkosten durch den Arbeitgeber ist nach § 3 Nr. 16 EStG steuerfrei, soweit höchstens die als Werbungskosten abziehbaren Beträge erstattet werden (> BFH vom 21. 6. 1991 – BStBl II S. 814).*

– *Bei Sammelbeförderung durch den Arbeitgeber scheidet mangels Aufwands des Arbeitnehmers ein Werbungskostenabzug für diese Fahrten aus (> BFH vom 11. 5. 2005 – BStBl II S. 785).*

– *Aufwendungen für Besuchsfahrten eines Ehegatten zur auswärtigen Tätigkeitsstätte des anderen Ehegatten/Lebenspartners sind auch bei einer längerfristigen Auswärtstätigkeit des anderen Ehegatten/Lebenspartners i. d. R. nicht als Werbungskosten abziehbar (> BFH vom 22. 10. 2015 – BStBl 2016 II S. 179).*

LStR   R 9.6 Verpflegungsmehraufwendungen als Reisekosten**❶**

Allgemeines

(1) ...

Konkurrenzregelung

(2) Soweit für denselben Kalendertag Verpflegungsmehraufwendungen wegen einer Auswärtstätigkeit oder wegen einer doppelten Haushaltsführung (> R 9.11 Abs. 7) anzuerkennen sind, ist jeweils nur der höchste Pauschbetrag anzusetzen (§ 9 Abs. 4a Satz 12 zweiter Halbsatz EStG).

Besonderheiten bei Auswärtstätigkeiten im Ausland

(3) ¹Für den Ansatz von Verpflegungsmehraufwendungen bei Auswärtstätigkeiten im Ausland gelten nach Staaten unterschiedliche Pauschbeträge (Auslandstagegelder), die vom BMF im Einvernehmen mit den obersten Finanzbehörden der Länder auf der Grundlage des höchsten Auslandstagegelder nach dem BRKG bekannt gemacht werden. ²Für die in der Bekanntmachung nicht erfassten Staaten ist der für Luxemburg geltende Pauschbetrag maßgebend; für die in der Bekanntmachung nicht erfassten Übersee- und Außengebiete eines Staates ist der für das Mutterland geltende Pauschbetrag maßgebend. ³Werden an einem Kalendertag Auswärtstätigkeiten im In- und Ausland durchgeführt, ist für diesen Tag das entsprechende Auslandstagegeld maßgebend, selbst dann, wenn die überwiegende Zeit im Inland verbracht wird. ⁴Im Übrigen ist beim Ansatz des Auslandstagegeldes Folgendes zu beachten:

1. ¹Bei Flugreisen gilt ein Staat in dem Zeitpunkt als erreicht, in dem das Flugzeug dort landet; Zwischenlandungen bleiben unberücksichtigt, es sei denn, dass durch sie Übernachtungen notwendig werden. ²Erstreckt sich eine Flugreise über mehr als zwei Kalendertage,

---

Anm. d. Schriftl.:

❶ Die Höhe der Mehraufwendungen für die Verpflegung richtet sich bei einer Auswärtstätigkeit i. S. des § 4 Abs. 5 Satz 1 Nr. 5 Satz 3 EStG (ständig wechselnde Tätigkeitsstätten) nach der Abwesenheitsdauer des Arbeitnehmers von seiner Wohnung am Ort des Lebensmittelpunkts. Das gilt auch dann, wenn der Arbeitnehmer stets in derselben auswärtigen Unterkunft nächtigt (BFH-Urteil vom 8. 10. 2014, BStBl 2015 II S. 231).

ist für die Tage, die zwischen dem Tag des Abflugs und dem Tag der Landung liegen, das für Österreich geltende Tagegeld maßgebend.

2. ¹Bei Schiffsreisen ist das für Luxemburg geltende Tagegeld maßgebend. ²Für das Personal auf deutschen Staatsschiffen sowie für das Personal auf Schiffen der Handelsmarine unter deutscher Flagge auf Hoher See gilt das Inlandstagegeld. ³Für die Tage der Einschiffung und Ausschiffung ist das für den Hafenort geltende Tagegeld maßgebend.

Hinweise   LStH   H 9.6

Allgemeines
> BMF vom 25. 11. 2020 (BStBl I S. 1228), Rz. 47 ff.

Dreimonatsfrist
> BMF vom 25. 11. 2020 (BStBl I S. 1228), Rz. 53 ff.

Erstattung durch den Arbeitgeber
...

– **Nachweise**

Der Arbeitnehmer hat seinem Arbeitgeber Unterlagen vorzulegen, aus denen die Voraussetzungen für den Erstattungsanspruch ersichtlich sein müssen. Der Arbeitgeber hat diese Unterlagen als Belege zum Lohnkonto aufzubewahren (> BFH vom 6. 3. 1980 – BStBl II S. 289).

...

Verpflegungsmehraufwendungen

– Arbeitnehmer haben bei einer beruflichen Auswärtstätigkeit einen Rechtsanspruch darauf, dass die gesetzlichen Pauschbeträge berücksichtigt werden (> BFH vom 4. 4. 2006 – BStBl II S. 567).
– Kürzung der Verpflegungspauschalen > § 9 Abs. 4a Satz 8 ff. EStG und BMF vom 25. 11. 2020 (BStBl I S. 1228), Rz. 73 ff.

Werbungskostenabzug bei Reisekostenerstattung durch den Arbeitgeber

Wurden Reisekosten vom Arbeitgeber – ggf. teilweise – erstattet, ist der Werbungskostenabzug insgesamt auf den Betrag beschränkt, um den die Summe der abziehbaren Aufwendungen die steuerfreie Erstattung übersteigt (> BFH vom 15. 11. 1991 – BStBl 1992 II S. 367). Dabei ist es gleich, ob die Erstattung des Arbeitgebers nach § 3 Nr. 13, 16 EStG oder nach anderen Vorschriften steuerfrei geblieben ist, z. B. durch Zehrkostenentschädigungen im Sinne des § 3 Nr. 12 EStG (> BFH vom 28. 1. 1988 – BStBl II S. 635).

LStR   R 9.7 Übernachtungskosten

Allgemeines

(1) ¹Übernachtungskosten sind die tatsächlichen Aufwendungen, die dem Arbeitnehmer für die persönliche Inanspruchnahme einer Unterkunft zur Übernachtung entstehen. ²Ist die Unterkunft am auswärtigen Tätigkeitsort die einzige Wohnung/Unterkunft des Arbeitnehmers, liegt kein beruflich veranlasster Mehraufwand i. S. d. § 9 Abs. 1 Satz 3 Nr. 5a EStG vor.

Werbungskostenabzug

(2) Die tatsächlichen Übernachtungskosten können bei einer Auswärtstätigkeit als Reisekosten angesetzt und als Werbungskosten abgezogen werden, soweit sie nicht vom Arbeitgeber nach § 3 Nr. 13 oder 16 EStG steuerfrei ersetzt werden.

Erstattung durch den Arbeitgeber

(3) ¹Für jede Übernachtung im Inland darf der Arbeitgeber ohne Einzelnachweis einen Pauschbetrag von 20 € steuerfrei erstatten. ²Bei Übernachtungen im Ausland dürfen die Übernachtungskosten ohne Einzelnachweis der tatsächlichen Aufwendungen mit Pauschbeträgen (Übernachtungsgelder) steuerfrei erstattet werden. ³Die Pauschbeträge werden vom BMF im Einvernehmen mit den obersten Finanzbehörden der Länder auf der Grundlage der höchsten Auslandsübernachtungsgelder nach dem BRKG bekannt gemacht. ⁴Sie richten sich nach dem Ort, der nach R 9.6 Abs. 3 Satz 4 Nummer 1 und 2 maßgebend ist. ⁵Für die in der Bekanntmachung nicht erfassten Länder und Gebiete ist R 9.6 Abs. 3 Satz 2 anzuwenden. ⁶Die Pauschbeträge dürfen nicht steuerfrei erstattet werden, wenn dem Arbeitnehmer die Unterkunft vom Arbeitgeber oder aufgrund seines Dienstverhältnisses von einem Dritten unentgeltlich oder teilweise unentgeltlich zur Verfügung gestellt wurde. ⁷Auch bei Übernachtung in einem Fahrzeug ist die steuerfreie Zahlung der Pauschbeträge nicht zulässig. ⁸Bei Benutzung eines Schlafwagens oder einer Schiffskabine dürfen die Pauschbeträge nur dann steuerfrei gezahlt werden, wenn die Übernachtung in einer anderen Unterkunft begonnen oder beendet worden ist.

> **Hinweise   LStH   H 9.7**

Allgemeines

> BMF vom 25. 11. 2020 (BStBl I S. 1228), Rz. 115 ff.

Steuerfreiheit der Arbeitgebererstattungen

Die Erstattung der Übernachtungskosten durch den Arbeitgeber ist steuerfrei

- *aus öffentlichen Kassen in voller Höhe > § 3 Nr. 13 EStG,*
- *bei Arbeitgebern außerhalb des öffentlichen Dienstes nach § 3 Nr. 16 EStG bis zur Höhe der tatsächlichen Aufwendungen oder bis zur Höhe der maßgebenden Pauschbeträge, d. h. bei Übernachtung im Inland 20 Euro, bei Übernachtung im Ausland > BMF vom 23. 11. 2022 (BStBl I S. 1654) ab 1. 1. 2023.*

Übernachtungskosten

- *Die Übernachtungskosten sind für den Werbungskostenabzug i. d. R. im Einzelnen nachzuweisen. Sie können geschätzt werden, wenn sie dem Grunde nach zweifelsfrei entstanden sind (> BFH vom 12. 9. 2001 – BStBl II S. 775).*
- *Übernachtet ein Kraftfahrer in der Schlafkabine seines LKW, sind die Pauschalen für Übernachtungen nicht anzuwenden (> BFH vom 28. 3. 2012 – BStBl II S. 926); zu Reisenebenkosten > H 9.8 (LKW-Fahrer).*

Anm. d. Schriftl.:

1 Ein Arbeitnehmer kann bei Übernachtungen im Ausland den Differenzbetrag zwischen den vom Arbeitgeber vollständig erstatteten tatsächlichen Kosten und den höheren Übernachtungspauschalen nach den Lohnsteuer-Richtlinien nicht als Werbungskosten geltend machen (BFH-Urteil vom 8. 7. 2010, BStBl 2011 II S. 288).

LStR   R 9.8 Reisenebenkosten

Allgemeines

(1) ¹Reisenebenkosten werden unter den Voraussetzungen von R 9.4 Abs. 1 in tatsächlicher Höhe berücksichtigt und können als Werbungskosten abgezogen werden, soweit sie nicht vom Arbeitgeber steuerfrei erstattet wurden.

Steuerfreiheit der Arbeitgebererstattungen

(2) ¹Die Erstattung der Reisenebenkosten durch den Arbeitgeber ist nach § 3 Nr. 16 EStG steuerfrei, soweit sie die tatsächlichen Aufwendungen nicht überschreitet. ²Der Arbeitnehmer hat seinem Arbeitgeber Unterlagen vorzulegen, aus denen die tatsächlichen Aufwendungen ersichtlich sein müssen. ³Der Arbeitgeber hat diese Unterlagen als Belege zum Lohnkonto aufzubewahren.

> **Hinweise   LStH   H 9.8**

Allgemeines

> *BMF vom 25. 11. 2020 (BStBl I S. 1228), Rz. 129 ff.*

...

LKW-Fahrer

Zu den Reisenebenkosten bei LKW-Fahrern, die in ihrer Schlafkabine übernachten, > § 9 Abs. 1 Satz 3 Nr. 5b EStG und BMF vom 25. 11. 2020 (BStBl I S. 1228), Rz. 131 oder zur Berücksichtigung höherer Mehraufwendungen > BMF vom 4. 12. 2012 (BStBl I S. 1249).

...

Reisegepäckversicherung

Kosten für eine Reisegepäckversicherung, soweit sich der Versicherungsschutz auf eine beruflich bedingte Abwesenheit von einer ersten Tätigkeitsstätte beschränkt, sind Reisenebenkosten; zur Aufteilung der Aufwendungen für eine gemischte Reisegepäckversicherung > BHF vom 19. 2. 1993 (BStBl II S. 519).

Schaden

Wertverluste auf Grund eines Schadens an mitgeführten Gegenständen, die der Arbeitnehmer auf seiner Reise verwenden musste, sind Reisenebenkosten, wenn der Schaden auf einer reisespezifischen Gefährdung beruht (> BFH vom 30. 11. 1993 – BStBl 1994 II S. 256).

Schmuck

Der Verlust von Schmuck führt nicht zu Reisenebenkosten (> BFH vom 26. 1. 1968 – BStBl II S. 342).

Telefonkosten

Zu den Reisenebenkosten gehören auch die tatsächlichen Aufwendungen für private Telefongespräche, soweit sie der beruflichen Sphäre zugeordnet werden können (> BFH vom 5. 7. 2012 – BStBl 2013 II S. 282).

Unfallversicherung

Beiträge zu Unfallversicherungen sind Reisenebenkosten, soweit sie Berufsunfälle außerhalb einer ersten Tätigkeitsstätte abdecken; wegen der steuerlichen Behandlung von Unfallversicherungen, die das Unfallrisiko sowohl im beruflichen als auch im außerberuflichen Bereich abdecken > BMF vom 28.10.2009 (BStBl I S. 1275).

...

LStR   R 9.9 Umzugskosten

Allgemeines

(1) Kosten, die einem Arbeitnehmer durch einen beruflich veranlassten Wohnungswechsel entstehen, sind Werbungskosten.**❶❷**

Höhe der Umzugskosten

(2) ¹Bei einem beruflich veranlassten Wohnungswechsel können die tatsächlichen Umzugskosten i. d. R. bis zur Höhe der Beträge als Werbungskosten abgezogen werden, die nach dem BUKG und der AUV als Umzugskostenvergütung höchstens gezahlt werden könnten, mit Ausnahme der Pauschalen nach §§ 19, 21 AUV und der Auslagen (insbesondere Maklergebühren) für die Anschaffung einer eigenen Wohnung (Wohneigentum) nach § 9 Abs. 1 BUKG; die Pauschbeträge für Verpflegungsmehraufwendungen nach § 9 Abs. 4a EStG sind zu beachten. ²Werden die umzugskostenrechtlich festgelegten Grenzen eingehalten, ist nicht zu prüfen, ob die Umzugskosten Werbungskosten darstellen. ³Die dienstrechtliche Beschränkung des § 13 Abs. 2 Nr. 4 BUKG hat für den Bereich des Werbungskostenabzugs keine Gültigkeit. ⁴Auch im Fall des Umzugs vom Ausland ins Inland können die dem Arbeitnehmer entstandenen sonstigen Umzugsauslagen als Werbungskosten nach § 9 Abs. 1 Satz 1 EStG in Höhe der sich aus § 18 Abs. 1 und 2 AUV ergebenden Pauschbeträge für Auslandsumzüge vergleichbarer Beamter geschätzt werden. ⁵Die Werbungskosten sind nicht in entsprechender Anwendung des § 18 Abs. 4 AUV zu kürzen. ⁶Werden höhere Umzugskosten im Einzelnen nachgewiesen, ist insgesamt zu prüfen, ob und inwieweit die Aufwendungen Werbungskosten oder nicht abziehbare Kosten der Lebensführung sind, z. B. bei Aufwendungen für die Neuanschaffung von Einrichtungsgegenständen. ⁷Anstelle der in § 10 BUKG pauschal erfassten Umzugskosten können auch die im Einzelfall nachgewiesenen höheren Umzugskosten als Werbungskosten abgezogen werden. ⁸Ein Werbungskostenabzug entfällt, soweit die Umzugskosten vom Arbeitgeber steuerfrei erstattet worden sind (§ 3c EStG).

Erstattung durch den Arbeitgeber

(3) ¹Die Erstattung der Umzugskosten durch den Arbeitgeber ist steuerfrei, soweit keine höheren Beträge erstattet werden, als nach Absatz 2 als Werbungskosten abziehbar wären. ²Der Arbeitnehmer hat seinem Arbeitgeber Unterlagen vorzulegen, aus denen die tatsächlichen Aufwendungen ersichtlich sein müssen. ³Der Arbeitgeber hat diese Unterlagen als Belege zum Lohnkonto aufzubewahren.

Anm. d. Schriftl.:

❶ Wegen einer (Rück-)Versetzung angefallene Veräußerungsverluste beim (Wieder-)Verkauf eines Eigenheims einschließlich zwischenzeitlich angefallener Finanzierungskosten sind keine Werbungskosten bei den Einkünften aus nicht selbständiger Arbeit (BFH-Urteile vom 24.5.2000, BStBl 2000 II S. 474 und S. 476).

❷ Bei einem beruflich veranlassten Umzug sind Aufwendungen für die Ausstattung der neuen Wohnung nicht als Werbungskosten abziehbar (BFH-Urteil vom 17.12.2002, BStBl 2003 II S. 314).

> **Hinweise   LStH   H 9.9**

Aufgabe der Umzugsabsicht

Wird vom Arbeitgeber eine vorgesehene Versetzung rückgängig gemacht, sind die dem Arbeitnehmer durch die Aufgabe seiner Umzugsabsicht entstandenen vergeblichen Aufwendungen als Werbungskosten abziehbar (> BFH vom 24. 5. 2000 – BStBl II S. 584).

Berufliche Veranlassung

Ein Wohnungswechsel ist z. B. beruflich veranlasst,

1. *wenn durch ihn eine > erhebliche Verkürzung der Entfernung zwischen Wohnung und Tätigkeitsstätte eintritt und die verbleibende Wegezeit im Berufsverkehr als normal angesehen werden kann (> BFH vom 6. 11. 1986 – BStBl 1987 II S. 81). Es ist nicht erforderlich, dass der Wohnungswechsel mit einem Wohnortwechsel oder mit einem Arbeitsplatzwechsel verbunden ist,*

2. *wenn er im ganz überwiegenden·betrieblichen Interesse des Arbeitgebers durchgeführt wird, insbesondere beim Beziehen oder Räumen einer Dienstwohnung, die aus betrieblichen Gründen bestimmten Arbeitnehmern vorbehalten ist, um z. B. deren jederzeitige Einsatzmöglichkeit zu gewährleisten (> BFH vom 28. 4. 1988 – BStBl II S. 777), oder*

3. *wenn er aus Anlass der erstmaligen Aufnahme einer beruflichen Tätigkeit, des Wechsels des Arbeitgebers oder im Zusammenhang mit einer Versetzung durchgeführt wird oder*

4. *wenn der eigene Hausstand zur Beendigung einer doppelten Haushaltsführung an den Beschäftigungsort verlegt wird (> BFH vom 21. 7. 1989 – BStBl II S. 917).*

Die privaten Motive für die Auswahl der neuen Wohnung sind i. d. R. unbeachtlich (> BFH vom 23. 3. 2001 – BStBl 2002 II S. 56).

Doppelte Haushaltsführung

> R 9.11

Doppelter Mietaufwand

Wegen eines Umzugs geleistete doppelte Mietzahlungen können beruflich veranlasst und deshalb in voller Höhe als Werbungskosten abziehbar sein. Diese Mietaufwendungen können jedoch nur zeitanteilig, und zwar für die neue Familienwohnung ab dem Kündigungs- bis zum Umzugstag und für die bisherige Wohnung ab dem Umzugstag, längstens bis zum Ablauf der Kündigungsfrist des bisherigen Mietverhältnisses, als Werbungskosten abgezogen werden (> BFH vom 13. 7. 2011, BStBl 2012 II S. 104).

Eheschließung/Begründung einer Lebenspartnerschaft

Erfolgt ein Umzug aus Anlass einer Eheschließung von getrennten Wohnorten in eine gemeinsame Familienwohnung, so ist die berufliche Veranlassung des Umzugs eines jeden Ehegatten gesondert zu beurteilen (> BFH vom 23. 3. 2001 – BStBl II S. 585). Entsprechendes gilt für Lebenspartnerschaften (> § 2 Abs. 8 EStG).

Erhebliche Fahrzeitverkürzung

– *Eine erhebliche Verkürzung der Entfernung zwischen Wohnung und Tätigkeitsstätte ist anzunehmen, wenn sich die Dauer der täglichen Hin- und Rückfahrt insgesamt wenigstens zeitweise um mindestens eine Stunde ermäßigt (> BFH vom 22. 11. 1991 – BStBl 1992 II S. 494 und vom 16. 10. 1992 – BStBl 1993 II S. 610).*

- *Die Fahrzeitersparnisse beiderseits berufstätiger Ehegatten/Lebenspartner sind weder zusammenzurechnen (> BFH vom 27. 7. 1995 – BStBl II S. 728) noch zu saldieren (> BFH vom 21. 2. 2006 – BStBl II S. 598).*
- *Steht bei einem Umzug eine arbeitstägliche Fahrzeitersparnis von mindestens einer Stunde fest, sind private Gründe (z. B. Gründung eines gemeinsamen Haushalts aus Anlass einer Eheschließung/Begründung einer Lebenspartnerschaft, erhöhter Wohnbedarf wegen Geburt eines Kindes) unbeachtlich (> BFH vom 23. 3. 2001 – BStBl II S. 585 und BStBl 2002 II S. 56).*

Höhe der Umzugskosten

- *Zur Höhe der maßgebenden Beträge für umzugsbedingte Unterrichtskosten und sonstige Umzugsauslagen ab 1. 4. 2021 sowie 1. 4. 2022 > BMF vom 21. 7. 2021 (BStBl I S. 1021).*
- *Die umzugskostenrechtliche Beschränkung einer Mietausfallentschädigung für den bisherigen Wohnungsvermieter gilt nicht für den Werbungskostenabzug (> BFH vom 1. 12. 1993 – BStBl 1994 II S. 323).*
- *Nicht als Werbungskosten abziehbar sind die bei einem Grundstückskauf angefallenen Maklergebühren, auch soweit sie auf die Vermittlung einer vergleichbaren Mietwohnung entfallen würden (> BFH vom 24. 5. 2000 – BStBl II S. 586) sowie Aufwendungen für die Anschaffung von klimabedingter Kleidung und Wohnungsausstattung im Sinne der §§ 19 und 21 AUV (> BFH vom 20. 3. 1992 – BStBl 1993 II S. 192, vom 27. 5. 1994 – BStBl 1995 II S. 17 und vom 12. 4. 2007 – BStBl II S. 536).*
- *Der Werbungskostenabzug setzt eine Belastung mit Aufwendungen voraus. Das ist bei einem in Anlehnung an § 8 Abs. 3 BUKG ermittelten Mietausfall nicht der Fall. Als entgangene Einnahme erfüllt er nicht den Aufwendungsbegriff (> BFH vom 19. 4. 2012 – BStBl 2013 II S. 699).*
- *Zur steuerfreien Arbeitgebererstattung > R 9.9 Abs. 3*
- *Aufwendungen auf Grund der Veräußerung eines Eigenheims anlässlich eines beruflich bedingten Umzugs sind keine Werbungskosten bei den Einkünften aus nichtselbständiger Arbeit (> BFH vom 24. 5. 2000 – BStBl II S. 476).*
- *Veräußerungsverluste aus dem Verkauf eines Eigenheims einschließlich zwischenzeitlich angefallener Finanzierungskosten anlässlich eines beruflich bedingten Umzugs sind keine Werbungskosten bei den Einkünften aus nichtselbständiger Arbeit (> BFH vom 24. 5. 2000 – BStBl II S. 474).*
- *Bei einem beruflich veranlassten Umzug sind Aufwendungen für die Ausstattung der neuen Wohnung (z. B. Renovierungsmaterial, Gardinen, Rollos, Lampen, Telefonanschluss, Anschaffung und Installation eines Wasserboilers) nicht als Werbungskosten abziehbar (> BFH vom 17. 12. 2002 – BStBl 2003 II S. 314). Die Berücksichtigung der Pauschale nach § 10 BUKG bleibt unberührt > R 9.9 Abs. 2 Satz 2.*

Rückumzug ins Ausland

Der Rückumzug ins Ausland ist bei einem ausländischen Arbeitnehmer, der unbefristet ins Inland versetzt wurde und dessen Familie mit ins Inland umzog und der bei Erreichen der Altersgrenze ins Heimatland zurückzieht, nicht beruflich veranlasst (> BFH vom 8. 11. 1996 – BStBl 1997 II S. 207); anders bei einer von vornherein befristeten Tätigkeit im Inland (> BFH vom 4. 12. 1992 – BStBl 1993 II S. 722).

Umzug ins Ausland

Umzugskosten im Zusammenhang mit einer beabsichtigten nichtselbständigen Tätigkeit im Ausland sind bei den inländischen Einkünften nicht als Werbungskosten abziehbar, wenn die Einkünf-

te aus der beabsichtigten Tätigkeit nicht der deutschen Besteuerung unterliegen (> BFH vom 20. 9. 2006 – BStBl 2007 II S. 756). Zum Progressionsvorbehalt > H 32b (Zeitweise unbeschränkte Steuerpflicht) EStH.

Zwischenumzug

Die berufliche Veranlassung eines Umzugs endet regelmäßig mit dem Einzug in die erste Wohnung am neuen Arbeitsort. Die Aufwendungen für die Einlagerung von Möbeln für die Zeit vom Bezug dieser Wohnung bis zur Fertigstellung eines Wohnhauses am oder in der Nähe vom neuen Arbeitsort sind daher keine Werbungskosten (> BFH vom 21. 9. 2000 – BStBl 2001 II S. 70).

LStR   **R 9.10 Aufwendungen für Wege zwischen Wohnung und erster Tätigkeitsstätte sowie Fahrten nach § 9 Abs. 1 Satz 3 Nr. 4a Satz 3 EStG**

Maßgebliche Wohnung

(1) [1]Als Ausgangspunkt für die Wege kommt jede Wohnung des Arbeitnehmers in Betracht, die er regelmäßig zur Übernachtung nutzt und von der aus er seine erste Tätigkeitsstätte aufsucht. [2]Als Wohnung ist z. B. auch ein möbliertes Zimmer, eine Schiffskajüte, ein Gartenhaus, ein auf eine gewisse Dauer abgestellter Wohnwagen oder ein Schlafplatz in einer Massenunterkunft anzusehen. [3]Hat ein Arbeitnehmer mehrere Wohnungen, können Wege von und zu der von der ersten Tätigkeitsstätte weiter entfernt liegenden Wohnung nach § 9 Abs. 1 Satz 3 Nr. 4 Satz 6 EStG nur dann berücksichtigt werden, wenn sich dort der Mittelpunkt der Lebensinteressen des Arbeitnehmers befindet und sie nicht nur gelegentlich aufgesucht wird. [4]Der Mittelpunkt der Lebensinteressen befindet sich bei einem verheirateten Arbeitnehmer regelmäßig am tatsächlichen Wohnort seiner Familie. [5]Die Wohnung kann aber nur dann ohne nähere Prüfung berücksichtigt werden, wenn sie der Arbeitnehmer mindestens sechsmal im Kj. aufsucht. [6]Bei anderen Arbeitnehmern befindet sich der Mittelpunkt der Lebensinteressen an dem Wohnort, zu dem die engeren persönlichen Beziehungen bestehen. [7]Die persönlichen Beziehungen können ihren Ausdruck besonders in Bindungen an Personen, z. B. Eltern, Verlobte, Freundes- und Bekanntenkreis, finden, aber auch in Vereinszugehörigkeiten und anderen Aktivitäten. [8]Sucht der Arbeitnehmer diese Wohnung im Durchschnitt mindestens zweimal monatlich auf, ist davon auszugehen, dass sich dort der Mittelpunkt seiner Lebensinteressen befindet. [9]Die Sätze 4 bis 8 gelten unabhängig davon, ob sich der Lebensmittelpunkt im Inland oder im Ausland befindet.

Fahrten mit einem zur Nutzung überlassenen Kfz

(2) [1]Ein Kfz ist dem Arbeitnehmer zur Nutzung überlassen, wenn es dem Arbeitnehmer vom Arbeitgeber unentgeltlich oder teilentgeltlich überlassen worden ist (> R 8.1 Abs. 9) oder wenn es der Arbeitnehmer von dritter Seite geliehen, gemietet oder geleast hat. [2]Wird ein Kfz von einer anderen Person als dem Arbeitnehmer, dem das Kfz von seinem Arbeitgeber zur Nutzung überlassen ist, für Wege zwischen Wohnung und erster Tätigkeitsstätte benutzt, kann die andere Person die Entfernungspauschale nach § 9 Abs. 1 Satz 3 Nr. 4 EStG geltend machen. [3]Entsprechendes gilt für den Arbeitnehmer, dem das Kfz von seinem Arbeitgeber überlassen worden ist, für Wege zwischen Wohnung und erster Tätigkeitsstätte im Rahmen eines anderen Dienstverhältnisses.

Menschen mit Behinderungen i. S. d. § 9 Abs. 2 Satz 3 EStG

(3) ¹Ohne Einzelnachweis der tatsächlichen Aufwendungen können die Fahrtkosten nach den Regelungen in § 9 Abs. 1 Satz 3 Nr. 4a Satz 2 EStG angesetzt werden. ²Wird ein Arbeitnehmer mit Behinderungen im eigenen oder ihm zur Nutzung überlassenen Kfz arbeitstäglich von einem Dritten, z. B. dem Ehegatten, zu seiner ersten Tätigkeitsstätte gefahren und wieder abgeholt, können auch die Kfz-Kosten, die durch die Ab- und Anfahrten des Fahrers – die sog. Leerfahrten – entstehen, in tatsächlicher Höhe oder in sinngemäßer Anwendung von § 9 Abs. 1 Satz 3 Nr. 4a Satz 2 EStG als Werbungskosten abgezogen werden. ³Für den Nachweis der Voraussetzungen des § 9 Abs. 2 Satz 3 EStG ist § 65 EStDV entsprechend anzuwenden. ⁴Für die Anerkennung der tatsächlichen Aufwendungen oder der Kilometersätze aus § 9 Abs. 1 Satz 3 Nr. 4a Satz 2 EStG und für die Berücksichtigung von Leerfahrten ist bei rückwirkender Festsetzung oder Änderung des Grads der Behinderung das Gültigkeitsdatum des entsprechenden Nachweises maßgebend.

Sammelpunkt oder weiträumiges Tätigkeitsgebiet i. S. d. § 9 Abs. 1 Satz 3 Nr. 4a Satz 3 EStG

(4) Die Absätze 1 bis 3 gelten bei Fahrten nach § 9 Abs. 1 Satz 3 Nr. 4a Satz 3 EStG entsprechend.

► **Hinweise   LStH   H 9.10**

Allgemeine Grundsätze

> BMF vom 18. 11. 2021 (BStBl I S. 2315)

Einfügung d. Schriftl.:

BMF-Schreiben vom 18. 11. 2021, BStBl I S. 2315:

Entfernungspauschalen; Gesetz zur Umsetzung des Klimaschutzprogramms 2030 im Steuerrecht vom 21. Dezember 2019 (BGBl I S. 2886) sowie Gesetz zur weiteren steuerlichen Förderung der Elektromobilität und zur Änderung weiterer steuerlicher Vorschriften vom 12. Dezember 2019 (BGBl I S. 2451)

Mit dem Gesetz zur Umsetzung des Klimaschutzprogramms 2030 im Steuerrecht vom 21. Dezember 2019 (BGBl I S. 2886) sowie dem Gesetz zur weiteren steuerlichen Förderung der Elektromobilität und zur Änderung weiterer steuerlicher Vorschriften vom 12. Dezember 2019 (BGBl I S. 2451) haben sich Änderungen zu den Entfernungspauschalen und zur Pauschalbesteuerung nach § 40 Absatz 2 EStG ergeben. Diese Änderungen gegenüber dem BMF-Schreiben zu den Entfernungspauschalen vom 31. Oktober 2013 (BStBl I S. 1376) sind **in Fettdruck** dargestellt.

Inhaltsübersicht

Unter Bezugnahme auf das Ergebnis der Erörterungen mit den obersten Finanzbehörden der Länder gilt zur Ermittlung der Entfernungspauschalen sowie zur Pauschalbesteuerung nach § 40 Absatz 2 EStG Folgendes:

1. Entfernungspauschale für die Wege zwischen Wohnung und erster Tätigkeitsstätte (§ 9 Absatz 1 Satz 3 Nummer 4 und Absatz 2 EStG) oder für Fahrten nach § 9 Absatz 1 Satz 3 Nummer 4a Satz 3 EStG

Durch das Gesetz zur Umsetzung des Klimaschutzprogramms 2030 im Steuerrecht vom 21. Dezember 2019 (BGBl I S. 2886) wurde die Entfernungspauschale ab dem Jahr 2021 um 5 Cent auf 0,35 € und ab dem Jahr 2024[1] um weitere 3 Cent auf 0,38 € angehoben. Die Anhebung gilt erst ab dem 21. Entfernungskilometer und ist bis zum Jahr 2026 befristet.

1.1 Allgemeines

1 Die Entfernungspauschale ist grundsätzlich unabhängig vom Verkehrsmittel zu gewähren. Ihrem Wesen als Pauschale entsprechend kommt es grundsätzlich nicht auf die Höhe der tatsächlichen Aufwendungen an. Unfallkosten können als außergewöhnliche Aufwendungen (§ 9 Absatz 1 Satz 1 EStG) jedoch neben der Entfernungspauschale berücksichtigt werden (vgl. **Rz. 30**).

2 Auch bei Benutzung öffentlicher Verkehrsmittel wird die Entfernungspauschale angesetzt. Übersteigen die Aufwendungen für die Benutzung öffentlicher Verkehrsmittel den im Kalenderjahr insgesamt als Entfernungspauschale anzusetzenden Betrag, können diese übersteigenden Aufwendungen zusätzlich angesetzt werden (§ 9 Absatz 2 Satz 2 EStG; vgl. auch unter **Rz. 20 ff.**).

> **Beispiel 1:**
>
> Ein Arbeitnehmer benutzt im Jahr **2021 an 220 Arbeitstagen** für die Fahrten von der Wohnung zur ersten Tätigkeitsstätte den Bus und die Bahn. Die kürzeste benutzbare Straßenverbindung beträgt 20 km. Die Monatskarte für den Bus kostet 50 € und für die Bahn 65 € (= 115 €).
>
> Für das gesamte Kalenderjahr ergibt sich eine Entfernungspauschale von 220 Tagen x 20 km x 0,30 € = 1 320 €. Die für die Nutzung von Bus und Bahn im Kalenderjahr angefallenen Aufwendungen betragen 1 380 € (12 x 115 €). Da die tatsächlich angefallenen Kosten für die Benutzung der öffentlichen Verkehrsmittel die insgesamt im Kalenderjahr anzusetzende Entfernungspauschale übersteigen, kann der übersteigende Betrag zusätzlich angesetzt werden; insgesamt somit 1 380 €.

Amtl. Fn.:

[1] Mit dem Steuerentlastungsgesetz 2022 vom 23. 5. 2022 (BGBl I S. 749) wurde die Anhebung auf 0,38 € auf das Jahr 2022 vorgezogen.

Ausgenommen von der Entfernungspauschale sind Flugstrecken und Strecken mit steuerfreier Sammel- **3**
beförderung.

Für Flugstrecken sind die tatsächlichen Aufwendungen anzusetzen (BFH vom 26. März 2009, VI R 42/07, **4**
BStBl II S. 724). **Die Entfernungspauschale gilt bei der Nutzung von Flugzeugen nur für die An- und Ab-fahrten zu und von Flughäfen.** Bei **verbilligter** Sammelbeförderung durch den Arbeitgeber **nach § 3 Nummer 32 EStG** sind die **vom Arbeitnehmer getragenen** Aufwendungen ebenso als Werbungskosten anzusetzen.

Für Fahrten zwischen Wohnung und einem sog. „Sammelpunkt" oder Wohnung und dem nächstgelege- **5**
nen Zugang eines „weiträumigen Tätigkeitsgebiets" gelten die Regelungen der Entfernungspauschale
entsprechend. Zu den Voraussetzungen und der Anwendung des § 9 Absatz 1 Satz 3 Nummer 4a Satz 3
EStG im Einzelnen sind die **Rz. 38 bis 46 des BMF-Schreibens zur Reform des steuerlichen Reisekostenrechts vom 25. November 2020 (BStBl I S. 1228)** zu beachten.

1.2 Höhe der Entfernungspauschale

Die Entfernungspauschale beträgt 0,30 € für jeden vollen Entfernungskilometer zwischen Wohnung und **6**
erster Tätigkeitsstätte.

Für die Jahre 2021 bis 2026 gilt ab dem 21. Entfernungskilometer eine erhöhte Entfernungspauschale **7**
von 0,35 € und ab 2024🄵 von 0,38 €. Für die Entfernungen bis zu 20 km ist unverändert eine Entfernungspauschale von 0,30 € zu berücksichtigen.

Für die Jahre 2021 bis 2023🄵 ist die anzusetzende Entfernungspauschale in Fällen, in denen die Entfer- **8**
nung mindestens 21 Kilometer beträgt, somit wie folgt zu berechnen:
Zahl der Arbeitstage x 20 Entfernungskilometer x 0,30 € zuzüglich
Zahl der Arbeitstage x restliche Entfernungskilometer x 0,35 €.

Für die Jahre 2024 bis 2026🄵 ist in diesen Fällen die anzusetzende Entfernungspauschale somit wie folgt **9**
zu berechnen:
Zahl der Arbeitstage x 20 Entfernungskilometer x 0,30 € zuzüglich
Zahl der Arbeitstage x restliche Entfernungskilometer x 0,38 €.

> **Beispiel 2:**
>
> Ein Arbeitnehmer benutzt von Januar bis September **2021** (an 165 Arbeitstagen) für die Wege von
> seiner Wohnung zur **80** km entfernten ersten Tätigkeitsstätte und zurück den eigenen Kraftwagen.
> Dann verlegt er seinen Wohnsitz. Von der neuen Wohnung aus gelangt er ab Oktober (an 55 Ar-
> beitstagen) zur nunmehr nur noch 5 km entfernten ersten Tätigkeitsstätte mit dem Bus. Hierfür
> entstehen ihm tatsächliche Kosten in Höhe von (3 x 70 € =) 210 €.
>
> Für die Strecken mit dem eigenen Kraftwagen ergibt sich eine Entfernungspauschale von **165 Ar-beitstage x 20 km x 0,30 € = 990 €** zuzüglich 165 Arbeitstage x 60 km x 0,35 € = 3 465 €; in der
> **Summe 4 455 €.** Für die Strecke mit dem Bus errechnet sich eine Entfernungspauschale von 55 Ar-
> beitstagen x 5 km x 0,30 € – 83 €. Die insgesamt im Kalenderjahr anzusetzende Entfernungspau-
> schale beträgt **4 538 € (4 455 € + 83 €),** da die tatsächlich angefallenen Aufwendungen für die Nut-
> zung der öffentlichen Verkehrsmittel (210 €) diese nicht übersteigen.

1.3 Höchstbetrag von 4 500 €

Die anzusetzende Entfernungspauschale ist grundsätzlich auf einen Höchstbetrag von 4 500 € im Kalen- **10**
derjahr begrenzt.

Die Beschränkung auf 4 500 € gilt insbesondere,

– wenn der Weg zwischen Wohnung und erster Tätigkeitsstätte mit einem Motorrad, Motorroller, Mo-
 ped, Fahrrad oder zu Fuß zurückgelegt wird,

– bei Benutzung eines Kraftwagens für die Teilnehmer an einer Fahrgemeinschaft und zwar für die Tage, an denen der Arbeitnehmer seinen eigenen oder zur Nutzung überlassenen Kraftwagen nicht einsetzt (vgl. auch **Rz. 18**, Beispiel 5),

---

Amtl. Fn.:

🄵 Mit dem Steuerentlastungsgesetz 2022 vom 23. 5. 2022 (BGBl I S. 749) wurde die Anhebung auf 0,38 € auf
das Jahr 2022 vorgezogen.

    – wenn der Weg zwischen Wohnung und erster Tätigkeitsstätte mit öffentlichen Verkehrsmitteln zurückgelegt wird, soweit im Kalenderjahr insgesamt keine höheren Aufwendungen glaubhaft gemacht oder nachgewiesen werden (§ 9 Absatz 2 Satz 2 EStG).

11 Bei Benutzung eines eigenen oder zur Nutzung überlassenen Kraftwagens greift die Begrenzung auf 4 500 € nicht. Der Arbeitnehmer muss lediglich nachweisen oder glaubhaft machen, dass er die Fahrten zwischen Wohnung und erster Tätigkeitsstätte mit dem eigenen oder ihm zur Nutzung überlassenen Kraftwagen zurückgelegt hat. Ein Nachweis der tatsächlichen Aufwendungen für den Kraftwagen ist für den Ansatz eines höheren Betrages als 4 500 € nicht erforderlich.

1.4 Maßgebende Entfernung zwischen Wohnung und erster Tätigkeitsstätte

12 Für die Bestimmung der Entfernung zwischen Wohnung und erster Tätigkeitsstätte ist die kürzeste Straßenverbindung zwischen Wohnung und erster Tätigkeitsstätte maßgebend. Dabei sind nur volle Kilometer der Entfernung anzusetzen, ein angefangener Kilometer bleibt unberücksichtigt. Die Entfernungsbestimmung richtet sich nach der Straßenverbindung; sie ist unabhängig von dem Verkehrsmittel, das tatsächlich für den Weg zwischen Wohnung und erster Tätigkeitsstätte benutzt wird. Eine andere als die kürzeste Straßenverbindung kann dann zugrunde gelegt werden, wenn diese offensichtlich verkehrsgünstiger ist und vom Arbeitnehmer regelmäßig für die Wege zwischen Wohnung und erster Tätigkeitsstätte benutzt wird. Eine mögliche, aber vom Steuerpflichtigen nicht tatsächlich benutzte Straßenverbindung kann der Berechnung der Entfernungspauschale nicht zugrunde gelegt werden. Diese Grundsätze gelten auch, wenn der Arbeitnehmer ein öffentliches Verkehrsmittel benutzt, dessen Linienführung direkt über die verkehrsgünstigere Straßenverbindung erfolgt (z. B. Bus). Eine von der kürzesten Straßenverbindung abweichende Strecke ist verkehrsgünstiger, wenn der Arbeitnehmer die erste Tätigkeitsstätte – trotz gelegentlicher Verkehrsstörungen – in der Regel schneller und pünktlicher erreicht (BFH vom 10. Oktober 1975, VI R 33/74, BStBl II S. 852 sowie BFH vom 16. November 2011, VI R 46/10, BStBl 2012 II S. 470 und VI R 19/11, BStBl 2012 II S. 520). Teilstrecken mit steuerfreier Sammelbeförderung sind nicht in die Entfernungsermittlung einzubeziehen.

13 Eine Fährverbindung ist sowohl bei der Ermittlung der kürzesten Straßenverbindung als auch bei der Ermittlung der verkehrsgünstigsten Straßenverbindung einzubeziehen, soweit **ihre Nutzung** zumutbar erscheint und wirtschaftlich sinnvoll ist. Die Fahrtstrecke der Fähre selbst ist dann jedoch nicht Teil der maßgebenden Entfernung. An ihrer Stelle können die tatsächlichen Fährkosten berücksichtigt werden.

14 **Die kürzeste Straßenverbindung ist auch dann maßgeblich, wenn diese mautpflichtig ist oder mit dem vom Arbeitnehmer tatsächlich verwendeten Verkehrsmittel straßenverkehrsrechtlich nicht benutzt werden darf (vgl. BFH vom 24. September 2013, VI R 20/13, BStBl 2014 II S. 259). Gebühren für die Benutzung eines Straßentunnels oder einer mautpflichtigen Straße dürfen daneben nicht neben der Entfernungspauschale berücksichtigt werden, weil sie nicht für die Benutzung eines Verkehrsmittels entstehen.**

15 Fallen die Hin- und Rückfahrt zur ersten Tätigkeitsstätte auf verschiedene Arbeitstage, **ist nur die Hälfte der Entfernungspauschale je Entfernungskilometer und Arbeitstag als Werbungskosten zu berücksichtigen** (vgl. H 9.10 „Fahrtkosten – bei einfacher Fahrt" LStH 2021 **1**).

    Beispiel 3:

    Ein Arbeitnehmer fährt mit der U-Bahn zur ersten Tätigkeitsstätte. Einschließlich der Fußwege beträgt die zurückgelegte Entfernung 15 km. Die kürzeste Straßenverbindung beträgt **10,6** km.

    Für die Ermittlung der Entfernungspauschale ist eine Entfernung von 10 km anzusetzen.

    Beispiel 4:

    Ein Arbeitnehmer wohnt an einem Fluss und hat seine erste Tätigkeitsstätte auf der anderen Flussseite. Die Entfernung zwischen Wohnung und erster Tätigkeitsstätte beträgt über die nächstgelegene Brücke 60 km und bei Benutzung einer Autofähre 19 km zuzüglich einer Fährstrecke von **1,6** km. Die Fährkosten betragen 650 € jährlich.

    Für die Entfernungspauschale ist eine Entfernung von 19 km anzusetzen. Daneben können die Fährkosten berücksichtigt werden (vgl. auch **Rz. 22** Beispiel 9).

Amtl. Fn.:

1 Jetzt LStH 2023.

1.5 Fahrgemeinschaften

Unabhängig von der Art der Fahrgemeinschaft ist bei jedem Teilnehmer der Fahrgemeinschaft die Entfernungspauschale entsprechend der für ihn maßgebenden Entfernungsstrecke anzusetzen. Umwegstrecken, insbesondere zum Abholen von Mitfahrern, sind jedoch nicht in die Entfernungsermittlung einzubeziehen. **16**

Der Höchstbetrag für die Entfernungspauschale von 4 500 € greift auch bei einer wechselseitigen Fahrgemeinschaft, und zwar für die Mitfahrer der Fahrgemeinschaft an den Arbeitstagen, an denen sie ihren eigenen oder zur Nutzung überlassenen Kraftwagen nicht einsetzen. **17**

Bei wechselseitigen Fahrgemeinschaften kann der Höchstbetrag von 4 500 € zunächst durch die Wege an den Arbeitstagen ausgeschöpft werden, an denen der Arbeitnehmer mitgenommen wurde. Deshalb ist zunächst die (auf 4 500 € begrenzte) anzusetzende Entfernungspauschale für diese Tage zu berechnen. Anschließend ist die anzusetzende (unbegrenzte) Entfernungspauschale für die Tage zu ermitteln, an denen der Arbeitnehmer seinen eigenen Kraftwagen benutzt hat. Beide Beträge zusammen ergeben die insgesamt anzusetzende Entfernungspauschale. **18**

> **Beispiel 5:**
>
> Bei einer aus drei Arbeitnehmern bestehenden wechselseitigen Fahrgemeinschaft beträgt die Entfernung zwischen Wohnung und erster Tätigkeitsstätte für jeden Arbeitnehmer im Kalenderjahr **2021** 90 km. Bei tatsächlichen 210 Arbeitstagen benutzt jeder Arbeitnehmer seinen eigenen Kraftwagen an 70 Tagen für die Fahrten zwischen Wohnung und erster Tätigkeitsstätte.
>
> Die Entfernungspauschale ist für jeden Teilnehmer der Fahrgemeinschaft wie folgt zu ermitteln:
>
> Zunächst ist die Entfernungspauschale für die Fahrten und Tage zu ermitteln, an denen der Arbeitnehmer mitgenommen wurde:
>
> | | | |
> |---|---|---|
> | **140 Arbeitstage x 20 km x 0,30 €** | = | **840 €** |
> | **140 Arbeitstage x 70 km x 0,35 €** | = | **3 430 €** |
> | (Höchstbetrag von 4 500 € ist nicht überschritten) | | **4 270 €** |
>
> Anschließend ist die Entfernungspauschale für die Fahrten und Tage zu ermitteln, an denen der Arbeitnehmer seinen eigenen Kraftwagen benutzt hat:
>
> | | | |
> |---|---|---|
> | **70 Arbeitstage x 20 km x 0,30 €** | = | **420 €** |
> | **70 Arbeitstage x 70 km x 0,35 €** | = | **1 715 €** |
> | abziehbar (unbegrenzt) | | **2 135 €** |
> | anzusetzende Entfernungspauschale | | **= 6 405 €** |

Setzt bei einer Fahrgemeinschaft nur ein Teilnehmer seinen Kraftwagen ein, kann er die Entfernungspauschale ohne Begrenzung auf den Höchstbetrag von 4 500 € für seine Entfernung zwischen Wohnung und erster Tätigkeitsstätte geltend machen; eine Umwegstrecke zum Abholen der Mitfahrer ist nicht in die Entfernungsermittlung einzubeziehen. Bei den Mitfahrern wird gleichfalls die Entfernungspauschale angesetzt, allerdings bei ihnen begrenzt auf den Höchstbetrag von 4 500 €. **19**

1.6 Benutzung verschiedener Verkehrsmittel

Arbeitnehmer legen die Wege zwischen Wohnung und erster Tätigkeitsstätte oftmals auf unterschiedliche Weise zurück, d. h. für eine Teilstrecke werden der Kraftwagen und für die weitere Teilstrecke öffentliche Verkehrsmittel benutzt (Park & Ride) oder es werden für einen Teil des Jahres der eigene Kraftwagen und für den anderen Teil öffentliche Verkehrsmittel benutzt. In derartigen Mischfällen ist zunächst die maßgebende Entfernung **anhand der** kürzesten Straßenverbindung **der Gesamtstrecke von der Wohnung zur ersten Tätigkeitsstätte** zu ermitteln (**Rz. 12 bis 15**). **Diese ist im nächsten Schritt in die Teilstrecken der jeweiligen Verkehrsmittel aufzuteilen.** **20**

Die Teilstrecke, die mit dem eigenen Kraftwagen zurückgelegt wird, ist in voller Höhe anzusetzen; für diese Teilstrecke kann **Rz. 12** zur verkehrsgünstigeren Strecke angewandt werden. Der verbleibende Teil der maßgebenden Entfernung ist die Teilstrecke, die auf öffentliche Verkehrsmittel entfällt. Die anzusetzende Entfernungspauschale ist sodann für die Teilstrecke und Arbeitstage zu ermitteln, an denen der Arbeitnehmer seinen eigenen oder ihm zur Nutzung überlassenen Kraftwagen eingesetzt hat. Anschließend ist die anzusetzende Entfernungspauschale für die Teilstrecke und Arbeitstage zu ermitteln, an denen der Arbeitnehmer öffentliche Verkehrsmittel benutzt. Beide Beträge ergeben die insgesamt anzusetzende Entfernungspauschale, so dass auch in Mischfällen ein höherer Betrag als 4 500 € angesetzt werden kann. **21**

22 In den Kalenderjahren 2021 bis 2026 ist zu berücksichtigen

– die erhöhte Entfernungspauschale ab dem 21. Entfernungskilometer vorrangig bei der Teilstrecke, die mit einem eigenen oder zur Nutzung überlassenen Kraftwagen zurückgelegt wird, da für diese der Höchstbetrag von 4 500 € nicht gilt, und

– die Entfernungspauschale von 0,30 € für die ersten 20 km vorrangig bei der Teilstrecke der öffentlichen Verkehrsmittel.

Beispiel 6:

Ein Arbeitnehmer fährt an 220 Arbeitstagen im Jahr **2021** mit dem eigenen Kraftwagen 30 km zur nächsten Bahnstation und von dort 100 km mit der Bahn zur ersten Tätigkeitsstätte. Die kürzeste maßgebende Entfernung (Straßenverbindung) beträgt 100 km. Die Aufwendungen für die Bahnfahrten betragen 2 160 € (monatlich 180 € x 12) im Jahr.

Von der maßgebenden Entfernung von 100 km entfällt eine Teilstrecke von 30 km auf Fahrten mit dem eigenen Kraftwagen und eine Teilstrecke von 70 km auf Fahrten mit der Bahn.

Für die Teilstrecke mit der Bahn (100 km – 30 km) errechnet sich eine Entfernungspauschale von 220 Arbeitstagen x 20 km x 0,30 € = 1 320 € zuzüglich 220 Arbeitstage x 50 km x 0,35 € = 3 850 €; in der Summe 5 170 €.

Hierfür ist der Höchstbetrag von 4 500 € anzusetzen.

Für die Teilstrecke mit dem Kraftwagen errechnet sich eine Entfernungspauschale von 220 Arbeitstagen x 30 km x 0,35 € = 2 310 €, so dass sich eine insgesamt anzusetzende Entfernungspauschale von 6 810 € (4 500 € + 2 310 €) ergibt.

Die tatsächlichen Aufwendungen für die Bahnfahrten in Höhe von 2 160 € bleiben unberücksichtigt, weil sie unterhalb der für das Kalenderjahr insgesamt anzusetzenden Entfernungspauschale liegen.

Beispiel 7:

Ein Arbeitnehmer fährt an 220 Arbeitstagen im Jahr **2021** mit dem eigenen Kraftwagen 3 km zu einer verkehrsgünstig gelegenen Bahnstation und von dort noch 30 km mit der Bahn zur ersten Tätigkeitsstätte. Die kürzeste maßgebende Straßenverbindung beträgt 25 km. Die Jahreskarte für die Bahn kostet 1 746 €.

Von der maßgebenden Entfernung von 25 km entfällt eine Teilstrecke von 3 km auf Fahrten mit dem eigenen Kraftwagen und eine Teilstrecke von 22 km auf Fahrten mit der Bahn.

Für die Teilstrecke mit der Bahn (25 km – 3 km) errechnet sich eine Entfernungspauschale von 220 Arbeitstagen x 20 km x 0,30 € = 1 320 € zuzüglich 220 Arbeitstage x 2 km x 0,35 € = 154 €; in der Summe 1 474 €.

Für die Teilstrecke mit dem Kraftwagen errechnet sich eine Entfernungspauschale von 220 Arbeitstagen x 3 km x 0,35 € = 231 €, so dass sich eine insgesamt anzusetzende Entfernungspauschale von 1 705 € (1 474 € + 231 €) ergibt.

Da die tatsächlichen Aufwendungen für die Bahnfahrten in Höhe von 1 746 € höher sind als die für das Kalenderjahr insgesamt anzusetzende Entfernungspauschale, kann zusätzlich der die Entfernungspauschale übersteigende Betrag angesetzt werden; insgesamt also 1 746 €.

Beispiel 8:

Ein Arbeitnehmer fährt im Kalenderjahr **2021** die ersten drei Monate mit dem eigenen Kraftwagen und die letzten neun Monate mit öffentlichen Verkehrsmitteln zur 120 km entfernten ersten Tätigkeitsstätte. Die entsprechende Monatskarte kostet 190 €.

Die Entfernungspauschale ist für die beiden Zeiträume jeweils gesondert zu ermitteln, da bei Benutzung des eigenen Kraftwagens die Begrenzung auf den Höchstbetrag von 4 500 € nicht greift. Die anzusetzende Entfernungspauschale ist bei Zugrundelegung von insgesamt 220 Arbeitstagen wie folgt zu ermitteln:

165 Arbeitstage x 20 km x 0,30 €	= 990 €
165 Arbeitstage x 100 km x 0,35 €	= 5 775 €
	6 765 €

Begrenzt auf den Höchstbetrag von		4 500 €
zuzüglich		
55 Arbeitstage x 20 km x 0,30 €	=	**330 €**
55 Arbeitstage x 100 km x 0,35 €	=	**1 925 €**
		2 255 €
anzusetzende Entfernungspauschale insgesamt		**6 755 €**

Die tatsächlichen Kosten für die Benutzung der öffentlichen Verkehrsmittel (9 x 190 € = 1 710 €) sind niedriger; anzusetzen ist also die Entfernungspauschale in Höhe von **6 755 €**.

Beispiel 9:

Ein Arbeitnehmer wohnt in Konstanz und hat seine erste Tätigkeitsstätte auf der anderen Seite des Bodensees. Für die Fahrt zur ersten Tätigkeitsstätte benutzt er im Jahr **2021** seinen Kraftwagen und die Fähre von Konstanz nach Meersburg. Die Fahrtstrecke einschließlich der Fährstrecke von 4,2 km beträgt insgesamt 15 km. Die Monatskarte für die Fähre kostet 122,50 €. Bei 220 Arbeitstagen im Jahr ergibt sich eine

Entfernungspauschale von:		
220 Arbeitstage x 10 km x 0,30 €	=	660 €
zuzüglich		
Fährkosten (12 x 122,50 €)	=	1 470 €
Insgesamt zu berücksichtigen		2 130 €

1.7 Mehrere Wege an einem Arbeitstag

Die Entfernungspauschale kann für die Wege zu derselben ersten Tätigkeitsstätte für jeden Arbeitstag **23** nur einmal angesetzt werden.

1.8 Mehrere Dienstverhältnisse

Bei Arbeitnehmern, die in mehreren Dienstverhältnissen stehen und denen Aufwendungen für die Wege zu **24** mehreren auseinanderliegenden ersten Tätigkeitsstätten entstehen, ist die Entfernungspauschale für jeden Weg zur ersten Tätigkeitsstätte anzusetzen, wenn der Arbeitnehmer am Tag zwischenzeitlich in die Wohnung zurückkehrt. **Die erhöhte Entfernungspauschale (0,35 € bzw. 0,38 €) ist für jeden Weg zur ersten Tätigkeitsstätte erst ab dem 21. Entfernungskilometer zu berücksichtigen.** Die Einschränkung, dass täglich nur eine Fahrt zu berücksichtigen ist, gilt nur für den Fall einer, nicht aber für den Fall mehrerer erster Tätigkeitsstätten. Werden täglich mehrere erste Tätigkeitsstätten ohne Rückkehr zur Wohnung nacheinander angefahren, so ist für die Entfernungsermittlung der Weg zur zuerst aufgesuchten ersten Tätigkeitsstätte als Umwegstrecke zur nächsten ersten Tätigkeitsstätte zu berücksichtigen; die für die Ermittlung der Entfernungspauschale anzusetzende Entfernung darf höchstens die Hälfte der Gesamtstrecke betragen.

Beispiel 10:

Ein Arbeitnehmer fährt im Jahr **2021** mit öffentlichen Verkehrsmitteln an 220 Arbeitstagen vormittags von seiner Wohnung A zur ersten Tätigkeitsstätte B, mittags zur Wohnung A, nachmittags zu **einer anderen** ersten Tätigkeitsstätte C und abends zur Wohnung A zurück. Die Entfernungen betragen zwischen A und B 30 km und zwischen A und C 40 km. Die Monatskarte für die öffentlichen Verkehrsmittel kostet 300 € monatlich.

Da die erhöhte Entfernungspauschale (0,35 € bzw. 0,38 €) für jeden Weg zur ersten Tätigkeitsstätte erst ab dem 21. Entfernungskilometer zu berücksichtigen ist, betragen die Entfernungspauschalen

a) für die Fahrten zur ersten Tätigkeitsstätte in B		
220 Tage x 20 km x 0,30 €	=	**1 320 €**
220 Tage x 10 km x 0,35 €	=	**770 €**
insgesamt	=	2 090 €
b) für die Fahrten zur ersten Tätigkeitsstätte in C		
220 Tage x 20 km x 0,30 €	=	**1 320 €**
220 Tage x 20 km x 0,35 €	=	**1 540 €**
insgesamt	=	2 860 €.

Die Summe der Entfernungspauschalen beträgt 4 950 € (2 090 € + 2 860 €), begrenzt auf den Höchstbetrag von 4 500 €.

Beispiel 11:

Ein Arbeitnehmer fährt im Jahr 2021 an 220 Tagen vormittags von seiner Wohnung A zur ersten Tätigkeitsstätte B, nachmittags weiter zur ersten Tätigkeitsstätte C und abends zur Wohnung in A zurück. Die Entfernungen betragen zwischen A und B 30 km, zwischen B und C 40 km und zwischen C und A 50 km.

Die Gesamtstrecke beträgt 30 km + 40 km + 50 km = 120 km, die Entfernung zwischen der Wohnung und den beiden ersten Tätigkeitsstätten 30 km + 50 km = 80 km. Da dies mehr als die Hälfte der Gesamtstrecke ist, sind (120 km : 2) = 60 km für die Ermittlung der Entfernungspauschale anzusetzen.

Da die erhöhte Entfernungspauschale (0,35 € bzw. 0,38 €) für jeden Weg zur ersten Tätigkeitsstätte erst ab dem 21. Entfernungskilometer zu berücksichtigen ist, beträgt die Entfernungspauschale für die Fahrten zur ersten Tätigkeitsstätte in B und C

220 Tage x 20 km x 0,30 €	= 1 320 €
220 Tage x 20 km x 0,30 €	= 1 320 €
220 Tage x 20 km x 0,35 €	= 1 540 €
insgesamt	**= 4 180 €**

1.9 Anrechnung von Arbeitgeberleistungen auf die Entfernungspauschale

25 Jeder Arbeitnehmer erhält die Entfernungspauschale unabhängig von der Höhe seiner Aufwendungen für die Wege zwischen Wohnung und erster Tätigkeitsstätte. Nach § 9 Absatz 1 Satz 3 Nummer 4 EStG gilt dies auch dann, wenn der Arbeitgeber dem Arbeitnehmer einen **Kraftwagen oder ein anderes Fahrzeug** für die Wege zwischen Wohnung und erster Tätigkeitsstätte überlässt und diese Arbeitgeberleistung nach § 8 Absatz 3 EStG (Rabattfreibetrag) steuerfrei ist, z. B. wenn ein Mietwagenunternehmen dem Arbeitnehmer einen Mietwagen für die Fahrten zwischen Wohnung und erster Tätigkeitsstätte überlässt. **Steuerfreie Sachbezüge nach § 3 Nummer 37 EStG mindern die Entfernungspauschale nicht (§ 9 Absatz 1 Satz 3 Nummer 4 Satz 7 EStG). Entsprechendes gilt für pauschal besteuerte Arbeitgeberleistungen nach § 40 Absatz 2 Satz 2 Nummer 2 EStG.**

26 Die folgenden steuerfreien bzw. pauschal besteuerten Arbeitgeberleistungen sind jedoch auf die anzusetzende und ggf. auf 4 500 € begrenzte Entfernungspauschale anzurechnen:

- **nach § 3 Nummer 15 EStG steuerfreie Arbeitgeberleistungen (vgl. Rz. 27 ff. des BMF-Schreibens vom 15. August 2019, BStBl I S. 875),**
- nach § 8 Absatz 2 Satz 11 EStG (**50 €**-Freigrenze; **bis 31. Dezember 2021 = 44 €**-Freigrenze) steuerfreie Sachbezüge für die Wege zwischen Wohnung und erster Tätigkeitsstätte,
- nach § 8 Absatz 3 EStG steuerfreie Sachbezüge für Fahrten zwischen Wohnung und erster Tätigkeitsstätte bis höchstens 1 080 € (Rabattfreibetrag),
- die nach § 40 Absatz 2 Satz 2 **Nummer 1** EStG pauschal besteuerten Arbeitgeber**leistungen** bis zur Höhe der abziehbaren Entfernungspauschale (vgl. **Rz. 31 ff.**).

27 Die vorgenannten steuerfreien oder pauschal besteuerten Arbeitgeberleistungen sind vom Arbeitgeber zu bescheinigen (§ 41b Absatz 1 Satz 2 Nummer 6 und 7 EStG).

2. Entfernungspauschale für Familienheimfahrten bei doppelter Haushaltsführung (§ 9 Absatz 1 Satz 3 Nummer 5 EStG)

28 Auf die Entfernungspauschale für Familienheimfahrten bei doppelter Haushaltsführung (**§ 9 Absatz 1 Satz 3 Nummer 5 Satz 5 bis 9 EStG**) sind die **Rz. 1 bis 5** und **Rz. 12 ff.** entsprechend anzuwenden. Die Begrenzung auf den Höchstbetrag von 4 500 € gilt bei Familienheimfahrten nicht. Für Flugstrecken und eine **verbilligter** Sammelbeförderung durch den Arbeitgeber **nach § 3 Nummer 32 EStG** sind die tatsächlichen Aufwendungen des Arbeitnehmers anzusetzen. Arbeitgeberleistungen für Familienheimfahrten, die nach § 3 Nummer 13 oder 16 EStG steuerfrei sind, sind nach § 3c Absatz 1 EStG auf die für die Familienheimfahrten anzusetzende Entfernungspauschale anzurechnen.

3. Menschen mit Behinderungen

29 Nach § 9 Absatz 2 Satz 3 EStG können Menschen mit Behinderungen für die Wege zwischen Wohnung und erster Tätigkeitsstätte an Stelle der Entfernungspauschale die tatsächlichen Aufwendungen ansetzen. Bei Benutzung eines privaten Fahrzeugs können die Fahrtkosten aus Vereinfachungsgründen auch mit den pauschalen Kilometersätzen gemäß § 9 Absatz 1 Satz 3 Nummer 4a EStG angesetzt werden, **die für das jeweils benutzte Beförderungsmittel als höchste Wegstreckenentschädigung nach dem Bundesreisekostengesetz festgesetzt sind (vgl. auch Rz. 37 des BMF-Schreibens zur Reform des steuerlichen Reisekostenrechts vom 25. November 2020, BStBl I S. 1228).** Bei Benutzung eines eigenen oder zur Nutzung überlassenen Kraftwagens kann danach ohne Einzelnachweis der Kilometersatz von 0,30 € je gefahrenen Kilometer angesetzt werden. Unfallkosten, die auf einer Fahrt zwischen Wohnung und erster Tätigkeitsstätte entstanden sind, können neben dem pauschalen Kilometersatz **nach § 9 Absatz 1 Satz 1 EStG** berücksichtigt werden **(vgl. Rz. 30)**. Werden die Wege zwischen Wohnung und erster Tätigkeitsstätte mit verschiedenen Verkehrsmitteln zurückgelegt, kann das Wahlrecht – Entfernungspauschale oder tatsächliche Kosten – für beide zurückgelegten Teilstrecken – nur einheitlich ausgeübt werden (BFH vom 5. Mai 2009, VI R 77/06, BStBl II S. 729).

Beispiel 12:

Ein Arbeitnehmer A (Grad der Behinderung von 90) fährt an 220 Arbeitstagen im Jahr **2021** mit dem eigenen Kraftwagen 17 km zu einem behindertengerechten Bahnhof und von dort 82 km mit der Bahn zur ersten Tätigkeitsstätte. Die tatsächlichen Bahnkosten betragen 240 € im Monat.

A wählt das günstigste Ergebnis, das sich aufgrund der Höchstgrenze von 4 500 € der Entfernungspauschale für die Teilstrecke mit der Bahn ergibt. Dies erreicht er mit dem Ansatz der Entfernungspauschale für 162 Tage (4 500 € Höchstbetrag : tägliche Entfernungspauschale für 82 km von 27,70 € [20 km x 0,30 € = 6 € zuzüglich 62 km x 0,35 € = 21,70 €] = 162 Tage) und dem Ansatz der tatsächlichen Kosten für 58 Tage.

a) **Ermittlung der Entfernungspauschale 162 Tage (erhöhte Entfernungspauschale vorrangig auf die Teilstrecke mit dem eigenen Kraftwagen, vgl. Rz. 22)**

   Für die Teilstrecke mit dem eigenen Kraftwagen errechnet sich eine Entfernungspauschale von 162 Arbeitstagen x 17 km x 0,35 € = 963,90 €.

   Für die Teilstrecke mit der Bahn beträgt die Entfernungspauschale 162 Arbeitstage x 20 km x 0,30 € = 972 € zuzüglich 162 Arbeitstage x 62 km x 0,35 € = 3 515,40 €, insgesamt 4 487,40 €, so dass sich eine insgesamt anzusetzende Entfernungspauschale von 5 451,30 € (963,90 € + 4 487,40 €) ergibt.

b) **Ermittlung der tatsächlichen Kosten für 58 Tage**

   Für die Teilstrecke mit dem eigenen Kraftwagen sind nunmehr 58 Arbeitstage x 17 km x 2 x 0,30 € = 591,60 € anzusetzen (= tatsächliche Aufwendungen mit pauschalem Kilometersatz je Fahrtkilometer).

   Für die verbleibende Teilstrecke mit der Bahn sind die anteiligen tatsächlichen Kosten von 759,27 € (240 € x 12 Monate = 2 880 € : 220 Tage x 58 Tage) anzusetzen, so dass sich insgesamt ein Betrag von 1 350,87 € (591,60 € + 759,27 €) ergibt.

Insgesamt kann somit ein Betrag von 6 803 € (5 451,30 € + 1 350,87 €) abgezogen werden.

Beispiel 13:

Ein Arbeitnehmer A fährt an 220 Arbeitstagen im Jahr mit dem eigenen Kraftwagen 17 km zum Bahnhof und von dort 82 km mit der Bahn zur ersten Tätigkeitsstätte. Die tatsächlichen Bahnkosten betragen 240 € im Monat. Mitte des Jahres **2021** (110 Arbeitstage) tritt eine Behinderung ein (Grad der Behinderung von 90).

A wählt wieder das günstigste Ergebnis (für 162 Tage die Entfernungspauschale und für 58 Tage während des Zeitraums der Behinderung den Ansatz der tatsächlichen Kosten).

a) **Ermittlung der Entfernungspauschale**
   Für die Teilstrecke mit dem eigenen Kraftwagen errechnet sich eine Entfernungspauschale von 162 Arbeitstagen x 17 km x 0,35 € = 963,90 €.

   Für die Teilstrecke mit der Bahn errechnet sich eine Entfernungspauschale von 162 Arbeitstagen x 20 km x 0,30 € = 972 € zuzüglich 162 Arbeitstage x 62 km x 0,35 € = 3 515,40 €, insgesamt 4 487,40 €,

   so dass sich eine insgesamt anzusetzende Entfernungspauschale von 5 451,30 € (963,90 € + 4 487,40 €) ergibt.

b) Ermittlung der tatsächlichen Kosten

Für die Teilstrecke mit dem eigenen Kraftwagen sind nunmehr 58 Arbeitstage x 17 km x 2 x 0,30 € = 591,60 € anzusetzen (= tatsächliche Aufwendungen mit pauschalem Kilometersatz).

Für die verbleibende Teilstrecke mit der Bahn sind die anteiligen tatsächlichen Kosten von 759,27 € (240 € x 12 Monate = 2 880 € : 220 Tage x 58 Tage) anzusetzen,

so dass sich insgesamt ein Betrag von 1 350,87 € (591,60 € + 759,27 €) ergibt.

Insgesamt kann auch in diesem Fall ein Betrag von 6 803 € (162 Tage Entfernungspauschale und 58 Tage tatsächliche Kosten) abgezogen werden.

4. Abgeltungswirkung der Entfernungspauschalen

30 Nach § 9 Absatz 2 Satz 1 EStG sind durch die Entfernungspauschale sämtliche Aufwendungen abgegolten, die durch die Wege zwischen Wohnung und erster Tätigkeitsstätte und Familienheimfahrten entstehen. Dies gilt z. B. auch für Parkgebühren für das Abstellen des Kraftwagens während der Arbeitszeit, für Finanzierungskosten (vgl. auch BFH vom 15. April 2010, VI R 20/08, BStBl II S. 805), Beiträge für Kraftfahrerverbände, Versicherungsbeiträge für einen Insassenunfallschutz, Aufwendungen infolge Diebstahls sowie für die Kosten eines Austauschmotors anlässlich eines Motorschadens auf einer Fahrt zwischen Wohnung und erster Tätigkeitsstätte oder einer Familienheimfahrt. Unfallkosten, die auf einer Fahrt zwischen Wohnung und erster Tätigkeitsstätte oder auf einer zu berücksichtigenden Familienheimfahrt entstehen, sind als außergewöhnliche Aufwendungen im Rahmen der allgemeinen Werbungskosten nach § 9 Absatz 1 Satz 1 EStG weiterhin neben der Entfernungspauschale zu berücksichtigen (vgl. Bundestags-Drucksache 16/12099, S. 6). **Zu den neben der Entfernungspauschale berücksichtigungsfähigen Unfallkosten gehören sowohl fahrzeug- und wegstreckenbezogene Aufwendungen (entgegen BFH vom 19. Dezember 2019, VI R 8/18, BStBl 2020 II S. 291) als auch Aufwendungen im Zusammenhang mit der Beseitigung oder Linderung von Körperschäden, die durch einen Unfall auf einer beruflich veranlassten Fahrt zwischen Wohnung und erster Tätigkeitsstätte eingetreten sind.**

5. Pauschalbesteuerung nach § 40 Absatz 2 EStG in der ab 1. Januar 2021 geltenden Fassung

5.1 Allgemeines

31 Mit dem Gesetz zur weiteren steuerlichen Förderung der Elektromobilität und zur Änderung weiterer steuerlicher Vorschriften (BGBl 2019 I S. 2451) wurde § 40 Absatz 2 Satz 2 und 3 EStG an die Steuerbefreiung des § 3 Nummer 15 EStG angepasst. Zur Anwendung des § 3 Nummer 15 EStG wird auf das BMF-Schreiben vom 15. August 2019 (BStBl I S. 875) verwiesen. Darüber hinaus gilt Folgendes:

32 Der Arbeitgeber kann die Lohnsteuer für Sachbezüge in Form der unentgeltlichen oder verbilligten Beförderung eines Arbeitnehmers zwischen Wohnung und erster Tätigkeitsstätte oder Fahrten nach § 9 Absatz 1 Satz 3 Nummer 4a Satz 3 EStG sowie für zusätzlich zum ohnehin geschuldeten Arbeitslohn gezahlte Zuschüsse zu den Aufwendungen des Arbeitnehmers für Fahrten zwischen Wohnung und erster Tätigkeitsstätte sowie Fahrten nach § 9 Absatz 1 Satz 3 Nummer 4a Satz 3 EStG pauschal mit 15 % erheben, soweit diese den Betrag nicht übersteigen, den der Arbeitnehmer nach § 9 Absatz 1 Satz 3 Nummer 4 und Absatz 2 EStG als Werbungskosten geltend machen kann. Ausschlaggebend für die Höhe des **pauschal besteuerbaren** Betrags ist demnach der Betrag, den der Arbeitnehmer für die Fahrten zwischen Wohnung und erster Tätigkeitsstätte oder Fahrten nach § 9 Absatz 1 Satz 3 Nummer 4a Satz 3 EStG als Werbungskosten geltend machen kann.

33 Die Pauschalbesteuerung durch den Arbeitgeber entfaltet keine Bindungswirkung für das Veranlagungsverfahren, soweit die pauschal besteuerten Beträge den Betrag übersteigen, den der Arbeitnehmer nach § 9 Absatz 1 Satz 3 Nummer 4 und Absatz 2 EStG als Werbungskosten geltend machen kann; dies gilt für alle noch nicht bestandskräftigen Fälle.

34 Für die Ermittlung der Höhe der pauschal besteuerbaren Sachbezüge oder Zuschüsse nach § 40 Absatz 2 Satz 2 Nummer 1 EStG sind für die Jahre 2021 bis 2026 die jeweils gültigen Entfernungspauschalen nach § 9 Absatz 1 Satz 3 Nummer 4 Satz 8 EStG anzuwenden. Das bedeutet, dass bei Entfernungen ab 21 Kilometern zwischen Wohnung und erster Tätigkeitsstätte die Kilometer aufzuteilen und ab dem 21. Kilometer die erhöhte Entfernungspauschale zu berücksichtigen ist.

35 Durch die Entfernungspauschale für die Wege zwischen Wohnung und erster Tätigkeitsstätte werden arbeitstäglich zwei Wege (einen Hin- und einen Rückweg) abgegolten. Legt der Arbeitnehmer an dem jeweiligen Arbeitstag nur einen Weg zwischen Wohnung und erster Tätigkeitsstätte zurück, darf auch für die Höhe der nach § 40 Absatz 2 Satz 2 Nummer 1 EStG pauschal besteuerbaren Sachbezüge oder

Zuschüsse nur die Hälfte der Entfernungspauschale je Entfernungskilometer und Arbeitstag berücksichtigt werden.

5.2 Höhe der pauschal besteuerbaren Sachbezüge und Zuschüsse

Nutzung eines Kraftwagens

Bei ausschließlicher Benutzung eines eigenen oder zur Nutzung überlassenen Kraftwagens ist die Höhe **36** der **pauschal besteuerbaren** Sachbezüge und Zuschüsse des Arbeitgebers auf die Höhe der nach § 9 Absatz 1 Satz 3 Nummer 4 EStG als Werbungskosten abziehbaren Entfernungspauschale beschränkt, ohne Begrenzung auf den Höchstbetrag von 4 500 €. Aus Vereinfachungsgründen kann im **Lohnsteuerabzugsverfahren** davon ausgegangen werden, dass monatlich an 15 Arbeitstagen Fahrten zwischen Wohnung und erster Tätigkeitsstätte oder Fahrten nach § 9 Absatz 1 Satz 3 Nummer 4a Satz 3 EStG erfolgen.

Nutzung anderer motorisierter Fahrzeuge

Bei ausschließlicher Benutzung **anderer motorisierter Fahrzeuge** (wie z. B. eines Motorrads, Motorrollers, **37** Mopeds, Mofas, **Pedelecs, E-Bikes)** sind die pauschal besteuerbaren Sachbezüge und Zuschüsse des Arbeitgebers auf die Höhe der nach § 9 Absatz 1 Satz 3 Nummer 4 EStG als Werbungskosten abziehbaren Entfernungspauschale, begrenzt auf den Höchstbetrag von 4 500 €, beschränkt. Aus Vereinfachungsgründen kann im **Lohnsteuerabzugsverfahren** hier ebenfalls davon ausgegangen werden, dass monatlich an 15 Arbeitstagen Fahrten zwischen Wohnung und erster Tätigkeitsstätte oder Fahrten nach § 9 Absatz 1 Satz 3 Nummer 4a Satz 3 EStG erfolgen.

Nutzung öffentlicher Verkehrsmittel und Sammelbeförderung

Bei ausschließlicher Benutzung öffentlicher Verkehrsmittel, bei **verbilligter** Sammelbeförderung **nach § 3 38 Nummer 32 ESt**G, für Flugstrecken sowie bei Menschen mit Behinderungen ist eine **Pauschalbesteuerung** der Sachbezüge und Zuschüsse in Höhe der tatsächlichen Aufwendungen des Arbeitnehmers (§ 9 Absatz 1 Satz 3 Nummer 4 und Absatz 2 EStG) für die Fahrten zwischen Wohnung und erster Tätigkeitsstätte oder Fahrten nach § 9 Absatz 1 Satz 3 Nummer 4a Satz 3 EStG zulässig.

Nutzung verschiedener Verkehrsmittel (sog. Park & Ride)

Bei der Benutzung verschiedener Verkehrsmittel (insbesondere sog. Park & Ride-Fälle) ist die Höhe der **39 pauschal besteuerbaren** Sachbezüge und Zuschüsse des Arbeitgebers auf die Höhe der nach § 9 Absatz 1 Satz 3 Nummer 4 und Absatz 2 EStG als Werbungskosten abziehbaren Entfernungspauschale beschränkt. Eine **Pauschalbesteuerung** in Höhe der tatsächlichen Aufwendungen des Arbeitnehmers für die Nutzung öffentlicher Verkehrsmittel kommt erst dann in Betracht, wenn diese die insgesamt im Kalenderjahr anzusetzende Entfernungspauschale, ggf. begrenzt auf den Höchstbetrag von 4 500 €, übersteigen. Aus Vereinfachungsgründen kann im Lohnsteuerabzugsverfahren auch in diesen Fällen davon ausgegangen werden, dass monatlich an 15 Arbeitstagen Fahrten zwischen Wohnung und erster Tätigkeitsstätte oder Fahrten nach § 9 Absatz 1 Satz 3 Nummer 4a Satz 3 EStG erfolgen.

Ausnahmen von der Vereinfachungsregelung in Rz. 36, 37 und 39

Die Vereinfachungsregelung (15-Tage-Regel) in Rz. 36 ist nicht anzuwenden, wenn der Arbeitgeber bei **40** der Überlassung eines Kraftwagens bei der Ermittlung des Sachbezugs die tatsächliche Anzahl der Fahrten zwischen Wohnung und erster Tätigkeitsstätte zugrunde gelegt hat.

Bei Anwendung der Vereinfachungsregelung (15-Tage-Regelung) in Rz. 36, 37 und 39 wird davon ausge- **41** gegangen, dass bei einer 5-Tage-Woche monatlich an 15 Arbeitstagen Fahrten zwischen Wohnung und erster Tätigkeitsstätte oder Fahrten nach § 9 Absatz 1 Satz 3 Nummer 4a Satz 3 EStG erfolgen. Die Anzahl dieser Fahrten mindert sich daher verhältnismäßig, wenn der Arbeitnehmer bei einer in die Zukunft gerichteten Prognose an der ersten Tätigkeitsstätte typischerweise an weniger als 5 Arbeitstagen in der Kalenderwoche nach den dienst- oder arbeitsrechtlichen Festlegungen beruflich tätig werden soll (z. B. bei Teilzeitmodellen, Homeoffice, Telearbeit, mobilem Arbeiten). So kann z. B. bei einer 3-Tage-Woche aus Vereinfachungsgründen davon ausgegangen werden, dass monatlich an 9 Arbeitstagen (3/5 von 15 Tagen) Fahrten zwischen Wohnung und erster Tätigkeitsstätte oder Fahrten nach § 9 Absatz 1 Satz 3 Nummer 4a Satz 3 EStG erfolgen.

5.2.1 Pauschale Besteuerung von Sachbezügen in Form einer unentgeltlichen oder verbilligten Beförderung zwischen Wohnung und erster Tätigkeitsstätte (§ 40 Absatz 2 Satz 2 Nummer 1 Buchstabe a EStG)

Der Arbeitgeber kann die Lohnsteuer für Sachbezüge in Form einer unentgeltlichen oder verbilligten Be- **42** förderung zwischen Wohnung und erster Tätigkeitsstätte oder für die Fahrten nach § 9 Absatz 1 Satz 3

Nummer 4a Satz 3 EStG pauschal mit 15 % erheben, soweit die Bezüge den Betrag nicht übersteigen, den der Arbeitnehmer als Werbungskosten geltend machen könnte. Die nach § 40 Absatz 2 Satz 2 Nummer 1 Buchstabe a EStG pauschal besteuerten Bezüge mindern die nach § 9 Absatz 1 Satz 3 Nummer 4 Satz 2 und 8 und Absatz 2 EStG abziehbaren Werbungskosten.

Beispiel 14:

A nutzt für die Fahrten zwischen Wohnung und erster Tätigkeitsstätte einen vom Arbeitgeber unentgeltlich überlassenen Firmenwagen (kein E-Auto, Bruttolistenpreis im Zeitpunkt der Erstzulassung 40 000 €). Die einfache Entfernung beträgt 25 km.

Der monatlich zu versteuernde geldwerte Vorteil für die Fahrten zwischen Wohnung und erster Tätigkeitsstätte beträgt 300 € (25 km x 0,03 % x 40 000 €). Die Entfernungspauschale beträgt 116,25 € (0,30 € x 20 km x 15 Tage zuzüglich 0,35 € x 5 km x 15 Tage).

Der Arbeitgeber kann den geldwerten Vorteil aus der unentgeltlichen Beförderung für die Fahrten zwischen Wohnung und erster Tätigkeitsstätte in Höhe von 116,25 € mit 15 % pauschal besteuern. Insoweit werden die abziehbaren Werbungskosten gekürzt. Der Differenzbetrag in Höhe von 183,75 € (300 € abzüglich 116,25 €) ist dem (mit dem individuellen Steuersatz zu versteuernden) Bruttoarbeitslohn hinzuzurechnen.

Die pauschal besteuerten Bezüge sind nach Maßgabe des § 4 Absatz 1 Nummer 8 LStDV im Lohnkonto aufzuzeichnen und nach § 41b Absatz 1 Satz 2 Nummer 7 EStG in der Zeile 18 der Lohnsteuerbescheinigung auszuweisen.

Beispiel 15:

A pendelt werktags regelmäßig mit dem ICE von Stuttgart zur ersten Tätigkeitsstätte nach Karlsruhe. Der Arbeitgeber stellt A zusätzlich zum ohnehin geschuldeten Arbeitslohn eine Bahncard 100 zur Verfügung, die A auch privat uneingeschränkt nutzen darf. Die Bahncard 100 kostet 4 400 €. Der reguläre Preis einer Jahresfahrkarte auf dieser Strecke beträgt 3 000 €. Dienstreisen unternimmt A nicht; eine Pauschalbesteuerung nach § 40 Absatz 2 Satz 2 Nummer 2 EStG erfolgt nicht.

Nach § 3 Nummer 15 EStG sind 3 000 € steuerfrei (Preis einer Jahresfahrkarte für die Strecke zwischen Wohnung und erster Tätigkeitsstätte, vgl. Rz. 13 des BMF-Schreibens vom 15. August 2019, BStBl I S. 875). Der übersteigende Betrag in Höhe von 1 400 € ist steuerpflichtig; er kann nicht nach § 40 Absatz 2 Satz 2 Nummer 1 Buchstabe a EStG pauschal besteuert werden, da es sich insoweit nicht um einen Sachbezug für die Wege zwischen Wohnung und erster Tätigkeitsstätte handelt. Bleiben im Lohnsteuerabzugsverfahren die 3 000 € nach § 3 Nummer 15 EStG steuerfrei, vermindert sich insoweit die Entfernungspauschale des Arbeitnehmers im Veranlagungsverfahren. Wird im Lohnsteuerabzugsverfahren auf die Steuerbefreiung des § 3 Nummer 15 EStG verzichtet und der Arbeitgeber besteuert freiwillig pauschal den Betrag von 3 000 € nach § 40 Absatz 2 Satz 2 Nummer 2 EStG mit 25 %, ist eine Kürzung der abziehbaren Entfernungspauschale im Veranlagungsverfahren sowie ein individueller Ausweis auf der Lohnsteuerbescheinigung des Arbeitnehmers nicht vorzunehmen, vgl. hierzu Rz. 44.

5.2.2 Pauschale Besteuerung von Zuschüssen zu Fahrten zwischen Wohnung und erster Tätigkeitsstätte (§ 40 Absatz 2 Satz 2 Nummer 1 Buchstabe b EStG)

43　Der Arbeitgeber kann die Lohnsteuer für zusätzlich zum ohnehin geschuldeten Arbeitslohn gezahlte Zuschüsse zu den Aufwendungen des Arbeitnehmers für Fahrten zwischen Wohnung und erster Tätigkeitsstätte sowie Fahrten nach § 9 Absatz 1 Satz 3 Nummer 4a Satz 3 EStG, die nicht nach § 3 Nummer 15 EStG steuerbefreit sind, pauschal mit 15 % erheben, soweit die Zuschüsse den Betrag nicht übersteigen, den der Arbeitnehmer als Werbungskosten geltend machen könnte. Die pauschal besteuerten Zuschüsse mindern die nach § 9 Absatz 1 Satz 3 Nummer 4 Satz 2 und Absatz 2 EStG abziehbaren Werbungskosten.

Beispiel 16:

A fährt arbeitstäglich mit seinem privaten Kraftwagen die einfache Entfernung von 30 km zur ersten Tätigkeitstätte. Der Arbeitgeber leistet für diese Fahrten zusätzlich zum ohnehin geschuldeten Arbeitslohn einen Zuschuss von 150 € pro Monat.

Zuschüsse zu Fahrtkosten mit dem eigenen Pkw fallen nicht unter § 3 Nummer 15 EStG. Der Arbeitgeber kann im Lohnsteuerabzugsverfahren aus Vereinfachungsgründen (vgl. Rz. 36) davon ausgehen, dass die abziehbare Entfernungspauschale pro Monat 142,50 € beträgt (20 km x 0,30 € x 15 Tage zuzüglich 10 km x 0,35 € x 15 Tage). Der Arbeitgeber kann den Zuschuss folglich in Höhe von 142,50 € nach § 40 Absatz 2 Satz 2 Nummer 1 Buchstabe b EStG pauschal besteuern. Der übersteigende Betrag des Zuschusses von 7,50 € pro Monat erhöht den (mit dem individuellen Steuersatz zu versteuernden) Bruttoarbeitslohn.

Die pauschal besteuerten Bezüge sind nach Maßgabe des § 4 Absatz 1 Nummer 8 LStDV im Lohnkonto aufzuzeichnen und nach § 41b Absatz 1 Satz 2 Nummer 7 EStG in der Zeile 18 der Lohnsteuerbescheinigung auszuweisen.

Beispiel 17:

A soll laut seinem Arbeitsvertrag an 3 Tagen pro Woche im Homeoffice und einen Tag pro Woche an der ersten Tätigkeitsstätte beruflich tätig werden. Die einfache Entfernung von 30 km zur ersten Tätigkeitstätte legt A mit seinem privaten Kraftwagen zurück. Der Arbeitgeber leistet für diese Fahrten zusätzlich zum ohnehin geschuldeten Arbeitslohn einen Zuschuss von 150 € pro Monat.

Der Arbeitgeber kann bei einem Tag pro Woche beruflicher Tätigkeit an der ersten Tätigkeitsstätte im Lohnsteuerabzugsverfahren aus Vereinfachungsgründen (vgl. Rz. 36 und 41) davon ausgehen, dass an 1/5 von 15 Tagen (= 3 Tage /Monat) Fahrten zwischen Wohnung und erster Tätigkeitsstätte oder Fahrten nach § 9 Absatz 1 Satz 3 Nummer 4a Satz 3 EStG erfolgen und die abziehbare Entfernungspauschale pro Monat somit 28,50 € beträgt (20 km x 0,30 € x 3 Tage zuzüglich 10 km x 0,35 € x 3 Tage). Der Arbeitgeber kann den Zuschuss folglich in Höhe von 28,50 € nach § 40 Absatz 2 Satz 2 Nummer 1 Buchstabe b EStG mit 15 % pauschal besteuern. Der übersteigende Betrag des Zuschusses von 121,50 € pro Monat erhöht den (mit dem individuellen Steuersatz zu versteuernden) Bruttoarbeitslohn.

Die pauschal besteuerten Bezüge sind nach Maßgabe des § 4 Absatz 1 Nummer 8 LStDV im Lohnkonto aufzuzeichnen und nach § 41b Absatz 1 Satz 2 Nummer 7 EStG in der Zeile 18 der Lohnsteuerbescheinigung auszuweisen.

5.2.3 Pauschale Besteuerung von Sachbezügen und Zuschüssen im Sinne des § 3 Nummer 15 EStG (§ 40 Absatz 2 Satz 2 Nummer 2 EStG)

Anstelle der Steuerbefreiung nach § 3 Nummer 15 EStG kann der Arbeitgeber die Lohnsteuer für alle **44** dort genannten Bezüge eines Kalenderjahres mit einem Pauschsteuersatz von 25 % erheben. Der Arbeitgeber kann auch dann die Pauschalbesteuerung wählen, wenn die Bezüge dem Arbeitnehmer nicht zusätzlich zum ohnehin geschuldeten Arbeitslohn gewährt werden. Mit Ausnahme der Zusätzlichkeitsvoraussetzung müssen die übrigen Voraussetzungen des § 3 Nummer 15 EStG erfüllt sein. Bemessungsgrundlage sind die Aufwendungen des Arbeitgebers einschließlich Umsatzsteuer (§ 40 Absatz 2 Satz 4 EStG).

Bezüge, die nach § 40 Absatz 2 Satz 2 Nummer 2 EStG besteuert wurden, mindern die abziehbaren Werbungskosten nicht.

Beispiel 18:

Arbeitgeber A schließt mit einem regionalen Verkehrsträger einen Vertrag, wonach alle 100 Arbeitnehmer eine Fahrberechtigung für den gesamten Verkehrsverbund erhalten können. Hierfür zahlt A 80 000 € (einschließlich Umsatzsteuer) an den Verkehrsträger (pro Arbeitnehmer pauschal 800 €).

Die Überlassung der Fahrberechtigung ist nach § 3 Nummer 15 EStG steuerfrei, da es sich um eine Fahrberechtigung für den öffentlichen Personennahverkehr handelt (vgl. Rz. 8 des BMF-Schreibens vom 15. August 2019, BStBl I S. 875).

A kann bei jedem Arbeitnehmer, der die Fahrberechtigung annimmt (zum möglichen „Nutzungsverzicht" vgl. Rz. 38 des BMF-Schreibens vom 15. August 2019, BStBl I S. 875), anstelle der Steuerbefreiung nach § 3 Nummer 15 EStG den geldwerten Vorteil aus der Überlassung der unentgeltlichen Fahrberechtigung nach § 40 Absatz 2 Satz 2 Nummer 2 EStG auch mit 25 % pauschal besteuern. Eine Kürzung der abziehbaren Entfernungspauschale sowie ein individueller Ausweis auf der Lohnsteuerbescheinigung ist bei diesen Arbeitnehmern dann nicht vorzunehmen. Die pauschal besteuerten Bezüge sind nach Maßgabe des § 4 Absatz 1 Nummer 8 LStDV im Lohnkonto aufzuzeichnen.

6. Anwendungsregelung

Vorbehaltlich der besonderen Regelungen in Rz. 33 ist dieses Schreiben mit Wirkung ab 1. Januar 2021 **45** anzuwenden; es ist jedoch nicht zu beanstanden, wenn die Ausnahme von der Vereinfachungsregelung (15-Tage-Regelung) in Rz. 41 erst ab 1. Januar 2022 angewendet wird.

46 Das BMF-Schreiben zu den Entfernungspauschalen vom 31. Oktober 2013 (BStBl I S. 1376) ist letztmals für den Veranlagungszeitraum 2020 anzuwenden. Beim Steuerabzug vom Arbeitslohn gilt dies mit der Maßgabe, dass die Fassung des BMF-Schreibens vom 31. Oktober 2013 letztmals auf den laufenden Arbeitslohn anzuwenden ist, der für einen bis zum 31. Dezember 2020 endenden Lohnzahlungszeitraum gezahlt wird, und auf sonstige Bezüge, die bis zum 31. Dezember 2020 zufließen.

Anrechnung von Arbeitgeberleistungen auf die Entfernungspauschale
– > *BMF vom 18. 11. 2021 (BStBl I S. 2315), Tz. 1.9.*
– > *BMF vom 15. 8. 2019 (BStBl I S. 875), Tz. 6.*

Benutzung verschiedener Verkehrsmittel
> *BMF vom 18. 11. 2021 (BStBl I S. 2315), Tz. 1.6.*

Dienstliche Verrichtungen auf der Fahrt
Eine Fahrt zwischen Wohnung und erster Tätigkeitsstätte liegt auch vor, wenn diese gleichzeitig zu dienstlichen Verrichtungen für den Arbeitgeber genutzt wird, z. B. Abholen der Post, sich dabei aber der Charakter der Fahrt nicht wesentlich ändert und allenfalls ein geringer Umweg erforderlich wird; die erforderliche Umwegstrecke ist als Auswärtstätigkeit zu werten (> BFH vom 12. 10. 1990 – BStBl 1991 II S. 134).

Fahrgemeinschaften
> *BMF vom 18. 11. 2021 (BStBl I S. 2315), Tz. 1.5.*

Fahrtkosten
– *bei Antritt einer Auswärtstätigkeit von der ersten Tätigkeitsstätte*
 Hat der Arbeitnehmer eine erste Tätigkeitsstätte, ist die Entfernungspauschale auch dann anzusetzen, wenn der Arbeitnehmer seine erste Tätigkeitsstätte deshalb aufsucht, um von dort eine Auswärtstätigkeit anzutreten (> BFH vom 18. 1. 1991 – BStBl II S. 408).
– *bei einfacher Fahrt*
 Die Entfernungspauschale für Wege zwischen Wohnung und erster Tätigkeitsstätte gilt arbeitstäglich zwei Wege (einen Hin- und einen Rückweg) ab. Legt ein Arbeitnehmer nur einen Weg zurück, so ist nur die Hälfte der Entfernungspauschale je Entfernungskilometer und Arbeitstag als Werbungskosten zu berücksichtigen. Dies gilt, wenn sich z. B. an die Hinfahrt eine Auswärtstätigkeit anschließt, die an der Wohnung des Arbeitnehmers endet (> BFH vom 26. 7. 1978 – BStBl II S. 661); wenn Hin- und Rückfahrt sich auf unterschiedliche Wohnungen beziehen (> BFH vom 9. 12. 1988 – BStBl 1989 II S. 296) oder wenn die Rückfahrt erst an einem späteren Tag erfolgt (> BFH vom 12. 2. 2020 – BStBl II S. 473).
– *bei mehreren ersten Tätigkeitsstätten*
 Zum Ansatz der Entfernungspauschale bei mehreren ersten Tätigkeitsstätten in **mehreren Dienstverhältnissen** *(> BMF vom 18. 11. 2021 – BStBl I S. 2315, Tz. 1.8).*
– *bei Nutzung verschiedener Verkehrsmittel*
 > *BMF vom 18. 11. 2021 (BStBl I S. 2315), Tz. 1.6.*
– *zu einem bestimmten Sammelpunkt*
 > *§ 9 Abs. 1 Satz 3 Nr. 4a Satz 3 EStG und BMF vom 25. 11. 2020 (BStBl I S. 1228), Rz. 38 ff.*
– *zu einem weiträumigen Tätigkeitsgebiet*
 > *§ 9 Abs. 1 Satz 3 Nr. 4a Satz 3 EStG und BMF vom 25. 11. 2020 (BStBl I S. 1228), Rz. 41 ff.*

Leasingsonderzahlung

Durch die Entfernungspauschale wird auch eine Leasingsonderzahlung abgegolten (> BFH vom 15. 4. 2010 – BStBl II S. 805).

Leerfahrten

– Wird ein Arbeitnehmer im eigenen Kraftfahrzeug von einem Dritten zu seiner ersten Tätigkeitsstätte gefahren oder wieder abgeholt, so sind die so genannten Leerfahrten selbst dann nicht zu berücksichtigen, wenn die Fahrten wegen schlechter öffentlicher Verkehrsverhältnisse erforderlich sind (> BFH vom 7. 4. 1989 – BStBl II S. 925).

– bei Menschen mit Behinderungen i. S. d. § 9 Abs. 2 Satz 3 EStG > R 9.10 Abs. 3

Mehrere Dienstverhältnisse

> BMF vom 18. 11. 2021 (BStBl I S. 2315), Tz. 1.8

Mehrere Wege an einem Arbeitstag

– > BMF vom 18. 11. 2021 (BStBl I S. 2315), Tz. 1.7

– Die Abgeltungswirkung der Entfernungspauschale greift auch dann ein, wenn wegen atypischer Dienstzeiten Wege zwischen Wohnung und ersten Tätigkeitsstätte zweimal arbeitstäglich erfolgen (> BFH vom 11. 9. 2003 – BStBl II S. 893).

Menschen mit Behinderungen

– > BMF vom 18. 11. 2021 (BStBl I S. 2315), Tz. 3

– Auch bei Arbeitnehmern mit Behinderungen darf nur eine Hin- und Rückfahrt arbeitstäglich, gegebenenfalls zusätzlich eine Rück- und Hinfahrt als Leerfahrt, berücksichtigt werden (> BFH vom 2. 4. 1976 – BStBl II S. 452).

– Zur Ermittlung der Absetzungen für Abnutzung sind die Anschaffungskosten um Zuschüsse nach der Kraftfahrzeughilfe-Verordnung zu mindern (> BFH vom 14. 6. 2012 – BStBl II S. 835).

– Wird bei Menschen mit Behinderungen der Grad der Behinderung herabgesetzt und liegen die Voraussetzungen des § 9 Abs. 2 Satz 3 EStG nach der Herabsetzung nicht mehr vor, ist dies ab dem im Bescheid genannten Zeitpunkt zu berücksichtigen. Aufwendungen für Wege zwischen Wohnung und erster Tätigkeitsstätte sowie für Fahrten nach § 9 Abs. 1 Satz 3 Nr. 4a Satz 3 EStG können daher ab diesem Zeitpunkt nicht mehr nach § 9 Abs. 2 Satz 3 EStG bemessen werden (> BFH vom 11. 3. 2014 – BStBl II S. 525).

Parkgebühren

> BMF vom 18. 11. 2021 (BStBl I S. 2315), Tz. 4

Park and ride

> BMF vom 18. 11. 2021 (BStBl I S. 2315), Tz. 1.6

Umwegfahrten

– > Dienstliche Verrichtungen auf der Fahrt

– > Fahrgemeinschaften

Unfallschäden

Neben der Entfernungspauschale können nur Aufwendungen berücksichtigt werden für die Beseitigung von Unfallschäden bei einem Verkehrsunfall

– *auf der Fahrt zwischen Wohnung und erster Tätigkeitsstätte (> BFH vom 23. 6. 1978 – BStBl II S. 457 und vom 14. 7. 1978 – BStBl II S. 595),*

– *auf einer Umwegfahrt zum Betanken des Fahrzeugs (> BFH vom 11. 10. 1984 – BStBl 1985 II S. 10),*

– *unter einschränkenden Voraussetzungen auf einer Leerfahrt des Ehegatten/Lebenspartners zwischen der Wohnung und der Haltestelle eines öffentlichen Verkehrsmittels oder auf der Abholfahrt des Ehegatten/Lebenspartners (> BFH vom 26. 6. 1987 – BStBl II S. 818 und vom 11. 2. 1993 – BStBl II S. 518),*

– *auf einer Umwegstrecke zur Abholung der Mitfahrer einer Fahrgemeinschaft unabhängig von der Gestaltung der Fahrgemeinschaft (> BFH vom 11. 7. 1980 – BStBl II S. 665).*

Nicht berücksichtigt werden können die Folgen von Verkehrsunfällen

– *auf der Fahrt unter Alkoholeinfluss (> BFH vom 6. 4. 1984 – BStBl II S. 434),*

– *auf einer Probefahrt (> BFH vom 23. 6. 1978 – BStBl II S. 457),*

– *auf einer Fahrt, die nicht von der Wohnung aus angetreten oder an der Wohnung beendet wird (> BFH vom 25. 3. 1988 – BStBl II S. 706),*

– *auf einer Umwegstrecke, wenn diese aus privaten Gründen befahren wird, z. B. zum Einkauf von Lebensmitteln oder um ein Kleinkind unmittelbar vor Arbeitsbeginn in den Hort zu bringen (> BFH vom 13. 3. 1996 – BStBl II S. 375).*

Zu den **berücksichtigungsfähigen Unfallkosten** *gehören auch Schadensersatzleistungen, die der Arbeitnehmer unter Verzicht auf die Inanspruchnahme seiner gesetzlichen Haftpflichtversicherung selbst getragen hat.*

Nicht berücksichtigungsfähig sind dagegen

– *die in den Folgejahren erhöhten Beiträge für die Haftpflicht- und Fahrzeugversicherung, wenn die Schadensersatzleistungen von dem Versicherungsunternehmen erbracht worden sind (> BFH vom 11. 7. 1986 – BStBl II S. 866),*

– *Finanzierungskosten, und zwar auch dann, wenn die Kreditfinanzierung des Fahrzeugs wegen Verlusts eines anderen Kraftfahrzeugs auf einer Fahrt von der Wohnung zur ersten Tätigkeitsstätte erforderlich geworden ist (> BFH vom 1. 10. 1982 – BStBl 1983 II S. 17),*

– *der so genannte merkantile Minderwert eines reparierten und weiterhin benutzten Fahrzeugs (> BFH vom 31. 1. 1992 – BStBl II S. 401),*

– *Reparaturaufwendungen infolge der Falschbetankung eines Kraftfahrzeugs auf der Fahrt zwischen Wohnung und erster Tätigkeitsstätte sowie auf Fahrten nach § 9 Abs. 1 Satz 3 Nr. 4a Satz 3 EStG (> BFH vom 20. 3. 2014 – BStBl II S. 849).*

Lässt der Arbeitnehmer das unfallbeschädigte Fahrzeug nicht reparieren, kann die Wertminderung durch Absetzungen für außergewöhnliche Abnutzung (§ 7 Abs. 1 letzter Satz i. V. m. § 9 Abs. 1 Satz 3 Nr. 7 EStG) berücksichtigt werden (> BFH vom 21. 8. 2012 – BStBl 2013 II S. 171); Absetzungen sind ausgeschlossen, wenn die gewöhnliche Nutzungsdauer des Fahrzeugs bereits abgelaufen ist (> BFH vom 21. 8. 2012 – BStBl 2013 II S. 171).

> H 9.12 (Absetzung für Abnutzung).

Soweit die unfallbedingte Wertminderung durch eine Reparatur behoben worden ist, sind nur die tatsächlichen Reparaturkosten zu berücksichtigen (> BFH vom 27. 8. 1993 – BStBl 1994 II S. 235).

Verkehrsgünstigere Strecke

– > BMF vom 18. 11. 2021 (BStBl I S. 2315), Tz. 1.4

– *Für die Entfernungspauschale ist die kürzeste Straßenverbindung auch dann maßgeblich, wenn diese mautpflichtig ist oder mit dem vom Arbeitnehmer verwendeten Verkehrsmittel straßenverkehrsrechtlich nicht benutzt werden darf (> BFH vom 24. 9. 2013 – BStBl 2014 II S. 259).*

Wohnung

– *Ein Hotelzimmer oder eine fremde Wohnung, in denen der Arbeitnehmer nur kurzfristig aus privaten Gründen übernachtet, ist nicht Wohnung im Sinne des § 9 Abs. 1 EStG (> BFH vom 25. 3. 1988 – BStBl II S. 706).*

– *Der Mittelpunkt der Lebensinteressen befindet sich bei einem verheirateten Arbeitnehmer regelmäßig am tatsächlichen Wohnort seiner Familie (> BFH vom 10. 11. 1978 – BStBl 1979 II S. 219 und vom 3. 10. 1985 – BStBl 1986 II S. 95).*

– *Aufwendungen für Wege zwischen der ersten Tätigkeitsstätte und der Wohnung, die den örtlichen Mittelpunkt der Lebensinteressen des Arbeitnehmers darstellt, sind auch dann als Werbungskosten im Sinne des § 9 Abs. 1 Satz 3 Nr. 4 EStG zu berücksichtigen, wenn die Fahrt an der näher zur ersten Tätigkeitsstätte liegenden Wohnung unterbrochen wird (> BFH vom 20. 12. 1991 – BStBl 1992 II S. 306).*

– *Ob ein Arbeitnehmer seine weiter entfernt liegende Familienwohnung nicht nur gelegentlich aufsucht, ist anhand einer Gesamtwürdigung zu beurteilen. Fünf Fahrten im Kalenderjahr können bei entsprechenden Umständen ausreichend sein (> BFH vom 26. 11. 2003 – BStBl 2004 II S. 233; > R 9.10 Abs. 1 Satz 5).*

LStR   R 9.11 Mehraufwendungen bei doppelter Haushaltsführung[1][2]

Doppelte Haushaltsführung[3]

(1) ¹Eine doppelte Haushaltsführung liegt nur vor, wenn der Arbeitnehmer außerhalb des Ortes seiner ersten Tätigkeitsstätte einen eigenen Hausstand unterhält (Hauptwohnung) und auch am Ort der ersten Tätigkeitsstätte wohnt (Zweitwohnung); die Anzahl der Übernachtungen ist dabei unerheblich. ²Eine doppelte Haushaltsführung liegt nicht vor, solange die auswärtige Beschäftigung als Auswärtstätigkeit anzuerkennen ist.

Anm. d. Schriftl.:

[1] Die zum 1. 1. 1996 in Kraft getretene zeitliche Begrenzung des Abzugs von notwendigen Mehraufwendungen, die dem Arbeitnehmer wegen einer aus beruflichem Anlass – auch schon vor dem 1. 1. 1996 – begründeten doppelten Haushaltsführung entstehen, ist verfassungsgemäß (BFH-Urteil vom 5. 12. 1997, BStBl 1998 II S. 211).

[2] Die gesetzliche Zweijahresfrist für die steuerliche Berücksichtigung von Mehraufwendungen wegen einer aus beruflichem Anlass begründeten doppelten Haushaltsführung ist bei Arbeitnehmern mit eigenem Hausstand ab 1. 1. 2003 weggefallen. Zu den Folgerungen aus der Änderung des § 9 Abs. 1 Satz 3 Nr. 5 EStG durch das StÄndG 2003 in Fällen der doppelten Haushaltsführung bei Arbeitnehmern ohne eigenen Hausstand hat das BMF mit Schreiben vom 30. 6. 2004, BStBl 2004 I S. 582, Stellung genommen.

[3] Eine doppelte Haushaltsführung liegt nicht vor, wenn die Hauptwohnung, d. h. der „eigene Hausstand" i. S. des § 9 Abs. 1 Satz 3 Nr. 5 Satz 2 EStG, ebenfalls am Beschäftigungsort belegen ist (BFH-Urteil vom 16. 11. 2017, BStBl 2018 II S. 404).

Berufliche Veranlassung

(2) ¹Das Beziehen einer Zweitwohnung ist regelmäßig bei einem Wechsel des Ortes der ersten Tätigkeitsstätte aufgrund einer Versetzung, des Wechsels oder der erstmaligen Begründung eines Dienstverhältnisses beruflich veranlasst. ²Beziehen beiderseits berufstätige Ehegatten am Ort der ersten Tätigkeitsstätte eine gemeinsame Zweitwohnung, liegt ebenfalls eine berufliche Veranlassung vor. ³Auch die Mitnahme des nicht berufstätigen Ehegatten an den Ort der ersten Tätigkeitsstätte steht der beruflichen Veranlassung einer doppelten Haushaltsführung nicht entgegen. ⁴Bei Zuzug aus dem Ausland kann das Beziehen einer Zweitwohnung auch dann beruflich veranlasst sein, wenn der Arbeitnehmer politisches Asyl beantragt oder erhält. ⁵Eine aus beruflichem Anlass begründete doppelte Haushaltsführung liegt auch dann vor, wenn ein Arbeitnehmer seinen Haupthausstand aus privaten Gründen vom Ort der ersten Tätigkeitsstätte wegverlegt und er darauf in einer Wohnung am Ort der ersten Tätigkeitsstätte einen Zweithaushalt begründet, um von dort seiner Beschäftigung weiter nachgehen zu können. ⁶In den Fällen, in denen bereits zum Zeitpunkt der Wegverlegung des Lebensmittelpunktes vom Ort der ersten Tätigkeitsstätte ein Rückumzug an den Ort der ersten Tätigkeitsstätte geplant ist oder feststeht, handelt es sich hingegen nicht um eine doppelte Haushaltsführung i. S. d. § 9 Abs. 1 Satz 3 Nr. 5 EStG.

Eigener Hausstand

(3) ¹Ein eigener Hausstand setzt eine eingerichtete, den Lebensbedürfnissen entsprechende Wohnung des Arbeitnehmers sowie die finanzielle Beteiligung an den Kosten der Lebensführung (laufende Kosten der Lebensführung) voraus. ²In dieser Wohnung muss der Arbeitnehmer einen Haushalt unterhalten, das heißt, er muss die Haushaltsführung bestimmen oder wesentlich mitbestimmen. ³Es ist nicht erforderlich, dass in der Wohnung am Ort des eigenen Hausstands hauswirtschaftliches Leben herrscht, z. B. wenn der Arbeitnehmer seinen nicht berufstätigen Ehegatten an den auswärtigen Ort der ersten Tätigkeitsstätte mitnimmt oder der Arbeitnehmer nicht verheiratet ist. ⁴Die Wohnung muss außerdem der auf Dauer angelegte Mittelpunkt der Lebensinteressen des Arbeitnehmers sein. ⁵Bei größerer Entfernung zwischen dieser Wohnung und der Zweitwohnung, insbesondere bei einer Wohnung im Ausland, reicht bereits eine Heimfahrt im Kj. aus, um diese als Lebensmittelpunkt anzuerkennen, wenn in der Wohnung auch bei Abwesenheit des Arbeitnehmers hauswirtschaftliches Leben herrscht, an dem sich der Arbeitnehmer sowohl durch persönliche Mitwirkung als auch finanziell maßgeblich beteiligt. ⁶Bei Arbeitnehmern mit einer Wohnung in weit entfernt liegenden Ländern, z. B. Australien, Indien, Japan, Korea, Philippinen, gilt Satz 5 mit der Maßgabe, dass innerhalb von zwei Jahren mindestens eine Heimfahrt unternommen wird.

Ort der Zweitwohnung

(4) Eine Zweitwohnung in der Nähe des Ortes der ersten Tätigkeitsstätte steht einer Zweitwohnung am Ort der ersten Tätigkeitsstätte gleich.

> **Hinweise**   **LStH**   **H 9.11 (1–4)**

Beibehaltung der Wohnung

– *Ist der doppelte Haushalt beruflich begründet worden, ist es unerheblich, ob in der Folgezeit auch die Beibehaltung beider Wohnungen beruflich veranlasst ist (> BFH vom 30.9.1988 – BStBl 1989 II S.103) oder ob der gemeinsame Wohnsitz beiderseits berufstätiger Ehegatten/ Lebenspartner über die Jahre gleich bleibt oder verändert wird (> BFH vom 30.10.2008 – BStBl 2009 II S.153).*

– *Nach einer mehrmonatigen Beurlaubung kann in der alten Wohnung am früheren Beschäfti-*
gungsort auch erneut eine doppelte Haushaltsführung begründet werden (> BFH vom
8. 7. 2010 – BStBl 2011 II S. 47).

Berufliche Veranlassung

– ...

– *Eine beruflich begründete doppelte Haushaltsführung liegt vor, wenn aus beruflicher Ver-*
anlassung in einer Wohnung am Beschäftigungsort ein zweiter (doppelter) Haushalt zum
Hausstand des Stpf. hinzutritt. Der Haushalt in der Wohnung am Beschäftigungsort ist beruf-
lich veranlasst, wenn ihn der Stpfl. nutzt, um seinen Arbeitsplatz von dort aus erreichen zu
können (> BFH vom 5. 3. 2009 – BStBl II S. 1012 und 1016).

– *Eine aus beruflichem Anlass begründete doppelte Haushaltsführung kann auch dann vorlie-*
gen, wenn ein Stpfl. seinen Haupthausstand aus privaten Gründen vom Beschäftigungsort
wegverlegt und er darauf in einer Wohnung am Beschäftigungsort einen Zweithaushalt be-
gründet, um von dort seiner bisherigen Beschäftigung weiter nachgehen zu können (> BFH
vom 5. 3. 2009 – BStBl II S. 1012 und 1016).

– *Der berufliche Veranlassungszusammenhang einer doppelten Haushaltsführung wird nicht al-*
lein dadurch beendet, dass ein Arbeitnehmer seinen Familienhausstand innerhalb desselben
Ortes verlegt (> BFH vom 4. 4. 2006 – BStBl II S. 714).

Beschäftigung am Hauptwohnsitz

Aufwendungen eines Arbeitnehmers für eine Zweitwohnung an einem auswärtigen Beschäfti-
gungsort sind auch dann wegen doppelter Haushaltsführung als Werbungskosten abziehbar,
wenn der Arbeitnehmer zugleich am Ort seines Hausstandes beschäftigt ist (> BFH vom 24. 5. 2007
– BStBl II S. 609).

Ehegatten/Lebenspartner

Bei verheirateten Arbeitnehmern kann für jeden Ehegatten eine doppelte Haushaltsführung beruf-
lich veranlasst sein, wenn die Ehegatten außerhalb des Ortes ihres gemeinsamen Hausstands an
verschiedenen Orten beschäftigt sind und am jeweiligen Beschäftigungsort eine Zweitwohnung
beziehen (> BFH vom 6. 10. 1994 – BStBl 1995 II S. 184). Entsprechendes gilt für Lebenspartner-
schaften (> § 2 Abs. 8 EStG).

Eheschließung/Begründung einer Lebenspartnerschaft

Eine beruflich veranlasste doppelte Haushaltsführung liegt auch in den Fällen vor, in denen der
eigene Hausstand nach der Eheschließung am Beschäftigungsort des ebenfalls berufstätigen Ehe-
gatten begründet (> BFH vom 6. 9. 1977 – BStBl 1978 II S. 32, vom 20. 3. 1980 – BStBl II S. 455 und
vom 4. 10. 1989 – BStBl 1990 II S. 321) oder wegen der Aufnahme einer Berufstätigkeit des Ehegat-
ten an dessen Beschäftigungsort verlegt und am Beschäftigungsort eine Zweitwohnung des Ar-
beitnehmers begründet worden ist (> BFH vom 2. 10. 1987 – BStBl II S. 852). Entsprechendes gilt
für Lebenspartnerschaften (> § 2 Abs. 8 EStG).

Eigener Hausstand

– *Die Wohnung muss aus eigenem Recht, z. B. als Eigentümer oder als Mieter genutzt werden,*
wobei auch ein gemeinsames oder abgeleitetes Nutzungsrecht ausreichen kann (> BFH vom
5. 10. 1994 – BStBl 1995 II S. 180 und BMF vom 25. 11. 2020 – BStBl I S. 1228, Rz. 101). Ein
eigener Hausstand wird auch anerkannt, wenn die Wohnung zwar allein vom Lebensgefähr-
ten des Arbeitnehmers angemietet wurde, dieser sich aber mit Duldung seines Lebensgefähr-
ten dauerhaft dort aufhält und sich finanziell in einem Umfang an der Haushaltsführung be-

teilgt, dass daraus auf eine gemeinsame Haushaltsführung geschlossen werden kann (> BFH vom 12. 9. 2000 – BStBl 2001 II S. 29).

– Bei einem alleinstehenden Arbeitnehmer ist zu prüfen, ob er einen eigenen Hausstand unterhält oder in einem fremden Haushalt eingegliedert ist; er muss sich an den Kosten auch finanziell beteiligen (> BMF vom 25. 11. 2020 – BStBl I S. 1228, Rz. 101).

– Ein eigener Hausstand liegt nicht vor bei Arbeitnehmern, die – wenn auch gegen Kostenbeteiligung – in den Haushalt der Eltern eingegliedert sind oder in der Wohnung der Eltern lediglich ein Zimmer bewohnen (> BFH vom 5. 10. 1994 – BStBl 1995 II S. 180).

– ...

– Unterhält ein unverheirateter Arbeitnehmer am Ort des Lebensmittelpunkts seinen Haupthausstand, so kommt es für das Vorliegen einer doppelten Haushaltsführung nicht darauf an, ob die ihm dort zur ausschließlichen Nutzung zur Verfügung stehenden Räumlichkeiten den bewertungsrechtlichen Anforderungen an eine Wohnung gerecht werden (> BFH vom 14. 10. 2004 – BStBl 2005 II S. 98).

Mittelpunkt der Lebensinteressen

Ob die außerhalb des Beschäftigungsortes belegene Wohnung des Arbeitnehmers als Mittelpunkt seiner Lebensinteressen anzusehen ist und deshalb seinen Hausstand darstellt, ist anhand einer Gesamtwürdigung aller Umstände des Einzelfalls festzustellen (> BFH vom 8. 10. 2014 – BStBl 2015 II S. 511 zu beiderseits berufstätigen Lebensgefährten).

Nutzung der Zweitwohnung

Es ist unerheblich, wie oft der Arbeitnehmer tatsächlich in der Zweitwohnung übernachtet (> BFH vom 9. 6. 1988 – BStBl II S. 990).

Private Veranlassung

...

Zeitlicher Zusammenhang

Es ist gleichgültig, ob die > Zweitwohnung in zeitlichem Zusammenhang mit dem Wechsel des Beschäftigungsorts, nachträglich (> BFH vom 9. 3. 1979 – BStBl II S. 520) oder im Rahmen eines Umzugs aus einer privat begründeten > Zweitwohnung (> BFH vom 26. 8. 1988 – BStBl 1989 II S. 89) bezogen worden ist.

Zweitwohnung am Beschäftigungsort

– Als Zweitwohnung am Beschäftigungsort kommt jede dem Arbeitnehmer entgeltlich oder unentgeltlich zur Verfügung stehende Unterkunft in Betracht, z. B. auch eine Eigentumswohnung, ein möbliertes Zimmer, ein Hotelzimmer, eine Gemeinschaftsunterkunft (> BFH vom 3. 10. 1985 – BStBl 1986 II S. 369) oder bei Soldaten die Unterkunft in der Kaserne (> BFH vom 20. 12. 1982 – BStBl 1983 II S. 269).

– > BMF vom 25. 11. 2020 (BStBl I S. 1228), Rz. 103 f.

Notwendige Mehraufwendungen

(5) [1]Als notwendige Mehraufwendungen wegen einer doppelten Haushaltsführung kommen in Betracht:

1. die Fahrtkosten aus Anlass der Wohnungswechsel zu Beginn und am Ende der doppelten Haushaltsführung sowie für wöchentliche Heimfahrten an den Ort des eigenen Hausstands (> Absatz 6) oder Aufwendungen für wöchentliche Familien-Ferngespräche,

2. Verpflegungsmehraufwendungen (> Absatz 7),

3. Aufwendungen für die Zweitwohnung (> Absatz 8) und

4. Umzugskosten (> Absatz 9).

[2]Führt der Arbeitnehmer mehr als eine Heimfahrt wöchentlich durch, kann er wählen, ob er die nach Satz 1 in Betracht kommenden Mehraufwendungen wegen doppelter Haushaltsführung oder die Fahrtkosten nach R 9.10 geltend machen will. [3]Der Arbeitnehmer kann das Wahlrecht bei derselben doppelten Haushaltsführung für jedes Kj. nur einmal ausüben. [4]Hat der Arbeitgeber die Zweitwohnung unentgeltlich oder teilentgeltlich zur Verfügung gestellt, sind die abziehbaren Fahrtkosten um diesen Sachbezug mit dem nach R 8.1 Abs. 5 und 6 maßgebenden Wert zu kürzen.

Notwendige Fahrtkosten

(6) [1]Als notwendige Fahrtkosten sind anzuerkennen

1. die tatsächlichen Aufwendungen für die Fahrten anlässlich der Wohnungswechsel zu Beginn und am Ende der doppelten Haushaltsführung. [2]Für die Ermittlung der Fahrtkosten ist § 9 Abs. 1 Satz 3 Nr. 4a anzuwenden; zusätzlich können etwaige Nebenkosten nach Maßgabe von R 9.8 berücksichtigt werden,

2. die Entfernungspauschale nach § 9 Abs. 1 Satz 3 Nr. 5 Satz 9 EStG für jeweils eine tatsächlich durchgeführte Heimfahrt wöchentlich. [2]Aufwendungen für Fahrten mit einem im Rahmen des Dienstverhältnisses zur Nutzung überlassenen Kfz können nicht angesetzt werden (> Absatz 10 Satz 7 Nr. 1). [3]Aufwendungen für Besuchsfahrten der mit dem Arbeitnehmer in der Hauptwohnung lebenden Personen an den Ort der ersten Tätigkeitsstätte des den doppelten Haushalt führenden Arbeitnehmers sind Werbungskosten, wenn der Arbeitnehmer aus beruflichen Gründen an einer Familienheimfahrt gehindert ist.

Notwendige Verpflegungsmehraufwendungen

(7) [1]Die dem Arbeitnehmer im Rahmen einer doppelten Haushaltsführung tatsächlich entstandenen, beruflich veranlassten Mehraufwendungen für Verpflegung sind unter den Voraussetzungen des § 9 Abs. 4a Satz 12 und 13 EStG mit den dort genannten Pauschbeträgen anzusetzen. [2]Ist der Tätigkeit am Ort der ersten Tätigkeitsstätte eine Auswärtstätigkeit an diesem Ort der ersten Tätigkeitsstätte unmittelbar vorausgegangen, ist deren Dauer auf die Dreimonatsfrist anzurechnen (§ 9 Abs. 4a Satz 13 EStG).

Notwendige Aufwendungen für die Zweitwohnung

(8) [1]Bei einer doppelten Haushaltsführung im Inland sind die tatsächlichen Kosten für die Zweitwohnung im Rahmen des Höchstbetrags nach § 9 Abs. 1 Satz 3 Nr. 5 Satz 4 EStG anzuerkennen. [2]Aufwendungen für eine im Ausland gelegene Zweitwohnung sind zu berücksichtigen, soweit sie notwendig und angemessen sind. [3]Steht die Zweitwohnung im Ausland im Eigentum des Arbeitnehmers, sind die Aufwendungen in der Höhe als notwendig anzusehen, in der sie der Arbeitnehmer als Mieter für eine nach Größe, Ausstattung und Lage angemessene Wohnung tragen müsste.

Umzugskosten

(9) [1]Umzugskosten anlässlich der Begründung, Beendigung oder des Wechsels einer doppelten Haushaltsführung sind vorbehaltlich des Satzes 4 Werbungskosten, wenn der Umzug beruflich

veranlasst ist. [2]Der Nachweis der Umzugskosten i. S. d. § 10 BUKG ist notwendig, weil für sie keine Pauschalierung möglich ist. [3]Dasselbe gilt für die sonstigen Umzugsauslagen i. S. d. § 18 AUV bei Beendigung einer doppelten Haushaltsführung durch den Rückumzug eines Arbeitnehmers in das Ausland. [4]Verlegt der Arbeitnehmer seinen Lebensmittelpunkt i. S. d. Absatzes 3 aus privaten Gründen (> Absatz 2 Satz 5) vom Ort der ersten Tätigkeitsstätte weg und begründet in seiner bisherigen Wohnung am Ort der ersten Tätigkeitsstätte einen Zweithaushalt, um von dort seiner Beschäftigung weiter nachgehen zu können, sind diese Umzugskosten keine Werbungskosten, sondern Kosten der privaten Lebensführung. [5]Entsprechendes gilt für Umzugskosten, die nach Wegverlegung des Lebensmittelpunktes vom Ort der ersten Tätigkeitsstätte durch die endgültige Aufgabe der Zweitwohnung am Ort der ersten Tätigkeitsstätte entstehen; es sei denn, dass dieser Umzug wie z. B. im Falle eines Arbeitsplatzwechsels ausschließlich beruflich veranlasst ist. [6]Für Umzugskosten, die nach Wegverlegung des Lebensmittelpunktes vom Ort der ersten Tätigkeitsstätte für den Umzug in eine andere, ausschließlich aus beruflichen Gründen genutzte Zweitwohnung am Ort der ersten Tätigkeitsstätte entstehen, gelten die Sätze 1 bis 3 entsprechend.

Erstattung durch den Arbeitgeber oder Werbungskostenabzug

(10) [1]Die notwendigen Mehraufwendungen nach den Absätzen 5 bis 9 können als Werbungskosten abgezogen werden, soweit sie nicht vom Arbeitgeber nach den folgenden Regelungen steuerfrei erstattet werden. [2]Die Erstattung der Mehraufwendungen bei doppelter Haushaltsführung durch den Arbeitgeber ist nach § 3 Nr. 13 oder 16 EStG steuerfrei, soweit keine höheren Beträge erstattet werden, als nach Satz 1 als Werbungskosten abgezogen werden können. [3]Dabei kann der Arbeitgeber bei Arbeitnehmern in den Steuerklassen III, IV oder V ohne weiteres unterstellen, dass sie einen eigenen Hausstand haben, an dem sie sich auch finanziell beteiligen. [4]Bei anderen Arbeitnehmern darf der Arbeitgeber einen eigenen Hausstand nur dann anerkennen, wenn sie schriftlich erklären, dass sie neben einer Zweitwohnung am Ort der ersten Tätigkeitsstätte außerhalb des Ortes der ersten Tätigkeitsstätte einen eigenen Hausstand unterhalten, an dem sie sich auch finanziell beteiligen, und die Richtigkeit dieser Erklärung durch Unterschrift bestätigen. [5]Diese Erklärung ist als Beleg zum Lohnkonto aufzubewahren. [6]Das Wahlrecht des Arbeitnehmers nach Absatz 5 hat der Arbeitgeber nicht zu beachten. [7]Darüber hinaus gilt Folgendes:

1. Hat der Arbeitgeber oder für dessen Rechnung ein Dritter dem Arbeitnehmer ein Kfz zur Durchführung der Heimfahrten unentgeltlich überlassen, kommen ein Werbungskostenabzug und eine Erstattung von Fahrtkosten nicht in Betracht.

2. Verpflegungsmehraufwendungen dürfen nur bis zu den nach Absatz 7 maßgebenden Pauschbeträgen steuerfrei erstattet werden.

3. [1]Die notwendigen Aufwendungen für die Zweitwohnung an einem Ort der ersten Tätigkeitsstätte im Inland dürfen ohne Einzelnachweis für einen Zeitraum von drei Monaten mit einem Pauschbetrag von 20 € und für die Folgezeit mit einem Pauschbetrag von 5 € je Übernachtung steuerfrei erstattet werden, wenn dem Arbeitnehmer die Zweitwohnung nicht unentgeltlich oder teilentgeltlich zur Verfügung gestellt worden ist. [2]Bei einer Zweitwohnung im Ausland können die notwendigen Aufwendungen ohne Einzelnachweis für einen Zeitraum von drei Monaten mit dem für eine Auswärtstätigkeit geltenden ausländischen Übernachtungspauschbetrag und für die Folgezeit mit 40 % dieses Pauschbetrags steuerfrei erstattet werden.

4. Bei der Erstattung der Mehraufwendungen durch den Arbeitgeber dürfen unter Beachtung von Nummer 1 bis 3 die einzelnen Aufwendungsarten zusammengefasst werden; in diesem Falle ist die Erstattung steuerfrei, soweit sie die Summe der nach Absatz 5 Nr. 1 bis 4 zulässigen Einzelerstattungen nicht übersteigt.

Drittaufwand

Der Abzug der Aufwendungen für die Zweitwohnung ist ausgeschlossen, wenn die Aufwendungen auf Grund eines Dauerschuldverhältnisses (z. B. Mietvertrag) von einem Dritten getragen werden (> BFH vom 13. 3. 1996 – BStBl II S. 375 und vom 24. 2. 2000 – BStBl II S. 314).

Eigene Zweitwohnung

Bei einer im Eigentum des Arbeitnehmers stehenden Zweitwohnung gilt Folgendes:

- *Zu den Aufwendungen gehören auch die Absetzungen für Abnutzung, Hypothekenzinsen und Reparaturkosten (> BFH vom 3. 12. 1982 – BStBl 1983 II S. 467).*
- *> BMF vom 25. 11. 2020 (BStBl I S. 1228), Rz. 107 ff.*

...

Telefonkosten

Anstelle der Aufwendungen für eine Heimfahrt an den Ort des eigenen Hausstands können die Gebühren für ein Ferngespräch bis zu einer Dauer von 15 Minuten mit Angehörigen, die zum eigenen Hausstand des Arbeitnehmers gehören, berücksichtigt werden (> BFH vom 18. 3. 1988 – BStBl II S. 988).

Übernachtungskosten

Die Übernachtungskosten sind für den Werbungskostenabzug i. d. R. im Einzelnen nachzuweisen. Sie können geschätzt werden, wenn sie dem Grunde nach zweifelsfrei entstanden sind (> BFH vom 12. 9. 2001 – BStBl II S. 775).

Umzugskosten

- ...
- *Zu den notwendigen Mehraufwendungen einer doppelten Haushaltsführung gehören auch die durch das Beziehen oder die Aufgabe der Zweitwohnung verursachten tatsächlichen Umzugskosten (> BFH vom 29. 4. 1992 – BStBl II S. 667)*
- *> H 9.9 (Doppelter Mietaufwand)*

Unfallschäden

> H 9.10

Unterkunftskosten

...

Verpflegungsmehraufwendungen

- ...
- *Die Begrenzung des Abzugs von Mehraufwendungen für die Verpflegung auf drei Monate bei einer aus beruflichem Anlass begründeten doppelten Haushaltsführung ist verfassungsgemäß (> BFH vom 8. 7. 2010 – BStBl 2011 II S. 32).*

– *Verlegt ein Arbeitnehmer seinen Haupthausstand aus privaten Gründen vom Beschäftigungsort weg und nutzt daraufhin eine bereits vorhandene Wohnung am Beschäftigungsort aus beruflichen Gründen als Zweithaushalt (sog. Wegverlegungsfall), wird die doppelte Haushaltsführung mit Umwidmung der bisherigen Wohnung in einen Zweithaushalt begründet. Mit dem Zeitpunkt der Umwidmung beginnt in sog. Wegverlegungsfällen die Dreimonatsfrist für die Abzugsfähigkeit von Verpflegungsmehraufwendungen (> BFH vom 8. 10. 2014 – BStBl 2015 II S. 336).*

Wahlrecht

Wählt der Arbeitnehmer den Abzug der Fahrtkosten nach R 9.10, so kann er Verpflegungsmehraufwendungen nach R 9.11 Abs. 7 und Aufwendungen für die Zweitwohnung nach R 9.11 Abs. 8 auch dann nicht geltend machen, wenn ihm Fahrtkosten nicht an jedem Arbeitstag entstanden sind, weil er sich in Rufbereitschaft zu halten oder mehrere Arbeitsschichten nacheinander abzuleisten hatte (> BFH vom 2. 10. 1992 – BStBl 1993 II S. 113).

LStR   **R 9.12 Arbeitsmittel**

[1]Die Anschaffungs- oder Herstellungskosten von Arbeitsmitteln einschließlich der Umsatzsteuer können im Jahr der Anschaffung oder Herstellung in voller Höhe als Werbungskosten abgesetzt werden, wenn sie ausschließlich der Umsatzsteuer für das einzelne Arbeitsmittel die Grenze für geringwertige Wirtschaftsgüter nach § 9 Abs. 1 Satz 3 Nr. 7 Satz 2 EStG nicht übersteigen. [2]Höhere Anschaffungs- oder Herstellungskosten sind auf die Kj. der voraussichtlichen gesamten Nutzungsdauer des Arbeitsmittels zu verteilen und in jedem dieser Jahre anteilig als Werbungskosten zu berücksichtigen. [3]Wird ein als Arbeitsmittel genutztes Wirtschaftsgut veräußert, ist ein sich eventuell ergebender Veräußerungserlös bei den Einkünften aus nichtselbständiger Arbeit nicht zu erfassen.

▶▶▶ **Hinweise**   **LStH**   **H 9.12**

Absetzung für Abnutzung

– *Außergewöhnliche technische oder wirtschaftliche Abnutzungen sind zu berücksichtigen (> BFH vom 29. 4. 1983 – BStBl II S. 586 – im Zusammenhang mit einem Diebstahl eingetretene Beschädigung an einem als Arbeismittel anzusehenden Pkw).*

– *Eine technische Abnutzung kann auch dann in Betracht kommen, wenn wirtschaftlich kein Wertverzehr eintritt (> BFH vom 31. 1. 1986 – BStBl II S. 355 – als Arbeitsmittel ständig in Gebrauch befindliche Möbelstücke, > BFH vom 26. 1. 2001 – BStBl II S. 194 – im Konzertalltag regelmäßig bespielte Meistergeige).*

– *Wird ein Wirtschaftsgut nach einer Nutzung außerhalb der Einkunftsarten als Arbeitsmittel verwendet, so sind die weiteren AfA von den Anschaffungs- oder Herstellungskosten einschließlich Umsatzsteuer nach der voraussichtlichen gesamten Nutzungsdauer des Wirtschaftsguts in gleichen Jahresbeträgen zu bemessen. Der auf den Zeitraum vor der Verwendung als Arbeitsmittel entfallende Teil der Anschaffungs- oder Herstellungskosten des Wirtschaftsguts (fiktive AfA) gilt als abgesetzt (> BFH vom 14. 2. 1989 – BStBl II S. 922 und vom 2. 2. 1990 – BStBl II S. 684). Dies gilt auch für geschenkte Wirtschaftsgüter (> BFH vom 16. 2. 1990 – BStBl II S. 883).*

– Der Betrag, der nach Umwidmung eines erworbenen oder geschenkten Wirtschaftsguts zu einem Arbeitsmittel nach Abzug der fiktiven AfA von den Anschaffungs- oder Herstellungskosten einschließlich Umsatzsteuer verbleibt, kann aus Vereinfachungsgründen im Jahr der erstmaligen Verwendung des Wirtschaftsguts als Arbeitsmittel in voller Höhe als Werbungskosten abgezogen werden, wenn er 800 Euro (für Anschaffungen nach dem 31.12.2017) nicht übersteigt (> BFH vom 16.2.1990 – BStBl II S. 883).

– Bei Computerhardware und Software zur Dateneingabe und -verarbeitung kann eine betriebsgewöhnliche Nutzungsdauer von einem Jahr zugrunde gelegt werden (> BMF vom 22.2.2022 – BStBl I S. 187).

Angemessenheit

Aufwendungen für ein Arbeitsmittel können auch dann Werbungskosten sein, wenn sie zwar ungewöhnlich hoch, aber bezogen auf die berufliche Stellung und die Höhe der Einnahmen nicht unangemessen sind.

> BFH vom 10.3.1978 (BStBl II S. 459) – Anschaffung eines Flügels durch eine am Gymnasium Musik unterrichtende Lehrerin

> BFH vom 21.10.1988 (BStBl 1989 II S. 356) – Anschaffung eines Flügels durch eine Musikpädagogin

Aufteilung der Anschaffungs- oder Herstellungskosten

– Betreffen Wirtschaftsgüter sowohl den beruflichen als auch den privaten Bereich des Arbeitnehmers, ist eine Aufteilung der Anschaffungs- oder Herstellungskosten in nicht abziehbare Aufwendungen für die Lebensführung und in Werbungskosten nur zulässig, wenn objektive Merkmale und Unterlagen eine zutreffende und leicht nachprüfbare Trennung ermöglichen und wenn außerdem der berufliche Nutzungsanteil nicht von untergeordneter Bedeutung ist (> BFH vom 19.10.1970 – BStBl 1971 II S. 17).

– Die Aufwendungen sind voll abziehbar, wenn die Wirtschaftsgüter ausschließlich oder ganz überwiegend der Berufsausübung dienen.

> BFH vom 18.2.1977 (BStBl II S. 464) – Schreibtisch im Wohnraum eines Gymnasiallehrers

> BFH vom 21.10.1988 (BStBl 1989 II S. 356) – Flügel einer Musikpädagogin

– Ein privat angeschaffter und in der privaten Wohnung aufgestellter Personalcomputer kann ein Arbeitsmittel sein. Eine private Mitbenutzung ist unschädlich, soweit sie einen Nutzungsanteil von etwa 10 % nicht übersteigt. Die Kosten eines gemischt genutzten PC sind aufzuteilen. § 12 Nr. 1 Satz 2 EStG steht einer solchen Aufteilung nicht entgegen (> BFH vom 19.2.2004 – BStBl II S. 958).

Ausstattung eines häuslichen Arbeitszimmers mit Arbeitsmittel

> BMF vom 6.10.2017 (BStBl I S. 1320)

Berufskleidung

– Begriff der typischen Berufskleidung
  > R 3.31

– Reinigung von typischer Berufskleidung in privater Waschmaschine
  Werbungskosten sind neben den unmittelbaren Kosten des Waschvorgangs (Wasser- und Energiekosten, Wasch- und Spülmittel) auch die Aufwendungen in Form der Abnutzung sowie Instandhaltung und Wartung der für die Reinigung eingesetzten Waschmaschine. Die Aufwendungen können ggf. geschätzt werden (> BFH vom 29.6.1993 – BStBl II S. 837 und 838).

Diensthund

Die Aufwendungen eines Polizei-Hundeführers für den ihm anvertrauten Diensthund sind Werbungskosten (> BFH vom 30. 6. 2010 – BStBl 2011 II S. 45).

Fachbücher und Fachzeitschriften

Bücher und Zeitschriften sind Arbeitsmittel, wenn sichergestellt ist, dass die erworbenen Bücher und Zeitschriften ausschließlich oder ganz überwiegend beruflichen Zwecken dienen.

Die allgemeinen Grundsätze zur steuerlichen Behandlung von Arbeitsmitteln gelten auch, wenn zu entscheiden ist, ob Bücher als Arbeitsmittel eines Lehrers zu würdigen sind. Die Eigenschaft eines Buchs als Arbeitsmittel ist bei einem Lehrer nicht ausschließlich danach zu bestimmen, in welchem Umfang der Inhalt eines Schriftwerks in welcher Häufigkeit Eingang in den abgehaltenen Unterricht gefunden hat. Auch die Verwendung der Literatur zur Unterrichtsvorbereitung oder die Anschaffung von Büchern und Zeitschriften für eine Unterrichtseinheit, die nicht abgehalten worden ist, kann eine ausschließliche oder zumindest weitaus überwiegende berufliche Nutzung der Literatur begründen (> BFH vom 20. 5. 2010 – BStBl 2011 II S. 723).

Medizinische Hilfsmittel

Aufwendungen für die Anschaffung medizinischer Hilfsmittel sind selbst dann nicht als Werbungskosten abziehbar, wenn sie ausschließlich am Arbeitsplatz benutzt werden.

> BFH vom 23. 10. 1992 (BStBl 1993 II S. 193) – Bildschirmbrille

Nachweis der beruflichen Nutzung

Bei der Anschaffung von Gegenständen, die nach der Lebenserfahrung ganz überwiegend zu Zwecken der Lebensführung angeschafft werden, gelten erhöhte Anforderungen an den Nachweis der beruflichen Nutzung.

> BFH vom 27. 9. 1991 (BStBl 1992 II S. 195) – Videorecorder

> BFH vom 15. 1. 1993 (BStBl II S. 348) – Spielecomputer

Schulhund

Aufwendungen für einen Schulhund können bei Lehrern bis zu 50 % als Werbungskosten abgezogen werden, wenn der Hund innerhalb einer regelmäßig fünftägigen Unterrichtswoche arbeitstäglich in der Schule eingesetzt wird. Aufwendungen für die Ausbildung eines Schulhundes zum Therapiehund sind regelmäßig in voller Höhe beruflich veranlasst und damit als Werbungskosten abziehbar (> BFH vom 14. 1. 2021 – BStBl II S. 453).

Transport

Anteilige Aufwendungen für den Transport von Arbeitsmitteln bei einem privat veranlassten Umzug sind nicht als Werbungskosten abziehbar (> BFH vom 21. 7. 1989 – BStBl II S. 972).

Hinweise   LStH   H 9.14

Häusliches Arbeitszimmer

Allgemeine Grundsätze

> BMF vom 6. 10. 2017 (BStBl I S. 1320)

Einfügung d. Schriftl.:

BMF-Schreiben vom 6. 10. 2017 – BStBl I S. 1320

Einkommensteuerliche Behandlung der Aufwendungen für ein häusliches Arbeitszimmer nach § 4 Absatz 5 Satz 1 Nummer 6b, § 9 Absatz 5 und § 10 Absatz 1 Nummer 7 EStG

Im Einvernehmen mit den obersten Finanzbehörden der Länder gilt zur einkommensteuerrechtlichen Behandlung der Aufwendungen für ein häusliches Arbeitszimmer nach § 4 Absatz 5 Satz 1 Nummer 6b, § 9 Absatz 5 und § 10 Absatz 1 Nummer 7 EStG Folgendes:

I. Grundsatz

Nach § 4 Absatz 5 Satz 1 Nummer 6b Satz 1 und § 9 Absatz 5 Satz 1 EStG dürfen die Aufwendungen für **1** ein häusliches Arbeitszimmer sowie die Kosten der Ausstattung grundsätzlich nicht als Betriebsausgaben oder Werbungskosten abgezogen werden. Bildet das häusliche Arbeitszimmer den Mittelpunkt der gesamten betrieblichen und beruflichen Betätigung, dürfen die Aufwendungen in voller Höhe steuerlich berücksichtigt werden (§ 4 Absatz 5 Satz 1 Nummer 6b Satz 3 2. Halbsatz EStG); dies gilt auch, wenn ein anderer Arbeitsplatz zur Verfügung steht. Bildet das häusliche Arbeitszimmer nicht den Mittelpunkt der gesamten betrieblichen und beruflichen Betätigung und steht für die betriebliche oder berufliche Tätigkeit kein anderer Arbeitsplatz zur Verfügung, sind die Aufwendungen bis zur Höhe von 1.250 Euro je Wirtschaftsjahr oder Kalenderjahr als Betriebsausgaben oder Werbungskosten abziehbar (§ 4 Absatz 5 Satz 1 Nummer 6b Satz 2 und 3, 1. Halbsatz EStG). Diese Begrenzung begegnet keinen verfassungsrechtlichen Bedenken (> BFH-Urteil vom 28. Februar 2013 – VI R 58/11 –, BStBl II S. 642). Der Betrag von 1.250 Euro ist kein Pauschbetrag. Es handelt sich um einen personenbezogenen Höchstbetrag, der nicht mehrfach für verschiedene Tätigkeiten in Anspruch genommen werden kann, sondern ggf. auf die unterschiedlichen Tätigkeiten aufzuteilen ist (vgl. Rdnr. 19 bis 20). Bei der Nutzung mehrerer häuslicher Arbeitszimmer in verschiedenen Haushalten ist der Höchstbetrag nur einmal anzuwenden (> BFH-Urteil vom 9. Mai 2017 – VIII R 15/15 –, BStBl II S. 956).

II. Anwendungsbereich der gesetzlichen Regelung[1]

Unter die Regelungen des § 4 Absatz 5 Satz 1 Nummer 6b und § 9 Absatz 5 EStG fällt die Nutzung eines **2** häuslichen Arbeitszimmers zur Erzielung von Einkünften aus sämtlichen Einkunftsarten.

III. Begriff des häuslichen Arbeitszimmers

Ein häusliches Arbeitszimmer ist ein Raum, der seiner Lage, Funktion und Ausstattung nach in die häusli- **3** che Sphäre des Steuerpflichtigen eingebunden ist, vorwiegend der Erledigung gedanklicher, schriftlicher, verwaltungstechnischer oder -organisatorischer Arbeiten dient (> BFH-Urteile vom 19. September 2002 – VI R 70/01 –, BStBl 2003 II S. 139 und vom 16. Oktober 2002 – XI R 89/00 –, BStBl 2003 II S. 185) und ausschließlich oder nahezu ausschließlich zu betrieblichen und/oder beruflichen Zwecken genutzt wird (> BFH-Urteile vom 22. März 2016 – VIII R 10/12 –, BStBl II S. 881, – VIII R 24/12 –, BStBl II S. 884 und vom 8. September 2016 – III R 62/11 –, BStBl 2017 II S. 163); eine untergeordnete private Mitbenutzung (< 10 %) ist unschädlich (> BFH-Beschluss vom 27. Juli 2015 – GrS 1/14 –, BStBl 2016 II S. 265). Es muss sich nicht zwingend um Arbeiten büromäßiger Art handeln; ein häusliches Arbeitszimmer kann auch bei geistiger, künstlerischer oder schriftstellerischer Betätigung gegeben sein. In die häusliche Sphäre eingebunden ist ein als Arbeitszimmer genutzter Raum regelmäßig dann, wenn er zur privaten Wohnung oder zum Wohnhaus des Steuerpflichtigen gehört. Dies betrifft nicht nur die Wohnräume, sondern ebenso Zubehörräume (> BFH-Urteile vom 26. Februar 2003 – VI R 130/01 –, BStBl 2004 II S. 74 und vom 19. September 2002 – VI R 70/01 –, BStBl 2003 II S. 139). So kann auch ein Raum z. B. im Keller (> BFH-Urteil vom 11. November 2014 – VIII R 3/12 –, BStBl 2015 II S. 382) oder unter dem Dach (Mansarde) des Wohnhauses, in dem der Steuerpflichtige seine Wohnung hat, ein häusliches Arbeitszimmer sein, wenn die Räumlichkeiten aufgrund der unmittelbaren Nähe mit den privaten Wohnräumen des Steuerpflichtigen als gemeinsame Wohneinheit verbunden sind. Aufwendungen für einen in die häusliche Sphäre eingebundenen Raum, der mit einem nicht unerheblichen Teil seiner Fläche auch privat genutzt wird (sog. „Arbeitsecke"), können nicht als Betriebsausgaben oder Werbungskosten abgezogen werden (> BFH-Urteil vom 17. Februar 2016 – X R 32/11 –, BStBl II S. 708).

---

4 Dagegen kann es sich bei einem im Keller oder Dachgeschoss eines Mehrfamilienhauses befindlichen Raum, der nicht zur Privatwohnung des Steuerpflichtigen gehört, sondern zusätzlich angemietet wurde, um ein außerhäusliches Arbeitszimmer handeln (> BFH-Urteile vom 26. Februar 2003 – VI R 160/99 –, BStBl II S. 515 und vom 18. August 2005 – VI R 39/04 –, BStBl 2006 II S. 428). Maßgebend ist, ob eine innere häusliche Verbindung des Arbeitszimmers mit der privaten Lebenssphäre des Steuerpflichtigen besteht. Dabei ist das Gesamtbild der Verhältnisse im Einzelfall entscheidend. Für die Anwendung des § 4 Absatz 5 Satz 1 Nummer 6b, des § 9 Absatz 5 und des § 10 Absatz 1 Nummer 7 EStG ist es ohne Bedeutung, ob die Wohnung, zu der das häusliche Arbeitszimmer gehört, gemietet ist oder ob sie sich im Eigentum des Steuerpflichtigen befindet. Auch mehrere Räume können als ein häusliches Arbeitszimmer anzusehen sein; die Abtrennung der Räumlichkeiten vom übrigen Wohnbereich ist erforderlich. Aufwendungen für Räume wie Küche, Bad und Flur, die in die häusliche Sphäre eingebunden sind und zu einem nicht unerheblichen Teil privat genutzt werden, können auch dann nicht als Betriebsausgaben oder Werbungskosten abgezogen werden, wenn ein berücksichtigungsfähiges häusliches Arbeitszimmer existiert (> BFH-Urteil vom 17. Februar 2016 – X R 26/13 –, BStBl II S. 611).

5 Nicht unter die Abzugsbeschränkung des § 4 Absatz 5 Satz 1 Nummer 6b und § 9 Absatz 5 EStG fallen Räume, die ihrer Ausstattung und Funktion nach nicht einem Büro entsprechen (z. B. Betriebsräume, Lagerräume, Ausstellungsräume), selbst wenn diese ihrer Lage nach mit dem Wohnraum des Steuerpflichtigen verbunden und so in dessen häusliche Sphäre eingebunden sind (> BFH-Urteile vom 28. August 2003 – IV R 53/01 –, BStBl 2004 II S. 55 und vom 26. März 2009 – VI R 15/07 –, BStBl II S. 598). Unschädlich für die Abzugsfähigkeit der Aufwendungen ist eine nur untergeordnete private Mitbenutzung (> BFH-Urteil vom 22. März 2016 – VIII R 24/12 –, BStBl II S. 884).

Beispiele:

a) Ein häusliches Arbeitszimmer liegt in folgenden Fällen regelmäßig vor:

- Bei einem häuslichen Büro eines selbständigen Handelsvertreters, eines selbständigen Übersetzers oder eines selbständigen Journalisten.

- Bei Anmietung einer unmittelbar angrenzenden oder unmittelbar gegenüberliegenden Zweitwohnung in einem Mehrfamilienhaus (> BFH-Urteile vom 26. Februar 2003 – VI R 124/01 – und – VI R 125/01 –, BStBl 2004 II S. 69 und 72).

- Beim häuslichen, ausschließlich beruflich genutzten Musikzimmer einer freiberuflich tätigen Konzertpianistin, in dem diese Musikunterricht erteilt.

- Bei einem zugleich als Büroarbeitsplatz und als Warenlager betrieblich genutzten Raum, wenn dieser nach dem Gesamtbild der Verhältnisse, vor allem aufgrund seiner Ausstattung und Funktion, ein typisches häusliches Büro ist und die Ausstattung und Funktion als Lager dahinter zurücktritt (> BFH-Urteil vom 22. November 2006 – X R 1/05 –, BStBl 2007 II S. 304).

- Bei einem Raum, in dem der Steuerpflichtige einen Telearbeitsplatz unterhält und der dem Typus des häuslichen Arbeitszimmers entspricht (> BFH-Urteil vom 26. Februar 2014 – VI R 40/12 –, BStBl II S. 568).

- Bei betrieblich oder beruflich genutzten Räumen in einem ausschließlich vom Steuerpflichtigen genutzten Zweifamilienhaus, wenn der Steuerpflichtige auf dem Weg dazwischen keine der Allgemeinheit zugängliche oder von fremden Dritten benutzte Verkehrsfläche betreten muss (> BFH-Urteil vom 15. Januar 2013 – VIII R 7/10 –, BStBl II S. 374).

b) Kein häusliches Arbeitszimmer, sondern betrieblich genutzte Räume liegen regelmäßig in folgenden Fällen vor:

- Eine Arzt-, Steuerberater- oder Anwaltspraxis grenzt an das Einfamilienhaus an oder befindet sich im selben Gebäude wie die Privatwohnung, wenn diese Räumlichkeiten für einen intensiven und dauerhaften Publikumsverkehr geöffnet und z. B. bei häuslichen Arztpraxen für Patientenbesuche und -untersuchungen eingerichtet sind (> BFH-Urteil vom 5. Dezember 2002 – IV R 7/01 –, BStBl 2003 II S. 463 zu einer Notfallpraxis und Negativabgrenzung im BFH-Urteil vom 23. Januar 2003 – IV R 71/00 –, BStBl 2004 II S. 43 zur Gutachtertätigkeit einer Ärztin). **[1]**

Amtl. Fn.:

[1] Zu einer Notfallpraxis, bei der der private Flur durchquert werden muss > BFH vom 29. 1. 2020 (BStBl II S. 445).

- In einem Geschäftshaus befinden sich neben der Wohnung des Bäckermeisters die Backstube, der Verkaufsraum, ein Aufenthaltsraum für das Verkaufspersonal und das Büro, in dem die Buchhaltungsarbeiten durchgeführt werden. Das Büro ist in diesem Fall aufgrund der Nähe zu den übrigen Betriebsräumen nicht als häusliches Arbeitszimmer zu werten.
- Im Keller ist ein Arbeitsraum belegen, der – anders als z. B. ein Archiv (> BFH-Urteil vom 19. September 2002 – VI R 70/01 –, BStBl 2003 II S. 139) – keine (Teil-)Funktionen erfüllt, die typischerweise einem häuslichen Arbeitszimmer zukommen, z. B. Lager für Waren und Werbematerialien.

IV. Betroffene Aufwendungen

Zu den Aufwendungen für ein häusliches Arbeitszimmer gehören insbesondere die Aufwendungen für **6** die Ausstattung des Zimmers, wie z. B. Tapeten, Teppiche, Fenstervorhänge, Gardinen und Lampen (zu Einrichtungsgegenständen, die zugleich Arbeitsmittel sind, vgl. Rdnr. 8), sowie die anteiligen Aufwendungen für:

- Miete,

- Gebäude-AfA, Absetzungen für außergewöhnliche technische oder wirtschaftliche Abnutzung, Sonderabschreibungen,

- Schuldzinsen für Kredite, die zur Anschaffung, Herstellung oder Reparatur des Gebäudes oder der Eigentumswohnung verwendet worden sind,

- Wasser- und Energiekosten,

- Reinigungskosten,

- Grundsteuer, Müllabfuhrgebühren, Schornsteinfegergebühren, Gebäudeversicherungen,

- Renovierungskosten.**[1]**

Die Kosten einer Gartenerneuerung können anteilig den Kosten des häuslichen Arbeitszimmers zuzurechnen sein, wenn bei einer Reparatur des Gebäudes Schäden am Garten verursacht worden sind. Den Kosten des Arbeitszimmers zuzurechnen sind allerdings nur diejenigen Aufwendungen, die der Wiederherstellung des ursprünglichen Zustands dienen (> BFH-Urteil vom 6. Oktober 2004 – VI R 27/01 –, BStBl II S. 1071).

Die auf ein häusliches Arbeitszimmer anteilig entfallenden Aufwendungen sind grundsätzlich nach dem **6a** Verhältnis der Fläche des Arbeitszimmers zu der nach §§ 42 bis 44 der Zweiten Berechnungsverordnung (II. BV) oder nach der Wohnflächenverordnung berechneten Wohnfläche der Wohnung (einschließlich des Arbeitszimmers) zu ermitteln. Die Wohnfläche einer Wohnung umfasst die Grundfläche der Räume, die ausschließlich zu dieser Wohnung gehören. Nicht zur Wohnfläche gehören hingegen die Grundflächen von Zubehörräumen.

Bei einem im Keller belegenen häuslichen Arbeitszimmer ist entscheidend, ob es sich um einen zur Wohnfläche gehörenden Hauptraum oder um einen nicht zur Wohnfläche gehörenden Nebenraum handelt. Dient ein Raum unmittelbar seiner Funktion nach dem Wohnen und ist er nach seiner baulichen Beschaffenheit (z. B. Vorhandensein von Fenstern), Lage (unmittelbare Verbindung zu den übrigen Wohnräumen) und Ausstattung (Wand- und Bodenbelag, Beheizbarkeit, Einrichtung mit Mobiliar) dem Standard eines Wohnraumes und nicht dem eines Zubehörraumes vergleichbar und zum dauernden Aufenthalt von Menschen tatsächlich geeignet und bestimmt, ist für die rechtliche Beurteilung nicht von Bedeutung, dass der Raum im Kellergeschoss liegt (> BFH-Urteil vom 11. November 2014 – VIII R 3/12 –, BStBl 2015 II S. 382). Werden betrieblich oder beruflich genutzte Nebenräume in die Kostenberechnung einbezogen, sind die abziehbaren Kosten nach dem Verhältnis des gesamten betrieblich oder beruflich genutzten Bereiches (betrieblich oder beruflich genutzte Haupt- und Nebenräume) zu der Gesamtfläche aller Räume des Gebäudes aufzuteilen.

Amtl. Fn.:

[1] Renovierungs- und Umbaukosten, die für einen Raum anfallen, der ausschließlich oder mehr als in nur untergeordnetem Umfang privaten Wohnzwecken dient, sind nicht als allgemeine Gebäudekosten über den Flächenanteil des Arbeitszimmers bei den Betriebsausgaben anteilig zu berücksichtigen (> BFH vom 14. 5. 2019 – BStBl II S. 510).

7 Luxusgegenstände wie z. B. Kunstgegenstände, die vorrangig der Ausschmückung des Arbeitszimmers dienen, gehören zu den nach § 12 Nummer 1 EStG nicht abziehbaren Aufwendungen (> BFH-Urteil vom 30. Oktober 1990 – VIII R 42/87 –, BStBl 1991 II S. 340).

8 Keine Aufwendungen i. S. d. § 4 Absatz 5 Satz 1 Nummer 6b EStG sind die Aufwendungen für Arbeitsmittel (> BFH-Urteil vom 21. November 1997 – VI R 4/97 –, BStBl 1998 II S. 351). Diese werden daher von § 4 Absatz 5 Satz 1 Nummer 6b EStG nicht berührt.

V. Mittelpunkt der gesamten betrieblichen und beruflichen Betätigung

9 Ein häusliches Arbeitszimmer ist der Mittelpunkt der gesamten betrieblichen und beruflichen Betätigung des Steuerpflichtigen, wenn nach Würdigung des Gesamtbildes der Verhältnisse und der Tätigkeitsmerkmale dort diejenigen Handlungen vorgenommen und Leistungen erbracht werden, die für die konkret ausgeübte betriebliche oder berufliche Tätigkeit wesentlich und prägend sind. Bei der Gesamtbetrachtung zur Beurteilung des Mittelpunktes der gesamten betrieblichen und beruflichen Betätigung sind nur solche Einkünfte zu berücksichtigen, die grundsätzlich ein Tätigwerden des Steuerpflichtigen im jeweiligen Veranlagungszeitraum erfordern; Versorgungsbezüge bleiben bei dieser Betrachtung daher außen vor (> BFH-Urteil vom 11. November 2014 – VIII R 3/12 –, BStBl 2015 II S. 382). Der Tätigkeitsmittelpunkt i. S. d. § 4 Absatz 5 Satz 1 Nummer 6b Satz 3 2. Halbsatz EStG bestimmt sich nach dem inhaltlichen (qualitativen) Schwerpunkt der betrieblichen und beruflichen Betätigung des Steuerpflichtigen.

10 Dem zeitlichen (quantitativen) Umfang der Nutzung des häuslichen Arbeitszimmers kommt im Rahmen dieser Würdigung lediglich eine indizielle Bedeutung zu; das zeitliche Überwiegen der außerhäuslichen Tätigkeit schließt einen unbeschränkten Abzug der Aufwendungen für das häusliche Arbeitszimmer nicht von vornherein aus (> BFH-Urteile vom 13. November 2002 – VI R 82/01 –, BStBl 2004 II S. 62, – VI R 104/01 –, BStBl 2004 II S. 65 und – VI R 28/02 –, BStBl 2004 II S. 59).

11 Übt ein Steuerpflichtiger nur eine betriebliche oder berufliche Tätigkeit aus, die in qualitativer Hinsicht gleichwertig sowohl im häuslichen Arbeitszimmer als auch am außerhäuslichen Arbeitsort erbracht wird, so liegt der Mittelpunkt der gesamten betrieblichen und beruflichen Betätigung dann im häuslichen Arbeitszimmer, wenn der Steuerpflichtige mehr als die Hälfte der Arbeitszeit im häuslichen Arbeitszimmer tätig wird (> BFH-Urteil vom 23. Mai 2006 – VI R 21/03 –, BStBl II S. 600).

12 Übt ein Steuerpflichtiger mehrere betriebliche und berufliche Tätigkeiten nebeneinander aus, ist nicht auf eine Einzelbetrachtung der jeweiligen Betätigung abzustellen; vielmehr sind alle Tätigkeiten in ihrer Gesamtheit zu erfassen. Grundsätzlich lassen sich folgende Fallgruppen unterscheiden:

–   Bilden bei allen Erwerbstätigkeiten – jeweils – die im häuslichen Arbeitszimmer verrichteten Arbeiten den qualitativen Schwerpunkt, so liegt dort auch der Mittelpunkt der Gesamttätigkeit.

–   Bilden hingegen die außerhäuslichen Tätigkeiten – jeweils – den qualitativen Schwerpunkt der Einzeltätigkeiten oder lassen sich diese keinem Schwerpunkt zuordnen, so kann das häusliche Arbeitszimmer auch nicht durch die Summe der darin verrichteten Arbeiten zum Mittelpunkt der Gesamttätigkeit werden.

–   Bildet das häusliche Arbeitszimmer den qualitativen Mittelpunkt lediglich einer Einzeltätigkeit, nicht jedoch im Hinblick auf die übrigen Tätigkeiten, ist regelmäßig davon auszugehen, dass das Arbeitszimmer nicht den Mittelpunkt der Gesamttätigkeit bildet.

Der Steuerpflichtige hat jedoch die Möglichkeit, anhand konkreter Umstände des Einzelfalls glaubhaft zu machen oder nachzuweisen, dass die Gesamttätigkeit gleichwohl einem einzelnen qualitativen Schwerpunkt zugeordnet werden kann und dass dieser im häuslichen Arbeitszimmer liegt. Abzustellen ist dabei auf das Gesamtbild der Verhältnisse und auf die Verkehrsanschauung, nicht auf die Vorstellung des betroffenen Steuerpflichtigen (> BFH-Urteile vom 13. Oktober 2003 – VI R 27/02 –, BStBl 2004 II S. 771 und vom 16. Dezember 2004 – IV R 19/03 –, BStBl 2005 II S. 212).

13 Das häusliche Arbeitszimmer und der Außendienst können nicht gleichermaßen „Mittelpunkt" der beruflichen Betätigung eines Steuerpflichtigen i. S. d. § 4 Absatz 5 Satz 1 Nummer 6b Satz 3 2. Halbsatz EStG sein (> BFH-Urteil vom 21. Februar 2003 – VI R 14/02 –, BStBl 2004 II S. 68).

Beispiele, in denen das häusliche Arbeitszimmer den Mittelpunkt der gesamten betrieblichen und beruflichen Betätigung bilden kann:

–   Bei einem Verkaufsleiter, der zur Überwachung von Mitarbeitern und zur Betreuung von Großkunden auch im Außendienst tätig ist, kann das häusliche Arbeitszimmer Tätigkeitsmittelpunkt sein, wenn er dort die für den Beruf wesentlichen Leistungen (z. B. Organisation der Betriebsabläufe) erbringt (> BFH-Urteil vom 13. November 2002 – VI R 104/01 –, BStBl 2004 II S. 65).

LStR

– Bei einem Ingenieur, dessen Tätigkeit durch die Erarbeitung theoretischer, komplexer Problemlösungen im häuslichen Arbeitszimmer geprägt ist, kann dieses auch dann der Mittelpunkt der beruflichen Betätigung sein, wenn die Betreuung von Kunden im Außendienst ebenfalls zu seinen Aufgaben gehört (> BFH-Urteil vom 13. November 2002 – VI R 28/02 –, BStBl 2004 II S. 59).

– Bei einem Praxis-Konsultant, der ärztliche Praxen in betriebswirtschaftlichen Fragen berät, betreut und unterstützt, kann das häusliche Arbeitszimmer auch dann den Mittelpunkt der gesamten beruflichen Tätigkeit bilden, wenn er einen nicht unerheblichen Teil seiner Arbeitszeit im Außendienst verbringt (> BFH-Urteil vom 29. April 2003 – VI R 78/02 –, BStBl 2004 II S. 76).

Beispiele, in denen das Arbeitszimmer **nicht** den Mittelpunkt der gesamten betrieblichen und beruflichen Betätigung bildet:

– Bei einem – freien oder angestellten – Handelsvertreter liegt der Tätigkeitsschwerpunkt außerhalb des häuslichen Arbeitszimmers, wenn die Tätigkeit nach dem Gesamtbild der Verhältnisse durch die Arbeit im Außendienst geprägt ist, auch wenn die zu Hause verrichteten Tätigkeiten zur Erfüllung der beruflichen Aufgaben unerlässlich sind (> BFH-Urteil vom 13. November 2002 – VI R 82/01 –, BStBl 2004 II S. 62).

– Ein kaufmännischer Angestellter eines Industrieunternehmens ist nebenbei als Mitarbeiter für einen Lohnsteuerhilfeverein selbständig tätig und nutzt für letztere Tätigkeit sein häusliches Arbeitszimmer als „Beratungsstelle", in dem er Steuererklärungen erstellt, Beratungsgespräche führt und Rechtsbehelfe bearbeitet. Für diese Nebentätigkeit ist das Arbeitszimmer zwar der Tätigkeitsmittelpunkt. Aufgrund der erforderlichen Gesamtbetrachtung ist das Arbeitszimmer jedoch nicht Mittelpunkt seiner gesamten betrieblichen und beruflichen Betätigung (> BFH-Urteil vom 23. September 1999 – VI R 74/98 –, BStBl 2000 II S. 7).

– Bei einer Ärztin, die Gutachten über die Einstufung der Pflegebedürftigkeit erstellt und dazu ihre Patienten ausschließlich außerhalb des häuslichen Arbeitszimmers untersucht und dort (vor Ort) alle erforderlichen Befunde erhebt, liegt der qualitative Schwerpunkt nicht im häuslichen Arbeitszimmer, in welchem lediglich die Tätigkeit begleitende Aufgaben erledigt werden (> BFH-Urteil vom 23. Januar 2003 – IV R 71/00 –, BStBl 2004 II S. 43).

– Bei einem Architekten, der neben der Planung auch mit der Ausführung der Bauwerke (Bauüberwachung) betraut ist, kann diese Gesamttätigkeit keinem konkreten Tätigkeitsschwerpunkt zugeordnet werden. Das häusliche Arbeitszimmer bildet in diesem Fall nicht den Mittelpunkt der gesamten betrieblichen und beruflichen Betätigung (> BFH-Urteil vom 26. Juni 2003 – IV R 9/03 –, BStBl 2004 II S. 50).

– Bei Lehrern befindet sich der Mittelpunkt der betrieblichen und beruflichen Betätigung regelmäßig nicht im häuslichen Arbeitszimmer, weil die berufsprägenden Merkmale eines Lehrers im Unterrichten bestehen und diese Leistungen in der Schule o. Ä. erbracht werden (> BFH-Urteil vom 26. Februar 2003 – VI R 125/01 –, BStBl 2004 II S. 72). Deshalb sind die Aufwendungen für das häusliche Arbeitszimmer auch dann nicht in voller Höhe abziehbar, wenn die überwiegende Arbeitszeit auf die Vor- und Nachbereitung des Unterrichts verwendet und diese Tätigkeit im häuslichen Arbeitszimmer ausgeübt wird. Auch bei einem Hochschullehrer ist das häusliche Arbeitszimmer grundsätzlich nicht der Mittelpunkt der beruflichen Tätigkeit (> BFH-Urteil vom 27. Oktober 2011 – VI R 71/10 –, BStBl 2012 II S. 234).

– Bei einem Richter liegt der Mittelpunkt der beruflichen Tätigkeit im Gericht (> BFH-Urteil vom 8. Dezember 2011 – VI R 13/11 –, BStBl 2012 II S. 236).

VI. Für die betriebliche oder berufliche Betätigung steht kein anderer Arbeitsplatz zur Verfügung

Anderer Arbeitsplatz i. S. d. § 4 Absatz 5 Satz 1 Nummer 6b Satz 2 EStG ist grundsätzlich jeder Arbeitsplatz, der zur Erledigung büromäßiger Arbeiten geeignet ist (> BFH-Urteil vom 7. August 2003 – VI R 17/01 –, BStBl 2004 II S. 78). Weitere Anforderungen an die Beschaffenheit des Arbeitsplatzes werden nicht gestellt; unbeachtlich sind mithin grundsätzlich die konkreten Arbeitsbedingungen und Umstände wie beispielsweise Lärmbelästigung oder Publikumsverkehr (> BFH-Urteil vom 7. August 2003 – VI R 162/00 –, BStBl 2004 II S. 83). Voraussetzung ist auch nicht das Vorhandensein eines eigenen, räumlich abgeschlossenen Arbeitsbereichs oder eines individuell zugeordneten Arbeitsplatzes, so dass auch ein Arbeitsplatz in einem Großraumbüro oder in der Schalterhalle einer Bank ein anderer Arbeitsplatz i. S. d. o. g. Vorschrift ist (> BFH-Urteile vom 7. August 2003 – VI R 17/01 –, BStBl 2004 II S. 78 und – VI R 162/00 –, BStBl 2004 II S. 83). Die Ausstattung des häuslichen Arbeitszimmers mit Arbeitsmitteln, die im Betrieb/

14

in dem vom Arbeitgeber zur Verfügung gestellten Raum nicht vorhanden sind, ist ohne Bedeutung. Ob ein anderer Arbeitsplatz vorliegt, ist nach objektiven Gesichtspunkten zu beurteilen. Subjektive Erwägungen des Steuerpflichtigen zur Annehmbarkeit des Arbeitsplatzes sind unbeachtlich.

15 Ein anderer Arbeitsplatz steht dem Steuerpflichtigen dann zur Verfügung, wenn dieser ihn in dem konkret erforderlichen Umfang und in der konkret erforderlichen Art und Weise tatsächlich nutzen kann. Die Erforderlichkeit des häuslichen Arbeitszimmers entfällt nicht bereits dann, wenn dem Steuerpflichtigen irgendein Arbeitsplatz zur Verfügung steht, sondern nur dann, wenn dieser Arbeitsplatz grundsätzlich so beschaffen ist, dass der Steuerpflichtige auf das häusliche Arbeitszimmer nicht angewiesen ist (> BFH-Urteil vom 7. August 2003 – VI R 17/01 –, BStBl 2004 II S. 78)**[1]**. Die Beurteilung, ob für die betriebliche oder berufliche Tätigkeit kein anderer Arbeitsplatz zur Verfügung steht, ist jeweils tätigkeitsbezogen vorzunehmen. Ein anderer Arbeitsplatz steht auch dann zur Verfügung, wenn er außerhalb der üblichen Arbeitszeiten, wie z. B. am Wochenende oder in den Ferien, nicht zugänglich ist. Ändern sich die Nutzungsverhältnisse des Arbeitszimmers innerhalb eines Veranlagungszeitraumes, ist auf den Zeitraum der begünstigten Nutzung abzustellen. Werden in einem Arbeitszimmer sowohl Tätigkeiten, für die ein anderer Arbeitsplatz zur Verfügung steht, als auch Tätigkeiten, für die ein anderer Arbeitsplatz nicht zur Verfügung steht, ausgeübt, so sind die Aufwendungen dem Grunde nach nur zu berücksichtigen, soweit sie auf Tätigkeiten entfallen, für die ein anderer Arbeitsplatz nicht zur Verfügung steht.

16 Übt ein Steuerpflichtiger mehrere betriebliche oder berufliche Tätigkeiten nebeneinander aus, ist daher für jede Tätigkeit zu prüfen, ob ein anderer Arbeitsplatz zur Verfügung steht. Dabei kommt es nicht darauf an, ob ein für eine Tätigkeit zur Verfügung stehender Arbeitsplatz auch für eine andere Tätigkeit genutzt werden kann (z. B. Firmenarbeitsplatz auch für schriftstellerische Nebentätigkeit), vgl. Rdnr. 20.

17 Geht ein Steuerpflichtiger nur einer betrieblichen oder beruflichen Tätigkeit nach, muss ein vorhandener anderer Arbeitsplatz auch tatsächlich für alle Aufgabenbereiche dieser Erwerbstätigkeit genutzt werden können. Ist ein Steuerpflichtiger auf sein häusliches Arbeitszimmer angewiesen, weil er dort einen nicht unerheblichen Teil seiner betrieblichen oder beruflichen Tätigkeit verrichten muss, ist der andere Arbeitsplatz unschädlich. Es genügt allerdings nicht, wenn er im häuslichen Arbeitszimmer Arbeiten verrichtet, die er grundsätzlich auch an einem anderen Arbeitsplatz verrichten könnte (> BFH-Urteil vom 7. August 2003 – VI R 17/01 –, BStBl 2004 II S. 78).

Beispiele (kein anderer Arbeitsplatz vorhanden):

- Ein Lehrer hat für seine Unterrichtsvorbereitung in der Schule keinen Schreibtisch. Das jeweilige Klassenzimmer oder das Lehrerzimmer stellt keinen Arbeitsplatz im Sinne der Abzugsbeschränkung dar.

- Ein angestellter oder selbständiger Orchestermusiker hat im Konzertsaal keine Möglichkeit zu üben. Hierfür hat er sich ein häusliches Arbeitszimmer eingerichtet.

- Ein angestellter Krankenhausarzt übt eine freiberufliche Gutachtertätigkeit aus. Dafür steht ihm im Krankenhaus kein Arbeitsplatz zur Verfügung.

- Kein anderer Arbeitsplatz steht zur Verfügung, wenn dieser wegen Gesundheitsgefahr nicht nutzbar ist (> BFH-Urteil vom 26. Februar 2014 – VI R 11/12 –, BStBl II S. 674).

Beispiele (vorhandener anderer Arbeitsplatz steht nicht für alle Aufgabenbereiche der Erwerbstätigkeit zur Verfügung):

- Ein EDV-Berater übt außerhalb seiner regulären Arbeitszeit vom häuslichen Arbeitszimmer aus Bereitschaftsdienst aus und kann dafür den Arbeitsplatz bei seinem Arbeitgeber tatsächlich nicht nutzen (> BFH-Urteil vom 7. August 2003 – VI R 41/98 –, BStBl 2004 II S. 80).

- Einer Schulleiterin mit einem Unterrichtspensum von ·18 Wochenstunden steht im Schulsekretariat ein Schreibtisch nur für die Verwaltungsarbeiten zur Verfügung. Für die Vor- und Nachbereitung des Unterrichts kann dieser Arbeitsplatz nach objektiven Kriterien wie Größe, Ausstattung und Nutzung nicht genutzt werden; diese Arbeiten müssen im häuslichen Arbeitszimmer verrichtet werden (> BFH-Urteil vom 7. August 2003 – VI R 118/00 –, BStBl 2004 II S. 82).

Amtl. Fn.:

[1] Unerheblich ist, ob ein häusliches Arbeitszimmer für die Tätigkeit erforderlich ist. Für die Abzugsfähigkeit von Aufwendungen genügt die Veranlassung durch die Einkünfteerzielung (> BFH vom 3. 4. 2019 – BStBl 2022 II S. 358).

- Einem Grundschulleiter, der zu 50 % von der Unterrichtsverpflichtung freigestellt ist, steht für die Verwaltungstätigkeit ein Dienstzimmer von 11 qm zur Verfügung. Das Dienstzimmer bietet keinen ausreichenden Platz zur Unterbringung der für die Vor- und Nachbereitung des Unterrichts erforderlichen Gegenstände (> BFH-Urteil vom 7. August 2003 – VI R 16/01 –, BStBl 2004 II S. 77).

- Muss ein Bankangestellter in einem nicht unerheblichen Umfang Büroarbeiten auch außerhalb der üblichen Bürozeiten verrichten und steht ihm hierfür sein regulärer Arbeitsplatz nicht zur Verfügung, können die Aufwendungen für ein häusliches Arbeitszimmer grundsätzlich (bis zu einer Höhe von 1.250 Euro) als Werbungskosten zu berücksichtigen sein (> BFH-Urteil vom 7. August 2003 – VI R 162/00 –, BStBl 2004 II S. 83).

- Ein Poolarbeitsplatz, bei dem sich acht Großbetriebsprüfer drei Arbeitsplätze für die vor- und nachbereitenden Arbeiten der Prüfungen teilen, steht nicht als anderer Arbeitsplatz zur Verfügung, wenn er zur Erledigung der Innendienstarbeiten nicht in dem erforderlichen Umfang genutzt werden kann (> BFH-Urteil vom 26. Februar 2014 – VI R 37/13 –, BStBl II S. 570).

- Der Arbeitsplatz eines Selbständigen, den dieser nicht uneingeschränkt nutzen kann und der daher einen nicht unerheblichen Teil seiner beruflichen oder betrieblichen Tätigkeit im häuslichen Arbeitszimmer verrichten muss, steht nicht in dem erforderlichen Umfang zur Verfügung (> BFH-Urteil vom 22. Februar 2017 – III R 9/16 –, BStBl II S. 698).

Der Steuerpflichtige muss konkret darlegen, dass ein anderer Arbeitsplatz für die jeweilige betriebliche **18** oder berufliche Tätigkeit nicht zur Verfügung steht. Die Art der Tätigkeit kann hierfür Anhaltspunkte bieten. Zusätzliches Indiz kann eine entsprechende Bescheinigung des Arbeitgebers sein.

VII. Nutzung des Arbeitszimmers zur Erzielung unterschiedlicher Einkünfte

Übt ein Steuerpflichtiger mehrere betriebliche und berufliche Tätigkeiten nebeneinander aus und bildet **19** das häusliche Arbeitszimmer den Mittelpunkt der gesamten betrieblichen und beruflichen Betätigung, so sind die Aufwendungen für das Arbeitszimmer entsprechend dem Nutzungsumfang den darin ausgeübten Tätigkeiten zuzuordnen. Liegt dabei der Mittelpunkt einzelner Tätigkeiten außerhalb des häuslichen Arbeitszimmers, ist der Abzug der anteiligen Aufwendungen auch für diese Tätigkeiten möglich.

Liegt der Mittelpunkt der gesamten betrieblichen und beruflichen Betätigung nicht im häuslichen Ar- **20** beitszimmer, steht für einzelne Tätigkeiten jedoch kein anderer Arbeitsplatz zur Verfügung, können die Aufwendungen bis zur Höhe von 1 250 Euro abgezogen werden. Dabei sind die Aufwendungen für das Arbeitszimmer entsprechend dem Nutzungsumfang den darin ausgeübten Tätigkeiten zuzuordnen. Soweit der Kostenabzug für eine oder mehrere Tätigkeiten möglich ist, kann der Steuerpflichtige diese anteilig insgesamt bis zum Höchstbetrag abziehen (> BFH-Urteil vom 25. April 2017 – VIII R 52/13 –, BStBl II S. 949). Eine Vervielfachung des Höchstbetrages entsprechend der Anzahl der darin ausgeübten Tätigkeiten ist ausgeschlossen.

Beispiel:

Ein Angestellter nutzt sein Arbeitszimmer zu 40 % für seine nichtselbständige Tätigkeit und zu 60 % für eine unternehmerische Nebentätigkeit. Nur für die Nebentätigkeit steht ihm kein anderer Arbeitsplatz zur Verfügung. An Aufwendungen sind für das Arbeitszimmer insgesamt 2.500 Euro entstanden. Diese sind nach dem Nutzungsverhältnis aufzuteilen. Auf die nichtselbständige Tätigkeit entfallen 40 % von 2.500 Euro = 1.000 Euro, die nicht abgezogen werden können. Auf die Nebentätigkeit entfallen 60 % von 2.500 Euro = 1.500 Euro, die bis zu 1.250 Euro als Betriebsausgaben abgezogen werden können.

VIII. Nutzung des Arbeitszimmers durch mehrere Steuerpflichtige

Die Abzugsbeschränkung ist personenbezogen anzuwenden. Daher kann jeder Nutzende die Aufwendun- **21** gen, die er getragen hat, entweder unbegrenzt, bis zum Höchstbetrag von 1.250 Euro oder gar nicht abziehen. Nutzen mehrere Personen, wie z. B. Ehegatten, ein Arbeitszimmer gemeinsam, sind die Voraussetzungen des § 4 Absatz 5 Satz 1 Nummer 6b EStG bezogen auf die einzelne steuerpflichtige Person zu prüfen (> BFH-Urteile vom 15. Dezember 2016 – VI R 53/12 –, BStBl 2017 II S. 938 und – VI R 86/13 –, BStBl 2017 II S. 941). Nutzen Miteigentümer das Arbeitszimmer gemeinsam zur Erzielung von Einkünften, kann jeder die seinem Anteil entsprechenden und von ihm getragenen Aufwendungen (z. B. Absetzung für Abnutzung, Schuldzinsen) als Betriebsausgaben oder Werbungskosten abziehen. Dasselbe gilt für Mietzahlungen für eine durch Ehegatten oder Lebenspartner gemeinsam gemietete Wohnung (> BFH-Urteil vom 15. Dezember 2016 – VI R 86/13 –, BStBl 2017 II S. 941).

Beispiel:

A und B nutzen gemeinsam ein häusliches Arbeitszimmer jeweils zu 50 Prozent (zeitlicher Nutzungsanteil). Die Gesamtaufwendungen betragen 4.000 Euro und werden entsprechend dem Nutzungsanteil getragen. Für A bildet das häusliche Arbeitszimmer den Mittelpunkt der gesamten betrieblichen und beruflichen Betätigung; A kann 2.000 Euro als Betriebsausgaben oder Werbungskosten abziehen. B steht für die im häuslichen Arbeitszimmer ausgeübte betriebliche oder berufliche Tätigkeit kein anderer Arbeitsplatz zur Verfügung, er kann daher 1.250 Euro als Betriebsausgaben oder Werbungskosten abziehen.

IX. Nicht ganzjährige Nutzung des häuslichen Arbeitszimmers

22 Ändern sich die Nutzungsverhältnisse innerhalb eines Wirtschafts- oder Kalenderjahres, können nur die auf den Zeitraum, in dem das Arbeitszimmer den Mittelpunkt der gesamten betrieblichen und beruflichen Betätigung bildet, entfallenden Aufwendungen in voller Höhe abgezogen werden. Für den übrigen Zeitraum kommt ein beschränkter Abzug nur in Betracht, wenn für die betriebliche oder berufliche Betätigung kein anderer Arbeitsplatz zur Verfügung steht. Der Höchstbetrag von 1.250 Euro ist auch bei nicht ganzjähriger Nutzung eines häuslichen Arbeitszimmers in voller Höhe, also nicht zeitanteilig, zum Abzug zuzulassen.

Beispiele:

–   Ein Arbeitnehmer hat im 1. Halbjahr den Mittelpunkt seiner gesamten betrieblichen und beruflichen Tätigkeit in seinem häuslichen Arbeitszimmer. Im 2. Halbjahr übt er die Tätigkeit am Arbeitsplatz bei seinem Arbeitgeber aus. Die Aufwendungen für das Arbeitszimmer, die auf das 1. Halbjahr entfallen, sind in voller Höhe als Werbungskosten abziehbar. Für das 2. Halbjahr kommt ein Abzug nicht in Betracht.

–   Ein Arbeitnehmer hat ein häusliches Arbeitszimmer, das er nur nach Feierabend und am Wochenende auch für seine nichtselbständige Tätigkeit nutzt. Seit 15. Juni ist er in diesem Raum auch schriftstellerisch tätig. Aus der schriftstellerischen Tätigkeit erzielt er Einkünfte aus selbständiger Arbeit. Fortan nutzt der Steuerpflichtige sein Arbeitszimmer zu 30 % für die nichtselbständige Tätigkeit und zu 70 % für die schriftstellerische Tätigkeit, wofür ihm kein anderer Arbeitsplatz zur Verfügung steht. Die Gesamtaufwendungen für das Arbeitszimmer betrugen 5.000 Euro. Davon entfallen auf den Zeitraum ab 15. Juni (6,5/12 =) 2.708 Euro. Der auf die nichtselbständige Tätigkeit entfallende Kostenanteil ist insgesamt nicht abziehbar. Auf die selbständige Tätigkeit entfallen 70 % von 2.708 Euro = 1.896 Euro, die bis zum Höchstbetrag von 1.250 Euro als Betriebsausgaben abgezogen werden können. Eine zeitanteilige Kürzung des Höchstbetrages ist nicht vorzunehmen.

23 Wird das Arbeitszimmer für eine spätere Nutzung vorbereitet, bei der die Abzugsvoraussetzungen vorliegen, sind die darauf entfallenden Aufwendungen entsprechend zu berücksichtigen (> BFH-Urteil vom 23. Mai 2006 – VI R 21/03 –, BStBl II S. 600).

X. Nutzung eines häuslichen Arbeitszimmers zu Ausbildungszwecken

24 Nach § 10 Absatz 1 Nummer 7 Satz 4 EStG ist die Regelung des § 4 Absatz 5 Satz 1 Nummer 6b EStG auch für Aufwendungen für ein häusliches Arbeitszimmer anzuwenden, das für die eigene erstmalige Berufsausbildung oder im Rahmen eines Erststudiums, das zugleich eine Erstausbildung vermittelt und nicht im Rahmen eines Dienstverhältnisses stattfindet, genutzt wird. Im Rahmen der Erstausbildungskosten können jedoch in jedem Fall Aufwendungen nur bis zu insgesamt 6.000 Euro (bis Veranlagungszeitraum 2011: 4.000 Euro) als Sonderausgaben abgezogen werden (§ 10 Absatz 1 Nummer 7 Satz 1 EStG). Wird das häusliche Arbeitszimmer auch zur Einkunftserzielung genutzt, sind für die Aufteilung der Kosten Rdnr. 19 und 20 entsprechend anzuwenden.

XI. Nutzung eines häuslichen Arbeitszimmers in Zeiten der Nichtbeschäftigung

24a Die Aufwendungen für ein häusliches Arbeitszimmer können in Zeiten der Nichtbeschäftigung (z. B. Erwerbslosigkeit, Mutterschutz, Elternzeit) nach den Regeln vorweggenommener Betriebsausgaben oder Werbungskosten abgezogen werden, wenn und soweit den Steuerpflichtigen der Abzug der Aufwendungen auch unter den zu erwartenden Umständen der späteren betrieblichen oder beruflichen Tätigkeit zustehen würde (> BFH-Urteil vom 2. Dezember 2005 – VI R 63/03 –, BStBl 2006 II S. 329).

XII. Vermietung eines häuslichen Arbeitszimmers

24b Zur Vermietung eines Büroraums an den Arbeitgeber wird auf das BMF-Schreiben vom 13. Dezember 2005 (BStBl 2006 I S. 4) und zur Vermietung eines häuslichen Arbeitsraums an den Auftraggeber eines Gewerbetreibenden wird auf das BFH-Urteil vom 13. Dezember 2016 – X R 18/12 – (BStBl 2017 II S. 450) hingewiesen.

XIII. Besondere Aufzeichnungspflichten

Nach § 4 Absatz 7 EStG dürfen Aufwendungen für ein häusliches Arbeitszimmer bei der Gewinnermitt-　**25**
lung nur berücksichtigt werden, wenn sie besonders aufgezeichnet sind. Es bestehen keine Bedenken,
wenn die auf das Arbeitszimmer anteilig entfallenden Finanzierungskosten im Wege der Schätzung ermittelt werden und nach Ablauf des Wirtschafts- oder Kalenderjahres eine Aufzeichnung aufgrund der
Jahresabrechnung des Kreditinstitutes erfolgt. Entsprechendes gilt für die verbrauchsabhängigen Kosten
wie z. B. Wasser- und Energiekosten. Es ist ausreichend, Abschreibungsbeträge einmal jährlich – zeitnah
nach Ablauf des Kalender- oder Wirtschaftsjahres – aufzuzeichnen.

XIV. Zeitliche Anwendung

Dieses Schreiben ersetzt das BMF-Schreiben vom 2. März 2011 (BStBl I S. 195) und ist in allen offenen Fäl-　**26**
len ab dem Veranlagungszeitraum 2007 anzuwenden.

Drittaufwand

> H 4.7 (Drittaufwand) und (Eigenaufwand für ein fremdes Wirtschaftsgut) EStH

Vermietung an den Arbeitgeber

> BMF vom 18. 4. 2019 (BStBl I S. 461)

Zu § 19 EStG

Hinweise　　LStH　　H 19.0

Arbeitnehmer

Allgemeines

*Wer Arbeitnehmer ist, ist unter Beachtung der Vorschriften des § 1 LStDV nach dem Gesamtbild
der Verhältnisse zu beurteilen. Die arbeitsrechtliche und sozialversicherungsrechtliche Behandlung
ist unmaßgeblich (> BFH vom 2. 12. 1998 – BStBl 1999 II S. 534). Wegen der Abgrenzung der für
einen Arbeitnehmer typischen fremdbestimmten Tätigkeit von selbständiger Tätigkeit > BFH vom
14. 6. 1985 (BStBl II S. 661) und vom 18. 1. 1991 (BStBl II S. 409). Danach können für eine Arbeitnehmereigenschaft insbesondere folgende Merkmale sprechen:*

– *persönliche Abhängigkeit,*

– *Weisungsgebundenheit hinsichtlich Ort, Zeit und Inhalt der Tätigkeit,*

– *feste Arbeitszeiten,*

– *Ausübung der Tätigkeit gleich bleibend an einem bestimmten Ort,*

– *feste Bezüge,*

– *Urlaubsanspruch,*

– *Anspruch auf sonstige Sozialleistungen,*

– *Fortzahlung der Bezüge im Krankheitsfall,*

– *Überstundenvergütung,*

– *zeitlicher Umfang der Dienstleistungen,*

– *Unselbständigkeit in Organisation und Durchführung der Tätigkeit,*

– *kein Unternehmerrisiko,*

– *keine Unternehmerinitiative,*

– *kein Kapitaleinsatz,*

– *keine Pflicht zur Beschaffung von Arbeitsmitteln,*

– *Notwendigkeit der engen ständigen Zusammenarbeit mit anderen Mitarbeitern,*

– *Eingliederung in den Betrieb,*

– *Schulden der Arbeitskraft und nicht eines Arbeitserfolges,*

– *Ausführung von einfachen Tätigkeiten, bei denen eine Weisungsabhängigkeit die Regel ist.*

Diese Merkmale ergeben sich regelmäßig aus dem der Beschäftigung zugrunde liegenden Vertragsverhältnis, sofern die Vereinbarungen ernsthaft gewollt sind und tatsächlich durchgeführt werden (> BFH vom 14. 12. 1978 – BStBl 1979 II S. 188, vom 20. 2. 1979 – BStBl II S. 414 und vom 24. 7. 1992 – BStBl 1993 II S. 155). Dabei sind die für oder gegen ein Dienstverhältnis sprechenden Merkmale ihrer Bedeutung entsprechend gegeneinander abzuwägen. Die arbeitsrechtliche Fiktion eines Dienstverhältnisses ist steuerrechtlich nicht maßgebend (> BFH vom 8. 5. 2008 – BStBl II S. 868).

Arbeitnehmereigenschaft

a) **Beispiele für Arbeitnehmereigenschaft**

    Amateursportler *können Arbeitnehmer sein, wenn die für den Trainings- und Spieleinsatz gezahlten Vergütungen nach dem Gesamtbild der Verhältnisse als Arbeitslohn zu beurteilen sind (> BFH vom 23. 10. 1992 – BStBl 1993 II S. 303),*

    Apothekervertreter; *ein selbständiger Apotheker, der als Urlaubsvertreter eines anderen selbständigen Apothekers gegen Entgelt tätig wird, ist Arbeitnehmer (> BFH vom 20. 2. 1979 – BStBl II S. 414),*

    Artist *ist Arbeitnehmer, wenn er seine Arbeitskraft einem Unternehmer für eine Zeitdauer, die eine Reihe von Veranstaltungen umfasst – also nicht lediglich für einige Stunden eines Abends – ausschließlich zur Verfügung stellt (> BFH vom 16. 3. 1951 – BStBl III S. 97),*

    AStA-Mitglieder *> BFH vom 22. 7. 2008 (BStBl II S. 981),*

    Buchhalter *> BFH vom 6. 7. 1955 (BStBl III S. 256) und vom 13. 2. 1980 (BStBl II S. 303),*

    Büfettier *> BFH vom 31. 1. 1963 (BStBl III S. 230),*

    Chefarzt; *ein angestellter Chefarzt, der berechtigt ist, Privatpatienten mit eigenem Liquidationsrecht zu behandeln und die wahlärztlichen Leistungen im Rahmen seines Dienstverhältnisses erbringt (> BFH vom 5. 10. 2005 – BStBl 2006 II S. 94),*

    Gelegenheitsarbeiter, *die zu bestimmten, unter Aufsicht durchzuführenden Verlade- und Umladearbeiten herangezogen werden, sind auch dann Arbeitnehmer, wenn sie die Tätigkeit nur für wenige Stunden ausüben (> BFH vom 18. 1. 1974 – BStBl II S. 301),*

    Heimarbeiter *> R 15.1 Abs. 2 EStR,*

    Helfer von Wohlfahrtsverbänden; *ehrenamtliche Helfer, die Kinder und Jugendliche auf Ferienreisen betreuen, sind Arbeitnehmer (> BFH vom 28. 2. 1975 – BStBl 1976 II S. 134),*

    Musiker; *nebenberuflich tätige Musiker, die in Gaststätten auftreten, sind nach der allgemeinen Lebenserfahrung Arbeitnehmer des Gastwirts; dies gilt nicht, wenn die Kapelle gegenüber Dritten als selbständige Gesellschaft oder der Kapellenleiter als Arbeitgeber der Musiker auftritt bzw. der Musiker oder die Kapelle nur gelegentlich spielt (> BFH vom 10. 9. 1976 – BStBl 1977 II S. 178),*

    Oberarzt; *ein in einer Universitätsklinik angestellter Oberarzt ist hinsichtlich der Mitarbeit in der Privatpraxis des Chefarztes dessen Arbeitnehmer (> BFH vom 11. 11. 1971 – BStBl 1972 II S. 213),*

    Reisevertreter *kann auch dann Arbeitnehmer sein, wenn er erfolgsabhängig entlohnt wird und ihm eine gewisse Bewegungsfreiheit eingeräumt ist, die nicht Ausfluss seiner eigenen Machtvollkommenheit ist (> BFH vom 7. 12. 1961 – BStBl 1962 III S. 149); > H 15.1 (Reisevertreter) EStH,*

Sanitätshelfer des Deutschen Roten Kreuzes sind Arbeitnehmer, wenn die gezahlten Entschädigungen nicht mehr als pauschale Erstattung der Selbstkosten beurteilt werden können, weil sie die durch die ehrenamtliche Tätigkeit veranlassten Aufwendungen der einzelnen Sanitätshelfer regelmäßig nicht nur unwesentlich übersteigen (> BFH vom 4. 8. 1994 – BStBl II S. 944),

Servicekräfte in einem Warenhaus > BFH vom 20. 11. 2008 (BStBl 2009 II S. 374),

Stromableser können auch dann Arbeitnehmer sein, wenn die Vertragsparteien „freie Mitarbeit" vereinbart haben und das Ablesen in Ausnahmefällen auch durch einen zuverlässigen Vertreter erfolgen darf (> BFH vom 24. 7. 1992 – BStBl 1993 II S. 155),

Telefoninterviewer > BFH vom 29. 5. 2008 (BStBl II S. 933) und BFH vom 18. 6. 2015 (BStBl II S. 903),

Vorstandsmitglied einer Aktiengesellschaft > BFH vom 11. 3. 1960 (BStBl III S. 214),

Vorstandsmitglied einer Familienstiftung > BFH vom 31. 1. 1975 (BStBl II S. 358),

Vorstandsmitglied einer Genossenschaft > BFH vom 2. 10. 1968 (BStBl 1969 II S. 185).

b) *Beispiele für fehlende Arbeitnehmereigenschaft*

Arztvertreter > BFH vom 10. 4. 1953 (BStBl III S. 142),

Beratungsstellenleiter eines Lohnsteuerhilfevereins ist kein Arbeitnehmer, wenn er die Tätigkeit als freier Mitarbeiter ausübt (> BFH vom 10. 12. 1987 – BStBl 1988 II S. 273),

Bezirksstellenleiter bei Lotto- und Totogesellschaften > BFH vom 14. 9. 1967 (BStBl 1968 II S. 193),

Diakonissen sind keine Arbeitnehmerinnen des Mutterhauses (> BFH vom 30. 7. 1965 – BStBl III S. 525),

Fahrlehrer, die gegen eine tätigkeitsbezogene Vergütung unterrichten, sind i. d. R. keine Arbeitnehmer, auch wenn ihnen keine Fahrschulerlaubnis erteilt worden ist > BFH vom 17. 10. 1996 (BStBl 1997 II S. 188),

Fotomodell; ein Berufsfotomodell ist kein Arbeitnehmer, wenn es nur von Fall zu Fall vorübergehend zu Aufnahmen herangezogen wird (> BFH vom 8. 6. 1967 – BStBl III S. 618); Entsprechendes gilt für ausländische Fotomodelle, die zur Produktion von Werbefilmen kurzfristig im Inland tätig werden (> BFH vom 14. 6. 2007 – BStBl 2009 II S. 931),

Gerichtsreferendar, der neben der Tätigkeit bei Gericht für einen Rechtsanwalt von Fall zu Fall tätig ist, steht zu dem Anwalt i. d. R. nicht in einem Arbeitsverhältnis (> BFH vom 22. 3. 1968 – BStBl II S. 455),

Gutachter > BFH vom 22. 6. 1971 (BStBl II S. 749),

Hausgewerbetreibender > R 15.1 Abs. 2 EStR,

Hausverwalter, die für eine Wohnungseigentümergemeinschaft tätig sind, sind keine Arbeitnehmer (> BFH vom 13. 5. 1966 – BStBl III S. 489),

Knappschaftsarzt > BFH vom 3. 7. 1959 (BStBl III S. 344),

Künstler; zur Frage der Selbständigkeit von Künstlern und verwandten Berufen > BMF vom 5. 10. 1990 (BStBl I S. 638),

Lehrbeauftragte > BFH vom 17. 7. 1958 (BStBl III S. 360),

Lotsen > BFH vom 21. 5. 1987 (BStBl II S. 625),

Nebenberufliche Lehrkräfte sind i. d. R. keine Arbeitnehmer (> BFH vom 4. 10. 1984 – BStBl 1985 II S. 51); zur Abgrenzung zwischen nichtselbständiger und selbständiger Arbeit > R 19.2 und H 19.2 (Nebenberufliche Lehrtätigkeit),

Notariatsverweser > BFH vom 12. 9. 1968 (BStBl II S. 811),

Rundfunkermittler, die im Auftrage einer Rundfunkanstalt Schwarzhörer aufspüren, sind keine Arbeitnehmer, wenn die Höhe ihrer Einnahmen weitgehend von ihrem eigenen Arbeitsein-

satz abhängt und sie auch im Übrigen – insbesondere bei Ausfallzeiten – ein Unternehmerrisiko in Gestalt des Entgeltrisikos tragen. Dies gilt unabhängig davon, dass sie nur für einen einzigen Vertragspartner tätig sind (> BFH vom 2. 12. 1998 – BStBl 1999 II S. 534),

Schwarzarbeiter, *ein Bauhandwerker ist bei nebenberuflicher „Schwarzarbeit"'i. d. R. kein Arbeitnehmer des Bauherrn (> BFH vom 21. 3. 1975 – BStBl II S. 513),*

Tutoren > *BFH vom 21. 7. 1972 (BStBl II S. 738) und vom 28. 2. 1978 (BStBl II S. 387),*

Versicherungsvertreter *ist selbständig tätig und kein Arbeitnehmer, wenn er ein ins Gewicht fallendes Unternehmerrisiko trägt; die Art seiner Tätigkeit, ob werbende oder verwaltende, ist i. d. R. nicht von entscheidender Bedeutung (> BFH vom 19. 2. 1959 – BStBl III S. 425, vom 10. 9. 1959 – BStBl III S. 437, vom 3. 10. 1961 – BStBl III S. 567 und vom 13. 4. 1967 – BStBl III S. 398), > R 15.1 Abs. 1 EStR, H 15.1 (Generalagent, Versicherungsvertreter) EStH,*

Vertrauensleute *einer Buchgemeinschaft; nebenberufliche Vertrauensleute einer Buchgemeinschaft sind keine Arbeitnehmer des Buchclubs (> BFH vom 11. 3. 1960 – BStBl III S. 215),*

Werbedamen, *die von ihren Auftraggebern von Fall zu Fall für jeweils kurzfristige Werbeaktionen beschäftigt werden, können selbständig sein (> BFH vom 14. 6. 1985 – BStBl II S. 661).*

Ehegatten-Arbeitsverhältnis[1]

> *R 4.8 EStR und H 4.8 EStH*

Einkunftserzielungsabsicht

Zur Abgrenzung der Einkunftserzielungsabsicht von einer einkommensteuerrechtlich unbeachtlichen Liebhaberei > BFH vom 28. 8. 2008 (BStBl 2009 II S. 243).

Eltern-Kind-Arbeitsverhältnis

Zur steuerlichen Anerkennung von Dienstverhältnissen zwischen Eltern und Kindern > BFH vom 9. 12. 1993 (BStBl 1994 II S. 298), > R 4.8 Abs. 3 EStR.

Gesellschafter-Geschäftsführer

Ein Gesellschafter-Geschäftsführer einer Kapitalgesellschaft ist nicht allein auf Grund seiner Organstellung Arbeitnehmer. Es ist anhand der allgemeinen Merkmale (> Allgemeines) zu entscheiden, ob die Geschäftsführungsleistung selbständig oder nichtselbständig erbracht wird (> BMF vom 31. 5. 2007 – BStBl I S. 503 unter Berücksichtigung der Änderungen durch BMF vom 2. 5. 2011 – BStBl I S. 490).

Mitunternehmer

. . .

Nichteheliche Lebensgemeinschaft

– > *H 4.8 EStH*

– *Ein hauswirtschaftliches Beschäftigungsverhältnis mit der nichtehelichen Lebensgefährtin kann nicht anerkannt werden, wenn diese zugleich Mutter des gemeinsamen Kindes ist (> BFH vom 19. 5. 1999 – BStBl II S. 764).*

Selbständige Arbeit

Zur Abgrenzung einer Tätigkeit als Arbeitnehmer von einer selbständigen Tätigkeit > R 15.1 und 18.1 EStR.

Amtl. Fn.:

[1] Die dort aufgeführten Grundsätze gelten bei Lebenspartnern entsprechend (> § 2 Abs. 8 EStG).

Weisungsgebundenheit

Die in § 1 Abs. 2 LStDV genannte Weisungsgebundenheit kann auf einem besonderen öffentlich-rechtlichen Gewaltverhältnis beruhen, wie z. B. bei Beamten und Richtern, oder Ausfluss des Direktionsrechts sein, mit dem ein Arbeitgeber die Art und Weise, Ort, Zeit und Umfang der zu erbringenden Arbeitsleistung bestimmt. Die Weisungsbefugnis kann eng, aber auch locker sein, wie z. B. bei einem angestellten Chefarzt, der fachlich weitgehend eigenverantwortlich handelt; entscheidend ist, ob die beschäftigte Person einer etwaigen Weisung bei der Art und Weise der Ausführung der geschuldeten Arbeitsleistung zu folgen verpflichtet ist oder ob ein solches Weisungsrecht nicht besteht. Maßgebend ist das Innenverhältnis; die Weisungsgebundenheit muss im Auftreten der beschäftigten Person nach außen nicht erkennbar werden (> BFH vom 15. 7. 1987 – BStBl II S. 746). Die Eingliederung in einen Betrieb kann auch bei einer kurzfristigen Beschäftigung gegeben sein, wie z. B. bei einem Apothekervertreter als Urlaubsvertretung. Sie ist aber eher bei einfachen als bei gehobenen Arbeiten anzunehmen, z. B. bei einem Gelegenheitsarbeiter, der zu bestimmten unter Aufsicht durchzuführenden Arbeiten herangezogen wird. Die vorstehenden Kriterien gelten auch für die Entscheidung, ob ein so genannter Schwarzarbeiter Arbeitnehmer des Auftraggebers ist.

LStR   R 19.3 Arbeitslohn**[1]**

(1) [1]Arbeitslohn ist die Gegenleistung für das Zurverfügungstellen der individuellen Arbeitskraft. [2]Zum Arbeitslohn gehören deshalb auch**[2][3][4][5][6][7]**

1. die Lohnzuschläge für Mehrarbeit und Erschwerniszuschläge, wie Hitzezuschläge, Wasserzuschläge, Gefahrenzuschläge, Schmutzzulagen usw.,

2. Entschädigungen, die für nicht gewährten Urlaub gezahlt werden,

3. der auf Grund des § 7 Abs. 5 SVG gezahlte Einarbeitungszuschuss,

4. pauschale Fehlgeldentschädigungen, die Arbeitnehmern im Kassen- und Zähldienst gezahlt werden, soweit sie 16 € im Monat übersteigen,

5. Trinkgelder, Bedienungszuschläge und ähnliche Zuwendungen, auf die der Arbeitnehmer einen Rechtsanspruch hat.

Anm. d. Schriftl.:

[1] Gewährt der Arbeitgeber seinem Arbeitnehmer ein Darlehen zu einem marktüblichen Zinssatz, erlangt der Arbeitnehmer keinen lohnsteuerlich zu erfassenden Vorteil (BFH-Urteil vom 4. 5. 2006, BStBl 2006 II S. 781).

[2] Zum Arbeitslohn gehören auch versehentliche Überweisungen des Arbeitgebers, die dieser zurückfordern kann (BFH-Urteile vom 4. 5. 2006, BStBl 2006 II S. 830, und vom 14. 4. 2016, BStBl 2016 II S. 778).

[3] Leistet der Arbeitgeber bei einer Nettolohnvereinbarung für den Arbeitnehmer eine Einkommensteuernachzahlung für einen vorangegangenen Veranlagungszeitraum, wendet er dem Arbeitnehmer Arbeitslohn zu, der dem Arbeitnehmer als sonstiger Bezug im Zeitpunkt der Zahlung zufließt (BFH-Urteil vom 3. 9. 2015, BStBl 2016 II S. 31).

[4] Entschädigungszahlungen, die ein Feuerwehrbeamter für rechtswidrig geleistete Mehrarbeit erhält, sind steuerbare Einnahmen aus nichtselbständiger Arbeit (BFH-Urteil vom 14. 6. 2016, BStBl 2016 II S. 901).

[5] Der Veräußerungsgewinn aus einer Kapitalbeteiligung an einem Unternehmen führt nicht allein deshalb zu Einkünften aus nichtselbständiger Arbeit, weil die sog. „Managementbeteiligung" von einem Arbeitnehmer der Unternehmensgruppe gehalten und nur leitenden Mitarbeitern angeboten worden war (BFH-Urteil vom 4. 10. 2016, BStBl 2017 II S. 790).

[6] Gutschriften einem Wertguthabenkonto zur Finanzierung eines vorzeitigen Ruhestands sind kein gegenwärtig zufließender Arbeitslohn (BFH-Urteil vom 22. 2. 2018, BStBl 2019 II S. 496).

[7] Ein Entgelt für Werbung des Arbeitgebers auf dem Kennzeichenhalter des privaten PKW des Arbeitnehmers ist durch das Arbeitsverhältnis veranlasst und damit Arbeitslohn, wenn dem mit dem Arbeitnehmer abgeschlossenen „Werbemietvertrag" kein eigenständiger wirtschaftlicher Gehalt zukommt (BFH-Beschluss vom 21. 6. 2022, BStBl 2023 II S. 87).

(2) Nicht als Gegenleistung für das Zurverfügungstellen der individuellen Arbeitskraft und damit nicht als Arbeitslohn sind u. a. anzusehen

1. der Wert der unentgeltlich zur beruflichen Nutzung überlassenen Arbeitsmittel,

2. die vom Arbeitgeber aufgrund gesetzlicher Verpflichtung nach § 3 Abs. 2 Nr. 1 und Abs. 3 ArbSchG i.V. m. der ArbMedVV übernommenen angemessenen Kosten für eine spezielle Sehhilfe, wenn aufgrund einer Untersuchung der Augen und des Sehvermögens durch eine fachkundige Person i. S. d. ArbMedVV die spezielle Sehhilfe notwendig ist, um eine ausreichende Sehfähigkeit in den Entfernungsbereichen des Bildschirmarbeitsplatzes zu gewährleisten,

3. übliche Sachleistungen des Arbeitgebers aus Anlass der Diensteinführung, eines Amts- oder Funktionswechsels, eines runden Arbeitnehmerjubiläums oder der Verabschiedung eines Arbeitnehmers; betragen die Aufwendungen des Arbeitgebers einschließlich Umsatzsteuer mehr als 110 € je teilnehmender Person, sind die Aufwendungen dem Arbeitslohn des Arbeitnehmers hinzuzurechnen; auch Geschenke bis zu einem Gesamtwert von 60 € sind in die 110-€-Grenze einzubeziehen,

4. übliche Sachleistungen bei einem Empfang anlässlich eines runden Geburtstages eines Arbeitnehmers, wenn es sich unter Berücksichtigung aller Umstände des Einzelfalles um ein Fest des Arbeitgebers (betriebliche Veranstaltung) handelt. [2]Die anteiligen Aufwendungen des Arbeitgebers, die auf den Arbeitnehmer selbst, seine Familienangehörigen sowie private Gäste des Arbeitnehmers entfallen, gehören jedoch zum steuerpflichtigen Arbeitslohn, wenn die Aufwendungen des Arbeitgebers mehr als 110 € je teilnehmender Person betragen; auch Geschenke bis zu einem Gesamtwert von 60 € sind in die 110-€-Grenze einzubeziehen,

5. pauschale Zahlungen des Arbeitgebers an ein Dienstleistungsunternehmen, das sich verpflichtet, alle Arbeitnehmer des Auftraggebers kostenlos in persönlichen und sozialen Angelegenheiten zu beraten und zu betreuen, bspw. durch die Übernahme der Vermittlung von Betreuungspersonen für Familienangehörige; im Gegensatz dazu führen individuelle Zahlungen des Arbeitgebers zu Arbeitslohn und sind im Rahmen des § 3 Nr. 34a EStG steuerfrei.

(3) [1]Leistungen des Arbeitgebers, mit denen er Werbungskosten des Arbeitnehmers ersetzt, sind nur steuerfrei, soweit dies gesetzlich bestimmt ist. [2]Somit sind auch steuerpflichtig

1. Vergütungen des Arbeitgebers zum Ersatz der dem Arbeitnehmer berechneten Kontoführungsgebühren,

2. Vergütungen des Arbeitgebers zum Ersatz der Aufwendungen des Arbeitnehmers für Fahrten zwischen Wohnung und erster Tätigkeitsstätte.

> **Hinweise   LStH   H 19.3**

...

Allgemeines zum Arbeitslohnbegriff

*Welche Einnahmen zum Arbeitslohn gehören, ist unter Beachtung der Vorschriften des § 19 Abs. 1 EStG und § 2 LStDV sowie der hierzu ergangenen Rechtsprechung zu entscheiden. Danach sind Arbeitslohn grundsätzlich alle Einnahmen in Geld oder Geldeswert, die durch ein individuelles Dienstverhältnis veranlasst sind. Ein **Veranlassungszusammenhang zwischen Einnahmen und einem Dienstverhältnis** ist anzunehmen, wenn die Einnahmen dem Empfänger nur mit Rücksicht auf das Dienstverhältnis zufließen und sich als Ertrag seiner nichtselbständigen Arbeit darstellen. Die letztgenannte Voraussetzung ist erfüllt, wenn sich die Einnahmen im weitesten Sinne als Gegenleistung für das Zurverfügungstellen der individuellen Arbeitskraft erweisen (> BFH vom 24. 9. 2013 –*

BStBl 2014 II S. 124). Eine solche Gegenleistung liegt nicht vor, wenn die Vergütungen die mit der Tätigkeit zusammenhängenden Aufwendungen nur unwesentlich übersteigen (> BFH vom 23. 10. 1992 – BStBl 1993 II S. 303). Die Zurechnung des geldwerten Vorteils zu einem erst künftigen Dienstverhältnis ist zwar nicht ausgeschlossen, bedarf aber der Feststellung eines eindeutigen Veranlassungszusammenhangs, wenn sich andere Ursachen für die Vorteilsgewährung als Veranlassungsgrund aufdrängen (> BFH vom 20. 5. 2010 – BStBl II S. 1069).

Ebenfalls keine Gegenleistung sind Vorteile, die sich bei objektiver Würdigung aller Umstände nicht als Entlohnung, sondern lediglich als notwendige Begleiterscheinung betriebsfunktionaler Zielsetzungen erweisen. Ein rechtswidriges Tun ist keine beachtliche Grundlage einer solchen betriebsfunktionalen Zielsetzung (> BFH vom 14. 11. 2013 – BStBl 2014 II S. 278). Vorteile besitzen danach keinen Arbeitslohncharakter, wenn sie im ganz überwiegend eigenbetrieblichen Interesse des Arbeitgebers gewährt werden. Das ist der Fall, wenn sich aus den Begleitumständen wie zum Beispiel Anlass, Art und Höhe des Vorteils, Auswahl der Begünstigten, freie oder nur gebundene Verfügbarkeit, Freiwilligkeit oder Zwang zur Annahme des Vorteils und seine besondere Geeignetheit für den jeweils verfolgten betrieblichen Zweck ergibt, dass diese Zielsetzung ganz im Vordergrund steht und ein damit einhergehendes eigenes Interesse des Arbeitnehmers, den betreffenden Vorteil zu erlangen, vernachlässigt werden kann (> BFH vom 24. 9. 2013 – BStBl 2014 II S. 124 und die dort zitierte Rechtsprechung). Im Ergebnis handelt es sich um Leistungen des Arbeitgebers, die er im ganz überwiegenden betrieblichen Interesse erbringt. Ein ganz überwiegendes betriebliches Interesse muss über das an jeder Lohnzahlung bestehende betriebliche Interesse deutlich hinausgehen (> BFH vom 2. 2. 1990 – BStBl II S. 472). Gemeint sind Fälle, z. B. in denen ein Vorteil der Belegschaft als Gesamtheit zugewendet wird oder in denen dem Arbeitnehmer ein Vorteil aufgedrängt wird, ohne dass ihm eine Wahl bei der Annahme des Vorteils bleibt und ohne dass der Vorteil eine Marktgängigkeit besitzt (> BFH vom 25. 7. 1986 – BStBl II S. 868).

Beispiele:

Zum Arbeitslohn gehören

– *der verbilligte Erwerb von* **Aktien vom Arbeitgeber** *(oder einem Dritten), wenn der Vorteil dem Arbeitnehmer oder einem Dritten für die Arbeitsleistung des Arbeitnehmers gewährt wird (> BFH vom 7. 5. 2014 – BStBl II S. 904),*

– *die Übernahme der Umlage für die Einrichtung des besonderen elektronischen Anwaltspostfachs einer angestellten Rechtsanwältin durch den Arbeitgeber (> BFH vom 1. 10. 2020 – BStBl 2021 II S. 352),*

– *die vom Arbeitgeber übernommenen Beiträge einer angestellten Rechtsanwältin zum deutschen* **Anwaltverein** *(> BFH vom 12. 2. 2009 – BStBl II S. 462),*

– **Arbeitnehmeranteile** *zur Arbeitslosen-, Kranken-, Pflege- und Rentenversicherung (Gesamtsozialversicherung), wenn der Arbeitnehmer hierdurch einen eigenen Anspruch gegen einen Dritten erwirbt (> BFH vom 16. 1. 2007 – BStBl II S. 579),*

– *die vom Arbeitgeber übernommenen Beiträge zur* **Berufshaftpflichtversicherung** *von Rechtsanwälten (> BFH vom 26. 7. 2007 – BStBl II S. 892). Übernimmt eine Rechtsanwaltssozietät den Versicherungsbeitrag einer angestellten Rechtsanwältin, die im Außenverhältnis nicht für eine anwaltliche Pflichtverletzung haftet, liegt Arbeitslohn regelmäßig nur in Höhe des übernommenen Prämienanteils vor, der auf die in § 51 Abs. 4 BRAO vorgeschriebene Mindestversicherungssumme entfällt und den die Rechtsanwältin zur Erfüllung ihrer Versicherungspflicht nach § 51 Abs. 1 Satz 1 BRAO benötigt (> BFH vom 1. 10. 2020 – BStBl 2021 II S. 352 und 356),*

– *der geldwerte Vorteil aus dem verbilligten Erwerb einer GmbH-Beteiligung durch einen leitenden Arbeitnehmer des Arbeitgebers, selbst wenn nicht der Arbeitgeber, sondern ein Gesellschafter des Arbeitgebers die* **Beteiligung** *veräußert (> BFH vom 15. 3. 2018 – BStBl II S. 550); zur Bewertung > H 8.1 (1–4) GmbH-Anteile. Gleiches gilt für den verbilligten Erwerb einer Beteiligung, der im Hinblick auf eine spätere Beschäftigung als Geschäftsführer gewährt wird (> BFH vom 26. 6. 2014 – BStBl II S. 864) sowie den verbilligten Erwerb einer GmbH-Beteiligung*

*durch eine vom Geschäftsführer des Arbeitgebers beherrschte GmbH, wenn nicht der Arbeit-
geber selbst, sondern ein Gesellschafter des Arbeitgebers die Beteiligung veräußert (> BFH vom
1. 9. 2016 – BStBl 2017 II S. 69),*

- *die vom Arbeitgeber übernommenen **Bußgelder**, die gegen bei ihm angestellte Fahrer wegen
  Verstoßes gegen die Lenk- und Ruhezeit verhängt worden sind (> BFH vom 14. 11. 2013 –
  BStBl 2014 II S. 278),*

- *die unentgeltliche bzw. verbilligte **Überlassung eines Dienstwagens** durch den Arbeitgeber an
  den Arbeitnehmer für dessen Privatnutzung (> BFH vom 29. 1. 2009 – BStBl 2010 II S. 1067),*

- ***Entschädigungszahlungen**, die ein Feuerwehrbeamter für rechtswidrig geleistete Mehrarbeit
  erhält (> BFH vom 14. 6. 2016 – BStBl II S. 901),*

- *der **Forderungsverzicht** eines Gesellschafters einer Kapitalgesellschaft auf eine erdiente und
  werthaltige Pensionsanwartschaft in Höhe des Teilwerts, soweit mit dem Verzicht eine verdeckte Einlage erbracht wird (> BFH vom 9. 6. 1997 – BStBl 1998 II S. 307 und BFH vom
  23. 8. 2017 – BStBl 2018 II S. 208),*

- *die vom Arbeitgeber übernommenen **Geldbußen und Geldauflagen** bei nicht ganz überwiegend eigenbetrieblichem Interesse (> BFH vom 22. 7. 2008 – BStBl 2009 II S. 151),*

- *die vom Arbeitgeber übernommenen Beiträge für die Mitgliedschaft in einem **Golfclub** (> BFH
  vom 21. 3. 2013 – BStBl II S. 700); zur Abgrenzung > BFH vom 17. 7. 2014 (BStBl 2015 II S. 41),*

- *Beiträge des Arbeitgebers zu einer privaten **Gruppenkrankenversicherung**, wenn der Arbeitnehmer einen eigenen unmittelbaren und unentziehbaren Rechtsanspruch gegen den Versicherer erlangt (> BFH vom 14. 4. 2011 – BStBl II S. 767),*

- *die vom Arbeitgeber übernommenen **Kammerbeiträge** für Geschäftsführer von Wirtschafts-
  prüfungs-/Steuerberatungsgesellschaften (> BFH vom 17. 1. 2008 – BStBl II S. 378),*

- *die kostenlose, oder verbilligte Überlassung von qualitativ und preislich **hochwertiger Kleidungsstücke** durch den Arbeitgeber (> BFH vom 11. 4. 2006 – BStBl II S. 691), soweit es sich
  nicht um typische Berufskleidung handelt > R 3.31 Abs. 1; zum überwiegend eigenbetrieblichen Interesse bei Überlassung einheitlicher Kleidung > BFH vom 22. 6. 2006 (BStBl II S. 915),*

- *monatliche Zahlungen nach einer Betriebsvereinbarung (Sozialplan) zum **Ausgleich der durch
  Kurzarbeit** entstehenden Nachteile (> BFH vom 20. 7. 2010 – BStBl 2011 II S. 218); Entspre-
  chendes gilt für den Zuschuss einer Beschäftigungsgesellschaft zum Transferkurzarbeitergeld
  (> BFH vom 12. 3. 2019 – BStBl II S. 574),*

- *die innerhalb eines Dienstverhältnisses erzielten **Liquidationseinnahmen** eines angestellten
  Chefarztes aus einem eingeräumten Liquidationsrecht für gesondert berechenbare wahlärzt-
  liche Leistungen (> BFH vom 5. 10. 2005 – BStBl 2006 II S. 94),*

- ***Lohnsteuerbeträge**, soweit sie vom Arbeitgeber übernommen werden und kein Fall des § 40
  Abs. 3 EStG vorliegt (> BFH vom 28. 2. 1992 – BStBl II S. 733). Bei den ohne entsprechende Net-
  tolohnvereinbarung übernommenen Lohnsteuerbeträgen handelt es sich um Arbeitslohn des
  Kalenderjahrs, in dem sie entrichtet worden sind und der Arbeitgeber auf den Ausgleichs-
  anspruch gegen den Arbeitnehmer verzichtet (> BFH vom 29. 10. 1993 – BStBl 1994 II S. 197).
  Entsprechendes gilt für übernommene Kirchensteuerbeträge, sowie für vom Arbeitgeber zu
  Unrecht angemeldete und an das Finanzamt endgültig abgeführte Lohnsteuerbeträge (> BFH
  vom 17. 6. 2009 – BStBl 2010 II S. 72),*

- *vom Arbeitgeber **nachträglich** an das Finanzamt **abgeführte Lohnsteuer** für zunächst als steuerfrei behandelten Arbeitslohn (> BFH vom 29. 11. 2000 – BStBl 2001 II S. 195),*

- *freiwillige Zahlungen von Notaren an **Notarassessoren** für deren Vertretungstätigkeit (> BFH
  vom 10. 3. 2015 – BStBl II S. 767),*

- *von einem Dritten verliehene **Preise**, die den Charakter eines leistungsbezogenen Entgelts haben und nicht eine Ehrung der Persönlichkeit des Preisträgers darstellen (> BFH vom
  23. 4. 2009 – BStBl II S. 668),*

- *die vom Arbeitgeber übernommenen Kosten einer **Regenerationskur**; keine Aufteilung einer einheitlich zu beurteilenden Zuwendung (> BFH vom 11. 3. 2010 – BStBl II S. 763),*
- *geldwerte Vorteile anlässlich von **Reisen** (> H 19.7),*
- ***Zuschüsse**, die eine AG Vorstandsmitgliedern zur freiwilligen **Weiterversicherung** in der gesetzlichen **Rentenversicherung** oder einem **Versorgungswerk** gewährt (> BFH vom 24. 9. 2013 – BStBl 2014 II S. 124),*
- *Überschüsse aus dem **Rückverkauf** der vom Arbeitgeber erworbenen **Genussrechte**, wenn der Arbeitnehmer sie nur an den Arbeitgeber veräußern kann (> BFH vom 5. 11. 2013 – BStBl 2014 II S. 275),*
- ***Sachbezüge**, soweit sie zu geldwerten Vorteilen des Arbeitnehmers aus seinem Dienstverhältnis führen (> R 8.1 und 8.2),*
- *der **Erlass einer Schadensersatzforderung** des Arbeitgebers (> BFH vom 27. 3. 1992 – BStBl II S. 837), siehe auch H 8.1 (9–10) „Verzicht auf Schadensersatz",*
- *Aufwendungen des Arbeitgebers für eine „**Sensibilisierungswoche**" der Arbeitnehmer (> BFH vom 21. 11. 2018 – BStBl 2019 II S. 404),*
- *Aufwendungen des Arbeitgebers für **Sicherheitsmaßnahmen** bei abstrakter berufsbedingter Gefährdung (> BFH vom 5. 4. 2006 – BStBl II S. 541); > aber BMF vom 30. 6. 1997 (BStBl I S. 696),*
- *vom Arbeitgeber übernommene **Steuerberatungskosten** > BMF vom 22. 4. 2020 (BStBl I S. 483), Rdnr. 303; anders bei Steuerberatungskosten im Rahmen einer Nettolohnvereinbarung > BMF vom 22. 4. 2020 (BStBl I S. 483), Rdnr. 303a,*
- ***Surrogatleistungen** des Arbeitgebers auf Grund des Wegfalls von Ansprüchen im Rahmen der betrieblichen Altersversorgung (> BFH vom 7. 5. 2009 – BStBl 2010 II S. 130),*
- *die vom Arbeitgeber übernommenen festen und laufenden Kosten für einen **Telefonanschluss** in der Wohnung des Arbeitnehmers oder für ein **Mobiltelefon,** soweit kein betriebliches Gerät genutzt wird (> R 3.45), es sich nicht um Auslagenersatz nach R 3.50 handelt und die Telefonkosten nicht zu den Reisenebenkosten (> R 9.8), Umzugskosten (> R 9.9) oder Mehraufwendungen wegen doppelter Haushaltsführung (> R 9.11) gehören,*
- *die Nutzung vom Arbeitgeber gemieteter **Tennis- und Squashplätze** (> BFH vom 27. 9. 1996 – BStBl 1997 II S. 146),*
- ***Umlagezahlungen** des Arbeitgebers an die Versorgungsanstalt des Bundes und der Länder (> BFH vom 7. 5. 2009 – BStBl 2010 II S. 194),*
- *ggf. Beiträge für eine und Leistungen aus einer **Unfallversicherung** (> BMF vom 28. 10. 2009 – BStBl I S. 1275),*
- *Leistungen aus **Unterstützungskassen** (> BFH vom 28. 3. 1958 – BStBl III S. 268), soweit sie nicht nach R 11 Abs. 2 steuerfrei sind,*
- ***Vermittlungsprovisionen** (> R 19.4),*
- ***Verzinsungen von Genussrechten,** wenn die Höhe der Verzinsung völlig unbestimmt ist und von einem aus Arbeitgeber und einem Vertreter der Arbeitnehmer bestehenden Partnerschaftsausschuss bestimmt wird (> BFH vom 21. 10. 2014 – BStBl 2015 II S. 593),*
- *Ausgleichszahlungen, die der Arbeitnehmer für seine in der Arbeitsphase erbrachten **Vorleistungen** erhält, wenn ein im Blockmodell geführtes Altersteilzeitarbeitsverhältnis vor Ablauf der vertraglich vereinbarten Zeit beendet wird (> BFH vom 15. 12. 2011 – BStBl 2012 II S. 415).*

Nicht zum Arbeitslohn gehören

- ***Aufmerksamkeiten** (> R 19.6),*
- ***Arbeitnehmeranteile am Gesamtsozialversicherungsbeitrag,** die der Arbeitgeber wegen der gesetzlichen Beitragslastverschiebung nachzuentrichten und zu übernehmen hat (§ 3 Nr. 62*

EStG), es sei denn, dass Arbeitgeber und Arbeitnehmer eine Nettolohnvereinbarung getroffen haben oder der Arbeitgeber zwecks Steuer- und Beitragshinterziehung die Unmöglichkeit einer späteren Rückbelastung beim Arbeitnehmer bewusst in Kauf genommen hat (> BFH vom 29. 10. 1993 – BStBl 1994 II S. 194 und vom 13. 9. 2007 – BStBl 2008 II S. 58),

– *Beiträge zur eigenen **Berufshaftpflichtversicherung** des Arbeitgebers (> BFH vom 19. 11. 2015 – BStBl 2016 II S. 301 zur Betriebshaftpflichtversicherung eines Krankenhauses, > BFH vom 19. 11. 2015 – BStBl 2016 II S. 303 zur Berufshaftpflichtversicherung einer Rechtsanwalts-GmbH und > BFH vom 10. 3. 2016 – BStBl II S. 621 zur Berufshaftpflichtversicherung einer Rechtsanwalts-GbR),*

– *Beiträge des Bundes nach **§ 15 FELEG** (> BFH vom 14. 4. 2005 – BStBl II S. 569),*

– ***Fort- oder Weiterbildungsleistungen** (> R 19.7),*

– ***Gestellung einheitlicher,** während der Arbeitszeit zu tragender bürgerlicher **Kleidung,** wenn das eigenbetriebliche Interesse des Arbeitgebers im Vordergrund steht bzw. kein geldwerter Vorteil des Arbeitnehmers anzunehmen ist (> BFH vom 22. 6. 2006 – BStBl II S. 915); zur Überlassung hochwertiger Kleidung > BFH vom 11. 4. 2006 (BStBl II S. 691),*

– ***Leistungen zur Verbesserung der Arbeitsbedingungen,** z. B. die Bereitstellung von Aufenthalts- und Erholungsräumen sowie von betriebseigenen Dusch- und Badeanlagen; sie werden der Belegschaft als Gesamtheit und damit in überwiegendem betrieblichen Interesse zugewendet (> BFH vom 25. 7. 1986 – BStBl II S. 868),*

– ***Maßnahmen** des Arbeitgebers zur Vorbeugung spezifisch berufsbedingter Beeinträchtigungen der **Gesundheit,** wenn die Notwendigkeit der Maßnahmen zur Verhinderung krankheitsbedingter Arbeitsausfälle durch Auskünfte des medizinischen Dienstes einer Krankenkasse bzw. Berufsgenossenschaft oder durch Sachverständigengutachten bestätigt wird (> BFH vom 30. 5. 2001 – BStBl II S. 671),*

– ***Mietzahlungen** des Arbeitgebers für ein im Haus bzw. in der Wohnung des Arbeitnehmers gelegenes Arbeitszimmer, das der Arbeitnehmer für die Erbringung seiner Arbeitsleistung nutzt, wenn die Nutzung des Arbeitszimmers in vorrangigem Interesse des Arbeitgebers erfolgt (> BMF vom 18. 4. 2019 – BStBl I S. 461),*

– ***Nutzungsentgelt** für eine dem Arbeitgeber überlassene eigene **Garage,** in der ein Dienstwagen untergestellt wird (> BFH vom 7. 6. 2002 – BStBl II S. 829),*

– ***Rabatte,** die der Arbeitgeber nicht nur seinen Arbeitnehmern, sondern **auch fremden Dritten** üblicherweise einräumt (> BFH vom 26. 7. 2012 – BStBl 2013 II S. 402 zu Mitarbeiterrabatten in der Automobilbranche und BFH vom 10. 4. 2014 – BStBl 2015 II S. 191 zu Rabatten beim Abschluss von Versicherungsverträgen),*

– ***übliche Sachleistungen** des Arbeitgebers anlässlich einer betrieblichen Veranstaltung im Zusammenhang mit einem runden Geburtstag des Arbeitnehmers im Rahmen des R 19.3 Abs. 2 Nr. 4 LStR; zur Abgrenzung einer betrieblichen Veranstaltung von einem privaten Fest des Arbeitnehmers > BFH vom 28. 1. 2003 (BStBl II S. 724),*

– ***Schadensersatzleistungen,** soweit der Arbeitgeber zur Leistung gesetzlich verpflichtet ist, oder soweit der Arbeitgeber einen zivilrechtlichen Schadensersatzanspruch des Arbeitnehmers wegen schuldhafter Verletzung arbeitsvertraglicher Fürsorgepflichten erfüllt (> BFH vom 20. 9. 1996 – BStBl 1997 II S. 144 und BFH vom 25. 4. 2018 – BStBl II S. 600); zur Aufteilung einer einheitlichen Zahlung in Arbeitslohn und Schadensersatz > BFH vom 9. 1. 2018 (BStBl II S. 582),*

– ***Steuerberatungskosten,** die der Arbeitgeber, der mit dem Arbeitnehmer unter Abtretung der Steuererstattungsansprüche eine Nettolohnvereinbarung abgeschlossen hat, für die Erstellung der Einkommensteuererklärungen des Arbeitnehmers übernimmt (> BMF vom 22. 4. 2020 – BStBl I S. 483, Rdnr. 303a f.),*

– **Vergütungen eines Sportvereins an Amateursportler,** wenn die Vergütungen, die mit der Tätigkeit zusammenhängenden Aufwendungen nur unwesentlich übersteigen (> BFH vom 23. 10. 1992 – BStBl 1993 II S. 303),

– **Vergütungen für Sanitätshelfer des DRK,** wenn sie als pauschale Erstattung der Selbstkosten beurteilt werden können, weil sie die durch die ehrenamtliche Tätigkeit veranlassten Aufwendungen regelmäßig nur unwesentlich übersteigen (> BFH vom 4. 8. 1994 – BStBl II S. 944),

– vom Arbeitnehmer **veruntreute Beträge** (> BFH vom 13. 11. 2012 – BStBl 2013 II S. 929),

– vom Arbeitgeber gezahlte Verwarnungsgelder, die er gem. § 56 Abs. 1 Satz 1 OWiG (Halterhaftung) als eigene Schuld leistet (> BFH vom 13. 8. 2020 – BStBl 2021 II S. 103),

– **Vorsorgeuntersuchungen leitender Angesteller**

> BFH vom 17. 9. 1982 (BStBl 1983 II S. 39),

– **Zuwendungen aus persönlichem Anlass** (> R 19.6).

Steuerfrei sind

– die Leistungen nach dem **AltTZG** nach § 3 Nr. 28 EStG (> R 3.28),

– **Aufwandsentschädigungen** nach § 3 Nr. 12 (> R 3.12) und Einnahmen bis zum Höchstbetrag nach § 3 Nr. 26 und 26a EStG (> R 3.26),

– durchlaufende Gelder und **Auslagenersatz** nach § 3 Nr. 50 EStG (> R 3.50),

– **Beihilfen und Unterstützungen,** die wegen Hilfsbedürftigkeit gewährt werden nach § 3 Nr. 11 EStG (> R 3.11),

– der Wert der unentgeltlich oder verbilligt überlassenen **Berufskleidung** sowie die Barablösung des Anspruchs auf Gestellung typischer Berufskleidung nach § 3 Nr. 31 EStG (> R 3.31),

– die Erstattung von Mehraufwendungen bei **doppelter Haushaltsführung** nach § 3 Nr. 13 und 16 EStG (> R 3.13, 3.16 und 9.11),

– **Arbeitgeberleistungen für Fahrten i. S. d. § 3 Nr. 15 EStG,**

– **Fürsorgeleistungen** des Arbeitgebers zur besseren Vereinbarkeit von Familie und Beruf nach § 3 Nr. 34a EStG,

– die Maßnahmen der **Gesundheitsförderung** bis zum Höchstbetrag nach § 3 Nr. 34 EStG,

– der **Kaufkraftausgleich** nach § 3 Nr. 64 EStG (> R 3.64),

– Leistungen des Arbeitgebers für die Unterbringung und Betreuung von nicht schulpflichtigen **Kindern** nach § 3 Nr. 33 EStG (> R 3.33),

– der Ersatz von **Reisekosten** nach § 3 Nr. 13 und 16 EStG (> R 3.13, 3.16 und 9.4 bis 9.8),

– die betrieblich notwendige **Sammelbeförderung** des Arbeitnehmers nach § 3 Nr. 32 EStG (> R 3.32),

– **Studienbeihilfen und Stipendien** nach § 3 Nr. 11 und 44 EStG (> R 4.1 und R 3.44 EStR),

– vom Arbeitgeber nach R 3.50 Abs. 2 ersetzte Aufwendungen für **Telekommunikation,**

– geldwerte Vorteile aus der privaten Nutzung betrieblicher Personalcomputer und **Datenverarbeitungsgeräte** nach § 3 Nr. 45 EStG (> R 3.45),

– **Trinkgelder** nach § 3 Nr. 51 EStG,

– der Ersatz von **Umzugskosten** nach § 3 Nr. 13 und 16 EStG (> R 3.13, 3.16 und 9.9),

– der Ersatz von **Unterkunftskosten** sowie die unentgeltliche oder teilentgeltliche Überlassung einer Unterkunft nach
§ 3 Nr. 13 EStG (> R 3.13),
§ 3 Nr. 16 EStG (> R 9.7 und 9.11),

- *der Ersatz von* **Verpflegungskosten** *nach*
  § 3 Nr. 4 Buchstabe c EStG (> R 3.4),
  § 3 Nr. 12 EStG (> R 3.12),
  § 3 Nr. 13 EStG (> R 3.13),
  § 3 Nr. 16 EStG (> R 9.6 und 9.11),
  § 3 Nr. 26 EStG (> R 3.26),
- **Werkzeuggeld** *nach § 3 Nr. 30 EStG (> R 3.30),*
- **Zukunftssicherungsleistungen** *des Arbeitgebers' auf Grund gesetzlicher Verpflichtungen und gleichgestellte Zuschüsse nach § 3 Nr. 62 EStG (> § 2 Abs. 2 Nr. 3 LStDV und R 3.62),*
- **Zuschläge** *für Sonntags-, Feiertags- oder Nachtarbeit nach § 3b EStG (> R 3b).*

...

LStR   **R 19.4 Vermittlungsprovisionen**

(1) ¹Erhalten Arbeitnehmer von ihren Arbeitgebern Vermittlungsprovisionen, sind diese Arbeitslohn. ²...

(2) ...

 Hinweise   LStH   H 19.4

...

LStR   **R 19.5 Zuwendungen bei Betriebsveranstaltungen**

– unbesetzt –

 Hinweise   LStH   H 19.5

Allgemeines
> *BMF vom 14. 10. 2015 (BStBl I S. 832)*

Einfügung d. Schriftl.:

BMF-Schreiben vom 14. 10. 2015 – BStBl I S. 832

Lohn- und umsatzsteuerliche Behandlung von Betriebsveranstaltungen; Rechtslage nach dem „Gesetz zur Anpassung der Abgabenordnung an den Zollkodex der Union und zur Änderung weiterer steuerlicher Vorschriften"

Mit dem Gesetz zur Anpassung der Abgabenordnung an den Zollkodex der Union und zur Änderung weiterer steuerlicher Vorschriften vom 22. Dezember 2014 (BGBl I S. 2417, BStBl 2015 I S. 58) wurde die Besteuerung von Zuwendungen an Arbeitnehmer im Rahmen von Betriebsveranstaltungen gesetzlich geregelt. Unter Bezugnahme auf das Ergebnis der Erörterungen mit den obersten Finanzbehörden der Länder gelten bei der Anwendung des am 1. Januar 2015 in Kraft getretenen § 19 Absatz 1 Satz 1 Nummer 1a EStG die folgenden Grundsätze:

1. Begriff der Betriebsveranstaltung

Betriebsveranstaltungen sind Veranstaltungen auf betrieblicher Ebene mit gesellschaftlichem Charakter, z. B. Betriebsausflüge, Weihnachtsfeiern, Jubiläumsfeiern. Ob die Veranstaltung vom Arbeitgeber, Betriebsrat oder Personalrat durchgeführt wird, ist unerheblich. Eine Betriebsveranstaltung liegt nur vor, wenn der Teilnehmerkreis sich überwiegend aus Betriebsangehörigen, deren Begleitpersonen und gegebenenfalls Leiharbeitnehmern oder Arbeitnehmern anderer Unternehmen im Konzernverbund zusammensetzt.

Die Ehrung eines einzelnen Jubilars oder eines einzelnen Arbeitnehmers z. B. bei dessen Ausscheiden aus dem Betrieb, auch unter Beteiligung weiterer Arbeitnehmer, ist keine Betriebsveranstaltung; zu Sachzuwendungen aus solchem Anlass vgl. R 19.3 Absatz 2 Nummer 3 und 4 LStR. Auch ein so genanntes Arbeitsessen (R 19.6 Absatz 2 LStR) ist keine Betriebsveranstaltung.

Erfüllt eine Veranstaltung des Arbeitgebers nicht den Begriff der Betriebsveranstaltung, ist nach allgemeinen Grundsätzen zu prüfen, ob es sich bei geldwerten Vorteilen, die der Arbeitgeber seinen Arbeitnehmern im Rahmen dieser Veranstaltung gewährt, um Arbeitslohn nach § 19 EStG handelt.

2. Begriff der Zuwendung

Zuwendungen anlässlich einer Betriebsveranstaltung sind alle Aufwendungen des Arbeitgebers einschließlich Umsatzsteuer unabhängig davon, ob sie einzelnen Arbeitnehmern individuell zurechenbar sind oder ob es sich um einen rechnerischen Anteil an den Kosten der Betriebsveranstaltung handelt, die der Arbeitgeber gegenüber Dritten für den äußeren Rahmen der Betriebsveranstaltung aufwendet[1].

Zuwendungen anlässlich einer Betriebsveranstaltung sind insbesondere:

a) Speisen, Getränke, Tabakwaren und Süßigkeiten,

b) die Übernahme von Übernachtungs- und Fahrtkosten (siehe auch Tz. 6),

c) Musik, künstlerische Darbietungen sowie Eintrittskarten für kulturelle und sportliche Veranstaltungen, wenn sich die Veranstaltung nicht im Besuch der kulturellen oder sportlichen Veranstaltung erschöpft,

d) Geschenke[2]. Dies gilt auch für die nachträgliche Überreichung der Geschenke an solche Arbeitnehmer, die aus betrieblichen oder persönlichen Gründen nicht an der Betriebsveranstaltung teilnehmen konnten, nicht aber für eine deswegen gewährte Barzuwendung,

e) Zuwendungen an Begleitpersonen des Arbeitnehmers,

f) Barzuwendungen, die statt der in a) bis c) genannten Sachzuwendungen gewährt werden, wenn ihre zweckentsprechende Verwendung sichergestellt ist,

g) Aufwendungen für den äußeren Rahmen, z. B. für Räume, Beleuchtung oder Eventmanager.

Als Aufwendungen für den äußeren Rahmen sind auch die Kosten zu erfassen, die nur zu einer abstrakten Bereicherung des Arbeitnehmers führen, wie z. B. Kosten für anwesende Sanitäter, für die Erfüllung behördlicher Auflagen, Stornokosten oder Trinkgelder. Keine Aufwendungen für den äußeren Rahmen nach Tz. 2 Buchstabe g) sind die rechnerischen Selbstkosten des Arbeitgebers, wie z. B. die anteiligen Kosten der Lohnbuchhaltung für die Erfassung des geldwerten Vorteils der Betriebsveranstaltung oder die anteilige AfA sowie Kosten für Energie- und Wasserverbrauch bei einer Betriebsveranstaltung in den Räumlichkeiten des Arbeitgebers.

Die gesetzliche Regelung stellt nicht darauf ab, ob es sich um übliche Zuwendungen handelt. Auch unübliche Zuwendungen, wie z. B. Geschenke, deren Wert je Arbeitnehmer 60 Euro übersteigt, oder Zuwendungen an einzelne Arbeitnehmer aus Anlass – nicht nur bei Gelegenheit – einer Betriebsveranstaltung unterfallen daher § 19 Absatz 1 Satz 1 Nummer 1a EStG.

Amtl. Fn.:

[1] Bestätigt durch BFH vom 29. 4. 2021 (BStBl II S. 606).

[2] Auszug aus dem Antwortschreiben des BMF vom 7. 12. 2016 (IV C 5 – S 2332/15/10001 – 2016/1104637) an die acht Spitzenverbände der gewerblichen Wirtschaft:
„Geschenke, deren Wert je Arbeitnehmer 60 Euro nicht übersteigt, können als Zuwendungen anlässlich einer Betriebsveranstaltung in die Bemessungsgrundlage für die Ermittlung des Freibetrags nach Tz. 4 einbezogen werden; bei Geschenken, deren Wert je Arbeitnehmer 60 Euro übersteigt, ist im Einzelfall zu prüfen, ob sie „anlässlich" oder „nur bei Gelegenheit" einer Betriebsveranstaltung zugewendet werden."

3. Arbeitnehmer

§ 19 Absatz 1 Satz 1 Nummer 1a EStG erfasst Zuwendungen des Arbeitgebers an seine aktiven Arbeitnehmer, seine ehemaligen Arbeitnehmer, Praktikanten, Referendare, ähnliche Personen sowie Begleitpersonen.

Aus Vereinfachungsgründen wird es nicht beanstandet, wenn auch Leiharbeitnehmer bei Betriebsveranstaltungen des Entleihers sowie Arbeitnehmer anderer konzernangehöriger Unternehmen einbezogen werden.

Die Anwendbarkeit der Regelung auf Leiharbeitnehmer und Arbeitnehmer anderer konzernangehöriger Unternehmen setzt voraus, dass hinsichtlich dieser Personengruppen die weiteren Voraussetzungen (Offenstehen der Betriebsveranstaltung für alle Angehörigen dieser Personengruppe) des § 19 Absatz 1 Satz 1 Nummer 1a EStG erfüllt sind.

4. Freibetrag

Soweit die unter Tz. 2 aufgeführten Zuwendungen den Betrag von 110 Euro je Betriebsveranstaltung und teilnehmendem Arbeitnehmer nicht übersteigen, gehören sie nicht zu den Einkünften aus nichtselbständiger Arbeit, wenn die Teilnahme an der Betriebsveranstaltung allen Angehörigen des Betriebs oder eines Betriebsteils offensteht. Dies gilt für bis zu zwei Betriebsveranstaltungen jährlich.

a) Berechnung des Freibetrags

Die Höhe der dem einzelnen Arbeitnehmer gewährten Zuwendungen berechnet sich wie folgt:

Alle nach der Tz. 2 zu berücksichtigenden Aufwendungen sind zu gleichen Teilen auf alle bei der Betriebsveranstaltung anwesenden Teilnehmer aufzuteilen[1]. Sodann ist der auf eine Begleitperson entfallende Anteil der Aufwendungen dem jeweiligen Arbeitnehmer zuzurechnen. Für die Begleitperson ist kein zusätzlicher Freibetrag von 110 Euro anzusetzen.

Beispiel:

Die Aufwendungen für eine Betriebsveranstaltung betragen 10.000 Euro. Der Teilnehmerkreis setzt sich aus 75 Arbeitnehmern zusammen, von denen 25 von je einer Person begleitet werden.

Die Aufwendungen sind auf 100 Personen zu verteilen, so dass auf jede Person ein geldwerter Vorteil von 100 Euro entfällt. Sodann ist der auf die Begleitperson entfallende geldwerte Vorteil dem jeweiligen Arbeitnehmer zuzurechnen. 50 Arbeitnehmer haben somit einen geldwerten Vorteil von 100 Euro, der den Freibetrag von 110 Euro nicht übersteigt und daher nicht steuerpflichtig ist. Bei 25 Arbeitnehmern beträgt der geldwerte Vorteil 200 Euro; nach Abzug des Freibetrags von 110 Euro ergibt sich für diese Arbeitnehmer ein steuerpflichtiger geldwerter Vorteil von jeweils 90 Euro.

Die 44-Euro-Freigrenze[2] des § 8 Absatz 2 Satz 11 EStG ist für Zuwendungen anlässlich von Betriebsveranstaltungen nicht anwendbar.

b) Offenstehen der Betriebsveranstaltung für alle Arbeitnehmer

Voraussetzung für die Gewährung des Freibetrags ist, dass die Betriebsveranstaltung allen Angehörigen des Betriebs oder eines Betriebsteils offensteht. Veranstaltungen, die nur für einen beschränkten Kreis der Arbeitnehmer von Interesse sind, sind nach § 19 Absatz 1 Satz 1 Nummer 1a Satz 3 EStG begünstigte Betriebsveranstaltungen, wenn sich die Begrenzung des Teilnehmerkreises nicht als eine Bevorzugung bestimmter Arbeitnehmergruppen darstellt. Als begünstigte Betriebsveranstaltungen sind deshalb auch solche Veranstaltungen anzuerkennen, die z. B.

- jeweils nur für eine Organisationseinheit des Betriebs, z. B. Abteilung, durchgeführt werden, wenn alle Arbeitnehmer dieser Organisationseinheit an der Veranstaltung teilnehmen können,
- nur für alle im Ruhestand befindlichen früheren Arbeitnehmer des Unternehmens veranstaltet werden (Pensionärstreffen),
- nur für solche Arbeitnehmer durchgeführt werden, die bereits im Unternehmen ein rundes (10-, 20-, 25-, 30-, 40-, 50-, 60-jähriges) Arbeitnehmerjubiläum gefeiert haben oder i. V. m. der Betriebsveranstaltung feiern (Jubilarfeiern). Dabei ist es unschädlich, wenn neben den Jubilaren auch ein be-

---

Amtl. Fn.:

[1] Bestätigt durch BFH vom 29. 4. 2021 (BStBl II S. 606).
[2] Die Sachbezugsfreigrenze wurde zum 1. 1. 2022 auf 50 € erhöht.

grenzter Kreis anderer Arbeitnehmer, wie z. B. die engeren Mitarbeiter und Abteilungsleiter des Jubilars, Betriebsrats-/Personalratsvertreter oder auch die Familienangehörigen des Jubilars eingeladen werden. Der Annahme eines 40-, 50- oder 60-jährigen Arbeitnehmerjubiläums steht nicht entgegen, wenn die Jubilarfeier zu einem Zeitpunkt stattfindet, der höchstens fünf Jahre vor den bezeichneten Jubiläumsdienstzeiten liegt.

c) Freibetrag für maximal zwei Betriebsveranstaltungen jährlich

Der Freibetrag gilt für bis zu zwei Betriebsveranstaltungen jährlich. Nimmt der Arbeitnehmer an mehr als zwei Betriebsveranstaltungen teil, können die beiden Veranstaltungen, für die der Freibetrag gelten soll, ausgewählt werden. Dient die Teilnahme eines Arbeitnehmers an einer Betriebsveranstaltung der Erfüllung beruflicher Aufgaben, z. B. wenn der Personalchef oder Betriebsrats-/Personalratsmitglieder die Veranstaltungen mehrerer Abteilungen besuchen, ist der auf diesen Arbeitnehmer entfallende Anteil an den Gesamtaufwendungen kein Arbeitslohn.

5. Besteuerung der Zuwendungen

Für die Erhebung der Lohnsteuer gelten die allgemeinen Vorschriften; § 40 Absatz 2 EStG ist anwendbar. Das gilt für alle steuerpflichtigen Zuwendungen an Arbeitnehmer aus Anlass – nicht nur bei Gelegenheit – einer Betriebsveranstaltung.

Arbeitslohn aus Anlass von Betriebsveranstaltungen i. S. der Tz. 4 Buchstabe b kann mit 25 % pauschal besteuert werden (§ 40 Absatz 2 Satz 1 Nummer 2 EStG). Eine solche Pauschalierung der Lohnsteuer kommt von vornherein nicht in Betracht, wenn es sich bei der Veranstaltung nicht um eine Betriebsveranstaltung im Sinne der Tz. 1 handelt.

R 40.2 Absatz 1 Nummer 2 LStR ist ab dem Jahr 2015 insoweit überholt, als dort eine gesonderte Pauschalierung der Lohnsteuer bei nicht üblichen Zuwendungen vorgesehen ist. Auch nicht übliche Zuwendungen gehören zu den maßgebenden Gesamtkosten einer Betriebsveranstaltung.

Zuwendungen aus Anlass von Betriebsveranstaltungen an Arbeitnehmer von anderen Unternehmen im Konzernverbund sowie an Leiharbeitnehmer durch den Entleiher können wahlweise vom Zuwendenden oder vom Arbeitgeber versteuert werden. § 40 Absatz 2 Satz 1 Nummer 2 EStG ist auch insoweit anwendbar. Wendet der Zuwendende die Freibetragsregelung an, hat sich der Zuwendende beim Arbeitgeber zu vergewissern, dass für den Arbeitnehmer die unter Tz. 4 Buchstabe c) dieses Schreibens dargestellten Voraussetzungen erfüllt sind.

6. Reisekosten

Reisekosten liegen ausnahmsweise vor, wenn die Betriebsveranstaltung außerhalb der ersten Tätigkeitsstätte des Arbeitnehmers stattfindet, die Anreise der Teilnahme an der Veranstaltung dient und die Organisation dem Arbeitnehmer obliegt. Steuerfreie Erstattungen durch den Arbeitgeber sind nach den Grundsätzen des § 3 Nummer 13 oder 16 EStG zulässig.

Beispiel 1:

Arbeitgeber A veranstaltet einen Betriebsausflug. Mitarbeiter, die an einem anderen Standort tätig sind, reisen für den Betriebsausflug zunächst zur Unternehmenszentrale an. Diese Fahrtkosten – sowie ggf. im Zusammenhang mit der An- und Abreise entstehende Verpflegungspauschalen und Übernachtungskosten – gehören nicht zu den Zuwendungen anlässlich der Betriebsveranstaltung, sondern können als Reisekosten vom Arbeitgeber steuerfrei erstattet werden.

Beispiel 2:

Arbeitgeber A veranstaltet einen Betriebsausflug. Für die Fahrt vom Unternehmen zum Ausflugsziel organisiert er eine gemeinsame Busfahrt. Die Kosten hierfür zählen zu den Zuwendungen anlässlich der Betriebsveranstaltung.

Beispiel 3:

Der Betriebsausflug beginnt mit einer ganztägigen Fahrt auf einem Fahrgastschiff. Am nächsten Tag wird die Betriebsveranstaltung am Zielort fortgesetzt. Sowohl die übernommenen Fahrtkosten als auch die Übernachtungskosten gehören zu den Zuwendungen anlässlich der Betriebsveranstaltung.

7. Auswirkungen der gesetzlichen Änderung auf die Umsatzsteuer

Die gesetzlichen Änderungen, insbesondere die Ersetzung der bisherigen lohnsteuerlichen Freigrenze durch einen Freibetrag, haben grundsätzlich keine Auswirkungen auf die umsatzsteuerrechtlichen Regelungen.

Ob eine Betriebsveranstaltung vorliegt und wie die Kosten, die auf den einzelnen Arbeitnehmer entfallen, zu berechnen sind, bestimmt sich nach den o. g. lohnsteuerrechtlichen Grundsätzen.

Von einer überwiegend durch das unternehmerische Interesse des Arbeitgebers veranlassten, üblichen Zuwendung ist umsatzsteuerrechtlich im Regelfall auszugehen, wenn der Betrag je Arbeitnehmer und Betriebsveranstaltung 110 € einschließlich Umsatzsteuer, nicht überschreitet. Übersteigt dagegen der Betrag, der auf den einzelnen Arbeitnehmer entfällt, pro Veranstaltung die Grenze von 110 € einschließlich Umsatzsteuer, ist von einer überwiegend durch den privaten Bedarf des Arbeitnehmers veranlassten unentgeltlichen Zuwendung auszugehen.

Durch die LStÄR 2015 vom 22. Oktober 2014, BStBl I S. 1344, wurde die sog. Aufmerksamkeitsgrenze auf 60 € erhöht. Zur Wahrung einer einheitlichen Rechtsanwendung wird dieser Betrag auch in Abschnitt 1.8 Absatz 3 Satz 2 UStAE übernommen.

Unter Bezugnahme auf das Ergebnis der Erörterungen mit den obersten Finanzbehörden der Länder wird der Umsatzsteuer-Anwendungserlass (UStAE) vom 1. Oktober 2010, BStBl I S. 846, der zuletzt durch das BMF-Schreiben vom 7. Oktober 2015 – III C 2 – S 7282/13/10001 (2015/0874602) –, BStBl I S. 782, geändert worden ist, wie folgt geändert:

1. Abschnitt 1.8 wird wie folgt geändert:

    a) In Absatz 3 Satz 2 UStAE wird die Betragsangabe „40 €" durch die Betragsangabe „**60 €**" ersetzt.

    b) In Absatz 4 Satz 3 Nr. 6 Satz 4 UStAE wird der Klammerzusatz gestrichen.

2. In Abschnitt 15.15 Abs. 2 wird das Beispiel 3 wie folgt gefasst:

    „Beispiel 3 **❶**:

    [1]Unternehmer U mit zur Hälfte steuerfreien, den Vorsteuerabzug ausschließenden Ausgangsumsätzen bezieht Leistungen für die Durchführung eines Betriebsausfluges. [2]Die Kosten pro Arbeitnehmer betragen

    a) **80 €**

    b) 200 €

    Zu a)

    [1]Die Aufwendungen für den Betriebsausflug stellen Aufmerksamkeiten dar, weil sie **den Betrag** von 110 € nicht übersteigen (vgl. **Abschnitt 1.8 Abs. 4 Satz 3 Nr. 6**). [2]Da die Überlassung dieser Aufmerksamkeiten keinen Wertabgabentatbestand erfüllt, fehlt es an einem steuerbaren Ausgangsumsatz, dem die Leistungsbezüge direkt und unmittelbar zugeordnet werden können. [3]Für den Vorsteuerabzug ist deshalb die Gesamttätigkeit des U maßgeblich. [4]U kann daher die Hälfte der Aufwendungen als Vorsteuer abziehen.

    Zu b)

    [1]Die Aufwendungen für den Betriebsausflug stellen **grundsätzlich** keine Aufmerksamkeiten dar, weil sie **den Betrag von 110 €** übersteigen (**vgl. Abschnitt 1.8 Abs. 4 Satz 3 Nr. 6**). [2]Es liegt eine Mitveranlassung durch die Privatsphäre der Arbeitnehmer vor. [3]Bei Überschreiten **des Betrags** von 110 € besteht für U kein Anspruch auf Vorsteuerabzug, sofern die Verwendung bereits bei Leistungsbezug beabsichtigt ist. [4]Dementsprechend unterbleibt eine Wertabgabenbesteuerung. [5]Maßgeblich ist hierfür, dass sich ein Leistungsbezug zur Entnahme für unternehmensfremde Privatzwecke und ein Leistungsbezug für das Unternehmen gegenseitig ausschließen. [6]Der nur mittelbar verfolgte Zweck, das Betriebsklima zu fördern, ändert hieran nichts (vgl. BFH-Urteil vom 9. 12. 2010, V R 17/10, BStBl 2012 II S. 53)."

Amtl. Fn.:

❶ Geändert durch BMF vom 17. 12. 2021 (BStBl I S. 2504).

8. Zeitliche Anwendung

Dieses Schreiben gilt im Hinblick auf die lohn- und einkommensteuerlichen Regelungen für alle nach dem 31. Dezember 2014 endenden Lohnzahlungszeiträume sowie für nach dem 31. Dezember 2014 beginnende Veranlagungszeiträume. R 19.5 LStR 2015 ist für diese Zeiträume nicht mehr anzuwenden.

Die Grundsätze dieses Schreibens gelten für die Umsatzbesteuerung von Sachzuwendungen und Betriebsveranstaltungen, die nach dem 31. Dezember 2014 ausgeführt wurden. Aus Vereinfachungsgründen ist es nicht zu beanstanden, wenn die Grundsätze dieses Schreibens erst auf die Umsatzbesteuerung von Sachzuwendungen und Betriebsveranstaltungen angewendet werden, die ab dem Tag nach der Veröffentlichung des Schreibens im Bundessteuerblatt I[1] ausgeführt werden.

Gemischt veranlasste Veranstaltung

Sachzuwendungen an Arbeitnehmer anlässlich einer Veranstaltung, die sowohl Elemente einer Betriebsveranstaltung als auch einer sonstigen betrieblichen Veranstaltung enthält, sind grundsätzlich aufzuteilen (> BFH vom 16. 11. 2005 – BStBl 2006 II S. 444 und vom 30. 4. 2009 – BStBl II S. 726).

Incentive-Reisen

Incentive-Reisen, die der Arbeitgeber veranstaltet, um bestimmte Arbeitnehmer für besondere Leistungen zu entlohnen und zu weiteren Leistungen zu motivieren, sind keine Betriebsveranstaltungen (> BFH vom 9. 3. 1990 – BStBl II S. 711).

Verlosungsgewinne

Gewinne aus einer Verlosung, die gelegentlich einer Betriebsveranstaltung durchgeführt wurde, gehören zum Arbeislohn, wenn an der Verlosung nicht alle an der Betriebsveranstaltung teilnehmenden Arbeitnehmer beteiligt werden, sondern die Verlosung nur einem bestimmten, herausgehobenen Personenkreis vorbehalten ist (> BFH vom 25. 11. 1993 – BStBl 1994 II S. 254).

Zuschuss

Beispiel:

Die Arbeitnehmer organisieren als einzige Betriebsveranstaltung in diesem Jahr ein Sommerfest, an dem 100 Arbeitnehmer teilnehmen; der Arbeitgeber zahlt dafür als Zuschuss 10.000 € in die Gemeinschaftskasse der Arbeitnehmer ein. Bei einer Verteilung des Zuschuses ergibt sich ein Pro-Kopf-Anteil von 100 €, der nach § 19 Abs. 1 Satz 1 Satz 1a Nr. 3 EStG nicht zu versteuern ist (> BFH vom 16. 11. 2005 – BStBl 2006 II S. 437).

LStR　　　R 19.6　Aufmerksamkeiten

(1) [1]Sachleistungen des Arbeitgebers, die auch im gesellschaftlichen Verkehr üblicherweise ausgetauscht werden und zu keiner ins Gewicht fallenden Bereicherung der Arbeitnehmer führen, gehören als bloße Aufmerksamkeiten nicht zum Arbeitslohn. [2]Aufmerksamkeiten sind Sachzuwendungen bis zu einem Wert von 60 €, z. B. Blumen, Genussmittel, ein Buch oder ein Tonträger, die dem Arbeitnehmer oder in seinem Haushalt lebenden Angehörigen aus Anlass eines besonderen persönlichen Ereignisses zugewendet werden. [3]Geldzuwendungen gehören stets zum Arbeitslohn, auch wenn ihr Wert gering ist.

(2) [1]Als Aufmerksamkeiten gehören auch Getränke und Genussmittel, die der Arbeitgeber den Arbeitnehmern zum Verzehr im Betrieb unentgeltlich oder teilentgeltlich überlässt, nicht zum

---

Amtl. Fn.:

[1] Veröffentlichung erfolgte am 9. 11. 2015.

Arbeitslohn. ²Dasselbe gilt für Speisen, die der Arbeitgeber den Arbeitnehmern anlässlich und während eines außergewöhnlichen Arbeitseinsatzes, z. B. während einer außergewöhnlichen betrieblichen Besprechung oder Sitzung, im ganz überwiegenden betrieblichen Interesse an einer günstigen Gestaltung des Arbeitsablaufs unentgeltlich oder teilentgeltlich überlässt und deren Wert 60 € nicht überschreitet.

Hinweise LStH H 19.6

Bewirtung von Arbeitnehmern

- *Zur Gewichtung des Arbeitgeberinteresses an der Überlassung von Speisen und Getränken anlässlich und während eines außergewöhnlichen Arbeitseinsatzes (> BFH vom 5. 5. 1994 – BStBl II S. 771).*

- *Ein mit einer gewissen Regelmäßigkeit stattfindendes Arbeitsessen in einer Gaststätte am Sitz des Unternehmens führt bei den teilnehmenden Arbeitnehmern zu einem Zufluss von Arbeitslohn (> BFH vom 4. 8. 1994 – BStBl 1995 II S. 59).*

- *Zur Erfassung und Bewertung von Mahlzeiten, die der Arbeitgeber oder auf dessen Veranlassung ein Dritter aus besonderem Anlass an Arbeitnehmer abgibt (> R 8.1 Abs. 8).*

- *Die Verpflegung der Besatzungsmitglieder an Bord eines Flusskreuzfahrtschiffes ist dann kein Arbeitslohn, wenn das eigenbetriebliche Interesse des Arbeitgebers an einer Gemeinschaftsverpflegung wegen besonderer betrieblicher Abläufe den Vorteil der Arbeitnehmer bei weitem überwiegt (> BFH vom 21. 1. 2010 – BStBl II S. 700).*

- *Stellt der Arbeitgeber seinen Arbeitnehmern unbelegte Backwaren nebst Heißgetränken zum sofortigen Verzehr im Betrieb bereit, handelt es sich bei den zugewandten Vorteilen grundsätzlich um nicht steuerbare Aufmerksamkeiten (> BFH vom 3. 7. 2019 – BStBl 2020 II S. 788).*

Gelegenheitsgeschenke

...

LStR R 19.7 Berufliche Fort- oder Weiterbildungsleistungen des Arbeitgebers

(1) ¹Berufliche Fort- oder Weiterbildungsleistungen des Arbeitgebers führen nicht zu Arbeitslohn, wenn diese Bildungsmaßnahmen im ganz überwiegenden betrieblichen Interesse des Arbeitgebers durchgeführt werden. ²Dabei ist es gleichgültig, ob die Bildungsmaßnahmen am Arbeitsplatz, in zentralen betrieblichen Einrichtungen oder in außerbetrieblichen Einrichtungen durchgeführt werden. ³Sätze 1 und 2 gelten auch für Bildungsmaßnahmen fremder Unternehmer, die für Rechnung des Arbeitgebers erbracht werden. ⁴Ist der Arbeitnehmer Rechnungsempfänger, ist dies für ein ganz überwiegend betriebliches Interesse des Arbeitgebers unschädlich, wenn der Arbeitgeber die Übernahme bzw. den Ersatz der Aufwendungen allgemein oder für die besondere Bildungsmaßnahme vor Vertragsabschluss schriftlich zugesagt hat.

(2) ¹Bei einer Bildungsmaßnahme ist ein ganz überwiegendes betriebliches Interesse des Arbeitgebers anzunehmen, wenn sie die Einsatzfähigkeit des Arbeitnehmers im Betrieb des Arbeitgebers erhöhen soll. ²Für die Annahme eines ganz überwiegenden betrieblichen Interesses des Arbeitgebers ist nicht Voraussetzung, dass der Arbeitgeber die Teilnahme an der Bildungsmaßnahme zumindest teilweise auf die Arbeitszeit anrechnet. ³Rechnet er die Teilnahme an der Bildungsmaßnahme zumindest teilweise auf die Arbeitszeit an, ist die Prüfung weiterer Voraussetzungen eines ganz überwiegenden betrieblichen Interesses des Arbeitgebers entbehrlich, es sei denn, es liegen konkrete Anhaltspunkte für den Belohnungscharakter der Maßnahme vor.

[4]Auch sprachliche Bildungsmaßnahmen sind unter den genannten Voraussetzungen dem ganz überwiegenden betrieblichen Interesse zuzuordnen, wenn der Arbeitgeber die Sprachkenntnisse in dem für den Arbeitnehmer vorgesehenen Aufgabengebiet verlangt. [5]Von einem ganz überwiegenden betrieblichen Interesse ist auch bei dem SGB III entsprechenden Qualifikations- und Trainingsmaßnahmen auszugehen, die der Arbeitgeber oder eine zwischengeschaltete Beschäftigungsgesellschaft im Zusammenhang mit Auflösungsvereinbarungen erbringt. [6]Bildet sich der Arbeitnehmer nicht im ganz überwiegenden betrieblichen Interesse des Arbeitgebers fort, gehört der nach § 8 Abs. 2 EStG zu ermittelnde Wert der vom Arbeitgeber erbrachten Fort- oder Weiterbildungsleistung zum Arbeitslohn, der ggf. steuerfrei nach § 3 Nr. 19 EStG ist. [7]Der Arbeitnehmer kann ggf. den Wert einer beruflichen Fort- und Weiterbildung im Rahmen des § 9 Abs. 1 Satz 1 EStG als Werbungskosten (> R 9.2) oder im Rahmen des § 10 Abs. 1 Nr. 7 EStG als Sonderausgaben geltend machen.

(3) Auch wenn Fort- oder Weiterbildungsleistungen nach den vorstehenden Regelungen nicht zu Arbeitslohn führen, können die Aufwendungen des Arbeitgebers, wie z. B. Reisekosten, die neben den Kosten für die eigentliche Fort- oder Weiterbildung anfallen und durch die Teilnahme des Arbeitnehmers an der Bildungsveranstaltung veranlasst sind, nach § 3 Nr. 13, 16 EStG (> R 9.4 bis 9.8 und R 9.11) zu behandeln sein.

Hinweise   LStH   H 19.7

Deutschkurse

Berufliche Fort- oder Weiterbildungsleistungen des Arbeitgebers führen nach R 19.7 nicht zu Arbeitslohn, wenn diese Bildungsmaßnahmen im ganz überwiegenden betrieblichen Interesse des Arbeitgebers durchgeführt werden. Bei Flüchtlingen und anderen Arbeitnehmern, deren Muttersprache nicht Deutsch ist, sind Bildungsmaßnahmen zum Erwerb oder zur Verbesserung der deutschen Sprache dem ganz überwiegenden betrieblichen Interesse des Arbeitgebers zuzuordnen, wenn der Arbeitgeber die Sprachkenntnisse in dem für den Arbeitnehmer vorgesehenen Aufgabengebiet verlangt. Arbeitslohn kann bei solchen Bildungsmaßnahmen nur dann vorliegen, wenn konkrete Anhaltspunkte für den Belohnungscharakter der Maßnahme vorliegen (> BMF vom 4. 7. 2017 – BStBl I S. 882).

Incentive-Reisen

– *Veranstaltet der Arbeitgeber so genannte Incentive-Reisen, um bestimmte Arbeitnehmer für besondere Leistungen zu belohnen und zu weiteren Leistungssteigerungen zu motivieren, so erhalten die Arbeitnehmer damit einen steuerpflichtigen geldwerten Vorteil, wenn auf den Reisen ein Besichtigungsprogramm angeboten wird, das einschlägigen Touristikreisen entspricht, und der Erfahrungsaustausch zwischen den Arbeitnehmern demgegenüber zurücktritt (> BFH vom 9. 3. 1990 – BStBl II S. 711).*

– *Ein geldwerter Vorteil entsteht nicht, wenn die Betreuungsaufgaben das Eigeninteresse des Arbeitnehmers an der Teilnahme des touristischen Programms in den Hintergrund treten lassen (> BFH vom 5. 9. 2006 – BStBl 2007 II S. 312).*

– *Selbst wenn ein Arbeitnehmer bei einer von seinem Arbeitgeber veranstalteten so genannten Händler-Incentive-Reise Betreuungsaufgaben hat, ist die Reise Arbeitslohn, wenn der Arbeitnehmer auf der Reise von seinem Ehegatten/Lebenspartner begleitet wird (> BFH vom 25. 3. 1993 – BStBl II S. 639).*

– *Eine Aufteilung von Sachzuwendungen an Arbeitnehmer in Arbeitslohn und Zuwendungen im eigenbetrieblichen Interesse ist i. d. R. möglich (> BFH vom 18. 8. 2005 – BStBl 2006 II S. 30).*

– *> BMF vom 14. 10. 1996 (BStBl I S. 1192)*

– *Zum Begriff der Incentive-Reise > BMF vom 19. 5. 2015 (BStBl I S. 468), Rdnr. 10.*

Studiengebühren

Zur lohnsteuerlichen Behandlung der Übernahme von Studiengebühren für ein berufsbegleitendes Studium durch den Arbeitgeber > BMF vom 13. 4. 2012 (BStBl I S. 531).

...

LStR   R 19.8 Versorgungsbezüge

(1) Zu den nach § 19 Abs. 2 EStG steuerbegünstigten Versorgungsbezügen gehören auch:

1. Sterbegeld i. S. d. § 18 Abs. 1, Abs. 2 Nr. 1 und Abs. 3 BeamtVG sowie entsprechende Bezüge im privaten Dienst. [2]Nicht zu den steuerbegünstigten Versorgungsbezügen gehören Bezüge, die für den Sterbemonat aufgrund des Arbeitsvertrages als Arbeitsentgelt gezahlt werden; besondere Leistungen an Hinterbliebene, die über das bis zum Erlöschen des Dienstverhältnisses geschuldete Arbeitsentgelt hinaus gewährt werden, sind dagegen Versorgungsbezüge,

2. – 23. ...

(2) u. (3) ...

Hinweise   LStH   H 19.8

...

LStR   R 19.9 Zahlung von Arbeitslohn an die Erben oder Hinterbliebenen eines verstorbenen Arbeitnehmers

(1) [1]Arbeitslohn, der nach dem Tod des Arbeitnehmers gezahlt wird, darf i. d. R. unabhängig vom Rechtsgrund der Zahlung nicht mehr nach den steuerlichen Merkmalen des Verstorbenen versteuert werden. [2]Bei laufendem Arbeitslohn, der im Sterbemonat oder für den Sterbemonat gezahlt wird, kann der Steuerabzug aus Vereinfachungsgründen noch nach den steuerlichen Merkmalen des Verstorbenen vorgenommen werden; die Lohnsteuerbescheinigung ist jedoch auch in diesem Falle für den Erben auszustellen und zu übermitteln.

(2) u. (3) ...

Hinweise   LStH   H 19.9

...

Zu § 35a EStG

Hinweise   LStH   H 35a

Allgemeine Grundsätze

> H 35a EStH

LStR

Einfügung d. Schriftl.:

BMF vom 9. 11. 2016 – BStBl I S. 1213 – unter Berücksichtigung der Änderungen durch BMF vom 1. 9. 2021 – BStBl I S. 494

Steuerermäßigung bei Aufwendungen für haushaltsnahe Beschäftigungsverhältnisse und für die Inanspruchnahme haushaltsnaher Dienstleistungen (§ 35a EStG);

Überarbeitung des BMF-Schreibens vom 10. 1. 2014 (BStBl I 2014 S. 75)

Unter Bezugnahme auf das Ergebnis der Erörterungen mit den obersten Finanzbehörden der Länder gilt für die Anwendung des § 35a EStG Folgendes:

I. Haushalt

1. Allgemeines

Das haushaltsnahe Beschäftigungsverhältnis, die haushaltsnahe Dienstleistung oder die Handwerkerleistung müssen in einem inländischen oder in einem anderen in der Europäischen Union oder im Europäischen Wirtschaftsraum liegenden Haushalt des Steuerpflichtigen ausgeübt oder erbracht werden. Unter einem Haushalt im Sinne des § 35a EStG ist die Wirtschaftsführung mehrerer zusammenlebender Personen oder einer einzelnen Person in einer Wohnung oder in einem Haus einschließlich des dazu gehörenden Grund und Bodens zu verstehen. Zum Haushalt gehört auch das Bewirtschaften von Zubehörräumen und Außenanlagen. Maßgeblich ist, dass der Steuerpflichtige den ggf. gemeinschaftlichen Besitz über diesen Bereich ausübt und für Dritte dieser Bereich nach der Verkehrsanschauung als der Ort, an dem der Steuerpflichtige seinen Haushalt betreibt, anzusehen ist. Dabei können auch mehrere, räumlich voneinander getrennte Orte dem Haushalt des Steuerpflichtigen zuzuordnen sein. Dies gilt insbesondere für eine vom Steuerpflichtigen tatsächlich zu eigenen Wohnzwecken genutzte Zweit-, Wochenend- oder Ferienwohnung, für eine Wohnung, die dieser einem bei ihm zu berücksichtigenden Kind (§ 32 EStG) zur unentgeltlichen Nutzung überlässt sowie eine tatsächlich zu eigenen Wohnzwecken genutzte geerbte Wohnung. Die Steuerermäßigung wird – auch bei Vorhandensein mehrerer Wohnungen – insgesamt nur einmal bis zu den jeweiligen Höchstbeträgen gewährt (BFH-Urteil vom 29. Juli 2010, BStBl 2014 II S. 151). **1**

2. Räumlicher Zusammenhang

Der räumliche Bereich, in dem sich der Haushalt entfaltet, wird regelmäßig durch die Grundstücksgrenzen abgesteckt. Ausnahmsweise können auch Leistungen, die jenseits der Grundstücksgrenzen auf fremdem, beispielsweise öffentlichem Grund erbracht werden, begünstigt sein. Es muss sich dabei allerdings um Leistungen handeln, die in unmittelbarem räumlichen Zusammenhang zum Haushalt**❶** durchgeführt werden und diesem dienen (BFH-Urteile vom 20. März 2014, BStBl II S. 880 und S. 882). Ein solcher unmittelbarer räumlicher Zusammenhang liegt nur vor, wenn beide Grundstücke eine gemeinsame Grenze haben oder dieser durch eine Grunddienstbarkeit vermittelt wird. **2**

Für Handwerkerleistungen der öffentlichen Hand, die nicht nur einzelnen Haushalten, sondern allen an den Maßnahmen der öffentlichen Hand beteiligten Haushalten zugutekommen, ist eine Begünstigung nach § 35a EStG ausgeschlossen (z. B. Ausbau des allgemeinen Versorgungsnetzes oder Erschließung einer Straße). Insoweit fehlt es an einem räumlich-funktionalen Zusammenhnag der Handwerkerleistungen mit dem Haushalt des einzelnen Grundstückseigentümers (BFH-Urteil vom 21. Februar 2018, BStBl II S. 641)**❷**.

3. Wohnungswechsel, Umzug

Der Begriff „im Haushalt" ist nicht in jedem Fall mit „tatsächlichem Bewohnen" gleichzusetzen. Beabsichtigt der Steuerpflichtige umzuziehen und hat er für diesen Zweck bereits eine Wohnung oder ein Haus gemietet oder gekauft, gehört auch diese Wohnung oder dieses Haus zu seinem Haushalt, wenn er tatsächlich dorthin umzieht. Hat der Steuerpflichtige seinen Haushalt durch Umzug in eine andere Wohnung oder ein anderes Haus verlegt, gelten Maßnahmen zur Beseitigung der durch die bisherige Haushaltsführung veranlassten Abnutzung (z. B. Renovierungsarbeiten eines ausziehenden Mieters) noch als **3**

Amtl. Fn.:

❶ Der räumlich-funktionale Zusammenhang zum Haushalt des Stpfl. ist nicht gegeben, wenn für die Neuverlegung einer öffentlichen Mischwasserleitung als Teil des öffentlichen Sammelnetzes ein Baukostenzuschuss erhoben wird (> BFH vom 21. 2. 2018 – BStBl II S. 641).

❷ Rdnr. 2 Abs. 2 wurde durch BMF vom 1. 9. 2021 (BStBl I S. 1494) angefügt und ist in allen offenen Fällen anzuwenden.

im Haushalt erbracht. Voraussetzung ist, dass die Maßnahmen in einem engen zeitlichen Zusammenhang zu dem Umzug stehen. Für die Frage, ab wann oder bis wann es sich um einen Haushalt des Steuerpflichtigen handelt, kommt es grundsätzlich auf das wirtschaftliche Eigentum an. Bei einem Mietverhältnis ist der im Mietvertrag vereinbarte Beginn des Mietverhältnisses oder bei Beendigung der Zeitpunkt, auf den die Kündigung erfolgt, und bei einem Kauf der Übergang von Nutzen und Lasten entscheidend. Ein früherer oder späterer Zeitpunkt für den Ein- oder Auszug ist durch geeignete Unterlagen (z. B. Meldebestätigung der Gemeinde, Bestätigung des Vermieters) nachzuweisen. In Zweifelsfällen kann auf das in der Regel anzufertigende Übergabe-/Übernahmeprotokoll abgestellt werden.

4. Wohnen in einem Alten(wohn)heim, einem Pflegeheim oder einem Wohnstift

4 Eine Inanspruchnahme der Steuerermäßigung nach § 35a Absatz 1 bis 3 EStG ist auch möglich, wenn sich der eigenständige und abgeschlossene Haushalt in einem Heim, wie z. B. einem Altenheim, einem Altenwohnheim, einem Pflegeheim oder einem Wohnstift befindet. Ein Haushalt in einem Heim ist gegeben, wenn die Räumlichkeiten des Steuerpflichtigen nach ihrer Ausstattung für eine Haushaltsführung geeignet sind (Bad, Küche, Wohn- und Schlafbereich), individuell genutzt werden können (Abschließbarkeit) und eine eigene Wirtschaftsführung des Steuerpflichtigen nachgewiesen oder glaubhaft gemacht wird.

II. Haushaltsnahe Beschäftigungsverhältnisse oder Dienstleistungen

1. Haushaltsnahe Beschäftigungsverhältnisse

5 Der Begriff des haushaltsnahen Beschäftigungsverhältnisses ist gesetzlich nicht definiert. Im Rahmen eines solchen Beschäftigungsverhältnisses werden Tätigkeiten ausgeübt, die einen engen Bezug zum Haushalt haben. Zu diesen Tätigkeiten gehören u. a. die Zubereitung von Mahlzeiten im Haushalt, die Reinigung der Wohnung des Steuerpflichtigen, die Gartenpflege und die Pflege, Versorgung und Betreuung von Kindern sowie von kranken, alten oder pflegebedürftigen Personen. Die Erteilung von Unterricht (z. B. Sprachunterricht), die Vermittlung besonderer Fähigkeiten sowie sportliche und andere Freizeitbetätigungen fallen nicht darunter.

2. Geringfügige Beschäftigung im Sinne des § 8a SGB IV

6 Die Steuerermäßigung nach § 35a Absatz 1 EStG kann der Steuerpflichtige nur beanspruchen, wenn es sich bei dem haushaltsnahen Beschäftigungsverhältnis um eine geringfügige Beschäftigung im Sinne des § 8a SGB IV handelt. Es handelt sich nur dann um ein geringfügiges Beschäftigungsverhältnis im Sinne dieser Vorschrift, wenn der Steuerpflichtige am Haushaltsscheckverfahren teilnimmt und die geringfügige Beschäftigung in seinem inländischen oder in einem anderen Mitgliedstaat der Europäischen Union oder im Europäischen Wirtschaftsraum liegenden Haushalt ausgeübt wird.

7 Wohnungseigentümergemeinschaften und Vermieter können im Rahmen ihrer Vermietertätigkeit nicht am Haushaltsscheckverfahren teilnehmen. Die von ihnen eingegangenen geringfügigen Beschäftigungsverhältnisse sind nicht nach § 35a Absatz 1 EStG begünstigt. Sie fallen unter die haushaltsnahen Dienstleistungen. Zur Berücksichtigung der Aufwendungen s. Rdnr. 11.

3. Beschäftigungsverhältnisse in nicht inländischen Haushalten

8 Bei einem nicht inländischen Haushalt, der in einem Staat liegt, der der Europäischen Union oder dem Europäischen Wirtschaftsraum angehört, setzt die Inanspruchnahme der Steuerermäßigung nach § 35a Absatz 1 EStG voraus, dass das monatliche Arbeitsentgelt 450 Euro nicht übersteigt, die Sozialversicherungsbeiträge ausschließlich von dem Arbeitgeber zu entrichten sind und von ihm auch entrichtet werden. Bei anderen haushaltsnahen Beschäftigungsverhältnissen ist für die Gewährung einer Steuerermäßigung nach § 35a Absatz 2 Satz 1 Alternative 1 EStG Voraussetzung, dass aufgrund des Beschäftigungsverhältnisses Arbeitgeber- und Arbeitnehmerbeiträge zur Sozialversicherung in dem jeweiligen Staat der Europäischen Union oder des Europäischen Wirtschaftsraums entrichtet werden.

4. Beschäftigungsverhältnisse zwischen Ehegatten, Partnern einer Lebenspartnerschaft bzw. einer nicht ehelichen Lebensgemeinschaft oder zwischen nahen Angehörigen

9 Da familienrechtliche Verpflichtungen grundsätzlich nicht Gegenstand eines steuerlich anzuerkennenden Vertrags sein können, sind entsprechende Vereinbarungen zwischen in einem Haushalt zusammenlebenden Ehegatten (§§ 1360, 1356 Absatz 1 BGB) oder zwischen Eltern und in deren Haushalt lebenden Kindern (§ 1619 BGB) nicht begünstigt. Entsprechendes gilt für die Partner einer Lebenspartnerschaft. Auch bei in einem Haushalt zusammenlebenden Partnern einer nicht ehelichen Lebensgemeinschaft oder einer Lebenspartnerschaft, die nicht unter das Lebenspartnerschaftsgesetz fällt, kann regelmäßig nicht von einem begünstigten Beschäftigungsverhältnis ausgegangen werden, weil jeder Partner auch seinen eigenen Haushalt führt und es deshalb an dem für Beschäftigungsverhältnisse typischen Über- und Unterordnungsverhältnis fehlt. Ein steuerlich nicht begünstigtes Vertragsverhältnis liegt darüber hinaus auch dann vor, wenn der Vertragspartner eine zwischengeschaltete Person (z. B. GmbH) ist und die Arbeiten im Namen dieser zwischengeschalteten Person von einer im Haushalt lebenden Person ausgeführt werden. Zur haushaltsbezogenen Inanspruchnahme der Steuerermäßigung vgl. Rdnrn. 53 bis 55.

Haushaltsnahe Beschäftigungsverhältnisse mit Angehörigen, die nicht im Haushalt des Steuerpflichtigen **10** leben (z. B. mit Kindern, die in einem eigenen Haushalt leben), können steuerlich nur anerkannt werden, wenn die Verträge zivilrechtlich wirksam zustande gekommen sind, inhaltlich dem zwischen Fremden Üblichen entsprechen und tatsächlich auch so durchgeführt werden.

5. Haushaltsnahe Dienstleistungen

Grundsatz

Unter haushaltsnahen Dienstleistungen im Sinne des § 35a Absatz 2 Satz 1 Alternative 2 EStG werden **11** Leistungen verstanden, die eine hinreichende Nähe zur Haushaltsführung aufweisen oder damit im Zusammenhang stehen (BFH-Urteil vom 20. März 2014, BStBl II S. 880). Das sind Tätigkeiten, die gewöhnlich Mitglieder des privaten Haushalts erledigen und für die fremde Dritte beschäftigt werden oder für die eine Dienstleistungsagentur oder ein selbstständiger Dienstleister in Anspruch genommen wird. Zu den haushaltsnahen Dienstleistungen gehören auch geringfügige Beschäftigungsverhältnisse, die durch Wohnungseigentümergemeinschaften und Vermieter im Rahmen ihrer Vermietertätigkeit eingegangen werden. Keine haushaltsnahen Dienstleistungen sind solche, die zwar im Haushalt des Steuerpflichtigen ausgeübt werden, jedoch keinen Bezug zur Hauswirtschaft haben (BFH-Urteil vom 1. Februar 2007, BStBl II S. 760). Ebenfalls nicht zu den haushaltsnahen Dienstleistungen gehören die handwerklichen Leistungen im Sinne des § 35a Absatz 3 EStG. Keine begünstigte haushaltsnahe Dienstleistung ist die als eigenständige Leistung vergütete Bereitschaft auf Erbringung einer Leistung im Bedarfsfall. Etwas anderes gilt nur dann, wenn der Bereitschaftsdienst Nebenleistung einer ansonsten begünstigten Hauptleistung oder im Fall eines Hausnotrufsystems innerhalb des sog. „Betreuten Wohnens" in einer Seniorenwohneinrichtung ist; s. auch Rdnrn. 17 und 28. Eine beispielhafte Aufzählung begünstigter und nicht begünstigter haushaltsnaher Dienstleistungen enthält Anlage 1.

Personenbezogene Dienstleistungen

Personenbezogene Dienstleistungen (z. B. Frisör- oder Kosmetikerleistungen) sind keine haushaltsnahen **12** Dienstleistungen, selbst wenn sie im Haushalt des Steuerpflichtigen erbracht werden. Diese Leistungen können jedoch zu den Pflege- und Betreuungsleistungen im Sinne der Rdnr. 13 gehören, wenn sie im Leistungskatalog der Pflegeversicherung aufgeführt sind.

Pflege- und Betreuungsleistungen

Die Feststellung und der Nachweis einer Pflegebedürftigkeit oder der Bezug von Leistungen der Pflegever- **13** sicherung sowie eine Unterscheidung nach Pflegestufen bzw. Pflegegraden sind nicht erforderlich. Es reicht aus, wenn Dienstleistungen zur Grundpflege, d. h. zur unmittelbaren Pflege am Menschen (Körperpflege, Ernährung und Mobilität) oder zur Betreuung in Anspruch genommen werden. Die Steuerermäßigung steht neben der pflegebedürftigen Person auch anderen Personen zu, wenn diese für Pflege- oder Betreuungsleistungen aufkommen, die in ihrem inländischen oder in einem anderen Mitgliedstaat der Europäischen Union oder im Europäischen Wirtschaftsraum liegenden Haushalt bzw. im Haushalt der gepflegten oder betreuten Person durchgeführt werden. Die Steuerermäßigung ist haushaltsbezogen. Werden z. B. zwei pflegebedürftige Personen in einem Haushalt gepflegt, kann die Steuerermäßigung nur einmal in Anspruch genommen werden.

Aufwendungen für Dienstleistungen, die mit denen einer Hilfe im Haushalt vergleichbar sind (§ 35a Absatz 2 Satz 2 EStG)

Voraussetzung für die Gewährung einer Steuerermäßigung für Aufwendungen, die mit denen einer Hilfe **14** im Haushalt vergleichbar sind, ist, dass das Heim oder der Ort der dauernden Pflege in der Europäischen Union oder dem Europäischen Wirtschaftsraum liegt (§ 35a Absatz 4 Satz 2 EStG). Das Vorhandensein eines eigenen Haushalts im Heim oder am Ort der dauernden Pflege ist nicht erforderlich. Zum Wohnen in einem eigenständigen und abgeschlossenen Haushalt in einem Alten(wohn)heim, einem Pflegeheim oder einem Wohnstift vgl. Rdnrn. 4, 17 und 28.

15 Begünstigt sind Aufwendungen, die einem Steuerpflichtigen wegen der Unterbringung in einem Heim oder zur dauernden Pflege erwachsen**[1]**, soweit darin – die allgemeinen Unterbringungskosten übersteigende – Aufwendungen für Dienstleistungen enthalten sind, die mit denen einer Hilfe im Haushalt vergleichbar sind (§ 35a Absatz 2 Satz 2 EStG). In Frage kommen die (anteiligen) Aufwendungen für

- die Reinigung des Zimmers oder des Appartements,
- die Reinigung der Gemeinschaftsflächen,
- das Zubereiten der Mahlzeiten in dem Heim oder an dem Ort der dauernden Pflege,
- das Servieren der Mahlzeiten in dem Heim oder an dem Ort der dauernden Pflege,
- den Wäscheservice, soweit er in dem Heim oder an dem Ort der dauernden Pflege erfolgt.

16 Nicht begünstigt sind

- Mietzahlungen, wie z. B. die allgemeinen Aufwendungen für die Unterbringung in einem Alten(wohn)heim, einem Pflegeheim oder einem Wohnstift,
- die Aufwendungen für den Hausmeister, den Gärtner sowie sämtliche Handwerkerleistungen.

Nicht mit einer Hilfe im Haushalt vergleichbar sind Pflege- und Betreuungsleistungen (s. Rdnr. 13).

Wohnen in einem Alten(wohn)heim, einem Pflegeheim oder einem Wohnstift

17 Zu den begünstigten haushaltsnahen Dienstleistungen bei einer Heimunterbringung gehören neben den in dem eigenständigen und abgeschlossenen Haushalt des Steuerpflichtigen durchgeführten und individuell abgerechneten Leistungen (z. B. Reinigung des Appartements, Pflege- oder Handwerkerleistungen im Appartement) u. a. die Hausmeisterarbeiten, die Gartenpflege sowie kleinere Reparaturarbeiten, die Dienstleistungen des Haus- und Etagenpersonals sowie die Reinigung der Gemeinschaftsflächen, wie Flure, Treppenhäuser und Gemeinschaftsräume (BFH-Urteil vom 29. Januar 2009, BStBl 2010 II S. 166). Aufwendungen für die Zubereitung von Mahlzeiten in der hauseigenen Küche eines Alten(wohn)heims, Pflegeheims oder Wohnstifts und das Servieren der Speisen in dem zur Gemeinschaftsfläche rechnenden Speisesaal sind ebenfalls als haushaltsnahe Dienstleistungen begünstigt. Die Tätigkeit von Haus- und Etagenpersonal, dessen Aufgabe neben der Betreuung des Bewohners noch zusätzlich in der Begleitung des Steuerpflichtigen, dem Empfang von Besuchern und der Erledigung kleiner Botengänge besteht, ist grundsätzlich den haushaltsnahen Dienstleistungen zuzurechnen. Zur Anspruchsberechtigung im Einzelnen s. Rdnr. 28.

6. Beschäftigungsverhältnisse und Dienstleistungen außerhalb des Haushalts des Steuerpflichtigen

18 Beschäftigungsverhältnisse oder Dienstleistungen, die ausschließlich Tätigkeiten zum Gegenstand haben, die außerhalb des Haushalts des Steuerpflichtigen ausgeübt oder erbracht werden, sind nicht begünstigt. Die Begleitung von Kindern, kranken, alten oder pflegebedürftigen Personen bei Einkäufen und Arztbesuchen sowie kleine Botengänge usw. sind nur dann begünstigt, wenn sie zu den Nebenpflichten der Haushaltshilfe, des Pflegenden oder Betreuenden im Haushalt gehören. Pflege- und Betreuungsleistungen sind auch begünstigt, wenn die Pflege und Betreuung im Haushalt der gepflegten oder betreuten Person durchgeführt wird. In diesem Fall ist Voraussetzung, dass der Haushalt der gepflegten oder betreuten Person im Inland, in einem anderen Mitgliedstaat der Europäischen Union oder im Europäischen Wirtschaftsraum liegt (§ 35a Absatz 4 EStG).

III. Inanspruchnahme von Handwerkerleistungen

1. Begünstigte Handwerkerleistung

19 § 35a Absatz 3 EStG gilt für alle handwerklichen Tätigkeiten für Renovierungs-, Erhaltungs- und Modernisierungsmaßnahmen, die in einem inländischen, in der Europäischen Union oder dem Europäischen Wirtschaftsraum liegenden Haushalt des Steuerpflichtigen erbracht werden, unabhängig davon, ob es sich um regelmäßig vorzunehmende Renovierungsarbeiten oder kleine Ausbesserungsarbeiten handelt, die gewöhnlich durch Mitglieder des privaten Haushalts erledigt werden, oder um Erhaltungs- und Modernisierungsmaßnahmen, die im Regelfall nur von Fachkräften durchgeführt werden. Ob es sich bei den Aufwendungen für die einzelne Maßnahme ertragsteuerrechtlich um Erhaltungs- oder Herstellungsaufwand

---

Amtl. Fn.:

[1] Begünstigt sind nur Aufwendungen, die dem Stpfl. wegen seiner eigenen Unterbringung in einem Heim oder zu seiner eigenen dauernden Pflege erwachsen › BFH vom 3. 4. 2019 (BStBl II S. 445).

handelt, ist nicht ausschlaggebend. Die sachliche Begrenzung der begünstigten Maßnahme ist vielmehr aus dem Tatbestandsmerkmal „im Haushalt" zu bestimmen (BFH-Urteil vom 6. November 2014, BStBl 2015 II S. 481). Maßnahmen im Zusammenhang mit neuer Wohn- bzw. Nutzflächenschaffung in einem vorhandenen Haushalt sind begünstigt (BFH-Urteil vom 13. Juli 2011, BStBl 2012 II S. 232), vgl. auch Rdnr. 21. Eine − nachhaltige − Erhöhung des Gebrauchswerts der Immobilie ist kein Kriterium und führt nicht zum Ausschluss der Gewährung der Steuerermäßigung.

Die Erhebung des unter Umständen mangelfreien Istzustands, z. B. die Prüfung der ordnungsgemäßen **20** Funktion einer Anlage, ist ebenso eine Handwerkerleistung wie die Beseitigung eines bereits eingetretenen Schadens oder Maßnahmen zur vorbeugenden Schadensabwehr. Das gilt auch dann, wenn der Handwerker über den ordnungsgemäßen Istzustand eines Gewerkes oder einer Anlage eine Bescheinigung „für amtliche Zwecke" erstellt. Es ist nicht erforderlich, dass eine etwaige Reparatur- oder Instandhaltungsmaßnahme zeitlich unmittelbar nachfolgt. Sie kann auch durch einen anderen Handwerksbetrieb durchgeführt werden (BFH-Urteil vom 6. November 2014, BStBl 2015 II S. 481). Handelt es sich dagegen bei der gutachterlichen Tätigkeit weder um eine Handwerkerleistung, noch um eine haushaltsnahe Dienstleistung, kommt die Steuerermäßigung nach § 35a EStG nicht in Betracht. Weder zu den haushaltsnahen Dienstleistungen noch zu den Handwerkerleistungen gehören beispielsweise

- Tätigkeiten, die der Wertermittlung dienen,
- die Erstellung eines Energiepasses,
- Tätigkeiten im Zusammenhang mit einer Finanzierung (z. B. zur Erlangung einer KfW-Förderung).

2. Nicht begünstigte Handwerkerleistungen

Handwerkliche Tätigkeiten im Rahmen einer Neubaumaßnahme sind nicht begünstigt. Als Neubaumaß- **21** nahmen gelten alle Maßnahmen, die im Zusammenhang mit der Errichtung eines Haushalts bis zu dessen Fertigstellung (vgl. H 7.4 „Fertigstellung" EStH) anfallen. Rdnr. 3 ist für Dienstleistungen im Zusammenhang mit dem Bezug der Wohnung anwendbar. Eine beispielhafte Aufzählung begünstigter und nicht begünstigter handwerklicher Tätigkeiten enthält Anlage 1.

3. Beauftragtes Unternehmen und Maßnahmen der öffentlichen Hand

Das beauftragte Unternehmen muss nicht in die Handwerksrolle eingetragen sein. Auch Kleinunterneh- **22** mer im Sinne des § 19 Absatz 1 UStG oder die öffentliche Hand können steuerbegünstigte Handwerkerleistungen erbringen (BFH-Urteil vom 6. November 2014, BStBl 2015 II S. 481)**❶**.

4. Öffentlich geförderte Maßnahmen

Unter einer Maßnahme im Sinne des § 35a Absatz 3 Satz 2 EStG ist die (Einzel-)Maßnahme zu verstehen, **23** für die eine öffentliche Förderung in der Form eines zinsverbilligten Darlehens oder steuerfreier Zuschüsse in Anspruch genommen wird. Wird für diese Maßnahme die öffentliche Förderung bewilligt, schließt dies die Möglichkeit der Inanspruchnahme einer Steuerermäßigung nach § 35a Absatz 3 EStG auch für den Teil der mit dieser Maßnahme verbundenen Aufwendungen aus, die sich − z. B. weil sie den Förderhöchstbetrag übersteigen − im Rahmen der öffentlichen Förderung nicht auswirken. Eine Aufteilung der Aufwendungen für eine öffentlich geförderte (Einzel-)Maßnahme mit dem Ziel, für einen Teil der Aufwendungen die Steuerermäßigung nach § 35a Absatz 3 EStG in Anspruch zu nehmen, ist nicht möglich.

Werden im Rahmen von Renovierungs-, Erhaltungs- und Modernisierungsmaßnahmen mehrere (Ein- **24** zel-)Maßnahmen durchgeführt, von denen einzelne öffentlich gefördert werden, ist die Inanspruchnahme der Steuerermäßigung für (Einzel-)Maßnahmen, die nicht unter diese öffentliche Förderung fallen, möglich.

Beispiel 1:

Der Eigentümer E saniert sein Einfamilienhaus. Er lässt von einer Heizungsfirma eine neue energieeffiziente Heizungsanlage einbauen und beantragt dafür öffentliche Fördergelder mit der Folge, dass die Inanspruchnahme der Steuerermäßigung nach § 35a EStG für diese Maßnahme ausgeschlossen ist. Gleichzeitig lässt er an den Außenwänden eine Wärmedämmung anbringen. Hierfür beantragt er keine öffentliche Förderung, sondern macht für die darauf entfallenden Arbeitskosten die ihm für diese Maßnahme auch zu gewährende Steuerermäßigung nach § 35a Absatz 3 EStG geltend.

Amtl. Fn.:

❶ Rdnr. 22 Satz 3 aufgehoben durch BMF vom 1. 9. 2021 (BStBl I S. 1494).

IV. Anspruchsberechtigte

1. Arbeitgeber, Auftraggeber, Grundsatz

25 Der Steuerpflichtige kann die Steuerermäßigung nach § 35a EStG grundsätzlich nur in Anspruch nehmen, wenn er entweder Arbeitgeber des haushaltsnahen Beschäftigungsverhältnisses oder Auftraggeber der haushaltsnahen Dienstleistung oder Handwerkerleistung ist.

2. Wohnungseigentümergemeinschaften

26 Besteht ein Beschäftigungsverhältnis zu einer Wohnungseigentümergemeinschaft (z. B. bei Reinigung und Pflege von Gemeinschaftsräumen) oder ist eine Wohnungseigentümergemeinschaft Auftraggeber der haushaltsnahen Dienstleistung bzw. der handwerklichen Leistung, kommt für den einzelnen Wohnungseigentümer eine Steuerermäßigung in Betracht, wenn in der Jahresabrechnung

- die im Kalenderjahr unbar gezahlten Beträge nach den begünstigten haushaltsnahen Beschäftigungsverhältnissen, Dienstleistungen und Handwerkerleistungen jeweils gesondert aufgeführt sind (zur Berücksichtigung von geringfügigen Beschäftigungsverhältnissen s. Rdnr. 11),

- der Anteil der steuerbegünstigten Kosten ausgewiesen ist (Arbeits- und Fahrtkosten, s. auch Rdnr. 39) und

- der Anteil des jeweiligen Wohnungseigentümers individuell errechnet wurde.

Hat die Wohnungseigentümergemeinschaft zur Wahrnehmung ihrer Aufgaben und Interessen einen Verwalter bestellt und ergeben sich die Angaben nicht aus der Jahresabrechnung, ist der Nachweis durch eine Bescheinigung des Verwalters über den Anteil des jeweiligen Wohnungseigentümers zu führen. Ein Muster für eine derartige Bescheinigung ist als Anlage 2 beigefügt. Das Datum über die Beschlussfassung der Jahresabrechnung kann formlos bescheinigt oder auf der Bescheinigung vermerkt werden.

3. Mieter/unentgeltliche Nutzer

27 Auch der Mieter einer Wohnung kann die Steuerermäßigung nach § 35a EStG beanspruchen, wenn die von ihm zu zahlenden Nebenkosten Beträge umfassen, die für ein haushaltsnahes Beschäftigungsverhältnis, für haushaltsnahe Dienstleistungen oder für handwerkliche Tätigkeiten geschuldet werden und sein Anteil an den von zahlenden unbar gezahlten Aufwendungen entweder aus der Jahresabrechnung hervorgeht oder durch eine Bescheinigung (vgl. Rdnr. 26 und Anlage 2) des Vermieters oder seines Verwalters nachgewiesen wird. Das gilt auch für den Fall der unentgeltlichen Überlassung einer Wohnung, wenn der Nutzende die entsprechenden Aufwendungen getragen hat.

4. Wohnen in einem Alten(wohn)heim, einem Pflegeheim oder einem Wohnstift

28 Für Bewohner eines Altenheims, eines Altenwohnheims, eines Pflegeheims oder eines Wohnstiftes (vgl. Rdnr. 4) gilt nach Abschluss eines sog. Heimvertrages Folgendes: Aufwendungen für Dienstleistungen, die innerhalb des Appartements erbracht werden, wie z. B. die Reinigung des Appartements oder die Pflege und Betreuung des Heimbewohners, sind begünstigt. Aufwendungen für Dienstleistungen, die außerhalb des Appartements erbracht werden, sind im Rahmen der Rdnrn. 4, 14, 15 und 17 begünstigt. Das gilt jeweils auch für die von dem Heimbetreiber pauschal erhobenen Kosten, sofern die damit abgegoltene Dienstleistung gegenüber dem einzelnen Heimbewohner nachweislich tatsächlich erbracht worden ist. Darüber hinausgehende Dienstleistungen fallen grundsätzlich nicht unter die Steuerermäßigungsregelung des § 35a EStG, es sei denn, es wird nachgewiesen, dass die jeweilige haushaltsnahe Dienstleistung im Bedarfsfall von dem Heimbewohner abgerufen worden ist. Das gilt sowohl für Dienstleistungen des Heimbetreibers selbst, ggf. mittels eigenen Personals, als auch für Dienstleistungen eines externen Anbieters. Rdnrn. 26 und 27 gelten sinngemäß. Aufwendungen für die Möglichkeit, bei Bedarf bestimmte Pflege- oder Betreuungsleistungen in Anspruch zu nehmen, sind begünstigt. Aufwendungen für Pflegekostenergänzungsregelungen oder Beiträge an Einrichtungen (z. B. Solidarkassen), durch welche der Heimbewohner ähnlich einer Versicherung Ansprüche erwirbt, in vertraglich definierten Sachverhalten (z. B. bei Eintritt der Pflegebedürftigkeit) eine Kostenfreistellung oder eine Kostenerstattung zu erhalten, sind nicht begünstigt.

5. Arbeitgeber-Pool

29 Schließen sich mehrere Steuerpflichtige als Arbeitgeber für ein haushaltsnahes Beschäftigungsverhältnis zusammen (sog. Arbeitgeber-Pool), kann jeder Steuerpflichtige die Steuerermäßigung für seinen Anteil an den Aufwendungen in Anspruch nehmen, wenn für die an dem Arbeitgeber-Pool Beteiligten eine Abrechnung über die im jeweiligen Haushalt ausgeführten Arbeiten vorliegt. Wird der Gesamtbetrag der Aufwendungen für das Beschäftigungsverhältnis durch ein Pool-Mitglied überwiesen, gelten die Regelungen für Wohnungseigentümer und Mieter (vgl. Rdnrn. 26 und 27) entsprechend.

6. Erben

Gehört zum Haushalt des Steuerpflichtigen eine zu eigenen Wohnzwecken genutzte geerbte Wohnung   **30**
(s. Rdnr. 1), kann er für Leistungen, die in dieser Wohnung durchgeführt wurden, bei Vorliegen der sonstigen Voraussetzungen die Steuerermäßigung nach § 35a EStG in Anspruch nehmen. Das gilt auch, wenn die Leistungen für diese Wohnung noch vom Erblasser in Anspruch genommen und die Rechnungsbeträge vom Erben überwiesen worden sind.

Beispiel 2:

Ein Steuerpflichtiger erbt Anfang des Jahres 2015 eine Wohnung von seinem verstorbenen Vater (Erblasser). Er zieht umgehend in die Wohnung ein und nutzt sie zu eigenen Wohnzwecken. Der Vater hatte Ende 2014 das Bad von einem Handwerksbetrieb sanieren lassen und hierfür eine Rechnung erhalten. Der Steuerpflichtige begleicht die Rechnung in Höhe von 5.000 € (darin enthaltene Arbeits- und Fahrtkosten in Höhe von 2.000 €) im Jahr 2015 durch Banküberweisung. Der Steuerpflichtige kann für die begünstigten Handwerkerleistungen (Arbeits- und Fahrtkosten) die Steuerermäßigung nach § 35a Absatz 3 EStG in Anspruch nehmen (20 % von 2.000 € = 400 €).

V. Begünstigte Aufwendungen

1. Ausschluss der Steuerermäßigung bei Betriebsausgaben oder Werbungskosten

Die Steuerermäßigung für Aufwendungen ist ausgeschlossen, soweit diese Betriebsausgaben oder Wer-   **31**
bungskosten darstellen. Gemischte Aufwendungen (z. B. für eine Reinigungskraft, die auch das beruflich genutzte Arbeitszimmer reinigt) sind unter Berücksichtigung des zeitlichen Anteils der zu Betriebsausgaben oder Werbungskosten führenden Tätigkeiten an der Gesamtarbeitszeit sachgerecht aufzuteilen.

2. Ausschluss der Steuerermäßigung bei Berücksichtigung der Aufwendungen als Sonderausgaben oder außergewöhnliche Belastungen; Aufwendungen für Kinderbetreuung

Sonderausgaben, außergewöhnliche Belastungen

Eine Steuerermäßigung nach § 35a EStG kommt nur in Betracht, soweit die Aufwendungen nicht vorran-   **32**
gig als Sonderausgaben (z. B. Erhaltungsmaßnahmen nach § 10f EStG oder Kinderbetreuungskosten – vgl. Rdnr. 34) oder als außergewöhnliche Belastungen berücksichtigt worden sind. Für den Teil der Aufwendungen, der durch den Ansatz der zumutbaren Belastung nach § 33 EStG oder wegen der Gegenrechnung von Pflegegeld oder Pflegetagegeld nicht als außergewöhnliche Belastung berücksichtigt wird, kann der Steuerpflichtige die Steuerermäßigung nach § 35a EStG in Anspruch nehmen[1]. Werden im Rahmen des § 33 EStG Aufwendungen geltend gemacht, die dem Grunde nach sowohl bei § 33 EStG als auch bei § 35a EStG berücksichtigt werden können, ist davon auszugehen, dass die zumutbare Belastung vorrangig auf die nach § 35a EStG begünstigten Aufwendungen entfällt.

Behinderten-Pauschbetrag

Nimmt die pflegebedürftige Person einen Behinderten-Pauschbetrag nach § 33b Absatz 1 Satz 1 in Ver-   **33**
bindung mit Absatz 3 Satz 2 oder 3 EStG in Anspruch, schließt dies eine Berücksichtigung dieser Pflegeaufwendungen nach § 35a EStG bei ihr aus (BFH-Urteil vom 5. Juni 2014, BStBl II S. 970). Das gilt nicht, wenn der einem Kind zustehende Behinderten-Pauschbetrag nach § 33b Absatz 5 EStG auf den Steuerpflichtigen übertragen wird (BFH-Urteil vom 11. Februar 2010, BStBl II S. 621) und dieser für Pflege- und Betreuungsaufwendungen des Kindes aufkommt (vgl. Rdnr. 13).

Kinderbetreuungskosten

Fallen Kinderbetreuungskosten dem Grunde nach unter die Regelung des § 10 Absatz 1 Nummer 5 EStG,   **34**
kommt ein Abzug nach § 35a EStG nicht in Betracht (§ 35a Absatz 5 Satz 1 EStG). Dies gilt sowohl für den Betrag, der zwei Drittel der Aufwendungen für Dienstleistungen übersteigt, als auch für alle Aufwendungen, die den Höchstbetrag von 4.000 Euro je Kind übersteigen.

Au-pair

Bei Aufnahme eines Au-pairs in eine Familie fallen in der Regel neben den Aufwendungen für die Betreu-   **35**
ung der Kinder auch Aufwendungen für leichte Hausarbeiten an, die im Einzelnen in der Rechnung oder

---

Amtl. Fn.:

[1] Bestätigt durch BFH vom 16. 12. 2020 (BStBl 2021 II S. 476); in der Haushaltsersparnis für krankheitsbedingte Unterbringung sind keine Aufwendungen enthalten, die eine Steuerermäßigung nach § 35a Abs. 2 rechtfertigen.

im Au-pair-Vertrag aufzuführen sind. Wird der Umfang der einzelnen Leistungen nicht nachgewiesen, kann ein Anteil von 50 % der Gesamtaufwendungen im Rahmen der Steuerermäßigung für haushaltsnahe Dienstleistungen nach § 35a Absatz 2 Satz 1 EStG berücksichtigt werden, wenn die übrigen Voraussetzungen des § 35a EStG (insbesondere die Zahlung auf ein Konto des Au-pairs) vorliegen (vgl. auch Rdnrn. 5, 7 des BMF-Schreibens vom 14. März 2012, BStBl I S. 307).

3. Umfang der begünstigten Aufwendungen

Arbeitsentgelt

36 Zu den begünstigten Aufwendungen des Steuerpflichtigen nach § 35a Absatz 1 und 2 Alternative 1 EStG gehört der Bruttoarbeitslohn oder das Arbeitsentgelt (bei Anwendung des Haushaltsscheckverfahrens und geringfügiger Beschäftigung im Sinne des § 8a SGB IV) sowie die vom Steuerpflichtigen getragenen Sozialversicherungsbeiträge, die Lohnsteuer ggf. zuzüglich Solidaritätszuschlag und Kirchensteuer, die Umlagen nach dem Aufwendungsausgleichsgesetz (U 1 und U 2) und die Unfallversicherungsbeiträge, die an den Gemeindeunfallversicherungsverband abzuführen sind.

Nachweis des Arbeitsentgelts

37 Als Nachweis dient bei geringfügigen Beschäftigungsverhältnissen (s. Rdnr. 6), für die das Haushaltsscheckverfahren Anwendung findet, die dem Arbeitgeber von der Einzugsstelle (Minijob-Zentrale) zum Jahresende erteilte Bescheinigung nach § 28h Absatz 4 SGB IV. Diese enthält den Zeitraum, für den Beiträge zur Rentenversicherung gezahlt wurden, die Höhe des Arbeitsentgelts sowie die vom Arbeitgeber getragenen Gesamtsozialversicherungsbeiträge und Umlagen. Zusätzlich wird in der Bescheinigung die Höhe der einbehaltenen Pauschsteuer beziffert. Die Leistung des Arbeitslohns ist mit sämtlichen Zahlungsmitteln möglich und für die Gewährung der Steuerermäßigung nach § 35a Absatz 1 EStG nicht schädlich.

38 Bei sozialversicherungspflichtigen haushaltsnahen Beschäftigungsverhältnissen, für die das allgemeine Beitrags- und Meldeverfahren zur Sozialversicherung gilt und bei denen die Lohnsteuer pauschal oder nach Maßgabe der persönlichen Lohnsteuerabzugsmerkmale erhoben wird, sowie bei geringfügigen Beschäftigungsverhältnissen ohne Haushaltsscheckverfahren gelten für die Steuerermäßigung die allgemeinen Nachweisregeln (Rdnrn. 49 ff.).

Arbeitskosten, Materialkosten

39 Begünstigt sind generell nur die Arbeitskosten für Leistungen, die im Haushalt des Steuerpflichtigen erbracht worden sind (Rdnrn. 1 bis 4). Arbeitskosten sind die Aufwendungen für die Inanspruchnahme der haushaltsnahen Tätigkeit selbst, für Pflege- und Betreuungsleistungen bzw. für Handwerkerleistungen einschließlich der in Rechnung gestellten Maschinen- und Fahrtkosten. Arbeitskosten für Leistungen, die außerhalb des Haushalts des Steuerpflichtigen erbracht wurden, sind in der Rechnung entsprechend zu kennzeichnen. Materialkosten oder sonstige im Zusammenhang mit der Dienstleistung, den Pflege- und Betreuungsleistungen bzw. den Handwerkerleistungen gelieferte Waren bleiben mit Ausnahme von Verbrauchsmitteln außer Ansatz.

Aufteilung

40 Der Anteil der Arbeitskosten muss grundsätzlich anhand der Angaben in der Rechnung gesondert ermittelt werden können. Auch eine prozentuale Aufteilung des Rechnungsbetrages in Arbeitskosten und Materialkosten durch den Rechnungsaussteller ist zulässig. Eine Schätzung des Anteils der Arbeitskosten durch den Steuerpflichtigen ist nicht zulässig und kann auch nicht auf die Entscheidung des BFH vom 20. März 2014 (BStBl II S. 882) gestützt werden. Bei Wartungsverträgen ist es nicht zu beanstanden, wenn der Anteil der Arbeitskosten, der sich auch pauschal aus einer Mischkalkulation ergeben kann, aus einer Anlage zur Rechnung hervorgeht. Leistungen, die sowohl im als auch außerhalb des räumlichen Bereichs des Haushalts (Rdnr. 2) durchgeführt werden, sind entsprechend aufzuteilen. Zur Aufteilung der Aufwendungen bei Wohnungseigentümergemeinschaften genügt eine Jahresbescheinigung des Grundstücksverwalters. Entsprechendes gilt für die Nebenkostenabrechnung der Mieter. Abschlagszahlungen können nur dann berücksichtigt werden, wenn hierfür eine entsprechende Aufteilung vorgenommen worden ist und eine Rechnung vorliegt, welche die Voraussetzungen des § 35a EStG erfüllt (vgl. Rdnr. 49). Ein gesonderter Ausweis der auf die Arbeitskosten entfallenden Mehrwertsteuer ist nicht erforderlich.

Versicherungsleistungen

41 Aufwendungen für haushaltsnahe Dienstleistungen oder Handwerkerleistungen, die im Zusammenhang mit Versicherungsschadensfällen entstehen, können nur berücksichtigt werden, soweit sie nicht von der Versicherung erstattet werden. Dabei sind nicht nur erhaltene, sondern auch in späteren Veranlagungszeiträumen zu erwartende Versicherungsleistungen zu berücksichtigen. Das gilt auch für Versicherungsleistungen, die zur medizinischen Rehabilitation erbracht werden, wie z. B. für Haushaltshilfen nach § 10

Absatz 2 Satz 2, § 36 Absatz 1 Satz 2, § 37 Absatz 1 Satz 2, § 39 Absatz 1 Satz 2 des Gesetzes über die Alterssicherung der Landwirte, § 10 des Zweiten Gesetzes über die Krankenversicherung der Landwirte, § 38 Absatz 4 Satz 1 Alternative 2 SGB V, § 54 Absatz 2, § 55 SGB VII, § 54 SGB IX. In solchen Fällen ist nur die Selbstbeteiligung nach § 35a EStG begünstigt.

Empfangene Leistungen der Pflegeversicherung des Steuerpflichtigen sowie die Leistungen im Rahmen **42** des Persönlichen Budgets im Sinne des § 17 SGB IX sind anzurechnen, soweit sie ausschließlich und zweckgebunden für Pflege- und Betreuungsleistungen sowie für haushaltsnahe Dienstleistungen im Sinne des § 35a Absatz 2 in Verbindung mit Absatz 5 EStG, die keine Handwerkerleistungen im Sinne des § 35a Absatz 3 EStG sind, gewährt werden. Danach sind Pflegesachleistungen nach § 36 SGB XI und der Kostenersatz für zusätzliche Betreuungsleistungen nach § 45b SGB XI auf die entstandenen Aufwendungen anzurechnen. Leistungen der Pflegeversicherung im Sinne des § 37 SGB XI (sog. Pflegegeld) sind dagegen nicht anzurechnen, weil sie nicht zweckgebunden für professionelle Pflegedienste bestimmt sind, die die Voraussetzungen des § 35a Absatz 5 EStG erfüllen (Ausstellung einer Rechnung, Überweisung auf ein Konto des Empfängers).

Beispiel 3:

Ein pflegebedürftiger Steuerpflichtiger der Pflegestufe II mit dauerhafter erheblicher Einschränkung seiner Alltagskompetenz erhält im Veranlagungszeitraum 2015 in seinem eigenen Haushalt Pflegesachleistungen in der Form einer häuslichen Pflegehilfe sowie zusätzliche Betreuung. Er nimmt dafür einen professionellen Pflegedienst in Anspruch. Die monatlichen Aufwendungen betragen 1.500 €. Die Pflegeversicherung übernimmt die Aufwendungen in Höhe von monatlich 1.144 € (§ 36 Absatz 3 Nummer 2 Buchstabe d SGB XI). Darüber hinaus erhält der Steuerpflichtige einen zusätzlichen Kostenersatz nach § 45b SGB XI in Höhe von monatlich 104 €.

Es handelt sich um die Inanspruchnahme von Pflege- und Betreuungsleistungen im Sinne des § 35a Absatz 2 Satz 2 EStG, für die der Steuerpflichtige eine Steuerermäßigung in Anspruch nehmen kann. Die Beträge nach § 36 SGB XI sowie der Kostenersatz nach § 45b SGB XI sind anzurechnen.

Die Steuerermäßigung für die Pflege- und Betreuungsleistungen wird für den Veranlagungszeitraum 2015 wie folgt berechnet:

1.500 € × 12 Monate	18.000 €
− (1.144 € + 104 €) × 12 Monate	−14.976 €
verbleibende Eigenleistung	3.024 €

Davon 20 % = 604,80 €. Der Steuerpflichtige kann 605 € als Steuerermäßigung in Anspruch nehmen.

Beispiel 4:

Eine pflegebedürftige Steuerpflichtige der Pflegestufe I beantragt anstelle der häuslichen Pflegehilfe (§ 36 SGB XI) ein Pflegegeld nach § 37 SGB XI. Im Veranlagungszeitraum 2015 erhält sie monatlich 244 €. Die Steuerpflichtige nimmt zur Deckung ihres häuslichen Pflege- und Betreuungsbedarfs zusätzlich einzelne Pflegeeinsätze eines professionellen Pflegedienstes in Anspruch. Die Aufwendungen dafür betragen jährlich 2.400 €.

Es handelt sich um die Inanspruchnahme von Pflege- und Betreuungsleistungen im Sinne des § 35a Absatz 2 Satz 2 EStG, für die die Steuerpflichtige eine Steuerermäßigung in Anspruch nehmen kann. Das Pflegegeld ist nicht anzurechnen.

Die Steuerermäßigung für die Pflege- und Betreuungsleistungen wird für den Veranlagungszeitraum 2015 wie folgt berechnet:

20 % von 2.400 € = 480 €. Die Steuerpflichtige kann 480 € als Steuerermäßigung in Anspruch nehmen.

Beispiel 5:

Ein pflegebedürftiger Steuerpflichtiger der Pflegestufe II nimmt im Veranlagungszeitraum 2015 die ihm nach § 36 Absatz 3 Nummer 2 Buchstabe d SGB XI zustehende Sachleistung nur zur Hälfte in Anspruch (572 €/Monat). Er erhält daneben ein anteiliges Pflegegeld (§ 38 in Verbindung mit § 37 SGB XI) in Höhe von monatlich 229 €. Die durch die Pflegeversicherung im Wege der Sachleistung zur Verfügung gestellten regelmäßigen professionellen Pflegeeinsätze werden durch den Steuerpflichtigen durch gelegentliche zusätzliche Beauftragungen eines Pflegedienstes ergänzt. Die Aufwendungen hierfür betragen jährlich 2.400 €; hierfür werden keine Pflegesachleistungen gewährt. Die weiteren Pflege- und Betreuungsdienstleistungen erfolgen durch Freunde des Steuerpflichtigen, von denen eine Person im Rahmen einer geringfügigen Beschäftigung im Sinne des § 8a SGB IV zu einem Monatslohn einschließlich der pauschalen Abgaben in Höhe von 420 € beschäftigt wird. Einen Teil des Pflegegeldes leitet der Steuerpflichtige an die anderen Hilfspersonen weiter.

Die Inanspruchnahme des Pflegedienstes ist nach § 35a Absatz 2 Satz 2 EStG begünstigt. Das Pflegegeld nach § 37 SGB XI ist nicht anzurechnen. Das geringfügige Beschäftigungsverhältnis fällt unter § 35a Absatz 1 EStG.

Die Steuerermäßigung für das geringfügige Beschäftigungsverhältnis wird für den Veranlagungszeitraum 2015 wie folgt berechnet:

420 € × 12 Monate   5.040 €

Davon 20 % = 1.008 €. Der Steuerpflichtige kann 510 € (= Höchstbetrag) als Steuerermäßigung in Anspruch nehmen.

Die Steuerermäßigung für die zusätzlich zu den Sachleistungen der Pflegeversicherung selbst finanzierten externen Pflegeeinsätze wird für den Veranlagungszeitraum 2015 wie folgt berechnet:

20 % von 2.400 € = 480 €. Der Steuerpflichtige kann (510 € + 480 € =) 990 € als Steuerermäßigung in Anspruch nehmen.

43 Wird die Steuerermäßigung für Pflege- und Betreuungsaufwendungen von einem Angehörigen oder einer anderen Person geltend gemacht, ist Rdnr. 42 entsprechend anzuwenden, wenn das Pflegegeld an diese Person weitergeleitet wird.

Beispiel 6:

Eine pflegebedürftige Person der Pflegestufe II nimmt im Veranlagungszeitraum 2015 in ihrem eigenen Haushalt einen professionellen Pflegedienst in Anspruch. Die monatlichen Gesamtaufwendungen hierfür betragen 1.800 €. Durch die Pflegeversicherung werden Pflegesachleistungen nach § 36 Absatz 3 Nummer 2d SGB XI in Höhe von 1.144 € monatlich übernommen. Die darüber hinausgehenden Aufwendungen trägt der Sohn in Höhe von monatlich 656 €.

Es handelt sich um die Inanspruchnahme von Pflege- und Betreuungsleistungen im Sinne des § 35a Absatz 2 Satz 2 EStG, für die der Sohn eine Steuerermäßigung in Anspruch nehmen kann. Die Beträge nach § 36 SGB XI sind anzurechnen.

Die Steuerermäßigung für die Pflege- und Betreuungsleistungen wird für den Veranlagungszeitraum 2015 wie folgt berechnet:

Steuerpflichtiger:

1.800 € × 12 Monate	21.600 €
−1.144 € × 12 Monate	13.728 €
Eigenleistung des Sohnes	7.872 €

Davon 20 % = 1.574,40 €. Der Sohn kann 1.575 € als Steuerermäßigung in Anspruch nehmen.

Beispiel 7:

Ein pflegebedürftiger Steuerpflichtiger der Pflegestufe II (Schwerbehindertenausweis mit Merkzeichen „H") beantragt anstelle der häuslichen Pflegehilfe (§ 36 SGB XI) ein Pflegegeld nach § 37 SGB XI. Im Veranlagungszeitraum 2015 erhält er monatlich 458 €. Der Steuerpflichtige wird grundsätzlich von seiner Tochter betreut und gepflegt. Er reicht das Pflegegeld an die Tochter weiter. Zu ihrer Unterstützung beauftragt die Tochter gelegentlich zusätzlich einen professionellen Pflegedienst. Die Aufwendungen hierfür haben 2015 insgesamt 2.400 € betragen. Diese Kosten hat die Tochter getragen.

Bei der Beauftragung des Pflegedienstes handelt es sich um die Inanspruchnahme von Pflege- und Betreuungsleistungen im Sinne des § 35a Absatz 2 Satz 2 EStG, für die die Tochter eine Steuerermäßigung in Anspruch nehmen kann. Die an sie weitergeleiteten Beträge nach § 37 SGB XI sind nicht anzurechnen.

Die Steuerermäßigung für die Pflege- und Betreuungsleistungen wird bei der Tochter für den Veranlagungszeitraum 2015 wie folgt berechnet:

20 % von 2.400 € = 480 €. Die Tochter kann 480 € als Steuerermäßigungsbetrag in Anspruch nehmen.

Den Pflege-Pauschbetrag nach § 33b Absatz 6 Satz 1 EStG kann die Tochter nicht in Anspruch nehmen, da sie, durch Weiterleitung des Pflegegeldes durch den Vater an sie, Einnahmen im Sinne des § 33b Absatz 6 Satz 1 und 2 EStG erhält und sie das Pflegegeld nicht nur treuhänderisch für den Vater verwaltet, um daraus Aufwendungen des Pflegebedürftigen zu bestreiten (vgl. H 33b „Pflege-Pauschbetrag" EStH).

Beispiel 8:

Ein pflegebedürftiges Ehepaar lebt mit seiner Tochter in einem Haushalt. Der Vater hat Pflegestufe II, die Mutter Pflegestufe I. Der Vater wird täglich durch einen professionellen Pflegedienst gepflegt und betreut. Die Aufwendungen wurden 2015 von der Pflegeversicherung als Pflegesachleistung in Höhe von monatlich 1.144 € übernommen (§ 36 Absatz 3 Nummer 2 Buchstabe d SGB XI). Die Mutter hat 2015 Pflegegeld nach § 37 SGB XI in Höhe von monatlich 244 € bezogen. Bei ihrer Pflege hilft die Tochter. Sie erhält als Anerkennung das Pflegegeld von der Mutter.

Die monatlichen Aufwendungen für den Pflegedienst des Vaters betragen nach Abzug der Leistungen der Pflegeversicherung 440 €. Zu ihrer Unterstützung beauftragt die Tochter gelegentlich zusätzlich einen Pflegedienst für die Mutter. Die Aufwendungen hierfür haben 2015 insgesamt 1.800 € betragen. Diese Kosten hat die Tochter getragen.

Es handelt sich um die Inanspruchnahme von Pflege- und Betreuungsleistungen im Sinne des § 35a Absatz 2 Satz 2 EStG, für die die Eltern und die Tochter eine Steuerermäßigung in Anspruch nehmen können. Die Beträge nach § 37 SGB XI sind nicht anzurechnen.

Die Steuerermäßigung für die Pflege- und Betreuungsleistungen wird für den Veranlagungszeitraum 2015 wie folgt berechnet:

Eltern: Eigenleistung 440 € × 12 Monate	5.280 €

Davon 20 % = 1.056 €. Die Eltern können 1.056 € als Steuerermäßigungsbetrag in Anspruch nehmen.

Tochter: Eigenleistung	1.800 €

Davon 20 % = 360 €. Die Tochter kann 360 € als Steuerermäßigung in Anspruch nehmen.

Zahlungszeitpunkt

Für die Inanspruchnahme der Steuerermäßigung ist auf den Veranlagungszeitraum der Zahlung abzustellen (§ 11 Absatz 2 EStG). Bei regelmäßig wiederkehrenden Ausgaben (z. B. nachträgliche monatliche Zahlung oder monatliche Vorauszahlung einer Pflegeleistung), die innerhalb eines Zeitraums von bis zu zehn Tagen nach Beendigung bzw. vor Beginn eines Kalenderjahres fällig und geleistet worden sind, werden die Ausgaben dem Kalenderjahr zugerechnet, zu dem sie wirtschaftlich gehören. Bei geringfügigen Beschäftigungsverhältnissen gehören die Abgaben für das in den Monaten Juli bis Dezember erzielte Arbeitsentgelt, die erst am 31. Januar des Folgejahres fällig werden, noch zu den begünstigten Aufwendungen des Vorjahres. **44**

Dienst- oder Werkswohnung

Für vom Arbeitnehmer bewohnte Dienst- oder Werkswohnungen gilt Folgendes: Lässt der Arbeitgeber haushaltsnahe Dienstleistungen oder Handwerkerleistungen von einem (fremden) Dritten durchführen und trägt er hierfür die Aufwendungen, kann der Arbeitnehmer die Steuerermäßigung nach § 35a EStG nur in Anspruch nehmen, wenn er die Aufwendungen – neben dem Mietwert der Wohnung – als Arbeitslohn (Sachbezug) versteuert und der Arbeitgeber eine Bescheinigung erteilt hat, aus der eine Aufteilung der Aufwendungen nach haushaltsnahen Dienstleistungen und Handwerkerleistungen, jeweils unterteilt nach Arbeitskosten und Materialkosten, hervorgeht. Zusätzlich muss aus der Bescheinigung hervorgehen, dass die Leistungen durch (fremde) Dritte ausgeführt worden sind und zu welchem Wert sie zusätzlich zum Mietwert der Wohnung als Arbeitslohn versteuert worden sind. Die Steuerermäßigung kann nicht in Anspruch genommen werden, wenn die haushaltsnahen Dienstleistungen oder Handwerkerleistungen durch eigenes Personal des Arbeitgebers durchgeführt worden sind. Auch pauschale Zahlungen des Mieters einer Dienstwohnung an den Vermieter für die Durchführung von Schönheitsreparaturen sind nicht begünstigt, wenn die Zahlungen unabhängig davon erfolgen, ob und ggf. in welcher Höhe der Vermieter tatsächlich Reparaturen an der Wohnung des Mieters in Auftrag gibt (BFH-Urteil vom 5. Juli 2012, BStBl 2013 II S. 14). **45**

Altenteilerwohnung

Für empfangene Sachleistungen, die ein Altenteiler als wiederkehrende Bezüge versteuert, kann er die Steuerermäßigung für Handwerkerleistungen im Haushalt in Anspruch nehmen, soweit sie auf seinen Haushalt entfallen und in der Person des die Sachleistungen erbringenden Altenteilsverpflichteten alle Voraussetzungen für die Gewährung der Steuerermäßigung vorliegen. **46**

Wohnungseigentümer und Mieter

47 Bei Wohnungseigentümern und Mietern ist erforderlich, dass die auf den einzelnen Wohnungseigentümer und Mieter entfallenden Aufwendungen für haushaltsnahe Beschäftigungsverhältnisse und Dienstleistungen sowie für Handwerkerleistungen entweder in der Jahresabrechnung gesondert aufgeführt oder durch eine Bescheinigung des Verwalters oder Vermieters nachgewiesen sind. Aufwendungen für regelmäßig wiederkehrende Dienstleistungen (wie z. B. Reinigung des Treppenhauses, Gartenpflege, Hausmeister) werden grundsätzlich anhand der geleisteten Vorauszahlungen im Jahr der Vorauszahlungen berücksichtigt, einmalige Aufwendungen (wie z. B. Handwerkerrechnungen) dagegen erst im Jahr der Genehmigung der Jahresabrechnung. Soweit einmalige Aufwendungen durch eine Entnahme aus der Instandhaltungsrücklage finanziert werden, können die Aufwendungen erst im Jahr des Abflusses aus der Instandhaltungsrücklage oder im Jahr der Genehmigung der Jahresabrechnung, die den Abfluss aus der Instandhaltungsrücklage beinhaltet, berücksichtigt werden. Wird eine Jahresabrechnung von einer Verwaltungsgesellschaft mit abweichendem Wirtschaftsjahr erstellt, gilt nichts anderes. Es ist aber auch nicht zu beanstanden, wenn Wohnungseigentümer die gesamten Aufwendungen erst in dem Jahr geltend machen, in dem die Jahresabrechnung im Rahmen der Eigentümerversammlung genehmigt worden ist. Für die zeitliche Berücksichtigung von Nebenkosten bei Mietern gelten die vorstehenden Ausführungen entsprechend.

48 Die Entscheidung, die Steuerermäßigung hinsichtlich der Aufwendungen für die regelmäßig wiederkehrenden Dienstleistungen im Jahr der Vorauszahlung und für die einmaligen Aufwendungen im Jahr der Beschlussfassung oder für die gesamten Aufwendungen die Steuerermäßigung erst im Jahr der Beschlussfassung in Anspruch zu nehmen, hat jeder einzelne Eigentümer bzw. Mieter im Rahmen seiner Einkommensteuererklärung zu treffen. Zur Bescheinigung des Datums über die Beschlussfassung s. Rdnr. 26 und Anlage 2. Hat sich der Wohnungseigentümer bei einer Abrechnung mit einem abweichenden Wirtschaftsjahr dafür entschieden, die gesamten Aufwendungen erst in dem Jahr geltend zu machen, in dem die Jahresabrechnung im Rahmen der Eigentümerversammlung genehmigt worden ist, hat das zur Folge, dass hinsichtlich des regelmäßig wiederkehrenden Dienstleistungen die Aufwendungen des abweichenden Wirtschaftsjahres maßgebend sind. Eine davon abweichende andere zeitanteilige Aufteilung der Aufwendungen ist nicht möglich. Auch für den Fall, dass die Beschlussfassungen über die Jahresabrechnungen für zwei Kalenderjahre in einem Kalenderjahr getroffen werden, kann die Entscheidung für alle in einem Jahr genehmigten Abrechnungen, die Steuerermäßigung im Jahr der Vorauszahlung oder in dem der Beschlussfassung in Anspruch zu nehmen, nur einheitlich getroffen werden.

4. Nachweis

49 Die Steuerermäßigung ist davon abhängig, dass der Steuerpflichtige für die Aufwendungen eine Rechnung erhalten hat und die Zahlung auf das Konto des Erbringers der haushaltsnahen Dienstleistung, der Handwerkerleistung oder der Pflege- oder Betreuungsleistung erfolgt ist (§ 35a Absatz 5 Satz 3 EStG). Dies gilt auch für Abschlagszahlungen (vgl. Rdnr. 40). Bei Wohnungseigentümern und Mietern müssen die sich aus Rdnr. 47 ergebenden Nachweise vorhanden sein. Es ist ausreichend, wenn der Steuerpflichtige die Nachweise auf Verlangen des Finanzamtes vorlegen kann.

Zahlungsarten

50 Die Zahlung auf das Konto des Erbringers der Leistung erfolgt in der Regel durch Überweisung**❶**. Beträge, für deren Begleichung ein Dauerauftrag eingerichtet worden ist, die durch eine Einzugsermächtigung oder im SEPA-Lastschriftverfahren abgebucht oder im Wege des Online-Bankings überwiesen wurden, können in Verbindung mit dem Kontoauszug, der die Abbuchung ausweist, anerkannt werden. Das gilt auch bei Übergabe eines Verrechnungsschecks oder der Teilnahme am Electronic-Cash-Verfahren oder am elektronischen Lastschriftverfahren. Barzahlungen, Baranzahlungen oder Barteilzahlungen können nicht anerkannt werden (BFH-Urteil vom 20. November 2008, BStBl 2009 II S. 307). Das gilt selbst dann, wenn die Barzahlung von dem Erbringer der haushaltsnahen Dienstleistung, der Pflege- und Betreuungsleistung oder der Handwerkerleistung tatsächlich ordnungsgemäß verbucht worden ist und der Steuerpflichtige einen Nachweis über die ordnungsgemäße Verbuchung erhalten hat oder wenn eine Barzahlung durch eine später veranlasste Zahlung auf das Konto des Erbringers der Leistung ersetzt wird.

Amtl. Fn.:

❶ Eine Gutschrift des Rechnungsbetrags im Wege der Aufrechnung durch Belastung des Gesellschafterverrechnungskontos des Stpfl. bei der leistungserbringenden GmbH genügt den gesetzlichen Anforderungen an den Zahlungsvorgang nicht (> BFH vom 9. 6. 2022 – BStBl II S. 666).

Konto eines Dritten

Die Inanspruchnahme der Steuerermäßigung durch den Steuerpflichtigen ist auch möglich, wenn die **51**
Aufwendungen für die haushaltsnahe Dienstleistung, Pflege- oder Betreuungsleistung oder die Handwerkerleistung, für die der Steuerpflichtige eine Rechnung erhalten hat, von dem Konto eines Dritten bezahlt worden sind.

Vermittlung von Dienst- und Handwerkerleistungen (insbesondere Online-Portale)

Dienst- und Handwerkerleistungen werden auch über Vermittlungsportale angeboten. Diese treten dabei **52**
regelmäßig als Vermittler für die ausführenden Leistungskräfte, wie z. B. Reinigungskräfte oder Handwerker auf. Die Leistungskräfte stehen zu den Portalen nicht in einem abhängigen Arbeitsverhältnis. Die Leistungskräfte sind eigenverantwortlich, also gewerblich tätig. Es bestehen keine Bedenken, eine Rechnung,
die das Portal im Auftrag der jeweiligen Leistungskraft erstellt, als Nachweis nach § 35a Absatz 5
Satz 3 EStG anzuerkennen, wenn die nachfolgenden Voraussetzungen erfüllt sind. Aus der Rechnung müssen sich der Erbringer und der Empfänger der Leistung, ihre Art, der Zeitpunkt der Erbringung und der
Inhalt der Leistung sowie die dafür vom Empfänger der Leistung jeweils geschuldeten Entgelte, ggf. aufgeteilt nach Arbeitszeit und Material, ergeben (BFH-Urteil vom 29. Januar 2009, BStBl 2010 II S. 166). Der
Erbringer oder die Erbringerin der Leistung ist mindestens mit Name, Anschrift und Steuernummer zu
bezeichnen. Erfolgt die – unbare – Bezahlung der Rechnung nach Maßgabe der Rdnr. 50 an den Betreiber
des Portals, steht dies einer Anerkennung der Zahlung gemäß § 35a Absatz 5 Satz 3 EStG nicht entgegen.

VI. Haushaltsbezogene Inanspruchnahme der Höchstbeträge

1. Ganzjährig ein gemeinsamer Haushalt

Die Höchstbeträge nach § 35a EStG können nur haushaltsbezogen in Anspruch genommen werden (§ 35a **53**
Absatz 5 Satz 4 EStG). Leben z. B. zwei Alleinstehende im gesamten Veranlagungszeitraum in einem Haushalt, kann jeder seine tatsächlichen Aufwendungen grundsätzlich nur bis zur Höhe des hälftigen Abzugshöchstbetrages geltend machen. Das gilt auch, wenn beide Arbeitgeber im Rahmen eines haushaltsnahen Beschäftigungsverhältnisses oder Auftraggeber haushaltsnaher Dienstleistungen, von Pflege- und
Betreuungsleistungen oder von Handwerkerleistungen sind. Eine andere Aufteilung des Höchstbetrages
ist zulässig, wenn beide Steuerpflichtige einvernehmlich eine andere Aufteilung wählen und dies gegenüber dem Finanzamt anzeigen.

Beispiel 9:

Das Ehepaar A und B beschäftigt eine Haushaltshilfe im Rahmen einer geringfügigen Beschäftigung
im Sinne des § 8a SGB IV. Die Aufwendungen im Veranlagungszeitraum 2015 betragen einschließlich Abgaben 2.800 €. Darüber hinaus sind Aufwendungen für die Inanspruchnahme von Handwerkerleistungen in Höhe von 4.500 € (Arbeitskosten einschließlich Fahrtkosten) angefallen. Das Ehepaar wird zusammenveranlagt.

Die Steuerermäßigung nach § 35a EStG wird für den Veranlagungszeitraum 2015 wie folgt berechnet:

20 % von 2.800 € (§ 35a Absatz 1 EStG) = 560 €, höchstens	510 €
20 % von 4.500 € (§ 35a Absatz 3 EStG)	900 €
Steuerermäßigung 2015	1.410 €

Für die Steuerermäßigung ist es unerheblich, welcher Ehegatte die Aufwendungen bezahlt hat.

Beispiel 10:

C und D sind allein stehend und leben im gesamten Veranlagungszeitraum 2015 in einem gemeinsamen Haushalt. Sie beschäftigen eine Haushaltshilfe im Rahmen einer geringfügigen Beschäftigung im Sinne des § 8a SGB IV. Dabei tritt D gegenüber der Minijob-Zentrale als Arbeitgeberin auf.
Sie bezahlt den Lohn der Haushaltshilfe, und von ihrem Konto werden die Abgaben durch die Minijob-Zentrale abgebucht. Die Aufwendungen im Veranlagungszeitraum 2015 betragen einschließlich
Abgaben 2.500 €.

Darüber hinaus sind Aufwendungen für die Inanspruchnahme von Handwerkerleistungen wie folgt
angefallen:

Schornsteinfegerkosten	180 €
Tapezieren und Streichen der Wohnräume (Arbeitskosten einschließlich Fahrtkosten)	2.400 €
Reparatur der Waschmaschine vor Ort (Arbeitskosten einschließlich Fahrtkosten)	500 €
	3.080 €

Das Tapezieren und Streichen der Wohnräume haben C und D je zur Hälfte bezahlt. Beide sind gegenüber dem Handwerksbetrieb als Auftraggeber aufgetreten.

Die Schornsteinfegerkosten hat C, die Waschmaschinenreparatur hat D bezahlt.

Die Steuerermäßigung nach § 35a EStG wird für den Veranlagungszeitraum 2015 für die jeweilige Einzelveranlagung wie folgt berechnet:

<u>C:</u>	20 % von (1/2 von 2.400 € =) 1.200 € (§ 35a Absatz 3 EStG)	240 €
	20 % von 180 € (§ 35a Absatz 3 EStG)	<u>36 €</u>
	Steuerermäßigung 2015 für C	<u>276 €</u>

<u>D:</u>	20 % von 2.500 € (§ 35a Absatz 1 EStG)	500 €
	20 % von (1/2 von 2.400 € =) 1.200 € (§ 35a Absatz 3 EStG)	240 €
	20 % von 500 € (§ 35a Absatz 3 EStG)	<u>100 €</u>
	Steuerermäßigung 2015 für D	<u>840 €</u>

C und D zeigen die abweichende Aufteilung gegenüber dem Finanzamt an.

Beispiel 11:

E und F sind allein stehend und leben im gesamten Veranlagungszeitraum 2015 in einem gemeinsamen Haushalt in einem Haus, das der F gehört. Von Juni bis September wird das Haus aufwendig renoviert. Für den Austausch der Fenster und Türen, das Tapezieren und Streichen der Wände, die Renovierung des Badezimmers und das Austauschen der Küche bezahlen sie an die Handwerker insgesamt 30.000 €. Auf Arbeitskosten einschließlich Fahrtkosten entfallen davon 10.000 €. E und F treten gegenüber den Handwerkern gemeinsam als Auftraggeber auf.

a)   E und F teilen sich die Aufwendungen hälftig.

Die Steuerermäßigung nach § 35a EStG wird für den Veranlagungszeitraum 2015 für die jeweilige Einzelveranlagung wie folgt berechnet:

<u>E:</u>	20 % von (1/2 von 10.000 € =) 5.000 € (§ 35a Absatz 3 EStG),	
	= 1.000 €, höchstens 1/2 von 1.200 € =	<u>600 €</u>
<u>F:</u>	Die Steuerermäßigung für F wird ebenso berechnet	<u>600 €</u>

Damit beträgt der haushaltsbezogene in Anspruch genommene Höchstbetrag für die Steuerermäßigung für Handwerkerleistungen 1.200 €.

b)   E bezahlt 80 %, F bezahlt 20 % der Aufwendungen.

Die Steuerermäßigung nach § 35a EStG wird für den Veranlagungszeitraum 2015 für die jeweilige Einzelveranlagung grundsätzlich wie folgt berechnet:

<u>E:</u>	20 % von (80 % von 10.000 € =) 8.000 € (§ 35a Absatz 3 EStG),	
	= 1.600 €, höchstens 1/2 von 1.200 € =	<u>600 €</u>
<u>F:</u>	20 % von (20 % von 10.000 € =) 2.000 € (§ 35a Absatz 3 EStG)	<u>400 €</u>

E und F wählen eine andere Aufteilung des Höchstbetrages, und zwar nach dem Verhältnis, wie sie die Aufwendungen tatsächlich getragen haben. Sie zeigen dies auch gegenüber dem Finanzamt einvernehmlich an.

Die Steuerermäßigung nach § 35a EStG wird für den Veranlagungszeitraum 2015 für die jeweilige Einzelveranlagung wie folgt berechnet:

<u>E:</u>	20 % von (80 % von 10.000 € =) 8.000 € (§ 35a Absatz 3 EStG),	
	= 1.600 €, höchstens 80 % von 1.200 € =	<u>960 €</u>
<u>F:</u>	20 % von (20 % von 10.000 € =) 2.000 € (§ 35a Absatz 3 EStG),	
	= 400 €, höchstens 20 % von 1.200 € =	<u>240 €</u>

Damit beträgt der haushaltsbezogene in Anspruch genommene Höchstbetrag für die Steuerermäßigung für Handwerkerleistungen 1.200 €.

c)   F bezahlt als Hauseigentümerin die gesamten Aufwendungen.

Die Steuerermäßigung nach § 35a EStG wird für den Veranlagungszeitraum 2015 für die Einzelveranlagung der F grundsätzlich wie folgt berechnet:

20 % von 10.000 € (§ 35a Absatz 3 EStG) = 2.000 €,
höchstens 1/2 von 1.200 € (= hälftiger Höchstbetrag)   <u>600 €</u>

E und F haben jedoch die Möglichkeit, eine andere Aufteilung des Höchstbetrags zu wählen, und zwar nach dem Verhältnis, wie sie die Aufwendungen tatsächlich getragen haben (also zu 100 % auf F und zu 0 % auf E). Sie zeigen dies auch gegenüber dem Finanzamt einvernehmlich an.

Die Steuerermäßigung nach § 35a EStG wird für den Veranlagungszeitraum 2015 für die Einzelveranlagung der F nunmehr wie folgt berechnet:

20 % von 10.000 € (§ 35a Absatz 3 EStG) = 2.000 €,
höchstens   <u>1.200 €</u>

E hat keinen Anspruch auf die Steuerermäßigung, da er keine eigenen Aufwendungen getragen hat.

2. Unterjährige Begründung oder Beendigung eines gemeinsamen Haushalts

Begründen zwei bisher alleinstehende Steuerpflichtige mit eigenem Haushalt im Laufe des Veranla- **54** gungszeitraums einen gemeinsamen Haushalt oder wird der gemeinsame Haushalt zweier Steuerpflichtiger während des Veranlagungszeitraums aufgelöst und es werden wieder zwei getrennte Haushalte begründet, kann bei Vorliegen der übrigen Voraussetzungen jeder Steuerpflichtige die vollen Höchstbeträge in diesem Veranlagungszeitraum in Anspruch nehmen. Das gilt unabhängig davon, ob im Veranlagungszeitraum der Begründung oder Auflösung des Haushalts auch die Eheschließung bzw. die Begründung der Lebenspartnerschaft, die Trennung oder die Ehescheidung bzw. die Auflösung der Lebenspartnerschaft erfolgt. Grundsätzlich kann jeder Steuerpflichtige seine tatsächlichen Aufwendungen im Rahmen des Höchstbetrags geltend machen. Darauf, in welchem der beiden Haushalte in diesem Veranlagungszeitraum die Aufwendungen angefallen sind, kommt es nicht an. Für die Inanspruchnahme des vollen Höchstbetrages pro Steuerpflichtigen ist maßgebend, dass von dem jeweiligen Steuerpflichtigen zumindest für einen Teil des Veranlagungszeitraums ein alleiniger Haushalt unterhalten worden ist.

Beispiel 12:

G und H begründen im Laufe des Veranlagungszeitraums 2016 einen gemeinsamen Haushalt. Vorher hatten beide jeweils einen eigenen Haushalt. Im Laufe des Jahres sind die folgenden Aufwendungen im Sinne des § 35a EStG angefallen:

Einzelhaushalt des G: Aufwendungen für Renovierungsarbeiten der alten Wohnung im zeitlichen Zusammenhang mit dem Umzug (vgl. Rdnr. 3) in Höhe von 12.000 €. Davon entfallen auf Arbeitskosten einschließlich Fahrtkosten 6.000 €.

Einzelhaushalt der H: Aufwendungen für Renovierungsarbeiten der alten Wohnung im zeitlichen Zusammenhang mit dem Umzug (vgl. Rdnr. 3) in Höhe von 2.500 €. Davon entfallen auf Arbeitskosten einschließlich Fahrtkosten 1.000 €.

Gemeinsamer Haushalt: Handwerkerkosten (Arbeitskosten) für die Montage der neuen Möbel 500 €, für das Verlegen von Elektroanschlüssen 200 €, für den Einbau der neuen Küche 400 €. Für Wohnungsreinigungsarbeiten haben sie ein Dienstleistungsunternehmen beauftragt. Die Aufwendungen betragen (ohne Materialkosten) bis Jahresende 800 €. G und H treten gegenüber den jeweiligen Firmen gemeinsam als Auftraggeber auf. Die Kosten teilen sie sich zu gleichen Teilen.

a) Die Steuerermäßigung nach § 35a EStG wird für den Veranlagungszeitraum 2016 für die jeweilige Einzelveranlagung wie folgt berechnet:

<u>G:</u> 20 % von 6.000 € (§ 35a Absatz 3 EStG)   1.200 €
     20 % von (1/2 von 800 € =) 400 € (§ 35a Absatz 2 EStG)   <u>80 €</u>
     <u>1.280 €</u>

Durch die Handwerkerkosten für den Einzelhaushalt hat G seinen Höchstbetrag nach § 35a Absatz 3 EStG ausgeschöpft. Die weiteren Handwerkerkosten in der neuen Wohnung bleiben bei ihm unberücksichtigt. Eine Übertragung des nicht ausgeschöpften Höchstbetrages von H ist nicht möglich.

<u>H:</u> 20 % von 1.000 € (§ 35a Absatz 3 EStG)   200 €
     20 % von (1/2 von 1.100 € =) 550 € (§ 35a Absatz 3 EStG)   110 €
     20 % von (1/2 von 800 € =) 400 € (§ 35a Absatz 2 EStG)   <u>80 €</u>
     <u>390 €</u>

H kann die durch G nicht nutzbare Steuerermäßigung nicht geltend machen, da sie insoweit nicht die Aufwendungen getragen hat.

b) G und H heiraten im November 2016. Sie beantragen die Zusammenveranlagung.

Die Steuerermäßigung nach § 35a EStG wird für 2016 wie folgt berechnet:

20 % von 800 € (§ 35a Absatz 2 EStG)	160 €
20 % von 6.000 € – Einzelhaushalt des G (§ 35a Absatz 3 EStG)	1.200 €
20 % von 1.000 € – Einzelhaushalt der H (§ 35a Absatz 3 EStG)	200 €
20 % von 1.100 € – gemeinsamer Haushalt (Höchstbetrag für Handwerkerkosten ist bei H noch nicht ausgeschöpft; darauf, wer von beiden die Aufwendungen tatsächlich getragen hat, kommt es nicht an)	220 €
	1.780 €

55 Wird unmittelbar nach Auflösung eines gemeinsamen Haushalts ein gemeinsamer Haushalt mit einer anderen Person begründet, kann derjenige Steuerpflichtige, der ganzjährig in gemeinsamen Haushalten gelebt hat, seine tatsächlichen Aufwendungen nur bis zur Höhe des hälftigen Abzugshöchstbetrages geltend machen. Hat die andere Person für einen Teil des Veranlagungszeitraums ein gemeinsamer oder alleiniger Haushalt bestanden, ist die Regelung der Rdnr. 54 sinngemäß anzuwenden mit der Folge, dass diese Person den vollen Höchstbetrag beanspruchen kann. Auch in diesen Fällen gilt, dass jeder Steuerpflichtige nur seine tatsächlichen Aufwendungen im Rahmen seines Höchstbetrages geltend machen kann. Etwas anderes gilt nur dann, wenn Steuerpflichtige, die zumindest für einen Teil des Veranlagungszeitraums zusammen einen Haushalt unterhalten haben, einvernehmlich eine andere Aufteilung des Höchstbetrages wählen und dies gegenüber dem Finanzamt anzeigen. Dabei kann für einen Steuerpflichtigen maximal der volle Höchstbetrag berücksichtigt werden.

Beispiel 13:

K und L leben seit Jahren zusammen, sind aber nicht verheiratet. Im Laufe des Veranlagungszeitraums 2016 zieht K aus der gemeinsamen Wohnung aus und zieht in den Haushalt von M ein.

Für den Haushalt von K und L sind die folgenden Aufwendungen angefallen:

Haushaltsnahe Dienstleistungen nach § 35a Absatz 2 EStG in Höhe von 800 €, Aufwendungen für Renovierung und Erhaltung des Haushalts in Höhe von 8.000 €. Es handelt sich jeweils um Arbeitskosten. K und L waren beide Auftraggeber und haben sich die Kosten geteilt.

Für den Haushalt von L sind nach dem Auszug von K die folgenden Aufwendungen angefallen:

Haushaltsnahes Beschäftigungsverhältnis nach § 35a Absatz 1 EStG in Höhe von 700 €, Aufwendungen für Renovierung (Arbeitskosten) 900 €.

Für den Haushalt von M sind bis zum Einzug von K die folgenden Aufwendungen angefallen:

Reparaturkosten der Spülmaschine (Arbeitskosten und Fahrtkostenpauschale) in Höhe von 100 €, Schornsteinfegerkosten (Schornstein-Kehrarbeiten einschließlich Reparatur- und Wartungsaufwand) in Höhe von 120 €.

Für den Haushalt von K und M sind die folgenden Aufwendungen angefallen:

Haushaltsnahe Dienstleistungen nach § 35a Absatz 2 EStG in Höhe von 1.000 € (Arbeitskosten). Die Aufwendungen trägt nur M.

Die Steuerermäßigung nach § 35a EStG wird für den Veranlagungszeitraum 2016 für die jeweilige Einzelveranlagung wie folgt berechnet:

K: 20 % von (1/2 von 800 € =) 400 € (§ 35a Absatz 2 EStG)	80 €
20 % von (1/2 von 8.000 € =) 4.000 € (§ 35a Absatz 3 EStG)	
= 800 €, höchstens 1/2 von 1.200 €	600 €
Steuerermäßigung 2016 für K	680 €

Durch die Handwerkerkosten für den Haushalt mit L hat K seinen Höchstbetrag nach § 35a Absatz 3 EStG ausgeschöpft.

L: 20 % von (1/2 von 800 € =) 400 € (§ 35a Absatz 2 EStG)	80 €
20 % von (1/2 von 8.000 € =) 4.000 € (§ 35a Absatz 3 EStG)	800 €
20 % von 900 € (§ 35a Absatz 3 EStG)	180 €

(Keine Begrenzung auf den hälftigen Höchstbetrag von 600 €, da L ab dem Auszug von K alleine einen eigenen Haushalt hat.)

20 % von 700 € (§ 35a Absatz 1 EStG)	140 €
Steuerermäßigung 2016 für L	1.200 €

L kann die Aufwendungen in Höhe von 1.000 € für Handwerkerleistungen, die sich bei K nicht als Steuerermäßigung ausgewirkt haben, auch mit dessen Zustimmung nicht geltend machen, da L insoweit die Aufwendungen nicht getragen hat.

M:
20 % von 220 € (§ 35a Absatz 3 EStG)	44 €
20 % von 1.000 € (§ 35a Absatz 2 EStG)	200 €
Steuerermäßigung 2016 für M	244 €

Beispiel 14:

N und O leben seit Jahren zusammen, sind aber nicht verheiratet. Im Laufe des Veranlagungszeitraums 2016 zieht N aus der gemeinsamen Wohnung aus und zieht in den Haushalt von P.

Für den Haushalt von N und O sind die folgenden Aufwendungen angefallen:

Aufwendungen für Renovierung und Erhaltung des Haushalts in Höhe von 5.000 €. Es handelt sich jeweils um Arbeitskosten. N und O waren beide Auftraggeber. Die Kosten wurden zu 80 % von N getragen, 20 % von O.

Für den Haushalt von O sind nach dem Auszug von N die folgenden Aufwendungen angefallen: Aufwendungen für Renovierung (Arbeitskosten) 3.000 €.

a) Die Steuerermäßigung nach § 35a EStG wird für den Veranlagungszeitraum 2016 für die jeweilige Einzelveranlagung wie folgt berechnet:

N: 20 % von (80 % von 5.000 € =) 4.000 € (§ 35a Absatz 3 EStG)
= 800 €, höchstens 1/2 von 1.200 €   600 €

Durch die Handwerkerkosten hat N seinen Höchstbetrag nach § 35a Absatz 3 EStG ausgeschöpft.

O:
20 % von (20 % von 5.000 € =) 1.000 € (§ 35a Absatz 3 EStG)	200 €
20 % von 3.000 € (§ 35a Absatz 3 EStG)	600 €
Steuerermäßigung 2016 für O	800 €

(Keine Begrenzung auf den hälftigen Höchstbetrag, da O ab dem Auszug von N einen eigenen Haushalt hat. Allerdings beträgt der Höchstbetrag nach § 35a Absatz 3 EStG für O insgesamt 1.200 €, dieser ist nicht überschritten.)

O kann die durch N nicht nutzbare Steuerermäßigung nicht geltend machen, da sie für ihren Aufwendungsteil die Steuerermäßigung ausgeschöpft hat und darüber hinaus die Aufwendungen nicht getragen hat.

b) N und O wählen eine andere Aufteilung des Höchstbetrages, und zwar nach dem Verhältnis, wie sie die Aufwendungen tatsächlich getragen haben. Sie zeigen dies auch gegenüber dem Finanzamt einvernehmlich an.

Die Steuerermäßigung nach § 35a EStG wird für den Veranlagungszeitraum 2016 für die jeweilige Einzelveranlagung wie folgt berechnet:

N: 20 % von (80 % von 5.000 € =) 4.000 €,
höchstens von (80 % von 6.000 € =) 4.800 € (§ 35a Absatz 3 EStG)   800 €
N kann seine vollen Aufwendungen nach § 35a Absatz 3 EStG geltend machen.

O:
20 % von (20 % von 5.000 € =) 1.000 € (§ 35a Absatz 3 EStG)	200 €
20 % von 3.000 € (§ 35a Absatz 3 EStG)	600 €
	800 €

(Keine Begrenzung auf den hälftigen Höchstbetrag, da O ab dem Auszug von N einen eigenen Haushalt hat. Allerdings reduziert sich der Höchstbetrag nach § 35a Absatz 3 EStG für O um den auf N übertragenen Anteil von (20 % von 1.000 € =) 200 € auf (20 % von 5.000 € =) 1.000 €. Dieser ist nicht überschritten.)

VII. Anrechnungsüberhang

56❶ Entsteht bei einem Steuerpflichtigen infolge der Inanspruchnahme der Steuerermäßigung nach § 35a EStG ein sog. Anrechnungsüberhang, kann der Steuerpflichtige weder die Festsetzung einer negativen Einkommensteuer in Höhe dieses Anrechnungsüberhangs noch die Feststellung einer rück- oder vortragsfähigen Steuerermäßigung beanspruchen (BFH-Urteil vom 29. Januar 2009, BStBl II S. 411).

VIII. Anwendungsregelung

57 Dieses Schreiben ersetzt das BMF-Schreiben vom 10. Januar 2014 (BStBl I S. 75) sowie das BMF-Schreiben vom 10. November 2015 (BStBl I S. 876) und ist vorbehaltlich der Rdnr. 58 in allen noch offenen Fällen anzuwenden.

58 Rdnrn. 14 bis 16 sind in allen noch offenen Fällen ab dem Veranlagungszeitraum 2009 anzuwenden. Rdnrn. 23 und 24 sind in allen noch offenen Fällen ab dem Veranlagungszeitraum 2011 anzuwenden.

Anlage 1

Beispielhafte Aufzählung begünstigter und nicht begünstigter haushaltsnaher Dienstleistungen und Handwerkerleistungen
(zu Rdnrn. 1, 2, 11, 19 bis 22)

Maßnahme	begünstigt	nicht begünstigt	Haushaltsnahe Dienstleistung	Handwerker-leistung
Abfallmanagement („Vorsortierung")	Kosten der Maßnahmen innerhalb des Haushalts	Kosten der Maßnahmen außerhalb des Haushalts	X	
Abflussrohrreinigung	X			X
Ablesedienste und Abrechnung bei Verbrauchszählern (Strom, Gas, Wasser, Heizung usw.)		X		
Abriss eines baufälligen Gebäudes mit anschließendem Neubau		X		
Abwasserentsorgung	Kosten der Maßnahmen (Wartung und Reinigung) innerhalb des Haushalts	Kosten der Maßnahmen außerhalb des Haushalts		X
Arbeiten 1. am Dach 2. an Bodenbelägen 3. an der Fassade 4. an Garagen 5. an Innen- und Außenwänden 6. an Zu- und Ableitungen	X X X X X X			X X X X X X
Architektenleistung		X		
Asbestsanierung	X			X
Aufstellen eines Baugerüstes	Arbeitskosten	Kosten der Miete und des Materials		X
Aufzugnotruf		X		

Amtl. Fn.:

❶ Die Steuerermäßigung nach § 35a kann auch nicht auf die gem. § 32d Abs. 3 und 4 veranlagte und dem gesonderten Tarif für Einkünfte aus Kapitalvermögen unterliegende Einkommensteuer beansprucht werden (> BFH vom 28. 4. 2020 – BStBl II S. 544).

Maßnahme	begünstigt	nicht begünstigt	Haushaltsnahe Dienstleistung	Handwerker- leistung
Außenanlagen, Errichtung von ~, wie z. B. Wege, Zäune	Arbeitskosten der Maßnahmen innerhalb des Haushalts	– Kosten der Maßnahmen außerhalb des Haushalts oder – im Rahmen einer Neubaumaßnahme (Rdnr. 21) und – Materialkosten		X
Austausch oder Modernisierung 1. der Einbauküche 2. von Bodenbelägen (z. B. Teppichboden, Parkett, Fliesen) 3. von Fenstern, Treppen und Türen	X, Rdnr. 39 X, Rdnr. 39 X, Rdnr. 39	– Kosten der Maßnahmen außerhalb des Haushalts und – Materialkosten		X X X
Beprobung des Trinkwassers	X			X
Bereitschaft der Erbringung einer ansonsten begünstigten Leistung im Bedarfsfall	als Nebenleistung einer ansonsten begünstigten Hauptleistung	nur Bereitschaft	Abgrenzung im Einzelfall	Abgrenzung im Einzelfall
Brandschadensanierung	soweit nicht Versicherungsleistung	soweit Versicherungsleistung		X
Carport, Terrassenüberdachung	Arbeitskosten	– Materialkosten sowie – Kosten der Errichtung im Rahmen einer Neubaumaßnahme (Rdnr. 21)		X
Chauffeur		X		
Dachgeschossausbau	Arbeitskosten	– Materialkosten sowie – Kosten der Errichtung im Rahmen einer Neubaumaßnahme (Rdnr. 21)		X
Dachrinnenreinigung	X			X
Datenverbindungen	s. Hausanschlüsse	s. Hausanschlüsse		X
Deichabgaben		X		
Dichtheitsprüfung von Abwasseranlagen	X			X
Elektroanlagen	Kosten der Wartung und der Reparatur			X
Energiepass		X, Rdnr. 20		
Entsorgungsleistung	als Nebenleistung (z. B. Bauschutt, Fliesenabfuhr bei Neuverfliesung eines Bades, Grünschnittabfuhr bei Gartenpflege)	als Hauptleistung	Abgrenzung im Einzelfall	Abgrenzung im Einzelfall
Erhaltungsmaßnahmen	Arbeitskosten der Maßnahmen innerhalb des Haushalts	– Kosten der Maßnahmen außerhalb des Haushalts sowie – Materialkosten		X
Erstellung oder Hilfe bei der Erstellung der Steuererklärung		X		
„Essen auf Rädern"		X		

LStR

Maßnahme	begünstigt	nicht begünstigt	Haushaltsnahe Dienstleistung	Handwerker-leistung
Fäkalienabfuhr		X		
Fahrstuhlkosten	Kosten der Wartung und der Reparatur	Betriebskosten		X
Fertiggaragen	Arbeitskosten	– Kosten der Errichtung im Rahmen einer Neu-baumaßnahme (Rdnr. 21) sowie – Materialkosten		X
Feuerlöscher	Kosten der Wartung			X
Feuerstättenschau – s. auch Schornsteinfeger	X			X
Finanzierungsgutachten		X, Rdnr. 20		
Fitnesstrainer		X		
Friseurleistungen	nur soweit sie zu den Pflege- und Betreuungs-leistungen gehören, wenn sie im Leistungs-katalog der Pflegever-sicherung aufgeführt sind und der Behinder-ten-Pauschbetrag nicht geltend gemacht wird (Rdnrn. 12, 13, 32, 33)	alle anderen Friseurleis-tungen	X	
Fußbodenheizung	Kosten der Wartung, Spü-lung, Reparatur und des nachträglichen Einbaus	Materialkosten		X
Gärtner	Kosten der Maßnahmen innerhalb des Haushalts	Kosten der Maßnahmen außerhalb des Haushalts	Abgrenzung im Einzelfall	Abgrenzung im Einzelfall
Gartengestaltung	Arbeitskosten	– Kosten der erstmaligen Anlage im Rahmen ei-ner Neubaumaßnahme (Rdnr. 21) sowie – Materialkosten		X
Gartenpflegearbeiten (z. B. Rasen mähen, He-cken schneiden)	Kosten der Maßnahmen innerhalb des Haushalts einschließlich Grün-schnittentsorgung als Nebenleistung	Kosten der Maßnahmen außerhalb des Haushalts	X	
Gemeinschaftsmaschi-nen bei Mietern (z. B. Waschmaschine, Trockner)	Kosten der Reparatur und der Wartung	Miete		X
Gewerbeabfallentsor-gung		X		
Grabpflege		X		
Graffitibeseitigung	X			X
Gutachtertätigkeiten	Abgrenzung im Einzelfall (Rdnr. 20)	Abgrenzung im Einzelfall (Rdnr. 20)		X

Maßnahme	begünstigt	nicht begünstigt	Haushaltsnahe Dienstleistung	Handwerkerleistung
Hand- und Fußpflege	nur soweit sie zu den Pflege- und Betreuungsleistungen gehören, wenn sie im Leistungskatalog der Pflegeversicherung aufgeführt sind und der Behinderten-Pauschbetrag nicht geltend gemacht wird (Rdnrn. 12, 13, 32, 33)	alle anderen Kosten	X	
Hausanschlüsse an Ver- und Entsorgungsnetze (Rdnr. 22)	z. B. Arbeitskosten für den Anschluss an das Trink- und Abwassernetz, der stromführenden Leitungen im Haus oder für das Ermöglichen der Nutzung des Fernsehens und des Internets sowie die Kosten der Weiterführung der Anschlüsse, jeweils innerhalb des Haushalts	– Kosten der erstmaligen Anschlüsse im Rahmen einer Neubaumaßnahme (Rdnr. 21) und – die Kosten der Maßnahmen außerhalb des Haushalts sowie – Materialkosten		X
Hausarbeiten, wie Reinigen, Fenster putzen, Bügeln usw. (Rdnr. 5)	X		X	
Haushaltsauflösung		X		
Hauslehrer		X		
Hausmeister, Hauswart	X		X	
Hausnotrufsystem	Kosten innerhalb des sog. „Betreuten Wohnens" im Rahmen einer Seniorenwohneinrichtung	Kosten für Hausnotrufsysteme außerhalb des sog. „Betreuten Wohnens" im Rahmen einer Seniorenwohneinrichtung	X	
Hausreinigung	X		X	
Hausschwammbeseitigung	X			X
Hausverwalterkosten oder -gebühren		X		
Heizkosten: 1. Verbrauch 2. Gerätemiete für Zähler 3. Garantiewartungsgebühren 4. Heizungswartung und Reparatur 5. Austausch der Zähler nach dem Eichgesetz 6. Schornsteinfeger 7. Kosten des Ablesedienstes 8. Kosten der Abrechnung an sich	 X X X X 	 X X X X		 X X X X
Hilfe im Haushalt (Rdnrn. 14–16) – s. Hausarbeiten				
Insektenschutzgitter	Kosten der Montage und der Reparatur	Materialkosten		X

Maßnahme	begünstigt	nicht begünstigt	Haushaltsnahe Dienstleistung	Handwerker- leistung
Kamin-Einbau	Arbeitskosten	– Kosten der Errichtung im Rahmen einer Neu- baumaßnahme (Rdnr. 21) sowie – Materialkosten		X
Kaminkehrer – s. Schorn- steinfeger				
Kellerausbau	Arbeitskosten	– Kosten der Errichtung im Rahmen einer Neu- baumaßnahme (Rdnr. 21) sowie – Materialkosten		X
Kellerschachtabdeckun- gen	Kosten der Montage und der Reparatur	Materialkosten		X
Kfz. – s. Reparatur		X		
Kinderbetreuungskosten	soweit sie nicht unter § 10 Absatz 1 Nummer 5 EStG fallen und für eine Leis- tung im Haushalt des Steuerpflichtigen anfallen	im Sinne von § 10 Ab- satz 1 Nummer 5 EStG (Rdnr. 34)	X	
Klavierstimmer	X			X
Kleidungs- und Wäsche- pflege und -reinigung	Kosten der Maßnahmen innerhalb des Haushalts	Kosten der Maßnahmen außerhalb des Haushalts (Rdnr. 39)	X	
Kontrollmaßnahmen des TÜV, z. B. für den Fahr- stuhl oder den Treppen- lift	X, Rdnr. 20			X
Kosmetikleistungen	nur soweit sie zu den Pflege- und Betreuungs- leistungen gehören, wenn sie im Leistungs- katalog der Pflegever- sicherung aufgeführt sind (und der Behinder- ten-Pauschbetrag nicht geltend gemacht wird; s. Rdnrn. 12, 13, 32, 33)	alle anderen	X	
Laubentfernung	Kosten der Maßnahmen innerhalb des Haushalts	Kosten der Maßnahmen außerhalb des Haushalts	X	
Legionellenprüfung	X, Rdnr. 20			X
Leibwächter		X		
Makler		X		
Material und sonstige im Zusammenhang mit der Leistung gelieferte Waren einschließlich darauf ent- fallende Umsatzsteuer		z. B. Farbe, Fliesen, Pflas- tersteine, Mörtel, Sand, Tapeten, Teppichboden und andere Fußbodenbe- läge, Waren, Stütz- strümpfe usw. (Rdnr. 39)		
Mauerwerksanierung	X			X
Miete von Verbrauchs- zählern (Strom, Gas, Wasser, Hei- zung usw.)		X		

Maßnahme	begünstigt	nicht begünstigt	Haushaltsnahe Dienstleistung	Handwerker- leistung
Modernisierungsmaß- nahmen (z. B. Erneuerung des Badezimmers oder der Küche)	X, Rdnr. 39	– Kosten der Maßnah- men außerhalb des Haushalts sowie – Materialkosten		X
Montageleistungen im Haushalt, z. B. beim Er- werb neuer Möbel	X			X
Müllabfuhr (Entsorgung steht im Vordergrund)		X		
Müllentsorgungsanlage (Müllschlucker)	Kosten der Wartung und der Reparatur			X
Müllschränke	Kosten der Anlieferung und der Aufstellung	Materialkosten		X
Nebenpflichten der Haus- haltshilfe, wie kleine Bo- tengänge oder Beglei- tung von Kindern, kran- ken, alten oder pflegebe- dürftigen Personen bei Einkäufen oder zum Arzt- besuch	X		X	
Neubaumaßnahmen		Rdnr. 21		
Notbereitschaft/Notfall- dienste	soweit es sich um eine nicht gesondert berech- nete Nebenleistung z. B. im Rahmen eines War- tungsvertrages handelt	alle anderen reinen Be- reitschaftsdienste	X	
Öffentlich-rechtlicher Er- schließungsbeitrag		X		
Öffentlich-rechtlicher Straßenausbaubeitrag/- rückbaubeitrag		X		
Pflasterarbeiten	Kosten der Maßnahmen innerhalb des Haushalts	– Materialkosten sowie – alle Maßnahmen au- ßerhalb des Haushalts		X
Pflegebett		X		
Pflege der Außenanlagen	innerhalb des Haushalts	Kosten der Maßnahmen außerhalb des Haushalts	X	
Pilzbekämpfung	X			X
Prüfdienste/Prüfleistung (z. B. bei Aufzügen)	X, Rdnr. 20			X
Rechtsberatung		X		
Reinigung des Haushalts	X		X	

Maßnahme	begünstigt	nicht begünstigt	Haushaltsnahe Dienstleistung	Handwerker-leistung
Reparatur, Wartung und Pflege				
1. von Bodenbelägen (z. B. Teppichboden, Parkett, Fliesen)	X		Pflege	Reparatur und Wartung
2. von Fenstern und Türen (innen und außen)	X, Rdnr. 39		Pflege	Reparatur und Wartung
3. von Gegenständen im Haushalt des Steuerpflichtigen (z. B. Waschmaschine, Geschirrspüler, Herd, Fernseher, Personalcomputer und andere)	soweit es sich um Gegenstände handelt, die in der Hausratversicherung mitversichert werden können (Rdnr. 39)	Kosten der Maßnahmen außerhalb des Haushalts	Pflege im Haushalt	Reparatur und Wartung im Haushalt
4. von Heizungsanlagen, Elektro-, Gas- und Wasserinstallationen	Kosten der Maßnahmen innerhalb des Haushalt	Kosten der Maßnahmen außerhalb des Haushalts		X
5. von Kraftfahrzeugen (einschließlich TÜV-Gebühren)		X		
6. von Wandschränken	X			X
Schadensfeststellung, Ursachenfeststellung (z. B. bei Wasserschaden, Rohrbruch usw.)	X			X
Schadstoffsanierung	X			X
Schädlings- und Ungezieferbekämpfung	X		Abgrenzung im Einzelfall	Abgrenzung im Einzelfall
Schornsteinfeger	X			X
Sekretär; hierunter fallen auch Dienstleistungen in Form von Büroarbeiten (z. B. Ablageorganisation, Erledigung von Behördengängen, Stellen von Anträgen bei Versicherungen und Banken usw.)		X		
Sperrmüllabfuhr		X		
Statiker		X		
Straßenreinigung[1] – Fahrbahn – Gehweg	X	X	X	
Tagesmutter bei Betreuung im Haushalt des Steuerpflichtigen	soweit es sich bei den Aufwendungen nicht um Kinderbetreuungskosten (Rdnr. 34) handelt	Kinderbetreuungskosten (Rdnr. 34)	X	
Taubenabwehr	X		Abgrenzung im Einzelfall	Abgrenzung im Einzelfall
Technische Prüfdienste (z. B. bei Aufzügen)	X, Rdnr. 20			X

Amtl. Fn.:

[1] Neu gefasst > BMF vom 1. 9. 2021 (BStBl I S. 1494), Fußnote zu Rdnr. 22.

Maßnahme	begünstigt	nicht begünstigt	Haushaltsnahe Dienstleistung	Handwerker- leistung
Terrassenüberdachung	Arbeitskosten	– Kosten der Errichtung im Rahmen einer Neu- baumaßnahme (Rdnr. 21) sowie – Materialkosten		X
Tierbetreuungs- oder -pflegekosten	Kosten der Maßnahmen innerhalb des Haushalts (z. B. Fellpflege, Ausfüh- ren, Reinigungsarbeiten)	Kosten der Maßnahmen außerhalb des Haushalts, z. B. Tierpensionen	X	
Trockeneisreinigung	X			X
Trockenlegung von Mau- erwerk	Kosten der Maßnahmen innerhalb des Haushalts (Arbeiten mit Maschinen vor Ort)	Kosten, die durch die aus- schließliche Maschinen- anmietung entstehen		X
Überprüfung von Anla- gen (z. B. Gebühr für den Schornsteinfeger oder für die Kontrolle von Blitz- schutzanlagen)	X, Rdnr. 20			X
Umzäunung, Stützmauer o. Ä.	Arbeitskosten für Maß- nahmen innerhalb des Haushalts	– Kosten der Maßnah- men außerhalb des Haushalts oder – Kosten der Errichtung im Rahmen einer Neu- baumaßnahme (Rdnr. 21) sowie – Materialkosten		X
Umzugsdienstleistungen	für Privatpersonen (Rdnrn. 3, 31)		Abgrenzung im Einzelfall	Abgrenzung im Einzelfall
Verarbeitung von Ver- brauchsgütern im Haus- halt des Steuerpflichti- gen	X		X	
Verbrauchsmittel, wie z. B. Schmier-, Reinigungs- oder Spülmittel sowie Streugut	X		als Nebenleis- tung (Rdnr. 39) – Abgrenzung im Einzelfall	als Nebenleis- tung (Rdnr. 39) – Abgrenzung im Einzelfall
Verwaltergebuhr		X		
Wachdienst	Kosten der Maßnahmen innerhalb des Haushalts	Kosten der Maßnahmen außerhalb des Haushalts	X	
Wärmedämm- maßnahmen	X			X
Wartung: 1. Aufzug 2. Heizung und Öltank- anlagen (einschließlich Tankreinigung) 3. Feuerlöscher 4. CO_2-Warngeräte 5. Pumpen 6. Abwasser-Rückstau- Sicherungen	X X X X X X			X X X X X X
Wasserschadensanierung	X	soweit Versicherungsleis- tung		X
Wasserversorgung	Kosten der Wartung und der Reparatur			X

Maßnahme	begünstigt	nicht begünstigt	Haushaltsnahe Dienstleistung	Handwerkerleistung
Wertermittlung		X, Rdnr. 20		
Winterdienst[1]				
– Fahrbahn		X		
– Gehweg	X		X	
Zubereitung von Mahlzeiten im Haushalt des Steuerpflichtigen	X		X	

Amtl. Fn.:

[1] Neu gefasst > BMF vom 1. 9. 2021 (BStBl I S. 1494), Fußnote zu Rdnr. 22.

778

Anlage 2

Muster für eine Bescheinigung
(zu Rdnr. 26)

....

....

....

     (Name und Anschrift des Verwalters/   (Name und Anschrift des Eigentümers/
               Vermieters)   Mieters)

Anlage zur Jahresabrechnung für das Jahr/Wirtschaftsjahr ...

Ggf. Datum der Beschlussfassung der Jahresabrechnung: ....

In der Jahresabrechnung für das nachfolgende Objekt

....

(Ort, Straße, Hausnummer und ggf. genaue Lagebezeichnung der Wohnung)

sind Ausgaben im Sinne des § 35a Einkommensteuergesetz (EStG) enthalten, die wie folgt zu verteilen sind:

A)	*Aufwendungen für sozialversicherungspflichtige Beschäftigungen* (§ 35a Absatz 2 Satz 1 Alternative 1 EStG)		
	Bezeichnung	Gesamtbetrag (in Euro)	Anteil des Miteigentümers/des Mieters

B)	*Aufwendungen für die Inanspruchnahme von haushaltsnahen Dienstleistungen* (§ 35a Absatz 2 Satz 1 Alternative 2 EStG)				
	Bezeichnung	Gesamtbetrag (in Euro)	nicht zu berücksichtigende Materialkosten (in Euro)	Aufwendungen bzw. Arbeitskosten (Rdnrn. 39, 40) (in Euro)	Anteil des Miteigentümers/des Mieters

C)	*Aufwendungen für die Inanspruchnahme von Handwerkerleistungen für Renovierungs-, Erhaltungs- und Modernisierungsmaßnahmen* (§ 35a Absatz 3 EStG)				
	Bezeichnung	Gesamtbetrag (in Euro)	nicht zu berücksichtigende Materialkosten (in Euro)	Aufwendungen bzw. Arbeitskosten (Rdnrn. 39, 40) (in Euro)	Anteil des Miteigentümers/des Mieters

....

(Ort und Datum)   (Unterschrift des Verwalters oder Vermieters)

Hinweis:

Die Entscheidung darüber, welche Positionen im Rahmen der Einkommensteuererklärung berücksichtigt werden können, obliegt ausschließlich der zuständigen Finanzbehörde.

Zu § 39 EStG

LStR   R 39.2 Änderungen und Ergänzungen der Lohnsteuerabzugsmerkmale

Änderung der Steuerklassen

(1) [1]Wird die Ehe eines Arbeitnehmers durch Scheidung oder Aufhebung aufgelöst oder haben die Ehegatten die dauernde Trennung herbeigeführt, dürfen die gebildeten Steuerklassen im laufenden Kj. nicht geändert werden; es kommt nur ein Steuerklassenwechsel nach Absatz 2 in Betracht. [2]Das gilt nicht, wenn bei einer durch Scheidung oder Aufhebung aufgelösten Ehe der andere Ehegatte im selben Kj. wieder geheiratet hat, von seinem neuen Ehegatten nicht dauernd getrennt lebt und er und sein neuer Ehegatte unbeschränkt einkommensteuerpflichtig sind; in diesen Fällen ist die beim nicht wieder verheirateten Ehegatten gebildete Steuerklasse auf Antrag in Steuerklasse III zu ändern, wenn die Voraussetzungen des § 38b Satz 2 Nr. 3 Buchst. c EStG erfüllt sind.

Steuerklassenwechsel

(2) Bei Ehegatten sind auf gemeinsamen Antrag der Ehegatten die gebildeten Steuerklassen wie folgt zu ändern:

1. Ist bei beiden Ehegatten die Steuerklasse IV gebildet worden, kann diese bei einem Ehegatten in Steuerklasse III und beim anderen Ehegatten in Steuerklasse V geändert werden.

2. Ist bei einem Ehegatten die Steuerklasse III und beim anderen Ehegatten die Steuerklasse V gebildet worden, können diese bei beiden Ehegatten in Steuerklasse IV geändert werden, wobei dieser Wechsel auch auf Antrag nur eines Ehegatten möglich ist (§ 38b Abs. 3 Satz 2 EStG).

3. Ist bei einem Ehegatten die Steuerklasse III und beim anderen Ehegatten die Steuerklasse V gebildet worden, kann die Steuerklasse III des einen Ehegatten in Steuerklasse V und die Steuerklasse V des anderen Ehegatten in Steuerklasse III geändert werden.

4. [1]Gehören beide Ehegatten in die Steuerklasse IV, kann diese jeweils in die Steuerklasse IV i.V. m. einem Faktor geändert werden (§ 39f Abs. 1 Satz 1 EStG), wenn beide Ehegatten Arbeitslohn beziehen. [2]Neben dem in § 39 Abs. 6 Satz 4 EStG geregelten Fall können Ehegatten auch ohne Angabe von Gründen innerhalb eines Kj. weitere Änderungen der Steuerklassen beantragen (§ 39 Abs. 6 Satz 3 EStG).

Zahl der Kinderfreibeträge in den Fällen des § 32 Abs. 6 Satz 4 EStG

(3) Bei der Zahl der Kinderfreibeträge sind ermäßigte Kinderfreibeträge für nicht unbeschränkt einkommensteuerpflichtige Kinder nicht zu berücksichtigen.

Zu § 39a EStG

LStR   **R 39a.1 Verfahren bei der Bildung eines Freibetrags oder eines Hinzurechnungsbetrags[1]**

Allgemeines

(1) ...

Antragsgrenze

(2) Für die Feststellung, ob die Antragsgrenze nach § 39a Abs. 2 Satz 4 EStG überschritten wird, gilt Folgendes:

1. Soweit für Werbungskosten bestimmte Beträge gelten, z. B. für Verpflegungsmehraufwendungen und pauschale Kilometersätze bei Auswärtstätigkeit, für Wege zwischen Wohnung und erster Tätigkeitsstätte (§ 9 EStG), sind diese maßgebend.

2. ¹Bei Sonderausgaben i. S. d. § 10 Abs. 1 Nr. 4 EStG und § 10 Abs. 1a Nr. 2 bis 4 EStG sind die tatsächlichen Aufwendungen anzusetzen, auch wenn diese Aufwendungen geringer sind als der Pauschbetrag. ²Für Sonderausgaben i. S. d. § 10 Abs. 1 Nr. 5, 7 und 9 EStG sowie § 10 Abs. 1a Nr. 1 EStG sind höchstens die nach diesen Vorschriften berücksichtigungsfähigen Aufwendungen anzusetzen.

3. Zuwendungen an politische Parteien sind als Sonderausgaben auch zu berücksichtigen, soweit eine Steuerermäßigung nach § 34g Satz 1 Nr. 1 EStG in Betracht kommt, nicht hingegen Zuwendungen an Vereine i. S. d. § 34g Satz 1 Nr. 2 EStG.

4. Bei außergewöhnlichen Belastungen nach § 33 EStG ist von den dem Grunde und der Höhe nach anzuerkennenden Aufwendungen auszugehen; bei außergewöhnlicher Belastung nach § 33a und § 33b Abs. 6 EStG sind dagegen nicht die Aufwendungen, sondern die wegen dieser Aufwendungen abziehbaren Beträge maßgebend.

5. Vorsorgeaufwendungen (§ 10 Abs. 1 Nr. 2, 3 und 3a EStG) bleiben in jedem Fall außer Betracht, auch soweit sie die Vorsorgepauschale (§ 39b Abs. 2 Satz 5 Nr. 3 EStG) übersteigen.

6. ¹Bei Anträgen von Ehegatten, die beide unbeschränkt einkommensteuerpflichtig sind und nicht dauernd getrennt leben, ist die Summe der für beide Ehegatten in Betracht kommenden Aufwendungen und abziehbaren Beträge zugrunde zu legen. ²Die Antragsgrenze ist bei Ehegatten nicht zu verdoppeln.

7. Ist für beschränkt antragsfähige Aufwendungen bereits ein Freibetrag gebildet worden, ist bei einer Änderung dieses Freibetrags die Antragsgrenze nicht erneut zu prüfen.

(3) Die Antragsgrenze gilt nicht, soweit es sich um die Bildung eines Freibetrags für die in § 39a Abs. 1 Satz 1 Nr. 4 bis 7 EStG bezeichneten Beträge handelt.

(4) ¹Wird die Antragsgrenze überschritten oder sind Beträge i. S. d. Absatzes 3 zu berücksichtigen, hat das Finanzamt den Jahresfreibetrag festzustellen. ²Bei der Berechnung des Jahresfreibetrags sind Werbungskosten nur zu berücksichtigen, soweit sie den maßgebenden Pauschbetrag für Werbungskosten nach § 9a Satz 1 Nr. 1 EStG übersteigen, Sonderausgaben mit Ausnahme der Vorsorgeaufwendungen nur anzusetzen, soweit sie den Sonderausgaben-Pauschbetrag (§ 10c EStG) übersteigen, und außergewöhnliche Belastungen (§ 33 EStG) nur einzubeziehen, soweit sie die zumutbare Belastung (> Absatz 5) übersteigen. ³Zuwendungen an politische

---

Anm. d. Schriftl.:

[1] Zur zweijährigen Gültigkeit von Freibeträgen im Lohnsteuer-Ermäßigungsverfahren wird auf das BMF-Schreiben vom 21. 5. 2015, BStBl 2015 I S. 488, hingewiesen.

Parteien sind auch zu berücksichtigen, soweit eine Steuerermäßigung nach § 34g Satz 1 Nr. 1 EStG in Betracht kommt, nicht hingegen Zuwendungen an Vereine i. S. d. § 34g Satz 1 Nr. 2 EStG.

Freibetrag wegen außergewöhnlicher Belastung

(5) [1]Die zumutbare Belastung ist vom voraussichtlichen Jahresarbeitslohn des Arbeitnehmers und ggf. seines von ihm nicht dauernd getrennt lebenden, unbeschränkt einkommensteuerpflichtigen Ehegatten gekürzt um den Altersentlastungsbetrag (§ 24a EStG), die Freibeträge für Versorgungsbezüge (§ 19 Abs. 2 EStG) und die Werbungskosten (§§ 9 und 9a EStG) zu berechnen. [2]Steuerfreie Einnahmen sowie alle Bezüge, für die die Lohnsteuer mit einem Pauschsteuersatz nach den §§ 37a, 37b, 40 bis 40b EStG erhoben wird, und etwaige weitere Einkünfte des Arbeitnehmers und seines Ehegatten bleiben außer Ansatz. [3]Bei der Anwendung der Tabelle in § 33 Abs. 3 EStG zählen als Kinder des Stpfl. die Kinder, für die er einen Anspruch auf einen Freibetrag nach § 32 Abs. 6 EStG oder auf Kindergeld erhält. [4]Bei der zumutbaren Belastung sind auch Kinder zu berücksichtigen, für die der Arbeitnehmer auf die Bildung einer Kinderfreibetragszahl verzichtet hat oder Anspruch auf einen ermäßigten Freibetrag nach § 32 Abs. 6 EStG besteht. [5]Ist im Kj. eine unterschiedliche Zahl von Kindern zu berücksichtigen, ist von der höheren Zahl auszugehen.

Freibetrag und Hinzurechnungsbetrag nach § 39a Abs. 1 Satz 1 Nr. 7 EStG

(6) [1]Arbeitnehmer mit mehr als einem Dienstverhältnis, deren Arbeitslohn aus dem ersten Dienstverhältnis niedriger ist als der Betrag, bis zu dem nach der Steuerklasse des ersten Dienstverhältnisses keine Lohnsteuer zu erheben ist, können die Übertragung bis zur Höhe dieses Betrags als Freibetrag vom ersten Dienstverhältnis mit der Steuerklasse VI beantragen. [2]Dabei kann der Arbeitnehmer den zu übertragenden Betrag selbst bestimmen. [3]Eine Verteilung auf mehrere weitere Dienstverhältnisse des Arbeitnehmers ist zulässig. [4]Für das erste Dienstverhältnis wird in diesen Fällen ein Hinzurechnungsbetrag in Höhe der abgerufenen Freibeträge nach den Sätzen 1 bis 3 gebildet oder ggf. mit einem Freibetrag nach § 39a Abs. 1 Satz 1 Nr. 1 bis 6 und 8 EStG verrechnet.

Umrechnung des Jahresfreibetrags oder des Jahreshinzurechnungsbetrags

(7) [1]Für die Umrechnung des Jahresfreibetrags in einen Freibetrag für monatliche Lohnzahlung ist der Jahresfreibetrag durch die Zahl der in Betracht kommenden Kalendermonate zu teilen. [2]Der Wochenfreibetrag ist mit $7/30$ und der Tagesfreibetrag mit $1/30$ des Monatsbetrags anzusetzen. [3]Der sich hiernach ergebende Monatsbetrag ist auf den nächsten vollen Euro-Betrag, der Wochenbetrag auf den nächsten durch zehn teilbaren Centbetrag und der Tagesbetrag auf den nächsten durch fünf teilbaren Centbetrag aufzurunden. [4]Die Sätze 1 bis 3 gelten für die Umrechnung des Jahreshinzurechnungsbetrags entsprechend.

Änderung eines gebildeten Freibetrags oder Hinzurechnungsbetrags

(8) [1]Ist bereits ein Jahresfreibetrag gebildet worden und beantragt der Arbeitnehmer im Laufe des Kj. die Berücksichtigung weiterer Aufwendungen oder abziehbarer Beträge, wird der Jahresfreibetrag unter Berücksichtigung der gesamten Aufwendungen und abziehbaren Beträge des Kj. neu festgestellt; für die Berechnung des Monatsfreibetrags, Wochenfreibetrags usw. ist der Freibetrag um den Teil des bisherigen Freibetrags zu kürzen, der für den Zeitraum bis zur Wirksamkeit des neuen Freibetrags zu berücksichtigen war. [2]Der verbleibende Betrag ist auf die Zeit vom Beginn des auf die Antragstellung folgenden Kalendermonats bis zum Schluss des Kj. gleichmäßig zu verteilen. [3]Die Sätze 1 und 2 gelten für den Hinzurechnungsbetrag entsprechend.

▶ **.Hinweise**   **LStH**   **H 39a.1**

Allgemeines

Elektronische Lohnsteuerabzugsmerkmale (ELStAM)

– *Lohnsteuerabzug im Verfahren der elektronischen Lohnsteuerabzugsmerkmale > BMF vom 8. 11. 2018 (BStBl I S. 1137).*

– *Abruf der Lohnsteuerabzugsmerkmale im ELSTAM-Verfahren für gemäß § 1 Abs. 4 EStG beschränkt einkommensteuerpflichtige Arbeitnehmer ab dem 1. 1. 2020 > BMF vom 7. 11. 2019 (BStBl I S. 1087).*

Altersvorsorgeaufwendungen

Für Einzahlungen in einen Basisrentenvertrag (Rürup-Vertrag) kann kein Freibetrag gebildet werden (> BFH vom 10. 11. 2016 – BStBl 2017 II S. 715).

Beispiele:

– #### Umrechnung des Jahresfreibetrags

Ein monatlich entlohnter Arbeitnehmer beantragt am 2. 5. die Berücksichtigung eines Freibetrags. Es wird vom Finanzamt ein Freibetrag von 1 555 € festgestellt, der auf die Monate Juni bis Dezember (7 Monate) zu verteilen ist. Außer dem Jahresfreibetrag von 1 555 € ist ab 1. 6. ein Monatsfreibetrag von 223 € zu berücksichtigen.

– #### Erhöhung eines berücksichtigten Freibetrags

Ein monatlich entlohnter Arbeitnehmer, für den mit Wirkung vom 1. 1. an ein Freibetrag von 2 400 € (monatlich 200 €) berücksichtigt worden ist, macht am 10. 3. weitere Aufwendungen von 963 € geltend. Es ergibt sich ein neuer Jahresfreibetrag von (2 400 € + 963 € =) 3 363 €. Für die Berechnung des neuen Monatsfreibetrags ab April ist der Jahresfreibetrag um die bei der Lohnsteuerberechnung bisher zu berücksichtigenden Monatsfreibeträge Januar bis März von (3 × 200 € =) 600 € zu kürzen. Der verbleibende Betrag von (3 363 € ./. 600 € =) 2 763 € ist auf die Monate April bis Dezember zu verteilen, so dass ab 1. 4. ein Monatsfreibetrag von 307 € zu berücksichtigen ist. Für die abgelaufenen Lohnzahlungszeiträume Januar bis März bleibt der Monatsfreibetrag von 200 € unverändert.

– #### Herabsetzung eines Freibetrags

Ein monatlich entlohnter Arbeitnehmer, für den mit Wirkung vom 1. 1. an ein Freibetrag von 4 800 € (monatlich 400 €) berücksichtigt worden ist, teilt dem Finanzamt am 10. 3. mit, dass sich die Aufwendungen um 975 € vermindern. Es ergibt sich ein neuer Jahresfreibetrag von (4 800 € ./. 975 € =) 3 825 €. Für die Berechnung des neuen Monatsfreibetrags ab April ist der Jahresfreibetrag um die bei der Lohnsteuerberechnung bisher zu berücksichtigenden Monatsfreibeträge Januar bis März von (3 × 400 € =) 1 200 € zu kürzen. Der verbleibende Betrag von (3 825 € ./. 1 200 € =) 2 625 € ist auf die Monate April bis Dezember zu verteilen, so dass ab 1. 4. ein Monatsfreibetrag von 292 € zu berücksichtigen ist. Für die abgelaufenen Lohnzahlungszeiträume Januar bis März bleibt der Monatsfreibetrag von 400 € unverändert.

– *Zweijährige Geltungsdauer des Freibetrags*

Ein monatlich entlohnter Arbeitnehmer beantragt im Februar 01 die Berücksichtigung eines Freibetrags für die Dauer von zwei Jahren. Es wird vom Finanzamt ein Freibetrag von 3 000 € ermittelt, der für die Kalenderjahre 01 und 02 wie folgt zu verteilen ist:

Für 01 ergibt sich für die Monate März bis Dezember ein Monatsfreibetrag von 300 € (3 000 € verteilt auf zehn Monate) und für 02 ergibt sich für die Monate Januar bis Dezember ein Monatsfreibetrag von 250 € (3 000 € verteilt auf zwölf Monate).

Im Februar 02 teilt der Arbeitnehmer dem Finanzamt pflichtgemäß mit, dass sich für das Kalenderjahr 02 der Freibetrag von 2 500 € verringert. Das Finanzamt ändert daraufhin den Jahresfreibetrag für 02 auf 2 500 €. Für die Berechnung des neuen Monatsfreibetrags ab März 02 ist der Jahresfreibetrag um die bei der Lohnsteuerberechnung bisher zu berücksichtigenden Monatsfreibeträge für Januar und Februar 02 von (2 × 250 € =) 500 € zu kürzen. Der verbleibende Betrag von (2 500 € ./. 500 € =) 2 000 € ist auf die Monate März bis Dezember 02 zu verteilen, so dass sich nunmehr ein herabgesetzter Monatsfreibetrag von 200 € ergibt (2 000 € verteilt auf zehn Monate). Für die abgelaufenen Lohnzahlungszeiträume Januar und Februar 02 bleibt der Monatsfreibetrag von 250 € unverändert.

– *Entlastungsbetrag für Alleinerziehende*

…

Freibetrag für energetische Gebäudesanierung

…

Freibetrag wegen haushaltsnaher Beschäftigungsverhältnisse und haushaltsnaher Dienstleistungen

> BMF vom 9. 11. 2016 (BStBl I S. 1213) unter Berücksichtigung der Änderungen durch BMF vom 1. 9. 2021 (BStBl I S. 1494)

Freibetrag wegen Anrechnung ausländischer Abzugsteuer

…

Freibetrag wegen negativer Einkünfte

…

Zu § 39b EStG

LStR **R 39b.5 Einbehaltung der Lohnsteuer vom laufenden Arbeitslohn**[1][2][3][4]

Allgemeines

(1) [1]Der Arbeitgeber hat die Lohnsteuer i. d. R. bei jeder Zahlung vom Arbeitslohn einzubehalten (§ 38 Abs. 3 EStG). [2–5]...

Lohnzahlungszeitraum

(2) u. (3) ...

Nachzahlungen, Vorauszahlungen

(4) [1]Stellen Nachzahlungen oder Vorauszahlungen laufenden Arbeitslohn dar ..., ist die Nachzahlung oder Vorauszahlung für die Berechnung der Lohnsteuer den Lohnzahlungszeiträumen zuzurechnen, für die sie geleistet werden. [2]...

Abschlagszahlungen

(5) ...

Hinweise **LStH** **H 39b.5**

Abschlagszahlungen

Beispiele zum Zeitpunkt der Lohnsteuereinbehaltung:

A. *Ein Arbeitgeber mit monatlichen Abrechnungszeiträumen leistet jeweils am 20. eines Monats eine Abschlagszahlung. Die Lohnabrechnung wird am 10. des folgenden Monats mit der Auszahlung von Spitzenbeträgen vorgenommen.*

Der Arbeitgeber ist berechtigt, auf eine Lohnsteuereinbehaltung bei der Abschlagszahlung zu verzichten und die Lohnsteuer erst bei der Schlussabrechnung einzubehalten.

B. *Ein Arbeitgeber mit monatlichen Abrechnungszeiträumen leistet jeweils am 28. für den laufenden Monat eine Abschlagszahlung und nimmt die Lohnabrechnung am 28. des folgenden Monats vor.*

Anm. d. Schriftl.:

1 Eine für Arbeitgeber wichtige Änderung im Rahmen des Steuersenkungsgesetzes vom 23. 10. 2000, BStBl 2000 I S. 1428, betrifft die amtlichen Lohnsteuertabellen, die grundsätzlich ab 2001 wegfallen. Stattdessen soll zukünftig die maschinelle Lohnsteuerermittlung anhand der Tarifformel zur Grundregel erhoben werden. Hierzu ist ein Programmablaufplan im BMF-Schreiben vom 9. 10. 2000, BStBl 2000 I S. 1397, veröffentlicht worden. Die Programmablaufpläne für den Lohnsteuerabzug 2023 enthält das BMF-Schreiben vom 18. 11. 2022, BStBl 2022 I S. 1531. Auf die Übergangsregelungen im BMF-Schreiben vom 8. 12. 2022, BStBl 2022 I S. 1653, wird hingewiesen. Hinsichtlich der geänderten Programmablaufpläne für den Lohnsteuerabzug 2023 (Anwendung ab dem 1. 4. 2023) wird auf das BMF-Schreiben vom 13. 2. 2023, BStBl 2023 I S. 251, hingewiesen.

2 Zur Einführung des Verfahrens der elektronischen Lohnsteuerabzugsmerkmale wird auf das BMF-Schreiben vom 15. 10. 2010, BStBl 2010 I S. 762, hingewiesen.

3 Ein Muster für den Ausdruck der elektronischen Lohnsteuerbescheinigung 2023 enthält das BMF-Schreiben vom 8. 9. 2022, BStBl 2022 I S. 1397.

4 Ein Muster für die Lohnsteuer-Anmeldung 2023 enthält das BMF-Schreiben vom 7. 9. 2022, BStBl 2022 I S. 1393.

Die Lohnsteuer ist bereits von der Abschlagszahlung einzubehalten, da die Abrechnung nicht innerhalb von drei Wochen nach Ablauf des Lohnabrechnungszeitraums erfolgt.

C. *Auf den Arbeitslohn für Dezember werden Abschlagszahlungen geleistet. Die Lohnabrechnung erfolgt am 15. 1.*

Die dann einzubehaltende Lohnsteuer ist spätestens am 10. 2. als Lohnsteuer des Monats Januar anzumelden und abzuführen. Sie gehört gleichwohl zum Arbeitslohn des abgelaufenen Kalenderjahrs und ist in die Lohnsteuerbescheinigung für das abgelaufene Kalenderjahr aufzunehmen.

Nachzahlungen

Beispiel zur Berechnung der Lohnsteuer:

Ein Arbeitnehmer mit einem laufenden Bruttoarbeitslohn von 2 000 € monatlich erhält im September eine Nachzahlung von 400 € für die Monate Januar bis August.

Von dem Monatslohn von 2 000 € ist nach der maßgebenden Steuerklasse eine Lohnsteuer von 100 € einzubehalten. Von dem um die anteilige Nachzahlung erhöhten Monatslohn von 2 050 € ist eine Lohnsteuer von 115 € einzubehalten. Auf die anteilige monatliche Nachzahlung von 50 € entfällt mithin eine Lohnsteuer von 15 €. Dieser Betrag, vervielfacht mit der Zahl der in Betracht kommenden Monate, ergibt dann die Lohnsteuer für die Nachzahlung (15 € × 8 =) 120 €.

LStR   R 39b.6 Einbehaltung der Lohnsteuer von sonstigen Bezügen

Allgemeines

(1) [1]Von einem sonstigen Bezug ist die Lohnsteuer stets in dem Zeitpunkt einzubehalten, in dem er zufließt. [2]Der Lohnsteuerermittlung sind die Lohnsteuerabzugsmerkmale zugrunde zu legen, die zum Ende des Kalendermonats des Zuflusses gelten. [3]Der maßgebende Arbeitslohn (§ 39b Abs. 3 EStG) kann nach Abzug eines Freibetrags auch negativ sein.

Voraussichtlicher Jahresarbeitslohn

(2) [1]Zur Ermittlung der von einem sonstigen Bezug einzubehaltenden Lohnsteuer ist jeweils der voraussichtliche Jahresarbeitslohn des Kj. zugrunde zu legen, in dem der sonstige Bezug dem Arbeitnehmer zufließt. [2]Dabei sind der laufende Arbeitslohn, der für die im Kj. bereits abgelaufenen Lohnzahlungszeiträume zugeflossen ist, und die in diesem Kj. bereits gezahlten sonstigen Bezüge mit dem laufenden Arbeitslohn zusammenzurechnen, der sich voraussichtlich für die Restzeit des Kj. ergibt. [3]Stattdessen kann der voraussichtlich für die Restzeit des Kj. zu zahlende laufende Arbeitslohn durch Umrechnung des bisher zugeflossenen laufenden Arbeitslohns ermittelt werden. [4]Künftige sonstige Bezüge, deren Zahlung bis zum Ablauf des Kj. zu erwarten ist, sind nicht zu erfassen.

Sonstige Bezüge nach Ende des Dienstverhältnisses

(3) [1]Werden sonstige Bezüge gezahlt, nachdem der Arbeitnehmer aus dem Dienstverhältnis ausgeschieden ist, sind der Lohnsteuerermittlung die Lohnsteuerabzugsmerkmale zugrunde zu legen, die zum Ende des Kalendermonats des Zuflusses gelten. [2]Der voraussichtliche Jahresarbeitslohn ist auf der Grundlage der Angaben des Arbeitnehmers zu ermitteln. [3]Macht der Arbeitnehmer keine Angaben, ist der beim bisherigen Arbeitgeber zugeflossene Arbeitslohn auf einen Jahresbetrag hochzurechnen. [4]Eine Hochrechnung ist nicht erforderlich, wenn mit dem Zufließen von weiterem Arbeitslohn im Laufe des Kj., z. B. wegen Alters oder Erwerbsunfähigkeit, nicht zu rechnen ist.

Zusammentreffen regulär und ermäßigt besteuerter sonstiger Bezüge

(4) Trifft ein sonstiger Bezug i. S. d. § 39b Abs. 3 Satz 1 bis 7 EStG mit einem sonstigen Bezug i. S. d. § 39b Abs. 3 Satz 9 EStG zusammen, ist zunächst die Lohnsteuer für den sonstigen Bezug

i. S. d. § 39b Abs. 3 Satz 1 bis 7 EStG und danach die Lohnsteuer für den anderen sonstigen Bezug zu ermitteln.

Regulär zu besteuernde Entschädigungen

(5) ¹Liegen bei einer Entschädigung i. S. d. § 24 Nr. 1 EStG die Voraussetzungen für die Steuerermäßigung nach § 34 EStG nicht vor, ist die Entschädigung als regulär zu besteuernder sonstiger Bezug zu behandeln. ²Es ist aus Vereinfachungsgründen nicht zu beanstanden, wenn dieser sonstige Bezug bei der Anwendung des § 39b Abs. 2 Satz 5 Nr. 3 Buchst. a bis c EStG berücksichtigt wird.

▶ **Hinweise** **LStH** **H 39b.6**

Beispiele:

A. *Berechnung des voraussichtlichen Jahresarbeitslohnes*

Ein Arbeitgeber X zahlt im September einen sonstigen Bezug von 1 200 € an einen Arbeitnehmer. Der Arbeitnehmer hat seinem Arbeitgeber zwei Ausdrucke der elektronischen Lohnsteuerbescheinigungen seiner vorigen Arbeitgeber vorgelegt:

a) Dienstverhältnis beim Arbeitgeber A vom 1. 1. bis 31. 3., Arbeitslohn   *8 400 €,*

b) Dienstverhältnis beim Arbeitgeber B vom 1. 5. bis 30. 6., Arbeitslohn   *4 200 €*

Der Arbeitnehmer war im April arbeitslos. Beim Arbeitgeber X steht der Arbeitnehmer seit dem 1. 7. in einem Dienstverhältnis; er hat für die Monate Juli und August ein Monatsgehalt von 2 400 € bezogen, außerdem erhielt er am 20. 8. einen sonstigen Bezug von 500 €. Vom ersten September an erhält er ein Monatsgehalt von 2 800 € zuzüglich eines weiteren halben (13.) Monatsgehalts am 1. 12.

Der vom Arbeitgeber im September zu ermittelnde voraussichtliche Jahresarbeitslohn (ohne den sonstigen Bezug, für den die Lohnsteuer ermittelt werden soll) beträgt hiernach:

Arbeitslohn 1. 1. bis 30. 6. (8 400 € + 4 200 €)	*12 600 €*
Arbeitslohn 1. 7. bis 31. 8. (2 × 2 400 € + 500 €)	*5 300 €*
Arbeitslohn 1. 9. bis 31. 12. voraussichtlich (4 × 2 800 €)	*11 200 €*
	29 100 €

Das halbe 13. Monatsgehalt ist ein zukünftiger sonstiger Bezug und bleibt daher außer Betracht.

Abwandlung 1:

Legt der Arbeitnehmer seinem Arbeitgeber X zwar den Nachweis über seine Arbeitslosigkeit im April, nicht aber die Ausdrucke der elektronischen Lohnsteuerbescheinigungen der Arbeitgeber A und B vor, ergibt sich folgender voraussichtliche Jahresarbeitslohn:

Arbeitslohn 1. 1. bis 30. 6. (5 × 2 800 €)	*14 000 €*
Arbeitslohn 1. 7. bis 31. 8. (2 × 2 400 € + 500 €)	*5 300 €*
Arbeitslohn 1. 9. bis 31. 12. voraussichtlich (4 × 2 800 €)	*11 200 €*
	30 500 €

Abwandlung 2:

Ist dem Arbeitgeber X nicht bekannt, dass der Arbeitnehmer im April arbeitslos war, ist der Arbeitslohn für die Monate Januar bis Juni mit 6 × 2 800 € = 16 800 € zu berücksichtigen.

B. **Berechnung des voraussichtlichen Jahresarbeitslohns bei Versorgungsbezügen i.V. m. einem sonstigen Bezug**

Ein Arbeitgeber zahlt im April einem 65-jährigen Arbeitnehmer einen sonstigen Bezug (Umsatzprovision für das vorangegangene Kalenderjahr) in Höhe von 5 000 €. Der Arbeitnehmer ist am 28. 2. 2023 in den Ruhestand getreten. Der Arbeitslohn betrug bis dahin monatlich 2 300 €. Seit dem 1. 3. 2023 erhält der Arbeitnehmer neben dem Altersruhegeld aus der gesetzlichen Rentenversicherung Versorgungsbezüge im Sinne des § 19 Abs. 2 EStG von monatlich 900 €. Außerdem hat das Finanzamt einen Jahresfreibetrag von 750 € festgesetzt.

Der maßgebende Jahresarbeitslohn, der zu versteuernde Teil des sonstigen Bezugs und die einzubehaltende Lohnsteuer sind wie folgt zu ermitteln:

I.	*Neben dem Arbeitslohn für die Zeit vom 1. 1. bis 28. 2. von (2 × 2 300 € =)*	*4 600 €*
	gehören zum voraussichtlichen Jahresarbeitslohn die Versorgungsbezüge vom 1. 3. an mit monatlich 900 €; voraussichtlich werden gezahlt (10 × 900 €)	*9 000 €*
	Der voraussichtliche Jahresarbeitslohn beträgt somit	*13 600 €*
II.	*Vom voraussichtlichen Jahresarbeitslohn sind folgende Beträge abzuziehen (> § 39b Abs. 3 Satz 3 EStG):*	
	a) *der zeitanteilige Versorgungsfreibetrag und der Zuschlag zum Versorgungsfreibetrag, unabhängig von der Höhe der bisher berücksichtigten Freibeträge für Versorgungsbezüge (13,6 % v. 10 800 €* **1** *= 1 468,80 € höchstens 1 020 € zuzüglich 306 € = 1 326 €, davon ¹⁰/₁₂)*	*1 105,00 €*
	b) *der Altersentlastungsbetrag unabhängig von der Höhe des bisher berücksichtigten Betrags (13,6 % von 4 600 € = 625,60 € höchstens 646 €)*	*625,60 €*
	c) *vom Finanzamt festgesetzter Freibetrag von jährlich*	*750,00 €*
	Gesamtabzugsbetrag somit	*2 480,60 €*
III.	*Der maßgebende Jahresarbeitslohn beträgt somit (13 600 € ./. 2 480,60 € =)*	*11 119,40 €*
IV.	*Von dem sonstigen Bezug in Höhe von*	*5 000,00 €*
	ist der Altersentlastungsbetrag in Höhe von 13,6 %, höchstens jedoch der Betrag, um den der Jahreshöchstbetrag von 646 € den bei Ermittlung des maßgebenden Jahresarbeitslohns abgezogenen Betrag überschreitet, abzuziehen	*20,40 €*
V.	*(13,6 % von 5 000 € = 680 €, höchstens 646 € abzüglich 625,60 €)*	
	Der zu versteuernde Teil des sonstigen Bezugs beträgt somit	*4 979,60 €*
VI.	*Der maßgebende Jahresarbeitslohn einschließlich des sonstigen Bezugs beträgt somit (11 119,40 € + 4 979,60 € =)*	*16 099,00 €*

C. **Berechnung der Lohnsteuer beim gleichzeitigen Zufluss eines regulär und eines ermäßigt besteuerten sonstigen Bezugs**

Ein Arbeitgeber zahlt seinem Arbeitnehmer, dessen Jahresarbeitslohn 40 000 € beträgt, im Dezember einen sonstigen Bezug (Weihnachtsgeld) in Höhe von 3 000 € und daneben eine Jubiläumszuwendung von 2 500 €, von dem die Lohnsteuer nach § 39b Abs. 3 Satz 9 i.V. m. § 34 EStG einzubehalten ist.

Amtl. Fn.:

1 Maßgebend ist der erste Versorgungsbezug (900 €) × 12 Monate > § 19 Abs. 2 Satz 4 EStG.

Die Lohnsteuer ist wie folgt zu ermitteln:

darauf entfallende Lohnsteuer

Jahresarbeitslohn	40 000 €	9 000 €		
zzgl. Weihnachtsgeld	3 000 €			
	43 000 €	10 000 €	= LSt auf das Weihnachtsgeld	1 000 €
zzgl. ¹/₅ der Jubiläums- zuwendung	500 €			
=	43 500 €	10 150 €	= LSt auf ¹/₅ der Jubiläums- zuwendung = 150 € × 5	750 €
			LSt auf beide sonstigen Bezüge =	1 750 €

D. Berechnung der Lohnsteuer bei einem ermäßigt besteuerten sonstigen Bezug im Zusammenspiel mit einem Freibetrag

Ein Arbeitgeber zahlt seinem ledigen Arbeitnehmer, dessen Jahresarbeitslohn 78 000 € beträgt, im Dezember eine steuerpflichtige Abfindung von 62 000 €, von der die Lohnsteuer nach § 39b Abs. 3 Satz 9 i.V.m. § 34 EStG einzubehalten ist. Das Finanzamt hat einen Freibetrag (Verlust V+V) i.H.v. 80 000 € festgesetzt.

Die Lohnsteuer ist wie folgt zu ermitteln:

Jahresarbeitslohn	78 000 €
abzüglich Freibetrag	80 000 €
	·/. 2 000 €
zuzüglich Abfindung	62 000 €
Zwischensumme	60 000 €
Davon ¹/₅	12 000 €
darauf entfallende Lohnsteuer	200 €
Lohnsteuer auf die Abfindung (5 × 200 €)	1 000 €

Fünftelungsregelung

– > BMF vom 1.11.2013 (BStBl I S. 1326) geändert durch BMF vom 4.3.2016 (BStBl I S. 277).
– Die Fünftelungsregelung ist nicht anzuwenden, wenn sie zu einer höheren Steuer führt als die Besteuerung als nicht begünstigter sonstiger Bezug (> BMF vom 10.1.2000 – BStBl I S. 138).
– Bei Jubiläumszuwendungen kann der Arbeitgeber im Lohnsteuerabzugsverfahren eine Zusammenballung unterstellen, wenn die Zuwendung an einen Arbeitnehmer gezahlt wird, der voraussichtlich bis Ende des Kalenderjahrs nicht aus dem Dienstverhältnis ausscheidet (> BMF vom 10.1.2000 – BStBl I S. 138).
– ...

Regelmäßig wiederkehrende Einnahmen

Nach § 11 Abs. 1 Satz 2 EStG gelten regelmäßig wiederkehrende Einnahmen, die dem Stpfl. kurze Zeit vor Beginn oder kurze Zeit nach Beendigung des Kalenderjahres zugeflossen sind, als in dem Kalenderjahr bezogen, zu dem sie wirtschaftlich gehören. Diese Regelung ist auf sonstige Bezüge nicht anwendbar (> BFH vom 24.8.2017 – BStBl 2018 II S. 72).

Vergütung für eine mehrjährige Tätigkeit

> R 34.4 EStR und H 34.4 EStH

Wechsel der Art der Steuerpflicht

Bei der Berechnung der Lohnsteuer für einen sonstigen Bezug, der einem (ehemaligen) Arbeitnehmer nach einem Wechsel von der unbeschränkten in die beschränkte Steuerpflicht in diesem Kalenderjahr zufließt, ist der während der Zeit der unbeschränkten Steuerpflicht gezahlte Arbeitslohn im Jahresarbeitslohn zu berücksichtigen (> BFH vom 25.8.2009 – BStBl 2010 II S. 150).

LStR   **R 39b.9 Besteuerung des Nettolohns**

(1) ¹Will der Arbeitgeber auf Grund einer Nettolohnvereinbarung die auf den Arbeitslohn entfallende Lohnsteuer, den Solidaritätszuschlag, die Kirchensteuer und den Arbeitnehmeranteil am Gesamtsozialversicherungsbeitrag selbst tragen, sind die von ihm übernommenen Abzugsbeträge Teile des Arbeitslohns, die dem Nettolohn zur Steuerermittlung hinzugerechnet werden müssen. ²Die Lohnsteuer ist aus dem Bruttoarbeitslohn zu berechnen, der nach Minderung um die übernommenen Abzugsbeträge den Nettolohn ergibt. ³⁻⁵...

(2) – (4) ...

▶ **Hinweise**   **LStH**   **H 39b.9**

...

Zu § 40 EStG❶

LStR   **R 40.1 Bemessung der Lohnsteuer nach besonderen Pauschsteuersätzen (§ 40 Abs. 1 EStG)**

Größere Zahl von Fällen

(1) ¹Eine größere Zahl von Fällen ist ohne weitere Prüfung anzunehmen, wenn gleichzeitig mindestens 20 Arbeitnehmer in die Pauschalbesteuerung einbezogen werden. ²Wird ein Antrag auf Lohnsteuerpauschalierung für weniger als 20 Arbeitnehmer gestellt, kann unter Berücksichtigung der besonderen Verhältnisse des Arbeitgebers und der mit der Pauschalbesteuerung angestrebten Vereinfachung eine größere Zahl von Fällen auch bei weniger als 20 Arbeitnehmern angenommen werden.

Beachtung der Pauschalierungsgrenze

(2) ¹Der Arbeitgeber hat anhand der Aufzeichnungen im Lohnkonto (§ 4 Abs. 2 Nr. 8 Satz 1 LStDV) vor jedem Pauschalierungsantrag zu prüfen, ob die Summe aus den im laufenden Kj. bereits gezahlten sonstigen Bezügen, für die die Lohnsteuer mit einem besonderen Steuersatz erhoben worden ist, und aus dem sonstigen Bezug, der nunmehr an den einzelnen Arbeitnehmer gezahlt werden soll, die Pauschalierungsgrenze nach § 40 Abs. 1 Satz 3 EStG übersteigt. ²Wird diese Pauschalierungsgrenze durch den sonstigen Bezug überschritten, ist der übersteigende Teil nach § 39b Abs. 3 EStG zu besteuern. ³Hat der Arbeitgeber die Pauschalierungsgrenze mehrfach nicht beachtet, sind Anträge auf Lohnsteuerpauschalierung nach § 40 Abs. 1 Satz 1 Nr. 2 EStG nicht zu genehmigen.

Berechnung des durchschnittlichen Steuersatzes

(3) ¹Die Verpflichtung, den durchschnittlichen Steuersatz zu errechnen, kann der Arbeitgeber dadurch erfüllen, dass er

1. den Durchschnittsbetrag der pauschal zu versteuernden Bezüge,

---

Anm. d. Schriftl.:

❶ Die Festsetzung einer negativen Einkommensteuer und damit auch einer negativen pauschalen Lohnsteuer ist gesetzlich nicht vorgesehen (BFH-Urteil vom 28. 4. 2016, BStBl 2016 II S. 898).

2. die Zahl der betroffenen Arbeitnehmer nach Steuerklassen getrennt in folgenden drei Gruppen:

   a) Arbeitnehmer in den Steuerklassen I, II und IV,

   b) Arbeitnehmer in der Steuerklasse III und

   c) Arbeitnehmer in den Steuerklassen V und VI sowie

3. die Summe der Jahresarbeitslöhne der betroffenen Arbeitnehmer, gemindert um die nach § 39b Abs. 3 Satz 3 EStG abziehbaren Freibeträge und den Entlastungsbetrag für Alleinerziehende bei der Steuerklasse II (ohne Erhöhungsbeträge für weitere Kinder), erhöht um den Hinzurechnungsbetrag,

ermittelt. [2]Hierbei kann aus Vereinfachungsgründen davon ausgegangen werden, dass die betroffenen Arbeitnehmer in allen Zweigen der Sozialversicherung versichert sind und keinen Beitragszuschlag für Kinderlose (§ 55 Abs. 3 SGB XI) leisten; die individuellen Verhältnisse aufgrund des Faktorverfahrens nach § 39f EStG bleiben unberücksichtigt. [3]Außerdem kann für die Ermittlungen nach Satz 1 Nr. 2 und 3 eine repräsentative Auswahl der betroffenen Arbeitnehmer zugrunde gelegt werden. [4]Zur Festsetzung eines Pauschsteuersatzes für das laufende Kj. können für die Ermittlung nach Satz 1 Nr. 3 auch die Verhältnisse des Vorjahrs zugrunde gelegt werden. [5]Aus dem nach Satz 1 Nr. 3 ermittelten Betrag hat der Arbeitgeber den durchschnittlichen Jahresarbeitslohn der erfassten Arbeitnehmer zu berechnen. [6]Für jede der in Satz 1 Nr. 2 bezeichneten Gruppen hat der Arbeitgeber sodann den Steuerbetrag zu ermitteln, dem der Durchschnittsbetrag der pauschal zu versteuernden Bezüge unterliegt, wenn er dem durchschnittlichen Jahresarbeitslohn hinzugerechnet wird. [7]Dabei ist für die Gruppe nach Satz 1 Nr. 2 Buchst. a die Steuerklasse I, für die Gruppe nach Satz 1 Nr. 2 Buchst. b die Steuerklasse III und für die Gruppe nach Satz 1 Nr. 2 Buchst. c die Steuerklasse V maßgebend; der Durchschnittsbetrag der pauschal zu besteuernden Bezüge ist auf den nächsten durch 216 ohne Rest teilbaren Euro-Betrag aufzurunden. [8]Durch Multiplikation der Steuerbeträge mit der Zahl der in der entsprechenden Gruppe erfassten Arbeitnehmer und Division der sich hiernach ergebenden Summe der Steuerbeträge durch die Gesamtzahl der Arbeitnehmer und den Durchschnittsbetrag der pauschal zu besteuernden Bezüge ist hiernach die durchschnittliche Steuerbelastung zu berechnen, der die pauschal zu besteuernden Bezüge unterliegen. [9]Das Finanzamt hat den Pauschsteuersatz nach dieser Steuerbelastung so zu berechnen, dass unter Berücksichtigung der Übernahme der pauschalen Lohnsteuer durch den Arbeitgeber insgesamt nicht zu wenig Lohnsteuer erhoben wird. [10]Die Prozentsätze der durchschnittlichen Steuerbelastung und des Pauschsteuersatzes sind mit einer Dezimalstelle anzusetzen, die nachfolgenden Dezimalstellen sind fortzulassen.

> **Hinweise   LStH   H 40.1**

Berechnung des durchschnittlichen Steuersatzes

Die in R 40.1 Abs. 3 dargestellte Berechnung des durchschnittlichen Steuersatzes ist nicht zu beanstanden (> BFH vom 11. 3. 1988 – BStBl II S. 726). Kinderfreibeträge sind nicht zu berücksichtigen (> BFH vom 26. 7. 2007 – BStBl II S. 844).

Beispiel:

1. *Der Arbeitgeber ermittelt für rentenversicherungspflichtige Arbeitnehmer*

   a) *den durchschnittlichen Betrag der pauschal zu besteuernden Bezüge mit 550 €,*

   b) *die Zahl der betroffenen Arbeitnehmer*
      - *in den Steuerklassen I, II und IV mit 20,*
      - *in der Steuerklasse III mit 12 und*
      - *in den Steuerklassen V und VI mit 3,*

c) die Summe der Jahresarbeitslöhne der betroffenen Arbeitnehmer nach Abzug aller Frei-
    beträge mit 610 190 €; dies ergibt einen durchschnittlichen Jahresarbeitslohn von
    (610 190 € : 35 =) 17 434 €.

2. Die Erhöhung des durchschnittlichen Jahresarbeitslohns um den auf 648 € aufgerundeten
    Durchschnittsbetrag (> R 40.1 Abs. 3 Satz 7 zweiter Halbsatz) der pauschal zu besteuernden
    Bezüge ergibt für diesen Betrag folgende Jahreslohnsteuerbeträge:

    – in der Steuerklasse I   = 160 €,

    – in der Steuerklasse III   = 80 €,

    – in der Steuerklasse V   = 180 €.

3. Die durchschnittliche Steuerbelastung der pauschal zu besteuernden Bezüge ist hiernach wie
    folgt zu berechnen:

$$\frac{20 \times 160 + 12 \times 80 + 3 \times 180}{35 \times 648} = 20{,}7\,\%$$

4. Der Pauschsteuersatz beträgt demnach

$$\frac{100 \times 20{,}7}{100 - 20{,}7} = 26{,}1\,\%$$

Bindung des Arbeitgebers an den Pauschalierungsbescheid

Der Arbeitgeber ist an seinen rechtswirksam gestellten Antrag auf Pauschalierung der Lohnsteuer
gebunden, sobald der Lohnsteuer-Pauschalierungsbescheid wirksam wird (> BFH vom 5. 3. 1993 –
BStBl II S. 692).

Bindung des Finanzamts an den Pauschalierungsbescheid

Wird auf den Einspruch des Arbeitgebers ein gegen ihn ergangener Lohnsteuer-Pauschalierungsbescheid aufgehoben, so kann der dort berücksichtigte Arbeitslohn bei der Veranlagung des Arbeitnehmers erfasst werden (> BFH vom 18. 1. 1991 – BStBl II S. 309).

Bindung des Finanzamts an eine Anrufungsauskunft

Hat der Arbeitgeber eine Anrufungsauskunft eingeholt und ist er danach verfahren, ist, das Betriebsstättenfinanzamt im Lohnsteuer-Abzugsverfahren daran gebunden. Eine Nacherhebung der
Lohnsteuer ist auch dann nicht zulässig, wenn der Arbeitgeber nach einer Lohnsteuer-Außenprüfung einer Pauschalierung nach § 40 Abs. 1 Satz 1 Nr. 2 EStG zugestimmt hat (> BFH vom
16. 11. 2005 – BStBl 2006 II S. 210).

Entstehung der pauschalen Lohnsteuer

In den Fällen des § 40 Abs. 1 Satz 1 Nr. 2 EStG ist der geldwerte Vorteil aus der Steuerübernahme
des Arbeitgebers nicht nach den Verhältnissen im Zeitpunkt der Steuernachforderung zu versteuern. Vielmehr muss der für die pauschalierten Löhne nach den Verhältnissen der jeweiligen Zufluss-
jahre errechnete Bruttosteuersatz (> Beispiel Nr. 1 bis 3) jeweils auf den Nettosteuersatz (> Beispiel
Nr. 4) der Jahre hochgerechnet werden, in denen die pauschalierten Löhne zugeflossen sind und in
denen die pauschale Lohnsteuer entsteht (> BFH vom 6. 5. 1994 – BStBl II S. 715).

Kirchensteuer bei Pauschalierung der Lohn- und Einkommensteuer

> Gleich lautende Ländererlasse vom 8. 8. 2016 (BStBl I S. 773)

Pauschalierungsantrag

Derjenige, der für den Arbeitgeber im Rahmen der Lohnsteuer-Außenprüfung auftritt, ist i. d. R. befugt, einen Antrag auf Lohnsteuer-Pauschalierung zu stellen (> BFH vom 10. 10. 2002 – BStBl 2003 II S. 156).

Pauschalierungsbescheid

Die pauschalen Steuerbeträge sind im Pauschalierungsbescheid auf die einzelnen Jahre aufzuteilen (> BFH vom 18. 7. 1985 – BStBl 1986 II S. 152).

Pauschalierungsvoraussetzungen

Die pauschalierte Lohnsteuer darf nur für solche Einkünfte aus nichtselbständiger Arbeit erhoben werden, die dem Lohnsteuerabzug unterliegen, wenn der Arbeitgeber keinen Pauschalierungsantrag gestellt hätte (> BFH vom 10. 5. 2006 – BStBl II S. 669).

Wirkung einer fehlerhaften Pauschalbesteuerung

Eine fehlerhafte Pauschalbesteuerung ist für die Veranlagung zur Einkommensteuer nicht bindend (> BFH vom 10. 6. 1988 – BStBl II S. 981).

LStR   R 40.2 Bemessung der Lohnsteuer nach einem festen Pauschsteuersatz (§ 40 Abs. 2 EStG)

(1) – (4) ...

Datenverarbeitungsgeräte und Internet

(5) [1]Die Pauschalierung nach § 40 Abs. 2 Satz 1 Nr. 5 Satz 1 EStG kommt bei Sachzuwendungen des Arbeitgebers in Betracht. [2]Hierzu rechnet die Übereignung von Hardware einschließlich technischen Zubehör und Software als Erstausstattung oder als Ergänzung, Aktualisierung und Austausch vorhandener Bestandteile. [3]Die Pauschalierung ist auch möglich, wenn der Arbeitgeber ausschließlich technisches Zubehör oder Software übereignet. [4]Telekommunikationsgeräte, die nicht Zubehör eines Datenverarbeitungsgerätes sind oder nicht für die Internetnutzung verwendet werden können, sind von der Pauschalierung ausgeschlossen. [5]Hat der Arbeitnehmer einen Internetzugang, sind die Barzuschüsse des Arbeitgebers für die Internetnutzung des Arbeitnehmers nach § 40 Abs. 2 Satz 1 Nr. 5 Satz 2 EStG pauschalierungsfähig. [6]Zu den Aufwendungen für die Internetnutzung in diesem Sinne gehören sowohl die laufenden Kosten (z. B. Grundgebühr für den Internetzugang, laufende Gebühren für die Internetnutzung, Flatrate), als auch die Kosten der Einrichtung des Internetzugangs (z. B. Anschluss, Modem, PC). [7]Aus Vereinfachungsgründen kann der Arbeitgeber den vom Arbeitnehmer erklärten Betrag für die laufende Internetnutzung (Gebühren) pauschal versteuern, soweit dieser 50 € im Monat nicht übersteigt. [8]Der Arbeitgeber hat diese Erklärung als Beleg zum Lohnkonto aufzubewahren. [9]Bei höheren Zuschüssen zur Internetnutzung und zur Änderung der Verhältnisse gilt R 3.50 Abs. 2 sinngemäß. [10]Soweit die pauschal besteuerten Bezüge auf Werbungskosten entfallen, ist der Werbungskostenabzug i. d. R. ausgeschlossen. [11]Zugunsten des Arbeitnehmers sind die pauschal besteuerten Zuschüsse zunächst auf den privat veranlassten Teil der Aufwendungen anzurechnen. [12]Aus Vereinfachungsgründen unterbleibt zugunsten des Arbeitnehmers eine Anrechnung auf seine Werbungskosten bei Zuschüssen bis zu 50 € im Monat.

Fahrten zwischen Wohnung und erster Tätigkeitsstätte, zu einem Sammelpunkt oder einem weiträumigen Tätigkeitsgebiet

(6) ¹Die Lohnsteuer kann für nicht nach § 3 Nr. 15 EStG steuerfreie Sachbezüge oder Zuschüsse des Arbeitgebers nach § 40 Abs. 2 Satz 2 Nr. 1 EStG mit einem Pauschsteuersatz von 15 % erhoben werden. ²Maßgeblich für die Höhe des pauschalierbaren Betrages sind die tatsächlichen Aufwendungen des Arbeitnehmers für die Fahrten zwischen Wohnung und erster Tätigkeitsstätte oder Fahrten nach § 9 Abs. 1 Satz 3 Nr. 4a Satz 3 EStG, jedoch höchstens der Betrag, den der Arbeitnehmer nach § 9 Abs. 1 Satz 3 Nr. 4, Abs. 2 EStG als Werbungskosten geltend machen könnte. ³Anstelle der Steuerbefreiung und § 3 Nr. 15 EStG kann der Arbeitgeber die Lohnsteuer für alle dort genannten Sachbezüge und Zuschüsse eines Kj. nach § 40 Abs. 2 Satz 2 Nr. 2 EStG mit einem Pauschsteuersatz von 25 % erheben. ⁴Die Anwendung des Pauschsteuersatzes von 25 % ist auch möglich, wenn die Bezüge dem Arbeitnehmer nicht zusätzlich zum ohnehin geschuldeten Arbeitslohn gewährt werden. ⁵Maßgeblich für die Höhe des pauschalierbaren Betrages sind die Aufwendungen des Arbeitgebers einschl. Umsatzsteuer.

▸ **Hinweise**   **LStH**   **H 40.2**

Abwälzung der pauschalen Lohnsteuer

– *bei bestimmten Zukunftssicherungsleistungen > H 40b.1 (Abwälzung der pauschalen Lohnsteuer)*

– *bei Fahrtkosten (> BMF vom 10. 1. 2000 – BStBl I S. 138)*

   Beispiel:

   Ein Arbeitnehmer hat Anspruch auf einen Zuschuss zu seinen Pkw-Kosten für Fahrten zwischen Wohnung und erster Tätigkeitsstätte in Höhe der gesetzlichen Entfernungspauschale, so dass sich für den Lohnabrechnungszeitraum ein Fahrtkostenzuschuss von insgesamt 210 € ergibt. Arbeitgeber und Arbeitnehmer haben vereinbart, dass diese Arbeitgeberleistung pauschal besteuert werden und der Arbeitnehmer die pauschale Lohnsteuer tragen soll.

   Bemessungsgrundlage für die Anwendung des gesetzlichen Pauschsteuersatzes von 15 % ist der Bruttobetrag von 210 €.

   Als pauschal besteuerte Arbeitgeberleistung ist der Betrag von 210 € zu bescheinigen. Dieser Betrag mindert den nach § 9 Abs. 1 Satz 3 Nr. 4 EStG als Werbungskosten abziehbaren Betrag von 210 € auf 0 €.

– *bei Teilzeitbeschäftigten > H 40a.1 (Abwälzung der pauschalen Lohnsteuer)*

...

Fahrtkostenzuschüsse

– *als zusätzlich erbrachte Leistung > § 8 Abs. 4 EStG;*

– *können auch bei Anrechnung auf andere freiwillige Sonderzahlungen pauschal versteuert werden (> BFH vom 1. 10. 2009 – BStBl 2010 II S. 487);*

– *sind auch bei Teilzeitbeschäftigten im Sinne des § 40a EStG unter Beachtung der Abzugsbeschränkung bei der Entfernungspauschale nach § 40 Abs. 2 Satz 2 EStG pauschalierbar. Die pauschal besteuerten Beförderungsleistungen und Fahrtkostenzuschüsse sind in die Prüfung der Arbeitslohngrenzen des § 40a EStG nicht einzubeziehen (> § 40 Abs. 2 Satz 3 EStG);*

– *Zur Pauschalbesteuerung von Fahrtkostenzuschüssen > BMF vom 18. 11. 2021 (BStBl I S. 2315).*

Fehlerhafte Pauschalversteuerung

> H 40a.1 (Fehlerhafte Pauschalversteuerung)

Gestellung von Kraftfahrzeugen

- *Die Vereinfachungsregelung von 15 Arbeitstagen monatlich gilt nicht bei der Einzelbewertung einer Kraftfahrzeuggestellung nach der sog. 0,002%-Methode > BMF vom 3.3.2022 (BStBl I S. 232), Rn. 15.*

- *Zur Pauschalbesteuerung bei der Gestellung von Kraftfahrzeugen > BMF vom 18.11.2021 (BStBl I S. 2315).*

Kirchensteuer bei Pauschalierung der Lohn- und Einkommensteuer

> Gleich lautende Ländererlasse vom 8.8.2016 (BStBl I S. 773)

Ladevorrichtung

Zur Pauschalversteuerung > BMF vom 29.9.2020 (BStBl I S. 972), Rdnr. 27–31

Pauschalversteuerung von Reisekosten

- > BMF vom 25.11.2020 (BStBl I S. 1228), Rz. 58 ff.

- *Beispiel:*

  Ein Arbeitnehmer erhält wegen einer Auswärtstätigkeit von Montag 11 Uhr bis Mittwoch 20 Uhr mit kostenloser Übernachtung mit Frühstück lediglich pauschalen Fahrtkostenersatz von 350 €, dem eine Fahrstrecke mit eigenem Pkw von 500 km zugrunde liegt.

  Steuerfrei sind

  - *eine Fahrtkostenvergütung von (500 × 0,30 € =)*   *150,00 €*

  - *Verpflegungspauschalen von*
    (14 € + 22,40 € [28 € ./. 5,60 €] + 8,40 € [14 € ./. 5,60 €] =)   <u>*44,80 €*</u>

  insgesamt   *194,80 €*

  Der Mehrbetrag von (350 € ./. 194,80 € =) 155,20 € kann mit einem Teilbetrag von 56 € pauschal mit 25% versteuert werden. Bei einer Angabe in der Lohnsteuerbescheinigung sind 44,80 € in die Zeile 20 „steuerfreie Verpflegungszuschüsse bei Auswärtstätigkeit" einzutragen (> § 41b Abs. 1 Satz 2 Nr. 10 EStG).

Wahlrecht

Das Wahlrecht des Arbeitgebers, die Lohnsteuer für geldwerte Vorteile bei Fahrten zwischen Wohnung und erster Tätigkeitsstätte nach § 40 Abs. 2 Satz 2 EStG zu pauschalieren, wird nicht durch einen Antrag, sondern durch Anmeldung der mit einem Pauschsteuersatz erhobenen Lohnsteuer ausgeübt. Ein dahingehender Antrag, der im finanzgerichtlichen Verfahren gestellt wird, ist unbeachtlich (> BFH vom 24.9.2015 – BStBl 2016 II S. 176).

Zu § 40a EStG❶

**LStR   R 40a.1 Kurzfristig Beschäftigte und Aushilfskräfte in der
                       Land- und Forstwirtschaft**

Allgemeines

(1) [1]... [2]Bei der Prüfung der Voraussetzungen für die Pauschalierung ist von den Merkmalen auszugehen, die sich für das einzelne Dienstverhältnis ergeben. [3]Es ist nicht zu prüfen, ob die Aushilfskraft noch in einem Dienstverhältnis zu einem anderen Arbeitgeber steht. [4]... [5]Der Arbeitnehmer kann Aufwendungen, die mit dem pauschal besteuerten Arbeislohn zusammenhängen, nicht als Werbungskosten abziehen.

Gelegentliche Beschäftigung

(2) [1]Als gelegentliche, nicht regelmäßig wiederkehrende Beschäftigung ist eine ohne feste Wiederholungsabsicht ausgeübte Tätigkeit anzusehen. [2]Tatsächlich kann es zu Wiederholungen der Tätigkeit kommen. [3]Entscheidend ist, dass die erneute Tätigkeit nicht bereits von vornherein vereinbart worden ist. [4]Es kommt dann nicht darauf an, wie oft die Aushilfskräfte tatsächlich im Laufe des Jahres tätig werden. [5]Ob sozialversicherungsrechtlich eine kurzfristige Beschäftigung vorliegt oder nicht, ist für die Pauschalierung nach § 40a Abs. 1 EStG ohne Bedeutung.

Unvorhersehbarer Zeitpunkt

(3) [1]§ 40a Abs. 1 Satz 2 Nr. 2 EStG setzt voraus, dass das Dienstverhältnis dem Ersatz einer ausgefallenen oder dem akuten Bedarf einer zusätzlichen Arbeitskraft dient. [2]Die Beschäftigung von Aushilfskräften, deren Einsatzzeitpunkt längere Zeit vorher feststeht, z. B. bei Volksfesten oder Messen, kann nicht als unvorhersehbar und sofort erforderlich angesehen werden; eine andere Beurteilung ist aber z. B. hinsichtlich solcher Aushilfskräfte möglich, deren Einstellung entgegen dem vorhersehbaren Bedarf an Arbeitskräften notwendig geworden ist.

Bemessungsgrundlage für die pauschale Lohnsteuer

(4) [1]Zur Bemessungsgrundlage der pauschalen Lohnsteuer gehören alle Einnahmen, die dem Arbeitnehmer aus der Aushilfsbeschäftigung zufließen (§ 2 LStDV). [2]Steuerfreie Einnahmen bleiben außer Betracht. [3]Der Arbeitslohn darf für die Ermittlung der pauschalen Lohnsteuer nicht um den Altersentlastungsbetrag (§ 24a EStG) gekürzt werden.

(5) – (6) ...

Anm. d. Schriftl.:

❶ Ein Arbeitgeber ist weder unter dem Gesichtspunkt des Rechtsmissbrauchs noch durch die Zielrichtung des § 40a EStG gehindert, nach Ablauf des Kalenderjahres die Pauschalversteuerung des Arbeitslohnes für die in seinem Betrieb angestellte Ehefrau rückgängig zu machen und zur Lohn-Regelbesteuerung überzugehen (BFH-Urteil vom 26. 11. 2003, BStBl 2004 II S. 195).

Abwälzung der pauschalen Lohnsteuer

> BMF vom 10. 1. 2000 (BStBl I S. 138)

Arbeitstag

Als Arbeitstag i. S. d. § 40a Abs. 1 Satz 2 Nr. 1 EStG ist i. d. R. der Kalendertag zu verstehen. Arbeitstag kann jedoch auch eine auf zwei Kalendertage fallende Nachtschicht sein (> BFH vom 28. 1. 1994 – BStBl II S. 421).

Arbeitsstunde

Arbeitsstunde im Sinne des § 40a Abs. 4 Nr. 1 EStG ist die Zeitstunde. Wird der Arbeitslohn für kürzere Zeiteinheiten gezahlt, z. B. für 45 Minuten, ist der Lohn zur Prüfung der Pauschalierungsgrenze nach § 40a Abs. 4 Nr. 1 EStG entsprechend umzurechnen (> BFH vom 10. 8. 1990 – BStBl II S. 1092).

Aufzeichnungspflichten

– > § 4 Abs. 2 Nr. 8 vorletzter Satz LStDV

– Als Beschäftigungsdauer ist jeweils die Zahl der tatsächlichen Arbeitsstunden (= 60 Minuten) in dem jeweiligen Lohnzahlungs- oder Lohnabrechnungszeitraum aufzuzeichnen (> BFH vom 10. 9. 1976 – BStBl 1977 II S. 17).

– Bei fehlenden oder fehlerhaften Aufzeichnungen ist die Lohnsteuerpauschalierung zulässig, wenn die Pauschalierungsvoraussetzungen auf andere Weise, z. B. durch Arbeitsnachweise, Zeitkontrollen, Zeugenaussagen, nachgewiesen oder glaubhaft gemacht werden (> BFH vom 12. 6. 1986 – BStBl II S. 681).

Fehlerhafte Pauschalversteuerung

Eine fehlerhafte Pauschalbesteuerung ist für die Veranlagung zur Einkommensteuer nicht bindend (> BFH vom 10. 6. 1988 – BStBl II S. 981).

Kirchensteuer bei Pauschalierung der Lohn- und Einkommensteuer

> Gleich lautende Ländererlasse vom 8. 8. 2016 (BStBl I S. 773)

...

Nachforderung pauschaler Lohnsteuer

Die Nachforderung pauschaler Lohnsteuer beim Arbeitgeber setzt voraus, dass dieser der Pauschalierung zustimmt (> BFH vom 20. 11. 2008 – BStBl 2009 II S. 374).

Nebenbeschäftigung für denselben Arbeitgeber

Übt der Arbeitnehmer für denselben Arbeitgeber neben seiner Haupttätigkeit eine Nebentätigkeit mit den Merkmalen einer kurzfristigen Beschäftigung oder Aushilfskraft aus, ist die Pauschalierung der Lohnsteuer nach § 40a Abs. 1 und 3 EStG ausgeschlossen (> § 40a Abs. 4 Nr. 2 EStG).

Ruhegehalt neben einer kurzfristigen Beschäftigung

In einer kurzfristigen Beschäftigung kann die Lohnsteuer auch dann pauschaliert werden, wenn der Arbeitnehmer vom selben Arbeitgeber ein betriebliches Ruhegeld bezieht, das dem normalen Lohnsteuerabzug unterliegt (> BFH vom 27. 7. 1990 – BStBl II S. 931).

LStR   R 40a.2   Geringfügig entlohnte Beschäftigte

[1]Die Erhebung der einheitlichen Pauschsteuer nach § 40a Abs. 2 EStG knüpft allein an die sozialversicherungsrechtliche Beurteilung als geringfügige Beschäftigung an und kann daher nur dann erfolgen, wenn eine abhängige Beschäftigung i. S. d. Sozialversicherungsrechts vorliegt und der Arbeitgeber einen pauschalen Beitrag zur gesetzlichen Rentenversicherung von 15 % bzw. 5 % (geringfügig Beschäftigte im Privathaushalt) zu entrichten hat. [2]Die Pauschalierung der Lohnsteuer nach § 40a Abs. 2a EStG kommt in Betracht, wenn der Arbeitgeber für einen Beschäftigten, dessen Beschäftigungsverhältnis für sich genommen als geringfügige Beschäftigung nach § 8 Abs. 1 Nr. 1, § 8a SGB IV einzuordnen ist, keinen pauschalen Beitrag zur gesetzlichen Rentenversicherung zu entrichten hat (z. B. aufgrund der Zusammenrechnung mehrerer geringfügiger Beschäftigungsverhältnisse). [3]Bemessungsgrundlage für die einheitliche Pauschsteuer (§ 40a Abs. 2 EStG) und den Pauschsteuersatz nach § 40a Abs. 2a EStG ist das sozialversicherungsrechtliche Arbeitsentgelt, unabhängig davon, ob es steuerpflichtiger oder steuerfreier Arbeitslohn ist. [4]Für Lohnbestandteile, die nicht zum sozialversicherungsrechtlichen Arbeitsentgelt gehören, ist die Lohnsteuerpauschalierung nach § 40a Abs. 2 und 2a EStG nicht zulässig; sie unterliegen der Lohnsteuererhebung nach den allgemeinen Regelungen.

Hinweise   LStH   H 40a.2

Wechsel zwischen Pauschalversteuerung und Regelbesteuerung

– *Es ist nicht zulässig, im Laufe eines Kalenderjahrs zwischen der Regelbesteuerung und der Pauschalbesteuerung zu wechseln, wenn dadurch allein die Ausnutzung der mit Einkünften aus nichtselbständiger Arbeit verbundenen Frei- und Pauschbeträge erreicht werden soll (> BFH vom 20. 12. 1991 – BStBl 1992 II S. 695).*

– *Ein Arbeitgeber ist weder unter dem Gesichtspunkt des Rechtsmissbrauchs noch durch die Zielrichtung des § 40a EStG gehindert, nach Ablauf des Kalenderjahres die Pauschalversteuerung des Arbeitslohnes für die in seinem Betrieb angestellte Ehefrau rückgängig zu machen und zur Regelbesteuerung überzugehen (> BFH vom 26. 11. 2003 – BStBl 2004 II S. 195).*

Zu § 40b EStG[1]

LStR   R 40b.1   Pauschalierung der Lohnsteuer bei Beiträgen zu Direktversicherungen und Zuwendungen an Pensionskassen für Versorgungszusagen, die vor dem 1. 1. 2005 erteilt wurden

(1) – (4) ...

Anm. d. Schriftl.:

[1] Der Zeitpunkt, zu dem eine Versorgungszusage erstmalig erteilt wurde, bestimmt sich nach der zu einem Rechtsanspruch führenden arbeitsrechtlichen bzw. betriebsrentenrechtlichen Verpflichtungserklärung des Arbeitgebers (BFH-Urteil vom 1. 9. 2021, BStBl 2022 II S. 233).

Barlohnkürzung

(5) Für die Lohnsteuerpauschalierung nach § 40b EStG kommt es nicht darauf an, ob Beiträge oder Zuwendungen zusätzlich zum ohnehin geschuldeten Arbeitslohn oder aufgrund einer Vereinbarung mit dem Arbeitnehmer durch Herabsetzung des individuell zu besteuernden Arbeitslohns erbracht werden.

(6)–(16) …

▶ **Hinweise LStH H 40b.1**

…

Zu § 42e EStG

LStR R 42e. Anrufungsauskunft

– unbesetzt –

▶ **Hinweise LStH H 42e**

Allgemeine Grundsätze

 – > *BMF vom 12.12.2017 (BStBl I S.1656)*

Einfügung d. Schriftl.:

Anrufungsauskunft nach § 42e EStG

BMF-Schreiben vom 12.12.2017, BStBl I S.1656

Im Einvernehmen mit den obersten Finanzbehörden der Länder gilt zur Anrufungsauskunft Folgendes:

1. Berechtigte Personen

Mögliche Antragsteller einer Anrufungsauskunft (Beteiligte im Sinne von § 42e Satz 1 Einkommensteuergesetz – EStG) sind der Arbeitgeber, der die Pflichten des Arbeitgebers erfüllende Dritte im Sinne von § 38 Absatz 3a EStG und der Arbeitnehmer. Eine Anrufungsauskunft können auch Personen beantragen, die nach Vorschriften außerhalb des EStG für Lohnsteuer haften, z.B. gesetzliche Vertreter, Vermögensverwalter und Verfügungsberechtigte im Sinne der §§ 34 und 35 Abgabenordnung (AO). Die Anrufungsauskunft ist stets gebührenfrei. Im Auskunftsantrag sind konkrete Rechtsfragen darzulegen, die für den Einzelfall von Bedeutung sind. **1**

2. Zuständigkeit

Das Betriebsstättenfinanzamt (§ 41 Absatz 2 EStG) ist für die Erteilung der Anrufungsauskunft zuständig. **2**

Hat ein Arbeitgeber mehrere Betriebsstätten, so hat das zuständige Finanzamt seine Auskunft mit den anderen Betriebsstättenfinanzämtern abzustimmen, soweit es sich um einen Fall von einigem Gewicht handelt und die Auskunft auch für die anderen Betriebsstätten von Bedeutung ist. Bei Anrufungsauskünften grundsätzlicher Art informiert das zuständige Finanzamt die übrigen betroffenen Finanzämter. **3**

Sind mehrere Arbeitgeber unter einer einheitlichen Leitung zusammengefasst (Konzernunternehmen), bleiben für den einzelnen Arbeitgeber entsprechend der Regelung des § 42e Sätze 1 und 2 EStG das Betriebsstättenfinanzamt bzw. das Finanzamt der Geschäftsleitung für die Erteilung der Anrufungsauskunft zuständig. Sofern es sich bei einer Anrufungsauskunft um einen Fall von einigem Gewicht handelt und erkennbar ist, dass die Auskunft auch für andere Arbeitgeber des Konzerns von Bedeutung ist oder bereits **4**

Entscheidungen anderer Finanzämter vorliegen, ist insbesondere auf Antrag des Auskunftsersuchenden die zu erteilende Auskunft mit den übrigen betroffenen Finanzämtern abzustimmen. Dazu informiert das für die Auskunftserteilung zuständige Finanzamt das Finanzamt der Konzernzentrale. Dieses koordiniert daraufhin die Abstimmung mit den Finanzämtern der anderen Arbeitgeber des Konzerns, die von der zu erteilenden Auskunft betroffen sind. Befindet sich die Konzernzentrale im Ausland, koordiniert das Finanzamt die Abstimmung, das als Erstes mit der Angelegenheit betraut war.

5 In Fällen der Lohnzahlung durch Dritte, in denen der Dritte die Pflichten des Arbeitgebers trägt, ist die Anrufungsauskunft bei dem Betriebsstättenfinanzamt des Dritten zu stellen. Fasst dieser die einem Arbeitnehmer in demselben Lohnzahlungszeitraum aus mehreren Dienstverhältnissen zufließenden Arbeitslöhne zusammen, ist die Anrufungsauskunft bei dem Betriebsstättenfinanzamt des Dritten zu stellen. Dabei hat das Betriebsstättenfinanzamt seine Auskunft in Fällen von einigem Gewicht mit den anderen Betriebsstättenfinanzämtern abzustimmen.

6 Ist eine öffentliche Kasse einer juristischen Person des öffentlichen Rechts berechtigt, eine Anrufungsauskunft zu beantragen, hat das Betriebsstättenfinanzamt eine Auskunft zu erteilen, in dessen Bezirk die lohnsteuerliche Betriebsstätte des Arbeitgebers liegt. Die Zuständigkeit richtet sich sinngemäß nach § 42e Sätze 2 bis 4 EStG.

3. Form

7 Für den Antrag nach § 42e EStG ist eine bestimmte Form nicht vorgeschrieben.

8 Das Betriebsstättenfinanzamt soll die Anrufungsauskunft unter ausdrücklichem Hinweis auf § 42e EStG schriftlich erteilen. Dies gilt auch, wenn der Beteiligte die Auskunft nur formlos erbeten hat. Wird eine Anrufungsauskunft abgelehnt oder abweichend vom Antrag erteilt, hat die Auskunft oder die Ablehnung der Erteilung schriftlich zu erfolgen.

9 Das Betriebsstättenfinanzamt kann die Auskunft befristen.

4. Anwendbare Rechtsvorschriften

10 Für die Anrufungsauskunft nach § 42e EStG gelten die Regelungen in §§ 118 ff. AO unmittelbar, und zwar insbesondere:

- die Anforderungen an Bestimmtheit und Form gemäß § 119 AO,
- die Regelungen über mögliche Nebenbestimmungen gemäß § 120 AO,
- die Regelungen über die Bekanntgabe gemäß § 122 AO,
- die Regelungen über die Berichtigung offenbarer Unrichtigkeiten gemäß § 129 AO.

11 Die Anrufungsauskunft kann mit Wirkung für die Zukunft aufgehoben oder geändert werden; § 207 Absatz 2 AO ist sinngemäß anzuwenden **[1]**. Hierbei handelt es sich um eine Ermessensentscheidung **[2]**, die zu begründen ist (vgl. BFH vom 2. September 2010, BStBl 2011 II S. 233).

12 Im Falle einer zeitlichen Befristung der Anrufungsauskunft endet die Wirksamkeit des Verwaltungsaktes durch Zeitablauf (§ 124 Absatz 2 AO).

13 Außerdem tritt eine Anrufungsauskunft außer Kraft, wenn die Rechtsvorschriften, auf denen die Entscheidung beruht, geändert werden (analoge Anwendung des § 207 Absatz 1 AO). Die Anweisungen im Anwendungserlass zu § 207 AO sind sinngemäß anzuwenden.

14 Die Regelungen über das außergerichtliche Rechtsbehelfsverfahren (§§ 347 ff. AO) sind anzuwenden. Im Falle der Ablehnung, Aufhebung (Rücknahme, Widerruf) oder Änderung einer Anrufungsauskunft nach § 42e EStG kommt eine Aussetzung der Vollziehung allerdings nicht in Betracht, da es sich nicht um einen vollziehbaren Verwaltungsakt handelt (BFH vom 15. Januar 2015, BStBl II S. 447).

5. Bindungswirkung und gerichtliche Überprüfung

15 Die Erteilung und die Aufhebung (Rücknahme und Widerruf) einer Anrufungsauskunft stellt nicht nur eine Wissenserklärung (unverbindliche Rechtsauskunft) des Betriebsstättenfinanzamts dar, sondern ist

---

Amtl. Fn.:

[1] Bestätigt durch BFH vom 2. 9. 2021 (BStBl 2022 II S. 136).

[2] Die Aufhebung oder Änderung einer Anrufungsauskunft ist ermessensfehlerhaft, wenn das Finanzamt zu Unrecht von deren Rechtswidrigkeit ausgeht (> BFH vom 2. 9. 2021 – BStBl 2022 II S. 136).

ein feststellender, aber nicht vollziehbarer Verwaltungsakt im Sinne des § 118 Satz 1 AO, mit dem sich das Finanzamt selbst bindet. Der Arbeitgeber hat ein Recht auf förmliche Bescheidung seines Antrags und kann eine ihm erteilte Anrufungsauskunft im Rechtsbehelfsverfahren inhaltlich überprüfen lassen (BFH vom 30. April 2009, BStBl 2010 II S. 996, und vom 2. September 2010, BStBl 2011 II S. 233).

Die Anrufungsauskunft trifft eine Regelung dahin, wie die Finanzbehörde den vom Antragsteller dargestellten Sachverhalt gegenwärtig beurteilt (BFH vom 30. April 2009, BStBl 2010 II S. 996, und vom 27. Februar 2014, BStBl II S. 894). **16**

Das Finanzgericht überprüft die Auskunft sachlich nur daraufhin, ob der von dem Antragsteller dargestellte Sachverhalt zutreffend erfasst und die rechtliche Beurteilung nicht evident fehlerhaft ist (BFH vom 27. Februar 2014, BStBl II S. 894). **17**

Erteilt das Betriebsstättenfinanzamt eine Anrufungsauskunft, sind die Finanzbehörden im Rahmen des Lohnsteuerabzugsverfahrens an diese gegenüber allen Beteiligten gebunden (BFH vom 17. Oktober 2013, BStBl 2014 II S. 892). Das Betriebsstättenfinanzamt kann daher die vom Arbeitgeber aufgrund einer (unrichtigen) Anrufungsauskunft nicht einbehaltene und abgeführte Lohnsteuer vom Arbeitnehmer nicht nach § 42d Absatz 3 Satz 4 Nummer 1 EStG nachfordern. **18**

Hat der Arbeitgeber eine Anrufungsauskunft eingeholt und ist er danach verfahren, ist eine Nacherhebung der Lohnsteuer auch dann nicht zulässig, wenn der Arbeitgeber nach einer Lohnsteuer-Außenprüfung einer Pauschalierung nach § 40 Absatz 1 Satz 1 Nummer 2 EStG zugestimmt hat (BFH vom 16. November 2005, BStBl 2006 II S. 210). **19**

Die Bindungswirkung einer Anrufungsauskunft erstreckt sich – unabhängig davon, ob sie dem Arbeitgeber oder dem Arbeitnehmer erteilt wurde – nicht auf das Veranlagungsverfahren. Das Wohnsitzfinanzamt kann daher bei der Einkommensteuerveranlagung des Arbeitnehmers einen anderen Rechtsstandpunkt als das Betriebsstättenfinanzamt einnehmen (BFH vom 17. Oktober 2013, BStBl 2014 II S. 892). **20**

6. Zeitliche Anwendung

Dieses Schreiben ersetzt das BMF-Schreiben vom 18. Februar 2011 (BStBl I S. 213). **21**

Zu § 42g EStG

Hinweise   LStH   H 42g

Allgemeines

> BMF vom 16. 10. 2014 (BStBl I S. 1408)

Einfügung d. Schriftl.:

Lohnsteuer-Nachschau

BMF-Schreiben vom 16. 10. 2014, BStBl I S. 1408

Mit § 42g EStG ist durch das Amtshilferichtlinie-Umsetzungsgesetz vom 26. Juni 2013 (BGBl I S. 1809) eine Regelung zur Lohnsteuer-Nachschau neu in das EStG eingefügt worden. Die Vorschrift ist zum 30. Juni 2013 in Kraft getreten. Im Einvernehmen mit den obersten Finanzbehörden der Länder gilt zur Anwendung der Vorschrift Folgendes: **1**

1. Allgemeines

Die Lohnsteuer-Nachschau ist ein besonderes Verfahren zur zeitnahen Aufklärung möglicher steuererheblicher Sachverhalte. Steuererheblich sind Sachverhalte, die eine Lohnsteuerpflicht begründen oder zu einer Änderung der Höhe der Lohnsteuer oder der Zuschlagsteuern führen können. Das für die Lohnsteuer-Nachschau zuständige Finanzamt kann das Finanzamt, in dessen Bezirk der steuererhebliche Sachverhalt verwirklicht wird, mit der Nachschau beauftragen. Die Lohnsteuer-Nachschau ist keine Außenprüfung i. S. d. §§ 193 ff. AO. Die Vorschriften für eine Außenprüfung sind nicht anwendbar, insbesondere **2** gelten die §§ 146 Absatz 2b, 147 Absatz 6, 201, 202 AO und § 42d Absatz 4 Satz 1 Nummer 2 EStG nicht. Es bedarf weder einer Prüfungsanordnung i. S. d. § 196 AO noch einer Schlussbesprechung oder eines Prüfungsberichts. Im Anschluss an eine Lohnsteuer-Nachschau ist ein Antrag auf verbindliche Zusage (§ 204 AO) nicht zulässig.

2. Zweck der Lohnsteuer-Nachschau

3 Die Lohnsteuer-Nachschau dient der Sicherstellung einer ordnungsgemäßen Einbehaltung und Abführung der Lohnsteuer, des Solidaritätszuschlags, der Kirchenlohnsteuer oder von Pflichtbeiträgen zu einer Arbeits- oder Arbeitnehmerkammer. Ziel der Lohnsteuer-Nachschau ist es, einen Eindruck von den räumlichen Verhältnissen, dem tatsächlich eingesetzten Personal und dem üblichen Geschäftsbetrieb zu gewinnen.

4 Eine Lohnsteuer-Nachschau kommt insbesondere in Betracht:

- bei Beteiligung an Einsätzen der Finanzkontrolle Schwarzarbeit,
- zur Feststellung der Arbeitgeber- oder Arbeitnehmereigenschaft,
- zur Feststellung der Anzahl der insgesamt beschäftigten Arbeitnehmer,
- bei Aufnahme eines neuen Betriebs,
- zur Feststellung, ob der Arbeitgeber eine lohnsteuerliche Betriebsstätte unterhält,
- zur Feststellung, ob eine Person selbständig oder als Arbeitnehmer tätig ist,
- zur Prüfung der steuerlichen Behandlung von sog. Minijobs (vgl. § 8 Absatz 1 und 2 SGB IV), ausgenommen Beschäftigungen in Privathaushalten,
- zur Prüfung des Abrufs und der Anwendung der elektronischen Lohnsteuerabzugsmerkmale (ELStAM) und
- zur Prüfung der Anwendung von Pauschalierungsvorschriften, z. B. § 37b Absatz 2 EStG.

5 Nicht Gegenstand der Lohnsteuer-Nachschau sind:

- Ermittlungen der individuellen steuerlichen Verhältnisse der Arbeitnehmer, soweit sie für den Lohnsteuer-Abzug nicht von Bedeutung sind,
- die Erfüllung der Pflichten des Arbeitgebers nach dem Fünften Vermögensbildungsgesetz und
- Beschäftigungen in Privathaushalten.

3. Durchführung der Lohnsteuer-Nachschau

6 Die Lohnsteuer-Nachschau muss nicht angekündigt werden (§ 42g Absatz 2 Satz 2 EStG). Die Anordnung der Nachschau erfolgt in der Regel mündlich und zu Beginn der Lohnsteuer-Nachschau. Dem Arbeitgeber soll zu Beginn der Lohnsteuer-Nachschau der Vordruck „Durchführung einer Lohnsteuer-Nachschau" übergeben werden. Der mit der Lohnsteuer-Nachschau beauftragte Amtsträger hat sich auszuweisen.

7 Zum Zweck der Lohnsteuer-Nachschau können die mit der Lohnsteuer-Nachschau beauftragten Amtsträger Grundstücke und Räume von Personen, die eine gewerbliche oder berufliche Tätigkeit ausüben, betreten (§ 42g Absatz 2 Satz 2 EStG). Die Grundstücke und Räume müssen nicht im Eigentum der gewerblich oder beruflich tätigen Person stehen. Die Lohnsteuer-Nachschau kann sich auch auf gemietete oder gepachtete Grundstücke und Räume sowie auf andere Orte, an denen steuererhebliche Sachverhalte verwirklicht werden (z. B. Baustellen), erstrecken.

8 Wohnräume dürfen gegen den Willen des Inhabers nur zur Verhütung dringender Gefahren für die öffentliche Sicherheit und Ordnung betreten werden (§ 42g Absatz 2 Satz 3 EStG).

9 Häusliche Arbeitszimmer oder Büros, die innerhalb einer ansonsten privat genutzten Wohnung belegen sind, dürfen auch dann betreten bzw. besichtigt werden, wenn sie nur durch die ausschließlich privat genutzten Wohnräume erreichbar sind.

10 Ein Betreten der Grundstücke und Räume ist während der üblichen Geschäfts- und Arbeitszeiten zulässig. Die Nachschau kann auch außerhalb der Geschäftszeiten vorgenommen werden, wenn dort Arbeitnehmer anzutreffen sind.

11 Das Betreten muss dazu dienen, Sachverhalte festzustellen oder zu überprüfen, die für den Steuerabzug vom Arbeitslohn erheblich sein können. Ein Durchsuchungsrecht gewährt die Lohnsteuer-Nachschau nicht. Das bloße Betreten oder Besichtigen von Geschäftsräumen, Betriebsräumen oder Grundstücken ist noch kein Durchsuchen.

4. Mitwirkungspflicht

Der Arbeitgeber hat dem mit der Lohnsteuer-Nachschau beauftragten Amtsträger auf Verlangen Lohn- **12** und Gehaltsunterlagen, Aufzeichnungen, Bücher, Geschäftspapiere und andere Urkunden vorzulegen und Auskünfte zu erteilen, soweit dies zur Feststellung steuerlich erheblicher Sachverhalte zweckdienlich ist (§ 42g Absatz 3 Satz 1 EStG).

Darüber hinaus haben die Arbeitnehmer dem mit der Lohnsteuer-Nachschau beauftragten Amtsträger **13** jede gewünschte Auskunft über Art und Höhe ihrer Einnahmen zu geben und auf Verlangen in ihrem Besitz befindliche Bescheinigungen über den Lohnsteuerabzug sowie Belege über bereits entrichtete Lohnsteuer vorzulegen (§ 42g Absatz 3 Satz 2 i.V. m. § 42f Absatz 2 Satz 2 EStG). Diese Pflichten gelten auch für Personen, bei denen es streitig ist, ob sie Arbeitnehmer sind oder waren. Die Auskunftspflicht erstreckt sich auf alle Fragen, die für die Beurteilung von Bedeutung sind, ob und in welcher Höhe eine Pflicht zum Abzug von Lohnsteuer und Zuschlagsteuern besteht.

5. Recht auf Datenzugriff

Der mit der Lohnsteuer-Nachschau beauftragte Amtsträger darf nur dann auf elektronische Daten des **14** Arbeitgebers zugreifen, wenn der Arbeitgeber zustimmt. Stimmt der Arbeitgeber dem Datenzugriff nicht zu, kann der mit der Lohnsteuer-Nachschau beauftragte Amtsträger verlangen, dass ihm die erforderlichen Unterlagen in Papierform vorgelegt werden. Sollten diese nur in elektronischer Form existieren, kann er verlangen, dass diese unverzüglich ausgedruckt werden (vgl. § 147 Absatz 5 zweiter Halbsatz AO).

6. Übergang zu einer Lohnsteuer-Außenprüfung

Geben die bei der Lohnsteuer-Nachschau getroffenen Feststellungen hierzu Anlass, kann ohne vorherige **15** Prüfungsanordnung (§ 196 AO) zu einer Lohnsteuer-Außenprüfung nach § 42f EStG übergegangen werden (§ 42g Absatz 4 Satz 1 EStG). Auf den Übergang zur Außenprüfung ist schriftlich hinzuweisen (§ 42g Absatz 4 Satz 2 EStG). Die allgemeinen Grundsätze über den notwendigen Inhalt von Prüfungsanordnungen gelten entsprechend. Insbesondere sind der Prüfungszeitraum und der Prüfungsumfang festzulegen. Der Beginn einer Lohnsteuer-Außenprüfung nach erfolgter Lohnsteuer-Nachschau ist unter Angabe von Datum und Uhrzeit aktenkundig zu machen. Für die Durchführung der nachfolgenden Lohnsteuer-Außenprüfung gelten die §§ 199 ff. AO. Die Entscheidung zum Übergang zu einer Lohnsteuer-Außenprüfung ist eine Ermessensentscheidung der Finanzbehörde (§ 5 AO).

Der Übergang zu einer Lohnsteuer-Außenprüfung nach § 42f EStG kann insbesondere angezeigt sein: **16**

- wenn bei der Lohnsteuer-Nachschau erhebliche Fehler beim Steuerabzug vom Arbeitslohn festgestellt wurden,

- wenn der für die Besteuerung maßgebliche Sachverhalt im Rahmen der Lohnsteuer-Nachschau nicht abschließend geprüft werden kann und weitere Ermittlungen erforderlich sind,

- wenn der Arbeitgeber seinen Mitwirkungspflichten im Rahmen der Lohnsteuer-Nachschau nicht nachkommt oder

- wenn die Ermittlung von Sachverhalten aufgrund des fehlenden Datenzugriffs nicht oder nur erschwert möglich ist.

7. Auswertungsmöglichkeiten

Der Arbeitgeber kann aufgrund der im Rahmen der Lohnsteuer-Nachschau gewonnenen Erkenntnisse **17** durch Lohnsteuer-Nachforderungsbescheid oder Lohnsteuer-Haftungsbescheid in Anspruch genommen werden. Die Lohnsteuer-Nachschau kann auch zu einer nachträglichen oder geänderten Lohnsteuer-Anmeldung führen. Soll auf Grund der Lohnsteuer-Nachschau der Arbeitgeber in Haftung genommen oder bei ihm Lohnsteuer nachgefordert werden, ist ihm rechtliches Gehör zu gewähren (§ 91 AO).

Ebenso kann der jeweilige Arbeitnehmer im Rahmen der allgemeinen gesetzlichen Regelungen in Anspruch genommen werden (§ 42d Absatz 3 EStG). Erkenntnisse der Lohnsteuer-Nachschau können auch **18** im Veranlagungsverfahren des Arbeitnehmers berücksichtigt werden.

Feststellungen, die während einer Lohnsteuer-Nachschau getroffen werden und die für die Festsetzung **19** und Erhebung anderer Steuern des Betroffenen oder anderer Personen erheblich sein können, können ausgewertet werden (§ 42g Absatz 5 EStG). Zu diesem Zweck können Kontrollmitteilungen erstellt werden.

8. Rechtsfolgen

20 Der Beginn der Lohnsteuer-Nachschau hemmt nicht den Ablauf der Festsetzungsfrist nach § 171 Absatz 4 AO. Die Änderungssperre des § 173 Absatz 2 AO findet keine Anwendung. Soweit eine Steuer gemäß § 164 AO unter dem Vorbehalt der Nachprüfung festgesetzt worden ist, muss dieser nach Durchführung der Lohnsteuer-Nachschau nicht aufgehoben werden.

9. Zwangsmittel

21 Im Rahmen einer Lohnsteuer-Nachschau erlassene Verwaltungsakte sind grundsätzlich mit Zwangsmitteln (§§ 328 ff. AO) durchsetzbar. Ein Verwaltungsakt liegt dann vor, wenn der mit der Lohnsteuer-Nachschau beauftragte Amtsträger Maßnahmen ergreift, die den Steuerpflichtigen zu einem bestimmten Tun, Dulden oder Unterlassen verpflichten sollen. Ein Verwaltungsakt liegt insbesondere vor, wenn der Amtsträger den Steuerpflichtigen auffordert,

– das Betreten der nicht öffentlich zugänglichen Geschäftsräume zu dulden,

– Aufzeichnungen, Bücher, Geschäftspapiere und andere lohnsteuerlich relevante Urkunden vorzulegen oder

– Auskunft zu erteilen.

10. Rechtsbehelf

22 Gegen schlichtes Verwaltungshandeln (z. B. Betreten von Grundstücken und Räumen zur Durchführung einer Lohnsteuer-Nachschau) ist kein Einspruch gegeben. Im Rahmen der Lohnsteuer-Nachschau ergangene Verwaltungsakte (vgl. Rz. 21) können gemäß § 347 AO mit Einspruch angefochten werden. Der Amtsträger ist berechtigt und verpflichtet, den Einspruch entgegenzunehmen. Der Einspruch hat keine aufschiebende Wirkung und hindert daher nicht die Durchführung der Lohnsteuer-Nachschau, es sei denn, die Vollziehung des angefochtenen Verwaltungsakts wurde ausgesetzt (§ 361 AO, § 69 FGO). Mit Beendigung der Lohnsteuer-Nachschau sind oder werden Einspruch und Anfechtungsklage gegen die Anordnung der Lohnsteuer-Nachschau unzulässig; insoweit kommt lediglich eine Fortsetzungs-Feststellungsklage (§ 100 Absatz 1 Satz 4 FGO) in Betracht. Wurden die Ergebnisse der Lohnsteuer-Nachschau in einem Steuer- oder Haftungsbescheid berücksichtigt, muss auch dieser Bescheid angefochten werden, um ein steuerliches Verwertungsverbot zu erlangen.

23 Für die Anfechtung der Mitteilung des Übergangs zur Außenprüfung (§ 42g Absatz 4 EStG) gelten die Grundsätze für die Anfechtung einer Prüfungsanordnung entsprechend (vgl. AEAO zu § 196).

IV. Körperschaftsteuer-Richtlinien 2022 (KStR) mit amtlichen Bearbeitungshinweisen 2022 in Auszügen

Inhaltsverzeichnis

KStR

KStR   Einführung

(1) ¹Die Körperschaftsteuer-Richtlinien 2022 (KStR 2022) behandeln Anwendungs- und Aus-legungsfragen von allgemeiner Bedeutung, um eine einheitliche Anwendung des Körperschaft-steuerrechts durch die Behörden der Finanzverwaltung sicherzustellen. ²...

(2) – (4) ...

Zu § 1 KStG

KStR   R 1.1 Unbeschränkte Steuerpflicht

(1) ¹Die Aufzählung der Körperschaften, Personenvereinigungen und Vermögensmassen in § 1 Abs. 1 KStG ist abschließend. ²Sie kann nicht im Wege der Auslegung erweitert werden.

(2) ¹Zu den sonstigen juristischen Personen des privaten Rechts i. S. d. § 1 Abs. 1 Nr. 4 KStG ge-hören eingetragene Vereine (§ 21 BGB), wirtschaftliche Vereine (§ 22 BGB) und rechtsfähige pri-vatrechtliche Stiftungen (§ 80 BGB). ²Rechtsfähige Stiftungen des öffentlichen Rechts (§ 89 BGB) fallen nicht unter § 1 Abs. 1 Nr. 4 KStG; insoweit ist ggf. § 1 Abs. 1 Nr. 6 KStG zu prüfen.

(3) ¹§ 1 Abs. 1 Nr. 6 KStG bezieht sich ausschließlich auf inländische jPöR. ²Die Steuerpflicht aus-ländischer jPöR richtet sich nach § 2 Nr. 1 KStG.

(4) ¹Die Steuerpflicht beginnt bei Genossenschaften (§ 1 Abs. 1 Nr. 2 KStG) nicht erst mit der Erlangung der Rechtsfähigkeit durch die Eintragung in das Genossenschaftsregister (§ 13 GenG), sondern erstreckt sich auch auf die mit Abschluss des Statuts (§ 5 GenG) errichtete Vorgenos-senschaft, d. h. die Genossenschaft im Gründungsstadium. ²Für rechtsfähige Vereine sind die vorgenannten Grundsätze sinngemäß anzuwenden. ³Genossenschaften i. S. d. § 1 Abs. 1 Nr. 2 KStG sind sowohl eingetragene als auch nichtrechtsfähige Genossenschaften. ⁴Bei Versiche-rungsvereinen auf Gegenseitigkeit (§ 1 Abs. 1 Nr. 3 KStG) beginnt die Steuerpflicht mit der auf-sichtsbehördlichen Erlaubnis zum Geschäftsbetrieb, bei den anderen juristischen Personen des privaten Rechts (§ 1 Abs. 1 Nr. 4 KStG) durch staatliche Genehmigung, Anerkennung oder Verlei-hung. ⁵Nichtrechtsfähige Vereine, Anstalten, Stiftungen oder andere Zweckvermögen des pri-vaten Rechts (§ 1 Abs. 1 Nr. 5 KStG) entstehen durch Errichtung, Feststellung der Satzung oder Aufnahme einer geschäftlichen Tätigkeit. ⁶JPöR werden mit ihrem BgA (§ 1 Abs. 1 Nr. 6 KStG) mit der Aufnahme der wirtschaftlichen Tätigkeit unbeschränkt steuerpflichtig.

(5) ¹Ein Zweckvermögen des Privatrechts i. S. d. § 1 Abs. 1 Nr. 5 KStG **🔢** liegt vor, wenn ein selb-ständiges Sondervermögen gebildet wird, das durch Widmung einem bestimmten Zweck dient. ²Dazu gehören u. a. Sammelvermögen i. S. d. § 1914 BGB. ³Inländische Investmentfonds und in-ländische Spezial-Investmentfonds gelten nach § 6 Abs. 1 Satz 1 und § 29 Abs. 1 InvStG als Zweckvermögen. ⁴Ausländische Investmentfonds und ausländische Spezial-Investmentfonds gelten nach § 6 Abs. 1 Satz 2 und § 29 Abs. 1 InvStG als beschränkt steuerpflichtige Vermögens-massen.

▶ **Hinweise   KStH   H 1.1**

...

Anm. d. Schriftl.:

1 Ein englisches Universitäts-College kann in rechtlicher und wirtschaftlicher Hinsicht einer Stiftung nach deut-schem Recht i. S. von § 1 Abs. 1 Nr. 5 KStG entsprechen (BFH-Beschluss vom 24.3.2021, BStBl 2021 II S. 657).

Beginn der Steuerpflicht

Die Steuerpflicht beginnt bei Kapitalgesellschaften (§ 1 Abs. 1 Nr. 1 KStG) nicht erst mit der Erlangung der Rechtsfähigkeit durch die Eintragung in das Handelsregister (§§ 41, 278 AktG, § 11 GmbHG), sondern erstreckt sich auch auf die mit Abschluss des notariellen Gesellschaftsvertrags (§ 2 GmbHG) oder durch notarielle Feststellung der Satzung (§ 23 Abs. 1, § 280 Abs. 1 AktG) errichtete Vorgesellschaft, d. h. die Kapitalgesellschaft im Gründungsstadium (> BFH vom 13. 12. 1989, I R 98-99/86, BStBl 1990 II S. 468; > BFH vom 14. 10. 1992, I R 17/92, BStBl 1993 II S. 352).

Von Todes wegen errichtete Stiftungen sind im Falle ihrer Anerkennung auf Grund der in § 84 BGB angeordneten Rückwirkung bereits ab dem Zeitpunkt des Vermögensanfalls subjektiv körperschaftsteuerpflichtig nach § 1 Abs. 1 Nr. 4 KStG (> BFH vom 17. 9. 2003, I R 85/02, BStBl 2005 II S. 149, BFH vom 6. 6. 2019, V R 50/17, BStBl II S. 782).

Drittstaaten-Kapitalgesellschaft

> BFH vom 8. 9. 2010, I R 6/09, BStBl 2013 II S. 186

GmbH & Co. KG

Eine GmbH & Co. KG, deren alleiniger persönlich haftender Gesellschafter eine GmbH ist, ist nicht als Kapitalgesellschaft i. S. v. § 1 Abs. 1 Nr. 1 KStG anzusehen. Eine Publikums-GmbH & Co. KG ist kein nichtrechtsfähiger Verein i. S. v. § 1 Abs. 1 Nr. 5 KStG. Sie ist auch nicht als nichtrechtsfähige Personenvereinigung nach § 3 Abs. 1 KStG körperschaftsteuerpflichtig, da ihr Einkommen bei den Gesellschaftern zu versteuern ist (> BFH vom 25. 6. 1984, GrS 4/82, BStBl II S. 751).

Kameradschaft einer Freiwilligen Feuerwehr

Die Kameradschaft einer Freiwilligen Feuerwehr kann ein nichtrechtsfähiger Verein i. S. d. § 1 Abs. 1 Nr. 5 KStG sein, sofern ein Personenzusammenschluss für Zwecke gebildet wurde, die über die Aufgaben der gemeindlichen Einrichtung hinaus gehen, z. B. Einrichtung einer Kameradschaftskasse zum Zwecke der Kameradschaftspflege und Veranstaltung jährlicher Feste (> BFH vom 18. 12. 1996, I R 16/96, BStBl 1997 II S. 361).

Limited

Zur verfahrensrechtlichen Behandlung nach dem 31. Dezember 2020 > BMF vom 30. 12. 2020, BStBl 2021 I S. 46.

REIT-AG

> REITG vom 28. 5. 2007 (BGBl I S. 914) und > BMF vom 10. 7. 2007, BStBl I S. 527

Stiftung

> H 1.1 Beginn der Steuerpflicht

Unechte Vorgesellschaft

Eine unechte Vorgesellschaft unterliegt mangels zivilrechtlicher Rechtsform einer Körperschaft i. S. d. § 1 Abs. 1 KStG nicht der Körperschaftsteuerpflicht. Um eine unechte Vorgesellschaft handelt es sich, wenn die Gründer nicht die Absicht haben, die Eintragung ins Handelsregister zu erreichen, wenn die Eintragungsabsicht wegfällt, jedoch die werbende Tätigkeit fortgesetzt wird, wenn aufgrund von Eintragungshindernissen die Vorgesellschaft zum Dauerzustand wird oder wenn nach Ablehnung des Eintragungsantrags eine Auseinandersetzung unter den Gesellschaftern nicht erfolgt (> BFH vom 7. 4. 1998, VII R 82/97, BStBl II S. 531 und > BFH vom 18. 3. 2010, IV R 88/06, BStBl II S. 991).

Vorgesellschaft
> *H 1.1 Beginn der Steuerpflicht*
> *H 1.1 Unechte Vorgesellschaft*

Vorgründungsgesellschaft
Die Vorgründungsgesellschaft erstreckt sich auf die Zeit zwischen der Vereinbarung über die Errichtung einer Kapitalgesellschaft bis zur notariellen Beurkundung des Gesellschaftsvertrags bzw. der Satzung. Sie ist weder mit der Vorgesellschaft noch mit der später entstehenden Kapitalgesellschaft identisch. Es handelt sich, von Ausnahmen abgesehen, nicht um ein körperschaftsteuerpflichtiges Gebilde (> BFH vom 8. 11. 1989, I R 174/86, BStBl 1990 II S. 91). Die Vorgründungsgesellschaft kann als nichtrechtsfähiger Verein oder Personenvereinigung i. S. d. § 3 Abs. 1 KStG steuerpflichtig sein, wenn ein größerer Kreis von Personen, eine Verfassung und besondere Organe vorhanden sind (> BFH vom 6. 5. 1952, I 8/52 U, BStBl III S. 172).

Zu § 1a KStG❶

Hinweise   KStH   H 1a

Anwendungsschreiben zur Option zur Körperschaftsbesteuerung
> *BMF vom 10. 11. 2021, BStBl I S. 2212.*

Einfügung d. Schriftl.:
Zur Option zur Körperschaftsbesteuerung (§ 1a KStG) hat das BMF mit nachfolgendem Schreiben vom 10. 11. 2021, BStBl 2021 I S. 2212, wie folgt Stellung genommen:

„Durch das Gesetz zur Modernisierung des Körperschaftsteuerrechts vom 25. Juni 2021 (BGBl I S. 2050, BStBl I S. 889) wurde u. a. § 1a KStG eingeführt, der Personenhandelsgesellschaften und Partnerschaftsgesellschaften die Möglichkeit einräumt, zur Körperschaftsbesteuerung zu optieren. Unter Bezugnahme auf das Ergebnis der Erörterung mit den obersten Finanzbehörden der Länder gilt für die Option zur Körperschaftsbesteuerung (im Folgenden: Option) Folgendes:

I. Zeitliche Anwendung

1 Die Option kann erstmals für Wirtschaftsjahre ausgeübt werden, die nach dem 31. Dezember 2021 beginnen (§ 34 Absatz 1a KStG).

Anm. d. Schriftl.:
❶ Im Rahmen des Gesetzes zur Modernisierung des Körperschaftsteuerrechts vom 25. 6. 2021, BGBl 2021 I S. 2050, wurde § 1a (Option zur Körperschaftsbesteuerung) in das KStG eingefügt.

II. Persönlicher Anwendungsbereich

Antragsberechtigt sind Personenhandelsgesellschaften (offene Handelsgesellschaften und Kommandit- **2** gesellschaften im Sinne der §§ 105 und 161 HGB einschließlich der Europäischen wirtschaftlichen Interessenvereinigung, vgl. § 1 EWIVAG) sowie Partnerschaftsgesellschaften im Sinne des Partnerschaftsgesellschaftsgesetzes (PartGG). Dies gilt auch, wenn die antragsberechtigte Gesellschaft nur eine vermögensverwaltende Tätigkeit ausübt (vgl. Rn. 30). Eine GmbH & Co. KG ist auch dann antragsberechtigt, wenn deren Komplementärgesellschaft vermögensmäßig nicht beteiligt ist. Einzelunternehmen, Gesellschaften des bürgerlichen Rechts, Erbengemeinschaften und reine Innengesellschaften (wie die atypisch stille Gesellschaft) fallen dagegen nicht in den Anwendungsbereich des § 1a KStG.

Die Option ist auch Gesellschaften ausländischer Rechtsform eröffnet, die den in § 1a Absatz 1 Satz 1 **3** KStG genannten Gesellschaftsformen vergleichbar sind.

Die Vergleichbarkeit mit einer Personenhandelsgesellschaft ist in der Regel gegeben, wenn die ausländische Gesellschaft, die nach dem Rechtstypenvergleich als Personengesellschaft einzustufen ist (vgl. hierzu Randnr. 01.27 des BMF-Schreibens vom 11. November 2011, BStBl I S. 1314 – im Folgenden: UmwStE –), bei Zugrundelegung deutscher Maßstäbe ein Handelsgewerbe im Sinne des § 1 HGB betreibt.

Zur Körperschaftsbesteuerung optieren können auch Gesellschaften ohne Sitz und Geschäftsleitung im **4** Inland. Diese unterliegen nach Ausübung der Option der beschränkten Körperschaftsteuerpflicht nach § 2 Nummer 1 KStG, soweit sie inländische Einkünfte im Sinne des § 49 EStG (i.V. m. § 8 Absatz 1 KStG) erzielen. Die Option ist auch möglich, wenn die Gesellschaft keine inländischen Einkünfte erzielt.

Nach § 1a Absatz 1 Satz 6 KStG ist die Option ausgeschlossen für Investmentfonds im Sinne des InvStG **5** sowie für Gesellschaften mit Geschäftsleitung im Ausland, die nach Ausübung der Option (steuerlicher Übertragungsstichtag) in dem Staat, in dem sich ihre Geschäftsleitung befindet, keiner der deutschen unbeschränkten Körperschaftsteuerpflicht vergleichbaren Steuerpflicht unterliegen. Zur steuerlichen Behandlung ausgewählter ausländischer Gesellschaftsformen im Gründungsstaat vgl. u. a. die Anlage des BMF-Schreibens vom 26. September 2014, BStBl I S. 1258, zur Anwendung der Doppelbesteuerungsabkommen (DBA) auf Personengesellschaften. Randnr. 01.26 und 01.27 UmwStE sind zu beachten.

Beispiel:

An der französischen Societe en nom collectif (SNC – Personenhandelsgesellschaft nach französischem Recht) sind der in Deutschland ansässige A sowie die in Frankreich ansässigen B und C beteiligt. Sitz und Geschäftsleitung befinden sich in Frankreich. Die SNC hat eine Betriebsstätte in Deutschland.

Lösung:

Die SNC kann zur Körperschaftsbesteuerung nach § 1a KStG optieren, wenn sie einen entsprechenden Antrag nach französischem Recht auch in Frankreich stellt oder bereits der französischen Körperschaftsteuerpflicht unterliegt (vgl. BMF-Schreiben vom 26. September 2014, a. a. O., Anlage zu Frankreich). Liegen diese Voraussetzungen nicht vor, so ist auch die Ausübung der Option nicht möglich (§ 1a Absatz 1 Satz 6 Nummer 2 KStG).

Das Vorliegen der persönlichen Voraussetzungen für die Option während des gesamten Besteuerungs- **6** zeitraums ist auf Anforderung für jedes Jahr von der optierenden Gesellschaft nachzuweisen. Wird der Nachweis nicht erbracht, so ist davon auszugehen, dass die persönlichen Voraussetzungen für die Option in dem betreffenden Wirtschaftsjahr nicht vorgelegen haben. Wird der Nachweis bereits für das erste Wirtschaftsjahr nicht erbracht, so ist u. a. anhand der mit dem Antrag nach § 1a Absatz 1 Satz 1 KStG vorgelegten Unterlagen zu prüfen, ob die Option überhaupt erstmals wirksam ausgeübt wurde. Im Übrigen vgl. Rn. 91 ff. (Beendigung der Option kraft Gesetzes). Für ausländische Gesellschaften gelten hierbei die erhöhten Mitwirkungspflichten nach § 90 Absatz 2 AO. Änderungen der persönlichen Voraussetzungen sind der Finanzbehörde mitzuteilen.

Hat die Gesellschaft keine Körperschaftsteuererklärung abzugeben, weil sie nur einem abgeltenden Steu- **7** erabzug unterliegende inländische Einkünfte erzielt, so ist der Nachweis mit dem Stellen eines Antrags auf Entlastung vom Steuerabzug zu erbringen. Wirkt sich die Option auf die Durchführung des Steuerabzugs aus, so sind der Vergütungsschuldner und die zuständige Finanzbehörde unverzüglich über Änderungen der Verhältnisse zu informieren, die sich auf die Voraussetzung für die Option auswirken. Hat die Gesellschaft keine Körperschaftsteuererklärung abzugeben, weil sie keine inländischen Einkünfte erzielt, ist der Nachweis durch die Gesellschaft bei dem für die Besteuerung des Gesellschafters zuständigen Finanzamt zu erbringen.

8 Der Begriff „Gesellschafter" im Sinne des § 1a KStG erfasst auch Partner einer optierenden Partnerschafts-gesellschaft.

III. Antrag

1. Form des Antrags

9 Der Antrag auf Option ist nach amtlich vorgeschriebenem Datensatz durch Datenfernübertragung zu stellen. Die Übermittlung dieses Datensatzes ist nach Maßgabe des § 87a Absatz 6 AO und nach § 87b AO über die amtlich bestimmte Schnittstelle vorzunehmen.

10 Auf Antrag kann zur Vermeidung unbilliger Härten auf die elektronische Übermittlung des Antrags ver-zichtet werden. In diesem Fall ist der Antrag nach amtlich vorgeschriebenem und von einer zur Vertre-tung befugten Person eigenhändig unterschriebenem Vordruck zu stellen (§ 1a Absatz 1 Satz 2 i.V.m. § 31 Absatz 1a Satz 2 KStG). Besteht die unbillige Härte darin, dass der Antragstellerin die Antragstellung nach amtlich vorgeschriebenem Datensatz durch Datenfernübertragung wirtschaftlich oder persönlich nicht zumutbar ist, hat die Finanzbehörde dem Antrag zu entsprechen (§ 150 Absatz 8 AO).

11 Befindet sich der Ort der Geschäftsleitung im Ausland, so ist zudem anhand geeigneter Unterlagen dar-zulegen, dass die Gesellschaft im Optionszeitraum im anderen Staat einer der deutschen unbeschränkten Körperschaftsteuerpflicht vergleichbaren Steuerpflicht dem Grunde nach unterliegen wird (z. B. aktueller Körperschaftsteuerbescheid bzw. Bestätigung des ausländischen Staates). Zudem ist eine Ansässigkeits-bescheinigung der zuständigen ausländischen Steuerbehörde vorzulegen.

2. Zustimmung der Gesellschafter

12 Für die Option ist grundsätzlich die Zustimmung aller Gesellschafter erforderlich (§ 1a Absatz 1 Satz 1 zweiter Halbsatz KStG i.V. m. § 217 Absatz 1 Satz 1 UmwG).

Diese muss im Zeitpunkt der Antragstellung vorliegen. Sieht der Gesellschaftsvertrag für einen echten Formwechsel im Sinne des § 25 UmwStG oder für die Option eine Mehrheitsentscheidung der Gesell-schafter vor, so ist diese nur anzuerkennen, wenn die Mehrheit mindestens drei Viertel der abgegebenen Stimmen beträgt (§ 1a Absatz 1 Satz 1 zweiter Halbsatz KStG i.V. m. § 217 Absatz 2 und 3 UmwG). Eine notarielle Beurkundung der Beschlussfassung ist nicht erforderlich. Sieht bei ausländischen Gesell-schaften das Gesellschaftsrecht ein höheres Form- oder Zustimmungserfordernis vor, so gilt dieses.

Mit dem Antrag auf Option ist nachzuweisen, dass die erforderliche Anzahl der Gesellschafter der Aus-übung der Option zugestimmt hat.

3. Adressat des Antrags

13 Der Antrag ist grundsätzlich bei dem Finanzamt zu stellen, das für die gesonderte und einheitliche Fest-stellung der Einkünfte der Personenhandels- oder Partnerschaftsgesellschaft (§ 180 Absatz 1 Satz 1 Num-mer 2 Buchstabe a oder Absatz 5 i.V. m. § 179 Absatz 2 Satz 2 AO) örtlich zuständig ist. Diese Zuständig-keit bestimmt sich grundsätzlich nach § 18 AO. Erfolgt keine gesonderte und einheitliche Feststellung der Einkünfte und hat die Gesellschaft ihren Sitz im Inland, so ist der Antrag bei dem Finanzamt zu stellen, in dessen Bezirk sich der Sitz der Gesellschaft befindet (§ 1a Absatz 1 Satz 5 KStG).

14 Bei Gesellschaften mit Sitz im Ausland, für die bislang keine gesonderte und einheitliche Feststellung der Einkünfte nach § 180 Absatz 1 Satz 1 Nummer 2 Buchstabe a oder Absatz 5 AO vorgenommen wird, ist wie folgt zu differenzieren:

a) Unterbleibt eine gesonderte und einheitliche Feststellung nach § 180 Absatz 3 Satz 1 Nummer 1 AO, weil nur eine der an den Einkünften beteiligten Personen mit ihren Einkünften in Deutschland ein-kommen- oder körperschaftsteuerpflichtig ist, ist der Antrag bei dem für die Einkommen- oder Kör-perschaftsteuer des Gesellschafters zuständigen Finanzamt zu stellen (§ 1a Absatz 1 Satz 3 KStG).

b) Erzielt die Gesellschaft ausschließlich Einkünfte, die dem Steuerabzug vom Kapitalertrag oder dem Steuerabzug auf Grund des § 50a EStG unterliegen und gilt infolgedessen die Einkommensteuer nach § 50 Absatz 2 Satz 1 EStG oder die Körperschaftsteuer nach § 32 Absatz 1 KStG als abgegolten, ist der Antrag beim Bundeszentralamt für Steuern (BZSt) zu stellen (§ 1a Absatz 1 Satz 4 KStG).

c) In allen anderen Fällen ist das Finanzamt zuständig, das für die gesonderte und einheitliche Fest-stellung zuständig ist (§ 1a Absatz 1 Satz 2 KStG).

15 Maßgeblich sind jeweils die Verhältnisse im Zeitpunkt der Antragstellung. Eine spätere Änderung der Ver-hältnisse hinsichtlich der sachlichen oder örtlichen Zuständigkeit (insbesondere eine abweichende Zuständigkeit für die künftige Besteuerung der optierenden Gesellschaft nach dem KStG) führt nicht zur Unwirksamkeit des Antrags. Im Falle eines Zuständigkeitswechsels ist der Antrag von der nach § 1a Absatz 1 Satz 2 bis 5 KStG zuständigen Finanzbehörde an die neu zuständig gewordene Finanzbehörde zur Entscheidung abzugeben, es sei denn, es soll insoweit zulässigerweise nach § 26 Satz 2 AO verfahren werden.

4. Antragsfrist

Der Antrag muss (auch bei neu gegründeten Gesellschaften oder übernehmenden Rechtsträgern einer **16** Umwandlung) spätestens einen Monat vor Beginn des Wirtschaftsjahres, ab dem die Option gelten soll, bei der jeweils zuständigen Finanzbehörde eingegangen sein. Im Fall eines kalenderjahrgleichen Wirtschaftsjahres ist der Antrag somit spätestens am 30. November des vorangehenden Jahres zu stellen, sofern sich nicht aus § 108 Absatz 3 AO etwas anderes ergibt.

Die Umstellung des Wirtschaftsjahres auf einen vom Kalenderjahr abweichenden Zeitraum im Zusam- **17** menhang mit dem Optionsantrag ist bei nach Ausübung der Option unbeschränkt oder beschränkt steuerpflichtigen Gesellschaften nach § 4a Absatz 1 Satz 2 Nummer 2 EStG nur im Einvernehmen mit der nach Rn. 13 ff. zuständigen Finanzbehörde wirksam.

Da der Antrag von der Personenhandels- oder Partnerschaftsgesellschaft zu stellen ist (§ 1a Absatz 1 **18** Satz 2 KStG), kann er nicht vor Gründung der Gesellschaft gestellt werden. Eine Option für das erste (Rumpf-)Wirtschaftsjahr ist damit ausgeschlossen. Eine Partnerschaftsgesellschaft muss zum Zeitpunkt der Antragstellung bereits in das Partnerschaftsregister eingetragen sein (§ 7 Absatz 1 PartGG), eine Personenhandelsgesellschaft muss zum Zeitpunkt der Antragstellung entweder in das Handelsregister eingetragen sein (§ 105 Absatz 2 HGB) oder ein Handelsgewerbe im Sinne des § 1 Absatz 2 HGB betreiben. Dies gilt auch für den Fall der Verschmelzung oder Spaltung auf eine neu gegründete Personengesellschaft sowie für den Formwechsel einer Kapitalgesellschaft in eine Personengesellschaft.

Ein verspäteter Antrag ist unwirksam und gilt nicht automatisch als Antrag für das nächste Wirtschafts- **19** jahr. Vielmehr ist für eine wirksame Ausübung der Option für ein Wirtschaftsjahr, dessen Beginn von dem im unwirksamen Antrag bezeichneten Datum abweicht, ein neuer Antrag zu stellen.

5. Entscheidung über den Antrag

Die nach § 1a Absatz 1 Satz 2 bis 5 KStG (ggf. i.V. m. § 26 Satz 2 AO) zuständige Finanzbehörde prüft sum- **20** marisch, ob die gesetzlichen Voraussetzungen für den Antrag vorliegen. Im Falle eines Zuständigkeitswechsels (vgl. Rn. 15) ist der Antrag abweichend von Satz 1 dieser Rn. von der neu zuständigen Finanzbehörde zu prüfen, es sei denn, es soll insoweit zulässigerweise nach § 26 Satz 2 AO verfahren werden.

Eine gesonderte Mitteilung, dass die Finanzbehörde von einem wirksamen Antrag ausgeht, erfolgt grund- **21** sätzlich nicht. Die Mitteilung über die Erteilung einer Körperschaftsteuernummer durch das nach § 20 AO für die Körperschaftsbesteuerung der optierenden Gesellschaft zuständige Finanzamt beinhaltet jedoch konkludent die Information, dass das Finanzamt von einem wirksamen Antrag ausgeht. Diese Mitteilung ist kein (anfechtbarer) Verwaltungsakt. Stellt sich nachträglich heraus, dass die Voraussetzungen für einen Antrag nach § 1a Absatz 1 KStG nicht vorgelegen haben, sind Verwaltungsakte (z. B. Steuerbescheide), die von der Wirksamkeit des Antrags ausgehen, rechtswidrig und im Rahmen der verfahrensrechtlichen Möglichkeiten aufzuheben oder zu ändern.

Die ablehnende Entscheidung über den Antrag ist ein Verwaltungsakt. Dieser ist schriftlich oder elektro- **22** nisch zu erlassen und mit einer Rechtsbehelfsbelehrung zu versehen. Die Bekanntgabe richtet sich nach den §§ 122 und 122a AO sowie nach den Regelungen im Anwendungserlass zu Abgabenordnung (AEAO) zu den §§ 122 und 122a.

6. Unwiderruflichkeit des Antrags

Der Antrag auf Option ist unwiderruflich (§ 1a Absatz 1 Satz 1 KStG). Eines erneuten Antrags für die fol- **23** genden Wirtschaftsjahre bedarf es nicht, wenn die Voraussetzungen für die Option ununterbrochen vorliegen. Zur Beendigung der Option vgl. Rn. 90 ff.

IV. Übergang zur Körperschaftsbesteuerung

Nach § 1a Absatz 2 Satz 1 KStG gilt der Übergang zur Körperschaftsbesteuerung als Formwechsel im Sin- **24** ne des § 1 Absatz 3 Nummer 3 UmwStG. Damit wird als Folge der Option ertragsteuerlich ein Anschaffungs- und Veräußerungsvorgang fingiert (Randnr. 00.02 UmwStE). Da § 4 Absatz 3 EStG bei einer optierenden Gesellschaft nach § 1a Absatz 3 Satz 6 KStG nicht anwendbar ist, ist von Einnahmenüberschussrechnern im Rahmen des Übergangs zur Körperschaftsbesteuerung zwingend zum steuerlichen Übertragungsstichtag zur Gewinnermittlung durch Betriebsvermögensvergleich zu wechseln. Ein in diesen Fällen entstehender Übergangsgewinn ist als laufender Gewinn des Wirtschaftsjahres, das dem Wirtschaftsjahr der erstmaligen Ausübung der Option vorangeht, zu versteuern.

25 Die nach Randnr. 25.01 UmwStE für den Formwechsel einer Personengesellschaft in eine Kapitalgesellschaft entsprechend anzuwendenden Randnr. 20.01 bis 23.21 UmwStE sind – mit Ausnahme der Ausführungen zur steuerlichen Rückwirkung – auch auf den fiktiven Formwechsel nach § 1a Absatz 2 Satz 1 KStG entsprechend anzuwenden.

1. Persönlicher Anwendungsbereich des Umwandlungssteuergesetzes

26 Die §§ 1 und 25 UmwStG sind entsprechend anzuwenden (§ 1a Absatz 2 Satz 2 KStG). Infolgedessen ist der Anwendungsbereich des Sechsten bis Achten Teils des UmwStG (§§ 20 ff. UmwStG) nur insoweit eröffnet, als zum einen die optierende Gesellschaft die Voraussetzungen des § 1 Absatz 4 Satz 1 Nummer 1 UmwStG und zum anderen die an der optierenden Gesellschaft beteiligten Gesellschafter die Voraussetzungen des § 1 Absatz 4 Satz 1 Nummer 2 Buchstabe a UmwStG spätestens am steuerlichen Übertragungsstichtag erfüllen (Randnr. 01.52 UmwStE) oder das Recht der Bundesrepublik Deutschland hinsichtlich der Besteuerung des Gewinns aus der Veräußerung der Anteile an der optierenden Gesellschaft nicht ausgeschlossen oder beschränkt ist (§ 1 Absatz 4 Satz 1 Nummer 2 Buchstabe b UmwStG). Sind diese Voraussetzungen bei einzelnen Gesellschaftern nicht erfüllt, so sind die stillen Reserven im Betriebsvermögen der optierenden Personengesellschaft insoweit zwingend durch Ansatz des gemeinen Wertes aufzudecken (vgl. hierzu auch Rn. 29 ff.).

27 Die Feststellungslast dafür, dass die Voraussetzungen für den fiktiven Formwechsel nach § 1a Absatz 2 Satz 1 KStG vorliegen, trägt die antragstellende Gesellschaft.

2. Einbringungsgegenstand und Bewertungswahlrecht

28 Einbringungsgegenstand sind entsprechend dem echten Formwechsel die Anteile der jeweiligen Gesellschafter an der optierenden Gesellschaft.

29 Die entsprechende Anwendung des § 20 UmwStG und auch das hierin enthaltene Bewertungswahlrecht nach § 20 Absatz 2 UmwStG setzen die Einbringung von Anteilen an einer Mitunternehmerschaft voraus. Dazu gehören neben den Anteilen an einer Mitunternehmerschaft im Sinne des § 15 Absatz 1 Satz 1 Nummer 2 EStG auch die Beteiligung an einer Gesellschaft, die Einkünfte im Sinne der §§ 13 und 18 EStG erzielt, sowie an einer gewerblich geprägten oder infizierten Gesellschaft im Sinne des § 15 Absatz 3 EStG.

30 Handelt es sich bei der optierenden Gesellschaft nicht um eine Mitunternehmerschaft (sondern z. B. um eine vermögensverwaltende Personenhandelsgesellschaft), so kommt § 20 UmwStG nicht zur Anwendung mit der Folge, dass der Ansatz eines Buch- oder Zwischenwertes ausgeschlossen ist (vgl. Rn. 40); im Fall einer Beteiligung an einer Kapitalgesellschaft oder Genossenschaft ist § 21 Absatz 1 Satz 2 UmwStG zu prüfen.

31 Der Ansatz des Buch- oder Zwischenwerts für die Anteile an der optierenden Gesellschaft setzt – neben dem Optionsantrag – einen Antrag innerhalb der Ausschlussfrist des § 20 Absatz 2 Satz 3 UmwStG bei dem nach § 20 AO zuständigen Finanzamt voraus.

32 Das Bewertungswahlrecht nach § 20 Absatz 2 Satz 2 UmwStG kann für jeden Mitunternehmeranteil gesondert ausgeübt werden. Randnr. 20.21 und 20.22 UmwStE gelten entsprechend. Gehören zum Sonderbetriebsvermögen eines Gesellschafters funktional wesentliche Betriebsgrundlagen, die nicht bis zum fiktiven Einbringungszeitpunkt (vgl. Rn. 41) auf die Mitunternehmerschaft übertragen wurden, so ist hinsichtlich seines Mitunternehmeranteils der Ansatz zum Buch- oder Zwischenwert ausgeschlossen (Randnr. 20.10 i.V. m. 20.06 UmwStE). In diesen Fällen kommt es grundsätzlich zur Aufgabe des jeweiligen Mitunternehmeranteils (§ 16 Absatz 3 i.V. m. § 34 EStG) mit der Folge der vollständigen Aufdeckung der stillen Reserven (vgl. aber Rn. 34 und 35). Der Ansatz des Buch- oder Zwischenwerts ist auch dann ausgeschlossen, wenn die Beteiligung eines Mitunternehmers an einer Komplementärgesellschaft einer optierenden Kommanditgesellschaft, nicht eingebracht wird, sofern die Beteiligung eine funktional wesentliche Betriebsgrundlage darstellt. In den Fällen, in denen funktional wesentliche Betriebsgrundlagen im Rahmen des fiktiven Formwechsels im Sinne des § 25 UmwStG nicht mit übertragen werden, ist in Bezug auf Beteiligungen an Kapitalgesellschaften oder Genossenschaft im Betriebsvermögen der optierenden Gesellschaft § 21 UmwStG zu prüfen.

Werden Wirtschaftsgüter, die keine funktional wesentliche Betriebsgrundlage sind, zurückbehalten oder **33** in zeitlichem und wirtschaftlichem Zusammenhang mit der Option veräußert, entnommen oder in ein anderes Betriebsvermögen übertragen, so schließt dies den Ansatz des eingebrachten Vermögens zum Buch- oder Zwischenwert nicht aus.

Werden die einem Sonderbetriebsvermögen zugehörigen funktional wesentlichen Betriebsgrundlagen **34** gesondert auf die optierende Personengesellschaft in zeitlichem und wirtschaftlichem Zusammenhang mit der Ausübung der Option übertragen, so liegt ein einheitlicher Vorgang vor, der insgesamt unter § 20 UmwStG fallen kann.

Ein Anwendungsfall des § 6 Absatz 5 Satz 3 EStG wird dadurch nicht begründet.

Bei einer Übertragung oder Überführung von funktional wesentlichen Betriebsgrundlagen in ein anderes **35** Betriebsvermögen in zeitlichem und wirtschaftlichem Zusammenhang mit der Option ist zu prüfen, ob infolge der Gesamtplanrechtsprechung die Voraussetzungen für die Anwendung des § 20 UmwStG nicht vorliegen (Randnr. 20.07 UmwStE). Die Grundsätze zu Rn. 10 des BMF-Schreibens vom 20. November 2019 (BStBl I S. 1291) sind nicht anzuwenden.

Zurückbehaltene Wirtschaftsgüter gelten als entnommen, sofern sie nicht zum Beginn des Wirtschafts- **36** jahres der Option zu einem anderweitigen Betriebsvermögen gehören (Randnr. 20.08 UmwStE). Wird durch die Option eine Betriebsaufspaltung aufgrund der Zurückbehaltung von Wirtschaftsgütern des Sonderbetriebsvermögens begründet, so sind nach Maßgabe des § 6 Absatz 5 Satz 2 EStG insoweit die Buchwerte fortzuführen.

Im Übrigen gilt Rn. 32 Satz 3.

Bei ausländischen Gesellschaften erfolgt die Bewertung und der Ansatz der Wirtschaftsgüter in der steu- **37** erlichen Schlussbilanz im Sinne des § 20 UmwStG unter Zugrundelegung der Vorschriften des deutschen Steuerrechts (zum Buchwert vgl. § 1 Absatz 5 Nummer 4 UmwStG).

Gemäß § 20 Absatz 2 Satz 2 Nummer 3 UmwStG ist ein Ansatz zum Buch- oder Zwischenwert auch aus- **38** geschlossen, soweit das Recht der Bundesrepublik Deutschland hinsichtlich der Besteuerung des Gewinns aus der Veräußerung des eingebrachten Betriebsvermögens bei der optierenden Gesellschaft ausgeschlossen oder beschränkt wird.

Die Buchwerte der durch die Option eingebrachten Wirtschaftsgüter des Gesamthandsvermögens sind **39** unter Berücksichtigung von Ergänzungsbilanzen zu bestimmen.

Auf Ebene der Gesellschafter gelten auch hinsichtlich der Rechtsfolgen des fiktiven Formwechsels die für **40** den echten Formwechsel einer Personengesellschaft in eine Kapitalgesellschaft maßgeblichen Regelungen entsprechend (insbesondere Besteuerung eines Veräußerungsgewinns und Bemessung der Anschaffungskosten der Anteile an der optierenden Gesellschaft – vgl. § 20 Absatz 3 und § 21 Absatz 2 UmwStG).

Beispiel:

An der optierenden AB-OHG, die neben anderen Wirtschaftsgütern auch Beteiligungen an mehreren Kapitalgesellschaften hält, sind A und B als Mitunternehmer beteiligt.

Lösung:

Der Wert, mit dem die optierende Gesellschaft ihr Betriebsvermögen ansetzt, gilt für die Gesellschafter als Veräußerungspreis und als Anschaffungskosten der Gesellschaftsanteile (§ 20 Absatz 3 bzw. § 21 Absatz 2 UmwStG).

Abwandlung:

An der optierenden, vermögensverwaltenden Zebragesellschaft CD-KG, Inhaberin diverser festverzinslicher Schuldverschreibungen, sind die natürlichen Personen C als Komplementär (Beteiligung im Betriebsvermögen) und D als Kommanditist (Beteiligung im Privatvermögen) beteiligt.

Lösung:

Auf die CD-KG finden die §§ 20 ff. UmwStG keine Anwendung (vgl. Rn. 30). Bei C findet § 6 Absatz 6 Satz 1 EStG Anwendung. Bei D findet § 20 Absatz 2 Satz 1 Nummer 7 EStG sowie im Fall der späteren Veräußerung der Anteile an der optierenden Gesellschaft abhängig von der Beteiligungshöhe § 17 Absatz 2a oder § 20 Absatz 2 Satz 1 Nr. 1 i.V. m. Absatz 4 EStG Anwendung.

3. Einbringungszeitpunkt und Feststellung des steuerlichen Einlagekontos

41 Als Einbringungszeitpunkt gilt das Ende des Wirtschaftsjahres, das dem Wirtschaftsjahr der erstmaligen Ausübung der Option unmittelbar vorangeht (§ 1a Absatz 2 Satz 3 KStG). Infolgedessen ist für die optierende Gesellschaft (wie für den übernehmenden Rechtsträger im Rahmen eines echten Formwechsels) bereits für die letzte juristische Sekunde des Vorjahres neben einer Eröffnungsbilanz auch eine steuerliche Schlussbilanz unter Zugrundelegung der ggf. aufgestockten Werte (vgl. Rn. 29 ff.) aufzustellen und eine Körperschaftsteuererklärung sowie ggf. eine Gewerbesteuererklärung abzugeben. Von inländischen Gesellschaften ist ferner eine Erklärung zur gesonderten Feststellung des steuerlichen Einlagekontos abzugeben.

42 Da die Gesellschaft zivilrechtlich als Personenhandels- oder Partnerschaftsgesellschaft fortbesteht, verfügt sie anders als eine Kapitalgesellschaft nicht über Nennkapital im Sinne des § 27 Absatz 1 Satz 1 KStG. Nach § 1a Absatz 2 Satz 4 KStG wird daher das in der steuerlichen Schlussbilanz auszuweisende Eigenkapital (einschließlich des Eigenkapitals in Ergänzungsbilanzen) insgesamt auf dem steuerlichen Einlagekonto erfasst. Der Umfang des maßgeblichen Eigenkapitals bestimmt sich nach Tz. I. 2. des BMF-Schreibens vom 11. Juli 2011 (BStBl I S. 713) i.V. m. dem BMF-Schreiben vom 30. Mai 1997 (BStBl I S. 627) und dem BMF-Schreiben vom 26. Juli 2016 (BStBl I S. 684).

4. Keine steuerliche Rückbeziehung

43 Eine steuerliche Rückbeziehung des Einbringungszeitpunkts ist ausgeschlossen (§ 1a Absatz 2 Satz 3 zweiter Halbsatz KStG).

5. Ergänzungs- und Sonderbilanzen

44 Ergänzungs- und Sonderbilanzen sind infolge der Option nicht fortzuführen. Zur Berücksichtigung von Ergänzungsbilanzen bei der Bewertung der eingebrachten Mitunternehmeranteile vgl. Rn. 39 und zu den Auswirkungen auf das steuerliche Einlagekonto vgl. Rn. 42.

6. Sperrfristen

45 Auch ein fiktiver Formwechsel nach § 1a Absatz 2 KStG kann dazu führen, dass Sperrfristverletzungen ausgelöst werden (vgl. z. B. Rn. 29 des BMF-Schreibens vom 20. November 2019, BStBl I S. 1291, zu § 6 Absatz 3 Satz 2 EStG und Rdnr. 33, 34 des BMF-Schreibens vom 8. Dezember 2011, BStBl I S. 1279, zu § 6 Absatz 5 Satz 4 und 6 EStG sowie § 16 Absatz 3 Satz 3 EStG, § 15 Absatz 2 Satz 4, § 18 Absatz 3 Satz 2, § 22 Absatz 1 Satz 6 Nummer 2 und § 24 Absatz 5 UmwStG).

> **Beispiel:**
>
> A und sein Sohn B sind zu je 50 % an der originär gewerblich tätigen AB-KG beteiligt.
>
> A hat in 2018 ein Grundstück (stille Reserven 200.000 €), das bisher zu seinem Sonderbetriebsvermögen gehörte, nach § 6 Absatz 5 Satz 3 Nummer 2 EStG in das Gesamthandsvermögen der KG übertragen. A und B beschließen im Jahr 2022 von der Option Gebrauch zu machen.
>
> **Lösung:**
>
> Die AB-KG erfüllt die Tatbestandsmerkmale für die Wahlrechtsausübung. Der Übergang zur Körperschaftsbesteuerung gilt als Formwechsel im Sinne des § 1 Absatz 3 Nummer 3 UmwStG. Unter den Voraussetzungen des § 20 Absatz 2 Satz 2 UmwStG ist auf Antrag der Ansatz zu Buchwerten möglich. Allerdings stellt die Option eine Sperrfristverletzung nach § 6 Absatz 5 Satz 6 EStG dar, da innerhalb von sieben Jahren der Anteil einer Körperschaft an dem Grundstück begründet wird. Im Jahr 2018 ist damit rückwirkend der Teilwert des Grundstücks anzusetzen (Versteuerung der stillen Reserven von 200.000 €).

46 Sämtliche Anteile an der optierenden Gesellschaft werden infolge der Option sperrfristverhaftet und unterliegen der Nachweispflicht nach § 22 Absatz 3 UmwStG, sofern der fiktive Formwechsel zu Buch- oder Zwischenwerten erfolgt.

7. Verluste

47 Ein vortragsfähiger Gewerbeverlust (Fehlbetrag nach § 10a GewStG) der optierenden Personengesellschaft geht infolge der Option unter und lebt auch im Fall der Beendigung der Option nicht wieder auf. Dies gilt auch für den Zinsvortrag und einen EBITDA-Vortrag (§ 20 Absatz 9 UmwStG) sowie für Verluste nach § 15a und § 15b EStG.

8. Nachversteuerungspflichtige Beträge nach § 34a Absatz 3 EStG

Nachversteuerungspflichtige Beträge im Sinne des § 34a Absatz 3 EStG unterliegen infolge der Ausübung **48** der Option der Nachversteuerung nach § 34a Absatz 6 Satz 1 Nummer 2 EStG. Unter den Voraussetzungen des § 34a Absatz 6 Satz 2 EStG kann die nach § 34a Absatz 4 EStG geschuldete Einkommensteuer in regelmäßigen Teilbeträgen für einen Zeitraum von höchstens zehn Jahren zinslos gestundet werden.

V. Zeitraum der Körperschaftsbesteuerung

1. Besteuerung der optierenden Gesellschaft

a) Ertragsteuerliche Behandlung wie eine Kapitalgesellschaft

Da die optierende Gesellschaft ihr Rechtsstatut zivilrechtlich und somit gesellschaftsrechtlich nicht än- **49** dert, gelten für sie die gesellschafts- und handelsrechtlichen Vorgaben auch nach Ausübung der Option fort.

Ertragsteuerlich wird die optierende Gesellschaft jedoch wie eine Kapitalgesellschaft behandelt (§ 1a Ab- **50** satz 1 Satz 1 KStG, § 2 Absatz 8 GewStG). Daher finden grundsätzlich alle Regelungen insbesondere des KStG, EStG, GewStG, SolZG, AStG und des UmwStG, die für alle Kapitalgesellschaften unabhängig von ihrer spezifischen Rechtsform gelten, auch auf die optierende Gesellschaft Anwendung. Die örtliche Zuständigkeit für die Körperschaftsbesteuerung der optierenden Gesellschaft bestimmt sich grundsätzlich nach § 20 AO.

Auf die optierende Gesellschaft anwendbar sind auch Regelungen, die nicht ausdrücklich nur für Kapital- **51** gesellschaften, sondern z. B. für juristische Personen, Körperschaften oder Personenvereinigungen gelten, sofern davon jeweils auch allgemein Kapitalgesellschaften erfasst werden. Nicht auf die optierende Gesellschaft anwendbar sind dagegen diejenigen Regelungen, die einen spezifischen Rechtsformbezug enthalten und nicht für alle Kapitalgesellschaften gleichermaßen gelten, wie z. B. § 9 Nummer 1 KStG (KGaA) oder § 10 Absatz 1a Nummer 2 Buchstabe c EStG (GmbH).

Die optierende Gesellschaft ist keine Gesellschaft im Sinne der Anlage 2 Nummer 3 (zu § 43b EStG) oder **52** der Anlage 3 Nummer 1 (zu § 50g EStG) zum EStG. Infolge der Wahlmöglichkeit findet auch § 8b Absatz 9 KStG auf Bezüge einer optierenden Gesellschaft bzw. aus der Beteiligung an einer solchen keine Anwendung (vgl. Artikel 2 Buchstabe a (iii) der Mutter-Tochter-Richtlinie).

Die Einkommensermittlung der optierenden Gesellschaft ergibt sich aus R 7.1 Absatz 1 Satz 2 KStR 2015. **53** Eine Überleitungsrechnung der Handelsbilanz nach § 60 Absatz 2 EStDV ist nicht möglich (vgl. Rn. 101). Die optierende Gesellschaft hat keine außerbetriebliche Sphäre. § 4 Absatz 4a EStG findet bei der optierenden Gesellschaft keine Anwendung. Auf einen Gesellschafterwechsel nach Ausübung der Option finden die §§ 8c, 8d KStG und § 10a GewStG Anwendung.

Die optierende Gesellschaft ist für Zwecke der Anwendung eines DBA „ein Rechtsträger, der für die Be- **54** steuerung wie eine juristische Person behandelt wird" und erfüllt damit die abkommensrechtlichen Voraussetzungen einer „Gesellschaft" entsprechend Artikel 3 Absatz 1 Buchstabe b des OECD-Musterabkommens (OECD-MA) 2017. Weiterhin ist die optierende Gesellschaft, die ihren Ort der Geschäftsleitung im Inland hat, in Deutschland unbeschränkt steuerpflichtig, sodass sie entsprechend Artikel 4 Absatz 1 OECD-MA 2017 in Deutschland ansässig und damit auch abkommensberechtigt ist. Um in einem anderen Vertragsstaat ansässig zu sein, müssen dort die abkommensrechtlichen Voraussetzungen entsprechend Artikel 4 Absatz 1 OECD-MA 2017 (grundsätzlich unbeschränkte Steuerpflicht) und – bei Doppelansässigkeit – entsprechend Absatz 3 OECD-MA 2014 bzw. 2017 erfüllt sein.

b) Ertragsteuerliche Organschaft

Eine optierende Gesellschaft kann unabhängig von der Art ihrer Tätigkeit Organträgerin im Sinne von **55** § 14 Abs. 1 Satz 1 Nummer 2 Satz 1 KStG sein (vgl. Rn. 4 des BMF-Schreibens vom 26. August 2003, BStBl I S. 437). Eine bereits bestehende Organschaft wird fortgeführt. Die Ausübung der Option führt nicht zu einem Neubeginn der fünfjährigen Mindestlaufzeit im Sinne des § 14 Absatz 1 Satz 1 Nummer 3 Satz 1 KStG. Eine bislang bestehende finanzielle Eingliederung besteht insofern fort. Der fiktive Formwechsel ist kein wichtiger Grund für die Beendigung des Gewinnabführungsvertrages.

Die Anerkennung der optierenden Gesellschaft als Organgesellschaft scheidet dagegen aus. Insbesondere **56** müssen die Regelungen des Gewinnabführungsvertrages in eintragungspflichtiger Form vereinbart werden und organisationsrechtlichen Charakter haben.

Nach deutschem Gesellschaftsrecht besteht weder eine Eintragungspflicht für Unternehmensverträge mit Personenhandels- oder Partnerschaftsgesellschaften noch führen sie dazu, dass das Gesellschaftsstatut unternehmensvertraglich überlagert wird (vgl. OLG München, Beschluss vom 8. Februar 2011 – 31 Wx 2/11 –, ZIP 2011 S. 526). Eine Eintragungspflicht ins Handelsregister für diese Gesellschaften kann weder auf eine ausdrückliche gesetzliche Bestimmung gestützt noch aus einer entsprechenden Anwendung der für eine Satzungsänderung geltenden Vorschriften hergeleitet werden. Zudem gehören Gesellschaftsverträge bzw. entsprechende Vertragsänderungen nicht zu den eintragungspflichtigen Tatsachen im Sinne von §§ 106, 162 HGB oder § 4 PartGG.

c) Sonderregelungen bei der Forschungszulage und der Grunderwerbsteuer

57 Für Zwecke der Forschungszulage sind optierende Gesellschaften als Steuerpflichtige im Sinne des KStG anspruchsberechtigt (§ 1 Absatz 2 Satz 2 FZulG).

58 Zu grunderwerbsteuerlichen Sonderregelungen vgl. § 5 Absatz 1 Satz 2, Absatz 2 Satz 2 und Absatz 3 Satz 3 sowie § 6 Absatz 3 Satz 4 GrEStG. Die Grunderwerbsteuerstelle, in deren Zuständigkeitsbereich sich die Geschäftsleitung der nach § 1a KStG optierenden Gesellschaft befindet, ist von dem für die optierende Gesellschaft zuständigen Veranlagungsbezirk über die Ausübung und den Zeitpunkt der Wirksamkeit der Option nach § 1a KStG zu unterrichten, wenn sich im Vermögen der Gesellschaft ein inländisches Grundstück befindet.

d) Investmentbesteuerung

59 Investmentfonds können nicht selbst zur Körperschaftsbesteuerung optieren (§ 1a Absatz 1 Satz 6 Nummer 1 KStG) und optierende Gesellschaften können kein Investmentfonds sein (§ 1 Absatz 3 Satz 3 InvStG). Wenn eine optierende Gesellschaft in einen Investmentfonds oder einen Spezial-Investmentfonds investiert, sind die investmentsteuerrechtlichen Regelungen für Anleger nach § 2 Absatz 10 InvStG anzuwenden. Für Investmenterträge, die eine optierende Gesellschaft aus einem Investmentfonds erzielt, ist nach § 20 Absatz 3a Satz 2 InvStG derjenige Teilfreistellungssatz anzuwenden, der für Anleger gilt, die dem KStG unterliegen (insbesondere § 20 Absatz 1 Satz 3 InvStG). Investiert ein Investmentfonds in eine optierende Gesellschaft, so stellt diese Beteiligung nach § 2 Absatz 8 Satz 5 Nummer 1 InvStG keine Kapitalbeteiligung dar. Bei Spezial-Investmentfonds gilt nach § 2 Absatz 16 InvStG die Beteiligung an einer optierenden Gesellschaft für die Zwecke der §§ 26, 28 und 48 InvStG nicht als Beteiligung an einer Kapitalgesellschaft.

e) Gewinnermittlung

60 Die Einnahmenüberschussrechnung (§ 4 Absatz 3 EStG) als Gewinnermittlungsart ist für die optierende Gesellschaft nicht zulässig (§ 1a Absatz 3 Satz 6 KStG). Besteht für die zivilrechtlich fortbestehende Personengesellschaft eine Buchführungspflicht nach dem HGB oder einer ausländischen Rechtsnorm, so gilt diese auch für die optierende Gesellschaft. Besteht eine solche Buchführungspflicht nicht, so ist der Gewinn der optierenden Gesellschaft nach § 4 Absatz 1 EStG zu ermitteln. In beiden Fällen hat die optierende Gesellschaft für steuerliche Zwecke eine Gewinnermittlung unter Beachtung der für Kapitalgesellschaften geltenden Vorschriften zu erstellen (vgl. Rn. 53 und zur E-Bilanz Rn. 101).

2. Beteiligung an der optierenden Gesellschaft

61 Die Beteiligung an einer optierenden Gesellschaft gilt für Zwecke der Besteuerung nach dem Einkommen – und nach § 2 Absatz 8 GewStG auch für Zwecke der Gewerbesteuer – als Beteiligung eines nicht persönlich haftenden Gesellschafters an einer Kapitalgesellschaft (§ 1a Absatz 3 Satz 1 KStG). Die Beteiligung an einer optierenden Gesellschaft ist ein eigenständiges Wirtschaftsgut. Ist für die Besteuerung die Beteiligungshöhe an der optierenden Gesellschaft maßgeblich (z. B. in §§ 8b und 8c KStG sowie § 9 Nummer 2a und Nummer 7 GewStG), so ist diese nach den festen Kapitalkonten (sogenannte Kapitalkonten I) zu ermitteln, sofern der Gesellschaftsvertrag entsprechende Regelungen umfasst und diese über die maßgebenden Vermögensrechte entscheiden (insbesondere das Gewinnbezugsrecht, aber auch Entnahme- und Auseinandersetzungsrechte). Anderenfalls ist das Verhältnis der Kapitalanteile im Sinne des Handelsrechts maßgeblich.

62 Die Veräußerung eines Anteils oder eines Teils eines Anteils an einer optierenden Gesellschaft oder dessen verdeckte Einlage in eine Kapitalgesellschaft führt je nach Beteiligungshöhe und Zeitpunkt des Erwerbs der Beteiligung zu Einkünften nach § 20 Absatz 2 Satz 1 Nummer 1 oder § 17 Absatz 1 EStG (ggf. i.V. m. § 17 Absatz 6 EStG) i.V. m. § 3 Nummer 40 Satz 1 Buchstabe c EStG. Werden die Anteile im Betriebsvermögen einer natürlichen Person gehalten, so finden § 3 Nummer 40 Satz 1 Buchstabe a und § 3c

Absatz 2 EStG Anwendung. Als Veräußerung gelten auch die gesetzlich einer Veräußerung gleichgestellten Vorgänge wie insbesondere solche im Sinne des § 17 Absatz 1 Satz 2 und Absatz 4, § 20 Abs. 2 Satz 2 EStG oder § 6 AStG.

Gewinne aus der Veräußerung von Anteilen an einer optierenden Gesellschaft im Sinne des § 17 oder **63** § 20 Absatz 2 EStG unterliegen ungeachtet der Bestimmungen eines DBA der inländischen Besteuerung, wenn sie im anderen Staat aufgrund einer vom deutschen Recht abweichenden steuerlichen Behandlung der optierenden Gesellschaft nicht der Besteuerung unterliegen (§ 50d Absatz 14 Satz 2 EStG). Dies gilt auch, wenn die Anteile an der optierenden Gesellschaft in einem Betriebsvermögen gehalten werden und bzw. oder es sich um einen einer Veräußerung gleichgestellten Vorgang handelt.

Der veräußernde Gesellschafter hat nach § 90 Absatz 2 AO nachzuweisen, dass die optierende Gesell- **64** schaft im anderen Staat entsprechend dem deutschen Recht behandelt wurde und die Gewinne aus der Veräußerung von Anteilen dort besteuert wurden.

Im Fall der Veräußerung der Beteiligung an der optierenden Gesellschaft oder eines der Veräußerung **65** gleichgestellten Vorgangs innerhalb von sieben Jahren nach dem Einbringungszeitpunkt findet § 22 UmwStG Anwendung, soweit der fiktive Formwechsel zu Buch- oder Zwischenwerten erfolgt ist (vgl. zur Sperrfristverhaftung durch die Optionsausübung Rn. 46 und zur möglichen Verletzung anderer, älterer Sperrfristen auch nach dem UmwStG durch das Wirksamwerden der Option vgl. Rn. 45).

Bei Aufnahme eines neuen Gesellschafters gegen Einlage oder bei Erhöhung eines Anteils eines Gesell- **66** schafters findet die Mitverstrickungsregelung nach § 22 Absatz 7 UmwStG sinngemäß Anwendung, soweit stille Reserven auf andere Anteile verlagert werden. Weil die optierende Gesellschaft nicht über Nennkapital verfügt, führt die Einlage zu einer Erhöhung des steuerlichen Einlagekontos (vgl. Rn. 41 f.).

3. Rechtsverhältnisse zwischen der optierenden Gesellschaft und ihren Gesellschaftern

Für die ertragsteuerliche Beurteilung von Leistungsbeziehungen zwischen der optierenden Gesellschaft **67** und ihren Gesellschaftern sind die für Kapitalgesellschaften geltenden Grundsätze maßgeblich.

Auch vermögensmäßig nicht beteiligte Gesellschafter gelten als Anteilseigner der optierenden Gesell- **68** schaft.

a) Durch das Gesellschaftsverhältnis veranlasste Vermögensminderungen und Vermögensmehrungen

aa) Optierende Gesellschaft

Durch das Gesellschaftsverhältnis veranlasste Vermögensminderungen oder verhinderte Vermögensmeh- **69** rungen mindern das Einkommen der optierenden Gesellschaft nicht.

Die Grundsätze der verdeckten Gewinnausschüttung und der verdeckten Einlage (§ 8 Absatz 3 Satz 2 und 3 KStG, R 8.5 bis R 8.9 KStR 2015 und H 8.5 bis H 8.9 KStH 2015) gelten für eine optierende Gesellschaft entsprechend. Zur Frage der Beherrschung gelten die vorstehenden Grundsätze unter Beachtung des BMF-Schreibens vom 7. Oktober 2002 (BStBl I S. 1028) und H 15.7 (6) EStH 2020 „Faktische Beherrschung" und „Mehrheit der Stimmrechte". Löst eine verdeckte Gewinnausschüttung Umsatzsteuer aus, so ist diese nicht abziehbar (§ 10 Nummer 2 KStG). R 8.6 KStR 2015 gilt entsprechend.

Die Verwendung des steuerlichen Einlagekontos ist gemäß § 27 Absatz 1 KStG im Wirtschaftsjahr der **70** erstmaligen Ausübung der Option möglich.

Optierende Gesellschaften, die in einem anderen Mitgliedstaat der EU oder des EWR der unbeschränkten **71** Steuerpflicht unterliegen, können die Feststellung einer Leistung als Einlagenrückgewähr nach § 27 Absatz 8 KStG beantragen. Bei einem solchen Antrag ist die Berechnung der Einlagenrückgewähr darzulegen und durch geeignete Unterlagen nachzuweisen (§ 27 Absatz 8 Satz 7 KStG). Aus den Unterlagen muss sich zweifelsfrei ergeben, in welcher Höhe Einlagen in die Gesellschaft geleistet worden sind und in welcher Höhe diese Einlagen zum Schluss des der Leistung vorangegangenen Wirtschaftsjahres noch vorhanden waren. Die Qualifikation der Einlagen bestimmt sich nach den Grundsätzen des deutschen Steuerrechts. Bei Drittstaatengesellschaften ist die Berücksichtigung von Beträgen als Einlagenrückgewähr im Rahmen der jeweiligen Festsetzungsverfahren der Gesellschafter zu klären.

bb) Gesellschafter

Beim Gesellschafter führen durch das Gesellschaftsverhältnis veranlasste Einnahmen zu Einkünften aus **72** Kapitalvermögen im Sinne des § 20 Absatz 1 Nummer 1 EStG, es sei denn, die Einnahmen sind einer anderen Einkunftsart zuzurechnen (§ 1a Absatz 3 Satz 4 KStG, § 20 Absatz 8 Satz 1 EStG). Dies wäre beispielsweise dann der Fall, wenn die Beteiligung an der optierenden Gesellschaft in einem Betriebsvermögen gehalten wird.

73 Die für Gesellschafter einer Kapitalgesellschaft maßgeblichen Regelungen finden Anwendung (z. B. § 8b KStG, § 3 Nummer 40 Satz 1 Buchstabe d und § 3c Absatz 2 EStG). § 43b EStG und § 8b Absatz 9 KStG finden auf Bezüge aus Anteilen an einer optierenden Gesellschaft keine Anwendung (vgl. Rn. 52).

74 Gewinnanteile gelten erst dann als ausgeschüttet, wenn sie entnommen werden oder ihre Auszahlung verlangt werden kann (§ 1a Absatz 3 Satz 5 KStG). Daher gelten Gewinnanteile, deren Auszahlung der Gesellschafter mit Feststellung des Jahresabschlusses von der Gesellschaft verlangen kann, in diesem Zeitpunkt als ausgeschüttet. Auf die tatsächliche Entnahme oder Auszahlung kommt es hierbei nicht an. Bedarf es z. B. für die Auszahlung oder Entnahme noch eines gesonderten Beschlusses, liegt regelmäßig noch keine fiktive Ausschüttung vor. Zu den Gewinnanteilen im Sinne dieser Rn. zählen insbesondere die Gewinnanteile von Gesellschaftern einer offenen Handelsgesellschaft und Komplementären einer Kommanditgesellschaft (vgl. § 122 Absatz 1 zweite Alternative, § 161 Absatz 2 HGB), von Kommanditisten, soweit deren Kapitalkonten nicht durch Verluste unterhalb ihrer Einlage gemindert wurden (vgl. § 169 Absatz 1 Satz 2 HGB), und Gesellschaftern einer Partnerschaftsgesellschaft (vgl. § 1 Absatz 4 PartGG, §§ 721, 722 BGB). Unerheblich für die Ausschüttungsfiktion ist, ob der Gesellschafter die Auszahlung seines Gewinnanteils tatsächlich verlangt.

75 Gesellschaftsvertraglich vereinbarte Vorauszahlungen auf den Gewinn gelten unabhängig von der Feststellung des Jahresabschlusses als ausgeschüttet, wenn sie entnommen werden oder ihre Auszahlung verlangt werden kann.

76 Die – ggf. fiktive – Ausschüttung unterliegt im Ausschüttungszeitpunkt dem Steuerabzug vom Kapitalertrag (§ 43 Absatz 1 Satz 1 Nummer 1 EStG). Die optierende Gesellschaft hat die im Ausschüttungszeitpunkt entstandene Kapitalertragsteuer beim zuständigen Finanzamt anzumelden und zu entrichten (§ 45a Absatz 1 Satz 1 und § 44 Absatz 1 Satz 2 und 3 sowie Satz 5 Halbsatz 2 EStG). Die für den Steuerabzug auf Gewinnausschüttungen einer GmbH maßgeblichen Regelungen der §§ 43 ff. EStG gelten entsprechend.

77 Die Ausschüttungsfiktion infolge der Möglichkeit, die Auszahlung verlangen zu können, gilt nicht für den Teil des Entnahmebetrags nach § 122 Absatz 1 erste Alternative HGB, der den Betrag nach § 122 Absatz 1 zweite Alternative HGB übersteigt, oder für sonstige gesellschaftsvertraglich vereinbarte gewinnunabhängige Entnahmerechte. Allein die gesetzliche Möglichkeit, einen den Gewinnanteil übersteigenden Betrag entnehmen oder dessen Auszahlung von der Gesellschaft verlangen zu können, löst daher insoweit noch keine fiktive Ausschüttung und keine Kapitalertragsteuer aus.

Beispiel:

Für den Gesellschafter A der AB-OHG wurde für das Vorjahr 01 ein Kapitalanteil in Höhe von 10.000 € ermittelt. Gemäß § 122 Absatz 1 erste Alternative HGB ist er berechtigt, in Jahr 02 bis zu vier Prozent von 10.000 €, mithin 400 € zu entnehmen.

Der für A festgestellte Gewinn für das Vorjahr 01 beträgt 300 €.

Lösung:

Wenn im Gesellschaftsvertrag nichts Abweichendes geregelt wurde, gelten die 300 €, deren Auszahlung A mit Feststellung des Jahresabschlusses nach § 122 Absatz 1 zweite Alternative HGB verlangen kann, in diesem Zeitpunkt als ausgeschüttet gemäß § 1a Absatz 3 Satz 5 KStG und unterliegen der Kapitalertragsteuer.

Die weiteren 100 € (400 € - 300 €), die A auch ohne Gesellschafterbeschluss und über seinen Gewinnanteil des Jahres 01 hinaus zu entnehmen berechtigt wäre, gelten nicht automatisch als ausgeschüttet gemäß § 1a Absatz 3 Satz 5 KStG. Erst bei tatsächlicher Entnahme gilt der Betrag als ausgeschüttet und unterliegt der Kapitalertragsteuer.

78 Sind aufgrund gesetzlicher oder gesellschaftsrechtlicher Regelungen die als ausgeschüttet geltenden Beträge auf einem Fremdkapitalkonto des jeweiligen Gesellschafters zu verbuchen, so bleibt die spätere Erfüllung der Verbindlichkeit steuerneutral. Soweit Beträge, deren Auszahlung verlangt werden kann, auf einem Eigenkapitalkonto verbucht werden, gilt der fiktiv ausgeschüttete Betrag unmittelbar nach der fiktiven Ausschüttung als eingelegt mit der Folge, dass sich die Anschaffungskosten der Beteiligung des Gesellschafters und das steuerliche Einlagekonto der Gesellschaft entsprechend erhöhen. Bei einer späteren Ausschüttung der als eingelegt geltenden Beträge gilt nach der Verwendungsreihenfolge in § 27 KStG vorrangig der ausschüttbare Gewinn als verwendet. Erst nach dessen Verbrauch ist eine Verwendung des steuerlichen Einlagekontos möglich (§ 27 Absatz 1 Satz 3 KStG).

Dem Gläubiger der Kapitalerträge aus Anteilen an einer inländischen optierenden Gesellschaft steht ungeachtet der Bestimmungen eines DBA kein Anspruch auf Entlastung von der Kapitalertragsteuer zu, wenn die Kapitalerträge im Ausland aufgrund einer vom deutschen Recht abweichenden steuerlichen Behandlung der optierenden Gesellschaft nicht der Besteuerung unterliegen (§ 50d Absatz 14 Satz 1 EStG). Der Entlastungsanspruch nach § 44a Absatz 9 EStG wird durch § 50d Absatz 14 Satz 1 nicht eingeschränkt. **79**

b) Sonstige Vermögensminderungen und Vermögensmehrungen

aa) Allgemeines

Nicht durch das Gesellschaftsverhältnis veranlasste Vermögensmehrungen stellen bei der optierenden Gesellschaft grundsätzlich das Einkommen erhöhende Betriebseinnahmen, Vermögensminderungen grundsätzlich abziehbare Betriebsausgaben dar. Insbesondere die allgemeinen Abzugsbeschränkungen (u. a. § 4 Absatz 5, §§ 4h, 4j, 4k EStG, §§ 8a, 9 Satz 1 Nummer 2 und § 10 KStG) sind zu beachten. **80**

bb) Einnahmen aus einer Tätigkeit im Dienst der Gesellschaft

Einnahmen, die der Gesellschafter von der Gesellschaft für seine Tätigkeit im Dienst der Gesellschaft bezieht, führen zu Einkünften im Sinne des § 19 EStG (§ 1a Absatz 3 Satz 2 Nummer 2 KStG). Dies gilt auch dann, wenn der Gesellschafter die Einnahmen von einem Dritten bezieht. Eine Tätigkeit „im Dienst" der Gesellschaft im Sinne des § 1a Absatz 3 Satz 2 Nummer 2 KStG liegt vor, wenn eine entsprechende Tätigkeit eines Gesellschafters einer Kapitalgesellschaft zu Einkünften aus § 19 EStG führen würde. Erforderlich ist insoweit, dass ein Dienstverhältnis im Sinne des § 1 LStDV vorliegt, welches (z. B. durch einen förmlichen Arbeitsvertrag) bestätigt ist, und die Leistungen der Gesellschaft an den Gesellschafter aufgrund dieses Dienstverhältnisses erbracht werden. Für die Qualifizierung der Einkünfte als solche des § 19 EStG ist entscheidend, dass die Einnahmen bei wertender Betrachtung als durch das Dienstverhältnis veranlasst anzusehen sind (vgl. H 19.0 [GesellschafterGeschäftsführer] LStH 2021). Fehlt es an einem Dienstverhältnis, scheidet § 19 EStG aus. Sieht die gesellschaftsrechtliche Regelung für den Gesellschafter anstelle einer Tätigkeitsvergütung einen Vorabgewinn vor, liegt insoweit keine Leistung aufgrund eines Dienstverhältnisses, sondern eine Gewinnausschüttung vor. **81**

Soweit die Einnahmen, die der Gesellschafter von der Gesellschaft für seine Tätigkeit im Dienst der Gesellschaft bezieht, nicht angemessen sind, liegt in Höhe des den angemessenen Teil übersteigenden Teils eine verdeckte Gewinnausschüttung vor. Im Verhältnis zwischen Gesellschaft und beherrschendem Gesellschafter ist zudem eine Veranlassung durch das Gesellschaftsverhältnis in der Regel auch dann anzunehmen, wenn es an einer zivilrechtlich wirksamen, klaren, eindeutigen und im Voraus abgeschlossenen Vereinbarung darüber fehlt, ob und in welcher Höhe ein Entgelt für eine Leistung des Gesellschafters zu zahlen ist, oder wenn nicht einer klaren Vereinbarung entsprechend verfahren wird. Die beherrschende Stellung des Gesellschafters muss im Zeitpunkt der Vereinbarung oder des Vollzugs der Vermögensminderung oder verhinderten Vermögensmehrung vorliegen (R 8.5 Absatz 2 KStR 2015). Zur Angemessenheit der Gesamtbezüge eines Gesellschafter-Geschäftsführers vgl. BMF-Schreiben vom 14. Oktober 2002 (BStBl I S. 972). **82**

Führen die Einnahmen, die der Gesellschafter für seine Tätigkeit im Dienst der Gesellschaft bezieht, zu Einkünften im Sinne des § 19 EStG, gelten die optierende Gesellschaft als lohnsteuerlicher Arbeitgeber und der Gesellschafter als Arbeitnehmer (§ 1a Absatz 3 Satz 7 KStG). In diesen Fällen sind sämtliche Regelungen zur Erhebung der Lohnsteuer in den §§ 38 ff. EStG anzuwenden. Die optierende Gesellschaft hat insbesondere für den Gesellschafter ein Lohnkonto zu führen, den Lohnsteuerabzug auf die Vergütungen vorzunehmen, für jeden Lohnsteuer-Anmeldungszeitraum insgesamt eine Lohnsteuer-Anmeldung unter Berücksichtigung des jeweiligen Lohnsteuerabzugs für ihre weiteren Arbeitnehmer einzureichen und die elektronischen Lohnsteuerbescheinigungen an die Finanzverwaltung zu übermitteln. Auch der Arbeitnehmer-Pauschbetrag, die für Arbeitnehmer geltenden Steuerbefreiungsvorschriften (Rn. 82 bleibt unberührt) und die sonstigen, nur für Arbeitnehmer geltenden steuerlichen (Sonder-)Regelungen sind zu berücksichtigen. **83**

c) Betriebsaufspaltung

Im Falle einer Betriebsaufspaltung zwischen der optierenden Gesellschaft und einem oder mehreren Gesellschaftern kommen die allgemeinen Grundsätze der Betriebsaufspaltung vollumfänglich zur Anwendung. **84**

4. Steuerermäßigung bei Einkünften aus Gewerbebetrieb (§ 35 EStG)

85 § 35 EStG ist bei den Gesellschaftern der optierenden Gesellschaft nicht anzuwenden (§ 1a Absatz 3 Satz 3 KStG). Auf gewerbliche Einkünfte, die den Gesellschaftern für Zeiträume vor dem Übergang zur Körperschaftsbesteuerung im Rahmen der transparenten Besteuerung zugerechnet werden, findet § 35 EStG hingegen Anwendung.

5. Sonstige Folgen der Option

a) Bekanntgabe von Verwaltungsakten an die optierende Gesellschaft und deren Vollstreckung

86 Die optierende Gesellschaft bleibt zivilrechtlich und damit auch steuerverfahrensrechtlich eine Personengesellschaft. Diese ist Schuldnerin der Körperschaftsteuer, des Solidaritätszuschlags, der Gewerbesteuer sowie der steuerlichen Nebenleistungen nach § 3 AO und zum Einbehalt und zur Entrichtung der Kapitalertragsteuer verpflichtet. Die entsprechenden Steuerbescheide sind an sie unter Angabe ihrer Firma bzw. ihres geschäftsüblichen Namens zu richten (vgl. Nr. 2 .4.1 des AEAO zu § 122). Ist keine Firma oder kein geschäftsüblicher Name vorhanden, sind die Bescheide an alle Gesellschafter der optierenden Gesellschaft zu richten (vgl. Nr. 2 .4.1.3 des AEAO zu § 122).

87 Die optierende Gesellschaft kann (durch die zur Vertretung befugten Personen) eine Vollmacht zur Vertretung in Steuersachen (§ 80 Absatz 1 AO) für die Körperschaftsteuer erteilen. Bis zur Ausübung der Option erteilte Generalvollmachten bleiben wirksam; der Vertretungsumfang erstreckt sich in diesen Fällen auch auf die Körperschaftsteuer.

Auf einzelne Steuerarten begrenzte Vollmachten gelten auch weiterhin nur für diesen begrenzten Umfang; eine Erweiterung der Bevollmächtigung auf die Körperschaftsteuer bedarf dann einer neuen Vollmacht mit angepasstem Umfang.

88 Die Gesellschaft ist Vollstreckungsschuldnerin der Steuern, für die sie selbst Steuerschuldnerin oder Entrichtungsschuldnerin ist (§§ 253, 267 AO).

b) Haftung für Steuerschulden der optierenden Gesellschaft

89 Die Gesellschafter der optierenden Gesellschaft haften für von der Gesellschaft selbst geschuldete Steuern, also auch für Körperschaftsteuer, Solidaritätszuschlag und Gewerbesteuer entsprechend den allgemeinen handelsrechtlichen Grundsätzen (vgl. hierzu auch § 191 Absatz 1 AO). Eine Haftung nach steuerrechtlichen Vorschriften (z. B. nach § 69 Satz 1 i.V. m. § 34, § 71 oder § 74 AO) bleibt unberührt.

VI. Beendigung der Option

1. Rückoption (§ 1a Absatz 4 Satz 1 bis 3 KStG)

90 Auf Antrag ist eine Rückkehr zur transparenten Besteuerung möglich (§ 1a Absatz 4 Satz 1 bis 3 KStG). Der Antrag ist spätestens einen Monat vor Beginn desjenigen Wirtschaftsjahres zu stellen, in dem die optierende Gesellschaft erstmals nicht mehr wie eine Kapitalgesellschaft besteuert werden soll. Die Rn. 9 bis 11 und 13 bis 22 gelten insoweit entsprechend.

2. Beendigung der Option kraft Gesetzes (§ 1a Absatz 4 Satz 4 bis 7 KStG)

a) Rückkehr zur transparenten Besteuerung nach § 1a Absatz 4 Satz 4 KStG

91 Die Rückkehr zur transparenten Besteuerung kraft Gesetzes nach § 1a Absatz 4 Satz 4 KStG kommt in Betracht, wenn die optierende Gesellschaft zwar fortbesteht, aber die persönlichen Voraussetzungen für die Option nicht mehr erfüllt. Dies ist insbesondere der Fall, wenn die optierende Gesellschaft keine Personenhandels- oder Partnerschaftsgesellschaft mehr ist (z. B. aufgrund eines homogenen Formwechsels in eine Gesellschaft bürgerlichen Rechts im Sinne der §§ 705 ff. BGB oder auf Grund eines vergleichbaren Vorgangs nach ausländischem Recht) oder im Staat ihrer Geschäftsleitung keiner Körperschaftsteuer mehr unterliegt. In diesem Fall gilt die Rückkehr zur transparenten Besteuerung kraft Gesetzes als Formwechsel einer Kapitalgesellschaft in eine Personengesellschaft (§ 1a Absatz 4 Satz 2 KStG i.V. m. § 1 Absatz 1 Satz 1 Nummer 2 UmwStG). Auf den Zeitpunkt des Wegfalls der Voraussetzungen für die Option ist eine unterjährige Übertragungsbilanz aufzustellen.

b) Beendigung der Option nach § 1a Absatz 4 Satz 7 KStG

92 Eine Beendigung der Option nach § 1a Absatz 4 Satz 7 KStG liegt vor, wenn die optierende Gesellschaft die Voraussetzungen des § 1a Absatz 1 Satz 1 KStG deshalb nicht mehr erfüllt, weil sie in eine Körperschaft umgewandelt wird. In diesem Fall richten sich die weiteren Rechtsfolgen nach der Art der zivilrechtlichen Umwandlung. Wird die optierende Gesellschaft z. B. mit steuerlicher Wirkung auf einen Stichtag nach dem Wirksamwerden der Option auf eine (bestehende oder neu gegründete) Körperschaft verschmolzen, so finden die §§ 11 ff. UmwStG Anwendung. Im Fall des Formwechsels der optierenden Gesellschaft in eine Kapitalgesellschaft handelt es sich ertragsteuerlich um einen homogenen und daher steuerlich grundsätzlich neutralen Formwechsel eines Körperschaftsteuersubjekts.

c) Beendigung der Option nach § 1a Absatz 4 Satz 5 oder 6 KStG

Eine Beendigung der Option kraft Gesetzes liegt auch vor, wenn die optierende Gesellschaft infolge des **93** Ausscheidens des vorletzten Gesellschafters als aufgelöst gilt. Maßgeblicher Zeitpunkt ist die zivilrechtliche Wirksamkeit der Anwachsung des Vermögens auf den verbleibenden Gesellschafter. Die weiteren Rechtsfolgen richten sich danach, ob der verbleibende Gesellschafter die persönlichen Voraussetzungen eines übernehmenden Rechtsträgers einer Umwandlung einer Kapitalgesellschaft im Sinne des § 1 Absatz 1 Satz 1 Nummer 1 (Verschmelzung) oder Nummer 4 (Vermögensübertragung) UmwStG erfüllt.

Ist dies (ggf. aufgrund entsprechender bundes- oder landesrechtlicher Regelung, § 1 Absatz 1 Satz 1 Nummer 3 UmwStG) der Fall, gilt die optierende Gesellschaft im Fall des § 1 Absatz 1 Satz 1 Nummer 1 UmwStG als auf den verbleibenden Gesellschafter verschmolzen bzw. gilt im Fall des § 1 Absatz 1 Satz 1 Nummer 4 UmwStG das Vermögen der optierenden Gesellschaft als auf den verbleibenden Gesellschafter übertragen. Im Fall des unterjährigen Ausscheidens des vorletzten Gesellschafters ist auf diesen Zeitpunkt eine steuerliche Schlussbilanz aufzustellen.

In allen anderen Fällen gilt die optierende Gesellschaft als aufgelöst und ihr Vermögen als an die Gesell- **94** schafter ausgeschüttet; § 11 KStG ist entsprechend mit der Maßgabe anzuwenden, dass an die Stelle des zur Verteilung kommenden Vermögens der gemeine Wert des vorhandenen Vermögens tritt (§ 1a Absatz 4 Satz 6 KStG).

3. Auswirkungen der Beendigung der Option

Die Beendigung der Option stellt – mit Ausnahme der Fälle der fiktiven Auflösung ohne Umwandlung **95** (§ 1a Absatz 4 Satz 6 KStG) – einen Veräußerungs- und Erwerbsvorgang dar (vgl. Randnr. 00.02 und 22.07 UmwStE). Im Fall der Rückoption (§ 1a Absatz 4 Satz 1 KStG) oder des Wegfalls der persönlichen Voraussetzungen der Option unter Fortbestand als Personengesellschaft (§ 1a Absatz 4 Satz 4 KStG) finden die für einen Formwechsel einer Kapitalgesellschaft in eine Personengesellschaft geltenden Regelungen des Ersten, Zweiten und Fünften Teils des UmwStG entsprechend Anwendung.

Im Fall des Ausscheidens des vorletzten Gesellschafters gilt die optierende Gesellschaft als aufgelöst. So- **96** fern nicht durch § 1a Absatz 4 Satz 5 KStG die Anwendung der für die Verschmelzung maßgeblichen Regelungen des Zweiten bzw. Vierten Teils des UmwStG angeordnet ist, findet beim verbleibenden Gesellschafter § 20 Absatz 1 Nummer 2 EStG (ggf. i.V. m. § 8 Absatz 1 KStG) Anwendung, sofern die Anteile an der fiktiven Kapitalgesellschaft keinem Betriebsvermögen zuzurechnen waren (§ 20 Absatz 8 EStG).

Eine steuerliche Rückwirkung ist in allen Fällen der Beendigung der Option ausgeschlossen (§ 1a Absatz 4 **97** Satz 2 i.V. m. § 9 Satz 3 UmwStG).

4. Beendigung der Option innerhalb von sieben Jahren

Eine Rückoption oder sonstige Beendigung der Option innerhalb von sieben Jahren führt zu einer Sperr- **98** fristverletzung im Sinne des § 22 Absatz 1 bzw. 2 UmwStG. § 23 Absatz 2 UmwStG ist zu beachten. Die Beendigung der Option kraft Gesetzes nach § 1a Absatz 4 Satz 7 KStG durch Formwechsel in eine Körperschaft führt zu keiner Sperrfristverletzung i. S. d. § 22 Absatz 1 und 2 UmwStG. Im Fall der Beendigung der Option kraft Gesetzes nach § 1a Absatz 4 Satz 7 KStG durch Verschmelzung vgl. Randnr. 22.23 UmwStE.

5. Mitteilungspflicht

Der Steuerpflichtige hat der zuständigen Finanzbehörde nach Eintritt eines Ereignisses im Sinne des § 1a **99** Absatz 4 Satz 4 bis 7 KStG mitzuteilen, dass die Voraussetzungen für die Option entfallen sind.

VII. Sonderfälle

1. Umwandlungen während der Option

Auch für Zwecke des UmwStG ist die optierende Gesellschaft wie eine Kapitalgesellschaft zu behandeln **100** (vgl. Rn. 50). Für die Anwendung des UmwStG folgt daraus insbesondere:

a) Die Verschmelzung einer optierenden Gesellschaft auf eine Körperschaft oder umgekehrt ist nach den §§ 11 bis 13 UmwStG zu beurteilen.

b) Entsprechende Spaltungsvorgänge fallen unter § 15 UmwStG.

c) Die Einbringung von Anteilen an der optierenden Gesellschaft in eine Kapitalgesellschaft oder Genossenschaft zum Buch- oder Zwischenwert ist nur nach Maßgabe der §§ 20 und 21 UmwStG möglich. Zur Mehrheit der Stimmrechte siehe Randnr. 21.09 UmwStE und H 15.7 (6) „Mehrheit der Stimmrechte" EStH.

d) Auf den Ein- und Austritt von Gesellschaftern findet § 24 UmwStG keine Anwendung.

e) Die Einbringung eines Betriebs, Teilbetriebs oder Mitunternehmeranteils in die optierende Gesellschaft ist ein Vorgang nach § 20 UmwStG (zur Gewährung von Gesellschaftsrechten als Gegenleistung vgl. Randnr. 24.07 UmwStE).

f) Die 100%ige Beteiligung des Kommanditisten an einer GmbH & Co. KG (Beteiligung Komplementärgesellschaft 0%) gilt als fiktiver Teilbetrieb (§ 15 Absatz 1 Satz 3 UmwStG und ggf. Randnr. 24.02 UmwStE).

g) Die Beendigung der Option ist mit Ausnahme des homogenen Formwechsels eine Veräußerung im Sinne des § 15 Absatz 2 Satz 2 bis 4 und des § 22 Absatz 1 Satz 1 und Absatz 2 Satz 1 UmwStG von (erhaltenen oder eingebrachten) Anteilen.

h) Bei der optierenden Gesellschaft sind weder Realteilungsgrundsätze (§ 16 Absatz 3 Satz 2 ff. EStG) noch sonstige ertragsteuerliche Regelungen anzuwenden, die sich auf eine Mitunternehmerschaft oder eine sonstige nicht der Körperschaftsteuer unterliegende Personengesellschaft beziehen.

i) Für die Beispiele in Randnr. 22.23 UmwStE stellt die optierende Gesellschaft eine Kapitalgesellschaft dar.

2. E-Bilanz

101 Die optierende Gesellschaft hat für Wirtschaftsjahre, in denen sie wie eine Kapitalgesellschaft besteuert wird, eine Steuerbilanz nebst entsprechender Gewinn- und Verlustrechnung für eine Körperschaft nach § 5b Absatz 1 Satz 1 und Satz 3 EStG zu übermitteln.

3. Zerlegung

102 Die optierende Gesellschaft ist für Zwecke der Besteuerung nach dem Einkommen und damit auch bei der Zerlegung nach dem ZerlG wie eine Kapitalgesellschaft zu behandeln."

Zu § 7 KStG

KStR   R 7.1 Ermittlung des zu versteuernden Einkommens

(1) ¹Bemessungsgrundlage für die tarifliche Körperschaftsteuer ist das zu versteuernde Einkommen. ²Bei Körperschaften, die nur gewerbliche Einkünfte erzielen können, ist das zu versteuernde Einkommen wie folgt zu ermitteln:

1. Jahresüberschuss/-fehlbetrag lt. Steuerbilanz bzw. nach § 60 Abs. 2 EStDV korrigierter Jahresüberschuss/-fehlbetrag lt. Handelsbilanz

2. –/+ im Jahresüberschuss/-fehlbetrag enthaltener Gewinn/Verlust aus der Beteiligung an Personengesellschaften

3. +/– Steuerpflichtige Einkünfte aus Personengesellschaften nach Berücksichtigung aller außerbilanzieller Korrekturen und Verlustverrechnungsvorschriften (inkl. § 15a EStG)

4. –/+ im Jahresüberschuss enthaltener Gewinn/Verlust aus dem Betrieb von Handelsschiffen im internationalen Verkehr, für die der Gewinn nach § 5a EStG zu ermitteln ist

5. +/– Pauschaler Gewinn/Verlust aus dem Betrieb von Handelsschiffen nach § 5a EStG

6. +/– Hinzurechnungen und Kürzungen nach § 4e Abs. 3, § 4f, § 4j Abs. 3 und § 4k EStG

7. + Hinzurechnung nicht ausgleichsfähiger Verluste u. a. nach § 15b Abs. 1 Satz 1 EStG, § 15 Abs. 4 Satz 1, 3 und 6, § 20 Abs. 1 Nr. 4 Satz 2 EStG, § 2 Abs. 4 Satz 1 und Abs. 5 Satz 1, § 20 Abs. 6 Satz 4 UmwStG

8. –   Kürzungen nach § 15b Abs. 1 Satz 2 EStG, § 15 Abs. 4 Satz 2, 3 und 7, § 20 Abs. 1 Nr. 4 Satz 2 EStG

9. +/– Bildung und Auflösung von Investitionsabzugsbeträgen i. S. d. § 7g EStG

10. +   Hinzurechnung von >vGA (§ 8 Abs. 3 Satz 2 KStG) und Ausschüttungen auf Genussrechte i. S. d. § 8 Abs. 3 Satz 2 KStG

11. –   Abzug von Gewinnerhöhungen im Zusammenhang mit bereits in vorangegangenen VZ versteuerten > vGA

12. +   Gewinnzuschlag nach § 6b Abs. 7 EStG

13. –   verdeckte Einlagen (§ 8 Abs. 3 Satz 3 bis 6 KStG), Einlagen (§ 4 Abs. 1 Satz 8 EStG)

14. +   nichtabziehbare Aufwendungen (z. B. § 10 KStG, § 4 Abs. 5 bis 8 EStG, § 160 AO)

15. +   Gesamtbetrag der Zuwendungen nach § 9 Abs. 1 Nr. 2 KStG

16. –   sonstige inländische steuerfreie Einnahmen und Erträge (ggf. gekürzt um im Zusammenhang stehende Betriebsausgaben nach § 3c Abs. 1 EStG)

17. +/– Hinzurechnungen und Kürzungen bei Umwandlung u. a.
- nach § 12 Abs. 2 Satz 1 UmwStG nicht zu berücksichtigender Übernahmeverlust oder -gewinn,
- Einbringungsgewinn I nach § 22 Abs. 1 UmwStG

18. +/– Hinzurechnungen und Kürzungen bei ausländischen Einkünften u. a.
- Korrektur um nach DBA steuerfreie Einkünfte unter Berücksichtigung des § 3c Abs. 1 EStG,
- Abzug ausländischer Steuern nach § 26 KStG,
- Hinzurechnungsbetrag nach § 10 AStG

19. +/– Berichtigungsbetrag nach § 1 AStG

20. +/– Kürzungen/Hinzurechnungen nach § 8b KStG und InvStG

21. +/– Korrekturen bei Organschaft i. S. d. §§ 14 und 17 KStG (z. B. gebuchte Gewinnabführung, Verlustübernahme, Ausgleichszahlungen i. S. d. § 16 KStG)

22. +/– Hinzurechnung der nicht abziehbaren Zinsen und Kürzung um den abziehbaren Zinsvortrag nach § 4h EStG i. V. m. § 8a KStG

23. –   Verrechnung mit verrechenbaren Verlusten nach § 15a EStG, die aufgrund einer Anwachsung bei der Körperschaft zu berücksichtigen sind

24. –   Abzug ausländischer Steuern nach § 26 KStG

25. +   nicht abziehbare negative Einkünfte nach § 2a EStG

26. –   Verrechnung positiver Einkünfte mit verbleibenden negativen Einkünften nach § 2a EStG

27. –   Abzuziehende Kapitalertragsteuer nach § 36a Abs. 1 Satz 3 EStG

28. –   steuerfreier Sanierungsertrag nach § 3a Abs. 2 EStG

29. +   nicht abziehbare Aufwendungen, die in unmittelbarem wirtschaftlichen Zusammenhang zum Sanierungsertrag stehen (§ 3c Abs. 4 EStG)

30. +/– sonstige Hinzurechnungen und Kürzungen

31. =   steuerlicher Gewinn (Summe der Einkünfte in den Fällen der R 7.1 Abs. 2 Satz 1)

32. –   Zuwendungen und Zuwendungsvortrag, soweit nach § 9 Abs. 1 Nr. 2 KStG abziehbar

33. +   Sonstige Hinzurechnungen bei ausländischen Einkünften
- Hinzurechnung nach § 52 Abs. 2 EStG i. V. m. § 2a Abs. 3 und 4 EStG 1997,
- Hinzurechnung nach § 8 Abs. 5 Satz 2 AuslInvG

34. + nicht zu berücksichtigender/wegfallender Verlust des laufenden VZ, soweit Hinzurechnungen nach § 8c KStG ggf. i.V.m. § 2 Abs. 4 Satz 1 und 2, § 20 Abs. 6 Satz 4 UmwStG oder im Falle einer Abspaltung nach § 15 Abs. 3, § 16 UmwStG vor den Korrekturen nach Nr. 35 oder 36 vorzunehmen sind **1**

35. +/− bei Organträgern:
  - Zurechnung des Einkommens von Organgesellschaften (§§ 14 und 17 KStG),
  - Kürzungen/Hinzurechnungen bezogen auf das dem Organträger zugerechnete Einkommen von Organgesellschaften (§ 15 KStG),
  - Abzug des der Organgesellschaft nach § 16 Satz 2 KStG zuzurechnenden Einkommens des Organträgers

36. +/− bei Organgesellschaften:
  - Zurechnung von Einkommen des Organträgers nach § 16 Satz 2 KStG,
  - Abzug des dem Organträger zuzurechnenden Einkommens (§§ 14 und 17 KStG)

37. + nicht zu berücksichtigender/wegfallender Verlust des laufenden VZ, soweit Hinzurechnungen nach § 8c KStG ggf. i.V.m. § 2 Abs. 4 Satz 1 und 2, § 20 Abs. 6 Satz 4 UmwStG oder im Falle einer Abspaltung nach § 15 Abs. 3, § 16 UmwStG nicht bereits nach Nr. 35 vorzunehmen sind **2**

38. + Hinzurechnung der nach § 2 Abs. 4 Satz 3 und 4 UmwStG nicht ausgleichsfähigen Verluste des laufenden VZ sowie der nach § 2 Abs. 5 Satz 1 und 2 UmwStG nicht ausgleichsfähigen und verrechenbaren negativen Einkünfte des übernehmenden Rechtsträgers

39. + nicht zu berücksichtigender/wegfallender Verlust des laufenden VZ nach § 3a Abs. 3 Satz 2 Nr. 8 und 9 EStG ggf. i.V. m. § 3a Abs. 3 Satz 3 EStG und § 15 Satz 1 Nr. 1a KStG

40. = Gesamtbetrag der Einkünfte i. S. d. § 10d EStG

41. − Verlustabzug nach § 10d EStG (unter vorrangigem Abzug des darin enthaltenen fortführungsgebundenen Verlustvortrags nach § 8d KStG)

42. = Einkommen

43. − Freibetrag für bestimmte Körperschaften (§ 24 KStG)

44. − Freibetrag für Genossenschaften, die Land- und Forstwirtschaft betreiben (§ 25 KStG)

45. = zu versteuerndes Einkommen

[3]Bei Körperschaften i. S. d. § 8 Abs. 9 KStG ist zunächst für jede Sparte ein Gesamtbetrag der Einkünfte entsprechend dem Schema nach Satz 2 zu ermitteln. [4]Der Verlustabzug ist in Fällen von Satz 3 spartenbezogen vorzunehmen. [5]Die Summe der sich hiernach ergebenden positiven Spartenergebnisse bildet das Einkommen.

(2) [1]Für Körperschaften, die auch andere Einkünfte als gewerbliche erzielen können, gilt Absatz 1 entsprechend. [2]Von der Summe der Einkünfte ist bei Vorliegen der Voraussetzungen der Freibetrag bei Einkünften aus Land- und Forstwirtschaft nach § 13 Abs. 3 EStG abzuziehen.

Amtl. Fn.:

1 Redaktioneller Hinweis des Bundesministeriums der Finanzen: Der Verweis auf „Nr. 35 oder 36" ergibt sich aus der vorgenommenen Neunummerierung.

2 Redaktioneller Hinweis des Bundesministeriums der Finanzen: Der Verweis auf „Nr. 35" ergibt sich aus der vorgenommenen Neunummerierung.

▶ **Hinweise   KStH   H 7.1**

...

Verdeckte Gewinnausschüttung

Die vGA führt im Rahmen der Hinzurechnung nach § 8 Abs. 3 Satz 2 KStG zu einer außerbilanziellen Korrektur des Jahresüberschusses/-fehlbetrags als Ausgangsgröße der steuerlichen Einkommensermittlung (> BFH vom 29. 6. 1994, I R 137/93, BStBl 2002 II S. 366 und > BFH vom 12. 10. 1995, I R 27/95, BStBl 2002 II S. 367). Zur Darstellung im Einzelnen und zum Abzug von Gewinnerhöhungen im Zusammenhang mit bereits früher versteuerten vGA > BMF vom 28. 5. 2002, BStBl I S. 603.

KStR   R 7.2 Ermittlung der festzusetzenden und verbleibenden Körperschaftsteuer

¹Die festzusetzende und die verbleibende Körperschaftsteuer sind wie folgt zu ermitteln:

1.   Steuerbetrag nach Regelsteuersatz (§ 23 Abs. 1 KStG) bzw. Sondersteuersätzen
2. −   anzurechnende ausländische Steuern nach § 26 Abs. 1 KStG, § 12 AStG
3. =   Tarifbelastung
4. =   festzusetzende Körperschaftsteuer
5. −   anzurechnende Kapitalertragsteuer
6. =   verbleibende Körperschaftsteuer

²...

▶ **Hinweise   KStH   H 7.2**

...

Zu § 8 KStG

KStR   R 8.1 Anwendung einkommensteuerrechtlicher Vorschriften

(1) Bei Körperschaften sind nach § 8 Abs. 1, § 26 und § 31 Abs. 1 KStG anzuwenden:

1. die folgenden Vorschriften des EStG i. d. F. der Bekanntmachung vom 8. 10. 2009 (BGBl I S. 3366, S. 3862, BStBl I S. 1346) unter Berücksichtigung der Änderungen bis einschließlich durch Artikel 2 des Gesetzes vom 10. März 2021 (BGBl I S. 330):
   • § 2 Abs. 1 bis 4, 6 und 7 Satz 3. ²Auf R 7.1 wird hingewiesen;
   § 2a,
   § 3 Nr. 7, 8 Satz 1, Nr. 11 Satz 1 und 3, Nr. 18, 40a, 42, 44, 54, 70 und 71,
   § 3a,
   § 3c Abs. 1, § 3c Abs. 2 i. V. m. § 3 Nr. 40a, § 3c Abs. 3 und 4,
   § 4 Abs. 1 bis 4, Abs. 5 Satz 1 Nr. 1 bis 4, 7 bis 13, Satz 2, Abs. 5b bis 8,
   § 4a Abs. 1 Satz 2 Nr. 1 und 3, Abs. 2,
   § 4b,
   § 4c,
   § 4d,

KStR

§ 4e,
§ 4f,
§ 4g,
§ 4h,
§ 4i,
§ 4j,
§ 4k,
§ 5,
§ 5a,
§ 5b,
§ 6,
§ 6a,
§ 6b,
§ 6c,
§ 6d,
§ 6e,
§ 7,
§ 7a,
§ 7b,
§ 7c,
§ 7g,
§ 7h,
§ 7i,
§ 8 Abs. 1 und 2,
§ 9 Abs. 1 Satz 3 Nr. 1 bis 3 und 7 und Abs. 5,
§ 9a Satz 1 Nr. 3 und Satz 2. [3]Auf nachfolgenden Absatz 2 wird hingewiesen;
§ 9b,
§ 10d,
§ 10g,
§ 11,
§ 11a,
§ 11b,
§ 13 Abs. 1, 2 Nr. 1, Abs. 3 Satz 1 und 2, Abs. 6 und 7,
§ 13a,
§ 13b,
§ 14 Abs. 1 Satz 1, Abs. 2 und 3
§ 15,
§ 15a,
§ 15b,
§ 16 Abs. 1 bis 3b und 5,
§ 17. [4]Auf nachfolgende Absätze 2 und 3 wird hingewiesen;
§ 18 Abs. 1 Nr. 2, 3 und 4, Abs. 2, 3, 4 Satz 2,
§ 20. [5]Auf nachfolgenden Absatz 2 wird hingewiesen;
§ 21 Abs. 1 und 3,
§ 22 Nr. 1, 2 und 3,
§ 23,
§ 24,
§ 25 Abs. 1 und 3 Satz 1,
§ 32d Abs. 2 Satz 1 Nr. 1 Satz 1 und Nr. 3 Satz 1 und Satz 3 bis 6 (die Anwendung erfolgt i.V.m. § 8 Abs. 10 Satz 2 KStG),
§ 34b Abs. 1 Nr. 2 (die Anwendung erfolgt i.V.m. R 23),
§ 34c (die Anwendung erfolgt i.V.m. § 26 KStG),
§ 34d Nr. 1 bis 4 und 6 bis 8,
§ 36 Abs. 2 Nr. 2, Abs. 3 bis 5,

§ 36a,
§ 37 Abs. 1, Abs. 3 Satz 1 bis 3 sowie 8 bis 11, Abs. 4 und 5,
§ 37b,
§ 43,
§ 43a,
§ 43b,
§ 44,
§ 44a,
§ 44b,
§ 45,
§ 45a,
§ 45b,
§ 45c,
§ 45d,
§ 48,
§ 48a,
§ 48b,
§ 48c,
§ 48d,
§ 49,
§ 50 Abs. 1 Satz 1, Abs. 2 Satz 1, 2, 7 und 8, Abs. 3 und 4,
§ 50a Abs. 1 Nr. 1 bis 3, Abs. 2 bis 7,
§ 50b,
§ 50c,
§ 50d Abs. 3, 9 bis 11a, 13 und 14,
§ 50e,
§ 50f,
§ 50g,
§ 50h,
§ 50i,
§ 50j,
§ 51,
§ 51a Abs. 1 und 3 bis 5,
§ 52,
§ 55,
§ 56,
§ 57,
§ 58;

2. die folgenden Vorschriften der EStDV i. d. F. der Bekanntmachung vom 10. 5. 2000 (BGBl I S. 717, BStBl I S. 595), zuletzt geändert durch die Verordnung vom 21. 12. 2020 (BGBl I S. 3096):

§ 6,
§ 8b,
§ 8c,
§ 9a,
§ 10,
§ 11c,
§ 11d,
§ 15,
§ 50,
§ 51,
§ 53,
§ 54,
§ 56 Satz 2,

§ 60,
§ 68a,
§ 68b,
§ 73a Abs. 2 und 3,
§ 73c,
§ 73d,
§ 73e,
§ 73f,
§ 73g,
§ 81,
§ 82a,
§ 82b,
§ 82f,
§ 82g,
§ 82i,
§ 84.

(2) ¹Unbeschränkt Körperschaftsteuerpflichtige i. S. d. § 1 Abs. 1 Nr. 4 und 5 KStG können grundsätzlich Bezieher sämtlicher Einkünfte i. S. d. § 2 Abs. 1 EStG sein. ²Bei der Ermittlung der Einkünfte aus Kapitalvermögen ist die Vorschrift des § 20 Abs. 9 Satz 1 und 4 EStG (Sparer-Pauschbetrag) zu berücksichtigen. ³In den Fällen des § 8 Abs. 10 KStG ist § 20 Abs. 6 und 9 EStG nicht anzuwenden. ⁴Ferner ist die Freibetragsregelung des § 17 Abs. 3 EStG zu beachten.

(3) ¹Bei Körperschaftsteuerpflichtigen, bei denen alle Einkünfte als Einkünfte aus Gewerbebetrieb zu behandeln sind (§ 8 Abs. 2 KStG**❶**), ist die Freibetragsregelung des § 17 Abs. 3 EStG nicht anzuwenden.

▶   **Hinweise   KStH   H 8.1**

. . . .

KStR   R 8.5 Verdeckte Gewinnausschüttungen

Grundsätze der verdeckten Gewinnausschüttung

(1) ¹Eine vGA i. S. d. § 8 Abs. 3 Satz 2 KStG ist eine Vermögensminderung oder verhinderte Vermögensmehrung, die durch das Gesellschaftsverhältnis veranlasst ist, sich auf die Höhe des Unterschiedsbetrags i. S. d. § 4 Abs. 1 Satz 1 EStG auswirkt und nicht auf einem den gesellschaftsrechtlichen Vorschriften entsprechenden Gewinnverteilungsbeschluss beruht.**❷** ²Bei nicht buchführungspflichtigen Körperschaften ist auf die Einkünfte abzustellen. ³Eine > Veranlassung durch das Gesellschaftsverhältnis ist auch dann gegeben, wenn die Vermögensminderung oder verhinderte Vermögensmehrung bei der Körperschaft zugunsten einer > nahestehenden Person erfolgt.

Anm. d. Schriftl.:

❶ Im Rahmen des Gesetzes über steuerliche Begleitmaßnahmen zur Einführung der Europäischen Gesellschaft und zur Änderung weiterer steuerrechtlicher Vorschriften vom 7. 12. 2006, BStBl 2007 I S. 4, ist § 8 Abs. 2 KStG geändert worden. Bei unbeschränkt Stpfl. i. S. des § 1 Abs. 1 Nr. 1–3 KStG sind alle Einkünfte als Einkünfte aus Gewerbebetrieb zu behandeln.

❷ Ist eine GmbH neben ihren Gesellschaftern an einer anderen Kapitalgesellschaft beteiligt und nimmt sie an einer Kapitalerhöhung bei jener Gesellschaft nicht teil, so kann dieses Verhalten nur dann zu einer vGA führen, wenn die GmbH für ihr Recht zum Bezug neuer Anteile ein Entgelt hätte erzielen können (BFH-Urteil vom 15. 12. 2004, BStBl 2009 II S. 197).

(2) ¹Im Verhältnis zwischen Gesellschaft und beherrschendem Gesellschafter ist eine Veranlassung durch das Gesellschaftsverhältnis i. d. R. auch dann anzunehmen, wenn es an einer zivilrechtlich wirksamen, klaren, eindeutigen und im Voraus abgeschlossenen Vereinbarung darüber fehlt, ob und in welcher Höhe ein Entgelt für eine Leistung des Gesellschafters zu zahlen ist, oder wenn nicht einer klaren Vereinbarung entsprechend verfahren wird. ²Die beherrschende Stellung muss im Zeitpunkt der Vereinbarung oder des Vollzugs der Vermögensminderung oder verhinderten Vermögensmehrung vorliegen.

Hinweise   KStH   H 8.5

I. Grundsätze

Anwendungsschreiben zur Optian zur Körperschaftsbesteuerung

> *BMF vom 10. 11. 2021, BStBl I S. 2212.*

Auslegung von Vereinbarungen

Zur Auslegung von Vereinbarungen zwischen einer Kapitalgesellschaft und ihrem Gesellschafter-Geschäftsführer im Zusammenhang mit einer Pensionszusage > BMF vom 28. 8. 2001, BStBl I S. 594

BgA

...

Dauerschuldverhältnisse

> *H 8.5 I zivilrechtliche Wirksamkeit*

Genossenschaften [1]

Eine vGA kann auch bei Genossenschaften vorliegen (> ...). Eingetragene Genossenschaften haben keine außerbetriebliche Sphäre.
> *BFH vom 28. 10. 2015, I R 10/13, BStBl 2016 II S. 298.*

Korrektur innerhalb oder außerhalb der Steuerbilanz

> *BMF vom 28. 5. 2002, BStBl I S. 603*

Mündliche Vereinbarung

Wer sich auf die Existenz eines mündlich abgeschlossenen Vertrags beruft, einen entsprechenden Nachweis aber nicht führen kann, hat den Nachteil des fehlenden Nachweises zu tragen, weil er sich auf die Existenz des Vertrags zur Begründung des Betriebsausgabenabzugs beruft (> BFH vom 29. 7. 1992, I R 28/92, BStBl 1993 II S. 247).
> *H 8.5 I zivilrechtliche Wirksamkeit*

Nichtkapitalgesellschaften und vGA

Die Annahme einer vGA setzt voraus, dass der Empfänger der Ausschüttung ein mitgliedschaftliches oder mitgliedschaftsähnliches Verhältnis zur ausschüttenden Körperschaft hat (> BFH vom

---

Anm. d. Schriftl.:

[1] Zahlungen eines Kreditinstituts in der Rechtsform einer eingetragenen Genossenschaft aus einem Bonusprogramm für Genossenschaftsmitglieder sind Einkommensverwendungen und damit verdeckte Gewinnausschüttungen an die Genossen, wenn das Programm die Vorteile entgeltunabhängig gewährt (BFH-Urteil vom 28. 10. 2015, BStBl 2016 II S. 298).

13. 7. 1994, I R 112/93, BStBl 1995 II S. 198). Entscheidend für eine vGA ist ihre Veranlassung durch das mitgliedschaftliche oder mitgliedschaftsähnliche Verhältnis. Aus diesem Grund kann eine vGA auch vorliegen, wenn im Zeitpunkt der Ausschüttung das mitgliedschaftliche oder mitgliedschafts-ähnliche Verhältnis noch nicht oder nicht mehr besteht (> BFH vom 24. 1. 1989, VIII R 74/84, BStBl II S. 419).

Realgemeinden und Vereine

Eine vGA kann auch bei Realgemeinden und Vereinen vorliegen (> BFH vom 23. 9. 1970, I R 22/67, BStBl 1971 II S. 47). Ein eingetragener Verein hat einer außersteuerliche Sphäre (> BFH vom 15. 1. 2015, I R 48/13, BStBl II S. 713).

Stiftungen

...

Tatsächliche Durchführung von Vereinbarungen

Das Fehlen der tatsächlichen Durchführung ist ein gewichtiges Indiz dafür, dass die Vereinbarung nicht ernstlich gemeint ist. Leistungen der Gesellschaft an ihren Gesellschafter aufgrund einer nicht ernstlich gemeinten Vereinbarung führen zu vGA (> BFH vom 28. 10. 1987, I R 110/83, BStBl 1988 II S. 301 und > BFH vom 29. 7. 1992, I R 28/92, BStBl 1993 II S. 247).

Tatsächliche Handlungen

Eine vGA setzt nicht voraus, dass die Vermögensminderung oder verhinderte Vermögensmehrung auf einer Rechtshandlung der Organe der Kapitalgesellschaft beruht. Auch tatsächliche Handlungen können den Tatbestand der vGA erfüllen (> BFH vom 14. 10. 1992, I R 17/92, BStBl 1993 II S. 352).

VVaG

Eine vGA kann auch bei VVaG vorliegen (> BFH vom 14. 7. 1976, I R 239/73, BStBl II S. 731).

Zivilrechtliche Wirksamkeit

Verträge mit beherrschenden Gesellschaftern müssen zivilrechtlich wirksam sein, um steuerlich anerkannt zu werden. Eine Wirksamkeitsvoraussetzung ist ein evtl. bestehendes Schriftformerfordernis (> BFH vom 17. 9. 1992, I R 89-98/91, BStBl 1993 II S. 141). Rechtsgeschäfte, welche der durch das Gesetz vorgeschriebenen Form ermangeln, sind gem. § 125 Satz 1 BGB nichtig. Der Mangel einer durch Rechtsgeschäft vorgeschriebenen Form hat gem. § 125 Satz 2 BGB „im Zweifel" gleichfalls Nichtigkeit zur Folge. Maßgeblich für die Beurteilung der zivilrechtlichen Wirksamkeit ist, ob die Einhaltung der Schriftform Gültigkeitsvoraussetzung für den geänderten Vertrag sein soll (konstitutive Schriftform) oder ob der Inhalt des Vertrags lediglich zu Beweiszwecken schriftlich niedergelegt werden soll (deklaratorische Schriftform).

Änderungen des Gesellschaftsvertrags einer GmbH bedürfen gem. § 53 Abs. 2 GmbHG der notariellen Beurkundung. Die Befreiung eines Alleingesellschafters vom Selbstkontrahierungsverbot des § 181 BGB bedarf zu ihrer Wirksamkeit einer ausdrücklichen Gestattung im Gesellschaftsvertrag und der Eintragung im Handelsregister. Wird die Befreiung erst nach Abschluss von In-sich-Geschäften in der Satzung geregelt und ins Handelsregister eingetragen, sind diese als nachträglich genehmigt anzusehen. Das steuerliche Rückwirkungsverbot steht dem dann nicht entgegen, wenn den In-sich-Geschäften klare und von vornherein abgeschlossene Vereinbarungen zugrunde liegen (> BFH vom 17. 9. 1992, I R 89-98/91, BStBl 1993 II S. 141 und > BFH vom 23. 10. 1996, I R 71/95, BStBl 1999 II S. 35).

Miet- und Pachtverträge bedürfen nicht notwendig der Schriftform (§§ 550, 578, 581 BGB). Grundstückskaufverträge bedürfen der notariellen Beurkundung (§ 311b BGB).

Für **Dienstverträge** (z. B. mit Geschäftsführern) ist keine Schriftform vorgeschrieben. Gibt es Beweisanzeichen dafür, dass die Vertragsparteien eine mündlich getroffene Abrede gelten lassen wollen, obwohl sie selbst für alle Vertragsänderungen Schriftform vereinbart hatten, ist der Vertrag trotzdem wirksam geändert. Solche Beweisanzeichen liegen bei Dauerschuldverhältnissen vor, wenn aus gleichförmigen monatlichen Zahlungen und Buchungen erhöhter Gehälter sowie aus der Abführung von Lohnsteuer und Sozialversicherungsbeiträgen auf die Vereinbarung erhöhter Gehälter geschlossen werden kann (> BFH vom 24. 1. 1990, I R 157/86, BStBl II S. 645 und > BFH vom 29. 7. 1992, I R 18/91, BStBl 1993 II S. 139). Stark schwankende Leistungen sprechen für eine vGA (> BFH vom 14. 3. 1990, I R 6/89, BStBl II S. 795). Ist vertraglich ausdrücklich festgelegt, dass ohne Schriftform vorgenommene Änderungen unwirksam sein sollen, so tritt ein diesbezüglicher Wille klar zu Tage (> BFH vom 31. 7. 1991, I S 1/91, BStBl II S. 933). Ist die Zivilrechtslage zweifelhaft, durfte ein ordentlicher und gewissenhafter Geschäftsleiter aber von der Wirksamkeit ausgehen, liegt keine vGA vor (> BFH vom 17. 9. 1992, I R 89-98/91, BStBl 1993 II S. 141).

Zuflusseignung/Vorteilsgeneigtheit

Die Minderung des Unterschiedsbetrags i. S. d. § 4 Abs. 1 Satz 1 EStG (> R 8.5 Abs. 1) muss geeignet sein, beim Gesellschafter einen sonstigen Bezug i. S. d. § 20 Abs. 1 Nr. 1 Satz 2 EStG auszulösen (> BFH vom 7. 8. 2002, I R 2/02, BStBl 2004 II S. 131 und > BFH vom 10. 4. 2013, I R 45/11, BStBl II S. 771).

II. Vermögensminderung oder verhinderte Vermögensmehrung

Darlehenszinsen

Zur Ermittlung der Vermögensminderung oder der verhinderten Vermögensmehrung bei vGA im Zusammenhang mit Darlehenszinsen (> BFH vom 28. 2. 1990, I R 83/87, BStBl II S. 649 und > BFH vom 19. 1. 1994, I R 93/93, BStBl II S. 725).

Erstattungsanspruch

Zivilrechtliche Ansprüche der Gesellschaft gegen den Gesellschafter, die sich aus einem als vGA zu qualifizierenden Vorgang ergeben, sind stets als Einlageforderung gegen den Gesellschafter zu behandeln, die erfolgsneutral zu aktivieren und somit nicht geeignet ist, die durch die vorangegangene vGA eintretende Vermögensminderung auszugleichen (> BFH vom 29. 4. 2008, I R 67/06, BStBl 2011 II S. 55).

Vorteilsausgleich

Eine vGA liegt nicht vor, wenn die Kapitalgesellschaft bei Anwendung der Sorgfalt eines ordentlichen und gewissenhaften Geschäftsleiters die Vermögensminderung oder verhinderte Vermögensmehrung unter sonst gleichen Umständen auch gegenüber einem Nichtgesellschafter hingenommen hätte. Dies kann der Fall sein, wenn zwischen Gesellschaft und Gesellschafter ein angemessenes Entgelt in anderer Weise vereinbart worden ist. Voraussetzungen für die Anerkennung eines derartigen Vorteilsausgleichs ist, dass eine rechtliche Verknüpfung von Leistung und Gegenleistung aus einem gegenseitigen Vertrag besteht (> BFH vom 8. 6. 1977, I R 95/75, BStBl II S. 704 und > BFH vom 1. 8. 1984, I R 99/80, BStBl 1985 II S. 18). Bei einem beherrschenden Gesellschafter bedarf es zur Anerkennung eines Vorteilsausgleichs zudem einer im Voraus getroffenen klaren und eindeutigen Vereinbarung (> BFH vom 7. 12. 1988, I R 25/82, BStBl 1989 II S. 248 und > BFH vom 8. 11. 1989, I R 16/86, BStBl 1990 II S. 244).

Zum Vorteilsausgleich bei international verbundenen Unternehmen > BMF vom 14. 7. 2021, BStBl I S. 1098 (Rn. 3.25 ff.) und > BMF vom 24. 12. 1999, BStBl I S. 1076, (insbes. S. 1114 und 1119), unter Berücksichtigung der Änderungen durch BMF vom 20. 11. 2000 (BStBl I S. 1509), BMF vom 29. 9. 2004 (BStBl I S. 917) und BMF vom 25. 8. 2009 (BStBl I S. 888).

KStR

III. Veranlassung durch das Gesellschaftsverhältnis [1][2][3]

Allgemeines

Eine Veranlassung durch das Gesellschaftsverhältnis liegt dann vor, wenn ein ordentlicher und gewissenhafter Geschäftsleiter (§ 93 Abs. 1 Satz 1 AktG, § 43 Abs. 1 GmbHG, § 34 Abs. 1 Satz 1 GenG) die Vermögensminderung oder verhinderte Vermögensmehrung gegenüber einer Person, die nicht Gesellschafter ist, unter sonst gleichen Umständen nicht hingenommen hätte (Fremdvergleich, > BFH vom 11. 2. 1987, I R 177/83, BStBl II S. 461, > BFH vom 29. 4. 1987, I R 176/83, BStBl II S. 733, > BFH vom 10. 6. 1987, I R 149/83, BStBl 1988 II S. 25, > BFH vom 28. 10. 1987, I R 110/83, BStBl 1988 II S. 301, > BFH vom 27. 7. 1988, I R 68/84, BStBl 1989 II S. 57, > BFH vom 7. 12. 1988, I R 25/82, BStBl 1989 II S. 248 und > BFH vom 17. 5. 1995, I R 147/93, BStBl 1996 II S. 204). Der Fremdvergleich erfordert auch die Einbeziehung des Vertragspartners. Auch wenn ein Dritter einer für die Gesellschaft vorteilhaften Vereinbarung nicht zugestimmt hätte, kann deren Veranlassung im Gesellschaftsverhältnis liegen (> BFH vom 17. 5. 1995, I R 147/93, BStBl 1996 II S. 204). Bei der Prüfung des sog. doppelten Fremdvergleichs ist nicht nur auf den – die Interessen der Gesellschaft im Auge behaltenden – ordentlichen und gewissenhaften Geschäftsleiter, sondern ebenso auf die Interessenlage des objektiven und gedachten Vertragspartners abzustellen (> BFH vom 11. 9. 2013, I R 28/13, BStBl 2014 II S. 726).

Beherrschender Gesellschafter

– **Anwendungsschreiben zur Option zur Körperschaftsteuer**

  > *BMF vom 10. 11. 2021, BStBl I S. 2212.*

– **Begriff**

  Eine beherrschende Stellung eines GmbH-Gesellschafters liegt im Regelfall vor, wenn der Gesellschafter die Mehrheit der Stimmrechte besitzt und deshalb bei Gesellschafterversammlungen entscheidenden Einfluss ausüben kann (> BFH vom 13. 12. 1989, I R 99/87, BStBl 1990 II S. 454).

– **Beteiligungsquote**

  Eine Beteiligung von 50 % oder weniger reicht zur Annahme einer beherrschenden Stellung aus, wenn besondere Umstände hinzutreten, die eine Beherrschung der Gesellschaft begründen (> BFH vom 8. 1. 1969, I R 91/66, BStBl II S. 347, > BFH vom 21. 7. 1976, I R 223/74, BStBl II S. 734 und > BFH vom 23. 10. 1985, I R 247/81, BStBl 1986 II S. 195).

– **Bilanzierung**

  Ein Rechtsgeschäft zwischen einer Kapitalgesellschaft und ihrem alleinigen Gesellschafter-Geschäftsführer ist als vGA zu werten, wenn es in der Bilanz der Gesellschaft nicht zutreffend

---

Anm. d. Schriftl.:

[1] Leistet der Geschäftsführer einer GmbH in der irrigen Annahme einer vertraglichen Leistungspflicht eine Zahlung an einen vormaligen Gesellschafter, liegt hierin jedenfalls dann eine vGA, wenn die Begründung der nach der Vorstellung des Geschäftsführers bestehenden Leistungspflicht als vGA zu beurteilen wäre (BFH-Urteil vom 29. 4. 2008, BStBl 2011 II S. 55).

[2] Scheidet der beherrschende Gesellschafter-Geschäftsführer einer GmbH, dem im Alter von 58 Jahren auf das vollendete 68. Lebensjahr von der GmbH vertraglich eine monatliche Altersrente zugesagt worden ist, bereits im Alter von 63 Jahren aus dem Unternehmen als Geschäftsführer aus, wird der Versorgungsvertrag tatsächlich nicht durchgeführt. Die jährlichen Zuführungen zu der für die Versorgungszusage gebildeten Rückstellungen stellen deswegen regelmäßig verdeckte Gewinnausschüttungen dar (BFH-Urteil vom 25. 6. 2014, BStBl 2015 II S. 665).

[3] Die Annahme einer vGA kann nicht dadurch ausgeschlossen werden, dass die Festlegung der überhöhten Geschäftsführervergütungen bei der Tochter-GmbH einer KG der Zustimmung eines gesellschaftsvertraglich errichteten und jederzeit auflösbaren Beirats bedarf (BFH-Urteil vom 22. 10. 2015, BStBl 2016 II S. 219).

abgebildet wird und ein ordentlicher und gewissenhafter Geschäftsführer den Fehler bei sorgsamer Durchsicht der Bilanz hätte bemerken müssen (> BFH vom 13. 6. 2006, I R 58/05, BStBl II S. 928).

– **Gleichgerichtete Interessen**

Wenn mehrere Gesellschafter einer Kapitalgesellschaft mit gleichgerichteten Interessen zusammenwirken, um eine ihren Interessen entsprechende einheitliche Willensbildung herbeizuführen, ist auch ohne Hinzutreten besonderer Umstände eine beherrschende Stellung anzunehmen (> BFH vom 26. 7. 1978, I R 138/76, BStBl II S. 659, > BFH vom 29. 4. 1987, I R 192/82, BStBl II S. 797, > BFH vom 29. 7. 1992, I R 28/92, BStBl 1993 II S. 247 und > BFH vom 25. 10. 1995, I R 9/95, BStBl 1997 II S. 703).

Gleichgerichtete wirtschaftliche Interessen liegen vor, wenn die Gesellschafter bei der Bemessung der dem einzelnen Gesellschafter jeweils zuzubilligenden Tantieme im Zusammenwirken gemeinsame Interessen verfolgen (> BFH vom 11. 12. 1985, I R 164/82, BStBl 1986 II S. 469). Als Indiz für ein solches Zusammenwirken reichen die übereinstimmende Höhe der Gehälter und das zeitliche Zusammenfallen der Beschlussfassung aus (> BFH vom 10. 11. 1965, I 178/63 U, BStBl 1966 III S. 73).

Die Tatsache, dass die Gesellschafter nahe Angehörige sind, reicht allein nicht aus, um gleichgerichtete Interessen anzunehmen; vielmehr müssen weitere Anhaltspunkte hinzutreten (> BVerfG vom 12. 3. 1985, 1 BvR 571/81, 1 BvR 494/82, 1 BvR 47/83, BStBl II S. 475 und > BFH vom 1. 2. 1989, I R 73/85, BStBl II S. 522).

– **Klare und eindeutige Vereinbarung**[1]

Vereinbarungen mit beherrschenden Gesellschaftern müssen, um steuerlich wirksam zu sein, im Vorhinein klar und eindeutig getroffen sein. Ohne eine klare und eindeutige Vereinbarung kann eine Gegenleistung nicht als schuldrechtlich begründet angesehen werden. Das gilt selbst dann, wenn ein Vergütungsanspruch aufgrund gesetzlicher Regelung bestehen sollte, wie z. B. bei einer Arbeitsleistung (§ 612 BGB) oder einer Darlehensgewährung nach Handelsrecht (§§ 352, 354 HGB, > BFH vom 2. 3. 1988, I R 63/82, BStBl II S. 590).

Eine vGA kommt bei beherrschenden Gesellschaftern in Betracht, wenn nicht von vornherein klar und eindeutig bestimmt ist, ob und in welcher Höhe – einerlei ob laufend oder einmalig – ein Entgelt gezahlt werden soll. Auch eine getroffene Vereinbarung über Sondervergütungen muss zumindest erkennen lassen, nach welcher Bemessungsgrundlage (Prozentsätze, Zuschläge, Höchst- und Mindestbeträge) die Vergütung errechnet werden soll.

Es muss ausgeschlossen sein, dass bei der Berechnung der Vergütung ein Spielraum verbleibt; die Berechnungsgrundlagen müssen so bestimmt sein, dass allein durch Rechenvorgänge die Höhe der Vergütung ermittelt werden kann, ohne dass es noch der Ausübung irgendwelcher Ermessensakte seitens der Geschäftsführung oder Gesellschafterversammlung bedarf (> BFH vom 24. 5. 1989, I R 90/85, BStBl II S. 800 und > BFH vom 17. 12. 1997, I R 70/97, BStBl 1998 II S. 545).

Anm. d. Schriftl.:

[1] Sagt eine GmbH ihrem beherrschenden Gesellschafter-Geschäftsführer an Stelle der monatlichen Rente „spontan" die Zahlung einer Kapitalabfindung der Versorgungsanwartschaft zu, so ist die gezahlte Abfindung regelmäßig verdeckte Gewinnausschüttung (BFH-Urteil vom 11. 9. 2013, BStBl 2014 II S. 726). Es ist aus körperschaftsteuerrechtlicher Sicht grundsätzlich nicht zu beanstanden, wenn eine GmbH ihren beherrschenden Gesellschafter-Geschäftsführer die Anwartschaft auf eine Altersversorgung zusagt und ihm dabei das Recht einräumt, anstelle der Altersrente eine bei Eintritt des Versorgungsfalls fällige, einmalige Kapitalabfindung in Höhe des Barwerts der Rentenverpflichtung zu fordern (BFH-Urteil vom 5. 3. 2008, BStBl 2015 II S. 409).

Leistungen an den beherrschenden Gesellschaftern nahe stehende Personen bedürfen zu ihrer steuerlichen Anerkennung einer im Voraus getroffenen klaren und eindeutigen Vereinbarung (> BFH vom 22. 2. 1989, I R 9/85, BStBl II S. 631). **[1]**

– Konzernrückhalt

Der Konzernrückhalt beschreibt lediglich den rechtlichen und wirtschaftlichen Rahmen der Unternehmensverflechtung. > BMF vom 14. 7. 2021, BStBl I S. 1098 (Rn. 3.94)

– Pensionszusagen [2][3]

Rückstellung für Pensionszusagen an beherrschende Gesellschafter-Geschäftsführer > … (Erdienbarkeit) **[4]**

– Rückwirkende Vereinbarung [5]

Rückwirkende Vereinbarungen zwischen der Gesellschaft und dem beherrschenden Gesellschafter sind steuerrechtlich unbeachtlich (> BFH vom 23. 9. 1970, I R 116/66, BStBl 1971 II S. 64, > BFH vom 3. 4. 1974, I R 241/71, BStBl II S. 497 und > BFH vom 21. 7. 1976, I R 223/74, BStBl II S. 734).

– Sperrwirkung des abkommensrechtlichen Grundsatzes des „dealing at arm's length"

Der abkommensrechtliche Grundsatz des „dealing at arm's length" entfaltet Sperrwirkung gegenüber den sog. Sonderbedingungen, denen beherrschende Gesellschafter bei Annahme einer vGA unterworfen sind (>BFH vom 11. 10. 2012, I R 75/11, BStBl 2013 II S. 1046) und > BFH vom 27. 2. 2019, I R 73/16, BStBl II S. 394 aus anderen Gründen aufgehoben durch BVerfG-Beschluss vom 4. 3. 2021, 2 BvR 1161/19.

– Stimmrechtsausschluss

Der Vorschrift des § 47 Abs. 4 GmbHG über einen Stimmrechtsausschluss des Gesellschafters bei Rechtsgeschäften zwischen ihm und der Gesellschaft kommt für die Frage der Beherrschung der Gesellschaft keine Bedeutung zu (> BFH vom 26. 1. 1989, IV R 151/86, BStBl II S. 455 und > BFH vom 21. 8. 1996, X R 25/93, BStBl 1997 II S. 44).

Anm. d. Schriftl.:

[1] Ausschüttungen an den beherrschenden Gesellschafter einer zahlungsfähigen GmbH fließen diesem in der Regel auch dann zum Zeitpunkt der Beschlussfassung über die Gewinnverwendung i. S. des § 11 Abs. 1 Satz 1 EStG zu, wenn die Gesellschafterversammlung eine spätere Fälligkeit des Auszahlungsanspruchs beschlossen hat (BFH-Urteil vom 2. 12. 2014, BStBl 2015 II S. 334).

[2] Zur Vereinbarung einer Nur-Pension mit dem Gesellschafter-Geschäftsführer einer Kapitalgesellschaft und den Folgerungen aus dem BFH-Urteil vom 17. 5. 1995, BStBl 1996 II S. 204, hat das BMF mit Schreiben vom 28. 1. 2005, BStBl 2005 I S. 387, Stellung genommen.

[3] Zur Probezeit vor Zusage einer Pension an den Gesellschafter-Geschäftsführer einer Kapitalgesellschaft nimmt das BMF mit Schreiben vom 14. 12. 2012, BStBl 2013 I S. 58, Stellung.

[4] Der von der Rechtsprechung entwickelte Grundsatz, nach dem sich der beherrschende Gesellschafter-Geschäftsführer einer Kapitalgesellschaft einen Pensionsanspruch regelmäßig nur erdienen kann, wenn zwischen dem Zusagezeitpunkt und dem vorgesehenen Eintritt in den Ruhestand noch ein Zeitraum von mindestens zehn Jahren liegt, gilt sowohl für Erstzusagen einer Versorgungsanwartschaft als auch für nachträgliche Erhöhungen einer bereits erteilten Zusage (BFH-Urteil vom 23. 9. 2008, BStBl 2013 II S. 39). Maßgebend bei der Ermittlung des Erdienenszeitraums ist der in der Pensionszusage vereinbarte frühestmögliche Zeitpunkt des Pensionsbezuges (BFH-Urteil vom 20. 5. 2015, BStBl 2015 II S. 1022). Werden bestehende Gehaltsansprüche des Gesellschafter-Geschäftsführers in eine Anwartschaft auf Leistungen der betrieblichen Altersversorgung umgewandelt, dann scheitert die steuerrechtliche Anerkennung der Versorgungszusage regelmäßig nicht an der fehlenden Erdienbarkeit (BFH-Urteil vom 7. 3. 2018, BStBl 2019 II S. 70).

[5] Pensionszusagen an beherrschende Gesellschafter-Geschäftsführer unterliegen dem sog. Nachzahlungsverbot (BFH-Urteil vom 26. 6. 2013, BStBl 2014 II S. 174).

Nahestehende Person

– International verbundene Unternehmen

Zum Begriff des Nahestehens bei international verbundenen Unternehmen > BMF vom 14. 7. 2021, BStBl I S. 1098 (Rn. 1.9 ff.) sowie > BFH vom 10. 4. 2013, I R 45/11, BStBl II S. 771.

– Kreis der nahestehenden Personen

Zur Begründung des „Nahestehens" reicht jede Beziehung eines Gesellschafters der Kapitalgesellschaft zu einer anderen Person aus, die den Schluss zulässt, sie habe die Vorteilszuwendung der Kapitalgesellschaft an die andere Person beeinflusst. Ehegatten können als nahestehende Personen angesehen werden (> BFH vom 2. 3. 1988, I R 103/86, BStBl II S. 786 und > BFH vom 10. 4. 2013, I R 45/11, BStBl II S. 771). Beziehungen, die ein Nahestehen begründen, können familienrechtlicher, gesellschaftsrechtlicher, schuldrechtlicher oder auch rein tatsächlicher Art sein (> BFH vom 18. 12. 1996, I R 139/94, BStBl 1997 II S. 301). Eine beherrschende Stellung ist für ein Nahestehen nicht erforderlich (> BFH vom 8. 10. 2008, I R 61/07, BStBl 2011 II S. 62). Eine Person, die an einer vermögensverwaltenden Personengesellschaft beteiligt ist, welche ihrerseits Gesellschafterin einer Kapitalgesellschaft ist, ist bei Prüfung einer vGA nicht als „Anteilseigner" der zuwendenden Kapitalgesellschaft zu behandeln. Die dem Anteilseigner nahestehende Person ist selbst kein Anteilseigner (> BFH vom 21. 10. 2014, VIII R 22/11, BStBl 2015 II S. 687).

Zum Kreis der dem Gesellschafter nahestehenden Personen zählen sowohl natürliche als auch juristische Personen, unter Umständen auch Personenhandelsgesellschaften (> BFH vom 6. 12. 1967, I 98/65, BStBl 1968 II S. 322, > BFH vom 23. 10. 1985, I R 247/81, BStBl 1986 II S. 195 und > BFH vom 1. 10. 1986, I R 54/83, BStBl 1987 II S. 459).

Eine gemeinnützige Stiftung kann im Verhältnis zu einem Anteilseigner einer Kapitalgesellschaft eine nahestehende Person sein (> BFH vom 13. 7. 2021, I R 16/18, BStBl 2022 II S. 119).

– Schwestergesellschaften

Zur Beurteilung von vGA zwischen Schwestergesellschaften > BFH vom 26. 10. 1987, GrS 2/86, BStBl 1988 II S. 348 und > BFH vom 10. 4. 2013, I R 45/11, BStBl II S. 771.

– Verhältnis zum beherrschenden Gesellschafter

Bei dem beherrschenden Gesellschafter nahestehenden Personen bedarf eine Vereinbarung über die Höhe eines Entgelts für eine Leistung der vorherigen und eindeutigen Regelung, die auch tatsächlich durchgeführt werden muss (> BFH vom 29. 4. 1987, I R 192/82, BStBl II S. 797, > BFH vom 2. 3. 1988, I R 103/86, BStBl II S. 786 und > BFH vom 22. 2. 1989, I R 9/85, BStBl II S. 631).

– Zurechnung der vGA

Wenn eine vGA einer Person zufließt, die einem Gesellschafter nahesteht, ist diese vGA steuerrechtlich stets dem Gesellschafter als Einnahme zuzurechnen, es sei denn, die nahestehende Person ist selbst Gesellschafter. Darauf, dass der betreffende Gesellschafter selbst einen Vermögensvorteil erlangt, kommt es nicht an (> BFH vom 29. 9. 1981, VIII R 8/77, BStBl 1982 II S. 248 und > BFH vom 18. 12. 1996, I R 139/94, BStBl 1997 II S. 301, sowie > BMF vom 20. 5. 1999, BStBl I S. 514).

IV. Vergütung der Gesellschafter-Geschäftsführer

Angemessenheit der Gesamtausstattung

> BMF vom 14. 10. 2002, BStBl I S. 972

Private Kfz-Nutzung

> BMF von 3. 4. 2012, BStBl I S. 478 zur Anwendung der Urteile > BFH von 23. 1. 2008, I R 8/06, BStBl 2012 II S. 260, > BFH vom 23. 4. 2009, VI R 81/06, BStBl 2012 II S. 262 und > BFH vom 11. 2. 2010, VI R 43/09, BStBl 2012 II S. 266

Überstundenvergütung**❶**, Sonn-, Feiertags- und Nachtzuschläge

Die Zahlung einer Überstundenvergütung an den Gesellschafter-Geschäftsführer ist regelmäßig eine vGA, da die gesonderte Vergütung von Überstunden nicht dem entspricht, was ein ordentlicher und gewissenhafter Geschäftsleiter einer GmbH mit einem Fremdgeschäftsführer vereinbaren würde. Dies gilt erst recht dann, wenn die Vereinbarung von vornherein auf die Vergütung von Überstunden an Sonntagen, Feiertagen und zur Nachtzeit beschränkt ist (> BFH vom 19. 3. 1997, I R 75/96, BStBl II S. 577 und > BFH vom 27. 3. 2001, I R 40/00, BStBl II S. 655). Sofern eine Vereinbarung von Zuschlägen an Sonn- und Feiertagen und zur Nachtzeit im Einzelfall durch überzeugende betriebliche Gründe gerechtfertigt wird, die geeignet sind, die Regelvermutung für eine Veranlassung durch das Gesellschaftsverhältnis zu entkräften, kann eine vGA ausnahmsweise zu verneinen sein (> BFH vom 14. 7. 2004, I R 111/03, BStBl 2005 II S. 307). Auch Zuschläge für Sonntagsarbeit, Feiertagsarbeit, Mehrarbeit und Nachtarbeit an den nicht beherrschenden, aber als leitenden Angestellten tätigen Gesellschafter können eine vGA sein (> BFH vom 13. 12. 2006, VIII R 31/05, BStBl 2007 II S. 393).

Urlaub, Abgeltungszahlungen für nicht beanspruchte Tage

Soweit klare und eindeutige Vereinbarungen hinsichtlich des Urlaubsanspruchs getroffen worden sind, stellen Abgeltungszahlungen für nicht in Anspruch genommenen Urlaub an den Gesellschafter-Geschäftsführer keine vGA dar, wenn der Nichtwahrnehmung des Urlaubsanspruches betriebliche Gründe zugrunde lagen. Dies ist insbesondere dann der Fall, wenn der Umfang der von ihm geleisteten Arbeit sowie seine Verantwortung für das Unternehmen die Gewährung von Freizeit im Urlaubsjahr ausgeschlossen haben. Gleiches kann für eine im Unternehmen beschäftigte nahestehende Person gelten, wenn diese gegenüber den übrigen Angestellten eine leitende Stellung innehat und die den Geschäftsführer betreffenden betrieblichen Gründe gleichermaßen einschlägig sind, den Jahresurlaub nicht antreten zu können (> BFH vom 28. 1. 2004, I R 50/03, BStBl 2005 II S. 524).

Zeitwertkonten-Modelle

Zu Zeitwertkonten bei Organen von Körperschaften > BMF vom 17. 6. 2009, BStBl I S. 1286, Tz. A. IV. 2. Buchstabe b und Tz. F II unter Berücksichtigung der Änderungen durch BMF vom 8. 8. 2019, BStBl I S. 874 zur Anwendung der Urteile > BFH vom 11. 11. 2015, I R 26/15, BStBl 2016 II S. 489 und > BFH vom 22. 2. 2018, VI R 17/16, BStBl 2019 II S. 496.

V. Einzelfälle

Aktien/Anteile

– *Zur Anwendung von § 8b KStG auf die Übertragung von Anteilen > BMF vom 28. 4. 2003, BStBl I S. 292*

– *Zum Erwerb eigener Anteile > BMF vom 27. 11. 2013, BStBl I S. 1615*

Beirat

Das Erfordernis der Zustimmung eines gesellschaftsvertraglich errichteten und jederzeit auflösbaren Beirats zu einer überhöhten Geschäftsführervergütung schließt die Annahme einer vGA nicht aus (> BFH vom 22. 10. 2015, IV R 7/13, BStBl 2016 II S. 19).

Anm. d. Schriftl.:

❶ Die für Wertguthaben auf einem Zeitwertkonto einkommensmindernd gebildeten Rückstellungen führen bei der GmbH auch dann zu einer Vermögensminderung als Voraussetzung einer verdeckten Gewinnausschüttung, wenn zeitgleich die Auszahlung des laufenden Gehalts des Gesellschafter-Geschäftsführers um diesen Betrag vermindert wird (BFH-Urteil vom 11. 11. 2015, BStBl 2016 II S. 489).

Darlehensgewährung[1]

– *Die Hingabe eines Darlehens an den Gesellschafter stellt eine vGA dar, wenn schon bei der Darlehenshingabe mit der Uneinbringlichkeit gerechnet werden muss (> BFH vom 16. 9. 1958, I 88/57 U, BStBl III S. 451 und > BFH vom 14. 3. 1990, I R 6/89, BStBl II S. 795).*

– *Ein unvollständiger Darlehensvertrag zwischen Kapitalgesellschaft und beherrschendem Gesellschafter kann nicht in die Zuführung von Eigenkapital umgedeutet werden (> BFH vom 29. 10. 1997, I R 24/97, BStBl 1998 II S. 573).*

– *Eine vGA kann auch bei Wertberichtigungen auf Darlehensforderungen gegenüber einem Gesellschafter vorliegen, wenn die Gesellschaft im Zeitpunkt der Darlehensgewährung auf dessen ausreichende Besicherung verzichtet hat; auf einen tatsächlichen Mittelabfluss bei der Gesellschaft kommt es nicht an (> BFH vom 14. 7. 2004, I R 16/03, BStBl II S. 1010 und > BFH vom 8. 10. 2008, I R 61/07, BStBl 2011 II S. 62).*

– *Eine als vGA zu qualifizierende Teilwertabschreibung einer Darlehensforderung schlägt nicht auf den Ausweis der Zinsforderungen durch (> BFH vom 11. 11. 2015, I R 5/14, BStBl 2016 II S. 91). Der sog. Konzernrückhalt führt für sich zu keiner fremdüblichen Besicherung des Darlehens (BFH vom 27. 2. 2019, I R 51/17, BStBl 2020 II S. 440). Zur Teilwertabschreibung in Fällen der Gewährung eines unbesicherten Darlehens an eine Mutterkapitalgesellschaft oder eine Schwesterkapitalgesellschaft (Dreiecksfall) > BMF vom 14. 7. 2021, BStBl I S. 1098.*

Darlehenszinsen

Erhält ein Gesellschafter ein Darlehen von der Gesellschaft zinslos oder zu einem außergewöhnlich geringen Zinssatz, liegt eine vGA vor (> BFH vom 25. 11. 1964, I 116/63 U, BStBl 1965 III S. 176 und > BFH vom 23. 6. 1981, VIII R 102/80, BStBl 1982 II S. 245).

Gibt ein Gesellschafter der Gesellschaft ein Darlehen zu einem außergewöhnlich hohen Zinssatz, liegt eine vGA vor (> BFH vom 28. 10. 1964, I 198/62 U, BStBl 1965 III S. 119 und > BFH vom 25. 11. 1964, I 116/63 U, BStBl 1965 III S. 176).

Einbringung einer GmbH in eine KG

Bringt eine GmbH ihr Unternehmen unentgeltlich in eine KG ein, führt dies zu einer vGA in Höhe des fremdüblichen Entgelts für das eingebrachte Unternehmen, wenn am Vermögen der KG ausschließlich der beherrschende Gesellschafter der GmbH beteiligt ist (> BFH vom 15. 9. 2004, I R 7/02, BStBl 2005 II S. 867).

Einkünfteabgrenzung bei international verbundenen Unternehmen

> AStG, GAufzV, FVerlV, BsGaV

Zum Verhältnis von § 1 Abs. 1 AStG zu anderen Einkünftekorrekturnormen > BMF vom 14. 7. 2021, BStBl I S. 1098 (Rn. 1.1 ff.)

> BMF vom 23. 2. 1983, BStBl I S. 218

Verwaltungsgrundsätze Arbeitnehmerentsendung > BMF vom 9. 11. 2001, BStBl I S. 796

Verwaltungsgrundsätze 2020 > BMF vom 3. 12. 2020, BStBl I S. 1325

Verwaltungsgrundsätze Funktionsverlagerung > BMF vom 13. 10. 2010, BStBl I S. 774

Anm. d. Schriftl.:

[1] Die Forderung auf Rückzahlung des Darlehens und die Forderung auf Zahlung der vereinbarten Darlehenszinsen sind getrennt voneinander zu bilanzieren. Dementsprechend schlägt die als verdeckte Gewinnausschüttung zu qualifizierende Wertberichtigung der Darlehensforderung nicht auf den Ausweis der Zinsforderungen durch (BFH-Urteil vom 11. 11. 2015, BStBl 2016 II S. 491).

Verwaltungsgrundsätze Betriebsstättengewinnaufteilung – VWG BsGa > BMF vom 22.12.2016, BStBl 2017 I S. 182

Erstausstattung der Kapitalgesellschaft

Bei Rechtsverhältnissen, die im Rahmen der Erstausstattung einer Kapitalgesellschaft zustande gekommen sind, liegt eine vGA schon dann vor, wenn die Gestaltung darauf abstellt, den Gewinn der Kapitalgesellschaft nicht über eine angemessene Verzinsung des eingezahlten Nennkapitals und eine Vergütung für das Risiko des nicht eingezahlten Nennkapitals hinaus zu steigern (> BFH vom 5.10.1977, I R 230/75, BStBl 1978 II S. 234, > BFH vom 23.5.1984, I R 294/81, BStBl II S. 673 und > BFH vom 2.2.1994, I R 78/92, BStBl II S. 479).

Forderungsverzicht gegen Besserungsschein

...

Geburtstag

Gibt eine GmbH aus Anlass des Geburtstags ihres Gesellschafter-Geschäftsführers einen Empfang, an dem nahezu ausschließlich Geschäftsfreunde teilnehmen, liegt eine vGA vor (> BFH vom 28.11.1991, I R 13/90, BStBl 1992 II S. 359).

Gesellschafterversammlung

Zur Frage der steuerlichen Behandlung der Fahrtkosten, Sitzungsgelder, Verpflegungs- und Übernachtungskosten anlässlich einer Hauptversammlung oder Gesellschafterversammlung bzw. einer Vertreterversammlung > BMF vom 26.11.1984, BStBl I S. 591.

Gewinnverteilung

Stimmt die an einer Personengesellschaft beteiligte Kapitalgesellschaft rückwirkend oder ohne rechtliche Verpflichtung einer Neuverteilung des Gewinns zu, die ihre Gewinnbeteiligung zugunsten ihres gleichfalls an der Personengesellschaft beteiligten Gesellschafters einschränkt, liegt eine vGA vor (> BFH vom 12.6.1980, IV R 40/77, BStBl II S. 723).

Gründungskosten

> BMF vom 25.6.1991, BStBl I S. 661

Haftungsinanspruchnahme nach § 73 AO

> BFH vom 24.10.2018, I R 78/16, BStBl 2019 II S. 570

Irrtum über Leistungspflicht

Leistet der Geschäftsführer einer Kapitalgesellschaft in der irrtümlichen Annahme einer vertraglichen Leistungspflicht eine Zahlung an einen vormaligen Gesellschafter, liegt hierin jedenfalls dann eine vGA, wenn die Begründung der nach der Vorstellung des Geschäftsführers bestehenden Leistungspflicht als vGA zu beurteilen wäre (>BFH vom 29.4.2008, I R 67/06, BStBl 2011 II S. 55).

Kapitalerhöhungskosten

> BFH vom 19.1.2000, I R 24/99, BStBl II S. 545

Konzernkasse

Besteht für die Unternehmen eines Konzerns eine gemeinsame Unterstützungskasse (Konzernkasse), können bei einem Missverhältnis der Zuwendungen der einzelnen Unternehmen an die Kon-

zernkasse unter bestimmten Voraussetzungen vGA vorliegen (> BFH vom 29.1.1964, I 209/62 U, BStBl 1965 III S. 27).

Markteinführungskosten

Ein ordentlicher und gewissenhafter Geschäftsleiter einer Kapitalgesellschaft wird für die Gesellschaft nur dann ein neues Produkt am Markt einführen und vertreiben, wenn er daraus bei vorsichtiger und vorheriger kaufmännischer Prognose innerhalb eines überschaubaren Zeitraums und unter Berücksichtigung der voraussichtlichen Marktentwicklung einen angemessenen Gesamtgewinn erwarten kann (> BFH vom 17.2.1993; I R 3/92, BStBl II S. 457 und > BMF vom 14.7.2021, BStBl I S. 1098 Rn. 3.31 ff.).

Nutzungsüberlassungen

– Eine vGA liegt vor bei Mietverhältnissen oder Nutzungsüberlassungen zwischen Gesellschafter und Kapitalgesellschaft zu einem unangemessenen Preis (> BFH vom 16.8.1955, I 160/54 U, BStBl III S. 353 und > BFH vom 3.2.1971, I R 51/66, BStBl II S. 408).

– Eine vGA liegt bei Mietverhältnissen zwischen Gesellschafter und Kapitalgesellschaften grundsätzlich auch vor, soweit die Vermietung zu marktüblichen, aber nicht zu kostendeckenden Bedingungen erfolgt. (> BFH vom 27.7.2016, I R 12/15, BStBl 2017 II S. 217; I R 8/15, BStBl 2017 II S. 214)

– Die Nutzung eines betrieblichen Kfz durch den Gesellschafter-Geschäftsführer ohne fremdübliche Überlassungs- oder Nutzungsvereinbarung führt zur vGA (> BMF vom 3.4.2012, BStBl I S. 478 zur Anwendung der Urteile > BFH vom 23.1.2008, I R 8/06, BStBl 2012 II S. 260, > BFH vom 23.4.2009, VI R 81/06, BStBl 2012 II S. 262 und > BFH vom 11.2.2010, VI R 43/09, BStBl 2012 II S. 266).

Rechtsverzicht

Verzichtet eine Gesellschaft auf Rechte, die ihr einem Gesellschafter gegenüber zustehen, liegt eine vGA vor (> BFH vom 3.11.1971, I R 68/70, BStBl 1972 II S. 227, > BFH vom 13.10.1983, I R 4/81, BStBl 1984 II S. 65 und > BFH vom 7.12.1988, I R 25/82, BStBl 1989 II S. 248).

Reisekosten des Gesellschafter-Geschäftsführers

Von der Kapitalgesellschaft getragene Aufwendungen für eine Auslandsreise des Gesellschafter-Geschäftsführers können eine vGA begründen, wenn die Reise durch private Interessen des Gesellschafters veranlasst oder in nicht nur untergeordnetem Maße mitveranlasst ist (> BFH vom 6.4.2005, I R 86/04, BStBl II S. 666). Zum Abzugsverbot nach § 12 Nr. 1 EStG > BFH vom 21.9.2009, GrS 1/06, BStBl 2010 II S. 672 sowie > BMF vom 6.7.2010, BStBl I S. 614.

Risikogeschäfte

> BMF vom 14.12.2015, BStBl I S. 1091 zur Anwendung des Urteils > BFH vom 8.8.2001, I R 106/99, BStBl 2003 II S. 487

Rückstellung bei Mietzahlungen

Eine Rückstellung für die Verpflichtung einer Kapitalgesellschaft, einer Schwestergesellschaft die von dieser geleisteten Mietzahlungen nach den Grundsätzen der eigenkapitalersetzenden Gebrauchsüberlassung zu erstatten, führt zu einer vGA (> BFH vom 20.8.2008, I R 19/07, BStBl 2011 II S. 60).

Schuldübernahme **1**

Eine vGA liegt vor, wenn eine Gesellschaft eine Schuld oder sonstige Verpflichtung eines Gesellschafters übernimmt (> BFH vom 19.3.1975, I R 173/73, BStBl II S.614 und > BFH vom
19.5.1982, I R 102/79, BStBl II S.631).

Stille Gesellschaft

Beteiligt sich ein Gesellschafter an der Gesellschaft als stiller Gesellschafter und erhält dafür einen
unangemessen hohen Gewinnanteil, liegt eine vGA vor (> BFH vom 6.2.1980, I R 50/76, BStBl II
S.477).

Träger der Sparkasse, Zinsaufbesserungen

Zu der Frage, ob vGA an den Träger der Sparkasse vorliegen, wenn eine Sparkasse diesem Zinsaufbesserungen für Einlagen und Zinsrückvergütungen für ausgereichte Darlehen gewährt > BFH vom
1.12.1982, I R 69-70/80, BStBl 1983 II S.152.

Verlustgeschäfte

Ein ordentlicher und gewissenhafter Geschäftsleiter würde die Übernahme von Aufgaben, die vorrangig im Interesse des Alleingesellschafters liegen, davon abhängig machen, ob sich der Gesellschaft die Chance zur Erzielung eines angemessenen Gewinns stellt (> BFH vom 2.2.1994, I R
78/92, BStBl II S.479). Bei Dauerverlustgeschäften bei der öffentlichen Hand > § 8 Abs. 7 KStG und
> BMF vom 12.11.2009, BStBl I S.1303

(Zinslose) Vorschüsse auf Tantieme

Zahlt eine GmbH ihrem Gesellschafter ohne eine entsprechende klare und eindeutige Abmachung
einen unverzinslichen Tantiemevorschuss, ist der Verzicht auf eine angemessene Verzinsung eine
vGA (> BFH vom 22.10.2003, I R 36/03, BStBl 2004 II S.307).

Waren

Liefert ein Gesellschafter an die Gesellschaft, erwirbt er von der Gesellschaft Waren und sonstige
Wirtschaftsgüter zu ungewöhnlichen Preisen, oder erhält er besondere Preisnachlässe und Rabatte,
liegt eine vGA vor (> BFH vom 12.7.1972, I R 203/70, BStBl II S.802, > BFH vom 21.12.1972, I R
70/70, BStBl 1973 II S.449, > BFH vom 16.4.1980, I R 75/78, BStBl 1981 II S.492 und > BFH vom
6.8.1985, VIII R 280/81, BStBl 1986 II S.17). **2**

Zur Lieferung von Gütern oder Waren bei international verbundenen Unternehmen > BMF vom
14.7.2021, BStBl I S.1098 Rn.3.62f.

Anm. d. Schriftl.:

1 Aufwendungen einer Organgesellschaft aufgrund einer Haftungsinanspruchnahme für Körperschaftsteuer-
schulden des Organträgers nach § 73 AO fallen nicht unter das Abzugsverbot des § 10 Nr. 2 KStG. Sie sind als
vGA zu qualifizieren (BFH-Urteil vom 24.10.2018, BStBl 2019 II S.570).

2 Zahlt eine Kapitalgesellschaft an eine Schwestergesellschaft für die von dieser gelieferten Waren Preise, die
sie einem fremden Unternehmen nicht eingeräumt hätte, so liegt darin eine vGA (BFH-Urteil vom 6.4.2005,
BStBl 2007 II S.658).

KStR   **R 8.9 Verdeckte Einlage[1]**

(1) Eine verdeckte Einlage i. S. d. § 8 Abs. 3 Satz 3 KStG liegt vor, wenn ein Gesellschafter oder eine ihm > nahestehende Person der Körperschaft außerhalb der gesellschaftsrechtlichen Einlagen einen > einlagefähigen Vermögensvorteil zuwendet und diese Zuwendung durch das Gesellschaftsverhältnis veranlasst ist.

(2) § 4 Abs. 1 Satz 1, § 6 Abs. 1 Nr. 5 EStG finden gem. § 8 Abs. 1 KStG auch auf Kapitalgesellschaften Anwendung, obwohl hier Einlegender und Empfänger der Einlage verschiedene Rechtsträger sind (finaler Einlagebegriff).

(3) [1]Voraussetzung für die Annahme einer verdeckten Einlage ist stets, dass die Zuwendung des Gesellschafters oder einer ihm > nahestehenden Person durch das Gesellschaftsverhältnis veranlasst ist. [2]Eine Veranlassung durch das Gesellschaftsverhältnis ist nur dann gegeben, wenn ein Nichtgesellschafter bei Anwendung der Sorgfalt eines ordentlichen Kaufmanns den Vermögensvorteil der Gesellschaft nicht eingeräumt hätte, was grundsätzlich durch Fremdvergleich festzustellen ist.

(4) [1]Die Bewertung verdeckter Einlagen hat grundsätzlich mit dem Teilwert zu erfolgen (§ 8 Abs. 1 KStG i. V. m. § 6 Abs. 1 Nr. 5 und Abs. 6 EStG). [2]§ 6 Abs. 1 Nr. 5 Satz 1 Buchstabe b EStG findet keine Anwendung, weil die verdeckte Einlage von Anteilen an einer Kapitalgesellschaft i. S. d. § 17 Abs. 1 Satz 1 EStG in eine Kapitalgesellschaft gem. § 17 Abs. 1 Satz 2 EStG beim Einlegenden einer Veräußerung gleichgestellt wird und es somit bei ihm zum Einlagezeitpunkt zu einer Besteuerung der stillen Reserven kommt. [3]Entsprechendes gilt in Fällen des § 20 Abs. 2 Satz 2 EStG und § 2 Abs. 13 InvStG für § 6 Abs. 1 Nr. 5 Satz 1 Buchstabe c EStG. [4]§ 6 Abs. 1 Nr. 5 Satz 1 Buchstabe a EStG ist in den Fällen zu beachten, in denen das eingelegte Wirtschaftsgut innerhalb der letzten drei Jahre vor dem Zeitpunkt der Zuführung angeschafft oder hergestellt worden ist, es sich aber nicht um eine verdeckte Einlage in eine Kapitalgesellschaft gem. § 23 Abs. 1 Satz 1 oder § 20 Abs. 2 Satz 2 EStG handelt, die als Veräußerung gilt und folglich im Einlagezeitpunkt ebenfalls zu einer Besteuerung der stillen Reserven führt.

(5) [1]Für die Qualifizierung von Leistungen als verdeckte Einlagen sind die Umstände maßgebend, die bestanden, als der Verpflichtete seine Zusage auf die Leistung gegeben hat. [2]Ändern sich diese Umstände durch das Ausscheiden nicht, dann sind die Leistungen auch nach dem Ausscheiden des bisherigen Gesellschafters weiterhin als verdeckte Einlagen zu qualifizieren.

▶ **Hinweise   KStH   H 8.9**

Anwachsung

Scheiden die Kommanditisten einer GmbH & Co. KG, die zugleich Gesellschafter der Komplementär-GmbH sind, ohne Entschädigung mit der Folge aus, dass ihr Anteil am Gesellschaftsvermögen gem. §§ 736, 738 BGB der Komplementär-GmbH zuwächst, erbringen die Kommanditisten eine verdeckte Einlage in die Komplementär-GmbH. Dabei bemisst sich der Wert der verdeckten Einlage nach der Wertsteigerung, die die GmbH einschließlich des anteiligen Geschäftswerts durch die Anwachsung erfährt (> BFH vom 12. 2. 1980, VIII R 114/77, BStBl II S. 494 und > BFH vom 24. 3. 1987, I R 202/83, BStBl II S. 705 sowie > BMF vom 25. 3. 1998, BStBl I S. 268).

Anm. d. Schriftl.:

[1] Verzichtet ein Gesellschafter-Geschäftsführer gegenüber seiner Kapitalgesellschaft auf eine bereits erdiente (werthaltige) Pensionsanwartschaft, ist darin nur dann keine verdeckte Einlage zu sehen, wenn auch ein fremder Geschäftsführer unter sonst gleichen Umständen die Pensionsanwartschaft aufgegeben hätte (BFH-Urteil vom 23. 8. 2017, BStBl 2018 II S. 208).

Anwendungsbereich

Der Anwendungsbereich verdeckter Einlagen ist auf solche Körperschaften beschränkt, die ihren Anteilseignern oder Mitgliedern kapitalmäßige oder mitgliedschaftsähnliche Rechte gewähren (> BFH vom 21. 9. 1989, IV R 115/88, BStBl 1990 II S. 86).

Behandlung beim Gesellschafter

Die verdeckte Einlage eines Wirtschaftsguts in das Betriebsvermögen einer Kapitalgesellschaft führt auf der Ebene des Gesellschafters grundsätzlich zu nachträglichen Anschaffungskosten auf die Beteiligung an dieser Gesellschaft (> BFH vom 12. 2. 1980, VIII R 114/77, BStBl II S. 494 und > BFH vom 29. 7. 1997, VIII R 57/94, BStBl 1998 II S. 652).

Zu Anschaffungskosten einer Beteiligung bei verdeckter Einlage > § 6 Abs. 6 Satz 2 und 3 EStG

Bürgschaftsübernahme des Gesellschafters zu Gunsten der Gesellschaft

Mangels einlagefähigem Wirtschaftsgut sind die Voraussetzungen zur Annahme einer verdeckten Einlage durch die bloße Abgabe des Bürgschaftsversprechens noch nicht erfüllt (> BFH vom 19. 5. 1982, I R 102/79, BStBl II S. 631).

Wird der Gesellschafter aber aus der Bürgschaft in Anspruch genommen und war diese gesellschaftsrechtlich veranlasst, liegt eine verdeckte Einlage vor, soweit der Gesellschafter auf seine dadurch entstandene Regressforderung verzichtet. Dabei ist die verdeckte Einlage bei der Kapitalgesellschaft mit dem Teilwert der Forderung zu bewerten (> BFH vom 18. 12. 2001, VIII R 27/00, BStBl 2002 II S. 733).

Einkommenserhöhende Einlage bei Nichtberücksichtigung einer vGA

Eine vGA ist bei der Besteuerung eines Gesellschafters als nicht berücksichtigt i. S. v. § 8 Abs. 3 Satz 5 KStG anzusehen, wenn sie im Rahmen seiner Veranlagung bei der Einkommensermittlung tatsächlich nicht angesetzt worden ist (> BMF vom 18. 11. 2020, BStBl I S. 1226).

> BFH vom 13. 6. 2018, BStBl 2020 II S. 755

Einlage von Beteiligungen i. S. d. § 17 Abs. 1 Satz 1 EStG

Die Bewertung der verdeckten Einlage einer Beteiligung i. S. d. § 17 Abs. 1 Satz 1 EStG bei der aufnehmenden Körperschaft erfolgt mit dem Teilwert (> BMF vom 2. 11. 1998, BStBl I S. 1227).

Einlagefähiger Vermögensvorteil

Gegenstand einer verdeckten Einlage kann nur ein aus Sicht der Gesellschaft bilanzierungsfähiger Vermögensvorteil sein. Dieser muss in der steuerrechtlichen Gewinnermittlung der Gesellschaft entweder

- *zum Ansatz bzw. zur Erhöhung eines Aktivpostens oder*
- *zum Wegfall bzw. zur Minderung eines Passivpostens*

geführt haben (> BFH vom 24. 5. 1984, I R 166/78, BStBl II S. 747).

Gegenstand einer verdeckten Einlage kann auch ein immaterielles Wirtschaftsgut, wie z. B. ein nicht entgeltlich erworbener Firmenwert sein. Wegen der Notwendigkeit der Abgrenzung der gesellschaftsrechtlichen von der betrieblichen Sphäre einer Kapitalgesellschaft tritt hier das Aktivierungsverbot des § 5 Abs. 2 EStG zurück (> BFH vom 24. 3. 1987, I R 202/83, BStBl II S. 705).

> H 8.9 Nutzungsvorteile

> H 8.9 Verzicht auf Tätigkeitsvergütungen

Erbfall

Vererbt ein Gesellschafter Wirtschaftsgüter seines Privatvermögens an seine Kapitalgesellschaft, handelt es sich um einen unentgeltlichen, nicht auf ihrer unternehmerischen Tätigkeit beruhenden Erwerb, der wie eine Einlage zu behandeln ist. Nachlassschulden sowie durch den Erbfall entste-

hende Verbindlichkeiten (z. B. Vermächtnisse) mindern die Höhe des Werts der Einlage (> BFH vom 24. 3. 1993, I R 131/90, BStBl II S. 799).

Forderungsverzicht

Ein auf dem Gesellschaftsverhältnis beruhender Verzicht eines Gesellschafters auf seine nicht mehr vollwertige Forderung gegenüber seiner Kapitalgesellschaft führt bei dieser zu einer Einlage in Höhe des Teilwerts der Forderung. Dies gilt auch dann, wenn die entsprechende Verbindlichkeit auf abziehbare Aufwendungen zurückgeht. Der Verzicht des Gesellschafters auf eine Forderung gegenüber seiner Kapitalgesellschaft im Wege der verdeckten Einlage führt bei ihm zum Zufluss des noch werthaltigen Teils der Forderung. Eine verdeckte Einlage bei der Kapitalgesellschaft kann auch dann anzunehmen sein, wenn der Forderungsverzicht von einer dem Gesellschafter nahestehenden Person ausgesprochen wird (> BFH vom 9. 6. 1997, GrS 1/94, BStBl 1998 II S. 307).

Die vorgenannten Grundsätze gelten auch dann, wenn auf eine Forderung verzichtet wird, die kapitalersetzenden Charakter hat (> BFH vom 16. 5. 2001, I B 143/00, BStBl 2002 II S. 436).

Forderungsverzicht gegen Besserungsschein

Verzichtet ein Gesellschafter auf eine Forderung gegen seine GmbH unter der auflösenden Bedingung, dass im Besserungsfall die Forderung wieder aufleben soll und ist der Verzicht durch das Gesellschaftsverhältnis veranlasst, liegt in Höhe des werthaltigen Teils der Forderung eine (verdeckte) Einlage vor. Die Erfüllung der Forderung nach Bedingungseintritt ist keine vGA, sondern gilt als zurückgewährte Einlage (> BMF vom 2. 12. 2003, BStBl I S.648).

Umfasst der Forderungsverzicht auch den Anspruch auf Darlehenszinsen, sind nach Bedingungseintritt Zinsen auch für die Dauer der Krise als Betriebsausgaben anzusetzen (> BFH vom 30. 5. 1990, I R 41/87, BStBl 1991 II S. 588).

Gesellschaftsrechtliches Interesse

> BFH vom 29. 7. 1997, VIII R 57/94, BStBl 1998 II S. 652

Für die Prüfung der Frage, ob die Zuwendung gesellschaftsrechtlich veranlasst ist, ist ausschließlich auf den Zeitpunkt des Eingehens der Verpflichtung, nicht auf den Zeitpunkt des späteren Erfüllungsgeschäfts abzustellen. Eine gesellschaftsrechtliche Veranlassung kann somit selbst dann anzunehmen sein, wenn zum Zeitpunkt der Erfüllung der Verpflichtung ein Gesellschaftsverhältnis nicht mehr besteht (analog zur vGA; > BFH vom 14. 11. 1984, I R 50/80, BStBl 1985 II S. 227).

Gesellschaftsrechtliche Veranlassung

Die Veranlassung durch das Gesellschaftsverhältnis ist gegeben, wenn ein Nichtgesellschafter bei Anwendung der Sorgfalt eines ordentlichen Kaufmanns den Vermögensvorteil der Gesellschaft nicht eingeräumt hätte (> BFH vom 28. 2. 1956, I 92/54 U, BStBl III S. 154, > BFH vom 19. 2. 1970, I R 24/67, BStBl II S. 442, > BFH vom 26. 11. 1980, I R 52/77, BStBl 1981 II S. 181, > BFH vom 9. 3. 1983, I R 182/78, BStBl II S. 744, > BFH vom 11. 4. 1984, I R 175/79, BStBl II S. 535, > BFH vom 14. 11. 1984, I R 50/80, BStBl 1985 II S. 227, > BFH vom 24. 3. 1987, I R 202/83, BStBl II S. 705 und > BFH vom 26. 10. 1987, GrS 2/86, BStBl 1988 II S. 348).

Immaterielle Wirtschaftsgüter

> H 8.9 einlagefähiger Vermögensvorteil

Nachträgliche Preissenkungen

Nachträgliche Preissenkungen durch den Gesellschafter beim Verkauf von Wirtschaftsgütern an seine Kapitalgesellschaft stellen i. d. R. verdeckte Einlagen dar (> BFH vom 14. 8. 1974, I R 168/72, BStBl 1975 II S. 123).

Nahestehende Person

Die als verdeckte Einlage zu qualifizierende Zuwendung kann auch durch eine dem Gesellschafter nahestehende Person erfolgen, z. B. durch eine andere Tochtergesellschaft (> BFH vom 30. 4. 1968, I 161/65, BStBl II S. 720, > BFH vom 9. 6. 1997, GrS 1/94, BStBl 1998 II S. 307 und > BFH vom 12. 12. 2000, VIII R 62/93, BStBl 2001 II S. 234).

> H 8.5 III. nahestehende Person

Nutzungsvorteile

Die Überlassung eines Wirtschaftsguts zum Gebrauch oder zur Nutzung kann mangels Bilanzierbarkeit des Nutzungsvorteils nicht Gegenstand einer Einlage sein (> BFH vom 8. 11. 1960, I 131/59 S, BStBl III S. 513, > BFH vom 9. 3. 1962, I 203/61 S, BStBl III S. 338, > BFH vom 3. 2. 1971, I R 51/66, BStBl II S. 408, > BFH vom 24. 5. 1984, I R 116/78, BStBl II S. 747 und > BFH vom 26. 10. 1987, GrS 2/86, BStBl 1988 II S. 348). Das gilt auch, wenn der Gesellschafter ein verzinsliches Darlehen aufnimmt, um der Kapitalgesellschaft ein zinsloses Darlehen zu gewähren (> BFH vom 26. 10. 1987, GrS 2/86, BStBl 1988 II S. 348).

Keine einlagefähigen Nutzungsvorteile sind insbesondere

- *eine ganz oder teilweise unentgeltliche Dienstleistung (> BFH vom 14. 3. 1989, I R 8/85, BStBl II S. 633),*
- *eine unentgeltliche oder verbilligte Gebrauchs- oder Nutzungsüberlassung eines Wirtschaftsguts und*
- *der Zinsvorteil bei unverzinslicher oder geringverzinslicher Darlehensgewährung (> BFH vom 26. 10. 1987, GrS 2/86, BStBl 1988 II S. 348).*

Rückgewähr einer vGA

Die Rückgewähr einer vGA führt regelmäßig zur Annahme einer Einlage. Das gilt unabhängig davon, ob sich die Rückzahlungsverpflichtung aus einer Satzungsklausel oder aus gesetzlichen Vorschriften (z. B. §§ 30, 31 GmbHG) ergibt, oder ob sie seitens des Gesellschafters freiwillig erfolgt (> BFH vom 29. 5. 1996, I R 118/93, BStBl 1997 II S. 92, > BFH vom 31. 5. 2005, I R 35/04, BStBl 2006 II S. 132, sowie > BMF vom 6. 8. 1981, BStBl I S. 599).

> ...

Verdecktes Leistungsentgelt

Gleicht ein Gesellschafter durch Zuwendungen Nachteile einer Kapitalgesellschaft aus, die diese durch die Übernahme von Aufgaben erleidet, die eigentlich der Gesellschafter zu erfüllen hat, ist das Gesellschaftsverhältnis für die Leistung nicht ursächlich. Folglich liegt keine steuerfreie Vermögensmehrung in Form einer verdeckten Einlage, sondern vielmehr eine steuerpflichtige Betriebseinnahme vor (> BFH vom 9. 3. 1983, I R 182/78, BStBl II S. 744).

Verzicht auf Pensionsanwartschaftsrechte

Verzichtet der Gesellschafter aus Gründen des Gesellschaftsverhältnisses auf einen bestehenden Anspruch aus einer ihm gegenüber durch die Kapitalgesellschaft gewährten Pensionszusage, liegt hierin eine verdeckte Einlage begründet. Dies gilt auch im Falle eines Verzichts vor Eintritt des vereinbarten Versorgungsfalles hinsichtlich des bis zum Verzichtszeitpunkt bereits erdienten (Anteils des) Versorgungsanspruches. Der durch die Ausbuchung der Pensionsrückstellung bei der Kapitalgesellschaft zu erfassende Gewinn ist im Rahmen der Einkommensermittlung in Höhe des Werts der verdeckten Einlage wieder in Abzug zu bringen. Aus der Annahme einer verdeckten Einlage folgt andererseits beim Gesellschafter zwingend die Annahme eines Zuflusses von Arbeitslohn bei gleichzeitiger Erhöhung der Anschaffungskosten für die Anteile an der Kapitalgesellschaft (> BFH vom 9. 6. 1997, GrS 1/94, BStBl 1998 II S. 307). Sowohl hinsichtlich der Bewertung der verdeckten Einlage als auch hinsichtlich des Zuflusses beim Gesellschafter ist auf den Teilwert der Pensionszusage abzu-

stellen und nicht auf den gem. § 6a EStG ermittelten Teilwert der Pensionsrückstellung der Kapital-gesellschaft. Bei der Ermittlung des Teilwerts ist die Bonität der zur Pensionszahlung verpflichteten Kapitalgesellschaft zu berücksichtigen (> BFH vom 15. 10. 1997, I R 58/93, BStBl 1998 II S. 305).

Zum Verzicht auf künftig noch zu erdienende Pensionsanwartschaften (sog. Future Service) > BMF vom 14. 8. 2012, BStBl I S. 874

Verzicht auf Tätigkeitsvergütungen

Verzichtet der Gesellschafter (z. B. wegen der wirtschaftlichen Lage der Kapitalgesellschaft) als Ge-schäftsführer auf seine Tätigkeitsvergütungen, ist wie folgt zu unterscheiden (> BFH vom 15. 6. 2016, VI R 6/13, BStBl II S. 903):

– *Verzicht nach Entstehung:*
  Verzichtet der Gesellschafter-Geschäftsführer nach Entstehung seines Anspruchs auf die Tätig-keitsvergütungen, wird damit der Zufluss der Einnahmen, verbunden mit der Verpflichtung zur Lohnversteuerung, nicht verhindert. Die Tätigkeitsvergütungen sind als Einnahmen aus nichtselbständiger Arbeit zu versteuern. Der Verzicht stellt demgegenüber eine – die steuerli-chen Anschaffungskosten des Gesellschafters erhöhende – verdeckte Einlage dar (> BFH vom 19. 5. 1994, VIII R 58/92, BStBl 1995 II S. 362).

  Bestehen zum Zeitpunkt des Gehaltsverzichts Liquiditätsschwierigkeiten, berührt dies die Wert-haltigkeit der Gehaltsforderung, so dass die verdeckte Einlage unter dem Nennwert ggf. sogar mit 0 Euro zu bewerten ist (> BFH vom 19. 5. 1993, I R 34/92, BStBl II S. 804, > BFH vom 19. 7. 1994, VIII R 58/92, BStBl 1995 II S. 362 und > BFH vom 9. 6. 1997, GrS 1/94, BStBl 1998 II S. 307).

– *Verzicht vor Entstehung:*
  Verzichtet der Gesellschafter-Geschäftsführer auf noch nicht entstandene Gehaltsansprüche, ergeben sich hieraus weder bei der Kapitalgesellschaft noch beim Gesellschafter-Geschäftsfüh-rer ertragsteuerliche Folgen (> BFH vom 24. 5. 1984, I R 166/78, BStBl II S. 747 und > BFH vom 14. 3. 1989, I R 8/85, BStBl II S. 633).

– *Folgen eines Verzichts:*
  Zur verdeckten Einlage in eine Kapitalgesellschaft und Zufluss von Gehaltsbestandteilen bei einem Gesellschafter-Geschäftsführer einer Kapitalgesellschaft (> BFH-Urteile vom 3. 2. 2011, VI R 4/10, BStBl 2014 II S. 493 und VI R 66/09, BStBl 2014 II S. 491 und > BFH vom 15. 5. 2013, VI 24/12, BStBl 2014 II S. 495 sowie > BMF vom 12. 5. 2014, BStBl 2014 I S. 860).

Zuschuss zur Abdeckung eines Bilanzverlustes

Der zur Abdeckung eines Bilanzverlustes der Kapitalgesellschaft durch den Gesellschafter-Ge-schäftsführer geleistete Zuschuss stellt eine verdeckte Einlage dar (> BFH vom 12. 2. 1980, VIII R 114/77, BStBl II S. 494).

Zu § 24 KStG**❶**

KStR   R 24   Freibetrag für bestimmte Körperschaften

(1) [1]§ 24 KStG findet Anwendung bei steuerpflichtigen Körperschaften, Personenvereinigungen und Vermögensmassen, deren Leistungen bei den Empfängern nicht zu den Einnahmen i. S. d. § 20 Abs. 1

Anm. d. Schriftl.:

❶ Im Rahmen des Dritten Gesetzes zum Abbau bürokratischer Hemmnisse insbesondere in der mittelstän-dischen Wirtschaft vom 17. 3. 2009, BGBl 2009 I S. 550, wurde der Freibetrag auf 5 000 € erhöht und zwar mit Wirkung ab dem 1. 1. 2009. Eine weitere Änderung des § 24 KStG ist im Rahmen des Gesetzes zur wei-teren steuerlichen Förderung der Elektromobilität und zur Änderung weiterer steuerlicher Vorschriften vom 12. 12. 2019, BGBl 2019 I S. 2451, erfolgt.

Nr. 1, 2, 3 und 3a EStG gehören, es sei denn, dass sie den Freibetrag nach § 25 KStG beanspruchen können. ²Die Regelung des § 24 KStG gilt auch in den Fällen einer teilweisen Steuerpflicht, z. B. bei

1. JPöR mit ihren BgA, Versicherungsvereinen auf Gegenseitigkeit, Stiftungen.

2. Gemeinnützigen Körperschaften i. S. d. § 5 Abs. 1 Nr. 9 KStG mit steuerpflichtigen wirtschaftlichen Geschäftsbetrieben, außer wenn sie die Rechtsform einer Kapitalgesellschaft oder einer Genossenschaft haben.

3. Steuerbefreiten Pensions- oder Unterstützungskassen, die die Rechtsform eines Vereins oder einer Stiftung haben und wegen Überdotierung teilweise zu besteuern sind (§ 5 Abs. 1 Nr. 3 i. V. m. § 6 KStG).

³. . . ⁴Ausgeschlossen ist die Anwendung des Freibetrags nach § 24 KStG z. B. in den Fällen von:

1. Gemeinnützigen Körperschaften i. S. d. § 5 Abs. 1 Nr. 9 KStG mit steuerpflichtigen wirtschaftlichen Geschäftsbetrieben, wenn sie die Rechtsform einer Kapitalgesellschaft haben.

2. Steuerbefreiten Pensions- und Unterstützungskassen, die die Rechtsform einer Kapitalgesellschaft haben und wegen Überdotierung teilweise zu besteuern sind (§ 5 Abs. 1 Nr. 3 i. V. m. § 6 KStG).

3. Vermietungsgenossenschaften (§ 5 Abs. 1 Nr. 10 und 12 KStG).

4. Optierenden Gesellschaften i. S. d. § 1a KStG.

(2) ¹Körperschaften, Personenvereinigungen und Vermögensmassen i. S. d. Absatzes 1, deren Einkommen den Freibetrag von 5 000 Euro nicht übersteigt, sind nicht zu veranlagen (NV-Fall) und haben Anspruch auf Erteilung einer NV-Bescheinigung. ². . .

▸ **Hinweise   KStH   H 24**

. . .

Zu § 27 KStG❶❷❸❹

▸ **Hinweise   KStH   H 27**

Abflusszeitpunkt

Eine Gewinnausschüttung ist verwirklicht, wenn bei der Körperschaft der Vermögensminderung entsprechende Mittel abgeflossen sind oder eine Vermögensmehrung verhindert worden ist (> BFH

Anm. d. Schriftl.:

❶ § 27 KStG ist im Rahmen des Gesetzes über steuerliche Begleitmaßnahmen zur Einführung der Europäischen Gesellschaft und zur Änderung weiterer steuerrechtlicher Vorschriften vom 7. 12. 2006, BStBl 2007 I S. 4, geändert worden. Weitere Änderungen erfolgten im Rahmen des Jahressteuergesetzes 2008 vom 20. 12. 2007, BGBl 2007 I S. 3150, im Rahmen des Gesetzes zur Anpassung des nationalen Steuerrechts an den Beitritt Kroatiens zur EU und zur Änderung weiterer steuerrechtlicher Vorschriften vom 25. 7. 2014, BGBl 2014 I S. 1266, und im Rahmen des Gesetzes zur Modernisierung des Körperschaftsteuerrechts vom 25. 6. 2021, BGBl 2021 I S. 2050. Auf das BMF-Schreiben vom 29. 9. 2022, BStBl 2022 I S. 1412, wird hingewiesen.

❷ Gegen die vom Gesetzgeber gewählte Ausgestaltung des § 27 Abs. 5 Sätze 1 bis 3 KStG bestehen keine verfassungsrechtlichen Bedenken (BFH-Beschluss vom 11. 7. 2018, BStBl 2019 II S. 283).

❸ Zur Rückzahlung von nicht in das Nennkapital geleisteten Einlagen und Rückzahlung von Nennkapital durch Drittstaaten-Kapitalgesellschaften hat das BMF mit Schreiben vom 21. 4. 2022, BStBl 2022 I S. 647, Stellung genommen.

❹ Ausschüttungen einer Kapitalgesellschaft aus dem steuerlichen Einlagekonto sind bei dem gewerblich tätigen Gesellschafter im Rahmen des Betriebsvermögensvergleichs erfolgswirksam zu erfassen, soweit sie die Anschaffungskosten der Beteiligung übersteigen (BFH-Urteil vom 30. 6. 2022, BStBl 2023 II S. 136).

vom 20. 8. 1986, I R 87/83, BStBl 1987 II S. 75, > BFH vom 9. 12. 1987, I R 260/83, BStBl 1988 II S. 460, > BFH vom 14. 3. 1989, I R 8/85, BStBl II S. 633, > BFH vom 12. 4. 1989, I R 142-143/85, BStBl II S. 636, > BFH vom 28. 6. 1989, I R 89/85, BStBl II S. 854 und > BFH vom 30. 1. 2013, I R 35/11, BStBl II S. 560).

Bei einer verhinderten Vermögensmehrung tritt der Vermögensabfluss in dem Augenblick ein, in dem die verhinderte Vermögensmehrung bei einer unterstellten angemessenen Entgeltvereinbarung sich nach den allgemeinen Realisationsgrundsätzen gewinnerhöhend ausgewirkt hätte (> BFH vom 23. 6. 1993, I R 72/92, BStBl II S. 801).

Eine Gewinnausschüttung kann auch in der Umwandlung eines Dividendenanspruchs in eine Darlehensforderung liegen (> BFH vom 9. 12. 1987, I R 260/83, BStBl 1988 II S. 460). Eine Gewinnausschüttung ist grundsätzlich auch dann abgeflossen, wenn die Gewinnanteile dem Gesellschafter auf Verrechnungskonten, über die der Gesellschafter vereinbarungsgemäß frei verfügen können, bei der Gesellschaft gutgeschrieben worden sind (> BFH vom 11. 7. 1973, I R 144/71, BStBl II S. 806).

Eine Gewinnausschüttung ist grundsätzlich auch dann abgeflossen, wenn die Gesellschafter ihre Gewinnanteile im Zusammenhang mit der Ausschüttung aufgrund vertraglicher Vereinbarungen z. B. als Einlage in die Körperschaft zur Erhöhung des Geschäftsguthabens bei einer Genossenschaft verwenden (> BFH vom 21. 7. 1976, I R 147/74, BStBl 1977 II S. 46).

Bindung an die Feststellungen des Bestandes des steuerlichen Einlagekontos auf Ebene der Gesellschafter

Die gesonderte Feststellung des Bestands des steuerlichen Einlagekontos einer Kapitalgesellschaft gem. § 27 Abs. 2 KStG entfaltet grundsätzlich keine unmittelbare Bindungswirkung i. S. d. § 182 AO, aber über § 20 Abs. 1 Nr. 1 Satz 3 EStG materiell-rechtliche Bindungswirkung für die Anteilseigner (> BFH vom 19. 5. 2010, I R 51/09, BStBl 2014 II S. 937).

. . .

Steuerliches Einlagekonto **1** **2**

> BMF vom 4. 6. 2003, BStBl I S. 366

Einfügung d. Schriftl.:

Zur Anwendung der §§ 27 und 28 KStG 2002 (steuerliches Einlagekonto) hat das BMF mit nachfolgendem Schreiben vom 4. 6. 2003, BStBl 2003 I S. 366, wie folgt Stellung genommen:

„A. Steuerliches Einlagekonto (§ 27 KStG)

I. Allgemeines

Wie im bisherigen Recht führt die Rückgewähr von nicht in das Nennkapital geleisteten Einlagen grundsätzlich nicht zu steuerpflichtigen Beteiligungserträgen der Anteilseigner. Um dies zu gewährleisten, be- **1**

Anm. d. Schriftl.:

1 Die Verwendung des steuerlichen Einlagekontos ist ungeachtet unterjähriger Zugänge zum steuerlichen Einlagekonto auf den zum Ende des vorangegangenen Wirtschaftsjahres festgestellten positiven Bestand des Kontos begrenzt (BFH-Urteil vom 30. 1. 2013, BStBl 2013 II S. 560).

2 Wird ein Drittanfechtungsrecht der Gesellschafter einer Kapitalgesellschaft hinsichtlich der gesonderten Feststellung des Bestands des steuerlichen Einlagekontos bejaht, ist jedenfalls nicht ernstlich zweifelhaft, dass die Gesellschafter den sich aus § 166 AO ergebenden Beschränkungen unterworfen sind (BFH-Beschluss vom 10. 12. 2019, BStBl 2020 II S. 517).

stimmt § 27 KStG, dass diese Einlagen außerhalb der Steuerbilanz auf einem besonderen Konto erfasst werden.

II. Persönlicher Anwendungsbereich

2 Ein Einlagekonto haben unter der Voraussetzung der unbeschränkten Körperschaftsteuerpflicht zu führen:

     a)   Kapitalgesellschaften (§ 1 Abs. 1 Nr. 1 KStG);

     b)   Sonstige Körperschaften, die Leistungen i. S. des § 20 Abs. 1 Nr. 1 EStG gewähren können;

     c)   Körperschaften und Personenvereinigungen, die Leistungen i. S. des § 20 Abs. 1 Nr. 9 bzw. 10 EStG gewähren können.

Bei den unter Buchstabe a) und b) genannten Körperschaften handelt es sich um die ehemals zur Gliederung des verwendbaren Eigenkapitals verpflichteten unbeschränkt steuerpflichtigen Körperschaften. Unter Buchstabe b) fallen in erster Linie die Erwerbs- und Wirtschaftsgenossenschaften (§ 1 Abs. 1 Nr. 2 KStG) sowie Realgemeinden und wirtschaftliche Vereine, die Mitgliedschaftsrechte gewähren, welche einer kapitalmäßigen Beteiligung gleichstehen. Wegen der Führung des Einlagekontos bei Betrieben gewerblicher Art von juristischen Personen des öffentlichen Rechts bei Leistungen i. S. des § 20 Abs. 1 Nr. 10 EStG wird auf das BMF-Schreiben vom 11. 9. 2002 (BStBl I S. 935) verwiesen.

3 Beschränkt steuerpflichtige Körperschaften haben kein Einlagekonto zu führen.

Das Einlagekonto ist auch von Körperschaften und Personenvereinigungen zu führen, bei denen Ausschüttungen ausgeschlossen sind.

III. Ermittlung und Fortschreibung des steuerlichen Einlagekontos

1. Anfangsbestand

a) Überleitung vom Anrechnungsverfahren zum Halbeinkünfteverfahren

4 Nach § 36 Abs. 7 KStG ist auf den Schluss des letzten Wirtschaftsjahres, das noch unter das Anrechnungsverfahren fällt, u. a. der Schlussbestand des Teilbetrags nach § 30 Abs. 2 Nr. 4 KStG a. F. (EK 04) gesondert festzustellen. Der Feststellungsbescheid ist Grundlagenbescheid für die Feststellung des Einlagekontos nach § 27 Abs. 2 Satz 1 KStG auf den Schluss des ersten Wirtschaftsjahrs im neuen Recht. Der festgestellte Schlussbestand wird, soweit er positiv ist, als Anfangsbestand des Einlagekontos erfasst (§ 39 Abs. 1 KStG).

b) Erstmalige Verpflichtung zur Führung des Einlagekontos in sonstigen Fällen

5 Hat eine Körperschaft oder eine Personenvereinigung erstmalig ein Einlagekonto zu führen, z. B. beim Wechsel von der beschränkten zur unbeschränkten Körperschaftsteuerpflicht, ist der Anfangsbestand des steuerlichen Einlagekontos mit 0 anzusetzen.

6 Im Gegensatz dazu ist in den Fällen der Bar- und Sachgründung sowie in Einbringungsfällen nach § 20 UmwStG (vgl. auch Rdnr. 27) das in der Eröffnungsbilanz auszuweisende Eigenkapital, soweit es das Nennkapital übersteigt, als Zugang beim steuerlichen Einlagekonto in der Feststellung zum Schluss des ersten Wirtschaftsjahrs zu erfassen.

Beispiel:

Das bisherige Einzelunternehmen des A wird zu Buchwerten in die neu gegründete A-GmbH eingebracht. Das in der Schlussbilanz des Einzelunternehmens ausgewiesene Eigenkapital beträgt 500. A erhält im Rahmen der Einbringung Anteile an der A-GmbH im Nennwert von 100. Der übersteigende Betrag i. H. von 400 wird in der Eröffnungsbilanz der A-GmbH zu 150 in die Kapitalrücklage eingestellt und zu 250 als Darlehensverbindlichkeit gegenüber A ausgewiesen.

Das in der Eröffnungsbilanz der A-GmbH auszuweisende Eigenkapital beträgt 250. Der das Nennkapital von 100 übersteigende Betrag i. H. von 150 ist als Zugang beim steuerlichen Einlagekonto in der Feststellung zum Schluss des Gründungsjahres zu erfassen.

7 Zu Körperschaften bzw. Personenvereinigungen, die im Wege einer Umwandlung nach UmwG neu entstehen bzw. erstmalig zur Führung eines Einlagekontos verpflichtet sind, wird auf das gesondert ergehende BMF-Schreiben zu den Änderungen des Umwandlungssteuerrechts verwiesen.

c) Führung des Einlagekontos in den Fällen des § 156 Abs. 2 AO

Wird nach § 156 Abs. 2 AO auf eine Festsetzung der Körperschaftsteuer verzichtet, unterbleibt auch die **8** gesonderte Feststellung des Einlagekontos. Findet für einen folgenden Veranlagungszeitraum erstmalig eine Körperschaftsteuerveranlagung statt, ist bei der dann notwendigen gesonderten Feststellung des Einlagekontos auf den Schluss des Wirtschaftsjahrs der Anfangsbestand des Einlagekontos mit 0 anzusetzen, soweit die Körperschaft nicht etwas anderes nachweist.

2. Verringerung des Einlagekontos durch Leistungen

a) Allgemeines

Im Wirtschaftsjahr von der Körperschaft erbrachte Leistungen verringern das Einlagekonto, soweit sie in **9** der Summe den auf den Schluss des letzten Wirtschaftsjahrs ermittelten ausschüttbaren Gewinn übersteigen (§ 27 Abs. 1 Satz 3 KStG). Unter das Halbeinkünfteverfahren fallende Leistungen im ersten Wirtschaftsjahr des neuen Rechts können bereits zu einer Verringerung des Einlagekontos führen.

Eine Verringerung des steuerlichen Einlagekontos nach § 27 Abs. 1 Satz 3 KStG ist grundsätzlich auf den **10** positiven Bestand des Einlagekontos zum Schluss des vorangegangenen Wirtschaftsjahrs begrenzt. U. a. in den Fällen der Festschreibung nach § 27 Abs. 1 Satz 5 KStG (Rdnr. 24) kann es auch zu einem Negativbestand des steuerlichen Einlagekontos kommen (wegen weiterer Fälle, in denen das steuerliche Einlagekonto negativ werden kann, vgl. Rdnrn. 28 und 29).

b) Begriff der Leistung

Leistungen i. S. des § 27 Abs. 1 Satz 3 KStG sind alle Auskehrungen, die ihre Ursache im Gesellschaftsver- **11** hältnis haben.

Zur Rückzahlung von Nennkapital nach § 28 Abs. 2 Satz 2 KStG vgl. Rdnr. 40.

Für die Verrechnung mit dem steuerlichen Einlagekonto sind alle Leistungen eines Wirtschaftsjahrs zu- **12** sammenzufassen. Eine sich danach ergebende Verwendung des steuerlichen Einlagekontos ist den einzelnen Leistungen anteilig zuzuordnen.

Leistungen, die nach § 34 Abs. 12 Satz 1 KStG noch unter das Anrechnungsverfahren fallen, stellen keine **13** Leistungen i. S. des § 27 Abs. 1 Satz 3 KStG dar.

c) Ausschüttbarer Gewinn

Der ausschüttbare Gewinn nach § 27 Abs. 1 Satz 4 KStG ist wie folgt zu ermitteln: **14**

Eigenkapital laut Steuerbilanz
– gezeichnetes Kapital
– (positiver) Bestand des steuerlichen Einlagekontos
_____
ausschüttbarer Gewinn (wenn negativ, Ansatz mit 0)

Der Berechnung sind jeweils die Bestände zum Schluss des vorangegangenen Wirtschaftsjahrs zugrunde **15** zu legen. Zugänge bzw. Abgänge des laufenden Wirtschaftsjahrs beeinflussen den ausschüttbaren Gewinn nicht. Wegen der für Liquidationen geltenden Besonderheiten wird auf das gesondert ergehende BMF-Schreiben zur Auflösung und Abwicklung von Körperschaften und Personenvereinigungen hingewiesen.

aa) In der Steuerbilanz ausgewiesenes Eigenkapital

Maßgeblich ist das Eigenkapital laut Steuerbilanz. Rückstellungen und Verbindlichkeiten stellen auch **16** dann Fremdkapital dar, wenn sie auf außerhalb der Steuerbilanz zu korrigierenden verdeckten Gewinnausschüttungen i. S. des § 8 Abs. 3 Satz 2 KStG beruhen.

Nicht zum Eigenkapital gehören diejenigen auf der Passivseite der Steuerbilanz ausgewiesenen Posten, **17** die aufgrund steuerrechtlicher Vorschriften erst bei ihrer Auflösung zu versteuern sind (Sonderposten mit Rücklageanteil i. S. des § 247 Abs. 3 HGB).

§ 27 Abs. 1 Satz 4 KStG enthält keine Verpflichtung zur Aufstellung einer Steuerbilanz. Hat die Körper- **18** schaft oder Personenvereinigung eine Steuerbilanz nicht aufgestellt, muss sie für die Berechnung des ausschüttbaren Gewinns das Eigenkapital, ausgehend von der Handelsbilanz, ermitteln, das sich nach den Vorschriften über die steuerliche Gewinnermittlung ergibt (§ 60 Abs. 2 Satz 1 EStDV).

bb) Gezeichnetes Kapital

19 Gezeichnetes Kapital i. S. des § 27 Abs. 1 Satz 4 KStG ist das Grundkapital einer Aktiengesellschaft, das Stammkapital einer GmbH oder die Summe der Geschäftsguthaben der Genossen bei Erwerbs- und Wirtschaftsgenossenschaften.

20 Für die Berechnung des ausschüttbaren Gewinns (Rdnr. 14 ff.) ist das gezeichnete Kapital aus Vereinfachungsgründen auch dann mit dem Nominalbetrag anzusetzen, wenn es nicht vollständig eingezahlt ist. Das gilt unabhängig davon, ob ausstehende Einlagen ganz oder teilweise eingefordert sind und ob der ausstehende, nicht eingeforderte Teil in der Steuerbilanz offen vom Nennkapital abgesetzt ist.

cc) Bestand des steuerlichen Einlagekontos

21 Maßgeblich für die Ermittlung des ausschüttbaren Gewinns ist der auf den Schluss des vorangegangenen Wirtschaftsjahrs gesondert festgestellte Bestand des steuerlichen Einlagekontos bzw. der nach § 36 Abs. 7 KStG festgestellte Schlussbestand des EK 04. Ist dieser Bestand negativ, ist er bei der Ermittlung des ausschüttbaren Gewinns nicht zu berücksichtigen.

d) Bescheinigung

22 Die Verwendung des steuerlichen Einlagekontos ist gemäß § 27 Abs. 3 Satz 1 Nr. 2 KStG den Anteilseignern entsprechend ihrem Anteil an der Gesamtleistung zu bescheinigen. Bescheinigungen sind auch zu erteilen, wenn sich das steuerliche Einlagekonto in einem der in Rdnr. 29 aufgeführten Sonderfälle unmittelbar verringert.

23 Dagegen ist bei der Rückzahlung von Nennkapital nach einer Kapitalherabsetzung (vgl. Rdnr. 40) für den das steuerliche Einlagekonto unmittelbar mindernden Betrag eine Steuerbescheinigung nicht auszustellen.

e) Festschreibung nach § 27 Abs. 1 Satz 5 KStG

24 Nach § 27 Abs. 1 Satz 5 KStG bleibt die der Bescheinigung zugrunde gelegte Verwendung unverändert, wenn für die Leistung die Minderung des steuerlichen Einlagekontos bescheinigt worden ist. Bei einer nachträglichen Änderung des maßgeblichen Bestands des steuerlichen Einlagekontos, z. B. durch eine Betriebsprüfung, kommt es weder zu einer höheren noch zu einer niedrigeren Verwendung des steuerlichen Einlagekontos.

f) Nebeneinander von Einlagerückgewähr und Körperschaftsteuer-Minderung/-Erhöhung nach §§ 37, 38 KStG

25 Eine Leistung, die nach § 27 Abs. 1 Satz 3 KStG den Bestand des steuerlichen Einlagekontos verringert, kann gleichzeitig zu einer Körperschaftsteuer-Minderung nach § 37 Abs. 2 Satz 1 KStG und/oder zu einer Körperschaftsteuer-Erhöhung nach § 38 Abs. 2 KStG führen. Soweit eine Leistung, die bei der ausschüttenden Körperschaft zu einer Minderung der Körperschaftsteuer führt, zugleich eine Einlagerückgewähr nach § 27 Abs. 1 Satz 3 KStG darstellt, ist lediglich eine Steuerbescheinigung nach § 27 Abs. 3 KStG auszustellen. Ein Körperschaftsteuer-Minderungsbetrag ist entgegen § 37 Abs. 3 Satz 4 Nr. 2 KStG nicht auszuweisen.

3. Einlagen

26 Einlagen erhöhen das steuerliche Einlagekonto bei Zufluss.

4. Zugang beim steuerlichen Einlagekonto in den Fällen der Einbringung nach § 20 UmwStG

27 Bei Einbringung eines Betriebs, Teilbetriebs oder Mitunternehmeranteils in eine unbeschränkt körperschaftsteuerpflichtige Kapitalgesellschaft (§ 20 UmwStG) erhöht der Eigenkapitalzugang einschließlich der in diesem Zusammenhang geleisteten Bareinlagen den Bestand des steuerlichen Einlagekontos, soweit er den dem Anteilseigner im Zuge der Einbringung gewährten Teil des Nennkapitals übersteigt (vgl. Rdnr. 6).

5. Organschaftliche Mehr-/Minderabführungen

28 § 27 Abs. 6 KStG regelt die Behandlung von organschaftlichen Mehr-/Minderabführungen. Minderabführungen erhöhen, Mehrabführungen vermindern das steuerliche Einlagekonto nach Bilanzierungsgrundsätzen. Die Verringerung des steuerlichen Einlagekontos durch Mehrabführungen gemäß § 27 Abs. 6 KStG kann auch zu einem Negativbestand führen.

6. Sonderfälle der Verrechnung mit dem Einlagekonto

Außer in den Fällen der Leistungsverrechnung nach § 27 Abs. 1 Satz 3 bis 5 KStG (Rdnr. 9 ff.) und der or- **29** ganschaftlichen Mehrabführungen i. S. des § 27 Abs. 6 KStG (Rdnr. 28) verringert sich das steuerliche Einlagekonto insbesondere in den folgenden Sonderfällen:

Erfüllung bzw. Wiederaufleben einer Darlehensverpflichtung gegenüber Gesellschaftern nach vorausgegangenem Forderungsverzicht gegen Besserungsversprechen (BFH-Urteil vom 30. 5. 1990, BStBl 1991 II S. 588).

Rückzahlung von Nachschüssen der Anteilseigner i. S. des § 26 GmbHG, die nicht zur Deckung eines Verlustes an Stammkapital erforderlich sind (§ 30 Abs. 2 GmbHG).

Die Verringerung des Einlagekontos erfolgt in diesen Fällen unabhängig von der Höhe des ausschüttbaren Gewinns i. S. des § 27 Abs. 1 Satz 4 KStG (Rdnr. 14 ff.) und kann auch zu einem Negativbestand führen.

Wegen der Verringerung des Einlagekontos durch Auskehrungen bei Kapitalherabsetzung, bei der Auf- **30** lösung von Körperschaften bzw. im Rahmen von Umwandlungsvorgängen wird auf Rdnr. 37 ff. bzw. die gesondert ergehenden BMF-Schreiben zur körperschaftsteuerlichen Behandlung der Auflösung und Abwicklung von Körperschaften und Personenvereinigungen und zu den Änderungen des Umwandlungssteuerrechts verwiesen.

B. Umwandlung von Rücklagen in Nennkapital und Herabsetzung des Nennkapitals (§ 28 KStG)

I. Allgemeines

Wie im bisherigen Recht sind die in Nennkapital umgewandelten Beträge, die aus Gewinnrücklagen **31** stammen, getrennt auszuweisen und gesondert festzustellen (Sonderausweis). Da die Auskehrung des Herabsetzungsbetrags beim Anteilseigner insoweit zu Einkünften aus Kapitalvermögen i. S. des § 20 Abs. 1 Nr. 2 EStG führt, hat die leistende Körperschaft Kapitalertragsteuer einzubehalten (§ 43 Abs. 1 Nr. 1 EStG).

II. Persönlicher Anwendungsbereich

§ 28 KStG gilt für alle unbeschränkt steuerpflichtigen Körperschaften, bei denen ein Nennkapital **32** (Rdnr. 19) auszuweisen ist.

III. Sonderausweis

1. Begriff des Sonderausweises

Der Sonderausweis ist die Summe der Beträge, die dem Nennkapital durch Umwandlung von Rücklagen **33** mit Ausnahme von aus Einlagen der Anteilseigner stammenden Beträgen zugeführt worden sind. Der Sonderausweis kann auch im Zusammenhang mit Umwandlungen zu bilden oder zu verändern sein (siehe dazu im Einzelnen das gesondert ergehende BMF-Schreiben zu den Änderungen des Umwandlungssteuerrechts).

2. Anfangsbestand

Der nach § 47 Abs. 1 Satz 1 Nr. 2 KStG a. F. zuletzt festgestellte Betrag wird als Anfangsbestand bei der **34** Ermittlung des Sonderausweises auf den Schluss des ersten Wirtschaftsjahrs im neuen Recht berücksichtigt (§ 39 Abs. 2 KStG). Er gilt gleichzeitig als Bestand zum Schluss des vorangegangenen Wirtschaftsjahrs i. S. des § 28 Abs. 2 Satz 1 KStG.

3. Kapitalerhöhung aus Gesellschaftsmitteln

Bei der Umwandlung von Rücklagen in Nennkapital mindert der Kapitalerhöhungsbetrag vorrangig den **35** positiven Bestand des steuerlichen Einlagekontos, der sich ohne die Kapitalerhöhung für den Schluss dieses Wirtschaftsjahrs ergeben würde (§ 28 Abs. 1 Satz 1 und 2 KStG).

Übersteigt der Betrag der Kapitalerhöhung den maßgeblichen Bestand des steuerlichen Einlagekontos, ist **36** der übersteigende Betrag im Sonderausweis zu erfassen.

KStR

Beispiel:

Zum Ende des vorangegangenen Wirtschaftsjahrs weist die Bilanz der A-GmbH folgende Beträge aus:

Nennkapital (davon Sonderausweis: 0)	100
Kapitalrücklage (= steuerliches Einlagekonto)	50
Sonstige Rücklagen	100

Am 1. 3. erfolgt eine Kapitalerhöhung aus Gesellschaftsmitteln um 100 und am 1. 5. eine Einlage i. H. von 20.

Ermittlung des steuerlichen Einlagekontos sowie des Sonderausweises:

	Vorspalte	Einlagekonto	Sonderausweis
Anfangsbestand		50	0
+ Einlage		+ 20	
Zwischenergebnis (Bestand nach § 28 Abs. 1 Satz 2 KStG)		70	0
Betrag der Kapitalerhöhung	100		
Vorrangige Verwendung des steuerlichen Einlagekontos	− 70	− 70	
Zugang beim Sonderausweis	30		+ 30
Schlussbestände		0	30

IV. Herabsetzung des Nennkapitals

37 Bei Herabsetzung des Nennkapitals verringert sich vorrangig der auf den Schluss des vorangegangenen Wirtschaftsjahrs festgestellte Bestand des Sonderausweises. Die Verringerung des Sonderausweises ist unabhängig davon vorzunehmen, ob der Kapitalherabsetzungsbetrag an die Anteilseigner ausgekehrt wird. Stehen im Zeitpunkt des Kapitalherabsetzungsbeschlusses Einlagen auf das Nennkapital aus, so ist die vorgenannte Kürzung nach § 28 Abs. 2 Satz 1 KStG nur insoweit vorzunehmen, als der Herabsetzungsbetrag auf den eingezahlten Teil des Nennkapitals entfällt (vgl. Rdnr. 39).

38 Übersteigt der Betrag der Kapitalherabsetzung den maßgeblichen Bestand des Sonderausweises, erhöht der Differenzbetrag den Bestand des steuerlichen Einlagekontos zum Schluss des Wirtschaftsjahrs, in dem die Kapitalherabsetzung wirksam wird (Eintragung in Handelsregister). Das Einlagekonto ist auch dann zunächst zu erhöhen, wenn der Kapitalherabsetzungsbetrag anschließend an die Anteilseigner ausgekehrt wird.

39 Entfällt der Kapitalherabsetzungsbetrag auf zum Zeitpunkt des Kapitalherabsetzungsbeschlusses ausstehende Einlagen und fällt dadurch die Einzahlungsverpflichtung der Anteilseigner weg, unterbleibt eine Hinzurechnung des Herabsetzungsbetrages zum Bestand des steuerlichen Einlagekontos (§ 28 Abs. 2 Satz 1 2. Halbsatz KStG). Soweit der Herabsetzungsbetrag jedoch auf das eingezahlte Nennkapital entfällt, d. h. die Einzahlungsverpflichtung bestehen bleibt, hat eine Erhöhung des steuerlichen Einlagekontos um den den Sonderausweis übersteigenden Herabsetzungsbetrag zu erfolgen (vgl. Rdnr. 38). Es ist dabei unmaßgeblich, ob und ggf. in welcher Höhe die Einzahlungsverpflichtung eingefordert ist.

40 Nach § 28 Abs. 2 Satz 2 KStG verringert der im Beschluss über die Kapitalherabsetzung vorgesehene**❶** Auskehrungsbetrag das steuerliche Einlagekonto. Wenn ein Sonderausweis vorhanden ist, gilt dies nur für den den Sonderausweis übersteigenden Auszahlungsbetrag. Der Auszahlungsbetrag ist nicht in die Differenzrechnung nach § 27 Abs. 1 Satz 3 KStG einzubeziehen.

Beispiel:

Die A-GmbH weist zum Schluss des vorangegangenen Wirtschaftsjahres folgende Beträge aus:

Nennkapital	200
	(davon nicht eingezahlt 20)
Sonderausweis	50
steuerliches Einlagekonto	0

Amtl. Fn.:

❶ Hinweis auf BFH vom 21. 10. 2014 I R 31/13; BStBl 2016 II S. 411, vgl. auch H 28 > Rückstellung von Nennkapital.

Es erfolgt eine Kapitalherabsetzung um 100, die auch auf den nicht eingezahlten Teil von 20 entfällt, und Rückzahlung des eingezahlten Nennkapitals in Höhe von 80.

	Vorspalte	Einlagekonto	Sonderausweis
Anfangsbestand		0	50
Betrag der Kapitalherabsetzung	100		
− Verringerung des Sonderausweises	− 50		− 50
Zwischenergebnis	50		
− ausstehende Einlagen auf das Nennkapital	− 20		
Zugang beim steuerlichen Einlagekonto	30	+ 30	
Zwischenergebnis		30	0
Rückzahlung von Nennkapital	80		
− Verringerung des Sonderausweises	− 50		
Abgang vom steuerlichen Einlagekonto	30	− 30	
Schlussbestände		0	0

Die Auskehrung des Herabsetzungsbetrages ist unabhängig davon, ob ein Sonderausweis vorhanden ist, **41** eine Leistung, die zu einer Körperschaftsteuer-Erhöhung nach § 38 KStG führen kann. Eine Minderung nach § 37 KStG kommt nicht in Betracht.

Auch bei verspäteter Auszahlung des im Beschluss über die Kapitalherabsetzung vorgesehenen Auskeh- **42** rungsbetrags erhöht sich das steuerliche Einlagekonto nach § 28 Abs. 2 Satz 1 KStG in dem Wirtschafts-jahr, in dem der Beschluss wirksam wird (vgl. Rdnr. 38). Die Verringerung des steuerlichen Einlagekontos nach § 28 Abs. 2 Satz 2 2. Halbsatz KStG um den den Sonderausweis übersteigenden Auskehrungsbetrag (vgl. Rdnr. 40) erfolgt dagegen erst im Wirtschaftsjahr der Auszahlung.

V. Auflösung einer Körperschaft

Auf die Ausführungen in dem gesondert ergehenden BMF-Schreiben zur körperschaftsteuerlichen Be- **43** handlung der Auflösung und Abwicklung von Körperschaften und Personenvereinigungen wird hingewie-sen.

VI. Verrechnung des Sonderausweises mit dem Bestand des steuerlichen Einlagekontos

Wenn ein Sonderausweis i. S. des § 28 KStG und ein positiver Bestand des steuerlichen Einlagekontos zu- **44** sammentreffen, verringern sich beide Beträge nach Maßgabe des § 28 Abs. 3 KStG. Die Verringerung ist als letzter Schritt der Ermittlung des steuerlichen Einlagekontos bzw. des Sonderausweises vorzuneh-men."

Steuerliches Einlagekonto bei Betrieben gewerblicher Art
> *BMF vom 28. 1. 2019, BStBl I S. 97***❶**

Steuerliches Einlagekonto bei Gewinnausschüttungen im Rückwirkungszeitraum (§ 2 UmwStG)
> *BMF vom 11. 11. 2011, BStBl I S. 1314, Rn. 02.27 und 02.34*

Steuerliches Einlagekonto bei wirtschaftlichen Geschäftsbetrieben der von der Körperschaftsteuer befreiten Körperschaften, Personenvereinigungen und Vermögensmassen
> *BMF vom 2. 2. 2016, BStBl I S. 200 und > BMF vom 21. 7. 2016, BStBl I S. 685*

Anm. d. Schriftl.:

❶ Das BMF-Schreiben vom 28. 1. 2019, BStBl 2019 I S. 97, ist durch BMF-Schreiben vom 4. 4. 2022, BStBl 2022 I S. 645, an die Grundsätze des BFH-Urteils vom 30. 9. 2020, BStBl 2022 II S. 269, angepasst worden.

Unterjährige Zugänge

Unterjährige Zugänge zum steuerlichen Einlagekonto stehen nicht für Leistungen im gleichen Jahr zur Verfügung (> BFH vom 30. 1. 2013, I R 35/11, BStBl II S. 560).

Verluste in dem in Artikel 3 des Einigungsvertrags genannten Gebiet

...

Verwendungsfestschreibung nach § 27 Abs. 5 KStG

...

Zu § 28 KStG**❶**

> **Hinweise   KStH   H 28**

Allgemeines

> *BMF vom 4. 6. 2003, BStBl I S. 366*

Liquidation

> *BMF vom 26. 8. 2003, BStBl I S. 434*

Rückzahlung von Nennkapital

Eine Rückzahlung des Nennkapitals i. S. von § 28 Abs. 2 Satz 2 KStG (nach einer Nennkapitalherab-setzung) ermöglicht einen Direktzugriff auf das steuerliche Einlagekonto. Um als Rückzahlung des Nennkapitals behandelt zu werden, muss feststehen, dass die entsprechende Leistung der Kapital-gesellschaft darauf gerichtet ist, den Herabsetzungsbetrag auszuzahlen. Das ist anhand des Herab-setzungsbeschlusses und unter Würdigung der weiteren tatsächlichen Umstände festzustellen (> BFH vom 21. 10. 2014, I R 31/13, BStBl 2016 II S. 411). Die entgegenstehende Regelung in Rdnr. 40 > BMF vom 4. 6. 2003, BStBl I S. 366, ist damit überholt.

Steuerrechtliche Behandlung des Erwerbs eigener Anteile

> *BMF vom 27. 11. 2013, BStBl I S. 1615*

Zu § 30 KStG

KStR   R 30 Entstehung der Körperschaftsteuer

Die Körperschaftsteuer entsteht hinsichtlich der besonderen Körperschaftsteuer nach § 5 Abs. 1 Nr. 5 Satz 4 KStG mit Ablauf des VZ, in dem die Mittelverwendung erfolgt ist, die die besondere Körperschaftsteuer auslöst.

Anm. d. Schriftl.:

❶ § 28 Abs. 2 KStG ist im Rahmen des Gesetzes über steuerliche Begleitmaßnahmen zur Einführung der Euro-päischen Gesellschaft und zur Änderung weiterer steuerrechtlicher Vorschriften vom 7. 12. 2006, BStBl 2007 I S. 4, geändert worden.

V. Gewerbesteuer-Richtlinien 2009 (GewStR) mit amtlichen Bearbeitungshinweisen 2016 in Auszügen

Inhaltsverzeichnis

GewStR

GewStR   Einführung

(1) Die Gewerbesteuer-Richtlinien 2009 sind verbindliche Vorgaben an die Finanzbehörden zur einheitlichen Anwendung des Gewerbesteuergesetzes und der Gewerbesteuer-Durchführungsverordnung zur Vermeidung unbilliger Härten und zur Verwaltungsvereinfachung.

(2) – (4) …

Zu § 1 GewStG

GewStR   R 1.1 Steuerberechtigung❶❷

[1]Die Berechtigung zur Erhebung der Gewerbesteuer steht nach dem Gewerbesteuergesetz den Gemeinden zu. [2]Die Gemeinden sind verpflichtet, eine Gewerbesteuer zu erheben, und hierbei an die Vorschriften des Gewerbesteuergesetzes gebunden. [3]Durch die Abführung einer Umlage aus dem Gewerbesteueraufkommen an den Bund und das jeweils berechtigte Land auf Grund des § 6 des Gemeindefinanzreformgesetzes wird der Charakter als Gemeindesteuer nicht berührt.

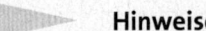   **Hinweise   GewStH   H 1.1**

…

GewStR   R 1.2 Verwaltung der Gewerbesteuer

Übertragung eines Teils der Verwaltung auf die Gemeinden

(1) [1]Ist die Festsetzung und Erhebung der Gewerbesteuer auf die Gemeinden übertragen, sind für die Ermittlung der Besteuerungsgrundlagen und für die Festsetzung und ggf. die Zerlegung der Steuermessbeträge die Finanzämter zuständig (> §§ 22 und 184 bis 190 AO). [2]Die Festsetzung und Erhebung der Gewerbesteuer einschließlich Stundung, Niederschlagung und Erlass obliegen den hebeberechtigten Gemeinden.

Hinweise   GewStH   H 1.2 (1)

…

(2) u. (3) …

Anm. d. Schriftl.:

❶ Die Nichtabzugsfähigkeit der Gewerbesteuer von der Bemessungsgrundlage der Körperschaftsteuer ist verfassungsgemäß (BFH-Urteil vom 16. 1. 2014, BStBl 2014 II S. 531). Es bestehen keine verfassungsrechtlichen Bedenken gegen die Nichtabziehbarkeit der Gewerbesteuer als Betriebsausgaben (BVerfG-Beschluss vom 12. 7. 2016, BStBl 2016 II S. 812).

❷ Hinsichtlich der gewerbesteuerlichen Maßnahmen zur Berücksichtigung der gestiegenen Energiekosten als Folge des Angriffskrieges Russlands gegen die Ukraine wird auf die gleich lautenden Erlasse der obersten Finanzbehörden der Länder vom 20. 10. 2022, BStBl 2022 I S. 1450, hingewiesen.

▶ **Hinweise   GewStH   H 1.2 (2) und H 1.2 (3)**

...

GewStR   R 1.4   Gewerbesteuermessbescheid

Fertigung von Gewerbesteuermessbescheiden

(1) [1]Die Finanzämter können sich bei der Fertigung der Gewerbesteuermessbescheide der Hilfe der Gemeinden bedienen. [2]Werden den Gemeinden auf Grund gesetzlicher Vorschriften die Daten der Gewerbesteuermessbescheide ganz oder teilweise auf maschinell verwertbaren Datenträgern oder durch Datenfernübertragung übermittelt, können die hebeberechtigten Gemeinden auch die Messbescheide fertigen.

Bekanntgabe und Mitteilung an die Gemeinden

(2) [1]Wegen der Bekanntgabe der Bescheide an die Steuerpflichtigen und der Mitteilung an die Gemeinden (> §§ 122, 184 und 188 AO). [2]Die Finanzämter können sich bei der Übersendung der Gewerbesteuermessbescheide der Hilfe der Gemeinden bedienen. [3]In diesen Fällen beginnt die Einspruchsfrist (> § 355 AO) mit der Bekanntgabe der Bescheide durch die Gemeinde. [4]Im Hinblick auf die Wahrung der Festsetzungsfrist (> § 169 AO) ist zu beachten, dass die Gemeinden die fristgerechte Absendung sicherzustellen haben.

▶ **Hinweise   GewStH   H 1.4**

Allgemeines

Der Gewerbesteuermessbescheid ist Steuerbescheid im Sinne der AO (> § 184 Abs. 1 Satz 3 i. V. m. § 155 Abs. 1 AO). Die Vorschriften der AO, insbesondere zu Form und Inhalt, Bestimmtheit sowie Bekanntgabe und Bestandskraft von Steuerbescheiden, sind somit zu beachten.

Zu § 2 GewStG[1][2] (§§ 1 bis 9 GewStDV)

GewStR   R 2.4   Mehrheit von Betrieben

Mehrere Betriebe verschiedener Art

(1) [1]Hat ein Gewerbetreibender mehrere Betriebe verschiedener Art (z. B. eine Maschinenfabrik und eine Spinnerei), ist jeder Betrieb als Steuergegenstand im Sinne des § 2 Abs. 1 GewStG anzusehen und somit für sich zu besteuern. [2]Das gilt auch dann, wenn die mehreren Betriebe in derselben Gemeinde liegen. [3]Es ist aber ein einheitlicher Gewerbebetrieb anzunehmen, wenn ein Gewerbetreibender in derselben Gemeinde verschiedene gewerbliche Tätigkeiten ausübt und die verschiedenen Betriebszweige nach der Verkehrsauffassung und nach den Betriebsverhältnissen als Teil eines Gewerbebetriebs anzusehen sind (beispielsweise Gastwirtschaft und

---

Anm. d. Schriftl.:

1   § 2 Abs. 1 Satz 2 GewStG ist verfassungskonform dahin auszulegen, dass ein gewerbliches Unternehmen i. S. des § 15 Abs. 3 Nr. 1 Alternative 2 EStG nicht als nach § 2 Abs. 1 Satz 1 GewStG der Gewerbesteuer unterliegender Gewerbebetrieb gilt (BFH-Urteil vom 6. 6. 2019, BStBl 2020 II S. 649). Auf die gleich lautenden Erlasse der obersten Finanzbehörden der Länder vom 1. 10. 2020, BStBl 2020 I S. 1032, wird hingewiesen.

2   § 2 GewStG wurde im Rahmen des Gesetzes zur Modernisierung des Körperschaftsteuerrechts vom 25. 6. 2021, BGBl 2021 I S. 2050, ergänzt.

Bäckerei, Fleischerei und Speisewirtschaft). [4]Es gelten dabei die gleichen Grundsätze wie für die Bewertung (> § 2 BewG).**1**

▶ **Hinweise**   **GewStH**   **H 2.4 (1)**

...

Mehrere Betriebe gleicher Art

(2) [1]Hat ein Gewerbetreibender mehrere Betriebe der gleichen Art, ist zu prüfen, ob die mehreren Betriebe eine wirtschaftliche Einheit darstellen. [2]Die Vermutung spricht bei der Vereinigung mehrerer gleichartiger Betriebe in der Hand eines Unternehmers, insbesondere, wenn sie sich in derselben Gemeinde befinden, für das Vorliegen eines einheitlichen Gewerbebetriebs. [3]Auch wenn die Betriebe sich in verschiedenen Gemeinden befinden, kann ein einheitlicher Gewerbebetrieb vorliegen, wenn die wirtschaftlichen Beziehungen sich über die Grenzen der politischen Gemeinden hinaus erstrecken. [4]Betriebe sind als gleichartig anzusehen, wenn sie sachlich, insbesondere wirtschaftlich, finanziell oder organisatorisch innerlich zusammenhängen.

▶ **Hinweise**   **GewStH**   **H 2.4 (2)**

Gleichartigkeit von Betrieben

Kriterien für die Gleichartigkeit von Betrieben sind die Art der gewerblichen Betätigung, der Kunden- und Lieferantenkreis, die Geschäftsleitung, die Arbeitnehmerschaft, die Betriebsstätte, die Zusammensetzung und Finanzierung des Aktivvermögens sowie die Gleichartigkeit/Ungleichartigkeit der Betätigungen und die Nähe/Entfernung, in der sie ausgeübt werden (> RFH vom 28. 9. 1938 – RStBl S. 1117 und vom 21. 12. 1938 – RStBl 1939 S. 372 sowie BFH vom 14. 9. 1965 – BStBl III S. 656, vom 12. 1. 1983 – BStBl II S. 425, vom 9. 8. 1989 – BStBl II S. 901 und vom 18. 12. 1996 – BStBl 1997 II S. 573).

Personengesellschaften

(3) [1]Die Tätigkeit einer Personengesellschaft bildet auch bei verschiedenartigen Tätigkeiten einen einheitlichen Gewerbebetrieb. [2]Eine Kapitalgesellschaft und eine GmbH & Co. KG einerseits oder eine aus natürlichen Personen bestehende Personengesellschaft und ein Einzelunternehmen andererseits können gewerbesteuerrechtlich auf Grund von Unternehmeridentität nicht als ein einheitliches Unternehmen behandelt werden.

▶ **Hinweise**   **GewStH**   **H 2.4 (3)**

...

Anm. d. Schriftl.:

1 Für die Unterscheidung zwischen einem einheitlichen Betrieb und mehreren selbständigen Betrieben kommt der Gleichartigkeit bzw. Ungleichartigkeit der Betätigungen wesentliche Bedeutung zu (BFH-Urteil vom 17. 6. 2020, BStBl 2021 II S. 157).

Einheitlicher Gewerbebetrieb kraft Rechtsform

(4) [1]Die Tätigkeit der Unternehmen im Sinne des § 2 Abs. 2 GewStG gilt stets und in vollem Umfang als einheitlicher Gewerbebetrieb. [2]Auch die gewerbesteuerpflichtige Tätigkeit der unter § 2 Abs. 3 GewStG fallenden sonstigen juristischen Personen des privaten Rechts und der nichtrechtsfähigen Vereine bildet stets einen einheitlichen Gewerbebetrieb. [3]Das gilt auch, wenn von ihnen mehrere wirtschaftliche Geschäftsbetriebe unterhalten werden (> § 8 GewStDV).

Atypisch stille Gesellschaften

(5) ...

▶   **Hinweise**   **GewStH**   **H 2.4 (5)**

...

GewStR   **R 2.5   Beginn der Steuerpflicht**

Einzelgewerbetreibende[1][2][3][4][5] und Personengesellschaften

(1) [1]Bei Einzelgewerbetreibenden und bei Personengesellschaften beginnt die Gewerbesteuerpflicht in dem Zeitpunkt, in dem erstmals alle Voraussetzungen erfüllt sind, die zur Annahme eines Gewerbebetriebs erforderlich sind. [2]Bloße Vorbereitungshandlungen, z. B. die Anmietung eines Geschäftslokals, das erst hergerichtet werden muss, oder die Errichtung eines Fabrikgebäudes, in dem die Warenherstellung aufgenommen werden soll, sowie der kurzzeitige Probelauf von Betriebsanlagen, wenn dieser (z. B. anhand der verwendeten Rohstoffe) noch nicht dem Gesamtkonzept des eigentlichen regelmäßigen Betriebs entspricht, begründen die Gewerbesteuerpflicht noch nicht. [3]Bei Unternehmen, die im Handelsregister einzutragen sind, ist der Zeitpunkt der Eintragung im Handelsregister ohne Bedeutung für den Beginn der Gewerbesteuerpflicht. [4]Bei gewerblich geprägten Personengesellschaften im Sinne des § 15 Abs. 3 Nr. 2 EStG beginnt die Steuerpflicht erst, wenn der Gewerbebetrieb in Gang gesetzt ist.

Anm. d. Schriftl.:

[1] Ein Fußball-Nationalspieler, dem der DFB Anteile an den durch die zentrale Vermarktung der Fußball-Nationalmannschaft erwirtschafteten Werbeeinnahmen überlässt, erzielt insoweit Einkünfte aus Gewerbebetrieb, wenn er mit Unternehmerrisiko und Unternehmerinitiative handelt (BFH-Urteil vom 22. 2. 2012, BStBl 2012 II S. 511).

[2] Selbständig tätige Prostituierte erzielen Einkünfte aus Gewerbebetrieb (BFH-Beschluss vom 20. 2. 2013, BStBl 2013 II S. 441).

[3] Eine im Wesentlichen auf die Planung, Durchführung und Evaluation klinischer Studien ausgerichtete Tätigkeit einer Fachkrankenschwester ist der eines Krankengymnasten bzw. Physiotherapeuten nicht ähnlich. Sie ist weder therapeutischer Natur noch lässt sie einen hinreichend konkreten, unmittelbaren Zusammenhang zu einer Heilbehandlungstätigkeit auf (BFH-Urteil vom 25. 4. 2017, BStBl 2017 II S. 908).

[4] Die Betreiberin einer Blindenführhundeschule erzielt Einkünfte aus Gewerbebetrieb (BFH-Urteil vom 9. 5. 2017, BStBl 2017 II S. 911).

[5] Werden privat und ohne Veräußerungsabsicht angeschaffte bewegliche Wirtschaftsgüter veräußert, kann dies auch dann der letzte Akt der privaten Vermögensverwaltung sein, wenn die Veräußerung über einen langen Zeitraum und in zahlreichen Einzelakten ausgeführt wird. Allein die Verwendung einer auch von gewerblichen Händlern genutzten Internetplattform führt zu keinem anderen Ergebnis (BFH-Urteil vom 17. 6. 2020, BStBl 2021 II S. 213).

▶ **Hinweise   GewStH   H 2.5 (1)**

Beginn der Gewerbesteuerpflicht eines Personenunternehmens

– **Beispiel:**

Die A-GmbH & Co. KG (Unternehmensgegenstand: Herstellung von Sonnenkollektoren) wurde am 6. 3. 01 gegründet und am 27. 4. 01 im Handelsregister eingetragen. Erste Lieferverträge wurden am 1. 7. 01 unterzeichnet. Die Entwicklung der Sonnenkollektoren begann am 30. 3. 02. Nach Behebung diverser technischer Schwierigkeiten war die KG am 1. 1. 03 lieferfähig, woraufhin die erste Lieferung am 15. 1. 03 erfolgte.

Lösung:

Weder die Gründung noch die Eintragung im Handelsregister führen bereits zur Begründung der sachlichen Gewerbesteuerpflicht. Auch der Abschluss der Lieferverträge reicht noch nicht aus, um eine Teilnahme am allgemeinen wirtschaftlichen Verkehr zu begründen. Denn hierzu gehört, dass sich die A-GmbH & Co. KG mit eigenen gewerblichen Leistungen am allgemeinen wirtschaftlichen Verkehr beteiligen kann. Gleiches gilt für die Entwicklung der Sonnenkollektoren. Somit beginnt die sachliche Gewerbesteuerpflicht mit der Lieferfähigkeit am 1. 1. 03.

– *Die sachliche Gewerbesteuerpflicht der unter § 2 Abs. 1 GewStG fallenden Gewerbebetriebe beginnt erst, wenn alle tatbestandlichen Voraussetzungen eines Gewerbebetriebes erfüllt sind. Dies gilt für Personengesellschaften unabhängig von der Rechtsform ihrer Gesellschafter. § 7 Satz 2 GewStG enthält keinen die sachliche Steuerpflicht betreffenden Regelungsumfang (> BFH vom 30. 8. 2012 – BStBl II S. 927).*

Beginn der Gewerbesteuerpflicht eines Besitzunternehmens im Rahmen einer Betriebsaufspaltung

> BFH vom 15. 1. 1998 – BStBl II S. 478

Beginn der Gewerbesteuerpflicht einer gewerblich geprägten Personengesellschaft

Die vermögensverwaltende Tätigkeit einer gewerblich geprägten Personengesellschaft unterliegt der Gewerbesteuer. Die sachliche Gewerbesteuerpflicht einer gewerblich geprägten Personengesellschaft beginnt mit Aufnahme ihrer vermögensverwaltenden Tätigkeit. Die Gewerbesteuerpflicht einer gewerblich geprägten Personengesellschaft ist nicht von der Teilnahme am allgemeinen wirtschaftlichen Verkehr abhängig (> BFH vom 20. 11. 2003 – BStBl 2004 II S. 464).

Beginn der Gewerbesteuerpflicht eines Windparks

> BFH vom 14. 4. 2011 – BStBl II S. 929

Beginn der werbenden Tätigkeit bei Leasingunternehmen

Die sachliche Gewerbesteuerpflicht beginnt bei einem Leasingunternehmen nicht bereits mit der Beschaffung des Leasinggegenstandes. Das gilt auch dann, wenn der Leasinggeber den Leasinggegenstand vom Leasingnehmer erwirbt, sofern es sich bei dem Leasingvertrag nicht um einen verdeckten Ratenkauf handelt (> BFH vom 5. 3. 1998 – BStBl II S. 745).

Veräußerung des Schiffs einer Einschiffsgesellschaft vor seiner Indienststellung

Beabsichtigt die Einschiffsgesellschaft bei Abschluss des Bauvertrags noch den Betrieb des Schiffs, gibt sie die Eigenbetriebsabsicht jedoch später auf und veräußert das Schiff bzw. die Rechte aus dem Bauvertrag noch vor Indienststellung des Schiffs, so ist anhand der Umstände des Einzelfalls zu ermitteln, ob sie damit übergangslos von der (noch) nicht gewerbesteuerbaren Vorbereitungsin die Abwicklungsphase tritt, oder ob – und ggf. durch welche weiteren Maßnahmen – sie eine andere werbende Tätigkeit beginnt und damit der Gewerbesteuer unterliegt (> BFH vom 3. 4. 2014 – BStBl II S. 1000).

Voraussetzungen für Gewerbebetrieb

– *Einzelunternehmen*

> *H 2.1 (1)*

– *Personengesellschaften*

> *H 2.1 (2)*

Zur Anzeigepflicht bei Betriebseröffnung

> *R 1.9*

Steuerpflicht kraft Rechtsform

(2) [1]Die Steuerpflicht kraft Rechtsform beginnt bei Kapitalgesellschaften mit der Eintragung in das Handelsregister**❶**, bei Erwerbs- und Wirtschaftsgenossenschaften mit der Eintragung in das Genossenschaftsregister und bei Versicherungsvereinen auf Gegenseitigkeit mit der aufsichtsbehördlichen Erlaubnis zum Geschäftsbetrieb. [2]Von diesem Zeitpunkt an kommt es auf Art und Umfang der Tätigkeit nicht mehr an. [3]Die Steuerpflicht wird vor dem bezeichneten Zeitpunkt durch die Aufnahme einer nach außen in Erscheinung tretenden Geschäftstätigkeit ausgelöst.

> **Hinweise** **GewStH** **H 2.5 (2)**

...

Sonstige juristischen Personen des privaten Rechts und nichtrechtsfähige Vereine

(3) Bei den sonstigen juristischen Personen des privaten Rechts und den nichtrechtsfähigen Vereinen (> § 2 Abs. 3 GewStG) beginnt die Steuerpflicht bei Vorliegen aller anderen Voraussetzungen mit der Aufnahme eines wirtschaftlichen Geschäftsbetriebs.

> **Hinweise** **GewStH** **H 2.5 (3)**

...

Wegfall einer Befreiung

(4) Die Gewerbesteuerpflicht beginnt bei Unternehmen, für die der Grund für die Befreiung von der Gewerbesteuer wegfällt, im Zeitpunkt des Wegfalls des Befreiungsgrundes.

Anm. d. Schriftl.:

❶ Eine vermögensverwaltend tätige Kapitalgesellschaft unterliegt vor ihrer Eintragung in das Handelsregister (sog. Vorgesellschaft) der Gewerbesteuer, wenn sie in dem Zeitraum zwischen Gründung und Handelsregistereintragung (vermögensverwaltende) Tätigkeiten entfaltet, die über den Kreis bloßer Vorbereitungshandlungen hinausgehen (BFH-Urteil vom 24. 1. 2017, BStBl 2017 II S. 1071).

GewStR   R 2.6 Erlöschen der Steuerpflicht

Einzelgewerbetreibende und Personengesellschaften

(1) ¹Die Gewerbesteuerpflicht erlischt bei Einzelgewerbetreibenden und bei Personengesellschaften mit der tatsächlichen Einstellung des Betriebs. ²Die Einstellung liegt nicht erst dann vor, wenn der Betrieb für alle Zeiten, sondern schon dann, wenn er für eine gewisse Dauer aufgegeben wird. ³Die Einstellung darf aber nicht von vornherein nur als vorübergehend gedacht sein. ⁴Bei sogenannten Saisonbetrieben, insbesondere beim Bauhandwerk, den Bauindustrien, den Kurortbetrieben aller Art oder den Zuckerfabriken, bedeutet die Einstellung des Betriebs während der toten Zeit nicht eine Einstellung in dem eben behandelten Sinn, sondern nur eine vorübergehende Unterbrechung (Ruhen) des Gewerbebetriebs, durch die die Gewerbesteuerpflicht nicht berührt wird (> § 2 Abs. 4 GewStG). ⁵Die tatsächliche Einstellung des Betriebs ist anzunehmen mit der völligen Aufgabe jeder werbenden Tätigkeit. ⁶Die Aufgabe eines Handelsbetriebs liegt erst in der tatsächlichen Einstellung jedes Verkaufs. ⁷Die Frage der Beendigung der Gewerbesteuerpflicht darf jedoch nicht allein nach äußeren Merkmalen beurteilt werden. ⁸Die Einstellung der werbenden Tätigkeit oder andere nach außen in Erscheinung tretende Umstände (z. B. Entlassung der Betriebszugehörigen, Einstellung des Einkaufs) bedeuten nicht immer die tatsächliche Einstellung des Betriebs. ⁹Es müssen auch die inneren Vorgänge berücksichtigt werden.

Hinweise   GewStH   H 2.6 (1)

Betriebsverpachtung im Ganzen

*Mit der Verpachtung eines Gewerbebetriebs im Ganzen erlischt regelmäßig die Gewerbesteuerpflicht des Verpächters (> R 2.2). Das gilt jedoch in der Regel nicht bei einer **Betriebsaufspaltung** (> H 15.7 (4) bis (8) EStH).*

Bedeutung eines einheitlichen Geschäftskonzepts

- *Der Gewinn aus der Veräußerung von Wirtschaftsgütern des Anlagevermögens gehört zum gewerbesteuerbaren (laufenden) Gewinn, wenn die Veräußerung Bestandteil eines einheitlichen Geschäftskonzepts der unternehmerischen Tätigkeit ist (> BFH vom 26. 6. 2007 – BStBl 2009 II S. 289).*
- *Zu Veräußerungs- und Aufgabegewinnen > H 7.1 (3)*

Eintritt einer Gewerbesteuerbefreiung

Die Gewerbesteuerpflicht erlischt nicht nur mit dem Aufhören des Gewerbebetriebs (> R 2.6 Abs. 1 bis 3), sondern auch mit dem Eintritt eines Befreiungsgrundes (> RFH vom 23. 2. 1943 – RStBl S. 801). Allerdings führt der Wechsel in der Steuerpflicht eines Gewerbesteuersubjekts infolge eines persönlichen Befreiungsgrundes (hier: § 3 Nr. 14 Buchst. a GewStG) nicht zum Wegfall des Gewerbesteuersubjekts.

Bleibt dieses bei Beendigung und nachfolgendem erneuten Beginn der Steuerpflicht weiterhin bestehen, ist sowohl die Unternehmens- als auch die Unternehmeridentität gewahrt. Gewerbeverluste aus vorangegangenen, nicht steuerbefreiten Erhebungszeiträumen sind deshalb nach Wiedereintritt in die Steuerpflicht abzugsfähig (> BFH vom 9. 6. 1999 – BStBl II S. 733).

Anm. d. Schriftl.:

❶ Fällt die Unternehmensidentität und damit die sachliche Gewerbesteuerpflicht während des Kalenderjahres weg, ist der Gewerbesteuermessbetrag für einen abgekürzten Erhebungszeitraum festzusetzen (BFH-Urteil vom 19. 12. 2019, BStBl 2020 II S. 401).

Kriterien zur Beurteilung der Betriebseinstellung

– *Auch wenn ein Unternehmen wesentlichen Einschränkungen unterliegt oder bei einer nur äußerlichen Betrachtung als eingestellt erscheint, kann doch gewerbesteuerlich eine Betriebseinstellung nicht anerkannt werden, wenn sich das Unternehmen in der erkennbaren Absicht, nachhaltige Erträge zu erzielen, weiter betätigt (> RFH vom 19. 3. 1941 – RStBl S. 386, vom 14. 5. 1941* – RStBl S. 698 und vom 19. 5. 1943 – RStBl S. 605).*

– *Zur Unterscheidung zwischen der Vorbereitung einer künftigen Betriebsaufgabe und dem Beginn dieser Betriebsaufgabe (> BFH vom 5. 7. 1984 – BStBl II S. 711).*

Zeitpunkt der Einstellung des Betriebs

– **Abwicklungstätigkeiten**

   Die Versilberung der vorhandenen Betriebsgegenstände und die Einziehung einzelner rückständiger Forderungen aus der Zeit vor der Betriebseinstellung können nicht als Fortsetzung einer aufgegebenen Betriebstätigkeit angesehen werden (> RFH vom 29. 6. 1938 – RStBl S. 910, vom 24. 8. 1938 – RStBl S. 911 und vom 14. 9. 1938 – RStBl 1939 S. 5).

– **Ladengeschäft, Veräußerung des Warenlagers**

   Ein in Form eines Ladengeschäfts ausgeübter Gewerbebetrieb wird nicht bereits dann eingestellt, wenn kein Zukauf mehr erfolgt, sondern erst dann, wenn das vorhandene Warenlager „im Ladengeschäft" veräußert ist (> BFH vom 26. 9. 1961 – BStBl III S. 517).

Zum Erlöschen der Steuerpflicht bei Unternehmerwechsel

> R 2.7

Kapitalgesellschaften und andere Unternehmen im Sinne des § 2 Abs. 2 GewStG

(2) [1]Bei den Kapitalgesellschaften und den anderen Unternehmen im Sinne des § 2 Abs. 2 GewStG erlischt die Gewerbesteuerpflicht – anders als bei Einzelkaufleuten und Personengesellschaften – nicht schon mit dem Aufhören der gewerblichen Betätigung, sondern mit dem Aufhören jeglicher Tätigkeit überhaupt. [2]Das ist grundsätzlich der Zeitpunkt, in dem das Vermögen an die Gesellschafter verteilt worden ist.

Wirtschaftlicher Geschäftsbetrieb

(3) [1]Bei den sonstigen juristischen Personen des privaten Rechts und den nichtrechtsfähigen Vereinen (> § 2 Abs. 3 GewStG) erlischt die Steuerpflicht mit der tatsächlichen Einstellung des wirtschaftlichen Geschäftsbetriebs. [2]Besteht der wirtschaftliche Geschäftsbetrieb in jährlich wiederkehrenden Tätigkeiten (Veranstaltungen) von jeweils kurzer Dauer, z. B. Bier-, Wein-, Schützenfeste usw., dann ist bei erkennbarer Wiederholungsabsicht von einem fortbestehenden Gewerbebetrieb auszugehen, bei dem nicht jeweils die Steuerpflicht nach Abwicklung der Veranstaltung erlischt und im Folgejahr neu eintritt.

Betriebsaufgabe, Auflösung und Insolvenz

(4) [1]Die Aufgabe des Betriebs bei Einzelgewerbetreibenden, die Auflösung und die Abwicklung bei Personengesellschaften und Unternehmen im Sinne des § 2 Abs. 2 GewStG und die Eröffnung des Insolvenzverfahrens bei Unternehmen aller Art ändern nach § 4 GewStDV an der Gewerbesteuerpflicht nichts. [2]Das Erlöschen der Gewerbesteuerpflicht beurteilt sich auch in diesen Fällen ausschließlich nach den Grundsätzen der R 2.6 Abs. 1 bis 3. [3]Die Beendigung der Abwicklung und damit das Aufhören der Gewerbesteuerpflicht eines aufgelösten Unternehmens im Sinne des Absatzes 2 fallen regelmäßig mit dem Zeitpunkt zusammen, in dem das Vermögen an die Gesellschafter verteilt wird. [4]Werden jedoch bei dieser Verteilung Vermögensbeträge zur Begleichung von Schulden zurückbehalten, bleibt das Unternehmen gewerbesteuerpflichtig, bis die Schulden beglichen sind.

...

Zu § 7 GewStG❶❷❸ (§ 16 GewStDV)

GewStR   R 7.1 Gewerbeertrag
Allgemeines zur Ermittlung des Gewerbeertrags

(1) ¹Erträge, die dadurch anfallen, dass zu Lasten des Gewinns gebildete Rückstellungen aufgelöst oder entrichtete Beträge erstattet werden, bilden einen Bestandteil des der Ermittlung des Gewerbeertrags nach § 7 GewStG zugrunde zu legenden Gewinns aus Gewerbebetrieb. ²Zur Vermeidung einer doppelten Besteuerung ist daher bei der Ermittlung des Gewerbeertrags der Gewinn um jene Erträge zu mindern, welche bereits mit Bildung der Rückstellung oder bei ihrer Entrichtung nach § 8 GewStG dem Gewinn aus Gewerbebetrieb hinzugerechnet worden sind. ³Der Umfang der Minderung richtet sich dabei nach der Höhe der tatsächlichen Hinzurechnung. ⁴Sind Hinzurechnungen nach § 8 Nr. 1 Buchstabe a bis f GewStG erfolgt, sind zur Ermittlung der Minderung die als Bestandteil des Gewinns anzusehenden Erträge im Sinne des Satzes 1 im Erhebungszeitraum der ursprünglichen Hinzurechnung von den bei der Ermittlung der Hinzurechnung berücksichtigten Beträgen abzuziehen. ⁵Die Differenz zwischen dem sich hiernach rechnerisch ergebenden Hinzurechnungsbetrag und dem seinerzeit tatsächlich hinzugerechneten Betrag ist der maßgebende Minderungsbetrag. ⁶Liegt der rechnerische Hinzurechnungsbetrag unter dem Freibetrag, ist der ursprünglich tatsächliche Hinzurechnungsbetrag als Minderungsbetrag zu berücksichtigen.

Ausländische Betriebsstättenergebnisse

Nach § 2 Abs. 1 GewStG unterliegt der Gewerbesteuer jeder stehende Gewerbebetrieb, soweit er im Inland betrieben (soweit für ihn im Inland eine Betriebsstätte unterhalten) wird.

Soweit bei der Einkommensteuer (Körperschaftsteuer) Gewinne (Verluste) aus Betriebsstätten im Ausland erfasst sind, sind sie infolgedessen bei der Gewerbesteuer auszuscheiden (positive oder negative Kürzung gemäß § 9 Nr. 3 GewStG, > H 9.4).

Bewertungswahlrechte

Bilanzsteuerrechtliche Bewertungswahlrechte dürfen für die einkommen- und gewerbesteuerliche Gewinnermittlung nur einheitlich ausgeübt werden (> BFH vom 25. 4. 1985 – BStBl 1986 II S. 350,

Anm. d. Schriftl.:

❶ § 7 GewStG ist im Rahmen des Gesetzes zur Umsetzung der Änderungen der EU-Amtshilferichtlinie und von weiteren Maßnahmen gegen Gewinnkürzungen und -verlagerungen vom 20. 12. 2016, BGBl 2016 I S. 3000, geändert worden. Weitere Änderungen sind im Rahmen des Gesetzes zur weiteren steuerlichen Förderung der Elektromobilität und zur Änderung weiterer steuerlicher Vorschriften vom 12. 12. 2019, BGBl 2019 I S. 2451, und im Rahmen des Gesetzes zur Umsetzung der Anti-Steuervermeidungsrichtlinie vom 25. 6. 2021, BGBl 2021 I S. 2035, erfolgt.

❷ § 16 Abs. 3 Satz 5 EStG ist als typisierende Missbrauchsverhinderungsvorschrift über § 7 Satz 1 GewStG auch gewerbesteuerlich anzuwenden (BFH-Urteil vom 3. 12. 2015, BStBl 2016 II S. 544).

❸ Zum Gewerbeertrag einer Personengesellschaft gehört nach § 7 Satz 2 Nr. 2 GewStG auch der Gewinn eines Fiskalerben aus der Aufgabe des von einer verstorbenen natürlichen Person ererbten Mitunternehmeranteils (BFH-Urteil vom 19. 9. 2019, BStBl 2020 II S. 57).

vom 28. 6. 1989 – BStBl 1990 II S. 76, vom 9. 8. 1989 – BStBl 1990 II S. 195 und vom 21. 1. 1992 – BStBl II S. 958).

Billigkeitsmaßnahmen

– *Billigkeitsmaßnahmen nach § 163 Satz 2 AO (zeitliche Verlagerung der Besteuerung) wirken auch für die Gewinnermittlung bei der Gewerbesteuer (> R 1.5 Abs. 2).*

– *Dagegen sind Billigkeitsmaßnahmen nach § 163 Satz 1 AO bei der Gewerbesteuer nur dann zulässig, wenn die Festsetzung und Erhebung der Gewerbesteuer dem Finanzamt obliegt, es sei denn, dass die hebeberechtigte Gemeinde der Billigkeitsmaßnahme zugestimmt hat (> H 1.5 (1)) oder dafür durch eine allgemeine Verwaltungsvorschrift der Bundesregierung, der obersten Bundesfinanzbehörde oder einer obersten Landesbehörde Richtlinien aufgestellt worden sind (> R 1.5 Abs. 1, H 1.5 (1), § 184 Abs. 2 Satz 1 AO).*

Eigenständige Ermittlung des Gewerbeertrags

– *Für gewerbesteuerliche Zwecke ist der Gewinn verfahrensrechtlich selbständig zu ermitteln. Dabei sind die Regelungen des Einkommensteuer- und Körperschaftsteuerrechts über die Ermittlung des Gewinns anzuwenden (> BFH vom 25. 10. 1984 – BStBl 1985 II S. 212 und vom 4. 10. 1988 – BStBl 1989 II S. 299). Dies gilt auch für die anzuwendende Gewinnermittlungsart, so dass die einkommensteuerrechtlich gewählte Gewinnermittlungsart auch für die Ermittlung des Gewerbeertrags bindend ist (> BFH vom 5. 11. 2015 – BStBl 2016 II S. 420). Sie sind nur insoweit nicht anzuwenden, als sie ausdrücklich auf die Einkommensteuer (Körperschaftsteuer) beschränkt sind (> R 7.1 Abs. 3) oder ihre Nichtanwendung sich unmittelbar aus dem GewStG oder aus dem Wesen der Gewerbesteuer ergibt (> BFH vom 11. 12. 1956 – BStBl 1957 III S. 105 und vom 29. 11. 1960 – BStBl 1961 III S. 51). Es ist unerheblich, ob sich die Gewinnermittlungsmaßnahme innerhalb oder außerhalb der Bilanz auswirkt. In der Regel wird danach der für die Einkommensteuer (Körperschaftsteuer) maßgebende Gewinn mit dem für die Ermittlung des Gewerbeertrags festzustellenden Gewinn übereinstimmen. Eine rechtliche Bindung besteht aber nicht (> BFH vom 22. 11. 1955 – BStBl 1956 III S. 4, vom 27. 4. 1961 – BStBl III S. 281, vom 11. 12. 1997 – BStBl 1999 II S. 401 und vom 18. 4. 2012 – BStBl II S. 647). Das gilt auch für die Fälle, in denen der Gewinn aus Gewerbebetrieb auf Grund des § 180 Abs. 1 Nr. 2 AO gesondert festgestellt wird (> BFH vom 17. 12. 2003 – BStBl 2004 II S. 699).*

– *Zu beachten sind ferner die Vorschriften*

1. *der §§ 18 und 19 des UmwStG 2006, zuletzt geändert durch Artikel 6 des Gesetzes vom 2. 11. 2015 (BGBl I S. 1834);*

2. *der §§ 7 bis 14 des AStG vom 8. 9. 1972 (BStBl I S. 450), zuletzt geändert durch Artikel 6 des Gesetzes vom 19. 7. 2016 (BGBl I S. 1730);*

3. *des § 7 Abs. 1 des Entwicklungsländer-Steuergesetzes in der Fassung der Bekanntmachung vom 21. 5. 1979 (BStBl I S. 294), zuletzt geändert durch Artikel 81 der Verordnung vom 25. 11. 2003 (BGBl I S. 2304), und*

4. *des § 6 des Gesetzes über steuerliche Maßnahmen bei Auslandsinvestitionen der deutschen Wirtschaft vom 18. 8. 1969 (BStBl I S. 477), zuletzt geändert durch Artikel 268 der Verordnung vom 31. 8. 2015 (BGBl I S. 1474);*

die die Anwendung dieser Gesetze für die Ermittlung des Gewerbeertrags vorschreiben.

Bilanzenzusammenhang

Bei der Ermittlung des als Gewerbeertrag anzusetzenden Gewinns sind im Falle einer Bilanzberichtigung auch die Grundsätze des Bilanzenzusammenhangs zu beachten (> BFH vom 13. 1. 1977 – BStBl II S. 472). Die Bilanzberichtigung für Zwecke der Festsetzung der Gewerbesteuer hindert nicht die entsprechende einkommensteuerliche Korrektur in einem späteren Veranlagungszeitraum (> BFH vom 6. 9. 2000 – BStBl 2001 II S. 106).

Einbringungsgewinn

Werden in Fällen einer Sacheinlage unter dem gemeinen Wert (> § 20 Abs. 2 S. 2 UmwStG) die erhaltenen Anteile durch den Einbringenden innerhalb von sieben Jahren nach dem Einbringungszeitpunkt veräußert, gilt die Veräußerung als rückwirkendes Ereignis i. S. d. § 175 Abs. 1 Satz 1 Nr. 2 AO (> § 22 Abs. 1 UmwStG). Ob der nach Maßgabe des § 16 EStG zu ermittelnde Einbringungsgewinn beim Einbringenden als laufender Gewerbeertrag der Gewerbesteuer unterliegt, richtet sich dabei nach den allgemeinen Grundsätzen zur Behandlung von Veräußerungs- oder Aufgabegewinnen.

> § 7 Satz 2 GewStG

> H 7.1 (3)

Gewerblicher Grundstückshandel

– *Bei der Beurteilung der Frage, ob ein Steuerpflichtiger als gewerblicher Grundstückshändler anzusehen ist, sind diesem ebenfalls die Grundstücksgeschäfte zuzurechnen, die von einer Personengesellschaft, an der er beteiligt ist, getätigt wurden (> BFH vom 22. 8. 2012 – BStBl II S. 865). Auch die Einbringung von Grundstücken in diese Personengesellschaft ist als Veräußerung durch den Steuerpflichtigen anzusehen (> BFH vom 28. 10. 2015 – BStBl 2016 II S. 95).*

– *Die persönlichen oder finanziellen Beweggründe für die Veräußerung von Immobilien sind für die Zuordnung zum gewerblichen Grundstückshandel oder zur Vermögensverwaltung unerheblich. Dies gilt auch für wirtschaftliche Zwänge, wie z. B. die Ankündigung von Zwangsmaßnahmen durch einen Grundpfandgläubiger (> BFH vom 27. 9. 2012 – BStBl 2013 II S. 433).*

– *In den Fällen von Grundstocksverkäufen, die zu einer gewerblichen Tätigkeit führen (> H 15.5 (Grundstückskäufe) EStH, R 15.7 Abs. 1 EStR), betreffen die mit dem Verkauf der Grundstücke zusammenhängenden Geschäftsvorfälle wirtschaftlich regelmäßig den laufenden Gewinn des Gewerbebetriebs; sie beeinflussen nicht einen etwaigen Veräußerungs- bzw. Betriebsaufgabegewinn (> BFH vom 15. 12. 1971 – BStBl 1972 II S. 291, vom 9. 9. 1993 – BStBl 1994 II S. 105 und vom 25. 1. 1995 – BStBl II S. 388).*

– *Zum Vorliegen eines Gewerbebetriebs (> H 2.1) in Fällen der Veräußerung mehrerer Objekte an einen einzigen oder mehrere Erwerber > BFH vom 22. 4. 2015 – BStBl II S. 897*

Kürzung um Hinzurechnungsbetrag nach § 10 Absatz 1 Satz 1 AStG🔳

> Gleich lautende Erlasse der obersten Finanzbehörden der Länder vom 14. 12. 2015 – BStBl I S. 1090 zu den Folgen aus dem BFH-Urteil vom 11. 3. 2015 – BStBl II S. 1049

Korrektur nach erfolgter Hinzurechnung

> RFH vom 7. 12. 1943 – RStBl 1944 S. 148

> BFH vom 27. 3. 1961 – BStBl III S. 280 und vom 13. 12. 1966 – BStBl 1967 III S. 187

Beispiel:

A ist Inhaber eines Einzelunternehmens. Der nach den Vorschriften des Einkommensteuergesetzes ermittelte Gewinn beträgt in den EZ 01 und 02 jeweils 100 000 €. Als Betriebsausgaben wurden jeweils Entgelte für Schulden in Höhe von 300 000 € berücksichtigt. Ein Teilbetrag in Höhe von 100 000 € der im EZ 01 gezahlten Entgelte für Schulden wurde im EZ 02 erstattet. Der Erstattungsbetrag ist im EZ 02 als Betriebseinnahme erfasst worden.

Amtl. Fn.:

🔳 Hinweis auf § 7 Satz 7 GewStG in der Fassung des Gesetzes zur Umsetzung der Änderungen der EU-Amtshilferichtlinie und von weiteren Maßnahmen gegen Gewinnkürzungen und -verlagerungen.

Lösung:

In den EZ 01 und 02 ist jeweils ein Hinzurechnungsbetrag nach § 8 Nr. 1 GewStG i. H. v. 50 000 € anzusetzen (Entgelte für Schulden i. H. v. 300 000 € abzüglich des Freibetrags nach § 8 Nr. 1 GewStG i. H. v. 100 000 €; davon ein Viertel). Die Erstattung im EZ 02 beeinflusst die in den EZ 01 und 02 zu berücksichtigenden Hinzurechnungsbeträge nicht. Zur Vermeidung einer doppelten Besteuerung ist der bei der Ermittlung des Gewerbeertrags nach § 7 GewStG im EZ 02 zugrunde zu legende Gewinn um den auf den Erstattungsbetrag entfallenden Hinzurechnungsbetrag des EZ 01 zu mindern.

<u>Der Minderungsbetrag ist wie folgt zu bestimmen:</u>

Entgelte für Schulden des EZ 01:	300 000 €
abzüglich Erstattungsbetrag:	100 000 €
abzüglich Freibetrag nach § 8 Nr. 1 GewStG:	100 000 €
verbleiben:	100 000 €
fiktiver Hinzurechnungsbetrag im EZ 01 **🏱**:	25 000 €
tatsächlicher Hinzurechnungsbetrag im EZ 01:	50 000 €
Differenz (= Minderungsbetrag):	25 000 €

Im EZ 02 ist bei der Ermittlung des Gewerbeertrags ein Gewinn in Höhe von 75 000 € zugrunde zu legen (tatsächlicher Gewinn in Höhe von 100 000 € abzüglich des Minderungsbetrags in Höhe von 25 000 €).

<u>Ermittlung des Gewerbeertrags:</u>

	EZ 01	EZ 02
Ausgangsgröße i. S. d. § 7 GewStG:	100 000 €	75 000 €
Hinzurechnung nach § 8 Nr. 1 GewStG:	50 000 €	50 000 €
Gewerbeertrag i. S. d. § 7 GewStG:	150 000 €	125 000 €

Tonnagebesteuerung

Die Auflösung des Unterschiedsbetrags nach § 5a Abs. 4 EStG gehört zum Gewerbeertrag nach § 7 Satz 3 GewStG (> BMF vom 12. 6. 2002 – BStBl I S. 614 unter Berücksichtigung der Änderungen durch BMF vom 31. 10. 2008 – BStBl I S. 956 und BFH vom 13. 12. 2007 – BStBl 2008 II S. 583 und vom 26. 6. 2014 – BStBl 2015 II S. 300).

Überführung von Einzelwirtschaftsgütern

Wenn die Überführung eines Wirtschaftsguts aus einem gewerblichen Betriebsvermögen in das Betriebsvermögen eines land- und forstwirtschaftlichen Betriebs, eines der Ausübung eines freien Berufs dienenden Betriebs oder in eine ausländische Betriebsstätte nach einkommensteuerrechtlichen Gewinnermittlungsgrundsätzen keine Entnahme darstellt, weil deren spätere Besteuerung durch den Verbleib in einem Betriebsvermögen sichergestellt ist, kann die Besteuerung der in dem Wirtschaftsgut ruhenden stillen Reserven allein für Zwecke der Gewerbesteuer nicht ausgelöst werden (> BFH vom 14. 6. 1988 – BStBl 1989 II S. 187).

Unentgeltliche Betriebs- oder Teilbetriebsübertragung

> § 6 Abs. 3 EStG

Zur Behandlung einer Gewinnerhöhung auf Grund einer Wertaufholung nach ausschüttungsbedingter Teilwertabschreibung

> R 8.6

Amtl. Fn.:

🏱 (300 000 € ./. Erstattung in 02: 100 000 € ./. Freibetrag 100 000 € = 100 000 € x 1/4)

Rechtsbehelfe

(2) Der Steuerpflichtige kann im Gewerbesteuermessbetragsverfahren Einwendungen gegen die Ermittlung des Gewinns aus Gewerbebetrieb unabhängig von dem Gang der Veranlagung bei der Einkommensteuer oder Körperschaftsteuer vorbringen.

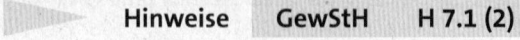

Hinweise   GewStH   H 7.1 (2)

...

Gewinn bei natürlichen Personen und bei Personengesellschaften

(3) [1]Bei der Ermittlung des Gewinns sind für Zwecke der Gewerbesteuer insbesondere die folgenden Vorschriften nicht anzuwenden:

1. § 16 Abs. 1 Satz 1 Nr. 1 Satz 1, Nr. 2, Nr. 3 und Abs. 3 Satz 1 EStG (Veräußerung oder Aufgabe des Betriebs), und zwar auch in Fällen der Veräußerung eines Teilbetriebs oder des Anteils eines Gesellschafters;

2. § 17 EStG (Veräußerung von Beteiligungen im Privatvermögen);

3. § 24 EStG (Entschädigungen usw.);

4. § 15 Abs. 4 EStG;

5. § 15a EStG (Verluste bei beschränkter Haftung);

6. § 15b EStG (Verluste aus Steuerstundungsmodellen).

[2]Für die Ermittlung des Gewerbeertrags sind Betriebseinnahmen und Betriebsausgaben auszuscheiden, welche nicht mit der Unterhaltung eines laufenden Gewerbebetriebs zusammenhängen. [3]Gewinne (Verluste) aus der Veräußerung der Beteiligung an einer Mitunternehmerschaft gehören auch dann nicht zum Gewerbeertrag, wenn die Beteiligung zum Betriebsvermögen gehört. [4]Der von einer Mitunternehmerschaft erzielte Gewinn aus der Veräußerung oder Aufgabe eines Betriebs oder Teilbetriebs, eines Mitunternehmeranteils oder des Komplementäranteils an einer KGaA ist jedoch nur insoweit gewerbesteuerfrei, als er auf eine natürliche Person als unmittelbar beteiligten Mitunternehmer entfällt. [5]Die Veräußerung eines Mitunternehmeranteils an einer Mitunternehmerschaft, zu deren Betriebsvermögen die Beteiligung an einer Mitunternehmerschaft gehört (sog. doppelstöckige Personengesellschaft), ist als einheitlicher Veräußerungsvorgang zu behandeln. [6]Gewinne (Verluste) aus der Veräußerung eines Teils eines Mitunternehmeranteils sind nach § 16 Abs. 1 Satz 2 EStG laufende Gewinne und somit gewerbesteuerpflichtig. [7]Durch den Wechsel des Gewinnermittlungsart bedingte Hinzu- und Abrechnungen unterliegen ebenfalls als laufender Gewinn der Gewerbesteuer. [8]Die Verteilung nach R 4.6 Abs. 1 Satz 4 und 5 EStR gilt auch für die Gewerbesteuer, es sei denn, die Änderung der Gewinnermittlungsart steht in einem zeitlichen Zusammenhang mit einem Unternehmerwechsel im Sinne der R 2.7.

Hinweise   GewStH   H 7.1 (3)

Anwendung einkommensteuerrechtlicher Vorschriften und Verwaltungsanordnungen

Während die Einkommensteuer als Personensteuer beim gewerblichen Gewinn alle betrieblichen Vorgänge von den ersten Vorbereitungshandlungen zur Betriebseröffnung bis zur Veräußerung oder Entnahme des letzten betrieblichen Wirtschaftsgutes berücksichtigt, ist Gegenstand der Gewerbesteuer nur der durch den laufenden Betrieb anfallende Gewinn (> BFH vom 13.11.1963 – BStBl 1964 III S. 124).

Betriebsaufgabe

– *Im Fall der Betriebsaufgabe ist für diesen Zeitpunkt der Übergang zum Vermögensvergleich zu unterstellen. Die dabei erforderlichen Zu- und Abrechnungen gehören zum laufenden Gewinn und sind deshalb bei der Ermittlung des Gewerbeertrags zu berücksichtigen (> BFH vom 23. 11. 1961 – BStBl 1962 III S. 199 und vom 24. 10. 1972 – BStBl 1973 II S. 233).*

– *Nach § 16 Abs. 3 Satz 5 EStG gilt der Gewinn aus der Aufgabe des Gewerbebetriebs als laufender Gewinn, soweit einzelne dem Betrieb gewidmete Wirtschaftsgüter im Rahmen der Aufgabe des Betriebs veräußert werden und soweit auf der Seite des Veräußerers und auf der Seite des Erwerbers dieselben Personen Unternehmer oder Mitunternehmer sind. Zur Anwendbarkeit des § 16 Abs. 3 Satz 5 EStG auch für die Gewerbesteuer (> BFH vom 3. 12. 2015 – BStBl 2016 II S. 544).*

Entnahmevorgänge bei Umwandlung in eine Personengesellschaft

Entsteht bei einer Betriebsveräußerung oder der Einbringung eines Betriebs zu Buch- oder Zwischenwerten ein Gewinn aus der Überführung von nicht zu den wesentlichen Betriebsgrundlagen gehörenden Wirtschaftsgütern in das Privatvermögen, unterliegt dieser Gewinn auch dann nicht der Gewerbesteuer, wenn er bei der Einkommensteuer nach dem Tarif zu versteuern ist (> BFH vom 29. 10. 1987 – BStBl 1988 II S. 374).

Entschädigungen, nachträgliche Betriebseinnahmen

– *Eine Unfallentschädigung, die ein Gewerbetreibender wegen Erwerbsminderung aus der Haftpflichtversicherung des Schädigers erhält, gehört nicht zum Gewerbeertrag (> BFH vom 20. 8. 1965 – BStBl 1966 III S. 94 und vom 28. 8. 1968 – BStBl 1969 II S. 8).*

– *Ausgleichsansprüche und Ausgleichszahlungen im Sinne des § 89b HGB bei Handelsvertretern sowie Entschädigungen für entgangenen Gewinn bei behördlich veranlasster Geschäftsraumverlegung gehören zum laufenden gewerblichen Gewinn und damit zum Gewerbeertrag i. S. d. § 7 GewStG (> BFH vom 21. 1. 1965 – BStBl III S. 172, vom 5. 12. 1968 – BStBl 1969 II S. 196, vom 26. 5. 1971 – BStBl II S. 717, vom 31. 3. 1977 – BStBl II S. 618 und vom 18. 12. 1996 – BStBl 1997 II S. 573). Ausgleichszahlungen i. S. d. § 89b HGB gehören auch dann zum laufenden Gewinn, wenn die Beendigung des Vertragsverhältnisses mit der Aufgabe des Betriebs zusammenfällt oder der Anspruch auf Ausgleichszahlung durch den Tod des Handelsvertreters entstanden ist und der Erbe den Betrieb aufgibt (> BFH vom 24. 11. 1982 – BStBl 1983 II S. 243, vom 9. 2. 1983 – BStBl II S. 271, vom 19. 2. 1987 – BStBl II S. 570 und vom 25. 7. 1990 – BStBl 1991 II S. 218).*

Eine Ausgleichszahlung im Sinne von § 89b HGB, die ihren Grund in der Beendigung des Vertragsverhältnisses durch den Tod des Handelsvertreters hat und an dessen allein erbende Witwe geleistet wird, gehört aber dann nicht zum Gewerbeertrag des mit dem Tode eingestellten Gewerbebetriebs, wenn der Handelsvertreter seinen Gewinn nach § 4 Abs. 3 EStG ermittelte und diese Gewinnermittlungsart beibehalten wurde (> BFH vom 10. 7. 1973 – BStBl II S. 786).

– *Wird die Entschädigung im Rahmen der Aufgabe eines Gewerbebetriebs gezahlt, so bleibt sie beim Gewerbeertrag außer Ansatz, wenn sie einkommensteuerrechtlich dem begünstigten Veräußerungs- oder Aufgabegewinn i. S. d. § 16 EStG zuzurechnen ist (> BFH vom 17. 12. 1975 – BStBl 1976 II S. 224).*

– *Eine nach § 3 Nr. 8 EStG steuerfreie Entschädigung gehört nicht zum Gewerbeertrag (> BFH vom 12. 1. 1978 – BStBl II S. 267).*

Ermittlung des Gewerbeertrags bei Mitunternehmerschaften

...

Gewinn aus der Veräußerung einer 100 %igen Beteiligung an einer Kapitalgesellschaft

Der Gewinn aus der Veräußerung einer zum Betriebsvermögen gehörenden Beteiligung an einer Kapitalgesellschaft i. S. d. § 2 Abs. 2 GewStG ist auch dann Gewerbeertrag, wenn die Beteiligung das gesamte Nennkapital umfasst (> § 16 Abs. 1 Satz 1 Nr. 1 Satz 2 EStG), es sei denn, die Veräußerung erfolgt im engen Zusammenhang mit der Aufgabe des Gewerbebetriebs (> BFH vom 2. 2. 1972 – BStBl II S. 470). Dies gilt unabhängig davon, ob es sich um Anteile an einer inländischen oder ausländischen Kapitalgesellschaft handelt (> BFH vom 29. 8. 1984 – BStBl 1985 II S. 160).

Gewinnanteile stiller Gesellschafter

– Wird die anteils- und beteiligungsidentische Schwesterpersonengesellschaft einer Kommanditistin als typische stille Gesellschafterin an der KG beteiligt und werden die Interessen anderer KG-Gesellschafter durch eine „Gewinnverschiebung" zwischen den Schwestergesellschaften nicht berührt, mindert der Gewinnanteil der stillen Gesellschafterin nur in angemessener Höhe den Gewerbeertrag der KG.

– Soweit der der stillen Gesellschafterin eingeräumte Gewinnanteil eine angemessene Höhe übersteigt, ist er der Kommanditistin zuzurechnen. Insoweit handelt es sich um eine verdeckte Entnahme der Gesellschafter aus der Kommanditistin verbunden mit einer verdeckten Einlage in deren Schwestergesellschaft.

– Soweit ein angemessener Gewinnanteil der stillen Gesellschafterin nicht durch einen konkreten Fremdvergleich ermittelt werden kann, ist – entsprechend den von der Rechtsprechung zu Familienpersonengesellschaften entwickelten Grundsätzen – im Allgemeinen eine Gewinnverteilung nicht zu beanstanden, die eine durchschnittliche Rendite der an Gewinn und Verlust beteiligten stillen Gesellschafterin bis zu 35 % ihrer Einlage erwarten lässt.
(> BFH vom 21. 9. 2000 – BStBl 2001 II S. 299)

Mehrheit von Betrieben

> R 2.4

Sondererbfolge

Bei einer Sonderrechtsnachfolge in den Mitunternehmeranteil (qualifizierte Nachfolgeklausel) handelt es sich um eine Sondererbfolge; deshalb unterliegt der beim Erblasser entstehende Gewinn aus der Entnahme des Sonderbetriebsvermögens nicht der GewSt (> BFH vom 15. 3. 2000 – BStBl II S. 316).

Veräußerungs- und Aufgabegewinne

– Gewinne aus der Veräußerung oder Aufgabe eines Gewerbebetriebs oder eines Teilbetriebs im Sinne von § 16 Abs. 1 Satz 1 Nr. 1 Halbsatz 1 und Abs. 3 EStG gehören vorbehaltlich der Anwendung des § 7 Satz 2 GewStG bei einer Personengesellschaft nicht zum Gewerbeertrag (> BFH vom 11. 3. 1982 – BStBl II S. 707).

– Veräußerungs- oder Aufgabegewinne unterliegen als laufender Gewinn der Gewerbesteuer, soweit auf der Seite des Veräußerers und auf der Seite des Erwerbers dieselben Personen Unternehmer oder Mitunternehmer sind (> § 16 Abs. 2 Satz 3, Abs. 3 Satz 2 EStG und BFH vom 15. 6. 2004 – BStBl II S. 754).

– Zur Frage der Einbeziehung des Gewinns aus der Veräußerung eines Mitunternehmeranteils[1] im Sinne des § 7 Satz 2 Nr. 2 GewStG in die erweiterte Kürzung gemäß § 9 Nr. 1 Satz 2 GewStG
> H 9.2 (1)

Anm. d. Schriftl.:

[1] Mit dem aus Art. 3 Abs. 1 GG folgenden Grundsatz der Besteuerung nach der Leistungsfähigkeit ist es vereinbar, dass eine Personengesellschaft (Mitunternehmerschaft) nach § 7 Satz 2 Nr. 2 GewStG bei Verkauf eines Anteils durch einen Mitunternehmer grundsätzlich gewerbesteuerpflichtig ist, obwohl der Veräußerungsgewinn beim Veräußerer verbleibt (BVerfG-Urteil vom 10. 4. 2018, BStBl 2018 II S. 303).

- *Eine GmbH & Co. KG, die ihren Geschäftsbereich veräußert und lediglich eine wesentliche Betriebsgrundlage zurückbehält, die sie fortan vermietet, bleibt gewerbesteuerpflichtig; der Veräußerungsgewinn ist in den Gewerbeertrag einzubeziehen (> BFH vom 17.3.2010 – BStBl II S. 977).*

- *Der Gewinn aus der Veräußerung eines zum Anlagevermögen zählenden Flugzeugs gehört zum gewerbesteuerbaren (laufenden) Gewinn, wenn die Veräußerung Bestandteil eines einheitlichen Geschäftskonzepts der unternehmerischen Tätigkeit ist (> BFH vom 20.9.2012 – BStBl 2013 II S. 498). Zu einheitlichem Geschäftskonzept > H 2.6 (1)*

Vermögensübergang auf eine Personengesellschaft

- *> BMF vom 11.11.2011 – BStBl I S. 1314 – Tz. 18.05 ff. > ...*

- *> § 18 UmwStG*

- *Veräußerung einer aus der Umwandlung einer Kapitalgesellschaft hervorgegangenen Personengesellschaft gegen Leibrente > BFH vom 17.7.2013 – BStBl II S. 883*

Wechsel der Gewinnermittlungsart

> R 4.6 EStR und Anlage zu R 4.6 EStH

Zwischengeschaltete Personengesellschaft

Anwendung der §§ 3 Nr. 40 und 3c Abs. 2 EStG sowie § 8b KStG

> § 7 Satz 4 GewStG

Gewinn bei Körperschaften, Personenvereinigungen und Vermögensmassen

(4) [1]Bei unbeschränkt Steuerpflichtigen im Sinne des § 1 Abs. 1 Nr. 1 bis 3 KStG sind alle Einkünfte als Einkünfte aus Gewerbebetrieb zu behandeln. [2]Den als Ausgangspunkt für die Ermittlung des Gewerbeertrags zugrunde zu legenden Gewinn im Sinne des § 7 GewStG dürfen aber insbesondere folgende Beträge nicht mindern:

1. der Verlustabzug nach § 10d EStG;

2. die Freibeträge nach §§ 24 und 25 KStG.

[3]Die in R 7.1 Abs. 3 Nr. 4 dargelegten Grundsätze sind anzuwenden. [4]Liegen bei einer Kapitalgesellschaft die Voraussetzungen des § 8 Abs. 7 KStG vor, ist die Spartentrennung nach § 8 Abs. 9 KStG auch für die Gewerbesteuer vorzunehmen. [5]Demnach ist für jede der sich nach Maßgabe des § 8 Abs. 9 KStG ergebenden Sparten zunächst ein gesonderter Gewerbeertrag zu ermitteln. [6]Der Gewerbeertrag der Kapitalgesellschaft ist in diesen Fällen die Summe der positiven Gewerbeerträge der jeweiligen Sparten.

◣ **Hinweise   GewStH   H 7.1 (4)**

...

(5) – (8) ...

Zu § 8 GewStG❶ (§§ 17 bis 19 GewStDV)

GewStR   **R 8.1 Hinzurechnung von Finanzierungsanteilen❷❸❹❺**

Entgelte für Schulden

(1) [1]Entgelte für Schulden sind die Gegenleistung für die eigentliche Nutzung von Fremdkapital und die vorzeitige Zurverfügungstellung von Kapital. [2]Hierbei ist für die Frage, ob hinzuzurechnende Entgelte vorliegen, nicht die Bezeichnung, sondern der wirtschaftliche Gehalt der Leistung entscheidend. [3]Zu den Entgelten für Schulden gehören sowohl Zinsen zu einem festen oder variablen Zinssatz als auch Vergütungen für partiarische Darlehen, Genussrechte und Gewinnobligationen. [4]Das Gleiche gilt für Leistungen, die zwar nicht als Zinsen bezeichnet werden, aber wie diese Entgeltscharakter haben, wie zum Beispiel das Damnum, das bei der Ausgabe von Hypotheken und anderen Darlehen vereinbart wird, sowie das Disagio, das bei der Ausgabe von Schuldverschreibungen einer Kapitalgesellschaft gewährt wird. [5]Bei Bankkrediten sind die laufenden Sondervergütungen (z. B. Provisionen, Garantieentgelte), die neben den Zinsen vereinbart sind, in der Regel den Entgelten für Schulden zuzurechnen. [6]Soweit die von den Banken angesetzten Provisionen mit nicht in Anspruch genommenen Krediten zusammenhängen, fallen sie nicht unter die Vorschrift des § 8 Nr. 1 Buchstabe a GewStG. [7]Bereitstellungs- und Zusageprovisionen stellen keine Gegenleistung für die eigentliche Nutzung von Fremdkapital dar und unterliegen somit nicht der Hinzurechnung nach § 8 Nr. 1 Buchstabe a GewStG. [8]Die Umsatzprovision fällt insoweit nicht unter die hinzuzurechnenden Entgelte, als sie das Entgelt für Leistungen der Bank bildet, die nicht in der Überlassung des Kapitals bestehen, sondern darüber hinausgehende weitere Leistungen darstellen. [9]Auch die mit Schulden zusammenhängenden Geldbeschaffungskosten, laufenden Verwaltungskosten, Depotgebühren, Währungsverluste, Bereitstellungszinsen usw. sind keine hinzurechnungspflichtigen Entgelte. [10]Die Deckungsrückstellung (Deckungsrücklage) der Lebensversicherungsunternehmen ist keine Schuld im Sinne des Gewerbesteuergesetzes.

Anm. d. Schriftl.:

❶ Im Rahmen des Gesetzes zur weiteren steuerlichen Förderung der Elektromobilität und zur Änderung weiterer steuerlicher Vorschriften vom 12. 12. 2019, BGBl 2019 I S. 2451, wurde eine Regelung für Fahrzeuge mit Antrieb ausschließlich durch Elektromotoren, extern aufladbare Hybridelektrofahrzeuge und Fahrräder, die keine Kraftfahrzeuge sind, eingeführt. Eine weitere Änderung des § 8 Nr. 1 GewStG ist im Rahmen des Zweiten Gesetzes zur Umsetzung steuerlicher Hilfsmaßnahmen zur Bewältigung der Corona-Krise vom 29. 6. 2020, BGBl 2020 I S. 1513, erfolgt. § 8 Nr. 8 GewStG wurde im Rahmen des Jahressteuergesetzes 2020 vom 21. 12. 2020, BGBl 2020 I S. 3096, ergänzt. § 8 Nr. 5 Satz 2 GewStG wurde im Rahmen des Gesetzes zur Umsetzung der Anti-Steuervermeidungsrichtlinie vom 25. 6. 2021, BGBl 2021 I S. 2035, aufgehoben.

❷ Hinsichtlich des Anwendungsfragen zur Hinzurechnung von Finanzierungsanteilen nach § 8 Nr. 1 GewStG in der Fassung des Unternehmensteuerreformgesetzes 2008 vom 14. 8. 2007, BGBl I S. 1912, wird auf die gleich lautenden Erlasse der obersten Finanzbehörden der Länder vom 2. 7. 2012, BStBl 2012 I S. 654, hingewiesen. Änderungen sind im Rahmen der gleich lautenden Erlasse der obersten Finanzbehörden der Länder vom 6. 4. 2022, BStBl 2022 I S. 638, vorgenommen.

❸ Die Grundsätze einer ausnahmsweise zulässigen Saldierung von Zinsaufwendungen bei wechselseitig gewährten Darlehen gelten bei der Ermittlung des Gewerbesteuermessbetrages auch für Darlehen innerhalb eines Cash-Pools (BFH-Urteil vom 11. 10. 2018, BStBl 2019 II S. 275).

❹ § 19 Abs. 4 GewStDV findet auf den in den Leasingraten enthaltenen Zinsanteil keine Anwendung. Bei der Hinzurechnung der Leasingraten nach § 8 Nr. 1 Buchst. d GewStG handelt es sich weder um Entgelte für Schulden noch ihnen gleichgestellte Beträge nach § 8 Nr. 1 Buchst. a GewStG (BFH-Urteil vom 11. 12. 2018, BStBl 2022 II S. 80).

❺ Grundsteuer, die vertraglich auf den Mieter oder Pächter eines Gewerbegrundstücks umgelegt wird, ist nach § 8 Nr. 1 Buchst. e GewStG gewerbesteuerrechtlich hinzuzurechnen (BFH-Urteil vom 2. 2. 2022, BStBl 2022 II S. 454).

Hinweise   GewStH   H 8.1 (1)

Allgemeines

Auf die Dauer des Schuldverhältnisses kommt es nicht an. Auch ist es nicht von Bedeutung, ob die Schulden mit oder ohne Willen des Schuldners oder des Gläubigers entstanden sind, ob sie das Betriebsvermögen erhöht oder nur dessen Verminderung verhindert haben, ob die Gegenwerte am Stichtag noch vorhanden und ob die Schulden verzinslich sind (> BFH vom 28. 6. 1957 − BStBl III S. 287).

ABC der als Entgelt für Schulden anzusehenden Leistungen

− *Diskontbeträge, soweit sich diese auf den Finanzierungsanteil beziehen. Demnach sind enthaltene Nebenkosten − Verwaltungsgebühren, Risikoprämien, Wertermittlungskosten und vergleichbare Kosten − nicht in die Hinzurechnung einzubeziehen, zu Zeitpunkt und Umfang der Hinzurechnung (> Rdnr. 21 und 23 Gleich lautende Erlasse der obersten Finanzbehörden der Länder vom 2. 7. 2012 − BStBl I S. 654).*

− *Skonti/wirtschaftlich vergleichbare Vorteile, wenn diese nicht dem gewöhnlichen Geschäftsverkehr entsprechen und somit der Finanzierungseffekt im Vordergrund steht (> Rdnr. 16 Gleich lautende Erlasse der obersten Finanzbehörden der Länder vom 2. 7. 2012 − BStBl I S. 654).*

− *Verwaltungskosten, wenn sie ihrer Höhe nach prozentual an dem Darlehensbetrag bemessen und bezogen auf die gesamte Laufzeit des Darlehens zu zahlen und nicht für besondere, über die Kapitalüberlassung hinausgehende Leistungen des Kreditgebers zu erbringen sind (> BFH vom 9. 8. 2000 − BStBl 2001 II S. 609).*

− *Vorfälligkeitsentschädigungen, die für die vorzeitige Rückzahlung eines Darlehens bei Verkürzung einer ursprünglich vereinbarten Mindestlaufzeit entrichtet werden, weil sie wie die vereinbarten Zinsen Entgelt für die Kreditgewährung sind (> BFH vom 20. 3. 1980 − BStBl II S. 538 und BFH vom 25. 2. 1999 − BStBl II S. 473).*

ABC der nicht als Entgelt für Schulden anzusehenden Leistungen[1]

− *Avalprovisionen/Avalgebühren*

> BFH vom 29. 3. 2007 − BStBl II S. 655

− *Bauzeitzinsen, die als Herstellungskosten aktiviert sind; dies gilt sowohl für den Erhebungszeitraum der Aktivierung, als auch in Erhebungszeiträumen, in denen sie sich über Abschreibungen auf den Gewinn ausgewirkt haben (> BFH vom 30. 4. 2003 − BStBl 2004 II S. 192 und Rdnr. 13 Gleich lautende Erlasse der obersten Finanzbehörden der Länder vom 2. 7. 2012 − BStBl I S. 654).*

− *Bereitstellungszinsen*

> BFH vom 10. 7. 1996 − BStBl 1997 II S. 253

− *Erbbauzinsen, soweit diese Entgelt für die Überlassung des Grund und Bodens darstellen (> BFH vom 7. 3. 2007 − BStBl II S. 654), zur Behandlung von als Anschaffungskosten oder Herstellungskosten aktivierten Erbbauzinsen > Bauzeitzinsen.*

Anm. d. Schriftl.:

[1] Erhält ein Unternehmen ein Sachdarlehen über festverzinsliche Anleihen, die es nach Empfang veräußert und später zwecks Rückgabe zurückerwirbt, so sind weder die beim Rückerwerb dem Veräußerer zu vergütenden Stückzinsen noch die im Zeitraum zwischen der Überlassung der Anleihen und deren Rückgabe an den Darlehensgeber aufgelaufenen Stückzinsen als Entgelte für Schulden hinzuzurechnen (BFH-Urteil vom 7. 10. 2021, BStBl 2022 II S. 625).

– **Negative Einlagezinsen**

> Gleich lautende Erlasse der obersten Finanzbehörden der Länder vom 17. 11. 2015 – BStBl I
  S. 896

– **Teilwertabschreibungen,** die steuerlich zulässig als Aufwand abgesetzt wurden; dies gilt auch,
  wenn das Unternehmen die abgeschriebene Forderung im Folgenden zum abgeschriebenen
  Wert veräußert (> Rdnr. 18 Gleich lautende Erlasse der obersten Finanzbehörden der Länder
  vom 2. 7. 2012 – BStBl I S. 654).

– **Zins-Swap-Geschäfte,** die im Zusammenhang mit einem Swap-Geschäft gezahlten Vergütungen werden nicht für die Überlassung von Kapital, sondern für die Absicherung eines Zinsrisi-
  kos gezahlt (> BFH vom 4. 6. 2003 – BStBl 2004 II S. 517 und Rdnr. 14 und 15 Gleich lautende
  Erlasse der obersten Finanzbehörden der Länder vom 2. 7. 2012 – BStBl I S. 654).

Anwendungsfragen zur Hinzurechnung von Finanzierungsanteilen nach § 8 Nr. 1 GewStG

> Gleich lautende Erlasse der obersten Finanzbehörden der Länder vom 2. 7. 2012 – BStBl I S. 654**❶**

Aufzinsungsbeträge

Aus dem Abzinsungsvorgang nach § 6 Abs. 1 Nr. 3 EStG und der nachfolgenden Aufzinsung ergeben sich keine Entgelte im Sinne von § 8 Nr. 1 Buchst. a GewStG (> Rdnr. 39 des BMF-Schreibens
vom 26. 5. 2005 – BStBl I S. 699 und > H 6.10 (Abzinsung) und Anhang 9 V EStH sowie Rdnr. 12
Gleich lautende Erlasse der obersten Finanzbehörden der Länder vom 2. 7. 2012 – BStBl I S. 654).

Beteiligung an einer nicht gewerblichen Grundstücksgemeinschaft

Ist ein Gewerbebetrieb an einer nicht gewerblichen Grundstücksgemeinschaft (Gesamthands- oder
Bruchteilsgemeinschaft) beteiligt, gehören auch die im Rahmen der Grundstücksgemeinschaft auf-
genommenen Schulden anteilig zu den Schulden des Gewerbebetriebs (> BFH vom 28. 1. 1975 –
BStBl II S. 516).

Durchlaufende Kredite❷

Bei einem Unternehmen, das einen Kredit aufgenommen und weitergeleitet hat, liegt ein hin-
zurechnungspflichtiger Zinsaufwand vor (> Rdnr. 11 Gleich lautende Erlasse der obersten Finanzbehörden der Länder vom 2. 7. 2012 – BStBl I S. 654).

Forfaitierung

Zur Forfaitierung von Ansprüchen aus schwebenden Verträgen > Rdnr. 19 ff. Gleich lautende Erlasse der obersten Finanzbehörden der Länder vom 2. 7. 2012 – BStBl I S. 654

Saldierung mit Guthaben

Das Vorhandensein von flüssigen Mitteln, die zur Tilgung ausreichen, steht der Annahme von Schulden in der Regel nicht entgegen (> RFH vom 7. 12. 1938 – RStBl 1939 S. 330 und BFH vom 6. 11. 1985
– BStBl 1986 II S. 415). Das gilt auch dann, wenn die flüssigen Mittel in einem Guthaben auf einem
anderen Konto bei demselben Kreditgeber bestehen und die Konten zu dem Zweck geführt werden,
verschiedene Geschäftsbeziehungen dauernd getrennt voneinander zu behandeln (> RFH vom

---

Anm. d. Schriftl.:

❶ Änderungen sind im Rahmen der gleich lautenden Erlasse der obersten Finanzbehörden der Länder vom
  6. 4. 2022, BStBl 2022 I S. 638, vorgenommen worden.

❷ Besteht der Geschäftszweck eines Unternehmens darin, Darlehen aufzunehmen und an eine Tochtergesell-
  schaft weiterzureichen, handelt es sich auch dann nicht um durchlaufende Kredite, wenn die Kredite ohne
  Gewinnaufschlag an die Tochtergesellschaft weitergegeben werden (BFH-Urteil vom 17. 7. 2019, BStBl 2020
  II S. 48).

11. 3. 1942 – RStBl S. 716). Eine Saldierung einer Schuld mit einem Guthaben bei demselben Kredit-geber kann nur im Ausnahmefall bei Einheitlichkeit, Regelmäßigkeit oder gleichbleibender Zweck-bestimmung der Kreditgeschäfte, bei regelmäßiger Verrechnung der Konten oder dann in Betracht kommen, wenn der über ein Konto gewährte Kredit jeweils zur Abdeckung der aus dem anderen Kon-to ausgewiesenen Schuld verwendet wird (> BFH vom 10. 11. 1976 – BStBl 1977 II S. 165).

Substanzerhaltungspflicht

Die im Rahmen einer Unternehmenspacht von dem Pächter übernommene Verpflichtung, für die bei Pachtbeginn erhaltenen Rohstoffe, Halb- und Fertigfabrikate bei Aufhebung des Pachtverhält-nisses dieselbe Vorratsmenge in gleicher Art und Güte zurückzugeben, stellt eine Schuld dar (> BFH vom 30. 11. 1965 – BStBl 1966 III S. 51).

Unionsrechtmäßigkeit der Hinzurechnung von Zinsen

Die gewerbesteuerliche Hinzurechnung von Schuldzinsen verstößt nicht gegen das geltende Unions-recht (> EuGH vom 21. 7. 2011 – BStBl 2012 II S. 528 und BFH vom 7. 12. 2011 – BStBl 2012 II S. 507).

Verfassungsmäßigkeit der Hinzurechnungen nach § 8 Nr. 1 GewStG

– *Es ist nicht ernstlich zweifelhaft, dass § 8 Nr. 1 GewStG in aktueller Fassung mit dem Grund-gesetz vereinbar ist (> BFH vom 16. 10. 2012 – BStBl 2013 II S. 30).*

– *> BVerfG vom 15. 2. 2016 – BStBl II S. 557*

Verrechnung von Entgelten für Schulden mit erhaltenen Erstattungen

Eine Verrechnung von Aufwendungen, die als Entgelte für Schulden anzusehen sind, mit erhalte-nen Erstattungen oder Zuschüssen ist ausnahmsweise nur dann zulässig, wenn ein ursächlicher Zusammenhang zwischen dem tatsächlich für einen bestimmten Kredit entstandenen Aufwand und dem Zufluss besteht (> BFH vom 4. 2. 1976 – BStBl II S. 551 und vom 23. 11. 1983 – BStBl 1984 II S. 217). In diesem Zusammenhang mindern Zinsverbilligungszuschüsse von dritter Seite die hinzuzurechnenden Entgelte für Schulden (> BFH vom 4. 5. 1965 – BStBl III S. 417), weiterhin > Sal-dierung mit Guthaben.

Versicherungsunternehmen

Wie die Deckungsrückstellung (Deckungsrücklage) der Lebensversicherungsunternehmen sind auch die verzinslich angesammelten Gewinnanteile der Versicherungsnehmer keine Schulden, wenn die Gegenwerte ähnlichen Verfügungsbeschränkungen wie die Bestände des Deckungsstocks unterlie-gen (> Gutachten des RFH vom 26. 11. 1943 – RStBl 1944 S. 171). Die Rückstellung für Beitrags-rückerstattung ist als Schuld zu behandeln, soweit die Gegenwerte nicht ähnlichen Verfügungs-beschränkungen unterliegen wie die Bestände des Deckungsstocks (> BFH vom 26. 4. 1960 – BStBl III S. 311, vom 4. 4. 1963 – BStBl III S. 264 und vom 11. 4. 1984 – BStBl II S. 598). Der Grundsatz, dass die Deckungsrückstellung keine Schuld im Sinne des Gewerbesteuergesetzes ist, schließt nicht aus, dass Hypothekenschulden, die auf einem zum Deckungsstock gehörenden Grundstück lasten, Schulden sein können (> BFH-Urteil vom 21. 7. 1966 – BStBl III S. 630); weiterhin > Rdnr. 24 ff. Gleich lautende Erlasse der obersten Finanzbehörden der Länder vom 2. 7. 2012 – BStBl I S. 654.

Zahlung von Überpreisen

Die Zahlung von Überpreisen führt beim Lieferanten zu einer Schuld, wenn der Mehrbetrag dem Kunden auf einem besonderen Konto gutgeschrieben und banküblich verzinst wird (> BFH vom 21. 2. 1991 – BStBl II S. 474).

Renten und dauernde Lasten

(2) ¹Die Hinzurechnung nach § 8 Nr. 1 Buchstabe b GewStG ist auf betriebliche Renten und dau-ernde Lasten beschränkt. ²Bei passivierten Renten und dauernden Lasten ergibt sich die Höhe

des unter § 8 Nr. 1 Buchstabe b GewStG fallenden Finanzierungsanteils aus dem Unterschied zwischen der laufenden Zahlung (Aufwand) und der Verminderung des Passivpostens für die Verpflichtung (Ertrag). ³Der durch den Wegfall der Verpflichtung entstehende außerordentliche Ertrag berührt den hinzuzurechnenden Betrag nicht.

Hinweise   GewStH   H 8.1 (2)

...

Gewinnanteile des stillen Gesellschafters

(3) ¹Der Begriff des stillen Gesellschafters im Sinne des § 8 Nr. 1 Buchstabe c GewStG geht insofern über den handelsrechtlichen (und den einkommensteuerrechtlichen) Begriff hinaus, als nicht die Beteiligung an einem Handelsgewerbe erforderlich ist, sondern die Beteiligung an einem Gewerbe schlechthin genügt, für die laut Vereinbarung der Vertragspartner die Vorschriften der §§ 230 bis 237 HGB gelten sollen. ²Bei der Ermittlung der Summe der nach § 8 Nr. 1 GewStG hinzuzurechnenden Finanzierungsanteile ist auch ein Verlustanteil des stillen Gesellschafters zu berücksichtigen, soweit dieser Verlustanteil den Verlust aus Gewerbebetrieb gemindert hat. ³Wird die Summe hierdurch negativ, kommt eine negative Hinzurechnung nicht in Betracht.**❶**

Hinweise   GewStH   H 8.1 (3)

...

Miet- und Pachtzinsen für bewegliche und unbewegliche Wirtschaftsgüter**❷❸❹❺**

(4) ¹Unter Miet- und Pachtzinsen sind nicht nur Barleistungen, sondern alle Entgelte zu verstehen, die der Mieter oder der Pächter für den Gebrauch oder die Nutzung des Gegenstandes an den Vermieter oder den Verpächter zu zahlen hat. ²Für die Abgrenzung der Wirtschaftsgüter im Sinne des § 8 Nr. 1 Buchstabe d und e GewStG ist von dem Begriff des Wirtschaftsguts im Sinne des § 4 EStG auszugehen.

Amtl. Fn.:

❶ R 8.1 Abs. 3 Satz 3 ist durch BFH vom 1.10.2015, I R 4/14, BStBl 2017 II S. 59 und vom 28.1.2016, I R 15/15, BStBl 2017 II S. 62 überholt. ...

Anm. d. Schriftl.:

❷ Auch die Mieten und Pachten für weitervermietete oder -verpachtete Immobilien sind dem Gewinn aus Gewerbebetrieb gemäß § 8 Nr. 1 Buchst. e GewStG 2002 hinzuzurechnen (BFH-Urteil vom 4.6.2014, BStBl 2015 II S. 289).

❸ Die Hinzurechnung verausgabter Miet- und Pachtzinsen nach § 8 Nr. 1 Buchst. e GewStG findet auch in Zwischenvermietungsfällen statt (BFH-Urteil vom 8.12.2016, BStBl 2017 II S. 722).

❹ Die der Höhe nach unterschiedliche gewerbesteuerrechtliche Hinzurechnung von Miet- und Pachtzinsen für bewegliche und unbewegliche Wirtschaftsgüter des Anlagevermögens und von Aufwendungen für die zeitlich befristete Überlassung von Rechten nach § 8 Nr. 1 Buchst. d, e und f GewStG muss nicht einem strikten Folgerichtigkeitsgebot genügen (BFH-Urteil vom 14.6.2018, BStBl 2018 II S. 662).

❺ Die Kosten für die Anmietung einer Messestandfläche können bei einem ausstellenden Unternehmen nur dann zu einer Hinzurechnung nach § 8 Nr. 1 Buchst. e GewStG führen, wenn die Messestandfläche bei unterstelltem Eigentum des ausstellenden Unternehmens zu dessen Anlagevermögen gehören würde (BFH-Beschluss vom 23.3.2022, BStBl 2022 II S. 559).

Hinweise GewStH H 8.1 (4)

...

Aufwendungen für die zeitlich befristete Überlassung von Rechten

(5) – unbesetzt –

Hinweise GewStH H 8.1 (5)

...

Freibetrag nach § 8 Nr. 1 GewStG

(6) [1]Der Freibetrag nach § 8 Nr. 1 GewStG ist betriebsbezogen zu gewähren. [2]Wechselt lediglich die Steuerschuldnerschaft zwischen Einzelunternehmen und Personengesellschaften oder umgekehrt, gelten die Grundsätze in R 11.1 Satz 2 ff. [3]Demnach ist der Freibetrag bei der Ermittlung des maßgeblichen Hinzurechnungsbetrages nach § 8 Nr. 1 GewStG jedem der Steuerschuldner entsprechend der Dauer seiner persönlichen Steuerpflicht zeitanteilig zu gewähren.

Hinweise GewStH H 8.1 (6)

...

GewStR R 8.6 Gewinnminderungen durch Teilwertabschreibungen und Veräußerungsverluste

[1]Hinzuzurechnen sind Gewinnminderungen, die durch eine Teilwertabschreibung auf Anteile an einer Körperschaft, eine Veräußerung oder Entnahme solcher Anteile oder eine Auflösung oder Herabsetzung des Kapitals einer Körperschaft entstanden sind, soweit sie auf nach § 9 Nr. 2a, 7 oder 8 GewStG zu kürzende Gewinnausschüttungen oder organschaftliche Gewinnabführungen zurückzuführen sind. [2]Die Gewinnminderung kann sowohl auf offenen als auch auf verdeckten Gewinnausschüttungen beruhen. [3]Soweit die Gewinnminderung auf andere Umstände zurückzuführen ist (z. B. Verluste der Körperschaft), kommt eine Hinzurechnung nicht in Betracht. [4]Ist eine Gewinnminderung sowohl durch Gewinnausschüttungen oder organschaftliche Gewinnabführungen im oben genannten Sinne als auch durch andere Umstände veranlasst, so ist bei Anwendung des § 8 Nr. 10 GewStG davon auszugehen, dass die Gewinnminderung vorrangig durch andere Umstände veranlasst worden ist. [5]Bei einer gewerbesteuerlichen Organschaft ist § 8 Nr. 10 GewStG nur hinsichtlich der durch die Ausschüttung von Gewinnen aus vororganschaftlicher Zeit entstandenen Gewinnminderungen anzuwenden. [6]Darüber hinaus ist § 8 Nr. 10 GewStG nicht anzuwenden. [7]Die spätere Gewinnerhöhung aus der Wertaufholung der Anteile an Kapitalgesellschaften ist bei der Ermittlung des Gewerbeertrags auch dann zu berücksichtigen, wenn die zuvor vorgenommene Teilwertabschreibung für diese Anteile auf einer Gewinnausschüttung beruht und die Teilwertabschreibung nach § 8 Nr. 10 GewStG – aber auch die Gewinnausschüttung gemäß § 9 Nr. 2a GewStG – für Zwecke der Festsetzung des Gewerbesteuermessbetrags außer Ansatz geblieben ist.

▶   **Hinweise   GewStH   H 8.6**

...

GewStR   R 8.9 Schulden bei Spar- und Darlehenskassen

¹Spareinlagen bei Spar- und Darlehnskassen mit überwiegendem Warengeschäft sind insoweit nicht als Schulden zu behandeln, als sie in Kapital- und Geldmarktpapieren (insbesondere in Anleihen des Bundes, der Länder und der Gebietskörperschaften, Teilschuldverschreibungen, Pfandbriefen und Privatdiskonten) oder in Guthaben bei Zentralkassen oder in Hypotheken, Grundschulden oder Ausgleichsforderungen angelegt sind. ²Diese Regelung ist auch dann anzuwenden, wenn die durch Grundschulden gesicherten Forderungen eine geringere Laufzeit als vier Jahre haben und deshalb nach dem Kontenrahmen für Kreditgenossenschaften als Kontokorrentforderungen ausgewiesen sind. ³Voraussetzung ist aber der Nachweis, dass die Ausleihungen nicht mit dem bankfremden Geschäft im Zusammenhang stehen. ⁴Das gilt nicht für Darlehen und Abwicklungsforderungen. ⁵Spar- und Darlehnskassen in diesem Sinne sind alle Genossenschaften, in deren Firma zum Ausdruck kommt, dass sie Geschäfte der in § 1 des Gesetzes über das Kreditwesen bezeichneten Art ausführen (z. B. Spar- und Darlehnsvereine, Spar- und Wirtschaftsgenossenschaften). ⁶Bei der Ermittlung des Gewerbeertrags von Spar- und Darlehnskassen ist grundsätzlich jeweils der niedrigste Jahresbestand der Summe der in Satz 1 bezeichneten Anlagewerte im Geschäftsjahr maßgebend. ⁷Der niedrigste Jahresbestand kann aber um den Hundertsatz erhöht werden, um den sich der Spareinlagenbestand am Schluss des Geschäftsjahrs gegenüber dem Bestand am Beginn des Geschäftsjahrs erhöht hat.

▶   **Hinweise   GewStH   H 8.9**

...

Zu § 9 GewStG 🔢🔢🔢 (§§ 20 und 21 GewStDV)

GewStR   R 9.1 Kürzung für den zum Betriebsvermögen gehörenden Grundbesitz 🔢🔢🔢🔢🔢🔢

Allgemeines

(1) ¹Nach § 9 Nr. 1 Satz 1 GewStG ist die Summe des Gewinns und der Hinzurechnungen um 1,2 v. H. des Einheitswerts des nicht von der Grundsteuer befreiten Grundbesitzes zu kürzen, der

---

Anm. d. Schriftl.:

1 § 9 Nr. 5 GewStG wurde im Rahmen des Gesetzes zur Umsetzung steuerlicher EU-Vorgaben sowie zur Änderung steuerlicher Vorschriften vom 8. 4. 2010, BGBl 2010 I S. 386, geändert. Weitere Änderungen des § 9 GewStG erfolgten im Rahmen des Beitreibungsrichtlinie-Umsetzungsgesetzes vom 7. 12. 2011, BGBl 2011 I S. 2592, im Rahmen des Gesetzes zur Anpassung des nationalen Steuerrechts an den Beitritt Kroatiens zur EU und zur Änderung steuerlicher Vorschriften vom 25. 7. 2014, BGBl 2014 I S. 1266, im Rahmen des Gesetzes zur weiteren steuerlichen Förderung der Elektromobilität und zur Änderung weiterer steuerlicher Vorschriften vom 12. 12. 2019, BGBl 2019 I S. 2451, im Rahmen des Jahressteuergesetzes 2020 vom 21. 12. 2020, BGBl 2020 I S. 3096, im Rahmen des Gesetzes zur Stärkung des Fondsstandorts Deutschland und zur Umsetzung der Richtlinie (EU) 2019/1160 zur Änderung der Richtlinien 2009/65/EG und 2011/61/EU im Hinblick auf den grenzüberschreitenden Vertrieb von Organismen für gemeinsame Anlagen vom 3. 6. 2021, BGBl 2021 I S. 1498, und im Rahmen des Gesetzes zur Umsetzung der Anti-Steuervermeidungsrichtlinie vom 25. 6. 2021, BGBl 2021 I S. 2035. Zu Anwendungsfragen zur erweiterten Kürzung des Gewerbeertrags nach § 9 Nr. 1 Satz 3 und 4 GewStG in der Fassung des Fondsstandortgesetzes vom 3. 6. 2021, BStBl 2021 I S. 1498, haben die obersten Finanzbehörden der Länder mit gleich lautenden Erlassen vom 17. 6. 2022, BStBl 2022 I S. 958, Stellung genommen.

zum Betriebsvermögen des Unternehmens gehört. [2]Die Einschränkung des § 9 Nr. 1 Satz 1 GewStG auf Grundbesitz, der nicht von der Grundsteuer befreit ist, beschränkt sich ausschließlich auf Befreiungstatbestände des Grundsteuergesetzes. [3]Wird die Grundsteuer aus anderen Gründen (z. B. Billigkeitsmaßnahmen, Erlass, Verjährung) tatsächlich nicht erhoben, steht dies der Anwendung der Kürzungsnorm auf den betreffenden Grundbesitz nicht entgegen. [4]Wird ein eigenbetrieblich genutzter Grundstücksteil nach § 8 EStDV nicht als Betriebsvermögen behandelt, ist die Kürzung nach § 9 Nr. 1 Satz 1 GewStG trotzdem vorzunehmen, weil sonst der Zweck der Vorschrift, die Doppelbesteuerung des Grundbesitzes durch die Grundsteuer und die Gewerbesteuer zu vermeiden, nicht erreicht werden würde. [5]Die Kürzung bemisst sich stets nach dem Einheitswert des Grundbesitzes, auch wenn im Betriebsvermögen im Anschluss an die DM-Bilanz ein höherer Grundstückswert enthalten ist. [6]Zum Grundbesitz im Sinne des § 9 Nr. 1 Satz 1 GewStG gehören auch Gebäude oder Gebäudeteile auf fremdem Grund und Boden, wenn der Unternehmer nach einkommensteuerrechtlichen Grundsätzen als wirtschaftlicher Eigentümer des Gebäudes oder des Gebäudeteils anzusehen ist. [7]Ist nur ein Teil eines Grundstücks einkommensteuerlich zum Betriebsvermögen des Unternehmers zu rechnen, ist für die Berechnung der Kürzung nach § 9 Nr. 1 Satz 1 GewStG von dem Teil des Einheitswerts auszugehen, der auf den dem gewerblichen Betrieb dienenden Teil des Grundstücks entfällt (> § 20 Abs. 2 GewStDV). [8]Dieser Teil des Einheitswerts ist grundsätzlich nach dem Verhältnis der Jahresrohmiete (> § 79 BewG) zu ermitteln. [9]Ein anderer Aufteilungsmaßstab, insbesondere das Verhältnis der Nutzflä-

---

Anm. d. Schriftl.:

[2] Die Art. 63 bis 65 AEUV sind dahin auszulegen, dass sie einer nationalen Regelung wie der im Ausgangsverfahren fraglichen entgegenstehen, die eine Kürzung um die Gewinne aus Anteilen an einer Kapitalgesellschaft mit Geschäftsführung und Sitz in einem Drittstaat an strengere Bedingungen knüpft als die Kürzung um die Gewinne aus Anteilen an einer nicht steuerbefreiten inländischen Kapitalgesellschaft (EuGH-Urteil vom 20. 9. 2018, BStBl 2019 II S. 111). Auf die gleich lautenden Erlasse der obersten Finanzbehörden der Länder vom 25. 1. 2019, BStBl 2019 I S. 91, wird hingewiesen.

[3] Einer grundstücksverwaltenden, nur kraft ihrer Rechtsform der Gewerbesteuer unterliegenden Gesellschaft, ist die sog. erweiterte Kürzung nach § 9 Nr. 1 Satz 2 GewStG nicht deshalb zu verwehren, weil sie an einer rein grundstücksverwaltenden, nicht gewerblich geprägten Personengesellschaft beteiligt ist (BFH-Beschluss vom 25. 9. 2018, BStBl 2019 II S. 262). Die An- und Weitervermietung fremden Grundbesitzes neben der Überlassung eigenen Grundbesitzes verstößt nicht gegen das Ausschließlichkeitsgebot des § 9 Nr. 1 Satz 2 GewStG, wenn sie zwingend notwendiger Teil der wirtschaftlich sinnvoll gestalteten Überlassung des eigenen Grundbesitzes ist und nur einen geringfügigen Umfang hat (BFH-Urteil vom 22. 10. 2020, BStBl 2022 II S. 87).

[4] Ein Besitz-Einzelunternehmen, das im Rahmen einer Betriebsaufspaltung Grundbesitz an eine Betriebs-Kapitalgesellschaft verpachtet, kann die erweiterte Kürzung nach § 9 Nr. 1 Satz 2 GewStG auch dann nicht in Anspruch nehmen, wenn die Betriebs-Kapitalgesellschaft vermögensverwaltend tätig ist (BFH-Urteil vom 22. 6. 2016, BStBl 2017 II S. 529).

[5] Der in § 9 Nr. 3 GewStG verwendete Begriff der Betriebsstätte bestimmt sich nicht nach der Definition des jeweils einschlägigen DBA, sondern nach innerstaatlichem Recht (BFH-Urteil vom 20. 7. 2016, BStBl 2017 II S. 230).

[6] Eine erweiterte Kürzung des Gewerbeertrags nach § 9 Nr. 1 Satz 2 GewStG scheidet aus, wenn eine grundbesitzverwaltende GmbH neben einem Hotelgebäude auch Ausstattungsgegenstände (Bierkellerkühlanlage, Kühlräume, Kühlmöbel für Theken- und Büfettanlagen) mitvermietet, die als Betriebsvorrichtungen zu qualifizieren sind (BFH-Urteil vom 11. 4. 2019, BStBl 2019 II S. 705).

[7] Das Halten einer Beteiligung an einer gewerblich geprägten, grundstücksverwaltenden Personengesellschaft verstößt gegen das Ausschließlichkeitsgebot des § 9 Nr. 1 Satz 2 GewStG (BFH-Urteil vom 27. 6. 2019, BStBl 2020 II S. 24).

[8] Wohnungsbauten i. S. des § 9 Nr. 1 Satz 2 GewStG sind Gebäude, die ausschließlich Wohnzwecken dienen. Gemischt genutzte Gebäude werden nicht erfasst (BFH-Urteil vom 15. 4. 2021, BStBl 2021 II S. 624).

[9] Zu den getroffenen Billigkeitsmaßnahmen im Zusammenhang mit der Unterbringung von Kriegsflüchtlingen aus der Ukraine bei der Anwendung der erweiterten Kürzung nach § 9 Nr. 1 Satz 2 ff. GewStG wird auf die gleich lautenden Erlasse der obersten Finanzbehörden vom 11. 11. 2022, BStBl 2022 I S. 1527, hingewiesen.

che oder des Rauminhalts, ist anzuwenden, wenn dieses Ergebnis den tatsächlichen Verhältnissen des einzelnen Falls besser entspricht. [10]Für die Frage danach, ob und inwieweit Grundbesitz, der zum Betriebsvermögen gehört, bei der Kürzung nach § 9 Nr. 1 Satz 1 GewStG zu berücksichtigen ist, sind allein die Verhältnisse zu Beginn·eines jeden Jahres entscheidend. [11]Beginnt die Steuerpflicht eines Gewerbebetriebs im Laufe eines Kalenderjahrs, kommt für den in diesem Kalenderjahr endenden Erhebungszeitraum eine Kürzung nach § 9 Nr. 1 Satz 1 GewStG somit nicht in Betracht (> § 20 Abs. 1 Satz 2 GewStDV).

Bemessungsgrundlage

(2) [1]Maßgebend für die Kürzung ist der Einheitswert, der auf den letzten Feststellungszeitpunkt (Hauptfeststellungs-, Fortschreibungs- oder Nachfeststellungszeitpunkt) vor dem Ende des Erhebungszeitraums lautet. [2]Als Bemessungsgrundlage sind bei Grundstücken (> § 70 BewG) sowie bei Betriebsgrundstücken im Sinne des § 99 Abs. 1 Nr. 1 BewG, die wie Grundvermögen bewertet werden, 140 v. H. des auf den Wertverhältnissen vom 1. Januar 1964 beruhenden Einheitswerts anzusetzen (> § 121a BewG). [3]Bei Betriebsgrundstücken im Beitrittsgebiet sind die Einheitswerte 1935 mit den in § 133 BewG genannten Vomhundertsätzen anzusetzen. [4]Bei Betriebsgrundstücken im Sinne des § 99 Abs. 1 Nr. 2 BewG, die wie land- und forstwirtschaftliches Vermögen bewertet werden, sind dagegen nur 100 v. H. des Einheitswerts zugrunde zu legen. [5]Werden für Betriebe der Land- und Forstwirtschaft gemäß § 125 Abs. 2 BewG Ersatzwirtschaftswerte ermittelt, ist für die Kürzung nach § 9 Nr. 1 Satz 1 GewStG nur der Anteil am Ersatzwirtschaftswert maßgebend, der auf den im Eigentum des Gewerbesteuerpflichtigen stehenden und somit zu seinem Betriebsvermögen gehörenden Grundbesitz entfällt.

Einheitswertbescheid als Grundlagenbescheid

(3) [1]Der Gewerbesteuermessbescheid beruht hinsichtlich der Kürzung nach § 9 Nr. 1 Satz 1 GewStG auf dem Einheitswertbescheid. [2]Der Gewerbesteuermessbescheid ist deshalb nach § 175 Abs. 1 Satz 1 Nr. 1 AG zu ändern, wenn der maßgebende Einheitswert durch Rechtsbehelfsentscheidung, Änderung der Feststellung oder Fortschreibung geändert worden ist.

> **Hinweise**   **GewStH**   **H 9.1**

...

Zu § 10a GewStG[1]

GewStR   **R 10a.1 Gewerbeverlust**

Ermittlung

(1) [1]Für die Ermittlung des Gewerbeverlustes ist im Entstehungsjahr von dem Gewinn (Verlust) aus Gewerbebetrieb auszugehen, der nach den Vorschriften des Einkommensteuerrechts oder

---

Anm. d. Schriftl.:

[1] § 10a GewStG ist im Rahmen des Gesetzes zur Weiterentwicklung der steuerlichen Verlustverrechnung bei Körperschaften vom 20. 12. 2016, BGBl 2016 I S. 2998, geändert worden. Eine weitere Änderung ist im Rahmen des Jahressteuergesetzes 2020 vom 21. 12. 2020, BGBl 2020 I S. 3096, erfolgt.

des Körperschaftsteuerrechts zu ermitteln ist. [2]Danach mindern steuerfreie Einnahmen den nach § 10a GewStG abziehbaren Verlust nicht. [3]Ebenso dürfen nicht zum steuerpflichtigen Gewerbeertrag gehörende Veräußerungsgewinne den Gewerbeverlust nicht mindern. [4]Der nach den einkommensteuerrechtlichen (körperschaftsteuerrechtlichen) Vorschriften ermittelte Gewinn oder Verlust aus Gewerbebetrieb ist um die in §§ 8 und 9 GewStG bezeichneten Beträge zu erhöhen bzw. zu vermindern. [5]Dadurch kann sich ein Gewerbeverlust ergeben, obwohl einkommensteuerrechtlich oder körperschaftsteuerrechtlich ein Gewinn aus Gewerbebetrieb vorliegt.

Gesonderte Feststellung

(2) [1]Die Höhe des vortragsfähigen Gewerbeverlustes ist gesondert festzustellen. [2]Bei der gesonderten Feststellung des vortragsfähigen Gewerbeverlustes ist u. a. auch der Verlustverbrauch durch das Ausscheiden von Gesellschaftern einer Personengesellschaft zu berücksichtigen. [3]Entsprechendes gilt bei einem Wegfall des vortragsfähigen Gewerbeverlustes nach § 10a Satz 10 GewStG i. V. m. § 8c KStG.

Verlustabzug

(3) [1]Ein Gewerbeverlust ist von Amts wegen erstmals in dem auf das Entstehungsjahr unmittelbar folgenden Erhebungszeitraum nach Maßgabe des § 10a GewStG zu berücksichtigen. [2]Der Gewerbeverlust ist vom maßgebenden Gewerbeertrag, also nach Berücksichtigung der Hinzurechnungen nach § 8 GewStG und der Kürzungen nach § 9 GewStG und vor dem Ansatz des Freibetrags nach § 11 Abs. 1 Satz 3 GewStG abzuziehen. [3]Bei Einzelunternehmen und Personengesellschaften ist Voraussetzung für den Verlustabzug nach § 10a GewStG sowohl die Unternehmensidentität (> R 10a.2) als auch die Unternehmeridentität (> R 10a.3). [4]Bei Körperschaften und Mitunternehmerschaften, an denen Körperschaften beteiligt sind, gelten unter den Voraussetzungen des § 10a Satz 10 GewStG die Regelungen des § 8c KStG (Verlustabzug bei Körperschaften) für die Gewerbesteuer entsprechend. [5]Die Frage danach, ob und in welchem Umfang § 8c KStG Anwendung findet, entscheidet sich dabei zunächst allein nach den Verhältnissen auf Ebene der Körperschaft. [6]Liegt sodann ein Fall des § 8c KStG auf Ebene der Körperschaft vor, wirkt die Verlustabzugsbeschränkung ausgehend von der Körperschaft unter Berücksichtigung der jeweiligen Beteiligungsverhältnisse in der Beteiligungskette nach unten fort. [7]Tritt das die Rechtsfolgen des § 8c KStG auslösende Ereignis unterjährig ein und ist der maßgebende Gewerbeertrag des der Verlustabzugsbeschränkung unterliegenden Gewerbebetriebs in diesem Erhebungszeitraum insgesamt negativ, ist der negative Gewerbeertrag des gesamten Erhebungszeitraums zeitanteilig aufzuteilen. [8]Die Verlustabzugsbeschränkung des § 8c KStG erfasst somit neben den Fehlbeträgen aus vorangegangenen Erhebungszeiträumen nur den auf den Zeitraum bis zum schädlichen Ereignis entfallenden negativen Gewerbeertrag.**❶**

▶ **Hinweise** **GewStH** **H 10a.1**

...

Anm. d. Schriftl.:

❶ Die in R 10a.1 Abs. 3 Satz 7 und 8 GewStR 2009 zur gewerbesteuerlichen Verfahrensweise bei unterjährigen schädlichen Beteiligungserwerben enthaltenen Aussagen sind mit Veröffentlichung des BFH-Urteils vom 30. 11. 2011, BStBl 2012 II S. 360, überholt. Auf die gleich lautenden Erlasse der obersten Finanzbehörden der Länder vom 29. 11. 2017, BStBl 2017 I S. 1643, wird hingewiesen.

GewStR R 10a.2 Unternehmensidentität**❶❷❸**

[1]Unternehmensidentität bedeutet, dass der im Anrechnungsjahr bestehende Gewerbebetrieb identisch ist mit dem Gewerbebetrieb, der im Jahr der Entstehung des Verlustes bestanden hat. [2]Dabei ist unter Gewerbebetrieb die ausgeübte gewerbliche Betätigung zu verstehen. [3]Ob diese die gleiche geblieben ist, ist nach dem Gesamtbild zu beurteilen, das sich aus ihren wesentlichen Merkmalen ergibt, wie insbesondere der Art der Betätigung, dem Kunden- und Lieferantenkreis, der Arbeitnehmerschaft, der Geschäftsleitung, den Betriebsstätten sowie dem Umfang und der Zusammensetzung des Aktivvermögens. [4]Unter Berücksichtigung dieser Merkmale muss ein wirtschaftlicher, organisatorischer und finanzieller Zusammenhang zwischen den Betätigungen bestehen. [5]Betriebsbedingte – auch strukturelle – Anpassungen der gewerblichen Betätigung an veränderte wirtschaftliche Verhältnisse stehen der Annahme einer identischen Tätigkeit jedoch nicht entgegen.

> **Hinweise GewStH H 10a.2**

...

GewStR R 10a.3 Unternehmeridentität**❹❺**

Allgemeines

(1) [1]Unternehmeridentität bedeutet, dass der Gewerbetreibende, der den Verlustabzug in Anspruch nehmen will, den Gewerbeverlust zuvor in eigener Person erlitten haben muss. [2]Ein Unternehmerwechsel bewirkt somit, dass der Abzug des im übergegangenen Unternehmen entstandenen Verlustes entfällt, auch wenn das Unternehmen als solches von dem neuen Inhaber unverändert fortgeführt wird. [3]Der erwerbende Unternehmer kann den vom übertragenden Unternehmer erzielten Gewerbeverlust auch dann nicht nach § 10a GewStG abziehen, wenn er den erworbenen Betrieb mit einem bereits bestehenden Betrieb vereinigt.

Anm. d. Schriftl.:

❶ Liegt eine Teilbetriebsveräußerung vor, stehen die Verluste, soweit sie auf den veräußerten Teilbetrieb entfallen, mangels (Teil-)Unternehmensidentität nicht für eine Kürzung von Gewerbeerträgen in späteren Erhebungszeiträumen zur Verfügung (BFH-Urteil vom 7. 8. 2008, BStBl 2012 II S. 145).

❷ Auch bei einer gewerblich geprägten Personengesellschaft (§ 15 Abs. 3 Nr. 2 Satz 1 EStG) ist die Unternehmensidentität Voraussetzung des Abzugs des Gewerbeverlustes nach § 10a GewStG (BFH-Urteil vom 4. 5. 2017, BStBl 2017 II S. 1138).

❸ Der vortragsfähige Gewerbeverlust i. S. des § 10a GewStG geht unter, wenn zum Schluss des Erhebungszeitraums zwar eine die einkommensteuerrechtliche Existenz des Betriebs unberührt lassende Betriebsunterbrechung („ruhender Gewerbebetrieb") gegeben ist, gewerbesteuerrechtlich hiermit aber die werbende Tätigkeit nicht nur vorübergehend unterbrochen bzw. eine andersartige werbende Tätigkeit aufgenommen wird. Es entfällt die für die Verlustfeststellung erforderliche Unternehmensidentität (BFH-Urteil vom 30. 10. 2019, BStBl 2020 II S. 147).

❹ Die Inanspruchnahme des gewerbesteuerlichen Verlustabzugs setzt die ununterbrochene Unternehmeridentität voraus, so dass auch kurzfristige Unterbrechungen – selbst für eine logische Sekunde – zum Wegfall des Verlustabzugs führen (BFH-Urteil vom 11. 10. 2012, BStBl 2013 II S. 176).

❺ Überträgt eine AG ihr operatives Geschäft im Wege der Ausgliederung nach § 123 Abs. 3 Nr. 1 UmwG auf eine KG, so geht ein gewerbesteuerlicher Verlustvortrag der AG jedenfalls dann nicht auf die KG über, wenn sich die AG fortan nicht nur auf die Verwaltung der Mitunternehmerstellung bei der KG beschränkt (BFH-Urteil vom 17. 1. 2019, BStBl 2019 II S. 407).

▶ **Hinweise   GewStH   H 10a.3 (1)**

...

Einzelunternehmen

(2) – unbesetzt –

▶ **Hinweise   GewStH   H 10a.3 (2)**

...

Mitunternehmerschaften

(3) [1]Bei Personengesellschaften und anderen Mitunternehmerschaften sind Träger des Rechts auf den Verlustabzug die einzelnen Mitunternehmer. [2]Die Berücksichtigung eines Gewerbeverlustes bei Mitunternehmerschaften setzt voraus, dass bei der Gesellschaft im Entstehungsjahr ein negativer und im Abzugsjahr ein positiver Gewerbeertrag vorliegt; in die Ermittlung dieser Beträge sind Sonderbetriebsausgaben und Sonderbetriebseinnahmen einzubeziehen. [3]Ein sich für die Mitunternehmerschaft insgesamt ergebender Fehlbetrag ist den Mitunternehmern gemäß § 10a Satz 4 GewStG entsprechend dem allgemeinen Gewinnverteilungsschlüssel ohne Berücksichtigung von Vorabgewinnanteilen zuzurechnen. [4]Kommt es in einem folgenden Erhebungszeitraum mit positivem Gewerbeertrag zu einer Minderung des Fehlbetrages, so vermindern sich die den einzelnen Mitunternehmern zuzurechnenden Anteile entsprechend ihrem nach dem allgemeinen Gewinnverteilungsschlüssel im Abzugsjahr (§ 10a Satz 5 GewStG) zu bemessenden Anteil am Gewerbeertrag. [5]Dabei ist der Höchstbetrag nach § 10a Satz 1 GewStG entsprechend dem allgemeinen Gewinnverteilungsschlüssel im Abzugsjahr anteilig bei den einzelnen Gesellschaftern zu berücksichtigen. [6]Bei gleichem Gesellschafterbestand und gleicher Beteiligungsquote bleibt das Gesamtergebnis im Verlustentstehungsjahr und im Abzugsjahr maßgebend; eine gesellschafterbezogene Berechnung kann unterbleiben. [7]Aufgrund der Personenbezogenheit des Verlustabzugs nach § 10a GewStG können sich jedoch Auswirkungen in den Fällen des Wechsels im Gesellschafterbestand und bei Änderung der Beteiligungsquote ergeben. [8]Bei einer Änderung der Beteiligungsquote ist der den Mitunternehmern im Verlustentstehungsjahr nach § 10a Satz 4 GewStG zugerechnete Anteil am Fehlbetrag insgesamt, jedoch gemäß § 10a Satz 5 GewStG nur von dem jeweiligen Anteil am gesamten Gewerbeertrag abziehbar, der entsprechend dem sich aus dem Gesellschaftsvertrag ergebenden Gewinnverteilungsschlüssel des Abzugsjahres auf den jeweiligen Mitunternehmer entfällt. [9]Für den Wechsel im Gesellschafterbestand gilt z. B. Folgendes:

1. Beim Ausscheiden eines Gesellschafters aus einer Personengesellschaft entfällt der Verlustabzug gemäß § 10a GewStG anteilig in der Höhe, in der der Fehlbetrag dem ausscheidenden Gesellschafter nach § 10a Satz 4 und 5 GewStG zuzurechnen ist.

2. Tritt ein Gesellschafter in eine bestehende Personengesellschaft ein, ist der vor dem Eintritt des neuen Gesellschafters entstandene Fehlbetrag im Sinne des § 10a GewStG weiterhin insgesamt, jedoch nur von dem Betrag abziehbar, der von dem gesamten Gewerbeertrag entsprechend dem sich aus dem Gesellschaftsvertrag ergebenden Gewinnverteilungsschlüssel (> § 10a Satz 5 GewStG) auf die bereits vorher beteiligten Gesellschafter entfällt.

3. Veräußert ein Gesellschafter seinen Mitunternehmeranteil an einen Dritten, sind die Grundsätze der Nummern 1 und 2 entsprechend anzuwenden.

4. [1]Wird nach dem Ausscheiden von Gesellschaftern aus einer Personengesellschaft der Gewerbebetrieb von einem Gesellschafter fortgeführt, kann dieser vom Gewerbeertrag des

Einzelunternehmens einen verbleibenden Fehlbetrag der Gesellschaft insoweit abziehen, als dieser Betrag gemäß § 10a Satz 4 und 5 GewStG auf ihn entfällt. [2]Dies gilt auch, wenn der den Gewerbebetrieb fortführende Gesellschafter eine Kapitalgesellschaft ist, sowie in den Fällen der Verschmelzung einer Personengesellschaft auf einen Gesellschafter.

5. [1]Bei der Einbringung des Betriebes einer Personengesellschaft in eine andere Personengesellschaft besteht die für den Verlustabzug erforderliche Unternehmeridentität, soweit die Gesellschafter der eingebrachten Gesellschaft auch Gesellschafter der aufnehmenden Gesellschaft sind. [2]Entsprechendes gilt bei der Verschmelzung zweier Personengesellschaften. [3]Die Unternehmeridentität bleibt auch erhalten bei der formwechselnden Umwandlung (z. B. OHG in KG) einer Personengesellschaft in eine andere Personengesellschaft. [4]Wird eine Personengesellschaft im Wege der Verschmelzung (Ausnahme siehe Nummer 4 Satz 2) oder des Formwechsels (§ 25 UmwStG) in eine Kapitalgesellschaft umgewandelt, besteht keine Unternehmeridentität mit der Folge, dass die Kapitalgesellschaft den bei der Personengesellschaft entstandenen Gewerbeverlust nicht abziehen kann (> § 23 Abs. 5 UmwStG).

6. [1]Wird eine Kapitalgesellschaft, die Mitunternehmerin einer Personengesellschaft ist, auf eine andere Kapitalgesellschaft verschmolzen, mindert sich der Verlustabzug nach § 10a GewStG bei der Personengesellschaft um den nach § 10a Satz 4 und 5 GewStG auf die Kapitalgesellschaft entfallenden Betrag (> § 19 Abs. 2 i. V. m. § 12 Abs. 3 i. V. m. § 4 Abs. 2 Satz 2 UmwStG entsprechend). [2]Entsprechendes gilt, wenn eine Kapitalgesellschaft ihren Mitunternehmeranteil vollständig in eine Tochterkapitalgesellschaft gegen Gewährung von Gesellschaftsrechten einbringt.

7. [1]Liegen bei der Realteilung einer Personengesellschaft die Voraussetzungen der Unternehmensidentität vor, kann jeder Inhaber eines aus der Realteilung hervorgegangenen Teilbetriebs vom Gewerbeertrag dieses Unternehmens den vortragsfähigen Fehlbetrag der Personengesellschaft nur insoweit abziehen, als ihm dieser nach § 10a Satz 4 und 5 GewStG zuzurechnen war. [2]Es kann jedoch höchstens nur der Teil des Fehlbetrages abgezogen werden, der dem übernommenen Teilbetrieb tatsächlich zugeordnet werden kann.

8. [1]Bei der Beteiligung einer Personengesellschaft (Obergesellschaft) an einer anderen Personengesellschaft (Untergesellschaft) sind nicht die Gesellschafter der Obergesellschaft, sondern ist die Obergesellschaft als solche Gesellschafterin der Untergesellschaft. [2]Ein Gesellschafterwechsel bei der Obergesellschaft hat daher ungeachtet des § 15 Abs. 1 Satz 1 Nr. 2 Satz 2 EStG keinen Einfluss auf einen vortragsfähigen Gewerbeverlust bei der Untergesellschaft. [3]Wird die Obergesellschaft auf eine andere Personengesellschaft verschmolzen, ist der Verlustabzug nach § 10a GewStG bei der Untergesellschaft um den Betrag zu kürzen, der nach § 10a Satz 4 und 5 GewStG auf die Obergesellschaft entfällt; dies gilt auch, wenn an beiden Gesellschaften dieselben Gesellschafter beteiligt sind. [4]Entsprechendes gilt, wenn die Obergesellschaft nach dem Ausscheiden des vorletzten Gesellschafters auf den verbleibenden Gesellschafter anwächst. [5]Dagegen bleibt der Verlustabzug nach § 10a GewStG bei der Untergesellschaft unberührt, wenn die Obergesellschaft formwechselnd in eine Kapitalgesellschaft umgewandelt wird. [6]Im Fall der Anwachsung auf die Mutterpersonengesellschaft kann diese vom Gewerbeertrag einen verbleibenden Fehlbetrag der Tochterpersonengesellschaft insoweit kürzen, als dieser Betrag gemäß § 10a Satz 4 und 5 GewStG auf die Mutterpersonengesellschaft entfällt.

9. [1]Bei einem unterjährigen Gesellschafterwechsel ist der Gewerbeertrag der Mitunternehmerschaft für den gesamten Erhebungszeitraum einheitlich zu ermitteln, sodass nach dem Gesellschafterwechsel entstandene Verluste mit vor dem Gesellschafterwechsel entstandenen Gewinnen und umgekehrt zu verrechnen sind. [2]Die Rechtsfolgen des § 10a GewStG treten bei unterjährigen Änderungen der Unternehmeridentität auf den jeweiligen Zeitraum vor und nach dem Gesellschafterwechsel ein. [3]Die für diese Zwecke erforderliche Aufteilung des einheitlich ermittelten positiven oder negativen Gewerbeertrags hat zeitanteilig zu erfolgen, sofern dies nicht zu offensichtlich unzutreffenden Ergebnissen führt.

...

Kapitalgesellschaften

(4) [1]Wird eine Kapitalgesellschaft formwechselnd in eine andere Kapitalgesellschaft umgewandelt, bleibt die Unternehmeridentität gewahrt. [2]Bei der Verschmelzung zweier Kapitalgesellschaften kann die aufnehmende Kapitalgesellschaft den Gewerbeverlust der verschmolzenen Kapitalgesellschaft nicht abziehen (> § 19 Abs. 2 i.V. m. § 12 Abs. 3 i.V. m. § 4 Abs. 2 Satz 2 UmwStG). [3]Auch im Fall der Aufspaltung einer Körperschaft geht deren Gewerbeverlust nicht auf die übernehmenden Gesellschaften über. [4]Entsprechendes gilt bei der Abspaltung von Vermögen einer Körperschaft auf eine andere Körperschaft; der Gewerbeverlust der fortbestehenden übertragenden Körperschaft mindert sich gemäß § 19 Abs. 2 i.V. m. § 15 Abs. 3 UmwStG. [5]Bei der Umwandlung einer Körperschaft auf eine Personengesellschaft oder eine natürliche Person im Wege der Verschmelzung, der Spaltung oder des Formwechsels kann die übernehmende Personengesellschaft oder natürliche Person den Gewerbeverlust der übertragenden Körperschaft ebenfalls nicht abziehen (> § 18 Abs. 1 Satz 2 UmwStG); bei der Abspaltung von Vermögen einer Körperschaft auf eine Personengesellschaft mindert sich der Gewerbeverlust der fortbestehenden übertragenden Körperschaft nach Maßgabe von § 16 i.V. m. § 15 Abs. 3 und § 18 Abs. 1 Satz 1 UmwStG. [6]Im Fall der Ausgliederung auf eine Kapitalgesellschaft nach § 123 Abs. 3 UmwG bleibt der volle Gewerbeverlust grundsätzlich bei dem ausgliedernden Unternehmen.

Zu § 11 GewStG (§ 22 GewStDV)

GewStR   R 11.1 Freibetrag bei natürlichen Personen und Personengesellschaften[1]

[1]Der Freibetrag im Sinne des § 11 Abs. 1 Satz 3 Nr. 1 GewStG ist für Gewerbebetriebe natürlicher Personen und Personengesellschaften betriebsbezogen zu gewähren. [2]Der Freibetrag ist auch dann in voller Höhe zu gewähren, wenn die Betriebseröffnung oder Betriebsschließung im Laufe des Kalenderjahres erfolgt. [3]Wechselt lediglich die Steuerschuldnerschaft zwischen Einzelunternehmen und Personengesellschaften oder umgekehrt, ist der für den Erhebungszeitraum ermittelte einheitliche Steuermessbetrag den Steuerschuldnern anteilig zuzurechnen und getrennt festzusetzen. [4]Diese zeitliche Abgrenzung und zeitraumbezogene Erfassung des Besteuerungsguts bedeutet, dass jedem der Steuerschuldner nur der Teil des Steuermessbetrags zugerechnet werden darf, der auf die Dauer seiner persönlichen Steuerpflicht entfällt. [5]Dieses Ergebnis wird dadurch erreicht, dass für jeden der Steuerschuldner eine Steuermessbetragsfestsetzung auf Grund des von ihm erzielten Gewerbeertrags durchgeführt wird und dabei der Freibetrag nach § 11 Abs. 1 Satz 3 Nr. 1 GewStG in Höhe von 24 500 Euro auf jeden von ihnen entsprechend der Dauer seiner persönlichen Steuerpflicht aufgeteilt wird. [6]Aus Vereinfachungsgründen kann bei jedem der Steuerschuldner für jeden angefangenen Monat der Steuerpflicht

Anm. d. Schriftl.:

[1] Scheiden während des Erhebungszeitraums bis auf einen Gesellschafter alle anderen Gesellschafter aus einer Personengesellschaft aus, wechselt ab diesem Zeitpunkt die Steuerschuldnerschaft der Personengesellschaft auf den verbleibenden Gesellschafter als Einzelunternehmer. Dessen ungeachtet ist der Gewerbesteuermessbetrag für den gesamten Erhebungszeitraum einheitlich unter Berücksichtigung des vollen Gewerbesteuerfreibetrags zu berechnen (BFH-Urteil vom 25. 4. 2018, BStBl 2018 II S. 484).

ein Freibetrag von 2 042 Euro berücksichtigt werden. [7]Die Steuermesszahl nach § 11 Abs. 2 GewStG wird nach Abzug des anteiligen Freibetrages auf den verbleibenden Gewerbeertrag des jeweiligen Steuerschuldners angewendet.

▶ **Hinweise** **GewStH** **H 11.1**

...

VI. Umsatzsteuer-Anwendungserlass (UStAE) in Auszügen

Inhaltsverzeichnis   Seite

UStAE

UStAE

UStAE

Einfügung d. Schriftl.:

1. **System der Umsatzbesteuerung mit Vorsteuerabzug** (Mehrwertsteuer)

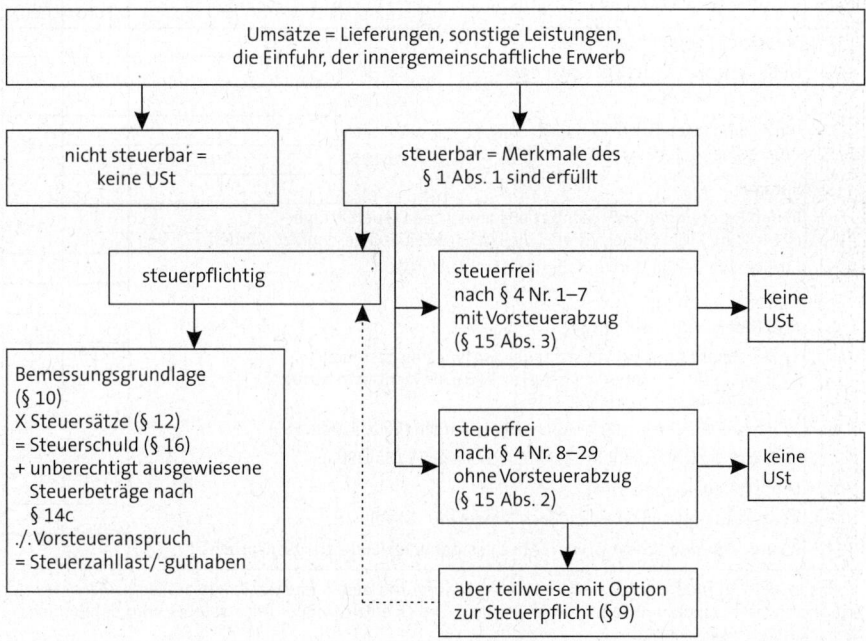

2. Wirkung von Umsatzsteuer und Vorsteuer im System des UStG

	Netto- preis Euro	Vorsteuer/ Umsatzsteuer Euro	Brutto- preis Euro	USt-Zahllast Mehrwertsteuer Euro
1. Stufe:				
Fabrikant A				
Einkauf	1000	190	1190	–
+ Wertschöpfung	1000	–	–	–
Verkauf an B	2000	380	2380	190
2. Stufe:				
Großhändler B	2000	380	2380	–
+ Wertschöpfung	500	–	–	–
Verkauf an C	2500	475	2975	95
3. Stufe:				
Einzelhändler C	2500	475	2975	–
+ Wertschöpfung	1000	–	–	–
Verkauf an Endabnehmer	3500	665	4165	190
Mehrwert	2500	davon 19 % =	Zahllast	475

3. Schema zur Berechnung der zu entrichtenden Umsatzsteuer

Zeile			Bemessungsgrundlage (volle Euro)	Steuer	
				Euro	Cent
1	Steuerpflichtige Umsätze				
2	Lieferungen und sonstige Leistungen	zu 7 %			
		zu 19 %			
3	Innergemeinschaftlicher Erwerb	zu 7 %			
		zu 19 %			
	Summe				
4	In den Rechnungen unberechtigt ausgewiesene Steuerbeträge (§ 14c UStG) und Steuerbeträge, die nach § 13b UStG geschuldet werden				
5	Zurückzuzahlende Vorsteuerbeträge (§ 15a UStG)				
6	Summe				
7	Abziehbare Vorsteuerbeträge				
	a) Vorsteuerbeträge (Umsatzsteuer, Einfuhrumsatzsteuer, Erwerbsteuer, Steuer nach § 13b UStG), die nicht vom Abzug ausgeschlossen sind (§ 15 UStG)				
	b) Vorsteuerbeträge nach Durchschnittssätzen (§§ 23a, 24 UStG)				
	c) Nachträglich abziehbare Vorsteuerbeträge (§ 15a UStG)				
8	Umsatzsteuer/Überschuss				
9	Vorauszahlungssoll (einschließlich Sondervorauszahlung)				
10	Zu entrichtende Umsatzsteuer (Abschlusszahlung)/Erstattungsanspruch*)				

*) Die zu entrichtende Umsatzsteuer ergibt sich aufgrund des Vorsteuerabzugs aus dem Mehrwert der erbrachten Lieferungen und sonstigen Leistungen. Die zu entrichtende Umsatzsteuer wird daher auch als Mehrwertsteuer bezeichnet.

Zu § 1 UStG

UStAE   1.1. Leistungsaustausch

Allgemeines

(1) [1]Ein Leistungsaustausch setzt voraus, dass Leistender und Leistungsempfänger vorhanden sind und der Leistung eine Gegenleistung (Entgelt) gegenübersteht. [2]Für die Annahme eines Leistungsaustauschs müssen Leistung und Gegenleistung in einem wechselseitigen Zusammenhang stehen. [3]§ 1 Abs. 1 Nr. 1 UStG setzt für den Leistungsaustausch einen unmittelbaren, nicht aber einen inneren (synallagmatischen) Zusammenhang zwischen Leistung und Entgelt voraus (BFH-Urteil vom 15. 4. 2010, V R 10/08, BStBl II S. 879). [4]Bei Leistungen, zu deren Ausführung sich die Vertragsparteien in einem gegenseitigen Vertrag verpflichtet haben, liegt grundsätzlich ein Leistungsaustausch vor (BFH-Urteil vom 8. 11. 2007, V R 20/05, BStBl 2009 II S. 483). [5]Auch wenn die Gegenleistung für die Leistung des Unternehmers nur im nichtunternehmerischen Bereich verwendbar ist (z. B. eine zugewendete Reise), kann sie Entgelt sein. [6]Der Annahme eines Leistungsaustauschs steht nicht entgegen, dass sich die Entgelterwartung nicht erfüllt, dass das Entgelt uneinbringlich wird oder dass es sich nachträglich mindert (vgl. BFH-Urteil vom 22. 6. 1989, V R 37/84, BStBl II S. 913). [7]Dies gilt regelmäßig auch bei – vorübergehenden – Liquiditätsschwierigkeiten des Entgeltschuldners (vgl. BFH-Urteil vom 16. 3. 1993, XI R 52/90, BStBl II S. 562). [8]Auch wenn eine Gegenleistung freiwillig erbracht wird, kann ein Leistungsaustausch

vorliegen (vgl. BFH-Urteil vom 17.2.1972, V R 118/71, BStBl II S.405). [9]Leistung und Gegenleistung brauchen sich nicht gleichwertig gegenüberzustehen (vgl. BFH-Urteil vom 22.6.1989, V R 37/84, a.a.O.). [10]An einem Leistungsaustausch fehlt es in der Regel, wenn eine Gesellschaft Geldmittel nur erhält, damit sie in die Lage versetzt wird, sich in Erfüllung ihres Gesellschaftszwecks zu betätigen (vgl. BFH-Urteil vom 20.4.1988, X R 3/82, BStBl II S.792; vgl. auch Abschnitt 1.6).

(2) [1]Zur Prüfung der Leistungsbeziehungen zwischen nahen Angehörigen, wenn der Leistungsempfänger die Leistung für Umsätze in Anspruch nimmt, die den Vorsteuerabzug nicht ausschließen, vgl. BFH-Urteil vom 15.3.1993, V R 109/89, BStBl II S.728. [2]Zur rechtsmissbräuchlichen Gestaltung nach § 42 AO bei „Vorschaltung" von Minderjährigen in den Erwerb und die Vermietung von Gegenständen vgl. BFH-Urteile vom 21.11.1991, V R 20/87, BStBl 1992 II S.446, und vom 4.5.1994, XI R 67/93, BStBl II S.829. [3]Ist der Leistungsempfänger ganz oder teilweise nicht zum Vorsteuerabzug berechtigt, ist der Missbrauch von rechtlichen Gestaltungsmöglichkeiten sowohl bei der „Vorschaltung" von Ehegatten als auch bei der „Vorschaltung" von Gesellschaften nach den Grundsätzen der BFH-Urteile vom 22.10.1992, V R 33/90, BStBl 1993 II S.210, vom 4.5.1994, XI R 67/93, a.a.O., und vom 18.12.1996, XI R 12/96, BStBl 1997 II S.374, zu prüfen.

(3) [1]Der Leistungsaustausch umfasst alles, was Gegenstand eines Rechtsverkehrs sein kann. [2]Leistungen im Rechtssinne unterliegen aber nur insoweit der Umsatzsteuer, als sie auch Leistungen im wirtschaftlichen Sinne sind, d.h. Leistungen, bei denen ein über die reine Entgeltentrichtung hinausgehendes eigenes wirtschaftliches Interesse des Entrichtenden verfolgt wird (vgl. BFH-Urteil vom 31.7.1969, V 94/65, BStBl II S.637). [3]Die bloße Entgeltrichtung, insbesondere die Geldzahlung oder Überweisung, ist keine Leistung im wirtschaftlichen Sinne. [4]Das Anbieten von Leistungen (Leistungsbereitschaft) kann eine steuerbare Leistung sein, wenn dafür ein Entgelt gezahlt wird (vgl. BFH-Urteil vom 27.8.1970, V R 159/66, BStBl 1971 II S.6). [5]Unter welchen Voraussetzungen bei der Schuldübernahme eine Leistung im wirtschaftlichen Sinne anzunehmen ist vgl. die BFH-Urteile vom 18.4.1962, V 246/59 S, BStBl III S.292, und vom 31.7.1969, V 94/65, a.a.O.

(4) [1]Ein Leistungsaustausch liegt nicht vor, wenn eine Lieferung rückgängig gemacht wird (Rückgabe). [2]Ob eine nicht steuerbare Rückgabe oder eine steuerbare Rücklieferung vorliegt, ist aus der Sicht des ursprünglichen Lieferungsempfängers und nicht aus der Sicht des ursprünglichen Lieferers zu beurteilen (vgl. BFH-Urteile vom 27.6.1995, V R 27/94, BStBl II S.756, und vom 12.11.2008, XI R 46/07, BStBl 2009 II S.558).

(5) Zur Errichtung von Gebäuden auf fremdem Boden vgl. BMF-Schreiben vom 23.7.1986, BStBl I S.432, zur umsatzsteuerrechtlichen Behandlung von Erschließungsmaßnahmen vgl. BMF-Schreiben vom 7.6.2012, BStBl I S.621, und zu Kraftstofflieferungen im Kfz-Leasingbereich vgl. BMF-Schreiben vom 15.6.2004, BStBl I S.605.

(5a) Zur umsatzsteuerrechtlichen Behandlung von Bitcoin und anderen sog. virtuellen Währungen vgl. BMF-Schreiben vom 27.2.2018, BStBl I S.316.

(5b) Zur umsatzsteuerrechtlichen Beurteilung des Verlegeranteils an den Einnahmen aus gesetzlichen Vergütungsansprüchen nach § 27 sowie §§ 54, 54a und 54c UrhG sowie aus urheberrechtlichen Nutzungsrechten vgl. BMF-Schreiben vom 14.10.2021, BStBl I S.2133.

Beistellungen

(6) [1]Bei der Abgrenzung zwischen steuerbarer Leistung und nicht steuerbarer Beistellung von Personal des Auftraggebers ist unter entsprechender Anwendung der Grundsätze der sog. Materialbeistellung (vgl. Abschnitt 3.8 Abs. 2 bis 4) darauf abzustellen, ob der Auftraggeber an den Auftragnehmer selbst eine Leistung (als Gegenleistung) bewirken oder nur zur Erbringung der Leistung durch den Auftragnehmer beitragen will. [2]Soweit der Auftraggeber mit der Beistellung seines Personals an der Erbringung der bestellten Leistung mitwirkt, wird dadurch zugleich auch der Inhalt der gewollten Leistung näher bestimmt. [3]Ohne entsprechende Beistellung ist es

Aufgabe des Auftragnehmers, sämtliche Mittel für die Leistungserbringung selbst zu beschaffen. [4]Daher sind Beistellungen nicht Bestandteil des Leistungsaustauschs, wenn sie nicht im Austausch für die gewollte Leistung aufgewendet werden (vgl. BFH-Urteil vom 15. 4. 2010, V R 10/08, BStBl II S. 879).

(7) [1]Eine nicht steuerbare Beistellung von Personal des Auftraggebers setzt voraus, dass das Personal nur im Rahmen der Leistung des Auftragnehmers für den Auftraggeber eingesetzt wird (vgl. BFH-Urteil vom 6. 12. 2007, V R 42/06, BStBl 2009 II S. 493). [2]Der Einsatz von Personal des Auftraggebers für Umsätze des Auftragnehmers an Drittkunden muss vertraglich und tatsächlich ausgeschlossen sein. [3]Der Auftragnehmer hat dies sicherzustellen und trägt hierfür die objektive Beweislast. [4]Die Entlohnung des überlassenen Personals muss weiterhin ausschließlich durch den Auftraggeber erfolgen. [5]Ihm allein muss auch grundsätzlich das Weisungsrecht obliegen. [6]Dies kann nur in dem Umfang eingeschränkt und auf den Auftragnehmer übertragen werden, soweit es zur Erbringung der Leistung erforderlich ist.

Beispiele für einen Leistungsaustausch

(8) [1]Die Übernahme einer Baulast gegen ein Darlehen zu marktunüblich niedrigen Zinsen kann einen steuerbaren Umsatz darstellen (vgl. BFH-Beschluss vom 12. 11. 1987, V B 52/86, BStBl 1988 II S. 156). [2]Vereinbart der Bauherr einer Tiefgarage mit einer Gemeinde den Bau und die Zurverfügungstellung von Stellplätzen für die Allgemeinheit und erhält er dafür einen Geldbetrag, ist in der Durchführung dieses Vertrags ein Leistungsaustausch mit der Gemeinde zu sehen (vgl. BFH-Urteil vom 13. 11. 1997, V R 11/97, BStBl 1998 II S. 169).

(8a) Die Zustimmung zur vorzeitigen Auflösung eines Beratervertrages gegen „Schadensersatz" kann eine sonstige Leistung sein (BFH-Urteil vom 7. 7. 2005, V R 34/03, BStBl 2007 II S. 66).

(9) [1]Die geschäftsmäßige Ausgabe nicht börsengängiger sog. Optionen (Privatoptionen) auf Warenterminkontrakte gegen Zahlung einer Prämie ist eine steuerbare Leistung (BFH-Urteil vom 28. 11. 1985, V R 169/82, BStBl 1986 II S. 160). [2]Die entgeltliche Anlage und Verwaltung von Vermögenswerten ist grundsätzlich steuerbar. [3]Dies gilt auch dann, wenn sich der Unternehmer im Auftrag der Geldgeber treuhänderisch an einer Anlagegesellschaft beteiligt und deren Geschäfte führt (BFH-Urteil vom 29. 1. 1998, V R 67/96, BStBl II S. 413).

(10) Zahlt ein Apotheker einem Hauseigentümer dafür etwas, dass dieser Praxisräume einem Arzt (mietweise oder unentgeltlich) überlässt, kann zwischen dem Apotheker und dem Hauseigentümer ein eigener Leistungsaustausch vorliegen (BFH-Urteile vom 20. 2. 1992, V R 107/87, BStBl II S. 705, und vom 15. 10. 2009, XI R 82/07, BStBl 2010 II S. 247).

(11) [1]Die Freigabe eines Fußballvertragsspielers oder Lizenzspielers gegen Zahlung einer Ablöseentschädigung vollzieht sich im Rahmen eines Leistungsaustauschs zwischen abgebendem und aufnehmendem Verein (vgl. BFH-Urteil vom 31. 8. 1955, V 108/55 U, BStBl III S. 333). [2]Das gilt auch, wenn die Ablöseentschädigung für die Abwanderung eines Fußballspielers in das Ausland von dem ausländischen Verein gezahlt wird; zum Ort der Leistung in derartigen Fällen vgl. Abschnitt 3a.9 Abs. 2 Satz 4.

(12) [1]Für die Frage, ob im Verhältnis zwischen Gesellschaft und Gesellschafter entgeltliche Leistungen vorliegen, gelten keine Besonderheiten, so dass es nur darauf ankommt, ob zwischen Leistenden und Leistungsempfänger ein Rechtsverhältnis besteht, das einen unmittelbaren Zusammenhang zwischen der Leistung und einem erhaltenen Gegenwert begründet (vgl. BFH-Urteile vom 6. 6. 2002, V R 43/01, BStBl 2003 II S. 36, und vom 5. 12. 2007, V R 60/05, BStBl 2009 II S. 486, und Abschnitt 1.6). [2]Entgeltliche Geschäftsführungs- und Vertretungsleistungen sind unabhängig von der Rechtsform des Leistungsempfängers auch dann steuerbar, wenn es sich beim Leistenden um ein Organ des Leistungsempfängers handelt. [3]Geschäftsführungs- und Vertretungsleistungen, die ein Mitglied des Vereinsvorstands gegenüber dem Verein gegen Gewährung von Aufwendungsersatz erbringt, sind deshalb ebenso steuerbar wie die entgeltliche Tätigkeit eines Kassenarztes als Vorstandsmitglied einer kassenärztlichen Vereinigung (vgl. BFH-Urteil vom 14. 5. 2008, XI R 70/07, BStBl II S. 912).

(13) [1]Werden auf Grund des BauGB Betriebsverlagerungen vorgenommen, handelt es sich dabei um umsatzsteuerbare Leistungen des betreffenden Unternehmers an die Gemeinde oder den Sanierungsträger; das Entgelt für diese Leistungen besteht in den Entschädigungsleistungen. [2]Reichen die normalen Entschädigungsleistungen nach dem BauGB nicht aus und werden zur anderweitigen Unterbringung eines von der städtebaulichen Sanierungsmaßnahme betroffenen gewerblichen Betriebs zusätzliche Sanierungsfördermittel in Form von Zuschüssen eingesetzt, sind sie als Teil des Entgelts für die oben bezeichnete Leistung des Unternehmers anzusehen.

(13a) Zur umsatzsteuerlichen Behandlung des Staatsdrittels bei Maßnahmen nach §§ 3, 13 des EBKrG vgl. BMF-Schreiben vom 1. 2. 2013, BStBl I S. 182.

(13b) Ein Unternehmer, der die Verpflichtung eines kommunalen Zweckverbands zur Versorgung der Bevölkerung mit Trinkwasser übernimmt und dafür einen vertraglichen Anspruch gegen den Zweckverband auf Weiterleitung von Fördermitteln erlangt, die dieser erhält, erbringt grundsätzlich eine steuerbare Leistung gegen Entgelt (vgl. BFH-Urteil vom 10.8.2016, XI R 41/14, BStBl 2017 II S. 590).

Kein Leistungsaustausch

(14) Die Unterhaltung von Giro-, Bauspar- und Sparkonten stellt für sich allein keine Leistung im wirtschaftlichen Sinne dar (vgl. BFH-Urteil vom 1. 2. 1973, V R 2/70, BStBl II S. 172).

(15) [1]Eine Personengesellschaft erbringt bei der Aufnahme eines Gesellschafters gegen Bar- oder Sacheinlage an diesen keinen steuerbaren Umsatz (vgl. BFH-Urteil vom 1. 7. 2004, V R 32/00, BStBl II S. 1022). [2]Nicht steuerbar sind auch die Ausgabe von neuen Aktien zur Aufbringung von Kapital, die Aufnahme von atypisch stillen Gesellschaftern und die Ausgabe von nichtverbrieften Genussrechten, die ein Recht am Gewinn eines Unternehmens begründen.

(15a) Die Gewährung einer Mitgliedschaft in einem Verein, die eine Beitragspflicht auslöst, stellt keinen Umsatz dar (vgl. BFH-Urteil vom 12. 12. 2012, XI R 30/10, BStBl 2013 II S. 348).

(16) [1]Personalgestellungen und -überlassungen gegen Entgelt, auch gegen Aufwendungsersatz, erfolgen grundsätzlich im Rahmen eines Leistungsaustauschs. [2]Jedoch liegt u. a. in den folgenden Beispielsfällen bei der Freistellung von Arbeitnehmern durch den Unternehmer gegen Erstattung der Aufwendungen wie Lohnkosten, Sozialversicherungsbeiträge und dgl. mangels eines konkretisierbaren Leistungsempfängers kein Leistungsaustausch vor:

Freistellung

1. fur Luftschutz- und Katastrophenschutzübungen;

2. für Sitzungen des Gemeinderats oder seiner Ausschüsse;

3. an das Deutsche Rote Kreuz, das Technische Hilfswerk, den Malteser Hilfsdienst, die Johanniter Unfallhilfe oder den Arbeiter Samariter Bund;

4. an die Feuerwehr für Zwecke der Ausbildung, zu Übungen und zu Einsätzen;

5. für Wehrübungen;

6. zur Teilnahme an der Vollversammlung einer Handwerkskammer, an Konferenzen, Lehrgängen und dgl. einer Industriegewerkschaft, für eine Tätigkeit im Vorstand des Zentralverbands Deutscher Schornsteinfeger e.V., für die Durchführung der Gesellenprüfung im Schornsteinfegerhandwerk, zur Mitwirkung im Gesellenausschuss nach § 69 Abs. 4 HwO;

7. für Sitzungen der Vertreterversammlung und des Vorstands der Verwaltungsstellen der Bundesknappschaft;

8. für die ehrenamtliche Tätigkeit in den Selbstverwaltungsorganen der Allgemeinen Ortskrankenkassen, bei Innungskrankenkassen und ihren Verbänden;

9. als Heimleiter in Jugenderholungsheimen einer Industriegewerkschaft;

UStAE

10. von Bergleuten für Untersuchungen durch das Berufsgenossenschaftliche Forschungsinstitut für Arbeitsmedizin;

11. für Kurse der Berufsgenossenschaft zur Unfallverhütung;

12. von Personal durch den Arbeitgeber an eine Betriebskrankenkasse gegen Personalkostenerstattung nach § 147 Abs. 2a SGB V;

13. für die Entsendung von Mitgliedern in die Arbeitsrechtliche Kommission des Diakonischen Werks und des Deutschen Caritasverbandes.

[3]Dies gilt entsprechend für Fälle, in denen der Unternehmer zur Freistellung eines Arbeitnehmers für öffentliche oder gemeinnützige Zwecke nach einem Gesetz verpflichtet ist, soweit dieses Gesetz den Ersatz der insoweit entstandenen Lohn- und Lohnnebenkosten vorschreibt.

(17) [1]Das Bestehen einer Gewinngemeinschaft (Gewinnpoolung) beinhaltet für sich allein noch keinen Leistungsaustausch zwischen den Beteiligten (vgl. BFH-Urteil vom 26. 7. 1973, V R 42/70, BStBl II S. 766). [2]Bei einer Innengesellschaft ist kein Leistungsaustausch zwischen Gesellschaftern und Innengesellschaft, sondern nur unter den Gesellschaftern denkbar (vgl. BFH-Urteil vom 27. 5. 1982, V R 110 und 111/81, BStBl II S. 678).

(18) [1]Nach § 181 BauGB soll die Gemeinde bei der Durchführung des BauGB zur Vermeidung oder zum Ausgleich wirtschaftlicher Nachteile, die für den Betroffenen in seinen persönlichen Lebensumständen eine besondere Härte bedeuten, auf Antrag einen Geldausgleich im Billigkeitswege gewähren. [2]Ein solcher Härteausgleich ist, wenn er einem Unternehmer gezahlt wird, nicht als Entgelt für eine steuerbare Leistung des Unternehmers gegenüber der Gemeinde anzusehen; es handelt sich vielmehr um eine nicht steuerbare Zuwendung. [3]Das Gleiche gilt, wenn dem Eigentümer eines Gebäudes ein Zuschuss gewährt wird

1. für Modernisierungs- und Instandsetzungsmaßnahmen nach § 177 BauGB;

2. für Modernisierungs- und Instandsetzungsmaßnahmen im Sinne des § 177 BauGB, zu deren Durchführung sich der Eigentümer gegenüber der Gemeinde vertraglich verpflichtet hat;

3. für andere der Erhaltung, Erneuerung und funktionsgerechten Verwendung dienende Maßnahmen an einem Gebäude, das wegen seiner geschichtlichen, künstlerischen oder städtebaulichen Bedeutung erhalten bleiben soll, zu deren Durchführung sich der Eigentümer gegenüber der Gemeinde vertraglich verpflichtet hat;

4. [1]für die Durchführung einer Ordnungsmaßnahme nach § 146 Abs. 3 BauGB, soweit der Zuschuss dem Grundstückseigentümer als Gebäude-Restwertentschädigung gezahlt wird. [2]Werden im Rahmen der Maßnahme die beim Grundstückseigentümer anfallenden Abbruchkosten gesondert vergütet, sind diese Beträge Entgelt für eine steuerbare und steuerpflichtige Leistung des Grundstückseigentümers an die Gemeinde.

[4]Voraussetzung ist, dass in den Fällen der Nummern 2 und 3 der Zuschuss aus Sanierungsförderungsmitteln zur Deckung der Kosten der Modernisierung und Instandsetzung nur insoweit gewährt wird, als diese Kosten nicht vom Eigentümer zu tragen sind.

(19) [1]Der Übergang eines Grundstücks im Flurbereinigungsverfahren nach dem FlurbG und im Umlegungsverfahren nach dem BauGB unterliegt grundsätzlich nicht der Umsatzsteuer. [2]In den Fällen der Unternehmensflurbereinigung (§§ 87 bis 89 FlurbG) ist die Bereitstellung von Flächen insoweit umsatzsteuerbar, als dafür eine Geldentschädigung gezahlt wird. [3]Ggf. kommt die Steuerbefreiung nach § 4 Nr. 9 Buchstabe a UStG in Betracht.

(20) [1]Die Teilnahme eines Händlers an einem Verkaufswettbewerb seines Lieferanten, dessen Gegenstand die vertriebenen Produkte sind, begründet regelmäßig keinen Leistungsaustausch (BFH-Urteil vom 9. 11. 1994, XI R 81/92, BStBl 1995 II S. 277). [2]Zur umsatzsteuerlichen Behandlung von Verkaufswettbewerben vgl. auch Abschnitte 10.1 und 10.3.

(21) In den Fällen des Folgerechts beim Weiterverkauf des Originals eines Werks der bildenden Künste (vgl. § 26 UrhG) besteht zwischen dem Anspruchsberechtigten (Urheber bzw. Rechts-

nachfolger) und dem Zahlungsverpflichteten (Veräußerer) auf Grund mangelnder vertraglicher Beziehungen kein Leistungsaustauschverhältnis.

(22) [1]Das Rechtsinstitut der „Fautfracht" (§ 415 Abs. 2 HGB) versteht sich als eine gesetzlich festgelegte, pauschale Kündigungsentschädigung, die weder Leistungsentgelt noch Schadensersatz ist. [2]Entsprechendes gilt für andere vergleichbare pauschale Kündigungsentschädigungen wie z. B. sog. Bereitstellungsentgelte, die ein Speditionsunternehmen erhält, wenn eine Zwangsräumung kurzfristig von dem Gerichtsvollzieher abgesagt wird (vgl. BFH-Urteil vom 30. 6. 2010, XI R 22/08, BStBl II S. 1084).

(23) [1]Weist der Empfänger von Zuwendungen aus einem Sponsoringvertrag auf Plakaten, in Veranstaltungshinweisen, in Ausstellungskatalogen, auf seiner Internetseite oder in anderer Weise auf die Unterstützung durch den Sponsor lediglich hin, erbringt er insoweit keine Leistung im Rahmen eines Leistungsaustausches. [2]Dieser Hinweis kann unter Verwendung des Namens, Emblems oder Logos des Sponsors, jedoch ohne besondere Hervorhebung oder Verlinkung zu dessen Internetseiten, erfolgen. [3]Dies gilt auch, wenn der Sponsor auf seine Unterstützung in gleicher Art und Weise lediglich hinweist. [4]Dagegen ist von einer Leistung des Zuwendungsempfängers an den Sponsor auszugehen, wenn dem Sponsor das ausdrückliche Recht eingeräumt wird, die Sponsoringmaßnahme im Rahmen eigener Werbung zu vermarkten.

(24) [1]Die Teilnahme an einem Wettbewerb (Pferderennen, Pokerturnieren, sportlichen Wettbewerben, Schönheitskonkurrenzen, Ausscheidungsspielen und Ähnlichem) stellt nur dann eine gegen Entgelt erbrachte Dienstleistung dar, wenn der Veranstalter für sie eine von der Platzierung unabhängige Vergütung zahlt (z. B. Antrittsgelder oder platzierungsunabhängige Preisgelder). [2]Eine Staffelung der Vergütung ist insoweit unschädlich. [3]Platzierungsabhängige Preisgelder des Veranstalters stellen kein Entgelt für die Teilnahme an einem Wettbewerb dar, da sie nicht für die Teilnahme gezahlt werden, sondern für die Erzielung eines bestimmten Wettbewerbsergebnisses (vgl. EuGH-Urteil vom 10. 11. 2016, C-432/15, Buštová, sowie BFH-Urteile vom 30. 8. 2017, XI R 37/14, BStBl 2019 II S. 336, und vom 2. 8. 2018, V R 21/16, BStBl 2019 II S. 339).

(25) Die sonstige Leistung der Veranstalter von Glücksspielen (Automatenaufsteller, Spielbankbetreiber, etc.) besteht in der Zulassung zum Spiel gegen Gewinnchance; der Einsatz der Spieler steht im unmittelbaren Zusammenhang mit der Durchführung des Spiels und ist daher entgeltliche Gegenleistung für die Teilnahme.

UStAE 1.2. Verwertung von Sachen

(1) [1]Bei der Sicherungsübereignung erlangt der Sicherungsnehmer zu dem Zeitpunkt, in dem er von seinem Verwertungsrecht Gebrauch macht, auch die Verfügungsmacht über das Sicherungsgut. [2]Die Verwertung der zur Sicherheit übereigneten Gegenstände durch den Sicherungsnehmer außerhalb des Insolvenzverfahrens führt zu zwei Umsätzen (sog. Doppelumsatz), und zwar zu einer Lieferung des Sicherungsgebers an den Sicherungsnehmer und zu einer Lieferung des Sicherungsnehmers an den Erwerber (vgl. BFH-Urteil vom 4. 6. 1987, V R 57/79, BStBl II S. 741, und BFH-Beschluss vom 19. 7. 2007, V B 222/06, BStBl 2008 II S. 163). [3]Entsprechendes gilt bei der Versteigerung verfallener Pfandsachen durch den Pfandleiher (vgl. BFH-Urteil vom 16. 4. 1997, XI R 87/96, BStBl II S. 585). [4]Zwei Umsätze liegen vor, wenn die Verwertung vereinbarungsgemäß vom Sicherungsgeber im Namen des Sicherungsnehmers vorgenommen wird oder die Verwertung zwar durch den Sicherungsnehmer, aber im Auftrag und für Rechnung des Sicherungsgebers in dessen Namen stattfindet.

(1a) [1]Veräußert der Sicherungsgeber das Sicherungsgut im eigenen Namen auf Rechnung des Sicherungsnehmers, erstarkt die ursprüngliche Sicherungsübereignung hingegen zu einer Lieferung des Sicherungsgebers an den Sicherungsnehmer, während zugleich zwischen dem Sicherungsnehmer (Kommittent) und dem Sicherungsgeber (Kommissionär) eine Lieferung nach § 3 Abs. 3 UStG vorliegt, bei der der Sicherungsgeber (Verkäufer, Kommissionär) als Abnehmer gilt; die entgeltliche Lieferung gegenüber dem Dritten wird in der Folge vom Sicherungsgeber ausgeführt (Dreifachumsatz, vgl. BFH-Urteile vom 6.10.2005, V R 20/04, BStBl 2006 II S.931, und vom 30.3.2006, V R 9/03, BStBl II S.933). [2]Voraussetzung für die Annahme eines Dreifachumsatzes ist, dass das Sicherungsgut erst nach Eintritt der Verwertungsreife durch den Sicherungsgeber veräußert wird und es sich hierbei nach den Vereinbarungen zwischen Sicherungsgeber und Sicherungsnehmer um ein Verwertungsgeschäft handelt, um die vom Sicherungsnehmer gewährten Darlehen zurückzuführen. [3]Nicht ausreichend ist eine Veräußerung, die der Sicherungsgeber im Rahmen seiner ordentlichen Geschäftstätigkeit vornimmt und bei der er berechtigt ist, den Verwertungserlös anstelle zur Rückführung des Kredits anderweitig z.B. für den Erwerb neuer Waren zu verwenden (BFH-Urteil vom 23.7.2009, V R 27/07, BStBl 2010 II S.859), oder wenn die Veräußerung zum Zwecke der Auswechslung des Sicherungsgebers unter Fortführung des Sicherungseigentums durch den Erwerber erfolgt (vgl. BFH-Urteil vom 9.3.1995, V R 102/89, BStBl II S.564). [4]In diesen Fällen liegt eine bloße Lieferung des Sicherungsgebers an den Erwerber vor.

(1b) – gestrichen –

(2) Wird im Rahmen der Zwangsvollstreckung eine Sache durch den Gerichtsvollzieher oder ein anderes staatliches Vollstreckungsorgan öffentlich versteigert oder freihändig verkauft, liegt darin keine Lieferung des Vollstreckungsschuldners an das jeweilige Bundesland, dem die Vollstreckungsorgane angehören, und keine Lieferung durch dieses an den Erwerber, sondern es handelt sich um eine Lieferung des Vollstreckungsschuldners unmittelbar an den Erwerber (vgl. BFH-Urteile vom 19.12.1985, V R 139/76, BStBl 1986 II S.500, und vom 16.4.1997, XI R 87/96, BStBl II S.585).

(3) – (4) ...

UStAE   1.3. Schadensersatz

Allgemeines

(1) [1]Im Falle einer echten Schadensersatzleistung fehlt es an einem Leistungsaustausch. [2]Der Schadensersatz wird nicht geleistet, weil der Leistende eine Lieferung oder sonstige Leistung erhalten hat, sondern weil er nach Gesetz oder Vertrag für den Schaden und seine Folgen einzustehen hat. [3]Echter Schadensersatz ist insbesondere gegeben bei Schadensbeseitigung durch den Schädiger oder durch einen von ihm beauftragten selbständigen Erfüllungsgehilfen, bei Zahlung einer Geldentschädigung durch den Schädiger, bei Schadensbeseitigung durch den Geschädigten oder in dessen Auftrag durch einen Dritten ohne einen besonderen Auftrag des Ersatzverpflichteten; in Leasingfällen vgl. Absatz 17. [4]Ein Schadensersatz ist dagegen nicht anzunehmen, wenn die Ersatzleistung tatsächlich die – wenn auch nur teilweise – Gegenleistung für eine Lieferung oder sonstige Leistung darstellt (vgl. BFH-Urteile vom 22.11.1962, V 192/60 U, BStBl 1963 III S.106, und vom 19.10.2001, V R 48/00, BStBl 2003 II S.210, sowie Abschnitt 10.2 Abs.3 Satz 6).**[1]** [5]Von echtem Schadensersatz ist ebenfalls nicht auszugehen, wenn der Besteller eines Werks, das sich als mangelhaft erweist, vom Auftragnehmer Schadensersatz wegen Nichterfüllung verlangt; in der Zahlung des Auftragnehmers liegt vielmehr eine Minderung des Entgelts im Sinne von § 17 Abs.1 UStG (vgl. BFH-Urteil vom 16.1.2003, V R 72/01, BStBl II S.620).

(2) [1]Wegen der Einzelheiten bei der umsatzsteuerrechtlichen Beurteilung von Garantieleistungen und Freiinspektionen in der Kraftfahrzeugwirtschaft vgl. BMF-Schreiben vom 3.12.1975, BStBl I S.1132. [2]Zur umsatzsteuerlichen Behandlung von Garantieleistungen in der Reifenindustrie vgl. BMF-Schreiben vom 21.11.1974, BStBl I S.1021.

Anm. d. Schriftl.:

[1] Die nach Kündigung eines Architektenvertrages zu zahlende Vergütung ist nur insoweit Entgelt i.S.v. § 10 Abs.1 UStG, als sie auf schon erbrachte Leistungsteile entfällt (BFH-Urteil vom 26.8.2021, BStBl 2022 II S.197).

Echter Schadensersatz

(3) ¹Vertragsstrafen, die wegen Nichterfüllung oder wegen nicht gehöriger Erfüllung (§§ 340, 341 BGB) geleistet werden, haben Schadensersatzcharakter (vgl. auch BFH-Urteil vom 10.7.1997, V R 94/96, BStBl II S. 707). ²Hat der Leistungsempfänger die Vertragsstrafe an den leistenden Unternehmer zu zahlen, ist sie deshalb nicht Teil des Entgelts für die Leistung. ³Zahlt der leistende Unternehmer die Vertragsstrafe an den Leistungsempfänger, liegt darin keine Entgeltminderung (vgl. BFH-Urteil vom 4.5.1994, XI R 58/93, BStBl II S. 589). ⁴Die Entschädigung, die ein Verkäufer nach den Geschäftsbedingungen vom Käufer verlangen kann, wenn dieser innerhalb bestimmter Fristen seinen Verpflichtungen aus dem Kaufvertrag nicht nachkommt (Schadensersatz wegen Nichterfüllung), ist nicht Entgelt, sondern Schadensersatz (vgl. BFH-Urteil vom 27.4.1961, V 263/58 U, BStBl III S. 300).

(4) ¹Eine Willenserklärung, durch die der Unternehmer seinem zur Übertragung eines Vertragsgegenstands unfähig gewordenen Schuldner eine Ersatzleistung in Geld gestattet, kann nicht als sonstige Leistung (Rechtsverzicht) beurteilt werden. ²Die Ersatzleistung ist echter Schadensersatz (vgl. BFH-Urteil vom 12.11.1970, V R 52/67, BStBl 1971 II S. 38).

(5) ¹Die Vergütung, die der Unternehmer nach Kündigung oder vertraglicher Auflösung eines Werklieferungsvertrags vereinnahmt, etwa an den Besteller die bereitgestellten Werkstoffe oder das teilweise vollendete Werk geliefert zu haben, ist kein Entgelt (vgl. BFH-Urteil vom 27.8.1970, V R 159/66, BStBl 1971 II S. 6). ²Zum Leistungsgegenstand bei noch nicht abgeschlossenen Werklieferungen vgl. Abschnitt 3.9.

(6) ¹Erhält ein Unternehmer die Kosten eines gerichtlichen Mahnverfahrens erstattet, handelt es sich dabei nicht um einen Teil des Entgelts für eine steuerbare Leistung, sondern um Schadensersatz. ²Die Mahngebühren oder Mahnkosten, die ein Unternehmer von säumigen Zahlern erhebt und auf Grund seiner Geschäftsbedingungen oder anderer Unterlagen – z. B. Mahnschreiben – als solche nachweist, sind ebenfalls nicht das Entgelt für eine besondere Leistung. ³Verzugszinsen, Fälligkeitszinsen und Prozesszinsen (vgl. z. B. §§ 288, 291 BGB; § 353 HGB) sind als Schadensersatz zu behandeln. ⁴Das Gleiche gilt für Nutzungszinsen, die z. B. nach § 641 Abs. 4 BGB von der Abnahme des Werkes an erhoben werden. ⁵Als Schadensersatz sind die nach den Artikeln 48 und 49 WG sowie den Artikeln 45 und 46 ScheckG im Falle des Rückgriffs zu zahlenden Zinsen, Kosten des Protestes und Vergütungen zu behandeln.

(7) ¹Die Ersatzleistung auf Grund einer Warenkreditversicherung stellt nicht die Gegenleistung für eine Lieferung oder sonstige Leistung dar, sondern Schadensersatz. ²Zur Frage des Leistungsaustauschs bei Zahlungen von Fautfrachten wegen Nichterfüllung eines Chartervertrags vgl. BFH-Urteil vom 30.6.2010, XI R 22/08, BStBl II S. 1084, und Abschnitt 1.1 Abs. 22.

(8) ¹In Gewährleistungsfällen ist die Erstattung der Material- und Lohnkosten, die ein Vertragshändler auf Grund vertraglicher Vereinbarungen für die Beseitigung von Mängeln an den bei ihm gekauften Gegenständen vom Hersteller ersetzt bekommt, echter Schadensersatz, wenn sich der Gewährleistungsanspruch des Kunden nicht gegen den Hersteller, sondern gegen den Vertragshändler richtet (vgl. BFH-Urteil vom 16.7.1964, V 23/60 U, BStBl III S. 516). ²In diesen Fällen erfüllt der Händler mit der Garantieleistung unentgeltlich eine eigene Verpflichtung gegenüber dem Kunden aus dem Kaufvertrag und erhält auf Grund seiner Vereinbarung mit dem Herstellerwerk von diesem den durch den Materialfehler erlittenen, vom Werk zu vertretenden Schaden ersetzt (BFH-Urteil vom 17.2.1966, V 58/63, BStBl III S. 261).

(9) Weitere Einzelfälle des echten Schadensersatzes sind:

1. die Entschädigung der Zeugen (vgl. Absatz 15) und der ehrenamtlichen Richter nach dem JVEG;

2. Stornogebühren bei Reiseleistungen (vgl. Abschnitt 25.1 Abs. 14);

3. Zahlungen zum Ersatz des entstandenen Schadens bei Leistungsstörungen in Transporthilfsmittel-Tauschsystemen (z. B. Euro-Flachpaletten und Euro-Gitterboxpaletten; vgl. BMF-Schreiben vom 5.11.2013, BStBl I S. 1386).

(10) – gestrichen –

UStAE

Kein Schadensersatz

(11) [1]Beseitigt der Geschädigte im Auftrag des Schädigers einen ihm zugefügten Schaden selbst, ist die Schadensersatzleistung als Entgelt im Rahmen eines Leistungsaustauschs anzusehen (vgl. BFH-Urteil vom 11.3.1965, V 37/62 S, BStBl III S.303). [2]Zur Abgrenzung zur sonstigen Leistung vgl. auch Abschnitt 3.1.

(12) [1]Die Ausgleichszahlung für Handelsvertreter nach § 89b HGB ist kein Schadensersatz, sondern eine Gegenleistung des Geschäftsherrn für erlangte Vorteile aus der Tätigkeit als Handelsvertreter. [2]Dies gilt auch dann, wenn der Ausgleichsanspruch durch den Tod des Handelsvertreters fällig wird (BFH-Urteile vom 26.9.1968, V 196/65, BStBl 1969 II S.210, und vom 25.6.1998, V R 57/97, BStBl 1999 II S.102).

(13) [1]Entschädigungen an den Mieter oder Vermieter für die vorzeitige Räumung der Mieträume und die Aufgabe des noch laufenden Mietvertrags sind nicht Schadensersatz, sondern Leistungsentgelt (vgl. BFH-Urteil vom 27.2.1969, V 102/65, BStBl II S.386 und Abschnitt 4.12.1). [2]Das gilt auch dann, wenn der Unternehmer zur Vermeidung einer Enteignung auf die vertragliche Regelung eingegangen ist. [3]Ob die Vertragsparteien die Zahlung als Schadensersatz bezeichnen oder vereinbaren, nur die durch die Freimachung entstandenen tatsächlichen Aufwendungen zu erstatten, ist unbeachtlich (vgl. BFH-Urteile vom 27.2.1969, V 144/65, BStBl II S.387, und vom 7.8.1969, V 177/65, BStBl II S.696).

(14) Entschädigungen, die als Folgewirkung einer Enteignung nach § 96 BauGB gezahlt werden, sind kein Schadensersatz und daher steuerbar (BFH-Urteil vom 10.2.1972, V R 119/68, BStBl II S.403; vgl. auch BFH-Urteil vom 24.6.1992, V R 60/88, BStBl II S.986).

(15) [1]Die Vergütung von Sachverständigen, Dolmetschern und Übersetzern nach Abschnitt 3 JVEG ist Entgelt für eine Leistung. [2]Ob jemand als Zeuge, sachverständiger Zeuge oder Sachverständiger anzusehen ist, richtet sich nach der tatsächlich erbrachten Tätigkeit. [3]Für die Einordnung ist ausschlaggebend, ob er als Zeuge „unersetzlich" oder als Sachverständiger „auswechselbar" ist. [4]Bei ärztlichen Befundberichten kann regelmäßig auf die Abrechnung nach dem JVEG abgestellt werden.

> **Beispiel 1:**
> [1]Der behandelnde Arzt erteilt einem Gericht einen Bericht über den bei seinem Patienten festgestellten Befund und erhält eine Vergütung nach § 10 Abs.1 JVEG in Verbindung mit Anlage 2 Nr. 200 bzw. Nr. 201 des JVEG.
>
> [2]Der Arzt handelt als „unersetzlicher" sachverständiger Zeuge. [3]Die Vergütung ist echter Schadensersatz (vgl. Absatz 9).

> **Beispiel 2:**
> [1]Ein hinzugezogener Arzt erstellt für ein Gericht ein Gutachten über den Gesundheitszustand einer Person und erhält eine Vergütung nach § 10 Abs.1 JVEG in Verbindung mit Anlage 2 Nr. 202 bzw. Nr. 203 des JVEG.
>
> [2]Der Arzt handelt als „auswechselbarer" Sachverständiger. [3]Die Vergütung ist Leistungsentgelt.

(16) Die Ausgleichszahlung für beim Bau einer Überlandleitung entstehende Flurschäden durch deren Betreiber an den Grundstückseigentümer ist kein Schadensersatz, sondern Entgelt für die Duldung der Flurschäden durch den Eigentümer (vgl. BFH-Urteil vom 11.11.2004, V R 30/04, BStBl 2005 II S.802).

(16a) [1]Zahlungen, die an einen Unternehmer als Aufwendungsersatz aufgrund von urheberrechtlichen Abmahnungen zur Durchsetzung eines Unterlassungsanspruchs geleistet wurden, und Zahlungen, die an einen Unternehmer von dessen Wettbewerbern als Aufwendungsersatz aufgrund von wettbewerbsrechtlichen Abmahnungen geleistet werden, sind umsatzsteuerrechtlich als Entgelt im Rahmen eines umsatzsteuerbaren Leistungsaustauschs zwischen dem Unternehmer und dem von ihm abgemahnten Rechtsverletzer zu qualifizieren (vgl. BFH-Urteile vom 21.12.2016, XI R 27/14, BStBl 2021 II S.779, und vom 13.2.2019, XI R 1/17, BStBl 2021 II S.785). [2]Im Fall einer unberechtigten Abmahnung schuldet der Abmahnende die Steuer nach § 14c Abs.2 UStG, wenn und solange er diese in einer Rechnung ausgewiesen hat.

Leasing

(17) [1]Für die Beurteilung von Ausgleichszahlungen im Zusammenhang mit der Beendigung von Leasingverträgen ist entscheidend, ob der Zahlung für den jeweiligen „Schadensfall" eine mit ihr eng verknüpfte Leistung gegenübersteht. [2]Verpflichtet sich der Leasingnehmer im Leasingvertrag, für am Leasinggegenstand durch eine nicht vertragsgemäße Nutzung eingetretene Schäden nachträglich einen Minderwertausgleich zu zahlen, ist diese Zahlung beim Leasinggeber als Schadensersatz nicht der Umsatzsteuer zu unterwerfen (vgl. BFH-Urteil vom 20. 3. 2013, XI R 6/11, BStBl 2014 II S. 206). [3]Ausgleichszahlungen, die darauf gerichtet sind, Ansprüche aus dem Leasingverhältnis an die tatsächliche Nutzung des Leasinggegenstandes durch den Leasingnehmer anzupassen (z. B. Mehr- und Minderkilometervereinbarungen bei Fahrzeugleasingverhältnissen), stellen hingegen je nach Zahlungsrichtung zusätzliches Entgelt oder aber eine Entgeltminderung für die Nutzungsüberlassung dar. [4]Dies gilt entsprechend für Vergütungen zum Ausgleich von Restwertdifferenzen in Leasingverträgen mit Restwertausgleich. [5]Nutzungsentschädigungen wegen verspäteter Rückgabe des Leasinggegenstandes stellen ebenfalls keinen Schadensersatz dar, sondern sind Entgelt für die Nutzungsüberlassung zwischen vereinbarter und tatsächlicher Rückgabe des Leasinggegenstandes. [6]Soweit bei Kündigung des Leasingverhältnisses Ausgleichszahlungen für künftige Leasingraten geleistet werden, handelt es sich um echten Schadensersatz, da durch die Kündigung die vertragliche Hauptleistungspflicht des Leasinggebers beendet und deren Erbringung tatsächlich nicht mehr möglich ist. [7]Dies gilt nicht für die Fälle des Finanzierungsleasings, bei denen eine Lieferung an den Leasingnehmer vorliegt, vgl. Abschnitt 3.5 Abs. 5.

UStAE   1.4.   Mitgliederbeiträge

(1) [1]Soweit eine Vereinigung zur Erfüllung ihrer den Gesamtbelangen sämtlicher Mitglieder dienenden satzungsgemäßen Gemeinschaftszwecke tätig wird und dafür echte Mitgliederbeiträge erhebt, die dazu bestimmt sind, ihr die Erfüllung dieser Aufgaben zu ermöglichen, fehlt es an einem Leistungsaustausch mit dem einzelnen Mitglied. [2]Erbringt die Vereinigung dagegen Leistungen, die den Sonderbelangen der einzelnen Mitglieder dienen, und erhebt sie dafür Beiträge entsprechend der tatsächlichen oder vermuteten Inanspruchnahme ihrer Tätigkeit, liegt ein Leistungsaustausch vor (vgl. BFH-Urteile vom 4. 7. 1985, V R 107/76, BStBl 1986 II S. 153, und vom 7. 11. 1996, V R 34/96, BStBl 1997 II S. 366).

(2) [1]Voraussetzung für die Annahme echter Mitgliederbeiträge ist, dass die Beiträge gleich hoch sind oder nach einem für alle Mitglieder verbindlichen Bemessungsmaßstab gleichmäßig errechnet werden. [2]Die Gleichheit ist auch dann gewährt, wenn die Beiträge nach einer für alle Mitglieder einheitlichen Staffel erhoben werden oder die Höhe der Beiträge nach persönlichen Merkmalen der Mitglieder, z. B. Lebensalter, Stand, Vermögen, Einkommen, Umsatz, abgestuft wird (vgl. BFH-Urteil vom 8. 9. 1994, V R 46/92, BStBl II S. 957). [3]Allein aus der Gleichheit oder aus einem gleichen Bemessungsmaßstab kann auf die Eigenschaft der Zahlungen als echte Mitgliederbeiträge nicht geschlossen werden (vgl. BFH-Urteil vom 8. 9. 1994, V R 46/92, a. a. O.).

(3) [1]Beitragszahlungen, die Mitglieder einer Interessenvereinigung der Lohnsteuerzahler, z. B. Lohnsteuerhilfeverein, erbringen, um deren in der Satzung vorgesehene Hilfe in Lohnsteuersachen in Anspruch nehmen zu können, sind Entgelte für steuerbare Sonderleistungen dieser Vereinigung. [2]Dies gilt auch dann, wenn ein Mitglied im Einzelfall trotz Beitragszahlung auf die Dienste der Interessenvereinigung verzichtet, weil die Bereitschaft der Interessenvereinigung, für dieses Mitglied tätig zu werden, eine Sonderleistung ist (vgl. BFH-Urteil vom 9. 5. 1974, V R 128/71, BStBl II S. 530).

(4) Umlagen, die ein Wasserversorgungszweckverband satzungsgemäß zur Finanzierung der gemeinsamen Anlagen, der betriebsnotwendigen Vorratshaltung und der Darlehenstilgung entsprechend der Wasserabnahme durch die Mitgliedergemeinden erhebt, sind Leistungsentgelte (BFH-Urteil vom 4. 7. 1985, V R 35/78, BStBl II S. 559).

(5) [1]Eine aus Mietern und Grundstückseigentümern eines Einkaufszentrums bestehende Werbegemeinschaft erbringt gegenüber ihren Gesellschaftern steuerbare Leistungen, wenn die Werbemaßnahmen für das Einkaufszentrum vermittelt oder ausführt und zur Deckung der dabei entstehenden Kosten entsprechend den Laden- bzw. Verkaufsflächen gestaffelte Umlagen von ihren Gesellschaftern erhebt (BFH-Urteil vom 4. 7. 1985, V R 107/76, BStBl 1986 II S. 153). [2]Allein die unterschiedliche Höhe der von Mitgliedern erhobenen Umlagen führt nicht zur Annahme eines Leistungsaustauschs zwischen der Gemeinschaft und ihren Mitgliedern (vgl. BFH-Urteil vom 18. 4. 1996, V R 123/93, BStBl II S. 387).

(6) [1]Die Abgabe von Druckerzeugnissen an die Mitglieder ist nicht als steuerbare Leistung der Vereinigung anzusehen, wenn es sich um Informationen und Nachrichten aus dem Leben der Vereinigung handelt. [2]Steuerbare Sonderleistungen liegen jedoch vor, wenn es sich um Fachzeitschriften handelt, die das Mitglied andernfalls gegen Entgelt im freien Handel beziehen müsste.

(7) [1]Bewirkt eine Vereinigung Leistungen, die zum Teil den Einzelbelangen, zum Teil den Gesamtbelangen der Mitglieder dienen, sind die Beitragszahlungen in Entgelte für steuerbare Leistungen und in echte Mitgliederbeiträge aufzuteilen (vgl. BFH-Urteil vom 22. 11. 1963, V 47/61, U, BStBl 1964 III S. 147). [2]Der auf die steuerbaren Leistungen entfallende Anteil der Beiträge entspricht der Bemessungsgrundlage, die nach § 10 Abs. 5 Nr. 1 in Verbindung mit § 10 Abs. 4 UStG anzusetzen ist (vgl. Abschnitt 10.7 Abs. 1).

UStAE   1.5. Geschäftsveräußerung

Geschäftsveräußerung im Ganzen

(1) [1]Eine Geschäftsveräußerung im Sinne des § 1 Abs. 1a UStG liegt vor, wenn die wesentlichen Grundlagen eines Unternehmens oder eines gesondert geführten Betriebs an einen Unternehmer für dessen Unternehmen übertragen werden, wobei die unternehmerische Tätigkeit des Erwerbers auch erst mit dem Erwerb des Unternehmens oder des gesondert geführten Betriebs beginnen kann (vgl. Abschnitt 2.6 Abs. 1). [2]Entscheidend ist, dass die übertragenen Vermögensgegenstände ein hinreichendes Ganzes bilden, um dem Erwerber die Fortsetzung einer bisher durch den Veräußerer ausgeübten unternehmerischen Tätigkeit zu ermöglichen, und der Erwerber dies auch tatsächlich tut (vgl. BFH-Urteil vom 18. 9. 2008, V R 21/07, BStBl 2009 II S. 254). [3]Dabei sind im Rahmen einer Gesamtwürdigung die Art der übertragenen Vermögensgegenstände und der Grad der Übereinstimmung oder Ähnlichkeit zwischen den vor und nach der Übertragung ausgeübten Tätigkeiten zu berücksichtigen (BFH-Urteil vom 23. 8. 2007, V R 14/05, BStBl 2008 II S. 165). [4]Für die Geschäftsveräußerung ist es unerheblich, dass der Erwerber nicht den Namen des übernommenen Unternehmens weiterführt; entscheidend ist, dass der Erwerber die Tätigkeit des Veräußerers nunmehr im Rahmen seiner bisherigen eigenen Geschäftstätigkeit fortführt (vgl. BFH-Urteil vom 29. 8. 2012, XI R 1/11, BStBl 2013 II S. 301). [5]Die für die Geschäftsveräußerung notwendige Fortführung der Geschäftstätigkeit muss bei einer im engen zeitlichen und sachlichen Zusammenhang stehenden mehrstufigen Übertragung nur dem Grunde nach, nicht aber auch höchstpersönlich beim jeweiligen Erwerber vorliegen (vgl. BFH-Urteil vom 25. 11. 2015, V R 66/14, BStBl 2020 II S. 793). [6]Für das Vorliegen der Rechtsfolgen einer Geschäftsveräußerung auf jeder Stufe ist erforderlich, dass auf jeder Stufe der Übertragung der jeweilige Erwerber Unternehmer im Sinne des § 2 UStG ist.

(1a) [1]Der Fortsetzung der bisher durch den Veräußerer ausgeübten Tätigkeit steht es nicht entgegen, wenn der Erwerber den von ihm erworbenen Geschäftsbetrieb in seinem Zuschnitt ändert oder modernisiert (vgl. BFH-Urteil vom 23. 8. 2007, V R 14/05, BStBl 2008 II S. 165). [2]Die sofortige Abwicklung der übernommenen Geschäftstätigkeit schließt jedoch eine Geschäftsveräußerung aus (vgl. EuGH-Urteil vom 27. 11. 2003, C-497/01, Zita Modes). [3]Das Vorliegen der Voraussetzungen für eine nicht steuerbare Geschäftsveräußerung kann nicht mit der Begründung verneint werden, es werde noch kein „lebendes Unternehmen" übertragen, da der tatsächliche

Betrieb des Unternehmens noch nicht aufgenommen worden sei (vgl. BFH-Urteil vom 8. 3. 2001, V R 24/98, BStBl 2003 II S. 430). [4]Eine Geschäftsveräußerung setzt keine Beendigung der unternehmerischen Betätigung des Veräußerers voraus (BFH-Urteil vom 29. 8. 2012, XI R 10/12, BStBl 2013 II S. 221).

(2) [1]Die Übertragung eines vermieteten Grundstücks führt zu einer nicht umsatzsteuerbaren Geschäftsveräußerung im Ganzen, wenn der Erwerber durch den mit dem Grundstückserwerb verbundenen Eintritt in bestehende Mietverträge vom Veräußerer ein Vermietungsunternehmen übernimmt oder die Vermietungstätigkeit des Veräußerers durch eigene abgeschlossene Mietverträge fortführt (vgl. BFH-Urteil vom 24. 2. 2021, XI R 8/19, BStBl 2022 II S. 34). [2]Das ist auch dann der Fall, wenn der Veräußerer ein Bauträger ist, der ein Gebäude erworben, saniert, weitgehend vermietet und sodann veräußert hat, falls im Zeitpunkt der Veräußerung infolge einer nachhaltigen Vermietungstätigkeit beim Veräußerer ein Vermietungsunternehmen vorliegt, das vom Erwerber fortgeführt wird (vgl. BFH-Urteil vom 12. 8. 2015, XI R 16/14, BStBl 2020 II S. 790). [3]Eine anfängliche, weiter bestehende und dem Unternehmenszweck entsprechende Absicht eines Bauträgers, das Objekt wieder zu verkaufen, steht einer nachhaltigen Vermietungstätigkeit im Sinne des § 2 Abs. 1 Satz 3 UStG nicht zwingend entgegen (vgl. BFH-Urteil vom 12. 8. 2015, XI R 16/14, a. a. O.). [4]Eine nachhaltige Vermietungstätigkeit ist widerlegbar anzunehmen, wenn die Vermietungsdauer mindestens 6 Monate betragen hat. [5]Keine Geschäftsveräußerung im Ganzen liegt hinsichtlich eines Bauträgers als Veräußerer vor, wenn die unternehmerische Tätigkeit des veräußernden Bauträgers im Wesentlichen darin besteht, ein Gebäude zu errichten und Mieter/Pächter für die einzelnen Einheiten zu finden, um es im Anschluss an die Fertigstellung aufgrund bereits erfolgter Vermietung ertragssteigernd zu veräußern (vgl. BFH-Urteil vom 12. 8. 2015, XI R 16/14, a. a. O.). [6]Für die umsatzsteuerrechtliche Behandlung nicht entscheidend ist, ob das Objekt bilanzsteuerrechtlich dem Umlaufvermögen oder Anlagevermögen zuzuordnen ist (vgl. BFH-Urteil vom 12. 8. 2015, XI R 16/14, a. a. O.). [7]Die vorgenannten Grundsätze gelten z. B. auch für einen in eine mehrstufige Übertragung eingebundenen Grundstückshändler.

(2a) [1]Die Lieferung eines weder vermieteten noch verpachteten Grundstücks ist im Regelfall keine Geschäftsveräußerung (BFH-Urteil vom 11. 10. 2007, V R 57/06, BStBl 2008 II S. 447). [2]Ist der Gegenstand der Geschäftsveräußerung ein Vermietungsunternehmen, muss der Erwerber umsatzsteuerrechtlich die Fortsetzung der Vermietungstätigkeit beabsichtigen (vgl. BFH-Urteil vom 6. 5. 2010, V R 26/09, BStBl II S. 1114). [3]Bei der Veräußerung eines vermieteten Objekts an den bisherigen Mieter zu dessen eigenen wirtschaftlichen Zwecken ohne Fortführung des Vermietungsunternehmens liegt daher keine Geschäftsveräußerung vor (vgl. BFH-Urteil vom 24. 9. 2009, V R 6/08, BStBl 2010 II S. 315). [4]Ebenso führt die Übertragung eines an eine Organgesellschaft vermieteten Grundstücks auf den Organträger nicht zu einer Geschäftsveräußerung, da der Organträger umsatzsteuerrechtlich keine Vermietungstätigkeit fortsetzt, sondern das Grundstück im Rahmen seines Unternehmens selbst nutzt (vgl. BFH-Urteil vom 6. 5. 2010, V R 26/09, BStBl II S. 1114). [5]Überträgt ein Veräußerer ein verpachtetes Geschäftshaus und setzt der Erwerber die Verpachtung nur hinsichtlich eines Teils des Gebäudes fort, liegt hinsichtlich dieses Grundstücksteils eine Geschäftsveräußerung im Sinne des § 1 Abs. 1a UStG vor. [6]Dies gilt unabhängig davon, ob der verpachtete Gebäudeteil „zivilrechtlich selbständig" ist oder nicht (vgl. BFH-Urteil vom 6. 7. 2016, XI R 1/15, BStBl II S. 909).

(2b) [1]Bei der Übertragung von nur teilweise vermieteten oder verpachteten Grundstücken liegt eine Geschäftsveräußerung vor, wenn die nicht genutzten Flächen zur Vermietung oder Verpachtung bereitstehen und die Vermietungstätigkeit vom Erwerber für eine nicht unwesentliche Fläche fortgesetzt wird (vgl. BFH-Urteil vom 30. 4. 2009, V R 4/07, BStBl II S. 863). [2]Entsteht eine Bruchteilsgemeinschaft durch Einräumung eines Miteigentumsanteils an einem durch den bisherigen Alleineigentümer in vollem Umfang vermieteten Grundstück, liegt eine Geschäftsveräußerung vor (vgl. BFH-Urteil vom 6. 9. 2007, V R 41/05, BStBl 2008 II S. 65). [3]Zum Vorliegen einer Geschäftsveräußerung, wenn das Grundstück, an dem der Miteigentumsanteil eingeräumt wird, nur teilweise vermietet ist und im Übrigen vom vormaligen Alleineigentümer weiterhin für eigene unternehmerische Zwecke genutzt wird, vgl. BFH-Urteil vom 22. 11. 2007, V R 5/06, BStBl 2008 II S. 448.

Wesentliche Grundlagen

(3) [1]Bei entgeltlicher oder unentgeltlicher Übereignung eines Unternehmens oder eines gesondert geführten Betriebs im Ganzen ist eine nicht steuerbare Geschäftsveräußerung auch dann anzunehmen, wenn einzelne unwesentliche Wirtschaftsgüter davon ausgenommen werden (vgl. BFH-Urteil vom 1. 8. 2002, V R 17/01, BStBl 2004 II S. 626). [2]Eine nicht steuerbare Geschäftsveräußerung im Ganzen liegt z. B. bei einer Einbringung eines Betriebs in eine Gesellschaft auch dann vor, wenn einzelne wesentliche Wirtschaftsgüter, insbesondere auch die dem Unternehmen dienenden Grundstücke, nicht mit dinglicher Wirkung übertragen, sondern an den Erwerber vermietet oder verpachtet werden und eine dauerhafte Fortführung des Unternehmens oder des gesondert geführten Betriebs durch den Erwerber gewährleistet ist (vgl. BFH-Urteile vom 15. 10. 1998, V R 69/97, BStBl 1999 II S. 41, und vom 4. 7. 2002, V R 10/01, BStBl 2004 II S. 662). [3]Hierfür reicht eine langfristige Vermietung für z. B. acht Jahre aus (vgl. BFH-Urteil vom 23. 8. 2007, V R 14/05, BStBl 2008 II S. 165). [4]Ebenfalls ausreichend ist eine Vermietung oder Verpachtung auf unbestimmte Zeit (vgl. EuGH-Urteil vom 10. 11. 2011, C-444/10, Schriever, BStBl 2012 II S. 848, und BFH-Urteil vom 18. 1. 2012, XI R 27/08, BStBl II S. 842); die Möglichkeit, den Miet- oder Pachtvertrag kurzfristig zu kündigen, ist hierbei unschädlich. [5]Überträgt ein Veräußerer sein Unternehmsvermögen mit Ausnahme des Anlagevermögens auf einen Erwerber, der die bisherige Unternehmenstätigkeit fortsetzt, und das Anlagevermögen auf einen Dritten, der das Anlagevermögen dem Erwerber unentgeltlich zur Verfügung stellt, liegt nur im Verhältnis zum Erwerber, nicht aber auch zu dem Dritten eine nicht steuerbare Geschäftsveräußerung vor (vgl. BFH-Urteil vom 3. 12. 2015, V R 36/13, BStBl 2017 II S. 563).

(4) [1]Die Übertragung aller wesentlichen Betriebsgrundlagen und die Möglichkeit zur Unternehmensfortführung ohne großen finanziellen Aufwand ist im Rahmen der Gesamtwürdigung zu berücksichtigen, aus der sich ergibt, ob das übertragene Unternehmensvermögen als hinreichendes Ganzes die Ausübung einer wirtschaftlichen Tätigkeit ermöglicht (vgl. BFH-Urteil vom 23. 8. 2007, V R 14/05, BStBl 2008 II S. 165). [2]Welches die wesentlichen Grundlagen sind, richtet sich nach den tatsächlichen Verhältnissen im Zeitpunkt der Übereignung (BFH-Urteil vom 25. 11. 1965, V 173/63 U, BStBl 1966 III S. 333). [3]Auch ein einzelnes Grundstück kann wesentliche Betriebsgrundlage sein. [4]Bei einem Herstellungsunternehmen bilden die Betriebsgrundstücke mit den Maschinen und sonstigen der Fertigung dienenden Anlagen regelmäßig die wesentlichen Grundlagen des Unternehmens (vgl. BFH-Urteil vom 5. 2. 1970, V R 161/66, BStBl II S. 365). [5]Gehören zu den wesentlichen Grundlagen des Unternehmens bzw. des Betriebs nicht eigentumsfähige Güter, z. B. Gebrauchs- und Nutzungsrechte an Sachen, Forderungen, Dienstverträge, Geschäftsbeziehungen, muss der Unternehmer diese Rechte auf den Erwerber übertragen, soweit sie für die Fortführung des Unternehmens erforderlich sind. [6]Wird das Unternehmen bzw. der Betrieb in gepachteten Räumen und mit gepachteten Maschinen unterhalten, gehört das Pachtrecht zu den wesentlichen Grundlagen. **[1][2]** [7]Dieses Pachtrecht muss der Veräußerer auf den Erwerber übertragen, indem er ihm die Möglichkeit verschafft, mit dem Verpächter

---

Anm. d. Schriftl.:

[1] Die Voraussetzungen einer nicht steuerbaren Geschäftsveräußerung im Ganzen liegen nicht vor, wenn der (bisherige) Pächter einer Gaststätte lediglich ihm gehörende Teile des Inventars einer Gaststätte – hier Kücheneinrichtung nebst Geschirr und Küchenartikeln – veräußert und der Erwerber den Gaststättenbetrieb sowie das übrige Inventar durch einen weiteren Vertrag von einem Dritten pachtet (BFH-Urteil vom 4. 2. 2015, BStBl 2015 II S. 616).

[2] Die Übertragung des Inventars einer Gaststätte ist auch dann eine nicht der Umsatzsteuer unterliegende Geschäftsveräußerung, wenn der Erwerber mit dem übertragenen Inventar die Gaststätte dauerhaft fortführen kann und selbst über die zur Fortführung der Tätigkeit erforderliche Immobilie verfügt, weil er diese von einem Dritten gepachtet hat (BFH-Urteil vom 29. 8. 2018, BStBl 2019 II S. 378).

einen Pachtvertrag abzuschließen, so dass der Erwerber die dem bisherigen Betrieb dienenden Räume usw. unverändert nutzen kann (vgl. BFH-Urteil vom 19. 12. 1968, V 225/65, BStBl 1969 II S. 303). [8]Das in einem Unternehmenskaufvertrag vereinbarte Wettbewerbsverbot kann als Umsatz im Rahmen einer Geschäftsveräußerung nicht steuerbar sein (vgl. BFH-Urteil vom 29. 8. 2012, XI R 1/11, BStBl 2013 II S. 301).

(5) [1]Eine nicht steuerbare Geschäftsveräußerung kann auf mehreren zeitlich versetzten Kausalgeschäften beruhen, wenn diese in einem engen sachlichen und zeitlichen Zusammenhang stehen und die Übertragung des ganzen Vermögens auf einen Erwerber zur Beendigung der bisherigen gewerblichen Tätigkeit – insbesondere auch für den Erwerber – offensichtlich ist (BFH-Urteil vom 1. 8. 2002, V R 17/01, BStBl 2004 II S. 626). [2]Eine nicht steuerbare Geschäftsveräußerung eines Unternehmens kann auch vorliegen, wenn im Zeitpunkt der Veräußerung eines verpachteten Grundstücks oder später aus unternehmerischen Gründen vorübergehend auf die Pachtzinszahlungen verzichtet wird (vgl. BFH-Urteil vom 7. 7. 2005, V R 78/03, BStBl II S. 849). [3]Eine Übereignung in mehreren Akten ist dann als eine Geschäftsveräußerung anzusehen, wenn die einzelnen Teilakte in wirtschaftlichem Zusammenhang stehen und der Wille auf Erwerb des Unternehmens gerichtet ist (vgl. BFH-Urteil vom 16. 3. 1982, VII R 105/79, BStBl II S. 483). [4]Eine Übereignung ist auch anzunehmen, wenn der Erwerber beim Übergang des Unternehmens Einrichtungsgegenstände, die ihm bereits vorher zur Sicherung übereignet worden sind, und Waren, die er früher unter Eigentumsvorbehalt geliefert hat, übernimmt (vgl. BFH-Urteil vom 20. 7. 1967, V 240/64, BStBl III S. 684).

In der Gliederung des Unternehmens gesondert geführte Betriebe

(6) [1]Ein in der Gliederung eines Unternehmens gesondert geführter Betrieb liegt vor, wenn der veräußerte Teil des Unternehmens vom Erwerber als selbständiges wirtschaftliches Unternehmen fortgeführt werden kann (vgl. BFH-Urteil vom 19. 12. 2012, XI R 38/10, BStBl 2013 II S. 1053). [2]Nicht entscheidend ist, dass bereits im Unternehmen, das eine Übertragung vornimmt, ein (organisatorisch) selbständiger Unternehmensteil bestand. [3]Es ist nicht Voraussetzung, dass mit dem Unternehmen oder mit dem in der Gliederung des Unternehmens gesondert geführten Teil in der Vergangenheit bereits Umsätze erzielt wurden; die Absicht, Umsätze erzielen zu wollen, muss jedoch anhand objektiver, vom Unternehmer nachzuweisender Anhaltspunkte spätestens im Zeitpunkt der Übergabe bestanden haben (vgl. BFH-Urteil vom 8. 3. 2001, V R 24/98, BStBl 2003 II S. 430). [4]Soweit einkommensteuerrechtlich eine Teilbetriebsveräußerung angenommen wird (vgl. R 16 Abs. 3 EStR), kann vorbehaltlich des Absatzes 9 umsatzsteuerrechtlich von der Veräußerung eines gesondert geführten Betriebs ausgegangen werden.

(7) [1]Eine nicht steuerbare Geschäftsveräußerung ist kein Verwendungsumsatz im Sinne des § 15 Abs. 2 UStG (BFH-Urteil vom 8. 3. 2001, V R 24/98, BStBl 2003 II S. 430). [2]Zur Vorsteuerberichtigung des Erwerbers vgl. Abschnitt 15a.4 ff.

(8) Liegen bei einer unentgeltlichen Übertragung die Voraussetzungen für eine Geschäftsveräußerung nicht vor, kann eine steuerbare unentgeltliche Wertabgabe (vgl. Abschnitt 3.2) in Betracht kommen.

Gesellschaftsrechtliche Beteiligungen[1]

(9) [1]Die Übertragung eines Gesellschaftsanteils kann – unabhängig von dessen Höhe – nur dann einer nicht steuerbaren Geschäftsveräußerung gleichgestellt werden, wenn der Gesell-

---

Anm. d. Schriftl.:

[1] Die Inhaberschaft von Anteilen an einer GmbH reicht (im Gegensatz zur Inhaberschaft von Vermögenswerten dieser GmbH) für sich genommen nicht hin, um eine selbständige wirtschaftliche Tätigkeit der Veräußerin fortführen zu können. Anders kann es sein, wenn die bisherige Organträgerin die Anteile an der GmbH an die neue Organträgerin überträgt (BFH-Urteil vom 18. 9. 2019, BStBl 2021 II S. 243).

schaftsanteil Teil einer eigenständigen Einheit ist, die eine selbständige wirtschaftliche Betätigung ermöglicht, und diese Tätigkeit vom Erwerber fortgeführt wird. [2]Eine bloße Veräußerung von Anteilen ohne gleichzeitige Übertragung von Vermögenswerten versetzt den Erwerber nicht in die Lage, eine selbständige wirtschaftliche Tätigkeit als Rechtsnachfolger des Veräußerers fortzuführen (vgl. EuGH-Urteil vom 30. 5. 2013, C-651/11, X).

Betrieb einer Photovoltaikanlage

(10) [1]Verkauft ein Unternehmer, der kein Kleinunternehmer ist und dessen Unternehmen (unter anderem) im Betrieb einer Photovoltaikanlage besteht, die Photovoltaikanlage oder übereignet er sie unentgeltlich an einen Dritten, handelt es sich hierbei unter den übrigen Voraussetzungen des § 1 Abs. 1a UStG um eine nichtsteuerbare Geschäftsveräußerung im Ganzen. [2]Der Erwerber tritt dabei an die Stelle des Veräußerers (§ 1 Abs. 1a Satz 3 UStG); dies stellt keine Änderung der Verhältnisse im Sinne von § 15a UStG dar (Abschnitt 15a.10). [3]Ist der Erwerber Kleinunternehmer, führt der Wechsel der Besteuerungsart bei diesem zu einer Berichtigung des Vorsteuerabzugs (§ 15a Abs. 7 UStG).

UStAE   1.6.   Leistungsaustausch bei Gesellschaftsverhältnissen**[1]**

(1) [1]Zwischen Personen- und Kapitalgesellschaften und ihren Gesellschaftern ist ein Leistungsaustausch möglich (vgl. BFH-Urteile vom 23. 7. 1959, V 6/58 U, BStBl III S. 379, und vom 5. 12. 2007, V R 60/05, BStBl 2009 II S. 486). [2]Unentgeltliche Leistungen von Gesellschaften an ihre Gesellschafter werden durch § 3 Abs. 1b und Abs. 9a UStG erfasst (vgl. Abschnitte 3.2 bis 3.4). [3]An einem Leistungsaustausch fehlt es in der Regel, wenn eine Gesellschaft Geldmittel nur erhält, damit sie in die Lage versetzt wird, sich in Erfüllung ihres Gesellschaftszwecks zu betätigen (vgl. BFH-Urteil vom 20. 4. 1988, X R 3/82, BStBl II S. 792). [4]Das ist z. B. der Fall, wenn ein Gesellschafter aus Gründen, die im Gesellschaftsverhältnis begründet sind, die Verluste seiner Gesellschaft übernimmt, um ihr die weitere Tätigkeit zu ermöglichen (vgl. BFH-Urteil vom 11. 4. 2002, V R 65/00, BStBl II S. 782).

Gründung von Gesellschaften, Eintritt neuer Gesellschafter

(2) [1]Eine Personengesellschaft erbringt bei der Aufnahme eines Gesellschafters an diesen keinen steuerbaren Umsatz (vgl. BFH-Urteil vom 1. 7. 2004, V R 32/00, BStBl II S. 1022). [2]Dies gilt auch für Kapitalgesellschaften bei der erstmaligen Ausgabe von Anteilen (vgl. EuGH-Urteil vom 26. 5. 2005, C-465/03, Kretztechnik). [3]Zur Übertragung von Gesellschaftsanteilen vgl. Abschnitt 3.5 Abs. 8. [4]Dagegen sind Sacheinlagen eines Gesellschafters umsatzsteuerbar, wenn es sich um Lieferungen und sonstige Leistungen im Rahmen seines Unternehmens handelt und keine Geschäftsveräußerung im Sinne des § 1 Abs. 1a UStG vorliegt. [5]Die Einbringung von Wirtschaftsgütern durch den bisherigen Einzelunternehmer in die neu gegründete Gesellschaft ist auf die Übertragung der Gesellschaftsrechte gerichtet (vgl. BFH-Urteile vom 8. 11. 1995, XI R 63/94, BStBl 1996 II S. 114, und vom 15. 5. 1997, V R 67/94, BStBl II S. 705). [6]Als Entgelt für die Einbringung von Wirtschaftsgütern in eine Gesellschaft kommt neben der Verschaffung der Beteiligung an der Gesellschaft auch die Übernahme von Schulden des Gesellschafters durch die Gesellschaft in Betracht, wenn der einbringende Gesellschafter dadurch wirtschaftlich entlastet wird (vgl. BFH-Urteil vom 15. 5. 1997, V R 67/94, a. a. O.). [7]Zum Nachweis der Voraussetzung,

---

Anm. d. Schriftl.:

[1] Ein Berufsverband i. S. von § 5 Abs. 1 Nr. 5 KStG kann entgeltliche Leistungen an seine Mitglieder oder Dritte im Rahmen eines wirtschaftlichen Geschäftsbetriebs nur erbringen, wenn sein Verbandszweck nicht hierauf gerichtet ist, sondern es sich hierbei um eine Nebentätigkeit handelt (BFH-Urteil vom 13. 12. 2018, BStBl 2019 II S. 460).

dass der Leistungsaustausch zwischen Gesellschafter und Gesellschaft tatsächlich vollzogen worden ist, vgl. BFH-Urteil vom 8.11.1995, XI R 63/94, a. a. O.

Leistungsaustausch oder nicht steuerbarer Gesellschafterbeitrag**❶**

(3) [1]Ein Gesellschafter kann an die Gesellschaft sowohl Leistungen erbringen, die ihren Grund in einem gesellschaftsrechtlichen Beitragsverhältnis haben, als auch Leistungen, die auf einem gesonderten schuldrechtlichen Austauschverhältnis beruhen. [2]Die umsatzsteuerrechtliche Behandlung dieser Leistungen richtet sich danach, ob es sich um Leistungen handelt, die als Gesellschafterbeitrag durch die Beteiligung am Gewinn oder Verlust der Gesellschaft abgegolten werden, oder um Leistungen, die gegen Sonderentgelt ausgeführt werden und damit auf einen Leistungsaustausch gerichtet sind. [3]Entscheidend ist der tatsächliche Ausführung des Leistungsaustauschs und nicht allein die gesellschaftsrechtliche Verpflichtung. [4]Dabei ist es unerheblich, dass der Gesellschafter zugleich seine Mitgliedschaftsrechte ausübt. [5]Umsatzsteuerrechtlich maßgebend für das Vorliegen eines Leistungsaustauschs ist, dass ein Leistender und ein Leistungsempfänger vorhanden sind und der Leistung eine Gegenleistung gegenübersteht. [6]Die Steuerbarkeit der Geschäftsführungs- und Vertretungsleistungen eines Gesellschafters an die Gesellschaft setzt das Bestehen eines unmittelbaren Zusammenhangs zwischen der erbrachten Leistung und dem empfangenen Sonderentgelt voraus (vgl. BFH-Urteile vom 6.6.2002, V R 43/01, BStBl 2003 II S. 36, und vom 16.1.2003, V R 92/01, BStBl II S. 732). [7]Für die Annahme eines unmittelbaren Zusammenhangs im Sinne eines Austauschs von Leistung und Gegenleistung genügt es nicht schon, dass die Mitglieder der Personenvereinigung lediglich gemeinschaftlich die Kosten für den Erwerb und die Unterhaltung eines Wirtschaftsguts tragen, das sie gemeinsam nutzen wollen oder nutzen (vgl. BFH-Urteil vom 28.11.2002, V R 18/01, BStBl 2003 II S. 443). [8]Der Gesellschafter einer Personengesellschaft kann grundsätzlich frei entscheiden, in welcher Eigenschaft er für die Gesellschaft tätig wird. [9]Der Gesellschafter kann wählen, ob er einen Gegenstand verkauft, vermietet oder ihn selbst bzw. seine Nutzung als Einlage einbringt (vgl. BFH-Urteil vom 18.12.1996, XI R 12/96, BStBl 1997 II S. 374). [10]Eine sonstige Leistung durch Überlassung der Nutzung eines Gegenstands muss beim Leistungsempfänger die Möglichkeit begründen, den Gegenstand für seine Zwecke zu verwenden. [11]Soweit die Verwendung durch den Leistungsempfänger in der Rücküberlassung der Nutzung an den Leistenden besteht, muss deutlich erkennbar sein, dass dieser nunmehr sein Recht zur Nutzung aus dem Nutzungsrecht des Leistungsempfängers ableitet (BFH-Urteil vom 9.9.1993, V R 88/88, BStBl 1994 II S. 56).

(4) [1]Auf die Bezeichnung der Gegenleistung z. B. als Gewinnvorab/Vorabgewinn, als Vorwegvergütung, als Aufwendungsersatz, als Umsatzbeteiligung oder als Kostenerstattung kommt es nicht an.

Beispiel 1:

[1]Den Gesellschaftern einer OHG obliegt die Führung der Geschäfte und die Vertretung der OHG. [2]Diese Leistungen werden mit dem nach der Anzahl der beteiligten Gesellschafter und ihrem Kapitaleinsatz bemessenen Anteil am Ergebnis (Gewinn und Verlust) der OHG abgegolten.

[3]Die Ergebnisanteile sind kein Sonderentgelt; die Geschäftsführungs- und Vertretungsleistungen werden nicht im Rahmen eines Leistungsaustauschs ausgeführt, sondern als Gesellschafterbeitrag erbracht.

[2]Dies gilt auch, wenn nicht alle Gesellschafter tatsächlich die Führung der Geschäfte und die Vertretung der Gesellschaft übernehmen bzw. die Geschäftsführungs- und Vertretungsleistungen mit einem erhöhten Anteil am Ergebnis (Gewinn und Verlust) oder am Gewinn der Gesellschaft abgegolten werden.

Anm. d. Schriftl.:

❶ Die Überlassung von Vieheinheiten durch einen Gesellschafter an eine Personengesellschaft unter gesellschaftsvertraglicher Vereinbarung eines Vorabgewinns erfolgt gegen Entgelt, wenn der Gesellschafter mit der Zahlung rechnen kann (BFH-Beschluss vom 12.11.2020, BStBl 2021 II S. 544).

Beispiel 2:

¹Die Führung der Geschäfte und die Vertretung der aus den Gesellschaftern A, B und C bestehenden OHG obliegt nach den gesellschaftsrechtlichen Vereinbarungen ausschließlich dem C.

a) Die Leistung des C ist mit seinem nach der Anzahl der beteiligten Gesellschafter und ihrem Kapitaleinsatz bemessenen Anteil am Ergebnis (Gewinn und Verlust) der OHG abgegolten; A, B und C sind zu gleichen Teilen daran beteiligt.

b) C ist mit 40 %, A und B mit jeweils 30 % am Ergebnis (Gewinn und Verlust) der OHG beteiligt.

c) C erhält im Gewinnfall 25 % des Gewinns vorab, im Übrigen wird der Gewinn nach der Anzahl der Gesellschafter und ihrem Kapitaleinsatz verteilt; ein Verlust wird ausschließlich nach der Anzahl der Gesellschafter und ihrem Kapitaleinsatz verteilt.

²Die ergebnisabhängigen Gewinn- bzw. Verlustanteile des C sind kein Sonderentgelt; C führt seine Geschäftsführungs- und Vertretungsleistungen nicht im Rahmen eines Leistungsaustauschs aus, sondern erbringt jeweils Gesellschafterbeiträge.

Beispiel 3:

¹Eine Beratungsgesellschaft betreibt verschiedene Beratungsstellen, an denen ortsansässige Berater jeweils atypisch still beteiligt sind. ²Diese sind neben ihrer Kapitalbeteiligung zur Erbringung ihrer Arbeitskraft als Einlage verpflichtet. ³Sie erhalten für ihre Tätigkeit einen Vorabgewinn. ⁴Die auf den Vorabgewinn getätigten Entnahmen werden nicht als Aufwand behandelt. ⁵Die Zuweisung des Vorabgewinns und die Verteilung des verbleibenden Gewinns erfolgen im Rahmen der Gewinnverteilung.

⁶Der Vorabgewinn ist kein Sonderentgelt; die Gesellschafter führen ihre Tätigkeiten im Rahmen eines gesellschaftsrechtlichen Beitragsverhältnisses aus.

³Bei Leistungen auf Grund eines gegenseitigen Vertrags (vgl. §§ 320 ff. BGB), durch den sich der Gesellschafter zu einem Tun, Dulden oder Unterlassen und die Gesellschaft sich hierfür zur Zahlung einer Gegenleistung verpflichtet, sind die Voraussetzungen des § 1 Abs. 1 Nr. 1 Satz 1 UStG für einen steuerbaren Leistungsaustausch hingegen regelmäßig erfüllt, falls der Gesellschafter Unternehmer ist; dies gilt auch, wenn Austausch- und Gesellschaftsvertrag miteinander verbunden sind. ⁴Ein Leistungsaustausch zwischen Gesellschafter und Gesellschaft liegt vor, wenn der Gesellschafter z. B. für seine Geschäftsführungs- und Vertretungsleistung an die Gesellschaft eine Vergütung erhält (auch wenn diese als Gewinnvorab bezeichnet wird), die im Rahmen der Ergebnisermittlung als Aufwand behandelt wird. ⁵Die Vergütung ist in diesem Fall Gegenleistung für die erbrachte Leistung.

Beispiel 4:

¹Der Gesellschafter einer OHG erhält neben seinem nach der Anzahl der Gesellschafter und ihrem Kapitaleinsatz bemessenen Gewinnanteil für die Führung der Geschäfte und die Vertretung der OHG eine zu Lasten des Geschäftsergebnisses verbuchte Vorwegvergütung von jährlich 120 000 € als Festbetrag.

²Die Vorwegvergütung ist Sonderentgelt; der Gesellschafter führt seine Geschäftsführungs- und Vertretungsleistungen im Rahmen eines Leistungsaustauschs aus.

Beispiel 5:

¹Wie Beispiel 3, jedoch erhält ein atypisch stiller Gesellschafter im Rahmen seines Niederlassungsleiter-Anstellungsvertrags eine Vergütung, die handelsrechtlich als Aufwand behandelt werden muss.

²Die Vergütung ist Sonderentgelt; die Geschäftsführungs- und Vertretungsleistungen werden im Rahmen eines Leistungsaustauschverhältnisses ausgeführt. ³Zur Frage der unabhängig von der ertragsteuerrechtlichen Beurteilung als Einkünfte aus Gewerbebetrieb nach § 15 Abs. 1 Nr. 2 EStG zu beurteilenden Frage nach der umsatzsteuerrechtlichen Selbständigkeit vgl. Abschnitt 2.2. ⁴Im Rahmen von Niederlassungsleiter-Anstellungsverträgen tätige Personen sind danach im Allgemeinen selbständig tätig.

⁶Ist die Vergütung für die Leistungen des Gesellschafters im Gesellschaftsvertrag als Teil der Ergebnisverwendung geregelt, liegt ein Leistungsaustausch vor, wenn sich aus den geschlossenen

Vereinbarungen und deren tatsächlicher Durchführung ergibt, dass die Leistungen nicht lediglich durch eine Beteiligung am Gewinn und Verlust der Gesellschaft abgegolten, sondern gegen Sonderentgelt ausgeführt werden. [7]Ein Leistungsaustausch zwischen Gesellschaft und Gesellschafter liegt demnach auch vor, wenn die Vergütung des Gesellschafters zwar nicht im Rahmen der Ergebnisermittlung als Aufwand behandelt wird, sich jedoch gleichwohl ergebnismindernd auswirkt oder es sich aus den Gesamtumständen des Einzelfalls ergibt, dass sie nach den Vorstellungen der Gesellschafter als umsatzsteuerrechtliches Sonderentgelt gewährt werden soll.

Beispiel 6:

[1]Eine GmbH betreut als alleinige Komplementärin einer Fonds-KG ohne eigenen Vermögensanteil die Geschäfte der Fonds-KG, deren Kommanditanteile von Investoren (Firmen und Privatpersonen) gehalten werden. [2]Nach den Regelungen im Gesellschaftsvertrag zur Ergebnisverteilung, zum Gewinnvorab und zu den Entnahmen erhält die GmbH

  a) [1]eine jährliche Management-Fee. [2]Bei der Fonds-KG handelt es sich um eine vermögensverwaltende Gesellschaft, bei der grundsätzlich nur eine Ermittlung von Kapitaleinkünften durch die Gegenüberstellung von Einnahmen und Werbungskosten vorgesehen ist. [3]Sie verbucht die Zahlung der Management-Fee in der Ergebnisermittlung nicht als Aufwand, sondern ordnet sie bei der Ermittlung der Einnahmen aus Kapitalvermögen und Werbungskosten für die Anleger, die ihre Anteile im Privatvermögen halten, in voller Höhe den Werbungskosten der Anleger zu.

  b) [1]eine als gewinnabhängig bezeichnete Management-Fee. [2]Da die erwirtschafteten Jahresüberschüsse jedoch zur Finanzierung der Management-Fee nicht ausreichen, wird ein Bilanzgewinn durch die Auflösung von eigens dafür gebildeten Kapitalrücklagen ausgewiesen.

  c) [1]eine als gewinnabhängig bezeichnete Jahresvergütung. [2]Der für die Zahlung der Vergütung bereitzustellende Bilanzgewinn wird aus einer Gewinnrücklage gebildet, welche aus Verwaltungskostenvorauszahlungen der Kommanditisten gespeist wurde. [3]Die Verwaltungskosten stellen Werbungskosten der Kommanditisten dar.

  d) [1]eine einmalige Gebühr („Konzeptions-Fee"). [2]Die Fonds-KG hat die Zahlung in der Ergebnisermittlung nicht als Aufwand verbucht. [3]Die Gebühr wird neben dem Agio in dem Beteiligungsangebot zur Fonds-KG als Kosten für die Investoren ausgewiesen. [4]Gebühr/Konzeptions-Fee sowie Aufwendungen und Kosten der Fonds-KG werden auf die zum letzten Zeichnungsschluss vorhandenen Gesellschafter umgelegt.

[3]Die Vergütungen sind jeweils Sonderentgelt; die GmbH führt die Leistungen jeweils im Rahmen eines Leistungsaustauschs aus.

Beispiel 7:

[1]Der Gesellschafter einer OHG erhält neben seinem nach der Anzahl der Gesellschafter und ihrem Kapitaleinsatz bemessenen Gewinnanteil für die Führung der Geschäfte und die Vertretung der OHG im Rahmen der Gewinnverteilung auch im Verlustfall einen festen Betrag von 120 000 € vorab zugewiesen (Vorabvergütung).

[2]Der vorab zugewiesene Gewinn ist Sonderentgelt; der Gesellschafter führt seine Geschäftsführungs- und Vertretungsleistungen im Rahmen eines Leistungsaustauschs aus.

[8]Gewinnabhängige Vergütungen können auch ein zur Steuerbarkeit führendes Sonderentgelt darstellen, wenn sie sich nicht nach den vermuteten, sondern nach den tatsächlich erbrachten Gesellschafterleistungen bemessen. [9]Verteilt eine Gesellschaft bürgerlichen Rechts nach dem Gesellschaftsvertrag den gesamten festgestellten Gewinn je Geschäftsjahr an ihre Gesellschafter nach der Menge der jeweils gelieferten Gegenstände, handelt es sich – unabhängig von der Bezeichnung als Gewinnverteilung – umsatzsteuerrechtlich um Entgelt für die Lieferungen der Gesellschafter an die Gesellschaft (vgl. BFH-Urteil vom 10. 5. 1990, V R 47/86, BStBl II S. 757). [10]Zur Überlassung von Gegenständen gegen jährliche Pauschalvergütung vgl. BFH-Urteil vom 16. 3. 1993, XI R 44/90, BStBl II S. 529, und gegen Gutschriften auf dem Eigenkapitalkonto vgl. BFH-Urteil vom 16. 3. 1993, XI R 52/90, BStBl II S. 562. [11]Ohne Bedeutung ist, ob der Gesellschafter zunächst nur Abschlagszahlungen erhält und der ihm zustehende Betrag erst im Rahmen der Überschussermittlung verrechnet wird. [12]Entnahmen, zu denen der Gesellschafter nach Art

eines Abschlags auf den nach der Anzahl der Gesellschafter und ihrem Kapitaleinsatz bemessenen Anteil am Gewinn der Gesellschaft berechtigt ist, begründen grundsätzlich kein Leistungsaustauschverhältnis. [13]Ein gesellschaftsvertraglich vereinbartes garantiertes Entnahmerecht, nach dem die den Gewinnanteil übersteigenden Entnahmen nicht zu einer Rückzahlungsverpflichtung führen, führt wie die Vereinbarung einer Vorwegvergütung zu einem Leistungsaustausch (vgl. Beispiele 4 und 7). [14]Die Tätigkeit eines Kommanditisten als Beiratsmitglied, dem vor allem Zustimmungs- und Kontrollrechte übertragen sind, kann eine Sonderleistung sein (vgl. BFH-Urteil vom 24. 8. 1994, XI R 74/93, BStBl 1995 II S. 150). [15]Ein zwischen Gesellschafter und Gesellschaft vorliegender Leistungsaustausch hat keinen Einfluss auf die Beurteilung der Leistungen der Gesellschaft Dritten gegenüber. [16]Insbesondere sind in der Person des Gesellschafters vorliegende oder an seine Person geknüpfte Tatbestandsmerkmale, wie z. B. die Zugehörigkeit zu einer bestimmten Berufsgruppe (z. B. Land- und Forstwirt) oder die Erlaubnis zur Führung bestimmter Geschäfte (z. B. Bankgeschäfte) hinsichtlich der Beurteilung der Leistungen der Gesellschaft unbeachtlich. [17]Da der Gesellschafter bei der Geschäftsführung und Vertretung im Namen der Gesellschaft tätig wird und somit nicht im eigenen Namen gegenüber den Kunden der Gesellschaft auftritt liegt auch kein Fall der Dienstleistungskommission (§ 3 Abs. 11 UStG) vor.

Beispiel 8:

[1]Bei einem in der Rechtsform der KGaA geführten Kreditinstitut ist ausschließlich dem persönlich haftenden Gesellschafter-Geschäftsführer die Erlaubnis zur Führung der Bankgeschäfte erteilt worden.

[2]Die für die Leistungen des Kreditinstituts geltende Steuerbefreiung des § 4 Nr. 8 UStG ist nicht auf die Geschäftsführungs- und Vertretungsleistung des Gesellschafters anwendbar.

(5) [1]Wird für Leistungen des Gesellschafters an die Gesellschaft neben einem Sonderentgelt auch eine gewinnabhängige Vergütung (vgl. Absatz 4 Satz 2 Beispiele 1 und 2) gezahlt (sog. Mischentgelt), sind das Sonderentgelt und die gewinnabhängige Vergütung umsatzsteuerrechtlich getrennt zu beurteilen. [2]Das Sonderentgelt ist als Entgelt einzuordnen, da es einer bestimmten Leistung zugeordnet werden kann. [3]Diese gewinnabhängige Vergütung ist dagegen kein Entgelt.

Beispiel:

[1]Der Gesellschafter einer OHG erhält für die Führung der Geschäfte und die Vertretung der OHG im Rahmen der Gewinnverteilung 25 % des Gewinns, mindestens jedoch 60 000 € vorab zugewiesen.

[2]Der Festbetrag von 60 000 € ist Sonderentgelt und wird im Rahmen eines Leistungsaustauschs gezahlt; im Übrigen wird der Gesellschafter auf Grund eines gesellschaftsrechtlichen Beitragsverhältnisses tätig.

(6) [1]Auch andere gesellschaftsrechtlich zu erbringende Leistungen der Gesellschafter an die Gesellschaft können bei Zahlung eines Sonderentgelts als Gegenleistung für diese Leistung einen umsatzsteuerbaren Leistungsaustausch begründen. [2]Sowohl die Haftungsübernahme als auch die Geschäftsführung und Vertretung besitzen ihrer Art nach Leistungscharakter und können daher auch im Fall der isolierten Erbringung Gegenstand eines umsatzsteuerbaren Leistungsaustausches sein.

Beispiel:

[1]Der geschäftsführungs- und vertretungsberechtigte Komplementär einer KG erhält für die Geschäftsführung, Vertretung und Haftung eine Festvergütung.

[2]Die Festvergütung ist als Entgelt für die einheitliche Leistung, die Geschäftsführung, Vertretung und Haftung umfasst, umsatzsteuerbar und umsatzsteuerpflichtig (vgl. BFH-Urteil vom 3. 3. 2011, V R 24/10, BStBl II S. 950). [3]Weder die Geschäftsführung und Vertretung noch die Haftung nach §§ 161, 128 HGB haben den Charakter eines Finanzgeschäfts im Sinne des § 4 Nr. 8 Buchst. g UStG.

(6a) [1]Erbringt eine Gesellschaft auf schuldrechtlicher Grundlage an ihre Gesellschafter Leistungen gegen Entgelt und stellen ihr die Gesellschafter in unmittelbarem Zusammenhang hiermit auf gesellschaftsrechtlicher Grundlage Personal zur Verfügung, liegt ein tauschähnlicher Umsatz vor. [2]Um eine Beistellung anstelle eines tauschähnlichen Umsatzes handelt es sich nur dann, wenn das vom jeweiligen Gesellschafter überlassene Personal ausschließlich für Zwecke der Leistungserbringung an den jeweiligen Gesellschafter verwendet wird (vgl. BFH-Urteil vom 15. 4. 2010, V R 10/08, BStBl II S. 879).

Einzelfälle

(7) Ein Gesellschafter kann seine Verhältnisse so gestalten, dass sie zu einer möglichst geringen steuerlichen Belastung führen (BFH-Urteil vom 16. 3. 1993, XI R 45/90, BStBl II S. 530).

1. [1]Der Gesellschafter erwirbt einen Gegenstand, den er der Gesellschaft zur Nutzung überlässt. [2]Der Gesellschafter ist nur als Gesellschafter tätig.

   a) Der Gesellschafter überlässt den Gegenstand zur Nutzung gegen Sonderentgelt.

   Beispiel 1:

   [1]Der Gesellschafter erwirbt für eigene Rechnung einen Pkw, den er in vollem Umfang seinem Unternehmen zuordnet, auf seinen Namen zulässt und den er in vollem Umfang der Gesellschaft zur Nutzung überlässt. [2]Die Gesellschaft zahlt dem Gesellschafter für die Nutzung des Pkw eine besondere Vergütung, z. B. einen feststehenden Mietzins oder eine nach der tatsächlichen Fahrleistung bemessene Vergütung.

   [3]Nach den Grundsätzen der BFH-Urteile vom 7. 11. 1991, V R 116/86, BStBl 1992 II S. 269, und vom 16. 3. 1993, XI R 52/90, BStBl II S. 562, ist die Unternehmereigenschaft des Gesellschafters zu bejahen. [4]Er bewirkt mit der Überlassung des Pkw eine steuerbare Leistung an die Gesellschaft. [5]Das Entgelt dafür besteht in der von der Gesellschaft gezahlten besonderen Vergütung. [6]Die Mindestbemessungsgrundlage ist zu beachten. [7]Ein Leistungsaustausch kann auch dann vorliegen, wenn der Gesellschafter den Pkw ausschließlich selbst nutzt (vgl. BFH-Urteil vom 16. 3. 1993, XI R 45/90, BStBl II S. 530).

   [8]Der Gesellschafter, nicht die Gesellschaft, ist zum Vorsteuerabzug aus dem Erwerb des Pkw berechtigt (vgl. Abschnitt 15.20 Abs. 1).

   Beispiel 2:

   [1]Sachverhalt wie Beispiel 1, jedoch mit der Abweichung, dass der Pkw nur zu 70 % der Gesellschaft überlassen und zu 30 % für eigene unternehmensfremde (private) Zwecke des Gesellschafters genutzt wird.

   [2]Ein Leistungsaustausch zwischen Gesellschafter und Gesellschaft findet nur insoweit statt, als der Gegenstand für Zwecke der Gesellschaft überlassen wird. [3]Das Entgelt dafür besteht in der von der Gesellschaft gezahlten besonderen Vergütung. [4]Die Mindestbemessungsgrundlage ist zu beachten, insoweit als der Gesellschafter den Gegenstand für eigene unternehmensfremde (private) Zwecke verwendet, liegt bei ihm eine nach § 3 Abs. 9a Nr. 1 UStG steuerbare unentgeltliche Wertabgabe vor.

   b) Der Gesellschafter überlässt den Gegenstand zur Nutzung gegen eine Beteiligung am Gewinn oder Verlust der Gesellschaft.

   Beispiel 3:

   [1]Der Gesellschafter erwirbt für eigene Rechnung einen Pkw, den er auf seinen Namen zulässt und den er in vollem Umfang der Gesellschaft zur Nutzung überlässt. [2]Der Gesellschafter erhält hierfür jedoch keine besondere Vergütung; ihm steht lediglich der im Gesellschaftsvertrag bestimmte Gewinnanteil zu.

   [3]Überlässt der Gesellschafter der Gesellschaft den Gegenstand gegen eine Beteiligung am Gewinn oder Verlust der Gesellschaft zur Nutzung, handelt er insoweit nicht als Unternehmer. [4]Weder der Gesellschafter noch die Gesellschaft sind berechtigt, die dem Gesellschafter beim Erwerb des Gegenstands in Rechnung gestellte Umsatzsteuer als Vorsteuer abzuziehen (vgl. Abschnitt 15.20 Abs. 1 Satz 7). [5]Eine Zuordnung zum Unternehmen kommt daher nicht in Betracht.

2. [1]Der Gesellschafter ist selbst als Unternehmer tätig. [2]Er überlässt der Gesellschaft einen Gegenstand seines dem Unternehmen dienenden Vermögens zur Nutzung.

   a) [1]Der Gesellschafter überlässt den Gegenstand zur Nutzung gegen Sonderentgelt.
   [2]Bei der Nutzungsüberlassung gegen Sonderentgelt handelt es sich um einen steuer-

UStAE

baren Umsatz im Rahmen des Unternehmens. [3]Das Entgelt besteht in der von der Gesellschaft gezahlten besonderen Vergütung. [4]Die Mindestbemessungsgrundlage ist zu beachten. [5]Zum Vorsteuerabzug des Gesellschafters und der Gesellschaft vgl. Abschnitt 15.20 Abs. 2 und 3.

b) Der Gesellschafter überlässt den Gegenstand zur Nutzung gegen eine Beteiligung am Gewinn oder Verlust der Gesellschaft.

Beispiel 4:

[1]Ein Bauunternehmer ist Mitglied einer Arbeitsgemeinschaft und stellt dieser gegen eine Beteiligung am Gewinn oder Verlust der Gesellschaft Baumaschinen zur Verfügung.

[2]Die Überlassung des Gegenstands an die Gesellschaft gegen eine Beteiligung am Gewinn oder Verlust der Gesellschaft ist beim Gesellschafter keine unentgeltliche Wertabgabe, wenn dafür unternehmerische Gründe ausschlaggebend waren. [3]Es handelt sich mangels Sonderentgelt um eine nicht steuerbare sonstige Leistung im Rahmen des Unternehmens (vgl. auch Absatz 8).

[4]Wird der Gegenstand aus unternehmensfremden Gründen überlassen, liegt beim Gesellschafter unter den Voraussetzungen des § 3 Abs. 9a UStG eine unentgeltliche Wertabgabe vor. [5]Das kann beispielsweise im Einzelfall bei der Überlassung von Gegenständen an Familiengesellschaften der Fall sein. [6]Unternehmensfremde Gründe liegen nicht allein deshalb vor, weil der Gesellschafter die Anteile an der Gesellschaft nicht in seinem Betriebsvermögen hält (vgl. BFH-Urteil vom 20. 12. 1962, V 111/61 U, BStBl 1963 III S. 169).

[7]Zum Vorsteuerabzug des Gesellschafters und der Gesellschaft vgl. Abschnitt 15.20 Abs. 2 und 3.

3. [1]Der Gesellschafter ist selbst als Unternehmer tätig. [2]Er liefert der Gesellschaft einen Gegenstand aus seinem Unternehmen unentgeltlich. [3]Er ist nur am Gewinn oder Verlust der Gesellschaft beteiligt.

a) [1]Der Gesellschafter ist zum Vorsteuerabzug aus dem Erwerb des Gegenstands berechtigt, weil bei Leistungsbezug die Absicht bestand, den Gegenstand weiterzuverkaufen. [2]Es liegt eine unentgeltliche Wertabgabe nach § 3 Abs. 1b Satz 1 Nr. 1 oder 3 UStG vor.

b) [1]Der Gesellschafter ist nicht zum Vorsteuerabzug aus dem Erwerb des Gegenstands berechtigt, weil die unentgeltliche Weitergabe an die Gesellschaft bereits bei Leistungsbezug beabsichtigt war (vgl. Abschnitt 15.15). [2]Es liegt nach § 3 Abs. 1b Satz 2 UStG keine einer entgeltlichen Lieferung gleichgestellte unentgeltliche Wertabgabe vor.

Leistungsaustausch bei Arbeitsgemeinschaften des Baugewerbes

(8) [1]Überlassen die Gesellschafter einer Arbeitsgemeinschaft des Baugewerbes dieser für die Ausführung des Bauauftrags Baugeräte (Gerätevorhaltung), kann sich die Überlassung im Rahmen eines Leistungsaustauschs vollziehen. [2]Vereinbaren die Gesellschafter, dass die Baugeräte von den Partnern der Arbeitsgemeinschaft kostenlos zur Verfügung zu stellen sind, ist die Überlassung der Baugeräte keine steuerbare Leistung, wenn der die Geräte leistende Gesellschafter die Überlassung der Geräte der Arbeitsgemeinschaft nicht berechnet und sich mit dem ihm zustehenden Gewinnanteil begnügt. [3]Wird die Überlassung der Baugeräte seitens des Bauunternehmers an die Arbeitsgemeinschaft vor der Verteilung des Gewinns entsprechend dem Geräteeinsatz ausgeglichen oder wird der Gewinn entsprechend der Gerätevorhaltung aufgeteilt, obwohl sie nach dem Vertrag „kostenlos" zu erbringen ist, handelt es sich im wirtschaftlichen Ergebnis um besonders berechnete sonstige Leistungen (vgl. BFH-Urteil vom 18. 3. 1988, V R 178/83, BStBl II S. 646, zur unentgeltlichen Gegenstandsüberlassung vgl. Absatz 7 Nr. 2 Buchstabe b Beispiel 4). [4]Das gilt auch dann, wenn die Differenz zwischen vereinbarter und tatsächlicher Geräteüberlassung unmittelbar zwischen den Arbeitsgemeinschaftspartnern abgegolten (Spitzenausgleich) und der Gewinn formell von Ausgleichszahlungen unbeeinflusst verteilt wird (BFH-Urteile vom 21. 3. 1968, V R 43/65, BStBl II S. 449, und vom 11. 12. 1969, V R 91/68, BStBl 1970 II S. 356). [5]In den Fällen, in denen im Arbeitsgemeinschaftsvertrag ein Spitzenausgleich der Mehr- und Minderleistungen und der darauf entfallenden Entgelte außerhalb der Arbeitsgemeinschaft zwischen

den Partnern unmittelbar vereinbart und auch tatsächlich dementsprechend durchgeführt wird, ist ein Leistungsaustausch zwischen den Arbeitsgemeinschaftsmitgliedern und der Arbeitsgemeinschaft nicht feststellbar. [6]Die Leistungen (Gerätevorhaltungen) der Partner an die Arbeitsgemeinschaft sind in diesen Fällen nicht steuerbar (BFH-Urteil vom 11.12.1969, V R 129/68, BStBl 1970 II S.358). [7]Die Anwendung der in den Sätzen 1 bis 6 genannten Grundsätze ist nicht auf Gerätevorhaltungen im Rahmen von Arbeitsgemeinschaften des Baugewerbes beschränkt, sondern allgemein anwendbar, z. B. auf im Rahmen eines Konsortialvertrags erbrachte Arbeitsanteile (vgl. EuGH-Urteil vom 29.4.2004, C-77/01, EDM).

UStAE   1.8. Sachzuwendungen und sonstige Leistungen an das Personal

Allgemeines

(1) [1]Wendet der Unternehmer (Arbeitgeber) seinem Personal (seinen Arbeitnehmern) als Vergütung für geleistete Dienste neben dem Barlohn auch einen Sachlohn zu, bewirkt der Unternehmer mit dieser Sachzuwendung eine entgeltliche Leistung im Sinne des § 1 Abs. 1 Nr. 1 Satz 1 UStG, für die der Arbeitnehmer einen Teil seiner Arbeitsleistung als Gegenleistung aufwendet. [2]Wegen des Begriffs der Vergütung für geleistete Dienste, vgl. Abschnitt 4.18.1 Abs. 4. [3]Ebenfalls nach § 1 Abs. 1 Satz 1 UStG steuerbar sind Lieferungen oder sonstige Leistungen, die der Unternehmer an seine Arbeitnehmer oder deren Angehörige auf Grund des Dienstverhältnisses gegen besonders berechnetes Entgelt, aber verbilligt, ausführt. [4]Von einer entgeltlichen Leistung in diesem Sinne ist auszugehen, wenn der Unternehmer für die Leistung gegenüber dem einzelnen Arbeitnehmer einen unmittelbaren Anspruch auf eine Geldzahlung oder eine andere – nicht in der Arbeitsleistung bestehende – Gegenleistung in Geldeswert hat.**[1]** [5]Für die Steuerbarkeit kommt es nicht darauf an, ob der Arbeitnehmer das Entgelt gesondert an den Unternehmer entrichtet oder ob der Unternehmer den entsprechenden Betrag vom Barlohn einbehält. [6]Die Gewährung von Personalrabatt durch den Unternehmer beim Einkauf von Waren durch seine Mitarbeiter ist keine Leistung gegen Entgelt, sondern Preisnachlass (BFH-Beschluss vom 17.9.1981, V B 43/80, BStBl II S.775).

(2) [1]Zuwendungen von Gegenständen (Sachzuwendungen) und sonstige Leistungen an das Personal für dessen privaten Bedarf sind nach § 3 Abs. 1b Satz 1 Nr. 2 und § 3 Abs. 9a UStG auch dann steuerbar, wenn sie unentgeltlich sind (vgl. Abschnitt 3.3 Abs. 9). [2]Die Steuerbarkeit setzt voraus, dass Leistungen aus unternehmerischen (betrieblichen) Gründen für den privaten, außerhalb des Dienstverhältnisses liegenden Bedarf des Arbeitnehmers ausgeführt werden (vgl. BFH-Urteile vom 11.3.1988, V R 30/84, BStBl II S.643, und V R 114/83, BStBl II S.651). [3]Der Arbeitnehmer erhält Sachzuwendungen und sonstige Leistungen unentgeltlich, wenn er seine Arbeit lediglich für den vereinbarten Barlohn und unabhängig von dem an alle Arbeitnehmer gerichteten Angebot (vgl. BFH-Urteil vom 10.6.1999, V R 104/98, BStBl II S.582) oder unabhängig von dem Umfang der gewährten Zuwendungen leistet. [4]Hieran ändert der Umstand nichts, dass der Unternehmer die Zuwendungen zur Ablösung tarifvertraglicher Verpflichtungen erbringt (vgl. BFH-Urteil vom 11.5.2000, V R 73/99, BStBl II S.505). [5]Steuerbar sind auch Leistungen an ausgeschiedene Arbeitnehmer auf Grund eines früheren Dienstverhältnisses sowie Leistungen an Auszubildende. [6]Bei unentgeltlichen Zuwendungen eines Gegenstands an das Personal oder der Verwendung eines dem Unternehmen zugeordneten Gegenstands für den privaten Bedarf des Personals setzt die Steuerbarkeit voraus, dass der Gegenstand oder seine Bestandteile zumindest zu einem teilweisen Vorsteuerabzug berechtigt haben (vgl. Abschnitte 3.3 und 3.4). [7]Keine steuerbaren Umsätze sind Aufmerksamkeiten (vgl. Absatz 3) und Leistungen,

---

Anm. d. Schriftl.:

[1] Überlässt ein Unternehmer nur seinen Angestellten gegen Kostenbeteiligung Parkraum, erbringt er damit eine entgeltliche Leistung (BFH-Urteil vom 14.1.2016, BStBl 2016 II S.360).

die überwiegend durch das betriebliche Interesse des Arbeitgebers veranlasst sind (vgl. Absatz 4 und BFH-Urteil vom 9. 7. 1998, V R 105/92, BStBl II S. 635).

(3) ¹Aufmerksamkeiten sind Zuwendungen des Arbeitgebers, die nach ihrer Art und nach ihrem Wert Geschenken entsprechen, die im gesellschaftlichen Verkehr üblicherweise ausgetauscht werden und zu keiner ins Gewicht fallenden Bereicherung des Arbeitnehmers führen (vgl. BFH-Urteil vom 22. 3. 1985, VI R 26/82, BStBl II S. 641, R 19.6 LStR). ²Zu den Aufmerksamkeiten rechnen danach gelegentliche Sachzuwendungen bis zu einem Wert von 60 €, z. B. Blumen, Genussmittel, ein Buch oder ein Tonträger, die dem Arbeitnehmer oder seinen Angehörigen aus Anlass eines besonderen persönlichen Ereignisses zugewendet werden. ³Gleiches gilt für Getränke und Genussmittel, die der Arbeitgeber den Arbeitnehmern zum Verzehr im Betrieb unentgeltlich überlässt.

(4) ¹Nicht steuerbare Leistungen, die überwiegend durch das betriebliche Interesse des Arbeitgebers veranlasst sind, liegen vor, wenn betrieblich veranlasste Maßnahmen zwar auch die Befriedigung eines privaten Bedarfs der Arbeitnehmer zur Folge haben, diese Folge aber durch die mit den Maßnahmen angestrebten betrieblichen Zwecke überlagert wird (vgl. EuGH-Urteil vom 11. 12. 2008, C-371/07, Danfoss und AstraZeneca). ²Dies ist regelmäßig anzunehmen, wenn die Maßnahme die dem Arbeitgeber obliegende Gestaltung der Dienstausübung betrifft (vgl. BFH-Urteil vom 9. 7. 1998, V R 105/92, BStBl II S. 635). ³Hierzu gehören insbesondere:

1. ¹Leistungen zur Verbesserung der Arbeitsbedingungen, z. B. die Bereitstellung von Aufenthalts- und Erholungsräumen sowie von betriebseigenen Duschanlagen, die grundsätzlich von allen Betriebsangehörigen in Anspruch genommen werden können. ²Auch die Bereitstellung von Bade- und Sportanlagen kann überwiegend betrieblich veranlasst sein, wenn in der Zurverfügungstellung der Anlagen nach der Verkehrsauffassung kein geldwerter Vorteil zu sehen ist. ³Z. B. ist die Bereitstellung von Fußball- oder Handballsportplätzen kein geldwerter Vorteil, wohl aber die Bereitstellung von Tennis- oder Golfplätzen (vgl. auch BFH-Urteil vom 27. 9. 1996, VI R 44/96, BStBl 1997 II S. 146);

2. die betriebsärztliche Betreuung sowie die Vorsorgeuntersuchung des Arbeitnehmers, wenn sie im ganz überwiegenden betrieblichen Interesse des Arbeitgebers liegt (vgl. BFH-Urteil vom 17. 9. 1982, VI R 75/79, BStBl 1983 II S. 39);

3. betriebliche Fort- und Weiterbildungsleistungen;

4. die Überlassung von Arbeitsmitteln zur beruflichen Nutzung einschließlich der Arbeitskleidung, wenn es sich um typische Berufskleidung, insbesondere um Arbeitsschutzkleidung, handelt, deren private Nutzung so gut wie ausgeschlossen ist;

5. das Zurverfügungstellen von Parkplätzen auf dem Betriebsgelände;

6. ¹Zuwendungen im Rahmen von Betriebsveranstaltungen, soweit sie sich im üblichen Rahmen halten. ²Die Üblichkeit der Zuwendungen ist bis zu einer Höhe von 110 € einschließlich Umsatzsteuer je Arbeitnehmer und Betriebsveranstaltung nicht zu prüfen. ³Satz 2 gilt nicht bei mehr als zwei Betriebsveranstaltungen im Jahr. ⁴Die lohnsteuerrechtliche Beurteilung gilt entsprechend**❶**;

7. das Zurverfügungstellen von Betriebskindergärten;

8. das Zurverfügungstellen von Übernachtungsmöglichkeiten in gemieteten Zimmern, wenn der Arbeitnehmer an weit von seinem Heimatort entfernten Tätigkeitsstellen eingesetzt wird (vgl. BFH-Urteil vom 21. 7. 1994, V R 21/92, BStBl II S. 881);

9. Schaffung und Förderung der Rahmenbedingungen für die Teilnahme an einem Verkaufswettbewerb (vgl. BFH-Urteil vom 16. 3. 1995, V R 128/92, BStBl II S. 651);

Anm. d. Schriftl.:

❶ Zur lohn- und umsatzsteuerlichen Behandlung von Betriebsveranstaltungen hat das BMF mit Schreiben vom 14. 10. 2015, BStBl 2015 I S. 832, Stellung genommen.

10. die Sammelbeförderung unter den in Absatz 15 Satz 2 bezeichneten Voraussetzungen;

11. die unentgeltliche Abgabe von Speisen anlässlich und während eines außergewöhnlichen Arbeitseinsatzes, z. B. während einer außergewöhnlichen betrieblichen Besprechung oder Sitzung (vgl. EuGH-Urteil vom 11. 12. 2008, C-371/07, Danfoss und AstraZeneca);

12. die Übernahme von Umzugskosten durch den Arbeitgeber für die hiervon begünstigten Arbeitnehmer, wenn die Kostenübernahme im ganz überwiegenden betrieblichen Interesse des Arbeitgebers liegt (vgl. BFH-Urteil vom 6. 6. 2019, V R 18/18, BStBl 2020 II S. 293).

(4a) ¹Zum Vorsteuerabzug bei Aufmerksamkeiten, die die Grenze in Absatz 3 überschreiten, und bei Leistungen, die nicht durch das betriebliche Interesse (Absatz 4) veranlasst sind, vgl. Abschnitt 3.3 Abs. 1 Satz 7 und Abschnitt 15.15. ²Eine Wertabgabe an Arbeitnehmer unterliegt in diesen Fällen nicht der Umsatzsteuer.

(5) ¹Nach § 1 Abs. 1 Nr. 1 Satz 1, § 3 Abs. 1b oder § 3 Abs. 9a UStG steuerbare Umsätze an Arbeitnehmer können steuerfrei, z. B. nach § 4 Nr. 10 Buchstabe b, Nr. 12 Satz 1, 18, 23 bis 25 UStG, sein. ²Die Überlassung von Werkdienstwohnungen durch Arbeitgeber an Arbeitnehmer ist nach § 4 Nr. 12 Satz 1 Buchstabe a UStG steuerfrei (vgl. BFH-Urteile vom 30. 7. 1986, V R 99/76, BStBl II S. 877, und vom 7. 10. 1987, V R 2/79, BStBl 1988 II S. 88), wenn sie mehr als sechs Monate dauert. ³Überlässt ein Unternehmer in seiner Pension Räume an eigene Saison-Arbeitnehmer, ist diese Leistung nach § 4 Nr. 12 Satz 2 UStG steuerpflichtig, wenn diese Räume wahlweise zur vorübergehenden Beherbergung von Gästen oder zur Unterbringung des Saisonpersonals bereitgehalten werden (vgl. BFH-Urteil vom 13. 9. 1988, V R 46/83, BStBl II S. 1021); vgl. auch Abschnitt 4.12.9 Abs. 2.

Bemessungsgrundlage

(6) ¹Bei der Ermittlung der Bemessungsgrundlage für die entgeltlichen Lieferungen und sonstigen Leistungen an Arbeitnehmer (Absatz 1) ist die Vorschrift über die Mindestbemessungsgrundlage in § 10 Abs. 5 Nr. 2 UStG zu beachten. ²Danach ist als Bemessungsgrundlage mindestens der in § 10 Abs. 4 UStG bezeichnete Wert (Einkaufspreis, Selbstkosten, Ausgaben, vgl. Absatz 7) abzüglich der Umsatzsteuer anzusetzen, wenn dieser den vom Arbeitnehmer tatsächlich aufgewendeten (gezahlten) Betrag abzüglich der Umsatzsteuer übersteigt. ³Der Umsatz ist jedoch höchstens nach dem marktüblichen Entgelt zu bemessen (vgl. Abschnitt 10.7 Abs. 1). ⁴Beruht die Verbilligung auf einem Belegschaftsrabatt, z. B. bei der Lieferung von sog. Jahreswagen an Werksangehörige in der Automobilindustrie, liegen die Voraussetzungen für die Anwendung der Vorschrift des § 10 Abs. 5 Nr. 2 UStG regelmäßig nicht vor; Bemessungsgrundlage ist dann der tatsächlich aufgewendete Betrag abzüglich Umsatzsteuer. ⁵Zuwendungen, die der Unternehmer in Form eines Sachlohns als Vergütung für geleistete Dienste gewährt, sind nach den Werten des § 10 Abs. 4 UStG zu bemessen; dabei sind auch die nicht zum Vorsteuerabzug berechtigenden Ausgaben in die Bemessungsgrundlage einzubeziehen. ⁶Eine Leistung unterliegt nur dann der Mindestbemessungsgrundlage nach § 10 Abs. 5 Nr. 2 UStG, wenn sie ohne Entgeltvereinbarung als unentgeltliche Leistung steuerbar wäre (vgl. BFH-Urteile vom 15. 11. 2007, V R 15/06, BStBl 2009 II S. 423, vom 27. 2. 2008, XI R 50/07, BStBl 2009 II S. 426, und vom 29. 5. 2008, V R 12/07, BStBl 2009 II S. 428 sowie Abschnitt 10.7).

(7) ¹Die Bemessungsgrundlage für die unentgeltlichen Lieferungen und sonstigen Leistungen an Arbeitnehmer (Absatz 2) ist in § 10 Abs. 4 UStG geregelt. ²Bei der Ermittlung der Bemessungsgrundlage für unentgeltliche Lieferungen (§ 10 Abs. 4 Satz 1 Nr. 1 UStG) ist vom Einkaufspreis zuzüglich der Nebenkosten für den Gegenstand oder für einen gleichartigen Gegenstand oder mangels eines Einkaufspreises von den Selbstkosten, jeweils zum Zeitpunkt des Umsatzes, auszugehen. ³Der Einkaufspreis entspricht in der Regel dem Wiederbeschaffungspreis des Unternehmers. ⁴Die Selbstkosten umfassen alle durch den betrieblichen Leistungsprozess entstehenden Ausgaben. ⁵Bei der Ermittlung der Bemessungsgrundlage für unentgeltliche sonstige Leistungen (§ 10 Abs. 4 Satz 1 Nr. 2 und 3 UStG) ist von den bei der Ausführung dieser Leistungen entstandenen Ausgaben auszugehen. ⁶Hierzu gehören auch die anteiligen Gemeinkosten. ⁷In

UStAE

den Fällen des § 10 Abs. 4 Satz 1 Nr. 2 UStG sind aus der Bemessungsgrundlage solche Ausgaben auszuscheiden, die nicht zum vollen oder teilweisen Vorsteuerabzug berechtigt haben.

(8) [1]Die in § 10 Abs. 4 UStG vorgeschriebenen Werte weichen grundsätzlich von den für Lohnsteuerzwecke anzusetzenden Werten (§ 8 Abs. 2 und 3 EStG, R 8.1, R 8.2 LStR) ab. [2]In bestimmten Fällen (vgl. Absätze 9, 11, 14, 18) ist es jedoch aus Vereinfachungsgründen nicht zu beanstanden, wenn für die umsatzsteuerrechtliche Bemessungsgrundlage von den lohnsteuerrechtlichen Werten ausgegangen wird. [3]Diese Werte sind dann als Bruttowerte anzusehen, aus denen zur Ermittlung der Bemessungsgrundlage die Umsatzsteuer herauszurechnen ist. [4]Der Freibetrag nach § 8 Abs. 3 Satz 2 EStG von 1 080 € bleibt bei der umsatzsteuerrechtlichen Bemessungsgrundlage unberücksichtigt.

Einzelfälle

(9) [1]Erhalten Arbeitnehmer von ihrem Arbeitgeber freie Verpflegung, freie Unterkunft oder freie Wohnung, ist von den Werten auszugehen, die in der SvEV in der jeweils geltenden Fassung festgesetzt sind. [2]Für die Gewährung von Unterkunft und Wohnung kann unter den Voraussetzungen des § 4 Nr. 12 Satz 1 Buchstabe a UStG Steuerfreiheit in Betracht kommen (vgl. Absatz 5). [3]Die Gewährung der Verpflegung unterliegt dem allgemeinen Steuersatz (vgl. BFH-Urteil vom 24. 11. 1988, V R 30/83, BStBl 1989 II S. 210; Abschnitt 3.6).

(10) [1]Bei der Abgabe von Mahlzeiten an die Arbeitnehmer ist hinsichtlich der Ermittlung der Bemessungsgrundlage zu unterscheiden, ob es sich um eine unternehmenseigene Kantine oder um eine vom Unternehmer (Arbeitgeber) nicht selbst betriebene Kantine handelt. [2]Eine unternehmenseigene Kantine ist nur anzunehmen, wenn der Unternehmer die Mahlzeiten entweder selbst herstellt oder die Mahlzeiten vor der Abgabe an die Arbeitnehmer mehr als nur geringfügig be- oder verarbeitet bzw. aufbereitet oder ergänzt. [3]Von einer nicht selbst betriebenen Kantine ist auszugehen, wenn die Mahlzeiten nicht vom Arbeitgeber/Unternehmer selbst (d. h. durch eigenes Personal) zubereitet und an die Arbeitnehmer abgegeben werden. [4]Überlässt der Unternehmer (Arbeitgeber) im Rahmen der Fremdbewirtschaftung Küchen- und Kantinenräume, Einrichtungs- und Ausstattungsgegenstände sowie Koch- und Küchengeräte u. Ä., ist der Wert dieser Gebrauchsüberlassung bei der Ermittlung der Bemessungsgrundlage für die Mahlzeiten nicht zu berücksichtigen.

(11) [1]Bei der unentgeltlichen Abgabe von Mahlzeiten an die Arbeitnehmer durch unternehmenseigene Kantinen ist aus Vereinfachungsgründen bei der Ermittlung der Bemessungsgrundlage von dem Wert auszugehen, der dem amtlichen Sachbezugswert nach der SvEV entspricht (vgl. R 8.1 Abs. 7 LStR). [2]Werden die Mahlzeiten in unternehmenseigenen Kantinen entgeltlich abgegeben, ist der vom Arbeitnehmer gezahlte Essenspreis, mindestens jedoch der Wert der Besteuerung zu Grunde zu legen, der dem amtlichen Sachbezugswert nach der SvEV entspricht (vgl. R 8.1 Abs. 7 LStR). [3]Abschläge für Jugendliche, Auszubildende und Angehörige der Arbeitnehmer sind nicht zulässig.

Beispiel 1:

Wert der Mahlzeit	3,57 €
Zahlung des Arbeitnehmers	1,00 €
maßgeblicher Wert	3,57 €
darin enthalten 19/119 Umsatzsteuer	
(Steuersatz 19 %)	./. 0,57 €
Bemessungsgrundlage	3,00 €

Beispiel 2:

Wert der Mahlzeit	3,57 €
Zahlung des Arbeitnehmers	3,80 €
maßgeblicher Wert	3,80 €
darin enthalten 19/119 Umsatzsteuer	
(Steuersatz 19 %)	./. 0,61 €
Bemessungsgrundlage	3,19 €

⁴In den Beispielen 1 und 2 wird von den Sachbezugswerten 2022 ausgegangen (vgl. BMF-Schreiben vom 20.12.2021, BStBl 2022 I S. 60). ⁵Soweit unterschiedliche Mahlzeiten zu unterschiedlichen Preisen verbilligt an die Arbeitnehmer abgegeben werden, kann bei der umsatzsteuerrechtlichen Bemessungsgrundlage von dem für Lohnsteuerzwecke gebildeten Durchschnittswert ausgegangen werden.

(12) Bei der Abgabe von Mahlzeiten durch eine vom Unternehmer (Arbeitgeber) nicht selbstbetriebene Kantine oder Gaststätte gilt Folgendes:

1. ¹Vereinbart der Arbeitgeber mit dem Kantinenbetreiber bzw. Gastwirt die Zubereitung und die Abgabe von Essen an die Arbeitnehmer zum Verzehr an Ort und Stelle und hat der Kantinenbetreiber bzw. Gastwirt einen Zahlungsanspruch gegen den Arbeitgeber, liegt einerseits ein Leistungsaustausch zwischen Kantinenbetreiber bzw. Gastwirt und Arbeitgeber und andererseits ein Leistungsaustausch des Arbeitgebers gegenüber dem Arbeitnehmer vor. ²Der Arbeitgeber bedient sich in diesen Fällen des Kantinenbetreibers bzw. Gastwirts zur Beköstigung seiner Arbeitnehmer. ³Sowohl in dem Verhältnis Kantinenbetreiber bzw. Gastwirt – Arbeitgeber als auch im Verhältnis Arbeitgeber – Arbeitnehmer liegt eine sonstige Leistung vor.

   Beispiel 1:

   ¹Der Arbeitgeber vereinbart mit einem Gastwirt die Abgabe von Essen an seine Arbeitnehmer zu einem Preis von 5,00 € je Essen. ²Der Gastwirt rechnet über die ausgegebenen Essen mit dem Arbeitgeber auf der Grundlage dieses Preises ab. ³Die Arbeitnehmer haben einen Anteil am Essenspreis von 2,00 € zu entrichten, den der Arbeitgeber von den Arbeitslöhnen einbehält.

   ⁴Nach § 3 Abs. 9 UStG erbringen der Gastwirt an den Arbeitgeber und der Arbeitgeber an den Arbeitnehmer je eine sonstige Leistung. ⁵Der Preis je Essen beträgt für den Arbeitgeber 5,00 €. ⁶Als Bemessungsgrundlage für die Abgabe der Mahlzeiten des Arbeitgebers an den Arbeitnehmer ist der Betrag von 4,20 € (5,00 € abzüglich 19/119 Umsatzsteuer) anzusetzen. ⁷Der Arbeitgeber kann die ihm vom Gastwirt für die Beköstigungsleistungen gesondert in Rechnung gestellte Umsatzsteuer unter den Voraussetzungen des § 15 UStG als Vorsteuer abziehen.

2. ¹Bestellt der Arbeitnehmer in einer Gaststätte selbst sein gewünschtes Essen nach der Speisekarte und bezahlt dem Gastwirt den – ggf. um einen Arbeitgeberzuschuss geminderten – Essenspreis, liegt eine sonstige Leistung des Gastwirts an den Arbeitnehmer vor. ²Ein Umsatzgeschäft zwischen Arbeitgeber und Gastwirt besteht nicht. ³Im Verhältnis des Arbeitgebers zum Arbeitnehmer ist die Zahlung des Essenszuschusses ein nicht umsatzsteuerbarer Vorgang. ⁴Bemessungsgrundlage der sonstigen Leistung des Gastwirts an den Arbeitnehmer ist der von dem Arbeitnehmer an den Gastwirt gezahlte Essenspreis zuzüglich des ggf. gezahlten Arbeitgeberzuschusses (Entgelt von dritter Seite).

   Beispiel 2:

   ¹Der Arbeitnehmer kauft in einer Gaststätte ein Mittagessen, welches mit einem Preis von 4 € ausgezeichnet ist. ²Er übergibt dem Gastwirt eine Essensmarke des Arbeitgebers im Wert von 1 € und zahlt die Differenz i. H. v. 3 €. ³Der Gastwirt lässt sich den Wert der Essensmarken wöchentlich vom Arbeitgeber erstatten.

   ⁴Bemessungsgrundlage beim Gastwirt ist der Betrag von 4 € abzüglich Umsatzsteuer. ⁵Die Erstattung der Essensmarke (Arbeitgeberzuschuss) führt nicht zu einer steuerbaren Sachzuwendung an den Arbeitnehmer. ⁶Der Arbeitgeber kann aus der Abrechnung des Gastwirts keinen Vorsteuerabzug geltend machen.

3. Vereinbart der Arbeitgeber mit einem selbständigen Kantinenpächter (z. B. Caterer), dass dieser die Kantine in den Räumen des Arbeitgebers betreibt und die Verpflegungsleistungen an die Arbeitnehmer im eigenen Namen und für eigene Rechnung erbringt, liegt ein Leistungsaustausch zwischen Caterer und Arbeitnehmer vor (vgl. BFH-Beschluss vom 18.7.2002, V B 112/01, BStBl 2003 II S. 675).

   Beispiel 3:

   ¹Der Arbeitgeber und der Caterer vereinbaren, dass der Caterer die Preise für die Mittagsverpflegung mit dem Arbeitgeber abzustimmen hat. ²Der Arbeitgeber zahlt dem Caterer einen jährlichen (pauscha-

len) Zuschuss (Arbeitgeberzuschuss). [3]Der Zuschuss wird anhand der Zahl der durchschnittlich ausgegebenen Essen je Kalenderjahr ermittelt oder basiert auf einem prognostizierten „Verlust" (Differenz zwischen den voraussichtlichen Zahlungen der Arbeitnehmer und Kosten der Mittagsverpflegung).

[4]Ein Leistungsaustausch zwischen Arbeitgeber und Caterer sowie zwischen Arbeitgeber und Arbeitnehmer besteht nicht. [5]Bemessungsgrundlage der sonstigen Leistung des Caterers an den Arbeitnehmer ist der von dem Arbeitnehmer an den Caterer gezahlte Essenspreis zuzüglich des ggf. gezahlten Arbeitgeberzuschusses. [6]Diese vom Arbeitgeber in pauschalierter Form gezahlten Beträge sind Entgelt von dritter Seite (vgl. Abschnitt 10.2 Abs. 5 Satz 5). [7]Da der Arbeitgeber keine Leistung vom Caterer erhält, ist er nicht zum Vorsteuerabzug aus der Zahlung des Zuschusses an den Caterer berechtigt.

(13) [1]In den Fällen, in denen Verpflegungsleistungen anlässlich einer unternehmerisch bedingten Auswärtstätigkeit des Arbeitnehmers vom Arbeitgeber empfangen und in voller Höhe getragen werden, kann der Arbeitgeber den Vorsteuerabzug aus den entstandenen Verpflegungskosten in Anspruch nehmen, wenn die Aufwendungen durch Rechnungen mit gesondertem Ausweis der Umsatzsteuer auf den Namen des Unternehmers oder durch Kleinbetragsrechnungen im Sinne des § 33 UStDV belegt sind. [2]Es liegt keine einer entgeltlichen Leistung gleichgestellte unentgeltliche Wertabgabe vor. [3]Übernimmt der Arbeitgeber die Kosten des Arbeitnehmers für eine dienstlich veranlasste Hotelübernachtung einschließlich Frühstück und kürzt der Arbeitgeber wegen des Frühstücks dem Arbeitnehmer den ihm zustehenden Reisekostenzuschuss auch um einen höheren Betrag als den maßgeblichen Sachbezugswert, liegt keine entgeltliche Frühstücksgestellung des Arbeitgebers an den Arbeitnehmer vor.

(14) [1]Zu den unentgeltlichen Wertabgaben rechnen auch unentgeltliche Deputate, z. B. im Bergbau und in der Land- und Forstwirtschaft, und die unentgeltliche Abgabe von Getränken und Genussmitteln zum häuslichen Verzehr, z. B. Haustrunk im Brauereigewerbe, Freitabakwaren in der Tabakwarenindustrie. [2]Das Gleiche gilt für Sachgeschenke, Jubiläumsgeschenke und ähnliche Zuwendungen aus Anlass von Betriebsveranstaltungen, soweit diese Zuwendungen weder Aufmerksamkeiten (vgl. Absatz 3) noch Leistungen im überwiegenden betrieblichen Interesse des Arbeitgebers (vgl. Absatz 4) sind. [3]Als Bemessungsgrundlage sind in diesen Fällen grundsätzlich die in § 10 Abs. 4 Satz 1 Nr. 1 UStG bezeichneten Werte anzusetzen. [4]Aus Vereinfachungsgründen kann von den nach den lohnsteuerrechtlichen Regelungen (vgl. R 8.1 Abs. 2, R 8.2 Abs. 2 LStR) ermittelten Werten ausgegangen werden.

(15) [1]Unentgeltliche Beförderungen der Arbeitnehmer von ihrem Wohnsitz, gewöhnlichen Aufenthaltsort oder von einer Sammelhaltestelle, z. B. einem Bahnhof, zum Arbeitsplatz durch betriebseigene Kraftfahrzeuge oder durch vom Arbeitgeber beauftragte Beförderungsunternehmer sind nach § 3 Abs. 9a Nr. 2 UStG steuerbar, sofern sie nicht im überwiegenden betrieblichen Interesse des Arbeitgebers liegen. [2]Nicht steuerbare Leistungen im überwiegenden betrieblichen Interesse sind z. B. in den Fällen anzunehmen, in denen

1. die Beförderung mit öffentlichen Verkehrsmitteln nicht oder nur mit unverhältnismäßig hohem Zeitaufwand durchgeführt werden könnte (vgl. BFH-Urteil vom 15. 11. 2007, V R 15/06, BStBl 2009 II S. 423),

2. die Arbeitnehmer an ständig wechselnden Tätigkeitsstätten oder an verschiedenen Stellen eines weiträumigen Arbeitsgebiets eingesetzt werden, oder

3. im Einzelfall die Beförderungsleistungen wegen eines außergewöhnlichen Arbeitseinsatzes erforderlich werden oder wenn sie hauptsächlich dem Materialtransport an die Arbeitsstelle dienen und der Arbeitgeber dabei einige Arbeitnehmer unentgeltlich mitnimmt (vgl. BFH-Urteil vom 9. 7. 1998, V R 105/92, BStBl II S. 635).

[3]Ergänzend wird auf das BFH-Urteil vom 11. 5. 2000, V R 73/99, BStBl II S. 505, verwiesen. [4]Danach ist das Gesamtbild der Verhältnisse entscheidend. [5]Die Entfernung zwischen Wohnung und Arbeitsstätte ist nur ein Umstand, der neben anderen in die tatsächliche Würdigung einfließt.

(16) [1]Die Bemessungsgrundlage für die unentgeltlichen Beförderungsleistungen des Arbeitgebers richtet sich nach den bei der Ausführung der Umsätze entstandenen Ausgaben (§ 10

Abs. 4 Satz 1 Nr. 3 UStG). [2]Es ist nicht zu beanstanden, wenn der Arbeitgeber die entstandenen Ausgaben schätzt, soweit er die Beförderung mit betriebseigenen Fahrzeugen durchführt. [3]Die Bemessungsgrundlage für die Beförderungsleistungen eines Monats kann z. B. pauschal aus der Zahl der durchschnittlich beförderten Arbeitnehmer und aus dem Preis für eine Monatskarte für die kürzeste und weiteste gefahrene Strecke (Durchschnitt) abgeleitet werden.

Beispiel:

[1]Ein Unternehmer hat in einem Monat durchschnittlich 6 Arbeitnehmer mit einem betriebseigenen Fahrzeug unentgeltlich von ihrer Wohnung zur Arbeitsstätte befördert. [2]Die kürzeste Strecke von der Wohnung eines Arbeitnehmers zur Arbeitsstätte beträgt 10 km, die weiteste 30 km (Durchschnitt 20 km).

[3]Die Bemessungsgrundlage für die Beförderungsleistungen in diesem Monat berechnet sich wie folgt:

6 Arbeitnehmer x 76 € (Monatskarte für 20 km) = 456 € abzüglich 29,83 € Umsatzsteuer (Steuersatz 7 %) = 426,17 €.

[4]Zur Anwendung der Steuerermäßigung des § 12 Abs. 2 Nr. 10 Buchstabe b UStG vgl. Abschnitt 12.15.

(17) [1]Werden von Verkehrsbetrieben die Freifahrten aus betrieblichen Gründen für den privaten, außerhalb des Dienstverhältnisses liegenden Bedarf der Arbeitnehmer, ihrer Angehörigen und der Pensionäre gewährt, sind die Freifahrten nach § 3 Abs. 9a Nr. 2 UStG steuerbar. [2]Die als Bemessungsgrundlage anzusetzenden Ausgaben sind nach den jeweiligen örtlichen Verhältnissen zu ermitteln und können im Allgemeinen mit 25 % des normalen Preises für den überlassenen Fahrausweis oder eines der Fahrberechtigung entsprechenden Fahrausweises angenommen werden. [3]Die Umsatzsteuer ist herauszurechnen.

(18) [1]Zur umsatzsteuerrechtlichen Behandlung der Überlassung von Fahrzeugen an Arbeitnehmer zu deren privater Nutzung vgl. Abschnitt 15.23 Abs. 8 bis 12. [2]Leistet der Arbeitnehmer in diesen Fällen Zuzahlungen, vgl. BMF-Schreiben vom 30. 12. 1997, BStBl 1998 I S. 110.

(19) [1]Zur umsatzsteuerrechtlichen Behandlung unentgeltlicher oder verbilligter Reisen für Betriebsangehörige vgl. Abschnitt 25.3 Abs. 5. [2]Wendet ein Hersteller bei einem Verkaufswettbewerb ausgelobte Reiseleistungen seinen Vertragshändlern unter der Auflage zu, die Reisen bestimmten Arbeitnehmern zu gewähren, kann der Händler steuerbare Reiseleistungen an seine Arbeitnehmer ausführen. [3]Wendet der Hersteller Reiseleistungen unmittelbar Arbeitnehmern seiner Vertragshändler zu, erbringt der Vertragshändler insoweit keine steuerbaren Leistungen an seine Arbeitnehmer (vgl. BFH-Urteil vom 16. 3. 1995, V R 128/92, BStBl II S. 651).

UStAE 1.9. Inland – Ausland

(1) [1]Das Inland umfasst das Hoheitsgebiet der Bundesrepublik Deutschland mit Ausnahme der in § 1 Abs. 2 Satz 1 UStG bezeichneten Gebiete, zu denen unter anderem die Freizonen im Sinne des Artikels 243 UZK gehören. [2]Es handelt sich dabei um die Freihäfen Bremerhaven und Cuxhaven, die vom übrigen deutschen Teil des Zollgebiets der Union getrennt sind. [3]Botschaften, Gesandtschaften und Konsulate anderer Staaten gehören selbst bei bestehender Exterritorialität zum Inland. [4]Das Gleiche gilt für Einrichtungen, die von Truppen anderer Staaten im Inland unterhalten werden. [5]Zum Inland gehört auch der Transitbereich deutscher Flughäfen (vgl. BFH-Urteil vom 3. 11. 2005, V R 63/02, BStBl 2006 II S. 337).

(2) [1]Zum Ausland gehören das Drittlandsgebiet (einschließlich der Gebiete, die nach § 1 Abs. 2 Satz 1 UStG vom Inland ausgenommen sind) und das übrige Gemeinschaftsgebiet (vgl. Abschnitt 1.10). [2]Die österreichischen Gemeinden Mittelberg (Kleines Walsertal) und Jungholz in Tirol gehören zum Ausland im Sinne des § 1 Abs. 2 Satz 2 UStG; die Einfuhr in diesen Gebieten unterliegt jedoch der deutschen Einfuhrumsatzsteuer (§ 1 Abs. 1 Nr. 4 UStG).

(3) Als Strandlinie im Sinne des § 1 Abs. 2 Satz 1 UStG gelten die normalen und geraden Basislinien im Sinne der Artikel 5 und 7 des Seerechtsübereinkommens der Vereinten Nationen vom 10. 12. 1982, das für Deutschland am 16. 11. 1994 in Kraft getreten ist (BGBl 1994 II S. 1798, BGBl 1995 II S. 602).

UStAE   1.10. Gemeinschaftsgebiet – Drittlandsgebiet

(1) [1]Das Gemeinschaftsgebiet umfasst das Inland der Bundesrepublik Deutschland im Sinne des § 1 Abs. 2 Satz 1 UStG sowie die unionsrechtlichen Inlandsgebiete der übrigen EU-Mitgliedstaaten (übriges Gemeinschaftsgebiet). [2]Zum übrigen Gemeinschaftsgebiet gehören:

- Belgien;
- Bulgarien;
- Dänemark (ohne Grönland und die Färöer);
- Estland;
- Finnland (ohne die Åland-Inseln);
- Frankreich (ohne Guadeloupe, Französisch-Guyana, Martinique, Mayotte, Réunion, Saint-Barthélemy und Saint-Martin) zuzüglich des Fürstentums Monaco;
- Griechenland (ohne Berg Athos);
- Irland;
- Italien (ohne Livigno, Campione d' Italia und den zum italienischen Hoheitsgebiet gehörenden Teil des Luganer Sees);
- Kroatien;
- Lettland;
- Litauen;
- Luxemburg;
- Malta;
- Niederlande (ohne das überseeische Gebiet Aruba und ohne die Inseln Curacao, Sint Maarten, Bonaire, Saba und Sint Eustatius);
- Österreich;
- Polen;
- Portugal (einschließlich Madeira und der Azoren);
- Rumänien;
- Schweden;
- Slowakei;
- Slowenien;
- Spanien (einschließlich Balearen, ohne Kanarische Inseln, Ceuta und Melilla);
- Tschechien;
- Ungarn;
- bis zum 31. 12. 2020: Vereinigtes Königreich Großbritannien und Nordirland (ohne die überseeischen Länder und Gebiete und die Selbstverwaltungsgebiete der Kanalinseln Jersey und Guernsey) zuzüglich der Insel Man; zum umsatzsteuerrechtlichen Status von Nordirland ab dem 1. 1. 2021 vgl. Absatz 3;
- Zypern (ohne die Landesteile, in denen die Regierung der Republik Zypern keine tatsächliche Kontrolle ausübt) einschließlich der Hoheitszonen des Vereinigten Königreichs Großbritan-

nien und Nordirland (Akrotiri und Dhekalia) auf Zypern; zu den ab dem 1.1.2021 geltenden Sonderregelungen hinsichtlich der Hoheitszonen vgl. Absatz 3.

(2) [1]Das Drittlandsgebiet umfasst die Gebiete, die nicht zum Gemeinschaftsgebiet gehören, u. a. auch Andorra, Gibraltar, San Marino und den Vatikan. [2]Das Drittlandsgebiet umfasst nach dem 31.12.2020 grundsätzlich auch das Vereinigte Königreich Großbritannien und Nordirland. [3]Zu den ab dem 1.1.2021 geltenden Sonderregelungen vgl. Absatz 3.

(3) [1]Für die Umsatzbesteuerung des Warenverkehrs wird Nordirland auch nach dem 31.12.2020 als zum Gemeinschaftsgebiet zugehörig behandelt. [2]Im Warenverkehr mit Nordirland finden daher auch nach diesem Zeitpunkt die für den innergemeinschaftlichen Handel geltenden Vorschriften zur Umsatzsteuer Anwendung (vgl. BMF-Schreiben vom 10.12.2020, BStBl I S. 1370). [3]Nach dem 31.12.2020 ausgeführte Umsätze mit Ursprungs- oder Bestimmungsort in den britischen Hoheitszonen Akrotiri und Dhekelia auf Zypern gelten als Umsätze mit Ursprungs- oder Bestimmungsort in der Republik Zypern.

Zu § 1a UStG

UStAE   1a.1.   Innergemeinschaftlicher Erwerb

(1) [1]Ein innergemeinschaftlicher Erwerb setzt insbesondere voraus, dass an den Erwerber eine Lieferung ausgeführt wird und der Gegenstand dieser Lieferung aus dem Gebiet eines EU-Mitgliedstaates in das Gebiet eines anderen EU-Mitgliedstaates oder aus dem übrigen Gemeinschaftsgebiet in die in § 1 Abs. 3 UStG bezeichneten Gebiete gelangt. [2]Zum Begriff Gegenstand vgl. Abschnitt 3.1 Abs. 1. [3]Ein Gegenstand gelangt aus dem Gebiet eines EU-Mitgliedstaates in das Gebiet eines anderen EU-Mitgliedstaates, wenn die Beförderung oder Versendung durch den Lieferer oder durch den Abnehmer im Gebiet des einen EU-Mitgliedstaates beginnt und im Gebiet des anderen EU-Mitgliedstaates endet. [4]Dies gilt auch dann, wenn die Beförderung oder Versendung im Drittlandsgebiet beginnt und der Gegenstand im Gebiet eines EU-Mitgliedstaates der Einfuhrumsatzsteuer unterworfen wird, bevor er in das Gebiet des anderen EU-Mitgliedstaates gelangt. [5]Kein Fall des innergemeinschaftlichen Erwerbs liegt demnach vor, wenn die Ware aus einem Drittland im Wege der Durchfuhr durch das Gebiet eines anderen EU-Mitgliedstaates in das Inland gelangt und erst hier einfuhrumsatzsteuerrechtlich zur Überlassung zum freien Verkehr abgefertigt wird. [6]Als innergemeinschaftlicher Erwerb gegen Entgelt gilt auch das innergemeinschaftliche Verbringen eines Gegenstands in das Inland (vgl. Abschnitt 1a.2). [7]Bei der Lieferung von Gas über das Erdgasnetz und von Elektrizität liegt kein innergemeinschaftlicher Erwerb und kein innergemeinschaftliches Verbringen vor (vgl. Abschnitt 3g.1 Abs. 6). [8]Zur Bemessungsgrundlage eines innergemeinschaftlichen Erwerbs von werthaltigen Abfällen vgl. Abschnitt 10.5 Abs. 2.

(2) [1]Ein innergemeinschaftlicher Erwerb ist bei einem Unternehmer, der ganz oder zum Teil zum Vorsteuerabzug berechtigt ist, unabhängig von einer Erwerbsschwelle steuerbar. [2]Bei

a) einem Unternehmer, der nur steuerfreie Umsätze ausführt, die zum Ausschluss vom Vorsteuerabzug führen;

b) einem Unternehmer, für dessen Umsätze Umsatzsteuer nach § 19 Abs. 1 UStG nicht erhoben wird;

c) einem Unternehmer, der den Gegenstand zur Ausführung von Umsätzen verwendet, für die die Steuer nach den Durchschnittssätzen des § 24 UStG festgesetzt ist, oder

d) einer juristischen Person des öffentlichen oder privaten Rechts, die nicht Unternehmer ist oder den Gegenstand nicht für ihr Unternehmen erwirbt,

liegt ein steuerbarer innergemeinschaftlicher Erwerb nur vor, wenn der Gesamtbetrag der innergemeinschaftlichen Erwerbe nach § 1a Abs. 1 Nr. 1 und Abs. 2 UStG aus allen EU-Mitgliedstaaten mit Ausnahme der Erwerbe neuer Fahrzeuge und verbrauchsteuerpflichtiger Waren über der Erwerbsschwelle von 12 500 € liegt oder wenn nach § 1a Abs. 4 UStG zur Erwerbsbesteuerung optiert wird. [3]Bei dem in Satz 2 genannten Personenkreis unterliegt der innergemeinschaftliche Erwerb neuer Fahrzeuge und verbrauchsteuerpflichtiger Waren unabhängig von der Erwerbsschwelle stets der Erwerbsbesteuerung. [4]Liegen die Voraussetzungen der Sätze 2 und 3 nicht vor, ist die Besteuerung des Lieferers zu prüfen (vgl. Abschnitt 3c.l). [5]Wurde die Erwerbsschwelle im vorangegangenen Kalenderjahr nicht überschritten und ist zu erwarten, dass sie auch im laufenden Kalenderjahr nicht überschritten wird, kann die Erwerbsbesteuerung unterbleiben, auch wenn die tatsächlichen innergemeinschaftlichen Erwerbe im Laufe des Kalenderjahres die Grenze von 12 500 € überschreiten. [6]Der Erwerber kann auf die Anwendung der Erwerbsschwelle verzichten; als Verzicht gilt auch die Verwendung einer dem Erwerber erteilten USt-IdNr. gegenüber dem Lieferer. [7]Der Verzicht bindet den Erwerber mindestens für zwei Kalenderjahre. [8]Bei einem Verzicht auf die Anwendung der Erwerbsschwelle unterliegt der Erwerb in jedem Fall der Erwerbsbesteuerung nach § 1a Abs. 1 und 2 UStG.

(3) [1]Juristische Personen des öffentlichen Rechts haben grundsätzlich alle in ihrem Bereich vorgenommenen innergemeinschaftlichen Erwerbe zusammenzufassen. [2]Bei den Gebietskörperschaften Bund und Länder können auch einzelne Organisationseinheiten (z. B. Ressorts, Behörden, Ämter) für ihre innergemeinschaftlichen Erwerbe als Steuerpflichtige behandelt werden. [3]Dabei wird aus Vereinfachungsgründen davon ausgegangen, dass die Erwerbsschwelle überschritten ist. [4]In diesem Fall können die einzelnen Organisationseinheiten eine eigene USt-IdNr. erhalten (vgl. Abschnitt 27a.1 Abs. 3).

UStAE   1a.2. Innergemeinschaftliches Verbringen[1]

Allgemeines

(1) [1]Das innergemeinschaftliche Verbringen eines Gegenstands gilt unter den Voraussetzungen des § 3 Abs. 1a UStG als Lieferung und unter den entsprechenden Voraussetzungen des § 1a Abs. 2 UStG als innergemeinschaftlicher Erwerb gegen Entgelt. [2]Satz 1 gilt nicht in den Fällen des § 6b Abs. 1 UStG. [3]Ein innergemeinschaftliches Verbringen liegt vor, wenn ein Unternehmer

- einen Gegenstand seines Unternehmens aus dem Gebiet eines EU-Mitgliedstaates (Ausgangsmitgliedstaat) zu seiner Verfügung in das Gebiet eines anderen EU-Mitgliedstaates (Bestimmungsmitgliedstaat) befördert oder versendet und

- den Gegenstand im Bestimmungsmitgliedstaat nicht nur vorübergehend verwendet.

[4]Der Unternehmer gilt im Ausgangsmitgliedstaat als Lieferer, im Bestimmungsmitgliedstaat als Erwerber.

(2) [1]Ein innergemeinschaftliches Verbringen, bei dem der Gegenstand vom Inland in das Gebiet eines anderen EU-Mitgliedstaates gelangt, ist nach § 3 Abs. 1a UStG einer Lieferung gegen Entgelt gleichgestellt. [2]Diese Lieferung gilt nach § 6a Abs. 2 UStG als innergemeinschaftliche Lieferung, die unter den weiteren Voraussetzungen des § 6a UStG nach § 4 Nr. 1 Buchstabe b UStG steuerfrei ist. [3]Ein innergemeinschaftliches Verbringen, bei dem der Gegenstand aus dem übrigen Gemeinschaftsgebiet in das Inland gelangt, gilt nach § 1a Abs. 2 UStG als innergemeinschaftlicher Erwerb gegen Entgelt. [4]Lieferung und innergemeinschaftlicher Erwerb sind nach dem Einkaufspreis zuzüglich der Nebenkosten für den Gegenstand oder mangels eines Einkaufspreises nach den Selbstkosten, jeweils zum Zeitpunkt des Umsatzes und ohne Umsatzsteuer, zu

---

Anm. d. Schriftl.:

[1] Auf die Konsignationslagerregelung des § 6b UStG wird hingewiesen. Diese ist im Rahmen des Gesetzes zur weiteren steuerlichen Förderung der Elektromobilität und zur Änderung weiterer steuerlicher Vorschriften vom 12. 12. 2019, BGBl 2019 I S. 2451, in das UStG aufgenommen worden.

bemessen (§ 10 Abs. 4 Satz 1 Nr. 1 UStG). [5]§ 3c UStG ist bei einem innergemeinschaftlichen Verbringen nicht anzuwenden.

Voraussetzungen

(3) [1]Ein Verbringen ist innergemeinschaftlich, wenn der Gegenstand auf Veranlassung des Unternehmers vom Ausgangsmitgliedstaat in den Bestimmungsmitgliedstaat gelangt. [2]Es ist unerheblich, ob der Unternehmer den Gegenstand selbst befördert oder ob er die Beförderung durch einen selbständigen Beauftragten ausführen oder besorgen lässt.

(4) [1]Ein innergemeinschaftliches Verbringen setzt voraus, dass der Gegenstand im Ausgangsmitgliedstaat bereits dem Unternehmen zugeordnet war und sich bei Beendigung der Beförderung oder Versendung im Bestimmungsmitgliedstaat weiterhin in der Verfügungsmacht des Unternehmers befindet. [2]Diese Voraussetzung ist insbesondere dann erfüllt, wenn der Gegenstand von dem im Ausgangsmitgliedstaat gelegenen Unternehmensteil erworben, hergestellt oder in diesen EU-Mitgliedstaat eingeführt, zur Verfügung des Unternehmers in den Bestimmungsmitgliedstaat verbracht und anschließend von dem dort gelegenen Unternehmensteil auf Dauer verwendet oder verbraucht wird.

Beispiel:

[1]Der französische Unternehmer F verbringt eine Maschine aus seinem Unternehmen in Frankreich in seinen Zweigbetrieb nach Deutschland, um sie dort auf Dauer einzusetzen. [2]Der deutsche Zweigbetrieb kauft in Deutschland Heizöl und verbringt es in die französische Zentrale, um damit das Bürogebäude zu beheizen.

[3]F bewirkt mit dem Verbringen der Maschine nach § 1a Abs. 2 UStG einen innergemeinschaftlichen Erwerb in Deutschland. [4]Das Verbringen des Heizöls ist in Deutschland eine innergemeinschaftliche Lieferung im Sinne des § 3 Abs. 1a in Verbindung mit § 6a Abs. 2 UStG.

(5) [1]Weitere Voraussetzung ist, dass der Gegenstand zu einer nicht nur vorübergehenden Verwendung durch den Unternehmer in den Bestimmungsmitgliedstaat gelangt. [2]Diese Voraussetzung ist immer dann erfüllt, wenn der Gegenstand in dem dort gelegenen Unternehmensteil entweder dem Anlagevermögen zugeführt oder als Roh-, Hilfs- oder Betriebsstoff verarbeitet oder verbraucht wird.

(6) [1]Eine nicht nur vorübergehende Verwendung liegt auch dann vor, wenn der Unternehmer den Gegenstand mit der konkreten Absicht in den Bestimmungsmitgliedstaat verbringt, ihn dort (unverändert) an einen noch nicht feststehenden Abnehmer weiterzuliefern. [2]In den vorgenannten Fällen ist es nicht erforderlich, dass der Unternehmensteil im Bestimmungsmitgliedstaat die abgabenrechtlichen Voraussetzungen einer Betriebsstätte (vgl. Abschnitt 3a.1 Abs. 3) erfüllt. [3]Verbringt der Unternehmer Gegenstände zum Zweck des Verkaufs außerhalb einer Betriebsstätte in den Bestimmungsmitgliedstaat und gelangen die nicht verkauften Waren unmittelbar anschließend wieder in den Ausgangsmitgliedstaat zurück, kann das innergemeinschaftliche Verbringen aus Vereinfachungsgründen auf die tatsächlich verkaufte Warenmenge beschränkt werden.

Beispiel:

[1]Der niederländische Blumenhändler N befördert im eigenen LKW Blumen nach Köln, um sie dort auf dem Wochenmarkt zu verkaufen. [2]Die nicht verkauften Blumen nimmt er am selben Tag wieder mit zurück in die Niederlande.

[3]N bewirkt in Bezug auf die verkauften Blumen einen innergemeinschaftlichen Erwerb nach § 1a Abs. 2 UStG in Deutschland. [4]Er hat den Verkauf der Blumen als Inlandslieferung zu versteuern. [5]Das Verbringen der nicht verkauften Blumen ins Inland muss nicht als innergemeinschaftlicher Erwerb im Sinne des § 1a Abs. 2 UStG, das Zurückverbringen der nicht verkauften Blumen nicht als innergemeinschaftliche Lieferung im Sinne des § 3 Abs. 1a in Verbindung mit § 6a Abs. 2 UStG behandelt werden.

[4]Steht der Abnehmer bei der im übrigen Gemeinschaftsgebiet beginnenden Beförderung oder Versendung bereits fest, liegt kein innergemeinschaftliches Verbringen, sondern eine Beför-

derungs- oder Versendungslieferung vor, die grundsätzlich mit Beginn der Beförderung oder Versendung im übrigen Gemeinschaftsgebiet als ausgeführt gilt (§ 3 Abs. 6 Satz 1 UStG). [5]Hiervon ist auszugehen, wenn der Abnehmer die Ware bei Beginn der Beförderung oder Versendung bereits verbindlich bestellt oder bezahlt hat (vgl. BFH-Urteil vom 16.11.2016, V R 1/16, BStBl 2017 II S. 1079) und § 6b UStG bereits dem Grunde nach keine Anwendung findet bzw. von Seiten des liefernden Unternehmers und späteren Erwerbers § 6b UStG keine Anwendung finden soll. [6]In diesem Fall steht es der Annahme einer Beförderungs- oder Versendungslieferung nicht entgegen, wenn

- die Ware von dem mit der Versendung Beauftragten zunächst in ein inländisches Lager des Lieferanten gebracht und erst nach Eingang der Zahlung durch eine Freigabeerklärung des Lieferanten an den Abnehmer („shipment on hold") herausgegeben wird (vgl. BFH-Urteil vom 30.7.2008, XI R 67/07, BStBl 2009 II S. 552), oder

- [1]die Ware kurzzeitig (für einige Tage oder Wochen) in einem auf Initiative des Abnehmers eingerichteten Auslieferungs- oder Konsignationslager im Inland, welches nicht in den Anwendungsbereich der Konsignationslagerregelung nach § 6b UStG fällt, zwischengelagert wird und der Abnehmer vertraglich ein uneingeschränktes Zugriffsrecht auf die Ware hat (vgl. BFH-Urteil vom 20.10.2016, V R 31/15, BStBl 2017 II S. 1076). [2]Es liegt dann nur eine kurze Unterbrechung, aber kein Abbruch der begonnenen Beförderung oder Versendung vor.

[7]Ein im Zeitpunkt des Beginns der Beförderung oder Versendung nur wahrscheinlicher Abnehmer ohne tatsächliche Abnahmeverpflichtung ist nicht einem zu diesem Zeitpunkt bereits feststehenden Abnehmer gleichzustellen (vgl. BFH-Urteil vom 20.10.2016, V R 31/15, a.a.O.). [8]In derartigen Fällen stellt die Einlagerung von Ware aus dem übrigen Gemeinschaftsgebiet in ein inländisches Auslieferungs- oder Konsignationslager ein innergemeinschaftliches Verbringen durch den liefernden Unternehmer im Sinne des § 1a Abs. 2 UStG dar. [9]Die Lieferung an den Abnehmer findet in derartigen Fällen erst mit der Entnahme der Ware aus dem Lager statt und ist folglich im Inland steuerbar. [10]Die Sätze 4, 5, 7 und 8 finden bei Anwendung der Konsignationslagerregelung nach § 6b UStG keine Anwendung.

(7) [1]Bei der Verkaufskommission liegt zwar eine Lieferung des Kommittenten an den Kommissionär erst im Zeitpunkt der Lieferung des Kommissionsguts an den Abnehmer vor (vgl. BFH-Urteil vom 25.11.1986, V R 102/78, BStBl 1987 II S. 278). [2]Gelangt das Kommissionsgut bei der Zurverfügungstellung an den Kommissionär vom Ausgangs- in den Bestimmungsmitgliedstaat, kann die Lieferung des Kommittenten an den Kommissionär jedoch nach dem Sinn und Zweck der Regelung bereits zu diesem Zeitpunkt als erbracht angesehen werden. [3]Gleichzeitig ist demnach der innergemeinschaftliche Erwerb beim Kommissionär der Besteuerung zu unterwerfen. [4]Die Sätze 1 bis 3 gelten nicht in den Fällen des § 6b UStG.

(8) Bei einer grenzüberschreitenden Organschaft (vgl. Abschnitt 2.9) sind Warenbewegungen zwischen den im Inland und den im übrigen Gemeinschaftsgebiet gelegenen Unternehmensteilen Lieferungen, die beim liefernden inländischen Unternehmensteil nach § 3 Abs. 1 in Verbindung mit § 6a Abs. 1 UStG, beim erwerbenden inländischen Unternehmensteil nach § 1a Abs. 1 Nr. 1 UStG zu beurteilen sind.

Ausnahmen

(9) [1]Nach dem Wortlaut der gesetzlichen Vorschriften ist das Verbringen zu einer nur vorübergehenden Verwendung von der Lieferungs- und Erwerbsfiktion ausgenommen. [2]Diese Ausnahmeregelung ist unter Beachtung von Artikel 17 und 23 MwStSystRL auszulegen. [3]Danach liegt kein innergemeinschaftliches Verbringen vor, wenn die Verwendung des Gegenstands im Bestimmungsmitgliedstaat

- ihrer Art nach nur vorübergehend ist (vgl. Absätze 10 und 11) oder

- befristet ist (vgl. Absätze 12 und 13).

Der Art nach vorübergehende Verwendung

(10) Eine ihrer Art nach vorübergehende Verwendung liegt in folgenden Fällen vor:

1. [1]Der Unternehmer verwendet den Gegenstand bei einer Werklieferung, die im Bestimmungsmitgliedstaat steuerbar ist. [2]Es ist gleichgültig, ob der Gegenstand Bestandteil der Lieferung wird und im Bestimmungsmitgliedstaat verbleibt oder ob er als Hilfsmittel verwendet wird und später wieder in den Ausgangsmitgliedstaat zurückgelangt.

   Beispiel 1:

   [1]Der deutsche Bauunternehmer D errichtet in Frankreich ein Hotel. [2]Er verbringt zu diesem Zweck Baumaterial und einen Baukran an die Baustelle. [3]Der Baukran gelangt nach Fertigstellung des Hotels nach Deutschland zurück.

   [4]Das Verbringen des Baumaterials und des Baukrans ist keine innergemeinschaftliche Lieferung im Sinne des § 3 Abs. 1a und § 6a Abs. 2 UStG. [5]Beim Zurückgelangen des Baukrans in das Inland liegt ein innergemeinschaftlicher Erwerb im Sinne des § 1a Abs. 2 UStG nicht vor.

2. Der Unternehmer verbringt den Gegenstand im Rahmen oder in unmittelbarem Zusammenhang mit einer sonstigen Leistung in den Bestimmungsmitgliedstaat.

   Beispiel 2:

   a) Der deutsche Unternehmer D vermietet eine Baumaschine an den niederländischen Bauunternehmer N und verbringt die Maschine zu diesem Zweck in die Niederlande.

   b) Der französische Gärtner F führt im Inland Baumschneidearbeiten aus und verbringt zu diesem Zweck Arbeitsmaterial und Leitern in das Inland.

   In beiden Fällen ist ein innergemeinschaftliches Verbringen nicht anzunehmen (vgl. zu Buchstabe a BFH-Urteil vom 21. 5. 2014, V R 34/13, BStBl II S. 914).

3. Der Unternehmer lässt an dem Gegenstand im Bestimmungsmitgliedstaat eine sonstige Leistung (z. B. Reparatur) ausführen und der reparierte Gegenstand gelangt wieder in den Ausgangsstaat zurück (vgl. EuGH-Urteil vom 6. 3. 2014, C-606/12 und C-607/12, Dresser-Rand).

4. Der Unternehmer überlässt einen Gegenstand an eine Arbeitsgemeinschaft als Gesellschafterbeitrag und verbringt den Gegenstand dazu in den Bestimmungsmitgliedstaat.

(11) [1]Bei einer ihrer Art nach vorübergehenden Verwendung kommt es auf die Dauer der tatsächlichen Verwendung des Gegenstands im Bestimmungsmitgliedstaat nicht an. [2]Geht der Gegenstand unter, nachdem er in den Bestimmungsmitgliedstaat gelangt ist, gilt er in diesem Zeitpunkt als geliefert. [3]Das Gleiche gilt, wenn zunächst eine ihrer Art nach vorübergehende Verwendung vorlag, der Gegenstand aber dann im Bestimmungsmitgliedstaat veräußert wird (z. B. wenn ein Gegenstand zunächst vermietet und dann verkauft wird; vgl. BFH-Urteil vom 21. 5. 2014, V R 34/13, BStBl II S. 914).

Befristete Verwendung

(12) [1]Von einer befristeten Verwendung ist auszugehen, wenn der Unternehmer einen Gegenstand in den Bestimmungsmitgliedstaat im Rahmen eines Vorgangs verbringt, für den bei einer entsprechenden Einfuhr im Inland wegen vorübergehender Verwendung eine vollständige Befreiung von den Einfuhrabgaben bestehen würde. [2]Die zu der zoll- und einfuhrumsatzsteuerrechtlichen Abgabenbefreiung erlassenen Rechts- und Verwaltungsvorschriften sind entsprechend anzuwenden. [3]Dies gilt insbesondere für

– Artikel 250 bis 253 UZK und

– Artikel 161 bis 183 und 204 bis 238 UZK-DA sowie Artikel 258 bis 271, 322 und 323 UZK-IA.

[4]Die Höchstdauer der Verwendung (Verwendungsfrist) ist danach grundsätzlich auf 24 Monate festgelegt (Artikel 251 Abs. 2 UZK); für bestimmte Gegenstände gelten kürzere Verwendungsfristen. [5]Fälle der vorübergehenden Verwendung mit einer Verwendungsfrist von 24 Monaten sind z. B. die Verwendung von

- Paletten (Artikel 208 und 209 UZK-DA sowie Artikel 322 Abs. 2 UZK-IA);

- Container (Artikel 210 und 211 UZK-DA sowie Artikel 322 Abs. 3 UZK-IA);

- persönlichen Gebrauchsgegenständen und zu Sportzwecken verwendeter Waren (Artikel 219 UZK-DA);

- Betreuungsgut für Seeleute (Artikel 220 UZK-DA);

- Material für Katastropheneinsätze (Artikel 221 UZK-DA);

- medizinisch-chirurgischer und labortechnischer Ausrüstung (Artikel 222 UZK-DA);

- lebenden Tieren (Artikel 223 UZK-DA);

- in Grenzzonen verwendeten Waren im Sinne des Artikels 224 UZK-DA;

- Waren, die als Träger von Ton, Bild oder Informationen der Datenverarbeitung dienen oder ausschließlich zur Werbung verwendet werden (Artikel 225 UZK-DA);

- Berufsausrüstung (Artikel 226 UZK-DA);

- pädagogischem Material und wissenschaftlichem Gerät (Artikel 227 UZK-DA);

- Umschließungen (Artikel 228 UZK-DA);

- Formen, Matrizen, Klischees, Zeichnungen, Modellen, Geräten zum Messen, Überprüfen oder Überwachen und ähnlicher Gegenstände (Artikel 229 UZK-DA);

- Spezialwerkzeugen und -instrumenten (Artikel 230 UZK-DA);

- Waren, die Gegenstand von Tests, Experimenten oder Vorführungen sind (Artikel 231 Buchstabe a UZK-DA) sowie Waren, die im Rahmen eines Kaufvertrags einer Erprobung unterzogen werden (Artikel 231 Buchstabe b UZK-DA);

- Mustern in angemessenen Mengen, die ausschließlich zu Vorführ- und Ausstellungszwecken verwendet werden (Artikel 232 UZK-DA);

- Waren, die im Rahmen einer öffentlich zugänglichen Veranstaltung ausgestellt oder verwendet oder auf einer solchen Veranstaltung aus in das Verfahren der vorübergehenden Verwendung übergeführten Waren gewonnen werden (Artikel 234 Abs. 1 UZK-DA);

- Kunstgegenständen, Sammlungsstücken und Antiquitäten, die ausgestellt und gegebenenfalls verkauft werden, sowie anderer als neu hergestellter Waren, die im Hinblick auf ihre Versteigerung eingeführt wurden (Artikel 234 Abs. 3 UZK-DA);

- Ersatzteilen, Zubehör und Ausrüstungen, die für Zwecke der Ausbesserung, Wartungsarbeiten und Maßnahmen zum Erhalt für in das Verfahren der vorübergehenden Verwendung übergeführte Waren verwendet werden (Artikel 235 UZK-DA).

[6]Eine Verwendungsfrist von 18 Monaten gilt für zum eigenen Gebrauch verwendete Beförderungsmittel der See- und Binnenschifffahrt (Artikel 217 Buchstabe e UZK-DA).

[7]Eine Verwendungsfrist von 12 Monaten gilt für Schienenbeförderungsmittel (Artikel 217 Buchstabe a UZK-DA) sowie für Container, deren Ausrüstung und Zubehör (Artikel 217 Buchstabe f UZK-DA).

[8]Eine Verwendungsfrist von 6 Monaten gilt u. a. für

- Straßenbeförderungsmittel und Beförderungsmittel des Luftverkehrs, die jeweils zum eigenen Gebrauch verwendet werden (Artikel 217 Buchstaben e und d UZK-DA);

- Waren, die zur Durchführung von Tests, Experimenten oder Vorführungen ohne Gewinnabsicht verwendet werden (Artikel 231 Buchstabe c UZK-DA);

- Austauschproduktionsmittel, die einem Kunden vom Lieferanten oder Ausbesserer bis zur Lieferung oder Reparatur gleichartiger Waren vorübergehend zur Verfügung gestellt werden (Artikel 233 UZK-DA);

- Waren, die einer Person in der Union vom Eigentümer der Waren zur Ansicht geliefert werden, wobei diese Person das Recht hat, die Waren nach Ansicht zu erwerben (Artikel 234 Abs. 2 UZK-DA).

(13) [1]Werden die in Absatz 12 bezeichneten Verwendungsfristen überschritten, ist im Zeitpunkt des Überschreitens ein innergemeinschaftliches Verbringen mit den sich aus § 1a Abs. 2 und § 3 Abs. 1a UStG ergebenden Wirkungen anzunehmen. [2]Entsprechendes gilt, wenn der Gegenstand innerhalb der Verwendungsfrist untergeht oder veräußert (geliefert) wird. [3]Das Zurückgelangen des Gegenstands in den Ausgangsmitgliedstaat nach einer befristeten Verwendung ist umsatzsteuerrechtlich unbeachtlich.

(14) – gestrichen –

Belegaustausch und Aufzeichnungspflichten

(15) Wegen des Belegaustauschs und der Aufzeichnungspflichten in Fällen des innergemeinschaftlichen Verbringens vgl. Abschnitte 14a.1 Abs. 5 und 22.3 Abs. 1.

UStAE

Zu § 1b UStG

UStAE 1b.1. Innergemeinschaftlicher Erwerb neuer Fahrzeuge

[1]Der entgeltliche innergemeinschaftliche Erwerb eines neuen Fahrzeugs unterliegt auch bei Privatpersonen, nichtunternehmerisch tätigen Personenvereinigungen und Unternehmern, die das Fahrzeug für ihren nichtunternehmerischen Bereich beziehen, der Besteuerung. [2]Fahrzeuge im Sinne des § 1b UStG sind zur Personen- oder Güterbeförderung bestimmte Wasserfahrzeuge, Luftfahrzeuge und motorbetriebene Landfahrzeuge, die die in § 1b Abs. 2 UStG bezeichneten Merkmale aufweisen. [3]Zu den Landfahrzeugen gehören insbesondere Personenkraftwagen, Lastkraftwagen, Motorräder, Motorroller, Mopeds, sog. Pocket-Bikes (vgl. BFH-Urteil vom 27. 2. 2014, V R 21/11, BStBl II S. 501), motorbetriebene Wohnmobile und Caravans sowie landwirtschaftliche Zugmaschinen. **◼** [4]Die straßenverkehrsrechtliche Zulassung ist nicht erforderlich. [5]Keine Landfahrzeuge sind dagegen Wohnwagen, Packwagen und andere Anhänger ohne eigenen Motor, die nur von Kraftfahrzeugen mitgeführt werden können, sowie selbstfahrende Arbeitsmaschinen, die nach ihrer Bauart oder ihren besonderen, mit dem Fahrzeug fest verbundenen Einrichtungen nicht zur Beförderung von Personen oder Gütern bestimmt und geeignet sind. [6]Ein Fahrzeug im Sinne des § 1b Abs. 2 UStG ist neu, wenn ein Merkmal des § 1b Abs. 3 UStG erfüllt ist. [7]Der maßgebende Beurteilungszeitpunkt ist der Zeitpunkt der Lieferung im übrigen Gemeinschaftsgebiet und nicht der Zeitpunkt des Erwerbs im Inland (vgl. EuGH-Urteil vom 18. 11. 2010, C-84/09, X). [8]Als erste Inbetriebnahme eines Fahrzeugs ist die erste Nutzung zur Personen- oder Güterbeförderung zu verstehen; bei Fahrzeugen, die einer Zulassung bedürfen ist grundsätzlich davon auszugehen, dass der Zeitpunkt der Zulassung mit dem Zeitpunkt der ersten Inbetriebnahme identisch ist.

Anm. d. Schriftl.:

◼ Zur Personenbeförderung bestimmt sind auch solche Fahrzeuge, die von den Erwerbern für Sport- oder Freizeitzwecke verwendet werden (BFH-Urteil vom 27. 2. 2014, BStBl 2014 II S. 501).

Zu § 2 UStG

UStAE   2.1. Unternehmer

Allgemeines

(1) [1]Natürliche und juristische Personen**[1]** sowie Personenzusammenschlüsse können Unternehmer sein. [2]Unternehmer ist jedes selbständig tätige Wirtschaftsgebilde, das nachhaltig Leistungen gegen Entgelt ausführt (vgl. BFH-Urteil vom 4.7.1956, V 56/55 U, BStBl III S. 275) oder die durch objektive Anhaltspunkte belegte Absicht hat, eine unternehmerische Tätigkeit gegen Entgelt und selbständig auszuüben und erste Investitionsausgaben für diesen Zweck tätigt (vgl. BFH-Urteile vom 22.2.2001, V R 77/96, BStBl 2003 II S. 426, und vom 8.3.2001, V R 24/98, BStBl 2003 II S. 430). [3]Dabei kommt es weder auf die Rechtsform noch auf die Rechtsfähigkeit des Leistenden an (vgl. BFH-Urteil vom 21.4.1994, V R 105/91, BStBl II S. 671). [4]Auch eine Personenvereinigung, die nur gegenüber ihren Mitgliedern tätig wird, kann z. B. mit der entgeltlichen Überlassung von Gemeinschaftsanlagen unternehmerisch tätig sein (vgl. BFH-Urteil vom 28.11.2002, V R 18/01, BStBl 2003 II S. 443).

Gesellschaften und Gemeinschaften

(2) [1]Für die Unternehmereigenschaft einer Personengesellschaft ist es unerheblich, ob ihre Gesellschafter Mitunternehmer im Sinne des § 15 Abs. 1 Nr. 2 EStG sind (vgl. BFH-Urteil vom 18.12.1980, V R 142/73, BStBl 1981 II S. 408). [2]Unternehmer kann auch eine Bruchteilsgemeinschaft sein. [3]Vermieten Ehegatten mehrere in ihrem Bruchteileigentum stehende Grundstücke, ist die jeweilige Bruchteilsgemeinschaft ein gesonderter Unternehmer, wenn auf Grund unterschiedlicher Beteiligungsverhältnisse im Vergleich mit den anderen Bruchteilsgemeinschaften eine einheitliche Willensbildung nicht gewährleistet ist (vgl. BFH-Urteile vom 25.3.1993, V R 42/89, BStBl II S. 729, und vom 29.4.1993, V R 38/89, BStBl II S. 734). [4]Ob der Erwerber eines Miteigentumsanteils eines vermieteten Grundstücks Unternehmer ist oder nicht, hängt von der Art der Überlassung seines Miteigentumsanteils an die Gemeinschaft ab. [5]Die zivilrechtliche Stellung als Mitvermieter ist für die Unternehmereigenschaft allein nicht ausreichend (vgl. BFH-Urteil vom 27.6.1995, V R 36/94, BStBl II S. 915). [6]Überträgt ein Vermietungsunternehmen das Eigentum an dem vermieteten Grundstück zur Hälfte auf seinen Ehegatten, ist nunmehr allein die neu entstandene Bruchteilsgemeinschaft Unternehmer (vgl. BFH-Urteil vom 6.9.2007, V R 41/05, BStBl 2008 II S. 65).

Leistender

(3) [1]Wem eine Leistung als Unternehmer zuzurechnen ist, richtet sich danach, wer dem Leistungsempfänger gegenüber als Schuldner der Leistung auftritt. [2]Dies ergibt sich regelmäßig aus den abgeschlossenen zivilrechtlichen Vereinbarungen. [3]Leistender ist in der Regel derjenige, der die Lieferungen oder sonstigen Leistungen im eigenen Namen gegenüber einem anderen selbst oder durch einen Beauftragten ausführt. [4]Ob eine Leistung dem Handelnden oder einem anderen zuzurechnen ist, hängt grundsätzlich davon ab, ob der Handelnde gegenüber Dritten im eigenen Namen oder berechtigterweise im Namen eines anderen bei Ausführung entgeltlicher Leistungen aufgetreten ist. [5]Somit ist ein sog. Strohmann, der im eigenen Namen Gegenstände

---

Anm. d. Schriftl.:

[1] Im Rahmen des Steueränderungsgesetzes 2015 vom 2.11.2015, BGBl 2015 I S. 1834, wurde in § 2b UStG die Besteuerung von juristischen Personen des öffentlichen Rechts mit Wirkung ab dem 1.1.2017 neu geregelt. Auf die BMF-Schreiben vom 19.4.2016, BStBl 2016 I S. 481, vom 16.12.2016, BStBl 2016 I S. 1451, und vom 14.11.2019, BStBl 2019 I S. 1140, wird hingewiesen. Zur Einstufung einer juristischen Person des privaten Rechts als sonstige Einrichtung des öffentlichen Rechts i. S. des Art. 13 MwStSystRL wird auf das BMF-Schreiben vom 18.9.2019, BStBl 2019 I S. 921, hingewiesen. Zu weiteren Anwendungsfragen zu § 2b UStG hat das BMF mit Schreiben vom 9.7.2020, BStBl 2020 I S. 643, Stellung genommen. Zur Behandlung der Konzessionsabgabe unter § 2b UStG wird auf das BMF-Schreiben vom 5.8.2020, BStBl 2020 I S. 669, hingewiesen.

verkauft und dem Abnehmer die Verfügungsmacht einräumt, umsatzsteuerrechtlich Leistender, (vgl. BFH-Urteil vom 28.1.1999, V R 4/98, BStBl II S. 628, und BFH-Beschluss vom 31.1.2002, V B 108/01, BStBl 2004 II S. 622). [6]Bei Schein- oder Strohmanngeschäften können die Leistungen jedoch auch einer anderen als der nach außen auftretenden Person (Strohmann) zuzurechnen sein. [7]Das ist jedenfalls dann der Fall, wenn das Rechtsgeschäft zwischen dem Leistungsempfänger und dem Strohmann nur zum Schein abgeschlossen worden ist und der Leistungsempfänger wusste oder davon ausgehen musste, dass der als Leistender Auftretende (Strohmann) keine eigene Verpflichtung aus dem Rechtsgeschäft eingehen und dementsprechend auch keine eigenen Leistungen versteuern wollte (BFH-Beschluss vom 31.1.2002, V B 108/01, a. a. O.). [8]Zur Frage des Vorsteuerabzugs aus Rechnungen über Strohmanngeschäfte vgl. Abschnitt 15.2a Abs. 2.

Einzelfälle

(4) [1]Schließt eine Arbeitsgemeinschaft des Baugewerbes allein die Bauverträge mit dem Auftraggeber ab, entstehen unmittelbare Rechtsbeziehungen nur zwischen dem Auftraggeber und der Arbeitsgemeinschaft, nicht aber zwischen dem Auftraggeber und den einzelnen Mitgliedern der Gemeinschaft. [2]In diesem Fall ist die Arbeitsgemeinschaft Unternehmer (vgl. BFH-Urteil vom 21.5.1971, V R 117/67, BStBl II S. 540). [3]Zur Frage des Leistungsaustauschs zwischen einer Arbeitsgemeinschaft des Baugewerbes und ihren Mitgliedern vgl. Abschnitt 1.6 Abs. 8. [4]Nach außen auftretende Rechtsanwaltsgemeinschaften können auch mit den Notariatsgeschäften ihrer Mitglieder Unternehmer sein (vgl. BFH-Urteile vom 5.9.1963, V 117/60 U, BStBl III S. 520, vom 17.12.1964, V 228/62 U, BStBl 1965 III S. 155, und vom 27.8.1970, V R 72/66, BStBl II S. 833). [5]Zur Bestimmung des Leistenden, wenn in einer Sozietät zusammengeschlossene Rechtsanwälte Testamentsvollstreckungen ausführen, vgl. BFH-Urteil vom 13.3.1987, V R 33/79, BStBl II S. 524. [6]Zur Frage, wer bei einem Sechs-Tage-Rennen Werbeleistungen an die Prämienzahler bewirkt, vgl. BFH-Urteil vom 28.11.1990, V R 31/85, BStBl 1991 II S. 381. [7]Zur Frage, wer bei der Durchführung von Gastspielen (z. B. Gastspiel eines Theaterensembles) als Veranstalter anzusehen ist, vgl. BFH-Urteil vom 11.8.1960, V 188/58 U, BStBl III S. 476. [8]Zur steuerlichen Behandlung einer aus Mietern und Grundstückseigentümern bestehenden Werbegemeinschaft vgl. Abschnitt 1.4 Abs. 5. [9]Zur steuerlichen Behandlung der Teilnahme an einem Wettbewerb zur Erzielung von Preisgeldern oder anderen Vergütungen vgl. Abschnitt 1.1 Abs. 24. [10]Zur Frage des Leistungsaustausches bei der Veranstaltung von Glücksspielen vgl. Abschnitt 1.1 Abs. 25.

Innengesellschaften

(5) [1]Innengesellschaften, die ohne eigenes Vermögen, ohne Betrieb, ohne Rechtsfähigkeit und ohne Firma bestehen, sind umsatzsteuerrechtlich unbeachtlich, weil ihnen mangels Auftretens nach außen die Unternehmereigenschaft fehlt. [2]Unternehmer sind – beim Vorliegen der sonstigen Voraussetzungen – nur die an der Innengesellschaft beteiligten Personen oder Personenzusammenschlüsse (BFH-Urteil vom 11.11.1965, V 146/63 S, BStBl 1966 III S. 28). [3]Zu den Innengesellschaften gehört auch die – typische oder atypische – stille Gesellschaft. [4]Eine besondere Art der Innengesellschaft ist die Meta-Verbindung (vgl. BFH-Urteil vom 21.12.1955, V 161/55 U, BStBl 1956 III S. 58). [5]Bei einer Gewinnpoolung sind Unternehmer nur die beteiligten Personen, die ihre Geschäfte ebenfalls nach außen in eigenem Namen betreiben, im Gegensatz zur Meta-Verbindung aber nicht in einem Leistungsaustauschverhältnis miteinander stehen (vgl. BFH-Urteil vom 12.2.1970, V R 50/66, BStBl II S. 477).

Sportveranstaltungen

(6) [1]Bei Sportveranstaltungen auf eigenem Sportplatz ist der Platzverein als Unternehmer anzusehen und mit den gesamten Einnahmen zur Umsatzsteuer heranzuziehen. [2]Der Gastverein hat die ihm aus dieser Veranstaltung zufließenden Beträge nicht zu versteuern. [3]Bei Sportveranstaltungen auf fremdem Platz hat der mit der Durchführung der Veranstaltung und insbesondere mit der Erledigung der Kassengeschäfte und der Abrechnung beauftragte Verein als Unterneh-

mer die gesamten Einnahmen der Umsatzsteuer zu unterwerfen, während der andere Verein die ihm zufließenden Beträge nicht zu versteuern hat. [4]Tritt bei einer Sportveranstaltung nicht einer der beteiligten Vereine, sondern der jeweilige Verband als Veranstalter auf, hat der veranstaltende Verband die Gesamteinnahmen aus der jeweiligen Veranstaltung zu versteuern, während die Einnahmeanteile der beteiligten Vereine nicht der Umsatzsteuer unterworfen werden.

Insolvenzverwalter, Testamentsvollstrecker

(7) …

UStAE   2.2. Selbständigkeit

Allgemeines

(1) [1]Eine selbständige Tätigkeit liegt vor, wenn sie auf eigene Rechnung und auf eigene Verantwortung ausgeübt wird. [2]Ob Selbständigkeit oder Unselbständigkeit anzunehmen ist, richtet sich grundsätzlich nach dem Innenverhältnis zum Auftraggeber. [3]Aus dem Außenverhältnis zur Kundschaft lassen sich im Allgemeinen nur Beweisanzeichen herleiten (vgl. BFH-Urteil vom 6.12.1956, V 137/55 U, BStBl 1957 III S.42). [4]Dabei kommt es nicht allein auf die vertragliche Bezeichnung, die Art der Tätigkeit oder die Form der Entlohnung an. [5]Entscheidend ist das Gesamtbild der Verhältnisse. [6]Es müssen die für und gegen die Selbständigkeit sprechenden Umstände gegeneinander abgewogen werden; die gewichtigeren Merkmale sind dann für die Gesamtbeurteilung maßgebend (vgl. BFH-Urteile vom 24.11.1961, VI 208/61 U, BStBl 1962 III S.125, und vom 30.5.1996, V R 2/95, BStBl II S.493). [7]Arbeitnehmer und damit nicht selbständig tätig kann auch sein, wer nach außen wie ein Kaufmann auftritt (vgl. BFH-Urteil vom 15.7.1987, X R 19/80, BStBl II S.746). [8]Unternehmerstellung und Beitragspflicht zur gesetzlichen Sozialversicherung schließen sich im Regelfall aus (vgl. BFH-Urteil vom 25.6.2009, V R 37/08, BStBl II S.873).

Natürliche Personen

(2) [1]Die Frage der Selbständigkeit natürlicher Personen ist für die Umsatzsteuer, Einkommensteuer und Gewerbesteuer nach denselben Grundsätzen zu beurteilen (vgl. BFH-Urteile vom 2.12.1998, X R 83/96, BStBl 1999 II S.534, und vom 11.10.2007, V R 77/05, BStBl 2008 II S.443, sowie H 19.0 (Allgemeines) LStH). [2]Dies gilt jedoch nicht, wenn Vergütungen für die Ausübung einer bei Anwendung dieser Grundsätze nicht selbständig ausgeübten Tätigkeit ertragsteuerrechtlich auf Grund der Sonderregelung des § 15 Abs.1 Satz 1 Nr. 2 EStG zu Gewinneinkünften umqualifiziert werden, sowie bei der Beurteilung der Selbständigkeit von Aufsichtsratsmitgliedern, deren Tätigkeit nach § 18 Abs.1 Nr.3 EStG als selbständig qualifiziert wird. [3]Zur Nichtselbständigkeit des Gesellschafters einer Personengesellschaft bei der Wahrnehmung von Geschäftsführungs- und Vertretungsleistungen vgl. BFH-Urteil vom 14.4.2010, XI R 14/09, BStBl 2011 II S.433.[1] [4]Geschäftsführungsleistungen eines GmbH-Geschäftsführers können als selbständig im Sinne des § 2 Abs.2 Nr. 1 UStG zu beurteilen sein. [5]Die Organstellung des GmbH-Geschäftsführers steht dem nicht entgegen (BFH-Urteil vom 10.3.2005, V R 29/03, BStBl II S.730). [6]Auch ein Mitglied eines Vereinsvorstands kann im Rahmen seiner Geschäftsführungstätigkeit gegenüber dem Verein selbständig tätig werden (vgl. BFH-Urteil vom 14.5.2008, XI R 70/07, BStBl II S.912).

Anm. d. Schriftl.:

1 Mit Urteil vom 14.4.2010, BStBl 2011 II S.433, hat der BFH entschieden, dass die Tätigkeit eines geschäftsführenden Komplementärs einer Kommanditgesellschaft umsatzsteuerrechtlich nicht selbständig ausgeübt werden kann. Zu den Auswirkungen dieses Urteils nimmt das BMF mit Schreiben vom 2.5.2011, BStBl 2011 I S.490, Stellung.

Beispiel 1:

[1]Der Aktionär einer AG erhält von dieser eine Tätigkeitsvergütung für seine Geschäftsführungsleistung gegenüber der AG. [2]Zwischen den Parteien ist ein Arbeitsvertrag geschlossen, der u. a. Urlaubsanspruch, feste Arbeitszeiten, Lohnfortzahlung im Krankheitsfall und Weisungsgebundenheit regelt und bei Anwendung der für das Ertrag- und Umsatzsteuerrecht einheitlichen Abgrenzungskriterien zu Einkünften aus nichtselbständiger Arbeit führt. [3]Der Aktionär ist auch umsatzsteuerrechtlich nicht selbständig tätig.

Beispiel 2:

[1]Der Kommanditist einer KG erhält von dieser eine Tätigkeitsvergütung für seine Geschäftsführungsleistung gegenüber der KG. [2]Zwischen den Parteien ist ein Arbeitsvertrag geschlossen, der u. a. Urlaubsanspruch, feste Arbeitszeiten, Lohnfortzahlung im Krankheitsfall und Weisungsgebundenheit regelt und bei Anwendung der für das Ertrag- und Umsatzsteuerrecht einheitlichen Abgrenzungskriterien zu Einkünften aus nichtselbständiger Arbeit führen würde.

[3]Einkommensteuerrechtlich erzielt der Kommanditist aus der Tätigkeit Einkünfte aus Gewerbebetrieb nach § 15 Abs. 1 Satz 1 Nr. 2 EStG; umsatzsteuerrechtlich ist er dagegen nicht selbständig tätig.

Beispiel 3:

[1]Ein bei einer Komplementär-GmbH angestellter Geschäftsführer, der gleichzeitig Kommanditist der GmbH & Co. KG ist, erbringt Geschäftsführungs- und Vertretungsleistungen gegenüber der GmbH.

[2]Aus ertragsteuerrechtlicher Sicht wird unterstellt, dass die Tätigkeit selbständig ausgeübt wird; die Vergütung für die Geschäftsführungs- und Vertretungsleistung gegenüber der Komplementär-GmbH gehört zu den Einkünften als (selbständiger) Mitunternehmer der KG und wird zu gewerblichen Einkünften im Sinne des § 15 Abs. 1 Satz 1 Nr. 2 EStG umqualifiziert. [3]In umsatzsteuerrechtlicher Hinsicht ist die Frage der Selbständigkeit jedoch weiterhin unter Anwendung der allgemeinen Grundsätze zu klären.

(3) [1]Fahrlehrer, denen keine Fahrschulerlaubnis erteilt ist, können im Verhältnis zu dem Inhaber der Fahrschule selbständig sein (vgl. BFH-Urteil vom 17. 10. 1996, V R 63/94, BStBl 1997 II S. 188). [2]Ein Rundfunksprecher, der einer Rundfunkanstalt auf Dauer zur Verfügung steht, kann auch dann nicht als Unternehmer beurteilt werden, wenn er von der Rundfunkanstalt für jeden Einzelfall seiner Mitwirkung durch besonderen Vertrag verpflichtet wird (BFH-Urteil vom 14. 10. 1976, V R 137/73, BStBl 1977 II S. 50). [3]Wegen der Behandlung der Versicherungsvertreter, Hausgewerbetreibenden und Heimarbeiter vgl. R 15.1 Abs. 1 und 2 EStR. [4]Eine natürliche Person ist mit ihrer Tätigkeit im Rahmen eines Arbeitnehmer-Überlassungsvertrages Arbeitnehmer und nicht Unternehmer im Rahmen eines Werk- oder Dienstvertrages (vgl. BFH-Urteil vom 20. 4. 1988, X R 40/81, BStBl II S. 804). [5]Ein Rechtsanwalt, der für eine Rechtsanwaltskanzlei als Insolvenzverwalter tätig wird, ist insoweit nicht als Unternehmer zu beurteilen. [6]Dies gilt sowohl für einen angestellten als auch für einen an der Kanzlei als Gesellschafter beteiligten Rechtsanwalt, selbst wenn dieser ausschließlich als Insolvenzverwalter tätig ist und im eigenen Namen handelt.

(3a) [1]Trägt das Mitglied eines Aufsichtsrats aufgrund einer nicht variablen Festvergütung kein Vergütungsrisiko, ist es nicht selbständig tätig. [2]Die Vergütung kann sowohl in Geldzahlungen als auch in Sachzuwendungen bestehen. [3]Eine Festvergütung im Sinne des Satzes 1 liegt insbesondere im Fall einer pauschalen Aufwandsentschädigung vor, die für die Dauer der Mitgliedschaft im Aufsichtsrat gezahlt wird. [4]Sitzungsgelder, die das Mitglied des Aufsichtsrats nur erhält, wenn es tatsächlich an der Sitzung teilnimmt, sowie nach dem tatsächlichen Aufwand bemessene Aufwandsentschädigungen sind keine Festvergütung im Sinne des Satzes 1. [5]Besteht die Vergütung des Aufsichtsratsmitglieds sowohl aus festen als auch variablen Bestandteilen, ist es grundsätzlich selbständig tätig, wenn die variablen Bestandteile im Geschäftsjahr der Gesellschaft mindestens 10 % der gesamten Vergütung, einschließlich erhaltener Aufwandsentschädigungen, betragen. [6]Reisekostenerstattungen sind keine Vergütungsbestandteile und demzufolge bei der Ermittlung der 10 %-Grenze nicht zu berücksichtigen. [7]Bei der Prüfung, ob

UStAE

die variablen Bestandteile im Geschäftsjahr der Gesellschaft mindestens 10 % der gesamten Vergütung, einschließlich erhaltener Aufwandsentschädigungen betragen, sind nur die Vergütungsbestandteile zu berücksichtigen, die für Leistungen gezahlt werden, die in dem betreffenden Geschäftsjahr der Gesellschaft ausgeführt werden. [8]Maßgeblicher Leistungszeitpunkt für die allgemeine Tätigkeit des Aufsichtsratsmitglieds ist der Ablauf des Geschäftsjahrs der Gesellschaft. [9]Erhält ein Aufsichtsratsmitglied für die tatsächliche Teilnahme an einer Aufsichtsratssitzung Auslagenersatz und Sitzungsgeld, ist der maßgebliche Leistungszeitpunkt der Tag der Aufsichtsratssitzung. [10]In die Prüfung der 10 %-Grenze sind als variable Vergütungsbestandteile die Sitzungsgelder im Sinne des Satzes 4 aller geplanten Sitzungen eines Geschäftsjahrs der Gesellschaft, unabhängig von der tatsächlichen Teilnahme des Aufsichtsratsmitglieds, mit einzubeziehen. [11]Maßgeblicher Zeitpunkt für die Prüfung der 10 %-Grenze ist der Beginn des Geschäftsjahrs der Gesellschaft; nachträgliche Änderungen bleiben unberücksichtigt. [12]Die Sätze 1 bis 11 sind für jedes Mandat eines Aufsichtsrates separat zu prüfen. [13]Ausnahmen von der Festlegung in Satz 5 sind in begründeten Fällen möglich. [14]Das Mitglied eines Aufsichtsrats trägt nicht schon deshalb ein Vergütungsrisiko, weil seine Vergütung nachträglich für mehrere Jahre ausgezahlt wird. [15]Trägt das Mitglied des Aufsichtsrats kein Vergütungsrisiko, ist es nicht deshalb selbständig tätig, weil es unter den Voraussetzungen des § 116 AktG für pflichtwidriges Verhalten haftet. [16]Bei Beamten und anderen Bediensteten einer Gebietskörperschaft, die die Tätigkeit als Aufsichtsratsmitglied auf Verlangen, Vorschlag oder Veranlassung ihres Arbeitgebers oder Dienstherren übernommen haben und nach beamten- oder dienstrechtlichen Vorschriften verpflichtet sind, die Vergütung bis auf einen festgelegten Betrag an den Arbeitgeber bzw. Dienstherren abzuführen, ist es bei einem bestehenden Vergütungsrisiko nicht zu beanstanden, wenn diese allein auf Grund dieser Tätigkeit ebenfalls als nicht selbständig tätig behandelt werden. [17]Für Mitglieder der Bundes- oder einer Landesregierung gilt Satz 16 entsprechend, soweit sie in Zusammenhang mit ihrer Zugehörigkeit zur Regierung einem Aufsichtsrat angehören und einer zumindest teilweisen öffentlich-rechtlichen Abführungspflicht unterliegen. [18]Die Sätze 1 bis 17 gelten auch für Mitglieder von Ausschüssen, die der Aufsichtsrat nach § 107 Abs. 3 AktG bestellt hat und für Mitglieder von anderen Gremien, die nicht der Ausübung, sondern der Kontrolle der Geschäftsführung einer juristischen Person oder Personenvereinigung dienen.

(4) [1]Natürliche Personen können zum Teil selbständig, zum Teil unselbständig sein. [2]In Krankenhäusern angestellte Ärzte sind nur insoweit selbständig tätig, als ihnen für die Behandlung von Patienten ein von dem Krankenhaus unabhängiges Liquidationsrecht zusteht (vgl. BFH-Urteil vom 5. 10. 2005, VI R 152/01, BStBl 2006 II S. 94). [3]Auch die Tätigkeit der Honorarprofessoren ohne Lehrauftrag wird selbständig ausgeübt. [4]Ein Arbeitnehmer kann mit der Vermietung seines Pkw an den Arbeitgeber selbständig tätig werden (vgl. BFH-Urteil vom 11. 10. 2007, V R 77/05, BStBl 2008 II S. 443). [5]Zur Frage, ob eine Neben- und Aushilfstätigkeit selbständig oder unselbständig ausgeübt wird, vgl. H 19.2 LStH.

Personengesellschaften

(5) [1]Eine Personengesellschaft ist selbständig, wenn sie nicht ausnahmsweise nach § 2 Abs. 2 UStG in das Unternehmen eines Organträgers eingegliedert ist (vgl. Abschnitt 2.8 Abs. 2 Satz 5). [2]Nicht rechtsfähige Personenvereinigungen können als kollektive Zusammenschlüsse von Arbeitnehmern zwecks Anbietung der Arbeitskraft gegenüber einem gemeinsamen Arbeitgeber unselbständig sein (vgl. BFH-Urteil vom 8. 2. 1979, V R 101/78, BStBl II S. 362).

Juristische Personen

(6) [1]Eine Kapitalgesellschaft ist stets selbständig, wenn sie nicht nach § 2 Abs. 2 UStG in das Unternehmen eines Organträgers eingegliedert ist; dies gilt insbesondere hinsichtlich ihrer gegen Entgelt ausgeübten Geschäftsführungs- und Vertretungsleistungen gegenüber einer Personengesellschaft (BFH-Urteil vom 6. 6. 2002, V R 43/01, BStBl 2003 II S. 36). [2]Auch das Weisungsrecht der Gesellschafterversammlung gegenüber der juristischen Person als Geschäftsführerin führt nicht zur Unselbständigkeit. [3]Ist eine KG mehrheitlich an ihrer Komplementär-GmbH beteiligt,

kann die Komplementär-GmbH ihre Tätigkeit jedoch nicht selbständig ausüben, vgl. Abschnitt 2.8 Abs. 2 Satz 8.

Beispiel 1:

[1]Die Komplementär-GmbH erbringt Geschäftsführungs- und Vertretungsleistungen gegen Sonderentgelt an die KG. [2]Der Kommanditist dieser KG ist gleichzeitig Geschäftsführer der Komplementär-GmbH.

[3]Die Komplementär-GmbH ist mit ihren Geschäftsführungs- und Vertretungsleistungen selbständig tätig. [4]Diese werden von der Komplementär-GmbH an die KG im Rahmen eines umsatzsteuerbaren Leistungsaustausches erbracht, auch wenn z. B. die Vergütung unmittelbar an den Geschäftsführer der Komplementär-GmbH gezahlt wird.

Beispiel 2:

[1]Die Komplementär-GmbH einer GmbH & Co. KG erbringt Geschäftsführungs- und Vertretungsleistungen gegen Sonderentgelt an die KG, die gleichzeitig Alleingesellschafterin ihrer Komplementär-GmbH ist, wodurch die Mehrheit der Stimmrechte in der Gesellschafterversammlung der Komplementär-GmbH gewährleistet ist. [2]Die Komplementär-GmbH ist finanziell in das Unternehmen der KG eingegliedert.

[3]Bei Vorliegen der übrigen Eingliederungsvoraussetzungen übt sie ihre Geschäftsführungs- und Vertretungsleistungen gegenüber der KG nicht selbständig (§ 2 Abs. 2 Nr. 2 UStG) aus.

(7)...

UStAE   2.3.   Gewerbliche oder berufliche Tätigkeit

(1) [1]Der Begriff der gewerblichen oder beruflichen Tätigkeit im Sinne des UStG geht über den Begriff des Gewerbebetriebes nach dem EStG und dem GewStG hinaus (vgl. BFH-Urteil vom 5. 9. 1963, V 117/60 U, BStBl III S. 520). [2]Eine gewerbliche oder berufliche Tätigkeit setzt voraus, dass Leistungen im wirtschaftlichen Sinn ausgeführt werden. [3]Betätigungen, die sich nur als Leistungen im Rechtssinn, nicht aber zugleich auch als Leistungen im wirtschaftlichen Sinne darstellen, werden von der Umsatzsteuer nicht erfasst. [4]Leistungen, bei denen ein über die reine Entgeltentrichtung hinausgehendes eigenes wirtschaftliches Interesse des Entrichtenden nicht verfolgt wird, sind zwar Leistungen im Rechtssinn, aber keine Leistungen im wirtschaftlichen Sinn (vgl. BFH-Urteil vom 31. 7. 1969, V 94/65, BStBl II S. 637). [5]Die Unterhaltung von Giro-, Bauspar- und Sparkonten sowie das Eigentum an Wertpapieren begründen für sich allein noch nicht die Unternehmereigenschaft einer natürlichen Person (vgl. BFH-Urteile vom 1. 2. 1973, V R 2/70, BStBl II S. 172, und vom 11. 10. 1973, V R 14/73, BStBl 1974 II S. 47).

(1a) [1]Von der gewerblichen oder beruflichen Tätigkeit sind die nichtunternehmerischen Tätigkeiten zu unterscheiden. [2]Diese Tätigkeiten umfassen die nichtwirtschaftlichen Tätigkeiten i. e. S. und die unternehmensfremden Tätigkeiten. [3]Als unternehmensfremde Tätigkeiten gelten Entnahmen für den privaten Bedarf des Unternehmers als natürliche Person, für den privaten Bedarf seines Personals oder für private Zwecke des Gesellschafters (vgl. BFH-Urteile vom 3. 3. 2011, V R 23/10, BStBl 2012 II S. 74 und vom 12. 1. 2011, XI 9/08, BStBl 2012 II S. 58). [4]Nichtwirtschaftliche Tätigkeiten i. e. S. sind alle nichtunternehmerischen Tätigkeiten, die nicht unternehmensfremd (privat) sind, z. B.:

– unentgeltliche Tätigkeiten eines Vereins, die aus ideellen Vereinszwecken verfolgt werden (vgl. BFH-Urteil vom 6. 5. 2010, V R 29/09, BStBl II S. 885),

– hoheitliche Tätigkeiten juristischer Personen des öffentlichen Rechts (vgl. BFH-Urteil vom 3. 3. 2011, V R 23/10, BStBl 2012 II S. 74),

– bloßes Erwerben, Halten und Veräußern von gesellschaftsrechtlichen Beteiligungen (vgl. Abs. 2 bis 4),

– Leerstand eines Gebäudes verbunden mit dauerhafter Nichtnutzung (vgl. BFH-Urteil vom 19. 7. 2011, XI R 29/09, BStBl 2012 II S. 430; vgl. Abschnitt 15.2c Abs. 8 Beispiel 1).

Gesellschaftsrechtliche Beteiligungen

(2) [1]Das bloße Erwerben, Halten und Veräußern von gesellschaftsrechtlichen Beteiligungen ist keine unternehmerische Tätigkeit (vgl. EuGH-Urteile vom 14.11.2000, C-142/99, Floridienne und Berginvest, vom 27.9.2001, C-16/00, Cibo Participations und vom 29.4.2004, C-77/01, EDM). [2]Wer sich an einer Personen- oder Kapitalgesellschaft beteiligt, übt zwar eine „Tätigkeit zur Erzielung von Einnahmen" aus. [3]Gleichwohl ist er im Regelfall nicht Unternehmer im Sinne des UStG, weil Dividenden und andere Gewinnbeteiligungen aus Gesellschaftsverhältnissen nicht als umsatzsteuerrechtliches Entgelt im Rahmen eines Leistungsaustauschs anzusehen sind (vgl. EuGH-Urteil vom 21.10.2004, C-8/03, BBL). [4]Soweit daneben eine weitergehende Geschäftstätigkeit ausgeübt wird, die für sich die Unternehmereigenschaft begründet, ist diese vom nichtunternehmerischen Bereich zu trennen. [5]Unternehmer, die neben ihrer unternehmerischen Betätigung auch Beteiligungen an anderen Gesellschaften halten, können diese Beteiligungen grundsätzlich nicht dem Unternehmen zuordnen. [6]Bei diesen Unternehmern ist deshalb eine Trennung des unternehmerischen Bereichs vom nichtunternehmerischen Bereich geboten. [7]Dieser Grundsatz gilt für alle Unternehmer gleich welcher Rechtsform (vgl. BFH-Urteil vom 20.12.1984, V R 25/76, BStBl II 1985 S. 176).

(3) [1]Auch Erwerbsgesellschaften können gesellschaftsrechtliche Beteiligungen im nichtunternehmerischen Bereich halten. [2]Dies bedeutet, dass eine Holding, deren Zweck sich auf das Halten und Verwalten gesellschaftsrechtlicher Beteiligungen beschränkt und die keine Leistungen gegen Entgelt erbringt (sog. Finanzholding), nicht Unternehmer im Sinne des § 2 UStG ist. [3]Demgegenüber ist eine Holding, die im Sinne einer einheitlichen Leitung aktiv in das laufende Tagesgeschäft ihrer Tochtergesellschaften eingreift (sog. Führungs- oder Funktionsholding), unternehmerisch tätig. [4]Wird eine Holding nur gegenüber einigen Tochtergesellschaften geschäftsleitend tätig, während sie Beteiligungen an anderen Tochtergesellschaften lediglich hält und verwaltet (sog. gemischte Holding), hat sie sowohl einen unternehmerischen als auch einen nichtunternehmerischen Bereich. [5]Das Erwerben, Halten und Veräußern einer gesellschaftsrechtlichen Beteiligung stellt nur dann eine unternehmerische Tätigkeit dar (vgl. EuGH-Urteil vom 6.2.1997, C-80/95, Harnas & Helm),

1. soweit Beteiligungen im Sinne eines gewerblichen Wertpapierhandels gewerbsmäßig erworben und veräußert werden und dadurch eine nachhaltige, auf Einnahmeerzielungsabsicht gerichtete Tätigkeit entfaltet wird (vgl. BFH-Urteil vom 15.1.1987, V R 3/77, BStBl II S. 512 und EuGH-Urteil vom 29.4.2004, C-77/01, EDM) oder

2. wenn die Beteiligung nicht um ihrer selbst willen (bloßer Wille, Dividenden zu erhalten) gehalten wird, sondern der Förderung einer bestehenden oder beabsichtigten unternehmerischen Tätigkeit (z. B. Sicherung günstiger Einkaufskonditionen, Verschaffung von Einfluss bei potenziellen Konkurrenten, Sicherung günstiger Absatzkonditionen) dient (vgl. EuGH-Urteil vom 11.7.1996, C-306/94, Régie dauphinoise), oder

3. [1]wenn, abgesehen von der Ausübung der Rechte als Gesellschafter oder Aktionär, unmittelbar in die Verwaltung der Gesellschaften, an denen die Beteiligung besteht, eingegriffen wird (vgl. EuGH-Urteil vom 20.6.1991, C-60/90, Polysar Investments Netherlands). [2]Die Eingriffe müssen dabei zwingend durch unternehmerische Leistungen im Sinne der § 1 Abs. 1 Nr. 1 und § 2 Abs. 1 UStG erfolgen. [3]Hierbei kann es sich z. B. um administrative, finanzielle, kaufmännische oder technische Dienstleistungen an die jeweilige Beteiligungsgesellschaft handeln (vgl. EuGH-Urteile vom 27.9.2001, C-16/00, Cibo Participations, vom 12.7.2001, C-102/00, Welthgrove, und vom 16.7.2015, C-108/14, Larentia + Minerva, und C-109/14, Marenave, BStBl 2017 II S. 604).

(4) [1]Das Innehaben einer gesellschaftsrechtlichen Beteiligung fällt, abgesehen von den Fällen des gewerblichen Wertpapierhandels, nur dann in den Rahmen des Unternehmens, wenn die gesellschaftsrechtliche Beteiligung im Zusammenhang mit einer unternehmerischen Tätigkeit erworben, gehalten und veräußert wird. [2]Dabei reicht jedoch nicht jeder beliebige Zusammenhang zwischen dem Erwerb und Halten der gesellschaftsrechtlichen Beteiligung und der unternehmerischen Tätigkeit aus. [3]Vielmehr muss zwischen der gesellschaftsrechtlichen Beteiligung

und der unternehmerischen Tätigkeit ein erkennbarer und objektiver wirtschaftlicher Zusammenhang bestehen (vgl. Abschnitt 15.2b Abs. 3). [4]Das ist der Fall, wenn die Aufwendungen für die gesellschaftsrechtliche Beteiligung zu den Kostenelementen der steuerbaren Ausgangsumsätze gehören (vgl. EuGH-Urteile vom 26. 5. 2005, C-465/03, Kretztechnik, und vom 16. 7. 2015, C-108/14, Larentia + Minerva, und C-109/14, Marenave, BStBl 2017 II S. 604, sowie BFH-Urteile vom 10. 4. 1997, V R 26/96, BStBl II S. 552, und vom 6. 4. 2016, V R 6/14, BStBl 2017 II S. 577). [5]Finanzinvestoren, die (sanierungsreife) Gesellschaften erwerben, um sie nach erfolgter Sanierung gewinnbringend zu veräußern, sind insoweit Unternehmer. [6]Der Erwerb und das Halten der gesellschaftsrechtlichen Beteiligung sind unabdingbare Voraussetzungen für die Ausübung der unternehmerischen Tätigkeit. [7]Die gesellschaftsrechtliche Beteiligung wird daher im unternehmerischen Bereich des Finanzinvestors gehalten. [8]Zum Vorsteuerabzug beim Halten und Veräußern von gesellschaftsrechtlichen Beteiligungen siehe Abschnitt 15.22.

Nachhaltigkeit[1][2]

(5) [1]Die gewerbliche oder berufliche Tätigkeit wird nachhaltig ausgeübt, wenn sie auf Dauer zur Erzielung von Entgelten angelegt ist (vgl. BFH-Urteile vom 30. 7. 1986, V R 41/76, BStBl II S. 874, und vom 18. 7. 1991, V R 86/87, BStBl II S. 776). [2]Ob dies der Fall ist, richtet sich nach dem Gesamtbild der Verhältnisse im Einzelfall. [3]Die für und gegen die Nachhaltigkeit sprechenden Merkmale müssen gegeneinander abgewogen werden. [4]Als Kriterien für die Nachhaltigkeit einer Tätigkeit kommen nach dem BFH-Urteil vom 18. 7. 1991, V R 86/87, a. a. O., insbesondere in Betracht:

– mehrjährige Tätigkeit;

– planmäßiges Handeln;

– auf Wiederholung angelegte Tätigkeit;

– die Ausführung mehr als nur eines Umsatzes;

– Vornahme mehrerer gleichartiger Handlungen unter Ausnutzung derselben Gelegenheit oder desselben dauernden Verhältnisses;

– langfristige Duldung eines Eingriffs in den eigenen Rechtskreis;

– Intensität des Tätigwerdens;

– Beteiligung am Markt;

– Auftreten wie ein Händler;

– Unterhalten eines Geschäftslokals;

– Auftreten nach außen, z. B. gegenüber Behörden.

(6) [1]Nachhaltig ist in der Regel:

– eine Verwaltungs- oder eine Auseinandersetzungs-Testamentsvollstreckung, die sich über mehrere Jahre erstreckt, auch wenn sie aus privatem Anlass vorgenommen wird (vgl. BFH-Urteile vom 7. 8. 1975, V R 43/71, BStBl 1976 II S. 57, vom 26. 9. 1991, V R 1/87, vom 30. 5. 1996, V R 26/93, und vom 7. 9. 2006, V R 6/05, BStBl 2007 II S. 148);

– die einmalige Bestellung eines Nießbrauchs an seinem Grundstück – Duldungsleistung – (vgl. BFH-Urteil vom 16. 12. 1971, V R 41/68, BStBl 1972 II S. 238);

Anm. d. Schriftl.:

1 Zur Unternehmereigenschaft beim Verkauf von Gegenständen über „ebay" hat der BFH im Urteil vom 26. 4. 2012, BStBl 2012 II S. 634, Stellung genommen.

2 Wer planmäßig, wiederholt und mit erheblichem Organisationsaufwand mindestens 140 fremde Pelzmäntel über eine elektronische Handelsplattform (z. B. „eBay") in eigenem Namen verkauft, wird damit unternehmerisch (wirtschaftlich) tätig (BFH-Urteil vom 12. 8. 2015, BStBl 2015 II S.919).

- die Vermietung allein eines Gegenstands durch den Gesellschafter einer Gesellschaft des bürgerlichen Rechts an die Gesellschaft (vgl. BFH-Urteil vom 7.11.1991, V R 116/86, BStBl 1992 II S. 269);

- der An- und Verkauf mehrerer neuer Kfz, auch wenn es sich um „private Gefälligkeiten" gehandelt habe (vgl. BFH-Urteil vom 7.9.1995, V R 25/94, BStBl 1996 II S. 109);

- die entgeltliche Unterlassung von Wettbewerb über einen längeren Zeitraum von z. B. fünf Jahren, wobei die vereinbarte Vergütung bereits ein Indiz für das wirtschaftliche Gewicht der Tätigkeit darstellt (vgl. BFH-Urteil vom 13.11.2003, V R 59/02, BStBl 2004 II S. 472); nicht erforderlich ist ein enger Zusammenhang mit einer anderen Tätigkeit des Steuerpflichtigen oder die Absicht, in weiteren Fällen gegen Vergütung ein Wettbewerbsverbot einzugehen;

- der nicht nur vorübergehende, sondern auf Dauer angelegte Verkauf einer Vielzahl von Gegenständen über eine Internet-Plattform; die Beurteilung der Nachhaltigkeit hängt nicht von einer bereits beim Einkauf vorhandenen Wiederverkaufsabsicht ab (vgl. BFH-Urteil vom 26.4.2012, V R 2/11, BStBl II S. 634);

- der planmäßige, wiederholte und mit erheblichem Organisationsaufwand verbundene Verkauf einer Vielzahl fremder Gebrauchsgegenstände über eine elektronische Handelsplattform; dieser Einstufung steht nicht entgegen, dass die Tätigkeit nur für kurze Dauer und ohne Gewinn ausgeübt wird und ein Wareneinkauf nicht festgestellt werden kann (vgl. BFH-Urteil vom 12.8.2015, XI R 43/13, BStBl II S. 919).

[2]Nicht nachhaltig als Unternehmer wird dagegen tätig:

- ein Angehöriger einer Automobilfabrik, der von dieser unter Inanspruchnahme des Werksangehörigenrabatts fabrikneue Automobile erwirbt und diese nach einer Behaltefrist von mehr als einem Jahr wieder verkauft (vgl. BFH-Urteil vom 18.7.1991, V R 86/87, BStBl II S. 776);

- ein Briefmarken- oder Münzsammler, der aus privaten Neigungen sammelt, soweit er Einzelstücke veräußert (wegtauscht), die Sammlung teilweise umschichtet oder die Sammlung ganz oder teilweise veräußert (vgl. BFH-Urteile vom 29.6.1987, X R 23/82, BStBl II S. 744, und vom 16.7.1987, X R 48/82, BStBl II S. 752) und

- wer ein Einzelunternehmen zu dem Zweck erwirbt, es unmittelbar in eine Personengesellschaft einzubringen, begründet keine unternehmerische Betätigung, weil damit regelmäßig keine auf gewisse Dauer angelegte geschäftliche Tätigkeit entfaltet wird (vgl. BFH-Urteil vom 15.1.1987, V R 3/77, BStBl II S. 512).

(7) [1]Bei der Vermietung von Gegenständen, die ihrer Art nach sowohl für unternehmerische als auch für nichtunternehmerische Zwecke verwendet werden können (z. B. sog. Freizeitgegenstände), sind alle Umstände ihrer Nutzung zu prüfen, um festzustellen, ob sie tatsächlich zur nachhaltigen Erzielung von Einnahmen verwendet werden (vgl. EuGH-Urteil vom 26.9.1996, C-230/94, Enkler). [2]Die nur gelegentliche Vermietung eines derartigen, im Übrigen privat genutzten Gegenstands (z. B. Wohnmobil, Segelboot) durch den Eigentümer ist keine unternehmerische Tätigkeit. [3]Bei der Beurteilung, ob zur nachhaltigen Erzielung von Einnahmen vermietet wird, kann ins Gewicht fallen, dass

- nur ein einziger, seiner Art nach für die Freizeitgestaltung geeigneter Gegenstand angeschafft wurde;

- dieser überwiegend für private eigene Zwecke oder für nichtunternehmerische Zwecke des Ehegatten genutzt worden ist;

- der Gegenstand nur mit Verlusten eingesetzt und weitestgehend von dem Ehegatten finanziert und unterhalten wurde;

- er nur für die Zeit der tatsächlichen Vermietung versichert worden war und

– weder ein Büro noch besondere Einrichtungen (z. B. zur Unterbringung und Pflege des Gegenstands) vorhanden waren

(vgl. BFH-Urteil vom 12. 12. 1996, V R 23/93, BStBl 1997 II S. 368).

Tätigkeit zur Erzielung von Einnahmen

(8) [1]Die Tätigkeit muss auf die Erzielung von Einnahmen gerichtet sein. [2]Die Absicht, Gewinn zu erzielen, ist nicht erforderlich. [3]Eine Tätigkeit zur Erzielung von Einnahmen liegt vor, wenn diese im Rahmen eines Leistungsaustauschs ausgeübt wird. [4]Die Unternehmereigenschaft setzt grundsätzlich voraus, dass Lieferungen oder sonstige Leistungen gegen Entgelt bewirkt werden. [5]Bei einem vorübergehenden Verzicht auf Einnahmen kann in der Regel nicht bereits eine unentgeltliche nichtunternehmerische Tätigkeit angenommen werden (vgl. BFH-Urteil vom 7. 7. 2005, V R 78/03, BStBl II S. 849). [6]Zur Unternehmereigenschaft bei Vorbereitungshandlungen für eine beabsichtigte unternehmerische Tätigkeit, die nicht zu Umsätzen führt, vgl. Abschnitt 2.6 Abs. 1 bis 4.

(9) [1]Die entgeltliche Tätigkeit eines Kommanditisten als Mitglied eines Beirats, dem vor allem Zustimmungs- und Kontrollrechte übertragen sind, ist als unternehmerisch zu beurteilen (vgl. BFH-Urteil vom 24. 8. 1994, XI R 74/93, BStBl 1995 II S. 150). [2]Dies gilt auch für die Tätigkeit einer GmbH als Liquidator einer GmbH & Co. KG, deren Geschäfte sie als alleiniger persönlich haftender Gesellschafter geführt hatte, wenn hierfür ein Sonderentgelt vereinbart wurde (vgl. BFH-Urteil vom 8. 11. 1995, V R 8/94, BStBl 1996 II S. 176).

UStAE

UStAE   2.4. Forderungskauf und Forderungseinzug

(1) [1]Infolge des Urteils des EuGH vom 26. 6. 2003, C-305/01, MKG-Kraftfahrzeuge-Factoring, BStBl 2004 II S. 688, ist der Forderungskauf, bei dem der Forderungseinzug durch den Forderungskäufer in eigenem Namen und für eigene Rechnung erfolgt, wie folgt zu beurteilen: [2]Im Falle des echten Factoring liegt eine unternehmerische Tätigkeit des Forderungskäufers (Factor) vor, wenn seine Dienstleistung im Wesentlichen darin besteht, dass der Forderungsverkäufer (Anschlusskunde) von der Einziehung der Forderung und dem Risiko ihrer Nichterfüllung entlastet wird (vgl. Randnr. 49 und 52 des EuGH-Urteils vom 26. 6. 2003, C-305/01, a. a. O.). [3]Im Falle des unechten Factoring (der Anschlusskunde wird auf Grund eines dem Factor zustehenden Rückgriffsrechts bei Ausfall der Forderung nicht vom Ausfallrisiko der abgetretenen Forderung entlastet) gilt das Gleiche, wenn der Factor den Forderungseinzug übernimmt (vgl. Randnr. 52 und 54 des EuGH-Urteils vom 26. 6. 2003, C-305/01, a. a. O.). [4]Zur Übertragung zahlungsgestörter Forderungen mit Übernahme des Ausfallrisikos durch den Erwerber vgl. jedoch Absatz 8.

(2) [1]Im Falle des Forderungskaufs ohne Übernahme des tatsächlichen Forderungseinzugs durch den Forderungskäufer (Forderungseinzug durch den Forderungsverkäufer in eigenem Namen und für fremde Rechnung) übt der Forderungskäufer unabhängig davon, ob ihm ein Rückgriffsrecht gegen den Forderungsverkäufer zusteht oder nicht, zwar unter den weiteren Voraussetzungen des § 2 Abs. 1 UStG eine unternehmerische Tätigkeit aus; diese ist jedoch keine Factoringleistung im Sinne des o. g. EuGH-Urteils. [2]Dies gilt insbesondere für die Abtretung von Forderungen in den Fällen der stillen Zession, z. B. zur Sicherung im Zusammenhang mit einer Kreditgewährung, oder für den entsprechend gestalteten Erwerb von Forderungen „a forfait", z. B. bei Transaktionen im Rahmen sog. „Asset-Backed-Securities (ABS)"-Modelle. [3]Der Einzug einer Forderung durch einen Dritten in fremdem Namen und für fremde Rechnung (Inkasso) fällt ebenfalls nicht unter den Anwendungsbereich des EuGH-Urteils vom 26. 6. 2003, C-305/01, MKG-Kraftfahrzeuge-Factoring, BStBl 2004 II S. 688; es liegt gleichwohl eine unternehmerische Tätigkeit vor.

Forderungsverkäufer

(3) [1]Beim Forderungskauf mit Übernahme des tatsächlichen Einzugs und ggf. des Ausfallrisikos durch den Forderungskäufer (Absatz 1 Sätze 2 und 3) erbringt der Forderungsverkäufer (Anschlusskunde) mit der Abtretung seiner Forderung keine Leistung an den Factor (BFH-Urteil vom 4. 9. 2003, V R 34/99, BStBl 2004 II S. 667). [2]Vielmehr ist der Anschlusskunde Empfänger einer Leistung des Factors. [3]Die Abtretung seiner Forderung vollzieht sich im Rahmen einer nicht steuerbaren Leistungsbeistellung. [4]Dies gilt nicht in den Fällen des Forderungskaufs ohne Übernahme des tatsächlichen Einzugs der Forderung durch den Forderungskäufer (Absatz 2 Sätze 1 und 2). [5]Die Abtretung einer solchen Forderung stellt einen nach § 4 Nr. 8 Buchstabe c UStG steuerfreien Umsatz im Geschäft mit Forderungen dar. [6]Mit dem Einzug der abgetretenen Forderung (Servicing) erbringt der Forderungsverkäufer dann keine weitere Leistung an den Forderungskäufer, wenn er auf Grund eines eigenen, vorbehaltenen Rechts mit dem Einzug der Forderung im eigenen Interesse tätig wird. [7]Beruht seine Tätigkeit dagegen auf einer gesonderten Vereinbarung, ist sie regelmäßig als Nebenleistung zu dem nach § 4 Nr. 8 Buchstabe c UStG steuerfreien Umsatz im Geschäft mit Forderungen anzusehen.

Forderungskäufer

(4) [1]Der wirtschaftliche Gehalt der Leistung des Factors (Absatz 1 Sätze 2 und 3, Absatz 3 Sätze 1 bis 3) besteht im Wesentlichen im Einzug von Forderungen. [2]Die Factoringleistung fällt in den Katalog der Leistungsbeschreibungen des § 3a Abs. 4 Satz 2 Nr. 6 Buchstabe a UStG (vgl. Abschnitt 3a.9 Abs. 17). [3]Die Leistung ist von der Steuerbefreiung nach § 4 Nr. 8 Buchstabe c UStG ausgenommen und damit grundsätzlich steuerpflichtig. [4]Eine ggf. mit der Factoringleistung einhergehende Kreditgewährung des Factors an den Anschlusskunde ist regelmäßig von untergeordneter Bedeutung und teilt daher als unselbständige Nebenleistung das Schicksal der Hauptleistung (vgl. BFH-Urteil vom 15. 5. 2012, XI R 28/10, BStBl 2015 II S. 966). [5]Abweichend davon kann die Kreditgewährung jedoch dann als eigenständige Hauptleistung zu beurteilen sein, wenn sie eine eigene wirtschaftliche Bedeutung hat. [6]Hiervon ist insbesondere auszugehen, wenn die Forderung in mehreren Raten oder insgesamt nicht vor Ablauf eines Jahres nach der Übertragung fällig ist oder die Voraussetzungen des Abschnitts 3.11 Abs. 1 erfüllt sind.

(5) [1]Beim Forderungskauf ohne Übernahme des tatsächlichen Forderungseinzugs erbringt der Forderungskäufer keine Factoringleistung (vgl. Absatz 2 Sätze 1 und 2). [2]Der Forderungskauf stellt sich in diesen Fällen, sofern nicht lediglich eine Sicherungsabtretung vorliegt, umsatzsteuerrechtlich damit insgesamt als Rechtsgeschäft dar, bei dem der Forderungskäufer neben der Zahlung des Kaufpreises einen Kredit gewährt und der Forderungsverkäufer als Gegenleistung seine Forderung abtritt, auch wenn der Forderungskauf zivilrechtlich, handels- und steuerbilanziell nicht als Kreditgewährung, sondern als echter Verkauf („true sale") zu betrachten ist. [3]Damit liegt ein tauschähnlicher Umsatz mit Baraufgabe vor (vgl. § 3 Abs. 12 Satz 2 UStG). [4]Umsatzsteuerrechtlich ist es ohne Bedeutung, ob die Forderungen nach Handels- und Ertragsteuerrecht beim Verkäufer oder beim Käufer zu bilanzieren sind. [5]Die Kreditgewährung in den Fällen der Sätze 1 bis 4 und des Absatzes 4 Sätze 5 und 6 ist nach § 4 Nr. 8 Buchstabe a UStG steuerfrei; sie kann unter den Voraussetzungen des § 9 Abs. 1 UStG als steuerpflichtig behandelt werden. [6]Zur Ermittlung der Bemessungsgrundlage vgl. Abschnitt 10.5 Abs. 6.

Bemessungsgrundlage Factoringleistung/Vorsteuerabzug

(6) [1]Bemessungsgrundlage für die Factoringleistung (Absatz 1 Sätze 2 und 3, Absatz 3 Sätze 1 bis 3) ist grundsätzlich die Differenz zwischen dem Nennwert der dem Factor abgetretenen Forderungen und dem Betrag, den der Factor seinem Anschlusskunden als Preis für diese Forderungen zahlt, abzüglich der in dem Differenzbetrag enthaltenen Umsatzsteuer (§ 10 UStG). [2]Wird für diese Leistung zusätzlich oder ausschließlich eine Gebühr gesondert vereinbart, gehört diese

zur Bemessungsgrundlage. [3]Bei Portfolioverkäufen ist es nicht zu beanstanden, wenn eine nach Durchschnittwerten bemessene Gebühr in Ansatz gebracht wird. [4]Der Umsatz unterliegt dem allgemeinen Steuersatz, § 12 Abs. 1 UStG. [5]Ist beim Factoring unter den in Absatz 4 Sätze 5 und 6 genannten Voraussetzungen eine Kreditgewährung als eigenständige Hauptleistung anzunehmen, gehört der Teil der Differenz, der als Entgelt für die Kreditgewährung gesondert vereinbart wurde, nicht zur Bemessungsgrundlage der Factoringleistung. [6]Der Verkäufer der Forderung kann unter den Voraussetzungen des § 15 UStG den Vorsteuerabzug aus der Leistung des Käufers der Forderung in Anspruch nehmen, soweit die verkaufte Forderung durch einen Umsatz des Verkäufers der Forderung begründet wurde, der bei diesem den Vorsteuerabzug nicht ausschließt.

Übertragung zahlungsgestörter Forderungen

(7) [1]Eine Forderung (bestehend aus Rückzahlungs- und Zinsanspruch) ist insgesamt zahlungsgestört, wenn sie, soweit sie fällig ist, ganz oder zu einem nicht nur geringfügigen Teil seit mehr als 90 Tagen nicht ausgeglichen wurde. [2]Eine Forderung ist auch zahlungsgestört, wenn die Kündigung erfolgt ist oder die Voraussetzungen für eine Kündigung vorliegen.

(8) [1]Bei der Übertragung einer zahlungsgestörten Forderung unter Übernahme des Ausfallrisikos durch den Erwerber besteht der wirtschaftliche Gehalt in der Entlastung des Verkäufers vom wirtschaftlichen Risiko und nicht in der Einziehung der Forderung. [2]Da die Differenz zwischen dem Nennwert der übertragenen Forderung und deren Kaufpreis vorrangig auf der Beurteilung der Werthaltigkeit der Forderung beruht, stellt diese keine Vergütung dar, mit der unmittelbar eine vom Käufer erbrachte Dienstleistung entgolten werden soll. [3]Der Forderungserwerber erbringt daher keine wirtschaftliche Tätigkeit (EuGH-Urteil vom 27.10.2011, C-93/10, GFKL, BStBl 2015 II S. 978). [4]Dies gilt selbst dann, wenn der Erwerber den Verkäufer von der weiteren Verwaltung und Vollstreckung der Forderung entlastet (BFH-Urteil vom 4.7.2013, V R 8/10, BStBl 2015 II S. 969) oder die Beteiligten dem Forderungseinzug bei der Bemessung des Abschlages auf den Kaufpreis oder durch Vereinbarung einer gesonderten Vergütung eine nicht untergeordnete Bedeutung beimessen. [5]Der Forderungserwerber ist nicht zum Vorsteuerabzug aus den Eingangsrechnungen für den Forderungserwerb und den Forderungseinzug berechtigt (BFH-Urteil vom 26.1.2012, V R 18/08, BStBl 2015 II S 962). [6]Werden sowohl zahlungsgestörte als auch nicht zahlungsgestörte Forderungen in einem Portfolio übertragen, ist das Gesamtpaket für Zwecke des Vorsteuerabzuges entsprechend aufzuteilen; auf die Abschnitte 15.2b ff. wird hingewiesen. [7]Der Verkäufer erbringt mit der Abtretung oder Übertragung einer zahlungsgestörten Forderung unter Übernahme des Ausfallrisikos durch den Erwerber eine nach § 4 Nr. 8 Buchstabe c UStG steuerfreie Leistung im Geschäft mit Forderungen an den Erwerber. [8]Soweit wegen Rückbeziehung der übertragenen Forderung auf einen zurückliegenden Stichtag der Forderungsverkäufer noch die Forderung verwaltet, liegt hierin eine unselbständige Nebenleistung zum steuerfreien Forderungsverkauf, die das rechtliche Schicksal der Hauptleistung teilt (BFH-Urteil vom 4.7.2013, V R 8/10, a.a.O.). [9]Im Falle der Übertragung einer zahlungsgestörten Forderung ohne Übernahme des Ausfallrisikos durch den Erwerber liegt eine wirtschaftliche Tätigkeit des Erwerbers vor, wenn dieser den Forderungseinzug übernimmt (vgl. Absatz 1 Satz 3; zur Bemessungsgrundlage vgl. Absatz 6).

UStAE 2.6. Beginn und Ende der Unternehmereigenschaft

(1) [1]Die Unternehmereigenschaft beginnt mit dem ersten nach außen erkennbaren, auf eine Unternehmertätigkeit gerichteten Tätigwerden, wenn die spätere Ausführung entgeltlicher Leistungen beabsichtigt ist (Verwendungsabsicht) und die Ernsthaftigkeit dieser Absicht durch

objektive Merkmale nachgewiesen oder glaubhaft gemacht wird.**1** [2]In diesem Fall entfällt die Unternehmereigenschaft – außer in den Fällen von Betrug und Missbrauch – nicht rückwirkend, wenn es später nicht oder nicht nachhaltig zur Ausführung entgeltlicher Leistungen kommt. [3]Vorsteuerbeträge, die den beabsichtigten Umsätzen, bei denen der Vorsteuerabzug – auch auf Grund von Option – nicht ausgeschlossen wäre, zuzurechnen sind, können dann auch auf Grund von Gesetzesänderungen nicht zurückgefordert werden (vgl. EuGH-Urteile vom 29.2.1996, C-110/94, Inzo, BStBl II S.655, und vom 8.6.2000, C-400/98, Breitsohl, BStBl 2003 II S.452, und BFH-Urteile vom 22.2.2001, V R 77/96, BStBl 2003 II S.426, und vom 8.3.2001, V R 24/98, BStBl 2003 II S.430).

(2) [1]Als Nachweis für die Ernsthaftigkeit sind Vorbereitungshandlungen anzusehen, wenn bezogene Gegenstände oder in Anspruch genommene sonstige Leistungen (Eingangsleistungen) ihrer Art nach nur zur unternehmerischen Verwendung oder Nutzung bestimmt sind oder in einem objektiven und zweifelsfrei erkennbaren Zusammenhang mit der beabsichtigten unternehmerischen Tätigkeit stehen (unternehmensbezogene Vorbereitungshandlungen). [2]Solche Vorbereitungshandlungen können insbesondere sein:

– der Erwerb umfangreichen Inventars, z.B. Maschinen oder Fuhrpark;

– der Wareneinkauf vor Betriebseröffnung;

– die Anmietung oder die Errichtung von Büro- oder Lagerräumen;

– der Erwerb eines Grundstücks;

– die Anforderung einer Rentabilitätsstudie;

– die Beauftragung eines Architekten;

– die Durchführung einer größeren Anzeigenaktion;

– die Abgabe eines Angebots für eine Lieferung oder eine sonstige Leistung gegen Entgelt.

[3]Maßgebend ist stets das Gesamtbild der Verhältnisse im Einzelfall. [4]Die in Abschnitt 15.12 Abs.1 bis 3 und 5 dargelegten Grundsätze gelten dabei sinngemäß.

(3) [1]Insbesondere bei Vorbereitungshandlungen, die ihrer Art nach sowohl zur unternehmerischen als auch zur nichtunternehmerischen Verwendung bestimmt sein können (z.B. Erwerb eines Computers oder Kraftfahrzeugs), ist vor der ersten Steuerfestsetzung zu prüfen, ob die Verwendungsabsicht durch objektive Anhaltspunkte nachgewiesen wird. [2]Soweit Vorbereitungshandlungen ihrer Art nach typischerweise zur nichtunternehmerischen Verwendung oder Nutzung bestimmt sind (z.B. der Erwerb eines Wohnmobils, Segelschiffs oder sonstigen Freizeitgegenstands), ist bei dieser Prüfung ein besonders hoher Maßstab anzulegen. [3]Lassen sich diese objektiven Anhaltspunkte nicht an Amtsstelle ermitteln, ist zunächst grundsätzlich nicht von der Unternehmereigenschaft auszugehen. [4]Eine zunächst angenommene Unternehmereigenschaft ist nur dann nach § 164 Abs. 2, § 165 Abs. 2 oder § 173 Abs. 1 AO durch Änderung der ursprünglichen Steuerfestsetzung rückgängig zu machen, wenn später festgestellt wird, dass objektive Anhaltspunkte für die Verwendungsabsicht im Zeitpunkt des Leistungsbezugs nicht vorlagen, die Verwendungsabsicht nicht in gutem Glauben erklärt wurde oder ein Fall von Betrug oder Missbrauch vorliegt. [5]Zur Vermeidung der Inanspruchnahme erheblicher ungerechtfertigter Steuervorteile oder zur Beschleunigung des Verfahrens kann die Einnahme des Augenscheins (§ 98 AO) oder die Durchführung einer Umsatzsteuer-Nachschau (§ 27b UStG) angebracht sein.

Anm. d. Schriftl.:

1 Hat eine natürliche Person durch Anmeldung eines Gewerbes ernsthaft die Absicht bekundet, unternehmerisch i. S. des § 2 UStG tätig zu werden, ist ihr außer in Fällen eines offensichtlichen, auf die Umsatzsteuer bezogenen Missbrauchs auf Antrag eine Steuernummer für Umsatzsteuerzwecke zu erteilen (BFH-Urteil vom 23.9.2009, BStBl 2010 II S.712). Auf das BMF-Schreiben hierzu vom 1.7.2010, BStBl 2010 I S.625, wird hingewiesen.

(4) ¹Die Absätze 1 bis 3 gelten entsprechend bei der Aufnahme einer neuen Tätigkeit im Rahmen eines bereits bestehenden Unternehmens, wenn die Vorbereitungshandlungen nicht in einem sachlichen Zusammenhang mit der bisherigen unternehmerischen Tätigkeit stehen. ²Besteht dagegen ein sachlicher Zusammenhang, sind erfolglose Vorbereitungshandlungen der unternehmerischen Sphäre zuzurechnen (vgl. BFH-Urteil vom 16.12.1993, V R 103/88, BStBl 1994 II S. 278).

(5) ¹Die Unternehmereigenschaft kann nicht im Erbgang übergehen (vgl. BFH-Urteil vom 19.11.1970, V R 14/67, BStBl 1971 II S. 121). ²Der Erbe wird nur dann zum Unternehmer, wenn in seiner Person die Voraussetzungen verwirklicht werden, an die das Umsatzsteuerrecht die Unternehmereigenschaft knüpft. ³Zur Unternehmereigenschaft des Erben einer Kunstsammlung vgl. BFH-Urteil vom 24.11.1992, V R 8/89, BStBl 1993 II S. 379, und zur Unternehmereigenschaft bei der Veräußerung von Gegenständen eines ererbten Unternehmensvermögens vgl. BFH-Urteil vom 18.1.2010, V R 24/07, BStBl 2011 II S. 241.

(6) ¹Die Unternehmereigenschaft endet mit dem letzten Tätigwerden. ²Der Zeitpunkt der Einstellung oder Abmeldung eines Gewerbebetriebs ist unbeachtlich. ³Unternehmen und Unternehmereigenschaft erlöschen erst, wenn der Unternehmer alle Rechtsbeziehungen abgewickelt hat, die mit dem (aufgegebenen) Betrieb in Zusammenhang stehen (BFH-Urteil vom 21.4.1993, XI R 50/90, BStBl II S. 696; vgl. auch BFH-Urteil vom 19.11.2009, V R 16/08, BStBl 2010 II S. 319). ⁴Die spätere Veräußerung von Gegenständen des Betriebsvermögens oder die nachträgliche Vereinnahmung von Entgelten gehören noch zur Unternehmertätigkeit. ⁵Eine Einstellung der gewerblichen oder beruflichen Tätigkeit liegt nicht vor, wenn den Umständen zu entnehmen ist, dass der Unternehmer die Absicht hat, das Unternehmen weiterzuführen oder in absehbarer Zeit Wiederaufleben zu lassen; es ist nicht erforderlich, dass laufend Umsätze bewirkt werden (vgl. BFH-Urteile vom 13.12.1963, V 77/61 U, BStBl 1964 III S. 90, und vom 15.3.1993, V R 18/89, BStBl II S. 561). ⁶Eine Gesellschaft besteht als Unternehmer so lange fort, bis alle Rechtsbeziehungen, zu denen auch das Rechtsverhältnis zwischen der Gesellschaft und dem Finanzamt gehört, beseitigt sind (vgl. BFH-Urteile vom 21.5.1971, V R 117/67, BStBl II S. 540, und vom 18.11.1999, V R 22/99, BStBl 2000 II S. 241). ⁷Die Unternehmereigenschaft einer GmbH ist weder von ihrem Vermögensstand noch von ihrer Eintragung im Handelsregister abhängig. ⁸Eine aufgelöste GmbH kann auch noch nach ihrer Löschung im Handelsregister Umsätze im Rahmen ihres Unternehmens ausführen (vgl. BFH-Urteil vom 9.12.1993, V R 108/91, BStBl 1994 II S. 483). ⁹Zum Sonderfall des Ausscheidens eines Gesellschafters aus einer zweigliedrigen Personengesellschaft (Anwachsen) vgl. BFH-Urteil vom 18.9.1980, V R 175/74, BStBl 1981 II S. 293.

UStAE   2.7. Unternehmen

(1) ¹Zum Unternehmen gehören sämtliche Betriebe oder berufliche Tätigkeiten desselben Unternehmers. ²Organgesellschaften sind – unter Berücksichtigung der Einschränkungen in § 2 Abs. 2 Nr. 2 Sätze 2 bis 4 UStG (vgl. Abschnitt 2.9) – Teile des einheitlichen Unternehmens eines Unternehmers. ³Innerhalb des einheitlichen Unternehmens sind steuerbare Umsätze grundsätzlich nicht möglich; zu den Besonderheiten beim innergemeinschaftlichen Verbringen vgl. Abschnitt 1a.2.

(2) ¹In den Rahmen des Unternehmens fallen nicht nur die Grundgeschäfte, die den eigentlichen Gegenstand der geschäftlichen Betätigung bilden, sondern auch die Hilfsgeschäfte (vgl. BFH-Urteil vom 24.2.1988, X R 67/82, BStBl II S. 622). ²Zu den Hilfsgeschäften gehört jede Tätigkeit, die die Haupttätigkeit mit sich bringt (vgl. BFH-Urteil vom 28.10.1964, V 227/62 U, BStBl 1965 III S. 34). ³Auf die Nachhaltigkeit der Hilfsgeschäfte kommt es nicht an (vgl. BFH-Urteil vom 20.9.1990, V R 92/85, BStBl 1991 II S. 35). ⁴Ein Verkauf von Vermögensgegenständen fällt somit ohne Rücksicht auf die Nachhaltigkeit in den Rahmen des Unternehmens, wenn der Gegenstand zum unternehmerischen Bereich des Veräußerers gehörte. ⁵Bei einem gemeinnützigen Verein fallen Veräußerungen von Gegenständen, die von Todes wegen erworben sind, nur dann in den Rahmen des Unternehmens, wenn sie für sich nachhaltig sind (vgl. BFH-Urteil vom 9.9.1993, V R 24/89, BStBl 1994 II S. 57).

UStAE 2.8. Organschaft[1]

Allgemeines

(1) [1]Organschaft nach § 2 Abs. 2 Nr. 2 UStG liegt vor, wenn eine juristische Person nach dem Gesamtbild der tatsächlichen Verhältnisse finanziell, wirtschaftlich und organisatorisch in ein Unternehmen eingegliedert ist. [2]Es ist nicht erforderlich, dass alle drei Eingliederungsmerkmale gleichermaßen ausgeprägt sind. [3]Organschaft kann deshalb auch gegeben sein, wenn die Eingliederung auf einem dieser drei Gebiete nicht vollständig, dafür aber auf den anderen Gebieten um so eindeutiger ist, so dass sich die Eingliederung aus dem Gesamtbild der tatsächlichen Verhältnisse ergibt (vgl. BFH-Urteil vom 23. 4. 1964, V 184/61 U, BStBl III S. 346, und vom 22. 6. 1967, V R 89/66, BStBl III S. 715). [4]Von der finanziellen Eingliederung kann weder auf die wirtschaftliche noch auf die organisatorische Eingliederung geschlossen werden (vgl. BFH-Urteile vom 5. 12. 2007, V R 26/06, BStBl 2008 II S. 451, und vom 3. 4. 2008, V R 76/05, BStBl II S. 905). [5]Die Organschaft umfasst nur den unternehmerischen Bereich der Organgesellschaft. [6]Liegt Organschaft vor, sind die eingegliederten Organgesellschaften (Tochtergesellschaften) ähnlich wie Angestellte des Organträgers (Muttergesellschaft) als unselbständig anzusehen; Unternehmer ist der Organträger. [7]Eine Gesellschaft kann bereits zu einem Zeitpunkt in das Unternehmen des Organträgers eingegliedert sein, zu dem sie selbst noch keine Umsätze ausführt, dies gilt insbesondere für eine Auffanggesellschaft im Rahmen des Konzepts einer „übertragenden Sanierung" (vgl. BFH-Urteil vom 17. 1. 2002, V R 37/00, BStBl II S. 373). [8]War die seit dem Abschluss eines Gesellschaftsvertrags bestehende Gründergesellschaft einer später in das Handelsregister eingetragenen GmbH nach dem Gesamtbild der tatsächlichen Verhältnisse finanziell, wirtschaftlich und organisatorisch in ein Unternehmen eingegliedert, besteht die Organschaft zwischen der GmbH und dem Unternehmen bereits für die Zeit vor der Eintragung der GmbH in das Handelsregister (vgl. BFH-Urteil vom 9. 3. 1978, V R 90/74, BStBl II S. 486).

(2) [1]Organträger kann jeder Unternehmer sein. [2]Auch eine juristische Person des öffentlichen Rechts kann Organträger sein, wenn und soweit sie unternehmerisch tätig ist (vgl. BFH-Urteil vom 2. 12. 2015, V R 67/14, BStBl 2017 II S. 560, und Abschnitt 2.11 Abs. 20). [3]Die die Unternehmereigenschaft begründenden entgeltlichen Leistungen können auch gegenüber einer Gesellschaft erbracht werden, mit der als Folge dieser Leistungstätigkeit eine organschaftliche Verbindung besteht (vgl. BFH-Urteil vom 9. 10. 2002, V R 64/99, BStBl 2003 II S. 375; vgl. aber Absatz 6 Sätze 5 und 6). [4]Als Organgesellschaften kommen regelmäßig nur juristische Personen des Zivil- und Handelsrechts in Betracht (vgl. BFH-Urteil vom 20. 12. 1973, V R 87/70, BStBl 1974 II S. 311). [5]Eine Personengesellschaft kann ausnahmsweise wie eine juristische Person als eingegliedert im Sinne des § 2 Abs. 2 Nr. 2 UStG anzusehen sein, wenn die finanzielle Eingliederung wie bei einer juristischen Person zu bejahen ist (siehe dazu Absatz 5a). [6]Eine GmbH, die an einer KG als persönlich haftende Gesellschafterin beteiligt ist, kann grundsätzlich nicht als Organgesellschaft in das Unternehmen dieser KG eingegliedert sein (BFH-Urteil vom 14. 12. 1978, V R 85/74, BStBl 1979 II S. 288). [7]Dies gilt auch in den Fällen, in denen die übrigen Kommanditisten der KG sämtliche Gesellschaftsanteile der GmbH halten (vgl. BFH-Urteil vom 19. 5. 2005, V R 31/03, BStBl II S. 671). [8]Ist jedoch die KG mehrheitlich an der Komplementär-GmbH beteiligt, kann die GmbH als Organgesellschaft in die KG eingegliedert sein, da die KG auf Grund ihrer Gesellschafterstellung sicherstellen kann, dass ihr Wille auch in der GmbH durchgesetzt wird (vgl. auch Abschnitt 2.2 Abs. 6 Beispiel 2). [9]Personen, die keine Unternehmer im Sinne des § 2 Abs. 1 UStG sind, können weder Organträger noch Organgesellschaft sein (vgl. BFH-Urteile vom 2. 12. 2015, V R 67/14, a. a. O., und vom 10. 8. 2016, XI R 41/14, BStBl 2017 II S. 590).

Anm. d. Schriftl.:

1 Neben einer juristischen Person kann auch eine Personengesellschaft in das Unternehmen des Organträgers eingegliedert sein, wenn Gesellschafter der Personengesellschaft neben dem Organträger nur Personen sind, die nach § 2 Abs. 2 Nr. 2 UStG in das Unternehmen des Organträgers finanziell eingegliedert sind (BFH-Urteil vom 2. 12. 2015, BStBl 2017 II S. 547). Auf das BMF-Schreiben vom 26. 5. 2017, BStBl 2017 I S. 790, wird hingewiesen.

(3) ¹Die Voraussetzungen für die umsatzsteuerliche Organschaft sind nicht identisch mit den Voraussetzungen der körperschaftsteuerlichen und gewerbesteuerlichen Organschaft. ²Eine gleichzeitige Eingliederung einer Organgesellschaft in die Unternehmen mehrerer Organträger (sog. Mehrmütterorganschaft) ist nicht möglich (vgl. BFH-Urteile vom 30.4.2009, V R 3/08, BStBl 2013 II S. 873, und vom 3.12.2015, V R 36/13, BStBl 2017 II S. 563).

(4) Weder das Umsatzsteuergesetz noch das Unionsrecht sehen ein Wahlrecht für den Eintritt der Rechtsfolgen einer Organschaft vor (vgl. BFH-Urteil vom 29.10.2008, XI R 74/07, BStBl 2009 II S. 256).

Finanzielle Eingliederung

(5) ¹Unter der finanziellen Eingliederung einer juristischen Person ist der Besitz der entscheidenden Anteilsmehrheit an der Organgesellschaft zu verstehen, die es dem Organträger ermöglicht, durch Mehrheitsbeschlüsse seinen Willen in der Organgesellschaft durchzusetzen (Eingliederung mit Durchgriffsrechten, vgl. BFH-Urteil vom 2.12.2015, V R 15/14, BStBl 2017 II S. 553). ²Entsprechen die Beteiligungsverhältnisse den Stimmrechtsverhältnissen, ist die finanzielle Eingliederung gegeben, wenn die Beteiligung mehr als 50 % beträgt, sofern keine höhere qualifizierte Mehrheit für die Beschlussfassung in der Organgesellschaft erforderlich ist (vgl. BFH-Urteil vom 1.12.2010, XI R 43/08, BStBl 2011 II S. 600). ³Im Interesse der Rechtsklarheit sind Stimmbindungsvereinbarungen oder Stimmrechtsvollmachten grundsätzlich ohne Bedeutung. ⁴Stimmbindungsvereinbarungen und Stimmrechtsvollmachten können bei der Prüfung der finanziellen Eingliederung nur zu berücksichtigen sein, wenn sie sich ausschließlich aus Regelungen der Satzung wie etwa bei einer Einräumung von Mehrfachstimmrechten („Geschäftsanteil mit Mehrstimmrecht") ergeben (BFH-Urteil vom 2.12.2015, V R 25/13, BStBl 2017 II S. 547).

(5a) ¹Die finanzielle Eingliederung einer Personengesellschaft setzt voraus, dass Gesellschafter der Personengesellschaft neben dem Organträger nur Personen sind, die nach § 2 Abs. 2 Nr. 2 UStG in das Unternehmen des Organträgers finanziell eingegliedert sind, so dass die erforderliche Durchgriffsmöglichkeit selbst bei der stets möglichen Anwendung des Einstimmigkeitsprinzips gewährleistet ist (vgl. BFH-Urteile vom 2.12.2015, V R 25/13, BStBl 2017 II S. 547, und vom 3.12.2015, V R 36/13, BStBl 2017 II S. 563). ²Für die nach Satz 1 notwendige Beteiligung des Organträgers sind mittelbare Beteiligungen ausreichend. ³Absatz 5b gilt entsprechend.

Beispiel 1:

¹Gesellschafter einer GmbH & Co. KG sind die Komplementär-GmbH und eine weitere GmbH als Kommanditistin. ²Die A-AG hält an beiden GmbHs jeweils einen Anteil von mehr als 50 %.

³Alle Gesellschafter der GmbH & Co. KG sind finanziell in das Unternehmen der A-AG eingegliedert. ⁴Damit ist auch die GmbH & Co. KG in das Unternehmen der A-AG finanziell eingegliedert.

Beispiel 2:

¹Gesellschafter einer GmbH & Co. KG sind die Komplementär-GmbH K1 sowie die GmbH K2 und eine weitere Person P (Beteiligungsquote 0,1 %) als Kommanditisten. ²Die A-AG hält an K1 und K2 jeweils einen Anteil von mehr als 50 %. ³An P ist die A-AG nicht beteiligt.

⁴Da nicht alle Gesellschafter der GmbH & Co. KG finanziell in das Unternehmen der A-AG eingegliedert sind, ist auch die GmbH & Co. KG nicht finanziell in das Unternehmen der A-AG eingegliedert.

(5b) ¹Eine finanzielle Eingliederung setzt eine unmittelbare oder mittelbare Beteiligung des Organträgers an der Organgesellschaft voraus. ²Es ist ausreichend, wenn die finanzielle Eingliederung mittelbar über eine unternehmerisch oder nichtunternehmerisch tätige Tochtergesellschaft des Organträgers erfolgt. ³Eine nichtunternehmerisch tätige Tochtergesellschaft wird dadurch jedoch nicht Bestandteil des Organkreises. ⁴Ist eine Kapital- oder Personengesellschaft nicht selbst an der Organgesellschaft beteiligt, reicht es für die finanzielle Eingliederung nicht aus, dass nur ein oder mehrere Gesellschafter auch mit Stimmenmehrheit an der Organgesellschaft beteiligt sind (vgl. BFH-Urteile vom 22.4.2010, V R 9/09, BStBl 2011 II S. 597, vom 1.12.2010, XI R 43/08, BStBl 2011 II S. 600, und vom 24.8.2016, V R 36/15, BStBl 2017 II S. 595).

UStAE

[5]In diesem Fall ist keine der beiden Gesellschaften in das Gefüge des anderen Unternehmens eingeordnet, sondern es handelt sich vielmehr um gleich geordnete Schwestergesellschaften. [6]Dies gilt auch dann, wenn die Beteiligung eines Gesellschafters an einer Kapitalgesellschaft ertragsteuerlich zu dessen Sonderbetriebsvermögen bei einer Personengesellschaft gehört. [7]Das Fehlen einer eigenen unmittelbaren oder mittelbaren Beteiligung der Gesellschaft kann nicht durch einen Beherrschungsvertrag und Gewinnabführungsvertrag ersetzt werden (BFH-Urteil vom 1.12.2010, XI R 43/08, a.a.O.).

Wirtschaftliche Eingliederung

(6) [1]Wirtschaftliche Eingliederung bedeutet, dass die Organgesellschaft nach dem Willen des Unternehmers im Rahmen des Gesamtunternehmens, und zwar in engem wirtschaftlichen Zusammenhang mit diesem, wirtschaftlich tätig ist (vgl. BFH-Urteil vom 22.6.1967, V R 89/66, BStBl III S.715). [2]Voraussetzung für eine wirtschaftliche Eingliederung ist, dass die Beteiligung an der Kapitalgesellschaft dem unternehmerischen Bereich des Anteilseigners zugeordnet werden kann (vgl. Abschnitt 2.3 Abs.2). [3]Sie kann bei entsprechend deutlicher Ausprägung der finanziellen und organisatorischen Eingliederung bereits dann vorliegen, wenn zwischen dem Organträger und der Organgesellschaft auf Grund gegenseitiger Förderung und Ergänzung mehr als nur unerhebliche wirtschaftliche Beziehungen bestehen (vgl. BFH-Urteil vom 29.10.2008, XI R 74/07, BStBl 2009 II S. 256), insbesondere braucht dann die Organgesellschaft nicht vom Organträger abhängig zu sein (vgl. BFH-Urteil vom 3.4.2003, V R 63/01, BStBl 2004 II S.434). [4]Die wirtschaftliche Eingliederung kann sich auch aus einer Verflechtung zwischen den Unternehmensbereichen verschiedener Organgesellschaften ergeben (vgl. BFH-Urteil vom 20.8.2009, V R 30/06, BStBl 2010 II S. 863). [5]Beruht die wirtschaftliche Eingliederung auf Leistungen des Organträgers gegenüber seiner Organgesellschaft, müssen jedoch entgeltliche Leistungen vorliegen, denen für das Unternehmen der Organgesellschaft mehr als nur unwesentliche Bedeutung zukommt (vgl. BFH-Urteil vom 18.6.2009, V R 4/08, BStBl 2010 II S. 310, und vom 6.5.2010, V R 26/09, BStBl II S.1114). [6]Stellt der Organträger für eine von der Organgesellschaft bezogene Leistung unentgeltlich Material bei, reicht dies zur Begründung der wirtschaftlichen Eingliederung nicht aus (vgl. BFH-Urteil vom 20.8.2009, V R 30/06, a.a.O.). [7]Zu einer wirtschaftlichen Eingliederung durch Darlehen kann es nur kommen, wenn diese im Rahmen eines Unternehmens gewährt werden (vgl. BFH-Beschluss vom 13.11.2019, V R 30/18, BStBl 2021 II S.248).

(6a) [1]Für die Frage der wirtschaftlichen Verflechtung kommt der Entstehungsgeschichte der Tochtergesellschaft eine wesentliche Bedeutung zu. [2]Die Unselbständigkeit einer hauptsächlich im Interesse einer anderen Firma ins Leben gerufenen Produktionsfirma braucht nicht daran zu scheitern, dass sie einen Teil ihrer Erzeugnisse auf dem freien Markt absetzt. [3]Ist dagegen eine Produktionsgesellschaft zur Versorgung eines bestimmten Markts gegründet worden, kann ihre wirtschaftliche Eingliederung als Organgesellschaft auch dann gegeben sein, wenn zwischen ihr und der Muttergesellschaft Warenlieferungen nur in geringem Umfange oder überhaupt nicht vorkommen (vgl. BFH-Urteil vom 15.6.1972, V R 15/69, BStBl II S. 840).

(6b) [1]Bei einer Betriebsaufspaltung in ein Besitzunternehmen (z. B. Personengesellschaft) und eine Betriebsgesellschaft (i. d. R. Kapitalgesellschaft) und Verpachtung des Betriebsvermögens durch das Besitzunternehmen an die Betriebsgesellschaft steht die durch die Betriebsaufspaltung entstandene Betriebsgesellschaft im Allgemeinen in einem Abhängigkeitsverhältnis zum Besitzunternehmen (vgl. BFH-Urteile vom 28.1.1965, V 126/62 U, BStBl III S. 243 und vom 17.11.1966, V 113/65, BStBl 1967 III S. 103). [2]Auch wenn bei einer Betriebsaufspaltung nur das Betriebsgrundstück ohne andere Anlagegegenstände verpachtet wird, kann eine wirtschaftliche Eingliederung vorliegen (BFH-Urteil vom 9.9.1993, V R 124/89, BStBl 1994 II S. 129).

(6c) [1]Die wirtschaftliche Eingliederung wird jedoch nicht auf Grund von Liquiditätsproblemen der Organtochter beendet (vgl. BFH-Urteil vom 19.10.1995, V R 128/93). [2]Die wirtschaftliche Eingliederung auf Grund der Vermietung eines Grundstücks, das die räumliche und funktionale Geschäftstätigkeit der Organgesellschaft bildet, entfällt nicht bereits dadurch, dass für das betreffende Grundstück Zwangsverwaltung und Zwangsversteigerung angeordnet wird (vgl. BMF-Schreiben vom 1.12.2009, BStBl I S.1609). [3]Eine Entflechtung vollzieht sich erst im Zeitpunkt der tatsächlichen Beendigung des Nutzungsverhältnisses zwischen dem Organträger und der Organgesellschaft.

Organisatorische Eingliederung

(7) [1]Die organisatorische Eingliederung setzt voraus, dass die mit der finanziellen Eingliederung verbundene Möglichkeit der Beherrschung der Tochtergesellschaft durch die Muttergesellschaft in der laufenden Geschäftsführung tatsächlich wahrgenommen wird (BFH-Urteil vom 28.1.1999, V R 32/98, BStBl II S.258). [2]Es kommt darauf an, dass der Organträger die Organgesellschaft durch die Art und Weise der Geschäftsführung beherrscht und seinen Willen in der Organgesellschaft durchsetzen kann. [3]Nicht ausreichend ist, dass eine vom Organträger abweichende Willensbildung in der Organgesellschaft ausgeschlossen ist (BFH-Urteile vom 8.8.2013, V R 18/13, BStBl 2017 II S.543, und vom 2.12.2015, V R 15/14, BStBl 2017 II S.553). [4]Der aktienrechtlichen Abhängigkeitsvermutung aus § 17 AktG kommt keine Bedeutung im Hinblick auf die organisatorische Eingliederung zu (vgl. BFH-Urteil vom 3.4.2008, V R 76/05, BStBl II S.905). [5]Nicht ausschlaggebend ist, dass die Organgesellschaft in eigenen Räumen arbeitet, eine eigene Buchhaltung und eigene Einkaufs- und Verkaufsabteilungen hat, da dies dem Willen des Organträgers entsprechen kann (vgl. BFH-Urteil vom 23.7.1959, V 176/55 U, BStBl III S.376). [6]Zum Wegfall der organisatorischen Eingliederung bei Anordnung der Zwangsverwaltung und Zwangsversteigerung für ein Grundstück vgl. BMF-Schreiben vom 1.12.2009, BStBl I S.1609.

(8) [1]Die organisatorische Eingliederung setzt in aller Regel die personelle Verflechtung der Geschäftsführungen des Organträgers und der Organgesellschaft voraus (BFH-Urteile vom 3.4.2008, V R 76/05, BStBl II S.905, vom 28.10.2010, V R 7/10, BStBl 2011 II S.391 und vom 2.12.2015, V R 15/14, BStBl 2017 II S.553). [2]Dies ist z.B. bei einer Personenidentität in den Leitungsgremien beider Gesellschaften gegeben (vgl. BFH-Urteil vom 17.1.2002, V R 37/00, BStBl II S.373, und vom 5.12.2007, V R 26/06, BStBl II S.451). [3]Für das Vorliegen einer organisatorischen Eingliederung ist es jedoch nicht in jedem Fall erforderlich, dass die Geschäftsführung der Muttergesellschaft mit derjenigen der Tochtergesellschaft vollständig personenidentisch ist. [4]So kann eine organisatorische Eingliederung z.B. auch dann vorliegen, wenn nur einzelne Geschäftsführer des Organträgers Geschäftsführer der Organgesellschaft sind (vgl. BFH-Urteil vom 28.1.1999, V R 32/98, BStBl II S.258). [5]Ob dagegen eine organisatorische Eingliederung vorliegt, wenn die Tochtergesellschaft über mehrere Geschäftsführer verfügt, die nur zum Teil auch in dem Leitungsgremium der Muttergesellschaft vertreten sind, hängt von der Ausgestaltung der Geschäftsführungsbefugnis in der Tochtergesellschaft ab. [6]Ist in der Organgesellschaft eine Gesamtgeschäftsführungsbefugnis vereinbart und werden die Entscheidungen durch Mehrheitsbeschluss getroffen, kann eine organisatorische Eingliederung nur vorliegen, wenn die personenidentischen Geschäftsführer über die Stimmenmehrheit verfügen. [7]Bei einer Stimmenminderheit der personenidentischen Geschäftsführer oder bei Einzelgeschäftsführungsbefugnis der fremden Geschäftsführer sind zusätzliche institutionell abgesicherte Maßnahmen erforderlich, um eine Beherrschung der Organgesellschaft durch den Organträger sicherzustellen. [8]Eine organisatorische Eingliederung kann z.B. in Fällen der Geschäftsführung in der Organgesellschaft mittels Geschäftsführungsbefugnis vorliegen, wenn zumindest einer der Geschäftsführer auch Geschäftsführer des Organträgers ist und der Organträger über ein umfassendes Weisungsrecht gegenüber der Geschäftsführung der Organgesellschaft verfügt sowie zur Bestellung und Abberufung aller Geschäftsführer der Organgesellschaft berechtigt ist (vgl. BFH-Urteil vom 7.7.2011, V R 53/10, BStBl 2013 II S.218). [9]Alternativ kann auch bei Einzelgeschäftsführungsbefugnis des fremden Geschäftsführers in bei Meinungsverschiedenheiten eingreifendes, aus Gründen des Nachweises und der Inhaftungnahme schriftlich vereinbartes Letztentscheidungsrecht des personenidentischen Geschäftsführers eine Beherrschung der Organgesellschaft durch den Organträger sicherstellen. [10]Hingegen kann durch die personelle Verflechtung von Aufsichtsratsmitgliedern keine organisatorische Eingliederung hergestellt werden.

(9) [1]Neben dem Regelfall der personellen Verflechtung der Geschäftsführungen des Organträgers und der Organgesellschaft kann sich die organisatorische Eingliederung aber auch daraus ergeben, dass Mitarbeiter des Organträgers als Geschäftsführer der Organgesellschaft tätig sind (vgl. BFH-Urteil vom 20.8.2009, V R 30/06, BStBl 2010 II S.863). [2]Die Berücksichtigung von Mitarbeitern des Organträgers bei der organisatorischen Eingliederung beruht auf der Annahme, dass ein Mitarbeiter des Organträgers dessen Weisungen bei der Geschäftsführung der Organgesellschaft aufgrund eines zum Organträger bestehenden Anstellungsverhältnisses und einer sich hieraus ergebenden persönlichen Abhängigkeit befolgen wird und er bei weisungswidrigem Verhalten vom Organträger als Geschäftsführer der Organgesellschaft uneingeschränkt abberufen werden kann (vgl. BFH-Urteil vom 7.7.2011, V R 53/10, BStBl 2013 II S.218). [3]Demgegenüber reicht es nicht aus, dass ein Mitarbeiter des Mehrheitsgesellschafters nur Prokurist bei der vermeintlichen Organgesellschaft ist, während es sich beim einzigen Geschäftsführer der vermeintlichen Organgesellschaft um eine Person handelt, die weder Mitglied der Geschäftsführung noch Mitarbeiter des Mehrheitsgesellschafters ist (vgl. BFH-Urteil vom 28.10.2010, V R 7/10, BStBl 2011 II S.391).

(10) [1]In Ausnahmefällen kann eine organisatorische Eingliederung auch ohne personelle Verflechtung in den Leitungsgremien des Organträgers und der Organgesellschaft vorliegen. [2]Voraussetzung für diese schwächste Form der organisatorischen Eingliederung ist jedoch, dass institutionell abgesicherte unmittelbare Eingriffsmöglichkeiten in den Kernbereich der laufenden Geschäftsführung der Organgesellschaft gegeben sind (BFH-Urteil vom 3.4.2008, V R 76/05, BStBl II S.905). [3]Der Organträger muss durch schriftlich fixierte Vereinbarungen (z. B. Geschäftsführerordnung, Konzernrichtlinie, Anstellungsvertrag) in der Lage sein, gegenüber Dritten seine Entscheidungsbefugnis nachzuweisen und den Geschäftsführer der Organgesellschaft bei Verstößen gegen seine Anweisungen haftbar zu machen (BFH-Urteile vom 5.12.2007, V R 26/06, BStBl 2008 II S.451, und vom 12.10.2016, XI R 30/14, BStBl 2017 II S.597). [4]Hat die Organgesellschaft mit dem Organträger einen Beherrschungsvertrag nach § 291 AktG abgeschlossen oder ist die Organgesellschaft nach §§ 319, 320 AktG in die Gesellschaft des Organträgers eingegliedert, ist von dem Vorliegen einer organisatorischen Eingliederung auszugehen, da der Organträger in diesen Fällen berechtigt ist, dem Vorstand der Organgesellschaft nach Maßgabe der §§ 308 bzw. 323 Abs. 1 AktG Weisungen zu erteilen. [5]Soweit rechtlich zulässig, muss sich dieses Weisungsrecht jedoch grundsätzlich auf die gesamte unternehmerische Sphäre der Organgesellschaft erstrecken. [6]Aufsichtsrechtliche Beschränkungen stehen der Annahme einer organisatorischen Eingliederung nicht entgegen. [7]Eine organisatorische Eingliederung durch Beherrschungsvertrag wird jedoch erst ab dem Zeitpunkt seiner Eintragung in das Handelsregister begründet, da dieser konstitutive Wirkung zukommt (vgl. BFH-Urteil vom 10.5.2017, V R 7/16, BStBl II S.1261).

(10a) [1]Die organisatorische Eingliederung kann auch über eine Beteiligungskette zum Organträger vermittelt werden. [2]Die in den Absätzen 7 bis 10 enthaltenen Regelungen kommen grundsätzlich auch in diesen Fällen zur Anwendung. [3]Sofern sichergestellt ist, dass der Organträger die Organgesellschaften durch die Art und Weise der Geschäftsführung beherrscht, ist es jedoch ausreichend, wenn die der organisatorischen Eingliederung dienenden Maßnahmen zwischen zwei Organgesellschaften ergriffen werden. [4]Dies gilt auch dann, wenn diese Maßnahmen nicht der Struktur der finanziellen Eingliederung folgen (z. B. bei Schwestergesellschaften). [5]Es ist zudem ausreichend, wenn die organisatorische Eingliederung mittelbar über eine unternehmerisch oder nichtunternehmerisch tätige Tochtergesellschaft des Organträgers erfolgt. [6]Eine nichtunternehmerisch tätige Tochtergesellschaft wird dadurch jedoch nicht zum Bestandteil des Organkreises.

Beispiel 1:

[1]Der Organträger O ist zu 100 % an der Tochtergesellschaft T 1 beteiligt. [2]Die Geschäftsführungen von O und T 1 sind personenidentisch. [3]T 1 ist zu 100 % an der Enkelgesellschaft E beteiligt. [4]Einziger Geschäftsführer der E ist ein bei der Tochtergesellschaft T 1 angestellter Mitarbeiter.

[5]Die Tochtergesellschaft T 1 ist aufgrund der personenidentischen Geschäftsführungen organisatorisch in das Unternehmen des Organträgers O eingegliedert. [6]Dies gilt auch für die Enkelgesellschaft

E, da durch das Anstellungsverhältnis des Geschäftsführers bei T 1 sichergestellt ist, dass der Organträger O die Enkelgesellschaft E beherrscht.

Beispiel 2:

[1]Der Organträger O ist zu 100 % an der Tochtergesellschaft T 1 beteiligt, die als Finanzholding kein Unternehmer i. S. d. § 2 UStG ist. [2]Die Geschäftsführungen von O und T 1 sind personenidentisch. [3]T 1 ist zu 100 % an der grundsätzlich unternehmerisch tätigen Enkelgesellschaft E beteiligt. [4]Aufgrund eines abgeschlossenen Beherrschungsvertrages i. S. d. § 291 AktG beherrscht T 1 die E.

[5]Die Enkelgesellschaft E ist organisatorisch in das Unternehmen des Organträgers O eingegliedert. [6]Auf Grund der personenidentischen Geschäftsführungen von O und T 1 sowie des zwischen T 1 und E abgeschlossenen Beherrschungsvertrags ist sichergestellt, dass der Organträger O die Enkelgesellschaft E beherrscht. [7]Die nichtunternehmerisch tätige Tochtergesellschaft T 1 wird hierdurch jedoch nicht zum Bestandteil des Organkreises.

Beispiel 3:

[1]Der Organträger O ist zu 100 % an den Tochtergesellschaften T 1 und T 2 beteiligt. [2]Die Geschäftsführungen von O und T 1 sind personenidentisch. [3]Einziger Geschäftsführer der T 2 ist ein bei der Tochtergesellschaft T 1 angestellter Mitarbeiter.

[4]Die Tochtergesellschaft T 1 ist aufgrund der personenidentischen Geschäftsführungen organisatorisch in das Unternehmen des Organträgers O eingegliedert. [5]Dies gilt auch für die Tochtergesellschaft T 2, da durch das Anstellungsverhältnis des Geschäftsführers bei T 1 sichergestellt ist, dass der Organträger O die Tochtergesellschaft T 2 beherrscht.

Beispiel 4:

[1]Der im Ausland ansässige Organträger O unterhält im Inland eine Zweigniederlassung. [2]Daneben ist er zu 100 % an der im Inland ansässigen Tochtergesellschaft T 1 beteiligt. [3]Einziger Geschäftsführer der T 1 ist der bei O angestellte Leiter der inländischen Zweigniederlassung.

[4]Die Tochtergesellschaft T 1 ist organisatorisch in das Unternehmen des Organträgers O eingegliedert. [5]Durch das Anstellungsverhältnis des Geschäftsführers bei O ist sichergestellt, dass der Organträger O die Tochtergesellschaft T 1 beherrscht. [6]Die Wirkungen der Organschaft sind jedoch auf Innenleistungen zwischen den im Inland gelegenen Unternehmensteilen beschränkt.

(11) [1]Weder das mit der finanziellen Eingliederung einhergehende Weisungsrecht durch Gesellschafterbeschluss noch eine vertragliche Pflicht zur regelmäßigen Berichterstattung über die Geschäftsführung stellen eine institutionell abgesicherte unmittelbare Eingriffsmöglichkeit in den Kernbereich der laufenden Geschäftsführung der Organgesellschaft im Sinne des Absatzes 10 dar und reichen daher nicht zur Begründung einer organisatorischen Eingliederung aus (vgl. BFH-Urteil vom 2. 12. 2015, V R 15/14, BStBl 2017 II S. 553). [2]Auch Zustimmungsvorbehalte zugunsten der Gesellschafterversammlung z. B. aufgrund einer Geschäftsführungsordnung können für sich betrachtet keine organisatorische Eingliederung begründen (vgl. BFH-Urteil vom 7. 7. 2011, V R 53/10, BStBl 2013 II S. 218). [3]Dasselbe gilt für Zustimmungserfordernisse bei außergewöhnlichen Geschäften (vgl. BFH-Urteil vom 3. 4. 2008, V R 76/05, BStBl II S. 905) oder das bloße Recht zur Bestellung oder Abberufung von Geschäftsführern ohne weitergehende personelle Verflechtungen über das Geschäftsführungsorgan (vgl. BFH-Urteil vom 7. 7. 2011, V R 53/10, a. a. O.). [4]Ebenso kann sich eine organisatorische Eingliederung nicht allein daraus ergeben, dass eine nicht geschäftsführende Gesellschafterversammlung und ein gleichfalls nicht geschäftsführender Beirat ausschließlich mit Mitgliedern des Mehrheitsgesellschafters besetzt sind, vertragliche Bedingungen dem Mehrheitsgesellschafter „umfangreiche Beherrschungsmöglichkeiten" sichern und darüber hinaus dieselben Büroräume benutzt und das komplette Rechnungswesen durch gemeinsames Personal erledigt werden (vgl. BFH-Urteil vom 28. 10. 2010, V R 7/10, BStBl 2011 II S. 391).

Insolvenzverfahren

(12) …

Zu § 3 UStG

UStAE   3.1.   Lieferungen und sonstige Leistungen❶❷

Lieferungen

(1) ¹Eine Lieferung liegt vor, wenn die Verfügungsmacht an einem Gegenstand verschafft wird. ²Gegenstände im Sinne des § 3 Abs. 1 UStG sind körperliche Gegenstände (Sachen nach § 90 BGB, Tiere nach § 90a BGB), Sachgesamtheiten und solche Wirtschaftsgüter, die im Wirtschaftsverkehr wie körperliche Sachen behandelt werden, z. B. Elektrizität, Wärme und Wasserkraft; zur Übertragung von Gesellschaftsanteilen vgl. Abschnitt 3.5 Abs. 8. ³Eine Sachgesamtheit stellt die Zusammenfassung mehrerer selbständiger Gegenstände zu einem einheitlichen Ganzen dar, das wirtschaftlich als ein anderes Verkehrsgut angesehen wird als die Summe der einzelnen Gegenstände (vgl. BFH-Urteil vom 25. 1. 1968, V 161/64, BStBl II S. 331). ⁴Ungetrennte Bodenerzeugnisse, z. B. stehende Ernte, sowie Rebanlagen können selbständig nutzungsfähiger und gegenüber dem Grund und Boden eigenständiger Liefergegenstand sein (vgl. BFH-Urteil vom 8. 11. 1995, XI R 63/94, BStBl 1996 II S. 114). ⁵Rechte sind dagegen keine Gegenstände, die im Rahmen einer Lieferung übertragen werden können; die Übertragung von Rechten stellt eine sonstige Leistung dar (vgl. BFH-Urteil vom 16. 7. 1970, V R 95/66, BStBl II S. 706).

(2) ¹Die Verschaffung der Verfügungsmacht beinhaltet den von den Beteiligten endgültig gewollten Übergang von wirtschaftlicher Substanz, Wert und Ertrag eines Gegenstands vom Leistenden auf den Leistungsempfänger (vgl. BFH-Urteile vom 18. 11. 1999, V R 13/99, BStBl 2000 II S. 153, und vom 16. 3. 2000, V R 44/99, BStBl II S. 361). ²Der Abnehmer muss faktisch in der Lage sein, mit dem Gegenstand nach Belieben zu verfahren, insbesondere ihn wie ein Eigentümer zu nutzen und veräußern zu können (vgl. BFH-Urteil vom 12. 5. 1993, XI R 56/90, BStBl II S. 847). ³Die Übertragung dieser Befugnis verlangt weder, dass der Leistungsempfänger physisch über den Gegenstand verfügt, noch, dass der Gegenstand physisch von ihm befördert und/oder physisch von ihm empfangen wird (vgl. EuGH-Urteil vom 20. 6. 2018, C-108/17, Enteco Baltic). ⁴Keine Lieferung, sondern eine sonstige Leistung ist danach die entgeltlich eingeräumte Bereitschaft zur Verschaffung der Verfügungsmacht (vgl. BFH-Urteil vom 25. 10. 1990, V R 20/85, BStBl 1991 II S. 193). ⁵Die Verschaffung der Verfügungsmacht ist ein Vorgang vorwiegend tatsächlicher Natur, der in der Regel mit dem bürgerlich-rechtlichen Eigentumsübergang verbunden ist, aber nicht notwendigerweise verbunden sein muss (vgl. BFH-Urteil vom 16. 4. 2008, XI R 56/06, BStBl II S. 909, und EuGH-Urteil vom 18. 7. 2013, C-78/12, Evita-K). ⁶Zu Ausnahmefällen, in denen der Lieferer zivilrechtlich nicht Eigentümer des Liefergegenstands ist und darüber hinaus beabsichtigt, den gelieferten Gegenstand vertragswidrig nochmals an einen anderen Erwerber zu liefern, vgl. BFH-Urteil vom 8. 9. 2011, V R 43/10, BStBl 2014 II S. 203.

(3) ¹An einem zur Sicherheit übereigneten Gegenstand wird durch die Übertragung des Eigentums noch keine Verfügungsmacht verschafft. ²Entsprechendes gilt bei der rechtsgeschäftlichen Verpfändung eines Gegenstands (vgl. BFH-Urteil vom 16. 4. 1997, XI R 87/96, BStBl II S. 585). ³Zur Verwertung von Sicherungsgut vgl. Abschnitt 1.2. ⁴Dagegen liegt eine Lieferung vor, wenn ein Gegenstand unter Eigentumsvorbehalt verkauft und übergeben wird. ⁵Bei einem Kauf auf Probe (§ 454 BGB) wird die Verfügungsmacht erst nach Billigung des Angebots durch den Emp-

---

Anm. d. Schriftl.:

❶ Zu den Leistungsbeziehungen bei der Abgabe werthaltiger Abfälle hat das BMF mit Schreiben vom 21. 11. 2013, BStBl 2013 I S. 1584, Stellung genommen.

❷ Liefert ein Verkäufer Waren über die Internetseite der Amazon Services Europe s.a.r.l. (Amazon) im Rahmen des Modells „Verkauf durch Händler, Versand durch Amazon" (auch „fulfillment by amazon" bzw. „Paneuropäischer Versand durch Amazon"), ist Leistungsempfänger der Warenlieferung des Verkäufers nicht Amazon, sondern der Endkunde, dem die Verfügungsmacht am Gegenstand der Lieferung verschafft wird (BFH-Beschluss vom 29. 4. 2020, BStBl 2020 II S. 476).

fänger verschafft (vgl. BFH-Urteil vom 6.12.2007, V R 24/05, BStBl 2009 II S.490, Abschnitt 13.1 Abs.6 Sätze 1 und 2). [6]Dagegen wird bei einem Kauf mit Rückgaberecht die Verfügungsmacht mit der Zusendung der Ware verschafft (vgl. Abschnitt 13.1 Abs.6 Satz 3). [7]Beim Kommissionsgeschäft (§ 3 Abs.3 UStG) liegt eine Lieferung des Kommittenten an den Kommissionär erst im Zeitpunkt der Lieferung des Kommissionsguts an den Abnehmer vor (vgl. BFH-Urteil vom 25.11.1986, V R 102/78, BStBl 1987 II S.278). [8]Gelangt das Kommissionsgut bei der Zurverfügungstellung an den Kommissionär im Wege des innergemeinschaftlichen Verbringens vom Ausgangs- in den Bestimmungsmitgliedstaat, kann die Lieferung jedoch nach dem Sinn und Zweck der Regelung bereits zu diesem Zeitpunkt als erbracht angesehen werden (vgl. Abschnitt 1a.2 Abs.7).

Sonstige Leistungen

(4) [1]Sonstige Leistungen sind Leistungen, die keine Lieferungen sind (§ 3 Abs.9 Satz 1 UStG). [2]Als sonstige Leistungen kommen insbesondere in Betracht: Dienstleistungen, Gebrauchs- und Nutzungsüberlassungen – z.B. Vermietung, Verpachtung, Darlehensgewährung, Einräumung eines Nießbrauchs, Einräumung, Übertragung und Wahrnehmung von Patenten, Urheberrechten, Markenzeichenrechten und ähnlichen Rechten –, Reiseleistungen im Sinne des § 25 Abs.1 UStG, Übertragung immaterieller Wirtschaftsgüter wie z.B. Firmenwert, Kundenstamm oder Lebensrückversicherungsverträge (vgl. EuGH-Urteil vom 22.10.2009, C-242/08, Swiss Re Germany Holding, BStBl 2011 II S.559), der Verzicht auf die Ausübung einer Tätigkeit (vgl. BFH-Urteile vom 6.5.2004, V R 40/02, BStBl II S.854, vom 7.7.2005, V R 34/03, BStBl 2007 II S.66, und vom 24.8.2006, V R 19/05, BStBl 2007 II S.187) oder die entgeltliche Unterlassung von Wettbewerb (vgl. BFH-Urteil vom 13.11.2003, V R 59/02, BStBl 2004 II S.472). [3]Die Bestellung eines Nießbrauchs oder eines Erbbaurechts ist eine Duldungsleistung in der Form der Dauerleistung im Sinne von § 3 Abs.9 Satz 2 UStG (vgl. BFH-Urteil vom 20.4.1988, X R 4/80, BStBl II S.744). [4]Zur Behandlung des sog. Quotennießbrauchs vgl. BFH-Urteil vom 28.2.1991, V R 12/85, BStBl II S.649.

(5) Zur Abgrenzung zwischen Lieferungen und sonstigen Leistungen vgl. Abschnitt 3.5.

UStAE   3.2. Unentgeltliche Wertabgaben**[1]**

(1) [1]Unentgeltliche Wertabgaben aus dem Unternehmen sind, soweit sie in der Abgabe von Gegenständen bestehen, nach § 3 Abs.1b UStG den entgeltlichen Lieferungen und, soweit sie in der Abgabe oder Ausführung von sonstigen Leistungen bestehen, nach § 3 Abs.9a UStG den entgeltlichen sonstigen Leistungen gleichgestellt. [2]Solche Wertabgaben sind sowohl bei Einzelunternehmern als auch bei Personen- und Kapitalgesellschaften sowie bei Vereinen und bei unternehmerisch tätigen juristischen Personen des öffentlichen Rechts möglich. [3]Sie umfassen im Wesentlichen die Tatbestände, die bis zum 31.3.1999 als Eigenverbrauch nach § 1 Abs.1 Nr.2 Buchstaben a und b UStG 1993, als sog. Gesellschafterverbrauch nach § 1 Abs.1 Nr.3 UStG 1993, sowie als unentgeltliche Sachzuwendungen und sonstige Leistungen an Arbeitnehmer nach § 1 Abs.1 Nr.1 Satz 2 Buchstabe b UStG 1993 der Steuer unterlagen. [4]Die zu diesen Tatbeständen ergangene Rechtsprechung des BFH ist sinngemäß weiter anzuwenden.

(2) [1]Für unentgeltliche Wertabgaben im Sinne des § 3 Abs.1b UStG ist die Steuerbefreiung für Ausfuhrlieferungen ausgeschlossen (§ 6 Abs.5 UStG; vgl. BFH-Urteil vom 19.2.2014, XI R 9/13, BStBl II S.597). [2]Bei unentgeltlichen Wertabgaben im Sinne des § 3 Abs.9a Nr.2 UStG entfällt die Steuerbefreiung für Lohnveredelungen an Gegenständen der Ausfuhr (§ 7 Abs.5 UStG). [3]Die

---

Anm. d. Schriftl.:

[1] Im Rahmen des Gesetzes zur weiteren steuerlichen Förderung der Elektromobilität und zur Änderung weiterer steuerlicher Vorschriften vom 12.12.2019, BGBl 2019 I S.2451, wurde die Ortsvorschrift des § 3f UStG aufgehoben.

übrigen Steuerbefreiungen sowie die Steuerermäßigungen sind auf unentgeltliche Wertabgaben anzuwenden, wenn die in den §§ 4 und 12 UStG bezeichneten Voraussetzungen vorliegen. [4]Eine Option zur Steuerpflicht nach § 9 UStG kommt allenfalls bei unentgeltlichen Wertabgaben nach § 3 Abs. 1b Satz 1 Nr. 3 UStG an einen anderen Unternehmer für dessen Unternehmen in Betracht. [5]Über eine unentgeltliche Wertabgabe, die in der unmittelbaren Zuwendung eines Gegenstandes oder in der Ausführung einer sonstigen Leistung an einen Dritten besteht, kann nicht mit einer Rechnung im Sinne des § 14 UStG abgerechnet werden. [6]Die vom Zuwendenden oder Leistenden geschuldete Umsatzsteuer kann deshalb vom Empfänger nicht als Vorsteuer abgezogen werden. [7]Zur Bemessungsgrundlage bei unentgeltlichen Wertabgaben vgl. Abschnitt 10.6.

(3) Im Zusammenhang mit einer Leistung, die dem Nullsteuersatz (§ 12 Abs. 3 UStG) unterliegt, ist im Hinblick auf eine unentgeltliche Wertabgabe wie folgt zu differenzieren:

1. [1]Bestand beim Erwerb eines Gegenstandes eine Berechtigung zum vollen oder teilweisen Vorsteuerabzug (keine Anwendung des Nullsteuersatzes), stellt die spätere Entnahme und die unentgeltliche Zuwendung oder Verwendung des Gegenstandes unter den übrigen Voraussetzungen eine unentgeltliche Wertabgabe dar. [2]Eine Entnahme des gesamten Gegenstandes ist nur möglich, wenn zukünftig voraussichtlich mehr als 90 % des Gegenstandes für nichtunternehmerische Zwecke verwendet werden. [3]Unter den übrigen Voraussetzungen des § 12 Abs. 3 UStG unterliegt diese unentgeltliche Wertabgabe dem Nullsteuersatz. [4]Die Entnahme nur eines Teils eines ursprünglich zulässigerweise dem Unternehmen zugeordneten Gegenstandes (vgl. Abschnitt 15.2c) ist nicht möglich.

2. Unterlag der Erwerb eines Gegenstandes dem Nullsteuersatz, stellt die spätere Entnahme, unentgeltliche Zuwendung oder Verwendung des Gegenstandes keine unentgeltliche Wertabgabe dar.

UStAE 3.3. Den Lieferungen gleichgestellte Wertabgaben[1]

Allgemeines

(1) [1]Die nach § 3 Abs. 1b UStG einer entgeltlichen Lieferung gleichgestellte Entnahme oder unentgeltliche Zuwendung eines Gegenstands aus dem Unternehmen setzt die Zugehörigkeit des Gegenstands zum Unternehmen voraus. [2]Die Zuordnung eines Gegenstands zum Unternehmen richtet sich nicht nach ertragsteuerrechtlichen Merkmalen, also nicht nach der Einordnung als Betriebs- oder Privatvermögen. [3]Maßgebend ist, ob der Unternehmer den Gegenstand dem unternehmerischen oder dem nichtunternehmerischen Tätigkeitsbereich zugewiesen hat (vgl. BFH-Urteil vom 21.4.1988, V R 135/83, BStBl II S. 746). [4]Zum nichtunternehmerischen Bereich gehören sowohl nichtwirtschaftliche Tätigkeiten i. e. S. als auch unternehmensfremde Tätigkeiten (vgl. Abschnitt 2.3 Abs. 1a). [5]Bei Gegenständen, die sowohl unternehmerisch als auch unternehmensfremd genutzt werden sollen, hat der Unternehmer unter den Voraussetzungen, die durch die Auslegung des Tatbestandsmerkmals „für sein Unternehmen" in § 15 Abs. 1 UStG zu bestimmen sind, grundsätzlich die Wahl der Zuordnung (vgl. BFH-Urteil vom 3.3.2011, V R 23/10, BStBl 2012 II S. 74). [6]Beträgt die unternehmerische Nutzung jedoch weniger als 10 %, ist die Zuordnung des Gegenstands zum Unternehmen unzulässig (§ 15 Abs. 1 Satz 2 UStG). [7]Kein Recht auf Zuordnung zum Unternehmen besteht auch, wenn der Unternehmer bereits bei Leistungsbezug beabsichtigt, die bezogene Leistung ausschließlich und unmittelbar für eine steuerbare unentgeltliche Wertabgabe im Sinne des § 3 Abs. 1b oder 9a UStG zu verwenden (vgl. BFH-Urteil vom 9.12.2010, V R 17/10, BStBl 2012 II S. 53). [8]Zum Vorsteuerabzug beim Bezug von

---

Anm. d. Schriftl.:

[1] Zur umsatzsteuerrechtlichen Behandlung von Erschließungsmaßnahmen hat das BMF mit Schreiben vom 7. 6. 2012, BStBl 2012 I S. 621, Stellung genommen.

Leistungen sowohl für Zwecke unternehmerischer als auch nichtunternehmerischer Tätigkeit vgl. im Übrigen Abschnitte 15.2b und 15.2c.

Berechtigung zum Vorsteuerabzug für den Gegenstand oder seine Bestandteile (§ 3 Abs. 1b Satz 2 UStG)

(2) ¹Die Entnahme eines dem Unternehmen zugeordneten Gegenstands wird nach § 3 Abs. 1b UStG nur dann einer entgeltlichen Lieferung gleichgestellt, wenn der entnommene oder zugewendete Gegenstand oder seine Bestandteile zum vollen oder teilweisen Vorsteuerabzug berechtigt haben. ²Falls an einem Gegenstand (z. B. PKW), der ohne Berechtigung zum Vorsteuerabzug erworben wurde, nach seiner Anschaffung Arbeiten ausgeführt worden sind, die zum Einbau von Bestandteilen geführt haben und für die der Unternehmer zum Vorsteuerabzug berechtigt war, unterliegen bei einer Entnahme des Gegenstands nur diese Bestandteile der Umsatzbesteuerung. ³Bestandteile eines Gegenstands sind diejenigen gelieferten Gegenstände, die auf Grund ihres Einbaus ihre körperliche und wirtschaftliche Eigenart endgültig verloren haben und die zu einer dauerhaften, im Zeitpunkt der Entnahme nicht vollständig verbrauchten Werterhöhung des Gegenstands geführt haben (z. B. eine nachträglich in einen PKW eingebaute Klimaanlage). ⁴Dienstleistungen (sonstige Leistungen) einschließlich derjenigen, für die zusätzlich kleinere Lieferungen von Gegenständen erforderlich sind (z. B. Karosserie- und Lackarbeiten an einem PKW), führen nicht zu Bestandteilen des Gegenstands (vgl. BFH-Urteile vom 18. 10. 2001, V R 106/98, BStBl 2002 II S. 551, und vom 20. 12. 2001, V R 8/98, BStBl 2002 II S. 557).

(3) ¹Der Einbau eines Bestandteils in einen Gegenstand hat nur dann zu einer dauerhaften, im Zeitpunkt der Entnahme nicht vollständig verbrauchten Werterhöhung des Gegenstands geführt, wenn er nicht lediglich zur Werterhaltung des Gegenstands beigetragen hat. ²Unterhalb einer gewissen Bagatellgrenze liegende Aufwendungen für den Einbau von Bestandteilen führen nicht zu einer dauerhaften Werterhöhung des Gegenstands (vgl. BFH-Urteil vom 18. 10. 2001, V R 106/98, BStBl 2002 II S. 551).

(4) ¹Aus Vereinfachungsgründen wird keine dauerhafte Werterhöhung des Gegenstands angenommen, wenn die vorsteuerentlasteten Aufwendungen für den Einbau von Bestandteilen weder 20 % der Anschaffungskosten des Gegenstands noch einen Betrag von 1 000 € übersteigen. ²In diesen Fällen kann auf eine Besteuerung der Bestandteile nach § 3 Abs. 1b Satz 1 Nr. 1 in Verbindung mit Satz 2 UStG bei der Entnahme eines dem Unternehmen zugeordneten Gegenstands, den der Unternehmer ohne Berechtigung zum Vorsteuerabzug erworben hat, verzichtet werden. ³Werden an einem Wirtschaftsgut mehrere Bestandteile in einem zeitlichen oder sachlichen Zusammenhang eingebaut, handelt es sich nicht um eine Maßnahme, auf die in der Summe die Bagatellregelung angewendet werden soll. ⁴Es ist vielmehr für jede einzelne Maßnahme die Vereinfachungsregelung zu prüfen.

Beispiel:

¹Ein Unternehmer erwirbt am 1. 7. 01 aus privater Hand einen gebrauchten PKW für 10 000 € und ordnet ihn zulässigerweise seinem Unternehmen zu. ²Am 1. 3. 02 lässt er in den PKW nachträglich eine Klimaanlage einbauen (Entgelt 2 500 €) und am 1. 8. 02 die Windschutzscheibe erneuern (Entgelt 500 €). ³Für beide Leistungen nimmt der Unternehmer den Vorsteuerabzug in Anspruch. ⁴Am 1. 3. 03 entnimmt der Unternehmer den PKW in sein Privatvermögen (Aufschlag nach „Schwacke-Liste" auf den Marktwert des PKW im Zeitpunkt der Entnahme für die Klimaanlage 1 500 €, für die Windschutzscheibe 50 €).

⁵Das aufgewendete Entgelt für den nachträglichen Einbau der Windschutzscheibe beträgt 500 €, also weniger als 20 % der ursprünglichen Anschaffungskosten des PKW, und übersteigt auch nicht den Betrag von 1 000 €. ⁶Aus Vereinfachungsgründen wird für den Einbau der Windschutzscheibe keine dauerhafte Werterhöhung des Gegenstands angenommen.

⁷Das aufgewendete Entgelt für den nachträglichen Einbau der Klimaanlage beträgt 2 500 €, also mehr als 20 % der ursprünglichen Anschaffungskosten des PKW. ⁸Mit dem Einbau der Klimaanlage in den PKW hat diese ihre körperliche und wirtschaftliche Eigenart endgültig verloren und zu einer dauerhaften, im Zeitpunkt der Entnahme nicht vollständig verbrauchten Werterhöhung des Gegen-

UStAE

stands geführt. [9]Die Entnahme der Klimaanlage unterliegt daher nach § 3 Abs. 1b Satz 1 Nr. 1 in Verbindung mit Satz 2 UStG mit einer Bemessungsgrundlage nach § 10 Abs. 4 Satz 1 Nr. 1 UStG i. H. v. 1 500 € der Umsatzsteuer.

[5]Die vorstehende Bagatellgrenze gilt auch für entsprechende unentgeltliche Zuwendungen eines Gegenstands im Sinne des § 3 Abs. 1b Satz 1 Nr. 2 und 3 UStG.

Entnahme von Gegenständen (§ 3 Abs. 1b Satz 1 Nr. 1 UStG)

(5) [1]Eine Entnahme eines Gegenstands aus dem Unternehmen im Sinne des § 3 Abs. 1b Satz 1 Nr. 1 UStG liegt nur dann vor, wenn der Vorgang bei entsprechender Ausführung an einen Dritten als Lieferung – einschließlich Werklieferung – anzusehen wäre. [2]Ein Vorgang, der Dritten gegenüber als sonstige Leistung – einschließlich Werkleistung – zu beurteilen wäre, erfüllt zwar die Voraussetzungen des § 3 Abs. 1b Satz 1 Nr. 1 UStG nicht, kann aber nach § 3 Abs. 9a Nr. 2 UStG steuerbar sein (vgl. Abschnitt 3.4). [3]Das gilt auch insoweit, als dabei Gegenstände, z. B. Materialien, verbraucht werden (vgl. BFH-Urteil vom 13. 2. 1964, V 99/63 U, BStBl III S. 174). [4]Der Grundsatz der Einheitlichkeit der Leistung (vgl. Abschnitt 3.10) gilt auch für die unentgeltlichen Wertabgaben (vgl. BFH-Urteil vom 3. 11. 1983, V R 4/73, BStBl 1984 II S. 169).

(6) [1]Wird ein dem Unternehmen dienender Gegenstand während der Dauer einer nichtunternehmerischen Verwendung auf Grund äußerer Einwirkung zerstört, z. B. Totalschaden eines Personenkraftwagens infolge eines Unfalls auf einer Privatfahrt, liegt keine Entnahme eines Gegenstands aus dem Unternehmen vor. [2]Das Schadensereignis fällt in den Vorgang der nichtunternehmerischen Verwendung und beendet sie wegen Untergangs der Sache. [3]Eine Entnahmehandlung ist in Bezug auf den unzerstörten Gegenstand nicht mehr möglich (vgl. BFH-Urteile vom 28. 2. 1980, V R 138/72, BStBl II S. 309, und vom 28. 6. 1995, XI R 66/94, BStBl II S. 850).

(7) [1]Bei einem Rohbauunternehmer, der für eigene Wohnzwecke ein schlüsselfertiges Haus mit Mitteln des Unternehmens errichtet, ist Gegenstand der Entnahme das schlüsselfertige Haus, nicht lediglich der Rohbau (vgl. BFH-Urteil vom 3. 11. 1983, V R 4/73, BStBl 1984 II S. 169). [2]Entscheidend ist nicht, was der Unternehmer in der Regel im Rahmen seines Unternehmens herstellt, sondern was im konkreten Fall Gegenstand der Wertabgabe des Unternehmens ist (vgl. BFH-Urteil vom 21. 4. 1988, V R 135/83, BStBl II S. 746). [3]Wird ein Einfamilienhaus für unternehmensfremde Zwecke auf einem zum Betriebsvermögen gehörenden Grundstück errichtet, überführt der Bauunternehmer das Grundstück in aller Regel spätestens im Zeitpunkt des Baubeginns in sein Privatvermögen. [4]Dieser Vorgang ist unter den Voraussetzungen des § 3 Abs. 1b Satz 2 UStG eine nach § 4 Nr. 9 Buchstabe a UStG steuerfreie Lieferung im Sinne des § 3 Abs. 1b Satz 1 Nr. 1 UStG.

(8) [1]Die unentgeltliche Übertragung eines Betriebsgrundstücks durch einen Unternehmer auf seine Kinder unter Anrechnung auf deren Erb- und Pflichtteil ist – wenn nicht die Voraussetzungen des § 1 Abs. 1a UStG vorliegen (vgl. Abschnitt 1.5) – eine steuerfreie Lieferung im Sinne des § 3 Abs. 1b Satz 1 Nr. 1 UStG, auch wenn das Grundstück auf Grund eines mit den Kindern geschlossenen Pachtvertrages weiterhin für die Zwecke des Unternehmens verwendet wird und die Kinder als Nachfolger des Unternehmers nach dessen Tod vorgesehen sind (vgl. BFH-Urteil vom 2. 10. 1986, V R 91/78, BStBl 1987 II S. 44). [2]Die unentgeltliche Übertragung des Miteigentums an einem Betriebsgrundstück durch einen Unternehmer auf seinen Ehegatten ist eine nach § 4 Nr. 9 Buchstabe a UStG steuerfreie Wertabgabe des Unternehmens, auch wenn das Grundstück weiterhin für die Zwecke des Unternehmens verwendet wird. [3]Hinsichtlich des dem Unternehmer verbleibenden Miteigentumsanteils liegt keine unentgeltliche Wertabgabe im Sinne des § 3 Abs. 1b oder Abs. 9a UStG vor (vgl. BFH-Urteile vom 6. 9. 2007, V R 41/05, BStBl 2008 II S. 65, und vom 22. 11. 2007, V R 5/06, BStBl 2008 II S. 448). [4]Zur Vorsteuerberichtigung nach § 15a UStG vgl. Abschnitt 15a.2 Abs. 6 Nr. 3 und zur Bestellung eines lebenslänglichen unentgeltlichen Nießbrauchs an einem unternehmerisch genutzten bebauten Grundstück vgl. BFH-Urteil vom 16. 9. 1987, X R 51/81, BStBl 1988 II S. 205.

Sachzuwendungen an das Personal (§ 3 Abs. 1b Satz 1 Nr. 2 UStG)

(9) [1]Zuwendungen von Gegenständen (Sachzuwendungen) an das Personal für dessen privaten Bedarf sind auch dann steuerbar, wenn sie unentgeltlich sind, d. h. wenn sie keine Vergütungen für die Dienstleistung des Arbeitnehmers darstellen (vgl. hierzu Abschnitt 1.8). [2]Abs. 1 Sätze 7 und 8 bleiben unberührt.

Andere unentgeltliche Zuwendungen (§ 3 Abs. 1b Satz 1 Nr. 3 UStG)

(10) [1]Unentgeltliche Zuwendungen von Gegenständen, die nicht bereits in der Entnahme von Gegenständen oder in Sachzuwendungen an das Personal bestehen, werden Lieferungen gegen Entgelt gleichgestellt. [2]Ausgenommen sind Geschenke von geringem Wert und Warenmuster für Zwecke des Unternehmens. [3]Der Begriff „unentgeltliche Zuwendung" im Sinne von § 3 Abs. 1b Satz 1 Nr. 3 UStG setzt nicht lediglich die Unentgeltlichkeit einer Lieferung voraus, sondern verlangt darüber hinaus, dass der Zuwendende dem Empfänger zielgerichtet einen Vermögensvorteil verschafft (vgl. BFH-Urteile vom 14. 5. 2008, XI R 60/07, BStBl II S. 721, und vom 10. 8. 2017, V R 3/16, BStBl II S. 1264). [4]Voraussetzung für die Steuerbarkeit ist, dass der Gegenstand oder seine Bestandteile zum vollen oder teilweisen Vorsteuerabzug berechtigt haben (§ 3 Abs. 1b Satz 2 UStG). [5]Mit der Regelung soll ein umsatzsteuerlich unbelasteter Endverbrauch vermieden werden. [6]Gleichwohl entfällt die Steuerbarkeit nicht, wenn der Empfänger die zugewendeten Geschenke in seinem Unternehmen verwendet. [7]Gegenstände des Unternehmens, die der Unternehmer aus unternehmensfremden (privaten) Gründen abgibt, sind als Entnahmen nach § 3 Abs. 1b Satz 1 Nr. 1 UStG zu beurteilen (vgl. Absätze 5 bis 8). [8]Gegenstände des Unternehmens, die der Unternehmer aus unternehmerischen Gründen abgibt, sind als unentgeltliche Zuwendungen nach § 3 Abs. 1b Satz 1 Nr. 3 UStG zu beurteilen. [9]Hierzu gehört die Abgabe von neuen oder gebrauchten Gegenständen insbesondere zu Werbezwecken, zur Verkaufsförderung oder zur Imagepflege, z. B. Sachspenden an Vereine oder Schulen, Warenabgaben anlässlich von Preisausschreiben, Verlosungen usw. zu Werbezwecken. [10]Nicht steuerbar ist dagegen die Gewährung unentgeltlicher sonstiger Leistungen aus unternehmerischen Gründen (vgl. Abschnitt 3.4 Abs. 1). [11]Hierunter fällt z. B. die unentgeltliche Überlassung von Gegenständen, die im Eigentum des Zuwendenden verbleiben und die der Empfänger später an den Zuwendenden zurückgeben muss.

(11) [1]Die Abgabe von Geschenken von geringem Wert ist nicht steuerbar. [2]Derartige Geschenke liegen vor, wenn die Anschaffungs- oder Herstellungskosten der dem Empfänger im Kalenderjahr zugewendeten Gegenstände insgesamt 35 € (Nettobetrag ohne Umsatzsteuer) nicht übersteigen. [3]Dies kann bei geringwertigen Werbeträgern (z. B. Kugelschreiber, Feuerzeuge, Kalender usw.) unterstellt werden.

(12) [1]Bei Geschenken über 35 €, für die nach § 15 Abs. 1a UStG in Verbindung mit § 4 Abs. 5 Satz 1 Nr. 1 EStG kein Vorsteuerabzug vorgenommen werden kann, entfällt nach § 3 Abs. 1b Satz 2 UStG eine Besteuerung der Zuwendungen. [2]Deshalb ist zunächst anhand der ertragsteuerrechtlichen Regelungen (vgl. R 4.10 Abs. 2 bis 4 EStR) zu prüfen, ob es sich bei einem abgegebenen Gegenstand begrifflich um ein „Geschenk" handelt. [3]Insbesondere setzt ein Geschenk eine unentgeltliche Zuwendung an einen Dritten voraus. [4]Die Unentgeltlichkeit ist nicht gegeben, wenn die Zuwendung als Entgelt für eine bestimmte Gegenleistung des Empfängers anzusehen ist. [5]Falls danach ein Geschenk vorliegt, ist weiter zu prüfen, ob hierfür der Vorsteuerabzug nach § 15 Abs. 1a UStG ausgeschlossen ist (vgl. Abschnitt 15.6 Abs. 4 und 5). [6]Nur wenn danach der Gegenstand oder seine Bestandteile zum vollen oder teilweisen Vorsteuerabzug berechtigt haben, kommt eine Besteuerung als unentgeltliche Wertabgabe in Betracht.

(13) [1]Warenmuster sind ausdrücklich von der Steuerbarkeit ausgenommen. [2]Ein Warenmuster ist ein Probeexemplar eines Produkts, durch das dessen Absatz gefördert werden soll und das eine Bewertung der Merkmale und der Qualität dieses Produkts ermöglicht, ohne zu einem anderen als dem mit solchen Werbeumsätzen naturgemäß verbundenen Endverbrauch zu führen (vgl. EuGH-Urteil vom 30. 9. 2010, C-581/08, EMI Group, und BFH-Urteil vom 12. 12. 2012, XI R

36/10, BStBl 2013 II S. 412). [3]Ist das Probeexemplar ganz oder im Wesentlichen identisch mit dem im allgemeinen Verkauf erhältlichen Produkt, kann es sich gleichwohl um ein Warenmuster handeln, wenn die Übereinstimmung mit dem verkaufsfertigen Produkt für die Bewertung durch den potenziellen oder tatsächlichen Käufer erforderlich ist und die Absicht der Absatzförderung des Produkts im Vordergrund steht. [4]Die Abgabe eines Warenmusters soll in erster Linie nicht dem Empfänger den Kauf ersparen, sondern ihn oder Dritte zum Kauf anregen. [5]Ohne Bedeutung ist, ob Warenmuster einem anderen Unternehmer für dessen unternehmerische Zwecke oder einem Endverbraucher zugewendet werden. [6]Nicht steuerbar ist die Abgabe sog. Probierpackungen im Getränke- und Lebensmitteleinzelhandel (z. B, die kostenlose Abgabe von losen oder verpackten Getränken und Lebensmitteln im Rahmen von Verkaufsaktionen, Lebensmittelprobierpackungen, Probepackungen usw.) an Endverbraucher.

(14) [1]Unentgeltlich abgegebene Verkaufskataloge, Versandhauskataloge, Reisekataloge, Werbeprospekte und -handzettel, Veranstaltungsprogramme und -kalender usw. dienen der Werbung, insbesondere der Anbahnung eines späteren Umsatzes. [2]Eine (private) Bereicherung des Empfängers ist damit regelmäßig nicht verbunden. [3]Dies gilt auch für Anzeigenblätter mit einem redaktionellen Teil (z. B. für Lokales, Vereinsnachrichten usw.), die an alle Haushalte in einem bestimmten Gebiet kostenlos verteilt werden. [4]Bei der Abgabe derartiger Erzeugnisse handelt es sich nicht um unentgeltliche Zuwendungen im Sinne des § 3 Abs. 1b Satz 1 Nr. 3 UStG.

(15) [1]Die unentgeltliche Abgabe von Werbe- und Dekorationsmaterial, das nach Ablauf der Werbe- oder Verkaufsaktion vernichtet wird oder bei dem Empfänger nicht zu einer (privaten) Bereicherung führt (z. B. Verkaufsschilder, Preisschilder, sog. Displays), an andere Unternehmer (z. B. vom Hersteller an Großhändler oder vom Großhändler an Einzelhändler) dient ebenfalls der Werbung bzw. Verkaufsförderung. [2]Das Gleiche gilt für sog. Verkaufshilfen oder -ständer (z. B. Suppenständer, Süßwarenständer), die z. B. von Herstellern oder Großhändlern an Einzelhändler ohne besondere Berechnung abgegeben werden, wenn beim Empfänger eine Verwendung dieser Gegenstände im nichtunternehmerischen Bereich ausgeschlossen ist. [3]Bei der Abgabe derartiger Erzeugnisse handelt es sich nicht um unentgeltliche Zuwendungen im Sinne des § 3 Abs. 1b Satz 1 Nr. 3 UStG. [4]Dagegen handelt es sich bei der unentgeltlichen Abgabe auch nichtunternehmerisch verwendbarer Gegenstände, die nach Ablauf der Werbe- oder Verkaufsaktionen für den Empfänger noch einen Gebrauchswert haben (z. B. Fahrzeuge, Spielzeug, Sport- und Freizeitartikel), um unentgeltliche Zuwendungen im Sinne des § 3 Abs. 1b Satz 1 Nr. 3 UStG.

(16) Ein Set – bestehend aus Blutzuckermessgerät, Stechhilfe und Teststreifen –, das über Ärzte, Schulungszentren für Diabetiker und sonstige Laboreinrichtungen unentgeltlich an die Patienten abgegeben wird, ist kein Warenmuster im Sinne des § 3 Abs. 1b Satz 1 Nr. 3 UStG (vgl. BFH-Urteil vom 12. 12. 2012, XI R 36/10, BStBl 2013 II S. 412); vgl. im Übrigen Abschnitt 15.2b Abs. 2.

(17) [1]Wenn der Empfänger eines scheinbar kostenlos abgegebenen Gegenstands für den Erhalt dieses Gegenstands tatsächlich eine Gegenleistung erbringt, ist die Abgabe dieses Gegenstands nicht als unentgeltliche Zuwendung nach § 3 Abs. 1b Satz 1 Nr. 3 UStG, sondern als entgeltliche Lieferung nach § 1 Abs. 1 Nr. 1 UStG steuerbar. [2]Die Gegenleistung des Empfängers kann in Geld oder in Form einer Lieferung bzw. sonstigen Leistung bestehen (vgl. § 3 Abs. 12 UStG).

Einzelfälle

(18) [1]Falls ein Unternehmer dem Abnehmer bei Abnahme einer bestimmten Menge zusätzliche Stücke desselben Gegenstands ohne Berechnung zukommen lässt (z. B. elf Stücke zum Preis von zehn Stücken), handelt es sich bei wirtschaftlicher Betrachtung auch hinsichtlich der zusätzlichen Stücke um eine insgesamt entgeltliche Lieferung. [2]Ähnlich wie bei einer Staffelung des Preises nach Abnahmemengen hat in diesem Fall der Abnehmer mit dem Preis für die berechneten Stücke die unberechneten Stücke mitbezahlt. [3]Wenn ein Unternehmer dem Abnehmer bei Abnahme einer bestimmten Menge zusätzlich andere Gegenstände ohne Berechnung zukommen lässt (z. B. bei Abnahme von 20 Kühlschränken wird ein Mikrowellengerät ohne Berech-

nung mitgeliefert), handelt es sich bei wirtschaftlicher Betrachtungsweise ebenfalls um eine insgesamt entgeltliche Lieferung.

(19) Eine insgesamt entgeltliche Lieferung ist auch die unberechnete Abgabe von Untersetzern (Bierdeckel), Saugdecken (Tropfdeckchen), Aschenbechern und Gläsern einer Brauerei oder eines Getränkevertriebs an einen Gastwirt im Rahmen einer Getränkelieferung, die unberechnete Abgabe von Autozubehörteilen (Fußmatten, Warndreiecke) und Pflegemitteln usw. eines Fahrzeughändlers an den Käufer eines Neuwagens oder die unberechnete Abgabe von Schuhpflegemitteln eines Schuhhändlers an einen Schuhkäufer.

(20) In folgenden Fällen liegen ebenfalls regelmäßig entgeltliche Lieferungen bzw. einheitliche entgeltliche Leistungen vor:!

– unberechnete Übereignung eines Mobilfunk-Geräts (Handy) von einem Mobilfunk-Anbieter an einen neuen Kunden, der gleichzeitig einen längerfristigen Netzbenutzungsvertrag abschließt;

– Sachprämien von Zeitungs- und Zeitschriftenverlagen an die Neuabonnenten einer Zeitschrift, die ein längerfristiges Abonnement abgeschlossen haben;

– [1]Sachprämien an Altkunden für die Vermittlung von Neukunden. [2]Der Sachprämie steht eine Vermittlungsleistung des Altkunden gegenüber;

– Sachprämien eines Automobilherstellers an das Verkaufspersonal eines Vertragshändlers, wenn dieses Personal damit für besondere Verkaufserfolge belohnt wird.

UStAE   3.4. Den sonstigen Leistungen gleichgestellte Wertabgaben

(1) [1]Die unentgeltlichen Wertabgaben im Sinne des § 3 Abs. 9a UStG umfassen alle sonstigen Leistungen, die ein Unternehmer im Rahmen seines Unternehmens für eigene, außerhalb des Unternehmens liegende Zwecke oder für den privaten Bedarf seines Personals ausführt. [2]Sie erstrecken sich auf alles, was seiner Art nach Gegenstand einer sonstigen Leistung im Sinne des § 3 Abs. 9 UStG sein kann. [3]Nicht steuerbar ist dagegen die Gewährung unentgeltlicher sonstiger Leistungen aus unternehmerischen Gründen. [4]Zu den unentgeltlichen sonstigen Leistungen für den privaten Bedarf des Personals im Sinne des § 3 Abs. 9a UStG vgl. Abschnitt 1.8.

(2) [1]Eine Wertabgabe im Sinne von § 3 Abs. 9a Nr. 1 UStG setzt voraus, dass der verwendete Gegenstand dem Unternehmen zugeordnet ist und die unternehmerische Nutzung des Gegenstands zum vollen oder teilweisen Vorsteuerabzug berechtigt hat. [2]Zur Frage der Zuordnung zum Unternehmen gilt Abschnitt 3.3 Abs. 1 entsprechend; vgl. dazu auch Abschnitt 15.2b Abs. 2. [3]Wird ein dem Unternehmen zugeordneter Gegenstand, bei dem kein Recht zum Vorsteuerabzug bestand (z. B. ein von einer Privatperson erworbener Computer), für nichtunternehmerische Zwecke genutzt, liegt eine sonstige Leistung im Sinne von § 3 Abs. 9a Nr. 1 UStG nicht vor. [4]Ändern sich bei einem dem unternehmerischen Bereich zugeordneten Gegenstand die Verhältnisse für den Vorsteuerabzug durch Erhöhung der Nutzung für nichtwirtschaftliche Tätigkeiten i. e. S., ist eine unentgeltliche Wertabgabe nach § 3 Abs. 9a Nr. 1 UStG zu versteuern. [5]Ändern sich die Verhältnisse durch Erhöhung der Nutzung für unternehmerische Tätigkeiten, kann eine Vorsteuerberichtigung nach § 15a UStG in Betracht kommen (vgl. Abschnitt 15a.1 Abs. 7). [6]Bei einer teilunternehmerischen Nutzung von Grundstücken sind die Absätze 5a bis 8 zu beachten.

(3) [1]Unter den Tatbestand des § 3 Abs. 9a Nr. 1 UStG fällt grundsätzlich auch die private Nutzung eines unternehmenseigenen Fahrzeugs durch den Unternehmer oder den Gesellschafter

(vgl. BFH-Urteil vom 5. 6. 2014, XI R 2/12, BStBl 2015 II S. 785).**❶** [2]Die Verwendung eines dem Unternehmen zugeordneten Pkw für Fahrten des Unternehmers zwischen Wohnung und Betriebsstätte erfolgt nicht für Zwecke außerhalb des Unternehmens und unterliegt damit nicht der Wertabgabenbesteuerung nach § 3 Abs. 9a Nr. 1 UStG (vgl. BFH-Urteil vom 5. 6. 2014, XI R 36/12, BStBl 2015 II S. 43).

(4) [1]Umsatzsteuer aus den Anschaffungskosten unternehmerisch genutzter Telekommunikationsgeräte (z. B. von Telefonanlagen nebst Zubehör, Faxgeräten, Mobilfunkeinrichtungen) kann der Unternehmer unter den Voraussetzungen des § 15 UStG in voller Höhe als Vorsteuer abziehen. [2]Die unternehmensfremde (private) Nutzung dieser Geräte unterliegt nach § 3 Abs. 9a Nr. 1 UStG der Umsatzsteuer (vgl. Abschnitt 15.2c). [3]Bemessungsgrundlage sind die Ausgaben für die jeweiligen Geräte (vgl. Abschnitt 10.6 Abs. 3). [4]Nicht zur Bemessungsgrundlage gehören die Grund- und Gesprächsgebühren (vgl. BFH-Urteil vom 23. 9. 1993, V R 87/89, BStBl 1994 II S. 200). [5]Die auf diese Gebühren entfallenden Vorsteuern sind in einen abziehbaren und einen nicht abziehbaren Anteil aufzuteilen (vgl. Abschnitt 15.2c).

(5) Der Einsatz betrieblicher Arbeitskräfte für unternehmensfremde (private) Zwecke zu Lasten des Unternehmens (z. B. Einsatz von Betriebspersonal im Privatgarten oder im Haushalt des Unternehmers) ist grundsätzlich eine steuerbare Wertabgabe nach § 3 Abs. 9a Nr. 2 UStG (vgl. BFH-Urteil vom 18. 5. 1993, V R 134/89, BStBl II S. 885).

Teilunternehmerische Nutzung von Grundstücken

(5a) [1]Ist der dem Unternehmen zugeordnete Gegenstand ein Grundstück – insbesondere ein Gebäude als wesentlicher Bestandteil eines Grundstücks – und wird das Grundstück teilweise für unternehmensfremde (private) Tätigkeiten genutzt, so dass der Vorsteuerabzug nach § 15 Abs. 1b UStG insoweit ausgeschlossen ist (vgl. Abschnitt 15.6a), entfällt eine Wertabgabenbesteuerung nach § 3 Abs. 9a Nr. 1 UStG. [2]Sofern sich später der Anteil der unternehmensfremden Nutzung des dem Unternehmensvermögen insgesamt zugeordneten Grundstücks im Sinne des § 15 Abs. 1b UStG erhöht, erfolgt eine Berichtigung nach § 15a Abs. 6a UStG (vgl. Abschnitt 15.6a Abs. 5) und keine Wertabgabenbesteuerung nach § 3 Abs. 9a Nr. 1 UStG. [3]Wird das Grundstück nicht für unternehmensfremde, sondern für nichtwirtschaftliche Tätigkeiten i. e. S. verwendet (z. B. für ideelle Zwecke eines Vereins, vgl. Abschnitt 2.3 Abs. 1a), ist insoweit eine Zuordnung nach § 15 Abs. 1 UStG nicht möglich (vgl. BFH-Urteil vom 3. 3. 2011, V R 23/10, BStBl 2012 II S. 74, Abschnitt 15.2b Abs. 2). [4]Erhöht sich später der Anteil der Nutzung des Grundstücks für nichtwirtschaftliche Tätigkeiten i. e. S., erfolgt eine Wertabgabenbesteuerung nach § 3 Abs. 9a Nr. 1 UStG. [5]Vermindert sich später der Anteil der Nutzung des Grundstücks für nichtwirtschaftliche Tätigkeiten i. e. S., kann der Unternehmer aus Billigkeitsgründen eine Berichtigung entsprechend § 15a Abs. 1 UStG vornehmen (vgl. Abschnitt 15a.1 Abs. 7).

(6) [1]Überlässt eine Gemeinde eine Mehrzweckhalle unentgeltlich an Schulen, Vereine usw., handelt es sich um eine Nutzung für nichtwirtschaftliche Tätigkeiten i. e. S. (vgl. Abschnitt 2.3 Abs. 1a); insoweit ist eine Zuordnung der Halle zum Unternehmen nach § 15 Abs. 1 UStG nicht möglich (vgl. Abs. 5a Satz 3 sowie Abschnitt 15.2b Abs. 2) und dementsprechend keine unentgeltliche Wertabgabe zu besteuern. [2]Das gilt nicht, wenn die Halle ausnahmsweise zur Anbahnung späterer Geschäftsbeziehungen mit Mietern für kurze Zeit unentgeltlich überlassen wird (vgl. BFH-Urteil vom 28. 11. 1991, V R 95/86, BStBl 1992 II S. 569). [3]Auf Grund eines partiellen Zuordnungsverbots liegt auch keine unentgeltliche Wertabgabe vor, wenn Schulen und Vereine

---

Anm. d. Schriftl.:

❶ Die Pkw-Überlassung an einen Gesellschafter-Geschäftsführer zur privaten Nutzung unterliegt der Umsatzsteuer, wenn ein – im Einzelfall zu prüfender – Zusammenhang zwischen Nutzungsüberlassung und Arbeitsleistung im Sinne eines Entgelts besteht oder wenn die Voraussetzungen einer unentgeltlichen Wertabgabe (wie z. B. bei der Pkw-Nutzung aufgrund eines Gesellschaftsverhältnisses) gegeben sind (BFH-Urteil vom 5. 6. 2014, BStBl 2015 II S. 785).

ein gemeindliches Schwimmbad unentgeltlich nutzen können (vgl. Abschnitt 2.11 Abs. 18). [4]Die Mitbenutzung von Kurparkanlagen, die eine Gemeinde unternehmerisch nutzt, durch Personen, die nicht Kurgäste sind, führt bei der Gemeinde nicht zu einer steuerbaren unentgeltlichen Wertabgabe (vgl. BFH-Urteil vom 18. 8. 1988, V R 18/83, BStBl II S. 971), ggf. ist jedoch insoweit kein Vorsteuerabzug möglich (vgl. Abschnitt 15.19). [5]Es liegt auch keine unentgeltliche Wertabgabe vor, wenn eine Gemeinde ein Parkhaus den Benutzern zeitweise (z. B. in der Weihnachtszeit) gebührenfrei zur Verfügung stellt, wenn damit neben dem Zweck der Verkehrsberuhigung auch dem Parkhausunternehmen dienende Zwecke (z. B. Kundenwerbung) verfolgt werden (vgl. BFH-Urteil vom 10. 12. 1992, V R 3/88, BStBl 1993 II S. 380).

Wertabgabenbesteuerung nach § 3 Abs. 9a Nr. 1 UStG bei teilunternehmerisch genutzten Grundstücken, die die zeitlichen Grenzen des § 27 Abs. 16 UStG erfüllen

(7) [1]Die Verwendung von Räumen in einem dem Unternehmen zugeordneten Gebäude für Zwecke außerhalb des Unternehmens kann eine steuerbare oder nicht steuerbare Wertabgabe sein. [2]Diese Nutzung ist nur steuerbar, wenn die unternehmerische Nutzung anderer Räume zum vollen oder teilweisen Vorsteuerabzug berechtigt hat (vgl. BFH-Urteile vom 8. 10. 2008, XI R 58/07, BStBl 2009 II S. 394, und vom 11. 3. 2009, XI R 69/07, BStBl II S. 496). [3]Ist die unentgeltliche Wertabgabe steuerbar, kommt die Anwendung der Steuerbefreiung nach § 4 Nr. 12 UStG nicht in Betracht (vgl. Abschnitt 4.12.1 Abs. 1 und 3).

Beispiel 1:

[1]U hat ein Zweifamilienhaus, in dem er eine Wohnung steuerfrei vermietet und die andere Wohnung für eigene Wohnzwecke nutzt, insgesamt seinem Unternehmen zugeordnet.

[2]U steht hinsichtlich der steuerfrei vermieteten Wohnung kein Vorsteuerabzug zu (§ 15 Abs. 2 Satz 1 Nr. 1 UStG). [3]Die private Nutzung ist keine steuerbare unentgeltliche Wertabgabe im Sinne des § 3 Abs. 9a Nr. 1 UStG, da der dem Unternehmen zugeordnete Gegenstand nicht zum vollen oder teilweisen Vorsteuerabzug berechtigt hat.

Beispiel 2:

[1]U ist Arzt und nutzt in seinem Einfamilienhaus, das er zulässigerweise insgesamt seinem Unternehmen zugeordnet hat, das Erdgeschoss für seine unternehmerische Tätigkeit und das Obergeschoss für eigene Wohnzwecke. [2]Er erzielt nur steuerfreie Umsätze im Sinne des § 4 Nr. 14 UStG, die den Vorsteuerabzug ausschließen.

[3]U steht kein Vorsteuerabzug zu. [4]Die private Nutzung des Obergeschosses ist keine steuerbare unentgeltliche Wertabgabe im Sinne des § 3 Abs. 9a Nr. 1 UStG, da das dem Unternehmen zugeordnete Gebäude hinsichtlich des unternehmerisch genutzten Gebäudeteils nicht zum Vorsteuerabzug berechtigt hat.

Beispiel 3:

[1]U ist Schriftsteller und nutzt in seinem ansonsten für eigene Wohnzwecke genutzten Einfamilienhaus, das er insgesamt seinem Unternehmen zugeordnet hat, ein Arbeitszimmer für seine unternehmerische Tätigkeit.

[2]U steht hinsichtlich des gesamten Gebäudes der Vorsteuerabzug zu. [3]Die private Nutzung der übrigen Räume ist eine unentgeltliche Wertabgabe im Sinne des § 3 Abs. 9a Nr. 1 UStG, da der dem Unternehmen zugeordnete Gegenstand hinsichtlich des unternehmerisch genutzten Gebäudeteils zum Vorsteuerabzug berechtigt hat. [4]Die unentgeltliche Wertabgabe ist steuerpflichtig.

[4]Das gilt auch, wenn die Nutzung für Zwecke außerhalb des Unternehmens in der unentgeltlichen Überlassung an Dritte besteht.

Beispiel 4:

[1]U hat ein Haus, in dem er Büroräume im Erdgeschoss steuerpflichtig vermietet und die Wohnung im Obergeschoss unentgeltlich an die Tochter überlässt, insgesamt seinem Unternehmen zugeordnet.

[2]U steht hinsichtlich des gesamten Gebäudes der Vorsteuerabzug zu. [3]Die Überlassung an die Tochter ist eine steuerbare unentgeltliche Wertabgabe im Sinne des § 3 Abs. 9a Nr. 1 UStG, weil das dem

Unternehmen zugeordnete Gebäude hinsichtlich des unternehmerisch genutzten Gebäudeteils zum Vorsteuerabzug berechtigt hat. [4]Die unentgeltliche Wertabgabe ist steuerpflichtig.

Beispiel 5:

[1]U hat ein Zweifamilienhaus, das er im Jahr 01 zu 50 % für eigene unternehmerische Zwecke und zum Vorsteuerabzug berechtigende Zwecke (Büroräume) nutzt und zu 50 % steuerfrei vermietet, insgesamt seinem Unternehmen zugeordnet. [2]Ab dem Jahr 04 nutzt er die Büroräume ausschließlich für eigene Wohnzwecke.

[3]U steht ab dem Jahr 01 nur hinsichtlich der Büroräume der Vorsteuerabzug zu; für den steuerfrei vermieteten Gebäudeteil ist der Vorsteuerabzug hingegen ausgeschlossen. [4]Ab dem Jahr 04 unterliegt die Nutzung der Büroräume zu eigenen Wohnzwecken des U als steuerbare unentgeltliche Wertabgabe im Sinne des § 3 Abs. 9a Nr. 1 UStG der Umsatzsteuer, da das dem Unternehmen zugeordnete Gebäude hinsichtlich der vorher als Büro genutzten Räume zum Vorsteuerabzug berechtigt hat. [5]Die unentgeltliche Wertabgabe ist steuerpflichtig. [6]Eine Änderung der Verhältnisse im Sinne des § 15a UStG liegt nicht vor.

(8) [1]Verwendet ein Gemeinschafter seinen Miteigentumsanteil, welchen er seinem Unternehmen zugeordnet und für den er den Vorsteuerabzug beansprucht hat, für nichtunternehmerische Zwecke, ist diese Verwendung eine steuerpflichtige unentgeltliche Wertabgabe im Sinne des § 3 Abs. 9a Nr. 1 UStG.

Beispiel:

[1]U und seine Ehefrau E erwerben zu 25 % bzw. 75 % Miteigentum an einem unbebauten Grundstück, das sie von einem Generalunternehmer mit einem Einfamilienhaus bebauen lassen. [2]U nutzt im Einfamilienhaus einen Raum, der 9 % der Fläche des Gebäudes ausmacht für seine unternehmerische Tätigkeit. [3]Die übrigen Räume des Hauses werden durch U und E für eigene Wohnzwecke genutzt. [4]U macht 25 % der auf die Baukosten entfallenden Vorsteuern geltend.

[5]Durch die Geltendmachung des Vorsteuerabzuges aus 25 % der Baukosten gibt U zu erkennen, dass er seinen Miteigentumsanteil in vollem Umfang seinem Unternehmen zugeordnet hat. [6]U kann daher unter den weiteren Voraussetzungen des § 15 UStG 25 % der auf die Baukosten entfallenden Vorsteuern abziehen. [7]Soweit U den seinem Unternehmen zugeordneten Miteigentumsanteil für private Zwecke nutzt (16 % der Baukosten), muss er nach § 3 Abs. 9a Nr. 1 UStG eine unentgeltliche Wertabgabe versteuern.

[2]Zur Wertabgabe bei der Übertragung von Miteigentumsanteilen an Grundstücken vgl. Abschnitt 3.3 Abs. 8.

UStAE   3.5. Abgrenzung zwischen Lieferungen und sonstigen Leistungen

Allgemeine Grundsätze

(1) Bei einer einheitlichen Leistung, die sowohl Lieferungselemente als auch Elemente einer sonstigen Leistung enthält, richtet sich die Einstufung als Lieferung oder sonstige Leistung danach, welche Leistungselemente aus der Sicht des Durchschnittsverbrauchers und unter Berücksichtigung des Willens der Vertragsparteien den wirtschaftlichen Gehalt der Leistungen bestimmen (vgl. BFH-Urteil vom 19. 12. 1991, V R 107/86, BStBl 1992 II S. 449, und BFH-Urteil vom 21. 6. 2001, V R 80/99, BStBl 2003 II S. 810).

(2) Lieferungen sind z. B.:

1. der Verkauf von Standard-Software und sog. Updates auf Datenträgern;

2. die Anfertigung von Kopien, wenn sich die Tätigkeit auf die bloße Vervielfältigung von Dokumenten beschränkt (vgl. EuGH-Urteil vom 11. 2. 2010, C-88/09, Graphic Procédé) oder wenn hieraus zugleich neue Gegenstände (Bücher, Broschüren) hergestellt und den Abnehmern an diesen Gegenständen Verfügungsmacht verschafft wird (vgl. BFH-Urteil vom 19. 12. 1991, V R 107/86, BStBl 1992 II S. 449);

3. die Überlassung von Offsetfilmen, die unmittelbar zum Druck von Reklamematerial im Offsetverfahren verwendet werden können (vgl. BFH-Urteil vom 25. 11. 1976, V R 71/72, BStBl 1977 II S. 270);

4. ¹die Abgabe von Basissaatgut an Züchter im Rahmen sog. Vermehrerverträge sowie die Abgabe des daraus gewonnenen sog. zertifizierten Saatguts an Landwirte zur Produktion von Konsumgetreide oder an Handelsunternehmen. ²Zur Anwendung der Durchschnittssatzbesteuerung nach § 24 UStG vgl. Abschnitte 24.1 und 24.2;

5. ¹die Entwicklung eines vom Kunden belichteten Films sowie die Bearbeitung von auf physischen Datenträgern oder auf elektronischem Weg übersandten Bilddateien, wenn gleichzeitig Abzüge angefertigt werden oder dem Kunden die bearbeiteten Bilder auf einem anderen Datenträger übergeben werden. ²In diesen Fällen stellt das Entwickeln des Films und das Bearbeiten der Bilder eine unselbständige Nebenleistung zu einer einheitlichen Werklieferung dar;

6. ¹die Übertragung von Miteigentumsanteilen (Bruchteilseigentum) an einem Gegenstand im Sinne des § 3 UStG (vgl. BFH-Urteil vom 18. 2. 2016, V R 53/14, BStBl 2019 II S. 333) – siehe auch für Anlagegold Abschnitt 25c.1. ²Zur Übertragung eines Miteigentumsanteils zur Sicherheit vgl. Abschnitt 3.1 Abs. 3 Satz 1 und Abschnitt 1.2 Abs. 1. ³Die Gemeinschafter einer nicht selbst unternehmerisch tätigen Bruchteilsgemeinschaft (vgl. Abschnitt 15.2b Abs. 1) können über ihren Anteil an dem Gegenstand ohne Zwischenerwerb durch die Gemeinschaft verfügen und ihn veräußern (BFH-Urteil vom 28. 8. 2014, V R 49/13, BStBl 2021 II S. 825);

7. ¹Transaktionen auf Gewichtskonten, wenn einer Konkretisierung von Übergabeart, Form, Stückelung und Reinheit des Metalls vorgenommen wurde bzw. schon bei Abschluss des Grundgeschäfts beabsichtigt ist, eine solche Konkretisierung noch vor der Übertragung vorzunehmen. ²Indizien hierfür sind, wenn der Belegenheitsort des gelagerten/physischen Metalls dem Gewichtskonteninhaber im Zeitpunkt des Erwerbs bekannt ist, zwischen den Beteiligten weitgehend feststeht, in welcher Form, Stückelung und Reinheit die Metalle abgerufen werden, ausreichende physische Vorräte am Erfüllungsort, um diese Gewichtskontenansprüche erfüllen zu können, gegeben sind und ein Herausgabeanspruch unter Berücksichtigung gegebener logistischer Anforderungen vereinbart wurde.

(3) Sonstige Leistungen sind z. B.:

1. die Übermittlung von Nachrichten zur Veröffentlichung;

2. – gestrichen –

3. die Überlassung von Lichtbildern zu Werbezwecken (vgl. BFH-Urteil vom 12. 1. 1956, V 272/55 S, BStBl III S. 62);

4. die Überlassung von Konstruktionszeichnungen und Plänen für technische Bauvorhaben sowie die Überlassung nicht geschützter Erfahrungen und technischer Kenntnisse (vgl. BFH-Urteil vom 18. 5. 1956, V 276/55 U, BStBl III S. 198);

5. die Veräußerung von Modellskizzen (vgl. BFH-Urteil vom 26. 10. 1961, V 307/59);

6. die Übertragung eines Verlagsrechts (vgl. BFH-Urteil vom 16. 7. 1970, V R 95/66, BStBl II S. 706);

7. die Überlassung von Know-how und von Ergebnissen einer Meinungsumfrage auf dem Gebiet der Marktforschung (vgl. BFH-Urteil vom 22. 11. 1973, V R 164/72, BStBl 1974 II S. 259);

8. ¹die Überlassung von nicht standardisierter Software, die speziell nach den Anforderungen des Anwenders erstellt wird oder die eine vorhandene Software den Bedürfnissen des Anwenders individuell anpasst. ²Gleiches gilt für die Übertragung von Standard-Software oder Individual-Software auf elektronischem Weg (z. B. über Internet);

9. die Überlassung sendefertiger Filme durch einen Filmhersteller im Sinne von § 94 UrhG – sog. Auftragsproduktion – (vgl. BFH-Urteil vom 19. 2. 1976, V R 92/74, BStBl II S. 515);

10. die Überlassung von Fotografien zur Veröffentlichung durch Zeitungs- oder Zeitschriftenverlage (vgl. BFH-Urteil vom 12. 5. 1977, V R 111/73, BStBl II S. 808);

11. die Entwicklung eines vom Kunden belichteten Films sowie die Bearbeitung von auf physischen Datenträgern oder auf elektronischem Weg übersandten Bilddateien;

12. die Herstellung von Fotokopien, wenn über das bloße Vervielfältigen hinaus weitere Dienstleistungen erbracht werden, insbesondere Beratung des Kunden oder Anpassung, Umgestaltung oder Verfremdung des Originals (vgl. EuGH-Urteil vom 11. 2. 2010, C-88/09, Graphic Procédé);

13. ¹Nachbaugebühren im Sinne des § 10a Abs. 2 ff. SortSchG, die ein Landwirt dem Inhaber des Sortenschutzes zu erstatten hat, werden als Entgelt für eine sonstige Leistung des Sortenschutzinhabers gezahlt, welche in der Duldung des Nachbaus durch den Landwirt besteht. ²Bei der Überlassung von Vorstufen- oder Basissaatgut im Rahmen von sog. Vertriebsorganisationsverträgen handelt es sich ebenfalls um eine sonstige Leistung des Sortenschutzinhabers, welche in der Überlassung des Rechts, eine Saatgutsorte zu produzieren und zu vermarkten, und der Überlassung des hierzu erforderlichen Saatguts besteht. ³Zur Anwendung der Durchschnittssatzbesteuerung nach § 24 UStG vgl. Abschnitte 24.1 und 24.3;

14. die entgeltliche Überlassung von Eintrittskarten (vgl. BFH-Urteil vom 3. 6. 2009, XI R 34/08, BStBl 2010 II S. 857);

15. ¹die Abgabe eines sog. Mobilfunk-Startpakets ohne Mobilfunkgerät. ²Leistungsinhalt ist hierbei die Gewährung eines Anspruchs auf Abschluss eines Mobilfunkvertrags einschließlich Zugang zu einem Mobilfunknetz. ³Zur Abgabe von Startpaketen mit Mobilfunkgerät vgl. BMF-Schreiben vom 3. 12. 2001, BStBl I S. 1010. ⁴Zur Behandlung von Einzweckguthabenkarten in der Telekommunikation vgl. BMF-Schreiben vom 24. 9. 2012, BStBl I S. 947;

16. der Verkauf einer Option und der Zusammenbau einer Maschine (vgl. Artikel 8 und 9 MwStVO);

17. der An- und Verkauf in- und ausländischer Banknoten und Münzen im Rahmen von Sortengeschäften (Geldwechselgeschäft) (vgl. BFH-Urteil vom 19. 5. 2010, XI R 6/09, BStBl 2011 II S. 831);

18. die entgeltliche Überlassung von Transporthilfsmitteln im Rahmen reiner Tauschsysteme (z. B. Euro-Flachpaletten und Euro-Gitterboxpaletten; vgl. BMF-Schreiben vom 5. 11. 2013, BStBl I S. 1386);

19. Transaktionen auf Gewichtskonten, wenn zwischen den Beteiligten nicht feststeht, wann und ob überhaupt das Metall physisch zur Verfügung gestellt wird oder der Belegenheitsort des gelagerten/physischen Metalls dem Gewichtskonteninhaber im Zeitpunkt des Erwerbs des Anspruchs nicht bekannt ist oder zwischen den Beteiligten nicht feststeht, in welcher Form, Stückelung oder Reinheit die Metalle abgerufen werden.

(4) ¹Die Überlassung von Matern, Klischees und Abzügen kann sowohl eine Lieferung als auch eine sonstige Leistung sein (vgl. BFH-Urteile vom 13. 10. 1960, V 299/58 U, BStBl 1961 III S. 26, und vom 14. 2. 1974, V R 129/70, BStBl II S. 261). ²Kauft ein Unternehmer von einem Waldbesitzer Holz und beauftragt dieser den Holzkäufer mit der Fällung, Aufarbeitung und Rückung des Holzes (sog. Selbstwerbung), kann sowohl ein tauschähnlicher Umsatz (Waldarbeiten gegen Lieferung des Holzes mit Baraufgabe) als auch eine bloße Holzlieferung in Betracht kommen (vgl. BFH-Urteil vom 19. 2. 2004, V R 10/03, BStBl II S. 675).

Lieferungen und sonstige Leistungen bei Miet- und Leasingverträgen

(5) [1]Werden Gegenstände im Leasingverfahren überlassen, ist die Übergabe des Gegenstands durch den Leasinggeber an den Leasingnehmer nur dann eine Lieferung, wenn:

1. der Vertrag ausdrücklich eine Klausel zum Übergang des Eigentums an diesem Gegenstand vom Leasinggeber auf den Leasingnehmer enthält und

2. aus den – zum Zeitpunkt der Vertragsunterzeichnung und objektiv zu beurteilenden – Vertragsbedingungen deutlich hervorgeht, dass das Eigentum am Gegenstand automatisch auf den Leasingnehmer übergehen soll, wenn der Vertrag bis zum Vertragsablauf planmäßig ausgeführt wird.

[2]Eine ausdrückliche Klausel zum Eigentumsübergang liegt auch vor, wenn der Vertrag eine Kaufoption für den Gegenstand enthält. [3]Bei einer im Vertrag enthaltenen – formal zwar völlig unverbindlichen – Kaufoption ist die zweite Voraussetzung erfüllt, wenn angesichts der finanziellen Vertragsbedingungen die Optionsausübung zum gegebenen Zeitpunkt in Wirklichkeit als einzig wirtschaftlich rationale Möglichkeit für den Leasingnehmer erscheint. [4]Der Vertrag darf dem Leasingnehmer keine echte wirtschaftliche Alternative in dem Sinne bieten, dass er zu dem Zeitpunkt, an dem er eine Wahl zu treffen hat, je nach Interessenlage den Gegenstand erwerben, zurückgeben oder weiter mieten kann. [5]Dies kann z. B. dann der Fall sein, wenn nach dem Vertrag zu dem Zeitpunkt, zu dem die Option ausgeübt werden darf, die Summe der vertraglichen Raten dem Verkehrswert des Gegenstands einschließlich der Finanzierungskosten entspricht und der Leasingnehmer wegen der Ausübung der Option nicht zusätzlich eine erhebliche Summe entrichten muss (vgl. EuGH-Urteil vom 4.10.2017, C-164/16, Mercedes-Benz Financial Services UK Ltd., BStBl 2020 II S. 179). [6]Eine erhebliche Summe ist im Sinne des Satzes 5 zu entrichten, wenn der zusätzlich zu entrichtende Betrag 1 Prozent des Verkehrswertes des Gegenstandes im Zeitpunkt der Ausübung der Option übersteigt. [7]Für die Überlassung eines Gegenstands außerhalb des Leasingsverfahrens (z. B. Mietverträge im Sinne des § 535 BGB mit Recht zum Kauf) gelten die Sätze 1 bis 5 sinngemäß.

(6) Erfolgt bei einer grenzüberschreitenden Überlassung eines Leasing-Gegenstands (sog. Cross-Border-Leasing) die Zuordnung dieses Gegenstands auf Grund eines Rechts eines anderen Mitgliedstaates ausnahmsweise abweichend von Absatz 5 bei dem im Inland ansässigen Vertragspartner, ist dieser Zuordnung zur Vermeidung von endgültigen Steuerausfällen zu folgen; ist die Zuordnung abweichend von Absatz 5 bei dem im anderen Mitgliedstaat ansässigen Vertragspartner erfolgt, kann dieser gefolgt werden, wenn der Nachweis erbracht wird, dass die Überlassung in dem anderen Mitgliedstaat der Besteuerung unterlegen hat.

(7) [1]Die Annahme einer Lieferung nach den Grundsätzen der Absätze 5 und 6 setzt voraus, dass die Verfügungsmacht an dem Gegenstand bei dem Unternehmer liegt, der den Gegenstand überlässt. [2]In den Fällen, in denen der Überlassung des Gegenstands eine zivilrechtliche Eigentumsübertragung vom späteren Nutzenden des Gegenstands an den überlassenden Unternehmer vorausgeht (z. B. beim sog. sale-and-lease-back), ist daher zu prüfen, ob die Verfügungsmacht an dem Gegenstand sowohl im Rahmen dieser Eigentumsübertragung, als auch im Rahmen der nachfolgenden Nutzungsüberlassung jeweils tatsächlich übertragen wird und damit eine Hin- und Rücklieferung stattfindet oder ob dem der Nutzung vorangehenden Übergang des zivilrechtlichen Eigentums an dem Gegenstand vielmehr eine bloße Sicherungs- und Finanzierungsfunktion zukommt, so dass insgesamt eine Kreditgewährung vorliegt (vgl. BFH-Urteil vom 9.2.2006, V R 22/03, BStBl II S. 727). [3]Diese Prüfung richtet sich nach dem Gesamtbild der Verhältnisse des Einzelfalls, d. h. den konkreten vertraglichen Vereinbarungen und deren jeweiliger tatsächlicher Durchführung unter Berücksichtigung der Interessenlage der Beteiligten. [4]Von einem Finanzierungsgeschäft ist insbesondere auszugehen, wenn die Vereinbarungen über die Eigentumsübertragung und über das Leasingverhältnis bzw. über die Rückvermietung in einem unmittelbaren sachlichen Zusammenhang stehen und eine Ratenkauf- oder Mietkaufvereinbarung geschlossen wird, auf Grund derer das zivilrechtliche Eigentum mit Ablauf der Vertragslaufzeit wieder auf den Nutzenden zurückfällt oder den Überlassenden zur Rückübertragung des Eigentums verpflichtet. [5]Daher ist z. B. bei einer nach Absatz 5 als Lieferung zu qua-

lifizierenden Nutzungsüberlassung mit vorangehender Eigentumsübertragung auf den Überlassenden (sog. sale-and-Mietkauf-back) ein Finanzierungsgeschäft anzunehmen.

Beispiel 1:

[1]Der Hersteller von Kopiergeräten H und die Kopierervermietungsgesellschaft V schließen einen Kaufvertrag über die Lieferung von Kopiergeräten, wobei das zivilrechtliche Eigentum auf die Vermietungsgesellschaft übergeht. [2]Gleichzeitig verpflichtet sich V, dem Hersteller H die Rückübertragung der Kopiergeräte nach Ablauf von 12 Monaten anzudienen, H macht regelmäßig von seinem Rücknahmerecht Gebrauch. [3]Zur endgültigen Rückübertragung bedarf es eines weiteren Vertrags, in dem die endgültigen Rückgabe- und Rücknahmekonditionen einschließlich des Rückkaufpreises festgelegt werden. [4]Während der „Vertragslaufzeit" von 12 Monaten vermietet die Vermietungsgesellschaft die Kopiergeräte an ihre Kunden.

[5]Umsatzsteuerrechtlich liegen zwei voneinander getrennt zu beurteilende Lieferungen im Sinne des § 3 Abs. 1 UStG vor. [6]Die Verfügungsmacht an den Kopiergeräten geht zunächst auf V über und fällt nach Ablauf von 12 Monaten bei regelmäßigem Ablauf durch einen neuen Vertragsabschluss wieder an H zurück.

Beispiel 2:

[1]Wie Beispiel 1, wobei V nunmehr einen weiteren Vertrag mit der Leasinggesellschaft L zur Finanzierung des Geschäfts mit H schließt. [2]Hiernach verkauft V die Kopiergeräte an L weiter und least sie gleichzeitig von L zurück, die sich ihrerseits unwiderruflich zur Rückübertragung des Eigentums nach Ablauf des Leasingzeitraums verpflichtet. [3]Das zivilrechtliche Eigentum wird übertragen und L ermächtigt V, die geleasten Kopiergeräte im Rahmen des Vermietungsgeschäfts für ihre Zwecke zu nutzen. [4]Die Laufzeit des Vertrags beschränkt sich auf 12 Monate und die für die spätere Bestimmung des Rückkaufpreises maßgebenden Konditionen werden bereits jetzt vereinbart.

[5]In der Veräußerung der Kopiergeräte von H an V und deren Rückübertragung nach 12 Monaten liegen entsprechend den Ausführungen zum Ausgangsfall zwei voneinander zu trennende Lieferungen vor.

[6]Die Übertragung des zivilrechtlichen Eigentums an den Kopiergeräten durch V an L dient dagegen lediglich der Besicherung der Refinanzierung des V bei L. [7]Es findet keine Übertragung von Substanz, Wert und Ertrag der Kopiergeräte statt. [8]Die Gesamtbetrachtung aller Umstände und vertraglichen Vereinbarungen des Einzelfalls führt zu dem Ergebnis, dass insgesamt nur eine Kreditgewährung von L an V vorliegt. [9]Im Gegensatz zum Ausgangsfall wird die Verfügungsmacht an den Kopiergeräten nicht übertragen.

Beispiel 3:

[1]Wie Beispiel 1, wobei die Leasinggesellschaft L dem zuvor zwischen H und V geschlossenen Kaufvertrag mit Rückandienungsverpflichtung in Form von Nachtragsvereinbarungen beitritt, bevor die Kopiergeräte von H an V ausgeliefert werden. [2]Infolge des Vertragsbeitritts wird L schuldrechtlich neben V Vertragspartnerin der späteren Kauf- und Rückkaufverträge mit H. [3]Über die Auslieferung der Kopiergeräte rechnet H mit L ab, welche anschließend einen Leasingvertrag bis zum Rückkauftermin mit V abschließt. [4]Im Unternehmen der V werden die Kopiergeräte den Planungen entsprechend ausschließlich für Vermietungszwecke genutzt. [5]Zum Rückkauf-Termin nach 12 Monaten werden die Geräte gemäß den vereinbarten Konditionen von V an H zurückgegeben.

[6]Die Vorstellungen der Beteiligten H, V und L sind bei der gebotenen Gesamtbetrachtung darauf gerichtet, V unmittelbar die Verfügungsmacht an den Geräten zu verschaffen, während L lediglich die Finanzierung des Geschäfts übernehmen soll. [7]Mit der Übergabe der Geräte werden diese deshalb durch H an V geliefert. [8]Es findet mithin weder eine (Weiter-)Lieferung der Geräte von V an L noch eine Rückvermietung der Geräte durch L an V statt. [9]L erbringt vielmehr eine sonstige Leistung in Form der Kreditgewährung an V. [10]Die Rückübertragung der Geräte an H nach Ablauf der 12 Monate führt zu einer Lieferung von V an H.

[6]Ist ein sale-and-lease-back-Geschäft hingegen maßgeblich darauf gerichtet, dem Verkäufer und Leasingnehmer eine vorteilhafte bilanzielle Gestaltung zu ermöglichen und hat dieser die Anschaffung des Leasinggegenstandes durch den Käufer und Leasinggeber überwiegend mitfinanziert, stellt das Geschäft keine Lieferung mit nachfolgender Rücküberlassung und auch keine Kreditgewährung dar, sondern eine steuerpflichtige sonstige Leistung nach § 3 Abs. 9 Satz 1 UStG, die in der Mitwirkung des Käufers und Leasinggebers an einer bilanziellen Gestaltung des

Verkäufers und Leasingnehmers besteht (vgl. BFH-Urteil vom 6. 4. 2016, V R 12/15, BStBl 2017 II S. 188).

(7a) [1]Bei der Beschaffung von Investitionsgütern kommt es häufig zu einem Dreiecksverhältnis, bei dem der Kunde (künftiger Leasingnehmer) zunächst einen Kaufvertrag über den Liefergegenstand mit dem Lieferanten und anschließend einen Leasingvertrag mit dem Leasing-Unternehmen abschließt. [2]Durch Eintritt in den Kaufvertrag (sog. Bestelleintritt) verpflichtet sich das Leasing-Unternehmen zur Zahlung des Kaufpreises und erlangt den Anspruch auf Übertragung des zivilrechtlichen Eigentums an dem Gegenstand. [3]Für die Frage, von wem in diesen Fällen der Leasing-Gegenstand geliefert und von wem er empfangen wird, ist darauf abzustellen, wer aus dem schuldrechtlichen Vertragsverhältnis, das dem Leistungsaustausch zugrunde liegt, berechtigt und verpflichtet ist (vgl. Abschnitt 2.1 Abs. 3 und Abschnitt 15.2b Abs. 1). [4]Maßgebend dafür sind die Vertragsverhältnisse im Zeitpunkt der Leistungsausführung. [5]Bis zur Ausführung der Leistung können die Vertragspartner mit umsatzsteuerlicher Wirkung ausgetauscht werden, z. B. durch einen Bestelleintritt oder jede andere Form der Vertragsübernahme. [6]Vertragsänderungen nach Ausführung der Leistung sind dagegen umsatzsteuerlich unbeachtlich. [7]Das bedeutet:

1. [1]Tritt das Leasing-Unternehmen vor der Lieferung des Leasing -Gegenstandes an den Kunden in den Kaufvertrag ein, liefert der Lieferant den Leasing-Gegenstand an das Leasing-Unternehmen, weil dieses im Zeitpunkt der Lieferung aus dem Kaufvertrag berechtigt und verpflichtet ist. [2]Die körperliche Übergabe des Leasing-Gegenstandes an den Kunden steht dabei einer Lieferung an das Leasing-Unternehmen nicht entgegen (§ 3 Abs. 1 UStG). [3]Das sich anschließende Leasing-Verhältnis zum Kunden führt je nach ertragsteuerlicher Zurechnung des Leasing-Gegenstandes zu einer Vermietungsleistung oder einer weiteren Lieferung (Absatz 5).

2. [1]Tritt dagegen das Leasing-Unternehmen in den Kaufvertrag ein, nachdem der Kunde bereits die Verfügungsmacht über den Leasing-Gegenstand erhalten hat (sog. nachträglicher Bestelleintritt), liegt eine Lieferung des Lieferanten an den Kunden vor. [2]Diese wird durch den Bestelleintritt des Leasing-Unternehmens nicht nach § 17 Abs. 2 Nr. 3 UStG rückgängig gemacht. [3]Bei dem anschließenden Leasing-Verhältnis zwischen dem Kunden und dem Leasing-Unternehmen handelt es sich um ein sale-and-lease-back-Geschäft, das nach dem Gesamtbild der Verhältnisse des Einzelfalls entweder als Lieferung des Kunden an das Leasing-Unternehmen („sale") mit anschließender sonstiger Leistung des Leasing-Unternehmens an den Kunden („lease-back") oder insgesamt als Kreditgewährung des Leasing-Unternehmens an den Kunden zu beurteilen ist (vgl. Absatz 7). [4]Zwischen dem Lieferanten und dem Leasing-Unternehmen liegt dagegen keine umsatzsteuerrechtlich relevante Leistung vor. [5]Eine nur im Innenverhältnis zwischen dem Lieferanten und dem Leasing-Unternehmen bestehende Rahmenvereinbarung zur Absatzfinanzierung hat im Regelfall keine Auswirkungen auf die umsatzsteuerlichen Lieferbeziehungen.

Übertragung von Gesellschaftsanteilen

(8) [1]Die Übertragung von Anteilen an Personen- oder Kapitalgesellschaften (Gesellschaftsanteile, vgl. Abschnitt 4.8.10) ist als sonstige Leistung zu beurteilen (vgl. EuGH-Urteil vom 26. 5. 2005, C-465/03, Kretztechnik). [2]Dies gilt entsprechend bei der Übertragung von Wertpapieren anderer Art, z. B. Fondsanteilen oder festverzinslichen Wertpapieren; zur Steuerbarkeit bei der Übertragung von Gesellschaftsanteilen und bei der Ausgabe nichtverbriefter Genussrechte vgl. Abschnitte 1.1 Abs. 15, 1.5 Abs. 9 und 1.6 Abs. 2. [3]Ist das übertragene Recht in einem Papier verbrieft, kommt es nicht darauf an, ob das Papier effektiv übertragen oder in einem Sammeldepot verwahrt wird.

UStAE   3.6. Abgrenzung von Lieferungen und sonstigen Leistungen bei der Abgabe von Speisen und Getränken

(1) [1]Verzehrfertig zubereitete Speisen können sowohl im Rahmen einer ggf. ermäßigt besteuerten Lieferung als auch im Rahmen einer nicht ermäßigt besteuerten sonstigen Leistung abgegeben werden. [2]Die Abgrenzung von Lieferungen und sonstigen Leistungen richtet sich dabei nach allgemeinen Grundsätzen (vgl. Abschnitt 3.5). [3]Nach Artikel 6 Abs. 1 MwStVO gilt die Abgabe zubereiteter oder nicht zubereiteter Speisen und/oder von Getränken zusammen mit ausreichenden unterstützenden Dienstleistungen, die deren sofortigen Verzehr ermöglichen, als sonstige Leistung. [4]Die Abgabe von Speisen und/oder Getränken ist nur eine Komponente der gesamten Leistung, bei der der Dienstleistungsanteil qualitativ überwiegt. [5]Ob der Dienstleistungsanteil qualitativ überwiegt, ist nach dem Gesamtbild der Verhältnisse des Umsatzes zu beurteilen. [6]Bei dieser wertenden Gesamtbetrachtung aller Umstände des Einzelfalls sind nur solche Dienstleistungen zu berücksichtigen, die sich von denen unterscheiden, die notwendig mit der Vermarktung der Speisen verbunden sind (vgl. Absatz 3). [7]Dienstleistungselemente, die notwendig mit der Vermarktung von Lebensmitteln verbunden sind, bleiben bei der vorzunehmenden Prüfung unberücksichtigt (vgl. Absatz 2). [8]Ebenso sind Dienstleistungen des speiseabgebenden Unternehmers oder Dritter, die in keinem Zusammenhang mit der Abgabe von Speisen stehen (z. B. Vergnügungsangebote in Freizeitparks, Leistungen eines Pflegedienstes oder Gebäudereinigungsleistungen außerhalb eigenständiger Cateringverträge), nicht in die Prüfung einzubeziehen.

(2) [1]Insbesondere folgende Elemente sind notwendig mit der Vermarktung verzehrfertiger Speisen verbunden und im Rahmen der vorzunehmenden Gesamtbetrachtung nicht zu berücksichtigen:

– Darbietung von Waren in Regalen;

– Zubereitung der Speisen;

– Transport der Speisen und Getränke zum Ort des Verzehrs einschließlich der damit in Zusammenhang stehenden Leistungen wie Kühlen oder Wärmen, der hierfür erforderlichen Nutzung von besonderen Behältnissen und Geräten sowie der Vereinbarung eines festen Lieferzeitpunkts;

– übliche Nebenleistungen (z. B. Verpacken, Beigabe von Einweggeschirr oder -besteck);

– Bereitstellung von Papierservietten;

– Abgabe von Senf, Ketchup, Mayonnaise, Apfelmus oder ähnlicher Beigaben;

– Bereitstellung von Abfalleimern an Kiosken, Verkaufsständen, Würstchenbuden usw.;

– Bereitstellung von Einrichtungen und Vorrichtungen, die in erster Linie dem Verkauf von Waren dienen (z. B. Verkaufstheken und -tresen sowie Ablagebretter an Kiosken, Verkaufsständen, Würstchenbuden usw.);

– bloße Erstellung von Leistungsbeschreibungen (z. B. Speisekarten oder -pläne);

– allgemeine Erläuterung des Leistungsangebots;

– Einzug des Entgelts für Schulverpflegung von den Konten der Erziehungsberechtigten.

[2]Die Abgabe von zubereiteten oder nicht zubereiteten Speisen mit oder ohne Beförderung, jedoch ohne andere unterstützende Dienstleistungen, stellt stets eine Lieferung dar (Artikel 6 Abs. 2 MwStVO). [3]Die Sicherstellung der Verzehrfertigkeit während des Transports (z. B. durch Warmhalten in besonderen Behältnissen) sowie die Vereinbarung eines festen Zeitpunkts für die Übergabe der Speisen an den Kunden sind unselbständiger Teil der Beförderung und daher nicht gesondert zu berücksichtigen. [4]Die Abgabe von Waren aus Verkaufsautomaten ist stets eine Lieferung.

(3) [1]Nicht notwendig mit der Vermarktung von Speisen verbundene und damit für die Annahme einer Lieferung schädliche Dienstleistungselemente liegen vor, soweit sich der leistende Unter-

nehmer nicht auf die Ausübung der Handels- und Verteilerfunktion des Lebensmitteleinzelhandels und des Lebensmittelhandwerks beschränkt (vgl. BFH-Urteil vom 24.11.1988, V R 30/83, BStBl 1989 II S. 210). [2]Insbesondere die folgenden Elemente sind nicht notwendig mit der Vermarktung von Speisen verbunden und daher im Rahmen der Gesamtbetrachtung zu berücksichtigen:

- Bereitstellung einer die Bewirtung fördernden Infrastruktur (vgl. Absatz 4);
- Servieren der Speisen und Getränke;
- Gestellung von Bedienungs-, Koch- oder Reinigungspersonal;
- Durchführung von Service-, Bedien- oder Spülleistungen im Rahmen einer die Bewirtung fördernden Infrastruktur oder in den Räumlichkeiten des Kunden;
- Nutzungsüberlassung von Geschirr oder Besteck;
- Überlassung von Mobiliar (z. B. Tischen und Stühlen) zur Nutzung außerhalb der Geschäftsräume des Unternehmers;
- Reinigung bzw. Entsorgung von Gegenständen, wenn die Überlassung dieser Gegenstände ein berücksichtigungsfähiges Dienstleistungselement darstellt (vgl. BFH-Urteil vom 10.8.2006, V R 55/04, BStBl 2007 II S. 480);
- individuelle Beratung bei der Auswahl der Speisen und Getränke;
- Beratung der Kunden hinsichtlich der Zusammenstellung und Menge von Mahlzeiten für einen bestimmten Anlass.

[3]Erfüllen die überlassenen Gegenstände (Geschirr, Platten etc.) vornehmlich Verpackungsfunktion, stellt deren Überlassung kein berücksichtigungsfähiges Dienstleistungselement dar. [4]In diesem Fall ist auch die anschließende Reinigung bzw. Entsorgung der überlassenen Gegenstände bei der Gesamtbetrachtung nicht zu berücksichtigen.

Bereitstellung einer die Bewirtung fördernden Infrastruktur

(4) [1]Die Bereitstellung einer die Bewirtung fördernden Infrastruktur stellt ein im Rahmen der Gesamtbetrachtung zu berücksichtigendes Dienstleistungselement dar. [2]Zu berücksichtigen ist dabei insbesondere die Bereitstellung von Vorrichtungen, die den bestimmungsgemäßen Verzehr der Speisen und Getränke an Ort und Stelle fördern sollen (z. B. Räumlichkeiten, Tische und Stühle oder Bänke, Bierzeltgarnituren). [3]Auf die Qualität der zur Verfügung gestellten Infrastruktur kommt es nicht an. [4]Daher genügt eine Abstellmöglichkeit für Speisen und Getränke mit Sitzgelegenheit für die Annahme einer sonstigen Leistung (vgl. BFH-Urteil vom 30.6.2011, V R 18/10, BStBl 2013 II S. 246). [5]Daneben sind beispielsweise die Bereitstellung von Garderoben und Toiletten in die Gesamtbetrachtung einzubeziehen. [6]Eine in erster Linie zur Förderung der Bewirtung bestimmte Infrastruktur muss nicht einer ausschließlichen Nutzung durch die verzehrenden Kunden vorbehalten sein; darauf, dass die Einrichtung zugleich auch als Aufenthaltsraum, Warte- oder Treffpunkt genutzt werden kann, kommt es insoweit nicht an (vgl. BFH-Urteil vom 26.8.2021, V R 42/20, BStBl 2022 II S. 219). [7]Duldet der Unternehmer daneben eine Nutzung durch andere Personen, steht dies einer Berücksichtigung nicht entgegen. [8]Vorrichtungen, die nach ihrer Zweckbestimmung im Einzelfall nicht in erster Linie dazu dienen, den Verzehr von Speisen und Getränken zu erleichtern (z. B. Stehtische und Sitzgelegenheiten in den Wartebereichen von Kinofoyers sowie die Bestuhlung in Kinos, Theatern und Stadien, Parkbänke im öffentlichen Raum, Nachttische in Kranken- und Pflegezimmern), sind nicht zu berücksichtigen (vgl. BFH-Urteil vom 30.6.2011, V R 3/07, BStBl 2013 II S. 241). [9]Dies gilt auch dann, wenn sich an diesen Gegenständen einfache, behelfsmäßige Vorrichtungen befinden, die den Verzehr fördern sollen (z. B. Getränkehalter, Ablagebretter). [10]Maßgeblich ist, ob die unterstützenden Dienstleistungen neben der Abgabe der Speisen mehr als nur einen geringfügigen personellen Einsatz erfordern (beispielsweise um das gestellte Material herbeizuschaffen, zurückzunehmen und ggf. zu reinigen); nicht zu berücksichtigen ist daher die bloße Bereitstellung behelfsmäßiger Verzehrvorrichtungen, wie z. B. Verzehrtheken ohne Sitzgelegenheit oder Stehtische. [11]Sofern

die Abgabe der Speisen und Getränke zum Verzehr vor Ort erfolgt, kommt es jedoch nicht darauf an, dass sämtliche bereitgestellte Einrichtungen tatsächlich genutzt werden. [12]Vielmehr ist das bloße Zur-Verfügung-Stellen ausreichend. [13]In diesem Fall ist auf sämtliche Vor-Ort-Umsätze der allgemeine Steuersatz anzuwenden. [14]Für die Berücksichtigung einer die Bewirtung fördernden Infrastruktur ist die Zweckabrede zum Zeitpunkt des Vertragsabschlusses maßgeblich. [15]Bringt der Kunde zum Ausdruck, dass er eine Speise vor Ort verzehren will, nimmt diese anschließend jedoch mit, bleibt es bei der Anwendung des allgemeinen Umsatzsteuersatzes. [16]Werden Speisen sowohl unter Einsatz von nicht zu berücksichtigenden Infrastrukturelementen (z. B. in Wartebereichen von Kinos) als auch hiervon getrennt in Gastronomiebereichen abgegeben, ist eine gesonderte Betrachtung der einzelnen Bereiche vorzunehmen.

(5) [1]Die in Absatz 3 genannten Elemente sind nur dann zu berücksichtigen, wenn sie dem Kunden vom speiseabgebenden Unternehmer im Rahmen einer einheitlichen Leistung zur Verfügung gestellt werden und vom Leistenden ausschließlich dazu bestimmt wurden, den Verzehr von Lebensmitteln zu erleichtern (vgl. BFH-Urteil vom 30. 6. 2011, V R 18/10, BStBl 2013 II S. 246). [2]Von Dritten erbrachte Dienstleistungselemente sind grundsätzlich nicht zu berücksichtigen. [3]Voraussetzung für eine Nichtberücksichtigung ist, dass der Dritte unmittelbar gegenüber dem verzehrenden Kunden tätig wird. [4]Etwas Anderes gilt aber, wenn dem Leistenden durch den Dritten der Art nach ein Mitbenutzungsrecht in Form von Verfügungs- und Dispositionsmöglichkeiten an dessen Dienstleistungselementen (z. B. Verzehrvorrichtungen) zugestanden worden ist (vgl. BFH-Urteile vom 3. 8. 2017, V R 15/17, BStBl 2021 II S. 403, und vom 26. 8. 2021, V R 42/20, BStBl 2022 II S. 219). [5]Maßgebend sind immer die Umstände des jeweiligen Einzelfalls. [6]Dabei ist – ggf. unter Berücksichtigung von getroffenen Vereinbarungen – zu prüfen, inwieweit augenscheinlich von einem Dritten erbrachte Dienstleistungselemente dem speiseabgebenden Unternehmer zuzurechnen sind. [7]Leistet der Dritte an diesen Unternehmer und dieser wiederum an den Kunden, handelt es sich um ein Dienstleistungselement des speiseabgebenden Unternehmers, das im Rahmen der Gesamtbetrachtung zu berücksichtigen ist.

(6) [1]Die in den Absätzen 1 bis 5 dargestellten Grundsätze gelten gleichermaßen für Imbissstände wie für Verpflegungsleistungen in Kindertagesstätten, Schulen und Kantinen, Krankenhäusern, Pflegeheimen oder ähnlichen Einrichtungen, bei Leistungen von Catering-Unternehmen (Partyservice) und Mahlzeitendiensten („Essen auf Rädern") sowie Bäckereifilialen in „Vorkassenzonen" von Supermärkten (vgl. BFH-Beschluss vom 15. 9. 2021, XI R 12/21 (XI R 25/19), BStBl 2022 II S. 417). [2]Sie gelten ebenso für unentgeltliche Wertabgaben. [3]Ist der Verzehr durch den Unternehmer selbst als sonstige Leistung anzusehen, liegt eine unentgeltliche Wertabgabe nach § 3 Abs. 9a Nr. 2 UStG vor, die dem allgemeinen Steuersatz unterliegt. [4]Für unentgeltliche Wertabgaben nach § 3 Abs. 1b UStG — z. B. Entnahme von Nahrungsmitteln durch einen Gastwirt zum Verzehr in einer von der Gaststätte getrennten Wohnung — kommt der ermäßigte Steuersatz in Betracht. [5]Auf die jährlich im BStBl Teil I veröffentlichten Pauschbeträge für unentgeltliche Wertabgaben (Sachentnahmen) wird hingewiesen (vgl. Abschnitt 10.6 Abs. 1 Satz 8).

Beispiel 1:

[1]Der Betreiber eines Imbissstandes gibt verzehrfertige Würstchen, Pommes frites usw. an seine Kunden in Pappbehältern oder auf Mehrweggeschirr ab. [2]Der Kunde erhält dazu eine Serviette, Einweg- oder Mehrwegbesteck und auf Wunsch Ketchup, Mayonnaise oder Senf. [3]Der Imbissstand verfügt über eine Theke, an der Speisen im Stehen eingenommen werden können. [4]Der Betreiber hat vor dem Stand drei Stehtische aufgestellt. [5]80 % der Speisen werden zum sofortigen Verzehr abgegeben. [6]20 % der Speisen werden zum Mitnehmen abgegeben.

[7]Unabhängig davon, ob die Kunden die Speisen zum Mitnehmen oder zum Verzehr an Ort und Stelle erwerben, liegen insgesamt begünstigte Lieferungen im Sinne des § 12 Abs. 2 Nr. 1 UStG vor. [8]Die erbrachten Dienstleistungselemente (Bereitstellung einfachster Verzehrvorrichtungen wie einer Theke und Stehtischen sowie von Mehrweggeschirr) führen bei einer wertenden Gesamtbetrachtung des Vorgangs auch hinsichtlich der vor Ort verzehrten Speisen nicht zur Annahme einer sonstigen Leistung (vgl. BFH-Urteil vom 8. 6. 2011, XI R 37/08, BStBl 2013 II S. 238, und vom 30. 6. 2011, V R 35/08, BStBl 2013 II S. 244). [9]Die Qualität der Speisen und die Komplexität der Zubereitung haben auf die Beurteilung des Sachverhalts keinen Einfluss.

Beispiel 2:

[1]Wie Beispiel 1, jedoch verfügt der Imbissstand neben den Stehtischen über aus Bänken und Tischen bestehende Bierzeltgarnituren, an denen die Kunden die Speisen einnehmen können.

[2]Soweit die Speisen zum Mitnehmen abgegeben werden, liegen begünstigte Lieferungen im Sinne des § 12 Abs. 2 Nr. 1 UStG vor. [3]Soweit die Speisen zum Verzehr vor Ort abgegeben werden, liegen nicht begünstigte sonstige Leistungen im Sinne des § 3 Abs. 9 UStG vor. [4]Mit der Bereitstellung der Tische und der Sitzgelegenheiten wird die Schwelle zum Restaurationsumsatz überschritten (vgl. BFH-Urteil vom 30. 6. 2011, V R 18/10, BStBl 2013 II S. 246). [5]Auf die tatsächliche Inanspruchnahme der Sitzgelegenheiten kommt es nicht an. [6]Maßgeblich ist die Absichtserklärung des Kunden, die Speisen vor Ort verzehren zu wollen (vgl. EuGH-Urteil vom 22. 4. 2021, C-703/19, Dyrektor Izby Administracji Skarbowej w Katowicach).

Beispiel 3:

[1]Der Catering-Unternehmer A verabreicht in einer Schule auf Grund eines mit dem Schulträger geschlossenen Vertrags verzehrfertig angeliefertes Mittagessen. [2]A übernimmt mit eigenem Personal die Ausgabe des Essens, die Reinigung der Räume sowie der Tische, des Geschirrs und des Bestecks.

[3]Es liegen nicht begünstigte sonstige Leistungen im Sinne des § 3 Abs. 9 UStG vor. [4]Neben den Speisenlieferungen werden Dienstleistungen erbracht, die nicht notwendig mit der Vermarktung von Speisen verbunden sind (Bereitstellung von Verzehrvorrichtungen, Reinigung der Räume sowie der Tische, des Geschirrs und des Bestecks) und die bei Gesamtbetrachtung des Vorgangs das Lieferelement qualitativ überwiegen.

Beispiel 4:

[1]Ein Schulverein bietet in der Schule für die Schüler ein Mittagessen an. [2]Das verzehrfertige Essen wird von dem Catering-Unternehmer A dem Schulverein in Warmhaltebehältern zu festgelegten Zeitpunkten angeliefert und anschließend durch die Mitglieder des Schulvereins an die Schüler ausgegeben. [3]Das Essen wird von den Schülern in einem Mehrzweckraum, der über Tische und Stühle verfügt, eingenommen. [4]Der Schulverein übernimmt auch die Reinigung der Räume sowie der Tische, des Geschirrs und des Bestecks.

[5]Der Catering-Unternehmer A erbringt begünstigte Lieferungen im Sinne des § 12 Abs. 2 Nr. 1 UStG, da sich seine Leistung auf die Abgabe von zubereiteten Speisen und deren Beförderung ohne andere unterstützende Dienstleistungen beschränkt.

[6]Der Schulverein erbringt sonstige Leistungen im Sinne des § 3 Abs. 9 UStG. [7]Neben den Speisenlieferungen werden Dienstleistungen erbracht, die nicht notwendig mit der Vermarktung von Speisen verbunden sind (Bereitstellung von Verzehrvorrichtungen, Reinigung der Räume sowie der Tische, des Geschirrs und des Bestecks) und die bei Gesamtbetrachtung des Vorgangs das Lieferelement qualitativ überwiegen. [8]Bei Vorliegen der weiteren Voraussetzungen können die Umsätze dem ermäßigten Steuersatz nach § 12 Abs. 2 Nr. 8 UStG unterliegen.

Beispiel 5:

[1]Wie Beispiel 4, jedoch beliefert der Catering-Unternehmer A den Schulverein mit Tiefkühlgerichten. [2]Er stellt hierfür einen Tiefkühlschrank und ein Auftaugerät (Regeneriertechnik) zur Verfügung. [3]Die Endbereitung der Speisen (Auftauen und Erhitzen) sowie die Ausgabe erfolgt durch den Schulverein.

[4]Der Catering-Unternehmer A erbringt begünstigte Lieferungen im Sinne des § 12 Abs. 2 Nr. 1 UStG. [5]Die Bereitstellung der Regeneriertechnik stellt eine Nebenleistung zur Speisenlieferung dar.

Beispiel 6:

[1]Ein Unternehmer beliefert ein Krankenhaus mit Mittag- und Abendessen für die Patienten. [2]Er bereitet die Speisen nach Maßgabe eines mit dem Leistungsempfänger vereinbarten Speiseplans in der Küche des auftraggebenden Krankenhauses fertig zu. [3]Die Speisen werden zu festgelegten Zeitpunkten in Großgebinden an das Krankenhauspersonal übergeben, das den Transport auf die Stationen, die Portionierung und Ausgabe der Speisen an die Patienten sowie die anschließende Reinigung des Geschirrs und Bestecks übernimmt.

[4]Es liegen begünstigte Lieferungen im Sinne des § 12 Abs. 2 Nr. 1 UStG vor, da sich die Leistung des Unternehmers auf die Abgabe von zubereiteten Speisen ohne andere unterstützende Dienstleistungen beschränkt. [5]Die durch das Krankenhauspersonal erbrachten Dienstleistungselemente sind bei der Beurteilung des Gesamtvorgangs nicht zu berücksichtigen.

UStAE

Beispiel 7:

[1]Sachverhalt wie im Beispiel 6. [2]Ein Dritter ist jedoch verpflichtet, das Geschirr und Besteck in der Küche des Krankenhauses zu reinigen.

[3]Soweit dem Unternehmer die durch den Dritten erbrachten Spülleistungen nicht zuzurechnen sind, beschränkt sich seine Leistung auch in diesem Fall auf die Abgabe von zubereiteten Speisen ohne andere unterstützende Dienstleistungen. [4]Es liegen daher ebenfalls begünstigte Lieferungen an das Krankenhaus vor.

Beispiel 8:

[1]Ein Unternehmer bereitet mit eigenem Personal die Mahlzeiten für die Patienten in der angemieteten Küche eines Krankenhauses zu, transportiert die portionierten Speisen auf die Stationen und reinigt das Geschirr und Besteck. [2]Die Ausgabe der Speisen an die Patienten erfolgt durch das Krankenhauspersonal.

[3]Es liegen begünstigte Lieferungen im Sinne des § 12 Abs. 2 Nr. 1 UStG vor. [4]Die Reinigung des Geschirrs und Bestecks ist im Rahmen der Gesamtbetrachtung nicht zu berücksichtigen, da die Überlassung dieser Gegenstände kein berücksichtigungsfähiges Dienstleistungselement darstellt.

Beispiel 9:

[1]Eine Metzgerei betreibt einen Partyservice. [2]Nachdem der Unternehmer die Kunden bei der Auswahl der Speisen, deren Zusammenstellung und Menge individuell beraten hat, bereitet er ein kaltwarmes Büffet zu. [3]Die fertig belegten Platten und Warmhaltebehälter werden von den Kunden abgeholt oder von der Metzgerei zu den Kunden geliefert. [4]Die leeren Platten und Warmhaltebehälter werden am Folgetag durch den Metzger abgeholt und gereinigt.

[5]Es liegen begünstigte Lieferungen im Sinne des § 12 Abs. 2 Nr. 1 UStG vor, da sich die Leistung des Unternehmers auf die Abgabe von zubereiteten Speisen, ggf. deren Beförderung sowie die Beratung beschränkt. [6]Die Überlassung der Platten und Warmhaltebehälter besitzt vornehmlich Verpackungscharakter und führt bei der Gesamtbetrachtung des Vorgangs auch zusammen mit dem zu berücksichtigenden Dienstleistungselement „Beratung" nicht zu einem qualitativen Überwiegen der Dienstleistungselemente. [7]Da die Platten und Warmhaltebehälter vornehmlich Verpackungsfunktion besitzen, ist deren Reinigung nicht zu berücksichtigen.

Beispiel 10:

[1]Sachverhalt wie Beispiel 9, zusätzlich verleiht die Metzgerei jedoch Geschirr und/oder Besteck, das vor Rückgabe vom Kunden zu reinigen ist.

[2]Es liegen nicht begünstigte sonstige Leistungen im Sinne des § 3 Abs. 9 UStG vor. [3]Das Geschirr erfüllt in diesem Fall keine Verpackungsfunktion. [4]Mit der Überlassung des Geschirrs und des Bestecks in größerer Anzahl tritt daher ein Dienstleistungselement hinzu, durch das der Vorgang bei Betrachtung seines Gesamtbildes als nicht begünstigte sonstige Leistung anzusehen ist. [5]Unerheblich ist dabei, dass das Geschirr und Besteck vom Kunden gereinigt zurückgegeben wird (vgl. BFH-Urteil vom 23. 11. 2011, XI R 6/08, BStBl 2013 II S. 253).

Beispiel 11:

[1]Der Betreiber eines Partyservice liefert zu einem festgelegten Zeitpunkt auf speziellen Wunsch des Kunden zubereitete, verzehrfertige Speisen in warmem Zustand für eine Feier seines Auftraggebers an. [2]Er richtet das Buffet her, indem er die Speisen in Warmhaltevorrichtungen auf Tischen des Auftraggebers anordnet und festlich dekoriert.

[3]Es liegen nicht begünstigte sonstige Leistungen im Sinne des § 3 Abs. 9 UStG vor. [4]Die Überlassung der Warmhaltevorrichtungen erfüllt zwar vornehmlich eine Verpackungsfunktion. [5]Sie führt bei der vorzunehmenden Gesamtbetrachtung des Vorgangs zusammen mit den zu berücksichtigenden Dienstleistungselementen (Herrichtung des Büffets, Anordnung und festliche Dekoration) jedoch zu einem qualitativen Überwiegen der Dienstleistungselemente.

Beispiel 12:

[1]Der Betreiber eines Partyservice liefert auf speziellen Wunsch des Kunden zubereitete, verzehrfertige Speisen zu einem festgelegten Zeitpunkt für eine Party seines Auftraggebers an. [2]Der Auftraggeber erhält darüber hinaus Servietten, Einweggeschirr und -besteck. [3]Der Betreiber des Partyservice hat sich verpflichtet, das Einweggeschirr und -besteck abzuholen und zu entsorgen.

[4]Es liegen nicht begünstigte sonstige Leistungen im Sinne des § 3 Abs. 9 UStG vor. [5]Bei der vorzunehmenden Gesamtbetrachtung des Vorgangs überwiegen die zu berücksichtigenden Dienstleistungselemente (Überlassung von Einweggeschirr und -besteck in größerer Anzahl zusammen mit dessen Entsorgung) das Lieferelement qualitativ.

Beispiel 13:

[1]Wie Beispiel 12, jedoch entsorgt der Kunde das Einweggeschirr und -besteck selbst.

[2]Es liegen begünstigte Lieferungen im Sinne des § 12 Abs. 2 Nr. 1 UStG vor. [3]Da der Kunde die Entsorgung selbst übernimmt, beschränkt sich die Leistung des Unternehmers auf die Abgabe von zubereiteten Speisen und deren Beförderung ohne andere unterstützende Dienstleistungen.

Beispiel 14:

[1]Ein Mahlzeitendienst übergibt Einzelabnehmern verzehrfertig zubereitetes Mittag- und Abendessen in Warmhaltevorrichtungen auf vom Mahlzeitendienst zur Verfügung gestelltem Geschirr, auf dem die Speisen nach dem Abheben der Warmhaltehaube als Einzelportionen verzehrfertig angerichtet sind. [2]Dieses Geschirr wird – nach einer Vorreinigung durch die Einzelabnehmer – zu einem späteren Zeitpunkt vom Mahlzeitendienst zurückgenommen und endgereinigt.

[3]Es liegen begünstigte Lieferungen im Sinne des § 12 Abs. 2 Nr. 1 UStG vor. [4]Da das Geschirr vornehmlich eine Verpackungsfunktion erfüllt, überwiegt seine Nutzungsüberlassung sowie Endreinigung das Lieferelement nicht qualitativ. [5]Auf das Material oder die Form des Geschirrs kommt es dabei nicht an.

Beispiel 15:

[1]Ein Mahlzeitendienst übergibt Einzelabnehmern verzehrfertig zubereitetes Mittag- und Abendessen in Transportbehältnissen und Warmhaltevorrichtungen, die nicht dazu bestimmt sind, dass Speisen von diesen verzehrt werden. [2]Die Ausgabe der Speisen auf dem Geschirr der Einzelabnehmer und die anschließende Reinigung des Geschirrs und Bestecks in der Küche der Einzelabnehmer übernimmt der Pflegedienst des Abnehmers. [3]Zwischen Mahlzeiten- und Pflegedienst bestehen keine Verbindungen.

[4]Es liegen begünstigte Lieferungen im Sinne des § 12 Abs. 2 Nr. 1 UStG vor, da sich die Leistung des Mahlzeitendienstes auf die Abgabe von zubereiteten Speisen und deren Beförderung ohne andere unterstützende Dienstleistungen beschränkt. [5]Die Leistungen des Pflegedienstes sind bei der Beurteilung des Gesamtvorgangs nicht zu berücksichtigen.

Beispiel 16:

[1]Verschiedene Unternehmer bieten in einem zusammenhängenden Teil eines Einkaufszentrums diverse Speisen und Getränke an. [2]In unmittelbarer Nähe der Stände befinden sich Tische und Stühle, die von allen Kunden der Unternehmer gleichermaßen genutzt werden können (sog. „Food Court"). [3]Für die Rücknahme des Geschirrs stehen Regale bereit, die von allen Unternehmern genutzt werden.

[4]Soweit die Speisen zum Mitnehmen abgegeben werden, liegen begünstigte Lieferungen im Sinne des § 12 Abs. 2 Nr. 1 UStG vor. [5]Soweit die Speisen zum Verzehr vor Ort abgegeben werden, liegen nicht begünstigte sonstige Leistungen im Sinne des § 3 Abs. 9 UStG vor. [6]Maßgeblich ist die Absichtserklärung des Kunden, die Speisen mitnehmen oder vor Ort verzehren zu wollen (vgl. EuGH-Urteil vom 22. 4. 2021, C-703/19, Dyrektor Izby Administracji Skarbowej w Katowicach). [7]Die gemeinsam genutzte Infrastruktur ist allen Unternehmern zuzurechnen, auch wenn es sich um die Einrichtung des Einkaufszentrumsbetreibers handelt (vgl. BFH-Urteil vom 26. 8. 2021, V R 42/20, BStBl 2022 II S. 219). [8]Einer Berücksichtigung beim einzelnen Unternehmer steht nicht entgegen, dass die Tische und Stühle auch von Personen genutzt werden, die keine Speisen oder Getränke verzehren.

UStAE   3.7. Vermittlung oder Eigenhandel

(1) [1]Ob jemand eine Vermittlungsleistung erbringt oder als Eigenhändler tätig wird, ist nach den Leistungsbeziehungen zwischen den Beteiligten zu entscheiden. [2]Maßgebend für die Bestimmung der umsatzsteuerrechtlichen Leistungsbeziehungen ist grundsätzlich das Zivilrecht; ob der Vermittler gegenüber dem Leistungsempfänger oder dem Leistenden tätig wird, ist insoweit ohne Bedeutung. [3]Entsprechend der Regelung des § 164 Abs. 1 BGB liegt danach eine Vermittlungsleistung umsatzsteuerrechtlich grundsätzlich nur vor, wenn der Vertreter – Vermittler

– das Umsatzgeschäft erkennbar im Namen des Vertretenen abgeschlossen hat. [4]Das gilt jedoch nicht, wenn durch das Handeln in fremdem Namen lediglich verdeckt wird, dass der Vertreter und nicht der Vertretene das Umsatzgeschäft ausführt (vgl. BFH-Urteile vom 25. 6. 1987, V R 78/79, BStBl II S. 657, vom 29. 9. 1987, X R 13/81, BStBl 1988 II S. 153, und vom 10. 8. 2016, V R 4/16, BStBl 2017 II S. 135). [5]Dies kann der Fall sein, wenn dem Vertreter von dem Vertretenen Substanz, Wert und Ertrag des Liefergegenstands vor der Weiterlieferung an den Leistungsempfänger übertragen worden ist (BFH-Urteil vom 16. 3. 2000, V R 44/99, BStBl II S. 361). [6]Leistungsempfänger muss beim Abschluss des Umsatzgeschäfts nach den Umständen des Falls bekannt sein, dass er zu einem Dritten in unmittelbare Rechtsbeziehungen tritt (vgl. BFH-Urteil vom 21. 12. 1965, V 241/63 U, BStBl 1966 III S. 162); dies setzt nicht voraus, dass der Name des Vertretenen bei Vertragsabschluss genannt wird, sofern er feststellbar ist (vgl. BFH-Urteil vom 16. 3. 2000, V R 44/99, BStBl II S. 361). [7]Werden Zahlungen für das Umsatzgeschäft an den Vertreter geleistet, ist es zur Beschränkung des Entgelts auf die Vermittlungsprovision nach § 10 Abs. 1 Satz 5 UStG erforderlich, dass der Vertreter nicht nur im Namen, sondern auch für Rechnung des Vertretenen handelt (vgl. auch Absatz 7 und Abschnitt 10.4).

(2) [1]Werden beim Abschluss von Verträgen über die Vermittlung des Verkaufs von Kraftfahrzeugen vom Kraftfahrzeughändler die vom Zentralverband Deutsches Kraftfahrzeuggewerbe e.V. (ZDK) empfohlenen Vertragsmuster „Vertrag über die Vermittlung eines privaten Kraftfahrzeugs" (Stand: 2017) und „Verbindlicher Vermittlungsauftrag zum Erwerb eines neuen Kraftfahrzeuges" (Stand: 2019) nebst „Allgemeinen Geschäftsbedingungen" verwendet, ist die Leistung des Kraftfahrzeughändlers als Vermittlungsleistung anzusehen, wenn die tatsächliche Geschäftsabwicklung den Voraussetzungen für die Annahme von Vermittlungsleistungen entspricht (vgl. Absatz 1). [2]Unschädlich ist jedoch, dass ein Kraftfahrzeughändler einem Gebrauchtwagenverkäufer die Höhe des über den vereinbarten Mindestverkaufspreis hinaus erzielten Erlöses nicht mitteilt (vgl. BFH-Urteil vom 27. 7. 1988, X R 40/82, BStBl II S. 1017). [3]Entscheidend – insbesondere in Verbindung mit Neuwagengeschäften – ist, dass mit der Übergabe des Gebrauchtfahrzeugs an den Kraftfahrzeughändler das volle Verkaufsrisiko nicht auf diesen übergeht. [4]Nicht gegen die Annahme eines Vermittlungsgeschäfts spricht die Aufnahme einer Vereinbarung in einen Neuwagenkaufvertrag, wonach dem Neuwagenkäufer, der ein Gebrauchtfahrzeug zur Vermittlung übergeben hat, in Höhe der Preisuntergrenze des Gebrauchtfahrzeugs ein zinsloser Kredit bis zu einem bestimmten Termin, z. B. sechs Monate, eingeräumt wird.

(3) [1]Bei einem sog. Minusgeschäft wird der Kraftfahrzeughändler nicht als Vermittler tätig. [2]Ein Minusgeschäft ist gegeben, wenn ein Kraftfahrzeughändler den bei einem Neuwagengeschäft in Zahlung genommenen Gebrauchtwagen unter dem vereinbarten Mindestverkaufspreis verkauft, den vereinbarten Mindestverkaufspreis aber auf den Kaufpreis für den Neuwagen voll anrechnet (vgl. BFH-Urteil vom 29. 9. 1987, X R 13/81, BStBl 1988 II S. 153). [3]Das Gleiche gilt für Fälle, bei denen im Kaufvertrag über den Neuwagen vorgesehen ist, dass der Kraftfahrzeughändler einen Gebrauchtwagen unter Anrechnung auf den Kaufpreis des Neuwagens „in Zahlung nimmt" und nach der Bezahlung des nicht zur Verrechnung vorgesehenen Teils des Kaufpreises und der Hingabe des Gebrauchtwagens der Neuwagenverkauf endgültig abgewickelt ist, ohne Rücksicht darauf, ob der festgesetzte Preis für den Gebrauchtwagen erzielt wird oder nicht (vgl. BFH-Urteil vom 25. 6. 1987, V R 78/79, BStBl II S. 657). [4]Zur Besteuerung der Umsätze von Gebrauchtfahrzeugen (Differenzbesteuerung) vgl. Abschnitt 25a.1.

(4) [1]Die Abgabe von Autoschmierstoffen durch Tankstellen und Kraftfahrzeug-Reparaturwerkstätten ist wie folgt zu beurteilen: Wird lediglich ein Ölwechsel (Ablassen und Entsorgung des Altöls, Einfüllen des neuen Öls) vorgenommen, liegt eine Lieferung von Öl vor. [2]Wird die Lieferung im fremden Namen und für fremde Rechnung ausgeführt, handelt es sich um eine Vermittlungsleistung. [3]Das im Rahmen einer Inspektion im eigenen Namen abgegebene Motoröl ist jedoch Teil einer einheitlichen sonstigen Leistung (vgl. BFH-Urteil vom 30. 9. 1999, V R 77/98, BStBl 2000 II S. 14).

(5) [1]Kraftfahrzeugunternehmer, z. B. Tankstellenagenten, Kraftfahrzeug-Reparaturwerkstätten, entnehmen für eigene unternehmerische Zwecke Kraft- und Schmierstoffe und stellen hierfür

Rechnungen aus, in denen zum Ausdruck kommt, dass sie diese Waren im Namen und für Rechnung der betreffenden Mineralölgesellschaft an sich selbst veräußern. [2]Grundsätzlich ist davon auszugehen, dass Bestellungen, die ein Handelsvertreter bei dem Unternehmer für eigene Rechnung macht, in der Regel keinen Anspruch auf Handelsvertreterprovisionen nach § 87 Abs. 1 HGB begründen. [3]Ist jedoch etwas anderes vereinbart und sind Provisionszahlungen auch für eigene Bestellungen in dem betreffenden Handelszweig üblich, und steht ferner fest, dass der Handelsvertreter nicht zu besonderen Preisen bezieht, kann gleichwohl ein Provisionsanspruch des Vertreters begründet sein. [4]Bei dieser Sachlage ist das zivilrechtlich gewollte In-sich-Geschäft mit Provisionsanspruch auch umsatzsteuerrechtlich als solches anzuerkennen.

(6) [1]Der Versteigerer, der Gegenstände im eigenen Namen versteigert, wird als Eigenhändler behandelt und bewirkt Lieferungen. [2]Dabei macht es umsatzsteuerrechtlich keinen Unterschied aus, ob der Versteigerer die Gegenstände für eigene Rechnung oder für die Rechnung eines anderen, des Einlieferers, versteigert. [3]Wenn der Auktionator jedoch Gegenstände im fremden Namen und für fremde Rechnung, d. h. im Namen und für Rechnung des Einlieferers, versteigert, führt er lediglich Vermittlungsleistungen aus. [4]Für die umsatzsteuerrechtliche Beurteilung kommt es entscheidend darauf an, wie der Auktionator nach außen den Abnehmern (Ersteigerern) gegenüber auftritt. [5]Der Versteigerer kann grundsätzlich nur dann als Vermittler (Handelsmakler) anerkannt werden, wenn er bei der Versteigerung erkennbar im fremden Namen und für fremde Rechnung auftritt. [6]Das Handeln des Auktionators im fremden Namen und für fremde Rechnung muss in den Geschäfts- und Versteigerungsbedingungen oder an anderer Stelle mit hinreichender Deutlichkeit zum Ausdruck kommen. [7]Zwar braucht dem Ersteigerer nicht sogleich bei Vertragsabschluss der Name des Einlieferers mitgeteilt zu werden. [8]Er muss aber die Möglichkeit haben, jederzeit den Namen und die Anschrift des Einlieferers zu erfahren (vgl. BFH-Urteil vom 24. 5. 1960, V 152/58 U, BStBl III S. 374).

(7) [1]Unternehmer, die im eigenen Laden – dazu gehören auch gemietete Geschäftsräume – Waren verkaufen, sind umsatzsteuerrechtlich grundsätzlich als Eigenhändler anzusehen. [2]Vermittler kann ein Ladeninhaber nur sein, wenn zwischen demjenigen, von dem er die Ware bezieht, und dem Käufer unmittelbare Rechtsbeziehungen zustande kommen. [3]Auf das Innenverhältnis des Ladeninhabers zu seinem Vertragspartner, der die Ware zur Verfügung stellt, kommt es für die Frage, ob Eigenhandels- oder Vermittlungsgeschäfte vorliegen, nicht entscheidend an. [4]Wesentlich ist das Außenverhältnis, d. h. das Auftreten des Ladeninhabers dem Kunden gegenüber. [5]Wenn der Ladeninhaber eindeutig vor oder bei dem Geschäftsabschluss zu erkennen gibt, dass er in fremdem Namen und für fremde Rechnung handelt, kann seine Vermittlereigenschaft umsatzsteuerrechtlich anerkannt werden. [6]Deshalb können bei entsprechender Ausgestaltung des Geschäftsablaufs auch beim Verkauf von Gebrauchtwaren in Secondhandshops Vermittlungsleistungen angenommen werden (vgl. auch Abschnitt 25a.1). [7]Die für Verkäufe im eigenen Laden aufgestellten Grundsätze sind auch auf Fälle anwendbar, in denen der Ladeninhaber nicht liefert, sondern wegen der Art des Betriebs seinen Kunden gegenüber lediglich sonstige Leistungen erbringt (BFH-Urteil vom 9. 4. 1970, V R 80/66, BStBl II S. 506). [8]Beim Bestehen einer echten Ladengemeinschaft sind die o. a. Grundsätze nicht anzuwenden. [9]Eine echte Ladengemeinschaft ist anzuerkennen, wenn mehrere Unternehmer in einem Laden mehrere Betriebe unterhalten und dort Waren in eigenem Namen und für eigene Rechnung verkaufen. [10]In einem solchen Fall handelt es sich um verschiedene Unternehmer, die mit den Entgelten der von ihnen bewirkten Lieferungen zur Umsatzsteuer heranzuziehen sind, ohne dass die Umsätze des einen anderen zugerechnet werden dürfen (vgl. BFH-Urteil vom 6. 3. 1969, V 23/65, BStBl II S. 361).

(8) [1]Die Grundsätze über den Verkauf im eigenen Laden (vgl. Absatz 7) gelten nicht für den Verkauf von Waren, z. B. Blumen, Zeitschriften, die durch Angestellte eines anderen Unternehmers in Gastwirtschaften angeboten werden (vgl. BFH-Urteil vom 7. 6. 1962, V 214/59 U, BStBl III S. 361). [2]Werden in Gastwirtschaften mit Genehmigung des Gastwirts Warenautomaten aufgestellt, liefert der Aufsteller die Waren an die Benutzer der Automaten. [3]Der Gastwirt bewirkt eine steuerpflichtige sonstige Leistung an den Aufsteller, die darin besteht, dass er die Aufstellung der Automaten in seinen Räumen gestattet. [4]Entsprechendes gilt für die Aufstellung von Spielautomaten in Gastwirtschaften. [5]Als Unternehmer, der den Spielautomat in eigenem Na-

UStAE

men und für eigene Rechnung betreibt, ist in der Regel der Automatenaufsteller anzusehen (vgl. BFH-Urteil vom 24. 9. 1987, V R 152/78, BStBl 1988 II S. 29).

(9) ¹Mit dem Verkauf von Eintrittskarten, die z. B. ein Reisebüro vom Veranstalter zu Festpreisen (ohne Ausweis einer Provision) oder von Dritten erworben hat und mit eigenen Preisaufschlägen weiterveräußert, erbringt das Reisebüro keine Vermittlungsleistung, wenn nach der Vertragsgestaltung das Reisebüro das volle Unternehmerrisiko trägt. ²Dies ist der Fall, wenn das Reisebüro die Karten nicht zurückgeben kann.

(10) Zu den Grundsätzen des Handelns von sog. Konsolidierern bei postvorbereitenden Leistungen vgl. BMF-Schreiben vom 13. 12. 2006, BStBl 2007 I S. 119.

UStAE 3.8. Werklieferung, Werkleistung

(1) ¹Eine Werklieferung liegt vor, wenn der Werkhersteller für das Werk einen fremden Gegenstand be- oder verarbeitet und dafür selbstbeschaffte Stoffe verwendet, die nicht nur Zutaten oder sonstige Nebensachen sind (vgl. BFH-Urteil vom 22. 8. 2013, V R 37/10, BStBl 2014 II S. 128). ²Besteht das Werk aus mehreren Hauptstoffen, bewirkt der Werkunternehmer bereits dann eine Werklieferung, wenn er nur einen Hauptstoff oder einen Teil eines Hauptstoffs selbst beschafft hat, während alle übrigen Stoffe vom Besteller beigestellt werden. ³Verwendet der Werkunternehmer bei seiner Leistung keinerlei selbstbeschaffte Stoffe oder nur Stoffe, die als Zutaten oder sonstige Nebensachen anzusehen sind, handelt es sich um eine Werkleistung. ⁴Unter Zutaten und sonstigen Nebensachen im Sinne des § 3 Abs. 4 Satz 1 UStG sind Lieferungen zu verstehen, die bei einer Gesamtbetrachtung aus der Sicht des Durchschnittsbetrachters nicht das Wesen des Umsatzes bestimmen (vgl. BFH-Urteil vom 9. 6. 2005, V R 50/02, BStBl 2006 II S. 98). ⁵Für die Frage, ob es sich um Zutaten oder sonstige Nebensachen handelt, kommt es daher nicht auf das Verhältnis des Werts der Arbeit oder des Arbeitserfolgs zum Wert der vom Unternehmer beschafften Stoffe an, sondern darauf, ob diese Stoffe ihrer Art nach sowie nach dem Willen der Beteiligten als Hauptstoffe oder als Nebenstoffe des herzustellenden Werks anzusehen sind (vgl. BFH-Urteil vom 28. 5. 1953, V 22/53 U, BStBl III S. 217). ⁶Die Unentbehrlichkeit eines Gegenstands allein macht diesen noch nicht zu einem Hauptstoff. ⁷Kleinere technische Hilfsmittel, z. B. Nägel, Schrauben, Splinte usw., sind in aller Regel Nebensachen. ⁸Beim Austausch eines unbrauchbar gewordenen Teilstücks, dem eine gewisse selbständige Bedeutung zukommt, z. B. Kurbelwelle eines Kraftfahrzeugs, kann nicht mehr von einer Nebensache gesprochen werden (vgl. BFH-Urteil vom 25. 3. 1965, V 253/63 U, BStBl III S. 338). ⁹Haupt- oder Nebenstoffe sind Werkstoffe, die gegenständlich im fertigen Werk enthalten sein müssen. ¹⁰Elektrizität, die bei der Herstellung des Werks verwendet wird, ist kein Werkstoff (vgl. BFH-Urteil vom 8. 7. 1971, V R 38/68, BStBl 1972 II S. 44).

(2) ¹Bei Werklieferungen scheiden Materialbeistellungen des Bestellers aus dem Leistungsaustausch aus. ²Das Material, das der Besteller dem Auftragnehmer zur Bewirkung der Werklieferung beistellt, geht nicht in die Verfügungsmacht des Werkherstellers über (vgl. BFH-Urteil vom 17. 1. 1957, V 157/55 U, BStBl III S. 92). ³Die beigestellte Sache kann ein Hauptstoff sein, die Beistellung kann sich aber auch auf Nebenstoffe oder sonstige Beistellungen, z. B. Arbeitskräfte, Maschinen, Hilfsstoffe wie Elektrizität, Kohle, Baustrom und Bauwasser oder ähnliche Betriebsmittel, beziehen (vgl. BFH-Urteil vom 12. 3. 1959, V 205/56 S, BStBl III S. 227), nicht dagegen auf die Bauleistungsversicherung. ⁴Gibt der Auftraggeber zur Herstellung des Werks den gesamten Hauptstoff hin, liegt eine Materialgestellung vor (vgl. BFH-Urteil vom 10. 9. 1959, V 32/57 U, BStBl III S. 435).

(3) ¹Es gehört grundsätzlich zu den Voraussetzungen für das Vorliegen einer Materialbeistellung, dass das beigestellte Material im Rahmen einer Werklieferung für den Auftraggeber be- oder verarbeitet wird. ²Der Werkunternehmer muss sich verpflichtet haben, die ihm überlassenen Stoffe ausschließlich zur Herstellung des bestellten Werks zu verwenden (vgl. BFH-Urteil vom 17. 1. 1957, V 157/55 U, BStBl III S. 92). ³Auf das Erfordernis der Stoffidentität kann verzichtet werden, wenn die anderen Voraussetzungen für die Materialbeistellung zusammen gegeben

sind, der Auftragnehmer den vom Auftraggeber zur Verfügung gestellten Stoff gegen gleichartiges und gleichwertiges Material austauscht und der Austausch wirtschaftlich geboten ist (vgl. BFH-Urteile vom 10. 2. 1966, V 105/63, BStBl III S. 257, und vom 3. 12. 1970, V R 122/67, BStBl 1971 II S. 355). [4]Eine Materialbeistellung ist jedoch zu verneinen, wenn der beigestellte Stoff ausgetauscht wird und der mit der Herstellung des Gegenstands beauftragte Unternehmer den Auftrag weitergibt (BFH-Urteil vom 21. 9. 1970, V R 76/67, BStBl 1971 II S. 77).

(4) [1]Eine Materialbeistellung liegt nicht vor, wenn der Werkunternehmer an der Beschaffung der Werkstoffe als Kommissionär (§ 3 Abs. 3 UStG) mitgewirkt hat. [2]In diesem Fall umfasst die Lieferung des Werkunternehmers auch die beschafften Stoffe. [3]Eine Materialbeistellung ist aber anzunehmen, wenn der Werkunternehmer nur als Agent oder Berater an der Stoffbeschaffung beteiligt ist und dementsprechend zwischen dem Lieferer und dem Besteller der Werkstoffe unmittelbare Rechtsbeziehungen begründet werden. [4]Die Annahme einer Materialbeistellung hat zur Folge, dass der Umsatz des Werkunternehmers sich nicht auf die vom Besteller eingekauften Stoffe erstreckt. [5]Wenn dagegen unmittelbare Rechtsbeziehungen zwischen dem Lieferer der Werkstoffe und dem Werkunternehmer und eine Werklieferung dieses Unternehmers an den Besteller vorliegen, ist davon auszugehen, dass eine Lieferung der Stoffe vom Lieferer an den Werkunternehmer und eine Werklieferung dieses Unternehmers an den Besteller vorliegt. [6]In einem solchen Fall schließt die Werklieferung den vom Werkunternehmer beschafften Stoff ein.

(5) Zur umsatzsteuerrechtlichen Behandlung der Beistellung von Personal zu sonstigen Leistungen vgl. Abschnitt 1.1 Abs. 6 und 7.

(6) [1]Reparaturen beweglicher körperlicher Gegenstände können in Form einer Werklieferung oder Werkleistung erbracht werden. [2]Nach ständiger EuGH- und BFH-Rechtsprechung ist für die Abgrenzung zwischen Lieferung und sonstiger Leistung das Wesen des Umsatzes aus Sicht des Durchschnittsverbrauchers zu bestimmen. [3]Im Rahmen einer Gesamtbetrachtung ist zu entscheiden, ob die charakteristischen Merkmale einer Lieferung oder einer sonstigen Leistung überwiegen (vgl. EuGH-Urteile vom 2. 5. 1996, C-231/94, Faarborg-Gelting Linien, BStBl 1998 II S. 282, und vom 17. 5. 2001, C-322/99 und 323/99, Fischer und Brandenstein, sowie BFH-Urteil vom 9. 6. 2005, V R 50/02, BStBl 2006 II S. 98). [4]Das Verhältnis des Wertes der Arbeit oder des Arbeitserfolges zum Wert der vom Unternehmer beschafften Stoffe ist allein kein ausschlaggebendes Abgrenzungskriterium. [5]Es kann lediglich einen Anhaltspunkt für die Einstufung des Umsatzes als Werklieferung oder Werkleistung darstellen (vgl. EuGH-Urteil vom 29. 3. 2007, C-111/05, Aktiebolaget NN). [6]Sofern nach diesen sowie den in den Absätzen 1 bis 4 dargestellten Abgrenzungskriterien nicht zweifelsfrei entschieden werden kann, ob die Reparaturleistung als Werklieferung oder Werkleistung zu qualifizieren ist, kann von einer Werklieferung ausgegangen werden, wenn der Entgeltanteil, der auf das bei der Reparatur verwendete Material entfällt, mehr als 50 % des für die Reparatur berechneten Gesamtentgelts beträgt.

UStAE   3.10.   Einheitlichkeit der Leistung

Allgemeine Grundsätze

(1) [1]Ob von einer einheitlichen Leistung oder von mehreren getrennt zu beurteilenden selbständigen Einzelleistungen auszugehen ist, hat umsatzsteuerrechtlich insbesondere Bedeutung für die Bestimmung des Orts und des Zeitpunkts der Leistung sowie für die Anwendung von Befreiungsvorschriften und des Steuersatzes. [2]Es ist das Wesen des fraglichen Umsatzes zu ermitteln, um festzustellen, ob der Unternehmer dem Abnehmer mehrere selbständige Hauptleistungen oder eine einheitliche Leistung erbringt (vgl. EuGH-Urteil vom 4. 9. 2019, C-71/18, KPC Herning). [3]Dabei ist auf die Sicht des Durchschnittsverbrauchers abzustellen (vgl. BFH-Urteile vom 31. 5. 2001, V R 97/98, BStBl II S. 658, und vom 14. 2. 2019, V R 22/17, BStBl II S. 350).

(2) [1]In der Regel ist jede Lieferung und jede sonstige Leistung als eigene selbständige Leistung zu betrachten (vgl. EuGH-Urteil vom 25. 2. 1999, C-349/96, CPP, und BFH-Urteil vom 14. 2. 2019, V R 22/17, BStBl II S. 350). [2]Deshalb können zusammengehörige Vorgänge nicht bereits als einheitliche Leistung angesehen werden, weil sie einem einheitlichen wirtschaftlichen Ziel dienen.

[3]Wenn mehrere, untereinander gleichzuwertende Faktoren zur Erreichung dieses Ziels beitragen und aus diesem Grund zusammengehören, ist die Annahme einer einheitlichen Leistung nur gerechtfertigt, wenn die einzelnen Faktoren so ineinandergreifen, dass sie bei natürlicher Betrachtung hinter dem Ganzen zurücktreten. [4]Dass die einzelnen Leistungen auf einem einheitlichen Vertrag beruhen und für sie ein Gesamtentgelt entrichtet wird, reicht ebenfalls noch nicht aus, sie umsatzsteuerrechtlich als Einheit zu behandeln. [5]Entscheidend ist der wirtschaftliche Gehalt der erbrachten Leistungen (vgl. BFH-Urteil vom 24.11.1994, V R 30/92, BStBl 1995 II S.151). [6]Die dem Leistungsempfänger aufgezwungene Koppelung mehrerer Leistungen allein führt nicht zu einer einheitlichen Leistung (vgl. BFH-Urteil vom 13.7.2006, V R 24/02, BStBl II S.935).

(3) [1]Allerdings darf ein einheitlicher wirtschaftlicher Vorgang umsatzsteuerrechtlich nicht in mehrere Leistungen aufgeteilt werden (vgl. BFH-Urteil vom 14.2.2019, V R 22/17, BStBl II S.350). [2]Dies gilt auch dann, wenn sich die Abnehmer dem leistenden Unternehmer gegenüber mit einer solchen Aufspaltung einverstanden erklären (vgl. BFH-Urteile vom 20.10.1966, V 169/63, BStBl 1967 III S.159, und vom 12.12.1969, V R 105/69, BStBl 1970 II S.362). [3]Auch der Umstand, dass beide Bestandteile im Wirtschaftsleben auch getrennt erbracht werden, rechtfertigt allein keine Aufspaltung des Vorgangs, wenn es dem durchschnittlichen Verbraucher gerade um die Verbindung beider Elemente geht (vgl. BFH-Urteil vom 10.1.2013, V R 31/10, BStBl II S.352). [4]Zur Qualifizierung einer einheitlichen Leistung, die sowohl Lieferungselemente als auch Elemente sonstiger Leistungen aufweist, vgl. Abschnitt 3.5.

(4) [1]Voraussetzung für das Vorliegen einer einheitlichen Leistung anstelle mehrerer selbständiger Leistungen ist stets, dass es sich um Tätigkeiten desselben Unternehmers handelt. [2]Entgeltliche Leistungen verschiedener Unternehmer sind auch dann jeweils für sich zu beurteilen, wenn sie gegenüber demselben Leistungsempfänger erbracht werden und die weiteren Voraussetzungen für das Vorliegen einer einheitlichen Leistung erfüllt sind. [3]Eine einheitliche Leistung kann, im Gegensatz zur Beurteilung bei Leistungen mehrerer Unternehmer, allerdings im Verhältnis von Organträger und Organgesellschaft vorliegen (vgl. BFH-Urteil vom 29.10.2008, XI R 74/07, BStBl 2009 II S.256).

Abgrenzung von Haupt- und Nebenleistung

(5) [1]Nebenleistungen teilen umsatzsteuerrechtlich das Schicksal der Hauptleistung (vgl. jedoch Abschnitt 4.12.10 Satz 1 zum Aufteilungsgebot bei der Vermietung und Verpachtung von Grundstücken mit Betriebsvorrichtungen und Abschnitt 12.16 Abs.8 zum Aufteilungsgebot bei Beherbergungsumsätzen). [2]Das gilt auch dann, wenn für die Nebenleistung ein besonderes Entgelt verlangt und entrichtet wird (vgl. BFH-Urteil vom 28.4.1966, V 153/63, BStBl III S.476). [3]Eine Leistung ist grundsätzlich dann als Nebenleistung zu einer Hauptleistung anzusehen, wenn sie im Vergleich zu der Hauptleistung nebensächlich ist, mit ihr eng – im Sinne einer wirtschaftlich gerechtfertigten Abrundung und Ergänzung – zusammenhängt und üblicherweise in ihrem Gefolge vorkommt (vgl. BFH-Urteil vom 10.9.1992, V R 99/88, BStBl 1993 II S.316). [4]Davon ist insbesondere auszugehen, wenn die Leistung für den Leistungsempfänger keinen eigenen Zweck, sondern das Mittel darstellt, um die Hauptleistung des Leistenden unter optimalen Bedingungen in Anspruch zu nehmen (vgl. BFH-Urteil vom 14.2.2019, V R 22/17, BStBl II S.350). [5]Gegenstand einer Nebenleistung kann sowohl eine unselbständige Lieferung von Gegenständen als auch eine unselbständige sonstige Leistung sein.

Hin- und Rückgabe von Transporthilfsmitteln und Warenumschließungen gegen Pfandgeld

(5a) [1]Die Hingabe des Transporthilfsmittels gegen Pfandgeld ist als eigenständige Lieferung zu beurteilen. [2]Warenumschließungen teilen im Gegensatz hierzu stets das Schicksal der Hauptleistung. [3]Bei Rückgabe und Rückzahlung des Pfandgeldes liegen sowohl bei Transportmitteln als auch bei Warenumschließungen Entgeltminderungen vor. [4]Zur Anwendung der Vereinfachungsregelung bei Rückgabe von Transporthilfsmitteln bzw. Warenumschließungen vgl. Abschnitt 10.1 Abs.8. [5]Zur Abgrenzung zwischen Transporthilfsmitteln und Warenumschließungen vgl. BMF-Schreiben vom 20.10.2014, BStBl I S.1372, und zur Überlassung des Transporthilfsmittels im Rahmen reiner Tauschsysteme vgl. Abschnitt 3.5 Abs.3 Nr.18.

Einzelfälle

(6) Einzelfälle zur Abgrenzung einer einheitlichen Leistung von mehreren Hauptleistungen und zur Abgrenzung von Haupt- und Nebenleistung:

1. zur Einheitlichkeit der Leistung bei Erbringung der üblichen Baubetreuung im Rahmen von Bauherrenmodellen vgl. BMF-Schreiben vom 27.6.1986, BStBl I S.352, und BFH-Urteil vom 10.9.1992, V R 99/88, BStBl 1993 II S.316;

2. zur Einheitlichkeit der Leistung bei der Nutzungsüberlassung von Sportanlagen und anderen Anlagen vgl. Abschnitt 4.12.11 und BMF-Schreiben vom 17.4.2003, BStBl I S.279;

3. die Verschaffung von Versicherungsschutz oder die entgeltliche Garantiezusage durch einen Kraftfahrzeughändler im Zusammenhang mit einer Fahrzeuglieferung ist keine unselbständige Nebenleistung zur Fahrzeuglieferung, sondern eine eigenständige Leistung, vgl. BFH-Urteile vom 9.10.2002, V R 67/01, BStBl 2003 II S.378, und vom 14.11.2018, XI R 16/17, BStBl 2021 II S.461;

4. zur Qualifizierung der Lieferung von Saatgut und dessen Einsaat bzw. der Lieferung von Pflanzen und deren Einpflanzen durch denselben Unternehmer als jeweils selbständige Hauptleistungen vgl. BFH-Urteile vom 9.10.2002, V R 5/02, BStBl 2004 II S.470, und vom 25.6.2009, V R 25/07, BStBl 2010 II S.239;

5. ¹bei der Überlassung von Grundstücksteilen zur Errichtung von Strommasten für eine Überlandleitung, der Einräumung des Rechts zur Überspannung der Grundstücke und der Bewilligung einer beschränkten persönlichen Dienstbarkeit zur dinglichen Sicherung dieser Rechte handelt es sich um eine nach § 4 Nr.12 Satz 1 Buchstabe a UStG steuerbefreite einheitliche sonstige Leistung. ²Eine damit im Zusammenhang stehende Duldung der Verursachung baubedingter Flur- und Aufwuchsschäden stellt im Verhältnis hierzu eine Nebenleistung dar. ³Das gilt auch dann, wenn Zahlungen sowohl an den Grundstückseigentümer, z.B. für die Rechtseinräumung, als auch an den Pächter, z.B. für die Flur- und Aufwuchsschäden, erfolgen (vgl. BFH-Urteil vom 11.11.2004, V R 30/04, BStBl 2005 II S.802);

6. die unentgeltliche Abgabe von Hardwarekomponenten im Zusammenhang mit dem Abschluss eines längerfristigen Netzbenutzungsvertrags ist eine unselbständige Nebenleistung zu der (einheitlichen) Telekommunikationsleistung (vgl. Abschnitt 3.3 Abs.20) oder der auf elektronischem Weg erbrachten sonstigen Leistung; bei der Entrichtung einer Zuzahlung ist diese regelmäßig Entgelt für die Lieferung des Wirtschaftsguts;

7. die Übertragung und spätere Rückübertragung von Wertpapieren oder Emissionszertifikaten nach dem TEHG im Rahmen von Pensionsgeschäften (§ 340b HGB) ist jeweils gesondert als sonstige Leistung zu beurteilen;

8. bei der Verwaltung fremden Vermögens, die zwar entsprechend hierzu vereinbarter allgemeiner Anlagerichtlinien oder -strategien, jedoch im eigenen Ermessen und ohne vorherige Einholung von Einzelfallweisungen des Kunden erfolgt (Portfolioverwaltung), beinhaltet die einheitliche sonstige Leistung der Vermögensverwaltung auch die in diesem Rahmen erforderlichen Transaktionsleistungen bei Wertpapieren, vgl. EuGH-Urteil vom 19.7.2012, C-44/11, Deutsche Bank, BStBl II S.945, und BFH-Urteil vom 11.10.2012, V R 9/10, BStBl 2014 II S.279;

9. zur Einheitlichkeit der Leistung bei betriebsärztlichen Leistungen nach § 3 ASiG vgl. BMF-Schreiben vom 4.5.2007, BStBl I S.481;

10. zur Frage der Einheitlichkeit der Leistung bei Leistungen, die sowohl den Charakter bzw. Elemente einer Grundstücksüberlassung als auch anderer Leistungen aufweisen, vgl. Abschnitt 4.12.5;

11. zu Gegenstand und Umfang der Werklieferung eines Gebäudes vgl. BFH-Urteil vom 24. 1. 2008, V R 42/05, BStBl II S. 697;

12. zum Vorliegen einer einheitlichen Leistung bei der Lieferung eines noch zu bebauenden Grundstücks vgl. BFH-Urteil vom 19. 3. 2009, V R 50/07, BStBl II S. 78;

13. zu Verpflegungsleistungen als Nebenleistungen zu Übernachtungsleistungen, vgl. BFH-Urteil vom 15. 1. 2009, V R 9/06, BStBl II 2010 S. 433, zum Aufteilungsgebot bei Beherbergungsumsätzen vgl. jedoch Abschnitt 12.16 Abs. 8;

14. Zahlungen der Hersteller/Händler an Finanzierungsinstitute zum Ausgleich von vergünstigten Kredit- bzw. Leasinggeschäften können Entgeltzahlungen für eine Leistung eigener Art des Finanzierungsinstituts an den Hersteller/Händler oder Entgelt von dritter Seite für die Finanzierungsleistung des Instituts an den Abnehmer darstellen, vgl. BMF-Schreiben vom 28. 9. 2011, BStBl I S. 935, und vom 24. 9. 2013, BStBl I S. 1219, vgl. auch BFH-Urteil vom 24. 2. 2021, XI R 15/19, BStBl II S. 729;

15. dient ein Insolvenzverfahren der Befriedigung sowohl von Verbindlichkeiten des zum Vorsteuerabzug berechtigten Unternehmers wie auch von dessen Privatverbindlichkeiten, erbringt der Insolvenzverwalter eine einheitliche Leistung, aus der der Unternehmer nur zum anteiligen Vorsteuerabzug berechtigt ist (vgl. BFH-Urteil vom 15. 4. 2015, V R 44/14, BStBl II S. 679; vgl. auch Abschnitt 15.2b Abs. 3 Sätze 9 und 10);

16. zur Aufteilung eines Gesamtentgelts für die Nutzung von Saunaleistungen in Schwimmbädern vgl. BMF-Schreiben vom 18. 12. 2019, BStBl I S. 1396;

17. zur Abgrenzung von Nebenleistung und selbstständiger Lieferung für Fälle, in denen Formen, Modelle oder Werkzeuge zur Herstellung steuerfrei ausgeführter Gegenstände benötigt wurden, vgl. BMF-Schreiben vom 27. 11. 1975, BStBl I S. 1126;

18. zur umsatzsteuerrechtlichen Behandlung eines bei Überlassung von elektronischen Zahlungskarten erhobenen Kartenpfandes vgl. Abschnitt 4.8.7 Abs. 2 Satz 7 und BFH-Urteil vom 26. 1. 2022, XI R 19/19 (XI R 12/17), BStBl II S. 582.

UStAE   3.11.   Kreditgewährung im Zusammenhang mit anderen Umsätzen

Inhalt des Leistungsaustauschs

(1) ¹Im Falle der Kreditgewährung im Zusammenhang mit einer Lieferung oder sonstigen Leistung erbringt der leistende Unternehmer grundsätzlich jeweils eigene selbständige Leistungen. ²Die naturgemäße Verbindung des Kreditgeschäfts zu der Lieferung oder sonstigen Leistung reicht für sich genommen für die Annahme einer einheitlichen Leistung nicht aus. ³Ob mehrere, voneinander unabhängige Leistungen oder eine einheitliche Gesamtleistung vorliegen, ist im konkreten Einzelfall unter Beachtung der in Abschnitt 3.10 dargelegten objektiven Abgrenzungskriterien zu beurteilen. ⁴Anhaltspunkte, die für die Annahme mehrerer selbständiger Leistungen sprechen, sind dabei u. a.:

– gesonderte Vereinbarung von Lieferung oder sonstiger Leistung und Kreditgewährung;

– eigenständige Bildung von Leistungspreisen;

– gesonderte Rechnungsstellung.

⁵Bei der Kreditgewährung im Rahmen von Public-Private-Partnership-Projekten ist von zwei getrennt zu beurteilenden Leistungen auszugehen, wenn Werklieferung und Finanzierung nicht so aufeinander abgestimmt sind, dass es die Verflechtung beider Komponenten nicht möglich machen würde, nur eine der beiden Leistungen in Anspruch zu nehmen (vgl. BFH-Urteil vom 13. 11. 2013, XI R 24/11, BStBl 2017 II S. 1147). ⁶Zur Kreditgewährung im Zusammenhang mit einem Forderungskauf vgl. Abschnitt 2.4.

(2) – gestrichen –

(3) Als Entgelt für gesonderte Kreditleistungen können in entsprechender Anwendung des Absatzes 1 z. B. angesehen werden:

1. [1]Stundungszinsen. [2]Sie werden berechnet, wenn dem Leistungsempfänger, der bei Fälligkeit der Kaufpreisforderung nicht zahlen kann, gestattet wird, die Zahlung zu einem späteren Termin zu leisten;

2. [1]Zielzinsen. [2]Sie werden erhoben, wenn dem Leistungsempfänger zur Wahl gestellt wird, entweder bei kurzfristiger Zahlung den Barpreis oder bei Inanspruchnahme des Zahlungsziels einen höheren Zielpreis für die Leistung zu entrichten. [3]Für die Annahme einer Kreditleistung reicht jedoch die bloße Gegenüberstellung von Barpreis und Zielpreis nicht aus; es müssen vielmehr die in Absatz 1 genannten Voraussetzungen erfüllt sein.

(4) [1]Kontokorrentzinsen sind stets Entgelt für eine Kreditgewährung, wenn zwischen den beteiligten Unternehmern ein echtes Kontokorrentverhältnis im Sinne des § 355 HGB vereinbart worden ist, bei dem die gegenseitigen Forderungen aufgerechnet werden und bei dem der jeweilige Saldo an die Stelle der einzelnen Forderungen tritt. [2]Besteht kein echtes Kontokorrentverhältnis, können die neben dem Entgelt für die Lieferung erhobenen Zinsen nur dann als Entgelt für eine Kreditleistung behandelt werden, wenn entsprechende Vereinbarungen (vgl. Absatz 2) vorliegen.

(5) [1]Bietet ein Unternehmer in seinen Zahlungsbedingungen die Gewährung eines Nachlasses (Skonto, Rabatt) auf den ausgezeichneten Preis bei vorzeitiger Zahlung an und macht der Leistungsempfänger davon Gebrauch, führt der Preisnachlass zu einer Entgeltminderung. [2]Nimmt der Leistungsempfänger jedoch keinen Preisnachlass in Anspruch und entrichtet den Kaufpreis erst mit Ablauf der Zahlungsfrist, bewirkt der Unternehmer in Höhe des angebotenen Preisnachlasses keine Kreditleistung (vgl. BFH-Urteil vom 28. 1. 1993, V R 43/89, BStBl II S. 360).

Beispiel:

[1]Ein Unternehmer liefert eine Ware für 1 000 € (einschließlich Umsatzsteuer), zahlbar nach 6 Wochen. [2]Bei Zahlung innerhalb von 10 Tagen wird ein Skonto von 3 % des Kaufpreises gewährt. [3]Der Leistungsempfänger zahlt nach 6 Wochen den vollen Kaufpreis von 1 000 €. [4]Der Unternehmer darf seine Leistung nicht in eine steuerpflichtige Warenlieferung i. H. v. 970 € (einschließlich Umsatzsteuer) und eine steuerfreie Kreditleistung i. H. v. 30 € aufteilen.

Steuerfreiheit der Kreditgewährung

(6) [1]Ist die Kreditgewährung als selbständige Leistung anzusehen, fällt sie unter die Steuerbefreiung nach § 4 Nr. 8 Buchstabe a UStG. [2]Unberührt bleibt die Möglichkeit, unter den Voraussetzungen des § 9 UStG auf die Steuerbefreiung zu verzichten.

Entgeltminderungen

(7) [1]Entgeltminderungen, die sowohl auf steuerpflichtige Umsätze als auch auf die im Zusammenhang damit erbrachten steuerfreien Kreditgewährungen entfallen, sind anteilig dem jeweiligen Umsatz zuzuordnen. [2]Deshalb hat z. B. bei Uneinbringlichkeit von Teilzahlungen der Unternehmer die Steuer für die Warenlieferung entsprechend ihrem Anteil zu berichtigen (§ 17 Abs. 2 Nr. 1 in Verbindung mit Abs. 1 UStG). [3]Bei der Zuordnung der Entgeltminderung zu den steuerpflichtigen und steuerfreien Umsätzen kann nach Abschnitt 22.6 Abs. 20 und 21 verfahren werden. [4]Fällt eine Einzelforderung, die in ein Kontokorrent im Sinne des § 355 HGB eingestellt wurde, vor der Anerkennung des Saldos am Ende eines Abrechnungszeitraums ganz oder zum Teil aus, mindert sich dadurch das Entgelt für die der Forderung zu Grunde liegende Warenlieferung.

Auswirkungen auf den Vorsteuerabzug des leistenden Unternehmers

(8) [1]Die den steuerfreien Kreditgewährungen zuzurechnenden Vorsteuerbeträge sind unter den Voraussetzungen des § 15 Abs. 2 und 3 UStG vom Abzug ausgeschlossen. [2]Das gilt auch für solche Vorsteuerbeträge, die lediglich in mittelbarem wirtschaftlichem Zusammenhang mit diesen Umsätzen stehen, z. B. Vorsteuerbeträge, die im Bereich der Gemeinkosten anfallen. [3]Vorsteuerbeträge, die den Kreditgewährungen nur teilweise zuzurechnen sind, hat der Unternehmer nach den Grundsätzen des § 15 Abs. 4 UStG in einen abziehbaren und einen nichtabziehbaren Teil aufzuteilen (vgl. im Übrigen Abschnitte 15.16 ff.). [4]Die Vorschrift des § 43 UStDV kann auf die den Kreditgewährungen zuzurechnenden Vorsteuerbeträge nicht angewendet werden. [5]Werden die Kredite im Zusammenhang mit einer zum Vorsteuerabzug berechtigenden Lieferung oder sonstigen Leistung an einen Unternehmer gewährt, ist es jedoch nicht zu beanstanden, wenn aus Vereinfachungsgründen die Vorsteuern abgezogen werden, die den Kreditgewährungen nicht ausschließlich zuzurechnen sind.

Beispiel:

[1]Ein Maschinenhersteller M liefert eine Maschine an den Unternehmer U in Österreich. [2]Für die Entrichtung des Kaufpreises räumt M dem U einen Kredit ein, der als selbständige Leistung zu behandeln ist.

[3]Die Lieferung der Maschine ist nach § 4 Nr. 1 Buchstabe b, § 6a UStG steuerfrei und berechtigt zum Vorsteuerabzug. [4]Die Kreditgewährung ist nach § 3a Abs. 2 UStG in Deutschland nicht steuerbar und schließt nach § 15 Abs. 2 und 3 UStG den Vorsteuerabzug aus. [5]Aus Vereinfachungsgründen kann jedoch M die Vorsteuern, die der Kreditgewährung nicht ausschließlich zuzurechnen sind, z. B. Vorsteuern im Bereich der Verwaltungsgemeinkosten, in vollem Umfang abziehen.

UStAE   3.12. Ort der Lieferung

(1) [1]Lieferungen gelten – vorbehaltlich der Sonderregelungen in den §§ 3c bis 3g UStG – nach § 3 Abs. 6 Satz 1 UStG grundsätzlich dort als ausgeführt, wo die Beförderung oder Versendung an den Abnehmer oder in dessen Auftrag an einen Dritten (z. B. an einen Lohnveredeler oder Lagerhalter) beginnt. [2]Dies gilt sowohl für Fälle, in denen der Unternehmer selbst oder ein von ihm beauftragter Dritter den Gegenstand der Lieferung befördert oder versendet als auch für Fälle, in denen der Abnehmer oder ein von ihm beauftragter Dritter den Gegenstand bei dem Lieferer abholt (Abholfall). [3]Auch der sog. Handkauf ist damit als Beförderungs- oder Versendungslieferung anzusehen.

(2) [1]Eine Beförderungslieferung im Sinne des § 3 Abs. 6 Satz 1 UStG setzt voraus, dass der liefernde Unternehmer, der Abnehmer oder ein unselbständiger Erfüllungsgehilfe den Gegenstand der Lieferung befördert. [2]Eine Beförderung liegt auch vor, wenn der Gegenstand der Lieferung mit eigener Kraft fortbewegt wird, z. B. bei Kraftfahrzeugen auf eigener Achse, bei Schiffen auf eigenem Kiel (vgl. BFH-Urteil vom 20. 12. 2006, V R 11/06, BStBl 2007 II S. 424). [3]Die Bewegung eines Gegenstands innerhalb des Unternehmens, die lediglich der Vorbereitung des Transports dient, stellt keine Beförderung an den Abnehmer im Sinne des § 3 Abs. 6 Satz 1 UStG dar. [4]Befördert im Falle eines Kommissionsgeschäfts (§ 3 Abs. 3 UStG) der Kommittent das Kommissionsgut mit eigenem Fahrzeug an den im Ausland ansässigen Kommissionär, liegt eine Lieferung im Inland nach § 3 Abs. 6 Satz 1 UStG nicht vor, weil die – anschließende – Übergabe des Kommissionsguts an den Verkaufskommissionär keine Lieferung im Sinne des § 3 Abs. 1 UStG ist (vgl. BFH-Urteil vom 25. 11. 1986, V R 102/78, BStBl 1987 II S. 278, Abschnitt 3.1 Abs. 2). [5]Zur Ausnahmeregelung bei innergemeinschaftlichen Kommissionsgeschäften vgl. Abschnitt 1a.2 Abs. 7.

(3) [1]Eine Versendungslieferung im Sinne des § 3 Abs. 6 Satz 1 UStG setzt voraus, dass der Gegenstand an den Abnehmer oder in dessen Auftrag an einen Dritten versendet wird, d. h. die Beförderung durch einen selbständigen Beauftragten ausgeführt oder besorgt wird. [2]Die Versendung beginnt mit der Übergabe des Gegenstands an den Beauftragten. [3]Der Lieferer muss bei der Übergabe des Gegenstands an den Beauftragten alles Erforderliche getan haben, um den Gegenstand an den bereits feststehenden Abnehmer, der sich grundsätzlich aus den Versendungs-

unterlagen ergibt, gelangen zu lassen. [4]Von einem feststehenden Abnehmer ist auszugehen, wenn er zwar dem mit der Versendung Beauftragten im Zeitpunkt der Übergabe des Gegenstands nicht bekannt ist, aber mit hinreichender Sicherheit leicht und einwandfrei aus den unstreitigen Umständen, insbesondere aus Unterlagen abgeleitet werden kann (vgl. BFH-Urteil vom 30. 7. 2008, XI R 67/07, BStBl 2009 II S. 552). [5]Gleiches gilt, wenn der Abnehmer den Liefergegenstand bei Beginn der Versendung bereits verbindlich bestellt oder bezahlt hat (vgl. BFH-Urteil vom 16. 11. 2016, V R 1/16, BStBl 2017 II S. 1079) und § 6b UStG bereits dem Grunde nach keine Anwendung findet bzw. von Seiten des liefernden Unternehmers und späteren Erwerbers § 6b UStG keine Anwendung finden soll; eine nur wahrscheinliche Begründung einer Abnehmerstellung ohne tatsächliche Abnahmeverpflichtung reicht nicht aus (vgl. BFH-Urteil vom 20. 10. 2016, V R 31/15, BStBl 2017 II S. 1076). [6]Dem Tatbestand, dass der Abnehmer feststeht, steht nicht entgegen, dass der Gegenstand von dem mit der Versendung Beauftragten zunächst in ein inländisches Lager des Lieferanten gebracht und erst nach Eingang der Zahlung durch eine Freigabeerklärung des Lieferanten an den Abnehmer herausgegeben wird (vgl. BFH-Urteil vom 30. 7. 2008, XI R 67/07, a. a. O.). [7]Entscheidend ist, dass der Lieferant im Zeitpunkt der Übergabe des Gegenstands an den Beauftragten die Verfügungsmacht dem zu diesem Zeitpunkt feststehenden Abnehmer verschaffen will. [8]Unter der Bedingung, dass der Abnehmer bereits bei Beginn der Versendung feststeht, kann eine Versendungslieferung auch dann vorliegen, wenn der Liefergegenstand nach dem Beginn der Versendung für kurze Zeit in einem Auslieferungs- oder Konsignationslager, welches nicht in den Anwendungsbereich der Konsignationslagerregelung nach § 6b UStG fällt, gelagert wird (vgl. BFH-Urteile vom 20. 10. 2016, V R 31/15, a. a. O, und vom 16. 11. 2016, V R 1/16, a. a. O.; vgl. auch Abschnitt 1a.2 Abs. 6 Sätze 4 bis 9).

(4) [1]Der Ort der Lieferung bestimmt sich nicht nach § 3 Abs. 6 UStG, wenn der Gegenstand der Lieferung nach dem Beginn der Beförderung oder nach der Übergabe des Gegenstands an den Beauftragten vom Lieferer noch einer Behandlung unterzogen wird, die seine Marktgängigkeit ändert. [2]In diesen Fällen wird nicht der Liefergegenstand, sondern ein Gegenstand anderer Wesensart befördert. [3]Das ist insbesondere dann der Fall, wenn Gegenstand der Lieferung eine vom Lieferer errichtete ortsgebundene Anlage oder eine einzelne Maschine ist, die am Bestimmungsort fundamentiert oder funktionsfähig gemacht wird, indem sie in einen Satz bereits vorhandener Maschinen eingefügt und hinsichtlich ihrer Arbeitsgänge auf diese Maschinen abgestimmt wird. [4]Das Gleiche gilt für Einbauten, Umbauten und Anbauten bei Maschinen (Modernisierungsarbeiten) sowie für Reparaturen. [5]Da die einzelnen Teile einer Maschine ein Gegenstand anderer Marktgängigkeit sind als die ganze Maschine, ist § 3 Abs. 6 UStG auch dann nicht anzuwenden, wenn die einzelnen Teile einer Maschine zum Abnehmer befördert werden und dort vom Lieferer zu der betriebsfertigen Maschine zusammengesetzt werden. [6]Ob die Montagekosten dem Abnehmer gesondert in Rechnung gestellt werden, ist unerheblich. [7]Dagegen bestimmt sich der Ort der Lieferung nach § 3 Abs. 6 UStG, wenn eine betriebsfertig hergestellte Maschine lediglich zum Zweck eines besseren und leichteren Transports in einzelne Teile zerlegt und dann von einem Monteur des Lieferers am Bestimmungsort wieder zusammengesetzt wird. [8]Zur betriebsfertigen Herstellung beim Lieferer gehört in der Regel ein dort vorgenommener Probelauf. [9]Ein nach der Wiederzusammensetzung beim Abnehmer vom Lieferer durchgeführter erneuter Probelauf ist unschädlich. [10]§ 3 Abs. 6 UStG ist auch dann anzuwenden, wenn die Bearbeitung oder Verarbeitung, die sich an die Beförderung oder Versendung des Liefergegenstands anschließt, vom Abnehmer selbst oder in seinem Auftrag von einem Dritten vorgenommen wird.

(5) Erstreckt sich der Gegenstand einer Werklieferung auf das Gebiet verschiedener Staaten (z. B. bei der Errichtung von Verkehrsverbindungen, der Verlegung von Telefon- und Glasfaserkabeln sowie von Elektrizitäts-, Gas- und Wasserleitungen), kann diese Werklieferung verschiedene Lieferorte haben, auf die die Bemessungsgrundlage jeweils aufzuteilen ist (vgl. EuGH-Urteil vom 2. 3. 2007, C-111/05, Aktiebolaget NN).

(6) [1]Wird der Gegenstand der Lieferung nicht befördert oder versendet, ist § 3 Abs. 7 UStG anzuwenden. [2]§ 3 Abs. 7 Satz 1 UStG gilt insbesondere für Fälle, in denen die Verfügungsmacht z. B. durch Vereinbarung eines Besitzkonstituts (§ 930 BGB), durch Abtretung des Herausgabeanspruchs (§ 931 BGB) oder durch Übergabe von Traditionspapieren (Ladescheine, Lagerscheine,

Konnossemente, §§ 448, 475g, 524 HGB) verschafft wird. [3]§ 3 Abs. 7 Satz 2 UStG bestimmt den Lieferort für die Fälle des § 3 Abs. 6 Satz 5 UStG, in denen mehrere Unternehmer über denselben Gegenstand Umsatzgeschäfte abschließen und diese Geschäfte dadurch erfüllen, dass der Gegenstand der Lieferungen unmittelbar vom ersten Unternehmer an den letzten Abnehmer befördert oder versendet wird (Reihengeschäft, vgl. Abschnitt 3.14).

(7) [1]§ 3 Abs. 6 und 7 UStG regeln den Lieferort und damit zugleich auch den Zeitpunkt der Lieferung (vgl. BFH-Urteil vom 6.12.2007, V R 24/05, BStBl 2009 II S. 490, Abschnitt 13.1 Abs. 2 und 6); dies gilt hinsichtlich der Verschaffung der Verfügungsmacht auch in den Fällen einer Beförderungs- oder Versendungslieferung nach § 3 Abs. 6 Satz 1 UStG, in denen der Liefergegenstand nach dem Beginn der Beförderung oder Versendung für kurze Zeit in einem Auslieferungs- oder Konsignationslager, welches nicht in den Anwendungsbereich der Konsignationslagerregelung nach § 6b UStG fällt, gelagert wird. [2]Die Anwendbarkeit von § 3 Abs. 6 und 7 UStG setzt dabei voraus, dass tatsächlich eine Lieferung zu Stande gekommen ist.

UStAE 3.13. Lieferort in besonderen Fällen (§ 3 Abs. 8 UStG)

(1) [1]§ 3 Abs. 8 UStG regelt den Ort der Lieferung in den Fällen, in denen der Gegenstand der Lieferung bei der Beförderung oder Versendung aus dem Drittlandsgebiet in das Inland gelangt und der Lieferer oder sein Beauftragter Schuldner der Einfuhrumsatzsteuer ist. [2]Unabhängig von den Lieferkonditionen ist maßgeblich, wer nach den zollrechtlichen Vorschriften Schuldner der Einfuhrumsatzsteuer ist. [3]Abweichend von § 3 Abs. 6 UStG gilt der Ort der Lieferung dieses Gegenstands als im Inland gelegen. [4]Der Ort der Lieferung bestimmt sich auch dann nach § 3 Abs. 8 UStG, wenn der Lieferer Schuldner der Einfuhrumsatzsteuer ist, diese jedoch nach der EUStBV nicht erhoben wird.■ [5]Die örtliche Zuständigkeit eines Finanzamts für die Umsatzsteuer im Ausland ansässiger Unternehmer richtet sich vorbehaltlich einer abweichenden Zuständigkeitsvereinbarung (§ 27 AO) nach § 21 Abs. 1 Satz 2 AO in Verbindung mit der UStZustV.

(2) [1]Entrichtet der Lieferer die Steuer für die Einfuhr des Gegenstands, wird diese Steuer unter Umständen von einer niedrigeren Bemessungsgrundlage als dem Veräußerungsentgelt erhoben. [2]In diesen Fällen wird durch die Verlagerung des Orts der Lieferung in das Inland erreicht, dass der Umsatz mit der Steuer belastet wird, die für die Lieferung im Inland in Betracht kommt.

Beispiel 1:

[1]Der Unternehmer B in Bern liefert Gegenstände, die er mit eigenem Lkw befördert, an seinen Abnehmer K in Köln. [2]K lässt die Gegenstände in den freien Verkehr überführen und entrichtet dementsprechend die Einfuhrumsatzsteuer (Lieferkondition „unversteuert und unverzollt").

[3]Ort der Lieferung ist Bern (§ 3 Abs. 6 UStG). [4]K kann die entstandene Einfuhrumsatzsteuer als Vorsteuer abziehen, da die Gegenstände für sein Unternehmen in das Inland eingeführt worden sind.

Beispiel 2:

[1]Wie Beispiel 1, jedoch lässt B die Gegenstände in den freien Verkehr überführen und entrichtet dementsprechend die Einfuhrumsatzsteuer (Lieferkondition „verzollt und versteuert").

[2]Der Ort der Lieferung gilt als im Inland gelegen (§ 3 Abs. 8 UStG). [3]B hat den Umsatz im Inland zu versteuern. [4]Er ist zum Abzug der Einfuhrumsatzsteuer als Vorsteuer berechtigt, da die Gegenstände für sein Unternehmen eingeführt worden sind.

Anm. d. Schriftl.:

■ Schuldner der Einfuhrumsatzsteuer i. S. des § 3 Abs. 8 UStG ist die Person, die in eigenem Namen eine Zollanmeldung abgibt oder in deren Namen eine Zollanmeldung abgegeben wird. Darauf, dass tatsächlich Einfuhrumsatzsteuer angefallen ist, kommt es nicht an (BFH-Urteil vom 29.1.2015, BStBl 2015 II S. 567).

[3]In den Fällen des Reihengeschäfts kann eine Verlagerung des Lieferorts nach § 3 Abs. 8 UStG nur für die Beförderungs- oder Versendungslieferung in Betracht kommen (vgl. Abschnitt 3.14 Abs. 15 und 16).

(3) § 3 Abs. 8 UStG ist nicht anzuwenden, wenn der Ort für die Lieferung von Erdgas oder Elektrizität nach § 3g UStG zu bestimmen ist (vgl. Abschnitt 3g.1 Abs. 6 Sätze 5 und 6).

UStAE   3.14. Reihengeschäfte[1]

Begriff des Reihengeschäfts (§ 3 Abs. 6a Satz 1 UStG)

(1) [1]Liefergeschäfte im Sinne des § 3 Abs. 6a Satz 1 UStG, die von mehreren Unternehmern über denselben Gegenstand abgeschlossen werden und bei denen dieser Gegenstand im Rahmen einer Beförderung oder Versendung unmittelbar vom ersten Unternehmer (Ort der Lieferung des ersten Unternehmers) an den letzten Abnehmer gelangt, werden nachfolgend als Reihengeschäfte bezeichnet. [2]Ein besonderer Fall des Reihengeschäfts ist das innergemeinschaftliche Dreiecksgeschäft im Sinne des § 25b Abs. 1 UStG (vgl. Abschnitt 25b.1).

(2) [1]Bei Reihengeschäften werden im Rahmen einer Warenbewegung (Beförderung oder Versendung) mehrere Lieferungen ausgeführt, die in Bezug auf den Lieferort und den Lieferzeitpunkt jeweils gesondert betrachtet werden müssen. [2]Die Warenbewegung des Gegenstands ist nur einer der Lieferungen zuzuordnen (§ 3 Abs. 6a Satz 1 UStG). [3]Diese ist die Beförderungs- oder Versendungslieferung (bewegte Lieferung); nur bei ihr kommt die Steuerbefreiung für Ausfuhrlieferungen (§ 6 UStG) oder für innergemeinschaftliche Lieferungen (§ 6a UStG) in Betracht. [4]Bei allen anderen Lieferungen in der Reihe findet keine Warenbewegung statt (ruhende Lieferungen). [5]Sie werden entweder vor oder nach der Beförderungs- oder Versendungslieferung ausgeführt (§ 3 Abs. 7 Satz 2 UStG). [6]Liefergeschäfte, die von mehreren Unternehmern über denselben Gegenstand abgeschlossen werden und bei denen keine Beförderung oder Versendung stattfindet (z. B. Grundstückslieferungen oder Lieferungen, bei denen die Verfügungsmacht durch Vereinbarung eines Besitzkonstituts oder durch Abtretung des Herausgabeanspruchs verschafft wird), können nicht Gegenstand eines Reihengeschäfts sein.

(3) [1]Die Beförderung oder Versendung kann durch einen an einem Reihengeschäft beteiligten Lieferer, Abnehmer oder einen vom Lieferer oder vom Abnehmer beauftragten Dritten durchgeführt werden. [2]Ein Beförderungs- oder Versendungsfall liegt daher auch dann vor, wenn der letzte Abnehmer den Gegenstand der Lieferung selbst abholt oder abholen lässt (Abholfall). [3]Beauftragter Dritter kann z. B. ein Lohnveredelungsunternehmer, ein selbständiger Spediteur oder ein Lagerhalter sein, der jeweils nicht unmittelbar in die Liefervorgänge eingebunden ist.

(4) [1]Das unmittelbare Gelangen im Sinne des § 3 Abs. 6a Satz 1 UStG setzt grundsätzlich eine Beförderung oder Versendung durch einen am Reihengeschäft beteiligten Unternehmer voraus; diese Voraussetzung ist bei der Beförderung oder Versendung durch mehrere beteiligte Unternehmer (sog. gebrochene Beförderung oder Versendung) nicht erfüllt. [2]Der Gegenstand der Lieferung gelangt auch dann unmittelbar an den letzten Abnehmer, wenn die Beförderung oder Versendung an einen beauftragten Dritten ausgeführt wird, der nicht unmittelbar in die Liefervorgänge eingebunden ist, vgl. Absatz 3 Satz 3. [3]Im Fall der vorhergehenden Be- oder Verarbeitung des Gegenstands durch einen vom Lieferer beauftragten Dritten ist Gegenstand der Lieferung der be- oder verarbeitete Gegenstand.

Anm. d. Schriftl.:

[1] Im Rahmen des Gesetzes zur weiteren steuerlichen Förderung der Elektromobilität und zur Änderung weiterer steuerlicher Vorschriften vom 12. 12. 2019, BGBl 2019 I S. 2451, wurden die Regelungen zum Reihengeschäft in § 3 Abs. 6a UStG getroffen.

Beispiel 1:

[1]Der Unternehmer D 1 in Köln bestellt bei dem Großhändler D 2 in Hamburg eine dort nicht vorrätige Maschine. [2]D 2 gibt die Bestellung an den Hersteller DK in Dänemark weiter. [3]DK befördert die Maschine mit eigenem Lkw unmittelbar nach Köln und übergibt sie dort D 1.

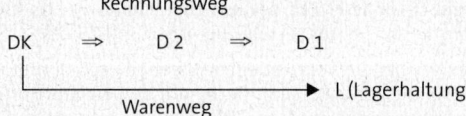

Rechnungsweg

DK ⇒ D 2 ⇒ D 1

Warenweg

[4]Es liegt ein Reihengeschäft im Sinne des § 3 Abs. 6a Satz 1 UStG vor, da mehrere Unternehmer über dieselbe Maschine Liefergeschäfte abschließen und die Maschine im Rahmen einer Beförderung unmittelbar vom ersten Unternehmer (DK) an den letzten Abnehmer (D 1) gelangt.

Beispiel 2:

[1]Sachverhalt wie Beispiel 1. [2]D 2 weist DK an, die Maschine zur Zwischenlagerung an einen von D 1 benannten Lagerhalter (L) nach Hannover zu befördern.

Rechnungsweg

DK ⇒ D 2 ⇒ D 1

Warenweg   L (Lagerhaltung)

[3]Es liegt wie im Beispiel 1 ein Reihengeschäft im Sinne des § 3 Abs. 6a Satz 1 UStG vor, da mehrere Unternehmer über dieselbe Maschine Liefergeschäfte abschließen und die Maschine unmittelbar vom ersten Unternehmer (DK) an einen vom letzten Abnehmer (D 1) benannten Lagerhalter (L) befördert wird. [4]Mit der auftragsgemäßen Übergabe der Maschine an den Lagerhalter ist die Voraussetzung des unmittelbaren Gelangens an den letzten Abnehmer erfüllt.

Ort der Lieferungen (§ 3 Abs. 6 und Abs. 7 UStG)

(5) [1]Für die in einem Reihengeschäft ausgeführten Lieferungen ergeben sich die Lieferorte sowohl aus § 3 Abs. 6 als auch aus § 3 Abs. 7 UStG. [2]Im Fall der bewegten Lieferung gilt die Lieferung dort als ausgeführt, wo die Beförderung oder Versendung an den Abnehmer oder in dessen Auftrag an einen Dritten beginnt (§ 3 Abs. 6 Satz 1 UStG). [3]In den Fällen der ruhenden Lieferungen ist der Lieferort nach § 3 Abs. 7 Satz 2 UStG zu bestimmen.

(6) [1]Die ruhenden Lieferungen, die der bewegten Lieferung vorangehen, gelten an dem Ort als ausgeführt, an dem die Beförderung oder Versendung des Gegenstands beginnt (§ 3 Abs. 7 Satz 2 Nr. 1 UStG). [2]Die ruhenden Lieferungen, die der bewegten Lieferung nachfolgen, gelten an dem Ort als ausgeführt, an dem die Beförderung oder Versendung des Gegenstands endet (§ 3 Abs. 7 Satz 2 Nr. 2 UStG).

Beispiel:

[1]Der Unternehmer B 1 in Belgien bestellt bei dem ebenfalls in Belgien ansässigen Großhändler B 2 eine dort nicht vorrätige Ware. [2]B 2 gibt die Bestellung an den Großhändler D 1 in Frankfurt weiter. [3]D 1 bestellt die Ware beim Hersteller D 2 in Köln. [4]D 2 befördert die Ware von Köln mit eigenem Lkw unmittelbar nach Belgien und übergibt sie dort B 1.

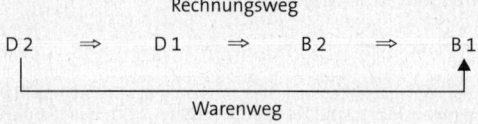

Rechnungsweg

D 2 ⇒ D 1 ⇒ B 2 ⇒ B 1

Warenweg

[5]Bei diesem Reihengeschäft werden nacheinander drei Lieferungen (D 2 an D 1, D 1 an B 2 und B 2 an B 1) ausgeführt. [6]Die erste Lieferung D 2 an D 1 ist die Beförderungslieferung. [7]Der Ort der bewegten Lieferung liegt nach § 3 Abs. 6a Satz 2 UStG in Verbindung mit § 3 Abs. 6 Satz 1 UStG in Köln, Deutschland (Beginn der Beförderung). [8]Die zweite Lieferung D 1 an B 2 und die dritte Lieferung B 2 an B 1 sind ruhende Lieferungen. [9]Für diese Lieferungen liegt der Lieferort nach § 3 Abs. 7 Satz 2 Nr. 2 UStG jeweils in Belgien (Ende der Beförderung), da sie der Beförderungslieferung folgen.

Transportverantwortlichkeit im Reihengeschäft

(7) [1]Die Zuordnung der Beförderung oder Versendung zu einer der Lieferungen des Reihengeschäfts ist davon abhängig, ob der Gegenstand der Lieferung durch den ersten Unternehmer, den letzten Abnehmer oder einen Zwischenhändler in der Reihe befördert oder versendet wird. [2]Zwischenhändler im Sinne des Satzes 1 ist ein Lieferer innerhalb der Reihe (mit Ausnahme des ersten Lieferers in der Reihe), der den Gegenstand selbst oder auf seine Rechnung durch einen Dritten befördert oder versendet (§ 3 Abs. 6a Satz 4 UStG). [3]Die Zuordnungsentscheidung muss einheitlich für alle Beteiligten getroffen werden. [4]Aus den vorhandenen Aufzeichnungen muss sich eindeutig und leicht nachprüfbar ergeben, wer die Beförderung durchgeführt oder die Versendung veranlasst hat (Transportverantwortlichkeit). [5]Im Fall der Versendung ist dabei auf die Auftragserteilung an den selbständigen Beauftragten abzustellen. [6]Eine von den Sätzen 4 und 5 abweichende Zuordnung ist nur zulässig, wenn der Unternehmer nachweist, dass die Beförderung bzw. die Versendung auf Rechnung eines anderen Unternehmers erfolgt ist und dieser tatsächlich die Gefahr des zufälligen Untergangs des Gegenstands während des Transports getragen hat.

Bestimmung der bewegten Lieferung

(8) [1]Wird der Gegenstand der Lieferung durch den ersten Unternehmer in der Reihe befördert oder versendet, ist die Warenbewegung seiner Lieferung zuzuordnen (§ 3 Abs. 6a Satz 2 UStG). [2]Wird der Liefergegenstand durch den letzten Abnehmer befördert oder versendet, ist die Warenbewegung der Lieferung an ihn zuzuordnen (§ 3 Abs. 6a Satz 3 UStG).

Beispiel 1:

[1]Der Unternehmer SP aus Spanien bestellt eine Maschine bei dem Unternehmer D 1 in Kassel. [2]D 1 bestellt die Maschine seinerseits bei dem Großhändler D 2 in Bielefeld. [3]D 2 wiederum gibt die Bestellung an den Hersteller F in Frankreich weiter. [4]F lässt die Maschine durch einen Beförderungsunternehmer von Frankreich unmittelbar nach Spanien zu SP transportieren.

Rechnungsweg

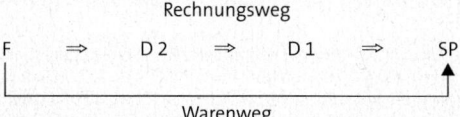

Warenweg

[5]Bei diesem Reihengeschäft werden nacheinander drei Lieferungen (F an D 2, D 2 an D 1 und D 1 an SP) ausgeführt. [6]Die Warenbewegung ist der ersten Lieferung F an D 2 zuzuordnen, da F als erster Unternehmer in der Reihe die Maschine versendet. [7]Der Ort der bewegten Lieferung liegt nach § 3 Abs. 6a Satz 2 UStG in Verbindung mit § 3 Abs. 6 Satz 1 UStG in Frankreich (Beginn der Versendung). [8]Die zweite Lieferung D 2 an D 1 und die dritte Lieferung D 1 an SP sind ruhende Lieferungen. [9]Für diese Lieferungen liegt der Lieferort nach § 3 Abs. 7 Satz 2 Nr. 2 UStG jeweils in Spanien (Ende der Versendung), da sie der Versendungslieferung folgen. [10]D 2 und D 1 müssen sich demnach in Spanien steuerlich registrieren lassen.

Beispiel 2:

[1]Sachverhalt wie Beispiel 1. [2]SP holt die Maschine mit eigenem Lkw bei F in Frankreich ab und transportiert sie unmittelbar nach Spanien.

[3]Bei diesem Reihengeschäft werden nacheinander drei Lieferungen (F an D 2, D 2 an D 1 und D 1 an SP) ausgeführt. [4]Die Warenbewegung ist der dritten Lieferung D 1 an SP zuzuordnen, da SP als letz-

ter Abnehmer in der Reihe die Maschine befördert (Abholfall). [5]Der Ort der bewegten Lieferung liegt nach § 3 Abs. 6a Satz 3 UStG in Verbindung mit § 3 Abs. 6 Satz 1 UStG in Frankreich (Beginn der Beförderung). [6]Die erste Lieferung F an D 2 und die zweite Lieferung D 2 an D 1 sind ruhende Lieferungen. [7]Für diese Lieferungen liegt der Lieferort nach § 3 Abs. 7 Satz 2 Nr. 1 UStG ebenfalls jeweils in Frankreich (Beginn der Beförderung), da sie der Beförderungslieferung vorangehen. [8]D 2 und D 1 müssen sich demnach in Frankreich steuerlich registrieren lassen.

Lieferung durch einen Zwischenhändler

(9) [1]Wird der Gegenstand der Lieferung durch einen Zwischenhändler befördert oder versendet, ist die Warenbewegung grundsätzlich der Lieferung des vorangegangenen Unternehmers zuzuordnen (widerlegbare Vermutung, § 3 Abs. 6a Satz 4 1. Halbsatz UStG). [2]Beschränkt sich die Warenbewegung im Reihengeschäft auf das Inland, kann der Zwischenhändler die Warenbewegung seiner eigenen Lieferung zuordnen, wenn er nachweist, dass er den Gegenstand in seiner Eigenschaft als Lieferer befördert bzw. versendet hat (§ 3 Abs. 6a Satz 4 2. Halbsatz UStG). [3]Nachweise im Sinne des Satzes 2 sind z. B. eine Auftragsbestätigung, das Doppel der Rechnung oder andere handelsübliche Belege und Aufzeichnungen, die nachweisen, dass er als Lieferer aufgetreten ist. [4]Der Zwischenhändler kann die Eigenschaft als Lieferer unter Berücksichtigung der Gesamtheit der Umstände des Einzelfalls nachweisen (z. B. anhand Übernahme von Kosten des Transports aufgrund der mit dem Vorlieferanten und seinem Auftraggeber vereinbarten Lieferkonditionen, Mitteilung über den Weiterverkauf vor Beginn der Beförderung oder Versendung usw.). [5]Allein die Mitteilung an den Vorlieferanten über den Weiterverkauf des Liefergegenstands ist hierfür nicht ausreichend (vgl. BFH-Urteil vom 28. 5. 2013, XI R 11/09, BStBl 2023 II S. 537).

Beispiel 1:

[1]Der Unternehmer D 1 in Köln bestellt bei dem Großhändler D 2 in Hamburg eine dort nicht vorrätige Maschine. [2]D 2 gibt die Bestellung an den Hersteller D 3 in Stuttgart weiter. [3]D 2 befördert die Maschine mit eigenem Lkw unmittelbar von Stuttgart nach Köln und übergibt sie dort D 1. [4]D 2 weist die Eigenschaft als Lieferer unter Berücksichtigung der Gesamtheit der Umstände des Einzelfalls nicht nach.

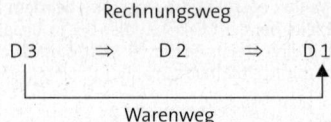

[5]Bei diesem Reihengeschäft werden nacheinander zwei Lieferungen (D 3 an D 2, D 2 an D 1) ausgeführt. [6]Die Warenbewegung ist der ersten Lieferung D 3 an D 2 zuzuordnen, da D 2 als Zwischenhändler die Ware befördert hat und nicht nachgewiesen hat, dass er den Gegenstand in seiner Eigenschaft als Lieferer befördert hat (§ 3 Abs. 6a Satz 4 1. Halbsatz UStG). [7]Der Ort der bewegten Lieferung liegt nach § 3 Abs. 6a Satz 4 1. Halbsatz UStG in Verbindung mit § 3 Abs. 6 Sätze 1 und 2 UStG in Stuttgart (Beginn der Beförderung). [8]Die zweite Lieferung D 2 an D 1 ist eine ruhende Lieferung. [9]Für diese Lieferung liegt der Lieferort nach § 3 Abs. 7 Satz 2 Nr. 2 UStG in Köln (Ende der Beförderung), da sie der Beförderungslieferung folgt.

Beispiel 2:

[1]Sachverhalt wie Beispiel 1. [2]D 2 weist die Eigenschaft als Lieferer unter Berücksichtigung der Gesamtheit der Umstände des Einzelfalls nach.

[3]Bei diesem Reihengeschäft werden nacheinander zwei Lieferungen (D 3 an D 2, D 2 an D 1) ausgeführt. [4]Die Warenbewegung ist der zweiten Lieferung D 2 an D 1 zuzuordnen, da D 2 als Zwischenhändler die Ware befördert hat und nachgewiesen hat, dass er den Gegenstand in seiner Eigenschaft als Lieferer befördert hat (§ 3 Abs. 6a Satz 4 2. Halbsatz UStG). [5]Der Ort der bewegten Lieferung liegt nach § 3 Abs. 6a Satz 4 2. Halbsatz UStG in Verbindung mit § 3 Abs. 6 Sätze 1 und 2 UStG in Stuttgart (Beginn der Beförderung). [6]Die erste Lieferung D 3 an D 2 ist eine ruhende Liefe-

rung. [7]Für diese Lieferung liegt der Lieferort nach § 3 Abs. 7 Satz 2 Nr. 1 UStG in Stuttgart (Beginn der Beförderung), da sie der Beförderungslieferung vorangeht.

(10) [1]Gelangt der Gegenstand der Lieferung im Rahmen eines Reihengeschäftes aus dem Gebiet eines Mitgliedstaats in das Gebiet eines anderen Mitgliedstaats, gilt der Nachweis, dass der Zwischenhändler den Gegenstand als Lieferer befördert oder versendet hat, nur dann als erbracht, wenn der Zwischenhändler gegenüber dem leistenden Unternehmer bis zum Beginn der Beförderung oder Versendung eine USt-IdNr., die ihm vom Mitgliedstaat des Beginns der Beförderung oder Versendung erteilt wurde, verwendet (§ 3 Abs. 6a Satz 5 UStG). [2]Der Begriff „Verwendung" einer USt-IdNr. setzt ein positives Tun des mittleren Unternehmers voraus. [3]Da es sich dabei um die Verwirklichung des Sachverhalts handelt (Auftreten als Lieferer), bleiben spätere Änderungen bei der Verwendung der USt-IdNr. ohne Auswirkung. [4]Verwendet der mittlere Unternehmer seine ihm vom Abgangsstaat erteilte USt-IdNr., muss dies in der Regel bereits bei Vertragsabschluss, spätestens jedoch bei Ausführung der Lieferung erfolgen. [5]Die verwendete USt-IdNr. soll in dem jeweiligen Auftragsdokument schriftlich festgehalten werden. [6]Bei mündlicher Erteilung eines Auftrags muss die rechtzeitige Verwendung der USt-IdNr. vom mittleren Unternehmer dokumentiert werden. [7]Es reicht ebenfalls aus, wenn der mittlere Unternehmer dokumentiert, dass er gegenüber seinem leistenden Unternehmer erklärt hat, die ihm vom Abgangsstaat erteilte USt-IdNr. für alle künftigen Lieferungen verwenden zu wollen. [8]Eine in einem Dokument lediglich formularmäßig eingedruckte USt-IdNr. reicht nicht aus. [9]Ein positives Tun des Zwischenhändlers liegt auch dann vor, wenn dessen Leistungsempfänger (Erwerber) die Erklärung über die Unternehmereigenschaft und den unternehmerischen Bezug objektiv nachvollziehbar vorgenommen hat und der Leistungsbezug vom Leistungsempfänger in zutreffender Weise erklärt worden ist, der Zwischenhändler seinen Meldepflichten nach § 18a UStG nachgekommen ist und die Rechnung über die Leistung einen Hinweis auf die USt-IdNr. des Leistungsempfängers, die nach § 18a Abs. 7 UStG in der Zusammenfassenden Meldung angegeben wurde, enthält.

Beispiel 1:

[1]Der Unternehmer D 1 in Köln bestellt bei dem Großhändler D 2 in Hamburg eine dort nicht vorrätige Maschine. [2]D 2 gibt die Bestellung an den Hersteller DK in Dänemark weiter. [3]D 2 befördert die Maschine mit eigenem Lkw unmittelbar von Dänemark nach Köln und übergibt sie dort D 1. [4]Alle Beteiligten treten unter Verwendung der USt-IdNr. ihres Landes auf.

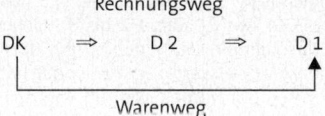

Rechnungsweg

DK ⇒ D 2 ⇒ D 1

Warenweg

[5]Bei diesem Reihengeschäft werden nacheinander zwei Lieferungen (DK an D 2, D 2 an D 1) ausgeführt. [6]Die Warenbewegung ist der ersten Lieferung DK an D 2 zuzuordnen, da D 2 als Zwischenhändler eine deutsche USt-IdNr. verwendet hat. [7]Dies ist keine vom Mitgliedstaat des Beginns der Beförderung (Dänemark) erteilte USt-IdNr. (§ 3 Abs. 6a Satz 4 1. Halbsatz UStG). [8]Der Ort der bewegten Lieferung liegt nach § 3 Abs. 6a Satz 4 1. Halbsatz UStG in Verbindung mit § 3 Abs. 6 Sätze 1 und 2 UStG in Dänemark (Beginn der Beförderung). [9]Die zweite Lieferung D 2 an D 1 ist eine ruhende Lieferung. [10]Für diese Lieferung liegt der Lieferort nach § 3 Abs. 7 Satz 2 Nr. 2 UStG in Deutschland (Ende der Beförderung), da sie der Beförderungslieferung folgt.

Beispiel 2:

[1]Sachverhalt wie Beispiel 1. [2]Der Zwischenhändler (D 2) verwendet bis zum Beginn der Beförderung die ihm von der dänischen Finanzverwaltung erteilte USt-IdNr. gegenüber dem leistenden Unternehmer DK.

[3]Bei diesem Reihengeschäft werden nacheinander zwei Lieferungen (DK an D 2, D 2 an D 1) ausgeführt. [4]Die Warenbewegung ist der zweiten Lieferung D 2 an D 1 zuzuordnen, da D 2 als Zwischenhändler bis zum Beginn der Beförderung seine dänische USt-IdNr. gegenüber seinem leistenden Unternehmer DK verwendet hat. [5]Dies ist eine vom Mitgliedstaat des Beginns der Beförderung

(Dänemark) erteilte USt-IdNr. (§ 3 Abs. 6a Satz 4 2. Halbsatz in Verbindung mit Satz 5 UStG). [6]Der Ort der bewegten Lieferung liegt nach § 3 Abs. 6a Satz 4 2. Halbsatz, Satz 5 in Verbindung mit § 3 Abs. 6 Sätze 1 und 2 UStG in Dänemark (Beginn der Beförderung). [7]Die erste Lieferung DK an D 2 ist eine ruhende Lieferung. [8]Für diese Lieferung liegt der Lieferort nach § 3 Abs. 7 Satz 2 Nr. 1 UStG in Dänemark (Beginn der Beförderung), da sie der Beförderungslieferung vorangeht.

Beispiel 3:

[1]Der Unternehmer DK aus Dänemark bestellt bei dem Großhändler D 2 in Hamburg eine dort nicht vorrätige Maschine. [2]D 2 gibt die Bestellung an den Hersteller D 1 in Köln weiter. [3]D 2 befördert unter Verwendung seiner deutschen USt-IdNr. die Maschine mit eigenem Lkw unmittelbar von Köln nach Dänemark und übergibt sie dort DK. [4]DK tritt unter Verwendung der USt-IdNr. seines Landes auf.

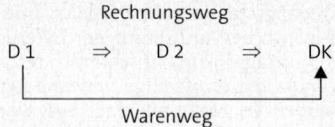

Rechnungsweg

D 1   ⇒   D 2   ⇒   DK

Warenweg

[5]Bei diesem Reihengeschäft werden nacheinander zwei Lieferungen (D 1 an D 2, D 2 an DK) ausgeführt. [6]Die Warenbewegung ist der zweiten Lieferung D 2 an DK zuzuordnen, da D 2 als Zwischenhändler den Transport veranlasst und er bis zum Beginn der Beförderung seine deutsche USt-IdNr. gegenüber seinem leistenden Unternehmer D 1 verwendet hat. [7]Dies ist eine vom Mitgliedstaat des Beginns der Beförderung (Deutschland) erteilte USt-IdNr. (§ 3 Abs. 6a Satz 4 2. Halbsatz in Verbindung mit Satz 5 UStG). [8]Der Ort der bewegten Lieferung liegt nach § 3 Abs. 6a Satz 4 2. Halbsatz, Satz 5 in Verbindung mit § 3 Abs. 6 Sätze 1 und 2 UStG in Köln (Beginn der Beförderung). [9]Diese Lieferung an DK ist unter den weiteren Voraussetzungen als innergemeinschaftliche Lieferung umsatzsteuerfrei. [10]Die erste Lieferung D 1 an D 2 ist eine ruhende Lieferung. [11]Für diese Lieferung liegt der Lieferort nach § 3 Abs. 7 Satz 2 Nr. 1 UStG in Deutschland (Beginn der Beförderung), da sie der Beförderungslieferung vorangeht.

(11) [1]Gelangt der Gegenstand der Lieferung in das Drittlandsgebiet, gilt der Nachweis, dass der Zwischenhändler den Gegenstand als Lieferer befördert oder versendet hat, nur dann als erbracht, wenn er gegenüber dem leistenden Unternehmer bis zum Beginn der Beförderung oder Versendung eine USt-IdNr. oder Steuernummer verwendet, die ihm vom Mitgliedstaat des Beginns der Beförderung oder Versendung erteilt worden ist (§ 3 Abs. 6a Satz 6 UStG). [2]Zum Begriff der Verwendung vgl. Abschnitt 3.14 Abs. 10 Sätze 2 bis 8. [3]Gelangt der Gegenstand der Lieferung vom Drittlandsgebiet in das Gemeinschaftsgebiet, gilt der Nachweis, dass der Zwischenhändler den Gegenstand als Lieferer befördert oder versendet hat, nur dann als erbracht, wenn der Gegenstand der Lieferung in seinem Namen oder im Rahmen der indirekten Stellvertretung (Artikel 18 UZK) für seine Rechnung zum zoll- und umsatzsteuerrechtlich freien Verkehr angemeldet wird (§ 3 Abs. 6a Satz 7 UStG).

Auf das Inland beschränkte Warenbewegungen

(12) [1]Die Grundsätze der Absätze 1 bis 9 finden auch bei Reihengeschäften Anwendung, bei denen keine grenzüberschreitende Warenbewegung stattfindet. [2]Ist an solchen Reihengeschäften ein in einem anderen Mitgliedstaat oder im Drittland ansässiger Unternehmer beteiligt, muss er sich wegen der im Inland steuerbaren Lieferung stets im Inland steuerlich registrieren lassen. [3]Die Verwendung der ausländischen USt-IdNr. führt nicht zu einer Änderung hinsichtlich des Lieferorts, der Steuerpflicht und der Zuordnung der Warenbewegung, wenn ruhende Lieferungen vorliegen oder keine grenzüberschreitende Warenbewegung stattfindet.

Beispiel:

[1]Der Unternehmer D 1 aus Essen bestellt eine Maschine bei dem Unternehmer B in Belgien. [2]B bestellt die Maschine seinerseits bei dem Großhändler D 2 in Bielefeld. [3]D 2 lässt die Maschine durch einen Beförderungsunternehmer von Bielefeld unmittelbar nach Essen zu D 1 transportieren. [4]Alle Beteiligten treten unter Verwendung der USt-IdNr. ihres Landes auf.

Rechnungsweg

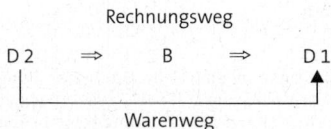

Warenweg

[5]Bei diesem Reihengeschäft werden nacheinander zwei Lieferungen (D 2 an B und B an D 1) ausgeführt. [6]Die Warenbewegung ist der ersten Lieferung D 2 an B zuzuordnen, da D 2 als erster Unternehmer in der Reihe die Maschine versendet.

[7]Der Ort der bewegten Lieferung liegt nach § 3 Abs. 6a Satz 2 UStG in Verbindung mit § 3 Abs. 6 Sätze 1, 3 und 4 UStG in Bielefeld (Beginn der Versendung). [8]Die zweite Lieferung B an D 1 ist eine ruhende Lieferung. [9]Für diese Lieferung liegt der Lieferort nach § 3 Abs. 7 Satz 2 Nr. 2 UStG in Essen (Ende der Versendung), da sie der Versendungslieferung folgt. [10]B muss sich in Deutschland bei dem zuständigen Finanzamt registrieren lassen und seine Lieferung zur Umsatzbesteuerung erklären. [11]Auch die Verwendung der belgischen USt-IdNr. des B führt zu keiner abweichenden Beurteilung.

Innergemeinschaftliche Lieferung und innergemeinschaftlicher Erwerb

(13) [1]Im Rahmen eines Reihengeschäfts, bei dem die Warenbewegung im Inland beginnt und im Gebiet eines anderen Mitgliedstaats endet, kann mit der Beförderung oder Versendung des Liefergegenstands in das übrige Gemeinschaftsgebiet nur eine innergemeinschaftliche Lieferung im Sinne des § 6a UStG bewirkt werden. [2]Die Steuerbefreiung nach § 4 Nr. 1 Buchstabe b UStG kommt demnach nur bei der Beförderungs- oder Versendungslieferung zur Anwendung. [3]Beginnt die Warenbewegung in einem anderen Mitgliedstaat und endet sie im Inland, ist von den beteiligten Unternehmern nur derjenige Erwerber im Sinne des § 1a UStG, an den die Beförderungs- oder Versendungslieferung ausgeführt wird.

Beispiel 1:

[1]Der Unternehmer B 1 in Belgien bestellt bei dem ebenfalls in Belgien ansässigen Großhändler B 2 eine dort nicht vorrätige Ware. [2]B 2 gibt die Bestellung an den Großhändler D 1 in Frankfurt weiter. [3]D 1 bestellt die Ware beim Hersteller D 2 in Köln. [4]Alle Beteiligten treten unter der USt-IdNr. ihres Landes auf. [5]D 2 befördert die Ware von Köln mit eigenem Lkw unmittelbar nach Belgien und übergibt sie dort B 1.

Rechnungsweg

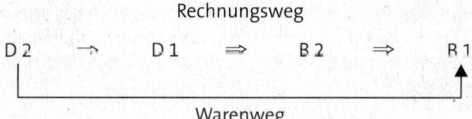

Warenweg

[6]Es werden nacheinander drei Lieferungen (D 2 an D 1, D 1 an B 2 und B 2 an B 1) ausgeführt. [7]Die erste Lieferung D 2 an D 1 ist die Beförderungslieferung. [8]Der Ort der bewegten Lieferung liegt nach § 3 Abs. 6a Satz 2 UStG in Verbindung mit § 3 Abs. 6 Sätze 1 und 2 UStG in Deutschland (Beginn der Beförderung). [9]Die Lieferung ist im Inland steuerbar und steuerpflichtig, da D 1 ebenfalls mit deutscher USt-IdNr. auftritt. [10]Der Erwerb der Ware unterliegt bei D 1 der Besteuerung des innergemeinschaftlichen Erwerbs in Belgien, weil die Warenbewegung dort endet (§ 3d Satz 1 UStG). [11]Solange D 1 eine Besteuerung des innergemeinschaftlichen Erwerbs in Belgien nicht nachweisen kann, hat er einen innergemeinschaftlichen Erwerb in Deutschland zu besteuern (§ 3d Satz 2 UStG). [12]Die zweite Lieferung D 1 an B 2 und die dritte Lieferung B 2 an B 1 sind ruhende Lieferungen. [13]Für diese Lieferungen liegt der Lieferort nach § 3 Abs. 7 Satz 2 Nr. 2 UStG jeweils in Belgien (Ende der Beförderung), da sie der Beförderungslieferung folgen. [14]Beide Lieferungen sind nach belgischem Recht zu beurteilen. [15]D 1 muss sich in Belgien umsatzsteuerlich registrieren lassen.

[16]Würde D 1 mit belgischer USt-IdNr. auftreten, wäre die Lieferung des D 2 an D 1 als innergemeinschaftliche Lieferung steuerfrei, wenn D 2 die Voraussetzungen hierfür nachweist.

Beispiel 2:

¹Sachverhalt wie Beispiel 1. ²D 1 befördert die Ware von Köln mit eigenem Lkw unmittelbar nach Belgien und übergibt sie dort B 1.

³Es werden nacheinander drei Lieferungen (D 2 an D 1, D 1 an B 2 und B 2 an B 1) ausgeführt. ⁴Die Warenbewegung ist der zweiten Lieferung D 1 an B 2 zuzuordnen, da D 1 gegenüber seinem leistenden Unternehmer D 2 bis zum Beginn der Beförderung seine deutsche USt-IdNr. verwendet hat (§ 3 Abs. 6a Satz 4 2. Halbsatz in Verbindung mit Satz 5 UStG). ⁵Dies ist eine vom Mitgliedstaat des Beginns der Beförderung (Deutschland) erteilte USt-IdNr. ⁶Der Ort der Beförderungslieferung liegt nach § 3 Abs. 6 Sätze 1 und 2 UStG in Köln (Beginn der Beförderung). ⁷Die bewegte Lieferung ist steuerbar und bei Vorliegen der Voraussetzungen nach § 4 Nr. 1 Buchstabe b in Verbindung mit § 6a UStG als innergemeinschaftliche Lieferung steuerfrei. ⁸Der Erwerb der Ware unterliegt bei B 2 der Besteuerung des innergemeinschaftlichen Erwerbs in Belgien, weil die Warenbewegung dort endet (§ 3d Satz 1 UStG). ⁹Der Ort der ruhenden Lieferung von D 2 an D 1 liegt nach § 3 Abs. 7 Satz 2 Nr. 1 UStG in Köln (Beginn der Beförderung), da sie der Beförderungslieferung vorangeht. ¹⁰Die Lieferung ist folglich steuerbar und steuerpflichtig. ¹¹Der Lieferort der ruhenden Lieferung von B 2 an B 1 liegt nach § 3 Abs. 7 Satz 2 Nr. 2 UStG in Belgien (Ende der Beförderung), da sie der Beförderungslieferung folgt.

Beispiel 3:

¹Sachverhalt wie Beispiel 1. ²B 2 befördert die Ware von Köln mit eigenem Lkw unmittelbar nach Belgien und übergibt sie dort B 1.

³Es werden nacheinander drei Lieferungen (D 2 an D 1, D 1 an B 2 und B 2 an B 1) ausgeführt. ⁴Die Warenbewegung ist nach der Vermutungsregelung des § 3 Abs. 6a Satz 4 1. Halbsatz UStG der zweiten Lieferung von D 1 an B 2 zuzuordnen. ⁵Eine Zuordnung der Warenbewegung zur dritten Lieferung von B 2 an B 1 kommt nicht in Betracht, da B 2 gegenüber seinem leistenden Unternehmer D 1 bis zum Beginn der Beförderung seine belgische USt-IdNr. verwendet hat und diese nicht die USt-IdNr. ist, die B 2 vom Mitgliedstaat des Beginns der Beförderung (Deutschland) erteilt wurde (§ 3 Abs. 6a Satz 4 2. Halbsatz in Verbindung mit Satz 5 UStG). ⁶Die Beurteilung entspricht daher der von Beispiel 2.

Beispiel 4:

¹Sachverhalt wie Beispiel 1. ²B 2 tritt mit einer deutschen USt-IdNr. auf; alle anderen Beteiligten treten unter der USt-IdNr. ihres Landes auf.

³B 2 befördert die Ware von Köln mit eigenem Lkw unmittelbar nach Belgien, übergibt sie dort B 1 und hat gegenüber D 1 vor Beginn der Beförderung seine deutsche USt-IdNr. verwendet.

⁴Die gesetzliche Vermutung des § 3 Abs. 6a Satz 4 1. Halbsatz UStG ist widerlegt. ⁵B 2 tritt durch die Verwendung der vom Mitgliedstaat des Beginns der Beförderung (Deutschland) erteilten USt-IdNr. nicht in seiner Eigenschaft als Abnehmer der Vorlieferung, sondern als Lieferer auf; die Warenbewegung ist der dritten Lieferung (B 2 an B 1) zuzuordnen (§ 3 Abs. 6a Satz 5 UStG). ⁶Der Ort der bewegten Lieferung liegt nach § 3 Abs. 6a Satz 4 2. Halbsatz, Satz 5 in Verbindung mit Abs. 6 Sätze 1 und 2 UStG in Deutschland (Beginn der Beförderung). ⁷Die Lieferung ist bei Nachweis der Voraussetzungen nach § 4 Nr. 1 Buchstabe b in Verbindung mit § 6a UStG als innergemeinschaftliche Lieferung steuerfrei. ⁸Der Erwerb der Ware unterliegt bei B 1 der Besteuerung des innergemeinschaftlichen Erwerbs in Belgien, weil die Warenbewegung dort endet (§ 3d Satz 1 UStG). ⁹Die erste Lieferung D 2 an D 1 und die zweite Lieferung D 1 an B 2 sind ruhende Lieferungen. ¹⁰Der Lieferort für diese Lieferungen liegt nach § 3 Abs. 7 Satz 2 Nr. 1 UStG jeweils in Deutschland (Beginn der Beförderung), da sie der Beförderungslieferung vorangehen. ¹¹Sie sind in Deutschland steuerbar und steuerpflichtig.

Beispiel 5:

¹Sachverhalt wie Beispiel 1. ²B 1 holt die Ware bei D 2 in Köln ab und befördert sie von dort mit eigenem Lkw nach Belgien.

³Die Warenbewegung ist in diesem Fall der dritten Lieferung (B 2 an B 1) zuzuordnen, da der letzte Abnehmer die Ware selbst befördert (Abholfall). ⁴Diese Lieferung ist die Beförderungslieferung. ⁵Der Ort der bewegten Lieferung liegt nach § 3 Abs. 6a Satz 3 in Verbindung mit § 3 Abs. 6 Sätze 1 und 2 UStG in Deutschland (Beginn der Beförderung). ⁶Die Lieferung des B 2 ist bei Nachweis der Voraussetzungen des § 6a UStG als innergemeinschaftliche Lieferung nach § 4 Nr. 1 Buchstabe b UStG

steuerfrei. [7]Der Erwerb der Ware unterliegt bei B 1 der Besteuerung des innergemeinschaftlichen Erwerbs in Belgien, weil die innergemeinschaftliche Warenbewegung dort endet (§ 3d Satz 1 UStG). [8]Die erste Lieferung D 2 an D 1 und die zweite Lieferung D 1 an B 2 sind ruhende Lieferungen. [9]Für diese Lieferungen liegt der Lieferort nach § 3 Abs. 7 Satz 2 Nr. 1 UStG jeweils in Deutschland (Beginn der Beförderung), da sie der Beförderungslieferung vorangehen. [10]Beide Lieferungen sind steuerbare und steuerpflichtige Lieferungen in Deutschland. [11]D 2, D 1 und B 2 müssen ihre Lieferungen zur Umsatzbesteuerung erklären.

Warenbewegungen im Verhältnis zum Drittland

(14) [1]Im Rahmen eines Reihengeschäfts, bei dem die Warenbewegung im Inland beginnt und im Drittlandsgebiet endet, kann mit der Beförderung oder Versendung des Liefergegenstands in das Drittlandsgebiet nur eine Ausfuhrlieferung im Sinne des § 6 UStG bewirkt werden. [2]Die Steuerbefreiung nach § 4 Nr. 1 Buchstabe a UStG kommt demnach nur bei der Beförderungs- oder Versendungslieferung zur Anwendung.

Beispiel 1:

[1]Der türkische Unternehmer T bestellt eine Werkzeugmaschine bei dem Unternehmer S aus der Schweiz. [2]S bestellt die Maschine bei D 1 in Frankfurt, der die Bestellung an den Hersteller D 2 in Stuttgart weitergibt. [3]S holt die Maschine in Stuttgart ab und befördert sie mit eigenem Lkw unmittelbar in die Türkei und übergibt sie dort T; S verwendet gegenüber D 1 vor Beginn der Beförderung weder eine deutsche USt- IdNr. noch eine deutsche Steuernummer.

Rechnungsweg

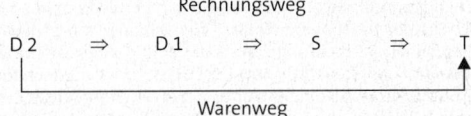

Warenweg

[4]Bei diesem Reihengeschäft werden drei Lieferungen (D 2 an D 1, D 1 an S und S an T) ausgeführt. [5]Die Warenbewegung ist nach § 3 Abs. 6a Sätze 1 und 4 1. Halbsatz UStG der zweiten Lieferung D 1 an S zuzuordnen, da S als Zwischenhändler in seiner Eigenschaft als Abnehmer der Vorlieferung auftritt; S hat die gesetzliche Vermutung des § 3 Abs. 6a Satz 4 1. Halbsatz UStG nicht durch Verwendung einer vom Mitgliedstaat des Beginns der Beförderung (Deutschland) erteilten USt-IdNr. oder Steuernummer widerlegt (§ 3 Abs. 6a Satz 6 UStG). [6]Ort der Beförderungslieferung ist nach § 3 Abs. 6a Satz 4 1. Halbsatz UStG in Verbindung mit § 3 Abs. 6 Sätze 1 und 2 UStG Stuttgart (Beginn der Beförderung). [7]Die Lieferung ist bei Nachweis der Voraussetzungen des § 6 UStG als Ausfuhrlieferung nach § 4 Nr. 1 Buchstabe a UStG steuerfrei. [8]Die erste Lieferung D 2 an D 1 und die dritte Lieferung S an T sind ruhende Lieferungen. [9]Der Lieferort für die erste Lieferung liegt nach § 3 Abs. 7 Satz 2 Nr. 1 UStG in Deutschland (Beginn der Beförderung), da sie der Beförderungslieferung vorangeht. [10]Sie ist eine steuerbare und steuerpflichtige Lieferung in Deutschland. [11]Die Steuerbefreiung für Ausfuhrlieferungen kommt bei ruhenden Lieferungen nicht in Betracht. [12]Der Lieferort für die dritte Lieferung liegt nach § 3 Abs. 7 Satz 2 Nr. 2 UStG in der Türkei (Ende der Beförderung), da sie der Beförderungslieferung folgt.

Beispiel 2:

[1]Sachverhalt wie Beispiel 1. [2]S holt die Maschine in Stuttgart ab, befördert sie mit eigenem Lkw unmittelbar in die Türkei und übergibt sie dort T. [3]S hat gegenüber D 1 vor Beginn der Beförderung seine deutsche USt-IdNr. verwendet.

[4]Es werden nacheinander drei Lieferungen (D 2 an D 1, D 1 an S und S an T) ausgeführt. [5]Die Warenbewegung ist der dritten Lieferung S an T zuzuordnen, da S als Zwischenhändler die Ware befördert und gegenüber D 1 vor Beginn der Beförderung seine deutsche USt-IdNr. verwendet hat (§ 3 Abs. 6a Satz 4 2. Halbsatz in Verbindung mit Satz 6 UStG). [6]Der Ort der Beförderungslieferung liegt nach § 3 Abs. 6 Sätze 1 und 2 UStG in Stuttgart (Beginn der Beförderung). [7]Die bewegte Lieferung ist steuerbar und bei Vorliegen der Voraussetzungen nach § 4 Nr. 1 Buchstabe a in Verbindung mit § 6 UStG als Ausfuhrlieferung steuerfrei. [8]Der Ort der ruhenden Lieferungen von D 2 an D 1 und D 1 an S liegt nach § 3 Abs. 7 Satz 2 Nr. 1 UStG in Stuttgart (Beginn der Beförderung), da sie der Beförderungslieferung vorangehen. [9]Die Lieferungen sind folglich steuerbar und steuerpflichtig.

Beispiel 3:

¹Sachverhalt wie Beispiel 1. ²T holt die Maschine selbst bei D 2 in Stuttgart ab und befördert sie mit eigenem Lkw in die Türkei.

³Die Warenbewegung ist der dritten Lieferung (S an T) zuzuordnen (§ 3 Abs. 6a Satz 3 UStG). ⁴Ort der Beförderungslieferung ist nach § 3 Abs. 6a Satz 3 in Verbindung mit § 3 Abs. 6 Sätze 1 und 2 UStG Stuttgart (Beginn der Beförderung). ⁵Die Lieferung ist bei Nachweis der Voraussetzungen des § 6 UStG als Ausfuhrlieferung nach § 4 Nr. 1 Buchstabe a UStG steuerfrei. ⁶Die erste Lieferung (D 2 an D 1) und die zweite Lieferung (D 1 an S) sind als ruhende Lieferungen jeweils in Deutschland steuerbar und steuerpflichtig, da sie der Beförderungslieferung vorangehen (§ 3 Abs. 7 Satz 2 Nr. 1 UStG). ⁷S muss seine Lieferung beim zuständigen Finanzamt in Deutschland zur Umsatzbesteuerung erklären.

Beispiel 4:

¹Sachverhalt wie Beispiel 1. ²D 1 holt die Maschine in Stuttgart ab, befördert sie mit eigenem Lkw unmittelbar in die Türkei und übergibt sie dort T. ³D 1 hat gegenüber D 2 vor Beginn der Beförderung seine deutsche USt-IdNr. verwendet.

⁴Es werden nacheinander drei Lieferungen (D 2 an D 1, D 1 an S und S an T) ausgeführt. ⁵Die Warenbewegung ist der zweiten Lieferung D 1 an S zuzuordnen, da D 1 gegenüber seinem leistenden Unternehmer D 2 bis zum Beginn der Beförderung seine deutsche USt-IdNr. verwendet hat (§ 3 Abs. 6a Satz 4 2. Halbsatz in Verbindung mit Satz 6 UStG). ⁶Dies ist eine vom Mitgliedstaat des Beginns der Beförderung (Deutschland) erteilte USt-IdNr. ⁷Der Ort der Beförderungslieferung liegt nach § 3 Abs. 6 Sätze 1 und 2 UStG in Stuttgart (Beginn der Beförderung). ⁸Die Lieferung ist steuerbar und bei Vorliegen der Voraussetzungen nach § 4 Nr. 1 Buchstabe a in Verbindung mit § 6 UStG als Ausfuhrlieferung steuerfrei. ⁹Der Ort der ruhenden Lieferung von D 2 an D 1 liegt nach § 3 Abs. 7 Satz 2 Nr. 1 UStG in Stuttgart (Beginn der Beförderung), da sie der Beförderungslieferung vorangeht. ¹⁰Die Lieferung ist folglich steuerbar und steuerpflichtig. ¹¹Der Lieferort der ruhenden Lieferung von S an T liegt nach § 3 Abs. 7 Satz 2 Nr. 2 UStG in der Türkei (Ende der Beförderung), da sie der Beförderungslieferung folgt.

(15) ¹Gelangt im Rahmen eines Reihengeschäfts der Gegenstand der Lieferungen aus dem Drittlandsgebiet in das Inland, kann eine Verlagerung des Lieferorts nach § 3 Abs. 8 UStG nur für die Beförderungs- oder Versendungslieferung in Betracht kommen. ²Dazu muss derjenige Unternehmer, dessen Lieferung im Rahmen des Reihengeschäfts die Warenbewegung zuzuordnen ist, oder sein Beauftragter zugleich auch Schuldner der Einfuhrumsatzsteuer sein.

Beispiel 1:

¹Der in Belgien ansässige Unternehmer B bestellt bei dem in Deutschland ansässigen Unternehmer D Waren, die D bei S aus der Schweiz bestellt. ²Die Waren werden in Deutschland im Namen des Zwischenhändlers D zum zoll- und steuerrechtlich freien Verkehr überlassen. ³D beauftragt einen Spediteur mit dem Transport der Ware von der Schweiz nach Belgien.

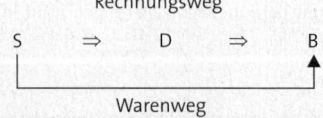

⁴Bei diesem Reihengeschäft werden zwei Lieferungen (S an D und D an B) ausgeführt. ⁵Die Warenbewegung ist nach § 3 Abs. 6a Satz 4 2. Halbsatz in Verbindung mit Satz 7 UStG der zweiten Lieferung D an B zuzuordnen, da auf Grund der Beauftragung des Spediteurs der Zwischenhändler D die Ware befördert und der Zwischenhändler D diese Beförderung durch die Anmeldung der Waren im Namen des Zwischenhändlers D zum zoll- und steuerrechtlich freien Verkehr nachweisen kann. ⁶Die Vermutung des § 3 Abs. 6a Satz 4 1. Halbsatz UStG gilt somit als widerlegt, so dass D im Rahmen des Reihengeschäfts nicht als Abnehmer, sondern als Lieferer auftritt. ⁷Lieferort der (bewegten) Lieferung des D an B ist nach § 3 Abs. 8 UStG Deutschland, da D als Lieferer der Versendungslieferung zugleich Schuldner der Einfuhrumsatzsteuer ist. ⁸Seine Lieferung an B ist unter den weiteren Voraussetzungen nach § 4 Nr. 1 Buchstabe b in Verbindung mit § 6a UStG als innergemeinschaftliche Lieferung umsatzsteuerfrei.

Beispiel 2:

¹Sachverhalt wie Beispiel 1. ²Die Waren werden in Deutschland im Namen des Abnehmers B zum zoll- und steuerrechtlichen freien Verkehr überlassen. ³B beauftragt einen Spediteur mit dem Transport der Ware von der Schweiz nach Belgien.

⁴Bei diesem Reihengeschäft werden zwei Lieferungen (S an D und D an B) ausgeführt. ⁵Die Warenbewegung ist nach § 3 Abs. 6a Satz 3 UStG der Lieferung von D an B zuzuordnen. ⁶§ 3 Abs. 8 UStG kommt nicht zur Anwendung, weil D als Lieferer nicht Schuldner der Einfuhrumsatzsteuer ist. ⁷Die bewegte Lieferung des D ist wegen § 3 Abs. 6 Satz 1 UStG in Deutschland nicht steuerbar. ⁸B verwirklicht mit der Einfuhr in Deutschland und dem Innehaben der umsatzsteuerlichen Verfügungsmacht bis zur Beendigung der Versendung in Belgien ein in Deutschland mit der Einfuhr beginnendes innergemeinschaftliches Verbringen nach § 3 Abs. 1a UStG. ⁹Dieses Verbringen ist einer Lieferung gegen Entgelt gleichgestellt und unter den weiteren Voraussetzungen des § 4 Nr. 1 Buchstabe b in Verbindung mit § 6a UStG steuerbefreit (§ 6a Abs. 2 UStG). ¹⁰Folglich ist B aufgrund des Verbringenstatbestandes verpflichtet, sich in Deutschland für umsatzsteuerliche Zwecke registrieren zu lassen. ¹¹Die etwaige Vorsteuer aus Einfuhrumsatzsteuer ist damit von B im allgemeinen Besteuerungsverfahren geltend zu machen.

(16) Gelangt der Gegenstand der Lieferungen im Rahmen eines Reihengeschäfts aus dem Drittlandsgebiet in das Inland und hat ein Zwischenhändler oder dessen Beauftragter den Gegenstand der Lieferung eingeführt, sind die der Einfuhr in der Lieferkette vorausgegangenen Lieferungen nach § 4 Nr. 4b UStG steuerfrei.

Beispiel 1:

¹Der deutsche Unternehmer D bestellt bei dem französischen Unternehmer F Computerteile. ²Dieser bestellt die Computerteile seinerseits bei dem Hersteller S in der Schweiz. ³S befördert die Computerteile auf Veranlassung des F unmittelbar zu D nach Deutschland. ⁴D lässt die Teile zur Überlassung zum zoll- und steuerrechtlich freien Verkehr abfertigen, nachdem ihm S die Computerteile übergeben hat.

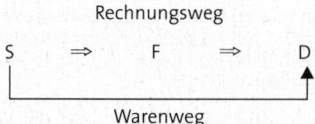

Rechnungsweg

S   ⇒   F   ⇒   D

Warenweg

⁵Bei diesem Reihengeschäft werden zwei Lieferungen (S an F und F an D) ausgeführt. ⁶Die Warenbewegung ist nach § 3 Abs. 6a Satz 2 und § 3 Abs. 6 Satz 1 UStG der ersten Lieferung S an F zuzuordnen, da S als erster Unternehmer in der Reihe die Computerteile selbst befördert. ⁷Lieferort ist nach § 3 Abs. 6 Sätze 1 und 2 UStG die Schweiz (Beginn der Beförderung). ⁸Die (bewegte) Lieferung des S unterliegt bei der Einfuhr in Deutschland der deutschen Einfuhrumsatzsteuer. ⁹Eine Verlagerung des Lieferorts nach § 3 Abs. 8 UStG kommt nicht in Betracht, da S als Lieferer der Beförderungslieferung nicht zugleich Schuldner der Einfuhrumsatzsteuer ist. ¹⁰Die zweite Lieferung (F an D) ist eine ruhende Lieferung. ¹¹Sie gilt nach § 3 Abs. 7 Satz 2 Nr. 2 UStG in Deutschland als ausgeführt (Ende der Beförderung), da sie der Beförderung nachfolgt. ¹²F führt eine nach § 4 Nr. 4b UStG steuerfreie Lieferung aus, da seine Lieferung in der Lieferkette der Einfuhr durch den Abnehmer D vorausgeht. ¹³Erteilt F dem D eine Rechnung mit gesondertem Steuerausweis, kann D lediglich die geschuldete Einfuhrumsatzsteuer als Vorsteuer abziehen. ¹⁴Ein Abzug der in einer solchen Rechnung des F gesondert ausgewiesenen Steuer als Vorsteuer kommt für D nur dann in Betracht, wenn diese Steuer gesetzlich geschuldet ist. ¹⁵Kann F den Nachweis nicht erbringen, dass sein Folgeabnehmer D die Computerteile zur Überlassung zum zoll- und steuerrechtlich freien Verkehr abgefertigt hat, muss er die Lieferung an D als steuerpflichtig behandeln. ¹⁶Die Umsatzsteuer ist dann gesetzlich geschuldet und D kann in diesem Fall die in der Rechnung des F gesondert ausgewiesene Umsatzsteuer nach § 15 Abs. 1 Satz 1 Nr. 1 UStG neben der entstandenen Einfuhrumsatzsteuer nach § 15 Abs. 1 Satz 1 Nr. 2 UStG als Vorsteuer abziehen, vgl. Abschnitt 15.8 Abs. 10 Satz 3.

UStAE

Beispiel 2:

[1]Sachverhalt wie Beispiel 1. [2]S befördert die Computerteile auf Veranlassung des F unmittelbar an D nach Deutschland. [3]Die Computerteile werden bereits bei Grenzübertritt für F zur Überlassung zum zoll- und steuerrechtlich freien Verkehr abgefertigt.

[4]Es liegt wie im Beispiel 1 ein Reihengeschäft vor, bei dem die (bewegte) Lieferung des S an F mit Beginn der Beförderung in der Schweiz (§ 3 Abs. 6a Satz 2 in Verbindung mit § 3 Abs. 6 Satz 1 UStG) und die ruhende Lieferung des F an D am Ende der Beförderung in Deutschland ausgeführt wird (§ 3 Abs. 7 Satz 2 Nr. 2 UStG). [5]Im Zeitpunkt der Überlassung zum zoll- und steuerrechtlich freien Verkehr hat F die Verfügungsmacht über die eingeführten Computerteile, weil die Lieferung von S an ihn bereits in der Schweiz und seine Lieferung an D erst mit der Übergabe der Waren an D im Inland als ausgeführt gilt. [6]Die angefallene Einfuhrumsatzsteuer kann daher von F als Vorsteuer abgezogen werden. [7]Die Lieferung des F an D ist nicht nach § 4 Nr. 4b UStG steuerfrei, da sie innerhalb der Lieferkette der Einfuhr nachgeht. [8]Erteilt F dem D eine Rechnung mit gesondertem Steuerausweis, kann D diese unter den allgemeinen Voraussetzungen des § 15 UStG als Vorsteuer abziehen.

Beispiel 3:

[1]Sachverhalt wie Beispiel 1. [2]F befördert die Computerteile selbst unmittelbar an D nach Deutschland. [3]Die Computerteile werden bei Grenzübertritt im Namen des F zur Überlassung zum zoll- und steuerrechtlich freien Verkehr abgefertigt.

[4]Bei diesem Reihengeschäft werden zwei Lieferungen (S an F und F an D) ausgeführt. [5]Die Warenbewegung ist nach § 3 Abs. 6a Satz 4 2. Halbsatz in Verbindung mit Satz 7 UStG der zweiten Lieferung F an D zuzuordnen, da die Computerteile im Namen des Zwischenhändlers F zum zoll- und steuerrechtlich freien Verkehr angemeldet wurden. [6]Die Vermutung des § 3 Abs. 6a 1. Halbsatz UStG gilt somit als widerlegt und F tritt im Rahmen des Reihengeschäfts nicht als Abnehmer, sondern als Lieferer auf. [7]Lieferort der (bewegten) Lieferung des F an D ist nach § 3 Abs. 8 UStG Deutschland, da F als Lieferer der Beförderungslieferung zugleich Schuldner der Einfuhrumsatzsteuer ist. [8]Die erste Lieferung (S an F) ist eine ruhende Lieferung. [9]Sie gilt nach § 3 Abs. 7 Satz 2 Nr. 1 UStG in der Schweiz als ausgeführt (Beginn der Beförderung), da sie der Beförderung vorangeht. [10]Im Zeitpunkt der Überlassung zum zoll- und steuerrechtlich freien Verkehr hat F die Verfügungsmacht über die eingeführten Computerteile, weil die Lieferung von S an ihn bereits in der Schweiz und seine Lieferung an D erst nach der Einfuhr im Inland als ausgeführt gilt. [11]Die angefallene Einfuhrumsatzsteuer kann daher von F als Vorsteuer abgezogen werden. [12]Die Lieferung des F an D ist nicht nach § 4 Nr. 4b UStG steuerfrei, da sie innerhalb der Lieferkette der Einfuhr nachgeht. [13]Erteilt F dem D eine Rechnung mit gesondertem Steuerausweis, kann D diese unter den allgemeinen Voraussetzungen des § 15 UStG als Vorsteuer abziehen.

(17) Die Absätze 14 bis 16 gelten entsprechend, wenn bei der Warenbewegung vom Inland in das Drittlandsgebiet (oder umgekehrt) das Gebiet eines anderen Mitgliedstaats berührt wird.

Reihengeschäfte mit privaten Endabnehmern

(18) [1]An Reihengeschäften können auch Nichtunternehmer als letzte Abnehmer in der Reihe beteiligt sein. [2]Die Grundsätze der Absätze 1 bis 9 und Absatz 19 Satz 1 sind auch in diesen Fällen anzuwenden. [3]Wenn der letzte Abnehmer im Rahmen eines Reihengeschäfts, bei dem die Warenbewegung im Inland beginnt und im Gebiet eines anderen Mitgliedstaats endet (oder umgekehrt), nicht die subjektiven Voraussetzungen für die Besteuerung des innergemeinschaftlichen Erwerbs erfüllt und demzufolge nicht mit einer USt-IdNr. auftritt, ist § 3c UStG zu beachten, wenn der letzten Lieferung in der Reihe die Beförderung oder Versendung zugeordnet wird; dies gilt nicht, wenn der private Endabnehmer den Gegenstand abholt.

Beispiel:

[1]Der niederländische Privatmann NL kauft für sein Einfamilienhaus in Venlo (Niederlande) Möbel beim Möbelhaus D 1 in Köln. [2]D 1 bestellt die Möbel bei der Möbelfabrik D 2 in Münster. [3]D 2 versendet die Möbel unmittelbar zu NL nach Venlo. [4]D 1 und D 2 treten jeweils unter ihrer deutschen USt-IdNr. auf.

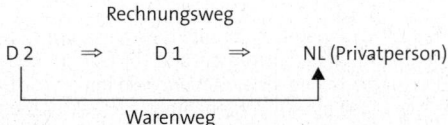

Rechnungsweg

D 2   ⇒   D 1   ⇒   NL (Privatperson)

Warenweg

[5]Bei diesem Reihengeschäft werden nacheinander zwei Lieferungen (D 2 an D 1 und D 1 an NL) ausgeführt. [6]Die erste Lieferung D 2 an D 1 ist die Versendungslieferung, da D 2 als erster Unternehmer in der Reihe den Transport durchführen lässt. [7]Der Ort der (bewegten) Lieferung liegt nach § 3 Abs. 6a Satz 2 in Verbindung mit § 3 Abs. 6 Satz 1 UStG in Deutschland (Beginn der Versendung). [8]Die Lieferung ist im Inland steuerbar und steuerpflichtig, da D 1 ebenfalls mit deutscher USt-IdNr. auftritt. [9]Der Erwerb der Ware unterliegt bei D 1 der Besteuerung des innergemeinschaftlichen Erwerbs in den Niederlanden, weil die innergemeinschaftliche Warenbewegung dort endet (§ 3d Satz 1 UStG). [10]Solange D 1 einen innergemeinschaftlichen Erwerb in den Niederlanden nicht nachweisen kann, hat er einen innergemeinschaftlichen Erwerb in Deutschland zu besteuern (§ 3d Satz 2 UStG). [11]Die zweite Lieferung D 1 an NL ist eine ruhende Lieferung. [12]Die Lieferung des D 1 an NL fällt deshalb nicht unter die Regelung des § 3c UStG. [13]Der Lieferort für diese Lieferung liegt nach § 3 Abs. 7 Satz 2 Nr. 2 UStG in den Niederlanden (Ende der Versendung), da sie der Versendungslieferung folgt. [14]Die Lieferung ist nach niederländischem Recht zu beurteilen. [15]D 1 muss sich in den Niederlanden umsatzsteuerlich registrieren lassen.

[16]Würde D 1 mit niederländischer USt-IdNr. auftreten, wäre die Lieferung des D 2 an D 1 als innergemeinschaftliche Lieferung steuerfrei, wenn D 2 die Voraussetzungen hierfür nachweist.

[17]Würde die Versendung im vorliegenden Fall allerdings der zweiten Lieferung (D 1 an NL) zuzuordnen sein, wäre diese Lieferung nach § 3c UStG zu beurteilen, da der Gegenstand vom Lieferer in einen anderen Mitgliedstaat versendet wird und der Abnehmer NL als Privatperson ein Erwerber im Sinne des § 3a Abs. 5 Satz 1 UStG ist.

Vereinfachungsregelungen

(19) [1]Ist die Zuordnung der Beförderung oder Versendung zu einer der Lieferungen von einem an dem Reihengeschäft beteiligten Unternehmer auf Grund des Rechts eines anderen Mitgliedstaats ausnahmsweise abweichend von den Absätzen 7 bis 11 vorgenommen worden, ist es nicht zu beanstanden, wenn dieser Zuordnung gefolgt wird. [2]Bei einer gebrochenen Beförderung oder Versendung aus einem anderen Mitgliedstaat ins Drittlandsgebiet ist die Behandlung als Reihengeschäft nicht zu beanstanden, wenn der erste Unternehmer den Liefergegenstand aus dem Mitgliedstaat des Beginns der Beförderung oder Versendung (Abgangsmitgliedstaat) nur zum Zweck der Verschiffung ins Drittlandsgebiet in das Inland befördert oder versendet, auf Grund des Rechts des Abgangsmitgliedstaats die Behandlung als Reihengeschäft vorgenommen worden ist und der Unternehmer, dessen Lieferung bei Nichtannahme eines Reihengeschäfts im Inland steuerbar wäre, dies nachweist.

Lieferungen unter Einbeziehung von Betreibern elektronischer Schnittstellen in fiktive Lieferketten

(20) Die Absätze 1 bis 19 sind nicht auf Lieferketten im Sinne des § 3 Abs. 3a in Verbindung mit Abs. 6b UStG anzuwenden (vgl. hierzu Abschnitt 3.18).

UStAE

UStAE   3.15.   Dienstleistungskommission (§ 3 Abs. 11 UStG)❶

(1) [1]Wird ein Unternehmer (Auftragnehmer) in die Erbringung einer sonstigen Leistung eingeschaltet und handelt er dabei im eigenen Namen und für fremde Rechnung (Dienstleistungskommission), gilt diese sonstige Leistung als an ihn und von ihm erbracht. [2]Dabei wird eine Leistungskette fingiert. [3]Sie behandelt den Auftragnehmer als Leistungsempfänger und zugleich Leistenden. [4]Die Dienstleistungskommission erfasst die Fälle des sog. Leistungseinkaufs und des sog. Leistungsverkaufs. [5]Ein sog. Leistungseinkauf liegt vor, wenn ein von einem Auftraggeber bei der Beschaffung einer sonstigen Leistung eingeschalteter Unternehmer (Auftragnehmer) für Rechnung des Auftraggebers im eigenen Namen eine sonstige Leistung durch einen Dritten erbringen lässt. [6]Ein sog. Leistungsverkauf liegt vor, wenn ein von einem Auftraggeber bei der Erbringung einer sonstigen Leistung eingeschalteter Unternehmer (Auftragnehmer) für Rechnung des Auftraggebers im eigenen Namen eine sonstige Leistung an einen Dritten erbringt.

(2) [1]Die Leistungen der Leistungskette, d. h. die an den Auftragnehmer erbrachte und die von ihm ausgeführte Leistung, werden bezüglich ihres Leistungsinhalts gleich behandelt. [2]Die Leistungen werden zum selben Zeitpunkt erbracht. [3]Im Übrigen ist jede der beiden Leistungen unter Berücksichtigung der Leistungsbeziehung gesondert für sich nach den allgemeinen Regeln des UStG zu beurteilen. [4]Dies gilt z. B. in den Fällen des Verzichts auf die Steuerbefreiung nach § 9 UStG (Option). [5]Fungiert ein Unternehmer bei der Erbringung einer steuerfreien sonstigen Leistung als Strohmann für einen Dritten („Hintermann"), liegt ein Kommissionsgeschäft nach § 3 Abs. 11 UStG vor mit der Folge, dass auch die Besorgungsleistung des Hintermanns steuerfrei zu behandeln ist (vgl. BFH-Urteil vom 22. 9. 2005, V R 52/01, BStBl II S. 278).

(3) [1]Personenbezogene Merkmale der an der Leistungskette Beteiligten sind weiterhin für jede Leistung innerhalb einer Dienstleistungskommission gesondert in die umsatzsteuerrechtliche Beurteilung einzubeziehen. [2]Dies kann z. B. für die Anwendung von Steuerbefreiungsvorschriften von Bedeutung sein (vgl. z. B. § 4 Nr. 19 Buchstabe a UStG) oder für die Bestimmung des Orts der sonstigen Leistung, wenn er davon abhängig ist, ob die Leistung an einen Unternehmer oder einen Nichtunternehmer erbracht wird. [3]Besorgt ein Unternehmer für Dritte Leistungen, für die die Befreiungsvorschrift des § 4 Nr. 20 Buchstabe a UStG zur Anwendung kommt, ist auch die Besorgungsleistung an die Abnehmer nach § 4 Nr. 20 Buchstabe a UStG steuerbefreit, vgl. BFH-Urteil vom 25. 4. 2018, XI R 16/16, BStBl 2021 II S. 457. [4]Die Steuer kann nach § 13 UStG für die jeweilige Leistung zu unterschiedlichen Zeitpunkten entstehen; z. B. wenn der Auftraggeber der Leistung die Steuer nach vereinbarten und der Auftragnehmer die Steuer nach vereinnahmten Entgelten berechnet. [5]Außerdem ist z. B. zu berücksichtigen, ob die an der Leistungskette Beteiligten Nichtunternehmer, Kleinunternehmer (§ 19 UStG), Land- und Forstwirte, die für ihren Betrieb die Durchschnittssatzbesteuerung nach § 24 UStG anwenden, sind.

Beispiel:

[1]Der Bauunternehmer G besorgt für den Bauherrn B die sonstige Leistung des Handwerkers C, für dessen Umsätze die Umsatzsteuer nach § 19 Abs. 1 UStG nicht erhoben wird.

[2]Das personenbezogene Merkmal – Kleinunternehmer – des C ist nicht auf den Bauunternehmer G übertragbar. [3]Die Leistung des G unterliegt dem allgemeinen Steuersatz.

(4) [1]Die zivilrechtlich vom Auftragnehmer an den Auftraggeber erbrachte Besorgungsleistung bleibt umsatzsteuerrechtlich ebenso wie beim Kommissionsgeschäft nach § 3 Abs. 3 UStG unberücksichtigt. [2]Der Auftragnehmer erbringt im Rahmen einer Dienstleistungskommission nicht noch eine (andere) Leistung (Vermittlungsleistung). [3]Der Auftragnehmer darf für die vereinbarte Geschäftsbesorgung keine Rechnung erstellen. [4]Eine solche Rechnung, in der die Umsatzsteuer offen ausgewiesen ist, führt zu einer Steuer nach § 14c Abs. 2 UStG.

Anm. d. Schriftl.:

❶ Wer als Unternehmer auf eigene Rechnung Telefonkarten erwirbt und diese an seine Kunden veräußert, kann auch dann selbst eine Telekommunikationsleistung ausführen, wenn er nach seinen AGB lediglich als Vermittler auftreten will (BFH-Urteil vom 10. 8. 2016, BStBl 2017 II S. 135).

(5) ¹Erbringen Sanierungsträger, die ihre Aufgaben nach § 159 Abs. 1 BauGB im eigenen Namen und für Rechnung der auftraggebenden Körperschaften des öffentlichen Rechts (Gemeinden) als deren Treuhänder erfüllen, Leistungen nach § 157 BauGB und beauftragen sie zur Erbringung dieser Leistungen andere Unternehmer, gelten die von den beauftragten Unternehmern erbrachten Leistungen als an den Sanierungsträger und von diesem an die treugebende Gemeinde erbracht. ²Satz 1 gilt entsprechend für vergleichbare Leistungen der Entwicklungsträger nach § 167 BauGB.

(6) Beispiele zur sog. Leistungseinkaufskommission:

Beispiel 1:

¹Der im Inland ansässige Spediteur G besorgt für den im Inland ansässigen Unternehmer B im eigenen Namen und für Rechnung des B die inländische Beförderung eines Gegenstands von München nach Berlin. ²Die Beförderungsleistung bewirkt der im Inland ansässige Unternehmer C.

³Da G in die Erbringung einer Beförderungsleistung eingeschaltet wird und dabei im eigenen Namen, jedoch für fremde Rechnung handelt, gilt diese Leistung als an ihn und von ihm erbracht.

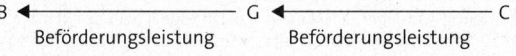

B ◄─────────── G ◄─────────── C
　　Beförderungsleistung　　　Beförderungsleistung

⁴Die Leistungskette wird fingiert. ⁵Die zivilrechtlich vereinbarte Geschäftsbesorgungsleistung ist umsatzsteuerrechtlich unbeachtlich.

⁶C erbringt an G eine im Inland steuerpflichtige Beförderungsleistung (§ 3a Abs. 2 UStG). ⁷G hat gegenüber B ebenfalls eine im Inland steuerpflichtige Beförderungsleistung (§ 3a Abs. 2 UStG) abzurechnen.

Beispiel 2:

¹Der im Inland ansässige Spediteur G besorgt für den in Frankreich ansässigen Unternehmer F im eigenen Namen und für Rechnung des F die Beförderung eines Gegenstands von Paris nach München. ²Die Beförderungsleistung bewirkt der im Inland ansässige Unternehmer C. ³G und C verwenden jeweils ihre deutsche, F seine französische USt-IdNr.

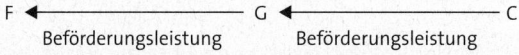

F ◄─────────── G ◄─────────── C
　　Beförderungsleistung　　　Beförderungsleistung

⁴Die Leistungskette wird fingiert. ⁵Die zivilrechtlich vereinbarte Geschäftsbesorgungsleistung ist umsatzsteuerrechtlich unbeachtlich.

⁶C erbringt an G eine in Deutschland steuerbare Beförderungsleistung (§ 3a Abs. 2 UStG). ⁷G hat gegenüber F eine nach § 3a Abs. 2 UStG in Frankreich steuerbare Beförderungsleistung abzurechnen. ⁸Die Verwendung der französischen USt-IdNr. durch F hat auf die Ortsbestimmung keine Auswirkung.

Beispiel 3:

¹Der private Endverbraucher E beauftragt das im Inland ansässige Reisebüro R mit der Beschaffung der für die Reise notwendigen Betreuungsleistungen durch das Referenzunternehmen D mit Sitz im Drittland. ²R besorgt diese sonstige Leistung im eigenen Namen, für Rechnung des E.

³Da R in die Erbringung einer sonstigen Leistung eingeschaltet wird und dabei im eigenen Namen, jedoch für fremde Rechnung handelt, gilt diese Leistung als an ihn und von ihm erbracht.

E ◄─────────── R ◄─────────── D

⁴Die Leistungskette wird fingiert. ⁵Die zivilrechtlich vereinbarte Geschäftsbesorgungsleistung ist umsatzsteuerrechtlich unbeachtlich. ⁶Die Leistungen der Leistungskette, d. h. die an R erbrachte und die von R ausgeführte Leistung, werden bezüglich des Leistungsinhalts gleich behandelt. ⁷Im Übrigen ist jede der beiden Leistungen unter Berücksichtigung der Leistungsbeziehungen gesondert für sich nach den allgemeinen Regeln des UStG zu beurteilen (vgl. Absatz 2).

⁸Die von D an R erbrachte Betreuungsleistung wird grundsätzlich an dem Ort ausgeführt, von dem aus der Leistungsempfänger sein Unternehmen betreibt (§ 3a Abs. 2 UStG). ⁹Sie stellt aber eine Rei-

UStAE

sevorleistung im Sinne des § 25 Abs. 1 Satz 5 UStG dar, da sie dem Reisenden unmittelbar zugute kommt. [10]Die Leistung wird nach § 3a Abs. 8 Satz 1 UStG als im Drittland ausgeführt behandelt. [11]R erbringt nach § 3 Abs. 11 UStG ebenfalls eine Betreuungsleistung. [12]Es handelt sich nach § 25 Abs. 1 Satz 1 UStG um eine Reiseleistung. [13]Diese Leistung wird nach § 25 Abs. 1 Satz 4 in Verbindung mit § 3a Abs. 1 UStG an dem Ort ausgeführt, von dem aus R sein Unternehmen betreibt. [14]Sie ist steuerbar, aber nach § 25 Abs. 2 Satz 1 UStG steuerfrei, da die ihr zuzurechnende Reisevorleistung im Drittlandsgebiet bewirkt wurde (vgl. BFH-Urteil vom 2. 3. 2006, V R 25/03, BStBl II S. 788).

(7) Beispiele zur sog. Leistungsverkaufskommission:

Kurzfristige Vermietung von Ferienhäusern

Beispiel 1:

[1]Der im Inland ansässige Eigentümer E eines in Belgien belegenen Ferienhauses beauftragt G mit Sitz im Inland, im eigenen Namen und für Rechnung des E Mieter für kurzfristige Ferienaufenthalte in seinem Ferienhaus zu besorgen.

[2]Da G in die Erbringung sonstiger Leistungen (kurzfristige – steuerpflichtige – Vermietungsleistungen nach § 4 Nr. 12 Satz 2 UStG) eingeschaltet wird und dabei im eigenen Namen, jedoch für fremde Rechnung handelt, gelten die Leistungen als an ihn und von ihm erbracht.

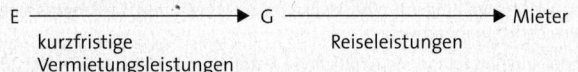

E ——————————→ G ——————————→ Mieter

kurzfristige   Reiseleistungen
Vermietungsleistungen

[3]Die Leistungskette wird fingiert. [4]Die zivilrechtlich vereinbarte Geschäftsbesorgungsleistung ist umsatzsteuerrechtlich unbeachtlich.

[5]Die Vermietungsleistungen des E an G sind im Inland nicht steuerbar (§ 3a Abs. 3 Nr. 1 Satz 2 Buchstabe a UStG).

[6]G erbringt an die Mieter Reiseleistungen im Sinne des § 25 UStG. [7]Die Leistungen sind nach § 25 Abs. 1 Satz 4 in Verbindung mit § 3a Abs. 1 UStG steuerbar und mangels Steuerbefreiung steuerpflichtig.

Beispiel 2:

[1]Sachverhalt wie in Beispiel 1, jedoch befindet sich das Ferienhaus des E in der Schweiz.

[2]Die Vermietungsleistungen des E an G sind im Inland nicht steuerbar. [3]Die sonstigen Leistungen werden nach § 3a Abs. 3 Nr. 1 Satz 2 Buchstabe a UStG in der Schweiz ausgeführt (Belegenheitsort). [4]G erbringt an die Mieter steuerbare Reiseleistungen, die nach § 25 Abs. 2 UStG steuerfrei sind, weil die Reisevorleistungen im Drittlandsgebiet bewirkt werden.

Beispiel 3:

[1]Sachverhalt wie in Beispiel 1, jedoch liegt das Ferienhaus des E im Inland.

[2]Die Vermietungsleistungen des E an G sind im Inland steuerbar (§ 3a Abs. 3 Nr. 1 Satz 2 Buchstabe a UStG) und als kurzfristige Vermietungsleistungen (§ 4 Nr. 12 Satz 2 UStG) steuerpflichtig. [3]G erbringt an die Mieter steuerbare und steuerpflichtige Reiseleistungen im Sinne des § 25 UStG. [4]G ist nach § 25 Abs. 4 UStG nicht berechtigt, die in den Rechnungen des E ausgewiesenen Steuerbeträge als Vorsteuer abzuziehen.

Leistungen in der Kreditwirtschaft

Beispiel 4:

[1]Ein nicht im Inland ansässiges Kreditinstitut K (ausländischer Geldgeber) beauftragt eine im Inland ansässige GmbH G mit der Anlage von Termingeldern im eigenen Namen für fremde Rechnung bei inländischen Banken.

[2]Da G als Unternehmer in die Erbringung einer sonstigen Leistung (Kreditgewährungsleistung im Sinne des § 4 Nr. 8 Buchstabe a UStG) eingeschaltet wird und dabei im eigenen Namen, jedoch für fremde Rechnung handelt, gilt die Leistung als an sie und von ihr erbracht.

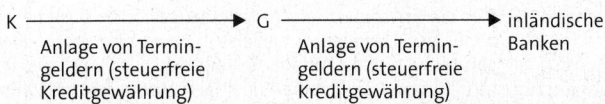

K ──────────▶ G ──────────▶ inländische
Anlage von Termin-   Anlage von Termin-   Banken
geldern (steuerfreie   geldern (steuerfreie
Kreditgewährung)   Kreditgewährung)

[3]Die Leistungskette wird fingiert. [4]Die zivilrechtlich vereinbarte Geschäftsbesorgungsleistung ist umsatzsteuerrechtlich unbeachtlich.

[5]K erbringt an G und G an die inländischen Banken durch die Kreditgewährung im Inland steuerbare (§ 3a Abs. 2 UStG), jedoch steuerfreie Leistungen (§ 4 Nr. 8 Buchstabe a UStG).

Vermietung beweglicher körperlicher Gegenstände

Beispiel 5:

[1]Ein im Inland ansässiger Netzbetreiber T beauftragt eine im Inland ansässige GmbH G mit der Vermietung von Telekommunikationsanlagen (ohne Einräumung von Nutzungsmöglichkeiten von Übertragungskapazitäten) im eigenen Namen für fremde Rechnung an den im Ausland ansässigen Unternehmer U.

[2]Da G als Unternehmer in die Erbringung einer sonstigen Leistung (Vermietung beweglicher körperlicher Gegenstände) eingeschaltet wird und dabei im eigenen Namen, jedoch für fremde Rechnung handelt, gilt die Leistung als an sie und von ihr erbracht.

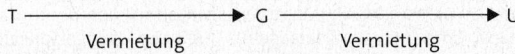

T ──────────▶ G ──────────▶ U
    Vermietung   Vermietung

[3]Die Leistungskette wird fingiert. [4]Die zivilrechtlich vereinbarte Geschäftsbesorgungsleistung ist umsatzsteuerrechtlich unbeachtlich. [5]Die Leistungen der Leistungskette, d. h. die an G erbrachte und die von G ausgeführte Leistung, werden bezüglich des Leistungsinhalts gleich behandelt. [6]Im Übrigen ist jede der beiden Leistungen unter Berücksichtigung der Leistungsbeziehungen gesondert für sich nach den allgemeinen Regeln des UStG zu beurteilen (vgl. Absatz 2).

[7]T erbringt an G durch die Vermietung beweglicher körperlicher Gegenstände im Inland steuerbare (§ 3a Abs. 2 UStG) und, soweit keine Steuerbefreiung greift, steuerpflichtige Leistungen.

[8]G erbringt an den im Ausland ansässigen U durch die Vermietung beweglicher körperlicher Gegenstände nicht im Inland steuerbare (§ 3a Abs. 2 UStG) Leistungen.

UStAE   3.16. Leistungsbeziehungen bei der Abgabe werthaltiger Abfälle

(1) [1]Beauftragt ein Abfallerzeuger oder -besitzer einen Dritten mit der ordnungsgemäßen Entsorgung seines Abfalls, erbringt der Dritte mit der Übernahme und Erfüllung der Entsorgungspflicht eine sonstige Leistung im Sinne von § 3 Abs. 9 UStG, sofern der Entsorgung eine eigenständige wirtschaftliche Bedeutung zukommt. [2]Ist dem zur Entsorgung überlassenen Abfall ein wirtschaftlicher Wert beizumessen (sog. werthaltiger Abfall), liegt ein tauschähnlicher Umsatz (Entsorgungsleistung gegen Lieferung des Abfalls) – ggf. mit Baraufgabe – vor, wenn nach den übereinstimmenden Vorstellungen der Vertragspartner

– der überlassene Abfall die Höhe der Barvergütung für die Entsorgungsleistung oder

– die übernommene Entsorgung die Barvergütung für die Lieferung des Abfalls

beeinflusst hat (vgl. Abschnitt 10.5 Abs. 2).

Entsorgungsleistung von eigenständiger wirtschaftlicher Bedeutung

(2) [1]Eine Entsorgungsleistung von eigenständiger wirtschaftlicher Bedeutung liegt vor, wenn Vereinbarungen über die Aufarbeitung oder Entsorgung der Abfälle getroffen wurden. [2]Nicht ausreichend ist, dass sich der Entsorger allgemein zur Einhaltung abfallrechtlicher Normen (z. B.

Einhaltung vorgeschriebener Verwertungsquoten) verpflichtet hat oder ein Entsorgungsnachweis ausgestellt wird. [3]Leistet der Entsorger dem Abfallerzeuger oder -besitzer eine Vergütung für den gelieferten Abfall, ohne dass der Entsorgungsleistung eine eigenständige wirtschaftliche Bedeutung zukommt, ist von einer bloßen Abfalllieferung durch den Abfallerzeuger/-besitzer an den Entsorger auszugehen. [4]Haben Abfälle einen positiven Marktwert und werden sie unmittelbar in Produktionsprozessen z. B. als Roh- oder Brennstoff eingesetzt, steht im Falle ihrer Veräußerung nicht die Entsorgungsleistung im Vordergrund, selbst wenn die Stoffe ihre Abfalleigenschaft noch nicht verloren haben. [5]Gleiches gilt für bereits sortenrein gesammelte Produktionsabfälle. [6]Auch beim Handel mit derartigen Produkten liegt keine Entsorgungsleistung vor.

Beeinflussung der Barvergütung

(3) [1]Auch wenn der Entsorgungsleistung eine eigenständige wirtschaftliche Bedeutung zukommt, ist aus Vereinfachungsgründen eine zum tauschähnlichen Umsatz führende Beeinflussung der Barvergütung durch den überlassenen Abfall grundsätzlich nur anzunehmen,

1. wenn die Beteiligten ausdrücklich hierauf gerichtete Vereinbarungen getroffen, also neben dem Entsorgungsentgelt einen bestimmten Wert für eine bestimmte Menge der überlassenen Abfälle vereinbart haben, oder

2. die wechselseitige Beeinflussung auf Grund der getroffenen Vereinbarungen offensichtlich ist. [2]Hiervon ist nur in folgenden Fällen auszugehen:

   a) [1]Es wird vertraglich die Anpassung des ursprünglich ausdrücklich vereinbarten Entsorgungsentgelts an sich ändernde Marktverhältnisse für den übernommenen Abfall ausbedungen (sog. Preisanpassungsklauseln). [2]Preisanpassungsklauseln, die nur Auswirkungen für zukünftige Umsätze haben, sind insoweit ohne Bedeutung.

   Beispiel 1:

   [1]Unternehmer U1 übernimmt gegenüber dem Reifenservice R die Entsorgung von Altreifen. R zahlt U1 einen Preis von 2,–€ je übernommenen Altreifen. [2]Bei einer Veränderung des Preisindexes von Stahl oder Gummigranulat im Vergleich zu den Verhältnissen bei Vertragsabschluss sind beide Beteiligten berechtigt, diesen Preis um 50 % der Indexveränderung anzupassen.

   b) Das nach Art und Menge bestimmte Entsorgungsentgelt ändert sich in Abhängigkeit von der Qualität der überlassenen Abfälle.

   Beispiel 2:

   [1]Unternehmer U2 übernimmt gegenüber dem Bauunternehmer B die Entsorgung von Baustellenmischabfällen. [2]Die Beteiligten vereinbaren einen Grundpreis von 250,–€ je Fuhre, welcher sich ab einem bestimmten Metall- und Folienanteil im Abfall um 50,–€ reduziert.

   c) Es wird eine (Mehr-)Erlösverteilungsabrede getroffen.

   Beispiel 3:

   [1]Unternehmer U3 übernimmt gegenüber dem Reifenhersteller R die Entsorgung von Fehlproduktionen und Materialresten für 80,–€ je Tonne. [2]Die Beteiligten verabreden, dass R an den von U3 bei der Veräußerung von daraus gewonnenem Gummigranulat und Stahl erzielten Erlösen zu 25 % beteiligt wird.

Vereinfachungsregelung

(4) Sofern in den unter Absatz 3 Nr. 2 genannten Fällen weder die Barvergütung einen Betrag von 50,–€ je Umsatz noch die entsorgte Menge ein Gewicht von 100 kg je Umsatz übersteigt, ist das Vorliegen eines tauschähnlichen Umsatzes aus Vereinfachungsgründen nicht zu prüfen.

Beispiel 1:

[1]U1 übernimmt die Entsorgung des bei der Buchhaltungsfirma B anfallenden Altpapiers. [2]Er entsorgt dort eine Menge von max. 20 kg Altpapier und berechnet hierfür 10,–€. [3]Da die für B entsorgte Menge das Gewicht von 100 kg je Abholung nicht übersteigt und die Entgelte hierfür 50,–€ je Abholung nicht übersteigen, ist es aus Vereinfachungsgründen nicht zu beanstanden, wenn die Be-

teiligten keinen tauschähnlichen Umsatz angenommen und nur die Entsorgungsleistung des U1 der Besteuerung unterworfen haben.

Beispiel 2:

[1]U2 betreibt einen Abholservice für bestimmten Schrott und unbrauchbare Haushaltsgeräte, wie Waschmaschinen, Wäschetrockner und Geschirrspüler. [2]Er bietet seinen Service privaten Haushalten kostenlos an. [3]Daneben führt er unentgeltlich Altkleidersammlungen in Wohngebieten durch.

[4]Soweit das Gewicht des Abfalls je Abholung und Haushalt 100 kg nicht übersteigt, ist es aus Vereinfachungsgründen nicht zu beanstanden, wenn die Beteiligten ohne weitere Prüfung nur eine Entsorgungsleistung annehmen, die jedoch mangels Entgelt nicht steuerbar ist.

Einzelfälle

(5) [1]Ein tauschähnlicher Umsatz liegt insbesondere <u>nicht</u> vor,

1. im Falle sog. Umleersammeltouren (z. B. Leerung von Altpapiertonnen, Austausch bzw. Leerpumpen von Altölsammelbehältern), bei denen die Menge des im Einzelfall abgelieferten Abfalls und seine Zusammensetzung und Qualität nicht festgestellt werden; hier ist davon auszugehen, dass eine wechselseitige Beeinflussung von Barvergütung und Entsorgungsleistung und damit ein tauschähnlicher Umsatz nicht vorliegt.

2. in den Fällen, in denen die Werthaltigkeit von zur Entsorgung überlassenen Abfällen erst später festgestellt werden kann, ohne dass sich hierdurch Auswirkungen auf die Höhe der Vergütung bereits getätigter Umsätze ergeben; eine Berücksichtigung der Werthaltigkeit der Abfälle beim Abschluss zukünftiger Entsorgungsverträge ist für bereits ausgeführte Umsätze unschädlich.

3. wenn Nebenerzeugnisse oder Abfälle im Rahmen von Gehaltslieferungen im Sinne des § 3 Abs. 5 UStG zurückgenommen werden; hier fehlt es an einer Lieferung von Abfall.

Beispiel 1:

[1]U1 liefert zum Preis von 4,10 € je Dezitonne Zuckerrüben an die Zuckerfabrik Z und behält sich die Rückgabe der bei der Zuckerproduktion anfallenden Rübenschnitzel für Fütterungszwecke vor. [2]Es handelt sich lediglich um eine (Gehalts-)Lieferung des U1 an Z (Entgelt 4,10 € je Dezitonne). [3]Z erbringt keine Lieferung von Abfall in Form von Rübenschnitzeln, weil diese nicht am Leistungsaustausch teilgenommen haben und somit nicht Gegenstand der Gehaltslieferung des U1 geworden sind.

4. [1]wenn das angekaufte Material ohne weitere Behandlung marktfähig (z. B. an einer Rohstoffbörse handelbar) ist, auch keiner gesetzlichen Entsorgungsverpflichtung mehr unterliegt und damit seine Eigenschaft als Abfall verloren hat. [2]Da in diesem Fall das Material nur noch den Status eines normalen Handelsguts hat, kann davon ausgegangen werden, dass ggf. erforderliche Transport- oder Sortierleistungen ausschließlich im eigenen unternehmerischen Interesse des Erwerbers ausgeführt werden und keine Entsorgungsleistung vorliegt.

Beispiel 2:

[1]U2 erwirbt von verschiedenen Entsorgern unsortierte Altbleche, welche er nach Reinigung und Zerkleinerung einer elektrolytischen Entzinnung unterzieht. [2]Das dabei gewonnene Eisen veräußert U2 an Stahlbearbeitungsbetriebe, das anfallende Zinn an Zinnhütten.

[3]Bei dem von U2 aus dem Altblechabfall zurückgewonnenen Zinn und Eisen handelt es sich um Rohstoffe für die weiterverarbeitende Industrie, die keiner gesetzlichen Entsorgungspflicht (mehr) unterliegen und deshalb nicht als Abfall anzusehen sind. [4]Zwischen U2 und seinen Abnehmern finden keine tauschähnlichen Umsätze, sondern ausschließlich Rohstofflieferungen statt.

5. wenn bei der Entsorgung der Abfälle die werthaltigen Bestandteile (z. B. Edelmetalle) im Eigentum des Abfallerzeugers verbleiben und Barvergütungen für diese Entsorgungsleistungen gesondert abgerechnet werden.

(6) Für die Annahme eines tauschähnlichen Umsatzes ist es nicht erforderlich, dass beide Beteiligte Unternehmer sind bzw. die Abgabe des Abfalls im unternehmerischen Bereich erfolgt; dies ist jedoch für die ggf. erforderliche gegenseitige Rechnungsstellung sowie für die Steuerschuldnerschaft nach § 13b Abs. 2 Nr. 7 in Verbindung mit Abs. 5 Satz 1 UStG von Bedeutung, wenn der überlassene Abfall zu den Gegenständen im Sinne der Anlage 3 zum UStG gehört (vgl. Abschnitt 13b.4).

(7) [1]Im Falle eines tauschähnlichen Umsatzes ist der Wert des hingegebenen Abfalls Bemessungsgrundlage für die erbrachte Entsorgungsleistung. [2]Bemessungsgrundlage für die Lieferung des Abfalls ist der Wert der Gegenleistung (Entsorgungsleistung). [3]Baraufgaben sind zu berücksichtigen; eine ggf. enthaltene Umsatzsteuer ist stets herauszurechnen (vgl. Abschnitt 10.5). [4]Der maßgebliche Zeitpunkt für die Ermittlung des Wertes der gelieferten Abfälle ist der Zeitpunkt der Übergabe an den Entsorger. [5]Dabei ist nicht auf die einzelnen Inhaltsstoffe abzustellen, d. h. der Wert muss dem Abfall im Zeitpunkt der Überlassung als solchem zukommen. [6]Spätere Bearbeitungsschritte (Bündelung, Sortierung, Aufbereitung usw.) durch den Entsorger sind bei der Wertermittlung außer Betracht zu lassen. [7]Es bestehen keine Bedenken, dem zwischen den Beteiligten vereinbarten Wert der zur Entsorgung übergebenen Abfälle auch für umsatzsteuerrechtliche Zwecke zu folgen, sofern dieser Wert nicht offensichtlich unzutreffend erscheint.

(8) [1]Verändert sich der Marktpreis für die zu entsorgenden Abfälle nach Abschluss des Entsorgungs- und Liefervertrags, hat dies zunächst keine Auswirkung auf die Ermittlung der Bemessungsgrundlage für die tauschähnlichen Umsätze und die Rechnungsstellung. [2]Für diese Zwecke ist vielmehr so lange auf den im Zeitpunkt des Vertragsabschlusses maßgeblichen Wert abzustellen, bis dieser durch eine Vertragsänderung oder durch Änderung der Bemessungsgrundlage, z. B. auf Grund einer vereinbarten Preisanpassungsklausel oder einer vereinbarten Mehr- oder Mindererlösbeteiligung, angepasst wird.

UStAE   3.17. Einzweck- und Mehrzweck-Gutscheine

Definition und Abgrenzung von Gutscheinen

(1) [1]Gutscheine im Sinne des § 3 Abs. 13 UStG sind solche Instrumente, die vom Berechtigten ganz oder teilweise anstelle einer regulären Geldzahlung als Gegenleistung zur Einlösung gegen Gegenstände oder sonstige Leistungen verwendet werden können. [2]Diese Instrumente können körperlicher Art sein (z. B. Papierdokumente oder Plastikkarten) oder in elektronischer Form bestehen. [3]Ein Gutschein im Sinne des § 3 Abs. 13 UStG kann auch dann vorliegen, wenn der auf dem Gutschein aufgedruckte Nennwert nicht zur vollständigen Begleichung der Leistung ausreicht und der Gutscheininhaber im Zeitpunkt der Inanspruchnahme des Gutscheins eine Zuzahlung leisten muss. [4]§ 3 Abs. 13 UStG findet keine Anwendung bei Instrumenten, die den Inhaber lediglich zu einem Preisnachlass oder zu einer Preiserstattung beim Erwerb von Gegenständen oder Dienstleistungen berechigen, aber nicht das Recht verleihen, solche Gegenstände oder sonstige Leistungen auch tatsächlich zu erhalten (vgl. § 3 Abs. 13 Satz 2 UStG, Abschnitt 17.2). [5]Gutscheine für Warenproben oder Muster lösen grundsätzlich kein Entgelt aus und stellen keinen Gutschein i. S. d. § 3 Abs. 13 UStG dar. [6]Briefmarken, Fahrscheine, Eintrittskarten für Kinos und Museen sowie vergliechbare Instrumente fallen ebenfalls nicht in den Anwendungsbereich des § 3 Abs. 13 UStG. [7]Kann das Zahlungsinstrument jederzeit und voraussetzungslos gegen den ursprünglich gezahlten bzw. den noch nicht verwendeten Betrag zurückgetauscht werden, ist von einer Guthabenkarte im Unterschied zu einer Gutscheinkarte und damit von einem bloßen Zahlungsmittel auszugehen. [8]Ein Zahlungsdienst i. S. d. Richtlinie (EU) 2015/2366 des Europäischen Parlaments und des Rates vom 25. November 2015 über Zahlungsdienste im Binnenmarkt, zur Änderung der Richtlinien 2002/65/EG, 2009/110/EG und 2013/36/EU und der Verordnung (EU) Nr. 1093/2010 sowie zur Aufhebung der Richtlinie 2007/64/EG gilt auch nicht als Gutschein i. S. d. § 3 Abs. 13 UStG. [9]Aussteller des Gutscheins ist derjedige, der den Gutschein im eigenen Namen ausgestellt hat. [10]Der Verkauf eines Gutscheins

zwischen Unternehmern wird im Folgenden als Übertragung bezeichnet. [11]Der Verkauf eines Gutscheins an Kunden wird im Folgenden als Ausgabe bezeichnet.

Einzweck-Gutscheine i. S. d. § 3 Abs. 14 UStG

(2) [1]Ein Einzweck-Gutschein nach § 3 Abs. 14 Satz 1 UStG ist dadurch gekennzeichnet, dass der Ort der Lieferung oder sonstigen Leistung, zu deren Bezug der Gutschein berechtigt, sowie die geschuldete Umsatzsteuer, bei dessen Ausgabe bzw. erstmaliger Übertragung durch den Aussteller des Gutscheins feststehen. [2]Für die Annahme eines Einzweck-Gutscheins ist die Identität des leistenden Unternehmers anzugeben sowie die Leistung dahingehend zu konkretisieren, dass der steuerberechtigte Mitgliedstaat und der auf die Leistung entfallende Steuersatz und damit der zutreffende Steuerbetrag mit Sicherheit bestimmt werden können. [3]Zudem muss zur zutreffenden Bestimmung des Orts der sonstigen Leistung, deren Ortsbestimmung vom Status des Empfängers abhängt, feststehen, ob der Leistungsempfänger ein Unternehmer ist und diese für sein Unternehmen bezieht. [4]Der Leistungsgegenstand muss für die Annahme eines Einzweck-Gutscheins zumindest im Hinblick auf die Gattung des jeweiligen Leistungsgegenstands auf dem Gutschein angegeben sein. [5]Unter Gattung ist in diesem Zusammenhang die Gesamtheit von Arten von Waren oder sonstigen Leistungen zu verstehen, die in ihren wesentlichen Eigenschaften derart übereinstimmen, dass hieraus der zutreffende Steuersatz eindeutig bestimmbar ist. [6]Der Gutschein soll vom Aussteller sichtbar als Einzweck-Gutschein gekennzeichnet werden. [7]Grundlage dieser Kennzeichnung ist die rechtliche Einordnung des Gutscheins durch den leistenden Unternehmer. [8]Auf die rechtliche Einordnung und die darauf basierende Kennzeichnung dürfen der Aussteller des Gutscheins sowie die nachfolgenden Unternehmer der Leistungskette vertrauen. [9]Dies gilt nicht, soweit die Unternehmer der Leistungskette Kenntnis hatten oder nach der Sorgfalt eines ordentlichen Kaufmannes hätten Kenntnis haben müssen, dass die rechtliche Einordnung bzw. die Kennzeichnung des Gutscheins als Einzweck-Gutschein zu Unrecht erfolgt ist.

Beispiel 1:

[1]Eine Parfümerie mit mehreren Filialen in Deutschland gibt einen Gutschein zur Einlösung gegen alle im Sortiment befindlichen Parfümartikel im Wert von 20 € an einen Kunden für 20 € aus. [2]Der Gutschein ist in einer beliebigen Filiale der Parfümerie in Deutschland einlösbar. [3]Es handelt sich um einen Einzweck-Gutschein. [4]Der Leistungsort ist in entsprechender Anwendung des § 3 Abs. 7 Satz 1 UStG hinsichtlich des steuerberechtigten Mitgliedstaates hinreichend bestimmt (= Deutschland). [5]Somit kann die geschuldete Umsatzsteuer bei Ausgabe des Gutscheins ermittelt werden.

[10]Es kann sich auch dann um einen Einzweck-Gutschein handeln, wenn der Gutschein zum Bezug mehrerer, genau bezeichneter Einzelleistungen berechtigt. [11]In diesen Fällen ist der Gesamtbetrag im jeweiligen Verhältnis der Einzelleistungen aufzuteilen.

Beispiel 2:

[1]Ein Restaurant in München gibt im Januar 01 einen Gutschein im Wert von 150 € (2 Essen im Restaurant inklusive zwei alkoholfreie Getränke für 2 Personen im Wert von 100 € sowie das Buch „Der Restaurant-Guide" im Wert von 50 €; der Restaurantgutschein berechtigt ausschließlich zum Verzehr an Ort und Stelle) zu einem Preis von 100 € an eine Privatperson aus. [2]Der Gutschein wird im April 01 vom Gutscheininhaber in diesem Restaurant eingelöst. [3]Es

handelt sich um einen Einzweck-Gutschein. [4]Das Restaurant muss in diesem Fall den erhaltenen Gesamtbetrag von 100 € im Verhältnis 100/150 zu 19 % und 50/150 zu 7 % aufteilen. **1** **2**

[12]Die Umsatzsteuer für die durch den Einzweck-Gutschein geschuldete Leistung entsteht bei Besteuerung nach vereinbarten Entgelten im Zeitpunkt der Ausgabe des Gutscheins. [13]Wird ein Gutschein vor Ausgabe an einen anderen Unternehmer übertragen, entsteht die Umsatzsteuer insoweit im Übertragungszeitpunkt. [14]Die spätere Gutscheineinlösung, also die tatsächliche Lieferung bzw. Leistungserbringung, ist für die umsatzsteuerliche Würdigung nicht mehr relevant, da diese nicht als unabhängiger Umsatz gilt. [15]Sollte eine Zuzahlung durch den Gutscheininhaber bei Einlösung des Gutscheins erfolgen, so ist lediglich die bislang noch nicht versteuerte Differenz zu versteuern.

Beispiel 3:

[1]Ein Kunde erwirbt anlässlich einer Werbeaktion im Januar 01 beim örtlichen Elektroeinzelhändler B in Cottbus einen Gutschein im Wert von 50 € für 40 €. [2]Der Gutschein berechtigt zum Erwerb eines Elektroartikels in dem Geschäft des B. [3]A erwirbt im April 01 ein Lautsprecher-System bei B im Gesamtwert von 350 € und begleicht den Rechnungsbetrag unter Anrechnung seines Gutscheins im Wert von 50 € durch die Zuzahlung von 300 € in bar. [4]Es handelt sich um einen Einzweck-Gutschein. [5]Die Bemessungsgrundlage für den Umsatz des B beträgt gem. § 10 Abs. 1 Satz 1 UStG im Zeitpunkt der Ausgabe des Gutscheins im Januar 01 40 € abzüglich USt. [6]Im April 01 hat B noch einen Umsatz in Höhe von 300 € abzüglich USt zu versteuern.

Einzweck-Gutscheine in Vertriebsketten (Handeln im eigenen Namen)

(3) [1]Stellt der leistende Unternehmer einen Einzweck-Gutschein aus und überträgt ihn auf einen anderen Unternehmer, der ihn im eigenen Namen an den Kunden ausgibt, gilt auch der ausgebende Unternehmer als Leistender der auf dem Gutschein bezeichneten Leistung. [2]Maßgeblicher Zeitpunkt für die Besteuerung der Leistungsfiktion des leistenden Unternehmers an den ausgebenden Unternehmer ist derjenige, in dem der ausstellende und leistende Unternehmer den Gutschein an den ausgebenden Unternehmer überträgt. [3]Maßgeblicher Zeitpunkt für die Besteuerung der Leistungsfiktion des ausgebenden Unternehmers ist die Ausgabe des Gutscheins an den Kunden; dies gilt unabhängig davon, ob der ausgebende Unternehmer im eigenen Namen, aber für fremde Rechnung auftritt oder ob er im eigenen Namen und für eigene Rechnung tätig wird.

Beispiel 1:

[1]A ist Fahrradhersteller und überträgt im Januar 01 an den Gutscheinhändler B 10 Gutscheine über E-Bikes im Wert von jeweils 3.500 € für jeweils 2.500 €. [2]B gibt einen der Gutscheine im März 01 im eigenen Namen an den Radfahrer R zum Preis von 3.000 € aus. [3]R löst den Gutschein bei A im April 01 ein. [4]A hat im Januar 01 einen Umsatz von 25.000 € abzüglich USt zu versteuern. [5]B hat im März 01 einen Umsatz von 3.000 € abzüglich USt zu versteuern.

[4]Stellt ein Unternehmer im eigenen Namen einen Einzweck-Gutschein mit der versprochenen Leistung aus, erbringt die darin bezeichnete Leistung jedoch nicht selbst, wird der spätere Leistungserbringer so behandelt, als habe er die in dem Gutschein genannte Leistung an den Gutscheinaussteller erbracht. [5]Maßgeblicher Zeitpunkt der Leistungsfiktion und damit der Besteue-

---

Amtl. Fn.:

1 Bei allen Beispielen wurden die Steuersätze von 19 bzw. 7 Prozent zugrunde gelegt. Die temporäre Anwendung des ermäßigten Steuersatzes für Umsätze des Gastronomiegewerbes vom 1. Juli 2020 bis zum 30. Juni 2021 sowie die generelle Absenkung der Steuersätze in der Zeit vom 1. Juli bis zum 31. Dezember 2020 wurden außer Acht gelassen.

Anm. d. Schriftl.:

2 Die Anwendung des ermäßigten Steuersatzes für Umsätze des Gastronomiegewerbes wurde bis zum 31. 12. 2023 verlängert.

rung beider Leistungen ist der Zeitpunkt der Ausgabe des Gutscheins an den Kunden. [6]Der Gutscheinaussteller muss dem letztendlich leistenden Unternehmer zur fristgerechten Versteuerung mitteilen, zu welchem Zeitpunkt und in welcher Höhe Einzweck-Gutscheine an Kunden ausgegeben wurden.

Beispiel 2:

[1]Der Unternehmer B betreibt ein Gutscheinportal, auf dem er Gutscheine anbietet, mit denen Fahrräder des Herstellers A erworben werden können. [2]A und B haben im Januar 01 vereinbart, dass B die E-Bike-Gutscheine jeweils im Wert von 3.500 € für 3.000 € an Kunden ausgibt. [3]B hat an A für jeden ausgegebenen Gutschein 2.500 € weiterzuleiten. [4]B verkauft einen der Gutscheine im April 01 im eigenen Namen an den Radfahrer R. [5]R löst den Gutschein bei A im Juni 01 ein. [6]A und B haben ihren Umsatz jeweils im April 01 zu versteuern, A in Höhe von 2.500 € abzüglich USt und B in Höhe von 3.000 € abzüglich USt.

Einzweck-Gutscheine in Vertriebsketten (Handeln im fremden Namen)

(4) [1]Gibt ein Unternehmer einen Einzweck-Gutschein im fremden Namen aus, wird er nicht Teil der Leistungskette. [2]Vielmehr gilt die Ausgabe des Gutscheins an den Kunden als Leistung desjenigen, in dessen Namen der Unternehmer handelt. [3]Der ausgebende Unternehmer muss dem leistenden Unternehmer zur fristgerechten Versteuerung mitteilen, zu welchem Zeitpunkt Einzweck-Gutscheine an Kunden ausgegeben wurden, da der leistende Unternehmer zu diesem Zeitpunkt die fiktiv erbrachte Leistung zu versteuern hat. [4]Der leistende Unternehmer hat als Bruttowert den vom Vermittler vereinnahmten Preis anzusetzen. [5]Der ausgebende Unternehmer erbringt eine Vermittlungsleistung (vgl. Abschnitt 3.7).

Beispiel:

[1]Der Unternehmer B betreibt ein Gutscheinportal, auf dem er Büchergutscheine im Namen und für Rechnung des Buchhändlers A anbietet. [2]Diese Gutscheine können in dem Buchladen des A eingelöst werden. [3]B hat mit A vereinbart, im Falle eines ausgegebenen Gutscheins 20 % des Gutscheinwerts als Vermittlungsprovision einzubehalten und den Rest an A weiterzuleiten. [4]B erstellt gegenüber A monatliche Abrechnungen über die veräußerten Gutscheine und gibt diese zusammen mit seiner eigenen Provisionsabrechnung an A weiter. [5]Kunde C erwirbt im Januar 01 einen Büchergutschein des A auf der Internetseite des B. [6]C bezahlt hierfür 10 € an B. [7]A muss im Januar 01 für den Verkauf eines Buchs 10 € abzüglich 7 % USt versteuern. [8]B muss für die Vermittlung des Gutscheins 2 € abzüglich 19 % USt versteuern.

Bestimmung des Leistungsorts bei Einzweck-Gutscheinen

(5) [1]Berechtigt der Einzweck-Gutschein den Leistungsempfänger zum Bezug einer Lieferung nach § 3 Abs. 1 UStG, so bestimmt sich der Ort der fiktiven Lieferung aufgrund fehlender Warenbewegung im Zeitpunkt der Ausgabe bzw. erstmaligen Übertragung in entsprechender Anwendung des § 3 Abs. 7 Satz 1 UStG. [2]Die Anwendung der Steuerbefreiung nach § 4 Nr. 1 Buchstabe a oder b UStG kommt daher nicht in Betracht. [3]Bezieht sich die Ausgabe bzw. erstmalige Übertragung eines Einzweck-Gutscheins auf die Erbringung einer sonstigen Leistung nach § 3 Abs. 9 UStG, so bestimmt sich der Leistungsort im Zeitpunkt der Ausgabe bzw. Erstmaligen Übertragung nach den allgemeinen Regelungen des § 3a Abs. 1 – vorbehaltlich der Absätze 2 bis 8 – sowie der §§ 3b und 3e UStG. [4]Für eine genaue Ortsbestimmung bei der Ausgabe bzw. erstmaligen Übertragung eines Einzweck-Gutscheins muss daher bei sonstigen Leistungen, deren Ortsbestimmung vom Status des Empfängers abhängt, feststehen, ob der Empfänger ein Unternehmer ist und diese für sein Unternehmen bezieht. [5]Abschnitt 3a.2 Abs. 11a gilt entsprechend. [6]Handelt ein Unternehmer bei der Ausgabe bzw. Übertragung eines Einzweck-Gutscheins erkennbar im Namen des ausstellenden oder eines übertragenden Unternehmers, wird er nicht Teil der Leistungskette, sondern erbringt im Zeitpunkt der Ausgabe bzw. Übertragung eine Vermittlungsleistung. [7]Der Ort dieser Vermittlungsleistung bestimmt sich nach den allgemeinen Regelungen des § 3a Abs. 2 UStG.

UStAE

Bemessungsgrundlage bei Einzweck-Gutscheinen

(6) [1]Wird ein Einzweck-Gutschein entgeltlich übertragen bzw. ausgegeben, bestimmt sich die Bemessungsgrundlage nach den allgemeinen Vorschriften des § 10 Abs. 1 UStG.

Beispiel 1:

[1]Kunde C erwirbt einen Büchergutschein bei Händler B für die Buchhandlung des A. [2]Der Gutschein hat einen Wert von 60 €. [3]Er wird für 50 € verkauft. [4]Damit beträgt die Bemessungsgrundlage des B 50 € abzüglich USt, also 46,73 €.

[2]Diese Grundsätze gelten auch in Vertriebsketten, bei denen jeder Unternehmer die Gutscheine im eigenen Namen überträgt bzw. ausgibt. [3]Bemessungsgrundlage ist auf jeder Stufe das vereinbarte Entgelt.

Beispiel 2:

[1]Unternehmer A überträgt im Januar 01 einen Büchergutschein für 80 € an Unternehmer B. [2]A verzichtet auf Vorgaben zum Endverkaufspreis der Gutscheine. [3]B bietet den Gutschein im eigenen Namen für 90 € inklusive Umsatzsteuer an. [4]B gibt den Gutschein im April 01 an einen Kunden aus. [5]A muss den Umsatz von 80 € abzüglich USt im Januar 01 versteuern. [6]B muss den Umsatz von 90 € abzüglich USt im April 01 versteuern.

[4]Bei der unentgeltlichen Übertragung bzw. Ausgabe eines Einzweck-Gutscheins ist aufgrund der fiktiven Leistung bei Vorliegen der allgemeinen Voraussetzungen von einer unentgeltlichen Wertabgabe auszugehen. [5]Bemessungsgrundlage ist nach § 10 Abs. 4 Satz 1 UStG der im Zeitpunkt der Übertragung bzw. Ausgabe maßgebende Einkaufspreis, subsidiär der Selbstkostenpreis.

Nichteinlösung von Einzweck-Gutscheinen

(7) [1]Sollte ein Einzweck-Gutschein vom Gutscheininhaber nicht (innerhalb der Gültigkeitsdauer) eingelöst werden und somit verfallen, ergeben sich hieraus allein keine weiteren umsatzsteuerlichen Folgen, da die ursprüngliche Leistung bereits bei Übertragung bzw. Ausgabe des Gutscheins als erbracht gilt und demzufolge in diesem Zeitpunkt zu versteuern ist. [2]Eine Änderung der Bemessungsgrundlage nach § 17 Abs. 1 UStG kommt nur dann in Betracht, wenn das Entgelt ausnahmsweise zurückgezahlt wird.

Beispiel 1:

[1]Kunde A kauft beim Unternehmer B am 31. Januar 01 einen in seinem Bekleidungsgeschäft in Stuttgart einzulösenden Gutschein für Textilien in Höhe von 50 € für 40 €. [2]Der Gutschein unterliegt der regelmäßigen Verjährung.

[3]A löst den Gutschein bis zum 31. Dezember 04 nicht ein. [4]B hat im Januar 01 eine fiktive Lieferung in Höhe von 0 € abzüglich USt zu versteuern. [5]Die Nichteinlösung führt nicht zu einer Minderung der Bemessungsgrundlage.

Beispiel 2:

[1]Der Unternehmer G betreibt ein Gutscheinportal, auf dem er Gutscheine verschiedener Unternehmen im fremden Namen anbietet. [2]Privatperson A erwirbt im Januar 01 einen Gutschein des Unternehmers B im Wert von 100 € für einen Fallschirmsprung und bezahlt hierfür 100 € an G. [3]G hat mit B vereinbart, im Falle eines veräußerten Gutscheins 20 % des Gutscheinwerts als Vermittlungsprovision einzubehalten und den Rest an B weiterzuleiten. [4]B hat im Januar 01 für den Verkauf des Gutscheins 100 € abzüglich USt zu versteuern, soweit er seine Umsätze nach vereinbarten Entgelten versteuert. [5]G muss im Januar 01 20 € abzüglich USt versteuern. [6]G hat in seinen Allgemeinen Geschäftsbedingungen mit den einzelnen Unternehmern, so auch mit B, geregelt, den vereinnahmten Gutscheinpreis abzüglich der Vermittlungsprovision erst bei Einlösung des Gutscheins auszuschütten. [7]Hierfür muss B dem G innerhalb einer bestimmten Frist mitteilen, wann ein Kunde seinen Gutschein eingelöst hat. [8]Erfolgt diese Mitteilung nicht oder wird der Gutschein nicht eingelöst, werden die von G vereinnahmten Gelder nicht an B weitergeleitet. [9]A löst seinen Gutschein nicht ein. [10]Zu einer Rückzahlung des Gutscheinwerts kommt es nicht. [11]Eine Änderung der Bemessungsgrundlage nach

§ 17 Abs. 1 UStG kommt daher für die fiktiv erbrachte Leistung des B an A nicht in Betracht. [12]G hat den bei ihm verbleibenden Betrag in Höhe von 80 € abzüglich USt als zusätzliches Entgelt für die an B erbrachte Vermittlungsleistung zu versteuern. [13]Der Vorsteuerabzug des B in Bezug auf die Vermittlungsleistung des G erhöht sich entsprechend.

Remonetarisierbarkeit von Einzweck-Gutscheinen

(8) [1]Wird ein Einzweck-Gutschein zurückgegeben und erhält der Kunde den Gutscheinwert ausnahmsweise zurückerstattet, so wird der ursprüngliche Umsatz rückgängig gemacht. [2]Die Umsatzsteuer ist nach § 17 Abs. 2 Nr. 3 UStG beim Gutscheinaussteller, beim leistenden Unternehmer sowie ggf. beim Kommissionär zu berichtigen.

Mehrzweck-Gutscheine i. S. d. § 3 Abs. 15 UStG

(9) [1]Ein Mehrzweck-Gutschein liegt dann vor, wenn zum Zeitpunkt der Übertragung bzw. Ausgabe des Gutscheins der Ort der Leistung und/oder der leistende Unternehmer und/oder der Leistungsgegenstand noch nicht endgültig feststehen und daher die geschuldete Umsatzsteuer nicht bestimmbar ist. [2]Bei einem Mehrzweck-Gutschein gilt die Lieferung der Gegenstände oder die Erbringung der sonstigen Leistung erst im Zeitpunkt der tatsächlichen Erbringung der Leistung als erbracht. [3]Die Ausgabe eines Mehrzweck-Gutscheins und alle bis dahin erfolgten Übertragungen sind steuerlich unbeachtlich. [4]Es handelt sich insbesondere auch dann um einen Mehrzweck-Gutschein, wenn sich der Gutschein gegen Leistungen eintauschen lässt, die dem ermäßigten oder dem Regelsteuersatz unterliegen. [5]In diesen Fällen lässt sich die geschuldete Umsatzsteuer zum Zeitpunkt der Gutscheinübertragung oder Ausgabe noch nicht abschließend bestimmen. [6]Der Gutschein soll vom Aussteller sichtbar als Mehrzweck-Gutschein gekennzeichnet werden. [7]Grundlage dieser Kennzeichnung ist die rechtliche Einordnung des Gutscheins durch den leistenden Unternehmer. [8]Auf die rechtliche Einordnung und die darauf basierende Kennzeichnung dürfen der Aussteller des Gutscheins sowie die nachfolgenden übertragenden und der ausgebende Unternehmer der Leistungskette vertrauen. [9]Dies gilt nicht, soweit die Unternehmer der Leistungskette Kenntnis hatten oder nach der Sorgfalt eines ordentlichen Kaufmannes hätten Kenntnis haben müssen, dass die rechtliche Einordnung bzw. die Kennzeichnung des Gutscheins als Mehrzweck-Gutschein zu Unrecht erfolgt ist.

Beispiel 1:

[1]Eine Parfümerie mit europaweiten Filialen veräußert einen Gutschein zur Einlösung gegen alle im Sortiment befindlichen Parfümerieartikel im Wert von 20 € an einen Kunden für 20 €. [2]Der Gutschein kann in einer beliebigen Filiale eingelöst werden. [3]In diesen Fällen steht im Zeitpunkt der Ausgabe des Gutscheins noch nicht abschließend fest, in welchem Mitgliedstaat der Gutschein eingelöst wird. [4]Demzufolge steht die gesetzlich geschuldete Umsatzsteuer zu diesem Zeitpunkt noch nicht fest. [5]Es handelt sich um einen Mehrzweck-Gutschein.

Beispiel 2:

[1]Ein Kunde erwirbt in einem Kaufhaus in München im Rahmen einer Werbeaktion einen Gutschein im Wert von 50 € für 45 €. [2]Der Gutschein berechtigt den Kunden, diesen sowohl in der Lebensmittel- als auch in der Haushaltsgeräteabteilung einzulösen. [3]Es handelt sich um einen Mehrweck-Gutschein, da sich zum Zeitpunkt der Gutscheinausgabe zwar der Leistungsort (München), nicht aber die geschuldete Umsatzsteuer bestimmen lässt.

Mehrzweck-Gutscheine in Vertriebsketten (Handeln im fremden und im eigenen Namen)

(10) [1]Die Übertragung und Ausgabe eines Mehrzweck-Gutscheins in der Vertriebskette stellt lediglich einen Tausch von Zahlungsmitteln dar. [2]Der erkennbar im Namen des ausstellenden/ übertragenden Unternehmers handelnde Vermittler erbringt im Zeitpunkt der Übertragung und Ausgabe eine grundsätzlich steuerbare Vermittlungsleistung. [3]Eine grundsätzlich steuer-

bare Leistung an den ausstellenden/übertragenden Unternehmer liegt auch dann vor, wenn die Mittelperson Gutscheine im eigenen Namen ausgibt.

Beispiel:

[1]Eine deutsche Parfümerie A überträgt Gutscheine im Wert von jeweils 50 € im Januar 01 an den Unternehmer B zum Preis von jeweils 40 €. [2]Mit den Gutscheinen können sowohl Waren, die dem Regelsteuersatz, als auch Waren, die dem ermäßigten Steuersatz unterliegen, erworben werden. [3]A und B vereinbaren, dass B die Gutscheine im eigenen Namen zum Preis von 45 € an Kunden ausgibt. [4]B gibt im Februar 01 einen Gutschein an den Kunden C aus. [5]C löst den Gutschein im April 01 ein und erwirbt eine Ware zum Regelsteuersatz. [6]B hat im Februar 01 einen Umsatz in Höhe von 5 € abzüglich USt zu versteuern. [7]A hat im April 01 einen Umsatz von 45 € abzüglich USt zu versteuern.

Bestimmung des Leistungsorts bei Mehrzweck-Gutscheinen

(11) [1]Bei einem Mehrzweck-Gutschein unterliegt erst bei dessen Einlösung die tatsächliche Lieferung oder die tatsächliche Erbringung der sonstigen Leistung der Umsatzsteuer; über diese Leistung ist dann nach den allgemeinen Regelungen abzurechnen. [2]Die Ausgabe eines Mehrzweck-Gutscheins und alle bis dahin erfolgten Übertragungen sind umsatzsteuerlich unbeachtlich. [3]Richtet sich der Mehrzweck-Gutschein auf die Ausführung einer Lieferung, so bestimmt sich der Ort der Lieferung nach den allgemeinen Bestimmungen (§ 3 Abs. 5a UStG). [4]Richtet sich der Mehrzweck-Gutschein auf die Erbringung einer sonstigen Leistung, so bestimmt sich der Ort der sonstigen Leistung nach den Vorschriften des § 3a Abs. 1 UStG vorbehaltlich der Absätze 2 bis 8 und der §§ 3b und 3e UStG. [5]Handelt ein Unternehmer bei der Ausgabe oder der Übertragung von Mehrzweck-Gutscheinen erkennbar im Namen des ausstellenden/übertragenden Unternehmers, erbringt er als Vermittler im Zeitpunkt der Übertragung und Ausgabe eine grundsätzlich steuerbare Vermittlungsleistung. [6]Der Ort der Vermittlungsleistung bestimmt sich nach § 3a Abs. 2 UStG.

Beispiel:

[1]F hat als Franchisegeber in Deutschland ein erfolgreiches Franchisesystem im Fast-Food-Bereich aufgebaut. [2]Gutscheinportal G stellt Gutscheine im fremden Namen für F und seine Franchisenehmer aus. [3]Der Gutschein berechtigt zum Erwerb von zwei Burgern zum Preis von einem Burger. [4]Der Gutschein kann bei F und seinen Franchisenehmern eingelöst werden. [5]F und G haben vereinbart, dass G die Gutscheine für den Preis von 2 € an Kunden ausgibt und hierfür eine Vergütung in Höhe von jeweils 0,50 € für seine Vermittlungsleistung erhalten soll. [6]G erstellt gegenüber F monatliche Abrechnungen über die Anzahl der ausgegebenen Gutscheine. [7]Kunde K erwirbt Ende April 01 bei G einen solchen Gutschein zum Preis von 2 € und löst ihn im Juni 01 beim Franchisenehmer N ein. [8]Es handelt sich um einen Mehrzweck-Gutschein, weil sowohl die Identität des leistenden Unternehmers als auch der Umsatzsteuersatz zum Zeitpunkt der Ausgabe des Gutscheins noch nicht feststehen. [9]G erbringt eine Vermittlungsleistung an F, welche im April 01 in Deutschland (vgl. § 3a Abs. 2 UStG) bei Übergabe an den Kunden als ausgeführt gilt und hat diese in Höhe von 0,50 € abzüglich USt zu versteuern. [10]N hat im Juni 01 für den Verkauf der Burger 2 € abzüglich USt zu versteuern.

Bemessungsgrundlage bei Mehrzweck-Gutscheinen

(12) [1]Die Bemessungsgrundlage bei Mehrzweck-Gutscheinen bestimmt sich nach den Regelungen in § 10 Abs. 1 Satz 2 UStG. [2]Wird ein Mehrzweck-Gutschein, der über Vertriebsketten übertragen wurde, vom Gutscheininhaber eingelöst und liegen beim leistenden Unternehmer im Zeitpunkt der Einlösung keine Angaben über die Höhe der vom Kunden an den letzten Unternehmer in der Vertriebskette gezahlten Gegenleistung vor, bemisst sich das Entgelt nach § 10 Abs. 1 Satz 6 UStG. [3]Haben der leistende Unternehmer und der gutscheinausgebende Unternehmer keine Vereinbarungen über die Höhe der Vergütung für die Vermittlungsleistung getroffen, ergibt sich diese aus der Differenz zwischen dem Gutscheinausgabepreis und dem Einkaufspreis des gutscheinausgebenden Unternehmers.

Beispiel 1:

[1]Der Unternehmer B erwirbt im Buch- und Geschenkartikelladen des A in München einen Gutschein über einen Wert von 20 € für 10 €. [2]Mit den Gutscheinen können sowohl Waren, die dem Regelsteuersatz, als auch Waren, die dem ermäßigten Steuersatz unterliegen, erworben werden. [3]B verkauft den Gutschein für 15 € an den Kunden C weiter. [4]C löst den Gutschein ein und erwirbt eine Ware im Wert von 20 € zum Regelsteuersatz. [5]Kennt A den Verkaufspreis von B an C, beträgt die Bemessungsgrundlage für die erworbene Ware 15 € abzüglich USt. [6]Kennt A den Verkaufspreis nicht, beträgt die Bemessungsgrundlage 20 € abzüglich USt. [7]Es ist somit möglich, dass eine Umsatzsteuerbelastung beim leistenden Unternehmer A verbleibt.

Beispiel 2:

[1]Der Unternehmer B erwirbt im April 01 im Buch- und Geschenkeartikelladen des A in München 10 Gutscheine über einen Wert von jeweils 20 € für 100 €. [2]Mit den Gutscheinen können sowohl Waren , die dem Regelsteuersatz, als auch Waren, die dem ermäßigten Steuersatz unterliegen, erworben werden. [3]A und B vereinbaren, dass die Gutscheine im Rahmen einer Werbeaktion höchstens für jeweils 15 € an Kunden ausgegeben werden. [4]B gibt einen der Gutscheine im Mai 01 für 14 € an den Kunden C aus. [5]C löst den Gutschein im Juni 01 bei A ein und erwirbt eine Ware im Wert von 20 € zum Regelsteuersatz. [6]Indem A dem B einen maximalen Verkaufspreis an den Kunden vorgegeben hat, ist dieser Preis für die Ermittlung der Bemessungsgrundlage zugrunde zu legen, da er dem leistenden Unternehmer A bekannt ist. [7]A hat im Juni 01 einen Umsatz in Höhe von 15 € abzüglich USt zu versteuern. [8]Aufgrund der Vorgabe des maximalen Verkaufspreise ist für die Bemessungsgrundlage weder der Wert des Gutscheins noch der tatsächliche Verkaufspreis, sondern der vorgegebene maximale Verkaufspreis maßgebend. [9]B hat im Mai 01 für seine Vermittlungsleistung 4 € abzüglich USt zu versteuern. [10]Das ergibt sich aus der Differenz zwiscnen dem Gutscheinausabepreis in Höhe von 14 € und dem Einkaufspreis des B in Höhe von 10 €.

[4]Bei der unentgeltlichen Übertragung bzw. Ausgabe eines Mehrzweck-Gutscheins ist im Zeitpunkt der tatsächlichen Erbringung der Leistung bei Vorliegen der allgemeinen Voraussetzungen von einer unentgeltlichen Wertabgabe auszugehen. [5]Dies gilt auch in dem Fall, in dem der leistende Unternehmer einen anderen Unternehmer mit der unentgeltlichen Ausgabe eines Gutscheins beauftragt. [6]Die Bemessungsgrundlage ist nach den allgemeinen Regelungen in § 10 Abs. 4 Satz 1 UStG zu bestimmen. [7]Gibt ein Unternehmer, der nicht personenidentisch mit dem leistenden Unternehmer ist, einen Mehrzweck-Gutschein aus eigener Entscheidung für unternehmensfremde (private) Zwecke unentgeltlich aus, handelt es sich um eine Entnahme eines Zahlungsmittels, die nicht Gegenstand einer unentgeltlichen Wertabgabe ist. [8]Umsatzsteuerrelevant ist in diesen Fällen allein die tatsächliche Lieferung oder sonstige Leistung durch den den Leistung erbringenden Unternehmer an den Empfänger des unentgeltlich ausgegebenen Mehrzweck-Gutscheins. [9]Dieser Umsatz ist grundsätzlich mit dem Betrag zu bemessen, den der ausgebende Unternehmer beim Einkauf des Gutscheins aufgewendet hat (§ 10 Abs. 1 Satz 2 UStG). [10]Hat der die Leistung erbringende Unternehmer von diesem Betrag und der unentgeltlichen Gutscheinausgabe keine Kenntnis, ist die tatsächliche Lieferung oder sonstige Leistung nach § 10 Abs. 1 Satz 6 UStG mit dem Gutscheinwert zu versteuern.

Beispiel 3:

[1]Der Unternehmer A betreibt ein Hotel, in dem er am Wochenende ein Brunchbuffet anbietet. [2]A überträgt an den Unternehmer B, der ein Gutscheinportal betreibt, Gutscheine im Wert von jeweils 50 € für 25 €. [3]Die Gutscheine können sowohl für die Übernachtungsleistung als auch für das Buffet eingelöst werden. [4]B gibt einen Gutschein für unternehmensfremde (private) Zwecke an seinen Freund C unentgeltlich ab. [5]C löst den Gutschein bei A für eine Übernachtung ein. [6]Ist dem A bekannt, dass B den Gutschein unentgeltlich ausgegeben hat, so hat A im Zeitpunkt der Einlösung des Gutscheins die von B erhaltenen 25 € abzüglich USt zu versteuern. [7]Hat A keine Kenntnis von der unentgeltlichen Gutscheinausgabe, richtet sich die Bemessungsgrundlage für seine an C erbrachte Leistung nach § 10 Abs. 1 Satz 6 UStG und beträgt damit 50 € abzüglich USt.

Nichteinlösung von Mehrzweck-Gutscheinen

(13) [1]Sollte ein Mehrzweck-Gutschein vom Gutscheininhaber nicht (innerhalb der Gültigkeitsdauer) eingelöst werden und somit verfallen, ergeben sich hieraus keine umsatzsteuerlichen Konsequenzen, da bei einem Mehrzweck-Gutschein die tatsächliche Leistungserbringung durch den leistenden Unternehmer erst in dem Zeitpunkt erfolgt, in dem der Gutschein eingelöst wird. [2]Die Nichteinlösung des Gutscheins hat allerdings Auswirkung auf die Bemessungsgrundlage einer Vermittlungsleistung, wenn der auf den leistenden Unternehmer entfallende Entgeltanteil bei Nichteinlösung beim Vermittler verbleibt und das Entgelt für die Vermittlungsleistung sich erhöht.

Beispiel 1:

[1]Der Unternehmer G betreibt ein Gutscheinportal, auf dem er Gutscheine verschiedener Unternehmen im fremden Namen anbietet. [2]Privatperson A erwirbt im Januar 01 einen Gutschein des Unternehmers B im Wert von 100 € für eine Übernachtung in einem seiner weltweit gelegenen Hotels und bezahlt hierfür 100 € an G. [3]G hat mit B vereinbart, im Falle eines veräußerten Gutscheins 20 % des Gutscheinwerts als Vermittlungsprovision einzubehalten und den Rest an B weiterzuleiten. [4]G muss im Januar 01 20 € abzüglich USt versteuern. [5]G hat in seinen Allgemeinen Geschäftsbedingungen mit den einzelnen Umernehmern, so auch mit B, geregelt, den vereinnahmten Gutscheinpreis abzüglich der Vermittlungsprovision erst bei Einlösung des Gutscheins auszuschütten. [6]Hierfür muss B dem G innerhalb einer bestimmten Frist mitteilen, wann ein Kunde seinen Gutschein eingelöst hat. [7]Erfolgt diese Mitteilung nicht oder wird der Gutschein nicht eingelöst, werden die von G vereinnahmten Gelder nicht an B weitergeleitet. [8]A löst seinen Gutschein nicht ein. [9]Den vereinnahmten Gutscheinpreis erhält B von G nicht. [10]G hat den bei ihm verbleibenden Betrag in Höhe von 80 € abzüglich USt als zusätzliches Entgelt für die an B erbrachte Vermittlungsleistung zu versteuern. [11]Der Vorsteuerabzug des B in Bezug auf die Vermittlungsleistung des G erhöht sich entsprechend. [12]B erbringt keine Leistung und hat somit auch keinen Umsatz zu versteuern.

Remonetarisierbarkeit von Mehrzweck-Gutscheinen

(14) Wird ein Mehrzweck-Gutschein zurückgegeben und erhält der Kunde ausnahmsweise den Gutscheinwert zurückerstattet, so ergeben sich hieraus keine umsatzsteuerlichen Auswirkungen, da lediglich ein Rücktausch von Zahlungsmitteln erfolgt.

UStAE 3.18. Einbeziehung von Betreibern elektronischer Schnittstellen in fiktive Lieferketten

(1) [1]§ 3 Abs. 3a Sätze 1 und 2 UStG regelt die Einbeziehung von Betreibern elektronischer Schnittstellen in fiktive Lieferketten. [2]Nach § 3 Abs. 3a Satz 1 UStG werden Unternehmer, die mittels ihrer elektronischen Schnittstelle Lieferungen von Gegenständen durch einen nicht im Gemeinschaftsgebiet ansässigen Unternehmer an einen Nichtunternehmer (siehe Abschnitt 3a.1 Abs. 1) unterstützen, deren Beförderung oder Versendung im Gemeinschaftsgebiet beginnt und endet, so behandelt, als ob sie diese Gegenstände für ihr Unternehmen selbst erhalten und geliefert hätten. [3]Gleiches gilt nach § 3 Abs. 3a Satz 2 UStG für die Unterstützung von Fernverkäufen von aus dem Drittlandsgebiet eingeführten Gegenständen in Sendungen mit einem Sachwert von höchstens 150 € mittels einer elektronischen Schnittstelle. [4]Während tatsächlich lediglich ein einziges Verkaufsgeschäft vorliegt, werden für umsatzsteuerliche Zwecke zwei Lieferungen fingiert, indem eine (erste) Lieferung von dem Unternehmer an den Betreiber der elektronischen Schnittstelle sowie eine (zweite) Lieferung von dem Betreiber der elektronischen Schnittstelle an den Enderwerber angenommen werden. [5]Die Regelungen des § 3 Abs. 3a Satz 1 und Satz 2 UStG gelten für unterschiedliche Erwerberkreise. [6]In den Fällen des § 3 Abs. 3a Satz 1 UStG muss es sich bei dem Empfänger der Liefergegenstände um eine Person im Sinne des § 3a Abs. 5 Satz 1 UStG (insbesondere kein Unternehmer, für dessen Unternehmen die Leistung bezogen wird) handeln. [7]Dagegen kann ein Erwerber in den Fällen des § 3 Abs. 3a

Satz 2 UStG ein in § 3a Abs. 5 Satz 1 UStG bezeichneter Empfänger oder eine in § 1a Abs. 3 Nr. 1 UStG genannte Person sein, die weder die maßgebende Erwerbsschwelle überschreitet noch auf ihre Anwendung verzichtet (vgl. § 3 Abs. 3a Sätze 4 und 5 UStG); Abschnitt 3c.1 Abs. 2 Sätze 3 bis 6 gelten insoweit entsprechend.

(2) [1]Von § 3 Abs. 3a Satz 1 UStG werden sowohl Fälle erfasst, in denen die Beförderung oder Versendung im gleichen EU-Mitgliedstaat beginnt und endet, als auch solche, in denen Beginn und Ende der Beförderung oder Versendung in verschiedenen EU-Mitgliedstaaten liegen. [2]Der liefernde Unternehmer muss im Drittlandsgebiet ansässig sein. [3]Lieferungen von im Gemeinschaftsgebiet ansässigen Unternehmern fallen nicht unter diese Vorschrift. [4]Ein Unternehmer gilt nur dann im Hinblick eines Ausschlusses der Regelung des § 3 Abs. 3a Satz 1 UStG als im Gemeinschaftsgebiet ansässig, wenn sich der Sitz seiner wirtschaftlichen Tätigkeit (Artikel 10 MwStVO) im Gemeinschaftsgebiet befindet oder er dort über eine feste Niederlassung (Artikel 11 MwStVO), einen Wohnsitz (Artikel 12 MwStVO) oder einen gewöhnlichen Aufenthaltsort (Artikel 13 MwStVO) verfügt. [5]Allein das Vorhalten einer zustellfähigen Postanschrift reicht für die Begründung einer Ansässigkeit nicht aus. [6]Wie beim Reihengeschäft nach § 3 Abs. 6a Satz 1 UStG kann dabei die Warenbewegung nur einer der Lieferungen zugeordnet werden, um insbesondere den Lieferort bestimmen zu können, weshalb nach § 3 Abs. 6b UStG die fiktive Lieferung des Betreibers der elektronischen Schnittstelle als die bewegte Lieferung zu behandeln ist.

Beispiel 1:

[1]Ein in Südkorea ansässiger Händler H veräußert über eine elektronische Schnittstelle Handyzubehör an eine Privatperson in Frankreich. [2]Die Ware wird aus einem inländischen Lager eines anderen Unternehmers an den Wohnsitz der Privatperson in Frankreich versendet. [3]Der Betreiber der elektronischen Schnittstelle überschreitet die Umsatzschwelle von 10 000 € (§ 3c Abs. 4 Satz 1 UStG) bzw. verzichtet auf die Anwendung des § 3c Abs. 4 Satz 1 UStG (§ 3c Abs. 4 Satz 2 UStG).

[4]Es werden eine Lieferung des H an den Betreiber der elektronischen Schnittstelle und eine Lieferung des Betreibers der elektronischen Schnittstelle an die Privatperson nach § 3 Abs. 3a Satz 1 UStG fingiert. [5]Die Warenbewegung wird nach § 3 Abs. 6b UStG der Lieferung des Betreibers der elektronischen Schnittstelle zugeschrieben. [6]Die Lieferung des H an den Betreiber der elektronischen Schnittstelle ist gemäß § 3 Abs. 7 Satz 2 Nr. 1 UStG im Inland steuerbar, aber nach § 4 Nr. 4c UStG steuerbefreit (vgl. Abschnitt 4.4c.1). [7]Die Ortsbestimmung der Lieferung des Betreibers der elektronischen Schnittstelle an die Privatperson richtet sich nach § 3c Abs. 1 UStG. [8]Danach ist der Ort der Lieferung der Ort, an dem sich der Gegenstand bei Beendigung der Versendung an die Privatperson befindet (hier: Frankreich). [9]Der Betreiber der elektronischen Schnittstelle kann das besondere Besteuerungsverfahren im Sinne des § 18j UStG (vgl. Abschnitt 18j.1) in Anspruch nehmen und den Umsatz darüber erklären. [10]Andernfalls hat der Betreiber der elektronischen Schnittstelle den Umsatz im Bestimmungsland (hier: Frankreich) im allgemeinen Besteuerungsverfahren (Artikel 250 bis 261 MwStSystRL) zu erklären.

Beispiel 2:

[1]Ein in Südkorea ansässiger Händler H veräußert über eine elektronische Schnittstelle Handyzubehör an eine im Inland ansässige Privatperson. [2]Die Ware wird aus einem inländischen Lager eines anderen Unternehmers an den Wohnsitz der Privatperson versendet.

[3]Es werden eine Lieferung des H an den Betreiber der elektronischen Schnittstelle und eine Lieferung des Betreibers der elektronischen Schnittstelle an die Privatperson nach § 3 Abs. 3a Satz 1 UStG fingiert. [4]Die Warenbewegung wird nach § 3 Abs. 6b UStG der Lieferung des Betreibers der elektronischen Schnittstelle zugeschrieben. [5]Die Lieferung des H an den Betreiber der elektronischen Schnittstelle ist gemäß § 3 Abs. 7 Satz 2 Nr. 1 UStG im Inland steuerbar, aber nach § 4 Nr. 4c UStG steuerbefreit (vgl. Abschnitt 4.4c.1). [6]Die Lieferung des Betreibers der elektronischen Schnittstelle an die Privatperson ist gemäß § 3 Abs. 6 Satz 1 UStG im Inland steuerbar und steuerpflichtig. [7]§ 3c Abs. 1 UStG findet keine Anwendung, weil die Ware nicht aus dem Gebiet eines EU-Mitgliedstaates in das Gebiet eines anderen EU-Mitgliedstaates gelangt (vgl. § 3c Abs. 1 Satz 2 UStG). [8]Der Betreiber der elektronischen Schnittstelle kann das besondere Besteuerungsverfahren im Sinne des § 18j UStG (vgl. Abschnitt 18j.1) in Anspruch nehmen und den Umsatz darüber erklären. [9]Andernfalls hat der Betreiber der elektronischen Schnittstelle den Umsatz in Deutschland im allgemeinen Besteuerungsverfahren (§ 18 Abs. 1 bis 4 UStG) zu erklären.

UStAE

Beispiel 3:

[1]Ein im Inland ansässiger Händler H veräußert über eine elektronische Schnittstelle Handyzubehör an eine Privatperson in Frankreich. [2]Die Ware wird aus einem Lager im Inland an den Wohnsitz der Privatperson in Frankreich versendet. [3]H überschreitet die Umsatzschwelle von 10 000 € (§ 3c Abs. 4 Satz 1 UStG) bzw. verzichtet auf die Anwendung des § 3c Abs. 4 Satz 1 UStG (§ 3c Abs. 4 Satz 2 UStG). [4]Nach § 3 Abs. 3a Satz 1 UStG wird keine Lieferung zwischen dem Betreiber der elektronischen Schnittstelle und der Privatperson fingiert, da H im Gemeinschaftsgebiet ansässig ist. [5]§ 3 Abs. 3a Satz 2 UStG findet keine Anwendung, da die Ware nicht aus dem Drittlandsgebiet eingeführt wurde. [6]Für die Lieferung des H an die Privatperson findet § 3c Abs. 1 UStG Anwendung. [7]Der Ort der Lieferung ist der Ort, an dem sich der Gegenstand bei Beendigung der Versendung an die Privatperson befindet (hier: Frankreich). [8]H kann das besondere Besteuerungsverfahren nach § 18j UStG (vgl. Abschnitt 18j.1) in Anspruch nehmen und den Umsatz darüber erklären. [9]Andernfalls hat H den Umsatz im Bestimmungsland (hier: Frankreich) im allgemeinen Besteuerungsverfahren (Artikel 250 bis 261 MwStSystRL) zu erklären.

Beispiel 4:

[1]Ein im Inland ansässiger Händler H veräußert über eine elektronische Schnittstelle Handyzubehör an eine im Inland ansässige Privatperson. [2]Die Ware wird aus einem Fulfillment-Center in Polen an den Wohnsitz der Privatperson versendet. [3]H überschreitet die Umsatzschwelle von 10 000 € (§ 3c Abs. 4 Satz 1 UStG) bzw. verzichtet auf die Anwendung des § 3c Abs. 4 Satz 1 UStG (§ 3c Abs. 4 Satz 2 UStG) und nimmt an dem besonderen Besteuerungsverfahren nach § 18j UStG teil. [4]Nach § 3 Abs. 3a Satz 1 UStG wird keine Lieferung zwischen dem Betreiber der elektronischen Schnittstelle und der Privatperson fingiert, da H im Gemeinschaftsgebiet ansässig ist. [5]§ 3 Abs. 3a Satz 2 UStG findet keine Anwendung, da die Ware nicht aus dem Drittlandsgebiet eingeführt wird. [6]Für die Lieferung des H an die Privatperson findet § 3c Abs. 1 UStG Anwendung. [7]Der Ort der Lieferung ist der Ort, an dem sich der Gegenstand bei Beendigung der Versendung an die Privatperson befindet (hier: Inland). [8]Der Händler hat die Umsätze über das besondere Besteuerungsverfahren nach § 18j UStG (vgl. Abschnitt 18j.1) zu erklären.

(3) [1]Dem Begriff der elektronischen Schnittstelle im Sinne des § 3 Abs. 3a Sätze 1 und 2 UStG ist ein sehr weites Verständnis zugrunde zu legen, so dass in den Anwendungsbereich der Vorschriften nicht nur elektronische Marktplätze, Plattformen oder Portale fallen, sondern auch alle anderen vergleichbaren elektronischen Handelsplätze. [2]Wann von einer Unterstützung im Sinne des § 3 Abs. 3a Satz 1 und 2 UStG auszugehen ist, ist in Artikel 5b MwStVO geregelt. [3]Demnach unterstützt ein Unternehmer eine Lieferung im Sinne des § 3 Abs. 3a Satz 1 UStG oder einen Fernverkauf im Sinne des § 3 Abs. 3a Satz 2 UStG mittels seiner elektronischen Schnittstelle, wenn er es einem Erwerber und einem Lieferer, der über diese elektronische Schnittstelle Gegenstände zum Verkauf anbietet, ermöglicht, in Kontakt zu treten, woraus eine Lieferung von Gegenständen über diese elektronische Schnittstelle an den Erwerber resultiert. [4]Ein Unternehmer unterstützt eine solche Lieferung dann nicht, wenn kumulativ die folgenden Voraussetzungen erfüllt sind:

1. der Unternehmer legt weder unmittelbar noch mittelbar irgendeine der Bedingungen für die Lieferung der Gegenstände fest,

2. der Unternehmer ist weder unmittelbar noch mittelbar an der Autorisierung der Abrechnung mit dem Erwerber bezüglich der getätigten Zahlung beteiligt und

3. der Unternehmer ist weder unmittelbar noch mittelbar an der Bestellung oder Lieferung der Gegenstände beteiligt.

[5]Die Merkmale der folgenden Auflistung können darauf hindeuten, dass im Sinne des Satzes 4 Nr. 1 ein Unternehmer eine elektronische Schnittstelle betreibt, für die er die Bedingungen für die Lieferung der Gegenstände festlegt (diese Auflistung ist nicht als kumulativ und nicht als erschöpfend zu betrachten):

– Die elektronische Schnittstelle ist Eigentümer oder Verwalter der technischen Plattform, über die die Gegenstände geliefert werden.

– Die elektronische Schnittstelle legt Regeln für die Auflistung und den Verkauf von Gegenständen über ihre Plattform fest.

- Die elektronische Schnittstelle ist Eigentümer der Daten des Erwerbers in Verbindung mit der Lieferung.
- Die elektronische Schnittstelle stellt die technische Lösung für die Erteilung der Bestellung oder die Einleitung des Kaufs bereit (z. B. durch Platzierung der Gegenstände in einem Warenkorb).
- Die elektronische Schnittstelle organisiert bzw. verwaltet die Übermittlung des Angebots, die Annahme des Auftrags oder die Bezahlung der Gegenstände.
- Die elektronische Schnittstelle legt die Bedingungen fest, unter denen der Lieferer oder der Erwerber die Kosten für die Rücksendung der Gegenstände zu tragen hat.
- Die elektronische Schnittstelle schreibt dem zugrunde liegenden Lieferer eine oder mehrere spezifische Zahlungsmethoden, Lager- oder Erfüllungsbedingungen oder Versand- oder Liefermethoden vor, die zur Erfüllung des Geschäfts verwendet werden müssen.
- Die elektronische Schnittstelle hat das Recht, die Zahlung des Erwerbers für den zugrundeliegenden Lieferer zu bearbeiten oder einzubehalten oder den Zugriff auf die Beträge in anderer Weise einzuschränken.
- Die elektronische Schnittstelle ist in der Lage, eine Gutschrift für den Umsatz ohne Zustimmung oder Genehmigung des zugrundeliegenden Lieferers auszustellen, falls die Gegenstände nicht ordnungsgemäß empfangen wurden.
- Die elektronische Schnittstelle bietet Kundendienst, Unterstützung bei der Rücksendung oder dem Umtausch von Gegenständen oder Beschwerde- oder Streitbeilegungsverfahren für Lieferer und/oder deren Erwerber.
- Die elektronische Schnittstelle hat das Recht, den Preis festzulegen, zu dem die Gegenstände verkauft werden, z. B. indem sie im Rahmen eines Kundenbindungsprogramms einen Rabatt anbietet, die Preisgestaltung kontrolliert oder beeinflusst.

[6]Die Merkmale der folgenden Auflistung können darauf hindeuten, dass im Sinne des Satzes 4 Nr. 2 eine elektronische Schnittstelle an der Autorisierung der Abrechnung beteiligt ist (diese Auflistung ist nicht als kumulativ und nicht als erschöpfend zu betrachten):

- Über die elektronische Schnittstelle werden dem Erwerber Informationen zur Zahlung wie der zu zahlende Preis, seine Zusammensetzung, etwaige zusätzliche Gebühren, Zahlungsfristen, Zahlungsmodalitäten usw. bereitgestellt.
- Die elektronische Schnittstelle leitet das Verfahren ein, über das dem Erwerber die Zahlung in Rechnung gestellt wird.

Die elektronische Schnittstelle erfasst bzw. erhält vom Erwerber Zahlungsdaten bzw. Informationen wie Kredit-/Debitkartennummer, Gültigkeit der Karte, Sicherheitscode, Name und/oder Konto des Zahlungsinhabers, Informationen zum in digitaler Währung oder Kryptowährung geführten Konto, Informationen zur digitalen Brieftasche usw.

- Die elektronische Schnittstelle zieht die Zahlung für die gelieferten Gegenstände ein und leitet sie dann an den zugrundeliegenden Lieferer weiter.
- Die elektronische Schnittstelle verbindet den Erwerber mit einem Dritten, der die Zahlung entsprechend den Anweisungen der elektronischen Schnittstelle verarbeitet (Tätigkeiten eines Unternehmers, der die Zahlung nur ohne jede andere Beteiligung an der Lieferung verarbeitet, sind von der Bestimmung des fiktiven Lieferers ausgeschlossen).

[7]Die Merkmale der folgenden Auflistung können darauf hindeuten, dass im Sinne des Satzes 4 Nr. 3 ein Unternehmer, der eine elektronische Schnittstelle betreibt, an der Bestellung oder Lieferung der Gegenstände beteiligt ist (diese Auflistung ist nicht als kumulativ und nicht als erschöpfend zu betrachten):

- Die elektronische Schnittstelle stellt das technische Instrument für die Erteilung der Bestellung durch den Erwerber bereit (in der Regel der Warenkorb/der Kaufabwicklungsvorgang).

UStAE

- Die elektronische Schnittstelle übermittelt dem Erwerber und dem zugrundeliegenden Lieferer die Bestätigung und/oder die Einzelheiten der Bestellung.
- Die elektronische Schnittstelle stellt dem zugrundeliegenden Lieferer eine Gebühr oder Provision auf der Grundlage des Werts der Bestellung in Rechnung.
- Die elektronische Schnittstelle übermittelt die Genehmigung, mit der Lieferung der Gegenstände zu beginnen, oder weist den zugrundeliegenden Lieferer oder einen Dritten an, die Gegenstände zu liefern.
- Die elektronische Schnittstelle erbringt Fulfillment-Dienstleistungen für den zugrundeliegenden Lieferer.
- Die elektronische Schnittstelle organisiert die Lieferung der Gegenstände.
- Die elektronische Schnittstelle übermittelt dem Erwerber Einzelheiten zur Zustellung.

[8]§ 3 Abs. 3a UStG findet auch keine Anwendung auf Unternehmer, die lediglich eine der folgenden Leistungen anbieten:

1. die Verarbeitung von Zahlungen im Zusammenhang mit der Lieferung von Gegenständen,
2. die Auflistung von Gegenständen oder die Werbung für diese oder
3. die Weiterleitung oder Vermittlung von Erwerbern an andere elektronische Schnittstellen, über die Gegenstände zum Verkauf angeboten werden, ohne dass eine weitere Einbindung in die Lieferung besteht.

(4) [1]Ein Fernverkauf im Sinne des § 3 Abs. 3a Satz 2 UStG ist die Lieferung eines Gegenstands, der durch den Lieferer oder für dessen Rechnung aus dem Drittlandsgebiet an einen Erwerber in einem EU-Mitgliedstaat befördert oder versendet wird, einschließlich jener Lieferung, an deren Beförderung oder Versendung der Lieferer indirekt beteiligt ist (§ 3 Abs. 3a Satz 4 UStG). [2]Die Lieferkettenfiktion nach § 3 Abs. 3a Satz 2 UStG gilt unabhängig von der Ansässigkeit des liefernden Unternehmers. [3]Lieferungen von Gas, Elektrizität, Wärme und Kälte sind keine bewegten Lieferungen und sind deshalb nicht vom Begriff des Fernverkaufs im Sinne des § 3 Abs. 3a Satz 2 UStG erfasst. [4]Erwerber im Sinne des § 3 Abs. 3a Satz 2 UStG sind Nichtunternehmer (siehe Abschnitt 3a.1 Abs. 1) sowie Unternehmer, die nur steuerfreie – nicht zum Vorsteuerabzug berechtigende – Umsätze ausführen, Kleinunternehmer, pauschalierende Land- und Forstwirte und juristische Personen, die nicht Unternehmer sind oder den Gegenstand nicht für das Unternehmen erwerben. [5]Im Hinblick auf die in § 1a Abs. 3 Nr. 1 UStG genannten Personen ist der Erwerberkreis auf diejenigen Personen beschränkt, die weder die maßgebende Erwerbsschwelle im Sinne des § 1a Abs. 3 Nr. 2 UStG überschreiten, noch auf ihre Anwendung nach § 1a Abs. 4 UStG verzichten. [6]Sofern die Beförderung oder Versendung im Gebiet eines anderen EU-Mitgliedstaates endet, ist die von diesem EU-Mitgliedstaat festgesetzte Erwerbsschwelle maßgebend (vgl. Abschnitt 1a.1 Abs. 2). [7]Die Erwerbsschwellen in den anderen EU-Mitgliedstaaten betragen nach nicht amtlicher Veröffentlichung der EU-Kommission zum 1. 4. 2018:

- Belgien: 11 200 €,
- Bulgarien: 20 000 BGN,
- Dänemark: 80 000 DKK,
- Estland: 10 000 €,
- Finnland: 10 000 €,
- Frankreich: 10 000 €,
- Griechenland: 10 000 €,
- Irland: 41 000 €,
- Italien: 10 000 €,
- Kroatien: 77 000 HKR,
- Lettland: 10 000 €,

– Litauen:	14 000 €,
– Luxemburg:	10 000 €,
– Malta:	10 000 €,
– Niederlande:	10 000 €,
– Österreich:	11 000 €,
– Polen:	50 000 PLN,
– Portugal:	10 000 €,
– Rumänien:	34 000 RON,
– Schweden:	90 000 SEK,
– Slowakei:	14 000 €,
– Slowenien:	10 000 €,
– Spanien:	10 000 €,
– Tschechien:	326 000 CZK,
– Ungarn:	10 000 €,
– Zypern:	10 251 €.

[8]Folgende Fälle sind gemäß Artikel 5a MwStVO als indirekte Beteiligung des Lieferers am Versand oder der Beförderung der Gegenstände anzusehen:

1. die Versendung oder Beförderung der Gegenstände wird vom Lieferer als Unterauftrag an einen Dritten vergeben, der die Gegenstände an den Erwerber transportiert oder transportieren lässt;

2. die Versendung oder Beförderung der Gegenstände erfolgt durch einen Dritten, der Lieferer trägt jedoch entweder die gesamte oder die teilweise Verantwortung für die Lieferung der Gegenstände an den Erwerber;

3. der Lieferer stellt dem Erwerber die Transportkosten in Rechnung, zieht diese ein und leitet sie dann an einen Dritten weiter, der die Versendung oder Beförderung der Waren übernimmt;

4. der Lieferer bewirbt in jeglicher Weise gegenüber dem Erwerber die Zustelldienste eines Dritten, stellt den Kontakt zwischen dem Erwerber und einem Dritten her oder übermittelt einem Dritten auf andere Weise die Informationen, die dieser für die Zustellung der Gegenstände an den Erwerber benötigt.

Beispiel 1:

[1]Ein in Südkorea ansässiger Händler H veräußert über eine elektronische Schnittstelle Handyzubehör (Sachwert: 50 €) an eine im Inland ansässige Privatperson. [2]Die Ware wird von H aus einem Lager in Südkorea an den Wohnsitz der Privatperson versendet. [3]Die Zollanmeldung in Deutschland erfolgt durch den Betreiber der elektronischen Schnittstelle, welcher im Inland ansässig ist und das besondere Besteuerungsverfahren nach § 18k UStG (vgl. Abschnitt 18k.1) in Anspruch nimmt.

[4]Nach § 3 Abs. 3a Satz 2 UStG werden eine Lieferung des H an den Betreiber der elektronischen Schnittstelle und eine Lieferung des Betreibers der elektronischen Schnittstelle an die im Inland ansässige Privatperson fingiert. [5]Die Einfuhr der Waren ist nach § 5 Abs. 1 Nr. 7 UStG steuerfrei. [6]Die Warenbewegung wird nach § 3 Abs. 6b UStG der Lieferung des Betreibers der elektronischen Schnittstelle zugeschrieben. [7]Die Lieferung des H an den Betreiber der elektronischen Schnittstelle ist daher nach § 3 Abs. 7 Satz 2 Nr. 1 UStG im Inland nicht steuerbar. [8]Die Lieferung des Betreibers der elektronischen Schnittstelle an die Privatperson ist im Inland nach § 3c Abs. 3 Satz 1 UStG steuerbar und steuerpflichtig (vgl. Abschnitt 3c.1 Abs. 4). [9]Der Betreiber der elektronischen Schnittstelle hat diesen Umsatz im besonderen Besteuerungsverfahren nach § 18k UStG zu erklären (vgl. Abschnitt 18k.1).

Beispiel 2:

[1]Ein im Inland ansässiger Händler H veräußert über eine elektronische Schnittstelle Handyzubehör (Sachwert: 60 €) an eine im Inland ansässige Privatperson. [2]Die Ware wird aus einem Lager in der

Schweiz an den Wohnsitz der Privatperson versendet. [3]Die Zollanmeldung in Deutschland erfolgt durch den Betreiber der elektronischen Schnittstelle, welcher das besondere Besteuerungsverfahren nach § 18k UStG (vgl. Abschnitt 18k.1) in Anspruch nimmt.

[4]Nach § 3 Abs. 3a Satz 2 UStG werden eine Lieferung des H an den Betreiber der elektronischen Schnittstelle und eine Lieferung des Betreibers der elektronischen Schnittstelle an die im Inland ansässige Privatperson fingiert. [5]Die Einfuhr der Ware ist nach § 5 Abs. 1 Nr. 7 UStG steuerfrei. [6]Die Warenbewegung wird nach § 3 Abs. 6b UStG der Lieferung durch den Betreiber der elektronischen Schnittstelle zugeschrieben. [7]Die Lieferung des H an den Betreiber der elektronischen Schnittstelle ist daher nach § 3 Abs. 7 Satz 2 Nr. 1 UStG im Inland nicht steuerbar. [8]Die Lieferung des Betreibers der elektronischen Schnittstelle an die Privatperson ist im Inland nach § 3c Abs. 3 Satz 1 UStG steuerbar und steuerpflichtig. [9]Der Betreiber der elektronischen Schnittstelle hat diesen Umsatz im besonderen Besteuerungsverfahren nach § 18k UStG zu erklären (vgl. Abschnitt 18k.1).

(5) [1]Nach § 3 Abs. 6b UStG wird im Falle des § 3 Abs. 3a UStG die Lieferung des Betreibers der elektronischen Schnittstelle an den Erwerber als die bewegte Lieferung behandelt. [2]Bei der Bestimmung der Warenbewegung geht § 3 Abs. 6b UStG als speziellere Vorschrift der Regelung des § 3 Abs. 6a UStG vor.

Beispiel:

[1]Eine in Italien ansässige Privatperson K bestellt Handyzubehör (Sachwert: 50 €) bei dem im Inland ansässigen Händler D über die elektronische Schnittstelle des im Inland ansässigen Betreibers B. [2]D bestellt die Ware seinerseits bei dem in Südkorea ansässigen Händler H. [3]H versendet die Ware direkt an K. [4]Die Zollanmeldung in Deutschland erfolgt durch den Spediteur S in indirekter Vertretung des H.

[5]Nach § 3 Abs. 3a Satz 2 UStG werden eine Lieferung des D an den Betreiber der elektronischen Schnittstelle B und eine Lieferung des Betreibers der elektronischen Schnittstelle B an die in Italien ansässige Privatperson K fingiert. [6]Außerdem liegt eine Lieferung von H an D vor. [7]Bei der Bestimmung der Warenbewegung geht § 3 Abs. 6b UStG als speziellere Vorschrift der Regelung des § 3 Abs. 6a UStG vor. [8]Die Warenbewegung wird daher nach § 3 Abs. 6b UStG der Lieferung durch den Betreiber der elektronischen Schnittstelle B zugeschrieben. [9]Der Ort dieser Lieferung liegt nach § 3c Abs. 2 UStG in Italien. [10]Die Lieferungen des H an D und die fingierte Lieferung des D an B sind als ruhende Lieferungen gemäß § 3 Abs. 7 Satz 2 Nr. 1 UStG im Inland nicht steuerbar.

(6) [1]Jedes einzelne Packstück stellt grundsätzlich eine Sendung im Sinne des § 3 Abs. 3a Satz 2 UStG dar. [2]Gegenstände, die zusammen in demselben Packstück verpackt und gleichzeitig vom selben Versender (z. B. zugrundeliegender Lieferer oder möglicherweise elektronische Schnittstelle, die als fiktiver Lieferer handelt) an denselben Empfänger (z. B. Erwerber in der EU) unter einem Beförderungsvertrag (z. B. Luftfrachtbrief, CMR, Postsendung nach Weltpostvertrag mit S-10 Barcode) versandt werden, gelten als eine einzige Sendung. [3]Gegenstände, die von ein und derselben Person getrennt bestellt, aber zusammen in demselben Packstück versandt werden, werden ebenfalls als eine einzige Sendung betrachtet. [4]Gegenstände, die vom selben Versender an denselben Empfänger versandt und getrennt bestellt und geliefert werden, gelten auch dann, wenn sie am selben Tag, aber in gesonderten Packstücken beim Postbetreiber oder Expresskurierdienstleister des Bestimmungsorts ankommen, als getrennte Sendungen.

(7) Sachwert im Sinne des § 3 Abs. 3a Satz 2 UStG ist der Preis der Waren selbst beim sog. Verkauf zur Ausfuhr in das Zollgebiet der Union ohne Transport- und Versicherungskosten, sofern sie nicht im Preis enthalten und nicht gesondert auf der Rechnung ausgewiesen sind, sowie alle anderen Steuern und Abgaben, die von den Zollbehörden anhand der einschlägigen Dokumente ermittelt werden können.

Beispiel 1:

[1]Der Rechnungsbetrag setzt sich aus dem Preis für die Ware und den Beförderungskosten zusammen:

Preis für die Ware auf der Rechnung:	140,00 €
Beförderungskosten auf der Rechnung:	20,00 €
Rechnungsbetrag insgesamt:	160,00 €

[2]Der Sachwert der Ware beträgt 140,00 €.

Beispiel 2:

[1]Der Rechnungsbetrag beinhaltet die Beförderungskosten. [2]Es ist anhand der Rechnung oder sonstiger Unterlagen nicht erkennbar, ob und in welcher Höhe Beförderungskosten im Rechnungspreis enthalten sind:

Rechnungsbetrag insgesamt:	160,00 €

[3]Der Sachwert der Ware beträgt 160,00 €.

Beispiel 3:

[1]Der Rechnungsbetrag setzt sich aus dem Preis für die Ware, den Beförderungskosten und der Umsatzsteuer zusammen:

Preis für die Ware auf der Rechnung:	140,00 €
Beförderungskosten auf der Rechnung:	20,00 €
Umsatzsteuer (19 %) auf der Rechnung:	30,40 €
Rechnungsbetrag insgesamt:	190,40 €

[2]Der Sachwert der Ware beträgt 140,00 €.

Beispiel 4:

[1]Der Rechnungsbetrag setzt sich aus dem Preis für die Ware, den Beförderungskosten und der drittländischen Umsatzsteuer zusammen:

Preis für die Ware auf der Rechnung:	140,00 €
Rechnungsbetrag insgesamt:	195,00 €

[2]Der Sachwert der Ware beträgt auch in diesem Fall 140,00 €.

Zu § 3a UStG

UStAE 3a.1. Ort der sonstigen Leistung bei Leistungen an Nichtunternehmer

(1) [1]Der Ort der sonstigen Leistung bestimmt sich nach § 3a Abs. 1 UStG nur bei Leistungen an

- Leistungsempfänger, die nicht Unternehmer sind,
- Unternehmer, wenn die Leistung nicht für ihr Unternehmen bezogen wird (vgl. Abschnitt 3a.2 Abs. 11a) und es sich nicht um eine juristische Person handelt,
- sowohl unternehmerisch als auch nicht unternehmerisch tätige juristische Personen, wenn die Leistung für den privaten Bedarf des Personals bestimmt ist, oder
- nicht unternehmerisch tätige juristische Personen, denen keine USt-IdNr. erteilt worden ist

(Nichtunternehmer); maßgebend für diese Beurteilung ist der Zeitpunkt, in dem die Leistung an den Leistungsempfänger erbracht wird (vgl. Artikel 25 MwStVO). [2]Der Leistungsort bestimmt sich außerdem nur nach § 3a Abs. 1 UStG, wenn kein Tatbestand des § 3a Abs. 3 bis 8 UStG, des § 3b UStG oder des § 3e UStG vorliegt. [3]Maßgeblich ist grundsätzlich der Ort, von dem aus der Unternehmer sein Unternehmen betreibt (bei Körperschaften, Personenvereinigungen oder Vermögensmassen ist dabei der Ort der Geschäftsleitung maßgeblich). [4]Das ist der Ort, an dem die Handlungen zur zentralen Verwaltung des Unternehmens vorgenommen werden; hierbei werden der Ort, an dem die wesentlichen Entscheidungen zur allgemeinen Leitung des Unternehmens getroffen werden, der Ort seines satzungsmäßigen Sitzes und der Ort, an dem die Unternehmensleitung zusammenkommt, berücksichtigt. [5]Kann danach der Ort, von dem aus der Unternehmer sein Unternehmen betreibt, nicht mit Sicherheit bestimmt werden, ist der Ort, an dem die wesentlichen Entscheidungen zur allgemeinen Leitung des Unternehmens getroffen werden, vorrangiger Anknüpfungspunkt. [6]Allein aus dem Vorliegen einer Postanschrift kann nicht geschlossen werden, dass sich dort der Ort befindet, von dem aus der Unternehmer sein

Unternehmen betreibt (vgl. Artikel 10 MwStVO). [7]Wird die Leistung tatsächlich von einer Betriebsstätte erbracht, ist dort der Leistungsort (vgl. Absatz 2 und 3). [8]Verfügt eine natürliche Person weder über einen Unternehmenssitz noch über eine Betriebsstätte, kommen als Leistungsort der Wohnsitz des leistenden Unternehmers oder der Ort seines gewöhnlichen Aufenthalts in Betracht. [9]Als Wohnsitz einer natürlichen Person gilt der im Melderegister oder in einem ähnlichen Register eingetragene Wohnsitz oder der Wohnsitz, den die betreffende Person bei der zuständigen Steuerbehörde angegeben hat, es sei denn, es liegen Anhaltspunkte dafür vor, dass diese Eintragung nicht die tatsächlichen Gegebenheiten widerspiegelt (vgl. Artikel 12 MwStVO). [10]Als gewöhnlicher Aufenthaltsort einer natürlichen Person gilt der Ort, an dem diese aufgrund persönlicher und beruflicher Bindungen gewöhnlich lebt. [11]Liegen die beruflichen Bindungen einer natürlichen Person in einem anderen Land als dem ihrer persönlichen Bindungen oder gibt es keine beruflichen Bindungen, bestimmt sich der gewöhnliche Aufenthaltsort nach den persönlichen Bindungen, die enge Beziehungen zwischen der natürlichen Person und einem Wohnort erkennen lassen (vgl. Artikel 13 MwStVO). [12]Als gewöhnlicher Aufenthalt im Inland ist stets und von Beginn an ein zeitlich zusammenhängender Aufenthalt von mehr als sechs Monaten Dauer anzusehen; kurzfristige Unterbrechungen bleiben unberücksichtigt. [13]Dies gilt nicht, wenn der Aufenthalt ausschließlich zu Besuchs-, Erholungs-, Kur- oder ähnlichen privaten Zwecken genommen wird und nicht länger als ein Jahr dauert. [14]Der Ort einer einheitlichen sonstigen Leistung liegt nach § 3a Abs. 1 UStG auch dann an dem Ort, von dem aus der Unternehmer sein Unternehmen betreibt, wenn einzelne Leistungsteile nicht von diesem Ort aus erbracht werden (vgl. BFH-Urteil vom 26. 3. 1992, V R 16/88, BStBl II S. 929).

(2) [1]Der Ort einer Betriebsstätte ist nach § 3a Abs. 1 Satz 2 UStG Leistungsort, wenn die sonstige Leistung von dort ausgeführt wird, d. h. die sonstige Leistung muss der Betriebsstätte tatsächlich zuzurechnen sein. [2]Dies ist der Fall, wenn die für die sonstige Leistung erforderlichen einzelnen Arbeiten ganz oder überwiegend durch Angehörige oder Einrichtungen der Betriebsstätte ausgeführt werden. [3]Es ist nicht erforderlich, dass das Umsatzgeschäft von der Betriebsstätte aus abgeschlossen wurde. [4]Wird ein Umsatz sowohl an dem Ort, von dem aus der Unternehmer sein Unternehmen betreibt, als auch von einer Betriebsstätte ausgeführt, ist der Leistungsort nach dem Ort zu bestimmen, an dem die sonstige Leistung überwiegend erbracht wird.

(3) [1]Betriebsstätte im Sinne des Umsatzsteuerrechts ist jede feste Geschäftseinrichtung oder Anlage, die der Tätigkeit des Unternehmers dient. [2]Eine solche Einrichtung oder Anlage kann aber nur dann als Betriebsstätte angesehen werden, wenn sie über einen ausreichenden Mindestbestand an Personal- und Sachmitteln verfügt, der für die Erbringung der betreffenden Dienstleistungen erforderlich ist. [3]Außerdem muss die Einrichtung oder Anlage einen hinreichenden Grad an Beständigkeit sowie eine Struktur aufweisen, die von der personellen und technischen Ausstattung her eine autonome Erbringung der jeweiligen Dienstleistungen ermöglicht (vgl. EuGH-Urteile vom 4. 7. 1985, C-168/84, Berkholz, vom 2. 5. 1996, C-231/94, Faarborg-Gelting Linien, vom 17. 7. 1997, C-190/95, ARO Lease, und vom 20. 2. 1997, C-260/95, DFDS, und Artikel 11 MwStVO). [4]Eine solche beständige Struktur liegt z. B. vor, wenn die Einrichtung über eine Anzahl von Beschäftigten verfügt, von hier aus Verträge abgeschlossen werden können, Rechnungslegung und Aufzeichnungen dort erfolgen und Entscheidungen getroffen werden, z. B. über den Wareneinkauf. [5]Betriebsstätte kann auch eine Organgesellschaft im Sinne des § 2 Abs. 2 Nr. 2 UStG sein. [6]Der Ort sonstiger Leistungen, die an Bord eines Schiffes tatsächlich von einer dort belegenen Betriebsstätte erbracht werden, bestimmt sich nach § 3a Abs. 1 Satz 2 UStG. [7]Hierzu können z. B. Leistungen in den Bereichen Friseurhandwerk, Kosmetik, Massage und Landausflüge gehören.

(4) Die Leistungsortbestimmung nach § 3a Abs. 1 UStG kommt z. B. in folgenden Fällen in Betracht:

– Reiseleistungen (§ 25 Abs. 1 Satz 4 UStG);

– Reisebetreuungsleistungen von angestellten Reiseleitern (vgl. BFH-Urteil vom 23. 9. 1993, V R 132/99, BStBl 1994 II S. 272);

- Leistungen der Testamentsvollstrecker (vgl. EuGH-Urteil vom 6.12.2007, C-401/06, Kommission/Deutschland);

- Leistungen der Notare, soweit sie nicht Grundstücksgeschäfte beurkunden (vgl. Abschnitt 3a.3 Abs.6 und 8) oder nicht selbständige Beratungsleistungen an im Drittlandsgebiet ansässige Leistungsempfänger erbringen (vgl. Abschnitt 3a.9 Abs.11);

- die in § 3a Abs.4 Satz 2 UStG bezeichneten sonstigen Leistungen, wenn der Leistungsempfänger Nichtunternehmer und innerhalb des Gemeinschaftsgebiets ansässig ist (vgl. jedoch Abschnitt 3a.14);

- sonstige Leistungen im Rahmen einer Bestattung, soweit diese Leistungen als einheitliche Leistungen (vgl. Abschnitt 3.10) anzusehen sind (vgl. Artikel 28 MwStVO).

(5) Zur Sonderregelung für den Ort der sonstigen Leistung nach § 3a Abs.6 UStG wird auf Abschnitt 3a.14 verwiesen.

UStAE   3a.2.   Ort der sonstigen Leistung bei Leistungen an Unternehmer und diesen gleichgestellte juristische Personen

(1) [1]Voraussetzung für die Anwendung des § 3a Abs.2 UStG ist, dass der Leistungsempfänger

- ein Unternehmer ist und die Leistung für sein Unternehmen bezogen hat (vgl. im Einzelnen Absätze 8 bis 12),

- eine nicht unternehmerisch tätige juristische Person ist, der eine USt-IdNr. erteilt worden ist (einem Unternehmer gleichgestellte juristische Person; vgl. Absatz 7), oder

- eine sowohl unternehmerisch als auch nicht unternehmerisch tätige juristische Person ist und die Leistung für den unternehmerisch oder den nicht unternehmerischen Bereich, nicht aber für den privaten Bedarf des Personals, bezogen hat; vgl. im Einzelnen Absätze 13 bis 15 (Leistungsempfänger im Sinne des § 3a Abs.2 UStG); maßgebend für die Beurteilung ist der Zeitpunkt, in dem die Leistung erbracht wird (vgl. Artikel 25 MwStVO).

[2]Der Leistungsort bestimmt sich nur dann nach § 3a Abs.2 UStG, wenn kein Tatbestand des § 3a Abs.3 Nr. 1, 2, 3 Buchstabe b und Nr.5, Abs.6 Satz1 Nr. 1, Abs.7 und Abs.8 UStG, des § 3b Abs.1 Sätze 1 und 2 UStG oder des § 3e UStG vorliegt.

(2) [1]Als Leistungsempfänger im umsatzsteuerrechtlichen Sinn ist grundsätzlich derjenige zu behandeln, in dessen Auftrag die Leistung ausgeführt wird (vgl. Abschn. 15.2b Abs.1). [2]Aus Vereinfachungsgründen ist bei steuerpflichtigen Güterbeförderungen, steuerpflichtigen selbständigen Nebenleistungen hierzu und bei der steuerpflichtigen Vermittlung der vorgenannten Leistungen, bei denen sich der Leistungsort nach § 3a Abs.2 UStG richtet, der Rechnungsempfänger auch als Leistungsempfänger anzusehen.

Beispiel:

[1]Der in Deutschland ansässige Unternehmer U versendet Güter per Frachtnachnahme an den Unternehmer D mit Sitz in Dänemark. [2]Die Güterbeförderungsleistung ist für unternehmerische Zwecke des D bestimmt.

[3]Bei Frachtnachnahmen wird regelmäßig vereinbart, dass der Beförderungsunternehmer die Beförderungskosten dem Empfänger der Sendung in Rechnung stellt und dieser die Beförderungskosten bezahlt. [4]Der Rechnungsempfänger der innergemeinschaftlichen Güterbeförderung ist als Empfänger der Beförderungsleistung und damit als Leistungsempfänger anzusehen, auch wenn er den Transportauftrag nicht unmittelbar erteilt hat.

[3]Hierdurch wird erreicht, dass diese Leistungen in dem Staat besteuert werden, in dem der Rechnungsempfänger umsatzsteuerlich erfasst ist.

(3) [1]Nach § 3a Abs. 2 UStG bestimmt sich der Leistungsort maßgeblich nach dem Ort, von dem aus der Leistungsempfänger sein Unternehmen betreibt; zur Definition vgl. Abschnitt 3a.1 Abs. 1. [2]Wird die Leistung tatsächlich an eine Betriebsstätte (vgl. Abschnitt 3a.1 Abs. 3) erbracht, ist dort der Leistungsort (vgl. hierzu im Einzelnen Absätze 4 und 6). [3]Verfügt eine natürliche Person weder über einen Unternehmenssitz noch über eine Betriebsstätte, kommen als Leistungsort der Wohnsitz des Leistungsempfängers oder der Ort seines gewöhnlichen Aufenthalts in Betracht (vgl. Artikel 21 MwStVO). [4]Zu den Begriffen „Sitz", „Wohnsitz" und „Ort des gewöhnlichen Aufenthalts" vgl. Abschnitt 3a.1 Abs. 1.

(4) [1]Die sonstige Leistung kann auch an eine Betriebsstätte des Leistungsempfängers ausgeführt werden (zum Begriff der Betriebsstätte vgl. Abschnitt 3a.1 Abs. 3); eine Betriebsstätte kann nur angenommen werden, wenn sie einen hinreichenden Grad an Beständigkeit sowie eine Struktur aufweist, die es ihr von der personellen und technischen Ausstattung her erlaubt, Dienstleistungen, die an sie für ihren eigenen Bedarf erbracht werden, zu empfangen und zu verwenden. [2]Dies ist der Fall, wenn die Leistung ausschließlich oder überwiegend für die Betriebsstätte bestimmt ist, also dort verwendet werden soll (vgl. Artikel 21 Abs. 2 MwStVO). [3]In diesem Fall ist es nicht erforderlich, dass der Auftrag von der Betriebsstätte aus an den leistenden Unternehmer erteilt wird, der die sonstige Leistung durchführt, z. B. Verleger, Werbeagentur, Werbungsmittler; auch ist unerheblich, ob das Entgelt für die Leistung von der Betriebsstätte aus bezahlt wird.

Beispiel:

[1]Ein Unternehmen mit Sitz im Inland unterhält im Ausland Betriebsstätten. [2]Durch Aufnahme von Werbeanzeigen in ausländischen Zeitungen und Zeitschriften wird für die Betriebsstätten geworben. [3]Die Anzeigenaufträge werden an ausländische Verleger durch eine inländische Werbeagentur im Auftrag des im Inland ansässigen Unternehmens erteilt.

[4]Die ausländischen Verleger und die inländische Werbeagentur unterliegen mit ihren Leistungen für die im Ausland befindlichen Betriebsstätten nicht der deutschen Umsatzsteuer.

[4]Kann der leistende Unternehmer weder anhand der Art der von ihm erbrachten sonstigen Leistung noch ihrer Verwendung ermitteln, ob und ggf. an welche Betriebsstätte des Leistungsempfängers die Leistung erbracht wird, hat er anhand anderer Kriterien, insbesondere des mit dem Leistungsempfänger geschlossenen Vertrags, der vereinbarten Bedingungen für die Leistungserbringung, der vom Leistungsempfänger verwendeten USt-IdNr. und der Bezahlung der Leistung festzustellen, ob die von ihm erbrachte Leistung tatsächlich für eine Betriebsstätte des Leistungsempfängers bestimmt ist (vgl. Artikel 22 Abs. 1 Unterabs. 2 MwStVO). [5]Kann der leistende Unternehmer anhand dieser Kriterien nicht bestimmen, ob die Leistung tatsächlich an eine Betriebsstätte des Leistungsempfängers erbracht wird, oder ist es bei Vereinbarungen über eine oder mehrere sonstige Leistungen nicht feststellbar, ob diese Leistungen tatsächlich vom Sitz oder von einer bzw. mehreren Betriebsstätten des Leistungsempfängers genutzt werden, kann der Unternehmer davon ausgehen, dass der Leistungsort an dem Ort ist, von dem aus der Leistungsempfänger sein Unternehmen betreibt (vgl. Artikel 22 Abs. 1 Unterabs. 3 MwStVO). [6]Zur Regelung in Zweifelsfällen vgl. Absatz 6.

(5) Bei Werbeanzeigen in Zeitungen und Zeitschriften und bei Werbesendungen in Rundfunk und Fernsehen oder im Internet ist davon auszugehen, dass sie ausschließlich oder überwiegend für im Ausland belegene Betriebsstätten bestimmt und daher im Inland nicht steuerbar sind, wenn die folgenden Voraussetzungen erfüllt sind:

1. Es handelt sich um

   a) fremdsprachige Zeitungen und Zeitschriften, um fremdsprachige Rundfunk- und Fernsehsendungen oder um fremdsprachige Internet-Seiten oder

   b) deutschsprachige Zeitungen und Zeitschriften oder um deutschsprachige Rundfunk- und Fernsehsendungen, die überwiegend im Ausland verbreitet werden.

2. Die im Ausland belegenen Betriebsstätten sind in der Lage, die Leistungen zu erbringen, für die geworben wird.

(5a) ¹Wird eine in § 3a Abs. 5 Satz 2 UStG bezeichnete sonstige Leistung an einen Leistungsempfänger im Sinne des § 3a Abs. 2 UStG (siehe Absatz 1) an Orten wie Telefonzellen, Kiosk-Telefonen, WLAN-Hot-Spots, Internetcafés, Restaurants oder Hotellobbys erbracht und muss der Leistungsempfänger an diesem Ort physisch anwesend sein, damit ihm der leistende Unternehmer die sonstige Leistung erbringen kann, gilt der Leistungsempfänger insoweit als an diesem Ort ansässig (vgl. Artikel 24a Abs. 1 MwStVO). ²Werden diese Leistungen an Bord eines Schiffs, eines Flugzeugs oder in einer Eisenbahn während des innerhalb des Gemeinschaftsgebiets stattfindenden Teils einer Personenbeförderung (vgl. § 3e Abs. 2 UStG) erbracht, gilt abweichend von § 3a Abs. 2 UStG der Abgangsort des jeweiligen Beförderungsmittels im Gemeinschaftsgebiet als Leistungsort (vgl. Artikel 24a Abs. 2 MwStVO).

(6) ¹Bei einer einheitlichen sonstigen Leistung (vgl. Abschnitt 3.10 Abs. 1 bis 4) ist es nicht möglich, für einen Teil der Leistung den Ort der Betriebsstätte und für den anderen Teil den Sitz des Unternehmens als maßgebend anzusehen und die Leistung entsprechend aufzuteilen. ²Ist die Zuordnung zu einer Betriebsstätte nach den Grundsätzen des Absatzes 4 zweifelhaft und verwendet der Leistungsempfänger eine ihm von einem anderen EU-Mitgliedstaat erteilte USt-IdNr., kann davon ausgegangen werden, dass die Leistung für die im EU-Mitgliedstaat der verwendeten USt-IdNr. belegene Betriebsstätte bestimmt ist. ³Entsprechendes gilt bei der Verwendung einer deutschen USt-IdNr.

(7) ¹Für Zwecke der Bestimmung des Leistungsorts werden nach § 3a Abs. 2 Satz 3 UStG nicht unternehmerisch tätige juristische Personen, denen für die Umsatzbesteuerung innergemeinschaftlicher Erwerbe eine USt-IdNr. erteilt wurde – die also für umsatzsteuerliche Zwecke erfasst sind –, einem Unternehmer gleichgestellt. ²Hierunter fallen insbesondere juristische Personen des öffentlichen Rechts, die ausschließlich hoheitlich tätig sind, aber auch juristische Personen, die nicht Unternehmer sind (z. B. eine Holding, die ausschließlich eine bloße Vermögensverwaltungstätigkeit ausübt). ³Ausschließlich nicht unternehmerisch tätige juristische Personen, denen eine USt-IdNr. erteilt worden ist, müssen diese gegenüber dem leistenden Unternehmer verwenden, damit dieser die Leistungsortregelung des § 3a Abs. 2 UStG anwenden kann; Absatz 9 Sätze 4 bis 10 gilt entsprechend. ⁴Verwendet die nicht unternehmerisch tätige juristische Person als Leistungsempfänger keine USt-IdNr., hat der leistende Unternehmer nachzufragen, ob ihr eine solche Nummer erteilt worden ist.

Beispiel:

¹Der in Belgien ansässige Unternehmer U erbringt an eine juristische Person des öffentlichen Rechts J mit Sitz in Deutschland eine Beratungsleistung. ²J verwendet für diesen Umsatz keine USt-IdNr. ³Auf Nachfrage teilt J dem U mit, ihr sei keine USt-IdNr. erteilt worden.

⁴Da J angegeben hat, ihr sei keine USt-IdNr. erteilt worden, kann U davon ausgehen, dass die Voraussetzungen des § 3a Abs. 2 Satz 3 UStG nicht erfüllt sind. ⁵Der Ort der Beratungsleistung des U an J liegt in Belgien (§ 3a Abs. 1 UStG).

⁵Zur Bestimmung des Leistungsorts bei sonstigen Leistungen an juristische Personen, die sowohl unternehmerisch als auch nicht unternehmerisch tätig sind, vgl. Absätze 13 bis 15.

(8) ¹Voraussetzung für die Anwendung der Ortsbestimmung nach § 3a Abs. 2 Satz 1 UStG ist, dass die Leistung für den unternehmerischen Bereich des Leistungsempfängers ausgeführt worden ist. ²Hierunter fallen auch Leistungen an einen Unternehmer, soweit diese Leistungen für die Erbringung von der Art nach nicht steuerbaren Umsätzen (z. B. Geschäftsveräußerungen im Ganzen) bestimmt sind.

³Wird eine der Art nach in § 3a Abs. 2 UStG erfasste sonstige Leistung sowohl für den unternehmerischen als auch für den nicht unternehmerischen Bereich des Leistungsempfängers erbracht, ist der Leistungsort einheitlich nach § 3a Abs. 2 Satz 1 UStG zu bestimmen (vgl. Artikel 19 Abs. 3 MwStVO). ⁴Zur Bestimmung des Leistungsorts bei sonstigen Leistungen an juristische Personen, die sowohl unternehmerisch als auch nicht unternehmerisch tätig sind, vgl. Absätze 13 bis 15.

(9) [1]§ 3a Abs. 2 UStG regelt nicht, wie der leistende Unternehmer nachzuweisen hat, dass sein Leistungsempfänger Unternehmer ist, der die sonstige Leistung für den unternehmerischen Bereich bezieht. [2]Bezieht ein im Gemeinschaftsgebiet ansässiger Unternehmer eine sonstige Leistung, die der Art nach unter § 3a Abs. 2 UStG fällt, für seinen unternehmerischen Bereich, muss er die ihm von dem EU-Mitgliedstaat, von dem aus er sein Unternehmen betreibt, erteilte USt-IdNr. für diesen Umsatz gegenüber seinem Auftragnehmer verwenden; wird die Leistung tatsächlich durch eine Betriebsstätte des Leistungsempfängers bezogen, ist die der Betriebsstätte erteilte USt-IdNr. zu verwenden (vgl. Artikel 55 Abs. 1 MwStVO). [3]Satz 2 gilt entsprechend für einen Unternehmer,

– der nur steuerfreie Umsätze ausführt, die zum Ausschluss vom Vorsteuerabzug führen,

– für dessen Umsätze Umsatzsteuer nach § 19 Abs. 1 UStG nicht erhoben wird oder

– der die Leistung zur Ausführung von Umsätzen verwendet, für die die Steuer nach den Durchschnittssätzen des § 24 UStG festgesetzt wird,

und der weder zur Besteuerung seiner innergemeinschaftlichen Erwerbe verpflichtet ist, weil er die Erwerbsschwelle nicht überschreitet, noch zur Erwerbsbesteuerung nach § 1a Abs. 4 UStG optiert hat. [4]Verwendet der Leistungsempfänger gegenüber seinem Auftragnehmer eine ihm von einem Mitgliedstaat erteilte USt-IdNr., kann dieser regelmäßig davon ausgehen, dass der Leistungsempfänger Unternehmer ist und die Leistung für dessen unternehmerischen Bereich bezogen wird (vgl. Artikel 18 Abs. 1 und Artikel 19 Abs. 2 MwStVO; zu den Leistungen, die ihrer Art nach aber mit hoher Wahrscheinlichkeit nicht für das Unternehmen bezogen werden, siehe im Einzelnen Absatz 11a); dies gilt auch dann, wenn sich nachträglich herausstellt, dass die Leistung vom Leistungsempfänger tatsächlich für nicht unternehmerische Zwecke verwendet worden ist. [5]Voraussetzung ist, dass der leistende Unternehmer nach § 18e UStG von der Möglichkeit Gebrauch gemacht hat, sich die Gültigkeit einer USt-IdNr. eines anderen EU-Mitgliedstaates sowie den Namen und die Anschrift der Person, der diese Nummer erteilt wurde, durch das BZSt bestätigen zu lassen (vgl. Artikel 18 Abs. 1 Buchstabe a MwStVO).

Beispiel:

[1]Der Schreiner S mit Sitz in Frankreich erneuert für den Unternehmer U mit Sitz in Freiburg einen Aktenschrank. [2]U verwendet für diesen Umsatz seine deutsche USt-IdNr. [3]Bei einer Betriebsprüfung stellt sich im Nachhinein heraus, dass U den Aktenschrank für seinen privaten Bereich verwendet.

[4]Der Leistungsort für die Reparatur des Schranks ist nach § 3a Abs. 2 UStG in Deutschland. [5]Da U gegenüber S seine USt-IdNr. verwendet hat, gilt die Leistung als für das Unternehmen des U bezogen. [6]Unbeachtlich ist, dass der Aktenschrank tatsächlich von U für nicht unternehmerische Zwecke verwendet wurde. [7]U ist für die Leistung des S Steuerschuldner (§ 13b Abs. 1 und Abs. 5 Satz 1 UStG). [8]U ist allerdings hinsichtlich der angemeldeten Steuer nicht zum Vorsteuerabzug berechtigt, da die Leistung nicht für unternehmerische Zwecke bestimmt ist.

[6]Hat der Leistungsempfänger noch keine USt-IdNr. erhalten, eine solche Nummer aber bei der zuständigen Behörde des EU-Mitgliedstaats, von dem aus er sein Unternehmen betreibt oder eine Betriebsstätte unterhält, beantragt, bleibt es dem leistenden Unternehmer überlassen, auf welche Weise er den Nachweis der Unternehmereigenschaft und der unternehmerischen Verwendung führt (vgl. Artikel 18 Abs. 1 Buchstabe b MwStVO). [7]Dieser Nachweis hat nur vorläufigen Charakter. [8]Für den endgültigen Nachweis bedarf es der Vorlage der dem Leistungsempfänger erteilten USt-IdNr.; dieser Nachweis kann bis zur letzten mündlichen Verhandlung vor dem Finanzgericht geführt werden. [9]Verwendet ein im Gemeinschaftsgebiet ansässiger Leistungsempfänger gegenüber seinem Auftragnehmer keine USt-IdNr., kann dieser grundsätzlich davon ausgehen, dass sein Leistungsempfänger ein Nichtunternehmer ist oder ein Unternehmer, der die Leistung für den nicht unternehmerischen Bereich bezieht, sofern ihm keine anderen Informationen vorliegen (vgl. Artikel 18 Abs. 2 MwStVO); in diesem Fall bestimmt sich der Leistungsort nach § 3a Abs. 1 UStG, soweit kein Tatbestand des § 3a Abs. 3 bis 8 UStG, des § 3b UStG oder des § 3e UStG vorliegt.

(10) [1]Verwendet der Leistungsempfänger eine USt-IdNr., soll dies grundsätzlich vor Ausführung der Leistung erfolgen und in dem jeweiligen Auftragsdokument schriftlich festgehalten werden. [2]Der Begriff „Verwendung" einer USt-IdNr. setzt ein positives Tun des Leistungsempfängers, in der Regel bereits bei Vertragsabschluss, voraus. [3]So kann z. B. auch bei mündlichem Abschluss eines Auftrags zur Erbringung einer sonstigen Leistung eine Erklärung über die Unternehmereigenschaft und den unternehmerischen Bezug durch Verwendung einer bestimmten USt-IdNr. abgegeben und dies vom Auftragnehmer aufgezeichnet werden. [4]Es reicht ebenfalls aus, wenn bei der erstmaligen Erfassung der Stammdaten eines Leistungsempfängers zusammen mit der für diesen Zweck erfragten USt-IdNr. zur Feststellung der Unternehmereigenschaft und des unternehmerischen Bezugs zusätzlich eine Erklärung des Leistungsempfängers aufgenommen wird, dass diese USt-IdNr. bei allen künftigen − unternehmerischen − Einzelaufträgen verwendet werden soll. [5]Eine im Briefkopf eingedruckte USt-IdNr. oder eine in einer Gutschrift des Leistungsempfängers formularmäßig eingedruckte USt-IdNr. reicht allein nicht aus, um die Unternehmereigenschaft und den unternehmerischen Bezug der zu erbringenden Leistung zu dokumentieren. [6]Ein positives Tun liegt auch dann vor, wenn der Leistungsempfänger (Erwerber bzw. Empfänger der Dienstleistung) die Erklärung über die Unternehmereigenschaft und den unternehmerischen Bezug objektiv nachvollziehbar vorgenommen hat und der Leistungsbezug vom Leistungsempfänger in zutreffender Weise erklärt worden ist, der leistende Unternehmer seinen Meldepflichten nach § 18a UStG nachgekommen ist und die Rechnung über die Leistung einen Hinweis auf die USt-IdNr., die nach § 18a Abs. 7 UStG in der Zusammenfassenden Meldung angegeben wurde, enthält. [7]Unschädlich ist es im Einzelfall, wenn der Leistungsempfänger eine USt-IdNr. erst nachträglich verwendet oder durch eine andere ersetzt. [8]In diesem Fall muss ggf. die Besteuerung in dem einen EU-Mitgliedstaat rückgängig gemacht und in dem anderen EU-Mitgliedstaat nachgeholt und die übermittelte ZM berichtigt werden. [9]In einer bereits erteilten Rechnung sind die USt-IdNr. des Leistungsempfängers (vgl. § 14a Abs. 1 UStG) und ggf. ein gesonderter Steuerausweis (vgl. § 14 Abs. 4 Nr. 8 und § 14c Abs. 1 UStG) zu berichtigen. [10]Die nachträgliche Angabe oder Änderung einer USt-IdNr. als Nachweis der Unternehmereigenschaft und des unternehmerischen Bezugs ist der Umsatzsteuerfestsetzung nur zu Grunde zu legen, wenn die Steuerfestsetzung in der Bundesrepublik Deutschland noch änderbar ist.

(11) [1]Ist der Leistungsempfänger im Drittlandsgebiet ansässig, kann der Nachweis der Unternehmereigenschaft durch eine Bescheinigung einer Behörde des Sitzstaates geführt werden, in der diese bescheinigt, dass der Leistungsempfänger dort als Unternehmer erfasst ist. [2]Die Bescheinigung sollte inhaltlich der Unternehmerbescheinigung nach § 61a Abs. 4 UStDV entsprechen (vgl. Abschnitt 18.14 Abs. 7). [3]Kann der Leistungsempfänger den Nachweis nicht anhand einer Bescheinigung nach Satz 1 und 2 führen, bleibt es dem leistenden Unternehmer überlassen, auf welche Weise er nachweist, dass der im Drittlandsgebiet ansässige Leistungsempfänger Unternehmer ist (vgl. Artikel 18 Abs. 3 MwStVO).

(11a) [1]Erbringt der Unternehmer sonstige Leistungen, die unter § 3a Abs. 2 UStG fallen können, die ihrer Art nach aber mit hoher Wahrscheinlichkeit nicht für das Unternehmen sondern für den privaten Gebrauch einschließlich des Gebrauchs durch das Personal des Unternehmers bestimmt sind, ist es − abweichend von den Absätzen 9 und 11 − als Nachweis der unternehmerischen Verwendung dieser Leistung durch den Leistungsempfänger nicht ausreichend, wenn dieser gegenüber dem leistenden Unternehmer für diesen Umsatz seine USt-IdNr. verwendet bzw. seinen Status als Unternehmer nachweist. [2]Vielmehr muss der leistende Unternehmer über ausreichende Informationen verfügen, die eine Verwendung der sonstigen Leistung für die unternehmerischen Zwecke dieses Leistungsempfängers bestätigen. [3]Als ausreichende Information ist in der Regel eine Erklärung des Leistungsempfängers anzusehen, in der dieser bestätigt, dass die bezogene sonstige Leistung für sein Unternehmen bestimmt ist.

[4]Sonstige Leistungen im Sinne des Satzes 1 sind insbesondere:

- Krankenhausbehandlungen und ärztliche Heilbehandlungen,

- von Zahnärzten und Zahntechnikern erbrachte sonstige Leistungen,

- persönliche und häusliche Pflegeleistungen,

- sonstige Leistungen im Bereich der Sozialfürsorge und der sozialen Sicherheit,
- Betreuung von Kindern und Jugendlichen,
- Erziehung von Kindern und Jugendlichen, Schul- und Hochschulunterricht,
- Nachhilfeunterricht für Schüler oder Studierende,
- sonstige Leistungen im Zusammenhang mit sportlicher Betätigung einschließlich der entgeltlichen Nutzung von Anlagen wie Turnhallen und vergleichbaren Anlagen,
- Wetten, Lotterien und sonstige Glücksspiele mit Geldeinsatz,
- Herunterladen von Filmen und Musik,
- Bereitstellen von digitalisierten Texten einschließlich Büchern, ausgenommen Fachliteratur,
- Abonnements von Online-Zeitungen und -Zeitschriften, mit Ausnahme von Online-Fachzeitungen und -Fachzeitschriften,
- Online-Nachrichten einschließlich Verkehrsinformationen und Wettervorhersagen,
- Beratungsleistungen in familiären und persönlichen Angelegenheiten,
- Beratungsleistungen im Zusammenhang mit der persönlichen Einkommensteuererklärung und Sozialversicherungsfragen.

(12) ¹Erbringt der leistende Unternehmer gegenüber einem im Drittlandsgebiet ansässigen Auftraggeber eine in § 3a Abs. 4 Satz 2 UStG bezeichnete Leistung, muss der leistende Unternehmer grundsätzlich nicht prüfen, ob der Leistungsempfänger Unternehmer oder Nichtunternehmer ist, da der Leistungsort – unabhängig vom Status des Leistungsempfängers – im Drittlandsgebiet liegt (§ 3a Abs. 2 UStG oder § 3a Abs. 4 Satz 1 UStG). ²Dies gilt nicht für die in § 3a Abs. 5 Satz 2 Nr. 1 und 2 UStG bezeichneten Leistungen, bei denen die Nutzung oder Auswertung im Inland erfolgt, so dass der Leistungsort nach § 3a Abs. 6 Satz 1 Nr. 3 UStG im Inland liegen würde, wenn der Leistungsempfänger kein Unternehmer wäre (vgl. Abschnitt 3a.14).

³Eine Prüfung der Unternehmereigenschaft entfällt auch bei Vermittlungsleistungen gegenüber einem im Drittlandsgebiet ansässigen Auftraggeber, wenn der Ort der vermittelten Leistung im Drittlandsgebiet liegt, da der Ort der Vermittlungsleistung – unabhängig vom Status des Leistungsempfängers – in solchen Fällen immer im Drittlandsgebiet liegt (§ 3a Abs. 2 UStG, § 3a Abs. 3 Nr. 1 oder 4 UStG).

(13) ¹Bei Leistungsbezügen juristischer Personen des privaten Rechts, die sowohl unternehmerisch als auch nichtunternehmerisch tätig sind, kommt es für die Frage der Ortsbestimmung nicht darauf an, ob die Leistung für das Unternehmen ausgeführt worden ist (vgl. EuGH-Urteil vom 17. 3. 2021, C-459/19, Wellcome Trust). ²Absatz 14 Sätze 2 bis 7 gelten entsprechend.

(14) ¹Bei Leistungsbezügen juristischer Personen des öffentlichen Rechts, die hoheitlich und unternehmerisch tätig sind, kommt es für die Frage der Ortsbestimmung nicht darauf an, ob die Leistung für den unternehmerischen oder den hoheitlichen Bereich ausgeführt worden ist; bei den Gebietskörperschaften Bund und Länder ist stets davon auszugehen, dass sie sowohl hoheitlich als auch unternehmerisch tätig sind. ²Der Leistungsort bestimmt sich in diesen Fällen — unabhängig davon, ob die Leistung für den hoheitlichen oder den unternehmerischen Bereich bezogen wird — nach § 3a Abs. 2 Sätze 1 und 3 UStG. ³Ausgeschlossen sind nur die der Art nach unter § 3a Abs. 2 UStG fallenden sonstigen Leistungen, die für den privaten Bedarf des Personals der juristischen Person des öffentlichen Rechts bestimmt sind. ⁴Ist einer in Satz 1 genannten juristischen Person des öffentlichen Rechts eine USt-IdNr. erteilt worden, ist diese USt-IdNr. auch dann zu verwenden, wenn die bezogene Leistung ausschließlich für den hoheitlichen Bereich oder sowohl für den unternehmerischen als auch für den hoheitlichen Bereich bestimmt ist. ⁵Haben die Gebietskörperschaften Bund und Länder für einzelne Organisationseinheiten (z. B. Ressorts, Behörden und Ämter) von der Vereinfachungsregelung in Abschnitt 27a.1 Abs. 3 Sätze 4 und 5 Gebrauch gemacht, ist für den einzelnen Leistungsbezug stets die jeweilige, der einzelnen Organisationseinheit erteilte USt-IdNr. zu verwenden, unabhängig davon, ob dieser Leistungsbezug für den unternehmerischen Bereich, für den hoheitlichen Bereich oder sowohl

für den unternehmerischen als auch für den hoheitlichen Bereich erfolgt. [6]Dies gilt auch dann, wenn die einzelne Organisationseinheit ausschließlich hoheitlich tätig ist und ihr eine USt-IdNr. nur für Zwecke der Umsatzbesteuerung innergemeinschaftlicher Erwerbe erteilt wurde.

Beispiel:

[1]Der in Luxemburg ansässige Unternehmer U erbringt an eine ausschließlich hoheitlich tätige Behörde A eines deutschen Bundeslandes B eine Beratungsleistung. [2]B hat neben dem hoheitlichen Bereich noch einen Betrieb gewerblicher Art, der für umsatzsteuerliche Zwecke erfasst ist. [3]A ist eine gesonderte USt-IdNr. für Zwecke der Besteuerung innergemeinschaftlicher Erwerbe erteilt worden.

[4]Der Leistungsort für die Leistung des U an A richtet sich nach § 3a Abs. 2 Sätze 1 und 3 UStG und liegt in Deutschland. [5]A hat die ihr für Zwecke der Besteuerung innergemeinschaftlicher Erwerbe erteilte USt-IdNr. zu verwenden.

[7]Bezieht eine sowohl unternehmerisch als auch hoheitlich tätige juristische Person des öffentlichen Rechts die sonstige Leistung für den privaten Bedarf ihres Personals, hat sie weder die ihr für den unternehmerischen Bereich noch die ihr für Zwecke der Umsatzbesteuerung innergemeinschaftlicher Erwerbe erteilte USt-IdNr. zu verwenden.

(15) [1]Soweit inländische und ausländische Rundfunkanstalten untereinander entgeltliche sonstige Leistungen ausführen, gelten hinsichtlich der Umsatzbesteuerung solcher grenzüberschreitender Leistungen die allgemeinen Regelungen zum Leistungsort. [2]Der Leistungsort bestimmt sich bei grenzüberschreitenden Leistungen der Rundfunkanstalten nach § 3a Abs. 2 UStG, wenn die die Leistung empfangende Rundfunkanstalt

– Unternehmer ist und die Leistung entweder ausschließlich für den unternehmerischen oder sowohl für den unternehmerischen als auch den nicht unternehmerischen Bereich bezogen wurde oder

– eine juristische Person des öffentlichen Rechts ist, die sowohl nicht unternehmerisch (hoheitlich) als auch unternehmerisch tätig ist, sofern die Leistung nicht für den privaten Bedarf des Personals bezogen wird,

– eine einem Unternehmer gleichgestellte juristische Person ist (siehe Absatz 1).

(16) [1]Grundsätzlich fallen unter die Ortsregelung des § 3a Abs. 2 UStG alle sonstigen Leistungen an einen Leistungsempfänger im Sinne des § 3a Abs. 2 UStG, soweit sich nicht aus § 3a Abs. 3 Nr. 1, 2, 3 Buchstabe b und Nr. 5, Abs. 7 und Abs. 8, § 3b Abs. 1 Sätze 1 und 2 und § 3e UStG eine andere Ortsregelung ergibt. [2]Sonstige Leistungen, die unter die Ortsbestimmung nach § 3a Abs. 2 UStG fallen, sind insbesondere:

– Arbeiten an beweglichen körperlichen Gegenständen und die Begutachtung dieser Gegenstände;

– alle Vermittlungsleistungen, soweit diese nicht unter § 3a Abs. 3 Nr. 1 UStG fallen;

– Leistungen, die in § 3a Abs. 4 Satz 2 und Abs. 5 Satz 2 UStG genannt sind;

– die langfristige Vermietung eines Beförderungsmittels;

– Güterbeförderungen, einschließlich innergemeinschaftlicher Güterbeförderungen sowie der Vor- und Nachläufe zu innergemeinschaftlichen Güterbeförderungen (Beförderungen eines Gegenstands, die in dem Gebiet desselben Mitgliedstaats beginnt und endet, wenn diese Beförderung unmittelbar einer innergemeinschaftlichen Güterbeförderung vorangeht oder folgt);

– das Beladen, Entladen, Umschlagen und ähnliche mit einer Güterbeförderung im Zusammenhang stehende selbständige Leistungen;

– [1]Planung, Gestaltung sowie Aufbau, Umbau und Abbau von Ständen im Zusammenhang mit Messen und Ausstellungen (vgl. EuGH-Urteil vom 27.10.2011, C-530/09, Inter-Mark Group, BStBl 2012 II S. 160). [2]Unter die „Planung" fallen insbesondere Architektenleistungen, z. B. Anfertigung des Entwurfs für einen Stand. ³Zur Gestaltung zählt z. B. die Leistung eines Gartengestalters oder eines Beleuchtungsfachmannes.

(17) Zu den sonstigen Leistungen, die unter § 3a Abs. 2 Satz 1 UStG fallen, gehören auch sonstige Leistungen, die im Zusammenhang mit der Beantragung oder Vereinnahmung der Steuer im Vorsteuer-Vergütungsverfahren (§ 18 Abs. 9 UStG) stehen (vgl. auch Artikel 27 MwStVO).

(18) Wird ein Gegenstand im Zusammenhang mit einer Ausfuhr oder einer Einfuhr grenzüberschreitend befördert und ist der Leistungsort für diese Leistung unter Anwendung von § 3a Abs. 2 UStG im Inland, ist dieser Umsatz unter den weiteren Voraussetzungen des § 4 Nr. 3 UStG steuerfrei (§ 4 Nr. 3 Satz 1 Buchstabe a UStG), auch wenn bei dieser Beförderung das Inland nicht berührt wird.

(19) Nicht unter die Ortsregelung des § 3a Abs. 2 UStG fallen folgende sonstigen Leistungen:

– Sonstige Leistungen im Zusammenhang mit einem Grundstück (§ 3a Abs. 3 Nr. 1 UStG, vgl. Abschnitt 3a.3);

– die kurzfristige Vermietung von Beförderungsmitteln (§ 3a Abs. 3 Nr. 2 und Abs. 7 UStG; vgl. Abschnitte 3a.5 Abs. 1 bis 6 und 3a.14 Abs. 4);

– die Einräumung der Eintrittsberechtigung zu kulturellen, künstlerischen, wissenschaftlichen, unterrichtenden, sportlichen, unterhaltenden oder ähnlichen Veranstaltungen, wie Messen und Ausstellungen, sowie die damit zusammenhängenden sonstigen Leistungen (§ 3a Abs. 3 Nr. 5 UStG; vgl. Abschnitt 3a.7a);

– die Abgabe von Speisen und Getränken zum Verzehr an Ort und Stelle (Restaurationsleistungen) nach § 3a Abs. 3 Nr. 3 Buchstabe b UStG (vgl. Abschnitt 3a.6 Abs. 8 und 9) und nach § 3e UStG (vgl. Abschnitt 3e.1);

– Personenbeförderungen (§ 3b Abs. 1 Sätze 1 und 2 UStG; vgl. Abschnitt 3b.1).

UStAE   3a.3. Ort der sonstigen Leistung im Zusammenhang mit einem Grundstück

(1) § 3a Abs. 3 Nr. 1 UStG gilt sowohl für sonstige Leistungen an Nichtunternehmer (siehe Abschnitt 3a.1 Abs. 1) als auch an Leistungsempfänger im Sinne des § 3a Abs. 2 UStG (siehe Abschnitt 3a.2 Abs. 1).

(2) ¹Für den Ort einer sonstigen Leistung – einschließlich Werkleistung – im Zusammenhang mit einem Grundstück ist die Lage des Grundstücks entscheidend. ²Der Grundstücksbegriff im Sinne des Umsatzsteuerrechts ist ein eigenständiger Begriff des Unionsrechts; er richtet sich nicht nach dem zivilrechtlichen Begriff eines Grundstücks. ³Unter einem Grundstück im Sinne des § 3a Abs. 3 Nr. 1 UStG ist zu verstehen:

– ein bestimmter über- oder unterirdischer Teil der Erdoberfläche, an dem Eigentum und Besitz begründet werden kann,

– jedes mit oder in dem Boden über oder unter dem Meeresspiegel befestigte Gebäude oder jedes derartige Bauwerk, das nicht leicht abgebaut oder bewegt werden kann,

– jede Sache, die einen wesentlichen Bestandteil eines Gebäudes oder eines Bauwerks bildet, ohne die das Gebäude oder das Bauwerk unvollständig ist, wie zum Beispiel Türen, Fenster, Dächer, Treppenhäuser und Aufzüge,

– ¹Sachen, Ausstattungsgegenstände oder Maschinen, die auf Dauer in einem Gebäude oder einem Bauwerk installiert sind, und die nicht bewegt werden können, ohne das Gebäude oder das Bauwerk zu zerstören oder erheblich zu verändern. ²Die Veränderung ist immer dann unerheblich, wenn die betreffenden Sachen einfach an der Wand hängen und wenn sie mit Nägeln oder Schrauben so am Boden oder an der Wand befestigt sind, dass nach ihrer Entfernung lediglich Spuren oder Markierungen zurück bleiben (z. B. Dübellöcher), die leicht überdeckt oder ausgebessert werden können.

(3) [1]Die sonstige Leistung muss nach Sinn und Zweck der Vorschrift in engem Zusammenhang mit einem ausdrücklich bestimmten Grundstück stehen. [2]Ein enger Zusammenhang ist beispielsweise gegeben, wenn sich die sonstige Leistung nach den tatsächlichen Umständen überwiegend auf die Bebauung, Verwertung, Nutzung oder Unterhaltung des Grundstücks selbst bezieht. [3]Hierzu gehört auch die Eigentumsverwaltung, die sich auf den Betrieb von Geschäfts-, Industrie- oder Wohnimmobilien durch oder für den Eigentümer des Grundstücks bezieht, mit Ausnahme von Portfolio-Management im Zusammenhang mit Eigentumsanteilen an Grundstücken.

(3a) [1]Das Grundstück selbst muss zudem Gegenstand der sonstigen Leistung sein. [2]Dies ist u. a. dann der Fall, wenn ein ausdrücklich bestimmtes Grundstück insoweit als wesentlicher Bestandteil einer sonstigen Leistung anzusehen ist, als es einen zentralen und unverzichtbaren Bestandteil dieser sonstigen Leistung darstellt (vgl. EuGH-Urteil vom 27. 6. 2013, C-155/12, RR Donnelley Global Turkey Solutions Poland).

(4) [1]Zu den in § 4 Nr. 12 UStG der Art nach bezeichneten sonstigen Leistungen (§ 3a Abs. 3 Nr. 1 Satz 2 Buchstabe a UStG), gehört die Vermietung und die Verpachtung von Grundstücken. [2]Zum Begriff der Vermietung und Verpachtung von Grundstücken vgl. Abschnitt 4.12.1. [3]Es kommt nicht darauf an, ob die Vermietungs- oder Verpachtungsleistung nach § 4 Nr. 12 UStG steuerfrei ist. [4]Unter § 3a Abs. 3 Nr. 1 Satz 2 Buchstabe a UStG fallen auch

1. die Vermietung von Wohn- und Schlafräumen, die ein Unternehmer bereithält, um kurzfristig Fremde zu beherbergen,

2. die Vermietung von Plätzen, um Fahrzeuge abzustellen,

3. die Überlassung von Wasser- und Bootsliegeplätzen für Sportboote (vgl. BFH-Urteil vom 8. 10. 1991, V R 46/88, BStBl 1992 II S. 368),

4. die kurzfristige Vermietung auf Campingplätzen,

5. die entgeltliche Unterbringung auf einem Schiff, das für längere Zeit auf einem Liegeplatz befestigt ist (vgl. BFH-Urteil vom 7. 3. 1996, V R 29/95, BStBl II S. 341),

6. die Überlassung von Wochenmarkt-Standplätzen an Markthändler (vgl. BFH-Urteil vom 24. 1. 2008, V R 12/05, BStBl 2009 II S. 60),

7. die Einräumung des Nutzungsrechts an einem Grundstück oder einem Grundstücksteil einschließlich der Gewährung von Fischereirechten und Jagdrechten sowie der Benutzung einer Straße, einer Brücke oder eines Tunnels gegen eine Mautgebühr,

8. die Umwandlung von Teilnutzungsrechten – sog. Timesharing – von Grundstücken oder Grundstücksteilen (vgl. EuGH-Urteil vom 3. 9. 2009, C-37/08, RCI Europe) und

9. die Überlassung von Räumlichkeiten für Aufnahme- und Sendezwecke von inländischen und ausländischen Rundfunkanstalten des öffentlichen Rechts untereinander.

[5]Das gilt auch für die Vermietung und Verpachtung von Maschinen und Vorrichtungen aller Art, die zu einer Betriebsanlage gehören, wenn sie wesentliche Bestandteile eines Grundstücks sind.

(5) [1]Die Überlassung von Camping-, Park- und Bootsliegeplätzen steht auch dann im Zusammenhang mit einem Grundstück, wenn sie nach den Grundsätzen des BFH-Urteils vom 4. 12. 1980, V R 60/79, BStBl 1981 II S. 231, bürgerlich-rechtlich nicht auf einem Mietvertrag beruht. [2]Vermieten Unternehmer Wohnwagen, die auf Campingplätzen aufgestellt sind und ausschließlich zum stationären Gebrauch als Wohnung überlassen werden, ist die Vermietung als sonstige Leistung im Zusammenhang mit einem Grundstück anzusehen (§ 3a Abs. 3 Nr. 1 UStG). [3]Dies gilt auch in den Fällen, in denen die Wohnwagen nicht fest mit dem Grund und Boden verbunden sind und deshalb auch als Beförderungsmittel verwendet werden könnten. [4]Maßgebend ist nicht die abstrakte Eignung eines Gegenstandes als Beförderungsmittel. [5]Entscheidend ist, dass die Wohnwagen nach dem Inhalt der abgeschlossenen Mietverträge nicht als Be-

UStAE

förderungsmittel, sondern zum stationären Gebrauch als Wohnungen überlassen werden. [6]Das gilt ferner in den Fällen, in denen die Vermietung der Wohnwagen nicht die Überlassung des jeweiligen Standplatzes umfasst und die Mieter deshalb über die Standplätze besondere Verträge mit den Inhabern der Campingplätze abschließen müssen.

(6) Zu den Leistungen der in § 4 Nr. 12 UStG bezeichneten Art zählen auch die Überlassung von Grundstücken und Grundstücksteilen zur Nutzung auf Grund eines auf Übertragung des Eigentums gerichteten Vertrages oder Vorvertrages (§ 4 Nr. 12 Satz 1 Buchstabe b UStG) sowie die Bestellung und Veräußerung von Dauerwohnrechten und Dauernutzungsrechten (§ 4 Nr. 12 Satz 1 Buchstabe c UStG).

(7) [1]Zu den sonstigen Leistungen im Zusammenhang mit der Veräußerung oder dem Erwerb von Grundstücken (§ 3a Abs. 3 Nr. 1 Satz 2 Buchstabe b UStG) gehören beispielsweise die sonstigen Leistungen der Grundstücksmakler und Grundstückssachverständigen sowie der Notare bei der Beurkundung von Grundstückskaufverträgen und anderen Verträgen, die auf die Veränderung von Rechten an einem Grundstück gerichtet sind; dies gilt auch dann, wenn die Veränderung des Rechts an dem Grundstück tatsächlich nicht erfolgt. [2]Bei juristischen Dienstleistungen ist zu prüfen, ob diese im Zusammenhang mit Grundstücksübertragungen oder mit der Begründung oder Übertragung von bestimmten Rechten an Grundstücken stehen (siehe Absatz 9 Nummer 9 sowie Absatz 10 Nummer 7).

(8) [1]Zu den sonstigen Leistungen, die der Erschließung von Grundstücken oder der Vorbereitung oder der Ausführung von Bauleistungen dienen (§ 3a Abs. 3 Nr. 1 Satz 2 Buchstabe c UStG), gehören z. B. die Leistungen der Architekten, Bauingenieure, Vermessungsingenieure, Bauträgergesellschaften, Sanierungsträger sowie der Unternehmer, die Abbruch- und Erdarbeiten ausführen. [2]Voraussetzung ist, dass die Leistung in engem Zusammenhang mit einem ausdrücklich bestimmten Grundstück erbracht wird, d. h. dass beispielsweise bei Ingenieur- oder Planungsleistungen der Standort des Grundstücks zum Zeitpunkt der Erbringung der Dienstleistung bereits feststeht. [3]Dazu gehören ferner:

1. Wartungs-, Renovierungs- und Reparaturarbeiten an einem Gebäude oder an Gebäudeteilen einschließlich Abrissarbeiten, Verlegen von Fliesen und Parkett sowie Tapezieren, Errichtung von auf Dauer angelegten Konstruktionen, wie Gas-, Wasser- oder Abwasserleitungen,

2. die Installation oder Montage von Maschinen oder Ausrüstungsgegenständen, soweit diese wesentliche Bestandteile des Grundstücks sind,

3. Bauaufsichtsmaßnahmen,

4. Leistungen zum Aufsuchen oder Gewinnen von Bodenschätzen,

5. die Begutachtung und die Bewertung von Grundstücken, auch zu Versicherungszwecken und zur Ermittlung des Grundstückswerts,

6. die Vermessung von Grundstücken,

7. die Errichtung eines Baugerüsts und

8. die Überlassung von Personal, insbesondere bei der Einschaltung von Subunternehmern, wenn gleichzeitig eine bestimmte Leistung oder ein bestimmter Erfolg des überlassenen Personals im Zusammenhang mit einem Grundstück geschuldet wird (vgl. Abschnitt 3a.9 Abs. 18a).

(9) In engem Zusammenhang mit einem Grundstück stehen auch:

1. die Einräumung dinglicher Rechte, z. B. dinglicher Nießbrauch, Dienstbarkeiten, Erbbaurechte; zu den sonstigen Leistungen, die dabei ausgeführt werden, siehe Nummer 9 sowie Absatz 10 Nummer 7;

2. die Vermittlung von Vermietungen von Grundstücken, nicht aber die Vermittlung der kurzfristigen Vermietung von Zimmern in Hotels, Gaststätten oder Pensionen, von Fremdenzimmern, Ferienwohnungen, Ferienhäusern und vergleichbaren Einrichtungen;

2a. [1]die Verwaltung von Grundstücken und Grundstücksteilen (z. B. Mietzinsverwaltung, Buchhaltung und Verwaltung der laufenden Ausgaben). [2]Hiervon ausgenommen ist die Portflioverwaltung im Zusammenhang mit Eigentumsanteilen an Grundstücken, selbst wenn das Portfolio Grundstücke enthält;

2b. die Bearbeitung landwirtschaftlicher Grundstücke, einschließlich sonstiger Leistungen wie Landbestellung, Säen, Bewässerung, Düngung;

2c. [1]die Zugangsberechtigung zu Warteräumen in Flughäfen, unabhängig davon, ob diese mit der Nutzung von üblichen begleitenden Annehmlichkeiten (z. B. Sitzmöglichkeiten, TV-Unterhaltung, Zeitschriftenauslage, WLAN, Getränke oder Snacks) verbunden ist. [2]Dies gilt auch, wenn die Leistung darin besteht, dass dem Leistungsempfänger das Recht eingeräumt wird, die Zugangsberechtigung zu Warteräumen in Flughäfen an seine Kunden weiterzugeben. [3]Wird die Zugangsberechtigung zusammen mit der Flugbeförderung vereinbart und vergütet, stellt die Zugangsberechtigung keine in engem Zusammenhang mit dem Grundstück stehende Leistung, sondern eine unselbständige Nebenleistung zur Flugbeförderung dar, so dass sich der Leistungsort nach § 3b UStG bestimmt;

3. Lagerung von Gegenständen, wenn dem Empfänger dieser sonstigen Leistung ein Recht auf Nutzung eines ausdrücklich bestimmten Grundstücks oder eines Teils desselben gewährt wird (vgl. EuGH-Urteil vom 27. 6. 2013, C-155/12, RR Donnelley Global Turkey Solutions Poland);

4. Reinigung von Gebäuden oder Gebäudeteilen;

5. Wartung und Überwachung von auf Dauer angelegten Konstruktionen, wie Gas-, Wasser- oder Abwasserleitungen;

6. [1]Wartung und Überwachung von Maschinen oder Ausrüstungsgegenständen, soweit diese wesentliche Bestandteile des Grundstücks sind. [2]Hiervon umfasst sind auch Leistungen, die nicht vollständig vor Ort erbracht werden (z. B. Fälle der Fernwartung), sofern der Schwerpunkt der Wartungsdienstleistung vor Ort erbracht wird;

7. grundstücksbezogene Sicherheitsleistungen;

8. Leistungen bei der Errichtung eines Windparks im Zusammenhang mit einem ausdrücklich bestimmten Grundstück, insbesondere Studien und Untersuchungen zur Prüfung der Voraussetzungen zur Errichtung eines Windparks sowie für bereits genehmigte Windparks, ingenieurtechnische und gutachterliche Leistungen sowie Planungsleistungen im Rahmen der Projektzertifizierung (z. B. gutachterliche Stellungnahmen im Genehmigungsverfahren und standortbezogene Beratungs-, Prüf- und Überwachungsleistungen bei Projektzertifizierungen), die parkinterne Verkabelung einschließlich Umspannplattform sowie der parkexterne Netzanschluss zur Stromabführung an Land einschließlich Konverterplattform;

9. [1]sonstige Leistungen juristischer Art im Zusammenhang mit Grundstücksübertragungen sowie mit der Begründung oder Übertragung von bestimmten Rechten an Grundstücken oder dinglichen Rechten an Grundstücken (unabhängig davon, ob diese Rechte einem körperlichen Gegenstand gleichgestellt sind), selbst wenn die zugrunde liegende Transaktion, die zur rechtlichen Veränderung an dem Grundstück führt, letztendlich nicht stattfindet. [2]Zu den bestimmten Rechten an Grundstücken zählen z. B. das Miet- und Pachtrecht. [3]Die Erbringung sonstiger Leistungen juristischer Art ist nicht auf bestimmte Berufsgruppen beschränkt. [4]Erforderlich ist jedoch grundsätzlich, dass die Dienstleistung mit einer zumindest beabsichtigten Veränderung des rechtlichen Status des Grundstücks zusammenhängt. [5]Bei der Ausgabe beglaubigter/amtlicher Grundbuchauszüge stellt das Grundstück einen zentralen und wesentlichen Bestandteil der Dienstleistung dar, so dass diese ungeachtet des Verwendungszwecks als in einem hinreichend direkten Zusammenhang mit ei-

nem Grundstück stehend anzusehen ist. [6]Zu den sonstigen Leistungen im Sinne der Sätze 1 bis 4 zählen z. B.:

- das Aufsetzen eines Vertrags über den Verkauf oder den Kauf eines Grundstücks und das Verhandeln der Vertragsbedingungen sowie damit in Zusammenhang stehende Beratungsleistungen (z. B. Finanzierungsberatung, Erstellung einer Due Diligence), sofern diese als unselbständige Nebenleistungen anzusehen sind;

- die sonstigen Leistungen der Notare bei der Beurkundung von Grundstückskaufverträgen und anderen Verträgen, die auf die Veränderung von Rechten an einem Grundstück gerichtet sind, unabhängig davon, ob sie zwingend einer notariellen Beurkundung bedürfen;

- die Beratung hinsichtlich einer Steuerklausel in einem Grundstücksübertragungsvertrag;

- das Aufsetzen und Verhandeln der Vertragsbedingungen eines sale-and-lease-back-Vertrags über ein Grundstück oder einen Grundstücksteil sowie damit in Zusammenhang stehende Beratungsleistungen (z. B. Finanzierungsberatung), sofern diese als unselbständige Nebenleistungen anzusehen sind;

- das Aufsetzen und Verhandeln von Miet- und Pachtverträgen über ein bestimmtes Grundstück oder einen bestimmten Grundstücksteil;

- die rechtliche Prüfung bestehender Miet- oder Pachtverträge im Hinblick auf den Eigentümerwechsel im Rahmen einer Grundstücksübertragung.

(10) Folgende Leistungen stehen nicht im engen Zusammenhang mit einem Grundstück bzw. das Grundstück stellt bei diesen Leistungen keinen zentralen und unverzichtbaren Teil dar:

1. Erstellung von Bauplänen für Gebäude und Gebäudeteile, die keinem bestimmten Grundstück oder Grundstücksteil zugeordnet werden können;

2. Installation oder Montage, Arbeiten an sowie Kontrolle und Überwachung von Maschinen oder Ausstattungsgegenständen, die kein wesentlicher Bestandteil eines Grundstücks sind bzw. werden;

3. Portfolio-Management in Zusammenhang mit Eigentumsanteilen an Grundstücken;

4. der Verkauf von Anteilen und die Vermittlung der Umsätze von Anteilen an Grundstücksgesellschaften sowie Beratungsleistungen hinsichtlich des Abschlusses eines Kaufvertrags über Anteile an einer Grundstücksgesellschaft (Share Deal);

5. die Veröffentlichung von Immobilienanzeigen, z. B. durch Zeitungen;

6. die Finanzierung und Finanzierungsberatung im Zusammenhang mit dem Erwerb eines Grundstücks und dessen Bebauung;

7. [1]sonstige Leistungen juristischer Art, mit Ausnahme der unter Absatz 9 Nummer 9 genannten sonstigen Leistungen, einschließlich Beratungsleistungen betreffend die Vertragsbedingungen eines Grundstücksübertragungsvertrags, die Durchsetzung eines solchen Vertrags oder den Nachweis, dass ein solcher Vertrag besteht, sofern diese Leistungen nicht speziell mit der Übertragung von Rechten an Grundstücken zusammenhängen. [2]Zu diesen Leistungen gehören z. B.

   - die Rechts- und Steuerberatung in Grundstückssachen;

   - die Erstellung von Mustermiet- oder -pachtverträgen ohne Bezug zu einem konkreten Grundstück;

   - die Beratung zur Akquisitionsstruktur einer Transaktion (Asset Deal oder Share Deal);

   - die Prüfung der rechtlichen Verhältnisse eines Grundstücks (Due Diligence);

   - die Durchsetzung von Ansprüchen aus einer bereits vorgenommenen Übertragung von Rechten an Grundstücken;

8. Planung, Gestaltung sowie Aufbau, Umbau und Abbau von Ständen im Zusammenhang mit Messen und Ausstellungen (vgl. EuGH-Urteil vom 27.10.2011, C-530/09, Inter-Mark Group, BStBl 2012 II S. 160);

9. Lagerung von Gegenständen auf einem Grundstück, wenn hierfür zwischen den Vertragsparteien kein bestimmter Teil eines Grundstücks zur ausschließlichen Nutzung festgelegt worden ist;

10. Werbeleistungen, selbst wenn sie die Nutzung eines Grundstücks einschließen;

11. Zurverfügungstellen von Gegenständen oder Vorrichtungen, mit oder ohne Personal für deren Betrieb, mit denen der Leistungsempfänger Arbeiten im Zusammenhang mit einem Grundstück durchführt (z. B. Vermietung eines Baugerüsts), wenn der leistende Unternehmer mit dem Zurverfügungstellen keinerlei Verantwortung für die Durchführung der genannten Arbeiten übernimmt;

12. Leistungen bei der Errichtung eines Windparks, die nicht im Zusammenhang mit einem ausdrücklich bestimmten Grundstück stehen, insbesondere die Übertragung von Rechten im Rahmen der öffentlich-rechtlichen Projektverfahren sowie von Rechten an in Auftrag gegebenen Studien und Untersuchungen, Planungsarbeiten und Konzeptionsleistungen (z. B. Ermittlung der Eigentümer oder Abstimmung mit Versorgungsträgern), Projektsteuerungsarbeiten wie Organisation, Terminplanung, Kostenplanung, Kostenkontrolle und Dokumentation (z. B. im Zusammenhang mit der Kabelverlegung, Gleichstromübertragung und Anbindung an das Umspannwerk als Leistungsbündel bei der Netzanbindung);

13. die Einräumung der Berechtigung, auf einem Golfplatz Golf zu spielen (vgl. BFH-Urteil vom 12.10.2016, XI R 5/14, BStBl 2017 II S. 500).

UStAE   3a.5. Ort der Vermietung eines Beförderungsmittels

Allgemeines

(1) ¹Der Ort der Vermietung eines Beförderungsmittels ist insbesondere von der Dauer der Vermietung abhängig. ²Dabei richtet sich die Dauer der Vermietung nach der tatsächlichen Dauer der Nutzungsüberlassung; wird der Zeitraum der Vermietung auf Grund höherer Gewalt verlängert, ist dieser Zeitraum bei der Abgrenzung einer kurzfristigen von einer langfristigen Vermietung nicht zu berücksichtigen (vgl. Artikel 39 Abs. 1 Unterabs. 3 MwStVO). ³Wird ein Beförderungsmittel mehrfach unmittelbar hintereinander an denselben Leistungsempfänger für einen Zeitraum vermietet, liegt eine kurzfristige Vermietung grundsätzlich nur dann vor, wenn der ununterbrochene Vermietungszeitraum von nicht mehr als 90 Tagen bzw. 30 Tagen insgesamt nicht überschritten wird (vgl. Artikel 39 Abs. 1 Unterabs. 1 und 2 und Abs. 2 Unterabs. 1 und 2 MwStVO). ⁴Wird ein Beförderungsmittel zunächst kurzfristig und anschließend über einen als langfristig geltenden Zeitraum an denselben Leistungsempfänger vermietet, sind die beiden Vermietungszeiträume abweichend von Satz 3 getrennt voneinander zu betrachten, sofern diese vertraglichen Regelungen nicht zur Erlangung steuerrechtlicher Vorteile erfolgten (vgl. Artikel 39 Abs. 2 Unterabs. 3 MwStVO). ⁵Werden aufeinander folgende Verträge über die Vermietung von Beförderungsmitteln geschlossen, die tatsächlich unterschiedliche Beförderungsmittel betreffen, sind die jeweiligen Vermietungen gesondert zu betrachten, sofern diese vertraglichen Regelungen nicht zur Erlangung steuerrechtlicher Vorteile erfolgten (vgl. Artikel 39 Abs. 3 MwStVO).

(2) ¹Als Beförderungsmittel sind Gegenstände anzusehen, deren Hauptzweck auf die Beförderung von Personen und Gütern zu Lande, zu Wasser oder in der Luft gerichtet ist und die sich auch tatsächlich fortbewegen (vgl. Artikel 38 Abs. 1 MwStVO). ²Zu den Beförderungsmitteln gehören auch Auflieger, Sattelanhänger, Fahrzeuganhänger, Eisenbahnwaggons, Elektro-Caddy-wagen, Transportbetonmischer, Segelboote, Ruderboote, Paddelboote, Motorboote, Sportflugzeuge, Segelflugzeuge, Wohnmobile, Wohnwagen (vgl. jedoch Abschnitt 3a.3 Abs. 5) sowie landwirtschaftliche Zugmaschinen und andere landwirtschaftliche Fahrzeuge, Fahrzeuge, die

speziell für den Transport von kranken oder verletzten Menschen konzipiert sind, und Rollstühle und ähnliche Fahrzeuge für kranke und körperbehinderte Menschen, mit mechanischen oder elektronischen Vorrichtungen zur Fortbewegung (vgl. Artikel 38 Abs. 2 MwStVO). [3]Keine Beförderungsmittel sind z. B. Bagger, Planierraupen, Bergungskräne, Schwertransportkräne, Transportbänder, Gabelstapler, Elektrokarren, Rohrleitungen, Ladekräne, Schwimmkräne, Schwimmrammen, Container, militärische Kampffahrzeuge, z. B. Kriegsschiffe – ausgenommen Versorgungsfahrzeuge –, Kampfflugzeuge, Panzer, und Fahrzeuge, die dauerhaft stillgelegt worden sind (vgl. Artikel 38 Abs. 3 MwStVO). [4]Unabhängig hiervon kann jedoch mit diesen Gegenständen eine Beförderungsleistung ausgeführt werden. [5]Als Vermietung von Beförderungsmitteln gilt auch die Überlassung von betrieblichen Kraftfahrzeugen durch Arbeitgeber an ihre Arbeitnehmer zur privaten Nutzung sowie die Überlassung eines Rundfunk- oder Fernsehübertragungswagens oder eines sonstigen Beförderungsmittels inländischer und ausländischer Rundfunkanstalten des öffentlichen Rechts untereinander.

(3) [1]Wird eine Segel- oder Motoryacht oder ein Luftfahrzeug ohne Besatzung verchartert, ist eine Vermietung eines Beförderungsmittels anzunehmen. [2]Bei einer Vercharterung mit Besatzung ohne im Chartervertrag festgelegte Reiseroute ist ebenfalls eine Vermietung eines Beförderungsmittels anzunehmen. [3]Dagegen ist eine Beförderungsleistung anzunehmen, wenn die Yacht oder das Luftfahrzeug mit Besatzung an eine geschlossene Gruppe vermietet wird, die mit dem Vercharterer vorher die Reiseroute festgelegt hat, diese Reiseroute aber im Verlauf der Reise ändern oder in anderer Weise auf den Ablauf der Reise Einfluss nehmen kann. [4]Das gilt auch, wenn nach dem Chartervertrag eine bestimmte Beförderung geschuldet wird und der Unternehmer diese unter eigener Verantwortung vornimmt, z. B. bei einer vom Vercharterer organisierten Rundreise mit Teilnehmern, die auf Ablauf und nähere Ausgestaltung der Reise keinen Einfluss haben.

(4) [1]Überlässt der Unternehmer (Arbeitgeber) seinem Personal (Arbeitnehmer) ein erworbenes Fahrzeug auch zur privaten Nutzung (Privatfahrten, Fahrten zwischen Wohnung und erster Tätigkeitsstätte sowie Familienheimfahrten aus Anlass einer doppelten Haushaltsführung), ist dies regelmäßig als entgeltliche Vermietung eines Beförderungsmittels anzusehen (vgl. Abschnitt 15.23 Abs. 8 bis 11). [2]Der Leistungsort dieser Leistung bestimmt sich nach § 3a Abs. 3 Nr. 2 UStG. [3]Sofern ausnahmsweise eine unentgeltliche Überlassung im Sinne des § 3 Abs. 9a Nr. 1 UStG vorliegt (vgl. Abschnitt 15.23 Abs. 12), bestimmt sich deren Leistungsort ebenfalls nach § 3a Abs. 3 Nr. 2 UStG.

Kurzfristige Vermietung eines Beförderungsmittels

(5) [1]Die Ortsbestimmung des § 3a Abs. 3 Nr. 2 Satz 1 und 2 UStG gilt für die kurzfristige Vermietungsleistung von Beförderungsmitteln sowohl an Nichtunternehmer (siehe Abschnitt 3a.1 Abs. 1) als auch an Leistungsempfänger im Sinne des § 3a Abs. 2 UStG (siehe Abschnitt 3a.2 Abs. 1). [2]Zum Ort der kurzfristigen Fahrzeugvermietung zur Nutzung im Drittlandsgebiet vgl. Abschnitt 3a.14 Abs. 4; zum Ort der kurzfristigen Vermietung eines Beförderungsmittels durch einen im Drittlandsgebiet ansässigen Unternehmer zur Nutzung im Inland vgl. Abschnitt 3a.14 Abs. 1 und 2.

(6) [1]Leistungsort bei der kurzfristigen Vermietung eines Beförderungsmittels ist regelmäßig der Ort, an dem das Beförderungsmittel dem Leistungsempfänger tatsächlich zur Verfügung gestellt wird, das ist der Ort, an dem das Beförderungsmittel dem Leistungsempfänger übergeben wird (vgl. Artikel 40 MwStVO). [2]Eine kurzfristige Vermietung liegt vor, wenn die Vermietung über einen ununterbrochenen Zeitraum von nicht mehr als 90 Tagen bei Wasserfahrzeugen und von nicht mehr als 30 Tagen bei anderen Beförderungsmitteln erfolgt.

Beispiel:

[1]Das Bootsvermietungsunternehmen B mit Sitz in Düsseldorf vermietet an den Unternehmer U eine Yacht für drei Wochen. [2]Die Übergabe der Yacht erfolgt an der Betriebsstätte des B in einem italienischen Adriahafen.

[3]Der Leistungsort für die Vermietungsleistung des B an U ist in Italien, dem Ort, an dem das vermietete Boot tatsächlich von B an U übergeben wird.

Langfristige Vermietung eines Beförderungsmittels

(7) Die Ortsbestimmung des § 3a Abs. 3 Nr. 2 Satz 3 UStG gilt nur für sonstige Leistungen an Nichtunternehmer (siehe Abschnitt 3a.1 Abs. 1).

(8) [1]Leistungsort bei der langfristigen Vermietung eines Beförderungsmittels ist regelmäßig der Ort, an dem der Leistungsempfänger seinen Wohnsitz, seinen gewöhnlichen Aufenthaltsort oder einen Sitz hat. [2]Zur Definition des Wohnsitzes und des gewöhnlichen Aufenthaltsorts vgl. Abschnitt 3a.1 Abs. 1 Sätze 9 und 10. [3]Der Leistungsempfänger gilt an dem Ort als ansässig bzw. hat dort seinen Wohnsitz oder gewöhnlichen Aufenthaltsort, der vom leistenden Unternehmer unter Darlegung von zwei in Satz 4 genannten, sich nicht widersprechenden Beweismitteln als Leistungsort bestimmt worden ist (vgl. Artikel 24c MwStVO). [4]Als Beweismittel gelten insbesondere (vgl. Artikel 24e MwStVO):

1. die Rechnungsanschrift des Leistungsempfängers;

2. Bankangaben, wie der Ort, an dem das bei der unbaren Zahlung der Gegenleistung verwendete Bankkonto geführt wird, oder die der Bank vorliegende Rechnungsanschrift des Leistungsempfängers;

3. die Zulassungsdaten des vom Leistungsempfänger gemieteten Beförderungsmittels, wenn dieses in dem Staat, in dem es genutzt wird, zugelassen sein muss, oder vergleichbare Informationen;

4. sonstige für die Vermietung wirtschaftlich wichtige Informationen.

[5]Liegen Hinweise vor, dass der leistende Unternehmer den Ort nach Satz 3 falsch oder missbräuchlich festgelegt hat, kann das für den leistenden Unternehmer zuständige Finanzamt die Vermutungen widerlegen (vgl. Artikel 24d Abs. 2 MwStVO). [6]Eine langfristige Vermietung liegt vor, wenn die Vermietung über einen ununterbrochenen Zeitraum von mehr als 90 Tagen bei Wasserfahrzeugen und von mehr als 30 Tagen bei anderen Beförderungsmitteln erfolgt.

Beispiel:

[1]Ein österreichischer Staatsbürger mit Wohnsitz in Salzburg tritt eine private Deutschlandreise in München an und mietet ein Kraftfahrzeug bei einem Unternehmer mit Sitz in München für zwei Monate. [2]Das Fahrzeug soll ausschließlich im Inland genutzt werden.

[3]Es handelt sich um eine langfristige Vermietung. [4]Der Leistungsort ist deshalb nach § 3a Abs. 3 Nr. 2 Satz 3 UStG zu bestimmen. [5]Die Vermietung des Kraftfahrzeugs durch einen im Inland ansässigen Unternehmer ist insgesamt in Österreich am Wohnsitz des Leistungsempfängers steuerbar, auch wenn das vermietete Beförderungsmittel während der Vermietung nicht in Österreich, sondern ausschließlich im Inland genutzt wird.

(8a) Wird die langfristige Vermietung eines Beförderungsmittels an einen Nichtunternehmer (siehe Abschnitt 3a.1 Abs. 1) erbracht, der in verschiedenen Ländern ansässig ist oder seinen Wohnsitz in einem Land und seinen gewöhnlichen Aufenthaltsort in einem anderen Land hat, ist

1. bei Leistungen an eine nicht unternehmerisch tätige juristische Person, der keine USt-IdNr. erteilt worden ist, der Leistungsort vorrangig an dem Ort, an dem die Handlungen zur zentralen Verwaltung der juristischen Person vorgenommen werden, soweit keine Anhaltspunkte dafür vorliegen, dass die Leistung an deren Betriebsstätte genutzt oder ausgewertet wird (vgl. Artikel 24 Buchstabe a MwStVO),

2. bei Leistungen an eine natürliche Person der Leistungsort vorrangig an deren gewöhnlichem Aufenthaltsort (siehe Abschnitt 3a.1 Abs. 1 Sätze 10 bis 14), soweit keine Anhaltspunkte dafür vorliegen, dass die Leistung an deren Wohnsitz genutzt oder ausgewertet wird (vgl. Artikel 24 Buchstabe b MwStVO).

(9) [1]Werden Beförderungsmittel langfristig durch einen im Drittlandsgebiet ansässigen Unternehmer an Nichtunternehmer zur Nutzung im Inland vermietet, bestimmt sich der Leistungsort bei der Vermietung nach § 3a Abs. 6 Satz 1 Nr. 1 UStG, vgl. hierzu Abschnitt 3a.14 Abs. 1 und 2. [2]Der Ort der langfristigen Vermietung von Beförderungsmitteln an Leistungsempfänger im Sinne des § 3a Abs. 2 UStG (siehe Abschnitt 3a.2 Abs. 1) richtet sich nach § 3a Abs. 2 UStG.

Langfristige Vermietung eines Sportbootes

(10) Die Ortsbestimmung des § 3a Abs. 3 Nr. 2 Satz 4 UStG gilt nur für sonstige Leistungen an Nichtunternehmer (siehe Abschnitt 3a.1 Abs. 1).

(11) [1]Der Leistungsort bei der langfristigen Vermietung von Sportbooten an Nichtunternehmer richtet sich grundsätzlich nach dem Ort, an dem der Leistungsempfänger seinen Wohnsitz oder Sitz hat; die Absätze 7 bis 9 sind anzuwenden. [2]Abweichend hiervon richtet sich der Leistungsort aber nach dem Ort, an dem das Sportboot dem Leistungsempfänger tatsächlich zur Verfügung gestellt, d. h. es ihm übergeben wird (§ 3a Abs. 3 Nr. 2 Satz 4 UStG), wenn sich auch der Sitz, die Geschäftsleitung oder eine Betriebsstätte des leistenden Unternehmers an diesem Ort befindet.

> **Beispiel:**
>
> [1]Das Bootsvermietungsunternehmen B mit Sitz in Düsseldorf vermietet an den Nichtunternehmer N mit Wohnsitz in Köln eine Yacht für vier Monate. [2]Die Übergabe der Yacht erfolgt an der Betriebsstätte des B in einem italienischen Adriahafen.
>
> [3]Der Leistungsort für die Vermietungsleistung des B an N ist in Italien, dem Ort, an dem das vermietete Boot tatsächlich von B an N übergeben wird, da sich an dem Übergabeort auch eine Betriebsstätte des B befindet.

(12) Sportboote im Sinne des § 3a Abs. 3 Nr. 2 Satz 4 UStG sind unabhängig von der Antriebsart sämtliche Boote mit einer Rumpflänge von 2,5 bis 24 Metern, die ihrer Bauart nach für Sport- und Freizeitzwecke bestimmt sind, insbesondere Segelyachten, Motoryachten, Segelboote, Ruderboote, Paddelboote oder Motorboote.

UStAE   3a.6.   Ort der Tätigkeit

(1) [1]Die Regelung des § 3a Abs. 3 Nr. 3 UStG gilt nur für sonstige Leistungen, die in einem positiven Tun bestehen. [2]Bei diesen Leistungen bestimmt sich der Leistungsort nach dem Ort, an dem die sonstige Leistung tatsächlich bewirkt wird (vgl. EuGH-Urteil vom 9. 3. 2006, C-114/05, Gillan Beach). [3]Der Ort, an dem der Erfolg eintritt oder die sonstige Leistung sich auswirkt, ist ohne Bedeutung (BFH-Urteil vom 4. 4. 1974, V R 161/72, BStBl II S. 532). [4]Dabei kommt es nicht entscheidend darauf an, wo der Unternehmer, z. B. Künstler, im Rahmen seiner Gesamttätigkeit überwiegend tätig wird; vielmehr ist der jeweilige Umsatz zu betrachten. [5]Es ist nicht erforderlich, dass der Unternehmer im Rahmen einer Veranstaltung tätig wird.

Leistungen nach § 3a Abs. 3 Nr. 3 Buchstabe a UStG

(2) [1]§ 3a Abs. 3 Nr. 3 Buchstabe a UStG gilt nur für sonstige Leistungen an Nichtunternehmer (siehe Abschnitt 3a.1 Abs. 1). [2]Die Regelung ist auch anzuwenden beim Verkauf von Eintrittskarten für kulturelle, künstlerische, wissenschaftliche, unterrichtende, sportliche, unterhaltende oder ähnliche Veranstaltungen durch einen anderen Unternehmer als den Veranstalter. [3]Durch den Verkauf von Eintrittskarten wird dem Erwerber das Recht auf Zugang an der jeweiligen Veranstaltung verschafft. [4]Die Vermittlung von Eintrittskarten fällt nicht unter § 3a Abs. 3 Nr. 3 Buchstabe a UStG (siehe Abschnitt 3a.7a Abs. 3 Satz 2).

(2a) [1]Zu den unter § 3a Abs. 3 Nr. 3 Buchstabe a UStG fallenden sonstigen Leistungen eines auftretenden Künstlers gehören auch die Leistungen von Gastspielagenturen, die den auftretenden Künstler im eigenen Namen und als eigene Leistung am Markt anbieten. [2]Es ist nicht erforderlich, dass eine Leistung nach § 3a Abs. 3 Nr. 3 Buchstabe a UStG höchstpersönlich erbracht wird (vgl. BFH-Urteil vom 1.3.2018, V R 25/17, BStBl II S. 555). [3]Der Leistungsort für die Vermittlung von Künstlern richtet sich bei Leistungsempfängern im Sinne des § 3a Abs. 2 UStG (siehe Abschnitt 3a.2 Abs. 1) nach § 3a Abs. 2 UStG und bei Leistungen an Nichtunternehmer (siehe Abschnitt 3a.1 Abs. 1) nach § 3a Abs. 3 Nr. 4 in Verbindung mit Nr. 3 Buchstabe a UStG.

(3) [1]Leistungen, die im Zusammenhang mit Leistungen im Sinne des § 3a Abs. 3 Nr. 3 Buchstabe a UStG unerlässlich sind, werden an dem Ort erbracht, an dem diese Leistungen tatsächlich bewirkt werden. [2]Hierzu können auch tontechnische Leistungen im Zusammenhang mit künstlerischen oder unterhaltenden Leistungen gehören (EuGH-Urteil vom 26.9.1996, C-327/94, Dudda, BStBl 1998 II S. 313).

(4) [1]Insbesondere bei künstlerischen und wissenschaftlichen Leistungen ist zu beachten, dass sich im Falle der reinen Übertragung von Nutzungsrechten an Urheberrechten und ähnlichen Rechten (vgl. Abschnitt 3a.9 Abs. 1 und 2 sowie Abschnitt 12.7) der Leistungsort nicht nach § 3a Abs. 3 Nr. 3 Buchstabe a UStG richtet. [2]Der Leistungsort bestimmt sich nach § 3a Abs. 1 UStG (vgl. Abschnitt 3a.1) oder nach § 3a Abs. 4 Sätze 1 und 2 Nr. 1 UStG (vgl. Abschnitt 3a.9 Abs. 1 und 2).

(5) [1]Die Frage, ob bei einem wissenschaftlichen Gutachten eine wissenschaftliche Leistung nach § 3a Abs. 3 Nr. 3 Buchstabe a UStG oder eine Beratungsleistung vorliegt, ist nach dem Zweck zu beurteilen, den der Auftraggeber mit dem von ihm bestellten Gutachten verfolgt. [2]Eine wissenschaftliche Leistung im Sinne des § 3a Abs. 3 Nr. 3 Buchstabe a UStG setzt voraus, dass das erstellte Gutachten nicht auf Beratung des Auftraggebers gerichtet ist; dies ist der Fall, wenn das Gutachten nach seinem Zweck eine konkrete Entscheidungshilfe für den Auftraggeber darstellt. [3]Soll das Gutachten dem Auftraggeber dagegen als Entscheidungshilfe für die Lösung konkreter technischer, wirtschaftlicher oder rechtlicher Fragen dienen, liegt eine Beratungsleistung vor. [4]Der Leistungsort bestimmt sich bei Leistungen an Nichtunternehmer (siehe Abschnitt 3a.1 Abs. 1) nach § 3a Abs. 1 oder 4 Satz 1 UStG.

Beispiel 1:

[1]Ein Hochschullehrer hält im Auftrag eines ausschließlich nicht unternehmerisch tätigen Verbandes, dem für Umsatzsteuerzwecke keine USt-IdNr. erteilt worden ist, auf einem Fachkongress einen Vortrag. [2]Inhalt des Vortrags ist die Mitteilung und Erläuterung der von ihm auf seinem Forschungsgebiet, z. B. Maschinenbau, gefundenen Ergebnisse. [3]Zugleich händigt der Hochschullehrer allen Teilnehmern ein Manuskript seines Vortrags aus. [4]Vortrag und Manuskript haben nach Inhalt und Form den Charakter eines wissenschaftlichen Gutachtens. [5]Sie sollen allen Teilnehmern des Fachkongresses zur Erweiterung ihrer beruflichen Kenntnisse dienen.

[6]Der Leistungsort bestimmt sich nach § 3a Abs. 3 Nr. 3 Buchstabe a UStG.

Beispiel 2:

[1]Ein Wirtschaftsforschungsunternehmen erhält von einer inländischen juristischen Person des öffentlichen Rechts, die nicht unternehmerisch tätig und der keine USt-IdNr. erteilt worden ist, den Auftrag, in Form eines Gutachtens Struktur- und Standortanalysen für die Errichtung von Gewerbebetrieben zu erstellen.

[2]Auch wenn das Gutachten nach wissenschaftlichen Grundsätzen erstellt worden ist, handelt es sich um eine Beratung, da das Gutachten zur Lösung konkreter wirtschaftlicher Fragen verwendet werden soll. [3]Der Leistungsort bestimmt sich nach § 3a Abs. 1 UStG.

(5a) Die Einräumung der Berechtigung, auf einem Golfplatz Golf zu spielen, ist als sportliche Leistung nach § 3a Abs. 3 Nr. 3 Buchstabe a UStG anzusehen (vgl. BFH-Urteil vom 12.10.2016, XI R 5/14, BStBl 2017 II S. 500).

(6) [1]Eine sonstige Leistung, die darin besteht, der Allgemeinheit gegen Entgelt die Benutzung von Geldspielautomaten zu ermöglichen, die in Spielhallen aufgestellt sind, ist als unterhaltende oder ähnliche Tätigkeit nach § 3a Abs. 3 Nr. 3 Buchstabe a UStG anzusehen (vgl. EuGH-Urteil vom 12.5.2005, C-452/03, RAL (Channel Islands) u. a.). [2]Für die Benutzung von Geldspiel-

automaten außerhalb von Spielhallen richtet sich der Leistungsort nach § 3a Abs. 1 UStG (vgl. EuGH-Urteil vom 4. 7. 1985, 168/84, Berkholz).

(7) [1]Eine Leistung im Sinne des § 3a Abs. 3 Nr. 3 Buchstabe a UStG liegt – unbeschadet Abschnitt 3a.9 Abs. 8a – auch bei der Planung, Gestaltung sowie dem Aufbau, Umbau und Abbau von Ständen im Zusammenhang mit Messen und Ausstellungen vor, wenn dieser Stand für eine bestimmte Messe oder Ausstellung im Bereich der Kultur, der Künste, des Sports, der Wissenschaften, des Unterrichts, der Unterhaltung oder einem ähnlichen Gebiet bestimmt ist (vgl. EuGH-Urteil vom 27. 10. 2011, C-530/09, Inter-Mark Group, BStBl 2012 II S. 160). [2]Zum Ort der sonstigen Leistung bei Messen und Ausstellungen vgl. im Übrigen Abschnitt 3a.4.

Leistungen nach § 3a Abs. 3 Nr. 3 Buchstabe b UStG

(8) § 3a Abs. 3 Nr. 3 Buchstabe b UStG gilt sowohl für sonstige Leistungen an Nichtunternehmer (siehe Abschnitt 3a.1 Abs. 1) als auch an Leistungsempfänger im Sinne des § 3a Abs. 2 UStG (siehe Abschnitt 3a.2 Abs. 1).

(9) [1]Bei der Abgabe von Speisen und Getränken zum Verzehr an Ort und Stelle (Restaurationsleistung) richtet sich der Leistungsort nach dem Ort, an dem diese Leistung tatsächlich erbracht wird (§ 3a Abs. 3 Nr. 3 Buchstabe b UStG). [2]Die Restaurationsleistung muss aber als sonstige Leistung anzusehen sein; zur Abgrenzung zwischen Lieferung und sonstiger Leistung bei der Abgabe von Speisen und Getränken wird auf die BMF-Schreiben vom 16. 10. 2008, BStBl I S. 949, und vom 29. 3. 2010, BStBl I S. 330, verwiesen. [3]Die Ortsregelung gilt nicht für Restaurationsleistungen an Bord eines Schiffs, in einem Luftfahrzeug oder in einer Eisenbahn während einer Beförderung im Inland oder im übrigen Gemeinschaftsgebiet. [4]In diesen Fällen bestimmt sich der Leistungsort nach § 3e UStG (vgl. Abschnitt 3e.1).

Leistungen nach § 3a Abs. 3 Nr. 3 Buchstabe c UStG

(10) [1]Bei Arbeiten an beweglichen körperlichen Gegenständen und bei der Begutachtung dieser Gegenstände für Nichtunternehmer (siehe Abschnitt 3a.1 Abs. 1) bestimmt sich der Leistungsort nach dem Ort, an dem der Unternehmer tatsächlich die Leistung ausführt (§ 3a Abs. 3 Nr. 3 Buchstabe c UStG). [2]Ist der Leistungsempfänger ein Leistungsempfänger im Sinne des § 3a Abs. 2 UStG (siehe Abschnitt 3a.2 Abs. 1), richtet sich der Leistungsort nach § 3a Abs. 2 UStG (vgl. Abschnitt 3a.2). [3]Zum Leistungsort bei Arbeiten an beweglichen körperlichen Gegenständen und bei der Begutachtung dieser Gegenstände, wenn diese Leistungen im Drittlandsgebiet genutzt oder ausgewertet werden, vgl. § 3a Abs. 8 Satz 1 UStG und Abschnitt 3a.14 Abs. 5.

(11) [1]Als Arbeiten an beweglichen körperlichen Gegenständen sind insbesondere Werkleistungen in Gestalt der Bearbeitung oder Verarbeitung von beweglichen körperlichen Gegenständen anzusehen. [2]Hierzu ist grundsätzlich eine Veränderung des beweglichen Gegenstandes erforderlich. [3]Wartungsleistungen an Anlagen, Maschinen und Kraftfahrzeugen können als Werkleistungen angesehen werden. [4]Verwendet der Unternehmer bei der Be- oder Verarbeitung eines Gegenstandes selbstbeschaffte Stoffe, die nicht nur Zutaten oder sonstige Nebensachen sind, ist keine Werkleistung, sondern eine Werklieferung gegeben (§ 3 Abs. 4 UStG). [5]Baut der leistende Unternehmer die ihm vom Leistungsempfänger sämtlich zur Verfügung gestellten Teile einer Maschine nur zusammen und wird die zusammengebaute Maschine nicht Bestandteil eines Grundstücks, bestimmt sich der Ort der sonstigen Leistung nach § 3a Abs. 3 Nr. 3 Buchstabe c UStG (vgl. Artikel 8 und 34 MwStVO), wenn der Leistungsempfänger ein Nichtunternehmer ist.

(12) [1]Bei der Begutachtung beweglicher körperlicher Gegenstände durch Sachverständige hat § 3a Abs. 3 Nr. 3 Buchstabe c UStG Vorrang vor § 3a Abs. 4 Satz 1 und 2 Nr. 3 UStG. [2]Wegen der Leistungen von Handelschemikern vgl. Abschnitt 3a.9 Abs. 12 Satz 3.

UStAE 3a.7. Ort der Vermittlungsleistung

(1) ¹Unter den Begriff Vermittlungsleistung fallen sowohl Vermittlungsleistungen, die im Namen und für Rechnung des Empfängers der vermittelten Leistung erbracht werden, als auch Vermittlungsleistungen, die im Namen und für Rechnung des Unternehmers erbracht werden, der die vermittelte Leistung ausführt (vgl. Artikel 30 MwStVO). ²Der Leistungsort einer Vermittlungsleistung bestimmt sich nur bei Leistungen an Nichtunternehmer (siehe Abschnitt 3a.1 Abs. 1) nach § 3a Abs. 3 Nr. 4 UStG. ³Hierunter fällt auch die Vermittlung der kurzfristigen Vermietung von Zimmern in Hotels, Gaststätten oder Pensionen, von Fremdenzimmern, Ferienwohnungen, Ferienhäusern und vergleichbaren Einrichtungen an Nichtunternehmer (vgl. Artikel 31 Buchstabe b MwStVO). ⁴Bei Leistungen an einen Unternehmer oder an eine gleichgestellte juristische Person (siehe Abschnitt 3a.2 Abs. 1) richtet sich der Leistungsort nach § 3a Abs. 2 UStG (vgl. Artikel 31 Buchstabe a MwStVO und Abschnitt 3a.2), bei der Vermittlung von Vermietungen von Grundstücken nach § 3a Abs. 3 Nr. 1 UStG. ⁵Zur Abgrenzung der Vermittlungsleistung vom Eigenhandel vgl. Abschnitt 3.7.

(2) ¹Die Vermittlung einer nicht steuerbaren Leistung zwischen Nichtunternehmern wird an dem Ort erbracht, an dem die vermittelte Leistung ausgeführt wird (vgl. EuGH-Urteil vom 27.5.2004, C-68/03, Lipjes). ²Bei der Werbung von Mitgliedschaften liegt keine Vermittlung eines Umsatzes vor, weil die Begründung der Mitgliedschaft in einem Verein keinen Leistungsaustausch darstellt; der Leistungsort dieser Leistung richtet sich bei Leistungen an Nichtunternehmer (siehe Abschnitt 3a.1 Abs. 1) nicht nach § 3a Abs. 3 Nr. 4 UStG, sondern nach § 3a Abs. 1 UStG (vgl. BFH-Urteil vom 12.12.2012, XI R 30/10, BStBl 2013 II S. 348), bei Leistungen an einen Leistungsempfänger im Sinne des § 3a Abs. 2 UStG (siehe Abschnitt 3a.2 Abs. 1) nach § 3a Abs. 2 UStG.

UStAE 3a.7a. Ort der Veranstaltung

(1) ¹§ 3a Abs. 3 Nr. 5 UStG gilt nur für Leistungen an einen Leistungsempfänger im Sinne des § 3a Abs. 2 UStG (siehe Abschnitt 3a.2 Abs. 1). ²Die Regelung ist auch anzuwenden, wenn ein anderer Unternehmer als der Veranstalter auf eigene oder auf Rechnung des Veranstalters Eintrittsberechtigungen an einen Unternehmer für dessen unternehmerischen Bereich oder an eine einem Unternehmer gleichgestellte juristische Person einräumt. ³Werden die in der Vorschrift genannten sonstigen Leistungen an Nichtunternehmer (siehe Abschnitt 3a.1 Abs. 1) erbracht, richtet sich der Leistungsort nach § 3a Abs. 3 Nr. 3 Buchstabe a UStG (siehe Abschnitt 3a.6 Abs. 2 Satz 2). ⁴Eine Veranstaltung im Sinne des § 3a Abs. 3 Nr. 5 UStG erfordert die physische Anwesenheit des Leistungsempfängers bei dieser; die Vorschrift gilt daher nicht in Fällen der Online-Teilnahme des Leistungsempfängers.

(2) ¹Zu den Eintrittsberechtigungen gehören insbesondere (vgl. Artikel 32 Abs. 1 und 2 MwStVO)

1. das Recht auf Zugang zu Darbietungen, Theateraufführungen, Zirkusvorstellungen, Freizeitparks, Konzerten, Ausstellungen sowie zu anderen ähnlichen kulturellen Veranstaltungen, auch wenn das Entgelt in Form eines Abonnements oder eines Jahresbeitrags entrichtet wird;

2. das Recht auf Zugang zu Sportveranstaltungen, wie Spiele und Wettkämpfe gegen Entgelt, auch wenn das Entgelt in Form einer Zahlung für einen bestimmten Zeitraum oder eine festgelegte Anzahl von Veranstaltungen in einem Betrag erfolgt;

3. ¹das Recht auf Zugang zu Veranstaltungen auf dem Gebiet des Unterrichts und der Wissenschaft, wie beispielsweise Konferenzen und Seminare. ²Dies gilt unabhängig davon, ob der Unternehmer selbst oder ein Arbeitnehmer an der Veranstaltung teilnimmt und das Entgelt vom Unternehmer (Arbeitgeber) entrichtet wird.

²Zu den Eintrittsberechtigungen für Messen, Ausstellungen und Kongresse gehören insbesondere Leistungen, für die der Leistungsempfänger Kongress-, Teilnehmer- oder Seminarentgelte entrichtet, sowie damit im Zusammenhang stehende Nebenleistungen, wie z. B. Beförderungsleis-

tungen, Vermietung von Fahrzeugen oder Unterbringung, wenn diese Leistungen vom Veranstalter der Messe, der Ausstellung oder des Kongresses zusammen mit der Einräumung der Eintrittsberechtigung als einheitliche Leistung (vgl. Abschnitt 3.10) angeboten werden. ³Zu den mit den in § 3a Abs. 3 Nr. 5 UStG genannten Veranstaltungen zusammenhängenden sonstigen Leistungen gehören auch die Nutzung von Garderoben und von sanitären Einrichtungen gegen gesondertes Entgelt (vgl. Artikel 33 MwStVO).

(3) ¹Nicht unter § 3a Abs. 3 Nr. 5 UStG fällt die Berechtigung zur Nutzung von Räumlichkeiten, wie beispielsweise Turnhallen oder anderen Räumen, gegen Entgelt (vgl. Artikel 32 Abs. 3 MwStVO). ²Auch die Vermittlung von Eintrittsberechtigungen fällt nicht unter § 3a Abs. 3 Nr. 5 UStG; der Leistungsort dieser Umsätze richtet sich bei Leistungen an einen Leistungsempfänger im Sinne des § 3a Abs. 2 UStG (siehe Abschnitt 3a.2 Abs. 1) nach § 3a Abs. 2 UStG, bei Leistungen an einen Nichtunternehmer (siehe Abschnitt 3a.1 Abs. 1) nach § 3a Abs. 3 Nr. 4 UStG.

UStAE   3a.8.   Ort der in § 3a Abs. 4 Satz 2 UStG bezeichneten sonstigen Leistungen

Bei der Bestimmung des Leistungsorts für die in § 3a Abs. 4 Satz 2 UStG bezeichneten Leistungen sind folgende Fälle zu unterscheiden:

1. Ist der Empfänger der sonstigen Leistung ein Nichtunternehmer (siehe Abschnitt 3a.1 Abs. 1) und hat er seinen Wohnsitz oder Sitz außerhalb des Gemeinschaftsgebiets (vgl. Abschnitt 1.10 Abs. 1), wird die sonstige Leistung dort ausgeführt, wo der Empfänger seinen Wohnsitz oder Sitz hat (§ 3a Abs. 4 Satz 1 UStG).

2. ¹Ist der Empfänger der sonstigen Leistung ein Nichtunternehmer (siehe Abschnitt 3a.1 Abs. 1) und hat er seinen Wohnsitz oder Sitz innerhalb des Gemeinschaftsgebiets (vgl. Abschnitt 1.10 Abs. 1), wird die sonstige Leistung dort ausgeführt, wo der leistende Unternehmer sein Unternehmen betreibt. ²Insoweit verbleibt es bei der Regelung des § 3a Abs. 1 UStG (vgl. jedoch § 3a Abs. 6 Satz 1 Nr. 2 UStG und Abschnitt 3a.14 Abs. 1 und 3).

2a. Wird die sonstige Leistung an einen Nichtunternehmer (siehe Abschnitt 3a.1 Abs. 1) erbracht, der in verschiedenen Ländern ansässig ist oder seinen Wohnsitz in einem Land und seinen gewöhnlichen Aufenthaltsort in einem anderen Land hat, ist

    a) bei Leistungen an eine nicht unternehmerisch tätige juristische Person, die keine USt-IdNr. erteilt worden ist, der Leistungsort vorrangig an dem Ort, an dem die Handlungen zur zentralen Verwaltung der juristischen Person vorgenommen werden, soweit keine Anhaltspunkte dafür vorliegen, dass die Leistung an deren Betriebsstätte genutzt oder ausgewertet wird (vgl. Artikel 24 Buchstabe a MwStVO),

    b) bei Leistungen an eine natürliche Person der Leistungsort vorrangig an deren gewöhnlichen Aufenthaltsort (siehe Abschnitt 3a.1 Abs. 1 Sätze 10 bis 14), soweit keine Anhaltspunkte dafür vorliegen, dass die Leistung an deren Wohnsitz genutzt oder ausgewertet wird (vgl. Artikel 24 Buchstabe b MwStVO).

3. Ist der Empfänger der sonstigen Leistung ein Leistungsempfänger im Sinne des § 3a Abs. 2 UStG (siehe Abschnitt 3a.2 Abs. 1), wird die sonstige Leistung dort ausgeführt, wo der Empfänger sein Unternehmen betreibt bzw. die juristische Person ihren Sitz hat (§ 3a Abs. 2 UStG; vgl. Abschnitt 3a.2).

UStAE   3a.9. Leistungskatalog des § 3a Abs. 4 Satz 2 Nr. 1 bis 10 UStG

Patente, Urheberrechte, Markenrechte

(1) Sonstige Leistungen im Sinne des § 3a Abs. 4 Satz 2 Nr. 1 UStG ergeben sich u. a. auf Grund folgender Gesetze:

1. Gesetz über Urheberrecht und verwandte Schutzrechte;
2. Gesetz über die Wahrnehmung von Urheberrechten und verwandten Schutzrechten;
3. Patentgesetz;
4. Markenrechtsreformgesetz;
5. Gesetz über das Verlagsrecht;
6. Gebrauchsmustergesetz.

(2) [1]Hinsichtlich der Leistungen auf dem Gebiet des Urheberrechts vgl. Abschnitt 3a.6 Abs. 4. [2]Außerdem sind die Ausführungen in Abschnitt 12.7 zu beachten. [3]Bei der Auftragsproduktion von Filmen wird auf die Rechtsprechung des BFH zur Abgrenzung zwischen Lieferung und sonstiger Leistung hingewiesen (vgl. BFH-Urteil vom 19. 2. 1976, V R 92/74, BStBl II S. 515). [4]Die Überlassung von Fernsehübertragungsrechten und die Freigabe eines Berufsfußballspielers gegen Ablösezahlung sind als ähnliche Rechte im Sinne des § 3a Abs. 4 Satz 2 Nr. 1 UStG anzusehen.

Werbung, Öffentlichkeitsarbeit, Werbungsmittler, Werbeagenturen

(3) [1]Unter dem Begriff „Leistungen, die der Werbung dienen" im Sinne des § 3a Abs. 4 Satz 2 Nr. 2 UStG sind die Leistungen zu verstehen, die bei den Werbeadressaten den Entschluss zum Erwerb von Gegenständen oder zur Jnanspruchnahme von sonstigen Leistungen auslösen sollen (vgl. BFH-Urteil vom 24. 9. 1987, V R 105/77, BStBl 1988 II S. 303). [2]Unter den Begriff fallen auch die Leistungen, die bei den Werbeadressaten ein bestimmtes außerwirtschaftliches, z. B. politisches, soziales, religiöses Verhalten herbeiführen sollen. [3]Es ist nicht erforderlich, dass die Leistungen üblicherweise und ausschließlich der Werbung dienen.

(4) Zu den Leistungen, die der Werbung dienen, gehören insbesondere:

1. [1]die Werbeberatung. [2]Hierbei handelt es sich um die Unterrichtung über die Möglichkeiten der Werbung;
2. [1]die Werbevorbereitung und die Werbeplanung. [2]Bei ihr handelt es sich um die Erforschung und Planung der Grundlagen für einen Werbeeinsatz, z. B. die Markterkundung, die Verbraucheranalyse, die Erforschung von Konsumgewohnheiten, die Entwicklung einer Marktstrategie und die Entwicklung von Werbekonzeptionen;
3. [1]die Werbegestaltung. [2]Hierzu zählen die graphische Arbeit, die Abfassung von Werbetexten und die vorbereitenden Arbeiten für die Film-, Funk- und Fernsehproduktion;
4. [1]die Werbemittelherstellung. [2]Hierzu gehört die Herstellung oder Beschaffung der Unterlagen, die für die Werbung notwendig sind, z. B. Reinzeichnungen und Tiefdruckvorlagen für Anzeigen, Prospekte, Plakate usw., Druckstöcke, Bild- und Tonträger, einschließlich der Überwachung der Herstellungsvorgänge;
5. [1]die Werbemittlung (vgl. Absatz 7). [2]Der Begriff umfasst die Auftragsabwicklung in dem Bereich, in dem die Werbeeinsätze erfolgen sollen, z. B. die Erteilung von Anzeigenaufträgen an die Verleger von Zeitungen, Zeitschriften, Fachblättern und Adressbüchern sowie die Erteilung von Werbeaufträgen an Funk- und Fernsehanstalten und an sonstige Unternehmer, die Werbung durchführen;
6. [1]die Durchführung von Werbung. [2]Hierzu gehören insbesondere die Aufnahmen von Werbeanzeigen in Zeitungen, Zeitschriften, Fachblättern, auf Bild- und Tonträgern und in

Adressbüchern, die sonstige Adresswerbung, z. B. Zusatzeintragungen oder hervorgehobene Eintragungen, die Beiheftung, Beifügung oder Verteilung von Prospekten oder sonstige Formen der Direktwerbung, das Anbringen von Werbeplakaten und Werbetexten an Werbeflächen, Verkehrsmitteln usw., das Abspielen von Werbefilmen in Filmtheatern oder die Ausstrahlung von Werbesendungen im Fernsehen oder Rundfunk.

(5) [1]Zeitungsanzeigen von Unternehmern, die Stellenangebote enthalten, ausgenommen Chiffreanzeigen, und sog. Finanzanzeigen, z. B. Veröffentlichung von Bilanzen, Emissionen, Börsenzulassungsprospekten usw., sind Werbeleistungen. [2]Zeitungsanzeigen von Nichtunternehmern, z. B. Stellengesuche, Stellenangebote von juristischen Personen des öffentlichen Rechts für den hoheitlichen Bereich, Familienanzeigen, Kleinanzeigen, sind dagegen als nicht der Werbung dienend anzusehen.

(6) [1]Unter Leistungen, die der Öffentlichkeitsarbeit dienen, sind die Leistungen zu verstehen, durch die Verständnis, Wohlwollen und Vertrauen erreicht oder erhalten werden sollen. [2]Es handelt sich hierbei in der Regel um die Unterrichtung der Öffentlichkeit über die Zielsetzungen, Leistungen und die soziale Aufgeschlossenheit staatlicher oder privater Stellen. [3]Die Ausführungen in den Absätzen 3 und 4 gelten entsprechend.

(7) Werbungsmittler ist, wer Unternehmern, die Werbung für andere durchführen, Werbeaufträge für andere im eigenen Namen und für eigene Rechnung erteilt (vgl. Absatz 4 Nr. 5).

(8) [1]Eine Werbeagentur ist ein Unternehmer, der neben der Tätigkeit eines Werbungsmittlers weitere Leistungen, die der Werbung dienen, ausführt. [2]Bei den weiteren Leistungen handelt es sich insbesondere um Werbeberatung, Werbeplanung, Werbegestaltung, Beschaffung von Werbemitteln und Überwachung der Werbemittelherstellung (vgl. Absatz 4 Nr. 1 bis 4).

(8a) Eine Leistung im Sinne des § 3a Abs. 4 Satz 2 Nr. 2 UStG liegt auch bei der Planung, Gestaltung sowie Aufbau, Umbau und Abbau von Ständen im Zusammenhang mit Messen und Ausstellungen vor, wenn dieser Stand für Werbezwecke verwendet wird (vgl. EuGH-Urteil vom 27. 10. 2011, C-530/09, Inter-Mark Group, BStBl 2012 II S. 160).

Beratungs- und Ingenieurleistungen

(9) [1]§ 3a Abs. 4 Satz 2 Nr. 3 UStG ist z. B. bei folgenden sonstigen Leistungen anzuwenden, wenn sie Hauptleistungen sind: Rechts-, Steuer- und Wirtschaftsberatung. [2]Nicht unter § 3a Abs. 4 Satz 2 Nr. 3 UStG fallen Beratungsleistungen, wenn die Beratung nach den allgemeinen Grundsätzen des Umsatzsteuerrechts nur als Nebenleistung, z. B. zu einer Werklieferung, zu beurteilen ist.

(10) [1]Bei Rechtsanwälten, Patentanwälten, Steuerberatern und Wirtschaftsprüfern fallen alle berufstypischen Leistungen unter § 3a Abs. 4 Satz 2 Nr. 3 UStG. [2]Zur Beratungstätigkeit gehören daher z. B. bei einem Rechtsanwalt die Prozessführung, bei einem Wirtschaftsprüfer auch die im Rahmen von Abschlussprüfungen erbrachten Leistungen. [3]Keine berufstypische Leistung eines Rechtsanwaltes oder Steuerberaters ist die Tätigkeit als Testamentsvollstrecker oder Nachlasspfleger (vgl. BFH-Urteil vom 3. 4. 2008, V R 62/05, BStBl II S. 900).

(11) [1]§ 3a Abs. 4 Satz 2 Nr. 3 UStG erfasst auch die selbständigen Beratungsleistungen der Notare. [2]Sie erbringen jedoch nur dann selbständige Beratungsleistungen, wenn die Beratungen nicht im Zusammenhang mit einer Beurkundung stehen. [3]Das sind insbesondere die Fälle, in denen sich die Tätigkeit der Notare auf die Betreuung der Beteiligten auf dem Gebiet der vorsorgenden Rechtspflege, insbesondere die Anfertigung von Urkundsentwürfen und die Beratung der Beteiligten beschränkt (vgl. § 24 BNotO und §§ 145 und 147 Abs. 2 KostO).

(12) [1]Unter § 3a Abs. 4 Satz 2 Nr. 3 UStG fallen auch die Beratungsleistungen von Sachverständigen. [2]Hierzu gehören z. B. die Anfertigung von rechtlichen, wirtschaftlichen und technischen Gutachten, soweit letztere nicht in engem Zusammenhang mit einem Grundstück (§ 3a Abs. 3 Nr. 1 UStG und Abschnitt 3a.3 Abs. 3) oder mit beweglichen Gegenständen (§ 3a Abs. 3 Nr. 3 Buchstabe c UStG und Abschnitt 3a.6 Abs. 12) stehen, sowie die Aufstellung von Finanzierungs-

plänen, die Auswahl von Herstellungsverfahren und die Prüfung ihrer Wirtschaftlichkeit. [3]Leistungen von Handelschemikern sind als Beratungsleistungen im Sinne des § 3a Abs. 4 Satz 2 Nr. 3 UStG zu beurteilen, wenn sie Auftraggeber neben der chemischen Analyse von Warenproben insbesondere über Kennzeichnungsfragen beraten.

(13) [1]Ingenieurleistungen sind alle sonstigen Leistungen, die zum Berufsbild eines Ingenieurs gehören, also nicht nur beratende Tätigkeiten; die Ausübung von Ingenieurleistungen ist dadurch gekennzeichnet, Kenntnisse und bestehende Prozesse auf konkrete Probleme anzuwenden sowie neue Kenntnisse zu erwerben und neue Prozesse zur Lösung dieser und neuer Probleme zu entwickeln (vgl. EuGH-Urteil vom 7. 10. 2010, C-222/09, Kronospan Mielec, und BFH-Urteil vom 13. 1. 2011, V R 63/09, BStBl II S. 461). [2]Es ist nicht erforderlich, dass der leistende Unternehmer Ingenieur ist. [3]Nicht hierzu zählen Ingenieurleistungen in engem Zusammenhang mit einem Grundstück (vgl. Abschnitt 3a.3 Abs. 3 und 8). [4]Die Anpassung von Software an die besonderen Bedürfnisse des Abnehmers gehört zu den sonstigen Leistungen, die von Ingenieuren erbracht werden, oder zu denen, die Ingenieurleistungen ähnlich sind (vgl. EuGH-Urteil vom 27. 10. 2005, C-41/04, Levob Verzekeringen und OV Bank). [5]Ebenso sind Leistungen eines Ingenieurs, die in Forschungs- und Entwicklungsarbeiten z. B. im Umwelt- und Technologiebereich bestehen, Ingenieurleistungen im Sinne des § 3a Abs. 4 Satz 2 Nr. 3 UStG (vgl. EuGH-Urteil vom 7. 10. 2010, C-222/09, Kronospan Mielec).

(14) Zu den unter § 3a Abs. 4 Satz 2 Nr. 3 UStG fallenden sonstigen Leistungen der Übersetzer gehören auch die Übersetzungen von Texten (vgl. Artikel 41 MwStVO), soweit es sich nicht um urheberrechtlich geschützte Übersetzungen handelt (vgl. auch Abschnitt 12.7 Abs. 12).

Datenverarbeitung

(15) [1]Unter Datenverarbeitung im Sinne des § 3a Abs. 4 Satz 2 Nr. 4 UStG ist die manuelle, mechanische oder elektronische Speicherung, Umwandlung, Verknüpfung und Verarbeitung von Daten zu verstehen. [2]Hierzu gehören insbesondere die Automatisierung von gleichförmig wiederholbaren Abläufen, die Sammlung, Aufbereitung, Organisation, Speicherung und Wiedergewinnung von Informationsmengen sowie die Verknüpfung von Datenmengen oder Datenstrukturen mit der Verarbeitung dieser Informationen auf Grund computerorientierter Verfahren. [3]Die Erstellung von Datenverarbeitungsprogrammen (Software) ist keine Datenverarbeitung im Sinne von § 3a Abs. 4 Satz 2 Nr. 4 UStG (vgl. aber Abschnitt 3a.12).

Überlassung von Informationen

(16) [1]§ 3a Abs. 4 Satz 2 Nr. 5 UStG behandelt die Überlassung von Informationen einschließlich gewerblicher Verfahren und Erfahrungen, soweit diese sonstigen Leistungen nicht bereits unter § 3a Abs. 4 Satz 2 Nr. 1, 3 und 4 UStG fallen. [2]Gewerbliche Verfahren und Erfahrungen können im Rahmen der laufenden Produktion oder der laufenden Handelsgeschäfte gesammelt werden und daher bei einer Auftragserteilung bereits vorliegen, z. B. Überlassung von Betriebsvorschriften, Unterrichtung über Fabrikationsverbesserungen, Unterweisung von Arbeitern des Auftraggebers im Betrieb des Unternehmers. [3]Gewerbliche Verfahren und Erfahrungen können auch auf Grund besonderer Auftragsforschung gewonnen werden, z. B. Analysen für chemische Produkte, Methoden der Stahlgewinnung, Formeln für die Automation. [4]Es ist ohne Belang, in welcher Weise die Verfahren und Erfahrungen übermittelt werden, z. B. durch Vortrag, Zeichnungen, Gutachten oder durch Übergabe von Mustern und Prototypen. [5]Unter die Vorschrift fällt die Überlassung aller Erkenntnisse, die ihrer Art nach geeignet sind, technisch oder wirtschaftlich verwendet zu werden. [6]Dies gilt z. B. auch für die Überlassung von Know-how und von Ergebnissen einer Meinungsumfrage auf dem Gebiet der Marktforschung (vgl. BFH-Urteil vom 22. 11. 1973, V R 164/72, BStBl 1974 II S. 259) sowie für die Überlassung von Informationen durch Journalisten oder Pressedienste, soweit es sich nicht um die Überlassung urheberrechtlich geschützter Rechte handelt (vgl. Abschnitt 12.7 Abs. 9 bis 11). [7]Bei den sonstigen Leistungen der Detektive handelt es sich um Überlassungen von Informationen im Sinne des § 3a Abs. 4 Satz 2

Nr. 5 UStG. [8]Dagegen stellt die Unterrichtung des Erben über den Erbfall durch einen Erbenermittler keine Überlassung von Informationen dar (vgl. BFH-Urteil vom 3.4.2008, V R 62/05, BStBl II S. 900).

Finanzumsätze

(17) [1]Wegen der Bank-, Finanz- und Versicherungsumsätze, die in § 4 Nr. 8 Buchstabe a bis h und Nr. 10 UStG bezeichnet sind, vgl. Abschnitte 4.8.1 bis 4.8.13 und Abschnitte 4.10.1 und 4.10.2. [2]Die Verweisung auf § 4 Nr. 8 Buchstabe a bis h und Nr. 10 UStG in § 3a Abs. 4 Satz 2 Nr. 6 Buchstabe a UStG erfasst auch die dort als nicht steuerfrei bezeichneten Leistungen. [3]Zu den unter § 3a Abs. 4 Satz 2 Nr. 6 UStG fallenden Umsätzen gehört auch die Vermögensverwaltung mit Wertpapieren (vgl. EuGH-Urteil vom 19.7.2012, C-44/11, Deutsche Bank, BStBl II S. 945, und BFH-Urteil vom 11.10.2012, V R 9/10, BStBl 2014 II S. 279).

Edelmetallumsätze

(18) [1]Zu den sonstigen Leistungen im Geschäft mit Platin nach § 3a Abs. 4 Satz 2 Nr. 6 Buchstabe b UStG gehört auch der börsenmäßige Handel mit Platinmetallen (Palladium, Rhodium, Iridium, Osmium, Ruthenium). [2]Dies gilt jedoch nicht für Geschäfte mit Platinmetallen, bei denen die Versorgungsfunktion der Verarbeitungsunternehmen im Vordergrund steht. [3]Hierbei handelt es sich um Warengeschäfte.

Personalgestellung

(18a) [1]Unter einer Gestellung von Personal ist die entgeltliche Überlassung von weiterhin beim leistenden Unternehmer angestellten Arbeitnehmern an einen Dritten zu verstehen, welcher das Personal für seine Zwecke einsetzt. [2]Dabei muss der Leistungsempfänger in der Lage sein, das Personal entsprechend seines Weisungsrechts einzusetzen. [3]Die Verantwortung für die Durchführung der Arbeiten muss beim Leistungsempfänger liegen. [4]Schudet hingegen der leistende Unternehmer den Eintritt eines bestimmten Erfolges oder Ereignisses, steht nicht die Überlassung des Personals, sondern die Ausführung einer anderen Art der Leistung im Vordergrund (zu den sonstigen Leistungen im Zusammenhang mit einem Grundstück vgl. Abschnitt 3a.3 Abs. 8).

Vermietung von beweglichen körperlichen Gegenständen

(19) Eine Vermietung von beweglichen körperlichen Gegenständen im Sinne des § 3a Abs. 4 Satz 2 Nr. 10 UStG liegt z. B. vor, wenn ein bestehender Messestand oder wesentliche Bestandteile eines Standes im Zusammenhang mit Messen und Ausstellungen an Aussteller vermietet werden und die Vermietung ein wesentliches Element dieser Dienstleistung ist (vgl. EuGH-Urteil vom 27.10.2011, C-530/09, Inter-Mark Group, BStBl 2012 II S. 160).

UStAE   3a.9a. Ort der sonstigen Leistungen auf dem Gebiet der Telekommunikation, der Rundfunk- und Fernsehdienstleistungen und der auf elektronischem Weg erbrachten sonstigen Leistungen

Ort der Leistungen

(1) [1]Bei der Bestimmung des Leistungsorts für die in § 3a Abs. 5 Satz 2 UStG bezeichneten Leistungen (Telekommunikations-, Rundfunk- und Fernsehdienstleistungen und auf elektronischem Weg erbrachte sonstige Leistungen) sind folgende Fälle zu unterscheiden:

1. [1]Ist der Empfänger der sonstigen Leistung ein Nichtunternehmer (siehe Abschnitt 3a.1 Abs. 1), wird die sonstige Leistung vorbehaltlich des Satzes 2 dort ausgeführt, wo der Empfänger seinen Wohnsitz, gewöhnlichen Aufenthaltsort oder Sitz hat (§ 3a Abs. 5 Satz 1

UStG). [2]Wird die sonstige Leistung von einem Unternehmer erbracht, der in nur einem EU-Mitgliedstaat ansässig ist, bestimmt sich der Leistungsort insoweit nach § 3a Abs. 1 UStG, wenn der Gesamtbetrag der Entgelte der in § 3a Abs. 5 Satz 2 UStG bezeichneten sonstigen Leistungen an in anderen EU-Mitgliedstaaten ansässige Nichtunternehmer sowie der innergemeinschaftlichen Fernverkäufe (Abschnitt 3c.1 Abs. 2 Satz 1) insgesamt 10 000 € im vorangegangenen Kalenderjahr nicht überschritten hat und im laufenden Kalenderjahr nicht überschreitet (§ 3a Abs. 5 Satz 3 UStG); für die Beurteilung des Leistungsorts im Besteuerungszeitraum 2021 sind auch die vorgenannten sonstigen Leistungen und innergemeinschaftlichen Fernverkäufe einzubeziehen, die im Kalenderjahr 2020 und im ersten Halbjahr 2021 ausgeführt wurden; eine zeitanteilige Aufteilung der Umsatzschwelle von 10 000 € ist im Kalenderjahr 2021 nicht vorzunehmen.

Beispiel:

[1]Der im Inland ansässige Unternehmer U erbringt in den Jahren 2020 und 2021 in § 3a Abs. 5 Satz 2 UStG bezeichnete sonstige Leistungen an in anderen EU-Mitgliedstaaten ansässige Nichtunternehmer im folgenden Wert:

im Kalenderjahr 2020:	3 000 €
im ersten Halbjahr 2021:	5 000 €
im zweiten Halbjahr 2021:	2 000 €

[2]Außerdem versendet U in den Jahren 2020 und 2021 Waren im folgenden Wert an in anderen EU-Mitgliedstaaten ansässige Nichtunternehmer:

im Kalenderjahr 2020:	6 000 €
im ersten Halbjahr 2021:	20 000 €
im zweiten Halbjahr 2021:	5 000 €

[3]Im vorangegangenen Kalenderjahr 2020 wurde die ab dem 1.7.2021 maßgebliche Umsatzschwelle von 10 000 € nicht überschritten. [4]Da die ab dem 1.7.2021 auch für innergemeinschaftliche Fernverkäufe maßgebliche Umsatzschwelle von 10 000 € für das Kalenderjahr 2021 jedoch bereits im ersten Halbjahr überschritten wurde, kommt es ab dem 1.7.2021 ab dem ersten Umsatz zur Ortsverlagerung in den EU-Mitgliedstaat, in dem der Empfänger ansässig ist. [5]Die innergemeinschaftlichen Fernverkäufe vor dem 1.7.2021 sind zu berücksichtigen, unabhängig davon, ob die Ortsbestimmung nach § 3c UStG in der bis zum 30.6.2021 geltenden Fassung aufgrund des Überschreitens der Lieferschwelle zur Anwendung kam. [6]U hat demnach alle in § 3a Abs. 5 Satz 2 UStG bezeichneten sonstigen Leistungen an in anderen EU-Mitgliedstaaten ansässige Nichtunternehmer sowie innergemeinschaftlichen Fernverkäufe ab dem 1.7.2021 in den EU-Mitgliedstaaten zu versteuern, in denen die Empfänger ansässig sind, und kann dafür das besondere Besteuerungsverfahren nach § 18j UStG (vgl. Abschnitt 18j.1) in Anspruch nehmen.

[3]Sobald der Gesamtbetrag nach Satz 2 im laufenden Kalenderjahr überschritten wird, verlagert sich der Leistungsort an den Ort nach Satz 1; dies gilt bereits für den Umsatz, der zur Überschreitung des Gesamtbetrags führt. [4]Satz 2 gilt nicht, wenn der leistende Unternehmer gegenüber dem Finanzamt bis zur Unanfechtbarkeit der Steuerfestsetzung (§ 18 Abs. 3 und 4 UStG, vgl. Abschnitt 19.2 Abs. 6) bzw. solange ein Vorbehalt der Nachprüfung nach § 164 AO besteht (vgl. Abschnitt 9.1 Abs. 3 Satz 1), erklärt, dass er auf die Anwendung von § 3a Abs. 5 Satz 3 UStG verzichtet; diese Erklärung gilt vom Beginn des Kalenderjahres an, für das der Unternehmer sie abgegeben hat, und bindet ihn für mindestens zwei Kalenderjahre (§ 3a Abs. 5 Sätze 4 und 5 UStG). [5]Die Erklärung ist an keine besondere Form gebunden; sie gilt auch als abgegeben, wenn der leistende Unternehmer die Voraussetzungen nach § 3a Abs. 5 Satz 3 UStG erfüllt, jedoch weiterhin die Regelung nach § 3a Abs. 5 Satz 1 UStG anwendet. [6]Nach Ablauf der Zweijahresfrist kann der Unternehmer die Erklärung nach Satz 2 mit Wirkung zu einem vom Unternehmer festgelegten Zeitpunkt widerrufen; der Widerruf ist spätestens bis zur Unanfechtbarkeit der Steuerfestsetzung des Kalenderjahres, für das er gelten soll, bzw. solange ein Vorbehalt der Nachprüfung nach § 164 AO besteht, zu erklären.

2. Ist der Empfänger der sonstigen Leistung ein Leistungsempfänger im Sinne des § 3a Abs. 2 UStG (siehe Abschnitt 3a.2 Abs. 1), wird die sonstige Leistung dort ausgeführt, wo der Empfänger sein Unternehmen betreibt bzw. die juristische Person ihren Sitz hat (§ 3a Abs. 2 UStG; vgl. Abschnitt 3a.2).

[2]Der leistende Unternehmer kann regelmäßig davon ausgehen, dass ein im Inland oder im übrigen Gemeinschaftsgebiet ansässiger Leistungsempfänger ein Nichtunternehmer ist, wenn dieser dem leistenden Unternehmer keine USt-IdNr. mitgeteilt hat (vgl. Artikel 18 Abs. 2 Unterabs. 2 MwStVO).

(2) Wird eine in § 3a Abs. 5 Satz 2 UStG bezeichnete sonstige Leistung an einen Nichtunternehmer (siehe Abschnitt 3a.1 Abs. 1) erbracht, der in verschiedenen Ländern ansässig ist oder seinen Wohnsitz in einem Land und seinen gewöhnlichen Aufenthaltsort in einem anderen Land hat, ist – vorbehaltlich § 3a Abs. 5 Satz 3 UStG und der Absätze 3 bis 7 –

1. bei Leistungen an eine nicht unternehmerisch tätige juristische Person, der keine USt-IdNr. erteilt worden ist, der Leistungsort vorrangig an dem Ort, an dem die Handlungen zur zentralen Verwaltung der juristischen Person vorgenommen werden, soweit keine Anhaltspunkte dafür vorliegen, dass die Leistung an deren Betriebsstätte genutzt oder ausgewertet wird (vgl. Artikel 24 Buchstabe a MwStVO),

2. bei Leistungen an eine natürliche Person der Leistungsort vorrangig an deren gewöhnlichem Aufenthaltsort (siehe Abschnitt 3a.1 Abs. 1 Sätze 10 bis 14), soweit keine Anhaltspunkte dafür vorliegen, dass die Leistung an deren Wohnsitz genutzt oder ausgewertet wird (vgl. Artikel 24 Buchstabe b MwStVO).

(3) [1]Wird eine in § 3a Abs. 5 Satz 2 UStG bezeichnete sonstige Leistung an einen Nichtunternehmer (siehe Abschnitt 3a.1 Abs. 1) an Orten wie Telefonzellen, Kiosk-Telefonen, WLAN-Hot-Spots, Internetcafés, Restaurants oder Hotellobbys erbracht, und muss der Leistungsempfänger an diesem Ort physisch anwesend sein, damit ihm der leistende Unternehmer die sonstige Leistung erbringen kann, gilt der Leistungsempfänger als an diesem Ort ansässig (vgl. Artikel 24a Abs. 1 MwStVO). [2]Werden diese Leistungen an Bord eines Schiffs, eines Flugzeugs oder in einer Eisenbahn während des innerhalb des Gemeinschaftsgebiets stattfindenden Teils einer Personenbeförderung (vgl. § 3e Abs. 2 UStG) erbracht, gilt der Abgangsort des jeweiligen Beförderungsmittels im Gemeinschaftsgebiet als Leistungsort (vgl. Artikel 24a Abs. 2 MwStVO).

(4) Wird eine in § 3a Abs. 5 Satz 2 UStG bezeichnete sonstige Leistung an einen Nichtunternehmer (siehe Abschnitt 3a.1 Abs. 1)

1. über dessen Festnetzanschluss erbracht, gilt der Leistungsempfänger an dem Ort als ansässig, an dem sich dieser Anschluss befindet (vgl. Artikel 24b Abs. 1 Buchstabe a MwStVO);

2. über ein mobiles Telekommunikationsnetz erbracht, gilt der Leistungsempfänger in dem Land als ansässig, das durch den Ländercode der bei Inanspruchnahme dieser Leistung verwendeten SIM-Karte bezeichnet wird (vgl. Artikel 24b Abs. 1 Buchstabe b MwStVO);

Beispiel:

[1]Der Unternehmer A mit Sitz in Hannover schließt einen Vertrag über die Erbringung von Telekommunikationsleistungen (Übertragung von Signalen, Schrift, Bild, Ton oder Sprache via Mobilfunk) mit der im Inland ansässigen Privatperson P ab, die für ein Jahr beruflich eine Tätigkeit in Russland ausübt; P hat dort eine Wohnung angemietet. [2]Danach werden an P nur Telekommunikationsleistungen erbracht, wenn sie von Russland aus ihr Handy benutzt. [3]Das Handy wird mit der von A ausgegebenen deutschen SIM-Karte verwendet. [4]Das Entgelt wird über Prepaid-Karten von P an A entrichtet. [5]Eine Verwendung des Guthabens auf der Prepaid-Karte für Telekommunikationsdienstleistungen außerhalb Russlands ist vertraglich ausgeschlossen.

[6]Der Leistungsort für die von A erbrachten Telekommunikationsleistungen liegt in Deutschland, weil eine deutsche SIM-Karte verwendet wird. [7]Unbeachtlich ist, an welchem Ort P seinen Wohnsitz oder seinen gewöhnlichen Aufenthaltsort hat. [8]Absatz 5 bleibt unberührt.

3. [1]erbracht, für die ein Decoder oder ein ähnliches Gerät, eine Programm- oder Satellitenkarte verwendet wird, gilt der Leistungsempfänger an dem Ort als ansässig, an dem sich der Decoder oder das ähnliche Gerät befindet. [2]Ist dieser Ort unbekannt, gilt der Leistungsempfänger an dem Ort als ansässig, an den die Programm- oder Satellitenkarte vom leistenden Unternehmer zur Verwendung gesendet worden ist (vgl. Artikel 24b Abs. 1 Buchstabe c MwStVO).

(5) [1]Wird die Leistung unter anderen als den in den Absätzen 3 und 4 genannten Bedingungen erbracht, gilt die Vermutung, dass der Leistungsempfänger an dem Ort ansässig ist oder seinen Wohnsitz oder seinen gewöhnlichen Aufenthaltsort hat, der vom leistenden Unternehmer unter Darlegung von zwei sich nicht widersprechenden Beweismitteln nach Absatz 6 Satz 2 als solcher bestimmt worden ist (vgl. Artikel 24b Abs. 1 Buchstabe d MwStVO). [2]Unbeschadet dessen gilt bei Verwendung eines Beweismittels nach Absatz 6 Satz 2 Nr. 1 bis 5, das von einer an der Erbringung der sonstigen Leistungen beteiligten Person erbracht wurde, bei der es sich weder um den leistenden Unternehmer noch um den Leistungsempfänger handelt, die Vermutung, dass der Leistungsempfänger an dem Ort ansässig ist, den der leistende Unternehmer auf Grundlage dieses Beweismittels bestimmt; vorausgesetzt, dass der Gesamtbetrag der Entgelte der sonstigen Leistungen nach Satz 1, die ein leistender Unternehmer von seinem Sitz oder seiner Betriebsstätte in einem Mitgliedstaat erbringt, insgesamt 100 000 € im vorangegangenen Kalenderjahr nicht überschritten hat und im laufenden Kalenderjahr nicht überschreitet (vgl. Artikel 24b Abs. 2 MwStVO). [3]Sobald dieser Betrag in einem Kalenderjahr überschritten wird, gilt Satz 2 so lange nicht mehr, bis die in Satz 2 festgelegten Bedingungen wieder erfüllt sind (vgl. Artikel 24b Abs. 3 MwStVO).

(6) [1]Der leistende Unternehmer kann die in den Absätzen 3 und 4 genannten Vermutungen widerlegen, wenn er durch drei sich nicht widersprechende Beweismittel nachweisen kann, dass der Leistungsempfänger seinen Sitz, seinen Wohnsitz oder seinen gewöhnlichen Aufenthaltsort an einem anderen Ort als dem nach den Absätzen 3 und 4 genannten Ort hat (vgl. Artikel 24d Abs. 1 MwStVO). [2]Als Beweismittel gelten insbesondere (vgl. Artikel 24f MwStVO):

1. Die Rechnungsanschrift des Leistungsempfängers;

2. die Internet-Protokoll-Adresse (IP-Adresse) des von dem Leistungsempfänger verwendeten Geräts oder jedes Verfahren der Geolokalisierung;

3. Bankangaben, wie der Ort, an dem das bei der unbaren Zahlung der Gegenleistung verwendete Bankkonto geführt wird, oder die der Bank vorliegende Rechnungsanschrift des Leistungsempfängers;

4. der Mobilfunk-Ländercode (Mobile Country Code – MCC) der Internationalen Mobilfunk-Teilnehmerkennung (International Mobile Subscriber Identity – IMSI), der auf der von dem Dienstleistungsempfänger verwendeten SIM-Karte (Teilnehmer-Identifikationsmodul – Subscriber Identity Module) gespeichert ist;

5. der Ort des Festnetzanschlusses des Dienstleistungsempfängers, über den ihm die Dienstleistung erbracht wird;

6. sonstige für die Leistungserbringung wirtschaftlich wichtige Informationen.

(7) Das für den leistenden Unternehmer zuständige Finanzamt kann die Vermutungen nach den Absätzen 3 bis 5 widerlegen, wenn ihm Hinweise vorliegen, dass der leistende Unternehmer den Leistungsort falsch oder missbräuchlich festgelegt hat.

Beispiel:

[1]Der Unternehmer A mit Sitz in Hannover schließt einen Vertrag über die Erbringung von Telekommunikationsleistungen (Übertragung von Signalen, Schrift, Bild, Ton oder Sprache) mit der Privatperson P ab. [2]Nach den Vertragsvereinbarungen werden an P Telekommunikationsleistungen über den Festnetzanschluss des P in Spanien sowie über mobile Netze erbracht, bei denen P eine deutsche SIM-Karte verwendet. [3]P gibt als Rechnungsadresse die der ihm gehörenden Ferienwohnung in Spanien an. [4]Die für die Telekommunikationsleistungen in Rechnung gestellten Beträge werden von A über das von P angegebene Konto einer Bank in Spanien abgewickelt. [5]A sieht als Leistungsort entsprechend der Beweismittel Spanien an.

[6]Bei einer Betriebsprüfung stellt das Finanzamt des A fest, dass die mobil erbrachten Telekommunikationsleistungen des A über das Handy des P mit deutscher SIM-Karte erbracht wurden (vgl. Absatz 4 Nr. 2). [7]Absatz 5 ist von A falsch angewendet worden. [8]Als Leistungsort gilt danach insoweit Deutschland.

(8) Wird an einen Nichtunternehmer (siehe Abschnitt 3a.1 Abs. 1) neben der kurzfristigen Vermietung von Wohn- und Schlafräumen oder Campingplätzen noch eine in § 3a Abs. 5 Satz 2 UStG bezeichnete sonstige Leistung erbracht, gilt diese Leistung als am Ort der Vermietungsleistung erbracht (vgl. Artikel 31c MwStVO).

Besteuerungsverfahren und Aufzeichnungspflichten

(9) Zum Besteuerungsverfahren bei Leistungen im Sinne des § 3a Abs. 5 UStG, die im Rahmen der Regelungen nach § 18 Abs. 4c, 4d, 4e oder § 18h UStG erbracht werden, vgl. Abschnitt 3a.16 Abs. 8 bis 10 sowie die Abschnitte 18.7a, 18.7b und 18h.1, zu den Aufzeichnungspflichten zu den vorgenannten Leistungen vgl. Abschnitt 22.3a.

UStAE   3a.10. Sonstige Leistungen auf dem Gebiet der Telekommunikation

(1) [1]Als sonstige Leistungen auf dem Gebiet der Telekommunikation im Sinne des § 3a Abs. 5 Satz 2 Nr. 1 UStG sind die Leistungen anzusehen, mit denen die Übertragung, die Ausstrahlung oder der Empfang von Signalen, Schrift, Bild und Ton oder Informationen jeglicher Art über Draht, Funk, optische oder sonstige elektromagnetische Medien ermöglicht und gewährleistet werden, einschließlich der damit im Zusammenhang stehenden Abtretung und Einräumung von Nutzungsrechten an Einrichtungen zur Übertragung, zur Ausstrahlung oder zum Empfang. [2]Der Ort dieser Telekommunikationsdienstleistungen bestimmt sich nach § 3a Abs. 5 Satz 1 UStG, wenn der Leistungsempfänger ein Nichtunternehmer (siehe Abschnitt 3a.1 Abs. 1) ist. [3]Für den per Telekommunikation übertragenen Inhalt bestimmt sich der Ort der sonstigen Leistung grundsätzlich nach der Art der Leistung (vgl. auch Absatz 4). [4]Hierbei ist der Grundsatz der Einheitlichkeit der Leistung zu beachten (vgl. hierzu Abschnitt 3.10).

(2) [1]Zu den sonstigen Leistungen im Sinne des Absatzes 1 gehören insbesondere:

1. [1]Die Übertragung von Signalen, Schrift, Bild, Ton, Sprache oder Informationen jeglicher Art
    a) via Festnetz;
    b) via Mobilfunk;
    c) via Satellitenkommunikation;
    d) via Internet.
    [2]Hierzu gehören auch Videoübertragungen und Schaltungen von Videokonferenzen;

2. [1]die Bereitstellung von Leitungskapazitäten oder Frequenzen im Zusammenhang mit der Einräumung von Übertragungskapazitäten
    a) im Festnetz;
    b) im Mobilfunknetz;
    c) in der Satellitenkommunikation;
    d) im Rundfunk- und Fernsehnetz;
    e) beim Kabelfernsehen.
    [2]Dazu gehören auch Kontroll- und Überwachungsmaßnahmen im Zusammenhang mit der Einräumung von Übertragungskapazitäten zur Sicherung der Betriebsbereitschaft durch Fernüberwachung oder Vor-Ort-Service;

3. [1]die Verschaffung von Zugangsberechtigungen zu
    a) den Festnetzen;
    b) den Mobilfunknetzen;
    c) der Satellitenkommunikation;

d) dem Internet;

e) dem Kabelfernsehen.

[2]Hierzu gehört auch die Überlassung von sog. „Calling-Cards", bei denen die Telefongespräche, unabhängig von welchem Apparat sie geführt werden, über die Telefonrechnung für den Anschluss im Heimatland abgerechnet werden;

4. [1]die Vermietung und das Zurverfügungstellen von Telekommunikationsanlagen im Zusammenhang mit der Einräumung von Nutzungsmöglichkeiten der verschiedenen Übertragungskapazitäten. [2]Dagegen handelt es sich bei der Vermietung von Telekommunikationsanlagen ohne Einräumung von Nutzungsmöglichkeiten von Übertragungskapazitäten um die Vermietung beweglicher körperlicher Gegenstände im Sinne des § 3a Abs. 4 Satz 2 Nr. 10 UStG;

5. die Einrichtung von „voice-mail-box-Systemen".

[2]Zu den Telekommunikationsdienstleistungen gehören beispielsweise:

1. Festnetz- und Mobiltelefondienste zur wechselseitigen Ton-, Daten- und Videoübertragung einschließlich Telefondienstleistungen mit bildgebender Komponente (Videofonie);

2. über das Internet erbrachte Telefondienstleistungen einschließlich VoIP-Dienstleistungen (Voice over Internet Protocol);

3. Sprachspeicherung (Voicemail), Anklopfen, Rufumleitung, Anruferkennung, Dreiwegeanruf und andere Anrufverwaltungsdienste;

4. Personenrufdienste (sog. Paging-Dienste);

5. Audiotextdienste;

6. Fax, Telegrafie und Fernschreiben;

7. der Zugang zum Internet und World Wide Web;

8. private Netzanschlüsse für Telekommunikationsverbindungen zur ausschließlichen Nutzung durch den Dienstleistungsempfänger.

(3) [1]Von den Telekommunikationsleistungen im Sinne des § 3a Abs. 5 Satz 2 Nr. 1 UStG sind u. a. die über globale Informationsnetze (z. B. Online-Dienste, Internet) entgeltlich angebotenen Inhalte der übertragenen Leistungen zu unterscheiden. [2]Hierbei handelt es sich um gesondert zu beurteilende selbständige Leistungen, deren Art für die umsatzsteuerrechtliche Beurteilung maßgebend ist.

(4) [1]Nicht zu den Telekommunikationsleistungen im Sinne des § 3a Abs. 5 Satz 2 Nr. 1 UStG gehören insbesondere:

1. Angebote im Bereich Onlinebanking und Datenaustausch;

2. Angebote zur Information (Datendienste, z. B. Verkehrs-, Wetter-, Umwelt- und Börsendaten, Verbreitung von Informationen über Waren und Dienstleistungsangebote);

3. Angebote zur Nutzung des Internets oder weiterer Netze (z. B. Navigationshilfen);

4. Angebote zur Nutzung von Onlinespielen;

5. Angebote von Waren und Dienstleistungen in elektronisch abrufbaren Datenbanken mit interaktivem Zugriff und unmittelbarer Bestellmöglichkeit.

[2]Der Inhalt dieser Leistungen kann z. B. in der Einräumung, Übertragung und Wahrnehmung von bestimmten Rechten (§ 3a Abs. 4 Satz 2 Nr. 1 UStG), in der Werbung und Öffentlichkeitsarbeit (§ 3a Abs. 4 Satz 2 Nr. 2 UStG), in der rechtlichen, wirtschaftlichen und technischen Beratung (§ 3a Abs. 4 Satz 2 Nr. 3 UStG), in der Datenverarbeitung (§ 3a Abs. 4 Satz 2 Nr. 4 UStG), in der Überlassung von Informationen (§ 3a Abs. 4 Satz 2 Nr. 5 UStG) oder in einer auf elektronischem Weg erbrachten sonstigen Leistung (§ 3a Abs. 5 Satz 2 Nr. 3 UStG) bestehen.

(5) [1]Die Anbieter globaler Informationsnetze (sog. Online-Anbieter) erbringen häufig ein Bündel sonstiger Leistungen an ihre Abnehmer. [2]Zu den sonstigen Leistungen der Online-Anbieter auf

dem Gebiet der Telekommunikation im Sinne des § 3a Abs. 5 Satz 2 Nr. 1 UStG gehören insbesondere:

1. Die Einräumung des Zugangs zum Internet;

2. die Ermöglichung des Bewegens im Internet;

3. die Übertragung elektronischer Post (E-Mail) einschließlich der Zeit, die der Anwender zur Abfassung und Entgegennahme dieser Nachrichten benötigt, sowie die Einrichtung einer Mailbox.

(6) Die Leistungen der Online-Anbieter sind wie folgt zu beurteilen:

1. Grundsätzlich ist jede einzelne sonstige Leistung gesondert zu beurteilen.

2. [1]Besteht die vom Online-Anbieter als sog. „Zugangs-Anbieter" erbrachte sonstige Leistung allerdings vornehmlich darin, dem Abnehmer den Zugang zum Internet oder das Bewegen im Internet zu ermöglichen (Telekommunikationsleistung im Sinne des § 3a Abs. 5 Satz 2 Nr. 1 UStG), handelt es sich bei daneben erbrachten sonstigen Leistungen zwar nicht um Telekommunikationsleistungen. [2]Sie sind jedoch Nebenleistungen, die das Schicksal der Hauptleistung teilen.

    Beispiel:

    [1]Der Zugangs-Anbieter Z ermöglicht dem Abnehmer A entgeltlich den Zugang zum Internet, ohne eigene Dienste anzubieten. [2]Es wird lediglich eine Anwenderunterstützung (Navigationshilfe) zum Bewegen im Internet angeboten.

    [3]Die Leistung des Z ist insgesamt eine Telekommunikationsleistung im Sinne des § 3a Abs. 5 Satz 2 Nr. 1 UStG.

3. Erbringt der Online-Anbieter dagegen als Zugangs- und sog. Inhalts-Anbieter („Misch-Anbieter") neben den Telekommunikationsleistungen im Sinne des § 3a Abs. 5 Satz 2 Nr. 1 UStG weitere sonstige Leistungen, die nicht als Nebenleistungen zu den Leistungen auf dem Gebiet der Telekommunikation anzusehen sind, handelt es sich insoweit um selbständige Hauptleistungen, die gesondert zu beurteilen sind.

    Beispiel:

    [1]Der Misch-Anbieter M bietet die entgeltliche Nutzung eines Online-Dienstes an. [2]Der Anwender B hat die Möglichkeit, neben dem Online-Dienst auch die Zugangsmöglichkeit für das Internet zu nutzen. [3]Neben der Zugangsberechtigung zum Internet werden Leistungen im Bereich des Datenaustausches angeboten.

    [4]Bei den Leistungen des M handelt es sich um selbständige Hauptleistungen, die gesondert zu beurteilen sind.

(7) [1]Wird vom Misch-Anbieter für die selbständigen Leistungen jeweils ein gesondertes Entgelt erhoben, ist es den jeweiligen Leistungen zuzuordnen. [2]Wird ein einheitliches Entgelt entrichtet, ist es grundsätzlich auf die jeweils damit vergüteten Leistungen aufzuteilen. [3]Eine Aufteilung des Gesamtentgelts ist allerdings nicht erforderlich, wenn die sonstigen Leistungen insgesamt an demselben Ort ausgeführt werden. [4]Dies gilt nicht, wenn die erbrachten Leistungen teilweise dem ermäßigten Steuersatz unterliegen oder steuerfrei sind.

Beispiel:

[1]Der Privatmann C mit Sitz in Los Angeles zahlt an den Misch-Anbieter M mit Sitz in München ein monatliches Gesamtentgelt. [2]C nutzt zum einen den Zugang zum Internet und zum anderen die von M im Online-Dienst angebotene Leistung, sich über Waren und Dienstleistungsangebote zu informieren.

[3]Die Nutzung des Zugangs zum Internet ist eine Telekommunikationsleistung im Sinne des § 3a Abs. 5 Satz 2 Nr. 1 UStG. [4]Dagegen ist die Information über Waren und Dienstleistungsangebote eine auf elektronischem Weg erbrachte sonstige Leistung im Sinne des § 3a Abs. 5 Satz 2 Nr. 3 UStG. [5]Eine Aufteilung des Gesamtentgelts ist allerdings nicht erforderlich, da die sonstigen Leistungen insgesamt nach § 3a Abs. 5 Satz 1 UStG am Wohnsitz des C in Los Angeles bzw. bei Vorliegen der

Voraussetzungen des § 3a Abs. 5 Satz 3 UStG insgesamt am Unternehmenssitz des M in München erbracht werden.

(8) ¹Ist ein einheitlich entrichtetes Gesamtentgelt aufzuteilen, kann die Aufteilung im Schätzungswege vorgenommen werden. ²Das Aufteilungsverhältnis der Telekommunikationsleistungen im Sinne des § 3a Abs. 5 Satz 2 Nr. 1 UStG und der übrigen sonstigen Leistungen bestimmt sich nach den Nutzungszeiten für die Inanspruchnahme der einzelnen sonstigen Leistungen durch die Anwender. ³Das Finanzamt kann gestatten, dass ein anderer Aufteilungsmaßstab verwendet wird, wenn dieser Aufteilungsmaßstab nicht zu einem unzutreffenden Ergebnis führt.

Beispiel:

¹Der Misch-Anbieter M führt in den Voranmeldungszeiträumen Januar bis März sowohl Telekommunikationsleistungen als auch sonstige Leistungen im Sinne des § 3a Abs. 4 UStG aus, für die er ein einheitliches Gesamtentgelt vereinnahmt hat.

²Das Gesamtentgelt kann entsprechend dem Verhältnis der jeweils genutzten Einzelleistungen zur gesamten Anwendernutzzeit aufgeteilt werden.

UStAE   3a.12. Auf elektronischem Weg erbrachte sonstige Leistungen

Anwendungsbereich

(1) ¹Eine auf elektronischem Weg erbrachte sonstige Leistung im Sinne des § 3a Abs. 5 Satz 2 Nr. 3 UStG ist eine Leistung, die über das Internet oder ein elektronisches Netz, einschließlich Netze zur Übermittlung digitaler Inhalte, erbracht wird und deren Erbringung auf Grund der Merkmale der sonstigen Leistung in hohem Maße auf Informationstechnologie angewiesen ist; d. h. die Leistung ist im Wesentlichen automatisiert, wird nur mit minimaler menschlicher Beteiligung erbracht und wäre ohne Informationstechnologie nicht möglich (vgl. Artikel 7 sowie Anhang I MwStVO). ²Maßgeblich ist insoweit, ob eine „menschliche Beteiligung" den eigentlichen Leistungsvorgang betrifft. ³Deshalb stellen weder die (ursprüngliche) Inbetriebnahme noch die Wartung des elektronischen Systems eine wesentliche „menschliche Beteiligung" dar. ⁴Auf Leistungselemente, welche nur der Vorbereitung und der Sicherung der Hauptleistung (z. B. Gewährung des Zugangs zu einer Online-Community) dienen, kommt es dabei nicht an. ⁵Die menschliche Betätigung durch die Nutzer ist nicht zu berücksichtigen. ⁶Eine auf elektronischem Weg erbrachte Dienstleistung ist nicht deshalb ausgeschlossen, weil dieselbe Leistung auch ohne Internetnutzung denkbar wäre; maßgeblich ist insoweit, wie die Ausführung der Leistung tatsächlich geschieht (vgl. BFH-Urteil vom 1. 6. 2016, XI R 29/14, BStBl II S. 905). ⁷Der Ort der auf elektronischem Weg erbrachten sonstigen Leistungen bestimmt sich nach § 3a Abs. 5 Satz 1 UStG, wenn der Leistungsempfänger ein Nichtunternehmer ist (siehe Abschnitt 3a.1 Abs. 1) ist.

(2) Auf elektronischem Weg erbrachte sonstige Leistungen umfassen im Wesentlichen:

1. Digitale Produkte, wie z. B. Software und zugehörige Änderungen oder Updates;

2. Dienste, die in elektronischen Netzen eine Präsenz zu geschäftlichen oder persönlichen Zwecken vermitteln oder unterstützen (z. B. Website, Webpage);

3. von einem Computer automatisch generierte Dienstleistungen über das Internet oder ein elektronisches Netz auf der Grundlage spezifischer Dateneingabe des Leistungsempfängers;

4. sonstige automatisierte Dienstleistungen, für deren Erbringung das Internet oder ein elektronisches Netz erforderlich ist (z. B. Dienstleistungen, die von Online-Markt-Anbietern erbracht und die z. B. über Provisionen und andere Entgelte abgerechnet werden).

(3) Auf elektronischem Weg erbrachte sonstige Leistungen sind insbesondere:

1. ¹Bereitstellung von Websites, Webhosting, Fernwartung von Programmen und Ausrüstungen.

[2]Hierzu gehören z. B. die automatisierte Online-Fernwartung von Programmen, die Fernverwaltung von Systemen, das Online-Data-Warehousing (Datenspeicherung und -abruf auf elektronischem Weg), Online-Bereitstellung von Speicherplatz nach Bedarf;

2. [1]Bereitstellung von Software und deren Aktualisierung.

[2]Hierzu gehört z. B. die Gewährung des Zugangs zu oder das Herunterladen von Software (wie z. B. Beschaffungs- oder Buchhaltungsprogramme, Software zur Virusbekämpfung) und Updates, Bannerblocker (Software zur Unterdrückung der Anzeige von Webbannern), Herunterladen von Treibern (z. B. Software für Schnittstellen zwischen PC und Peripheriegeräten wie z. B. Drucker), automatisierte Online-Installation von Filtern auf Websites und automatisierte Online-Installation von Firewalls;

3. Bereitstellung von Bildern, wie z. B. die Gewährung des Zugangs zu oder das Herunterladen von Desktop-Gestaltungen oder von Fotos, Bildern und Bildschirmschonern;

4. [1]Bereitstellung von Texten und Informationen.

[2]Hierzu gehören z. B. E-Books und andere elektronische Publikationen, Abonnements von Online-Zeitungen und Online-Zeitschriften, Web-Protokolle und Website-Statistiken, Online-Nachrichten, Online-Verkehrsinformationen und Online-Wetterberichte, Online-Informationen, die automatisch anhand spezifischer vom Leistungsempfänger eingegebener Daten etwa aus dem Rechts- und Finanzbereich generiert werden (z. B. regelmäßig aktualisierte Börsendaten), Werbung in elektronischen Netzen und Bereitstellung von Werbeplätzen (z. B. Bannerwerbung auf Websites und Webpages);

5. [1]Bereitstellung von Datenbanken, wie z. B. die Benutzung von Suchmaschinen und Internetverzeichnissen einschließlich der Sammlung und Bereitstellung von Mitgliederprofilen (vgl. BFH-Urteil vom 1.6.2016, XI R 29/14, BStBl II S. 905). [2]Eine „Datenbank" ist eine Sammlung von Werken, Daten und anderen unabhängigen Elementen, die systematisch oder methodisch angeordnet und einzeln mit elektronischen Mitteln oder auf andere Weise zugänglich sind;

6. Bereitstellung von Musik (z. B. die Gewährung des Zugangs zu oder das Herunterladen von Musik auf PC, Mobiltelefone usw. und die Gewährung des Zugangs zu oder das Herunterladen von Jingles, Ausschnitten, Klingeltönen und anderen Tönen);

7. [1]Bereitstellung von Filmen und Spielen, einschließlich Glücksspielen und Lotterien.

[2]Hierzu gehören z. B. die Gewährung des Zugangs zu oder das Herunterladen von Filmen und die Gewährung des Zugangs zu automatisierten Online-Spielen, die nur über das Internet oder ähnliche elektronische Netze laufen und bei denen die Spieler räumlich voneinander getrennt sind;

8. [1]Bereitstellung von Sendungen und Veranstaltungen aus den Bereichen Politik, Kultur, Kunst, Sport, Wissenschaft und Unterhaltung.

[2]Hierzu gehört z. B. der Web-Rundfunk, der ausschließlich über das Internet oder ähnliche elektronische Netze verbreitet und nicht gleichzeitig auf herkömmlichem Weg ausgestrahlt wird. [3]Hierzu gehört auch die Bereitstellung von über ein Rundfunk- oder Fernsehnetz, das Internet oder ein ähnliches elektronisches Netz verbreitete Rundfunk- oder Fernsehsendungen, die der Nutzer zum Anhören oder Anschauen zu einem von ihm bestimmten Zeitpunkt aus einem von dem Mediendiensteanbieter bereitgestelltem Programm auswählt, wie Fernsehen auf Abruf oder Video-on-Demand (vgl. Artikel 7 Abs. 2 Buchstabe f und Anhang I Nr. 4 Buchstabe g MwStVO);

8a die Erbringung von Audio- und audiovisuellen Inhalten über Kommunikationsnetze, die weder durch einen Mediendiensteanbieter noch unter dessen redaktioneller Verantwortung erfolgt (vgl. Artikel 7 Abs. 2 Buchstabe f und Anhang I Nr. 4 Buchstabe h MwStVO);

8b. die Weiterleitung von Audio- und audiovisuellen Inhalten eines Mediendiensteanbieters über Kommunikationsnetze durch einen anderen Unternehmer als den Mediendiensteanbieter (vgl. Artikel 7 Abs. 2 Buchstabe f und Anhang I Nr. 4 Buchstabe i MwStVO);

9. [1]Erbringung von Fernunterrichtsleistungen.

    [2]Hierzu gehört z. B. der automatisierte Unterricht, der auf das Internet oder ähnliche elektronische Netze angewiesen ist, auch sog. virtuelle Klassenzimmer. [3]Dazu gehören auch Arbeitsunterlagen, die vom Schüler online bearbeitet und anschließend ohne menschliches Eingreifen automatisch korrigiert werden;

10. Online-Versteigerungen (soweit es sich nicht bereits um Web-Hosting-Leistungen handelt) über automatisierte Datenbanken und mit Dateneingabe durch den Leistungsempfänger, die kein oder nur wenig menschliches Eingreifen erfordern (z. B. Online-Marktplatz, Online-Einkaufsportal);

11. Internet-Service-Pakete, die mehr als nur die Gewährung des Zugangs zum Internet ermöglichen und weitere Elemente umfassen (z. B. Nachrichten, Wetterbericht, Reiseinformationen, Spielforen, Web-Hosting, Zugang zu Chatlines usw.).

(4) Von den auf elektronischem Weg erbrachten sonstigen Leistungen sind die Leistungen zu unterscheiden, bei denen es sich um Lieferungen oder um andere sonstige Leistungen im Sinne des § 3a UStG handelt.

(5) Insbesondere in den folgenden Fällen handelt es sich um Lieferungen, so dass keine auf elektronischem Weg erbrachte sonstige Leistungen vorliegen:

1. Lieferungen von Gegenständen nach elektronischer Bestellung und Auftragsbearbeitung;

2. Lieferungen von CD-ROM, Disketten und ähnlichen körperlichen Datenträgern;

3. Lieferungen von Druckerzeugnissen wie Büchern, Newsletter, Zeitungen und Zeitschriften;

4. Lieferungen von CD, Audiokassetten, Videokassetten und DVD;

5. Lieferungen von Spielen auf CD-ROM.

(6) In den folgenden Fällen handelt es sich um andere als auf elektronischem Weg erbrachte sonstige Leistungen im Sinne des § 3a Abs. 5 Satz 2 Nr. 3 UStG, d. h. Dienstleistungen, die zum wesentlichen Teil durch Menschen erbracht werden, wobei das Internet oder ein elektronisches Netz nur als Kommunikationsmittel dient:

1. [1]Data-Warehousing – offline –. [2]Der Leistungsort richtet sich nach § 3a Abs. 1 oder 2 UStG.

2. [1]Versteigerungen herkömmlicher Art, bei denen Menschen direkt tätig werden, unabhängig davon, wie die Gebote abgegeben werden – z. B. persönlich, per Internet oder per Telefon –. [2]Der Leistungsort richtet sich nach § 3a Abs. 1 oder 2 UStG.

3. [1]Fernunterricht, z. B. per Post. [2]Der Leistungsort richtet sich nach § 3a Abs. 3 Nr. 3 Buchstabe a UStG.

4. [1]Reparatur von EDV-Ausrüstung. [2]Der Leistungsort richtet sich nach § 3a Abs. 2 oder 3 Nr. 3 Buchstabe c UStG (vgl. Abschnitt 3a.6 Abs. 10 und 11).

5. [1]Zeitungs-, Plakat- und Fernsehwerbung (§ 3a Abs. 4 Satz 2 Nr. 2 UStG; vgl. Abschnitt 3a.9 Abs. 3 bis 5). [2]Der Leistungsort richtet sich nach § 3a Abs. 1, 2 oder 4 Satz 1 UStG.

6. [1]Beratungsleistungen von Rechtsanwälten und Finanzberatern usw. per E-Mail (§ 3a Abs. 4 Satz 2 Nr. 3 UStG; vgl. Abschnitt 3a.9 Abs. 9 bis 13). [2]Der Leistungsort richtet sich nach § 3a Abs. 1, 2 oder 4 Satz 1 UStG.

7. [1]Anpassung von Software an die besonderen Bedürfnisse des Abnehmers (§ 3a Abs. 4 Satz 2 Nr. 3 UStG, vgl. Abschnitt 3a.9 Abs. 13). [2]Der Leistungsort richtet sich nach § 3a Abs. 1, 2 oder 4 Satz 1 UStG.

8. [1]Internettelefonie (§ 3a Abs. 5 Satz 2 Nr. 1 UStG). [2]Der Leistungsort richtet sich nach § 3a Abs. 2 oder 5 Satz 1 UStG.

UStAE

9. [1]Kommunikation, wie z. B. E-Mail (§ 3a Abs. 5 Satz 2 Nr. 1 UStG). [2]Der Leistungsort richtet sich nach § 3a Abs. 2 oder 5 Satz 1 UStG.

10. [1]Telefon-Helpdesks (§ 3a Abs. 5 Satz 2 Nr. 1 UStG). [2]Der Leistungsort richtet sich nach § 3a Abs. 2 oder 5 Satz 1 UStG.

11. [1]Videofonie, d. h. Telefonie mit Video-Komponente (§ 3a Abs. 5 Satz 2 Nr. 1 UStG). [2]Der Leistungsort richtet sich nach § 3a Abs. 2 oder 5 Satz 1 UStG.

12. [1]Zugang zum Internet und World Wide Web (§ 3a Abs. 5 Satz 2 Nr. 1 UStG). [2]Der Leistungsort richtet sich nach § 3a Abs. 2 oder 5 Satz 1 UStG.

13. [1]Rundfunk- und Fernsehdienstleistungen über das Internet oder ein ähnliches elektronisches Netz bei gleichzeitiger Übertragung der Sendung auf herkömmlichem Weg (§ 3a Abs. 5 Satz 2 Nr. 2 UStG, vgl. Abschnitt 3a.11). [2]Der Leistungsort richtet sich nach § 3a Abs. 2 oder 5 Satz 1 UStG.

14. [1]Online gebuchte Eintrittskarten für kulturelle, künstlerische, wissenschaftliche, unterrichtende, sportliche, unterhaltende oder ähnliche Veranstaltungen. [2]Der Leistungsort richtet sich nach § 3a Abs. 3 Nr. 3 Buchstabe a oder Nr. 5 UStG.

15. [1]Online gebuchte Beherbergungsleistungen. [2]Der Leistungsort richtet sich nach § 3a Abs. 3 Nr. 1 UStG.

16. [1]Online gebuchte Vermietung von Beförderungsmitteln. [2]Der Leistungsort richtet sich nach § 3a Abs. 2, 3 Nr. 2, Abs. 6 Satz 1 Nr. 1 oder Abs. 7 UStG.

17. [1]Online gebuchte Restaurationsleistungen. [2]Der Leistungsort richtet sich nach § 3a Abs. 3 Nr. 3 Buchstabe b oder § 3e UStG.

18. [1]Online gebuchte Personenbeförderungen. [2]Der Leistungsort richtet sich nach § 3b Abs. 1 Satz 1 und 2 UStG.

19. [1]Die Online-Vermittlung von online gebuchten Leistungen. [2]Der Leistungsort richtet sich nach § 3a Abs. 2 oder 3 Nr. 1 und 4 UStG.

(7) – (8) – gestrichen –

UStAE   3a.14. Sonderfälle des Orts der sonstigen Leistung

Nutzung und Auswertung bestimmter sonstiger Leistungen im Inland (§ 3a Abs. 6 UStG)

(1) Die Sonderregelung des § 3a Abs. 6 UStG betrifft sonstige Leistungen, die von einem im Drittlandsgebiet ansässigen Unternehmer oder von einer dort belegenen Betriebsstätte erbracht und im Inland genutzt oder ausgewertet werden.

(2) Die Ortsbestimmung richtet sich nur bei der kurzfristigen Vermietung eines Beförderungsmittels an Leistungsempfänger im Sinne des § 3a Abs. 2 UStG (siehe Abschnitt 3a.2 Abs. 1) oder an Nichtunternehmer (siehe Abschnitt 3a.1 Abs. 1) und bei langfristiger Vermietung an Nichtunternehmer nach § 3a Abs. 6 Satz 1 Nr. 1 UStG.

Beispiel:

[1]Der Privatmann P mit Wohnsitz in der Schweiz mietet bei einem in der Schweiz ansässigen Autovermieter S einen Personenkraftwagen für ein Jahr; das Fahrzeug soll ausschließlich im Inland genutzt werden.

[2]Der Ort der Leistung bei der langfristigen Vermietung des Beförderungsmittels richtet sich nach § 3a Abs. 3 Nr. 2 Satz 3 UStG (vgl. Abschnitt 3a.5 Abs. 7 bis 9). [3]Da der Personenkraftwagen im Inland genutzt wird, ist die Leistung jedoch nach § 3a Abs. 6 Satz 1 Nr. 1 UStG als im Inland ausgeführt zu behandeln. [4]Steuerschuldner ist S (§ 13a Abs. 1 Nr. 1 UStG).

(3) [1]§ 3a Abs. 6 Satz 1 Nr. 2 UStG gilt nur für Leistungen an im Inland ansässige juristische Personen des öffentlichen Rechts, wenn diese Nichtunternehmer sind (siehe Abschnitt 3a.1 Abs. 1). [2]Die Leistungen eines Aufsichtsratmitgliedes werden am Sitz der Gesellschaft genutzt oder ausgewertet. [3]Sonstige Leistungen, die der Werbung oder der Öffentlichkeitsarbeit dienen (vgl. Abschnitt 3a.9 Abs. 4 bis 8), werden dort genutzt oder ausgewertet, wo die Werbung oder Öffentlichkeitsarbeit wahrgenommen werden soll. [4]Wird eine sonstige Leistung sowohl im Inland als auch im Ausland genutzt oder ausgewertet, ist darauf abzustellen, wo die Leistung überwiegend genutzt oder ausgewertet wird.

Beispiel 1:

[1]Die Stadt M (ausschließlich nicht unternehmerisch tätige juristische Person des öffentlichen Rechts ohne USt-IdNr.) im Inland platziert im Wege der Öffentlichkeitsarbeit eine Anzeige für eine Behörden-Service-Nummer über einen in der Schweiz ansässigen Werbungsmittler W in einer deutschen Zeitung.

[2]Die Werbeleistung der deutschen Zeitung an W ist im Inland nicht steuerbar (§ 3a Abs. 2 UStG). [3]Der Ort der Leistung des W an M liegt nach §3a Abs. 6 Satz 1 Nr. 2 UStG im Inland. [4]Steuerschuldner für die Leistung des W ist M (§ 13b Abs. 5 Satz 1 UStG).

Beispiel 2:

[1]Die im Inland ansässige Rundfunkanstalt R (ausschließlich nicht unternehmerisch tätige juristische Person des öffentlichen Rechts ohne USt-IdNr.) verpflichtet

1. den in Norwegen ansässigen Künstler N für die Aufnahme und Sendung einer künstlerischen Darbietung;

2. den in der Schweiz ansässigen Journalisten S, Nachrichten, Übersetzungen und Interviews auf Tonträgern und in Manuskriptform zu verfassen.

[2]N und S räumen R das Nutzungsrecht am Urheberrecht ein. [3]Die Sendungen werden sowohl in das Inland als auch in das Ausland ausgestrahlt.

[4]Die Leistungen des N und des S sind in § 3a Abs. 4 Satz 2 Nr. 1 UStG bezeichnete sonstige Leistungen. [5]Der Ort dieser Leistungen liegt im Inland, da sie von R hier genutzt werden (§ 3a Abs. 6 Satz 1 Nr. 2 UStG). [6]Es kommt nicht darauf an, wohin die Sendungen ausgestrahlt werden. [7]Steuerschuldner für die Leistungen des N und des S ist R (§ 13b Abs. 5 Satz 1 UStG).

(3a) [1]§ 3a Abs. 6 Satz 1 Nr. 3 UStG gilt für Leistungen an Nichtunternehmer. [2]Roamingleistungen, die von einem in einem Drittland ansässigen Mobilfunkbetreiber an seine Kunden, die ebenfalls in diesem Drittland ansässig sind bzw. dort ihren Wohnsitz oder gewöhnlichen Aufenthalt haben, erbracht werden und die es diesen Kunden ermöglichen, das inländische Mobilfunknetz, in dem sie sich vorübergehend aufhalten, zu nutzen, sind als Dienstleistungen anzusehen, die im Inland genutzt oder ausgewertet werden (vgl. EuGH-Urteil vom 15. 4. 2021, C-593/19, SK Telecom). [3]Für die Behandlung als im Inland ausgeführte Roamingleistung ist es unbeachtlich, welcher steuerlichen Behandlung die Roamingleistung nach dem nationalen Steuerrecht des Drittlands unterliegt (vgl. EuGH-Urteil vom 15. 4. 2021, C-593/19, SK Telecom).

Kurzfristige Fahrzeugvermietung zur Nutzung im Drittlandsgebiet (§ 3a Abs. 7 UStG)

(4) [1]Die Sonderregelung des § 3a Abs. 7 UStG betrifft ausschließlich die kurzfristige Vermietung eines Schienenfahrzeugs, eines Kraftomnibusses oder eines ausschließlich zur Güterbeförderung bestimmten Straßenfahrzeugs, die an einen im Drittlandsgebiet ansässigen Unternehmer oder an eine dort belegene Betriebsstätte eines Unternehmers erbracht wird, das Fahrzeug für dessen Unternehmen bestimmt ist und im Drittlandsgebiet auch tatsächlich genutzt wird. [2]Wird eine sonstige Leistung sowohl im Inland als auch im Drittlandsgebiet genutzt, ist darauf abzustellen, wo die Leistung überwiegend genutzt wird.

Beispiel:

[1]Der im Inland ansässige Unternehmer U vermietet an einen in der Schweiz ansässigen Mieter S einen Lkw für drei Wochen. [2]Der Lkw wird von S bei U abgeholt. [3]Der Lkw wird ausschließlich in der Schweiz genutzt.

[4]Der Ort der Leistung bei der kurzfristigen Vermietung des Beförderungsmittels richtet sich grundsätzlich nach § 3a Abs. 3 Nr. 2 Satz 1 und 2 UStG (vgl. Abschnitt 3a.5 Abs. 1 bis 6). [5]Da der Lkw aber nicht im Inland, sondern in der Schweiz genutzt wird, ist die Leistung nach § 3a Abs. 7 UStG als in der Schweiz ausgeführt zu behandeln.

Sonstige im Drittlandsgebiet ausgeführte Leistungen an Unternehmer❶

(5) [1]§ 3a Abs. 8 UStG gilt nur für sonstige Leistungen an Leistungsempfänger im Sinne des § 3a Abs. 2 UStG (siehe Abschnitt 3a.2 Abs. 1). [2]Güterbeförderungsleistungen, im Zusammenhang mit einer Güterbeförderung stehende Leistungen wie Beladen, Entladen, Umschlagen oder ähnliche mit der Beförderung eines Gegenstands im Zusammenhang stehende Leistungen (vgl. § 3b Abs. 2 UStG und Abschnitt 3b.2), Arbeiten an und Begutachtungen von beweglichen körperlichen Gegenständen (vgl. Abschnitt 3a.6 Abs. 11), Reisevorleistungen im Sinne des § 25 Abs. 1 Satz 5 UStG und Veranstaltungsleistungen im Zusammenhang mit Messen und Ausstellungen (vgl. Abschnitt 3a.4 Abs. 2 Sätze 2, 3, 5 und 6) werden regelmäßig im Drittlandsgebiet genutzt oder ausgewertet, wenn sie tatsächlich ausschließlich dort in Anspruch genommen werden können. [3]Ausgenommen hiervon sind Leistungen, die in einem der in § 1 Abs. 3 UStG genannten Gebiete (insbesondere Freihäfen) erbracht werden. [4]Die Regelung gilt nur in den Fällen, in denen der Leistungsort für die in § 3a Abs. 8 Satz 1 UStG genannten Leistungen unter Anwendung von § 3a Abs. 2 UStG im Inland liegen würde und

– der leistende Unternehmer für den jeweiligen Umsatz Steuerschuldner nach § 13a Abs. 1 Nr. 1 UStG wäre, oder

– der Leistungsempfänger für den jeweiligen Umsatz Steuerschuldner nach § 13b Abs. 1 oder Abs. 2 und Abs. 5 Satz 1 UStG wäre.

(6) – gestrichen –

UStAE   3a.16. Besteuerungsverfahren bei sonstigen Leistungen

Leistungsort in der Bundesrepublik Deutschland

(1) [1]Bei im Inland erbrachten sonstigen Leistungen ist grundsätzlich der leistende Unternehmer der Steuerschuldner, wenn er im Inland ansässig ist; auf die Möglichkeit der Steuerschuldnerschaft des Leistungsempfängers (§ 13b UStG) wird hingewiesen (vgl. hierzu Abschnitt 13b.1). [2]Die Umsätze sind im allgemeinen Besteuerungsverfahren nach § 16 und § 18 Abs. 1 bis 4 UStG zu versteuern.

(2) Ist der leistende Unternehmer im Ausland ansässig, schuldet der Leistungsempfänger nach § 13b Abs. 5 Satz 1 UStG die Steuer, wenn er ein Unternehmer oder eine juristische Person ist (vgl. hierzu Abschnitt 13b.1).

(3) Ist der Empfänger einer sonstigen Leistung weder ein Unternehmer noch eine juristische Person, hat der leistende ausländische Unternehmer diesen Umsatz im Inland im allgemeinen Besteuerungsverfahren nach § 16 und § 18 Abs. 1 bis 4 UStG zu versteuern.

Anm. d. Schriftl.:

❶ Der Leistungskatalog des § 3a Abs. 8 Satz 1 UStG wurde im Rahmen des Beitreibungsrichtlinie-Umsetzungsgesetzes vom 7. 12. 2011, BGBl 2011 I S. 2592, um die Veranstaltungsleistungen im Zusammenhang mit Messen und Ausstellungen erweitert.

Leistungsort in anderen EU-Mitgliedstaaten

(4) Grundsätzlich ist der Unternehmer, der sonstige Leistungen in einem anderen EU-Mitgliedstaat ausführt, in diesem EU-Mitgliedstaat Steuerschuldner der Umsatzsteuer (Artikel 193 MwStSystRL).

(5) Liegt der Ort einer sonstigen Leistung, bei der sich der Leistungsort nach § 3a Abs. 2 UStG bestimmt, in einem EU-Mitgliedstaat, und ist der leistende Unternehmer dort nicht ansässig, schuldet der Leistungsempfänger die Umsatzsteuer, wenn er in diesem EU-Mitgliedstaat als Unternehmer für Umsatzsteuerzwecke erfasst ist oder eine nicht steuerpflichtige juristische Person mit USt-IdNr. ist (vgl. Artikel 196 MwStSystRL).

(6) ¹Ist der Leistungsempfänger Steuerschuldner, darf in der Rechnung des in einem anderen EU-Mitgliedstaat ansässigen leistenden Unternehmers keine Umsatzsteuer im Rechnungsbetrag gesondert ausgewiesen sein. ²In der Rechnung ist auf die Steuerschuldnerschaft des Leistungsempfängers besonders hinzuweisen.

(7) Steuerpflichtige sonstige Leistungen nach § 3a Abs. 2 UStG, für die der in einem anderen Mitgliedstaat ansässige Leistungsempfänger die Steuer dort schuldet, hat der leistende Unternehmer in der Voranmeldung und der Umsatzsteuererklärung für das Kalenderjahr (§ 18b Satz 1 Nr. 2 UStG) und in der ZM (§ 18a UStG) anzugeben.

Besonderes Besteuerungsverfahren für im Ausland ansässige Unternehmer, die vor dem 1. 7. 2001 sonstige Leistungen nach § 3a Abs. 5 UStG erbringen

(8) Nicht im Gemeinschaftsgebiet ansässige Unternehmer, die vor dem 1. 7. 2021 im Gemeinschaftsgebiet als Steuerschuldner Telekommunikationsdienstleistungen, Rundfunk- und Fernsehdienstleistungen und/oder sonstige Leistungen auf elektronischem Weg an in der EU ansässige Nichtunternehmer (siehe Abschnitt 3a.1 Abs. 1) erbringen (§ 3a Abs. 5 UStG), können sich abweichend von § 18 Abs. 1 bis 4 UStG unter bestimmten Bedingungen dafür entscheiden, nur in einem EU-Mitgliedstaat erfasst zu werden (§ 18 Abs. 4c UStG); wegen der Einzelheiten vgl. Abschnitt 18.7a.

(9) Im übrigen Gemeinschaftsgebiet ansässige Unternehmer (Abschnitt 13b.11 Abs. 1 Satz 2), die vor dem 1. 7. 2021 im Inland als Steuerschuldner Telekommunikationsdienstleistungen, Rundfunk- und Fernsehdienstleistungen und/oder sonstige Leistungen auf elektronischem Weg an im Inland ansässige Nichtunternehmer (siehe Abschnitt 3a.1 Abs. 1) erbringen (§ 3a Abs. 5 UStG), können sich abweichend von § 18 Abs. 1 bis 4 UStG unter bestimmten Bedingungen dafür entscheiden, an dem besonderen Besteuerungsverfahren teilzunehmen (§ 18 Abs. 4e UStG); wegen der Einzelheiten vgl. Abschnitt 18.7b.

Besonderes Besteuerungsverfahren für im Inland ansässige Unternehmer, die vor dem 1. 7. 2021 sonstige Leistungen nach § 3a Abs. 5 UStG erbringen

(10) Im Inland ansässige Unternehmer (Abschnitt 18h.1 Abs. 8), die vor dem 1. 7. 2021 in einem anderen EU-Mitgliedstaat Telekommunikationsdienstleistungen, Rundfunk- und Fernsehdienstleistungen und/oder sonstige Leistungen auf elektronischem Weg an in diesem EU-Mitgliedstaat ansässige Nichtunternehmer (siehe Abschnitt 3a.1 Abs. 1) erbringen (§ 3a Abs. 5 UStG), für die sie dort die Umsatzsteuer schulden und Umsatzsteuererklärungen abzugeben haben, können sich unter bestimmten Bedingungen dafür entscheiden, an dem besonderen Besteuerungsverfahren teilzunehmen (§ 18h UStG); wegen der Einzelheiten vgl. Abschnitt 18h.1.

Besonderes Besteuerungsverfahren für von nicht im Gemeinschaftsgebiet ansässigen Unternehmern erbrachte sonstige Leistungen

(11) Nicht im Gemeinschaftsgebiet ansässige Unternehmer, die nach dem 30. 6. 2021 als Steuerschuldner sonstige Leistungen an in der EU ansässige Nichtunternehmer (siehe Abschnitt 3a.1 Abs. 1) erbringen, können sich abweichend von § 18 Abs. 1 bis 4 UStG unter bestimmten Bedin-

gungen dafür entscheiden, an dem besonderen Besteuerungsverfahren teilzunehmen (§ 18i UStG); wegen der Einzelheiten vgl. Abschnitt 18i.1.

Besonderes Besteuerungsverfahren für von im Gemeinschaftsgebiet, nicht aber im Mitgliedstaat des Verbrauchs ansässigen Unternehmern erbrachte sonstige Leistungen

(12) Im Gemeinschaftsgebiet ansässige Unternehmer, die nach dem 30. 6. 2021 in einem anderen EU-Mitgliedstaat sonstige Leistungen an Nichtunternehmer (siehe Abschnitt 3a.1 Abs. 1) erbringen, können sich abweichend von § 18 Abs. 1 bis 4 UStG unter bestimmten Bedingungen dafür entscheiden, an dem besonderen Besteuerungsverfahren teilzunehmen (§ 18j UStG); wegen der Einzelheiten vgl. Abschnitt 18j.1.

Zu § 3b UStG

UStAE   3b.1. Ort einer Personenbeförderung und Ort einer Güterbeförderung, die keine innergemeinschaftliche Güterbeförderung ist

(1) Die Ortsbestimmung des § 3b Abs. 1 Sätze 1 und 2 UStG (Personenbeförderung) ist bei sonstigen Leistungen sowohl an Nichtunternehmer (siehe Abschnitt 3a.1 Abs. 1) als auch an Leistungsempfänger im Sinne des § 3a Abs. 2 UStG (siehe Abschnitt 3a.2 Abs. 1) anzuwenden.

(2) ¹Der Ort einer Personenbeförderung liegt dort, wo die Beförderung tatsächlich bewirkt wird (§ 3b Abs. 1 Satz 1 UStG). ²Hieraus folgt für diejenigen Beförderungsfälle, in denen der mit der Beförderung beauftragte Unternehmer (Hauptunternehmer) die Beförderung durch einen anderen Unternehmer (Subunternehmer) ausführen lässt, dass sowohl die Beförderungsleistung des Hauptunternehmers als auch diejenige des Subunternehmers dort ausgeführt werden, wo der Subunternehmer die Beförderung bewirkt. ³Die Sonderregelung über die Besteuerung von Reiseleistungen (§ 25 Abs. 1 UStG) bleibt jedoch unberührt.

> **Beispiel:**
>
> ¹Der Reiseveranstalter A veranstaltet im eigenen Namen und für eigene Rechnung einen Tagesausflug. ²Er befördert die teilnehmenden Reisenden (Nichtunternehmer) jedoch nicht selbst, sondern bedient sich zur Ausführung der Beförderung des Omnibusunternehmers B. ³Dieser bewirkt an A eine Beförderungsleistung, indem er die Beförderung im eigenen Namen, unter eigener Verantwortung und für eigene Rechnung durchführt.
>
> ⁴Der Ort der Beförderungsleistung des B liegt dort, wo dieser die Beförderung bewirkt. ⁵Für A stellt die Beförderungsleistung des B eine Reisevorleistung dar. ⁶A führt deshalb umsatzsteuerrechtlich keine Beförderungsleistung, sondern eine sonstige Leistung im Sinne des § 25 Abs. 1 UStG aus. ⁷Diese sonstige Leistung wird dort ausgeführt, von wo aus A sein Unternehmen betreibt (§ 3a Abs. 1 UStG).

(3) ¹Die Ortsbestimmung des §3b Abs. 1 Satz 3 UStG (Güterbeförderung) ist nur bei Güterbeförderungen, die keine innergemeinschaftlichen Güterbeförderungen im Sinne des § 3b Abs. 3 UStG sind, an Nichtunternehmer (siehe Abschnitt 3a.1 Abs. 1) anzuwenden. ²Der Leistungsort liegt danach dort, wo die Beförderung tatsächlich bewirkt wird. ³Der Ort einer Güterbeförderung, die keine innergemeinschaftliche Güterbeförderung ist, an einen Leistungsempfänger im Sinne des § 3a Abs. 2 UStG (siehe Abschnitt 3a.2 Abs. 1) richtet sich nach § 3a Abs. 2 UStG. ⁴Zum Leistungsort bei Güterbeförderungen, die im Drittlandsgebiet genutzt oder ausgewertet werden, vgl. § 3a Abs. 8 Satz 1 UStG und Abschnitt 3a.14 Abs. 5.

Grenzüberschreitende Beförderungen[1]

(4) ¹Grenzüberschreitende Beförderungen – Personenbeförderungen sowie Güterbeförderungen an Nichtunternehmer (siehe Abschnitt 3a.1 Abs. 1) mit Ausnahme der innergemeinschaftlichen Güterbeförderungen im Sinne des § 3b Abs. 3 UStG – sind in einen steuerbaren und einen nicht steuerbaren Leistungsteil aufzuteilen (§ 3b Abs. 1 Satz 2 UStG). ²Die Aufteilung unterbleibt jedoch bei grenzüberschreitenden Beförderungen mit kurzen in- oder ausländischen Beförderungsstrecken, wenn diese Beförderungen entweder insgesamt als steuerbar oder insgesamt als nicht steuerbar zu behandeln sind (siehe auch Absätze 7 bis 17). ³Wegen der Auswirkung der Sonderregelung des § 1 Abs. 3 Satz 1 Nr. 2 und 3 UStG auf Beförderungen – in der Regel in Verbindung mit den §§ 4, 6 oder 7 UStDV – wird auf die Absätze 11 und 13 bis 17 verwiesen.

(5) ¹Bei einer Beförderungsleistung, bei der nur ein Teil der Leistung steuerbar ist und bei der die Umsatzsteuer für diesen Teil auch erhoben wird, ist Bemessungsgrundlage das Entgelt, das auf diesen Teil entfällt. ²Bei Personenbeförderungen im Gelegenheitsverkehr mit Kraftomnibussen, die nicht im Inland zugelassen sind und die bei der Ein- oder Ausreise eine Grenze zu einem Drittland überqueren, ist ein Durchschnittsbeförderungsentgelt für den Streckenanteil im Inland maßgebend (vgl. Abschnitte 10.8 und 16.2). ³In allen übrigen Fällen ist das auf den steuerbaren Leistungsteil entfallende tatsächlich vereinbarte oder vereinnahmte Entgelt zu ermitteln (vgl. hierzu Absatz 6). ⁴Das Finanzamt kann jedoch Unternehmer, die nach § 4 Nr. 3 UStG steuerfreie Umsätze bewirken, von der Verpflichtung befreien, die Entgelte für die vorbezeichneten steuerfreien Umsätze und die Entgelte für nicht steuerbare Beförderungen getrennt aufzuzeichnen (vgl. Abschnitt 22.6 Abs. 18 und 19).

(6) ¹Wird bei einer Beförderungsleistung, die sich nicht nur auf das Inland erstreckt und bei der kein Durchschnittsbeförderungsentgelt maßgebend ist, ein Gesamtpreis vereinbart oder vereinnahmt, ist der auf den inländischen Streckenanteil entfallende Entgeltanteil anhand dieses Gesamtpreises zu ermitteln. ²Hierzu gilt Folgendes:

1. ¹Grundsätzlich ist vom vereinbarten oder vereinnahmten Nettobeförderungspreis auszugehen. ²Zum Nettobeförderungspreis gehören nicht die Umsatzsteuer für die Beförderungsleistung im Inland und die für den nicht steuerbaren Leistungsanteil in anderen Staaten zu zahlende Umsatzsteuer oder ähnliche Steuer. ³Sofern nicht besondere Umstände (wie z. B. tarifliche Vereinbarungen im internationalen Eisenbahnverkehr) eine andere Aufteilung rechtfertigen, ist der Nettobeförderungspreis für jede einzelne Beförderungsleistung im Verhältnis der Längen der inländischen und ausländischen Streckenanteile – einschließlich sog. Leerkilometer – aufzuteilen (vgl. BFH-Urteil vom 12. 3. 1998, V R 17/93, BStBl II S. 523). ⁴Unter Leerkilometer sind dabei nur die während der Beförderungsleistung ohne zu befördernde Personen zurückgelegten Streckenanteile zu verstehen. ⁵Die Hin- bzw. Rückfahrt vom bzw. zum Betriebshof – ohne zu befördernde Personen – ist nicht Teil der Beförderungsleistung und damit auch nicht bei der Aufteilung der Streckenanteile zu berücksichtigen. ⁶Das auf den inländischen Streckenanteil entfallende Entgelt kann nach folgender Formel ermittelt werden:

$$\text{Entgelt für den inländischen Streckenanteil} = \frac{\text{Nettobeförderungspreis für die Gesamtstrecke}}{\text{Anzahl der km der Gesamtstrecke}} \times \text{Anzahl der km des inländischen Streckenanteils}$$

2. ¹Bei Personenbeförderungen ist es nicht zu beanstanden, wenn zur Ermittlung des auf den inländischen Streckenanteil entfallenden Entgelts nicht vom Nettobeförderungspreis ausgegangen wird, sondern von dem für die Gesamtstrecke vereinbarten oder vereinnahmten Bruttobeförderungspreis, z. B. Gesamtpreis einschließlich der im Inland und im Ausland er-

Anm. d. Schriftl.:

[1] Auf das Merkblatt zur Umsatzbesteuerung von grenzüberschreitenden Personenbeförderungen mit Omnibussen, die nicht in der Bundesrepublik Deutschland zugelassen sind, wird hingewiesen (BMF-Schreiben vom 31. 8. 2020, BStBl 2020 I S. 929).

hobenen Umsatzsteuer oder ähnlichen Steuer. [2]Für die Entgeltermittlung kann in diesem Falle die folgende geänderte Berechnungsformel dienen:

$$\frac{\text{Bruttoentgelt (Entgelt zu-}}{\text{züglich Umsatzsteuer) für}} = \frac{\text{Bruttobeförderungspreis für die Gesamtstrecke}}{\text{Anzahl der km der Gesamtstrecke}} \times \frac{\text{Anzahl der km des inländi-}}{\text{schen Streckenanteils}}$$

[3]Innerhalb eines Besteuerungszeitraumes muss bei allen Beförderungen einer Verkehrsart, z. B. bei Personenbeförderungen im Gelegenheitsverkehr mit Kraftfahrzeugen, nach ein und derselben Methode verfahren werden.

Verbindungsstrecken im Inland

(7) – (8) ...

Verbindungsstrecken im Ausland

(9) – (10) ...

Anschlussstrecken im Schienenbahnverkehr

(11) ...

(12) – gestrichen –

Straßenstrecken in den in § 1 Abs. 3 UStG bezeichneten Gebieten

(13) ...

Kurze Strecken im grenzüberschreitenden Verkehr mit Wasserfahrzeugen

(14) – (18) ...

UStAE   3b.3. Ort der innergemeinschaftlichen Güterbeförderung

(1) [1]§ 3b Abs. 3 UStG ist nur anzuwenden, wenn die innergemeinschaftliche Beförderung eines Gegenstands (innergemeinschaftliche Güterbeförderung) an einen Nichtunternehmer (siehe Abschnitt 3a.1 Abs. 1) erfolgt. [2]In diesen Fällen wird die Leistung an dem Ort ausgeführt, an dem die Beförderung des Gegenstands beginnt (Abgangsort). [3]Wird eine innergemeinschaftliche Güterbeförderung an einen Leistungsempfänger im Sinne des § 3a Abs. 2 UStG (siehe Abschnitt 3a.2 Abs. 1) ausgeführt, richtet sich der Leistungsort nach § 3a Abs. 2 UStG.

(2) [1]Eine innergemeinschaftliche Güterbeförderung liegt nach § 3b Abs. 3 Satz 1 UStG vor, wenn sie in dem Gebiet von zwei verschiedenen EU-Mitgliedstaaten beginnt (Abgangsort) und endet (Ankunftsort). [2]Eine Anfahrt des Beförderungsunternehmers zum Abgangsort ist unmaßgeblich. [3]Entsprechendes gilt für den Ankunftsort. [4]Die Voraussetzungen einer innergemeinschaftlichen Güterbeförderung sind für jeden Beförderungsauftrag gesondert zu prüfen; sie müssen sich aus den im Beförderungs- und Speditionsgewerbe üblicherweise verwendeten Unterlagen (z. B. schriftlicher Speditionsauftrag oder Frachtbrief) ergeben. [5]Für die Annahme einer innergemeinschaftlichen Güterbeförderung ist es unerheblich, ob die Beförderungsstrecke ausschließlich über Gemeinschaftsgebiet oder auch über Drittlandsgebiet führt (vgl. Absatz 4 Beispiel 2).

(3) [1]Die deutschen Freihäfen gehören unionsrechtlich zum Gebiet der Bundesrepublik Deutschland (Artikel 5 MwStSystRL). [2]Deshalb ist eine innergemeinschaftliche Güterbeförderung auch

dann gegeben, wenn die Beförderung in einem deutschen Freihafen beginnt und in einem anderen EU-Mitgliedstaat endet oder umgekehrt.

(4) Beispielsfälle für innergemeinschaftliche Güterbeförderungen:

Beispiel 1:

¹Die Privatperson P aus Deutschland beauftragt den deutschen Frachtführer F, Güter von Spanien nach Deutschland zu befördern.

²Bei der Beförderungsleistung des F handelt es sich um eine innergemeinschaftliche Güterbeförderung, weil der Transport in einem EU-Mitgliedstaat beginnt und in einem anderen EU-Mitgliedstaat endet. ³Der Ort dieser Beförderungsleistung liegt in Spanien, da die Beförderung der Güter in Spanien beginnt (§ 3b Abs. 3 UStG). ⁴F ist Steuerschuldner in Spanien (Artikel 193 MwStSystRL; vgl. auch Abschnitt 3a.16 Abs. 4). ⁵Die Abrechnung richtet sich nach den Regelungen des spanischen Umsatzsteuerrechts.

Beispiel 2:

¹Die Privatperson P aus Italien beauftragt den in der Schweiz ansässigen Frachtführer F, Güter von Deutschland über die Schweiz nach Italien zu befördern.

²Bei der Beförderungsleistung des F handelt es sich um eine innergemeinschaftliche Güterbeförderung, weil der Transport in zwei verschiedenen EU-Mitgliedstaaten beginnt und endet. ³Der Ort dieser Leistung bestimmt sich nach dem inländischen Abgangsort (§ 3b Abs. 3 UStG). ⁴Die Leistung ist in Deutschland steuerbar und steuerpflichtig. ⁵Unbeachtlich ist dabei, dass ein Teil der Beförderungsstrecke auf das Drittland Schweiz entfällt (vgl. Absatz 2 Satz 5). ⁶Der leistende Unternehmer F ist Steuerschuldner (§ 13a Abs. 1 Nr. 1 UStG) und hat den Umsatz im Rahmen des allgemeinen Besteuerungsverfahrens (§ 18 Abs. 1 bis 4 UStG) zu versteuern (vgl. hierzu Abschnitt 3a.16 Abs. 3).

Zu § 3c UStG **1**

UStAE   3c.1. Ort der Lieferung beim Fernverkauf

(1) ¹§ 3c Abs. 1 UStG verlagert den Ort der Lieferung eines innergemeinschaftlichen Fernverkaufs gemäß dem Bestimmungslandprinzip an den Ort, an dem sich der Gegenstand bei Beendigung der Beförderung oder Versendung an den Erwerber befindet, sofern nicht der Ausschlusstatbestand des § 3c Abs. 4 Satz 1 UStG greift. ²Im Falle des § 3c Abs. 4 Satz 1 UStG verlagert sich der Ort der Lieferung eines innergemeinschaftlichen Fernverkaufs nicht an den Ort, an dem sich der Gegenstand bei Beendigung der Beförderung oder Versendung an den Erwerber befindet, sondern es verbleibt bei der Regelung des § 3 Abs. 6 Satz 1 UStG. ³Abschnitt 3a.9a Abs. 1 Satz 1 Nr. 1 Sätze 2 bis 4 und 6 gelten entsprechend; Abschnitt 3a.9a Abs. 1 Satz 1 Nr. 1 Satz 5 gilt entsprechend unter der Maßgabe, dass die Erklärung als abgegeben gilt, wenn der liefernde Unternehmer die Voraussetzungen nach § 3c Abs. 4 Satz 1 UStG erfüllt, jedoch weiterhin die Regelung nach § 3c Abs. 1 UStG anwendet.

Beispiel 1:

¹Ein im Inland ansässiger Händler veräußert über die eigene Internetseite einen Fernseher an eine Privatperson in Frankreich. ²Die Ware wird aus seinem Lager im Inland an den Wohnsitz der Privatperson in Frankreich versendet. ³Der Händler überschreitet die Umsatzschwelle von 10 000 € nicht und verzichtet nicht auf die Anwendung des § 3c Abs. 4 Satz 1 UStG (§ 3c Abs. 4 Satz 2 UStG).

Anm. d. Schriftl.:

1 Führt eine in einem anderen EU-Mitgliedstaat ansässige Apotheke Arzneimittellieferungen an in Deutschland wohnhafte Privatpersonen aus, können diese Lieferungen nach der sog. Versandhandelsregelung in Deutschland selbst dann steuerbar und steuerpflichtig sein, wenn die Abnehmer eine formularmäßige Vollmacht zur Beauftragung eines Kurierdienstes zum Transport der bestellten Medikamente in ihrem Namen und für ihre Rechnung erteilt haben (BFH-Urteil vom 20. 5. 2015, BStBl 2018 II S. 605).

[4]Die Lieferung des Händlers an die Privatperson ist gemäß § 3 Abs. 6 Satz 1 UStG im Inland steuerbar und steuerpflichtig. [5]§ 3c Abs. 1 UStG ist nach § 3c Abs. 4 Satz 1 UStG nicht anzuwenden, weil der Händler nur in einem EU-Mitgliedstaat ansässig ist und die Umsatzschwelle nicht überschreitet.

Beispiel 2:

[1]Sachverhalt wie Beispiel 1. [2]Der Händler überschreitet jedoch die Umsatzschwelle von 10 000 € (§ 3c Abs. 4 Satz 1 UStG) bzw. verzichtet auf die Anwendung des § 3c Abs. 4 Satz 1 UStG (§ 3c Abs. 4 Satz 2 UStG).

[3]Auf die Lieferung des Händlers an die Privatperson ist § 3c Abs. 1 UStG anzuwenden. [4]Der Ort der Lieferung ist der Ort, an dem sich der Gegenstand bei Beendigung der Versendung an die Privatperson befindet (hier: Frankreich). [5]Der Händler kann das besondere Besteuerungsverfahren im Sinne des § 18j UStG (vgl. Abschnitt 18j.1) in Anspruch nehmen und den Umsatz darüber erklären. [6]Andernfalls hat der Händler den Umsatz im Bestimmungsland (hier: Frankreich) im allgemeinen Besteuerungsverfahren (Artikel 250 bis 261 MwStSystRL) zu erklären.

Beispiel 3:

[1]Ein in Südkorea ansässiger Händler veräußert über die eigene Internetseite einen Fernseher an eine Privatperson in Frankreich. [2]Die Ware wird aus dem Lager seiner Betriebsstätte im Inland an den Wohnsitz der Privatperson in Frankreich versendet. [3]Der Händler überschreitet die Umsatzschwelle von 10 000 € nicht und verzichtet nicht auf die Anwendung des § 3c Abs. 4 Satz 1 UStG (§ 3c Abs. 4 Satz 2 UStG).

[4]Die Lieferung des Händlers an die Privatperson ist gemäß § 3 Abs. 6 Satz 1 UStG im Inland steuerbar und steuerpflichtig. [5]§ 3c Abs. 1 UStG ist nach § 3c Abs. 4 Satz 1 UStG nicht anzuwenden, weil der Händler eine Betriebsstätte in nur einem EU-Mitgliedstaat hat und die Umsatzschwelle nicht überschreitet.

Beispiel 4:

[1]Sachverhalt wie Beispiel 3. [2]Der Händler überschreitet jedoch die Umsatzschwelle von 10 000 € (§ 3c Abs. 4 Satz 1 UStG) bzw. verzichtet auf die Anwendung des § 3c Abs. 4 Satz 1 UStG (§ 3c Abs. 4 Satz 2 UStG).

[3]Auf die Lieferung des Händlers an die Privatperson ist § 3c Abs. 1 UStG anzuwenden. [4]Der Ort der Lieferung ist der Ort, an dem sich der Gegenstand bei Beendigung der Versendung an die Privatperson befindet (hier: Frankreich). [5]Der Händler kann das besondere Besteuerungsverfahren im Sinne des § 18j UStG (vgl. Abschnitt 18j.1) in Anspruch nehmen und den Umsatz darüber erklären. [6]Andernfalls hat der Händler den Umsatz im Bestimmungsland (hier: Frankreich) im allgemeinen Besteuerungsverfahren (Artikel 250 bis 261 MwStSystRL) zu erklären.

Beispiel 5:

[1]Ein im Inland ansässiger Händler H veräußert über die eigene Internetseite Handyzubehör an eine im Inland ansässige Privatperson. [2]Die Ware wird aus seinem Lager in Frankreich an den Wohnsitz der Privatperson versendet. [3]H verzichtet auf die Anwendung von § 3c Abs. 4 Satz 1 UStG und nimmt an dem besonderen Besteuerungsverfahren nach § 18j UStG (vgl. Abschnitt 18j.1) teil.

[4]Auf die Lieferung des Händlers an die Privatperson ist § 3c Abs. 1 UStG anzuwenden. [5]Der Ort der Lieferung ist der Ort, an dem sich der Gegenstand bei Beendigung der Versendung an die Privatperson befindet (hier: Inland). [6]Der Händler hat die Umsätze über das besondere Besteuerungsverfahren im Sinne des § 18j UStG (vgl. Abschnitt 18j.1) zu erklären.

(2) [1]Ein innergemeinschaftlicher Fernverkauf ist die Lieferung eines Gegenstands, der durch den Lieferer oder für dessen Rechnung aus dem Gebiet eines EU-Mitgliedstaates in das Gebiet eines anderen EU-Mitgliedstaates oder aus dem übrigen Gemeinschaftsgebiet in die in § 1 Abs. 3 UStG bezeichneten Gebiete an eine in § 1a Abs. 3 Nr. 1 UStG genannte Person oder eine Person nach § 3a Abs. 5 Satz 1 UStG – unter direkter oder indirekter Beteiligung – befördert oder versendet wird. [2]Lieferungen von Gas, Elektrizität, Wärme und Kälte sind keine bewegten Lieferungen und sind deshalb nicht vom Begriff des innergemeinschaftlichen Fernverkaufs im Sinne des § 3c Abs. 1 Satz 2 UStG erfasst. [3]Erwerber im Sinne des Satzes 1 sind daher Nichtunternehmer (siehe Abschnitt 3a.1 Abs. 1) sowie Unternehmer, die nur steuerfreie – nicht zum Vorsteuerabzug berechtigende – Umsätze ausführen, Kleinunternehmer, pauschalierende Land- und Forstwirte und juristische Personen, die nicht Unternehmer sind oder den Gegenstand nicht für

das Unternehmen erwerben. [4]Im Hinblick auf die in § 1a Abs. 3 Nr. 1 UStG genannten Personen ist der Erwerberkreis auf diejenigen Personen beschränkt, die weder die maßgebende Erwerbsschwelle im Sinne des § 1a Abs. 3 Nr. 2 UStG überschreiten, noch auf ihre Anwendung nach § 1a Abs. 4 UStG verzichten (vgl. zu den Erwerbsschwellen in den EU-Mitgliedstaaten Abschnitt 3.18 Abs. 4 Satz 7). [5]Sofern die Beförderung oder Versendung im Gebiet eines anderen EU-Mitgliedstaates endet, ist die von diesem EU-Mitgliedstaat festgesetzte Erwerbsschwelle maßgebend. [6]Als indirekte Beteiligung des Lieferers am Versand oder der Beförderung der Gegenstände sind die in Abschnitt 3.18 Abs. 4 Satz 8 genannten Fälle anzusehen.

Beispiel:

[1]Händler H aus Köln verkauft Waren über die eigene Internetseite an eine Privatperson in Belgien. [2]Die Waren werden durch eine Spedition zum Kunden transportiert. [3]H stellt dem Kunden die Transportkosten in Rechnung und leitet sie nach Zahlung an die Spedition weiter.

[4]Da H seinem Kunden die Transportkosten berechnet und der Spedition weiterleitet, ist von einer indirekten Beteiligung am Transport auszugehen und es liegt ein innergemeinschaftlicher Fernverkauf von Gegenständen vor. [5]Der Lieferort verlagert sich damit nach § 3c Abs. 1 UStG nach Belgien, wenn H die Umsatzschwelle von 10 000 € überschreitet oder überschritten hat (§ 3c Abs. 4 Satz 1 UStG) bzw. auf die Anwendung des § 3c Abs. 4 Satz 1 UStG verzichtet (§ 3c Abs. 4 Satz 2 UStG).

(3) [1]§ 3c Abs. 2 UStG verlagert den Ort der Lieferung eines Fernverkaufs eines Gegenstands, der aus dem Drittlandsgebiet in einen anderen EU-Mitgliedstaat als den, in dem die Beförderung oder Versendung des Gegenstands an den Erwerber endet, eingeführt wird, an den Ort, an dem sich der Gegenstand bei Beendigung der Beförderung oder Versendung an den Erwerber befindet. [2]Absatz 2 Sätze 3 bis 6 und Abschnitt 3.18 Abs. 4 Sätze 1 bis 8 gelten entsprechend.

Beispiel:

[1]Ein in Südkorea ansässiger Händler H veräußert über die eigene Internetseite Handyzubehör (Sachwert: 200 €) an eine Privatperson in Frankreich. [2]Die Ware wird durch H aus dem Lager in Südkorea nach Deutschland versendet, wo die Zollanmeldung erfolgt. [3]Von dort aus wird die Ware weiter an den Wohnsitz der Privatperson in Frankreich versendet.

[4]Da die Ware aus dem Drittlandsgebiet in einen anderen EU-Mitgliedstaat (hier: Deutschland) als den, in dem die Beförderung oder Versendung des Gegenstandes an den Erwerber endet (hier: Frankreich), eingeführt wird, verlagert sich der Ort nach § 3c Abs. 2 UStG an den Ort, an dem sich der Gegenstand bei Beendigung der Beförderung oder Versendung an den Erwerber befindet (hier: Frankreich). [5]H hat den Umsatz im Bestimmungsland (hier: Frankreich) im allgemeinen Besteuerungsverfahren (Artikel 250 bis 261 MwStSystRL) zu erklären.

(4) [1]§ 3c Abs. 3 Satz 1 UStG verlagert den Ort der Lieferung eines Fernverkaufs eines Gegenstands, der aus dem Drittlandsgebiet in den EU-Mitgliedstaat, in dem die Beförderung oder Versendung des Gegenstands an den Erwerber endet, eingeführt wird, in diesen EU-Mitgliedstaat, sofern die Steuer auf diesen Gegenstand gemäß dem besonderen Besteuerungsverfahren nach § 18k UStG (vgl. Abschnitt 18k.1) zu erklären ist.

Beispiel 1:

[1]Ein in Südkorea ansässiger Händler H veräußert über die eigene Internetseite Handyzubehör (Sachwert: 50 €) an eine im Inland ansässige Privatperson. [2]Die Ware wird aus seinem Lager in Südkorea an den Wohnsitz der Privatperson versendet. [3]Die Zollanmeldung in Deutschland erfolgt durch den Spediteur S in indirekter Vertretung des H. [4]H nimmt das besondere Besteuerungsverfahren nach § 18k UStG (vgl. Abschnitt 18k.1) nicht in Anspruch.

[5]Da die Zollanmeldung für Rechnung des H erfolgt, schuldet H die Einfuhrumsatzsteuer, die er unter den allgemeinen Voraussetzungen des § 15 UStG als Vorsteuer abziehen kann. [6]Die Lieferung des H an die Privatperson ist gemäß § 3 Abs. 8 UStG im Inland steuerbar und steuerpflichtig. [7]H hat den Umsatz im Inland im allgemeinen Besteuerungsverfahren (§ 18 Abs. 1 bis 4 UStG) zu erklären. [8]§ 3c Abs. 3 Satz 1 UStG ist nicht anzuwenden, weil H das besondere Besteuerungsverfahren nach § 18k UStG nicht in Anspruch nimmt.

Beispiel 2:

[1]Sachverhalt wie Beispiel 1. [2]H nimmt jedoch durch einen im Inland ansässigen Vertreter das besondere Besteuerungsverfahren nach § 18k UStG (vgl. Abschnitt 18k.1) in Anspruch.

[3]Die Einfuhr der Waren ist gemäß § 5 Abs. 1 Nr. 7 UStG steuerfrei. [4]Die Lieferung des H an die Privatperson ist im Inland nach § 3c Abs. 3 Satz 1 UStG steuerbar und steuerpflichtig. [5]H hat diesen Umsatz im besonderen Besteuerungsverfahren nach § 18k UStG zu erklären (vgl. Abschnitt 18k.1).

Beispiel 3:

[1]Sachverhalt wie Beispiel 1. [2]Die Zollanmeldung in Deutschland erfolgt jedoch durch die Privatperson oder durch einen Post- oder Kurierdienstleister im Namen und für Rechnung der Privatperson.

[3]Da die Zollanmeldung im Namen der Privatperson erfolgt, schuldet die Privatperson die Einfuhrumsatzsteuer, weshalb § 3 Abs. 8 UStG keine Anwendung findet. [4]Die Lieferung des H an die Privatperson ist im Inland nicht steuerbar, da sich der Ort der Lieferung nach § 3 Abs. 6 Satz 1 UStG in Südkorea befindet. [5]§ 3c Abs. 3 Satz 1 UStG ist nicht anzuwenden, weil H das besondere Besteuerungsverfahren nach § 18k UStG nicht in Anspruch nimmt.

Beispiel 4:

[1]Ein im Inland ansässiger Händler H veräußert Handyzubehör (Sachwert: 60 €) über die eigene Internetseite an eine im Inland ansässige Privatperson. [2]Die Ware wird aus seinem Lager in der Schweiz an den Wohnsitz der Privatperson versendet. [3]Die Zollanmeldung in Deutschland erfolgt durch H. [4]Der Unternehmer nimmt das besondere Besteuerungsverfahren nach § 18k UStG (vgl. Abschnitt 18k.1) in Anspruch.

[5]Auf die Lieferung des H an die Privatperson ist § 3c Abs. 3 Satz 1 UStG anzuwenden. [6]Der Ort der Lieferung ist der Ort, an dem sich der Gegenstand bei Beendigung der Versendung an die Privatperson befindet (hier: Inland). [7]Die Einfuhr der Ware ist nach § 5 Abs. 1 Nr. 7 UStG steuerfrei. [8]H hat die Umsätze über das besondere Besteuerungsverfahren im Sinne des § 18k UStG (vgl. Abschnitt 18k.1) zu erklären.

[2]Durch § 3c Abs. 3 Satz 3 UStG wird sichergestellt, dass bei einem Fernverkauf nach § 3 Abs. 3a Satz 2 UStG die Ortsverlagerung auch dann eintritt, wenn der Umsatz nicht in dem besonderen Besteuerungsverfahren nach § 18k UStG zu erklären ist sowie ein Unternehmer oder dessen Beauftragter Schuldner der Einfuhrumsatzsteuer sein sollte.

Beispiel 5:

[1]Ein in Südkorea ansässiger Händler H veräußert über eine elektronische Schnittstelle Handyzubehör (Sachwert: 50 €) an eine im Inland ansässige Privatperson. [2]Die Ware wird aus einem Lager in Südkorea an den Wohnsitz der Privatperson versendet. [3]Die Zollanmeldung in Deutschland erfolgt durch den Spediteur S in indirekter Vertretung des H. [4]Der Betreiber der elektronischen Schnittstelle nimmt das besondere Besteuerungsverfahren nach § 18k UStG (vgl. Abschnitt 18k.1) nicht in Anspruch.

[5]Nach § 3 Abs. 3a Satz 2 UStG werden eine Lieferung des H an den Betreiber der elektronischen Schnittstelle und eine Lieferung des Betreibers der elektronischen Schnittstelle an die im Inland ansässige Privatperson fingiert. [6]Da die Zollanmeldung für Rechnung des H erfolgt, schuldet H die Einfuhrumsatzsteuer. [7]Die Warenbewegung wird nach § 3 Abs. 6b UStG der Lieferung des Betreibers der elektronischen Schnittstelle zugeschrieben. [8]Zum Abzug der Einfuhrumsatzsteuer als Vorsteuer ist H nicht berechtigt, da er eine ruhende Lieferung in Südkorea bewirkt und daher die anschließende Einfuhr im Zuge der bewegten Lieferung nicht für sein Unternehmen ausgeführt wird (siehe Abschnitt 15.8 Abs. 4). [9]Vorsteuerabzugsberechtigt ist der Betreiber der elektronischen Schnittstelle, der die bewegte Lieferung ausführt und dabei so zu behandeln ist, als ob er den Gegenstand für sein Unternehmen selbst erhalten und geliefert hätte. [10]Voraussetzung ist, dass H ihm den Beleg für den Vorsteuerabzug aushändigt (vgl. Abschnitt 15.8 Abs. 7). [11]Die Lieferung des H an den Betreiber der elektronischen Schnittstelle ist gemäß § 3 Abs. 7 Satz 2 Nr. 1 UStG im Inland nicht steuerbar. [12]Die Lieferung des Betreibers der elektronischen Schnittstelle an die Privatperson ist im Inland nach § 3c Abs. 3 Satz 3 UStG steuerbar und steuerpflichtig. [13]§ 3 Abs. 8 UStG findet keine Anwendung, da die Lieferung des H an den Betreiber der elektronischen Schnittstelle unbewegt ist und der Betreiber der elektronischen Schnittstelle nicht die Einfuhrumsatzsteuer schuldet.

(5) Nach § 3c Abs. 5 UStG kommt es zu keiner Verlagerung des Orts der Lieferung an den Bestimmungsort, wenn

- ein neues Fahrzeug geliefert wird,
- ein Gegenstand, der mit oder ohne probeweise Inbetriebnahme durch den Lieferer oder für dessen Rechnung montiert oder installiert geliefert wird,
- auf die Lieferung eines Gegenstands die Differenzbesteuerung nach § 25a Abs. 1 oder 2 UStG angewendet wird oder
- verbrauchsteuerpflichtige Waren an eine in § 1a Abs. 3 Nr. 1 UStG genannte Person geliefert werden.

Zu § 3g UStG

UStAE   3g.1.   Ort der Lieferung von Gas oder Elektrizität

Allgemeines

(1) [1]§ 3g UStG ist in Bezug auf Gas für alle Druckstufen und in Bezug auf Elektrizität für alle Spannungsstufen anzuwenden. [2]Bezüglich der Lieferung von Gas ist die Anwendung auf Lieferungen über das Erdgasnetz beschränkt und findet z. B. keine Anwendung auf den Verkauf von Gas in Flaschen oder die Befüllung von Gastanks mittels Tanklastzügen. [3]Zum Erdgasnetz gehören auch die Erdgasspeicheranlagen, deren Zugang ausschließlich über eine Erdgasleitung erfolgt, die fest und dauerhaft an das Erdgasverteil- bzw. Erdgasübertragungsnetz angeschlossen ist. [4]Zur Steuerbarkeit von Umsätzen im Zusammenhang mit der Abgabe von Energie durch einen Netzbetreiber vgl. Abschnitt 1.7.

Wiederverkäufer

(2) [1]Bei der Lieferung von Gas über das Erdgasnetz oder Elektrizität ist danach zu unterscheiden, ob diese Lieferung an einen Unternehmer, dessen Haupttätigkeit in Bezug auf den Erwerb dieser Gegenstände in deren Lieferung besteht und dessen eigener Verbrauch dieser Gegenstände von untergeordneter Bedeutung ist (sog. Wiederverkäufer von Gas oder Elektrizität) oder an einen anderen Abnehmer erfolgt. [2]Die Haupttätigkeit des Unternehmers in Bezug auf den Erwerb von Gas über das Erdgasverteilungsnetz oder von Elektrizität besteht dann in deren Lieferung, d. h. im Wiederverkauf dieser Gegenstände, wenn der Unternehmer mehr als die Hälfte der von ihm erworbenen Menge weiterveräußert. [3]Lieferungen von Elektrizität, die als Nebenleistung erfolgen (vgl. Abschnitt 4.12.1 Abs. 5 Satz 3), gelten nicht als weiterveräußert in diesem Sinne. [4]Zur Wiederverkäufereigenschaft eines Betreibers von dezentralen Stromgewinnungsanlagen vgl. Abschnitt 2.5 Abs. 3. [5]Der eigene Gas- bzw. Elektrizitätsverbrauch des Unternehmers ist von untergeordneter Bedeutung, wenn nicht mehr als 5 % der erworbenen Menge zu eigenen (unternehmerischen sowie nichtunternehmerischen) Zwecken verwendet wird. [6]Die Bereiche „Gas" und „Elektrizität" sind dabei getrennt, jedoch für das gesamte Unternehmen im Sinne des § 2 UStG zu beurteilen. [7]In der Folge werden grenzüberschreitende Leistungen zwischen Unternehmensteilen, die als steuerbare Innenumsätze zu behandeln sind und die nach § 3g Abs. 3 UStG auch keinen Verbringungstatbestand erfüllen, in diese Betrachtung einbezogen. [8]Außerdem ist damit ein Unternehmer, der z. B. nur im Bereich „Elektrizität" mehr als die Hälfte der von ihm erworbenen Menge weiterveräußert und nicht mehr als 5 % zu eigenen Zwecken verwendet, diese Voraussetzungen aber für den Bereich „Gas" nicht erfüllt, nur für Lieferungen an ihn im Bereich „Elektrizität" als Wiederverkäufer anzusehen.

(3) [1]Maßgeblich sind die Verhältnisse im vorangegangenen Kalenderjahr. [2]Verwendet der Unternehmer zwar mehr als 5 %, jedoch nicht mehr als 10 % der erworbenen Menge an Gas oder

Elektrizität zu eigenen Zwecken, ist weiterhin von einer untergeordneten Bedeutung auszugehen, wenn die im Mittel der vorangegangenen drei Jahre zu eigenen Zwecken verbrauchte Menge 5 % der in diesem Zeitraum erworbenen Menge nicht überschritten hat. [3]Im Unternehmen selbst erzeugte Mengen bleiben bei der Beurteilung unberücksichtigt. [4]Ob die selbst erzeugte Menge veräußert oder zum eigenen Verbrauch im Unternehmen verwendet wird, ist daher unbeachtlich. [5]Ebenso ist die veräußerte Energiemenge, die selbst erzeugt wurde, hinsichtlich der Beurteilung der Wiederverkäufereigenschaft aus der Gesamtmenge der veräußerten Energie auszuscheiden; auch sie beeinflusst die nach Absatz 2 Sätze 1 und 2 einzuhaltenden Grenzwerte nicht. [6]Sowohl hinsichtlich der erworbenen als auch hinsichtlich der veräußerten Menge an Energie ist wegen der Betrachtung des gesamten Unternehmens darauf abzustellen, ob die Energie von einem anderen Unternehmen erworben bzw. an ein anderes Unternehmen veräußert worden ist. [7]Netzverluste bleiben bei der Ermittlung der Menge der zu eigenen Zwecken verwendeten Energie außer Betracht. [8]Anderer Abnehmer ist ein Abnehmer, der nicht Wiederverkäufer ist.

Ort der Lieferung von Gas oder Elektrizität

(4) [1]Bei der Lieferung von Gas oder Elektrizität an einen Wiederverkäufer gilt entweder der Ort, von dem aus dieser sein Unternehmen betreibt, oder – wenn die Lieferung an eine Betriebsstätte des Wiederverkäufers ausgeführt wird – der Ort dieser Betriebsstätte als Ort der Lieferung. [2]Eine Lieferung erfolgt an eine Betriebsstätte, wenn sie ausschließlich oder überwiegend für diese bestimmt ist; Abschnitt 3a.2 Abs. 4 gilt sinngemäß. [3]Dementsprechend ist auf die Bestellung durch und die Abrechnung für Rechnung der Betriebsstätte abzustellen. [4]Es kommt nicht darauf an, wie und wo der Wiederverkäufer die gelieferten Gegenstände tatsächlich verwendet. [5]Somit gilt diese Regelung auch für die für den eigenen Verbrauch des Wiederverkäufers gelieferte Menge. [6]Dies ist insbesondere von Bedeutung bei der Verwendung für eigene Zwecke in eigenen ausländischen Betriebsstätten und ausländischen Betriebsstätten des Organträgers; auch insoweit verbleibt es bei der Besteuerung im Sitzstaat, soweit nicht unmittelbar an die ausländische Betriebsstätte geliefert wird.

(5) [1]Bei der Lieferung von Gas oder Elektrizität an einen anderen Abnehmer wird grundsätzlich auf den Ort des tatsächlichen Verbrauchs dieser Gegenstände abgestellt. [2]Das ist regelmäßig der Ort, wo sich der Zähler des Abnehmers befindet. [3]Sollte der andere Abnehmer die an ihn gelieferten Gegenstände nicht tatsächlich verbrauchen (z. B. bei Weiterverkauf von Überkapazitäten), wird insoweit für die Lieferung an diesen Abnehmer der Verbrauch nach § 3g Abs. 2 Satz 2 UStG dort fingiert, wo dieser sein Unternehmen betreibt oder eine Betriebsstätte hat, an die die Gegenstände geliefert werden. [4]Im Ergebnis führt dies dazu, dass im Falle des Weiterverkaufs von Gas über das Erdgasnetz oder Elektrizität für den Erwerb dieser Gegenstände stets das Empfängerortprinzip gilt. [5]Da Gas und Elektrizität allenfalls in begrenztem Umfang gespeichert werden, steht regelmäßig bereits bei Abnahme von Gas über das Erdgasnetz oder Elektrizität fest, in welchem Umfang ein Wiederverkauf erfolgt.

Innergemeinschaftlicher Erwerb, innergemeinschaftliches Verbringen sowie Einfuhr von Gas oder Elektrizität

(6) [1]Durch die spezielle Ortsregelung für die Lieferung von Gas über das Erdgasnetz oder Elektrizität wird klargestellt, dass Lieferungen dieser Gegenstände keine bewegten Lieferungen sind. [2]Daraus folgt, dass weder eine Ausfuhrlieferung nach § 6 UStG noch eine innergemeinschaftliche Lieferung nach § 6a UStG vorliegen kann. [3]Bei Lieferungen von Gas über das Erdgasnetz und von Elektrizität unter den Bedingungen von § 3g Abs. 1 oder 2 UStG liegt weder ein innergemeinschaftliches Verbringen noch ein innergemeinschaftlicher Erwerb vor. [4]Die Einfuhr von Gas über das Erdgasnetz oder von Elektrizität ist nach § 5 Abs. 1 Nr. 6 UStG steuerfrei. [5]§ 3g UStG gilt auch im Verhältnis zum Drittlandsgebiet; die Anwendung von § 3 Abs. 8 UStG ist demgegenüber mangels Beförderung oder Versendung ausgeschlossen. [6]Die Lieferung von Gas über

das Erdgasnetz und von Elektrizität aus dem Drittlandsgebiet in das Inland ist damit im Inland steuerbar und steuerpflichtig; die Steuerschuldnerschaft des Leistungsempfängers unter den Voraussetzungen des § 13b Abs. 2 Nr. 5 Buchstabe a und Abs. 5 Satz 1 UStG ist zu beachten (vgl. Abschnitt 13b.1 Abs. 2 Nr. 7 Buchstabe a und Abschnitt 13b.3a Abs. 1). [7]Die Lieferung von Gas über das Erdgasnetz und von Elektrizität aus dem Inland in das Drittlandsgebiet ist eine im Inland nicht steuerbare Lieferung.

Zu § 4 UStG🄳

UStAE   4.8.2. Gewährung und Vermittlung von Krediten

(1) [1]Gewährt ein Unternehmer im Zusammenhang mit einer Lieferung oder sonstigen Leistung einen Kredit, ist diese Kreditgewährung nach § 4 Nr. 8 Buchstabe a UStG steuerfrei, wenn sie als selbständige Leistung anzusehen ist. [2]Entgelte für steuerfreie Kreditleistungen können Stundungszinsen, Zielzinsen und Kontokorrentzinsen sein (vgl. Abschnitt 3.11 Abs. 3 und 4). [3]Als Kreditgewährung ist auch die Kreditbereitschaft anzusehen, zu der sich ein Unternehmen vertraglich bis zur Auszahlung des Darlehens verpflichtet hat. [4]Zur umsatzsteuerrechtlichen Behandlung von Krediten, die im eigenen Namen, aber für fremde Rechnung gewährt werden, siehe Abschnitt 3.15.

(2) [1]Werden bei der Gewährung von Krediten Sicherheiten verlangt, müssen zur Ermittlung der Beleihungsgrenzen der Sicherungsobjekte, z. B. Grundstücke, bewegliche Sachen, Warenlager, deren Werte festgestellt werden. [2]Die dem Kreditgeber hierdurch entstehenden Kosten, insbesondere Schätzungsgebühren und Fahrtkosten, werden dem Kreditnehmer bei der Kreditgewährung in Rechnung gestellt. [3]Mit der Ermittlung der Beleihungsgrenzen der Sicherungsobjekte werden keine selbständigen wirtschaftlichen Zwecke verfolgt. [4]Diese Tätigkeit dient vielmehr lediglich dazu, die Kreditgewährung zu ermöglichen. [5]Dieser unmittelbare, auf wirtschaftlichen Gegebenheiten beruhende Zusammenhang rechtfertigt es, in der Ermittlung des Wertes der Sicherungsobjekte eine Nebenleistung zur Kreditgewährung zu sehen und sie damit als steuerfrei nach § 4 Nr. 8 Buchstabe a UStG zu behandeln (BFH-Urteil vom 9. 7. 1970, V R 32/70, BStBl II S. 645).

(3) Zur umsatzsteuerrechtlichen Behandlung des Factoring siehe Abschnitt 2.4.

(4) [1]Die Darlehenshingabe der Bausparkassen durch Auszahlung der Baudarlehen auf Grund von Bausparverträgen ist als Kreditgewährung nach § 4 Nr. 8 Buchstabe a UStG steuerfrei. [2]Die Steuerfreiheit umfasst die gesamte Vergütung, die von den Bausparkassen für die Kreditgewährung vereinnahmt wird. [3]Darunter fallen außer den Zinsbeträgen auch die Nebengebühren, wie z. B. die Abschluss- und die Zuteilungsgebühren. [4]Steuerfrei sind ferner die durch die Darlehensgebühr und durch die Kontogebühr abgegoltenen Leistungen der Bausparkasse (BFH-Urteil vom 13. 2. 1969, V R 68/67, BStBl II S. 449). [5]Dagegen sind insbesondere die Herausgabe eines Nachrichtenblatts, die Bauberatung und Bauaufsicht steuerpflichtig, weil es sich dabei um selbständige Leistungen neben der Kreditgewährung handelt.

(5) Die Vergütungen, die dem Pfandleiher nach § 10 Abs. 1 Nr. 2 der Verordnung über den Geschäftsbetrieb der gewerblichen Pfandleiher zustehen, sind Entgelt für eine nach § 4 Nr. 8 Buchstabe a UStG steuerfreie Kreditgewährung (BFH-Urteil vom 9. 7. 1970, V R 32/70, BStBl II S. 645).

Anm. d. Schriftl.:

🄳 Im Rahmen des Gesetzes zur weiteren steuerlichen Förderung der Elektromobilität und zur Änderung weiterer steuerlicher Vorschriften vom 12. 12. 2019, BGBl 2019 I S. 2451, wurde für Leistungen von selbständigen Personenzusammenschlüssen an ihre Mitglieder in § 4 Nr. 29 UStG eine Steuerbefreiung eingeführt. Hierzu hat das BMF mit Einführungsschreiben vom 19. 7. 2022, BStBl 2022 I S. 1208, Stellung genommen.

(6) Hat der Kunde einer Hypothekenbank bei Nichtabnahme des Hypothekendarlehens, bei dessen vorzeitiger Rückzahlung oder bei Widerruf einer Darlehenszusage oder Rückforderung des Darlehens als Folge bestimmter, vom Kunden zu vertretender Ereignisse im Voraus festgelegte Beträge zu zahlen (sog. Nichtabnahme- bzw. Vorfälligkeitsentschädigungen), handelt es sich – soweit nicht Schadensersatz vorliegt – um Entgelte für nach § 4 Nr. 8 Buchstabe a UStG steuerfreie Kreditleistungen (BFH-Urteil vom 20. 3. 1980, V R 32/76, BStBl II S. 538).

(7) [1]Eine nach § 4 Nr. 8 Buchstabe a UStG steuerfreie Kreditgewährung liegt nicht vor, wenn jemand einem Unternehmer Geld für dessen Unternehmen oder zur Durchführung einzelner Geschäfte gegen Beteiligung nicht nur am Gewinn, sondern auch am Verlust zur Verfügung stellt. [2]Eine Beteiligung am Verlust ist mit dem Wesen des Darlehens, bei dem die hingegebene Geldsumme zurückzuzahlen ist, unvereinbar (BFH-Urteil vom 19. 3. 1970, V R 137/69, BStBl II S. 602).

(8) [1]Vereinbart eine Bank mit einem Kreditvermittler, dass dieser in die Kreditanträge der Kreditkunden einen höheren Zinssatz einsetzen darf, als sie ohne die Einschaltung eines Kreditvermittlers verlangen würde (sog. Packing), ist die Zinsdifferenz das Entgelt für eine Vermittlungsleistung des Kreditvermittlers gegenüber der Bank (BFH-Urteil vom 8. 5. 1980, V R 126/76, BStBl II S. 618). [2]Die Leistung ist als Kreditvermittlung nach § 4 Nr. 8 Buchstabe a UStG steuerfrei.

(9) Eine vorab erstellte Finanzanalyse der Kundendaten durch den Vermittler, in der Absicht den Kunden bei der Auswahl des Finanzproduktes zu unterstützen bzw. das für ihn am besten passende Finanzprodukt auswählen zu können, kann, wenn sie ähnlich einer Kaufberatung das Mittel darstellt, um die Hauptleistung Kreditvermittlung in Anspruch zu nehmen, als unselbständige Nebenleistung (vgl. hierzu Abschnitt 3.10 Abs. 5) zur Kreditvermittlung angesehen werden.

UStAE   4.9.1. Umsätze, die unter das Grunderwerbsteuergesetz fallen

(1) [1]Zu den Umsätzen, die unter das GrEStG fallen (grunderwerbsteuerbare Umsätze), gehören insbesondere die Umsätze von unbebauten und bebauten Grundstücken. [2]Für die Grunderwerbsteuer können mehrere von dem Grundstückserwerber mit verschiedenen Personen – z. B. Grundstückseigentümer, Bauunternehmer, Bauhandwerker – abgeschlossene Verträge als ein einheitliches, auf den Erwerb von fertigem Wohnraum gerichtetes Vertragswerk anzusehen sein (BFH-Urteile vom 27. 10. 1982, II R 102/81, BStBl 1983 II S. 55, und vom 27. 10. 1999, II R 17/99, BStBl 2000 II S. 34). [3]Dieser dem GrEStG unterliegende Vorgang wird jedoch nicht zwischen dem Grundstückserwerber und den einzelnen Bauunternehmern bzw. Bauhandwerkern verwirklicht (BFH-Urteile vom 7. 2. 1991, V R 53/85, BStBl II S. 737, vom 29. 8. 1991, V R 87/86, BStBl 1992 II S. 206, und vom 10. 9. 1992, V R 99/88, BStBl 1993 II S. 316). [4]Die Leistungen der Architekten, der einzelnen Bauunternehmer und der Bauhandwerker sind mit dem der Grunderwerbsteuer unterliegenden Erwerbsvorgang nicht identisch und fallen daher auch nicht unter die Umsatzsteuerbefreiung nach § 4 Nr. 9 Buchstabe a UStG (vgl. auch BFH-Beschluss vom 30. 10. 1986, V B 44/86, BStBl 1987 II S. 145, und BFH-Urteil vom 24. 2. 2000, V R 89/98, BStBl II S. 278). [5]Ein nach § 4 Nr. 9 Buchstabe a UStG insgesamt steuerfreier einheitlicher Grundstücksumsatz kann nicht nur bei der Veräußerung eines bereits bebauten Grundstücks vorliegen, sondern auch dann, wenn derselbe Veräußerer in zwei getrennten Verträgen ein Grundstück veräußert und die Pflicht zur Erstellung eines schlüsselfertigen Bürohauses und Geschäftshauses übernimmt. [6]Leistungsgegenstand ist in diesem Fall ein noch zu bebauendes Grundstück (BFH-Urteil vom 19. 3. 2009, V R 50/07, BStBl 2010 II S. 78).

(2) Unter die Steuerbefreiung nach § 4 Nr. 9 Buchstabe a UStG fallen z. B. auch:

1. die Bestellung von Erbbaurechten (BFH-Urteile vom 28. 11. 1967, II 1/64, BStBl 1968 II S. 222, und vom 28. 11. 1967, II R 37/66, BStBl 1968 II S. 223) und die Übertragung von Erbbaurechten (BFH-Urteil vom 5. 12. 1979, II R 122/76, BStBl 1980 II S. 136);

2. die Übertragung von Miteigentumsanteilen an einem Grundstück;

3. die Lieferung von auf fremdem Boden errichteten Gebäuden nach Ablauf der Miet- oder Pachtzeit (vgl. Abschnitt F II des BMF-Schreibens vom 23. 7. 1986, BStBl I S. 432);

4. die Übertragung eines Betriebsgrundstückes zur Vermeidung einer drohenden Enteignung (BFH-Urteil vom 24. 6. 1992, V R 60/88, BStBl II S. 986);

5. die Umsätze von Grundstücken und von Gebäuden nach dem Sachenrechtsbereinigungsgesetz, und

6. die Entnahme von Grundstücken, unabhängig davon, ob damit ein Rechtsträgerwechsel verbunden ist.

UStAE 4.12.1. Vermietung und Verpachtung von Grundstücken

(1) [1]Zum Begriff des Grundstücks vgl. im Einzelnen Abschnitt 3a.3 Abs. 2 Sätze 2 und 3. [2]Die Frage, ob eine Vermietung oder Verpachtung eines Grundstücks im Sinne des § 4 Nr. 12 Satz 1 Buchstabe a UStG vorliegt, richtet sich nicht nach den Vorschriften des nationalen Zivilrechts, sondern nach Unionsrecht (BFH-Urteile vom 8. 11. 2012, V R 15/12, BStBl 2013 II S. 455, und vom 28. 5. 2013, XI R 32/11, BStBl 2014 II S. 411). [3]Danach setzt die Vermietung eines Grundstücks voraus, dass dem Mieter vom Vermieter auf bestimmte Zeit gegen eine Vergütung das Recht eingeräumt wird, das Grundstück so in Besitz zu nehmen, als ob er dessen Eigentümer wäre, und jede andere Person von diesem Recht auszuschließen. [4]Für die Beurteilung, ob eine bestimmte Vereinbarung als „Vermietung" in diesem Sinne zu behandeln ist, sind alle Umstände des Einzelfalls, vor allem der tatsächlich verwirklichte Sachverhalt zu berücksichtigen.**[1][2]** [5]Maßgebend ist insoweit der objektive Inhalt des Vorgangs, unabhängig von der Bezeichnung, die die Parteien ihm gegeben haben (vgl. EuGH-Urteil vom 16. 12. 2010, C-270/09, Macdonald Resorts Limited). [6]Diese Voraussetzungen gelten auch für die Verpachtung eines Grundstücks (vgl. EuGH-Urteil vom 6. 12. 2007, C-451/06, Walderdorff) und die hierdurch typischerweise eingeräumten Berechtigungen an dem Grundstück zur Ausübung einer sachgerechten und nachhaltigen Bewirtschaftung. [7]Der Vermietung eines Grundstücks gleichzusetzen ist der Verzicht auf Rechte aus dem Mietvertrag gegen eine Abstandszahlung (vgl. EuGH-Urteil vom 15. 12. 1993, C-63/92, Lubbock Fine, BStBl 1995 II S. 480, und Abschnitt 1.3 Abs. 13). [8]Eine Dienstleistung, die darin besteht, dass eine Person, die ursprünglich kein Recht an einem Grundstück hat, aber gegen Entgelt die Rechte und Pflichten aus einem Mietvertrag über dieses Grundstück übernimmt, ist nicht von der Umsatzsteuer befreit (vgl. EuGH-Urteile vom 9. 10. 2001, C-409/98, Mirror Group, und C-108/99, Cantor Fitzgerald International).

(2) [1]Für die Vermietung eines Grundstücks ist es nicht erforderlich, dass die vermietete Grundstücksfläche bereits im Zeitpunkt des Abschlusses des Mietvertrags bestimmt ist. [2]Der Mietvertrag kann auch über eine zunächst unbestimmte, aber bestimmbare Grundstücksfläche (z. B. Fahrzeugabstellplatz) geschlossen werden. [3]Die spätere Konkretisierung der Grundstücksfläche kann durch den Vermieter oder den Mieter erfolgen. [4]Die Dauer des Vertragsverhältnisses ist ohne Bedeutung. [5]Auch die kurzfristige Gebrauchsüberlassung eines Grundstücks kann daher die Voraussetzungen einer Vermietung erfüllen. [6]Die Dauer der Gebrauchsüberlassung muss nicht von vornherein festgelegt sein. [7]Auch vertragliche Beschränkungen des an der Mietsache bestehenden Nutzungsrechts schließen nicht aus, dass es sich um ein ausschließliches Nutzungsrecht handelt (vgl. EuGH-Urteil vom 18. 11. 2004, C-284/03, Temco Europe).

Anm. d. Schriftl.:

1 Die entgeltliche Überlassung möblierter Zimmer an Prostituierte ist keine umsatzsteuerfreie Vermietung, wenn zusätzliche Leistungen der Gesamtleistung ein anderes Gepräge geben als einer Vermietung (BFH-Urteil vom 17. 12. 2014, BStBl 2015 II S. 427).

2 Das halbstündige oder stundenweise Überlassen von Zimmern in einem „Stundenhotel" ist keine Beherbergung i. S. von § 4 Nr. 12 Satz 2 UStG (BFH-Urteil vom 24. 9. 2015, BStBl 2017 II S. 132). Auf das BMF-Schreiben vom 17. 1. 2017, BStBl I 2017 S. 104, wird hingewiesen.

(3) [1]Die Steuerbefreiung nach § 4 Nr. 12 Satz 1 Buchstabe a UStG gilt nicht nur für die Vermietung und die Verpachtung von ganzen Grundstücken, sondern auch für die Vermietung und die Verpachtung von Grundstücksteilen. [2]Hierzu gehören insbesondere Gebäude und Gebäudeteile wie Stockwerke, Wohnungen und einzelne Räume (vgl. BFH-Urteil vom 8.10.1991, V R 89/86, BStBl 1992 II S.108). [3]Auch räumlich abgrenzbare und individualisierte Grundstücksparzellen fallen hierunter (vgl. BFH-Urteile vom 21.6.2017, V R 3/17, BStBl 2018 II S.372, und V R 4/17, BStBl 2018 II S.370). [4]Die Steuerbefreiung erstreckt sich in der Regel auch auf mitvermietete oder mitverpachtete Einrichtungsgegenstände, z. B. auf das bewegliche Büromobiliar oder das bewegliche Inventar eines Seniorenheims (vgl. BFH-Urteil vom 11.11.2015, V R 37/14, BStBl 2017 II S.1259); vgl. aber Abschnitt 4.12.10 zur Vermietung und Verpachtung von Betriebsvorrichtungen. [5]Zur Vermietung von Abstellflächen für Fahrzeuge vgl. Abschnitt 4.12.2. [6]Steuerfrei ist auch die Überlassung von Werkdienstwohnungen durch Arbeitgeber an Arbeitnehmer (vgl. BFH-Urteile vom 30.7.1986, V R 99/76, BStBl II S.877, und vom 7.10.1987, V R 2/79, BStBl 1988 II S.88), wenn sie mehr als sechs Monate dauert (vgl. Abschnitt 4.12.9 Abs.1 Satz 2). [7]Wegen der Überlassung von Räumen einer Pension an Saison-Arbeitnehmer vgl. aber Abschnitt 4.12.9 Abs.2 Satz 3. [8]Soweit die Verwendung eines dem Unternehmen zugeordneten Grundstücks/Gebäudes für nichtunternehmerische Zwecke steuerbar ist und die Übergangsregelung nach § 27 Abs.16 UStG Anwendung findet (vgl. auch Abschnitt 3.4 Abs.6 bis 8), ist diese nicht einer steuerfreien Grundstücksvermietung im Sinne des § 4 Nr. 12 Satz 1 Buchstabe a UStG gleichgestellt (vgl. BFH-Urteil vom 24.7.2003, V R 39/99, BStBl 2004 II S.371, und BMF-Schreiben vom 13.4.2004, BStBl I S.469).

(4) [1]Eine Grundstücksvermietung liegt regelmäßig nicht vor bei der Vermietung von Baulichkeiten, die nur zu einem vorübergehenden Zweck mit dem Grund und Boden verbunden und daher keine Bestandteile des Grundstücks sind (vgl. BFH-Urteil vom 15.12.1966, V 252/63, BStBl 1967 III S.209). [2]Steuerpflichtig kann hiernach insbesondere die Vermietung von Büro- und Wohncontainern, Baubuden, Kiosken, Tribünen und ähnlichen Einrichtungen sein. [3]Allerdings stellt die Vermietung eines Gebäudes, das aus Fertigteilen errichtet wird, die so in das Erdreich eingelassen werden, dass sie weder leicht demontiert noch leicht versetzt werden können, die Vermietung eines Grundstücks dar, auch wenn dieses Gebäude nach Beendigung des Mietvertrags entfernt und auf einem anderen Grundstück wieder verwendet werden soll (vgl. EuGH-Urteil vom 16.1.2003, C-315/00, Maierhofer). [4]Gleiches gilt für die Verpachtung eines Hausboots einschließlich der dazugehörenden Liegefläche und Steganlage, wenn das Hausboot mit nicht leicht zu lösenden Befestigungen, die am Ufer oder auf dem Grund eines Gewässers angebracht sind, ortsfest gehalten wird und an einem abgegrenzten und identifizierbaren Liegeplatz im Gewässer liegt sowie vertraglich und tatsächlich auf Dauer ausschließlich ortsfest und damit wie ein mit einem Grundstück fest verbundenes Gebäude genutzt wird (vgl. EuGH-Urteil vom 15.11.2012, C-532/11, Leichenich, BStBl 2013 II S.891). [5]Steuerpflichtig ist hingegen die Vermietung beweglicher Gegenstände wie z. B. Zelte, Wohnanhänger und Mobilheime (vgl. EuGH-Urteil vom 3.7.1997, C-60/96, Kommission); vgl. aber Abschnitt 4.12.3 zur Vermietung von Campingflächen.

(5) [1]Zu den nach § 4 Nr. 12 Satz 1 UStG steuerfreien Leistungen der Vermietung und Verpachtung von Grundstücken gehören auch die damit in unmittelbarem wirtschaftlichen Zusammenhang stehenden üblichen Nebenleistungen (BFH-Urteil vom 9.12.1971, V R 84/71, BStBl 1972 II S.203). [2]Dies sind Leistungen, die im Vergleich zur Grundstücksvermietung bzw. -verpachtung nebensächlich sind, mit ihr eng zusammenhängen und in ihrem Gefolge üblicherweise vorkommen. [3]Als Nebenleistungen sind in der Regel die Lieferung von Wärme, die Versorgung mit Wasser, auch mit Warmwasser, die Überlassung von Waschmaschinen, die Flur- und Treppenreinigung, die Treppenbeleuchtung, die Lieferung von Strom sowie die Bereitstellung von Internet- und/oder TV-Anschluss durch den Vermieter anzusehen (vgl. BFH-Urteil vom 15.1.2009, V R 91/07, BStBl II S.615, und EuGH-Urteile vom 11.6.2009, C-572/07, RLRE Tellmer Property, und vom 27.9.2012, C-392/11, Field Fisher Waterhouse). [4]Eine Nebenleistung zur Wohnungsvermietung ist in der Regel auch die von dem Vermieter einer Wohnanlage vertraglich übernommene

Balkonbepflanzung (BFH-Urteil vom 9.12.1971, V R 84/71, BStBl 1972 II S.203). [5]Keine Nebenleistungen sind die Lieferungen von Heizgas und Heizöl.

(6) – gestrichen –

UStAE   4.14.2.   Tätigkeit als Arzt**[1]**

(1) [1]Tätigkeit als Arzt im Sinne von § 4 Nr. 14 Buchstabe a UStG ist die Ausübung der Heilkunde unter der Berufsbezeichnung „Arzt" oder „Ärztin". [2]Zur Ausübung der Heilkunde gehören Maßnahmen, die der Feststellung, Heilung oder Linderung von Krankheiten, Leiden oder Körperschäden beim Menschen dienen. [3]Auch die Leistungen der vorbeugenden Gesundheitspflege (z. B. prophylaktische Impfungen und Vorsorgeuntersuchungen) gehören zur Ausübung der Heilkunde; dabei ist es unerheblich, ob die Leistungen gegenüber Einzelpersonen oder Personengruppen bewirkt werden. [4]...

(2) [1]Leistungen eines Arztes aus dem Betrieb eines Krankenhauses oder einer anderen Einrichtung im Sinne des § 4 Nr. 14 Buchstabe b UStG sind auch hinsichtlich der ärztlichen Leistung nur dann befreit, wenn die in § 4 Nr. 14 Buchstabe b UStG bezeichneten Voraussetzungen erfüllt sind (vgl. BFH-Urteil vom 18.3.2004, V R 53/00, BStBl II S.677). [2]Heilbehandlungsleistungen eines selbständigen Arztes, die in einem Krankenhaus erbracht werden (z. B. Belegarzt), sowie die selbständigen ärztlichen Leistungen eines im Krankenhaus angestellten Arztes (z. B. in der eigenen Praxis im Krankenhaus), sind demgegenüber nach § 4 Nr. 14 Buchstabe a UStG steuerfrei.

(3) [1]Die im Zusammenhang mit einem Schwangerschaftsabbruch nach § 218a StGB stehenden ärztlichen Leistungen stellen umsatzsteuerfreie Heilbehandlungsleistungen dar; dies gilt auch für die nach den §§ 218b, 219 StGB vorgesehene Sozialberatung durch einen Arzt. [2]Bei den sonstigen Leistungen eines Arztes im Zusammenhang mit Empfängnisverhütungsmaßnahmen handelt es sich um umsatzsteuerfreie Heilbehandlungsleistungen. [3]Die sonstigen ärztlichen Leistungen bei Schwangerschaftsabbrüchen und Empfängnisverhütungsmaßnahmen sind auch steuerfrei, wenn sie von Einrichtungen nach § 4 Nr. 14 Buchstabe b UStG ausgeführt werden.

(4) [1]Sonstige Leistungen eines Arztes im Zusammenhang mit Fruchtbarkeitsbehandlungen, z. B. das Einfrieren (Kryokonservierung) und Lagern von Eizellen oder Spermien, sind umsatzsteuerfreie Heilbehandlungsleistungen. [2]Steuerfrei ist auch die weitere Lagerung der vom Arzt im Rahmen einer Fruchtbarkeitsbehandlung eingefrorenen Eizellen oder Spermien, wenn damit ein therapeutischer Zweck verfolgt wird, z. B. zur Herbeiführung einer weiteren Schwangerschaft bei einer andauernden organisch bedingten Sterilität. [3]Steuerpflichtig ist hingegen die vorsorgliche Lagerung von Eizellen oder Spermien ohne medizinischen Anlass, wie z. B. das sog. Social Freezing (vgl. BFH-Urteil vom 29.7.2015, XI R 23/13, BStBl 2017 II S.733). [4]Die bloße Lagerung eingefrorener Eizellen oder Spermien durch dritte Unternehmer, wie z. B. Kryobanken, die nicht auch die vorhergehende oder die sich ggf. anschließende Fruchtbarkeitsbehandlung erbringen, ist regelmäßig umsatzsteuerpflichtig. [5]Die Sätze 1 bis 4 gelten entsprechend, wenn die sonstigen Leistungen im Rahmen einer Fruchtbarkeitsbehandlung von Einrichtungen nach § 4 Nr.14 Buchstabe b UStG erbracht werden.

UStAE   4.14.3.   Tätigkeit als Zahnarzt

(1) [1]Tätigkeit als Zahnarzt im Sinne von § 4 Nr. 14 Buchstabe a UStG ist die Ausübung der Zahnheilkunde unter der Berufsbezeichnung „Zahnarzt" oder „Zahnärztin". [2]Als Ausübung der Zahn-

---

Anm. d. Schriftl.:

[1] Zur umsatzsteuerlichen Behandlung der Leistungen von Heilpraktikern und Gesundheitsfachberufen wird auf das BMF-Schreiben vom 19.6.2012, BStBl 2012 I S.682, hingewiesen.

heilkunde ist die berufsmäßige, auf zahnärztlich wissenschaftliche Kenntnisse gegründete Feststellung und Behandlung von Zahn-, Mund- und Kieferkrankheiten anzusehen. [3]Ausübung der Zahnheilkunde ist auch der Einsatz einer intraoralen Videokamera eines CEREC-Gerätes für diagnostische Zwecke.

(2) [1]Die Lieferung oder Wiederherstellung von Zahnprothesen, anderen Waren der Zahnprothetik sowie kieferorthopädischen Apparaten und Vorrichtungen ist von der Steuerbefreiung ausgeschlossen, soweit die bezeichneten Gegenstände im Unternehmen des Zahnarztes hergestellt oder wiederhergestellt werden. [2]Dabei ist es unerheblich, ob die Arbeiten vom Zahnarzt selbst oder von angestellten Personen durchgeführt werden.

(3) [1]Füllungen (Inlays), Dreiviertelkronen (Onlays) und Verblendschalen für die Frontflächen der Zähne (Veneers) aus Keramik sind Zahnprothesen im Sinne der Unterposition 9021 29 00 des Zolltarifs, auch wenn sie vom Zahnarzt computergesteuert im sog. CEREC-Verfahren hergestellt werden (vgl. BFH-Urteil vom 28.11.1996, V R 23/95, BStBl 1999 II S. 251). [2]Zur Herstellung von Zahnprothesen und kieferorthopädischen Apparaten gehört auch die Herstellung von Modellen, Bissschablonen, Bisswällen und Funktionslöffeln. [3]Hat der Zahnarzt diese Leistungen in seinem Unternehmen erbracht, besteht insoweit auch dann Steuerpflicht, wenn die übrigen Herstellungsarbeiten von anderen Unternehmern durchgeführt werden.

(4) [1]Lassen Zahnärzte Zahnprothesen und andere Waren der Zahnprothetik außerhalb ihres Unternehmens fertigen, stellen sie aber Material, z. B. Gold und Zähne, bei, ist die Beistellung einer Herstellung gleichzusetzen. [2]Die Lieferung der Zahnprothesen durch den Zahnarzt ist daher hinsichtlich des beigestellten Materials steuerpflichtig.

(5) [1]Die Zahnärzte sind berechtigt, Pauschbeträge oder die tatsächlich entstandenen Kosten gesondert zu berechnen für

1. Abformmaterial zur Herstellung von Kieferabdrücken;

2. Hülsen zum Schutz beschliffener Zähne für die Zeit von der Präparierung der Zähne bis zur Eingliederung der Kronen;

3. nicht individuell hergestellte provisorische Kronen;

4. Material für direkte Unterfütterungen von Zahnprothesen und

5. Versandkosten für die Übersendung von Abdrücken usw. an das zahntechnische Labor.

[2]Die Pauschbeträge oder die berechneten tatsächlichen Kosten gehören zum Entgelt für steuerfreie zahnärztliche Leistungen. [3]Steuerpflichtig sind jedoch die Lieferungen von im Unternehmen des Zahnarztes individuell hergestellten provisorischen Kronen und die im Unternehmen des Zahnarztes durchgeführten indirekten Unterfütterungen von Zahnprothesen.

(6) Als Entgelt für die Lieferung oder Wiederherstellung des Zahnersatzes usw. sind die Material- und zahntechnischen Laborkosten anzusetzen, die der Zahnarzt nach § 9 GOZ neben den Gebühren für seine ärztliche Leistung berechnen kann.

(7) [1]Wird der Zahnersatz teils durch einen selbständigen Zahntechniker, teils im Unternehmen des Zahnarztes hergestellt, ist der Zahnarzt nur mit dem auf sein Unternehmen entfallenden Leistungsanteil steuerpflichtig. [2]Bei der Ermittlung des steuerpflichtigen Leistungsanteils sind deshalb die Beträge nicht zu berücksichtigen, die der Zahnarzt an den selbständigen Zahntechniker zu zahlen hat.

(8) [1]Die Überlassung von kieferorthopädischen Apparaten (Zahnspangen) und Vorrichtungen, die der Fehlbildung des Kiefers entgegenwirken, ist Teil der steuerfreien Heilbehandlung. [2]Steuerpflichtige Lieferungen von kieferorthopädischen Apparaten können jedoch nicht schon deshalb ausgeschlossen werden, weil Zahnärzte sich das Eigentum daran vorbehalten haben (vgl. BFH-Urteil vom 23.10.1997, V R 36/96, BStBl 1998 II S. 584).

(8a) [1]Umsätze aus der professionellen Zahnreinigung sind umsatzsteuerfreie Heilbehandlungsleistungen, weil sie zur zahnmedizinischen Prophylaxe gehören. [2]Werden derartige Leistungen nicht von Zahnärzten, sondern von einem Angehörigen eines ähnlichen Heilberufs erbracht, ist für die Steuerbefreiung eine ärztliche Verordnung/Indikation erforderlich. ³Von den umsatzsteuerfreien Zahnreinigungen abzugrenzen sind Maßnahmen aus ästhetischen Gründen wie Bleaching, sofern diese nicht dazu dienen, die negativen Folgen einer vorherigen steuerfreien Heilbehandlung zu beseitigen (vgl. BFH-Urteil vom 19. 3. 2015, V R 60/14, BStBl II S. 946).

(9) Die Steuerfreiheit für die Umsätze der Zahnärzte gilt auch für die Umsätze der Dentisten.

UStAE 4.14.6. Eng mit Krankenhausbehandlungen und ärztlichen Heilbehandlungen verbundene Umsätze🔒

(1) ¹Als eng mit Krankenhausbehandlungen und ärztlichen Heilbehandlungen nach § 4 Nr. 14 Buchstabe b UStG verbundene Umsätze sind Leistungen anzusehen, die für diese Einrichtungen nach der Verkehrsauffassung typisch und unerlässlich sind, regelmäßig und allgemein beim laufenden Betrieb vorkommen und damit unmittelbar oder mittelbar zusammenhängen (vgl. BFH-Urteil vom 1. 12. 1977, V R 37/75, BStBl 1978 II S. 173). ²Die Umsätze dürfen nicht im Wesentlichen dazu bestimmt sein, den Einrichtungen zusätzliche Einnahmen durch Tätigkeiten zu verschaffen, die in unmittelbarem Wettbewerb zu steuerpflichtigen Umsätzen anderer Unternehmer stehen (vgl. EuGH-Urteil vom 1. 12. 2005, C-394/04 und C-395/04, Ygeia).

(2) Unter diesen Voraussetzungen können zu den eng verbundenen Umsätzen gehören:

1. die stationäre oder teilstationäre Aufnahme von Patienten, deren ärztliche und pflegerische Betreuung einschließlich der Lieferungen der zur Behandlung erforderlichen Medikamente;

2. die Behandlung und Versorgung ambulanter Patienten;

3. ¹die Abgabe von Medikamenten durch die Apotheke eines Krankenhauses, für die im Rahmen einer ambulant in den Räumen dieses Krankenhauses durchgeführte Heilbehandlung; auf eine patientenindividuelle Herstellung der Medikamente und die sozialrechtliche Ermächtigungsform für die ambulante Heilbehandlung kommt es nicht an (vgl. BFH-Urteil vom 24. 9. 2014, V R 19/11, BStBl 2016 II S. 781). ²Dies gilt nur für die Abgabe von Medikamenten, die im Zeitpunkt einer Heilbehandlung unentbehrlich sind, d. h., wenn die ärztliche Leistung ohne diese Medikamentenabgabe nicht erfolgversprechend wäre. ³Hierfür ist die ärztliche Entscheidung über die Notwendigkeit der konkreten Behandlung maßgeblich. ⁴Eine Behandlung im selben Gebäude, in dem sich auch die Krankenhausapotheke befindet, ist nicht erforderlich. ⁵Für die Steuerbefreiung ist die Abgabe von Medikamenten durch die Krankenhausapotheke eines Krankenhauses zur Behandlung eines Patienten in einem Krankenhaus desselben Unternehmers an einem anderen Standort unschädlich. ⁶Das gilt entsprechend auch für die Medikamentenabgabe im Rahmen eines Vertrags nach § 140a SGB V von einem Krankenhaus an einen anderen Vertragspartner dieses Krankenhauses, der die Arzneimittel zur Durchführung einer Heilbehandlung im Rahmen dieses Vertrags verwendet, wenn das andere Krankenhaus selbst vergleichbare Behandlungen vornimmt und nicht lediglich insoweit Lieferant von Medikamenten ist;

4. die Lieferungen von Körperersatzstücken und orthopädischen Hilfsmitteln, soweit sie unmittelbar mit einer Leistung im Sinne des § 4 Nr. 14 Buchstabe b UStG in Zusammenhang stehen;

5. die Überlassung von Einrichtungen (z. B. Operationssaal, Röntgenanlage, medizinisch-technische Großgeräte), und die damit verbundene Gestellung von medizinischem Hilfspersonal durch Einrichtungen nach § 4 Nr. 14 Buchstabe b UStG an andere Einrichtungen die-

---

Anm. d. Schriftl.:

🔒 § 4 Nr. 14 Buchst. b UStG wurde im Rahmen des Gesetzes zur weiteren steuerlichen Förderung der Elektromobilität und zur Änderung weiterer steuerlichen Vorschriften vom 12. 12. 2019, BGBl 2019 I S. 2451, mit Wirkung ab dem 1. 1. 2020 geändert.

ser Art, an angestellte Ärzte für deren selbständige Tätigkeit und an niedergelassene Ärzte zur Mitbenutzung;

6. – gestrichen –

7. die Gestellung von Ärzten und von medizinischem Hilfspersonal durch Einrichtungen nach § 4 Nr. 14 Buchstabe b UStG an andere Einrichtungen dieser Art;

8. [1]die Lieferungen von Gegenständen des Anlagevermögens, z. B. Röntgeneinrichtungen, Krankenfahrstühle und sonstige Einrichtungsgegenstände. [2]Zur Veräußerung des gesamten Anlagevermögens siehe jedoch Absatz 3 Nummer 11;

9. die Erstellung von ärztlichen Gutachten gegen Entgelt, sofern ein therapeutischer Zweck im Vordergrund steht.

(3) Nicht zu den eng verbundenen Umsätzen gehören insbesondere:

1. die entgeltliche Abgabe von Speisen und Getränken an Besucher;

2. die Lieferungen von Arzneimitteln an das Personal oder Besucher sowie die Abgabe von Medikamenten gegen gesondertes Entgelt an ehemals ambulante oder stationäre Patienten zur Überbrückung;

3. [1]die Arzneimittellieferungen einer Krankenhausapotheke an Krankenhäuser anderer Träger (BFH-Urteil vom 18. 10. 1990, V R 76/89, BStBl 1991 II S. 268) sowie die entgeltlichen Medikamentenlieferungen an ermächtigte Ambulanzen des Krankenhauses, an Polikliniken, an Institutsambulanzen, an sozialpädiatrische Zentren – soweit es sich in diesen Fällen nicht um nicht steuerbare Innenumsätze des Trägers der jeweiligen Krankenhausapotheke handelt – und an öffentliche Apotheken. [2]Auch die Steuerbefreiung nach § 4 Nr. 18 UStG kommt insoweit nicht in Betracht;

4. – gestrichen –

5. die in Abschnitt 4.14.1 Abs. 5 Nr. 6 genannten Leistungen;

6. [1]ästhetisch-plastische Leistungen, soweit ein therapeutisches Ziel nicht im Vordergrund steht. [2]Indiz hierfür kann sein, dass die Kosten regelmäßig nicht durch Krankenversicherungen übernommen werden (vgl. BFH-Urteil vom 17. 7. 2004, V R 27/03, BStBl II S. 862);

7. Leistungen zur Prävention und Selbsthilfe im Sinne des § 20 SGB V, die keinen unmittelbaren Krankheitsbezug haben, weil sie lediglich „den allgemeinen Gesundheitszustand verbessern und insbesondere einen Beitrag zur Verminderung sozial bedingter Ungleichheiten von Gesundheitschancen erbringen" sollen – § 20 Abs. 1 Satz 2 SGB V – (vgl. BFH-Urteil vom 7. 7. 2005, V R 23/04, BStBl II S. 904);

8. Supervisionsleistungen (vgl. BFH-Urteil vom 30. 6. 2005, V R 1/02, BStBl II S. 675);

9. [1]die Leistungen der Zentralwäschereien (vgl. BFH-Urteil vom 18. 10. 1990, V R 35/85, BStBl 1991 II S. 157). [2]Dies gilt sowohl für die Fälle, in denen ein Krankenhaus in seiner Wäscherei auch die Wäsche anderer Krankenhäuser reinigt, als auch für die Fälle, in denen die Wäsche mehrerer Krankenhäuser in einer verselbständigten Wäscherei gereinigt wird. [3]Auch die Steuerbefreiung nach § 4 Nr. 18 UStG kommt nicht in Betracht;

10. die Telefongestellung an Patienten, die Vermietung von Fernsehgeräten und die Unterbringung und Verpflegung von Begleitpersonen (EuGH-Urteil vom 1. 12. 2005, C-394/04 und C-395/04, Ygeia);

11. [1]die Veräußerung des gesamten beweglichen Anlagevermögens und der Warenvorräte nach Einstellung des Betriebs (BFH-Urteil vom 1. 12. 1977, V R 37/75, BStBl 1978 II S. 173). [2]Es kann jedoch die Steuerbefreiung nach § 4 Nr. 28 UStG in Betracht kommen.

UStAE   4.28.1.   Lieferung bestimmter Gegenstände

(1) [1]Nach § 4 Nr. 28 UStG ist die Lieferung von Gegenständen befreit, die der Unternehmer ausschließlich für Tätigkeiten verwendet, die nach § 4 Nr. 8 bis 27 und 29 UStG steuerfrei sind (vgl. BFH-Urteil vom 21. 9. 2016, V R 43/15, BStBl 2017 II S. 1203). [2]Diese Voraussetzungen müssen während des gesamten Verwendungszeitraumes vorgelegen haben.

Beispiel:

> Ein Arzt veräußert Einrichtungsgegenstände, die ausschließlich seiner nach § 4 Nr. 14 UStG steuerfreien Tätigkeit gedient haben.

[3]§ 4 Nr. 28 UStG ist weder unmittelbar noch entsprechend auf sonstige Leistungen anwendbar (vgl. BFH-Urteil vom 26. 4. 1995, XI R 75/94, BStBl II S. 746).

(2) [1]Aus Vereinfachungsgründen kann die Steuerbefreiung nach § 4 Nr. 28 UStG auch in den Fällen in Anspruch genommen werden, in denen der Unternehmer die Gegenstände in geringfügigem Umfang (höchstens 5 %) für Tätigkeiten verwendet hat, die nicht nach § 4 Nr. 8 bis 27 und 29 UStG befreit sind. [2]Voraussetzung hierfür ist jedoch, dass der Unternehmer für diese Gegenstände darauf verzichtet, einen anteiligen Vorsteuerabzug vorzunehmen.

(3) [1]Nach § 4 Nr. 28 UStG ist auch die Lieferung von Gegenständen befreit, für die der Vorsteuerabzug nach § 15 Abs. 1a UStG ausgeschlossen ist. [2]Die Steuerbefreiung kommt hiernach nur in Betracht, wenn im Zeitpunkt der Lieferung die Vorsteuer für die gesamten Anschaffungs- oder Herstellungskosten einschließlich der Nebenkosten und der nachträglichen Anschaffungs- oder Herstellungskosten nicht abgezogen werden konnte.

Beispiel:

> [1]Ein Unternehmer veräußert im Jahr 02 Einrichtungen seines Gästehauses. [2]Ein Vorsteuerabzug aus den Anschaffungs- und Herstellungskosten, die auf die Einrichtungen entfallen, war im Jahr 01 nach § 15 Abs. 1a UStG ausgeschlossen. [3]Die Lieferung der Einrichtungsgegenstände im Jahr 02 ist hiernach steuerfrei.

(4) [1]Die Lieferung von Gegenständen ist auch dann nach § 4 Nr. 28 UStG befreit, wenn die anteiligen Anschaffungs- oder Herstellungskosten in der Zeit bis zum 31. 3. 1999 als Repräsentationsaufwendungen der Besteuerung des Eigenverbrauchs unterworfen waren und für die Zeit nach dem 31. 3. 1999 eine Vorsteuerberichtigung nach § 17 Abs. 1 in Verbindung mit Abs. 2 Nr. 5 UStG vorgenommen wurde. [2]Die Steuerbefreiung kommt hiernach nur in Betracht, wenn im Zeitpunkt der Lieferung der Vorsteuerabzug aus der Anschaffung, Herstellung oder Einfuhr des Gegenstands im Ergebnis durch die Besteuerung als Eigenverbrauch oder durch die Vorsteuerberichtigung nach § 17 UStG vollständig ausgeglichen worden ist. [3]Dies bedeutet, dass die Steuer für den Eigenverbrauch und die Vorsteuerberichtigung angemeldet und entrichtet sein muss. [4]Im Übrigen wird auf das BFH-Urteil vom 2. 7. 2008, XI R 60/06, BStBl 2009 II S. 167 hingewiesen.

Beispiel:

> [1]Der Unternehmer U hat ein Segelschiff für 100 000 € zuzüglich Umsatzsteuer erworben. [2]Er verkauft es im Kalenderjahr 2004. [3]Bis zum 31. 3. 1999 hat er die Aufwendungen für das Schiff als Repräsentationsaufwendungen der Eigenverbrauchsbesteuerung nach § 1 Abs. 1 Nr. 2 Buchstabe c UStG 1993 unterworfen. [4]Für die Zeit nach dem 31. 3. 1999 bis zum 31. 12. 2003 nimmt er eine Vorsteuerberichtigung nach § 17 Abs. 1 in Verbindung mit Abs. 2 Nr. 5 UStG vor. [5]Die Steuer für den Aufwendungseigenverbrauch und die Vorsteuerberichtigung nach § 17 UStG ist vollständig entrichtet worden. [6]Das Schiff ist mit Ablauf des 31. 12. 2003 vollständig abgeschrieben.
>
> [7]Der Verkauf im Kalenderjahr 2004 ist nach § 4 Nr. 28 UStG steuerfrei.

(5) Absatz 4 gilt entsprechend für die Lieferungen im Sinne des § 3 Abs. 1b Satz 1 Nr. 1 UStG.

(6) Liegen für die Lieferungen von Gegenständen nach § 4 Nr. 28 UStG durch den Unternehmer auch die Voraussetzungen einer Ausfuhrlieferung (§ 4 Nr. 1 Buchstabe a, § 6 UStG) bzw. einer innergemeinschaftlichen Lieferung (§ 4 Nr. 1 Buchstabe b, § 6a UStG) vor, geht die Steuerbefreiung des § 4 Nr. 28 UStG diesen Steuerbefreiungen vor.

(7) § 4 Nr. 28 UStG ist auch dann anwendbar, wenn der Abzug der Vorsteuer aus den Anschaffungskosten der gelieferten Gegenstände in unmittelbarer Anwendung der MwStSystRL nach § 15 Abs. 2 Satz 1 Nr. 1 UStG ausgeschlossen war (vgl. BFH-Urteil vom 16. 5. 2012, XI R 24/10, BStBl 2013 II S. 52).

Zu § 6 UStG

UStAE 6.1. Ausfuhrlieferungen[1]

(1) [1]Hat der Unternehmer den Gegenstand der Lieferung in das Drittlandsgebiet außerhalb der in § 1 Abs. 3 UStG bezeichneten Gebiete befördert oder versendet, braucht der Abnehmer kein ausländischer Abnehmer zu sein (§ 6 Abs. 1 Satz 1 Nr. 1 UStG). [2]Die Steuerbefreiung kann deshalb in diesen Ausfuhrfällen z. B. auch für die Lieferungen an Abnehmer in Anspruch genommen werden, die ihren Wohnort oder Sitz im Inland oder in den in § 1 Abs. 3 UStG bezeichneten Gebieten haben. [3]Das gilt auch für Lieferungen, bei denen der Unternehmer den Gegenstand auf die Insel Helgoland oder in das Gebiet von Büsingen befördert oder versendet hat, weil diese Gebiete umsatzsteuerrechtlich nicht zum Inland im Sinne des § 1 Abs. 2 Satz 1 UStG gehören und auch nicht zu den in § 1 Abs. 3 UStG bezeichneten Gebieten zählen.

(2) [1]Hat der Abnehmer den Gegenstand der Lieferung in das Drittlandsgebiet – außerhalb der in § 1 Abs. 3 UStG bezeichneten Gebiete – befördert oder versendet (Abholfall), muss er ein ausländischer Abnehmer sein (§ 6 Abs. 1 Satz 1 Nr. 2 UStG). [2]Zum Begriff des ausländischen Abnehmers wird auf Abschnitt 6.3 hingewiesen.

(3) [1]Haben der Unternehmer oder der Abnehmer den Gegenstand der Lieferung in die in § 1 Abs. 3 UStG bezeichneten Gebiete, d. h. in einen Freihafen oder in die Gewässer oder Watten zwischen der Hoheitsgrenze und der jeweiligen Basislinie (vgl. Abschnitt 1.9 Abs. 3) befördert oder versendet, kommt die Steuerbefreiung (§ 6 Abs. 1 Satz 1 Nr. 3 UStG) in Betracht, wenn der Abnehmer ein Unternehmer ist, der den Gegenstand für Zwecke seines Unternehmens erworben hat (vgl. Abschnitt 15.2b) und dieser nicht ausschließlich oder nicht zum Teil für eine nach § 4 Nr. 8 bis 27 und 29 UStG steuerfreie Tätigkeit verwendet werden soll. [2]Bei der Lieferung eines einheitlichen Gegenstands, z. B. eines Kraftfahrzeugs, ist im Allgemeinen davon auszugehen, dass der Abnehmer den Gegenstand dann für Zwecke seines Unternehmens erwirbt, wenn der unternehmerische Verwendungszweck zum Zeitpunkt des Erwerbs überwiegt. [3]Bei der Lieferung von vertretbaren Sachen, die der Abnehmer sowohl für unternehmerische als auch für nichtunternehmerische Zwecke erworben hat, ist der Anteil, der auf den unternehmerischen Erwerbszweck entfällt, durch eine Aufteilung entsprechend den Erwerbszwecken zu ermitteln. [4]Bei ausländischen Abnehmern, die keine Unternehmer sind, muss der Gegenstand in das übrige Drittlandsgebiet gelangen.

(3a) [1]Die sog. gebrochene Beförderung oder Versendung des Gegenstands der Lieferung durch mehrere Beteiligte (Lieferer und Abnehmer bzw. in deren Auftrag jeweils ein Dritter) ist für die Annahme der Steuerbefreiung einer Ausfuhrlieferung unschädlich, wenn der Abnehmer zu Beginn des Transports feststeht (vgl. Abschnitt 3.12 Abs. 3 Satz 4 ff.) und der Transport ohne nennenswerte Unterbrechung erfolgt. [2]Der liefernde Unternehmer muss nachweisen, dass ein zeitlicher und sachlicher Zusammenhang zwischen der Lieferung des Gegenstands und seiner Beförderung oder Versendung sowie ein kontinuierlicher Ablauf dieses Vorgangs gegeben sind. [3]In den Fällen, in denen der Abnehmer den Gegenstand der Lieferung im Rahmen seines Teils

---

Anm. d. Schriftl.:

[1] Das Ausstellen einer unterfakturierten Zweitrechnung führt nicht dazu, die Steuerfreiheit für die Ausfuhrlieferung aufgrund einer vom Abnehmer zu Lasten des Steueraufkommens eines Drittstaats begangenen Steuerhinterziehung zu versagen (BFH-Urteil vom 12. 3. 2020, BStBl 2020 II S. 608).

der Lieferstrecke in das Drittlandsgebiet befördert oder versendet, müssen die Voraussetzungen des § 6 Abs. 1 Satz 1 Nr. 2 UStG erfüllt sein.

(4) Liegt ein Reihengeschäft vor, kann nur die Beförderungs- oder Versendungslieferung (vgl. Abschnitt 3.14 Abs. 14) unter den Voraussetzungen des § 6 UStG als Ausfuhrlieferung steuerfrei sein.

(5) ¹Der Gegenstand der Lieferung kann durch einen Beauftragten oder mehrere Beauftragte vor der Ausfuhr sowohl im Inland als auch in einem anderen EU-Mitgliedstaat bearbeitet oder verarbeitet worden sein. ²Es kann sich nur um Beauftragte des Abnehmers oder eines folgenden Abnehmers handeln. ³Erteilt der liefernde Unternehmer oder ein vorangegangener Lieferer den Bearbeitungs- oder Verarbeitungsauftrag, ist die Ausführung dieses Auftrags ein der Lieferung des Unternehmers vorgelagerter Umsatz. ⁴Gegenstand der Lieferung des Unternehmers ist in diesem Fall der bearbeitete oder verarbeitete Gegenstand und nicht der Gegenstand vor seiner Bearbeitung oder Verarbeitung. ⁵Der Auftrag für die Bearbeitung oder Verarbeitung des Gegenstands der Lieferung kann auch von einem Abnehmer erteilt worden sein, der kein ausländischer Abnehmer ist.

(6) Besondere Regelungen sind getroffen worden:

1. für Lieferungen von Gegenständen der Schiffsausrüstung an ausländische Binnenschiffer (vgl. BMF-Schreiben vom 19. 6. 1974, BStBl I S. 438);

2. für Fälle, in denen Formen, Modelle oder Werkzeuge zur Herstellung steuerfrei ausgeführter Gegenstände benötigt wurden (vgl. BMF-Schreiben vom 27. 11. 1975, BStBl I S. 1126).

(7) Die Steuerbefreiung für Ausfuhrlieferungen (§ 4 Nr. 1 Buchstabe a, § 6 UStG) kommt nicht in Betracht, wenn für die Lieferung eines Gegenstands in das Drittlandsgebiet auch die Voraussetzungen der Steuerbefreiungen nach § 4 Nr. 17, 19 oder 28 oder nach § 25c Abs. 1 und 2 UStG vorliegen.

UStAE   6.3. Ausländischer Abnehmer

(1) Ausländische Abnehmer sind Personen mit Wohnort oder Sitz im Ausland (§ 1 Abs. 2 Satz 2 UStG) – also auch auf Helgoland oder in der Gemeinde Büsingen – mit Ausnahme der in § 1 Abs. 3 UStG bezeichneten Gebiete (z. B. in den Freihäfen).

(2) ¹Wer ausländischer Abnehmer ist, bestimmt sich bei einer natürlichen Person nach ihrem Wohnort. ²Es ist unbeachtlich, welche Staatsangehörigkeit der Abnehmer hat. ³Wohnort ist der Ort, an dem sich der Abnehmer für längere Zeit eine Wohnung genommen hat und der nicht nur auf Grund subjektiver Willensentscheidung, sondern auch bei objektiver Betrachtung als der örtliche Mittelpunkt seines Lebens anzusehen ist (BFH-Urteil vom 31. 7. 1975, V R 52/74, BStBl 1976 II S. 80). ⁴Der Begriff des Wohnorts ist nicht mit den in §§ 8 und 9 AO verwendeten Begriffen des Wohnsitzes und des gewöhnlichen Aufenthalts inhaltsgleich. ⁵Eine Wohnsitzbegründung im Inland und im Ausland ist gleichzeitig möglich; dagegen kann ein Abnehmer jeweils nur einen Wohnort im Sinne des § 6 Abs. 2 Satz 1 Nr. 1 UStG haben. ⁶Die zeitliche Dauer eines Aufenthalts ist ein zwar wichtiges, aber nicht allein entscheidendes Kriterium für die Bestimmung des Wohnorts. ⁷Daneben müssen die sonstigen Umstände des Aufenthalts, insbesondere sein Zweck, in Betracht gezogen werden. ⁸Arbeitnehmer eines ausländischen Unternehmers, die lediglich zur Durchführung eines bestimmten, zeitlich begrenzten Auftrags in das Inland kommen, ohne hier objektiv erkennbar den örtlichen Mittelpunkt ihres Lebens zu begründen, bleiben daher ausländische Abnehmer, auch wenn ihr Aufenthalt im Inland von längerer Dauer ist (BFH-Urteil vom 31. 7. 1975, V R 52/74, a. a. O.). ⁹Personen, die ihren Wohnort vom Inland in das Ausland mit Ausnahme der in § 1 Abs. 3 UStG bezeichneten Gebiete verlegen oder zurückverlegen, sind bis zu ihrer tatsächlichen Ausreise (Grenzübergang) keine ausländischen Abnehmer (BFH-Urteil vom 14. 12. 1994, XI R 70/93, BStBl 1995 II S. 515). ¹⁰Eine nach § 6 Abs. 1 Satz 1 Nr. 2 oder Nr. 3 Buchstabe b UStG steuerfreie Ausfuhrlieferung kann an sie nur nach diesem Zeitpunkt erbracht werden. ¹¹Maßgebend für den Zeitpunkt der Lieferung ist das Erfül-

lungsgeschäft und nicht das Verpflichtungsgeschäft. [12]Zum Nachweis des Wohnorts des Abnehmers bei Ausfuhrlieferungen im nichtkommerziellen Reiseverkehr vgl. Abschnitt 6.11 Abs. 11.

(3) Bei Abnehmern mit wechselndem Aufenthalt ist wie folgt zu verfahren:

1. [1]Deutsche Auslandsbeamte, die ihren Wohnort im staatsrechtlichen Ausland haben, sind ausländische Abnehmer. [2]Das Gleiche gilt für deutsche Auslandsvertretungen, z. B. Botschaften, Gesandtschaften, Konsulate, für Zweigstellen oder Dozenturen des Goethe-Instituts im Ausland, für im Ausland errichtete Bundeswehrdienststellen und im Ausland befindliche Bundeswehr-Einsatzkontingente, wenn sie das Umsatzgeschäft im eigenen Namen abgeschlossen haben.

2. Ausländische Diplomaten, die in der Bundesrepublik Deutschland akkreditiert sind, sind keine ausländischen Abnehmer.

3. [1]Ausländische Touristen, die sich nur vorübergehend im Inland aufhalten, verlieren auch bei längerem Aufenthalt nicht ihre Eigenschaft als ausländische Abnehmer. [2]Das Gleiche gilt für Ausländer, die sich aus beruflichen Gründen vorübergehend im Inland aufhalten, wie z. B. ausländische Künstler und Angehörige von Gastspiel-Ensembles.

4. [1]Ausländische Gastarbeiter verlegen mit Beginn ihres Arbeitsverhältnisses ihren Wirkungskreis vom Ausland in das Inland. [2]In der Regel sind sie daher bis zu ihrer endgültigen Ausreise nicht als ausländische Abnehmer anzusehen. [3]Ausländische Studenten sind in gleicher Weise zu behandeln.

5. Arbeitnehmer eines ausländischen Unternehmers, die nur zur Durchführung eines bestimmten zeitlich begrenzten Auftrags in das Inland kommen, bleiben ausländische Abnehmer (vgl. Absatz 2 Satz 8).

6. Mitglieder der in der Bundesrepublik Deutschland stationierten ausländischen Truppen und die im Inland wohnenden Angehörigen der Mitglieder sind keine ausländischen Abnehmer.

UStAE   6.5.   Ausfuhrnachweis[1][2][3][4] (Allgemeines)

(1) [1]Der Unternehmer hat die Ausfuhr durch Belege nachzuweisen (§ 6 Abs. 4 UStG und §§ 8 bis 11 UStDV). [2]Die Vorlage der Belege reicht jedoch für die Annahme einer Ausfuhrlieferung nicht in jedem Fall aus. [3]Die geforderten Unterlagen bilden nur die Grundlage einer sachlichen Prüfung auf die inhaltliche Richtigkeit der Angaben (BFH-Urteil vom 14. 12. 1994, XI R 70/93, BStBl 1995 II S. 515). [4]Für die Führung des Ausfuhrnachweises hat der Unternehmer in jedem Falle die Grundsätze des § 8 UStDV zu beachten (Mussvorschrift). [5]Für die Form und den Inhalt des Ausfuhrnachweises enthalten die §§ 9 bis 11 UStDV Mussvorschriften. [6]Der Unternehmer kann den

---

Anm. d. Schriftl.:

[1] Die Regelungen zum Nachweis sind im Rahmen der Zweiten Verordnung zur Änderung steuerlicher Verordnungen vom 2. 12. 2011, BGBl 2011 I S. 2416, mit Wirkung ab dem 1. 1. 2012 geändert worden.

[2] Auf das Merkblatt zur Umsatzsteuerbefreiung für Ausfuhrlieferungen im nichtkommerziellen Reiseverkehr wird hingewiesen (BMF-Schreiben vom 15. 3. 2022, BStBl 2022 I S. 352).

[3] Zur Anerkennung der Ausgangsvermerke im IT-Verfahren ATLAS als Ausfuhrnachweis für Umsatzsteuerzwecke hat das BMF mit Schreiben vom 23. 1. 2015, BStBl 2015 I S. 144, Stellung genommen. Dies Schreiben enthält Muster der Ausgangsvermerke.

[4] Zur Anerkennung von Ausgangsvermerken aus dem europäischen Ausland wird auf das BMF-Schreiben vom 19. 6. 2015, BStBl 2015 I S. 559, hingewiesen.

Ausfuhrnachweis nur in besonders begründeten Einzelfällen auch abweichend von diesen Vorschriften führen, wenn

1. sich aus der Gesamtheit der Belege die Ausfuhr eindeutig und leicht nachprüfbar ergibt (§ 8 Abs. 1 Satz 2 UStDV) und

2. die buchmäßig nachzuweisenden Voraussetzungen eindeutig und leicht nachprüfbar aus der Buchführung zu ersehen sind (§ 13 Abs. 1 Satz 2 UStDV).

[7]Zu den besonders begründeten Einzelfällen gehören z. B. Funktionsstörungen der elektronischen Systeme der Zollverwaltung. [8]Kann der Unternehmer den beleg- und buchmäßigen Nachweis nicht, nicht vollständig oder nicht zeitnah führen, ist grundsätzlich davon auszugehen, dass die Voraussetzungen für die Steuerbefreiung nicht erfüllt sind. [9]Etwas anderes gilt im Falle der Nichteinhaltung einer formellen Anforderung ausnahmsweise dann, wenn nach objektiven Kriterien zweifelsfrei feststeht, dass die materiell-rechtlichen Voraussetzungen für die Steuerfreiheit der Ausfuhrlieferung vorliegen, insbesondere, wenn objektiv erkennbar feststeht, dass der Gegenstand der Lieferung das Gemeinschaftsgebiet tatsächlich verlassen hat (Grundsatz der Steuerneutralität und Grundsatz der Verhältnismäßigkeit, vgl. EuGH-Urteile vom 17. 10. 2019, C-653/18, Unitel Sp, vom 28. 3. 2019, C-275/18, Vinš, und vom 8. 11. 2018, C-495/17, Cartrans Spedition, und BFH-Urteil vom 12. 3. 2020, V R 20/19, BStBl II S. 608). [10]Allerdings kann sich der liefernde Unternehmer nicht auf die Grundsätze steuerlicher Neutralität und der Verhältnismäßigkeit berufen, wenn

1. sich der liefernde Unternehmer vorsätzlich an einer das Funktionieren des gemeinsamen Mehrwertsteuersystems gefährdenden Steuerhinterziehung beteiligt hat bzw. davon Kenntnis hatte oder nach der Sorgfalt eines ordentlichen Kaufmanns hätte haben müssen, dass der von ihm bewirkte Umsatz mit einer Steuerhinterziehung des Erwerbers zu Lasten eines Mitgliedstaates verknüpft war und er nicht alle ihm zur Verfügung stehenden, zumutbaren Maßnahmen ergriffen hat, um diese zu verhindern (vgl. EuGH-Urteile vom 17. 10. 2019, C-653/18, Unitel Sp, vom 28. 3. 2019, C-275/18, Vinš, und vom 8. 11. 2018, C-495/17, Cartrans Spedition, und BFH-Urteil vom 12. 3. 2020, V R 20/19, a. a. O.), oder

2. der Verstoß gegen die formellen Anforderungen den sicheren Nachweis verhindert, dass die materiell-rechtlichen Voraussetzungen für die Steuerbefreiung erfüllt wurden (vgl. EuGH-Urteile vom 17. 10. 2019, C-653/18, Unitel Sp, vom 28. 3. 2019, C-275/18, Vinš, und vom 8. 11. 2018, C-495/17, Cartrans Spedition, und BFH-Urteil vom 12. 3. 2020, V R 20/19, a. a. O.).

(2) [1]Die Angaben in den Belegen für den Ausfuhrnachweis müssen im Geltungsbereich des UStG nachprüfbar sein. [2]Es genügt, wenn der Aussteller der Belege die Geschäftsunterlagen, auf denen die Angaben in den Belegen beruhen, dem Finanzamt auf Verlangen im Geltungsbereich des UStG vorlegt. [3]Die Regelung in § 10 Abs. 1 Nr. 2 Buchstabe b Doppelbuchstabe ff UStDV bleibt unberührt. [4]Die Ausfuhrbelege müssen sich im Besitz des Unternehmers befinden. [5]Sie sind nach § 147 Abs. 3 Satz 1 AO zehn Jahre aufzubewahren. [6]Diese Aufbewahrungsfrist kann sich nach § 147 Abs. 3 Satz 5 AO verlängern.

(3) [1]Der Ausfuhrnachweis kann als Bestandteil des buchmäßigen Nachweises noch bis zur letzten mündlichen Verhandlung vor dem Finanzgericht über eine Klage gegen die erstmalige endgültige Steuerfestsetzung oder den Berichtigungsbescheid geführt werden (BFH-Urteil vom 28. 2. 1980, V R 118/76, BStBl II S. 415). [2]Das gilt nicht, wenn das Finanzgericht für die Vorlage des Ausfuhrnachweises eine Ausschlussfrist gesetzt hat.

(4) [1]Ausfuhrbelege können nach § 147 Abs. 2 AO auch auf solchen Datenträgern aufbewahrt werden, bei denen das Verfahren den Grundsätzen ordnungsmäßiger Buchführung entspricht und sichergestellt ist, dass die Lesbarmachung die Wiedergabe mit den empfangenen Ausfuhrbelegen bildlich übereinstimmt. [2]Als solche bildlich wiedergabefähige Datenträger kommen neben Bildträgern (z. B. Mikrofilm oder Mikrokopie) insbesondere auch die maschinell lesbaren Datenträger (z. B. Diskette, Magnetband, Magnetplatte, elektro-optische Speicherplatte) in Betracht, soweit auf diesen eine Veränderung bzw. Verfälschung nicht möglich ist (vgl. BMF-Schreiben vom 1. 2. 1984, BStBl I S. 155, und vom 28. 11. 2019, BStBl I S. 1269). [3]Unternehmer,

die ihre Geschäftspapiere unter Beachtung der in den vorbezeichneten BMF-Schreiben festgelegten Verfahren aufbewahren, können mit Hilfe der gespeicherten Daten oder mikroverfilmten Unterlagen den Ausfuhrnachweis erbringen. [4]Wird kein zugelassenes Verfahren angewendet, gelten Ausdrucke oder Fotokopien für sich allein nicht als ausreichender Ausfuhrnachweis. [5]Sie können nur in Verbindung mit anderen Belegen als Ausfuhrnachweis anerkannt werden, wenn sich aus der Gesamtheit der Belege die Ausfuhr des Gegenstands zweifelsfrei ergibt.

(5) – gestrichen –

(6) [1]Aus den im Steuerrecht allgemein geltenden Grundsätzen der Verhältnismäßigkeit und des Vertrauensschutzes ergibt sich, dass die Steuerfreiheit einer Ausfuhrlieferung nicht versagt werden darf, wenn der liefernde Unternehmer die Fälschung des Ausfuhrnachweises, den der Abnehmer ihm vorlegt, auch bei Beachtung der Sorgfalt eines ordentlichen Kaufmanns nicht hat erkennen können (BFH-Urteil vom 30.7.2008, V R 7/03, BStBl 2010 II S.1075). [2]Ob die Grundsätze des Vertrauensschutzes die Gewährung der Steuerbefreiung gebieten, obwohl die Voraussetzungen einer Ausfuhrlieferung nicht erfüllt sind, kann nur im Billigkeitsverfahren entschieden werden. [3]Hat der liefernde Unternehmer alle ihm zu Gebote stehenden zumutbaren Maßnahmen ergriffen, um sicherzustellen, dass die von ihm getätigten Umsätze nicht zu einer Beteiligung an einer Steuerhinterziehung führen, ist das Verwaltungsermessen hinsichtlich der Gewährung einer Billigkeitsmaßnahme auf Null reduziert (vgl. BFH-Urteil vom 30.7.2008, V R 7/03, a.a.O.).

UStAE   6.10. Buchmäßiger Nachweis**❶**

(1) Der Unternehmer hat die Ausfuhr – neben dem Ausfuhrnachweis (vgl. Abschnitt 6.5 Abs.1) – buchmäßig nachzuweisen (§ 6 Abs.4 UStG und § 13 UStDV).

(2) [1]Der buchmäßige Nachweis muss grundsätzlich im Geltungsbereich des UStG geführt werden. [2]Steuerlich zuverlässigen Unternehmern kann jedoch gestattet werden, die Aufzeichnungen über den buchmäßigen Nachweis im Ausland vorzunehmen und dort aufzubewahren. [3]Voraussetzung ist hierfür, dass andernfalls der buchmäßige Nachweis in unverhältnismäßiger Weise erschwert würde und dass die erforderlichen Unterlagen den deutschen Finanzbehörden jederzeit auf Verlangen im Geltungsbereich des UStG vorgelegt werden. [4]Der Bewilligungsbescheid ist unter einer entsprechenden Auflage und unter dem Vorbehalt jederzeitigen Widerrufs zu erteilen.

(3) [1]Aus dem Grundsatz, dass die buchmäßig nachzuweisenden Voraussetzungen eindeutig und leicht nachprüfbar aus der Buchführung zu ersehen sein müssen (§ 13 Abs.1 UStDV), ergibt sich, dass die erforderlichen Aufzeichnungen laufend und unmittelbar nach Ausführung des jeweiligen Umsatzes vorgenommen werden müssen. [2]Der Unternehmer muss den buchmäßigen Nachweis der steuerfreien Ausfuhrlieferung (§ 6 Abs.4 UStG in Verbindung mit § 13 UStDV) bis zu dem Zeitpunkt führen, zu dem er die Umsatzsteuer-Voranmeldung für die Ausfuhrlieferung zu übermitteln hat (vgl. BFH-Urteil vom 28.8.2014, V R 16/14, BStBl 2015 II S.46). [3]Der Unternehmer kann fehlende oder fehlerhafte Aufzeichnungen eines rechtzeitig erbrachten Buchnachweises bis zum Schluss der letzten mündlichen Verhandlung vor dem Finanzgericht nach den für Rechnungsberichtigungen geltenden Grundsätzen ergänzen oder berichtigen (BFH-Urteil vom 28.5.2009, V R 23/08, BStBl 2010 II S.517).

(3a) Wird der Buchnachweis weder rechtzeitig geführt noch zulässigerweise ergänzt oder berichtigt, kann die Ausfuhrlieferung gleichwohl steuerfrei sein, wenn auf Grund der objektiven

---

Anm. d. Schriftl.:

❶ Verbucht der Unternehmer Ausfuhrlieferungen auf einem separaten Konto unter Bezugnahme auf die jeweilige Rechnung, kann dies ausreichen, um den Buchnachweis nach § 6 Abs.4 UStG i.V.m. § 13 UStDV dem Grunde nach zu führen (BFH-Urteil vom 28.8.2014, BStBl 2015 II S.46).

Beweislage feststeht, dass die Voraussetzungen des § 6 Abs. 1 bis Abs. 3a UStG vorliegen (BFH-Urteil vom 28. 5. 2009, V R 23/08, BStBl 2010 II S. 517).

(4) [1]Der Inhalt und der Umfang des buchmäßigen Nachweises sind in Form von Mussvorschriften geregelt (§ 13 Abs. 2 bis 7 UStDV). [2]Der Unternehmer kann den Nachweis aber in besonders begründeten Einzelfällen auch in anderer Weise führen. [3]Er muss jedoch in jedem Fall die Grundsätze des § 13 Abs. 1 UStDV beachten.

(5) [1]Bei der Aufzeichnung der Menge und der handelsüblichen Bezeichnung des Gegenstandes der Lieferung sind Sammelbezeichnungen, z. B. Lebensmittel oder Textilien, in der Regel nicht ausreichend (vgl. Abschnitt 14.5 Abs. 15). [2]Aus der Aufzeichnung der Art und des Umfangs einer etwaigen Bearbeitung oder Verarbeitung vor der Ausfuhr (vgl. Abschnitt 6.1 Abs. 5) sollen auch der Name und die Anschrift des mit der Bearbeitung oder Verarbeitung Beauftragten, die Bezeichnung des betreffenden Auftrags sowie die Menge und handelsübliche Bezeichnung des ausgeführten Gegenstandes hervorgehen. [3]Als Grundlage dieser Aufzeichnungen können die Belege dienen, die der Unternehmer über die Bearbeitung oder Verarbeitung erhalten hat (vgl. Abschnitt 6.8). [4]Die Aufzeichnung der Fahrzeug-Identifikationsnummer bei der Lieferung eines Fahrzeugs im Sinne des § 1b Abs. 2 UStG nach § 13 Abs. 2 Nr. 1 UStDV und die Aufzeichnung der MRN nach § 13 Abs. 2 Nr. 7 UStDV sind unerlässlich.

(6) [1]Befördert oder versendet der Unternehmer oder der Abnehmer den Gegenstand der Lieferung in die in § 1 Abs. 3 UStG bezeichneten Gebiete, muss sich aus der Angabe des Berufs oder des Gewerbezweigs des Abnehmers dessen Unternehmereigenschaft sowie aus der Angabe des Erwerbszwecks des Abnehmers dessen Absicht, den Gegenstand für sein Unternehmen zu verwenden, ergeben. [2]Bei Lieferungen, deren Gegenstände nach Art und/oder Menge nur zur Verwendung in dem Unternehmen des Abnehmers bestimmt sein können, genügt neben der Aufzeichnung des Berufs oder Gewerbezweigs des Abnehmers die Angabe der Art und Menge der gelieferten Gegenstände. [3]In Zweifelsfällen kann der Erwerbszweck durch eine Bestätigung des Abnehmers nachgewiesen werden. [4]Bei Lieferungen an juristische Personen des öffentlichen Rechts ist davon auszugehen, dass die Lieferungen für deren hoheitlichen und nicht für deren unternehmerischen Bereich ausgeführt worden sind, sofern nicht der Unternehmer anhand von Aufzeichnungen und Belegen, z. B. durch eine Bescheinigung des Abnehmers, das Gegenteil nachweist. [5]Wenn der Abnehmer kein Unternehmer ist, muss sich aus den Aufzeichnungen der Bestimmungsort im übrigen Drittlandsgebiet ergeben.

(7) Bei den in § 6 Abs. 3 UStG bezeichneten Lieferungen von Gegenständen, die zur Ausrüstung oder Versorgung eines Beförderungsmittels bestimmt sind (vgl. Abschnitt 6.4), muss der Unternehmer zusätzlich zu den in § 13 Abs. 2 UStDV bezeichneten Angaben Folgendes aufzeichnen (§ 13 Abs. 6 UStDV):

1. den Gewerbezweig oder Beruf des ausländischen Abnehmers zum Nachweis der Unternehmereigenschaft des Abnehmers und

2. [1]den Zweck, dem das ausgerüstete oder versorgte Beförderungsmittel dient, zum Nachweis des unternehmerischen Verwendungszwecks. [2]Es genügt die Angabe der Art des Beförderungsmittels, wenn es seiner Art nach nur unternehmerischen Zwecken dienen kann, z. B. Lastkraftwagen, Reiseomnibus, Frachtschiff. [3]Bei anderen Beförderungsmitteln, z. B. Personenkraftwagen, Krafträdern, Sport- und Vergnügungsbooten oder Sportflugzeugen, ist davon auszugehen, dass sie nichtunternehmerischen Zwecken dienen, es sei denn, dass nach der Gesamtheit der bei dem Unternehmer befindlichen Unterlagen kein ernstlicher Zweifel daran besteht, dass das Beförderungsmittel den Zwecken des Unternehmens des Abnehmers dient. [4]Eine Bescheinigung des Abnehmers über den Verwendungszweck des Beförderungsmittels reicht wegen der fehlenden Nachprüfungsmöglichkeit in der Regel nicht aus.

(8) Zum Buchnachweis beim nichtkommerziellen Reiseverkehr vgl. Abschnitt 6.11 Abs. 16.

UStAE

Zu § 6a UStG❶

UStAE 6a.1. Innergemeinschaftliche Lieferungen

(1) ¹Eine innergemeinschaftliche Lieferung setzt eine im Inland steuerbare Lieferung (§ 1 Abs. 1 Nr. 1 UStG) voraus. ²Gegenstand der Lieferung muss ein körperlicher Gegenstand sein, der vom liefernden Unternehmer, vom Abnehmer oder von einem vom liefernden Unternehmer oder vom Abnehmer beauftragten Dritten in das übrige Gemeinschaftsgebiet befördert oder versendet wird (§ 3 Abs. 6 Satz 1 UStG). ³Das Vorliegen einer innergemeinschaftlichen Lieferung kommt nicht in Betracht für Lieferungen von Gas über das Erdgasnetz und von Elektrizität im Sinne des § 3g UStG. ⁴Werklieferungen (§ 3 Abs. 4 UStG) können unter den Voraussetzungen des § 3 Abs. 6 Satz 1 UStG innergemeinschaftliche Lieferungen sein.

(2) ¹Bei Reihengeschäften (§ 3 Abs. 6a Satz 1 UStG) kommt die Steuerbefreiung einer innergemeinschaftlichen Lieferung nur für die Lieferung in Betracht, der die Beförderung oder Versendung des Liefergegenstands zuzurechnen ist. ²Im Rahmen eines Reihengeschäfts, bei dem die Warenbewegung im Inland beginnt und im Gebiet eines anderen Mitgliedstaates endet, kann daher mit der Beförderung oder Versendung des Liefergegenstands in das übrige Gemeinschaftsgebiet nur eine innergemeinschaftliche Lieferung im Sinne des § 6a UStG bewirkt werden. ³Die Steuerbefreiung kommt demnach nur bei der Beförderungs- oder Versendungslieferung zur Anwendung (vgl. Abschnitt 3.14 Abs. 13).

(2a) Die Steuerbefreiung für innergemeinschaftliche Lieferungen (§ 4 Nr. 1 Buchstabe b, § 6a UStG) kommt nicht in Betracht, wenn für die Lieferung eines Gegenstands in das übrige Gemeinschaftsgebiet auch die Voraussetzungen der Steuerbefreiungen nach § 4 Nr. 17, 19 oder 28 oder nach § 25c Abs. 1 und 2 UStG vorliegen.

(3) ¹Die Person/Einrichtung, die eine steuerfreie innergemeinschaftliche Lieferung bewirken kann, muss ein Unternehmer sein, der seine Umsätze nach den allgemeinen Vorschriften des Umsatzsteuergesetzes besteuert (sog. Regelversteuerer). ²Auf Umsätze von Kleinunternehmern, die nicht nach § 19 Abs. 2 UStG zur Besteuerung nach den allgemeinen Vorschriften des Umsatzsteuergesetzes optiert haben, auf Umsätze im Rahmen eines land- und forstwirtschaftlichen Betriebs, auf die die Durchschnittssätze nach § 24 UStG angewendet werden, und auf Umsätze, die der Differenzbesteuerung nach § 25a UStG unterliegen, findet die Steuerbefreiung nach § 4 Nr. 1 Buchstabe b, § 6a UStG keine Anwendung (vgl. § 19 Abs. 1 Satz 4, § 24 Abs. 1 Satz 2, § 25a Abs. 5 Satz 2 und § 25a Abs. 7 Nr. 3 UStG).

(4) Die Steuerbefreiung einer innergemeinschaftlichen Lieferung erstreckt sich auf das gesamte Entgelt, das für die Lieferung vereinbart oder vereinnahmt worden ist.

(5) Abschnitt 6.1 Abs. 6 Nr. 2 ist entsprechend anzuwenden.

Beförderung oder Versendung in das übrige Gemeinschaftsgebiet (§ 6a Abs. 1 Satz 1 Nr. 1 UStG)

(6) ¹Das Vorliegen einer innergemeinschaftlichen Lieferung setzt voraus, dass der Unternehmer, der Abnehmer oder ein vom liefernden Unternehmer oder vom Abnehmer beauftragter Dritter den Gegenstand der Lieferung in das übrige Gemeinschaftsgebiet befördert oder versendet hat. ²Eine Beförderungslieferung liegt vor, wenn der liefernde Unternehmer, der Abnehmer oder ein

---

Anm. d. Schriftl.:

❶ Ab dem 1.1.2020 ist die Verwendung der Umsatzsteuer-Identifikationsnummer durch den Abnehmer eine materiell-rechtliche Voraussetzung für die Steuerbefreiung. Die Änderung ist im Rahmen des Gesetzes zur weiteren steuerlichen Förderung der Elektromobilität und zur Änderung weiterer steuerlicher Vorschriften vom 12.12.2019, BGBl 2019 I S. 2451, erfolgt. Auf das BMF-Schreiben vom 9.10.2020, BStBl 2020 I S. 1038, wird hingewiesen.

von diesen beauftragter unselbständiger Erfüllungsgehilfe den Gegenstand der Lieferung befördert. ³Befördern ist jede Fortbewegung eines Gegenstands (§ 3 Abs. 6 Satz 2 UStG). ⁴Eine Versendungslieferung liegt vor, wenn die Beförderung durch einen selbständigen Beauftragten ausgeführt oder besorgt wird. ⁵Zu den weiteren Voraussetzungen einer Beförderungs- oder Versendungslieferung vgl. Abschnitt 3.12 Abs. 2 bzw. Abs. 3.

(7) ¹Das übrige Gemeinschaftsgebiet umfasst die unionsrechtlichen Inlandsgebiete der EU-Mitgliedstaaten mit Ausnahme des Inlands der Bundesrepublik Deutschland im Sinne des § 1 Abs. 2 Satz 1 UStG. ²Zu den einzelnen Gebieten des übrigen Gemeinschaftsgebiets vgl. Abschnitt 1.10.

(8) ¹Die Beförderung oder Versendung des Gegenstands der Lieferung „in das übrige Gemeinschaftsgebiet" erfordert, dass die Beförderung oder Versendung im Inland beginnt und im Gebiet eines anderen Mitgliedstaats endet. ²Der Liefergegenstand muss somit das Inland der Bundesrepublik Deutschland physisch verlassen haben und tatsächlich in das übrige Gemeinschaftsgebiet gelangt, d. h. dort physisch angekommen sein. ³Die sog. gebrochene Beförderung oder Versendung durch mehrere Beteiligte (Lieferer und Abnehmer bzw. in deren Auftrag jeweils ein Dritter) ist für die Annahme der Steuerbefreiung einer innergemeinschaftlichen Lieferung unschädlich, wenn der Abnehmer zu Beginn des Transports feststeht (vgl. Abschnitt 3.12 Abs. 3 Satz 4 ff.) und der Transport ohne nennenswerte Unterbrechung erfolgt. ⁴Der liefernde Unternehmer muss nachweisen, dass ein zeitlicher und sachlicher Zusammenhang zwischen der Lieferung des Gegenstands und seiner Beförderung oder Versendung sowie ein kontinuierlicher Ablauf dieses Vorgangs gegeben sind. ⁵Hat der Empfänger einer innergemeinschaftlichen Lieferung (Abnehmer) im Bestimmungsmitgliedstaat in seiner Mehrwertsteuererklärung den Erwerb des Gegenstands als innergemeinschaftlichen Erwerb erklärt, kann dies nur ein zusätzliches Indiz dafür darstellen, dass der Liefergegenstand tatsächlich das Inland physisch verlassen hat. ⁶Ein maßgeblicher Anhaltspunkt für das Vorliegen einer innergemeinschaftlichen Lieferung ist dies jedoch nicht.

Empfänger (= Abnehmer) der Lieferung (§ 6a Abs. 1 Satz 1 Nr. 2 UStG)

(9) Empfänger einer innergemeinschaftlichen Lieferung können nur folgende Personen sein:

1. Unternehmer, die den Gegenstand der Lieferung für ihr Unternehmen erworben haben;

2. juristische Personen, die nicht Unternehmer sind oder die den Gegenstand der Lieferung nicht für ihr Unternehmen erworben haben oder

3. bei der Lieferung eines neuen Fahrzeugs auch jeder andere Erwerber.

(10) ¹Der Abnehmer im Sinne des § 6a Abs. 1 Satz 1 Nr. 2 UStG muss der Empfänger der Lieferung bzw. der Abnehmer des Gegenstands der Lieferung sein. ²Das ist regelmäßig diejenige Person/Einrichtung, der der Anspruch auf die Lieferung zusteht und gegen die sich der zivilrechtliche Anspruch auf Zahlung des Kaufpreises richtet.

(11) ¹Eine Person/Einrichtung, die den Gegenstand für ihr Unternehmen erwirbt, muss zum Zeitpunkt der Lieferung Unternehmer sein. ²Es ist nicht erforderlich, dass dieser Unternehmer im Ausland ansässig ist. ³Es kann sich auch um einen im Inland ansässigen Unternehmer handeln. ⁴Unerheblich ist auch, ob es sich (ggf. nach dem Recht eines anderen Mitgliedstaates) bei dem Abnehmer um einen Kleinunternehmer, um einen Unternehmer, der ausschließlich steuerfreie den Vorsteuerabzug ausschließende Umsätze ausführt, oder um einen Land- und Forstwirt handelt, der seine Umsätze nach einer Pauschalregelung besteuert.

(12) ¹Von der Unternehmereigenschaft des Abnehmers kann regelmäßig ausgegangen werden, wenn dieser gegenüber dem liefernden Unternehmer mit einer ihm von einem anderen Mitgliedstaat erteilten, im Zeitpunkt der Lieferung gültigen USt-IdNr. auftritt. ²Nicht ausreichend ist es, wenn die USt-IdNr. im Zeitpunkt des Umsatzes vom Abnehmer lediglich beantragt wurde. ³Die USt-IdNr. muss vielmehr im Zeitpunkt des Umsatzes gültig sein.

(13) Von einem Erwerb des Gegenstands für das Unternehmen des Abnehmers kann regelmäßig ausgegangen werden, wenn der Abnehmer mit einer ihm von einem anderen Mitgliedstaat er-

teilten, im Zeitpunkt der Lieferung gültigen USt-IdNr. auftritt und sich aus der Art und Menge der erworbenen Gegenstände keine berechtigten Zweifel an der unternehmerischen Verwendung ergeben.

(14) [1]Die Lieferung kann auch an eine juristische Person, die nicht Unternehmer ist oder die den Gegenstand nicht für ihr Unternehmen erwirbt, bewirkt werden. [2]Es kann sich um eine juristische Person des öffentlichen oder des privaten Rechts handeln. [3]Die juristische Person kann im Ausland (z. B. eine ausländische Gebietskörperschaft, Anstalt oder Stiftung des öffentlichen Rechts oder ein ausländischer gemeinnütziger Verein) oder im Inland ansässig sein. [4]Von der Eigenschaft der juristischen Person als zur Erwerbsbesteuerung verpflichteter Abnehmer kann nur dann ausgegangen werden, wenn sie gegenüber dem liefernden Unternehmer mit einer ihr von einem anderen Mitgliedstaat erteilten, im Zeitpunkt der Lieferung gültigen USt-IdNr. auftritt.

(15) [1]Bei der Lieferung eines neuen Fahrzeugs kommt es auf die Eigenschaft des Abnehmers nicht an. [2]Hierbei kann es sich auch um Privatpersonen handeln. [3]Zum Begriff der neuen Fahrzeuge vgl. § 1b UStG und Abschnitt 1b.1.

Besteuerung des innergemeinschaftlichen Erwerbs in einem anderen Mitgliedstaat (§ 6a Abs. 1 Satz 1 Nr. 3 UStG)

(16) [1]Zu den Voraussetzungen einer innergemeinschaftlichen Lieferung gehört nach § 6a Abs. 1 Satz 1 Nr. 3 UStG, dass der Erwerb des Gegenstands der Lieferung beim Abnehmer in einem anderen Mitgliedstaat den Vorschriften der Umsatzbesteuerung (Besteuerung des innergemeinschaftlichen Erwerbs; kurz: Erwerbsbesteuerung) unterliegt. [2]Die Steuerbefreiung für innergemeinschaftliche Lieferungen kommt daher für andere Gegenstände als verbrauchsteuerpflichtige Waren und neue Fahrzeuge nicht in Betracht, wenn der Abnehmer Kleinunternehmer, Unternehmer, der ausschließlich steuerfreie den Vorsteuerabzug ausschließende Umsätze ausführt, Land- und Forstwirt ist, der seine Umsätze nach einer Pauschalregelung versteuert, oder eine nicht unternehmerische juristische Personen sind und die innergemeinschaftlichen Erwerbe dieses Abnehmerkreises im Bestimmungsmitgliedstaat des gelieferten Gegenstands nicht der Mehrwertsteuer unterliegen, weil im Bestimmungsmitgliedstaat die dortige Erwerbsschwelle vom Abnehmer nicht überschritten wird und er dort auch nicht zur Besteuerung seiner innergemeinschaftlichen Erwerbe optiert hat.

Beispiel 1:

[1]Das in Deutschland ansässige Saatgutunternehmen D liefert am 3. 3. 01 Saatgut an einen in Frankreich ansässigen Landwirt F, der dort mit seinen Umsätzen der Pauschalregelung für Land- und Forstwirte unterliegt. [2]Das Saatgut wird durch einen Spediteur im Auftrag des D vom Sitz des D zum Sitz des F nach Amiens befördert. [3]Das Entgelt für das Saatgut beträgt 2 000 €. [4]F hat außer dem Saatgut im Jahr 01 keine weiteren innergemeinschaftlichen Erwerbe getätigt und in Frankreich auch nicht zur Besteuerung der innergemeinschaftlichen Erwerbe optiert. [5]F hat gegenüber D keine französische USt-IdNr. verwendet.

[6]Die Lieferung des D ist nicht als innergemeinschaftliche Lieferung zu behandeln, weil F mit seinem Erwerb in Frankreich nicht der Besteuerung des innergemeinschaftlichen Erwerbs unterliegt, da er unter die Pauschalregelung für Land- und Forstwirte fällt, die Erwerbsschwelle nicht überschritten und er auf deren Anwendung nicht verzichtet hat sowie F keine USt-IdNr. gegenüber D verwendet hat. [7]Die Lieferung des D ist als inländische Lieferung steuerbar und steuerpflichtig.

Beispiel 2:

[1]Der in Deutschland ansässige Weinhändler D, dessen Umsätze nicht der Durchschnittssatzbesteuerung (§ 24 UStG) unterliegen, liefert am 1. 4. 01 fünf Kisten Wein an den in Limoges (Frankreich) ansässigen Versicherungsvertreter F (nicht zum Vorsteuerabzug berechtigter Unternehmer). [2]D befördert die Ware mit eigenem Lkw nach Limoges. [3]Das Entgelt für die Lieferung beträgt 1 500 €. [4]F hat D seine französische USt-IdNr. verwendet. [5]F hat außer dem Wein im Jahr 01 keine weiteren innergemeinschaftlichen Erwerbe getätigt.

⁶Für D ist die Lieferung des Weins als verbrauchsteuerpflichtige Ware eine innergemeinschaftliche Lieferung, weil der Wein aus dem Inland nach Frankreich gelangt, der Abnehmer ein Unternehmer ist und mit der Verwendung seiner USt-IdNr. zum Ausdruck bringt, dass er die Ware für sein Unternehmen erwirbt und den Erwerb in Frankreich der Besteuerung des innergemeinschaftlichen Erwerbs zu unterwerfen hat. ⁷Da F seine französische USt-IdNr. verwendet, kann D davon ausgehen, dass der Wein für das Unternehmen des F erworben wird. ⁸Unbeachtlich ist, ob F in Frankreich die Erwerbsschwelle überschritten hat oder nicht (vgl. analog für Deutschland § 1a Abs. 5 in Verbindung mit Abs. 3 UStG). ⁹Unbeachtlich ist auch, ob F in Frankreich tatsächlich einen innergemeinschaftlichen Erwerb erklärt oder nicht. ¹⁰Indem F gegenüber D seine USt-IdNr. verwendet hat, sind zudem die Voraussetzungen des § 6a Abs. 1 Satz 1 Nr. 4 UStG erfüllt.

(17) Durch die Regelung des § 6a Abs. 1 Satz 1 Nr. 3 UStG, nach der der Erwerb des Gegenstands in einem anderen Mitgliedstaat der Erwerbsbesteuerung unterliegen muss, wird sichergestellt, dass die Steuerbefreiung für innergemeinschaftliche Lieferungen in den Fällen nicht anzuwenden ist, in denen die in Absatz 16 bezeichneten Ausschlusstatbestände vorliegen.

(18) ¹Die Voraussetzung des § 6a Abs. 1 Satz 1 Nr. 3 UStG ist erfüllt, wenn der Abnehmer gegenüber dem liefernden Unternehmer mit einer ihm von einem anderen Mitgliedstaat erteilten, im Zeitpunkt der Lieferung gültigen USt-IdNr. auftritt (vgl. BFH-Beschluss vom 5. 2. 2004, V B 180/03, n.v.). ²Hiermit gibt der Abnehmer zu erkennen, dass er den Gegenstand steuerfrei erwerben will, weil der Erwerb in dem anderen Mitgliedstaat den dortigen Besteuerungsvorschriften unterliegt. ³Es ist nicht erforderlich, dass der Erwerb des Gegenstands dort tatsächlich besteuert wird.

Beispiel:

¹Der deutsche Computer-Händler H verkauft dem spanischen Abnehmer S einen Computer. ²S lässt den Computer von seinem Beauftragten, dem in Frankreich ansässigen F abholen. ³F tritt im Abholungszeitpunkt mit seiner ihm in Frankreich erteilten USt-IdNr. auf, die H als Abnehmer-USt-IdNr. aufzeichnet. ⁴S verwendet gegenüber H keine USt-IdNr.

⁵Die Voraussetzung des § 6a Abs. 1 Satz 1 Nr. 3 UStG ist im vorliegenden Fall nicht erfüllt, weil der Abnehmer S gegenüber dem liefernden Unternehmer H nicht eine ihm von einem anderen Mitgliedstaat erteilte USt-IdNr. verwendet. ⁶Die USt-IdNr. des F als Beauftragter des S kann für Zwecke des § 6a Abs. 1 Satz 1 Nr. 3 UStG keine Verwendung finden.

⁴Die Voraussetzung, dass der Erwerb des Gegenstands der Erwerbsbesteuerung unterliegt, ist auch erfüllt, wenn der innergemeinschaftliche Erwerb in dem anderen Mitgliedstaat steuerfrei ist oder dem sog. Nullsatz (Steuerbefreiung mit Vorsteuerabzug) unterliegt.

Verwendung einer von einem anderen Mitgliedstaat erteilten gültigen Umsatzsteuer-Identifikationsnummer (§ 6a Abs. 1 Satz 1 Nr. 4 UStG)

(19) ¹§ 6a Abs. 1 Satz 1 Nr. 4 UStG bestimmt, dass eine innergemeinschaftliche Lieferung nur vorliegt, wenn der Abnehmer gegenüber dem Unternehmer eine ihm von einem anderen Mitgliedstaat erteilte gültige USt-IdNr. verwendet. ²Zum Begriff der Verwendung vgl. Abschnitt 3a.2 Abs. 10 Sätze 2 bis 10. ³Die nachträgliche Verwendung einer im Zeitpunkt der Lieferung gültigen USt-IdNr. durch den Abnehmer entfaltet für Zwecke der Steuerbefreiung Rückwirkung. ⁴Die (ausländische) USt-IdNr. muss nicht durch den Mitgliedstaat erteilt worden sein, in dem die Beförderung oder Versendung endet. ⁵Die Regelung des § 3d Satz 2 UStG ist zu beachten. ⁶Wurde eine USt-IdNr. gegenüber dem Unternehmer verwendet, die von dem Mitgliedstaat erteilt wurde, in dem die Beförderung oder Versendung beginnt, liegt tatbestandlich keine innergemeinschaftliche Lieferung vor. ⁷Erteilt die Steuerverwaltung eines anderen Mitgliedstaates einem Organkreis nur eine USt-IdNr., ist diese bei der Verwendung durch die Organgesellschaft gegenüber einem inländischen Unternehmer anzuerkennen.

UStAE

Bearbeitung oder Verarbeitung vor der Beförderung oder Versendung in das übrige Gemeinschaftsgebiet (§ 6a Abs. 1 Satz 2 UStG)

(20) [1]Der Gegenstand der Lieferung kann durch Beauftragte vor der Beförderung oder Versendung in das übrige Gemeinschaftsgebiet bearbeitet oder verarbeitet worden sein. [2]Der Ort, an dem diese Leistungen tatsächlich erbracht werden, kann sich im Inland, im Drittland oder in einem anderen Mitgliedstaat mit Ausnahme des Bestimmungsmitgliedstaats befinden. [3]Die genannten Leistungen dürfen unter den Voraussetzungen des § 6a Abs. 1 Satz 2 UStG nur von einem Beauftragten des Abnehmers oder eines folgenden Abnehmers erbracht werden. [4]Erteilt der liefernde Unternehmer oder ein vorangegangener Lieferer den Bearbeitungs- oder Verarbeitungsauftrag, ist die Ausführung dieses Auftrags ein der innergemeinschaftlichen Lieferung des Unternehmers vorgelagerter Umsatz. [5]Gegenstand der Lieferung des Unternehmers ist in diesem Fall der bearbeitete oder verarbeitete Gegenstand und nicht der Gegenstand vor seiner Bearbeitung oder Verarbeitung.

Beispiel 1:

[1]Das in Italien ansässige Textilverarbeitungsunternehmen I hat bei einer in Deutschland ansässigen Weberei D 1 Stoffe zur Herstellung von Herrenanzügen bestellt. [2]D 1 soll die Stoffe auftragsgemäß nach Italien befördern, nachdem sie von einer in Deutschland ansässigen Färberei D 2 gefärbt worden sind. [3]D 2 erbringt die Färbearbeiten im Auftrag von I.

[4]D 1 erbringt mit der Lieferung der Stoffe an I eine innergemeinschaftliche Lieferung. [5]Gegenstand dieser Lieferung sind die ungefärbten Stoffe. [6]Das Einfärben der Stoffe vor ihrer Beförderung nach Italien stellt eine Bearbeitung im Sinne von § 6a Abs. 1 Satz 2 UStG dar, die unabhängig von der innergemeinschaftlichen Lieferung des D 1 zu beurteilen ist. [7]Voraussetzung hierfür ist allerdings, dass I (und nicht D 1) den Auftrag zu der Verarbeitung erteilt hat.

Beispiel 2:

[1]Wie Beispiel 1; die Stoffe werden jedoch vor ihrer Beförderung durch D 1 in Belgien von dem dort ansässigen Unternehmen B (im Auftrag des I) eingefärbt. [2]Zu diesem Zweck transportiert D 1 die Stoffe zunächst nach Belgien und nach ihrer Einfärbung von dort nach Italien.

[3]D 1 erbringt auch in diesem Falle eine im Inland steuerbare innergemeinschaftliche Lieferung an I. [4]Die Be- oder Verarbeitung des Liefergegenstands kann auch in einem anderen Mitgliedstaat als dem des Beginns oder Endes der Beförderung oder Versendung erfolgen.

Innergemeinschaftliches Verbringen als innergemeinschaftliche Lieferung (§ 6a Abs. 2 UStG)

(21) [1]Als innergemeinschaftliche Lieferung gilt nach § 6a Abs. 2 UStG auch das einer Lieferung gleichgestellte Verbringen eines Gegenstands (§ 3 Abs. 1a UStG). [2]Zu den Voraussetzungen eines innergemeinschaftlichen Verbringens vgl. Abschnitt 15b. [3]Ebenso wie bei einer innergemeinschaftlichen Lieferung nach § 6a Abs. 1 UStG ist auch bei einem innergemeinschaftlichen Verbringen nach § 6a Abs. 2 UStG die Steuerbefreiung davon abhängig, dass der Vorgang in dem anderen Mitgliedstaat der Erwerbsbesteuerung unterliegt und das Verbringen in der ZM gemäß § 4 Nr. 1 Buchstabe b UStG zutreffend erklärt wird. [4]Die Absätze 16 bis 18 sowie Abschnitt 4.1.2 sind entsprechend anzuwenden.

UStAE 6a.2. Nachweis der Voraussetzungen der Steuerbefreiung für innergemeinschaftliche Lieferungen❶❷❸

Allgemeines

(1) ¹Nach § 6a Abs. 3 Satz 1 UStG muss der liefernde Unternehmer die Voraussetzungen für das Vorliegen einer innergemeinschaftlichen Lieferung im Sinne von § 6a Abs. 1 und 2 UStG nachweisen. ²Nach § 17d Abs. 1 Satz 1 UStDV hat der Unternehmer die Voraussetzungen der Steuerbefreiung der innergemeinschaftlichen Lieferung einschließlich der USt-IdNr. des Abnehmers buchmäßig nachzuweisen; die Voraussetzungen müssen eindeutig und leicht nachprüfbar aus der Buchführung zu ersehen sein (sog. Buchnachweis; § 17d Abs. 1 Satz 2 UStDV). ³Unter einem Buchnachweis ist ein Nachweis durch Bücher oder Aufzeichnungen in Verbindung mit Belegen zu verstehen. ⁴Der Buchnachweis verlangt deshalb stets mehr als den bloßen Nachweis entweder nur durch Aufzeichnungen oder nur durch Belege. ⁵Belege werden durch die entsprechenden und erforderlichen Hinweise bzw. Bezugnahmen in den stets notwendigen Aufzeichnungen Bestandteil der Buchführung und damit des Buchnachweises, so dass beide eine Einheit bilden.

(2) ¹Die §§ 17a (Gelangensvermutung bei innergemeinschaftlichen Lieferungen in Beförderungs- und Versendungsfällen), 17b UStDV (Gelangensnachweis bei innergemeinschaftlichen Lieferungen in Beförderungs- und Versendungsfällen) und 17c UStDV (Nachweis bei innergemeinschaftlichen Lieferungen in Bearbeitungs- oder Verarbeitungsfällen) regeln, mit welchen Belegen der Unternehmer den Nachweis zu führen hat. ²Werden die Voraussetzungen von § 17a UStDV erfüllt, wird widerlegbar vermutet, dass der Gegenstand der Lieferung in das übrige Gemeinschaftsgebiet befördert oder versendet wurde. ³Besteht keine Vermutung nach § 17a UStDV, hat der Unternehmer nach § 17b Abs. 1 UStDV bei innergemeinschaftlichen Lieferungen durch Belege nachzuweisen, dass er oder der Abnehmer den Gegenstand der Lieferung in das übrige Gemeinschaftsgebiet befördert oder versendet hat. ⁴Die Voraussetzung muss sich aus den Belegen eindeutig und leicht nachprüfbar ergeben (sog. Belegnachweis). ⁵Hinsichtlich der übrigen Voraussetzungen des § 6a Abs. 1 UStG (z. B. Unternehmereigenschaft des Abnehmers, Verpflichtung des Abnehmers zur Erwerbsbesteuerung im Bestimmungsmitgliedstaat), die auch nachgewiesen werden müssen, enthält die UStDV keine besonderen Regelungen für den Belegnachweis.

(3) ¹Grundsätzlich hat allein der Unternehmer die Feststellungslast für das Vorliegen der Voraussetzungen der Steuerbefreiung zu tragen. ²Die Finanzverwaltung ist nicht an seiner Stelle verpflichtet, die Voraussetzungen der Steuerbefreiung nachzuweisen. ³Insbesondere ist die Finanzverwaltung nicht verpflichtet, auf Verlangen des Unternehmers ein Auskunftsersuchen an die Finanzverwaltung im Zuständigkeitsbereich des vermeintlichen Abnehmers der innergemeinschaftlichen Lieferung zu stellen (vgl. EuGH-Urteil vom 27. 9. 2007, Rs. C-184/05, Twoh

---

Anm. d. Schriftl.:

❶ Die Regelungen zum Nachweis sind im Rahmen der Elften Verordnung zur Änderung der Umsatzsteuer-Durchführungsverordnung vom 25. 3. 2013, BGBl 2013 I S. 602, mit Wirkung ab dem 1. 10. 2013 geändert worden. Auf das BMF-Schreiben vom 16. 9. 2013, BStBl 2013 I S. 1192, wird hingewiesen. Dieses Schreiben enthält zahlreiche Muster für Transportbelege. Im Rahmen des Gesetzes zur weiteren steuerlichen Förderung der Elektromobilität und zur Änderung weiterer steuerlicher Vorschriften vom 12. 12. 2019, BGBl 2019 I S. 2451, wurde eine Gelangensvermutung eingefügt. Eine weitere Änderung ist im Rahmen der Sechsten Verordnung zur Änderung steuerlicher Verordnungen vom 19. 12. 2022, BGBl 2022 I S. 2432, vorgenommen worden.

❷ Der Unternehmer darf den ihm obliegenden sicheren Nachweis der materiellen Tatbestandsmerkmale einer innergemeinschaftlichen Lieferung auch jenseits der formellen Voraussetzungen gemäß § 6a Abs. 3 UStG i.V. m. §§ 17a ff. UStDV nicht in anderer Weise als durch Belege und Aufzeichnungen führen (BFH-Urteil vom 19. 3. 2015, BStBl II S. 912).

❸ Steht aufgrund einer Beweiserhebung fest, dass die gelieferten Fahrzeuge zum Bestimmungsort im übrigen Gemeinschaftsgebiet versendet wurden, kann dies nicht durch die Annahme eines fehlenden Belegnachweises in Abrede gestellt werden (BFH-Urteil vom 26. 9. 2019, BStBl 2020 II S. 112).

International, BStBl II S. 83). [4]Kann der Unternehmer den beleg- und buchmäßigen Nachweis nicht, nicht vollständig oder nicht zeitnah führen, ist deshalb grundsätzlich davon auszugehen, dass die Voraussetzungen der Steuerbefreiung einer innergemeinschaftlichen Lieferung (§ 6a Abs. 1 und 2 UStG) nicht erfüllt sind. [5]Etwas anderes gilt ausnahmsweise dann, wenn – trotz der Nichterfüllung, der nicht vollständigen oder der nicht zeitnahen Erfüllung des Buchnachweises – auf Grund der vorliegenden Belege und der sich daraus ergebenden tatsächlichen Umstände objektiv feststeht, dass die Voraussetzungen des § 6a Abs. 1 und 2 UStG vorliegen. [6]Damit kann ein zweifelsfreier Belegnachweis Mängel beim Buchnachweis heilen. [7]Dient der Verstoß gegen die Nachweispflichten nach § 6a Abs. 3 UStG aber dazu, die Identität des Abnehmers der innergemeinschaftlichen Lieferung zu verschleiern, um diesem im Bestimmungsmitgliedstaat eine Mehrwertsteuerhinterziehung zu ermöglichen, kann der Unternehmer die Steuerbefreiung für die innergemeinschaftliche Lieferung auch nicht aufgrund des objektiven Nachweises ihrer Voraussetzungen in Anspruch nehmen (vgl. BFH-Urteile vom 17. 2. 2011, V R 30/10, BStBl II S. 769, und vom 11. 8. 2011, V R 19/10, BStBl 2012 II S. 156, sowie EuGH-Urteil vom 7. 12. 2010, C-285/09, R., BStBl 2011 II S. 846). [8]Das Gleiche gilt, wenn sich ein Unternehmer wissentlich an einem „strukturierten Verfahrensablauf" beteiligt, der darauf abzielt, die Besteuerung des innergemeinschaftlichen Erwerbs im Bestimmungsmitgliedstaat durch Vortäuschen einer differenzbesteuerten Lieferung zu verdecken (vgl. BFH-Urteil vom 11. 8. 2011, V R 19/10, a. a. O.).

(4) Sind Mängel im Buch- und/oder Belegnachweis festgestellt worden und hat das Finanzamt z. B. durch ein bereits erfolgtes Auskunftsersuchen an den Bestimmungsmitgliedstaat die Kenntnis erlangt, dass der Liefergegenstand tatsächlich in das übrige Gemeinschaftsgebiet gelangt ist, ist auch diese Information in die objektive Beweislage einzubeziehen.

(5) [1]Der Unternehmer ist nicht von seiner grundsätzlichen Verpflichtung entbunden, den Beleg- und Buchnachweis vollständig und rechtzeitig zu führen. [2]Nur unter dieser Voraussetzung kann der Unternehmer die Vertrauensschutzregelung nach § 6a Abs. 4 UStG in Anspruch nehmen (vgl. Abschnitt 6a.8 Abs. 1 bis 4). [3]An die Nachweispflichten sind besonders hohe Anforderungen zu stellen, wenn der (angebliche) innergemeinschaftlichen Lieferung eines hochwertigen Gegenstands (z. B. eines hochwertigen PKW) ein Barkauf mit Beauftragten zu Grunde liegt (vgl. BFH-Urteil vom 14. 11. 2012, XI R 17/12, BStBl 2013 II S. 407).

Voraussetzungen des Beleg- und Buchnachweises nach den §§ 17a bis 17d UStDV

(6) [1]Die §§ 17a bis 17d UStDV regeln im Einzelnen, wie der Unternehmer die Nachweise der Steuerbefreiung einer innergemeinschaftlichen Lieferung zu führen hat. [2]Während gemäß § 17a UStDV bei Vorliegen der Voraussetzungen widerlegbar vermutet wird, dass der Gegenstand der Lieferung in das übrige Gemeinschaftsgebiet befördert oder versendet wurde, gilt bei Erfüllung der Voraussetzungen von § 17b UStDV der Belegnachweis als erbracht (siehe Absatz 8). [3]Zwischen § 17a UStDV einerseits und §§ 17b bzw. 17c UStDV andererseits besteht kein Vorrangverhältnis. [4]Der Unternehmer kann den Belegnachweis entweder nach § 17a UStDV oder nach § 17b UStDV führen. [5]§ 17b Abs. 1 UStDV bestimmt in Form einer Generalklausel (Mussvorschrift), dass der Unternehmer im Geltungsbereich des UStG durch Belege nachzuweisen hat, dass er oder der Abnehmer den Liefergegenstand in das übrige Gemeinschaftsgebiet befördert oder versendet hat. [6]Dies muss sich aus den Belegen leicht und eindeutig nachprüfbar ergeben. [7]Der Unternehmer muss den Belegnachweis einer innergemeinschaftlichen Lieferung nicht zwingend mit einer Gelangensbestätigung nach § 17b Abs. 2 Nr. 2 UStDV oder mit den in § 17b Abs. 3 UStDV aufgeführten weiteren Nachweismöglichkeiten führen. [8]Die Gelangensbestätigung ist eine mögliche Form des Belegnachweises, mit dem die Voraussetzungen der Steuerbefreiung einer innergemeinschaftlichen Lieferung für die Finanzverwaltung eindeutig und leicht nachprüfbar sind. [9]Gleiches gilt auch für die in § 17b Abs. 3 UStDV aufgeführten Belege, mit denen der Unternehmer anstelle der Gelangensbestätigung die Steuerbefreiung einer innergemeinschaftlichen Lieferung nachweisen kann. [10]Dem Unternehmer steht es frei, den Belegnachweis mit allen geeigneten Belegen und Beweismitteln zu führen, aus denen sich das Gelangen des Liefergegenstands in das übrige Gemeinschaftsgebiet an den umsatzsteuerrechtlichen Abnehmer in der Gesamtschau nachvollziehbar und glaubhaft ergibt.

(7) § 17d Abs. 1 UStDV setzt voraus, dass auch in der Person des Abnehmers die Voraussetzungen für die Inanspruchnahme der Steuerbefreiung durch den liefernden Unternehmer vorliegen müssen und bestimmt, dass der Unternehmer die ausländische USt-IdNr. des Abnehmers buchmäßig nachzuweisen, d. h. aufzuzeichnen hat.**1**

(8) ¹Führt der Unternehmer den Belegnachweis anhand der in § 17b Abs. 2 und 3 UStDV geregelten Nachweismöglichkeiten, ist der belegmäßige Nachweis als erfüllt anzuerkennen. ²Das Fehlen einer der in den Vorschriften des § 17b Abs. 2 und 3 UStDV aufgeführten Voraussetzungen führt jedoch nicht zwangsläufig zur Versagung der Steuerbefreiung. ³Der jeweils bezeichnete Nachweis kann auch durch andere Belege – z. B. durch die auf den Rechnungen ausgewiesene Anschrift des Leistungsempfängers als Belegnachweis des Bestimmungsorts nach § 17b Abs. 2 Nr. 2 Buchstabe c UStDV – erbracht werden. ⁴Diese können nur dann als Nachweise anerkannt werden, wenn

1. sich aus der Gesamtheit der Belege die innergemeinschaftliche Lieferung eindeutig und leicht nachprüfbar ergibt (§ 17b Abs. 1 Satz 2 UStDV) und

2. die buchmäßig nachzuweisenden Voraussetzungen eindeutig und leicht nachprüfbar aus der Buchführung zu ersehen sind (§ 17d Abs. 1 UStDV).

(9) Abschnitt 6.5 Abs. 2 bis 4 ist entsprechend anzuwenden.

UStAE 　　6a.7.　Buchmäßiger Nachweis

(1) ¹Zur Führung des Buchnachweises muss der liefernde Unternehmer die ausländische USt-IdNr. des Abnehmers aufzeichnen (§ 17d Abs. 1 UStDV). ²Darüber hinaus muss er den Namen und die Anschrift des Abnehmers aufzeichnen (§ 17d Abs. 2 Nr. 1 UStDV). ³Zu den erforderlichen Voraussetzungen der Steuerbefreiung gehört auch die Unternehmereigenschaft des Abnehmers. ⁴Diese muss der liefernde Unternehmer nachweisen (§ 17d Abs. 1 UStDV in Verbindung mit § 6a Abs. 1 Satz 1 Nr. 2 Buchstabe a UStG). ⁵Die Aufzeichnung der ausländischen USt-IdNr. allein reicht hierfür nicht aus, weil sich aus ihr nicht ergibt, wer der tatsächliche Leistungsempfänger ist. ⁶Die Beteiligten eines Leistungsaustausches – und somit auch der Abnehmer – ergeben sich regelmäßig aus den zivilrechtlichen Vereinbarungen. ⁷Handelt jemand im fremden Namen, kommt es darauf an, ob er hierzu Vertretungsmacht hat. ⁸Der Unternehmer muss daher die Identität des Abnehmers (bzw. dessen Vertretungsberechtigten), z. B. durch Vorlage des Kaufvertrags, nachweisen. ⁹Handelt ein Dritter im Namen des Abnehmers, muss der Unternehmer auch die Vollmacht des Vertretungsberechtigten nachweisen, weil beim Handeln im fremden Namen die Wirksamkeit der Vertretung davon abhängt, ob der Vertretungsberechtigte Vertretungsmacht hat.

(2) ¹Die nach § 17d Abs. 1 Satz 1 UStDV buchmäßig nachzuweisende USt-IdNr. des Abnehmers bezeichnet die gültige ausländische USt-IdNr. des Abnehmers im Sinne des Abschnitts 6a.1 Abs. 10. ²Wenn der liefernde Unternehmer die gültige USt-IdNr. des Abnehmers nicht aufzeichnen bzw. im Bestätigungsverfahren beim BZSt nicht erfragen kann, weil ihm eine unrichtige USt-IdNr. genannt worden ist, steht nicht objektiv fest, an welchen Abnehmer die Lieferung bewirkt wurde. ³Im Übrigen steht nicht entsprechend § 6a Abs. 1 Satz 1 Nr. 3 UStG fest, dass der Erwerb des Gegenstands in dem anderen Mitgliedstaat der Erwerbsbesteuerung unterliegt. ⁴In einem solchen Fall liegen die Voraussetzungen für die Inanspruchnahme der Steuerbefreiung

---

Anm. d. Schriftl.:

1 Eine Lieferung verbrauchsteuerpflichtiger Waren durch einen im Inland ansässigen Unternehmer an einen in einem Drittland ansässigen Unternehmer, der keine USt-IdNr. verwendet, kann als innergemeinschaftliche Lieferung steuerfrei sein, wenn der Lieferer redlicherweise, und nachdem er alle ihm zumutbaren Maßnahmen ergriffen hat, diese USt-IdNr. nicht mitteilen kann und er außerdem Angaben macht, die hinreichend belegen können, dass der Erwerber ein Steuerpflichtiger ist, der bei dem betreffenden Vorgang als solcher gehandelt hat (BFH-Urteil vom 21. 1. 2015, BStBl 2015 II S. 724).

für eine innergemeinschaftliche Lieferung nicht vor. [5]Zu einer etwaigen Gewährung von Vertrauensschutz in diesen Fällen vgl. Abschnitt 6a.8.

(3) Hat der Unternehmer eine im Zeitpunkt der Lieferung gültige ausländische USt-IdNr. des Abnehmers im Sinne des Abschnitts 6a.1 Abs. 10 aufgezeichnet, kann

- die Feststellung, dass der Adressat einer Lieferung den Gegenstand nicht zur Ausführung entgeltlicher Umsätze verwendet hat,

- die Feststellung, der Empfänger der Lieferung habe die mit Hilfe der bezogenen Lieferungen ausgeführten Umsätze nicht versteuert, oder

- die Mitteilung eines anderen Mitgliedstaates, bei dem Abnehmer handele es sich um einen „missing trader",

für sich genommen nicht zu dem Schluss führen, nicht der Vertragspartner, sondern eine andere Person sei Empfänger der Lieferung gewesen.

(4) Für die Unternehmereigenschaft des Abnehmers ist es auch unerheblich, ob dieser im Bestimmungsmitgliedstaat des Gegenstands der Lieferung seine umsatzsteuerlichen Pflichten erfüllt.

(5) [1]Regelmäßig ergibt sich aus den abgeschlossenen zivilrechtlichen Vereinbarungen, wer bei einem Umsatz als Leistender und wer als Leistungsempfänger anzusehen ist. [2]Allerdings kommt unter vergleichbaren Voraussetzungen eine von den „vertraglichen Vereinbarungen" abweichende Bestimmung des Leistungsempfängers in Betracht, wenn bei einer innergemeinschaftlichen Lieferung nach den konkreten Umständen des Falles für den liefernden Unternehmer erkennbar eine andere Person als sein „Vertragspartner" unter dessen Namen auftritt, und bei denen der liefernde Unternehmer mit der Nichtbesteuerung des innergemeinschaftlichen Erwerbs rechnet oder rechnen muss.

(6) [1]Der Inhalt und der Umfang des buchmäßigen Nachweises sind in Form von Mussvorschriften geregelt (§ 17d Abs. 2 bis 4 UStDV). [2]Der Unternehmer kann den Nachweis aber auch in anderer Weise führen. [3]Er muss jedoch in jedem Fall die Grundsätze des § 17d Abs. 1 UStDV beachten.

(7) [1]Der buchmäßige Nachweis muss grundsätzlich im Geltungsbereich des UStG geführt werden. [2]Steuerlich zuverlässigen Unternehmern kann jedoch gestattet werden, die Aufzeichnungen über den buchmäßigen Nachweis im Ausland vorzunehmen und dort aufzubewahren. [3]Voraussetzung ist hierfür, dass andernfalls der buchmäßige Nachweis in unverhältnismäßiger Weise erschwert würde und dass die erforderlichen Unterlagen den deutschen Finanzbehörden jederzeit auf Verlangen im Geltungsbereich des UStG vorgelegt werden. [4]Der Bewilligungsbescheid ist unter einer entsprechenden Auflage und unter dem Vorbehalt jederzeitigen Widerrufs zu erteilen. [5]Die zuständige Finanzbehörde kann unter den Voraussetzungen des § 146 Abs. 2a und 2b AO auf schriftlichen Antrag des Unternehmers bewilligen, dass die elektronischen Aufzeichnungen über den buchmäßigen Nachweis im Ausland geführt und aufbewahrt werden.

(8) [1]Aus dem Grundsatz, dass die buchmäßig nachzuweisenden Voraussetzungen eindeutig und leicht nachprüfbar aus der Buchführung zu ersehen sein müssen (§ 17d Abs. 1 UStDV), ergibt sich, dass die erforderlichen Aufzeichnungen grundsätzlich laufend und unmittelbar nach Ausführung des jeweiligen Umsatzes vorgenommen werden sollen. [2]Der buchmäßige Nachweis darf um den gegebenenfalls später eingegangenen Belegnachweis vervollständigt werden. [3]Der Unternehmer muss den buchmäßigen Nachweis der steuerfreien innergemeinschaftlichen Lieferung bis zu dem Zeitpunkt führen, zu dem er die Umsatzsteuer-Voranmeldung für die innergemeinschaftliche Lieferung zu übermitteln hat. [4]Der Unternehmer kann fehlende oder fehlerhafte Aufzeichnungen eines rechtzeitig erbrachten Buchnachweises bis zum Schluss der letzten mündlichen Verhandlung vor dem Finanzgericht ergänzen oder berichtigen.

(9) [1]Bei der Aufzeichnung der Menge und der handelsüblichen Bezeichnung des Gegenstandes der Lieferung sind Sammelbezeichnungen, z. B. Lebensmittel oder Textilien, in der Regel nicht

ausreichend (vgl. Abschnitt 14.5 Abs. 15). [2]Die Aufzeichnung der Fahrzeug-Identifikationsnummer bei der Lieferung eines Fahrzeugs im Sinne von § 1b Abs. 2 UStG nach § 17d Abs. 2 Nr. 4 UStDV ist unerlässlich. [3]Aus der Aufzeichnung der Art und des Umfangs einer etwaigen Bearbeitung oder Verarbeitung vor der Beförderung oder Versendung in das übrige Gemeinschaftsgebiet sollen auch der Name und die Anschrift des mit der Bearbeitung oder Verarbeitung Beauftragten, die Bezeichnung des betreffenden Auftrags sowie die Menge und handelsübliche Bezeichnung des gelieferten Gegenstandes hervorgehen. [4]Als Grundlage dieser Aufzeichnungen können die Belege dienen, die der Unternehmer über die Bearbeitung oder Verarbeitung erhalten hat.

UStAE 6a.8. Gewährung von Vertrauensschutz

(1) [1]Nach § 6a Abs. 4 UStG ist eine Lieferung, die der Unternehmer als steuerfreie innergemeinschaftliche Lieferung behandelt hat, obwohl die Voraussetzungen nach § 6a Abs. 1 UStG nicht vorliegen, gleichwohl als steuerfrei anzusehen, wenn die Inanspruchnahme der Steuerbefreiung auf unrichtigen Angaben des Abnehmers beruht und der Unternehmer die Unrichtigkeit dieser Angaben auch bei Beachtung der Sorgfalt eines ordentlichen Kaufmanns nicht erkennen konnte. [2]In diesem Fall schuldet der Abnehmer die entgangene Steuer. [3]Die Frage, ob der Unternehmer die Unrichtigkeit der Angaben des Abnehmers auch bei Sorgfalt eines ordentlichen Kaufmanns nicht erkennen konnte, stellt sich erst dann, wenn der Unternehmer seinen Nachweispflichten nach §§ 17a ff. UStDV vollständig nachgekommen ist. [4]Entscheidend dabei ist, dass die vom Unternehmer vorgelegten Nachweise (buch- und belegmäßig) eindeutig und schlüssig auf die Ausführung einer innergemeinschaftlichen Lieferung hindeuten und dass der Unternehmer bei der Nachweisführung – insbesondere mit Blick auf die Unrichtigkeit der Angaben – der Sorgfaltspflicht des ordentlichen Kaufmanns genügte und in gutem Glauben war. [5]Die Steuerbefreiung nach § 6a Abs. 4 Satz 1 UStG setzt voraus, dass der Unternehmer den Nachweispflichten nach § 6a Abs. 3 UStG in Verbindung mit §§ 17a ff. UStDV als Voraussetzung für die Steuerbefreiung nach § 6a Abs. 4 Satz 1 UStG ihrer Art nach vollständig nachkommt. [6]Maßgeblich ist hierfür die formelle Vollständigkeit, nicht aber auch die inhaltliche Richtigkeit der Beleg- und Buchangaben, da § 6a Abs. 4 Satz 1 UStG das Vertrauen auf unrichtige Abnehmerangaben schützt (vgl. BFH-Urteil vom 12. 5. 2011, V R 46/10, BStBl II S. 957).

(2) [1]„Abnehmer" im Sinne des § 6a Abs. 4 Satz 2 UStG ist derjenige, der den Unternehmer durch falsche Angaben getäuscht hat, d. h. derjenige, der gegenüber dem Unternehmer als (vermeintlicher) Erwerber aufgetreten ist. [2]Dieser schuldet die entgangene Steuer und die Steuer ist gegen ihn festzusetzen und ggf. zu vollstrecken (ggf. im Wege der Amtshilfe, soweit es sich den Betroffenen in der Regel um im Inland ansässige Personen handelt). [3]Der (vermeintliche) Abnehmer im Sinne des § 6a Abs. 4 Satz 2 UStG muss nicht notwendigerweise mit der im Beleg- und Buchnachweis des Unternehmers als Leistungsempfänger dokumentierten Person übereinstimmen. [4]Liegen die Voraussetzungen für die Gewährung von Vertrauensschutz vor, ist eine Lieferung, die der Unternehmer als steuerfreie innergemeinschaftliche Lieferung behandelt hat, obwohl die Voraussetzungen nach § 6a Abs. 1 UStG nicht vorliegen, auch dann als steuerfrei anzusehen, wenn eine Festsetzung der Steuer nach § 6a Abs. 4 Satz 2 UStG gegen den Abnehmer nicht möglich ist, z. B. weil dieser sich dem Zugriff der Finanzbehörde entzogen hat.

(3) Die örtliche Zuständigkeit des Finanzamts für die Festsetzung der entgangenen Steuer ergibt sich aus § 21 Abs. 1 AO und der UStZustV.

(4) [1]Der gute Glaube im Sinne des § 6a Abs. 4 UStG bezieht sich allein auf unrichtige Angaben über die in § 6a Abs. 1 UStG bezeichneten Voraussetzungen (Unternehmereigenschaft des Abnehmers, Verwendung des Lieferungsgegenstandes für sein Unternehmen, körperliche Warenbewegung in den anderen Mitgliedstaat). [2]Er bezieht sich nicht auch auf die Richtigkeit der nach § 6a Abs. 3 UStG in Verbindung mit §§ 17a ff. UStDV vom Unternehmer zu erfüllenden Nachweise (vgl. BFH-Urteil vom 12. 5. 2011, V R 46/10, BStBl II S. 957).

(5) [1]Die Erfüllung des Beleg- und Buchnachweises gehört zu den Sorgfaltspflichten eines ordentlichen Kaufmanns. [2]Deshalb stellt sich die Frage, ob der Unternehmer die Unrichtigkeit der An-

gaben des Abnehmers auch bei Sorgfalt eines ordentlichen Kaufmanns nicht erkennen konnte, erst dann, wenn der Unternehmer seinen Nachweispflichten nach §§ 17a bis 17d UStDV vollständig nachgekommen ist. [3]Allerdings kann die Gewährung von Vertrauensschutz im Einzelfall in Betracht kommen, wenn der Unternehmer eine unrichtige USt-IdNr. aufgezeichnet hat, dies jedoch auch bei Beachtung der Sorgfalt eines ordentlichen Kaufmanns nicht erkennen konnte (z. B. weil der Bestimmungsmitgliedstaat die USt-IdNr. des Abnehmers rückwirkend für ungültig erklärt hat). [4]Der Unternehmer trägt die Feststellungslast, dass er die Sorgfalt eines ordentlichen Kaufmanns beachtet hat.

(6) [1]War die Unrichtigkeit einer USt-IdNr. erkennbar und hat der Unternehmer dies nicht erkannt (z. B. weil das Bestätigungsverfahren nicht oder zu einem späteren Zeitpunkt als dem des Umsatzes durchgeführt wird), genügt dies nicht der Sorgfaltspflicht eines ordentlichen Kaufmanns. [2]Gleiches gilt in Fällen, in denen der Abnehmer oder dessen Beauftragter den Gegenstand der Lieferung befördert und der liefernde Unternehmer die Steuerbefreiung in Anspruch nimmt, ohne über eine schriftliche Versicherung des Abnehmers zu verfügen, den Gegenstand der Lieferung in einen anderen Mitgliedstaat befördern zu wollen.

(7) [1]An die Nachweispflichten sind besonders hohe Anforderungen zu stellen, wenn der vermeintlichen innergemeinschaftlichen Lieferung ein Barkauf zu Grunde liegt. [2]In Fällen dieser Art ist es dem Unternehmer auch zumutbar, dass er sich über den Namen, die Anschrift des Abnehmers und ggf. über den Namen, die Anschrift und die Vertretungsmacht eines Vertreters des Abnehmers vergewissert und entsprechende Belege vorlegen kann. [3]Wird der Gegenstand der Lieferung von einem Vertreter des Abnehmers beim liefernden Unternehmer abgeholt, reicht die alleinige Durchführung eines qualifizierten Bestätigungsverfahrens nach § 18e UStG über die vom Abnehmer verwendete USt-IdNr. nicht aus, um den Sorgfaltspflichten eines ordentlichen Kaufmanns zu genügen. [4]Auffällige Unterschiede zwischen der Unterschrift des Abholers unter der Empfangsbestätigung auf der Rechnung und der Unterschrift auf dem vorgelegten Personalausweis können Umstände sein, die den Unternehmer zu besonderer Sorgfalt hinsichtlich der Identität des angeblichen Vertragspartners und des Abholers veranlassen müssen (vgl. BFH-Urteil vom 14. 11. 2012, XI R 17/12, BStBl 2013 II S. 407).

(8) [1]Die Vertrauensschutzregelung ist auf Fälle, in denen der Abnehmer in sich widersprüchliche oder unklare Angaben zu seiner Identität macht, von vornherein nicht anwendbar. [2]Bei unklarer Sachlage verstößt es stets gegen die einem ordentlichen Kaufmann obliegenden Sorgfaltspflichten, wenn der liefernde Unternehmer diese Unklarheiten bzw. Widersprüchlichkeiten aus Unachtsamkeit gar nicht erkennt oder im Vertrauen auf diese Angaben die weitere Aufklärung unterlässt. [3]Für einen Vertrauensschutz ist nur dort Raum, wo eine Täuschung des liefernden Unternehmers festgestellt werden kann.

(9) [1]Für die Inanspruchnahme des Vertrauensschutzes nach § 6a Abs. 4 Satz 1 UStG muss der Lieferer in gutem Glauben handeln und alle Maßnahmen ergreifen, die vernünftigerweise verlangt werden können, um sicherzustellen, dass der von ihm getätigte Umsatz nicht zu seiner Beteiligung an einer Steuerhinterziehung führt. [2]Dabei sind alle Gesichtspunkte und tatsächlichen Umstände umfassend zu berücksichtigen. [3]Danach kann sich die zur Steuerpflicht führende Bösgläubigkeit auch aus Umständen ergeben, die nicht mit den Beleg- und Buchangaben zusammenhängen (vgl. BFH-Urteil vom 25. 4. 2013, V R 28/11, BStBl II S. 656).

Zu § 6b UStG

UStAE   6b.1. Lieferung in ein Lager im Sinne des § 6b UStG im Gemeinschaftsgebiet (Konsignationslagerregelung)

Allgemeines

(1) [1]§ 6b UStG beinhaltet eine Vereinfachungsregelung für Lieferungen in ein Lager zu Abrufzwecken im Gemeinschaftsgebiet (Konsignationslagerregelung). [2]Lager im Sinne des § 6b UStG (vgl. Artikel 17a Abs. 1 MwStSystRL) sind Warenlager, in welche der liefernde Unternehmer oder ein von ihm beauftragter Dritter Gegenstände aus dem Gebiet eines Mitgliedstaates (Abgangsmitgliedstaat) in das Gebiet eines anderen Mitgliedstaates (Bestimmungsmitgliedstaat) in einen zum Verbleib gedachten Bestand und zur Entnahme nach eigenem Ermessen durch einen dem liefernden Unternehmer bekannten Erwerber befördert oder versendet. [3]Für die Anwendung der Konsignationslagerregelung müssen dem Unternehmer aufgrund einer vertraglichen Vereinbarung im Sinne des Absatzes 3 zum Beginn der Beförderung oder Versendung die folgenden Angaben des Erwerbers bekannt sein:

– der vollständige Name,

– die vollständige Adresse,

– die dem Erwerber vom Bestimmungsmitgliedstaat erteilte USt-IdNr.

(2) [1]Die Vereinfachungsregelung nach § 6b UStG kommt nicht in Betracht, wenn der Unternehmer im Bestimmungsmitgliedstaat ansässig ist, d. h. wenn er dort seinen Sitz, seine Geschäftsleitung oder eine Betriebsstätte (vgl. Abschnitt 3a.1 Abs. 3) oder in Ermangelung eines Sitzes, einer Geschäftsleitung oder einer Betriebsstätte seinen Wohnsitz oder gewöhnlichen Aufenthalt hat. [2]Dies gilt unabhängig davon, ob eine der vorgenannten Ansässigkeitsformen am Liefergeschehen beteiligt ist. [3]Bereits ein im Eigentum des Unternehmers befindliches Lager oder ein durch den Unternehmer angemietetes oder gepachtetes Lager, welches mit eigenen Mitteln (z. B. mit eigenem Personal), aus dem Bestimmungsmitgliedstaat betrieben wird, begründet eine solche Ansässigkeit. [4]Eine alleinige Registrierung für mehrwertsteuerliche Zwecke im Bestimmungsmitgliedstaat begründet jedoch noch keine Ansässigkeit.

(3) [1]Die vertragliche Vereinbarung mit dem dem liefernden Unternehmer bekannten späteren Erwerber muss die Verschaffung der Verfügungsmacht zu einem späteren Zeitpunkt als dem der Beendigung der Beförderung oder Versendung vorsehen. [2]Ausreichend ist ein (Rahmen-)Vertrag, der die Modalitäten bestimmt, unter der Erwerber zur Entnahme der im Bestand des Lagers befindlichen Waren berechtigt, aber nicht verpflichtet, ist. [3]Hat der spätere Erwerber vor dem Zeitpunkt der Entnahme des Liefergegenstandes diesen bereits verbindlich bestellt oder bezahlt, kann die Vereinfachungsregelung nach § 6b UStG unter den übrigen Voraussetzungen angewendet werden, wenn der liefernde Unternehmer und der spätere Erwerber deren Anwendung z. B. in einem Rahmenvertrag vereinbaren. [4]Für Fälle, in denen § 6b UStG bereits dem Grunde nach keine Anwendung findet, gelten die Regelungen in Abschnitt 1a.2 Abs. 6 Satz 6 bzw. Abschnitt 3.12 Abs. 3 Satz 8 sowie Abs. 7 Satz 1; in den Fällen des § 6b Abs. 3 und 6 UStG sind die Regelungen in Abschnitt 1a.2 Abs. 6 Satz 6 bzw. Abschnitt 3.12 Abs. 3 Satz 8 sowie Abs. 7 Satz 1 jedoch nicht anzuwenden.

Beispiel:

[1]Beim belgischen Automobilhersteller Z mit Sitz in Belgien werden im Februar 02 Motorenteile von einem deutschen Zulieferer A mit Sitz in Köln eingelagert, die Z zuvor bei A verbindlich bestellt hat. [2]Nach einem entsprechenden Rahmenvertrag soll die Vereinfachungsregelung nach § 6b UStG Anwendung finden und die Verfügungsmacht an den Motorenteilen erst im Zeitpunkt der Entnahme durch Z auf Z übergehen. [3]Aufgrund erheblicher Produktionsverzögerungen erfolgt die Entnahme der Motorenteile durch Z erst im März 03. [4]Bereits am Tag nach Ablauf der 12-Monatsfrist im Februar 03 tritt die Rechtsfolge nach § 6b Abs. 3 UStG ein, sodass die Beförderung oder Versendung durch A als das einer innergemeinschaftlichen Lieferung gleichgestellte Verbringen nach § 6b Abs. 3 UStG

in Verbindung mit § 6a Abs. 2 und § 3 Abs. 1a Satz 1 UStG gilt. [5]A muss sich spätestens im Zeitpunkt, in dem das Ereignis (am Tag nach Ablauf der 12-Monatsfrist) eintritt, unverzüglich im Bestimmungsmitgliedstaat für Mehrwertsteuerzwecke registrieren lassen und die Erteilung einer USt-IdNr. beantragen (vgl. Absätze 15 und 17).

[5]Für ein Lager im Sinne des § 6b UStG können auch Vereinbarungen mit mehreren bekannten Erwerbern geschlossen werden. [6]Sind entsprechende Vereinbarungen mit mehreren Erwerbern geschlossen, muss für jeden Erwerber entsprechend des § 22 Abs. 4f und 4g UStG sichergestellt sein, dass die Gegenstände dem jeweiligen Erwerber eindeutig und klar zugeordnet werden können. [7]Zur Ersetzung eines Erwerbers siehe Absatz 6.

(4) [1]Ein Lager im Sinne des § 6b UStG kann zum Beispiel ein Konsignationslager oder ein Auslieferungslager sein. [2]Ein Lager nach Satz 1, in welches die Gegenstände der Lieferung gelangen, muss nicht zwingend ein Lager im Sinne eines Gebäudes sein. [3]Eine Zwischenlagerung der Gegenstände in einem Lager im Sinne des § 6b UStG kann an jedem räumlich und physisch bestimmbaren Ort erfolgen, für den ein vorhandener Inhaber gegeben ist und für den die eingelagerten Gegenstände der Art und Menge nach bestimmbar sind. [4]Die Angaben müssen mit den Aufzeichnungen nach § 22 Abs. 4f UStG übereinstimmen. [5]Hierzu zählen sowohl ortsfeste Behälterlager für körperliche Gegenstände in flüssigem oder gasförmigem Aggregatzustand, z. B. ortsfeste Tanklager (oberirdisch oder unterirdisch), als auch jeder andere räumlich und physisch bestimmbare Ort (z. B. Eisenbahnwaggons, Container, Trailer oder Binnenschiffe), wenn hinreichend nachgewiesen wird, dass es sich um ein Lager im Sinne des § 6b UStG handelt (vgl. hierzu § 22 Abs. 4f Nr. 6 UStG). [6]Für eine leichte und eindeutige Nachprüfbarkeit muss daher für jeden Zeitpunkt bis zur Entnahme mit hinreichender Sicherheit leicht und einwandfrei aus den Aufzeichnungen im Sinne des § 22 Abs. 4f UStG erkennbar sein, wo sich die Gegenstände bis zum Zeitpunkt der Entnahme durch den Erwerber befinden.

Erwerber (= Abnehmer) der Lieferung (§ 6b Abs. 1 UStG)

(5) [1]Erwerber einer Lieferung nach § 6b Abs. 1 UStG kann nur sein, wer im Zeitpunkt des Abschlusses der Vereinbarung nach § 6b Abs. 1 Nr. 1 UStG Unternehmer ist und die Gegenstände für sein Unternehmen erwerben will. [2]Auch ein Kommissionär kann als berechtigter Erwerber fungieren. [3]Ein Sitz, eine Geschäftsleitung oder eine Betriebsstätte (vgl. Abschnitt 3a.1 Abs. 3) oder in Ermangelung eines Sitzes, einer Geschäftsleitung oder einer Betriebsstätte ein Wohnsitz oder gewöhnlicher Aufenthalt im Bestimmungsmitgliedstaat ist nicht Voraussetzung. [4]Der dem liefernden Unternehmer bekannte und zur Entnahme der Gegenstände berechtigte Erwerber muss zum Zwecke der Inanspruchnahme der Konsignationslagerregelung die ihm vom Bestimmungsmitgliedstaat erteilte USt-IdNr. verwenden. [5]Hinsichtlich der Auslegung des Begriffs der Verwendung der von einem anderen Mitgliedstaat erteilten und gültigen USt-IdNr. siehe Abschnitt 3a.2 Abs. 10 Sätze 2 bis 10. [6]Die Verwendung einer anderen als vom Bestimmungsmitgliedstaat erteilten USt-IdNr. schließt die Anwendung des § 6b UStG hingegen aus.

Wechsel des Erwerbers (§ 6b Abs. 5 UStG)

(6) [1]Wird der berechtigte Erwerber durch einen anderen Erwerber innerhalb von 12 Monaten ersetzt, müssen alle Voraussetzungen des Absatzes 1 Satz 3 erfüllt sein. [2]Die vertragliche Vereinbarung für die Substitution muss zudem bereits am Tag des Wirksamwerdens des Erlöschens der bisherigen Vereinbarung wirksam abgeschlossen sein. [3]Es ist auch möglich, dass der neue Erwerber nur über einen Teil der sich im Lager im Sinne des § 6b UStG befindlichen Gegenstände eine Vereinbarung abschließt. [4]Auch hier gelten die Regelungen der klaren und eindeutigen Identifizierbarkeit der Gegenstände (vgl. Absatz 3 Satz 6). [5]Durch den Wechsel eines Erwerbers wird die 12-Monatsfrist nach § 6b Abs. 3 UStG (vgl. auch Absatz 15 Satz 2) nicht verlängert. [6]Die Frist beginnt im Zeitpunkt der ersten Ankunft der Waren im Lager (Einlagerung) im anderen Mitgliedstaat, in den sie versendet oder befördert wurden (vgl. Absatz 15 Satz 2). [7]Eine im Rahmen der Substitution erfolgende Beförderung durch den Unternehmer an einen anderen Lagerort im Bestimmungsmitgliedstaat bleibt unschädlich und verlängert nicht die 12-Monatsfrist nach § 6b Abs. 3 UStG (vgl. auch Absatz 15

Satz 2). [8]Wegen der Melde- und Aufzeichnungspflichten im Falle eines Wechsels des Erwerbers wird auf die Abschnitte 18a.1 und 18a.3 sowie 22.3b verwiesen.

Beispiel 1:

[1]Der deutsche Zulieferer A befördert im Rahmen einer Lagerabrufvereinbarung mit Unternehmer B (berechtigter Erwerber) ab Februar 01 Motorenteile in ein Lager in Frankreich. [2]Im September desselben Jahres ändern Zulieferer A und Unternehmer B ihre Vereinbarung für den Teil der Motorenteile, die von Unternehmer B noch nicht entnommen wurden. [3]Diese Motorenteile verbleiben im Lager. [4]Gleichzeitig schließt Zulieferer A mit Unternehmer C (weiterer berechtigter Erwerber) eine Vereinbarung über die noch im Lager befindlichen Motorenteile ab. [5]C entnimmt diese Motorenteile im November und Dezember 01.

[6]Im Februar 01 hat A die Beförderung der Motorenteile aufzuzeichnen und in der ZM die verwendete USt-IdNr. des Unternehmers B anzugeben. [7]Auch der Lagerhalter muss im Februar 01 die Ankunft der Waren im Bestand registrieren. [8]Für die entnommenen Motorenteile durch Unternehmer B gilt jeweils im Zeitpunkt der Entnahme für A die Annahme einer innergemeinschaftlichen Lieferung und für B die eines innergemeinschaftlichen Erwerbes (§ 6b Abs. 2 UStG). [9]Ab dem Zeitpunkt der Änderung der Vereinbarung im September 01 tritt die Rechtsfolge des § 6b Abs. 2 UStG für A und B nicht mehr ein. [10]Die Ersetzung des B durch C nach § 6b Abs. 5 UStG ist von A nach § 22 Abs. 4f UStG aufzuzeichnen und in der ZM anzugeben. [11]C hat seine ihm vom Bestimmungsmitgliedstaat erteilte USt-IdNr. gegenüber A zu verwenden. [12]Bei Entnahme der Motorenteile durch C im November und Dezember 01 tritt die Rechtsfolge des § 6b Abs. 2 UStG ein.

Beispiel 2:

[1]Sachverhalt wie in Beispiel 1, jedoch erfolgt die neue Vereinbarung mit Unternehmer C erst im Oktober 01. [2]Alle Ausführungen in Beispiel 1 Sätze 1 bis 9 finden analog Anwendung. [3]Die Vereinbarung mit C im Oktober 01 stellt jedoch für die bereits im Lager befindlichen Motorenteile keine wirksame Ersetzung im Sinne des § 6b Abs. 5 UStG dar, da die vertragliche Vereinbarung mit dem neuen Erwerber C nicht bereits am Tag des Wirksamwerdens des Erlöschens der bisherigen Vereinbarung mit B abgeschlossen war. [4]Die Beförderung oder Versendung durch A in sein Lager gilt am Tag des Wegfalls der Voraussetzungen nach § 6b Abs. 1 UStG im September 01 als ein einer innergemeinschaftlichen Lieferung gleichgestelltes Verbringen nach § 6b Abs. 6 in Verbindung mit § 6a Abs. 2 und § 3 Abs. 1a Satz 1 UStG. [5]A unterliegt somit einer unverzüglichen Registrierungspflicht im Bestimmungsmitgliedstaat.

Gelangen eines Gegenstandes aus dem Abgangsmitgliedstaat in den Bestimmungsmitgliedstaat

(7) [1]Die Beförderung (vgl. § 3 Abs. 6 Satz 2 UStG) oder Versendung (vgl. § 3 Abs. 6 Satz 3 UStG) in den Bestimmungsmitgliedstaat muss durch den Unternehmer oder durch einen von ihm beauftragten Dritten erfolgen. [2]Übernimmt der spätere Erwerber den Transport, darf dies für die Anwendung der Konsignationslagerregelung nur ausdrücklich und erkennbar im Namen des liefernden Unternehmers erfolgen, und ohne dass dem späteren Erwerber bereits die Verfügungsmacht an dem Gegenstand verschafft wird. [3]Hiervon kann regelmäßig ausgegangen werden, wenn entsprechende Vereinbarungen z. B. in einem Rahmenvertrag aufgenommen wurden.

(8) [1]Bei dem Gegenstand, der vom Erwerber aus dem Lager im Sinne des § 6b UStG entnommen wird, muss es sich um denselben Gegenstand handeln, der aus dem Abgangsmitgliedstaat in das Lager im Sinne des § 6b UStG im Bestimmungsmitgliedstaat befördert oder versendet worden ist. [2]Die Verwendung des Gegenstandes vor Entnahme durch den Erwerber für eine Werklieferung oder Werkleistung (vgl. Abschnitt 3.8) des Unternehmers führt zum Ausschluss der Vereinfachungsregelung nach § 6b UStG.

(9) Für den Ort der Lieferung im Sinne des § 6b Abs. 1 UStG gilt Abschnitt 3.12 Abs. 1 Satz 1 entsprechend.

(10) Bestimmungsmitgliedstaat und Abgangsmitgliedstaat sind die unionsrechtlichen Inlandsgebiete der übrigen EU-Mitgliedstaaten und das Inland der Bundesrepublik Deutschland im Sinne des § 1 Abs. 2 Satz 1 UStG (vgl. Abschnitt 1.10).

UStAE

(11) ¹Für Lieferungen eines im Drittland ansässigen Unternehmers aus einem Mitgliedstaat in ein Lager im Sinne des § 6b UStG in einem anderen Mitgliedstaat (Bestimmungsmitgliedstaat) kann die Konsignationslagerregelung angewendet werden. ²Voraussetzung ist die Registrierung für mehrwertsteuerliche Zwecke des Unternehmers im Abgangsmitgliedstaat. ³Auf die tatsächliche Ansässigkeit der Vertragsparteien ist nicht abzustellen. ⁴Der Unternehmer kann auch Gegenstände, die zur Einlagerung und Entnahme durch einen oder mehrere berechtigte(n) Erwerber in einem Lager im Sinne des § 6b UStG bestimmt sind, aus verschiedenen anderen Mitgliedstaaten in das Lager im Sinne des § 6b UStG im Bestimmungsmitgliedstaat befördern oder versenden.

(12) Eine Kombination der Steuerbefreiung nach § 5 Abs. 1 Nr. 3 UStG (Einfuhr mit anschließender steuerfreier innergemeinschaftlicher Lieferung) mit einer Beförderung/Versendung in ein Lager im Sinne des § 6b UStG ist nicht möglich, da es hier an einer unmittelbar ausgeführten innergemeinschaftlichen Lieferung fehlt.

Verbleiben im Bestimmungsmitgliedstaat

(13) ¹Die Konsignationslagerregelung setzt ein Verbleiben des Liefergegenstandes im Bestimmungsmitgliedstaat vom Zeitpunkt der Einlagerung bis zur Entnahme durch den Erwerber voraus. ²Eine der Entnahme des Liefergegenstandes aus dem Lager im Sinne des § 6b UStG nachfolgende Lieferung des Erwerbers über die Grenzen des Bestimmungsmitgliedstaates hinaus ist unschädlich. ³Die Beförderung oder Versendung in ein anderes im Bestimmungsmitgliedstaat gelegenes Lager im Sinne des § 6b UStG vor Entnahme aus dem ursprünglichen Lager durch den Erwerber führt ebenfalls nicht zum Ausschluss dieser Regelung. ⁴Die Beförderung oder Versendung in ein Lager im Sinne des § 6b UStG in einem anderen als dem vereinbarten Mitgliedstaat setzt eine Rücklieferung (§ 6b Abs. 4 UStG) voraus (vgl. Absatz 18). ⁵Erfolgt der Verzicht auf die Rücklieferung und werden die Gegenstände unmittelbar in einen weiteren Mitgliedstaat oder ins Drittland befördert oder versendet, tritt die Rechtsfolge nach § 6b Abs. 6 UStG ein.

Reihengeschäfte

(14) Bei Reihengeschäften (§ 3 Abs. 6a UStG) kommt die Vereinfachungsregelung nach § 6b UStG nicht in Betracht, da bei Reihengeschäften im Rahmen der Warenbewegung dem Erwerber bereits die Verfügungsmacht an dem Gegenstand der Lieferung verschafft wird.

12-Monatsfrist (§ 6b Abs. 3 UStG)

(15) ¹Die Vereinfachungsregelung nach § 6b UStG setzt eine Entnahme des Gegenstandes aus dem Lager im Sinne des § 6b UStG durch den berechtigten Erwerber binnen eines Zeitraums von 12 Monaten voraus (12-Monatsfrist nach § 6b Abs. 3 UStG). ²Der Zeitraum von 12 Monaten beginnt am Tag nach Beendigung des Warentransportes im Bestimmungsmitgliedstaat (Einlagerung im Lager). ³Für die Berechnung der Frist gelten die Grundsätze der Artikel 2 und 3 der Verordnung (EWG, Euratom) Nr. 1182/71 vom 3. 6. 1971; § 108 Abs. 1 AO findet insoweit keine Anwendung. ⁴Der Unternehmer hat die Einhaltung der Frist durch Angabe des Tags der Einlagerung und des Tags der Entnahme (Lieferung im Sinne des § 6b Abs. 2 UStG) nachzuweisen. ⁵Der Inhalt und der Umfang der Aufzeichnungspflichten ergibt sich aus § 22 Abs. 4f UStG.

Beispiel:

¹Der deutsche Zulieferer A befördert im Rahmen einer Lagerabrufvereinbarung mit Unternehmer B (berechtigter Erwerber) ab Januar 01 Motorenteile in ein Lager in Frankreich. ²Ein Warentransport beginnt am Donnerstag, 14. 1. 01, von Deutschland nach Frankreich und trifft am selben Tag am Lagerort in Frankreich ein. ³Die Motorenteile werden ebenfalls am 14. 1. 01 eingelagert. ⁴Die 12-Monatsfrist beginnt nach Artikel 3 Abs. 1 Unterabs. 2 der Verordnung (EWG, Euratom) Nr. 1182/71 vom 3. 6. 1971 am Freitag, 15. 1. 01. ⁵Grundsätzlich würde diese nach Artikel 3 Abs. 2 Buchstabe c der Verordnung (EWG, Euratom) Nr. 1182/71 vom 3. 6. 1971 am Sonnabend, 15. 1. 02, enden, aufgrund Artikel 2 Abs. 1 Unterabs. 2 der Verordnung (EWG, Euratom) Nr. 1182/71 vom 3. 6. 1971 endet diese am Montag, 17. 1. 02. ⁶Die Rechtsfolge nach § 6b Abs. 3 UStG tritt somit am Tag nach Ablauf der 12-Monatsfrist am Dienstag, 18. 1. 02 ein (siehe Absatz 17).

(16) ¹Aus Vereinfachungsgründen wird es für Waren besonderer Form (Flüssigkeiten, Gase, Schüttgüter) nicht beanstandet, wenn für Zwecke der Fristberechnung das Verfahren FIFO „First in – First out" angewendet wird. ²Dieses Verfahren kann auch für andere identische und eindeutig identifizierbare Waren, die nicht als Massengüter anzusehen sind, zur Anwendung kommen. ³Für identische Waren verschiedener liefernder Unternehmen in einem Lager im Sinne des § 6b UStG ist das Verfahren auf den Bestand eines jeden liefernden Unternehmers gesondert anzuwenden.

(17) ¹Wird die Lagerfrist nach § 6b Abs. 3 UStG überschritten und liegt keine der Voraussetzungen des § 6b Abs. 6 UStG vor, ist für die Waren am Tag nach Ablauf der 12-Monatsfrist ein einer innergemeinschaftlichen Lieferung gleichgestelltes Verbringen im Sinne des § 6a Abs. 2 in Verbindung mit § 3 Abs. 1a UStG anzunehmen. ²Hieraus ergibt sich für den Unternehmer die Pflicht zur unverzüglichen Registrierung in dem Mitgliedstaat, in dem sich das Lager im Sinne des § 6b UStG befindet. ³Dies gilt auch dann, wenn das im Bestimmungsmitgliedstaat einem innergemeinschaftlichen Erwerb gleichgestellte Verbringen steuerbefreit wäre. ⁴Gegebenenfalls besteht, in Abhängigkeit von den Bestimmungen in dem Mitgliedstaat, in dem sich das Lager im Sinne des § 6b UStG befindet, die Möglichkeit, einen Fiskalvertreter zu beauftragen. ⁵Bemessungsgrundlage für das der innergemeinschaftlichen Lieferung und dem innergemeinschaftlichen Erwerb gleichgestellte Verbringen ist der Einkaufspreis zuzüglich der Nebenkosten für den Gegenstand oder mangels eines Einkaufspreises die Selbstkosten, jeweils zum Zeitpunkt des Umsatzes und ohne Umsatzsteuer (§ 10 Abs. 4 Satz 1 Nr. 1 UStG).

Beispiel:

¹Sachverhalt wie in Beispiel 1 zu Absatz 6, jedoch entnimmt Unternehmer C die Waren erst im April 02. ²Alle Ausführungen in Absatz 6 Beispiel 1 Sätze 1 bis 11 finden analog Anwendung. ³Jedoch wurde für die verbliebenen Motorenteile im Lager die 12-Monatsfrist überschritten (siehe § 6b Abs. 3 UStG), sodass am Tag nach Ablauf des Zeitraums von 12 Monaten die Beförderung oder Versendung durch A als das einer innergemeinschaftlichen Lieferung gleichgestellte Verbringen nach § 6b Abs. 3 UStG in Verbindung mit § 6a Abs. 2 und § 3 Abs. 1a Satz 1 UStG gilt. ⁴A muss sich spätestens im Zeitpunkt, in dem das Ereignis (am Tag nach Ablauf der 12-Monatsfrist) eintritt, unverzüglich im Bestimmungsmitgliedstaat für Mehrwertsteuerzwecke registrieren lassen und die Erteilung einer USt-IdNr. beantragen. ⁵Nur dann und bei Vorliegen der übrigen tatbestandlichen Voraussetzungen, etwa der Abgabe einer zutreffenden ZM, kann eine Steuerbefreiung im Sinne des § 4 Nr. 1 Buchstabe b UStG für dieses innergemeinschaftliche Verbringen nach § 6b Abs. 3 in Verbindung mit § 6a Abs. 2 UStG vorliegen.

Rückausnahme durch Rücklieferung (§ 6b Abs. 4 UStG)

(18) ¹Nach § 6b Abs. 4 UStG gilt § 6b Abs. 3 UStG in den Fällen nicht, in denen der Unternehmer die beabsichtigte Lieferung nicht bewirkt hat und der Gegenstand binnen 12 Monaten (zur Fristberechnung vgl. Absatz 15) nach Einlagerung im Lager im Sinne des § 6b UStG im Bestimmungsmitgliedstaat in den Abgangsmitgliedstaat zurückbefördert bzw. -versendet wird und der Beginn der Rückbeförderung bzw. -versendung (Rücklieferung) nach § 22 Abs. 4f Nr. 14 UStG aufgezeichnet worden ist. ²Wegen der Meldepflichten im Falle einer Rücklieferung wird auf die Abschnitte 18a.1 und 18a.3 verwiesen.

Ausschluss der Vereinfachungsregelung (§ 6b Abs. 6 UStG)

(19) ¹Die Fiktion nach § 6b Abs. 2 UStG findet nach ihrem Sinn und Zweck nur auf diejenigen Lieferungen Anwendung, für die die Voraussetzungen nach § 6b Abs. 1 und 5 UStG innerhalb von 12 Monaten nach Ende der Beförderung oder Versendung in den Bestimmungsmitgliedsstaat vorliegen. ²Durch die Nichterfüllung einer einzelnen Voraussetzung kann der liefernde Unternehmer erreichen, dass die Vereinfachungsregelung nach § 6b UStG keine Anwendung findet. ³Die Anwendung der Regelung ist gegenstandsbezogen. ⁴Ein Ausschluss der Vereinfachungsregelung für eine bestimmte Lieferung eines oder mehrerer Gegenstände führt daher nicht zur grundsätzlichen Versagung der Regelung für weitere Lieferungen von Gegenständen in ein Lager im Sinne des § 6b UStG.

(20) [1]Unter § 6b Abs. 6 Satz 2 UStG fallen Lieferungen, bei denen ein anderer Erwerber als der nach § 6b Abs. 1 Nr. 1 oder Abs. 5 UStG die Verfügungsmacht an dem Gegenstand erhält. [2]Die Voraussetzungen nach § 6b Abs. 1 und 5 UStG gelten an dem Tag vor der Lieferung als nicht mehr erfüllt. [3]In diesem Fall liegt stets ein einer innergemeinschaftlichen Lieferung gleichgestelltes Verbringen vor.

(21) [1]Nach § 6b Abs. 6 Satz 3 UStG kommt § 6b Abs. 2 UStG ebenfalls nicht zur Anwendung, wenn der Gegenstand der Lieferung vor der Lieferung oder bei Lieferung in einen anderen Mitgliedstaat als den Abgangsmitgliedstaat oder in das Drittland befördert oder versendet wird. [2]Vielmehr liegt in diesem Fall am Tag vor der Beförderung oder Versendung ein einer innergemeinschaftlichen Lieferung gleichgestelltes Verbringen vor. [3]Soll ein sich bereits in einem Lager im Sinne des § 6b UStG im Bestimmungsmitgliedstaat befindlicher Gegenstand vor Lieferung aus diesem Lager in ein in einem anderen Mitgliedstaat gelegenes Lager im Sinne des § 6b UStG befördert oder versendet werden, bedarf es zur Vermeidung der Ausschlussregelung des § 6b Abs. 6 Satz 3 in Verbindung mit Satz 2 UStG einer Rücklieferung nach § 6b Abs. 4 UStG in den Abgangsmitgliedstaat (vgl. Absätze 13 und 18).

(22) [1]In den Fällen des § 6b Abs. 6 Satz 4 UStG, in denen der Gegenstand nach dem Ende der Beförderung oder Versendung in das Lager im Sinne des § 6b UStG und vor dem Zeitpunkt der Lieferung durch Zerstörung, Verlust oder Diebstahl verloren geht, ist die Anwendung des § 6b Abs. 2 UStG grundsätzlich ausgeschlossen. [2]Die Voraussetzungen nach § 6b Abs. 1 und 5 UStG gelten an dem Tag, an dem die Zerstörung, der Verlust oder der Diebstahl festgestellt wird, als nicht mehr erfüllt. [3]Gewöhnliche, branchenübliche, sich aus den Erfahrungen der letzten Lagerungsjahre ergebende Mengenverluste von Gegenständen, die aufgrund ihrer Beschaffenheit oder infolge unvorhersehbarer Umstände nach dem Ende der Beförderung oder Versendung und vor dem Zeitpunkt der Lieferung entstanden sind, gelten als sog. „kleine Verluste", für die § 6b Abs. 6 Satz 4 UStG keine Anwendung findet. [4]Von „kleinen Verlusten" ist im Regelfall auszugehen, wenn diese wert- oder mengenmäßig weniger als 5 % des Gesamtbestands (Freigrenze) der identischen Gegenstände betragen, der an dem Tag der Zerstörung, des Verlustes oder des Diebstahls oder, falls ein solcher Tag nicht bestimmt werden kann, an dem Tag, an dem die Zerstörung oder das Fehlen der Gegenstände erkannt worden ist, festgestellt wurde.

Beispiel:

[1]Der deutsche Zulieferer A befördert im Rahmen einer Lagerabrufvereinbarung mit Unternehmer B (berechtigter Erwerber) ab Februar 01 5 000 Motorenteile in ein Lager im Sinne des § 6b UStG in Frankreich. [2]Am 2.10.01 werden 6 000 Motorenteile bei einem Diebstahl entwendet und im Rahmen der Inventur stellt A im Dezember 01 fest, dass von den jährlich gelieferten 60 000 Motorenteilen 300 Stück durch Rost unbrauchbar geworden sind. [3]Am Tag der Inventur befinden sich noch 10 000 Motorenteile im Lager. [4]Aus den Unterlagen des A ist zu entnehmen, dass in den Jahren 00 und 01 bereits jährlich 300 bis 400 Motorenteile selbige Mängel durch Verrostung aufgewiesen haben.

[5]Im Februar 01 hat A die Beförderung der 5 000 Motorenteile aufzuzeichnen und in der ZM die verwendete USt-IdNr. des Unternehmers B anzugeben. [6]Für die 6 000 entwendeten Motorenteile tritt am 2.10.01 die Rechtsfolge nach § 6b Abs. 6 Satz 4 UStG ein und die Lieferung gilt als ein einer innergemeinschaftlichen Lieferung gleichgestelltes Verbringen nach § 6b Abs. 6 in Verbindung mit § 6a Abs. 2 und § 3 Abs. 1a Satz 1 UStG. [7]A unterliegt für die 6 000 Motorenteile somit einer unverzüglichen Registrierungspflicht im Bestimmungsmitgliedstaat und muss die Erteilung einer USt-IdNr. beantragen. [8]Für den im Dezember 01 im Rahmen der Inventur festgestellten Verlust der 300 Motorenteile tritt aus Vereinfachungsgründen (weniger als 5 % des Gesamtbestandes der am Tag der Feststellung im Lager befindlichen identischen Gegenstände) die Rechtsfolge des § 6b Abs. 6 UStG nicht ein. [9]A unterläge nur für die 300 Motorenteile nicht einer Registrierungspflicht im Bestimmungsmitgliedstaat. [10]A ist bereits durch den Diebstahl im Bestimmungsland zur Registrierung verpflichtet, eine Meldung für den „kleinen" Verlust der 300 Motorenteile muss nicht erfolgen.

(23) [1]Für alle in den Absätzen 19 bis 22 eintretenden Fälle, in denen ein einer innergemeinschaftlichen Lieferung gleichgestelltes Verbringen anzunehmen ist, sind Absatz 17 Sätze 2 bis 5 entsprechend anzuwenden; zur Anwendung der Steuerbefreiung nach § 4 Nr. 1 Buchstabe b

UStG gelten die Grundsätze des Beispiels in Absatz 17 entsprechend. [2]Die steuerliche Registrierung im Bestimmungsmitgliedstaat ist bis zum Erhalt der USt-IdNr. anhand geeigneter Unterlagen nachzuweisen.

Konsequenzen des Austritts des Vereinigten Königreichs Großbritannien und Nordirland aus der Europäischen Union

(24) [1]Das Vereinigte Königreich Großbritannien und Nordirland ist mit Ablauf des 31. 12. 2020 Drittlandsgebiet. [2]Allerdings wird Nordirland für die Umsatzbesteuerung des Warenverkehrs auch nach dem 31. 12. 2020 als zum Gemeinschaftsgebiet gehörig behandelt; vgl. Abschnitt 1.10 Abs. 3. [3]Die Absätze 1 bis 23 gelten demnach nicht für die Lieferung gemäß § 6b UStG, deren Warentransport durch Beförderung oder Versendung nach dem 31. 12. 2020 in das oder aus dem Vereinigte(n) Königreich Großbritannien (ohne Nordirland) erfolgt. [4]Für die Entnahme der Waren, die vor dem 1. 1. 2021 eingelagert wurden und für die die Voraussetzungen nach § 6b Abs. 1 UStG vorliegen, wird bei einer Entnahme nach dem 31. 12. 2020 im Zeitpunkt der Entnahme die Lieferung an den Erwerber einer innergemeinschaftlichen Lieferung (§ 6a UStG) gleichgestellt, unabhängig davon, ob das Lager im Sinne des § 6b UStG in dem Vereinigten Königreich Großbritannien (ohne Nordirland) oder in Deutschland belegen ist. [5]Für die entsprechenden Lieferungen können keine Angaben in der ZM gemacht werden. [6]Es sind jedoch die Aufzeichnungen entsprechend § 22 Abs. 4f und 4g UStG vorzuhalten und aufzubewahren. [7]Für einen Gegenstand, der vor dem 1. 1. 2021 im Rahmen der Konsignationslagerregelung aus dem Vereinigten Königreich Großbritannien (ohne Nordirland) in ein Lager im Sinne des § 6b UStG in einen Bestimmungsmitgliedstaat befördert oder versendet worden ist, für den der liefernde Unternehmer die beabsichtigte Lieferung nicht innerhalb der Frist bewirkt hat und der Gegenstand binnen 12 Monaten (zur Fristberechnung vgl. Absatz 15) nach Einlagerung im Bestimmungsmitgliedstaat in den Abgangsmitgliedstaat zurückbefördert oder -versendet wird (siehe § 6b Abs. 4 UStG), gelten die Regelungen für Ausfuhrlieferungen im Sinne des § 6 UStG. [8]Für Fälle im Sinne des § 6b Abs. 6 UStG, deren Warenbeförderung oder -versendung aus dem oder in das Vereinigte(n) Königreich Großbritannien (ohne Nordirland) vor dem 1. 1. 2021 endet, gilt Satz 3 entsprechend. [9]Für Waren, die nicht innerhalb der 12-Monatsfrist (letzter Stichtag: 31. 12. 2021) durch den Erwerber entnommen wurden, wird aus Vereinfachungsgründen auf eine Anwendung des § 6b Abs. 3 UStG verzichtet, sofern sich aus den Aufzeichnungen nach § 22 Abs. 4f und 4g UStG ergibt, dass sich die Gegenstände weiterhin im Vereinigten Königreich Großbritannien (ohne Nordirland) befinden und keine Anzeichen für einen Betrug vorliegen. [10]Darüber hinausgehende zusätzliche Verpflichtungen bestehen nicht.

Zu § 9 UStG

UStAE 9.1. Verzicht auf Steuerbefreiungen (§ 9 Abs. 1 UStG)

(1) [1]Ein Verzicht auf Steuerbefreiungen (Option) ist nur in den Fällen des § 4 Nr. 8 Buchstaben a bis g, Nr. 9 Buchstabe a, Nr. 12, 13 oder 19 UStG zulässig. [2]Der Unternehmer hat bei diesen Steuerbefreiungen die Möglichkeit, seine Entscheidung für die Steuerpflicht bei jedem Umsatz einzeln zu treffen. [3]Zu den Aufzeichnungspflichten wird auf Abschnitt 22.2 Abs. 4 hingewiesen.

(2) [1]Der Verzicht auf die Steuerbefreiung ist in den Fällen des § 19 Abs. 1 Satz 1 UStG nicht zulässig (§ 19 Abs. 1 Satz 4 UStG). [2]Für Unternehmer, die ihre Umsätze aus land- und forstwirtschaftlichen Betrieben nach den Vorschriften des § 24 UStG versteuern, findet § 9 UStG keine Anwendung (§ 24 Abs. 1 Satz 2 UStG). [3]Ferner ist § 9 UStG in den Fällen der unentgeltlichen Wertabgabe nach § 3 Abs. 1b Satz 1 Nr. 1 und 2 UStG nicht anzuwenden.

(3) [1]Die Erklärung zur Option nach § 9 UStG sowie die Rücknahme dieser Option sind zulässig, solange die Steuerfestsetzung für das Jahr der Leistungserbringung anfechtbar oder auf Grund

eines Vorbehalts der Nachprüfung nach § 164 AO noch änderbar ist (vgl. BFH-Urteile vom 19.12.2013, V R 6/12, BStBl 2017 II S. 837, und V R 7/12, BStBl 2017 II S. 841). [2]Im Rahmen einer Geschäftsveräußerung im Ganzen kommt eine Option grundsätzlich nicht in Betracht. [3]Gehen die Parteien jedoch im Rahmen des notariellen Kaufvertrags übereinstimmend von einer Geschäftsveräußerung im Ganzen aus und beabsichtigen sie lediglich für den Fall, dass sich ihre rechtliche Beurteilung später als unzutreffend herausstellt, eine Option zur Steuerpflicht, gilt diese vorsorglich und im Übrigen unbedingt im notariellen Kaufvertrag erklärte Option als mit Vertragsschluss wirksam. [4]Weitere Einschränkungen ergeben sich für Umsätze im Sinne des § 4 Nr. 9 Buchstabe a UStG aus § 9 Abs. 3 UStG (vgl. hierzu Abschnitt 9.2 Abs. 8 und 9). [5]An eine besondere Form ist die Ausübung des Verzichts auf Steuerbefreiung nicht gebunden. [6]Die Option erfolgt, indem der leistende Unternehmer den Umsatz als steuerpflichtig behandelt. [7]Dies geschieht regelmäßig, wenn er gegenüber dem Leistungsempfänger mit gesondertem Ausweis der Umsatzsteuer abrechnet. [8]Der Verzicht kann auch in anderer Weise (durch schlüssiges Verhalten) erklärt werden, soweit aus den Erklärungen oder sonstigen Verlautbarungen, in die das gesamte Verhalten einzubeziehen ist, der Wille zum Verzicht eindeutig hervorgeht.

(4) [1]Unter den in Absatz 3 genannten Voraussetzungen kann der Verzicht auch wieder rückgängig gemacht werden. [2]Sind für diese Umsätze Rechnungen oder Gutschriften mit gesondertem Steuerausweis erteilt worden, entfällt die Steuerschuld nur, wenn die Rechnungen oder Gutschriften berichtigt werden (vgl. § 14c Abs. 1 Satz 3 UStG und Abschnitt 14c.1 Abs. 11). [3]Einer Zustimmung des Leistungsempfängers zur Rückgängigmachung des Verzichts bedarf es grundsätzlich nicht.

(5) [1]Voraussetzung für einen Verzicht auf die Steuerbefreiungen der in § 9 Abs. 1 UStG genannten Umsätze ist, dass steuerbare Umsätze von einem Unternehmer im Rahmen seines Unternehmens an einen Unternehmer für dessen Unternehmen ausgeführt werden bzw. eine entsprechende Verwendungsabsicht besteht, auch wenn es, z. B. bei erfolglosen Vorbereitungshandlungen, tatsächlich nicht zu einem Verwendungsumsatz kommt (BFH-Urteil vom 17.5.2001, V R 38/00, BStBl 2003 II S. 434; vgl. Abschnitt 2.6 Abs. 1). [2]Diese Verwendungsabsicht muss der Unternehmer, der von dem Verzicht auf die Steuerbefreiung Gebrauch machen möchte, objektiv belegen und in gutem Glauben erklären (BFH-Urteil vom 22.3.2001, V R 46/00, BStBl 2003 II S. 433, vgl. Abschnitt 15.12). [3]Eine Option ist nicht zulässig, soweit der leistende Unternehmer den Gegenstand der Leistung oder der Leistungsempfänger die erhaltene Leistung zulässigerweise anteilig nicht seinem Unternehmen zugeordnet hat oder zuordnen konnte (vgl. BFH-Urteile vom 20.7.1988, X R 6/80, BStBl II S. 915, und vom 28.2.1996, XI R 70/90, BStBl II S. 459). [4]Wegen der Grundsätze für die Zuordnung einer Leistung zum Unternehmen wird auf Abschnitt 15.2c verwiesen.

(6) [1]Der Verzicht auf die Steuerbefreiung kann bei der Lieferung vertretbarer Sachen sowie bei aufteilbaren sonstigen Leistungen auf deren Teile begrenzt werden (Teiloption). [2]Eine Teiloption kommt z. B. bei der Gebäudelieferung, insbesondere bei unterschiedlichen Nutzungsarten der Gebäudeteile, in Betracht. [3]Unter Zugrundelegung unterschiedlicher wirtschaftlicher Funktionen ist auch eine Aufteilung nach räumlichen Gesichtspunkten (nicht dagegen eine bloße quotale Aufteilung) möglich (vgl. BFH-Urteile vom 26.6.1996, XI R 43/90, BStBl 1997 II S. 98, und vom 24.4.2014, V R 27/13, BStBl II S. 732). [4]Bei der Lieferung von Gebäuden oder Gebäudeteilen und dem dazugehörigen Grund und Boden kann die Option für eine Besteuerung nur zusammen für die Gebäude oder Gebäudeteile und den dazugehörigen Grund und Boden ausgeübt werden (EuGH-Urteil vom 8.6.2000, C-400/98, Breitsohl, BStBl 2003 II S. 452). [5]Sind bei der Vermietung an mehrere Personen die einzelnen Gemeinschafter als Leistungsempfänger anzusehen (vgl. Abschnitt 15.2b Abs. 1), kann der Vermieter nur insoweit optieren, als der Vermietungsumsatz an einen unternehmerisch tätigen Gemeinschafter ausgeführt wird (vgl. BFH-Urteil vom 1.2.2001, V R 79/99, BStBl 2008 II S. 495).

UStAE   **9.2. Einschränkung des Verzichts auf Steuerbefreiungen (§ 9 Abs. 2 und 3 UStG)**

(1) [1]Der Verzicht auf die in § 9 Abs. 2 UStG genannten Steuerbefreiungen ist nur zulässig, soweit der Leistungsempfänger das Grundstück ausschließlich für Umsätze verwendet oder zu verwenden beabsichtigt, die den Vorsteuerabzug nach § 15 Abs. 1 UStG nicht ausschließen. [2]Unter den Begriff des Grundstücks fallen nicht nur Grundstücke insgesamt, sondern auch selbständig nutzbare Grundstücksteile (z. B. Wohnungen, gewerbliche Flächen, Büroräume, Praxisräume). [3]Soweit der Leistungsempfänger das Grundstück oder einzelne Grundstücksteile ausschließlich für Umsätze verwendet, die zum Vorsteuerabzug berechtigen, kann auf die Steuerbefreiung des einzelnen Umsatzes weiterhin verzichtet werden. [4]Werden mehrere Grundstücksteile räumlich oder zeitlich unterschiedlich genutzt, ist die Frage der Option bei jedem Grundstücksteil gesondert zu beurteilen. **1** [5]Dabei ist es unschädlich, wenn die Verwendung der Grundstücksteile zivilrechtlich in einem einheitlichen Vertrag geregelt ist. [6]Ein vereinbartes Gesamtentgelt ist, ggf. im Schätzungswege, aufzuteilen.

Beispiel 1:

[1]V 1 errichtet ein Gebäude mit mehreren Wohnungen und vermietet es insgesamt an V 2. [2]Dieser vermietet die Wohnungen an Privatpersonen weiter.

[3]Die Vermietung des Gebäudes durch V 1 an V 2 und die Vermietung der Wohnungen durch V 2 an die Privatpersonen sind nach § 4 Nr. 12 Satz 1 Buchstabe a UStG steuerfrei. [4]V 1 kann auf die Steuerbefreiung nicht verzichten, weil sein Mieter das Gebäude für steuerfreie Umsätze verwendet, die den Vorsteuerabzug ausschließen (§ 9 Abs. 2 UStG). [5]V 2 kann auf die Steuerbefreiung nicht verzichten, weil er nicht an Unternehmer vermietet (§ 9 Abs. 1 UStG).

Beispiel 2:

[1]V 1 errichtet ein Gebäude und vermietet es an V 2. [2]Dieser vermietet es an eine Gemeinde zur Unterbringung der Gemeindeverwaltung weiter.

[3]Die Vermietung des Gebäudes durch V 1 an V 2 und die Weitervermietung durch V 2 an die Gemeinde sind nach § 4 Nr. 12 Satz 1 Buchstabe a UStG steuerfrei. [4]V 1 kann auf die Steuerbefreiung nicht verzichten, weil V 2 das Gebäude für steuerfreie Umsätze verwendet, die den Vorsteuerabzug ausschließen (§ 9 Abs. 2 UStG). [5]V 2 kann auf die Steuerbefreiung nicht verzichten, weil das Gebäude von der Gemeinde für nichtunternehmerische Zwecke genutzt wird (§ 9 Abs. 1 UStG).

Beispiel 3:

[1]V 1 errichtet ein gewerblich zu nutzendes Gebäude mit Einliegerwohnung und vermietet es insgesamt an V 2. [2]Dieser betreibt in den gewerblichen Räumen einen Supermarkt. [3]Die Einliegerwohnung vermietet V 2 an seinen angestellten Hausmeister.

[4]Die Vermietung des Gebäudes durch V 1 an V 2 und die Vermietung der Wohnung durch V 2 an den Hausmeister sind nach § 4 Nr. 12 Satz 1 Buchstabe a UStG steuerfrei. [5]V 1 kann bei der Vermietung der gewerblichen Räume auf die Steuerbefreiung verzichten, weil V 2 diese Räume ausschließlich für Umsätze verwendet, die zum Vorsteuerabzug berechtigen (§ 9 Abs. 2 UStG). [6]Bei der Vermietung der Einliegerwohnung kann V 1 auf die Steuerbefreiung nicht verzichten, weil V 2 die Wohnung für steuerfreie Umsätze verwendet, die den Vorsteuerabzug ausschließen (§ 9 Abs. 2 UStG). [7]V 2 kann bei der Vermietung der Einliegerwohnung nicht auf die Steuerbefreiung verzichten, weil der Hausmeister kein Unternehmer ist (§ 9 Abs. 1 UStG).

Beispiel 4:

[1]V errichtet ein mehrgeschossiges Gebäude und vermietet es wie folgt:

– die Räume des Erdgeschosses an eine Bank;

Anm. d. Schriftl.:

1 Der Verzicht gemäß § 9 Abs. 2 Satz 1 UStG kann auch teilweise für einzelne Flächen eines Mietobjekts wirksam sein, wenn diese Teilflächen eindeutig bestimmbar sind (BFH-Urteil vom 24. 4. 2014, BStBl 2014 II S. 732).

- die Räume im 1. Obergeschoss an einen Arzt;
- die Räume im 2. Obergeschoss an einen Rechtsanwalt;
- die Räume im 3. Obergeschoss an das städtische Schulamt.

[2]Die Vermietungsumsätze des V sind von der Umsatzsteuer befreit (§ 4 Nr. 12 Satz 1 Buchstabe a UStG). [3]Die Geschosse des Gebäudes sind selbständig nutzbare Grundstücksteile. [4]Die Frage der Option ist für jeden Grundstücksteil gesondert zu prüfen.

- Erdgeschoss

    [5]V kann auf die Steuerbefreiung nicht verzichten, weil die Bank die Räume für grundsätzlich steuerfreie Umsätze (§ 4 Nr. 8 UStG) verwendet, die den Vorsteuerabzug ausschließen (§ 9 Abs. 2 UStG).

- 1. Obergeschoss

    [6]V kann auf die Steuerbefreiung nicht verzichten, weil der Arzt die Räume für grundsätzlich steuerfreie Umsätze (§ 4 Nr. 14 UStG) verwendet, die den Vorsteuerabzug ausschließen (§ 9 Abs. 2 UStG).

- 2. Obergeschoss

    [7]V kann auf die Steuerbefreiung verzichten, weil der Rechtsanwalt die Räume ausschließlich für Umsätze verwendet, die zum Vorsteuerabzug berechtigen (§ 9 Abs. 2 UStG).

- 3. Obergeschoss

    [8]V kann auf die Steuerbefreiung nicht verzichten, weil die Stadt die Räume nicht unternehmerisch nutzt (§ 9 Abs. 1 UStG).

Beispiel 5:

[1]V 1 errichtet ein mehrgeschossiges Gebäude und vermietet es an V 2. [2]Dieser vermietet das Gebäude wie im Beispiel 4 weiter.

[3]Die Vermietung des Gebäudes durch V 1 an V 2 und die Weitervermietung durch V 2 sind nach § 4 Nr. 12 Satz 1 Buchstabe a UStG steuerfrei. [4]V 2 kann, wie in Beispiel 4 dargestellt, nur bei der Vermietung des 2. Obergeschosses an den Rechtsanwalt auf die Steuerbefreiung verzichten (§ 9 Abs. 2 UStG). [5]V 1 kann bei der Vermietung des 2. Obergeschosses auf die Steuerbefreiung verzichten, wenn V 2 von seiner Optionsmöglichkeit Gebrauch macht. [6]V 2 verwendet das 2. Obergeschoss in diesem Fall für steuerpflichtige Umsätze. [7]Bei der Vermietung der übrigen Geschosse kann V 1 auf die Steuerbefreiung nicht verzichten, weil V 2 diese Geschosse für steuerfreie Umsätze verwendet, die den Vorsteuerabzug ausschließen (§ 9 Abs. 2 UStG).

Beispiel 6:

[1]V errichtet ein zweistöckiges Gebäude und vermietet es an den Zahnarzt Z. [2]Dieser nutzt das Obergeschoss als Wohnung und betreibt im Erdgeschoss seine Praxis. [3]Einen Raum im Erdgeschoss nutzt Z ausschließlich für die Anfertigung und Wiederherstellung von Zahnprothesen.

[4]Die Vermietung des Gebäudes durch V an Z ist von der Umsatzsteuer befreit (§ 4 Nr. 12 Satz 1 Buchstabe a UStG). [5]Die Geschosse des Gebäudes und auch die Räume im Erdgeschoss sind selbständig nutzbare Grundstücksteile. [6]Die Frage der Option ist für jeden Grundstücksteil gesondert zu prüfen.

- Erdgeschoss

    [7]V kann auf die Steuerbefreiung insoweit nicht verzichten, als Z die Räume für seine grundsätzlich steuerfreie zahnärztliche Tätigkeit (§ 4 Nr. 14 UStG) verwendet, die den Vorsteuerabzug ausschließt (§ 9 Abs. 2 UStG). [8]Dagegen kann V auf die Steuerbefreiung insoweit verzichten, als Z einen Raum zur Anfertigung und Wiederherstellung von Zahnprothesen, also ausschließlich zur Erbringung von steuerpflichtigen und damit den Vorsteuerabzug nicht ausschließenden Umsätzen verwendet (§ 4 Nr. 14 Buchstabe a Satz 2 UStG).

- Obergeschoss

    [9]V kann auf die Steuerbefreiung nicht verzichten, weil Z die Räume nicht unternehmerisch nutzt (§ 9 Abs. 1 UStG).

(2) [1]Die Option ist unter den Voraussetzungen des Absatzes 1 auch dann zulässig, wenn der Leistungsempfänger ein Unternehmer ist, der Reiseleistungen erbringt (§ 25 UStG) oder die Dif-

ferenzbesteuerung für die Umsätze von beweglichen körperlichen Gegenständen anwendet (§ 25a UStG). [2]Die Option ist nicht zulässig, wenn der Leistungsempfänger ein Unternehmer ist, der das Grundstück für Umsätze verwendet, für die er seine abziehbaren Vorsteuerbeträge nach Durchschnittssätzen entsprechend den Sonderregelungen nach §§ 23, 23a UStG berechnet, oder der seine Umsätze nach den Durchschnittssätzen für land- und forstwirtschaftliche Betriebe nach § 24 UStG versteuert (vgl. BFH-Urteil vom 1. 3. 2018, V R 35/17, BStBl 2020 II S. 749). [3]Dasselbe gilt, wenn der Leistungsempfänger ein Unternehmer ist, bei dem die Umsatzsteuer nach § 19 Abs. 1 Satz 1 UStG nicht erhoben wird.

(3) [1]Verwendet der Leistungsempfänger das Grundstück bzw. einzelne Grundstücksteile nur in sehr geringem Umfang für Umsätze, die den Vorsteuerabzug ausschließen (Ausschlussumsätze), ist der Verzicht auf Steuerbefreiung zur Vermeidung von Härten weiterhin zulässig. [2]Eine geringfügige Verwendung für Ausschlussumsätze kann angenommen werden, wenn im Falle der steuerpflichtigen Vermietung die auf den Mietzins für das Grundstück bzw. für den Grundstücksteil entfallende Umsatzsteuer im Besteuerungszeitraum (Kalenderjahr, § 16 Abs. 1 Satz 2 UStG) höchstens zu 5 % vom Vorsteuerabzug ausgeschlossen wäre (Bagatellgrenze). [3]Für die Vorsteueraufteilung durch den Leistungsempfänger (Mieter) gelten die allgemeinen Grundsätze (vgl. Abschnitte 15.16 bis 15.18).

Beispiel 1:

[1]V vermietet das Erdgeschoss eines Gebäudes an den Schönheitschirurgen S. [2]Neben den steuerpflichtigen Leistungen (Durchführung von plastischen und ästhetischen Operationen) bewirkt S auch in geringem Umfang steuerfreie Heilbehandlungsleistungen (§ 4 Nr. 14 Buchstabe a UStG). [3]Die Aufteilung der sowohl mit den steuerpflichtigen als auch mit den steuerfreien Umsätzen in wirtschaftlichem Zusammenhang stehenden Vorsteuerbeträge nach ihrer wirtschaftlichen Zuordnung führt im Besteuerungszeitraum zu einem Vorsteuerausschluss von 3 %.

[4]Die Vermietung des Erdgeschosses von V an S ist nach § 4 Nr. 12 Satz 1 Buchstabe a UStG steuerfrei. [5]V kann auf die Steuerbefreiung verzichten, weil S das Erdgeschoss nur in geringfügigem Umfang für Umsätze verwendet, die den Vorsteuerabzug ausschließen.

Beispiel 2:

[1]V vermietet an den Autohändler A einen Ausstellungsraum. [2]A vermietet den Ausstellungsraum jährlich für zwei Wochen an ein Museum zur Ausstellung von Kunst.

[3]Die Vermietung des Ausstellungsraums durch V an A und die Weitervermietung durch A sind nach § 4 Nr. 12 Satz 1 Buchstabe a UStG steuerfrei. [4]Da A den Ausstellungsraum im Besteuerungszeitraum lediglich an 14 von 365 Tagen (ca. 4 %) zur Ausführung von Umsätzen verwendet, die den Vorsteuerabzug ausschließen, kann V auf die Steuerbefreiung der Vermietung des Ausstellungsraums verzichten. [5]A kann auf die Steuerbefreiung nicht verzichten, weil das Museum den Ausstellungsraum für steuerfreie Umsätze (§ 4 Nr. 20 Buchstabe a UStG) verwendet, die den Vorsteuerabzug ausschließen (§ 9 Abs. 2 UStG).

(4) [1]Der Unternehmer hat die Voraussetzungen für den Verzicht auf die Steuerbefreiungen nachzuweisen. [2]Der Nachweis ist an keine besondere Form gebunden. [3]Er kann sich aus einer Bestätigung des Mieters, aus Bestimmungen des Mietvertrags oder aus anderen Unterlagen ergeben. [4]Ständig wiederholte Bestätigungen des Mieters über die Verwendung des Grundstücks bzw. Grundstücksteils sind nicht erforderlich, solange beim Mieter keine Änderungen bei der Verwendung des Grundstücks zu erwarten sind. [5]Im Einzelfall kann es aber erforderlich sein, vom Mieter zumindest eine jährliche Bestätigung einzuholen.

(5) [1]§ 9 Abs. 2 UStG in der ab 1. 1. 1994 geltenden Fassung ist nicht anzuwenden, wenn das auf dem Grundstück errichtete Gebäude vor dem 1. 1. 1998 fertig gestellt wird und wenn mit der Errichtung des Gebäudes vor dem 11. 11. 1993 begonnen wurde. [2]Unter dem Beginn der Errichtung eines Gebäudes ist der Zeitpunkt zu verstehen, in dem einer der folgenden Sachverhalte als Erster verwirklicht worden ist:

1. Beginn der Ausschachtungsarbeiten,
2. Erteilung eines spezifizierten Bauauftrags an den Bauunternehmer oder
3. Anfuhr nicht unbedeutender Mengen von Baumaterial auf dem Bauplatz.

³Vor diesem Zeitpunkt im Zusammenhang mit der Errichtung eines Gebäudes durchgeführte Arbeiten oder die Stellung eines Bauantrags sind noch nicht als Beginn der Errichtung anzusehen. ⁴Dies gilt auch für die Arbeiten zum Abbruch eines Gebäudes, es sei denn, dass unmittelbar nach dem Abbruch des Gebäudes mit der Errichtung eines neuen Gebäudes begonnen wird. ⁵Hiervon ist stets auszugehen, wenn der Steuerpflichtige die Entscheidung zu bauen für sich bindend und unwiderruflich nach außen hin erkennbar macht. ⁶Dies kann z. B. durch eine Abbruchgenehmigung nachgewiesen werden, die nur unter der Auflage erteilt wurde, zeitnah ein neues Gebäude zu errichten.

(6) ¹Wird durch einen Anbau an einem Gebäude oder eine Aufstockung eines Gebäudes ertragsteuerlich ein selbständiges Wirtschaftsgut hergestellt, ist auf dieses Wirtschaftsgut die seit dem 1. 1. 1994 geltende Rechtslage anzuwenden. ²Diese Rechtslage gilt auch, wenn ein Gebäude nachträglich durch Herstellungsarbeiten so umfassend saniert oder umgebaut wird, dass nach ertragsteuerlichen Grundsätzen ein anderes Wirtschaftsgut entsteht (vgl. H 7.3 EStH 2011 zu R 7.3 EStR). ³Die Ausführungen in den Sätzen 1 und 2 sind jedoch in den Fällen nicht anzuwenden, in denen die Herstellungsarbeiten vor dem 11. 11. 1993 begonnen haben und vor dem 1. 1. 1998 abgeschlossen werden. ⁴Die Einschränkung der Optionsmöglichkeiten ab 1. 1. 1994 hat keine Auswirkungen auf einen für die Errichtung des Gebäudes in Anspruch genommenen Vorsteuerabzug.

(7) ¹Durch die Veräußerung eines Grundstücks wird die Frage, ob der Verzicht auf die in § 9 Abs. 2 UStG genannten Steuerbefreiungen zulässig ist, nicht beeinflusst. ²Für Grundstücke mit Altbauten gilt daher, auch wenn sie veräußert werden, die Rechtslage vor dem 1. 1. 1994. ³Zu beachten sind aber weiterhin die Grundsätze des BMF-Schreibens vom 29. 5. 1992, BStBl I S. 378, zum Missbrauch rechtlicher Gestaltungsmöglichkeiten (§ 42 AO); vgl. auch BFH-Urteil vom 14. 5. 1992, V R 12/88, BStBl II S. 931.

(8) Ein Verzicht auf die Steuerbefreiung nach § 9 Abs. 1 UStG bei Lieferungen von Grundstücken (§ 4 Nr. 9 Buchstabe a UStG) im Zwangsversteigerungsverfahren durch den Vollstreckungsschuldner an den Ersteher ist bis zur Aufforderung zur Abgabe von Geboten im Versteigerungstermin zulässig.

(9) ¹Der Verzicht auf die Umsatzsteuerbefreiung der Lieferung eines Grundstücks außerhalb eines Zwangsversteigerungsverfahrens kann nur in dem dieser Grundstückslieferung zu Grunde liegenden notariell zu beurkundenden Vertrag erklärt werden. ²Ein späterer Verzicht auf die Umsatzsteuerbefreiung ist unwirksam, auch wenn er notariell beurkundet wird (vgl. BFH-Urteil vom 21. 10. 2015, XI R 40/13, BStBl 2017 II S. 852). ³Gleiches gilt für die Rücknahme des Verzichts auf die Umsatzsteuerbefreiung.

Zu § 10 UStG

UStAE   10.1.   Entgelt■

(1) ¹Der Begriff des Entgelts in § 10 Abs. 1 UStG gilt sowohl für die Besteuerung nach vereinbarten Entgelten (§ 16 Abs. 1 UStG) als auch für die Besteuerung nach vereinnahmten Entgelten (§ 20 UStG). ²Zwischen den beiden Besteuerungsarten besteht insoweit kein Unterschied, als auch bei der Besteuerung nach vereinbarten Entgelten grundsätzlich nur das zu versteuern ist, was für die Lieferung oder sonstige Leistung tatsächlich vereinnahmt wird (vgl. BFH-Urteile vom

---

Anm. d. Schriftl.:

■ Das Entgelt für den innergemeinschaftlichen Erwerb von Arzneimitteln durch eine gesetzliche Krankenkasse bemisst sich nach dem von dieser an die jeweilige Versandapotheke gezahlten – rabattierten – Betrag zuzüglich des von dem pharmazeutischen Unternehmer der Apotheke gezahlten Herstellerrabatts (BFH-Urteil vom 10. 12. 2020, BStBl 2021 II S. 576).

2. 4. 1981, V R 39/79, BStBl II S. 627, und vom 10. 11. 1983, V R 91/80, BStBl 1984 II S. 120). [3]Wegen der Änderung der Bemessungsgrundlage vgl. Abschnitte 17.1 und 17.2.

(2) [1]Das Entgelt ist auch dann Bemessungsgrundlage, wenn es dem objektiven Wert der bewirkten Leistung nicht entspricht. [2]Eine Ausnahme besteht für unentgeltliche oder verbilligte Leistungen durch Unternehmer an ihr Personal, von Vereinigungen an ihre Mitglieder und von Einzelunternehmern an ihnen nahestehende Personen; vgl. Abschnitte 1.8, 10.6 und 10.7. [3]Liefert eine Kapitalgesellschaft einer Tochtergesellschaft einen Gegenstand zu einem überhöhten Preis, bildet dieser grundsätzlich selbst dann das Entgelt im Sinne des § 10 Abs. 1 UStG, wenn ein Teil der Gegenleistung ertragsteuerrechtlich als verdeckte Gewinnausschüttung zu beurteilen ist (BFH-Urteil vom 25. 11. 1987, X R 12/87, BStBl 1988 II S. 210).

(3) [1]Der Umfang des Entgelts beschränkt sich nicht auf die bürgerlich-rechtlich bestimmte oder bestimmbare Gegenleistung für eine Leistung, sondern erstreckt sich auf alles, was der Leistungsempfänger tatsächlich für die an ihn bewirkte Leistung aufwendet. [2]Dazu gehören auch Nebenkosten des Leistenden, die er vom Leistungsempfänger einfordert (vgl. BFH-Urteil vom 16. 3. 2000, VR 16/99, BStBl II S. 360). [3]Verlangt der Leistende für die Annahme einer Bezahlung mit Kredit- oder Geldkarte, dass der Leistungsempfänger ihm oder einem anderen Unternehmer hierfür einen Betrag entrichtet und wird der von diesem Empfänger zu zahlende Gesamtpreis durch die Zahlungsweise nicht beeinflusst, ist dieser Betrag Bestandteil der Bemessungsgrundlage für seine Leistung (vgl. Artikel 42 MwStVO). [4]Vereinbaren die Beteiligten rechtsirrtümlich die Gegenleistung ohne Umsatzsteuer, ist der ursprünglich vereinbarte Betrag in Entgelt und darauf entfallende Umsatzsteuer aufzuteilen (vgl. BFH-Urteil vom 20. 1. 1997, V R 28/95, BStBl II S. 716). [5]Neben dem vereinbarten Preis einer Leistung können auch zusätzliche Aufwendungen des Leistungsempfängers Leistungsentgelt sein, wenn der Leistungsempfänger sich zugunsten des Leistenden für die Leistung erbringt (vgl. BFH-Urteil vom 13. 12. 1995, XI R 16/95, BStBl 1996 II S. 208). [6]Wenn der Leistungsempfänger die Leistung irrtümlich doppelt bezahlt oder versehentlich zu viel zahlt, ist der Gesamtbetrag Entgelt im Sinne des § 10 Abs. 1 Satz 2 UStG (vgl. BFH-Urteil vom 19. 7. 2007, V R 11/05, BStBl II S. 966). [7]Es kommt nicht darauf an, ob der Leistungsempfänger gewillt ist, die vom Leistenden zu erbringende oder erbrachte Leistung anzunehmen, und ob er auf sie Wert legt oder nicht (vgl. BFH-Urteil vom 28. 1. 1988, V R 112/86, BStBl II S. 473). [8]Vertragsstrafen, die wegen Nichterfüllung oder wegen nicht gehöriger Erfüllung geleistet werden, haben Schadensersatzcharakter (vgl. Abschnitt 1.3 Abs. 3). [9]Auch Verzugszinsen, Fälligkeitszinsen, Prozesszinsen und Nutzungszinsen sind nicht Teil des Entgelts, sondern Schadensersatz (vgl. Abschnitt 1.3 Abs. 6). [10]Wegen der Behandlung der Teilzahlungszuschläge vgl. Abschnitt 3.11. [11]Das erhöhte Beförderungsentgelt, das Personenbeförderungsunternehmer von sog. Schwarzfahrern erheben, ist regelmäßig kein Entgelt für die Beförderungsleistung oder eine andere steuerbare Leistung des Beförderungsunternehmers (BFH-Urteil vom 25. 11. 1986, V R 109/78, BStBl 1987 II S. 228). [12]Als Entgelt für die Lieferung sind auch die dem Abnehmer vom Lieferer berechneten Beförderungskosten anzusehen. [13]Bei einer unfreien Versendung im Sinne des § 40 UStDV gehören jedoch die Kosten für die Beförderung oder deren Besorgung nicht zum Entgelt für die vom Absender ausgeführte Lieferung. [14]Bei Versendungen per Nachnahme ist als Entgelt für die gelieferte Ware der vom Empfänger entrichtete Nachnahmebetrag – ohne Umsatzsteuer – anzusehen, der auch die Zahlkarten- oder Überweisungsgebühr einschließt (vgl. BFH-Urteil vom 13. 12. 1973, V R 57/72, BStBl 1974 II S. 191). [15]Beim Pfandleihgeschäft sind die notwendigen Kosten der Verwertung, die der Pfandleiher einbehalten darf, nicht Entgelt innerhalb eines Leistungsaustauschs (vgl. BFH-Urteil vom 9. 7. 1970, V R 32/70, BStBl II S. 645). [16]Zahlungen im Rahmen einer sog. Erlöspoolung, die nicht leistungsbezogen sind, fehlt der Entgeltcharakter (BFH-Urteil vom 28. 2. 1974, V R 55/72, BStBl II S. 345). [17]Auch die Übernahme von Schulden kann Entgelt sein (vgl. Abschnitt 1.6 Abs. 2).

(4) [1]Eine Lieferung oder sonstige Leistung eines Unternehmers wird nur mit der Bemessungsgrundlage versteuert, die sich auf Grund der von ihm vereinnahmten Gegenleistung ergibt. [2]Umsatzsteuerrechtlich macht es keinen Unterschied, ob der Besteller eines Werks, das sich als mangelhaft erweist, das Werk behält und statt der Minderung Schadensersatz wegen Nichterfüllung verlangt (vgl. BFH-Urteil vom 16. 1. 2003, V R 72/01, BStBl II S. 620). [3]Weicht der vom

Leistungsempfänger aufgewendete Betrag im Einzelfall von dem vom Unternehmer vereinnahmten Betrag ab, ist von den Aufwendungen des Abnehmers für die Lieferung oder sonstige Leistung auszugehen. [4]Bei der Abtretung einer Forderung unter dem Nennwert bestimmt sich deshalb das Entgelt für die der abgetretenen Forderung zu Grunde liegende Leistung nach den tatsächlichen Aufwendungen des Leistungsempfängers (vgl. BFH-Urteil vom 27.5.1987, X R 2/81, BStBl II S. 739). [5]Wegen der Steuer- und Vorsteuerberichtigung in diesen Fällen wird auf Abschnitt 17.1 Abs. 6 verwiesen.

(5) [1]Zum Entgelt gehören auch freiwillig an den Unternehmer gezahlte Beträge, z. B. Trinkgelder, wenn zwischen der Zahlung und der Leistung des Unternehmers eine innere Verknüpfung besteht (vgl. BFH-Urteil vom 17.2.1972, V R 118/71, BStBl II S. 405). [2]Der im Gaststätten- und Beherbergungsgewerbe erhobene Bedienungszuschlag ist Teil des vom Unternehmer vereinnahmten Entgelts, auch wenn das Bedienungspersonal den Zuschlag nicht abführt, sondern vereinbarungsgemäß als Entlohnung für seine Dienste zurückbehält (vgl. BFH-Urteil vom 19.8.1971, V R 74/68, BStBl 1972 II S. 24). [3]Dagegen rechnen die an das Bedienungspersonal gezahlten freiwilligen Trinkgelder nicht zum Entgelt für die Leistungen des Unternehmers.

(6) [1]Geschäftskosten dürfen das Entgelt nicht mindern. [2]Dies gilt auch für Provisionen, die der Unternehmer an seinen Handelsvertreter oder Makler für die Vermittlung des Geschäfts zu zahlen hat. [3]Mit Ausnahme der auf den Umsatz entfallenden Umsatzsteuer rechnen zum Entgelt auch die vom Unternehmer geschuldeten Steuern (Verbrauch- und Verkehrsteuern), öffentlichen Gebühren und Abgaben, auch wenn diese Beträge offen auf den Leistungsempfänger überwälzt werden. [4]Diese Abgaben können auch nicht als durchlaufende Posten im Sinne des § 10 Abs. 1 Satz 5 UStG behandelt werden (vgl. BFH-Urteil vom 4.6.1970, V R 92/66, V R 10/67, BStBl II S. 648, sowie Abschnitt 10.4).

(7) [1]Als Entgelt im Sinne des § 10 Abs. 1 Satz 2 UStG kommen auch Zahlungen des Leistungsempfängers an Dritte in Betracht, sofern sie für Rechnung des leistenden Unternehmers entrichtet werden und im Zusammenhang mit der Leistung stehen.**❶** [2]Dies gilt jedoch nicht für diejenigen Beträge, die der Leistungsempfänger im Rahmen eines eigenen Schuldverhältnisses mit einem Dritten aufwenden muss, damit der Unternehmer seine Leistung erbringen kann (vgl. BFH-Urteil vom 22.2.1968, V 84/64, BStBl II S. 463). [3]Nicht zum Entgelt nach § 10 UStG gehören auch öffentlich-rechtliche Abgaben, die der Leistungsempfänger auf Grund eigener Verpflichtung schuldet, auch wenn sie durch die bezogene Leistung veranlasst sind (vgl. zu Sozialversicherungsbeiträgen BFH-Urteil vom 25.6.2009, V R 37/08, BStBl II S. 873). [4]Zahlt eine Rundfunkanstalt zugunsten ihrer freien Mitarbeiter Beiträge an die Pensionskasse für freie Mitarbeiter der Deutschen Rundfunkanstalten, gehören auch die Beträge zum Entgelt für die Leistungen der Mitarbeiter (vgl. BFH-Urteil vom 9.10.2002, V R 73/01, BStBl 2003 II S. 217). [5]Erfüllt der Leistungsempfänger durch seine Zahlungen an einen Dritten sowohl eine eigene Verbindlichkeit als auch eine Schuld des leistenden Unternehmers, weil beide im Verhältnis zu dem Dritten Gesamtschuldner sind, rechnen die Zahlungen nur insoweit zum Entgelt, wie die Schuldbefreiung des leistenden Unternehmers für diesen von wirtschaftlichem Interesse ist und damit für ihn einen Wert darstellt. [6]Bei einer Grundstücksveräußerung gehört die gesamtschuldnerisch von Erwerber und Veräußerer geschuldete Grunderwerbsteuer auch dann nicht zum Entgelt für die Grundstücksveräußerung, wenn die Parteien des Grundstückskaufvertrags vereinbaren, dass der Erwerber die Grunderwerbsteuer allein zu tragen hat, weil der Erwerber mit der Zahlung der vertraglich übernommenen Grunderwerbsteuer eine ausschließlich eigene Verbindlichkeit begleicht. [7]Gleiches gilt hinsichtlich der vom Käufer zu tragenden Kosten der Beurkundung des Kaufvertrags und der Auflassung, der Eintragung ins Grundbuch und der zu der Eintragung erforderlichen Erklärungen (§ 448 Abs. 2 BGB), vgl. BFH-Urteil vom 9.11.2006, V R 9/04, BStBl 2007 II S. 285.

Anm. d. Schriftl.:

❶ Verpflichtet sich ein Vorhabenträger in einem Vertrag mit Grundstückserwerbern gegen Zahlung von Erschließungskosten dazu, Erschließungsleistungen an eine Gemeinde zu erbringen, wird die Erschließung gegen Entgelt erbracht (BFH-Urteil vom 22.2.2017, BStBl 2017 II S. 812).

(8) [1]Wird das Pfandgeld für Warenumschließungen dem Abnehmer bei jeder Lieferung berechnet, ist es Teil des Entgelts für die Lieferung. [2]Bei Rücknahme des Leerguts und Rückzahlung des Pfandbetrags liegt eine Entgeltminderung vor. [3]Dabei wird es nicht beanstandet, wenn der Unternehmer die ausgezahlten Pfandgelder für Leergut unabhängig von dem Umfang der Vollgutlieferungen des jeweiligen Besteuerungszeitraums als Entgeltminderungen behandelt. [4]Es muss jedoch sichergestellt sein, dass die Entgeltminderungen in sachgerechter Weise (z. B. durch Aufteilung im gleichen Verhältnis wie bei den Vollgutlieferungen) den geltenden Steuersätzen zugeordnet werden. [5]Aus Vereinfachungsgründen kann dem Unternehmer auf Antrag auch folgendes Verfahren genehmigt werden:

1. [1]Die bei der Warenlieferung jeweils in Rechnung gestellten und bei Rückgabe des Leerguts dem Abnehmer zurückgewährten Pfandbeträge bleiben bei der laufenden Umsatzbesteuerung zunächst unberücksichtigt. [2]Der Unternehmer hat spätestens am Schluss jedes Kalenderjahrs den Pfandbetragssaldo, der sich aus dem Unterschiedsbetrag zwischen den den Abnehmern im Laufe des jeweiligen Abrechnungszeitraums berechneten und den zurückgewährten Pfandbeträgen ergibt, auf Grund seiner Aufzeichnungen zu ermitteln. [3]Dabei bleibt jedoch ein bereits versteuerter Saldovortrag, z. B. aus dem Vorjahr, außer Betracht. [4]Ein sich danach ergebender Überschuss an berechneten Pfandbeträgen ist zusammen mit den Umsätzen des betreffenden letzten Voranmeldungszeitraums der Umsatzsteuer zu unterwerfen. [5]Bei diesem Pfandbetragssaldo handelt es sich um einen Nettobetrag – ohne Umsatzsteuer. [6]Der Abnehmer kann die auf den Pfandbetragssaldo entfallende Steuer als Vorsteuer abziehen, wenn sie ihm gesondert in Rechnung gestellt ist. [7]Ergibt sich ein Pfandbetragssaldo zugunsten des Abnehmers, liegt bei diesem – seine Unternehmereigenschaft vorausgesetzt – eine steuerpflichtige Lieferung von Leergut vor. [8]Der Unternehmer, der dieses Verfahren beantragt, muss die bei den einzelnen Lieferungen berechneten und bei Rückgabe des Leerguts zurückgewährten Pfandbeträge – nach Abnehmern getrennt – gesondert von den sonstigen Entgelten aufzeichnen. [9]Die Aufzeichnungen müssen eindeutig und leicht nachprüfbar sein und fortlaufend geführt werden (vgl. § 63 Abs. 1 UStDV, § 146 AO). [10]Aus ihnen muss gegebenenfalls zu ersehen sein, wie sich die Pfandbeträge auf verschiedene Steuersätze verteilen (§ 22 Abs. 2 Nr. 1 UStG). [11]Für den Abnehmer muss aus der Rechnung klar ersichtlich sein, dass für die in Rechnung gestellten Pfandbeträge Umsatzsteuer nicht berechnet worden ist.

2. [1]Abweichend von dem unter Nummer 1 geregelten Verfahren kann der Unternehmer in jeder einzelnen Rechnung die Leergutrücknahme mit der Vollgutlieferung verrechnen und nur den verbleibenden Netto-Rechnungsbetrag der Umsatzsteuer unterwerfen. [2]Einen sich möglicherweise zum Jahresende ergebenden Pfandbetragssaldo zugunsten des Abnehmers hat in diesem Fall weder der Lieferer noch der Abnehmer zu ermitteln und zu versteuern. [3]Auch gesonderte Aufzeichnungen über die Pfandbeträge sind nicht erforderlich.

[6]Bei den folgenden Abwicklungsarten ist zunächst ein Entgelt für die Überlassung der Warenumschließung nicht gegeben:

1. [1]Für den jeweiligen Abnehmer wird ein Leergutkonto geführt, auf dem der Lieferer das hingegebene und zurückgenommene Leergut mengenmäßig festhält. [2]Über den Saldo wird periodisch, häufig aber erst bei Lösung des Vertragsverhältnisses abgerechnet.

2. [1]Die Pfandbeträge für Leergutabgänge und Leergutzugänge werden vom Lieferer auf einem besonderen Konto verbucht und auch – nachrichtlich – in den jeweiligen Rechnungen ausgewiesen, ohne aber in die Rechnungssumme einbezogen zu werden. [2]Von Zeit zu Zeit wird über das Leergut abgerechnet.

3. [1]Der Lieferer erhebt mit jeder Lieferung einen Kautionsbetrag, z. B. 1 oder 2 Cent je Flasche. [2]Diese Beträge dienen der Ansammlung eines Kautionsguthabens zugunsten des Abnehmers. [3]Die Verbuchung erfolgt auf einem besonderen Konto. [4]Daneben werden die Leergutbewegungen mengenmäßig festgehalten. [5]Über das Leergut wird in der Regel bei Auflösung der Vertragsbeziehungen abgerechnet.

[7]In diesen Fällen kommt ein von der vorangegangenen Warenlieferung losgelöster selbständiger Leistungsaustausch erst im Zeitpunkt der Leergutabrechnung zustande. [8]Die Annahme eines nicht steuerbaren Schadensersatzes scheidet aus, weil der Zahlung des Kunden eine Leistung des Unternehmers gegenübersteht. [9]Die dargestellten Vereinfachungsregelungen gelten sinngemäß auch für die Hin- und Rückgabe von Transporthilfsmitteln. [10]Zur Behandlung von Transportmitteln vgl. Abschnitt 3.10 Abs. 5a und zur Abgrenzung zwischen Transporthilfsmitteln und Warenumschließungen vgl. BMF-Schreiben vom 20. 10. 2014, BStBl I S. 1372.

(9) – (10) …

(11) [1]Erbringt ein Unternehmer im Rahmen eines Gesamtverkaufspreises zwei oder mehrere unterschiedlich zu besteuernde Lieferungen oder sonstige Leistungen, ist der einheitliche Preis sachgerecht auf die einzelnen Leistungen aufzuteilen. [2]Dabei hat der Unternehmer grundsätzlich die einfachstmögliche sachgerechte Aufteilungsmethode zu wählen (vgl. BFH-Beschluss vom 3. 4. 2013, V B 125/12, BStBl 2013 II S. 973 und BFH-Urteil vom 30. 6. 2011, V R 44/10, BStBl II S. 1003). [3]Bestehen mehrere sachgerechte, gleich einfache Aufteilungsmethoden, kann der Unternehmer zwischen diesen Methoden frei wählen. [4]Bietet der Unternehmer die im Rahmen des Gesamtverkaufspreises erbrachten Leistungen auch einzeln an, ist der Gesamtverkaufspreis nach dem Verhältnis der Einzelverkaufspreise aufzuteilen. [5]Daneben sind auch andere Aufteilungsmethoden wie das Verhältnis des Wareneinsatzes zulässig, sofern diese gleich einfach sind und zu sachgerechten Ergebnissen führen. [6]Die Aufteilung nach den betrieblichen Kosten ist keine gleich einfache Aufteilungsmethode und danach nicht zulässig. [7]Nach den vorstehenden Grundsätzen ist auch zu verfahren, wenn das Entgelt für eine einheitliche Leistung für Zwecke der Umsatzsteuer auf unterschiedlich besteuerte Leistungsbestandteile aufzuteilen ist, z. B. bei grenzüberschreitenden Personenbeförderungen i. S. von § 3b Abs. 1 Satz 2 UStG oder bei der Vermietung von Grundstücken mit aufstehenden Betriebsvorrichtungen nach § 4 Nr. 12 Satz 2 UStG. [8]Zur Aufteilung eines pauschalen Gesamtpreises/Gesamtentgelts

– für unterschiedlich besteuerte Dienstleistungen auf dem Gebiet der Telekommunikation siehe Abschnitt 3a.10 Abs. 7 und 8,

– für grenzüberschreitende Personenbeförderungen siehe Abschnitt 3b.1 Abs. 6,

– für die Vermietung von Sportanlagen zusammen mit den darauf befindlichen Betriebsvorrichtungen siehe Abschnitt 4.12.11 Abs. 3,

– für die Vermittlung von grenzüberschreitenden Personenbeförderungsleistungen im Luftverkehr durch Reisebüros siehe Abschnitt 10.1 Abs. 9 und

– für Beherbergungsleistungen zusammen mit nicht von der Steuerermäßigung nach § 12 Abs. 2 Nr. 11 Satz 1 UStG erfassten Leistungen siehe Abschnitt 12.16 Abs. 11 und 12.

[9]Zu den Aufzeichnungspflichten vgl. Abschnitt 22.2 Abs. 6.

(12) Für die befristete Anwendung des ermäßigten Umsatzsteuersatzes für Restaurations- und Verpflegungsdienstleistungen mit Ausnahme der Abgabe von Getränken ist es nicht zu beanstanden, wenn zur Aufteilung des Gesamtkaufpreises von sogenannten Kombiangeboten aus Speisen inklusive Getränken (z. B. Buffet, All-Inclusive-Angeboten) der auf die Getränke entfallende Entgeltanteil mit 30 % des Pauschalpreises angesetzt wird.

UStAE   10.2.   Zuschüsse

Allgemeines

(1) [1]Zahlungen unter den Bezeichnungen „Zuschuss, Zuwendung, Beihilfe, Prämie, Ausgleichsbetrag u. Ä." (Zuschüsse) können entweder

1. Entgelt für eine Leistung an den Zuschussgeber (Zahlenden);

2. (zusätzliches) Entgelt eines Dritten oder

3. echter Zuschuss

sein. [2]Der Zahlende ist Leistungsempfänger, wenn er für seine Zahlung eine Leistung vom Zahlungsempfänger erhält. [3]Der Zahlende kann ein Dritter sein (§ 10 Abs. 1 Satz 2 UStG), der selbst nicht Leistungsempfänger ist.

Zuschüsse als Entgelt für Leistungen an den Zahlenden

(2) [1]Zuschüsse sind Entgelt für eine Leistung an den Zahlenden,

1. wenn ein Leistungsaustauschverhältnis zwischen dem leistenden Unternehmer (Zahlungsempfänger) und dem Zahlenden besteht (vgl. dazu Abschnitte 1.1 bis 1.6);

2. wenn ein unmittelbarer Zusammenhang zwischen der erbrachten Leistung und dem Zuschuss besteht, d. h. wenn der Zahlungsempfänger seine Leistung – insbesondere bei gegenseitigen Verträgen – erkennbar um der Gegenleistung willen erbringt;

3. wenn der Zahlende einen Gegenstand oder einen sonstigen Vorteil erhält, auf Grund dessen er als Empfänger einer Lieferung oder sonstigen Leistung angesehen werden kann;

4. wenn (beim Zahlenden oder am Ende der Verbraucherkette) ein Verbrauch im Sinne des gemeinsamen Mehrwertsteuerrechts vorliegt.

[2]Ob die Leistung des Zahlungsempfängers derart mit der Zahlung verknüpft ist, dass sie sich auf den Erhalt einer Gegenleistung (Zahlung) richtet, ergibt sich aus den Vereinbarungen des Zahlungsempfängers mit dem Zahlenden, z. B. den zu Grunde liegenden Verträgen oder den Vergaberichtlinien (vgl. BFH-Urteil vom 13. 11. 1997, V R 11/97, BStBl 1998 II S. 169). [3]Die Zwecke, die der Zahlende mit den Zahlungen verfolgt, können allenfalls Aufschlüsse darüber geben, ob der erforderliche unmittelbare Zusammenhang zwischen Leistung und Zahlung vorliegt. [4]Die Annahme eines Leistungsaustauschs setzt weder auf der Seite des Zahlenden noch auf der Seite des Zahlungsempfängers rechtlich durchsetzbare Ansprüche voraus (vgl. BFH-Urteile vom 23. 2. 1989, V R 141/84, BStBl II S. 638, und vom 9. 10. 2003, V R 51/02, BStBl 2004 II S. 322). [5]Zuwendungen im Rahmen von Vertragsnaturschutzmaßnahmen, die für die Bearbeitung von Flächen des Zuwendungsgebers erfolgen, werden im Rahmen eines Leistungsaustauschs gezahlt; erfolgt die Zuwendung dagegen für eigene Flächen des Land- und Forstwirts, liegt im Allgemeinen ein nicht der Umsatzsteuer unterliegender echter Zuschuss vor. [6]Zahlungen für die Übernahme der Erfüllung von Aufgaben einer juristischen Person des öffentlichen Rechts, zu deren Ausführung sich die Parteien in einem gegenseitigen Vertrag verpflichtet haben, erfolgen grundsätzlich im Rahmen eines Leistungsaustauschs. [7]Die Zuwendung erfolgt in diesem Fall nicht lediglich zur Subventionierung aus strukturpolitischen, volkswirtschaftlichen oder allgemeinpolitischen Gründen, wenn der Zuwendungsgeber damit auch eigene wirtschaftliche Interessen verfolgt. [8]Gewährt eine juristische Person des öffentlichen Rechts in diesem Zusammenhang eine als „Starthilfe" bezeichnete Zuwendung neben der Übertragung des für die Durchführung der Aufgabe erforderlichen Vermögens zu einem symbolischen Kaufpreis, ist diese Zuwendung Entgelt für die Entbindung aus der Durchführung der öffentlichen Aufgabe (vgl. BFH-Urteil vom 21. 4. 2005, V R 11/03, BStBl 2007 II S. 63). [9]Besteht aufgrund eines Rechtsverhältnisses ein unmittelbarer Zusammenhang zwischen der Leistung des Zahlungsempfängers und der Zahlung, ist die Zahlung Entgelt für die Leistung des Zahlungsempfängers.

Beispiel 1:

Zuschüsse einer Gemeinde an einen eingetragenen Verein, z. B. eine Werbegemeinschaft zur vertragsgemäßen Durchführung einer Werbeveranstaltung in der Vorweihnachtszeit.

Beispiel 2:

[1]Ein Bauherr errichtet ein Geschäftshaus mit einer Tiefgarage und verpflichtet sich gegenüber der Stadt, einen Teil der Stellplätze der Allgemeinheit zur Verfügung zu stellen. [2]Er erhält dafür ein Entgelt von der Stadt (vgl. BFH-Urteil vom 13. 11. 1997, V R 11/97, a. a. O.).

Beispiel 3:

Anfertigung von Auftragsgutachten gegen Entgelt, wenn der öffentliche Auftraggeber das Honorar für das Gutachten und nicht dafür leistet, die Tätigkeit des Zahlungsempfängers zu ermöglichen oder allgemein zu fördern; zum Leistungsaustausch bei der Durchführung von Forschungsvorhaben, zu der die öffentliche Hand Zuwendungen bewilligt hat, vgl. BFH-Urteil vom 23. 2. 1989, V R 141/84, a. a. O.

Beispiel 4:

¹Eine Gemeinde bedient sich zur Erfüllung der ihr nach Landesrecht obliegenden Verpflichtung zur Abwasserbeseitigung einschließlich der Errichtung der dafür benötigten Bauwerke eines Unternehmers. ²Dieser erlangt dafür u. a. einen vertraglichen Anspruch auf die Fördermittel, die der Gemeinde zustehen.

³Der Unternehmer erbringt eine steuerbare Leistung an die Gemeinde. ⁴Ein für Rechnung der Gemeinde vom Land an den Unternehmer gezahlter Investitionszuschuss für die Errichtung der Kläranlage ist Entgelt (vgl. BFH-Urteil vom 20. 12. 2001, V R 81/99, BStBl 2003 II S. 213).

Zuschüsse als zusätzliches Entgelt eines Dritten

(3) ¹Zusätzliches Entgelt im Sinne des § 10 Abs. 1 Satz 2 UStG sind solche Zahlungen, die der leistende Unternehmer (Zahlungsempfänger) von einem anderen als dem Leistungsempfänger für die Lieferung oder sonstige Leistung erhält. ²Ein zusätzliches Entgelt kommt in der Regel nur dann in Betracht, wenn ein unmittelbarer Leistungsaustausch zwischen dem Zahlungsempfänger und dem zahlenden Dritten zu verneinen ist (vgl. BFH-Urteil vom 20. 2. 1992, V R 107/87, BStBl II S. 705). ³Der Dritte ist in diesen Fällen nicht Leistungsempfänger. ⁴Ein zusätzliches Entgelt liegt vor, wenn der Leistungsempfänger einen Rechtsanspruch auf die Zahlung hat, die Zahlung in Erfüllung einer öffentlich-rechtlichen Verpflichtung gegenüber dem Leistungsempfänger oder zumindest im Interesse des Leistungsempfängers gewährt wird (vgl. BFH-Urteil vom 25. 11. 1986, V R 109/78, BStBl 1987 II S. 228). ⁵Diese Zahlung gehört unabhängig von der Bezeichnung als „Zuschuss" zum Entgelt, wenn der Zuschuss dem Abnehmer des Gegenstands oder dem Dienstleistungsempfänger zugutekommt, der Zuschuss gerade für die Lieferung eines bestimmten Gegenstands oder die Erbringung einer bestimmten sonstigen Leistung gezahlt wird und mit der Verpflichtung der den Zuschuss gewährenden Stelle zur Zuschusszahlung das Recht des Zahlungsempfängers (des Leistenden) auf Auszahlung des Zuschusses einhergeht, wenn er einen steuerbaren Umsatz bewirkt hat (vgl. BFH-Urteil vom 9. 10. 2003, V R 51/02, BStBl 2004 II S. 322).

Beispiel 1:

¹Die BA gewährt einer Werkstatt für behinderte Menschen pauschale Zuwendungen zu den Sach-, Personal- und Beförderungskosten, die für die Betreuung und Ausbildung der behinderten Menschen entstehen.

²Die Zahlungen sind Entgelt von dritter Seite für die Leistungen der Werkstatt für behinderte Menschen (Zahlungsempfänger) an die behinderten Menschen, da der einzelne behinderte Mensch auf diese Zahlungen einen Anspruch hat.

Beispiel 2:

¹Ein Bundesland gewährt einem Studentenwerk einen Zuschuss zum Bau eines Studentenwohnheims. ²Der Zuschuss wird unmittelbar dem Bauunternehmer ausgezahlt.

³Es liegt Entgelt von dritter Seite für die Leistung des Bauunternehmers an das Studentenwerk vor.

⁶Wird das Entgelt für eine Leistung des Unternehmers wegen der Insolvenz des Leistungsempfängers uneinbringlich und zahlt eine Bank, die zu dem Leistungsempfänger Geschäftsbeziehungen unterhalten hat, an den Unternehmer gegen Abtretung der Insolvenzforderung einen Betrag, der sich – unter Berücksichtigung von Gewährleistungsansprüchen – an der Höhe des noch nicht bezahlten Entgelts orientiert, kann diese Zahlung Entgelt eines Dritten für die Leistung des Unternehmers sein (vgl. BFH-Urteil vom 19. 10. 2001, V R 48/00, BStBl 2003 II S. 210, zur Abtretung einer Konkursforderung).

(4) ¹Nicht zum zusätzlichen Entgelt gehören hingegen Zahlungen eines Dritten dann, wenn sie dem leistenden Unternehmer (Zahlungsempfänger) zu dessen Förderung und nicht überwiegend im Interesse des Leistungsempfängers gewährt werden. ²Die Abgrenzung von zusätzli-

chem Entgelt und echtem Zuschuss wird somit nach der Person des Bedachten und nach dem Förderungsziel vorgenommen (BFH-Urteil vom 8. 3. 1990, V R 67/89, BStBl II S. 708). [3]Ist die Zahlung des Dritten an den Zahlungsempfänger ein echter Zuschuss, weil sie zur Förderung des Zahlungsempfängers gewährt wird, ist es unbeachtlich, dass der Zuschuss auch dem Leistungsempfänger zugutekommt, weil er nicht das Entgelt aufzubringen hat, das der Zahlungsempfänger – ohne den Zuschuss – verlangen müsste (vgl. BFH-Urteil vom 9. 10. 1975, V R 88/74, BStBl 1976 II S. 105).

(5) [1]Ein zusätzliches Entgelt ist anzunehmen, wenn die Zahlung die Entgeltzahlung des Leistungsempfängers ergänzt und sie damit preisauffüllenden Charakter hat. [2]Die Zahlung dient der Preisauffüllung, wenn sie den erklärten Zweck hat, das Entgelt für die Leistung des Zahlungsempfängers an den Leistungsempfänger auf die nach Kalkulationsgrundsätzen erforderliche Höhe zu bringen und dadurch das Zustandekommen eines Leistungsaustauschs zu sichern oder wenigstens zu erleichtern (vgl. BFH-Urteil vom 24. 8. 1967, V 31/64, BStBl III S. 717). [3]Die von Versicherten der gesetzlichen Krankenkassen nach § 31 Abs. 3 SGB V zu entrichtende Zuzahlung bei der Abgabe von Arzneimitteln ist Entgelt von dritter Seite für die Lieferung des Arzneimittels durch die Apotheke an die Krankenkasse. [4]Hinsichtlich der den Verlagen zugewendeten Druckkostenzuschüsse bei der Vervielfältigung und Verbreitung von Druckwerken gilt:

1. [1]Der Druckkostenzuschuss des Autors an den Verlag ist grundsätzlich Entgelt für die Leistung des Verlags an den Autor, wenn zwischen dem Verlag und dem Autor ein Leistungsaustauschverhältnis z. B. auf Grund eines Verlagsvertrags besteht (vgl. BFH-Urteil vom 21. 10. 2015, XI R 22/13, BStBl 2018 II S. 612). [2]Dabei ist es unerheblich, ob der Autor den Druckkostenzuschuss aus eigenen Mitteln oder mit Fördermitteln finanziert. [3]Zahlt der Dritte die Fördermittel für den Autor unmittelbar an den Verlag, liegt ein verkürzter Zahlungsweg vor.

2. Der Druckkostenzuschuss eines Dritten an den Verlag, der nicht im Namen und für Rechnung des Autors gewährt wird, ist grundsätzlich dann Entgelt von dritter Seite für die Leistung des Verlags an den Autor, wenn zwischen dem Verlag und dem Autor ein Leistungsaustauschverhältnis z. B. auf Grund eines Verlagsvertrags besteht.

3. Druckkostenzuschüsse eines Dritten an den Verlag sind grundsätzlich dann Entgelt für die Leistung des Verlags an den Dritten, wenn zwischen dem Verlag und dem Dritten ein Leistungsaustauschverhältnis z. B. auf Grund eines gegenseitigen Vertrags besteht.

[5]Entgelt von dritter Seite liegt auch dann vor, wenn der Zahlungsempfänger in pauschalierter Form das erhalten soll, was ihm vom Begünstigten (Leistungsempfänger) für die Leistung zustünde, wobei eine Kostendeckung nicht erforderlich ist (vgl. BFH-Urteil vom 26. 6. 1986, V R 93/77, BStBl II S. 723). [6]Wegen der Rechnungserteilung bei der Vereinnahmung von Entgelten von dritter Seite vgl. Abschnitt 14.10 Abs. 1. [7]Liefert der Vermittler eines Mobilfunkvertrags im eigenen Namen an den Kunden ein Mobilfunkgerät oder einen sonstigen Elektronikartikel und gewährt das Mobilfunkunternehmen dem Vermittler auf Grund vertraglicher Vereinbarung eine von der Abgabe des Mobilfunkgeräts oder sonstigen Elektronikartikels abhängige Provision bzw. einen davon abhängigen Provisionsbestandteil, handelt es sich bei dieser Provision oder diesem Provisionsbestandteil insoweit nicht um ein Entgelt für die Vermittlungsleistung an das Mobilfunkunternehmen, sondern um ein von einem Dritten gezahltes Entgelt im Sinne des § 10 Abs. 1 Satz 2 UStG für die Lieferung des Mobilfunkgeräts oder des sonstigen Elektronikartikels (vgl. BFH-Urteil vom 16. 10. 2013, XI R 39/12, BStBl 2014 II S. 1024). [8]Dies gilt unabhängig von der Höhe einer von dem Kunden zu leistenden Zuzahlung.

(6) ...

Echte Zuschüsse🔳

(7) ¹Echte Zuschüsse liegen vor, wenn die Zahlungen nicht auf Grund eines Leistungsaustauschverhältnisses erbracht werden (vgl. BFH-Urteile vom 28.7.1994, V R 19/92, BStBl 1995 II S. 86, und vom 13.11.1997, V R 11/97, BStBl 1998 II S. 169). ²Das ist der Fall, wenn die Zahlungen nicht an bestimmte Umsätze anknüpfen, sondern unabhängig von einer bestimmten Leistung gewährt werden, weil z. B. der leistende Unternehmer (Zahlungsempfänger) einen Anspruch auf die Zahlung hat oder weil in Erfüllung einer öffentlich-rechtlichen Verpflichtung bzw. im überwiegenden öffentlich-rechtlichen Interesse an ihn gezahlt wird (vgl. BFH-Urteile vom 24.8.1967, V 31/64, BStBl III S. 717, und vom 25.11.1986, V R 109/78, BStBl 1987 II S. 228). ³Echte Zuschüsse liegen auch vor, wenn der Zahlungsempfänger die Zahlungen lediglich erhält, um ganz allgemein in die Lage versetzt zu werden, überhaupt tätig zu werden oder seine nach dem Gesellschaftszweck obliegenden Aufgaben erfüllen zu können. ⁴So sind Zahlungen echte Zuschüsse, die vorrangig dem leistenden Zahlungsempfänger zu seiner Förderung aus strukturpolitischen, volkswirtschaftlichen oder allgemeinpolitischen Gründen gewährt werden (BFH-Urteil vom 13.11.1997, V R 11/97, a.a.O.). ⁵Dies gilt auch für Beihilfen in der Landwirtschaft, durch die Strukturveränderungen oder Verhaltensänderungen z. B. auf Grund von EG-Marktordnungen gefördert werden sollen. ⁶Ebenso stellen Marktprämie einschließlich Managementprämie (§ 33g EEG) bzw. Flexibilitätsprämie (§ 33i EEG) echte, nichtsteuerbare Zuschüsse dar, vgl. Abschnitt 2.5 Abs. 24. ⁷Vorteile in Form von Subventionen, Beihilfen, Förderprämien, Geldpreisen und dergleichen, die ein Unternehmer als Anerkennung oder zur Förderung seiner im allgemeinen Interesse liegenden Tätigkeiten ohne Bindung an bestimmte Umsätze erhält, sind kein Entgelt (vgl. BFH-Urteil vom 6.8.1970, V R 94/68, BStBl II S. 730). ⁸Die bloße technische Anknüpfung von Förderungsmaßnahmen an eine Leistung des Zahlungsempfängers führt nicht dazu, dass die Förderung als zusätzliches Entgelt für die Leistung zu beurteilen ist, wenn das Förderungsziel nicht die Subvention der Preise zugunsten der Abnehmer (Leistungsempfänger), sondern die Subvention des Zahlungsempfängers ist (vgl. BFH-Urteil vom 8.3.1990, V R 67/89, BStBl II S. 708).

Beispiel 1:

¹Zuschüsse, die die BA bestimmten Unternehmern zu den Löhnen und Ausbildungsvergütungen oder zu den Kosten für Arbeitserprobung und Probebeschäftigung gewährt.

²Damit erbringt die BA weder als Dritter zusätzliche Entgelte zugunsten der Vertragspartner des leistenden Unternehmers, noch erfüllt sie als dessen Leistungsempfänger eigene Entgeltverpflichtungen.

Beispiel 2:

¹Zuschüsse, die von den gesetzlichen Trägern der Grundsicherung für Arbeitssuchende für die Teilnehmer an Arbeitsgelegenheiten mit Mehraufwandsentschädigung zur Abdeckung des durch die Ausübung des Zusatzjobs entstehenden tatsächlichen Mehraufwands gezahlt werden, sind echte Zuschüsse. ²Ein unmittelbarer Zusammenhang zwischen einer erbrachten Leistung und der Zuwendung besteht nicht.

Beispiel 3:

¹Für die Einrichtung von Zusatzjobs können den Arbeitsgelegenheiten mit Mehraufwandsentschädigung die entstehenden Kosten von den gesetzlichen Trägern der Grundsicherung für Arbeitssuchende erstattet werden. ²Die Erstattung kann sowohl Sach- als auch Personalkosten umfassen und pauschal ausgezahlt werden.

³Diese Maßnahmekostenpauschale stellt einen echten Zuschuss an die Arbeitsgelegenheit dar, sie soll ihre Kosten für die Einrichtung und die Durchführung der Zusatzjobs abdecken. ⁴Ein individualisierbarer Leistungsempfänger ist nicht feststellbar.

Anm. d. Schriftl.:

🔳 Wird dem Anlagenbetreiber durch den Netzbetreiber unter den Voraussetzungen des § 33g EEG eine Marktprämie bzw. unter den Voraussetzungen des § 33i EEG eine Flexibilitätsprämie gezahlt, handelt es sich jeweils um einen echten, nicht steuerbaren Zuschuss (BMF-Schreiben vom 6.11.2012, BStBl 2012 I S. 1095).

Beispiel 4:

[1]Qualifizierungsmaßnahmen, die eine Arbeitsgelegenheit mit Mehraufwandsentschädigung selbst oder von einem externen Weiterbildungsträger durchführen lässt.

[2]Qualifizierungsmaßnahmen, die von der Arbeitsgelegenheit selbst durchgeführt werden und bei denen deren eigenunternehmerisches Interesse im Vordergrund steht, sind keine Leistungen im umsatzsteuerrechtlichen Sinn; ebenso begründet die Vereinbarung zur Durchführung von Qualifizierungsmaßnahmen, bei denen deren eigenunternehmerisches Interesse im Vordergrund steht, durch externe Weiterbildungsträger keinen Vertrag zugunsten Dritter. [3]Die von den gesetzlichen Trägern der Grundsicherung für Arbeitsuchende insoweit geleisteten Zahlungen sind kein Entgelt für eine Leistung der Arbeitsgelegenheit gegenüber diesen Trägern oder dem Weiterzubildenden, sondern echte Zuschüsse. [4]Für die Beurteilung der Leistungen der externen Weiterbildungsträger gelten die allgemeinen umsatzsteuerrechtlichen Grundsätze.

Beispiel 5:

[1]Zuwendungen des Bundes und der Länder nach den vom Bundesministerium des Innern (BMI) herausgegebenen Grundsätzen zur Regelung von Kriterien und Höhe der Förderung des Deutschen Olympischen Sportbundes – Bereich Leistungssport – sowie den vom BMI entworfenen Vereinbarungs-/Vertragsmuster, die bundesweit zur Weiterleitung der Bundeszuwendung bei der Förderung der Olympiastützpunkte und Bundesleistungszentren verwendet werden sollen, zu den Betriebs- und Unterhaltskosten ausgewählter Sportstätten.

[2]Im Allgemeinen liegt kein Leistungsaustausch zwischen dem Träger der geförderten Sportstätte und dem Träger des Olympiastützpunkts vor, auch wenn Nutzungszeiten für einen bestimmten Personenkreis in den Zuwendungsbedingungen enthalten sind, denn die Zuwendungen werden im Regelfall für die im allgemeinen Interesse liegende Sportförderung zur Verfügung gestellt. [3]Dies gilt auch für die Förderung des Leistungssports. [4]Die normierten Auflagen für den Zuwendungsempfänger reichen für die Annahme eines Leistungsaustauschverhältnisses nicht aus. [5]Sie haben lediglich den Zweck, den Zuwendungsgeber über den von ihm erhofften und erstrebten Nutzen des Projekts zu unterrichten und die sachgerechte Verwendung der eingesetzten Fördermittel sicherzustellen und werden daher als echte Zuschüsse gewährt.

Zuwendungen aus öffentlichen Kassen

(8) [1]Ob Zuwendungen aus öffentlichen Kassen echte Zuschüsse sind, ergibt sich nicht aus der haushaltsrechtlichen Erlaubnis zur Ausgabe, sondern allein aus dem Grund der Zahlung (vgl. BFH-Urteile vom 27.11.2008, V R 8/07, BStBl 2009 II S. 397, und vom 18.12.2008, V R 38/06, BStBl 2009 II S. 749). [2]Werden Zuwendungen aus öffentlichen Kassen ausschließlich auf der Grundlage des Haushaltsrechts in Verbindung mit den dazu erlassenen Allgemeinen Nebenbestimmungen vergeben, liegen in der Regel echte Zuschüsse vor. [3]Denn die in den Allgemeinen Nebenbestimmungen normierten Auflagen für den Zuwendungsempfänger reichen grundsätzlich für die Annahme eines Leistungsaustauschverhältnisses nicht aus. [4]Sie haben den Sinn, den Zuwendungsgeber über den von ihm erhofften und erstrebten Nutzen des Projekts zu unterrichten und die sachgerechte Verwendung der eingesetzten Fördermittel sicherzustellen. [5]Grund der Zahlung ist in diesen Fällen die im überwiegenden öffentlichen Interesse liegende Förderung des Zuwendungsempfängers, nicht der Erwerb eines verbrauchsfähigen Vorteils durch den Zuwendungsgeber.

(9) [1]Wird die Bewilligung der Zuwendungen über die Allgemeinen Nebenbestimmungen hinaus mit besonderen Nebenbestimmungen verknüpft, kann ein Leistungsaustauschverhältnis vorliegen. [2]Besondere Nebenbestimmungen sind auf den jeweiligen Einzelfall abgestellte Regelungen, die Bestandteil jeder Zuwendung sein können und im Zuwendungsbescheid oder -vertrag besonders kenntlich zu machen sind. [3]Dort können Auflagen und insbesondere Vorbehalte des Zuwendungsgebers hinsichtlich der Verwendung des Tätigkeitsergebnisses geregelt sein, die auf einen Leistungsaustausch schließen lassen. [4]Entsprechendes gilt für vertraglich geregelte Vereinbarungen. [5]Denn bei Leistungen, zu denen sich die Vertragsparteien in einem gegenseitigen Vertrag verpflichtet haben, liegt grundsätzlich ein Leistungsaustausch vor (vgl. BFH-Urteil vom 18.12.2008, V R 38/06, BStBl 2009 II S. 749). [6]Regelungen zur technischen Abwicklung der Zuwendung und zum

haushaltsrechtlichen Nachweis ihrer Verwendung sind umsatzsteuerrechtlich regelmäßig unbeachtlich (vgl. BFH-Urteil vom 28. 7. 1994, V R 19/92, BStBl 1995 II S. 86).

(10) ...

UStAE   10.3.   Entgeltminderungen **1** **2**

(1) [1]Entgeltminderungen liegen vor, wenn der Leistungsempfänger bei der Zahlung Beträge abzieht, z. B. Skonti, Rabatte, Preisnachlässe usw., oder wenn dem Leistungsempfänger bereits gezahlte Beträge zurückgewährt werden, ohne dass er dafür eine Leistung zu erbringen hat. [2]Hierbei ist der Abzugsbetrag oder die Rückzahlung in Entgelt und Umsatzsteuer aufzuteilen (vgl. BFH-Urteil vom 28. 5. 2009, V R 2/08, BStBl II S. 870). [3]Auf die Gründe, die für die Ermäßigung des Entgelts maßgebend waren, kommt es nicht an (vgl. BFH-Urteil vom 21. 3. 1968, V R 85/65, BStBl II S. 466). [4]Die Pflicht des Unternehmers, bei nachträglichen Änderungen des Entgelts die Steuer bzw. den Vorsteuerabzug zu berichtigen, ergibt sich aus § 17 UStG. [5]Eine Entgeltminderung liegt grundsätzlich auch vor, wenn ein in der Leistungskette beteiligter Unternehmer einem nicht unmittelbar nachfolgenden Abnehmer einen Teil des von diesem gezahlten Leistungsentgelts erstattet oder ihm gegenüber einen Preisnachlass gewährt. [6]Erstattet danach der erste Unternehmer in einer Leistungskette dem Endverbraucher einen Teil des von diesem gezahlten Leistungsentgelts oder gewährt er ihm einen Preisnachlass, mindert sich dadurch grundsätzlich die Bemessungsgrundlage des ersten Unternehmers an seinen unmittelbaren Abnehmer (vgl. EuGH-Urteil vom 24. 10. 1996, C-317/94, Elida Gibbs, BStBl 2004 II S. 324). [7]Auf die Abschnitte 17.1 und 17.2 wird hingewiesen.

(2) [1]Eine Entgeltminderung kann vorliegen, wenn der Erwerber einer Ware Mängel von sich aus beseitigt und dem Lieferer die entstandenen Kosten berechnet. [2]Zur Frage, ob in derartigen Fällen ein Schadensersatz vorliegt, vgl. Abschnitt 1.3 Abs. 1. [3]Wird jedoch von den Vertragspartnern von vornherein ein pauschaler Abzug vom Kaufpreis vereinbart und dafür vom Erwerber global auf alle Ansprüche aus der Sachmängelhaftung des Lieferers verzichtet, erbringt der Käufer eine entgeltliche sonstige Leistung (vgl. BFH-Urteil vom 15. 12. 1966, V R 83/64, BStBl 1967 III S. 234). [4]Zuwendungen, die ein Lieferant seinem Abnehmer für die Durchführung von Werbemaßnahmen gewährt, sind regelmäßig als Preisnachlass zu behandeln, wenn und soweit keine Verpflichtung zur Werbung besteht, der Werber die Werbung im eigenen Interesse am Erfolg der Werbemaßnahme ausführt und die Gewährung des Zuschusses nicht losgelöst von der Warenlieferung, sondern mit dieser eng verknüpft ist (vgl. BFH-Urteil vom 5. 8. 1965, V 144/62 U, BStBl III S. 630). [5]Werbeprämien, die den Abnehmern für die Werbung eines neuen Kunden gewährt werden, mindern daher nicht das Entgelt (vgl. BFH-Urteil vom 7. 3. 1995, XI R 72/93, BStBl II S. 518). [6]Entsprechendes gilt bei der Überlassung von Prämienbüchern durch eine Buchgemeinschaft an ihre Mitglieder für die Werbung neuer Mitglieder (vgl. BFH-Urteil vom 17. 12. 1959, V 251/58 U, BStBl 1960 III S. 97). [7]Soweit einem Altabonnenten eine Prämie als Belohnung für die Verlängerung seines eigenen Belieferungsverhältnisses gewährt wird, liegt eine Entgeltminderung vor (vgl. BFH-Urteil vom 7. 3. 1995, XI R 72/93, a. a. O.). [8]Die Teilnahme eines Händlers an

---

Anm. d. Schriftl.:

1 Die zwischen Konzertveranstalter und „Vorverkaufsstelle" vereinbarte „Refundierung" eines Teils der von den Kartenkäufern verlangten „Vorverkaufsgebühr" mindert die Bemessungsgrundlage für die vom Konzertveranstalter der Vorverkaufsstelle geschuldete Vermittlungsprovision, nicht dagegen die Bemessungsgrundlage für den Kartenverkauf (BFH-Urteil vom 3. 11. 2011, BStBl 2012 II S. 378).

2 Trägt im Rahmen einer Warenlieferung mit „0 %-Finanzierung" der liefernde Unternehmer die Kosten der Finanzierung des Kaufpreises durch einen Dritten (Kreditinstitut) in der Weise, dass das Kreditinstitut im Rahmen der Auszahlung an den Unternehmer vom Darlehensbetrag die Zinsen einbehält und der Kunde in Raten den Kaufpreis an das Kreditinstitut zahlt, mindern die einbehaltenen Zinsen das Entgelt der Warenlieferung des Unternehmers an den Kunden auch dann nicht, wenn der Unternehmer in der Rechnung gegenüber dem Kunden angibt, er gewähre ihm einen Nachlass in Höhe der Zinsen (BFH-Urteil vom 24. 2. 2021, BStBl 2021 II S. 729).

einem Verkaufswettbewerb seines Lieferanten, dessen Gegenstände die vertriebenen Produkte sind, begründet regelmäßig keinen besonderen Leistungsaustausch, die Zuwendung des Preises kann jedoch als Preisnachlass durch den Lieferanten zu behandeln sein (BFH-Urteil vom 9.11.1994, XI R 81/92, BStBl 1995 II S. 277). [9]Gleiches gilt für die Zuwendung eines Lieferanten an einen Abnehmer als Belohnung für Warenbezüge in einer bestimmten Größenordnung (vgl. BFH-Urteil vom 28.6.1995, XI R 66/94, BStBl II S. 850). [10]Hat der leistende Unternehmer eine Vertragsstrafe wegen nicht gehöriger Erfüllung an den Leistungsempfänger zu zahlen, liegt darin keine Entgeltminderung (vgl. Abschnitt 1.3 Abs. 3). [11]Die nach der Milch-Garantiemengen-Verordnung erhobene Abgabe mindert nicht das Entgelt für die Milchlieferungen des Erzeugers.

(3) Eine Minderung des Kaufpreises einer Ware liegt nicht vor, wenn der Käufer vom Verkäufer zur Ware einen Chip erhält, der zum verbilligten Bezug von Leistungen eines Dritten berechtigt, und der Kunde den vereinbarten Kaufpreis für die Ware unabhängig davon, ob er den Chip annimmt, zu zahlen hat und die Rechnung über den Warenkauf diesen Kaufpreis ausweist (BFH-Urteil vom 11.5.2006, V R 33/03, BStBl II S. 699, und vgl. Abschnitt 17.2 Abs. 8).

(4) Sog. Preisnachlässe, die von Verkaufsagenten eingeräumt werden, sind wie folgt zu behandeln:

Beispiel 1:

[1]Der Agent räumt den Abnehmern mit Zustimmung der Lieferfirma einen Preisnachlass vom Listenpreis zu Lasten seiner Provision ein. [2]Der Lieferer erteilt dem Abnehmer eine Rechnung über den geminderten Preis. [3]Dem Agenten wird auf Grund der vereinbarten „Provisionsklausel" nur die um den Preisnachlass gekürzte Provision gutgeschrieben.

[4]In diesem Fall hat der Lieferer nur den vom Abnehmer aufgewendeten Betrag zu versteuern. [5]Der vom Agenten eingeräumte Preisnachlass ist ihm nicht in Form eines Provisionsverzichts des Agenten als Entgelt von dritter Seite zugeflossen. [6]Das Entgelt für die Leistung des Agenten besteht in der ihm gutgeschriebenen, gekürzten Provision.

Beispiel 2:

[1]Der Agent räumt den Preisnachlass ohne Beteiligung der Lieferfirma zu Lasten seiner Provision ein. [2]Der Lieferer erteilt dem Abnehmer eine Rechnung über den vollen Listenpreis und schreibt dem Agenten die volle Provision nach dem Listenpreis gut. [3]Der Agent gewährt dem Abnehmer den zugesagten Preisnachlass in bar, durch Gutschrift oder durch Sachleistungen, z.B. kostenlose Lieferung von Zubehör o. Ä.

[4]In diesem Fall mindert der vom Agenten eingeräumte Preisnachlass weder das Entgelt der Lieferfirma noch die Provision des Agenten (vgl. BFH-Urteil vom 27.2.2014, V R 18/11, BStBl 2015 II S. 306, und Abschnitt 17.2 Abs. 7). [5]Der Agent ist nicht berechtigt, dem Abnehmer eine Abrechnung über den Preisnachlass mit Ausweis der Umsatzsteuer zu erteilen und einen entsprechenden Vorsteuerabzug vorzunehmen, weil zwischen ihm und dem Abnehmer kein Leistungsaustausch stattfindet (vgl. auch BFH-Beschluss vom 14.4.1983, V B 28/81, BStBl II S. 393).

(5) Sog. Preisnachlässe, die ein Zentralregulierer seinen Anschlusskunden für den Bezug von Waren von bestimmten Lieferanten gewährt, mindern nicht die Bemessungsgrundlage für die Leistungen, die der Zentralregulierer gegenüber den Lieferanten erbringt, und führen dementsprechend auch nicht zu einer Berichtigung des Vorsteuerabzuges beim Anschlusskunden aus den Warenbezügen (BFH-Urteil vom 3.7.2014, V R 3/12, BStBl 2015 II S. 307).

(6) [1]Wechselvorzinsen (Wechseldiskont), die dem Unternehmer bei der Weitergabe (Diskontierung) eines für seine Lieferung oder sonstige Leistung in Zahlung genommenen Wechsels abgezogen werden, mindern das Entgelt für seinen Umsatz (vgl. BFH-Urteil vom 27.10.1967, V 206/64, BStBl 1968 II S. 128). [2]Dies gilt auch für die bei Prolongation eines Wechsels berechneten Wechselvorzinsen. [3]Dagegen sind die Wechselumlaufspesen (Diskontspesen) Kosten des Zahlungseinzugs, die das Entgelt nicht mindern (vgl. BFH-Urteil vom 29.11.1955, V 79/55 S, BStBl 1956 III S. 53). [4]Hat der Unternehmer für seine steuerpflichtige Leistung eine Rechnung mit gesondertem Steuerausweis im Sinne des § 14 Abs. 2 UStG erteilt und unterlässt er es, seinem Abnehmer die Entgeltminderung und die darauf entfallende Steuer mitzuteilen, schuldet er die auf den Wechseldiskont entfallende Steuer nach § 14c Abs. 1 UStG. [5]Gewährt der Unter-

nehmer im Zusammenhang mit einer Lieferung oder sonstigen Leistung einen Kredit, der als gesonderte Leistung anzusehen ist (vgl. Abschnitt 3.11 Abs. 1 und 2), und hat er über die zu leistenden Zahlungen Wechsel ausgestellt, die vom Leistungsempfänger akzeptiert werden, mindern die bei der Weitergabe der Wechsel berechneten Wechselvorzinsen nicht das Entgelt für die Lieferung oder sonstige Leistung.

(7) [1]Der vom Hersteller eines Arzneimittels den gesetzlichen Krankenkassen zu gewährende gesetzliche Rabatt führt beim Hersteller zu einer Minderung des Entgelts für seine Lieferung an den Zwischenhändler oder die Apotheke. [2]Gleiches gilt bei der verbilligten Abgabe des Arzneimittels durch die in der Lieferkette beteiligten Unternehmer. [3]Die Erstattung des Abschlags durch den Hersteller ist in diesem Fall Entgelt von dritter Seite für die Lieferung des Arzneimittels. [4]Verzichtet eine Apotheke, die nicht nach § 43b SGB V zum Einzug der Zuzahlung nach § 31 Abs. 3 SGB V verpflichtet ist, auf diese Zuzahlung, mindert sich insoweit die Bemessungsgrundlage für die Lieferung an die jeweilige Krankenkasse. [5]Gleiches gilt bei der Gewährung von Boni auf erhobene Zuzahlungen. [6]Wegen der Änderung des für die ursprüngliche Lieferung geschuldeten Umsatzsteuerbetrags sowie des in Anspruch genommenen Vorsteuerabzugs vgl. Abschnitt 17.1. [7]Zahlungen des Herstellers auf Grundlage des § 1 des Gesetzes über Rabatte für Arzneimittel (AMRabG) an die Unternehmen der privaten Krankenversicherung und an die Träger der Kosten in Krankheits-, Pflege- und Geburtsfällen nach beamtenrechtlichen Vorschriften mindern ebenfalls die Bemessungsgrundlage für die gelieferten Arzneimittel (vgl. BFH-Urteil vom 8. 2. 2018, V R 42/15, BStBl II S. 676).

UStAE   10.4. Durchlaufende Posten

(1) [1]Durchlaufende Posten gehören nicht zum Entgelt (§ 10 Abs. 1 Satz 5 UStG). [2]Sie liegen vor, wenn der Unternehmer, der die Beträge vereinnahmt und verauslagt, im Zahlungsverkehr lediglich die Funktion einer Mittelsperson ausübt, ohne selbst einen Anspruch auf den Betrag gegen den Leistenden zu haben und auch nicht zur Zahlung an den Empfänger verpflichtet zu sein. [3]Ob der Unternehmer Beträge im Namen und für Rechnung eines anderen vereinnahmt und verauslagt, kann nicht nach der wirtschaftlichen Betrachtungsweise entschieden werden. [4]Es ist vielmehr erforderlich, dass zwischen dem Zahlungsverpflichteten und dem, der Anspruch auf die Zahlung hat (Zahlungsempfänger), unmittelbare Rechtsbeziehungen bestehen (vgl. BFH-Urteil vom 24. 2. 1966, V 135/63, BStBl III S. 263). [5]Liegen solche unmittelbaren Rechtsbeziehungen mit dem Unternehmer vor, sind Rechtsbeziehungen ohne Bedeutung, die zwischen dem Zahlungsempfänger und der Person bestehen, die an den Unternehmer leistet oder zu leisten verpflichtet ist (vgl. BFH-Urteil vom 2. 3. 1967, V 54/64, BStBl III S. 377).

(2) [1]Unmittelbare Rechtsbeziehungen setzen voraus, dass der Zahlungsverpflichtete und der Zahlungsempfänger jeweils den Namen des anderen und die Höhe des gezahlten Betrags erfahren (vgl. BFH-Urteil vom 4. 12. 1969, V R 104/66, BStBl 1970 II S. 191). [2]Dieser Grundsatz findet jedoch regelmäßig auf Abgaben und Beiträge keine Anwendung. [3]Solche Beträge können auch dann durchlaufende Posten sein, wenn die Mittelsperson dem Zahlungsempfänger die Namen der Zahlungsverpflichteten und die jeweilige Höhe der Beträge nicht mitteilt (vgl. BFH-Urteil vom 11. 8. 1966, V 13/64, BStBl III S. 647). [4]Kosten (Gebühren und Auslagen), die Rechtsanwälte, Notare und Angehörige verwandter Berufe bei Behörden und ähnlichen Stellen für ihre Auftraggeber auslegen, können als durchlaufende Posten auch dann anerkannt werden, wenn dem Zahlungsempfänger Namen und Anschriften der Auftraggeber nicht mitgeteilt werden. [5]Voraussetzung ist, dass die Kosten nach Kosten-(Gebühren-)ordnungen berechnet werden, die den Auftraggeber als Kosten-(Gebühren-)schuldner bestimmen (vgl. BFH-Urteil vom 24. 8. 1967, V 239/64, BStBl III S. 719). [6]Zu durchlaufenden Posten im Rahmen von postvorbereitenden sonstigen Leistungen von Konsolidierern an die Deutsche Post AG vgl. BMF-Schreiben vom 13. 12. 2006, BStBl 2007 I S. 119. [7]Die von den gesetzlichen Trägern der Grundsicherung für Arbeitssuchende gezahlte Mehraufwandsentschädigung ist bei der Auszahlung durch die Arbeitsgelegenheit bei dieser als durchlaufender Posten zu beurteilen.

(3) ¹Steuern, öffentliche Gebühren und Abgaben, die vom Unternehmer geschuldet werden, sind bei ihm keine durchlaufenden Posten, auch wenn sie dem Leistungsempfänger gesondert berechnet werden (vgl. BFH-Urteil vom 4. 6. 1970, V R 10/67, BStBl II S. 648, und Abschnitt 10.1 Abs. 6). ²Dementsprechend sind z. B. Gebühren, die im Rahmen eines Grundbuchabrufverfahrens vom Notar geschuldet werden, bei diesem keine durchlaufenden Posten, auch wenn sie als verauslagte Gerichtskosten in Rechnung gestellt werden dürfen.

(4) Für die Annahme eines durchlaufenden Postens in Fällen der Gesamtschuldnerschaft obliegt der Nachweis über die Funktion als Mittelsperson dem Unternehmer.

UStAE   10.5. Bemessungsgrundlage beim Tausch und bei tauschähnlichen Umsätzen

Allgemeines

(1) ¹Beim Tausch und bei tauschähnlichen Umsätzen gilt der Wert jedes Umsatzes als Entgelt für den anderen Umsatz. ²Der Wert des anderen Umsatzes wird durch den subjektiven Wert für die tatsächlich erhaltene und in Geld ausdrückbare Gegenleistung bestimmt. ³Subjektiver Wert ist derjenige, den der Leistungsempfänger der Leistung beimisst, die er sich verschaffen will und deren Wert dem Betrag entspricht, den er zu diesem Zweck aufzuwenden bereit ist (vgl. BFH-Urteil vom 16. 4. 2008, XI R 56/06, BStBl II S. 909, und EuGH-Urteil vom 2. 6. 1994, C-33/93, Empire Stores). ⁴Dieser Wert umfasst alle Ausgaben einschließlich der Nebenleistungen, die der Empfänger der jeweiligen Leistung aufwendet, um diese Leistung zu erhalten (vgl. BFH-Urteile vom 1. 8. 2002, V R 21/01, BStBl 2003 II S. 438, und vom 16. 4. 2008, XI R 56/06, a. a. O.; zu Versandkosten vgl. z. B. EuGH-Urteil vom 3. 7. 2001, C-380/99, Bertelsmann). ⁵Soweit der Leistungsempfänger konkrete Aufwendungen für die von ihm erbrachte Gegenleistung getätigt hat, ist daher der gemeine Wert (§ 9 BewG) dieser Gegenleistung nicht maßgeblich. ⁶Hat er keine konkreten Aufwendungen für seine Gegenleistung getätigt, ist das Entgelt für die Leistung gem. § 162 AO zu schätzen (vgl. BFH-Urteil vom 25. 4. 2018, XI R 21/16, BStBl II S. 505). ⁷Wird ein Geldbetrag zugezahlt, handelt es sich um einen Tausch oder tauschähnlichen Umsatz mit Baraufgabe. ⁸In diesen Fällen ist der Wert der Sachleistung um diesen Betrag zu mindern. ⁹Wird im Rahmen eines tauschähnlichen Umsatzes Kapital zinslos oder verbilligt zur Nutzung überlassen, richtet sich der Wert dieses Vorteils nach den allgemeinen Vorschriften des BewG (§§ 13 bis 16 BewG). ¹⁰Danach ist ein einjähriger Betrag der Nutzung mit 5,5 % des Darlehens zu ermitteln (vgl. BFH-Urteil vom 28. 2. 1991, V R 12/85, BStBl II S. 649).

Materialabfall und werthaltige Abfälle

(2) ¹Zum Entgelt für eine Werkleistung oder eine Werklieferung kann neben der vereinbarten Barvergütung auch der bei der Werkleistung oder Werklieferung anfallende Materialabfall gehören, den der Leistungsempfänger dem leistenden Unternehmer überlässt. ²Das gilt insbesondere, wenn Leistungsempfänger und leistender Unternehmer sich darüber einig sind, dass die Barvergütung kein hinreichender Gegenwert für die Werkleistung oder die Werklieferung ist. ³Der Wert des Materialabfalls kann auch dann anteilige Gegenleistung für die Werkleistung oder die Werklieferung sein, wenn über den Verbleib des Materialabfalls keine besondere Vereinbarung getroffen worden ist. ⁴Die Vermutung, dass in diesem Fall die Höhe der vereinbarten Barvergütung durch den überlassenen Materialabfall beeinflusst worden ist, besteht insbesondere, wenn es sich um wertvollen Materialabfall handelt (vgl. BFH-Urteil vom 15. 12. 1988, V R 24/88, BStBl 1989 II S. 252). ⁵Übernimmt bei der Entsorgung werthaltiger Abfälle der Unternehmer (Entsorger) die vertraglich geschuldete industrielle Aufbereitung und erhält er die Verwertungs- und Vermarktungsmöglichkeit über die im Abfall enthaltenen Wertstoffe, bleibt der Charakter der Leistung als Entsorgungsleistung ungeachtet des durch den Entsorger erzielten Preises für die Wertstoffe unberührt. ⁶Der Wert des Wertstoffs ist Bemessungsgrundlage für die erbrachte Entsorgungsleistung, ggf. – je nach Marktlage – abzüglich bzw. zuzüglich einer Barauf-

gabe. [7]Die für die Höhe der Baraufgabe maßgebenden Verhältnisse ergeben sich dabei regelmäßig aus den vertraglichen Vereinbarungen und Abrechnungen. [8]Bemessungsgrundlage für die Lieferung des Unternehmers, der den werthaltigen Abfall abgibt, ist der Wert der Gegenleistung (Entsorgungsleistung) ggf. – je nach Marktlage – abzüglich bzw. zuzüglich einer Baraufgabe. [9]Zu tauschähnlichen Umsätzen bei der Abgabe von werthaltigen Abfällen, vgl. Abschnitt 3.16. [10]Beginnt die Beförderung oder Versendung an den Abnehmer (Entsorger) in einem anderen EU-Mitgliedstaat, kann die Leistung des liefernden Unternehmers als innergemeinschaftliche Lieferung steuerfrei sein. [11]Der Entsorger hat einen betragsmäßig identischen innergemeinschaftlichen Erwerb des werthaltigen Abfalls der Umsatzbesteuerung in Deutschland zu unterwerfen, wenn hier die Entsorgung des Abfalls erfolgt.

Austauschverfahren in der Kraftfahrzeugwirtschaft

(3) [1]Die Umsätze beim Austauschverfahren in der Kraftfahrzeugwirtschaft sind in der Regel Tauschlieferungen mit Baraufgabe (vgl. BFH-Urteil vom 3.5.1962, V 298/59 S, BStBl III S. 265). [2]Der Lieferung eines aufbereiteten funktionsfähigen Austauschteils (z. B. Motor, Aggregat, Achse, Benzinpumpe, Kurbelwelle, Vergaser) durch den Unternehmer der Kraftfahrzeugwirtschaft stehen eine Geldzahlung und eine Lieferung des reparaturbedürftigen Kraftfahrzeugteils (Altteils) durch den Kunden gegenüber. [3]Als Entgelt für die Lieferung des Austauschteils sind demnach die vereinbarte Geldzahlung und der subjektive Wert des Altteils, jeweils abzüglich der darin enthaltenen Umsatzsteuer, anzusetzen (vgl. BFH-Urteil vom 25.4.2018, XI R 21/16, BStBl II S. 505). [4]Dabei können die Altteile mit einem Durchschnittswert von 10 % des sog. Bruttoaustauschentgelts bewertet werden. [5]Als Bruttoaustauschentgelt ist der Betrag anzusehen, den der Endabnehmer für den Erwerb eines dem zurückgegebenen Altteil entsprechenden Austauschteils abzüglich Umsatzsteuer, jedoch ohne Abzug eines Rabatts zu zahlen hat. [6]Der Durchschnittswert ist danach auf allen Wirtschaftsstufen gleich. [7]Er kann beim Austauschverfahren sowohl für Personenkraftwagen als auch für andere Kraftfahrzeuge, insbesondere auch Traktoren, Mähdrescher und andere selbst fahrende Arbeitsmaschinen im Sinne des § 3 Abs. 2 Nr. 1 Buchstabe a FZV, angewandt werden. [8]Setzt ein Unternehmer bei der Abrechnung an Stelle des Durchschnittswerts andere Werte an, sind die tatsächlichen Werte der Umsatzsteuer zu unterwerfen. [9]Zur Vereinfachung der Abrechnung (§ 14 UStG) und zur Erleichterung der Aufzeichnungspflichten (§ 22 UStG) kann wie folgt verfahren werden:

1. [1]Die Lieferungen von Altteilen durch die am Kraftfahrzeug-Austauschverfahren beteiligten Unternehmer werden nicht zur Umsatzsteuer herangezogen. [2]Soweit der Endabnehmer des Austauschteils ein Land- und Forstwirt ist und seine Umsätze nach § 24 UStG nach Durchschnittssätzen versteuert, ist der Lieferer des Austauschteils, z. B. Reparaturwerkstatt, verpflichtet, über die an ihn ausgeführte Lieferung des Altteils auf Verlangen eine Gutschrift nach § 14 Abs. 2 Sätze 3 und 4 UStG zu erteilen (vgl. Nummer 2 Satz 2 Buchstabe a Beispiel 2).

2. [1]Bei der Lieferung des Austauschteils wird der Wert des zurückgegebenen Altteils in allen Fällen von den Lieferern – Hersteller, Großhändler, Reparaturwerkstatt – als Teil der Bemessungsgrundlage berücksichtigt. [2]Dabei ist Folgendes zu beachten:

   a) [1]In der Rechnung über die Lieferung des Austauschteils braucht der Wert des Altteils nicht in den Rechnungsbetrag einbezogen zu werden. [2]Es genügt, dass der Unternehmer den auf den Wert des Altteils entfallenden Steuerbetrag angibt.

   Beispiel 1:

1 Austauschmotor	1 000,– €
+ Umsatzsteuer (19 %)	190,– €
+ Umsatzsteuer (19 %) auf den Wert des Altteils von 100 € (10 % von 1 000 €)	<u>19,– €</u>
	1 209,– €

Beispiel 2:

(Lieferung eines Austauschteils an einen Landwirt, der § 24 UStG anwendet)

1 Austauschmotor	1 000,– €
+ Umsatzsteuer (19 %)	190,– €
+ Umsatzsteuer (19 %) auf den Wert des Altteils von 100 € (10 % von 1 000 €)	19,– €
	1209,– €
./. Gutschrift 10,7 %	
./. Umsatzsteuer auf den Wert des Altteils (100 €)	10,70 €
	1 198,30 €

b) ¹Der Lieferer der Austauschteile – Hersteller, Großhändler, Reparaturwerkstatt – hat die auf die Werte der Altteile entfallenden Steuerbeträge gesondert aufzuzeichnen. ²Am Schluss des Voranmeldungs- und des Besteuerungszeitraums ist aus der Summe dieser Steuerbeträge die Summe der betreffenden Entgeltteile zu errechnen.

c) Der Lieferungsempfänger muss, sofern er auf der Eingangsseite die Entgelte für empfangene steuerpflichtige Lieferungen und sonstige Leistungen und die darauf entfallenden Steuerbeträge nicht getrennt voneinander, sondern nach § 63 Abs. 5 UStDV in einer Summe aufzeichnet, die um die Steuer auf die Werte der Altteile verminderten Bruttorechnungsbeträge (nach den vorstehenden Beispielen 1 190 €) und die auf die Werte der Altteile entfallenden Steuerbeträge getrennt voneinander aufzeichnen.

(4) ¹Nimmt ein Kraftfahrzeughändler beim Verkauf eines Kraftfahrzeugs einen Gebrauchtwagen in Zahlung und leistet der Käufer in Höhe des Differenzbetrags eine Zuzahlung, liegt ein Tausch mit Baraufgabe vor. ²Zum Entgelt des Händlers gehört neben der Zuzahlung auch der subjektive Wert des in Zahlung genommenen gebrauchten Fahrzeugs. ³Der subjektive Wert ergibt sich aus dem individuell vereinbarten Verkaufspreis zwischen dem Kraftfahrzeughändler und dem Käufer abzüglich der vom Käufer zu leistenden Zuzahlung. ⁴Denn dies ist der Wert, den der Händler dem Gebrauchtwagen beimisst und den er bereit ist, hierfür aufzuwenden (vgl. Abs. 1 Sätze 2 bis 4).

(5) (gestrichen)

Forderungskauf

(6) ¹Der Forderungskauf ohne Übernahme des Forderungseinzugs stellt einen tauschähnlichen Umsatz dar, bei dem der Forderungskäufer eine Baraufgabe leistet, vgl. Abschnitt 2.4 Abs. 5 Sätze 1 bis 3. ²Die Baraufgabe des Forderungskäufers ist der von ihm ausgezahlte Betrag. ³Der Wert der Leistung des Forderungskäufers besteht aus dem Wert für die Kreditgewährung, welcher durch die Gebühr und den Zins bestimmt wird, sowie dem bar aufgegebenen Betrag. ⁴Der Wert der Leistung des Forderungsverkäufers besteht aus dem Kaufpreis, d. h. dem (Brutto-)Nennwert der abgetretenen Forderung zzgl. der darauf entfallenden Umsatzsteuer. ⁵Dementsprechend ist Bemessungsgrundlage für die Leistung des Forderungsverkäufers der Wert des gewährten Kredits – dieser wird regelmäßig durch die vereinbarten Gebühren und Zinsen bestimmt – zzgl. des vom Käufer gezahlten Auszahlungsbetrags. ⁶Bemessungsgrundlage für die Leistung des Forderungskäufers ist der Wert der übertragenen Forderung – dieser entspricht dem Bruttoverkaufspreis der Forderung, abzüglich der selbst geleisteten Baraufgabe in Höhe des Auszahlungsbetrags.

Beispiel:

¹V hat eine Forderung über 1 190 000 € gegenüber einem Dritten, die er an den Erwerber K veräußert und abtritt. ²Der Einzug der Forderung verbleibt bei V. ³Sowohl V als auch K machen von der Möglichkeit der Option nach § 9 UStG Gebrauch. ⁴K zahlt dem V den Forderungsbetrag (1 190 000 €) zuzüglich Umsatzsteuer (226 100 €) und abzüglich einer vereinbarten Gebühr von 5 950 €, also 1 410 150 €.

⁵Da der Einzug der Forderung nicht vom Erwerber der Forderung übernommen wird, erbringt K keine Factoringleistung, sondern eine grundsätzlich nach § 4 Nr. 8 Buchstabe a UStG steuerfreie Kreditgewährung. ⁶Die Leistung des V besteht in der Abtretung seiner Forderung; auch diese Leistung ist grundsätzlich nach § 4 Nr. 8 Buchstabe c UStG steuerfrei. ⁷Da sowohl V als auch K für ihre Leistung zur Steuerpflicht optiert haben, sind die Bemessungsgrundlagen für ihre Leistungen wie folgt zu ermitteln:

⁸Bemessungsgrundlage für die Leistung des V ist der Wert des gewährten Kredits – dieser wird durch die vereinbarte Gebühr i. H. v. 5 950 € bestimmt – zuzüglich des vom Käufer gezahlten Auszahlungsbetrags i. H. v. 1 410 150 €, abzüglich der darin enthaltenen Umsatzsteuer von 226 100 €. ⁹Im Ergebnis ergibt sich somit eine Bemessungsgrundlage in Höhe des Bruttowerts der abgetretenen Forderung von 1 190 000 €.

¹⁰Bemessungsgrundlage für die Leistung des Forderungskäufers ist der Wert der übertragenen Forderung – dieser entspricht dem Bruttoverkaufspreis der Forderung von 1 416 100 €, abzüglich der selbst geleisteten Baraufgabe in Höhe des Auszahlungsbetrags von 1 410 150 €. ¹¹Im Ergebnis ergibt sich dabei eine Bemessungsgrundlage in Höhe der vereinbarten Gebühr, abzüglich der darin enthaltenen Umsatzsteuer, also 5 000 €.

UStAE 10.6. Bemessungsgrundlage bei unentgeltlichen Wertabgaben

(1) ¹Bei den einer Lieferung gleichgestellten Wertabgaben im Sinne des § 3 Abs. 1b UStG (vgl. Abschnitt 3.3) ist bei der Ermittlung der Bemessungsgrundlage grundsätzlich vom Einkaufspreis zuzüglich der Nebenkosten für den Gegenstand oder für einen gleichartigen Gegenstand im Zeitpunkt der Entnahme oder Zuwendung auszugehen (§ 10 Abs. 4 Satz 1 Nr. 1 UStG). ²Dieser fiktive Einkaufspreis entspricht in der Regel dem – auf der Handelsstufe des Unternehmers ermittelbaren – Wiederbeschaffungspreis im Zeitpunkt der Entnahme. ³Bei im eigenen Unternehmen hergestellten Gegenständen ist ebenfalls grundsätzlich der fiktive Einkaufspreis maßgebend. ⁴Ist der hergestellte Gegenstand eine Sonderanfertigung, für die ein Marktpreis nicht ermittelbar ist, oder lässt sich aus anderen Gründen ein Einkaufspreis am Markt für einen gleichartigen Gegenstand nicht ermitteln, sind die Selbstkosten zum Zeitpunkt des Umsatzes anzusetzen (vgl. BFH-Urteil vom 12. 12. 2012, XI R 3/10, BStBl 2014 II S. 809). ⁵Diese umfassen alle durch den betrieblichen Leistungsprozess bis zum Zeitpunkt der Entnahme oder Zuwendung entstandenen Ausgaben; dabei sind auch die nicht zum Vorsteuerabzug berechtigenden Kosten in die Bemessungsgrundlage einzubeziehen. ⁶Bei der Ermittlung der Selbstkosten sind die Anschaffungs- oder Herstellungskosten des Unternehmensgegenstandes, soweit dieser der Fertigung des unentgeltlich zugewendeten Gegenstandes gedient hat, auf die betriebsgewöhnliche Nutzungsdauer, die nach den ertragsteuerrechtlichen Grundsätzen anzusetzen ist, zu verteilen. ⁷Die auf die Wertabgabe entfallende Umsatzsteuer gehört nicht zur Bemessungsgrundlage. ⁸Zu den Pauschbeträgen für unentgeltliche Wertabgaben (Sachentnahmen) 2022 vgl. BMF-Schreiben vom 20. 1. 2022, BStBl I S. 137.**❶** ⁹Zur Frage der Bemessungsgrundlage der unentgeltlichen Wertabgabe von Wärme, die durch eine KWK-Anlage erzeugt wird, vgl. Abschnitt 2.5 Abs. 20 bis 22.

(1a) ¹Bei der Ermittlung der Bemessungsgrundlage nach den Grundsätzen des Absatzes 1 Sätze 1 bis 6 ist auch zu berücksichtigen, ob Gegenstände zum Zeitpunkt der unentgeltlichen Wertabgabe aufgrund ihrer Beschaffenheit nicht mehr oder nur noch stark eingeschränkt verkehrsfähig sind. ²Hiervon ist bei Lebensmitteln auszugehen, wenn diese kurz vor Ablauf des Mindesthaltbarkeitsdatums stehen oder die Verkaufsfähigkeit als Frischware, wie Backwaren, Obst und Gemüse, wegen Mängeln nicht mehr gegeben ist. ³Dies gilt auch für Non-Food-Artikel mit Mindesthaltbarkeitsdatum wie beispielsweise Kosmetika, Drogerieartikel, pharmazeutische Artikel,

---

Anm. d. Schriftl.:

❶ Hinsichtlich der Pauschbeträge für 2023 wird auf das BMF-Schreiben vom 21. 12. 2022, BStBl 2023 I S. 52, hingewiesen.

Tierfutter oder Bauchemieprodukte wie Silikon oder Beschichtungen sowie Blumen und andere verderbliche Waren. [4]Bei anderen Gegenständen ist die Verkehrsfähigkeit eingeschränkt, wenn diese aufgrund von erheblichen Material- oder Verpackungsfehlern (z. B. Befüllungsfehler, Falschetikettierung, beschädigte Retouren) oder fehlender Marktgängigkeit (z. B. Vorjahresware oder saisonale Ware wie Weihnachts- oder Osterartikel) nicht mehr oder nur noch schwer verkäuflich sind. [5]Werden solche Gegenstände im Rahmen einer unentgeltlichen Wertabgabe abgegeben (z. B. Hingabe als Spende), kann eine im Vergleich zu noch verkehrsfähiger Ware geminderte Bemessungsgrundlage angesetzt werden. [6]Die Minderung ist im Umfang der Einschränkung der Verkehrsfähigkeit vorzunehmen, so dass der Ansatz einer Bemessungsgrundlage von 0 € nur bei wertloser Ware (z. B. Lebensmittel und Non-Food-Artikel kurz vor Ablauf des Mindesthaltbarkeitsdatums oder bei Frischwaren, bei denen die Verkaufsfähigkeit nicht mehr gegeben ist) in Betracht kommt. [7]Eine eingeschränkte Verkehrsfähigkeit liegt insbesondere nicht vor, wenn Neuware ohne jegliche Beeinträchtigung aus wirtschaftlichen oder logistischen Gründen aus dem Warenverkehr ausgesondert wird. [8]Auch wenn diese Neuware ansonsten vernichtet werden würde, weil z. B. Verpackungen beschädigt sind, bei Bekleidung deutliche Spuren einer Anprobe erkennbar sind oder Ware verschmutzt ist, ohne dass sie beschädigt ist, führt dies nicht dazu, dass die Neuware ihre Verkaufsfähigkeit vollständig verliert. [9]Auch in diesen Fällen ist ein fiktiver Einkaufspreis anhand objektiver Schätzungsunterlagen zu ermitteln.

(2) [1]Im Fall einer nach § 3 Abs. 1b Satz 1 Nr. 1 in Verbindung mit Satz 2 UStG steuerpflichtigen Entnahme eines Gegenstands, den der Unternehmer ohne Berechtigung zum Vorsteuerabzug erworben hat und an dem Arbeiten ausgeführt worden sind, die zum Vorsteuerabzug berechtigt und zum Einbau von Bestandteilen geführt haben (vgl. Abschnitt 3.3 Abs. 2 bis 4), ist Bemessungsgrundlage nach § 10 Abs. 4 Satz 1 Nr. 1 UStG der Einkaufspreis der Bestandteile im Zeitpunkt der Entnahme (Restwert). [2]Ob ein nachträglich z. B. in einen PKW eingebauter Bestandteil im Zeitpunkt der Entnahme des PKW noch einen Restwert hat, lässt sich im Allgemeinen unter Heranziehung anerkannter Marktübersichten für den Wert gebrauchter PKW (z. B. sog. „Schwacke-Liste" oder vergleichbare Übersichten von Automobilclubs) beurteilen. [3]Wenn insoweit kein Aufschlag auf den – im Wesentlichen nach Alter und Laufleistung bestimmten – durchschnittlichen Marktwert des PKW im Zeitpunkt der Entnahme üblich ist, scheidet der Ansatz eines Restwertes aus.

(3) [1]Bei den einer sonstigen Leistung gleichgestellten Wertabgaben im Sinne des § 3 Abs. 9a UStG (vgl. Abschnitt 3.4) bilden die bei der Ausführung der Leistung entstandenen Ausgaben die Bemessungsgrundlage (§ 10 Abs. 4 Satz 1 Nr. 2 und 3 UStG). [2]Soweit ein Gegenstand für die Erbringung der sonstigen Leistung verwendet wird, zählen hierzu auch die Anschaffungs- und Herstellungskosten für diesen Gegenstand. [3]Diese sind gleichmäßig auf einen Zeitraum zu verteilen, der dem Berichtigungszeitraum nach § 15a UStG für diesen Gegenstand entspricht (vgl. EuGH-Urteil vom 14. 9. 2006, C-72/05, Wollny, BStBl 2007 II S. 32). [4]In diese Ausgaben sind – unabhängig von der Einkunftsermittlungsart – die nach § 15 UStG abziehbaren Vorsteuerbeträge nicht einzubeziehen. [5]Besteht die Wertabgabe in der Verwendung eines Gegenstands (§ 3 Abs. 9a Nr. 1 UStG), sind nach § 10 Abs. 4 Satz 1 Nr. 2 UStG aus der Bemessungsgrundlage solche Ausgaben auszuscheiden, die nicht zum vollen oder teilweisen Vorsteuerabzug berechtigt haben. [6]Dabei ist es unerheblich, ob das Fehlen des Abzugsrechts darauf zurückzuführen ist, dass

a) für die Leistung an den Unternehmer keine Umsatzsteuer geschuldet wird oder

b) die Umsatzsteuer für die empfangene Leistung beim Unternehmer nach § 15 Abs. 1a oder 2 UStG vom Vorsteuerabzug ausgeschlossen ist oder

c) die Aufwendungen in öffentlichen Abgaben (Steuern, Gebühren oder Beiträgen) bestehen.

[7]Zur Bemessungsgrundlage zählen auch Ausgaben, die aus Zuschüssen finanziert worden sind.

(4) Zur Bemessungsgrundlage

– bei unentgeltlichen Leistungen an das Personal vgl. Abschnitt 1.8;

– bei nichtunternehmerischer Verwendung eines dem Unternehmen (teilweise) zugeordneten Fahrzeugs vgl. Abschnitt 15.23.

UStAE

(5) [1]Bei der privaten Nutzung von Freizeitgegenständen (z. B. Wohnmobile, Wohnwagen, Sportboote, Sportflugzeuge) ist nur der Teil der Ausgaben zu berücksichtigen, der zu den Gesamtausgaben im selben Verhältnis steht wie die Dauer der tatsächlichen Verwendung des Gegenstands für unternehmensfremde Zwecke zur Gesamtdauer seiner tatsächlichen Verwendung (vgl. BFH-Urteil vom 24. 8. 2000, V R 9/00, BStBl 2001 II S. 76). [2]Das ist der Fall, wenn der Unternehmer über den Gegenstand – wie ein Endverbraucher – nach Belieben verfügen kann und ihn nicht (zugleich) für unternehmerische Zwecke bereithält oder bereithalten muss. [3]Für die Berechnung des Verhältnisses werden Leerstandszeiten bzw. Zeiten der Nichtnutzung weder der nichtunternehmerischen noch der unternehmerischen Nutzung zugerechnet.

Beispiel:

[1]Ein Unternehmer vermietet eine dem Unternehmensvermögen zugeordnete Yacht im Kalenderjahr an insgesamt 49 Tagen. [2]Er nutzte seine Yacht an insgesamt 7 Tagen für eine private Segeltour. [3]Die gesamten vorsteuerbelasteten Ausgaben im Kalenderjahr betragen 28 000 €. [4]In der übrigen Zeit stand sie ihm für private Zwecke jederzeit zur Verfügung.

[5]Als Bemessungsgrundlage bei der unentgeltlichen Wertabgabe werden von den gesamten vorsteuerbelasteten Ausgaben (28 000 €) die anteiligen auf die private Verwendung entfallenden Ausgaben im Verhältnis von 56 Tagen der tatsächlichen Gesamtnutzung zur Privatnutzung von 7 Tagen angesetzt. [6]Die Umsatzsteuer beträgt demnach 665 € (7/56 von 28 000 € = 3 500 €, darauf 19 % Umsatzsteuer).

UStAE   10.7. Mindestbemessungsgrundlage (§ 10 Abs. 5 UStG)

(1) [1]Die Mindestbemessungsgrundlage gilt nur für folgende Umsätze:

1. Umsätze der in § 10 Abs. 5 Nr. 1 UStG genannten Vereinigungen an ihre Anteilseigner, Gesellschafter, Mitglieder und Teilhaber oder diesen nahestehende Personen (vgl. Beispiele 2 und 3);

2. Umsätze von Einzelunternehmern an ihnen nahestehende Personen;

3. Umsätze von Unternehmern an ihr Personal oder dessen Angehörige auf Grund des Dienstverhältnisses (vgl. Abschnitt 1.8).

[2]Als „nahestehende Personen" sind Angehörige im Sinne des § 15 AO sowie andere Personen und Gesellschaften anzusehen, zu denen ein Anteilseigner, Gesellschafter usw. eine enge rechtliche, wirtschaftliche oder persönliche Beziehung hat. [3]Ist das für die genannten Umsätze entrichtete Entgelt niedriger als die nach § 10 Abs. 4 UStG in Betracht kommenden Werte oder Ausgaben für gleichartige unentgeltliche Leistungen, sind als Bemessungsgrundlage die Werte oder Ausgaben nach § 10 Abs. 4 UStG anzusetzen (vgl. Abschnitt 10.6). [4]Die Anwendung der Mindestbemessungsgrundlage setzt voraus, dass die Gefahr einer Steuerhinterziehung oder -umgehung besteht (vgl. BFH-Urteil vom 8. 10. 1997, XI R 8/86, BStBl II S. 840, und EuGH-Urteil vom 29. 5. 1997, C-63/96, Skripalle, BStBl II S. 841). [5]Hieran fehlt es, wenn das vereinbarte Entgelt dem marktüblichen Entgelt entspricht oder der Unternehmer seine Leistung in Höhe des marktüblichen Entgelts versteuert (vgl. BFH-Urteil vom 7. 10. 2010, V R 4/10, BStBl 2016 II S. 181). [6]Insoweit ist der Umsatz höchstens nach dem marktüblichen Entgelt zu bemessen. [7]Marktübliches Entgelt ist der gesamte Betrag, den ein Leistungsempfänger an einen Unternehmer unter Berücksichtigung der Handelsstufe zahlen müsste, um die betreffende Leistung zu diesem Zeitpunkt unter den Bedingungen des freien Wettbewerbs zu erhalten. [8]Dies gilt auch bei Dienstleistungen z. B. in Form der Überlassung von Leasingfahrzeugen an Arbeitnehmer. [9]Sonderkonditionen für besondere Gruppen von Kunden oder Sonderkonditionen für Mitarbeiter und Führungskräfte anderer Arbeitgeber haben daher keine Auswirkung auf das marktübliche Entgelt. [10]Das marktübliche Entgelt wird durch im Einzelfall gewährte Zuschüsse nicht gemindert. [11]Das Vorliegen und die Höhe eines die Mindestbemessungsgrundlage mindernden marktüblichen Entgelts ist vom Unternehmer darzulegen.

Beispiel 1:

Fall	Vereinbartes Entgelt	Marktübliches Entgelt	Wert nach § 10 Abs. 4 UStG	Bemessungsgrundlage
1	10	20	15	15
2	12	10	15	12
3	12	12	15	12
4	10	12	15	12

Beispiel 2:

[1]Eine KG überlässt einem ihrer Gesellschafter einen firmeneigenen Personenkraftwagen zur privaten Nutzung. [2]Sie belastet in der allgemeinen kaufmännischen Buchführung das Privatkonto des Gesellschafters im Kalenderjahr mit 2 400 €. [3]Der auf die private Nutzung des Pkw entfallende Anteil an den zum Vorsteuerabzug berechtigten Ausgaben (z. B. Anschaffungs- oder Herstellungskosten verteilt auf den maßgeblichen Berichtigungszeitraum nach § 15a UStG, Kraftstoff, Öl, Reparaturen) beträgt jedoch 3 600 €.

a) [1]Die marktübliche Miete für den Pkw beträgt 4 500 € für das Kalenderjahr.

    [2]Das vom Gesellschafter durch Belastung seines Privatkontos entrichtete Entgelt ist niedriger als die Bemessungsgrundlage nach § 10 Abs. 4 Satz 1 Nr. 2 UStG sowie als das marktübliche Entgelt. [3]Nach § 10 Abs. 5 Satz 1 1. Halbsatz UStG ist deshalb die Pkw-Überlassung mit 3 600 € zu versteuern.

b) [1]Die marktübliche Miete für den Pkw beträgt 1 800 € für das Kalenderjahr.

    [2]Das vom Gesellschafter durch Belastung seines Privatkontos entrichtete Entgelt übersteigt zwar nicht die Bemessungsgrundlage nach § 10 Abs. 4 Satz 1 Nr. 2 UStG, jedoch das niedrigere marktübliche Entgelt. [3]Nach § 10 Abs. 5 Satz 2 UStG ist daher die Pkw-Überlassung mit dem vereinbarten Entgelt in Höhe von 2 400 € zu versteuern.

c) [1]Die marktübliche Miete für den Pkw beträgt 2 800 € für das Kalenderjahr.

    [2]Das marktübliche Entgelt bildet die Höchstgrenze für die Mindestbemessungsgrundlage. [3]Da das vereinbarte Entgelt unter dem marktüblichen Entgelt liegt, kommt nach § 10 Abs. 5 Satz 1 2. Halbsatz UStG das marktübliche Entgelt in Höhe von 2 800 € zum Ansatz.

Beispiel 3:

[1]Ein Verein gestattet seinen Mitgliedern und auch Dritten die Benutzung seiner Vereinseinrichtungen gegen Entgelt. [2]Das von den Mitgliedern zu entrichtende Entgelt ist niedriger als das von Dritten zu zahlende Entgelt.

a) [1]Der Verein ist nicht als gemeinnützig anerkannt.

    [2]Es ist zu prüfen, ob die bei der Überlassung der Vereinseinrichtungen entstandenen Ausgaben das vom Mitglied gezahlte Entgelt übersteigen. [3]Ist dies der Fall, sind nach § 10 Abs. 5 Nr. 1 UStG grundsätzlich die Ausgaben als Bemessungsgrundlage anzusetzen. [4]Übersteigen die Ausgaben das von den Dritten zu zahlende Entgelt, ist dieses (marktübliche) Entgelt die Bemessungsgrundlage. [5]Bei einem Ansatz der Mindestbemessungsgrundlage erübrigt sich die Prüfung, ob ein Teil der Mitgliederbeiträge als Entgelt für Sonderleistungen anzusehen ist.

b) [1]Der Verein ist als gemeinnützig anerkannt.

    [2]Mitglieder gemeinnütziger Vereine dürfen im Gegensatz zu Mitgliedern anderer Vereine nach § 55 Abs. 1 Nr. 1 AO keine Gewinnanteile und in ihrer Eigenschaft als Mitglieder auch keine sonstigen Zuwendungen aus Mitteln des Vereins erhalten. [3]Erbringt der Verein an seine Mitglieder Sonderleistungen gegen Entgelt, braucht aus Vereinfachungsgründen eine Ermittlung der Ausgaben und ggf. des marktüblichen Entgelts erst dann vorgenommen zu werden, wenn die Entgelte offensichtlich nicht kostendeckend sind.

(2) [1]Die Mindestbemessungsgrundlage nach § 10 Abs. 5 Nr. 2 UStG findet keine Anwendung, wenn die Leistung des Unternehmers an sein Personal nicht zur Befriedigung persönlicher Bedürfnisse des Personals erfolgt, sondern durch betriebliche Erfordernisse bedingt ist, weil dann keine Leistung „auf Grund des Dienstverhältnisses" vorliegt (vgl. zur verbilligten Überlassung

von Arbeitskleidung BFH-Urteile vom 27.2.2008, XI R 50/07, BStBl 2009 II S.426, und vom 29.5.2008, V R 12/07, BStBl 2009 II S.428). [2]Auch die entgeltliche Beförderung von Arbeitnehmern zur Arbeitsstätte ist keine Leistung „auf Grund des Dienstverhältnisses", wenn für die Arbeitnehmer keine zumutbaren Möglichkeiten bestehen, die Arbeitsstätte mit öffentlichen Verkehrsmitteln zu erreichen (vgl. BFH-Urteil vom 15.11.2007, V R 15/06, BStBl 2009 II S.423). [3]Vgl. im Einzelnen Abschnitt 1.8 Abs.4 und Abs.6 Satz 5.

(3) Wegen der Rechnungserteilung in den Fällen der Mindestbemessungsgrundlage vgl. Abschnitt 14.9.

(4) Zur Mindestbemessungsgrundlage in den Fällen des § 13b Abs.5 UStG vgl. Abschnitt 13b.13 Abs.1.

(5) ...

(6) [1]Der Anwendung der Mindestbemessungsgrundlage steht nicht entgegen, dass über eine ordnungsgemäß erbrachte Leistung an einen vorsteuerabzugsberechtigten Unternehmer abgerechnet wird (vgl. BFH-Urteil vom 24.1.2008, V R 39/06, BStBl 2009 II S.786). [2]Die Mindestbemessungsgrundlage ist jedoch bei Leistungen an einen zum vollen Vorsteuerabzug berechtigten Unternehmer dann nicht anwendbar, wenn der vom Leistungsempfänger in Anspruch genommene Vorsteuerabzug keiner Vorsteuerberichtigung nach § 15a UStG unterliegt (vgl. BFH-Urteil vom 5.6.2014, XI R 44/12, BStBl 2016 II S.187). [3]Dies ist der Fall, wenn die bezogene Leistung der Art nach keinem Berichtigungstatbestand des § 15a UStG unterfällt. [4]Bei der Lieferung von Strom und Wärme an einen zum vollen Vorsteuerabzug berechtigten Unternehmer findet die Mindestbemessungsgrundlage keine Anwendung, wenn die Leistung im Zeitpunkt der Lieferung verbraucht wird. [5]Abnehmer, die ihre Vorsteuern nach Durchschnittssätzen entsprechend den Sonderregelungen nach §§ 23, 23a und 24 UStG ermitteln, sind keine zum vollen Vorsteuerabzug berechtigte Unternehmer.

(7) Die Mindestbemessungsgrundlage nach § 10 Abs.5 UStG findet auch bei der Bestimmung der Bemessungsgrundlage bei Einzweck- und Mehrzweck-Gutscheinen i.S.d. § 3 Abs.13 bis 15 UStG (vgl. hierzu Abschnitt 3.17 Abs.6 und Abs.12) Anwendung.

Zu § 12 UStG **❶❷❸❹❺**

UStAE   12.1.   Steuersätze (§ 12 Abs. 1, 2 und 3 UStG)

(1) [1]Nach § 12 UStG bestehen für die Besteuerung nach den allgemeinen Vorschriften des UStG folgende Steuersätze:

	allgemeiner Steuersatz	ermäßigter Steuersatz
vom 1. 1. 1968 bis 30. 6. 1968	10 %	5 %
vom 1. 7. 1968 bis 31. 12. 1977	11 %	5,5 %
vom 1. 1. 1978 bis 30. 6. 1979	12 %	6 %
vom 1. 7. 1979 bis 30. 6. 1983	13 %	6,5 %
vom 1. 7. 1983 bis 31. 12. 1992	14 %	7 %
vom 1. 1. 1993 bis 31. 3. 1998	15 %	7 %
vom 1. 4. 1998 bis 31. 12. 2006	16 %	7 %
vom 1. 1. 2007 bis 30. 6. 2020	19 %	7 %
vom 1. 7. 2020 bis 31. 12. 2020	16 %	5 %
vom 1. 1. 2021 bis 31. 12. 2022	19 %	7 %
ab 1. 1. 2023	19 %	7 % oder 0 %

[2]Zur Anwendung des ermäßigten Steuersatzes auf die in der Anlage 2 des UStG aufgeführten Gegenstände vgl. das BMF-Schreiben vom 5. 8. 2004, BStBl I S. 638. [3]Zur Frage des anzuwendenden Steuersatzes in besonderen Fällen wird auf folgende Regelungen hingewiesen:

1. Lieferung sog. Kombinationsartikel (vgl. BMF-Schreiben vom 21. 3. 2006, BStBl I S. 286);

2. Umsätze mit getrockneten Schweineohren (vgl. BMF-Schreiben vom 16. 10. 2006, BStBl I S. 620);

Anm. d. Schriftl.:

❶ Ein Leistungsbündel aus Unterhaltung und kulinarischer Versorgung der Gäste (sog. „Dinner-Show") unterliegt jedenfalls dann dem Regelsteuersatz, wenn es sich um eine einheitliche, komplexe Leistung handelt (BFH-Urteil vom 13. 6. 2018, BStBl 2018 II S. 678).

❷ Im Rahmen des Gesetzes zur Umsetzung steuerlicher Hilfsmaßnahmen zur Bewältigung der Corona-Krise vom 19. 6. 2020, BGBl 2020 I S. 1385, wurde bestimmt, dass in der Zeit vom 1. 7. 2020 bis 30. 6. 2021 der ermäßigte Steuersatz auch auf Restaurant- und Verpflegungsdienstleistungen, mit Ausnahme der Abgabe von Getränken anzuwenden ist. Auf das BMF-Schreiben vom 2. 7. 2020, BStBl 2020 I S. 610, wird ergänzend hingewiesen. Die Regelung wurde bis zum 31. 12. 2022 verlängert und zwar im Rahmen des Dritten Gesetzes zur Umsetzung steuerlicher Hilfsmaßnahmen zur Bewältigung der Corona-Krise vom 10. 3. 2021, BGBl 2021 I S. 330. Eine nochmalige Verlängerung bis zum 31. 12. 2023 ist im Rahmen des Achten Gesetzes zur Änderung von Verbrauchsteuergesetzen vom 24. 10. 2022, BGBl 2022 I S. 1838, erfolgt.

❸ Im Rahmen des Zweiten Gesetzes zur Umsetzung steuerlicher Hilfsmaßnahmen zur Bewältigung der Corona-Krise vom 29. 6. 2020, BGBl 2020 I S. 1513, wurde in der Zeit vom 1. 7. 2020 bis 31. 12. 2020 der Regelsteuersatz auf 16 % und der ermäßigte Steuersatz auf 5 % abgesenkt. Auf die BMF-Schreiben vom 30. 6. 2020, BStBl 2020 I S. 584, und vom 4. 11. 2020, BStBl 2020 I S. 1129, wird hingewiesen.

❹ Im Rahmen des Jahressteuergesetzes 2022 vom 16. 12. 2022, BGBl 2022 I S. 2294, ist im § 12 Abs. 3 UStG ein Nullsteuersatz für Umsätze im Zusammenhang mit Photovoltaikanlagen eingeführt worden. Die Regelung ist am 1. 1. 2023 in Kraft getreten.

❺ Im Rahmen des Gesetzes zur temporären Senkung des Umsatzsteuersatzes auf Gaslieferungen über das Erdgasnetz vom 19. 10. 2022, BGBl 2022 I S. 1743, wurde der ermäßigte Steuersatz in der Zeit vom 1. 10. 2022 bis 31. 3. 2024 auf die Lieferung von Gas und Wärme zur Anwendung gebracht. Auf das BMF-Schreiben vom 25. 10. 2022, BStBl 2022 I S. 1455, wird hingewiesen.

3. Lieferung von Pflanzen und damit in Zusammenhang stehende sonstige Leistungen (vgl. BMF-Schreiben vom 4.2.2010, BStBl I S.214);

4. Legen von Hauswasseranschlüssen (vgl. BMF-Schreiben vom 4.2.2021, BStBl I S.312);

5. Umsätze mit Gehhilfe-Rollatoren (vgl. BMF-Schreiben vom 11.8.2011, BStBl I S.824);

6. Umsätze mit Hörbüchern (vgl. BMF-Schreiben vom 1.12.2014, BStBl I S.1614);

7. Umsätze mit Kunstgegenständen und Sammlungsstücken (vgl. BMF-Schreiben vom 18.12.2014, BStBl 2015 I S.44);

8. Umsätze mit Fotobüchern (vgl. BMF-Schreiben vom 20.4.2016, BStBl I S.483).

[4]Bestehen Zweifel, ob eine beabsichtigte Lieferung oder ein beabsichtigter innergemeinschaftlicher Erwerb eines Gegenstands unter die Steuerermäßigung nach § 12 Abs. 2 Nr. 1 oder 13 UStG fällt, haben die Lieferer und die Abnehmer bzw. die innergemeinschaftlichen Erwerber die Möglichkeit, bei der zuständigen Dienststelle des Bildungs- und Wissenschaftszentrums der Bundesfinanzverwaltung eine unverbindliche Zolltarifauskunft für Umsatzsteuerzwecke (uvZTA) einzuholen. [5]UvZTA können auch von den Landesfinanzbehörden (z.B. den Finanzämtern) beantragt werden (vgl. Rz. 8 des BMF-Schreibens vom 5.8.2004, a.a.O., und des BMF-Schreibens vom 23.10.2006, BStBl I S.622). [6]Das Vordruckmuster mit Hinweisen zu den Zuständigkeiten für die Erteilung von uvZTA steht auf den Internetseiten der Zollabteilung des Bundesministeriums der Finanzen (http://www.zoll.de) unter der Rubrik Formulare und Merkblätter zum Ausfüllen und Herunterladen bereit. [7]Zu den für land- und forstwirtschaftliche Betriebe geltenden Durchschnittssätzen vgl. § 24 Abs. 1 UStG. [8]Zur Abgrenzung von Lieferungen und sonstigen Leistungen bei der Abgabe von Speisen und Getränken vgl. Abschnitt 3.6.

(2) [1]Anzuwenden ist jeweils der Steuersatz, der in dem Zeitpunkt gilt, in dem der Umsatz ausgeführt wird. [2]Zu beachten ist der Zeitpunkt des Umsatzes besonders bei

1. der Änderung (Anhebung oder Herabsetzung) der Steuersätze,

2. der Einführung oder Aufhebung von Steuervergünstigungen (Steuerbefreiungen und Steuerermäßigungen) sowie

3. der Einführung oder Aufhebung von steuerpflichtigen Tatbeständen.

(3) – (4) …

UStAE   12.16. Umsätze aus der kurzfristigen Vermietung von Wohn- und Schlafräumen sowie aus der kurzfristigen Vermietung von Campingflächen (§ 12 Abs. 2 Nr. 11 UStG)

(1) [1]Die in § 12 Abs. 2 Nr. 11 Satz 1 UStG bezeichneten Umsätze gehören zu den nach § 4 Nr. 12 Satz 2 UStG von der Steuerbefreiung ausgenommenen Umsätzen. [2]Hinsichtlich des Merkmals der Kurzfristigkeit gelten daher die in den Abschnitten 4.10.2 Abs. 1 und 4.12.3 Abs. 2 dargestellten Grundsätze. [3]Die Anwendung des ermäßigten Steuersatzes setzt neben der Kurzfristigkeit voraus, dass die Umsätze unmittelbar der Beherbergung dienen.

(2) Sonstige Leistungen eigener Art, bei denen die Überlassung von Räumen nicht charakterbestimmend ist (z.B. Leistungen des Prostitutionsgewerbes), unterliegen auch hinsichtlich dieses Leistungsaspekts nicht der Steuerermäßigung nach § 12 Abs. 2 Nr. 11 UStG.

Vermietung von Wohn- und Schlafräumen, die ein Unternehmer zur kurzfristigen Beherbergung von Fremden bereithält

(3) [1]Die Steuerermäßigung nach § 12 Abs. 2 Nr. 11 Satz 1 UStG setzt ebenso wie § 4 Nr. 12 Satz 2 UStG eine Vermietung von Wohn- und Schlafräumen zur kurzfristigen Beherbergung voraus.

[2]Hieran fehlt es bei einer Vermietung z. B. in einem „Bordell" (vgl. BFH-Urteil vom 22. 8. 2013, V R 18/12, BStBl II S. 1058). [3]Auch das halbstündige oder stundenweise Überlassen von Zimmern in einem „Stundenhotel" ist keine Beherbergung im Sinne des § 12 Abs. 2 Nr. 11 Satz 1 UStG (vgl. BFH-Urteil vom 24. 9. 2015, V R 30/14, BStBl 2017 II S. 132). [4]Die Steuerermäßigung für Beherbergungsleistungen umfasst sowohl die Umsätze des klassischen Hotelgewerbes als auch kurzfristige Beherbergungen in Pensionen, Fremdenzimmern, Ferienwohnungen und vergleichbaren Einrichtungen. [5]Für die Inanspruchnahme der Steuerermäßigung ist es jedoch nicht Voraussetzung, dass der Unternehmer einen hotelartigen Betrieb führt oder Eigentümer der überlassenen Räumlichkeiten ist. [6]Begünstigt ist daher beispielsweise auch die Unterbringung von Begleitpersonen in Krankenhäusern, sofern diese Leistung nicht nach § 4 Nr. 14 Buchstabe b UStG (z. B. bei Aufnahme einer Begleitperson zu therapeutischen Zwecken) steuerfrei ist.

(4) [1]Die erbrachte Leistung muss unmittelbar der Beherbergung dienen. [2]Diese Voraussetzung ist insbesondere hinsichtlich der folgenden Leistungen erfüllt, auch wenn die Leistungen gegen gesondertes Entgelt erbracht werden:

– Überlassung von möblierten und mit anderen Einrichtungsgegenständen (z. B. Fernsehgerät, Radio, Telefon, Zimmersafe) ausgestatteten Räumen;
– Stromanschluss;
– Überlassung von Bettwäsche, Handtüchern und Bademänteln;
– Reinigung der gemieteten Räume;
– Bereitstellung von Körperpflegeutensilien, Schuhputz- und Nähzeug;
– Weckdienst;
– Bereitstellung eines Schuhputzautomaten;
– Mitunterbringung von Tieren in den überlassenen Wohn- und Schlafräumen.

(5) Insbesondere folgende Leistungen sind keine Beherbergungsleistungen im Sinne von § 12 Abs. 2 Nr. 11 UStG und daher nicht begünstigt:
– Überlassung von Tagungsräumen;
– Überlassung von Räumen zur Ausübung einer beruflichen oder gewerblichen Tätigkeit (vgl. BFH-Urteil vom 22. 8. 2013, V R 18/12, BStBl II S. 1058);
– Gesondert vereinbarte Überlassung von Plätzen zum Abstellen von Fahrzeugen;
– Überlassung von nicht ortsfesten Wohnmobilen, Caravans, Wohnanhängern, Hausbooten und Yachten;
– Beförderungen in Schlafwagen der Eisenbahnen;
– Überlassung von Kabinen auf der Beförderung dienenden Schiffen;
– Vermittlung von Beherbergungsleistungen;
– Umsätze von Tierpensionen;
– Unentgeltliche Wertabgaben (z. B. Selbstnutzung von Ferienwohnungen).

(6) Stornokosten stellen grundsätzlich nichtsteuerbaren Schadensersatz dar (vgl. EuGH-Urteil vom 18. 7. 2007, C-277/05, Société thermale d'Eugénie-Les-Bains).

Kurzfristige Vermietung von Campingflächen

(7) [1]Die kurzfristige Vermietung von Campingflächen betrifft Flächen zum Aufstellen von Zelten und Flächen zum Abstellen von Wohnmobilen und Wohnwagen. [2]Ebenso ist die kurzfristige Vermietung von ortsfesten Wohnmobilen, Wohncaravans und Wohnanhängern begünstigt. [3]Für die Steuerermäßigung ist es unschädlich, wenn auf der überlassenen Fläche auch das zum Transport des Zelts bzw. zum Ziehen des Wohnwagens verwendete Fahrzeug abgestellt werden kann. [4]Zur begünstigten Vermietung gehört auch die Lieferung von Strom (vgl. Abschnitt 4.12.1

Abs. 5 Satz 3). [5]Nicht unter die Steuerermäßigung fällt die entgeltliche Überlassung von Bootsliegeplätzen (vgl. EuGH-Urteil vom 19.12.2019, C-715/18, Segler-Vereinigung Cuxhaven, und BFH-Urteil vom 24.6.2020, V R 47/19, BStBl II S. 853).

Leistungen, die nicht unmittelbar der Vermietung dienen

(8) [1]Nach § 12 Abs. 2 Nr. 11 Satz 2 UStG gilt die Steuerermäßigung nicht für Leistungen, die nicht unmittelbar der Vermietung dienen, auch wenn es sich um Nebenleistungen zur Beherbergung handelt und diese Leistungen mit dem Entgelt für die Vermietung abgegolten sind (Aufteilungsgebot). [2]Der Grundsatz, dass eine (unselbständige) Nebenleistung das Schicksal der Hauptleistung teilt, wird von diesem Aufteilungsgebot verdrängt. [3]Das in § 12 Abs. 2 Nr. 11 Satz 2 UStG gesetzlich normierte Aufteilungsgebot für einheitliche Leistungen geht den allgemeinen Grundsätzen zur Abgrenzung von Haupt- und Nebenleistung vor (BFH-Urteil vom 24.4.2013, XI R 3/11, BStBl 2014 II S. 86). [4]Unter dieses Aufteilungsgebot fallen insbesondere:

- Verpflegungsleistungen (z.B. Frühstück, Halb- oder Vollpension, „All inclusive");
- Getränkeversorgung aus der Minibar;
- Nutzung von Kommunikationsnetzen (insbesondere Telefon und Internet);
- Nutzung von Fernsehprogrammen außerhalb des allgemein und ohne gesondertes Entgelt zugänglichen Programms („pay per view");
- [1]Leistungen, die das körperliche, geistige und seelische Wohlbefinden steigern („Wellnessangebote"). [2]Die Überlassung von Schwimmbädern oder die Verabreichung von Heilbädern im Zusammenhang mit einer begünstigten Beherbergungsleistung kann dagegen nach § 12 Abs. 2 Nr. 9 Satz 1 UStG dem ermäßigten Steuersatz unterliegen;
- Überlassung von Fahrberechtigungen für den Nahverkehr, die jedoch nach § 12 Abs. 2 Nr. 10 UStG dem ermäßigten Steuersatz unterliegen können;
- Überlassung von Eintrittsberechtigungen für Veranstaltungen, die jedoch nach § 4 Nr. 20 UStG steuerfrei sein oder nach § 12 Abs. 2 Nr. 7 Buchstabe a oder d UStG dem ermäßigten Steuersatz unterliegen können;
- Transport von Gepäck außerhalb des Beherbergungsbetriebs;
- Überlassung von Sportgeräten und -anlagen;
- Ausflüge;
- Reinigung und Bügeln von Kleidung, Schuhputzservice;
- Transport zwischen Bahnhof/Flughafen und Unterkunft;
- Einräumung von Parkmöglichkeiten, auch wenn diese nicht gesondert vereinbart und vergütet werden (vgl. BFH-Urteil vom 1.3.2016, XI R 11/14, BStBl II S. 753).

Anwendung der Steuerermäßigung in den Fällen des § 25 UStG

(9) [1]Soweit Reiseleistungen der Margenbesteuerung nach § 25 UStG unterliegen, gelten sie nach § 25 Abs. 1 Satz 3 UStG als eine einheitliche sonstige Leistung. [2]Eine Reiseleistung unterliegt als sonstige Leistung eigener Art auch hinsichtlich ihres Beherbergungsanteils nicht der Steuerermäßigung nach § 12 Abs. 2 Nr. 11 UStG. [3]Das gilt auch, wenn die Reiseleistung nur aus einer Übernachtungsleistung besteht.

Angaben in der Rechnung

(10) [1]Der Unternehmer ist nach § 14 Abs. 2 Satz 1 Nr. 1 UStG grundsätzlich verpflichtet, innerhalb von 6 Monaten nach Ausführung der Leistung eine Rechnung mit den in § 14 Abs. 4 UStG genannten Angaben auszustellen. [2]Für Umsätze aus der Vermietung von Wohn- und Schlafräu-

men zur kurzfristigen Beherbergung von Fremden sowie die kurzfristige Vermietung von Campingflächen besteht eine Rechnungserteilungspflicht jedoch nicht, wenn die Leistung weder an einen anderen Unternehmer für dessen Unternehmen noch an eine juristische Person erbracht wird (vgl. Abschnitt 14.1 Abs. 3 Satz 5).

(11) [1]Wird für Leistungen, die nicht von der Steuerermäßigung nach § 12 Abs. 2 Nr. 11 Satz 1 UStG erfasst werden, kein gesondertes Entgelt berechnet, ist deren Entgeltanteil zu schätzen. [2]Schätzungsmaßstab kann hierbei beispielsweise der kalkulatorische Kostenanteil zuzüglich eines angemessenen Gewinnaufschlags sein.

(12) [1]Aus Vereinfachungsgründen wird es – auch für Zwecke des Vorsteuerabzugs des Leistungsempfängers – nicht beanstandet, wenn folgende in einem Pauschalangebot enthaltene nicht begünstigte Leistungen in der Rechnung zu einem Sammelposten (z. B. „Business-Package", „Servicepauschale") zusammengefasst und der darauf entfallende Entgeltanteil in einem Betrag ausgewiesen werden:

– Abgabe eines Frühstücks;

– Nutzung von Kommunikationsnetzen;

– Reinigung und Bügeln von Kleidung, Schuhputzservice;

– Transport zwischen Bahnhof/Flughafen und Unterkunft;

– Transport von Gepäck außerhalb des Beherbergungsbetriebs;

– Nutzung von Saunaeinrichtungen;

– Überlassung von Fitnessgeräten;

– Überlassung von Plätzen zum Abstellen von Fahrzeugen.

[2]Es wird ebenfalls nicht beanstandet, wenn der auf diese Leistungen entfallende Entgeltanteil mit 15 % des Pauschalpreises angesetzt wird. [3]Für Kleinbetragsrechnungen (§ 33 UStDV) gilt dies für den in der Rechnung anzugebenden Steuerbetrag entsprechend. [4]Die Vereinfachungsregelung gilt nicht für Leistungen, für die ein gesondertes Entgelt vereinbart wird.

UStAE   12.18. Nullsteuersatz für bestimmte Photovoltaikanlagen

Lieferung einer Photovoltaikanlage

(1) [1]Die Verschaffung der Verfügungsmacht an einer Photovoltaikanlage begründet eine Lieferung im Sinne des § 3 Abs. 1 UStG und unterliegt dem Nullsteuersatz. [2]Zur Bestimmung des Zeitpunkts der Lieferung einer Photovoltaikanlage vgl. Abschnitt 13.1. [3]Lieferungen und sonstige Leistungen, die für den Leistungsempfänger keinen eigenen Zweck, sondern das Mittel darstellen, um die Lieferung der Photovoltaikanlage unter optimalen Bedingungen in Anspruch zu nehmen, teilen das Schicksal der Lieferung der Photovoltaikanlage und sind als Nebenleistungen zur Hauptleistung dementsprechend einheitlich mit dem Nullsteuersatz zu besteuern (vgl. Abschnitt 3.10). [4]Zu den Nebenleistungen der Lieferung der Photovoltaikanlage zählen u. a. die Übernahme der Anmeldung in das MaStR, die Bereitstellung von Software zur Steuerung und Überwachung der Anlage, die Montage der Solarmodule, die Kabelinstallationen, die Lieferung und der Anschluss des Wechselrichters oder des Zweirichtungszählers, die Lieferung von Schrauben und Stromkabeln, die Herstellung des AC-Anschlusses, die Bereitstellung von Gerüsten, die Lieferung von Befestigungsmaterial oder auch die Erneuerung des Zählerschranks, wenn diese vom Netzbetreiber verlangt wird bzw. auf Grund technischer Normen für den Betrieb der Photovoltaikanlage erforderlich ist. [5]Dem Nullsteuersatz unterliegen grundsätzlich auch die Lieferungen von sog. Aufdachphotovoltaikanlagen durch Bauträger. [6]Dies gilt auch, wenn der Bauträger neben der Aufdachphotovoltaikanlage auch das Gebäude liefert, da die Lieferung der Aufdachphotovoltaikanlage hierzu eine eigenständige Leistung und keine unselbstständige Nebenleistung darstellt. [7]Die Vermietung von Photovoltaikanlagen stellt keine Lieferung von Photovoltaik-

anlagen dar und unterliegt daher dem Regelsteuersatz. [8]Dagegen können Leasing- oder Mietkaufverträge je nach konkreter Ausgestaltung umsatzsteuerrechtlich als Lieferung oder als sonstige Leistung einzustufen sein. [9]Maßgeblich für die Abgrenzung sind die vertraglichen Vereinbarungen zwischen den Vertragsparteien gemäß den Grundsätzen des Abschnittes 3.5 Abs. 5. [10]Dabei sind Laufzeit, Zahlungsbedingungen und mögliche Kombinationen mit anderen Leistungselementen u. Ä. zu berücksichtigen. [11]Der Nullsteuersatz findet keine Anwendung auf den Teil des Entgelts, der auf eigenständige Serviceleistungen entfällt wie z. B. Wartungsarbeiten, die Einholung von behördlichen Genehmigungen oder die Versicherung der Photovoltaikanlage mit einer Haftpflicht- und Vermögensschadens-Versicherung. [12]Ein einheitlicher Mietbetrag ist nach der einfachsten möglichen Methode aufzuteilen.

Beispiel:

[1]Unternehmer U vermietet an Kunden K eine Photovoltaikanlage. [2]Der Zeitraum der Vermietung beträgt 20 Jahre. [3]Die jährliche Miete beträgt 1 625 €. [4]Von dem Mietbetrag entfallen 1 300 € auf die Überlassung der Photovoltaikanlage einschließlich der damit verbundenen Finanzierungskosten, während der restliche Betrag von 325 € auf die einhergehenden Serviceleistungen (Versicherung usw.) gezahlt wird. [5]U räumt K die Option ein, zum Ende der Mietzeit die Photovoltaikanlage zum Preis von 1 € zu erwerben. [6]Sofern K von der Option Gebrauch macht, tritt U die Herstellergarantie, deren weitere Laufzeit sich zum Zeitpunkt der Optionsausübung noch auf 5 Jahre beläuft, an K ab. [7]Sollte K von der Option keinen Gebrauch machen, ist er auf Grund des Mietvertrages verpflichtet, die Photovoltaikanlage zum Ende der Mietzeit auf eigene Kosten abzubauen und dem U auszuhändigen. [8]Der Verkehrswert der Photovoltaikanlage beträgt zu Beginn der Vertragslaufzeit 22 000 € und am Ende der Vertragslaufzeit 4 400 €.

[9]Es liegt eine Lieferung der Photovoltaikanlage des U an K vor. [10]Die Summe der vertraglichen Raten beträgt 26 000 € und entspricht damit dem Verkehrswert des Gegenstands einschließlich der Finanzierungskosten. [11]K muss bei der Ausübung der Option lediglich 1 € bezahlen und muss daher zusätzlich keine erhebliche Summe entrichten. [12]Unter Einbeziehung der Abtretung der Herstellergarantie in die Gesamtbetrachtung erscheint die Optionsausübung zum Vertragsende als einzig wirtschaftlich rationale Möglichkeit für den K. [13]Bezüglich des Entgelts, das K für die Überlassung der Photovoltaikanlage an U zu entrichten hat, findet der Nullsteuersatz Anwendung. [14]Die Serviceleistungen sind mit dem Regelsteuersatz zu besteuern, so dass U für den jährlichen Betrag in Höhe von 325 € für die Serviceleistungen Umsatzsteuer in Höhe von 51,89 € abzuführen hat.

[13]Für Mietkauf und Leasingverträge, die als Lieferung einzustufen sind und die keine Aufteilung des Entgelts gemäß Satz 12 vorsehen, ist eine Aufteilung anhand der internen Kalkulation vorzunehmen, wenn die Photovoltaikanlage nach dem 31.12.2022 geliefert worden ist. [14]Es wird nicht beanstandet, wenn der Unternehmer pauschalierend ein Verhältnis von 90 % für die Überlassung der Photovoltaikanlage und 10 % für die eigenständigen Serviceleistungen ansetzt. [15]Im Übrigen gelten die Grundsätze des Abschnittes 3.5 Abs. 7.

Betreiber einer Photovoltaikanlage

(2) [1]Der Nullsteuersatz erfasst nur die Lieferung an den Betreiber einer Photovoltaikanlage. [2]Die in der Lieferkette vorausgehenden Lieferungen (z. B. an Zwischenhändler, Leasinggeber, Mietverkäufer) unterliegen hingegen dem Regelsteuersatz. [3]Betreiber der Photovoltaikanlage sind die natürlichen Personen, juristischen Personen oder Personenzusammenschlüsse, die dem Grunde nach zum Leistungszeitpunkt als Betreiber der jeweiligen Anlage im MaStR registrierungspflichtig sind oder voraussichtlich registrierungspflichtig werden. [4]Hierfür genügt es, wenn die Anlage unmittelbar an das Stromnetz angeschlossen werden soll; auf eine tatsächliche Einspeisung oder Förderung nach dem EEG kommt es nicht an. [5]Auch wird für die Anwendung des Nullsteuersatzes nicht die Unternehmereigenschaft des Betreibers vorausgesetzt. [6]Die tatsächliche Registrierung im MaStR (z. B. im Falle von Steckersolargeräten, sog. Balkonkraftwerken) ist für die Betreibereigenschaft nicht maßgeblich. [7]Nachträgliche Änderungen der Person des Betreibers sind unerheblich. [8]Besteht keine Registrierungspflicht (beispielsweise bei sog. Inselanlagen), kann gleichwohl der Nullsteuersatz zur Anwendung kommen (vgl. Absatz 7). [9]In diesem Fall ist

aus Vereinfachungsgründen davon auszugehen, dass der Leistungsempfänger Betreiber der Photovoltaikanlage ist. [10]Hinsichtlich der Nachweispflichten vgl. Absatz 6.

Belegenheitsvoraussetzungen

(3) [1]Die Anwendung des Nullsteuersatzes setzt eine Installation der Solarmodule/Speicher/wesentlichen Komponenten auf oder in der Nähe von Privatwohnungen, Wohnungen oder öffentlichen und anderen Gebäuden, die für dem Gemeinwohl dienende Tätigkeiten genutzt werden, voraus. [2]Wohnung/Privatwohnung ist jeder umschlossene Raum, der zum Wohnen oder Schlafen benutzt wird. [3]Als Wohnung im Sinne dieser Vorschrift gelten daher auch Gebäude auf Freizeitgrundstücken und Gartenlauben in Kleingartensiedlungen. [4]Wohnwagen und Wohnschiffe sind nur dann als Wohnungen anzusehen, wenn sie nicht oder nur gelegentlich fortbewegt werden. [5]Öffentliche und andere Gebäude, die für dem Gemeinwohl dienende Tätigkeiten genutzt werden, liegen vor, wenn das jeweilige Gebäude für Umsätze nach § 4 Nr. 11b, 14 bis 18, 20 bis 25, 27 und 29 oder § 12 Abs. 2 Nr. 8 UStG oder für hoheitliche oder ideelle Tätigkeiten verwendet wird. [6]Container können ebenfalls den für die Anwendung des Nullsteuersatzes erforderlichen Gebäudebegriff erfüllen, soweit die übrigen Voraussetzungen vorliegen (z. B. Schulcontainer, die für hoheitliche Tätigkeiten etwa zur Auslagerung von Schulklassen wegen Sanierungsarbeiten genutzt werden). [7]In der Nähe der genannten Wohnungen/Gebäude befindet sich eine Photovoltaikanlage insbesondere, wenn sie auf dem Grundstück installiert ist, auf dem sich auch die betreffende Wohnung bzw. das betreffende begünstigte Gebäude befindet (z. B. Garage, Gartenschuppen, Zaun). [8]Von einer Nähe ist daher auch auszugehen, wenn zwischen dem Grundstück und der Photovoltaikanlage ein räumlicher oder funktionaler Nutzungszusammenhang besteht (z. B. einheitlicher Gebäudekomplex oder einheitliches Areal). [9]Die Vereinfachungsregelung des § 12 Abs. 3 Nr. 1 Satz 2 UStG bleibt davon unberührt.

(4) [1]Wird ein Gebäude sowohl für begünstigte als auch nicht begünstigte Zwecke verwendet (z. B. teilweise zu Wohnzwecken und teilweise zu gewerblichen Zwecken), ist grundsätzlich von einem begünstigten Gebäude auszugehen. [2]Dies gilt nur dann nicht, wenn die unschädliche Nutzung so sehr hinter der schädlichen Nutzung zurücktritt, dass eine Anwendung der Begünstigung nicht sachgerecht wäre. [3]Hiervon ist auszugehen, wenn die unschädliche Nutzung in so engem Zusammenhang mit der schädlichen Nutzung steht, dass ihr kein eigener Zweck zukommt (beispielsweise Hausmeisterwohnung in einem Gewerbekomplex) oder wenn die auf die unschädliche Nutzung entfallenden Nutzflächenanteile weniger als 10 % der Gesamtgebäudenutzfläche ausmachen. [4]Tritt die unschädliche Nutzung hinter der schädlichen Nutzung zurück, unterliegt die Lieferung insgesamt dem Regelsteuersatz.

Vereinfachungsregelung in § 12 Abs. 3 Nr. 1 Satz 2 UStG

(5) [1]Die Voraussetzungen des § 12 Abs. 3 Nr. 1 Satz 1 UStG gelten als erfüllt, wenn die installierte Bruttoleistung der Photovoltaikanlage (Einheit) laut MaStR nicht mehr als 30 kW (peak) beträgt oder betragen wird. [2]Die Regelung stellt eine Vereinfachung für die Prüfung der Gebäudeart dar. [3]Die Vereinfachungsregelung gilt nicht für die Betreibereigenschaft. [4]Besteht keine Registrierungspflicht im MaStR, ist die Vereinfachungsregelung nicht anwendbar (vgl. aber Vereinfachungsregelung in Absatz 6). [5]Nach § 16 Abs. 3 Nr. 7 MaStRV eröffnet die Bundesnetzagentur den Finanzbehörden des Bundes und der Länder auf Anforderung einen Zugang zu Daten, die nach § 15 Abs. 1 MaStRV nicht veröffentlicht werden, einschließlich personenbezogener Daten, soweit die Finanzbehörden diese Daten zur Erfüllung ihrer gesetzlichen Aufgaben benötigen. [6]Die 30 kW-Grenze ist einheitenbezogen zu prüfen. [7]Bei der nachträglichen Erweiterung einer Photovoltaikanlage ist die Leistung der bestehenden Einheit mit der der Erweiterung zu addieren. [8]Wird die 30 kW-Grenze durch die Erweiterung überschritten, ist die Vereinfachungsregelung auf den nachträglich ergänzten Teil nicht anwendbar. [9]Für den bereits bestehenden Teil führt dies jedoch nicht zur nachträglichen Nichtanwendbarkeit der Vereinfachungsregelung.

Nachweis über das Vorliegen der Voraussetzungen

(6) [1]Der leistende Unternehmer hat nachzuweisen, dass die Tatbestandsvoraussetzungen zur Anwendung des Nullsteuersatzes erfüllt sind. [2]Ausreichend für den Nachweis ist es, wenn der Erwerber erklärt, dass er Betreiber der Photovoltaikanlage ist und es sich entweder um ein begünstigtes Gebäude handelt oder die installierte Bruttoleistung der Photovoltaikanlage laut MaStR nicht mehr als 30 kW (peak) beträgt oder betragen wird. [3]Eine Erklärung des Erwerbers im Sinne des Satzes 2 kann auch im Rahmen der vertraglichen Vereinbarung (z. B. AGB) erfolgen. [4]Dasselbe gilt für nachträgliche Lieferungen von Speichern, wesentlichen Komponenten und Ersatzteilen.

Solarmodule und Speicher

(7) [1]Netzgebundene Anlagen und nicht-netzgebundene stationäre Anlagen (sog. Inselanlagen) unterliegen dem Nullsteuersatz. [2]Aus Vereinfachungsgründen ist davon auszugehen, dass Solarmodule mit einer Leistung von 300 Watt und mehr für netzgekoppelte Anlagen oder stationäre Inselanlagen eingesetzt werden. [3]Beträgt die Leistung der Photovoltaikanlagen nicht mehr als 600 Watt, entfällt die besondere Nachweispflicht nach Absatz 6, auch die Betreibereigenschaft des Leistungsempfängers wird unterstellt. [4]Dies gilt nicht für Lieferungen durch Hersteller von Photovoltaikanlagen und Lieferungen im Großhandel. [5]Stationäre Solarmodule, die neben der Stromerzeugung weitere unbedeutende Nebenzwecke erfüllen, sind ebenfalls begünstigt (z. B. Solartische). [6]Ebenso begünstigt sind sogenannte Hybridmodule, die sowohl Strom als auch Wärme produzieren. [7]Batterien und Speicher unterliegen dem Nullsteuersatz, wenn diese im konkreten Anwendungsfall dazu bestimmt sind, Strom aus begünstigten Solarmodulen im Sinne der Sätze 1 bis 6 zu speichern. [8]Nachträgliche Änderungen der Nutzung von Batterien und Speicher sind unerheblich.

Wesentliche Komponenten

(8) [1]Neben den Solarmodulen und dem Batteriespeicher (auch nachträglich eingebaute Speicher) unterliegen „wesentliche Komponenten" dem Nullsteuersatz. [2]Wesentliche Komponenten sind die Gegenstände, deren Verwendungszweck speziell im Betrieb oder der Installation von Photovoltaikanlagen liegt oder die zur Erfüllung technischer Normen notwendig sind. [3]Zu den wesentlichen Komponenten gehören jene, die geliefert und installiert werden, um Photovoltaikanlagen zu errichten und zu betreiben, insbesondere die photovoltaikanlagenspezifischen Komponenten wie z. B.:

- Wechselrichter,
- Dachhalterung,
- Energiemanagement-System,
- Solarkabel,
- Einspeisesteckdose (sog. Wieland-Steckdose),
- Funk-Rundsteuerungsempfänger,
- Backup Box und der Notstromversorgung dienende Einrichtungen.

[4]Auch die (nachträgliche) Lieferung einzelner wesentlicher·Komponenten und deren Ersatzteile sowie deren Installation unterliegen dem Nullsteuersatz, wenn diese Teil einer Anlage sind, die die Voraussetzungen des § 12 Abs. 3 Nr. 1 UStG erfüllt.

(9) [1]Keine wesentlichen Komponenten sind Zubehör, wie z. B. Schrauben, Nägel und Kabel, auch wenn diese für die Installation der Anlage notwendig sind. [2]Ebenso wenig gehören Stromverbraucher für den neu erzeugten Strom (z. B. Ladeinfrastruktur, Wärmepumpe, Wasserstoffspeicher) zu den wesentlichen Komponenten einer Photovoltaikanlage (vgl. aber zur Einheitlichkeit der Leistung Absatz 1).

Beispiel 1:

[1]Unternehmer U erwirbt im Baumarkt u. a. Schrauben und Kabel, um eine Photovoltaikanlage in Eigenleistung auf seinem Privathaus zu errichten.

[2]Die Lieferung der Schrauben und Kabel unterliegt dem Regelsteuersatz in Höhe von 19 %, da es sich nicht um wesentliche Komponenten im Sinne des § 12 Abs. 3 UStG handelt.

Beispiel 2:

[1]Unternehmer U beauftragt das Solarunternehmen S im Rahmen einer sog. „Paketlösung" eine Photovoltaikanlage auf seinem Privathaus zu installieren. [2]In den Materialkosten, die S gegenüber U in Rechnung stellt, sind auch Kabel und Schrauben enthalten.

[3]Die Lieferung der nicht wesentlichen Komponenten (Kabel und Schrauben) erfolgt im Rahmen einer einheitlichen Leistung (Lieferung einer Photovoltaikanlage) und unterliegt unter den übrigen Voraussetzungen des § 12 Abs. 3 UStG dem Nullsteuersatz.

Installation einer Photovoltaikanlage

(10) [1]Gemäß § 12 Abs. 3 Nr. 4 UStG unterliegt auch die Installation von Photovoltaikanlagen der Begünstigung, wenn die Lieferung der installierten Komponenten die Voraussetzungen des § 12 Abs. 3 Nr. 1 UStG erfüllt. [2]Zu den begünstigten Leistungen gehören die photovoltaikanlagenspezifischen Arbeiten, die ausschließlich dazu dienen, eine Photovoltaikanlage sicher für das Gebäude und für die sich darin befindlichen Menschen zu betreiben (z. B. photovoltaikanlagenspezifische Elektroinstallation). [3]Die Installationsarbeiten müssen direkt gegenüber dem Anlagenbetreiber erbracht werden, um unter die Steuersatzermäßigung zu fallen. [4](Vor-)Arbeiten, die auch anderen Stromverbrauchern oder Stromerzeugern oder anderen Zwecken zugutekommen, unterliegen nicht dem Nullsteuersatz (vgl. aber zur Einheitlichkeit der Leistung Absatz 1).

Beispiel 1:

[1]Unternehmer U errichtet in Eigenleistung eine Photovoltaikanlage auf seinem Privathaus. [2]Für die erforderlichen Bodenarbeiten beauftragt U eine Baufirma B und für die Erweiterung seines Zählerschranks das Elektrounternehmen E. [3]Des Weiteren ist eine Verstärkung der Dachsparren erforderlich. [4]U beauftragt hierfür das Dachdeckerunternehmen D.

[5]Die Erweiterung des Zählerschranks und die Bodenarbeiten unterliegen ebenso dem Regelsteuersatz in Höhe von 19 % wie die Dacharbeiten.

Beispiel 2:

[1]Unternehmer U errichtet in Eigenleistung eine Photovoltaikanlage auf seinem Privathaus. [2]Das Gebäude des U wird gleichzeitig und unabhängig von der Errichtung der Photovoltaikanlage grundlegend renoviert. [3]So werden umfassende Elektroarbeiten durchgeführt, bei denen auch eine Erneuerung des Zählerschranks erforderlich ist. [4]In diesem Zusammenhang wird die Photovoltaikanlage berücksichtigt und angeschlossen.

[5]Die am Privathaus des U durchgeführten Elektroarbeiten unterliegen insgesamt dem Regelsteuersatz in Höhe von 19 %.

Beispiel 3:

[1]Sachverhalt wie in Beispiel 1, jedoch beauftragt U das Solarunternehmen S im Rahmen einer sog. „Paketlösung" eine Photovoltaikanlage mit 25 kW (peak) auf seinem Gebäude zu installieren.

[2]Alle von S im Rahmen einer einheitlichen Leistung (Dacharbeiten, Lieferung einer Photovoltaikanlage, Bodenarbeiten, Erweiterung Zählerschrank) erbrachten Arbeiten unterliegen unter den übrigen Voraussetzungen des § 12 Abs. 3 UStG dem Nullsteuersatz.

UStAE

Zu § 13 UStG

UStAE 13.1. Entstehung der Steuer bei der Besteuerung nach vereinbarten Entgelten

(1) [1]Bei der Besteuerung nach vereinbarten Entgelten (Sollversteuerung) entsteht die Steuer grundsätzlich mit Ablauf des Voranmeldungszeitraums, in dem die Lieferung oder sonstige Leistung ausgeführt worden ist. [2]Das gilt auch für unentgeltliche Wertabgaben im Sinne des § 3 Abs. 1b und 9a UStG. [3]Die Steuerentstehung ist nicht auf bereits fällige Entgeltansprüche beschränkt (vgl. BFH-Urteil vom 1. 2. 2022, V R 37/21 (V R 16/19), BStBl II S. 860). [4]Die Steuer entsteht in der gesetzlichen Höhe unabhängig davon, ob die am Leistungsaustausch beteiligten Unternehmer von den ihnen vom Gesetz gebotenen Möglichkeiten der Rechnungserteilung mit gesondertem Steuerausweis und des Vorsteuerabzugs Gebrauch machen oder nicht. [5]Für Umsätze, die ein Unternehmer in seinen Voranmeldungen nicht angibt (auch bei Rechtsirrtum über deren Steuerbarkeit), entsteht die Umsatzsteuer ebenso wie bei ordnungsgemäß erklärten Umsätzen (vgl. BFH-Urteil vom 20. 1. 1997, V R 28/95, BStBl II S. 716). [6]Der Zeitpunkt der Leistung ist entscheidend, für welchen Voranmeldungszeitraum ein Umsatz zu berücksichtigen ist (vgl. BFH-Urteil vom 13. 10. 1960, V 294/58 U, BStBl III S. 478). [7]Dies gilt nicht für die Istversteuerung von Anzahlungen im Sinne des § 13 Abs. 1 Nr. 1 Buchstabe a Satz 4 UStG (vgl. Abschnitt 13.5).

(2) [1]Lieferungen – einschließlich Werklieferungen – sind grundsätzlich dann ausgeführt, wenn der Leistungsempfänger die Verfügungsmacht über den zu liefernden Gegenstand erlangt. [2]Lieferungen, bei denen der Lieferort nach § 3 Abs. 6 UStG bestimmt wird, werden im Zeitpunkt des Beginns der Beförderung oder Versendung des Gegenstands ausgeführt (vgl. BFH-Urteil vom 6. 12. 2007, V R 24/05, BStBl 2009 II S. 490). [3]Bei Sukzessivlieferungsverträgen ist der Zeitpunkt jeder einzelnen Lieferung maßgebend. [4]Lieferungen von Elektrizität, Gas, Wärme, Kälte und Wasser sind jedoch erst mit Ablauf des jeweiligen Ablesezeitraums als ausgeführt zu behandeln. [5]Die während des Ablesezeitraums geleisteten Abschlagszahlungen der Tarifabnehmer sind nicht als Entgelt für Teilleistungen (vgl. Abschnitt 13.4) anzusehen; sie führen jedoch bereits mit Ablauf des Voranmeldungszeitraums ihrer Vereinnahmung nach § 13 Abs. 1 Nr. 1 Buchstabe a Satz 4 UStG zur Entstehung der Steuer (vgl. Abschnitt 13.5).

(3) [1]Sonstige Leistungen, insbesondere Werkleistungen, sind grundsätzlich im Zeitpunkt ihrer Vollendung ausgeführt. [2]Bei zeitlich begrenzten Dauerleistungen, z. B. Duldungs- oder Unterlassungsleistungen (vgl. Abschnitt 3.1 Abs. 4) ist die Leistung mit Beendigung des entsprechenden Rechtsverhältnisses ausgeführt, es sei denn, die Beteiligten hatten Teilleistungen (vgl. Abschnitt 13.4) vereinbart. [3]Anzahlungen sind stets im Zeitpunkt ihrer Vereinnahmung zu versteuern (vgl. Abschnitt 13.5).

(4) [1]Eine Leasinggesellschaft, die ihrem Kunden (Mieter) eine Sache gegen Entrichtung monatlicher Leasingraten überlässt, erbringt eine Dauerleistung, die entsprechend der Vereinbarung über die monatlich zu zahlenden Leasingraten in Form von Teilleistungen (vgl. Abschnitt 13.4) bewirkt wird. [2]Die Steuer entsteht jeweils mit Ablauf des monatlichen Voranmeldungszeitraums, für den die Leasingrate zu entrichten ist. [3]Tritt die Leasinggesellschaft ihre Forderung gegen den Mieter auf Zahlung der Leasingraten an eine Bank ab, die das Risiko des Ausfalls der erworbenen Forderung übernimmt, führt die Vereinnahmung des Abtretungsentgelts nicht zur sofortigen Entstehung der Steuer für die Vermietung nach § 13 Abs. 1 Nr. 1 Buchstabe a Satz 4 UStG, weil das Abtretungsentgelt nicht zugleich Entgelt für die der Forderung zu Grunde liegende Vermietungsleistung ist. [4]Die Bank zahlt das Abtretungsentgelt für den Erwerb der Forderung, nicht aber als Dritter für die Leistung der Leasinggesellschaft an den Mieter. [5]Die Leasinggesellschaft vereinnahmt das Entgelt für ihre Vermietungsleistung vielmehr jeweils mit der Zahlung der Leasingraten durch den Mieter an die Bank, weil sie insoweit gleichzeitig von ihrer Gewährleistungspflicht für den rechtlichen Bestand der Forderung gegenüber der Bank befreit wird. [6]Dieser Vereinnahmungszeitpunkt wird in der Regel mit dem Zeitpunkt der Ausführung der einzelnen Teilleistung übereinstimmen.

(5) Nach den Grundsätzen des Absatzes 4 ist auch in anderen Fällen zu verfahren, in denen Forderungen für noch zu erbringende Leistungen oder Teilleistungen verkauft werden.

(6) [1]Bei einem Kauf auf Probe (§ 454 BGB) im Versandhandel kommt der Kaufvertrag noch nicht mit der Zusendung der Ware, sondern erst nach Ablauf der vom Verkäufer eingeräumten Billigungsfrist oder durch Überweisung des Kaufpreises zustande. [2]Erst zu diesem Zeitpunkt ist umsatzsteuerrechtlich die Lieferung ausgeführt (vgl. BFH-Urteil vom 6.12.2007, V R 24/05, BStBl 2009 II S. 490). [3]Dagegen ist bei einem Kauf mit Rückgaberecht bereits mit der Zusendung der Ware der Kaufvertrag zustande gekommen und die Lieferung ausgeführt.

(7) [1]Eine Abmahnleistung im Sinne des Abschnitts 1.3 Abs. 16a gilt mit dem Zugang der Abmahnung beim Abgemahnten als ausgeführt. [2]Aus Vereinfachungsgründen wird es nicht beanstandet, wenn der Steuerpflichtige die Besteuerung für die Abmahnleistung in demjenigen Voranmeldungszeitraum vornimmt, in dem die Abmahnung an den Abgemahnten abgesendet wurde (vgl. BMF-Schreiben vom 1.10.2021, BStBl I S.1859).

UStAE   13.2. Sollversteuerung in der Bauwirtschaft

(1) [1]In der Bauwirtschaft werden Werklieferungen und Werkleistungen auf dem Grund und Boden der Auftraggeber im Allgemeinen nicht in Teilleistungen (vgl. Abschnitt 13.4), sondern als einheitliche Leistungen erbracht. [2]Diese Leistungen sind ausgeführt:

1. [1]Werklieferungen, wenn dem Auftraggeber die Verfügungsmacht verschafft wird. [2]Das gilt auch dann, wenn das Eigentum an den verwendeten Baustoffen nach §§ 946, 93, 94 BGB zurzeit der Verbindung mit dem Grundstück auf den Auftraggeber übergeht. [3]Der Werklieferungsvertrag wird mit der Übergabe und Abnahme des fertig gestellten Werks erfüllt (vgl. BFH-Urteil vom 5.9.20219, V R 38/17, BStBl 2022 II S. 696). [4]Der Auftraggeber erhält die Verfügungsmacht mit der Übergabe des fertig gestellten Werks (vgl. BFH-Urteil vom 26.2.1976, V R 132/73, BStBl II S. 309). [5]Auf die Form der Abnahme kommt es dabei nicht an. [6]Insbesondere ist eine Verschaffung der Verfügungsmacht bereits dann anzunehmen, wenn der Auftraggeber das Werk durch schlüssiges Verhalten, z. B. durch Benutzung, abgenommen hat und eine förmliche Abnahme entweder gar nicht oder erst später erfolgen soll. [7]Wird das vertraglich vereinbarte Werk nicht fertig gestellt und ist eine Vollendung des Werks durch den Werkunternehmer nicht mehr vorgesehen, entsteht ein neuer Leistungsgegenstand. [8]Dieser beschränkt sich bei der Eröffnung eines Insolvenzverfahrens auf den vom Werkunternehmer bis zu diesem Zeitpunkt gelieferten Teil des Werks, wenn der Insolvenzverwalter die weitere Erfüllung des Werkvertrags nach § 103 InsO ablehnt (vgl. Abschnitt 3.9). [9]In diesen Fällen ist die Lieferung im Zeitpunkt der Insolvenzeröffnung bewirkt. [10]Wählt der Insolvenzverwalter die Erfüllung eines bei Eröffnung des Insolvenzverfahrens noch nicht oder nicht vollständig erfüllten Werkvertrags, wird die Werklieferung – wenn keine Teilleistungen im Sinne des § 13 Abs. 1 Nr. 1 Buchstabe a Sätze 2 und 3 UStG gesondert vereinbart worden sind – erst mit der Leistungserbringung nach Verfahrenseröffnung ausgeführt (BFH-Urteil vom 30.4.2009, V R 1/06, BStBl 2010 II S.138). [11]Im Falle der Kündigung des Werkvertrags wird die Leistung mit dem Tag des Zugangs der Kündigung ausgeführt. [12]Stellt der Werkunternehmer die Arbeiten an dem vereinbarten Werk vorzeitig ein, weil der Besteller – ohne eine eindeutige Erklärung abzugeben – nicht willens und in der Lage ist, seinerseits den Vertrag zu erfüllen, wird das bis dahin errichtete halbfertige Werk zum Gegenstand der Werklieferung. [13]Es wird in dem Zeitpunkt geliefert, in dem für den Werkunternehmer nach den gegebenen objektiven Umständen feststeht, dass er wegen fehlender Aussicht auf die Erlangung weiteren Werklohns nicht mehr leisten wird (vgl. BFH-Urteil vom 28.2.1980, V R 90/75, BStBl II S. 535).

2. Sonstige Leistungen, insbesondere Werkleistungen, grundsätzlich im Zeitpunkt ihrer Vollendung, der häufig mit dem Zeitpunkt der Abnahme zusammenfallen wird.

(2) [1]Die in der Bauwirtschaft regelmäßig vor Ausführung der Leistung vereinnahmten Vorauszahlungen, Abschlagszahlungen usw. führen jedoch bereits mit Ablauf des Voranmeldungszeitraums ihrer Vereinnahmung nach § 13 Abs. 1 Nr. 1 Buchstabe a Satz 4 UStG (vgl. Abschnitt 13.5) zur Entstehung der Steuer. [2]Wird über die bereits erbrachten Bauleistungen erst einige Zeit nach Ausführung der Leistungen abgerechnet, ist das Entgelt – sofern es noch nicht feststeht – sachgerecht zu schätzen, z. B. an Hand des Angebots (vgl. auch BMF-Schreiben vom 27. 1. 2023, BStBl I S. 305). [3]Weitere Hinweise enthält das Merkblatt zur Umsatzbesteuerung in der Bauwirtschaft, Stand Januar 2023 (BMF-Schreiben vom 27. 1. 2023, a. a. O.).

UStAE   13.4. Teilleistungen

[1]Teilleistungen setzen voraus, dass eine nach wirtschaftlicher Betrachtungsweise teilbare Leistung nicht als Ganzes, sondern in Teilen geschuldet und bewirkt wird. [2]Eine Leistung ist in Teilen geschuldet, wenn für bestimmte Teile das Entgelt gesondert vereinbart wird (§ 13 Abs. 1 Nr. 1 Buchstabe a Satz 3 UStG). [3]Vereinbarungen dieser Art werden im Allgemeinen anzunehmen sein, wenn für einzelne Leistungsteile gesonderte Entgeltabrechnungen durchgeführt werden. [4]Eine Teilleistung im Sinne von § 13 Abs. 1 Nr. 1 Buchstabe a Satz 3 UStG erfordert eine Leistung mit kontinuierlichem oder wiederkehrendem Charakter (vgl. BFH-Urteil vom 1. 2. 2022, V R 37/21 (V R 16/19), BStBl II S. 860). [5]Keine Teilleistung liegt hingegen vor, wenn es sich um eine einmalige Leistung gegen Ratenzahlung handelt. [6]Deshalb gehören Vorauszahlungen auf spätere Teilleistungen zum Entgelt für diese Teilleistungen (vgl. BFH-Urteil vom 19. 5. 1988, V R 102/83, BStBl II S. 848), die jedoch nach § 13 Abs. 1 Nr. 1 Buchstabe a Satz 4 UStG bereits mit Ablauf des Voranmeldungszeitraums ihrer Vereinnahmung zur Entstehung der Steuer führen (vgl. Abschnitt 13.5).

Beispiel 1:

In einem Mietvertrag über 2 Jahre ist eine monatliche Mietzahlung vereinbart.

Beispiel 2:

[1]Ein Bauunternehmer hat sich verpflichtet, zu Einheitspreisen (§ 4 Abs. 1 Nr. 1 VOB/A) die Maurer- und Betonarbeiten sowie den Innen- und Außenputz an einem Bauwerk auszuführen. [2]Die Maurer- und Betonarbeiten werden gesondert abgenommen und abgerechnet. [3]Der Innen- und der Außenputz werden später ausgeführt, gesondert abgenommen und abgerechnet.

[7]In den Beispielen 1 und 2 werden Leistungen in Teilen geschuldet und bewirkt.

Beispiel 3:

[1]Eine Fahrschule schließt mit ihren Fahrschülern Verträge über die praktische und theoretische Ausbildung zur Erlangung des Führerscheins ab und weist darin die Grundgebühr, den Preis je Fahrstunde und die Gebühr für die Vorstellung zur Prüfung gesondert aus. [2]Entsprechend werden die Abrechnungen durchgeführt.

[3]Die einzelnen Fahrstunden und die Vorstellung zur Prüfung sind als Teilleistungen zu behandeln, weil für diese Teile das Entgelt gesondert vereinbart worden ist. [4]Die durch die Grundgebühr abgegoltenen Ausbildungsleistungen können mangels eines gesondert vereinbarten Entgelts nicht in weitere Teilleistungen zerlegt werden (vgl. BFH-Urteil vom 21. 4. 1994, V R 59/92).

Beispiel 4:

[1]Ein Unternehmer wird beauftragt, in einem Wohnhaus Parkettfußböden zu legen. [2]In der Auftragsbestätigung sind die Materialkosten getrennt ausgewiesen. [3]Der Unternehmer versendet die Materialien zum Bestimmungsort und führt dort die Arbeiten aus.

[4]Gegenstand der vom Auftragnehmer auszuführenden Werklieferung ist der fertige Parkettfußboden. [5]Die Werklieferung bildet eine Einheit, die nicht in eine Materiallieferung und in eine Werkleistung zerlegt werden kann (vgl. Abschnitte 3.8 und 3.10).

Beispiel 5:

¹Eine Gebietskörperschaft überträgt einem Bauunternehmer nach Maßgabe der VOB als Gesamtleistung die Maurer- und Betonarbeiten an einem Hausbau. ²Sie gewährt dem Bauunternehmer auf Antrag nach Maßgabe des § 16 Abs. 1 Nr. 1 VOB/B „in Höhe des Wertes der jeweils nachgewiesenen vertragsgemäßen Leistungen" Abschlagszahlungen.

³Die Abschlagszahlungen sind ohne Einfluss auf die Haftung und gelten nicht als Abnahme von Teilleistungen. ⁴Der Bauunternehmer erteilt die Schlussrechnung erst, wenn die Gesamtleistung ausgeführt ist. ⁵Die Abschlagszahlungen unterliegen der Istversteuerung (vgl. Abschnitt 13.5). ⁶Soweit das Entgelt laut Schlussrechnung die geleisteten Abschlagszahlungen übersteigt, entsteht die Steuer mit Ablauf des Voranmeldungszeitraums, in dem der Bauunternehmer die gesamte, vertraglich geschuldete Werklieferung bewirkt hat. ⁷Weitere Hinweise zu Teilleistungen enthält das Merkblatt zur Umsatzbesteuerung in der Bauwirtschaft, Stand Januar 2023 (BMF-Schreiben vom 27.1.2023, BStBl I S. 305).

UStAE 13.5. Istversteuerung von Anzahlungen

(1) ¹Nach § 13 Abs. 1 Nr. 1 Buchstabe a Satz 4 UStG entsteht die Steuer in den Fällen, in denen das Entgelt oder ein Teil des Entgelts (z. B. Anzahlungen, Abschlagszahlungen, Vorauszahlungen) vor Ausführung der Leistung oder Teilleistung gezahlt wird, bereits mit Ablauf des Voranmeldungszeitraums, in dem das Entgelt oder Teilentgelt vereinnahmt worden ist. ²Zum Zeitpunkt der Vereinnahmung vgl. Abschnitt 13.6 Abs. 1.

(2) ¹Anzahlungen können außer in Barzahlungen auch in Lieferungen oder sonstigen Leistungen bestehen, die im Rahmen eines Tauschs oder tauschähnlichen Umsatzes als Entgelt oder Teilentgelt hingegeben werden. ²Eine Vereinnahmung der Anzahlung durch den Leistungsempfänger wird in diesen Fällen nicht dadurch ausgeschlossen, dass diese Leistung selbst noch nicht als ausgeführt gilt und die Steuer hierfür nach § 13 Abs. 1 Nr. 1 Buchstabe a Satz 1 UStG noch nicht entstanden ist (vgl. EuGH-Urteil vom 19.12.2012, C-549/11, Orfey Balgaria).

(3) ¹Anzahlungen führen zur Entstehung der Steuer, wenn sie für eine bestimmte Lieferung oder sonstige Leistung entrichtet werden. ²Dies setzt voraus, dass alle maßgeblichen Elemente der künftigen Lieferung oder künftigen Dienstleistung bereits bekannt sind, insbesondere die Gegenstände oder die Dienstleistungen zum Zeitpunkt der Anzahlung genau bestimmt sind (vgl. BFH-Urteile vom 15.9.2011, V R 36/09, BStBl 2012 II S. 365, vom 14.11.2018, XI R 27/16, n.v., und vom 10.4.2019, XI R 4/17, BStBl II S. 635). ³Bezieht sich eine Anzahlung auf mehrere Lieferungen oder sonstige Leistungen, ist sie entsprechend aufzuteilen. ⁴Was Gegenstand der Lieferung oder sonstigen Leistung ist, muss nach den Gegebenheiten des Einzelfalls beurteilt werden. ⁵Wird eine Leistung in Teilen geschuldet und bewirkt (Teilleistung), sind Anzahlungen der jeweiligen Teilleistung zuzurechnen, für die sie geleistet werden (vgl. BFH-Urteil vom 19.5.1988, V R 102/83, BStBl II S. 848). ⁶Fehlt es bei der Vereinnahmung der Zahlung noch an einer konkreten Leistungsvereinbarung, ist zu prüfen, ob die Zahlung als bloße Kreditgewährung zu betrachten ist; aus den Umständen des Einzelfalles, z. B. bei dauernder Geschäftsverbindung mit regelmäßig sich wiederholenden Aufträgen, kann sich ergeben, dass es sich dennoch um eine Anzahlung für eine künftige Leistung handelt, die zur Entstehung der Steuer führt.

(4) ¹Eine Anzahlung für eine Leistung, die voraussichtlich unter eine Befreiungsvorschrift des § 4 UStG fällt oder nicht steuerbar ist, braucht nicht der Steuer unterworfen zu werden. ²Dagegen ist die Anzahlung zu versteuern, wenn bei ihrer Vereinnahmung noch nicht abzusehen ist, ob die Voraussetzungen für die Steuerbefreiung oder Nichtsteuerbarkeit der Leistung erfüllt werden. ³Ergibt sich im Nachhinein, dass die Leistung nicht der Umsatzsteuer unterliegt, ist die Bemessungsgrundlage in entsprechender Anwendung des § 17 Abs. 2 Nr. 2 UStG zu berichtigen (vgl. BFH-Urteil vom 8.9.2011, V R 42/10, BStBl 2012 II S. 248).

(5) Zur Behandlung von Anzahlungen für steuerpflichtige Reiseleistungen, für die die Bemessungsgrundlage nach § 25 Abs. 3 UStG zu ermitteln ist, vgl. Abschnitt 25.3 Abs. 5.

(6) Zur Rechnungserteilung bei der Istversteuerung von Anzahlungen vgl. Abschnitt 14.8, zum Vorsteuerabzug bei Anzahlungen vgl. Abschnitt 15.3 und zur Minderung der Bemessungsgrundlage bei Rückgewährung einer Anzahlung vgl. Abschnitt 17.1 Abs. 7.

(7) Werden Anzahlungen in fremder Währung geleistet, ist die einzelne Anzahlung nach dem im Monat der Vereinnahmung geltenden Durchschnittskurs umzurechnen (§ 16 Abs. 6 UStG); bei dieser Umrechnung verbleibt es, auch wenn im Zeitpunkt der Leistungsausführung ein anderer Durchschnittskurs gilt.

(8) Zur Behandlung von Anzahlungen für Leistungen im Sinne des § 13b UStG, wenn die Voraussetzungen für die Steuerschuld des Leistungsempfängers im Zeitpunkt der Vereinnahmungen der Anzahlungen noch nicht vorlagen, vgl. Abschnitt 13b.12 Abs. 3.

UStAE   13.6.   Entstehung der Steuer bei der Besteuerung nach vereinnahmten Entgelten

(1) [1]Bei der Besteuerung nach vereinnahmten Entgelten (vgl. Abschnitt 20.1) entsteht die Steuer für Lieferungen und sonstige Leistungen mit Ablauf des Voranmeldungszeitraums, in dem die Entgelte vereinnahmt worden sind. [2]Anzahlungen (vgl. Abschnitt 13.5) sind stets im Voranmeldungszeitraum ihrer Vereinnahmung zu versteuern. [3]Als Zeitpunkt der Vereinnahmung gilt bei Überweisungen auf ein Bankkonto grundsätzlich der Zeitpunkt der Gutschrift. [4]Zur Frage der Vereinnahmung bei Einzahlung auf ein gesperrtes Konto vgl. BFH-Urteile vom 27.11.1958, V 284/57 U, BStBl 1959 III S. 64, und vom 23.4.1980, VII R 156/75, BStBl II S. 643. [5]Vereinnahmt sind auch Beträge, die der Schuldner dem Gläubiger am Fälligkeitstag gutschreibt, wenn die Beträge dem Berechtigten von nun an zur Verwendung zur Verfügung stehen (vgl. BFH-Urteil vom 24.3.1993, X R 55/91, BStBl II S. 499). [6]Dies gilt jedoch nicht, wenn die Beträge im Zeitpunkt der Gutschrift nicht fällig waren und das Guthaben nicht verzinst wird (vgl. BFH-Urteil vom 12.11.1997, XI R 30/97, BStBl 1998 II S. 252). [7]Beim Kontokorrentverkehr ist das Entgelt mit der Anerkennung des Saldos am Ende eines Abrechnungszeitraums vereinnahmt. [8]Wird für eine Leistung ein Wechsel in Zahlung genommen, gilt das Entgelt erst mit dem Tag der Einlösung oder – bei Weitergabe – mit dem Tag der Gutschrift oder Wertstellung als vereinnahmt. [9]Ein Scheckbetrag ist grundsätzlich nicht erst mit Einlösung des Schecks, sondern bereits mit dessen Hingabe zugeflossen, wenn der sofortigen Vorlage des Schecks keine zivilrechtlichen Abreden entgegenstehen und wenn davon ausgegangen werden kann, dass die bezogene Bank im Falle der sofortigen Vorlage des Schecks den Scheckbetrag auszahlen oder gutschreiben wird (vgl. BFH-Urteil vom 20.3.2001, IX R 97/97, BStBl II S. 482). [10]Die Abtretung einer Forderung an Zahlungs statt (§ 364 Abs. 1 BGB) führt im Zeitpunkt der Abtretung in Höhe des wirtschaftlichen Wertes, der der Forderung im Abtretungszeitpunkt zukommt, zu einem Zufluss. [11]Das Gleiche gilt bei einer zahlungshalber erfolgten Zahlungsabtretung (§ 364 Abs. 2 BGB), wenn eine fällige, unbestrittene und einziehbare Forderung vorliegt (vgl. BFH-Urteil vom 30.10.1980, IV R 97/78, BStBl 1981 II S. 305). [12]Eine Aufrechnung ist im Zeitpunkt der Aufrechnungserklärung einer Zahlung gleichzusetzen (vgl. BFH-Urteil vom 19.4.1977, VIII R 119/75, BStBl II S. 601).

(2) Führen Unternehmer, denen die Besteuerung nach vereinnahmten Entgelten gestattet worden ist, Leistungen an ihr Personal aus, für die kein besonderes Entgelt berechnet wird, entsteht die Steuer insoweit mit Ablauf des Voranmeldungszeitraums, in dem diese Leistungen ausgeführt worden sind.

(3) [1]Die im Zeitpunkt der Ausführung der Lieferung oder sonstigen Leistung geltenden Voraussetzungen für die Entstehung der Steuer bleiben auch dann maßgebend, wenn der Unternehmer von der Berechnung der Steuer nach vereinnahmten Entgelten zur Berechnung der Steuer nach vereinbarten Entgelten wechselt. [2]Für Umsätze, die in einem Besteuerungszeitraum ausgeführt wurden, für den dem Unternehmer die Berechnung der Steuer nach vereinnahmten Entgelten erlaubt war, gilt diese Besteuerung weiter, auch wenn in späteren Besteuerungszeiträumen ein Wechsel zur Sollversteuerung eintritt. [3]Danach entsteht die Steuer insoweit bei Verein-

nahmung des Entgelts (vgl. BFH-Urteil vom 30. 1. 2003, VR 58/01, BStBl II S. 817). [4]Im Falle eines bereits sollversteuerten Umsatzes bleibt der Zeitpunkt des Entstehens der Steuer auch dann unverändert, wenn der Unternehmer zur Ist-Versteuerung wechselt und das Entgelt noch nicht vereinnahmt hat.

UStAE　　13.8.　Entstehung der Steuer in den Fällen des § 3 Abs. 3a und § 18k UStG

[1]In den Fällen des § 3 Abs. 3a UStG entsteht die Steuer zu dem Zeitpunkt, zu dem die Zahlung angenommen wurde. [2]In den Fällen des § 18k UStG entsteht die Steuer mit Ablauf des Besteuerungszeitraums (Kalendermonat; § 16 Abs. 1e Satz 1 UStG), in dem die Lieferungen ausgeführt worden sind; die Gegenstände gelten als zu dem Zeitpunkt geliefert, zu dem die Zahlung angenommen wurde. [3]Der Zeitpunkt, zu dem die Zahlung angenommen wurde, ist der Zeitpunkt, zu dem die Zahlung bestätigt wurde oder die Zahlungsgenehmigungsmeldung oder eine Zahlungszusage des Erwerbers beim Lieferer, der die Gegenstände über eine elektronische Schnittstelle verkauft bzw. an dem besonderen Besteuerungsverfahren nach § 18k UStG teilnimmt, oder für dessen Rechnung eingeht, und zwar unabhängig davon, wann die tatsächliche Zahlung erfolgt, je nachdem, welcher Zeitpunkt der frühere ist (vgl. Artikel 41a MwStVO).

Zu § 13b UStG[1]

UStAE　　13b.1.　Leistungsempfänger als Steuerschuldner[2]

(1) [1]Unternehmer und juristische Personen schulden als Leistungsempfänger für bestimmte an sie im Inland ausgeführte steuerpflichtige Umsätze die Steuer. [2]Dies gilt sowohl für im Inland ansässige als auch für im Ausland ansässige Leistungsempfänger. [3]Auch Kleinunternehmer (§ 19 UStG), pauschalversteuernde Land- und Forstwirte (§ 24 UStG) und Unternehmer, die ausschließlich steuerfreie Umsätze tätigen, schulden die Steuer. [4]Die Steuerschuldnerschaft erstreckt sich mit Ausnahme der in § 13b Abs. 5 Satz 11 UStG genannten Leistungen, die ausschließlich an den nichtunternehmerischen Bereich von juristischen Personen des öffentlichen Rechts erbracht werden, sowohl auf die Umsätze für den unternehmerischen als auch auf die Umsätze für den nichtunternehmerischen Bereich des Leistungsempfängers. [5]Zuständig für die Besteuerung dieser Umsätze ist das Finanzamt, bei dem der Leistungsempfänger als Unternehmer umsatzsteuerlich erfasst ist. [6]Für juristische Personen ist das Finanzamt zuständig, in dessen Bezirk sie ihren Sitz haben.

(2) [1]Für folgende steuerpflichtige Umsätze schuldet der Leistungsempfänger die Steuer:

1. Nach § 3a Abs. 2 UStG im Inland steuerpflichtige sonstige Leistungen eines im übrigen Gemeinschaftsgebiet ansässigen Unternehmers (§ 13b Abs. 1 UStG).

2. Werklieferungen im Ausland ansässiger Unternehmer (§ 13b Abs. 2 Nr. 1 UStG).

Anm. d. Schriftl.:

[1] Innerhalb der EU wurde ein Schnellreaktionsmechanismus eingeführt. Auf das BMF-Schreiben vom 26. 7. 2013, BStBl 2013 I S. 1175, wird hingewiesen. Im Rahmen des Gesetzes zur Anpassung der Abgabenordnung an den Zollkodex der Union und zur Änderung weiterer steuerlicher Vorschriften vom 22. 12. 2014, BGBl 2014 I S. 2417, wurde eine gesetzliche Ermächtigung in § 13b Abs. 10 UStG eingefügt.

[2] Der Anwendung von § 13b Abs. 5 Satz 1 UStG steht nicht entgegen, dass neben dem Unternehmer oder der juristischen Person eine weitere Person Empfänger der Leistung ist, wenn der Unternehmer (oder die ihm gleichgestellte juristische Person) Schuldner des vollen Entgeltbetrages ist und der weitere Leistungsempfänger nicht zum Kreis der in § 13b Abs. 5 Satz 1 UStG genannten Steuerschuldner gehört.

Beispiel:

[1]Der in Kiel ansässige Bauunternehmer U hat den Auftrag erhalten, in Flensburg ein Geschäftshaus zu errichten. [2]Lieferung und Einbau der Fenster lässt U von seinem dänischen Subunternehmer D aus Kopenhagen ausführen.

[3]Der im Ausland ansässige Unternehmer D erbringt im Inland eine steuerpflichtige Werklieferung an U (§ 3 Abs. 4 und 7 Satz 1 UStG). [4]Die Umsatzsteuer für diese Werklieferung schuldet U (§ 13b Abs. 5 Satz 1 in Verbindung mit Abs. 2 Nr. 1 UStG).

3. Sonstige Leistungen im Ausland ansässiger Unternehmer (§ 13b Abs. 2 Nr. 1 UStG).

Beispiel:

[1]Der in Frankreich ansässige Architekt F plant für den in Stuttgart ansässigen Unternehmer U die Errichtung eines Gebäudes in München.

[2]Der im Ausland ansässige Unternehmer F erbringt im Inland steuerpflichtige Leistungen an U (§ 3a Abs. 3 Nr. 1 UStG). [3]Die Umsatzsteuer für diese Leistung schuldet U (§ 13b Abs. 5 Satz 1 in Verbindung mit Abs. 2 Nr. 1 UStG).

4. [1]Lieferungen von sicherungsübereigneten Gegenständen durch den Sicherungsgeber an den Sicherungsnehmer außerhalb des Insolvenzverfahrens (§ 13b Abs. 2 Nr. 2 UStG). [2]§ 13b Abs. 2 Nr. 2 und Abs. 5 Sätze 1 und 7 bis 9 UStG findet keine Anwendung, wenn ein sicherungsübereigneter Gegenstand vom Sicherungsgeber unter den Voraussetzungen des § 25a UStG geliefert wird.

Beispiel:

[1]Für den Unternehmer U in Leipzig finanziert eine Bank B in Dresden die Anschaffung eines PKW. [2]Bis zur Rückzahlung des Darlehens lässt sich B den PKW zur Sicherheit übereignen. [3]Da U seinen Zahlungsverpflichtungen nicht nachkommt, verwertet B den PKW durch Veräußerung an einen privaten Abnehmer A.

[4]Mit der Veräußerung des PKW durch B liegen eine Lieferung des U (Sicherungsgeber) an B (Sicherungsnehmer) sowie eine Lieferung von B an A vor (vgl. Abschnitt 1.2 Abs. 1). [5]Für die Lieferung des U schuldet B als Leistungsempfänger die Umsatzsteuer (§ 13b Abs. 5 Satz 1 in Verbindung mit Abs. 2 Nr. 2 UStG).

5. [1]Umsätze, die unter das GrEStG fallen (§ 13b Abs. 2 Nr. 3 UStG). [2]Zu den Umsätzen, die unter das GrEStG fallen, vgl. Abschnitt 4.9.1. [3]Hierzu gehören insbesondere:

   – Die Umsätze von unbebauten und bebauten Grundstücken und

   – die Bestellung und Übertragung von Erbbaurechten gegen Einmalzahlung oder regelmäßig wiederkehrende Erbbauzinsen.

   [4]Da die Umsätze, die unter das GrEStG fallen, nach § 4 Nr. 9 Buchstabe a UStG steuerfrei sind, ist für die Anwendung der Steuerschuldnerschaft des Leistungsempfängers (Abnehmers) erforderlich, dass ein wirksamer Verzicht auf die Steuerbefreiung (Option) durch den Lieferer vorliegt (vgl. Abschnitte 9.1 und 9.2 Abs. 8 und 9).

Beispiel:

[1]Der Unternehmer U in Berlin ist Eigentümer eines Werkstattgebäudes, dessen Errichtung mit Darlehen einer Bank B finanziert wurde. [2]Da U seine Zahlungsverpflichtungen nicht erfüllt, betreibt B die Zwangsversteigerung des Grundstückes. [3]Den Zuschlag erhält der Unternehmer E. [4]Auf die Steuerbefreiung der Grundstückslieferung (§ 4 Nr. 9 Buchstabe a UStG) verzichtet U rechtzeitig (§ 9 Abs. 3 Satz 1 UStG).

[5]Mit dem Zuschlag in der Zwangsversteigerung erbringt U an E eine steuerpflichtige Lieferung. [6]E schuldet als Leistungsempfänger die Umsatzsteuer (§ 13b Abs. 5 Satz 1 in Verbindung mit Abs. 2 Nr. 3 UStG).

6. [1]Bauleistungen, einschließlich Werklieferungen und sonstigen Leistungen im Zusammenhang mit Grundstücken, die der Herstellung, Instandsetzung, Instandhaltung, Änderung oder Beseitigung von Bauwerken dienen, mit Ausnahmen von Planungs- und Überwachungsleistungen (§ 13b Abs. 2 Nr. 4 Satz 1 UStG). [2]Als Grundstücke gelten insbeson-

re auch Sachen, Ausstattungsgegenstände und Maschinen, die auf Dauer in einem Gebäude oder Bauwerk installiert sind und die nicht bewegt werden können, ohne das Gebäude oder Bauwerk zu zerstören oder zu verändern (§ 13b Abs. 2 Nr. 4 Satz 2 UStG). [3]Die Veränderung muss dabei erheblich sein; Abschnitt 3a.3 Abs. 2 Satz 3 vierter Spiegelstrich Satz 2 gilt entsprechend. [4]§ 13b Abs. 2 Nr. 1 UStG bleibt unberührt.

7. Lieferungen

   a) der in § 3g Abs. 1 Satz 1 UStG genannten Gegenstände eines im Ausland ansässigen Unternehmers unter den Bedingungen des § 3g UStG (vgl. Abschnitt 3g.1) und

   b) von Gas über das Erdgasnetz und von Elektrizität, die nicht unter Buchstabe a fallen.

8. [1]Übertragung von Berechtigungen nach § 3 Nr. 3 des Treibhausgas-Emissionshandelsgesetzes vom 21. 7. 2011 (BGBl I S. 1475), Emissionsreduktionseinheiten nach § 2 Nr. 20 des Projekt-Mechanismen-Gesetzes, zertifizierten Emissionsreduktionen nach § 2 Nr. 21 des Projekt-Mechanismen-Gesetzes sowie Gas- und Elektrizitätszertifikaten (§ 13b Abs. 2 Nr. 6 UStG).**❶** [2]Zu den Elektrizitätszertifikaten gehören insbesondere Herkunftsnachweise nach § 79 Erneuerbare-Energien-Gesetz und Regionalnachweise nach § 79a Erneuerbare-Energien-Gesetz.

9. [1]Lieferungen der in der Anlage 3 des UStG bezeichneten Gegenstände (§ 13b Abs. 2 Nr. 7 UStG). [2]§ 13b Abs. 2 Nr. 7 und Abs. 5 Sätze 1 und 7 bis 9 UStG findet keine Anwendung, wenn ein in der Anlage 3 bezeichneter Gegenstand von dem liefernden Unternehmer unter den Voraussetzungen des § 25a UStG geliefert wird.

10. [1]Reinigen von Gebäuden und Gebäudeteilen (§ 13b Abs. 2 Nr. 8 UStG). [2]§ 13b Abs. 2 Nr. 1 bleibt unberührt.

11. [1]Lieferungen von Gold mit einem Feingehalt von mindestens 325 Tausendstel, in Rohform oder als Halbzeug (aus Position 7108 des Zolltarifs) und von Goldplattierungen mit einem Goldfeingehalt von mindestens 325 Tausendstel (aus Position 7109) (§ 13b Abs. 2 Nr. 9 UStG). [2]§ 13b Abs. 2 Nr. 9 und Abs. 5 Sätze 1 und 7 bis 9 UStG findet keine Anwendung, wenn ein in § 13b Abs. 2 Nr. 9 UStG bezeichneter Gegenstand von dem liefernden Unternehmer unter den Voraussetzungen des § 25a UStG geliefert wird.

12. [1]Lieferungen von Mobilfunkgeräten, Tablet-Computern und Spielekonsolen sowie von integrierten Schaltkreisen vor Einbau in einen zur Lieferung auf der Einzelhandelsstufe geeigneten Gegenstand, wenn die Summe der für sie in Rechnung zu stellenden Entgelte im Rahmen eines wirtschaftlichen Vorgangs mindestens 5 000 € beträgt; nachträgliche Minderungen des Entgelts bleiben dabei unberücksichtigt (§ 13b Abs. 2 Nr. 10 UStG). [2]§ 13b Abs. 2 Nr. 10 und Abs. 5 Sätze 1 und 7 bis 9 UStG findet keine Anwendung, wenn ein in § 13b Abs. 2 Nr. 10 UStG bezeichneter Gegenstand von dem liefernden Unternehmer unter den Voraussetzungen des § 25a UStG geliefert wird.

13. [1]Lieferungen der in der Anlage 4 des UStG bezeichneten Gegenstände, wenn die Summe der für sie in Rechnung zu stellenden Entgelte im Rahmen eines wirtschaftlichen Vorgangs mindestens 5 000 € beträgt; nachträgliche Minderungen des Entgelts bleiben dabei unberücksichtigt (§ 13b Abs. 2 Nr. 11 UStG). [2]§ 13b Abs. 2 Nr. 11 und Abs. 5 Sätze 1 und 7 bis 9 UStG findet keine Anwendung, wenn ein in der Anlage 4 bezeichneter Gegenstand von dem liefernden Unternehmer unter den Voraussetzungen des § 25a UStG geliefert wird.

14. [1]Sonstige Leistungen auf dem Gebiet der Telekommunikation (§ 13b Abs. 2 Nr. 12 Satz 1 UStG). [2]§ 13b Abs. 2 Nr. 1 UStG bleibt unberührt.

Anm. d. Schriftl.:

❶ Im Rahmen des Gesetzes zur weiteren steuerlichen Förderung der Elektromobilität und zur Änderung weiterer steuerlicher Vorschriften vom 12. 12. 2019, BGBl 2019 I S. 2451, wurden die Gas- und Elektrizitätszertifikate in die Regelung aufgenommen. Eine Erweiterung ist im Rahmen des Achten Gesetzes zur Änderung von Verbrauchsteuergesetzen vom 24. 10. 2022, BGBl 2022 I S. 1838, vorgenommen worden.

²Der Leistungsempfänger schuldet die Steuer auch beim Tausch und bei tauschähnlichen Umsätzen.

UStAE 13b.2. Bauleistungen🔳

(1) ¹Der Begriff des Bauwerks (vgl. Abschnitt 13b.1 Abs. 2 Nr. 6) ist weit auszulegen und umfasst nicht nur Gebäude, sondern darüber hinaus sämtliche irgendwie mit dem Erdboden verbundenen oder infolge ihrer eigenen Schwere auf ihm ruhende, aus Baustoffen oder Bauteilen hergestellte Anlagen (z. B. Brücken, Straßen oder Tunnel, Versorgungsleitungen, Schiffshebewerke, Windkraftanlagen). ²In jedem Fall gelten die in Abschnitt 3a.3 Abs. 2 Satz 3 Spiegelstriche 2 bis 4 genannten Grundstücke als Bauwerke im Sinne des § 13b Abs. 2 Nr. 4 UStG.

(2) – gestrichen –

(3) ¹Eine Bauleistung muss sich unmittelbar auf die Substanz des Bauwerks auswirken, d. h. es muss eine Substanzerweiterung, Substanzverbesserung, Substanzbeseitigung oder Substanzerhaltung bewirkt werden. ²Hierzu zählen auch Erhaltungsaufwendungen (z. B. Reparaturleistungen); vgl. hierzu aber Absatz 7 Nr. 15.

(4) ¹Werden im Rahmen eines Vertragsverhältnisses mehrere Leistungen erbracht, bei denen es sich teilweise um Bauleistungen handelt, kommt es darauf an, welche Leistung im Vordergrund steht, also der vertraglichen Beziehung das Gepräge gibt. ²Die Leistung fällt nur dann – insgesamt – unter § 13b Abs. 2 Nr. 4 Satz 1 UStG, wenn die Bauleistung als Hauptleistung anzusehen ist. ³Ein auf einem Gesamtvertrag beruhendes Leistungsverhältnis ist jedoch aufzuteilen, wenn hierin mehrere ihrem wirtschaftlichen Gehalt nach selbständige und voneinander unabhängige Einzelleistungen zusammengefasst werden (vgl. BFH-Urteil vom 24. 11. 1994, V R 30/92, BStBl 1995 II S. 151).

(5) Zu den Bauleistungen gehören insbesondere auch:

1. Der Einbau von Fenstern, Türen, Bodenbelägen, Aufzügen, Rolltreppen und Heizungsanlagen sowie die Errichtung von Dächern und Treppenhäusern;

2. ¹die Werklieferungen oder der Einbau von Ausstattungsgegenständen oder Maschinenanlagen, sofern diese sich unmittelbar auf die Substanz des Bauwerks auswirken (vgl. Absatz 3). ²Dies ist der Fall, wenn die Ausstattungsgegenstände oder Maschinenanlagen auf Dauer in einem Gebäude oder Bauwerk installiert sind, und nicht bewegt werden können, ohne das Gebäude oder Bauwerk zu zerstören oder erheblich zu verändern; Abschnitt 3a.3 Abs. 2 Satz 3 vierter Spiegelstrich Satz 2 gilt entsprechend;

3. – gestrichen –

4. – gestrichen –

5. Erdarbeiten im Zusammenhang mit der Erstellung eines Bauwerks;

6. ¹EDV- oder Telefonanlagen, die fest mit dem Bauwerk verbunden sind, in das sie eingebaut werden. ²Die Lieferung von Endgeräten allein ist dagegen keine Bauleistung;

7. die Dachbegrünung eines Bauwerks;

8. der Hausanschluss durch Versorgungsunternehmen (die Hausanschlussarbeiten umfassen regelmäßig Erdarbeiten, Mauerdurchbruch, Installation der Hausanschlüsse und Verlegung

---

Anm. d. Schriftl.:

🔳 Der BFH hat mit Urteil vom 28. 8. 2014, BStBl 2015 II S. 682, entschieden, dass Betriebsvorrichtungen keine Bauwerke i. S. von § 13b Abs. 2 Nr. 4 Satz 1 UStG sind. Dieses Urteil wird von der Finanzverwaltung über den entschiedenen Einzelfall hinaus nicht angewendet (BMF-Schreiben vom 28. 7. 2015, BStBl 2015 I S. 623). § 13b Abs. 2 Nr. 4 UStG wurde im Rahmen des Steueränderungsgesetzes 2015 vom 2. 11. 2015, BGBl 2015 I S. 1834, entsprechend geändert.

der Hausanschlussleitungen vom Netz des Versorgungsunternehmens zum Hausanschluss), wenn es sich um eine eigenständige Leistung handelt;

9. [1]künstlerische Leistungen an Bauwerken, wenn sie sich unmittelbar auf die Substanz auswirken und der Künstler auch die Ausführung des Werks als eigene Leistung schuldet. [2]Stellt der Künstler lediglich Ideen oder Planungen zur Verfügung oder überwacht er die Ausführung des von einem Dritten geschuldeten Werks durch einen Unternehmer, liegt keine Bauleistung vor;

10. [1]ein Reinigungsvorgang, bei dem die zu reinigende Oberfläche verändert wird. [2]Dies gilt z. B. für eine Fassadenreinigung, bei der die Oberfläche abgeschliffen oder mit Sandstrahl bearbeitet wird;

11. Werklieferungen von Photovoltaikanlagen, die auf oder an einem Gebäude oder Bauwerk installiert werden (z. B. dachintegrierte Anlagen, Auf-Dach-Anlagen oder Fassadenmontagen) oder mit dem Grund und Boden auf Dauer fest verbunden werden (Freiland-Photovoltaikanlagen).

(6) [1]Von den Bauleistungen ausgenommen sind nach § 13b Abs. 2 Nr. 4 Satz 1 UStG ausdrücklich Planungs- und Überwachungsleistungen. [2]Hierunter fallen ausschließlich planerische Leistungen (z. B. von Statikern, Architekten, Garten- und Innenarchitekten, Vermessungs-, Prüf- und Bauingenieuren), Labordienstleistungen (z. B. chemische Analyse von Baustoffen) oder reine Leistungen zur Bauüberwachung, zur Prüfung von Bauabrechnungen und zur Durchführung von Ausschreibungen und Vergaben.

(7) Insbesondere folgende Leistungen fallen nicht unter die in § 13b Abs. 2 Nr. 4 Satz 1 UStG genannten Umsätze:

1. Materiallieferungen (z. B. durch Baustoffhändler oder Baumärkte), auch wenn der liefernde Unternehmer den Gegenstand der Lieferung im Auftrag des Leistungsempfängers herstellt, nicht aber selbst in ein Bauwerk einbaut;

2. [1]Lieferungen einzelner Maschinen, die vom liefernden Unternehmer im Auftrag des Abnehmers auf ein Fundament gestellt werden. [2]Stellt der liefernde Unternehmer das Fundament oder die Befestigungsvorrichtung allerdings vor Ort selbst her, ist nach den Grundsätzen in Absatz 4 zu entscheiden, ob es sich um eine Bauleistung handelt;

3. [1]Anliefern von Beton. [2]Wird Beton geliefert und durch Personal des liefernden Unternehmers an der entsprechenden Stelle des Bauwerks lediglich abgelassen oder in ein gesondertes Behältnis oder eine Verschalung eingefüllt, liegt eine Lieferung, aber keine Werklieferung, und somit keine Bauleistung vor. [3]Dagegen liegt eine Bauleistung vor, wenn der liefernde Unternehmer den Beton mit eigenem Personal fachgerecht verarbeitet;

4. Lieferungen von Wasser und Energie;

5. [1]Zurverfügungstellen von Betonpumpen und anderen Baugeräten. [2]Das Zurverfügungstellen von Baugeräten ist dann eine Bauleistung, wenn gleichzeitig Personal für substanzverändernde Arbeiten zur Verfügung gestellt wird. [3]Zu den Baugeräten gehören auch Großgeräte wie Krane oder selbstfahrende Arbeitsmaschinen. [4]Das reine Zurverfügungstellen (Vermietung) von Kranen – auch mit Personal – stellt keine Bauleistung dar. [5]Eine Bauleistung liegt auch dann nicht vor, wenn Leistungsinhalt ist, einen Kran an die Baustelle zu bringen, diesen aufzubauen und zu bedienen und nach Weisung des Anmietenden bzw. dessen Erfüllungsgehilfen Güter am Haken zu befördern. [6]Ebenso liegt keine Bauleistung vor, wenn ein Baukran mit Personal vermietet wird und die mit dem Kran bewegten Materialien vom Personal des Auftraggebers befestigt oder mit dem Bauwerk verbunden werden, da nicht vom Personal des Leistungserbringers in die Substanz des Bauwerks eingegriffen wird;

6. Aufstellen von Material- und Bürocontainern, mobilen Toilettenhäusern;

7. Entsorgung von Baumaterialien (Schuttabfuhr durch Abfuhrunternehmer);

8. Aufstellen von Messeständen;

9. Gerüstbau;

10. [1]Anlegen von Bepflanzungen und deren Pflege (z. B. Bäume, Gehölze, Blumen, Rasen) mit Ausnahme von Dachbegrünungen. [2]Nicht zu den Bauleistungen im Zusammenhang mit einem Bauwerk gehören das Anlegen von Gärten und von Wegen in Gärten, soweit dabei keine Bauwerke hergestellt, instand gesetzt, geändert oder beseitigt werden, die als Hauptleistung anzusehen sind. [3]Das Anschütten von Hügeln und Böschungen sowie das Ausheben von Gräben und Mulden zur Landschaftsgestaltung sind ebenfalls keine Bauleistungen;

11. [1]Aufhängen und Anschließen von Beleuchtungen sowie das Anschließen von Elektrogeräten. [2]Dagegen ist die Installation einer Lichtwerbeanlage und die Montage und das Anschließen von Beleuchtungssystemen, z. B. in Kaufhäusern oder Fabrikhallen, eine Bauleistung;

12. [1]als Verkehrssicherungsleistungen bezeichnete Leistungen (Auf- und Abbau, Vorhaltung, Wartung und Kontrolle von Verkehrseinrichtungen, unter anderem Absperrgeräte, Leiteinrichtungen, Blinklicht- und Lichtzeichenanlagen, Aufbringung von vorübergehenden Markierungen, Lieferung und Aufstellen von transportablen Verkehrszeichen, Einsatz von fahrbaren Absperrtafeln und die reine Vermietung von Verkehrseinrichtungen und Bauzäunen). [2]Dagegen sind das Aufbringen von Endmarkierungen (sog. Weißmarkierungen) sowie das Aufstellen von Verkehrszeichen und Verkehrseinrichtungen, die dauerhaft im öffentlichen Verkehrsraum verbleiben, Bauleistungen, wenn es sich um jeweils eigenständige Leistungen handelt;

13. die Arbeitnehmerüberlassung, auch wenn die überlassenen Arbeitnehmer für den Entleiher Bauleistungen erbringen, unabhängig davon, ob die Leistungen nach dem Arbeitnehmerüberlassungsgesetz erbracht werden oder nicht;

14. die bloße Reinigung von Räumlichkeiten oder Flächen, z. B. von Fenstern;

15. [1]Reparatur- und Wartungsarbeiten an Bauwerken oder Teilen von Bauwerken, wenn das (Netto-)Entgelt für den einzelnen Umsatz nicht mehr als 500 € beträgt. [2]Wartungsleistungen an Bauwerken oder Teilen von Bauwerken, die einen Nettowert von 500 € übersteigen, sind nur dann als Bauleistungen zu behandeln, wenn Teile verändert, bearbeitet oder ausgetauscht werden;

16. Luftdurchlässigkeitsmessungen an Gebäuden, die für die Erfüllung von § 6 EnEV und Anlage 4 zur EnEV durchgeführt werden, da sich diese Leistungen nicht auf die Substanz eines Gebäudes auswirken;

17. [1]Bebauung von eigenen Grundstücken zum Zwecke des Verkaufs; insoweit liegt eine Lieferung und keine Werklieferung vor. [2]Dies gilt auch dann, wenn die Verträge mit den Abnehmern bereits zu einem Zeitpunkt geschlossen werden, in dem diese noch Einfluss auf die Bauausführung und Baugestaltung – unabhängig vom Umfang – nehmen können.

UStAE 13b.3. Bauleistender Unternehmer als Leistungsempfänger

(1) [1]Werden Bauleistungen von einem im Inland ansässigen Unternehmer im Inland erbracht, ist der Leistungsempfänger nur dann Steuerschuldner, wenn er Unternehmer ist und selbst Bauleistungen erbringt, unabhängig davon, ob er sie für eine von ihm erbrachte Bauleistung verwendet (§ 13b Abs. 5 Satz 2 UStG). [2]Der Leistungsempfänger muss derartige Bauleistungen nachhaltig erbringen oder erbracht haben. [3]Die Steuerschuldnerschaft des Leistungsempfängers gilt deshalb vor allem nicht für Nichtunternehmer sowie für Unternehmer mit anderen als den vorgenannten Umsätzen, z. B. Baustoffhändler, die ausschließlich Baumaterial liefern, oder Unternehmer, die ausschließlich Lieferungen erbringen, die unter das GrEStG fallen.

(2) ¹Ein Unternehmer erbringt zumindest dann nachhaltig Bauleistungen, wenn er mindestens 10 % seines Weltumsatzes (Summe seiner im Inland steuerbaren und nicht steuerbaren Umsätze) als Bauleistungen erbringt. ²Unternehmer, die Bauleistungen unterhalb dieser Grenze erbringen, sind danach grundsätzlich keine bauleistenden Unternehmer. ³Hat der Unternehmer zunächst keine Bauleistungen ausgeführt oder nimmt er seine Tätigkeit in diesem Bereich erst auf, ist er – abweichend von Absatz 1 – auch schon vor der erstmaligen Erbringung von Bauleistungen als bauleistender Unternehmer anzusehen, wenn er nach außen erkennbar mit ersten Handlungen zur nachhaltigen Erbringung von Bauleistungen begonnen hat und die Bauleistungen voraussichtlich mehr als 10 % seines Weltumsatzes im Sinne des Satzes 1 betragen werden.

(3) ¹Es ist davon auszugehen, dass die Voraussetzung nach Absatz 2 erfüllt ist, wenn dem Unternehmer das nach den abgabenrechtlichen Vorschriften für die Besteuerung seiner Umsätze zuständige Finanzamt auf Antrag oder von Amts wegen eine im Zeitpunkt der Ausführung des Umsatzes gültige Bescheinigung nach dem Vordruckmuster USt 1 TG erteilt hat; hinsichtlich dieses Musters wird auf das BMF-Schreiben vom 5.11.2019, BStBl I S. 1041, verwiesen. ²Zur Erteilung dieser Bescheinigung sind die Voraussetzungen in geeigneter Weise glaubhaft zu machen. ³Aus Vereinfachungsgründen kann auf den Weltumsatz des im Zeitpunkt der Ausstellung der Bescheinigung abgelaufenen Besteuerungszeitraums abgestellt werden, für den dem Finanzamt bereits Umsatzsteuer-Voranmeldungen bzw. Umsatzsteuererklärungen für das Kalenderjahr vorliegen. ⁴In den Fällen des Absatzes 2 Satz 3 muss glaubhaft gemacht werden, dass der Umfang der nicht ausgeführten Bauleistungen zukünftig die 10%-Grenze nach Absatz 2 Satz 1 überschreiten wird.

(4) Die Gültigkeitsdauer der Bescheinigung nach Absatz 3 Satz 1 ist auf längstens drei Jahre zu beschränken; sie kann nur mit Wirkung für die Zukunft widerrufen oder zurückgenommen werden.

(5) ¹Hat das Finanzamt dem Unternehmer eine Bescheinigung nach dem Vordruckmuster USt 1 TG ausgestellt, ist er auch dann als Leistungsempfänger Steuerschuldner, wenn er diesen Nachweis gegenüber dem leistenden Unternehmer nicht – im Original oder in Kopie – verwendet oder sich herausstellt, dass der Unternehmer tatsächlich nicht mindestens 10 % seines Weltumsatzes nach Absatz 1 Satz 1 als Bauleistungen erbringt oder erbracht hat. ²Wurde die Bescheinigung mit Wirkung für die Zukunft widerrufen oder zurückgenommen, und erbringt der Leistungsempfänger nicht nachhaltig Bauleistungen, schuldet der leistende Unternehmer dann die Steuer, wenn er hiervon Kenntnis hatte oder hätte haben können. ³Hatte der leistende Unternehmer in diesen Fällen keine Kenntnis oder hat er keine Kenntnis haben können, wird es beim leistenden Unternehmer und beim Leistungsempfänger nicht beanstandet, wenn beide einvernehmlich von einer Steuerschuldnerschaft des Leistungsempfängers ausgehen und durch diese Handhabung keine Steuerausfälle entstehen; dies gilt dann als erfüllt, wenn der Umsatz vom Leistungsempfänger in zutreffender Höhe versteuert wird.

(6) ¹Arbeitsgemeinschaften (ARGE) sind auch dann als Leistungsempfänger Steuerschuldner, wenn sie nur eine Bauleistung als Gesamtleistung erbringen. ²Dies gilt bereits für den Zeitraum, in dem sie noch keinen Umsatz erbracht haben. ³Soweit Gesellschafter einer ARGE Bauleistungen an die ARGE erbringen, ist die ARGE als Leistungsempfänger Steuerschuldner. ⁴Bestehen Zweifel, ob die Leistung an die ARGE eine Bauleistung ist, kann § 13b Abs. 5 Satz 8 UStG (vgl. Abschnitt 13b.8) angewendet werden.

(7) ¹Erbringt bei einem Organschaftsverhältnis nur ein Teil des Organkreises (z. B. der Organträger oder eine Organgesellschaft) nachhaltig Bauleistungen, ist der Organträger nur für die Bauleistungen Steuerschuldner, die an diesen Teil des Organkreises erbracht werden. ²Die Absätze 1 bis 5 sind auf den jeweiligen Unternehmensteil entsprechend anzuwenden. ³Bei der Berechnung der 10%-Grenze sind nur die Bemessungsgrundlagen der Umsätze zu berücksichtigen, die dieser Teil des Organkreises erbracht hat; nicht steuerbare Innenumsätze sind dabei unbeachtlich. ⁴Die Bescheinigung nach den Vordruckmuster USt 1 TG stellt das für den Organkreis für Zwecke der Umsatzsteuer zuständige Finanzamt für alle im Inland gelegenen Unternehmensteile im Sinne des Abschnitts 2.9 Abs. 3 bis 5 auf Antrag oder von Amts wegen aus. ⁵Der Antrag im Sinne des

Satzes 4 ist von dem Organträger zu stellen; Abschnitt 2.9 Abs. 6 und 7 gilt entsprechend. [6]Der Antrag hat folgende Informationen zu enthalten:

- Steuernummer, unter der der Organkreis im Inland für Zwecke der Umsatzsteuer geführt wird,
- Name und Anschrift des Organträgers; im Falle der Ansässigkeit des Organträgers im Ausland zusätzlich Name und Anschrift des im Inland gelegenen wirtschaftlich bedeutendsten Unternehmensteils,
- Name und Anschrift der betreffenden Organgesellschaft bzw. im Inland gelegenen Betriebsstätte,
- Steuernummer, unter der die betreffende Organgesellschaft bzw. im Inland gelegene Betriebsstätte ertragsteuerlich geführt wird,
- Bezeichnung des zuständigen Finanzamts, bei dem die betreffende Organgesellschaft bzw. im Inland gelegene Betriebsstätte ertragsteuerlich geführt wird.

(8) [1]Bauträger, die ausschließlich eigene Grundstücke zum Zwecke des Verkaufs bebauen, führen eine bloße Grundstückslieferung mit der Folge aus, dass sie für an sie erbrachte, in § 13b Abs. 2 Nr. 4 Satz 1 UStG genannte Leistungen grundsätzlich nicht Steuerschuldner nach § 13b Abs. 5 Satz 2 UStG sind; § 13b Abs. 2 Nr. 1 und Abs. 5 Satz 1 erster Halbsatz UStG sowie die Absätze 3 und 5 bleiben unberührt. [2]Dies gilt auch dann, wenn die entsprechenden Kaufverträge mit den Kunden bereits zu einem Zeitpunkt geschlossen werden, in dem der Kunde noch Einfluss auf die Bauausführung und Baugestaltung – unabhängig vom Umfang – nehmen kann, unabhängig davon, ob dieser Umsatz steuerpflichtig ist oder unter die Steuerbefreiung nach § 4 Nr. 9 Buchstabe a UStG fällt (vgl. Abschnitt 13b.2 Abs. 7 Nr. 17). [3]Bei Unternehmern (Bauträgern), die sowohl Umsätze erbringen, die unter das GrEStG fallen, als auch, z. B. als Generalunternehmer, Bauleistungen im Sinne von § 13b Abs. 2 Nr. 4 Satz 1 UStG, sind die allgemeinen Grundsätze der Absätze 1 bis 7 anzuwenden.

(9) [1]Wohnungseigentümergemeinschaften sind für Bauleistungen als Leistungsempfänger nicht Steuerschuldner, wenn diese Leistungen als nach § 4 Nr. 13 UStG steuerfreie Leistungen der Wohnungseigentümergemeinschaften an die einzelnen Wohnungseigentümer weitergegeben werden. [2]Dies gilt auch dann, wenn die Wohnungseigentümergemeinschaft derartige Umsätze nach § 9 Abs. 1 UStG als steuerpflichtig behandelt.

(10) Es ist nicht erforderlich, dass die an den Leistungsempfänger erbrachten Bauleistungen mit von ihm erbrachten Bauleistungen unmittelbar zusammenhängen.

Beispiel:

[1]Der Bauunternehmer A beauftragt den Unternehmer B mit dem Einbau einer Heizungsanlage in sein Bürogebäude. [2]A bewirkt nachhaltig Bauleistungen.

[3]Der Einbau der Heizungsanlage durch B ist eine unter § 13b Abs. 2 Nr. 4 Satz 1 und Abs. 5 Satz 2 UStG fallende Werklieferung. [4]Für diesen Umsatz ist A Steuerschuldner, da er selbst nachhaltig Bauleistungen erbringt. [5]Unbeachtlich ist, dass der von B erbrachte Umsatz nicht mit den Ausgangsumsätzen des A in unmittelbarem Zusammenhang steht.

(11) Die Steuerschuldnerschaft des Leistungsempfängers nach § 13b Abs. 2 Nr. 4 Satz 1 UStG ist von Personengesellschaften (z. B. KG, GbR) und Kapitalgesellschaften (AG, GmbH) nicht anzuwenden, wenn ein Unternehmer eine Bauleistung für den privaten Bereich eines (Mit-)Gesellschafters oder Anteilseigners erbringt, da es sich hierbei um unterschiedliche Personen handelt.

(12) [1]Erfüllt der Leistungsempfänger die Voraussetzungen des § 13b Abs. 5 Satz 2 UStG, ist er auch dann Steuerschuldner, wenn die Leistung für den nichtunternehmerischen Bereich erbracht wird (§ 13b Abs. 5 Satz 7 UStG). [2]Ausgenommen hiervon sind Bauleistungen, die ausschließlich an den nichtunternehmerischen Bereich von juristischen Personen des öffentlichen Rechts erbracht werden, auch wenn diese im Rahmen von Betrieben gewerblicher Art unternehmerisch tätig sind und nachhaltig Bauleistungen erbringen (vgl. § 13b Abs. 5 Satz 11 UStG). [3]Ab-

satz 1 ist auf den jeweiligen Betrieb gewerblicher Art einer juristischen Person des öffentlichen Rechts entsprechend anzuwenden, der Bauleistungen erbringt.

(13) Erbringt ein Unternehmer eine Leistung, die keine Bauleistung ist, und bezeichnet er sie dennoch in der Rechnung als Bauleistung, ist der Leistungsempfänger für diesen Umsatz nicht Steuerschuldner nach § 13b Abs. 5 UStG.

UStAE 13b.3a. Lieferungen von Gas, Elektrizität, Wärme oder Kälte

(1) ¹Die Steuerschuldnerschaft des Leistungsempfängers nach § 13b Abs. 2 Nr. 5 Buchstabe a in Verbindung mit Abs. 5 Satz 1 zweiter Halbsatz UStG gilt für Lieferungen von Gas über das Erdgasnetz, von Elektrizität sowie von Wärme und Kälte über ein Wärme- oder Kältenetz durch einen im Ausland ansässigen Unternehmer an einen anderen Unternehmer unter den Bedingungen des § 3g UStG. ²Zu den Bedingungen nach § 3g UStG vgl. Abschnitt 3g.1 Abs. 1 bis 3.

(2) ¹Bei Lieferungen von Gas über das Erdgasnetz durch einen im Inland ansässigen Unternehmer ist der Leistungsempfänger Steuerschuldner nach § 13b Abs. 2 Nr. 5 Buchstabe b in Verbindung mit Abs. 5 Satz 3 UStG, wenn er ein Wiederverkäufer von Erdgas im Sinne des § 3g UStG ist. ²Bei Lieferungen von Elektrizität durch einen im Inland ansässigen Unternehmer ist der Leistungsempfänger Steuerschuldner nach § 13b Abs. 2 Nr. 5 Buchstabe b in Verbindung mit Abs. 5 Satz 4 UStG, wenn er und der liefernde Unternehmer Wiederverkäufer von Elektrizität im Sinne des § 3g Abs. 1 UStG sind. ³Betreiber von dezentralen Stromgewinnungsanlagen (z. B. Photovoltaik- bzw. Windkraftanlagen, Biogas-Blockheizkraftwerke) sind regelmäßig keine Wiederverkäufer von Elektrizität im Sinne des § 3g UStG (vgl. Abschnitt 2.5 Abs. 3), wenn sie ausschließlich selbsterzeugte Elektrizität liefern. ⁴Zum Begriff des Wiederverkäufers von Erdgas oder Elektrizität im Sinne des § 3g Abs. 1 UStG vgl. Abschnitt 3g.1 Abs. 2 und 3. ⁵Es ist davon auszugehen, dass ein Unternehmer Wiederverkäufer von Erdgas oder Elektrizität ist, wenn er einen im Zeitpunkt der Ausführung des Umsatzes gültigen Nachweis nach dem Vordruckmuster USt 1 TH im Original oder in Kopie vorlegt; hinsichtlich dieses Musters wird auf das BMF-Schreiben vom 5. 11. 2019, BStBl I S. 1041, verwiesen. ⁶Verwendet bei der Lieferung von Erdgas der Leistungsempfänger einen Nachweis nach dem Vordruckmuster USt 1 TH, ist er Steuerschuldner, auch wenn er im Zeitpunkt der Lieferung tatsächlich kein Wiederverkäufer von Erdgas im Sinne des § 3g UStG ist; dies gilt nicht, wenn der Leistungsempfänger einen gefälschten Nachweis nach dem Vordruckmuster USt 1 TH verwendet hat und der Vertragspartner hiervon Kenntnis hatte. ⁷Bei der Lieferung von Elektrizität gilt dies entsprechend für die Verwendung eines Nachweises nach dem Vordruckmuster USt 1 TH durch den leistenden Unternehmer und/oder den Leistungsempfänger.

(3) ¹Erfüllt bei einem Organschaftsverhältnis nur ein Teil des Organkreises (z. B. der Organträger oder eine Organgesellschaft) die Voraussetzung als Wiederverkäufer nach § 3g Abs. 1 UStG, ist für Zwecke der Anwendung der Steuerschuldnerschaft des Leistungsempfängers nach § 13b Abs. 2 Nr. 5 Buchstabe b und Abs. 5 Satz 3 und 4 UStG nur dieser Teil des Organkreises als Wiederverkäufer anzusehen. ²Absatz 2 und Abschnitt 3g.1 Abs. 2 und 3 sind insoweit nur auf den jeweiligen Unternehmensteil anzuwenden; nicht steuerbare Innenumsätze sind bei der Ermittlung der Wiederverkäufereigenschaft unbeachtlich. ³Die Bescheinigung nach dem Vordruckmuster USt 1 TH stellt das für den Organkreis für Zwecke der Umsatzsteuer zuständige Finanzamt für alle im Inland gelegenen Unternehmensteile im Sinne des Abschnitts 2.9 Abs. 3 bis 5 auf Antrag aus. ⁴Der Antrag im Sinne des Satzes 3 ist von dem Organträger zu stellen; Abschnitt 2.9 Abs. 6 und 7 sowie Abschnitt 13b.3 Abs. 7 Satz 6 gelten entsprechend.

(4) ¹Erfüllen der leistende Unternehmer und der Leistungsempfänger die Voraussetzungen des § 13b Abs. 5 Satz 3 und 4 UStG, ist der Leistungsempfänger auch dann Steuerschuldner, wenn die Leistung für den nichtunternehmerischen Bereich erbracht wird (§ 13b Abs. 5 Satz 7 UStG). ²Ausgenommen hiervon sind die Lieferungen von Erdgas und Elektrizität, die ausschließlich an den nichtunternehmerischen Bereich von juristischen Personen des öffentlichen Rechts erbracht werden, auch wenn diese im Rahmen von Betrieben gewerblicher Art als Wiederverkäufer von

Erdgas bzw. Elektrizität im Sinne von § 3g Abs. 1 UStG unternehmerisch tätig sind (vgl. § 13b Abs. 5 Satz 11 UStG). [3]Absatz 2 ist auf den jeweiligen Betrieb gewerblicher Art einer juristischen Person des öffentlichen Rechts entsprechend anzuwenden, der Wiederverkäufer von Erdgas bzw. Elektrizität im Sinne von § 3g Abs. 1 UStG ist.

(4a) Der Ausgleich von Mehr- bzw. Minderungen Gas stellt eine Lieferung dar (vgl. Abschnitt 1.7 Abs. 5).

(5) Lieferungen von Elektrizität sind auch:

1. Die Lieferung von Elektrizität aus dezentralen Stromgewinnungsanlagen durch Verteilernetzbetreiber und Übertragungsnetzbetreiber zum Zweck der Vermarktung an der Strombörse EEX.

2. [1]Die Energiebeschaffung zur Deckung von Netzverlusten. [2]Hierbei handelt es sich um physische Beschaffungsgeschäfte durch Netzbetreiber zur Deckung des Bedarfes an Netzverlustenergie.

3. [1]Der horizontale Belastungsausgleich der Übertragungsnetzbetreiber (nur Anteil physischer Ausgleich). [2]Hierbei handelt es sich um den physikalischen Ausgleich der Elektrizitätsmengen zwischen den einzelnen Regelzonen im Übertragungsnetz untereinander.

4. Die Regelenergielieferung (positiver Preis), das ist der Energiefluss zum Ausgleich des Bedarfs an Regelenergie und damit eine physische Elektrizitätslieferung.

5. Ausgleich von Mehr- bzw. Mindermengen Strom (vgl. Abschnitt 1.7 Abs. 6).

(6) Keine Lieferungen von Elektrizität sind:

1. [1]Der Bilanzkreis- und Regelzonenausgleich sowie die Bilanzkreisabrechnung. [2]Dabei handelt es sich um die Verteilung der Kosten des Regelenergieeinsatzes beim Übertragungsnetzbetreiber auf alle Bilanzkreisverantwortlichen (z. B. Händler, Lieferanten) im Rahmen der Bilanzkreisabrechnung. [3]Leistungserbringer dieser sonstigen Leistung ist stets der Übertragungsnetzbetreiber, wobei sich im Rahmen der Verteilung auf die einzelnen Bilanzkreise infolge der energetischen Über- und Unterdeckungen der Bilanzkreise positive bzw. negative (finanzielle) Abrechnungsergebnisse ergeben (vgl. auch Abschnitt 1.7 Abs. 1 Satz 1).

2. Die Netznutzung in Form der Bereitstellung und Vorhaltung des Netzes bzw. des Netzzugangs durch den Netzbetreiber (Verteilernetzbetreiber bzw. Übertragungsnetzbetreiber) gegenüber seinen Netzkunden.

3. [1]Die Regelleistung (primär, sekundär, Minutenreserve – Anteil Leistungsvorhaltung). [2]Hierbei handelt es sich um eine sonstige Leistung, die in der Bereitschaft zur Bereitstellung von Regelleistungskapazität zur Aufrechterhaltung der Systemstabilität des elektrischen Systems (Stromnetz) besteht.

4. [1]Die Regelenergielieferung (negativer Preis), bei der ein Energieversorger seine am Markt nicht mehr zu einem positiven Kaufpreis veräußerbare überschüssige Elektrizität in Verbindung mit einer Zuzahlung abgibt, um sich eigene Aufwendungen für das Zurückfahren der eigenen Produktionsanlagen zu ersparen. [2]Hier liegt keine Lieferung von Elektrizität vor, sondern eine sonstige Leistung des Abnehmers (vgl. auch Abschnitt 1.7 Abs. 1 Satz 3).

UStAE   13b.4. Lieferungen von Industrieschrott, Altmetallen und sonstigen Abfallstoffen

(1) [1]Zu den in der Anlage 3 des UStG bezeichneten Gegenständen gehören:

1. [1]Unter Nummer 1 der Anlage 3 des UStG fallen nur granulierte Schlacken (Schlackensand) aus der Eisen- und Stahlherstellung im Sinne der Unterposition 2618 00 00 des Zolltarifs. [2]Hierzu gehört granulierte Schlacke (Schlackensand), die zum Beispiel durch rasches Eingie-

ßen flüssiger, aus dem Hochofen kommender Schlacken in Wasser gewonnen wird. [3]Nicht hierzu gehören dagegen mit Dampf oder Druckluft hergestellte Schlackenwolle sowie Schaumschlacke, die man erhält, wenn man schmelzflüssiger Schlacke etwas Wasser zusetzt, und Schlackenzement.

2. [1]Unter Nummer 2 der Anlage 3 des UStG fallen nur Schlacken (ausgenommen granulierte Schlacke), Zunder und andere Abfälle der Eisen- und Stahlherstellung im Sinne der Unterposition 2619 00 des Zolltarifs. [2]Die hierzu gehörenden Schlacken bestehen entweder aus Aluminium- oder Calciumsilicaten, die beim Schmelzen von Eisenerz (Hochofenschlacke), beim Raffinieren von Roheisen oder bei der Stahlherstellung (Konverterschlacke) entstehen. [3]Diese Schlacken gehören auch dann hierzu, wenn ihr Eisenanteil zur Wiedergewinnung des Metalls ausreicht. [4]Außerdem gehören Hochofenstaub und andere Abfälle oder Rückstände der Eisen- oder Stahlherstellung hierzu, sofern sie nicht bereits von Nummer 8 der Anlage 3 des UStG (vgl. nachfolgende Nummer 8) umfasst sind. [5]Nicht hierzu gehören dagegen phosphorhaltige Schlacken (Thomasphosphat-Schlacke). [6]Bei der Lieferung von nach der Düngemittelverordnung hergestellten Konverter- und Hüttenkalken wird es aus Vereinfachungsgründen nicht beanstandet, wenn die Unternehmer übereinstimmend § 13a Abs. 1 Nr. 1 UStG angewendet haben und der Umsatz in zutreffender Höhe versteuert wurde.

3. [1]Unter Nummer 3 der Anlage 3 des UStG fallen nur Schlacken, Aschen und Rückstände (ausgenommen solche der Eisen- und Stahlherstellung), die Metalle, Arsen oder deren Verbindungen enthalten, im Sinne der Position 2620 des Zolltarifs. [2]Hierzu gehören Schlacken, Aschen und Rückstände (andere als solche der Nummern 1, 2 und 7 der Anlage 3 des UStG, vgl. Nummern 1, 2 und 7), die Arsen und Arsenverbindungen (auch Metalle enthaltend), Metalle oder deren Verbindungen enthalten und die eine Beschaffenheit aufweisen, wie sie zum Gewinnen von Arsen oder Metall oder zum Herstellen von Metallverbindungen verwendet werden. [3]Derartige Schlacken, Aschen und Rückstände fallen bei der Aufarbeitung von Erzen oder von metallurgischen Zwischenerzeugnissen (z. B. Matten) an oder stammen aus elektrolytischen, chemischen oder anderen industriellen Verfahren, die keine mechanischen Bearbeitungen einschließen. [4]Nicht hierzu gehören Aschen und Rückstände vom Verbrennen von Siedlungsabfällen, Schlämme aus Lagertanks für Erdöl (überwiegend aus solchen Ölen bestehend), chemisch einheitliche Verbindungen sowie Zinkstaub, der durch Kondensation von Zinkdämpfen gewonnen wird.

4. [1]Unter Nummer 4 der Anlage 3 des UStG fallen nur Abfälle, Schnitzel und Bruch von Kunststoffen der Position 3915 des Zolltarifs. [2]Diese Waren können entweder aus zerbrochenen oder gebrauchten Kunststoffwaren, die in diesem Zustand eindeutig für den ursprünglichen Verwendungszweck unbrauchbar sind, bestehen oder es sind Bearbeitungsabfälle (Späne, Schnitzel, Bruch usw.). [3]Gewisse Abfälle können als Formmasse, Lackrohstoffe, Füllstoffe usw. wieder verwendet werden. [4]Außerdem gehören hierzu Abfälle, Schnitzel und Bruch aus einem einzigen duroplastischen Stoff oder aus Mischungen von zwei oder mehr thermoplastischen Stoffen, auch wenn sie in Primärformen umgewandelt worden sind. [5]Hierunter fallen auch Styropor sowie gebrauchte (leere) Tonerkartuschen und Tintenpatronen, soweit diese nicht von Position 8443 des Zolltarifs erfasst sind. [6]Nicht hierzu gehören jedoch Abfälle, Schnitzel und Bruch aus einem einzigen thermoplastischen Stoff, in Primärformen umgewandelt.

5. [1]Unter Nummer 5 der Anlage 3 des UStG fallen nur Abfälle, Bruch und Schnitzel von Weichkautschuk, auch zu Pulver oder Granulat zerkleinert, der Unterposition 4004 00 00 des Zolltarifs. [2]Hierzu gehören auch zum Runderneuern ungeeignete gebrauchte Reifen sowie Granulate daraus. [3]Nicht dazu gehören zum Runderneuern geeignete gebrauchte Reifen sowie Abfälle, Bruch, Schnitzel, Pulver und Granulat aus Hartkautschuk.

6. [1]Unter Nummer 6 der Anlage 3 des UStG fallen nur Bruchglas und andere Abfälle und Scherben von Glas der Unterposition 7001 00 10 des Zolltarifs. [2]Der Begriff „Bruchglas" bezeichnet zerbrochenes Glas zur Wiederverwertung bei der Glasherstellung.

UStAE

7. [1]Unter Nummer 7 der Anlage 3 des UStG fallen nur Abfälle und Schrott von Edelmetallen oder Edelmetallplattierungen sowie andere Abfälle und Schrott, Edelmetalle oder Edelmetallverbindungen enthaltend, von der hauptsächlich zur Wiedergewinnung von Edelmetallen verwendeten Art, im Sinne der Position 7112 des Zolltarifs. [2]Hierzu gehören Abfälle und Schrott, die Edelmetalle enthalten und ausschließlich zur Wiedergewinnung des Edelmetalls oder als Base zur Herstellung chemischer Erzeugnisse geeignet sind. [3]Hierher gehören auch Abfälle und Schrott aller Materialien, die Edelmetalle oder Edelmetallverbindungen von der hauptsächlich zur Wiedergewinnung von Edelmetallen verwendeten Art enthalten. [4]Hierunter fallen ebenfalls durch Zerbrechen, Zerschlagen oder Abnutzung für ihren ursprünglichen Verwendungszweck unbrauchbar gewordene alte Waren (Tischgeräte, Gold- und Silberschmiedewaren, Katalysatoren in Form von Metallgeweben usw.); ausgenommen sind daher Waren, die – mit oder ohne Reparatur oder Aufarbeiten – für ihren ursprünglichen Zweck brauchbar sind oder – ohne Anwendung eines Verfahrens zum Wiedergewinnen des Edelmetalls – zu anderen Zwecken gebraucht werden können. [5]Eingeschmolzener und zu Rohblöcken, Masseln oder ähnlichen Formen gegossener Abfall und Schrott von Edelmetallen ist als unbearbeitetes Metall einzureihen und fällt deshalb nicht unter Nummer 7 der Anlage 3 des UStG, sondern unter Nummer 1 oder 2 der Anlage 4 des UStG (vgl. § 13b Abs. 2 Nr. 11 UStG und Abschnitt 13b.7a Abs. 1 Satz 1 Nr. 1 und 2). [6]Sofern es sich um Gold handelt, kann § 13b Abs. 2 Nr. 9 UStG in Betracht kommen (vgl. Abschnitt 13b.6).

8. [1]Unter Nummer 8 der Anlage 3 des UStG fallen nur Abfälle und Schrott aus Eisen oder Stahl sowie Abfallblöcke aus Eisen oder Stahl der Position 7204 des Zolltarifs. [2]Hierzu gehören Abfälle und Schrott, die beim Herstellen oder beim Be- und Verarbeiten von Eisen oder Stahl anfallen, und Waren aus Eisen oder Stahl, die durch Bruch, Verschnitt, Verschleiß oder aus anderen Gründen als solche endgültig unbrauchbar sind. [3]Als Abfallblöcke aus Eisen oder Stahl gelten grob in Masseln oder Rohblöcke ohne Gießköpfe gegossene Erzeugnisse mit deutlich sichtbaren Oberflächenfehlern, die hinsichtlich ihrer chemischen Zusammensetzung nicht den Begriffsbestimmungen für Roheisen, Spiegeleisen oder Ferrolegierungen entsprechen. [4]Hinsichtlich der Lieferung von Roheisen, Spiegeleisen und massiven stranggegossenen, nur vorgewalzten oder vorgeschmiedeten Erzeugnissen aus Eisen oder Stahl vgl. Abschnitt 13b.7a Abs. 1 Satz 1 Nr. 3.

9. [1]Unter Nummer 9 der Anlage 3 des UStG fallen nur Abfälle und Schrott aus Kupfer der Position 7404 des Zolltarifs. [2]Hierzu gehören Abfälle und Schrott, die beim Herstellen oder beim Be- und Verarbeiten von Kupfer anfallen, und Waren aus Kupfer, die durch Bruch, Verschnitt, Verschleiß oder aus anderen Gründen als solche endgültig unbrauchbar sind. [3]Außerdem gehört hierzu der beim Ziehen von Kupfer entstehende Schlamm, der hauptsächlich ans Kupferpulver besteht, das mit den beim Ziehvorgang verwendeten Schmiermitteln vermischt ist. [4]Hinsichtlich der Lieferung von Kupfer vgl. Abschnitt 13b.7a Abs. 1 Satz 1 Nr. 4.

10. [1]Unter Nummer 10 der Anlage 3 des UStG fallen nur Abfälle und Schrott aus Nickel der Position 7503 des Zolltarifs. [2]Hierzu gehören Abfälle und Schrott, die beim Herstellen oder beim Be- und Verarbeiten von Nickel anfallen, und Waren aus Nickel, die durch Bruch, Verschnitt, Verschleiß oder aus anderen Gründen als solche endgültig unbrauchbar sind. [3]Hinsichtlich der Lieferung von Nickel vgl. Abschnitt 13b.7a Abs. 1 Satz 1 Nr. 5.

11. [1]Unter Nummer 11 der Anlage 3 des UStG fallen nur Abfälle und Schrott aus Aluminium der Position 7602 des Zolltarifs. [2]Hierzu gehören Abfälle und Schrott, die beim Herstellen oder beim Be- und Verarbeiten von Aluminium anfallen, und Waren aus Aluminium, die durch Bruch, Verschnitt, Verschleiß oder aus anderen Gründen als solche endgültig unbrauchbar sind. [3]Hinsichtlich der Lieferung von Aluminium vgl. Abschnitt 13b.7a Abs. 1 Satz 1 Nr. 6.

12. [1]Unter Nummer 12 der Anlage 3 des UStG fallen nur Abfälle und Schrott aus Blei der Position 7802 des Zolltarifs. [2]Hierzu gehören Abfälle und Schrott, die beim Herstellen oder beim Be- und Verarbeiten von Blei anfallen, und Waren aus Blei, die durch Bruch, Ver-

schnitt, Verschleiß oder aus anderen Gründen als solche endgültig unbrauchbar sind. [3]Hinsichtlich der Lieferung von Blei vgl. Abschnitt 13b.7a Abs. 1 Satz 1 Nr. 7.

13. [1]Unter Nummer 13 der Anlage 3 des UStG fallen nur Abfälle und Schrott aus Zink der Position 7902 des Zolltarifs. [2]Hierzu gehören Abfälle und Schrott, die beim Herstellen oder beim Be- und Verarbeiten von Zink anfallen, und Waren aus Zink, die durch Bruch, Verschnitt, Verschleiß oder aus anderen Gründen als solche endgültig unbrauchbar sind. [3]Hinsichtlich der Lieferung von Zink vgl. Abschnitt 13b.7a Abs. 1 Satz 1 Nr. 8.

14. [1]Unter Nummer 14 der Anlage 3 des UStG fallen nur Abfälle und Schrott aus Zinn der Position 8002 des Zolltarifs. [2]Hierzu gehören Abfälle und Schrott, die beim Herstellen oder beim Be- und Verarbeiten von Zinn anfallen, und Waren aus Zinn, die durch Bruch, Verschnitt, Verschleiß oder aus anderen Gründen als solche endgültig unbrauchbar sind. [3]Hinsichtlich der Lieferung von Zinn vgl. Abschnitt 13b.7a Abs. 1 Satz 1 Nr. 9.

15. [1]Unter Nummer 15 der Anlage 3 des UStG fallen nur Abfälle und Schrott der in den Positionen 8101 bis 8113 des Zolltarifs genannten anderen unedlen Metallen. [2]Hierzu gehören Abfälle und Schrott, die beim Herstellen oder beim Be- und Verarbeiten der genannten unedlen Metallen anfallen, sowie Waren aus diesen unedlen Metallen, die durch Bruch, Verschnitt, Verschleiß oder aus anderen Gründen als solche endgültig unbrauchbar sind. [3]Zu den unedlen Metallen zählen hierbei Wolfram, Molybdän, Tantal, Magnesium, Cobalt, Bismut (Wismut), Cadmium, Titan, Zirconium, Antimon, Mangan, Beryllium, Chrom, Germanium, Vanadium, Gallium, Hafnium, Indium, Niob (Columbium), Rhenium, Thallium und Cermet. [4]Hinsichtlich der Lieferung der vorgenannten unedlen Metalle vgl. Abschnitt 13b.7a Abs. 1 Nr. 10 und 11.

16. [1]Unter Nummer 16 der Anlage 3 des UStG fallen nur Abfälle und Schrott von elektrischen Primärelementen, Primärbatterien und Akkumulatoren; ausgebrauchte elektrische Primärelemente, Primärbatterien und Akkumulatoren im Sinne der Unterposition 8548 10 des Zolltarifs. [2]Diese Erzeugnisse sind im Allgemeinen als Fabrikationsabfälle erkennbar, oder sie bestehen entweder aus elektrischen Primärelementen, Primärbatterien oder Akkumulatoren, die durch Bruch, Zerstörung, Abnutzung oder aus anderen Gründen als solche nicht mehr verwendet werden können oder nicht wiederaufladbar sind, oder aus Schrott davon. [3]Ausgebrauchte elektrische Primärelemente und Akkumulatoren dienen im Allgemeinen zur Rückgewinnung von Metallen (Blei, Nickel, Cadmium usw.), Metallverbindungen oder Schlacken. [4]Unter Nummer 16 der Anlage 3 des UStG fallen insbesondere nicht mehr gebrauchsfähige Batterien und nicht mehr aufladbare Akkus.

[2]Bestehen Zweifel, ob ein Gegenstand unter die Anlage 3 des UStG fällt, haben der Lieferer und der Abnehmer die Möglichkeit, bei den zuständigen Bildungs- und Wissenschaftszentrum der Bundesfinanzverwaltung eine unverbindliche Zolltarifauskunft für Umsatzsteuerzwecke (uvZTA) mit dem Vordruckmuster 0310 einzuholen. [3]Das Vordruckmuster mit Hinweisen zu den Zuständigkeiten für die Erteilung von uvZTA steht auf den Internetseiten der Zollabteilung des Bundesministeriums der Finanzen (http://www.zoll.de) unter der Rubrik Formulare und Merkblätter zum Ausfüllen und Herunterladen bereit. [4]UvZTA können auch von den Landesfinanzbehörden (z. B. den Finanzämtern) beantragt werden.

(2) [1]Werden sowohl Gegenstände geliefert, die unter die Anlage 3 des UStG fallen, als auch Gegenstände, die nicht unter die Anlage 3 des UStG fallen, ergeben sich unterschiedliche Steuerschuldner. [2]Dies ist auch bei der Rechnungsstellung zu beachten.

Beispiel 1:

[1]Der in München ansässige Aluminiumhersteller U liefert Schlackenzement und Schlackensand in zwei getrennten Partien an den auf Landschafts-, Tief- und Straßenbau spezialisierten Unternehmer B in Köln.

[2]Es liegen zwei Lieferungen vor. [3]Die Umsatzsteuer für die Lieferung des Schlackenzements wird vom leistenden Unternehmer U geschuldet (§ 13a Abs. 1 Nr. 1 UStG), da Schlackenzement in der

Anlage 3 des UStG nicht aufgeführt ist (insbesondere fällt Schlackenzement nicht unter die Nummer 1 der Anlage 3 des UStG).

[4]Für die Lieferung des Schlackensands schuldet der Empfänger B die Umsatzsteuer (§ 13b Abs. 5 Satz 1 in Verbindung mit Abs. 2 Nr. 7 UStG).

[5]In der Rechnung ist hinsichtlich des gelieferten Schlackenzements u. a. das Entgelt sowie die hierauf entfallende Umsatzsteuer gesondert auszuweisen (§ 14 Abs. 4 Satz 1 Nr. 7 und 8 UStG). [6]Hinsichtlich des gelieferten Schlackensands ist eine Steuer nicht gesondert auszuweisen (§ 14a Abs. 5 Satz 2 UStG). [7]U ist zur Ausstellung einer Rechnung mit der Angabe „Steuerschuldnerschaft des Leistungsempfängers" verpflichtet (§ 14a Abs. 5 Satz 1 UStG).

[3]Erfolgt die Lieferung von Gegenständen der Anlage 3 des UStG im Rahmen eines Tauschs oder eines tauschähnlichen Umsatzes gilt als Entgelt für jede einzelne Leistung der Wert der vom Leistungsempfänger erhaltenen Gegenleistung, beim Tausch oder tauschähnlichen Umsatz mit Baraufgabe ggf. abzüglich bzw. zuzüglich einer Baraufgabe (vgl. Abschnitt 10.5 Abs. 1 Sätze 5 bis 9). [4]Zum Entgelt bei Werkleistungen, bei denen zum Entgelt neben der vereinbarten Barvergütung auch der bei der Werkleistung anfallende Materialabfall gehört, vgl. Abschnitt 10.5 Abs. 2.

Beispiel 2:

[1]Der Metallverarbeitungsbetrieb B stellt Spezialmuttern für das Maschinenbauunternehmen M im Werklohn her. [2]Der erforderliche Stahl wird von M gestellt. [3]Dabei wird für jeden Auftrag gesondert festgelegt, aus welcher Menge Stahl welche Menge Muttern herzustellen ist. [4]Der anfallende Schrott verbleibt bei B und wird auf den Werklohn angerechnet.

[5]Es liegt ein tauschähnlicher Umsatz vor, bei dem die Gegenleistung für die Herstellung der Muttern in der Lieferung des Stahlschrotts zuzüglich der Baraufgabe besteht (vgl. Abschnitt 10.5 Abs. 2 Sätze 1 und 8). [6]Neben der Umsatzsteuer für das Herstellen der Spezialmuttern (§ 13a Abs. 1 Nr. 1 UStG) schuldet B als Leistungsempfänger auch die Umsatzsteuer für die Lieferung des Stahlschrotts (§ 13b Abs. 5 Satz 1 in Verbindung mit Abs. 2 Nr. 7 UStG).

[5]Zur Bemessungsgrundlage bei tauschähnlichen Umsätzen bei der Abgabe von werthaltigen Abfällen, für die gesetzliche Entsorgungspflichten bestehen, vgl. Abschnitt 10.5 Abs. 2 Satz 9.

(3) [1]Werden Mischungen oder Warenzusammensetzungen geliefert, die sowohl aus in der Anlage 3 des UStG bezeichneten als auch dort nicht genannten Gegenständen bestehen, sind die Bestandteile grundsätzlich getrennt zu beurteilen. [2]Ist eine getrennte Beurteilung nicht möglich, werden Waren nach Satz 1 nach dem Stoff oder Bestandteil beurteilt, der ihnen ihren wesentlichen Charakter verleiht; die Steuerschuldnerschaft des Leistungsempfängers nach § 13b Abs. 2 Nr. 7 UStG ist demnach auf Lieferungen von Gegenständen anzuwenden, sofern der Stoff oder der Bestandteil, den den Gegenständen ihren wesentlichen Charakter verleiht, in der Anlage 3 des UStG bezeichnet ist; § 13b Abs. 5 Satz 8 UStG und Abschnitt 13b.8 bleibt unberührt. [3]Bei durch Bruch, Verschleiß oder aus ähnlichen Gründen nicht mehr gebrauchsfähigen Maschinen, Elektro- und Elektronikgeräten und Heizkesseln und Fahrzeugwracks ist aus Vereinfachungsgründen davon auszugehen, dass sie unter die Steuerschuldnerschaft des Leistungsempfängers nach § 13b Abs. 2 Nr. 7 UStG fallen; dies gilt auch für Gegenstände, für die es eine eigene Zolltarifposition gibt. [4]Unterliegt die Lieferung unbrauchbar gewordener landwirtschaftlicher Geräte der Durchschnittssatzbesteuerung nach § 24 UStG (vgl. Abschnitt 24.2 Abs. 6), findet § 13b Abs. 2 Nr. 7 UStG keine Anwendung.

(4) [1]Erfüllt der Leistungsempfänger die Voraussetzungen des § 13b Abs. 5 Satz 1 zweiter Halbsatz UStG, ist er auch dann Steuerschuldner, wenn die Leistung für den nichtunternehmerischen Bereich erbracht wird (§13b Abs. 5 Satz 7 UStG). [2]Ausgenommen hiervon sind Lieferungen der in der Anlage 3 des UStG bezeichneten Gegenstände, die ausschließlich an den nichtunternehmerischen Bereich von juristischen Personen des öffentlichen Rechts erbracht werden, auch wenn diese im Rahmen von Betrieben gewerblicher Art unternehmerisch tätig sind (vgl. § 13b Abs. 5 Satz 11 UStG).

UStAE   13b.5.   Reinigung von Gebäuden und Gebäudeteilen

(1) ¹Zu den Gebäuden gehören Baulichkeiten, die auf Dauer fest mit dem Grundstück verbunden sind. ²Zu den Gebäudeteilen zählen insbesondere Stockwerke, Wohnungen und einzelne Räume. ³Nicht zu den Gebäuden oder Gebäudeteilen gehören Baulichkeiten, die nur zu einem vorübergehenden Zweck mit dem Grund und Boden verbunden und daher keine Bestandteile eines Grundstücks sind, insbesondere Büro- oder Wohncontainer, Baubuden, Kioske, Tribünen oder ähnliche Einrichtungen.

(2) Unter die Reinigung von Gebäuden und Gebäudeteilen fällt insbesondere:

1. Die Reinigung sowie die pflegende und schützende (Nach-)Behandlung von Gebäuden und Gebäudeteilen (innen und außen);

2. ¹die Hausfassadenreinigung (einschließlich Graffitientfernung). ²Dies gilt nicht für Reinigungsarbeiten, die bereits unter § 13b Abs. 2 Nr. 4 Satz 1 UStG fallen (vgl. Abschnitt 13b.2 Abs. 5 Nr. 10);

3. die Fensterreinigung;

4. die Reinigung von Dachrinnen und Fallrohren;

5. die Bauendreinigung;

6. die Reinigung von haustechnischen Anlagen, soweit es sich nicht um Wartungsarbeiten handelt;

7. die Hausmeisterdienste und die Objektbetreuung, wenn sie auch Gebäudereinigungsleistungen beinhalten.

(3) Insbesondere folgende Leistungen fallen nicht unter die in § 13b Abs. 2 Nr. 8 Satz 1 UStG genannten Umsätze:

1. Die Schornsteinreinigung;

2. die Schädlingsbekämpfung;

3. der Winterdienst, soweit es sich um eine eigenständige Leistung handelt;

4. die Reinigung von Inventar, wie Möbel, Teppiche, Matratzen, Bettwäsche, Gardinen und Vorhänge, Geschirr, Jalousien und Bilder, soweit es sich um eine eigenständige Leistung handelt;

5. die Arbeitnehmerüberlassung, auch wenn die überlassenen Arbeitnehmer für den Entleiher Gebäudereinigungsleistungen erbringen, unabhängig davon, ob die Leistungen nach dem Arbeitnehmerüberlassungsgesetz erbracht werden oder nicht.

(4) ¹Werden Gebäudereinigungsleistungen von einem im Inland ansässigen Unternehmer im Inland erbracht, ist der Leistungsempfänger nur dann Steuerschuldner, wenn er Unternehmer ist und selbst nachhaltig Gebäudereinigungsleistungen erbringt, unabhängig davon, ob er sie für eine von ihm erbrachte Gebäudereinigungsleistung verwendet (§ 13b Abs. 5 Satz 5 UStG). ²Abschnitt 13b.2 Abs. 4 und Abschnitt 13b.3 Abs. 1 bis 5, 7, 9, 11 und 13 gelten sinngemäß.

(5) Es ist nicht erforderlich, dass die an den Leistungsempfänger erbrachten Gebäudereinigungsleistungen mit von ihm erbrachten Gebäudereinigungsleistungen unmittelbar zusammenhängen.

Beispiel:

¹Der Gebäudereiniger A beauftragt den Unternehmer B mit der Reinigung seines Bürogebäudes. ²A bewirkt nachhaltig Gebäudereinigungsleistungen.

³Die Gebäudereinigungsleistung durch B ist eine unter § 13b Abs. 2 Nr. 8 Satz 1 und Abs. 5 Satz 5 UStG fallende sonstige Leistung. ⁴Für diesen Umsatz ist A Steuerschuldner, da er selbst nachhaltig Gebäudereinigungsleistungen erbringt. ⁵Unbeachtlich ist, dass der von B erbrachte Umsatz nicht mit den Ausgangsumsätzen des A in unmittelbarem Zusammenhang steht.

(6) [1]Erfüllt der Leistungsempfänger die Voraussetzungen des § 13b Abs. 5 Satz 5 UStG, ist er auch dann Steuerschuldner, wenn die Leistung für den nichtunternehmerischen Bereich erbracht wird (§ 13b Abs. 5 Satz 7 UStG). [2]Ausgenommen hiervon sind Gebäudereinigungsleistungen, die ausschließlich an den nichtunternehmerischen Bereich von juristischen Personen des öffentlichen Rechts erbracht werden, auch wenn diese im Rahmen von Betrieben gewerblicher Art unternehmerisch tätig sind und nachhaltig Gebäudereinigungsleistungen erbringen (vgl. § 13b Abs. 5 Satz 11 UStG). [3]Absatz 4 ist auf den jeweiligen Betrieb gewerblicher Art einer juristischen Person des öffentlichen Rechts entsprechend anzuwenden, der Gebäudereinigungsleistungen erbringt.

UStAE   **13b.6. Lieferungen von Gold mit einem Feingehalt von mindestens 325 Tausendstel**

(1) [1]Unter die Umsätze nach § 13b Abs. 2 Nr. 9 UStG (vgl. Abschnitt 13b.1 Abs. 2 Nr. 11) fallen die Lieferung von Gold (einschließlich von platiniertem Gold) oder Goldlegierungen in Rohform oder als Halbzeug mit einem Feingehalt von mindestens 325 Tausendstel und Goldplattierungen mit einem Feingehalt von mindestens 325 Tausendstel und die steuerpflichtigen Lieferungen von Anlagegold mit einem Feingehalt von mindestens 995 Tausendstel nach § 25c Abs. 3 UStG. [2]Ebenfalls darunter fällt die Lieferung von Barren, die in einer zufälligen groben Verschmelzung von Schrott und verschiedenen goldhaltigen Metallgegenständen sowie verschiedenen anderen Metallen, Stoffen und Substanzen bestehen und die einen Goldgehalt von mindestens 325 Tausendstel haben (vgl. EuGH-Urteil vom 26. 5. 2016, C-550/14, Envirotec Denmark). [3]Goldplattierungen sind Waren, bei denen auf einer Metallunterlage auf einer Seite oder auf mehreren Seiten Gold in beliebiger Dicke durch Schweißen, Löten, Warmwalzen oder ähnliche mechanische Verfahren aufgebracht worden ist. [4]Zum Umfang der Lieferungen von Anlagegold vgl. Abschnitt 25c.1 Abs. 1 Satz 2, Abs. 2 und 4, zur Möglichkeit der Option zur Umsatzsteuerpflicht bei der Lieferung von Anlagegold vgl. Abschnitt 25c.1 Abs. 5.

Beispiel:

[1]Der in Bremen ansässige Goldhändler G überlässt der Scheideanstalt S in Hamburg verunreinigtes Gold mit einem Feingehalt von 500 Tausendstel. [2]S trennt vereinbarungsgemäß das verunreinigte Gold in Anlagegold und unedle Metalle und stellt aus dem Anlagegold einen Goldbarren mit einem Feingehalt von 995 Tausendstel her; das hergestellte Gold fällt unter die Position 7108 des Zolltarifs. [3]Der entsprechende Goldgewichtsanteil wird G auf einem Anlagegoldkonto gutgeschrieben; G hat nach den vertraglichen Vereinbarungen auch nach der Bearbeitung des Goldes und der Gutschrift auf dem Anlagegoldkonto noch die Verfügungsmacht an dem Gold. [4]Danach verzichtet G gegen Entgelt auf seinen Herausgabeanspruch des Anlagegolds. [5]G hat nach § 25c Abs. 3 Satz 2 UStG zur Umsatzsteuerpflicht optiert.

[6]Der Verzicht auf Herausgabe des Anlagegolds gegen Entgelt stellt eine Lieferung des Anlagegolds von G an S dar. [7]Da G nach § 25c Abs. 3 Satz 2 UStG zur Umsatzsteuerpflicht optiert hat, schuldet S als Leistungsempfänger die Umsatzsteuer für diese Lieferung (§ 13b Abs. 5 Satz 1 in Verbindung mit Abs. 2 Nr. 9 UStG).

(2) [1]Erfüllt der Leistungsempfänger die Voraussetzungen des § 13b Abs. 5 Satz 1 zweiter Halbsatz UStG, ist er auch dann Steuerschuldner, wenn die Leistung für den nichtunternehmerischen Bereich erbracht wird (§ 13b Abs. 5 Satz 7 UStG). [2]Ausgenommen hiervon sind Lieferungen von Gold in der in § 13b Abs. 2 Nr. 9 UStG bezeichneten Art, die ausschließlich an den nichtunternehmerischen Bereich von juristischen Personen des öffentlichen Rechts erbracht werden, auch wenn diese im Rahmen von Betrieben gewerblicher Art unternehmerisch tätig sind (vgl. § 13b Abs. 5 Satz 11 UStG).

UStAE   13b.7. Lieferungen von Mobilfunkgeräten, Tablet-Computern, Spielekonsolen und integrierten Schaltkreisen

(1) [1]Mobilfunkgeräte sind Geräte, die zum Gebrauch mittels eines zugelassenen Mobilfunk-Netzes und auf bestimmten Frequenzen hergestellt oder hergerichtet wurden, unabhängig von etwaigen weiteren Nutzungsmöglichkeiten. [2]Hiervon werden insbesondere alle Geräte erfasst, mit denen Telekommunikationsleistungen in Form von Sprachübertragung über drahtlose Mobilfunk-Netzwerke in Anspruch genommen werden können, z. B. Telefone zur Verwendung in beliebigen drahtlosen Mobilfunk-Netzwerken (insbesondere für den zellularen Mobilfunk − Mobiltelefone − und Satellitentelefone) und mobile Datenerfassungsgeräte mit der Möglichkeit zur Verwendung in beliebigen drahtlosen Mobilfunk-Netzwerken; hierzu gehören nicht CB-Funkgeräte und Walkie-Talkies. [3]Ebenso fällt die Lieferung von kombinierten Produkten (sog. Produktbundle), d. h. gemeinsame Lieferungen von Mobilfunkgeräten und Zubehör zu einem einheitlichen Entgelt, unter die Regelung, wenn die Lieferung des Mobilfunkgeräts die Hauptleistung darstellt. [4]Die Lieferung von Geräten, die ausschließlich reine Daten übertragen, ohne diese in akustische Signale umzusetzen, fällt dagegen nicht unter die Regelung. [5]Zum Beispiel gehören daher folgende Gegenstände nicht zu den Mobilfunkgeräten im Sinne von § 13b Abs. 2 Nr. 10 UStG:

1. Navigationsgeräte;

2. Computer, soweit sie eine Sprachübertragung über drahtlose Mobilfunk-Netzwerke nicht ermöglichen (z. B. Tablet-PC);

3. mp3-Player;

4. Spielekonsolen;

5. On-Board-Units.

(1a) Ein Tablet-Computer (aus Unterposition 8471 30 00 des Zolltarifs) ist ein tragbarer, flacher Computer in besonders leichter Ausführung, der vollständig in einem Touchscreen-Gehäuse untergebracht ist und mit den Fingern oder einem Stift bedient werden kann.

(1b) [1]Spielekonsolen sind Computer oder computerähnliche Geräte, die in erster Linie für Videospiele entwickelt werden. [2]Neben dem Spielen können sie weitere Funktionen bieten, z. B. Wiedergabe von Audio-CDs, Video-DVDs und Blu-ray Discs.

(2) [1]Ein integrierter Schaltkreis ist eine auf einem einzelnen (Halbleiter-)Substrat (sog. Chip) untergebrachte elektronische Schaltung (elektronische Bauelemente mit Verdrahtung). [2]Zu den integrierten Schaltkreisen zählen insbesondere Mikroprozessoren und CPUs (Central Processing Unit, Hauptprozessor einer elektronischen Rechenanlage). [3]Die Lieferungen dieser Gegenstände fallen unter die Umsätze im Sinne von § 13b Abs. 2 Nr. 10 UStG (vgl. Abschnitt 13b.1 Abs. 2 Nr. 12), sofern sie (noch) nicht in einen zur Lieferung auf der Einzelhandelsstufe geeigneten Gegenstand (Endprodukt) eingebaut wurden; ein Gegenstand ist für die Lieferung auf der Einzelhandelsstufe insbesondere dann geeignet, wenn er ohne weitere Be- oder Verarbeitung an einen Endverbraucher geliefert werden kann. [4]Die Voraussetzungen des Satzes 3 erster Halbsatz sind immer dann erfüllt, wenn integrierte Schaltkreise unverbaut an Unternehmer geliefert werden; dies gilt auch dann, wenn unverbaute integrierte Schaltkreise auch an Letztverbraucher abgegeben werden können. [5]Wird ein integrierter Schaltkreis in einen anderen Gegenstand eingebaut oder verbaut, handelt es sich bei dem weiter gelieferten Wirtschaftsgut nicht mehr um einen integrierten Schaltkreis; in diesem Fall ist es unbeachtlich, ob der weiter gelieferte Gegenstand ein Endprodukt ist und auf der Einzelhandelsstufe gehandelt werden kann.

Beispiel:

[1]Der in Halle ansässige Chiphersteller C liefert dem in Erfurt ansässigen Computerhändler A CPUs zu einem Preis von insgesamt 20 000 €. [2]Diese werden von C an A unverbaut, d. h. ohne Einarbeitung in ein Endprodukt, übergeben. [3]A baut einen Teil der CPUs in Computer ein und bietet den Rest in seinem Geschäft zum Einzelverkauf an. [4]Im Anschluss liefert A unverbaute CPUs in seinem Ge-

schäft an den Unternehmer U für insgesamt 6 000 €. [5]Außerdem liefert er Computer mit den eingebauten CPUs an den Einzelhändler E für insgesamt 7 000 €.

[6]A schuldet als Leistungsempfänger der Lieferung des C die Umsatzsteuer nach § 13b Abs. 5 Satz 1 in Verbindung mit Abs. 2 Nr. 10 UStG, weil es sich insgesamt um die Lieferung unverbauter integrierter Schaltkreise handelt; auf die spätere Verwendung durch A kommt es nicht an.

[7]Für die sich anschließende Lieferung der CPUs von A und U schuldet U als Leistungsempfänger die Umsatzsteuer nach § 13b Abs. 5 Satz 1 in Verbindung mit Abs. 2 Nr. 10 UStG, weil es sich insgesamt um die Lieferung unverbauter integrierter Schaltkreise handelt; auf die spätere Verwendung durch U kommt es nicht an.

[8]Für die Lieferung der Computer mit den eingebauten CPUs von A an E schuldet A als leistender Unternehmer die Umsatzsteuer (§ 13a Abs. 1 Nr. 1 UStG), weil Liefergegenstand nicht mehr integrierte Schaltkreise, sondern Computer sind.

[6]Aus Vereinfachungsgründen kann die Abgrenzung der unter § 13b Abs. 2 Nr. 10 UStG fallenden integrierten Schaltkreise anhand der Unterposition 5842 31 90 des Zolltarifs vorgenommen werden; dies sind insbesondere monolithische und hybride elektronische integrierte Schaltungen mit in großer Dichte angeordneten und als eine Einheit anzusehenden passiven und aktiven Bauelementen, die sich als Prozessoren bzw. Steuer- und Kontrollschaltungen darstellen.

[7]Die Lieferungen folgender Gegenstände fallen beispielsweise nicht unter die in § 13b Abs. 2 Nr. 10 UStG genannten Umsätze, auch wenn sie elektronische Komponenten im Sinne der Sätze 1 und 2 enthalten:

1. Antennen;

2. elektrotechnische Filter;

3. Induktivitäten (passive elektrische oder elektronische Bauelemente mit festem oder einstellbarem Induktivitätswert),

4. Kondensatoren;

5. Sensoren (Fühler).

[8]Als verbaute integrierte Schaltkreise im Sinne des Satzes 5 sind insbesondere die folgenden Gegenstände anzusehen, bei denen der einzelne integrierte Schaltkreis bereits mit anderen Bauteilen verbunden wurde:

1. Platinen, die mit integrierten Schaltkreisen und ggf. mit verschiedenen anderen Bauelementen bestückt sind;

2. Bauteile, in denen mehrere integrierte Schaltkreise zusammengefasst sind;

3. zusammengesetzte elektronische Schaltungen;

4. Platinen, in die integrierte Schaltkreise integriert sind (sog. Chips on board);

5. Speicherkarten mit integrierten Schaltungen (sog. Smart Cards);

6. Grafikkarten, Flashspeicherkarten, Schnittstellenkarten, Soundkarten, Memory-Sticks.

[9]Ebenfalls nicht unter § 13b Abs. 2 Nr. 10 UStG fallen:

1. Verarbeitungseinheiten für automatische Datenverarbeitungsmaschinen, auch mit einer oder zwei der folgenden Arten von Einheiten in einem gemeinsamen Gehäuse: Speichereinheit, Eingabe- und Ausgabeeinheit (Unterposition 8471 50 00 des Zolltarifs);

2. Baugruppen zusammengesetzter elektronischer Schaltungen für automatische Datenverarbeitungsmaschinen oder für andere Maschinen der Position 8471 (Unterposition 8473 30 20 des Zolltarifs);

3. Teile und Zubehör für automatische Datenverarbeitungsmaschinen oder für andere Maschinen der Position 8471 (Unterposition 8473 30 80 des Zolltarifs).

(3) [1]Lieferungen von Mobilfunkgeräten, Tablet-Computern, Spielekonsolen und integrierten Schaltkreisen fallen nur unter die Regelung zur Steuerschuldnerschaft des Leistungsempfängers

nach § 13b Abs. 2 Nr. 10 UStG, wenn der Leistungsempfänger ein Unternehmer ist und die Summe der für die steuerpflichtigen Lieferungen dieser Gegenstände in Rechnung zu stellenden Bemessungsgrundlagen mindestens 5 000 € beträgt. [2]Abzustellen ist dabei auf alle im Rahmen eines zusammenhängenden wirtschaftlichen Vorgangs gelieferten Gegenstände der genannten Art. [3]Als Anhaltspunkt für einen wirtschaftlichen Vorgang dient insbesondere die Bestellung, der Auftrag, der Vertrag oder der Rahmen-Vertrag mit konkretem Auftragsvolumen. [4]Lieferungen bilden stets einen einheitlichen wirtschaftlichen Vorgang, wenn sie im Rahmen eines einzigen Erfüllungsgeschäfts geführt werden, auch wenn hierüber mehrere Aufträge vorliegen oder mehrere Rechnungen ausgestellt werden.

Beispiel:

[1]Der in Stuttgart ansässige Großhändler G bestellt am 1. 7. 01 bei dem in München ansässigen Handyhersteller H 900 Mobilfunkgeräte zu einem Preis von insgesamt 45 000 €. [2]Vereinbarungsgemäß liefert H die Mobilfunkgeräte in zehn Tranchen mit je 90 Stück zu je 4 500 € an G aus.

[3]Die zehn Tranchen Mobilfunkgeräte stellen einen zusammenhängenden wirtschaftlichen Vorgang dar, denn die Lieferung der Geräte erfolgte auf der Grundlage einer Bestellung über die Gesamtmenge von 900 Stück. [4]G schuldet daher als Leistungsempfänger die Umsatzsteuer für diese zusammenhängenden Lieferungen (§ 13b Abs. 5 Satz 1 in Verbindung mit Abs. 2 Nr. 10 UStG).

[5]Keine Lieferungen im Rahmen eines zusammenhängenden wirtschaftlichen Vorgangs liegen in folgenden Fällen vor:

1. Lieferungen aus einem Konsignationslager, das der liefernde Unternehmer in den Räumlichkeiten des Abnehmers unterhält, wenn der Abnehmer Mobilfunkgeräte, Tablet-Computer, Spielekonsolen oder integrierte Schaltkreise jederzeit in beliebiger Menge entnehmen kann;

2. Lieferungen auf Grund eines Rahmenvertrags, in dem lediglich Lieferkonditionen und Preise der zu liefernden Gegenstände, nicht aber deren Menge festgelegt wird;

3. Lieferungen im Rahmen einer dauerhaften Geschäftsbeziehung, bei denen Aufträge – ggf. mehrmals täglich – schriftlich, per Telefon, per Telefax oder auf elektronischem Weg erteilt werden, die zu liefernden Gegenstände ggf. auch zusammen ausgeliefert werden, es sich aber bei den Lieferungen um voneinander unabhängige Erfüllungsgeschäfte handelt.

[6]Bei der Anwendung des Satzes 1 bleiben nachträgliche Entgeltminderungen für die Beurteilung der Betragsgrenze von 5 000 € unberücksichtigt; dies gilt auch für nachträgliche Teilrückabwicklungen.

[7]Ist auf Grund der vertraglichen Vereinbarungen nicht abschbar oder erkennbar, ob die Betragsgrenze von 5 000 € für Lieferungen erreicht oder überschritten wird, wird es aus Vereinfachungsgründen nicht beanstandet, wenn die Steuerschuldnerschaft des Leistungsempfängers nach § 13b Abs. 2 Nr. 10 und Abs. 5 Satz 1 zweiter Halbsatz UStG angewendet wird, sofern beide Vertragspartner übereinstimmend vom Vorliegen der Voraussetzungen zur Anwendung von § 13b UStG ausgegangen sind und dadurch keine Steuerausfälle entstehen; dies gilt dann als erfüllt, wenn der Umsatz vom Leistungsempfänger in zutreffender Höhe versteuert wird. [8]Dies gilt auch dann, wenn sich im Nachhinein herausstellt, dass die Betragsgrenze von 5 000 € nicht überschritten wird.

(4) [1]Erfüllt der Leistungsempfänger die Voraussetzungen des § 13b Abs. 5 Satz 1 zweiter Halbsatz UStG, ist er auch dann Steuerschuldner, wenn die Leistung für den nichtunternehmerischen Bereich erbracht wird (§ 13b Abs. 5 Satz 7 UStG). [2]Ausgenommen hiervon sind Lieferungen von Mobilfunkgeräten, Tablet-Computern und Spielekonsolen sowie von integrierten Schaltkreisen vor Einbau in einen zur Lieferung auf der Einzelhandelsstufe geeigneten Gegenstand, die ausschließlich an den nichtunternehmerischen Bereich von juristischen Personen des öffentlichen Rechts erbracht werden, auch wenn diese im Rahmen von Betrieben gewerblicher Art unternehmerisch tätig sind (vgl. § 13b Abs. 5 Satz 11 UStG). [3]Absatz 3 ist auf den jeweiligen Betrieb gewerblicher Art einer juristischen Person des öffentlichen Rechts entsprechend anzuwenden.

UStAE

UStAE   13b.7a.   Lieferungen von Edelmetallen, unedlen Metallen und Cermets

(1) [1]Zu den in der Anlage 4🄱 des UStG bezeichneten Gegenständen gehören vor allem Metalle in Rohform oder als Halberzeugnis, im Einzelnen sind das:

1. [1]Unter Nummer 1 der Anlage 4 des UStG fallen nur Silber (in Rohform, als Halbzeug oder als Pulver) sowie Silberplattierungen auf unedlen Metallen (in Rohform oder als Halbzeug) im Sinne der Positionen 7106 und 7107 des Zolltarifs. [2]Hierzu gehören Silber und Silberlegierungen sowie vergoldetes Silber, platiniertes Silber und mit Platinbeimetallen überzogenes Silber (z. B. palladiniertes, rhodiniertes Silber) in den verschiedenen Roh- und Halbzeugformen und in Pulverform. [3]Als Silberplattierungen gelten u. a. Waren, bei denen auf einer Metallunterlage auf einer Seite oder mehreren Seiten Silber durch Löten, Schweißen, Warmwalzen oder ähnliche mechanische Verfahren aufgebracht ist. [4]Nicht hierzu gehören gegossene, gesinterte, getriebene, gestanzte usw. Stücke in Form von Rohlingen für Schmuckwaren usw. (z. B. Fassungen, Rohlinge von Ringen, Blumen, Tiere, andere Figuren) sowie Abfälle und Schrott aus Silber (vgl. hierzu Abschnitt 13b.4 Abs. 1 Satz 1 Nr. 7).

2. [1]Unter Nummer 2 der Anlage 4 des UStG fallen nur Platin, Palladium, Rhodium, Iridium, Osmium und Ruthenium (in Rohform, als Halbzeug oder als Pulver) sowie Platinplattierungen auf unedlen Metallen, auf Silber oder auf Gold (in Rohform oder als Halbzeug) im Sinne der Position 7110 und der Unterposition 7111 00 00 des Zolltarifs. [2]Hierzu gehören Platin oder Platinlegierungen in Rohform oder als Halbzeug. [3]Als Platinplattierungen gelten u. a. Waren, bei denen auf einer Metallunterlage auf einer Seite oder mehreren Seiten Platin durch Löten, Schweißen, Warmwalzen oder ähnliche mechanische Verfahren aufgebracht ist. [4]Nicht hierzu gehören gegossene, gesinterte, getriebene, gestanzte usw. Stücke in Form von Rohlingen für Schmuckwaren usw. (z. B. Fassungen, Rohlinge von Ringen, Blumen, Tiere, andere Figuren) sowie Abfälle und Schrott aus Platin (vgl. hierzu Abschnitt 13b.4 Abs. 1 Satz 1 Nr. 7).

3. [1]Unter Nummer 3 der Anlage 4 des UStG fallen nur Roheisen oder Spiegeleisen (in Masseln, Blöcken oder anderen Rohformen), Körner und Pulver aus Roheisen, Spiegeleisen, Eisen oder Stahl, Rohblöcke und andere Rohformen aus Eisen oder Stahl, Halbzeug aus Eisen oder Stahl im Sinne der Positionen 7201, 7205, 7206, 7207, 7218 und 7224 des Zolltarifs. [2]Roheisen kann in Form von Masseln, Barren oder Blöcken, auch gebrochen oder in flüssiger Form vorliegen, jedoch gehören geformte oder bearbeitete Waren (z. B. rohe oder bearbeitete Gussstücke oder Rohre) nicht hierzu. [3]Zu der Nummer 3 der Anlage 4 des UStG gehören Eisen und nicht legierter Stahl, nicht rostender Stahl und anderer legierter Stahl in Rohblöcken (Ingots) oder anderen Rohformen (auch als Halbzeug). [4]Nicht hierzu gehören radioaktive Eisenpulver (Isotope), als Arzneiwaren aufgemachte Eisenpulver, Rohre oder Behälter aus Stahl sowie Abfälle und Schrott aus Eisen oder Stahl (vgl. hierzu Abschnitt 13b.4 Abs. 1 Satz 1 Nr. 8).

4. [1]Unter Nummer 4 der Anlage 4 des UStG fallen nur nicht raffiniertes Kupfer und Kupferanoden zum elektrolytischen Raffinieren, raffiniertes Kupfer und Kupferlegierungen (in Rohform), Kupfervorlegierungen, Pulver und Flitter aus Kupfer im Sinne der Positionen 7402, 7403, 7405 und 7406 des Zolltarifs. [2]Hierzu gehören Schwarzkupfer und Blisterkupfer sowie Kupferkathoden und Kupferkathodenabschnitte (Unterposition 7403 11 00 des Zolltarifs). [3]Nicht hierzu gehören Pulver und Flitter aus Kupfer, die zubereitete Farben sind, zugeschnittener Flitter sowie Abfälle und Schrott aus Kupfer (vgl. hierzu Abschnitt 13b.4 Abs. 1 Satz 1 Nr. 9).

Anm. d. Schriftl.:

🄱 Die Anlage 4 wurde im Rahmen des Gesetzes zur Anpassung der Abgabenordnung an den Zollkodex der Union und zur Änderung weiterer steuerlicher Vorschriften vom 22. 12. 2014, BGBl 2014 I S. 2417, neu gefasst. Eine nochmalige Änderung der Nummer 3 der Anlage 4 ist im Rahmen des Steueränderungsgesetzes 2015 vom 2. 11. 2015, BGBl 2015 I S. 1834, vorgenommen worden.

5. ¹Unter Nummer 5 der Anlage 4 des UStG fallen nur Nickelmatte, Nickeloxidsinter und andere Zwischenerzeugnisse der Nickelmetallurgie, Nickel in Rohform sowie Pulver und Flitter aus Nickel im Sinne der Positionen 7501, 7502 und 7504 des Zolltarifs. ²Hierzu gehören unreine Nickeloxide, unreines Ferronickel und Nickelspeise. ³Nicht hierzu gehören Abfälle und Schrott aus Nickel (vgl. hierzu Abschnitt 13b.4 Abs. 1 Satz 1 Nr. 10).

6. ¹Unter Nummer 6 der Anlage 4 des UStG fallen nur Aluminium in Rohform, Pulver und Flitter aus Aluminium im Sinne der Positionen 7601 und 7603 des Zolltarifs. ²Nicht hierzu gehören Pulver und Flitter aus Aluminium, die zubereitete Farben sind, zugeschnittener Flitter sowie Abfälle und Schrott aus Aluminium (vgl. hierzu Abschnitt 13b.4 Abs. 1 Satz 1 Nr. 11).

7. ¹Unter Nummer 7 des UStG fallen nur Blei in Rohform, Pulver und Flitter aus Blei im Sinne der Position 7801 und aus der Position 7804 des Zolltarifs. ²Hierzu gehören Blei in Rohformen in verschiedenen Reinheitsgraden (von unreinem Blei und silberhaltigem Blei bis zum raffinierten Elektrolytblei), gegossene Anoden zum elektrolytischen Raffinieren und gegossene Stangen, die z. B. zum Walzen, Ziehen oder zum Gießen in geformte Waren bestimmt sind. ³Nicht hierzu gehören Pulver und Flitter aus Blei, die zubereitete Farben sind, sowie Abfälle und Schrott aus Blei (vgl. hierzu Abschnitt 13b.4 Abs. 1 Satz 1 Nr. 12).

8. ¹Unter Nummer 8 der Anlage 4 des UStG fallen nur Zink in Rohform, Staub, Pulver und Flitter aus Zink im Sinne der Positionen 7901 und 7903 des Zolltarifs. ²Hierzu gehört Zink in Rohform der verschiedenen Reinheitsgrade. ³Nicht hierzu gehören Staub, Pulver und Flitter aus Zink, die zubereitete Farben sind, sowie Abfälle und Schrott aus Zink (vgl. hierzu Abschnitt 13b.4 Abs. 1 Satz 1 Nr. 13).

9. ¹Unter Nummer 9 der Anlage 4 des UStG fällt nur Zinn in Rohform im Sinne der Position 8001 des Zolltarifs. ²Nicht hierzu gehören Abfälle und Schrott aus Zinn (vgl. hierzu Abschnitt 13b.4 Abs. 1 Satz 1 Nr. 14).

10. ¹Unter Nummer 10 der Anlage 4 des UStG fallen nur andere unedle Metalle in Rohform oder als Pulver aus den Positionen 8101 bis 8112 des Zolltarifs. ²Hierzu gehören Wolfram, Molybdän, Tantal, Magnesium, Cobalt, Bismut (Wismut), Cadmium, Titan, Zirconium, Antimon, Mangan, Beryllium, Chrom, Germanium, Vanadium, Gallium, Hafnium, Indium, Niob (Columbium), Rhenium und Thallium. ³Nicht hierzu gehören Wolfram-, Molybdän-, Tantal- und Titancarbid sowie Abfälle und Schrott aus anderen unedlen Metallen (vgl. hierzu Abschnitt 13b.4 Abs. 1 Satz 1 Nr. 15).

11. ¹Unter Nummer 11 der Anlage 4 des UStG fallen nur Cermets (Erzeugnisse aus einem keramischen und einem metallischen Bestandteil) in Rohform im Sinne der Unterposition 8113 00 20 des Zolltarifs. ²Nicht hierzu gehören Waren aus Cermets, Cermets, die spaltbare oder radioaktive Stoffe enthalten, Plättchen, Stäbchen, Spitzen und ähnliche Formstücke für Werkzeuge aus Cermets sowie Abfälle und Schrott aus Cermets (vgl. aber Abschnitt 13b.4 Abs. 1 Satz 1 Nr. 15).

²Bestehen Zweifel, ob ein Gegenstand unter die Anlage 4 des UStG fällt, gilt Abschnitt 13b.4 Abs. 1 Sätze 2 bis 4 entsprechend. ³Abschnitt 13b.4 Abs. 2 Sätze 1 bis 3 und Abs. 3 Sätze 1 und 2 gilt sinngemäß.

(2) ¹Lieferungen von Edelmetallen, unedlen Metallen und Cermets fallen nur unter die Regelung zur Steuerschuldnerschaft des Leistungsempfängers nach § 13b Abs. 2 Nr. 11 UStG, wenn der Leistungsempfänger ein Unternehmer ist und die Summe der für die steuerpflichtigen Lieferungen dieser Gegenstände in Rechnung zu stellenden Bemessungsgrundlagen im Rahmen eines wirtschaftlichen Vorgangs mindestens 5 000 € beträgt. ²Abschnitt 13b.7 Abs. 3 gilt sinngemäß.

(3) ¹Erfüllt der Leistungsempfänger die Voraussetzungen des § 13b Abs. 5 Satz 1 zweiter Halbsatz UStG, ist er auch dann Steuerschuldner, wenn die Leistung für den nichtunternehmerischen Bereich erbracht wird (§ 13b Abs. 5 Satz 7 UStG). ²Ausgenommen hiervon sind Lieferungen von Edelmetallen, unedlen Metallen und Cermets, die ausschließlich an den nichtunternehmeri-

schen Bereich von juristischen Personen des öffentlichen Rechts erbracht werden, auch wenn diese im Rahmen von Betrieben gewerblicher Art unternehmerisch tätig sind (vgl. § 13b Abs. 5 Satz 11 UStG). [3]Absatz 2 ist auf den jeweiligen Betrieb geweblicher Art einer juristischen Person des öffentlichen Rechts entsprechend anzuwenden.

UStAE · 13b.7b. Sonstige Leistungen auf dem Gebiet der Telekommunikation

(1) Zum Begriff der sonstigen Leistung auf dem Gebiet der Telekommunikation im Sinne des § 13b Abs. 2 Nr. 12 Satz 1 UStG wird auf Abschnitt 3a.10 verwiesen.

(2) [1]Bei diesen sonstigen Leistungen auf dem Gebiet der Telekommunikation schuldet der Leistungsempfänger die Steuer, wenn er ein Unternehmer ist, dessen Haupttätigkeit in Bezug auf den Erwerb dieser Leistungen in deren Erbringung besteht und dessen eigener Verbrauch dieser Leistungen von untergeordneter Bedeutung ist (§ 13b Abs. 5 Satz 6 erster Halbsatz UStG, sog. Wiederverkäufer). [2]Die Haupttätigkeit des Unternehmers in Bezug auf den Erwerb dieser Leistungen besteht dann in deren Erbringung, wenn der Unternehmer mehr als die Hälfte der von ihm erworbenen Leistungen weiterveräußert. [3]Der eigene Verbrauch dieser Leistungen ist von untergeordneter Bedeutung, wenn nicht mehr als 5 % der erworbenen Leistungen zu eigenen (unternehmerischen sowie nichtunternehmerischen) Zwecken verwendet wird. [4]Maßgeblich sind die Verhältnisse im vorangegangenen Kalenderjahr; nimmt der Unternehmer seine Tätigkeit in diesem Bereich erst auf, ist er auch schon vor der erstmaligen Erbringung von Leistungen auf dem Gebiet der Telekommunikation als Wiederverkäufer anzusehen, wenn er nach außen erkennbar mit ersten Handlungen zur Erbringung von Leistungen auf dem Gebiet der Telekommunikation begonnen hat und mit diesen Leistungen voraussichtlich die vorgenannten Voraussetzungen erfüllen wird. [5]Verwendet der Unternehmer zwar mehr als 5 %, jedoch nicht mehr als 10 % der erworbenen Leistungen zu eigenen Zwecken, ist weiterhin von einer untergeordneten Bedeutung auszugehen, wenn die im Mittel der vorangegangenen drei Jahre zu eigenen Zwecken verbrauchten Leistungen 5 % in diesem Zeitraum erworbenen Leistungen nicht überschritten haben. [6]Im Unternehmen selbst erzeugte Leistungen bleiben bei der Beurteilung unberücksichtigt. [7]Ob die selbst erzeugten Leistungen veräußert oder zum eigenen Verbrauch im Unternehmen verwendet werden, ist daher unbeachtlich. [8]Ebenso sind die veräußerten Leistungen, die selbst erzeugt wurden, hinsichtlich der Beurteilung der Wiederverkäufereigenschaft aus der Gesamtheit der veräußerten Leistungen auszuscheiden; auch beeinflussen sie die nach den Sätzen 1 und 2 einzuhaltenden Grenzwerte nicht.

(3) [1]Es ist davon auszugehen, dass ein Unternehmer Wiederverkäufer nach Absatz 2 ist, wenn ihm das nach den abgabenrechtlichen Vorschriften für die Besteuerung seiner Umsätze zuständige Finanzamt auf Antrag oder von Amts wegen eine im Zeitpunkt der Ausführung des Umsatzes gültige Bescheinigung nach dem Vordruckmuster USt 1 TQ erteilt hat; hinsichtlich dieses Musters wird auf das BMF-Schreiben vom 23. 12. 2020, BStBl 2021 I S. 92, verwiesen. [2]Die Gültigkeitsdauer der Bescheinigung ist auf längstens drei Jahre zu beschränken; sie kann nur mit Wirkung für die Zukunft widerrufen oder zurückgenommen werden. [3]Verwendet der Leistungsempfänger einen Nachweis nach dem Vordruckmuster USt 1 TQ – im Original oder in Kopie –, ist er Steuerschuldner, auch wenn er im Zeitpunkt der Leistung tatsächlich kein Wiederverkäufer nach Absatz 2 ist; dies gilt nicht, wenn der Leistungsempfänger einen gefälschten Nachweis nach dem Vordruckmuster USt 1 TQ verwendet hat und der leistende Unternehmer hiervon Kenntnis hatte.

(4) [1]Hat das Finanzamt dem Unternehmer eine Bescheinigung nach dem Vordruckmuster USt 1 TQ ausgestellt, ist er auch dann als Leistungsempfänger Steuerschuldner, wenn er diesen Nachweis gegenüber dem leistenden Unternehmer nicht – im Original oder in Kopie – verwendet. [2]Wurde die Bescheinigung mit Wirkung für die Zukunft widerrufen oder zurückgenommen und ist der Leistungsempfänger kein Wiederverkäufer nach Absatz 2, schuldet der leistende Unternehmer dann die Steuer, wenn er hiervon Kenntnis hatte oder hätte haben können. [3]Hatte der

leistende Unternehmer in diesen Fällen keine Kenntnis oder hat er keine Kenntnis haben können, wird es beim leistenden Unternehmer und beim Leistungsempfänger nicht beanstandet, wenn beide einvernehmlich von einer Steuerschuldnerschaft des Leistungsempfängers ausgehen und durch diese Handhabung keine Steuerausfälle entstehen; dies gilt dann als erfüllt, wenn der Umsatz vom Leistungsempfänger in zutreffender Höhe versteuert wird.

(5) ¹Erfüllt bei einem Organschaftsverhältnis nur ein Teil des Organkreises (z. B. der Organträger oder eine Organgesellschaft) die Voraussetzung als Wiederverkäufer nach Absatz 2, ist für Zwecke der Anwendung der Steuerschuldnerschaft des Leistungsempfängers nach § 13b Abs. 2 Nr. 12 und Abs. 5 Satz 6 UStG nur dieser Teil des Organkreises als Wiederverkäufer anzusehen. ²Die Absätze 2 und 3 sind insoweit nur auf den jeweiligen Unternehmensteil anzuwenden; nicht steuerbare Innenumsätze sind bei der Ermittlung der Wiederverkäufereigenschaft unbeachtlich. ³Die Bescheinigung nach dem Vordruckmuster USt 1 TQ stellt das für den Organkreis für Zwecke der Umsatzsteuer zuständige Finanzamt für alle im Inland gelegenen Unternehmensteile im Sinne des Abschnitts 2.9 Abs. 3 bis 5 auf Antrag aus. ⁴Der Antrag im Sinne des Satzes 3 ist von dem Organträger zu stellen; Abschnitt 2.9 Abs. 6 und 7 sowie Abschnitt 13b.3 Abs. 7 Satz 6 gelten entsprechend.

(6) ¹Erfüllt der Leistungsempfänger die Voraussetzungen des § 13b Abs. 5 Satz 6 erster Halbsatz UStG, ist der Leistungsempfänger auch dann Steuerschuldner, wenn die Leistung für den nichtunternehmerischen Bereich erbracht wird (§ 13b Abs. 5 Satz 7 UStG). ²Ausgenommen hiervon sind die sonstigen Leistungen auf dem Gebiet der Telekommunikation, die ausschließlich an den nichtunternehmerischen Bereich von juristischen Personen des öffentlichen Rechts erbracht werden, auch wenn diese im Rahmen von Betrieben gewerblicher Art als Wiederverkäufer von sonstigen Leistungen auf dem Gebiet der Telekommunikation unternehmerisch tätig sind (vgl. § 13b Abs. 5 Satz 11 UStG). ³Absätze 2 und 3 sind auf den jeweiligen Betrieb gewerblicher Art einer juristischen Person des öffentlichen Rechts entsprechend anzuwenden, der Wiederverkäufer von sonstigen Leistungen auf dem Gebiet der Telekommunikation ist.

(7) ¹Wohnungseigentümergemeinschaften sind für Telekommunikationsdienstleistungen als Leistungsempfänger nicht Steuerschuldner, wenn diese Leistungen als nach § 4 Nr. 13 UStG steuerfreie Leistungen der Wohnungseigentümergemeinschaften an die einzelnen Wohnungseigentümer weitergegeben werden. ²Dies gilt auch, wenn die Wohnungseigentümergemeinschaft derartige Umsätze nach § 9 Abs. 1 UStG als steuerpflichtig behandelt.

(8) ¹Vermieter sind für Telekommunikationsdienstleistungen als Leistungsempfänger nicht Steuerschuldner, wenn diese Leistungen als nach § 4 Nr. 12 UStG steuerfreie Nebenleistungen der Vermieter an die einzelnen Mieter weitergegeben werden. ²Dies gilt auch, wenn der Vermieter derartige Umsätze nach § 9 Abs. 1 UStG als steuerpflichtig behandelt.

UStAE   13b.8. Vereinfachungsregelung

(1) ¹Haben der leistende Unternehmer und der Leistungsempfänger für einen an ihn erbrachten Umsatz § 13b Abs. 2 Nr. 4, Nr. 5 Buchstabe b oder Nr. 7 bis 12 in Verbindung mit Abs. 5 Satz 1 zweiter Halbsatz und Sätze 2 bis 6 UStG angewandt, obwohl dies nach Art der Umsätze unter Anlegung objektiver Voraussetzungen nicht zutreffend war, gilt der Leistungsempfänger dennoch als Steuerschuldner (§ 13b Abs. 5 Satz 8 UStG). ²Voraussetzung ist, dass durch diese Handhabung keine Steuerausfälle entstehen. ³Dies gilt dann als erfüllt, wenn der Umsatz vom Leistungsempfänger in zutreffender Höhe versteuert wird.

(2) § 13b Abs. 5 Satz 8 UStG gilt nicht bei einer Anwendung der Steuerschuldnerschaft des Leistungsempfängers, wenn fraglich war, ob die Voraussetzungen hierfür in der Person der beteiligten Unternehmer (z. B. die Eigenschaft als Bauleistender; vgl. dazu Abschnitt 13b.3 Abs. 1 bis 7) erfüllt sind.

UStAE   13b.9. Unfreie Versendungen

[1]Zu den sonstigen Leistungen, für die der Leistungsempfänger die Steuer schuldet (vgl. Abschnitt 13b.1 Abs. 2 Nr. 3), können auch die unfreie Versendung oder die Besorgung einer solchen gehören (§§ 453 ff. HGB). [2]Eine unfreie Versendung liegt vor, wenn ein Absender einen Gegenstand durch einen Frachtführer oder Verfrachter unfrei zum Empfänger der Frachtsendung befördern oder eine solche Beförderung durch einen Spediteur unfrei besorgen lässt. [3]Die Beförderungsleistung wird nicht gegenüber dem Absender, sondern gegenüber dem Empfänger der Frachtsendung abgerechnet. [4]Nach § 30a UStDV wird der Rechnungsempfänger aus Vereinfachungsgründen unter folgenden Voraussetzungen an Stelle des Absenders zum Steuerschuldner für die Beförderungsleistung bestimmt:

1. Der Gegenstand wird durch einen im Ausland ansässigen Unternehmer befördert oder eine solche Beförderung durch einen im Ausland ansässigen Spediteur besorgt;

2. der Empfänger der Frachtsendung (Rechnungsempfänger) ist ein Unternehmer oder eine juristische Person des Öffentlichen Rechts;

3. der Empfänger der Frachtsendung (Rechnungsempfänger) hat die Entrichtung des Entgelts für die Beförderung oder für ihre Besorgung übernommen und

4. aus der Rechnung über die Beförderung oder ihre Besorgung ist auch die in der Nummer 3 bezeichnete Voraussetzung zu ersehen.

[5]Der Rechnungsempfänger erkennt seine Steuerschuldnerschaft anhand der Angaben in der Rechnung (§ 14a UStG und § 30a Satz 1 Nr. 3 UStDV).

Beispiel:

[1]Der in Frankreich ansässige Unternehmer F versendet vereinbarungsgemäß einen Gegenstand per Frachtnachnahme durch den ebenfalls in Frankreich ansässigen Beförderungsunternehmer B von Paris nach Stuttgart an den dort ansässigen Unternehmer U. [2]B stellt dem U die Beförderungsleistung in Rechnung. [3]U verwendet gegenüber B seine deutsche USt-IdNr.

[4]B erbringt eine in Deutschland steuerpflichtige innergemeinschaftliche Güterbeförderung, weil U, der als Leistungsempfänger anzusehen ist (vgl. Abschnitt 3a.2 Abs. 2) ein Unternehmer ist, der die Leistung für sein Unternehmen bezieht (§ 3a Abs. 2 Satz 1 UStG). [5]U schuldet damit auch die Umsatzsteuer für diese Beförderungsleistung (§ 13b Abs. 9 UStG, § 30a UStDV).

UStAE   13b.10. Ausnahmen

(1) [1]§ 13b Abs. 1 bis 5 UStG findet keine Anwendung, wenn die Leistung des im Ausland ansässigen Unternehmers in einer Personenbeförderung im Gelegenheitsverkehr mit nicht im Inland zugelassenen Kraftomnibussen besteht und bei der eine Grenze zum Drittland überschritten wird (§ 13b Abs. 6 Nr. 1 UStG). [2]Dies gilt auch, wenn die Personenbeförderung mit einem Fahrzeug im Sinne des § 1b Abs. 2 Satz 1 Nr. 1 UStG (insbesondere Taxi und Kraftomnibus) durchgeführt worden ist (§ 13b Abs. 6 Nr. 2 UStG). [3]Der Unternehmer hat diese Beförderungen im Wege der Beförderungseinzelbesteuerung (§ 16 Abs. 5 UStG, § 18 Abs. 5 UStG) oder im allgemeinen Besteuerungsverfahren zu versteuern. [4]§ 13b Abs. 1 bis 5 UStG findet ebenfalls keine Anwendung, wenn die Leistung des im Ausland ansässigen Unternehmers in einer grenzüberschreitenden Personenbeförderung im Luftverkehr besteht (§ 13b Abs. 6 Nr. 3 UStG).

(2) [1]§ 13b Abs. 1 bis 5 UStG findet auch keine Anwendung, wenn die Leistung des im Ausland ansässigen Unternehmers in der Einräumung der Eintrittsberechtigung für Messen, Ausstellungen und Kongresse im Inland besteht (§ 13b Abs. 6 Nr. 4 UStG). [2]Unter die Umsätze, die zur Einräumung der Eintrittsberechtigung für Messen, Ausstellungen und Kongresse gehören, fallen insbesondere Leistungen, für die der Leistungsempfänger Kongress-, Teilnehmer- oder Seminarentgelte entrichtet, sowie damit im Zusammenhang stehende Nebenleistungen, wie z. B. Beförderungsleistungen, Vermietung von Fahrzeugen oder Unterbringung, wenn diese Leistungen vom Veranstalter der Messe, der Ausstellung oder des Kongresses zusammen mit der Einräu-

mung der Eintrittsberechtigung als einheitliche Leistung (vgl. Abschnitt 3.10) angeboten werden.

(3) ¹Im Rahmen von Messen und Ausstellungen werden auch Gemeinschaftsausstellungen durchgeführt, z. B. von Ausstellern, die in demselben ausländischen Staat ansässig sind. ²Vielfach ist in diesen Fällen zwischen dem Veranstalter und den Ausstellern ein Unternehmen eingeschaltet, das im eigenen Namen die Gemeinschaftsausstellung organisiert (Durchführungsgesellschaft). ³In diesen Fällen erbringt der Veranstalter sonstige Leistungen an die zwischengeschaltete Durchführungsgesellschaft. ⁴Diese erbringt die sonstigen Leistungen an die an der Gemeinschaftsausstellung beteiligten Aussteller. ⁵§ 13b Abs. 1 bis 5 UStG findet keine Anwendung, wenn die im Ausland ansässige Durchführungsgesellschaft sonstige Leistungen an im Ausland ansässige Unternehmer erbringt, soweit diese Leistung im Zusammenhang mit der Veranstaltung von Messen und Ausstellungen im Inland steht (§ 13b Abs. 6 Nr. 5 UStG). ⁶Für ausländische staatliche Stellen, die mit der Organisation von Gemeinschaftsausstellungen im Rahmen von Messen und Ausstellungen beauftragt worden sind, gelten die Ausführungen in den Sätzen 1 bis 5 entsprechend, sofern die betreffende ausländische staatliche Stelle von den einzelnen Ausstellern ihres Landes Entgelte in der Regel in Abhängigkeit von der beanspruchten Ausstellungsfläche erhebt und deshalb insoweit als Unternehmer anzusehen ist.

(4) § 13b Abs. 1 bis 5 UStG findet ebenfalls keine Anwendung, wenn die Leistung des im Ausland ansässigen Unternehmers in der Abgabe von Speisen und Getränken zum Verzehr an Ort und Stelle (Restaurationsleistung) besteht, wenn diese Abgabe an Bord eines Schiffs, in einem Luftfahrzeug oder in einer Eisenbahn erfolgt (§ 13b Abs. 6 Nr. 6 UStG).

UStAE

UStAE   13b.11. Im Ausland bzw. im übrigen Gemeinschaftsgebiet ansässiger Unternehmer

(1) ¹Ein im Ausland ansässiger Unternehmer im Sinne des § 13b Abs. 7 UStG ist ein Unternehmer, der im Inland (§ 1 Abs. 2 UStG), auf der Insel Helgoland und in einem der in § 1 Abs. 3 UStG bezeichneten Gebiete weder einen Wohnsitz, seinen gewöhnlichen Aufenthalt, seinen Sitz, seine Geschäftsleitung noch eine Betriebsstätte hat (§ 13b Abs. 7 Satz 1 erster Halbsatz UStG); dies gilt auch, wenn der Unternehmer ausschließlich einen Wohnsitz oder einen gewöhnlichen Aufenthaltsort im Inland, aber seinen Sitz, den Ort der Geschäftsleitung oder eine Betriebsstätte im Ausland hat (§ 13b Abs. 7 Satz 1 zweiter Halbsatz UStG). ²Ein im übrigen Gemeinschaftsgebiet ansässiger Unternehmer ist ein Unternehmer, der in den Gebieten der anderen EU-Mitgliedstaaten, die nach dem Unionsrecht als Inland dieser Mitgliedstaaten gelten, einen Wohnsitz, seinen gewöhnlichen Aufenthalt, seinen Sitz, seine Geschäftsleitung oder eine Betriebsstätte hat (§ 13b Abs. 7 Satz 2 erster Halbsatz UStG); dies gilt nicht, wenn der Unternehmer ausschließlich einen Wohnsitz oder einen gewöhnlichen Aufenthaltsort in den Gebieten der anderen EU-Mitgliedstaaten der Europäischen Union, die nach dem Unionsrecht als Inland dieser Mitgliedstaaten gelten, aber seinen Sitz, den Ort der Geschäftsleitung oder eine Betriebsstätte im Drittlandsgebiet hat (§ 13b Abs. 7 Satz 2 zweiter Halbsatz UStG). ³Hat der Unternehmer im Inland eine Betriebsstätte (vgl. Abschnitt 3a.1 Abs. 3) und führt er einen Umsatz nach § 13b Abs. 1 oder Abs. 2 Nr. 1 oder Nr. 5 Buchstabe a UStG aus, gilt er hinsichtlich dieses Umsatzes als im Ausland oder im übrigen Gemeinschaftsgebiet ansässig, wenn die Betriebsstätte an dem Umsatz nicht beteiligt ist (§ 13b Abs. 7 Satz 3 UStG). ⁴Dies ist regelmäßig dann der Fall, wenn der Unternehmer hierfür nicht die technische und personelle Ausstattung dieser Betriebsstätte nutzt. ⁵Nicht als Nutzung der technischen und personellen Ausstattung der Betriebsstätte gelten unterstützende Arbeiten durch die Betriebsstätte wie Buchhaltung, Rechnungsausstellung oder Einziehung von Forderungen. ⁶Stellt der leistende Unternehmer die Rechnung über den von ihm erbrachten Umsatz aber unter Angabe der der Betriebsstätte erteilten USt-IdNr. aus, gilt die Betriebsstätte als an dem Umsatz beteiligt, so dass der Unternehmer als im Inland ansässig anzusehen ist (vgl. Artikel 53 MwStVO). ⁷Hat der Unternehmer seinen Sitz im Inland und wird ein im Inland steuerbarer und steuerpflichtiger Umsatz vom Ausland aus, z. B. von einer Betriebsstätte, erbracht, ist

der Unternehmer als im Inland ansässig zu betrachten, selbst wenn der Sitz des Unternehmens an diesem Umsatz nicht beteiligt war (vgl. Artikel 54 MwStVO).

(2) [1]Für die Frage, ob ein Unternehmer im Ausland bzw. im übrigen Gemeinschaftsgebiet ansässig ist, ist der Zeitpunkt maßgebend, in dem die Leistung ausgeführt wird (§ 13b Abs. 7 Satz 3 UStG); dieser Zeitpunkt ist auch dann maßgebend, wenn das Merkmal der Ansässigkeit im Ausland bzw. im übrigen Gemeinschaftsgebiet bei Vertragsabschluss noch nicht vorgelegen hat. [2]Unternehmer, die ein im Inland gelegenes Grundstück besitzen und steuerpflichtig vermieten, sind insoweit als im Inland ansässig zu behandeln. [3]Sie haben diese Umsätze im allgemeinen Besteuerungsverfahren zu erklären. [4]Der Leistungsempfänger schuldet nicht die Steuer für diese Umsätze. [5]Die Tatsache, dass ein Unternehmer bei einem Finanzamt im Inland umsatzsteuerlich geführt wird, ist kein Merkmal dafür, dass er im Inland ansässig ist. [6]Das Gleiche gilt grundsätzlich, wenn dem Unternehmer eine deutsche USt-IdNr. erteilt wurde. [7]Zur Frage der Ansässigkeit bei Organschaftsverhältnissen vgl. Abschnitt 2.9.

(3) [1]Ist es für den Leistungsempfänger nach den Umständen des Einzelfalls ungewiss, ob der leistende Unternehmer im Zeitpunkt der Leistungserbringung im Inland ansässig ist – z. B. weil die Standortfrage in rechtlicher oder tatsächlicher Hinsicht unklar ist oder die Angaben des leistenden Unternehmers zu Zweifeln Anlass geben –, schuldet der Leistungsempfänger die Steuer nur dann nicht, wenn ihm der leistende Unternehmer durch eine Bescheinigung des nach den abgabenrechtlichen Vorschriften für die Besteuerung seiner Umsätze zuständigen Finanzamts nachweist, dass er kein Unternehmer im Sinne des § 13b Abs. 7 Satz 1 UStG ist (§ 13b Abs. 7 Satz 5 UStG). [2]Die Bescheinigung hat der leistende Unternehmer bei dem für ihn zuständigen Finanzamt zu beantragen. [3]Soweit erforderlich hat er hierbei in geeigneter Weise darzulegen, dass er im Inland ansässig ist. [4]Die Bescheinigung nach § 13b Abs. 7 Satz 5 UStG ist vom zuständigen Finanzamt nach dem Muster USt 1 TS zu erteilen. [5]Hinsichtlich dieses Musters wird auf das BMF-Schreiben vom 5. 11. 2019, BStBl I S. 1041, hingewiesen.

(4) [1]Die Gültigkeitsdauer der Bescheinigung (Absatz 3) ist auf ein Jahr beschränkt. [2]Ist nicht auszuschließen, dass der leistende Unternehmer für eine kürzere Dauer als ein Jahr im Inland ansässig bleibt, hat das Finanzamt die Gültigkeit der Bescheinigung entsprechend zu befristen.

UStAE 13b.12. Entstehung der Steuer beim Leistungsempfänger

(1) [1]Schuldet der Leistungsempfänger für einen Umsatz die Steuer, gilt zur Entstehung der Steuer Folgendes:

1. [1]Für die in Abschnitt 13b.1 Abs. 2 Nr. 1 bezeichneten steuerpflichtigen Umsätze entsteht die Steuer mit Ablauf des Voranmeldungszeitraums, in dem die Leistungen ausgeführt worden sind (§ 13b Abs. 1 UStG). [2]§ 13 Abs. 1 Nr. 1 Buchstabe a Sätze 2 und 3 UStG gilt entsprechend (§ 13b Abs. 4 Satz 1 UStG).

2. [1]Für die in Abschnitt 13b.1 Abs. 2 Nr. 2 bis 14 bezeichneten steuerpflichtigen Umsätze entsteht die Steuer mit Ausstellung der Rechnung, spätestens jedoch mit Ablauf des der Ausführung der Leistung folgenden Kalendermonats (§ 13b Abs. 2 UStG). [2]§ 13 Abs. 1 Nr. 1 Buchstabe a Sätze 2 und 3 UStG gilt entsprechend (§ 13b Abs. 4 Satz 1 UStG).

   Beispiel:

   [1]Der in Belgien ansässige Unternehmer B führt am 18. 3. 01 in Köln eine Werklieferung (Errichtung und Aufbau eines Messestandes) an seinen deutschen Abnehmer D aus. [2]Die Rechnung über diesen im Inland steuerpflichtigen Umsatz, für den D als Leistungsempfänger die Steuer schuldet, erstellt B am 15. 4. 01. [3]Sie geht D am 17. 4. 01 zu. [4]D hat monatliche Umsatzsteuer-Voranmeldungen zu übermitteln.

   [5]Die Steuer entsteht mit Ablauf des Monats, in dem die Rechnung ausgestellt worden ist (§ 13b Abs. 2 Nr. 1 UStG); das ist mit Ablauf des Monats April 01. [6]D hat den Umsatz in seiner Umsatzsteuer-Voranmeldung April 01 anzumelden. [7]Dies würde auch dann gelten, wenn die Rechnung erst im Mai 01 erstellt oder erst in diesem Monat bei D angekommen wäre.

(2) Abweichend von § 13b Abs. 1 und 2 Nr. 1 UStG entsteht die Steuer für sonstige Leistungen, die dauerhaft über einen Zeitraum von mehr als einem Jahr erbracht werden, spätestens mit Ablauf eines jeden Kalenderjahres, in dem sie tatsächlich erbracht werden (§ 13b Abs. 3 UStG).

(3) [1]Wird das Entgelt oder ein Teil des Entgelts vereinnahmt, bevor die Leistung oder Teilleistung ausgeführt worden ist, entsteht insoweit die Steuer mit Ablauf des Voranmeldungszeitraums, in dem das Entgelt oder das Teilentgelt vereinnahmt worden ist (§ 13b Abs. 4 Satz 2 UStG). [2]Aus Vereinfachungsgründen ist es nicht zu beanstanden, wenn der Leistungsempfänger die Steuer auf das Entgelt oder Teilentgelt bereits in dem Voranmeldungszeitraum anmeldet, in dem die Beträge von ihm verausgabt werden. [3]Liegen die Voraussetzungen für die Steuerschuld des Leistungsempfängers im Zeitpunkt der Vereinnahmung der Anzahlungen nicht vor, schuldet der leistende Unternehmer die Umsatzsteuer. [4]Erfüllt der Leistungsempfänger im Zeitpunkt der Leistungserbringung die Voraussetzungen als Steuerschuldner, bleibt die bisherige Besteuerung der Anzahlungen beim leistenden Unternehmer bestehen (vgl. BFH-Urteil vom 21.6.2001, V R 68/00, BStBl 2002 II S. 255). [5]In den Fällen des Abschnitts 13b.1 Abs. 2 Nr. 12 und 13 ist auch im Fall einer Anzahlungsrechnung für die Prüfung der Betragsgrenze von 5 000 € auf den gesamten wirtschaftlichen Vorgang und nicht auf den Betrag in der Anzahlungsrechnung abzustellen.

UStAE   13b.13. Bemessungsgrundlage und Berechnung der Steuer

(1) [1]In den Fällen, in denen der Leistungsempfänger die Steuer schuldet, ist Bemessungsgrundlage der in der Rechnung oder Gutschrift ausgewiesene Betrag (Betrag ohne Umsatzsteuer); zur Bemessungsgrundlage für steuerpflichtige Umsätze, die unter das GrEStG fallen, vgl. Abschnitt 10.1 Abs. 7 Sätze 6 und 7. [2]Die Umsatzsteuer ist von diesem Betrag vom Leistungsempfänger zu berechnen (vgl. Absatz 4 und Abschnitt 13b.14 Abs. 1). [3]Bei tauschähnlichen Umsätzen mit oder ohne Baraufgabe ist § 10 Abs. 2 Sätze 2 und 3 UStG anzuwenden. [4]Die Mindestbemessungsgrundlage nach § 10 Abs. 5 UStG ist auch bei Leistungen eines im Ausland bzw. im übrigen Gemeinschaftsgebiet ansässigen Unternehmers zu beachten. [5]Ist der Leistungsempfänger Steuerschuldner nach § 13b Abs. 5 UStG, hat er die Bemessungsgrundlage für den Umsatz nach § 10 Abs. 5 UStG zu ermitteln.

(2) Im Zwangsversteigerungsverfahren ist das Meistgebot der Berechnung als Nettobetrag zu Grunde zu legen.

(3) – gestrichen –

(4) [1]Der Leistungsempfänger hat bei der Steuerberechnung den Steuersatz zu Grunde zu legen, der sich für den maßgeblichen Umsatz nach § 12 UStG ergibt. [2]Das gilt auch in den Fällen, in denen der Leistungsempfänger die Besteuerung nach § 19 Abs. 1 oder § 24 Abs. 1 UStG anwendet (§ 13b Abs. 8 UStG). [3]Ändert sich die Bemessungsgrundlage, gilt § 17 Abs. 1 Sätze 1 bis 4 UStG in den Fällen des § 13b UStG sinngemäß.

UStAE   13b.14. Rechnungserteilung

(1) [1]Führt der im Inland ansässige Unternehmer Umsätze im Sinne des § 13b Abs. 2 Nr. 2 bis 12 UStG aus, für die der Leistungsempfänger nach § 13b Abs. 5 UStG die Steuer schuldet, ist er zur Ausstellung von Rechnungen verpflichtet (§ 14a Abs. 5 Satz 1 UStG), in denen die Steuer nicht gesondert ausgewiesen ist (§ 14a Abs. 5 Satz 2 UStG). [2]Auch eine Gutschrift ist eine Rechnung (§ 14 Abs. 2 Satz 3 UStG). [3]Neben den übrigen Angaben nach § 14 Abs. 4 UStG müssen die Rechnungen die Angabe „Steuerschuldnerschaft des Leistungsempfängers" enthalten (§ 14a Abs. 5 Satz 1 UStG). [4]Fehlt diese Angabe in der Rechnung, wird der Leistungsempfänger von der Steuerschuldnerschaft nicht entbunden. [5]Weist der leistende Unternehmer die Steuer in der Rechnung gesondert aus, wird diese Steuer von ihm nach § 14c Abs. 1 UStG geschuldet (vgl. BFH-Urteil vom 12.10.2016, XI R 43/14, BStBl 2022 II S. 566).

(2) [1]Der leistende Unternehmer und der Leistungsempfänger haben ein Doppel der Rechnung zehn Jahre aufzubewahren. [2]Die Aufbewahrungsfrist beginnt mit dem Schluss des Kalenderjahres, in dem die Rechnung ausgestellt worden ist (§ 14b Abs. 1 UStG).

UStAE   13b.15. Vorsteuerabzug des Leistungsempfängers

(1) [1]Der Leistungsempfänger kann die von ihm nach § 13b Abs. 5 UStG geschuldete Umsatzsteuer als Vorsteuer abziehen, wenn er die Lieferung oder sonstige Leistung für sein Unternehmen bezieht und zur Ausführung von Umsätzen verwendet, die den Vorsteuerabzug nicht ausschließen. [2]Soweit die Steuer auf eine Zahlung vor Ausführung dieser Leistung entfällt, ist sie bereits abziehbar, wenn die Zahlung geleistet worden ist (§ 15 Abs. 1 Satz 1 Nr. 4 UStG).

(2) Erteilt der leistende Unternehmer dem Leistungsempfänger eine Rechnung, die entgegen § 14a Abs. 5 Satz 1 UStG nicht die Angabe „Steuerschulderschaft des Leistungsempfängers" enthält (vgl. Abschnitt 13b.14 Abs. 1), ist dem Leistungsempfänger dennoch der Vorsteuerabzug unter den weiteren Voraussetzungen des § 15 UStG zu gewähren, da nach § 15 Abs. 1 Satz 1 Nr. 4 UStG das Vorliegen einer Rechnung nach §§ 14, 14a UStG nicht Voraussetzung für den Abzug der nach § 13b Abs. 5 UStG geschuldeten Steuer als Vorsteuer ist.

(3) [1]Liegt dem Leistungsempfänger im Zeitpunkt der Erstellung der Voranmeldung bzw. Umsatzsteuererklärung für das Kalenderjahr, in der der Umsatz anzumelden ist, für den der Leistungsempfänger die Steuer schuldet, keine Rechnung vor, muss er die Bemessungsgrundlage ggf. schätzen. [2]Die von ihm angemeldete Steuer kann er im gleichen Besteuerungszeitraum unter den weiteren Voraussetzungen des § 15 UStG als Vorsteuer abziehen.

(4) [1]Soweit an nicht im Inland ansässige Unternehmer Umsätze ausgeführt werden, für die diese die Steuer nach § 13b Abs. 5 UStG schulden, haben sie die für Vorleistungen in Rechnung gestellte Steuer im allgemeinen Besteuerungsverfahren und nicht im Vorsteuer-Vergütungsverfahren als Vorsteuer geltend zu machen.

> **Beispiel:**
>
> [1]Der in Frankreich ansässige Unternehmer A wird von dem ebenfalls in Frankreich ansässigen Unternehmer B beauftragt, eine Maschine nach Frankfurt zu liefern und dort zu montieren. [2]Der Lieferort soll sich nach § 3 Abs. 7 UStG richten.
>
> [3]In diesem Fall erbringt A im Inland eine steuerpflichtige Werklieferung an B (§ 13b Abs. 2 Nr. 1 UStG). [4]Die Umsatzsteuer für diese Werklieferung schuldet B (§ 13b Abs. 5 Satz 1 UStG). [5]Unter den weiteren Voraussetzungen des § 15 UStG kann B im allgemeinen Besteuerungsverfahren die nach § 13b Abs. 5 Satz 1 UStG geschuldete Steuer und die für Vorleistungen an ihn in Rechnung gestellte Steuer als Vorsteuer abziehen (§ 15 Abs. 1 Satz 1 Nr. 1 und 4 UStG).

[2]Für Unternehmer, die nicht im Gemeinschaftsgebiet ansässig sind und die nur Steuer nach § 13b Abs. 5 UStG, nur Steuer nach § 13b Abs. 5 und § 13a Abs. 1 Nr. 1 in Verbindung mit § 14c Abs. 1 UStG oder nur Steuer nach § 13b Abs. 5 und § 13a Abs. 1 Nr. 4 UStG schulden, gelten die Einschränkungen des § 18 Abs. 9 Sätze 5 und 6 UStG entsprechend (§ 15 Abs. 4b UStG). [3]Satz 2 gilt nicht, wenn Unternehmer, die nicht im Gemeinschaftsgebiet ansässig sind, auch steuerpflichtige Umsätze im Inland ausführen, für die sie oder ein anderer die Steuer schulden.

(5) Der Unternehmer kann bei Vorliegen der weiteren Voraussetzungen des § 15 UStG den Vorsteuerabzug in der Voranmeldung oder in der Umsatzsteuererklärung für das Kalenderjahr geltend machen, in der er den Umsatz zu versteuern hat (vgl. § 13b Abs. 1 und 2 UStG).

UStAE   13b.16. Steuerschuldnerschaft des Leistungsempfängers und allgemeines Besteuerungsverfahren

(1) [1]Voranmeldungen (§ 18 Abs. 1 und 2 UStG) und eine Umsatzsteuererklärung für das Kalenderjahr (§ 18 Abs. 3 und 4 UStG) haben auch Unternehmer und juristische Personen abzugeben, soweit sie als Leistungsempfänger ausschließlich eine Steuer nach § 13b Abs. 5 UStG zu entrich-

ten haben (§ 18 Abs. 4a Satz 1 UStG). [2]Voranmeldungen sind nur für die Voranmeldungszeiträume abzugeben, in denen die Steuer für die Umsätze im Sinne des § 13b Abs. 1 und 2 UStG zu erklären ist (§ 18 Abs. 4a Satz 2 UStG). [3]Die Anwendung des § 18 Abs. 2a UStG ist ausgeschlossen.

(2) [1]Hat der im Ausland bzw. im übrigen Gemeinschaftsgebiet ansässige Unternehmer im Besteuerungszeitraum oder Voranmeldungszeitraum nur Umsätze ausgeführt, für die der Leistungsempfänger die Steuer schuldet (§ 13b Abs. 5 UStG), sind von ihm nur dann Steueranmeldungen abzugeben, wenn er selbst als Leistungsempfänger eine Steuer nach § 13b UStG schuldet, er eine Steuer nach § 14c UStG schuldet oder wenn ihn das Finanzamt hierzu besonders auffordert. [2]Das Finanzamt hat den Unternehmer insbesondere in den Fällen zur Abgabe von Steueranmeldungen aufzufordern, in denen es zweifelhaft ist, ob er tatsächlich nur Umsätze ausgeführt hat, für die der Leistungsempfänger die Steuer schuldet. [3]Eine Besteuerung des im Ausland bzw. im übrigen Gemeinschaftsgebiet ansässigen Unternehmers nach § 16 und § 18 Abs. 1 bis 4 UStG ist jedoch nur dann durchzuführen, wenn er im Inland steuerpflichtige Umsätze ausgeführt hat, für die der Leistungsempfänger die Steuer nicht schuldet.

(3) [1]Bei der Besteuerung des im Ausland bzw. im übrigen Gemeinschaftsgebiet ansässigen Unternehmers nach § 16 und § 18 Abs. 1 bis 4 UStG sind die Umsätze, für die der Leistungsempfänger die Steuer schuldet, nicht zu berücksichtigen. [2]Ferner bleiben die Vorsteuerbeträge unberücksichtigt, die im Vorsteuer-Vergütungsverfahren (§ 18 Abs. 9 UStG, §§ 59 bis 61a UStDV) vergütet wurden. [3]Die danach verbleibenden Vorsteuerbeträge sind ggf. durch Vorlage der Rechnungen und Einfuhrbelege nachzuweisen. [4]Abschnitt 15.11 Abs. 1 gilt sinngemäß. [5]Das Finanzamt hat die vorgelegten Rechnungen und Einfuhrbelege durch Stempelaufdruck oder in anderer Weise zu entwerten und dem Unternehmer zurückzusenden.

(4) Hat der im Ausland bzw. im übrigen Gemeinschaftsgebiet ansässige Unternehmer im Besteuerungszeitraum oder im Voranmeldungszeitraum nur Umsätze ausgeführt, für die der Leistungsempfänger die Steuer schuldet, und kommt deshalb das allgemeine Besteuerungsverfahren nach § 16 und § 18 Abs. 1 bis 4 UStG nicht zur Anwendung, können die nach § 15 UStG abziehbaren Vorsteuerbeträge unter den weiteren Voraussetzungen nur im Vorsteuer-Vergütungsverfahren (§ 18 Abs. 9 UStG, §§ 59 bis 61a UStDV) vergütet werden.

UStAE   13b.17. Aufzeichnungspflichten

[1]Neben den allgemeinen Aufzeichnungspflichten nach § 22 UStG müssen in den Fällen des § 13b Abs. 1 bis 5 UStG beim Leistungsempfänger die in § 22 Abs. 2 Nr. 1 und 2 UStG enthaltenen Angaben über die an ihn ausgeführten oder noch nicht ausgeführten Lieferungen und sonstigen Leistungen aus den Aufzeichnungen zu ersehen sein. [2]Auch der leistende Unternehmer hat diese Angaben gesondert aufzuzeichnen (§ 22 Abs. 2 Nr. 8 UStG). [3]Die Verpflichtung, zur Feststellung der Steuer und der Grundlagen ihrer Berechnung Aufzeichnungen zu machen, gilt in den Fällen der Steuerschuldnerschaft des Leistungsempfängers auch für Personen, die nicht Unternehmer sind (§ 22 Abs. 1 Satz 2 UStG); z. B. Bezug einer Leistung im nichtunternehmerischen Bereich des Unternehmers oder den Hoheitsbereich einer juristischen Person des öffentlichen Rechts mit Ausnahme der in § 13b Satz 5 Satz 11 UStG genannten Leistungen, die ausschließlich an den nichtunternehmerischen Bereich von juristischen Personen des öffentlichen Rechts erbracht werden.

UStAE   13b.18. Übergangsregelungen

[1]Zur Übergangsregelung in § 27 Abs. 4 UStG vgl. BMF-Schreiben vom 5. 12. 2001, BStBl I S. 1013. [2]Zur Übergangsregelung bei der Anwendung der Erweiterung des § 13b UStG ab 1. 4. 2004 auf alle Umsätze, die unter das GrEStG fallen, und auf bestimmte Bauleistungen vgl. BMF-Schreiben vom 31. 3. 2004, BStBl I S. 453, und vom 2. 12. 2004, BStBl I S. 1129. [3]Zur Übergangsregelung bei der Anwendung der Erweiterung der Ausnahmen, in denen die Steuerschuldnerschaft des Leistungsempfängers nicht anzuwenden ist, ab 1. 1. 2007 bei Messen, Ausstellungen und Kongres-

sen vgl. BMF-Schreiben vom 20. 12. 2006, BStBl I S. 796. [4]Zur Übergangsregelung bei der Abgrenzung des Begriffs des Unternehmers, der selbst Bauleistungen erbringt, vgl. BMF-Schreiben vom 16. 10. 2009, BStBl I S. 1298. [5]Zum Übergang auf die Anwendung der Erweiterung des § 13b UStG ab 1. 1. 2011 auf Lieferungen von Kälte und Wärme, Lieferungen der in der Anlage 3 des UStG bezeichneten Gegenstände und bestimmte Lieferungen von Gold sowie zur Übergangsregelung bei der Anwendung der Erweiterung des § 13b UStG ab 1. 1. 2011 auf Gebäudereinigungsleistungen vgl. BMF-Schreiben vom 4. 2. 2011, BStBl I S. 156. [6]Zum Übergang auf die Anwendung der Erweiterung des § 13b UStG ab 1. 7. 2011 auf bestimmte Lieferungen von Mobilfunkgeräten und integrierten Schaltkreisen vgl. Teil II des BMF-Schreibens vom 24. 6. 2011, BStBl I S. 687, und Teil II des BMF-Schreibens vom 22. 9. 2011, BStBl I S. 910. [7]Zum Übergang auf die Anwendung der Erweiterung des § 13b UStG ab 1. 9. 2013 auf Lieferungen von Gas über das Erdgasnetz oder Elektrizität durch einen im Inland ansässigen Unternehmer vgl. BMF-Schreiben vom 19. 9. 2013, BStBl I S. 1212. [8]Zum Übergang auf die Anwendung der Erweiterung des § 13b UStG ab 1. 10. 2014 auf Lieferungen von Tablet-Computern, Spielekonsolen, Edelmetallen, unedlen Metallen, Selen und Cermets sowie zur Änderung der Anwendung des § 13b UStG ab 1. 10. 2014 bei Bauleistungen und Gebäudereinigungsleistungen vgl. Teil II des BMF-Schreibens vom 26. 9. 2014, BStBl I S. 1297. [9]Zum Übergang auf die Anwendung der Änderung des § 13b UStG ab 1. 1. 2015 auf Lieferungen von Edelmetallen, unedlen Metallen und Cermets vgl. Teil II des BMF-Schreibens vom 13. 3. 2015, BStBl I S. 234. [10]Zum Übergang auf die Anwendung der Änderung des § 13b UStG ab 6. 11. 2015 auf Lieferungen der in der Anlage 3 des UStG bezeichneten Gegenstände, auf Gebäudereinigungsleistungen, auf bestimmte Lieferungen von Gold sowie auf Lieferungen von Mobilfunkgeräten, Tablet-Computern, Spielekonsolen, integrierten Schaltkreisen, Edelmetallen, unedlen Metallen und Cermets vgl. Teil II des BMF-Schreibens vom 10. 8. 2016, BStBl I S. 820. [11]Zum Übergang auf die Anwendung der Änderung des § 13b UStG ab 1. 1. 2020 auf Übertragungen von Gas- und Elektrizitätszertifikaten vgl. Teil II des BMF-Schreibens vom 23. 3. 2020, BStBl I S. 288. [12]Zum Übergang auf die Anwendung der Änderung des § 13b UStG ab 1. 1. 2021 auf sonstige Leistungen auf dem Gebiet der Telekommunikation vgl. Teil II des BMF-Schreibens vom 23. 12. 2020, BStBl 2021 I S. 92.

Zu § 14 UStG

UStAE   14.1. Zum Begriff der Rechnung

(1) [1]Nach § 14 Abs. 1 Satz 1 UStG in Verbindung mit § 31 Abs. 1 UStDV ist eine Rechnung jedes Dokument oder eine Mehrzahl von Dokumenten, mit denen über eine Lieferung oder sonstige Leistung abgerechnet wird. [2]Rechnungen im Sinne des § 14 UStG brauchen nicht ausdrücklich als solche bezeichnet zu werden. [3]Es reicht aus, wenn sich aus dem Inhalt des Dokuments ergibt, dass der Unternehmer über eine Leistung abrechnet. [4]Keine Rechnungen sind Schriftstücke, die nicht der Abrechnung einer Leistung dienen, sondern sich ausschließlich auf den Zahlungsverkehr beziehen (z. B. Mahnungen), auch wenn sie alle in § 14 Abs. 4 UStG geforderten Angaben enthalten. [5]Soweit ein Kreditinstitut mittels Kontoauszug über eine von ihm erbrachte Leistung abrechnet, kommt diesem Kontoauszug Abrechnungscharakter zu mit der Folge, dass dieser Kontoauszug eine Rechnung im Sinne des § 14 Abs. 1 Satz 1 UStG darstellt. [6]Rechnungen können auf Papier oder, vorbehaltlich der Zustimmung des Empfängers, auf elektronischem Weg übermittelt werden (vgl. Abschnitt 14.4).

(2) [1]Als Rechnung ist auch ein Vertrag anzusehen, der die in § 14 Abs. 4 UStG geforderten Angaben enthält. [2]Im Vertrag fehlende Angaben müssen in anderen Unterlagen enthalten sein, auf die im Vertrag hinzuweisen ist (§ 31 Abs. 1 UStDV). [3]Ist in einem Vertrag – z. B. in einem Miet- oder Pachtvertrag, Wartungsvertrag oder Pauschalvertrag mit einem Steuerberater – der Zeitraum, über den sich die jeweilige Leistung oder Teilleistung erstreckt, nicht angegeben, reicht es aus, wenn sich dieser aus den einzelnen Zahlungsbelegen, z. B. aus den Ausfertigungen der Überweisungsaufträge, ergibt (vgl. BFH-Beschluss vom 7. 7. 1988, V B 72/86, BStBl II S. 913). [4]Die

in einem Vertrag enthaltene gesonderte Inrechnungstellung der Steuer muss jedoch wie bei jeder anderen Abrechnungsform eindeutig, klar und unbedingt sein. [5]Das ist nicht der Fall, wenn z. B. die in einem Vertrag enthaltene Abrechnung offen lässt, ob der leistende Unternehmer den Umsatz versteuern oder als steuerfrei behandeln will, und demnach die Abrechnungsvereinbarung für jeden der beiden Fälle eine wahlweise Ausgestaltung enthält (vgl. BFH-Urteil vom 4.3.1982, V R 55/80, BStBl II S. 317).

(3) [1]Nach § 14 Abs. 2 Satz 1 Nr. 1 UStG ist der Unternehmer bei Ausführung einer steuerpflichtigen Werklieferung oder sonstigen Leistung im Zusammenhang mit einem Grundstück (vgl. Abschnitt 14.2) stets verpflichtet, innerhalb von sechs Monaten nach Ausführung der Leistung eine Rechnung auszustellen. [2]Wird in diesen Fällen das Entgelt oder ein Teil des Entgelts vor Ausführung der Leistung vereinnahmt, ist die Rechnung innerhalb von sechs Monaten nach Vereinnahmung des Entgelts oder des Teilentgelts auszustellen. [3]Die Verpflichtung zur Erteilung einer Rechnung besteht auch dann, wenn es sich beim Leistungsempfänger nicht um einen Unternehmer handelt, der die Leistung für sein Unternehmen bezieht, und ist nicht davon abhängig, ob der Empfänger der steuerpflichtigen Werklieferung oder sonstigen Leistung der Eigentümer des Grundstücks ist. [4]Die Verpflichtung zur Erteilung einer Rechnung bei steuerpflichtigen Werklieferungen oder sonstigen Leistungen im Zusammenhang mit einem Grundstück gilt auch für Kleinunternehmer im Sinne des § 19 Abs. 1 UStG und Land- und Forstwirte, die die Durchschnittssatzbesteuerung nach § 24 UStG anwenden. [5]Für steuerpflichtige sonstige Leistungen der in § 4 Nr. 12 Satz 1 und 2 UStG bezeichneten Art, die weder an einen anderen Unternehmer für dessen Unternehmen noch an eine juristische Person erbracht werden, besteht keine Rechnungserteilungspflicht. [6]Nach § 14 Abs. 2 Satz 1 Nr. 2 UStG ist der Unternehmer bei Ausführung von Lieferungen oder sonstigen Leistungen an einen anderen Unternehmer für dessen Unternehmen oder an eine juristische Person, soweit sie nicht Unternehmer ist, grundsätzlich verpflichtet, innerhalb von sechs Monaten nach Ausführung der Leistung eine Rechnung auszustellen. [7]Die Verpflichtung zur Rechnungserteilung in den Fällen des Satzes 6 entfällt, wenn die Leistungen nach § 4 Nr. 8 bis 29 UStG steuerfrei sind und den Leistungsempfänger grundsätzlich nicht zum Vorsteuerabzug berechtigen. [8]Die zusätzlichen Pflichten bei der Ausstellung von Rechnungen in besonderen Fällen nach § 14a UStG bleiben hiervon unberührt. [9]Eine Rechnung kann durch den leistenden Unternehmer selbst oder durch einen von ihm beauftragten Dritten, der im Namen und für Rechnung des Unternehmers abrechnet (§ 14 Abs. 2 Satz 4 UStG), ausgestellt werden. [10]Der Leistungsempfänger kann nicht Dritter sein. [11]Zur Rechnungsausstellung durch den Leistungsempfänger (Gutschrift, § 14 Abs. 2 Satz 2 UStG) vgl. Abschnitt 14.3. [12]Bedient sich der leistende Unternehmer zur Rechnungserstellung eines Dritten, hat der leistende Unternehmer sicher zu stellen, dass der Dritte die Einhaltung der sich aus §§ 14 und 14a UStG ergebenden formalen Voraussetzungen gewährleistet.

(4) [1]Sog. Innenumsätze, z. B. zwischen Betriebsabteilungen desselben Unternehmens oder innerhalb eines Organkreises, sind innerbetriebliche Vorgänge. [2]Werden für sie Belege mit gesondertem Steuerausweis ausgestellt, handelt es sich umsatzsteuerrechtlich nicht um Rechnungen, sondern um unternehmensinterne Buchungsbelege. [3]Die darin ausgewiesene Steuer wird nicht nach § 14c Abs. 2 UStG geschuldet (vgl. BFH-Urteil vom 28.10.2010, V R 7/10, BStBl 2011 II S. 391, und Abschnitt 14c.2 Abs. 2a).

(5) [1]Der Anspruch nach § 14 Abs. 2 UStG auf Erteilung einer Rechnung mit gesondert ausgewiesener Steuer steht dem umsatzsteuerrechtlichen Leistungsempfänger zu, sofern er eine juristische Person oder ein Unternehmer ist, der die Leistung für sein Unternehmen bezogen hat. [2]Hierbei handelt es sich um einen zivilrechtlichen Anspruch, der nach § 13 GVG vor den ordentlichen Gerichten geltend zu machen ist (vgl. BGH-Urteil vom 11.12.1974, VIII ZR 186/73). [3]Dieser Anspruch (Erfüllung einer aus § 242 BGB abgeleiteten zivilrechtlichen Nebenpflicht aus dem zu Grunde liegenden Schuldverhältnis) setzt voraus, dass der leistende Unternehmer zur Rechnungsausstellung mit gesondertem Steuerausweis berechtigt ist und ihn zivilrechtlich die Abrechnungslast trifft (vgl. BFH-Urteil vom 4.3.1982, V R 107/79, BStBl II S. 309). [4]Die Verjährung richtet sich nach § 195 BGB; weiterhin gelten die allgemeinen Vorschriften des BGB über die Verjährung. [5]Ist es ernstlich zweifelhaft, ob eine Leistung der Umsatzsteuer unterliegt, kann der

Leistungsempfänger die Erteilung einer Rechnung mit gesondert ausgewiesener Steuer nur verlangen, wenn der Vorgang bestandskräftig der Umsatzsteuer unterworfen wurde (vgl. BGH-Urteile vom 24.2.1988, VIII ZR 64/87, und vom 10.11.1988, VII ZR 137/87, und BFH-Urteil vom 30.3.2011, XI R 12/08, BStBl II S.819). [6]Zu der Möglichkeit des Leistungsempfängers, die Steuerpflicht des Vorgangs auch durch eine Feststellungsklage nach § 41 FGO klären zu lassen, vgl. BFH-Urteil vom 10.7.1997, VR 94/96, BStBl II S.707. [7]Nach Eröffnung des Insolvenzverfahrens ist der Anspruch auf Ausstellung einer Rechnung nach § 14 Abs.1 UStG vom Insolvenzverwalter auch dann zu erfüllen, wenn die Leistung vor Eröffnung des Insolvenzverfahrens bewirkt wurde (vgl. BGH-Urteil vom 6.5.1981, VIII ZR 45/80, zum Konkursverfahren).

(6) [1]Für Umsätze, die nach § 1 Abs.1 Nr.1 UStG im Inland steuerbar sind, gelten grundsätzlich die Vorschriften zur Rechnungsausstellung nach den §§ 14, 14a UStG. [2]Ist der Unternehmer zwar nicht im Inland, aber in einem anderen Mitgliedstaat ansässig und führt er einen nach § 1 Abs.1 Nr.1 UStG im Inland steuerbaren Umsatz aus, für den der Leistungsempfänger die Steuer nach § 13b Abs.5 in Verbindung mit Abs.1 und 2 UStG schuldet, gelten für die Rechnungserteilung die Vorschriften des Mitgliedstaates, in dem der Unternehmer seinen Sitz, seine Geschäftsleitung, eine Betriebsstätte, von der aus der Umsatz ausgeführt wird, oder in Ermangelung eines Sitzes seinen Wohnsitz oder gewöhnlichen Aufenthalt hat (§ 14 Abs.7 Satz 1 UStG). [3]Der Unternehmer ist bei Anwendung des § 14 Abs.7 Satz 1 UStG nicht im Inland ansässig, wenn er weder seinen Sitz noch seine Geschäftsleitung, eine Betriebsstätte (vgl. Abschnitt 3a.1 Abs.3), von der aus der Umsatz ausgeführt wird oder die an der Erbringung dieses Umsatzes beteiligt ist, oder in Ermangelung eines Sitzes seinen Wohnsitz oder gewöhnlichen Aufenthalt im Inland hat; dies gilt auch, wenn der Unternehmer ausschließlich einen Wohnsitz oder gewöhnlichen Aufenthaltsort im Inland, aber seinen Sitz, den Ort der Geschäftsleitung oder eine Betriebsstätte im Ausland hat. [4]Vereinbaren die am Leistungsaustausch Beteiligten, dass der Leistungsempfänger über den Umsatz abrechnet, greift der Grundsatz nach Satz 1 (§ 14 Abs.7 Satz 2 UStG).

Beispiel 1:

[1]Der französische Unternehmer F erbringt an den deutschen Unternehmer D eine Unternehmensberaterleistung. [2]F hat seinen Unternehmenssitz in Frankreich, von dem aus die Leistung erbracht wird.

[3]F erbringt an D eine sonstige Leistung, die nach § 3a Abs.2 UStG im Inland steuerbar ist. [4]Steuerschuldner für die steuerpflichtige Leistung ist D als Leistungsempfänger nach § 13b Abs.5 Satz 1 in Verbindung mit Abs.1 UStG.

  a)   [1]F erteilt die Rechnung.

      [2]F hat eine Rechnung nach den in Frankreich geltenden Vorgaben zur Rechnungserteilung auszustellen.

  b)   [1]F und D vereinbaren, dass D mit Gutschrift abrechnet.

      [2]D hat die Gutschrift nach den in Deutschland geltenden Rechnungserteilungspflichten zu erstellen.

Beispiel 2:

[1]Wie Beispiel 1. [2]F weist in der Rechnung gesondert deutsche Umsatzsteuer aus.

[3]F hat deutsche Umsatzsteuer gesondert ausgewiesen, obwohl er diese nach deutschem Umsatzsteuergesetz nicht schuldet. [4]Solange F den unrichtigen Steuerbetrag gegenüber D nicht berichtigt, schuldet er den gesondert ausgewiesenen Steuerbetrag nach § 14c Abs.1 UStG (vgl. Abschnitt 14c.1). [5]Auch ohne Rechnungsberichtigung durch F wird D von der Steuerschuldnerschaft des Leistungsempfängers nach § 13b Abs.5 Satz 1 in Verbindung mit Abs.1 UStG nicht entbunden.

[5]Ist der Unternehmer im Ausland ansässig und macht er von einem besonderen Besteuerungsverfahren im Sinne von § 14 Abs.7 Satz 3 UStG Gebrauch, dessen Inanspruchnahme er in einem anderen Mitgliedstaat angezeigt hat, gelten für die in diesem Besteuerungsverfahren zu erklärenden Umsätze abweichend von § 14 Abs.1 bis 6 UStG für die Rechnungserteilung die Vorschriften des anderen Mitgliedstaates. [6]Für im Drittlandsgebiet ansässige Unternehmer und für im Inland ansässige Unternehmer, die von einem besonderen Besteuerungsverfahren Gebrauch machen, dessen Inanspruchnahme sie beim BZSt angezeigt haben, gelten die Vorschriften zur

Rechnungserteilung nach § 14 Abs. 1 bis 6 UStG. [7]Besondere Besteuerungsverfahren in diesem Sinne sind die nach

- § 18 Abs. 4c UStG ...,
- § 18 Abs. 4d UStG ...,
- § 18 Abs. 4e UStG ...,
- § 18h UStG ...,
- § 18i UStG ...,
- § 18j UStG ... bzw.
- § 18k UStG ....

UStAE   14.2.   Rechnungserteilungspflicht bei Leistungen im Zusammenhang mit einem Grundstück

(1) [1]Der Begriff der steuerpflichtigen Werklieferungen oder sonstigen Leistungen im Zusammenhang mit einem Grundstück (vgl. Abschnitt 14.1 Abs. 3 Sätze 1 bis 5) umfasst Bauleistungen nach § 13b Abs. 2 Nr. 4 UStG und sonstige Leistungen im Zusammenhang mit einem Grundstück im Sinne des § 3a Abs. 3 Nr. 1 UStG (vgl. Abschnitt 3a.3). [2]Sofern in den Absätzen 2 bis 4 für die Rechnungserteilungspflicht nach § 14 Abs. 2 Satz 1 Nr. 1 UStG darüber hinaus Leistungen als im Zusammenhang mit einem Grundstück qualifiziert werden, sind hieraus keine Rückschlüsse für die Anwendung von § 3a Abs. 3 Nr. 1 und § 13b Abs. 2 Nr. 4 UStG zu ziehen.

(2) [1]Zu den Leistungen, bei denen nach § 14 Abs. 2 Satz 1 Nr. 1 UStG eine Verpflichtung zur Rechnungserteilung besteht, gehören zunächst alle Bauleistungen, bei denen der Leistungsempfänger unter den weiteren Voraussetzungen des § 13b Abs. 2 Nr. 4 UStG Steuerschuldner sein kann (vgl. Abschnitt 13b.2). [2]Weiter gehören dazu die steuerpflichtigen Werklieferungen oder sonstigen Leistungen, die der Erschließung von Grundstücken oder der Vorbereitung von Bauleistungen dienen. [3]Damit sind z. B. auch die folgenden Leistungen von der Rechnungserteilungspflicht erfasst:

- Planerische Leistungen (z. B. von Statikern, Architekten, Garten- und Innenarchitekten, Vermessungs-, Prüf- und Bauingenieuren);
- Labordienstleistungen (z. B. die chemische Analyse von Baustoffen oder Bodenproben);
- reine Leistungen der Bauüberwachung;
- Leistungen zur Prüfung von Bauabrechnungen;
- Leistungen zur Durchführung von Ausschreibungen und Vergaben;
- Abbruch- oder Erdarbeiten.

(3) [1]Die steuerpflichtige Werklieferung oder sonstige Leistung muss in engem Zusammenhang mit einem Grundstück stehen. [2]Ein enger Zusammenhang ist gegeben, wenn sich die Werklieferung oder sonstige Leistung nach den tatsächlichen Umständen überwiegend auf die Bebauung, Verwertung, Nutzung oder Unterhaltung, aber auch Veräußerung oder den Erwerb des Grundstücks selbst bezieht. [3]Es besteht bei der Erbringung u. a. folgender Leistungen eine Verpflichtung zur Erteilung einer Rechnung:

- Zur Verfügung stellen von Betonpumpen oder von anderem Baugerät;
- Aufstellen von Material- oder Bürocontainern;
- Aufstellen von mobilen Toilettenhäusern;
- Entsorgung von Baumaterial (z. B. Schuttabfuhr durch ein Abfuhrunternehmen);
- Gerüstbau;
- bloße Reinigung von Räumlichkeiten oder Flächen (z. B. Fensterreinigung);

- Instandhaltungs-, Reparatur-, Wartungs- oder Renovierungsarbeiten an Bauwerken oder Teilen von Bauwerken (z. B. Klempner- oder Malerarbeiten);
- Anlegen von Grünanlagen und Bepflanzungen und deren Pflege (z. B. Bäume, Gehölze, Blumen, Rasen);
- Beurkundung von Grundstückskaufverträgen durch Notare;
- Vermittlungsleistungen der Makler bei Grundstücksveräußerungen oder Vermietungen.

(4) Sofern selbständige Leistungen vorliegen, sind folgende Leistungen keine Leistungen im Zusammenhang mit einem Grundstück, bei denen nach § 14 Abs. 2 Satz 1 Nr. 1 UStG die Verpflichtung zur Erteilung einer Rechnung besteht:

- Veröffentlichung von Immobilienanzeigen, z. B. durch Zeitungen;
- Rechts- und Steuerberatung in Grundstückssachen.

(5) ¹Alltägliche Geschäfte, die mit einem Kaufvertrag abgeschlossen werden (z. B. der Erwerb von Gegenständen durch einen Nichtunternehmer in einem Baumarkt), unterliegen nicht der Verpflichtung zur Rechnungserteilung. ²Auch die Lieferung von Baumaterial auf eine Baustelle eines Nichtunternehmers oder eines Unternehmers, der das Baumaterial für seinen nichtunternehmerischen Bereich bezieht, wird nicht von der Verpflichtung zur Erteilung einer Rechnung umfasst.

UStAE   14.3. Rechnung in Form der Gutschrift

(1) ¹Eine Gutschrift ist eine Rechnung, die vom Leistungsempfänger ausgestellt wird (§ 14 Abs. 2 Satz 2 UStG). ²Eine Gutschrift kann auch durch eine juristische Person, die nicht Unternehmer ist, ausgestellt werden, wenn sie Leistungsempfänger ist (§ 14 Abs. 2 Satz 1 Nr. 2 in Verbindung mit Satz 2 UStG). ³Der Leistungsempfänger kann mit der Ausstellung einer Gutschrift auch einen Dritten beauftragen, der im Namen und für Rechnung des Leistungsempfängers abrechnet (§ 14 Abs. 2 Satz 4 UStG). ⁴Eine Gutschrift kann auch ausgestellt werden, wenn über steuerfreie Umsätze abgerechnet wird oder wenn beim leistenden Unternehmer nach § 19 Abs. 1 UStG die Steuer nicht erhoben wird. ⁵Dies kann dazu führen, dass der Empfänger der Gutschrift unrichtig oder unberechtigt ausgewiesene Steuer nach § 14c UStG schuldet. ⁶Keine Gutschrift ist die im allgemeinen Sprachgebrauch ebenso bezeichnete Korrektur einer zuvor ergangenen Rechnung.

(2) ¹Die am Leistungsaustausch Beteiligten können frei vereinbaren, ob der leistende Unternehmer oder der in § 14 Abs. 2 Satz 1 Nr. 2 UStG bezeichnete Leistungsempfänger abrechnet. ²Die Vereinbarung hierüber muss vor der Abrechnung getroffen sein und kann sich aus Verträgen oder sonstigen Geschäftsunterlagen ergeben. ³Sie ist an keine besondere Form gebunden und kann auch mündlich getroffen werden. ⁴Die Gutschrift ist, vorbehaltlich der Regelungen des § 14a UStG, innerhalb von sechs Monaten zu erteilen (vgl. Abschnitt 14.1 Abs. 3) und hat die Angabe „Gutschrift" zu enthalten (§ 14 Abs. 4 Satz 1 Nr. 10 UStG, vgl. Abschnitt 14.5 Abs. 24). ⁵Keine Gutschrift ist die im allgemeinen Sprachgebrauch ebenso bezeichnete Stornierung oder Korrektur der ursprünglichen Rechnung (vgl. Abschnitt 14c.1 Abs. 3 Satz 3). ⁶Wird in einem Dokument sowohl über empfangene Leistungen (Gutschrift) als auch über ausgeführte Leistungen (Rechnung) zusammen abgerechnet, muss das Dokument die Rechnungsangabe „Gutschrift" enthalten. ⁷Zudem muss aus dem Dokument zweifelsfrei hervorgehen, über welche Leistung als Leistungsempfänger bzw. leistender Unternehmer abgerechnet wird. ⁸In dem Dokument sind Saldierung und Verrechnung der gegenseitigen Leistungen unzulässig.

(3) ¹Voraussetzung für die Wirksamkeit einer Gutschrift ist, dass die Gutschrift dem leistenden Unternehmer übermittelt worden ist und dieser dem ihm zugeleiteten Dokument nicht widerspricht (§ 14 Abs. 2 Satz 3 UStG). ²Die Gutschrift ist übermittelt, wenn sie dem leistenden Unternehmer so zugänglich gemacht worden ist, dass er von ihrem Inhalt Kenntnis nehmen kann (vgl. BFH-Urteil vom 15. 9. 1994, XI R 56/93, BStBl 1995 II S. 275).

(4) ¹Der leistende Unternehmer kann der Gutschrift widersprechen. ²Mit dem Widerspruch verliert die Gutschrift die Wirkung als Rechnung. ³Dies gilt auch dann, wenn die Gutschrift den zivilrechtlichen Vereinbarungen entspricht und die Umsatzsteuer zutreffend ausweist. ⁴Es genügt, dass der Widerspruch eine wirksame Willenserklärung darstellt (vgl. BFH-Urteil vom 23. 1. 2013, XI R 25/11, BStBl II S. 417). ⁵Der Widerspruch wirkt – auch für den Vorsteuerabzug des Leistungsempfängers – erst in dem Besteuerungszeitraum, in dem er erklärt wird (vgl. BFH-Urteil vom 19. 5. 1993, VR 110/88, BStBl II S. 779, und Abschnitt 15.2a Abs. 11). ⁶Die Wirksamkeit des Widerspruchs setzt den Zugang beim Gutschriftsaussteller voraus.

UStAE 14.4. Echtheit und Unversehrtheit von Rechnungen∎

(1) ¹Rechnungen sind auf Papier oder vorbehaltlich der Zustimmung des Rechnungsempfängers elektronisch zu übermitteln (§ 14 Abs. 1 Satz 7 UStG). ²Die Zustimmung des Empfängers der elektronisch übermittelten Rechnung bedarf dabei keiner besonderen Form; es muss lediglich Einvernehmen zwischen Rechnungsaussteller und Rechnungsempfänger darüber bestehen, dass die Rechnung elektronisch übermittelt werden soll. ³Die Zustimmung kann z. B. in Form einer Rahmenvereinbarung (z. B. in den Allgemeinen Geschäftsbedingungen) erklärt werden. ⁴Sie kann auch nachträglich erklärt werden. ⁵Es genügt aber auch, dass die Beteiligten diese Verfahrensweise tatsächlich praktizieren und damit stillschweigend billigen.

(2) ¹Eine elektronische Rechnung im Sinne des § 14 Abs. 1 Satz 8 UStG ist eine Rechnung, die in einem elektronischen Format ausgestellt und empfangen wird. ²Der Rechnungsaussteller ist – vorbehaltlich der Zustimmung des Rechnungsempfängers – frei in seiner Entscheidung, in welcher Weise er elektronische Rechnungen übermittelt. ³Elektronische Rechnungen können z. B. per E-Mail (ggf. mit Bilddatei- oder Textdokumentanhang) oder De-Mail (vgl. De-Mail-Gesetz vom 28. 4. 2011, BGBl I S. 666), per Computer-Fax oder Faxserver, per Web-Download oder per EDI übermittelt werden. ⁴Eine von Standard-Telefax an Standard-Telefax oder von Computer-Telefax/Fax-Server an Standard-Telefax übermittelte Rechnung gilt als Papierrechnung.

(3) ¹Papier- und elektronische Rechnungen werden ordnungsgemäß übermittelt, wenn die Echtheit der Herkunft, die Unversehrtheit des Inhalts und die Lesbarkeit der Rechnung gewährleistet sind; sie sind auch inhaltlich ordnungsgemäß, wenn alle erforderlichen Angaben nach § 14 Abs. 4 und § 14a UStG enthalten sind. ²Die Echtheit der Herkunft einer Rechnung ist gewährleistet, wenn die Identität des Rechnungsausstellers sichergestellt ist. ³Die Unversehrtheit des Inhalts einer Rechnung ist gewährleistet, wenn die nach dem UStG erforderlichen Angaben während der Übermittlung der Rechnung nicht geändert worden sind. ⁴Eine Rechnung gilt als lesbar, wenn sie für das menschliche Auge lesbar ist; Rechnungsdaten, die per EDI-Nachrichten, XML-Nachrichten oder anderen strukturierten elektronischen Nachrichtenformen übermittelt werden, sind in ihrem Originalformat nicht lesbar, sondern erst nach einer Konvertierung.

Innerbetriebliche Kontrollverfahren

(4) ¹Die Echtheit der Herkunft, die Unversehrtheit des Inhalts und die Lesbarkeit der Rechnung müssen, sofern keine qualifizierte elektronische Signatur verwendet oder die Rechnung per elektronischen Datenaustausch (EDI) übermittelt wird (vgl. Absätze 7 bis 10), durch ein innerbetriebliches Kontrollverfahren, das einen verlässlichen Prüfpfad zwischen Rechnung und Leistung schaffen kann, gewährleistet werden (§ 14 Abs. 1 Satz 5 und 6 UStG). ²Der Empfänger einer Rechnung kann die ihm obliegenden Pflichten auch auf einen Dritten übertragen.

Anm. d. Schriftl.:

∎ Rückwirkend zum 1. 7. 2011 werden Papierrechnungen und elektronische Rechnungen gleich behandelt. § 14 Abs. 1 und Abs. 3 UStG sind im Rahmen des Steuervereinfachungsgesetzes 2011 vom 1. 11. 2011, BGBl 2011 I S. 2131, geändert worden.

(5) [1]Als innerbetriebliches Kontrollverfahren im Sinne des § 14 Abs. 1 UStG ist ein Verfahren ausreichend, das der Unternehmer zum Abgleich der Rechnung mit seiner Zahlungsverpflichtung einsetzt, um zu gewährleisten, dass nur die Rechnungen beglichen werden, zu deren Begleichung eine Verpflichtung besteht. [2]Der Unternehmer kann hierbei auf bereits bestehende Rechnungsprüfungssysteme zurückgreifen. [3]Es werden keine technischen Verfahren vorgegeben, die der Unternehmer verwenden muss. [4]Es kann daher ein EDV-unterstütztes, aber auch ein manuelles Verfahren sein.

(6) [1]Ein innerbetriebliches Kontrollverfahren erfüllt die Anforderungen des § 14 Abs. 1 UStG, wenn es einen verlässlichen Prüfpfad beinhaltet, durch den ein Zusammenhang zwischen der Rechnung und der zu Grunde liegenden Leistung hergestellt werden kann. [2]Dieser Prüfpfad kann z. B. durch (manuellen) Abgleich der Rechnung mit vorhandenen geschäftlichen Unterlagen (z. B. Kopie der Bestellung, Auftrag, Kaufvertrag, Lieferschein oder Überweisung bzw. Zahlungsbeleg) gewährleistet werden. [3]Das innerbetriebliche Kontrollverfahren und der verlässliche Prüfpfad unterliegen keiner gesonderten Dokumentationspflicht. [4]Eine inhaltlich zutreffende Rechnung – insbesondere Leistung, Entgelt, leistender Unternehmer und Zahlungsempfänger sind zutreffend angegeben – rechtfertigt die Annahme, dass bei der Übermittlung keine die Echtheit der Herkunft oder die Unversehrtheit des Inhalts beeinträchtigenden Fehler vorgekommen sind.

Qualifizierte elektronische Signatur und elektronischer Datenaustausch (EDI)

(7) Beispiele für Technologien, die die Echtheit der Herkunft und die Unversehrtheit des Inhalts bei einer elektronischen Rechnung gewährleisten, sind zum einen eine qualifizierte elektronische Signatur oder ein qualifiziertes elektronisches Siegel im Sinne der eIDAS-VO und zum anderen der elektronische Datenaustausch (EDI) nach Artikel 2 der Empfehlung 94/820/EG der Kommission vom 19.10.1994 über die rechtlichen Aspekte des elektronischen Datenaustauschs (ABl EG 1994 Nr. L 338 S. 98), wenn in der Vereinbarung über diesen Datenaustausch der Einsatz von Verfahren vorgesehen ist, die die Echtheit der Herkunft und die Unversehrtheit der Daten gewährleisten (§ 14 Abs. 3 Nr. 1 und 2 UStG).

(8) [1]Das VDG regelt die nationalen Ergänzungen zu der unmittelbar anwendbaren eIDAS-VO (ABl EU 2014 Nr. L 257 S. 73). [2]Im Sinne der eIDAS-VO ist die elektronische Signatur die elektronische Bescheinigung für eine natürliche Person und das elektronische Siegel die elektronische Bescheinigung für eine juristische Person. [3]Beide Begriffe nach der eIDAS-VO fallen unter den umsatzsteuerlichen Begriff der qualifizierten elektronischen Signatur im Sinne von § 14 Abs. 3 Nr. 1 UStG. [4]Zur Erstellung qualifizierter elektronischer Signatur oder eines qualifizierten elektronischen Siegels nach der eIDAS-VO wird ein qualifiziertes Zertifikat benötigt, das von einem Vertrauensdiensteanbieter ausgestellt wird und mit dem die Identität des Zertifikatsinhabers bestätigt wird (Art. 3 Nr. 14 und 29 eIDAS-VO). [5]Es ist zulässig, dass eine oder mehrere natürliche Personen im Unternehmen bevollmächtigt werden, für den Unternehmer zu signieren. [6]Eine Verlagerung der dem leistenden Unternehmer oder dem von diesem beauftragten Dritten obliegenden steuerlichen Verpflichtungen ist damit jedoch nicht verbunden. [7]Die grundlegenden Anforderungen für ein qualifiziertes Zertifikat ergeben sich für qualifizierte elektronische Signaturen aus Art. 28 Abs. 1 in Verbindung mit Anhang I eIDAS-VO und für qualifizierte elektronische Siegel aus Art. 38 Abs. 1 in Verbindung mit Anhang III eIDAS-VO, der Zertifikatsinhaber kann zusätzliche Attribute einsetzen (vgl. § 12 VDG). [8]Ein Attribut kann z. B. lauten „Frau Musterfrau ist Handlungsbevollmächtigte des Unternehmers A und berechtigt, für Unternehmer A Rechnungen bis zu einer Höhe von 100 000 € Gesamtbetrag zu unterzeichnen". [9]Auch Vertreterregelungen und ggf. erforderliche Zeichnungsberechtigungen, die an die Unterzeichnung durch mehrere Berechtigte gekoppelt sind, können durch Attribute abgebildet werden. [10]Nach § 12 Abs. 2 VDG in Verbindung mit Anhang I Buchstabe c eIDAS-VO kann in einem qualifizierten Zertifikat für eine elektronische Signatur auf Verlangen des Zertifikatsinhabers anstelle seines Namens ein Pseudonym aufgeführt werden. [11]Das Finanzamt hat nach § 8 Abs. 2 Nr. 1 Buchstabe c VDG einen Anspruch auf Auskunft gegenüber dem Vertrauensdiensteanbieter, soweit dies zur Erfüllung der gesetzlichen Aufgaben erforderlich ist. [12]Für die Erstellung qualifizierter elektro-

nischer Signaturen sind alle technischen Verfahren (z. B. Smart-Card, „Kryptobox") zulässig, die den Vorgaben des VDG entsprechen. [13]Der Rechnungsaussteller kann die Rechnungen auch in einem automatisierten Massenverfahren signieren. [14]Es ist zulässig, mehrere Rechnungen an einen Rechnungsempfänger in einer Datei zusammenzufassen und diese Datei mit nur einer qualifizierten elektronischen Signatur an den Empfänger zu übermitteln.

(9) Voraussetzung für die Anerkennung von im EDI-Verfahren übermittelten Rechnungen ist, dass über den elektronischen Datenaustausch eine Vereinbarung nach Artikel 2 der Empfehlung 94/820/EG der Kommission vom 19. 10. 1994 über die rechtlichen Aspekte des elektronischen Datenaustausches (ABl EG 1994 Nr. L 338 S. 98) besteht, in der der Einsatz von Verfahren vorgesehen ist, die die Echtheit der Herkunft und die Unversehrtheit der Daten gewährleisten.

Echtheit und Unversehrtheit bei besonderen Formen der Rechnungsstellung

(10) [1]Die Absätze 1 bis 9 gelten entsprechend für Gutschriften (§ 14 Abs. 2 Satz 2 UStG), Rechnungen, die im Namen und für Rechnung des Unternehmers oder eines in § 14 Abs. 2 Satz 1 Nr. 2 UStG bezeichneten Leistungsempfängers von einem Dritten ausgestellt werden (§ 14 Abs. 2 Satz 4 UStG) sowie für Anzahlungsrechnungen (§ 14 Abs. 5 UStG). [2]Wird eine Gutschrift ausgestellt, ist der leistende Unternehmer als Gutschriftsempfänger zur Durchführung des innerbetrieblichen Kontrollverfahrens entsprechend Absätzen 4 bis 6 verpflichtet. [3]Der Dritte ist nach §§ 93 ff. AO verpflichtet, dem Finanzamt die Prüfung des Verfahrens durch Erteilung von Auskünften und Vorlage von Unterlagen in seinen Räumen zu gestatten.

(11) Bei Fahrausweisen (§ 34 UStDV) ist es für Zwecke des Vorsteuerabzugs nicht zu beanstanden, wenn der Fahrausweis im Online-Verfahren abgerufen wird und durch das Verfahren sichergestellt ist, dass eine Belastung auf einem Konto erfolgt.

UStAE   14.5.   Pflichtangaben in der Rechnung

(1) [1]§ 14 Abs. 4 und § 14a UStG gelten nur für Rechnungen an andere Unternehmer oder an juristische Personen, soweit sie nicht Unternehmer sind, sowie an andere Leistungsempfänger, die in § 14a UStG bezeichnet sind. [2]Dabei ist es unerheblich, ob es sich um steuerpflichtige oder steuerfreie Leistungen oder um Teilleistungen handelt oder ob die Sonderregelungen nach den §§ 23 bis 25c UStG angewendet werden. [3]Sofern eine Verpflichtung zur Erteilung einer Rechnung besteht, muss die Rechnung alle Pflichtangaben, die sich aus § 14 Abs. 4, § 14a UStG sowie aus den §§ 33 und 34 UStDV ergeben, enthalten und die übrigen formalen Voraussetzungen des § 14 UStG erfüllen. [4]Die Angaben, die eine Rechnung enthalten muss, sollen es der Finanzverwaltung insbesondere ermöglichen, die Entrichtung der geschuldeten Steuer und das Bestehen des Vorsteuerabzugsrechts zu kontrollieren (Kontrollfunktion der Rechnung, vgl. EuGH-Urteil vom 15. 9. 2016, C-516/14, Barlis 06). [5]Die Gesamtheit aller Dokumente, die die nach § 14 Abs. 4 und § 14a UStG geforderten Angaben insgesamt enthalten, bildet die Rechnung. [6]In einem Dokument fehlende Angaben müssen in anderen Dokumenten enthalten sein. [7]In einem dieser Dokumente müssen mindestens das Entgelt und der Steuerbetrag angegeben werden. [8]Außerdem sind in diesem Dokument alle anderen Dokumente zu bezeichnen, aus denen sich die nach § 14 Abs. 4 und § 14a UStG erforderlichen Angaben insgesamt ergeben (§ 31 Abs. 1 UStDV). [9]Alle Dokumente müssen vom Rechnungsaussteller erstellt werden. [10]Im Fall der Gutschrift muss deshalb der Gutschriftsaussteller alle Dokumente erstellen. [11]Ist ein Dritter mit der Rechnungserstellung beauftragt (§ 14 Abs. 2 Satz 4 UStG), ist auch derjenige, der den Dritten mit der Rechnungserstellung beauftragt hat, zur Erstellung der fehlenden Dokumente berechtigt. [12]Hinsichtlich der Leistungsbeschreibung ist es zulässig, auf den vom leistenden Unternehmer erstellten Lieferschein Bezug zu nehmen. [13]Die Erteilung einer Rechnung, die nicht alle in § 14 Abs. 4 Satz 1 UStG aufgeführten Pflichtangaben enthält, gilt nicht als Ordnungswidrigkeit im Sinne des § 26a Abs. 2 Nr. 1 UStG.

Name und Anschrift des leistenden Unternehmers und des Leistungsempfängers

(2) [1]Nach § 14 Abs. 4 Satz 1 Nr. 1 UStG sind in der Rechnung der Name und die Anschrift des leistenden Unternehmers und des Leistungsempfängers jeweils vollständig anzugeben. [2]Dabei ist es nach § 31 Abs. 2 UStDV ausreichend, wenn sich auf Grund der in die Rechnung aufgenommenen Bezeichnungen der Name und die Anschrift sowohl des leistenden Unternehmers als auch des Leistungsempfängers eindeutig feststellen lassen. [3]Unter diesen Voraussetzungen kann auch die Verwendung eines Aliasnamens nach dem ProstSchG eine ausreichende Rechnungsangabe sein (siehe BMF-Schreiben vom 7. 9. 2021, BStBl I S. 1591). [4]Bei Versteigerungen im fremden Namen und für fremde Rechnung (vgl. Abschnitt 3.7 Abs. 6) kann die sog. Losnummer als Angabe des leistenden Unternehmers (Einlieferer) genügen. [5]Es reicht jede Art von Anschrift, sofern der leistende Unternehmer bzw. der Leistungsempfänger unter dieser Anschrift erreichbar ist. [6]Dabei ist es unerheblich, ob die wirtschaftlichen Tätigkeiten des leistenden Unternehmers unter der Anschrift ausgeübt werden, die in der von ihm ausgestellten Rechnung angegeben ist (vgl. BFH-Urteile vom 13. 6. 2018, XI R 20/14, BStBl II S. 800, und vom 21. 6. 2018, V R 25/15, BStBl II S. 809, und V R 28/16, BStBl II S. 806). [7]Maßgeblich für die Erreichbarkeit ist der Zeitpunkt der Rechnungsausstellung (vgl. BFH-Urteil vom 5. 12. 2018, XI R 22/14, BStBl 2020 II S. 418). [8]Verfügt der leistende Unternehmer bzw. der Leistungsempfänger über ein Postfach, über eine Großkundenadresse oder über eine c/o-Adresse, genügt die jeweilige Angabe in der Rechnung den Anforderungen des § 14 Abs. 4 Satz 1 Nr. 1 UStG an eine vollständige Anschrift.

(3) – gestrichen –

(4) [1]Im Fall der umsatzsteuerlichen Organschaft kann der Name und die Anschrift der Organgesellschaft angegeben werden, wenn der leistende Unternehmer oder der Leistungsempfänger unter dem Namen und der Anschrift der Organgesellschaft die Leistung erbracht bzw. bezogen hat. [2]Entsprechendes gilt für die Angabe der Anschrift einer Zweigniederlassung, einer Betriebsstätte oder eines Betriebsteils des Unternehmers.

Steuernummer oder USt-IdNr. des leistenden Unternehmers

(5) [1]Nach § 14 Abs. 4 Satz 1 Nr. 2 UStG muss der leistende Unternehmer in der Rechnung entweder die ihm vom inländischen Finanzamt erteilte Steuernummer oder die vom BZSt erteilte USt-IdNr. angeben (vgl. BFH-Urteil vom 2. 9. 2010, V R 55/09, BStBl 2011 II S. 235). [2]Wurde dem leistenden Unternehmer keine USt-IdNr. erteilt, ist zwingend die erteilte Steuernummer anzugeben. [3]Wenn das Finanzamt eine gesonderte Steuernummer für Zwecke der Umsatzbesteuerung erteilt hat (z. B. bei von der Zuständigkeit nach dem Betriebssitz abweichender Zuständigkeit nach § 21 AO), ist diese anzugeben. [4]Erteilt das Finanzamt dem leistenden Unternehmer eine neue Steuernummer (z. B. bei Verlagerung des Unternehmenssitzes), ist nur noch diese zu verwenden. [5]Es ist nicht erforderlich, dass der Unternehmer die vom Finanzamt erteilte Steuernummer um zusätzliche Angaben (z. B. Name oder Anschrift des Finanzamts, Finanzamtsnummer oder Länderschlüssel) ergänzt. [6]Im Fall der Gutschrift ist die Steuernummer bzw. die USt-IdNr. des leistenden Unternehmers und nicht die des die Gutschrift erteilenden Leistungsempfängers anzugeben. [7]Zu diesem Zweck hat der leistende Unternehmer (Gutschriftsempfänger) dem Aussteller der Gutschrift seine Steuernummer oder USt-IdNr. mitzuteilen. [8]Dies gilt auch für einen ausländischen Unternehmer, dem von einem inländischen Finanzamt eine Steuernummer oder vom BZSt eine USt-IdNr. erteilt wurde. [9]Hinsichtlich des Anspruchs natürlicher Personen auf Erteilung einer Steuernummer für Umsatzsteuerzwecke vgl. BFH-Urteil vom 23. 9. 2009, II R 66/07, BStBl 2010 II S. 712 und BMF-Schreiben vom 1. 7. 2010, BStBl I S. 625.

(6) [1]Leistet ein Unternehmer im eigenen Namen (Eigengeschäft) und vermittelt er einen Umsatz in fremden Namen und für fremde Rechnung (vermittelter Umsatz), gilt für die Angabe der Steuernummer oder der USt-IdNr. Folgendes:

– [2]Für das Eigengeschäft gibt der leistende Unternehmer seine Steuernummer oder USt-IdNr. an.

– ³Rechnet der Unternehmer über einen vermittelten Umsatz ab (z. B. Tankstellenbetreiber, Reisebüro, Versteigerer), hat er die Steuernummer oder USt-IdNr. des leistenden Unternehmers (z. B. Mineralölgesellschaft, Reiseunternehmen, Einlieferer) anzugeben.

– ⁴Werden das Eigengeschäft und der vermittelte Umsatz in einer Rechnung aufgeführt (vgl. Abschnitt 14.10 Abs. 3), kann aus Vereinfachungsgründen der jeweilige Umsatz durch Kennziffern oder durch Symbole der jeweiligen Steuernummer oder USt-IdNr. zugeordnet werden. ⁵Diese sind in der Rechnung oder in anderen Dokumenten (§ 31 UStDV) zu erläutern.

(7) Im Fall der umsatzsteuerlichen Organschaft muss die Organgesellschaft die ihr oder dem Organträger erteilte USt-IdNr. oder die Steuernummer des Organträgers angeben.

(8) Die Angabe der Steuernummer oder der USt-IdNr. ist vorbehaltlich der §§ 33 und 34 UStDV auch erforderlich, wenn

– beim leistenden Unternehmer die Umsatzsteuer nach § 19 Abs. 1 UStG nicht erhoben wird,

– ausschließlich über steuerfreie Umsätze abgerechnet wird,

– der Leistungsempfänger nach § 13b Abs. 5 UStG Steuerschuldner ist (vgl. auch § 14a Abs. 5 UStG).

(9) ¹Ein Vertrag erfüllt die Anforderung des § 14 Abs. 4 Satz 1 Nr. 2 UStG, wenn er die Steuernummer oder die USt-IdNr. des leistenden Unternehmers enthält. ²Ist in dem Vertrag die Steuernummer angegeben und erteilt das Finanzamt dem leistenden Unternehmer eine neue Steuernummer (z. B. bei Verlagerung des Unternehmenssitzes), ist der Vertragspartner in geeigneter Weise darüber zu informieren. ³Die leichte Nachprüfbarkeit dieser Angabe muss beim Leistungsempfänger gewährleistet sein. ⁴Es ist nicht erforderlich, dass auf den Zahlungsbelegen die Steuernummer oder die USt-IdNr. des leistenden Unternehmers angegeben ist.

Fortlaufende Nummer (Rechnungsnummer)

(10) ¹Durch die fortlaufende Nummer (Rechnungsnummer) soll sichergestellt werden, dass die vom Unternehmer erstellte Rechnung einmalig ist. ²Bei der Erstellung der Rechnungsnummer ist es zulässig, eine oder mehrere Zahlen- oder Buchstabenreihen zu verwenden. ³Auch eine Kombination von Ziffern mit Buchstaben ist möglich. ⁴Eine lückenlose Abfolge der ausgestellten Rechnungsnummern ist nicht zwingend. ⁵Es ist auch zulässig, im Rahmen eines weltweiten Abrechnungssystems verschiedener, in unterschiedlichen Ländern angesiedelter Konzerngesellschaften nur einen fortlaufenden Nummernkreis zu verwenden.

(11) ¹Bei der Erstellung der Rechnungsnummer bleibt es dem Rechnungsaussteller überlassen, wie viele und welche separaten Nummernkreise geschaffen werden, in denen eine Rechnungsnummer jeweils einmalig vergeben wird. ²Dabei sind Nummernkreise für zeitlich, geographisch oder organisatorisch abgegrenzte Bereiche zulässig, z. B. für Zeiträume (Monate, Wochen, Tage), verschiedene Filialen, Betriebsstätten einschließlich Organgesellschaften oder Bestandsobjekte. ³Die einzelnen Nummernkreise müssen dabei nicht zwingend lückenlos sein. ⁴Es muss jedoch gewährleistet sein (z. B. durch Vergabe einer bestimmten Klassifizierung für einen Nummernkreis), dass die jeweilige Rechnung leicht und eindeutig dem jeweiligen Nummernkreis zugeordnet werden kann und die Rechnungsnummer einmalig ist.

(12) ¹Bei Verträgen über Dauerleistungen ist es ausreichend, wenn diese Verträge eine einmalige Nummer enthalten (z. B. Wohnungs- oder Objektnummer, Mieternummer). ²Es ist nicht erforderlich, dass Zahlungsbelege eine gesonderte fortlaufende Nummer erhalten.

(13) ¹Im Fall der Gutschrift ist die fortlaufende Nummer durch den Gutschriftsaussteller zu vergeben. ²Wird die Rechnung nach § 14 Abs. 2 Satz 4 UStG von einem Dritten ausgestellt, kann dieser die fortlaufende Nummer vergeben.

(14) Kleinbetragsrechnungen nach § 33 UStDV und Fahrausweise nach § 34 UStDV müssen keine fortlaufende Nummer enthalten.

Menge und Art der gelieferten Gegenstände oder Umfang und Art der sonstigen Leistung

(15) [1]Die Bezeichnung der Leistung muss eine eindeutige und leicht nachprüfbare Feststellung der Leistung ermöglichen, über die abgerechnet worden ist (vgl. BFH-Urteile vom 10.11.1994, V R 45/93, BStBl 1995 II S. 395, vom 8.10.2008, V R 59/07, BStBl 2009 II S. 218, vom 16.1.2014, V R 28/13, BStBl II S. 867, und vom 12.3.2020, V R 48/17, BStBl II S. 604). [2]Unrichtige oder ungenaue Angaben, die eventuell auch keinen Rückschluss auf den Ort der Leistungserbringung und eine mögliche Steuerpflicht ermöglichen, genügen diesen Anforderungen nicht (vgl. BFH-Urteil vom 1.3.2018, V R 18/17, BStBl 2021 II S. 644). [3]Bei Lieferungen kann neben der Angabe der Menge die Angabe der Art der gelieferten Gegenstände in Form einer handelsüblichen Bezeichnung erfolgen (§ 14 Abs. 4 Satz 1 Nr. 5 UStG). [4]Handelsüblich ist jede im Geschäftsverkehr für die Gegenstände allgemein verwendete Bezeichnung, die den Erfordernissen von Kaufleuten im Sinne des HGB genügt und von Unternehmern in den entsprechenden Geschäftskreisen allgemein (d.h. nicht nur gelegentlich) verwendet wird, z.B. auch eine Markenartikelbezeichnung. [5]Ob eine Bezeichnung handelsüblich ist, ist unter Berücksichtigung von Handelsstufe, Art und Inhalt der Lieferungen und dem Wert der einzelnen Gegenstände im Einzelfall zu bestimmen (zu den Anforderungen bei hochpreisigen Uhren und Armbändern vgl. BFH-Beschluss vom 29.11.2002, V B 119/02, n. v.; abgrenzend dazu im Niedrigpreissegment vgl. BFH-Urteil vom 10.7.2019, XI R 28/18, BStBl 2021 II S. 961). [6]Bezeichnungen allgemeiner Art, die Gruppen verschiedenartiger Gegenstände umfassen, z.B. Geschenkartikel, reichen grundsätzlich nicht aus. [7]In Rechnungen über die Lieferung von Präsentkörben reicht es aus, als handelsübliche Bezeichnung des Liefergegenstandes lediglich „Präsentkorb" anzugeben. [8]Die Mengen und die handelsüblichen Bezeichnungen der im Präsentkorb enthaltenen einzelnen Gegenstände brauchen in der Rechnung nicht genannt zu werden. [9]In einer Rechnung über die Übertragung bzw. Ausgabe eines Einzweck-Gutscheins nach § 3 Abs. 14 UStG ist die Bezeichnung der Gutscheinart (Einzweck-Gutschein) sowie eine kurze Beschreibung der Lieferung oder der sonstigen Leistung, zu deren Bezug der Gutschein berechtigt, ausreichend (vgl. hierzu Abschnitt 3.17 Abs. 2). [10]Bei einem Mehrzweck-Gutschein nach § 3 Abs. 15 UStG unterliegt erst bei dessen Einlösung die tatsächliche Lieferung oder die tatsächliche Erbringung der sonstigen Leistung der Umsatzsteuer (vgl. hierzu Abschnitt 3.17 Abs. 9); über diese Leistung ist dann nach den allgemeinen Regelungen abzurechnen. [11]Zur Verwendung der Geräteidentifikationsnummer als Bestandteil der handelsüblichen Bezeichnung des gelieferten Gegenstands vgl. BMF-Schreiben vom 1.4.2009, BStBl I S. 525.

Zeitpunkt der Leistung und Vereinnahmung des Entgelts

(16) [1]Nach § 14 Abs. 4 Satz 1 Nr. 6 UStG ist in der Rechnung der Zeitpunkt der Lieferung oder sonstigen Leistung anzugeben. [2]Dies gilt auch dann, wenn das Ausstellungsdatum der Rechnung (§ 14 Abs. 4 Satz 1 Nr. 3 UStG) mit dem Zeitpunkt der Lieferung oder der sonstigen Leistung übereinstimmt; in diesen Fällen genügt eine Angabe wie z.B. „Leistungsdatum entspricht Rechnungsdatum" (vgl. BFH-Urteil vom 17.12.2008, XI R 62/07, BStBl 2009 II S. 432). [3]Nach § 31 Abs. 4 UStDV kann als Zeitpunkt der Lieferung oder der sonstigen Leistung der Kalendermonat angegeben werden, in dem die Leistung ausgeführt wird. [4]Die Verpflichtung zur Angabe des Zeitpunkts der Lieferung oder der sonstigen Leistung besteht auch in den Fällen, in denen die Ausführung der Leistung gegen Barzahlung erfolgt. [5]Im Einzelnen gilt hierbei Folgendes:

1. Angabe des Zeitpunkts der Lieferung in einem Lieferschein:

   [1]Nach § 31 Abs. 1 UStDV kann eine Rechnung aus mehreren Dokumenten bestehen, aus denen sich die nach § 14 Abs. 4 Satz 1 UStG erforderlichen Angaben insgesamt ergeben. [2]Demzufolge können sich Rechnungsangaben auch aus einem in dem Dokument, in dem Entgelt und Steuerbetrag angegeben sind, zu bezeichnenden Lieferschein ergeben. [3]Sofern sich der nach § 14 Abs. 4 Satz 1 Nr. 6 UStG erforderliche Leistungszeitpunkt aus dem Lieferschein ergeben soll, ist es erforderlich, dass der Lieferschein neben dem Lieferscheindatum

eine gesonderte Angabe des Leistungsdatums enthält. [4]Sofern das Leistungsdatum dem Lieferscheindatum entspricht, kann an Stelle der gesonderten Angabe des Leistungsdatums ein Hinweis in die Rechnung aufgenommen werden, dass das Lieferscheindatum dem Leistungsdatum entspricht.

2. Angabe des Zeitpunkts der Lieferung in den Fällen, in denen der Ort der Lieferung nach § 3 Abs. 6 UStG bestimmt wird:

[1]In den Fällen, in denen der Gegenstand der Lieferung durch den Lieferer, den Abnehmer oder einen vom Lieferer oder vom Abnehmer beauftragten Dritten befördert oder versendet wird, gilt die Lieferung nach § 3 Abs. 6 Satz 1 UStG dort als ausgeführt, wo die Beförderung oder Versendung an den Abnehmer oder in dessen Auftrag an einen Dritten beginnt (vgl. Abschnitt 3.12). [2]Soweit es sich um eine Lieferung handelt, für die der Ort der Lieferung nach § 3 Abs. 6 UStG bestimmt wird, ist in der Rechnung als Tag der Lieferung der Tag des Beginns der Beförderung oder Versendung des Gegenstands der Lieferung anzugeben. [3]Dieser Tag ist zugleich auch maßgeblich für die Entstehung der Steuer, wenn es nach § 13 Abs. 1 Nr. 1 UStG auf die Ausführung der Leistung ankommt (vgl. Abschnitt 13.1 Abs. 1 und 2 Satz 2).

3. Angabe des Zeitpunkts der Lieferung in anderen Fällen:

[1]In allen Fällen, in denen sich der Ort der Lieferung nicht nach § 3 Abs. 6 UStG bestimmt, ist als Tag der Lieferung in der Rechnung der Tag der Verschaffung der Verfügungsmacht anzugeben. [2]Zum Begriff der Verschaffung der Verfügungsmacht vgl. Abschnitt 3.1 Abs. 2.

4. Angabe des Zeitpunkts der sonstigen Leistung:

[1]Nach § 14 Abs. 4 Satz 1 Nr. 6 UStG ist in der Rechnung der Zeitpunkt der sonstigen Leistung anzugeben. [2]Dies ist der Zeitpunkt, zu dem die sonstige Leistung ausgeführt ist. [3]Sonstige Leistungen sind grundsätzlich im Zeitpunkt ihrer Vollendung ausgeführt. [4]Bei zeitlich begrenzten Dauerleistungen ist die Leistung mit Beendigung des entsprechenden Rechtsverhältnisses ausgeführt, es sei denn, die Beteiligten hatten Teilleistungen vereinbart (vgl. Abschnitt 13.1 Abs. 3). [5]Bei sonstigen Leistungen, die sich über mehrere Monate oder Jahre erstrecken, reicht die Angabe des gesamten Leistungszeitraums (z. B. „1.1.01" bis 31.12.01") aus. [6]Eine Rechnung, die nur die Angabe einer Leistung „bis zum heutigen Tag" ohne Konkretisierung des Beginns des Leistungszeitraums enthält, erfüllt diese Voraussetzungen nicht (vgl. EuGH-Urteil vom 15.9.2016, C-516/14, Barlis 06).

5. Noch nicht ausgeführte Lieferung oder sonstige Leistung:

[1]Wird über eine noch nicht ausgeführte Lieferung oder sonstige Leistung abgerechnet, handelt es sich um eine Rechnung über eine Anzahlung, in der die Angabe des Zeitpunkts der Vereinnahmung des Entgelts oder des Teilentgelts entsprechend § 14 Abs. 4 Satz 1 Nr. 6 UStG nur dann erforderlich ist, wenn der Zeitpunkt der Vereinnahmung bei der Rechnungsstellung feststeht und nicht mit dem Ausstellungsdatum der Rechnung übereinstimmt (vgl. BFH-Urteil vom 2.12.2015, V R 15/15, BStBl 2016 II S. 486). [2]Auch in diesem Fall reicht es aus, den Kalendermonat der Vereinnahmung anzugeben. [3]Auf der Rechnung ist kenntlich zu machen, dass über eine noch nicht erbrachte Leistung abgerechnet wird (vgl. Abschnitt 14.8 Abs. 4).

(17) [1]Ist in einem Vertrag – z. B. Miet- oder Pachtvertrag, Wartungsvertrag oder Pauschalvertrag mit einem Steuerberater – der Zeitraum, über den sich die jeweilige Leistung oder Teilleistung erstreckt, nicht angegeben, reicht es aus, wenn sich dieser Zeitraum aus den einzelnen Zahlungsbelegen, z. B. aus den Überweisungsaufträgen oder den Kontoauszügen, ergibt. [2]Soweit periodisch wiederkehrende Zahlungen im Rahmen eines Dauerschuldverhältnisses in der Höhe und zum Zeitpunkt der vertraglichen Fälligkeit erfolgen und keine ausdrückliche Zahlungsbestimmung vorliegt, ergibt sich der Zeitpunkt der Leistung aus Vereinfachungsgründen durch die Zuordnung der Zahlung zu der Periode, in der sie geleistet wird. [3]Dabei wird es nicht beanstandet, wenn der Zahlungsbeleg vom Leistungsempfänger ausgestellt wird.

Entgelt

(18) Nach § 14 Abs. 4 Satz 1 Nr. 7 UStG ist in der Rechnung das nach Steuersätzen und einzelnen Steuerbefreiungen aufgeschlüsselte Entgelt anzugeben.

Im Voraus vereinbarte Minderung des Entgelts

(19) [1]Zusätzlich ist jede im Voraus vereinbarte Minderung des Entgelts, sofern sie nicht bereits im Entgelt berücksichtigt ist, anzugeben. [2]Dies bedeutet im Fall der Vereinbarung von Boni, Skonti und Rabatten, bei denen im Zeitpunkt der Rechnungserstellung die Höhe der Entgeltminderung nicht feststeht, dass in der Rechnung auf die entsprechende Vereinbarung hinzuweisen ist (§ 31 Abs. 1 UStDV). [3]Dies gilt sowohl im Fall des Steuerausweises in einer Rechnung als auch im Fall des Hinweises auf eine Steuerbefreiung. [4]Da Vereinbarungen über Entgeltminderungen ebenfalls Bestandteil einer Rechnung sind, gelten die sich aus § 14 Abs. 1 Satz 2 UStG ergebenden Formerfordernisse auch für diese. [5]Sofern die Entgeltminderungsvereinbarung in dem Dokument, in dem Entgelt und Steuerbetrag angegeben sind, nicht enthalten ist, muss diese als gesondertes Dokument schriftlich beim leistenden Unternehmer und beim Leistungsempfänger oder dem jeweils beauftragten Dritten vorliegen. [6]Allerdings sind in dem Dokument, in dem das Entgelt und der darauf entfallende Steuerbetrag zusammengefasst angegeben sind, die anderen Dokumente zu bezeichnen, aus denen sich die übrigen Angaben ergeben (§ 31 Abs. 1 UStDV). [7]Bei Rabatt- und Bonusvereinbarungen ist es deshalb ausreichend, wenn in dem Dokument, das zusammengefasst die Angabe des Entgelts und des darauf entfallenden Steuerbetrags enthält, auf die entsprechende Konditionsvereinbarung hingewiesen wird. [8]Für eine leichte und eindeutige Nachprüfbarkeit ist allerdings eine hinreichend genaue Bezeichnung erforderlich. [9]Dies ist gegeben, wenn die Dokumente über die Entgeltminderungsvereinbarung in Schriftform vorhanden sind und auf Nachfrage ohne Zeitverzögerung bezogen auf die jeweilige Rechnung vorgelegt werden können. [10]Ändert sich eine vor Ausführung der Leistung getroffene Vereinbarung nach diesem Zeitpunkt, ist es nicht erforderlich, die Rechnung zu berichtigen. [11]Die Verpflichtung zur Angabe der im Voraus vereinbarten Minderungen des Entgelts bezieht sich nur auf solche Vereinbarungen, die der Leistungsempfänger gegenüber dem leistenden Unternehmer unmittelbar geltend machen kann. [12]Vereinbarungen des leistenden Unternehmers mit Dritten, die nicht Leistungsempfänger sind, müssen in der Rechnung nicht bezeichnet werden. [13]Bei Skontovereinbarungen genügt eine Angabe wie z. B. „2 % Skonto bei Zahlung bis" den Anforderungen des § 14 Abs. 4 Satz 1 Nr. 7 UStG. [14]Das Skonto muss nicht betragsmäßig (weder mit dem Bruttobetrag noch mit dem Nettobetrag zzgl. USt) ausgewiesen werden. [15]Ein Belegaustausch ist bei tatsächlicher Inanspruchnahme der im Voraus vereinbarten Entgeltminderung nicht erforderlich (vgl. aber Abschnitt 17.1 Abs. 3 Satz 4).

Steuersatz und Steuerbetrag oder Hinweis auf eine Steuerbefreiung

(20) [1]Nach § 14 Abs. 4 Satz 1 Nr. 8 UStG ist in der Rechnung der Steuersatz sowie der auf das Entgelt entfallende Steuerbetrag oder im Fall der Steuerbefreiung ein Hinweis auf die Steuerbefreiung anzubringen. [2]Der Steuerbetrag muss vom Unternehmer für die von ihm ausgeführte steuerpflichtige Leistung nach Cent genau berechnet werden. [3]Ergibt sich bei der Steuerberechnung kein voller Centbetrag, ist der Centbetrag abzurunden, wenn die nachfolgende Ziffer höchstens 4 ist, bzw. aufzurunden, wenn die unmittelbar folgende Ziffer größer als 4 ist. [4]Bei dem Hinweis auf eine Steuerbefreiung ist es nicht erforderlich, dass der Unternehmer die entsprechende Vorschrift des UStG oder der MwStSystRL nennt. [5]Allerdings soll in der Rechnung ein Hinweis auf den Grund der Steuerbefreiung enthalten sein. [6]Dabei reicht eine Angabe in umgangssprachlicher Form aus (z. B. „Ausfuhr"; zur Angabe „innergemeinschaftliche Lieferung" für den Belegnachweis vgl. BFH-Urteil vom 12. 5. 2011, V R 46/10, BStBl II S. 957, und Abschnitt 6a.3 Abs. 1).

(21) [1]Die Regelung des § 32 UStDV für Rechnungen über Umsätze, die verschiedenen Steuersätzen unterliegen, gilt entsprechend, wenn in einer Rechnung neben steuerpflichtigen Umsätzen auch nicht steuerbare oder steuerfreie Umsätze aufgeführt werden. [2]Soweit Kosten für Nebenleistun-

gen, z. B. für Beförderung, Verpackung, Versicherung, besonders berechnet werden, sind sie den unterschiedlich besteuerten Hauptleistungen entsprechend zuzuordnen. ³Die Aufteilung ist nach geeigneten Merkmalen, z. B. nach dem Verhältnis der Werte oder Gewichte, vorzunehmen.

(22) In Rechnungen für Umsätze, auf die die Durchschnittssätze des § 24 Abs. 1 UStG anzuwenden sind, ist außer dem Steuerbetrag der für den Umsatz maßgebliche Durchschnittssatz anzugeben (§ 24 Abs. 1 Satz 5 UStG).

Hinweis auf die Aufbewahrungspflicht des Leistungsempfängers

(23) ¹Nach § 14 Abs. 4 Satz 1 Nr. 9 UStG ist der leistende Unternehmer bei Ausführung einer steuerpflichtigen Werklieferung oder sonstigen Leistung im Zusammenhang mit einem Grundstück verpflichtet, in der Rechnung auf die einem nichtunternehmerischen Leistungsempfänger nach § 14b Abs. 1 Satz 5 UStG obliegenden Aufbewahrungspflichten hinzuweisen. ²Hierbei ist es ausreichend, wenn in der Rechnung z. B. ein allgemeiner Hinweis enthalten ist, dass ein nichtunternehmerischer Leistungsempfänger diese Rechnung zwei Jahre aufzubewahren hat. ³Ein Hinweis auf die Aufbewahrungspflicht des Leistungsempfängers nach § 14b Abs. 1 Satz 5 UStG ist nicht erforderlich, wenn es sich bei der steuerpflichtigen Werklieferung oder sonstigen Leistung um eine Bauleistung im Sinne des § 13b Abs. 2 Nr. 4 UStG an einen anderen Unternehmer handelt, für die dieser die Umsatzsteuer schuldet, oder mit einer Kleinbetragsrechnung im Sinne des § 33 UStDV abgerechnet wird.

Gutschrift

(24) ¹Vereinbaren die am Leistungsaustausch Beteiligten, dass der in § 14 Abs. 2 Satz 1 Nr. 2 UStG bezeichnete Leistungsempfänger abrechnet (Gutschrift, § 14 Abs. 2 Satz 2 UStG), muss die Rechnung die Angabe „Gutschrift" enthalten (§ 14 Abs. 4 Satz 1 Nr. 10 UStG). ²Darüber hinaus kommt die Anerkennung von Formulierungen in Betracht, die in anderen Amtssprachen für den Begriff „Gutschrift" in Artikel 226 Nr. 10a MwStSystRL der jeweiligen Sprachfassung verwendet werden (z. B. „Self-billing"; vgl. Teil II des BMF-Schreibens vom 25. 10. 2013, BStBl I S. 1305). ³Die Verwendung anderer Begriffe entspricht nicht § 14 Abs. 4 Satz 1 Nr. 10 UStG. ⁴Gleichwohl ist der Vorsteuerabzug des Leistungsempfängers nicht allein wegen begrifflicher Unschärfen zu versagen, wenn die gewählte Bezeichnung hinreichend eindeutig ist (z. B. Eigenfaktura), die Gutschrift im Übrigen ordnungsgemäß erteilt wurde und keine Zweifel an ihrer inhaltlichen Richtigkeit bestehen.

UStAE 14.6. Rechnungen über Kleinbeträge**🔟**

(1) ¹Nach § 33 UStDV sind in Rechnungen, deren Gesamtbetrag 250 € nicht übersteigt (Kleinbetragsrechnungen), abweichend von § 14 Abs. 4 UStG nur folgende Angaben erforderlich:

- der vollständige Name und die vollständige Anschrift des leistenden Unternehmers;
- das Ausstellungsdatum;
- die Menge und die Art der gelieferten Gegenstände oder der Umfang und die Art der sonstigen Leistung und
- das Entgelt und der darauf entfallende Steuerbetrag in einer Summe sowie
- der anzuwendende Steuersatz oder

Anm. d. Schriftl.:

🔟 Im Rahmen des Zweiten Gesetzes zur Entlastung insbesondere der mittelständischen Wirtschaft von Bürokratie vom 30. 6. 2017, BGBl 2017 I S. 2143, wurde die Kleinbetragsgrenze rückwirkend zum 1. 1. 2017 von 150 € auf 250 € erhöht. Auf das BMF-Schreiben vom 15. 11. 2017, BStBl 2017 I S. 1518, wird hingewiesen.

– im Fall einer Steuerbefreiung ein Hinweis darauf, dass für die Lieferung oder sonstige Leistung eine Steuerbefreiung gilt.

[2]Wird in einer Rechnung über verschiedene Leistungen abgerechnet, die verschiedenen Steuersätzen unterliegen, sind für die verschiedenen Steuersätzen unterliegenden Leistungen die jeweiligen Summen anzugeben.

(2) [1]Dabei sind die übrigen formalen Voraussetzungen des § 14 UStG zu beachten. [2]Die Grundsätze der §§ 31 (Angaben in der Rechnung) und 32 (Rechnungen über Umsätze, die verschiedenen Steuersätzen unterliegen) UStDV sind entsprechend anzuwenden.

(3) Wird über Leistungen im Sinne der §§ 3c (Ort der Lieferung in besonderen Fällen), 6a (innergemeinschaftliche Lieferung) oder 13b (Leistungsempfänger als Steuerschuldner) UStG abgerechnet, gilt § 33 UStDV nicht.

UStAE   14.7.   Fahrausweise als Rechnungen

(1) [1]Fahrausweise (§ 34 UStDV) sind Dokumente, die einen Anspruch auf Beförderung von Personen gewähren. [2]Dazu gehören auch Zuschlagkarten für zuschlagspflichtige Züge, Platzkarten, Bettkarten und Liegekarten. [3]Mit Fahrscheindruckern ausgestellte Fahrscheine sind auch dann Fahrausweise im Sinne des § 34 UStDV, wenn auf ihnen der Steuersatz in Verbindung mit einem Symbol angegeben ist (z. B. „V" mit dem zusätzlichen Vermerk „V = 19 % USt"). [4]Keine Fahrausweise sind Rechnungen über die Benutzung eines Taxis oder Mietwagens.

(2) [1]Zeitfahrausweise (Zeitkarten) werden von den Verkehrsunternehmen in folgenden Formen ausgegeben:

1. Die Zeitkarte wird für jeden Gültigkeitszeitraum insgesamt neu ausgestellt,

2. [1]die Zeitkarte ist zweigeteilt in eine Stammkarte und eine Wertkarte oder Wertmarke. [2]Hierbei gilt die Stammkarte, die lediglich der Identitätskontrolle dient, für einen längeren Zeitraum als die jeweilige Wertkarte oder Wertmarke.

[2]Beide Formen der Zeitkarten sind als Fahrausweise anzuerkennen, wenn sie die in § 34 Abs. 1 UStDV bezeichneten Angaben enthalten. [3]Sind diese Angaben bei den unter Satz 1 Nummer 2 aufgeführten Zeitkarten insgesamt auf der Wertkarte oder der Wertmarke vermerkt, sind diese Belege für sich allein als Fahrausweise anzusehen.

(3) [1]Fahrausweise gelten nach § 34 UStDV als Rechnungen im Sinne des § 14 UStG, wenn sie mindestens die folgenden Angaben enthalten:

– den vollständigen Namen und die vollständige Anschrift des Unternehmers, der die Beförderungsleistung ausführt (§ 31 Abs. 2 UStDV ist entsprechend anzuwenden);

– das Ausstellungsdatum;

– das Entgelt und den darauf entfallenden Steuerbetrag in einer Summe;

– den anzuwendenden Steuersatz, wenn die Beförderungsleistung nicht dem ermäßigten Steuersatz nach § 12 Abs. 2 Nr. 10 UStG unterliegt;

– im Fall der Anwendung des § 26 Abs. 3 UStG ein Hinweis auf die grenzüberschreitende Beförderung im Luftverkehr.

[2]Die übrigen formalen Voraussetzungen des § 14 UStG sind zu beachten. [3]Zur Erstellung von Fahrausweisen im Online-Verfahren vgl. Abschnitt 14.4 Abs. 11. [4]Fahrausweise für eine grenzüberschreitende Beförderung im Personenverkehr und im internationalen Eisenbahn-Personenverkehr gelten nur dann als Rechnung im Sinne des § 14 UStG, wenn eine Bescheinigung des Beförderungsunternehmers oder seines Beauftragten darüber vorliegt, welcher Anteil des Beförderungspreises auf das Inland entfällt. [5]In der Bescheinigung ist der Steuersatz anzugeben, der auf den auf das Inland entfallenden Teil der Beförderungsleistung anzuwenden ist. [6]Die Ausführungen gelten für Belege im Reisegepäckverkehr entsprechend.

UStAE 14.8. Rechnungserteilung bei der Istversteuerung von Anzahlungen

(1) ¹Aus Rechnungen über Zahlungen vor Ausführung der Leistung muss hervorgehen, dass damit Voraus- oder Anzahlungen (vgl. Abschnitt 13.5) abgerechnet werden, z. B. durch Angabe des voraussichtlichen Zeitpunkts der Leistung. ²Unerheblich ist, ob vor Ausführung der Leistung über das gesamte Entgelt oder nur einen Teil des Entgelts abgerechnet wird. ³Die Regelung gilt auch für die Unternehmer, die die Steuer nach § 20 UStG nach vereinnahmten Entgelten berechnen.

(2) ¹Sofern die berechneten Voraus- oder Anzahlungen nicht geleistet werden, tritt eine Besteuerung nach § 14c Abs. 2 UStG nicht ein. ²Das gilt auch dann, wenn der Unternehmer die Leistung nicht ausführt, es sei denn, die Leistung war von vornherein nicht beabsichtigt (vgl. BFH-Urteil vom 21. 2. 1980, V R 146/73, BStBl II S. 283).

(3) ¹Über Voraus- und Anzahlungen kann auch mit Gutschriften abgerechnet werden. ²In diesen Fällen gilt § 14 Abs. 2 Sätze 2 und 3 UStG (vgl. Abschnitt 14.3).

(4) ¹Für Rechnungen über Voraus- oder Anzahlungen ist § 14 Abs. 4 UStG sinngemäß anzuwenden (vgl. Abschnitt 14.5 ff.). ²In Rechnungen über Lieferungen oder sonstige Leistungen, auf die eine Voraus- oder Anzahlung geleistet wurde, müssen die Gegenstände der Lieferung oder die Art der sonstigen Leistung zum Zeitpunkt der Voraus- oder Anzahlung genau bestimmt sein (vgl. BFH-Urteil vom 24. 8. 2006, V R 16/05, BStBl 2007 II S. 340). ³Statt des Zeitpunkts der Lieferung oder sonstigen Leistung (§ 14 Abs. 4 Satz 1 Nr. 6 UStG) ist der voraussichtliche Zeitpunkt oder der Kalendermonat der Leistung anzugeben (§ 31 Abs. 4 UStDV). ⁴Haben die Beteiligten lediglich vereinbart, in welchem Zeitraum oder bis zu welchem Zeitpunkt die Leistung ausgeführt werden soll, ist dieser Zeitraum oder der betreffende Zeitpunkt in der Rechnung anzugeben. ⁵Ist der Leistungszeitpunkt noch nicht vereinbart worden, genügt es, dass dies aus der Rechnung hervorgeht. ⁶An die Stelle des Entgelts für die Lieferung oder sonstige Leistung tritt in einer Rechnung über eine Voraus- oder Anzahlung die Angabe des vor der Ausführung der Leistung vereinnahmten Entgelts oder Teilentgelts (§ 14 Abs. 4 Satz 1 Nr. 7 UStG). ⁷Außerdem ist in einer Rechnung über eine Voraus- oder Anzahlung der auf das Entgelt oder Teilentgelt entfallende Umsatzsteuerbetrag auszuweisen (§ 14 Abs. 4 Satz 1 Nr. 8 UStG).

(5) ¹In einer Rechnung über Zahlungen vor Ausführung der Leistung können mehrere oder alle Voraus- oder Anzahlungen zusammengefasst werden. ²Dabei genügt es, wenn der Unternehmer den Gesamtbetrag der vorausgezahlten Teilentgelte und die darauf entfallende Steuer angibt. ³Rechnungen mit gesondertem Steuerausweis können schon erteilt werden, bevor eine Voraus- oder Anzahlung vereinnahmt worden ist. ⁴Ist das im Voraus vereinnahmte Entgelt oder Teilentgelt niedriger als in der Rechnung angegeben, entsteht die Umsatzsteuer nur insoweit, als sie auf das tatsächlich vereinnahmte Entgelt oder Teilentgelt entfällt. ⁵Einer Berichtigung der Rechnung bedarf es in diesem Falle nicht.

(6) ¹Der Unternehmer kann über die Leistung im Voraus eine Rechnung erteilen, in der das gesamte Entgelt und die Steuer für diese Leistung insgesamt gesondert ausgewiesen werden. ²Zusätzliche Rechnungen über Voraus- oder Anzahlungen entfallen dann.

(7) ¹In einer Endrechnung, mit der ein Unternehmer über die ausgeführte Leistung insgesamt abrechnet, sind die vor der Ausführung der Leistung vereinnahmten Entgelte oder Teilentgelte sowie die hierauf entfallenden Steuerbeträge abzusetzen, wenn über diese Entgelte oder Teilentgelte Rechnungen mit gesondertem Steuerausweis erteilt worden sind (§ 14 Abs. 5 Satz 2 UStG). ²Bei mehreren Voraus- oder Anzahlungen genügt es, wenn der Gesamtbetrag der vorausgezahlten Entgelte oder Teilentgelte und die Summe der darauf entfallenden Steuerbeträge abgesetzt werden. ³Statt der vorausgezahlten Entgelte oder Teilentgelte und der Steuerbeträge können auch die Gesamtbeträge der Voraus- oder Anzahlungen abgesetzt und die darin enthaltenen Steuerbeträge zusätzlich angegeben werden. ⁴Wird in der Endrechnung der Gesamt-

betrag der Steuer für die Leistung angegeben, braucht der auf das verbleibende restliche Entgelt entfallende Steuerbetrag nicht angegeben zu werden.

Beispiel 1:

Absetzung der einzelnen im Voraus vereinnahmten Teilentgelte und der auf sie entfallenden Steuerbeträge

Endrechnung

Errichtung einer Lagerhalle

Ablieferung und Abnahme: 10. 10. 01

	Summe	Preis	Entgelt	Umsatz-steuer
		7 140 000 €	6 000 000 €	1 140 000 €
./. Abschlagszahlungen				
5. 3. 01	1 190 000 €		1 000 000 €	190 000 €
2. 4. 01	1 190 000 €		1 000 000 €	190 000 €
4. 6. 01	1 190 000 €		1 000 000 €	190 000 €
3. 9. 01	2 380 000 €	5 950 000 €	2 000 000 €	380 000 €
Verbleibende Restzahlung		1 190 000 €	1 000 000 €	190 000 €

Beispiel 2:

Absetzung des Gesamtbetrags der vorausgezahlten Teilentgelte und der Summe der darauf entfallenden Steuerbeträge

Endrechnung

Lieferung und Einbau eines Fahrstuhls

Ablieferung und Abnahme: 10. 9. 01

	Preis	Entgelt	Umsatz-steuer
	1 428 000 €	1 200 000 €	228 000 €
./. Abschlagszahlungen am			
2. 4. und 4. 6. 01	1 190 000 €	1 000 000 €	190 000 €
Verbleibende Restzahlung	238 000 €	200 000 €	38 000 €

Beispiel 3:

Absetzung des Gesamtbetrags der Abschlagszahlungen (Vorauszahlungen)

Endrechnung

Lieferung und Montage einer Heizungsanlage

Ablieferung und Abnahme: 10. 7. 01

Entgelt insgesamt	€ 1 500 000
+ Umsatzsteuer	€ 285 000
Gesamtpreis	€ 1 785 000
./. Abschlagszahlungen am 1. 2. und 7. 5. 01	€ 1 428 000
Verbleibende Restzahlung	€ 357 000
Darin enthaltene Umsatzsteuer	€ 57 000
In den Abschlagszahlungen enthaltene Umsatzsteuer	€ 228 000

Beispiel 4:

Verzicht auf die Angabe des auf das restliche Entgelt entfallenden Steuerbetrags

Endrechnung

Lieferung eines Baukrans am 20. 8. 01

1 Baukran	Entgelt	€ 1 600 000
	+ Umsatzsteuer	€ 304 000
	Preis	€ 1 904 000

./. Abschlagszahlungen, geleistet am 12. 3., 14. 5. und 10. 7. 01:

Entgelt	€ 1 300 000	
+ Umsatzsteuer	€ 247 000	€ 1 547 000
Verbleibende Restzahlung		€ 357 000

(8) Für die Erteilung der Endrechnung gelten folgende Vereinfachungen:

1. [1]Die vor der Ausführung der Leistung vereinnahmten Teilentgelte und die darauf entfallenden Steuerbeträge werden nicht vom Rechnungsbetrag abgesetzt, sondern auf der Endrechnung zusätzlich angegeben. [2]Auch hierbei können mehrere Voraus- oder Anzahlungen
zusammengefasst werden.

Beispiel 1:

Angabe der einzelnen Anzahlungen

Endrechnung

Lieferung einer Entlüftungsanlage am 23. 7. 01

Entgelt	€ 800 000
+ Umsatzsteuer	€ 152 000
Preis	€ 952 000

Geleistete Anzahlungen:

	Gesamt- betrag	Entgelt	Umsatz- steuer
1. 2. 01:	238 000 €	200 000 €	38 000 €
5. 3. 01:	238 000 €	200 000 €	38 000 €
7. 5. 01:	238 000 €	200 000 €	38 000 €
	714 000 €	600 000 €	114 000 €

Beispiel 2:

Angabe der Gesamt-Anzahlungen

Endrechnung

Lieferung eines Baggers am 18. 6. 01

	Preis	Entgelt	Umsatz- steuer
1 Bagger	535 500 €	450 000 €	85 500 €

Geleistete Anzahlungen am 13. 3. und 21. 5. 01:

Entgelt	€ 350 000
+ Umsatzsteuer	€ 66 500
Gesamtbetrag	€ 416 500

2. [1]Die vor der Ausführung der Leistung vereinnahmten Teilentgelte und die darauf entfallenden Steuerbeträge werden in einem Anhang der Endrechnung aufgeführt. [2]Auf diesen Anhang ist in der Endrechnung ausdrücklich hinzuweisen.

Beispiel:

Angabe der einzelnen Anzahlungen in einem Anhang zur Endrechnung

Endrechnung Nr. . . . 19.11.01

Errichtung einer Montagehalle

Ablieferung und Abnahme: 12.11.01

Montagehalle

Gesamtentgelt	€ 6 500 000
+ Umsatzsteuer	€ 1 235 000
Gesamtpreis	€ 7 735 000

Die geleisteten Anzahlungen sind in der angefügten Zahlungsübersicht zusammengestellt.

Anhang der Rechnung Nr. . . . vom 19.11.01

Zahlungsübersicht

	Gesamtbetrag	Entgelt	Umsatzsteuer
Anzahlung am 1.2.01	2 380 000 €	2 000 000 €	380 000 €
Anzahlung am 2.4.01	1 190 000 €	1 000 000 €	190 000 €
Anzahlung am 4.6.01	1 190 000 €	1 000 000 €	190 000 €
Anzahlung am 1.8.01	1 190 000 €	1 000 000 €	190 000 €
	5 950 000 €	5 000 000 €	950 000 €

3. [1]Der Leistungsempfänger erhält außer der Endrechnung eine besondere Zusammenstellung der Anzahlungen, über die Rechnungen mit gesondertem Steuerausweis erteilt worden sind. [2]In der Endrechnung muss ausdrücklich auf die Zusammenstellung der Anzahlungen hingewiesen werden. [3]Die Zusammenstellung muss einen entsprechenden Hinweis auf die Endrechnung enthalten.

(9) [1]Wenn der Unternehmer ordnungsgemäß erteilte Rechnungen über Voraus- oder Anzahlungen, in denen die Steuer gesondert ausgewiesen ist, nachträglich bei der Abrechnung der gesamten Leistung widerruft oder zurücknimmt, ist er gleichwohl nach § 14 Abs. 5 Satz 2 UStG verpflichtet, in der Endrechnung die vorausgezahlten Entgelte oder Teilentgelte und die darauf entfallenden Steuerbeträge abzusetzen. [2]Dementsprechend ändert sich in diesem Falle auch an der Berechtigung des Leistungsempfängers zum Vorsteuerabzug auf Grund von Voraus- oder Anzahlungsrechnungen nichts.

(10) [1]Werden – entgegen der Verpflichtung nach § 14 Abs. 5 Satz 2 UStG – in einer Endrechnung oder der zugehörigen Zusammenstellung die vor der Leistung vereinnahmten Teilentgelte und die auf sie entfallenden Steuerbeträge nicht abgesetzt oder angegeben, hat der Unternehmer den in dieser Rechnung ausgewiesenen gesamten Steuerbetrag an das Finanzamt abzuführen. [2]Entsprechendes gilt, wenn in der Endrechnung oder der zugehörigen Zusammenstellung nur ein Teil der im Voraus vereinnahmten Teilentgelte und der auf sie entfallenden Steuerbeträge abgesetzt wird. [3]Der Teil der in der Endrechnung ausgewiesenen Steuer, der auf die vor der Leistung vereinnahmten Teilentgelte entfällt, wird in diesen Fällen zusätzlich nach § 14c Abs. 1 UStG geschuldet. [4]Der Leistungsempfänger kann jedoch nur den Teil des in der Endrechnung ausgewiesenen Steuerbetrags als Vorsteuer abziehen, der auf das nach der Ausführung der Leistung zu entrichtende restliche Entgelt entfällt. [5]Erteilt der Unternehmer dem Leistungsempfänger nachträglich eine berichtigte Endrechnung, die den Anforderungen des § 14 Abs. 5 Satz 2 UStG genügt, kann er die von ihm geschuldete Steuer in entsprechender Anwendung des § 17 Abs. 1 UStG berichtigen.

(11) ¹Statt einer Endrechnung kann der Unternehmer über das restliche Entgelt oder den verbliebenen Restpreis eine Rechnung erteilen (Restrechnung). ²In ihr sind die im Voraus vereinnahmten Teilentgelte und die darauf entfallenden Steuerbeträge nicht anzugeben. ³Es ist jedoch nicht zu beanstanden, wenn zusätzlich das Gesamtentgelt (ohne Steuer) angegeben wird und davon die im Voraus vereinnahmten Teilentgelte (ohne Steuer) abgesetzt werden.

UStAE 14.9. Rechnungserteilung bei verbilligten Leistungen (§ 10 Abs. 5 UStG)

(1) ¹Grundsätzlich können in einer Rechnung nur das Entgelt und der darauf entfallende Umsatzsteuerbetrag ausgewiesen werden. ²Hiervon abweichend sind Unternehmer berechtigt und bei Ausführung einer Leistung an einen unternehmerischen Leistungsempfänger oder an eine juristische Person verpflichtet, in den folgenden Fällen die Mindestbemessungsgrundlage des § 10 Abs. 5 in Verbindung mit § 10 Abs. 4 UStG sowie den darauf entfallenden Steuerbetrag in einer Rechnung auszuweisen:

1. Körperschaften und Personenvereinigungen im Sinne des § 1 Abs. 1 Nr. 1 bis 5 KStG, nichtrechtsfähige Personenvereinigungen sowie Gemeinschaften führen im Inland verbilligte Lieferungen oder sonstige Leistungen an ihre Anteilseigner, Gesellschafter, Mitglieder, Teilhaber oder diesen nahestehende Personen aus (§ 10 Abs. 5 Nr. 1 UStG).

2. Einzelunternehmer führen verbilligte Leistungen an ihnen nahestehende Personen aus (§ 10 Abs. 5 Nr. 1 UStG).

3. Unternehmer führen verbilligte Leistungen an ihr Personal oder dessen Angehörige auf Grund des Dienstverhältnisses aus (§ 10 Abs. 5 Nr. 2 UStG).

Beispiel:

¹Eine Gesellschaft liefert an ihren unternehmerisch tätigen Gesellschafter eine gebrauchte Maschine, deren Wiederbeschaffungskosten netto 50 000 € betragen, zu einem Kaufpreis von 30 000 €.

²In diesem Fall muss die Rechnung neben den übrigen erforderlichen Angaben enthalten:

Mindestbemessungsgrundlage	50 000 €
19 % Umsatzsteuer	9 500 €

³Der die Maschine erwerbende Gesellschafter kann unter den weiteren Voraussetzungen des § 15 UStG 9 500 € als Vorsteuer abziehen.

(2) Für Land- und Forstwirte, die nach den Durchschnittssätzen des § 24 Abs. 1 bis 3 UStG besteuert werden, gilt die Regelung nicht.

UStAE 14.11. Berichtigung von Rechnungen

(1) ¹Nach § 14 Abs. 6 Nr. 5 UStG, § 31 Abs. 5 UStDV kann eine Rechnung berichtigt werden, wenn sie nicht alle Angaben nach § 14 Abs. 4 und § 14a UStG enthält oder wenn Angaben in der Rechnung unzutreffend sind. ²Dabei müssen nur die fehlenden oder unzutreffenden Angaben ergänzt oder berichtigt werden. ³Die Berichtigung einer Rechnung um fehlende oder unzutreffende Angaben ist kein rückwirkendes Ereignis im Sinne von § 175 Abs. 1 Satz 1 Nr. 2 und § 233a Abs. 2a AO (§ 14 Abs. 4 Satz 4 UStG). ⁴Die Berichtigung muss durch ein Dokument erfolgen, das spezifisch und eindeutig auf die Rechnung bezogen ist (vgl. BFH-Urteile vom 22.1.2020, XI R 10/17, BStBl II S. 601, und vom 5.9.2019, V R 38/17, BStBl 2022 II S. 696). ⁵Dies ist regelmäßig der Fall, wenn in diesem Dokument die fortlaufende Nummer der ursprünglichen Rechnung angegeben ist; eine neue Rechnungsnummer für dieses Dokument ist nicht erforderlich. ⁶Das Dokument, mit dem die Berichtigung durchgeführt werden soll, muss den formalen Anforderungen der §§ 14 und 14a UStG erfüllen. ⁷Für die Berichtigung einer Rechnung genügt die einfache Schriftform auch dann, wenn in einem notariell beurkundeten Kaufvertrag mit Umsatzsteuer-

ausweis abgerechnet worden ist (BFH-Urteil vom 11.10.2007, V R 27/05, BStBl 2008 II S.438). [8]Die Rückgabe der ursprünglichen Rechnung durch den Leistungsempfänger ist nicht erforderlich (vgl. BFH-Urteil vom 25.2.1993, V R 112/91, BStBl II S.643).

(2) [1]Die Berichtigung einer Rechnung kann nur durch den Rechnungsaussteller selbst vorgenommen werden (vgl. BFH-Urteil vom 27.9.1979, V R 78/73, BStBl 1980 II S.228). [2]Lediglich in dem Fall, in dem ein Dritter mit der Ausstellung der Rechnung beauftragt wurde (§ 14 Abs.2 Satz 4 UStG), kann die Berichtigung durch den leistenden Unternehmer selbst oder im Fall der Gutschrift durch den Gutschriftsaussteller vorgenommen werden. [3]Der Abrechnungsempfänger kann von sich aus den Inhalt der ihm erteilten Abrechnung nicht mit rechtlicher Wirkung verändern. [4]Insbesondere kann der gesonderte Ausweis der Steuer nur vom Abrechnenden vorgenommen werden. [5]Der Leistungsempfänger kann den in einer ihm erteilten Rechnung enthaltenen Gesamtkaufpreis selbst dann nicht mit rechtlicher Wirkung in Entgelt und darauf entfallende Steuer aufteilen, wenn diese Änderung der Rechnung im Beisein des leistenden Unternehmers vorgenommen wird. [6]Eine Berichtigung oder Ergänzung des Abrechnungspapiers durch den Abrechnungsempfänger ist jedoch anzuerkennen, wenn sich der Abrechnende die Änderung zu eigen macht und dies aus dem Abrechnungspapier oder anderen Unterlagen hervorgeht, auf die im Abrechnungspapier hingewiesen ist (vgl. BFH-Beschluss vom 17.4.1980, V S 18/79, BStBl II S.540). [7]Zu der Möglichkeit des Rechnungsempfängers, in § 14 Abs.4 Satz 1 Nr.5 und 6 UStG bezeichnete Angaben für Zwecke des Vorsteuerabzugs selbst zu ergänzen oder nachzuweisen, vgl. Abschnitt 15.11 Abs.3.

(3) [1]Da der Leistungsempfänger nach § 15 Abs.1 Satz 1 Nr.1 UStG im Besitz einer nach §§ 14, 14a UStG ausgestellten Rechnung sein muss, kann er vom Rechnungsaussteller eine Berichtigung verlangen, wenn die Rechnung nicht diesen Anforderungen genügt und dadurch der Vorsteuerabzug beim Leistungsempfänger gefährdet würde. [2]Zum zivilrechtlichen Anspruch vgl. Abschnitt 14.1 Abs.5.

Zu § 14a UStG

UStAE   14a.1.   Zusätzliche Pflichten bei der Ausstellung von Rechnungen in besonderen Fällen

(1) [1]§ 14a UStG regelt die zusätzlichen Pflichten bei der Ausstellung von Rechnungen in besonderen Fällen. [2]§ 14a UStG ergänzt § 14 UStG. [3]Soweit nichts anderes bestimmt ist, bleiben die Regelungen des § 14 UStG unberührt. [4]Dies schließt die nach § 14 Abs.4 UStG geforderten Angaben ein. [5]Entsprechend § 14 Abs.2 Satz 2 UStG kann auch mit einer Gutschrift abgerechnet werden. [6]Zu den besonderen Fällen gehören:

– sonstige Leistungen im Sinne des § 3a Abs.2 UStG, für die der Leistungsempfänger die Steuer nach § 13b Abs.1 und Abs.5 Satz 1 UStG schuldet;

– Lieferungen im Sinne des § 3c Abs.1 UStG, wenn der Unternehmer nicht an dem besonderen Besteuerungsverfahren nach § 18j UStG (vgl. Abschnitt 18j.1) teilnimmt;

– innergemeinschaftliche Lieferungen (§ 6a UStG);

– innergemeinschaftliche Lieferungen neuer Fahrzeuge (§§ 2a, 6a UStG);

– Fälle der Steuerschuldnerschaft des Leistungsempfängers (§ 13b UStG);

– Besteuerung von Reiseleistungen (§ 25 UStG);

– Differenzbesteuerung (§ 25a UStG) und

– innergemeinschaftliche Dreiecksgeschäfte (§ 25b UStG).

(2) [1]Hat der Unternehmer seinen Sitz, seine Geschäftsleitung, eine Betriebsstätte, von der aus der Umsatz ausgeführt wird, oder in Ermangelung eines Sitzes seinen Wohnsitz oder gewöhnli-

chen Aufenthalt im Inland und führt er einen Umsatz in einem anderen Mitgliedstaat aus, an dem eine Betriebsstätte in diesem Mitgliedstaat nicht beteiligt ist, ist er zur Ausstellung einer Rechnung mit der Angabe „Steuerschuldnerschaft des Leistungsempfängers" verpflichtet, wenn die Steuer in dem anderen Mitgliedstaat von dem Leistungsempfänger geschuldet wird (§ 14a Abs. 1 Satz 1 UStG). [2]Dies gilt nicht, wenn eine Abrechnung durch Gutschrift im Sinne des § 14 Abs. 2 Satz 2 UStG vereinbart worden ist. [3]Absatz 6 Satz 2 gilt entsprechend. [4]Vereinbaren die am Leistungsaustausch Beteiligten, dass der Leistungsempfänger über eine sonstige Leistung im Sinne des § 3a Abs. 2 UStG abrechnet (Gutschrift, § 14 Abs. 2 Satz 2 UStG), die im Inland ausgeführt wird und für die der Leistungsempfänger die Steuer nach § 13b Abs. 1 und 5 UStG schuldet, sind Absatz 3 Sätze 2 und 3 und Absatz 6 entsprechend anzuwenden.

(3) [1]Führt der Unternehmer eine innergemeinschaftliche Lieferung (§ 6a UStG) aus, ist er nach § 14a Abs. 3 UStG verpflichtet, spätestens am 15. Tag des Monats, der auf den Monat folgt, in dem die Lieferung ausgeführt worden ist, eine Rechnung auszustellen. [2]Die gleiche Frist gilt, wenn der Unternehmer eine sonstige Leistung im Sinne des § 3a Abs. 2 UStG in einem anderen Mitgliedstaat ausführt, für die der Leistungsempfänger die Steuer schuldet (§ 14a Abs. 1 Satz 2 UStG). [3]In beiden Fällen ist in der Rechnung sowohl die USt-IdNr. des Unternehmers als auch die des Leistungsempfängers anzugeben. [4]Eine Nichteinhaltung der vorgenannten Frist stellt keine Ordnungswidrigkeit nach § 26a UStG dar. [5]Zum zivilrechtlichen Anspruch auf Erteilung einer ordnungsgemäßen Rechnung vgl. Abschnitt 14.1 Abs. 5.

(4) [1]Der Unternehmer, der steuerfreie innergemeinschaftliche Lieferungen (§ 4 Nr. 1 Buchstabe b, § 6a UStG) ausführt, muss in den Rechnungen auf die Steuerfreiheit hinweisen. [2]Eine Verpflichtung zur Ausstellung einer Rechnung besteht in diesen Fällen nicht nur, wenn der Abnehmer ein Unternehmer ist, der den Gegenstand der Lieferung für unternehmerische Zwecke erworben hat. [3]Sie besteht auch dann, wenn die innergemeinschaftliche Lieferung an eine juristische Person (z. B. eingetragener Verein oder Körperschaft des öffentlichen Rechts) erfolgt, die entweder kein Unternehmer ist oder den Gegenstand der Lieferung für ihren nichtunternehmerischen Bereich erworben hat.

(5) [1]Die Verpflichtung zur Ausstellung von Rechnungen über steuerfreie Lieferungen im Sinne des § 6a UStG greift beim innergemeinschaftlichen Verbringen von Gegenständen nicht ein, weil Belege in Verbringensfällen weder als Abrechnungen anzusehen sind noch eine Außenwirkung entfalten (vgl. auch Abschnitt 14.1 Abs. 4) und deshalb keine Rechnungen im Sinne des § 14 Abs. 1 UStG sind. [2]Zur Abwicklung von Verbringensfällen hat der inländische Unternehmensteil gleichwohl für den ausländischen Unternehmensteil einen Beleg auszustellen, in dem die verbrachten Gegenstände aufgeführt sind und der die Bemessungsgrundlagen, die USt-IdNr. des inländischen Unternehmensteils und die USt-IdNr. des ausländischen Unternehmensteils enthält (z. B. in einer sog. Pro-forma-Rechnung).

(6) [1]Führt der Unternehmer eine Leistung im Sinne des § 13b Abs. 2 UStG aus, für die der Leistungsempfänger nach § 13b Abs. 5 UStG die Steuer schuldet, ist er zur Ausstellung einer Rechnung mit der Angabe „Steuerschuldnerschaft des Leistungsempfängers" verpflichtet (vgl. Abschnitt 13b.14 Abs. 1). [2]Alternativ kommen Formulierungen in Betracht, die in anderen Amtssprachen für den Begriff „Steuerschuldnerschaft des Leistungsempfängers" in Artikel 226 Nr. 11a MwStSystRL der jeweiligen Sprachfassung verwendet werden (z. B. „Reverse charge"; vgl. Teil II des BMF-Schreibens vom 25. 10. 2013, BStBl I S. 1305). [3]Zur Rechnungslegung bei in einem anderen Mitgliedstaat ansässigen Unternehmer vgl. Abschnitt 14.1 Abs. 6.

(7) – (10) ...

Zu § 14c UStG

UStAE   14c.1. Unrichtiger Steuerausweis (§ 14c Abs. 1 UStG)

Zu hoher Steuerausweis

(1) [1]Weist der leistende Unternehmer oder der von ihm beauftragte Dritte in einer Rechnung einen höheren Steuerbetrag aus, als der leistende Unternehmer nach dem Gesetz schuldet (unrichtiger Steuerausweis), schuldet der leistende Unternehmer auch den Mehrbetrag (§ 14c Abs. 1 Satz 1 UStG). [2]Die Rechtsfolgen treten unabhängig davon ein, ob die Rechnung alle in § 14 Abs. 4 und § 14a UStG aufgeführten Angaben enthält, die abstrakte Gefahr einer Vorsteuerinanspruchnahme ist ausreichend (vgl. BFH-Urteil vom 17. 2. 2011, V R 39/09, BStBl II S. 734). [3]Dies ist jedenfalls der Fall, wenn die Rechnung den Rechnungsaussteller, den Leistungsempfänger, eine Leistungsbeschreibung sowie das Entgelt und die gesondert ausgewiesene Umsatzsteuer enthält. [4]Als Angabe zum Entgelt genügt es bereits, wenn durch die Angabe des Bruttorechnungsbetrags und des gesondert ausgewiesenen Umsatzsteuerbetrags das Entgelt ohne weiteres errechnet werden kann. [5]Die Vorschrift des § 14c Abs. 1 UStG gilt für Unternehmer, die persönlich zum gesonderten Steuerausweis berechtigt sind und für eine Lieferung oder sonstige Leistung einen Steuerbetrag in der Rechnung gesondert ausgewiesen haben, obwohl sie für diesen Umsatz keine oder eine niedrigere Steuer schulden. [6]Hiernach werden von § 14c Abs. 1 UStG Rechnungen mit gesondertem Steuerausweis erfasst (vgl. BFH-Urteil vom 7. 5. 1981, V R 126/75, BStBl II S. 547):

1. für steuerpflichtige Leistungen, wenn eine höhere als die dafür geschuldete Steuer ausgewiesen wurde;

2. für steuerpflichtige Leistungen in den Fällen der Steuerschuldnerschaft des Leistungsempfängers (vgl. Abschnitt 13b.14 Abs. 1 Satz 5);

3. für steuerfreie Leistungen;

4. für nicht steuerbare Leistungen (unentgeltliche Leistungen, Leistungen im Ausland und Geschäftsveräußerungen im Sinne des § 1 Abs. 1a UStG) und außerdem

5. für nicht versteuerte steuerpflichtige Leistungen, wenn die Steuer für die Leistung wegen des Ablaufs der Festsetzungsfrist (§§ 169 bis 171 AO) nicht mehr erhoben werden kann (vgl. BFH-Urteil vom 13. 11. 2003, V R 79/01, BStBl 2004 II S. 375).

[7]Die zu hoch ausgewiesene Steuer wird vom Unternehmer geschuldet, obwohl der Leistungsempfänger diese Steuer nicht als Vorsteuer abziehen kann (vgl. BFH-Urteil vom 6. 12. 2007, V R 3/06, BStBl 2009 II S. 203, Abschnitt 15.2 Abs. 1 Sätze 1 und 2). [8]Zur Steuerentstehung vgl. Abschnitt 13.7.

(2) [1]Ein zu hoher Steuerausweis im Sinne des § 14c Abs. 1 UStG liegt auch vor, wenn in Rechnungen über Kleinbeträge (§ 33 UStDV) oder in Fahrausweisen (§ 34 UStDV) ein zu hoher Steuersatz angegeben ist. [2]Die Angabe einer falschen Beförderungsstrecke nach § 12 Abs. 2 Nr. 10 UStG führt für sich alleine noch nicht zu einer Steuerschuld nach § 14c Abs. 1 UStG, da diese nicht zu den Mindestangaben nach § 34 Abs. 1 UStDV gehört.

(3) [1]Die Regelung des § 14c Abs. 1 UStG ist auch auf Gutschriften (§ 14 Abs. 2 Satz 2 UStG) anzuwenden, soweit der Gutschriftsempfänger einem zu hohen Steuerbetrag nicht widerspricht (vgl. BFH-Urteil vom 23. 4. 1998, V R 13/92, BStBl II S. 418). [2]Zum Widerspruch vgl. Abschnitt 14.3 Abs. 4. [3]Wird in einem Dokument der Begriff „Gutschrift" verwendet, obwohl keine Gutschrift im umsatzsteuerrechtlichen Sinne nach § 14 Abs. 2 Satz 2 UStG vorliegt (z. B. kaufmännische Gutschrift), führt allein die Bezeichnung als „Gutschrift" nicht zur Anwendung des § 14c UStG.

(4) [1]§ 14c Abs. 1 UStG gilt auch, wenn der Steuerbetrag von einem zu hohen Entgelt berechnet wurde (bei verdecktem Preisnachlass vgl. BMF-Schreiben vom 28. 8. 2020, BStBl I S. 928). [2]Die Folgen des § 14c Abs. 1 UStG treten nicht ein, wenn in Rechnungen für nicht steuerpflichtige Leistungen lediglich der Gesamtpreis einschließlich Umsatzsteuer in einem Betrag angegeben wird. [3]Das Gleiche gilt, wenn der für eine Leistung geschuldete Kaufpreis auf Grund einer nach-

träglichen Vereinbarung wirksam herabgesetzt wird. [4]Zu Anzahlungen vgl. Abschnitt 13.5 Abs. 4. [5]Sind für ein und dieselbe Leistung mehrere Rechnungen ausgestellt worden, ohne dass sie als Duplikat oder Kopie gekennzeichnet wurden, schuldet der leistende Unternehmer den hierin gesondert ausgewiesenen Steuerbetrag (vgl. BFH-Urteil vom 27. 4. 1994, XI R 54/93, BStBl II S. 718). [6]Dies gilt nicht, wenn inhaltlich identische (s. § 14 Abs. 4 UStG) Mehrstücke derselben Rechnung übersandt werden. [7]Besteht eine Rechnung aus mehreren Dokumenten, sind diese Regelungen für die Dokumente in ihrer Gesamtheit anzuwenden.

(4a) [1]Soweit der Aussteller eines Dokuments mit diesem nicht über eine von ihm erbrachte Leistung, sondern über eine Entgeltminderung abrechnet und dies zusätzlich durch ein Minuszeichen bei dem offen ausgewiesenen Betrag zum Ausdruck bringt, wird dieser negative Betrag nicht nach § 14c Abs. 1 UStG geschuldet (vgl. BFH-Urteil vom 26. 6. 2019, XI R 5/18, BStBl 2023 II S. 521). [2]Zu einem Schriftstück, das keine Rechnung, sondern Grundlage für den Zahlungsverkehr ist, siehe Abschnitt 14.1 Abs. 1 Satz 4. [3]Bei der Prüfung, ob ein Dokument (nur) über Leistungen oder (auch) über Entgeltminderungen abrechnet, sind unter dem Gesichtspunkt der Gefährdung des Steueraufkommens weitere Dokumente nur dann ergänzend heranzuziehen, wenn die Abrechnung auf diese verweist.

Berichtigung eines zu hohen Steuerausweises

(5) [1]Der leistende Unternehmer oder der von ihm beauftragte Dritte kann den Steuerbetrag gegenüber dem Leistungsempfänger berichtigen (vgl. Absatz 7). [2]In diesem Fall ist § 17 Abs. 1 UStG entsprechend anzuwenden. [3]Die Berichtigung des geschuldeten Mehrbetrags ist folglich für den Besteuerungszeitraum vorzunehmen, in welchem dem Leistungsempfänger die berichtigte Rechnung erteilt wurde; die Rechnungsberichtigung wirkt nicht auf den Zeitpunkt zurück, in dem die Rechnung erstmals ausgestellt wurde (vgl. BFH-Urteil vom 12. 10. 2016, XI R 43/14, BStBl 2022 II S. 566). [4]Wurde ein zu hoch ausgewiesener Rechnungsbetrag bereits vereinnahmt und steht dem Leistungsempfänger aus der Rechnungsberichtigung ein Rückforderungsanspruch zu, ist die Berichtigung des geschuldeten Mehrbetrags erst nach einer entsprechenden Rückzahlung an den Leistungsempfänger zulässig (vgl. BFH-Urteile vom 18. 9. 2008, V R 56/06, BStBl 2009 II S. 250, vom 2. 9. 2010, V R 34/09, BStBl 2011 II S. 991, und vom 16. 5. 2018, XI R 28/16, BStBl 2022 II S. 570). [5]Die Rückzahlung an den Leistungsempfänger kann auch im Wege der Abtretung erfolgen (vgl. BFH-Urteil vom 12. 10. 2016, XI R 43/14, a. a. O.).

Beispiel:

[1]Ein Unternehmer berechnet für eine Lieferung die Umsatzsteuer mit 19 %, obwohl hierfür nach § 12 Abs. 2 UStG nur 7 % geschuldet werden.

Entgelt	1 000,– €
+ 19% Umsatzsteuer	190,– €
Rechnungsbetrag	1 190,– €

[2]Wird der Rechnungsbetrag um die zu hoch ausgewiesene Steuer herabgesetzt, ergibt sich folgende berichtigte Rechnung:

Entgelt	1 000,– €
+ 7 % Umsatzsteuer	70,– €
Rechnungsbetrag	1 070,– €

[3]Diese berichtigte Rechnung ist für Zwecke der Berichtigung des Steuerbetrags nur anzuerkennen, soweit der leistende Unternehmer vom bereits vereinnahmten Rechnungsbetrag den Differenzbetrag in Höhe von 120 € (= 1 190 € – 1 070 €) an den Leistungsempfänger zurück gewährt.

[4]Bleibt der Rechnungsbetrag in der berichtigten Rechnung unverändert, ergibt sich die richtige Steuer durch Herausrechnen aus dem bisherigen Rechnungsbetrag:

Rechnungsbetrag mit Steuer	1 190,– €
darin enthaltene Steuer auf der Grundlage des ermäßigten Steuersatzes von 7 % = 7/107	77,85 €
Rechnungsbetrag ohne Steuer	1 112,15 €
Berichtigte Rechnung:	
Entgelt	1 112,15 €
+ 7 % Umsatzsteuer	77,85 €
Rechnungsbetrag	1 190,– €

[5]Diese Rechnungsberichtigung ist für Zwecke der Berichtigung des Steuerbetrags auch ohne Rückgewähr des Entgelts anzuerkennen.

(6) [1]Im Rahmen eines Organschaftsverhältnisses ist eine von der Organgesellschaft mit einem zu hohen Steuerausweis ausgestellte Rechnung durch sie oder einen von ihr beauftragten Dritten gegenüber dem Leistungsempfänger zu berichtigen. [2]Die Steuerschuldnerschaft des Organträgers für den zu hohen Steuerausweis bleibt unberührt.

(7) [1]Die Berichtigung der zu hoch ausgewiesenen Umsatzsteuer im Sinne des § 14c Abs. 1 UStG erfolgt durch Berichtigungserklärung gegenüber dem Leistungsempfänger (vgl. BFH-Urteil vom 10. 12. 1992, V R 73/90, BStBl 1993 II S. 383). [2]Dem Leistungsempfänger muss eine hinreichend bestimmte, schriftliche Berichtigung tatsächlich zugehen (vgl. BFH-Urteil vom 12. 10. 2016, XI R 43/14, BStBl 2022 II S. 566). [3]Es können mehrere Berichtigungen in einer einzigen Korrekturmeldung zusammengefasst werden, wenn sich daraus erkennen lässt, auf welche Umsatzsteuerbeträge im Einzelnen sich die Berichtigung beziehen soll (vgl. BFH-Urteil vom 25. 2. 1993, V R 112/91, BStBl II S. 643). [4]Zur Berichtigung von Rechnungen im Übrigen vgl. Abschnitt 14.11.

(8) [1]Hat ein Unternehmer – insbesondere im Einzelhandel – über eine Lieferung an einen Abnehmer aus einem Drittland eine Rechnung mit gesondertem Steuerausweis (§ 14 Abs. 4 UStG) bzw. eine Kleinbetragsrechnung im Sinne des § 33 UStDV (z. B. einen Kassenbon mit Angabe des Steuersatzes) erteilt, schuldet er die Steuer nach § 14c Abs. 1 UStG, wenn nachträglich die Voraussetzungen für die Steuerbefreiung als Ausfuhrlieferung im nichtkommerziellen Reiseverkehr (sog. Export über den Ladentisch) erfüllt werden (vgl. im Einzelnen Abschnitt 6.11). [2]Die Steuerschuld nach § 14c Abs. 1 UStG erlischt erst, wenn der Lieferer die Rechnung wirksam berichtigt (vgl. Absatz 7). [3]Aus Vereinfachungsgründen ist die Rechnungsberichtigung entbehrlich, wenn der ausländische Abnehmer die ursprüngliche Rechnung bzw. den ursprünglichen Kassenbon an den Unternehmer zurückgibt und dieser den zurückerhaltenen Beleg aufbewahrt.

Zu niedriger Steuerausweis

(9) [1]Bei zu niedrigem Steuerausweis schuldet der Unternehmer die gesetzlich vorgeschriebene Steuer. [2]Der Unternehmer hat in diesem Fall die Steuer unter Zugrundelegung des maßgeblichen Steuersatzes aus dem Gesamtrechnungsbetrag herauszurechnen.

Beispiel:

[1]Ein Unternehmer berechnet für eine Lieferung die Steuer mit 7 %, obwohl hierfür nach § 12 Abs. 1 UStG eine Steuer von 19 % geschuldet wird.

Berechnetes Entgelt	400,– €
+ 7 % Umsatzsteuer	28,– €
Gesamtrechnungsbetrag	428,– €
Herausrechnung der Steuer mit 19/119	./. 68,34 €
Entgelt	359,66 €

Vom Unternehmer gesetzlich geschuldete Steuer:

19 % von 359,66 € = 68,34 €

[2]Der Leistungsempfänger darf als Vorsteuer nur den in der Rechnung ausgewiesenen Steuerbetrag abziehen. [3]Es bleibt aber dem leistenden Unternehmer unbenommen, den zu niedrig ausgewiesenen Steuerbetrag zu berichtigen.

(10) [1]Hat der Leistungsempfänger entgegen § 15 Abs. 1 Satz 1 Nr. 1 UStG einen höheren Betrag als die für die Lieferung oder sonstige Leistung gesetzlich geschuldete Steuer als Vorsteuer geltend gemacht, hat er den Mehrbetrag an das Finanzamt zurückzuzahlen. [2]Die Rückzahlung ist für den Besteuerungszeitraum vorzunehmen, für den der Mehrbetrag als Vorsteuer abgezogen wurde.

(11) [1]In den Fällen eines unrichtigen Steuerausweises bei Umsätzen im Rahmen einer Geschäftsveräußerung an einen anderen Unternehmer für dessen Unternehmen (§ 1 Abs. 1a UStG) und bei Rückgängigmachung des Verzichts auf die Steuerbefreiung nach § 9 UStG ist die Berichtigung des geschuldeten Betrags nur zulässig, wenn die Rechnung berichtigt wird und soweit die Gefährdung des Steueraufkommens beseitigt ist (§ 14c Abs. 1 Satz 3 USG). [2]Zur Beseitigung der Gefährdung des Steueraufkommens und zum besonderen Berichtigungsverfahren vgl. Abschnitt 14c.2.

UStAE 14c.2. Unberechtigter Steuerausweis (§ 14c Abs. 2 UStG)

(1) [1]Wer in einer Rechnung einen Steuerbetrag ausweist, obwohl er dazu nicht berechtigt ist (unberechtigter Steuerausweis), schuldet den ausgewiesenen Betrag (§ 14c Abs. 2 Sätze 1 und 2 UStG). [2]Dies betrifft vor allem Kleinunternehmer, bei denen die Umsatzsteuer nach § 19 Abs. 1 UStG nicht erhoben wird, gilt aber auch, wenn jemand wie ein leistender Unternehmer abrechnet und einen Steuerbetrag ausweist, obwohl er nicht Unternehmer ist oder eine Lieferung oder sonstige Leistung nicht ausführt. **1** [3]Die Rechtsfolgen treten unabhängig davon ein, ob die Rechnung alle in § 14 Abs. 4 und § 14a UStG aufgeführten Angaben enthält, die abstrakte Gefahr einer Vorsteuerinanspruchnahme ist ausreichend (vgl. BFH-Urteile vom 17. 2. 2011, V R 39/09, BStBl II S. 734, und vom 14. 2. 2019, V R 68/17, BStBl 2020 II S. 65). [4]Die Anforderungen an einen unberechtigten Steuerausweis erfüllt eine Rechnung vielmehr schon dann, wenn sie den Rechnungsaussteller, den (vermeintlichen) Leistungsempfänger, eine Leistungsbeschreibung sowie das Entgelt und die gesondert ausgewiesene Umsatzsteuer enthält. [5]Als Angabe zum Entgelt genügt es bereits, wenn durch die Angabe des Bruttorechnungsbetrags und des gesondert ausgewiesenen Umsatzsteuerbetrags das Entgelt ohne weiteres errechnet werden kann. [6]Die Umsatzsteuer ist bereits dann gesondert ausgewiesen, wenn die Steuer als Geldbetrag genannt und als Steuerbetrag gekennzeichnet ist. [7]Der eindeutige, klare und unbedingt Ausweis der Umsatzsteuer genügt. [8]An dem Steuerausweis im Sinne von § 14c Abs. 2 UStG sind im Übrigen keine bestimmten optischen Anforderungen zu stellen. [9]Die Steuer kann auch im Rahmen eines erläuternden Hinweises gesondert ausgewiesen werden (BFH-Urteil vom 21. 9. 2016, XI R 4/15, BStBl 2021 II S. 106). [10]Bei Kleinbetragsrechnungen (§ 33 UStDV) hat der angegebene Steuersatz die Wirkung des gesonderten Ausweises einer Steuer (vgl. BFH-Urteil vom 25. 9. 2013, XI R 41/12, BStBl 2014 II S. 135). [11]Entsprechendes gilt für Fahrausweise (§ 34 UStDV). [12]Wegen Abrechnungen über nicht ausgeführte Leistungen mittels Gutschrift vgl. BMF-Schreiben vom 19. 8. 2021, BStBl I S. 1087.

(2) Von § 14c Abs. 2 UStG werden die folgenden Fälle erfasst:

1. [1]Ein Unternehmer weist in der Rechnung einen Steuerbetrag aus, obwohl er nach § 19 Abs. 1 UStG dazu nicht berechtigt ist (§ 14c Abs. 2 Satz 1 UStG). [2]Ein gesonderter Steuer-

---

Anm. d. Schriftl.:

1 Der BFH hat mit Urteil vom 27. 11. 2019, BStBl 2021 II S. 542, u. a. entschieden, dass eine Gutschrift, die nicht über eine Leistung eines Unternehmers ausgestellt ist, einer Rechnung nicht gleichsteht und keine Steuerschuld nach § 14c Abs. 2 UStG begründen kann. Zu diesem Urteil hat das BMF mit Schreiben vom 19. 8. 2021, BStBl 2021 I S. 1087, Stellung genommen.

ausweis liegt auch vor, wenn der Rechnungsaussteller in einer Umlagenabrechnung über eine (Neben-)Leistung, z. B. Heizkostenabrechnung, den auf den jeweiligen Leistungsempfänger entfallenden Anteil am Gesamtbetrag der Kosten nicht ausschließlich als Bruttobetrag darstellt, sondern auch die anteilige Umsatzsteuer aufführt (vgl. BFH-Urteil vom 18. 5. 1988, X R 43/81, BStBl II S. 752).

2. [1]Ein Unternehmer erteilt eine Rechnung mit gesondertem Steuerausweis, obwohl er eine Leistung nicht ausführt, z. B. eine Schein- oder Gefälligkeitsrechnung oder in den Fällen des Schadensersatzes. [2]Hierunter fallen nicht Rechnungen, die vor Ausführung der Leistung erteilt werden und die ihrer Aufmachung (z. B. durch die Bezeichnung) oder ihrem Inhalt nach (z. B. durch Hinweis auf einen erst in der Zukunft liegenden Zeitpunkt der Leistung) eindeutig als Vorausrechnungen erkennbar sind (vgl. BFH-Urteile vom 20. 3. 1980, V R 131/74, BStBl II S. 287, vom 7. 4. 2011, V R 44/09, BStBl II S. 954, und vom 6. 4. 2016, V R 12/15, BStBl 2017 II S. 188). [3]Steht der Leistungszeitpunkt noch nicht fest, muss dies aus der Rechnung oder aus anderen Unterlagen, auf die in der Rechnung hingewiesen wird, hervorgehen. [4]Unterbleibt nach Erteilung einer Vorausrechnung mit Steuerausweis die zunächst beabsichtigte Leistung, z. B. bei Rückgängigmachung eines Kaufvertrags, ist § 14c Abs. 2 UStG nicht anzuwenden (vgl. BFH-Urteil vom 21. 2. 1980, VR 146/73, BStBl II S. 283). [5]Das gilt unabhängig davon, ob die angeforderten Voraus- oder Anzahlungen geleistet werden (vgl. Abschnitt 14.8 Abs. 2). [6]Wer dagegen eine Vorausrechnung mit gesondertem Steuerausweis erteilt, obwohl bereits feststeht, dass er die darin aufgeführte Leistung nicht mehr ausführen wird, schuldet diese Steuer nach § 14c Abs. 2 UStG (vgl. BFH-Urteil vom 5. 2. 1998, V R 65/97, BStBl II S. 415).

3. [1]Ein Unternehmer erteilt eine Rechnung mit gesondertem Steuerausweis, in der er statt des tatsächlich gelieferten Gegenstands einen anderen, von ihm nicht gelieferten Gegenstand aufführt, oder statt der tatsächlich ausgeführten sonstigen Leistung eine andere, von ihm nicht erbrachte Leistung angibt (unrichtige Leistungsbezeichnung). [2]Der leistende Unternehmer schuldet die gesondert ausgewiesene Steuer nach § 14c Abs. 2 UStG neben der Steuer für die tatsächlich ausgeführte Leistung (vgl. BFH-Urteil vom 8. 9. 1994, V R 70/91, BStBl 1995 II S. 32).

Beispiele:

a) Es wird eine Büromaschine aufgeführt, während tatsächlich ein Fernsehgerät geliefert worden ist.

b) Es werden Antriebsmotoren angegeben, während tatsächlich der Schrott solcher Motoren geliefert worden ist (vgl. BFH-Beschluss vom 21. 5. 1987, V R 129/78, BStBl II S. 652).

c) Es wird hergestelltes Mauerwerk abgerechnet, während tatsächlich ein Kranführer überlassen worden ist (vgl. BFH-Beschluss vom 9. 12. 1987, V B 54/85, BStBl 1988 II S. 700).

d) Es werden „Malerarbeiten in Büroräumen" in Rechnung gestellt, während die Malerarbeiten tatsächlich in der Wohnung des Leistungsempfängers ausgeführt worden sind.

[3]Die in Rechnungen mit ungenauer Angabe der Leistungsbezeichnung gesondert ausgewiesenen Steuerbeträge werden dagegen nicht nach § 14c Abs. 2 UStG geschuldet. [4]Ungenaue Angaben liegen vor, wenn die Rechnungsangaben nicht so eingehend und eindeutig sind, dass sie ohne weiteres völlige Gewissheit über Art und Umfang des Leistungsgegenstandes verschaffen.

Beispiel:

Es werden ausgeführte Bauarbeiten lediglich durch Angabe einer Baustelle und „Arbeiten wie gesehen und besichtigt" beschrieben (vgl. BFH-Beschluss vom 4. 12. 1987, V S 9/85, BStBl 1988 II S. 702).

4. Ein Unternehmer erteilt eine Rechnung mit gesondertem Steuerausweis für eine Leistung, die er nicht im Rahmen seines Unternehmens ausführt, z. B. Verkauf eines Gegenstandes aus dem Privatbereich.

5. [1]Ein Nichtunternehmer, z. B. eine Privatperson oder ein Hoheitsbetrieb einer juristischen Person des öffentlichen Rechts, weist in einem Dokument einen Steuerbetrag gesondert aus. [2]Das gilt auch für denjenigen, der Abrechnungen dadurch in den Verkehr bringt, dass er sie

einem anderen zur beliebigen Verwendung überlässt oder ein blanko unterschriebenes Papier zum Ausfüllen als Kaufvertrag aushändigt, ohne ausdrücklich den gesonderten Steuerausweis zu untersagen (vgl. auch BFH-Urteil vom 5. 8. 1988, X R 66/82, BStBl II S. 1019). [3]Der Nichtunternehmer schuldet den Steuerbetrag, gleichgültig ob er eine Leistung ausführt oder nicht.

(2a) [1]Bei Umsätzen zwischen Betriebsabteilungen desselben Unternehmens oder innerhalb eines Organkreises handelt es sich nicht um steuerbare Lieferungen oder sonstige Leistungen, sondern um innerbetriebliche Vorgänge (sog. Innenumsätze). [2]Werden für sie Belege mit gesondertem Steuerausweis erteilt, sind diese Belege nicht als Rechnungen im Sinne des § 14c UStG, sondern als unternehmensinterne Buchungsbelege zu beurteilen. [3]Die darin ausgewiesene Steuer wird nicht nach § 14c Abs. 2 UStG geschuldet (vgl. BFH-Urteil vom 28. 10. 2010, V R 7/10, BStBl 2011 II S. 391, und Abschnitt 14.1. Abs. 4).

(2b) [1]Soweit der Aussteller eines Dokuments mit diesem nicht unberechtigt über eine von ihm (angeblich) erbrachte Leistung, sondern über eine Entgeltminderung abrechnet und dies zusätzlich durch ein Minuszeichen bei dem offen ausgewiesen Betrag zum Ausdruck bringt, wird dieser negative Betrag nicht nach § 14c Abs. 2 UStG geschuldet (vgl. BFH-Urteil vom 26. 6. 2019, XI R 5/18, BStBl 2023 II S. 521). [2]Zu einem Schriftstück, das keine Rechnung, sondern Grundlage für den Zahlungsverkehr ist, siehe Abschnitt 14.1 Abs. 1 Satz 4. [3]Bei der Prüfung, ob ein Dokument (nur) über Leistungen oder (auch) über Entgeltminderungen abrechnet, sind unter dem Gesichtspunkt der Gefährdung des Steueraufkommens weitere Dokumente nur dann ergänzend heranzuziehen, wenn die Abrechnung auf diese verweist.

(3) [1]Soweit der Aussteller der Rechnung den unberechtigten Steuerausweis gegenüber dem Belegempfänger für ungültig erklärt hat und die Gefährdung des Steueraufkommens beseitigt wurde, ist dem Schuldner des Steuerbetrags die Möglichkeit zur Berichtigung einzuräumen (§ 14c Abs. 2 Satz 3 ff. UStG). [2]Im Rahmen eines Organschaftsverhältnisses ist die Organgesellschaft oder ein von ihr beauftragter Dritter berechtigt, eine von ihr ausgestellte Rechnung mit unberechtigtem Steuerausweis gegenüber dem Belegempfänger für ungültig zu erklären. [3]Bei der Berichtigung des unberechtigten Steuerausweises ist § 17 Abs. 1 UStG entsprechend anzuwenden. [4]Auf den guten Glauben des Ausstellers der betreffenden Rechnung kommt es nicht an (vgl. BFH-Urteil vom 22. 2. 2001, V R 5/99, BStBl 2004 II S. 143). [5]Die Gefährdung des Steueraufkommens ist beseitigt, wenn ein Vorsteuerabzug beim Empfänger der Rechnung nicht durchgeführt oder die geltend gemachte Vorsteuer an das Finanzamt zurückgezahlt worden ist (§ 14c Abs. 2 Satz 4 UStG). [6]Dies ist in dem Sinne zu verstehen, dass endgültig feststehen muss, dass jedwede Gefährdung des Steueraufkommens ausgeschlossen ist (BFH-Urteil vom 8. 11. 2016, VII R 34/15, BStBl 2017 II S. 496). [7]Die nach § 14c Abs. 2 Satz 5 UStG erforderliche Zustimmung ist nicht von einer Rückzahlung eines vereinnahmten Betrags durch den Steuerschuldner an den Belegempfänger abhängig.

(4) [1]Steuerschuldner nach § 14c Abs. 2 UStG ist der Aussteller der Rechnung (§ 13a Abs. 1 Nr. 4 UStG). [2]Im Rahmen eines Organschaftsverhältnisses schuldet hingegen der Organträger die durch eine Organgesellschaft unberechtigt ausgewiesene Steuer. [3]Eine GmbH schuldet die Steuer nach § 14c Abs. 2 UStG, wenn ein nur zur Gesamtvertretung berechtigter Geschäftsführer ohne Mitwirkung des anderen Geschäftsführers das Abrechnungspapier mit unberechtigtem Steuerausweis erstellt, ohne den allgemeinen Rahmen des ihm übertragenen Geschäftskreises zu überschreiten (vgl. BFH-Urteil vom 28. 1. 1993, V R 75/88, BStBl II S. 357). [4]Wirkt dagegen der in der Rechnung als Aussteller Bezeichnete in keiner Weise bei der Erstellung des Dokuments mit, kommt eine Inanspruchnahme nach § 14c Abs. 2 UStG nicht in Betracht (vgl. BFH-Urteil vom 16. 3. 1993, XI R 103/90, BStBl II S. 531). [5]Zur Frage der Mitwirkung sind die Grundsätze der Stellvertretung, zu denen auch die Grundsätze der Anscheins- und Duldungsvollmacht gehören, zu berücksichtigen (vgl. BFH-Urteil vom 7. 4. 2011, V R 44/09, BStBl II S. 954). [6]Zur Frage, wem die Rechnung zuzurechnen ist, die ein Vermittler auf den Namen seines Auftraggebers ausgestellt hat, vgl. BFH-Urteil vom 4. 3. 1982, V R 59/81, BStBl II S. 315.

(5) [1]Der Schuldner des unberechtigt ausgewiesenen Betrages hat die Berichtigung des geschuldeten Steuerbetrags bei dem für seine Besteuerung zuständigen Finanzamt gesondert schriftlich zu beantragen. [2]Diesem Antrag hat er ausreichende Angaben über die Identität des Rech-

nungsempfängers beizufügen. [3]Das Finanzamt des Schuldners des unberechtigt ausgewiesenen Betrags hat durch Einholung einer Auskunft beim Finanzamt des Rechnungsempfängers zu ermitteln, in welcher Höhe und wann ein unberechtigt in Anspruch genommener Vorsteuerabzug durch den Rechnungsempfänger zurückgezahlt wurde. [4]Nach Einholung dieser Auskunft teilt das Finanzamt des Schuldners des unberechtigt ausgewiesenen Betrags diesem mit, für welchen Besteuerungszeitraum und in welcher Höhe die Berichtigung des geschuldeten Steuerbetrags vorgenommen werden kann. [5]Die Berichtigung des geschuldeten Steuerbetrags ist in entsprechender Anwendung des § 17 Abs. 1 UStG für den Besteuerungszeitraum vorzunehmen, in dem die Gefährdung des Steueraufkommens beseitigt worden ist (§ 14c Abs. 2 Satz 5 UStG). [6]Wurde beim Empfänger der Rechnung kein Vorsteuerabzug vorgenommen, ist der wegen unberechtigten Steuerausweises geschuldete Betrag beim Aussteller der Rechnung für den Zeitraum zu berichtigen, in dem die Steuer nach § 13 Abs. 1 Nr. 3 UStG entstanden ist.

(6) Hat ein Kleinunternehmer eine Erklärung nach § 19 Abs. 2 Satz 1 UStG abgegeben, aber vor Eintritt der Unanfechtbarkeit der Steuerfestsetzung (vgl. Abschnitt 19.2 Abs. 2) zurückgenommen, kann er die in der Zwischenzeit erteilten Rechnungen mit gesondertem Steuerausweis und den geschuldeten unberechtigt ausgewiesenen Steuerbetrag unter den in Absatz 5 bezeichneten Voraussetzungen berichtigen.

(7) [1]Der Steueranspruch aus § 14c Abs. 2 UStG besteht vorbehaltlich Absatz 5 unabhängig davon, ob der Rechnungsempfänger die gesondert ausgewiesene Umsatzsteuer unberechtigt als Vorsteuer abgezogen hat oder nicht. [2]Es reicht aus, dass das Dokument als Abrechnung abstrakt die Gefahr begründet, vom Empfänger oder einem Dritten zur Inanspruchnahme des Vorsteuerabzugs gebraucht zu werden (vgl. BFH-Urteil vom 17. 2. 2011, V R 39/09, BStBl II S. 734).

(8) Für die Berichtigung der auf Grund des unberechtigt ausgewiesenen Steuerbetrags nach § 14c Abs. 2 UStG ergangenen Steuerbescheide gelten die allgemeinen verfahrensrechtlichen Vorschriften der AO.

Zu § 15 UStG

UStAE   15.1.   Zum Vorsteuerabzug berechtigter Personenkreis[1]

(1) [1]Zum Vorsteuerabzug sind ausschließlich Unternehmer im Sinne der §§ 2 und 2a UStG im Rahmen ihrer unternehmerischen Tätigkeit berechtigt. [2]Abziehbar sind hierbei auch Vorsteuerbeträge, die vor der Ausführung von Umsätzen (vgl. BFH-Urteile vom 6. 5. 1993, V R 45/88, BStBl II S. 564, und vom 16. 12. 1993, V R 103/88, BStBl 1994 II S. 27) oder die nach Aufgabe des Unternehmens anfallen, sofern sie der unternehmerischen Tätigkeit zuzurechnen sind. [3]Zum Beginn und Ende der Unternehmereigenschaft vgl. Abschnitt 2.6.

(2) [1]Im Ausland ansässige Unternehmer können den Vorsteuerabzug grundsätzlich auch dann beanspruchen, wenn sie im Inland keine Lieferungen oder sonstige Leistungen ausgeführt haben (vgl. aber Abschnitt 18.11 Abs. 4 zur erforderlichen Gegenseitigkeit beim Vorsteuer-Vergütungsverfahren für Unternehmer, die nicht im Gemeinschaftsgebiet ansässig sind). [2]Auch ihnen steht der Vorsteuerabzug nur insoweit zu, als die Vorsteuerbeträge ihrer unternehmerischen Tätigkeit zuzurechnen sind. [3]Das gilt auch für die Vorsteuern, die im Zusammenhang mit den im Ausland bewirkten Umsätzen stehen. [4]Zur Frage, ob die im Ausland ansässigen Unternehmer ihre abziehbaren Vorsteuerbeträge im Vorsteuer-Vergütungsverfahren (§§ 59 bis 61a

---

Anm. d. Schriftl.:

[1] Ein Mieter, der in angemieteten Räumlichkeiten Ein- und Umbauten („Mietereinbauten") im eigenen Namen vornehmen lässt, kann die ihm hierfür von Bauhandwerkern in Rechnung gestellte Umsatzsteuer im Falle einer entgeltlichen Weiterlieferung an den Vermieter als Vorsteuer abziehen (BFH-Urteil vom 13. 11. 2019, BStBl 2020 II S. 136).

UStDV) oder im allgemeinen Besteuerungsverfahren (§ 16 und § 18 Abs. 1 bis 4 UStG) geltend zu machen haben, vgl. Abschnitt 18.15.

(3) – (4) …

(5) [1]Unternehmer, die von der Besteuerung nach § 19 Abs. 1, §§ 23, 23a oder 24 UStG zur allgemeinen Besteuerung des UStG übergegangen sind, können den Vorsteuerabzug nach § 15 UStG für folgende Beträge vornehmen:

1. gesondert in Rechnung gestellte Steuerbeträge für Lieferungen und sonstige Leistungen, die nach dem Zeitpunkt an sie ausgeführt worden sind, zu dem sie zur allgemeinen Besteuerung übergingen;

2. Einfuhrumsatzsteuer für Gegenstände, die nach dem Zeitpunkt, zu dem sie zur allgemeinen Besteuerung übergingen, für ihr Unternehmen eingeführt worden sind;

3. die Steuer für den innergemeinschaftlichen Erwerb von Gegenständen, die nach dem Zeitpunkt für ihr Unternehmen erworben wurden, zu dem sie zur allgemeinen Besteuerung übergingen;

4. die vom Leistungsempfänger nach § 13b UStG und § 25b UStG geschuldete Steuer für Leistungen, die nach dem Zeitpunkt an sie ausgeführt worden sind, zu dem sie zur allgemeinen Besteuerung übergingen.

[2]Vom Vorsteuerabzug ausgeschlossen sind die Steuerbeträge für Umsätze, die vor dem Zeitpunkt des Übergangs zur allgemeinen Besteuerung ausgeführt worden sind. [3]Das gilt auch für Bezüge, die erstmalig nach dem Übergang zur allgemeinen Besteuerung verwendet werden. [4]Wechselt ein Landwirt, der einen Stall errichtet, vor dessen Fertigstellung von der Besteuerung nach § 24 UStG zur allgemeinen Besteuerung, können die Vorsteuerbeträge, die vor dem Wechsel angefallen sind, erst ab dem Zeitpunkt der erstmaligen Verwendung nach § 15a UStG (anteilig) geltend gemacht werden (vgl. BFH-Urteil vom 12. 6. 2008, V R 22/06, BStBl 2009 II S. 165, sowie Abschnitt 15a.9 Abs. 2). [5]Auf den Zeitpunkt des Eingangs der Rechnung oder der Entrichtung der Einfuhrumsatzsteuer kommt es nicht an (vgl. BFH-Urteile vom 6. 12. 1979, V R 87/72, BStBl 1980 II S. 279, und vom 17. 9. 1981, V R 76/75, BStBl 1982 II S. 198). [6]Wegen des Vorsteuerabzugs bei Zahlungen vor Ausführung des Umsatzes vgl. Abschnitt 15.3.

(6) [1]Bei einem Übergang von der allgemeinen Besteuerung zur Besteuerung nach § 19 Abs. 1, §§ 23, 23a oder 24 UStG sind umgekehrt die in Absatz 5 bezeichneten Vorsteuerbeträge nicht nach § 15 UStG abziehbar. [2]Bei Anwendung des § 23 UStG gilt dies jedoch nur für die Vorsteuerbeträge, auf die sich die Durchschnittssätze nach § 70 UStDV erstrecken.

(7) Zum Verfahren bei der Geltendmachung von Vorsteuerbeträgen aus der Beteiligung an Gesamtobjekten vgl. BMF-Schreiben vom 24. 4. 1992, BStBl I S. 291.

UStAE 15.2. Allgemeines zum Vorsteuerabzug

(1) [1]Nach § 15 Abs. 1 Satz 1 Nr. 1 UStG ist nur die gesetzlich geschuldete Steuer für Lieferungen und sonstige Leistungen, die von einem anderen Unternehmer für das Unternehmen des Leistungsempfängers ausgeführt worden sind, als Vorsteuer abziehbar. [2]Ein Vorsteuerabzug ist damit nicht zulässig, soweit der die Rechnung ausstellende Unternehmer die Steuer nach § 14c UStG schuldet (vgl. BFH-Urteil vom 5. 9. 2019, V R 38/17, BStBl 2022 II S. 696). [3]Abziehbar sind nur die Steuerbeträge, die nach dem deutschen UStG geschuldet werden (vgl. BFH-Urteile vom 2. 4. 1998, V R 34/97, BStBl II S. 695, und vom 6. 12. 2007, V R 3/06, BStBl 2009 II S. 203). [4]Abziehbar ist damit auch die Steuer für die Lieferungen und sonstigen Leistungen, die nach § 1 Abs. 3 UStG wie Umsätze im Inland zu behandeln sind. [5]Unternehmer, die mit ausländischen Vorsteuerbeträgen belastet wurden, haben sich wegen eines eventuellen Abzugs an den Staat zu wenden, der die Steuer erhoben hat. [6]Die EU-Mitgliedstaaten vergüten nach Maßgabe der Richtlinie 2008/9/EG des Rates vom 12. 2. 2008 den in einem anderen Mitgliedstaat ansässigen Unternehmern die Vorsteuern in einem besonderen Verfahren und haben hierfür zentrale Erstattungs-

behörden bestimmt. [7]In der Bundesrepublik Deutschland sind Anträge auf Vergütung der Vorsteuerbeträge in anderen EU-Mitgliedstaaten elektronisch über das BZSt (www.bzst.de) zu übermitteln (vgl. auch Abschnitt 18g.1).

(2) [1]Die Berechtigung zum Vorsteuerabzug aus Lieferungen und sonstigen Leistungen ist unter folgenden Voraussetzungen gegeben:

1. Die Steuer muss für eine Lieferung oder sonstige Leistung gesondert in Rechnung gestellt worden sein (vgl. Abschnitt 15.2a);   •

2. die Lieferung oder sonstige Leistung muss von einem Unternehmer ausgeführt worden sein (vgl. Abschnitt 15.2a Abs. 1);

3. der Leistungsempfänger muss Unternehmer und die Lieferung oder sonstige Leistung für sein Unternehmen ausgeführt worden sein (vgl. Abschnitte 15.2b und 15.2c);

4. [1]der Leistungsempfänger ist im Besitz einer nach den §§ 14, 14a UStG ausgestellten Rechnung, in der die Angaben vollständig und richtig sind (vgl. Abschnitt 15.2a Abs. 6). [2]Wegen der Ausnahmen hiervon vgl. Abschnitt 15.2a Abs. 1a.

[2]Diese Voraussetzungen müssen insgesamt erfüllt werden.**❶❷** [3]Das gilt auch für Leistungsempfänger, die die Steuer für ihre Umsätze nach vereinnahmten Entgelten berechnen (§ 20 UStG). [4]Der den Vorsteuerabzug begehrende Unternehmer trägt die Feststellungslast für die Erfüllung der Anspruchsvoraussetzungen (vgl. BFH-Urteil vom 6.4.2016, V R 6/14, BStBl 2017 II S. 577). [5]Ein Unternehmer, der alle Maßnahmen getroffen hat, die vernünftigerweise von ihm verlangt werden können, um sicherzustellen, dass seine Umsätze nicht in einen Betrug – sei es eine Umsatzsteuerhinterziehung oder ein sonstiger Betrug – einbezogen sind, kann auf die Rechtmäßigkeit dieser Umsätze vertrauen, ohne Gefahr zu laufen, sein Recht auf Vorsteuerabzug zu verlieren. [6]Der Umstand, dass eine Lieferung an einen Unternehmer vorgenommen wird, der weder wusste noch hätte wissen müssen, dass der betreffende Umsatz in einen vom Verkäufer begangenen Betrug einbezogen war, steht dem Vorsteuerabzug nicht entgegen (vgl. Abschnitt 25f.1 und BFH-Urteil vom 19.4.2007, V R 48/04, BStBl 2009 II S. 315). [7]Der Vorsteuerabzug ist von einem Unternehmer für den Besteuerungszeitraum geltend zu machen, in dem die Berechtigung zum Vorsteuerabzug entstanden ist; für einen späteren Besteuerungszeitraum kann die Vorsteuer nicht abgezogen werden (vgl. BFH-Urteile vom 1.12.2010, XI R 28/08, BStBl 2011 II S. 994, und vom 13.2.2014, V R 8/13, BStBl 2014 II S. 595). [8]Fallen Empfang der Leistung und Empfang der Rechnung zeitlich auseinander, ist der Vorsteuerabzug für den Besteuerungszeitraum zulässig, in dem erstmalig beide Voraussetzungen erfüllt sind (vgl. BFH-Urteile vom 1.7.2004, V R 33/01, BStBl II S. 861, und vom 19.6.2013, XI R 41/10, BStBl 2014 II S. 738). [9]Im Falle eines objektiven Nachweises einzelner materieller Voraussetzungen für den Vorsteuerabzug ohne ordnungsmäßige (berichtigte) Rechnung (vgl. Abschnitt 15.2a Abs. 1a) ist der Vorsteuerabzug in dem Zeitpunkt vorzunehmen, in dem die Leistung bezogen wurde und eine Rechnung mit offen ausgewiesener Umsatzsteuer vorlag. [10]Zum Zeitpunkt des Vorsteuerabzugs aus einer berichtigten Rechnung siehe Abschnitt 15.2a Abs. 7. [11]Die Berechtigung des Organträgers zum Vorsteuerabzug aus Eingangsleistungen auf Ebene der Organgesellschaft richtet sich nach den Verhältnissen im Zeitpunkt des Leistungsbezugs, nicht der Rechnungserteilung (vgl. BFH-Urteil vom 13.5.2009, XI R 84/07, BStBl II S. 868). [12]Bei Zahlungen vor Empfang der Leistung vgl. aber Abschnitt 15.3. [13]Bezieht ein Unternehmer Teilleistungen (z. B. Mietleistungen)

Anm. d. Schriftl.:

❶ Das Recht auf Vorsteuerabzug ist für den Voranmeldungszeitraum (Besteuerungszeitraum) auszuüben, in dem das Abzugsrecht entstanden ist und die Ausübungsvoraussetzungen vorliegen (BFH-Urteil vom 13.2.2014, BStBl 2014 II S. 595).

❷ Die für den Steuerpflichtigen ungünstige Rechtsfolge, dass die Vorsteuer erst in dem Besteuerungszeitraum abgezogen werden kann, in dem ihm auch die Rechnung vorliegt, beruht auf einer bewussten Anordnung des Gesetzgebers, die nicht durch eine Billigkeitsmaßnahme unterlaufen werden darf (BFH-Urteil vom 19.6.2013, BStBl 2014 II S. 738).

für sein Unternehmen, ist sowohl für den Leistungsbezug (§ 15 Abs. 1 Satz 1 Nr. 1 UStG) als auch für die Frage der Verwendung dieser Leistungen (§ 15 Abs. 2 UStG, vgl. Abschnitt 15.12) auf die monatlichen (Teil-)Leistungsabschnitte abzustellen (BFH-Urteil vom 9.9.1993, V R 42/91, BStBl 1994 II S. 269).

(3) Folgende Sonderregelungen für den Vorsteuerabzug sind zu beachten:

1. ¹Nach § 15 Abs. 1a UStG sind Vorsteuerbeträge nicht abziehbar, die auf Aufwendungen entfallen, für die das Abzugsverbot des § 4 Abs. 5 Satz 1 Nr. 1 bis 4, 7 oder des § 12 Nr. 1 EStG gilt. ²Ausgenommen von der Vorsteuerabzugsbeschränkung sind Bewirtungsaufwendungen, soweit § 4 Abs. 5 Satz 1 Nr. 2 EStG einen Abzug angemessener und nachgewiesener Aufwendungen ausschließt (vgl. auch Abschnitt 15.6 Abs. 6).

2. Nach § 15 Abs. 1b UStG sind Vorsteuerbeträge für ein dem Unternehmen zugeordnetes teilunternehmerisch genutztes Grundstück nicht abziehbar, soweit sie nicht auf die Verwendung des Grundstücks für Zwecke des Unternehmens entfallen (vgl. Abschnitt 15.6a).

3. Ein Kleinunternehmer ist, soweit er der Sonderregelung des § 19 Abs. 1 UStG unterliegt, nicht zum Vorsteuerabzug berechtigt (§ 19 Abs. 1 Satz 4 UStG; vgl. Abschnitt 15.1 Abs. 4 bis 6 und Abschnitt 19.5).

4. ¹Ermitteln Unternehmer ihre abziehbaren Vorsteuern nach den Durchschnittssätzen des § 23 UStG, ist insoweit ein weiterer Vorsteuerabzug ausgeschlossen (§ 70 Abs. 1 UStDV; vgl. Abschnitt 15.1 Abs. 3 Satz 1 Nr. 1, Abs. 5 und 6 sowie Abschnitte 23.1 und 23.3). ²Dasselbe gilt für die Berechnung nach den Durchschnittssätzen des § 23a UStG (§ 23a Abs. 1 UStG; vgl. Abschnitt 15.1 Abs. 3 Satz 1 Nr. 2, Abs. 5 und 6).

5. Werden die Vorsteuerbeträge, die den im Rahmen eines land- und forstwirtschaftlichen Betriebs ausgeführten Umsätzen zuzurechnen sind, nach Durchschnittssätzen ermittelt, entfällt ein weiterer Vorsteuerabzug (§ 24 Abs. 1 Satz 3 und 4 UStG; vgl. Abschnitt 15.1 Abs. 3 Satz 1 Nr. 3 Abs. 5 und 6 sowie Abschnitte 24.7 Abs. 2 und 3).

6. Bewirkt der Unternehmer Reiseleistungen im Sinne des § 25 Abs. 1 UStG, ist er nicht berechtigt, die ihm in diesen Fällen für die Reisevorleistungen gesondert in Rechnung gestellten Steuerbeträge als Vorsteuern abzuziehen (§ 25 Abs. 4 UStG, vgl. Abschnitt 25.4).

7. Ein Wiederverkäufer, der für die Lieferung beweglicher körperlicher Gegenstände die Differenzbesteuerung des § 25a Abs. 2 UStG anwendet, kann die entstandene Einfuhrumsatzsteuer sowie die Steuer für die an ihn ausgeführte Lieferung nicht als Vorsteuer abziehen (§ 25a Abs. 5 UStG; vgl. Abschnitt 25a.1 Abs. 7).

UStAE 15.2a. Ordnungsmäßige Rechnung als Voraussetzung für den Vorsteuerabzug

Rechnung im Sinne der §§ 14, 14a UStG

(1) ¹Nach § 15 Abs. 1 Satz 1 Nr. 1 Satz 2 in Verbindung mit § 14 Abs. 4 Satz 1 Nr. 8 UStG muss die Steuer in einer nach den §§ 14, 14a UStG ausgestellten Rechnung gesondert ausgewiesen sein. ²Der Begriff der Rechnung ergibt sich aus § 14 Abs. 1 UStG (vgl. auch Abschnitt 14.1). ³Für den Vorsteuerabzug muss eine Rechnung das Entgelt und den Steuerbetrag getrennt ausweisen; die Angabe des Entgelts als Grundlage des gesondert ausgewiesenen Steuerbetrags ist damit zwingend erforderlich (vgl. Abschnitt 15.11 Abs. 4). ⁴Ein gesonderter Steuerausweis liegt nicht vor, wenn die in einem Vertrag enthaltene Abrechnung offen lässt, ob der leistende Unternehmer über den Umsatz steuerfrei oder steuerpflichtig (§ 9 UStG) behandeln will (vgl. Abschnitt 14.1 Abs. 2 Satz 5), oder in dem Dokument nicht durch Angaben tatsächlicher Art zum Ausdruck kommt, dass die gesondert ausgewiesene Steuer auf Lieferungen oder sonstige Leistungen des Rechnungsausstellers an den Leistungsempfänger beruht (BFH-Urteil vom 12.6.1986, V R 75/78, BStBl II S. 721). ⁵Eine nach den §§ 14, 14a UStG ausgestellte Rechnung ist auch bei der Abrech-

nung der Leistung des Insolvenzverwalters an den Gemeinschuldner erforderlich. [6]Der Beschluss des Insolvenzgerichts über die Festsetzung der Vergütung ist für den Vorsteuerabzug nicht ausreichend (vgl. BFH-Urteile vom 20.2.1986, V R 16/81, BStBl II S.579 und vom 26.9.2012, V R 9/11, BStBl 2013 II S.346).

(1a) [1]Das Recht auf Vorsteuerabzug kann ausnahmsweise auch geltend gemacht werden, wenn der Unternehmer im Besitz einer Rechnung ist, die nicht alle formellen Voraussetzungen erfüllt und die auch nicht berichtigt wurde (vgl. Absatz 7). [2]Der Vorsteuerabzug ist unter Anwendung eines strengen Maßstabes auch zu gewähren, wenn die Finanzverwaltung über sämtliche Angaben verfügt, um die materiellen Voraussetzungen zu überprüfen (vgl. EuGH-Urteil vom 15.9.2016, C-516/14, Barlis 06). [3]Der Unternehmer kann daher durch objektive Nachweise belegen, dass ihm andere Unternehmer auf einer vorausgehenden Umsatzstufe tatsächlich Gegenstände oder Dienstleistungen geliefert bzw. erbracht haben, die seinen der Mehrwertsteuer unterliegenden Umsätzen dienten und für die er die Umsatzsteuer tatsächlich entrichtet hat. [4]Aus dieser Rechtsprechung folgt aber insbesondere nicht, dass ein Vorsteuerabzug gänzlich ohne Rechnung geltend gemacht werden kann (vgl. Rz. 39 ff. des BFH-Urteils vom 15.10.2019, V R 14/18, BStBl 2020 II S.596). [5]Der Nachweis über die tatsächliche Entrichtung der Steuer kann nämlich nur über eine Rechnung oder deren Kopie (vgl. Abschnitt 15.11 Abs. 1 Satz 4) mit offen ausgewiesener Umsatzsteuer erfolgen. [6]Ohne diesen Ausweis verbleiben Zweifel, ob und in welcher Höhe die Steuer in dem Zahlbetrag enthalten ist und damit, ob die Steuer tatsächlich entrichtet worden ist. [7]Entscheidend ist, dass die vorgelegten Beweismittel eine leichte und zweifelsfreie Feststellung der Voraussetzungen durch die Finanzbehörden ermöglichen (vgl. BFH-Urteil vom 12.3.2020, V R 48/17, BStBl II S.604), andernfalls ist die Kontrollfunktion nicht erfüllt. [8]Der Leistungszeitpunkt kann sich im Einzelfall aus dem Rechnungsdatum ergeben, wenn keine Zweifel bestehen, dass die Leistung in dem Monat der Rechnungserstellung ausgeführt wurde (vgl. BFH-Urteile vom 1.3.2018, V R 18/17, BStBl 2021 II S.644, und vom 15.10.2019, V R 29/19 (V R 44/16), BStBl 2021 II S.646). [9]Solche Zweifel bestehen insbesondere, wenn das Zusammenfallen von Rechnungs- und Leistungsdatum nicht branchenüblich ist, der Rechnungsaussteller eine zeitnahe Abrechnung nicht regelmäßig durchführt oder bei der konkreten Leistung sonstige Zweifel am Zusammenfallen der Daten bestehen. [10]Es besteht keine Pflicht der Finanzbehörden, fehlende Informationen selbst von Amts wegen zu ermitteln. [11]Zweifel und Unklarheiten wirken zu Lasten des Unternehmers (vgl. Abschnitt 15.11 Abs. 3 Satz 1).

Rechnungsaussteller

(2) [1]Die Rechnung muss grundsätzlich vom leistenden Unternehmer oder vom Leistungsempfänger (Gutschrift) ausgestellt sein. [2]Ein Vorsteuerabzug ist deshalb nicht zulässig, wenn ein anderer im Namen des Leistenden oder des Leistungsempfängers eine Rechnung mit gesondertem Steuerausweis erteilt, ohne vom Leistenden oder vom Leistungsempfänger dazu beauftragt zu sein. [3]Der Rechnungsaussteller (Gutschriftsempfänger) muss mit dem leistenden Unternehmer grundsätzlich identisch sein, um eine Verbindung zwischen einer bestimmten wirtschaftlichen Transaktion und dem Rechnungsaussteller (Gutschriftsempfänger) herzustellen (vgl. BFH-Urteil vom 14.2.2019, V R 47/16, BStBl II 2020 S.424). [4]Zur Abrechnung durch den Vermittler vgl. BFH-Urteil vom 4.3.1982, V R 59/81, BStBl II S.315. [5]Der Vorsteuerabzug ist nur möglich, wenn die Rechnung die Angabe des vollständigen Namens und der vollständigen Anschrift des leistenden Unternehmers enthält, wobei es nicht erforderlich ist, dass die wirtschaftlichen Tätigkeiten des leistenden Unternehmers unter der Anschrift ausgeübt werden, die in der von ihm ausgestellten Rechnung angegeben ist; es reicht vielmehr jede Art von Anschrift und damit auch eine Briefkastenanschrift, sofern der Unternehmer unter dieser Anschrift erreichbar ist (vgl. BFH-Urteile vom 13.6.2018, XI R 20/14, BStBl II S.800, und vom 21.6.2018, V R 25/15, BStBl II S.809, und V R 28/16, BStBl II S.806). [6]Maßgeblich für eine Erreichbarkeit ist der Zeitpunkt der Rechnungsausstellung. [7]Die Feststellungslast für die postalische Erreichbarkeit zu diesem Zeitpunkt trifft den den Vorsteuerabzug begehrenden Leistungsempfänger (vgl. BFH-Urteil vom 5.12.2018, XI R 22/14, BStBl 2020 II S.418). [8]Der Unternehmer, der die Lieferung oder sonstige

Leistung ausgeführt hat, muss in der Rechnung (Abrechnungspapier) grundsätzlich mit seinem wirklichen Namen bzw. mit der wirklichen Firma angegeben sein (vgl. auch § 31 Abs. 2 UStDV). [9]Bei der Verwendung eines unzutreffenden und ungenauen Namens (z. B. Scheinname oder Scheinfirma) kann der Vorsteuerabzug ausnahmsweise zugelassen werden, wenn der tatsächlich leistende Unternehmer eindeutig und leicht nachprüfbar aus dem Abrechnungspapier ersichtlich ist (vgl. BFH-Urteil vom 7.10.1987, X R 60/82, BStBl 1988 II S. 34). [10]Diese Ausnahmekriterien sind eng auszulegen, so dass z. B. der Vorsteuerabzug unter folgenden Umständen unzulässig ist:

1. [1]Bei Verwendung einer Scheinfirma oder eines Scheinnamens ergibt sich aus dem Abrechnungspapier kein Hinweis auf den tatsächlich leistenden Unternehmer (vgl. BFH-Urteil vom 19.10.1978, V R 39/75, BStBl 1979 II S. 345). [2]Hinweise auf den tatsächlich leistenden Unternehmer fehlen in der Regel in Rechnungen mit willkürlich ausgesuchten Firmenbezeichnungen und/oder unzutreffenden Anschriften sowie bei Rechnungen von zwar existierenden Firmen, die aber die Leistung nicht ausgeführt haben (z. B. bei Verwendung von echten Rechnungsformularen dieser Firmen ohne ihr Wissen oder bei gefälschten Rechnungsformularen). [3]Das gilt auch, wenn der Abrechnende bereits bei der Leistungsbewirkung unter dem fremden Namen aufgetreten ist (BFH-Urteil vom 17.9.1992, V R 41/89, BStBl 1993 II S. 205) oder wenn die als Rechnungsaussteller bezeichnete Person einen auf ihren Namen lautenden Gewerbebetrieb vortäuscht, ohne tatsächlich selber direkt oder über einen rechtsgeschäftlichen Vertreter zivilrechtliche Vertragsbeziehungen mit dem Leistungsempfänger zu unterhalten (vgl. BFH-Urteil vom 15.10.2019, V R 29/19 (V R 44/16), BStBl 2021 II S. 646).

2. [1]Aus dem Abrechnungspapier geht der tatsächlich leistende Unternehmer nicht eindeutig hervor. [2]Dies ist beispielsweise anzunehmen, wenn nach der Abrechnung mehrere leistende Unternehmer in Betracht kommen und sich der tatsächlich leistende Unternehmer nicht zweifelsfrei ergibt. [3]Die Feststellung, welcher Leistungsbeziehung die Verschaffung der Verfügungsmacht zuzurechnen ist, ist im Wesentlichen tatsächliche Würdigung (vgl. BFH-Urteil vom 4.9.2003, V R 9, 10/02, BStBl 2004 II S. 627). [4]Im Fall eines Strohmannverhältnisses sind die von dem (weisungsabhängigen) Strohmann bewirkten Leistungen trotz selbständigen Auftretens im Außenverhältnis dem Hintermann als Leistendem zuzurechnen (vgl. BFH-Urteil vom 15.9.1994, XI R 56/93, BStBl 1995 II S. 275). [5]Ein Strohmann, der im eigenen Namen Gegenstände verkauft und bewirkt, dass dem Abnehmer die Verfügungsmacht daran eingeräumt wird, kann aber umsatzsteuerrechtlich Leistender sein (vgl. BFH-Urteil vom 28.1.1999, V R 4/98, BStBl II S. 628, und BFH-Beschluss vom 31.1.2002, V B 108/01, BStBl 2004 II S. 622). [6]Ein Unternehmer, der unter fremdem Namen auftritt, liefert dagegen selbst, wenn nach den erkennbaren Umständen durch sein Handeln unter fremdem Namen lediglich verdeckt wird, dass er und nicht der „Vertretene" die Lieferung erbringt (vgl. BFH-Urteil vom 4.9.2003, V R 9, 10/02, a.a.O.). [7]Im Übrigen vgl. zum Begriff des Leistenden Abschnitt 2.1 Abs. 3.

3. Aus dem Abrechnungspapier ist der tatsächlich leistende Unternehmer nur schwer zu ermitteln, also nicht leicht nachprüfbar festzustellen.

4. Der tatsächlich leistende Unternehmer ist zwar bekannt, seine Identität ergibt sich jedoch nicht aus dem Abrechnungspapier oder aus solchen Unterlagen, auf die in dem Abrechnungspapier verwiesen wird (vgl. hierzu die zur zutreffenden Leistungsbezeichnung in Rechnungen ergangenen BFH-Beschlüsse vom 4.12.1987, V S 9/85, BStBl 1988 II S. 702, und vom 9.12.1987, V B 54/85, BStBl 1988 II S. 700).

[11]Steuern, die dem Unternehmer von einem Lieferer oder Leistenden in Rechnung gestellt werden, der nicht Unternehmer ist, sind – obwohl sie von diesem nach § 14c Abs. 2 UStG geschuldet werden – nicht abziehbar (vgl. BFH-Urteile vom 8.12.1988, V R 28/84, BStBl 1989 II S. 250, und vom 2.4.1998, V R 34/97, BStBl II S. 695).

Rechnungsadressat

(3) [1]Der Vorsteuerabzug setzt grundsätzlich eine auf den Namen des umsatzsteuerlichen Leistungsempfängers lautende Rechnung mit gesondert ausgewiesener Steuer voraus. [2]Es ist jede Bezeichnung des Leistungsempfängers ausreichend, die eine eindeutige und leicht nachprüfbare Feststellung seines Namens und seiner Anschrift ermöglicht (vgl. BFH-Urteil vom 2. 4. 1997, V B 26/96, BStBl II S. 443). [3]Eine andere Rechnungsadresse ist nicht zu beanstanden, wenn aus dem übrigen Inhalt der Rechnung oder aus anderen Unterlagen, auf die in der Rechnung hingewiesen wird (§ 31 Abs. 1 UStDV), Name und Anschrift des umsatzsteuerlichen Leistungsempfängers eindeutig hervorgehen (z. B. bei einer Rechnungsausstellung auf den Namen eines Gesellschafters für Leistungen an die Gesellschaft). [4]Eine Gesellschaft kann jedoch aus einer Rechnung, die nur auf einen Gesellschafter ausgestellt ist, keinen Vorsteuerabzug vornehmen, wenn die Rechnung keinen Hinweis auf die Gesellschaft als Leistungsempfänger enthält (vgl. BFH-Urteile vom 5. 10. 1995, V R 113/92, BStBl 1996 II S. 111). [5]Entsprechendes gilt für Gemeinschaften (vgl. BFH-Urteil vom 23. 9. 2009, XI R 14/08, BStBl 2010 II S. 243). [6]Der in einer Rechnung an die Bauherren eines Gesamtobjekts (z. B. Wohnanlage mit Eigentumswohnungen) gesondert ausgewiesene Steuerbetrag kann nach § 1 Abs. 2 der Verordnung über die gesonderte Feststellung von Besteuerungsgrundlagen nach § 180 Abs. 2 AO auf die Beteiligten verteilt und ihnen zugerechnet werden. [7]Die Bezeichnung der einzelnen Leistungsempfänger und der für sie abziehbare Steuerbetrag kann aus einer Abrechnung über das bezeichnete Gesamtobjekt abgeleitet werden (BFH-Urteil vom 27. 1. 1994, V R 31/91, BStBl II S. 488). [8]Sind bei gemeinsamem Leistungsbezug durch mehrere Personen die einzelnen Gemeinschafter als Leistungsempfänger anzusehen (vgl. Abschnitt 15.2b Abs. 1), genügt für Zwecke des Vorsteuerabzugs des einzelnen Gemeinschafters grundsätzlich eine Rechnung an die Gemeinschaft, die als Angabe nach § 14 Abs. 4 Satz 1 Nr. 1 UStG nur den vollständigen Namen und die vollständige Anschrift der Gemeinschaft enthält. [9]Aus den durch die den Vorsteuerabzug begehrenden Gemeinschafter nach § 22 UStG zu führenden Aufzeichnungen müssen sich dann die Namen und die Anschriften der übrigen Gemeinschafter sowie die auf die Gemeinschafter entfallenden Anteile am Gemeinschaftsvermögen ergeben. [10]In den Fällen eines Entgelts von dritter Seite (§ 10 Abs. 1 Satz 2 UStG) ist nicht der Dritte, sondern nur der Leistungsempfänger zum Vorsteuerabzug berechtigt (vgl. auch Abschnitt 14.10 Abs. 1).

Leistungsbeschreibung❶

(4) [1]In der Rechnung sind als Nachweis dafür, dass die Leistung für das Unternehmen bezogen wurde, zutreffende Angaben des leistenden Unternehmers über die Menge und die Art der von ihm gelieferten Gegenstände oder den Umfang und die Art der von ihm ausgeführten sonstigen Leistungen erforderlich (vgl. Abschnitt 14.5 Abs. 15). [2]Bei Lieferungen kann die erforderliche Angabe der Art in der (unter Berücksichtigung von Handelsstufe, Art und Inhalt der Lieferung und dem Wert der einzelnen Gegenstände) zutreffenden handelsüblichen Bezeichnung der einzelnen Liefergegenstände bestehen (zu den Anforderungen bei hochpreisigen Uhren und Armbändern vgl. BFH-Beschluss vom 29. 11. 2002, V B 119/02, n.v.; abgrenzend dazu im Niedrigpreissegment vgl. BFH-Urteil vom 10. 7. 2019, XI R 28/18, BStBl 2021 II S. 961). [3]In Zweifelsfällen ist der Unternehmer nach den allgemeinen Regeln (vgl. Absätze 5 und 6) nachweispflichtig, dass eine in der Rechnung aufgeführte Bezeichnung (z. B. bloße Gattungsbezeichnung wie „T-Shirts" oder „Bluse") auf der betreffenden Handelsstufe handelsüblich ist. [4]Bei sonstigen Leistungen müssen die Angaben eine eindeutige Identifizierung der abgerechneten Leistungen ermöglichen. [5]Der Umfang und die Art der erbrachten Dienstleistungen sind zu präzisieren; dies bedeu-

---

Anm. d. Schriftl.:

❶ Zur Identifizierung einer abgerechneten Leistung (§ 14 Abs. 4 Satz 1 Nr. 5 UStG) können andere Geschäftsunterlagen herangezogen werden, wenn das Abrechnungsdokument selbst darauf verweist und diese eindeutig bezeichnet. Die in Bezug genommenen Geschäftsunterlagen müssen der Rechnung nicht beigefügt sein (BFH-Urteil vom 16. 1. 2014, BStBl 2014 II S. 867).

tet jedoch nicht, dass die konkreten erbrachten Dienstleistungen erschöpfend beschrieben werden müssen (BFH-Urteil vom 15.10.2019, V R 29/19 (V R 44/16), BStBl 2021 II S.646 und EuGH-Urteil vom 15.9.2016, C-516/14, Barlis 06). [6]Allein nicht ausreichend sind allgemeine Angaben wie „Erbringung juristischer Dienstleistungen", „Bauarbeiten" (vgl. BFH-Urteil vom 10.11.1994, V R 45/93, BStBl 1995 II S.395), „Beratungsleistung" (vgl. BFH-Beschluss vom 16.12.2008, V B 228/07, n.v.), „Werbungskosten lt. Absprache", „Akquisitions-Aufwand" oder „Reinigungskosten" (vgl. BFH-Urteil vom 1.3.2018, V R 18/17, BStBl 2021 II S.644), da sie nicht die erforderliche Kontrollfunktion (vgl. Abschnitt 14.5 Abs.1) erfüllen.

(5) [1]Der Vorsteuerabzug kann nur auf Grund einer Rechnung geltend gemacht werden, die eine eindeutige und leicht nachprüfbare Feststellung der Leistung ermöglicht, über die abgerechnet worden ist (BFH-Urteile vom 10.11.1994, V R 45/93, BStBl 1995 II S.395, vom 16.1.2014, V R 28/13, BStBl II S.867, vom 1.3.2018, V R 18/17, BStBl 2021 II S.644, und vom 15.10.2019, V R 29/19 (V R 44/16), BStBl 2021 II S.646). [2]Eine für die Gewährung des Vorsteuerabzugs ausreichende Leistungsbezeichnung ist dann nicht gegeben, wenn die Angaben tatsächlicher Art im Abrechnungspapier unrichtig oder so ungenau sind, dass sie eine Identifizierung des Leistungsgegenstands nicht ermöglichen. [3]Den Vorsteuerabzug ausschließende

1. unrichtige Angaben liegen vor, wenn eine in der Rechnung aufgeführte Leistung tatsächlich nicht erbracht ist und auch nicht erbracht werden soll (z.B. bei Gefälligkeitsrechnungen), oder zwar eine Leistung ausgeführt ist oder ausgeführt werden soll, jedoch in der Rechnung nicht auf die tatsächliche Leistung, sondern auf eine andere hingewiesen wird (vgl. Beispielsfälle in Abschnitt 14c.2 Abs.2 Nr.3);

2. [1]ungenaue Angaben liegen vor, wenn die Rechnungsangaben zwar nicht unrichtig, aber nicht so eingehend und präzise sind, dass sie ohne weiteres völlige Gewissheit über Art und Umfang des Leistungsgegenstands verschaffen. [2]Dies ist regelmäßig der Fall, wenn sich anhand der Rechnung nachträglich nicht genau feststellen lässt, auf welchen gelieferten Gegenstand bzw. auf welchen beim Leistungsempfänger eingetretenen Erfolg einer sonstigen Leistung sich die gesondert ausgewiesene Steuer beziehen soll (vgl. Beispielsfälle in Abschnitt 14c.2 Abs.2 Nr.3). [3]Die erforderlichen Angaben müssen aus der vom leistenden Unternehmer erstellten Rechnung oder aus weiteren, ergänzenden Unterlagen hervorgehen (vgl. Absätze 1a und 7). [4]Rechnungsergänzungen durch den Leistungsempfänger können nicht berücksichtigt werden (vgl. BFH-Beschluss vom 4.12.1987, V S 9/85, BStBl 1988 II S.702).

Überprüfung der Rechnungsangaben

(6) [1]Der Leistungsempfänger hat die in der Rechnung enthaltenen Angaben auf ihre Vollständigkeit und Richtigkeit zu überprüfen (vgl. BFH-Urteil vom 6.12.2007, V R 61/05, BStBl 2008 II S.695). [2]Dabei ist allerdings der Grundsatz der Verhältnismäßigkeit zu wahren. [3]Enthält die Rechnung entgegen § 14 Abs.4 Satz 1 Nr.2 UStG nur eine Zahlen- und Buchstabenkombination, bei der es sich nicht um die dem leistenden Unternehmer erteilte Steuernummer handelt, ist der Leistungsempfänger nach § 15 Abs.1 Satz 1 Nr.1 Satz 2 UStG – vorbehaltlich einer Rechnungsberichtigung – nicht zum Vorsteuerabzug berechtigt (BFH-Urteil vom 2.9.2010, V R 55/09, BStBl 2011 II S.235). [4]Die Überprüfung der Richtigkeit der Steuernummer oder der inländischen USt-IdNr. und der Rechnungsnummer ist dem Rechnungsempfänger regelmäßig nicht möglich (vgl. BFH-Urteil vom 2.9.2010, V R 55/09, a.a.O.). [5]Ist eine dieser Angaben unrichtig und konnte der Unternehmer dies nicht erkennen, bleibt der Vorsteuerabzug erhalten, wenn im Übrigen die Voraussetzungen für den Vorsteuerabzug gegeben sind. [6]Unberührt davon bleibt, dass der Unternehmer nach § 15 Abs.1 Satz 1 Nr.1 UStG nur die gesetzlich geschuldete Steuer für Lieferungen und sonstige Leistungen eines anderen Unternehmers für sein Unternehmen als Vorsteuer abziehen kann. [7]Deshalb ist z.B. der Vorsteuerabzug zu versagen, wenn die Identität des leistenden Unternehmers mit den Rechnungsangaben nicht übereinstimmt oder über eine nicht ausgeführte Lieferung oder sonstige Leistung abgerechnet wird. [8]Hinsichtlich der übrigen nach den §§ 14, 14a UStG erforderlichen Angaben hat der Rechnungsempfänger die in-

UStAE

haltliche Richtigkeit der Angaben zu überprüfen. [9]Dazu gehört insbesondere, ob es sich bei der ausgewiesenen Steuer um gesetzlich geschuldete Steuer für eine Lieferung oder sonstige Leistung handelt. [10]Bei unrichtigen Angaben entfällt grundsätzlich der Vorsteuerabzug. [11]Enthält eine Rechnung Rechenfehler oder die unrichtige Angabe des Entgelts, des Steuersatzes oder des Steuerbetrags, kann ggf. der zu niedrig ausgewiesene Steuerbetrag abgezogen werden (vgl. Abschnitt 14c.1 Abs. 9 und BFH-Urteil vom 28. 8. 2014, V R 49/13, BStBl 2021 II S. 825). [12]Im Fall des § 14c Abs. 1 UStG kann der Vorsteuerabzug unter den übrigen Voraussetzungen in Höhe der für die bezogene Leistung geschuldeten Steuer vorgenommen werden. [13]Ungenauigkeiten führen unter den übrigen Voraussetzungen nicht zu einer Versagung des Vorsteuerabzugs, wenn z. B. bei Schreibfehlern im Namen oder der Anschrift des leistenden Unternehmers oder des Leistungsempfängers oder in der Leistungsbeschreibung ungeachtet dessen eine eindeutige und unzweifelhafte Identifizierung der am Leistungsaustausch Beteiligten, der Leistung und des Leistungszeitpunkts möglich ist und die Ungenauigkeiten nicht sinnentstellend sind.

Berichtigte Rechnung

(7) [1]Ist eine Rechnung nicht ordnungsmäßig und kann auch kein Nachweis im Sinne von Absatz 1a geführt werden, ist sie für das Recht auf einen Vorsteuerabzug zu berichtigen (vgl. Abschnitt 14.11). [2]Eine Rechnungsberichtigung kann auf den Zeitpunkt zurückwirken, in dem die Rechnung erstmals ausgestellt wurde (vgl. BFH-Urteil vom 20. 10. 2016, V R 26/15, BStBl 2020 II S. 593). [3]Auch der Stornierung einer Rechnung neben Neuausstellung einer sie ersetzenden Rechnung kann eine Rückwirkung beim Vorsteuerabzug zukommen (vgl. BFH-Urteil vom 22. 1. 2020, XI R 10/17, BStBl II S. 601). [4]Die Rückwirkung einer Rechnungsberichtigung beim Vorsteuerabzug gilt unabhängig davon, ob die Berichtigung zum Vorteil oder zum Nachteil des Leistungsempfängers wirkt. [5]Eine Rechnung ist auch dann „unzutreffend" im Sinne des § 31 Abs. 5 Satz 1 Buchstabe b UStDV, wenn sie im Einvernehmen aller Beteiligten vollständig rückabgewickelt und die gezahlte Umsatzsteuer zurückgezahlt wurde (vgl. BFH-Urteil vom 22. 1. 2020, XI R 10/17, BStBl II S. 601). [6]Ein Dokument ist dann eine rückwirkend berichtigungsfähige Rechnung, wenn es Angaben zum Rechnungsaussteller, zum Leistungsempfänger, zur Leistungsbeschreibung, zum Entgelt und zur gesondert ausgewiesenen Umsatzsteuer enthält. [7]Hierfür reicht es aus, dass die Rechnung diesbezügliche Angaben enthält und die Angaben nicht in so hohem Maße unbestimmt, unvollständig oder offensichtlich unzutreffend sind, dass sie fehlenden Angaben gleichstehen. [8]Sind diese Anforderungen erfüllt, entfaltet die Rechnungsberichtigung immer Rückwirkung. [9]Die Rechnung kann bis zum Schluss der letzten mündlichen Verhandlung vor dem Finanzgericht berichtigt und vorgelegt werden. [10]Kleinbetragsrechnungen nach § 33 UStDV müssen nur berichtigt werden, soweit diese Vorschrift die in Rede stehenden Angaben erfordert. [11]Zu den Einzelheiten vgl. BMF-Schreiben vom 18. 9. 2020, BStBl I S. 976. [12]Erteilt ein Unternehmer in der Annahme einer Leistungserbringung im Ausland eine Ausgangsrechnung ohne inländischen Steuerausweis, entfaltet eine Berichtigung dieser Rechnung keine Rückwirkung (vgl. BFH-Urteil vom 7. 7. 2022, V R 33/20, BStBl II S. 821). [13]Das Recht auf Vorsteuerabzug aus einer mit Rückwirkung berichtigten Rechnung ist grundsätzlich in dem Zeitpunkt auszuüben, in dem die Leistung bezogen wurde und die ursprüngliche Rechnung vorlag. [14]Abweichend hiervon kann bei einem zu niedrigen Steuerausweis in der ursprünglichen Rechnung das Recht auf Vorsteuerabzug in Höhe der Differenz zwischen dem zu niedrigen Steuerbetrag, für den ein Vorsteuerabzug bereits vorgenommen wurde, und dem zutreffenden Steuerbetrag erst dann ausgeübt werden, wenn der Leistungsempfänger im Besitz einer Rechnung ist, die den Steuerbetrag in zutreffender Höhe ausweist. [15]Wird eine Rechnung berichtigt, die nach den vorstehenden Ausführungen nicht rückwirkend berichtigungsfähig ist, kann der Vorsteuerabzug erst zu dem Zeitpunkt in Anspruch genommen werden, in dem der Rechnungsaussteller die Rechnung berichtigt und die zu berichtigenden Angaben an den Rechnungsempfänger übermittelt hat.

Endrechnungen

(8) [1]Bei einer Schlussrechnung ergibt sich der abzugsfähige Vorsteuerbetrag aus der ausgewiesenen Umsatzsteuer abzüglich der bereits in den Abschlagsrechnungen enthaltenen Umsatzsteuer (vgl. BFH-Urteil vom 5. 9. 2019, V R 38/17, BStBl 2022 II S. 696). [2]Hat der leistende Unternehmer in einer Endrechnung die vor Ausführung der Lieferung oder sonstigen Leistung vereinnahmten Teilentgelte und die auf sie entfallenden Steuerbeträge nicht nach § 14 Abs. 5 Satz 2 UStG abgesetzt, ist die zu hoch ausgewiesene Umsatzsteuer nicht als Vorsteuer abziehbar (BFH-Urteil vom 11. 4. 2002, V R 26/01, BStBl 2004 II S. 317).

Gutschriften

(9) [1]Wird über die Lieferung oder sonstige Leistung mit einer Gutschrift abgerechnet, kommt der Vorsteuerabzug für den Leistungsempfänger nur in Betracht, wenn der leistende Unternehmer zum gesonderten Ausweis der Steuer in einer Rechnung berechtigt ist. [2]Daher kann auch in diesen Fällen der Vorsteuerabzug nicht in Anspruch genommen werden, wenn der leistende Unternehmer § 19 Abs. 1 UStG anwendet.

(10) [1]Der Vorsteuerabzug aus einer Gutschrift entfällt auch, wenn die Lieferung oder sonstige Leistung nicht steuerpflichtig ist (vgl. auch BFH-Urteil vom 31. 1. 1980, V R 60/74, BStBl II S. 369). [2]Hat der Aussteller der Gutschrift die Steuer zu hoch ausgewiesen, kann er den zu hoch ausgewiesenen Steuerbetrag nicht als Vorsteuer abziehen (vgl. Absatz 6). [3]Ein Vorsteuerabzug ist ebenfalls nicht zulässig, wenn eine Gutschrift ohne das Einverständnis des Gutschriftsempfängers erteilt wird oder wenn der Leistungsempfänger eine unvollständige und daher zum Vorsteuerabzug nicht berechtigende Rechnung (z. B. bei fehlendem gesonderten Steuerausweis) ohne ausdrückliche Anerkennung des Lieferers oder Leistenden durch eine Gutschrift ersetzt (vgl. auch Abschnitt 14.3 Abs. 1).

(11) [1]Der Vorsteuerabzug entfällt, soweit der Gutschriftsempfänger dem in der Gutschrift angegebenen Steuerbetrag widerspricht (vgl. § 14 Abs. 2 Satz 3 UStG). [2]Dieser Widerspruch wirkt auch für den Vorsteuerabzug des Gutschriftausstellers erst in dem Besteuerungszeitraum, in dem er erklärt wird (vgl. BFH-Urteil vom 19. 5. 1993, V R 110/88, BStBl II S. 779). [3]Widerspricht der Gutschriftsempfänger dem übermittelten Abrechnungsdokument, verliert die Gutschrift die Wirkung einer zum Vorsteuerabzug berechtigenden Rechnung auch dann, wenn die Gutschrift den zivilrechtlichen Vereinbarungen entspricht und die Umsatzsteuer zutreffend ausweist; es genügt, dass der Widerspruch eine wirksame Willenserklärung darstellt (vgl. BFH-Urteil vom 23. 1. 2013, XI R 25/11, BStBl II S. 417).

Betriebsinterne Abrechnungen

(12) [1]Steuerbeträge, die für einen Innenumsatz (z. B. zwischen Betriebsabteilungen desselben Unternehmers oder innerhalb eines Organkreises) gesondert ausgewiesen werden, berechtigen nicht zum Vorsteuerabzug (vgl. auch Abschnitt 14.1 Abs. 4). [2]Bei Sacheinlagen von bisher nichtunternehmerisch (unternehmensfremd oder nichtwirtschaftlich i. e. S., vgl. Abschnitt 2.3 Abs. 1a) verwendeten Gegenständen ist ein Vorsteuerabzug ebenfalls nicht zulässig.

UStAE

UStAE   15.2b. Leistung für das Unternehmen

Leistungsempfänger❶

(1) ¹Eine Lieferung oder sonstige Leistung wird grundsätzlich an diejenige Person ausgeführt, die aus dem schuldrechtlichen Vertragsverhältnis, das dem Leistungsaustausch zu Grunde liegt, berechtigt oder verpflichtet ist (vgl. BFH-Urteil vom 28. 8. 2013, XI R 4/11, BStBl 2014 II S. 282). ²Leistungsempfänger ist somit regelmäßig der Auftraggeber oder Besteller einer Leistung. ³Alleine die Umlage der Umsatzsteuer durch den Leistungsempfänger auf sein unternehmerisch tätiges Mitglied führt auch unter Beachtung des Grundsatzes der Neutralität der Umsatzsteuer nicht dazu, dass das Mitglied zum Leistungsempfänger wird (vgl. BFH-Urteil vom 31. 5. 2017, XI R 40/14, BStBl 2021 II S. 828). ⁴Saniert ein Treuhänder ein Gebäude für Zwecke einer umsatzsteuerpflichtigen Vermietung, ist der Treuhänder und nicht der Treugeber auf Grund der im Namen des Treuhänders bezogenen Bauleistungen zum Vorsteuerabzug berechtigt (BFH-Urteil vom 18. 2. 2009, V R 82/07, BStBl II S. 876). ⁵Wird auf einem Grundstück, an dem die Ehegatten gemeinschaftlich Miteigentümer sind, ein Bauwerk errichtet, kann statt der Ehegattengemeinschaft auch einer der Ehegatten allein Leistungsempfänger sein. ⁶In derartigen Fällen muss sich schon aus der Auftragserteilung klar ergeben, wer Auftraggeber und damit Leistungsempfänger ist. ⁷Bei gemeinsamem Erwerb durch mehrere Personen in Form einer nicht selbst unternehmerisch tätigen Bruchteilsgemeinschaft sind die einzelnen Gemeinschafter als Leistungsempfänger anzusehen (BFH-Urteil vom 28. 8. 2014, V R 49/13, BStBl 2021 II S. 825). ⁸Dies gilt für den Bezug von sonstigen Leistungen gleichermaßen, z. B. bei der Vermietung eines Ladenlokals an eine nichtunternehmerische Ehegattengemeinschaft (vgl. BFH-Urteil vom 1. 2. 2001, V R 79/99, BStBl 2008 II S. 495). ⁹Alleine die unentgeltliche Nutzung eines in gemeinschaftlichem Eigentum stehenden Wirtschaftsgutes durch einen Gemeinschafter begründet weder eine eigene Rechtspersönlichkeit noch eine wirtschaftliche Tätigkeit der Gemeinschaft. ¹⁰Einem Unternehmer, der nach den vorstehenden Grundsätzen als Leistungsempfänger anzusehen ist, steht nach § 15 Abs. 1 UStG der Vorsteuerabzug zu, wenn und soweit die Leistung für sein Unternehmen ausgeführt wurde (vgl. Absatz 2 und 3). ¹¹Ist bei einer solchen Gemeinschaft nur ein Gemeinschafter unternehmerisch tätig und verwendet dieser einen Teil des Gegenstands ausschließlich für seine unternehmerischen Zwecke, steht ihm das Vorsteuerabzugsrecht aus den bezogenen Leistungen anteilig zu, soweit der seinem Unternehmen zugeordnete Anteil am Gegenstand seinen Miteigentumsanteil nicht übersteigt (vgl. BFH-Urteil vom 6. 10. 2005, V R 40/01, BStBl 2007 II S. 13 sowie Abschnitt 15a.2 Abs. 4). ¹²Die tatsächliche Durchführung muss den getroffenen Vereinbarungen entsprechen (vgl. BFH-Urteile vom 11. 12. 1986, V R 57/76, BStBl 1987 II S. 233, vom 26. 11. 1987, V R 85/83, BStBl 1988 II S. 158, und vom 5. 10. 1995, V R 113/92, BStBl 1996 II S. 111). ¹³Wird unter Missachtung des sich aus dem schuldrechtlichen Vertragsverhältnis ergebenden Anspruchs die Leistung tatsächlich an einen Dritten erbracht, kann der Dritte unabhängig von den zu Grunde liegenden Rechtsbeziehungen Leistungsempfänger sein (BFH-Urteil vom 1. 6. 1989, V R 72/84, BStBl II S. 677). ¹⁴Zur Bestimmung des Leistungsempfängers bei Leistungen im Sinne des § 3a Abs. 2 UStG vgl. Abschnitt 3a.2 Abs. 2.

Leistung für das Unternehmen

(2) ¹Ein Unternehmer, der für Zwecke des Vorsteuerabzugs als Leistungsempfänger anzusehen ist (vgl. Absatz 1), ist nach § 15 Abs. 1 UStG zum Vorsteuerabzug berechtigt, soweit er Leistungen für sein Unternehmen im Sinne des § 2 Abs. 1 UStG und damit für seine unternehmerischen Tätigkeiten zur Erbringung entgeltlicher Leistungen zu verwenden beabsichtigt (vgl. BFH-Urteil

---

Anm. d. Schriftl.:

❶ Ein Vorsteuerabzug eines Profifußballvereins aus ihm von Spielervermittlern erteilten Rechnungen setzt voraus, dass der Verein – und nicht etwa der betreffende Spieler – Empfänger der in Rechnung gestellten Leistungen ist (BFH-Urteil vom 28. 8. 2013, BStBl 2014 II S. 282).

vom 27.1.2011, V R 38/09, BStBl 2012 II S.68). [2]Bei der Prüfung des Vorsteuerabzugs sind die Ausschlusstatbestände nach § 15 Abs.1a, 1b und 2 UStG zu berücksichtigen (vgl. Abschnitte 15.6, 15.6a und 15.12 bis 15.14). [3]Zwischen Eingangs- und Ausgangsleistung muss nach dem objektiven Inhalt der bezogenen Leistung ein direkter und unmittelbarer Zusammenhang bestehen (vgl. BFH-Urteil vom 11.4.2013, V R 29/10, BStBl II S.840; nur mittelbar verfolgte Zwecke sind unerheblich, vgl. BFH-Urteil vom 13.1.2011, V R 12/08, BStBl 2012 II S.61). [4]Im Hinblick auf den erforderlichen Zuammenhang ist wie folgt zu differenzieren (vgl. BFH-Urteil vom 11.4.2013, V R 29/10, a.a.O.):

1. [1]Besteht der direkte und unmittelbare Zusammenhang zu einem einzelnen Ausgangsumsatz seiner wirtschaftlichen Tätigkeit, der steuerpflichtig ist (bzw. von § 15 Abs.3 UStG umfasst wird), kann der Unternehmer den Vorsteuerabzug in Anspruch nehmen. [2]Die für den Leistungsbezug getätigten Aufwendungen gehören dann zu den Kostenelementen dieses Ausgangsumsatzes.

2. [1]Bei einem direkten und unmittelbaren Zusammenhang zu einem Ausgangsumsatz, der mangels wirtschaftlicher Tätigkeit nicht dem Anwendungsbereich der Umsatzsteuer unterliegt oder ohne Anwendung von § 15 Abs.3 UStG steuerfrei ist, besteht keine Berechtigung zum Vorsteuerabzug. [2]Dies gilt auch, wenn der Unternehmer eine Leistung z.B. für einen steuerfreien Ausgangsumsatz bezieht, um mittelbar seine zum Vorsteuerabzug berechtigende wirtschaftliche Gesamttätigkeit zu stärken, da der von ihm verfolgte endgültige Zweck unerheblich ist.

3. [1]Fehlt ein direkter und unmittelbarer Zusammenhang zwischen einem bestimmten Eingangsumsatz und einem oder mehreren Ausgangsumsätzen, kann der Unternehmer zum Vorsteuerabzug berechtigt sein, wenn die Kosten für die Eingangsleistung zu seinen allgemeinen Aufwendungen gehören und – als solche – Bestandteile des Preises der von ihm erbrachten Leistungen sind. [2]Derartige Kosten hängen direkt und unmittelbar mit seiner wirtschaftlichen Gesamttätigkeit zusammen und berechtigen nach Maßgabe dieser Gesamttätigkeit zum Vorsteuerabzug (vgl. Abschnitte 15.15, 15.21 und 15.22).

[5]Beabsichtigt der Unternehmer bereits bei Leistungsbezug, die bezogene Leistung nicht für seine unternehmerische Tätigkeit, sondern ausschließlich und unmittelbar für die Erbringung unentgeltlicher Wertabgaben im Sinne des § 3 Abs.1b oder 9a UStG zu verwenden, ist er nicht zum Vorsteuerabzug berechtigt (vgl. Abschnitt 15.15 sowie BFH-Urteile vom 9.12.2010, V R 17/10, BStBl 2012 II S.53, und vom 26.8.2014, XI R 26/10, BStBl 2021 II S.881). [6]Beabsichtigt der Unternehmer bei Bezug der Leistung, diese teilweise für unternehmerische und nichtunternehmerische Tätigkeiten zu verwenden (teilunternehmerische Verwendung), ist er grundsätzlich nur im Umfang der beabsichtigten Verwendung für seine unternehmerische Tätigkeit zum Vorsteuerabzug berechtigt (vgl. BFH-Urteil vom 3.3.2011, V R 23/10, BStBl 2012 II S.74). [7]Eine weiter gehende Berechtigung zum Vorsteuerabzug besteht bei einer teilunternehmerischen Verwendung nur, wenn es sich bei der nichtunternehmerischen Tätigkeit um die Verwendung für Privatentnahmen im Sinne des § 3 Abs.1b oder 9a UStG, also um Entnahmen für den privaten Bedarf des Unternehmers als natürliche Person und für den privaten Bedarf seines Personals (unternehmensfremde Tätigkeiten), handelt (vgl. Abschnitt 15.2c Abs.2 Satz 1 Nr.2 Buchstabe b und BFH-Urteil vom 3.3.2011, V R 23/10, a.a.O.). [8]Keine Privatentnahme in diesem Sinne ist dagegen eine Verwendung für nichtwirtschaftliche Tätigkeiten i.e.S. wie z.B. unentgeltliche Tätigkeiten eines Vereins aus ideellen Vereinszwecken oder hoheitliche Tätigkeiten einer juristischen Person des öffentlichen Rechts (vgl. Abschnitte 2.3 Abs.1a, 2.10, 2.11, 15.19, 15.21 und 15.22 und BFH-Urteile vom 6.5.2010, V R 29/09, BStBl II S.885, und vom 3.3.2011, V R 23/10, a.a.O.). [9]Hinsichtlich der Änderung des Nutzungsumfangs der Eingangsumsätze vgl. Abschnitte 3.3, 3.4 und 15a.1 Abs.6 und 7.

UStAE

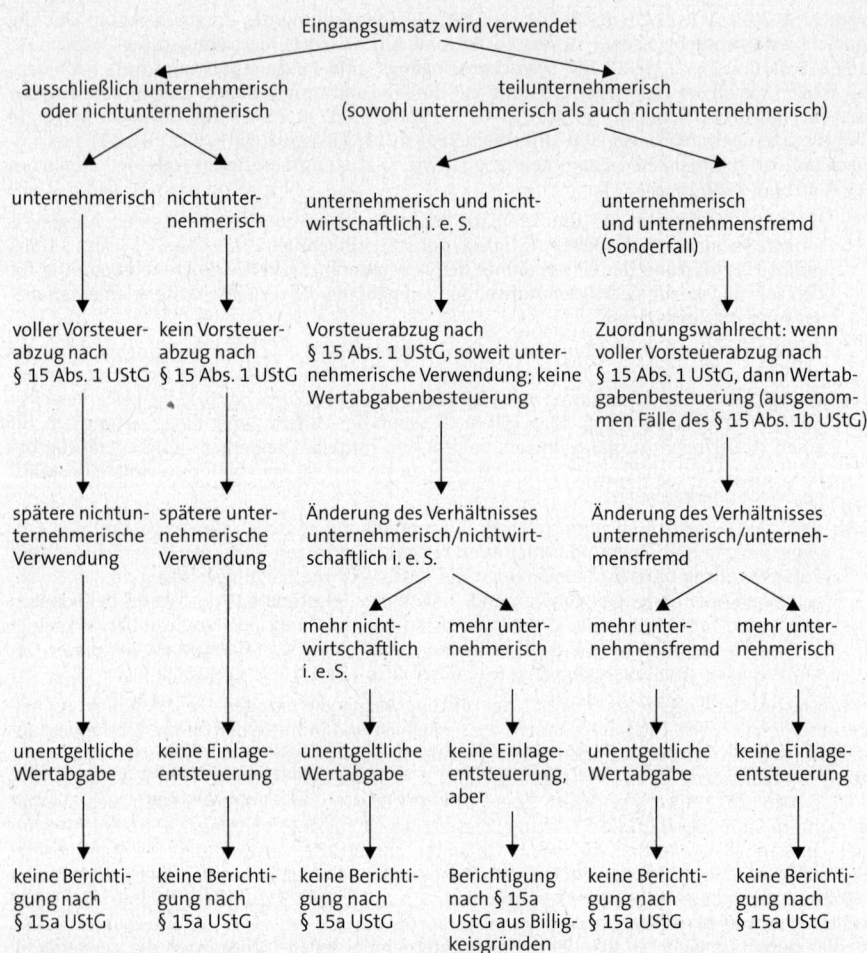

(3) [1]Ob eine Leistung für unternehmerische Tätigkeiten bezogen wird, ist nach dem Innenverhältnis zu beurteilen. [2]Danach muss die Verwendung der bezogenen Leistung für unternehmerische Tätigkeiten objektiv möglich und auch durchgeführt sein. [3]Für die Frage, ob eine Leistung für das Unternehmen vorliegt, sind grundsätzlich die Verhältnisse im Zeitpunkt des Umsatzes an den Unternehmer maßgebend (vgl. BFH-Urteil vom 6. 5. 1993, V R 45/88, BStBl II S. 564); vgl. auch Abschnitt 15.2c Abs. 12. [4]Eine erstmalige vorübergehende nichtunternehmerische Verwendung steht dem Leistungsbezug für das Unternehmen nicht entgegen, wenn der erworbene Gegenstand anschließend bestimmungsgemäß unternehmerisch genutzt wird (vgl. BFH-Urteil vom 20. 7. 1988, X R 8/80, BStBl II S. 1012, und BFH-Beschluss vom 21. 6. 1990, V B 27/90, BStBl II S. 801). [5]Bei der Anschaffung von sog. Freizeitgegenständen (z. B. von Segelbooten, Segelflugzeugen und Wohnwagen) ist davon auszugehen, dass diese Gegenstände den nichtunternehmerischen Tätigkeiten zuzuordnen sind (vgl. Abschnitt 2.6 Abs. 3). [6]Zum Vorsteuerabzug aus dem Erwerb eines Flugzeugs durch die Ehefrau, das weitaus überwiegend vom Ehemann ge-

nutzt wird, vgl. BFH-Urteil vom 19. 5. 1988, V R 115/83, BStBl II S. 916. [7]Liefert ein Unternehmer unter der Anschrift und Bezeichnung, unter der er seine Umsatztätigkeit ausführt, einen ihm gelieferten für sein Unternehmen objektiv nützlichen Gegenstand sogleich weiter und rechnet darüber mit gesondertem Steuerausweis ab, behandelt er den Gegenstand als für sein Unternehmen bezogen (vgl. BFH-Urteil vom 27. 7. 1995, V R 44/94, BStBl II S. 853). [8]Eine Personengesellschaft kann die ihr in Rechnung gestellte Umsatzsteuer für von ihr bezogene Dienstleistungen, die der Erfüllung einkommensteuerrechtlicher Verpflichtungen ihrer Gesellschafter dienen, nicht als Vorsteuer abziehen (BFH-Urteil vom 8. 9. 2010, XI R 31/08, BStBl 2011 II S. 197). [9]Dient ein Insolvenzverfahren sowohl der Befriedigung von Verbindlichkeiten des – zum Vorsteuerabzug berechtigten – Unternehmers wie auch der Befriedigung von Privatverbindlichkeiten des Unternehmers, ist der Unternehmer aus der Leistung des Insolvenzverwalters grundsätzlich im Verhältnis der unternehmerischen zu den privaten Verbindlichkeiten, die im Insolvenzverfahren jeweils als Insolvenzforderungen geltend gemacht werden, zum anteiligen Vorsteuerabzug berechtigt (BFH-Urteil vom 15. 4. 2015, V R 44/14, BStBl II S. 679). [10]Dies gilt entsprechend für den Vorsteuerabzug des Gesamtrechtsnachfolgers eines vormals als Unternehmer zum Vorsteuerabzug berechtigten Erblassers aus den Leistungen des Nachlassinsolvenzverwalters (vgl. BFH-Urteil vom 21. 10. 2015, XI R 28/14, BStBl 2016 II S. 550). [11]Zu den Anforderungen an die Rechnungsstellung des Insolvenzverwalters vgl. Abschnitt 15.2a Abs. 1 Sätze 5 und 6. [12]Zum Vorsteuerabzug eines Insolvenzverwalters vgl. Abschnitt 15.2d Abs. 1 Nr. 14. [13]Zum Vorsteuerabzug einer KG, die ihre Tätigkeit bereits vor Insolvenzeröffnung eingestellt hatte vgl. Abschnitt 15.12 Abs. 1 Satz 17.

Leistungsbezug durch Vorgründungsgesellschaft oder Gesellschafter

(4) [1]Ein Gesellschafter oder eine zur Gründung einer Kapitalgesellschaft errichtete Personengesellschaft (sog. Vorgründungsgesellschaft), der bzw. die nach Gründung der Kapitalgesellschaft die bezogenen Leistungen in einem Akt gegen Entgelt an diese veräußert und andere Ausgangsumsätze von vornherein nicht beabsichtigt hatte, ist unter den übrigen Voraussetzungen des § 15 UStG zum Abzug der Vorsteuer für den Bezug von Dienstleistungen und Gegenständen ungeachtet dessen berechtigt, dass die Umsätze im Rahmen einer Geschäftsveräußerung nach § 1 Abs. 1a UStG nicht der Umsatzsteuer unterliegen. [2]Maßgebend sind insoweit die beabsichtigten Umsätze der Kapitalgesellschaft (vgl. BFH-Urteil vom 15. 7. 2004, V R 84/99, BStBl 2005 II S. 155). [3]Erfolgt die Übertragung außerhalb einer entgeltlichen Leistung, kann dem Gesellschafter bzw. der Vorgründungsgesellschaft unter den übrigen Voraussetzungen des § 15 UStG der Vorsteuerabzug aus einer bezogenen Leistung zustehen, wenn es sich aus Sicht der (geplanten) Gesellschaft um einen Investitionsumsatz handelt und soweit die beabsichtigte Tätigkeit der Gesellschaft einen Vorsteuerabzug nicht ausschließt. [4]Unter Investitionsumsatz fallen dabei bezogene Lieferungen oder sonstige Leistungen, die der Gesellschafter (bzw. die Vorgründungsgesellschaft) tatsächlich an die Gesellschaft überträgt und die von dieser für ihre wirtschaftliche Tätigkeit genutzt werden. [5]Gleiches gilt, wenn der Investitionsumsatz zwar beabsichtigt ist, aber nur deshalb nicht tatsächlich erfolgt, weil eine geplante Gesellschaftsgründung scheitert. [6]Der private Verbrauch oder der Weiterverkauf eines Investitionsumsatzes nach einer gescheiterten Gesellschaftsgründung führt nicht zum Verlust des ursprünglichen Vorsteuerabzugs, sondern zu einer Entnahmebesteuerung bzw. Lieferung im Rahmen eines Hilfsgeschäfts. [7]Für einen Vorsteuerabzug aus einem Investitionsumsatz genügt es, dass die Eigenschaft des Gesellschafters als (erfolgloser) Unternehmer aus diesem Investitionsumsatz resultiert. [8]Von einem Investitionsumsatz abzugrenzen sind bezogene Leistungen, die generell nicht an die Gesellschaft übertragen werden können (vgl. BFH-Urteil vom 11. 11. 2015, V R 8/15, BStBl 2022 II S. 288), sondern z. B. durch den Gesellschafter selbst genutzt oder verbraucht werden, oder die zwar von der Gesellschaft genutzt, aber nicht tatsächlich an sie übertragen werden (vgl. BFH-Urteil vom 26. 8. 2014, XI R 26/10, BStBl 2021 II S. 881).

UStAE

1207

UStAE   15.2c. Zuordnung von Leistungen zum Unternehmen

Zuordnungsgebot, Zuordnungsverbot und Zuordnungswahlrecht

(1) [1]Wird eine Leistung ausschließlich für unternehmerische Tätigkeiten bezogen, ist sie vollständig dem Unternehmen zuzuordnen (Zuordnungsgebot). [2]Bei einer Leistung, die ausschließlich für nichtunternehmerische Tätigkeiten bezogen wird, ist eine Zuordnung zum Unternehmen hingegen ausgeschlossen (Zuordnungsverbot). [3]Erreicht der Umfang der unternehmerischen Verwendung eines einheitlichen Gegenstands nicht mindestens 10 % (unternehmerische Mindestnutzung), greift das Zuordnungsverbot nach § 15 Abs. 1 Satz 2 UStG (vgl. Absätze 5 bis 7).

(2) [1]Bei einer Leistung, die sowohl für unternehmerische als auch für nichtunternehmerische Tätigkeiten bezogen wird, ist zwischen vertretbaren Sachen und sonstigen Leistungen auf der einen Seite und einheitlichen Gegenständen auf der anderen Seite zu differenzieren:

1. Lieferung vertretbarer Sachen und sonstige Leistungen:
    [1]Lieferungen vertretbarer Sachen und sonstige Leistungen sind entsprechend der beabsichtigten Verwendung aufzuteilen (Aufteilungsgebot, vgl. BFH-Urteil vom 14. 10. 2015, V R 10/14, BStBl 2016 II S. 717). [2]Telefondienstleistungen bezieht ein Unternehmer nur insoweit für sein Unternehmen, als er das Telefon unternehmerisch nutzt.

2. Einheitliche Gegenstände
    Beabsichtigt der Unternehmer, einen einheitlichen Gegenstand sowohl für die unternehmerische als auch nichtunternehmerische Tätigkeiten zu verwenden (teilunternehmerische Verwendung), gilt Folgendes:

    a) Teilunternehmerische nichtwirtschaftliche Verwendung i. e. S.
        [1]Besteht die nichtunternehmerische Tätigkeit in einer nichtwirtschaftlichen Tätigkeit i. e. S. (vgl. Abschnitt 2.3 Abs. 1a Satz 4), hat der Unternehmer kein Wahlrecht zur vollständigen Zuordnung (vgl. Abschnitte 2.10, 2.11, 15.19, 15.21 und 15.22 und BFH-Urteil vom 3. 3. 2011, V R 23/10, BStBl 2012 II S. 74); es besteht grundsätzlich ein Aufteilungsgebot. [2]Aus Billigkeitsgründen kann der Unternehmer den Gegenstand im vollen Umfang in seinem nichtunternehmerischen Bereich belassen. [3]In diesem Fall ist eine spätere Vorsteuerberichtigung zugunsten des Unternehmers im Billigkeitswege nach Abschnitt 15a.1 Abs. 7 ausgeschlossen.

    b) Teilunternehmerische unternehmensfremde Verwendung
        [1]Besteht die nichtunternehmerische Tätigkeit in einer unternehmensfremden Verwendung (vgl. Abschnitt 2.3 Abs. 1a Satz 3, sog. Sonderfall), hat der Unternehmer ein Zuordnungswahlrecht. [2]Er kann den Gegenstand

        –   insgesamt seiner unternehmerischen Tätigkeit zuordnen,

        –   in vollem Umfang in seinem nichtunternehmerischen Bereich belassen, oder

        –   im Umfang der tatsächlichen (ggf. zu schätzenden) unternehmerischen Verwendung seiner unternehmerischen Tätigkeit zuordnen (vgl. BFH-Urteile vom 7. 7. 2011, V R 42/09, BStBl 2014 II S. 76 und V R 21/10, BStBl 2014 II S. 81).

        [3]Ein Zuordnungswahlrecht besteht nicht, wenn ein getrenntes Wirtschaftsgut im umsatzsteuerrechtlichen Sinne neu hergestellt wird. [4]Errichtet der Unternehmer daher ein ausschließlich für private Wohnzwecke zu nutzendes Einfamilienhaus als Anbau an eine Werkshalle auf seinem Betriebsgrundstück, darf er den Anbau nicht seinem Unternehmen zuordnen, wenn beide Bauten räumlich voneinander abgrenzbar sind (vgl. BFH-Urteil vom 23. 9. 2009, XI R 18/08, BStBl 2010 II S. 313). [5]Soweit bei gemeinsamem Erwerb durch mehrere Personen der einzelne Gemeinschafter als Leistungsempfänger anzusehen ist (vgl. Abschnitt 15.2b Abs. 1) und Miteigentum an einem Gegenstand erwirbt, steht dem Gemeinschafter das Zuordnungswahlrecht bezogen auf seinen Anteil

am Miteigentum zu. [6]Voraussetzung für die Zuordnung des Miteigentumsanteils ist, dass dieser zu mindestens 10 % für das Unternehmen genutzt wird (§ 15 Abs. 1 Satz 2 UStG).

Beispiel 1:

[1]Der Arzt A hat ausschließlich nach § 4 Nr. 14 Buchstabe a UStG steuerfreie Umsätze aus Heilbehandlungsleistungen und kauft einen PKW, den er privat und unternehmerisch nutzt. [2]Der PKW wurde in vollem Umfang dem Unternehmen zugeordnet.

[3]A führt keine Umsätze aus, die zum Vorsteuerabzug berechtigen. [4]Der Vorsteuerabzug aus den Kosten der Anschaffung und Nutzung des PKW für die unternehmerische und private Verwendung ist deshalb ausgeschlossen. [5]Die private Verwendung führt zu keiner steuerbaren unentgeltlichen Wertabgabe.

Beispiel 2:

[1]Der Arzt A erbringt im Umfang von 80 % seiner entgeltlichen Umsätze steuerfreie Heilbehandlungsleistungen und nimmt zu 20 % steuerpflichtige plastische und ästhetische Operationen vor. [2]Er kauft einen PKW, den er je zur Hälfte privat und für seine gesamte ärztliche Tätigkeit nutzt. [3]Der PKW wurde in vollem Umfang dem Unternehmen zugeordnet.

[4]Die Vorsteuern aus der Anschaffung und Nutzung des PKW sind zu 60 % (20 % steuerpflichtige von 50 % unternehmerischer Nutzung + 50 % der Art nach steuerpflichtige Privatnutzung) abzugsfähig und zu 40 % (80 % steuerfreie von 50 % unternehmerischer Nutzung) nicht abzugsfähig. [5]Die unentgeltliche Wertabgabe (50 % Privatanteil) ist in voller Höhe steuerbar und steuerpflichtig.

[2]Aufwendungen, die im Zusammenhang mit dem Gebrauch, der Nutzung oder der Erhaltung eines einheitlichen Gegenstands stehen, der nur teilweise unternehmerisch genutzt wird, sind grundsätzlich nur in Höhe der unternehmerischen Verwendung für das Unternehmen bezogen (Aufteilungsgebot). [3]Dabei ist vorrangig zu prüfen, ob die bezogene Leistung unmittelbar für die unternehmerische oder nichtunternehmerische Nutzung des Gegenstands verwendet wird. [4]Ist eine direkte Zuordnung im Zusammenhang mit der Verwendung des Gegenstands nicht möglich, ist eine Aufteilung der Vorsteuerbeträge analog § 15 Abs. 4 UStG vorzunehmen. [5]Diese Aufteilung kann auf einer sachgerechten Schätzung beruhen (z. B. Aufteilungsmaßstab des Vorjahres), die erforderlichenfalls im Voranmeldungsverfahren oder in der Jahreserklärung anzupassen ist. [6]Für einheitliche Gegenstände, die keine Grundstücke im Sinne des § 15 Abs. 1b UStG sind und für die der Unternehmer sein Wahlrecht zur vollständigen Zuordnung zum Unternehmen ausgeübt hat (vgl. Nr. 2 Buchstabe b), kann für Aufwendungen, die durch die Verwendung des Gegenstands anfallen, aus Vereinfachungsgründen grundsätzlich unter den übrigen Voraussetzungen des § 15 UStG der volle Vorsteuerabzug geltend gemacht werden; im Gegenzug sind diese Aufwendungen in die Bemessungsgrundlage einer für die nicht unternehmerische Verwendung des einheitlichen Gegenstands zu besteuernde unentgeltliche Wertabgabe einzubeziehen.

(3) [1]Die Entscheidung über die Zuordnung zum Unternehmen hat der Unternehmer zu treffen (BFH-Urteile vom 25. 3. 1988, V R 101/83, BStBl II S. 649, und vom 27. 10. 1993, XI R 86/90, BStBl 1994 II S. 274). [2]Wird ein nicht zum Unternehmen gehörender Gegenstand gelegentlich dem Unternehmen überlassen, können die im Zusammenhang mit dem Betrieb des Gegenstands anfallenden Vorsteuern (z. B. Vorsteuerbeträge aus Betrieb und Wartung eines nicht dem Unternehmen zugeordneten Kraftfahrzeugs) im Verhältnis der unternehmerischen zur unternehmensfremden Nutzung abgezogen werden. [3]Vorsteuerbeträge, die unmittelbar und ausschließlich auf die unternehmerische Verwendung des Kraftfahrzeugs entfallen (z. B. die Steuer für den Bezug von Kraftstoff anlässlich einer betrieblichen Fahrt mit einem privaten Kraftfahrzeug oder Vorsteuerbeträge aus Reparaturaufwendungen in Folge eines Unfalls während einer unternehmerisch veranlassten Fahrt), können unter den übrigen Voraussetzungen des § 15 UStG in voller Höhe abgezogen werden.

(4) [1]Im Fall der Zuordnung des unternehmensfremd genutzten Teils zum nichtunternehmerischen Bereich wird dieser als separater Gegenstand angesehen, der nicht „für das Unterneh-

men" im Sinne des § 15 Abs. 1 Satz 1 Nr. 1 UStG bezogen wird. [2]Somit entfällt der Vorsteuerabzug aus den Kosten, die auf diesen Gegenstand entfallen. [3]Zur Ermittlung des Anteils der abziehbaren Vorsteuerbeträge vgl. Abschnitt 15.17 Abs. 5 bis 8. [4]Wird dieser Gegenstand später unternehmerisch genutzt (z. B. durch Umwandlung von Wohnräumen in Büroräume), ist eine Vorsteuerberichtigung zugunsten des Unternehmers nach § 15a UStG nicht zulässig (vgl. Abschnitt 15a.1 Abs. 6). [5]Bei einer späteren Veräußerung des bebauten Grundstücks kann der Unternehmer unter den Voraussetzungen des § 9 UStG lediglich auf die Steuerbefreiung des § 4 Nr. 9 Buchstabe a UStG für die Lieferung des zu diesem Zeitpunkt unternehmerisch genutzten Teils verzichten. [6]Die Lieferung des zu diesem Zeitpunkt unternehmensfremd genutzten Teils erfolgt nicht im Rahmen des Unternehmens und ist somit nicht steuerbar. [7]Ein Gesamtkaufpreis ist entsprechend aufzuteilen. [8]Weist der Unternehmer für die Lieferung des unternehmensfremd genutzten Teils dennoch in der Rechnung Umsatzsteuer aus, schuldet er diese nach § 14c Abs. 2 UStG.

Unternehmerische Mindestnutzung nach § 15 Abs. 1 Satz 2 UStG**1**

(5) [1]Die Lieferung, die Einfuhr oder der innergemeinschaftliche Erwerb eines Gegenstands gilt als nicht für das Unternehmen ausgeführt, wenn der Unternehmer den Gegenstand zu weniger als 10 % für seine unternehmerische Tätigkeit verwendet (unternehmerische Mindestnutzung, Zuordnungsverbot nach § 15 Abs. 1 Satz 2 UStG). [2]Geht der bezogene Gegenstand als Bestandteil in einen bereits vorhandenen Gegenstand ein, ist die unternehmerische Mindestnutzung für den Bestandteil gesondert zu prüfen.

(6) [1]Grundsätzlich prägt die Nutzung eines Gebäudes auch die Nutzung des dazugehörigen Grund und Bodens. [2]Sofern ausnahmsweise Teile des Grundstücks als eigenständige Zuordnungsobjekte anzusehen sind (vgl. Absatz 11), ist für jedes Zuordnungsobjekt die unternehmerische Mindestnutzung gesondert zu ermitteln.

(7) Nicht ausschließlich unternehmerisch genutzte Räume eines Gebäudes sind nur mit dem Anteil der tatsächlichen unternehmerischen Nutzung in die Ermittlung der unternehmerischen Mindestnutzung einzubeziehen.

Beispiel:

[1]Unternehmer U hat in seinem Einfamilienhaus ein Arbeitszimmer mit einer Nutzfläche von 12 % der Gesamtnutzfläche, das er zu 50 % für seine unternehmerischen Zwecke verwendet. [2]Die Nutzungseinheiten sind vergleichbar ausgestattet, es kommt nur eine Aufteilung nach dem objektbezogenen Flächenschlüssel in Betracht (vgl. Abschnitt 15.17 Abs. 7).

[3]Bezogen auf das gesamte Gebäude beträgt die unternehmerische Nutzung nur 6 % (50 % von 12 %). [4]Eine Zuordnung des Gebäudes zum Unternehmen ist nach § 15 Abs. 1 Satz 2 UStG nicht möglich (Zuordnungsverbot).

Zuordnungsschlüssel

(8) [1]Als Zuordnungsschlüssel bei teilunternehmerischer Verwendung des Zuordnungsobjekts ist der Aufteilungsschlüssel nach § 15 Abs. 4 UStG analog anzuwenden. [2]Der unternehmerische Nutzungsanteil ist danach im Wege einer sachgerechten und vom Finanzamt überprüfbaren Schätzung zu ermitteln. [3]Sachgerechter Aufteilungsmaßstab ist in der Regel das Verhältnis der Nutzflächen (vgl. Abschnitt 15.17 Abs. 7). [4]Die Anwendung eines Umsatzschlüssels als Zuordnungsschlüssel ist nur sachgerecht, wenn keine andere wirtschaftliche Zuordnung möglich ist (vgl. BFH-Urteile vom 19. 7. 2011, XI R 29/09, BStBl 2012 II S. 430, XI R 29/10, BStBl 2012 II S. 438,

---

Anm. d. Schriftl.:

1 Die Bundesrepublik Deutschland war u. a. im Besteuerungszeitraum 2008 nicht ermächtigt, durch § 15 Abs. 1 Satz 2 UStG den Vorsteuerabzug für Eingangsleistungen auszuschließen, die zu mehr als 90 % für nichtwirtschaftliche – nicht in den Anwendungsbereich der Mehrwertsteuer fallende – Tätigkeiten verwendet werden (BFH-Urteil vom 16. 11. 2016, BStBl 2018 II S. 237).

und XI R 21/10, BStBl 2012 II S. 434). [5]Er kommt in Betracht, wenn bei einem Gebäude Nutzflächen nicht wesensgleich sind, wie z. B. Dach- und Innenflächen eines Gebäudes. [6]Für den Zuordnungsschlüssel ist in diesen Fällen auf das Verhältnis der Vermietungsumsätze für die Dach- und Gebäudeinnenfläche abzustellen. [7]Werden tatsächlich keine Vermietungsumsätze erzielt, sind fiktive Vermietungsumsätze anzusetzen.

Beispiel 1:

[1]Unternehmer U errichtet im Jahr 01 einen Schuppen, auf dessen Dach er eine Photovoltaikanlage zur Erzeugung von Strom betreibt (sog. „Auf-Dach-Montage"). [2]Die Herstellungskosten des Schuppens betragen 20 000 € zzgl. 3 800 € Umsatzsteuer. [3]U beabsichtigt für den Innenraum des Schuppens dauerhaft keine weitere Nutzung (vgl. BFH-Urteil vom 19. 7. 2011, XI R 29/09, a. a. O.). [4]Den mit der Photovoltaikanlage erzeugten Strom speist U vollständig in das örtliche Stromnetz gegen Entgelt ein. [5]Für den Schuppen wäre in der betreffenden Region ein Mietpreis von 1 000 € und für die Dachfläche, die für Zwecke der Photovoltaikanlage genutzt wird, von 180 € jährlich realisierbar. [6]Im Jahr 02 lässt U ein Sicherheitsschloss für 100 € zzgl. 19 € Umsatzsteuer anbringen, um den Schuppen vor unberechtigter Nutzung zu schützen.

[7]Da das Dach des Schuppens für die Installation der Photovoltaikanlage erforderlich ist, besteht hinsichtlich der Dachfläche ein direkter und unmittelbarer Zusammenhang mit der unternehmerischen Tätigkeit (Verkauf von Strom). [8]Hinsichtlich der übrigen Flächen besteht ein direkter und unmittelbarer Zusammenhang zu der nichtwirtschaftlichen Tätigkeit i. e. S. des U (Leerstand des Schuppens). [9]U kann den Schuppen im Umfang des unternehmerisch verwendeten Anteils (Dachfläche) seinem Unternehmen zuordnen, sofern diese Verwendung insgesamt mindestens 10 % beträgt (§ 15 Abs. 1 Satz 2 UStG). [10]Für die Zuordnungsmöglichkeit ist die Verwendung des gesamten Gebäudes entscheidend. [11]Die Nutzflächen innerhalb des Schuppens und die Nutzfläche auf dessen Dach können dabei nicht zu einer Gesamtnutzfläche addiert werden, da sie nicht wesensgleich sind. [12]Eine Ermittlung anhand eines Flächenschlüssels ist deshalb für die Zuordnung nicht möglich. [13]Stattdessen ist in diesem Fall die Anwendung eines Umsatzschlüssels sachgerecht. [14]Da es an einer entgeltlichen Nutzung des Schuppens und der Dachfläche fehlt, ist auf das Verhältnis der fiktiven Vermietungsumsätze abzustellen. [15]U hätte für den Schuppen (Dachfläche und übrigen Flächen) jährlich insgesamt 1 180 € erzielen können; hiervon wären 180 € auf die Dachfläche entfallen. [16]Der Zuordnungsschlüssel beträgt somit 15,25 % (Verhältnis der fiktiven Miete für das Dach in Höhe von 180 € zur fiktiven Gesamtmiete von 1 180 €). [17]U kann in Bezug auf die Herstellung des Schuppens einen Vorsteuerabzug von 579,66 € (15,25 % von 3 800 €) geltend machen. [18]Das Sicherheitsschloss ist der nichtwirtschaftlichen Verwendung i. e. S. des Schuppens zuzurechnen und berechtigt deshalb nicht zum Vorsteuerabzug. [19]Die Photovoltaikanlage stellt umsatzsteuerrechtlich ein eigenständiges Zuordnungsobjekt dar (vgl. Absatz 10), welches ausschließlich unternehmerisch zur Ausführung entgeltlicher Stromlieferungen verwendet wird und deshalb zwingend dem Unternehmen zuzuordnen ist (Zuordnungsgebot).

Beispiel 2:

[1]Unternehmer U lässt das Dach seines privat genutzten Einfamilienhauses nach dem 31. Dezember 2012 (Anwendung des § 15 Abs. 1b UStG) sanieren (Werklieferung) und dort anschließend eine Photovoltaikanlage installieren, die 50 % der Dachfläche bedeckt. [2]Die Photovoltaikanlage wird zu 70 % zur Ausführung entgeltlicher Stromlieferungen verwendet. [3]Die verbleibenden 30 % des selbstproduzierten Stroms verbraucht U privat. [4]Die Sanierung des asbesthaltigen Daches ist u. a. auch für die Installation der Photovoltaikanlage erforderlich. [5]Für das Einfamilienhaus wäre in der betreffenden Region ein Mietpreis von 10 000 € und für die Dachfläche, die für Zwecke der Photovoltaikanlage genutzt wird, von 500 € jährlich realisierbar.

[6]Die Dachsanierung stellt Erhaltungsaufwand dar und ist somit einer eigenständigen Zuordnungsentscheidung zugänglich (vgl. Absatz 9). [7]Bei der Zuordnung von Erhaltungsaufwendungen ist grundsätzlich der Gebäudeteil maßgeblich, für den der Aufwendungen entstehen. [8]Die Dachsanierung ist danach dem gesamten Gebäude zuzurechnen, da das Dach mit allen Gebäudeteilen in einem einheitlichen Nutzungs- und Funktionszusammenhang steht. [9]Für die Zuordnungsmöglichkeit zum Unternehmen ist damit die Verwendung des gesamten Gebäudes entscheidend (vgl. BFH-Urteil vom 3. 8. 2017, V R 59/16, BStBl II S. 1209). [10]Da das Zuordnungsobjekt ein Gegenstand ist, ist nach § 15 Abs. 1 Satz 2 UStG die unternehmerische Mindestnutzung zu prüfen. [11]Eine Ermittlung anhand eines Flächenschlüssels ist für die Zuordnung nicht möglich, weil die Dach- und Gebäudeinnenflächen nicht wesensgleich sind (vgl. Beispiel 1). [12]Stattdessen ist die Anwendung eines Umsatz-

schlüssels sachgerecht. [13]Da es an einer entgeltlichen Nutzung des Gebäudes und der Dachfläche fehlt, ist in diesem Fall auf das Verhältnis der fiktiven Umsätze aus der Vermietung der Dachfläche und des Gebäudes abzustellen. [14]U hätte bei einer Vermietung des Einfamilienhauses (Dachfläche und übrige Flächen) jährlich insgesamt 10 500 € erzielen können. [15]Der Umsatzschlüssel auf Basis der fiktiven Mieten beträgt somit 4,76 % (Verhältnis der fiktiven Miete für das Dach in Höhe von 500 € zur fiktiven Gesamtmiete von 10 500 €). [16]Da die Photovoltaikanlage nur zu 70 % unternehmerisch genutzt wird, beträgt der Zuordnungsschlüssel 3,33 % (70 % von 4,76 % = 3,33 %) und erreicht somit nicht die erforderliche unternehmerische Mindestnutzung im Sinne des § 15 Abs. 1 Satz 2 UStG von 10 %. [17]U ist deshalb hinsichtlich der Dachsanierung nicht zum Vorsteuerabzug berechtigt. [18]Die Photovoltaikanlage stellt umsatzsteuerrechtlich ein eigenständiges Zuordnungsobjekt dar (vgl. Absatz 10), welches unternehmerisch und unternehmensfremd verwendet wird. [19]Da die unternehmerische Mindestnutzung von 10 % überschritten ist, hat der Unternehmer die Wahl, die Photovoltaikanlage nicht, vollständig oder nur im Umfang der unternehmerischen Nutzung seinem Unternehmen zuzuordnen.

Zuordnungsobjekt

(9) [1]Objekt der Zuordnungsentscheidung des Unternehmers nach Absatz 2 Nr. 2 Buchstabe b ist grundsätzlich jeder Leistungsbezug, d. h. jeder bezogene Gegenstand und jede bezogene sonstige Leistung im Rahmen der Anschaffung oder Herstellung eines einheitlichen Gegenstands. [2]Dies gilt auch für Erhaltungsaufwendungen, weil die Vorsteuern aus der Anschaffung bzw. Herstellung eines Gegenstands und die Vorsteuern aus seinem Gebrauch und seiner Erhaltung einer getrennten umsatzsteuerrechtlichen Beurteilung unterliegen. [3]Erhaltungsaufwendungen, die nach § 6 Abs. 1 Nr. 1a EStG zu Herstellungskosten (anschaffungsnahe Herstellungskosten) umqualifiziert werden, sind umsatzsteuerlich weiterhin wie Erhaltungsaufwendungen zu behandeln.

1. (Zeitlich gestreckte) Herstellung eines einheitlichen Gegenstands:
   [1]Bezieht der Unternehmer sonstige Leistungen und Lieferungen zur Herstellung eines einheitlichen Gegenstands, ist dieser herzustellende bzw. hergestellte Gegenstand endgültiges Zuordnungsobjekt. [2]Bei dieser Zuordnung ist bereits auf die im Zeitpunkt des Bezugs bestehende Verwendungsabsicht für den fertig gestellten Gegenstand (z. B. das zu errichtende Gebäude) als Summe der im Rahmen seiner Herstellung bezogenen Leistungen abzustellen. [3]Bei Anzahlungen für eine Leistung ist entsprechend zu verfahren. [4]Nach dem Grundsatz des Sofortabzugs ist für den Vorsteuerabzug die Verwendungsabsicht im Zeitpunkt des jeweiligen Leistungsbezugs entscheidend. [5]Ändert der Unternehmer während eines zeitlich sich über einen Veranlagungszeitraum hinaus erstreckenden Herstellungsvorgangs (gestreckter Herstellungsvorgang) seine Verwendungsabsicht, führt dies aus Vereinfachungsgründen nicht zu einer sofortigen Einlage oder Entnahme der zuvor bezogenen Leistungen für die Herstellung des einheitlichen Gegenstands. [6]Zu der Frage, inwieweit der Unternehmer in diesen Fällen den fertig gestellten einheitlichen Gegenstand seinem Unternehmen zugeordnet hat, vgl. Absätze 14 bis 19.

2. Nachträgliche Herstellungskosten:
   [1]Die Begriffe Herstellungskosten und nachträgliche Herstellungskosten sind grundsätzlich nach den für das Einkommensteuerrecht geltenden Grundsätzen auszulegen. [2]Dies gilt jedoch nicht, soweit nach § 6 Abs. 1 Nr. 1a EStG Erhaltungsaufwendungen zu Herstellungskosten (anschaffungsnahe Herstellungskosten) umqualifiziert werden (vgl. Abschnitt 15.17 Abs. 6). [3]Nachträgliche Herstellungskosten sind getrennt vom ursprünglichen Herstellungsvorgang zu betrachten. [4]Sie bilden deshalb ein eigenständiges Zuordnungsobjekt, über dessen Zuordnung anhand der Tätigkeiten zu entscheiden ist, denen die nachträglichen Herstellungskosten konkret dienen oder dienen sollen. [5]Wird im Rahmen einer nachträglichen Herstellungsmaßnahme ein bestehendes Gebäude um neue Gebäudeteile erweitert (z. B. durch Aufstockung, Anbau oder Vergrößerung der Nutzflächen), ist dementsprechend für die Zuordnung der nachträglichen Herstellungskosten ausschließlich auf die Verwendungs-

verhältnisse in den neuen Gebäudeteilen abzustellen. ⁶Dies gilt entsprechend für Aufteilungsobjekte im Sinne des § 15 Abs. 4 UStG (vgl. Abschnitt 15.17 Abs. 7 Satz 12).

Beispiel 1:

¹Unternehmer U ist Eigentümer eines teilunternehmerisch genutzten Gebäudes (200 qm), das er im Anschaffungsjahr 01 (nach dem Stichtag 31. 12. 2010 und damit Anwendung des § 15 Abs. 1b UStG) zu 50 % für seine zum Vorsteuerabzug berechtigende Tätigkeit als Steuerberater (Steuerberaterpraxis im Erdgeschoss, 100 qm) und zu 50 % privat (Wohnung im 1. Obergeschoss, 100 qm) nutzt. ²Die Nutzungseinheiten sind vergleichbar ausgestattet, es kommt nur eine Aufteilung nach dem objektbezogenen Flächenschlüssel in Betracht (vgl. Abschnitt 15.17 Abs. 7). ³U hat das Gebäude vollständig seinem Unternehmen zugeordnet.

⁴Fallvarianten:

a) ¹Im Jahr 03 wird in dem Steuerberaterbüro des U eine neue Trennwand für 1 000 € zzgl. 190 € Umsatzsteuer eingezogen.
²Die Aufwendungen für die Trennwand sind nachträgliche Herstellungskosten und bilden ein eigenständiges Zuordnungsobjekt. ³U nutzt die Trennwand ausschließlich unternehmerisch, da sie in einem Raum des Steuerberaterbüros eingezogen wird. ⁴Die Trennwand ist deshalb dem Unternehmen des U zuzuordnen (Zuordnungsgebot). ⁵U ist zum Vorsteuerabzug in Höhe von 190 € berechtigt (§ 15 Abs. 1 UStG).

b) ¹Im Jahr 03 lässt U an seiner privat genutzten Wohnung im 1. Obergeschoss eine Markise mit Motor für 3 000 € zzgl. 570 € Umsatzsteuer anbauen.
²Die Aufwendungen für die Markise sind nachträgliche Herstellungskosten und bilden ein eigenständiges Zuordnungsobjekt. ³U nutzt die Markise ausschließlich unternehmensfremd, da sie Teil der privaten Wohnung wird. ⁴Die Markise ist deshalb nicht dem Unternehmen des U zuzuordnen (Zuordnungsverbot). ⁵U ist nicht zum Vorsteuerabzug berechtigt.

c) ¹Im Jahr 03 wird das Steuerberaterbüro um einen Anbau (50 qm) erweitert. ²Die Herstellungskosten betragen 50 000 € zzgl. 9 500 € Umsatzsteuer.
³Die Aufwendungen für den Anbau an das Steuerberaterbüro stellen nachträgliche Herstellungskosten dar, die ein selbständiges Zuordnungsobjekt bilden. ⁴U nutzt den Anbau zu 100 % unternehmerisch für seine Steuerberatertätigkeit. ⁵Der Anbau ist deshalb dem Unternehmen zuzuordnen (Zuordnungsgebot). ⁶U ist zum Vorsteuerabzug in Höhe von 9 500 € berechtigt (§ 15 Abs. 1 UStG).

d) ¹Im Jahr 03 lässt U das Dachgeschoss ausbauen. ²Es entsteht eine neue Wohnung (100 qm), die U steuerfrei zu Wohnzwecken vermieten möchte. ³Die Aufwendungen für den Dachausbau betragen 100 000 € zzgl. 19 000 € Umsatzsteuer.
⁴Die Aufwendungen für den Dachausbau stellen nachträgliche Herstellungskosten dar, die ein selbständiges Zuordnungsobjekt bilden. ⁵Die Wohnung soll umsatzsteuerfrei zu Wohnzwecken vermietet werden und ist dem Unternehmen zuzuordnen (Zuordnungsgebot), da durch die Vermietung eine ausschließliche unternehmerische Nutzung vorliegt. ⁶Der Vorsteuerabzug ist auf Grund der geplanten steuerfreien Vermietung nach § 15 Abs. 2 Satz 1 Nr. 1 UStG ausgeschlossen.

e) ¹Im Jahr 03 lässt U das Dachgeschoss ausbauen. ²Die neue Nutzfläche von 100 qm beabsichtigt U zu 80 % (80 qm) als Archiv für sein Steuerberaterbüro und zu 20 % (20 qm) für einen privaten Fitnessraum zu verwenden. ³Die Ausstattung von Archiv und Fitnessraum und der jeweilige Bauaufwand weichen nicht erheblich voneinander ab. ⁴Die Aufwendungen für den Dachausbau betragen 100 000 € zzgl. 19 000 € Umsatzsteuer.
⁵Die Aufwendungen für den Dachausbau stellen nachträgliche Herstellungskosten dar, die ein selbständiges Zuordnungsobjekt bilden. ⁶Soweit U das Dachgeschoss unternehmensfremd (privater Fitnessraum) verwendet, ist der Vorsteuerabzug nach § 15 Abs. 1b UStG ausgeschlossen. ⁷Für die Aufteilung ist der Flächenschlüssel des Dachgeschosses maßgebend, weil die Ausstattung der unterschiedlich genutzten Räume nicht erheblich voneinander abweicht. ⁸Da U nur 80 qm von 100 qm für seine unternehmerische Tätigkeit zu verwenden beabsichtigt, ist er nur in Höhe von 15 200 € (80 % von 19 000 €) zum Vorsteuerabzug berechtigt.

Beispiel 2:

[1]Wie Beispiel 1. [2]U hat das Gebäude in 01 jedoch nur im Umfang der unternehmerischen Nutzung zu 50 % seinem Unternehmen zugeordnet.

[3]Lösung zu a) bis e) wie Beispiel 1.

(10) Photovoltaikanlagen, Blockheizkraftwerke und Betriebsvorrichtungen gelten unabhängig davon, ob es sich um einen wesentlichen Bestandteil des Gebäudes handelt (§ 94 BGB), als umsatzsteuerrechtlich eigenständige Zuordnungsobjekte, soweit sie nicht gemäß Abschnitt 15.17 Abs. 6 Anschaffungs- oder Herstellungskosten des gesamten Gebäudes darstellen.

(11) [1]Das Gebäude und der dazugehörige Grund und Boden sind für Zwecke der Umsatzsteuer nicht getrennt voneinander zu behandeln (EuGH-Urteil vom 8. 6. 2000, C-400/98, Breitsohl, BStBl 2003 II S. 452). [2]Grundsätzlich folgt die Behandlung des Grund und Bodens der Nutzung des Gebäudes. [3]Die Nutzung des Gebäudes prägt in diesen Fällen auch die Nutzung des dazugehörigen Grund und Bodens. [4]Der Umfang des zum Gebäude gehörigen Grund und Bodens muss aber nicht immer identisch sein mit dem Umfang des gesamten Grundstücks, auf dem das Gebäude steht. [5]Sofern nach der Verkehrsanschauung Teile des Grundstücks einer eigenständigen wirtschaftlichen Nutzung unterliegen und deswegen nicht mehr von der Nutzung des Gebäudes geprägt werden, können diese Teile des Grund und Bodens ausnahmsweise ein eigenständiges Zuordnungsobjekt darstellen.

Beispiel:

[1]Unternehmer U besitzt ein privat genutztes Einfamilienhaus auf einem 10 000 qm großen Grundstück. [2]Ein Zimmer in seinem Einfamilienhaus nutzt U als Bürozimmer für seine unternehmerische Tätigkeit als Spediteur. [3]Das Zimmer entspricht 5 % der Gesamtfläche des Einfamilienhauses, das nach einem Flächenschlüssel zu beurteilen ist. [4]8 000 qm des Grundstücks werden als Parkplatz für die unternehmerisch genutzten LKW ausgewiesen und entsprechend genutzt.

[5]Die Nutzung des Gebäudes prägt nicht die Nutzung des gesamten Grundstücks. [6]Nach der Verkehrsanschauung stellen die Parkflächen ein eigenes Wirtschaftsgut dar. [7]Das Einfamilienhaus mit dazugehörigem Grund und Boden (2 000 qm) kann nicht dem Unternehmen zugeordnet werden, da die unternehmerische Nutzung weniger als 10 % beträgt (Zuordnungsverbot nach § 15 Abs. 1 Satz 2 UStG). [8]Die 8 000 qm des Grundstücks, die als Parkplatz genutzt werden, sind dem Unternehmen zuzuordnen, da insoweit eine ausschließliche Verwendung für die unternehmerische Tätigkeit vorliegt (Zuordnungsgebot).

Prognosezeitraum

(12) [1]Bei der Zuordnung eines einheitlichen Gegenstands handelt es sich um eine Prognoseentscheidung, die sich grundsätzlich nach der im Zeitpunkt des Leistungsbezugs beabsichtigten Verwendung für den Besteuerungszeitraum der erstmaligen Verwendung des bezogenen oder herzustellenden oder hergestellten Gegenstands richtet (vgl. auch Abschnitt 15.2b Abs. 3 Satz 3). [2]Dies gilt auch, wenn die erstmalige Verwendung des Gegenstands in einem auf den Besteuerungszeitraum der Anschaffung oder Fertigstellung folgenden Besteuerungszeitraum erfolgt. [3]Für die Zuordnung zum Unternehmen muss die Verwendungsabsicht objektiv belegt und in gutem Glauben erklärt werden (vgl. Absätze 13 bis 19).

Beispiel 1:

[1]Unternehmer U erwirbt zum 1. 4. 01 ein Gebäude (Jahr 01 nach dem Stichtag 31. 12. 2010 und damit Anwendung des § 15 Abs. 1b UStG). [2]U beabsichtigt nachweislich, das Gebäude vom 1. 5. 01 bis 30. 6. 01 zu 70 % und ab dem 1. 7. 01 bis 31. 12. 01 sowie in den Folgejahren zu 50 % für seine unternehmerische Tätigkeit und ansonsten für private Zwecke zu nutzen.

[3]Die beabsichtigte unternehmerische Nutzung für das Jahr der erstmaligen Verwendung beträgt im Jahr 01 als gemittelter Wert 55 % (2 Monate zu 70 % + 6 Monate zu 50 %) und überschreitet damit die unternehmerische Mindestnutzung des § 15 Abs. 1 Satz 2 UStG. [4]U kann das Gebäude somit entweder zu 0 %, zu 55 % oder zu 100 % seinem Unternehmen zuordnen. [5]Die beabsichtigte Nutzung im Folgejahr ist für die Zuordnungsentscheidung unerheblich, da nur der Besteuerungszeitraum der ersten Verwendung maßgebend ist. [6]Entscheidet sich U für eine vollständige oder teilweise Zuord-

nung des Gebäudes zum Unternehmen, kann sich in den Folgejahren eine Vorsteuerberichtigung nach § 15a Abs. 1 in Verbindung mit Abs. 6a UStG ergeben.

Beispiel 2:

[1]Unternehmer U erwirbt zum 1. 4. 01 ein Gebäude (Jahr 01 nach dem Stichtag 31. 12. 2010 und damit Anwendung des § 15 Abs. 1b UStG). [2]U beabsichtigt nachweislich, dieses zu 20 % für seine unternehmerische Tätigkeit und zu 80 % für private Zwecke zu verwenden. [3]Tatsächlich verwendet U das Gebäude bis zum 31. 12. 01 (erstmalige Verwendung 1. 6. 01) nur zu 5 % für seine unternehmerische Tätigkeit.

[4]U hat im Zeitpunkt des Erwerbs (1. 4. 01) über die Zuordnung des Gebäudes zu entscheiden. [5]Da er zu diesem Zeitpunkt das Gebäude zu mindestens 10 % unternehmerisch (§ 15 Abs. 1 Satz 2 UStG) und ansonsten für seine unternehmensfremden Tätigkeiten zu nutzen beabsichtigt, hat U ein Zuordnungswahlrecht, d. h. er kann das Gebäude zu 0 %, zu 100 % oder zu 20 % seinem Unternehmen zuordnen. [6]Ordnet U das Gebäude zu 100 % seinem Unternehmen zu, ist der Vorsteuerabzug nach § 15 Abs. 1b UStG ausgeschlossen, soweit das Gebäude für unternehmensfremde Zwecke verwendet wird. [7]Soweit die tatsächliche Verwendung von der vorgesehenen Verwendung abweicht, ist eine Berichtigung des Vorsteuerabzugs nach § 15a Abs. 6a UStG zu prüfen.

(13) [1]Wird ein einheitlicher Gegenstand von Anfang an ausschließlich nichtunternehmerisch verwendet, kann grundsätzlich davon ausgegangen werden, dass der Gegenstand nicht für das Unternehmen bezogen worden ist. [2]Wenn ein Gegenstand, für den von vornherein die Absicht zu einer dauerhaften unternehmerischen Nutzung besteht, zunächst und nur übergangsweise nichtunternehmerisch verwendet wird, kann in Ausnahmefällen jedoch ein Leistungsbezug für das Unternehmen vorliegen. [3]Bei dieser Beurteilung ist u. a. das Verhältnis der vorübergehenden nichtunternehmerischen Nutzungszeit zur Gesamtnutzungsdauer des Gegenstands von Bedeutung (vgl. EuGH-Urteil vom 19. 7. 2012, C-334/10, X). [4]Als Gesamtnutzungsdauer gilt in der Regel die betriebsgewöhnliche Nutzungsdauer, die nach ertragsteuerrechtlichen Grundsätzen für den Gegenstand anzusetzen ist. [5]Nur eine im Verhältnis zur Gesamtnutzungsdauer untergeordnete nichtunternehmerische Nutzungszeit ist für einen Bezug für das Unternehmen unschädlich. [6]Je länger die anfängliche nichtunternehmerische Nutzung andauert, desto höher sind die Anforderungen an den Nachweis der von vornherein bestehenden unternehmerischen Nutzungsabsicht. [7]Dies gilt insbesondere, wenn sich die anfängliche nichtunternehmerische Nutzungszeit über das erste Kalenderjahr der Nutzung hinaus erstreckt.

Beispiel:

[1]Verein V lässt eine Mehrzweckhalle errichten (Fertigstellung 1. 1. 01; Herstellungskosten 300 000 € zzgl. 57 000 € Umsatzsteuer). [2]V beabsichtigt nachweislich von Anfang an, die Halle ab dem 1. 12. 01 umsatzsteuerpflichtig zu vermieten, und zwar im Umfang von 50 % der Hallennutzung. [3]Bis zum 1. 12. 01 wird die Sporthalle vorübergehend nur für ideelle Vereinszwecke genutzt.

[4]Die bestimmungsgemäße unternehmerische Nutzung im Jahr 01 beträgt 50 %. [5]Die Mehrzweckhalle ist deshalb zu 50 % dem Unternehmen zuzuordnen. [6]Dabei ist die anfängliche ausschließliche nichtwirtschaftliche Verwendung i. e. S. unbeachtlich (vgl. BFH-Urteil vom 20. 7. 1988, X R 8/80, BStBl II S. 1012). [7]Die vorübergehende nichtwirtschaftliche Verwendung i. e. S. des dem Unternehmen zugeordneten Gebäudeanteils im Jahr 01 unterliegt der Wertabgabenbesteuerung nach § 3 Abs. 9a Nr. 1 UStG (Abschnitt 3.4 Abs. 5a Satz 4).

Zeitpunkt und Dokumentation der Zuordnungsentscheidung – Auswirkungen der Zuordnungsentscheidung auf den Vorsteuerabzug und dessen Berichtigung nach § 15a UStG

(14) [1]Beabsichtigt der Unternehmer einen einheitlichen Gegenstand teilunternehmerisch sowohl für unternehmerische als auch für unternehmensfremde Tätigkeiten zu verwenden, hat der Unternehmer ein Zuordnungswahlrecht (vgl. Absatz 2 Satz 1 Nr. 2 Buchstabe b). [2]Die (vollständige oder teilweise) Zuordnung des Gegenstands zum Unternehmen erfordert aus diesem Grund eine durch Beweisanzeichen gestützte Zuordnungsentscheidung des Unternehmers. [3]In den Fällen, in denen ein einheitlicher Gegenstand für unternehmerische und nichtwirtschaftli-

che Tätigkeiten i. e. S. verwendet wird, bedarf es dagegen keiner Zuordnungsentscheidung, da ein grundsätzliches Aufteilungsgebot gilt. [4]Eine solche ist nur erforderlich, wenn der Unternehmer von der Billigkeitsregelung nach Absatz 2 Satz 1 Nr. 2 Buchstabe a Gebrauch macht.

(15) [1]Für die zur Herstellung des Gegenstands verwendeten Leistungen erfolgt die Zuordnung zum Unternehmen bereits beim ersten Leistungsbezug oder bzw. bei der ersten Anzahlung, unabhängig vom Vorliegen der Rechnung (vgl. Abschnitte 15.12 Abs. 1 Satz 15 und 15a.4 Abs. 2 Sätze 1 und 2). [2]Die Zuordnungsentscheidung ist im Hinblick auf die Zulässigkeit der Zuordnung nach § 15 Abs. 1 Satz 2 UStG stets mit Blick auf die beabsichtigte Nutzung des gesamten herzustellenden Gegenstands zu treffen.

(16) [1]Aus dem Grundsatz des Sofortabzugs der Vorsteuer folgt, dass die Zuordnungsentscheidung bereits bei Leistungsbezug für einen einheitlichen Gegenstand zu treffen ist (vgl. BFH-Beschluss vom 28. 10. 2020, XI B 26/20, n. v.). [2]Die Zuordnungsentscheidung ist jedoch eine innere Tatsache, die erst durch äußere Beweisanzeichen erkennbar wird. [3]Es bedarf daher einer Dokumentation der Zuordnungsentscheidung, die grundsätzlich in der erstmöglichen Voranmeldung vorzunehmen ist. [4]Gleichwohl kann die Zuordnungsentscheidung spätestens und mit endgültiger Wirkung noch in einer „zeitnah" erstellten Umsatzsteuererklärung für das Jahr, in das der Leistungsbezug fällt, nach außen dokumentiert werden, wenn frühere Anhaltspunkte für eine vollständige oder teilweise Zuordnung der bezogenen Leistung zum Unternehmen fehlen (vgl. BFH-Urteil vom 7. 7. 2011, V R 42/09, BStBl 2014 II S. 76). [5]Eine zeitnahe gesonderte Dokumentation der Zuordnungsentscheidung liegt vor, wenn sie bis zur gesetzlichen Regelabgabefrist für Steuererklärungen (31. 7. des Folgejahres, § 149 Abs. 2 Satz 1 AO) vorliegt; Fristverlängerungen für die Abgabe der Steuererklärungen haben darauf keinen Einfluss (vgl. BFH-Urteile vom 7. 7. 2011, V R 42/09, a. a. O. und V R 21/10, BStBl 2014 II S. 81). [6]Bis zu diesem Zeitpunkt kann auch eine im Voranmeldungsverfahren getroffene Zuordnungsentscheidung korrigiert werden (vgl. BFH-Urteil vom 7. 7. 2011, V R 21/10, a. a. O.).

(17) [1]Die Geltendmachung des Vorsteuerabzugs ist regelmäßig ein gewichtiges Indiz für, die Unterlassung des Vorsteuerabzugs ein ebenso gewichtiges Indiz gegen die Zuordnung eines Gegenstands zum Unternehmen. [2]Ist ein Vorsteuerabzug nicht möglich, müssen andere Beweisanzeichen herangezogen werden (BFH-Urteil vom 31. 1. 2002, V R 61/96, BStBl 2003 II S. 813). [3]Gibt es keine Beweisanzeichen für eine Zuordnung zum Unternehmen, kann diese nicht unterstellt werden (BFH-Urteile vom 28. 2. 2002, V R 25/96, BStBl 2003 II S. 815, und vom 7. 7. 2011, V R 42/09, BStBl 2014 II S. 76). [4]Ob andere Beweisanzeichen für die Zuordnung vorliegen, ist unter Berücksichtigung aller Gegebenheiten des Sachverhalts, zu denen die Art der betreffenden Gegenstände und der zwischen dem Erwerb der Gegenstände und ihrer Verwendung für Zwecke der wirtschaftlichen Tätigkeiten des Unternehmers liegende Zeitraum gehören, zu prüfen. [5]Hierbei kann u. berücksichtigen sein, ob der Unternehmer bei An- und Verkauf des teilunternehmerisch genutzten Gegenstands unter seinem Firmennamen auftritt oder ob er den Gegenstand betrieblich oder privat versichert hat. [6]Unter Umständen kann auch die bilanzielle und ertragsteuerrechtliche Behandlung ein Indiz für die umsatzsteuerrechtliche Behandlung sein (vgl. BFH-Urteil vom 7. 7. 2011, V R 42/09, a. a. O.). [7]Zwar ist die Wahrnehmung von Bilanzierungspflichten für die umsatzsteuerrechtliche Zuordnung nicht maßgeblich, jedoch kann z. B. der Umstand, dass der Unternehmer einen Gegenstand nicht als gewillkürtes Betriebsvermögen behandelt, obwohl die Voraussetzungen dafür gegeben sind, Indiz sein, dass er ihn auch umsatzsteuerrechtlich nicht seinem Unternehmen zuordnen wollte (vgl. BFH-Urteil vom 31. 1. 2002, V R 61/96, a. a. O.). [8]Umgekehrt spricht insoweit für eine Zuordnung zum Unternehmen, als der Unternehmer einen aktivierungspflichtigen Gegenstand nur mit den Netto-Anschaffungs- oder Herstellungskosten aktiviert, weil nach § 9b Abs. 1 Satz 1 EStG der Vorsteuerbetrag nach § 15 UStG, soweit er umsatzsteuerrechtlich abgezogen werden kann, nicht zu den Anschaffungs- oder Herstellungskosten des Wirtschaftsgutes gehört (vgl. BFH-Urteil vom 7. 7. 2011, V R 42/09, a. a. O.).

(18) [1]Bei der Anschaffung oder Herstellung von teilunternehmerisch genutzten Grundstücken und Gebäuden ist die Zuordnung bei Leistungsbezug ebenfalls grundsätzlich in der erstmögli-

chen Voranmeldung zu dokumentieren. [2]Im Hinblick auf die steuerliche Bedeutung dieser Gegenstände sind an die Eindeutigkeit dieser Dokumentation erhöhte Anforderungen zu stellen. [3]Ist bei der Anschaffung oder Herstellung eines Gebäudes ein Vorsteuerabzug nach § 15 Abs. 1, 1b oder 2 UStG (teilweise) nicht möglich, kann der Unternehmer durch eine gegenüber dem Finanzamt abgegebene schriftliche Erklärung dokumentieren, in welchem Umfang er das Gebäude dem Unternehmen zugeordnet hat, wenn sich aus dem Umfang des geltend gemachten Vorsteuerabzugs nicht ergibt, mit welchem Anteil das Gebäude dem Unternehmen zugeordnet wurde. [4]Gibt es in diesem Fall keine anderen Beweisanzeichen für eine Zuordnung zum Unternehmen, kann diese nicht unterstellt werden. [5]Eine zeitnahe eindeutige Dokumentation der Zuordnungsentscheidung kann ebenfalls noch bis zur gesetzlichen Regelabgabefrist für Steuererklärungen (31. 7. des Folgejahres, § 149 Abs. 2 Satz 1 AO) dem zuständigen Finanzamt gegenüber erfolgen; Fristverlängerungen für die Abgabe der Steuererklärung haben darauf keinen Einfluss.

(19) [1]Auch bei Herstellungsvorgängen, die sich über mehr als ein Kalenderjahr erstrecken, hat der Unternehmer sein Zuordnungswahlrecht für das Gebäude ab Beginn des Herstellungsprozesses (vgl. § 27 Abs. 16 Satz 2 UStG) jeweils spätestens zum 31. 7. des Folgejahres zu dokumentieren. [2]Macht der Unternehmer bis zu diesem Zeitpunkt jeweils keinen Vorsteuerabzug geltend und liegen keine anderen Beweisanzeichen für eine Zuordnung zum Unternehmen vor, kann diese nicht unterstellt werden. [3]Das Gebäude gilt dann – ggf. bis zu einer späteren Änderung der Zuordnung – insgesamt als nicht zugeordnet, so dass alle Leistungsbezüge bis zur Änderung der Zuordnung für den nichtunternehmerischen Bereich bezogen gelten und den Vorsteueranspruch ausschließen. [4]Eine Berichtigung des Vorsteuerabzuges aus den Herstellungskosten des Gebäudes nach § 15a UStG ist insoweit ausgeschlossen. [5]Die dargestellten Grundsätze gelten auch für nachträgliche Herstellungskosten, die eigenständige Zuordnungsobjekte darstellen (vgl. Absatz 9 Nr. 2). [6]Wenn sich die beabsichtigte Verwendung des Gebäudes während des Herstellungsvorgangs ändert, der Unternehmer jedoch nicht erklärt, in welchem Umfang er das Gebäude seinem Unternehmen zuordnet, sondern nur entsprechend angepasste Vorsteuerbeträge geltend macht, gilt das Gebäude aus Vereinfachungsgründen in Höhe des durchschnittlich geltend gemachten Vorsteuerabzugs als dem Unternehmen zugeordnet. [7]Beispiele zur Darstellung der Auswirkung der Zuordnungsentscheidung auf den Vorsteuerabzug und dessen Berichtigung nach § 15a UStG:

Beispiel 1:

[1]Unternehmer U beginnt im Jahr 01 mit der Errichtung eines Gebäudes, das er zu 50 % für private Zwecke und zu 50 % für seine vorsteuerunschädliche unternehmerische Tätigkeit zu nutzen beabsichtigt (Herstellungsjahr 01 nach dem Stichtag 31. 12. 2010 und damit Anwendung des § 15 Abs. 1b UStG). [2]Die Fertigstellung erfolgt im Jahr 03. [3]U verwendet das Gebäude ab dem 1. 1. 04 erstmalig wie beabsichtigt zu 50 % privat und zu 50 % vorsteuerunschädlich für unternehmerische Zwecke. [4]U erklärt vor dem 31. 7. 02 die vollständige Zuordnung des Gebäudes schriftlich gegenüber dem Finanzamt. [5]Während der Herstellungsphase macht U keinen Vorsteuerabzug geltend, sondern reicht zum 31. 7. 04 berichtigte Erklärungen für die Jahre 01 und 02 sowie eine Erklärung für das Jahr 03 ein, in denen er 50 % der Vorsteuerbeträge geltend macht.

	ausgewiesene Umsatzsteuer	bis zum 31. 7. des Folgejahres geltend gemachte Vorsteuer
01	40 000 €	0 €
02	20 000 €	0 €
03	30 000 €	15 000 €
Σ	90 000 €	15 000 €

[6]Das Gebäude des U soll für unternehmerische und unternehmensfremde (private) Zwecke verwendet werden. [7]U hat deshalb grundsätzlich das Wahlrecht, das Gebäude vollständig, gar nicht oder im Umfang der unternehmerischen Nutzung dem Unternehmen zuzuordnen. [8]Eine zeitnahe Dokumentation der Zuordnungsentscheidung ist bis zum 31. 7. des Folgejahres möglich. [9]U hat das sich im Herstellungsprozess befindende Gebäude seinem Unternehmen zugeordnet und die Zuordnung gegenüber dem Finanzamt rechtzeitig dokumentiert. [10]U kann im Rahmen der berichtigten Jahreserklärungen für 01 und 02 und der Jahreserklärung 03 Vorsteuerbeträge geltend machen, soweit diese auf die beabsichtigte unternehmerische Nutzung entfallen (01 = 20 000 €, 02 = 10 000 €, 03 = 15 000 €). [11]Soweit eine private Verwendung des Gebäudes beabsichtigt ist, greift der Vorsteuer-

ausschluss nach § 15 Abs. 1b UStG. [12]Spätere Änderungen der Verwendung des Gebäudes können nach § 15a Abs. 6a in Verbindung mit Abs. 1 UStG berichtigt werden.

Beispiel 2:

[1]Sachverhalt wie Beispiel 1. [2]U hat aber keine schriftliche Erklärung gegenüber dem Finanzamt abgegeben, dass er das Gebäude seinem Unternehmen vollständig zuordnen möchte. [3]Die erstmaligen Jahreserklärungen für die Jahre 01, 02 und 03 reicht U erst zum 31. 7. 04 ein.

[4]Das Gebäude des U soll für unternehmerische und unternehmensfremde (private) Zwecke verwendet werden. [5]U hat deshalb grundsätzlich das Wahlrecht, das Gebäude vollständig, gar nicht oder im Umfang der unternehmerischen Nutzung dem Unternehmen zuzuordnen. [6]Eine zeitnahe Dokumentation der Zuordnungsentscheidung ist bis zum 31. 7. des Folgejahres möglich. [7]Mit der Übermittlung der Jahreserklärungen 01 bis 03, in denen U 50 % der Vorsteuerbeträge geltend macht, will U dokumentieren, dass er den unternehmerisch genutzten Gebäudeteil seinem Unternehmen zuordnet. [8]In Bezug auf den unternehmensfremd (privat) verwendeten Anteil hat U bis zum 31. 7. 02 bzw. bis zum 31. 7. 03 keine Zuordnung dokumentiert (weder Erklärung noch Vorsteuerabzug), so dass diese nicht unterstellt werden kann.

[9]Da U für die Jahre 01 und 02 bis zum 31. 7. des jeweiligen Folgejahres keine Zuordnung zum Unternehmen dokumentiert hat, ist für diese Jahre ein Vorsteuerabzug nicht möglich. [10]Das unfertige Gebäude (Herstellungsvolumen aus den Jahren 01 und 02) gilt zum 1. 1. 03 zu 50 % als in sein Unternehmen eingelegt, weil die ggf. zuvor erfolgte Zuordnung zum Unternehmen in Folge der verspäteten Dokumentation für die Jahre 01 und 02 nicht berücksichtigt werden kann. [11]Das Vorsteuervolumen für eine Berichtigung nach § 15a UStG reduziert sich deshalb auf die Vorsteuerbeträge aus dem Jahr 03 in Höhe von 15 000 €, für die die Zuordnung zum Unternehmen rechtzeitig dokumentiert worden ist.

Beispiel 3:

[1]Sachverhalt wie Beispiel 1. [2]U erklärt aber erst zum 31. 7. 04 die vollständige Zuordnung des Gebäudes zu seinem Unternehmen schriftlich gegenüber dem Finanzamt.

[3]U hat bis zum 31. 7. 02 bzw. bis zum 31. 7. 03 keine Zuordnung des herzustellenden Gebäudes dokumentiert. [4]Die berichtigten Erklärungen für die Jahre 01 und 02 und die schriftliche Erklärung der vollständigen Zuordnung sind erst nach dem 31. 7. des jeweiligen Folgejahres beim Finanzamt eingegangen. [5]U ist deshalb nicht zum Vorsteuerabzug aus den Herstellungskosten aus den Jahren 01 und 02 berechtigt (§ 15 Abs. 1 UStG). [6]Eine Berichtigung nach § 15a UStG ist ebenfalls ausgeschlossen.

[7]Die Zuordnung der im Jahr 03 bezogenen Leistungen ist hingegen rechtzeitig bis zum 31. 7. des Folgejahres dokumentiert worden. [8]U ist in Höhe des beabsichtigten unternehmerischen Nutzungsanteils von 50 % zum Vorsteuerabzug aus diesen Leistungen berechtigt (15 000 €). [9]Soweit eine private Verwendung des Gebäudes beabsichtigt ist, greift der Vorsteuerausschluss nach § 15 Abs. 1b UStG.

[10]Mit seiner schriftlichen Erklärung gegenüber dem Finanzamt, das Gebäude dem Unternehmen vollständig zuzuordnen, hat U das unfertige Gebäude (Herstellungsvolumen aus den Jahren 01 und 02) zum 1. 1. 03 in sein Unternehmen eingelegt, weil die ggf. zuvor erfolgte Zuordnung in Folge der verspäteten Dokumentation für die Jahre 01 und 02 nicht berücksichtigt werden kann. [11]Die Vorsteuerbeträge aus den Jahren 01 und 02 sind für Zwecke der Vorsteuerberichtigung nach § 15a UStG verloren. [12]Für das Berichtigungsobjekt im Sinne des § 15a UStG sind nur die rechtzeitig zugeordneten Vorsteuerbeträge aus dem Jahr 03 in Höhe von 30 000 € maßgebend. [13]Für diese Vorsteuerbeträge ist eine unter- nehmerische und unternehmensfremde Nutzung von jeweils 50 % berücksichtigt worden. [14]Da U im Jahr 04 das Berichtigungsobjekt im gleichen Verhältnis verwendet, liegt keine Änderung der Verhältnisse im Sinne des § 15a UStG vor.

Beispiel 4:

[1]Sachverhalt wie Beispiel 2. [2]U führt ab dem 1. 1. 05 zu 50 % steuerfreie Umsätze aus, die nicht zum Vorsteuerabzug berechtigen.

[3]Wirtschaftsgut im Sinne des § 15a UStG ist nur der dem Unternehmen zugeordnete Gebäudeteil. [4]Es liegt eine Änderung der Verhältnisse im Sinne des § 15a Abs. 1 UStG vor, da U das Berichtigungsobjekt im Sinne des § 15a UStG bisher für zu 100 % steuerpflichtige Ausgangsumsätze verwendet hat.

§ 15a-UStG-fähige Vorsteuerbeträge (allein aus dem Jahr 03): 15 000 €

Ursprünglicher Vorsteuerabzug: 15 000 € (100 % von 15 000 €)

Zeitpunkt der erstmaligen Verwendung: 1. 1. 04

Dauer des Berichtigungszeitraums: 1. 1. 04 bis 31. 12. 13

Zum Vorsteuerabzug berechtigende Verwendung: 50 % (neue Nutzung: 50 % steuerpflichtig und 50 % steuerfrei)

Änderung der Verhältnisse: 50 Prozentpunkte (50 % statt bisher 100 %)

Vorsteuerberichtigung ab Jahr 05: 50 Prozentpunkte von 1/10 von 15 000 € = 750 € sind zuungunsten des U zu korrigieren.

Beispiel 5:

[1]Sachverhalt wie Beispiel 2. [2]U nutzt das Gesamtgebäude ab dem 1. 1. 06 zu 70 % für unternehmensfremde (private) Zwecke und führt zu 50 % steuerfreie Umsätze aus, die nicht zum Vorsteuerabzug berechtigen.

[3]Es liegen ab dem Jahr 06 zwei Änderungen der Verhältnisse nach § 15a Abs. 1 in Verbindung mit Abs. 6a UStG vor, da U das Berichtigungsobjekt (den zugeordneten hälftigen Gebäudeteil) bisher zu 100 % für steuerpflichtige Tätigkeiten verwendet hat. [4]Die unternehmerische Nutzung dieses ursprünglich zugeordneten Gebäudeteils beträgt nur noch 60 %, da der Umfang der unternehmerischen Nutzung des gesamten Gebäudes auf nunmehr 30 % gesunken ist, was 60 % des zugeordneten hälftigen Teils entspricht. [5]Außerdem ist U auf Grund der steuerfreien Umsätze in Bezug auf den unternehmerisch verwendeten Gebäudeteil nur noch zu 50 % zum Vorsteuerabzug berechtigt, was 30 % des zugeordneten hälftigen Teils entspricht.

§ 15a-UStG-fähige Vorsteuerbeträge (allein aus Jahr 03): 15 000 €

Ursprünglicher Vorsteuerabzug: 15 000 € (100 % von 15 000 €)

Zeitpunkt der erstmaligen Verwendung: 1. 1. 04

Dauer des Berichtigungszeitraums: 1. 1. 04 bis 31. 12. 13

Zum Vorsteuerabzug berechtigende Verwendung: 30 % (neue Nutzung: 60 % x 50 % = 30 % steuerpflichtig, 30 % steuerfrei, 40 % unternehmensfremd)

Änderung der Verhältnisse: 70 Prozentpunkte (30 % statt bisher 100 %)

Vorsteuerberichtigung ab Jahr 06: 70 Prozentpunkte von 1/10 von 15 000 € = 1 050 € sind zuungunsten des U zu korrigieren.

Beispiel 6:

[1]Unternehmer U beginnt im Jahr 01 mit der Errichtung eines Gebäudes, das er zu 60 % für private Zwecke und zu 40 % für seine vorsteuerunschädliche unternehmerische Tätigkeit zu nutzen beabsichtigt (Herstellungsjahr 01 nach dem Stichtag 31. 12. 2010 und damit Anwendung des § 15 Abs. 1b UStG). [2]Die Fertigstellung erfolgt im Jahr 03. [3]U verwendet das Gebäude ab dem 1. 1. 04 erstmalig wie von Anfang an beabsichtigt zu 60 % privat und zu 40 % vorsteuerunschädlich für unternehmerische Zwecke. [4]U macht während der Herstellungsphase aus den Aufwendungen 40 % Vorsteuerabzug geltend. [5]Außer der Geltendmachung des Vorsteuerabzugs liegen keine Beweisanzeichen für eine Zuordnung zum Unternehmen vor.

ausgewiesene Umsatzsteuer		bis zum 31. 7. des Folgejahres geltend gemachte Vorsteuer
01	40 000 €	16 000 € (40 %)
02	20 000 €	8 000 € (40 %)
03	30 000 €	12 000 € (40 %)
$\sum$	90 000 €	36 000 € (40 %)

[6]U hat das Gebäude im Umfang seiner unternehmerischen Nutzung von 40 % seinem Unternehmen zugeordnet. [7]Durch die Geltendmachung des Vorsteuerabzugs in Höhe von insgesamt 36 000 € hat U seine Zuordnungsentscheidung dokumentiert. [8]In Bezug auf den wie beabsichtigt unternehmensfremd verwendeten Gebäudeanteil hat U keine Zuordnung zum Unternehmen dokumentiert. [9]Ohne Beweisanzeichen kann diese nicht unterstellt werden. [10]Die Vorsteuerbeträge in Höhe von 54 000 € können deshalb weder nach § 15 Abs. 1 UStG noch nachträglich nach § 15a UStG geltend gemacht werden. [11]Wirtschaftsgut im Sinne des § 15a UStG ist nur der dem Unternehmen zugeordnete Gebäudeteil. [12]Auf das Berichtigungsobjekt entfallen somit nur die Vorsteuerbeträge in Höhe von

36 000 € bei einer 100 % unternehmerischen vorsteuerunschädlichen Nutzung. [13]Da U im Jahr 04 das Berichtigungsobjekt ebenfalls nur unternehmerisch verwendet, liegt keine Änderung der Verhältnisse im Sinne des § 15a UStG vor.

Beispiel 7:

[1]Sachverhalt wie Beispiel 6. [2]U verwendet den unternehmerisch genutzten Gebäudeteil ab dem 1.1.05 zu 50 % für steuerfreie Umsätze, die nicht zum Vorsteuerabzug berechtigen.

[3]Es liegt im Jahr 05 eine Änderung der Verhältnisse im Sinne des § 15a Abs.1 UStG vor, da U den dem Unternehmen zugeordneten Gebäudeteil bisher zu 100 % für steuerpflichtige Umsätze genutzt hat.

§ 15a-UStG-fähige Vorsteuerbeträge: 36 000 €

Ursprünglicher Vorsteuerabzug: 36 000 € (100 % von 36 000 €)

Zeitpunkt der erstmaligen Verwendung: 1.1.04

Dauer des Berichtigungszeitraums: 1.1.04 bis 31.12.13

Zum Vorsteuerabzug berechtigende Verwendung: 50 % (neue Nutzung: 50 % steuerpflichtig und 50 % steuerfrei)

Änderung der Verhältnisse: 50 Prozentpunkte (50 % statt bisher 100 %)

Vorsteuerberichtigung ab Jahr 05: 50 Prozentpunkte von 1/10 von 36 000 € = 1 800 € sind zuungunsten des U zu korrigieren.

Beispiel 8:

[1]Sachverhalt wie Beispiel 6. [2]U nutzt das Gesamtgebäude ab dem 1.1.06 nur noch zu 30 % für unternehmerische Zwecke und führt zu 50 % steuerfreie Umsätze aus, die nicht zum Vorsteuerabzug berechtigen.

[3]Es liegen zwei Änderungen der Verhältnisse im Sinne des § 15a Abs.1 in Verbindung mit Abs.6a UStG vor, da U das Berichtigungsobjekt im Sinne des § 15a UStG bisher zu 100 % für steuerpflichtige Tätigkeiten verwendet hat. [4]Die unternehmerische Nutzung des ursprünglich zugeordneten Gebäudeteils beträgt nur noch 3/4 = 75 %, da 10 % bezogen auf die bisherige unternehmerische Nutzung von 40 % nunmehr unternehmensfremd genutzt werden. [5]Außerdem ist U auf Grund der steuerfreien Umsätze in Bezug auf den unternehmerisch verwendeten Gebäudeteil nur noch zu 50 % zum Vorsteuerabzug berechtigt.

§ 15a-UStG-fähige Vorsteuerbeträge: 36 000 €

Ursprünglicher Vorsteuerabzug: 36 000 € (100 % von 36 000 €)

Zeitpunkt der erstmaligen Verwendung: 1.1.04

Dauer des Berichtigungszeitraums: 1.1.04 bis 31.12.13

Zum Vorsteuerabzug berechtigende Verwendung: 37,5 % (neue Nutzung: 75 % x 1/2 = 37,5 % steuerpflichtig, 37,5 % steuerfrei, 25 % unternehmensfremd)

Änderung der Verhältnisse: 62,5 Prozentpunkte (37,5 % statt bisher 100 %)

Vorsteuerberichtigung ab Jahr 06: 62,5 Prozentpunkte von 1/10 von 36 000 € = 2 250 € sind zuungunsten des U zu korrigieren.

Beispiel 9:

[1]Unternehmer U beginnt im Jahr 01 mit der Errichtung eines Gebäudes, das er teilunternehmerisch für unternehmerische und private Zwecke zu nutzen beabsichtigt (Herstellungsjahr 01 nach dem Stichtag 31.12.2010 und damit Anwendung des § 15 Abs.1b UStG). [2]Die Fertigstellung erfolgt im Jahr 03. [3]Während des Herstellungsvorgangs ändert sich die Verwendungsabsicht von U nachweisbar wie folgt: Im Jahr 01 beabsichtigt U, das Gebäude zu 80 %, im Jahr 02 zu 60 % und im Jahr 03 zu 70 % für seine unternehmerische vorsteuerunschädliche Tätigkeit zu verwenden. [4]Es liegen keine Beweisanzeichen einer Zuordnung über die Geltendmachung des Vorsteuerabzugs hinaus vor. [5]Die erstmalige Verwendung des Gebäudes erfolgt am 1.1.04. [6]U nutzt das Gebäude, wie im Jahr 03 beabsichtigt, zu 70 % für seine unternehmerische vorsteuerunschädliche Tätigkeit und zu 30 % privat.

ausgewiesene Umsatzsteuer		bis zum 31. 7. des Folgejahres geltend gemachte Vorsteuer	
01	40 000 €	32 000 € (80 %)	
02	20 000 €	12 000 € (60 %)	
03	30 000 €	21 000 € (70 %)	
∑	90 000 €	65 000 € (72,22 % von 90 000 €)	

[7]Das Gebäude des U soll für unternehmerische und unternehmensfremde Zwecke verwendet werden. [8]U hat deshalb grundsätzlich das Wahlrecht, das Gebäude vollständig, gar nicht oder im Umfang der unternehmerischen Nutzung dem Unternehmen zuzuordnen. [9]Da sich die beabsichtigte Verwendung des Gebäudes im Herstellungsvorgang ändert und U nicht erklärt, in welchem Umfang er das Gebäude seinem Unternehmen zuordnet, gilt das Gebäude aus Vereinfachungsgründen zu 72,22 % dem Unternehmen des U als zugeordnet.

[10]In Bezug auf den unternehmensfremd verwendeten Gebäudeanteil hat U keine Zuordnung zum Unternehmen dokumentiert. [11]Ohne Beweisanzeichen kann diese nicht unterstellt werden. [12]Die Vorsteuerbeträge in Höhe von (90 000 € abzgl. 65 000 € =) 25 000 € können deshalb weder nach § 15 Abs. 1 UStG noch nachträglich nach § 15a UStG geltend gemacht werden. [13]Wirtschaftsgut im Sinne des § 15a UStG ist nur der dem Unternehmen zugeordnete Gebäudeteil.

[14]Da die tatsächliche Verwendung von der beabsichtigten Verwendung während des Herstellungsprozesses abweicht, liegt im Zeitpunkt der erstmaligen Verwendung (70 % unternehmerisch) eine Änderung der Verhältnisse im Sinne des § 15a Abs. 1 in Verbindung mit Abs. 6a UStG vor. [15]Die geltend gemachten Vorsteuerbeträge in Höhe von 65 000 € entsprechen 100 % des zugeordneten Gebäudeteils. [16]Die unternehmerische Verwendung in Höhe von 70 % hätte U nur zu einem Vorsteuerabzug in Höhe von 63 000 € berechtigt (70 % von 90 000 €). [17]Die Verhältnisse ändern sich somit um 3,08 Prozentpunkte (63 000 € von 65 000 € = 96,92 %). [18]Da sich die Verhältnisse um weniger als 10 Prozentpunkt ändern und der Änderungsbetrag nicht 1 000 € übersteigt, entfällt eine Vorsteuerberichtigung (§ 44 Abs. 2 UStDV).

Beispiel 10:

[1]Sachverhalt wie Beispiel 9. [2]U beabsichtigt in den Jahren 01 bis 03 jedoch folgende unternehmerische Verwendung des Gebäudes und macht entsprechende Vorsteuerbeträge geltend:

ausgewiesene Umsatzsteuer		bis zum 31. 7. des Folgejahres geltend gemachte Vorsteuer	
01	30 000 €	21 000 € (70 %)	
02	20 000 €	12 000 € (60 %)	
03	40 000 €	32 000 € (80 %)	
∑	90 000 €	65 000 € (72,22 % von 90 000 €)	

[3]U nutzt das gesamte Gebäude ab dem 1. 1. 04 zu 80 % für unternehmerische vorsteuerunschädliche Zwecke.

[4]Eine Berichtigung nach § 15a UStG ist nicht möglich, da das Gebäude nur zu 72,22 % als dem Unternehmen zugeordnet gilt und er damit bereits 100 % des berichtigungsfähigen Vorsteuervolumens ausgeschöpft hat.

Beispiel 11:

[1]Sachverhalt wie Beispiel 9. [2]U führt ab dem 1. 1. 05 zu 50 % steuerfreie Umsätze aus, die nicht zum Vorsteuerabzug berechtigen.

[3]Es liegt eine Änderung der Verhältnisse im Sinne des § 15a Abs. 1 UStG vor, da U bisher zu 100 % steuerpflichtige Ausgangsumsätze ausgeführt hat. [4]Der dem Unternehmen zugeordnete Gebäudeteil wurde bisher zu 96,92 % für steuerpflichtige Tätigkeiten und zu 3,08 % unternehmensfremd genutzt.

§ 15a-UStG-fähige Vorsteuerbeträge: 65 000 €

Ursprünglicher Vorsteuerabzug: 65 000 € (100 % von 65 000 €)

Zeitpunkt der erstmaligen Verwendung: 1. 1. 04

Dauer des Berichtigungszeitraums: 1. 1. 04 bis 31. 12. 13

UStAE

Zum Vorsteuerabzug berechtigende Verwendung: 48,46 % (neue Nutzung: 48,46 % steuerpflichtig, 48,46 % steuerfrei, 3,08 % unternehmensfremd)

Änderung der Verhältnisse: 51,54 Prozentpunkte (48,46 % statt bisher 100 %)

Vorsteuerberichtigung ab Jahr 05: 51,54 Prozentpunkte von 1/10 von 65 000 € = 3 350,10 € sind zuungunsten des U zu korrigieren.

Beispiel 12:

[1]Sachverhalt wie Beispiel 9. [2]U nutzt das Gesamtgebäude ab dem 1.1.06 zu 50 % für unternehmensfremde (private) Zwecke und führt zu 50 % steuerfreie Umsätze aus, die nicht zum Vorsteuerabzug berechtigen.

[3]Es liegen zwei Änderungen der Verhältnisse im Sinne des § 15a Abs.1 in Verbindung mit Abs.6a UStG vor, da U das Berichtigungsobjekt im Sinne des § 15a UStG bisher nur zu 3,08 % unternehmensfremd genutzt hat. [4]Die unternehmerische Nutzung des ursprünglich zugeordneten Gebäudeteils beträgt nur 69,24 %, da 22,22 % bezogen auf den zugeordneten Gebäudeteil von 72,22 % (= 30,76 %) nunmehr unternehmensfremd genutzt werden. [5]Außerdem ist U auf Grund der steuerfreien Umsätze in Bezug auf den unternehmerisch verwendeten Gebäudeteil nur noch zu 50 % zum Vorsteuerabzug berechtigt.

§ 15a-UStG-fähige Vorsteuerbeträge: 65 000 €

Ursprünglicher Vorsteuerabzug: 65 000 € (100 % von 65 000 €)

Zeitpunkt der erstmaligen Verwendung: 1.1.04

Dauer des Berichtigungszeitraums: 1.1.04 bis 31.12.13

Zum Vorsteuerabzug berechtigende Verwendung: 34,62 % (neue Nutzung: 34,62 % steuerpflichtig, 34,62 % steuerfrei, 30,76 % unternehmensfremd − 27,78 % des zu 50 % unternehmensfremd verwendeten Gebäudes sind nicht dem Unternehmen zugeordnet worden −)

Änderung der Verhältnisse: 65,38 Prozentpunkte (34,62 % statt bisher 100 %)

Vorsteuerberichtigung ab Jahr 06: 65,38 Prozentpunkte von 1/10 von 65 000 € = 4 249,70 € sind zuungunsten des U zu korrigieren.

Beispiel 13:

[1]Die Gemeinde G beginnt im Jahr 01 mit der Errichtung eines Gebäudes, das sie im Jahr 01 zu 100 % für hoheitliche Zwecke zu nutzen beabsichtigt. [2]Im Jahr 02 beschließt der Gemeinderat jedoch, das Gebäude zu 50 % für vorsteuerunschädliche unternehmerische Zwecke zu nutzen. [3]Die Fertigstellung des Gebäudes erfolgt im Jahr 03. [4]Die erstmalige Verwendung erfolgt am 1.1.04 wie im Jahr 02 beschlossen zu 50 % hoheitlich und zu 50 % unternehmerisch. [5]Vorsteuerbeträge wurden entsprechend der zum jeweiligen Leistungsbezug bestehenden Verwendungsabsicht wie folgt erklärt:

ausgewiesene Umsatzsteuer		geltend gemachte Vorsteuer
01	40 000 €	0 €
02	20 000 €	10 000 €
03	30 000 €	15 000 €
Σ	90 000 €	25 000 €

[6]Soweit G beabsichtigt, das Gebäude für nichtwirtschaftliche Tätigkeiten i.e.S. zu verwenden, ist der Vorsteuerabzug nach § 15 Abs.1 UStG ausgeschlossen. [7]G hat deshalb kein Zuordnungswahlrecht und muss zum 31.7. des Folgejahres keine Zuordnung dokumentieren. [8]Da G im Jahr 01 beabsichtigt hat, das Gebäude zu 100 % für nichtwirtschaftliche Tätigkeiten i.e.S. zu verwenden, können die Vorsteuerbeträge aus dem Jahr 01 nachträglich nicht geltend gemacht werden. [9]Eine Berichtigung nach § 15a UStG aus Billigkeitsgründen (vgl. Abschnitt 15a.1 Abs. 7) ist insoweit ebenfalls ausgeschlossen, weil es sich vorliegend nicht um eine Erhöhung des wirtschaftlich verwendeten Teils eines bereits zugeordneten Gebäudes handelt, sondern um die erstmalige unternehmerische Zuordnung. [10]Das Gebäude wird für Zwecke des § 15a UStG wie zu 50 % (25 000 € von 50 000 €) dem Unternehmen zugeordnet behandelt, weil für die Jahre 02 und 03 ein Aufteilungsgebot gilt (vgl. Absatz 2 Satz 1 Nr. 2 Buchstabe a). [11]Das Volumen für eine Berichtigung nach den Grundsätzen des § 15a UStG beträgt 50 000 € (25 000 € auf Basis der Zuordnung und 25 000 € aus Billigkeitsgründen, vgl. Abschnitt 15a.1 Abs. 7).

Beispiel 14:

[1]Sachverhalt wie Beispiel 13. [2]G verwendet das Gebäude ab dem 1.1.05 zu 70 % für unternehmerische Tätigkeiten.

§ 15a-UStG-fähige Vorsteuerbeträge: 50 000 € (Vorsteuerbeträge aus den Jahren 02 und 03)

Ursprünglicher Vorsteuerabzug: 25 000 € (50 % von 50 000 €)

Zeitpunkt der erstmaligen Verwendung: 1.1.04

Dauer des Berichtigungszeitraums: 1.1.04 bis 31.12.13

Zum Vorsteuerabzug berechtigende Verwendung: 70 %

Änderung der Verhältnisse: 20 Prozentpunkte (70 % statt bisher 50 %)

Vorsteuerberichtigung ab dem Jahr 05 aus Billigkeitsgründen nach Abschnitt 15a.1 Abs. 7: 20 Prozentpunkte von 1/10 von 50 000 € = 1 000 € sind zugunsten der G zu korrigieren.

[3]Der Gegenstand gilt durch die Berichtigung aus Billigkeitsgründen zu 70 % als dem Unternehmen zugeordnet.

Beispiel 15:

[1]Die Gemeinde G beginnt im Jahr 01 mit der Errichtung eines Gebäudes, das sie in 01 zu 75 % für hoheitliche und zu 25 % für vorsteuerunschädliche unternehmerische Zwecke zu nutzen beabsichtigt. [2]Im Jahr 02 beschließt der Gemeinderat jedoch, das Gebäude zu 50 % für vorsteuerunschädliche unternehmerische Zwecke zu nutzen. [3]Die Fertigstellung des Gebäudes erfolgt im Jahr 03. [4]Die erstmalige Verwendung erfolgt am 1.1.04 wie im Jahr 02 beschlossen zu 50 % hoheitlich und zu 50 % unternehmerisch. [5]Vorsteuerbeträge wurden entsprechend der zum jeweiligen Leistungsbezug bestehenden Verwendungsabsicht wie folgt erklärt:

ausgewiesene Umsatzsteuer		geltend gemachte Vorsteuer
01	40 000 €	10 000 € (25 %)
02	20 000 €	10 000 € (50 %)
03	30 000 €	15 000 € (50 %)
∑	90 000 €	35 000 € (38,88 %)

[6]Soweit G beabsichtigt, das Gebäude für nichtwirtschaftliche Tätigkeiten i. e. S. zu verwenden, ist der Vorsteuerabzug nach § 15 Abs. 1 UStG ausgeschlossen. [7]G hat deshalb kein Zuordnungswahlrecht und muss bis zum 31.7. des Folgejahres keine Zuordnung dokumentieren. [8]Das Gebäude gilt aus Vereinfachungsgründen zu 38,88 % als dem Unternehmen zugeordnet. [9]Für das Jahr 04 kann aus Billigkeitsgründen wegen der Änderung der Verhältnisse um 11,12 % (50 % statt 38,88 %) eine Korrektur nach den Grundsätzen des § 15a UStG erfolgen (vgl. Abschnitt 15a.1 Abs. 7).

UStAE 15.2d. Regelungen zum Vorsteuerabzug in Einzelfällen

(1) Zum Vorsteuerabzug in besonderen Fällen wird auf folgende Regelungen hingewiesen:

1. Errichtung von Gebäuden auf fremdem Boden
   (vgl. BMF-Schreiben vom 23.7.1986, BStBl I S. 432);

2. Einrichtungen, bei denen neben dem unternehmerischen auch ein nichtunternehmerischer Bereich besteht (z. B. bei juristischen Personen des öffentlichen Rechts, Vereinen),
   (vgl. Abschnitte 2.10 und 15.19);

3. Garantieleistungen in der Reifenindustrie
   (vgl. BMF-Schreiben vom 21.11.1974, BStBl I S. 1021);

4. Garantieleistungen und Freiinspektionen in der Kraftfahrzeugwirtschaft
   (vgl. BMF-Schreiben vom 3.12.1975, BStBl I S. 1132);

UStAE

5. Austauschverfahren in der Kraftfahrzeugwirtschaft
   (vgl. Abschnitt 10.5 Abs. 3);

6. Einschaltung von Personengesellschaften beim Erwerb oder der Errichtung von Betriebsgebäuden der Kreditinstitute
   (vgl. BMF-Schreiben vom 29.5.1992, BStBl I S.378);

7. Einschaltung von Unternehmern in die Erfüllung hoheitlicher Aufgaben
   (vgl. BMF-Schreiben vom 27.12.1990, BStBl 1991 I S.81);

8. Essensabgabe an das Personal durch eine vom Arbeitgeber nicht selbst betriebene Kantine
   oder Gaststätte
   (vgl. Abschnitt 1.8 Abs.12);

9. Vorsteuerabzug und Umsatzbesteuerung bei zwischen dem 1.4.1999 und dem
   31.12.2003 angeschafften teilunternehmerisch genutzten Fahrzeugen
   (vgl. Tz.6 des BMF-Schreibens vom 27.8.2004, BStBl I S.864);

10. Public-Private-Partnerships (PPP) im Bundesfernstraßenbau
    (vgl. BMF-Schreiben vom 30.3.2022, BStBl I S.568);

11. Vorsteuerabzug bei gemeinsamem Leistungsbezug durch mehrere Personen
    (vgl. BMF-Schreiben vom 27.10.2021, BStBl I S.2137);

12. Vorsteuerabzug beim Betrieb von Anlagen zur Energieerzeugung
    (vgl. Abschnitt 2.5);

13. Vorsteuerabzug bei Errichtung von Erschließungsanlagen
    (vgl. BMF-Schreiben vom 7.6.2012, BStBl I S.621);

14. [1]Vorsteuerabzug eines Insolvenzverwalters; ein Insolvenzverwalter kann eine Leistung im
    Zusammenhang mit seiner Tätigkeit entweder kraft Amtes für die Masse oder persönlich
    beziehen. [2]Das Recht auf Vorsteuerabzug steht der Insolvenzmasse zu, wenn der Insolvenz-
    verwalter die Masse wirksam verpflichtet hat (vgl. BFH-Urteil vom 18.9.2019, XI R 19/17,
    BStBl 2020 II S.172);

15. Vorsteuerabzug bei der Verwendung eines Aliasnamens nach dem ProstSchG
    (vgl. BMF-Schreiben vom 7.9.2021, BStBl I S.1591).

(2) [1]Erwachsen dem Unternehmer Aufwendungen durch Beköstigung des im Unternehmen beschäftigten Personals in seinem Haushalt, gilt folgende Vereinfachungsregelung: Für die auf
diese Aufwendungen entfallenden Vorsteuern kann ohne Einzelnachweis ein Betrag abgezogen
werden, der sich unter Anwendung eines durchschnittlichen Steuersatzes von 7,9% auf den
Wert errechnet, der bei der Einkommensteuer für die außerbetrieblichen Zukäufe als Betriebsausgabe anerkannt wird. [2]Dementsprechend kann in diesen Fällen die abziehbare Vorsteuer von
7,32% dieses Werts (Bruttobetrag) errechnet werden.

(3) Zur Minderung des Vorsteuerabzugs beim Leistungsempfänger im Zusammenhang mit
Preisnachlässen und Preiserstattungen sowie der Einlösung von Gutscheinen vgl. Abschnitt 17.2
Abs.3 und 4.

UStAE   15.3. Vorsteuerabzug bei Zahlungen vor Empfang der Leistung

(1) [1]Der Vorsteuerabzug setzt in den Fällen des § 15 Abs.1 Satz 1 Nr.1 UStG bei Zahlungen vor
Empfang der Leistung (§ 15 Abs.1 Satz 1 Satz 3 UStG) voraus, dass

1. eine nach §§ 14, 14a UStG ausgestellte Rechnung vorliegt und

2. die Zahlung geleistet worden ist.

[2]Der Vorsteuerabzug kommt für den Voranmeldungs- bzw. Besteuerungszeitraum in Betracht, in
dem erstmalig beide Voraussetzungen erfüllt sind. [3]Voraussetzung für den Vorsteuerabzug aus
Rechnungen über Lieferungen, auf die eine Anzahlung geleistet wurde, ist, dass alle maßgeblichen Elemente des Steuertatbestands, d.h. der künftigen Lieferung, bereits bekannt und somit

insbesondere die Gegenstände der Lieferung zum Zeitpunkt der Anzahlung genau bestimmt sind (vgl. BFH-Urteil vom 24. 8. 2006, V R 16/05, BStBl 2007 II S. 340, vgl. Abschnitt 14.8 Abs. 4 Satz 2).

(2) Hat ein Kleinunternehmer, der von der Sonderregelung des § 19 Abs. 1 UStG zur allgemeinen Besteuerung übergegangen ist, bereits vor dem Übergang Zahlungen für einen nach dem Übergang an ihn bewirkten Umsatz geleistet, kann er den vorgezogenen Vorsteuerabzug in der Voranmeldung für den ersten Voranmeldungszeitraum nach dem Übergang zur allgemeinen Besteuerung geltend machen.

(3) Für den Vorsteuerabzug bei Zahlungen vor Empfang der Leistung ist es ohne Bedeutung, ob die vor Ausführung des Umsatzes geleistete Zahlung das volle Entgelt oder nur einen Teil des Entgelts einschließt.

(4) [1]Ist der gesondert ausgewiesene Steuerbetrag höher als die Steuer, die auf die Zahlung vor der Umsatzausführung entfällt, kann nach § 15 Abs. 1 Satz 1 Nr. 1 Satz 3 UStG nur der Steuerbetrag abgezogen werden, der in der im Voraus geleisteten Zahlung enthalten ist. [2]Das gilt auch, wenn vor der Ausführung des Umsatzes über die gesamte Leistung abgerechnet wird, die Gegenleistung aber in Teilbeträgen gezahlt wird. [3]In diesen Fällen hat daher der Unternehmer den insgesamt ausgewiesenen Steuerbetrag auf die einzelnen Teilbeträge aufzuteilen.

Beispiel:

[1]Der Unternehmer hat bereits im Januar eine Gesamtrechnung für einen im Juli zu liefernden Gegenstand über 100 000 € zuzüglich gesondert ausgewiesener Umsatzsteuer i. H. v. 19 000 €, insgesamt 119 000 €, erhalten. [2]Er leistet in den Monaten März, April und Mai Anzahlungen von jeweils 23 800 €. [3]Die Restzahlung i. H. v. 47 600 € überweist er einen Monat nach Empfang der Leistung.

[4]Der Unternehmer kann für die Voranmeldungszeiträume März, April und Mai den in der jeweiligen Anzahlung enthaltenen Steuerbetrag von 3 800 € als Vorsteuer abziehen. [5]Die in der Restzahlung von 47 600 € enthaltene Vorsteuer von 7 600 € kann für den Voranmeldungszeitraum Juli (zum Zeitpunkt der Umsatzausführung) abgezogen werden.

(5) [1]Aus einer Endrechnung (§ 14 Abs. 5 Satz 2 UStG) kann der Leistungsempfänger nur den Steuerbetrag als Vorsteuer abziehen, der auf die verbliebene Restzahlung entfällt. [2]Das Gleiche gilt bei der Abrechnung mit Gutschriften. [3]Ein höherer Vorsteuerabzug ist auch dann nicht zulässig, wenn in der Endrechnung die im Voraus gezahlten Teilentgelte und die darauf entfallenden Steuerbeträge nicht oder nicht vollständig abgesetzt wurden (vgl. Abschnitt 14.8 Abs. 10). [4]Sind die Rechnungen oder Gutschriften für die im Voraus geleisteten Zahlungen im Zusammenhang mit der Erteilung der Endrechnung widerrufen oder zurückgenommen worden, ist aus der Endrechnung ebenfalls nur der auf die Restzahlung entfallende Steuerbetrag als Vorsteuer abziehbar (vgl. Abschnitt 14.8 Abs. 9).

(6) Für Anzahlungen, bei denen erst im Zeitpunkt der Leistungserbringung der Leistungsempfänger die Voraussetzungen als Steuerschuldner nach Maßgabe des § 13b UStG erfüllt, vgl. Abschnitt 13b.12 Abs. 3 Sätze 3 und 4.

UStAE 15.4. Vorsteuerabzug bei Rechnungen über Kleinbeträge

(1) Für die Berechnung des Steuerbetrages aus Rechnungen bis zu einem Gesamtbetrag von 250 € (vgl. § 35 Abs. 1 UStDV) können die auf einen Voranmeldungszeitraum entfallenden Rechnungen zusammengefasst werden, soweit derselbe Steuersatz anzuwenden ist.

(2) Die Vorsteuer kann aus dem Rechnungsbetrag durch Anwendung der folgenden Formel ermittelt werden:

$$\frac{\text{Rechnungspreis x Steuersatz}}{(100 + \text{Steuersatz})}$$

Beispiel:

Rechnungspreis 149,95 €, Steuersatz 19 %

$$\frac{149,95\ € \times 19}{(100 + 19)} = 23,94\ €\ \text{Vorsteuer}$$

(3) Der auf die Rechnung entfallende Steuerbetrag kann auch mittels eines Faktors oder eines Divisors ermittelt werden.

1. [1]Bei Verwendung eines Faktors ist folgende Formel anzuwenden:

$$\frac{\text{Rechnungspreis} \times \text{Faktor}}{100}$$

[2]Der Faktor beträgt bei einem Steuersatz von

  7   % =   6,54   (6,5421)
19   % = 15,97 (15,9664).

Beispiel:

Rechnungspreis 149,95 €, Steuersatz 19 %

$$\frac{149,95\ € \times 15,97}{100} = 23,94\ €\ \text{Vorsteuer}$$

2. [1]Mit einem Divisor kann zunächst das auf den Rechnungspreis entfallende Entgelt berechnet und sodann der abziehbare Vorsteuerbetrag durch Abzug des Entgelts vom Rechnungspreis ermittelt werden. [2]Das Entgelt wird nach folgender Formel berechnet:

$$\frac{\text{Rechnungspreis}}{\text{Divisor}}$$

[3]Der Divisor beträgt bei einem in der Rechnung angegebenen Steuersatz von

  7   % = 1,07
19   % = 1,19.

Beispiel:

Rechnungspreis 149,95 €, Steuersatz 19 %

$$\frac{149,95\ €}{1,19} = 126,01\ €\ \text{Entgelt}$$

149,95 € ./. 126,01 € = 23,94 € Vorsteuer

UStAE   15.5. Vorsteuerabzug bei Fahrausweisen

(1) [1]Fahrausweise und Belege im Sinne des § 34 UStDV, die für die Beförderung im Personenverkehr und im Reisegepäckverkehr ausgegeben werden, berechtigen nach § 35 Abs. 2 UStDV zum Vorsteuerabzug, soweit sie auf das Inland entfallende Beförderungsleistungen für das Unternehmen betreffen. [2]Stellt der Unternehmer seinen Arbeitnehmern Fahrausweise für die Fahrten zwischen Wohnung und regelmäßiger Arbeitsstätte zur Verfügung, sind die von den Arbeitnehmern in Anspruch genommenen Beförderungsleistungen nicht als Umsätze für das Unternehmen anzusehen. [3]Die dafür vom Unternehmer beschafften Fahrausweise berechtigen ihn daher nicht zur Vornahme des Vorsteuerabzugs.

(2) – (9) …

UStAE   15.6. Vorsteuerabzug bei Repräsentationsaufwendungen

Allgemeines

(1) [1]Nach § 15 Abs. 1a UStG sind Vorsteuerbeträge aus Leistungen für das Unternehmen (vgl. insbesondere Abschnitte 15.2a, 15.2b und 15.2c) nicht abziehbar, die auf Aufwendungen entfallen, für die das Abzugsverbot des § 4 Abs. 5 Satz 1 Nr. 1 bis 4, 7 oder des § 12 Nr. 1 EStG gilt. [2]Vom Vorsteuerausschluss ausgenommen sind Bewirtungsaufwendungen, soweit § 4 Abs. 5 Satz 1 Nr. 2 EStG einen Abzug angemessener und nachgewiesener Aufwendungen ausschließt (vgl. Absätze 6 und 7). [3]Die Regelung des § 15 Abs. 1a UStG bezieht sich nicht auf die Tatbestände des § 4 Abs. 5 Satz 1 Nr. 5, 6, 6a und 6b EStG. [4]Aus Aufwendungen im Sinne des § 4 Abs. 5 Satz 1 Nr. 6, 6a und 6b EStG für Fahrten zwischen Wohnung und Betriebsstätte, für Familienheimfahrten wegen einer aus betrieblichem Anlass begründeten doppelten Haushaltsführung, für betrieblich veranlasste Übernachtungen sowie für ein häusliches Arbeitszimmer kann der Unternehmer beim Vorliegen der übrigen Voraussetzungen des § 15 UStG den Vorsteuerabzug beanspruchen.

(2) [1]Für die Abgrenzung der nicht abziehbaren Aufwendungen gelten die ertragsteuerrechtlichen Grundsätze in R 4.10 EStR. [2]Maßgeblich ist, ob der Aufwand seiner Art nach von § 4 Abs. 5 Satz 1 Nr. 1 bis 7 EStG erfasst wird (vgl. BFH-Urteil vom 2. 7. 2008, XI R 66/06, BStBl 2009 II S. 206). [3]Die tatsächliche ertragsteuerrechtliche Behandlung ist für den Bereich der Umsatzsteuer nicht bindend. [4]So führen z. B. Aufwendungen im Sinne des § 4 Abs. 5 Satz 1 Nr. 1 bis 4 und Nr. 7 EStG auch dann zum Ausschluss des Vorsteuerabzugs, wenn ihr Abzug ertragsteuerrechtlich zu Unrecht zugelassen worden ist. [5]Die Versagung des Vorsteuerabzugs für ertragsteuerrechtlich angemessene Bewirtungsaufwendungen allein wegen nicht eingehaltener Formvorschriften für den Nachweis für Betriebsausgaben (einzelne und getrennte Aufzeichnung nach § 4 Abs. 7 EStG, vgl. R 4.11 EStR) ist aber nicht zulässig. [6]Für den Vorsteuerabzug gelten die allgemeinen Voraussetzungen des § 15 UStG.

(3) [1]Bei Unternehmern, für die § 4 Abs. 5 EStG ertragsteuerrechtlich keine Bedeutung hat, weil sie keinen Gewinn zu ermitteln haben (z. B. gemeinnützige Einrichtungen, die nach § 5 Abs. 1 Nr. 9 KStG von der Körperschaftsteuer befreit sind), ist für Umsatzsteuerzwecke darauf abzustellen, ob die Aufwendungen ihrer Art nach unter das Abzugsverbot des § 4 Abs. 5 Satz 1 Nr. 1 bis 4 und Nr. 7 EStG fallen. [2]Dabei ist grundsätzlich der gleiche Nachweis zu verlangen, der ertragsteuerrechtlich zu führen wäre (z. B. bei Bewirtungsaufwendungen).

Geschenke

(4) [1]Durch die Bezugnahme auf § 4 Abs. 5 Satz 1 Nr. 1 EStG wird die Umsatzsteuer für Aufwendungen für Geschenke an Personen, die nicht Arbeitnehmer des Unternehmers sind, vom Vorsteuerabzug ausgeschlossen, wenn die Anschaffungs- oder Herstellungskosten der Zuwendungen an einen Empfänger zusammengerechnet 35 € übersteigen (vgl. BFH-Urteil vom 12. 12. 2012, XI R 36/10, BStBl 2013 II S. 412). [2]Für die Ermittlung der Anschaffungs- und Herstellungskosten gelten die Grundsätze in R 4.10 Abs. 3 in Verbindung mit R 9b Abs. 2 Satz 3 EStR. [3]Die Freigrenze ist für Umsatzsteuerzwecke auf das Kalenderjahr zu beziehen. [4]Bei der Prüfung des Überschreitens der 35 €-Grenze sind Geldgeschenke einzubeziehen. [5]Für die Abgrenzung der Geschenke von anderen Zuwendungen gelten die ertragsteuerrechtlichen Grundsätze (vgl. R 4.10 Abs. 4 EStR). [6]Der Vorsteuerausschluss und die Freigrenze gelten nicht nur für Sachgeschenke, sondern auch für Geschenke in Form anderer geldwerter Vorteile (z. B. Eintrittsberechtigungen zu kulturellen oder sportlichen Veranstaltungen).

(5) [1]Steht im Zeitpunkt des Erwerbs oder der Herstellung eines Gegenstands seine Verwendung als Geschenk noch nicht fest, kann der Vorsteuerabzug zunächst unter den allgemeinen Voraussetzungen des § 15 UStG beansprucht werden. [2]Im Zeitpunkt der Hingabe des Geschenks ist eine Vorsteuerkorrektur nach § 17 Abs. 2 Nr. 5 UStG vorzunehmen, wenn die Freigrenze von 35 € überschritten wird.

UStAE

Beispiel:

[1]Der Unternehmer A schenkt seinem Geschäftskunden B im April 01 eine Uhr aus seinem Warenbestand. [2]Die Uhr hatte A im Dezember 00 für 25 € zuzüglich 4,75 € Umsatzsteuer eingekauft. [3]Im Dezember 01 erhält B von A aus Anlass des Weihnachtsfestes ein Weinpräsent, das A im Dezember 01 für 35 € zuzüglich 6,65 € Umsatzsteuer gekauft hatte.

[4]Durch das zweite Geschenk werden auch die Aufwendungen für das erste Geschenk nicht abziehbar im Sinne des § 4 Abs. 5 EStG. [5]A hat in der Voranmeldung für Dezember 01 eine Vorsteuerberichtigung nach § 17 Abs. 2 Nr. 5 UStG vorzunehmen (Minderung der Vorsteuern um 4,75 €). [6]Die Umsatzsteuer für das zweite Geschenk ist nach § 15 Abs. 1a UStG nicht abziehbar.

Bewirtungskosten

(6) [1]Angemessene und nachgewiesene Bewirtungsaufwendungen berechtigen auch insoweit zum Vorsteuerabzug, als § 4 Abs. 5 Satz 1 Nr. 2 EStG einen Abzug als Betriebsausgaben ausschließt. [2]Voraussetzung für den Vorsteuerabzug ist damit neben den allgemeinen Voraussetzungen des § 15 UStG, dass die Bewirtungsaufwendungen nach der allgemeinen Verkehrsauffassung als angemessen zu beurteilen sind. [3]Soweit es sich nicht um angemessene Bewirtungsaufwendungen handelt, ist der Vorsteuerabzug mangels unternehmerischer Veranlassung des Leistungsbezugs nicht möglich.

(7) [1]Der Vorsteuerabzug aus den angemessenen Aufwendungen ist auch zulässig bei Bewirtungen von Geschäftsfreunden in unternehmenseigenen Kantinen, Casinos und Restaurants. [2]Es bestehen keine Bedenken gegen eine sachgerechte Schätzung in Anlehnung an die ertragsteuerrechtliche Vereinfachungsregelung in R 4.10 Abs. 6 EStR.

Repräsentationsaufwendungen

(8) [1]Der Ausschluss des Vorsteuerabzugs setzt nicht voraus, dass die in § 4 Abs. 5 Satz 1 Nr. 4 EStG genannten Aufwendungen im Rahmen eines andere Zwecke verfolgenden Unternehmens getätigt werden (vgl. BFH-Urteil vom 2. 7. 2008, XI R 66/06, BStBl 2009 II S. 206). [2]Vorsteuerbeträge, die auf Aufwendungen für den Erwerb und den Unterhalt von Segeljachten entfallen, sind nicht abziehbar, wenn der Unternehmer die Segeljachten zwar nachhaltig und zur Erzielung von Einnahmen, jedoch ohne Gewinn-/Überschusserzielungsabsicht vermietet (vgl. BFH-Urteile vom 2. 7. 2008, XI R 60/06, BStBl 2009 II S. 167, und vom 21. 5. 2014, V R 34/13, BStBl II S. 914). [3]Das Halten von Rennpferden aus Repräsentationsgründen ist ein ähnlicher Zweck im Sinne des § 4 Abs. 5 Satz 1 Nr. 4 EStG (BFH-Urteil vom 2. 7. 2008, XI R 66/06, a. a. O.); hiermit zusammenhängende Vorsteuerbeträge sind nicht abziehbar. [4]Hingegen dient der Betrieb einer Pferdezucht in größerem Umfang mit erheblichen Umsätzen bei typisierender Betrachtung nicht in vergleichbarer Weise wie die ausdrücklich in § 4 Abs. 5 Satz 1 Nr. 4 EStG genannten Gegenstände (Jagd, Fischerei, Segel- oder Motorjacht) einer überdurchschnittlichen Repräsentation, der Unterhaltung von Geschäftsfreunden, der Freizeitgestaltung oder der sportlichen Betätigung (BFH-Urteil vom 12. 2. 2009, V R 61/06, BStBl II S. 828).

UStAE   15.6a. Vorsteuerabzug bei teilunternehmerisch genutzten Grundstücken

(1) [1]Teilunternehmerisch genutzte Grundstücke im Sinne des § 15 Abs. 1b UStG sind Grundstücke, die sowohl unternehmerisch als auch unternehmensfremd (privat) genutzt werden. [2]Den Grundstücken gleichgestellt sind nach § 15 Abs. 1b Satz 2 UStG Gebäude auf fremdem Grund und Boden sowie Berechtigungen, für die die Vorschriften des bürgerlichen Rechts über Grundstücke gelten (z. B. Erbbaurechte). [3]§ 15 Abs. 1b UStG stellt eine Vorsteuerabzugsbeschränkung dar, die nicht das Zuordnungswahlrecht des Unternehmers nach § 15 Abs. 1 UStG berührt (vgl. Abschnitt 15.2c). [4]Soweit ein Grundstück für nichtwirtschaftliche Tätigkeiten i. e. S. verwendet

wird (vgl. Abschnitt 2.3 Abs. 1a), ist die Vorsteuer bereits nach § 15 Abs. 1 UStG nicht abziehbar; für die Anwendung des § 15 Abs. 1b UStG bleibt insoweit kein Raum (vgl. BFH-Urteil vom 3. 3. 2011, V R 23/10, BStBl 2012 II S. 74, Abschnitte 2.10, 2.11, 15.2b Abs. 2 und Abschnitt 15.19).

(2) [1]Eine teilunternehmerische Verwendung im Sinne des § 15 Abs. 1b UStG liegt unter Berücksichtigung des Absatzes 1 Satz 4 nur vor, wenn das dem Unternehmen zugeordnete Grundstück teilweise für unternehmensfremde Zwecke verwendet wird. [2]Hierzu gehören nur solche Grundstücksverwendungen, die ihrer Art nach zu einer unentgeltlichen Wertabgabe im Sinne des § 3 Abs. 9a Nr. 1 UStG führen können. [3]Zu einer teilweisen Verwendung für hoheitliche Zwecke vgl. Abschnitt 3.4 Abs. 6 und 15.19 Abs. 2 und 3. [4]Ist die Verwendung eines dem Unternehmen zugeordneten Grundstücks für den privaten Bedarf des Personals ausnahmsweise überwiegend durch das betriebliche Interesse des Arbeitgebers veranlasst oder als Aufmerksamkeit zu beurteilen, ist der Vorsteuerabzug ebenfalls nicht nach § 15 Abs. 1b UStG eingeschränkt, weil die in der Nutzungsüberlassung liegenden unternehmerischen Zwecke den privaten Bedarf des Personals überlagern (vgl. dazu Abschnitt 1.8 Abs. 3 und 4). [5]Eine teilunternehmerische Verwendung im Sinne des § 15 Abs. 1b UStG liegt nicht nur vor, wenn die verschiedenen Nutzungen räumlich voneinander abgegrenzt sind, sondern auch, wenn sie — wie z. B. bei Ferienwohnungen oder Mehrzweckhallen — zeitlich wechselnd stattfinden.

(3) [1]Nach § 15 Abs. 1b Satz 1 UStG ist die Steuer für die Lieferungen, die Einfuhr und den innergemeinschaftlichen Erwerb sowie für die sonstigen Leistungen im Zusammenhang mit einem Grundstück vom Vorsteuerabzug ausgeschlossen, soweit sie nicht auf die Verwendung des Grundstücks für Zwecke des Unternehmens entfällt. [2]Dem Vorsteuerausschluss unterliegen auch die wesentlichen Bestandteile des Grundstücks, z. B. Gebäude und Außenanlagen. [3]Hiervon unberührt bleiben Gegenstände, die umsatzsteuerrechtlich selbständige Zuordnungsobjekte im Sinne des § 15 Abs. 1 UStG darstellen (z. B. Photovoltaikanlage und Blockheizkraftwerk), soweit sie nicht gemäß Abschnitt 15.17 Abs. 6 Anschaffungs- oder Herstellungskosten des gesamten Gebäudes darstellen. [4]Aufgrund der Vorsteuerabzugsbeschränkung nach § 15 Abs. 1b UStG unterliegt die Verwendung eines Grundstücks für unternehmensfremde Zwecke nicht der unentgeltlichen Wertabgabenbesteuerung nach § 3 Abs. 9a Nr. 1 UStG (vgl. Abschnitt 3.4 Abs. 5a).

(4) [1]Für die Aufteilung von Vorsteuerbeträgen für Zwecke des § 15 Abs. 1b UStG gelten die Grundsätze des § 15 Abs. 4 UStG entsprechend. [2]Zur Vorsteueraufteilung bei Gebäuden vgl. Abschnitt 15.17 Abs. 5 bis 8.

(5) [1]Sofern sich die Verwendung des teilunternehmerisch genutzten Grundstücks ändert, liegt eine Änderung der Verhältnisse im Sinne des § 15a UStG vor (§ 15a Abs. 6a UStG, vgl. Abschnitt 15a.2). [2]Unter Beachtung der Bagatellgrenzen des § 44 UStDV ist eine Vorsteuerberichtigung nach § 15a UStG durchzuführen. [3]Eine Vorsteuerberichtigung nach § 15a UStG ist nur möglich, soweit das Grundstück dem Unternehmensvermögen zugeordnet worden ist (vgl. Abschnitt 15a.1 Abs. 6 Nr. 2, 4 und 5).

(6) [1]Wird ein insgesamt dem Unternehmensvermögen zugeordnetes teilunternehmerisch genutztes Grundstück, das nach § 15 Abs. 1b UStG nur teilweise zum Vorsteuerabzug berechtigt hat, veräußert, unterliegt der Umsatz im vollen Umfang der Umsatzsteuer, wenn auf die Steuerbefreiung nach § 4 Nr. 9 Buchstabe a UStG wirksam verzichtet wird (§ 9 UStG, vgl. Abschnitt 9.1). [2]Es liegt insoweit eine Änderung der Verhältnisse vor, die zu einer Vorsteuerberichtigung nach § 15a UStG führt (§ 15a Abs. 8 Satz 2 UStG, vgl. Abschnitt 15a.2).

(7) Beispiele zum Vorsteuerabzug bei teilunternehmerisch genutzten Grundstücken im Sinne des § 15 Abs. 1b UStG; die Übergangsregelung nach § 27 Abs. 16 UStG findet keine Anwendung:

Beispiel 1:

[1]Unternehmer U, der nur vorsteuerunschädliche Ausgangsumsätze ausführt, lässt zum 1. 1. 02 ein Einfamilienhaus (EFH) fertigstellen. [2]Die Herstellungskosten betragen insgesamt 300 000 € zzgl. 57 000 € Umsatzsteuer. [3]U nutzt das Gebäude ab Fertigstellung planungsgemäß zu 40 % für seine vorsteuerunschädlichen Ausgangsumsätze und zu 60 % für private Wohnzwecke. [4]Da die Ausstat-

tung der unterschiedlich genutzten Räume nicht erheblich voneinander abweicht, hat U richtigerweise eine Aufteilung nach dem Flächenschlüssel vorgenommen. [5]U macht einen Vorsteuerabzug in Höhe von 22 800 € (40 % von 57 000 €) bei dem zuständigen Finanzamt geltend, ohne schriftlich mitzuteilen, in welchem Umfang er das Grundstück seinem Unternehmen zugeordnet hat.

[6]U hat durch die Geltendmachung des Vorsteuerabzugs in Höhe von 40 % dokumentiert, dass er in dieser Höhe das Grundstück seinem Unternehmen zugeordnet hat (vgl. Abschnitt 15.2c Abs. 17 Satz 1). [7]Da U gegenüber dem Finanzamt nicht schriftlich erklärt hat, dass er das Grundstück insgesamt seinem Unternehmen zugeordnet hat, kann diese Zuordnung zum Unternehmen nicht unterstellt werden (vgl. Abschnitt 15.2c Abs. 17 Satz 3). [8]Nach § 15 Abs. 1 Satz 1 Nr. 1 UStG sind 22 800 € (57 000 € x 40 %) als Vorsteuer abziehbar. [9]§ 15 Abs. 1b UStG findet keine Anwendung, da U den für die privaten Wohnzwecke genutzten Grundstücksanteil nicht seinem Unternehmen zugeordnet hat.

[10]Sofern der für private Wohnzwecke genutzte Grundstücksanteil später unternehmerisch genutzt wird, ist eine Vorsteuerberichtigung zu Gunsten des U nach § 15a UStG nicht zulässig, da U diesen Grundstücksanteil nicht nachweisbar seinem Unternehmen zugeordnet hat (vgl. Abschnitt 15a.1 Abs. 6). [11]Verringert sich hingegen später der Umfang der unternehmerischen Nutzung des dem Unternehmen zugeordneten Grundstücksanteils (z. B. Nutzung des gesamten Grundstücks zu 80 % für private Wohnzwecke und zu 20 % für unternehmerische Zwecke), ist unter Beachtung der Bagatellgrenzen des § 44 UStDV eine Vorsteuerberichtigung nach § 15a UStG durchzuführen. [12]Eine Wertabgabenbesteuerung nach § 3 Abs. 9a Nr. 1 UStG erfolgt nicht.

Beispiel 2:

[1]Unternehmer U, der nur vorsteuerunschädliche Ausgangsumsätze ausführt, lässt zum 1. 1. 02 ein Einfamilienhaus fertigstellen. [2]Die Herstellungskosten betragen insgesamt 300 000 € zzgl. 57 000 € Umsatzsteuer. [3]Die Nutzfläche des Einfamilienhauses beträgt 200 qm. [4]U nutzt das Gebäude ab Fertigstellung planungsgemäß zu 40 % für seine vorsteuerunschädlichen Ausgangsumsätze und zu 60 % für private Wohnzwecke, die Ausstattung der beiden Nutzungseinheiten weicht nicht erheblich voneinander ab. [5]Die laufenden Aufwendungen, die auf das gesamte Grundstück entfallen, betragen in dem Jahr 02 1 500 € zzgl. 285 € Umsatzsteuer. [6]U hat dem zuständigen Finanzamt schriftlich mitgeteilt, dass er das Grundstück im vollen Umfang seinem Unternehmen zugeordnet hat.

[7]U hat das Grundstück insgesamt seinem Unternehmen zugeordnet und seine Zuordnungsentscheidung dokumentiert. [8]Da U 60 % des Gebäudes für seine privaten nichtunternehmerischen Zwecke verwendet, ist der Vorsteuerabzug nach § 15 Abs. 1b UStG nur in Höhe von 22 800 € (57 000 € x 40 %) zulässig. [9]Da die laufenden Kosten nicht direkt der unternehmerischen bzw. privaten Nutzung des Grundstücks zugeordnet werden können, beträgt der Vorsteuerabzug aus den laufenden Aufwendungen nach Aufteilung nach dem Verhältnis der Nutzflächen 114 € (§ 15 Abs. 4 Satz 4 UStG).

Beispiel 3:

[1]Sachverhalt wie Beispiel 2. [2]Zum 1. 1. 05 erhöht sich

a) [1]die unternehmerische Nutzung des Gebäudes (EFH) um 12 Prozentpunkte auf 52 %. [2]U führt wie bisher nur vorsteuerunschädliche Ausgangsumsätze aus.

b) die private Nutzung des Gebäudes (EFH) um 15 Prozentpunkte auf 75 %.

Zu a)

[1]Es liegt zum 1. 1. 05 eine Änderung der Verhältnisse im Sinne des § 15a Abs. 6a UStG vor, da sich die unternehmerische Nutzung erhöht hat. [2]Die Bagatellgrenzen des § 44 UStDV sind überschritten.

Jahr 05:

Insgesamt in Rechnung gestellte Umsatzsteuer: 57 000 €

Ursprünglicher Vorsteuerabzug: 22 800 € (entspricht 40 % von 57 000 €)

Zeitpunkt der erstmaligen Verwendung: 1. 1. 02

Dauer des Berichtigungszeitraums: 1. 1. 02 bis 31. 12. 11

Tatsächliche zum Vorsteuerabzug berechtigende Verwendung in 05: 52 %

Vorsteuerberichtigung wegen Änderung der Verhältnisse im Vergleich zum ursprünglichen Vorsteuerabzug: Vorsteuer zu 52 % statt zu 40 %

Berichtigungsbetrag: 12 Prozentpunkte von 1/10 von 57 000 € = 684 € sind zu Gunsten des U zu korrigieren.

Zu b)

[1]Es liegt zum 1.1.05 eine Änderung der Verhältnisse im Sinne des § 15a Abs. 6a UStG vor, da sich die private Nutzung erhöht hat. [2]Die Bagatellgrenzen des § 44 UStDV sind überschritten.

Jahr 05:

Insgesamt in Rechnung gestellte Umsatzsteuer: 57 000 €

Ursprünglicher Vorsteuerabzug: 22 800 € (entspricht 40 % von 57 000 €)

Zeitpunkt der erstmaligen Verwendung: 1.1.02

Dauer des Berichtigungszeitraums: 1.1.02 bis 31.12.11

Tatsächliche zum Vorsteuerabzug berechtigende Verwendung in 05: 25 %

Vorsteuerberichtigung wegen Änderung der Verhältnisse im Vergleich zum ursprünglichen Vorsteuerabzug: Vorsteuer zu 25 % statt zu 40 %

Berichtigungsbetrag: 15 Prozentpunkte von 1/10 von 57 000 € = 855 € sind zu Ungunsten des U zu korrigieren.

Beispiel 4:

[1]Sachverhalt wie Beispiel 2. [2]Im Jahr 06 lässt U das Einfamilienhaus um ein Dachgeschoss erweitern, welches für fremde unternehmerische Zwecke, die nicht mit der Nutzung der eigenen unternehmerisch genutzten Flächen in Zusammenhang stehen, steuerpflichtig vermietet wird. [3]Die Herstellungskosten hierfür betragen 100 000 € zzgl. 19 000 € Umsatzsteuer. [4]Das Dachgeschoss ist zum 1.7.06 bezugsfertig und hat eine Nutzfläche von 100 qm. [5]Zusätzlich lässt U im gleichen Jahr die Außenfassade neu streichen. [6]Die Aufwendungen hierfür betragen 10 000 € zzgl. 1 900 € Umsatzsteuer.

[7]Der Ausbau des Dachgeschosses steht nicht in einem einheitlichen Nutzungs- und Funktionszusammenhang mit den bereits vorhandenen Flächen. [8]Es liegt deshalb ein eigenständiges Zuordnungsobjekt vor. [9]Unabhängig von der bereits bei Herstellung des Gebäudes getroffenen Zuordnungsentscheidung kann das Dachgeschoss dem Unternehmen zugeordnet werden. [10]Da U das Dachgeschoss steuerpflichtig vermietet, ist er zum Vorsteuerabzug in Höhe von 19 000 € berechtigt; es erfolgt keine Vorsteuerkürzung nach § 15 Abs. 1b UStG.

[11]Der Anstrich der Außenfassade entfällt auf alle Stockwerke. [12]Nach § 15 Abs. 1b UStG berechtigt nur der Teil der Aufwendungen zum Vorsteuerabzug, der auf die unternehmerische Nutzung des Gebäudes entfällt. [13]Die Aufteilung nach § 15 Abs. 4 Satz 4 UStG erfolgt nach dem Verhältnis der Nutzflächen:

40 % von 200 qm (bisherige Nutzfläche) + 100 % von 100 qm (Dachgeschoss) = 180 qm von 300 qm (60 %)

60 % von 1 900 € = 1 140 € Vorsteuer.

Beispiel 5:

[1]Sachverhalt wie Beispiel 2. [2]U verkauft das Grundstück zum 1.1.09 an

a) eine Privatperson steuerfrei für 400 000 €.

b) [1]einen anderen Unternehmer und optiert nach § 9 Abs. 1 UStG zur Steuerpflicht. [2]Der Verkaufspreis beträgt 400 000 € (netto). [3]Eine Geschäftsveräußerung im Ganzen im Sinne des § 1 Abs. 1a UStG liegt nicht vor.

Zu a)

[1]Die nach § 4 Nr. 9 Buchstabe a UStG steuerfreie Veräußerung führt zu einer Änderung der Verhältnisse nach § 15a Abs. 8 UStG, da das Gebäude teilweise zum Vorsteuerabzug berechtigt hat. [2]Die Bagatellgrenzen des § 44 UStDV sind überschritten.

Insgesamt in Rechnung gestellte Umsatzsteuer: 57 000 €

Ursprünglicher Vorsteuerabzug: 22 800 € (entspricht 40 % von 57 000 €)

Zeitpunkt der erstmaligen Verwendung: 1.1.02

Dauer des Berichtigungszeitraums: 1.1.02 bis 31.12.11

Tatsächliche zum Vorsteuerabzug berechtigende Verwendung im Berichtigungszeitraum: Jahr 02 bis 08 = 40 %

Änderung der Verhältnisse:

ab Jahr 09 = 40 Prozentpunkte (0 % statt 40 %)

Vorsteuerberichtigung pro Jahr:

(57 000 € / 10 Jahre = 5 700 €)

Jahre 09 bis 11 = je 2 280 € (5 700 € x 40 %)

[3]Die Berichtigung des Vorsteuerabzugs ist für die Jahre 09 bis 11 zusammengefasst in der ersten Voranmeldung für das Kalenderjahr 09 vorzunehmen (§ 44 Abs. 3 Satz 2 UStDV).

Zu b)

[1]Die steuerpflichtige Veräußerung führt zu einer Änderung der Verhältnisse nach § 15a Abs. 8 UStG, da das Gebäude nur teilweise zum Vorsteuerabzug berechtigt hat. [2]Die Bagatellgrenzen des § 44 UStDV sind überschritten. [3]Die Umsatzsteuer für die steuerpflichtige Lieferung schuldet der Erwerber (§ 13b Abs. 2 Nr. 3 UStG).

Insgesamt in Rechnung gestellte Umsatzsteuer: 57 000 €

Ursprünglicher Vorsteuerabzug: 22 800 € (entspricht 40 % von 57 000 €)

Zeitpunkt der erstmaligen Verwendung: 1.1.02

Dauer des Berichtigungszeitraums: 1.1.02 bis 31.12.11

Tatsächliche zum Vorsteuerabzug berechtigende Verwendung im Berichtigungszeitraum: Jahr 02 bis 08 = 40 %

Änderung der Verhältnisse:

ab Jahr 09 = 60 Prozentpunkte (100 % statt 40 %)

Vorsteuerberichtigung pro Jahr:

(57 000 € / 10 Jahre = 5 700 €)

Jahre 09 bis 11 = je 3 420 € (5 700 € x 60 %)

[4]Die Berichtigung des Vorsteuerabzugs ist für die Jahre 09 bis 11 zusammengefasst in der ersten Voranmeldung für das Kalenderjahr 09 vorzunehmen (§ 44 Abs. 3 Satz 2 UStDV).

(8) [1]Die gesetzliche Übergangsregelung nach § 27 Abs. 16 UStG gilt für teilunternehmerisch genutzte Grundstücke. [2]Sie bezieht sich auf Wirtschaftsgüter im Sinne des § 15 Abs. 1b UStG, die auf Grund eines vor dem 1.1.2011 rechtswirksam abgeschlossenen obligatorischen Vertrags oder gleichstehenden Rechtsakts angeschafft worden sind oder mit deren Herstellung vor dem 1.1.2011 begonnen worden ist. [3]Leistungen im Zusammenhang mit diesen teilunternehmerischen Grundstücken, die keine Anschaffungs- und Herstellungskosten darstellen und die nach dem Stichtag 31.12.2010 bezogen werden, sind in § 27 Abs. 16 UStG nicht erwähnt und fallen deshalb nicht unter die Übergangsregelung. [4]Für diese Leistungen ist der Vorsteuerabzug seit dem 1.1.2011 nur noch in Höhe des unternehmerisch genutzten Anteils möglich (§ 15 Abs. 1b UStG). [5]Für den nichtwirtschaftlich i.e.S. genutzten Anteil ist der Vorsteuerabzug bereits nach § 15 Abs. 1 UStG ausgeschlossen.

UStAE 15.7. Vorsteuerabzug bei unfreien Versendungen und Güterbeförderungen

Unfreie Versendungen

(1) ¹Nach § 40 UStDV wird die Berechtigung zum Vorsteuerabzug vom Absender der Frachtsendung auf den Empfänger übertragen. ²Die Regelung lässt keine Wahlmöglichkeit zu. ³Liegt frachtrechtlich eine unfreie Versendung vor, ist deshalb der Absender als der eigentliche Leistungsempfänger vom Vorsteuerabzug allgemein ausgeschlossen. ⁴§ 40 UStDV gilt außer bei Frachtsendungen im Rahmen von Lieferungen auch bei Versendungsaufträgen im Zusammenhang mit Materialgestellungen und Materialbeistellungen.

(2) Wird bei unfreien Versendungen das Frachtgut von dem beauftragten Spediteur nicht unmittelbar, sondern über einen Empfangsspediteur an den endgültigen Frachtempfänger versendet, gilt Folgendes:

1. ¹Zieht der Empfangsspediteur die ihm berechneten Frachtkosten (Vorkosten) in eigenem Namen ein, ist er als Empfänger der diesen Kosten zu Grunde liegenden Frachtleistungen anzusehen. ²Er kann daher die ihm dafür gesondert in Rechnung gestellte Steuer nach § 40 Abs. 1 UStDV als Vorsteuer abziehen. ³Der Inanspruchnahme des Vorsteuerabzugs steht nicht entgegen, dass der Empfangsspediteur die Vorkosten weiterberechnet. ⁴§ 40 Abs. 1 Satz 3 Nr. 2 UStDV setzt nur voraus, dass der Frachtempfänger die Entrichtung der Frachtkosten an den Versandspediteur oder Frachtführer übernommen hat, nicht aber, dass er diese Kosten auch wirtschaftlich trägt. ⁵Bei dieser Gestaltung sind die verauslagten Frachtkosten beim Empfangsspediteur Teil der Bemessungsgrundlage für seine Leistung. ⁶Der endgültige Frachtempfänger ist zum Abzug der Steuer auf die gesamte Bemessungsgrundlage beim Vorliegen der Voraussetzungen des § 15 UStG berechtigt.

2. ¹Tritt der Empfangsspediteur als Vermittler auf und behandelt er dementsprechend die Vorkosten als durchlaufende Posten, werden die diesen Kosten zu Grunde liegenden Frachtleistungen an den endgültigen Frachtempfänger erbracht. ²In diesen Fällen ist § 40 Abs. 1 UStDV auf den Empfangsspediteur nicht anwendbar. ³Der Vorsteuerabzug steht allein dem endgültigen Frachtempfänger zu.

Güterbeförderungen

(3) ¹Als Leistungsempfänger im umsatzsteuerrechtlichen Sinn ist grundsätzlich derjenige zu behandeln, in dessen Auftrag die Leistung ausgeführt wird (vgl. Abschnitt 15.2b Abs. 1). ²Aus Vereinfachungsgründen ist bei steuerpflichtigen Güterbeförderungen (Abschnitt 3a.2 Abs. 2), bei denen sich der Leistungsort nach § 3a Abs. 2 UStG richtet, der Rechnungsempfänger als ggf. zum Vorsteuerabzug berechtigter Leistungsempfänger anzusehen.

Beispiel:

¹Der in Frankreich ansässige Unternehmer U versendet Güter per Frachtnachnahme an den Unternehmer A in Deutschland. ²Bei Frachtnachnahmen wird regelmäßig vereinbart, dass der Beförderungsunternehmer dem Empfänger der Sendung die Beförderungskosten in Rechnung stellt und dieser die Beförderungskosten zahlt.

³Der Rechnungsempfänger A der innergemeinschaftlichen Güterbeförderung ist als Empfänger der Beförderungsleistung (Leistungsempfänger) im Sinne des § 3a Abs. 2 UStG anzusehen. ⁴A ist ggf. zum Vorsteuerabzug berechtigt.

UStAE 15.8. Abzug der Einfuhrumsatzsteuer bei Einfuhr im Inland

(1) ¹Der Unternehmer kann nach § 15 Abs. 1 Satz 1 Nr. 2 UStG die entstandene Einfuhrumsatzsteuer als Vorsteuer abziehen, wenn die Gegenstände für sein Unternehmen im Inland oder in

den österreichischen Gebieten Jungholz und Mittelberg eingeführt worden sind. [2]Die Entstehung der Einfuhrumsatzsteuer ist vom Unternehmer nachzuweisen (vgl. Abschnitt 15.11 Abs. 1 Satz 2 Nr. 2).

(2) [1]Die Verwirklichung des umsatzsteuerrechtlichen Einfuhrtatbestands setzt voraus, dass eine Nicht-Unionsware in das Inland verbracht wird und dieser Vorgang hier steuerbar ist, d. h., die Nicht-Unionsware in die Überlassung zum zoll- und steuerrechtlich freien Verkehr übergeführt wird. [2]Für den einfuhrumsatzsteuerrechtlichen Einfuhrtatbestand ist damit nicht allein entscheidend, dass der Gegenstand aus dem Drittland in das Inland gelangt, sondern hier auch grundsätzlich der Besteuerung unterliegt, d. h. im Regelfall eine Einfuhrumsatzsteuerschuld entsteht. [3]Danach liegt z. B. keine Einfuhr im umsatzsteuerrechtlichen Sinne vor, wenn sich die Nicht-Unionsware in einem zollrechtlichen Versandverfahren befindet.

(3) [1]Bei Einfuhren über die in § 1 Abs. 3 UStG bezeichneten Gebiete ist der Gegenstand ebenfalls erst beim Übergang in das umsatzsteuerrechtliche Inland und Überlassung zum zoll- und steuerrechtlich freien Verkehr eingeführt. [2]In diesen Fällen ist jedoch die Einfuhr im Inland für den Abzug der Einfuhrumsatzsteuer nur dann bedeutsam, wenn der eingeführte Gegenstand nicht zur Ausführung der in § 1 Abs. 3 UStG bezeichneten Umsätze verwendet wird (vgl. hierzu Abschnitt 15.9). [3]Im Allgemeinen kommt es daher hierbei nur dann auf den Übergang des Gegenstands in das umsatzsteuerrechtliche Inland an, wenn der eingeführte Gegenstand nicht schon in den in § 1 Abs. 3 UStG bezeichneten Gebieten (insbesondere im Freihafen), sondern erst im Inland einfuhrumsatzsteuerrechtlich abgefertigt wird.

(4) [1]Eine Einfuhr für das Unternehmen ist gegeben, wenn der Unternehmer den eingeführten Gegenstand im Inland zur Überlassung zum zoll- und steuerrechtlich freien Verkehr abfertigt und danach im Rahmen seiner unternehmerischen Tätigkeit zur Ausführung von Umsätzen einsetzt. [2]Diese Voraussetzung ist bei dem Unternehmer gegeben, der im Zeitpunkt der Überführung in die Überlassung zum zoll- und steuerrechtlich freien Verkehr die Verfügungsmacht über den Gegenstand besitzt (vgl. auch BFH-Urteil vom 24. 4. 1980, V R 52/73, BStBl II S. 615). [3]Für diese Zwecke ist der Zeitpunkt der Lieferung nach der umsatzsteuerlichen Ortsbestimmung (§ 3 Abs. 6 bis 8 UStG) zu ermitteln (vgl. Absatz 5 und Abschnitt 3.12 Abs. 7). [4]Dies gilt auch beim Reihengeschäft. [5]Die der Lieferung zu Grunde gelegten Lieferklauseln (z. B. Incoterms) sind insoweit hingegen als zivilrechtliche Verpflichtungen unbeachtlich. [6]Kommt tatsächlich keine Lieferung zustande, gelten Absätze 11 und 12. [7]Nicht entscheidend ist, wer die Einfuhrumsatzsteuer entrichtet hat und wer den für den vorsteuerabzugsberechtigten Unternehmer eingeführten Gegenstand tatsächlich über die Grenze gebracht hat. [8]Überlässt ein ausländischer Unternehmer einem inländischen Unternehmer einen Gegenstand zur Nutzung, ohne ihm die Verfügungsmacht an dem Gegenstand zu verschaffen, ist daher der inländische Unternehmer nicht zum Abzug der Einfuhrumsatzsteuer als Vorsteuer berechtigt (vgl. BFH-Urteil vom 16. 3. 1993, V R 65/89, BStBl II S. 473).

(5) [1]In den Fällen des § 3 Abs. 8 UStG steht der Abzug der Einfuhrumsatzsteuer nur dem Lieferer zu, wenn er den Gegenstand zur eigenen Verfügung im Inland zur Überlassung zum zoll- und steuerrechtlich freien Verkehr abfertigt und danach an seinen Abnehmer liefert (vgl. auch die Beispiele in Abschnitt 3.13 Abs. 2). [2]Hingegen kann nur der Abnehmer von der Abzugsberechtigung Gebrauch machen, wenn er zum Zeitpunkt der Überführung in die Überlassung zum zoll- und steuerrechtlich freien Verkehr die Verfügungsmacht innehat. [3]Personen, die lediglich an der Einfuhr mitgewirkt haben, ohne über den Gegenstand verfügen zu können (z. B. Spediteure, Frachtführer, Handelsvertreter, Zolllagerbetreiber), sind auch dann nicht abzugsberechtigt, wenn sie den eingeführten Gegenstand vorübergehend entsprechend den Weisungen ihres Auftraggebers auf Lager nehmen (vgl. BFH-Urteil vom 11. 11. 2015, V R 68/14, BStBl 2016 II S. 720).

(6) – gestrichen –

(7) [1]Nicht erforderlich ist, dass der Unternehmer die Einfuhrumsatzsteuer entrichtet hat. [2]Er kann sie als Vorsteuer auch dann abziehen, wenn sein Beauftragter (z. B. der Spediteur, der Frachtführer oder der Handelsvertreter) Schuldner der Einfuhrumsatzsteuer ist. [3]In diesen Fällen

ist der Abzug davon abhängig, dass sich der Unternehmer den betreffenden zollamtlichen Beleg oder einen zollamtlich bescheinigten Ersatzbeleg für den Vorsteuerabzug aushändigen lässt.

(8) – (13) …

UStAE   15.10. Vorsteuerabzug ohne gesonderten Steuerausweis in einer Rechnung

(1) Für den Vorsteuerabzug nach § 15 Abs. 1 Satz 1 Nr. 3 bis 5 UStG ist es nicht Voraussetzung, dass der Leistungsempfänger im Besitz einer nach §§ 14, 14a UStG ausgestellten Rechnung ist (vgl. EuGH-Urteil vom 1. 4. 2004, C-90/02, Bockemühl).

Abzug der Steuer für den innergemeinschaftlichen Erwerb von Gegenständen

(2) [1]Der Erwerber kann die für den innergemeinschaftlichen Erwerb geschuldete Umsatzsteuer als Vorsteuer abziehen, wenn er den Gegenstand für sein Unternehmen bezieht und zur Ausführung von Umsätzen verwendet, die den Vorsteuerabzug nicht ausschließen. [2]Dies gilt nicht für die Steuer, die der Erwerber schuldet, weil er gegenüber dem Lieferer eine ihm von einem anderen Mitgliedstaat als dem, in dem sich der erworbene Gegenstand am Ende der Beförderung oder Versendung befindet, erteilte USt-IdNr. verwendet und der innergemeinschaftliche Erwerb nach § 3d Satz 2 UStG deshalb im Gebiet dieses Mitgliedstaates als bewirkt gilt (vgl. BFH-Urteile vom 1. 9. 2010, V R 39/08, BStBl 2011 II S. 658 und vom 8. 9. 2010, XI R 40/08, BStBl 2011 II S. 661). [3]Bei Land- und Forstwirten, die der Durchschnittssatzbesteuerung unterliegen und die auf die Anwendung von § 1a Abs. 3 UStG verzichtet haben, ist der Abzug der Steuer für den innergemeinschaftlichen Erwerb als Vorsteuer durch die Pauschalierung abgegolten (vgl. BFH-Urteil vom 24. 9. 1998, V R 17/98, BStBl 1999 II S. 39).

(3) [1]Das Recht auf Vorsteuerabzug der Erwerbssteuer entsteht in dem Zeitpunkt, in dem die Erwerbssteuer entsteht (§ 13 Abs. 1 Nr. 6 UStG). [2]Der Unternehmer kann damit den Vorsteuerabzug in der Voranmeldung oder Umsatzsteuererklärung für das Kalenderjahr geltend machen, in der er den innergemeinschaftlichen Erwerb zu versteuern hat.

Vorsteuerabzug bei Steuerschuldnerschaft des Leistungsempfängers

(4) Zum Vorsteuerabzug bei der Steuerschuldnerschaft des Leistungsempfängers nach § 13b UStG vgl. Abschnitt 13b.15.

Vorsteuerabzug im Rahmen eines innergemeinschaftlichen Dreiecksgeschäfts

(5) [1]Im Rahmen eines innergemeinschaftlichen Dreiecksgeschäfts wird die Steuer für die Lieferung des ersten Abnehmers an den letzten Abnehmer von diesem geschuldet (§ 25b Abs. 2 UStG, vgl. Abschnitt 25b.1 Abs. 6). [2]Der letzte Abnehmer kann diese Steuer als Vorsteuer abziehen, wenn er den Gegenstand für sein Unternehmen bezieht und soweit er ihn zur Ausführung von Umsätzen verwendet, die den Vorsteuerabzug nicht ausschließen (§ 25b Abs. 5 UStG).

UStAE   15.11. Nachweis der Voraussetzungen für den Vorsteuerabzug

Aufzeichnungen und Belege

(1) [1]Die Voraussetzungen für den Vorsteuerabzug hat der Unternehmer aufzuzeichnen und durch Belege nachzuweisen. [2]Als ausreichender Beleg ist anzusehen:

1. für die von einem anderen Unternehmer gesondert in Rechnung gestellten Steuern eine nach den §§ 14, 14a UStG in Verbindung mit §§ 31 bis 34 UStDV ausgestellte Rechnung;

2. ¹für die entstandene Einfuhrumsatzsteuer ein zollamtlicher Beleg (z. B. der Einfuhrabgabenbescheid) oder ein vom zuständigen Zollamt bescheinigter Ersatzbeleg (z. B. Ersatzbeleg für den Vorsteuerabzug nach amtlich vorgeschriebenem Muster). ²Bei Einfuhren, die über das IT-Verfahren ATLAS abgewickelt werden, bestehen keine Bedenken, den Nachweis elektronisch oder bei Bedarf durch einen Ausdruck des elektronisch übermittelten Bescheids über die Einfuhrabgaben zu führen (vgl. Artikel 52 MwStVO). ³Bei Zweifeln über die Höhe der als Vorsteuer abgezogenen Einfuhrumsatzsteuer können die Finanzämter über das vom BZSt bereitgestellte Verfahren zur Online-Abfrage von im Verfahren ATLAS gespeicherten Einfuhrdaten entsprechende Auskünfte anfordern.

³Geht die Originalrechnung verloren, kann der Unternehmer den Nachweis darüber, dass ihm ein anderer Unternehmer Steuer für Lieferungen oder sonstige Leistungen gesondert in Rechnung gestellt hat, nicht allein durch Vorlage der Originalrechnung, sondern mit allen verfahrensrechtlich zulässigen Mitteln führen (BFH-Urteile vom 5. 8. 1988, X R 55/81, BStBl 1989 II S. 120, vom 16. 4. 1997, XI R 63/93, BStBl II S. 582, und vom 23. 10. 2014, V R 23/13, BStBl 2015 II S. 313). ⁴In Einzelfällen ist auch die Zweitschrift einer Rechnung oder eines Einfuhrbelegs ausreichend (vgl. BFH-Urteile vom 20. 8. 1998, V R 55/96, BStBl 1999 II S. 324, und vom 19. 11. 1998, V R 102/96, BStBl 1999 II S. 255, sowie Abschnitt 18.13 Abs. 4). ⁵Zu den Folgen der Verletzung der Aufbewahrungspflichten nach § 14b UStG vgl. Abschnitt 14b.1 Abs. 10.

(2) Der Umfang der Aufzeichnungspflichten, die für den Unternehmer zum Vorsteuerabzug und zur Aufteilung der Vorsteuerbeträge bestehen, ergibt sich aus § 22 UStG und den §§ 63 bis 67 UStDV.

Mängel

(3) ¹Mängel im Nachweis über das Vorliegen der Voraussetzungen für den Vorsteuerabzug hat grundsätzlich der Unternehmer zu vertreten. ²Rechnungen, die die in § 14 Abs. 4 Satz 1 Nr. 1 bis 8 und 10 UStG bezeichneten Angaben nicht vollständig enthalten, berechtigen den Unternehmer nicht zum Vorsteuerabzug, es sei denn, die Rechnungen werden vom Rechnungsaussteller nachträglich vervollständigt. ³Enthält die Rechnung ungenaue oder unzutreffende Angaben über den leistenden Unternehmer (vgl. § 14 Abs. 4 Satz 1 Nr. 1 UStG), ist nach Abschnitt 15.2a Abs. 2 zu verfahren. ⁴Bei fehlerhafter Rechnungsadresse (vgl. § 14 Abs. 4 Satz 1 Nr. 1 UStG) gelten die Ausführungen in Abschnitt 15.2a Abs. 3. ⁵Sind die Angaben über den Liefergegenstand oder über Art und Umfang der ausgeführten sonstigen Leistung in einer Rechnung (§ 14 Abs. 4 Satz 1 Nr. 5 UStG) unrichtig oder ungenau, ist der Vorsteuerabzug grundsätzlich ausgeschlossen (vgl. wegen der Einzelheiten Abschnitt 15.2a Abs. 4 und 5). ⁶Beim Fehlen der in § 14 Abs. 4 Satz 1 Nr. 5 und 6 UStG bezeichneten Angaben über die Menge der gelieferten Gegenstände oder den Zeitpunkt des Umsatzes bestehen keine Bedenken, wenn der Unternehmer diese Merkmale anhand der sonstigen Geschäftsunterlagen (z. B. des Lieferscheins) ergänzt oder zweifelsfrei nachweist. ⁷Die Erleichterungen nach §§ 31 bis 34 UStDV bleiben unberührt. ⁸Zum Vorsteuerabzug aus einer berichtigten Rechnung siehe Abschnitt 15.2a Abs. 7. ⁹Zum Vorsteuerabzug ohne Rechnung, die jedenfalls alle formellen Voraussetzungen erfüllt, siehe Abschnitt 15.2a Abs. 1a und BMF-Schreiben vom 18. 9. 2020, BStBl I S. 976.

(4) ¹Eine Rechnung, in der zwar der Bruttopreis, der Steuersatz und der Umsatzsteuerbetrag, nicht aber das Entgelt ausgewiesen sind, berechtigt grundsätzlich nicht zum Vorsteuerabzug (BFH-Urteil vom 27. 7. 2000, V R 55/99, BStBl 2001 II S. 426). ²Aus Rechnungen über Kleinbeträge (§ 33 UStDV) kann der Vorsteuerabzug vorgenommen werden, wenn der Rechnungsempfänger den Rechnungsbetrag unter Berücksichtigung des in der Rechnung angegebenen Steuersatzes selbst in Entgelt und Steuerbetrag aufteilt (§ 35 UStDV).

Schätzung und Billigkeitsmaßnahmen[1]

(5) [1]§ 15 UStG schützt nicht den guten Glauben an die Erfüllung der Voraussetzungen für den Vorsteuerabzug (BFH-Urteil vom 30.4.2009, V R 15/07, BStBl II S. 744). [2]Sind die Unterlagen für den Vorsteuerabzug (Rechnungen, EUSt-Belege) unvollständig oder nicht vorhanden, kann zwar der Unternehmer den Vorsteuerabzug regelmäßig nicht vornehmen (zu den Ausnahmen siehe Abschnitt 15.2a Abs. 1a). [3]Gleichwohl kann das Finanzamt den Vorsteuerabzug unter bestimmten Voraussetzungen schätzen (vgl. Absatz 6) oder aus Billigkeitsgründen anerkennen (vgl. Absatz 7), sofern im Übrigen die Voraussetzungen für den Vorsteuerabzug vorliegen. [4]Ist jedoch zu vermuten, dass der maßgebliche Umsatz an den Unternehmer nicht steuerpflichtig gewesen oder von einem unter § 19 Abs. 1 UStG fallenden Unternehmer ausgeführt worden ist, ist ein Vorsteuerabzug zu versagen.

(6) [1]Der Vorsteuerabzug ist materiell-rechtlich eine Steuervergütung. [2]Auf ihn sind daher die für die Steuerfestsetzung geltenden Vorschriften sinngemäß anzuwenden. [3]Die abziehbaren Vorsteuern sind eine Besteuerungsgrundlage im Sinne von § 199 Abs. 1, § 157 Abs. 2 und § 162 Abs. 1 AO. [4]Dem Grunde nach bestehen somit gegen eine Schätzung keine Bedenken (vgl. auch BFH-Urteil vom 12.6.1986, V R 75/78, BStBl II S. 721). [5]Sie ist jedoch nur insoweit zulässig, als davon ausgegangen werden kann, dass vollständige Unterlagen für den Vorsteuerabzug vorhanden waren.

(7) [1]Soweit Unterlagen für den Vorsteuerabzug nicht vorhanden sind und auch nicht vorhanden waren oder soweit die Unterlagen unvollständig sind, kommt eine Anerkennung des Vorsteuerabzugs regelmäßig nur aus Billigkeitsgründen in Betracht (§ 163 AO; vgl. BFH-Urteil vom 30.4.2009, V R 15/07, BStBl II S. 744). [2]Dabei sind folgende Grundsätze zu beachten:

1. [1]Die Gewährung von Billigkeitsmaßnahmen wegen sachlicher Härte setzt voraus, dass die Versagung des Vorsteuerabzugs im Einzelfall mit dem Sinn und Zweck des UStG nicht vereinbar wäre. [2]Eine Billigkeitsmaßnahme ist daher zu gewähren, wenn die Versagung des Vorsteuerabzugs in diesen Fällen einen Überhang des gesetzlichen Tatbestandes über die Wertungen des Gesetzgebers bei der Festlegung der Voraussetzungen für den Vorsteuerabzug darstellen würde (vgl. auch BFH-Urteile vom 25.7.1972, VIII R 59/68, BStBl II S. 918, vom 26.10.1972, I R 125/70, BStBl 1973 II S. 271, vom 15.2.1973, V R 152/69, BStBl II S. 466, und vom 19.10.1978, V R 39/75, BStBl 1979 II S. 345). [3]Die Nichtgewährung eines Vorsteuerabzugs kann auch sachlich unbillig sein, wenn dies den Geboten der Gleichheit und des Vertrauensschutzes, den Grundsätzen von Treu und Glauben oder dem Erfordernis der Zumutbarkeit widerspricht (vgl. BFH-Urteil vom 26.4.1995, XI R 81/93, BStBl II S. 754). [4]Dem Unternehmer ist grundsätzlich zuzumuten, von sich aus alles zu tun, um die Mangelhaftigkeit der Unterlagen zu beseitigen. [5]An die Zumutbarkeit ist ein strenger Maßstab anzulegen. [6]Eine Billigkeitsmaßnahme ist daher erst in Betracht zu ziehen, wenn eine Vervollständigung oder nachträgliche Beschaffung der Unterlagen nicht möglich ist oder für den Unternehmer mit unzumutbaren Schwierigkeiten verbunden wäre. [7]Aber auch in einem solchen Fall ist der Unternehmer verpflichtet, an einer möglichst vollständigen Sachaufklärung mitzuwirken. [8]Unsicherheiten bei der Feststellung des Sachverhalts gehen zu seinen Lasten. [9]Die Voraussetzungen für eine Billigkeitsmaßnahme liegen nicht vor, wenn der Unternehmer über die empfangene Leistung keine ordnungsgemäße Rechnung erhalten hat (vgl. BFH-Urteil vom 12.6.1986, V R 75/78, BStBl II S. 721).

Anm. d. Schriftl.:

[1] Vorsteuerabzug im Billigkeitsverfahren setzt voraus, dass der Unternehmer gutgläubig war und alle Maßnahmen ergriffen hat, die vernünftigerweise von ihm verlangt werden können, um sich von der Richtigkeit der Angaben in der Rechnung zu überzeugen und seine Beteiligung an einem Betrug ausgeschlossen ist (BFH-Urteil vom 18.2.2016, BStBl 2016 II S. 589).

2. ¹Im Rahmen einer Billigkeitsmaßnahme kann die Höhe des anzuerkennenden Vorsteuerabzugs durch Schätzung ermittelt werden. ²Sind ungerechtfertigte Steuervorteile nicht auszuschließen, ist ein ausreichender Sicherheitsabschlag zu machen.

(8) ¹In der Rechtsprechung wurde das sich aus dem Unionsrecht ergebende Rechtsinstrument des Direktanspruchs in der Umsatzsteuer entwickelt (vgl. EuGH-Urteil vom 15.3.2007, C-35/05, Reemtsma Cigarettenfabriken). ²Danach kann ein Leistungsempfänger unter bestimmten Voraussetzungen über eine Billigkeitsmaßnahme die Erstattung einer rechtsgrundlos an den Leistenden gezahlten Umsatzsteuer direkt vom Fiskus (statt vom Leistenden) verlangen, vgl. BMF-Schreiben vom 12.4.2022, BStBl I S. 652.

UStAE 15.12. Allgemeines zum Ausschluss vom Vorsteuerabzug

(1) ¹Der allgemeine Grundsatz, dass die in § 15 Abs.1 Satz 1 Nr.1 bis 5 UStG bezeichneten Vorsteuern abgezogen werden können, gilt nicht, wenn der Unternehmer bestimmte steuerfreie oder bestimmte nicht steuerbare Umsätze ausführt. ²Zu diesen Umsätzen gehören auch die entsprechenden unentgeltlichen Wertabgaben nach § 3 Abs.1b und Abs.9a UStG. ³Der Ausschluss vom Vorsteuerabzug erstreckt sich nach § 15 Abs.2 und 3 UStG auf die Steuer für die Lieferungen, die Einfuhr und den innergemeinschaftlichen Erwerb von Gegenständen, die der Unternehmer zur Ausführung der dort bezeichneten Umsätze verwendet, sowie auf die Steuer für sonstige Leistungen, die er für diese Umsätze in Anspruch genommen. ⁴Der Ausschluss vom Vorsteuerabzug erstreckt sich außerdem auf Aufwendungen für Eingangsleistungen, die der Unternehmer für Ausgangsumsätze in Anspruch nimmt, auf die unmittelbar eine Steuerbefreiung der MwStSystRL angewandt wird, wenn die Voraussetzungen des § 15 Abs.3 UStG nicht vorliegen (vgl. BFH-Urteil vom 16.5.2012, XI R 24/10, BStBl 2013 II S. 52, und für den vergleichbaren Fall, dass eine nationale Steuerbefreiung in Anspruch genommen wird, die mit der MwStSystRL unvereinbar ist, vgl. EuGH-Urteil vom 26.2.2015, C-144/13, VDP Dental Laboratory). ⁵Der Begriff der Verwendung einer Lieferung oder sonstigen Leistung umfasst auch die Verwendungsabsicht. ⁶Das Recht auf Vorsteuerabzug des Unternehmers entsteht dem Grunde und der Höhe nach bereits im Zeitpunkt des Leistungsbezugs. ⁷Im Rahmen des § 15 Abs.2 und 3 UStG kommt es entscheidend darauf an, ob der Unternehmer im Zeitpunkt des Leistungsbezugs die Absicht hat, die Eingangsumsätze für solche Ausgangsumsätze zu verwenden, die den Vorsteuerabzug nicht ausschließen (BFH-Urteil vom 22.3.2001, V R 46/00, BStBl 2003 II S. 433); zum Vorsteuerabzug aus allgemeinen Aufwendungen des Unternehmens siehe Abschnitt 15.16. Abs. 2a. ⁸Bei jedem Leistungsbezug muss der Unternehmer über die beabsichtigte Verwendung der bezogenen Leistung sofort entscheiden (vgl. BFH-Beschluss vom 28.10.2020, XI B 26/20, n.v.). ⁹Maßgeblich ist regelmäßig die erste Leistung oder die erste unentgeltliche Wertabgabe, in die die bezogene Leistung Eingang findet. ¹⁰Bei der Zurechnung sind grundsätzlich nur Umsätze zu berücksichtigen, die nach Inanspruchnahme der vorsteuerbelasteten Leistungen ausgeführt werden sollen. ¹¹Die Verwendungsabsicht muss objektiv belegt (vgl. Absatz 2) und in gutem Glauben erklärt werden. ¹²Es darf kein Fall von Betrug oder Missbrauch vorliegen (vgl. Abschnitt 25f.1). ¹³Der Anspruch auf Vorsteuerabzug bleibt auch dann bestehen, wenn es später nicht zu den beabsichtigten Verwendungsumsätzen kommt (vgl. BFH-Urteil vom 17.5.2001, V R 38/00, BStBl 2003 II S. 434). ¹⁴Bei Anzahlungen für Leistungen ist die Verwendungsabsicht im Zeitpunkt der Anzahlung maßgeblich (vgl. BFH-Urteil vom 17.5.2001, V R 38/00, a.a.O.). ¹⁵Änderungen in der Verwendungsabsicht wirken sich nur auf nachfolgende Leistungsbezüge bzw. Anzahlungen und den sich daraus ergebenden Vorsteuerabzug aus. ¹⁶Absichtsänderungen wirken nicht zurück und führen deshalb z. B. nicht dazu, dass Steuerbeträge nachträglich als Vorsteuer abziehbar sind (vgl. BFH-Urteil vom 25.11.2004, V R 38/03, BStBl 2005 II S. 414). ¹⁷Im Insolvenzverfahren einer KG, die ihre Tätigkeit bereits vor Insolvenzeröffnung eingestellt hatte, ist über den Vorsteuerabzug aus der Rechnung des Insolvenzverwalters nach der früheren Unternehmenstätigkeit der KG zu entscheiden (BFH-Urteil vom 2.12.2015, V R 15/15, BStBl 2016 II S. 486). ¹⁸Der Verpächter eines Grundstücks ist bei vorzeitiger Auflösung einer steuerpflichtigen Verpachtung zum Abzug der ihm vom Pächter in Rechnung gestellten Steuer für dessen

entgeltlichen Verzicht auf die Rechte aus einem langfristigen Pachtvertrag (vgl. Abschnitt 4.12.1 Abs. 1 Satz 7) jedenfalls dann berechtigt, wenn die vorzeitige Auflösung zu einem Zeitpunkt erfolgt, in dem das Pachtverhältnis noch besteht und eine beabsichtigte (steuerfreie) Grundstücksveräußerung noch nicht festgestellt werden kann (vgl. BFH-Urteil vom 13.12.2017, XI R 3/16, BStBl 2018 II S. 727).

(2) [1]Die objektiven Anhaltspunkte (z. B. Mietverträge, Zeitungsinserate, Beauftragung eines Maklers, Schriftwechsel mit Interessenten, Vertriebskonzepte, Kalkulationsunterlagen), die die Verwendungsabsicht belegen, sind regelmäßig einzelfallbezogen zu betrachten. [2]Dabei ist das Gesamtbild der Verhältnisse entscheidend. [3]Behauptungen reichen nicht aus. [4]Es sind vielmehr konkrete Nachweise erforderlich, die einem strengen Prüfungsmaßstab unterliegen. [5]Dabei gehen Unklarheiten zu Lasten des Unternehmers. [6]Zur Behandlung von Fällen, bei denen die tatsächliche Verwendung im Zeitpunkt des Leistungsbezuges ungewiss ist, vgl. Absatz 5.

(3) [1]Vom Abzug ausgeschlossen sind nicht nur die Vorsteuerbeträge, bei denen ein unmittelbarer wirtschaftlicher Zusammenhang mit den zum Ausschluss vom Vorsteuerabzug führenden Umsätzen des Unternehmers besteht. [2]Der Ausschluss umfasst auch die Vorsteuerbeträge, die in einer mittelbaren wirtschaftlichen Verbindung zu diesen Umsätzen stehen. [3]Daher ist die für einen Leistungsbezug entrichtete Umsatzsteuer insoweit nicht als Vorsteuer abziehbar, als die hierfür getätigten Ausgaben zu den Kostenelementen von steuerfreien Ausgangsumsätzen gehören, weil sie in deren Preis eingehen (zu einer Kapitalanlagegesellschaft siehe BFH-Urteil vom 16.12.2020, XI R 13/19, BStBl 2022 II S. 389).

Beispiel 1:

Bezieht eine Bank Werbeartikel bis 35 € je Gegenstand, für die ihr Umsatzsteuer in Rechnung gestellt wird, sind diese Vorsteuerbeträge insoweit vom Abzug ausgeschlossen, als sie den nach § 4 Nr. 8 UStG steuerfreien Umsätzen zuzuordnen sind (vgl. BFH-Urteile vom 26.7.1988, X R 50/82, BStBl II S. 1015, und vom 4.3.1993, V R 68/89, BStBl II S. 527).

Beispiel 2:

[1]Hat sich der Veräußerer eines unternehmerisch genutzten Grundstücks dem Erwerber gegenüber zur Demontage und zum Abtransport betrieblicher Einrichtungen verpflichtet, werden die für die Demontage bezogenen Leistungen zur Ausführung des steuerfreien Grundstücksumsatzes verwendet. [2]Die für die Transportleistungen in Rechnung gestellte Steuer ist nur mit dem gegebenenfalls geschätzten Betrag vom Vorsteuerabzug ausgeschlossen, der durch die bloße Räumung verursacht ist (vgl. BFH-Urteil vom 27.7.1988, X R 52/81, BStBl 1989 II S. 65).

Beispiel 3:

[1]Ist eine Grundstücksvermietung beabsichtigt, kommt es darauf an, ob der Unternehmer das Grundstück steuerfrei vermieten oder auf die Steuerfreiheit der Grundstücksvermietung (§ 4 Nr. 12 Satz 1 Buchstabe a UStG) nach § 9 UStG verzichten will. [2]Im ersten Fall ist der Vorsteuerabzug nach § 15 Abs. 2 Satz 1 Nr. 1 UStG ausgeschlossen, im zweiten Fall ist die Vorsteuer abziehbar, wenn der Unternehmer die Verwendungsabsicht objektiv belegt und in gutem Glauben erklärt hat (BFH-Urteil vom 17.5.2001, V R 38/00, BStBl 2003 II S. 434) und auch die weiteren Voraussetzungen des § 15 UStG erfüllt sind.

Beispiel 4:

Stellt eine Bank ihren Kunden und – um weitere Kunden zu gewinnen – anderen Autofahrern unentgeltlich Stellplätze zum Parken zur Verfügung, sind die Umsatzsteuern, die ihr für die Leistungen zur Errichtung und den Unterhalt des Parkhauses in Rechnung gestellt worden sind, im Verhältnis ihrer steuerfreien Umsätze an den gesamten Umsätzen im Sinne des § 1 Abs. 1 Nr. 1 UStG vom Vorsteuerabzug ausgeschlossen (BFH-Urteil vom 4.3.1993, V R 73/87, BStBl II S. 525).

[4]Im Einzelfall können Vorsteuerbeträge mehreren gleichwertig nebeneinanderstehenden Ausgangsumsätzen wirtschaftlich zugeordnet werden.

Beispiel 5:

Vermietet ein Bauunternehmer ein Haus an einen privaten Mieter unter dem Vorbehalt, zur Förderung eigener steuerpflichtiger Umsätze das Haus bei Bedarf zu Besichtigungszwecken (als sog. Musterhaus) zu nutzen, tritt neben die Verwendung zur Ausführung steuerfreier Vermietungsumsätze die Verwendung zur Ausführung steuerpflichtiger (Bau-)Umsätze (sog. gemischte Verwendung im Sinne des § 15 Abs. 4 UStG, BFH-Urteil vom 9. 9. 1993, V R 42/91, BStBl 1994 II S. 269).

Beispiel 6:

Veräußert ein Unternehmer mit seinem Namen versehene Werbeartikel an seine selbständigen Handelsvertreter zu einem Entgelt weiter, das die Anschaffungskosten erheblich unterschreitet, sind die Werbeartikel nicht ausschließlich den Ausgangslieferungen zuzuordnen, in die sie gegenständlich eingehen, sondern auch den übrigen Umsätzen des Unternehmers, für die geworben wird (BFH-Urteil vom 16. 9. 1993, V R 82/91, BStBl 1994 II S. 271).

(4) Umsätze, die dem Unternehmer zur Vornahme einer Einfuhr dienen, sind für die Frage des Vorsteuerabzugs den Umsätzen zuzurechnen, für die der eingeführte Gegenstand verwendet wird.

Beispiel:

[1]Ein Arzt nimmt wegen rechtlicher Schwierigkeiten, die bei der Einfuhr eines medizinischen Geräts eingetreten sind, einen Rechtsanwalt in Anspruch. [2]Obwohl die Einfuhr der Einfuhrumsatzsteuer unterlegen hat, kann der Arzt die ihm vom Rechtsanwalt in Rechnung gestellte Steuer nicht als Vorsteuer abziehen. [3]Die Rechtsberatung ist ebenso wie das eingeführte medizinische Gerät der steuerfreien ärztlichen Tätigkeit zuzurechnen.

(5) [1]Beim Bezug von Eingangsleistungen, deren tatsächliche Verwendung ungewiss ist, weil die Verwendungsabsicht nicht durch objektive Anhaltspunkte belegt wird, ist kein Vorsteuerabzug möglich. [2]Für den Vorsteuerabzug sind ausschließlich die Erkenntnisse im Zeitpunkt des Leistungsbezugs zu Grunde zu legen. [3]Spätere Erkenntnisse über diesen Leistungsbezug haben auf die ursprüngliche Entscheidung keine Auswirkung. [4]Ein zunächst vorgenommener Vorsteuerabzug ist deshalb nach § 164 Abs. 2, § 165 Abs. 2 oder § 173 Abs. 1 AO durch Änderung der ursprünglichen Steuerfestsetzung rückgängig zu machen, wenn später festgestellt wird, dass objektive Anhaltspunkte für die Verwendungsabsicht im Zeitpunkt des Leistungsbezugs nicht vorlagen. [5]Dies gilt auch, wenn die Verwendungsabsicht nicht in gutem Glauben erklärt wurde oder ein Fall von Betrug oder Missbrauch vorliegt (vgl. Abschnitt 25f.1). [6]Für die Frage, ob ein nach § 9 Abs. 2 UStG zum Vorsteuerabzug berechtigender steuerpflichtiger Umsatz oder ein nicht zum Vorsteuerabzug berechtigender steuerfreier Umsatz vorliegt, kommt es auf die zutreffende umsatzsteuerrechtliche Beurteilung des tatsächlich verwirklichten Sachverhalts an (vgl. BFH-Urteil vom 11. 3. 2009, XI R 71/07, BStBl 2010 II S. 209). [7]Geht der Unternehmer z. B. davon aus, dass nach der maßgeblichen Rechtslage im Zeitpunkt des Leistungsbezugs seine Leistung steuerpflichtig ist, während sie bei zutreffender Beurteilung ohne Recht auf Vorsteuerabzug steuerfrei ist, ist der Unternehmer nicht zum Vorsteuerabzug berechtigt. [8]Zum Vorsteuerabzug aus allgemeinen Aufwendungen des Unternehmens siehe Abschnitt 15.16 Abs. 2a.

UStAE   15.13. Ausschluss des Vorsteuerabzugs bei steuerfreien Umsätzen

(1) [1]Vorsteuerbeträge für steuerfreie Umsätze sind nach § 15 Abs. 2 Satz 1 Nr. 1 UStG grundsätzlich vom Abzug ausgeschlossen. [2]Der Ausschluss erstreckt sich nicht auf die Vorsteuerbeträge, die den in § 15 Abs. 3 Nr. 1 Buchstaben a und b UStG bezeichneten steuerfreien Umsätzen zuzurechnen sind. [3]Ebenfalls nicht vom Vorsteuerabzug ausgeschlossen sind Steuerbeträge, die für bestimmte Leistungsbezüge von Unternehmern anfallen, die steuerfreie Umsätze mit Anlagegold ausführen (vgl. § 25c Abs. 4 und 5 UStG). [4]Zum Vorsteuerabzug bei einem Gebäude, das der Ausführung steuerfreier Umsätze, die den Vorsteuerabzug ausschließen, und privaten Wohnzwecken dient, vgl. Abschnitt 3.4 Abs. 7 Satz 3 Beispiel 2.

(2) [1]Unter Buchstabe a des § 15 Abs. 3 Nr. 1 UStG fallen insbesondere die Ausfuhrlieferungen (§ 4 Nr. 1 Buchstabe a, § 6 UStG), die innergemeinschaftlichen Lieferungen (§ 4 Nr. 1 Buchstabe b, § 6a UStG), die Lohnveredelungen an Gegenständen der Ausfuhr (§ 4 Nr. 1 Buchstabe a, § 7 UStG), die Umsätze für die Seeschifffahrt und für die Luftfahrt (§ 4 Nr. 2, § 8 UStG), die sons-

tigen Leistungen im Zusammenhang mit der Einfuhr, Ausfuhr und Durchfuhr (§ 4 Nr. 3 und 5 UStG), die Goldlieferungen an die Zentralbanken (§ 4 Nr. 4 UStG), bestimmte Umsätze im Zusammenhang mit einem Umsatzsteuerlager (§ 4 Nr. 4a UStG), bestimmte Umsätze der Eisenbahnen des Bundes (§ 4 Nr. 6 UStG), bestimmte Umsätze an im Gebiet eines anderen Mitgliedstaates ansässige NATO-Streitkräfte, ständige diplomatische Missionen und berufskonsularische Vertretungen sowie zwischenstaatliche Einrichtungen (§ 4 Nr. 7 UStG), die steuerfreien Reiseleistungen (§ 25 Abs. 2 UStG) sowie die Umsätze, die nach den in § 26 Abs. 5 UStG bezeichneten Vorschriften steuerfrei sind. ²Wegen des Vorsteuerabzugs bei den nach § 25 Abs. 2 UStG steuerfreien sonstigen Leistungen vgl. Abschnitt 25.4.

(3) ¹Buchstabe b des § 15 Abs. 3 Nr. 1 UStG betrifft Umsätze, die nach § 4 Nr. 8 Buchstaben a bis g, Nr. 10 oder Nr. 11 UStG steuerfrei sind. ²Für diese Finanz- und Versicherungsumsätze tritt der Ausschluss vom Vorsteuerabzug jedoch nur dann nicht ein, wenn sie sich unmittelbar auf Gegenstände beziehen, die in das Drittlandsgebiet ausgeführt werden. ³Die Voraussetzung „unmittelbar" bedeutet, dass die vorbezeichneten Umsätze in direktem Zusammenhang mit dem Gegenstand der Ausfuhr stehen müssen. ⁴Nicht ausreichend ist es, wenn diese Umsätze in Verbindung mit solchen betrieblichen Vorgängen des Unternehmers stehen, die ihrerseits erst dazu dienen, die Ausfuhr zu bewirken.

Beispiel 1:

¹Der Unternehmer lässt einen Gegenstand, den er in das Drittlandsgebiet ausführt, gegen Transportschäden versichern.

²Der unmittelbare Zusammenhang mit dem Gegenstand der Ausfuhr ist gegeben. ³Die nach § 4 Nr. 10 Buchstabe a UStG steuerfreie Leistung des Versicherungsunternehmers schließt daher den Vorsteuerabzug nicht aus.

Beispiel 2:

¹Der Unternehmer nimmt einen Kredit zur Anschaffung einer Maschine in Anspruch, die er ausschließlich zur Herstellung von Exportgütern einsetzt.

²Der unmittelbare Zusammenhang mit dem Gegenstand der Ausfuhr ist nicht gegeben. ³Das Kreditinstitut kann deshalb die Vorsteuerbeträge, die der nach § 4 Nr. 8 Buchstabe a UStG steuerfreien Kreditgewährung zuzurechnen sind, nicht abziehen.

⁵Eine Ausfuhr im Sinne des § 15 Abs. 3 Nr. 1 Buchstabe b UStG ist anzunehmen, wenn der Gegenstand endgültig in das Drittlandsgebiet gelangt. ⁶Es braucht keine Ausfuhrlieferung nach § 6 UStG vorzuliegen. ⁷Außerdem kann der Gegenstand vor der Ausfuhr bearbeitet oder verarbeitet werden. ⁸Die Ausflaggung eines Seeschiffs ist keine Ausfuhr, gleichgültig in welcher Form sich dieser Vorgang vollzieht.

(4) Zum Ausschluss des Vorsteuerabzugs bei Krediten, die im Zusammenhang mit anderen Umsätzen eingeräumt werden, vgl. Abschnitt 3.11.

(5) ¹Fällt ein Umsatz sowohl unter eine der in § 15 Abs. 3 Nr. 1 Buchstabe a und Nr. 2 Buchstabe a UStG bezeichneten Befreiungsvorschriften als auch unter eine Befreiungsvorschrift, die den Vorsteuerabzug ausschließt, z. B. die innergemeinschaftliche Lieferung von Blutkonserven zu therapeutischen Zwecken, geht die Steuerbefreiung, die den Vorsteuerabzug ausschließt – im Beispiel § 4 Nr. 17 Buchstabe a UStG – der in § 15 Abs. 3 Nr. 1 Buchstabe a und Nr. 2 Buchstabe a UStG aufgeführten Befreiungsvorschrift vor (vgl. BFH-Urteil vom 22. 8. 2013, V R 30/12, BStBl 2014 II S. 133). ²Daher kann für diese Umsätze kein Vorsteuerabzug bean-

UStAE

sprucht werden.**1 2** ³Abweichend davon geht eine Befreiung nach den in § 26 Abs. 5 UStG bezeichneten Vorschriften (z. B. nach Artikel 67 Abs. 3 NATO-ZAbk) als selbständiger Befreiungstatbestand außerhalb des UStG den Befreiungstatbeständen des UStG mit der Folge vor, dass für diese Umsätze ein Ausschluss des Vorsteuerabzugs nicht eintritt.

UStAE   15.15. Vorsteuerabzug bei Eingangsleistungen im Zusammenhang mit unentgeltlichen Leistungen

(1) ¹Beabsichtigt der Unternehmer bereits bei Leistungsbezug, die bezogene Leistung nicht für seine unternehmerische Tätigkeit, sondern ausschließlich und unmittelbar für unentgeltliche Wertabgaben im Sinne des § 3 Abs. 1b oder 9a UStG zu verwenden, ist er nicht zum Vorsteuerabzug berechtigt; nur mittelbar verfolgte Zwecke sind unerheblich (vgl. BFH-Urteil vom 9. 12. 2010, V R 17/10, BStBl 2012 II S. 53, und Abschnitt 15.2b Abs. 2). ²Fehlt ein direkter und unmittelbarer Zusammenhang zwischen einem Eingangsumsatz und einem oder mehreren Ausgangsumsätzen, kann der Unternehmer zum Vorsteuerabzug berechtigt sein, wenn die Kosten für die Eingangsleistungen zu seinen allgemeinen Aufwendungen gehören und – als solche – Bestandteile des Preises der von ihm erbrachten entgeltlichen Leistungen sind (vgl. Abschnitte 15.2b Abs. 2, 15.21 und 15.22 und BFH-Urteil vom 27. 1. 2011, V R 38/09, BStBl 2012 II S. 68).

Beispiel 1:

Automobilhändler A verlost unter allen Kunden im Rahmen einer Werbeaktion

a)   einen Laptop und

b)   eine Konzertkarte,

mit einem Einkaufspreis von jeweils 300 €, die er beide zu diesem Zweck vorher gekauft hat.

Zu a)

¹Die Abgabe des Laptops erfolgt aus unternehmerischen Gründen und fällt der Art nach unter § 3 Abs. 1b Satz 1 Nr. 3 UStG; es handelt sich nicht um ein Geschenk von geringem Wert (vgl. Abschnitt 3.3 Abs. 11 und 12). ²Da A bereits bei Leistungsbezug beabsichtigt, den Laptop für die Verlosung, also die Erbringung einer unentgeltlichen Wertabgabe, zu verwenden, berechtigten die Aufwendungen für den Laptop bereits nach § 15 Abs. 1 UStG nicht zum Vorsteuerabzug (Abschnitt 15.2b Abs. 2 Satz 5). ³Dementsprechend unterbleibt eine anschließende Wertabgabenbesteuerung (§ 3 Abs. 1b Satz 2 UStG).

Zu b)

¹Die Abgabe der Konzertkarte erfolgt aus unternehmerischen Gründen und ist daher ein der Art nach nicht steuerbarer Vorgang, da § 3 Abs. 9a UStG Wertabgaben aus unternehmerischen Gründen nicht erfasst. ²Ein Geschenk im Sinne des § 4 Abs. 5 Satz 1 Nr. 1 EStG und damit ein Fall des § 15 Abs. 1a UStG liegt nicht vor, da die Abgabe im Rahmen einer Verlosung erfolgt (vgl. R 4.10 Abs. 4 Satz 5 Nr. 3 EStR). ³Da es an einem steuerbaren Ausgangsumsatz fehlt, dem der Leistungsbezug direkt und unmittelbar zugeordnet werden kann, ist für den Vorsteuerabzug die Gesamttätigkeit des A maßgeblich.

Beispiel 2:

¹Unternehmer V errichtet ein Gebäude. ²Nach der Fertigstellung des Gebäudes soll es an den Hotelunternehmer H überlassen werden, wobei nach der vertraglichen Vereinbarung das Gebäude zunächst für ein Jahr unentgeltlich und danach für weitere 20 Jahre steuerpflichtig verpachtet werden soll.

Anm. d. Schriftl.:

1 Dies resultiert aus dem EuGH-Urteil vom 7. 12. 2006, C-240/05, Eurodental. Zu den Auswirkungen dieses Urteils hat das BMF mit Schreiben vom 11. 4. 2011, BStBl 2011 I S. 459, Stellung genommen.

2 Eine innergemeinschaftliche Lieferung von Gegenständen, deren Lieferung im Inland ohne Recht zum Vorsteuerabzug steuerfrei wäre, berechtigt nicht zum Vorsteuerabzug. Offen bleibt, ob dies auch für den Fall der Ausfuhrlieferung gilt (BFH-Urteil vom 22. 8. 2013, BStBl 2014 II S. 133).

[3]V kann aus den Herstellungskosten des Gebäudes den Vorsteuerabzug in Anspruch nehmen, da bei Leistungsbezug feststeht, dass die Eingangsleistungen ausschließlich zur Erzielung von zum Vorsteuerabzug berechtigenden Ausgangsumsätzen verwendet werden sollen.

Beispiel 3:

[1]Unternehmer V errichtet ein Gebäude. [2]Nach der Fertigstellung des Gebäudes soll es an den Hotelunternehmer H überlassen werden, wobei nach der vertraglichen Vereinbarung das Gebäude zunächst für ein Jahr unentgeltlich und danach für weitere 20 Jahre steuerfrei verpachtet werden soll.

[3]V kann aus den Herstellungskosten des Gebäudes keinen Vorsteuerabzug in Anspruch nehmen, da bei Leistungsbezug feststeht, dass die Eingangsleistungen ausschließlich zur Erzielung von nicht zum Vorsteuerabzug berechtigenden Ausgangsumsätzen verwendet werden sollen.

(2) [1]Bestimmt sich ein Vorsteuerabzug mangels direkten und unmittelbaren Zusammenhangs des Eingangsumsatzes mit einem oder mehreren Ausgangsumsätzen nach der Gesamttätigkeit des Unternehmers, ist zunächst zu prüfen, ob der Leistungsbezug (mittelbar) einer bestimmten Gruppe von Ausgangsumsätzen wirtschaftlich zugeordnet werden kann (vgl. auch Abschnitt 15.12 Abs. 3). [2]Ist dies nicht möglich, ist die Aufteilung des Vorsteuerabzugs nach der Gesamtschau des Unternehmens vorzunehmen.

Beispiel 1:

[1]Unternehmer U betreibt einen Kfz-Handel und eine Versicherungsagentur. [2]Aus der Versicherungsagentur erzielt der Unternehmer ausschließlich nach § 4 Nr. 11 UStG steuerfreie Ausgangsumsätze. [3]U lässt sich gegen Honorar eine Internet-Homepage gestalten, auf der er zu Werbezwecken und zur Kundengewinnung für seine Versicherungsagentur kostenlose Versicherungstipps gibt. [4]Auf der Internetseite findet sich auch ein Kontaktformular für Anfragen zu Versicherungsbelangen. [5]Die über das Internet kostenlos durchgeführten Beratungen sind mangels Entgelt nicht steuerbar und auch der Art nach nicht nach § 3 Abs. 9a UStG steuerbar.

[6]U ist nicht zum Vorsteuerabzug aus der Gestaltung der Internet-Homepage berechtigt, da der Leistungsbezug insoweit ausschließlich Umsätzen zuzurechnen ist, die den Vorsteuerabzug ausschließen. [7]Auch wenn die Gestaltung der Internet-Homepage nicht direkt mit den Umsätzen aus der Vermittlung von Versicherungen zusammenhängt, dient der Internetauftritt der Förderung dieses Unternehmensbereichs.

Beispiel 2:

[1]Ein Hautarzt führt sowohl nicht zum Vorsteuerabzug berechtigende (80 % Anteil am Gesamtumsatz) als auch zum Vorsteuerabzug berechtigende Umsätze (z. B. kosmetische Behandlungen; 20 % Anteil am Gesamtumsatz) aus. [2]Um für sein unternehmerisches Leistungsspektrum zu werben, lässt er eine Internet-Homepage erstellen, auf der er über die Vorbeugung und Behandlung der wichtigsten Hauterkrankungen informiert, aber auch Hautpflegetipps gibt.

[3]Die Eingangsleistung wird unternehmerisch bezogen, kann aber nicht direkt und unmittelbar bestimmten Ausgangsumsätzen zugeordnet werden. [4]Soweit die Eingangsleistung auch zur Ausführung von steuerfreien Umsätzen verwendet wird, besteht nach § 15 Abs. 2 Satz 1 Nr. 1 UStG keine Berechtigung zum Vorsteuerabzug. [5]Die abziehbaren Vorsteuerbeträge sind nach § 15 Abs. 4 UStG zu ermitteln (vgl. Abschnitt 15.17). [6]Die Aufteilung der Vorsteuern hat nach Kostenzurechnungsgesichtspunkten zu erfolgen. [7]Da keine andere Form der wirtschaftlichen Zurechnung erkennbar ist, ist der Umsatzschlüssel als sachgerechte Schätzmethode anzuerkennen (§ 15 Abs. 4 Satz 3 UStG).

Beispiel 3:

[1]Unternehmer U mit zur Hälfte steuerfreien, den Vorsteuerabzug ausschließenden Ausgangsumsätzen bezieht Leistungen für die Durchführung eines Betriebsausfluges. [2]Die Kosten pro Arbeitnehmer betragen

a)   80 €

b)   200 €.

Zu a)

[1]Die Zuwendungen an die Arbeitnehmer im Rahmen des Betriebsausflugs sind überwiegend betrieblich veranlasste nicht steuerbare Leistungen, weil sie je Arbeitnehmer den Betrag von 110 € nicht übersteigen (vgl. Abschnitt 1.8 Abs. 4 Satz 3 Nr. 6). [2]Da die Durchführung des Betriebsausflugs keinen Wertabgabentatbestand erfüllt, fehlt es an einem steuerbaren Ausgangsumsatz, dem die Leistungsbezüge direkt und unmittelbar zugeordnet werden können. [3]Für den Vorsteuerabzug ist deshalb die Gesamttätigkeit des U maßgeblich. [4]U kann daher aus der Hälfte der Aufwendungen den Vorsteuerabzug geltend machen.

Zu b)

[1]Die Zuwendungen an die Arbeitnehmer im Rahmen des Betriebsausflugs sind nicht überwiegend betrieblich veranlasste steuerbare Leistungen, weil sie je Arbeitnehmer den Betrag von 110 € übersteigen (vgl. Abschnitt 1.8 Abs. 4 Satz 3 Nr. 6). [2]Es liegt eine Mitveranlassung durch die Privatsphäre der Arbeitnehmer vor. [3]Bei Überschreiten des Betrags von 110 € besteht für U kein Anspruch auf Vorsteuerabzug, sofern die Verwendung bereits bei Leistungsbezug beabsichtigt ist. [4]Dementsprechend unterbleibt eine Wertabgabenbesteuerung. [5]Maßgeblich ist hierfür, dass sich ein Leistungsbezug zur Entnahme für unternehmensfremde Privatzwecke und ein Leistungsbezug für das Unternehmen gegenseitig ausschließen. [6]Der nur mittelbar verfolgte Zweck, das Betriebsklima zu fördern, ändert hieran nichts (vgl. BFH-Urteil vom 9. 12. 2010, V R 17/10, BStBl 2012 II S. 53).

UStAE   15.16. Grundsätze zur Aufteilung der Vorsteuerbeträge

(1) [1]Verwendet der Unternehmer die für sein Unternehmen gelieferten oder eingeführten Gegenstände und die in Anspruch genommenen sonstigen Leistungen sowohl für Umsätze, die zum Vorsteuerabzug berechtigen, als auch für Umsätze, die den Vorsteuerabzug nach § 15 Abs. 2 und 3 UStG ausschließen, hat er die angefallenen Vorsteuerbeträge in einen abziehbaren und einen nicht abziehbaren Teil aufzuteilen. [2]Die Aufteilung richtet sich allein nach der Verwendung des bezogenen Gegenstandes oder der in Anspruch genommenen sonstigen Leistung (vgl. Abschnitt 15.12 Abs. 1), nicht aber nach dem Anlass, aus dem der Unternehmer den Gegenstand oder die sonstige Leistung bezogen hat (BFH-Urteile vom 18. 12. 1986, V R 18/80, BStBl 1987 II S. 280, und vom 10. 4. 1997, V R 26/96, BStBl II S. 552). [3]Von der Aufteilung in einen abziehbaren und einen nicht abziehbaren Teil sind die Vorsteuerbeträge ausgenommen, die zwar der Verwendung nach für eine Aufteilung in Frage kämen, bei denen jedoch die sonstigen Voraussetzungen des § 15 UStG für den Abzug nicht vorliegen (z. B. bei fehlendem Steuerausweis in der Rechnung). [4]Auch eine Steuer, die nach § 14c UStG geschuldet wird, kommt nicht für eine Vorsteueraufteilung in Betracht (vgl. BFH-Urteil vom 23. 10. 2019, V R 46/17, BStBl 2022 II S. 779). [5]Außerdem scheiden die Steuerbeträge für eine Aufteilung aus, für die ein Abzugsverbot besteht (vgl. auch Abschnitt 15.2 Abs. 3). [6]Diese Vorsteuerbeträge bleiben insgesamt vom Abzug ausgeschlossen.

(2) [1]Die Aufteilung der Vorsteuern ist nach § 15 Abs. 4 UStG vorzunehmen. [2]Dies bedeutet, dass die Vorsteuern nach ihrer wirtschaftlichen Zuordnung aufzuteilen sind (vgl. Abschnitt 15.17). [3]Die Aufteilung schließt an die Grundsätze an, die sich aus § 15 Abs. 2 und 3 UStG für die Zuordnung der Vorsteuern zu den einzelnen Umsätzen des Unternehmers herleiten. [4]Dementsprechend erstreckt sich § 15 Abs. 4 UStG nicht auf die Vorsteuerbeträge, die entweder allein den zum Abzug berechtigenden Umsätzen oder allein den zum Ausschluss des Vorsteuerabzugs führenden Umsätzen zuzurechnen sind. [5]Die Abziehbarkeit der einer Umsatzart ausschließlich zurechenbaren Vorsteuerbeträge beurteilt sich daher stets nach den Vorschriften des § 15 Abs. 1 bis 3 UStG. [6]Die Aufteilung nach § 15 Abs. 4 UStG betrifft somit nur die Vorsteuerbeträge, die teils der einen und teils der anderen Umsatzart zuzuordnen sind (vgl. BFH-Urteil vom 16. 9. 1993, V R 82/91, BStBl 1994 II S. 271). [7]Im Fall der Anschaffung oder Herstellung eines Gebäudes sind abweichend hiervon die Aufwendungen stets einheitlich aufzuteilen, vgl. Abschnitt 15.17 Abs. 5 bis 8.

(2a) [1]Bei der Aufteilung von Vorsteuerbeträgen aus allgemeinen Aufwendungen des Unternehmens (vgl. Abschnitt 15.2b Abs. 2 Satz 4) ist regelmäßig auf das Verhältnis der gesamten Umsätze im Besteuerungszeitraum abzustellen. [2]Wird ein Aufteilungsschlüssel im Voranmeldungsverfahren vorläufig angewandt, z. B. auf der Grundlage der Umsätze des vorangegangenen Jahres, führt die Festsetzung des endgültigen, abweichenden Aufteilungsschlüssels zu einer Berichtigung der nach dem vorläufigen Aufteilungsschlüssel ermittelten Vorsteuerbeträge in der Jahresfestsetzung (vgl. BFH-Urteil vom 24. 4. 2013, XI R 25/10, BStBl 2014 II S. 346).

(3) Ändern sich bei einem Wirtschaftsgut ab dem Zeitpunkt der erstmaligen Verwendung die für den ursprünglichen Vorsteuerabzug maßgebenden Verhältnisse, ist für die Berichtigung des Vorsteuerabzugs § 15a UStG maßgebend (vgl. Abschnitt 15a.2).

UStAE　　15.17.　Aufteilung der Vorsteuerbeträge nach § 15 Abs. 4 UStG

Allgemeines

(1) [1]Eine Aufteilung der Vorsteuerbeträge nach der in § 15 Abs. 4 UStG bezeichneten Methode bezweckt eine genaue Zuordnung der Vorsteuerbeträge zu den Umsätzen, denen sie wirtschaftlich zuzurechnen sind. [2]Folgende drei Gruppen von Vorsteuerbeträgen sind zu unterscheiden:

1. [1]Vorsteuerbeträge, die in voller Höhe abziehbar sind, weil sie ausschließlich Umsätzen zuzurechnen sind, die zum Vorsteuerabzug berechtigen. [2]Das sind z. B. in einem Fertigungsbetrieb die Vorsteuerbeträge, die bei der Anschaffung von Material oder Anlagegütern anfallen. [3]Bei einem Handelsbetrieb kommen vor allem die Vorsteuerbeträge aus Warenbezügen in Betracht.

2. [1]Vorsteuerbeträge, die in voller Höhe vom Abzug ausgeschlossen sind, weil sie ausschließlich Umsätzen zuzurechnen sind, die nicht zum Vorsteuerabzug berechtigen. [2]Hierzu gehören z. B. bei steuerfreien Grundstücksverkäufen die Vorsteuerbeträge für die Leistungen des Maklers und des Notars sowie für Inserate. [3]Bei steuerfreien Vermietungen und Verpachtungen kommen vor allem die Vorsteuerbeträge in Betracht, die bei der Anschaffung oder Herstellung eines Wohngebäudes, beim Herstellungs- und Erhaltungsaufwand, bei Rechtsberatungen und der Grundstücksverwaltung anfallen.

3. [1]Übrige Vorsteuerbeträge. [2]In diese Gruppe fallen alle Vorsteuerbeträge, die sowohl mit Umsätzen, die zum Vorsteuerabzug berechtigen, als auch mit Umsätzen, die den Vorsteuerabzug ausschließen, in wirtschaftlichem Zusammenhang stehen. [3]Hierzu gehören z. B. die Vorsteuerbeträge, die mit dem Bau, der Einrichtung und der Unterhaltung eines Verwaltungsgebäudes in Verbindung stehen, das auch der Ausführung steuerfreier Umsätze im Sinne des § 4 Nr. 12 UStG dient. [4]Wegen der zugelassenen Erleichterungen bei der Aufteilung vgl. Abschnitt 15.18.

(2) [1]Für eine Aufteilung kommen nur die in Absatz 1 Satz 2 Nr. 3 bezeichneten Vorsteuerbeträge in Betracht. [2]Vor Anwendung des § 15 Abs. 4 UStG muss der Unternehmer zunächst die Vorsteuerbeträge den zum Vorsteuerabzug berechtigenden und den nicht zum Vorsteuerabzug berechtigenden Ausgangsumsätzen unmittelbar und wirtschaftlich zuordnen (Absatz 1 Satz 2 Nr. 1 und 2) sowie getrennte Aufzeichnungen führen (§ 22 Abs. 3 Satz 2 und 3 UStG; Abschnitt 22.4). [3]Jeder einzelne Leistungsbezug und jede Anzahlung ist zuzuordnen. [4]Kommt der Unternehmer dieser Zuordnungsverpflichtung nicht nach, sind die den einzelnen Bereichen zuzuordnenden Leistungsbezüge und die darauf entfallenden Vorsteuerbeträge nach § 162 AO im Wege der Schätzung zu ermitteln (vgl. Absatz 3). [5]Eine Einbeziehung auf derartige Leistungsbezüge entfallender Vorsteuern in die nach § 15 Abs. 4 UStG aufzuteilenden Vorsteuerbeträge kommt nicht in Betracht. [6]Die Aufteilung dieser Vorsteuern ist nach dem Prinzip der wirtschaftlichen Zurechnung durch die sog. gegenständliche Zuordnung oder nach Kostenzurechnungsgesichtspunkten vorzunehmen (vgl. BFH-Urteile vom 16. 9. 1993, V R 82/91, BStBl 1994 II S. 271, und vom

10.4.1997, V R 26/96, BStBl II S.552). [7]Hierbei ist die betriebliche Kostenrechnung (Betriebs-abrechnungsbogen, Kostenträgerrechnung) oder die Aufwands- und Ertragsrechnung in der Regel als geeigneter Anhaltspunkt heranzuziehen. [8]Zu beachten ist jedoch, dass die verrechneten Kosten und der verrechnete Aufwand nicht mit den Werten (Vorumsätzen) übereinstimmen, über deren Vorsteuern zu entscheiden ist. [9]Denn die Kostenrechnung erfasst nur die für die Erstellung einer Leistung notwendigen Kosten und die Aufwands- und Ertragsrechnung nur den in einer Abrechnungsperiode entstandenen Aufwand. [10]Das betrifft insbesondere die Wirtschaftsgüter des Anlagevermögens, die in der Kostenrechnung wie in der Aufwands- und Ertragsrechnung nur mit den Abschreibungen angesetzt werden. [11]Der Unternehmer kann diese Unterlagen daher nur als Hilfsmittel verwenden.

(3) [1]Bei der nach § 15 Abs. 4 Satz 2 UStG zugelassenen sachgerechten Schätzung ist auf die im Einzelfall bestehenden wirtschaftlichen Verhältnisse abzustellen. [2]Hierbei ist es erforderlich, dass der angewandte Aufteilungsschlüssel systematisch von der Aufteilung nach der wirtschaftlichen Zuordnung ausgeht. [3]Die Ermittlung der abziehbaren Vorsteuer nach dem Umsatzschlüssel ist nur zulässig, wenn keine andere Methode der wirtschaftlichen Zuordnung möglich ist (§ 15 Abs. 4 Satz 3 UStG). [4]Dies ist in dem Sinne zu verstehen, dass keine andere Methode eine präzisere Ermittlung der abziehbaren Vorsteuern gewährleisten darf (vgl. BFH-Urteile vom 10.8.2016, XI R 31/09, BStBl 2022 II S.736, und vom 11.11.2020, XI R 7/20, BStBl 2022 II S.746), ein präziserer anderer (sachgerechter) Aufteilungsschlüssel geht dem Umsatzschlüssel daher immer vor. [5]Kommen mehrere andere präzise Aufteilungsschlüssel in Betracht, ist nicht zwingend die präziseste Methode anzuwenden. [6]Die Auswahl der anzuwendenden präzisen Methode obliegt in diesen Fällen dem Unternehmer; das Finanzamt kann sie jedoch daraufhin überprüfen, ob sie sachgerecht ist. [7]Nicht sachgerecht sind z. B. Aufteilungen nach der Menge nicht miteinander vergleichbarer Produkte (zu einem Strom und Wärme produzierenden Blockheizkraftwerk vgl. BFH-Urteil vom 16.11.2016, V R 1/15, BStBl 2022 II S.777) oder nach einem selektiven Personalschlüssel (vgl. BFH-Urteil vom 23.10.2019, XI R 18/17, BStBl 2022 II S.782). [8]Nur wenn kein präziserer Aufteilungsschlüssel in Betracht kommt, kann der nicht abziehbare Teil der einer Umsatzgruppe nicht ausschließlich zurechenbaren Vorsteuerbeträge (vgl. Absatz 1 Satz 2 Nr. 3) einheitlich nach dem Verhältnis der Umsätze, die den Vorsteuerabzug ausschließen, zu den anderen Umsätzen ermittelt werden. [9]Einfuhren und innergemeinschaftliche Erwerbe sind keine Umsätze in diesem Sinne und daher nicht in den Umsatzschlüssel einzubeziehen.

(4) [1]Ist die Umsatzsteuerfestsetzung für das Jahr der Anschaffung oder Herstellung eines gemischt genutzten Gegenstands formell bestandskräftig und hat der Unternehmer ein im Sinne des § 15 Abs. 4 UStG sachgerechtes Aufteilungsverfahren angewandt, ist dieser Maßstab auch für die nachfolgenden Kalenderjahre bindend (BFH-Urteil vom 2.3.2006, V R 49/05, BStBl II S.729). [2]Dagegen besteht keine Bindung an die Wahl des Aufteilungsverfahrens, wenn dieses nicht sachgerecht war (vgl. BFH-Urteil vom 11.11.2020, XI R 7/20, BStBl 2022 II S.746).

Vorsteuerabzug bei Gebäuden

(5) [1]Für den Umfang des Vorsteuerabzugs bei Erwerb und erheblichem Umbau eines Gebäudes, das anschließend vom Erwerber für vorsteuerunschädliche und vorsteuerschädliche Verwendungsumsätze genutzt werden soll, ist vorgreiflich zu entscheiden, ob es sich bei den Umbaumaßnahmen um Erhaltungsaufwand am Gebäude oder um anschaffungsnahen Aufwand zur Gebäudeanschaffung handelt oder ob insgesamt die Herstellung eines neuen Gebäudes anzunehmen ist (vgl. BFH-Urteil vom 28.9.2006, V R 43/03, BStBl 2007 II S.417). [2]Vorsteuerbeträge, die entweder das Gebäude selbst oder aber dessen Erhaltung, Nutzung oder Gebrauch des Gegenstands betreffen, sind danach jeweils gesondert zu beurteilen. [3]Handelt es sich um Aufwendungen für das Gebäude selbst (aus der Anschaffung oder Herstellung), kommt nur eine einheitliche Aufteilung der gesamten auf den einheitlichen Gegenstand entfallenden Vorsteuerbeträge nach einem sachgerechten Aufteilungsmaßstab (§ 15 Abs. 4 UStG) in Betracht (vgl. BFH-Urteil vom 10.8.2016, XI R 31/09, BStBl 2022 II S.736). [4]Der Umfang der abzugsfähigen Vorsteuerbeträge auf sog. Erhaltungsaufwendungen an dem Gegenstand kann sich hingegen da-

nach richten, für welchen Nutzungsbereich des gemischt genutzten Gegenstands die Aufwendungen vorgenommen werden. ⁵Selbst wenn Herstellungskosten eines Gebäudes aus einer Vielzahl von einzelnen Leistungsbezügen bestehen können, die für sich betrachtet einzelnen Gebäudeteilen zugeordnet werden oder auf mehrere unterschiedliche Nutzungen aufgeteilt werden könnten, muss einerseits zwischen der Verwendung des Gebäudes selbst und andererseits der Verwendung von Gegenständen und Dienstleistungen zur Erhaltung oder zum Gebrauch dieses Gebäudes unterschieden werden. ⁶Anschaffungs- oder Herstellungskosten betreffen jeweils die Anschaffung oder Herstellung eines bestimmten Gegenstands (bei einem Gebäude das einheitliche Gebäude) und nicht bestimmte Gebäudeteile (vgl. BFH-Urteil vom 11.11.2020, XI R 7/20, BStBl 2022 II S. 746). ⁷Werden jedoch lediglich bestimmte Gebäudeteile angeschafft oder hergestellt, sind diese der jeweilige Gegenstand (vgl. BFH-Urteil vom 22.11.2007, V R 43/06, BStBl 2008 II S. 770).

(6) ¹Die Begriffe der Anschaffungs- oder Herstellungskosten, der nachträglichen Anschaffungs- oder Herstellungskosten und der Erhaltungsaufwendungen sind nach den für das Einkommensteuerrecht geltenden Grundsätzen auszulegen. ²Dies gilt jedoch nicht, soweit nach § 6 Abs. 1 Nr. 1a EStG Erhaltungsaufwendungen zu Herstellungskosten (anschaffungsnahe Herstellungskosten) umqualifiziert werden.

(7) ¹Wird ein Gebäude durch einen Unternehmer angeschafft oder hergestellt und soll dieses Gebäude sowohl für vorsteuerunschädliche als auch für vorsteuerschädliche Ausgangsumsätze verwendet werden, sind die gesamten auf die Anschaffungs- oder Herstellungskosten des Gebäudes entfallenden Vorsteuerbeträge nach § 15 Abs. 4 UStG aufzuteilen. ²Für die Zurechnung dieser Vorsteuerbeträge ist die „prozentuale" Aufteilung der Verwendung des gesamten Gebäudes zu vorsteuerunschädlichen bzw. vorsteuerschädlichen Umsätzen maßgebend (vgl. BFH-Urteile vom 28.9.2006, V R 43/03, BStBl 2007 II S. 417, und vom 11.11.2020, XI R 7/20, BStBl 2022 II S. 746). ³Abweichend von Abschnitt 15.17 Abs. 1 Satz 2 Nr. 1 und 2 ist keine vorherige direkte Zuordnung von Eingangsleistungen zu den Umsätzen, die zum Vorsteuerabzug berechtigen bzw. diesen ausschließen, durchzuführen (vgl. BFH-Urteile vom 10.8.2016, XI R 31/09, BStBl 2022 II S. 736, und vom 11.11.2020, XI R 7/20, BStBl 2022 II S. 746). ⁴Daraus folgt eine Ermittlung der nicht abziehbaren Vorsteuerbeträge nach § 15 Abs. 4 UStG im Wege einer sachgerechten Schätzung. ⁵Als sachgerechter Aufteilungsmaßstab können bei Gebäuden in der Regel vorrangig folgende Aufteilungsschlüssel in Betracht kommen, wenn sie präziser als das Verhältnis der Gesamtumsätze des Unternehmers (Gesamtumsatzschlüssel) sind (siehe hierzu auch BMF-Schreiben vom 20.10.2022, BStBl I S. 1497):

1. ¹Flächenschlüssel: Eine Aufteilung nach dem Verhältnis der Nutzflächen (objektbezogener Flächenschlüssel) stellt gegenüber einer umsatzbezogenen Aufteilung (Umsatzschlüssel) regelmäßig eine präzisere Bestimmung des Aufteilungsschlüssels dar (vgl. BFH-Urteile vom 12.3.1992, V R 70/87, BStBl II S. 755, vom 7.5.2014, V R 1/10, BStBl 2022 II S. 731, und vom 3.7.2014, V R 2/10, BStBl 2022 II S. 734). ²Bei einer Aufteilung nach dem objektbezogenen Flächenschlüssel sind die tatsächlichen Nutzflächen des Gebäudes zugrunde zu legen. ³Dabei ist die Flächenberechnung nach den Gebäudeinnenflächen vorzunehmen, ohne z.B. Außenstellplätze mit einzubeziehen (vgl. BFH-Urteil vom 27.3.2019, V R 43/17, n.v.). ⁴Flächen, die zur Versorgung des Gebäudes verwendet oder nur gemeinsam genutzt werden (z.B. Technikräume, Treppenhaus, Fahrradabstellräume, Waschküchen), bleiben unberücksichtigt. ⁵Die Grundflächen sind auch bei Dachschrägen in vollem Umfang anzusetzen. ⁶Die Flächen von Terrassen oder Balkonen zählen zur Hälfte zu der maßgeblichen Grundfläche. ⁷Eine weitere anerkannte Methode zur Flächenberechnung (z.B. nach DIN 277 oder der Wohnflächenverordnung) kann auch für Zwecke der Vorsteueraufteilung angewandt werden, wenn die gewählte Methode bereits für andere (z.B. mietvertragliche) Zwecke angewandt wird, die Flächenberechnung für das gesamte Gebäude einheitlich erfolgt und das Ergebnis sachgerecht ist. ⁸Der Unternehmer kann eine flächenbezogene Vorsteueraufteilung aber nur dann beanspruchen, wenn diese sachgerecht ist (vgl. BFH-Urteile vom 7.7.2011, V R 36/10, BStBl 2012 II S. 77, und vom 5.9.2013, XI R 4/10, BStBl 2014 II S. 95, zum Fall einer Spielhalle mit Spielgeräten, die teilweise umsatzsteuerpflichtigen und teilweise umsatzsteuerfreien Zwecken dienen).

UStAE

2. [1]Objektbezogener Umsatzschlüssel: Weicht die Ausstattung der unterschiedlich genutzten Räume erheblich voneinander ab (z. B. wegen der Dicke der Wände und Decken oder in Bezug auf eine teils besonders aufwändige und teils nur einfache Innenausstattung, siehe hierzu BMF-Schreiben vom 20.10.2022, a. a. O.) mit der Folge, dass auch die Höhe des Bauaufwandes und ggf. auch die tatsächlich erzielbaren Mieteinnahmen sich wesentlich voneinander unterscheiden, ist es dagegen grundsätzlich erforderlich, die Aufteilung der Vorsteuerbeträge anhand des objektbezogenen Umsatzschlüssels vorzunehmen, da dies dann die wirtschaftlich präzisere Aufteilung ermöglicht (vgl. BFH-Urteile vom 7.5.2014, V R 1/10, a. a. O., und vom 3.7.2014, V R 2/10, a. a. O.). [2]Hier ist ein gegenstandsbezogener, das konkrete Wirtschaftsgut betreffender Umsatzschlüssel gegenüber einer Aufteilung nach einem Gesamtumsatzschlüssel genauer, wenn (wie z. B. in Vermietungsfällen) durch die Nutzung des Objekts ein direkter und unmittelbarer Zusammenhang zu den Ausgangsumsätzen besteht. [3]Die Vorsteueraufteilung erfolgt bei erheblichen Ausstattungsunterschieden – mangels einer anderen präziseren Zurechnung – nur dann nach dem Gesamtumsatzschlüssel, wenn das Objekt (z. B. ein Verwaltungsgebäude) zur Ausführung der Gesamtumsätze des Unternehmens dient (vgl. BFH-Urteil vom 7.5.2014, V R 1/10, a. a. O.).

3. [1]Umbauter Raum: Bestehen erhebliche Abweichungen in der Geschosshöhe, kann die Vorsteueraufteilung anstelle eines Umsatzschlüssels nach dem umbauten Raum in Betracht kommen, wenn eine solche Aufteilung in diesen Fällen eine präzisere wirtschaftliche Zurechnung der Vorsteuerbeträge ermöglicht. [2]Hiervon kann ausgegangen werden, wenn Gebäudeteile mit unterschiedlichen Geschosshöhen, aber ansonsten ohne erhebliche Unterschiede in der Ausstattung zu beurteilen sind.

4. [1]Weitere Aufteilungsschlüssel: Beim Erwerb, nicht jedoch bei der Herstellung von Gebäuden kommt auch eine Vorsteueraufteilung nach dem Verhältnis der Ertragswerte zur Verkehrswertermittlung in Betracht (vgl. BFH-Urteile vom 5.2.1998, V R 101/96, BStBl II S. 492, und vom 12.3.1998, V R 50/97, BStBl II S. 525). [2]Bei zeitlich abwechselnder Nutzung derselben Flächen kann eine Aufteilung nach Nutzungszeiten erforderlich sein (vgl. BFH-Urteil vom 26.4.2018, V R 23/16, BStBl 2022 II S. 743).

[6]Die Ermittlung des nicht abziehbaren Teils der Vorsteuerbeträge nach dem Gesamtumsatzschlüssel (Verhältnis der vorsteuerschädlichen Umsätze zu den vorsteuerunschädlichen Umsätzen des gesamten Unternehmens) ist nach § 15 Abs. 4 Satz 3 UStG nur zulässig, wenn keine andere wirtschaftliche Zurechnung möglich ist. [7]Nicht zulässig ist eine Zurechnung der Aufwendungen zu bestimmten Gebäudeteilen nach einer räumlichen (sog. „geografischen", vgl. BFH-Urteil vom 10.8.2016, XI R 31/09, BStBl 2022 II S. 736) Anbindung oder nach einem Investitionsschlüssel (vgl. BFH-Urteil vom 18.11.2004, V R 16/03, BStBl 2005 II S. 503).

Beispiel 1:

[1]U errichtet ein Wohn- und Geschäftshaus, dessen Nutzungseinheiten sich hinsichtlich der Ausstattung nicht erheblich voneinander unterscheiden. [2]Er beabsichtigt, die Fläche des Hauses zu jeweils 50 % vorsteuerunschädlich bzw. vorsteuerschädlich zu vermieten. [3]Aus der Erstellung des Fußbodenbelags entstehen U Aufwendungen von insgesamt 100 000 € zzgl. 19 000 € Umsatzsteuer.

[4]Es handelt sich um Aufwendungen für die (Neu-)Herstellung des Gebäudes („ursprüngliche" Herstellungskosten). [5]Eine Zuordnung, in welchem Gebäudeteil der Fußboden verlegt worden ist, ist nicht vorzunehmen. [6]U ist unter den weiteren Voraussetzungen des § 15 UStG berechtigt, den Vorsteuerabzug aus den Aufwendungen für den Fußbodenbelag zu 50 % (= 9 500 €) geltend zu machen.

[8]Entsprechend ist bei nachträglichen Anschaffungs- oder Herstellungskosten zu verfahren. [9]Maßgeblich für die Vorsteueraufteilung ist in diesem Fall die beabsichtigte Verwendung des Gegenstands, der durch die nachträglichen Anschaffungs- oder Herstellungskosten entsteht.

Beispiel 2:

[1]U errichtet ein Gebäude, bestehend aus einer vorsteuerunschädlich gewerblich genutzten (EG; Nutzflächenanteil 50 %) und einer vorsteuerschädlich zu Wohnzwecken vermieteten Einheit (1. OG; Nutzflächenanteil 50 %), dessen Nutzungseinheiten sich hinsichtlich der Ausstattung nicht erheb-

lich voneinander unterscheiden. [2]Das Dachgeschoss ist noch nicht ausgebaut. [3]U ordnet das Gebäude vollständig seinem Unternehmen zu.

[4]Ein Jahr nach Errichtung des Gebäudes baut U das Dachgeschoss aus. [5]Es entstehen dabei drei separat zugängliche, gleich ausgestattete und gleich große Einheiten, von denen eine als Wohnung und zwei als Büroteile genutzt werden (sollen). [6]Die Wohnung wird umsatzsteuerfrei und die Büroteile werden umsatzsteuerpflichtig vermietet. [7]Gleichzeitig lässt U das Treppenhaus zum Dachgeschoss erweitern.

[8]Des Weiteren lässt U eine Alarmanlage installieren, die das gesamte Gebäude sichert. [9]Zudem lässt U einen Aufzug anbauen, mit dem jede Etage erreicht werden kann. [10]Mit dem Zugewinn an Nutzfläche erhöht sich der Anteil der vorsteuerunschädlich genutzten zum vorsteuerschädlich genutzten Teil an der Gesamtfläche des ausgebauten Gebäudes von 50 % auf 60 %. [11]Das neu ausgebaute Gebäude ist vollständig dem Unternehmen des U zugeordnet.

[12]Die Aufwendungen für den Ausbau des Dachgeschosses, die Erweiterung des Treppenhauses, den Einbau der Alarmanlage und den Einbau des Aufzugs sind jeweils (nachträgliche) Herstellungskosten.

[13]Der Ausbau des Dachgeschosses ist eine eigenständig genutzte Erweiterung des bestehenden Gebäudes (Altflächen) und ist damit eigenständiges Aufteilungsobjekt. [14]Entsprechend der vorsteuerunschädlichen Verwendung des Dachgeschosses in Höhe von 2/3 sind die Vorsteuern aus dem Dachausbau zu 2/3 abziehbar.

[15]Die Aufwendungen für die Erweiterung des Treppenhauses sind dem Dachgeschoss zuzuordnen, da sie ausschließlich durch den Ausbau des Dachgeschosses verursacht sind. [16]Die Vorsteuern sind daher nach den Nutzungsverhältnissen des Dachgeschosses aufzuteilen.

[17]Die Aufwendungen für den Einbau der Alarmanlage sind dem gesamten Gebäude in seinen neuen Nutzungsverhältnissen zuzuordnen, da sie das gesamte Gebäude sichert. [18]Folglich sind die Vorsteuern zu 60 % abziehbar.

[19]Die Aufwendungen für den Einbau des Aufzugs sind dem gesamten Gebäude mit seinen neuen Nutzungsverhältnissen und nicht ausschließlich dem Dachgeschoss zuzuordnen, da mit dem Aufzug jede Etage erreicht werden kann. [20]Die Vorsteuern sind daher zu 60 % abziehbar.

[21]Die jeweiligen (nachträglichen) Herstellungskosten stellen gesonderte Berichtigungsobjekte im Sinne von § 15a Abs. 6 UStG dar.

(8) [1]Handelt es sich bei den bezogenen Leistungen um Aufwendungen, die ertragsteuerrechtlich als Erhaltungsaufwand anzusehen sind, oder um solche, die mit dem Gebrauch oder der Nutzung des Gebäudes zusammenhängen, ist vorrangig zu prüfen, ob die bezogenen Leistungen vorsteuerunschädlich oder vorsteuerschädlich verwendeten Gebäudeteilen zugeordnet werden können (vgl. BFH-Urteil vom 10. 8. 2016, XI R 31/09, BStBl 2022 II S. 736).

Beispiel 1:

[1]U besitzt ein Wohn- und Geschäftshaus, dessen Nutzungseinheiten sich hinsichtlich der Ausstattung nicht erheblich voneinander unterscheiden und dessen Fläche er zu jeweils 50 % vorsteuerunschädlich bzw. vorsteuerschädlich vermietet hat. [2]In den vorsteuerunschädlich vermieteten Räumen lässt U durch den Maler M sämtliche Wände neu anstreichen.

[3]U ist aus den Aufwendungen zum Anstrich der Wände unter den weiteren Voraussetzungen des § 15 UStG in vollem Umfang zum Vorsteuerabzug berechtigt.

[2]Ist eine direkte Zurechnung des Erhaltungsaufwands oder der Aufwendungen im Zusammenhang mit dem Gebrauch zu bestimmten Gebäudeteilen nicht möglich, ist die Aufteilung der Vorsteuerbeträge nach § 15 Abs. 4 UStG vorzunehmen.

Beispiel 2:

[1]U lässt an seinem Wohn- und Geschäftshaus, dessen Nutzungseinheiten sich hinsichtlich der Ausstattung nicht erheblich voneinander unterscheiden und dessen Fläche er zu jeweils 50 % vorsteuerunschädlich bzw. vorsteuerschädlich vermietet, die Fassade neu anstreichen.

[2]Der Fassadenanstrich kann keinem zur Erzielung von vorsteuerunschädlichen bzw. vorsteuerschädlichen Ausgangsumsätzen verwendeten Gebäudeteil zugeordnet werden. [3]U kann daher unter den weiteren Voraussetzungen des § 15 UStG zu 50 % aus den Aufwendungen den Vorsteuerabzug vornehmen.

UStAE

UStAE   15.22. Vorsteuerabzug im Zusammenhang mit dem Halten und Veräußern von gesellschaftsrechtlichen Beteiligungen

(1) ¹Wird ein Anteilseigner (insbesondere auch eine Holding) beim Erwerb einer gesellschaftsrechtlichen Beteiligung als Unternehmer tätig (vgl. Abschnitt 2.3 Abs. 2 ff.), muss er die Beteiligung seinem Unternehmen zuordnen. ²Vorsteuern, die im Zusammenhang mit den im unternehmerischen Bereich gehaltenen gesellschaftsrechtlichen Beteiligungen anfallen, sind unter den allgemeinen Voraussetzungen des § 15 UStG abziehbar. ³Hält der Unternehmer (z. B. eine gemischte Holding) daneben auch gesellschaftsrechtliche Beteiligungen im nichtunternehmerischen Bereich, sind Eingangsleistungen, die sowohl für den unternehmerischen Bereich als auch für den nichtunternehmerischen Bereich bezogen werden (z. B. allgemeine Verwaltungskosten der Holding, allgemeine Beratungskosten, Steuerberatungskosten usw.), für Zwecke des Vorsteuerabzugs aufzuteilen (BFH-Urteil vom 9.2.2012, V R 40/10, BStBl II S. 844). ⁴Es ist darauf abzustellen, in welche Ausgangsumsätze die dem Erwerben und Halten von gesellschaftsrechtlichen Beteiligungen zugrunde liegenden Aufwendungen als Kostenelemente eingehen (vgl. Abschnitte 15.2b Abs. 2 und 15.17 Abs. 1). ⁵Ein Recht auf Vorsteuerabzug aus Leistungen im Zusammenhang mit dem Einwerben von Kapital zur Anschaffung einer gesellschaftsrechtlichen Beteiligung besteht für den Unternehmer (insbesondere für eine Holding) jedoch nicht, soweit das eingeworbene Kapital in keinem Verhältnis zu der im unternehmerischen Bereich gehaltenen gesellschaftsrechtlichen Beteiligung steht, oder wenn die Umsätze, die dieses Recht begründen sollen, eine missbräuchliche Praxis darstellen (vgl. BFH-Urteile vom 6.4.2016, V R 6/14, BStBl 2017 II S. 577, und vom 1.6.2016, XI R 17/11, BStBl 2017 II S. 581).

(2) ¹Das bloße Veräußern von gellschaftsrechtlichen Beteiligungen ist keine unternehmerische Tätigkeit (vgl. Abschnitt 2.3 Abs. 2 Satz 1). ²Dies gilt nicht, wenn die Beteiligung im Unternehmensvermögen gehalten wird (vgl. Abschnitt 2.3 Abs. 3 Satz 5 ff.). ³Der Abzug der Vorsteuer aus Aufwendungen, die im direkten und unmittelbaren Zusammenhang mit der Veräußerung einer gesellschaftsrechtlichen Beteiligung stehen, ist nur insofern zulässig, als diese Veräußerung steuerbar ist und der Vorsteuerabzug nicht nach § 15 Abs. 2 UStG ausgeschlossen ist (vgl. BFH-Urteil vom 6.5.2010, V R 29/09, BStBl II S. 885, und Abschnitt 15.2b Abs. 2). ⁴Somit scheidet der Vorsteuerabzug im Fall der Veräußerung einer nicht im Unternehmensvermögen gehaltenen gesellschaftsrechtlichen Beteiligung wegen des direkten und unmittelbaren Zusammenhangs mit diesem nicht steuerbaren Umsatz aus. ⁵Im Fall einer nach § 4 Nr. 8 Buchstabe e oder f UStG steuerfreien Veräußerung einer im Unternehmensvermögen gehaltenen Beteiligung scheidet der Vorsteuerabzug wegen des direkten und unmittelbaren Zusammenhangs mit dieser den Vorsteuerabzug nach § 15 Abs. 2 Satz 1 Nr. 1 UStG ausschließenden Veräußerung aus, ohne dass dafür auf die unternehmerische Gesamttätigkeit abzustellen ist (vgl. BFH-Urteil vom 27.1.2011, V R 38/09, BStBl 2012 II S. 68).

UStAE   15.23. Vorsteuerabzug und Umsatzbesteuerung bei (teil-)unternehmerisch verwendeten Fahrzeugen

Allgemeines

(1) ¹Der Begriff Fahrzeug im Sinne dieses Abschnitts ist gleichzusetzen mit dem Begriff Kraftfahrzeug und umfasst damit auch Elektrofahrräder, die einer Kennzeichen-, Versicherungs- oder Führerscheinpflicht unterliegen. ²Für die Frage der Zuordnung eines angeschafften, hergestellten, eingeführten oder innergemeinschaftlich erworbenen Fahrzeugs sind die Zuordnungsgrundsätze nach Abschnitt 15.2c zu beachten. ³Auf die ertragsteuerrechtliche Behandlung als Betriebs- oder Privatvermögen kommt es grundsätzlich nicht an. ⁴Maßgebend für die Zuordnung ist die im Zeitpunkt der Anschaffung des Fahrzeugs beabsichtigte Verwendung für den Besteuerungszeitraum der erstmaligen Verwendung (vgl. Abschnitt 15.2c Abs. 12). ⁵Dabei ist auf das voraussichtliche Verhältnis der Jahreskilometer für die unterschiedlichen Nutzungen ab-

zustellen. [6]Im Falle einer Ersatzbeschaffung kann das Aufteilungsverhältnis des Vorjahres herangezogen werden. [7]Seine Verwendungsabsicht muss der Unternehmer objektiv belegen und in gutem Glauben erklären.

Zuordnung zum Unternehmen und Vorsteuerabzug

(2) [1]Beträgt der Umfang der unternehmerischen Verwendung des Fahrzeugs weniger als 10 % (unternehmerische Mindestnutzung), greift das Zuordnungsverbot nach § 15 Abs. 1 Satz 2 UStG. [2]Die Fahrten des Unternehmers zwischen Wohnung und Betriebsstätte sowie Familienheimfahrten wegen einer aus betrieblichem Anlass begründeten doppelten Haushaltsführung sind dabei der unternehmerischen Nutzung des Fahrzeugs zuzurechnen und unterliegen keiner Vorsteuerkürzung nach § 15 Abs. 1a UStG. [3]Maßgebend für die 10 %-Grenze nach § 15 Abs. 1 Satz 2 UStG ist bei einem Fahrzeug das Verhältnis der Kilometer unternehmerischer Fahrten zu den Jahreskilometern des Fahrzeugs. [4]In Zweifelsfällen muss der Unternehmer die unternehmerische Mindestnutzung glaubhaft machen. [5]Bei sog. Zweit- oder Drittfahrzeugen von Einzelunternehmern oder sog. Alleinfahrzeugen bei einer nebenberuflichen Unternehmertätigkeit ist regelmäßig davon auszugehen, dass diese Fahrzeuge zu weniger als 10 % unternehmerisch genutzt werden. [6]Das Gleiche gilt bei Personengesellschaften, wenn ein Gesellschafter mehr als ein Fahrzeug privat nutzt, für die weiteren privat genutzten Fahrzeuge.

(3) [1]Bei ausschließlich unternehmerischer Verwendung des Fahrzeugs kann der Unternehmer die auf die Anschaffung des Fahrzeugs entfallenden Vorsteuerbeträge abziehen (§ 15 Abs. 1 Satz 1 UStG), sofern kein Ausschlusstatbestand nach § 15 Abs. 1a und 2 in Verbindung mit Abs. 3 UStG vorliegt. [2]Das Gleiche gilt bei teilunternehmerischer Verwendung des Fahrzeugs für unternehmensfremde (private) Tätigkeiten, wenn der Unternehmer das Fahrzeug vollständig seinem Unternehmen zuordnet. [3]In diesem Fall unterliegt die unternehmensfremde Nutzung unter den Voraussetzungen des § 3 Abs. 9a Nr. 1 UStG als unentgeltliche Wertabgabe der Besteuerung. [4]Ordnet der Unternehmer nur den unternehmerisch genutzten Fahrzeugteil seinem Unternehmen zu (unter Beachtung der unternehmerischen Mindestnutzung), darf er nur die auf diesen Teil entfallende Vorsteuer aus den Anschaffungskosten nach § 15 Abs. 1 Satz 1 UStG abziehen, wobei die erforderliche Vorsteueraufteilung nach den Grundsätzen des § 15 Abs. 4 UStG zu erfolgen hat. [5]Die auf den anderen Fahrzeugteil entfallende unternehmensfremde Nutzung unterliegt dann nicht der Wertabgabenbesteuerung nach § 3 Abs. 9a Nr. 1 UStG. [6]Bei einer teilunternehmerischen Verwendung für nichtwirtschaftliche Tätigkeiten i. e. S. (vgl. Abschnitt 2.3 Abs. 1a) gehört das Fahrzeug nur in Höhe der beabsichtigten unternehmerischen Nutzung zum Unternehmen. [7]Dementsprechend ist ein Vorsteuerabzug nur für den dem Unternehmen zugeordneten Anteil des Fahrzeugs zulässig, sofern kein Ausschlusstatbestand nach § 15 Abs. 1a und Abs. 2 in Verbindung mit Abs. 3 UStG vorliegt (vgl. Abschnitt 15.2b Abs. 2).

(4) [1]Zu Aufwendungen im Zusammenhang mit einem Fahrzeug vgl. Abschnitt 15.2c Abs. 2 Satz 2 bis 6. [2]Werden zum Gebrauch des Fahrzeugs Gegenstände bezogen, die keine vertretbaren Sachen sind, gelten für diese die allgemeinen Zuordnungsgrundsätze. [3]Aus Vereinfachungsgründen kann der Unternehmer auf das Verhältnis der unternehmerischen zur nichtunternehmerischen Nutzung des Fahrzeugs abstellen.

Beispiel:

[1]Erwirbt der Unternehmer für ein Fahrzeug, das zu weniger als 10 % für sein Unternehmen genutzt wird und deshalb nicht dem Unternehmen zugeordnet ist, z. B. einen Satz Winterreifen, können diese wie das Fahrzeug selbst nicht zugeordnet werden; ein Recht auf Vorsteuerabzug besteht insoweit nicht, es sei denn, der Unternehmer weist eine höhere unternehmerische Nutzung der Winterreifen nach. [2]Wird das Fahrzeug dagegen beispielsweise zu 40 % unternehmerisch und zu 60 % unternehmensfremd (privat) genutzt, kann der Unternehmer die Winterreifen im vollen Umfang seinem Unternehmen zuordnen (vgl. Abschnitt 15.2c Abs. 2 Satz 2 Nr. 2 Buchstabe b) und unter den Voraussetzungen des § 15 UStG den Vorsteuerabzug in voller Höhe geltend machen. [3]Der Bemessungsgrundlage der unentgeltlichen Wertabgabe kann ein Privatanteil von 60 % zu Grunde gelegt werden, ohne dass die konkreten Nutzungsverhältnisse der Winterreifen ermittelt werden müssen.

Unternehmensfremde (private) Nutzung durch den Unternehmer

(5) [1]Die unternehmensfremde (private) Nutzung eines dem Unternehmen vollständig zugeordneten Fahrzeugs ist unter den Voraussetzungen des § 3 Abs. 9a Nr. 1 UStG als unentgeltliche Wertabgabe der Besteuerung zu unterwerfen. [2]Als Bemessungsgrundlage sind dabei nach § 10 Abs. 4 Satz 1 Nr. 2 UStG die Ausgaben anzusetzen, soweit sie zum vollen oder teilweisen Vorsteuerabzug berechtigt haben (vgl. Abschnitt 10.6 Abs. 3). [3]Sofern Anschaffungs- oder Herstellungskosten mindestens 500 € (Nettobetrag ohne Umsatzsteuer) betragen, sind sie gleichmäßig auf den für das Fahrzeug maßgeblichen Berichtigungszeitraum nach § 15a UStG zu verteilen. [4]Zur Ermittlung der Ausgaben, die auf die unternehmensfremde Nutzung des dem Unternehmen zugeordneten Fahrzeugs entfallen, hat der Unternehmer die Wahl zwischen folgenden Methoden:

1. Fahrzeuge, die zu mehr als 50 % betrieblich genutzt werden

   a) 1 %-Regelung

   [1]Ermittelt der Unternehmer für Ertragsteuerzwecke den Wert der Nutzungsentnahme nach der sog. 1 %-Regelung nach § 6 Abs. 1 Nr. 4 Satz 2 EStG, kann er von diesem Wert aus Vereinfachungsgründen bei der Bemessungsgrundlage für die Umsatzbesteuerung der unternehmensfremden Nutzung ausgehen. [2]Für umsatzsteuerliche Zwecke sind die Sonderregelungen für Elektro- und Hybridelektrofahrzeuge nach § 6 Abs. 1 Nr. 4 Satz 2 Nr. 1 bis 5 EStG nicht anzuwenden. [3]Für die nicht mit Vorsteuern belasteten Ausgaben kann aus Vereinfachungsgründen ein pauschaler Abschlag von 20 % vorgenommen werden. [4]Der so ermittelte Betrag ist der Nettowert; die Umsatzsteuer ist mit dem allgemeinen Steuersatz hinzuzurechnen.

   b) Fahrtenbuchregelung

   [1]Setzt der Unternehmer für Ertragsteuerzwecke die private Nutzung mit den auf die Privatfahrten entfallenden Aufwendungen an, indem er die für das Fahrzeug insgesamt entstehenden Aufwendungen durch Belege und das Verhältnis der privaten zu den übrigen Fahrten durch ein ordnungsgemäßes Fahrtenbuch nachweist (§ 6 Abs. 1 Nr. 4 Satz 3 EStG), ist von diesem Wert auch bei der Ermittlung der Bemessungsgrundlage für die Umsatzbesteuerung der unternehmensfremden Nutzung auszugehen. [2]Für umsatzsteuerliche Zwecke sind die Sonderregelungen für Elektro- und Hybridelektrofahrzeuge nach § 6 Abs. 1 Nr. 4 Satz 3 Nr. 1 bis 5 EStG nicht anzuwenden. [3]Aus den Gesamtaufwendungen sind für Umsatzsteuerzwecke die nicht mit Vorsteuern belasteten Ausgaben in der belegmäßig nachgewiesenen Höhe auszuscheiden.

2. Fahrzeuge, die nicht zu mehr als 50 % betrieblich genutzt werden

   [1]Wird das Fahrzeug nicht zu mehr als 50 % betrieblich genutzt, ist die Anwendung der 1 %-Regelung nach § 6 Abs. 1 Nr. 4 Satz 2 EStG ausgeschlossen. [2]Der für ertragsteuerliche Zwecke nach § 6 Abs. 1 Nr. 4 Satz 1 EStG ermittelte Nutzungsanteil ist grundsätzlich auch der Umsatzbesteuerung zu Grunde zu legen. [3]Für umsatzsteuerliche Zwecke sind die Sonderregelungen für Elektro- und Hybridelektrofahrzeuge nach § 6 Abs. 1 Nr. 4 Satz 3 Nr. 1 bis 5 EStG nicht anzuwenden.

3. Schätzung des unternehmensfremden (privaten) Nutzungsanteils

   [1]Wendet der Unternehmer die 1 %-Regelung nicht an oder werden die pauschalen Wertansätze durch die sog. Kostendeckelung auf die nachgewiesenen tatsächlichen Ausgaben begrenzt (vgl. Rdnr. 18 des BMF-Schreibens vom 18. 11. 2009, BStBl I S. 1326) und liegen die Voraussetzungen zur Ermittlung nach der Fahrtenbuchregelung nicht vor (z. B. weil kein ordnungsgemäßes Fahrtenbuch geführt wird), ist der private Nutzungsanteil für Umsatzsteuerzwecke anhand geeigneter Unterlagen im Wege einer sachgerechten Schätzung zu ermitteln. [2]Als geeignete Unterlagen kommen insbesondere Aufzeichnungen für einen repräsentativen Zeitraum in Betracht, aus denen sich zumindest die unternehmerischen Fahrten mit Fahrtziel und gefahrenen Kilometern und die Gesamtkilometer ergeben. [3]Lie-

gen keine geeigneten Unterlagen für eine Schätzung vor, ist der private Nutzungsanteil mit mindestens 50 % zu schätzen, soweit sich aus den besonderen Verhältnissen des Einzelfalls nichts Gegenteiliges ergibt. [4]Aus den Gesamtaufwendungen sind die nicht mit Vorsteuern belasteten Ausgaben in der belegmäßig nachgewiesenen Höhe auszuscheiden.

4. Fahrzeugerwerb ohne Berechtigung zum Vorsteuerabzug

   Konnte der Unternehmer bei der Anschaffung eines dem Unternehmen zugeordneten Fahrzeugs keinen Vorsteuerabzug vornehmen (z.B. Erwerb von einem Nichtunternehmer), sind nur die vorsteuerbelasteten Unterhaltskosten zur Ermittlung der Bemessungsgrundlage heranzuziehen.

(6) [1]Soweit ein Fahrzeug für nichtwirtschaftliche Tätigkeiten i.e.S. verwendet wird, entfällt grundsätzlich eine Wertabgabenbesteuerung nach § 3 Abs. 9a Nr. 1 UStG, da das Fahrzeug insoweit nicht dem Unternehmen zugeordnet werden konnte und der Vorsteuerabzug bereits nach § 15 Abs. 1 UStG ausgeschlossen ist. [2]Eine Wertabgabenbesteuerung ist jedoch vorzunehmen, wenn und soweit sich die Nutzung des Fahrzeugs für nichtwirtschaftliche Tätigkeiten i.e.S. erhöht (vgl. Abschnitt 3.4 Abs. 2). [3]Für laufende Aufwendungen ist das Aufteilungsgebot nach Absatz 4 zu beachten. [4]Bemessungsgrundlage für die Wertabgabenbesteuerung nach § 3 Abs. 9a Nr. 1 UStG sind insbesondere die Vorsteuerbeträge aus der Anschaffung, Herstellung, Einfuhr oder dem innergemeinschaftlichen Erwerb des Fahrzeugs, soweit es dem Unternehmen zugeordnet wurde. [5]Sofern die Anschaffungs- oder Herstellungskosten mindestens 500 € (Nettobetrag ohne Umsatzsteuer) betragen haben, sind sie gleichmäßig auf den für das Fahrzeug maßgeblichen Berichtigungszeitraum nach § 15a UStG zu verteilen. [6]Die Ermittlung der Erhöhung der nichtwirtschaftlichen Verwendung i.e.S. kann auf Grundlage eines ordnungsgemäß geführten Fahrtenbuchs oder anhand geeigneter Unterlagen im Wege einer sachgerechten Schätzung erfolgen. [7]Als geeignete Unterlagen kommen insbesondere Aufzeichnungen für einen repräsentativen Zeitraum in Betracht, aus denen sich zumindest die unternehmerischen Fahrten mit Fahrtziel und gefahrenen Kilometern und die Gesamtkilometer ergeben. [8]Bei Erhöhung der unternehmerischen Verwendung des Fahrzeugs kommt eine Berichtigung des Vorsteuerabzugs nach § 15a UStG zugunsten des Unternehmers aus Billigkeitsgründen in Betracht (vgl. Abschnitt 15a.1 Abs. 7). [9]Macht der Unternehmer von dieser Billigkeitsmaßnahme Gebrauch, gilt das Fahrzeug auch insoweit als dem Unternehmen zugeordnet (vgl. Abschnitt 15a.1 Abs. 7 Satz 2). [10]Veräußert der Unternehmer nach Ablauf des Berichtigungszeitraums nach § 15a UStG dieses Fahrzeug, ist die Veräußerung in Höhe des für unternehmerische Tätigkeiten verwendeten Anteils im Besteuerungszeitraum der Veräußerung steuerbar; dabei darf der Umfang der Zuordnung des Fahrzeugs bei dessen Anschaffung, Erwerb oder Herstellung nicht unterschritten werden.

Beispiel 1:

[1]Der Verein V schafft zum 1.1.01 ein Fahrzeug an (Anschaffungskosten 40 000 € zzgl. 7 600 € Umsatzsteuer). [2]V beabsichtigt das Fahrzeug zu 60 % für seinen wirtschaftlichen Geschäftsbetrieb (unternehmerische Tätigkeit) und zu 40 % für seinen ideellen Bereich (nichtwirtschaftliche Tätigkeit i.e.S.) zu verwenden. [3]V führt ein ordnungsgemäßes Fahrtenbuch. [4]In den Jahren 02 bis 06 verändert sich die Nutzung des Fahrzeugs wie folgt:

02: Verwendung zu 70 % für die unternehmerische Tätigkeit und zu 30 % für die nichtwirtschaftliche Tätigkeit i.e.S.

03: Verwendung zu 65 % für die unternehmerische Tätigkeit und zu 35 % für die nichtwirtschaftliche Tätigkeit i.e.S.

04: Verwendung zu 50 % für die unternehmerische Tätigkeit und zu 50 % für die nichtwirtschaftliche Tätigkeit i.e.S.

05: Verwendung zu 80 % für die unternehmerische Tätigkeit und zu 20 % für die nichtwirtschaftliche Tätigkeit i.e.S.

06: Verwendung zu 75 % für die unternehmerische Tätigkeit und zu 25 % für die nichtwirtschaftliche Tätigkeit i.e.S.

[5]Am 1.7.06 veräußert V das Fahrzeug (vereinbartes Nettoentgelt 10 000 €).

Jahr 01:

[6]V beabsichtigt bei Anschaffung des Fahrzeugs eine unternehmerische Nutzung zu 60 %. [7]In diesem Umfang kann V das Fahrzeug dem Unternehmen zuordnen (§ 15 Abs. 1 UStG) und ist unter den weiteren Voraussetzungen des § 15 UStG in Höhe von 4 560 € (7 600 € x 60 %) zum Vorsteuerabzug berechtigt. [8]Der für ideelle Tätigkeiten des Vereins verwendete Anteil des Fahrzeugs kann hingegen nicht dem Unternehmen zugeordnet werden (Aufteilungsgebot) und berechtigt nicht zum Vorsteuerabzug; dieser Anteil ist für Umsatzsteuerzwecke als separater Gegenstand anzusehen.

Jahr 02:

[9]Die Bagatellgrenzen des § 44 UStDV sind überschritten. [10]Aus Billigkeitsgründen kann V eine Vorsteuerberichtigung nach § 15a UStG vornehmen:

Insgesamt in Rechnung gestellte Umsatzsteuer: 7 600 €

Ursprünglicher Vorsteuerabzug: 4 560 € (60 % von 7 600 €)

Zeitpunkt der erstmaligen Verwendung: 1.1.01

Dauer des Berichtigungszeitraums: 1.1.01 bis 31.12.05

Aus Billigkeitsgründen zum Vorsteuerabzug berechtigende Verwendung: 70 %

Vorsteuerberichtigung aus Billigkeitsgründen im Vergleich zum ursprünglichen Vorsteuerabzug: Vorsteuer zu 70 % statt 60 %

Berichtigungsbetrag: 10 Prozentpunkte von 1/5 von 7 600 € = 152 € sind zugunsten des V zu korrigieren.

[11]Auf Grund der Vorsteuerberichtigung nach § 15a UStG aus Billigkeitsgründen gilt das Fahrzeug entsprechend der unternehmerischen Verwendung für das Jahr 02 als zu 70 % (60 % + 10 %) dem Unternehmen zugeordnet (Abschnitt 15a.1 Abs. 7 Satz 2).

Jahr 03:

[12]Eine erneute Vorsteuerberichtigung nach § 15a UStG aus Billigkeitsgründen kommt nicht in Betracht:

Insgesamt in Rechnung gestellte Umsatzsteuer: 7 600 €

Ursprünglicher Vorsteuerabzug: 4 560 € (60 % von 7 600 €)

Zeitpunkt der erstmaligen Verwendung: 1.1.01

Dauer des Berichtigungszeitraums: 1.1.01 bis 31.12.05

Aus Billigkeitsgründen zum Vorsteuerabzug berechtigende Verwendung: 65 %

Vorsteuerberichtigung aus Billigkeitsgründen im Vergleich zum ursprünglichen Vorsteuerabzug: Vorsteuer zu 65 % statt 60 %

Berichtigungsbetrag: 5 Prozentpunkte von 1/5 von 7 600 € = 76 €.

[13]Die Berichtigung entfällt, da die Grenzen des § 44 Abs. 2 UStDV nicht überschritten sind. [14]Da eine Vorsteuerberichtigung an den Grenzen des § 44 Abs. 2 UStDV scheitert, bleibt es für das Jahr 03 bei der ursprünglichen Zuordnung des Fahrzeugs zum Unternehmen in Höhe von 60 % (vgl. Abschnitt 15a.1 Abs. 7 Satz 2). [15]Eine Entnahmebesteuerung wegen des im Verhältnis zum Vorjahr gesunkenen unternehmerischen Nutzungsumfangs kommt während des Berichtigungszeitraums nach § 15a UStG im Rahmen der Billigkeit nicht in Betracht, weil die in Abschnitt 15a.1 Abs. 7 Satz 2 angeordnete Zuordnung entsprechend dem Berichtigungsbetrag nach § 15a UStG nur eine zeitraumbezogene Korrekturgröße darstellt.

Jahr 04:

[16]Der Umfang der unternehmerischen Nutzung hat sich gegenüber dem Erstjahr vermindert (50 % statt 60 %). [17]Eine Vorsteuerberichtigung aus Billigkeitsgründen kommt daher für das Jahr 04 dem Grunde nach nicht in Betracht (Abschnitt 15a.1 Abs. 7 Satz 1) und es bleibt bei der ursprünglichen Zuordnung des Fahrzeugs zum Unternehmen in Höhe von 60 %. [18]Die auf den zugeordneten Fahrzeugteil entfallende Nutzung für nichtwirtschaftliche Tätigkeiten i. e. S. (= 10 % der Gesamtnutzung) ist als unentgeltliche Wertabgabe nach § 3 Abs. 9a Nr. 1 UStG zu versteuern (vgl. Abschnitt 3.4 Abs. 2 Satz 4). [19]Für die Bemessungsgrundlage sind die Anschaffungskosten des Fahrzeugs maß-

gebend, die auf 5 Jahre zu verteilen sind (§ 10 Abs. 4 Satz 1 Nr. 2 Satz 2 UStG). [20]Die Bemessungsgrundlage der unentgeltlichen Wertabgabe beträgt demnach 800 € (1/5 von 40 000 € x 10 %) und die Umsatzsteuer 152 € (800 € x 19 %).

Jahr 05:

[21]Aus Billigkeitsgründen kann V wieder eine Vorsteuerberichtigung nach § 15a UStG vornehmen:

Insgesamt in Rechnung gestellte Umsatzsteuer: 7 600 €

Ursprünglicher Vorsteuerabzug: 4 560 € (60 % von 7 600 €)

Zeitpunkt der erstmaligen Verwendung: 1. 1. 01

Dauer des Berichtigungszeitraums: 1. 1. 01 bis 31. 12. 05

Aus Billigkeitsgründen zum Vorsteuerabzug berechtigende Verwendung: 80 %

Vorsteuerberichtigung aus Billigkeitsgründen im Vergleich zum ursprünglichen Vorsteuerabzug: Vorsteuer zu 80 % statt 60 %

Berichtigungsbetrag: 20 Prozentpunkte von 1/5 von 7 600 € = 304 € sind zugunsten des V zu korrigieren.

[22]Auf Grund der Vorsteuerberichtigung nach § 15a UStG aus Billigkeitsgründen gilt das Fahrzeug entsprechend der unternehmerischen Verwendung im Jahr 05 als zu 80 % (60 % + 20 %) dem Unternehmen zugeordnet (vgl. Abschnitt 15a.1 Abs. 7 Satz 2).

Jahr 06:

[23]Der Berichtigungszeitraum nach § 15a UStG ist am 31. 12. 05 abgelaufen; eine Vorsteuerberichtigung aus Billigkeitsgründen kommt daher für das Jahr 06 nicht mehr in Betracht. [24]Der Umfang der unternehmerischen Nutzung beträgt im Besteuerungszeitraum der Veräußerung (1. 1. – 30. 6. 06) 75 %. [25]Die Veräußerung des Fahrzeugs ist daher in Höhe von 75 % steuerbar. [26]Der Gesamtverkaufspreis ist entsprechend aufzuteilen. [27]Eine Entnahmebesteuerung wegen des im Verhältnis zum Vorjahr gesunkenen unternehmerischen Nutzungsumfangs kommt im Anschluss an den Berichtigungszeitraum nach § 15a UStG im Rahmen der Billigkeit nicht in Betracht, weil die in Abschnitt 15a.1 Abs. 7 Satz 2 angeordnete Zuordnung entsprechend dem Berichtigungsbetrag nach § 15a UStG nur eine zeitraumbezogene Korrekturgröße darstellt. [28]Auszugehen ist damit vom tatsächlichen unternehmerischen Nutzungsumfang. [29]Die Umsatzsteuer aus der Fahrzeugveräußerung beträgt 1 425 € (75 % von 10 000 € x 19 %). [30]Weist V in der Rechnung über den Gesamtverkaufspreis Umsatzsteuer gesondert aus, schuldet er den anteiligen Umsatzsteuerbetrag, der auf den nichtwirtschaftlich i. e. S. genutzten Fahrzeugteil entfällt (25 %), nach § 14c Abs. 2 UStG.

Beispiel 2:

[1]Sachverhalt wie Beispiel 1. [2]Im Jahr 06 verwendet V das Fahrzeug allerdings nur zu 40 % für die unternehmerische Tätigkeit und zu 60 % für die nichtwirtschaftliche Tätigkeit i. e. S.

Jahr 06:

[3]Der Umfang der unternehmerischen Nutzung hat sich gegenüber dem Erstjahr vermindert (40 % statt 60 %). [4]Grundsätzlich unterliegt die Erhöhung der Verwendung für nichtwirtschaftliche Tätigkeiten i. e. S. der unentgeltlichen Wertabgabenbesteuerung nach § 3 Abs. 9a Nr. 1 UStG. [5]Da der Berichtigungszeitraum nach § 15a UStG am 31. 12. 05 jedoch abgelaufen ist und die Anschaffungskosten des Fahrzeugs damit verbraucht sind, beträgt die Bemessungsgrundlage 0 € (§ 10 Abs. 4 Satz 1 Nr. 2 Satz 2 UStG). [6]Die Veräußerung des Fahrzeugs ist am 1. 7. 06 ist in Höhe von 60 % steuerbar. [7]Zwar nutzt V im Besteuerungszeitraum der Veräußerung das Fahrzeug nur zu 40 % für seine unternehmerischen Tätigkeiten. [8]Der Umfang der Zuordnung des Fahrzeugs bei dessen Anschaffung darf jedoch nicht unterschritten werden. [9]Die Umsatzsteuer aus der Fahrzeugveräußerung beträgt 1 140 € (60 % von 10 000 € x 19 %). [10]Weist V in der Rechnung über den Gesamtverkaufspreis Umsatzsteuer gesondert aus, schuldet er den anteiligen Umsatzsteuerbetrag, der auf den nichtwirtschaftlich i. e. S. genutzten Fahrzeugteil entfällt (40 %), nach § 14c Abs. 2 UStG.

(7) [1]Die auf die Miete, Mietsonderzahlung, Leasingraten und Unterhaltskosten entfallenden Vorsteuern eines angemieteten oder geleasten Fahrzeugs, das der Unternehmer sowohl unternehmerisch als auch für nichtunternehmerische Zwecke verwendet, sind grundsätzlich nach dem Verhältnis der unternehmerischen und nichtunternehmerischen Nutzung in einen abziehbaren und einen nichtabziehbaren Anteil aufzuteilen. [2]Das gilt sowohl für den Fall, dass die nicht-

UStAE

1255

unternehmerische Verwendung als Verwendung für nichtwirtschaftliche Tätigkeiten i.e.S. zu beurteilen ist, als auch für den Fall der unternehmensfremden (privaten) Verwendung. [3]Wird der Vorsteuerabzug so ermittelt, entfällt eine Wertabgabenbesteuerung nach § 3 Abs. 9a Nr. 1 UStG. [4]Aus Vereinfachungsgründen kann der Unternehmer jedoch im Fall der teilunternehmerischen unternehmensfremden (privaten) Verwendung des Fahrzeugs auch den Vorsteuerabzug aus der Miete bzw. den Leasingraten und den Unterhaltskosten vornehmen (sofern kein Ausschlusstatbestand nach § 15 Abs. 1a und 2 in Verbindung mit Abs. 3 UStG vorliegt) und die unternehmensfremde Nutzung nach den Regelungen in Absatz 5 besteuern.

Überlassung von Fahrzeugen an das Personal

(8) [1]Überlässt der Unternehmer (Arbeitgeber) seinem Personal (Arbeitnehmer) ein Fahrzeug auch zu Privatzwecken (Privatfahrten, Fahrten zwischen Wohnung und erster Tätigkeitsstätte sowie Familienheimfahrten aus Anlass einer doppelten Haushaltsführung), ist dies regelmäßig eine entgeltliche sonstige Leistung im Sinne des § 1 Abs. 1 Nr. 1 Satz 1 UStG. [2]Das Fahrzeug wird, wenn es nicht ausnahmsweise zusätzlich vom Unternehmer nichtunternehmerisch verwendet wird, durch die entgeltliche umsatzsteuerpflichtige Überlassung an das Personal ausschließlich unternehmerisch genutzt. [3]Die aus den Anschaffungskosten als auch aus den Unterhaltskosten der sog. Dienst- oder Firmenfahrzeuge anfallenden Vorsteuerbeträge können in voller Höhe abgezogen werden (§ 15 Abs. 1 Satz 1 UStG), sofern kein Ausschlusstatbestand nach § 15 Abs. 1a und 2 in Verbindung mit Abs. 3 UStG vorliegt. [4]Dies gilt auch für die Überlassung von Fahrzeugen an Gesellschafter-Geschäftsführer von Kapitalgesellschaften, wenn sie umsatzsteuerrechtlich insoweit nicht als Unternehmer anzusehen sind (vgl. Abschnitt 2.2 Abs. 2). [5]Die spätere Veräußerung und die Entnahme der Fahrzeuge unterliegen insgesamt der Umsatzsteuer, wenn sie insgesamt dem Unternehmen zugeordnet werden konnten.

(9) [1]Die Gegenleistung des Arbeitnehmers für die Fahrzeugüberlassung besteht regelmäßig in der anteiligen Arbeitsleistung, die er für die Privatnutzung des gestellten Fahrzeugs erbringt. [2]Die Überlassung des Fahrzeugs ist als Vergütung für geleistete Dienste und damit als entgeltlich anzusehen, wenn sie im Arbeitsvertrag geregelt ist oder auf mündlichen Abreden oder sonstigen Umständen des Arbeitsverhältnisses (z.B. der faktischen betrieblichen Übung) beruht. [3]Von Entgeltlichkeit ist stets auszugehen, wenn das Fahrzeug dem Arbeitnehmer für eine gewisse Dauer und nicht nur gelegentlich zur Privatnutzung überlassen wird. [4]Zur Bestimmung des Leistungsorts bei entgeltlicher Fahrzeugüberlassung vgl. Abschnitt 3a.5 Abs. 4.

(10) [1]Bei der entgeltlichen Fahrzeugüberlassung zu Privatzwecken des Personals liegt ein tauschähnlicher Umsatz (§ 3 Abs. 12 Satz 2 UStG) vor. [2]Die Bemessungsgrundlage ist nach § 10 Abs. 2 Satz 2 in Verbindung mit Abs. 1 Satz 1 UStG der Wert der nicht durch den Barlohn abgegoltenen Arbeitsleistung. [3]Deren Wert entspricht dem Betrag, den der Arbeitgeber zu diesem Zweck aufzuwenden bereit ist (vgl. Abschnitt 10.5 Abs. 1). [4]Das sind die Gesamtausgaben für die Überlassung des Fahrzeugs. [5]Die Gesamtausgaben für die entgeltliche sonstige Leistung im Sinne des § 1 Abs. 1 Nr. 1 Satz 1 UStG umfassen auch die Ausgaben, bei denen ein Vorsteuerabzug nicht möglich ist. [6]Der so ermittelte Wert ist der Nettowert; die Umsatzsteuer ist mit dem allgemeinen Steuersatz hinzuzurechnen. [7]Treffen die Parteien Aussagen zum Wert der Arbeitsleistungen, so ist dieser Wert als Bemessungsgrundlage für die Überlassung des Fahrzeugs zu Grunde zu legen, wenn er die Ausgaben für die Fahrzeugüberlassung übersteigt.

(11) [1]Aus Vereinfachungsgründen wird es nicht beanstandet, wenn für die umsatzsteuerrechtliche Bemessungsgrundlage anstelle der Ausgaben von den lohnsteuerrechtlichen Werten ausgegangen wird. [2]Die lohnsteuerrechtlichen Werte sind als Bruttowerte anzusehen, aus denen die Umsatzsteuer herauszurechnen ist (vgl. Abschnitt 1.8 Abs. 8).

1. Besteuerung auf Grundlage der sog. 1 %-Regelung

[1]Wird der lohnsteuerrechtliche Wert der entgeltlichen Fahrzeugüberlassung für Privatfahrten und für Fahrten zwischen Wohnung und erster Tätigkeitsstätte nach § 8 Abs. 2 Satz 2 und 3 in Verbindung mit § 6 Abs. 1 Nr. 4 Satz 2 EStG mit dem vom Listenpreis abgeleiteten

Pauschalwert angesetzt (vgl. R 8.1 Abs. 9 Nr. 1 LStR), kann von diesem Wert auch bei der Umsatzbesteuerung ausgegangen werden, wobei jedoch keine Kürzung des inländischen Listenpreises für Elektro- und Hybridelektrofahrzeuge vorzunehmen ist. [2]Der umsatzsteuerrechtliche Wert für Familienheimfahrten kann aus Vereinfachungsgründen für jede Fahrt mit 0,002 % des Listenpreises (§ 6 Abs. 1 Nr. 4 Satz 2 EStG: für jeden Kilometer der Entfernung zwischen dem Ort des eigenen Hausstands und dem Beschäftigungsort) angesetzt werden, wobei keine Kürzung für Elektro- und Hybridelektrofahrzeuge erfolgt. [3]Der Umsatzsteuer unterliegen die auf die Familienheimfahrten entfallenden Kosten auch dann, wenn ein lohnsteuerrechtlicher Wert nach § 8 Abs. 2 Satz 5 EStG nicht anzusetzen ist. [4]Aus dem so ermittelten lohnsteuerrechtlichen Wert ist die Umsatzsteuer herauszurechnen. [5]Ein pauschaler Abschlag von 20 % für nicht mit Vorsteuern belastete Ausgaben ist in diesen Fällen unzulässig.

Beispiel 1:

[1]Ein Arbeitnehmer mit einer am 1. 1. 01 begründeten doppelten Haushaltsführung nutzt ein Firmenfahrzeug mit einem Listenpreis einschließlich Umsatzsteuer von 30 000 € im gesamten Jahr 02 zu Privatfahrten, zu Fahrten zur 10 km entfernten ersten Tätigkeitsstätte und zu 20 Familienheimfahrten zum 150 km entfernten Wohnsitz der Familie.

[2]Die Umsatzsteuer für die Firmenfahrzeugüberlassung ist nach den lohnsteuerrechtlichen Werten wie folgt zu ermitteln:

- für die allgemeine Privatnutzung 1 % von 30 000 € x 12 Monate = 3 600 €
- für Fahrten zwischen Wohnung und erster Tätigkeitsstätte 0,03 % von 30 000 € x 10 km x 12 Monate = 1 080 €
- für Familienheimfahrten 0,002 % von 30 000 € x 150 km x 20 Fahrten= 1 800 €.

[3]Die Umsatzsteuer für die sonstige Leistung an den Arbeitnehmer beträgt 19/119 von 6 480 € = 1 034,62 €.

2. Besteuerung auf der Grundlage der Fahrtenbuchregelung

[1]Wird bei der entgeltlichen Fahrzeugüberlassung an das Personal zu Privatzwecken der lohnsteuerrechtliche Nutzungswert mit Hilfe eines ordnungsgemäßen Fahrtenbuchs anhand der durch Belege nachgewiesenen Gesamtausgaben ermittelt (vgl. R 8.1 Abs. 9 Nr. 2 LStR), ist das so ermittelte Nutzungsverhältnis auch bei der Umsatzsteuer zu Grunde zu legen. [2]Die Fahrten zwischen Wohnung und erster Tätigkeitsstätte sowie die Familienheimfahrten aus Anlass einer doppelten Haushaltsführung werden umsatzsteuerrechtlich den Privatfahrten des Arbeitnehmers zugerechnet. [3]Die Gesamtausgaben für die entgeltliche sonstige Leistung im Sinne des § 1 Abs. 1 Nr. 1 Satz 1 UStG umfassen auch die Ausgaben, bei denen ein Vorsteuerabzug nicht möglich ist. [4]Für umsatzsteuerliche Zwecke sind die Sonderregelungen für Elektro- und Hybridelektrofahrzeuge nach § 6 Abs. 1 Nr. 4 Satz 3 Nr. 1 bis 5 EStG nicht anzuwenden.

Beispiel 2:

[1]Ein Firmenfahrzeug mit einer Jahresfahrleistung von 20 000 km wird von einem Arbeitnehmer lt. ordnungsgemäß geführtem Fahrtenbuch an 180 Tagen jährlich für Fahrten zur 10 km entfernten ersten Tätigkeitsstätte benutzt. [2]Die übrigen Privatfahrten des Arbeitnehmers belaufen sich auf insgesamt 3 400 km. [3]Die gesamten Fahrzeugkosten (Nettoaufwendungen einschließlich der auf die betriebsgewöhnliche Nutzungsdauer von 6 Jahren verteilten Anschaffungs- oder Herstellungskosten) betragen 9 000 €.

[4]Von den Privatfahrten des Arbeitnehmers entfallen 3 600 km auf Fahrten zwischen Wohnung und erster Tätigkeitsstätte (180 Tage x 20 km) und 3 400 km auf sonstige Fahrten. [5]Dies entspricht einer Privatnutzung von insgesamt 35 % (7 000 km von 20 000 km). [6]Für die umsatzsteuerrechtliche Bemessungsgrundlage ist von einem Betrag von 35 % von 9 000 € = 3 150 € auszugehen. [7]Die Umsatzsteuer beträgt 19 % von 3 150 € = 598,50 €.

(12) [1]Von einer unentgeltlichen Fahrzeugüberlassung an das Personal zu Privatzwecken im Sinne des § 3 Abs. 9a Nr. 1 UStG (vgl. Abschnitt 1.8 Abs. 2) kann ausnahmsweise ausgegangen wer-

den, wenn die vereinbarte private Nutzung des Fahrzeugs derart gering ist, dass sie für die Gehaltsbemessung keine wirtschaftliche Rolle spielt, und nach den objektiven Gegebenheiten eine weitergehende private Nutzungsmöglichkeit ausscheidet (vgl. BFH-Urteil vom 4. 10. 1984, V R 82/83, BStBl II S. 808). [2]Danach kann Unentgeltlichkeit nur angenommen werden, wenn dem Arbeitnehmer das Fahrzeug aus besonderem Anlass oder zu einem besonderen Zweck nur gelegentlich (von Fall zu Fall) an nicht mehr als fünf Kalendertagen im Kalendermonat für private Zwecke überlassen wird (vgl. Rdnr. 13 Satz 2 zweiter Spiegelstrich des BMF-Schreibens vom 4. 4. 2018, BStBl I S. 592). [3]Bemessungsgrundlage für die unentgeltliche Fahrzeugüberlassung für den privaten Bedarf des Personals sind die Ausgaben, soweit sie zum vollen oder teilweisen Vorsteuerabzug berechtigt haben (§ 10 Abs. 4 Satz 1 Nr. 2 UStG). [4]Aus der Bemessungsgrundlage sind somit die nicht mit Vorsteuern belasteten Ausgaben auszuscheiden. [5]Der so ermittelte Wert ist der Nettowert ohne Umsatzsteuer; die Umsatzsteuer ist mit dem allgemeinen Steuersatz hinzuzurechnen. [6]Aus Vereinfachungsgründen wird es nicht beanstandet, wenn für die umsatzsteuerrechtliche Bemessungsgrundlage von den lohnsteuerrechtlichen Werten ausgegangen wird. [7]Die lohnsteuerrechtlichen Werte sind als Bruttowerte anzusehen, aus denen die Umsatzsteuer herauszurechnen ist (vgl. Abschnitt 1.8 Abs. 8).

(13) – gestrichen –

UStAE   15.24. Vorsteuerabzug und Umsatzbesteuerung bei (teil-)unternehmerisch verwendeten Fahrrädern

(1) Die Regelungen in Abschnitt 15.23 gelten entsprechend auch für Fahrräder einschließlich Elektrofahrräder, die verkehrsrechtlich als Fahrrad (keine Kennzeichen-, Versicherungs- oder Führerscheinpflicht) einzuordnen sind, soweit nachfolgend nichts Anderes geregelt ist.

(2) [1]Für umsatzsteuerliche Zwecke ist bei der unternehmensfremden (privaten) Nutzung eines dem Unternehmen zugeordneten Fahrrades im Sinne von Absatz 1 durch den Unternehmer § 6 Abs. 1 Nr. 4 Satz 6 EStG nicht anzuwenden. [2]Der Anteil der unternehmensfremden Nutzung kann nicht durch ein Fahrtenbuch (Abschnitt 15.23 Abs. 5 Satz 4 Nr. 1 Buchstabe b) nachgewiesen werden. [3]Der Unternehmer kann den Wert der unternehmensfremden Nutzung aus Vereinfachungsgründen hilfsweise nach der sog. 1 %-Regelung (Abschnitt 15.23 Abs. 5 Satz 4 Nr. 1 Buchstabe a) berechnen, wenn er nicht eine andere umsatzsteuerrechtlich zulässige Methode zur Wertermittlung gewählt hat.

(3) [1]Für umsatzsteuerliche Zwecke ist bei entgeltlicher Überlassung eines Fahrrades im Sinne von Absatz 1 zu Privatzwecken des Personals (vgl. entsprechend Abschnitt 15.23 Abs. 10 und 11) § 3 Nr. 37 EStG nicht anzuwenden. [2]Der Anteil der Nutzung für Privatzwecke des Personals kann nicht durch ein Fahrtenbuch (Abschnitt 15.23 Abs. 11 Satz 2 Nr. 2) nachgewiesen werden. [3]Es wird aus Vereinfachungsgründen nicht beanstandet, wenn als Bemessungsgrundlage für die entgeltliche Nutzungsüberlassung monatlich 1 % der auf volle 100 € abgerundeten unverbindlichen Preisempfehlung des Herstellers, Importeurs oder Großhändlers im Zeitpunkt der Inbetriebnahme des Fahrrades berücksichtigt wird (entsprechend Rn. 1 der gleich lautenden Ländererlasse vom 9. 1. 2020, BStBl I S. 174). [4]Dieser Wert ist als Bruttowert anzusehen, aus dem die Umsatzsteuer herauszurechnen ist. [5]Wenn der anzusetzende Wert des Fahrrades weniger als 500 € beträgt, wird es nicht beanstandet, wenn abweichend von dem Vorstehenden von keiner entgeltlichen Überlassung des Fahrrades ausgegangen wird. [6]In diesen Fällen ist keine Umsatzbesteuerung der Leistung an den Arbeitnehmer erforderlich.

Zu § 15a UStG

UStAE   15a.1. Anwendungsgrundsätze

(1) [1]Nach § 15 UStG entsteht das Recht auf Vorsteuerabzug bereits im Zeitpunkt des Leistungs-bezugs (vgl. Abschnitt 15.12) oder im Fall der Voraus- oder Anzahlung im Zeitpunkt der Zahlung. [2]Ändern sich bei den in Abs. 2 genannten Berichtigungsobjekten die für den ursprünglichen Vor-steuerabzug maßgebenden Verhältnisse, ist der Vorsteuerabzug zu berichtigen, wenn die Gren-zen des § 44 UStDV überschritten werden (vgl. Abschnitt 15a.11). [3]Durch § 15a UStG wird der Vorsteuerabzug so berichtigt, dass er den tatsächlichen Verhältnissen bei der Verwendung des Wirtschaftsguts oder der sonstigen Leistung entspricht. [4]Als Wirtschaftsgüter im Sinne des § 15a UStG gelten die Gegenstände, an denen nach § 3 Abs. 1 UStG die Verfügungsmacht ver-schafft werden kann (vgl. Abschnitt 3.1 Abs. 1 Sätze 1 und 2). [5]Das Wirtschaftsgut muss aus der Sicht des Durchschnittsverbrauchers selbständig verkehrsfähig und bewertbar sein (vgl. BFH-Ur-teil vom 3. 11. 2011, V R 32/10, BStBl 2012 II S. 525). [6]Wird das Wirtschaftsgut bzw. die sonstige Leistung nicht nur einmalig zur Ausführung von Umsätzen verwendet, kommt es auf die tat-sächlichen Verwendungsverhältnisse während des gesamten im Einzelfall maßgeblichen Berich-tigungszeitraums an. [7]Der Ausgleich des Vorsteuerabzugs ist grundsätzlich bei der Steuerfest-setzung für den Voranmeldungszeitraum vorzunehmen, in dem sich die Verhältnisse gegenüber den für den ursprünglichen Vorsteuerabzug maßgebenden Verhältnissen geändert haben (vgl. jedoch Abschnitt 15a.11).

(2) Berichtigungsobjekte im Sinne des § 15a UStG sind:

1. Wirtschaftsgüter, die nicht nur einmalig zur Ausführung von Umsätzen verwendet werden (§ 15a Abs. 1 UStG)

   [1]Das sind in der Regel die Wirtschaftsgüter, die ertragsteuerrechtlich abnutzbares oder nicht abnutzbares (z. B. Grund und Boden) Anlagevermögen darstellen oder – sofern sie nicht zu einem Betriebsvermögen gehören – als entsprechende Wirtschaftsgüter anzuse-hen sind. [2]Dies können auch immaterielle Wirtschaftsgüter, die Gegenstand einer Liefe-rung sind (z. B. bestimmte Computerprogramme oder Mietereinbauten im Sinne des BMF-Schreibens vom 15. 1. 1976, BStBl I S. 66), sein. [3]Die ertragsteuerliche Beurteilung als Anla-gevermögen oder Umlaufvermögen ist umsatzsteuerrechtlich nicht entscheidend (BFH-Ur-teil vom 24. 9. 2009, V R 6/08, BStBl 2010 II S. 315).

2. Wirtschaftsgüter, die nur einmalig zur Ausführung von Umsätzen verwendet werden (§ 15a Abs. 2 UStG)

   [1]Das sind im Wesentlichen die Wirtschaftsgüter, die ertragsteuerrechtlich Umlaufver-mögen darstellen, wie z. B. die zur Veräußerung oder Verarbeitung bestimmten Wirt-schaftsgüter. [2]Ertragsteuerrechtliches Anlagevermögen kann ebenfalls betroffen sein, wenn es veräußert oder entnommen wird, bevor es zu anderen Verwendungsumsätzen ge-kommen ist.

3. Nachträglich in ein Wirtschaftsgut eingehende Gegenstände, wenn diese Gegenstände da-bei ihre körperliche und wirtschaftliche Eigenart endgültig verlieren (§ 15a Abs. 3 UStG)

   [1]Das ist der Fall, wenn diese Gegenstände nicht selbstständig nutzbar sind und mit dem Wirtschaftsgut in einem einheitlichen Nutzungs- und Funktionszusammenhang stehen. [2]Auf eine Werterhöhung bei dem Wirtschaftsgut, in das die Gegenstände eingehen, kommt es nicht an. [3]Kein Gegenstand im Sinne des § 15a Abs. 3 UStG ist ein Gegenstand, der abtrennbar ist, seine körperliche oder wirtschaftliche Eigenart behält und damit ein selbstständiges Wirtschaftsgut bleibt. [4]Werden im Rahmen einer Maßnahme mehrere Ge-genstände in ein Wirtschaftsgut eingefügt bzw. sonstige Leistungen an einem Wirtschafts-gut ausgeführt, sind diese Leistungen zu einem Berichtigungsobjekt zusammenzufassen. [5]Bei der Bestimmung der 1 000 €-Grenze nach § 44 Abs. 1 UStDV ist von den gesamten

Vorsteuerbeträgen auszugehen, die auf die Anschaffung oder Herstellung des durch die Zusammenfassung entstandenen Berichtigungsobjekts entfallen.

4. Sonstige Leistungen an einem Wirtschaftsgut (§ 15a Abs. 3 UStG)

   [1]Es kommt nicht darauf an, ob die sonstige Leistung zu einer Werterhöhung des Wirtschaftsguts führt. [2]Maßnahmen, die lediglich der Werterhaltung dienen, fallen demnach auch unter die Berichtigungspflicht nach § 15a Abs. 3 UStG. [3]Nicht unter die Verpflichtung zur Berichtigung des Vorsteuerabzugs nach § 15a Abs. 3 UStG fallen sonstige Leistungen, die bereits im Zeitpunkt des Leistungsbezugs wirtschaftlich verbraucht werden. [4]Eine sonstige Leistung ist im Zeitpunkt des Leistungsbezugs dann nicht wirtschaftlich verbraucht, wenn ihr über den Zeitpunkt des Leistungsbezugs hinaus eine eigene Werthaltigkeit innewohnt. [5]Zur Zusammenfassung bei der Ausführung mehrerer Leistungen im Rahmen einer Maßnahme siehe Nr. 3.

5. Sonstige Leistungen, die nicht unter § 15a Abs. 3 Satz 1 UStG fallen (§ 15a Abs. 4 UStG)

   [1]Dies sind solche sonstigen Leistungen, die nicht an einem Wirtschaftsgut ausgeführt werden. [2]Die Berichtigung des Vorsteuerabzugs ist auf solche sonstigen Leistungen beschränkt, für die in der Steuerbilanz ein Aktivposten gebildet werden müsste. [3]Dies gilt jedoch nicht, soweit es sich um sonstige Leistungen handelt, für die der Leistungsempfänger bereits für einen Zeitraum vor Ausführung der sonstigen Leistung den Vorsteuerabzug vornehmen konnte (Voraus- und Anzahlung). [4]Unerheblich ist, ob der Unternehmer nach den §§ 140, 141 AO tatsächlich zur Buchführung verpflichtet ist.

6. Nachträgliche Anschaffungs- oder Herstellungskosten (§ 15a Abs. 6 UStG)

   [1]Der Begriff der nachträglichen Anschaffungs- oder Herstellungskosten ist nach den für das Einkommensteuerrecht geltenden Grundsätzen abzugrenzen. [2]Voraussetzung ist, dass die nachträglichen Aufwendungen für Berichtigungsobjekte nach § 15a Abs. 1 bis 4 UStG angefallen sind. [3]Aufwendungen, die ertragsteuerrechtlich Erhaltungsaufwand sind, unterliegen der Vorsteuerberichtigung nach § 15a Abs. 3 UStG.

(3) [1]Bei der Berichtigung des Vorsteuerabzugs ist von den gesamten Vorsteuerbeträgen auszugehen, die auf die in Absatz 2 bezeichneten Berichtigungsobjekte entfallen. [2]Dabei ist ein prozentuales Verhältnis des ursprünglichen Vorsteuerabzugs zum Vorsteuervolumen insgesamt zu Grunde zu legen.

Beispiel 1:

[1]Ein Unternehmer errichtet ein Bürogebäude. [2]Die im Zusammenhang mit der Herstellung des Gebäudes in Rechnung gestellte Umsatzsteuer beträgt in den Jahren 01 150 000 € und 02 450 000 € (insgesamt 600 000 €). [3]Die abziehbaren Vorsteuerbeträge nach § 15 UStG belaufen sich vor dem Zeitpunkt der erstmaligen Verwendung (Investitionsphase) auf 150 000 €, da der Unternehmer im Jahr 01 beabsichtigte, das Gebäude zu 100 % für zum Vorsteuerabzug berechtigende Zwecke zu verwenden, während er im Jahr 02 beabsichtigte, das Gebäude nach der Fertigstellung zu 0 % für zum Vorsteuerabzug berechtigende Zwecke zu verwenden. [4]Diese Verwendungsabsicht wurde durch den Unternehmer jeweils schlüssig dargelegt.

Insgesamt in Rechnung gestellte Umsatzsteuer: 600 000 €

Ursprünglicher Vorsteuerabzug: 150 000 €

Ermittlung eines prozentualen Verhältnisses des ursprünglichen Vorsteuerabzugs zum Vorsteuervolumen insgesamt, das für eine Berichtigung nach § 15a UStG maßgebend ist:

150 000 € : 600 000 € = 25%

Beispiel 2:

[1]Unternehmer U schließt mit dem Fahrzeughändler H im Januar 01 einen Vertrag über die Lieferung eines Pkw ab. [2]Der Pkw soll im Juli 01 geliefert werden. [3]U leistet bei Vertragsschluss eine Anzahlung i. H. v. 20 000 € zzgl. 3 800 € Umsatzsteuer. [4]Bei Lieferung des Pkw im Juli 01 leistet U die Restzahlung von 60 000 € zzgl. 11 400 € Umsatzsteuer. [5]Im Zeitpunkt der Anzahlung beabsichtigte U, den Pkw ausschließlich zur Ausführung von zum Vorsteuerabzug berechtigenden Umsätzen zu nut-

zen. [6]U kann die Verwendungsabsicht durch entsprechende Unterlagen nachweisen. [7]Im Zeitpunkt der Lieferung steht hingegen fest, dass U den Pkw nunmehr ausschließlich zur Erzielung von nicht zum Vorsteuerabzug berechtigenden Umsätzen verwenden will.

[8]U steht aus der Anzahlung der Vorsteuerabzug nach § 15 Abs. 1 Satz 1 Nr. 1 UStG zu, da er im Zeitpunkt der Anzahlung beabsichtigte, den Pkw für zum Vorsteuerabzug berechtigende Umsätze zu nutzen. [9]Für die Restzahlung hingegen steht U der Vorsteuerabzug nicht zu.

Insgesamt in Rechnung gestellte Umsatzsteuer:	15 200 €
Ursprünglicher Vorsteuerabzug:	3 800 €

Ermittlung eines prozentualen Verhältnisses des ursprünglichen Vorsteuerabzugs zum Vorsteuervolumen insgesamt, das für eine Berichtigung nach § 15a UStG maßgebend ist:

3 800 € : 15 200 € = 25 %

(4) [1]Die Vorsteuerberichtigung setzt einen ursprünglichen Vorsteuerabzug voraus. [2]Dieser kann sich auch aus einer in der Steuererklärung nicht ausdrücklich angegebenen Saldierung der Umsatzsteuer mit einem korrespondierenden Vorsteuerabzug nach § 15 Abs. 1 Satz 1 Nr. 3 oder 4 UStG ergeben (vgl. BFH-Urteil vom 1. 2. 2022, V R 33/18, BStBl II S. 785). [3]In die Vorsteuerberichtigung sind alle Vorsteuerbeträge einzubeziehen ohne Rücksicht auf besondere ertragsteuerrechtliche Regelungen, z. B. sofort absetzbare Beträge oder Zuschüsse, die der Unternehmer erfolgsneutral behandelt, oder AfA, die auf die Zeit bis zur tatsächlichen Verwendung entfällt.

(5) [1]Führt die Berichtigung nach § 15a UStG zu einem erstmaligen Vorsteuerabzug, weil der Vorsteuerabzug beim Leistungsbezug nach § 15 Abs. 2 und 3 UStG ausgeschlossen war, dürfen nur die Vorsteuerbeträge angesetzt werden, für die die allgemeinen Voraussetzungen des § 15 Abs. 1 UStG vorliegen. [2]Daher sind in diesen Fällen Vorsteuerbeträge, für die der Abzug zu versagen ist, weil keine ordnungsgemäße Rechnung oder kein zollamtlicher Einfuhrbeleg vorliegt, von der Berichtigung ausgenommen (vgl. BFH-Urteil vom 12. 10. 2006, V R 36/04, BStBl 2007 II S. 485). [3]Zur Frage, wie zu verfahren ist, wenn die Voraussetzungen für den Vorsteuerabzug nach § 15 UStG erst nachträglich eintreten oder sich nachträglich ändern, vgl. Abschnitt 15a.4 Abs. 2.

(6) [1]Eine Berichtigung des Vorsteuerabzugs ist nur möglich, wenn und soweit die bezogenen Leistungen im Zeitpunkt des Leistungsbezugs dem Unternehmen zugeordnet wurden (vgl. Abschnitt 15.2c). [2]§ 15a UStG ist daher insbesondere nicht anzuwenden, wenn

1. ein Nichtunternehmer Leistungen bezieht und diese später unternehmerisch verwendet werden (vgl. EuGH-Urteil vom 2. 6. 2005, C-378/02, Waterschap Zeeuws Vlaanderen, sowie BFH-Urteil vom 1. 12. 2010, XI R 28/08, BStBl 2011 II S. 994),

2. der Unternehmer ein Wirtschaftsgut oder eine sonstige Leistung im Zeitpunkt des Leistungsbezugs seinem nichtunternehmerischen Bereich zuordnet (vgl. Abschnitt 15.2c) und das Wirtschaftsgut oder die sonstige Leistung später für unternehmerische Zwecke verwendet (vgl. EuGH-Urteil vom 11. 7. 1991, C-97/90, Lennartz),

3. an einem Wirtschaftsgut, das nicht dem Unternehmen zugeordnet wurde, eine Leistung im Sinne des § 15a Abs. 3 UStG ausgeführt wird, die ebenfalls nicht für das Unternehmen bezogen wird, und das Wirtschaftsgut später unternehmerisch verwendet wird,

4. nichtunternehmerisch genutzte Gebäudeteile als separater Gegenstand beim Leistungsbezug dem nichtunternehmerischen Bereich zugeordnet und später unternehmerisch genutzt werden (z. B. bei Umwandlung bisheriger Wohnräume in Büroräume) oder

5. der Unternehmer einen bezogenen Gegenstand zunächst zu weniger als 10 % für sein Unternehmen nutzt und die Leistung deshalb nach § 15 Abs. 1 Satz 2 UStG als nicht für sein Unternehmen ausgeführt gilt (vgl. Abschnitt 15.2c Abs. 5 bis 7) und diese Grenze später überschritten wird.

(7) [1]Ist ein Unternehmer für einen sowohl unternehmerisch als auch nichtwirtschaftlich i. e. S. verwendeten einheitlichen Gegenstand nach § 15 Abs. 1 UStG nur für den unternehmerisch genutzten Anteil zum Vorsteuerabzug berechtigt gewesen (vgl. Abschnitte 15.2b Abs. 2 und 15.2c

UStAE

Abs. 2 Satz 1 Nr. 2 Buchstabe a) – unternehmerische Nutzung zu mindestens 10 % vorausgesetzt, § 15 Abs. 1 Satz 2 UStG – und erhöht sich die unternehmerische Nutzung dieses Gegenstands innerhalb des Berichtigungszeitraums nach § 15a Abs. 1 UStG (vgl. Abschnitt 15a.3), kann eine Vorsteuerberichtigung nach den Grundsätzen des § 15a UStG zugunsten des Unternehmers aus Billigkeitsgründen vorgenommen werden, sofern die Bagatellgrenzen des § 44 UStDV überschritten sind. [2]Macht der Unternehmer von dieser Billigkeitsmaßnahme Gebrauch, gilt der Gegenstand auch insoweit als dem Unternehmen zugeordnet.

Beispiel:

[1]Der Verein V erwirbt zum 1. 1. 01 einen PKW für 30 000 € zzgl. 5 700 € Umsatzsteuer. [2]Der PKW wird entsprechend der von Anfang an beabsichtigten Verwendung zu 50 % für unternehmerische Tätigkeiten im Sinne des § 2 Abs. 1 UStG und zu 50 % für unentgeltliche Tätigkeiten für ideelle Vereinszwecke verwendet. [3]Die Verwendung für unternehmerische Tätigkeiten erhöht sich ab dem 1. 1. 03 um 20 % auf insgesamt 70 %. [4]Zum 1. 1. 04 wird der PKW für einen vereinbarten Nettobetrag von 10 000 € veräußert.

Jahr 01:

[5]V ist zum Vorsteuerabzug in Höhe von 2 850 € (50 % von 5 700 €) nach § 15 Abs. 1 UStG berechtigt. [6]Der für unentgeltliche ideelle Tätigkeiten des Vereins (nichtwirtschaftliche Tätigkeit i. e. S., vgl. Abschnitt 2.3 Abs. 1a) verwendete Anteil des PKW berechtigt nicht zum Vorsteuerabzug (vgl. Abschnitte 15.2b Abs. 2 und 15.2c Abs. 2 Satz 1 Nr. 2 Buchstabe a).

Jahr 03:

[7]Die Bagatellgrenzen des § 44 UStDV sind überschritten. [8]Aus Billigkeitsgründen kann eine Vorsteuerberichtigung nach § 15a Abs. 1 UStG vorgenommen werden.

Insgesamt in Rechnung gestellte Umsatzsteuer: 5 700 €

Ursprünglicher Vorsteuerabzug: 2 850 € (entspricht 50 % von 5 700 €)

Zeitpunkt der erstmaligen Verwendung: 1. 1. 01

Dauer des Berichtigungszeitraums: 1. 1. 01 bis 31. 12. 05

Aus Billigkeitsgründen zum Vorsteuerabzug berechtigende Verwendung in 03: 70 %

Vorsteuerberichtigung aus Billigkeitsgründen im Vergleich zum ursprünglichen Vorsteuerabzug: Vorsteuer zu 70 % statt zu 50 %

Berichtigungsbetrag: 20 Prozentpunkte von 1/5 von 5 700 € = 228 € sind zugunsten des V zu korrigieren.

Jahr 04:

[9]Die Veräußerung des PKW ist in Höhe des für unternehmerische Tätigkeiten verwendeten Anteils im Zeitpunkt der Veräußerung steuerbar. [10]Die Umsatzsteuer beträgt 1 330 € (70 % von 10 000 € x 19 %). [11]Aus Billigkeitsgründen ist auf Grund der Veräußerung auch eine Vorsteuerberichtigung nach § 15a UStG vorzunehmen. [12]Die Bagatellgrenzen des § 44 UStDV sind überschritten.

Insgesamt in Rechnung gestellte Umsatzsteuer: 5 700 €

Ursprünglicher Vorsteuerabzug: 2 850 € (entspricht 50 % von 5 700 €)

Zeitpunkt der erstmaligen Verwendung: 1. 1. 01

Dauer des Berichtigungszeitraums: 1. 1. 01 bis 31. 12. 05

Tatsächliche zum Vorsteuerabzug berechtigenden Verwendung im Berichtigungszeitraum:

Jahr 01 bis 03 = 50 %

Jahr 03 = 70 % (Berichtigung nach § 15a UStG aus Billigkeitsgründen)

Änderung aus Billigkeitsgründen: ab Jahr 04 = 20 Prozentpunkte (70 % statt 50 %)

Vorsteuerberichtigung pro Jahr:

5 700 €/5 Jahre x 20 % = 228 €

Jahr 04 und 05 = je 228 €

¹³Die Berichtigung des Vorsteuerabzugs in Höhe von 456 € zugunsten des V ist in der ersten Voranmeldung für das Kalenderjahr 04 vorzunehmen (§ 44 Abs. 3 Satz 2 UStDV).

UStAE 15a.2. Änderung der Verhältnisse

(1) ¹Verwendung im Sinne des § 15a UStG ist die tatsächliche Nutzung des Berichtigungsobjekts zur Erzielung von Umsätzen. ²Als Verwendung sind auch die Veräußerung, die unentgeltliche Wertabgabe nach § 3 Abs. 1b und 9a UStG (vgl. BFH-Urteil vom 2. 10. 1978, V R 91/78, BStBl 1987 II S. 44) und die teilunternehmerische Nutzung eines Grundstücks im Sinne des § 15 Abs. 1b UStG (§ 15a Abs. 6a UStG, vgl. Abschnitt 15.6a) anzusehen. ³Unter Veräußerung ist sowohl die Lieferung im Sinne des § 3 Abs. 1 UStG, z. B. auch die Verwertung in der Zwangsvollstreckung, als auch die Übertragung immaterieller Wirtschaftsgüter zu verstehen. ⁴Voraussetzung ist jedoch, dass das Wirtschaftsgut im Zeitpunkt dieser Umsätze objektiv noch verwendungsfähig ist. ⁵Die Eröffnung eines Insolvenzverfahrens bewirkt allein weder tatsächlich noch rechtlich eine Änderung in der Verwendung eines Berichtigungsobjekts (vgl. BFH-Urteil vom 8. 3. 2012, V R 24/11, BStBl II S. 466).

(2) ¹Für die Frage, ob eine Änderung der Verhältnisse vorliegt, sind die Verhältnisse im Zeitpunkt der tatsächlichen Verwendung im Vergleich zum ursprünglichen Vorsteuerabzug entscheidend (vgl. BFH-Urteil vom 9. 2. 2011, XI R 35/09, BStBl II S. 1000). ²Für den ursprünglichen Vorsteuerabzug ist die Verwendungsabsicht im Zeitpunkt des Leistungsbezugs entscheidend, im Fall der Anzahlung oder Vorauszahlung die im Zeitpunkt der Anzahlung oder Vorauszahlung gegebene Verwendungsabsicht (Abschnitt 15.12 Abs. 1). ³Eine Änderung der Verhältnisse im Sinne des § 15a UStG liegt z. B. vor,

1. wenn sich auf Grund der tatsächlichen Verwendung nach § 15 Abs. 2 und 3 UStG ein höherer oder niedrigerer Vorsteuerabzug im Vergleich zum ursprünglichen Vorsteuerabzug ergibt, z. B.

   a) wenn der Unternehmer ein Berichtigungsobjekt innerhalb des Unternehmens für Ausgangsumsätze nutzt, welche den Vorsteuerabzug anders als ursprünglich ausschließen oder zulassen (vgl. BFH-Urteile vom 15. 9. 2011, V R 8/11, BStBl 2012 II S. 368, und vom 19. 10. 2011, XI R 16/09, BStBl 2012 II S. 371),

   b) wenn der Unternehmer einen ursprünglich ausgeübten Verzicht auf eine Steuerbefreiung (§ 9 UStG) später nicht fortführt, oder

   c) wenn sich das prozentuale Verhältnis ändert, nach dem die abziehbaren Vorsteuern ursprünglich nach § 15 Abs. 4 UStG aufgeteilt worden sind,

2. wenn das Wirtschaftsgut veräußert oder entnommen wird und dieser Umsatz hinsichtlich des Vorsteuerabzugs anders zu beurteilen ist als der ursprüngliche Vorsteuerabzug (§ 15a Abs. 8 UStG),

3. wenn der Unternehmer von der allgemeinen Besteuerung zur Nichterhebung der Steuer nach § 19 Abs. 1 UStG oder umgekehrt übergeht (§ 15a Abs. 7 UStG), ohne dass sich die Nutzung der Wirtschaftsgüter oder sonstigen Leistungen selbst geändert haben muss,

4. wenn der Unternehmer von der allgemeinen Besteuerung zur Durchschnittssatzbesteuerung nach den §§ 23, 23a und 24 UStG oder umgekehrt übergeht (§ 15a Abs. 7 UStG), ohne dass sich die Nutzung der Wirtschaftsgüter oder sonstigen Leistungen selbst geändert haben muss (zur Vorsteuerberichtigung bei Wirtschaftsgütern, die sowohl in einem gewerblichen Unternehmensteil als auch in einem landwirtschaftlichen Unternehmensteil (§ 24 UStG) eingesetzt werden, und zum Übergang von der allgemeinen Besteuerung zur Durchschnittssatzbesteuerung nach § 24 UStG oder umgekehrt siehe Abschnitt 15a.9 Abs. 5 ff.),

5. wenn sich eine Rechtsänderung nach dem Leistungsbezug auf die Beurteilung des Vorsteuerabzugs auswirkt, z. B. bei Wegfall oder Einführung einer den Vorsteuerabzug ausschließenden Steuerbefreiung (vgl. BFH-Urteil vom 14. 5. 1992, V R 79/87, BStBl II S. 983) oder

bei gesetzlichen Neuregelungen zur Vorsteueraufteilung nach § 15 Abs. 4 UStG (vgl. BFH-Urteile vom 22. 8. 2013, V R 19/09, BStBl 2022 II S. 726, und vom 10. 8. 2016, XI R 31/09, BStBl 2022 II S. 736),

6. wenn sich die rechtliche Beurteilung des ursprünglichen Vorsteuerabzugs später als unzutreffend erweist, sofern die Steuerfestsetzung für das Jahr des Leistungsbezugs bestandskräftig und unabänderbar ist (Abschnitt 15a.4 Abs. 3),

7. wenn sich die Verwendung eines Grundstücks im Sinne des § 15 Abs. 1b UStG ändert (§ 15a Abs. 6a UStG, vgl. Abschnitt 15.6a),

8. wenn der Unternehmer aufgrund einer Erklärung nach § 25a Abs. 2 Satz 1 UStG von der allgemeinen Besteuerung zur Differenzbesteuerung oder umgekehrt übergeht (vgl. hierzu Abschnitt 25a.1 Abs. 7 Satz 7 ff.).

(3) Eine Geschäftsveräußerung im Sinne des § 1 Abs. 1a UStG stellt keine Änderung der Verhältnisse dar, weil der Erwerber nach § 1 Abs. 1a Satz 3 UStG an die Stelle des Veräußerers tritt (vgl. BFH-Urteile vom 6. 9. 2007, V R 41/05, BStBl 2008 II S. 65, und vom 30. 4. 2009, V R 4/07, BStBl II S. 863; siehe auch Abschnitt 15a.10).

(4) Die Einräumung eines Miteigentumsanteils an einem zu eigenunternehmerischen Zwecken genutztem Grundstücksteil führt zu keiner Änderung der Verhältnisse, wenn der bisherige Alleineigentümer auch als Miteigentümer in Bruchteilsgemeinschaft insoweit zum Vorsteuerabzug berechtigt bleibt, als seine eigenunternehmerische Nutzung seinen quotalen Miteigentumsanteil am Grundstück nicht übersteigt (vgl. BFH-Urteil vom 22. 11. 2007, V R 5/06, BStBl 2008 II S. 448).

Besonderheiten bei der Änderung der Verhältnisse bei Wirtschaftsgütern, die nicht nur einmalig zur Ausführung von Umsätzen verwendet werden

(5) Ändern sich im Laufe eines Kalenderjahres die Verhältnisse gegenüber den für den ursprünglichen Vorsteuerabzug maßgeblichen Verhältnissen, ist maßgebend, wie das Wirtschaftsgut während des gesamten Kalenderjahres verwendet wird.

Beispiel:

[1]Ein Unternehmer erwirbt am 1. 3. 01 eine Maschine. [2]Er beabsichtigt, sie bis zum 30. 6. 01 nur zur Ausführung von zum Vorsteuerabzug berechtigenden Umsätzen und ab 1. 7. 01 ausschließlich zur Ausführung von Umsätzen, die den Vorsteuerabzug ausschließen, zu verwenden. [3]Am 1. 10. 03 veräußert der Unternehmer die Maschine steuerpflichtig.

[4]Im Jahr 01 kann der Unternehmer im Zeitpunkt des Leistungsbezuges 40 % der auf die Anschaffung der Maschine entfallenden Vorsteuern abziehen (von den 10 Monaten des Jahres 01 soll die Maschine 4 Monate, d. h. zu 40 %, für zum Vorsteuerabzug berechtigende und 6 Monate, d. h. zu 60 %, für den Vorsteuerabzug ausschließende Umsätze verwendet werden). [5]Da die Maschine im Jahr 01 planmäßig verwendet wurde, ist der Vorsteuerabzug nicht zu berichtigen.

[6]Im Jahr 02 wird die Maschine nur für Umsätze verwendet, die den Vorsteuerabzug ausschließen. [7]Damit liegt eine Änderung der Verhältnisse um 40 Prozentpunkte vor. [8]Der Unternehmer muss die Vorsteuern entsprechend an das Finanzamt zurückzahlen.

[9]Im Jahr 03 wird die Maschine 9 Monate für Umsätze verwendet, die den Vorsteuerabzug ausschließen. [10]Die steuerpflichtige Veräußerung am 1. 10. 03 ist so zu behandeln, als ob die Maschine vom 1. 10. bis 31. 12. für zum Vorsteuerabzug berechtigende Umsätze verwendet worden wäre. [11]Auf das ganze Kalenderjahr bezogen sind 25 % der Vorsteuern abziehbar (von den 12 Monaten des Jahres 03 berechtigt die Verwendung in 3 Monaten zum Vorsteuerabzug). [12]Gegenüber dem ursprünglichen Vorsteuerabzug haben somit die Verhältnisse um 15 Prozentpunkte zuungunsten geändert. [13]Der Unternehmer muss die Vorsteuern entsprechend an das Finanzamt zurückzahlen.

[14]Für die restlichen Kalenderjahre des Berichtigungszeitraums ist die Veräußerung ebenfalls wie eine Verwendung für zu 100 % zum Vorsteuerabzug berechtigende Umsätze anzusehen. [15]Die Änderung der Verhältnisse gegenüber dem ursprünglichen Vorsteuerabzug beträgt somit für diese Ka-

lenderjahre jeweils 60 Prozentpunkte. [16]Der Unternehmer hat einen entsprechenden nachträglichen Vorsteuerabzug (zum Berichtigungsverfahren in diesem Fall vgl. Abschnitt 15a.11 Abs. 4).

(6) Bei bebauten und unbebauten Grundstücken können sich die Verhältnisse insbesondere in folgenden Fällen ändern:

1. Nutzungsänderungen, insbesondere durch

   a) Übergang von einer durch Option nach § 9 UStG steuerpflichtigen Vermietung zu einer nach § 4 Nr. 12 Satz 1 Buchstabe a UStG steuerfreien Vermietung oder umgekehrt;

   b) Übergang von der Verwendung eigengewerblich genutzter Räume, die zur Erzielung zum Vorsteuerabzug berechtigender Umsätze verwendet werden, zu einer nach § 4 Nr. 12 Satz 1 Buchstabe a UStG steuerfreien Vermietung oder umgekehrt;

   c) Übergang von einer steuerfreien Vermietung nach Artikel 67 Abs. 3 NATO-ZAbk zu einer nach § 4 Nr. 12 Satz 1 Buchstabe a UStG steuerfreien Vermietung oder umgekehrt;

   d) Änderung des Vorsteueraufteilungsschlüssels bei Grundstücken, die sowohl zur Ausführung von Umsätzen, die zum Vorsteuerabzug berechtigen, als auch für Umsätze, die den Vorsteuerabzug ausschließen, verwendet werden (vgl. Abschnitte 15.16, 15.17 und 15a.4 Abs. 2);

   e) Änderung des Umfangs der teilunternehmerischen Nutzung eines Grundstücks im Sinne des § 15 Abs. 1b UStG (vgl. Abschnitt 15.6a);

2. Veräußerungen, die nicht als Geschäftsveräußerungen im Sinne des § 1 Abs. 1a UStG anzusehen sind, insbesondere

   a) nach § 4 Nr. 9 Buchstabe a UStG steuerfreie Veräußerung ganz oder teilweise eigengewerblich und vorsteuerunschädlich genutzter, ursprünglich steuerpflichtig vermieteter oder auf Grund des Artikels 67 Abs. 3 NATO-ZAbk steuerfrei vermieteter Grundstücke (vgl. auch Absatz 1);

   b) durch wirksame Option nach § 9 UStG steuerpflichtige Veräußerung ursprünglich ganz oder teilweise nach § 4 Nr. 12 Satz 1 Buchstabe a UStG steuerfrei vermieteter Grundstücke;

   c) die entgeltliche Übertragung eines Miteigentumsanteils an einem ursprünglich teilweise steuerfrei vermieteten Grundstück auf einen Familienangehörigen, wenn die Teiloption beim Verkauf nicht in dem Verhältnis der bisherigen Nutzung ausgeübt wird (vgl. Abschnitt 9.1 Abs. 6);

3. unentgeltliche Wertabgaben, die nicht im Rahmen einer Geschäftsveräußerung nach § 1 Abs. 1a UStG erfolgen, und die steuerfrei sind, insbesondere

   a) unentgeltliche Übertragung ganz oder teilweise eigengewerblich vorsteuerunschädlich genutzter, ursprünglich steuerpflichtig vermieteter oder auf Grund des Artikels 67 Abs. 3 NATO-ZAbk steuerfrei vermieteter Grundstücke, z. B. an Familienangehörige (vgl. BFH-Urteil vom 25. 6. 1987, V R 92/78, BStBl II S. 655);

   b) unentgeltliche Nießbrauchsbestellung an einem entsprechend genutzten Grundstück, z. B. an Familienangehörige (vgl. BFH-Urteil vom 16. 9. 1987, X R 51/81, BStBl 1988 II S. 205);

   c) unentgeltliche Übertragung des Miteigentumsanteils an einem entsprechend genutzten Grundstück, z. B. an Familienangehörige (vgl. BFH-Urteil vom 27. 4. 1994, XI R 85/92, BStBl 1995 II S. 30).

(7) [1]Die Lieferung eines Gegenstands (Verschaffung der Verfügungsmacht) setzt die Übertragung von Substanz, Wert und Ertrag voraus. [2]Die Verfügungsmacht an einem Mietgrundstück ist mangels Ertragsübergangs noch nicht verschafft, solange der Lieferer dieses auf Grund seines Eigentums wie bislang für Vermietungsumsätze verwendet. [3]Das gilt auch für eine unentgeltliche Lieferung des Mietwohngrundstücks. [4]Solange die Verfügungsmacht nicht übergegan-

gen ist, liegen keine unentgeltliche Wertabgabe und keine durch sie verursachte Änderung der Verwendungsverhältnisse im Sinne des § 15a UStG vor (BFH-Urteil vom 18. 11. 1999, V R 13/99, BStBl 2000 II S. 153).

(8) ¹Steht ein Gebäude im Anschluss an seine erstmalige Verwendung für eine bestimmte Zeit ganz oder teilweise leer, ist bis zur tatsächlichen erneuten Verwendung des Wirtschaftsgutes anhand der·Verwendungsabsicht (vgl. Abschnitt 15.12) zu entscheiden, ob sich die für den ursprünglichen Vorsteuerabzug maßgebenden Verhältnisse ändern. ²Keine Änderung der Verhältnisse liegt dabei vor, wenn im Anschluss an eine zum Vorsteuerabzug berechtigende Verwendung auch künftig zum Vorsteuerabzug berechtigende Umsätze ausgeführt werden sollen (vgl. BFH-Urteil vom 25. 4. 2002, V R 58/00, BStBl 2003 II S. 435). ³Dagegen kann die Änderung der Verwendungsabsicht oder die spätere tatsächliche Verwendung zu einer Vorsteuerberichtigung führen. ⁴Bei einer ursprünglich gemischten Verwendung im Sinne des § 15 Abs. 4 UStG, bei der eine Tätigkeit aufgegeben wird (z. B. die zum Vorsteuerabzug berechtigende) und das Wirtschaftsgut nunmehr ausschließlich für Zwecke der beibehaltenen Tätigkeit (z. B. der nicht zum Vorsteuerabzug berechtigenden) genutzt wird, ist grundsätzlich von einer Änderung der Verhältnisse im Sinne von § 15a UStG auszugehen (vgl. EuGH-Urteil vom 9. 7. 2020, C-374/19, Finanzamt Bad Neuenahr-Ahrweiler, BStBl 2022 II S. 588). ⁵Es ist jedoch unter Beachtung aller Umstände des Einzelfalles zu prüfen, ob im Anschluss ausnahmsweise eine nur punktuelle Verwendung des betroffenen Wirtschaftsgutes im Rahmen der beibehaltenen Tätigkeit und im Übrigen nunmehr ohne Zweifel eine Nichtnutzung (z. B. ein Leerstand) ohne Verwendungsabsicht vorliegt. ⁶Im Umfang einer derartigen Nichtnutzung liegt keine Änderung der Verhältnisse im Sinne von § 15a UStG vor (vgl. BFH-Urteil vom 27. 10. 2020, V R 20/20 (V R 61/17), BStBl 2022 II S. 575).

(9) Veräußerung und unentgeltliche Wertabgabe nach § 3 Abs. 1b UStG eines Wirtschaftsguts, das nicht nur einmalig zur Ausführung von Umsätzen verwendet wird, nach Beginn des nach § 15a Abs. 1 UStG maßgeblichen Berichtigungszeitraums sind so anzusehen, als ob das Wirtschaftsgut bis zum Ablauf des maßgeblichen Berichtigungszeitraums (vgl. Abschnitt 15a.3) entsprechend der umsatzsteuerrechtlichen Behandlung dieser Umsätze weiterhin innerhalb des Unternehmens verwendet worden wäre.

Beispiel:

¹Ein Betriebsgrundstück, das vom 1. 1. 01 bis zum 31. 10. 01 innerhalb des Unternehmens zur Ausführung zum Vorsteuerabzug berechtigender Umsätze verwendet worden ist, wird am 1. 11. 01 nach § 4 Nr. 9 Buchstabe a UStG steuerfrei veräußert.

²Für die Berichtigung ist die Veräußerung so anzusehen, als ob das Grundstück ab dem Zeitpunkt der Veräußerung bis zum Ablauf des Berichtigungszeitraums nur noch zur Ausführung von Umsätzen verwendet würde, die den Vorsteuerabzug ausschließen. ³Entsprechendes gilt bei einer steuerfreien unentgeltlichen Wertabgabe nach § 3 Abs. 1b Satz 1 Nr. 3 UStG.

UStAE   15a.3.   Berichtigungszeitraum nach § 15a Abs. 1 UStG

Beginn und Dauer des Berichtigungszeitraums

(1) ¹Der Zeitraum, für den eine Berichtigung des Vorsteuerabzugs durchzuführen ist, beträgt grundsätzlich volle fünf Jahre ab dem Beginn der erstmaligen tatsächlichen Verwendung. ²Er verlängert sich bei Grundstücken einschließlich ihrer wesentlichen Bestandteile, bei Berechtigungen, für die die Vorschriften des bürgerlichen Rechts über Grundstücke gelten, und bei Gebäuden auf fremdem Grund und Boden auf volle zehn Jahre (§ 15a Abs. 1 Satz 2 UStG). ³Der Berichtigungszeitraum von zehn Jahren gilt auch für Betriebsvorrichtungen, die als wesentliche Bestandteile auf Dauer in ein Gebäude eingebaut werden (vgl. BFH-Urteil vom 14. 7. 2010, XI R 9/09, BStBl II S. 1086). ⁴Bei Wirtschaftsgütern mit einer kürzeren Verwendungsdauer ist der entsprechend kürzere Berichtigungszeitraum anzusetzen (§ 15a Abs. 5 Satz 2 UStG). ⁵Ob von einer kürzeren Verwendungsdauer auszugehen ist, beurteilt sich nach der betriebsgewöhnlichen Nut-

zungsdauer, die nach ertragsteuerrechtlichen Grundsätzen für das Wirtschaftsgut anzusetzen ist. [6]§ 45 UStDV ist zur Ermittlung des Beginns des Berichtigungszeitraums analog anzuwenden (vgl. Absatz 6).

(2) [1]Wird ein Wirtschaftsgut, z. B. ein Gebäude, bereits entsprechend dem Baufortschritt verwendet, noch bevor es insgesamt fertig gestellt ist, ist für jeden gesondert in Verwendung genommenen Teil des Wirtschaftsguts ein besonderer Berichtigungszeitraum anzunehmen (vgl. BFH-Urteil vom 29. 4. 2020, XI R 14/19, BStBl II S. 613). [2]Gleiches gilt, wenn ein Wirtschaftsgut im Fall einer Sanierung entsprechend dem Sanierungsfortschritt wieder in Verwendung genommen wird. [3]Diese Berichtigungszeiträume beginnen jeweils zu dem Zeitpunkt, zu dem der einzelne Teil des Wirtschaftsguts erstmalig (wieder) zur Ausführung von Umsätzen verwendet wird. [4]Der einzelnen Berichtigung sind jeweils die Vorsteuerbeträge zu Grunde zu legen, die auf den entsprechenden Teil des Wirtschaftsguts entfallen. [5]Wird dagegen ein fertiges Wirtschaftsgut nur teilweise gebraucht oder, gemessen an seiner Einsatzmöglichkeit, nicht voll genutzt, besteht ein einheitlicher Berichtigungszeitraum für das ganze Wirtschaftsgut, der mit dessen erstmaliger Verwendung beginnt. [6]Dabei ist für die nicht genutzten Teile des Wirtschaftsguts (z. B. eines Gebäudes) die Verwendungsabsicht maßgebend.

(3) [1]Steht ein Gebäude vor der erstmaligen Verwendung leer, beginnt der Berichtigungszeitraum nach § 15a Abs. 1 UStG erst mit der erstmaligen tatsächlichen Verwendung.

Beispiel:

[1]Ein Unternehmer errichtet ein Bürogebäude. [2]Die im Zusammenhang mit der Herstellung des Gebäudes in Rechnung gestellte Umsatzsteuer beträgt in den Jahren 01 100 000 € und 02 300 000 € (insgesamt 400 000 €). [3]Die abziehbaren Vorsteuerbeträge nach § 15 UStG belaufen sich vor dem Zeitpunkt der erstmaligen Verwendung auf 100 000 €, da der Unternehmer im Jahr 01 beabsichtigte und dies schlüssig dargelegt hat, das Gebäude nach Fertigstellung zu 100 % für zum Vorsteuerabzug berechtigende Zwecke zu verwenden, während er im Jahr 02 beabsichtigte, das Gebäude nach Fertigstellung zu 0 % für zum Vorsteuerabzug berechtigende Zwecke zu verwenden. [4]Das Gebäude steht nach der Investitionsphase ein Jahr leer (Jahr 03). [5]Ab dem Jahr 04 wird das Gebäude zu 100 % für zum Vorsteuerabzug berechtigende Umsätze verwendet.

Ingesamt in Rechnung gestellte Umsatzsteuer: 400 000 €

Ursprünglicher Vorsteuerabzug (Ermittlung eines prozentualen Verhältnisses des ursprünglichen Vorsteuerabzugs zum Vorsteuervolumen insgesamt): 100 000 € (25 % von 400 000 €).

Zeitpunkt der erstmaligen Verwendung: 1. 1. 04

Dauer des Berichtigungszeitraums: 1. 1. 04 bis 31. 12. 13

ab Jahr 04: 100 %

Änderung der Verhältnisse:

ab Jahr 04: 75 Prozentpunkte (100 % statt 25 %)

Vorsteuerberichtigung pro Jahr:

(400 000 € / 10 Jahre = 40 000 € pro Jahr)

ab Jahr 04: jährlich 30 000 € (40 000 € x 75 %) nachträglicher Vorsteuererstattungsanspruch

[2]Auch für Leistungsbezüge während des Leerstands vor der erstmaligen Verwendung richtet sich der Vorsteuerabzug nach der im Zeitpunkt des jeweiligen Leistungsbezugs gegebenen Verwendungsabsicht (vgl. Abschnitt 15.12).

(4) Wird ein dem Unternehmen zugeordnetes Wirtschaftsgut zunächst unentgeltlich überlassen, beginnt der Berichtigungszeitraum mit der unentgeltlichen Überlassung, unabhängig davon, ob die unentgeltliche Überlassung zu einer steuerbaren unentgeltlichen Wertabgabe führt.

Ende des Berichtigungszeitraums

(5) Endet der maßgebliche Berichtigungszeitraum während eines Kalenderjahres, sind nur die Verhältnisse zu berücksichtigen, die bis zum Ablauf dieses Zeitraums eingetreten sind.

Beispiel:

[1]Der Berichtigungszeitraum für ein Wirtschaftsgut endet am 31. 8. 01. [2]In diesem Kalenderjahr hat der Unternehmer das Wirtschaftsgut bis zum 30. 6. nur zur Ausführung zum Vorsteuerabzug berechtigender Umsätze und vom 1. 7. bis 9. 10. ausschließlich zur Ausführung nicht zum Vorsteuerabzug berechtigender Umsätze verwendet. [3]Am 10. 10. 01 veräußert er das Wirtschaftsgut steuerpflichtig.

[4]Bei der Berichtigung des Vorsteuerabzugs für das Jahr 01 sind nur die Verhältnisse bis zum 31. 8. zu berücksichtigen. [5]Da das Wirtschaftsgut in diesem Zeitraum 6 Monate für zum Vorsteuerabzug berechtigende und 2 Monate für nicht zum Vorsteuerabzug berechtigende Umsätze verwendet wurde, sind 25 % des auf das Jahr 01 entfallenden Vorsteueranteils nicht abziehbar.

[6]Die auf die Zeit ab 1. 9. 01 entfallende Verwendung und die Veräußerung liegen außerhalb des Berichtigungszeitraums und bleiben deshalb bei der Prüfung, inwieweit eine Änderung der Verhältnisse gegenüber dem ursprünglichen Vorsteuerabzug vorliegt, außer Betracht.

(6) Endet der Berichtigungszeitraum innerhalb eines Kalendermonats, ist das für die Berichtigung maßgebliche Ende nach § 45 UStDV zu ermitteln.

Beispiel 1:

[1]Unternehmer U hat am 10. 1. 01 eine Maschine angeschafft, die er zunächst wie geplant ab diesem Zeitpunkt zu 90 % zur Erzielung von zum Vorsteuerabzug berechtigenden Umsätzen und zu 10 % zur Erzielung von nicht zum Vorsteuerabzug berechtigenden Umsätzen verwendet. [2]Die Vorsteuern aus der Anschaffung betragen 80 000 €. [3]Ab dem 1. 8. 01 nutzt U die Maschine nur noch zu 10 % für zum Vorsteuerabzug berechtigende Umsätze.

Insgesamt in Rechnung gestellte Umsatzsteuer: 80 000 €

Ursprünglicher Vorsteuerabzug (Ermittlung eines prozentualen Verhältnisses des ursprünglichen Vorsteuerabzugs zum Vorsteuervolumen insgesamt): 72 000 € (90 % von 80 000 €)

Zeitpunkt der erstmaligen Verwendung: 10. 1. 01

Dauer des Berichtigungszeitraums: 1. 1. 01 bis 31. 12. 05 (nach § 45 UStDV bleibt der Januar 06 für die Berichtigung unberücksichtigt, da der Berichtigungszeitraum vor dem 16. 1. 06 endet; entsprechend beginnt der Berichtigungszeitraum dann mit dem 1. 1. 01)

Tatsächliche zum Vorsteuerabzug berechtigende Verwendung im Berichtigungszeitraum:

| Jahr 01 | Nutzung Januar bis Juli 01 | 7 x 90 % = | 630 |
| | Nutzung August bis Dezember 01 | 5 x 10 % = | 50 |

680 : 12 Monate = 56,7

Änderung der Verhältnisse:

Jahr 01: 33,3 Prozentpunkte (56,7 % statt 90 %)

ab Jahr 02: jeweils 80 Prozentpunkte (10 % statt 90 %)

Vorsteuerberichtigung pro Jahr:

(80 000 € / 5 Jahre = 16 000 € pro Jahr)

| Jahr 01 = | ./. 5 328 € (16 000 € x 33,3 %) |
| ab Jahr 02 jeweils = | ./. 12 800 € (16 000 € x 80 %) |

Beispiel 2:

Wie Beispiel 1, nur Anschaffung und Verwendungsbeginn der Maschine am 20. 1. 01.

Insgesamt in Rechnung gestellte Umsatzsteuer: 80 000 €

Ursprünglicher Vorsteuerabzug (Ermittlung eines prozentualen Verhältnisses des ursprünglichen Vorsteuerabzugs zum Vorsteuervolumen insgesamt): 72 000 € (90 % von 80 000 €)

Zeitpunkt der erstmaligen Verwendung: 20. 1. 01

Dauer des Berichtigungszeitraums: 1.2.01 bis 31.1.06 (nach § 45 UStDV ist der Januar 06 für die Berichtigung voll zu berücksichtigen, da der Berichtigungszeitraum nach dem 15.1.06 endet; entsprechend beginnt der Berichtigungszeitraum dann mit dem 1.2.01)

Tatsächliche zum Vorsteuerabzug berechtigende Verwendung im Berichtigungszeitraum:

| Jahr 01 | Nutzung Februar bis Juli 01 | 6 x 90 % = | 540 |
| | Nutzung August bis Dezember 01 | 5 x 10 % = | 50 |

590 : 11 Monate = 53,6

Änderung der Verhältnisse:

Jahr 01: 36,4 Prozentpunkte (53,6 % statt 90 %)

ab Jahr 02: jeweils 80 Prozentpunkte (10 % statt 90 %)

Vorsteuerberichtigung pro Jahr:

(80 000 € / 5 Jahre = 16 000 € pro Jahr)

Jahr 01 =	./. 5 338 € (16 000 € x 36,4 % x 11/12)
Jahre 02 bis 05 jeweils =	./. 12 800 € (16 000 € x 80 %)
Jahr 06 =	./. 1 066 € (16 000 € x 80 % x 1/12)

(7) [1]Kann ein Wirtschaftsgut vor Ablauf des Berichtigungszeitraums wegen Unbrauchbarkeit vom Unternehmer nicht mehr zur Ausführung von Umsätzen verwendet werden, endet damit der Berichtigungszeitraum. [2]Das gilt auch für die Berichtigungszeiträume, die für eventuell angefallene nachträgliche Anschaffungs- oder Herstellungskosten bestehen. [3]Eine Veräußerung des nicht mehr verwendungsfähigen Wirtschaftsguts als Altmaterial bleibt für die Berichtigung des Vorsteuerabzuges unberücksichtigt.

(8) [1]Wird das Wirtschaftsgut vor Ablauf des Berichtigungszeitraums veräußert oder nach § 3 Abs. 1b UStG geliefert, verkürzt sich hierdurch der Berichtigungszeitraum nicht. [2]Zur Änderung der Verhältnisse in diesen Fällen vgl. Abschnitt 15a.2 Abs. 9.

UStAE   15a.4.   Berichtigung nach § 15a Abs. 1 UStG

(1) [1]Die Berichtigung des Vorsteuerabzugs ist jeweils für den Voranmeldungszeitraum bzw. das Kalenderjahr vorzunehmen, in dem sich die für den ursprünglichen Vorsteuerabzug maßgebenden Verhältnisse geändert haben (vgl. Abschnitt 15a.2). [2]Dabei sind die Vereinfachungsregelungen des § 44 UStDV zu beachten (vgl. Abschnitt 15a.11). [3]Weicht die tatsächliche Verwendung von den für den ursprünglichen Vorsteuerabzug maßgebenden Verhältnissen ab, wird die Berichtigung des Vorsteuerabzugs nicht durch eine Änderung der Steuerfestsetzung des Jahres der Inanspruchnahme des Vorsteuerabzugs nach den Vorschriften der AO, sondern verteilt auf den Berichtigungszeitraum von 5 bzw. 10 Jahren pro rata temporis vorgenommen. [4]Dabei ist für jedes Kalenderjahr des Berichtigungszeitraums von den in § 15a Abs. 5 UStG bezeichneten Anteilen der Vorsteuerbeträge auszugehen. [5]Beginnt oder endet der Berichtigungszeitraum innerhalb eines Kalenderjahres, ist für diese Kalenderjahre jeweils nicht der volle Jahresanteil der Vorsteuerbeträge, sondern nur der Anteil anzusetzen, der den jeweiligen Kalendermonaten entspricht.

Beispiel:

[1]Auf ein Wirtschaftsgut mit einem Berichtigungszeitraum von 5 Jahren entfällt eine Vorsteuer von insgesamt 5 000 €. [2]Der Berichtigungszeitraum beginnt am 1.4.01 und endet am 31.3.06. [3]Bei der Berichtigung ist für die einzelnen Jahre jeweils von einem Fünftel der gesamten Vorsteuer (= 1 000 €) auszugehen. [4]Der Berichtigung des Jahres 01 sind 9 Zwölftel dieses Betrages (= 750 €) und der des Jahres 06 3 Zwölftel dieses Betrages (= 250 €) zu Grunde zu legen.

(2) [1]Sind die Voraussetzungen für den Vorsteuerabzug nicht schon im Zeitpunkt des Leistungsbezugs, sondern erst nach Beginn der tatsächlichen erstmaligen Verwendung erfüllt, z. B. weil die zum Vorsteuerabzug berechtigende Rechnung vor Beginn der tatsächlichen erstmaligen Verwendung noch nicht vorgelegen hat, kann die Vorsteuer erst abgezogen werden, wenn die Voraussetzungen des § 15 Abs. 1 UStG insgesamt vorliegen. [2]Auch hierbei beurteilt sich die Berechtigung zum Vorsteuerabzug nach der Verwendung im Zeitpunkt des Leistungsbezugs (vgl. Abschnitt 15.12). [3]Von diesen Verhältnissen ist auch bei der Berichtigung auszugehen. [4]Folglich ist im Zeitpunkt des erstmaligen Vorsteuerabzugs gleichzeitig eine eventuell notwendige Berichtigung für die bereits abgelaufenen Teile des Berichtigungszeitraums vorzunehmen.

Beispiel 1:

[1]Ein im Jahr 01 neu errichtetes Gebäude, auf das eine Vorsteuer von 50 000 € entfällt, wird im Jahr 02 erstmalig tatsächlich verwendet. [2]Die Rechnung mit der gesondert ausgewiesenen Steuer erhält der Unternehmer aber erst im Jahr 04. [3]Der Unternehmer hat bereits während der Bauphase schlüssig dargelegt, dass er das Gebäude zum Vorsteuerabzug berechtigend vermieten will. [4]Das Gebäude wurde tatsächlich wie folgt verwendet:

– im Jahr 02 nur zur Ausführung zum Vorsteuerabzug berechtigender Umsätze;

– im Jahr 03 je zur Hälfte zur Ausführung zum Vorsteuerabzug berechtigender und nicht zum Vorsteuerabzug berechtigender Umsätze;

– im Jahr 04 nur zur Ausführung nicht zum Vorsteuerabzug berechtigender Umsätze.

[5]Da der Unternehmer schlüssig dargelegt hat, dass er beabsichtigt, das Gebäude nach der Fertigstellung im Jahr 02 ausschließlich für zum Vorsteuerabzug berechtigende Umsätze zu verwenden, kann er nach § 15 Abs. 1 UStG die Vorsteuer von 50 000 € voll abziehen. [6]Der Abzug ist jedoch erst im Jahr 04 zulässig. [7]Bei der Steuerfestsetzung für dieses Jahr ist dieser Abzug aber gleichzeitig insoweit zu berichtigen, als für die Jahre 03 und 04 eine Änderung der Verhältnisse gegenüber der im Zeitpunkt des Leistungsbezuges dargelegten Verwendungsabsicht eingetreten ist. [8]Diese Änderung beträgt für das Jahr 03 50 % und für das Jahr 04 100 %. [9]Entsprechend dem zehnjährigen Berichtigungszeitraum ist bei der Berichtigung für das Jahr von einem Zehntel der Vorsteuer von 50 000 € = 5 000 € auszugehen. [10]Es sind für das Jahr 03 die Hälfte dieses Vorsteueranteils, also 2 500 €, und für das Jahr 04 der volle Vorsteueranteil von 5 000 € vom Abzug ausgeschlossen. [11]Im Ergebnis vermindert sich somit die bei der Steuerfestsetzung für das Jahr 04 abziehbare Vorsteuer von 50 000 € um (2 500 € + 5 000 € =) 7 500 € auf 42 500 €.

Beispiel 2:

[1]Ein Unternehmer (Immobilienfonds) errichtet ein Bürogebäude. [2]Die im Zusammenhang mit der Herstellung des Gebäudes in Rechnung gestellte Umsatzsteuer beträgt in den Jahren 01 150 000 € und 02 150 000 € (insgesamt 300 000 €). [3]Für einen weiteren Leistungsbezug des Jahres 01 liegt eine nach § 14 UStG ausgestellte Rechnung mit gesondertem Ausweis der Umsatzsteuer i. H. v. 100 000 € erst in 04 vor. [4]Die insgesamt in Rechnung gestellte Umsatzsteuer beträgt somit 400 000 €.

[5]Der Unternehmer beabsichtigte im Jahr 01 eine zu 100 % und im Jahr 02 eine zu 0 % zum Vorsteuerabzug berechtigende Verwendung des Gebäudes. [6]Die Verwendungsabsicht wurde durch den Unternehmer jeweils schlüssig dargelegt. [7]Das Gebäude wird erstmals ab dem Jahr 03 verwendet, und zwar zu 0 % für zum Vorsteuerabzug berechtigende Umsätze.

[8]Die abziehbaren Vorsteuerbeträge nach § 15 UStG belaufen sich vor dem Zeitpunkt der erstmaligen Verwendung (Investitionsphase) auf 150 000 € für die in 01 bezogenen Leistungen.

Jahr 03:

Insgesamt in Rechnung gestellte Umsatzsteuer: 300 000 €

Ursprünglicher Vorsteuerabzug: 150 000 € (entspricht 50 % von 300 000 €)

Zeitpunkt der erstmaligen Verwendung: 1. 1. 03

Dauer des Berichtigungszeitraums: 1. 1. 03 bis 31. 12. 12

Tatsächliche zum Vorsteuerabzug berechtigende Verwendung in 03: 0 %

Vorsteuerberichtigung wegen Änderung der Verhältnisse im Vergleich zum ursprünglichen Vorsteuerabzug: Vorsteuer zu 0 % abziehbar statt zu 50 %

Berichtigungsbetrag: 50 % von 1/10 von 300 000 € = 15 000 € sind zurückzuzahlen

Jahr 04:

[9]Da der Unternehmer das Gebäude im Jahr 01 ausschließlich für zum Vorsteuerabzug berechtigende Umsätze verwenden wollte, kann er nach § 15 Abs. 1 UStG die Vorsteuer für den weiteren Leistungsbezug von 100 000 € voll abziehen. [10]Der Abzug ist erst im Jahr 04 zulässig. [11]Bei der Steuerfestsetzung für dieses Jahr ist dieser Abzug aber gleichzeitig insoweit zu berichtigen, als für die Jahre 03 und 04 eine Änderung der Verhältnisse gegenüber der im Zeitpunkt des Leistungsbezuges dargelegten Verwendungsabsicht eingetreten ist.

Berichtigung im Jahr 04:

Insgesamt in Rechnung gestellte Umsatzsteuer: 400 000 €

Ursprünglicher Vorsteuerabzug: 250 000 € (62,5 % x 400 000 €)

Tatsächliche zum Vorsteuerabzug berechtigende Verwendung in 03 und 04: 0 %

Vorsteuerberichtigung wegen Änderung der Verhältnisse im Vergleich zum ursprünglichen Vorsteuerabzug: Vorsteuer zu 0 % abziehbar statt zu 62,5 %

Berichtigungsbetrag für 03 und 04 je: 62,5 % x 1/10 x 400 000 € = 25 000 €.

[12]Für 03 erfolgte bereits eine Rückzahlung von 15 000 €. [13]Daher ist in 04 noch eine Vorsteuerberichtigung für 03 i. H. v. 10 000 € zuungunsten des Unternehmers vorzunehmen. [14]Im Ergebnis vermindert sich somit die bei der Steuerfestsetzung für das Jahr 04 abziehbare Vorsteuer von 100 000 € um (10 000 € für 03 + 25 000 € für 04 =) 35 000 € auf 65 000 €.

[5]Entsprechend ist zu verfahren, wenn der ursprünglich in Betracht kommende Vorsteuerabzug nach § 17 UStG oder deswegen zu berichtigen ist, weil später festgestellt wird, dass objektive Anhaltspunkte für die vorgetragene Verwendungsabsicht im Zeitpunkt des Leistungsbezugs nicht vorlagen, die Verwendungsabsicht nicht in gutem Glauben erklärt wurde oder ein Fall von Betrug oder Missbrauch vorliegt (vgl. Abschnitt 15.12 Abs. 5 und 25f.1).

(3) [1]War der ursprünglich vorgenommene Vorsteuerabzug aus der Sicht des § 15 Abs. 1b bis 4 UStG sachlich unrichtig, weil der Vorsteuerabzug ganz oder teilweise zu Unrecht vorgenommen wurde oder unterblieben ist, ist die unrichtige Steuerfestsetzung nach den Vorschriften der AO zu ändern. [2]Ist eine Änderung der unrichtigen Steuerfestsetzung hiernach nicht mehr zulässig, bleibt die ihr zu Grunde liegende unzutreffende Beurteilung des Vorsteuerabzugs für alle Kalenderjahre maßgebend, in denen nach verfahrensrechtlichen Vorschriften eine Änderung der Festsetzung, in der über den Vorsteuerabzug entschieden wurde, noch möglich war. [3]Zur Unabänderbarkeit von Steuerfestsetzungen der Abzugsjahre bei der Errichtung von Gebäuden vgl. BFH-Urteil vom 5. 2. 1998, V R 66/94, BStBl II S. 361. [4]Führt die rechtlich richtige Würdigung des Verwendungsumsatzes in einem noch nicht bestandskräftigen Jahr des Berichtigungszeitraums – gemessen an der tatsächlichen und nicht mehr änderbaren Beurteilung des ursprünglichen Vorsteuerabzugs – zu einer anderen Beurteilung des Vorsteuerabzugs, liegt eine Änderung der Verhältnisse vor (vgl. BFH-Urteile vom 12. 6. 1997, V R 36/95, BStBl II S. 589, vom 13. 11. 1997, V R 140/93, BStBl 1998 II S. 36, und vom 5. 2. 1998, V R 66/94, BStBl II S. 361). [5]Der Vorsteuerabzug kann in allen noch änderbaren Steuerfestsetzungen für die Kalenderjahre des Berichtigungszeitraums, in denen eine Änderung der Steuerfestsetzung des Vorsteuerabzugs nach verfahrensrechtlichen Vorschriften nicht mehr möglich war, sowohl zugunsten als auch zuungunsten des Unternehmers nach § 15a UStG berichtigt werden.

Beispiel 1:

[1]Im Kalenderjahr 01 (Jahr des Leistungsbezugs) wurde der Vorsteuerabzug für ein gemischt genutztes Gebäude zu 100 % (= 100 000 €) gewährt, obwohl im Zeitpunkt des Leistungsbezugs beabsichtigt war, das Gebäude nach Fertigstellung zu 50 % zur Ausführung nicht zum Vorsteuerabzug berechtigender Umsätze zu verwenden und somit nur ein anteiliger Vorsteuerabzug von 50 000 € hätte gewährt werden dürfen. [2]Die Steuerfestsetzung für das Kalenderjahr des Leistungsbezugs ist bereits zu Beginn des Kalenderjahres 03 abgabenrechtlich nicht mehr änderbar. [3]In den Kalenderjah-

ren 02 bis 11 wird das Gebäude zu 50 % zur Ausführung zum Vorsteuerabzug berechtigender Umsätze verwendet.

[4]Obwohl sich die tatsächliche Verwendung des Gebäudes nicht von der im Zeitpunkt des Leistungsbezugs gegebenen Verwendungsabsicht unterscheidet, sind ab dem Kalenderjahr 03 jeweils 50 % von einem Zehntel des gewährten Vorsteuerabzugs von 100 000 € (= 5 000 € pro Jahr) zurückzuzahlen.

Beispiel 2:

[1]Wie Beispiel 1, nur ist die Steuerfestsetzung des Kalenderjahres 01 erst ab Beginn des Kalenderjahres 05 abgabenrechtlich nicht mehr änderbar.

[2]Obwohl sich die tatsächliche Verwendung des Gebäudes nicht von der im Zeitpunkt des Leistungsbezugs gegebenen Verwendungsabsicht unterscheidet, sind ab dem Kalenderjahr 05 jeweils 50 % von einem Zehntel des zu Unrecht gewährten Vorsteuerabzugs von 100 000 € (= 5 000 € pro Jahr) zurückzuzahlen. [3]Eine Berichtigung des zu Unrecht gewährten Vorsteuerabzugs für die Kalenderjahre 02 bis 04 unterbleibt.

(4) [1]Ein gewählter sachgerechter Aufteilungsmaßstab im Sinne des § 15 Abs. 4 UStG, der einem bestandskräftigen Umsatzsteuerbescheid für den entsprechenden Besteuerungszeitraum zu Grunde liegt, ist für eine mögliche Vorsteuerberichtigung nach § 15a UStG maßgebend, auch wenn ggf. noch andere sachgerechte Ermittlungsmethoden in Betracht kommen. [2]Die Bestandskraft der Steuerfestsetzung für das Erstjahr gestaltet die für das Erstjahr maßgebende Rechtslage für die Verwendungsumsätze (vgl. BFH-Urteil vom 28.9.2006, V R 43/03, BStBl 2007 II S. 417).

UStAE   15a.5. Berichtigung nach § 15a Abs. 2 UStG

(1) [1]Die Berichtigung nach § 15a Abs. 2 UStG unterliegt keinem Berichtigungszeitraum. [2]Eine Vorsteuerberichtigung ist im Zeitpunkt der tatsächlichen Verwendung durchzuführen, wenn diese von der ursprünglichen Verwendungsabsicht beim Erwerb abweicht. [3]Es ist unbeachtlich, wann das Wirtschaftsgut tatsächlich verwendet wird.

(2) Die Berichtigung ist für den Voranmeldungszeitraum bzw. das Kalenderjahr vorzunehmen, in dem das Wirtschaftsgut abweichend von der ursprünglichen Verwendungsabsicht verwendet wird.

Beispiel 1:

[1]Unternehmer U erwirbt am 1.7.01 ein Grundstück zum Preis von 2 000 000 €. [2]Der Verkäufer des Grundstücks hat im notariell beurkundeten Kaufvertrag auf die Steuerbefreiung verzichtet (§ 9 Abs. 3 Satz 2 UStG). [3]U möchte das Grundstück unter Verzicht auf die Steuerbefreiung nach § 4 Nr. 9 Buchstabe a UStG weiterveräußern, so dass er die von ihm geschuldete Umsatzsteuer nach § 15 Abs. 1 Satz 1 Nr. 4 in Verbindung mit § 13b Abs. 2 Nr. 3 UStG als Vorsteuer abzieht. [4]Am 1.7.03 veräußert er das Grundstück entgegen seiner ursprünglichen Planung an eine nichtunternehmerisch tätige juristische Person des öffentlichen Rechts, so dass für die Veräußerung des Grundstücks nicht nach § 9 Abs. 1 UStG zur Steuerpflicht optiert werden kann und diese somit nach § 4 Nr. 9 Buchstabe a UStG steuerfrei ist.

[5]Die tatsächliche steuerfreie Veräußerung schließt nach § 15 Abs. 2 UStG den Vorsteuerabzug aus und führt damit zu einer Änderung der Verhältnisse im Vergleich zu den für den ursprünglichen Vorsteuerabzug maßgebenden Verhältnissen. [6]Da das Grundstück nur einmalig zur Ausführung eines Umsatzes verwendet wird, ist der gesamte ursprüngliche Vorsteuerabzug i. H. v. 380 000 € nach § 15a Abs. 2 UStG im Zeitpunkt der Verwendung für den Besteuerungszeitraum der Veräußerung zu berichtigen. [7]Der Vorsteuerbetrag ist demnach für den Monat Juli 03 zurückzuzahlen.

Beispiel 2:

[1]Wie Beispiel 1, nur erfolgt die tatsächliche steuerfreie Veräußerung erst 18 Jahre nach dem steuerpflichtigen Erwerb des Grundstücks. [2]Das Grundstück ist zwischenzeitlich tatsächlich nicht genutzt worden.

³Da § 15a Abs. 2 UStG keinen Berichtigungszeitraum vorsieht, muss auch hier die Vorsteuer nach § 15a Abs. 2 UStG berichtigt werden. ⁴U hat den Vorsteuerbetrag i. H. v. 380 000 € für den Voranmeldungszeitraum der Veräußerung zurückzuzahlen.

UStAE   15a.6. Berichtigung nach § 15a Abs. 3 UStG

Bestandteile

(1) ¹Unter der Voraussetzung, dass in ein Wirtschaftsgut (das ertragsteuerrechtlich entweder Anlagevermögen oder Umlaufvermögen ist) nachträglich ein anderer Gegenstand eingeht und dieser Gegenstand dabei seine körperliche und wirtschaftliche Eigenart endgültig verliert (Bestandteil), ist der Vorsteuerabzug bei Änderung der Verwendungsverhältnisse nach Maßgabe von § 15a Abs. 1 oder Abs. 2 UStG zu berichtigen. ²Bestandteile sind alle nicht selbstständig nutzbaren Gegenstände, die mit dem Wirtschaftsgut in einem einheitlichen Nutzungs- und Funktionszusammenhang stehen (vgl. auch Abschnitt 3.3 Abs. 2). ³Es kommt nicht darauf an, dass der Bestandteil zu einer Werterhöhung dieses Wirtschaftsguts geführt hat. ⁴Kein Bestandteil ist ein eingebauter Gegenstand, der abtrennbar ist, seine körperliche oder wirtschaftliche Eigenart behält und damit ein selbstständiger – entnahmefähiger – Gegenstand bleibt. ⁵Zum Begriff der Betriebsvorrichtungen als selbständige Wirtschaftsgüter vgl. Abschnitt 4.12.10. ⁶Bestandteile können beispielsweise sein

1. Klimaanlage, fest eingebautes Navigationssystem, Austauschmotor in einem Kraftfahrzeug;

2. Klimaanlage, Einbauherd, Einbauspüle, Fenster, angebaute Balkone oder Aufzüge in einem Gebäude.

⁷In der Regel keine Bestandteile eines Kraftfahrzeugs werden beispielsweise

1. Funkgerät;

2. nicht fest eingebautes Navigationsgerät;

3. Autotelefon;

4. Radio.

(2) Maßnahmen, die auf nachträgliche Anschaffungs- oder Herstellungskosten im Sinne des § 15a Abs. 6 UStG entfallen und bei denen es sich um Bestandteile handelt, unterliegen vorrangig der Berichtigungspflicht nach § 15a Abs. 6 UStG.

(3) ¹Eine Berichtigung pro rata temporis ist nur dann vorzunehmen, wenn es sich bei dem Wirtschaftsgut, in das der Bestandteil eingegangen ist, um ein solches handelt, das nicht nur einmalig zur Erzielung von Umsätzen verwendet wird. ²Für den Bestandteil gilt dabei ein eigenständiger Berichtigungszeitraum, dessen Dauer sich danach bestimmt, in welches Wirtschaftsgut nach § 15a Abs. 1 UStG der Bestandteil eingeht. ³Die Verwendungsdauer des Bestandteils wird nicht dadurch verkürzt, dass der Gegenstand als Bestandteil in ein anderes Wirtschaftsgut einbezogen wird (§ 15a Abs. 5 Satz 3 UStG).

Beispiel 1:

¹Unternehmer U lässt am 1. 1. 04 für 20 000 € zzgl. 3 800 € gesondert ausgewiesener Umsatzsteuer einen neuen Motor in einen im Jahr 01 ins Unternehmensvermögen eingelegten Pkw einbauen. ²Die ihm berechnete Umsatzsteuer zieht er nach § 15 Abs. 1 Satz 1 Nr. 1 UStG als Vorsteuer ab, da die Nutzung des Pkw im Zusammenhang mit steuerpflichtigen Ausgangsumsätzen erfolgt. ³Ab Januar 05 verwendet U den Pkw nur noch im Zusammenhang mit steuerfreien Ausgangsumsätzen, die den Vorsteuerabzug nach § 15 Abs. 2 Satz 1 Nr. 1 UStG ausschließen.

⁴Ab Januar 05 haben sich die Verwendungsverhältnisse geändert, weil der Pkw nun nicht mehr mit steuerpflichtigen, sondern mit steuerfreien Ausgangsumsätzen im Zusammenhang steht. ⁵Für die Aufwendungen für den als Bestandteil des Pkw eingebauten Motor ist eine Vorsteuerberichtigung nach § 15a Abs. 3 in Verbindung mit Abs. 1 UStG vorzunehmen. ⁶Hierfür sind die Aufwendungen un-

UStAE

abhängig von der betriebsgewöhnlichen Nutzungsdauer des Pkw auf einen fünfjährigen Berichtigungszeitraum zu verteilen. [7]Es ergibt sich folgender Betrag, der bis zum Ablauf des Berichtigungszeitraums jährlich als Berichtigungsbetrag zurückzuzahlen ist:

Insgesamt in Rechnung gestellte Umsatzsteuer: 3 800 €

Ursprünglicher Vorsteuerabzug: 3 800 €

Dauer des Berichtigungszeitraums: 1. 1. 04 bis 31. 12. 08

Tatsächliche zum Vorsteuerabzug berechtigende Verwendung im Berichtigungszeitraum:

Jahr 04: 100 %

ab Jahr 05: 0 %

Änderung der Verhältnisse:

ab Jahr 05 = 100 Prozentpunkte (0 % statt 100 %)

Vorsteuerberichtigung pro Jahr ab Jahr 05:

(3 800 € / 5 Jahre = 760 € pro Jahr)

ab Jahr 05 = 760 € zurückzuzahlende Vorsteuer

Beispiel 2:

[1]Unternehmer U lässt am 1. 1. 01 für 100 000 € zzgl. 19 000 € gesondert ausgewiesener Umsatzsteuer ein neues Hallentor in ein Fabrikgebäude einbauen. [2]Die ihm in Rechnung gestellte Umsatzsteuer zieht er nach § 15 Abs. 1 Satz 1 Nr. 1 UStG als Vorsteuer ab, da die Nutzung des Gebäudes im Zusammenhang mit steuerpflichtigen Ausgangsumsätzen erfolgt. [3]Ab Januar 02 verwendet U das Gebäude nur noch im Zusammenhang mit steuerfreien Ausgangsumsätzen, die den Vorsteuerabzug nach § 15 Abs. 2 Satz 1 Nr. 1 UStG ausschließen. [4]Der Berichtigungszeitraum des Gebäudes endet am 30. 6. 02.

[5]Damit haben sich ab Januar 02 die Verwendungsverhältnisse sowohl für das Hallentor als auch für das Fabrikgebäude geändert. [6]Für die Aufwendungen für das als Bestandteil des Gebäudes eingebaute Hallentor ist eine Vorsteuerberichtigung nach § 15a Abs. 3 UStG vorzunehmen. [7]Hierfür sind die Aufwendungen unabhängig von der betriebsgewöhnlichen Nutzungsdauer des Gebäudes und unabhängig von der Dauer des Restberichtigungszeitraums des Gebäudes auf einen zehnjährigen Berichtigungszeitraum, der am 1. 1. 01 beginnt und am 31. 12. 10 endet, zu verteilen. [8]Unabhängig davon ist für das Fabrikgebäude der Vorsteuerabzug für den am 30. 6. 02 endenden Berichtigungszeitraum zu berichtigen.

[4]Eine kürzere Verwendungsdauer des Bestandteils ist zu berücksichtigen (§ 15a Abs. 5 Satz 2 UStG). [5]Soweit mehrere Leistungen Eingang in ein Wirtschaftsgut finden, sind diese Leistungen für Zwecke der Berichtigung des Vorsteuerabzugs zusammenzufassen, sofern sie innerhalb einer Maßnahme bezogen wurden (vgl. Absatz 11).

(4) Handelt es sich bei dem Wirtschaftsgut, in das der Bestandteil eingegangen ist, um ein solches, das nur einmalig zur Erzielung eines Umsatzes verwendet wird, ist die Berichtigung des Vorsteuerabzugs nach den Grundsätzen des § 15a Abs. 2 UStG vorzunehmen.

Sonstige Leistungen an einem Wirtschaftsgut

(5) [1]Unter der Voraussetzung, dass an einem Wirtschaftsgut eine sonstige Leistung ausgeführt wird, ist der Vorsteuerabzug bei Änderung der Verwendungsverhältnisse nach Maßgabe von § 15a Abs. 1 oder Abs. 2 UStG zu berichtigen. [2]Unter die Berichtigungspflicht nach § 15a Abs. 3 UStG fallen nur solche sonstigen Leistungen, die unmittelbar an einem Wirtschaftsgut ausgeführt werden. [3]Es kommt nicht darauf an, ob die sonstige Leistung zu einer Werterhöhung des Wirtschaftsguts führt. [4]Auch Maßnahmen, die lediglich der Werterhaltung dienen, fallen demnach unter die Berichtigungspflicht nach § 15a Abs. 3 UStG.

(6) [1]Nicht unter die Verpflichtung zur Berichtigung des Vorsteuerabzugs nach § 15a Abs. 3 UStG fallen sonstige Leistungen, die bereits im Zeitpunkt des Leistungsbezugs wirtschaftlich verbraucht sind. [2]Eine sonstige Leistung ist im Zeitpunkt des Leistungsbezugs dann nicht wirt-

schaftlich verbraucht, wenn ihr über den Zeitpunkt des Leistungsbezugs hinaus eine eigene Werthaltigkeit innewohnt. ³Leistungen, die bereits im Zeitpunkt des Leistungsbezugs wirtschaftlich verbraucht sind, werden sich insbesondere auf die Unterhaltung und den laufenden Betrieb des Wirtschaftsguts beziehen. ⁴Hierzu gehören z. B. bei Grundstücken Reinigungsleistungen (auch Fensterreinigung) oder laufende Gartenpflege sowie Wartungsarbeiten z. B. an Aufzugs- oder Heizungsanlagen.

(7) ¹Soweit es sich um eine sonstige Leistung handelt, die nicht bereits im Zeitpunkt des Leistungsbezugs wirtschaftlich verbraucht ist, unterliegt diese der Berichtigungspflicht nach § 15a Abs. 3 UStG. ²Dazu gehören auch sonstige Leistungen, die dem Gebrauch oder der Erhaltung des Gegenstands dienen. ³Solche Leistungen sind z. B.

1. der Fassadenanstrich eines Gebäudes;

2. Fassadenreinigungen an einem Gebäude;

3. die Neulackierung eines Kraftfahrzeugs;

4. Renovierungsarbeiten (auch in gemieteten Geschäftsräumen);

5. der Neuanstrich eines Schiffs;

6. die Generalüberholung einer Aufzugs- oder einer Heizungsanlage.

(8) ¹Eine Berichtigung pro rata temporis ist nur dann vorzunehmen, wenn es sich bei dem Wirtschaftsgut im Sinne des § 15a Abs. 3 UStG um ein solches handelt, das nicht nur einmalig zur Erzielung von Umsätzen verwendet wird. ²Dabei gilt für die an dem Wirtschaftsgut ausgeführten sonstigen Leistungen ein eigenständiger Berichtigungszeitraum, dessen Dauer sich danach bestimmt, an welchem Wirtschaftsgut nach § 15a Abs. 1 UStG die sonstige Leistung ausgeführt wird. ³Eine kürzere Verwendungsdauer der sonstigen Leistung ist jedoch zu berücksichtigen (§ 15a Abs. 5 Satz 2 UStG).

(9) Wird ein Wirtschaftsgut, an dem eine sonstige Leistung ausgeführt wurde, veräußert oder entnommen, liegt unter den Voraussetzungen des § 15a Abs. 8 UStG eine Änderung der Verwendungsverhältnisse vor mit der Folge, dass auch der Vorsteuerabzug für die an dem Wirtschaftsgut ausgeführte sonstige Leistung nach § 15a Abs. 3 UStG zu berichtigen ist.

Beispiel 1:

¹Unternehmer U führt als Arzt zu 50 % zum Vorsteuerabzug berechtigende und zu 50 % nicht zum Vorsteuerabzug berechtigende Umsätze aus. ²Am 1. 1. 01 erwirbt U einen Pkw, für den er den Vorsteuerabzug entsprechend der beabsichtigten Verwendung zu 50 % vornimmt. ³Am 1. 1. 03 lässt U an dem Pkw eine Effektlackierung anbringen. ⁴Die darauf entfallende Vorsteuer zieht U ebenfalls zu 50 % ab. ⁵Am 1. 1. 04 veräußert U den Pkw.

⁶Die Veräußerung des Pkw ist steuerpflichtig. ⁷In der Lieferung liegt eine Änderung gegenüber den für den ursprünglichen Vorsteuerabzug maßgeblichen Verhältnissen (§ 15a Abs. 8 UStG). ⁸Der Vorsteuerabzug für den Pkw ist für die zwei restlichen Jahre des Berichtigungszeitraums zugunsten von U für den Monat der Veräußerung zu berichtigen.

⁹Die Veräußerung des Pkw stellt in Bezug auf die an dem Pkw ausgeführte Effektlackierung ebenfalls eine Änderung gegenüber den für den ursprünglichen Vorsteuerabzug maßgeblichen Verhältnissen dar (§ 15a Abs. 8 UStG). ¹⁰Der Vorsteuerabzug für die sonstige Leistung ist für die restlichen vier Jahre des Berichtigungszeitraums zugunsten von U für den Monat der Veräußerung zu berichtigen (§ 15a Abs. 3 UStG, § 44 Abs. 3 Satz 2 in Verbindung mit Abs. 4 UStDV).

Beispiel 2:

¹Unternehmer U nutzt ein Gebäude ausschließlich zur Erzielung von zum Vorsteuerabzug berechtigenden Umsätzen. ²Am 1. 1. 01 lässt U die Fassade des Gebäudes streichen. ³U nimmt entsprechend der weiter beabsichtigten Verwendung des Gebäudes den Vorsteuerabzug zu 100 % vor. ⁴Am 1. 1. 02 veräußert U das Gebäude steuerfrei.

⁵Die Veräußerung des Gebäudes stellt in Bezug auf die an dem Gebäude ausgeführte sonstige Leistung eine Änderung gegenüber den für den ursprünglichen Vorsteuerabzug maßgeblichen Verhältnissen dar (§ 15a Abs. 8 UStG). ⁶Der Vorsteuerabzug für die sonstige Leistung ist für die restlichen

UStAE

neun Jahre des Berichtigungszeitraums zuungunsten von U für den Monat der Veräußerung zu berichtigen (§ 15a Abs. 3 UStG, § 44 Abs. 3 Satz 2 in Verbindung mit Abs. 4 UStDV).

(10) Handelt es sich um ein Wirtschaftsgut, das nur einmalig zur Erzielung eines Umsatzes verwendet wird, ist die Berichtigung nach den Grundsätzen des § 15a Abs. 2 UStG vorzunehmen.

(11) [1]Nach § 15a Abs. 3 Satz 2 UStG sind mehrere im Rahmen einer Maßnahme in ein Wirtschaftsgut eingegangene Gegenstände und/oder mehrere im Rahmen einer Maßnahme an einem Wirtschaftsgut ausgeführte sonstige Leistungen zu einem Berichtigungsobjekt zusammenzufassen. [2]Dies bedeutet, dass sämtliche im zeitlichen Zusammenhang bezogenen Leistungen, die ein Wirtschaftsgut betreffen und deren Bezug nach wirtschaftlichen Gesichtspunkten dem Erhalt oder der Verbesserung des Wirtschaftsguts dient, zu einem Berichtigungsobjekt zusammenzufassen sind. [3]Hiervon kann vorbehaltlich anderer Nachweise ausgegangen werden, wenn die verschiedenen Leistungen für ein bewegliches Wirtschaftsgut innerhalb von drei Kalendermonaten und für ein unbewegliches Wirtschaftsgut innerhalb von sechs Kalendermonaten bezogen werden. [4]Dabei sind auch Leistungen, die von verschiedenen leistenden Unternehmern bezogen worden sind, zu berücksichtigen.

Beispiel 1:

[1]Unternehmer U will eine Etage seines Geschäftshauses renovieren lassen. [2]Zu diesem Zweck beauftragt er Malermeister M mit der malermäßigen Instandhaltung der Büroräume. [3]Gleichzeitig beauftragt er Klempnermeister K mit der Renovierung der Sanitärräume auf dieser Etage, bei der auch die vorhandenen Armaturen und Sanitäreinrichtungen ausgetauscht werden sollen. [4]Die malermäßige Instandhaltung der Büroräume und die Klempnerarbeiten werden im gleichen Kalendermonat beendet.

[5]Bei der Renovierung der Etage des Geschäftshauses handelt es sich um eine Maßnahme. [6]Die im Rahmen der Maßnahme ausgeführten Leistungen sind nach § 15a Abs. 3 UStG zu einem Berichtigungsobjekt zusammenzufassen.

Beispiel 2:

[1]Unternehmer U beauftragt die Kfz-Werkstatt K, an seinem Pkw eine neue Lackierung anzubringen und einen neuen Motor einzubauen. [2]Beide Leistungen werden gleichzeitig ausgeführt.

[3]Beide Leistungen werden im Rahmen einer Maßnahme bezogen und sind daher zu einem Berichtigungsobjekt zusammenzufassen.

[5]Können bei einem gemischt genutzten Gebäude die innerhalb von sechs Monaten bezogenen Leistungen im Sinne des § 15a Abs. 3 UStG einem bestimmten Gebäudeteil, mit dem entweder ausschließlich vorsteuerschädliche oder vorsteuerunschädliche Ausgangsumsätze erzielt werden, direkt zugerechnet werden, bilden diese dem Gebäudeteil zuzurechnenden Leistungen jeweils ein Berichtigungsobjekt.

Beispiel 3:

[1]Unternehmer U will sein Wohn- und Geschäftshaus renovieren lassen. [2]Zu diesem Zweck beauftragt er Malermeister M mit der malermäßigen Instandsetzung der steuerpflichtig vermieteten Büroräume auf der Büroetage. [3]Gleichzeitig beauftragt er Klempnermeister K mit der Renovierung der Sanitärräume auf der steuerfrei vermieteten Wohnetage, bei der auch die vorhandenen Armaturen und Sanitäreinrichtungen ausgetauscht werden sollen. [4]Die malermäßige Instandhaltung der Büroräume und die Klempnerarbeiten werden im gleichen Kalendermonat beendet.

[5]Bei der Renovierung der Wohnetage und der Büroetage handelt es sich um jeweils eine Maßnahme. [6]Die im Rahmen der malermäßigen Instandhaltung und der Klempnerarbeiten bezogenen Leistungen stellen jeweils ein Berichtigungsobjekt dar.

[6]Für die Zusammenfassung zu einem Berichtigungsobjekt kommen hinsichtlich der an einem Gegenstand ausgeführten sonstigen Leistungen nur solche sonstigen Leistungen in Betracht, denen über den Zeitpunkt des Leistungsbezugs hinaus eine eigene Werthaltigkeit innewohnt (vgl. Absatz 6). [7]Die Grenzen des § 44 UStDV sind auf das so ermittelte Berichtigungsobjekt anzuwenden. [8]Der Berichtigungszeitraum beginnt zu dem Zeitpunkt, zu dem der Unternehmer

das Wirtschaftsgut nach Durchführung der Maßnahme erstmalig zur Ausführung von Umsätzen verwendet.

Entnahme eines Wirtschaftsguts aus dem Unternehmen

(12) Wird dem Unternehmensvermögen ein Wirtschaftsgut entnommen, das bei seiner Anschaffung oder Herstellung nicht zum Vorsteuerabzug berechtigt hatte, für das aber nachträglich Aufwendungen im Sinne des § 15a Abs. 3 UStG getätigt wurden, die zum Vorsteuerabzug berechtigten, kann für diese Aufwendungen eine Vorsteuerberichtigung vorzunehmen sein.

(13) ¹Hat der Unternehmer in das Wirtschaftsgut einen anderen Gegenstand eingefügt, der dabei seine körperliche und wirtschaftliche Eigenart endgültig verloren hat und für den der Unternehmer zum Vorsteuerabzug berechtigt war, und hat dieser Gegenstand zu einer im Zeitpunkt der Entnahme nicht vollständig verbrauchten Werterhöhung geführt (Bestandteil nach Abschnitt 3.3 Abs. 2 Satz 3), unterliegt bei einer Entnahme des Wirtschaftsguts nur dieser Gegenstand der Umsatzbesteuerung nach § 3 Abs. 1b UStG. ²Für eine Vorsteuerberichtigung nach § 15a Abs. 3 Satz 3 UStG ist insoweit kein Raum. ³Eine Vorsteuerberichtigung nach § 15a Abs. 8 UStG bleibt unberührt.

(14) ¹Ist die durch den Bestandteil verursachte Werterhöhung im Zeitpunkt der Entnahme vollständig verbraucht, ist die Entnahme insgesamt nicht steuerbar. ²In diesem Fall liegt in der Entnahme eine Änderung der Verhältnisse im Sinne des § 15a Abs. 3 Satz 3 UStG.

Beispiel:

¹Unternehmer U erwirbt in 01 einen Pkw von einer Privatperson für 50 000 €. ²Am 1. 4. 02 lässt er von einer Werkstatt für 2 000 € eine Windschutzscheibe einbauen. ³Die Vorsteuer i.H.v. 380 € macht er geltend. ⁴Als er den Pkw am 31. 12. 04 entnimmt, hat der Wert der Windschutzscheibe den aktuellen Wert des Pkw nach der sog. Schwacke-Liste im Zeitpunkt der Entnahme nicht erhöht.

⁵Die Windschutzscheibe, für die U der Vorsteuerabzug nach § 15 Abs. 1 Satz 1 Nr. 1 UStG zustand, ist in den Pkw eingegangen und hat dabei ihre körperliche und wirtschaftliche Eigenart endgültig verloren. ⁶Nur die Entnahme der Windschutzscheibe könnte steuerbar nach § 3 Abs. 1b Satz 1 Nr. 1 UStG sein, da U für einen in das Wirtschaftsgut eingegangenen Gegenstand den Vorsteuerabzug in Anspruch genommen hat. ⁷Da jedoch im Zeitpunkt der Entnahme keine Werterhöhung durch den Gegenstand mehr vorhanden ist, ist die Entnahme nicht steuerbar (vgl. Abschnitt 3.3 Abs. 2 Satz 3). ⁸U hat grundsätzlich eine Berichtigung des Vorsteuerabzugs nach § 15a Abs. 3 Satz 3 UStG vorzunehmen. ⁹Nach § 44 Abs. 1 in Verbindung mit Abs. 4 UStDV unterbleibt jedoch eine Berichtigung, da der auf die Windschutzscheibe entfallende Vorsteuerbetrag 1 000 € nicht übersteigt.

(15) ¹Hat der Unternehmer dem Wirtschaftsgut keinen Bestandteil zugefügt, hat also der eingebaute Gegenstand seine Eigenständigkeit behalten, liegen für umsatzsteuerrechtliche Zwecke zwei getrennt zu beurteilende Entnahmen vor. ²In diesen Fällen kann die Entnahme des eingebauten Gegenstands auch zu einer Vorsteuerberichtigung führen, wenn die Entnahme anders zu beurteilen ist als die für den ursprünglichen Vorsteuerabzug maßgebliche Verwendung (§ 15a Abs. 8 UStG). ³Eine Berichtigung nach § 15a Abs. 3 UStG scheidet insoweit aus.

(16) Soweit an dem Wirtschaftsgut eine sonstige Leistung ausgeführt wird und das Wirtschaftsgut später entnommen wird, ohne dass eine unentgeltliche Wertabgabe nach § 3 Abs. 1b Satz 1 Nr. 1 UStG zu besteuern ist, liegt ebenfalls eine Änderung der Verhältnisse vor (§ 15a Abs. 3 Satz 3 UStG).

Beispiel:

¹U kauft am 1. 5. 01 einen Pkw von einer Privatperson zu einem Preis von 50 000 €. ²Am 1. 7. 01 lässt er in einer Vertragswerkstatt eine Inspektion durchführen (200 € zuzüglich 38 € Umsatzsteuer), in den dafür vorgesehenen Standardschacht ein Autoradio einbauen (1 500 € zuzüglich 285 € Umsatzsteuer) und den Pkw neu lackieren (7 500 € zuzüglich 1 425 € Umsatzsteuer). ³U macht diese Vorsteuerbeträge ebenso wie den Vorsteuerabzug aus den laufenden Kosten geltend. ⁴Am 31. 12. 03 entnimmt U den Pkw.

[5]Die Neulackierung des Pkw ist eine sonstige Leistung, die im Zeitpunkt des Leistungsbezugs nicht wirtschaftlich verbraucht ist (vgl. Absatz 7). [6]Die Inspektion ist bei Leistungsbezug wirtschaftlich verbraucht. [7]Das eingebaute Autoradio stellt, weil es ohne Funktionsverlust wieder entfernt werden kann, keinen Bestandteil des Pkw dar, sondern bleibt eigenständiges Wirtschaftsgut (vgl. Absatz 1).

[8]Da der Pkw nicht zum vollen oder teilweisen Vorsteuerabzug berechtigt hatte und in den Pkw kein Bestandteil eingegangen ist, ist die Entnahme des Pkw am 31. 12. 03 nicht nach § 3 Abs. 1b Satz 1 Nr. 1 UStG steuerbar (§ 3 Abs. 1b Satz 2 UStG). [9]Bezüglich der sonstigen Leistung „Neulackierung" ist jedoch nach § 15a Abs. 3 UStG eine Vorsteuerberichtigung durchzuführen, da der Wert der Neulackierung im Zeitpunkt der Entnahme noch nicht vollständig verbraucht ist. [10]Das Autoradio unterliegt als selbstständiges Wirtschaftsgut, für das der Vorsteuerabzug in Anspruch genommen wurde, der Besteuerung nach § 3 Abs. 1b Satz 1 Nr. 1 UStG. [11]Bemessungsgrundlage ist nach § 10 Abs. 4 Satz 1 Nr. 1 UStG der Einkaufspreis zuzüglich Nebenkosten zum Zeitpunkt der Entnahme. [12]Eine Vorsteuerberichtigung nach § 15a UStG hinsichtlich der laufenden Kosten kommt nicht in Betracht.

Für die Lackierung in Rechnung gestellte Umsatzsteuer: 1 425 €

Ursprünglicher Vorsteuerabzug: 1 425 €

Zeitpunkt der erstmaligen Verwendung: 1. 7. 01

Dauer des Berichtigungszeitraums: 1. 7. 01 bis 30. 6. 06

Tatsächliche zum Vorsteuerabzug berechtigende Verwendung im Berichtigungszeitraum:

Jahr 01 bis 03 = 100 %

Änderung der Verhältnisse:

ab Jahr 04 = 100 Prozentpunkte (0 % statt 100 %)

Vorsteuerberichtigung pro Jahr:

(1 425 € / 5 Jahre = 285 € pro Jahr)

Jahre 04 und 05 = je 285 € (285 € x 100 %),

Jahr 06 = 142,50 € (285 € x 100 % x 6/12)

[13]Die Berichtigung des Vorsteuerabzugs ist für die Jahre 04 bis 06 zusammengefasst in der Voranmeldung für Dezember 03 vorzunehmen (§ 44 Abs. 3 Satz 2 UStDV).

(17) [1]Im Fall der Entnahme eines Wirtschaftsguts, in das Bestandteile eingegangen oder an dem sonstige Leistungen ausgeführt worden sind, sind bei Prüfung der Vorsteuerberichtigung solche in das Wirtschaftsgut eingegangene Gegenstände aus dem Berichtigungsobjekt auszuscheiden, die bei der Entnahme der Umsatzbesteuerung nach § 3 Abs. 1b UStG unterliegen. [2]Die Grenzen des § 44 UStDV sind auf den entsprechend verminderten Vorsteuerbetrag anzuwenden.

Beispiel:

[1]Unternehmer U erwirbt am 1. 7. 01 aus privater Hand einen gebrauchten Pkw und ordnet ihn zulässigerweise seinem Unternehmen zu. [2]Am 1. 3. 02 lässt er in den Pkw nachträglich eine Klimaanlage einbauen (Entgelt 2 500 €), am 1. 4. 02 die Scheiben verspiegeln (Entgelt 500 €) und am 15. 8. 02 eine Effektlackierung auftragen (Entgelt 4 500 €). [3]Für alle drei Leistungen nimmt der Unternehmer zulässigerweise den vollen Vorsteuerabzug in Anspruch. [4]Als U am 1. 3. 03 den Pkw in sein Privatvermögen entnimmt, haben die vorstehend aufgeführten Arbeiten den aktuellen Wert des Pkw nach sog. „Schwacke-Liste" für die Klimaanlage um 1 500 €, für die Scheibenverspiegelung um 100 € und für die Effektlackierung um 3 500 € erhöht.

[5]Die Entnahme des Pkw selbst unterliegt mangels Vorsteuerabzug bei der Anschaffung nicht der Besteuerung (§ 3 Abs. 1b Satz 2 UStG); auch eine Vorsteuerberichtigung kommt insoweit nicht in Betracht. [6]Mit dem Einbau der Klimaanlage in den Pkw hat diese ihre körperliche und wirtschaftliche Eigenart endgültig verloren und zu einer dauerhaften, im Zeitpunkt der Entnahme nicht vollständig verbrauchten Werterhöhung des Gegenstands geführt. [7]Die Entnahme der Klimaanlage unterliegt daher insoweit nach § 3 Abs. 1b Satz 1 Nr. 1 in Verbindung mit Satz 2 UStG mit einer Bemessungsgrundlage i. H. v. 1 500 € der Umsatzsteuer.

[8]Hinsichtlich der Scheibenverspiegelung und der Effektlackierung entfällt eine Besteuerung nach § 3 Abs. 1b UStG, da sonstige Leistungen nicht zu Bestandteilen eines Gegenstands führen (vgl. Ab-

schnitt 3.3 Abs. 2 Satz 4). [9]Für diese Leistungen ist allerdings zu prüfen, in wieweit eine Vorsteuerberichtigung nach § 15a Abs. 3 in Verbindung mit Abs. 8 UStG durchzuführen ist.

[10]Der Einbau der Klimaanlage, die Scheibenverspiegelung und die Effektlackierung werden im Rahmen einer Maßnahme bezogen und sind daher zu einem Berichtigungsobjekt zusammenzufassen. [11]Da die Entnahme der Klimaanlage jedoch nach § 3 Abs. 1b Satz 1 Nr. 1 UStG als eine unentgeltliche Wertabgabe zu versteuern ist, scheidet diese für Zwecke der Vorsteuerberichtigung aus dem Berichtigungsobjekt aus. [12]Die Grenze des § 44 Abs. 1 UStDV von 1 000 € ist auf das verbleibende Berichtigungsobjekt anzuwenden, für das die Vorsteuerbeträge aus der Scheibenverspiegelung i. H. v. 95 € und der Effektlackierung i. H. v. 855 € insgesamt nur 950 € betragen. [13]Eine Vorsteuerberichtigung nach § 15a Abs. 3 UStG für das verbleibende Berichtigungsobjekt unterbleibt daher.

UStAE   15a.7.   Berichtigung nach § 15a Abs. 4 UStG

(1) [1]Eine Vorsteuerberichtigung nach § 15a Abs. 4 UStG ist vorzunehmen, wenn der Unternehmer eine sonstige Leistung bezieht, die nicht in einen Gegenstand eingeht oder an diesem ausgeführt wird und deren Verwendung anders zu beurteilen ist, als dies zum Zeitpunkt des Leistungsbezugs beabsichtigt war. [2]Sonstige Leistungen, die unter die Berichtigungspflicht nach § 15a Abs. 4 UStG fallen, sind z. B.:

1. Beratungsleistungen (z. B. für ein Unternehmenskonzept, eine Produktkonzeption);

2. gutachterliche Leistungen;

3. Anmietung eines Wirtschaftsguts;

4. Patente, Urheberrechte, Lizenzen;

5. bestimmte Computerprogramme;

6. Werbeleistungen;

7. Anzahlung für längerfristiges Mietleasing.

(2) [1]Wird die sonstige Leistung mehrfach zur Erzielung von Einnahmen verwendet, erfolgt die Vorsteuerberichtigung pro rata temporis (§ 15a Abs. 4 in Verbindung mit Abs. 5 UStG). [2]Wird die bezogene sonstige Leistung hingegen nur einmalig zur Erzielung von Umsätzen verwendet, erfolgt die Berichtigung des gesamten Vorsteuerbetrags unmittelbar für den Zeitpunkt der Verwendung.

(3) [1]Nach § 15a Abs. 4 Satz 2 UStG ist die Berichtigung des Vorsteuerabzugs bei sonstigen Leistungen, die nicht unter § 15a Abs. 3 UStG fallen, auf solche sonstigen Leistungen zu beschränken, für die in der Steuerbilanz ein Aktivierungsgebot bestünde. [2]Unerheblich ist, ob der Unternehmer nach den §§ 140, 141 AO tatsächlich zur Buchführung verpflichtet ist oder freiwillig Bücher führt oder einkommensteuerrechtlich insoweit Einkünfte erzielt, die als Überschuss der Einnahmen über die Werbungskosten ermittelt werden. [3]Eine Berichtigung des Vorsteuerabzugs kommt nach § 15a Abs. 4 Satz 3 UStG jedoch stets in Betracht, wenn der Leistungsempfänger für einen Zeitraum vor Ausführung der Leistung den Vorsteuerabzug vornehmen konnte (An- oder Vorauszahlungen).

(4) [1]Sonstige Leistungen sind umsatzsteuerrechtlich grundsätzlich erst im Zeitpunkt ihrer Vollendung ausgeführt (Abschnitt 13.1 Abs. 3 Satz 1). [2]Werden sonstige Leistungen im Sinne des § 15a Abs. 4 in Verbindung mit Abs. 1 UStG bereits vor ihrer Vollendung im Unternehmen des Leistungsempfängers verwendet, kommt eine Berichtigung des Vorsteuerabzugs bereits vor Leistungsbezug (Vollendung) in denjenigen Fällen in Betracht, in denen bereits vor Leistungsbezug die Voraussetzungen für den Vorsteuerabzug nach § 15 UStG gegeben sind (Zahlung vor Ausführung der Leistung). [3]Auch hier ist die Berichtigung des Vorsteuerabzugs durchzuführen, wenn sich im Zeitpunkt der Verwendung die Verhältnisse gegenüber den für den ursprünglichen Vorsteuerabzug maßgebenden Verhältnissen ändern.

Beispiel 1:

[1]Unternehmer U schließt mit dem Vermieter V einen Vertrag über die Anmietung eines Bürogebäudes (Fertigstellung vor dem 1.1.1998 und Baubeginn vor dem 1.1.1993) über eine Laufzeit von fünf Jahren beginnend am 1. 1. 01. [2]Da U beabsichtigt, in den Büroräumen zum Vorsteuerabzug berechtigende Umsätze auszuführen, vermietet V das Gebäude unter Verzicht auf die Steuerbefreiung (§ 4 Nr. 12 Satz 1 Buchstabe a in Verbindung mit § 9 Abs. 1 und 2 UStG) zum Pauschalpreis von 1 000 000 € zzgl. 190 000 € Umsatzsteuer für die gesamte Mietlaufzeit. [3]Vereinbarungsgemäß zahlt U die vertraglich vereinbarte Miete zum Beginn der Vertragslaufzeit und macht entsprechend den Vorsteuerabzug geltend. [4]Ab dem 1. 1. 02 nutzt U das Gebäude bis zum Vertragsende am 31. 12. 05 nur noch zur Erzielung von nicht zum Vorsteuerabzug berechtigenden Umsätzen.

[5]U wäre bei bestehender Buchführungspflicht verpflichtet, für die vorausbezahlte Miete für die Jahre 02 bis 05 in der Steuerbilanz einen Rechnungsabgrenzungsposten zu bilanzieren.

[6]Bei der von V erbrachten Leistung handelt es sich nicht um Teilleistungen. [7]U ist nach § 15a Abs. 4 in Verbindung mit Abs. 1 UStG verpflichtet, die Vorsteuer in den Jahren 02 bis 05 um jeweils 38 000 € (190 000 € ./. 5 Jahre) zu berichtigen.

Beispiel 2:

[1]Unternehmer U ist Chirurg und schließt mit A einen für die Zeit vom 1. 1. 01 bis zum 31.12.07 befristeten Leasingvertrag für ein medizinisches Gerät ab. [2]Als Leasingvorauszahlung wird im Betrag von 100 000 € zzgl. 19 000 € Umsatzsteuer vereinbart; Teilleistungen liegen nach der vertraglichen Vereinbarung nicht vor. [3]U leistet im Januar 01 die gesamte Leasingvorauszahlung. [4]U beabsichtigt bei Zahlung, das Gerät zur Ausführung zum Vorsteuerabzug berechtigender Ausgangsumsätze (Schönheitsoperationen) zu verwenden. [5]Er macht für den Januar 01 deshalb den Vorsteuerabzug in voller Höhe geltend und nutzt das Gerät ab 1.1.01. [6]Tatsächlich kommt es ab dem 1.1.03 jedoch nur noch zur Erzielung nicht zum Vorsteuerabzug berechtigender Ausgangsumsätze. [7]Bei der Leasingvorauszahlung handelt es sich um eine Ausgabe, die nach ertragsteuerrechtlichen Grundsätzen als Rechnungsabgrenzungsposten zu bilanzieren wäre.

[8]Umsatzsteuerrechtlich ist davon auszugehen, dass es sich um eine Zahlung für eine sonstige Leistung handelt, die nicht mit der erstmaligen Verwendung verbraucht ist. [9]Der Vorsteuerabzug ist nach § 15a Abs. 4 in Verbindung mit Abs. 1 UStG pro rata temporis zu berichtigen. [10]Der Berichtigungszeitraum beträgt fünf Jahre, beginnt am 1. 1. 01 und endet am 31. 12. 05, obwohl der Leasingvertrag bis zum 31. 12. 07 befristet ist.

[11]U muss für die Jahre 03 bis 05 jeweils 3 800 € im Rahmen der Berichtigung des Vorsteuerabzugs zurückzahlen.

Beispiel 3:

[1]Unternehmer U schließt am 1. 2. 01 mit Vermieter V einen Vertrag über die Anmietung eines Pavillons für die Dauer vom 1. 9. 01 bis zum 15. 9. 01 zum Preis von 7 500 € zzgl. 1 425 € USt. [2]Vereinbarungsgemäß zahlt U bereits bei Vertragsschluss das vereinbarte Mietentgelt und macht für den Februar 01 den Vorsteuerabzug geltend, da er beabsichtigt, im Pavillon zum Vorsteuerabzug berechtigende Umsätze (Veräußerung von Kraftfahrzeugen) auszuführen. [3]Tatsächlich nutzt er den Pavillon aber dann für eine Präsentation der von ihm betriebenen Versicherungsagentur.

[4]U muss den Vorsteuerabzug nach § 15a Abs. 4 in Verbindung mit Abs. 1 UStG berichtigen, weil die tatsächliche Verwendung von der Verwendungsabsicht abweicht. [5]U muss für das Kalenderjahr 01 1 425 € Vorsteuer zurückzahlen. [6]Nach § 15a Abs. 5 Satz 2 UStG ist die kürzere Verwendungsdauer zu berücksichtigen.

UStAE   15a.8. Berichtigung nach § 15a Abs. 6 UStG

(1) [1]Für nachträgliche Anschaffungs- oder Herstellungskosten, die an einem Wirtschaftsgut anfallen, das nicht nur einmalig zur Ausführung von Umsätzen verwendet wird, gilt ein gesonderter Berichtigungszeitraum (§ 15a Abs. 6 UStG). [2]Der Berichtigungszeitraum beginnt zu dem Zeitpunkt, zu dem der Unternehmer das in seiner Form geänderte Wirtschaftsgut erstmalig zur Ausführung von Umsätzen verwendet. [3]Die Dauer bestimmt sich nach § 15a Abs. 1 UStG und beträgt fünf bzw. zehn Jahre. [4]Der Berichtigungszeitraum endet jedoch spätestens, wenn das

Wirtschaftsgut, für das die nachträglichen Anschaffungs- oder Herstellungskosten angefallen sind, wegen Unbrauchbarkeit vom Unternehmer nicht mehr zur Ausführung von Umsätzen verwendet werden kann (§ 15a Abs. 5 Satz 2 UStG).

Beispiel:

[1]Ein am 1.7.01 erstmalig verwendetes bewegliches Wirtschaftsgut hat eine betriebsgewöhnliche Nutzungsdauer von 4 Jahren. [2]Am 31. 1. 03 fallen nachträgliche Herstellungskosten an, durch die aber die betriebsgewöhnliche Nutzungsdauer des Wirtschaftsguts nicht verlängert wird.

[3]Der Berichtigungszeitraum für das Wirtschaftsgut selbst beträgt 4 Jahre, endet also am 30.6.05. [4]Für die nachträglichen Herstellungskosten beginnt der Berichtigungszeitraum erst am 1.2.03. [5]Er endet am 31. 1. 08 und dauert somit unabhängig von der betriebsgewöhnlichen Nutzungsdauer des Wirtschaftsguts 5 Jahre.

[5]Die Berichtigung ist gesondert nach den dafür vorliegenden Verhältnissen und entsprechend dem dafür geltenden Berichtigungszeitraum durchzuführen (vgl. Abschnitt 15a.4). [6]Auch hier ist von den gesamten Vorsteuerbeträgen auszugehen, die auf die nachträglichen Anschaffungs- oder Herstellungskosten entfallen (zur Ermittlung eines prozentualen Verhältnisses des ursprünglichen Vorsteuerabzugs zum Vorsteuervolumen insgesamt vgl. Abschnitt 15a.1 Abs. 3).

(2) Für nachträgliche Anschaffungs- oder Herstellungskosten, die für ein Wirtschaftsgut anfallen, das nur einmalig zur Erzielung eines Umsatzes verwendet wird, ist die Berichtigung des Vorsteuerabzugs für den Besteuerungszeitraum vorzunehmen, in dem das Wirtschaftsgut verwendet wird (vgl. Abschnitt 15a.5).

UStAE   15a.9.   Berichtigung nach § 15a Abs. 7 UStG

(1) Eine Änderung der Verhältnisse ist auch beim Übergang von der allgemeinen Besteuerung zur Nichterhebung der Steuer nach § 19 Abs. 1 UStG oder umgekehrt und beim Übergang von der allgemeinen Besteuerung zur Durchschnittssatzbesteuerung nach den §§ 23, 23a und 24 UStG oder umgekehrt gegeben (§ 15a Abs. 7 UStG).

(2) Vorsteuerbeträge, die vor dem Wechsel der Besteuerungsform für ein noch nicht fertig gestelltes Wirtschaftsgut angefallen sind, sind erst ab dem Zeitpunkt der erstmaligen Verwendung dieses Wirtschaftsguts nach § 15a Abs. 7 UStG zu berichtigen (vgl. BFH-Urteil vom 12. 6. 2008, V R 22/06, BStBl 2009 II S. 165).

Übergang von der Regelbesteuerung zur Nichterhebung der Steuer nach § 19 Abs. 1 UStG oder umgekehrt

(3) Bei Wirtschaftsgütern und sonstigen Leistungen, die nicht nur einmalig zur Ausführung von Umsätzen verwendet werden, ist eine Berichtigung nach § 15a Abs. 1 UStG vorzunehmen, wenn im Berichtigungszeitraum auf Grund des Wechsels der Besteuerungsform eine Änderung gegenüber den für den ursprünglichen Vorsteuerabzug maßgeblichen Verhältnissen vorliegt.

Beispiel:

[1]Unternehmer U ist im Jahr 01 Regelbesteuerer. [2]Für das Jahr 02 und die Folgejahre findet die Kleinunternehmerbesteuerung Anwendung, da die Umsatzgrenzen nicht überschritten werden und U nicht optiert. [3]Im Jahr 01 schafft U eine Maschine für 100 000 € zuzüglich 19 000 € Umsatzsteuer an. [4]Aus der Anschaffung der Maschine macht U den Vorsteuerabzug geltend, da er im Zeitpunkt der Anschaffung beabsichtigt, die Maschine für steuerpflichtige Ausgangsumsätze zu verwenden. [5]Erst am 1. 7. 03 kommt es zu dieser Verwendung der Maschine.

[6]Da die Maschine nicht nur einmalig zur Ausführung von Umsätzen verwendet wird, ist für die Vorsteuerberichtigung § 15a Abs. 1 UStG maßgeblich. [7]Nach § 15a Abs. 7 UStG stellt der Übergang von der Regelbesteuerung zur Kleinunternehmerbesteuerung zum 1. 1. 02 eine Änderung der Verhältnisse dar.

[8]Bei Beginn der Verwendung der Maschine (Beginn des Berichtigungszeitraums) am 1. 7. 03 ist U Kleinunternehmer, der nicht zum Vorsteuerabzug berechtigt ist. [9]Er muss daher eine Berichtigung pro rata temporis zuungunsten vornehmen, obwohl er die Maschine tatsächlich entsprechend seiner Verwendungsabsicht im Zeitpunkt des Leistungsbezugs verwendet. [10]Es ergibt sich gegenüber dem ursprünglichen Vorsteuerabzug von 100 % eine Abweichung von 100 Prozentpunkten (0 % statt 100 %).

(4) Bei Wirtschaftsgütern oder sonstigen Leistungen, die nur einmalig zur Ausführung eines Umsatzes verwendet werden, ist die durch den Wechsel der Besteuerungsform ausgelöste Vorsteuerberichtigung in dem Besteuerungszeitraum vorzunehmen, in dem das Wirtschaftsgut verwendet wird (§ 15a Abs. 2 Satz 2 in Verbindung mit Abs. 7 UStG).

Beispiel:

[1]Unternehmer U ist im Jahr 01 Kleinunternehmer. [2]Er erwirbt im Jahr 01 Waren, die zur Veräußerung bestimmt sind (Umlaufvermögen). [3]Im Jahr 02 findet wegen Überschreitens der Umsatzgrenze die Kleinunternehmerregelung keine Anwendung. [4]Im Jahr 03 liegen die Voraussetzungen der Kleinunternehmerbesteuerung wieder vor und U wendet ab 03 wieder die Kleinunternehmerregelung an. [5]U veräußert die im Jahr 01 erworbenen Waren im Jahr 03.

[6]Für die Vorsteuerberichtigung der Waren ist § 15a Abs. 2 UStG maßgeblich, da diese nur einmalig zur Ausführung eines Umsatzes verwendet werden. [7]Nach § 15a Abs. 7 UStG stellt der Übergang zur Regelbesteuerung grundsätzlich eine Änderung der Verhältnisse dar. [8]Maßgeblich für die Vorsteuerberichtigung sind jedoch die Verhältnisse im Zeitpunkt der tatsächlichen Verwendung der Waren. [9]Die Verwendung ist mit der Veräußerung der Waren im Jahr 03 erfolgt. [10]Im Jahr 02 findet keine Verwendung statt. [11]Daher ist die in diesem Jahr eingetretene Änderung der Besteuerungsform ohne Belang. [12]Eine Änderung der Verhältnisse gegenüber den ursprünglichen für den Vorsteuerabzug maßgebenden Verhältnissen liegt nicht vor, da U wie im Jahr 01 auch in 03 Kleinunternehmer ist. [13]Daher ist weder im Jahr 02 noch im Jahr 03 eine Berichtigung des Vorsteuerabzugs vorzunehmen.

Übergang von der Regelbesteuerung zur Durchschnittssatzbesteuerung nach den §§ 23, 23a oder 24 UStG oder umgekehrt

(5) [1]Vorsteuern aus der Anschaffung einheitlicher Gegenstände, die sowohl in einem gewerblichen Unternehmensteil (Lohnunternehmen) als auch in einem landwirtschaftlichen Unternehmensteil (§ 24 UStG) verwendet werden, sind nicht nach § 15 UStG abziehbar, soweit sie den nach § 24 UStG versteuerten Umsätzen zuzurechnen sind (§ 24 Abs. 1 Satz 4 UStG, Abschnitt 24.7 Abs. 2). [2]Werden diese Gegenstände abweichend von der bei Leistungsbezug gegebenen Verwendungsabsicht in einem anderen Umfang im jeweils anderen Unternehmensteil verwendet, kommt eine Berichtigung des Vorsteuerabzugs nach § 15a UStG in Betracht.

Beispiel:

[1]Unternehmer U erwirbt Anfang Januar des Jahres 01 einen Mähdrescher für 200 000 € zuzüglich 38 000 € Umsatzsteuer, der zunächst zu 90 % im gewerblichen und zu 10 % im landwirtschaftlichen Unternehmensteil (§ 24 UStG) verwendet wird. [2]Ab dem Jahr 02 ändert sich dauerhaft das Nutzungsverhältnis in 50 % (Landwirtschaft) zu 50 % (Gewerbe).

[3]Im Jahr 01 sind die auf die Verwendung im gewerblichen Unternehmensteil entfallenden Vorsteuerbeträge i. H. v. 34 200 € (90 % von 38 000 €) als Vorsteuer abziehbar. [4]In den Jahren 02 bis 05 sind jeweils 3 040 € (40 % von 7 600 €) nach § 15a UStG zurückzuzahlen.

(6) [1]Eine Vorsteuerberichtigung nach § 15a UStG ist auch vorzunehmen, wenn im Zeitpunkt des Leistungsbezugs nur ein Unternehmensteil besteht, im Zeitpunkt der späteren Verwendung dann jedoch zwei Unternehmensteile bestehen und das Wirtschaftsgut in beiden Unternehmensteilen verwendet wird. [2]Ebenfalls ist die Vorsteuer zu berichtigen, wenn bei zwei Unternehmensteilen das Wirtschaftsgut erst ausschließlich in einem Teil verwendet wird und sich die Nutzung in einem Folgejahr ändert.

Beispiel 1:

[1]Unternehmer U erwirbt Anfang Januar des Jahres 01 einen Mähdrescher für 200 000 € zuzüglich 38 000 € Umsatzsteuer, der zunächst ausschließlich im gewerblichen Unternehmensteil (Lohnunternehmen) verwendet wird. [2]Ab dem Jahr 02 wird der Mähdrescher dauerhaft zu 50 % im landwirtschaftlichen Unternehmensteil (§ 24 UStG) genutzt.

[3]Im Jahr 01 sind sämtliche Vorsteuern (38 000 €) abziehbar. [4]In den Jahren 02 bis 05 sind jeweils 3 800 € (50 % von 7 600 €) nach § 15a UStG an das Finanzamt zurückzuzahlen.

Beispiel 2:

[1]Unternehmer U erwirbt Anfang Januar des Jahres 01 einen Mähdrescher für 200 000 € zuzüglich 38 000 € Umsatzsteuer, der zunächst ausschließlich im landwirtschaftlichen Unternehmensteil (§ 24 UStG) verwendet wird. [2]Ab dem Jahr 02 wird der Mähdrescher dauerhaft ausschließlich im gewerblichen Unternehmensteil (Lohnunternehmen) genutzt.

[3]Im Jahr 01 entfällt der Vorsteuerabzug (§ 24 Abs. 1 Satz 4 UStG). [4]In den Jahren 02 bis 05 erhält der Unternehmer eine Vorsteuererstattung nach § 15a UStG von jeweils 7 600 € (1/5 von 38 000 €).

(7) [1]Bei der Aufgabe oder Veräußerung eines land- und forstwirtschaftlichen Betriebs kann die Vermietung/Verpachtung von zurückbehaltenen Wirtschaftsgütern, die nicht nur einmalig zur Ausführung von Umsätzen verwendet werden und deren Berichtigungszeitraum nach § 15a Abs. 1 UStG noch nicht abgelaufen ist, zu einer Änderung der Verhältnisse führen. [2]In diesen Fällen ist der Vorsteuerabzug für derartige Wirtschaftsgüter nach § 15a Abs. 1 UStG zu berichtigen.

Beispiel 1:

[1]Unternehmer U, der Landwirt ist und der nach § 24 Abs. 4 UStG zur Regelbesteuerung optiert hat, errichtet ein Stallgebäude für 500 000 € zzgl. 95 000 € Umsatzsteuer, das Anfang Januar des Jahres 01 erstmals verwendet wird. [2]Zum 1. 1. 02 veräußert er seinen Betrieb unter Zurückbehaltung dieses Stallgebäudes, das er nun nach § 4 Nr. 12 Satz 1 Buchstabe a UStG steuerfrei an den Käufer vermietet.

[3]Die auf die Errichtung des Gebäudes entfallende Vorsteuer i. H. v. 95 000 € ist abziehbar, da der Landwirt bei Errichtung des Gebäudes beabsichtigte, dieses zur Erzielung von Vorsteuerabzug berechtigenden Umsätzen zu verwenden. [4]Die nach § 4 Nr. 12 Satz 1 Buchstabe a UStG steuerfreie Vermietung stellt eine Änderung der Verhältnisse dar. [5]In den Jahren 02 bis 10 sind jeweils 9 500 € (1/10 von 95 000 €) nach § 15a Abs. 1 UStG zurückzuzahlen.

Beispiel 2:

[1]Unternehmer U, der Landwirt ist und der die Durchschnittssatzbesteuerung nach § 24 UStG anwendet, erwirbt Anfang Januar des Jahres 01 einen Mähdrescher für 200 000 € zuzüglich 38 000 € Umsatzsteuer. [2]Zum 1. 1. 02 veräußert er seinen Betrieb unter Zurückbehaltung des Mähdreschers, den er steuerpflichtig an den Käufer vermietet.

[3]Im Zeitpunkt des Leistungsbezugs (Jahr 01) ist der Vorsteuerabzug nach § 24 Abs. 1 Satz 4 UStG ausgeschlossen. [4]In den Folgejahren wird der Mähdrescher zur Ausführung steuerpflichtiger Vermietungsumsätze verwendet. [5]Es liegt eine Änderung der Verhältnisse vor. [6]In den Jahren 02 bis 05 erhält der Unternehmer eine Vorsteuererstattung nach § 15a UStG von jeweils 7 600 € (1/5 von 38 000 €).

UStAE   15a.10. Geschäftsveräußerung im Sinne des § 1 Abs. 1a UStG und andere Formen der Rechtsnachfolge

[1]Keine Änderung der Verhältnisse im Sinne des § 15a UStG liegt z. B. in folgenden Fällen der Rechtsnachfolge vor:

1. Geschäftsveräußerung im Sinne des § 1 Abs. 1a UStG (§ 1 Abs. 1a Satz 3, § 15a Abs. 10 UStG; siehe auch Abschnitt 15a.2 Abs. 3),

2. [1]Gesamtrechtsnachfolge, da der Rechtsnachfolger in die gesamte Rechtsposition des Rechtsvorgängers eintritt. [2]Der Berichtigungszeitraum des Erblassers geht nur auf den Erben über, wenn dieser die Unternehmereigenschaft durch eine eigene Tätigkeit begründet,

3. Anwachsung beim Ausscheiden eines Gesellschafters aus einer zweigliedrigen Personengesellschaft,

4. [1]Begründung oder Wegfall eines Organschaftsverhältnisses. [2]Eine Vorsteuerberichtigung nach § 15a UStG hat aber dann zu erfolgen, wenn eine Gesellschaft mit steuerpflichtigen Umsätzen für ein Wirtschaftsgut den vollen Vorsteuerabzug erhalten hat und später auf Grund der Vorschrift des § 2 Abs. 2 Nr. 2 UStG ihre Selbstständigkeit zugunsten eines Organträgers mit nach § 15 Abs. 2 Satz 1 Nr. 1 UStG steuerfreien Umsätzen verliert und das Wirtschaftsgut im Gesamtunternehmen des Organträgers zur Ausführung von steuerpflichtigen und steuerfreien Umsätzen verwendet wird (BFH-Beschluss vom 12. 5. 2003, V B 211/02, V B 220/02, BStBl II S. 784).

[2]Der maßgebliche Berichtigungszeitraum wird nicht unterbrochen. [3]Eine Vorsteuerberichtigung wegen Änderung der Verhältnisse beim Rechtsnachfolger hat nur zu erfolgen, wenn sich die Verhältnisse im Vergleich zu den beim Vorsteuerabzug des Rechtsvorgängers ursprünglich maßgebenden Verhältnissen ändern.

UStAE   **15a.11. Vereinfachungen bei der Berichtigung des Vorsteuerabzugs**

(1) [1]§ 44 UStDV enthält Regelungen zur Vereinfachung bei der Berichtigung des Vorsteuerabzugs. [2]Bei der Prüfung, ob die in § 44 UStDV aufgeführten Betragsgrenzen erreicht sind, ist jeweils auf den Gegenstand oder die bezogene sonstige Leistung abzustellen. [3]Dies gilt auch dann, wenn mehrere Gegenstände gleicher Art und Güte geliefert wurden. [4]Bei der Lieferung vertretbarer Sachen ist hingegen in der Regel auf die zwischen leistendem Unternehmer und Leistungsempfänger geschlossene vertragliche Vereinbarung abzustellen (zur Ausnahme vgl. BFH-Urteil vom 3. 11. 2011, V R 32/10, BStBl 2012 II S. 525, und Abschnitt 15a.1 Abs. 1 Satz 5).

(2) [1]Die Regelung des § 44 Abs. 1 UStDV, nach der eine Berichtigung des Vorsteuerabzugs entfällt, wenn die auf die Anschaffungs- oder Herstellungskosten eines Wirtschaftsguts entfallende Vorsteuer 1 000 € nicht übersteigt, gilt für alle Berichtigungsobjekte unabhängig davon, nach welcher Vorschrift die Berichtigung des Vorsteuerabzugs vorzunehmen ist und in welchem Umfang sich die für den Vorsteuerabzug maßgebenden Verhältnisse später ändern. [2]Bei der Bestimmung der 1 000 €-Grenze ist von den gesamten Vorsteuerbeträgen auszugehen, die auf die Anschaffung oder Herstellung bzw. den Bezug des einzelnen Berichtigungsobjekts entfallen. [3]Nachträgliche Anschaffungs- oder Herstellungskosten sind nicht einzubeziehen, da sie eigenständige Berichtigungsobjekte darstellen und selbstständig der 1 000 €-Grenze unterliegen.

(3) [1]Nach der Vereinfachungsregelung des § 44 Abs. 2 UStDV entfällt eine Vorsteuerberichtigung, wenn die dort genannten Grenzen nicht überschritten sind. [2]Die Grenze von 10 % ist in der Weise zu berechnen, dass das Aufteilungsverhältnis, das sich für das betreffende Jahr des Berichtigungszeitraums ergibt, dem Verhältnis gegenübergestellt wird, das für den ursprünglichen Vorsteuerabzug für das Berichtigungsobjekt nach § 15 UStG maßgebend war. [3]Für die absolute Grenze nach § 44 Abs. 2 UStDV von 1 000 € ist der Betrag maßgebend, um den der Vorsteuerabzug für das Berichtigungsobjekt auf Grund der Verhältnisse des betreffenden Jahres des Berichtigungszeitraums tatsächlich zu berichtigen wäre. [4]Bei Berichtigungsobjekten, die nur einmalig zur Ausführung eines Umsatzes verwendet werden, gilt entsprechendes für den Zeitpunkt der tatsächlichen Verwendung des Berichtigungsobjekts.

(4) [1]Wird ein Wirtschaftsgut, das nicht nur einmalig zur Ausführung von Umsätzen verwendet wird, während des nach § 15a Abs. 1 UStG maßgeblichen Berichtigungszeitraums veräußert oder nach § 3 Abs. 1b UStG geliefert, stehen damit die Verhältnisse bis zum Ablauf des Berichtigungszeitraums fest. [2]Daher ist die Berichtigung stets für den Voranmeldungszeitraum durch-

zuführen, in dem die Veräußerung oder unentgeltliche Wertabgabe nach § 3 Abs. 1b UStG stattgefunden hat (§ 44 Abs. 3 Satz 2 UStDV). [3]Hierbei sind die Berichtigung für das Kalenderjahr der Veräußerung oder unentgeltlichen Wertabgabe nach § 3 Abs. 1b UStG und die Berichtigung für die noch folgenden Kalenderjahre des Berichtigungszeitraums gleichzeitig vorzunehmen. [4]Entsprechend ist zu verfahren, wenn eine sonstige Leistung entgeltlich oder durch eine Zuwendung im Sinne des § 3 Abs. 9a UStG aus dem Unternehmen ausscheidet (z. B. Veräußerung einer Lizenz).

(5) [1]Verkürzt sich der Berichtigungszeitraum deswegen, weil ein nicht nur einmalig zur Ausführung von Umsätzen dienendes Wirtschaftsgut wegen Unbrauchbarkeit vorzeitig nicht mehr zur Ausführung von Umsätzen verwendbar ist (vgl. Abschnitt 15a.3 Abs. 7), kann für die vorausgegangenen Abschnitte des Berichtigungszeitraums eine Neuberechnung des jeweiligen Berichtigungsbetrages erforderlich werden. [2]Die Unterschiede, die sich in einem solchen Fall ergeben, können aus Vereinfachungsgründen bei der Steuerfestsetzung für das letzte Kalenderjahr des verkürzten Berichtigungszeitraums berücksichtigt werden.

(6) [1]Die Vorsteuerberichtigung nach § 15a UStG ist grundsätzlich im Voranmeldungszeitraum durchzuführen, in dem die Änderung der Verhältnisse eingetreten ist. [2]Übersteigt allerdings der Betrag, um den der Vorsteuerabzug bei einem Wirtschaftsgut für das Kalenderjahr zu berichtigen ist, nicht 6 000 €, ist nach § 44 Abs. 3 Satz 1 UStDV die Berichtigung erst im Rahmen der Steuerfestsetzung für den Besteuerungszeitraum vorzunehmen, in dem die Änderung der Verhältnisse eingetreten ist.

UStAE

Zu § 16 UStG

UStAE   16.1. Steuerberechnung

[1]Der Unternehmer hat alle im Rahmen seines Unternehmens ausgeführten Umsätze zusammenzurechnen. [2]Dem Unternehmer sind im Fall der Zwangsverwaltung über ein Grundstück des Unternehmers auch die Umsätze zuzurechnen, die der Zwangsverwalter im Rahmen seiner Verwaltungstätigkeit ausführt (vgl. BFH-Urteil vom 10. 4. 1997, V R 26/96, BStBl II S. 552); zur Übermittlung von Voranmeldungen in diesen Fällen vgl. Abschnitt 18.6 Abs. 4.

UStAE   16.4. Umrechnung von Werten in fremder Währung**[1]**

(1) [1]Die Umrechnung der Werte in fremder Währung (§ 16 Abs. 6 UStG) dient der Berechnung der Umsatzsteuer und der abziehbaren Vorsteuerbeträge. [2]Kursänderungen zwischen der Ausführung der Leistung und der Vereinnahmung des Entgelts bleiben unberücksichtigt.

(2) [1]Bei der Umrechnung nach dem Tageskurs ist der Nachweis durch Bankmitteilung oder Kurszettel zu führen, weil die Bankabrechnung im Zeitpunkt der Leistung noch nicht vorliegt. [2]Aus Vereinfachungsgründen kann das Finanzamt gestatten, dass die Umrechnung regelmäßig nach den Durchschnittskursen vorgenommen wird, die das Bundesministerium der Finanzen für den Monat bekannt gegeben hat, der dem Monat vorangeht, in dem die Leistung ausgeführt oder das Entgelt vereinnahmt wird.

(3)...

Anm. d. Schriftl.:

[1] Eine Gesamtübersicht der Umrechnungskurse für das Jahr 2022 enthält das BMF-Schreiben vom 2. 2. 2023, BStBl 2023 I S. 317.

Zu § 17 UStG

UStAE   17.1. Steuer- und Vorsteuerberichtigung bei Änderung der Bemessungsgrundlage

(1) [1]Die Frage, ob sich die Bemessungsgrundlage für einen steuerpflichtigen Umsatz geändert hat, beurteilt sich nach § 10 Abs. 1 bis 5 UStG. [2]Auf die Abschnitte 10.1 bis 10.7 wird verwiesen. [3]Zur Steuer- und Vorsteuerberichtigung bei Entgeltminderungen durch Gewährung von verdeckten Preisnachlässen vgl. BMF-Schreiben vom 28. 8. 2020, BStBl I S. 928.

(2) [1]Die erforderlichen Berichtigungen sind für den Besteuerungszeitraum vorzunehmen, in dem die Änderung der Bemessungsgrundlage eingetreten ist.**[1]** [2]Die Berichtigungspflicht ist bereits bei der Berechnung der Vorauszahlungen zu beachten (§ 18 Abs. 1 Satz 2 UStG). [3]Vereinbaren der leistende Unternehmer und der Leistungsempfänger die vollständige oder teilweise Rückzahlung des entrichteten Entgelts, mindert sich die Bemessungsgrundlage nur, wenn das Entgelt tatsächlich zurückgezahlt wird, und zwar in dem Besteuerungszeitraum, in dem die Rückgewähr erfolgt (BFH-Urteil vom 18. 9. 2008, V R 56/06, BStBl 2009 II S. 250). [4]Dies gilt entsprechend für den Fall der nachträglichen Erhöhung des Entgelts (vgl. BFH-Urteil vom 10. 4. 2019, XI R 4/17, BStBl II S. 635).**[2]** [5]Mindert sich der Kaufpreis auf Grund einer Mängelrüge, ändert sich die Bemessungsgrundlage im Zeitpunkt der tatsächlichen Realisierung der Ansprüche (Erfüllungsgeschäft – vgl. EuGH-Urteil vom 29. 5. 2001, C-86/99, Freemans).

(3) [1]Die Berichtigungspflicht besteht auch dann, wenn sich die Berichtigung der Steuer und die Berichtigung des Vorsteuerabzugs im Ergebnis ausgleichen. [2]Berechnet der Leistungsempfänger z. B. Lieferantenskonti nicht vom Gesamtpreis einschließlich Umsatzsteuer, sondern nur vom Entgelt (ohne Umsatzsteuer), hat er unabhängig von der Behandlung der Skontobeträge durch den Lieferanten den in Anspruch genommenen Vorsteuerabzug nach § 17 Abs. 1 Satz 2 UStG zu berichtigen. [3]Die Berichtigungspflicht ist bei einer Änderung der Bemessungsgrundlage nicht von einer Änderung des Steuerbetrags in der ursprünglichen Rechnung abhängig. [4]Ein Belegaustausch ist nur für die in § 17 Abs. 4 UStG bezeichneten Fälle vorgeschrieben. [5]Gewährt eine Genossenschaft ihren Mitgliedern eine umsatzabhängige Zusatzvergütung für die an die Genossenschaft erbrachten Lieferungen, handelt es sich um eine nachträgliche Erhöhung des Entgelts (vgl. BFH-Urteil vom 6. 6. 2002, V R 59/00, BStBl 2003 II S. 214).

(4) Die Berichtigung des Vorsteuerabzugs kann unterbleiben, soweit der auf die Entgeltminderung entfallende Steuerbetrag von einem dritten Unternehmer entrichtet wird (§ 17 Abs. 1 Satz 6 UStG).

> **Beispiel:**
>
> [1]Die Einkaufsgenossenschaft E (Zentralregulierer) vermittelt eine Warenlieferung von A an B. [2]E wird auch in den Abrechnungsverkehr eingeschaltet. [3]Sie zahlt für B den Kaufpreis an A unter Inanspruchnahme von Skonto. [4]B zahlt an E den Kaufpreis ohne Inanspruchnahme von Skonto.
>
> [5]Nach § 17 Abs. 1 Satz 1 UStG hat A seine Steuer zu berichtigen. [6]B braucht nach § 17 Abs. 1 Satz 6 UStG seinen Vorsteuerabzug nicht zu berichtigen, soweit E die auf den Skontoabzug entfallende Steuer an das Finanzamt entrichtet.

Anm. d. Schriftl.:

[1] Beteiligt sich ein Unternehmer an einem von einem Dritten betriebenen Rabattsystem, das an Kunden des Unternehmers umsatzabhängige Punkte ausgibt, so mindert sich die Bemessungsgrundlage des Unternehmers erst, wenn der Kunde die Punkte tatsächlich einlöst (BFH-Urteil vom 16. 1. 2020, BStBl 2020 II S. 361).

[2] Erbringt ein Programmmanager eines Kundenbindungssystems entgeltliche Verwaltungsleistungen an Partnerunternehmen, an die er auch Prämienpunkte verkauft, die die Partnerunternehmen an ihre Kunden zur Einlösung beim Programmmanager ausgeben, führt der vergütungslose Verfall von Prämienpunkten dazu, dass sich das Entgelt für die Verwaltungsleistungen des Programmmanagers an die Partnerunternehmen nachträglich erhöht (BFH-Urteil vom 26. 6. 2019, BStBl 2019 II S. 640).

(5) [1]Die Pflicht zur Berichtigung der Steuer und des Vorsteuerabzugs nach § 17 Abs. 1 UStG besteht auch dann, wenn das Entgelt für eine steuerpflichtige Lieferung oder sonstige Leistung uneinbringlich geworden ist (§ 17 Abs. 2 Nr. 1 UStG). [2]Uneinbringlichkeit im Sinne des § 17 Abs. 2 UStG liegt insbesondere vor, wenn der Schuldner zahlungsunfähig ist, wenn den Forderungen die Einrede des Einforderungsverzichts entgegengehalten werden kann (vgl. BFH-Beschluss vom 10. 3. 1983, V B 46/80, BStBl II S. 389) oder wenn der Anspruch auf Entrichtung des Entgelts nicht erfüllt wird und bei objektiver Betrachtung damit zu rechnen ist, dass der Leistende die Entgeltforderung ganz oder teilweise jedenfalls auf absehbare Zeit rechtlich oder tatsächlich nicht durchsetzen kann (vgl. BFH-Urteil vom 20. 7. 2006, V R 13/04, BStBl 2007 II S. 22). [3]Daher berechtigen vertragliche Einbehalte zur Absicherung von Gewährleistungsansprüchen der Leistungsempfänger (z. B. sog. Sicherungseinbehalte für Baumängel) zur Steuerberichtigung, soweit dem Unternehmer nachweislich die Absicherung dieser Gewährleistungsansprüche durch Gestellung von Bankbürgschaften im Einzelfall nicht möglich war und er dadurch das Entgelt insoweit für einen Zeitraum von über zwei bis fünf Jahren noch nicht vereinnahmen kann (vgl. BFH-Urteil vom 24. 10. 2013, V R 31/12, BStBl 2015 II S. 674). [4]Auch soweit der Leistungsempfänger das Bestehen oder die Höhe des vereinbarten Entgelts substantiiert bestreitet, kommt – übereinstimmend mit der Berichtigung des Vorsteuerabzugs beim Leistungsempfänger – beim Leistenden eine Berichtigung der Umsatzsteuer wegen Uneinbringlichkeit in Betracht (vgl. BFH-Urteile vom 31. 5. 2001, V R 71/99, BStBl 2003 II S. 206, und vom 22. 4. 2004, V R 72/03, BStBl II S. 684). [5]Eine Berichtigung kommt auch in Betracht, wenn der Leistungsempfänger zwar nicht die Entgeltforderung selbst bestreitet, sondern mit einer vom Leistenden substantiiert bestrittenen Gegenforderung aufrechnet, und wenn bei objektiver Betrachtung damit zu rechnen ist, dass der Leistende die Entgeltforderung ganz oder teilweise jedenfalls auf absehbare Zeit nicht durchsetzen kann (vgl. BFH-Urteil vom 20. 7. 2006, V R 13/04, a. a. O.). [6]Die Vereinbarung einer Ratenzahlung begründet keine Uneinbringlichkeit im Sinne von § 17 Abs. 2 Nr. 1 UStG (vgl. BFH-Urteil vom 1. 2. 2022, V R 37/21 (V R 16/19), BStBl II S. 860). [7]Die Feststellung einer vom Finanzamt angemeldeten, einen früheren Vorsteuerabzug berichtigenden Umsatzsteuer zur Insolvenztabelle hat die gleiche Wirkung wie ein inhaltsgleicher Berichtigungsbescheid im Sinne des § 17 UStG (BFH-Urteil vom 19. 8. 2008, VII R 36/07, BStBl 2009 II S. 250). [8]Zur Frage der Uneinbringlichkeit beim sog. Akzeptantenwechselgeschäft vgl. BFH-Urteil vom 8. 12. 1993, XI R 81/90, BStBl 1994 II S. 338. [9]Ertragsteuerrechtlich zulässige pauschale Wertberichtigungen führen nicht zu einer Berichtigung nach § 17 Abs. 2 UStG. [10]Der Gläubiger, der eine Forderung als uneinbringlich behandelt, ist nicht verpflichtet, dem Schuldner hiervon Mitteilung zu machen. [11]Das Finanzamt des Gläubigers ist jedoch berechtigt, das Finanzamt des Schuldners auf die Ausbuchung der Forderung hinzuweisen. [12]Der Vorsteuerrückzahlungsanspruch dieses Finanzamts entsteht mit Ablauf des Voranmeldungszeitraums, in dem die Uneinbringlichkeit eingetreten ist (vgl. BFH-Urteil vom 8. 10. 1997, XI R 25/97, BStBl 1998 II S. 69). [13]Der Schuldner hat nach § 17 Abs. 2 Nr. 1 in Verbindung mit Abs. 1 Satz 2 UStG seinen Vorsteuerabzug bereits dann entsprechend zu berichtigen, wenn sich aus den Gesamtumständen, insbesondere einem längeren Zeitablauf nach Eingehung der Verbindlichkeit ergibt, dass er seiner Zahlungsverpflichtung gegenüber seinem Gläubiger nicht mehr nachkommen wird. [14]Wird der Anspruch des Gläubigers später ganz oder teilweise befriedigt, ist § 17 Abs. 2 Nr. 1 Satz 2 UStG anzuwenden. [15]Wird das Entgelt für eine während des Bestehens einer Organschaft bezogene Leistung nach Beendigung der Organschaft uneinbringlich, ist der Vorsteuerabzug nicht gegenüber dem bisherigen Organträger, sondern gegenüber dem im Zeitpunkt des Uneinbringlichwerdens bestehenden Unternehmen, dem früheren Organ, zu berichtigen (BFH-Urteil vom 7. 12. 2006, V R 2/05, BStBl 2007 II S. 848).

(6) Bei der Abtretung einer Forderung unter dem Nennwert bestimmt sich das Entgelt nach den tatsächlichen Aufwendungen des Leistungsempfängers (vgl. Abschnitt 10.1 Abs. 4).

Beispiel:

[1]Ein Unternehmer hat auf Grund einer Lieferung eine Forderung i. H. v. 11 900 € gegen seinen zum Vorsteuerabzug berechtigten Abnehmer. [2]Er tritt diese Forderung zum Festpreis von 5 750 € an ein Inkassobüro ab. [3]Das Inkassobüro kann noch 8 925 € einziehen.

UStAE

[4]Die Steuer des Lieferers richtet sich zunächst nach dem für die Lieferung vereinbarten Entgelt von 10 000 € (Steuer bei einem Steuersatz von 19 % = 1 900 €). [5]Die endgültige Steuer des Lieferers beträgt allerdings nur 1 425 €, da der Abnehmer nur 8 925 € aufgewandt hat (§ 10 Abs. 1 Satz 2 UStG), während die restlichen 2 975 € uneinbringlich sind. [6]Eine entsprechende Minderung der Steuer nach § 17 Abs. 2 Nr. 1 in Verbindung mit § 17 Abs. 1 Satz 1 UStG von 1 900 € auf 1 425 € setzt jedoch voraus, dass der Lieferer die teilweise Uneinbringlichkeit der Forderung nachweist. [7]Er muss sich also Kenntnis davon verschaffen, welchen Betrag das Inkassobüro tatsächlich noch einziehen konnte. [8]Der Abnehmer hat zunächst auf Grund der ihm vom Lieferer erteilten Rechnung den Vorsteuerabzug in voller Höhe. [9]Er muss ihn jedoch von sich aus nach § 17 Abs. 2 Nr. 1 in Verbindung mit Abs. 1 Satz 2 UStG auf der Grundlage seiner tatsächlichen Zahlung an das Inkassobüro (im Beispielsfall auf 1 425 €) berichtigen, da er die teilweise Uneinbringlichkeit der Forderung kennt. [10]Dies gilt entsprechend, wenn der Abnehmer weniger an das Inkassobüro zahlt, als der Lieferer für die Forderung erhalten hat. [11]Zahlt der Abnehmer den vollen Rechnungsbetrag an das Inkassobüro, bleiben die Steuer des Lieferers und der Vorsteuerabzug des Abnehmers in voller Höhe bestehen.

(7) [1]Steuer- und Vorsteuerberichtigungen sind auch erforderlich, wenn für eine Leistung ein Entgelt entrichtet, die Leistung jedoch nicht ausgeführt worden ist (§ 17 Abs. 2 Nr. 2 UStG). [2]Diese Regelung steht im Zusammenhang mit der in § 13 Abs. 1 Nr. 1 Buchstabe a Satz 4 UStG vorgeschriebenen Besteuerung von Zahlungen vor Ausführung der Leistungen. [3]Die Minderung der Bemessungsgrundlage nach § 17 Abs. 2 Nr. 2 UStG erfolgt erst in dem Besteuerungszeitraum, in dem die Anzahlung oder das Entgelt zurückgewährt worden sind (vgl. BFH-Urteile vom 2. 9. 2010, V R 34/09, BStBl 2011 II S. 991, und vom 15. 9. 2011, V R 36/09, BStBl 2012 II S. 365).

Beispiel:

[1]Über das Vermögen eines Unternehmers, der Anzahlungen erhalten und versteuert hat, wird das Insolvenzverfahren eröffnet, bevor er eine Leistung erbracht hat. [2]Der Insolvenzverwalter lehnt die Erfüllung des Vertrags ab und gewährt die Anzahlungen zurück. [3]Der Unternehmer, der die vertraglich geschuldete Leistung nicht erbracht hat, hat die Steuer auf die Anzahlung im Besteuerungszeitraum der Rückgewähr nach § 17 Abs. 2 Nr. 2 UStG zu berichtigen. [4]Unabhängig davon hat der Unternehmer, an den die vertraglich geschuldete Leistung erbracht werden sollte, den Vorsteuerabzug in sinngemäßer Anwendung des § 17 Abs. 1 Satz 2 UStG im Besteuerungszeitraum der Rückgewähr zu berichtigen. [5]Werden Anzahlungen versteuert und ergibt sich im Nachhinein, dass die Leistung nicht der Umsatzsteuer unterliegt, ist die Bemessungsgrundlage ebenfalls nach § 17 Abs. 2 Nr. 2 UStG zu berichtigen (vgl. Abschnitt 13.5 Abs. 4 Satz 3).

(8) [1]Ob eine Rückgängigmachung einer Lieferung nach § 17 Abs. 2 Nr. 3 UStG oder eine selbständige Rücklieferung vorliegt, ist aus der Sicht des Empfängers und nicht aus der Sicht des ursprünglichen Lieferers zu beurteilen. [2]Eine Rückgängigmachung ist anzunehmen, wenn der Liefernde oder der Lieferungsempfänger das der Hinlieferung zu Grunde liegende Umsatzgeschäft beseitigt oder sich auf dessen Unwirksamkeit beruft, die zuvor begründete Erwartung des Lieferers auf ein Entgelt dadurch entfällt und der Lieferungsempfänger den empfangenen Gegenstand in Rückabwicklung des Umsatzgeschäfts zurückgibt. [3]Dagegen liegt eine einen selbständigen Umsatz auslösende Rücklieferung vor, wenn die Beteiligten ein neues Umsatzgeschäft eingehen und der Empfänger der Hinlieferung dieses dadurch erfüllt, dass er dem ursprünglichen Lieferer die Verfügungsmacht an dem gelieferten Gegenstand in Erwartung einer Gegenleistung überträgt (vgl. BFH-Urteil vom 12. 11. 2008, XI R 46/07, BStBl 2009 II S. 558). [4]Wenn der Insolvenzverwalter die Erfüllung eines zurzeit der Eröffnung des Insolvenzverfahrens vom Schuldner und seinem Vertragspartner noch nicht oder nicht vollständig erfüllten Vertrags ablehnt (§ 103 InsO) und der Lieferer infolgedessen die Verfügungsmacht an dem gelieferten Gegenstand zurückerhält, wird die Lieferung rückgängig gemacht (vgl. BFH-Urteil vom 8. 5. 2003, V R 20/02, BStBl II S. 953, zum Konkursverfahren). [5]Wird die Leistung nach Vereinnahmung des Entgelts rückgängig gemacht, entsteht der Berichtigungsanspruch nach § 17 Abs. 2 Nr. 3 UStG erst mit der Rückgewähr des Entgelts (vgl. BFH-Urteil vom 2. 9. 2010, V R 34/09, BStBl 2011 II S. 991).

(9) [1]Zu den Aufwendungen im Sinne des § 17 Abs. 2 Nr. 5 UStG können auch AfA für abnutzbare Wirtschaftsgüter gehören, für deren Anschaffungskosten der Vorsteuerabzug gewährt wurde (vgl. BFH-Urteil vom 2. 7. 2008, XI R 60/06, BStBl 2009 II S. 167). [2]§ 17 Abs. 2 Nr. 5 UStG setzt –

anders als § 15a UStG – nicht zwingend voraus, dass sich die Verhältnisse in Bezug auf die Verwendungsumsätze geändert haben.

(10) [1]Die Vorschrift des § 17 Abs. 1 UStG ist entsprechend anzuwenden, wenn in einer Rechnung der Steuerbetrag nach § 14c Abs. 1 UStG berichtigt wird. [2]Die Berichtigung der wegen unrichtigen Steuerausweises geschuldeten Umsatzsteuer ist in dem Besteuerungszeitraum vorzunehmen, in dem sowohl eine Rechnung mit geändertem Steuerausweis erteilt als auch bei Bestehen eines Rückzahlungsanspruchs der zu hoch ausgewiesene Rechnungsbetrag an den Leistungsempfänger zurückgezahlt wurde (vgl. Abschnitt 14c.1 Abs. 5). [3]Der Widerspruch gegen den in einer Gutschrift enthaltenen Steuerausweis wirkt deshalb erst in dem Besteuerungszeitraum, in dem er erklärt wird (vgl. BFH-Urteil vom 19. 5. 1993, V R 110/88, BStBl II S. 779). [4]Die Berichtigung der Vorsteuer durch den Leistungsempfänger hingegen ist für den Besteuerungszeitraum vorzunehmen, in dem diese abgezogen wurde. [5]§ 14c Abs. 1 Sätze 2 und 3 UStG betreffen nicht den Leistungsempfänger, sondern regeln nur die Voraussetzungen für die Erstattung der wegen unrichtigen Steuerausweises geschuldeten Umsatzsteuer des Steuerschuldners (vgl. BFH-Urteil vom 6. 12. 2007, V R 3/06, BStBl 2009 II S. 203).

Uneinbringlichkeit im Insolvenzverfahren

(11) – (17) …

UStAE   17.2.   Preisnachlässe und Preiserstattungen außerhalb unmittelbarer Leistungsbeziehungen sowie Maßnahmen zur Verkaufsförderung

Preisnachlässe und Preiserstattungen innerhalb der Leistungskette allgemein

(1) [1]Die Minderung der Bemessungsgrundlage setzt nicht voraus, dass ein Preisnachlass oder eine Preiserstattung auf allen Stufen einer Leistungskette vom ersten Unternehmer bis zum letzten Abnehmer in der jeweiligen Leistungsbeziehung erfolgt. [2]Ebenso wenig kommt es auf die Position des Unternehmers, der den Preisnachlass gewährt, oder die den begünstigten Abnehmers in der Leistungskette an. [3]Auch bei Preisnachlässen oder Preiserstattungen über einzelne Stufen einer Leistungskette hinweg dürfen aus allen Umsatzgeschäften in der Leistungskette insgesamt nur die Umsatzsteuerbeträge berücksichtigt werden, die dem vom begünstigten Abnehmer wirtschaftlich aufgewendeten Umsatzsteuerbetrag entsprechen. [4]Für Unternehmer, die auf den Produktions- und Vertriebsstufen vor der Verbrauchsstufe des begünstigten Abnehmers tätig sind, muss die Umsatzbesteuerung neutral sein. [5]Erstattet daher ein Unternehmer in einer Leistungskette einem nicht unmittelbar nachfolgenden Abnehmer (begünstigter Abnehmer) einen Teil des von diesem gezahlten Leistungsentgelts oder gewährt er ihm einen Preisnachlass, mindert sich dadurch die Bemessungsgrundlage für den Umsatz dieses Unternehmers an seinen unmittelbaren Abnehmer, wenn folgende Voraussetzungen[1] erfüllt sind:

1. Der den Preisnachlass gewährende Unternehmer hat eine im Inland steuerpflichtige Leistung erbracht,

2. die Leistung an den begünstigten Abnehmer ist im Inland steuerpflichtig und

3. der den Preisnachlass gewährende Unternehmer hat das Vorliegen der vorstehenden Voraussetzungen sowie den Preisnachlass bzw. die Preiserstattung nachgewiesen (vgl. Absatz 5).

Anm. d. Schriftl.:

[1] Der Unternehmer kann für eine in einem anderen Mitgliedstaat erbrachte steuerfreie innergemeinschaftliche Lieferung im Inland keinen Anspruch auf Steuerminderung geltend machen (BFH-Urteil vom 18. 11. 2021, BStBl 2022 II S. 350).

Beispiel:

¹Hersteller A verkauft Ware an Großhändler B. ²B verkauft die Ware an einen Zwischenhändler C. ³C verkauft die Ware an den Einzelhändler D, der die Ware an den letzten Abnehmer der Leistungskette E verkauft. ⁴B erstattet D wegen Abnahme einer bestimmten Menge von Waren, die über ihn vertrieben wurden, nachträglich einen Teil des von D für diese Waren aufgewendeten Preises. ⁵Da es weder auf die Position des B als zweiten Unternehmer noch auf die des D als vierten und damit vorletzten Abnehmer in der Leistungskette ankommt, kann B die Bemessungsgrundlage seiner Lieferung an C mindern. ⁶Gleichzeitig kann bei D nur ein entsprechend geminderter Vorsteuerabzug berücksichtigt werden (vgl. Absatz 3).

(2) ¹Die Bemessungsgrundlage der Leistung des den Preisnachlass gewährenden Unternehmers wird um den Betrag des Preisnachlasses/der Preiserstattung abzüglich der Umsatzsteuer gemindert, die sich nach dem Umsatzsteuersatz berechnet, der auf den Umsatz Anwendung findet, für den der Preisnachlass/die Preiserstattung gewährt wird. ²Der Unternehmer hat entsprechend § 17 Abs. 1 Satz 8 UStG die Minderung der Bemessungsgrundlage für den Besteuerungszeitraum vorzunehmen, in dem er den Preisnachlass gewährt hat. ³Durch die Minderung der Bemessungsgrundlage der Leistung des den Preisnachlass gewährenden Unternehmers wird die von ihm erteilte Rechnung an seinen unmittelbaren Abnehmer nicht unrichtig. ⁴Insbesondere findet in diesem Verhältnis § 14c Abs. 1 UStG keine Anwendung (vgl. Abschnitt 14c.1 Abs. 4 Satz 2 und 3). ⁵Auch ein möglicher Vorsteuerabzug dieses unmittelbaren Abnehmers ändert sich durch den Preisnachlass/die Preiserstattung nicht (vgl. § 17 Abs. 1 Satz 3 UStG). ⁶Die Minderung der Bemessungsgrundlage beim Unternehmer, der den Preisnachlass/die Preiserstattung gewährt, ist nicht davon abhängig, dass der den Preisnachlass/die Preiserstattung empfangende Abnehmer zum Vorsteuerabzug berechtigt ist.

(3) ¹Ist in den Fällen des Absatzes 1 Satz 5 der durch den Preisnachlass/die Preiserstattung begünstigte Abnehmer ein in vollem Umfang oder teilweise zum Vorsteuerabzug berechtigter Unternehmer und bezieht er die Leistung für sein Unternehmen, mindert sich der Vorsteuerabzug aus seinem Leistungsbezug um den in dem Preisnachlass/der Preiserstattung enthaltenen Steuerbetrag (vgl. § 17 Abs. 1 Satz 4 in Verbindung mit Satz 1 UStG), ohne dass es bei dem Unternehmer, der den Umsatz an ihn ausgeführt hat, zu einer Berichtigung der Bemessungsgrundlage kommt (vgl. § 17 Abs. 1 Satz 3 UStG). ²Der Vorsteuerabzug ist nicht zu mindern, soweit ein Unternehmer eine innergemeinschaftliche Lieferung aus dem übrigen Gemeinschaftsgebiet in das Inland erbringt und einem in der Lieferkette nicht unmittelbar nachfolgenden Unternehmer einen Teil des von diesem gezahlten Leistungsentgelts erstattet oder einen Preisnachlass gewährt, da die Lieferung des preisnachlassgewährenden Unternehmers bereits im Inland nicht steuerbar ist und sich durch den Preisnachlass/die Preiserstattung auch nicht die Bemessungsgrundlage für den innergemeinschaftlichen Erwerb seines unmittelbaren inländischen Abnehmers gemindert hat (vgl. BFH-Urteile vom 5.6.2014, XI R 25/12, BStBl 2017 II S. 806, und vom 4.12.2014, V R 6/13, BStBl 2017 II S. 810).

Beispiel 1:

¹Der spanische Hersteller A verkauft Waren an den spanischen Großhändler B. ²B verkauft die Ware an einen deutschen Zwischenhändler C. ³C verkauft die Ware an den deutschen Einzelhändler D, der die Ware an den letzten Abnehmer der Leistungskette E in Deutschland verkauft. ⁴D löst einen von B ausgegebenen Gutschein ein. ⁵Der im anderen Mitgliedstaat ansässige spanische Großhändler B erbringt eine steuerfreie innergemeinschaftliche Lieferung an den in Deutschland ansässigen Zwischenhändler C. ⁶Gleichzeitig erstattet er dem deutschen Einzelhändler D einen Teil des von diesem an C gezahlten Leistungsentgelts. ⁷Da die Lieferung des spanischen Großhändlers B im Inland nicht steuerbar ist und durch die Erstattung auch nicht die Bemessungsgrundlage für den innergemeinschaftlichen Erwerb des Zwischenhändlers C ändert, hat der deutsche Einzelhändler D seinen Vorsteuerabzug aus der Lieferung des C nicht zu mindern.

³Der Vorsteuerabzug des begünstigten Unternehmers ist entsprechend den Grundsätzen der o.g. BFH-Urteile ebenfalls nicht zu mindern, soweit ein Unternehmer eine Lieferung im Drittland erbringt, bei der der Liefergegenstand in das Inland gelangt, und der Unternehmer einem in der Lieferkette nicht unmittelbar nachfolgenden Abnehmer einen Preisnachlass gewährt.

Beispiel 2:

[1]Der Unternehmer S in Zürich liefert Gegenstände, die er mit eigenem Lkw befördert, an seinen Abnehmer K in Stuttgart. [2]K verkauft die Waren an den deutschen Einzelhändler B in Baden-Baden. [3]K lässt die Gegenstände in den freien Verkehr überführen und wird Schuldner der Einfuhrumsatzsteuer. [4]B löst einen von S ausgegebenen Preiserstattungsgutschein ein. [5]Ort der Lieferung für die Lieferung des S an K ist Zürich (§ 3 Abs. 6 UStG). [6]K bewirkt mit der Einfuhr der Gegenstände im Inland einen nach § 1 Abs. 1 Nr. 4 UStG steuerbaren Umsatz. [7]K ist zum Abzug der Einfuhrumsatzsteuer als Vorsteuer berechtigt, da die Gegenstände für sein Unternehmen eingeführt worden sind. [8]Der Vorsteuerabzug von B aus der Lieferung des K an ihn ist infolge der Preiserstattung durch S nicht zu mindern, da der Unternehmer S eine im Inland nicht steuerbare Lieferung gegenüber K erbringt.

Preisnachlässe und Preiserstattungen bei der Ausgabe von Gutscheinen

(4) [1]Die Grundsätze der Absätze 1 und 3 gelten insbesondere bei der Ausgabe von Preisnachlass- und Preiserstattungsgutscheinen. [2]Als Gutscheine im Sinne dieses Abschnitts und in Abgrenzung zur Gutscheindefinition in § 3 Abs. 13 UStG bzw. Abschnitt 3.17 gelten allgemein schriftlich zugesicherte Rabatt- oder Vergütungsansprüche, z. B. in Form von Coupons, die ein Unternehmer zur Förderung seiner Umsätze ausgibt und die auf der gleichen oder nachfolgenden Umsatzstufe den Leistungsempfänger berechtigen, die Leistung im Ergebnis verbilligt um den Nennwert des Gutscheins in Anspruch zu nehmen. [3]Der Nennwert des Gutscheins entspricht einem Bruttobetrag, d. h. er schließt die Umsatzsteuer ein (vgl. Abschnitt 10.3 Abs. 1). [4]Das Einlösen des Gutscheins kann in der Weise erfolgen, dass der begünstigte Abnehmer den Gutschein beim Erwerb der Leistung an Zahlungs statt einsetzt und der Zwischenhändler sich den Nennwert des Gutscheins vom Unternehmer, der den Gutschein ausgegeben hat, oder in dessen Auftrag von einem anderen vergüten lässt (Preisnachlassgutschein) oder dass der begünstigte Abnehmer direkt vom Unternehmer, der den Gutschein ausgegeben hat, oder in dessen Auftrag von einem anderen eine nachträgliche Vergütung erhält (Preiserstattungsgutschein). [5]Bei den in § 3 Abs. 13 bis 15 UStG definierten Gutscheinarten (Einzweck- und Mehrzweck-Gutscheine) handelt es sich im Gegensatz zu den Preisnachlass- bzw. Erstattungsgutscheinen um Gutscheine, die zur Einlösung gegen eine Lieferung von Gegenständen oder zur Erbringung einer sonstigen Leistung verwendet werden können. [6]Die in Abschnitt 3.17 dargestellten Grundsätze sind nicht auf Gutscheine dieses Abschnitts anzuwenden.

Beispiel 1:

[1]Hersteller A verkauft an den Zwischenhändler B ein Möbelstück für 1 000 € zuzüglich 190 € gesondert ausgewiesener Umsatzsteuer. [2]B verkauft dieses Möbelstück an den Einzelhändler C für 1 500 € zuzüglich 285 € gesondert ausgewiesener Umsatzsteuer. [3]C verkauft dieses Möbelstück an den Abnehmer D für 2 000 € zuzüglich 380 € gesondert ausgewiesener Umsatzsteuer. [4]D zahlt C einen Barbetrag in Höhe von 2 261 € und übergibt C einen von A ausgegebenen Warengutschein mit einem Nennwert von 119 € an Zahlungs statt. [5]C legt den Warengutschein A vor und erhält von diesem eine Vergütung in Höhe von 119 € (Preisnachlassgutschein).

[6]Hersteller A kann die Bemessungsgrundlage seiner Lieferung um 100 € mindern (119 € : 1,19). [7]Die geschuldete Umsatzsteuer des A vermindert sich um 19 €. [8]Einer Rechnungsberichtigung bedarf es nicht.

[9]Zwischenhändler B hat in Höhe des in der Rechnung des A ausgewiesenen Umsatzsteuerbetrags – unter den weiteren Voraussetzungen des § 15 UStG – einen Vorsteuerabzug in Höhe von 190 €.

[10]Die Bemessungsgrundlage für die Lieferung des C an D setzt sich aus der Bezahlung des D in Höhe von 2 261 € und dem von A gezahlten Erstattungsbetrag in Höhe von 119 €, abzüglich der in diesen Beträgen enthaltenen Umsatzsteuer (2 261 € + 119 € = 2 380 € : 1,19) zusammen. [11]Dem Fiskus fließen demnach insgesamt 361 € Umsatzsteuer zu (Abführung von 380 € durch C abzüglich der Minderung in Höhe von 19 € bei A); dies entspricht dem Umsatzsteuerbetrag, der in dem vom begünstigten Abnehmer D tatsächlich aufgewendeten Betrag enthalten ist, mit dem D also tatsächlich wirtschaftlich belastet ist (2 261 € : 1,19 x 19 %).

Beispiel 2:

[1]Wie Beispiel 1, aber D zahlt C den gesamten Kaufpreis in Höhe von 2 380 € und legt den Warengutschein A vor. [2]D erhält von A eine Erstattung in Höhe von 119 € (Preiserstattungsgutschein).

[3]Hersteller A kann die Bemessungsgrundlage seiner Lieferung um 100 € mindern (119 € : 1,19). [4]Die geschuldete Umsatzsteuer des A vermindert sich um 19 €. [5]Einer Rechnungsberichtigung bedarf es nicht.

[6]Zwischenhändler B hat in Höhe des in der Rechnung des A ausgewiesenen Umsatzsteuerbetrags – unter den weiteren Voraussetzungen des § 15 UStG – einen Vorsteuerabzug in Höhe von 190 €.

[7]Die Bemessungsgrundlage für die Lieferung des C an D setzt sich aus der Barzahlung des D abzüglich der darin enthaltenen Umsatzsteuer zusammen. [8]Dem Fiskus fließen demnach insgesamt 361 € Umsatzsteuer zu (Abführung von 380 € durch C abzüglich der Minderung in Höhe von 19 € bei A); dies entspricht dem Umsatzsteuerbetrag, der in dem vom begünstigten Abnehmer Endabnehmer D tatsächlich aufgewendeten Betrag enthalten ist, mit dem D also tatsächlich wirtschaftlich belastet ist (2 261 € : 1,19 x 19 %).

Nachweisführung durch den preisnachlassgewährenden Unternehmer

(5) [1]Der Unternehmer, der dem begünstigten Abnehmer einen Teil des von diesem gezahlten Leistungsentgelts erstattet oder einen Preisnachlass gewährt und dafür eine Minderung der Bemessungsgrundlage geltend macht, hat das Vorliegen der hierfür nach Absatz 1 geltenden Voraussetzungen nachzuweisen. [2]Die Nachweise können sich aus der Gesamtheit der Unterlagen ergeben, die beim Unternehmer, der den Preisnachlass/die Preiserstattung gewährt, vorliegen. [3]Mit ihnen muss sich leicht und eindeutig nachprüfen lassen, dass die Voraussetzungen für eine Minderung der Bemessungsgrundlage vorgelegen haben. [4]Des Weiteren müssen sie erkennen lassen, ob eine Vorsteuerabzugsberechtigung des begünstigten Abnehmers besteht.

(6) In den Fällen von Preisnachlass- oder Preiserstattungsgutscheinen kann der Unternehmer, der diesen Gutschein ausgegeben und vergütet hat, den Nachweis nach Absatz 5 regelmäßig auch wie folgt führen:

1. [1]Durch einen Beleg über die ihn belastende Vergütung (z. B. Überweisung oder Barzahlung) des Nennwerts des Gutscheins gegenüber dem Zwischenhändler (Preisnachlassgutschein) bzw. gegenüber dem begünstigten Abnehmer (Preiserstattungsgutschein). [2]Der Beleg soll außerdem folgende Angaben enthalten:

   a) Bezeichnung (z. B. Registriernummer) des Gutscheins,

   b) Name und Anschrift des begünstigten Abnehmers,

   c) Angaben zur Vorsteuerabzugsberechtigung des begünstigten Abnehmers, und

2. [1]durch Vorlage eines Belegs des Zwischenhändlers (z. B. Kopie der Rechnung), aus dem sich ergibt, dass die Leistung an den begünstigten Abnehmer im Inland steuerpflichtig ist. [2]In den Fällen der Preisnachlassgutscheine müssen sich aus dem Beleg zudem der maßgebliche Steuersatz und der Preis, aufgegliedert nach dem vom begünstigten Abnehmer aufgewendeten Betrag und Nennwert des Gutscheins, den der begünstigte Abnehmer an Zahlungs statt hingibt, ergeben.

Nachweisführung durch den begünstigten Abnehmer

(6a) [1]Führt der Preisnachlass oder die Preiserstattung in den Fällen des Absatzes 3 Satz 2 und 3 beim vorsteuerabzugsberechtigten begünstigten Unternehmer ausnahmsweise nicht zu einer Minderung des Vorsteuerabzugs, hat der begünstigte Unternehmer die Voraussetzungen der Ausnahme nachzuweisen. [2]Die Nachweise können sich aus der Gesamtheit der Unterlagen ergeben, die beim begünstigten Unternehmer vorliegen. [3]Die Voraussetzungen der Ausnahme müssen sich anhand dieser Unterlagen leicht und eindeutig nachprüfen lassen. [4]Der Nachweis kann regelmäßig auch wie folgt geführt werden:

1. Durch einen Beleg über die Höhe des erhaltenen Preisnachlasses (z. B. Abrechnung des Zwischenhändlers) bzw. die vereinnahmte Preiserstattung (z. B. Überweisung oder Barzahlung), auf dem die Bezeichnung (z. B. Registriernummer eines Gutscheins) vermerkt ist,

2. durch die Rechnung des Zwischenhändlers an den begünstigten Unternehmer und

3. [1]durch die Bestätigung des den Preisnachlass/die Preiserstattung gewährenden Unternehmers, dass seine Lieferung an seinen Abnehmer im Ausland ausgeführt wurde. [2]Die Bestätigung muss zudem Angaben zur eindeutigen Identifizierung dieses Abnehmers sowie über die zwischen dem den Preisnachlass/die Preiserstattung gewährenden Unternehmer und dem Abnehmer abgerechnete Leistung enthalten.

Preisnachlässe außerhalb der Leistungskette und Werbemaßnahmen

(7) [1]Eine Minderung der Bemessungsgrundlage kommt nicht in Betracht, wenn nicht ein an der Leistungskette beteiligter Unternehmer, sondern lediglich ein Vermittler dem Kunden der von ihm vermittelten Leistung einen sog. Preisnachlass gewährt (BFH-Urteil vom 27. 2. 2014, V R 18/11, BStBl 2015 II S. 306). [2]Danach mindern beispielsweise Preisnachlässe, die dem Abnehmer von Reiseleistungen vom Reisebüro für eine vom Reisebüro lediglich vermittelte Reise gewährt werden, nicht die Bemessungsgrundlage des Umsatzes der vom Reisebüro dem Reiseveranstalter gegenüber erbrachten Vermittlungsleistung. [3]Auch Preisnachlässe, die dem Telefonkunden vom Vermittler des Telefonanbietervertrages gewährt werden, mindern nicht die Bemessungsgrundlage des Umsatzes der vom Vermittler dem Telefonunternehmen gegenüber erbrachten Vermittlungsleistungen. [4]Da der vom Vermittler gewährte Preisnachlass nicht das Entgelt für die Leistung des Vermittlers an seinen Auftraggeber mindert, führt dieser auch nicht zu einer Berichtigung des Vorsteuerabzugs aus der vermittelten Leistung beim (End-)Kunden (vgl. BFH-Urteil vom 3. 7. 2014, V R 3/12, BStBl 2015 II S. 307). [5]Zur Behandlung von Preisnachlässen bei Verkaufsagenten vgl. Abschnitt 10.3 Abs. 4 und bei Zentralregulierern vgl. Abschnitt 10.3 Abs. 5.

(8) Eine Minderung der Bemessungsgrundlage kommt ebenfalls nicht in Betracht, wenn der mit einem Gutschein verbundene finanzielle Aufwand von dem Unternehmer aus allgemeinem Werbeinteresse getragen wird und nicht einem nachfolgenden Umsatz in der Leistungskette (Hersteller – letzter Abnehmer) zugeordnet werden kann (vgl. BFH-Urteil vom 11. 5. 2006, V R 33/03, BStBl II S. 699, und Abschnitt 10.3 Abs. 3).

Beispiel 1:

[1]Das Kaufhaus K verteilt Gutscheine an Kunden zum Besuch eines in dem Kaufhaus von einem fremden Unternehmer F betriebenen Frisiersalons. [2]K will mit der Maßnahme erreichen, dass Kunden aus Anlass der Gutscheineinlösung bei F das Kaufhaus aufsuchen und dort Waren erwerben.

[3]K kann keine Minderung der Bemessungsgrundlage seiner Umsätze vornehmen.

Beispiel 2:

[1]Der Automobilhersteller A erwirbt bei einem Mineralölkonzern M Gutscheine, die zum Bezug sämtlicher Waren und Dienstleistungen berechtigen, die in den Tankstellen des M angeboten werden. [2]Diese Gutscheine gibt A über Vertragshändler an seine Kunden beim Erwerb eines neuen Autos als Zugabe weiter.

[3]A kann keine Minderung seiner Umsätze vornehmen. [4]Der Kunde erhält das Auto nicht billiger, sondern lediglich die Möglichkeit, bei einem dritten Unternehmer – hier M – Leistungen zu beziehen, deren Entgelt bereits von dritter Seite entrichtet wurde.

Zu § 18 UStG

UStAE   18.2.   Voranmeldungszeitraum[1]

(1) [1]Der Voranmeldungszeitraum des laufenden Kalenderjahres bestimmt sich regelmäßig nach der Steuer des Vorjahres. [2]Umsätze des Unternehmers, für die der Leistungsempfänger die Umsatzsteuer nach § 13b Abs. 5 Sätze 1 bis 5 UStG schuldet, bleiben unberücksichtigt. [3]Nach Wegfall der Voraussetzungen für eine umsatzsteuerliche Organschaft bzw. nach dem Ausscheiden einer Organgesellschaft aus einer Organschaft bestimmt sich der Voranmeldungszeitraum der bisherigen Organgesellschaft aus Vereinfachungsgründen grundsätzlich anhand der Steuer des vorangegangenen Kalenderjahrs des bisherigen Organkreises; in Neugründungsfällen vgl. Abschnitt 18.7 Abs. 1 Satz 2. [4]Soweit die bisherige Organgesellschaft einen davon abweichenden Voranmeldungszeitraum begehrt, hat sie die fiktive anteilige Steuer für das vorangegangene Kalenderjahr selbst zu ermitteln. [5]Der Voranmeldungszeitraum umfasst grundsätzlich das Kalendervierteljahr. [6]Abweichend hiervon ist Voranmeldungszeitraum der Kalendermonat, wenn die Steuer für das vorangegangene Kalenderjahr mehr als 7 500 € betragen hat. [7]Der Unternehmer kann den Kalendermonat als Voranmeldungszeitraum wählen, wenn sich im vorangegangenen Kalenderjahr ein Überschuss zu seinen Gunsten von mehr als 7 500 € ergeben hat. [8]Die Frist zur Ausübung des Wahlrechts nach § 18 Abs. 2a Satz 2 UStG ist nicht verlängerbar; die Möglichkeit der Dauerfristverlängerung bleibt unberührt. [9]Die Vorschriften der AO über die Wiedereinsetzung in den vorigen Stand nach § 110 AO sind anzuwenden.

(2) [1]Der Unternehmer kann von der Verpflichtung zur Übermittlung von Voranmeldungen befreit werden, wenn die Steuer für das vorangegangene Kalenderjahr nicht mehr als 1 000 € betragen hat und es sich weder um einen Neugründungsfall (§ 18 Abs. 2 Satz 4 UStG) noch um den Beginn der Aufnahme der selbständigen gewerblichen oder beruflichen Tätigkeit einer Vorratsgesellschaft (§ 18 Abs. 2 Satz 5 Nr. 1 UStG) noch um die Übernahme eines Firmenmantels (§ 18 Abs. 2 Satz 5 Nr. 2 UStG) handelt. [2]Hat sich im Vorjahr kein Überschuss zugunsten des Unternehmers ergeben, ist die Befreiung grundsätzlich von Amts wegen zu erteilen. [3]Sie unterbleibt dagegen in begründeten Fällen (z. B. bei nachhaltiger Veränderung in der betrieblichen Struktur oder wenn der Steueranspruch gefährdet erscheint oder im laufenden Jahr mit einer wesentlich höheren Steuer zu rechnen ist oder in Fällen des § 18 Abs. 4a UStG oder im ersten Jahr nach dem gesetzlichen Wechsel von der Besteuerung nach Durchschnittssätzen nach § 24 UStG zur Regelbesteuerung; vgl. Abschnitt 24.1a Abs. 1 Satz 15). [4]Hat das vorangegangene Kalenderjahr einen Überschuss zugunsten des Unternehmers ergeben, verbleibt es von Amts wegen bei dem Kalendervierteljahr als Voranmeldungszeitraum. [5]Anträgen der Unternehmer auf Befreiung von der Verpflichtung zur Übermittlung vierteljährlicher Voranmeldungen ist in diesen Fällen jedoch regelmäßig stattzugeben.

(3) [1]Eine Änderung der Steuer des vorangegangenen Kalenderjahres ist bei der Einordnung im laufenden Kalenderjahr zu berücksichtigen, soweit sich die Änderung für dieses Kalenderjahr noch auswirkt. [2]Ergibt sich für das Vorjahr nachträglich ein Überschuss zugunsten des Unternehmers von mehr als 7 500 €, ist eine monatliche Übermittlung der Voranmeldungen im laufenden Kalenderjahr nur möglich, wenn die Antragsfrist nach § 18 Abs. 2a Satz 2 UStG eingehalten wurde.

(4) [1]Für Unternehmer und juristische Personen, die ausschließlich Steuern für Umsätze nach § 1 Abs. 1 Nr. 5 UStG, § 13b Abs. 5 UStG oder § 25b Abs. 2 UStG zu entrichten haben, sowie für Fahrzeuglieferer nach § 2a UStG gelten die Ausführungen in den Absätzen 1 bis 3 entsprechend. [2]Ein Wahlrecht zur monatlichen Übermittlung von Voranmeldungen (Absatz 1 Satz 7) besteht jedoch nicht.

Anm. d. Schriftl.:

[1] Ein Muster der Umsatzsteuer-Voranmeldung für das Kalenderjahr 2023 enthält das BMF-Schreiben vom 21. 12. 2022, BStBl 2022 I S. 1703.

(5) Zur Abgabe von Voranmeldungen in Sonderfällen vgl. Abschnitt 18.6 und in Neugründungsfällen Abschnitt 18.7; zur Übermittlung von Steuererklärungen in den Besteuerungsverfahren nach § 18 Abs. 4c und 4e UStG vgl. Abschnitte 18.7a und 18.7b.

UStAE   18.4. Dauerfristverlängerung

(1) [1]Die Dauerfristverlängerung kann ohne schriftlichen Bescheid gewährt werden. [2]Der Unternehmer kann deshalb die beantragte Dauerfristverlängerung in Anspruch nehmen, solange das Finanzamt den Antrag nicht ablehnt oder die Fristverlängerung nicht widerruft. [3]Das Finanzamt hat den Antrag abzulehnen oder die Fristverlängerung zu widerrufen, wenn der Steueranspruch gefährdet erscheint, z. B. wenn der Unternehmer seine Voranmeldungen nicht oder nicht rechtzeitig übermittelt oder angemeldete Vorauszahlungen nicht entrichtet. [4]Die Regelungen zur Dauerfristverlängerung gelten auch für die Übermittlung von vierteljährlichen Umsatzsteuer-Voranmeldungen im Fall der Fiskalvertretung (§ 22b Abs. 2 UStG). [5]Außerdem gelten sie für Unternehmer und juristische Personen, die ausschließlich Steuern für Umsätze nach § 1 Abs. 1 Nr. 5 UStG, § 13b Abs. 5 UStG oder § 25b Abs. 2 UStG zu entrichten haben, sowie für Fahrzeuglieferer nach § 2a UStG. [6]In den Fällen des Satzes 5 ist die Sondervorauszahlung bei der Berechnung der Vorauszahlung für den letzten Voranmeldungszeitraum des Kalenderjahres zu berücksichtigen, für den eine Voranmeldung zu übermitteln ist. [7]Zum Abzug einer Sondervorauszahlung kann eine Voranmeldung für Dezember auch dann übermittelt werden, wenn keine Umsätze anzumelden sind.

(2) [1]Der Antrag auf Dauerfristverlängerung ist nach amtlich vorgeschriebenem Datensatz durch Datenfernübertragung zu übermitteln. [2]Dieser Datensatz ist auch für die Anmeldung der Sondervorauszahlung zu verwenden. [3]Zur Vermeidung von unbilligen Härten hat das Finanzamt auf Antrag auf eine elektronische Übermittlung zu verzichten, wenn eine elektronische Übermittlung des Antrags auf Dauerfristverlängerung für den Unternehmer wirtschaftlich oder persönlich unzumutbar ist (vgl. Abschnitt 18.1 Abs. 1). [4]In diesem Fall hat der Unternehmer den Antrag auf Dauerfristverlängerung nach amtlich vorgeschriebenem Vordruck in herkömmlicher Form – auf Papier oder per Telefax – zu stellen.

(3) [1]Der Antrag auf Dauerfristverlängerung muss nicht jährlich wiederholt werden, da die Dauerfristverlängerung solange als gewährt gilt, bis der Unternehmer seinen Antrag zurücknimmt oder das Finanzamt die Fristverlängerung widerruft. [2]Die Sondervorauszahlung muss dagegen von den Unternehmern, die ihre Voranmeldungen monatlich zu übermitteln haben, für jedes Kalenderjahr, für das die Dauerfristverlängerung gilt, bis zum 10. Februar berechnet, angemeldet und entrichtet werden. [3]Auf die Sondervorauszahlung finden die für die Steuern geltenden Vorschriften der AO Anwendung, z. B. die Vorschriften über die Festsetzung von Verspätungszuschlägen nach § 152 AO (vgl. BFH-Urteil vom 7. 7. 2005, V R 63/03, BStBl II S. 813) und über die Verwirkung von Säumniszuschlägen nach § 240 AO.

(4) Das Finanzamt kann die Sondervorauszahlung im Einzelfall abweichend von § 47 UStDV niedriger festsetzen, wenn

1. infolge von Rechtsänderungen die vorgeschriebene Berechnung zu einem offensichtlich unzutreffenden Ergebnis führt oder

2. die Vorauszahlungen des Vorjahres durch außergewöhnliche Umsätze beeinflusst worden sind, mit deren Wiederholung nicht zu rechnen ist.

(5) [1]Die festgesetzte Sondervorauszahlung ist bei der Festsetzung der Vorauszahlung für den letzten Voranmeldungszeitraum zu berücksichtigen, für den die Fristverlängerung im jeweiligen Besteuerungszeitraum in Anspruch genommen werden konnte (vgl. § 48 Abs. 4 UStDV). [2]Die Sondervorauszahlung wird daher grundsätzlich bei der Berechnung der Vorauszahlung für den Monat Dezember abgezogen. [3]Ein nach dem Abzug der Sondervorauszahlung verbleibender Erstattungsanspruch ist mit Ansprüchen aus dem Steuerschuldverhältnis aufzurechnen (§ 226 AO), im Übrigen zu erstatten. [4]Hat der Unternehmer seine gewerbliche oder berufliche Tätigkeit

im Laufe eines Kalenderjahres eingestellt, hat er den Abzug der Sondervorauszahlung bereits in der Voranmeldung für den Voranmeldungszeitraum vorzunehmen, in dem der Betrieb einge-stellt oder der Beruf aufgegeben worden ist. [5]Bei einem Verzicht des Unternehmers auf die Dau-erfristverlängerung und bei einem Widerruf durch das Finanzamt im Laufe des Kalenderjahres gilt Satz 1 entsprechend (vgl. BFH-Urteil vom 16.12.2008, VII R 17/08, BStBl 2010 II S. 91).

UStAE   18.7. Abgabe von Voranmeldungen in Neugründungsfällen[1]

(1) [1]Die Verpflichtung zur Abgabe monatlicher Voranmeldungen besteht für das Jahr der Auf-nahme der beruflichen oder gewerblichen Tätigkeit (Neugründungsfälle) und für das folgende Kalenderjahr (§ 18 Abs. 2 Satz 4 UStG; vgl. aber Absatz 5). [2]Dies gilt auch für eine bisherige Or-gangesellschaft in Fällen des Wegfalls der Voraussetzungen für eine umsatzsteuerliche Organ-schaft bzw. des Ausscheidens der Organgesellschaft aus einer Organschaft, wenn die bisherige Organgesellschaft ihre unternehmerische Tätigkeit als eigenständiges Unternehmen – vor Ein-tritt in den Organkreis – erst in dem Kalenderjahr des Ausscheidens aus dem Organkreis oder in dem diesem Kalenderjahr vorangegangenen Kalenderjahr aufgenommen hat. [3]Satz 1 gilt auch ab dem Zeitpunkt des Beginns der tatsächlichen Ausübung der selbständigen gewerblichen oder beruflichen Tätigkeit einer Vorratsgesellschaft im Sinne von § 18 Abs. 2 Satz 5 Nr. 1 UStG und ab dem Zeitpunkt der Übernahme eines Firmenmantels im Sinne von § 18 Abs. 2 Satz 5 Nr. 2 UStG.[2] [4]Neugründungsfälle, in denen auf Grund der beruflichen oder gewerblichen Tätig-keit keine Umsatzsteuer festzusetzen ist (z. B. Unternehmer mit ausschließlich steuerfreien Um-sätzen ohne Vorsteuerabzug – § 4 Nr. 8 ff. UStG –, Kleinunternehmer – § 19 Abs. 1 UStG –, Land- und Forstwirte – § 24 UStG –), fallen nicht unter die Regelung des § 18 Abs. 2 Satz 4 UStG.

(2) [1]Bei Umwandlungen durch Verschmelzung (§ 2 UmwG), Spaltung (§ 123 UmwG) oder Ver-mögensübertragung (§ 174 UmwG) liegt eine Aufnahme der beruflichen und gewerblichen Tä-tigkeit vor, wenn dadurch ein Rechtsträger neu entsteht oder seine unternehmerische Tätigkeit aufnimmt. [2]Ein Formwechsel (§ 190 UmwG) führt nicht zu einem neuen Unternehmen, da der formwechselnde Rechtsträger weiter besteht (§ 202 Abs. 1 Nr. 1 UmwG). [3]Der bei einer Betriebs-aufspaltung neu entstehende Rechtsträger fällt unter § 18 Abs. 2 Satz 4 UStG, wenn durch die Betriebsaufspaltung keine Organschaft begründet wird. [4]Ein Gesellschafterwechsel oder ein Ge-sellschafteraustritt bzw. -eintritt führt nicht zu einem Neugründungsfall.

(3) [1]Bei einem örtlichen Zuständigkeitswechsel liegt kein Neugründungsfall vor. [2]Stellt ein be-stehendes Unternehmen einen Antrag auf Erteilung einer USt-IdNr., liegt allein deshalb kein Neugründungsfall vor.

(4) [1]Auch in Neugründungsfällen kann Dauerfristverlängerung (§ 18 Abs. 6 UStG in Verbindung mit §§ 46 bis 48 UStDV) gewährt werden. [2]Zur Dauerfristverlängerung vgl. Abschnitt 18.4.

(5) [1]Für die Besteuerungszeiträume 2021 bis 2026 gilt die generelle Verpflichtung zur Abgabe von monatlichen Voranmeldungen in Neugründungsfällen nach § 18 Abs. 2 Satz 4 UStG nicht. [2]Der Voranmeldungszeitraum richtet sich in den vorgenannten Besteuerungszeiträumen in Neugründungsfällen nach § 18 Abs. 2 Sätze 1 und 2 UStG. [3]Eine Befreiung von der Verpflichtung zur Abgabe von Voranmeldungen kommt für das Jahr der Aufnahme der gewerblichen oder be-

---

Anm. d. Schriftl.:

[1] Für die Besteuerungszeiträume 2021 bis 2026 werden Unternehmen im Jahr der Gründung und im Folgejahr von der monatlichen Voranmeldung befreit. Diese Regelung ist im Rahmen des Dritten Gesetzes zur Entlas-tung insbesondere der mittelständischen Wirtschaft von Bürokratie vom 22.11.2019, BGBl 2019 I S.1746, getroffen worden.

[2] Zur Übermittlung von Umsatzsteuer-Voranmeldungen bei Aufnahme der selbständigen gewerblichen oder beruflichen Tätigkeit einer Vorratsgesellschaft und bei Übernahme eines Firmenmantels hat das BMF mit Schreiben vom 24.4.2015, BStBl 2015 I S. 456, Stellung genommen. Die Regelung ist auf Zeiträume anzuwen-den, die nach dem 31.12.2014 enden.

ruflichen Tätigkeit und das folgende Kalenderjahr nicht in Betracht. [4]Für die Bestimmung des Voranmeldungszeitraums in dem Kalenderjahr der Aufnahme der gewerblichen oder beruflichen Tätigkeit ist die voraussichtliche Steuer dieses Jahres maßgebend; im folgenden Kalenderjahr ist die tatsächliche Steuer des Vorjahres in eine Jahressteuer umzurechnen. [5]Die voraussichtliche Steuer ist zu Beginn der gewerblichen oder beruflichen Tätigkeit vom Unternehmer zu schätzen und dem Finanzamt mitzuteilen. [6]Auch für Neugründungsfälle im Jahr 2020 gelten im Besteuerungszeitraum 2021 die vorgenannten Grundsätze, nach denen für die Bestimmung des Voranmeldungszeitraums im Besteuerungszeitraum 2021 nicht § 18 Abs. 2 Satz 4 UStG, sondern § 18 Abs. 2 Sätze 1 und 2 UStG anzuwenden ist, wobei die tatsächliche Steuer des Jahres 2020 in eine Jahressteuer umzurechnen ist. [7]Die Regelungen der Sätze 1 bis 6 gelten entsprechend in Fällen des § 18 Abs. 2a UStG; für die Anwendung des § 18 Abs. 2a UStG kommt es im Gründungsjahr auf den voraussichtlichen Überschuss und im Folgejahr auf den tatsächlichen Überschuss für das Gründungsjahr umgerechnet in einen Jahresüberschuss an. [8]Die Regelungen des Absatzes 1 zu Vorratsgesellschaften im Sinne des § 18 Abs. 2 Satz 5 Nr. 1 UStG und zu Firmenmänteln im Sinne des § 18 Abs. 2 Satz 5 Nr. 2 UStG bleiben hiervon unberührt.

Zu § 18a UStG❶

**UStAE			18a.1.	Abgabe der Zusammenfassenden Meldung**

(1) [1]Jeder Unternehmer im Sinne des § 2 UStG, der innergemeinschaftliche Warenlieferungen (§ 18a Abs. 6 UStG), im übrigen Gemeinschaftsgebiet steuerpflichtige sonstige Leistungen im Sinne von § 3a Abs. 2 UStG (vgl. Abschnitt 3a.2), für die der in einem anderen EU-Mitgliedstaat ansässige Leistungsempfänger die Steuer dort schuldet, oder Lieferungen im Sinne des § 25b Abs. 2 UStG im Rahmen innergemeinschaftlicher Dreiecksgeschäfte (vgl. Abschnitt 25b.1) ausgeführt hat, ist verpflichtet, dem BZSt bis zum 25. Tag nach Ablauf des Meldezeitraums eine ZM zu übermitteln.❷ [2]Dies gilt entsprechend Absatz 6 auch für Gegenstände, die aus dem Gebiet eines Mitgliedstaates in das Gebiet eines anderen Mitgliedstaates für Zwecke einer Lieferung nach dem Ende der Beförderung oder Versendung an einen Erwerber im Sinne des § 6b UStG befördert oder versendet werden (vgl. Abschnitt 6b.1). [3]Kleinunternehmer im Sinne von § 19 Abs. 1 UStG müssen keine ZM abgeben (§ 18a Abs. 4 UStG). [4]In Abhängigkeit von den jeweiligen Voraussetzungen ist Meldezeitraum für die ZM der Kalendermonat (§ 18a Abs. 1 Satz 1 UStG), das Kalendervierteljahr (§ 18a Abs. 1 Satz 2 und Abs. 2 UStG) oder das Kalenderjahr (§ 18a Abs. 9 UStG), vgl. Abschnitt 18a.2. [5]Für einen Meldezeitraum, in dem keine der vorstehenden Lieferungen oder sonstigen Leistungen ausgeführt wurden, ist eine ZM nicht zu übermitteln.

(2) – (3) …

(4) [1]Die ZM ist nach amtlich vorgeschriebenem Datensatz durch Datenfernübertragung zu übermitteln. [2]Informationen zur elektronischen Übermittlung sind unter den Internet-Adressen

---

Anm. d. Schriftl.:

❶	§ 18a Abs. 11 UStG wurde im Rahmen des Gesetzes zur Modernisierung des Besteuerungsverfahrens vom 18. 7. 2016, BGBl 2016 I S. 1679, geändert. Weitere Änderungen des § 18a UStG sind im Rahmen des Gesetzes zur weiteren steuerlichen Förderung der Elektromobilität und zur Änderung weiterer steuerlicher Vorschriften vom 12. 12. 2019, BGBl 2019 I S. 2451, vorgenommen worden. Auf das BMF-Schreiben vom 28. 1. 2020, BStBl 2020 I S. 224, wird hingewiesen.

❷	Ein Rechtsanwalt, der Beratungsleistungen an im übrigen Gemeinschaftsgebiet ansässige Unternehmer erbracht hat, die ihm ihre Umsatzsteuer-Identifikationsnummer mitgeteilt haben, kann die u. a. für diese Fälle vorgeschriebene Abgabe einer Zusammenfassenden Meldung mit den darin geforderten Angaben (u. a. Umsatzsteuer-Identifikationsnummer des Mandanten, Gesamtbetrag der Beratungsleistungen an den Mandanten) nicht unter Berufung auf seine Schweigepflicht verweigern (BFH-Urteil vom 27. 9. 2017, BStBl 2018 II S. 155).

www.elster.de oder www.bzst.de abrufbar. [3]Zur Vermeidung von unbilligen Härten hat das für die Besteuerung des Unternehmers zuständige Finanzamt auf Antrag auf eine elektronische Übermittlung der ZM zu verzichten und die Abgabe der ZM nach amtlich vorgeschriebenem Vordruck in herkömmlicher Form – auf Papier oder per Telefax – zuzulassen, wenn eine elektronische Übermittlung für den Unternehmer wirtschaftlich oder persönlich unzumutbar ist. [4]Dies ist insbesondere der Fall, wenn die Schaffung der technischen Möglichkeiten für eine elektronische Übermittlung des amtlichen Datensatzes nur mit einem nicht unerheblichen finanziellen Aufwand möglich wäre oder wenn der Unternehmer nach seinen individuellen Kenntnissen und Fähigkeiten nicht oder nur eingeschränkt in der Lage ist, die Möglichkeiten der Datenfernübertragung zu nutzen (§ 150 Abs. 8 AO; vgl. BFH-Urteil vom 16. 6. 2020, VIII R 29/19, BStBl 2021 II S. 290, sowie AEAO zu § 150, Nr. 4). [5]Soweit das Finanzamt nach § 18 Abs. 1 Satz 2 UStG auf eine elektronische Übermittlung der Voranmeldung verzichtet hat, gilt dies auch für die Abgabe der ZM. [6]Abschnitt 18.1 Abs. 1 Satz 5 gilt sinngemäß.

UStAE   18a.2. Abgabefrist

(1) [1]Die ZM ist bis zum 25. Tag nach Ablauf jedes Kalendermonats an das BZSt zu übermitteln, wenn die Summe der Bemessungsgrundlagen für innergemeinschaftliche Warenlieferungen (§ 18a Abs. 6 UStG) und Lieferungen im Sinne des § 25b Abs. 2 UStG im Rahmen von innergemeinschaftlichen Dreiecksgeschäften für das laufende Kalendervierteljahr oder für eines der vier vorangegangenen Kalendervierteljahre jeweils mehr als 50 000 € beträgt. [2]Die Regelungen über die Dauerfristverlängerung nach § 18 Abs. 6 UStG und §§ 46 bis 48 UStDV gelten nicht für die ZM.

(2) [1]Übersteigt im Laufe eines Kalendervierteljahres die Summe der Bemessungsgrundlagen für innergemeinschaftliche Warenlieferungen (§ 18a Abs. 6 UStG) und Lieferungen im Sinne des § 25b Abs. 2 UStG im Rahmen von innergemeinschaftlichen Dreiecksgeschäften 50 000 €, ist die ZM bis zum 25. Tag nach Ablauf des Kalendermonats, in dem dieser Betrag überschritten wird, zu übermitteln. [2]Wird die Betragsgrenze von 50 000 € im zweiten Kalendermonat eines Kalendervierteljahres überschritten, kann der Unternehmer eine ZM für die bereits abgelaufenen Kalendermonate dieses Kalendervierteljahres übermitteln, in der die Angaben für diese beiden Kalendermonate zusammengefasst werden, oder jeweils eine ZM für jeden der abgelaufenen Kalendermonate dieses Kalendervierteljahres. [3]Überschreitet der Unternehmer die Betragsgrenze im dritten Kalendermonat eines Kalendervierteljahres, wird es nicht beanstandet, wenn er statt einer ZM für dieses Kalendervierteljahr jeweils gesondert eine ZM für jeden der drei Kalendermonate dieses Kalendervierteljahres übermittelt.

> **Beispiel:**
>
> [1]Der deutsche Maschinenhersteller M liefert im Januar des Jahres 01 eine Maschine für 20 000 € und im Februar des Jahres 01 eine weitere Maschine für 35 000 € an den belgischen Unternehmer U. [2]Ferner liefert M im Februar des Jahres 01 eine Maschine für 50 000 € an den französischen Automobilhersteller A. [3]Die Rechnungsstellung erfolgte jeweils zeitgleich mit der Ausführung der Lieferungen.
>
> [4]M ist verpflichtet, die Umsätze bis zum 25. März 01 dem BZSt zu melden. [5]Wahlweise kann er für die Monate Januar 01 und Februar 01 jeweils gesondert eine ZM übermitteln, oder er übermittelt eine ZM, in der er die Summe der Bemessungsgrundlagen der an U und A ausgeführten innergemeinschaftlichen Warenlieferungen gemeinsam für die Monate Januar 01 und Februar 01 angibt.

(3) [1]Unternehmer können die ZM auch monatlich übermitteln, wenn die Summe der Bemessungsgrundlagen für innergemeinschaftliche Warenlieferungen (§ 18a Abs. 6 UStG) und Lieferungen im Sinne des § 25b Abs. 2 UStG im Rahmen von innergemeinschaftlichen Dreiecksgeschäften weder für das laufende Kalendervierteljahr noch für eines der vier vorangegangenen Kalendervierteljahre jeweils mehr als 50 000 € beträgt. [2]Möchte der Unternehmer von dieser Möglichkeit Gebrauch machen, hat er dies dem BZSt anzuzeigen (§ 18a Abs. 1 Satz 4 UStG). [3]Der Anzeigepflicht kommt der Unternehmer nach, wenn er bei der erstmaligen Inanspruchnahme

das auf dem amtlich vorgeschriebenen Vordruck für die ZM dafür vorgesehene Feld ankreuzt. [4]Die Ausübung des Wahlrechts bindet den Unternehmer bis zum Zeitpunkt des Widerrufs, mindestens aber für die Dauer von 12 Kalendermonaten. [5]Der Widerruf wird dem BZSt durch Markieren des dafür vorgesehenen Feldes auf dem amtlich vorgeschriebenen Vordruck für die ZM angezeigt. [6]Soweit in begründeten Einzelfällen ein Widerruf vor Ablauf der Ausschlussfrist von 12 Kalendermonaten notwendig werden sollte, ist dies dem Bundeszentralamt für Steuern schriftlich unter Angabe der Gründe mitzuteilen.

(4) Die ZM ist bis zum 25. Tag nach Ablauf jedes Kalendervierteljahres zu übermitteln, wenn steuerpflichtige sonstige Leistungen im Sinne von § 3a Abs. 2 UStG (vgl. Abschnitt 3a.2) im übrigen Gemeinschaftsgebiet ausgeführt wurden, für die der in einem anderen EU-Mitgliedstaat ansässige Leistungsempfänger die Steuer dort schuldet.

(5) Unternehmer, die hinsichtlich der Ausführung von innergemeinschaftlichen Warenlieferungen (§ 18a Abs. 6 UStG) und Lieferungen im Sinne des § 25b Abs. 2 UStG im Rahmen innergemeinschaftlicher Dreiecksgeschäfte zur monatlichen Übermittlung einer ZM verpflichtet sind, melden die im übrigen Gemeinschaftsgebiet ausgeführten steuerpflichtigen sonstigen Leistungen im Sinne von § 3a Abs. 2 UStG (vgl. Abschnitt 3a.2), für die der in einem anderen EU-Mitgliedstaat ansässige Leistungsempfänger die Steuer dort schuldet, in der ZM für den letzten Monat des Kalendervierteljahres.

(6) [1]Unternehmer, die die ZM hinsichtlich der Ausführung von innergemeinschaftlichen Warenlieferungen (§ 18a Abs. 6 UStG) und Lieferungen im Sinne des § 25b Abs. 2 UStG im Rahmen innergemeinschaftlicher Dreiecksgeschäfte monatlich übermitteln, können darin auch die steuerpflichtigen sonstigen Leistungen im Sinne von § 3a Abs. 2 UStG (vgl. Abschnitt 3a.2), die in dem entsprechenden Kalendermonat im übrigen Gemeinschaftsgebiet ausgeführt worden sind und für die der in einem anderen EU-Mitgliedstaat ansässige Leistungsempfänger die Steuer dort schuldet, monatlich angeben (§ 18a Abs. 3 Satz 1 UStG). [2]Die Ausübung dieser Wahlmöglichkeit wird dem BZSt durch die Angabe von im übrigen Gemeinschaftsgebiet ausgeführten steuerpflichtigen sonstigen Leistungen in vorstehenden Sinne, für die der in einem anderen EU-Mitgliedstaat ansässige Leistungsempfänger die Steuer dort schuldet, in der ZM für den ersten oder zweiten Kalendermonat eines Kalendervierteljahres angezeigt (§ 18a Abs. 3 Satz 2 UStG).

(7) [1]Die in den Absätzen 1 bis 5 genannten Abgabefristen gelten entsprechend, wenn neben den dort genannten Lieferungen und sonstigen Leistungen auch Gegenstände aus dem Gebiet eines Mitgliedstaates in das Gebiet eines anderen Mitgliedstaates für Zwecke einer Lieferung nach dem Ende der Beförderung oder Versendung an einen Erwerber im Sinne von § 6b UStG befördert oder versendet werden. [2]Werden in einem Meldezeitraum ausschließlich Lieferungen im Sinne von § 6b UStG ausgeführt, ist die ZM bis zum 25. Tag nach Ablauf eines Kalendervierteljahres an das BZSt zu übermitteln.

Zu § 18e UStG

UStAE 18e.1. Bestätigung einer ausländischen Umsatzsteuer-Identifikationsnummer

(1) [1]Anfragen zur Bestätigung einer ausländischen USt-IdNr. kann jeder Inhaber einer deutschen USt-IdNr. stellen. [2]Anfrageberechtigt ist auch, wer für Zwecke der Umsatzsteuer erfasst ist, aber noch keine USt-IdNr. erhalten hat. [3]In diesem Fall wird die Anfrage gleichzeitig als Antrag auf Erteilung einer USt-IdNr. behandelt.

(2) [1]Unternehmer können einfache und qualifizierte Bestätigungsanfragen schriftlich, über das Internet (www.bzst.de) oder telefonisch an das BZSt – Dienstsitz Saarlouis –, 66738 Saarlouis (Telefon-Nr.: 0228/406-1222), stellen. [2]Bei Anfragen über das Internet besteht neben der Anfrage zu einzelnen USt-IdNrn. auch die Möglichkeit, gleichzeitig Anfragen zu mehreren USt-IdNrn. durchzuführen. [3]Bei Anfragen zu einzelnen USt-IdNrn. ist der Nachweis der durchgeführten qua-

lifizierten Bestätigungsanfrage durch die Aufbewahrung des Ausdrucks oder die Übernahme des vom BZSt übermittelten Ergebnisses in einem allgemein üblichen Format oder als Screenshot in das System des Unternehmens zu führen. [4]Bei der Durchführung gleichzeitiger Anfragen zu mehreren USt-IdNrn. über die vom BZSt zu diesem Zweck angebotene Schnittstelle kann die vom BZSt übermittelte elektronische Antwort in Form eines Datensatzes unmittelbar in das System des Unternehmers eingebunden und ausgewertet werden. [5]In diesen Fällen ist der Nachweis einer durchgeführten qualifizierten Anfrage einer USt-IdNr. über den vom BZSt empfangenen Datensatz zu führen.

(3) [1]Im Rahmen der einfachen Bestätigungsanfrage kann die Gültigkeit einer USt-IdNr., die von einem anderen EU-Mitgliedstaat erteilt wurde, überprüft werden. [2]Die Anfrage muss folgende Angaben enthalten:

– die USt-IdNr. des anfragenden Unternehmers (oder ggf. die Steuernummer, unter der er für Zwecke der Umsatzsteuer geführt wird);

– die USt-IdNr. des Leistungsempfängers, die von einem anderen EU-Mitgliedstaat erteilt wurde.

(4) [1]Im Rahmen der qualifizierten Bestätigungsanfrage werden zusätzlich zu der zu überprüfenden USt-IdNr. der Name und die Anschrift des Inhabers der ausländischen USt-IdNr. überprüft. [2]Das BZSt teilt in diesem Fall detailliert mit, inwieweit die angefragten Angaben von dem EU-Mitgliedstaat, der die USt-IdNr. erteilt hat, als zutreffend gemeldet werden. [3]Die Informationen beziehen sich jeweils auf USt-IdNr./Name/Ort/Postleitzahl/Straße des ausländischen Leistungsempfängers. [4]Anfragen zur Bestätigung mehrerer USt-IdNrn. sind – außer in Fällen des Absatzes 2 Satz 4 – schriftlich zu stellen.

(5) Erfolgt eine Anfrage telefonisch, teilt das BZSt das Ergebnis der Bestätigungsanfrage grundsätzlich schriftlich mit.

Zu § 19 UStG[1]

UStAE   19.1. Nichterhebung der Steuer

(1) [1]Nach § 19 Abs. 1 UStG ist die Steuer, die ein im Inland oder in den in § 1 Abs. 3 UStG genannten Gebieten ansässiger Kleinunternehmer für seine steuerpflichtigen Umsätze schuldet, unter bestimmten Voraussetzungen nicht zu erheben. [2]Die EU-rechtlich vorgegebene Beschränkung der Regelung auf im Inland oder in den in § 1 Abs. 3 UStG genannten Gebieten ansässige Kleinunternehmer und deren in diesen Gebieten erzielten Umsätze verstößt nicht gegen die Dienstleistungsfreiheit nach Artikel 56 des Vertrags über die Arbeitsweise der Europäischen Union (vgl. EuGH-Urteil vom 26.10.2010, C-97/09, Schmelz). [3]Die Regelung bezieht sich auf die Steuer für die in § 1 Abs. 1 Nr. 1 UStG bezeichneten Lieferungen und sonstigen Leistungen (einschließlich unentgeltliche Wertabgaben – vgl. Abschnitte 3.2 bis 3.4). [4]Die Steuer für die Einfuhr von Gegenständen (§ 1 Abs. 1 Nr. 4 UStG), für den innergemeinschaftlichen Erwerb (§ 1 Abs. 1 Nr. 5 UStG, vgl. auch Abschnitt 1a.1 Abs. 2) sowie die nach § 13a Abs. 1 Nr. 6, § 13b Abs. 5, § 14c Abs. 2 und § 25b Abs. 2 UStG geschuldete Steuer hat der Kleinunternehmer hingegen abzuführen. [5]Das gilt auch für die Steuer, die nach § 16 Abs. 5 UStG von der zuständigen Zolldienststelle im Wege der Beförderungseinzelbesteuerung erhoben wird (vgl. Abschnitt 16.2).

Anm. d. Schriftl.:

[1] Im Rahmen des Dritten Gesetzes zur Entlastung insbesondere der mittelständischen Wirtschaft von Bürokratie vom 22.11.2019, BGBl 2019 I S.1746, wurde in § 19 Abs. 1 Satz 1 UStG der Betrag von 17 500 € auf 22 000 € erhöht und zwar mit Wirkung ab dem 1.1.2020.

(2) ¹Bei der Ermittlung der in § 19 Abs. 1 UStG bezeichneten Grenzen von 22 000 € und 50 000 € ist jeweils von dem Gesamtumsatz im Sinne des § 19 Abs. 3 UStG auszugehen (vgl. Abschnitt 19.3). ²Der Gesamtumsatz ist hier jedoch stets nach vereinnahmten Entgelten zu berechnen. ³Außerdem ist bei der Umsatzermittlung nicht auf die Bemessungsgrundlagen im Sinne des § 10 UStG abzustellen, sondern auf die vom Unternehmer vereinnahmten Bruttobeträge. ⁴In den Fällen des § 10 Abs. 4 und 5 UStG ist der jeweils in Betracht kommenden Bemessungsgrundlage ggf. die darauf entfallende Umsatzsteuer hinzuzurechnen. ⁵Sofern Umsätze, für die eine andere Person als Leistungsempfänger Steuerschuldner nach § 13b Abs. 5 UStG ist, ausgeführt werden, ist dem in der Rechnung oder Gutschrift ausgewiesenen Betrag die Umsatzsteuer hinzuzurechnen.

(3) ¹Hat der Gesamtumsatz im Vorjahr die Grenze von 22 000 € überschritten, ist die Steuer für das laufende Kalenderjahr auch dann zu erheben, wenn der Gesamtumsatz in diesem Jahr die Grenze von 22 000 € voraussichtlich nicht überschreiten wird (vgl. BFH-Beschluss vom 18. 10. 2007, V B 164/06, BStBl 2008 II S. 263). ²Bei der Grenze von 50 000 € kommt es darauf an, ob der Unternehmer diese Bemessungsgröße voraussichtlich nicht überschreiten wird. ³Maßgebend ist die zu Beginn eines Jahres vorzunehmende Beurteilung der Verhältnisse für das laufende Kalenderjahr. ⁴Dies gilt auch, wenn der Unternehmer in diesem Jahr sein Unternehmen erweitert (vgl. BFH-Urteil vom 7. 3. 1995, XI R 51/94, BStBl II S. 562). ⁵Ist danach ein voraussichtlicher Umsatz zuzüglich der Steuer von nicht mehr als 50 000 € zu erwarten, ist dieser Betrag auch dann maßgebend, wenn der tatsächliche Umsatz zuzüglich der Steuer im Laufe des Kalenderjahres die Grenze von 50 000 € überschreitet (vgl. auch Absatz 4). ⁶Bei einer Änderung der Unternehmensverhältnisse während des laufenden Kalenderjahres durch Erbfolge ist Absatz 5 zu beachten. ⁷Der Unternehmer hat dem Finanzamt auf Verlangen die Verhältnisse darzulegen, aus denen sich ergibt, wie hoch der Umsatz des laufenden Kalenderjahres voraussichtlich sein wird.

(4) ¹Nimmt der Unternehmer seine gewerbliche oder berufliche Tätigkeit im Laufe eines Kalenderjahres neu auf, ist in diesen Fällen allein auf den voraussichtlichen Umsatz (vgl. Absatz 3) des laufenden Kalenderjahres abzustellen (vgl. BFH-Urteil vom 19. 2. 1976, V R 23/73, BStBl II S. 400). ²Entsprechend der Zweckbestimmung des § 19 Abs. 1 UStG ist hierbei die Grenze von 22 000 € und nicht die Grenze von 50 000 € maßgebend. ³Es kommt somit nur darauf an, ob der Unternehmer nach den Verhältnissen des laufenden Kalenderjahres voraussichtlich die Grenze von 22 000 € nicht überschreitet (BFH-Urteil vom 22. 11. 1984, V R 170/83, BStBl 1985 II S. 142).

(4a) ¹Bei einem Unternehmer, der seinen landwirtschaftlichen Betrieb verpachtet und dessen unternehmerische Betätigung im Bereich der Landwirtschaft sich in dieser Verpachtung erschöpft, so dass die Durchschnittssatzbesteuerung nach § 24 UStG nicht mehr angewendet werden kann, kann zu Beginn der Verpachtung für die Anwendung des § 19 Abs. 1 UStG aus Vereinfachungsgründen auf den voraussichtlichen Gesamtumsatz des laufenden Kalenderjahres abgestellt werden. ²Beginnt die Verpachtung im Laufe eines Jahres, werden ebenfalls zur Vereinfachung die vor der Verpachtung erzielten Umsätze, die unter die Durchschnittssatzbesteuerung nach § 24 UStG fallen, bei der Ermittlung des Gesamtumsatzes des laufenden Jahres nicht berücksichtigt.

(5) ¹Geht ein Unternehmen im Wege der Erbfolge auf den Unternehmer über, ist zu berücksichtigen, dass er keinen Einfluss auf den Zeitpunkt der Änderung seiner Unternehmensverhältnisse hatte. ²Zur Vermeidung einer unbilligen Härte kann daher der Unternehmer in diesen Fällen die Besteuerung für das laufende Kalenderjahr so fortführen, wie sie für den jeweiligen Teil des Unternehmens ohne Berücksichtigung der Gesamtumsatzverhältnisse anzuwenden wäre. ³Hat z. B. der Unternehmer für sein bisheriges Unternehmen die Besteuerung nach den allgemeinen Vorschriften angewendet, der Rechtsvorgänger aber für den anderen Unternehmensteil auf Grund der dafür bestehenden Verhältnisse von § 19 Abs. 1 UStG Gebrauch gemacht, kann der Unternehmer diese beiden Besteuerungsformen bis zum Ablauf des Kalenderjahres fortführen, in dem die Erbfolge eingetreten ist. ⁴Dem Unternehmer bleibt es allerdings überlassen, für das

ganze Unternehmen einheitlich die Besteuerung nach den allgemeinen Vorschriften anzuwenden.

(6) ¹Bei der Ermittlung der maßgeblichen Grenzen von 22 000 € und 50 000 € bleiben die Umsätze von Wirtschaftsgütern des Anlagevermögens unberücksichtigt. ²Das gilt sowohl bei einer Veräußerung als auch bei einer Entnahme für nichtunternehmerische Zwecke. ³Ob ein Wirtschaftsgut des Anlagevermögens vorliegt, ist nach den für das Einkommensteuerrecht maßgebenden Grundsätzen zu beurteilen. ⁴Die Ausnahme erstreckt sich auch auf entsprechende Wirtschaftsgüter, die einkommensteuerrechtlich nicht zu einem Betriebsvermögen gehören, z. B. bei der Veräußerung von Einrichtungsgegenständen durch einen nichtgewerblichen Vermieter von Ferienwohnungen.

UStAE   19.2. Verzicht auf die Anwendung des § 19 Abs. 1 UStG

(1) ¹Der Unternehmer kann dem Finanzamt erklären, dass er auf die Anwendung des § 19 Abs. 1 UStG verzichtet. ²Er unterliegt damit der Besteuerung nach den allgemeinen Vorschriften des Gesetzes. ³Die Erklärung nach § 19 Abs. 2 Satz 1 UStG kann der Unternehmer bis zur Unanfechtbarkeit der Steuerfestsetzung abgeben. ⁴Im Einzelnen gilt hierzu Folgendes:

1. ¹Die Erklärung gilt vom Beginn des Kalenderjahres an, für das der Unternehmer sie abgegeben hat. ²Beginnt der Unternehmer seine gewerbliche oder berufliche Tätigkeit während des Kalenderjahres, gilt die Erklärung vom Beginn dieser Tätigkeit an.

2. ¹Für die Erklärung ist keine bestimmte Form vorgeschrieben. ²Berechnet der Unternehmer in den Voranmeldungen oder in der Steuererklärung für das Kalenderjahr die Steuer nach den allgemeinen Vorschriften des UStG, ist darin grundsätzlich eine Erklärung im Sinne des § 19 Abs. 2 Satz 1 UStG zu erblicken (vgl. BFH-Urteile vom 19. 12. 1985, V R 167/82, BStBl 1986 II S. 420, und vom 24. 7. 2013, XI R 14/11, BStBl 2014 II S. 210). ³Der Unternehmer kann mit einer Umsatzsteuererklärung, in der nur für einen Unternehmensteil die Steuer nach den allgemeinen Vorschriften des UStG berechnet wird, nicht rechtswirksam auf die Anwendung des § 19 Abs. 1 UStG verzichten (vgl. BFH-Urteil vom 24. 7. 2013, XI R 31/12, BStBl 2014 II S. 214). ⁴In Zweifelsfällen ist der Unternehmer zu fragen, welcher Besteuerungsform er seine Umsätze unterwerfen will. ⁵Verbleiben Zweifel, kann eine Option zur Regelbesteuerung nicht angenommen werden (vgl. BFH-Urteile vom 24. 7. 2013, XI R 14/11, a. a. O., und vom 24. 7. 2013, XI R 31/12, a. a. O.).

(1a) – (6) . . .

Zu § 25a UStG

UStAE   25a.1. Differenzbesteuerung

Anwendungsbereich

(1) ¹§ 25a UStG enthält eine Sonderregelung für die Besteuerung der Lieferungen nach § 1 Abs. 1 Nr. 1 UStG von beweglichen körperlichen Gegenständen einschließlich Kunstgegenständen, Sammlungsstücken und Antiquitäten, sofern für diese Gegenstände kein Recht zum Vorsteuerabzug bestand. ²Sie werden nachfolgend als Gebrauchtgegenstände bezeichnet, weil sie nach der Verkehrsauffassung bereits „gebraucht" sind. ³Edelsteine und Edelmetalle sind nach § 25a Abs. 1 Nr. 3 UStG von der Differenzbesteuerung ausgenommen. ⁴Edelsteine im Sinne der Vorschrift sind rohe oder bearbeitete Diamanten (Position 7102 Zolltarif) sowie andere Edelsteine (z. B. Rubine, Saphire, Smaragde) und Schmucksteine (Position 7103 Zolltarif). ⁵Synthetische und rekonstituierte Edelsteine oder Schmucksteine (Position 7104 Zolltarif) rechnen nicht dazu. ⁶Edelmetalle im Sinne der Vorschrift sind Silber (aus Positionen 7106 und 7112 Zolltarif), Gold

(aus Positionen 7108 und 7112 Zolltarif) und Platin einschließlich Iridium, Osmium, Palladium, Rhodium und Ruthenium (aus Positionen 7110 und 7112 Zolltarif). [7]Edelmetalllegierungen und -plattierungen gehören grundsätzlich nicht dazu. [8]Aus Edelsteinen oder Edelmetallen hergestellte Gegenstände (z. B. Schmuckwaren, Gold- und Silberschmiedewaren) fallen nicht unter die Ausnahmeregelung. [9]Die Anwendung der Differenzbesteuerung ist jedoch ausgeschlossen, wenn die Gegenstände, die Edelmetalle oder Edelsteine enthalten, ihre ursprüngliche Funktion nicht mehr erfüllen können und nur noch wegen des Wertes, der diesen Metallen und Steinen innewohnt, gehandelt werden (vgl. EuGH-Urteil vom 11. 7. 2018, C-154/17, E LATS). [10]Die Differenzbesteuerung ist anwendbar auf den Handel mit sog. Kursmünzen (Sonderprägungen, die auch als gesetzliches Zahlungsmittel zugelassen sind).

(2) [1]Der Anwendungsbereich der Differenzbesteuerung ist auf Wiederverkäufer beschränkt. [2]Als Wiederverkäufer gelten Unternehmer, die im Rahmen ihrer gewerblichen Tätigkeit üblicherweise Gebrauchtgegenstände erwerben und sie danach, gegebenenfalls nach Instandsetzung, im eigenen Namen wieder verkaufen (gewerbsmäßige Händler), und die Veranstalter öffentlicher Versteigerungen, die Gebrauchtgegenstände im eigenen Namen und auf eigene oder fremde Rechnung versteigern (vgl. BFH-Urteile vom 2. 3. 2006, V R 35/04, BStBl II S. 675, und vom 29. 6. 2011, XI R 15/10, BStBl II S. 839). [3]Der An- und Verkauf der Gebrauchtgegenstände kann auf einen Teil- oder Nebenbereich des Unternehmens beschränkt sein.

Beispiel:

[1]Ein Kreditinstitut veräußert die von Privatpersonen sicherungsübereigneten Gebrauchtgegenstände. [2]Der Verkauf der Gegenstände unterliegt der Differenzbesteuerung. [3]Das Kreditinstitut ist insoweit als Wiederverkäufer anzusehen.

(3) [1]Der Ort der Lieferung der Gegenstände an den Wiederverkäufer muss im Inland oder im übrigen Gemeinschaftsgebiet liegen. [2]Wird ein Gegenstand im Drittlandsgebiet erworben und in das Inland eingeführt, unterliegt die spätere Lieferung des Gegenstands nur unter den Voraussetzungen des § 25a Abs. 2 UStG der Differenzbesteuerung.

(4) [1]Die Anwendung der Differenzbesteuerung setzt nach § 25a Abs. 1 Nr. 2 UStG voraus, dass der Wiederverkäufer die Gebrauchtgegenstände im Rahmen einer entgeltlichen Lieferung für sein Unternehmen erworben hat (vgl. BFH-Urteil vom 18. 12. 2008, V R 73/07, BStBl 2009 II S. 612). [2]Diese Voraussetzung ist nicht erfüllt, wenn der Wiederverkäufer Gegenstände aus seinem Privatvermögen in das Unternehmen eingelegt oder im Rahmen einer unentgeltlichen Lieferung nach § 3 Abs. 1b Satz 1 UStG erworben hat. [3]Der Wiederverkäufer kann die Differenzbesteuerung auch bei der Veräußerung von Gegenständen des Anlagevermögens anwenden, wenn der Wiederverkauf des Gegenstandes bei seinem Erwerb zumindest nachrangig beabsichtigt war und dieser Wiederverkauf aufgrund seiner Häufigkeit zur normalen Tätigkeit des Unternehmers gehört (vgl. BFH-Urteil vom 29. 6. 2011, XI R 15/10, BStBl II S. 839). [4]Die Differenzbesteuerung ist auch dann anwendbar, wenn ein Unternehmer Gegenstände liefert, die er gewonnen hat, indem er die zuvor von ihm erworbenen Gebrauchtgegenstände, z. B. Gebrauchtfahrzeuge, zerlegt hat (vgl. EuGH-Urteil vom 18. 1. 2017, C-471/15, Sjelle Autogenbrug, und BFH-Urteil vom 23. 2. 2017, V R 37/15, BStBl 2019 II S. 452). [5]Die Einkaufspreise der ausgebauten und weiterverkauften Einzelteile sind im Wege der sachgerechten Schätzung zu ermitteln. [6]Die Schätzungsgrundlage ist in einer Anlage zu den Wareneingangsrechnungen zu erläutern und – soweit vorhanden – durch ergänzende Unterlagen zu belegen. [7]Wird aus mehreren Einzelgegenständen, die jeweils für sich die Voraussetzungen der Differenzbesteuerung erfüllen, ein einheitlicher Gegenstand hergestellt oder zusammengestellt, unterliegt die anschließende Lieferung dieses „neuen" Gegenstandes nicht der Differenzbesteuerung.

(5) [1]Die Differenzbesteuerung setzt nach § 25a Abs. 1 Nr. 2 UStG ferner voraus, dass für die Lieferung des Gegenstands an den Wiederverkäufer Umsatzsteuer im Gemeinschaftsgebiet nicht geschuldet oder nach § 19 Abs. 1 UStG nicht erhoben oder die Differenzbesteuerung im Gemein-

schaftsgebiet vorgenommen wurde. [2]Der Wiederverkäufer kann die Regelung danach anwenden, wenn er den Gegenstand im Inland oder im übrigen Gemeinschaftsgebiet erworben hat von

1. einer Privatperson oder einer juristischen Person des öffentlichen Rechts, die nicht Unternehmer ist;

2. einem Unternehmer aus dessen nichtunternehmerischen Bereich;

3. einem Unternehmer, der mit seiner Lieferung des Gegenstands unter eine Steuerbefreiung fällt, die zum Ausschluss vom Vorsteuerabzug führt;

4. einem Kleinunternehmer, der nach dem Recht des für die Besteuerung zuständigen Mitgliedstaates von der Steuer befreit oder auf andere Weise von der Besteuerung ausgenommen ist, oder

5. [1]einem anderen Wiederverkäufer, der auf seine Lieferung ebenfalls die Differenzbesteuerung angewendet hat (§ 25a Abs. 1 Nr. 2 Satz 2 Buchstabe b UStG). [2]Dies setzt allerdings voraus, dass für diese Lieferung die Differenzbesteuerung zu Recht angewendet wurde (vgl. BFH-Urteil vom 23. 4. 2009, V R 52/07, BStBl II S. 860). [3]Die Differenzbesteuerung ist hiernach auch bei Verkäufen von Händler an Händler möglich.

[3]Der Erwerb eines Gegenstands von einem Land- und Forstwirt, der auf die Umsätze aus seinem land- und forstwirtschaftlichen Betrieb die Durchschnittssatzbesteuerung des § 24 UStG anwendet, erfüllt nicht die Voraussetzung des § 25a Abs. 1 Nr. 2 Satz 2 Buchstabe a UStG. [4]Von der Differenzbesteuerung sind Gebrauchtgegenstände ausgenommen, die im übrigen Gemeinschaftsgebiet erworben worden sind, sofern der Lieferer dort die Steuerbefreiung für innergemeinschaftliche Lieferungen angewendet hat (§ 25a Abs. 7 Nr. 1 Buchstabe a UStG).

(6) [1]Der Wiederverkäufer kann mit Beginn des Kalenderjahres, in dem er eine entsprechende Erklärung abgibt, die Differenzbesteuerung auch anwenden, wenn er

1. Kunstgegenstände, Sammlungsstücke oder Antiquitäten selbst eingeführt hat oder

2. Kunstgegenstände vom Künstler selbst oder von einem anderen Unternehmer, der kein Wiederverkäufer ist, erworben hat und dafür Umsatzsteuer geschuldet wurde.

[2]Dabei kann die Differenzbesteuerung auf einzelne Gruppen dieser Gegenstände („Kunstgegenstände" oder „Sammlungsstücke" oder „Antiquitäten") beschränkt werden. [3]Die Begriffe Kunstgegenstände und Sammlungsstücke sind nach den gleichen Merkmalen wie für Zwecke der Steuerermäßigung nach § 12 Abs. 2 Nr. 12 und 13 UStG abzugrenzen (vgl. Nummern 53 und 54 sowie Nummer 49 Buchstabe f der Anlage 2 des UStG). [4]Antiquitäten sind andere Gegenstände als Kunstgegenstände und Sammlungsstücke, die mehr als 100 Jahre alt sind (Position 9706 00 00 Zolltarif).

(7) [1]Die Differenzbesteuerung für die in Absatz 6 bezeichneten Gegenstände ist von einer formlosen Erklärung abhängig, die spätestens bei Übermittlung der ersten Voranmeldung des Kalenderjahres beim Finanzamt einzureichen ist. [2]In der Erklärung müssen die Gegenstände bezeichnet werden, auf die sich die Differenzbesteuerung erstreckt. [3]Die Wirkung der Erklärung ist nicht auf Gegenstände beschränkt, die erst nach dem Beginn des Kalenderjahres erworben werden. [4]Sie erfasst auch Gegenstände, die vor diesem Zeitpunkt erworben wurden und erst danach veräußert werden. [5]An die Erklärung ist der Wiederverkäufer für mindestens zwei Kalenderjahre gebunden. [6]Soweit der Wiederverkäufer die Differenzbesteuerung anwendet, ist er abweichend von § 15 Abs. 1 UStG nicht berechtigt, die entstandene Einfuhrumsatzsteuer, die gesondert ausgewiesene Steuer oder die nach § 13b Abs. 5 UStG geschuldete Steuer für die an ihn ausgeführte Lieferung als Vorsteuer abzuziehen. [7]Der Übergang von der allgemeinen Besteuerung zur Differenzbesteuerung aufgrund einer Erklärung nach § 25a Abs. 2 Satz 1 UStG oder umgekehrt ist eine Änderung der für den ursprünglichen Vorsteuerabzug maßgebenden Verhältnisse i. S. d. § 15a UStG. [8]Die Berichtigung des Vorsteuerabzugs ist nach allgemeinen Grundsätzen vorzunehmen. [9]Bei einem Wirtschaftsgut, das nur einmalig zur Ausführung eines Umsatzes verwendet wird, erfolgt die Berichtigung gemäß § 15a Abs. 2 UStG für den Besteuerungszeitraum, in dem das Wirtschaftsgut unter den jeweils veränderten Verhältnissen geliefert wird. [10]In den

Fällen des Übergangs von der allgemeinen Besteuerung zur Differenzbesteuerung unterbleibt eine Berichtigung, wenn der Unternehmer bei der Lieferung des Wirtschaftsguts gemäß § 25a Abs. 8 Satz 1 UStG auf die Anwendung der Differenzbesteuerung verzichtet oder nach Ablauf der Bindungsfrist des § 25a Abs. 2 Satz 2 UStG zur allgemeinen Besteuerung zurückkehrt und das Wirtschaftsgut erst danach liefert.

Bemessungsgrundlage

(8) ¹Wird ein Gebrauchtgegenstand durch den Wiederverkäufer nach § 1 Abs. 1 Nr. 1 Satz 1 UStG geliefert, ist als Bemessungsgrundlage grundsätzlich der Betrag anzusetzen, um den der Verkaufspreis den Einkaufspreis für den Gegenstand übersteigt; die in dem Unterschiedsbetrag enthaltene Umsatzsteuer ist herauszurechnen. ²Nebenkosten, die nach dem Erwerb des Gegenstands angefallen, also nicht im Einkaufspreis enthalten sind, z. B. Reparaturkosten, mindern nicht die Bemessungsgrundlage. ³Soweit selbst eingeführte Kunstgegenstände, Sammlungsstücke oder Antiquitäten nach § 25a Abs. 2 Satz 1 Nr. 1 UStG in die Differenzbesteuerung einbezogen werden, gilt als Einkaufspreis der nach den Vorschriften über den Zollwert ermittelte Wert des eingeführten Gegenstands zuzüglich der Einfuhrumsatzsteuer. ⁴Im Fall des § 25a Abs. 2 Satz 1 Nr. 2 UStG schließt der Einkaufspreis die vom Lieferer in Rechnung gestellte Umsatzsteuer ein. ⁵Wird die Bemessungsgrundlage für die Lieferung eines Kunstgegenstands nach § 25a Abs. 3 Satz 2 UStG berechnet, ist nach Absatz 11a zu verfahren.

(9) ¹Lieferungen, für die die Mindestbemessungsgrundlage (§ 10 Abs. 5 UStG) anzusetzen ist, und Lieferungen im Sinne des § 3 Abs. 1b UStG werden nach dem Unterschied zwischen dem tatsächlichen Einkaufspreis und dem Einkaufspreis zuzüglich der Nebenkosten für den Gegenstand zum Zeitpunkt des Umsatzes (§ 10 Abs. 4 Satz 1 Nr. 1 UStG) – abzüglich Umsatzsteuer – bemessen. ²Bei den vorbezeichneten Lieferungen kommt eine Differenzbesteuerung im Normalfall allerdings im Hinblick auf § 3 Abs. 1b Satz 2 UStG nicht in Betracht, weil diese Vorschrift die Berechtigung zum vollen oder teilweisen Vorsteuerabzug voraussetzt.

(10) ¹Nimmt ein Wiederverkäufer beim Verkauf eines Neugegenstands einen Gebrauchtgegenstand in Zahlung und leistet der Käufer in Höhe der Differenz eine Zuzahlung, ist im Rahmen der Differenzbesteuerung als Einkaufspreis nach § 25a Abs. 3 UStG der tatsächliche Wert des Gebrauchtgegenstands anzusetzen. ²Dies ist der Wert, der bei der Ermittlung des Entgelts für den Kauf des neuen Gegenstands tatsächlich zu Grunde gelegt wird. ³Bei der Inzahlungnahme von Gebrauchtfahrzeugen in der Kraftfahrzeugwirtschaft ist nach Abschnitt 10.5 Abs. 4 zu verfahren.

(11) ¹Die Bemessungsgrundlage ist vorbehaltlich des Absatzes 12 für jeden Gegenstand einzeln zu ermitteln (Einzeldifferenz). ²Ein positiver Unterschiedsbetrag zwischen dem Verkaufspreis – oder dem an seine Stelle tretenden Wert – und dem Einkaufspreis eines Gegenstands kann nur für die Berechnung der zu entrichtenden Steuer nicht mit einer negativen Einzeldifferenz aus dem Umsatz eines anderen Gegenstands oder einer negativen Gesamtdifferenz (vgl. Absatz 12) verrechnet werden. ³Bei einem negativen Unterschiedsbetrag beträgt die Bemessungsgrundlage 0 €; dieser Unterschiedsbetrag kann auch in späteren Besteuerungszeiträumen nicht berücksichtigt werden. ⁴Wird ein Gegenstand nicht im Jahr der Anschaffung veräußert, entnommen oder zugewendet, ist der noch nicht berücksichtigte Einkaufspreis im Jahr der tatsächlichen Veräußerung, Entnahme oder Zuwendung in die Berechnung der Einzeldifferenz einzubeziehen.

Besondere Bemessungsgrundlage für bestimmte Lieferungen von Kunstgegenständen („Pauschalmarge")

(11a) ¹Im Falle der Lieferung eines Kunstgegenstands ist der Betrag, nach dem sich der Umsatz bemisst, abweichend von § 25a Abs. 3 Satz 1 UStG mit 30 % des Verkaufspreises anzusetzen, wenn sich der Einkaufspreis des Kunstgegenstands nicht ermitteln lässt oder der Einkaufspreis unbedeutend ist (§ 25a Abs. 3 Satz 2 UStG). ²Die Anwendung dieser Pauschalmarge ist auf Gegenstände beschränkt, die in Nummer 53 der Anlage 2 zum UStG aufgeführt sind. ³Auf Sammlungsstücke (Nummer 54 der Anlage 2 zum UStG) ist die Regelung nicht anwendbar. ⁴Es kommt nicht darauf an, ob der Wiederverkäufer die Differenzbesteuerung kraft der Regelungen in § 25a Abs. 1 UStG oder aufgrund einer nach § 25a Abs. 2 UStG abgegebenen Erklärung anwendet. [5]Da der Einkaufspreis eines Kunstgegenstands unter Berücksichtigung der gesetzlichen Pflichten des Unternehmers nach § 25a Abs. 6 UStG grundsätzlich aufzuzeichnen ist, liegt der Fall der Nichtermittelbarkeit des Einkaufspreises nur ausnahmsweise vor. [6]Das Vorliegen eines solchen Einzelfalles richtet sich nach dem Gesamtbild der Verhältnisse, die der Unternehmer nachzuweisen hat. [7]Dieser Nachweis gilt als erbracht, wenn der Unternehmer darlegt, dass er alle ihm zumutbaren Ermittlungsmöglichkeiten ausgeschöpft hat. [8]In Fällen, in denen der Unternehmer den ermittelbaren Einkaufspreis nicht aufgezeichnet hat oder die Nichtermittelbarkeit des Einkaufspreises des Kunstgegenstands nicht darlegen kann, erfolgt die Preisermittlung im Wege einer sachgerechten Schätzung. [9]Eine Nichtermittelbarkeit des Einkaufspreises liegt nicht allein schon dann vor, wenn der Unternehmer Aufwendungen für die Durchführung von Verkaufsfördermaßnahmen für von ihm in Kommission genommene Kunstgegenstände trägt.

Beispiel 1:

[1]Der Wiederverkäufer W erwirbt von einer Erbengemeinschaft den gesamten Nachlass eines Verstorbenen, in dem ein Kunstgegenstand enthalten ist. [2]Ohne Ermittlung der Einzelwerte wird für sämtliche Nachlassgegenstände ein Gesamtkaufpreis vereinbart. [3]W verkauft den Kunstgegenstand später für 2 500 €.

[4]Da W den Einkaufspreis des im Nachlass enthaltenen Kunstgegenstands nicht ermitteln kann, ist bei Veräußerung des Gegenstands die Pauschalmarge anzuwenden:

Verkaufspreis	2 500,00 €
davon 30 % (= Pauschalmarge)	750,00 €
darin enthaltene Umsatzsteuer (19 %)	119,75 €
Besondere Bemessungsgrundlage	630,25 €

Beispiel 2:

[1]Der Wiederverkäufer W erwirbt eine Sammlung von Kunstgegenständen als Sachgesamtheit. [2]Ohne Feststellung der Einzelwerte wird für die Sammlung ein Gesamtkaufpreis vereinbart. [3]W veräußert die Kunstgegenstände später einzeln weiter.

[4]Da W den Einkaufspreis der einzelnen Kunstgegenstände nicht ermitteln kann, ist bei Veräußerung der einzelnen Gegenstände durch W die Pauschalmarge anzuwenden.

Beispiel 3:

[1]Galerist G stellt in seinen Räumen Werke des Künstlers K aus. [2]G veräußert ein Werk im Rahmen eines Kommissionsgeschäfts (§ 3 Abs. 3 UStG) an einen Abnehmer. [3]Die Hälfte des Verkaufspreises leitet G vereinbarungsgemäß an K weiter. [4]Für seine Lieferung erteilt K dem G eine Rechnung. [5]G trägt die Aufwendungen für die Durchführung von Verkaufsfördermaßnahmen.

[6]Da G den Einkaufspreis anhand der Rechnung des K ermitteln kann, ist die Pauschalmarge nicht anwendbar. [7]Der Umsatz ist nach dem Betrag zu bemessen, um den der Verkaufspreis den Einkaufspreis übersteigt, abzüglich der Umsatzsteuer selbst. [8]Die von G getragenen Aufwendungen für die Durchführung von Verkaufsfördermaßnahmen berühren den Einkaufspreis nicht; insoweit ist G bei Vorliegen der Voraussetzungen des § 15 UStG zum Abzug der Vorsteuer berechtigt.

[10]Der Einkaufspreis eines Kunstgegenstands ist unbedeutend, wenn er den Betrag von 500 € ohne ggf. anfallende Umsatzsteuer nicht übersteigt.

(12) [1]Bei Gegenständen, deren Einkaufspreis den Betrag von 500 € nicht übersteigt, kann die Bemessungsgrundlage anstatt nach der Einzeldifferenz nach der Gesamtdifferenz ermittelt werden. [2]Die Gesamtdifferenz ist der Betrag, um den die Summe der Verkaufspreise und der Werte nach § 10 Abs. 4 Satz 1 Nr. 1 UStG die Summe der Einkaufspreise – jeweils bezogen auf den Besteuerungszeitraum – übersteigt; die in dem Unterschiedsbetrag enthaltene Umsatzsteuer ist herauszurechnen. [3]Für die Ermittlung der Verkaufs- und Einkaufspreise sind die Absätze 8 bis 10 entsprechend anzuwenden. [4]Kann ein Gegenstand endgültig nicht mehr veräußert, entnommen oder zugewendet werden (z. B. wegen Diebstahl oder Untergang), ist die Summe der Einkaufspreise entsprechend zu mindern. [5]Die Voraussetzungen für die Ermittlung der Be-

messungsgrundlage nach der Gesamtdifferenz müssen grundsätzlich für jeden einzelnen Gegenstand erfüllt sein. [6]Wendet der Wiederverkäufer für eine Mehrheit von Gegenständen oder für Sachgesamtheiten einen Gesamteinkaufspreis auf (z. B. beim Kauf von Sammlungen oder Nachlässen) und werden die Gegenstände üblicherweise später einzeln verkauft, kann wie folgt verfahren werden:

1. Beträgt der Gesamteinkaufspreis bis zu 500 €, kann aus Vereinfachungsgründen von der Ermittlung der auf die einzelnen Gegenstände entfallenden Einkaufspreise abgesehen werden.

2. [1]Übersteigt der Gesamteinkaufspreis den Betrag von 500 €, ist der auf die einzelnen Gegenstände entfallende Einkaufspreis grundsätzlich im Wege sachgerechter Schätzung zu ermitteln. [2]Die Schätzung kann auf wertbestimmende Einzelgegenstände solange beschränkt werden, bis der Gesamtbetrag für die restlichen Gegenstände 500 € oder weniger beträgt. [3]Erwirbt der Unternehmer eine Vielzahl gleichartiger Gegenstände (z. B. eine Münz- oder Briefmarkensammlung), kann sich die Schätzung des anteiligen Einkaufspreises auf die Gegenstände beschränken, deren Einkaufspreis 500 € übersteigt.

Beispiel 1:

[1]Der Antiquitätenhändler A kauft eine Wohnungseinrichtung für 3 000 €. [2]Dabei ist er insbesondere an einer antiken Truhe (geschätzter anteiliger Einkaufspreis 1 500 €) und einem Weichholzschrank (Schätzpreis 800 €) interessiert. [3]Die restlichen Einrichtungsgegenstände, zu denen ein Fernsehgerät (Schätzpreis 250 €) gehört, will er an einen Trödelhändler verkaufen.

[4]A muss beim Weiterverkauf der Truhe und des Weichholzschranks die Bemessungsgrundlage nach der Einzeldifferenz ermitteln. [5]Das Fernsehgerät hat er den Gegenständen zuzuordnen, für die die Bemessungsgrundlage nach der Gesamtdifferenz ermittelt wird. [6]Das Gleiche gilt für die restlichen Einrichtungsgegenstände. [7]Da ihr Anteil am Gesamtpreis 450 € beträgt, kann von einer Ermittlung der auf die einzelnen Gegenstände entfallenden Einkaufspreise abgesehen werden.

Beispiel 2:

[1]Der Münzhändler M erwirbt eine Münzsammlung für 5 000 €. [2]Darin enthalten sind zwei besonders wertvolle Stücke, mit einem geschätzten anteiligen Einkaufspreis von 600 € bzw. 900 €. [3]Die Einzelwerte der übrigen Münzen liegen unter 500 €.

[4]M muss beim Weiterverkauf die Bemessungsgrundlage der beiden besonders wertvollen Münzen nach der Einzeldifferenz ermitteln. [5]Für die übrigen Stücke kann M die Gesamtdifferenzmethode anwenden. [6]Dabei kann die Summe der Einkaufspreise mit 3 500 € angesetzt werden, ohne dass es einer Ermittlung des auf die einzelne Münze entfallenden Einkaufspreises bedarf.

(13) [1]Die Gesamtdifferenz kann nur einheitlich für die gesamten innerhalb eines Besteuerungszeitraums ausgeführten Umsätze ermittelt werden, die sich auf Gegenstände mit Einkaufspreisen bis zu 500 € beziehen. [2]Es ist nicht zulässig, die Gesamtdifferenz innerhalb dieser Preisgruppe auf bestimmte Arten von Gegenständen zu beschränken. [3]Für Gegenstände, deren Einkaufspreis 500 € übersteigt, ist daneben eine Ermittlung nach der Einzeldifferenz vorzunehmen. [4]Die positive Gesamtdifferenz eines Besteuerungszeitraums kann nicht mit einer negativen Einzeldifferenz verrechnet werden. [5]Ist die Gesamtdifferenz eines Besteuerungszeitraums negativ, beträgt die Bemessungsgrundlage 0 €; der negative Betrag kann nicht in späteren Besteuerungszeiträumen berücksichtigt werden. [6]Bei der Berechnung der Besteuerungsgrundlagen für die einzelnen Voranmeldungszeiträume ist entsprechend zu verfahren. [7]Allerdings können innerhalb desselben Besteuerungszeitraums negative mit positiven Gesamtdifferenzen einzelner Voranmeldungszeiträume verrechnet werden.

(14) Ein Wechsel von der Ermittlung nach der Einzeldifferenz zur Ermittlung nach der Gesamtdifferenz und umgekehrt ist nur zu Beginn eines Kalenderjahres zulässig.

Steuersatz, Steuerbefreiungen

(15) [1]Bei der Differenzbesteuerung ist die Steuer stets mit dem allgemeinen Steuersatz zu berechnen. [2]Dies gilt auch für solche Gegenstände, für die bei der Besteuerung nach den allgemei-

nen Vorschriften der ermäßigte Steuersatz in Betracht käme (z. B. Bücher). [3]Wird auf eine Lieferung in das übrige Gemeinschaftsgebiet die Differenzbesteuerung angewendet, ist die Steuerbefreiung für innergemeinschaftliche Lieferungen ausgeschlossen. [4]Die übrigen Steuerbefreiungen des § 4 UStG bleiben unberührt.

Verbot des offenen Steuerausweises, Aufzeichnungspflichten

(16) [1]Das Verbot des gesonderten Ausweises der Steuer in einer Rechnung gilt auch dann, wenn der Wiederverkäufer einen Gebrauchtgegenstand an einen anderen Unternehmer liefert, der eine gesondert ausgewiesene Steuer aus dem Erwerb dieses Gegenstands als Vorsteuer abziehen könnte. [2]Liegen die Voraussetzungen für die Differenzbesteuerung vor und weist ein Wiederverkäufer für die Lieferung eines Gebrauchtgegenstands – entgegen der Regelung in § 14a Abs. 6 Satz 2 UStG – die auf die Differenz entfallende Steuer gesondert aus, schuldet er die gesondert ausgewiesene Steuer nach § 14c Abs. 2 UStG. [3]Zusätzlich zu dieser Steuer schuldet er für die Lieferung des Gegenstands die Steuer nach § 25a UStG. [4]Auf die Anwendung der Differenzbesteuerung ist in der Rechnung hinzuweisen (vgl. Abschnitt 14a.1 Abs. 10).

(17) [1]Der Wiederverkäufer, der Umsätze von Gebrauchtgegenständen nach § 25a UStG versteuert, hat für jeden Gegenstand getrennt den Verkaufspreis oder den Wert nach § 10 Abs. 4 Satz 1 Nr. 1 UStG, den Einkaufspreis und die Bemessungsgrundlage aufzuzeichnen (§ 25a Abs. 6 Satz 2 UStG). [2]Aus Vereinfachungsgründen kann er in den Fällen, in denen lediglich ein Gesamteinkaufspreis für mehrere Gegenstände vorliegt, den Gesamteinkaufspreis aufzeichnen,

1. wenn dieser den Betrag von 500 € insgesamt nicht übersteigt oder

2. soweit er nach Abzug der Einkaufspreise einzelner Gegenstände den Betrag von 500 € nicht übersteigt.

[3]Die besonderen Aufzeichnungspflichten gelten als erfüllt, wenn sich die aufzeichnungspflichtigen Angaben aus den Buchführungsunterlagen entnehmen lassen. [4]Der Wiederverkäufer hat die Aufzeichnungen für die Differenzbesteuerung getrennt von den übrigen Aufzeichnungen zu führen.

Besonderheiten im innergemeinschaftlichen Warenverkehr

(18) [1]Die Differenzbesteuerung kann vorbehaltlich des Absatzes 19 auch auf Lieferungen vom Inland in das übrige Gemeinschaftsgebiet sowie auf Fälle des innergemeinschaftlichen Verbringens (§ 1a Abs. 2 UStG) angewendet werden. [2]Sie ist in diesem Fall stets im Inland vorzunehmen; die Regelung des § 3c UStG und die Steuerbefreiung für innergemeinschaftliche Lieferungen im Sinne von § 4 Nr. 1 Buchstabe b, § 6a UStG finden keine Anwendung.

(19) [1]Die Differenzbesteuerung ist ausgeschlossen, wenn der Wiederverkäufer ein neues Fahrzeug im Sinne von § 1b Abs. 2 und 3 UStG in das übrige Gemeinschaftsgebiet liefert. [2]Die Lieferung ist im Inland unter den Voraussetzungen des § 4 Nr. 1 Buchstabe b, § 6a UStG als innergemeinschaftliche Lieferung steuerfrei. [3]Der Erwerber des neuen Fahrzeugs hat im übrigen Gemeinschaftsgebiet einen innergemeinschaftlichen Erwerb zu besteuern.

(20) Wird bei der Lieferung eines Gegenstands vom übrigen Gemeinschaftsgebiet in das Inland die Differenzbesteuerung im übrigen Gemeinschaftsgebiet angewendet, entfällt eine Erwerbsbesteuerung im Inland.

Verzicht auf die Differenzbesteuerung

(21) [1]Ein Verzicht auf die Anwendung der Differenzbesteuerung ist bei jeder einzelnen Lieferung eines Gebrauchtgegenstands möglich. [2]Abschnitt 9.1 Abs. 3 und 4 ist sinngemäß anzuwenden. [3]Im Fall der Besteuerung nach der Gesamtdifferenz ist ein Verzicht ausgeschlossen. [4]Der Verzicht ist auch für solche Gegenstände möglich, für die der Wiederverkäufer nach § 25a Abs. 2 UStG die Anwendung der Differenzbesteuerung erklärt hat. [5]In diesem Fall kann er die entstan-

dene Einfuhrumsatzsteuer und die ihm berechnete Umsatzsteuer frühestens in der Voranmeldung als Vorsteuer geltend machen, in der er auch die Steuer für die Lieferung anmeldet. [6]Der Verzicht auf die Differenzbesteuerung nach § 25a Abs. 8 UStG hat zur Folge, dass auf die Lieferung die allgemeinen Vorschriften des UStG anzuwenden sind.

Zu § 25b UStG

UStAE   25b.1. Innergemeinschaftliche Dreiecksgeschäfte

Allgemeines

(1) [1]§ 25b UStG enthält eine Vereinfachungsregelung für die Besteuerung von innergemeinschaftlichen Dreiecksgeschäften. [2]Die Vereinfachung besteht darin, dass eine steuerliche Registrierung des mittleren Unternehmers im Bestimmungsland vermieden wird. [3]Bei einem innergemeinschaftlichem Dreiecksgeschäft werden unter Berücksichtigung der allgemeinen Regelungen für Reihengeschäfte (vgl. Abschnitt 3.14 Abs. 1 bis 10) grundsätzlich folgende Umsätze ausgeführt:

1. eine innergemeinschaftliche Lieferung des ersten am Dreiecksgeschäft beteiligten Unternehmers (erster Lieferer) in dem Mitgliedstaat, in dem die Beförderung oder Versendung des Gegenstands beginnt (§ 3 Abs. 6 Satz 1 UStG),

2. ein innergemeinschaftlicher Erwerb des mittleren am Dreiecksgeschäft beteiligten Unternehmers (erster Abnehmer) in dem Mitgliedstaat, in dem die Beförderung oder Versendung des Gegenstands endet (§ 3d Satz 1 UStG),

3. ein innergemeinschaftlicher Erwerb des ersten Abnehmers in dem Mitgliedstaat, der dem ersten Abnehmer die von ihm verwendete USt-IdNr. erteilt hat (§ 3d Satz 2 UStG) und

4. eine (Inlands-)Lieferung des ersten Abnehmers in dem Mitgliedstaat, in dem die Beförderung oder Versendung des Gegenstands endet (§ 3 Abs. 7 Satz 2 Nr. 2 UStG).

[4]Liegt ein innergemeinschaftliches Dreiecksgeschäft vor, wird die Steuerschuld für die (Inlands-)Lieferung unter den Voraussetzungen des § 25b Abs. 2 UStG von dem ersten auf den letzten jeweils am Dreiecksgeschäft beteiligten Abnehmer übertragen. [5]Im Fall der Übertragung der Steuerschuld gilt zugleich auch der innergemeinschaftliche Erwerb dieses ersten Abnehmers als besteuert (§ 25b Abs. 3 UStG).

Begriff (§ 25b Abs. 1 UStG)

(2) [1]Ein innergemeinschaftliches Dreiecksgeschäft setzt voraus, dass drei Unternehmer (erster Lieferer, erster Abnehmer und letzter Abnehmer) über denselben Gegenstand Umsatzgeschäfte abschließen, und dieser Gegenstand unmittelbar vom Ort der Lieferung des ersten Lieferers an den letzten Abnehmer gelangt (§ 25b Abs. 1 Satz 1 Nr. 1 UStG). [2]Ein innergemeinschaftliches Dreiecksgeschäft kann auch zwischen drei unmittelbar nacheinander liefernden Unternehmern bei Reihengeschäften mit mehr als drei Beteiligten vorliegen, wenn die drei unmittelbar nacheinander liefernden Unternehmer am Ende der Lieferkette stehen. [3]Der erste Abnehmer in dem Dreiecksgeschäft ist als mittlerer Unternehmer in der Reihe zugleich Abnehmer und Lieferer. [4]Letzte Abnehmer im Dreiecksgeschäft können auch Unternehmer sein, die nur steuerfreie – nicht zum Vorsteuerabzug berechtigende – Umsätze ausführen, sowie Kleinunternehmer und pauschalierende Land- und Forstwirte. [5]Voraussetzung ist, dass sie umsatzsteuerlich in dem Mitgliedstaat erfasst sind, in dem die Beförderung oder Versendung des Gegenstands endet. [6]Letzter Abnehmer kann auch eine juristische Person des öffentlichen oder privaten Rechts sein, die nicht Unternehmer ist oder den Gegenstand nicht für ihr Unternehmen erwirbt, wenn sie in dem Mitgliedstaat, in dem die Warenbewegung endet, für Zwecke der Umsatzsteuer erfasst ist (§ 25b Abs. 1 Satz 2 UStG).

Beispiel:

[1]Der in Deutschland ansässige Unternehmer D bestellt beim in Belgien ansässigen Unternehmer B dort nicht vorrätige Werkzeugteile. [2]B gibt die Bestellung weiter an den in Luxemburg ansässigen Unternehmer L mit der Bitte, sie direkt zu D nach Deutschland auszuliefern. [3]Weil auch L die Werkzeugteile nicht am Lager hat, bestellt er sie beim in Spanien ansässigen Unternehmer SP, der sie auf Weisung von L an D versendet. [4]L erteilt den Versendungsauftrag und verwendet bis zum Beginn der Versendung die ihm von der spanischen Finanzverwaltung erteilte USt-IdNr. gegenüber dem leistenden Unternehmer SP. [5]SP, B und D verwenden jeweils die USt-IdNr. ihres Landes.

Rechnungsweg

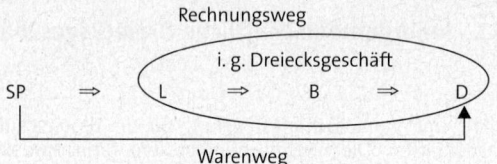

Warenweg

[6]Zwischen SP, L, B und D liegt ein Reihengeschäft vor. [7]Darüber hinaus ist ein innergemeinschaftliches Dreiecksgeschäft im Sinne des § 25b Abs. 1 UStG zwischen L, B und D anzunehmen, weil L als erster am Dreiecksgeschäft beteiligter Lieferer den Gegenstand der Lieferungen versendet. [8]Die Versendung ist der ersten Lieferung im Dreiecksgeschäft (L an B) zuzuordnen, da L gegenüber seinem leistenden Unternehmer SP bis zum Beginn der Versendung seine spanische USt-IdNr. verwendet hat (§ 3 Abs. 6a Satz 4 2. Halbsatz in Verbindung mit Satz 5 UStG) und dies eine vom Mitgliedstaat des Beginns der Versendung (Spanien) erteilte USt-IdNr. ist (vgl. Abschnitt 3.14 Abs. 7 ff.). [9]Ort der Lieferung ist nach § 3 Abs. 6a Satz 4 2. Halbsatz, Satz 5 in Verbindung mit § 3 Abs. 6 Sätze 1, 3 und 4 UStG in Spanien (Beginn der Versendung). [10]Die Lieferung des L an B ist als innergemeinschaftliche Lieferung in Spanien steuerfrei. [11]Der Erwerb des Gegenstands unterliegt bei B grundsätzlich der Besteuerung des innergemeinschaftlichen Erwerbs in Deutschland, da die Versendung dort endet (§ 3d Satz 1 UStG), und in Belgien, da B seine belgische USt-IdNr. verwendet (§ 3d Satz 2 UStG). [12]Die zweite Lieferung im Dreiecksgeschäft (B an D) ist eine ruhende Lieferung. [13]Lieferort ist nach § 3 Abs. 7 Satz 2 Nr. 2 UStG Deutschland, da sie der Versendungslieferung nachfolgt. [14]SP erbringt eine ruhende Lieferung in Spanien (§ 3 Abs. 7 Satz 2 Nr. 1 UStG), die nach spanischem Recht zu beurteilen ist.

(3) [1]Weitere Voraussetzung für das Vorliegen eines innergemeinschaftlichen Dreiecksgeschäfts ist, dass die hieran beteiligten Unternehmer in jeweils verschiedenen Mitgliedstaaten für Zwecke der Umsatzsteuer erfasst sind (§ 25b Abs. 1 Satz 1 Nr. 2 UStG). [2]Die Ansässigkeit in einem dieser Mitgliedstaaten ist nicht erforderlich; maßgeblich ist vielmehr, dass der Unternehmer unter der USt-IdNr. auftritt, die ihm von einem dieser Mitgliedstaaten erteilt worden ist. [3]Treten mehrere der an dem Dreiecksgeschäft beteiligten Unternehmer unter der USt-IdNr. desselben Mitgliedstaates auf, liegt kein innergemeinschaftliches Dreiecksgeschäft vor.

Beispiel:

[1]Der in Frankfurt ansässige und umsatzsteuerlich registrierte Unternehmer D bestellt eine dort nicht vorrätige Ware bei dem in Belgien ansässigen Unternehmer B 1. [2]B 1 gibt die Bestellung weiter an den ebenfalls in Belgien ansässigen Großhändler B 2, der die Ware mit eigenem Lkw unmittelbar nach Frankfurt befördert und sie dort an D übergibt. [3]D und B 2 treten jeweils unter der USt-IdNr. ihres Landes auf. [4]B 1 tritt nicht unter seiner belgischen USt-IdNr., sondern unter seiner niederländischen USt-IdNr. auf.

Rechnungsweg

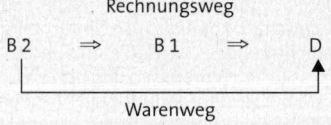

Warenweg

[5]Die Voraussetzung des § 25b Abs. 1 Satz 1 Nr. 2 UStG für das Vorliegen eines innergemeinschaftlichen Dreiecksgeschäfts ist erfüllt, da die drei beteiligten Unternehmer in jeweils verschiedenen Mitgliedstaaten (Deutschland, Belgien, Niederlande) für Zwecke der Umsatzsteuer erfasst sind und mit

USt-IdNrn. aus verschiedenen Mitgliedstaaten auftreten. [6]Auf die Ansässigkeit von B 1 und B 2 in demselben Mitgliedstaat kommt es bei der Beurteilung nicht an.

(4) [1]Weitere Voraussetzung ist das tatsächliche Gelangen des Gegenstands der Lieferungen von einem Mitgliedstaat in einen anderen Mitgliedstaat (§ 25b Abs. 1 Satz 1 Nr. 3 UStG). [2]Diese Voraussetzung ist im Hinblick auf § 3 Abs. 8 UStG auch dann erfüllt, wenn der erste Lieferer den Gegenstand zuvor in das Gemeinschaftsgebiet eingeführt hat. [3]Gelangt der Gegenstand allerdings aus dem Drittlandsgebiet unmittelbar in den Mitgliedstaat des letzten Abnehmers, liegt kein innergemeinschaftliches Dreiecksgeschäft vor. [4]Der Gegenstand kann durch Beauftragte des ersten Lieferers vor der Beförderung oder Versendung in das übrige Gemeinschaftsgebiet bearbeitet oder verarbeitet worden sein. [5]Gegenstand der Lieferung ist in diesem Fall jeweils der bearbeitete oder verarbeitete Gegenstand. [6]Der Gegenstand der Lieferung kann auch an einen vom letzten Abnehmer beauftragten Dritten, z. B. einen Lohnveredelungsunternehmer oder einen Lagerhalter, befördert oder versendet werden.

(5) [1]Ein innergemeinschaftliches Dreiecksgeschäft setzt weiterhin voraus, dass der Gegenstand durch den ersten Lieferer oder den ersten Abnehmer (mittlerer Unternehmer) befördert oder versendet wird (§ 25b Abs. 1 Satz 1 Nr. 4 UStG). [2]Dies gilt für den mittleren Unternehmer allerdings nur dann, wenn er in seiner Eigenschaft als Abnehmer befördert oder versendet, d. h. wenn die Beförderung oder Versendung der Lieferung an ihn (erste Lieferung im Dreiecksgeschäft) zugeordnet wird. [3]Wird die Beförderung oder Versendung dagegen der zweiten Lieferung im Dreiecksgeschäft zugeordnet, weil der mittlere Unternehmer in seiner Eigenschaft als Lieferer auftritt, liegt kein innergemeinschaftliches Dreiecksgeschäft vor. [4]Wird der Gegenstand der Lieferungen durch den letzten Abnehmer befördert oder versendet (Abholfall), liegt ebenfalls kein innergemeinschaftliches Dreiecksgeschäft vor.

Beispiel:

[1]Der belgische Unternehmer B bestellt bei dem deutschen Unternehmer D eine Baumaschine. [2]D hat die Maschine nicht vorrätig und gibt die Bestellung weiter an den spanischen Hersteller SP. [3]Alle Beteiligten treten unter der USt-IdNr. ihres Landes auf.

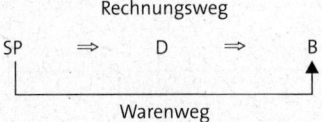

a) [1]SP befördert die Baumaschine mit eigenem Lkw nach Belgien und übergibt sie dort an B.

[2]Es liegt ein innergemeinschaftliches Dreiecksgeschäft im Sinne des § 25b Abs. 1 UStG vor, weil der erste Lieferer den Gegenstand der Lieferungen befördert. [3]Die Beförderung ist der ersten Lieferung (SP an D) zuzuordnen. [4]Ort der Lieferung ist nach § 3 Abs. 6 Satz 5 in Verbindung mit Satz 1 UStG Spanien (Beginn der Beförderung). [5]Die Lieferung ist als innergemeinschaftliche Lieferung in Spanien steuerfrei. [6]Der Erwerb des Gegenstands unterliegt bei D grundsätzlich der Besteuerung des innergemeinschaftlichen Erwerbs in Belgien, da die Beförderung dort endet (§ 3d Satz 1 UStG), und in Deutschland, da D seine deutsche USt-IdNr. verwendet (§ 3d Satz 2 UStG). [7]Die zweite Lieferung (D an B) ist eine ruhende Lieferung. [8]Lieferort ist nach § 3 Abs. 7 Satz 2 Nr. 2 UStG Belgien, da sie der Beförderungslieferung nachfolgt. [9]Die Lieferung des D ist nach belgischem Recht zu beurteilen. [10]Zur weiteren Beurteilung vgl. auch das Beispiel in Absatz 7.

b) [1]B lässt die Baumaschine durch einen von ihm beauftragten Spediteur bei SP in Spanien abholen und unmittelbar nach Belgien versenden.

[2]Es liegt kein innergemeinschaftliches Dreiecksgeschäft im Sinne des § 25b Abs. 1 UStG vor, weil der letzte Abnehmer den Gegenstand der Lieferungen versendet. [3]Die Versendung ist der zweiten Lieferung (D an B) zuzuordnen. [4]Ort der Lieferung ist nach § 3 Abs. 6 Satz 5 in Verbindung mit Satz 1 UStG Spanien (Beginn der Versendung). [5]Die Lieferung ist als innergemeinschaftliche Lieferung in Spanien steuerfrei. [6]Der Erwerb des Gegenstands unterliegt bei B grundsätzlich der Besteuerung des innergemeinschaftlichen Erwerbs in Belgien, da die Versendung dort endet (§ 3d Satz 1 UStG). [7]Die erste Lieferung (SP an D) ist eine ruhende Lieferung.

[8]Lieferort ist nach § 3 Abs. 7 Satz 2 Nr. 1 UStG ebenfalls Spanien, da sie der Versendungslieferung vorangeht. [9]Die Lieferung ist nach spanischem Recht zu beurteilen. [10]D muss sich demnach in Spanien steuerlich registrieren lassen.

Übertragung der Steuerschuld auf den letzten Abnehmer (§ 25b Abs. 2 UStG)

(6) [1]Im Fall eines innergemeinschaftlichen Dreiecksgeschäfts im Sinne des § 25b Abs. 1 UStG wird die Steuer für die (Inlands-)Lieferung des ersten an den letzten jeweils an dem Dreiecksgeschäft beteiligten Abnehmer von diesem letzten Abnehmer geschuldet, wenn die in § 25b Abs. 2 Nr. 1 bis 4 UStG genannten Voraussetzungen sämtlich erfüllt sind. [2]Die Übertragung der Steuerschuld auf den letzten Abnehmer ist bei Vorliegen der Voraussetzungen zwingend vorgeschrieben. [3]Durch die Übertragung der Steuerschuld wird der letzte Abnehmer Steuerschuldner für die vom ersten Abnehmer an ihn ausgeführte Lieferung (§ 13a Abs. 1 Nr. 5 UStG).

Innergemeinschaftlicher Erwerb des ersten Abnehmers (§ 25b Abs. 3 UStG)

(7) [1]Wird die Steuerschuld auf den letzten am Dreiecksgeschäft beteiligten Abnehmer übertragen, gilt der innergemeinschaftliche Erwerb des ersten am Dreiecksgeschäft beteiligten Abnehmers nach § 25b Abs. 3 UStG als besteuert. [2]Diese fiktive Besteuerung des innergemeinschaftlichen Erwerbs bei diesem ersten Abnehmer gilt für die Erwerbsbesteuerung in dem Mitgliedstaat, in dem die Beförderung oder Versendung endet (vgl. § 3d Satz 1 UStG) und zugleich auch für die Beurteilung einer Erwerbsbesteuerung in dem Mitgliedstaat, unter dessen USt-IdNr. der erste Abnehmer auftritt (vgl. § 3d Satz 2 UStG).

Beispiel:

[1]Der belgische Unternehmer B bestellt bei dem deutschen Unternehmer D eine Baumaschine. [2]D hat die Maschine nicht vorrätig und gibt die Bestellung weiter an den spanischen Hersteller SP. [3]SP befördert die Baumaschine mit eigenem Lkw nach Belgien und übergibt sie dort an B. [4]Alle Beteiligten treten unter der USt-IdNr. ihres Landes auf. [5]D erteilt dem B eine Rechnung im Sinne des § 14a Abs. 7 UStG.

Rechnungsweg

SP   ⇒   D   ⇒   B

Warenweg

[6]Es liegt ein innergemeinschaftliches Dreiecksgeschäft im Sinne des § 25b Abs. 1 UStG vor. [7]Die Beförderung ist der ersten Lieferung (SP an D) zuzuordnen. [8]Ort der Lieferung ist nach § 3 Abs. 6 Satz 5 in Verbindung mit Satz 1 UStG Spanien (Beginn der Beförderung). [9]Die Lieferung ist als innergemeinschaftliche Lieferung in Spanien steuerfrei. [10]Der Erwerb des Gegenstands unterliegt bei D grundsätzlich der Besteuerung des innergemeinschaftlichen Erwerbs in Belgien, da die Beförderung dort endet (§ 3d Satz 1 UStG), und in Deutschland, da D seine deutsche USt-IdNr. verwendet (§ 3d Satz 2 UStG). [11]Die zweite Lieferung (D an B) ist eine ruhende Lieferung. [12]Lieferort ist nach § 3 Abs. 7 Satz 2 Nr. 2 UStG Belgien, da sie der Beförderungslieferung nachfolgt. [13]D führt demnach eine steuerbare und steuerpflichtige Lieferung in Belgien aus. [14]Da die Voraussetzungen des § 25b Abs. 2 UStG erfüllt sind, wird die Steuerschuld für die belgische (Inlands-)Lieferung des D auf B übertragen: Der Lieferung ist ein innergemeinschaftlicher Erwerb durch D vorausgegangen; D ist nicht in Belgien ansässig; D tritt gegenüber dem ersten Lieferer und dem letzten Abnehmer mit seiner deutschen USt-IdNr. auf; D hat dem B eine Rechnung im Sinne des § 14a Abs. 7 UStG erteilt; B verwendet als letzter Abnehmer eine (belgische) USt-IdNr. des Mitgliedstaates, in dem die Beförderung endet. [15]B wird Steuerschuldner für diese Lieferung des D und muss die Steuer im Rahmen seiner belgischen Steuererklärungspflichten anmelden. [16]D hat im Hinblick auf seine in Belgien ausgeführte Lieferung keinen umsatzsteuerlichen Verpflichtungen in Belgien nachzukommen. [17]Mit der wirksamen Übertragung der Steuerschuld auf B gilt auch der innergemeinschaftliche Erwerb des D in Belgien als besteuert (§ 25b Abs. 3 UStG) mit der Folge, dass D auch hierfür keinen umsatzsteuerlichen Verpflichtungen in Belgien nachkommen muss. [18]Mit der fiktiven Erwerbsbesteuerung in Belgien entfällt auch eine Besteuerung des innergemeinschaftlichen Erwerbs in D über § 3d Satz 2 UStG, sofern D seiner Erklärungspflicht nach § 18a Abs. 7 Satz 1 Nr. 4 UStG (für die ZM) nachkommt. [19]Durch die

Anwendung der Vereinfachungsregelung des § 25b UStG wird vermieden, dass sich D in Belgien auf Grund dieses innergemeinschaftlichen Dreiecksgeschäfts registrieren lassen und dort Steuererklärungen abgeben muss. [20]D muss in Deutschland die Erklärungspflichten nach § 18b Satz 1 UStG für die Voranmeldung und die Steuererklärung für das Kalenderjahr beachten.

Besonderheiten bei der Rechnungserteilung

(8) [1]Nach § 25b Abs. 2 Nr. 3 UStG ist materielle Voraussetzung für die Übertragung der Steuerschuld, dass der erste dem letzten jeweils am Dreiecksgeschäft beteiligten Abnehmer eine Rechnung im Sinne des § 14a Abs. 7 UStG erteilt, in der die Steuer nicht gesondert ausgewiesen ist. [2]Neben den Angaben nach § 14 Abs. 4 UStG sind in der Rechnung dieses ersten Abnehmers danach folgende zusätzliche Angaben erforderlich:

1. ein Hinweis auf das Vorliegen eines innergemeinschaftlichen Dreiecksgeschäfts, z. B. „Innergemeinschaftliches Dreiecksgeschäft nach § 25b UStG" oder „Vereinfachungsregelung nach Artikel 141 MwStSystRL";

2. ein Hinweis auf die Steuerschuld des letzten am Dreiecksgeschäft beteiligten Abnehmers;

3. die Angabe der USt-IdNr. des ersten am Dreiecksgeschäft beteiligten Abnehmers und

4. die Angabe der USt-IdNr. des letzten am Dreiecksgeschäft beteiligten Abnehmers.

[3]Der letzte am Dreiecksgeschäft beteiligte Abnehmer soll durch die Hinweise in der Rechnung eindeutig und leicht erkennen können, dass er letzter Abnehmer in einem innergemeinschaftlichen Dreiecksgeschäft ist und die Steuerschuld auf ihn übertragen wird.

Bemessungsgrundlage (§ 25b Abs. 4 UStG)

(9) [1]Im Fall der Übertragung der Steuerschuld nach § 25b Abs. 2 UStG auf den letzten am Dreiecksgeschäft beteiligten Abnehmer gilt für die Berechnung der geschuldeten Steuer abweichend von § 10 Abs. 1 UStG die Gegenleistung als Entgelt (Nettobetrag ohne Umsatzsteuer). [2]Die Umsatzsteuer ist auf diesen Betrag aufzuschlagen.

Aufzeichnungspflichten (§ 25b Abs. 6 UStG)

(10) ...

Zu § 29 UStG

UStAE 29.2. Anwendungszeitraum

[1]Der UStAE gilt, soweit sich aus ihm nichts anderes ergibt, für Umsätze, die nach dem 31. 10. 2010 ausgeführt werden. [2]Früher ergangene Anordnungen, die mit dem UStAE im Widerspruch stehen, sind nicht mehr anzuwenden.

Stichwortverzeichnis

Die den Ziffern vorangestellten Buchstaben verweisen auf den Anwendungserlass, die Richtlinien bzw. die Bearbeitungshinweise:

A = Anwendungserlass zur Abgabenordnung,

E = Einkommensteuer-Richtlinien, **H** = Bearbeitungshinweise,

L = Lohnsteuer-Richtlinien, **H** = Bearbeitungshinweise,

K = Körperschaftsteuer-Richtlinien, **H** = Bearbeitungshinweise,

G = Gewerbesteuer-Richtlinien, **H** = Bearbeitungshinweise,

U = Umsatzsteuer-Anwendungserlass;

die Ziffern bezeichnen beim Anwendungserlass die Paragraphenzuordnung bzw. bei den übrigen Richtlinien/Bearbeitungshinweisen die Abschnitte, in Klammern gesetzt die Absätze der Abschnitte.

Beispiele: A 30 = AEAO zu § 30 AO
E 26 = R 26 der EStR
E 44 – H 44 = Hinweis in R 44 der EStR
[] = Gestrichene Richtlinie

A

Abbruchkosten E 6.4 – H 6.4

Abflussprinzip E 11 – H 11

Abgabefrist für Zusammenfassende Meldung U 18a.2.

Abgeltungsteuer E 20.1 – H 20.1

Ablaufhemmung A 171

Ablöseentschädigungen, Fußballspieler U 1.1. (11)

Abnutzbare Wirtschaftsgüter E 7.1

Abrechnungsbescheid A 218

Abschlagszahlungen L 39b.5 – H 39b.5

Abschlussgebühren E 5.6 – H 5.6

Absetzung für Abnutzung, allgemeines E 7.1
– bei nachträglichen AK oder HK E 7.4
– Bemessungsgrundlage E 7.3
– degressive AfA E 7.4 – H 7.4
– für bewegliche Wirtschaftsgüter E 7.1
– für Gebäude E 7.1, 7.2
– Höhe der E 7.4
– lineare AfA E 7.4 – H 7.4
– nach Entnahme/Einlage E 7.3
– überhöhte E 7.4 – H 7.4
– unterlassene E 7.4 – H 7.4
– Wechsel der AfA-Methode E 7.4 (7)

Absetzung für Substanzverringerung E 7.5

Abwälzung der pauschalen Lohnsteuer L 40.2 – H 40.2, L 40a.1 – H 40a.1

Abzahlungsgeschäfte U 3.11.

Abziehbare Steuern E 4.9

Abzugsverbot für Sanktionen E 4.13

Abzugsverbot für Zuwendungen E 4.14

Adoption A 15
– außergewöhnliche Belastung E 33.1 – H 33.1 – 33.4

Änderung der Bemessungsgrundlage U 17.1.

Änderung der Verhältnisse U 15a.2.

Änderung eingetragener Freibeträge L 39a.1 (10), L 39a.1 – H 39a.1

Änderung von Steuerbescheiden A 172

Änderungsrahmen A 177

Änderungssperre A 173

Ärzte E 18.1 (1), U 4.14.2.
– Krankenanstalten U 2.2. (4)

Agenturgeschäfte U 3.7., 10.5.

Allgemeine Zustimmung A 168

Altersentlastungsbetrag E 24a

Altteile, Kfz-Wirtschaft U 10.5. (3)

Amtliche Sachbezugswerte L 8.1 (4)

Amtssprache A 87

Amtsträger A 30

Angehörige A 15
– bei Vermietung u. Verpachtung E 21.4
– Rechtsverhältnisse zwischen E 4.8

Angemessenheit von Aufwendungen E 4.10 (12)

Anhörung Beteiligter A 91

Anlagegüter, abnutzbare E 4.5 (3)
– nicht abnutzbare E 4.5 (3)

Anlaufhemmung A 170

Anlaufverluste E 15.3 – H 15.3

Annehmlichkeiten U 1.8.

Anrechnungsverfügung A 218

Anrufungsauskunft L 42e

Anschaffungskosten, allgemein E 6.2 – H 6.2
– Gebäude E 7.3 – H 7.3
– Rabatt E 6.2 – H 6.2
– Skonto E 6.2 – H 6.2
– Ware E 6.2 – H 6.2

Anschaffungsnaher Herstellungsaufwand E 21.1 (2)

Anscheinsbeweis L 8.1 – H 8.1 (9 – 10)

Stichwortverzeichnis

Stichwortverzeichnis

Stichwortverzeichnis

Stichwortverzeichnis

Stichwortverzeichnis

Stichwortverzeichnis

Stichwortverzeichnis